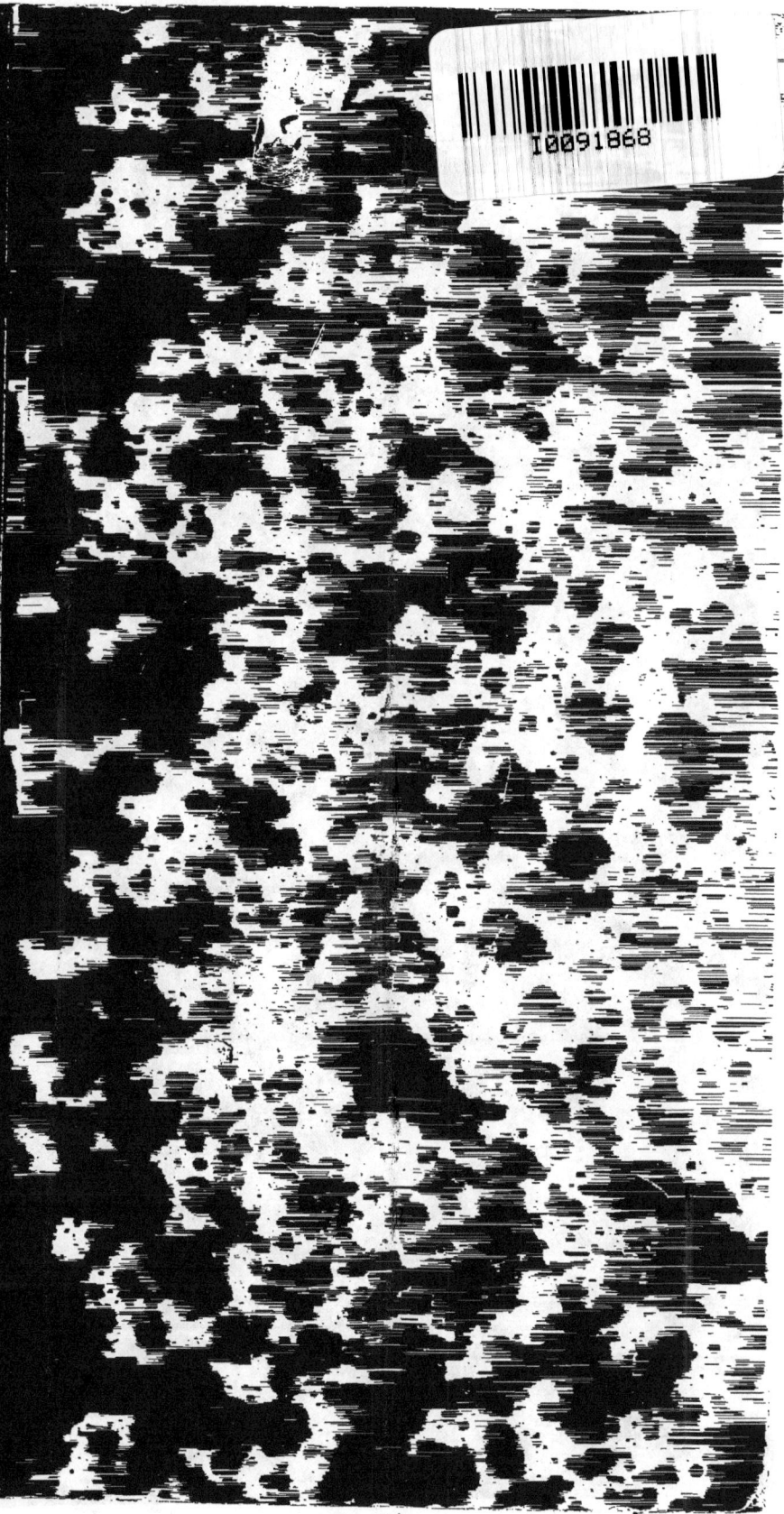

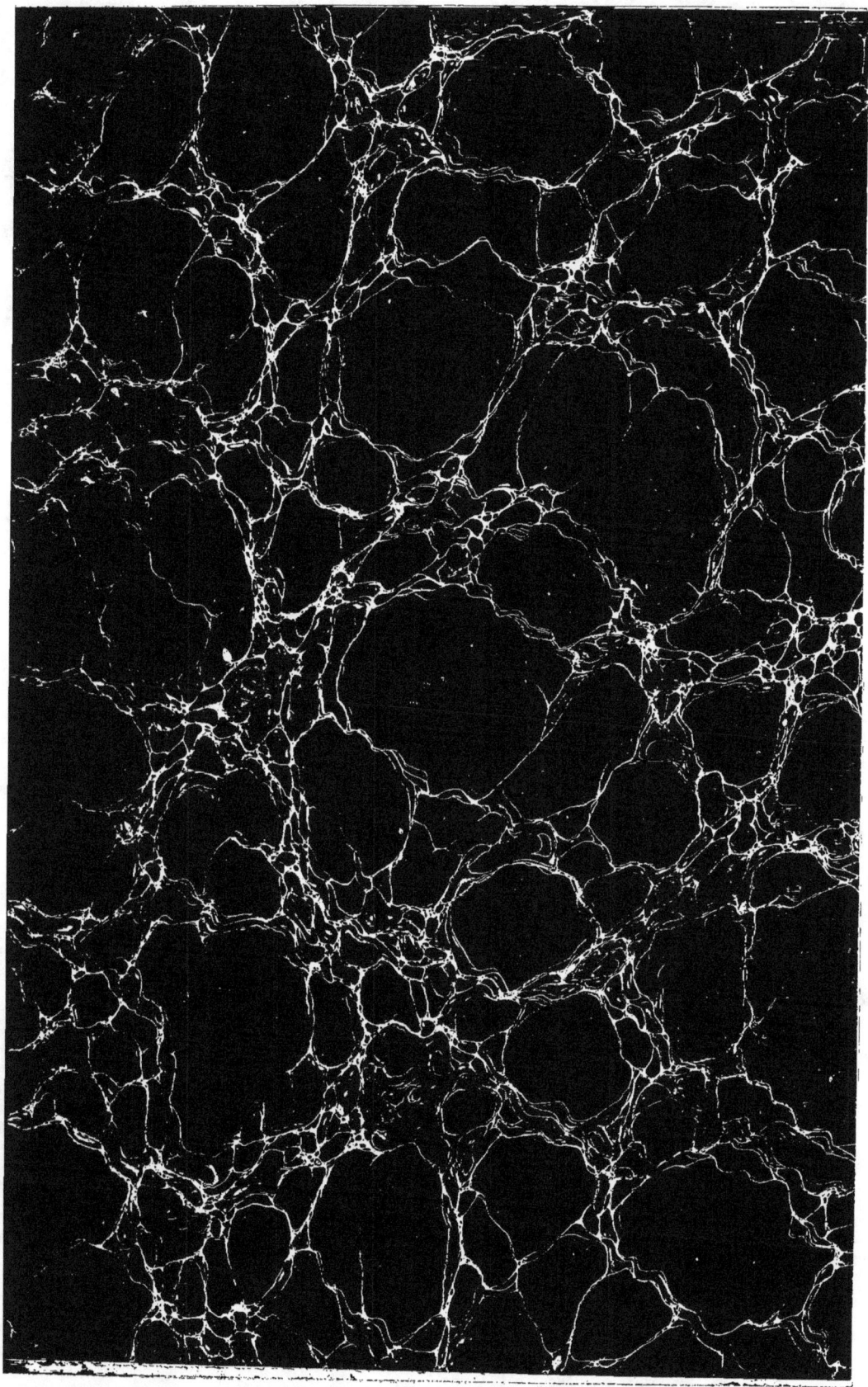

D 40
D 30

C

3820

NOUVELLE
ENCYCLOPÉDIE
THÉOLOGIQUE,

OU NOUVELLE

SÉRIE DE DICTIONNAIRES SUR TOUTES LES PARTIES DE LA SCIENCE RELIGIEUSE,

OFFRANT EN FRANÇAIS, ET PAR ORDRE ALPHABÉTIQUE,

LA PLUS CLAIRE, LA PLUS FACILE, LA PLUS COMMODE, LA PLUS VARIÉE ET LA PLUS COMPLÈTE DES THÉOLOGIES.

CES DICTIONNAIRES SONT CEUX :

DES LIVRES APOCRYPHES, — DES DÉCRETS DES CONGRÉGATIONS ROMAINES, — DE PATROLOGIE,
— DE BIOGRAPHIE CHRÉTIENNE ET ANTI-CHRÉTIENNE, — DES CONFRÉRIES, — D'HISTOIRE ECCLÉSIASTIQUE,
— DES CROISADES, — DES MISSIONS, — D'ANECDOTES CHRÉTIENNES, —
D'ASCÉTISME ET DES INVOCATIONS A LA VIERGE, — DES INDULGENCES, — DES PROPHÉTIES ET DES MIRACLES,
— DE STATISTIQUE CHRÉTIENNE, — D'ÉCONOMIE CHARITABLE, — D'ÉDUCATION,
— DES PERSÉCUTIONS, — DES ERREURS SOCIALES,
— DE PHILOSOPHIE CATHOLIQUE, — DES CONVERSIONS AU CATHOLICISME, — D'ANTIPHILOSOPHISME, —
DES APOLOGISTES INVOLONTAIRES, —
D'ÉLOQUENCE CHRÉTIENNE, — DE LITTÉRATURE, *id.*, — D'ARCHÉOLOGIE, *id.*,
D'ARCHITECTURE, DE PEINTURE ET DE SCULPTURE, *id.*, — DE NUMISMATIQUE, *id.*, — D'HÉRALDIQUE, *id.*,
— DE MUSIQUE, *id.*, — D'ANTROPOLOGIE, *id.*, — DE PALÉONTOLOGIE, *id.*, —
D'ÉPIGRAPHIE, *id.*, — DE BOTANIQUE, *id.*, — DE ZOOLOGIE, *id.*, — DES INVENTIONS ET DÉCOUVERTES,
— DE MÉDECINE-PRATIQUE, — D'AGRI-SILVI-VITI-ET HORTICULTURE, ETC.

PUBLIÉE

PAR M. L'ABBÉ MIGNE,

ÉDITEUR DE LA BIBLIOTHÈQUE UNIVERSELLE DU CLERGÉ,

OU

DES COURS COMPLETS SUR CHAQUE BRANCHE DE LA SCIENCE ECCLÉSIASTIQUE.

PRIX : 6 FR. LE VOL., POUR LE SOUSCRIPTEUR A LA COLLECTION ENTIÈRE, 7 FR., 8 FR., ET MÊME 10 FR. POUR LE SOUSCRIPTEUR A TEL OU TEL DICTIONNAIRE PARTICULIER.

TOME TRENTE-CINQUIÈME.

DICTIONNAIRE DES INVENTIONS.
2 VOL. PRIX : 14 FRANCS.

—

TOME PREMIER.

A-G

—

S'IMPRIME ET SE VEND CHEZ J.-P. MIGNE, ÉDITEUR,
AUX ATELIERS CATHOLIQUES, RUE D'AMBOISE, AU PETIT-MONTROUGE,
BARRIÈRE D'ENFER DE PARIS.

1852

(C.)

Imprimerie MIGNE, au Petit-Montrouge.

DICTIONNAIRE

DES INVENTIONS

ET DÉCOUVERTES ANCIENNES ET MODERNES,

DANS LES SCIENCES, LES ARTS ET L'INDUSTRIE

AVEC LES PRINCIPALES APPLICATIONS AUX BESOINS DE LA SOCIÉTÉ,
ET L'EXPOSITION TANT DE LEURS PROCÉDÉS QUE DES PERFECTIONNEMENTS OU ILS SONT
PARVENUS A L'ÉPOQUE ACTUELLE ;

D'APRÈS LES TRAVAUX PUBLIÉS PAR DES SOCIÉTÉS SAVANTES ET PAR LES AUTEURS LES PLUS ESTIMÉS DANS
CETTE INTÉRESSANTE PARTIE DES CONNAISSANCES HUMAINES ;

Recueilli et mis en ordre

PAR M. LE MARQUIS DE JOUFFROY;

PUBLIÉ

PAR M. L'ABBÉ MIGNE,

ÉDITEUR DE LA BIBLIOTHÈQUE UNIVERSELLE DU CLERGÉ,

OU

DES **COURS COMPLETS** SUR CHAQUE BRANCHE DE LA SCIENCE ECCLÉSIASTIQUE.

TOME PREMIER.

A-G

2 VOLUMES. PRIX : 14 FRANCS.

S'IMPRIME ET SE VEND CHEZ J.-P. MIGNE, EDITEUR,

AUX ATELIERS CATHOLIQUES, RUE D'AMBOISE, AU PETIT-MONTROUGE,

BARRIÈRE D'ENFER DE PARIS.

1852.

DICTIONNAIRE

DES

INVENTIONS ET DÉCOUVERTES.

A

ABLETTES. — L'ablette est un petit poisson d'eau douce appartenant à l'ordre des cyprins, et couvert d'écailles blanches, brillantes et nacrées. Ce sont ces écailles qui rendent ces petits poissons assez intéressants; elles servent à la fabrication des perles artificielles. On pile le poisson dans un mortier, de manière à le réduire en une pâte qu'on lave à grande eau. Or, comme la matière nacrée est pesante, elle reste au fond du vase, où on la recueille pour l'usage. (*Voy.* PERLES ARTIFICIELLES.)

ACÉTATES. — Classe assez nombreuse de sels formés par la combinaison de l'acide acétique avec diverses bases; ces sels sont généralement solubles, une chaleur un peu intense les décompose; ils donnent à la distillation un liquide volatil appelé éther pyro-acétique; enfin, ils cèdent tous leur base à l'acide sulfurique, en laissant dégager une odeur très-sensible d'acide sulfureux.

ACÉTATE D'ALUMINE. — Sel composé d'acide acétique et d'alumine, qu'on obtient par la double décomposition du sulfate d'alumine et de l'acétate de plomb, ou de tout autre acétate dont la lave forme avec l'acide sulfurique un sel insoluble. Il est employé dans la teinture et surtout dans la fabrication des toiles peintes, de préférence à l'alun.

ACÉTATE D'AMMONIAQUE. — Combinaison d'acide acétique et d'ammoniaque, appelé aussi esprit de Mendérerus, et qui n'est employé qu'en médecine. C'est un excitant, autrefois fort usité dans le traitement des fièvres graves et maintenant presque abandonné.

ACÉTATES DE CHAUX. — Combinaison employée pour la préparation de l'acide acétique. Il s'obtient en saturant l'acide pyroligneux avec la chaux et la craie. (*Voy.* ACIDE PYROLIGNEUX.)

ACÉTATE DE CUIVRE. — Formé d'acide acétique et d'oxyde de cuivre, ce sel se prépare en grand à Montpellier et forme de beaux cristaux verts, connus sous le nom de cristaux de Vénus. Il n'est employé que pour la fabrication de l'acide acétique et fournit aussi quelques couleurs.

A ÉTATE DE FER. — Ce sel est fort usité

pour la teinture en noir et substitué au sulfate de fer. On le prépare, soit par la double décomposition de l'acétate de chaux et du sulfate de fer, soit en versant de l'acide pyroligneux sur de la tournure de fer.

LES ACÉTATES DE PLOMB, DE POTASSE et DE SOUDE ont beaucoup moins d'importance qu'ils n'en avaient jadis. Il suffit de dire que l'acétate de plomb jouit de propriétés astringentes, et s'emploie dans la teinture, tandis que les deux autres sont purgatifs et passent pour diurétiques.

ACIDES. — Les acides forment une grande classe de corps composés, ayant pour caractères spéciaux, pour la plupart, une saveur aigre, de rougir les couleurs bleues végétales; de dissoudre dans l'eau; de saturer les bases et de former avec elles des sels (*Voy. ce mot*). On trouve les acides sous forme solide, liquide ou gazeuse. On les obtient soit de toutes pièces, c'est à-dire en combinant directement leurs éléments constitutifs, soit, ce qui est le plus ordinaire, par la décomposition de substances salines. On croyait autrefois que l'oxygène seul pouvait former les acides; mais les travaux de la chimie moderne ont prouvé que non-seulement l'hydrogène pouvait aussi acidifier diverses substances, mais que d'autres corps, tels que le chlore, le fluor, l'iode, le brôme, le soufre lui-même, jouissaient des mêmes propriétés. Aussi, une classification des acides offrira-t-elle de nombreuses exceptions, et suffit-il, dans l'état actuel des choses, de rappeler que les acides sont désignés par le nom du corps dont ils procèdent avec la terminaison *ique* ou *eux*, suivant leurs divers degrés d'acidité; ainsi, du soufre plus ou moins oxygéné procèdent l'*acide sulfurique* et l'*acide sulfureux* : l'on appelle encore oxacides les acides formés par l'oxygène, et hydracides ceux auxquels l'hydrogène a donné naissance.

Suivant le nombre des corps qui les composent, on les distingue en *binaires*, *ternaires* et *quaternaires*. Les acides fournis par les règnes minéral, végétal et animal, répondent à ces trois divisions, qui sont loin d'être définitivement arrêtées.

Les acides minéraux sont ceux qui se pro

sentent avec les propriétés les p.us tranchées, et l'action la plus énergique sur les
différents corps que l'on met en contact avec
eux : les acides végétaux sont plus faibles
et plus décomposables ; on les voit se transformer les uns dans les autres par l'échange
de leurs principes ; à volume égal, ils produisent des effets moins sensibles que les
précédents, auxquels ils cèdent ordinairement leurs bases lorsqu'ils se trouvent en
contact avec eux : enfin, les acides animaux, d'ailleurs peu nombreux, et très-
difficiles à préparer et à conserver, sont
composés, comme les acides végétaux, d'oxygène, d'hydrogène et de carbone, auxquels
vient se joindre de l'azote. Il serait plus régulier peut-être de diviser les acides en
azotés et en *non azotés*. Peu de groupes, en
chimie, offrent un intérêt aussi réel que
les acides. Il n'est, pour ainsi dire, aucune
opération de la nature ou de l'art dans laquelle ils ne jouent un rôle important :
tour à tour à l'état de liberté ou de combinaison, nous les voyons figurer dans les
trois règnes, ou plutôt dans toutes les transformations que subit la matière. Extraits par
les travaux de la chimie, ils deviennent
entre ses mains les agents les plus puissants
pour arriver à la connaissance de la composition des corps.

La médecine, après avoir reconnu leur
influence, quelquefois délétère, sur l'économie animale, a su les forcer de seconder
ses intentions conservatrices. Enfin, l'économie domestique leur emprunte des assai-
sonnements et des moyens de conservation ;
et les arts industriels des ressources dont
l'énumération, déplacée ici, se trouvera dans
les divers articles de détail.

Quel que soit l'usage auquel on destine un
acide, il convient en général de s'assurer de
sa densité et plus encore de sa pureté ; on
obtient le premier résultat au moyen de l'a-
réomètre (*Voy. ce mot*) ; quant au second,
on emploie une méthode qui consiste à mesurer la quantité de carbonate de soude
nécessaire pour saturer l'acide qu'on examine, c'est-à-dire pour que le mélange de
ces deux corps ait perdu les propriétés de
chacun d'eux, et ne fasse plus passer ni au
rouge ni au vert les couleurs bleues végétales. Il est facile d'après cela d'établir les
proportions entre deux acides examinés
comparativement.

ACIDE CARBONIQUE. — Connu jadis sous
les noms d'*air fixe*, d'*acide aérien*, composé
d'oxygène et d'oxyde de carbone, il est fort
intéressant par ses propriétés et ses applications. Lorsqu'il est libre, il est sous forme
gazeuse, il est incolore, plus pesant que
l'air atmosphérique, il rougit les couleurs
bleues végétales, éteint les corps en combustion et asphyxie les animaux qui le respirent. Il est peu de corps aussi répandus
dans la nature. Outre qu'il fait partie de l'air
atmosphérique, il se trouve en abondance
dans beaucoup de cavités, telles que la grotte
du Chien ; il est dissous dans plusieurs eaux
minérales qui lui doivent leurs propriétés ;

enfin, combiné avec les bases, il forme des
sels nombreux. C'est en décomposant un
carbonate au moyen d'un acide qu'on obtient l'acide carbonique, qui est recueilli
dans des vaisseaux clos, ou plus ordinairement dans une vessie garnie d'un robinet.
Comme il est peu énergique, presque tous
les acides lui enlèvent ces bases et le dégagent de ses combinaisons ; aussi est-il extrêmement facile de le préparer. Mais l'acide
carbonique se produit d'une manière très-
abondante dans la combustion, et dans la
respiration des animaux et des végétaux.
C'est lui qui est la cause des accidents qui
s'observent trop souvent, lorsqu'on fait brûler du charbon dans un endroit exactement
fermé, et dans les lieux où l'on rassemble
un trop grand nombre d'individus.

C'est encore l'acide carbonique qui, se dégageant avec rapidité, produit la mousse
pétillante et l'explosion du vin de Champagne, de la bière, du cidre, de l'eau de seltz,
naturelle et artificielle. On l'emploie en médecine ; il agit sur le cerveau et produit une
excitation analogue à l'ivresse, mais qui
n'est qu'agréable et qui dure fort peu.

ACIDE ACÉTIQUE. — Formé d'oxygène,
d'hydrogène, d'azote et de carbone, il est
extrêmement répandu dans la nature, et se
produit dans une foule d'opérations naturelles ou artificielles. On l'obtenait autrefois
exclusivement, en faisant subir aux liqueurs
alcooliques une fermentation particulière dont
le produit distillé donnait un acide
impur. Maintenant on connaît plusieurs
manières de se le procurer ; et l'on a tort de
croire que le vinaigre de bois puisse avoir
une action défavorable sur l'économie animale, lorsqu'il est employé dans les mêmes
conditions et aux mêmes doses que le vinaigre de vin.

L'*acide acétique* pur est un liquide incolore, d'une odeur vive et piquante, assez
agréable, d'une saveur acide très-prononcée.
Lorsqu'il est extrêmement pur, il se solidifie
et se cristallise ; il se volatilise à la chaleur,
et peut même s'enflammer à l'approche d'un
corps en ignition, et brûler comme l'alcool.
Ce n'est pas dans cet état que l'acide acétique est le plus employé, c'est celui de
vinaigre.

Depuis quelques années on prépare en
grand l'acide acétique pour la distillation du
bois (*Voy.* ACIDE PYROLIGNEUX), et cet acide,
qu'on avait cru d'abord d'une nature particulière, avait reçu le nom d'*acide pyroligneux*, qui indiquait son origine. Dans cette
fabrication curieuse à observer, on recueille
des produits qui autrefois se perdaient dans
l'atmosphère, et l'on a du charbon, plus, de
l'acide acétique. Au lieu d'employer l'ancien
procédé, on place le bois destiné à être converti en charbon dans des espèces de grandes cornues en tôle, qu'on met dans un fourneau à réverbère ; on chauffe convenablement, et alors des tuyaux partant de chaque
cornue conduisent les vapeurs dans un
appareil où elles se condensent, au moyen
de l'air ou de l'eau. Lorsque la distillation

est terminée, on enlève les cornues, et l'on retire le charbon qu'elles contiennent. Quant au produit liquide, il est composé d'acide acétique, de goudron et d'huile empyreumatique. On sépare ces diverses substances par divers procédés ; et l'on purifie l'acide acétique, d'abord en le combinant à la chaux, puis en décomposant l'acétate qui en est résulté.

L'acide acétique est un composé d'un usage extrêmement étendu. On l'emploie dans une foule d'arts et dans l'économie domestique. En se combinant avec les bases, il donne naissance à des sels, dont plusieurs ont de l'importance.

L'ACIDE CITRIQUE, qu'on extrait le plus ordinairement du citron, se trouve aussi dans plusieurs autres fruits. On l'obtient par le procédé suivant : On exprime le suc des fruits ; on le laisse déposer afin de le priver du mucilage, de l'extractif et autres substances étrangères ; puis, au moyen de la chaux, on convertit l'acide citrique en citrate qu'on décompose, à son tour, par l'acide sulfurique étendu. Alors, après avoir séparé le sulfate de chaux insoluble, qui s'est précipité, on fait évaporer la solution acide, et l'on obtient des cristaux qui ne sont autre chose que l'acide citrique pur.

Cette opération, pratiquée dans les lieux où les citrons sont très-abondants, permet d'obtenir sous un petit volume, et à peu de frais, ce qui coûterait beaucoup à préparer en transportant les citrons. Dans cet état l'acide citrique n'est pas seulement employé pour faire ce qu'on nomme des limonades sèches ; il est encore d'un grand usage pour les teinturiers et les dégraisseurs. Outre qu'il enlève très-bien les taches de rouille de dessus les étoffes, il est préférable à tous les autres acides pour aviver certaines couleurs ; et, par exemple, pour préparer avec la cochenille et l'étain de belles couleurs écarlates, recherchées pour la teinture des soieries et des maroquins.

L'ACIDE FLUORIQUE, dont la composition n'est pas encore parfaitement connue, est extrêmement remarquable par l'énergie de ses propriétés, et curieux par l'application que l'industrie en a faite. On extrait de la chaux fluatée, substance minérale assez commune, en la traitant par l'acide sulfurique : le produit de cette opération est un gaz transparent, et qui, par le contact de l'air, se transforme en vapeurs blanchâtres, d'une odeur piquante, analogue à celle de l'acide hydrochlorique, et si caustique que toutes les substances animales et à l'instant corrodées. Les vapeurs se dissolvent facilement dans l'eau, et l'on obtient ainsi l'acide fluorique à l'état liquide. Ceux qui s'en occupèrent les premiers s'aperçurent bientôt qu'il attaquait le verre et le perçait promptement, de même que la plupart des métaux ; aussi ne peut-on le conserver que dans des vases de platine. C'est cette propriété qu'on a utilisée pour obtenir les verres dépolis, comme aussi pour graver sur verre.

La préparation de l'acide fluorique est extrêmement dangereuse, et demande les plus grandes précautions ; car il peut résulter de cruelles brûlures de son contact avec la peau ; et l'inspiration de ses vapeurs est encore plus funeste.

L'ACIDE HYDROCHLORIQUE, connu depuis long-temps sous les noms d'*esprit de sel, acide marin, acide muriatique*, est formé par la combinaison de l'hydrogène et du chlore. On l'obtient en décomposant le sel marin (hydrochlorate de soude) au moyen de l'acide sulfurique, dans des appareils plus ou moins compliqués, et dont la forme a successivement varié jusqu'à présent. Ceux qu'on emploie le plus communément aujourd'hui se composent de cylindres en fonte, fermés aux deux bouts par des obturateurs garnis chacun d'une tubulure. L'une sert à introduire l'acide, et l'autre à adapter un tuyau qui conduit au récipient. Ces cylindres étant remplis de sel marin et placés dans un fourneau qu'on allume, on y verse par une extrémité de l'acide sulfurique. Il y a alors dégagement d'acide hydrochlorique, qui se condense dans les vases destinés à les recevoir ; et le résidu de l'opération est du sulfate de soude. L'acide, ainsi recueilli, est renfermé dans de grosses bouteilles de grès appelées dames-jeannes ou bonbonnes, qui sont emballées avec de la paille, dans de grands paniers d'osier.

Les fabriques d'acide hydrochlorique sont généralement un fâcheux voisinage ; elles laissent dégager des vapeurs acides très-dangereuses à respirer, et qui peuvent occasionner des crachements de sang comme on l'observe fréquemment chez les ouvriers qui y sont employés. Elles brûlent aussi les plantes à une assez grande distance. Depuis quelques années on est parvenu à condenser les vapeurs, et à empêcher qu'elles ne se répandent dans l'air.

L'acide hydrochlorique liquide est blanc ; il a, d'ailleurs, à un degré très-éminent, les propriétés générales des acides et forme avec les bases des sels nombreux, connus sous le nom d'*hydrochlorates*, autrefois *muriates*.

On l'emploie pour la préparation du chlore et des chlorures, pour décuper des métaux, pour extraire la gélatine des os. Combiné avec l'acide nitrique, il forme l'*eau régale*, ainsi nommée par les anciens chimistes, parce qu'elle dissout l'or, le roi des métaux, et l'un des dissolvants les plus puissants que l'on connaisse.

L'ACIDE HYDROSULFURIQUE, dont on ignora long-temps la nature, et qu'on connaissait sous le nom d'*hydrogène sulfuré*, est formé par la combinaison de l'hydrogène et du soufre. Il existe le plus ordinairement à l'état gazeux : mais il est soluble dans l'eau ; car un grand nombre d'eaux minérales en contiennent une quantité plus ou moins considérable. Il se développe dans la décomposition de différentes substances animales et végétales contenant du soufre, surtout dans les fosses d'aisance : c'est lui que les vidangeurs nomment le plomb, et dont les mauvais effets sont bien connus et que le chlore neutralise d'une manière si prompte et si avantageuse, en lui enlevant son hydrogène.

L'acide hydrosulfurique gazeux est incolore, transparent, d'une odeur insupportable d'œufs pourris ; s'enflammant par le contact d'une bougie allumée, mais éteignant cette bougie lorsqu'elle y est plongée profondément. Il est essentiellement délétère ; et une très-petite quantité répandue dans l'air atmophérique suffit pour asphyxier les animaux qui le respirent. Il précipite en noir les sels de plomb, d'argent, de mercure et de bismuth. C'est sur cette propriété que repose la théorie de certaines encres sympathiques.

L'acide hydrosulfurique est employé en chimie comme un des réactifs les plus puissants pour éprouver les dissolutions métalliques et reconnaître leurs éléments. On l'a également employé en médecine.

ACIDE NITRIQUE et NITREUX. L'acide nitrique, un des plus puissants et des plus anciennement connus, devrait s'appeler plus exactement acide *azotique*, puisqu'il est formé par la combinaison de l'oxygène avec le deutoxyde d'azote. Il existe deux acides formés des mêmes éléments, mais dans une proportion moindre, c'est l'acide *nitreux* et l'acide *hyponitreux*, que nous indiquons seulement, attendu qu'il est sans usage. L'acide nitrique se prépare en décomposant le nitre (nitrate de potasse) par le moyen de l'acide sulfurique dans un appareil analogue à celui qu'on emploie pour l'acide hydrochlorique. Dans cette opération, il se forme du sulfate de potasse et de l'acide nitrique, qui a besoin d'être purifié par une distillation sur du nitrate d'argent d'autant plus soignée qu'on le destine à des usages plus délicats, notamment à l'essai des métaux précieux.

L'acide nitrique liquide est blanc, d'une odeur forte et d'une saveur très-acide. Il agit violemment sur les substances animales, qu'il colore en jaune. C'est un moyen de reconnaître chez un individu empoisonné l'action de l'acide nitrique. Il ne dissout pas l'or et le platine, mais la plupart des autres métaux. C'est sur la connaissance de cette propriété que repose la théorie de l'essayage (*Voy. ce mot*). Outre qu'il sert à la fabrication des acides sulfurique et oxalique, à la dissolution du mercure pour le secrétage des poils dans la chapellerie, il est un agent précieux dans la gravure à l'eau-forte, la teinture, la dorure sur métaux ; enfin, il est encore utile pour essayer les diverses substances métalliques, et pour séparer l'or des diverses matières auxquelles il peut se trouver mêlé ou combiné.

L'ACIDE OXALIQUE, ainsi nommé parce qu'il existe en grande quantité dans l'oseille, est un acide fort commun dans le règne végétal, et que l'on produit à volonté en traitant le sucre, l'amidon, etc., par l'acide nitrique. Il est formé, comme tous les acides végétaux, d'oxygène, d'hydrogène et de carbone, quand il n'est pas anhydre. On l'extrait des végétaux à l'état d'oxalate de potasse, que l'on décompose ensuite, ou bien on l'obtient par la réaction de l'acide nitrique, sur le sucre ou sur l'amidon. Il est extrêmement employé dans les toiles peintes, où il sert à détruire le mordant sur les parties de l'étoffe que l'on veut conserver blanches. Il est aussi fort utile pour aviver certaines couleurs, ainsi que pour enlever les taches d'encre et de rouille. On peut s'en servir également aussi pour faire des limonades : mais à forte dose il agit à la manière des poisons ; et l'on a vu de graves accidents dans des cas où il avait été substitué, par mégarde, au sulfate de potasse, avec lequel il a une ressemblance extérieure.

L'ACIDE PRUSSIQUE (*acidum berolinense, borussicum hydrocyanicum,*) est un acide formé d'hydrogène ; c'est pour cela qu'il n'a pas non plus toutes les qualités chimiques des autres acides. Sa base est une combinaison de carbone et d'azote, désignée sous le nom de *cyanogène*.

Cet acide provient tantôt de matières animales altérées, tantôt de la réaction d'acides et d'alcalis ; il se trouve dans les amandes amères et dans les végétaux qui en ont le goût, tels que les feuilles de laurier-cerise, les noyaux de cerises et de pêches. Dans son état de pureté, l'acide prussique est gazeux, il s'enflamme facilement à l'air ; il détonne avec du gaz oxygène, brûle d'une flamme bleue jaunâtre mêlée de rouge, et produit de l'eau et de l'alcool. Comme les autres acides il s'unit aux métaux, aux alcalis, aux terres, en formant différents sels, parmi lesquels se trouve le sel acide de fer, connu sous le nom de *bleu de Prusse*. (*Voy. ce mot.*) L'acide prussique est pour les corps vivants le poison le plus pénétrant que l'on connaisse ; il donne la mort plus promptement que tout autre, souvent dans le moment même où il pénètre dans l'estomac : pour les petits animaux il les tue quand il ne fait même qu'effleurer leur langue, ou la surface d'une blessure Une seule goutte de sa dissolution saturée et aqueuse peut tuer un oiseau ; huit gouttes à peu près tuent un chien ; une quantité proportionnellement plus grande fait périr l'homme. Des convulsions violentes précèdent la mort ; on ne connaît pas de contre-poison contre une forte dose. Quand il n'en est administré qu'une quantité moins forte, on emploie avec succès les affusions d'eau froide, en même temps que l'on fait respirer au malade les vapeurs de l'eau chlorée. La saignée et l'application des irritants aux extrémités sont également utiles après ces premiers secours. Dans les derniers temps on a employé cet acide à petites doses contre quelques maladies nerveuses (telles que la coqueluche, l'asthme, la pulmonie, les crampes, etc.). Ce médicament, dont les bons effets sont au moins fort douteux, demande à être manié avec la plus grande précaution ; il a plusieurs fois occasionné de graves accidents, et l'on ferait bien de renoncer tout à fait à son usage.

Plusieurs empoisonnements ont eu lieu au moyen de l'eau de laurier-cerise, laquelle renferme outre l'acide prussique une huile volatile très-vénéneuse et dont on se servait pour aromatiser divers mets. D'ailleurs l'acide prussique est extrêmement altérable. Le contact de l'air et celui de la lumière suffisent pour le décomposer ; il est à peu près sans usage.

Les corps des animaux empoisonnés par l'acide prussique exhalent une odeur très-sensible d'amandes amères. C'est une des traces que laisse ce terrible poison ; et elle suffit pour faire reconnaître qu'il a été employé, lorsqu'on ne peut pas le retrouver en substance.

L'ACIDE SULFURIQUE est souvent appelé *huile de vitriol*. Il est produit avec la combinaison de l'oxygène avec le soufre. Pour l'obtenir on fait brûler du soufre avec du nitre, dans une chambre doublée en plomb, et dont le fond est couvert de quelque pouces d'eau, dans laquelle les vapeurs acides viennent se dissoudre. L'acide recueilli et concentré par la distillation est purifié des matières étrangères qu'il peut encore contenir. Les lieux où il est fabriqué doivent être éloignés des habitations, à cause des vapeurs nuisibles qui s'en exhalent.

Le caractère de l'acide sulfurique tel qu'on l'emploie le plus ordinairement, est d'être blanc, liquide, épais et sans odeur. Il agit fortement sur l'économie animale, et produit un empoisonnement des plus graves ; il forme, avec toutes les bases, des sels qui portent le nom de *sulfates* (*Voy.* ce mot). Comme il est le plus énergique des acides minéraux, il décompose un très-grand nombre de substances ; aussi est-il un des réactifs les plus généralement employés dans la chimie et dans les arts. C'est par son moyen qu'on prépare presque tous les autres acides, et qu'on fabrique une foule de sels. C'est avec lui qu'on fait l'éther sulfurique, qu'on extrait le phosphore, que l'on convertit en sucre l'amidon pour en faire ensuite de l'alcool. Enfin il sert, dans le tannage, à faire subir aux peaux une opération préliminaire indispensable ; et il est employé dans une foule d'industries dont l'énumération serait trop étendue.

L'ACIDE SULFUREUX, produit d'une première combinaison de l'oxygène avec le soufre, a des propriétés et des applications toutes différentes de celles de l'acide sulfurique.

On l'obtient, soit en décomposant l'acide sulfurique par la distillation sur des copeaux ou de la sciure de bois, soit en faisant brûler du soufre avec le contact de l'air. L'acide sulfureux est un gaz incolore ayant l'odeur de soufre qui brûle, irritant violemment la poitrine ; il se dissout bien dans l'eau, et peut être par conséquent obtenu à l'état liquide. Il forme, avec les bases, des sels connus sous le nom de *sulfites*. On tire un grand parti des propriétés de l'acide sulfureux : à l'état de gaz, il sert au blanchiment de la laine, de la soie des chapeaux de paille et

de la colle de poisson ; il enlève parfaitement les taches de fruits ; enfin on l'a appliqué avec avantage au traitement de la gale et d'autres maladies de la peau. Comme il jouit de la faculté d'arrêter la fermentation vineuse et acide, il sert à faire des fumigations dans les tonneaux avant de les remplir ; il est aussi appliqué au mutage des vins : enfin, dans les fabriques de sucre de betteraves ou de raisin, on l'emploie pour empêcher les moûts ou sirops de passer à la fermentation vineuse, qui comme on sait, transforme en alcool la matière sucrée. L'ACIDE TARTRIQUE, appelé autrefois, mais à tort, *acide tartareux*, est un acide végétal très-répandu dans la nature, mais qu'on extrait surtout du tartrate acide de potasse, sel plus connu sous le nom de tartre, et qui se dépose sur les parois des tonneaux qui ont renfermé du vin. Comme il est à meilleur marché que les acides citrique et oxalique, auxquels il est fort analogue pour ses propriétés, on l'emploie de préférence aux mêmes usages. (Cet article est emprunté à M. Orfila. *Encyclopédie des gens du monde*.)

ACIDE ACÉTEUX. — Les acides *pyromqueux*, *pyroligneux* et *pyrotartareux*, ne sont autre chose que d'acide acéteux, imprégné plus ou moins de l'huile empyreumatique. L'acide acéteux par le feu est empyreumatique ; il tient en dissolution une huile âcre qui lui donne une odeur, une couleur et une saveur particulière. L'acide acéteux factice et produit par l'action d'autres acides, est caractérisé par la présence d'acide malique ou d'acide oxalique, formés en même temps que lui et par la faiblesse qu'il a, en raison de l'eau qui est aussi formée avec les trois acides précédents. L'acide acéteux provenant des vins contient du tartre, de l'alcool et une matière colorante qui le caractérise seul en particulier ; c'est un acide spiritueux. Enfin, l'acide acéteux produit de la fermentation putride est toujours uni, en tout ou en partie, à de l'ammoniac, qui naît, comme lui, de ce mouvement sceptique. (*Ann. de chim.*, t. XXXV, p. 164.)

ACIDE BENZOÏQUE. — L'acide benzoïque, précédemment trouvé par MM. Fourcroy et Vauquelin, dans les urines des animaux herbivores, conservait toujours une odeur particulière à ces urines. Ces chimistes se sont occupés de chercher un moyen de donner à cet acide parfaitement purifié et blanc, l'odeur du benjoin, et c'est en le sublimant une seconde fois avec une petite quantité de benjoin réduite en poudre, et mêlé exactement avec lui. On pourra, par cette addition au procédé, obtenir un acide parfaitement pur, d'une odeur agréable et qui réunira toutes les qualités de l'acide benzoïque ordinaire, quoiqu'à un prix très-inférieur. (*Ann. de chim.*, mars 1809. — *Ann. des arts et manufactures*, 1809, vol. 32, p. 297.)

ACIDE BORACIQUE OU BORIQUE. — Les deux savants chimistes, MM. Gay-Lussac et Thénard, chargés de faire des recherches physiques et chimiques avec la grande pile voltaïque, ont trouvé que l'acide boracique n'est point un élément comme on l'avait cru, mais qu'il est composé d'oxygène et d'un corps combustible particulier. On avait annoncé qu'en traitant des acides fluoriques ou boraciques par le métal de la potasse, on obtenait des résultats tels, qu'on ne pouvait les expliquer qu'en admettant que ces acides étaient composés d'un corps combustible et d'oxygène. Cependant ne les ayant pas recomposés, on n'a pas donné cette composition comme parfaitement démontrée; mais d'après de nouvelles recherches, on peut assurer que la formation de l'acide boracique n'est plus problématique. Aujourd'hui on peut recomposer et décomposer cet acide à volonté. Pour le décomposer, on met parties égales de métal et d'acide boracique bien pur et bien vitreux, dans un tube de cuivre, auquel on adapte un tube de verre recourbé. On dispose le tube de cuivre dans un petit fourneau, et on engage l'extrémité du tube de verre dans un flacon plein de mercure. L'appareil ainsi disposé, on chauffe peu à peu le tube de cuivre, jusqu'à le faire rougir légèrement, et on le conserve dans cet état pendant quelques minutes. L'opération terminée on le fait refroidir, puis on en retire la matière. Lorsque la température est à environ 150 degrés, le mélange rougit fortement ; ce qu'on voit d'une manière frappante en se servant d'un tube de verre. Il y a même tant de chaleur produite, que le tube de verre fond en partie, se brise quelquefois, et que presque toujours l'air des vaisseaux est repoussé avec force. Depuis le commencement jusqu'à la fin de l'expérience il ne se dégage que de l'air atmosphérique, et que des bulles à gaz hydrogène qui ne répondent pas à la 50° partie de ce que le métal employé en dégagerait par l'eau. Tout le métal disparaît en décomposant une partie de l'acide boracique ; et ces deux substances sont réparties, par leur réaction réciproque, en une matière grise olivâtre, qui est un mélange de potasse, de borate de potasse et du radical de l'acide boracique. On retire ce mélange du tube en y versant de l'eau et chauffant légèrement; on sépare ensuite le radical boracique par les lavages à l'eau chaude et froide. Ce qui ne se dissout pas est ce radical même, qui jouit des propriétés suivantes : il est brun, verdâtre, fixe et insoluble dans l'eau ; il n'y a point de saveur, et n'a d'action ni sur la teinture de tournesol, ni sur le sirop de violette. Mêlé avec le muriate suroxigéné de potasse ou le nitrate de potasse et projeté dans un creuset rouge, il en résulte une vive combustion, dont l'acide boracique est l'un des produits. Lorsqu'on le traite par l'acide nitrique, il y a une grande effervescence, même à froid, et lorsqu'on fait évaporer la liqueur on obtient encore beaucoup d'acide boracique. De tous les phénomènes produits par le radical boracique, dans son contact avec les divers corps, les plus curieux et les plus importants sont ceux qu'il nous présente avec l'oxygène. En projetant trois décagrammes de radical boracique dans

un creuset d'argent à peine rouge obscur, et en recouvrant ce creuset d'une cloche d'environ un litre 1/2 de capacité, pleine d'oxygène et placée sur le mercure, il se fait une combustion des plus instantanées, et le mercure remonte avec tant de capacité jusqu'à la moitié de la cloche, qu'il la soulève avec force; cependant il s'en faut de beaucoup que, dans cette expérience, la combustion du radical boracique soit complétement opérée. Ce qui s'y oppose, c'est que ce radical passe d'abord tout entier à l'état d'un oxide noir dont on a reconnu l'existence, et que les parties extérieures de cet oxyde, passant ensuite à l'état d'acide boracique elles se fondent et privent, par ce moyen, la partie intérieure du contact de l'oxygène. Aussi, pour les brûler complétement, il est nécessaire de les laver, et de les mettre de nouveau en contact avec du gaz oxigène toujours à la chaleur rouge-cerise. Alors elles brûlent avec moins de force et absorbent moins d'oxygène que la première fois, parce qu'elles sont déjà oxydées; et les parties extérieures, passant de nouveau à l'état d'acide boracique qui se fond, empêchent la combustion des parties intérieures : de sorte que, pour les convertir toutes en acide boracique, il faut les soumettre à un grand nombre de combustions successives, et à autant de lavages. Dans toutes ces combustions, il y a toujours fixation d'oxygène, sans dégagement d'aucun gaz; et toutes donnent des produits assez acides pour que, en traitant ces acides par l'eau bouillante, on obtienne, par une évaporation convenable et par le refroidissement, de l'acide boracique cristallisé. Enfin, le radical boracique se comporte avec l'air comme avec l'oxygène, avec cette différence seulement que la combustion en est moins vive. Il résulte de toutes ces expériences que l'acide boracique est composé d'oxygène et d'un corps combustible. Tout prouve que ce corps, que MM. Gay-Lussac et Thénard proposent d'appeler bore, est d'une nature particulière, et qu'on peut le placer à côté du charbon, du phosphore et du soufre. MM. Gay-Lussac et Thénard pensent que, pour passer à l'état d'acide boracique, il exige une très-grande quantité d'oxygène ; mais qu'avant d'arriver à cet état il passe d'abord à celui d'oxyde. (*Journal de phys.*, nov. 1808.)

M. Robiquet. — 1819. — Le tinkal étant ordinairement à un prix inférieur au borax raffiné, on a un grand avantage à en extraire l'acide borique. Cette opération offre quelques difficultés dans son exécution : l'observation suivante a pour objet de les indiquer et de fournir les moyens d'y obvier. On est d'abord arrêté par l'excessive difficulté de clarifier et de filtrer la dissolution du borax brut, en s'y prenant à la manière accoutumée. Ces dissolutions sont, comme on sait, visqueuses et troublées par cette espèce de savonate qui encroûte le tinkal; toutefois, on prévient cet inconvénient en brassant le tinkal avec une portion de l'acide sulfurique qui doit servir à la décomposition : un huitième d'acide sulfurique suffit. Il se dégage, par cette addition, une grande quantité de vapeur d'acide hydrochlorique, provenant d'une certaine quantité de sel marin qui se trouve à la surface du borax natif. On laisse le tout en contact pendant vingt-quatre heures : au bout de ce temps, on fait la dissolution. Si elle est encore alcaline, on peut alors la clarifier et la filtrer avec la plus grande facilité ; mais elle est d'une teinte jaunâtre assez foncée. Si, pour détruire cette matière colorante, on emploie du charbon animal, on y réussit assez complétement. A cet effet, on fait macérer ce charbon avec une quantité suffisante d'acide hydrochlorique, pour dissoudre tout le phosphate et le carbonate de chaux ; puis on le lave exactement et on le fait sécher au soleil. En cet état, ce charbon remplit les conditions voulues, et il ne reste plus qu'à opérer de la manière ordinaire pour obtenir l'acide borique pur. (*Journal de pharm.*, 1819, t. V, p. 758.)

ACIDE CHLORIQUE (ses combinaisons avec les corps métalliques). — Chimie. — M. Vauquelin, de l'Institut. — Il résulte des diverses expériences faites par cet habile chimiste pour connaître les combinaisons de l'acide chlorique avec les corps métalliques, 1° que les métaux qui décomposent l'eau décomposent aussi l'acide chlorique, et forment avec lui des chlorures oxygénés ; 2° que le chlore peut se combiner à quelques oxydes métalliques sans en dégager l'oxygène ; que, conséquemment, il peut exister des chlorures oxygénés ; 3° que l'acide hydrochlorique peut s'unir à certains oxydes métalliques sans les décomposer ; 4° que la plupart des chlorates décomposés au feu donnent pour résidu ou un mélange de chlorure et de portion de la base libre, ou un sous-chlorure, ce qui semble prouver que l'oxygène contribue, pour une part quelconque, à la saturation des bases ; 5° que les chlorures résultant de la décomposition des chlorates faits avec des protoxydes sont toujours au *minimum* d'acide, mais que ceux faits avec des peroxydes ne sont pas toujours au *maximum*, et qu'ainsi l'acide chlorique ne paraît pas suivre dans ses combinaisons les proportions d'oxygène contenues dans les bases. (*Annales de chimie*, août 1815. — *Archives des découvertes et inventions*, même année, t. VIII, p. 77.)

ACIDE CICÉRIQUE (ou de *pois chiches*). — Chimie. — Découverte. — M. Dispan. — Pour recueillir cet acide, ce chimiste se servait d'une toile fine avec laquelle il frappait la plante, et lorsqu'elle en était suffisamment imbibée, il la lavait dans l'eau distillée. Quand l'eau a acquis une saveur un peu acide, il la filtre et la fait évaporer à une chaleur douce. La dissolution de cet acide prend, par l'évaporation, une couleur qui passe par degrés du jaune citrin à la nuance du vin de Malaga. L'air et la lumière ne l'altèrent point. Ses propriétés sont : d'avoir une saveur aigre et piquante, de rougir les couleurs bleues végétales, de faire effervescence avec les carbonates alcalins et calcaires, de ne former ni dépôt ni moisissure par la vétusté, de conserver sa couleur et sa transparence, de perdre de sa force et de son acidité, de décolorer sur-le-champ l'encre en un beau rouge de carmin, d'être précipité par l'alcool gallique, de donner à l'oxyde de cuivre une superbe couleur verte ; de l'épaissir, par l'évaporation, comme une espèce de sirop, de ne point cristalliser ; enfin, de devenir, par la dessication, brun et cassant comme une gomme. L'auteur a appelé cet acide cicératique, du nom de la plante *cicer*. (*Annales de chimie*, an VII, t. XXX, p. 183.)

ACIDE PYROLIGNEUX, OU VINAIGRE DE BOIS. — On extrait cet acide par la chaleur, dans de grands cylindres en fonte ou en feuilles de tôle, en y employant des bois durs, comme le chêne, le frêne, le bouleau, le hêtre. Près de la moitié de la matière pondérable du bois se transforme en gaz. On rectifie l'acide pyroligneux brut par une seconde distillation dans un alambic en cuivre, où il reste environ 20 pour 100. Une nouvelle distillation donne le vinaigre, qu'on purifie en le faisant bouillir dans une grande chaudière. Au reste, les procédés employés en France et en Angleterre diffèrent sur plusieurs points.

ACIER. — L'acier est une combinaison de fer pur et de carbone, ou un carbure de fer. Les recherches les plus modernes tendent à faire penser que la silice joue un grand rôle dans la conversion du fer en acier ; quoi qu'il en soit, il ne se trouve pas à l'état natif ; mais on le produit artificiellement, en employant, soit le fer de gueuse, soit le fer forgé. Les minerais de fer d'où l'on tire l'acier par la fusion sont les meilleurs de leur espèce ; on les nomme *minerais de fer propre à faire l'acier*. Après que le fer fondu est débarrassé de ses scories par une seconde fusion on le forge et l'étire en baguette ; c'est alors le fer de gueuse. Pour l'amener à l'état d'acier, il faut le fondre à plusieurs reprises, l'étirer, le couper en morceaux et le resouder. Cette opération se nomme affinage. L'acier se tire aussi du fer forgé, au moyen d'une opération spéciale appelée *cémentation* ; et, par cette raison, il est nommé *acier de cémentation*. Pour le fabriquer, on prend des verges minces de fer pur et d'une bonne qualité ; on le met dans la caisse d'un fourneau fait exprès, et qu'on nomme *fourneau acément*, en y ajoutant de la poussière de charbon et de la cendre de bois, et, ce qui vaut mieux encore, du verre concassé ; on entretient pendant cinq ou six jours un grand feu, qui convertit le fer forgé en acier. Cet acier de cémentation est encore une fois forgé ; l'acier est dit artificiel, en le fondant et en le faisant rougir à plusieurs reprises ; en le forgeant et en le trempant, c'est-à-dire en l'étreignant promptement dans l'eau lorsqu'il est encore rouge. (*Voy.* TREMPE.) — Les eaux qui donnent au fer tant d'élasticité, de dureté, de fusibilité et de brillant, ne sont pas encore suffisamment connues. Un fait fort remarquable, c'est la découverte de Guyton-Morveau, qu'au moyen d'un diamant substance carbonique, merveilleusement condensée, on peut convertir le fer forgé en véritable acier fondu. Cette expérience prouve que le diamant offre le même principe que le charbon, puisque le produit de la combinaison avec le fer présente les mêmes qualités. Quoi qu'il en soit, par l'aciération, le fer prend des propriétés nouvelles, savoir : de devenir très-élastique, de se durcir considérablement par la trempe; de s'aimanter et de conserver les propriétés magnétiques. Parmi les aciers courants de l'Europe, l'acier d'Angleterre occupe le premier rang; il est marqué *B. Huntsmann* ou *Martial*. Il est fondu; mais la préparation en est tenue secrète. (*Voyez ci-après* ACIER FONDU.) Après celui-là vient l'acier nommé en France et en Suisse *acier poule*; c'est un acier de cémentation fabriqué à Newcastle, en Angleterre. Après les aciers d'Angleterre viennent les aciers d'Allemagne, surtout ceux de Styrie et de Carinthie, ensuite l'acier de Suède et de Venise. Outre l'acier d'Europe, il y en a un depuis longtemps célèbre en Asie; c'est l'acier de Damas (*Voy.* DAMAS), dont on fabrique les lames de sabre les plus précieuses, qui réunissent le plus haut degré de dureté à une élasticité incroyable. Ces lames sont payées sur place de 7 à 8,000 écus. Il paraît que la préparation véritable n'en est pas encore connue (*Voy.* DAMASQUINER). Il y a aussi une sorte d'acier dans les Indes occidentales, qu'on y nomme *voutz*, qui est très-dur, et si fin, que les couteaux qu'on en fabrique coupent l'acier ordinaire et le verre, sans en éprouver de dommage. On sait d'ailleurs que l'on peut ramener l'acier à l'état de fer, en l'échauffant plusieurs fois, et en le laissant refroidir à l'air libre. Les ouvrages principaux sur l'acier et sa fabrication sont, en français, la Sidérotechnie, ou l'*Art de traiter les minerais de fer pour en obtenir de la fonte, du fer ou de l'acier*, par Hassenfratz; 4 vol. grand in-4°, Paris, 1812; et en allemand, celui de Quantz, *Sur la manipulation du fer et de l'acier*; Nuremberg, 1779 (*Encycl. des gens du monde.*)

Le mot acier, selon Ménage, vient d'*aciarium*, dont les Italiens ont fait *acciaro*, et les Espagnols *azero*; mais *aciarium, acciaro* et *azero* viennent tous d'*acies*, dont Pline s'est servi pour le mot *chalybs*. Les Latins l'appelaient *chalybs* parce que le premier acier qui avait été en réputation parmi eux venait, dit-on, d'Espagne, où il y avait un fleuve nommé *Chalybs*, dont l'eau était la plus propre que l'on connût pour la bonne trempe de l'acier.

Voici quelques détails sur la fabrication de l'acier chez les anciens :

Aristote nous apprend (*Meteor* l. IV, c. 6) « que le fer forgé, travaillé même, peut se liquéfier de rechef, et derechef se durcir, et que c'est par la réitération de ce procédé, qu'on le conduit à l'état d'acier. Les scories du fer se précipitent, ajoute-t-il, dans la fusion; elles restent au fond des fourneaux, et les fers qui en sont débarrassés de cette

manière, prennent le nom d'acier. Il ne faut pas pousser trop loin cet affinage, parce que la matière qu'on traite ainsi se détruit, et perd considérablement de son poids. Mais il n'en est pas moins vrai, que moins il reste d'impuretés, plus l'acier est parfait. »

Il y a beaucoup à désirer dans cette description d'Aristote. Il est vrai que le fer, même travaillé, peut être remis en fusion, et qu'à chaque fois qu'il se purge, il perd de son poids; mais fondez, purgez tant qu'il vous plaira de certains fers, vous n'en ferez jamais ainsi de l'acier. Cependant c'est avec du fer ainsi purgé qu'on fait incontestablement le meilleur acier : il y a donc quelque circonstance essentielle omise dans le procédé d'Aristote.

Voici la manière dont Agricola dit qu'on fait avec le fer de l'acier artificiel; et le P. Kirchel assure que c'est celle qu'on suivait dans l'île d'Ilva; lieu fameux pour cette fabrication, depuis le temps des Romains, jusqu'à son temps.

« Prenez, dit Agricola, du fer disposé à la fusion, cependant dur et facile à travailler sous le marteau; car quoique le fer fait de mine vitriolique puisse toujours se fondre, cependant il est ou doux, ou cassant ou aigre. Prenez un morceau de ce fer, faites-le chauffer rouge, coupez-le par parcelles, mêlez-les avec la sorte de pierre qui se fond facilement; placez dans une forge de serrurier ou dans un fourneau, un creuset d'un pied et demi de diamètre et d'un pied de profondeur, remplissez-le de bon charbon, environnez-le de briques, qui forment autour du creuzet une cavité qui puisse contenir le mélange de pierre fusible et de parcelles de fer coupé.

« Lorsque le charbon contenu dans le creuset sera bien allumé, et le creuset rouge, soufflez, et jetez dedans peu à peu le mélange de pierre et de parcelles de fer.

« Lorsque ce mélange sera en fusion, jetez dans le milieu trois ou quatre morceaux de fer, poussez le feu pendant cinq ou six heures, prenez un ringard, remuez bien le mélange fondu, remuez bien le mélange, afin que les morceaux de fer que vous avez jetés dedans s'imprégnent fortement des particules de ce mélange; ces particules consumeront et diviseront les parties grossières des morceaux de fer auxquels elles s'attacheront; et ce sera, s'il est permis de parler ainsi, une sorte de ferment qui les amollira.

« Tirez alors un de ces morceaux de fer hors du feu, portez-le sous un grand marteau, faites-le tirer en barre, et tourmentez, et sans le faire chauffer plus qu'il n'est, plongez-le dans l'eau froide.

« Quand vous l'aurez trempé, cassez-le; considérez son grain et voyez s'il est tout acier, ou s'il contient encore des parties ferrugineuses.

« Cela fait, réduisez tous les morceaux de fer en barres, soufflez de nouveau, rechauffez le creuset et le mélange, et rafraîchissez de cette manière ce que les premiers morceaux n'ont pas bu ; remettez-y, ou de nouveaux morceaux de fer, si vous êtes contents des premiers, ou les mêmes, s'ils vous paraissent ferrugineux, et continuez comme nous avons dit ci-dessus. »

Voici ce que nous lisons dans Pline, sur la manière de convertir le fer en acier : *Fornacum maxima differentia est; in iis equidem nucleus ferri exquoquitur ad indurandam aciem alioque modo ad deneandas incudes malleorumque rostra.* Il semblerait par ce passage que les anciens avaient une manière de faire au fourneau, de l'acier avec le fer, et de durcir ou tremper leurs enclumes et autres outils. Cette observation est de M. Lister, qui ne me paraît pas avoir regardé l'endroit de Pline assez attentivement. Pline parle de deux opérations qui n'ont rien de commun, la trempe et l'aciérie. Quand au *nucleus ferri*, ou noyau de fer, il est à présumer que c'est une masse de fer affiné qu'ils traitaient comme nous l'avons lu, dans Aristote, dont la description dit quelque chose de plus que celle de Pline. Mais toutes les deux sont insuffisantes.

Pline ajoute dans le chapitre suivant : *Ferrum accensum igni, nisi duretur ictibus differentia corrumpitur;* et ailleurs : *Aquarum summa est quibus immergitur ;* ce qui rapproche un peu la manière de convertir le fer en acier du temps de Pline, de celle qui était en usage chez les Grecs, du temps d'Aristote. (*Encyclopédie* de DIDEROT et de d'ALEMBERT, art. *Acier*.)

Benjamin Hunstmann créa le premier l'industrie de l'acier fondu et l'établissement de ce genre qu'il fonda à Handsworth près Scheffield, date de 1740.

Il résulte des expériences et des recherches faites sur la constitution des aciers, que les fontes de fer de nature à donner constamment de l'acier naturel pareil à celui de l'Allemagne, doivent être obtenus, de préférence, des carbonates de fer qui contiennent le plus de manganèse, et que ce métal doit être allié, dans les fontes de fer destinées pour l'acier, dans la proportion de quatre et demi à cinq pour cent. Dans l'acier naturel de bonne qualité, le manganèse doit s'y trouver dans une proportion double de celle du carbone. Ces aciers en général, et particulièrement l'acier naturel, sont essentiellement des alliages de fer et de manganèse, combinés avec le carbone ; et cet alliage non encore déterminé pour l'acier de cémentation provenant des mines spathiques, est, ordinairement, pour l'acier naturel de l'Allemagne, dans les rapports suivants : fer, 96,84 ; manganèse, 2,16 ; carbonate, 1,00—100. Toutes les mines de fer ne sont pas également favorables pour obtenir constamment de l'acier naturel qui soit pourvu de toutes les propriétés qu'il doit avoir. Les carbonates de fer ou mines spatiques, qui rendent, par les analyses, depuis deux jusqu'à treize pour cent le carbonate

de manganèse, exigent même un choix particulier et un grillage très-soigné en raison des sulfures qui s'y trouvent, et elles doivent être employées pour les fers forgés, lorsqu'elles ne contiennent que deux pour cent de carbonate de manganèse. Celles qui en contiennent davantage peuvent être alliées à celles-ci et conviennent pour l'acier. Il est d'autant plus nécessaire de classer ces mines d'après les analyses, qu'on a vu qu'elles contenaient le manganèse dans des proportions très-différentes, et qu'on a prouvé qu'une partie de ce métal se détruisait dans le cours des opérations métallurgiques. Les propriétaires des forges qui sont à proximité des mines de manganèse peuvent tenter avec succès des alliages de ces mines avec celles de fer, afin de rapprocher les fontes destinées à la fabrication de l'acier, de celles provenant des mines spathiques, oxidulées et de quelques crématites, dans lesquelles la nature a préparé l'alliage du fer et du manganèse. Les travaux intéressants que l'on conçoit et qui restent à faire dans les forges alimentées avec des mines sphatiques, se déduisent naturellement de ces observations. Enfin relativement aux intérêts de l'état, il convient de considérer que les mines dures en fer sphatiques, qui n'existent que dans cinq départements de la France (an IV) équivalent à des mines d'or ; et c'est particulièrement dans ces cinq départements qu'il convient de provoquer le perfectionnement de l'aciération, pour parvenir à nous affranchir du tribut de quatre millions de francs par an que nous payons à l'étranger pour les aciers de toutes espèces qu'il nous fournit (*Annales de Chimie,* tom. XXXVI, page 37.

Aimantation de l'acier par l'action du courant voltaïque. — En répétant quelques expériences de M. Oersted, M. Arago a reconnu que le courant voltaïque développe fortement la vertu magnétique dans les lames de fer et d'acier, qui d'abord en étaient privées ; et que le fil conjonctif de la pile a la propriété d'aimanter une aiguille soumise à son action. Si l'aiguille est en fer doux, elle perd ses propriétés magnétiques dès qu'elle est hors de l'influence du fil conjonctif ; si elle est en acier, elle les conserve comme l'aiguille aimantée par les moyens ordinaires. D'autres expériences ont prouvé à l'auteur, que si un fil d'acier est aimanté par un courant galvanique qui le parcourt longitudinalement, la position des pôles est uniquement déterminée par la direction du courant, et que des circonstances légères, presque imperceptibles, telles, par exemple, qu'un faible commencement d'aimantation, une légère irrégularité dans leur forme ou dans la texture du fil, peuvent changer tous les résultats ; tandis que si le courant galvanique circule autour de l'acier, le long des spires d'une hélice, on pourra toujours prévoir à l'avance où viendront se placer les pôles nord et sud. L'influence des hélices s'exerce non-seulement sur les portions du fil d'acier qu'elles renferment, mais encore sur les parties voisines ; en sorte que, par exemple, si l'intervalle compris entre les hélices consécutives est petit, les portions du fil d'acier correspondant à ces intervalles, seront elles-mêmes aimantées, comme si le mouvement de rotation qu'on a donné au fluide magnétique par l'influence d'une hélice se constituait au delà des derniers spires. Ayant cherché à découvrir quelles étaient les circonstances qui faisaient varier la position des pôles, lorsque des fils d'aciers étaient parcourus longitudinalement par un courant galvanique, **M.** Arago a trouvé, avec une pile très-active, que si le fil conjonctif est parfaitement droit, un fil d'acier placé dessus n'en reçoit aucun magnétisme. Il a eu soin qu'aucune décharge ne passât du fil conjonctif à la tige d'acier sur laquelle il opérait. (*Annales de chimie,* 1820 ; — *Archives des découvertes et inventions,* 1820, p. 152.)

Moyen de souder l'acier avec la fonte. — M. J.-B. Dupont, maître de forges à Nieuport (Ourthe), 1807. — Pour obtenir cette soudure, on fait des coquilles en fer fondu, de la forme et de la dimension que l'on désire, on les enduit d'un lavage de fiente de cheval que l'on saupoudre de la fine poussière de charbon de bois qu'on laisse bien sécher. Ces dimensions étant faites, on confectionne deux plaques de pareille dimension, l'une en fer, l'autre en acier, que l'on soude ensemble. On chauffe du côté du fer la plaque qui résulte de cet assemblage ; on la place aussitôt dans la coquille, le fer en dehors, après quoi on verse la fonte dessus, et la plaque d'acier se trouve liée au fer d'une manière inséparable. Pour ce procédé, M. Dupont a obtenu un brevet d'invention de cinq ans. (*Description des brevets expirés,* t. IV, p. 141.)

Polissage des ouvrages d'acier. — MM. Toussant père et fils, de Raucourt (Ardennes), an VII. — On place une certaine quantité de menus ouvrages dans un cylindre creux, tournant sur son axe par une roue hydraulique, avec de l'émeri, du grès, de la brique, du verre, des oxydes de fer, etc., broyés à l'eau et réduits en pâte molle. Chaque pièce se polit sur toutes ses faces par le mouvement rotatoire de ce cylindre ; mais pour que le poli soit beau, le mouvement doit être lent et prolongé, sans interruption pendant quatre-vingt-seize heures. Cette première opération faite, on lave avec soin toutes les pièces, et on les fait tourner à sec, pendant vingt-quatre heures dans un autre tambour, avec le rouge d'Angleterre, de la potée d'étain ou de l'oxyde noir de fer. On obtient ainsi un poli très-brillant. (*Description des brevets expirés,* t. II, p. 53, pl. 14.)

Procédé pour bleuir l'acier. — Ce procédé consiste à mettre sur une plaque de fer quelques mottes de tan qu'on couvre de poussière de charbon allumé. Lorsque le feu commence à brûler les mottes, on pousse dessus les pièces qu'on veut bleuir, en ayant soin de maintenir la chaleur au même degré. Quand la pièce a contracté la couleur

que l'on désire on la retire ; et, après l'avoir fait refroidir lentement, on l'essuie avec un linge. Cette couleur se conserve longtemps, mais comme elle est susceptible de se ternir, on peut la faire reparaître promptement en renouvelant la même opération. (*Bull. de la société d'encouragement,* an XII, p. 69.)

Procédé pour empêcher l'acier de se rouiller. — Ce procédé consiste à bien nettoyer, avec une lessive fortement alcaline, les pièces qu'on veut vernisser, et les laver dans l'eau pure, et les essuyer ensuite avec un linge propre. Ces conditions étant faites, on prend du vernis appelé vernis gras à l'huile, dont la base est la gomme-copal, en choisissant le plus blanc. On y mêle de l'essence de térébenthine bien rectifiée, depuis la moitié jusqu'aux 4 cinquièmes, suivant que l'on veut plus ou moins conserver le brillant métallique. Ce mélange se garde sans altération, étant bien enfermé. Pour l'appliquer, on se sert d'une éponge fine, que l'on a soin de laver dans l'eau, et ensuite dans l'essence de térébenthine pour en faire sortir l'eau. On la trempe dans le vernis, en la pressant avec les doigts, pour qu'il n'en reste qu'une très-faible quantité. Dans cet état, on la pose légèrement sur la pièce, s'attachant à ne pas repasser longtemps, lorsque l'essence est une fois évaporée, ce qui rendrait le vernis raboteux et d'une teinte inégale ; on le laisse sécher dans un endroit à l'abri de la poussière. Des pièces ainsi vernissées, quoique frottées avec la main, et servant à des usages journaliers conservent leur brillant métallique sans être atteintes de la plus légère tache de rouille. Ce même procédé peut aussi s'employer pour empêcher le fer de se rouiller. (*Moniteur,* an XII, p. 362.)

Emploi de l'acier dans les ouvrages de la gravure : — M. Pein, de Châlons (Marne), réclame par sa lettre du 15 août, contre l'insertion du journal anglais publié par M. Galignani, au sujet de la *siderographie,* ou l'art d'appliquer l'acier aux ouvrages de la gravure et que ce journal présente comme appartenant à deux américains. MM. Perknis et Taerman. C'est en 1810, que la découverte citée fut faite par un français qui n'a jamais quitté son pays, et depuis 1816 elle est mise en usage dans une fabrique à Châlons-sur-Marne. On doit observer que les Américains n'opèrent que sur des feuilles minces d'acier, tandis que nos matrices gravent sur des blocs d'acier de plus de deux pouces d'épaisseur. (*Moniteur* 1820, page 1154.)

Acier fondu. (Sa formation au moyen du fer et du diamant). — *Découverte* — MM. Clouet, Welter et Hachette, an XIII : Ces chimistes obtinrent l'acier fondu par la décomposition de l'acide carbonique dont le carbone se combine avec du fer. Mais le carbone pouvant exister à différents degrés d'oxydation, en quel état se trouve-t-il dans le fer pour constituer l'acier ? C'est pour résoudre cette question qu'on a traité au feu de forge environ 60 parties de fer avec une de diamant, ou de carbone pur et l'on a obtenu un culot d'acier fondu, parfaitement homogène dans sa cassure. L'expérience en a été faite à l'école polytechnique; le diamant employé dans cette expérience, s'est combiné tout entier avec le fer, d'où il suit que le carbone pur non oxydé est un des principes de l'acier fondu. (*Moniteur*, an VIII, p. 1356.)

M. Bodin, (An X,) a présenté à l'exposition des produits de l'industrie, un acier de bonne qualité qui procure une économie relative considérable. M. Bodin *a obtenu une médaille d'argent. (Rapport du jury inséré dans le Moniteur de l'an XI*, p. 52.) — MM. Poncelet frères de Liége, 1809. La société d'encouragement a décerné une médaille d'or à ces fabricants, pour le succès qu'ils ont obtenu dans la préparation de l'acier fondu. (*Moniteur* 1809, p. 1031.) — 1810. Les mêmes manufacturiers fabriquent un acier qui montre à la cassure un grain compact, homogène, fin, et qui peut se souder facilement, se filer et se martiner. Ce produit tient le milieu entre l'acier non soudable et l'acier naturel et de cémentation. Il est propre à faciliter des objets ou l'on a besoin d'un métal nerveux; de plus, il prend bien la trempe et est susceptible d'un beau poli. *Mention honorable du jury des prix décennaux.* (*Moniteur* 1810, p. 930.) — 1811. En séance générale de la société d'encouragement, MM. Poncelet ont obtenu *le prix de 4,000 francs* proposé en 1807 pour l'acier fondu, égalant les meilleures productions étrangères et pouvant subvenir à une partie des besoins du commerce à des prix de concurrence. Le prix était accompagné d'une *médaille d'or* frappée avec un coin provenant des aciers de la manufacture de ces fabricants. (*Bulletins de la société d'encouragement*, 1811, p. 257.) — MM. Quinquandon, Bodin et Mazandier ont obtenu de la société d'encouragement une *médaille d'argent*, pour leurs aciers fondus présentés au concours établi en 1807. (*Bulletin de la société d'encouragement*, 1812, p. 132.) — M. Schmalder de Rheims : Un procédé au moyen duquel on fabrique en fonte d'acier, des ciseaux d'excellente qualité, a été communiqué par M. Schmalder, à la société d'encouragement, qui lui a décerné pour ce procédé une médaille d'argent. (*Bulletin de la société d'encouragement*, 1811 p. 257.) M. Groux, de Paris : Mention honorable à la société d'encouragement.) *Bulletin de cette société*, 1801, p. 257.) — M. Eteiler, de Carcassonne. Ce fabricant a été cité honorablement à la société pour les aciers en fonte pâteuse, soudables avec le fer et sur eux-mêmes, qu'il a présenté au concours de 1807. *Bulletin de la société d'encouragement*, 1811, p. 257.) M. Vendenbroeck, inspecteur des travaux de la forge de Geislautern (Sarre). — Même citation de la société d'encouragement a été méritée par M. Vendenbroeck, pour les aciers qu'il a présenté au concours établi en 1807, et pour le procédé qu'il emploie dans la fabrication de

ses creusets par compression. (*Moniteur*, 1812, page 424.) — M. Hultemann. Le procédé que ce fabricant emploie consiste à mettre dans un creuset de fer malléable en y ajoutant de la poussière de charbon de bois; il en résulte de l'acier fondu qu'on peut jeter en moule. Si l'on met en poussier de charbon de bois $\frac{1}{14}$ du poids de fer, on obtient un acier qui entre facilement en fusion, et capables de se mouler de toutes les manières. La proportion qui paraît préférable est celle de $\frac{1}{16}$ ou $\frac{1}{17}$. En diminuant cette proportion et l a portant jusqu'à $\frac{1}{100}$, l'acier qui en résulte acquiert beaucoup de nerf et de flexibilité; mais, en opérant cette diminution, le métal se fond difficilement et approche du fer malléable. (*Bulletin de la société d'encouragement* 1811, p. 107.) — M. Peugeot d'Hérimoncourt, 1812. L'acier fondu n° 5, à 4 fr. le kilog. présenté par ce fabricant, étant employé en outils, à la dureté et la tenacité de celui d'Angleterre; il se comporte, à la forge, à la lime, à la trempe ou poli comme l'acier cémenté, et un rasoir fait avec l'acier fondu dont il s'agit s'est trouvé de bonne qualité. (*Bulletin de la société d'encouragement*, 1812, p. 209.) — MM. Salmon et Buisine. — Brevet de dix ans délivré pour un procédé nouveau. — M. Pasquier de Guerivière, de Paris, 1818. On a fabriqué à la manufacture des apprentis pauvres et orphelins, faubourg Saint-Denis, des aciers fondus qui promettent la plus heureuse réussite; des épreuves suivies en ont constaté la perfection, et son Ex. le ministre de la guerre a offert à l'établissement de le charger de la fourniture des aciers employés dans les arsenaux. La fabrication de ces aciers sera établie dans le canton de Villeneuve-Saint-Georges, sous la direction spéciale de M. Pasquier de Guerivière, importateur de ce perfectionnement. On peut vérifier ces échantillons au dépôt du Conservatoire des arts et métiers. (*Moniteur*, 1818, page 720.) — M. Milléret de la Bérardière (Loire), 1819. L'acier fondu fabriqué par ce manufacturier, déjà connu si avantageusement, présente, de plus que les aciers anglais, la propriété de se souder avec lui-même et avec le fer. L'acier dit *fondu vif* est également d'une qualité supérieure. (*Bull. de la Société d'encouragement*, 1819, p. 94.) M. Jackson. — *Brevet de dix ans*, pour un procédé propre à la fabrication de l'acier fondu.

M. Dumas. La bonne qualité des aciers de ce fabricant lui a mérité une médaille de bronze à l'exposition des produits de l'industrie française. (*Monit.*, an X, p. 5.) — MM. Collin de Cancey et Sercilly, fabricants à Souppes (Seine-et-Marne) : La manufacture de Souppes, anciennement établie, avait langui jusqu'à ce moment; depuis, les entrepreneurs lui ont donné de l'activité. Ils ont exposé des aciers appropriés aux besoins divers des arts. Ces aciers, soumis à toutes les expériences nécessaires dans les ateliers de M. Chaillot, ont été trouvés de la meilleure qualité, et l'on en a fait faire un ressort de pendule qui a parfaitement réussi. Ces entrepreneurs sont parvenus à fabriquer, à Souppes, des cylindres de laminoirs auxquels il ne manque rien, tant sous le rapport de la dureté que sous celui du tour. Cette aciérie était alors la plus considérable qui existait en France. Le jury, chargé de juger les produits de l'industrie, a décerné aux entrepreneurs une médaille d'or. (*Rapp. du jury*, 2 vendem. an XI; *Bull. de la société d'encouragement*, an XI, p. 25.) — M. Sabatier, préfet de la Nièvre, a obtenu une mention honorable du jury pour les aciers qu'il a exposés et qui ont paru fabriqués avec soin. (*Rapp. du jury* et *Monit.*, an XI, p. 52.) — MM. Grouvy et Guentz, à Goffontaine (Sarre), 1806, médaille d'or pour les aciers de bonne qualité qu'ils ont présentés à l'exposition, et qui étaient marqués *acier brut* ou *naturel de fusion*. Ce produit était bien forgé, sans gerçures, d'un grain fin, gris égal; se forge, se soude bien, et a du corps et du nerf. Essayé pour la fabrication des poinçons et des ciseaux à froid, on l'a trouvé de qualité supérieure. (*Monit.*, 1806, p. 448; *Ann. de l'industrie*, 1812, p. 150.) — M. Loup, à la Forge-de-Saint-Denis (Aube), médaille d'or pour son acier *poule*, semblable à celui d'Angleterre. Il est sans gerçures, se forge et se soude bien, est très-dur à la trempe; prend un grain très-fin, et se comporte en tout comme l'acier anglais essayé comparativement. Les minerais qui fournissent cet acier viennent de Villerouge, dans les Corbières. (*Monit.*, 1806, p. 1448, et *Ann. de l'industrie*, 1811, p. 150.) — M. Plantier, de la Forge-d'en-Haut (Isère), médaille d'argent de première classe pour le bel acier qu'il a présenté à l'exposition. (*Monit.*, 1806, page 1448.) — MM. Georges et Cugnolet, à Undervilliers (Haut-Rhin), et Grasset (Claude), à la Doue, près la Charité (Nièvre), médaille d'argent pour la beauté des aciers qu'ils ont mis à l'exposition. (*Monit.*, 1806, p. 1448, et *Ann. de l'industrie*, 1812, p. 150.) — MM. Girard, Tournier et Salomon, de Renage (Isère), et Navez, de Binch (Jemmappes), mentionnés honorablement pour les aciers qu'ils ont exposés. (*Monit.*, 1806, p. 1448; *Ann. de l'industrie*, 1812, p. 150.) — MM. Gouvy frères, brevet de quinze ans pour importation de procédés propres à fabriquer les aciers naturels de fusion. (*Moniteur*, 1807, p. 1148.) — MM. Badin, Quinquandon et Mazaudier, 1811, une médaille d'argent leur a été décernée pour avoir envoyé au concours de très-beaux échantillons d'acier. (*Bull. de la soc. d'encourag.*, 1811, p. 235.) — M. Peugeot, à Hérimoncourt, 1812. Les aciers n° 6 en verges cylindriques de différentes grosseurs, depuis 10 jusqu'à 30 francs le kilogramme, présentés par ce manufacturier, les gros numéros surtout, étaient très-bons pour faire des outils d'horlogerie, et capables de recevoir un beau poli. Cependant, plusieurs variétés de grosseurs ayant été plongées dans l'acide, on a remarqué sur la plupart des stries longitudinales de divers tons de couleurs qui indiquent une répartition inégale de carbone, et feraient croire que cet acier rond n'est que de l'acier cémenté. En l'ayant fait tremper et polir, ces aciers ont pris un poli noir fort vif, présentant beaucoup de piqûres qui nuisent au poli; néanmoins, ils offraient au commerce un grand avantage par la bonne qualité de quelques-uns et par la diminution des prix. (*Rapport de la société d'encouragement*, 12 août 1812, *Bull.* 96, p. 133.) — M. Milleret, propriétaire des usines de la Bérardière, près Saint-Etienne (Loire), 1818. La société d'encouragement pour l'industrie nationale a, dans sa séance du 25 mars, décerné une médaille d'or à ce fabricant, pour la préparation en grand des aciers naturels propres à la fabrication des limes, des fleurets, des armes blanches, etc. (*Monit.*, 1818, p. 464). — 1819. Le même manufacturier a obtenu à l'exposition une médaille d'or pour diverses espèces d'aciers nécessaires aux arts, depuis l'acier naturel jusqu'à l'acier fondu, et à celui raffiné pour burin, limes et coutellerie fine. Ces produits étaient parfaits et à des prix modérés. M. Beaunier, ingénieur en chef, est le premier en France qui a établi, sur des principes certains, la fabrication des aciers qui sortent des mines de M. Milleret, et a dirigé lui-même cette fabrication dans toutes ces variétés. (*Ord. du* 9 avril 1819; *Bull. de la soc. d'encourag.*, 1820, p. 52.)

Acier poli (bijouterie d'). — M. Schey, de Paris, dont les travaux faisaient concevoir les plus grandes espérances, et qui déjà était parvenu à égaler les bijoux d'acier anglais, a obtenu une médaille d'encouragement à l'exposition des produits de l'industrie nationale. (*Monit.*, an X, p. 5.) — MM. Toussaint père et fils, à Raucourt (Ardennes). Ces fabricants ont été mentionnés honorablement dans le rapport du jury, pour avoir exposé des boucles d'acier poli et autres quincailleries d'une exécution qui mérite des éloges. (*Monit.*, an XI, p. 52.). — A l'exposition de 1806, M. Schey a présenté de la bijouterie et de la quincaillerie en acier d'une belle exécution et d'un très-beau poli; ces ouvrages ont paru dignes de la réputation que ce manufacturier jouit à juste titre. (*Monit.*, 1806, p.1754.) Cette invention consiste dans un procédé propre à ramollir l'acier fondu, et à lui faire prendre toutes sortes d'empreintes sous le balancier, sans porter atteinte à la beauté de l'exécution; elle diminue le prix des objets fabriqués. (*Monit.*, 1810, p. 930.) — M. Trichot et Janin, de Paris, 1812. Chacun d'eux a apporté de grands perfectionnements dans les aciers polis, et ils sont parvenus à les donner à 25 pour 100 au-dessous des fabriques étrangères. (*Annales de l'industrie*, 1812, p. 4.) — M. Schey, 1819. La bijouterie présentée par ce fabricant à l'exposition ne laissant plus rien à désirer, le jury lui a décerné la médaille d'or. (*Bulletin de la société d'encouragement*, 1820, p. 48.)

Acier tréfilé (pour aiguilles). — M. Descroisilles a présenté à la société d'encouragement un échantillon d'acier de M. Aubertot, de Vierzon, tréfilé par M. Mignard Billinge, et qui, envoyé à Aix-la-Chapelle et à Borcette, a été reconnu aussi propre à la fabrication des aiguilles que le meilleur fil d'acier du grand duché de Berg. (*Bulletin de la soc. d'encour.*, 1812.) MM. Benoit, David et Aubertot ont également présenté à la société d'encouragement des aciers tréfilés, qui ont été reconnus propres à être employé à la fabrication des aiguilles. (*Bulletin de la société d'encouragement*, 1813, p. 158.)

« *Aciers cémentés.* — L'acier de cémentation était fabriqué avec succès dans le département de l'Indre : il était plus égal, soutenait mieux la chaleur et se soudait plus facilement que la plupart des aciers répandus dans le commerce, ce qui le rendait très-propre à la coutellerie, à la fabrication des ressorts à fusils, et généralement à tous les objets pour lesquels on emploie celui d'Allemagne. » (*Extr. de la Statist. du département de l'Indre*, 2 vol. in-fol., par M. Dalphonse.)

M. Peugeot, à Hérimoncourt 1812 : — Les aciers de cette fabrique étaient classés sous quatre numéros ; l'acier cémenté n° 1 annoncé pour coutellerie commune, au prix de 2 fr. le kilog., donne des tranchants d'une assez bonne *étoffe*, malgré quelques lamelles en fer remarquées dans la cassure et qui ne sont pas cémentées. Un couteau fait avec cet acier, ayant été mis dans l'acide nitrique affaibli a pris des teintes longitudinales différentes, indiquant une répartition inégale de carbone ainsi que cela a lieu dans les étoffes préparées pour cet usage. L'acier cémenté n° 2 était propre à faire des faulx, des haches et des outils à tailler les pierres ; et le n° 3, marqué acier à tremper et destiné à garnir les aires de marteaux, valait 2 fr. 50 cent. le kilog. Ces aciers ont été employés en barreaux trempés très-dur et annoncés pour être le plus souvent homogènes et quelquefois pailleux, supportant parfaitement le travail de la forge, se soudant avec le fer plus facilement que celui à trois points de Styrie et ne lui cédant en rien. Quatre outils faits avec l'acier n° 3 sont annoncés avoir bien résisté. Cependant on ne peut confondre le n° 2 avec le n° 3, attendu que le n° 2 exige des soins pour être forgé et qu'il a peu de nerf. Un barreau de cet acier a été blanchi, et mis par un bout dans l'acide nitrique, il y est devenu également ; noir l'autre bout, poli avec soin, a pris un poli noir, mais rempli de fils courts et d'inégalités. Cet acier ne peut être employé que pour les gros tranchants. Quant à l'acier n° 3, il se forgeait bien, il avait du nerf, et mis dans l'acide il avait pris une couleur noire assez égale. Le poli en est plus beau que celui du n° 2, quoiqu'il présente encore des fils. Enfin ce produit est propre à faire tous les objets de coutellerie ordinaire. L'acier cémenté n° 4, annoncé pour limes, rasoirs et fine coutellerie, à 3 fr. le kilog., se forgeait bien, il était assez dur à la forge, à la lime et à la trempe ; il découvrait bien, mais la lime faite avec cet acier s'est trouvée d'une qualité médiocre et remplie de piqués allongés, dirigés suivant le sens où l'on avait étendu l'acier. Une lame de rasoir, polie au noir a offert les mêmes piqués alignés ; toutefois le tranchant s'en est trouvé bon et supérieur aux aciers ordinaires. Cette lame trempée dans l'acide nitrique affaibli, a pris un ton noir et égal dans la plupart de ses parties. (*Rapport de la Société d'encouragement*, 12 août 1812, 96ᵉ *bulletin*, p. 133.) — M. Garrigou, de Toulouse. Divers outils faits avec des échantillons envoyés par ce fabricant à la Société d'encouragement, a donné la certitude que son acier pouvait remplacer celui d'Allemagne. (*Soc. d'encour.*, 1817, p. 30.) — M. Saint-Brys a présenté à la Société d'encouragement des aciers de cémentation de très-bonne qualité, se soudant bien avec le fer sans altération sensible. (*Soc. d'encourag.* 1817, p. 28.) — MM. Dequenne et Montmonceau d'Orléans. Médaille d'or pour des aciers cémentés de très-bonne qualité, qu'ils ont exposés. (*Bulletin de la Soc. d'encourag.* 1820, p. 46.)

ACOUSTIQUE.—M. E. Chladini (1809) avait déjà consacré un temps considérable à des expériences sur les corps sonores. Il avait publié dès 1787 un Mémoire contenant des découvertes intéressantes sur la théorie physique du son. Il traitait des vibrations des verges tant rectilignes que courbes, des sons qu'on obtient, et particulièrement des vibrations des surfaces élastiques. M. Haüy, après avoir eu connaissance de ces expériences, a répété, devant la Société philomathique, plusieurs expériences au moyen desquelles M. Chladini rend sensible à l'œil la division d'une surface vibrante en plusieurs *nappes* partielles, ayant chacune leurs oscillations distinctes, qui correspondent à celles des ondes de la corde sonore ; *nappes* séparées les unes des autres par des courbes d'équilibre, qui représentent les *nœuds* ou *points stationnaires* de la même corde. Les *ondes* et les *nœuds* de la corde sonore dont il s'agit ici, ont été découverts ou du moins rendus sensibles, il y a plus d'un siècle, par Sauveur. L'ouvrage de M. Chladini, sous le titre d'acoustique, est divisé en quatre parties qui traitent respectivement : 1° des rapports mécaniques des vibrations des corps sonores ; 2° des lois des phénomènes qu'elles offrent ; 3° des lois de la propagation du son ; 4° de la partie physiologique de l'acoustique, où l'auteur examine ce qui concerne la sensation du son et l'organe de l'ouïe dans les hommes et les animaux.

La seconde partie, qui traite des lois des phénomènes qu'offrent les vibrations des corps, est celle où se trouvent, avec les choses anciennement connues sur cette matière, les nouvelles découvertes de l'auteur qui rendent cette partie de son ouvrage original, curieuse et digne de l'intérêt et de l'attention des physiciens et des géomètres. On y trouve d'abord les vibrations des cordes et des verges, dont on distingue trois sortes: les *transversales*, les *longitudinales* et celles qu'il appelle *tournantes*. Les premières sont celles qui ont lieu lorsqu'on touche une corde ou une verge dans une direction perpendiculaire à sa longueur. Mais une verge qui, frappée de cette manière, rend un certain son, en fera entendre un tout différent si on la frotte dans le même sens avec un morceau de drap qu'il faut mouiller pour le verre et tenir sec pour tous les autres corps. Voilà déjà une classe importante de phénomènes dont il paraît que M. Chladini s'est occupé le premier. Il a trouvé que les vibrations, qu'il appelle longitudinales étaient, dans une verge solide, soumise aux mêmes lois que les vibrations longitudinales de l'air dans un tuyau d'orgue, et a donné une table des vitesses de ces vibrations pour différentes matières, telles que le verre, les métaux et le bois. Des sons encore différents de ceux produits dans les deux circonstances précédentes sont obtenus lorsqu'on frotte une verge dans une direction très-oblique sur son axe. M. Chladini donne l'épithète de *tournantes* aux vibrations résultant de cette espèce de frottement, parce qu'il suppose que les molécules du corps prennent un mouvement de rotation et d'oscillation autour de son axe longitudinal. Il paraît avoir reconnu que dans ces vibrations les rapports numériques étaient les mêmes que ceux des vibrations longitudinales; mais que les tons de chaque verge s'élevaient d'une quinte. On ne croit pas que d'autres aient fait ces expériences avant lui. M. Chladini a aussi examiné les vibrations des verges courbées, des fourches et celles des anneaux. Euler a voulu appliquer cette dernière espèce de vibration au phénomène des sons de cloche; mais Chaldini trouve avec raison que ses hypothèses ne sont pas conformes à la nature.

Les deux dernières sections de cette seconde partie, consacrée aux vibrations des plaques et des cloches, et en général aux surfaces planes et courbes, offrent un sujet absolument neuf en physique expérimentale, qui, malgré la régularité frappante des phénomènes, a résisté aux efforts des habiles géomètres qui ont voulu le traiter. M. Chladini a déterminé les places qu'occupent dans l'échelle musicale les sons qu'on peut tirer des plaques en leur donnant différentes formes, en les faisant sonner de différentes manières. L'intérêt que ces recherches inspirent augmente singulièrement lorsqu'on les combine avec celles qui ont pour objet la détermination des portions de surface de chaque plaque qui ont des vibrations distinctes et coexistantes, et des courbes remarquables qui leur servent de périmètre. M. Chladini a imaginé un moyen pour rendre ces courbures sensibles aux yeux. Il couvre de poussière la plaque qu'il veut faire résonner, et, dès que le son se produit, la poussière abandonne toutes les parties oscillantes du corps pour se réfugier et rester stationnaire sur leurs limites où se trouvent les axes courbes d'équilibre, qui affectent des formes très-variées, mais parfaitement régulières. Il faut, pour faire l'expérience, saisir la plaque avec deux doigts dont les extrémités la serrent en deux points opposés de ses faces, et la frotter avec un archet à une pointe de son périmètre. On applique quelquefois un troisième doigt sur différents points d'une des faces pour varier les résultats. On peut, au lieu de tenir la plaque entre les doigts, poser une de ses faces sur un point fixe, et faire appuyer contre l'autre face une seconde pointe placée exactement vis-à-vis de la première. C'est ainsi que M. Paradizi, de Milan, a fait ses expériences. Le point d'appui appartient toujours à une des courbes d'équilibre; leurs formes et la disposition de leurs systèmes dépendent de la forme de la plaque, de la position de son point d'appui, de celle du point où l'on applique l'archet, et enfin de celui des différents sons qu'on veut obtenir en faisant frotter l'archet de différentes manières sur un même point. Dès qu'une ou plusieurs de ces circonstances changent, les formes des courbes et les dispositions de leur système changent aussi. (*Rapp. et mention honorable à l'Institut, le* 18 mars 1809.)

ACTION. — Dans le commerce on entend par action, 1° l'acte authentique qui constate une mise de fonds dans une société commerciale, et le droit de prendre part aux avantages de l'entreprise; 2° le montant de la somme même qui a été versée. L'objet ordinaire de ces sortes d'associations est de favoriser les entreprises qui demandent des ressources supérieures aux facultés pécuniaires d'une seule personne. Comme les associations commerciales dans lesquelles les capitaux sont ainsi placés ne laissent pas à leurs propriétaires la faculté de les retirer, ils deviennent nécessairement des objets d'échange, de commerce, de négociations; et comme, à raison de l'incertitude continuelle des résultats de toute entreprise, la valeur de ces actions est toujours essentiellement chanceuse et variable, en ne peut rigoureusement les regarder comme des signes de valeurs fixes et certaines. C'est du reste une invention des temps les plus modernes. En France, dans l'année 1720, et presque en même temps en Angleterre, on se livra avec une véritable fureur au commerce des actions. Quelques personnes y trouvèrent une source immodérée de richesses, tandis que des milliers d'autres furent réduites à la misère la plus complète. On fut trompé en France par la compagnie des Indes, et en partie par la cour même; en Angleterre, par la compagnie de la mer du Sud. On appelle *actionnaire* le propriétaire d'une ou plusieurs actions.

ACUPUNCTURE. — Ce mot, dont la signification littérale est *piqûre d'aiguille*, est consacré par l'usage pour exprimer l'introduction d'aiguilles au sein des parties vivantes, pratiquée méthodiquement, et dans la vue de guérir certaines affections. Cette manière assez singulière de traiter les maladies est fort usitée à la Chine, et surtout au Japon, d'où, il y a environ cent ans, le voyageur Kœmpfer l'importa en Europe. Assez froidement accueillie à son arrivée, elle fut remise à la mode il y a quelques années, et, à cette occasion, donna lieu à plusieurs expériences curieuses qui l'ont fait apprécier à sa juste valeur.

Pour pratiquer l'acupuncture, on se sert d'aiguilles fines et très-aiguës, en or, en argent ou en acier ; ces dernières ont besoin d'être détrempées par l'action de la chaleur, sans quoi elles pourraient se casser. On les garnit d'une tête en métal, ou, plus simplement, en cire à cacheter, destinée, tant à empêcher qu'elles ne s'introduisent tout entières sous la peau, qu'à favoriser le mouvement de rotation qu'on a besoin de leur imprimer. Pour faire pénétrer les aiguilles, on en place la pointe perpendiculairement sur la peau, qui doit être tendue, et on les fait rouler entre les doigts, ou bien on se borne à une pression graduelle, ou bien encore on frappe à petits coups sur la tête de l'aiguille, avec un petit maillet de bois ou de plomb. Quel que soit d'ailleurs le procédé employé, la douleur est fort peu de chose, et ne se fait guère sentir qu'au moment où la peau est traversée. On a expérimenté sur les animaux que les aiguilles pouvaient être impunément enfoncées dans toutes les parties du corps, sans en excepter les organes les plus délicats ; et il paraît que les Japonais, longtemps avant, pratiquaient cette opération indistinctement sur toutes les parties du corps chez l'homme. Lorsqu'on retire l'aiguille, il y a rarement effusion d'une ou deux gouttes de sang ; et il reste pendant quelques heures un peu de rougeur et de gonflement, mais sans douleur.

Diverses théories ont été formées sur ce qui se passe dans l'acupuncture. Les uns prétendent qu'il y a soustraction, les autres introduction d'électricité, d'autres, enfin, distribution plus régulière de cet agent ; mais ces faits n'ont jamais été constatés. L'acupuncture a été essayée contre un grand nombre de maladies ; elle a échoué contre toutes celles qui avaient quelque gravité, et n'a réussi que dans les cas de douleurs nerveuses ou rhumatismales, maladies essentiellement vagues et capricieuses de leur nature, sur lesquelles l'imagination exerce beaucoup d'empire, et que le temps guérit bien souvent à lui seul ; aussi la vogue dont elle a joui en France a-t-elle été très-passagère. Au Japon, c'est le remède universel. (Voy. CHOQUET, Traité de l'Acupuncture ; Paris, 1826.) F. R. DEPPING (1).

AEROLITHES, PIERRES AÉRIENNES, BOLIDES, PIERRES MÉTÉORIQUES, GLOBES DE FEU, PIERRES TOMBÉES DU CIEL.— On a donné tous ces noms divers à des masses tantôt solides et dures, tantôt molles et même pulvéru-

lentes, quelquefois brûlantes et même enflammées, qui tombent sur la terre, et qui paraissent venir des parties supérieures de l'atmosphère. Dans les auteurs les plus anciens se trouvent mentionnées des pluies de pierres, des pluies de feu, qu'on avait regardées trop légèrement comme fabuleuses ; mais des faits nouveaux, observés dans plusieurs pays, et par les savants les plus estimables, ne laissent plus de doutes à ce sujet. Ainsi, il est bien constant qu'à diverses époques, on a vu paraître dans l'atmosphère des météores qui, éclatant avec grand bruit dans les régions supérieures, se partageaient en un plus grand nombre de morceaux. Ces fragments, encore brûlants et couverts d'une croûte noire, étaient tombés avec une telle violence qu'ils pénétraient dans la terre à la profondeur de plusieurs pieds. Ces corps sont principalement composés de fer et de nickel, quelquefois aussi de silice, de magnésie, de soufre et de chrôme. Enfin, dans quelques cas, on a vu tomber des masses fibreuses, ou visqueuses, ou même gélatineuses. Il y quelques années, on a recueilli dans le département des Vosges des grêlons pesant plus d'une livre, et contenant dans leur intérieur des pierres brunes, plates, rondes et polies, de la largeur d'une pièce de deux francs, et de l'épaisseur de 18 à 20 millimètres. C'est ainsi qu'on rapporte les grandes masses de fer vierge recueillies à diverses époques ; telles sont : celle de 71 livres, tombée en 1751, à Hradchina, non loin d'Agrum, en Croatie ; celle d'environ 1,600 livres, qui fut découverte en 1773 par Pallas, en Sibérie, sur le Janicu ; celle que l'on montra pesant plus de plusieurs milliers de livres qui a été trouvé au Mexique, dans la province Durango. Le 18 février 1830, à Lawston, dans le comté d'Oxford, on vit tomber un aérolithe remarquable, dont la chute fut précédée d'une forte explosion, et qui s'enfonça en terre à plus d'un pied. Ce météore se montra pourvu de propriétés magnétiques fort intenses ; il contenait les éléments ordinaires de ces sortes de productions, savoir, du chrôme, du nickel, etc. Ces exemples de pierres tombées du ciel, c'est-à-dire de l'air, suffiront sans doute à nos lecteurs, sans qu'il soit nécessaire de leur donner la longue liste de toutes les autres chutes ou pluies de ce genre, arrivées depuis Josué (x, 2) jusqu'à nos jours. Les personnes curieuses de ces détails les trouveront dans l'ouvrage de Chladni sur les Météores ignés (Vienne, 1819), et dans les Annales de physique de Gilbert (Voy. aussi la compilation de Bigot de Morogues, intitulée : Mémoires historiques et physiques sur les chutes des pierres ; Orléans, 1812).

Si l'existence des aérolithes est maintenant bien démontrée, leur origine est loin

---

(1) Extrait de l'Encyclopédie des gens du monde.

(1) Extrait du Conversation Lexicon.

d'être aussi bien connue; et l'on en est réduit là-dessus à des hypothèses plus ou moins probables. La plus ancienne et la moins accréditée maintenant, considérait ces corps comme des produits de notre atmosphère, résultant de grandes combinaisons chimiques. On s'imaginait que l'hydrogène emportait en dissolution des molécules métalliques et autres à une grande hauteur, et que là ce gaz, enflammé par quelque orage, abandonnait ces molécules qui se réunissaient pour former les aérolithes. Outre que rien ne prouve cette dissolution, on comprend mal comment peuvent se former, au-dessus des nuages, des masses pesantes jusqu'à 1,200 livres. La seconde supposition, qui compte encore assez de partisans, fait venir les aérolithes de la lune, et admet qu'ils nous seraient envoyés par quelqu'un des volcans qui brûlent à la surface de notre satellite. On a calculé, en effet, qu'il suffirait qu'une pierre fût lancée par un de ces volcans avec une force double de celle qu'un canon de fort calibre imprime à son boulet, pour que, sortant de la sphère d'attraction de la lune, elle entrât dans celle de la terre, et qu'elle vînt tomber à sa surface. Enfin la dernière explication, qui paraît le plus généralement adoptée, consiste à considérer ces corps, soit comme des portions détachées de quelque planète, soit même comme de très-petites planètes circulant dans les espaces de notre système solaire, et qui en entrant dans la sphère d'activité de notre globe, se précipitent vers nous, et traversent notre atmosphère avec une rapidité qui suffit, dans la plupart des cas, pour les enflammer.

L'étude des aérolithes n'a jusqu'à présent au moins, mené à aucun résultat utile, et n'a été qu'un objet de curiosité. On y a gagné cependant de ne plus considérer ces phénomènes comme les signes du courroux céleste et le présage de quelque grande catastrophe. Plusieurs physiciens distingués, entre lesquels on cite MM. Biot, Arago, Gay-Lussac, Chladni, Blumenbach, s'en sont occupés. Chladni surtout avait formé une belle collection de ces corps, qu'il a léguée au cabinet de l'université de Berlin (1).

AÉROSTATION. — Depuis l'invention des aérostats par Montgolfier, en 1782, l'art de la navigation aérienne n'a fait aucun progrès. Après mille expériences diverses, mille moyens plus ou moins ingénieux, proposés pour tirer quelque utilité de cette découverte hardie, elle en est revenue à son point de départ, à servir seulement aux oisifs de spectacle dans les réunions publiques, à côté des saltimbanques et des ménageries d'animaux exotiques. Tout ce que la science, qui a profondément médité et consciencieusement observé tant de vaines tentatives, a pu y acquérir, c'est le droit de prononcer que ni les sciences physiques, ni surtout la mécanique, ne sauraient fournir le moyen d'utiliser les ballons, c'est-à-dire de parve-

(1) Extrait du *Conversation Lexicon*.

nir à les diriger. Ce n'est pas dire que tout espoir de succès est perdu dans l'avenir ; mais seulement que toutes les ressources que l'art possède aujourd'hui sont complétement insuffisantes; parce que la résistance éprouvée dans l'air par un aérostat, en raison de son volume, est incomparablement supérieure à la force motrice, quelle qu'elle soit, que ce volume peut supporter.

Cette invention, néanmoins, a eu dans le monde un si grand retentissement, tant de personnes s'en occupent encore, parmi lesquelles bien des demi-savants persistent à perdre du temps et de l'argent à la recherche de ce problème insoluble, que nous ne pouvons éviter de fournir sur ce sujet une complète description, depuis son origine jusqu'à nos jours. Dans ce dessein, nous ne saurions mieux faire que d'emprunter le beau travail historique et scientifique que M. Figuier vient de publier. C'est donc lui que nous allons laisser parler.

Personne n'ignore que l'invention des aérostats, d'origine toute française, appartient aux frères Etienne et Joseph Montgolfier. Rien n'avait pu faire pressentir encore une découverte de ce genre, lorsque, le 5 juin 1783, ils firent, à Annonay, leur première expérience publique.

Etienne et Joseph Montgolfier étaient les fils d'un manufacturier connu depuis longtemps pour son habileté dans l'art de la fabrication du papier. La famille Montgolfier était originaire de la petite ville d'Ambert en Auvergne ; on voyait encore, vers le milieu du siècle dernier, sur le penchant d'une colline qui domine la ville, les ruines d'une très-ancienne résidence de la famille Montgolfier, qui paraît avoir donné ou pris son nom au pays qu'elle habitait (1). Les Montgolfier avaient embrassé avec ardeur la cause de la réforme; après les massacres de la Saint-Barthélemy, leurs biens furent confisqués, leurs papeteries détruites, et ils vinrent se réfugier avec les débris de leur fortune dans les montagnes du Vivarais. Les établissements nouveaux qu'ils fondèrent plus tard à Annonay ne tardèrent pas à acquérir beaucoup d'importance, et dès le commencement du xviii⁰ siècle la manufacture de Pierre Montgolfier était connue dans toute l'Europe pour la perfection de ses produits. C'est au milieu de cette famille vouée depuis des siècles à la pratique de l'industrie et des arts, sous les yeux d'un père distingué par ses talents, ses lumières et sa probité, vivant en patriarche entre ses ouvriers et ses enfants, que naquirent les inventeurs de la machine aérostatique. Destinés à se livrer par état aux opérations industrielles, ils s'y préparèrent de bonne heure par l'étude des sciences, dont plus tard ils ne perdirent jamais le goût.

Etienne Montgolfier joignit à cette éducation commune une instruction spéciale qu'il

(1) On trouve en effet dans la grande carte de France de Cassini, feuille 52, au nord-est d'Ambert, le *Mont-Golfier*, et au-dessus le *Cros du Mont-Golfier*.

alla de bonne heure chercher à Paris. Il se destinait à l'architecture et devint élève de Soufflot. On voit encore, dans les environs de Paris, des églises et des maisons particulières, bâties d'après ses plans, qui témoignent tout à la fois de ses talents et de son goût. Il avait en outre pour les mathématiques des dispositions précoces, qui lui valaient l'estime des savants les plus distingués. Cependant son père le rappela pour prendre part à la direction de la manufacture héréditaire. De retour à Annonay, Etienne Montgolfier apporta à sa famille l'utile secours de ses connaissances (1). Il découvrit divers procédés de fabrication que les Hollandais, longtemps nos rivaux en ce genre, enveloppaient d'un impénétrable mystère, et contribua pour beaucoup à amener la révolution qui s'est opérée à cette époque dans cette branche importante de l'industrie française.

Son frère, Joseph Montgolfier, qui partagea ses travaux et sa gloire, avait comme lui ressenti de bonne heure un goût très-vif pour les sciences mathématiques; mais il avait un genre d'esprit particulier qui l'éloignait des règles et des méthodes de travail habituelles aux géomètres. Dans l'exécution de ses calculs, il s'écartait toujours des voies connues; il combinait pour lui-même, à l'aide de tâtonnements empiriques, certaines formules dont il se servait pour résoudre les problèmes les plus difficiles et les plus délicats. Il avait beaucoup moins d'instruction et de savoir que son frère, mais il avait reçu en partage un génie véritablement inventif, marqué cependant au coin d'une certaine bizarrerie. Placé à l'âge de treize ans au collége de Tournon, il n'avait pu se plier aux exigences de l'enseignement classique, et il partit un beau matin, décidé à descendre jusqu'à la Méditerranée pour y vivre en ermite le long de la plage. La faim l'arrêta dans une métairie du bas Languedoc; il fallut reprendre le chemin du collége. Cependant il réussit à s'enfuir une seconde fois, et gagna la ville de Saint-Etienne. Arrivé là, il s'enferma dans un misérable réduit, et pour subvenir à ses besoins, il se mit à fabriquer du bleu de Prusse et quelques autres sels employés dans les arts, qu'il allait ensuite colporter lui-même dans les hameaux du Vivarais. Il vivait du produit de la pêche et de la vente de ses sels. Il put ainsi acheter des livres et des outils; il se procura même assez d'argent pour se rendre à Paris. Il s'était proposé, en effet, de séjourner quelque temps dans la capitale pour se lier avec les savants de l'époque et puiser dans leur entretien des conceptions et des idées nouvelles. Il trouva installées au café Procope toute la littérature et toute la science

du jour, et c'est là qu'il établit avec divers savants des relations qui tournèrent à son profit. Son père l'ayant rappelé sur ces entrefaites, il revint à Annonay pour participer aux travaux de la fabrique. Il put dès lors donner carrière à toute son ardeur d'invention, mais ses idées étaient si hardies et si nouvelles, que l'esprit d'ordre et d'économie de la maison s'en effraya à bon droit; on dut bien des fois contenir son ardeur en de plus sages limites.

En effet, cette brillante faculté d'invention dont l'avait doué la nature avait besoin d'être rectifiée et contenue par un esprit plus calme et plus méthodique. Il trouva dans la sagesse de vues et dans la prudence de son frère les qualités qui lui manquaient. Aussi la plus parfaite intimité morale s'établit-elle bien vite entre les deux Montgolfier. Si différentes par leurs qualités et leurs allures, ces deux intelligences étaient cependant nécessaires et presque indispensables l'une à l'autre. Dès ce jour ils mirent en commun toutes leurs vues, toutes leurs conceptions, toutes leurs pensées scientifiques, et c'est ainsi que s'établit entre eux cette communauté d'existence morale, cette double vie intellectuelle qui seule fait comprendre leurs travaux et justifie leurs succès. Avant l'invention des aérostats, plusieurs découvertes avaient déjà rendu le nom des Montgolfier célèbre (1) dans les sciences mécaniques, et plus tard cette découverte n'arrêta pas l'essor de leurs utiles travaux.

On comprendra, d'après cela, qu'il serait tout à fait hors de propos de chercher à établir ici auquel des deux frères Montgolfier appartient la pensée primitive de l'invention qui va nous occuper. Ils ont tous les deux constamment tenu à l'honneur de repousser les investigations de ce genre, et nous n'essayerons pas de dénouer ce faisceau généreux que l'amitié fraternelle s'est plu elle-même à confondre et à lier.

La ville d'Annonay est placée en face des hautes Alpes, et de la manufacture des Montgolfier on voyait se dérouler à l'horison toute la chaîne de ces montagnes. En contemplant le spectacle continuel de la production et de l'ascension des nuages, qu'ils voyaient chaque jour se former sur le flanc des Alpes, en méditant sur les causes de la suspension et de l'équilibre de ces masses énormes qui se promènent dans les cieux, les frères Montgolfier conçurent l'espoir d'imiter la nature dans l'une de ses opérations les plus brillantes. Il ne leur parut pas impossible de composer des nuages factices qui, à l'imitation des nuages naturels, s'élèveraient dans les plus hautes régions des airs. Pour reproduire autant que possible les conditions que présente la nature, ils renfermèrent de la vapeur d'eau dans une enveloppe à la fois résistante et légère. Ce nuage factice

(1) C'est ainsi qu'il changea le moteur employé dans la fabrique, modifia la disposition des séchoirs, et inventa des formes pour le papier *grand-monde*, inconnu avant lui. Il trouva aussi le secret de la fabrication du papier vélin, que la France avait jusqu'alors tiré de l'étranger. (*Voy.* au mot PAPIER.)

(1) Il suffit de citer leur découverte du *Bélier hydraulique*, une des conceptions mécaniques les plus remarquables du siècle dernier.

s'élevait dans l'air, mais la température extérieure ramenait bientôt la vapeur à l'état liquide, l'enveloppe se mouillait, et l'appareil retombait sur le sol. Ils essayèrent sans plus de succès d'emmagasiner la fumée produite par la combustion du bois et dirigée dans une enveloppe de toile. Le gaz reçu dans cette enveloppe se refroidissait et ne parvenait point à soulever le petit appareil.

Sur ces entrefaites parut en France la traduction de l'ouvrage de Priestley : *Des différentes espèces d'air*. Dans ce livre, qui devait exercer une influence décisive sur la création et le développement de la chimie, Priestley faisait connaître un grand nombre de gaz nouveaux; il exposait en termes généraux les propriétés, les caractères, le poids spécifique, les différences relatives des fluides élastiques. Etienne Montgolfier lut cet ouvrage à Montpellier, où il se trouvait alors. En revenant à Annonay, il réfléchissait profondément sur les faits signalés par le physicien anglais, et c'est en montant la côte de Serrière qu'il fut frappé, dit-il dans son *Discours à l'Académie de Lyon*, de la possibilité de rendre l'air navigable en tirant parti de l'une des propriétés reconnues par Priestley aux fluides élastiques. Il suffisait, pour s'élever dans l'atmosphère, de renfermer dans une enveloppe d'un faible poids un gaz plus léger que l'air; l'appareil s'élèverait, en vertu de son excès de légèreté sur l'air environnant, jusqu'à ce qu'il rencontrât à une certaine hauteur des couches dont la pesanteur spécifique le maintînt en équilibre.

Rentré chez lui, Etienne Montgolfier se hâta de communiquer cette pensée à son frère, qui l'accueillit avec transport. Dès ce moment, ils furent certains de réussir dans leurs tentatives pour imiter et reproduire les nuages. Ils essayèrent d'abord de renfermer dans diverses enveloppes certains gaz plus légers que l'air. Le gaz inflammable, c'est-à-dire le gaz hydrogène, fut expérimenté l'un des premiers; mais l'enveloppe de papier dont ils se servirent était perméable à ı gaz, elle laissait transpirer l'hydrogène, l'air entrait à sa place, et le globe, un moment soulevé, ne tardait pas à redescendre. D'ailleurs, l'hydrogène était un gaz à peine observé à cette époque et encore très-mal connu, la préparation en était difficile et coûteuse; on renonça à en faire usage.

Après avoir essayé quelques autres gaz ou vapeurs, les frères Montgolfier en vinrent à penser que l'électricité, qui, selon eux, était une des causes principales de l'ascension et de l'équilibre des nuages, pourrait aussi jouer un rôle dans l'ascension de leur appareil : ils cherchèrent donc à composer un gaz affectant des propriétés électriques. Ils pensèrent obtenir un gaz de cette nature en faisant un mélange d'une vapeur à propriétés alcalines avec une autre vapeur qui serait dépourvue de ces propriétés. Pour former un tel mélange, ils firent brûler ensemble de la paille légèrement mouillée et de la laine hachée, matière animale qui donne naissance, en brûlant, à des gaz qui présentent une réaction alcaline. Ils reconnurent que la combustion de ces deux corps au-dessous d'une enveloppe de toile ou de papier provoquait l'ascension rapide de l'appareil.

L'idée théorique qui amena les Montgolfier à la découverte des ballons ne supporte pas l'examen. C'est une de ces conceptions vagues et mal raisonnées, comme on en trouve tant à cette époque de renouvellement pour les sciences modernes. L'ascension de ces petits globes s'expliquait tout simplement par la dilatation de l'air échauffé, qui devient ainsi plus léger que l'air environnant, et tend dès lors à s'élever jusqu'à ce qu'il rencontre des couches d'une densité égale à la sienne. La fumée abondante produite par la combustion de la laine et de la paille mouillée ne faisait qu'augmenter le poids de l'air chaud, sans amener aucun des avantages sur lesquels les inventeurs avaient compté. De Saussure le prouva parfaitement l'année suivante, lorsque, pour terminer la discussion élevée à ce sujet entre les physiciens, il prit un petit ballon de papier ouvert à sa partie inférieure, et introduisit avec précaution dans son intérieur un fer à souder rougi à blanc. La petite machine se gonfla, quitta les mains de l'opérateur et s'éleva au plafond de l'appartement. Il fut bien démontré dès lors que la raréfaction de l'air par la chaleur était la seule cause du phénomène, et l'on cessa de donner le nom fort impropre de *gaz Montgolfier* au mélange gazeux qui déterminait l'ascension.

C'est à Avignon que se fit le premier essai d'un petit appareil fondé sur les principes que les frères Montgolfier avaient arrêtés entre eux. Au mois de novembre **1782**, Etienne Montgolfier construisit un parallélipipède creux de soie, d'une capacité très-petite, puisqu'il contenait seulement deux mètres cubes d'air, et il vit avec une joie facile à comprendre ce petit ballon s'élever au plafond de sa chambre. De retour à Annonay, il s'empressa de répéter l'expérience avec son frère. Ils opérèrent en plein air avec ce même appareil qui s'éleva devant eux à une grande hauteur.

Encouragés par ce résultat, les frères Montgolfier construisirent un ballon plus grand, qui pouvait contenir vingt mètres cubes d'air. Ce nouvel essai réussit parfaitement, car la machine s'éleva avec tant de force qu'elle brisa les cordes qui la retenaient, et alla tomber sur les coteaux voisins, après avoir atteint une hauteur de trois cents mètres.

Dès lors, certains du succès, ils s'appliquèrent à construire un appareil de grande dimension, et résolurent d'exécuter, sur une des places de la ville d'Annonay, une expérience solennelle pour faire connaître et constater publiquement leur découverte. L'expérience eut lieu le 4 juin **1783**, en présence d'une foule immense. L'assemblée des états particuliers du Vivarais, qui siégeait en ce moment dans la ville d'Annonay, assista tout entière à cet essai mémorable. La machine aérostatique avait douze mètres de diamètre ; elle était construite avec de la toile d'emballage doublée de papier. A sa partie inférieure, on avait disposé un réchaud de fil de fer, sur lequel on brûla dix livres de paille mouillée et de laine hachée ; aussitôt elle fit effort pour se soulever, on l'abandonna à elle-même, et elle s'éleva, aux acclamations des spectateurs. En dix minutes, elle monta à cinq cents mètres de hauteur ; mais comme elle perdait la plus grande partie de son gaz par suite de la perméabilité de la toile et du papier, on la vit bientôt redescendre lentement vers la terre.

Un procès-verbal de cette belle expérience fut dressé par les membres des états du Vivarais et expédié à l'Académie des sciences de Paris. Sur la demande de M. de Breteuil, alors ministre, l'Académie nomma une commission pour prendre connaissance de ces faits. Lavoisier, Cadet, Condorcet, Desmaretz, l'abbé Bossut, Brisson, Leroy et Tillet composaient cette commission. Etienne Montgolfier fut mandé à Paris et prévenu que l'expérience serait répétée prochainement aux frais de l'Académie.

Cependant, la nouvelle de l'ascension d'Annonay avait causé à Paris une impression des plus vives. La curiosité du public et des savants était trop vivement excitée pour que l'on s'accommodât des lenteurs habituelles des commissions académiques. Il fallait, à tout prix, répéter l'expérience sous les yeux des Parisiens. Faujas de Saint-Fond, professeur au Jardin des Plantes, ouvrit une souscription pour subvenir aux frais de l'entreprise ; dix mille francs furent recueillis en quelques jours. Les frères Robert, habiles constructeurs d'instruments de physique, furent chargés d'édifier la machine ; le professeur Charles, jeune alors et tout brillant de zèle, se chargea de diriger le travail.

Cette entreprise offrait beaucoup de difficultés, on le comprendra sans peine. Le procès-verbal de l'expérience de Mongolfier, les lettres d'Annonay, qui en avaient raconté les détails, ne donnaient aucune indication sur la nature du gaz dont s'était servi l'inventeur : on se bornait à dire que la machine avait été *remplie avec un gaz moitié moins pesant que l'air ordinaire.* Charles ne perdit pas son temps à chercher quel était le gaz dont Mongolfier avait fait usage ; il comprit que, puisque l'expérience avait réussi avec un gaz qui n'avait que la moitié du poids spécifique de l'air commun, elle réussirait bien mieux encore avec le gaz inflammable, ou gaz hydrogène, qui pèse quatorze fois moins que l'air. En conséquence, il se décida à remplir le ballon avec le gaz inflammable. Mais cette opération elle-même n'était pas sans difficultés : l'hydrogène était encore un gaz à peine connu ; on ne l'avait

jamais préparé que dans les cours publics et en opérant sur de faibles quantités ; les savants eux-mêmes ne le maniaient pas sans quelque crainte, à cause des dangers qu'il présente par son inflammabilité. Or, il fallait obtenir et accumuler dans un même réservoir plus de quarante mètres cubes de ce gaz.

Néanmoins on se mit à l'œuvre ; on s'établit dans les ateliers des frères Robert, situés près de la place des Victoires. Il fallait, pour la première fois, imaginer et construire les appareils nécessaires à la préparation et à la conservation des gaz. Beaucoup de dispositions différentes furent essayées sans trop de succès ; enfin, pour procéder au dégagement du gaz, on disposa l'appareil de la manière suivante : on prit un tonneau, dans lequel on plaça de l'eau et de la limaille de fer ; le fond supérieur de ce tonneau était percé de deux trous : l'un donnait passage à un tube de cuir destiné à conduire le gaz dans l'intérieur du ballon ; l'autre était simplement fermé par un bouchon ; par ce dernier orifice, on ajoutait successivement l'acide sulfurique, qui devait donner naissance au gaz hydrogène, en réagissant sur le fer ; au moment de l'effervescence, on ouvrait un robinet adapté au tube de cuir, et le gaz s'introduisait dans le ballon. On voit, d'après ces dispositions grossières, combien on était encore peu avancé, à cette époque, dans l'art de manier les gaz, et l'on comprend quels obstacles il fallut surmonter avant d'atteindre au but définitif. Les difficultés furent telles, qu'elles firent douter quelque temps du succès de l'entreprise. Ainsi, la chaleur provoquée par l'action de l'acide sulfurique sur le fer était si élevée, qu'une grande quantité d'eau était réduite en vapeurs ; ces vapeurs étaient mêlées d'acide sulfureux ; car ce gaz prend naissance par suite de l'action de l'acide sulfurique sur le fer. Or ces vapeurs, rendues corrosives par la présence de l'acide sulfureux, attaquaient les parois du ballon ; une fois condensées, elles coulaient le long du taffetas, et venaient se réunir à sa partie inférieure ; il fallait donc de temps en temps les faire écouler en ouvrant le robinet et en secouant le taffetas (1). De plus, la chaleur développée par la réaction se communiquait au tube de cuir, et de là au ballon lui-même, et l'on était obligé, pour refroidir ses parois, de l'arroser sans cesse avec de petites pompes. Par suite de ces mauvaises dispositions et de la difficulté des manœuvres, on perdait la plus grande partie du gaz. Aussi, quatre jours furent-ils nécessaires pour remplir le ballon. Nous donnerons une idée des pertes de tout genre éprouvées pendant ces opérations, en disant qu'il fallut employer mille livres de fer et cinq cents livres d'acide sulfurique pour remplir un ballon qui soulevait à peine un poids de dix-huit livres. Cepen-

(1) On évite aujourd'hui cet inconvénient en faisant passer le gaz hydrogène dans une cave d'eau avant de le diriger dans le ballon ; le gaz se lave et se débarrasse ainsi de l'acide sulfureux, qui reste dissous dans l'eau.

dant, le quatrième jour, à force de soins et
de peines, le ballon, aux deux tiers rempli,
flottait dans l'atelier des frères Robert.

Le public avait connaissance de l'opération
qui s'exécutait place des Victoires ; on se
pressait en foule aux portes de la maison. Il
fallut requérir l'assistance du guet pour contenir l'impatience des curieux. Enfin, le 27
août, tout se trouvant disposé pour l'expérience, on s'occupa de transporter la machine
au Champ de Mars, où devait s'effectuer
son ascension. Pour éviter l'encombrement
des curieux, la translation se fit à deux heures du matin. Le ballon, porté sur un brancard, s'avançait précédé de torches, escorté
par un détachement du guet. L'obscurité de
la nuit, la forme étrange et inconnue de ce
globe immense, qui s'avançait lentement à
travers les rues silencieuses, tout prêtait à
cette scène nocturne un caractère particulier
de mystère et d'étrangeté, et l'on vit sur la
route des hommes du peuple, se rendant à
leurs travaux, s'agenouiller devant le cortége, saisis d'une sorte de superstitieuse terreur.

Arrivé au Champ de Mars avant le jour,
le ballon fut placé au milieu d'une enceinte
disposée pour le recevoir ; on le retint en
place à l'aide de petites cordes fixées au méridien du globe et arrêtées dans des anneaux
de fer plantés en terre. Dès que le jour parut, on s'occupa de préparer du gaz hydrogène pour achever de le remplir. A midi, il
était prêt à s'élancer.

A trois heures, une foule immense se portait au Champ de Mars ; la place était garnie
de troupes, les avenues gardées de tous les
côtés. Les bords de la rivière, l'amphithéâtre
de Passy, l'Ecole militaire, les Invalides et
tous les abords du Champ de Mars étaient
occupés par les curieux. Trois cent mille
personnes, c'est-à-dire la moitié de la population de Paris, s'étaient donné rendez-vous
en cet endroit. A cinq heures, un coup de
canon annonça que l'expérience allait commencer ; il servit en même temps d'avertissement pour les savants qui, placés sur la
terrasse du Garde-Meuble, sur les tours de
Notre-Dame et à l'Ecole militaire, devaient
appliquer les instruments et le calcul à l'observation du phénomène. Délivré de ses
liens, le globe s'élança avec une telle vitesse,
qu'il fut porté en deux minutes à mille mètres de hauteur ; là il trouva un nuage obscur, dans lequel il se perdit. Un second
coup de canon annonça sa disparition ; mais
on le vit bientôt percer la nue, reparaître
un instant à une très-grande élévation, et
s'éclipser enfin dans d'autres nuages.

Un sentiment d'admiration et d'enthousiasme indicible s'empara alors de l'esprit
des spectateurs. L'idée qu'un corps parti de
la terre voyageait en ce moment dans l'espace avait quelque chose de si merveilleux,
elle s'écartait si fort des lois ordinaires, que
l'on ne pouvait se défendre des plus vives
impressions. Beaucoup de personnes fondi-
rent en larmes, d'autres s'embrassaient
comme en délire. Les yeux fixés sur le

même point du ciel, tous recevaient, sans
songer à s'en garantir, une pluie violente
qui ne cessait pas de tomber. La population
de Paris, si avide d'émotions et de surprises,
n'avait jamais assisté à un aussi curieux
spectacle.

Le ballon ne fournit pas cependant toute
la carrière qu'il aurait pu parcourir. Dans
leur désir de lui donner une forme complètement sphérique et d'en augmenter ainsi le
volume aux yeux des spectateurs, les frères
Robert avaient voulu, contrairement à l'opinion de Charles, que le ballon fût entièrement gonflé au départ ; ils introduisirent
même de l'air au moment de le lancer, afin
de tendre toutes les parties de l'étoffe. L'expansion du gaz amena la rupture du ballon
lorsqu'il fut parvenu dans une région élevée ; il se fit à sa partie supérieure une déchirure de plusieurs pieds ; le gaz s'échappa,
et le globe vint tomber lentement, après trois
quarts d'heure de marche, auprès d'Ecouen,
à cinq lieues de Paris. Il s'abattit au milieu
d'une troupe de paysans de Gonesse, que
cette apparition frappa d'abord d'épouvante ;
cependant ils ne tardèrent pas à se rassurer,
et, pour se venger de la terreur qu'ils avaient
ressentie, ils se précipitèrent avec furie sur
l'innocente machine, qui fut en quelques
instants réduite en pièces. Le premier ballon à gaz hydrogène, ce bel instrument qui
avait coûté tant de soins et de travaux, fut
attaché à la queue d'un cheval et traîné pendant une heure à travers les champs, les
fossés et les routes. Cet événement fit assez
de bruit pour que le gouvernement crût nécessaire de publier un *Avis au peuple* touchant le passage et la chute des machines
aérostatiques. Dans les derniers mois de
1783, cette instruction fut répandue dans
toute la France (1).

(1) Voici le texte de cette pièce naïve où se trouve
relaté le fait d'un ballon pris pour la lune. — *Avertissement au peuple sur l'enlèvement des ballons ou
globes en l'air.* On a fait une découverte dont le gouvernement a jugé convenable de donner connaissance,
afin de prévenir les terreurs qu'elle pourrait occasionner parmi le peuple. En calculant la différence
de pesanteur entre l'air appelé inflammable et l'air
de notre atmosphère, on a trouvé qu'un ballon rempli de cet air inflammable devait s'élever de lui-
même dans le ciel jusqu'au moment où les deux airs
seraient en équilibre, ce qui ne peut être qu'à une
très-grande hauteur. La première expérience a été
faite à Annonay, en Vivarais, par les sieurs Montgolfier, inventeurs. Un globe de toile et de papier de
cent cinq pieds de circonférence, rempli d'air inflammable, s'éleva de lui-même à une hauteur qu'on
n'a pu calculer. La même expérience vient d'être
renouvelée à Paris, le 27 août, à cinq heures du
soir, en présence d'un nombre infini de personnes.
Un globe de taffetas enduit de gomme élastique, de
trente-six pieds de tour, s'est élevé du Champ de
Mars jusque dans les nues, où on l'a perdu de vue.
On se propose de répéter cette expérience avec des
globes beaucoup plus gros. Chacun de ceux qui découvriront dans le ciel de pareils globes, qui présentent l'aspect de la lune obscurcie, doit donc être
prévenu que, loin d'être un phénomène effrayant, ce
n'est qu'une machine toujours composée de taffetas
ou de toile légère recouverte de papier, qui ne peut

Cependant Etienne Montgolfier était arrivé à Paris ; il avait assisté à l'ascension du Champ de Mars, et il prenait de son côté les dispositions nécessaires pour répéter, conformément au désir de l'Académie des sciences, l'expérience du *ballon à feu* telle qu'il l'avait exécutée à Annonay. Il s'établit dans les immenses jardins de son ami Réveillon, ce même fabricant du faubourg Saint-Antoine dont la mort devait, quelques années après, marquer si tristement les premiers jours de la révolution française. L'aérostat que Montgolfier fit construire avait des dimensions considérables ; sa forme était assez bizarre : la partie moyenne représentait un prisme haut de huit mètres, le sommet une pyramide de la même hauteur, la partie inférieure un cône tronqué de six mètres, de telle sorte que la machine entière, de la base au sommet, comptait vingt-cinq mètres de hauteur sur quinze environ de diamètre. Elle était faite de toile d'emballage doublée d'un fort papier au dedans et au dehors, et pouvait enlever un poids de douze cent cinquante livres.

Le 11 septembre 1783, on fit le premier essai de cette belle machine ; on la vit se remplir en neuf minutes, se dresser sur elle-même, se gonfler et prendre une belle forme ; huit hommes qui la retenaient perdirent terre et furent soulevés à plusieurs pieds ; elle serait montée à une grande hauteur, si on ne lui eût opposé de nouvelles forces.

L'expérience fut répétée le lendemain devant les commissaires de l'Académie des sciences et en présence d'un nombre considérable de personnes. Les commissaires de l'Académie, Lavoisier, Cadet, Brisson, l'abbé Bossut et Desmaretz étant arrivés, on se disposa à gonfler le ballon. Cependant on vit avec inquiétude que l'horizon se couvrait de nuages épais et que l'on était menacé d'orage. Néanmoins le mauvais temps n'était pas décidé et il était possible que tout se passât sans pluie ; d'ailleurs les préparatifs étaient faits, une assemblée nombreuse brûlait du désir d'être témoin de l'expérience ; il aurait fallu beaucoup de temps pour démonter l'appareil : on se décida donc à remplir le ballon. On fit brûler au-dessous de l'orifice cinquante livres de paille en y ajoutant à diverses reprises une dizaine de livres de laine hachée. La machine se gonfla, perdit terre et se souleva, entraînant une charge de cinq cents livres. Si l'on eût alors coupé les cordes qui le retenaient, l'aérostat se serait élevé à une hauteur considérable ; mais on ne voulut pas le laisser partir. Montgolfier venait en effet de recevoir du roi l'ordre d'exécuter son expérience à Versailles, devant la cour. Par malheur, dans ce moment, la pluie redoubla de violence, le vent devint

furieux, les efforts que l'on fit pour ramener à terre la machine la déchirèrent en plusieurs points. Le meilleur moyen de la sauver, était, comme le conseillait Argand, de la laisser partir. On ne voulut pas s'y résoudre. Il arriva dès lors ce que l'on avait prévu. L'orage ayant redoublé, le tissu du ballon fut détrempé par la pluie qui l'inondait, et les coups multipliés du vent le déchirèrent en plusieurs endroits. Comme la pluie se soutint fort longtemps, il devint tout à fait impossible de manœuvrer la machine, qui demeura pendant vingt-quatre heures exposée au mauvais temps ; les papiers se décollèrent et tombèrent en lambeaux, le canevas fut mis à découvert, et finalement elle fut mise tout à fait hors de service.

Il fallait cependant une expérience pour le 19 septembre à Versailles. Aidé de quelques amis, Montgolfier se remit à l'œuvre ; on travailla avec tant d'empressement et d'ardeur, que cinq jours suffirent pour construire un autre aérostat ; il avait fallu un mois pour achever le premier. Ce nouveau ballon, de forme entièrement sphérique, était construit avec beaucoup plus de solidité ; il était d'une bonne et forte toile de coton ; on l'avait même peint en détrempe. Il était bleu avec des ornements d'or, et présentait l'image d'une tente richement décorée. Le 19, au matin, il fut transporté à Versailles, où tout était disposé pour le recevoir.

Dans la grande cour du château, on avait élevé une vaste estrade percée en son milieu d'une ouverture circulaire de cinq mètres de diamètre destinée à loger le ballon ; on circulait autour de cette estrade pour le service de la machine. Une garde nombreuse décrivait une double enceinte autour de ce vaste théâtre. La partie supérieure, ou le dôme du ballon, était déprimée et reposait sur la grande ouverture de l'échafaud à laquelle il servait de voûte ; le reste des toiles était abattu et se repliait circulairement autour de l'estrade, de telle sorte qu'en cet état la machine ne présentait aucune apparence et ne ressemblait qu'à un amas de toiles entassées et disposées sans ordre. Le réchaud de fil de fer qui devait servir à placer les combustibles reposait sur le sol. On enferma dans une cage d'osier, suspendue à la partie inférieure de l'aérostat, un mouton, un coq et un canard, qui étaient ainsi destinés à devenir les premiers navigateurs aériens.

À dix heures du matin, la route de Paris à Versailles était couverte de voitures ; on arrivait en foule de tous les côtés. À midi, la cour du château, la place d'armes et les avenues environnantes étaient inondées de spectateurs. Le roi descendit sur l'estrade avec sa famille ; il fit le tour du ballon et se fit rendre compte par Montgolfier des dispositions et des préparatifs de l'expérience. À une heure, une décharge de mousqueterie annonça que la machine allait se remplir. On brûla quatre-vingts livres de paille et cinq livres de laine. La machine déploya ses

causer aucun mal, et dont il est à présumer qu'on fera quelque jour des applications utiles aux besoins de la société.

Lu et approuvé, ce 5 septembre 1783.

DE SAUVIGNY.

replis, se gonfla rapidement et développa sa forme imposante. Une seconde décharge annonça qu'on était prêt à partir. A la troisième, les cordes furent coupées, et l'aérostat s'éleva pompeusement au milieu des acclamations de la foule. Il s'éleva d'abord à une grande hauteur en décrivant une ligne inclinée à l'horizon que le vent du sud le força de prendre, et demeura ensuite quelque temps immobile et produisant alors le plus bel effet. Cependant il ne resta que peu de temps en l'air. Une déchirure de sept pieds, amenée par un coup de vent subit au moment du départ, l'empêcha de se soutenir longtemps. Il tomba dix minutes après son ascension, à une lieue de Versailles, dans le bois de Vaucresson. Deux gardes-chasse, qui se trouvaient dans le bois, virent la machine descendre avec lenteur et ployer les hautes branches des arbres sur lesquels elle se reposa. La corde qui retenait la cage d'osier s'embarrassa dans les rameaux, la cage tomba, les animaux en sortirent sans accident.

Le premier qui accourut pour dégager le ballon et pour reconnaître comment les animaux avaient supporté le voyage fut Pilâtre des Rosiers. Il suivait avec une passion ardente ces expériences, qui devaient faire un jour son martyre et sa gloire.

Premier voyage aérien exécuté par *Pilâtre des Rosiers* et le marquis d'Arlandes.

On croyait désormais pouvoir avec quelque confiance transformer les ballons en appareils de navigation aérienne. Etienne Montgolfier se mit donc à construire, dans les jardins du faubourg Saint-Antoine, un ballon disposé de manière à recevoir des voyageurs. Les dimensions de cette nouvelle machine étaient très-considérables ; elle n'avait pas moins de vingt mètres de hauteur sur seize de diamètre, et pouvait contenir vingt mille mètres cubes d'air. On disposa autour de la partie extérieure de l'orifice du ballon une galerie circulaire d'osier recouverte de toile et destinée à recevoir les aéronautes ; cette galerie avait un mètre de large, une balustrade la protégeait et permettait d'y circuler commodément. On pouvait donc faire le tour de l'orifice extérieur de l'aérostat. L'ouverture de la machine était ainsi parfaitement libre, et c'est au milieu de cette ouverture que se trouvait, suspendu par des chaînes, le réchaud de fil de fer dont la combustion devait entraîner l'appareil. On avait emmagasiné dans une partie de la galerie une provision de paille pour donner aux aéronautes la faculté de s'élever à volonté en activant le feu.

Le ballon étant construit, on commença le 15 octobre à essayer de s'en servir comme d'un navire aérien. On le retenait captif au moyen de longues cordes qui ne lui permettaient de monter que jusqu'à une certaine hauteur. Pilâtre des Rosiers en fit l'essai le premier ; il s'éleva à diverses reprises de toute la longueur des cordes. Les jours suivants, quelques autres personnes, enhar-

dies par son exemple, l'accompagnèrent dans ces essais préliminaires qui donnaient beaucoup d'espoir pour le succès de l'expérience définitive. Tout le monde remarquait l'adresse de Pilâtre et l'intrépide ardeur avec laquelle il se livrait à ces difficiles manœuvres. Dans l'une de ces expériences, le ballon, chassé par le vent, vint tomber sur la cime des arbres du jardin de Réveillon ; les assistants jetèrent un cri d'effroi, car la machine s'engageait dans les branches et menaçait de verser les voyageurs ; mais Pilâtre, sans s'émouvoir, prit avec sa longue fourche de fer une énorme botte de paille qu'il jeta dans le feu : la machine se dégagea aussitôt et remonta aux applaudissements des assistants.

On se pressait en foule à la porte du jardin de Réveillon, pour contempler de loin ces curieuses manœuvres. Pendant les journées du 15, du 17 et du 19 octobre, l'affluence était si considérable dans le faubourg Saint-Antoine, sur les boulevards et jusqu'à la porte Saint-Martin, que sur tous ces points la circulation était devenue impossible. L'encombrement excessif des curieux dans les rues de la ville aurait pu amener des embarras ou des dangers ; on se décida à faire l'ascension hors de Paris. Le dauphin offrit à Montgolfier les jardins de son château de la Muette, au bois de Boulogne.

Cependant, à mesure qu'approchait le moment décisif, Montgolfier hésitait ; il concevait des craintes sur le sort réservé au courageux aéronaute qui ambitionnait l'honneur de tenter les hasards de la navigation aérienne. Il demandait, il exigeait des essais nouveaux. Il faut reconnaître, en effet, que le projet de Pilâtre avait de quoi effrayer les cœurs les plus intrépides. Quatre mois s'étaient à peine écoulés depuis la découverte des aérostats, et le temps n'avait pu appréciter encore de bien apprécier toutes les conditions, tous les écueils d'une ascension à ballon perdu. On ne s'était pas encore avisé de munir les aérostats de cette soupape salutaire qui permet, en donnant issue au gaz intérieur, d'effectuer la descente sans difficulté ni embarras ; d'ailleurs, avec les ballons à feu, ce moyen perd, comme on le sait, presque toute sa valeur. On n'avait pas encore imaginé ce *lest*, le *palladium* des aéronautes, qui permet de s'élever à volonté, et donne ainsi les moyens de choisir le lieu du débarquement. En outre, la présence d'un foyer incandescent au milieu d'une masse aussi inflammable que l'enveloppe d'un ballon, ouvrait évidemment la porte à tous les dangers. Ce tissu de toile et de papier pouvait s'embraser au milieu des airs, et précipiter les imprudents aéronautes ; ou bien, le feu venant à manquer par un accident quelconque, l'appareil était entraîné vers la terre par une chute terrible. Le combustible entassé dans la galerie offrait encore à l'incendie un aliment redoutable ; la flamme du réchaud pouvait se communiquer à la paille, et propager ainsi la combustion à l'enveloppe du ballon ; enfin, des flammèches tombées du foyer pouvaient, au milieu des campagnes, descendre sur les granges et les édifices.

Ainsi Montgolfier temporisait et demandait de nouvelles expériences. A l'exemple de toutes les commissions académiques, la commission de l'académie des sciences ne se prononçait pas. Le roi eut connaissance de ces difficultés. Après mûr examen, il s'opposa à l'expérience, et donna au lieutenant de police l'ordre d'empêcher le départ. Il permettait seulement que l'expérience fût tentée avec deux condamnés que l'on embarquerait dans la machine.

Pilâtre des Rosiers s'indigne à cette proposition : « Eh quoi? de vils criminels auraient les premiers la gloire de s'élever dans les airs! Non, non, cela ne sera point ! » Il conjure, il supplie, il s'agite de cent manières, il remue la ville et la cour ; il s'adresse aux personnes le plus en faveur à Versailles, il s'empare de la duchesse de Polignac, gouvernante des enfants de France et toute-puissante sur l'esprit de Louis XVI. Celle-ci plaide chaleureusement sa cause auprès du roi. Le marquis d'Arlandes, gentilhomme du Languedoc, major dans un régiment d'infanterie, avait fait avec lui une ascension en ballon captif; Pilâtre le dépêche vers le roi. Le marquis d'Arlandes proteste que l'ascension ne présente aucun danger, et, comme preuve de son affirmation, il offre d'accompagner Pilâtre dans son voyage aérien. Sollicité de tous les côtés, vaincu par tant d'instances, Louis XVI se rendit.

Le 21 novembre 1783, à une heure de l'après-midi, en présence du dauphin et de sa suite, rassemblés dans les beaux jardins de de la Muette, Pilâtre des Rosiers et le marquis d'Arlandes exécutèrent ensemble le premier voyage aérien. Malgré un vent assez violent et un ciel orageux, la machine s'éleva rapidement. Arrivés à la hauteur de cent mètres, les voyageurs agitèrent leurs chapeaux pour saluer la multitude qui s'agitait au-dessous d'eux, partagée entre l'admiration et la crainte. La machine continua de s'élever majestueusement, et bientôt il ne fut plus possible de distinguer les nouveaux Argonautes. On vit l'aérostat longer l'île des Cygnes et filer au-dessus de la Seine, jusqu'à la barrière de la Conférence, où il traversa la rivière. Il se maintenait toujours à une très-grande hauteur, de telle manière que les habitants de Paris, qui accouraient en foule de toutes parts, pouvaient l'apercevoir du fond des rues les plus étroites. Les tours de Notre-Dame étaient couvertes de curieux, et la machine, en passant entre le soleil et le point qui correspondait à l'une des tours, y produisit une éclipse d'un nouveau genre. Enfin l'aérostat, s'élevant ou s'abaissant plus ou moins, en raison de la manœuvre des voyageurs aériens, passa entre l'hôtel des Invalides et l'École militaire, et, après avoir plané sur les Missions étrangères, s'approcha de Saint-Sulpice. Alors les navigateurs, ayant forcé le feu pour quitter Paris, s'élevèrent, et trouvèrent un courant d'air qui, les dirigeant vers le sud, leur

fit dépasser le boulevard, et les porta dans la plaine, au delà du mur d'enceinte, entre la barrière d'Enfer et la barrière d'Italie. Le marquis d'Arlandes, trouvant que l'expérience était complète, et pensant qu'il était inutile d'aller plus loin dans un premier essai, cria à son compagnon : « Pied à terre ! » Ils cessèrent le feu, la machine s'abattit lentement, et se reposa sur la Butte aux Cailles, entre le moulin Vieux et le moulin des Merveilles.

En touchant la terre, le ballon s'affaissa presque entièrement sur lui-même. Le marquis d'Arlandes sauta hors de la galerie; mais Pilâtre des Rosiers s'embarrassa dans les toiles et demeura quelque temps comme enseveli sous les plis de la machine qui s'était abattue de son côté. Était-ce là un présage et comme un sinistre avertissement du sort terrible qui lui était réservé?

La machine fut repliée, mise dans une voiture, et ramenée dans les ateliers du faubourg Saint-Antoine. Les voyageurs n'avaient ressenti, durant le trajet, aucune impression pénible ; ils étaient tout entiers à l'orgueil et à la joie de leur triomphe. Le marquis d'Arlandes monta aussitôt à cheval et vint rejoindre ses amis au château de la Muette. On l'accueillit avec des pleurs de joie et d'ivresse. Parmi les personnes qui avaient assisté aux préparatifs du voyage, on remarquait Benjamin Franklin ; on aurait dit que le Nouveau-Monde l'avait envoyé pour être témoin de cet événement mémorable. C'est à cette occasion que Franklin prononça un mot souvent répété. On disait devant lui : « A quoi peuvent servir les ballons? — A quoi peut servir l'enfant qui vient de naître? » répliqua le philosophe américain (1).

(1) Voyage aérien de Pilâtre des Rosiers et du marquis d'Arlandes. — Relation du marquis d'Arlandes. Nous sommes partis du jardin de la Muette à une heure cinquante-quatre minutes. La situation de la machine était telle que M. Pilâtre des Rosiers était à l'ouest et moi à l'est ; l'aire du vent était à peu près nord-ouest. La machine, dit le public, s'est élevée avec majesté ; mais il me semble que peu de personnes se sont aperçues qu'au moment où elle a dépassé les charmilles, elle a fait un demi-tour sur elle-même ; par ce changement, M. Pilâtre s'est trouvé en avant de notre direction, et moi par conséquent en arrière.

Je crois qu'il est à remarquer que, dès ce moment jusqu'à celui où nous sommes arrivés, nous avons conservé la même position par rapport à la ligne que nous avons parcourue. J'étais surpris du silence et du peu de mouvement que notre départ avait occasionné sur les spectateurs ; je crus qu'étonnés, et peut-être effrayés de ce nouveau spectacle, ils avaient besoin d'être rassurés. Je saluai du bras avec assez peu de succès ; mais ayant tiré mon mouchoir, je l'agitai, et je m'aperçus alors d'un grand mouvement dans le jardin de la Muette. Il m'a semblé que les spectateurs qui étaient épars dans cette enceinte se réunissaient en une seule masse, et que, par un mouvement involontaire, elle se portait pour nous suivre, mais, qu'elle venait regarder comme le seul obstacle qui nous séparait. C'est dans ce moment que M. Pilâtre me dit :

— Vous ne faites rien, et nous ne montons guère.

— Pardon, lui répondis-je.

Le but que Pilâtre des Rosiers s'était proposé dans cette périlleuse entreprise, était,
avant tout, scientifique. Il fallait, sans plus

Je mis une botte de paille; je remuai un peu le
feu, et je me retournai bien vite, mais je ne pus retrouver la Muette. Etonné, je jetai un regard sur le
cours de la rivière : je le suis de l'œil ; enfin, j'a-
perçois le confluent de l'Oise. Voilà donc Conflans ;
et nommant les autres principaux coudes de la rivière par le nom des lieux les plus voisins, je vis
Poissy, Saint-Germain, Saint-Denis, Sèvres, donc je
suis encore à Passy ou à Chaillot; en effet, je regardai par l'intérieur de la machine et j'aperçus
sous moi la Visitation de Chaillot. M. Pilâtre me dit
en ce moment :
— Voilà la rivière, et nous baissons.
— Eh bien! mon cher ami, du feu.
Et nous travaillâmes. Mais, au lieu de traverser la
rivière comme semblait l'indiquer notre direction
qui nous portait sur les Invalides, nous longeâmes
l'île des Cygnes; nous rentrâmes sur le principal
lit de la rivière, et nous la remontâmes jusqu'au-
dessus de la barrière de la Conférence. Je dis à mon
brave compagnon :
— Voilà une rivière qui est bien difficile à traverser.
— Je le crois bien, me répondit-il, vous ne faites
rien.
— C'est que je ne suis pas si fort que vous, et
que nous sommes bien.
Je remuai le réchaud, je saisis avec une fourche
ma botte de paille, qui, sans doute trop serrée, prenait difficilement ; je la levai, je la secouai au milieu
de la flamme. L'instant d'après, je me sentis enlevé
comme par dessous les aisselles, et je dis à mon
cher compagnon :
— Pour cette fois nous montons.
— Oui, nous montons, me répondit-il, sorti de
l'intérieur sans doute pour faire quelques observations.
Dans cet instant, j'entendis, vers le haut de la
machine, un bruit qui me fit craindre qu'elle n'eût
crevé. Je regardai, et je ne vis rien. Comme j'avais
les yeux fixés au haut de la machine, j'éprouvai une
secousse, et c'était alors la seule que j'eusse ressentie.
La direction du mouvement était alors de haut en
bas.
Je dis alors :
— Que faites-vous? Est-ce que vous dansez?
— Je ne bouge pas.
— Tant mieux, dis-je ; c'est enfin un nouveau
courant qui, je l'espère, nous sortira de la rivière.
En effet, je me tourne pour voir où nous étions,
et je me trouvai entre l'Ecole militaire et les Invalides, que nous avions déjà dépassés d'environ 400
toises. M. Pilâtre me dit en même temps :
— Nous sommes en plaine.
— Oui, lui dis-je, nous cheminons.
— Travaillons, me dit-il, travaillons.
J'entendis un nouveau bruit dans la machine,
que je crus produit par la rupture d'une corde.
Ce nouvel avertissement me fit examiner avec attention l'intérieur de notre habitation. Je vis que la
partie qui était tournée vers le sud était remplie de
trous ronds, dont plusieurs étaient considérables. Je
dis alors :
— Il faut descendre.
— Pourquoi?
— Regardez, dis-je.
En même temps je pris mon éponge; j'éteignis
aisément le peu de feu qui minait quelques-uns des
trous que je pus atteindre; mais m'étant aperçu
qu'en appuyant, pour essayer si le bas de la toile
tenait bien au cercle qui l'entourait, elle s'en déta-

tarder, s'efforcer de tirer parti, pour l'avancement de la physique et de la météorologie,
de ce moyen si brillant et si nouveau d'ex-

chait très-facilement, je répétai à mon compagnon :
— Il faut descendre.
Il regarda sous lui, et me dit :
— Nous sommes sur Paris.
— N'importe, lui dis-je.
— Mais voyons, n'y a-t-il aucun danger pour vous?
êtes-vous bien tenu?
— Oui.
J'examinai de mon côté, et j'aperçus qu'il n'y
avait rien à craindre. Je fis plus, je frappai de mon
éponge les cordes principales qui étaient à ma portée; toutes résistèrent, il n'y eut que deux ficelles
qui partirent. Je dis alors : — Nous pouvons traverser Paris.
Pendant cette opération, nous nous étions sensiblement approchés des toits; nous faisons du feu, et
nous nous relevons avec la plus grande facilité. Je
regarde sous moi, et je découvre parfaitement les
Missions étrangères. Il me semblait que nous nous
dirigions vers les tours de Saint-Sulpice, que je pouvais apercevoir par l'étendue du diamètre de notre
ouverture. En nous relevant, un courant d'air nous
fit quitter cette direction pour nous porter vers le
sud. Je vis, sur ma gauche, une espèce de bois que
je crus être le Luxembourg.
Nous traversâmes le boulevard, et je m'écrie :
— Pour le coup, pied à terre.
Nous cessons le feu; l'intrépide Pilâtre, qui ne
perd point la tête et qui était en avant de notre direction, jugeant que nous donnions dans les moulins qui sont entre le petit Gentilly et le boulevard,
m'avertit. Je jette une botte de paille en me secouant
pour l'enflammer plus vivement; nous nous relevons,
et un nouveau courant nous porte un peu sur la
gauche. Le brave des Roziers me crie encore :
— Gare les moulins!
Mais mon coup d'œil fixé par le diamètre de l'ouverture me faisant juger plus sûrement de notre direction, je vis que nous ne pouvions pas les rencontrer, et je lui dis :
— Arrivons.
L'instant d'après je m'aperçus que je passais sur
l'eau. Je crus que c'était encore la rivière; mais, arrivé à terre, j'ai reconnu que c'était l'étang qui fait
aller les machines de la manufacture de toiles peintes de MM. Brenier et compagnie.
Nous nous sommes posés sur la butte aux Cailles,
entre le moulin des Merveilles et le moulin Vieux,
environ à 50 toises l'un de l'autre. Au moment où
nous étions près de terre, je me soulevai sur la galerie en y appuyant mes deux mains. Je sentis le haut
de la machine presser faiblement ma tête; je la re-
poussai et sautai hors de la galerie. En me retournant vers la machine, je crus la trouver pleine.
Mais quel fut mon étonnement, elle était parfaitement vide et totalement aplatie. Je ne vois point
M. Pilâtre, je cours de son côté pour l'aider à se
débarrasser de l'amas de toile qui le couvrait; mais
avant d'avoir tourné la machine, je l'aperçus sortant
de dessous en cheminant, attendu qu'avant de descendre il avait quitté sa redingote et l'avait mise dans
son panier.
Nous étions seuls, et pas assez forts pour renverser la galerie et retirer la paille qui était enflammée. Il s'agissait d'empêcher qu'elle ne mit le
feu à la machine. Nous crûmes alors que le seul
moyen d'éviter cet inconvénient était de déchirer la
toile. M. Pilâtre prit un côté, moi l'autre, et en tirant violemment, nous découvrîmes le foyer. Du
moment qu'elle fut délivrée de la toile qui empêchait la communication de l'air, la paille s'enflamma
avec force. En secouant un des paniers, nous jetons
le feu sur celui qui avait transporté mon compa-

périmentation. Mais on reconnut bien vite que l'appareil dont Pilâtre s'était servi, c'est-à-dire le ballon à feu ou la *Montgolfière*, comme on l'appelait déjà, ne pouvait rendre, à ce point de vue, que de médiocres services. En effet, le poids de la quantité considérable de combustibles que l'on devait emporter, joint à la faible différence qui existe entre la densité de l'air échauffé et la densité de l'air ordinaire, ne permettait pas d'atteindre de grandes hauteurs. En outre, la nécessité constante d'alimenter le feu absorbait tous les moments des aéronautes, et leur ôtait le moyen de se livrer aux expériences et à l'observation des instruments. On comprit dès lors que les ballons à gaz hydrogène pouvaient seuls offrir la sécurité et la commodité indispensables à l'exécution des voyages aériens. Aussi, quelques jours après, deux hardis expérimentateurs, Charles et Robert, annonçaient par la voie des journaux le programme d'une ascension dans un aérostat à gaz inflammable. Ils ouvrirent une souscription de dix mille francs *pour un globe de soie devant porter deux voyageurs, lesquels s'enlèveraient à ballon perdu, et tenteraient en l'air des observations et des expériences de physique.* La souscription fut remplie en quelques jours.

Le voyage aérien de Pilâtre des Rosiers et du marquis d'Arlandes avait été surtout un trait d'audace. Sur la foi de leur courage et sans aucune des précautions les plus naturelles, ils avaient accompli l'une des entreprises les plus extraordinaires que l'homme ait jamais exécutées. L'ascension de Charles et Robert présenta des conditions toutes différentes. Préparée avec maturité, calculée avec une rare intelligence, elle révéla tous les services que peut rendre, dans un cas pareil, le secours des connaissances scientifiques. On peut dire qu'à propos de cette ascension, Charles créa tout d'un coup et tout d'une pièce l'art de l'aérostation. En effet, c'est à ce sujet qu'il imagina : la sou-

gnon, la paille qui y restait prend feu; le peuple accourt, se saisit de la redingote de M. Pilâtre et se la partage. La garde survient; avec son aide, en dix minutes, notre machine fut en sûreté, et une heure après elle était chez M. Réveillon, où M. Montgolfier l'avait fait construire.

La première personne de marque que j'aie vue à notre arrivée est M. le comte de Laval. Bientôt après, les courriers de M. le duc et de madame la duchesse de Polignac vinrent pour s'informer de nos nouvelles. Je souffrais de voir M. des Rosiers en chemise, et, craignant que sa santé n'en fût altérée, car nous nous étions très-échauffés en pliant la machine, j'exigeai de lui qu'il se retirât dans la première maison; le sergent de garde l'y escorta pour lui donner la facilité de percer la foule. Il rencontra sur son chemin monseigneur le duc de Chartres, qui nous avait suivis, comme l'on voit de très-près; car j'avais eu l'honneur de causer avec lui un moment avant notre départ. Enfin, il nous arriva des voitures.

Il se faisait tard, M. Pilâtre n'avait qu'une mauvaise redingote qu'on lui avait prêtée. Il ne voulut pas revenir à la Muette.

Je partis seul, quoique avec le plus grand regret de quitter mon brave compagnon.

pape qui donne issue au gaz hydrogène, et détermine ainsi la descente lente et graduelle de l'aérostat, — la nacelle où s'embarquent les voyageurs, — le filet qui supporte et soutient la nacelle, — le lest qui règle l'ascension et modère la descente, — l'enduit de caoutchouc appliqué sur le tissu du ballon, qui rend l'enveloppe imperméable et prévient la déperdition du gaz, — enfin l'usage du baromètre, qui sert à mesurer à chaque instant, par l'élévation ou la dépression du mercure, les hauteurs que l'aéronaute occupe dans l'atmosphère. Pour cette première ascension, Charles créa donc tous les moyens, tous les artifices, toutes les précautions ingénieuses qui composent l'art de l'aérostation. On n'a rien changé et l'on n'a presque rien ajouté, depuis cette époque, aux dispositions imaginées par ce physicien.

C'est au talent dont il fit preuve dans cette circonstance que Charles a dû se préserver sa mémoire de l'oubli. Quoique physicien très-habile et très-exercé, Charles n'a laissé presque aucun travail dans la science et n'a rien publié sur la physique. Seulement, il avait acquis, comme professeur, une réputation considérable. On accourait en foule à ses leçons. Les découvertes de Franklin avaient mis à la mode les expériences sur l'électricité; Charles avait formé un magnifique cabinet de physique, et il faisait, dans une des salles du Louvre, des cours publics où tout Paris venait l'entendre. Son enseignement a laissé des souvenirs qui ne sont pas encore effacés. Il avait surtout l'art de donner à ses expériences une sorte de grandeur théâtrale qui étonnait toujours et frappait très-vivement les esprits. S'il étudiait la chaleur rayonnante, il incendiait des corps à des distances extraordinaires; dans ses démonstrations du microscope, il amplifiait les objets de manière à obtenir des grossissements énormes; dans ses leçons sur l'électricité, il foudroyait des animaux, et s'il voulait montrer l'existence de l'électricité libre dans l'atmosphère, il faisait descendre le fluide des nuages, et tirait de ses conducteurs des étincelles de dix pieds de long qui éclataient avec le bruit d'une arme à feu. La clarté de ses démonstrations, l'élégance de sa parole, sa stature élevée, la beauté de ses traits, la sonorité de sa voix, et jusqu'à sa mise étrange, composée d'un costume à la Franklin, tout ajoutait à l'effet de ses discours. C'est ainsi que le professeur Charles était parvenu à obtenir dans Paris une renommée immense. Aussi, lorsqu'au 10 août le peuple envahit les Tuileries et le Louvre où il s'était logé, on respecta sa demeure et l'on passa en silence devant le savant illustre dont tout Paris avait écouté et applaudi les leçons (1).

(1) C'est le physicien Charles qui a été le héros de l'aventure, assez connue d'ailleurs, où Marat joua un rôle si bien en rapport avec ses habitudes et son caractère. Tout le monde sait que Marat était médecin, et que dans sa jeunesse il s'était occupé de travaux relatifs à la physique; il a même écrit un ouvrage sur l'optique, dans lequel il combat les vues

Un mois avait suffi au zèle et à l'heureuse intelligence de Charles pour disposer tous les moyens ingénieux et nouveaux dont il enrichissait l'art naissant de l'aérostation. Le 26 novembre 1783, un ballon de neuf mètres de diamètre, muni de son filet et de sa nacelle, était suspendu au milieu de la grande allée des Tuileries, en face du château. Le grand bassin situé devant le pavillon de l'Horloge reçut l'appareil pour la production de l'hydrogène, qui se composait de vingt-cinq tonneaux munis de tuyaux de plomb, aboutissant à une cuve remplie d'eau destinée à laver le gaz. Un tube d'un plus grand diamètre dirigeait l'hydrogène dans l'intérieur du ballon. Cette opération fut lente et présenta quelques difficultés ; elle ne fut pas même sans dangers. Dans la nuit, un lampion ayant été placé trop près d'un des tonneaux, le gaz s'enflamma, et il y eut une explosion terrible. Heureusement un robinet fermé à temps empêcha l'incendie de se propager jusqu'au ballon. Tout fut réparé, et quelques jours après le ballon était rempli.

Le 1er décembre 1783, la moitié de Paris se pressait aux environs du château des Tuileries ; à midi, les corps académiques et les souscripteurs, qui avaient payé leur place quatre louis, furent introduits dans une enceinte particulière construite pour eux autour du bassin. Les simples souscripteurs à trois francs se répandirent dans le reste du jardin. A l'extérieur, les fenêtres, les combles et les toits, les quais qui longent les Tuileries, le Pont-Royal et la place Louis XV, étaient couverts d'une foule immense. Le ballon gonflé de gaz se balançait et ondulait mollement dans l'air ; c'était un globe de soie à bandes alternativement jaunes et rouges. Le char placé au-dessous était bleu et or.

Cependant le bruit se répand dans la foule que Charles et Robert ont reçu un ordre du roi qui, en raison du danger de l'expérience, leur défend de monter dans la nacelle. On ne savait pas précisément ce qui avait pu inspirer au roi une telle sollicitude ; mais le fait était certain. Charles, indigné, se rend

de Newton. Marat se présente un jour chez le professeur Charles pour lui exposer ses idées touchant les théories de Newton, et pour lui proposer quelques objections relativement aux phénomènes électriques qui faisaient grand bruit à cette époque. Charles ne partageait aucune des opinions de son interlocuteur, et il ne se fit pas scrupule de les combattre. Marat oppose l'emportement à la raison ; chaque argument nouveau ajoute à sa fureur, il se contient avec peine ; enfin, à un dernier trait, sa colère déborde, il tire une petite épée qu'il portait toujours et se précipite sur son adversaire. Charles était sans armes, mais sa vigueur et son adresse ont bientôt triomphé de l'aveugle fureur de Marat. Il lui arrache son épée, la brise sur son genou, et en jette à terre les débris. Succombant à la honte et à la colère, Marat perdit connaissance : on le porta chez lui évanoui. Quelques années après, aux jours de la sinistre puissance de Marat, le souvenir de cette scène troublait singulièrement le repos du professeur Charles. Heureusement l'*Ami du peuple* avait oublié les injures du physicien

aussitôt chez le ministre, le baron de Breteuil, qui donnait dans ce moment son audience, et lui représente avec force que le roi est maître de sa vie, mais non de son honneur ; qu'il a pris avec le public des engagements sacrés qu'il ne peut trahir, et qu'il se brûlera la cervelle plutôt que d'y manquer ; qu'au surplus c'est une pitié fausse et cruelle que l'on a inspirée au roi. Le baron de Breteuil comprit tout le fondement de ces reproches, et n'ayant pas le temps d'instruire le roi des difficultés que son ordre avait provoquées, il prit sur lui d'en autoriser la transgression.

On continuait néanmoins à affirmer, parmi les spectateurs réunis aux Tuileries, que l'ascension n'aurait pas lieu. Les partisans de Montgolfier et ceux du professeur Charles étaient divisés en deux camps ennemis, et cherchaient tous les moyens de se combattre. On prétendait que la défense du roi avait été secrètement sollicitée par Charles et Robert pour se dispenser de monter dans la nacelle. Ces discours calomnieux étaient soutenus par l'épigramme suivante que l'on distribuait à profusion dans la foule :

Profitez bien, Messieurs, de la commune erreur.
La recette est considérable :
C'est un tour de Robert le Diable,
Mais non pas de Richard-sans-Peur.

Ces propos méchants ne tardèrent pas à être démentis. En effet, à une heure et demie le bruit du canon annonce que l'ascension va s'exécuter. La nacelle est lestée, on la charge des approvisionnements et des instruments nécessaires. Pour connaître la direction du vent, on commence par lancer un petit ballon de soie verte de deux mètres de diamètre. Charles s'avance vers Etienne Montgolfier, tenant ce petit ballon à l'aide d'une corde, et il le prie de vouloir bien le lancer lui-même. « C'est à vous, Monsieur, lui dit-il, qu'il appartient de nous ouvrir la route des cieux. » Le public comprit le bon goût et la délicatesse de cette pensée ; il applaudit ; le petit aérostat s'envola vers le nord-est, faisant reluire au soleil sa brillante couleur d'émeraude.

Le canon retentit une seconde fois : les voyageurs prennent place dans la nacelle, et bientôt le ballon s'élève avec une majestueuse lenteur. L'admiration et l'enthousiasme éclatent alors de toutes parts ; des applaudissements immenses ébranlent les airs ; les soldats rangés autour de l'enceinte présentent les armes ; les officiers saluent de leur épée, et la machine continue de s'élever doucement au milieu des acclamations de trois cent mille spectateurs.

Le ballon, arrivé à la hauteur de Monceaux, resta un moment stationnaire : il vira ensuite de bord, et suivit la direction du vent. Il traversa une première fois la Seine entre Saint-Ouen et Asnières, la passa une seconde fois non loin d'argenteuil, et plana successivement sur Sannois, Franconville, Eaux-Bonnes, Saint-Leu-Taverny, Villiers et l'Ile-Adam. Après un trajet d'environ neuf lieues, en s'abaissant et s'élevant à volonté au moyen du lest qu'ils jetaient, les voyageurs descendirent à quatre heures moins un quart dans la prairie de Nesles, à neuf lieues de Paris. Robert descendit du char, et Charles repartit seul. En moins de dix minutes, il parvint à une hauteur de près de quatre mille mètres. Là il se livra à de rapides observations de physique. Une demi-heure après, le ballon redescendait doucement à deux lieues de son second point de départ. Charles fut reçu à sa descente par M. Farrer, gentilhomme anglais, qui le conduisit à son château, où il passa la nuit (1).

(1) *Voyage aérien de Charles et Robert. — Relation de Charles.* — Nous avons fait précéder notre ascension de l'enlèvement d'un globe de cinq pieds huit pouces, destiné à nous faire connaître la première direction du vent, et à nous frayer à peu près la route que nous allions prendre. Nous l'avons fait présenter à madame Montgolfier, que nos amis avaient eu soin de placer dans l'enceinte autour de nous ; M. de Montgolfier coupa la corde, et le globe s'élança. Le public a compris cette allégorie simple : j'ai voulu faire entendre qu'il avait eu le bonheur de tracer la route.

Le globe, échappé des mains de M. de Montgolfier, s'élança dans les airs, et sembla y porter le témoignage de notre réunion ; les acclamations l'y suivaient. Pendant ce temps nous préparions à la hâte notre fuite ; les circonstances orageuses qui nous pressaient nous empêchèrent de mettre à nos dispositions toute la précision que nous nous étions proposée la veille. Il nous tardait de n'être plus sur la terre. Le globe et le char en équilibre touchaient encore au sol qui nous portait ; il était une heure trois quarts. Nous jetons dix-neuf livres de lest, et nous nous élevons au milieu du silence concentré par l'émotion et la surprise de l'un et de l'autre parti.

Jamais rien n'égalera ce moment d'hilarité qui s'empara de mon existence, lorsque je sentis que je fuyais de terre ; ce n'était pas du plaisir, c'était du bonheur. Échappé aux tourments affreux de la persécution et de la calomnie, je sentis que je répondais à tout en m'élevant au-dessus de tout.

A ce sentiment moral succéda bientôt une sensation plus vive encore, l'admiration du majestueux spectacle qui s'offrait à nous. De quelque côté que nous abaissions nos regards, tout était têtes ; au-dessus de nous, un ciel sans nuage ; dans le lointain, l'aspect le plus délicieux.

— O mon ami, disais-je à M. Robert, quel est notre bonheur ! J'ignore dans quelle disposition nous laissons la terre ; mais comme le ciel est pour nous ! quelle scène ravissante ! que ne puis-je tenir ici le dernier de nos détracteurs, et lui dire : Regarde, malheureux, tout ce qu'on perd à arrêter le progrès des sciences.

Tandis que nous nous élevions progressivement par un mouvement accéléré, nous nous mîmes à agiter en l'air nos banderoles en signe d'allégresse, et afin de rendre la sécurité à ceux qui prenaient intérêt à notre sort ; pendant ce temps, j'observais toujours le baromètre. M. Robert faisait l'inventaire de nos richesses : nos amis avaient lesté notre char, comme pour un voyage de long cours : vins de Champagne, etc., couvertures et fourrures, etc.

— Bon, lui dis-je, voilà de quoi jeter par la fenêtre.

Alors le baromètre descendit à environ vingt-six pouces ; nous avions cessé de monter, c'est-à-dire que nous étions élevés environ à trois cents toises. C'était la hauteur à laquelle j'avais promis de nous contenir ; et en effet, depuis ce moment jusqu'à

Quand les détails de cette belle excursion aérienne furent connus dans Paris, ils y causèrent une sensation extraordinaire. Le celui où nous avons disparu aux yeux des observateurs en station, nous avons toujours composé notre marche horizontale entre vingt-six pouces de mercure et vingt-six pouces huit lignes ; ce qui s'est trouvé d'accord avec les observations de Paris.

Nous avions soin de perdre du lest à mesure que nous descendions, par la perte insensible de l'air inflammable, et nous nous élevions sensiblement à la même hauteur. Si les circonstances nous avaient permis de mettre plus de précision à ce lest, notre marche eût été presque absolument horizontale et à volonté.

Arrivés à la hauteur de Monceaux, que nous laissions un peu à gauche, nous restâmes un instant stationnaires. Notre char se retourna, et enfin nous filâmes au gré du vent. Bientôt nous passons la Seine entre Saint-Ouen et Asnières, et telle fut à peu près notre marche aérographique, laissant Colombes sur la gauche, passant presque au-dessus de Gennevilliers. Nous avons traversé une seconde fois la rivière, en laissant Argenteuil sur la gauche ; nous avons passé à Sannois, Franconville, Eaux-Bonnes, Saint-Leu-Taverny, Villiers, traversé l'Ile-Adam, et enfin Nesles, où nous avons descendu. Tels sont à peu près les endroits sur lesquels nous avons dû passer presque perpendiculairement. Ce trajet fait environ neuf lieues de Paris, et nous l'avons parcouru en deux heures, quoiqu'il n'y eût dans l'air presque pas d'agitation sensible.

Durant tout le cours de ce délicieux voyage, il ne nous est pas venu en pensée d'avoir la plus légère inquiétude sur notre sort et sur celui de notre machine. Le globe n'a souffert d'autre altération que les modifications successives de dilatation et de compression dont nous profitions pour monter et descendre à volonté d'une quantité quelconque. Le thermomètre a été pendant plus d'une heure entre 10 et 12 degrés au-dessus de zéro, ce qui vient de ce que l'intérieur de notre char était réchauffé par les rayons du soleil.

Sa chaleur se fit bientôt sentir à notre globe, et contribua, par la dilatation de l'air inflammable intérieur, à nous tenir à la même hauteur, sans être obligés de perdre de notre lest ; mais nous faisions une perte plus précieuse : l'air inflammable, dilaté par la chaleur solaire, s'échappait par l'appendice du globe que nous tenions à la main, et que nous lâchions suivant les circonstances, pour donner issue au gaz trop dilaté.

C'est par ce moyen simple que nous avons évité ces expansions et ces explosions que les personnes peu instruites redoutaient pour nous. L'air inflammable ne pouvait pas briser sa prison, puisque la porte lui en était toujours ouverte, et l'air atmosphérique ne pouvait entrer dans le globe, puisque la pression même faisait de l'appendice une véritable soupape qui s'opposait à sa rentrée.

Au bout de cinquante-six minutes de marche, nous entendîmes le coup de canon qui était le signal de notre disparition aux yeux des observateurs de Paris. Nous nous réjouîmes de leur avoir échappé. N'étant plus obligés de composer strictement notre course horizontale, ainsi que nous avions fait jusqu'alors, nous nous sommes abandonnés plus entièrement aux spectacles variés que nous présentait l'immensité des campagnes au-dessus desquelles nous planions ; dès ce moment, nous n'avons plus cessé de converser avec leurs habitants, que nous voyions accourir vers nous de toutes parts ; nous entendions leurs cris d'allégresse, leurs vœux, leur sollicitude, en un mot, l'alarme de l'admiration.

Nous criions : *Vive le roi !* et toutes les campa-

lendemain une foule considérable se rassemblait devant la demeure de Charles pour le féliciter : il n'était pas encore de retour, et à

gnes répondaient à nos cris. Nous entendions très-distinctement : *Mes bons amis, n'avez-vous point peur? n'êtes-vous point malades? Dieu, que c'est beau! Nous prions Dieu qu'il vous conserve. Adieu, mes bons amis!* J'étais touché jusqu'aux larmes de cet intérêt tendre et vrai qu'inspirait un spectacle aussi nouveau.

Nous agitions sans cesse nos pavillons, et nous nous apercevions que ces signaux redoublaient l'allégresse et la sécurité. Plusieurs fois nous descendîmes assez bas pour mieux nous faire entendre; on nous demandait d'où nous étions partis et à quelle heure, et nous montions plus haut en leur disant adieu.

Nous jetions successivement, et suivant les circonstances, redingotes, manchons, habits. Planant au-dessus de l'Ile-Adam, après avoir admiré cette délicieuse campagne, nous fîmes encore le salut des pavillons ; nous demandâmes des nouvelles de monseigneur le prince de Conti. On nous cria avec un porte-voix qu'il était à Paris, qu'il en serait bien fâché. Nous regrettions de perdre une si belle occasion de lui faire notre cour, et nous serions en effet descendus au milieu de ses jardins, si nous avions voulu; mais nous prîmes le parti de prolonger encore notre course, et nous remontâmes ; enfin nous arrivâmes près des plaines de Nesles.

Il était trois heures et demie passées; j'avais le dessein de faire un second voyage, et de profiter de nos avantages ainsi que du jour. Je proposai à M. Robert de descendre. Nous voyions de loin des groupes de paysans qui se précipitaient devant nous à travers les champs : « Laissons-nous aller, » lui dis-je; alors nous descendîmes dans une vaste prairie.

Des arbustes, quelques arbres bordaient son enceinte. Notre char s'avançait majestueusement sur un plan incliné très-prolongé. Arrivé près de ces arbres, je craignis que leurs branches ne vinssent heurter le char. Je jetai deux livres de lest, et le char s'éleva par-dessus, en bondissant à peu près comme un coursier qui franchit une haie. Nous parcourûmes plus de vingt toises à un ou deux pieds de terre : nous avions l'air de voyager en traîneau. Les paysans couraient après nous, sans pouvoir nous atteindre, comme des enfants qui poursuivent des papillons dans une prairie,

Enfin nous prenons terre. On nous environne. Rien n'égale la naïveté rustique et tendre, l'effusion de l'admiration et de l'allégresse de tous ces villageois.

Je demandai sur-le-champ les curés, les syndics : ils accouraient de tous côtés; il était fête sur le lieu. Je dressai aussitôt un court procès-verbal, qu'ils signèrent. Arrive un groupe de cavaliers au grand galop; c'était monseigneur le duc de Chartres, M. le duc de Fitz-James et M. Farrer, gentilhomme anglais, qui nous suivaient depuis Paris. Par un hasard très-singulier, nous étions descendus auprès de la maison de chasse de ce dernier. Il saute de dessus son cheval, s'élance sur notre char, et dit en m'embrassant :

— M. Charles, moi premier.

Nous fûmes comblés des caresses du prince, qui nous embrassa tous deux dans notre char et eut la bonté de signer notre procès-verbal; M. le duc de Fitz-James en fit autant; M. Farrer le signa trois fois de suite. On a omis sa signature dans le Journal, parce qu'on n'a pu la lire; il était si agité de plaisir, qu'il ne pouvait écrire. De plus de cent cavaliers qui couraient après nous depuis Paris, et que nous apercevions à peine du haut de notre char, c'étaient les seuls qui eussent pu nous joindre. Les

son arrivée il reçut du peuple une véritable ovation. Lorsqu'il se rendit au Palais-Royal pour remercier le duc de Chartres, au sortir

autres avaient crevé leurs chevaux ou y avaient renoncé.

Je racontai brièvement à monseigneur le duc de Chartres quelques circonstances de notre voyage.

— Ce n'est pas tout, monseigneur, ajoutai-je en souriant, je m'en vais repartir.

— Comment, repartir?

— Monseigneur, vous allez voir. Il y a mieux : quand voulez-vous que je redescende.

— Dans une demi-heure.

— Eh bien! soit, monseigneur, dans une demi heure je suis à vous.

M. Robert descendit du char, ainsi que nous étions convenus en voyageant. Trente paysans serrés autour et appuyés dessus, et le corps presque allongé dedans, l'empêchaient de s'envoler. Je mandai de la terre pour me faire un lest; il ne m'en restait plus que trois ou quatre livres. On va chercher une bêche qui n'arrive point. Je demande des pierres, il n'y en avait pas dans la prairie. Je voyais le temps s'écouler, le soleil se coucher. Je calculai rapidement la hauteur possible où pouvait m'élever la légèreté spécifique de cent trente livres que je venais d'acquérir par la descente de M. Robert, et je dis à monseigneur le duc de Chartres :

— Monseigneur, je pars. Je dis aux paysans : « Mes amis, retirez-vous tous en même temps des bords du char au premier signal que je vais faire, et je vais m'envoler. »

Je frappe de la main, ils se retirent, je m'élançai comme l'oiseau; en dix minutes, j'étais à plus de quinze cents toises, je n'apercevais plus les objets terrestres, je ne voyais plus que les grandes masses de la nature.

Dès en partant, j'avais pris mes précautions pour échapper au danger de l'explosion du globe, et je me disposai à faire les observations que je m'étais promises. D'abord, afin d'observer le baromètre et le thermomètre placés à l'extrémité du char, sans rien changer au centre de gravité, je m'agenouillai au milieu, la jambe et le corps tendus en avant, ma montre et un papier dans la main gauche, ma plume et le cordon de ma soupape dans ma main droite.

Je m'attendais à ce qui allait arriver. Le globe, qui était assez flasque à mon départ, s'enfla insensiblement. Bientôt l'air inflammable s'échappa à grands flots par l'appendice. Alors je tirai de temps en temps la soupape pour lui donner à la fois deux issues, et je continuai à monter ainsi en perdant de l'air. Il sortait en sifflant et devenait visible, ainsi qu'une vapeur chaude qui passe dans une atmosphère beaucoup plus froide.

La raison de ce phénomène est simple. A terre, le thermomètre était à 7° au-dessus de la glace; au bout de dix minutes d'ascension, j'avais 5° au-dessous. On sent que l'air inflammable contenu n'avait pas eu le temps de se mettre en équilibre de température; son équilibre élastique étant beaucoup plus prompt que celui de la chaleur, il en devait sortir une plus grande quantité que celle que la dilatation extérieure de l'air pouvait déterminer par sa moindre pression.

Quant à moi, exposé à l'air libre, je passai en dix minutes de la température du printemps à celle de l'hiver. Le froid était vif et sec, mais point insupportable. J'interrogeai alors paisiblement toutes mes sensations, *je m'écoutai vivre* pour ainsi dire, et je puis assurer que dans le premier moment je n'éprouvai rien de désagréable dans ce passage subit de dilatation et de température.

Lorsque le baromètre cessa de monter, je notai très-exactement dix-huit pouces dix lignes. Cette ob

du palais on le prit sur le perron et on le porta en triomphe jusqu'à sa voiture.

Les récompenses académiques ne man-

servation est de la plus grande rigidité. Le mercure ne souffrait aucune oscillation sensible. J'ai déduit de cette observation une hauteur de 1,524 toises environ, en attendant que je puisse intégrer ce calcul, et y mettre plus de précision. Au bout de quelques minutes le froid me saisit les doigts, je ne pouvais presque plus tenir ma plume. Mais je n'en avais plus besoin, j'étais stationnaire, et je n'avais plus qu'un mouvement horizontal.

Je me relevai au milieu du char et m'abandonnai au spectacle que m'offrait l'immensité de l'horizon. A mon départ de la prairie, le soleil était couché pour les habitants des vallons; bientôt il se leva pour moi seul, et vint encore une fois dorer de ses rayons le globe et le char. J'étais le seul corps éclairé dans l'horizon, et je voyais tout le reste de la nature plongé dans l'ombre.

Bientôt le soleil disparut lui-même, et j'eus l plaisir de le voir se coucher deux fois dans le même jour. Je contemplai quelques instants le vague de l'air et les vapeurs terrestres qui s'élevaient du sein des vallées et des rivières. Les nuages semblaient sortir de la terre et s'amonceler les uns sur les autres en conservant leur forme ordinaire. Leur couleur seulement était grisâtre et monotone, effet naturel du peu de lumière divaguée dans l'atmosphère. La lune seule éclairait.

Elle me fit observer que je revirai de bord deux fois, et je remarquai de véritables courants qui me ramenèrent sur moi-même. J'eus plusieurs déviations très-sensibles. Je sentis avec surprise l'effet du vent et je vis pointer les banderoles de mon pavillon; nous n'avions pu observer ce phénomène dans notre premier voyage. Je remarquai les circonstances de ce phénomène, et ce n'était point le résultat de l'ascension ou de la descente; je marchais alors dans une direction sensiblement horizontale. Dès ce moment je conçus, peut-être un peu trop vite, l'espérance de se diriger. Au surplus, ce ne sera que le fruit du tâtonnement, des observations et des expériences les plus réitérées.

Au milieu du ravissement inexprimable, et de cette extase contemplative, je fus rappelé à moi même par une douleur très-extraordinaire que je ressentis dans l'intérieur de l'oreille droite et dans les glandes maxillaires. Je l'attribuai à la dilatation de l'air contenu dans le tissu cellulaire de l'organisme, autant qu'au froid de l'air environnant. J'étais en veste et la tête nue. Je me couvris d'un bonnet de laine qui était à mes pieds; mais la douleur ne se dissipa qu'à mesure que j'arrivai à terre.

Il y avait environ sept ou huit minutes que je ne montais plus; je commençai même à descendre par la condensation de l'air inflammable intérieur. Je me rappelai la promesse que j'avais faite à monseigneur le duc de Chartres de revenir à terre au bout d'une demi-heure. J'accélérai ma descente, en tirant de temps en temps la soupape supérieure. Bientôt le globe, vide presque à moitié, ne me présentait plus qu'un hémisphère.

J'aperçus une très-belle plage en friche auprès du bois de la Tour-du-Lay. Alors je précipitai ma descente. Arrivé à vingt ou trente toises de terre, je jetai subitement deux à trois livres de lest qui me restaient et que j'avais gardées précieusement; je restai un instant comme stationnaire et vins descendre mollement sur la friche même que j'avais, pour ainsi dire, choisie.

J'étais à plus d'une lieue du point de départ. Les déviations fréquentes que j'essuyai, les retours sur moi-même, me font présumer que le trajet aérien a été de plus de trois lieues. Il y avait trente-cinq minutes que j'étais parti; et telle est la sûreté des

quèrent pas non plus aux courageux voyageurs. Dans sa séance du 9 décembre, l'Académie des sciences de Paris, présidée par M. de Saron, décerna le titre d'associé surnuméraire à Charles et à Robert, ainsi qu'à Pilâtre des Rosiers et au marquis d'Arlandes. Enfin, le roi accorda au premier une pension de deux mille livres. Il voulut même que l'Académie des sciences ajoutât le nom de Charles à celui de Montgolfier sur la médaille qu'elle se proposait de consacrer à l'invention des aérostats. Charles aurait dû avoir le bon goût ou la modestie de refuser cet honneur. Il avait sans nul doute perfectionné les aérostats et indiqué les moyens de rendre praticables les voyages aériens; mais le mérite tout entier de l'invention réside évidemment dans le principe que les Montgolfier avaient pour la première fois mis en pratique : la gloire de la découverte devait leur revenir sans partage.

Après cette ascension mémorable, qui porta si loin la renommée de Charles, on est étonné d'apprendre que ce physicien ne recommença jamais l'expérience et que le cours de sa carrière aérostatique ne s'étendit pas davantage. Comment le désir de féconder et d'étendre sa découverte ne l'entraîna-t-il pas cent fois au sein des nuages? On l'ignore (1). C'est sans doute le cas de répéter le mot du grand Condé : « Il eut du courage ce jour-là. »

Ascensions diverses. — Mort de Pilâtre des Rosiers.

L'intrépidité et la science des premiers navigateurs aériens avaient ouvert dans les cieux une route nouvelle; elle fut suivie avec une incomparable ardeur. En France et dans les autres parties de l'Europe, on vit bientôt s'accomplir un grand nombre de voyages aérostatiques. Cependant, pour ne pas étendre hors de toute proportion les bornes de cette notice, nous nous contenterons de citer les ascensions les plus remarquables.

Lyon n'avait encore été témoin d'aucune expérience aérostatique; c'est dans cette ville que s'exécuta le troisième voyage aérien.

Au mois d'octobre 1783, quelques personnes distinguées de Lyon voulurent répéter l'expérience exécutée à Versailles par Montgolfier. M. de Flesselles, intendant de la province, ouvrit une souscription qui fut promptement remplie, et sur ces entrefaites, Montgolfier étant arrivé à Lyon, on le pria de vouloir bien diriger lui-même la

combinaisons de notre machine aérostatique, que je pus consommer, et à volonté, cent trente livres de légèreté spécifique, dont la conservation également volontaire eût pu me maintenir en l'air au moins vingt-quatre heures de plus.

(1) On a dit qu'en descendant de sa nacelle, Charles avait juré de ne plus s'exposer à ces périlleuses expéditions, tant avait été forte l'impression qu'il ressentit au moment où, Robert étant descendu, la machine, subitement déchargée de ce poids, l'emporta dans les airs avec la rapidité d'une flèche.

construction de la machine. On se proposait de fabriquer un aérostat d'un très-grand volume qui enlèverait un cheval ou quelques autres animaux. Montgolfier fit construire un aérostat immense; il avait 43 mètres de hauteur et 35 de diamètre. C'est la plus vaste machine qui se soit jamais élevée dans les airs. Seulement on avait visé à l'économie, et l'on n'avait obtenu qu'un appareil de construction assez grossière, formé d'une double enveloppe de toile d'emballage recouvrant trois feuilles d'un fort papier. Les travaux étaient fort avancés, lorsqu'on reçut la nouvelle de l'ascension de Charles aux Tuileries, événement qui produisit en France une sensation extraordinaire. Aussitôt le comte de Laurencin, associé de l'Académie de Lyon, demanda que la destination de l'aérostat fût changée, et qu'on le consacrât à entreprendre un voyage aérien. Trente ou quarante personnes se firent inscrire à la suite de Montgolfier et du comte de Laurencin pour prendre part au voyage; Pilâtre des Rosiers arriva de Paris avec le même projet; il était accompagné du comte de Dampierre, du comte de Laporte et du prince Charles, fils aîné du prince de Ligne. On ne se proposait rien moins que de se rendre, par la voie de l'air, à Marseille, à Avignon ou à Paris, selon la direction du vent.

Cependant Pilâtre des Rosiers reconnut avec chagrin que cette immense machine, conçue dans un autre but, était tout à fait impropre à porter des voyageurs. Il proposa et fit exécuter, avec l'assentiment de Montgolfier, différentes modifications pour l'approprier à sa destination nouvelle. Elle ne se firent qu'avec beaucoup de difficultés et à travers mille obstacles. En outre, le mauvais temps qui ne cessa de régner pendant trois mois, endommagea beaucoup la gigantesque machine. On ne put la transporter aux Brotteaux sans des peines infinies. Il y eut de très-longs retards dans les préparatifs et les essais préliminaires; on fut obligé de remettre plusieurs fois le départ, et lorsque vint enfin le jour fixé pour l'ascension, la neige, qui tomba en grande quantité, nécessita un nouvel ajournement. Les habitants de Lyon, qui n'avaient encore assisté à aucune expérience aérostatique, doutaient fort du succès et n'épargnaient pas les épigrammes. Le comte de Laurencin, un des futurs matelots de ce vaste équipage, reçut le quatrain suivant:

Fiers assiégeants du séjour du tonnerre,
Calmez votre colère.
Eh! ne voyez-vous pas que Jupiter tremblant
Vous demande la paix par son pavillon blanc?

Le trait était vif. M. de Laurencin, qui n'était pas poète, mais qui ne manquait ni de cœur ni d'esprit, répondit, en prose, qu'il se chargeait d'aller chercher lui-même les clauses de l'armistice.

Cependant les aéronautes, piqués au jeu, accélérèrent leurs préparatifs, et quelques jours après tout fut disposé pour l'ascension.

Elle se fit aux Brotteaux le 5 janvier 1784. En dix-sept minutes, le ballon fut gonflé et prêt à partir. Six voyageurs montèrent dans la galerie: c'étaient Joseph Montgolfier, à qui l'on avait décerné le commandement de l'équipage, Pilâtre des Rosiers, le prince de Ligne, le comte de Laurencin, le comte de Dampierre et le comte de Laporte d'Anglefort.

La machine avait considérablement souffert par la neige et la gelée, elle était criblée de trous, le filet, qu'un accident avait détruit quelques jours auparavant, était remplacé par seize cordes qui ne pesaient pas également sur toutes les parties du globe et contrariaient son équilibre; aussi Pilâtre des Rosiers reconnut bien vite que l'expérience tournerait mal si l'on persistait à prendre six voyageurs; trois personnes étaient la seule charge que l'aérostat pût supporter sans danger. Mais toutes ses observations furent inutiles: personne ne voulut consentir à descendre; quelques-uns de ces gentilshommes intraitables allèrent même jusqu'à porter la main à la garde de leur épée pour défendre leurs droits. C'est en vain que l'on offrit de tirer les noms au sort: il fallut donner le signal du départ. Tout n'était pas fini: les cordes qui retenaient l'aérostat étaient à peine coupées et la machine commençait seulement à perdre terre, lorsque l'on vit un jeune négociant de la ville, nommé Fontaine, qui avait pris quelque part à la construction de la machine, s'élancer d'une enjambée dans la galerie, et au risque de faire chavirer l'équipage, s'installer de force au milieu des voyageurs. On renforça le feu, et malgré cette nouvelle surcharge, l'aérostat commença de s'élever.

On comprendra aisément l'admiration que dut faire éclater dans la foule l'ascension de cet énorme ballon, dont la voûte offrait les dimensions de la coupole de la Halle aux blés de Paris. Il avait la forme d'une sphère terminée à sa partie inférieure par un cône tronqué autour duquel régnait une large galerie où se tenaient les sept voyageurs. La calotte supérieure était blanche, le reste grisâtre et le cône composé de bandes de laine de différentes couleurs. Aux deux côtés du globe étaient attachés deux médaillons, dont l'un représentait l'Histoire et l'autre la Renommée. Enfin il portait un pavillon aux armes de l'intendant de la province avec ces mots: le *Flesselles*.

Le ballon n'était pas depuis un quart d'heure dans les airs, quand il se fit dans l'enveloppe une déchirure de quinze mètres de long. Le volume énorme de la machine, le nombre des voyageurs, le poids excessif du lest, le mauvais état des toiles fatiguées par de trop longues manœuvres, tout avait rendu inévitable cet accident, qui faillit avoir des suites funestes. Parvenu en ce moment à huit cents mètres de hauteur, l'aérostat s'abattit avec une rapidité effrayante. On vit aussitôt, à en croire les relations de l'époque, soixante mille personnes courir vers l'endroit où la machine allait tomber. Heureusement, et grâce à l'adresse de Pilâtre, cette descente rapide n'entraîna pas de suites graves, et les voyageurs en furent quittes pour un choc un peu rude. On aida les aéronautes à se dégager des toiles qui les enveloppaient. Joseph Montgolfier avait été le plus maltraité.

Cette ascension fit beaucoup de bruit et fut très-diversement jugée. Les journaux du temps qui sont remplis de détails à ce sujet en donnèrent les appréciations les plus opposées. En définitive, l'entreprise parut avoir échoué, mais ses courageux auteurs reçurent les hommages qui leur étaient dus. M. Mathon de Lacour, directeur de l'Académie de Lyon, raconte ainsi l'accueil qu'ils reçurent dans la soirée :

« Le même jour, dit M. Mathon de Lacour, on devait donner l'opéra d'*Iphigénie en Aulide*; le public s'y porta en foule dans l'espérance d'y voir les voyageurs aériens. Le spectacle était commencé lorsque M. et madame de Flesselles entrèrent dans leur loge, accompagnés de MM. Montgolfier et Pilâtre des Rosiers. Les applaudissements et les cris se firent entendre dans toute la salle; les autres voyageurs furent reçus avec le même transport. Le parterre cria de recommencer le spectacle, et l'on baissa la toile; quelques minutes après, la toile fut levée, et l'acteur qui remplissait le rôle d'Agamemnon s'avança avec des couronnes que madame l'intendante distribua elle-même aux illustres voyageurs. M. Pilâtre des Rosiers posa celle qu'il avait reçue sur la tête de M. de Montgolfier, et le prince Charles posa aussi celle qu'on lui avait offerte sur la tête de madame de Montgolfier. L'acteur, qui était rentré dans sa tente, en sortit pour chanter un couplet qui fut vivement applaudi. Quelqu'un ayant indiqué à M. l'intendant l'un des voyageurs (M. Fontaine), qui se trouvait au parterre, M. l'intendant et M. de Fay, commandant, descendirent pendant l'entr'acte et lui apportèrent la couronne. Quand l'actrice qui jouait le rôle de Clytemnestre chanta le morceau :

Que j'aime à voir ces hommages flatteurs!...

le public en fit aussitôt l'application et fit recommencer le morceau, que l'actrice répéta en se tournant vers les loges où étaient les voyageurs; après le spectacle, ils furent reconduits avec les mêmes applaudissements; ils soupèrent chez M. le commandant, et on ne cessa pendant toute la nuit de leur donner des sérénades.

« Deux jours après, M. Pilâtre des Rosiers, ayant paru au bal, y reçut de nouveaux témoignages de la plus vive admiration; et le jeudi 22, lorsqu'il partit pour Dijon, pour se rendre de là à Paris, il fut accompagné comme en triomphe par une cavalcade nombreuse des jeunes gens les plus distingués de la ville. »

Cependant, l'opinion générale était pour les mécontents. On chansonna les voyageurs, on chansonna l'aérostat lui-même. On fut injuste envers les hardis matelots du *Flesselles*. C'est ainsi que le *Journal de Paris*, qui raconte avec tant de complaisance les ascensions aérostatiques de cette époque, ne consacre que quelques lignes au récit de ce voyage qu'il avait annoncé trois mois auparavant avec beaucoup de pompe. Enfin, on fit courir à Paris le quatrain suivant :

Vous venez de Lyon; parlez-nous sans mystère :
Le globe est-il parti ? Le fait est-il certain?
—Je l'ai vu.—Dites-nous : allait-il bien grand train?
—S'il allait... Oh ! Monsieur, il allait ventre à terre.

L'épigramme et l'esprit étaient l'arme innocente de ces temps heureux.

Le quatrième voyage aérien eut lieu en Italie. Le chevalier Andréani fit construire par les frères Gerli, architectes, une magnifique montgolfière, et il rendit les habitants de Milan témoins d'une belle ascension qu'il exécuta lui-même, et qui ne présenta d'ailleurs aucune circonstance digne d'être notée.

C'est à cette époque qu'eut lieu à Paris la première ascension de Blanchard, dont le nom était destiné à devenir fameux dans les fastes de l'aérostation. Avant la découverte des ballons, Blanchard, qui possédait le génie ou tout au moins le goût des arts mécaniques, s'était appliqué à trouver un mécanisme propre à naviguer dans les airs. Il avait construit un *bateau volant*, machine atmosphérique armée de rames et d'agrès, avec laquelle il se soutenait quelque temps dans l'air à quatre-vingts pieds de hauteur. En 1782, il avait exposé sa machine dans les jardins du grand hôtel de la rue Taranne, où se trouve aujourd'hui un établissement de bains. La découverte des aérostats qui survint sur ces entrefaites détermina Blanchard à abandonner les recherches de ce genre, et il se fit aéronaute.

Sa première ascension au Champ de Mars présenta une circonstance digne d'être notée au point de vue scientifique; c'est le 2 mars 1784 qu'elle fut exécutée en présence de tout Paris, que le brillant succès des expériences précédentes avait rendu singulièrement avide de ce genre de spectacle. Blanchard avait jugé utile d'adapter à son ballon les rames et le mécanisme qui faisaient mouvoir son bateau volant, et il espérait en tirer parti pour se diriger ou pour résister à l'impulsion de l'air. Il monta dans la nacelle ayant à ses côtés un moine bénédictin, le physicien dom Pech, enthousiaste des ballons. On coupa les cordes; mais le ballon ne s'éleva pas au delà de 5 mètres; il s'était troué pendant les manœuvres, et le poids qu'il devait entraîner était trop lourd pour son volume. Il tomba rudement par terre et la nacelle éprouva un choc des plus violents. Le bon Père jugea prudent de quitter la place. Blanchard répara promptement le dommage et il s'apprêtait à repartir seul, lorsqu'un jeune homme perce la foule, se jette dans la nacelle et veut absolument partir avec lui. Toutes les remontrances, toutes les prières de Blanchard furent inutiles : « Le roi me l'a permis! » criait l'obstiné: Blanchard, ennuyé du contre-temps, le saisit au corps pour le précipiter de la nacelle, mais le jeune homme tire son épée, fond sur lui et le blesse au poignet. On se se saisit enfin de ce dangereux amateur, et Blanchard put s'élancer. On a prétendu que ce jeune homme n'était rien moins que Bonaparte, alors élève à l'école militaire. Dans ses mémoires, Napoléon a pris la peine de démentir ce fait. Le jeune homme dont il s'agit était un de ses camarades, nommé Dupont de Chambon, élève comme lui de l'École Militaire, et qui avait fait avec ses camarades le pari de monter dans le ballon.

Blanchard s'éleva au-dessus de Passy, et vint descendre dans la plaine de Billancourt, près de la manufacture de Sèvres ; il ne resta que cinq quarts d'heure dans l'air. Cette ascension si courte fut marquée cependant par une circonstance curieuse. Tout le monde sait aujourd'hui qu'un aérostat ne doit jamais être entièrement gonflé au moment du départ : on le remplit seulement aux trois quarts environ. Il serait dangereux, en quittant la terre, de l'enfler complétement, car, à mesure que l'on s'élève les couches atmosphériques diminuant de densité, le gaz hydrogène, renfermé dans l'aérostat, acquiert plus d'expansion en raison de la diminution de résistance de l'air extérieur. Les parois du ballon céderaient donc sous l'effort du gaz, si on ne lui ouvrait pas une issue ; aussi l'aéronaute observe-t-il avec beaucoup d'attention l'état de l'aérostat, et lorsque ses parois très-distendues indiquent une grande expansion du gaz intérieur, il ouvre la soupape et laisse échapper un peu d'hydrogène. Blanchard, tout à fait dépourvu de connaissances en physique, ignorait entièrement cette particularité. Son ballon s'éleva gonflé outre mesure, et l'imprudent aéronaute, ne comprenant nullement le péril qui le menaçait, s'applaudissait de son adresse et admirait ce qui pouvait causer sa perte. Les parois du ballon font bientôt effort de toutes parts, elles vont éclater : Blanchard, arrivé à une hauteur considérable ; cède moins à la conscience du danger qui le menace qu'à l'impression d'épouvante causée sur lui par l'immensité des mornes et silencieuses régions au milieu desquelles l'aérostat l'a brusquement transporté. Il ouvre la soupape, il redescend, et cette terreur salutaire l'arrache au péril où son ignorance l'entraînait.

Blanchard se vanta de s'être élevé quatre mille mètres plus haut qu'aucun des aéronautes qui l'avaient précédé, et il assura avoir dirigé son ballon contre les vents à l'aide de son gouvernail et de ses rames ; mais les physiciens, qui avaient observé l'aérostat, démentirent son assertion, et publièrent que les variations de sa marche devaient être uniquement attribuées aux courants d'air qu'il avait rencontrés. Et comme il avait écrit sur les banderoles de son ballon et sur les cartes d'entrée cette devise fastueuse :

Sic itur ad astra, on lança contre lui cette épigramme :

> Au Champ de Mars il s'envola,
> Au Champ voisin il reste là ;
> Beaucoup d'argent il ramassa :
> Messieurs, *sic itur ad astra.*

Quand au bénédictin dom Pech, il paraît que c'était contre la défense de ses supérieurs qu'il avait voulu s'embarquer avec Blanchard. Un exempt de police envoyé sur le lieu de la scène l'avait arrêté et ramené à son couvent, d'où il avait réussi à s'échapper une seconde fois pour revenir tenter au Champ-de-Mars, une épreuve qui, comme on l'a vu, ne fut pas poussée bien loin. Ce zèle outré fut puni de l'exil. Dom Pech fut condamné par le conseil du couvent à un an et un jour de prison, dans la maison la plus reculée de son ordre. Cependant quelques personnes s'intéressèrent à lui, et par l'intervention du cardinal de La Rochefoucauld, le pauvre enthousiaste fut gracié.

Le 4 juin 1784, la ville de Lyon, vit s'accomplir une nouvelle ascension aérostatique, dans laquelle, pour la première fois, une femme, madame Thible, brava dans un ballon à feu les périls d'un voyage aérien. Cette belle ascension fut exécutée en l'honneur du roi de Suède, qui se trouvait alors de passage à Lyon.

Pilâtre des Rosiers et le chimiste Proust exécutèrent bientôt après à Versailles, en présence de Louis XVI et du roi de Suède, un des voyages aérostatiques les plus remarquables que l'on connaisse. L'appareil était dressé dans la cour du château de Versailles. A un signal qui fut donné par une décharge de mousqueterie, une tente de quatre-vingt-dix pieds de hauteur qui cachait l'appareil, s'abattit soudainement, et l'on apperçut une immense montgolfière, déjà gonflée par l'action du feu, maintenue par cent cinquante cordes que l'on avait quatre cents ouvriers. Dix minutes après, une seconde décharge annonça le départ du ballon, qui s'éleva avec une lenteur majestueuse et alla descendre près de Chantilly, à treize lieues de son point de départ. Proust et Pilâtre des Rosiers parcoururent dans ce voyage la plus grande distance que l'on ait jamais franchie avec une montgolfière ; ils atteignirent aussi la hauteur la plus grande à laquelle on puisse s'élever avec un appareil de ce genre. Ils demeurèrent assez longtemps plongés dans les nuages et enveloppés dans la neige qui se formait autour d'eux.

Le zèle des aéronautes et des savants ne se ralentissait pas ; chaque jour, pour ainsi dire, était marqué par une ascension qui présenta souvent des circonstances les plus curieuses et les plus dignes d'intérêt.

Le 6 août, l'abbé Camus, professeur de philosophie, et Louchet, professeur de belles-lettres, firent à Rodez un voyage aérien au moyen d'une montgolfière. L'expérience très-bien conduite marcha de la manière la plus régulière, mais n'enseigna rien de nouveau.

Les nombreuses ascensions faites avec l'aérostat à gaz inflammable, construit par les soins de l'Académie de Dijon, et monté à diverses reprises par Guyton de Morveau, l'abbé Bertrand et M. de Virly, n'apportèrent à la science naissante de l'aérostation que fort peu de résultats utiles. Guyton de Morveau avait fait construire, pour essayer de se diriger, une machine armée de quatre rames, mises en mouvement par un mécanisme. Au moment du départ, un coup de vent endommagea l'appareil et mit deux rames hors de service. Cependant Guyton assure avoir produit avec les deux rames qui lui restaient un effet très-sensible sur les mouvements du ballon. Ces expériences furent continuées très-longtemps, et l'Académie de Dijon fit à ce sujet de grandes dépenses de temps et d'argent. On finit cependant par reconnaître que l'on s'attaquait à un problème insoluble. Les résultats de ces longs et inutiles essais sont consignés dans un volume publié, en 1785, par Guyton de Morveau, sous le titre de *Description de l'aérostat de l'Académie de Dijon.*

En même temps, sur tous les points de la France, se succédaient des ascensions plus ou moins périlleuses. A Marseille, deux négociants, nommés Brémond et Maret, s'élevèrent dans une montgolfière de 16 mètres de diamètre. A leur première ascension ils ne restèrent en l'air que quelques minutes. Ils s'élevèrent très-haut à leur second voyage, mais la machine s'embrasa au milieu des airs, et ils ne regagnèrent la terre qu'au prix des plus grands dangers. Étienne Montgolfier lança dans le faubourg Saint-Antoine un ballon captif, qui dépassa la hauteur des édifices les plus élevés de Paris. La marquise et la comtesse de Montalembert, la comtesse de Podenas et mademoiselle Lagarde étaient les aéronautes de ce galant équipage que commandait le marquis de Montalembert. Ce ballon, construit aux frais du roi, était parti du jardin de Réveillon. A Aix, un amateur, nommé Rambaud, s'enleva dans une montgolfière de seize mètres de diamètre. Il resta dix-sept minutes en l'air et atteignit une hauteur considérable. Redescendu à terre, il sauta hors du ballon sans songer à le retenir. Allégé de ce poids, le ballon partit comme une flèche, et on le vit bientôt prendre feu et se consumer dans l'atmosphère. Vinrent ensuite, à Nantes, les ascensions du grand ballon à gaz hydrogène, baptisé du glorieux nom de *Suffren*, monté d'abord par Coustard de Massy et le révérend P. Mouchet de l'Oratoire, puis par M. de Luynes. A Bordeaux, d'Arbelet des Granges et Chalfour s'élevèrent dans une montgolfière jusqu'à la hauteur de près de mille mètres, et firent voir que l'on pouvait assez facilement descendre et monter à volonté, en augmentant ou diminuant le feu. Ils descendirent sans accident à une lieue de leur point de départ.

Le 15 juillet 1784, le duc de Chartres, de

puis Philippe-Égalité, exécuta à Saint-Cloud, avec les frères Robert, une ascension qui mit à de terribles épreuves le courage des aéronautes. Les frères Robert avaient construit un aérostat à gaz hydrogène de forme oblongue, de dix-huit mètres de hauteur et de douze mètres de diamètre. On avait disposé dans l'intérieur de ce grand ballon un autre globe beaucoup plus petit rempli d'air ordinaire. Les frères Robert avaient cru que cette combinaison leur permettrait de descendre ou de remonter dans l'atmosphère sans avoir besoin de perdre du gaz (1). On avait aussi adapté à la nacelle un large gouvernail et deux rames dans l'intention de se diriger.

A huit heures, les deux frères Robert, M. Collin-Hullin et le duc de Chartres s'élevèrent du parc de Saint-Cloud en présence d'un grand nombre de curieux qui étaient arrivés de grand matin de Saint-Cloud et des lieux environnants. Les personnes éloignées firent connaître par de grands cris qu'elles désiraient que celles qui étaient placées aux premiers rangs se missent à genoux pour laisser à tous la liberté du coup d'œil; d'un mouvement unanime, chacun mit un genou à terre, et l'aérostat s'éleva au milieu de la multitude ainsi prosternée.

Trois minutes après le départ, l'aérostat disparaissait dans les nues; les voyageurs perdirent de vue la terre et se trouvèrent environnés d'épais nuages. La machine, obéissant alors aux vents impétueux et contraires qui régnaient à cette hauteur, tourbillonna et tourna trois fois sur elle-même. Le vent agissait avec violence sur la surface étendue que présentait le gouvernail doublé de taffetas : le ballon éprouvait une agitation extraordinaire et recevait des coups violents et répétés. Rien ne peut rendre la scène effrayante qui suivit ces premières bourrasques. Les nuages se précipitaient les uns sur les autres, ils s'amoncelaient au-dessous des voyageurs et semblaient vouloir leur fermer le retour vers la terre. Dans une telle situation, il était impossible de songer à tirer parti de l'appareil de direction. Les aéronautes arrachèrent le gouvernail et jetèrent les rames. La machine continuant d'éprouver des oscillations de plus en plus violentes, ils résolurent, pour s'alléger, de se débarrasser du petit globe

(1) Voici ce que disent à ce sujet les frères Robert dans le récit qu'ils ont donné de leur ascension : « Nous avions suspendu dans le milieu de cet aérostat un ballon destiné à contenir de l'air atmosphérique; sa dilatation, devant avoir lieu sur l'air inflammable jusqu'au terme de son enveloppe totale, devait en même temps comprimer le ballon intérieur et en faire sortir l'air atmosphérique en raison proportionnelle : un soufflet placé dans la galerie était propre à remplir le ballon intérieur après la compression nécessitée par la dilatation de l'air inflammable, et à donner conséquemment un excès de pesanteur relatif à la quantité d'air atmosphérique introduite dans ce ballon. Une fois en équilibre dans l'atmosphère, nous devions, par ce moyen, monter et descendre à volonté, sans aucune déperdition d'air inflammable. »

3

contenu dans l'intérieur de l'aérostat. On coupa les cordes qui le retenaient ; le petit globe tomba, mais il fut impossible de le tirer au dehors. Il était tombé si malheureusement, qu'il était venu s'appliquer juste sur l'orifice de l'aérostat, dont il fermait complètement l'ouverture. Dans ce moment, un coup de vent parti de la terre les lança vers les régions supérieures ; les nuages furent dépassés, et l'on aperçut le soleil ; mais la chaleur de ses rayons et la raréfaction considérable de l'air dans ces régions élevées ne tardèrent pas à occasionner une grande dilatation du gaz. Les parois du ballon étaient fortement tendues ; son ouverture inférieure, si malheureusement fermée par l'interposition du petit globe, empêchait le gaz dilaté de trouver, comme à l'ordinaire, une libre issue par l'orifice inférieur. Les parois étaient gonflées au point d'éclater sous la pression du gaz.

Les aéronautes, debout dans la nacelle, prirent de longs bâtons et essayèrent de soulever le globe qui obstruait l'orifice de l'aérostat ; mais l'extrême dilatation du gaz le tenait si fortement appliqué, qu'aucune force ne put vaincre cette résistance. Pendant ce temps, ils continuaient de monter, et le baromètre indiquait que l'on était parvenu à la hauteur de quatre mille huit cents mètres. Dans ce moment critique, le duc de Chartres prit un parti désespéré : il saisit un des drapeaux qui ornaient la nacelle, et avec le bois de la lance il troua en deux endroits l'étoffe du ballon ; il se fit une ouverture de deux ou trois mètres, le ballon descendit aussitôt avec une vitesse effrayante, et la terre reparut aux yeux des voyageurs épouvantés. Heureusement, quand on arriva dans une atmosphère plus dense, la rapidité de la chute se ralentit et finit par devenir très-modérée. Les aéronautes commençaient à se rassurer, lorsqu'ils reconnurent qu'ils étaient près de tomber au milieu d'un étang ; ils jetèrent à l'instant soixante livres de lest, et, à l'aide de quelques manœuvres, ils réussirent à aborder sur la terre, à quelque distance de l'étang de la Garenne, dans le parc de Meudon. Toute cette expédition avait duré à peine quelques minutes. Le petit globe, rempli d'air, était sorti à travers l'ouverture de l'aérostat ; il tomba dans l'étang, il fallut le retirer avec des cordes.

Les ennemis du duc de Chartres ne manquèrent pas de mettre le dénoûment de cette aventure sur le compte de sa poltronnerie. Dans son *Histoire de la conjuration de Louis d'Orléans, surnommé Philippe-Egalité*, Montjoie, faisant allusion au combat d'Ouessant, dit que le duc de Chartres avait ainsi rendu les *trois éléments témoins de la lâcheté qui lui était naturelle*. On fit pleuvoir sur lui des sarcasmes et des quolibets sans fin. On répéta le propos que madame de Vergennes avait tenu avant l'ascension, que *apparemment M. le duc de Chartres voulait se mettre au-dessus de ses affaires*. On le tourna en ridicule dans des vers satiriques, on le chansonna dans des vaudevilles.

Tout cela était parfaitement injuste. En crevant son ballon au moment où il menaçait de l'emporter avec ses compagnons dans une région d'une incommensurable hauteur, le duc de Chartres fit preuve de courage et de sang-froid. Blanchard prit le même parti, le 19 novembre 1785, dans une ascension qu'il fit à Gand, et dans laquelle il se trouva porté à une hauteur si grande, qu'il ne pouvait résister au froid excessif qui se faisait sentir. Il creva son ballon, coupa les cordes de sa nacelle, et se laissa tomber en se tenant suspendu au filet.

L'Angleterre n'avait pas encore eu le spectacle d'une ascension aérostatique. Le 14 septembre 1784, un Italien, Vincent Lunardi, fit à Londres le premier voyage aérien qui ait eu lieu au delà de la Manche. Son exemple fut bientôt suivi avec empressement à Oxford, par un Anglais, M. Sadler, devenu célèbre depuis comme aéronaute. M. Sheldon, membre distingué de la Société royale de Londres, fit de son côté une ascension en compagnie de Blanchard. Il essaya, mais sans succès, de se diriger à l'aide d'un mécanisme moteur en forme d'hélice.

Enhardi par le succès de ses premiers voyages, l'aéronaute français conçut alors un projet dont l'audace, à cette époque de tâtonnements pour la science aérostatique, pouvait à bon droit être taxée de folie : il voulut franchir en ballon la distance qui sépare l'Angleterre de la France. Cette traversée miraculeuse, où l'aéronaute pouvait trouver mille fois la mort, ne réussit que par le plus grand des hasards et par ce seul fait, que le vent resta pendant trois heures sans variations sensibles.

Blanchard accordait une confiance extrême à l'appareil de direction qu'il avait imaginé. Il voulut justifier par un trait éclatant la vérité de ses assertions, et il annonça, par les journaux anglais, qu'au premier vent favorable il traverserait la Manche de Douvres à Calais. Le docteur Jeffries s'offrit pour l'accompagner.

Le 7 janvier 1785, le ciel était serein ; le vent, très-faible, soufflait de nord-nord-ouest ; Blanchard, accompagné du docteur Jeffries, sortit du château de Douvres et se dirigea vers la côte. Le ballon fut rempli de gaz, et on le plaça à quelques pieds du bord d'un rocher escarpé, d'où l'on aperçut le précipice décrit par Shakspeare dans le *roi Léar*. A une heure, le ballon fut abandonné à lui-même ; mais le poids se trouvant un peu lourd, on fut obligé de jeter une quantité considérable de lest, et les voyageurs partirent munis seulement de trente livres de sable. Le ballon s'éleva lentement et s'avança vers la mer, poussé par un vent léger. Les voyageurs eurent alors sous les yeux un spectacle que l'un d'eux a décrit avec enthousiasme. D'un côté, les belles campagnes qui s'étendent derrière la ville de Douvres présentaient un spectacle magnifique ; l'œil embrassait un horizon si étendu, que l'on pouvait apercevoir et compter à la fois trente-sept villes ou villages; de l'autre côté, les roches escarpées qui bordent le rivage, et contre lesquelles la mer vient se briser, offraient, par leurs anfractuosités et leurs dentelures énormes, le plus curieux et le plus formidable aspect. Arrivés en pleine mer, ils passèrent au-dessus de plusieurs vaisseaux.

Cependant, à mesure qu'ils avançaient, le ballon se dégonflait un peu, et à une heure et demie, il descendait visiblement. Pour se relever, ils jetèrent la moitié de leur lest; ils étaient alors au tiers de la distance à parcourir et ne distinguaient plus le château de Douvres : le ballon continuant de descendre, ils furent contraints de jeter tout le reste de leur provision de sable, et, cet allégement n'ayant pas suffi, ils se débarrassèrent de quelques autres objets qu'ils avaient emportés. Le ballon se releva et continua de cingler vers la France ; ils étaient alors à la moitié du terme de leur périlleux voyage.

A deux heures et quart, l'ascension du mercure dans le baromètre leur annonça que le ballon recommençait à descendre : ils jetèrent quelques outils, une ancre et quelques autres objets dont ils avaient cru devoir se munir. A deux heures et demie, ils étaient parvenus aux trois quarts environ du chemin, et ils commençaient à apercevoir la perspective ardemment désirée des côtes de France.

En ce moment, la partie inférieure du ballon se dégonfla par la perte du gaz, et les aéronautes reconnurent avec effroi que la machine descendait rapidement. Tremblant à la pensée de ne pouvoir atteindre la côte, ils se hâtèrent de se débarrasser de tout ce qui n'était pas indispensable à leur salut : ils jetèrent leurs provisions de bouche; le gouvernail et les rames, surcharge inutile, furent lancés dans l'espace; les cordages prirent le même chemin; ils dépouillèrent leurs vêtements et les jetèrent à la mer.

En dépit de tout, le ballon descendait toujours.

On dit que, dans ce moment suprême, le docteur Jeffries offrit à son compagnon de se jeter à la mer. « Nous sommes perdus tous les deux, lui dit-il, et si vous croyez que ce moyen puisse vous sauver, je suis prêt à faire le sacrifice de ma vie. »

Néanmoins une dernière ressource leur restait encore : ils pouvaient se débarrasser de leur nacelle et se cramponner aux cordages du ballon. Ils se disposaient à essayer de cette dernière et terrible ressource ; ils se tenaient tous les deux suspendus aux cordages du filet, prêts à couper les liens qui retenaient la nacelle, lorsqu'ils crurent sentir dans la machine un mouvement d'ascension : le ballon remontait en effet. Il continua de s'élever, reprit sa route, et le vent étant toujours favorable, ils furent poussés rapidement vers la côte. Leurs terreurs furent vite oubliées, car ils apercevaient distinctement Calais et la ceinture des nombreux villages qui l'environnent. A trois heures, ils passèrent par-dessus la ville et vinrent s'abattre dans la forêt de Guines. Le ballon se reposa sur un grand chêne; le docteur Jeffries saisit une branche, et la marche fut arrêtée : on ouvrit la soupape, le gaz s'échappa, et c'est ainsi que les heureux aéronautes sortirent sains et saufs de l'entreprise la plus extraordinaire peut-être que la témérité de l'homme ait jamais osé tenter.

Le lendemain, cet événement fut célébré à Calais par une fête magnifique. Le pavillon français fut hissé devant la maison où les voyageurs avaient couché. Le corps municipal et les officiers de la garnison vinrent leur rendre visite. A la suite d'un dîner qu'on leur donna à l'hôtel-de-ville, le maire présenta à Blanchard, dans une boîte d'or, des lettres qui lui accordaient le titre de citoyen de la ville de Calais, titre qu'il a toujours conservé depuis. La municipalité lui acheta, moyennant trois mille francs et une pension de six cents francs, le ballon qui avait servi à ce voyage, et qui fut déposé dans la principale église de Calais, comme le fut autrefois, en Espagne, le vaisseau de Christophe Colomb. On décida enfin qu'une colonne de marbre serait élevée à l'endroit même où les aéronautes étaient descendus. Quelques jours après, Blanchard parut devant Louis XVI, qui lui accorda une gratification de douze cents livres et une pension de la même somme. La reine, qui était au jeu, mit pour Blanchard sur une carte et lui fit compter une forte somme qu'elle venait de gagner. En un mot, rien ne manqua à son triomphe, pas même la jalousie des envieux, qui lui donnèrent à cette occasion le surnom de *don Quichotte de la Manche*.

Le succès éclatant de cette audacieuse entreprise, le retentissement immense qu'elle eut en Angleterre et sur le continent, doivent compter parmi les causes d'un des plus tristes événements qui aient marqué l'histoire de l'aérostation. Dès que fut connue en France la nouvelle du voyage de Blanchard, Pilâtre des Rosiers, emporté par un funeste élan d'émulation, fit annoncer qu'à son tour il franchirait la mer, de Boulogne à Londres, traversée plus périlleuse encore que celle qu'avait exécutée Blanchard, en raison du peu de largeur des côtes d'Angleterre, qu'il était facile de dépasser.

On essaya inutilement de faire comprendre à Pilâtre les périls auxquels cette entreprise allait l'exposer. Il assurait avoir trouvé une nouvelle disposition des aérostats qui réunissait toutes les conditions de sécurité et permettait de se maintenir dans les airs un temps considérable. Sur cette assurance, le gouvernement lui accorda une somme de quarante mille francs pour construire sa machine. On apprit alors quelle était la combinaison qu'il avait imaginée : il réunissait en un système unique les deux moyens dont on avait fait usage jusque-là : au-dessous d'un aérostat à gaz hydrogène, il suspendait une montgolfière. Il est assez difficile de bien apprécier les motifs qui le portèrent à adopter cette disposition, car il faisait sur ce point un certain mystère de ses idées. Il est probable que, par l'addition d'une montgolfière, il voulait s'affranchir de la nécessité de jeter du lest pour s'élever et de perdre du gaz pour descendre : le feu, activé ou ralenti dans la montgolfière, devait fournir une force ascensionnelle supplémentaire.

Quoi qu'il en soit, ces deux systèmes, qui isolés ont chacun leurs avantages, formaient, étant réunis, la plus vicieuse et la plus détestable des combinaisons. Il n'était que trop aisé de comprendre à quels dangers terribles l'existence d'un foyer dans le voisinage d'un gaz inflammable, comme l'hydrogène, exposait l'aéronaute. « Vous mettez un réchaud sous un baril de poudre, » disait Charles à Pilâtre des Rosiers. Mais celui-ci n'écoutait rien : il n'écoutait que son intrépidité et l'incroyable exaltation scientifique dont il avait déjà donné tant de preuves, et qui étaient comme le caractère de son esprit.

L'existence de cet homme courageux peut être regardée comme un exemple de cette fièvre d'aventures et d'expériences que le progrès des sciences physiques avait développée dans certaines natures à la fin du siècle dernier. Pilâtre des Rosiers était né à Metz en 1756. On l'avait d'abord destiné à la chirurgie, mais cette profession lui inspira une grande répugnance; il passa des salles de l'hôpital dans le laboratoire d'un pharmacien, où il reçut les premières notions des sciences physiques. Revenu dans sa famille, il ne put supporter la contrainte excessive dans laquelle son père le retenait, et il s'en alla un beau jour, en compagnie d'un de ses camarades, chercher fortune à Paris. Employé d'abord comme manipulateur dans une pharmacie, il s'attira bientôt l'affection d'un médecin qui le fit sortir de cette position inférieure. Grâce à son protecteur, il put suivre les leçons des professeurs les plus célèbres de la capitale, et bientôt après il se trouva lui-même en état de faire des cours. Il démontra publiquement les faits découverts par Franklin dans le champ si nouveau des phénomènes électriques. Il acquit par là un certain relief dans le monde scientifique et put bientôt réunir assez de ressources pour monter un beau laboratoire de physique dans lequel les savants trouvaient tous les appareils nécessaires à leurs travaux. Il obtint enfin la place d'intendant du cabinet d'histoire naturelle du comte de Provence.

Pilâtre des Rosiers put dès lors donner carrière à son goût pour les expériences et à cette passion singulière qui le caractérisait de faire sur lui-même les essais les plus dangereux. Rien ne pouvait l'arrêter ou l'effrayer. Dans ses expériences sur l'électricité atmosphérique, il s'est exposé cent fois à être foudroyé par le fluide électrique, qu'il soutirait presque sans précaution des nuages orageux. Il faillit souvent perdre la vie en respirant les gaz les plus délétères. Un jour, il remplit sa bouche de gaz hydrogène et il y mit le feu, ce qui lui fit sauter les deux joues. Il était dans toute l'exaltation de cette espèce de furie scientifique, lorsque survint la découverte des aérostats. On a vu avec quelle ardeur il se précipita dans cette carrière nouvelle, qui répondait si bien à tous les instincts de son esprit. Il eut, comme on le sait, la gloire de s'élever le premier dans les airs, et dans toute la série des expériences qui suivirent, c'est toujours lui que l'on voit au premier rang, fidèle à l'appel du danger. C'est au milieu des transports d'un véritable délire qu'il se livrait à Boulogne aux préparatifs du voyage qu'il avait annoncé.

Ces préparatifs duraient d'ailleurs depuis six mois. Depuis le mois de novembre 1784, Pilâtre travaillait à la construction de son aérostat avec l'intention de s'en servir pour passer en Angleterre; l'annonce du succès de Blanchard n'avait fait que redoubler sa confiance et le confirmer dans son projet. Contrarié par des obstacles sans cesse renaissants, il avait dépensé des sommes énormes pour l'édification de sa machine, car il avait reçu , dit-on, jusqu'à cent cinquante mille francs du ministre Calonne. Cependant des difficultés nouvelles venaient à chaque instant retarder l'exécution de son plan. C'était tantôt une armée de rats qui avaient dévoré sa machine et qu'on ne parvenait à chasser qu'avec une meute de chiens et de chats, soutenus par des hommes qui battaient du tambour toute la nuit ; tantôt un ouragan furieux qui forçait les magistrats de la ville à intervenir pour l'empêcher d'effectuer son départ. En outre, depuis cinq mois les vents ne cessaient d'être contraires, et ce fait avait fini par lui apparaître sous les plus sombres couleurs: aussi le découragement commençait à le gagner. Il revint à Paris et confia ses craintes à M. de Calonne. Mais le ministre le reçut fort mal : « Nous n'avons pas dépensé, lui dit-il, cent cinquante mille francs pour vous faire voyager sur la côte. Il faut utiliser la machine et passer le détroit. »

Pilâtre des Rosiers repartit la mort dans l'âme. Il revenait avec le cordon de Saint-Michel , et une pension de six mille livres en perspective ; mais il ne pouvait se défendre des plus tristes pressentiments. Cependant il se remit à l'œuvre et se décida à tenter le voyage. S'il faut en croire la chronique de Metz , une autre circonstance acheva de le décider au départ. Il était devenu amoureux d'une belle et riche Anglaise, dont les parents ne consentaient à lui accorder la main qu'après le succès de son entreprise.

Malgré les avaries et la vétusté de sa machine, en dépit de l'inconstance des vents, Pilâtre se décida à partir dans les premiers jours de juin. M. de Maisonfort, gentilhomme du pays, devait l'accompagner dans cette expédition; mais il fut remplacé par un jeune physicien de Boulogne, nommé Romain. Ce dernier l'avait beaucoup aidé dans la construction et les longues dispositions de sa machine, et il exigea. comme récompense de ses services, de partager les dangers de l'entreprise.

Le 5 juin 1785, à sept heures du matin, Pilâtre des Rosiers et Romain partirent de la côte de Boulogne. Les ballons d'essai ayant ouvert la route, un coup de canon annonça à la ville le moment de leur ascension. Les causes de la catastrophe qui leur coûta la vie sont encore enveloppées d'un certain mystère. M. de Maisonfort, qui, resté à terre, fut témoin de l'événement, en a donné l'explication suivante.

La double machine, c'est-à-dire la montgolfière surmontée de l'aérostat à gaz hydrogène, s'éleva avec une assez grande rapidité jusqu'à quatre cents mètres environ; mais arrivé à cette hauteur, on vit tout d'un coup l'aérostat à gaz hydrogène se dégonfler et retomber presque aussitôt sur la montgolfière. Celle-ci tourna deux ou trois fois sur elle-même, puis entraînée par ce poids, elle s'abattit avec une vitesse effrayante. Voici, selon M. de Maisonfort, ce qui était arrivé. Les voyageurs, parvenus à la hauteur de deux cents pieds furent assaillis par des vents contraires, qui les rejetaient dans l'intérieur des terres; il est probable alors, que, pour descendre et pour chercher un courant d'air plus favorable qui les ramenât vers la mer, Pilâtre des Rosiers tira la soupape de l'aérostat à gaz hydrogène. Mais la corde attachée à cette soupape était très longue; elle allait de la nacelle placée au-dessous de la montgolfière jusqu'au sommet de l'aérostat, et n'avait pas moins de cent pieds; aussi jouait-elle difficilement, et le frottement très-rude qu'elle occasionna déchira la soupape. L'étoffe du ballon était très-fatiguée par le grand nombre d'essais préliminaires que l'on avait faits à Boulogne et par plusieurs tentatives de départ; elle se déchira sur une étendue de plusieurs mètres; la soupape retomba dans l'intérieur du ballon, et celui-ci se trouva vide en quelques instants. Il n'y eut donc pas, comme on l'a dit, inflammation du gaz au milieu de l'atmosphère; on reconnut, après la chute, que le réchaud de la montgolfière n'avait pas été allumé. L'aérostat, dégonflé par la perte du gaz, retomba sur la montgolfière, et le poids de cette masse l'entraîna aussitôt vers la terre.

M. de Maisonfort courut vers l'endroit où l'aérostat venait de s'abattre; il trouva les deux malheureux voyageurs enveloppés dans les toiles et dans la position même qu'ils occupaient au moment du départ. Pilâtre était sans vie; son compagnon expira au bout de quelques minutes. Ils n'avaient pas même dépassé le rivage et étaient tombés près du bourg de Vimille. Par une triste ironie du hasard, ils vinrent expirer à l'endroit même où Blanchard était descendu non loin de la colonne monumentale élevée à sa gloire.

La mort de ces premiers martyrs de la science aérostatique n'arrêta pas l'élan de leurs émules et de leurs successeurs. Dans l'année 1785, on vit, suivant l'expression d'un savant aéronaute, qui a écrit le *Manuel* de son art, M. Dupuis-Delcourt, « le ciel se couvrir littéralement de ballons. » Toutes ces ascensions, qui n'ont plus pour elles l'attrait de la nouveauté et qui ne répondent à aucune intention scientifique, n'offrent pour la plupart qu'un faible intérêt. Cependant, avant de suivre les aérostats dans une nouvelle période plus sérieuse de leur histoire, celle des applications scientifiques, nous rappellerons quelques-uns des voyages aériens qui ont eu, de 1785 à 1794, le plus brillant succès de curiosité.

L'ascension du docteur Potain mérite d'être citée à ce titre. Il traversa en ballon le canal Saint-George, bras de mer qui sépare l'Angleterre de l'Irlande. Il avait perfectionné la machine hélicoïde de Blanchard et s'en servit avec quelque avantage. L'Italien Lunardi exécuta à Édimbourg différentes ascensions. Harper fit connaître à Birmingham les ballons à gaz hydrogène. MM. Alban et Vallet construisirent à Javelle, près de Paris, un aérostat avec lequel le comte d'Artois s'éleva plusieurs fois en compagnie de personnes de tous les rangs. Enfin, c'est à cette époque que l'abbé Miollan éprouva avec Blanchard, en compagnie du sieur Janinet, cet immense déboire tant chansonné par la malignité parisienne.

L'abbé Miollan était un bon religieux qui était animé pour le progrès de l'aérostation d'un zèle plus ardent qu'éclairé. Il s'associa à un certain Janinet pour construire un ballon à feu de cent pieds de haut sur quatre-vingt-quatre de large. On le destinait à diverses expériences de physique, et il devait enlever, outre l'abbé Miollan et Janinet, le marquis d'Arlandes et un mécanicien, nommé Bredin. Le dimanche 12 juillet 1784, une foule immense se répandit dans les jardins du Luxembourg; jamais aucun aéronaute n'avait réuni une telle affluence au spectacle de son ascension. Mais par suite de la mauvaise construction de la machine, ou par l'effet de manœuvres maladroites, le feu prit à la calotte du ballon. La populace, furieuse et se croyant jouée, renversa les barrières, mit en pièces le reste de la machine et battit les pauvres aéronautes. On les accusa d'avoir mis volontairement le feu à l'aérostat pour se dispenser de partir. On se vengea d'eux par des chansons.

C'est à cette époque que se répandit à Paris la mode des figures aérostatiques; dans les jardins publics, on vit s'élever, à la grande joie des spectateurs, des aérostats offrant la figure de divers personnages, le *Vendangeur aérostatique*, une *Nymphe*, un *Pégase*, etc. Blanchard parcourait tous les coins de la France, donnant le spectacle de ses innombrables ascensions. Après avoir épuisé la curiosité de son pays, il alla porter en Amérique ce genre de spectacle encore inconnu des populations du nouveau monde: il s'éleva à Philadelphie sous les yeux de Franklin.

Son rival Testu-Brissy marcha sur ses traces. Sa première ascension, faite à Paris en 1785, présenta une circonstance assez curieuse. Il était descendu avec son ballon armé d'ailes et de rames, dans la plaine de Montmorency. Un grand nombre de curieux qui étaient accourus l'empêchèrent de repartir et saisirent le ballon par les cordes qui descendaient à terre. Le propriétaire du champ où l'aérostat était tombé arriva avec d'autres paysans; il voulut lui faire payer le dégât, et l'on traîna son ballon par les cordes de sa nacelle. « Ne pouvant leur résister de force, je résolus, dit Testu-Brissy, de leur échapper par adresse. Je leur proposai de me conduire partout où ils voudraient, en me remorquant avec une corde. L'abandon que je fis de mes ailes brisées et devenues inutiles, persuada que je ne pouvais plus m'envoler; vingt personnes se lièrent à cette corde en la passant autour de leur corps; le ballon s'éleva d'une vingtaine de pieds, et j'étais ainsi traîné vers le village. Ce fut alors que je pesai mon lest, et, après avoir reconnu que j'avais encore beaucoup de légèreté spécifique, je coupai la corde et je pris congé de mes villageois, dont les exclamations d'étonnement me divertirent beaucoup, lorsque la corde par laquelle ils croyaient me retenir leur tomba sur le nez. » C'est le même Testu-Brissy qui exécuta plus tard une ascension équestre. Il s'éleva monté sur un cheval qu'aucun lien ne retenait au plateau de la nacelle. Dans cette curieuse ascension, Testu-Brissy put se convaincre que le sang des grands animaux s'extravase par leurs artères, et coule par les narines et par les oreilles à une hauteur à laquelle l'homme n'est nullement incommodé (1).

Emploi des aérostats aux armées.

Jusqu'en 1794, les ascensions aérostatiques n'avaient guère servi encore qu'à satisfaire la curiosité publique. A cette époque, le gouvernement voulut en tirer un moyen de défense en les appliquant dans les armées aux reconnaissances extérieures. Cette idée si nouvelle d'établir au sein de l'atmosphère des postes d'observation pour découvrir les dispositions et les ressources de l'ennemi, étonna beaucoup l'Europe qui ne manqua pas d'y voir une révélation nouvelle du génie révolutionnaire de la France. L'aérostation militaire reçut sous la république des développements assez étendus.

L'histoire est loin d'avoir conservé le souvenir de tous les résultats remarquables obtenus dans l'industrie et les arts pendant la période de la révolution française. Les événements politiques ont absorbé l'attention, et remplissent seuls nos annales; tout ce qui concerne les progrès des sciences et de l'industrie à cette époque a été singulièrement négligé. Aussi les documents relatifs à l'aérostation militaire sont-ils peu nom-

breux. On peut cependant s'aider de ces renseignements trop rares pour préciser quelques faits qu'il y aurait injustice à laisser dans l'oubli.

Guyton de Morveau avait fait un grand nombre d'ascensions avec l'aérostat de l'Académie de Dijon, et ces expériences lui avaient fait concevoir une idée très-brillante de l'avenir réservé à l'emploi des ballons. Il faisait partie, avec Monge, Berthollet, Fourcroy et quelques autres savants, d'une commission que le Comité de salut public avait instituée pour appliquer aux intérêts de l'Etat les découvertes récentes de la science; il proposa à cette commission d'employer les aérostats comme moyen d'observation dans les armées. La proposition fut accueillie et soumise au Comité de salut public, qui l'accepta avec la seule réserve de ne pas se servir d'acide sulfurique pour la préparation du gaz hydrogène, l'acide sulfurique s'obtenant, comme on le sait, par la combustion du soufre, et le soufre, nécessaire à la fabrication de la poudre, étant à cette époque très-rare et très-recherché en France, en raison de la guerre extérieure. Il fut donc convenu que l'hydrogène serait préparé par la décomposition de l'eau au moyen du fer porté au rouge. On sait que, quand on dirige un courant de vapeur d'eau sur des fragments de fer incandescents, l'eau se décompose; son oxygène se combine avec le fer pour former un oxyde, et son hydrogène se dégage à l'état de gaz. Cette expérience, exécutée pour la première fois par Lavoisier, n'avait été faite encore que sur une très-petite échelle : il fallait donc s'assurer si l'on pourrait la pratiquer avec avantage dans de grands appareils, et si l'on pourrait appliquer ce procédé au service régulier des aérostats.

Guyton de Morveau avait pour ami un jeune homme nommé Coutelle, qui s'occupait de travaux scientifiques, et qui avait formé un beau cabinet, où se trouvaient réunis tous les appareils nécessaires aux expériences sur les gaz, sur la lumière et sur l'électricité. Les chimistes et les physiciens de Paris venaient souvent faire leurs expériences dans son laboratoire. Coutelle était donc connu de tous les savants de la capitale comme physicien très-exercé, et Guyton de Morveau proposa à la commission de le charger des premiers essais à faire pour la production de l'hydrogène en grand au moyen de la décomposition de l'eau.

Coutelle fut installé aux Tuileries dans la salle des Maréchaux; on lui donna un aérostat de neuf mètres de diamètre, et l'on mit à sa disposition tous les produits et tous les matériaux nécessaires. Voici comment il procéda à la préparation du gaz. Il établit un grand fourneau dans lequel il plaça un tuyau de fonte d'un mètre de longueur et de quatre décimètres de diamètre, qu'il remplit de cinquante kilogrammes de rognures de tôle et de copeaux de fer. Ce tuyau était terminé à chacune de ses extrémités par un tube de fer. L'un de ces tubes servait à ame-

---

(1) M. Poitevin exécute souvent ce tour de force à Paris. Seulement le cheval est attaché au filet par un appareil de suspension, ce qui ôte tout le danger de l'expérience.

ner le courant de vapeur d'eau qui se décomposait au contact du métal, l'autre dirigeait dans le ballon le gaz hydrogène résultant de cette décomposition.

Quand tout fut prêt, Coutelle fit venir, pour être témoins de l'opération, le professeur Charles et Jacques Conté, physicien de ses amis. En raison de divers accidents, l'opération fut très-longue; elle dura quatre jours et trois nuits. Cependant elle réussit très-bien en définitive, car on retira 170 mètres cubes de gaz. La commission fut satisfaite de ce résultat, et dès le lendemain Coutelle reçut l'ordre de partir pour la Belgique, et d'aller soumettre au général Jourdan la proposition d'appliquer les aérostats au service de son armée.

Le général Jourdan venait de prendre le commandement des deux armées de la Moselle et de la Sambre, fortes de cent mille hommes, et qui, sous le nom d'armée de *Sambre-et-Meuse*, envahissaient la Belgique. Coutelle partit dans l'intention de rejoindre le général à Maubeuge, occupée en ce moment par nos troupes et bloquée par les Autrichiens.

Lorsqu'il arriva à Maubeuge, l'armée venait de quitter ses quartiers; elle était à six lieues de là, au village de Beaumont : Coutelle repartit, il fit six lieues à franc-étrier, et arriva à Beaumont couvert de boue. Il fut arrêté aux avant-postes et amené devant le représentant Duquesnoy, commissaire de la Convention à l'armée du Nord.

Duquesnoy était l'ami et le rival de Joseph Lebon, et il exerçait à l'armée du Nord cet étrange office des commissaires de la Convention, qui consistait à mener les soldats au feu et à forcer les généraux de vaincre sous la menace de la guillotine. Lorsque Coutelle lui fut amené, Duquesnoy était à table. Il ne comprit rien à l'ordre du Comité de salut public.

— Un ballon, dit-il, un ballon dans le camp... Vous m'avez tout l'air d'un suspect, je vais commencer par vous faire fusiller.

On réussit cependant à faire entendre raison au terrible commissaire, qui renvoya Coutelle au général Jourdan. Celui-ci accueillit avec empressement l'idée de faire servir les aérostats aux reconnaissances extérieures; mais l'ennemi était à une lieue de Beaumont; d'un moment à l'autre il pouvait attaquer, et le temps ne permettait d'entreprendre aucun essai. Coutelle revint à Paris pour y transmettre l'assentiment du général.

La commission décida dès lors de continuer et d'étendre les expériences. On adjoignit à Coutelle le physicien Conté pour l'aider dans ses travaux, et on les installa dans le château et les jardins de Meudon. Coutelle se procura un aérostat capable d'enlever deux personnes; on construisit un nouveau fourneau dans lequel on plaça sept tuyaux de fonte : ces tuyaux, longs de trois mètres et de trois décimètres de diamètre, étaient remplis chacun de deux cents kilogrammes de rognures de fer que l'on foulait à l'aide du mouton pour les faire péné-

trer dans le tube. Le gaz fut ainsi obtenu facilement et en grande abondance.

Tout étant disposé, on put se livrer aux expériences définitives de l'emploi des ballons dans les reconnaissances extérieures. Coutelle y procéda en présence de Guyton, de Monge et de Fourcroy. Il s'éleva à diverses reprises à une hauteur de cinq cent cinquante mètres dans le ballon retenu captif. Deux cordes étaient attachées à la circonférence du ballon; dix hommes placés à terre les retenaient. On constata de cette manière que l'on pouvait embrasser un espace fort étendu et reconnaître très-nettement les objets, soit à la vue simple, soit avec une lunette d'approche; on étudia en même temps les moyens de transmettre les avis aux personnes restées à terre. Tous ces essais eurent un résultat satisfaisant. On reconnut toutefois que, par les grands vents, il serait difficile de se livrer à des observations de ce genre, à cause des violentes oscillations et du balancement continuel que le vent imprime à la machine. Une seconde difficulté plus grave encore, c'était de maintenir le ballon en équilibre à la même hauteur; les rafales de vent, parties des régions supérieures, le rabattaient souvent vers la terre. Aucun moyen efficace ne put être opposé à cette action fâcheuse, qui fut plus tard l'obstacle le plus sérieux à la pratique de l'aérostation militaire.

Peu de jours après, Coutelle reçut du gouvernement l'ordre d'organiser une compagnie d'*aérostiers*, composée de trente hommes, y compris un lieutenant, un sous-lieutenant et des sous-officiers. On lui remit le brevet de capitaine, commandant les *aérostiers* dans l'arme de l'artillerie, et il fut attaché à l'état-major général. Il reçut, en même temps, l'ordre de se rendre dans le plus bref délai à Maubeuge, où l'armée venait de rentrer. Il dirigea sur cette place les soldats qui devaient former sa compagnie, et partit aussitôt, emmenant avec lui son lieutenant.

Arrivé à Maubeuge, son premier soin fut de chercher un emplacement, de construire son fourneau pour la préparation du gaz, de faire les provisions de combustibles nécessaires, et de tout disposer en attendant l'arrivée de l'aérostat et des équipages qu'il avait expédiés de Meudon.

Cependant les différents corps de l'armée ne savaient de quel œil regarder les soldats de la compagnie de Coutelle, qui n'étaient pas encore portés sur l'état militaire, et dont le service ne leur était pas connu. On murmurait sur leur passage quelques propos désobligeants. Coutelle s'aperçut de cette impression. Il alla trouver le général qui commandait à Maubeuge, et lui demanda d'emmener sa compagnie à la première affaire hors de la place. Une sortie était précisément ordonnée pour le lendemain contre les Autrichiens, retranchés à une portée de canon. La petite troupe de Coutelle fut employée à cette attaque. Deux hommes furent grièvement blessés; le sous-lieutenant reçut une balle morte dans la poitrine. Ils rentrèrent dans la place au rang des soldats de l'armée

Peu de jours après, les équipages étant arrivés, Coutelle put mettre le feu à son fourneau et procéder à la préparation du gaz. C'était un spectacle étrange que ces opérations chimiques ainsi exécutées à ciel ouvert au milieu d'un camp, au sein d'une ville assiégée, dans un cercle de quatre-vingt mille soldats. Tout fut bientôt préparé, et l'on put commencer de se livrer à la reconnaissance des dispositions de l'ennemi. Alors, deux fois par jour, par l'ordre de Jourdan et quelquefois avec le général lui-même, Coutelle s'élevait avec son ballon l'*Entreprenant* pour observer les travaux des assiégeants, leurs positions, leurs mouvements et leurs forces.

La manœuvre de l'aérostat s'exécutait en silence, et la correspondance avec les hommes qui retenaient les cordes se faisait au moyen de petits drapeaux blancs, rouges ou jaunes, de dix-huit pouces de largeur et de forme carrée ou triangulaire. Ces signaux servaient à indiquer aux conducteurs les mouvements à exécuter : *Monter, descendre, avancer, aller à droite*, etc. Quant aux conducteurs, ils correspondaient avec le capitaine posté en observation dans la nacelle, en étendant sur le sol des drapeaux semblables de différentes couleurs. Ils avertissaient ainsi l'observateur d'avoir à s'élever, à descendre, etc. Enfin, pour transmettre au général en chef les notes résultant de ces observations, le commandant des *aérostiers* jetait sur le sol de petits sacs de sable surmontés d'une banderole auxquels la note était attachée. On trouvait chaque jour des différences sensibles dans les forces des Autrichiens ou dans les travaux exécutés pendant la nuit. Le général en chef tirait un grand parti de ce moyen si nouveau d'observation.

Cinq jours après le commencement de ses opérations, l'aérostat s'élevait à peine qu'une pièce de canon embusquée dans un ravin, tira sur lui : le premier boulet passa par-dessus, le second passa si près que l'on crut le ballon percé, un troisième boulet passa au-dessous ; on tira encore deux coups sans plus de succès. Le signal de descendre fut donné et exécuté en quelques instants. Le lendemain la pièce n'était plus en position.

Cependant le général Jourdan se préparait à investir Charleroi ; il attachait une importance extrême à l'enlèvement de cette place, qui devait ouvrir la route de Bruxelles. Coutelle reçut à midi l'ordre de se porter avec son ballon à Charleroi, éloigné de douze lieues du point où il se trouvait, pour y faire diverses reconnaissances. Le temps ne permettait pas de vider le ballon pour le remplir de nouveau sous les murs de la ville ; Coutelle se décida à faire voyager son ballon tout gonflé. On employa la nuit à disposer vingt cordes autour de l'équateur du filet ; chacune de ces cordes était portée par un aérostier. On plaça dans la nacelle les deux grandes cordes d'ascension, une toile qui servait à serrer le ballon pendant la nuit, des piquets, des pioches et tout l'attirail des

signaux ; le commandant lui-même s'était placé dans la nacelle, qui, suspendue par des cordes, était portée par d'autres aérostiers. On sortit de la place au point du jour, et l'on passa, sans être aperçu, près des vedettes ennemies. On voyagea ainsi avec la cavalerie et les équipages de l'armée. Le ballon était maintenu en l'air à une petite hauteur par vingt aérostiers qui marchaient sur les bords de la route ; la cavalerie et les équipages militaires tenaient le milieu de la chaussée. On arriva à Charleroi au soleil couchant. Avant la fin du jour, Coutelle eut le temps de faire une première reconnaissance avec un officier supérieur. Le lendemain, il en fit une seconde dans la plaine de Jumet, et le jour suivant il resta pendant sept à huit heures en observation avec le général Morelot.

Les Autrichiens ayant marché sur Charleroi pour délivrer la place, une bataille décisive fut livrée, comme on le sait, sur les hauteurs de Fleurus. L'aérostat fut d'un grand secours pour le succès de cette belle journée, et le général Jourdan n'hésita pas à proclamer l'importance des services qu'il en avait retirés. C'est sur la fin de la bataille que le ballon de Coutelle s'éleva d'après l'ordre du général en chef ; il resta plusieurs heures en observation, transmettant sans relâche des notes sur le résultat des opérations de l'ennemi. Pendant la bataille, plusieurs coups de carabine furent tirés sur lui sans l'atteindre. Après cette action décisive, l'aérostat suivit les mouvements de l'armée, et il prit part à quelques-uns des engagements qui marquèrent la campagne de Belgique.

Après la prise de Bruxelles, Coutelle reçut l'ordre de revenir à Paris pour y organiser une seconde compagnie d'aérostiers. Cette compagnie, levée le 3 germinal an III, fut aussitôt dirigée sur l'armée du Rhin, où les reconnaissances eurent le même succès ; elle était conduite par le capitaine L'Homond ; malheureusement, pendant cette campagne les deux compagnies d'aérostiers furent à peu près détruites.

Comme il faisait un jour une reconnaissance à Frankenthal, sur les bords du Rhin, Coutelle fut saisi tout d'un coup d'un frisson violent qui fut suivi d'une fièvre grave ; il donna aussitôt à son lieutenant le commandement de la compagnie. Le lieutenant passa le Rhin ; mais dès le premier jour, ayant commis la faute de se maintenir à une trop faible hauteur dans l'air, son ballon fut criblé de chevrotines par un parti d'Autrichiens embusqués dans une redoute, et entièrement détruit.

Peu de jours après, l'aérostat de la seconde compagnie, commandée par le capitaine L'Homond, eut également à essuyer le feu des Autrichiens. Comme il manœuvrait devant Francfort, le ballon l'*Hercule* fut criblé de balles, et la compagnie tout entière des aérostiers fut emmenée prisonnière à Würtsbourg, en Franconie.

L'aérostation militaire venait de subir de bien graves échecs. Cependant Coutelle ne se découragea pas. Pendant la suspension des hostilités, il fonda, par l'ordre du gouvernement, de concert avec Conté, l'établissement connu sous le nom d'*école aérostatique de Meudon*, dans lequel des jeunes gens sortis de l'école militaire étaient exercés aux manœuvres aérostatiques.

Dans les années suivantes, on fit encore usage des aérostats à Bonn (dans le cercle de Cologne), à la Chartreuse de Liége, au siége de Coblentz, au Coq-Rouge, à Kehl et à Strasbourg, sous le commandement des généraux Jourdan, Lefebvre, Pichegru et Moreau. On en tira encore un certain parti à Andernach. Bernadotte, qui commandait à Andernach la division de l'armée française, pressé de monter dans le ballon, refusa catégoriquement : « Je préfère le chemin des ânes, » dit tout crûment le futur roi de Suède.

La carrière militaire des aérostats ne dura que quelques années. Bonaparte avait eu le projet d'employer l'aérostation en Egypte, et il emmena avec lui, sous la conduite de Conté, la seconde compagnie d'aérostiers, celle qui était restée prisonnière à Würtzbourg; mais le rôle des aérostats pendant la campagne d'Egypte n'eut rien de belliqueux. Les Anglais s'emparèrent du transport qui contenait la plupart des appareils nécessaires à la production du gaz, et tout se borna à de rares ascensions exécutées dans quelques réjouissances publiques. Une montgolfière tricolore, de quinze mètres de diamètre, s'éleva au milieu de la fête brillante qui fut donnée au Caire à l'occasion du 9 vendémiaire. Il y avait dans le spectacle de ces phénomènes majestueux de quoi frapper l'imagination des Orientaux, et Bonaparte ne manqua pas de recourir à ce nouveau moyen d'étonner et de séduire les populations des bords du Nil; mais il avait à un trop haut degré le génie militaire pour songer à introduire définitivement l'usage des aérostats dans les armées d'Europe. La surprise des premiers moments avait été favorable au nouveau moyen d'observation; il est évident néanmoins que rien n'empêchait les autres nations de se munir d'instruments semblables, et dès lors l'aérostation serait devenue pour toutes les armées un embarras de plus, sans avantage spécial pour les armées françaises. Il y avait d'ailleurs plus que de l'imprudence à consacrer des sommes considérables et un matériel embarrassant, à créer des appareils qu'une volée d'artillerie bien dirigée peut mettre en quelques instants hors de service. A son retour d'Egypte, Bonaparte fit fermer l'école aérostatique de Meudon, et l'on vendit tous les ustensiles, tous les appareils qui existaient dans l'établissement.

Le parachute. — Machines à voler, imaginées avant le XIXe *siècle. — Le Père Lana. — Le Père Galien. — J.-B. Dante. — Le Besnier. — Alard. — Le marquis de Bacqueville. — L'abbé Desforges.—Blanchard. — Premier essai du parachute actuel, par Sébastien Lenormand.—Drouet.— Jacques Garnerin.* Tous les corps, quelles que soient leur na-

ture et leur forme, tombent dans le vide avec la même vitesse. On fait souvent dans les cours de physique une expérience qui démontre clairement ce fait. Dans un tube de verre de trois à quatre mètres de longueur, fermé à ses deux extrémités, on place divers corps de poids très-différents, tels que du plomb, du papier, des plumes, etc., on fait ensuite le vide dans ce tube à l'aide de la machine pneumatique. Lorsque le tube est parfaitement vide d'air, on le retourne brusquement, de manière à le placer dans la verticale; on voit alors tous les corps, tombant dans l'intérieur du tube, venir au même instant en frapper le fond. Ainsi, dans un espace vide tous les corps tombent avec la même vitesse; quand la force de la pesanteur n'est combattue par aucune résistance qui puisse contrarier ses effets, elle s'exerce avec la même énergie sur tous les corps, quels que soient leur forme et leur poids; dans le vide une montagne ne tomberait pas plus vite qu'une plume.

Les choses se passent autrement dans l'atmosphère au milieu de laquelle nous vivons. La cause de cette différence est due à la présence de l'air, qui oppose à la chute des corps une résistance dont tout le monde connaît les effets. Les corps ne peuvent tomber sans déplacer de l'air, et par conséquent sans perdre de leur mouvement en le partageant avec lui. Aussi la résistance de l'air croît-elle avec la vitesse, et l'on exprime cette loi en physique, en disant que la résistance de l'air croît comme le carré de la vitesse du mobile; c'est-à-dire que pour une résistance double la résistance de l'air est quatre fois plus forte; pour une résistance triple, neuf fois plus considérable, etc. Il résulte de là que si une masse pesante vient à tomber d'une grande hauteur, la résistance de l'air devient suffisante pour rendre uniforme le mouvement accéléré, qui est, comme on le sait, particulier à la chute des corps graves. La résistance de l'air croît aussi avec la surface du corps qui tombe. Si cette surface est très-grande, le mouvement uniforme s'établissant plus près de l'origine du mouvement, la vitesse constante de la chute en est considérablement retardée. Ainsi en donnant à la surface d'un corps tombant au milieu de l'air un développement suffisant, on peut ralentir à son gré la rapidité de sa descente. Selon la plupart des physiciens, un développement de surface de cinq mètres suffit pour rendre très-lente la descente d'un poids de cent kilogrammes.

C'est sur ces deux principes qu'est fondée la construction de l'appareil connu sous le nom de *parachute*. Pour donner plus de sécurité aux ascensions, on a eu l'idée de suspendre au-dessous des aérostats un de ces instruments destiné à devenir, dans les cas périlleux, un moyen de sauvetage. Si par un événement quelconque, le ballon n'offre plus les garanties suffisantes de sécurité, l'aéronaute coupe la corde du parachute; débarrassé de ce poids, l'aérostat s'élance dans les régions supérieures, le parachute se développe et ramène à terre la nacelle par une chute douce et modérée.

Quelque simple que nous paraisse la disposition du parachute employé de nos jours par les aéronautes, ce n'est cependant qu'après de longs essais que l'on est parvenu à le construire. Cet instrument est en effet le résultat, un peu éloigné peut-être, mais au moins le résultat immédiat des recherches si nombreuses qui ont été faites pendant le xvii° et le xviii° siècle, pour arriver à créer des machines réalisant le *vol aérien*

Personne n'ignore qu'à la fin du xvii° et au commencement du xviii° siècle, les géomètres se sont occupés de la possibilité de faire élever dans les airs différentes machines capables de porter des hommes. Cette sorte de passe-temps scientifique était fort à la mode à cette époque. Il ne sera pas sans intérêt de rappeler l'histoire de ces diverses tentatives qui, si elles n'ont exercé aucune influence sur la découverte des aérostats, devaient cependant amener, plus tard, la création du parachute.

En 1670, le P. Lana, jésuite, a consacré le quatrième chapitre de son *Prodromo all' arte maëstra*, à décrire la construction d'un vaisseau qui naviguerait dans les airs. Ce vaisseau devait être à mâts et à voiles. Il portait à la poupe et à la proue deux montants de bois surmontés chacun à leur extrémité de deux globes de cuivre. L'auteur assure que si l'on chasse l'air contenu dans ces boules de cuivre, ou si l'on y fait le vide, pour employer le langage d'aujourd'hui, ces globes étant devenus plus légers que l'air environnant, s'élèveront dans l'atmosphère et entraîneront le vaisseau. Nous n'avons pas besoin de montrer ce qu'avait d'illusoire une idée semblable. D'ailleurs, les moyens que le P. Lana propose pour chasser l'air des globes de cuivre sont dépourvus de bon sens.

Un autre religieux, le P. Galien, d'Avignon, a écrit, en 1755, un petit livre sur l'*art de naviguer dans les airs*. A l'époque de la découverte des aérostats, quelques personnes prétendirent que les frères Montgolfier avaient puisé dans le livre oublié du P. Galien le principe de leur découverte. Les inventeurs dédaignèrent de combattre cette assertion. L'ouvrage du P. Galien n'est en effet qu'un simple jeu d'esprit, une sorte de rêverie qui serait peut-être amusante, si l'auteur n'avait voulu appuyer, sur des chiffres et des calculs, les fantaisies de son imagination.

Le P. Galien suppose que l'atmosphère est partagée en deux couches superposées, de plus en plus légères à mesure qu'on s'éloigne de la terre. « Or, dit-il, un bateau se maintient sur l'eau, parce qu'il est plein d'air, et que l'air est plus léger que l'eau. Supposons donc qu'il y ait la même différence de poids entre les couches supérieures de l'air et les inférieures qu'entre l'air et l'eau ; supposons aussi un bateau qui aurait sa quille dans l'air supérieur, et ses fonds dans une autre couche plus légère, il arrivera

à ce bateau la même chose qu'à celui qui plonge dans l'eau. »

Le P. Galien ajoute qu'à *la région de la grêle*, il y a dans l'air une séparation en deux couches dont l'une pèse 1 quand l'autre pèse 2. « Donc, dit-il, en mettant un vaisseau dans la région de la grêle, et en élevant ses bords de *quatre-vingt-trois toises* au-dessus, dans la région supérieure, qui est moitié plus légère, on naviguerait parfaitement. » Mais il est bien important que les flancs du bâtiment dépassent de quatre-vingt-trois toises le niveau de la région de la grêle ; sans cela, dans les mouvements du navire, l'air plus pesant y pénétrerait, et le bâtiment sombrerait !

Comment arrive-t-on à transporter le vaisseau dans la région de la grêle ? Le P. Galien ne s'explique pas sur cette question qui aurait pourtant son importance ; en revanche il nous donne des détails très-circonstanciés sur la taille et la construction de son navire. « Le vaisseau, dit-il, serait plus long et plus large que la ville d'Avignon, et sa hauteur ressemblerait à celle d'une montagne bien considérable. Un seul de ses côtés contiendrait un million de toises carrées ; car 1,000 est la racine carrée d'un million. Il aurait six côtés égaux, puisque nous lui donnons une figure cubique. Nous supposons aussi qu'il fût couvert ; car, s'il ne l'était pas, il ne faudrait avoir égard qu'à cinq de ces côtés pour mesurer combien pèserait le corps de tout le vaisseau, indépendamment de sa cargaison, en lui donnant deux quintaux de pesanteur par toise carrée. Ayant donc six côtés égaux, et chaque côté étant de 1,000,000 de toises carrées, dont chacune pesant deux quintaux, il s'ensuit que le seul corps de ce vaisseau pèserait 12,000,000 de quintaux, pesanteur énorme, au delà de dix fois plus grande que n'était celle de l'arche de Noé, avec tous les animaux et toutes les provisions qu'elle renfermait. »

Ici le P. Galien s'arrête pour calculer le poids de cette arche célèbre, et cet épisode l'éloigne un peu de son vaisseau. Mais enfin il y revient, et continue en ces termes : « Nous voilà donc embarqués dans l'air avec un vaisseau d'une horrible pesanteur. Comment pourra-t-il s'y soutenir et transporter avec cela une nombreuse armée, tout son attirail de guerre et ses provisions de bouche, jusqu'au pays le plus éloigné ? C'est ce que nous allons examiner. »

Nous ne suivrons pas le P. Galien au milieu de la fantaisie de ses calculs imaginaires. Tout cela n'est qu'une espèce de rêve philosophique. Ce qui prouve, en effet, que le P. Galien, en donnant son *Traité sur l'art de naviguer dans les airs*, n'a jamais prétendu écrire, comme on l'a dit, un ouvrage sérieux, c'est qu'il s'exprime de la manière suivante, dans un avertissement en tête de son livre : « Quant à la conséquence ultérieure de pouvoir naviguer dans l'air, à la hauteur de la région de la grêle, *je ne pense pas que cela expose jamais personne aux frais et aux dangers d'une telle navigation ; il n'est* question ici que d'une simple théorie sur sa possibilité, et je ne la propose, cette théorie, que par manière de *récréation physique et géométrique*. »

Ce n'est pas seulement par des calculs plus ou moins sérieux que l'on a essayé de résoudre le problème du vol aérien. Depuis le xvi° siècle on compte un grand nombre de mécaniciens qui ont essayé de construire des appareils destinés à imiter le vol des oiseaux, et beaucoup d'entre eux n'ont pas hésité à confier leur vie au jeu de ces machines.

Jean-Baptiste Dante, habile mathématicien, qui vivait à Pérouse vers la fin du xv° siècle, construisit des ailes artificielles qui, appliquées au corps de l'homme, lui donnaient, dit-on, la propriété de voler. Selon l'abbé Mouger, qui lut à l'académie de Lyon, le 11 mai 1773, un *Mémoire sur le vol aérien*, J.-B. Dante aurait fait plusieurs fois l'essai de son appareil sur le lac de Trasimène. Mais ces expériences eurent une assez triste fin. Le jour de la célébration du mariage de Barthélemy d'Alviane, Dante voulut donner ce spectacle à la ville de Pérouse : il s'éleva très-haut, dit l'abbé Mouger, et vola par dessus la place; mais le fer avec lequel il dirigeait une de ces ailes s'étant brisé, il tomba sur l'église de Notre-Dame et se cassa la cuisse. Suivant le même écrivain, un accident semblable serait arrivé précédemment à un savant bénédictin anglais, Olivier de Malmesbury. Il s'élança du haut d'une tour avec des ailes attachées à ses bras et à ses pieds. Mais ses ailes le soutinrent à peine l'espace de cent vingt pas; il tomba au pied de la tour, se cassa les jambes et mourut de sa chute.

Pendant l'année 1678, un mécanicien, nommé Le Besnier, originaire de la province du Maine, fit à Paris diverses expériences d'une *machine à voler*. L'instrument dont il se servait était composé de quatre ailes ou pales de taffetas, brisées en leur milieu, et pouvant se plier et se mouvoir à l'aide d'une charnière, comme un volet de fenêtre. Ces ailes étaient fixées sur ses épaules, et il les faisait mouvoir alternativement au moyen des pieds et des mains. Le Besnier ne prétendait pas s'élever de terre ni planer longtemps en l'air, mais il assurait qu'en partant d'un lieu médiocrement élevé, il pourrait se transporter aisément d'un endroit à un autre, de manière à franchir, par exemple, un bois ou une rivière. Le *Journal des Savants*, du 13 septembre 1678, assure que Le Besnier fit usage de ses ailes avec un certain succès, et qu'un baladin, qui en acheta une paire à l'inventeur, s'en servit heureusement à la foire de Guibray.

Il n'en fut pas de même d'un certain Bernon, qui, à Francfort, se cassa le cou en essayant de voler.

Dans son petit ouvrage sur *les ballons* M. Julien Turgan rapporte un fait intéressant qui se serait passé à Lisbonne en 1736 : « Dans une expérience publique faite à Lisbonne en 1736, en présence du roi Jean V, un certain Gusman, physicien portugais, s'é-

leva, dit M. Turgan, dans un *panier d'osier* recouvert de papier. *Un brasier était allumé sous la machine;* mais, arrivée à la hauteur des toits, elle se heurta contre la corniche du Palais-Royal, se brisa et tomba. Toutefois la chute eut lieu assez doucement pour que Gusman demeurât sain et sauf. Les spectateurs enthousiasmés lui décernèrent le titre d'*ovoador* (l'homme volant). Encouragé par ce demi-succès, il s'apprêtait à réitérer l'épreuve, lorsque l'inquisition le fit arrêter comme sorcier. Le malheureux aéronaute fut jeté dans un *in pace*, d'où il serait sorti pour monter sur le bûcher, sans l'intervention du roi. Il a toujours été confondu avec le P. Barthélemy Lourenço, dont l'invention complètement impraticable avait cependant obtenu du roi de Portugal une pension de 3,750 livres. » Il est fâcheux que M. Turgan ne cite pas la source de ce renseignement curieux et nouveau.

A une époque plus rapprochée de la nôtre, le marquis de Baqueville eut à Paris un sort à peu près semblable. Il avait construit d'énormes ailes semblables à celles qu'on donne aux anges; il annonça qu'il traverserait la Seine en volant et qu'il viendrait s'abattre dans le jardin des Tuileries. L'hôtel du marquis de Baqueville était situé sur le quai des Théatins, au coin de la rue des Saints-Pères. Il s'élança de sa fenêtre et s'abandonna à l'air. Il paraît que dans les premiers instants son vol fut assez heureux, mais lorsqu'il fut parvenu au milieu de la Seine, ses mouvements devinrent incertains, et il finit par tomber sur un bateau de blanchisseuses; le volume de ses ailes amortit un peu la chute : il en fut quitte pour une cuisse cassée.

La tradition rapporte que, sous Louis XIV, un danseur de corde nommé Alard annonça qu'il ferait devant le roi, à Saint-Germain, une expérience de vol aérien. Il devait s'élancer de la terrasse et se rendre par la voie de l'air jusque dans le bois du Vésinet, dans l'endroit où se trouve aujourd'hui l'embarcadère du chemin de fer. Il paraît qu'il se servait d'une sorte de pales ou plans inclinés à l'aide desquels il comptait s'abaisser doucement vers la terre. Il partit, mais l'appareil répondant mal aux vues de sa construction, le maladroit Dédale tomba au pied de la terrasse et se blessa dangereusement.

En 1772, l'abbé Desforges, chanoine à Etampes, fit publier, par la voie des journaux, l'annonce de l'expérience publique d'une voiture volante de son invention. Au jour indiqué, un grand nombre de curieux répondirent à son appel. On trouva le chanoine installé avec sa voiture sur la vieille tour de Guitel. La machine du chanoine était une sorte de nacelle munie de grandes ailes à charnières. Elle était longue de sept pieds et large de trois pieds et demi. D'après l'inventeur, elle pouvait faire trente lieues à l'heure; ni les vents, ni la pluie, ni l'orage ne devaient arrêter son essor. Le chanoine entra dans sa voiture, et le moment du départ étant venu, il déploya ses ailes qui furent mises en mouvement avec une grande vitesse. « Mais, dit un témoin oculaire, plus il les agitait, plus sa machine semblait presser la terre et vouloir s'identifier avec elle. »

La dernière machine du genre de celles qui nous occupent, est le *bateau volant* dont Blanchard, en 1782, faisait l'exhibition publique dans la rue Taranne. Mais, malgré toutes ses annonces et ses promesses, il ne put rien obtenir de sérieux.

Le mauvais résultat de tous les essais entrepris pendant le dernier siècle, pour construire des machines réalisant le vol aérien, fit abandonner ces vaines recherches. Si le succès eût couronné d'aussi puériles tentatives, on aurait obtenu une machine pouvant peut-être satisfaire quelques instants la curiosité publique, mais incapable, en fin de compte, de répondre à aucun objet d'application sérieuse. D'ailleurs, le géomètre De Lalande démontra l'impossibilité de réussir dans les recherches de ce genre. Dans une lettre adressée en 1782 au *Journal des Savants*, De Lalande prouve mathématiquement que, pour élever et soutenir un homme dans les airs, sans autre point d'appui que lui-même, il faudrait le munir de deux ailes de cent quatre-vingts pieds de long et d'autant de large, c'est-à-dire de la dimension des voiles d'un vaisseau, masse évidemment impossible à soutenir et à manœuvrer avec les seules forces d'un homme.

Les recherches relatives à la construction des machines à voler étaient donc à peu près oubliées, lorsque la découverte des ballons vint ramener l'attention sur elles, et rendre quelque valeur au petit nombre de résultats pratiques qu'elles avaient mis en lumière. On se proposa de munir le voyageur aéronaute d'un appareil propre à favoriser sa descente dans les cas périlleux ou embarrassants, et ce problème fut assez facilement résolu, grâce aux données fournies par les expériences antérieures concernant le vol aérien.

Le physicien qui a mis le premier en pratique le principe sur lequel est fondé le parachute est Sébastien Lenormand, qui devint plus tard professeur de technologie au Conservatoire des arts et métiers. C'est à Montpellier qu'il fit, en 1783, la première expérience de ce genre que l'on ait exécutée à notre époque. Lenormand avait lu, dans quelques relations de voyage, que, dans certains pays, les esclaves, pour amuser leur roi, se laissaient tomber munis d'un parasol, d'une assez grande hauteur, sans se faire beaucoup de mal, parce qu'ils sont retenus par la couche d'air comprimée par le parasol. Il lui vint à l'esprit de répéter lui-même cette expérience, et le 26 novembre 1783 il se laissa aller de la hauteur d'un premier étage, tenant de chaque main un parasol de trente pouces; les extrémités des baleines de ces parasols étaient rattachées au manche par des ficelles, afin que la colonne d'air ne le fît pas rebrousser en arrière. La chute lui parut insensible. En faisant cette expérience, Lenormand fut aperçu

par un curieux qui en rendit compte à l'abbé Bertholon, alors professeur de physique à Montpellier. Ce dernier ayant demandé à Lenormand quelques explications à ce sujet, Lenormand lui offrit de répéter devant lui l'expérience, en faisant tomber de cette manière différents animaux du haut de la tour de l'observatoire de Montpellier. Ils firent ensemble ce nouvel essai. Lenormand disposa un parasol de vingt-huit pouces, comme il l'avait fait la première fois, et il attacha au bout du manche divers animaux dont la grosseur et le poids étaient proportionnés au diamètre du parasol. Les animaux touchèrent la terre sans éprouver la moindre secousse. « D'après cette expérience, dit Lenormand, je calculai la grandeur d'un parasol capable de garantir d'une chute, et je trouvai qu'un diamètre de quatorze pieds suffisait, en supposant que l'homme et le parachute n'excèdent pas le poids de deux cents livres; et qu'avec ce parachute un homme peut se laisser tomber de la hauteur des nuages sans risquer de se faire de mal... Ce fut pendant la tenue des États du ci-devant Languedoc, c'est-à-dire vers la fin de décembre 1783, que je fis cette expérience. Le citoyen Montgolfier était alors à Montpellier; il fut témoin de quelques-unes de ces expériences; il approuva beaucoup le nom de *parachute* que je donnai à ces machines, et proposa d'y faire quelques changements (1). »

Peu de temps après, Blanchard, dans ses ascensions publiques, répétait sous les yeux des Parisiens et comme objet de divertissement, l'expérience exécutée par Lenormand du haut de la tour de l'observatoire de Montpellier. Il attachait à un vaste parasol divers animaux qu'il lançait du haut de son ballon, et qui arrivaient à terre sans le moindre mal. Bien que ces expériences eussent toujours réussi, Blanchard n'eut jamais la pensée de les exécuter lui-même ni de rechercher si le parachute développé et agrandi pourrait devenir pour l'aéronaute un moyen de sauvetage.

Cette pensée audacieuse s'offrit pour la première fois à l'esprit de deux prisonniers.

Jacques Garnerin, qui devint plus tard l'émule et le rival heureux de Blanchard, avait été témoin, à Paris, des expériences que ce dernier exécutait avec différents animaux qu'il faisait descendre en parachute du haut de son ballon. Envoyé, en 1793, à l'armée du Nord, comme commissaire de la Convention, Garnerin fut fait prisonnier dans un combat d'avant-postes à Marchiennes. Pendant les loisirs de la longue captivité qu'il subit en Hongrie dans les prisons de Bude, l'expérience de Blanchard lui revint en mémoire et il résolut de la mettre à profit pour recouvrer sa liberté. Mais il ne put réussir à cacher les préparatifs de sa fuite; on s'empara des pièces qu'il commençait à disposer, et il dut renoncer à mettre son projet à exécution.

(1) *Annales de physique et de chimie*, t. XXXVI, page 97.

Un autre prisonnier poussa plus loin la tentative. Ce fut Drouet, le maître de poste de Sainte-Menehould, qui avait arrêté Louis XVI pendant sa fuite à Varennes.

Drouet avait été nommé par le département de la Marne membre de la Convention. En 1793, il fut envoyé comme commissaire à l'armée du Nord, et il se trouvait à Maubeuge lors du blocus de cette ville par les Autrichiens. Craignant de tomber au pouvoir des assiégeants, il se décida à revenir à Paris et partit pendant la nuit avec une escorte de dragons. Mais son cheval s'étant abattu, il tomba entre les mains des Autrichiens qui l'emmenèrent prisonnier à Bruxelles, puis à Luxembourg. Lorsque les alliés abandonnèrent les Pays-Bas en 1794, ils transportèrent Drouet à la forteresse de Spielberg, en Moravie, et c'est là qu'inspiré par le souvenir des expériences de Blanchard, il essaya de s'échapper à l'aide d'une sorte de parachute. Il fabriqua avec les rideaux de son lit un vaste parasol, et réussit à cacher son travail aux soldats qui le gardaient. La nuit était venue, il se laissa aller du haut de la citadelle; mais il se cassa le pied en tombant, et fut ramené dans sa prison, d'où il ne sortit qu'un an après pour être échangé, avec quelques autres représentants du peuple, contre la fille de Louis XVI.

Jacques Garnerin, rendu à la liberté en 1797, en profita pour mettre à exécution le projet qu'il avait conçu dans les prisons de Bude. Il voulut reconnaître si le parachute, avec les dimensions et la forme qu'il avait calculées, ne pourrait être utile comme moyen de sauvetage dans les voyages aérostatiques. Il exécuta cette courageuse expérience le 22 octobre 1797.

A cinq heures du soir, Jacques Garnerin s'éleva du parc de Monceaux dans un aérostat de petite dimension. La nacelle dans laquelle il s'était placé était surmontée d'un parachute replié, suspendu lui-même à l'aérostat. L'affluence des curieux était considérable; un morne silence régnait dans la foule, l'intérêt et l'inquiétude étaient peints sur tous les visages. Lorsqu'il eut dépassé la hauteur de mille mètres, on le vit couper la corde qui rattachait le parachute à son ballon. Le ballon s'éleva et se perdit dans les nues, tandis que la nacelle et le parachute étaient précipités vers la terre avec une prodigieuse vitesse. L'instrument s'étant développé, la vitesse de la chute fut très-amoindrie. Mais la nacelle faisait des oscillations énormes qui résultaient de ce que l'air, accumulé au-dessous du parachute et ne rencontrant pas d'issue, s'échappait tantôt par un bord, tantôt par un autre, et provoquait des oscillations et des secousses effrayantes. Un cri d'épouvante s'échappa du sein de la foule, plusieurs femmes s'évanouirent. Heureusement on n'eut à déplorer aucun accident fâcheux. Arrivée à terre, la nacelle heurta fortement le sol, mais ce choc n'eut point d'issue funeste. Garnerin monta aussitôt à cheval et s'empressa de revenir au parc de Monceaux pour rassurer ses amis et re-

cevoir les félicitations que méritait son courage. L'astronome De Lalande, son ami, s'empressa d'aller annoncer ce succès à l'Institut qui se trouvait assemblé, et la nouvelle fut reçue avec un intérêt extrême. Il sera peut-être intéressant de lire ici la narration de cette belle expérience donnée par Garnerin lui-même dans le *Journal de Paris*.

« On ne saurait croire, dit Garnerin, tous les obstacles qu'il me fallut vaincre pour arriver à l'expérience du parachute que j'ai faite le premier de ce mois, au parc de Monceaux. J'ai été obligé de construire mon parachute en deux jours et deux nuits. Pour que le parachute fût prêt le jour indiqué, je fus non-seulement contraint de renoncer aux projets de précaution que commandait la prudence dans un essai de cette importance, mais je fus encore obligé de supprimer beaucoup d'agrès nécessaires à ma sûreté... Le 1er brumaire, jour indiqué pour l'expérience, j'éprouvai encore d'autres contre-temps. A deux heures, je n'avais pas encore reçu une goutte d'acide sulfurique pour obtenir le gaz inflammable propre à remplir mon aérostat. L'opération commença plus tard; un vent violent contraria les manœuvres; à quatre heures et demie, je doutais encore que mon ballon pût m'enlever avant la nuit. Le ballon d'essai qui devait m'indiquer la direction que j'allais suivre manqua : en suspendant le parachute au ballon, le tuyau qui lui servait de manche se rompit, et le cercle qui le tenait se cassa. Malgré tous ces accidents je partis, emportant avec moi cent livres de lest, dont je jetai subitement le quart dans l'enceinte même, pour franchir les arbres sur lesquels je craignais d'être porté par le vent. Je dépassai rapidement la hauteur de 300 toises, d'où j'avais promis de me précipiter avec mon parachute.

« Je fus porté sur la plaine de Monceaux, qui me parut très-favorable pour consommer l'expérience aux yeux des spectateurs. Aller plus loin, c'eût été en diminuer le mérite pour eux, et c'était prolonger trop longtemps leur inquiétude sur l'événement. Tout combiné, je prends mon couteau et je tranche la corde fatale au-dessus de ma tête. Le ballon fit explosion sur-le-champ, et le parachute se déploya en prenant un mouvement d'oscillation qui lui fut communiqué par l'effort que je fis en coupant la corde; ce qui effraya beaucoup le public.

« Bientôt j'entendis l'air retentir de cris perçants. J'aurais pu ralentir ma descente en me débarrassant d'un lest de 75 livres qui restait dans ma nacelle; mais j'en fus empêché par la crainte que les sacs qui le contenaient ne tombassent sur la foule de curieux que je voyais au-dessous de moi. L'enveloppe du ballon arriva à terre longtemps avant moi.

« Je descendis enfin sans accident dans la plaine de Monceaux, où je fus embrassé, caressé, porté, froissé et presque étouffé par une multitude immense qui se pressait autour de moi.

« Tel fut le résultat de l'expérience du parachute, dont je conçus l'idée dans mon cachot de la forteresse de Bude en Hongrie, où les Autrichiens m'ont retenu comme otage et prisonnier d'État.

« Je laisse aux témoins de cette scène le soin de décrire l'impression que fit sur les spectateurs le moment de ma séparation du ballon et de ma descente en parachute ; il faut croire que l'intérêt fut bien vif, car on m'a rapporté que les larmes coulaient de tous les yeux, et que des dames aussi intéressantes par leurs charmes que par leur sensibilité étaient tombées évanouies. »

Dès sa seconde ascension, Garnerin apporta au parachute un perfectionnement indispensable, qui lui donna toutes les conditions nécessaires de sécurité. Il pratiqua au sommet une ouverture circulaire surmontée d'un tuyau de un mètre de hauteur. L'air accumulé dans la concavité du parachute s'échappe par cet orifice, et de cette manière, sans nuire aucunement à l'effet de l'appareil, on évite ces oscillations qui avaient fait courir à Garnerin un si grand danger.

Le parachute dont on se sert aujourd'hui est le même appareil que Garnerin a construit et employé en 1797. C'est une sorte de vaste parasol de cinq mètres de rayon, formé de trente-six fuseaux de taffetas, cousus ensemble et réunis au sommet à une rondelle de bois. Quatre cordes, partant de cette rondelle, soutiennent la nacelle ou corbeille d'osier où se place l'aéronaute ; trente-six petites cordes, retenant les bords du parasol, viennent s'attacher à la corbeille ; elles sont destinées à l'empêcher de se rebrousser par l'effort de l'air. La distance de la nacelle au sommet de l'appareil est d'environ dix mètres. Lors de l'ascension, l'appareil est fermé, mais seulement aux trois quarts environ ; un cercle de bois léger d'un mètre et demi de rayon, concentrique au parachute, le maintient un peu ouvert, de manière à favoriser, au moment de la descente, l'ouverture et le développement du parachute par l'effet de la résistance de l'air. Au sommet se trouve pratiquée une cheminée d'un mètre de hauteur, qui permet à l'air comprimé de s'échapper rapidement sans nuire à sa résistance qui modère la vitesse de la chute.

C'est avec cette machine si simple que Jacques Garnerin, Elisa Garnerin sa nièce, et Mme Blanchard, ont donné si souvent au public de Paris le spectacle toujours nouveau et toujours admiré de leur descente au milieu des airs. Aucun événement fâcheux n'a signalé ces belles et courageuses expériences. Si dans une seule occasion elles ont eu une issue funeste, on ne doit l'attribuer qu'à l'imprévoyance et à l'ignorance de l'opérateur ; nous voulons parler de la mort de M. Cocking.

M. Cocking était un amateur anglais, qui s'était mis en tête de créer un nouveau parachute. M. Green, qu'il avait accompagné dans quelques ascensions, eut le tort d'ajouter foi à sa prétendue découverte, et le tort plus grand encore de se prêter à l'expérience. Il était cependant bien facile de comprendre par avance que le projet de M. Cocking était tout simplement une folie. Voici, en effet, la disposition qu'il avait imaginée. Le parachute employé par les aéronautes est un véritable parasol dont la concavité regarde la terre ; en tombant il pèse sur l'air atmosphérique et s'appuie dès lors sur un support résistant. M. Cocking prenait le contre-pied de cette disposition ; il renversait le parasol dont la concavité regardait le ciel : c'était une disposition merveilleusement choisie pour précipiter la chute au lieu de la retarder. L'événement ne le prouva que trop. Dans une ascension faite au Wauxhall de Londres, le 27 septembre 1836, M. Green s'était embarqué, tenant M. Cocking et son déplorable appareil suspendus par une corde à la nacelle de son ballon. Parvenu à une hauteur de douze cents mètres, M. Green coupa la corde, et il dut considérer avec effroi la chute épouvantable du malheureux qu'il venait de lancer dans l'éternité. En une minute et demie, l'aéronaute fut précipité à terre, d'où on le releva sans vie.

Applications des aérostats aux sciences.

Un temps considérable s'était écoulé depuis l'invention des aérostats, et les sciences n'en avaient encore retiré aucun profit. Aussi l'enthousiasme qui avait d'abord accueilli cette découverte avait-il fait place à une indifférence et à un découragement extrêmes, et l'on fondait si peu d'espoir sur l'application des aérostats aux sciences physiques et naturelles, que vingt ans se passèrent sans amener une seule expérience dirigée dans cette voie. Ce n'est, en effet, qu'en 1803 que s'accomplit la première ascension exécutée dans la vue d'étudier certains points de l'histoire de notre globe. Le physicien Robertson en fut le héros.

Tout Paris a vu, sous l'Empire et sous la Restauration, le physicien Robertson montrant dans la rue de la Paix, à l'ancien couvent des Capucines, son cabinet de fantasmagorie. Les débuts de sa carrière avaient été plus brillants. Flamand d'origine, Robertson passa à Liége, lieu de sa naissance, la première partie de sa jeunesse. Il se disposait à entrer dans les ordres, et s'occupait à Louvain des études relatives à sa profession future, lorsque les événements de la révolution française le détournèrent de ce projet. Il vint à Paris et se consacra à l'étude des sciences physiques. Il s'est vanté d'avoir fait connaître le premier en France les travaux de Volta sur l'électricité. Tout ce que l'on peut dire, c'est que, lorsque Volta vint à Paris exposer ses découvertes, Robertson l'accompagnait auprès des savants de la capitale, et avait avec lui des relations quotidiennes. Peu de temps après, Robertson obtint au concours la place de professeur de physique au collège du département de l'Ourthe, qui faisait alors partie de la France.

Mais son esprit aventureux et inquiet s'accommodait mal de la rigueur des règles de la maison : il abandonna sa place et revint à Paris. Après avoir essayé inutilement de diverses carrières, excité par les succès de Blanchard, il embrassa la profession d'aéronaute. Ses connaissances assez étendues en physique lui devinrent d'un grand secours dans cette carrière nouvelle ; elles lui donnèrent les moyens d'exécuter la première ascension que l'on ait faite dans un intérêt véritablement scientifique.

Le beau voyage que Robertson exécuta à Hambourg, le 18 juillet 1803, avec son compatriote Lhoest, fit beaucoup de bruit en Europe. Les aéronautes demeurèrent cinq heures et demie dans l'air et descendirent à vingt-cinq lieues de leur point de départ. Ils s'élevèrent jusqu'à la hauteur de 7,400 mètres, et se livrèrent à différentes observations de physique. Entre autres faits, ils crurent reconnaître qu'à une hauteur considérable dans l'atmosphère, les phénomènes du magnétisme terrestre perdent sensiblement de leur intensité, et qu'à cette élévation l'aiguille aimantée oscille avec plus de lenteur qu'à la surface de la terre, phénomène qui indiquerait, s'il était vrai, un affaiblissement dans les propriétés magnétiques de notre globe à mesure que l'on s'élève dans les régions supérieures.

Robertson nous a laissé un exposé assez étendu de son ascension ; nous rapporterons quelques parties de son récit.

« ... Je partis, dit-il, à neuf heures du matin, accompagné de M. Lhoest, mon condisciple et compatriote français, établi dans cette ville ; nous avions 140 livres de lest. Le baromètre marquait 28 pouces, le thermomètre de Réaumur 16°. Malgré un faible vent du nord-ouest, l'aérostat monta si perpendiculairement et si haut, que dans toutes les rues chacun croyait l'avoir à son zénith. Pour accélérer notre élévation, je détachai un parachute de soie, d'une forme parabolique, et ayant dans sa périphérie des cases dont le but était d'éviter les oscillations. L'animal qu'il soutenait, enfermé dans une corbeille, descendit avec une lenteur de deux pieds par seconde, et d'une manière presque uniforme. Dès l'instant où le baromètre commença à descendre, nous ménageâmes notre lest avec beaucoup de prudence, afin d'éprouver d'une manière moins sensible les différentes températures par lesquelles nous allions passer.

« A dix heures quinze minutes, le baromètre était à 19 pouces et le thermomètre à 3° au-dessous de zéro. Sentant arriver graduellement toutes les incommodités d'un air raréfié, nous commençâmes à disposer quelques expériences sur l'électricité atmosphérique... L'électricité des nuages que j'ai obtenue trois fois a toujours été vitrée.

« Nous fûmes souvent détournés dans ces différents essais par la surveillance qu'il fallait accorder à l'aérostat, dont le taffetas se distendait avec violence, quoique l'appendice fût ouvert ; le gaz en sortait en sifflant

et devenait visible en passant dans une atmosphère plus froide ; nous fûmes même obligés, crainte d'explosion, de donner deux issues au gaz hydrogène en ouvrant la soupape. Comme il restait encore beaucoup de lest, je proposai à mon compagnon de monter encore : aussi zélé et plus robuste que moi, il m'en témoigna le plus grand désir, quoiqu'il se trouvât fort incommodé. Nous jetâmes du lest pendant quelque temps : bientôt le baromètre indiqua un mouvement progressif ; enfin, le froid augmenta, et nous ne tardâmes pas à le voir descendre avec une extrême lenteur. Pendant les différents essais dont nous nous occupions, nous éprouvions une anxiété, un malaise général ; le bourdonnement d'oreilles dont nous souffrions depuis longtemps augmentait d'autant plus que le baromètre dépassait les 13 pouces. La douleur que nous éprouvions avait quelque chose de semblable à celle que l'on ressent lorsque l'on plonge sa tête dans l'eau. Nos poitrines paraissaient dilatées et manquaient de ressort ; mon pouls était précipité ; celui de M. Lhoest l'était moins : il avait, ainsi que moi, les lèvres grosses, les yeux saignants ; toutes les veines étaient arrondies et se dessinaient en relief sur mes mains. Le sang se portait tellement à la tête, qu'il me fit remarquer que son chapeau lui paraissait trop étroit. Le froid augmenta d'une manière sensible ; le thermomètre descendit assez brusquement jusqu'à 2° et vint se fixer à 5° et demi au-dessous de glace, tandis que le baromètre était à 12 pouces 4/100. A peine me trouvai-je dans cette atmosphère, que le malaise augmenta ; j'étais dans une apathie morale et physique ; nous pouvions à peine nous défendre d'un assoupissement que nous redoutions comme la mort. Me défiant de mes forces, et craignant que mon compagnon de voyage ne succombât au sommeil, j'avais attaché une corde à ma cuisse ainsi qu'à la sienne ; l'extrémité de cette corde passait dans nos mains. C'est dans cet état, peu propre à des expériences délicates, qu'il fallut commencer les observations que je me proposais. »

Ici Robertson donne le détail des expériences qu'il fit sur l'électricité et le magnétisme. A la hauteur qu'il occupait dans l'atmosphère, les phénomènes de l'électricité statique lui paraissaient sensiblement affaiblis ; le verre, le soufre et la cire d'Espagne ne s'électrisaient que très-faiblement par le frottement. La pile de Volta fonctionnait avec moins d'énergie qu'à la surface de la terre. En même temps il crut reconnaître que les oscillations de l'aiguille aimantée diminuaient d'intensité, ce qui l'amena à admettre l'affaiblissement du magnétisme terrestre à mesure que l'on s'élève dans les hautes régions de l'air. Nous ne rapporterons pas ces expériences, car nous les trouverons bientôt réfutées et expliquées par M. Biot

« A onze heures et demie, continue Robertson, le ballon n'était plus visible pour la ville de Hambourg, du moins personne ne nous a assuré nous avoir observés à cette heure-là. Le ciel était si pur sous nos pieds, que tous les objets se peignaient à nos yeux dans un diamètre de plus de 25 lieues avec la plus grande précision, mais dans la proportion de la plus petite miniature. A onze heures vingt-cinq minutes, la ville de Hambourg ne paraissait plus que comme un point rouge à nos yeux ; l'Elbe se dessinait en blanc, comme un ruban très-étroit. Je voulus faire usage de ma lunette de Dollon ; mais ce qui me surprit, c'est qu'en la prenant je la trouvai si froide que je fus obligé de l'envelopper dans mon mouchoir pour la maintenir. Lorsque nous étions à notre plus grande élévation, il s'éleva du côté de l'est quelques nuages sous nos pieds, mais à une distance telle, que mon ami crut que c'était un incendie de quelque ville. La lumière étant différemment réfléchie par les nuages que sur la terre, leur fait prendre des formes arrondies, et leur donne une couleur blanchâtre et éblouissante comme la neige ; beaucoup d'objets tels que des habitations, des lacs ou des bois, nous paraissaient des concavités.

« Ne pouvant supporter aussi longtemps que nous l'aurions désiré la position pénible où nous nous trouvions, nous descendîmes après avoir perdu beaucoup de gaz et de lest. Notre descente nous offrit le spectacle de la terreur que peut inspirer un aérostat aussi grand que le nôtre, dans un pays où l'on n'a jamais vu de semblables machines : elle s'effectuait justement au-dessus d'un pauvre village appelé Badenbourg, placé au milieu des Bruyères du Hanovre ; notre apparition y jeta l'alarme, et l'on s'empressa de ramener les bestiaux des campagnes.

« Pendant que notre aérostat descendait avec assez de vitesse, nous agitions nos chapeaux, nos banderolles, et nous appelions à nous les habitants ; mais notre voix augmentait leur terreur. Ces villageois nous prenaient pour un oiseau qu'ils croyaient invulnérable, et que le préjugé leur fait connaître sous le nom d'*oiseau de fer* ou *aigle d'acier*. Ils couraient en désordre, jetant des cris affreux ; ils abandonnaient leurs troupeaux, et les beuglements augmentaient encore l'alarme. Lorsque l'aérostat toucha la terre, chacun s'était enfermé chez soi. Ayant appelé inutilement à plusieurs reprises, et craignant que la frayeur ne les portât à quelques violences, nous jugeâmes qu'il était prudent de remonter, et je m'y déterminai avec d'autant plus de plaisir que je désirais faire un troisième essai sur l'électricité, que deux fois j'avais trouvée positive.

« Cette seconde ascension épuisa tout à fait notre lest ; nous en pressentions le besoin, car le ballon, ayant longtemps nagé dans une atmosphère raréfiée, était flasque et avait perdu beaucoup de gaz ; nous fîmes cependant encore dix lieues. Je prévis que notre descente serait extrêmement accélérée ·

comme il ne me restait plus de lest, je rassemblai tout ce qu'il y avait dans la nacelle, tels que les instruments de physique, le baromètre même, le pain, les cordes, les bouteilles, les effets, jusqu'à l'argent que nous avions sur nous ; je déposai tous ces objets dans trois sacs, qui avaient contenu le sable, je les attachai à une corde que je fis descendre à 100 pieds au-dessous de la gondole. Ce moyen nous préserva de la secousse. Le poids parvint à terre avant l'aérostat, qui se trouva allégé de plus de 50 livres. Il descendit plus lentement, sur la bruyère entre Wichtenbeck et Hanovre, après avoir parcouru vingt-cinq lieues en cinq heures et demie. »

En quittant l'Allemagne, Robertson se rendit en Russie, et le bruit de ses expériences sur le magnétisme terrestre décida l'Académie des sciences de Saint-Pétersbourg à les faire répéter par l'auteur lui-même. Avec le concours de cette Académie, Robertson, assisté d'un savant moscovite, M. Saccharoff, exécuta à Saint-Pétersbourg une nouvelle ascension. Les expériences auxquelles ils se livrèrent ensemble confirmèrent ses premières assertions relativement à l'affaiblissement de l'action magnétique du globe (1).

(1) *Rapport fait à l'Académie de Saint-Pétersbourg sur le voyage aérien de Robertson et Saccharoff.* — L'Académie arrêta dans sa dernière séance de mai 1804, qu'il serait réservé des fonds pour les frais d'une première ascension, uniquement destinée au progrès des sciences. Le but de cette ascension était de connaître avec plus de précision qu'on ne l'a fait jusqu'à présent l'état physique de l'atmosphère, ses parties constituantes à différentes élévations déterminées par le baromètre. Les expériences que Deluc, Saussure et Humboldt ont faites sur les montagnes ont dû présenter des modifications, des anomalies qui appartenaient à l'attraction terrestre, ou à la décomposition des corps organisés. L'Académie des sciences a jugé que l'ascension était le seul moyen d'obtenir des connaissances exactes sur ce point, et qu'il serait possible par là d'établir enfin une loi relative à la densité de l'atmosphère ; en conséquence, l'Académie chargea M. le professeur Lowitz, savant chimiste et académicien, de se concerter avec M. Robertson, physicien, pour ordonner les travaux nécessaires à cette expédition utile. L'aérostat que construisit M. Robertson pour ce voyage est une sphère parfaite de 30 pieds de diamètre. La manière dont les fuseaux sont réunis présente une perfection précieuse pour l'aérostation. Les coutures sont établies de manière que plus le taffetas est comprimé par la force expansive du gaz, plus elles se réunissent et s'opposent par leur juxtaposition à la dissipation de ce fluide.

Le grand appareil pneumato-chimique fut monté dans le jardin des Cadets, et fini dans les premiers jours de juin ; mais le temps incertain, causé par le solstice et les vents contraires qui portaient sur la mer Baltique, ne permirent pas d'entreprendre le voyage aussitôt qu'on le désirait. Sur ces entrefaites, la mauvaise santé de M. le professeur Lowitz détermina l'Académie des sciences à proposer M. Saccharoff, chimiste et académicien, pour le remplacer et faire cette ascension avec M. Robertson, ce que M. Robertson accepta avec le plus vif empressement.

Le 30 juin ayant été fixé à avance pour l'ascension,

Les résultats annoncés par Robertson et Saccharoff soulevèrent beaucoup d'objections

M. Robertson s'occupa avec zèle à la formation du gaz hydrogène par la décomposition de l'eau ; et le 30, à trois heures de l'après-midi, il avait recueilli près de neuf mille pieds cubes de gaz inflammable, qui lui donnaient une puissance d'environ 630 livres.

Quoique l'aérostat fût prêt à quatre heures, les préparatifs des expériences retardèrent le départ : à sept heures, il fut donc lancé deux petits ballons précurseurs pour connaître la véritable direction du vent : ils furent d'abord portés dans les terres par un vent nord-est ; mais, parvenus à une plus grande élévation, ils prirent une autre direction, un vent d'est les dirigea vers la pleine mer. Il n'y a point de doute que le grand aérostat devait suivre la même route, et les voyageurs partirent avec cette opinion. A sept heures quinze minutes le baromètre marquant 30 pouces et le thermomètre 19°, le ballon s'éleva majestueusement, n'ayant qu'une force ascensionnelle d'une demi-livre qui fut indiquée par le peson à ressort. Arrivé à 108 toises au-dessus du fleuve de la Newa, le ballon parut baisser ; cet effet fut sans doute produit par la condensation du gaz. L'aérostat, sortant d'une atmosphère brûlante qui l'enveloppait, dut physiquement perdre de sa force ascensionnelle, lorsqu'il traversa la vapeur froide ou gaz aquatique qui se dégage de la Newa. Mais les voyageurs ayant abandonné un peu de lest, ils reprirent bientôt leur marche primitive, et ils ne tardèrent pas à juger de leur élévation par la descente graduelle du mercure dans leur baromètre. Le développement du tableau immense qui se déroulait sous leurs pieds permettait déjà à leur vue d'embrasser la totalité des environs de Saint-Pétersbourg dans un diamètre de plus de 30 verstes ; l'horizon ne paraissait rétréci et borné que par des vapeurs d'un gris foncé, et qui s'élevaient souvent des forêts de sapins, sur la fin d'un beau jour.

Pendant que l'aérostat s'élevait en silence, il tourna plusieurs fois et lentement sur lui-même, et fit changer les voyageurs de place. Ce mouvement, qui n'est pas désagréable, fut sans doute produit par la rencontre d'un courant supérieur dans lequel entrait d'abord le ballon, tandis que la nacelle obéissait encore au courant inférieur dans lequel elle nageait. La marche des voyageurs vers la pleine mer, à cet instant, semble devoir confirmer cette opinion.

Relativement à la connaissance que l'aéronaute peut obtenir de sa marche, c'est ici la place de parler d'une découverte précieuse par laquelle le physicien peut préciser le moindre mouvement de son vaisseau. On sait que, lorsque l'aéronaute est dans une très-grande élévation, il lui est impossible de reconnaître le point vers lequel il est porté. Son ballon et tout ce qui est sous ses pieds lui paraissent dans l'immobilité la plus parfaite, il n'a point d'objet de comparaison. Sa boussole lui désigne bien le nord, mais qui lui indiquera promptement et avec précision sur la carte la direction que prend l'aérostat? Le procédé dont se sont servi les voyageurs est extrêmement exact et sûr. Ils ont réuni en forme de croix deux feuilles de papier léger et noirci ; on les a maintenues ensemble par de petites tringles de bois. Ce corps très-léger était attaché à l'extrémité de la gondole par un fil de vingt-cinq archines (environ 10 toises) de longueur. Ce flotteur plus léger, et offrant moins de surface que l'aérostat, obéissait moins au courant que lui, il suivait conséquemment le ballon : sa position, combinée avec la direction de la boussole, indiquait le point vers lequel les voyageurs dirigeaient leur marche. Un second avantage que présente ce flotteur, c'est qu'il indique l'ascension de l'aérostat ou sa descente, même avant que le baromètre ait fait le plus léger mouvement ; lors-

parmi les savants de Paris. Dans une séance de l'Institut, Laplace proposa de faire vérique la chaloupe monte, le flotteur descend, et il monte lorsque celle-là descend.

Après avoir découvert la route que suit le ballon lorsqu'il est perdu dans l'espace, il ne reste plus, pour rassurer les voyageurs, qu'à connaître leur véritable position relativement aux objets qui sont sous leurs pieds ; c'est de quoi les physiciens de l'Académie se sont occupés avec succès. On sait que lorsque les aéronautes sont à une très-grande élévation, ils ne peuvent juger de leur position géographique ; n'ayant aucun objet de comparaison, ils se croient dans l'immobilité la plus parfaite, et les objets qui ont souvent plus d'une lieue d'étendue ne présentent qu'un point pour eux, de manière qu'ils se croient être le zénith de tous les objets qu'ils ont sous leurs pieds ; le procédé que ces physiciens ont employé a parfaitement réussi. Une forte lunette achromatique traversait le fond de la nacelle ; elle était fixée perpendiculairement à l'horizon, au moyen d'un aplomb ; elle indiquait avec précision les objets au-dessus desquels planait l'aérostat. C'est par ce procédé que les voyageurs connurent l'instant de leur entrée sur l'embouchure de la Newa.

A sept heures cinquante minutes, tandis que le baromètre était à 27 pouces, le thermomètre à 15°, les physiciens apercevant, au moyen du flotteur, qu'ils étaient directement portés sur la mer Baltique, ils ouvrirent la soupape pour descendre, jusqu'à ce qu'ils eussent retrouvé le courant qui les avait d'abord portés vers Gatchina ; la descente fut uniforme et indiquée par le flotteur et le baromètre qui remonta à 29 pouces. Ce fut quelque temps avant cette descente que les aéronautes éprouvèrent un sentiment particulier dans les oreilles. Le bourdonnement désagréable qui affecte cet organe ne cesse que lorsqu'on arrive dans les plages inférieures de l'atmosphère, et lorsque l'air contenu dans l'organe est en équilibre avec l'air extérieur. Le danger de la mer étant passé, les voyageurs jetèrent du lest, et peu à peu le baromètre descendit à 25 pouces, et le thermomètre à 13°. Alors les aéronautes furent instruits par leur loch ou flotteur, qu'ils avaient atteint une nouvelle direction, et que le vent qu'ils cherchaient les avait portés dans les terres , en les dirigeant plus au sud ; ils furent même capables d'indiquer avec la plus exacte précision, au moyen de la lunette perpendiculaire, l'instant de leur sortie du golfe, qui s'effectua, à leur satisfaction, à huit heures quarante-cinq minutes. Ils coururent quelque temps cette direction, et croyant n'avoir plus rien à craindre de la mer, ils jetèrent par intervalle environ 30 livres de lest pour s'élever, de manière qu'à neuf heures neuf minutes le mercure était à 24 pouces. A cette élévation, les voyageurs firent un léger repas, auquel présida la gaieté. M. le professeur Saccharoff renferma de l'air atmosphérique dans un sixième flacon, comme il le faisait à chaque pouce indiqué par la descente du baromètre. L'appareil dont on s'est servi pour cet effet est ingénieux, commode et exact : c'est une boîte contenant douze flacons fermés par des robinets de fer ; le vide y a été formé au moyen du mercure. Chaque flacon porte un numéro, afin de pouvoir être relaté dans le journal du voyage et coïncider avec les observations du baromètre A cette élévation, on donna la liberté à un petit oiseau qui paraissait souffrir de son élévation ; il ne voulut jamais abandonner la chaloupe ; enfin, on l'obligea de partir : alors on le vit tomber comme une pierre par un plan légèrement incliné ayant l'air de glisser le long d'une corde, sans presque agiter les ailes. On fit le même essai sur un pigeon, mais à peine fut-il sorti de la gondole, que sentant sa faiblesse et beaucoup de difficulté à voler, il vint se percher sur les

fier le fait annoncé par ces expérimentateurs, relativement à l'affaiblissement de la force magnétique du globe, en se servant des cordages du ballon et voyagea longtemps avec lui. Il présentait tellement le danger, qu'il se laissa prendre par M. Saccharoff, qui le jeta dessous la gondole, et alors on le vit descendre en tournant et faisant des efforts inutiles pour regagner l'aérostat. Pendant ce temps, le ballon montait rapidement, le froid augmentait, le thermomètre était descendu à 6° 1/2, et le baromètre indiquait 23 pouces. Le soleil, qui était couché depuis une demi-heure pour les habitants de la terre, était encore visible pour les deux voyageurs; sa vivacité était seulement modérée par les vapeurs grisâtres qui formaient une large couronne autour de l'horizon. L'aérostat continua de s'élever jusqu'à dix heures : le mercure descendit à 22 pouces et le thermomètre à 4° 1/2. Ce fut à cette élévation que M. Saccharoff observa avec le plus grand soin un phénomène qui avait déjà été remarqué par M. Robertson, dans sa première ascension de Hambourg, mais à une bien plus grande élévation. M. Saccharoff n'ayant pu faire usage de l'aiguille d'inclinaison, parce qu'elle se trouvait dérangée, il consulta celle de déclinaison : il s'aperçut qu'elle n'était plus horizontale, le pôle nord était relevé de près de 10°, et le pôle sud s'inclinait vers la terre. M. Robertson répéta aussi l'opération, elle se trouva conforme. Peut-être à l'avenir cette observation portera-t-elle le plus grand jour sur une matière qui jusqu'à présent n'a point encore eu d'hypothèse satisfaisante; peut-être l'attraction de l'aimant diminuant comme le carré des distances, fournira-t-elle aux physiciens un nouveau moyen pour se guider dans le ciel, et même connaître leur élévation dans l'absence du baromètre. Il faut tout attendre, tout espérer des phénomènes nouveaux qui se présentent dans ce domaine dont vient de s'enrichir la physique.

A cette élévation, M. Saccharoff consulta ses fonctions physiques; il trouva peu d'altération dans la marche du pouls et dans la respiration. Il donna la liberté à un troisième pigeon, qui battit des ailes inutilement, et vint se fixer sur la nacelle, qu'il ne voulut pas quitter. Il fallut le précipiter, et la véritable chute qu'il a faite doit faire douter qu'il soit parvenu en vie jusqu'à la terre. A cette hauteur, le gaz acide carbonique contenu dans le vin se dégage avec une extrême rapidité, et forme une espèce d'effervescence. L'air atmosphérique contenu dans l'eau d'une bouteille présentait, à peu de chose près, un phénomène semblable. Ce fut à cette élévation que M. Saccharoff proposa de passer la nuit dans l'aérostat. Il fallut consulter le lest qu'avaient laissé les deux manœuvres qu'on avait été obligé de faire pour éviter le courant qui portait sur le golfe : la proposition fut acceptée, et les voyageurs se donnèrent la main en gage de leur résolution. Cependant l'expansion du gaz hydrogène augmentait toujours avec l'élévation du ballon; elle était telle, que l'enveloppe était distendue dans tous ses points, et que le gaz s'échappait avec force par deux issues à la fois, c'est-à-dire par l'appendice et par la soupape; cette perte était effrayante et beaucoup plus forte qu'elle n'aurait dû s'effectuer à cette élévation, le mercure du baromètre n'étant descendu que de 8 pouces. Les voyageurs attribuent cette grande raréfaction à la qualité du gaz hydrogène, qui a dû, sans doute, se trouver combiné avec une grande quantité de gaz acide carbonique qui s'est dégagé de la tournure de fonte, ainsi qu'à l'oxyde qui a dû se former pendant vingt jours que les matières restèrent distribuées dans les appareils. Cette quantité a été considérable, puisque, dans les ascensions précédentes, M. Robertson n'a jamais observé une expansion aussi forte.

moyens offerts par l'aérostation. Berthollet et plusieurs autres académiciens appuyèrent la demande de Laplace. Cette proposi-

Différentes circonstances ont empêché les voyageurs de s'élever aussi haut qu'ils en avaient formé le projet : 1° la direction du courant supérieur, qui les portait vers la mer; 2° cette grande quantité de gaz acide carbonique qui distendait le ballon en pure perte, sans lui ajouter de la légèreté; 3° les vapeurs sombres, qui s'accumulaient autour de la gondole, et semblaient devoir bientôt la plonger dans les ténèbres. La terre ayant tout à fait disparu depuis une demi-heure, les voyageurs pouvaient craindre de rencontrer un nouveau courant qui aurait pu les porter une troisième fois vers le golfe, dont ils n'étaient pas très-éloignés.

La proposition de se rapprocher de la terre fut sensible à M. Saccharoff; il aurait tout bravé pour tenter une foule d'expériences que ce nouveau théâtre présentait à ses observations; mais sentant le danger d'un voyage prolongé dans l'obscurité, dans une vapeur froide qui humectait les instruments de physique, et sur une plage inconnue, il consentit à se rapprocher de la terre, dans l'espoir de rentrer dans cette carrière aussitôt que l'Académie le désirerait. En conséquence, les voyageurs ouvrirent la soupape graduellement, et, l'œil fixé sur le baromètre, ils calculaient la célérité de leur descente, la ralentissaient ou l'accéléraient suivant la marche du mercure. C'est en passant dans les couches inférieures de l'atmosphère, que les physiciens répétèrent un phénomène dont l'application peut aussi présenter le plus grande utilité dans les ascensions qu'on fera à l'avenir.

En parlant dans un porte-voix présenté perpendiculairement à la terre, la voix est réfléchie avec une extrême pureté; elle semble n'avoir rien perdu de son intensité. Ce physicien parla, à différentes élévations, et la voix mettait plus ou moins d'intervalle dans sa réflexion. Chaque fois, la percussion imprimée à l'air par le son s'observait par une légère ondulation qu'éprouvait l'aérostat. Cette fluctuation semblait devoir confirmer la puissance que l'homme a sur la terre de détourner en partie la pluie ou un nuage orageux, au moyen des secousses répétées qu'il imprime à la colonne atmosphérique par le bruit du canon ou d'autres procédés. Dans une de ces expériences, la voix ne fut réfléchie qu'après dix secondes; selon la théorie de Newton, le son ne doit se propager sur la terre que dans la progression de 900 pieds dans une seconde; cependant une foule d'expériences exactes ont déterminé sa marche à 1,038 pieds de Paris par seconde. D'après cette loi, la voix des aéronautes aurait parcouru 10,380 pieds en dix secondes; mais, comme il faut ne tenir compte que de la moitié du chemin pour le retour de la voix dans sa réflexion, il resterait donc 5,190 pieds de France pour l'éloignement de l'aérostat à la terre : le baromètre était à 27 pouces. Il est probable que l'ascension du son diffère de progression horizontale; les essais sur cette nouvelle loi à établir doivent être curieux, et peuvent jeter un nouveau jour sur la densité de l'atmosphère, sur sa manière d'agir selon ses différents états, soit thermométriques, soit hygrométriques. Comme il n'y a point dans la nature de moyen plus commode et plus sûr qu'un aérostat pour tenter des expériences sur le son, il serait facile, avec le secours de deux montres à tierces, de déterminer la promptitude de l'ascension du son; il s'agirait, dans un temps calme, de tirer, de trente secondes en trente secondes, un canon placé perpendiculairement, et disposé dans un lieu libre. Les observateurs sur la terre, ainsi que les aéronautes, tiendraient compte de l'instant de l'expérience, du départ et de l'arrivée du bruit. Par là on établirait une loi sûre et

tion ne pouvait être faite dans des circonstances plus favorables, puisque Chaptal était alors ministre de l'intérieur. Aussi la décision fut-elle prise à l'instant, et l'on désigna, pour exécuter l'ascension, MM. Biot et Gay-Lussac, qui étaient les plus jeunes et les plus ardents professeurs de l'époque. Conté se chargea de construire et d'appareiller l'aérostat. Les dispositions qu'il prit pour rendre le voyage aussi sûr que commode ne laissaient rien à désirer. Aussi, le jour fixé pour l'ascension, les deux académiciens n'eurent qu'à se rendre au jardin du Luxembourg, munis de leurs instruments. Cependant, au moment du départ, il survint un petit accident qui nécessita l'ajournement du voyage. L'aérostat s'était trouvé plus tôt prêt que les aéronautes, et ceux-ci avaient cru pouvoir sans danger le faire attendre. Mais les piquets auxquels étaient fixées les cordes qui le retenaient étaient plantés sur un terrain récemment remué, et par conséquent peu solide; une pluie abondante tombée pendant la nuit l'avait détrempé, de sorte que les piquets ne purent résister à la force ascensionnelle de l'aérostat. En

invariable. Il est à observer que dans l'expérience du porte-voix, le son ne fut nullement réfléchi, lorsqu'on parlait dans une direction opposée à la terre.

Les voyageurs, après avoir traversé différentes couches vaporeuses qui différaient toutes de température, virent le thermomètre sauter assez brusquement de plusieurs degrés, et ce fut l'instant où ils aperçurent la terre, mais d'une manière assez confuse. Ils parlaient souvent au moyen du porte-voix; leur éloignement les empêchait d'être entendus; le seul écho leur répondait. Ils pressèrent leur descente, pour aborder un village, mais ayant observé un bois très-épais qui pouvait incommoder leur retour, ils prolongèrent leur marche et choisirent un superbe jardin qui semblait s'offrir pour les recevoir; ils effectuèrent leur descente à dix heures quarante-cinq minutes, sur une belle pelouse, tout vis-à-vis du château de S. E. M. le général P. G. Demidoff, à Sivoritz, distant de Saint-Pétersbourg de soixante verstes (environ vingt lieues), chaque verste étant de 3,650 pieds; on voit que ne tenant pas même compte du temps qui a été perdu par les deux manœuvres que l'on fit pour éviter le courant supérieur, l'aérostat parcourait 17 pieds 4 pouces 6 lignes $\frac{8}{10}$ en une seconde, par le vent le plus faible, ou qui était à peine sensible sur la terre : cette vitesse est un peu plus grande que celle que parcourt un corps en chute libre dans sa première seconde.

Dans la vue de ménager les instruments de physique et d'affaiblir la marche accélérée de l'aérostat, M. Robertson descendit, au moyen d'une très-longue corde dont il tenait l'autre extrémité, tous les instruments de physique qu'il avait réunis dans sa pelisse. A peine l'aérostat fut-il allégé de ce fardeau, qu'au bout de quelques instants il resta presque immobile dans le ciel, ce qui donna naturel aux villageois qui s'épuisaient à le suivre le temps de prendre la corde pour remorquer l'aérostat et choisir le plus beau gazon pour l'y déposer. Tel est le résultat de la première des expériences que l'Académie des sciences a projetées; ce voyage ne peut être regardé que comme la sentinelle ou le premier vaisseau qu'elle envoie à la découverte, pour reconnaître de nouvelles plages et se frayer un chemin où l'œil de l'observateur n'a pas encore pénétré.

arrivant au Luxembourg, MM. Biot et Gay-Lussac furent tout surpris de voir le ballon eu l'air et un grand nombre de personnes occupées à ramener le fugitif. Heureusement on put saisir ses lisières, et on le ramena sur le sol. On dut néanmoins remettre l'ascension à un autre jour et choisir un local plus convenable. On se décida pour le jardin du Conservatoire des arts et métiers, et c'est de là que MM. Biot et Gay-Lussac partirent le 20 août 1804, pour accomplir la plus belle ascension scientifique qu'on ait encore exécutée.

Le but principal de cette ascension était de rechercher si la propriété magnétique éprouve quelque diminution appréciable quand on s'éloigne de la terre. L'examen très-attentif auquel les deux savants soumirent, pendant presque toute la durée du voyage, les mouvements de l'aiguille aimantée, les amena à conclure que la propriété magnétique ne perd rien de son intensité quand on s'élève dans les régions supérieures. A quatre mille mètres de hauteur les oscillations de l'aiguille aimantée coïncidaient en nombre et en amplitude avec les oscillations reconnues à la surface de la terre. Ils expliquèrent l'erreur dans laquelle, selon eux, Robertson était tombé, par la difficulté que présente l'observation de l'aiguille magnétique au milieu des oscillations continuelles de l'aérostat. Ils constatèrent aussi, contrairement aux assertions de Roberston, que la pile de Volta et les appareils d'électricité statique fonctionnent aussi bien à une grande hauteur dans l'atmosphère qu'à la surface du sol. L'électricité qu'ils recueillirent était négative, et sa quantité s'accroissait avec la hauteur. L'observation de l'hygromètre leur fit reconnaître que la sécheresse croissait également avec l'élévation. Enfin MM. Biot et Gay-Lussac firent différentes observations thermométriques, mais elles ne furent point suffisantes pour amener à quelque conclusion rigoureuse, relativement à la loi de décroissance de la température dans les régions élevées (1).

(1) *Relation du voyage aérostatique de MM. Biot et Gay-Lussac*, par M. Biot. — Depuis que l'usage des aérostats est devenu facile et simple, les physiciens désiraient qu'on les employât pour faire les observations qui demandent que l'on s'élève à de grandes hauteurs, loin des objets terrestres. Le ministère de M. Chaptal offrait particulièrement une occasion favorable pour réaliser ces projets utiles aux sciences. MM. Berthollet et Laplace ayant bien voulu s'y intéresser, ce ministre s'empressa de concourir à leurs vues, et nous nous offrîmes, M. Gay-Lussac et moi, pour cette expédition. Nous venons de faire notre premier voyage, et nous allons en rendre compte à la classe; empressement d'autant plus naturel que plusieurs de ses membres nous ont éclairés de leur expérience et de leurs conseils.

Notre but principal était d'examiner si la propriété magnétique éprouve quelque diminution appréciable quand on s'éloigne de la terre. Saussure, d'après des expériences faites sur le *col du Géant*, à 3,435 mètres de hauteur, avait cru y reconnaître un affaiblissement très-sensible et qu'il évaluait à 1/5. Quelques physiciens avaient même annoncé que cette propriété se perd entièrement quand on s'éloigne de la terre,

Le voyage aérostatique exécuté par MM. Biot et Gay-Lussac avait laissé beaucoup de points à éclaircir; il fallait confirmer les premières

dans un aérostat. Ce fait étant lié de très-près à la cause des phénomènes magnétiques, il importait à la physique qu'il fût éclairci et constaté; du moins c'est ainsi qu'ont pensé plusieurs membres de la classe, et l'illustre Saussure lui-même, qui recommande beaucoup cette observation, sur laquelle il est revenu plusieurs fois dans ses voyages aux Alpes.

Pour décider cette question, il ne faut qu'un appareil fort simple. Il suffit d'avoir une aiguille aimantée suspendue à un fil de soie très-fin. On détourne un peu l'aiguille de son méridien magnétique, on la laisse osciller; plus les oscillations sont rapides, plus la force magnétique est considérable. C'est Borda qui a imaginé cette excellente méthode, et M. Coulomb a donné le moyen d'évaluer la force d'après le nombre des oscillations. Saussure a employé cet appareil dans son voyage sur le col du Géant. Nous en avons emporté un semblable dans notre aérostat. L'aiguille dont nous nous sommes servis avait été construite avec beaucoup de soin par l'excellent artiste Fortin; et M. Coulomb avait bien voulu l'aimanter lui-même par la méthode d'Œpinus. Nous avons essayé, à plusieurs reprises, sa force magnétique, lorsque nous étions encore à terre. Elle faisait vingt oscillations en cent quarante et une secondes, de la division sexagésimale; et comme nous avons obtenu ce même résultat un grand nombre de fois, à des jours différents, sans trouver un écart d'une demi-seconde, on peut le regarder comme très-exact. Nous nous servions, pour observer, de deux excellentes montres à secondes qui nous avaient été prêtées par M. Lepine, habile horloger.

Outre cet appareil, nous avons emporté une boussole ordinaire de déclinaison et deux boussoles d'inclinaison : la première pour observer la direction du méridien magnétique; la seconde pour connaître les variations d'inclinaison. Ces appareils, beaucoup moins sensibles que le premier, étaient seulement destinés à nous indiquer des différences, s'il en était survenu qui fussent très-considérables. Afin de n'avoir que des résultats comparables, nous avions placé tous ces instruments dans la nacelle, lorsque nous avons observé, à terre, les oscillations de la première aiguille. Du reste, il n'entrait pas un morceau de fer dans la construction de notre nacelle, ni dans celle de notre aérostat. Les seuls objets de cette matière que nous emportâmes (un couteau, des ciseaux, deux canifs) furent descendus dans un panier au-dessous de la nacelle, à 8 ou 10 mètres de distance (25 ou 30 pieds), en sorte que leur influence ne pouvait être sensible en aucune manière.

Outre cet objet principal, dans ce premier voyage, nous nous proposions aussi d'observer l'électricité de l'air, ou plutôt la différence d'électricité des différentes couches atmosphériques. Pour cela, nous avions emporté des fils métalliques de diverses longueurs, depuis 20 jusqu'à 100 mètres (60 à 300 pieds). En suspendant ces fils à côté de notre nacelle, à l'extrémité d'une tige de verre, ils devaient nous mettre en communication avec les couches inférieures et nous permettre de puiser leur électricité. Quant à la nature de cette électricité, nous avions, pour la déterminer, un petit électrophore, chargé très faiblement, et dont la résine avait été frottée à terre avant le départ.

Nous avions aussi projeté de rapporter de l'air puisé à une grande hauteur. Nous avions pour cela un ballon de verre fermé, dans lequel on avait fait exactement le vide, en sorte qu'il suffisait de l'ouvrir pour le remplir d'air. On devine aisément que nous nous étions munis de baromètres, de thermomètres, d'électromètres et d'hygromètres. Nous avions avec

observations et les vérifier en s'élevant à une plus grande hauteur. Pour atteindre ce dernier but avec l'aérostat qui avait servi aux

nous des disques de métal pour répéter les expériences de Volta, ou l'électricité développée par le simple contact. Enfin, nous avions emporté divers animaux, comme des grenouilles, des oiseaux et des insectes.

Nous partîmes du jardin du Conservatoire des arts, le 6 fructidor, à dix heures du matin, en présence d'un petit nombre d'amis. Le baromètre était à 0m,765 (28 p. 3 l.); le thermomètre, à 16°,5 de la division centigrade (13°, 2 de Réaumur); et l'hygromètre à 80°,8, par conséquent assez près de la plus grande humidité. M. Conté, que le ministre de l'intérieur avait chargé, dès l'origine, de tous les préparatifs, avait pris toutes les mesures imaginables pour que notre voyage fût heureux, et il le fut en effet.

Nous l'avouerons, le premier moment où nous nous élevâmes ne fut pas donné à nos expériences. Nous ne pûmes qu'admirer la beauté du spectacle qui nous environnait. Notre ascension, lente et calculée, produisit sur nous cette impression de sécurité que l'on éprouve toujours quand on est abandonné à soi-même, avec des moyens sûrs. Nous entendions encore les encouragements qui nous étaient donnés; mais nous n'en avions pas besoin; nous étions parfaitement calmes et sans la plus légère inquiétude. Nous n'entrons dans ces détails que pour montrer que l'on peut accorder quelque confiance à nos observations.

Nous arrivâmes bientôt dans les nuages. C'étaient comme de légers brouillards, qui ne nous causèrent qu'une faible sensation d'humidité. Notre ballon s'étant gonflé entièrement, nous ouvrîmes la soupape pour abandonner du gaz, et en même temps nous jetâmes du lest pour nous élever plus haut. Nous nous trouvâmes aussitôt au-dessus des nuages, et nous n'y rentrâmes qu'en descendant.

Ces nuages, vus de haut, nous parurent blanchâtres, comme lorsqu'on les voit de la surface de la terre. Ils étaient tous exactement à la même élévation : et leur surface supérieure, toute mamelonnée et ondulante, nous offrait l'aspect d'une plaine couverte de neige.

Nous nous trouvions alors vers deux mille mètres de hauteur (a). Nous voulûmes faire osciller notre aiguille, mais nous ne tardâmes pas à reconnaître que l'aérostat avait un mouvement de rotation très-lent, qui faisait varier sans cesse la position de la nacelle par rapport à la direction de l'aiguille, et nous empêchait d'observer le point où les oscillations finissaient. Cependant la propriété magnétique n'était pas détruite; car, en approchant de l'aiguille un morceau de fer, l'attraction avait encore lieu. Ce mouvement de rotation devenait sensible quand on alignait les cordes de la nacelle sur quelque objet terrestre, ou sur les flancs des nuages, dont les contours nous offraient des différences très-sensibles. De cette manière, nous nous aperçûmes bientôt que nous ne répondions plus toujours au même point. Nous espérâmes que ce mouvement de rotation, déjà très-peu rapide, s'arrêterait avec le temps, et nous permettrait de reprendre nos oscillations.

(a) Nous avons calculé ces hauteurs d'après les observations du baromètre et du thermomètre, faites dans l'aérostat et comparées à celles faites par M. Bouvard à l'Observatoire. Nous avons employé la formule de M. Laplace, avec les coefficients corrigés, qu'il a adoptés, et que M. Ramond a conclus d'un grand nombre de mesures trigonométriques prises avec beaucoup de soin. Notre thermomètre était à l'esprit-de-vin, divisé en 100 parties, et garanti de l'action du soleil par un mouchoir blanc qui l'enveloppait sans le toucher. Nous avons pris toutes les précautions nécessaires dans le calcul, pour ne pas donner à nos hauteurs des valeurs trop grandes, et elles sont plutôt trop faibles que trop fortes.

premières expériences , un seul observateur devait s'élever. Il fut décidé que M. Gay-Lussac exécuterait cette nouvelle ascension.

En attendant, nous fîmes d'autres expériences; nous essayâmes le développement de l'électricité par le contract des métaux isolés ; elle réussit comme à terre. Nous apprêtâmes une colonne électrique avec vingt disques de cuivre et autant de disques de zinc; nous obtînmes, comme à l'ordinaire la saveur piquante. Tout cela était facile à prévoir, d'après la théorie de Volta ; et, puisque l'on sait d'ailleurs que l'action de la colonne électrique ne cesse pas dans le vide; mais il était si facile de vérifier ces faits, que nous avions cru devoir le faire. D'ailleurs tous ces objets pouvaient nous servir de lest au besoin. Nous étions alors à 2,724 mètres de hauteur, selon notre estime.

Vers cette élévation nous observâmes les animaux que nous avions emportés; ils ne paraissaient pas souffrir de la rareté de l'air, cependant le baromètre était à 20 pouces 8 lignes; ce qui donnait une hauteur de 2,622 mètres. Une abeille violette (*apis violacea*), à qui nous avions donné la liberté, s'envola très-vite, et nous quitta en bourdonnant. Le thermomètre marquait 13° de la division centigrade (10°, 4 Réaumur). Nous étions très-surpris de ne pas éprouver de froid, au contraire le soleil nous échauffait fortement; nous avions ôté les gants que nous avions mis d'abord, et qui ne nous ont été d'aucune utilité. Notre pouls était fort accéléré : celui de M. Gay-Lussac, qui bat ordinairement soixante-deux pulsations par minute, en battait quatre-vingts; le mien, qui donne ordinairement soixante-dix-neuf pulsations, en donnait cent onze. Cette accélération se faisait donc sentir, pour nous deux, à peu près dans la même proportion. Cependant notre respiration n'était nullement gênée, nous n'éprouvions aucun malaise et notre situation nous semblait extrêmement agréable.

Cependant nous tournions toujours, ce qui nous contrariait fort, parce que nous ne pouvions pas observer les oscillations magnétiques tant que cet effet avait lieu. Mais en nous alignant, comme je l'ai dit, sur les objets terrestres, et sur les flancs des nuages, qui étaient bien au-dessous de nous, nous nous aperçûmes que nous ne tournions pas toujours dans le même sens; peu à peu le mouvement de rotation diminuait, et se reproduisait en sens contraire. Nous comprîmes alors qu'il fallait saisir ce passage d'un des états à l'autre, parce que nous restions stationnaires dans l'intervalle. Nous profitâmes de cette remarque pour faire nos expériences. Mais, comme cet état stationnaire ne durait que quelques instants, il n'était pas possible d'observer, de suite, vingt oscillations comme à terre; il fallait se contenter de cinq ou de six au plus, en prenant bien garde de ne pas agiter la nacelle, car le plus léger mouvement, celui que produisait le gaz quand nous le laissions échapper, quelque même de notre main nous écrivions, suffisait pour nous faire tourner. Avec toutes ces précautions, qui demandaient beaucoup de temps, d'essais et de soins, nous parvînmes à répéter dix fois l'expérience dans le cours du voyage, à diverses hauteurs. En voici les résultats dans l'ordre où nous les avons obtenus.

Hauteurs calculées.	Nbre des oscillations.	Temps.
2,897 mètres.	5	35"
3,058 —	5	35"
Id. —	5	35"
Id. —	5	35"
2,862 —	10	70"
3,145 —	5	35"
3,665 —	5	35"5
3,589 —	10	68"
3,742 —	5	55"
3,977 — (2040 toises)	10	70"

Dans ce second voyage , M. Gay-Lussac confirma et étendit les résultats qu'il avait obtenus avec M. Biot, relativement à la per-

Toutes ces observations, faites dans une colonne de plus de mille mètres de hauteur, s'accordent à donner 35" pour la durée de cinq oscillations. Or, les expériences faites à terre donnent 35 1/4 pour cette durée. La petite différence d'un quart de seconde n'est pas appréciable, et dans tous les cas elle ne tend pas à indiquer une diminution.

On en peut dire autant de l'expérience qui a donné une fois 68 degrés pour 10 oscillations, ce qui fait 34 pour chacune; elle n'indique pas non plus un affaiblissement.

. Il nous semble donc que ces résultats établissent avec quelque certitude la proposition suivante :

La propriété magnétique n'éprouve aucune diminution appréciable depuis la surface de la terre jusqu'à 4000 mètres de hauteur; son action dans ces limites se manifeste constamment par les mêmes effets, et suivant les mêmes lois.

Il nous reste maintenant à expliquer la différence de ces résultats avec ceux des autres physiciens dont nous avons parlé; et d'abord, quant aux expériences de Saussure, il nous semble, si nous osons le dire, qu'il s'y est glissé quelque erreur. On le voit clairement par les nombres mêmes qu'il a rapportés (a). Lorsqu'il voulut déterminer la force magnétique de son aiguille à Genève, il trouva pour les temps de vingt oscillations, 302", 290", 300", 280", résultats très-peu comparables, puisque leur différence va jusqu'à 12". Au contraire, dans les expériences préliminaires que nous avons faites à terre avant de partir, nous n'avons jamais trouvé une demi-seconde de différence, sur le temps de vingt oscillations. De plus, il existe encore une autre erreur dans le calcul fait par Saussure, pour comparer les forces magnétiques sur la montagne et dans la plaine; et, d'après tout cela, il n'est pas étonnant que ses résultats diffèrent de ceux que nous avons obtenus. Mais il nous semble que les nôtres sont préférables, parce qu'ils paraissent s'accorder davantage, et parce que nous nous sommes élevés beaucoup plus haut.

Quant à cette autre observation faite par quelques physiciens, relativement aux irrégularités de la boussole, quand on s'élève dans l'atmosphère, il nous semble qu'on peut facilement l'expliquer par ce que nous avons dit précédemment sur la rotation continuelle de l'aérostat. En effet, ces observateurs ont dû tourner comme nous, puisque la seule impulsion du gaz qui s'échappe en ouvrant la soupape suffit pour produire cet effet. S'ils n'ont pas fait cette remarque, l'aiguille qui ne tournait pas avec eux leur a paru incertaine, et sans aucune direction déterminée; mais ce n'est qu'une illusion produite par leur propre mouvement.

Enfin il nous reste à prévenir un doute, que l'on pourrait élever sur nos expériences : on pourrait craindre que nos montres ne se fussent dérangées dans le voyage, de sorte qu'il aurait pu arriver quelque variation dans la force magnétique sans que nous l'eussions aperçue. Mais, puisque nous n'y avons observé aucune différence, il faudrait, dans cette supposition, que la force magnétique et la marche de notre montre eussent varié en sens contraire, précisément dans le même rapport et de manière à se compenser exactement; hypothèse extrêmement improbable et même tout à fait inadmissible.

Nous n'avons pas pu observer aussi exactement l'inclinaison de la barre aimantée; ainsi nous ne pouvons pas affirmer avec autant de certitude qu'elle n'éprouve absolument aucune variation. Cependant

(a) *Voyage dans les Alpes*, t. IV, p. 312 et 313.

manence de l'action magnétique du globe. Il prit un assez grand nombre d'observations thermométriques, et essaya de déterminer

cela est très-probable, puisque la force horizontale n'est point altérée. Mais nous sommes assurés du moins que ces variations, si elles existent, sont très-peu considérables ; car nos barres magnétiques, équilibrées avant le départ, ont constamment gardé pendant tout le voyage leur situation horizontale ; ce qui ne serait pas arrivé si la force, qui tendait à les incliner eût changé sensiblement.

Enfin la déclinaison avait été aussi l'objet de nos recherches ; mais le temps et la disposition de nos appareils ne nous ont pas permis de la déterminer exactement. Cependant il est également probable qu'elle ne varie pas d'une manière sensible. Au reste, nous avons maintenant des moyens précis pour la mesurer avec exactitude dans un autre voyage ; nous pourrons aussi évaluer exactement l'inclinaison.

Pour ne pas interrompre cet exposé, nous avons passé sous silence quelques autres expériences moins importantes, auxquelles il est nécessaire de revenir.

Nous avons observé nos animaux à toutes les hauteurs ; ils ne paraissent souffrir en aucune manière. Pour nous, nous n'éprouvions aucun effet, si ce n'est cette accélération du pouls dont j'ai déjà parlé. A 3,400 mètres de hauteur, nous donnâmes la liberté à un petit oiseau que l'on nomme un *verdier* ; il s'envola aussitôt, mais revint presque à l'instant se poser sur nos cordages ; ensuite, prenant de nouveau son vol, il se précipita vers la terre, en décrivant une ligne tortueuse peu différente de la verticale. Nous le suivîmes des yeux jusque dans les nuages, où nous le perdîmes de vue. Mais un pigeon, que nous lâchâmes de la même manière, à la même hauteur, nous offrit un spectacle beaucoup plus curieux : remis en liberté sur le bord de la nacelle, il y resta quelques instants, comme pour mesurer l'étendue qu'il avait à parcourir ; puis il s'élança en voltigeant d'une manière inégale, en sorte qu'il semblait essayer ses ailes ; mais, après quelques battements, il se borna à les étendre et s'abandonna tout à fait. Il commença à descendre vers les nuages, en décrivant de grands cercles, comme font les oiseaux de proie. Sa descente fut rapide, mais réglée ; il entra bientôt dans les nuages, et nous l'aperçûmes encore au-dessous.

Nous n'avions pas encore essayé l'électricité de l'air, parce que l'observation de la boussole, qui était la plus importante et qui exigeait que l'on saisît des occasions favorables, avait absorbé presque toute notre attention ; d'ailleurs nous avions toujours eu des nuages au-dessous de nous, et l'on sait que les nuages sont diversement électrisés. Nous n'avions pas alors les moyens nécessaires pour calculer leur distance d'après la hauteur du baromètre, et nous ne savions pas jusqu'à quel point ils pourraient nous influencer. Cependant, pour essayer au moins notre appareil, nous tendîmes un fil mécanique de 80 mètres (240 pieds) de longueur, et après l'avoir isolé de nous, comme je l'ai dit plus haut, nous prîmes de l'électricité à son extrémité supérieure, et nous la portâmes à l'électromètre : elle se trouva résineuse. Nous répétâmes deux fois cette observation dans le même moment : la première, en détruisant l'électricité atmosphérique par l'influence de l'électricité vitrée de l'électrophore, la seconde en détruisant l'électricité vitrée tirée de l'électrophore, au moyen de l'électricité atmosphérique. C'est ainsi que nous pûmes nous assurer que cette dernière était résineuse.

Cette expérience indique une électricité croissante avec les hauteurs, résultat conforme à ce que l'on avait déjà conclu par la théorie, d'après les expé-

à leur aide la loi de décroissance de la température dans les hautes régions de l'air. L'observation de l'hygromètre n'amena à

riences de Volta et de Saussure. Mais, maintenant que nous connaissons la bonté de notre appareil, nous espérons vérifier de nouveau ce fait par un plus grand nombre d'essais dans un autre voyage.

Nos observations du thermomètre nous ont indiqué au contraire une température décroissant de bas en haut, ce qui est conforme aux résultats connus. Mais la différence a été beaucoup plus faible que nous ne l'aurions attendu : car, en nous élevant à 2,000 toises, c'est-à-dire bien au-dessus de la limite inférieure des neiges éternelles, à cette latitude, nous n'avons pas éprouvé une température plus basse que 10°,5 au thermomètre centigrade (8°,4 Réaumur) ; et, au même instant, la température de l'Observatoire, à Paris, était de 17°,5 centigr. (14° Réaumur).

Un autre fait assez remarquable, qui nous est aussi donné par nos observations, c'est que l'hygromètre a constamment marché vers la sécheresse, à mesure que nous nous sommes élevés dans l'atmosphère, et, en descendant, il est graduellement revenu vers l'humidité. Lorsque nous partîmes, il marquait 80°,8 à la température de 16°,5 du thermomètre centigrade ; et à 4,000 mètres de hauteur, quoique la température ne fût qu'à 10°,5, il ne marquait plus que 30°. L'air était donc beaucoup plus sec dans ces hautes régions, qu'il ne l'est vers la surface de la terre.

Pour nous élever à ces hauteurs, nous avions jeté presque tout notre lest : il ne nous en restait à peine quatre ou cinq livres. Nous avions donc atteint la hauteur à laquelle l'aérostat pouvait nous porter tous deux à la fois. Cependant, comme nous désirions vivement terminer tout à fait l'observation de la boussole, M. Gay-Lussac me proposa de s'élever seul à la hauteur de 6,000 mètres (3,000 toises), afin de vérifier nos premiers résultats ; nous devions déposer tous les instruments en arrivant à terre, et n'emporter dans la nacelle que le baromètre et la boussole. Lorsque nous eûmes pris ce parti, nous nous laissâmes descendre, en perdant aussi peu de gaz qu'il nous était possible. Nous observâmes le baromètre en entrant dans les nuages. Il nous donna 1,223 mètres (600 toises) pour leur élévation. Nous avons déjà remarqué qu'ils paraissaient tous de niveau, en sorte que cette observation indique pour cet instant leur hauteur commune. Lorsque nous arrivâmes à terre, il ne se trouva personne pour nous retenir, et nous fûmes obligés de perdre tout notre gaz pour nous arrêter. Si nous eussions pu prévoir ce contre-temps, nous ne nous serions pas pressés de descendre si tôt. Nous nous trouvâmes vers une heure et demie dans le département du Loiret, près du village de Mériville, à dix-huit lieues environ de Paris.

Nous n'avons point abandonné le projet de nous élever à 6,000 mètres, et même plus haut, s'il est possible, afin de pousser jusque-là nos expériences sur la boussole. Nous allons préparer promptement cette expédition, qui se fera dans peu de jours, puisque l'aérostat n'est nullement endommagé. M. Gay-Lussac s'élèvera d'abord ; ensuite, s'il le croit lui-même nécessaire, je m'élèverai seul à mon tour pour vérifier ses observations. Lorsque nous aurons ainsi terminé ce qui concerne la boussole, nous désirons entreprendre de nouveau plusieurs voyages ensemble, pour faire, s'il est possible, des recherches exactes sur la qualité et la nature de l'électricité de l'air à diverses hauteurs, sur les variations de l'hygromètre, et sur la diminution de la chaleur en s'éloignant de la terre ; objets qui paraissent devoir être utiles dans la théorie des réfractions.

Nous ne désespérons pas non plus de pou-

aucune conclusion importante. A la hauteur de 6,500 mètres, M. Gay-Lussac recueillit de l'air qui, soumis à l'analyse, se trouva parfaitement identique, pour sa composition, avec l'air qui existe à la surface de la terre (1).

voir observer des angles pour déterminer trigonométriquement notre position dans l'espace; ce qui donnerait des notions précises sur la marche du baromètre, à mesure qu'on s'élève. Le mouvement de l'aérostat est si doux, que l'on peut y faire les observations les plus délicates; et l'expérience de notre premier voyage, ainsi que l'usage de nos appareils, nous permettra de recueillir en peu de temps un grand nombre de faits. Tels sont les désirs que nous formons aujourd'hui, si nous sommes assez heureux pour que les recherches que nous venons de faire paraissent à la classe de quelque utilité.

(1) *Relation du voyage scientifique de M. Gay-Lussac.* — .... Tous nos instruments étant prêts, le jour de mon départ fut fixé au 29 fructidor. Je m'élevai, en effet, ce jour-là du Conservatoire des arts et métiers, à 9 heures et 40 minutes; le baromètre étant à 76°,525, l'hygromètre à 57°,5 et le thermomètre à 27°,75. M. Bouvard, qui fait tous les jours des observations météorologiques à Paris, avait jugé le ciel très-vaporeux, mais sans nuages. A peine me fus-je élevé de 1,000 mètres, que je vis, en effet, une légère vapeur répandue dans toute l'atmosphère au-dessous de moi, et qui me laissait voir confusément les objets éloignés.

Parvenu à la hauteur de 3,052 mètres, je commençai à faire osciller l'aiguille horizontale, et j'obtins cette fois vingt oscillations en 83"; tandis qu'à terre et d'ailleurs dans les mêmes circonstances, il lui fallait 84",43 pour en faire le même nombre. Quoique mon fil n'ait fût affecté du mouvement de rotation que nous avions déjà reconnu dans notre première expérience, la rapidité du mouvement de notre aiguille me permit de compter jusqu'à vingt, trente et même quarante oscillations.

A la hauteur de 3,863 mètres, j'ai trouvé que l'inclinaison de mon aiguille, en prenant le milieu de l'amplitude de ses oscillations, était sensiblement de 31° comme à terre. Il m'a fallu beaucoup de temps et de patience pour faire cette observation; parce que, quoique emporté par la masse de l'atmosphère, je sentais un petit vent qui dérangeait continuellement la boussole, et, après plusieurs tentatives infructueuses, j'ai été obligé de renoncer à l'observer de nouveau. Je crois néanmoins que l'observation que je viens de présenter mérite quelque confiance.

Quelque temps après, j'ai voulu observer l'aiguille de déclinaison; mais voici ce qui était arrivé. La sécheresse, favorisée par l'action du soleil dans un air raréfié, était telle que la boussole s'était tourmentée au point de faire plier le cercle métallique sur lequel étaient tracées les divisions, et de se courber elle-même. Les mouvements de l'aiguille ne pouvaient plus se faire avec la même liberté; mais indépendamment de ce contre-temps, j'ai remarqué qu'il était très-difficile d'observer la déclinaison de l'aiguille avec cet appareil. Il arrivait, en effet, que lorsque j'avais placé la boussole de manière à faire coïncider avec une ligne fixe l'ombre du fil horizontal qui servait de style, le mouvement que j'avais donné à la boussole en avait aussi imprimé un à l'aiguille; et lorsque celle-ci était à peu près en repos, l'ombre du style ne coïncidait plus avec la ligne fixe. Il fallait encore mettre la boussole dans une position horizontale; et pendant le temps qu'exigeait cette opération, tout se dérangeait de nouveau. Sans vouloir persister à faire des observations auxquelles je ne pouvais accorder aucune confiance, j'y ai renoncé entièrement, et libre de tout autre soin, j'ai donné toute mon attention aux oscillations de l'aiguille horizontale. Je me suis pourtant convaincu,

En terminant la relation de son beau voyage, M. Gay-Lussac exprimait le vœu que l'Académie lui donnât les moyens de en reconnaissant les défauts de notre boussole, qu'il est possible d'en employer une autre plus convenable, qui déterminerait la déclinaison avec assez de précision. Je remarque que, pour tenter cette expérience, j'avais descendu isolément les autres aiguilles dans des sacs de toile, à 15 mètres au-dessous de la nacelle.

Pour qu'on puisse voir facilement l'ensemble de tous les résultats que j'ai obtenus, je les ai réunis dans le tableau qui est à la fin de ce mémoire; et ils y sont tels qu'ils se sont présentés à moi, avec les indications correspondantes du baromètre, du thermomètre et de l'hygromètre. Les hauteurs ont été calculées d'après la formule de M. Laplace, par M. Gouilly, ingénieur des ponts et chaussées, qui a bien voulu prendre cette peine; le baromètre n'ayant pas varié sensiblement le jour de mon ascension depuis 10 heures jusqu'à 3, on a pris pour calculer les diverses élévations auxquelles j'ai fait des observations, la hauteur du baromètre, 76°,568, qui a eu lieu à terre à 3 heures, hauteur qui, conformément aux observations faites par M. Bouvard à l'Observatoire, est plus grande de 0m,45 que celle qui aurait été observée au moment du départ. Les hauteurs du baromètre dans l'atmosphère ont été ramenées à celles qu'aurait indiquées un baromètre à niveau constant placé dans les mêmes circonstances, et l'on a pris pour chaque hauteur la moyenne entre les observations des deux baromètres. La température à terre ayant également peu varié entre 10 et 3 heures, on l'a supposée constante et égale à 30°,75 du thermomètre centigrade.

En fixant maintenant les yeux sur le tableau, on voit d'abord que la température suit une loi irrégulière relativement aux hauteurs correspondantes; ce qui provient, sans doute, de ce qu'ayant fait des observations tantôt en montant, tantôt en descendant, le thermomètre aura suivi trop lentement ces variations. Mais si l'on ne considère que les degrés du thermomètre qui forment entre eux une série continue décroissante, on trouve une loi plus régulière. Ainsi la température à terre étant de 27°,75, et à la hauteur de 3,691 mètres de 8°,5, si l'on divise la différence des hauteurs par celle des températures, on obtient d'abord 191m,7 (98 toises) d'élévation pour chaque degré d'abaissement de température. En faisant la même opération pour les températures 5°,25 et 0°,5, ainsi que pour celles 0°,0 et 9°,5, on trouve, dans l'un et l'autre cas, 141m,6 (72 toises, 6) d'élévation pour chaque degré d'abaissement de température : ce qui semble indiquer que vers la surface de la terre la chaleur suit une loi moins décroissante que dans le haut de l'atmosphère, et qu'ensuite, à de plus grandes hauteurs, elle suit une progression arithmétique décroissante. Si l'on suppose que depuis la surface de la terre, où le thermomètre était à 30°,75 jusqu'à la hauteur de 6,977 mètres (3,580 toises), où il était descendu à 9°,5, la chaleur a diminué comme les hauteurs ont augmenté, à chaque degré d'abaissement de température correspondra une élévation de 175m,3 (88 toises, 9).

L'hygromètre a eu une marche assez singulière. A la surface de la terre, il n'était qu'à 57°,5, tandis qu'à la hauteur de 3,052 mètres, il marquait 62°; de ce point, il a été continuellement en descendant jusqu'à la hauteur de 5,267 mètres, où il n'indiquait plus que 27°,5, et de là à la hauteur de 6,884 mètres il est remonté graduellement à 34°,5. Si l'on voulait, d'après ces résultats, déterminer la loi de la quantité d'eau dissoute dans l'air à diverses élévations, il est clair qu'il faudrait faire attention à la température; et en y joignant cette considération, on ver-

continuer cette série d'expériences intéressantes. Malheureusement ce vœu n'a pas été rempli. Depuis le voyage de MM. Biot

rait qu'elle suit une progression extrêmement décroissante.

Si l'on considère maintenant les oscillations magnétiques, on remarque que le temps pour dix oscillations faites à diverses hauteurs, est tantôt au-dessus et tantôt au-dessous de celui de 42",16 qu'elles exigent à terre. En prenant une moyenne entre toutes les oscillations faites dans l'atmosphère, dix oscillations exigeraient 42",20, quantité qui diffère bien peu de la précédente ; mais en ne considérant que les dernières observations qui ont été faites aux plus grandes hauteurs, le temps pour dix oscillations serait un peu au-dessous de 42",16, ce qui indiquerait, au contraire, que la force magnétique a un peu augmenté. Sans vouloir tirer aucune conséquence de ce léger accroissement apparent, qui peut très-bien tenir aux erreurs qu'on peut commettre dans ce genre d'expériences, je dois conclure que l'ensemble des résultats que je viens de présenter confirme et étend le fait que nous avions observé, M. Biot et moi, et qui prouve que, de même que la gravitation universelle, la force magnétique n'éprouve point de variations sensibles aux plus grandes hauteurs où nous puissions parvenir.

La conséquence que nous avons tirée de nos expériences pourra paraître un peu trop précipitée à ceux qui se rappelleront que nous n'avons pu faire des expériences sur l'inclinaison de l'aiguille aimantée. Mais si l'on remarque que la force qui fait osciller une aiguille horizontale est nécessairement dépendante de l'intensité et de la direction de la force magnétique elle-même, et qu'elle est représentée par le cosinus de l'angle d'inclinaison de cette dernière force, on ne pourra s'empêcher de conclure avec nous, que, puisque la force horizontale n'a pas varié, la force magnétique ne doit pas avoir varié non plus, à moins qu'on ne veuille supposer que la force magnétique a pu varier précisément en sens contraire et dans le même rapport que le cosinus de son inclinaison, ce qui n'est nullement probable. Nous aurions d'ailleurs, à l'appui de notre conclusion, l'expérience de l'inclinaison qui a été faite à la hauteur de 3,863 mètres (1, 982 toises) et qui prouve qu'à cette élévation l'inclinaison n'a pas varié d'une manière sensible.

Parvenu à la hauteur de 4,511 mètres, j'ai présenté à une petite aiguille aimantée, et dans la direction de la force magnétique, l'extrémité inférieure d'une clef ; l'aiguille a été attirée, puis repoussée par l'autre extrémité de la clef que j'avais fait descendre parallèlement à elle-même. La même expérience, répétée à 6,107 mètres, a eu le même succès : nouvelle preuve bien évidente de l'action du magnétisme terrestre.

A la hauteur de 6,561 mètres, j'ai ouvert un de nos deux ballons de verre, et à celle de 6,636 j'ai ouvert le second ; l'air est entré dans l'un et dans l'autre avec sifflement. Enfin, à 3 heures 11 secondes, l'aérostat étant parfaitement plein, et n'ayant plus que 15 kilogrammes (1, 88) d'air, je suis déterminé à descendre. Le thermomètre était alors à 9°,5 au-dessous de la température de la glace fondante, et le baromètre à 32°,88 ; ce qui donne, pour ma plus grande élévation au-dessus de Paris, 6,977ᵐ 57, ou 7,016 mètres au-dessus du niveau de la mer.

Quoique bien vêtu, je commençais à sentir le froid, surtout aux mains, que j'étais obligé de tenir exposées à l'air. Ma respiration était sensiblement gênée, mais j'étais encore bien loin d'éprouver un malaise assez désagréable pour m'engager à descendre. Mon pouls et ma respiration étaient très-accélérés : ainsi respirant fréquemment dans un air très-sec,

et Gay-Lussac, les seules ascensions effectuées dans l'intérêt exlusif des sciences se réduisent à une courte excursion aérienne

je ne dois pas être surpris d'avoir eu le gosier si sec, qu'il m'était pénible d'avaler du pain. Avant de partir j'avais un léger mal de tête, provenant des fatigues du jour précédent et des veilles de la nuit, et je le gardai toute la journée, sans m'apercevoir qu'il m'augmentât. Ce sont là toutes les incommodités que j'ai éprouvées.

Un phénomène qui m'a frappé de cette grande hauteur, a été de voir des nuages au-dessus de moi et à une distance qui me paraissait encore très-considérable. Dans notre première ascension les nuages ne se soutenaient pas à plus de 1,169 mètres, et au-dessus le ciel était de la plus grande pureté. Sa couleur au zénith était même si intense, qu'on aurait pu la comparer à celle du bleu de Prusse ; mais dans le dernier voyage que je viens de faire, je n'ai pas vu de nuages sous mes pieds ; le ciel était très-vaporeux et sa couleur généralement terne. Il n'est peut-être pas inutile d'observer que le vent qui soufflait le jour de notre première ascension était le nord-ouest, et que dans la dernière c'était le sud-est.

Dès que je m'aperçus que je commençais à descendre, je ne songeai plus qu'à modérer la descente du ballon et à la rendre extrêmement lente. A trois heures quarante-cinq minutes, mon ancre toucha terre et se fixa, ce qui donne trente-quatre minutes pour le temps de ma descente. Les habitants d'un petit hameau voisin accoururent bientôt, et pendant que les uns prenaient plaisir à ramener à eux le ballon en tirant la corde de l'ancre, d'autres placés au-dessous de la nacelle attendaient impatiemment qu'ils pussent y mettre les mains pour la prendre et la déposer à terre. Ma descente s'est donc faite sans la plus légère secousse et le moindre accident, et je ne crois pas qu'il soit possible d'en faire une plus heureuse. Le petit hameau à côté duquel je suis descendu s'appelle Saint-Gougon ; il est situé à six lieues nord-ouest de Rouen.

Arrivé à Paris, mon premier soin a été d'analyser l'air que j'avais rapporté. Toutes les expériences ont été faites à l'École polytechnique, sous les yeux de MM. Thénard et Gresset, et je m'en suis rapporté autant à leur jugement qu'au mien. Nous observions tour à tour les divisions de l'eudiomètre sans nous communiquer, et ce n'était que lorsque nous étions parfaitement d'accord que nous les écrivions. Le ballon dont l'air a été pris à 6,636 mètres, a été ouvert sous l'eau, et nous avons tous jugé qu'elle avait au moins rempli la moitié de sa capacité ; ce qui prouve que le ballon avait très-bien tenu le vide, et qu'il n'y était pas entré d'air étranger. Nous avions bien l'intention de peser la quantité d'eau entrée dans le ballon, pour la comparer à sa capacité ; mais n'ayant pas trouvé dans l'instant ce qui nous était nécessaire, et notre impatience de connaître la nature de l'air étant des plus vives, nous n'avons pas fait cette expérience. Nous nous sommes d'abord servis de l'eudiomètre de Volta, et nous l'avons analysé comparativement avec de l'air atmosphérique pris au milieu de la cour d'entrée de l'École polytechnique.

Ici M. Gay-Lussac décrit les procédés d'analyse qu'il a mis en usage et qui lui ont permis d'établir l'identité de composition de cet air avec l'air pris à la surface de la terre. Il continue en ces termes :

L'identité des analyses des deux airs faites par le gaz hydrogène prouve directement que celui que j'avais rapporté ne contenait pas de ce dernier gaz ; néanmoins je m'en suis encore assuré, en ne brûlant avec les deux airs qu'une quantité de gaz hydrogène inférieure à celle qui aurait été nécessaire pour absorber tout le gaz oxygène ; car j'ai vu que les rési-

exécutée en Amérique par M. de Humboldt et aux tentatives infructueuses faites pendant l'été dernier par MM. Barral et Bixio. L'ascension de M. de Humboldt en Amérique n'a produit, au point de vue des sciences, que fort peu de résultats. Quant aux deux ascensions de MM. Barral et Bixio, elles n'ont guère porté plus de fruits, et tout s'est réduit, pour les hardis et savants explorateurs, à l'honneur stérile d'un naufrage. Cependant les détails de leurs tentatives méritent d'être rappelés.

MM. Barral et Bixio, l'un chimiste habile, ancien répétiteur à l'Ecole polytechnique, l'autre médecin et homme politique bien connu par le rôle qu'il a joué à l'Assemblée constituante, conçurent, il y a un an, le projet de s'élever en ballon à une grande hauteur, pour étudier, avec les instruments perfectionnés que nous possédons, plusieurs phénomènes météorologiques encore imparfaitement observés. Les appareils et les instruments nécessaires à cette expédition avaient été construits par M. Regnault, avec un soin, une délicatesse et une patience infinis. M. Dupuis-Delcourt avait fourni le ballon qui devait les emporter dans les hautes régions de l'air.

L'ascension eut lieu devant la cour de l'Observatoire, le 29 juin 1850, à dix heures et demie du matin. Le ballon était rempli d'hydrogène pur, préparé au moyen de la réaction de l'acide chlorhydrique sur le fer. Tous les instruments, baromètres, thermomètres, hygromètres, ballons destinés à recueillir de l'air, etc., étaient rangés, suspendus à un cercle, au dessus de la nacelle où se placèrent les voyageurs.

Cependant, au moment de partir, on reconnut que plusieurs dispositions de l'appareil aérostatique étaient loin d'être convenables et faisaient craindre pour l'expédition un dénoûment fâcheux. Le ballon était vieux et d'une étoffe usée, le filet trop étroit ;

les cordes qui suspendaient la nacelle étaient trop courtes ; aussi, au lieu de rester suspendue, comme à l'ordinaire, à quelques mètres au-dessous de l'aérostat, la nacelle se trouvait-elle presque en contact avec lui. Enfin une pluie torrentielle vint à tomber ; sous l'action des rafales, l'étoffe du ballon se déchira en plusieurs points, et l'on fut obligé de la raccommoder à grand'peine et en toute hâte. Les conditions étaient donc de toutes manières défavorables et la prudence dictait de différer le départ. Mais les voyageurs ne voulurent rien entendre ; l'ordre fut donné de lâcher les cordes, et le ballon, dont la force ascensionnelle n'avait pas même été mesurée, s'élança avec la rapidité d'une flèche. On le suivit d'un œil inquiet jusqu'au moment où on le vit disparaître dans un nuage.

Ensevelis dans un brouillard obscur et épais, MM. Barral et Bixio restèrent près d'un quart d'heure avant de revoir le jour. Sortant enfin de ce nuage, ils s'élancèrent vers le ciel et n'eurent au-dessus de leur tête qu'une voûte bleue étincelante de lumière. Ils commencèrent alors leurs observations. La colonne du baromètre ne présentait que 45 centimètres, ce qui indiquait une élévation de 4,242 mètres au-dessus du niveau de la mer. Le thermomètre, qui, à terre marquait 20 degrés, était tombé à 7 degrés.

Pendant qu'ils se livraient à ces premières observations, le baromètre continuait de baisser et la vitesse d'ascension ne faisait que s'accroître. En effet, le ballon avait quitté la terre gorgé d'humidité ; en arrivant dans la région supérieure aux nuages, dans un espace sec, raréfié, directement exposé aux rayons solaires, il se dilatait spontanément par l'évaporation de l'humidité, et sa force ascensionnelle allait toujours croissant. Cependant les voyageurs, tout entiers au soin de leurs expériences, songeaient à peine à donner un regard à la machine qui les emportait, et ne s'apercevaient aucunement de l'allure dangereuse qu'elle commençait à prendre. La chaleur du soleil, agissant sur le gaz, le dilatait dans une mesure considérable, et comme les aéronautes ne songeaient pas à ouvrir la soupape pour lui donner issue, les parois du ballon, violemment distendues, faisaient effort comme pour éclater. MM. Barral et Bixio ne pensaient qu'à relever les indications de leurs instruments.

Ils avaient déjà fait l'essai du polarimètre de M. Arago ; ils notèrent la hauteur du baromètre qui indiquait une élévation de 5,893 mètres. Enfin ils se disposaient à observer le thermomètre, et comme l'instrument s'était chargé d'une légère couche de glace, l'un d'eux s'occupait à l'essuyer pour reconnaître la hauteur de la colonne, lorsqu'il s'avisa par hasard de lever la tête.... il demeura stupéfait du spectacle qui s'offrit à lui. Le ballon, gonflé outre mesure, était descendu jusque sur la nacelle et la couvrait comme d'un immense manteau. Que s'était-il donc passé ? Un fait bien simple, et surtout bien facile à prévoir. La soupape n'ayant pas été

dus de la combustion des deux airs avec le gaz hydrogène étaient exactement les mêmes.

Saussure fils a aussi trouvé, en se servant du gaz nitreux, que l'air pris sur le col du Géant contenait, à un centième près, autant d'oxygène que celui de la plaine ; et son père a constaté la présence de l'acide carbonique sur la cime du Mont-Blanc. De plus, les expériences de MM. Cavendish, Macarty, Berthollet et Davy, ont confirmé l'identité de composition de l'atmosphère sur toute la surface du globe. On peut donc conclure généralement, que la constitution de l'atmosphère est la même depuis la surface de la terre jusqu'aux plus grandes hauteurs auxquelles on puisse parvenir.

Voilà les deux principaux résultats que j'ai recueillis dans mon premier voyage : j'ai constaté le fait que nous avions observé M. Biot et moi, sur la permanence sensible de l'intensité de la force magnétique lorsqu'on s'éloigne de la surface de la terre, et de plus, je crois avoir prouvé que les proportions d'oxygène et d'azote qui constituent l'atmosphère ne varient pas non plus sensiblement dans des limites très-étendues. Il reste encore beaucoup de choses à éclaircir dans l'atmosphère, et nous désirons que les faits que nous avons recueillis jusqu'ici puissent assez intéresser l'Institut, pour l'engager à nous faire continuer nos expériences.

ouverte, pour donner issue à l'excès de gaz dilaté par la chaleur solaire, le ballon s'était peu à peu enflé et distendu de toutes parts. Comme le filet était trop petit, comme les cordes qui supportaient la nacelle étaient trop courtes, le ballon en se distendant commença par peser sur le cercle qui porte la nacelle. Puis, son volume augmentant toujours, il avait fini par pénétrer dans ce cercle, il faisait hernie à travers sa circonférence et couvrait les expérimentateurscomme d'un vaste chapeau. En quelques minutes tout mouvement leur devint impossible. Ils essayèrent de donner issue à l'excédant du gaz en faisant jouer la soupape; mais il était trop tard, la soupape était condamnée : sa corde, pressée entre le cercle de suspension et la tumeur proéminente de l'aérostat, ne transmettait plus l'action de la main. M. Barral prit alors le parti auquel le duc de Chartres avait eu recours en pareille occasion et qui lui avait valu tant de méchantes épigrammes : il plongea son couteau dans les flancs de l'aérostat. Le gaz, s'échappant aussitôt, vint inonder la nacelle et l'envelopper d'une atmosphère irrespirable ; les aéronautes en furent l'un et l'autre à demi asphyxiés et se trouvèrent pris de vomissements abondants. En même temps le ballon commença à descendre à toute vitesse. En revenant à eux, ils aperçurent dans l'enveloppe du ballon, une déchirure de plus d'un mètre et demi, provenant du coup de couteau et par laquelle le gaz, s'échappant à grands flots, provoquait leur chute précipitée. La rapidité de cette descente leur sauva la vie, car elle les débarrassa du gaz irrespirable qui se dégageait au-dessus de leur tête.

Dans cette situation, MM. Barral et Bixio ne durent plus songer qu'à préserver leur existence. Il fallait pour cela amortir, en arrivant à terre, l'accélération de la chute. M. Barral montra, dans cette manœuvre, toute l'habileté et tout le sang-froid d'un aéronaute consommé. Il rassemble son lest et tous les objets autres que les instruments qui chargent la nacelle, il mesure du regard la distance qui les sépare de la terre et qui diminue avec une rapidité effrayante; dès qu'il se croit assez rapproché du sol, il jette la cargaison par-dessus le bord : neuf sacs de sable, les couvertures de laine, les bottes fourrées, tout, excepté les précieux instruments qu'ils tient à honneur de rapporter intacts. La manœuvre réussit aussi bien que possible; le ballon tomba sans trop de violence au milieu d'une vigne du territoire de Lagny, dans le département de Seine-et-Marne. M. Bixio sortit sain et sauf, M. Barral en fut quitte pour une égratignure et une contusion au visage. Cette périlleuse expédition n'avait duré que 47 minutes et la descente s'était effectuée en 7 minutes.

Un voyage exécuté dans des conditions pareilles ne pouvait rapporter à la science un bien riche contingent. Cependant les deux physiciens reconnurent que la lumière des nuages n'est pas polarisée, ainsi que l'avait présumé M. Arago. Ils constatèrent que la décroissance de température avait été, d'après leurs observations, à peu près semblable à celle que M. Gay-Lussac avait notée dans son ascension. Enfin on a déduit de leurs mesures barométriques comparées à celles faites à l'Observatoire, que, dans la région où le ballon se déchira, les deux voyageurs étaient déjà parvenus à la hauteur de cinq mille neuf cents mètres. Un calcul semblable a montré que la surface supérieure du nuage qu'ils avaient traversé était de quatre mille deux cents mètres.

Le mauvais résultat de cette première tentative ne découragea pas les deux intrépides explorateurs. Un mois après ils exécutaient une nouvelle ascension. Seulement, on sera peut-être surpris d'apprendre qu'en dépit des mauvais services que leur avait rendus la vicieuse machine de M. Dupuis-Delcourt, ils osèrent se confier encore à la même nacelle, suspendue au même ballon. Il était facile de prévoir que les accidents qui les avaient assaillis la première fois se reproduiraient encore, et l'événement n'a que trop justifié ces craintes.

M. Léon Foucault a donné dans le *Journal des Débats* une relation complète de ce voyage. Il ne sera pas sans intérêt de la rapporter.

« Dès jeudi dernier, dit M. Léon Foucault, le programme était dressé; les nouveaux instruments, construits sous les yeux de M. Regnault, étaient terminés, et l'on avait fait au maudit ballon les réparations et les modifications dictées par une première expérience. Comme MM. Bixio et Barral espéraient prolonger assez longtemps leur séjour dans l'atmosphère, ils se proposaient de reprendre les éléments de la loi du refroidissement du milieu ambiant, d'examiner l'influence du rayonnement solaire, de déterminer l'état hygrométrique de l'air, et d'en récolter à une grande hauteur pour en faire l'analyse au retour; ils espéraient même déterminer sur place la proportion de l'acide carbonique. La physique météorologique comptait encore sur eux pour la recherche des modifications que la lumière éprouve de la part des nuages formés de vapeurs vasculaires ou chargés de particules glacées.

« Dans la nacelle richement appareillée, on voyait, disposés avec ordre, deux baromètres à siphon, gradués sur verre; trois thermomètres dont les réservoirs présentaient des états de surfaces différentes. L'un rayonnait par sa surface naturelle de verre; le second était recouvert de noir de fumée, et le troisième était protégé par une enveloppe d'argent poli, tous trois destinés à être impressionnés directement par le rayonnement solaire. Un quatrième thermomètre, entouré de plusieurs enveloppes concentriques et espacées, était destiné à donner la température à l'ombre. Deux autres thermomètres, dont l'un avait sa boule entourée d'un linge mouillé, fonctionnaient ensemble à la manière du pychromètre, dont les indications devaient être contrôlées par celles de l'hygromètre condensateur de M. Regnault. Il y avait place encore pour des ballons vides, des tubes à potasse caustique et à fragments de pierre ponce imbibés d'acide sulfurique, destinés à s'emparer de l'acide carbonique de l'air injecté par des corps de pompe d'une capacité connue. Le thermomètre *a minima* de M. Walferdin, qui fonctionne tout seul, et un nouveau baromètre de M. Regnault, agissant d'après le même principe, étaient enfermés dans des boîtes métalliques à jour, et protégés par un cachet qu'on ne voulait briser qu'au retour. La plupart de ces instruments portaient des échelles arbitraires, afin de laisser les observateurs à l'abri de toute préoccupation qui aurait pu réagir involontairement sur les résultats. On n'avait pas oublié le lorgnon magique qu'on appelle le *polariscope* de M. Arago.

« On s'imagine sans peine de quelle impatience étaient possédés les voyageurs à la vue de tous ces précieux engins commodément suspendus au pourtour d'un cercle. Aussi quand ils virent, le vendredi matin 26 juillet, le soleil levant éclairer un ciel sans nuages, les ordres furent bientôt donnés d'enfler l'aérostat. Cette opération est toujours assez lente ; il faut dégager le gaz hydrogène par la réaction d'un acide sur le fer, le laver et le refroidir. Commencée à six heures du matin, elle n'a été terminée qu'à une heure, et déjà la chance avait tourné ; le ciel s'était voilé, le vent s'élevait, les nues recélaient des torrents de pluie qui n'ont pas tardé à tomber d'une manière continue jusqu'à trois heures. On hésite, on se consulte, on se dit qu'après tout une atmosphère agitée est au moins aussi curieuse à explorer que l'azur d'un ciel tranquille, et sur le coup de quatre heures on s'élance à la grâce de Dieu sur les ailes d'un vent d'ouest qui fut encore assez clément.

« Ceux qui seront curieux de connaître de point en point l'histoire de cette traversée qui n'a duré qu'une heure et demie, seront à même de consulter le journal des deux voyageurs. Leurs observations sont déjà traduites et calculées par M. Regnault et par M. Mathieu. Pour nous, l'intérêt commence au moment où l'aérostat disparaît dans les nuages à une hauteur de 2,000 mètres. A 3,750 mètres déjà, le thermomètre est à zéro, mais on veut monter très-haut et l'on a hâte de sortir des brouillards : alors on lâche du lest avec confiance, comptant que le ballon, pourvu cette fois à sa partie inférieure d'un appendice ouvert, est assuré contre la rupture. Malgré cette précaution, à la hauteur de 5,500 mètres, l'étoffe se déchire à la partie inférieure et livre au gaz une issue permanente. Vous croyez sans doute qu'à la vue de cet accident, MM. Barral et Bixio vont songer à la retraite ? pas du tout. Ils comprennent que leur séjour dans les airs ne sera pas de longue durée, et pour en profiter le mieux possible, ils abandonnent peu à peu, et à

quelques kilogrammes près, tout leur lest. Cette manœuvre les porte jusqu'à 7,004 mètres et leur dévoile des phénomènes tellement inattendus, que, sans avoir rempli leur programme, ils passeront pour avoir fait une bonne journée.

« Et d'abord, qui se serait imaginé que vendredi dernier flottait au-dessus de Paris une couche nuageuse d'au moins 5,000 mètres d'épaisseur ? Qui eût cru à cette interposition entre le soleil et nous d'une brume haute de plus d'une lieue un quart ? C'est pourtant ce qui résulte en toute évidence du séjour prolongé de MM. Barral et Bixio dans un nuage où ils ont pénétré à 2,000 mètres de hauteur, et qu'ils n'ont pas pu dominer à la hauteur de 7,000 mètres. A peine au moment de leur plus grande élévation ont-ils commencé à voir le soleil en un disque pâle et mat, comme on l'aperçoit quelquefois en hiver, dépourvu de ses rayons et incapable de porter ombre.

« Ils étaient alors près de la limite supérieure du nuage, et dans une région où la chaleur faisait défaut, au point que le thermomètre a dû marquer 39 degrés au-dessous de zéro. On s'attendait si peu à cet abaissement de température, que les instruments étaient impropres à l'accuser, leur graduation n'étant pas prolongée assez bas ; presque toutes les colonnes étaient centrées dans les cuvettes, et par deux degrés de moins encore le mercure se congelait en brisant tous les tubes. Il importe de faire remarquer que ce froid s'est fait sentir très-brusquement, et que c'est à partir seulement des 600 derniers mètres que la loi de température s'est troublée brusquement pour plonger les observateurs dans les frimas que très-probablement le nuage transportait avec lui. Il est certain du moins qu'un froid rigoureux n'est pas essentiel à cette latitude, car Gay-Lussac, en s'élevant à 7,016 mètres, n'a rencontré que 9 degrés et demi au-dessous de zéro. La discordance s'élève à 30 degrés, et montre qu'en effet il y avait intérêt à plonger dans cette brume épaisse de 5,000 mètres, dans ce vaste théâtre où se passent des phénomènes totalement inconnus.

« Par ce froid assez difficile à expliquer, le nuage prend une constitution que l'on soupçonnait déjà en bas, mais que jamais on n'avait si bien vue ; il se charge d'une multitude de petites aiguilles de glace aux arêtes vives et aux facettes polies, dans lesquelles la lumière solaire produit, en se jouant, ces météores dont M. Bravais, dans un ouvrage spécial, a donné l'explication rationnelle et complète, en leur supposant la forme d'un prisme à six pans terminé par deux bases planes et perpendiculaires à l'axe. Plusieurs de ces météores exigent pour se produire que les aiguilles se placent verticalement, ce qui n'est pas invraisemblable, puisque c'est la position dans laquelle l'air oppose à leur chute la moindre résistance. Non-seulement ces aiguilles se sont montrées dans une telle abondance qu'elles tombaient comme un sable fin, et se déposaient sur le calepin aux observations ; mais au moment où le soleil commençait à poindre, elles en ont donné une image qui semblait située autant au-dessous d'un plan passant par la nacelle que le soleil véritable s'élevait au-dessus de ce même plan. Ce spectacle est exclusivement réservé aux navigateurs que le hasard placera dans les conditions où se trouvaient alors MM. Bixio et Barral, c'est-à-dire dans un nuage d'aiguilles verticales réfléchissant par leur face supérieure et horizontale les rayons du soleil dans une direction commune. On demandera peut-être comment, dans une couche atmosphérique où la température baissait si rapidement avec la hauteur, que certainement la densité devait augmenter dans le même sens ; on demandera comment, dans un pareil milieu, l'équilibre était possible, et comment il y pouvait régner ce calme nécessaire à la chute uniforme et à l'orientation commune des particules de glace. Ce sont là des difficultés assez embarrassantes, mais qui ne sauraient contrevenir aux faits observés. Ce faux soleil inférieur n'est, du reste, que le pendant d'un météore déjà signalé, et qui consiste en une colonne verticale qui apparaît souvent au ciel dans les hautes latitudes, au moment du coucher du soleil et peu de temps après, lorsque ses derniers rayons, se relevant vers un nuage glacé, sont réfléchis en une traînée blanchâtre sur la face inférieure des mêmes aiguilles, affectant pareillement la position verticale. Ces messieurs ont dû regretter de n'avoir pas emporté un microscope, ou simplement une forte loupe, pour examiner ces petits cristaux et pour vérifier si leur forme est bien celle qu'on leur suppose.

« Les effets physiologiques n'ont rien présenté d'extraordinaire qu'une sensation très-vive de froid. On pense bien que par 39 degrés au-dessous de zéro les voyageurs n'étaient pas fort à l'aise, assis dans une nacelle où ils ne s'étaient pas prémunis contre un abaissement si considérable de la température ; leurs doigts engourdis ont fini par les fort mal servir, à tel point qu'un des thermomètres à rayonnement se brisa entre leurs mains. Au même moment ils perdirent, en voulant l'ouvrir, un des ballons vides qu'ils avaient emportés dans l'intention d'y recueillir de l'air. Du reste, il n'y eut ni hémorrhagie, ni douleur d'oreilles, ni gêne de la respiration ; en sorte qu'on ne sait pas encore quel est le genre d'obstacle qui viendra limiter les plus hautes ascensions. Sera-ce l'intensité du froid ou le manque de pression ? sera-ce l'aérostat qui cessera de monter, ou l'homme qui refusera de le suivre ? On l'ignore encore. Sans la déchirure qui vint paralyser inopinément la force ascensionnelle de l'aérostat, la dernière ascension serait sans doute de beaucoup la plus haute qui eût été faite ; mais, bon gré, mal gré, il fallut descendre, non pas avec cette vitesse qui rappelle une véritable chute, mais enfin l'abordage ne fut pas vo-

lontaire. En touchant terre au hameau de Peux, arrondissement de Coulommiers (Seine-et-Marne), MM. Bixio et Barral avaient complétement épuisé leur lest, et même ils avaient jeté comme tel tout ce qui, hors les instruments, leur avait paru capable de soulager la nacelle. Partis à quatre heures, ils arrivèrent à cinq heures trente minutes, après avoir parcouru une distance de 69 kilomètres. La manœuvre délicate du débarquement s'est effectuée sans entrave et sans avarie. Il ne restait plus qu'à gagner le chemin de fer et à saisir au passage le train venant de Strasbourg. Un accident aussi contrariant que vulgaire vint encore signaler cette partie du voyage, qu'il fallut faire en charrette : le chemin était mauvais, le cheval s'abattit, et le choc entraîna la perte de deux instruments, d'un baromètre et du seul ballon qui restât rempli d'air pour être soumis à l'analyse. »

Nous n'ajouterons qu'une réflexion à ce récit. La température de 39 degrés au-dessous de la glace observée par MM. Barral et Bixio à sept mille mètres seulement d'élévation, est un fait complétement en dehors de toutes les lois de la chaleur. La graduation adoptée pour les instruments, l'influence des circonstances atmosphériques ambiantes, les conditions défavorables dans lesquelles les observateurs se trouvaient placés, toutes ces causes isolées ou réunies n'ont-elles pu devenir l'origine de quelque erreur d'observation ? Si le relevé thermométrique est exact, la loi de la décroissance de la température de l'air présenterait une anomalie des plus inattendues. Tant qu'une autre observation, prise dans des circonstances semblables n'aura pas confirmé le résultat extraordinaire signalé par les deux savants expérimentateurs, il sera permis de conserver des doutes sur la réalité du fait annoncé.

L'aérostation dans les fêtes publiques. —
Le ballon du couronnement.

Dans son application aux sciences, l'aérostation n'a encore donné, on le voit, que des résultats d'une assez faible valeur. Elle est néanmoins appelée à entrer prochainement, et avec un succès plus complet, dans cette voie utile ; mais avant d'indiquer les questions qu'elle aura alors à résoudre, nous devons suivre son histoire dans une dernière phase où son programme et ses prétentions se sont de nouveau modifiés. Désormais elle se préoccupe d'étonner plutôt que d'instruire, et lorsqu'elle vise par moment à des succès moins vulgaires, c'est sur le côté chimérique de la découverte de Montgolfier, sur le problème de la direction des ballons, qu'elle concentre ses efforts. Le règne des aéronautes de profession succède en même temps à celui des courageux explorateurs, émules de Pilâtre et de Montgolfier. Le métier remplace la science ; il a, comme elle, ses célébrités, et c'est ici qu'il faut citer les noms de Mme Blanchard, de Jacques Garnerin, d'Elisa Garnerin, sa nièce, de Robertson, de Margat, de Charles Green et George Green, son fils. Cette carrière semée de périls avait tout au moins l'avantage d'être lucrative; Robertson est mort millionnaire, Jacques Garnerin laissa une fortune considérable et Blanchard avait recueilli des sommes immenses dans ses pérégrinations à travers les deux mondes.

Les différentes ascensions exécutées par ces aéronautes ont donné occasion d'observer plusieurs faits qu'il serait intéressant de rapporter, si l'on ne craignait d'étendre le cadre déjà trop long de cette notice. Nous nous bornerons donc à signaler ceux de ces événements qui ont marqué l'empreinte la plus vive dans les souvenirs du public. A ce titre, il faut parler d'abord de l'ascension du ballon lancé à Paris à l'époque du couronnement de l'empereur.

Sous le directoire et sous le consulat, les grandes fêtes publiques qui se donnaient à Paris étaient presque toujours terminées par quelque ascension aérostatique. Le soin de l'exécution de cette partie du programme était confié par le gouvernement à Jacques Garnerin, qui s'en acquittait avec autant de talent que de zèle. L'ascension qui eut lieu à l'époque du couronnement de Napoléon est restée justement célèbre; le gouvernement mit trente mille francs à la disposition de Garnerin, pour lancer, après les réjouissances de la journée, un aérostat de dimensions colossales.

Le 16 décembre 1804, à onze heures du soir, au moment où un superbe feu d'artifice venait de lancer dans les airs ses dernières fusées, le ballon construit par Garnerin s'éleva de la place Notre-Dame. Trois mille verres de couleur illuminaient ce globe immense qui était surmonté d'une couronne impériale richement dorée, et portait, tracée en lettres d'or sur sa circonférence, cette inscription : *Paris, 25 frimaire, an XIII, couronnement de l'Empereur Napoléon par Sa Sainteté Pie VII*. La colossale machine monta rapidement et disparut bientôt, au bruit des applaudissements de la population parisienne.

Le lendemain à la pointe du jour, quelques habitants de Rome aperçurent un petit globe lumineux brillant dans le ciel audessus de la coupole de Saint-Pierre et du Vatican. D'abord très-peu visible, il grandit rapidement et laissa apercevoir enfin un globe radieux, planant majestueusement audessus de la ville éternelle. Il resta quelque temps stationnaire, puis il s'éloigna dans la direction du sud.

C'était le ballon lancé la veille du parvis Notre-Dame. Par le plus extraordinaire des hasards, le vent, qui soufflait cette nuit dans la direction de l'Italie, l'avait porté à Rome dans l'intervalle de quelques heures.

Le ballon continua sa route dans la campagne romaine. Cependant il s'abaissa bientôt, toucha le sol, remonta, retomba pour se relever une dernière fois, et vint s'abattre enfin dans les eaux du lac Bracciano. On s'empressa de retirer la machine à demi submergée des eaux du lac, et l'on put y lire cette inscription : *Paris, 25 frimaire en XIII, couronnement de l'empereur Napoléon par Sa Sainteté Pie VII*. Ainsi le messager céleste avait visité dans le même jour les deux capitales du monde; il venait annoncer à Rome le couronnement de l'empereur, au moment où le Pape était à Paris, au moment où Napoléon s'apprêtait à poser sur sa tête la couronne de l'Italie.

Une autre circonstance vint ajouter encore au merveilleux de cet événement. Le ballon, en touchant la terre dans la campagne de Rome, s'était accroché aux restes d'un antique monument. Pendant quelques minutes, il parut devoir terminer là sa route; mais le vent l'ayant soulevé, il se dégagea et remonta, laissant seulement accrochée à l'un des angles du monument une partie de la couronne impériale.

Ce monument était le tombeau de Néron.

On devine sans peine que ce dernier fait donna lieu, en France et en Italie, à toute espèce de réflexions et de commentaires. On ne se fit pas scrupule d'établir des rapprochements et de faire des allusions sans fin à propos de cette couronne impériale qui était venue se briser sur le tombeau d'un tyran. Tous ces bruits vinrent aux oreilles de Napoléon, qui ne cacha pas son mécontentement et sa mauvaise humeur. Il demanda qu'il ne fût plus question devant lui de Garnerin ni de son ballon, et à dater de ce jour, Garnerin cessa d'être employé par le gouvernement.

Quant au ballon qui avait causé tant de rumeurs, il fut suspendu à Rome à la voûte du Vatican, où il demeura jusqu'en 1814. On composa une longue inscription latine qui rappelait tous les détails de son miraculeux voyage. Seulement l'inscription ne disait rien de l'épisode du tombeau.

Dans cette période d'exhibitions industrielles, l'aérostation a eu ses désastres aussi bien que ses triomphes, et nous ne pouvons nous dispenser de rappeler les faits principaux qui résument la nécrologie de cet art périlleux. L'événement qui, sous ce rapport a le plus vivement impressionné le public, est sans contredit la mort de madame Blanchard.

Madame Blanchard était la veuve du célèbre aéronaute de ce nom. Après avoir amassé, dans le cours de ses innombrables ascensions, une fortune considérable, Blanchard était mort dans la misère. Cet homme, qui avait recueilli des millions, disait à sa femme, peu de temps avant sa mort : « Tu n'auras après moi, ma chère amie, d'autre ressource que de te noyer ou de te pendre. » Mais sa veuve fut mieux avisée, elle rétablit sa fortune en embrassant la carrière de son mari. Elle fit un très-grand nombre de voyages aériens et finit par acquérir une telle habitude de ces périlleux exercices, qu'il lui arrivait souvent de s'endormir pendant la nuit dans son étroite nacelle et d'attendre ainsi le lever du jour pour opérer sa descente. Dans l'ascension qu'elle exécuta à Turin en 1812, elle eut à subir un froid si excessif, que les glaçons s'attachaient à ses mains et à son visage. Ces accidents ne faisaient que redoubler son ardeur. En 1817, elle exécutait à Nantes sa cinquante-troisième ascension, lorsque ayant voulu descendre dans la plaine à quatre lieues de la ville, elle tomba au milieu d'un marais. Comme son ballon s'était accroché aux branches d'un arbre, elle y aurait péri si l'on ne fût venu la dégager. Cet accident était le présage de l'événement déplorable qui devait lui coûter la vie.

Le 6 juillet 1819, madame Blanchard s'éleva au milieu d'une fête donnée au Tivoli de la rue Saint-Lazare; elle emportait avec elle un parachute muni d'une couronne de flammes de Bengale, afin de donner au public le spectacle d'un feu d'artifice descendant au milieu des airs. Elle tenait à la main une *lance à feu* pour allumer ses pièces. Un faux mouvement mit l'orifice du ballon en contact avec la lance à feu : le gaz hydrogène s'enflamma. Aussitôt une immense colonne de feu s'éleva au-dessus de la machine et glaça d'effroi les nombreux spectateurs réunis à Tivoli et dans le quartier Montmartre. On vit alors distinctement madame Blanchard essayer d'éteindre l'incendie en comprimant l'orifice inférieur du ballon; puis, reconnaissant l'inutilité de ses efforts, elle s'assit dans la nacelle et attendit. Le gaz brûla pendant plusieurs minutes sans se communiquer à l'enveloppe du ballon; la rapidité de la descente était très-modérée, et il n'est pas douteux que, si le vent l'eût dirigée vers la campagne, madame Blanchard serait arrivée à terre sans accident. Malheureusement il n'en fut pas ainsi : le ballon vint s'abattre sur Paris; il tomba sur le toit d'une maison de la rue de Provence. La nacelle glissa sur la pente du toit, du côté de la rue.

« A moi ! » cria madame Blanchard.

Ce furent ses dernières paroles. En glissant sur le toit, la nacelle rencontra un crampon de fer; elle s'arrêta brusquement, et, par suite de cette secousse, l'infortunée aéronaute fut précipitée hors de la nacelle et tomba la tête la première, sur le pavé. On la releva le crâne fracassé; le ballon, entièrement vide, pendait avec son filet du haut du toit jusque dans la rue.

Un autre martyr de l'aérostation est le comte François Zambeccari, de Bologne, dont les ascensions furent marquées par les plus émouvantes péripéties.

Le comte Zambeccari s'était consacré de bonne heure à l'étude des sciences. A vingt-cinq ans il prit du service dans la marine royale d'Espagne. Mais il eut le malheur en 1787, pendant le cours d'une expédition contre les Turcs, d'être pris avec son bâtiment. Il fut envoyé au bagne de Constantinople et il languit pendant trois ans dans cet asile du malheur. Au bout de ce temps il fut mis en liberté sur les réclamations de l'ambassade d'Espagne. Pendant les loisirs de sa captivité, Zambeccari avait étudié la théorie de l'aérostation; de retour à Bologne il composa un petit ouvrage relatif à cette question et il soumit son livre à l'examen des savants de son pays. Ses travaux furent jugés dignes d'être appuyés par le gouvernement, qui mit différentes sommes à sa disposition pour lui permettre de continuer ses recherches. Il paraît que Zambeccari se servait d'une lampe à esprit-de-vin dont il dirigeait à volonté la flamme; il espérait à l'aide de ce moyen guider à son gré sa machine une fois qu'elle se trouverait tenue en équilibre dans l'atmosphère (1). Nous n'avons pas besoin de faire remarquer l'imprudence excessive que présentait un pareil système. Placer une lampe à esprit-de-vin allumée dans le voisinage du réservoir d'un gaz combustible, c'était provoquer volontairement les dangers dont Pilâtre des Rosiers avait été la victime.

L'événement ne manqua pas de justifier ces craintes. Pendant la première ascension que Zambeccari exécuta à Bologne, son aérostat vint heurter contre un arbre; sa lampe à esprit-de-vin se brisa par le choc, l'esprit-de-vin se répandit sur ses vêtements et s'enflamma; Zambeccari se trouva couvert de feu, et c'est dans cette situation effrayante que les spectateurs le virent disparaître au delà des nuages. Il réussit néanmoins à arrêter les progrès de cet incendie et redescendit, mais couvert des plus cruelles blessures.

En dépit de cet accident, Zambeccari persista dans le projet de poursuivre ses expériences.

Toutes ses dispositions étant prises, l'ascension définitive dans laquelle il devait faire usage de son appareil, fut fixée aux premiers jours de septembre 1804. Il avait reçu du gouvernement une avance de huit mille écus de Milan. Des obstacles et des difficultés de tout genre vinrent contrarier les préparatifs de son voyage. Malgré le fâcheux état où se trouvait son ballon, endommagé et à moitié détruit par le mauvais temps, il se décida à partir. « Le 7 septembre, dit Zambeccari, le temps parut se lever un peu; l'ignorance et le fanatisme me forcèrent d'effectuer mon ascension, quoique tous les principes que

(1) Le système employé par Zambeccari est décrit dans un rapport adressé à la *Société des sciences* de Bologne le 22 août 1804. Zambeccari se servait d'une lampe à esprit-de-vin circulaire, percée sur son pourtour de 24 trous garnis d'une mèche et surmontés d'une sorte d'éteignoirs ou d'écrans qui permettaient d'arrêter à volonté la combustion sur un des points de la lampe. Il est probable, quoique le rapport n'en dise rien, que le calorique ne se transmettait pas directement à l'air situé dans le voisinage du gaz, mais que l'on chauffait une enveloppe destinée à communiquer ensuite le calorique à l'air, et de là au gaz hydrogène. Dans ce rapport, signé de trois professeurs de physique de Bologne, Saladini, Canterzani et Avanzini, on s'attache à combattre les craintes qu'occasionnait l'existence d'un foyer auprès du gaz hydrogène; on prétend que Zambeccari s'est dirigé à volonté au moyen de son appareil, et qu'il a pu décrire un cercle en planant au-dessus de la ville de Bologne. Des extraits de ce rapport sont rapportés au tome IV, page 311, des *Souvenirs d'un voyage en Livonie*, de Kotzebue.

j'ai établis moi-même dussent me faire augurer un résultat peu favorable. Les préparatifs exigeaient au moins douze heures, et comme il me fut impossible de les commencer avant une heure après midi, la nuit survint lorsque j'étais à peine à moitié, et je me vis près d'être encore frustré des fruits que j'attendais de mon expérience. Je n'avais que cinq jeunes gens pour m'aider; huit autres que j'avais instruits, et qui m'avaient promis leur assistance, s'étaient laissé séduire et m'avaient manqué de parole. Cela, joint au mauvais temps, fut cause que la force ascendante du ballon n'augmentait pas en proportion de la consommation des matières employées à le remplir. Alors mon âme s'obscurcit, je regardai mes huit mille écus comme perdus. Exténué de fatigue, n'ayant rien pris de toute la journée, le fiel sur les lèvres et le désespoir dans l'âme, je m'enlevai à minuit, sans autre espoir que la persuasion où j'étais que mon globe, qui avait beaucoup souffert dans ces différents transports, ne pourrait me porter bien loin (1). »

Zambeccari avait pris pour compagnons de voyage deux de ses compatriotes, Andréoli et Grassetti. Il se proposait de demeurer pendant quelques heures en équilibre dans l'atmosphère et de redescendre au lever du jour. Mais après avoir plané quelque temps, tout d'un coup ils se trouvèrent emportés vers les régions supérieures avec une rapidité inconcevable. Le froid excessif qui régnait à cette hauteur et l'épuisement où se trouvait, Zambeccari qui n'avait pris aucune nourriture depuis vingt-quatre heures, lui occasionnèrent une défaillance; il tomba dans la nacelle dans une sorte de sommeil semblable à la mort. Il en arriva autant à son compagnon Grassetti. Andréoli seul, qui au moment de partir avait eu la précaution de faire un bon repas et de se gorger de rhum, resta éveillé, bien qu'il souffrît considérablement du froid. Il reconnut, en examinant le baromètre, que l'aérostat commençait à descendre avec une assez grande rapidité; il essaya alors de réveiller ses deux compagnons, et réussit après de longs efforts à les remettre sur pied.

Il était deux heures du matin; ils avaient jeté comme inutile la lampe à esprit-de-vin destinée à diriger l'aérostat. Plongés dans une obscurité presque totale, ils ne pouvaient examiner le baromètre qu'à la faible lueur d'une lanterne; mais la bougie ne pouvait brûler dans un air aussi raréfié; sa lumière s'affaiblit peu à peu et finit par s'éteindre. Ils se trouvèrent alors dans une obscurité complète. Ils continuaient de descendre lentement à travers une couche épaisse de nuages blanchâtres. Lorsqu'ils furent sortis de ces nuages, Andréoli crut entendre dans le lointain le sourd mugissement des vagues. Ils prêtèrent l'oreille tous les trois et reconnurent avec terreur que c'était le bruit de la mer. En effet, ils tombaient dans la mer Adriatique.

(1) KOTZEBUE, *Souvenirs d'un voyage en Livonie*, t. IV, p. 294.

Il était indispensable d'avoir de la lumière pour examiner le baromètre et reconnaître quelle distance les séparait encore de l'élément terrible qui les menaçait. Ils réussirent avec infiniment de peine, à l'aide du briquet, à rallumer la lanterne. Il était trois heures, le bruit des vagues augmentait de minute en minute, et les aéronautes reconnurent bientôt qu'ils étaient à quelques mètres à peine au-dessus de la surface des flots. Zambeccari saisit aussitôt un gros sac de lest; mais au moment où il allait le jeter, la nacelle s'enfonça dans la mer et ils se trouvèrent tous dans l'eau. Saisis d'effroi, ils jetèrent loin d'eux tout ce qui pouvait alléger la machine : toute la provision de lest, leurs instruments, et une partie de leurs vêtements. Déchargé d'un poids considérable, l'aérostat se releva tout à coup; il remonta avec une telle rapidité, il s'éleva à une si prodigieuse élévation, que Zambeccari, pris de vomissements subits, perdit connaissance; Grassetti eut une hémorrhagie du nez, sa poitrine était oppressée et sa respiration presque impossible. Comme ils étaient trempés jusqu'aux os au moment où la machine les avait emportés, le froid les saisit rapidement et leur corps se trouva en un instant couvert d'une couche de glace. La lune leur apparaissait comme enveloppée d'un voile de sang. Pendant une demi-heure la machine flotta dans ces régions immenses et se trouva portée à une incommensurable hauteur. Au bout de ce temps, elle se mit à redescendre et ils retombèrent dans la mer.

Ils se trouvaient à peu près au milieu de la mer Adriatique, la nuit était obscure et les vagues fortement agitées. La nacelle était à demi enfoncée dans l'eau et ils avaient la moitié du corps plongée dans la mer. Quelquefois les vagues qui se succédaient les couvraient entièrement; heureusement le ballon, encore à demi gonflé, les empêchait de s'enfoncer davantage. Mais l'aérostat flottant sur les eaux formait une sorte de voile où s'engouffrait le vent, et pendant plusieurs heures ils se trouvèrent ainsi traînés et ballottés à la surface des flots. Malgré l'obscurité de la nuit, ils crurent un moment apercevoir à une faible distance un petit bâtiment qui se dirigeait de leur côté; mais bientôt le bâtiment s'éloigna à force de voiles et laissa les malheureux naufragés dans une angoisse épouvantable, mille fois plus cruelle que la mort.

Le jour se leva enfin; ils se trouvaient vis-à-vis de Pezzaro, à quatre milles environ de la côte. Ils se flattaient d'y aborder, lorsqu'un vent de terre, qui se leva tout d'un coup, les repoussa vers la pleine mer. Il était grand jour et ils ne voyaient autour d'eux que le ciel et l'eau, et une mort inévitable. Quelques bâtiments se montraient par intervalles; mais du plus loin qu'ils apercevaient cette machine flottante et qui brillait sur l'eau, les matelots saisis d'effroi s'empressaient de s'éloigner. Il ne restait aux malheureux naufragés d'autre espoir que d'aborder sur les côtes de la Dalmatie qu'ils entrevoyaient à une grande distance. Mais cet espoir était bien faible et ils auraient infailliblement péri, si un navigateur plus instruit sans doute que les précédents, reconnaissant la machine pour un ballon, n'eût envoyé en toute hâte sa chaloupe. Les matelots jetèrent un câble, les aéronautes l'attachèrent à la nacelle et ils furent de cette manière hissés à demi morts sur le bâtiment. Débarrassé de ce poids, le ballon fit effort pour se relever et pour remonter dans les airs ; on essaya de le retenir ; mais la chaloupe était fortement secouée, le danger devenait imminent et les matelots se hâtèrent de couper la corde. Aussitôt le globe remonta avec une rapidité incroyable et se perdit dans les nues.

Quand ils arrivèrent à bord du vaisseau, il était huit heures du matin ; Grassetti donnait à peine quelques signes de vie, ses deux mains étaient mutilées. Zambeccari, épuisé par le froid, la faim et tant d'angoisses horribles, était aussi presque sans connaissance, et, comme Grassetti, il avait les mains mutilées. Le brave marin qui commandait le navire prodigua à ces malheureux tous les soins que réclamait leur état. Il les conduisit au port de Ferrada, d'où ils furent transportés ensuite dans la ville de Pola. Les blessures que Zambeccari avait reçues à la main avaient pris beaucoup de gravité, et un chirurgien dut lui pratiquer l'amputation de trois doigts.

Quelques mois après, Kotzebue eut occasion de voir à Bologne le comte Zambeccari qui, guéri de ses blessures, était revenu dans son pays. Dans ses *Souvenirs d'un voyage en Livonie*, Kotzebue raconte une visite qu'il fit à l'intrépide aéronaute et il ne cesse pas d'admirer son héroïsme et son courage. « C'est un homme, dit-il, dont la physionomie annonce bien ce qu'il a fait depuis longtemps. Ses regards sont des pensées. »

Après avoir couru de si terribles dangers, Zambeccari aurait dû être à jamais dégoûté de semblables entreprises. Il n'en fut rien, et, à peine remis, il recommença ses ascensions. Comme sa fortune ne lui permettait pas d'entreprendre les dépenses nécessaires à la construction de ses ballons, et que ses compatriotes lui refusaient tout secours, il s'adressa au roi de Prusse, qui lui procura les moyens de poursuivre ses projets. Il fit une dernière expérience à Bologne le 21 septembre 1812. Mais elle eut cette fois une issue funeste. Son ballon s'accrocha à un arbre, la lampe à esprit-de-vin y mit le feu et l'infortuné aéronaute tomba à demi consumé avec les débris de sa machine.

La mort de Mᵐᵉˢ Blanchard et de Zambeccari ne sont pas les seuls faits qui aient attristé à notre époque l'histoire de l'aérostation. M. Dupuis-Delcourt a rapporté dans son *Manuel* quelques autres événements de ce genre. Nous lui emprunterons le récit de ces faits.

« Harris, ancien officier de la marine anglaise, conserva toujours, dit M. Dupuis-Delcourt, cette ardeur de courage qui entraîne l'homme à combattre les éléments. Il avait fait avec M. Graham, aéronaute anglais, plusieurs ascensions qui lui donnèrent l'idée de construire lui-même un ballon, auquel il appliqua diverses prétendues améliorations, qui paraissent avoir été mal conçues. En mai 1824, M. Harris tenta à Londres une expérience qui eut beaucoup de succès en apparence, mais qui se termina malheureusement. Au plus haut de l'air, il paraît que l'aéronaute, voulant descendre, ouvrit sa soupape ; elle était disproportionnée, et avait en outre un vice de construction qui l'empêcha de se fermer complétement. La déperdition du gaz se fit trop promptement et le ballon s'abaissa si rapidement que M. Harris perdit la vie du choc qui en résulta. Il n'était pas seul ; une jeune dame qui l'accompagnait ne fut que légèrement blessée.

« Salder, célèbre aéronaute anglais, qui avait déjà fait un grand nombre de voyages aériens, et qui, dans une de ses expéditions, avait franchi le canal de l'Irlande entre Dublin et Holyhead (où il est large de trente-six à quarante lieues), périt près de Bolton en Angleterre, d'une manière déplorable, le 29 septembre 1824. Privé de lest, par suite de son long séjour dans l'atmosphère, et forcé de descendre très-tard sur des bâtiments élevés, la violence du vent le fit heurter contre une cheminée, d'où il fut précipité à terre hors de la nacelle. La prudence et le savoir de l'aéronaute ne peuvent être révoqués en doute. M. Salder avait fait ses preuves dans plus de soixante expériences. Des circonstances fâcheuses bien difficiles à prévoir ont seules causé sa perte.

« Olivari périt à Orléans le 25 novembre 1802 ; il s'était enlevé dans une montgolfière en papier soutenu de quelques bandes de toile seulement. Sa nacelle en osier, suspendue au-dessous du réchaud et de matières combustibles destinées à entretenir le feu, devint, à une grande élévation, la proie des flammes. L'aéronaute, privé de ce seul soutien, tomba à une lieue de distance environ de son point de départ.

« Mosment fit à Lille, le 7 avril 1806, sa dernière expérience. Son ballon était en soie, gonflé par le gaz hydrogène. Cet aéronaute avait coutume de s'élever debout, les pieds sur un plateau très-léger qui lui servait de nacelle. Dix minutes après son départ, il lança dans l'air un parachute avec un quadrupède. On suppose qu'alors les oscillations du ballon ainsi délesté furent la cause de la chute de l'aéronaute. Quelques personnes prétendirent à cette époque que M. Mosment avait annoncé d'avance l'événement, et que ce n'était pas qu'une imprudence calculée. Quoi qu'il en soit, le ballon continua seul sa route, et l'aéronaute fut retrouvé à moitié enseveli sous le sable, dans les fossés qui bordent la ville.

« Bittorf fit en Allemagne un grand nombre d'ascensions heureuses. Néanmoins il n'eut jamais d'autres machines que des montgolfières. A Manheim, le 17 juillet 1812, jour de sa mort, son ballon était en papier, de seize mètres de diamètre sur vingt de hauteur. Il s'enflamma dans l'air, et Bittorf fut précipité sur les dernières maisons de la ville. Sa chute fut mortelle. »

Nous ne voudrions pas cependant que le récit de ces événements regrettables fît porter un jugement exagéré sur les dangers qui se rattachent à l'aérostation. L'inexpérience, l'imprudence des aéronautes, ont été les seules causes de ces malheurs qui ont été amenés surtout par l'usage des montgolfières, dont l'emploi offre tant de difficultés et de périls. Mais si l'on réfléchit au nombre immense d'ascensions qui se sont effectuées depuis soixante ans, on n'aura pas de peine à admettre que la navigation par l'air n'offre guère plus de dangers que la navigation maritime. Selon M. Dupuis-Delcourt, on peut citer les noms de plus de quinze cents aéronautes, et parmi eux il en est plusieurs qui se sont élevés plus de cent fois dans l'atmosphère. A la fin de 1849, M. Green en était à sa 363ᵉ ascension, et l'on peut évaluer à dix mille le nombre total d'ascensions qui ont été effectuées jusqu'à ce jour. Sur ce nombre on n'en compte pas plus de douze dans lesquelles les aéronautes aient trouvé la mort. Ces chiffres peuvent rassurer sur les périls qui accompagnent les ascensions aérostatiques. Seulement il ne faut pas oublier que, dans cet imprudent et inutile métier, le moindre oubli de certaines précautions peut entraîner les suites les plus déplorables. S'il fallait citer un exemple qui démontrât une fois de plus combien la circonspection et la prudence sont des qualités indispensables dans ces dangereux et frivoles exercices, il nous suffirait de rappeler la mort de l'aéronaute George Gale, qui produisit, l'an dernier, à Bordeaux une sensation si pénible.

George Gale, lieutenant de la marine royale d'Angleterre, s'était depuis peu associé avec un de ses compatriotes, M. Clifford, aéronaute, qui possédait un ballon magnifique, et ils se livraient ensemble à la pratique de l'aérostation. Tout Paris a admiré son adresse et son courage dans ses ascensions équestres imitées de celles de M. Poitevin. C'est en faisant une ascension de ce genre qu'il a péri à Bordeaux le 9 septembre 1850.

George Gale avait l'habitude, au moment de partir pour ses voyages aériens, de s'exciter par un emploi exagéré de liqueurs alcooliques. La consommation avait été ce jour-là plus considérable que de coutume; son exaltation était telle que M. Clifford en fut effrayé et manifesta à son compatriote le désir de monter à sa place. Mais Gale repoussa cette proposition et s'élança dans les airs. La traversée, qui dura près d'une heure, fut cependant très-heureuse, et à sept heures du soir l'aéronaute descendait sans accident dans la commune de Cestas. Quelques paysans accoururent, saisirent l'aérostat et dessanglèrent le cheval. Cependant le vent soufflait avec violence, et le ballon, délesté d'un

poids considérable, faisait violemment effort pour se relever; on avait beaucoup de peine à le contenir. Gale, resté dans la nacelle, indiquait aux paysans les manœuvres à exécuter; par malheur il parlait anglais, et cette circonstance, jointe à son exaltation et à son impatience naturelles, empêchait les paysans de bien exécuter ses indications. Une manœuvre mal comprise fit lâcher le câble, et tout aussitôt le ballon devenu libre s'élança en ligne presque verticale, emportant l'aéronaute, qui dans ce moment, debout dans la nacelle, fut renversé du choc. On vit alors Gale la tête inclinée hors de la nacelle et paraissant suffoqué. Nul ne peut dire ce qui se passa ensuite. Seulement à onze heures du soir, le ballon encore à demi gonflé fut retrouvé au milieu d'une lande au delà de la Croix-d'Hins. L'appareil n'était nullement endommagé et tous les agrès étaient à leur place. Mais l'aéronaute n'y était plus et toutes les recherches pour le retrouver furent inutiles.

Le lendemain, à la pointe du jour, un pâtre qui menait ses vaches à une demie-lieue de cet endroit, s'aperçut qu'un de ses animaux s'enfonçait dans un fourré de bruyères et y flairait avec bruit. Il s'approcha et vit un homme couché sur le dos. Le croyant endormi, il s'avança pour l'appeler, mais il fut saisi d'horreur à la vue du spectacle qui s'offrit à lui. Le cadavre de l'infortuné aéronaute était couché sur la face, les bras brisés et ployés sous la poitrine; le ventre était enfoncé et les jambes fracturées en plusieurs endroits; la tête n'avait plus rien d'humain, elle avait été à moitié dévorée par les bêtes fauves.

Direction des aérostats.

Plus de soixante ans se sont écoulés depuis l'époque brillante où l'invention des aérostats vint étonner l'Europe, et cependant on est comme attristé quand on considère le peu de résultats qu'elle a produits. Dans cette période si admirablement remplie par le développement universel des sciences, lorsque tant de découvertes, obscures et modestes à leur origine, ont reçu des développements si rapides et sont devenues le point de départ de tant d'applications fécondes, l'art de la navigation aérienne, si riche de promesses à son début, est resté depuis un demi-siècle entièrement stationnaire. Cet enfant dont parlait Franklin a vieilli sans avoir fait un pas. Nous avons consigné plus haut les services que les globes aérostatiques ont rendus à la physique et à la météorologie; le champ, comme on l'a vu, en est singulièrement borné. Si l'on ajoute que les aérostats ont servi à lever, à l'aide de stations combinées, le plan de quelques villes et notamment celui de Paris par Lomet; que Conté avait imaginé un système de signaux télégraphiques exécutés par des ballons captifs et qui paraissait présenter quelques avantages, on aura à peu près épuisé la série des applications qu'ont reçues les globes aérostatiques. C'est qu'en effet toutes les applications qui peuvent être faites des aérostats sont dominées par une difficulté qui les tient sous la plus étroite dépendance. Peut-on diriger à volonté les ballons lancés dans les airs et créer ainsi une navigation atmosphérique capable de lutter avec la navigation maritime ? Telle est la question qui commande évidemment toute la série des applications des aérostats, tel est aussi le point que nous devons examiner.

La possibilité de diriger à volonté les ballons lancés dans l'espace est une question qui a occupé et divisé un grand nombre de savants. Meunier, Monge, De Lalande, Guyton de Morveau, Bertholon et beaucoup d'autres physiciens n'hésitaient pas à l'admettre. Les beaux travaux mathématiques que Meunier nous a laissés relativement aux conditions d'équilibre des aérostats et à la recherche des moyens propres à les diriger, montrent à quel point ces idées l'avaient séduit. On peut en dire autant de Monge qui a traité les problèmes mathématiques qui se rattachent à l'aérostation. Cependant on pourrait citer une très-longue liste de géomètres qui ont combattu les opinions de Monge et de Meunier. Personne n'ignore, d'un autre côté, qu'une foule d'ingénieurs et d'aéronautes ont essayé diverses combinaisons mécaniques propres à diriger les aérostats; toutes ces tentatives n'ont eu aucune espèce de réussite, et la pratique a renversé les espérances que certaines idées théoriques avaient inspirées. Disons-le tout de suite, ces insuccès étaient faciles à prévoir, et l'on se fût épargné bien des mécomptes si l'on eût étudié d'avance avec les soins nécessaires toutes les conditions du problème.

Les géomètres qui ont fait de nos jours une étude approfondie de cette question sont arrivés à cette conclusion formelle : *Dans l'état actuel de nos connaissances et de nos ressources mécaniques, avec les seuls moteurs qui sont aujourd'hui à notre disposition, il est impossible de résoudre le problème de la direction des aérostats.* Essayons de justifier cette proposition qui a été formulée il y a plusieurs années de la manière la plus nette dans un savant rapport de M. Navier.

Pour diriger les ballons flottants dans les airs, on pourrait suivre deux voies différentes : leur imprimer un mouvement horizontal, au moyen d'un moteur convenable, en luttant directement contre l'action de l'air; ou bien chercher dans l'atmosphère les courants les plus favorables à la direction que l'on veut suivre, et se maintenir dans la zone de ces courants.

Le premier de ces moyens serait impraticable, car la violence et l'impétuosité des vents opposeront toujours un obstacle insurmontable à la marche des ballons en ligne droite et horizontale. On peut espérer plus de succès du second moyen, bien qu'il ne constitue en définitive qu'une chance précaire. Il existe dans l'atmosphère, à différentes hauteurs, des courants de directions très-variables et souvent même opposées ;

quelquefois, au-dessus d'une région parfaitement calme, il règne un vent très-sensible, et réciproquement l'atmosphère est parfois tranquille au-dessus d'une région très-agitée. L'aéronaute peut donc espérer de trouver, en manœuvrant avec son ballon, un courant favorable à sa marche, et il peut ainsi arriver au point qu'il veut atteindre, en se maintenant à la hauteur où le vent a précisément la direction qu'il se propose de suivre.

Cependant, réduit même à ces termes plus simples, le problème de la direction des aérostats peut être encore regardé comme à peu près insoluble. En effet l'agitation de l'atmosphère est une règle qui souffre peu d'exceptions. Lorsque le temps nous semble le plus calme à la surface de la terre, les régions élevées de l'air sont souvent parcourues par des courants très-forts, et lorsque le vent se fait sentir sur la terre l'atmosphère est le théâtre d'une véritable tempête. Dans ce cas, aucune de nos machines ne serait capable de résister à l'impétuosité des vents. C'est ce qu'il est facile d'établir.

Le seul point d'appui offert au mécanicien, c'est l'air atmosphérique ; c'est sur l'air qu'il doit réagir, et l'air si raréfié des régions supérieures. En raison de la faible résistance et de l'extrême raréfaction de cet air, il faudrait le frapper avec une vitesse excessive, pour produire un effet sensible de réaction. Mais, pour obtenir cette vitesse, il faudrait évidemment mettre en œuvre une grande somme de forces mécaniques. Or les rouages, les engrenages et les agents moteurs qu'il faudrait embarquer pour arriver à ce résultat, sont d'un poids trop considérable pour être utilement adaptés à un ballon, dont la légèreté est la première et la plus indispensable des conditions. Si, pour obvier à cet inconvénient capital, on veut augmenter, dans les proportions nécessaires, le volume du ballon, on tombe dans un défaut tout aussi grave. L'aérostat présente alors en surface un développement immense. Or, en augmentant les dimensions du ballon, on offre à l'action de l'air une prise beaucoup plus considérable ; c'est comme la voile d'un navire sur laquelle le vent agit avec une énergie d'autant plus grande que sa surface est plus étendue.

Il est donc manifeste qu'aucun des mécanismes que nous connaissons ne pourrait s'appliquer efficacement à la direction des aérostats. Ce peu de mots suffit à faire comprendre que tous ces innombrables systèmes de rames, de roues, d'hélices, de gouvernails, etc., qui ont été proposés ou essayés, ne pouvaient en aucune manière permettre d'arriver au but que l'on se proposait d'atteindre. Les machines à vapeur, qui produisent un résultat mécanique si puissant, sont naturellement proscrites en raison de leur poids et de celui du combustible Quant aux autres mécanismes d'une puissance plus faible, un vent d'une force médiocre paralyserait toute leur action.

Le problème qui nous occupe présente une seconde difficulté : c'est de connaître à chaque instant et dans toutes les circonstances la véritable direction du mouvement imprimé au ballon. L'aiguille aimantée, qui sert de guide dans la navigation maritime, ne pourrait s'appliquer à la navigation aérienne. En effet, le pilote d'un navire ne se borne pas à consulter sur la boussole la direction de l'aimant; il a besoin de la comparer avec la ligne qui représente la marche du vaisseau; il consulte le sillage laissé sur les flots par le passage du navire, et c'est l'angle que font entre elles les deux lignes du sillage et de l'aiguille aimantée qui sert à reconnaître et à fixer sa marche. Mais l'aéronaute, flottant dans les airs, ne laisse derrière lui aucune trace analogue au sillage des vaisseaux. Placé au-dessus d'un nuage, le navigateur aérien ne peut plus reconnaître la route de la machine aveugle qui l'emporte; perdu dans l'immensité de l'espace, il n'a aucun moyen de s'orienter. Cette difficulté, à laquelle on songe peu d'ordinaire, est cependant un des plus sérieux obstacles à l'exécution de la navigation aérienne; elle obligerait probablement les aéronautes, même en les supposant munis des appareils moteurs les plus parfaits, à se maintenir toujours en vue de la terre.

On peut donc conclure de ce qui précède que , *dans l'état actuel de nos ressources mécaniques*, la direction des aérostats doit être regardée comme un problème d'une solution impossible.

Il n'en serait pas de même si les arts mécaniques, par des perfectionnements que l'avenir nous tient sans doute en réserve, parvenaient à créer un moteur particulier qui n'exigeât, pour être mis en action, que des pièces d'une grande légèreté. A ce point de vue, et ce grand progrès accompli, on peut annoncer hardiment que la direction des aérostats n'a plus rien d'irréalisable. Il serait donc imprudent de condamner aujourd'hui par un arrêt formel cette magnifique espérance. Il est sans doute réservé aux générations prochaines de voir s'accomplir la découverte de la navigation atmosphérique ; un jour viendra apportant avec lui cette création tant désirée. Mais, dans tous les cas, ce n'est point dans les stériles efforts des aéronautes empiriques que l'on trouvera jamais les moyens de l'accomplir. C'est la mécanique seule, c'est cette science tant décriée, tant attaquée à cette occasion, qui nous fournira dans l'avenir les ressources suffisantes pour réaliser ce progrès immense, qui doit doter l'humanité de facultés nouvelles, et ouvrir à son ambition et à ses désirs une carrière dont nous laissons à l'imagination de nos lecteurs le soin de mesurer l'étendue.

Il semblerait superflu, après la discussion à laquelle nous venons de nous livrer, de passer en revue les idées émises à diverses époques pour réaliser la direction des aérostats. Il ne sera pas inutile cependant de mentionner rapidement ces différents essais.

Le secours qu'ils ont apporté à l'avancement de la question est des plus minimes sans aucun doute, cependant il n'est pas indifférent de les connaître, ne fût-ce que pour montrer que les conceptions les plus raisonnables et les mieux fondées en apparence, soumises à la sanction de la pratique, ont trahi toutes les espérances.

Presque au début de l'aérostation, Monge traita le premier la question qui nous occupe. Il proposa un système de vingt-cinq petits ballons sphériques, attachés l'un à l'autre comme les grains d'un collier, formant un assemblage flexible dans tous les sens et susceptible de se développer en ligne droite, de se courber en arc dans toute sa longueur ou seulement dans une partie de sa longueur, et de prendre, avec ces formes rectilignes ou ces courbures, la situation horizontale ou différents degrés d'inclinaison. Chaque ballon devait être muni de sa nacelle et dirigé par un ou deux aéronautes. En montant ou en descendant, suivant l'ordre transmis au moyen de signaux par le commandant de l'équipage, ces globes auraient imité dans l'air le mouvement du serpent dans l'eau. Ce projet étrange n'a pas été mis à exécution.

Meunier a traité beaucoup plus sérieusement le problème de la direction des aérostats. Le travail mathématique qu'il a exécuté sur cette question, en 1785, est encore aujourd'hui ce que l'étude des difficultés de la navigation aérienne a produit de plus complet et de plus raisonnable. Meunier voulait employer un seul ballon de forme sphérique et d'une dimension médiocre. Ce ballon se trouvait muni d'une seconde enveloppe destinée à contenir de l'air comprimé. A cet effet, un tube faisait communiquer cette enveloppe avec une pompe foulante placée dans la nacelle ; en faisant agir cette pompe, on introduisait entre les deux enveloppes une certaine quantité d'air atmosphérique dont l'accumulation augmentait le poids du système et donnait ainsi le moyen de redescendre à volonté. Pour remonter, il suffisait de donner issue à l'air comprimé; le poids du ballon s'allégeait, et le ballon regagnait les couches supérieures. Ni lest ni soupape n'étaient donc nécessaires, ou plutôt les navigateurs avaient toujours le lest sous la main, puisque l'air atmosphérique en tenait lieu. Quant aux moyens de mouvement, Meunier comptait surtout sur les courants atmosphériques : en se plaçant dans leur direction, on devait obtenir une vitesse considérable. Mais pour chercher ces courants et pour s'y rendre, il faut un moteur et un moyen de direction. Meunier avait calculé que le moteur le plus avantageux, c'étaient les bras de l'équipage. Quant au mécanisme, il employait les ailes d'un moulin à vent qu'il multipliait autour de l'axe, afin de pouvoir les raccourcir sans en diminuer la superficie totale; il leur donnait une inclinaison telle, qu'en frappant l'air, ces ailes transmettaient à l'axe une impulsion dans le sens de sa longueur, impulsion qui devait être la cause du mouvement de translation imprimé au ballon. L'équipage était employé à faire tourner rapidement l'axe et les ailes de ce moulin à vent. Meunier avait calculé qu'en employant toutes les forces des passagers, il ne pourrait communiquer au ballon tout au plus que la vitesse d'une lieue par heure. Cette vitesse suffisait cependant au but qu'il se proposait, c'est-à-dire pour trouver le courant d'air favorable auquel il devait ensuite abandonner sa machine.

Voilà en quelques mots les principes sur lesquels le savant géomètre croyait devoir fonder la pratique de la navigation aérienne. Son projet de lester les ballons avec l'air comprimé mériterait d'être soumis à l'expérience; mais on voit que la navigation aérienne, exécutée dans ces conditions, ne répondrait que bien imparfaitement aux espérances élevées qu'on en a conçues.

C'est à l'oubli des principes posés par Meunier qu'il faut attribuer la direction vicieuse qu'ont prise lui les recherches concernant la marche des ballons. En s'écartant de ces sages et prudentes prémisses, en voulant lutter contre les courants atmosphériques, en essayant de construire avec nos moteurs habituels divers systèmes mécaniques, destinés à lutter contre la résistance de l'air, on n'a abouti, comme il était facile de le prévoir, qu'aux échecs les plus déplorables.

C'est ce qui arriva en 1801 à un certain Calais, qui fit au jardin Marbeuf une expérience aussi ridicule que malheureuse sur la direction des ballons.

En 1812, un honnête horloger de Vienne, nommé Jacob Degen, échoua tout aussi tristement à Paris. Il réglait la marche du temps, il crut pouvoir asservir l'espace. Il se mit donc à imaginer divers ressorts, qui, appliqués aux ailes d'un ballon, devaient triompher de la résistance de l'air. Le système qu'il employait était une sorte de combinaison du cerf-volant avec l'aérostat. Un plan incliné, qui se porterait à droite ou à gauche au moyen d'un gouvernail, devait offrir à l'air une résistance et à l'aéronaute un centre d'action. L'expérience tentée au Champ-de-Mars trompa complétement l'espoir de l'horloger viennois; le pauvre aéronaute fut battu par la populace, qui mit en pièces sa machine.

En 1816, Pauly, de Genève, l'inventeur du fusil à piston, voulut établir à Londres des transports aériens. Il construisit un ballon colossal en forme de baleine, mais il n'obtint aucune espèce de succès.

Le baron Scott avait également proposé, vers la même époque, un immense aérostat représentant une sorte de poisson aérien muni de sa vessie natatoire articulée et mobile, et qui devait rappeler par sa marche dans l'air la progression du poisson dans l'eau. Ce plan resta à l'état de projet.

C'est encore parmi les projets qu'il faut ranger la machine proposée, en 1825, par M. Edmond Genet, frère de madame Cannan,

établi aux États-Unis, qui a publié à New-York un mémoire sur les forces ascendantes des fluides, et a pris un brevet du gouvernement américain pour un aérostat dirigeable. La machine décrite par M. Genet est d'une forme ovoïde et allongée dans le sens horizontal: elle présente une longueur de cent cinquante pieds (anglais), sur quarante-six de large et cinquante-quatre de hauteur. Le moyen mécanique dont l'auteur voulait faire usage était un manège mû par des chevaux; il embarquait dans l'appareil les matières nécessaires à la production du gaz hydrogène.

Nous pouvons encore citer ici le projet d'une machine aérienne dirigeable, qui a été conçu par MM. Dupuis-Delcourt et Régnier, et que l'on a pu voir exposée à Paris au commencement de cette année. C'est un aérostat de forme ellipsoïde, soutenant un plancher ou nacelle, sur laquelle fonctionne un arbre de couche engrenant sur une manivelle. Cet arbre, qui s'étend depuis le milieu de la nacelle jusqu'à son extrémité, est muni d'une hélice destinée à faire avancer l'appareil horizontalement. A l'arrière de la nacelle se trouve un gouvernail. Pour obtenir l'ascension ou la descente, entre l'aérostat et la nacelle fonctionne un châssis recouvert d'une toile résistante et bien tendue. Si l'aéronaute veut s'élever, il baisse l'arrière de ce châssis, et la colonne d'air, glissant en dessous, fait monter la machine. S'il veut descendre, il abaisse le châssis par-devant, l'air qui glisse en dessus oblige l'appareil à descendre. Cette disposition est loin cependant de présenter la solution pratique du problème. Dans un air parfaitement calme, on pourra peut-être faire obéir l'aérostat; mais dans une atmosphère un peu agitée il n'en sera pas ainsi. Qu'il vienne une bourrasque d'en haut, et en raison de la grande surface que présente le châssis, la machine sera précipitée à terre; qu'elle vienne d'en bas, et elle subira une ascension forcée qui peut devenir dangereuse. En outre, tous les effets de direction ne résultant que de la progression continue opérée par l'hélice, lorsque la progression cessera, le châssis et le gouvernail seront sans puissance, et l'appareil, tombant sous l'empire du courant atmosphérique, se retrouvera dans les conditions de la simple aérostation.

Les divers projets qui viennent d'être énumérés n'ont pas été mis à exécution; mais, par la triste déconvenue qu'éprouva, le 17 août 1834, M. de Lennox avec son fameux navire aérien l'Aigle, on peut juger du sort qui les attendait, si on eût voulu les transporter dans la pratique. La superbe machine de M. de Lennox avait, selon le programme officiel, cinquante mètres de longueur sur quinze de hauteur. L'aérostat portait une nacelle de vingt mètres de long qui devait enlever dix-sept personnes; il était muni d'un gouvernail, de rames tournantes, etc. « Le ballon est construit, disait le programme, au moyen d'une toile préparée de manière à contenir le gaz pendant près de quinze jours. » Hélas! on eut toutes les peines du monde à faire parvenir jusqu'au Champ-de-Mars la malheureuse machine, qui pouvait à peine se soutenir. Elle ne put s'élever en l'air, et la multitude la mit en pièces.

Un autre essai exécuté à Paris par M. Eubriot, au mois d'octobre 1839, ne réussit pas mieux. Ce mécanicien avait construit un aérostat de forme allongée et offrant à peu près la figure d'un œuf. Il présentait cet œuf par le gros bout. Cette disposition, que l'on regardait comme un progrès, n'avait au contraire rien que de vicieux. En effet, une fois la colonne d'air entamée par le gros bout, le reste, disait-on, devait suivre sans encombre. C'était rappeler la fable du dragon à plusieurs têtes et du dragon à plusieurs queues : il fallait pouvoir faire progresser ce gros bout. Or, ce résultat ne pouvait être obtenu par les faibles moyens mécaniques auxquels on avait recours et qui se bornaient à deux moulinets à quatre venteaux chacun.

Le problème de la direction des aérostats a été tout récemment remis à l'ordre du jour. A la suite de la faveur nouvelle et assez inattendue que le caprice de la mode est venu rendre aux ascensions et aux expériences aérostatiques, un inventeur, que n'a point découragé l'insuccès de ses nombreux devanciers, a tracé, au mois de juin 1850, le plan d'une sorte de *vaisseau aérien*. Comme ce prétendu système de locomotion aérienne a fait beaucoup de bruit à Paris et dans le reste de la France, nous rappellerons ses dispositions principales.

M. Petin propose de réunir en un système unique quatre aérostats à gaz hydrogène, reliés par leur base à une charpente de bois, qui forme comme le pont de ce nouveau vaisseau. Sur ce pont s'élèvent, soutenus par des poteaux, deux vastes châssis garnis de toiles disposées horizontalement. Quand la machine s'élève ou s'abaisse, ces toiles présentent une large surface qui donne prise à l'air, et elles se trouvent soulevées ou déprimées uniformément par la résistance de ce fluide ; mais, si l'on vient à en replier une partie, la résistance devient inégale, et l'air passe librement à travers les châssis ouverts ; il continue cependant d'exercer son action sur les châssis encore munis de leurs toiles, et de là résulte une rupture d'équilibre qui fait incliner le vaisseau et le fait monter ou descendre à volonté en sens oblique le long d'un plan incliné. Le projet de M. Petin est, comme on le voit, une sorte de réminiscence de l'appareil de Jacob Degen. Il n'est pas possible que cette disposition permette d'imprimer à la machine, par une série de secousses ou de sauts, une marche oblique dans un sens déterminé, mais ces mouvements, provoqués par la résistance de l'air, ne peuvent évidemment s'exécuter que pendant l'ascension ou la descente : ils sont impossibles quand le ballon est en équilibre ou en repos. Pour

provoquer ces effets, il est indispensable d'élever ou de faire descendre le ballon, en jetant du lest ou en perdant du gaz ; on n'atteint donc le but désiré qu'en usant peu à peu la cause de son mouvement. Il y a là un vice essentiel qui frappe au premier aperçu. Là n'est pas encore toutefois le défaut radical de ce système : ce défaut, auquel nous ne savons point de remède, c'est l'absence de tout véritable moteur. Le jeu de bascule que donne l'emploi des châssis pourra bien peut-être imprimer dans un temps calme un mouvement à l'appareil ; mais pour surmonter la résistance des vents et des courants atmosphériques, il faut évidemment faire intervenir une puissance mécanique. Cet agent fondamental, c'est à peine si M. Petin y a songé, ou du moins les moyens qu'il propose sont tout à fait puérils. L'hélice est en définitive le moteur adopté par M. Petin. Or les hélices ont été essayées bien des fois pour les usages de la navigation aérienne, et toujours sans le moindre succès. Quant à faire fonctionner ces hélices par le moyen des petites turbines qui figurent sur le dessin de l'appareil, cette idée n'est pas discutable. Outre que leurs faibles dimensions sont tout à fait hors de proportion avec le volume énorme de la machine, il nous semble douteux que les roues de ces turbines atmosphériques puissent fonctionner seules à l'aide de la résistance de l'air, car elles sont plongées tout entières dans le fluide, condition qui doit s'opposer à leur jeu. D'ailleurs cet effet fût-il obtenu, il ne pourrait s'exercer que pendant l'ascension ou la descente de l'aérostat, et dès lors la difficulté dont nous parlions plus haut se présenterait encore, car il faudrait, pour provoquer la marche, jeter du lest ou perdre du gaz, c'est-à-dire user peu à peu le principe même ou la cause du mouvement. L'auteur se tire assez singulièrement d'embarras en disant que l'hélice serait mue dans ce cas par la main des hommes ou par *tout autre moyen mécanique ;* mais c'est précisément ce moyen mécanique qu'il s'agit de trouver, et en cela justement consiste la difficulté qui s'est opposée jusqu'à ce jour à la réalisation de la navigation aérienne.

En résumé le système de M. Petin, tel qu'il a été figuré sur le modèle exhibé l'année dernière à Paris, est infiniment au-dessous des combinaisons analogues déjà proposées. Rien ne peut expliquer l'engouement qu'a inspiré pendant plusieurs mois cette espèce de monstre aérien qui témoignait peut-être de la richesse d'imagination de l'inventeur, mais qui accusait pour les lois de la mécanique et de la statique un mépris par trop prononcé.

Applications futures des aérostats aux recherches scientifiques.

On vient de voir que l'expérience et le raisonnement théorique s'accordent à démontrer l'inutilité des tentatives ayant pour but la direction des aérostats avec les seuls ressources dont la mécanique dispose de nos jours. Un moteur nouveau qui réunisse à une puissance considérable une grande légèreté, telle est la condition indispensable pour résoudre ce grand problème. Ainsi c'est en dehors de l'aérostation elle-même que ce progrès doit se préparer et s'accomplir, et c'est au temps seul qu'il appartient de nous mettre un jour en possession de cette création si désirable. Il serait donc inutile de persévérer dans les routes vicieuses où depuis cinquante ans l'aérostation s'est engagée ; il est temps de la ramener dans une voie moins stérile. Dans l'état présent des choses, tout l'avenir, toute l'importance des aérostats résident dans leur application aux recherches scientifiques ; ce n'est que par son emploi comme moyen d'étude pour les grandes lois physiques et météorologiques de notre globe, que l'art des Montgolfier peut désormais tenir une place sérieuse parmi les inventions modernes.

Il serait impossible de fixer le programme exact de toutes les questions qui pourraient être abordées avec profit pendant le cours des ascensions aérostatiques appliquées aux intérêts des sciences. Voici néanmoins la liste abrégée des faits physiques qui pourraient retirer de ce moyen d'exploration des éclaircissements utiles.

La véritable loi de la décroissance de la température dans les régions élevées de l'air est, on peut le dire, ignorée. Théodore de Saussure a essayé de l'établir à l'aide d'observations comparatives prises sur la terre et sur des montagnes élevées, tel que le Rigi et le col du Géant. Des observations pareilles, prises dans les Alpes, ont encore servi d'éléments à ces recherches ; mais toutes les observations recueillies de cette manière n'ont amené aucune conséquence générale susceptible d'être exprimée par une formule unique. D'après les expériences de De Saussure, la température de l'air s'abaisserait de un degré à mesure que l'on s'élève de cent quarante à cent cinquante mètres dans l'atmosphère ; les observations prises dans les Pyrénées ont donné un degré d'abaissement par cent vingt-cinq mètres d'élévation ; et dans son ascension aérostatique, M. Gay-Lussac a trouvé le chiffre de un degré pour cent soixante-quatorze mètres d'élévation. Sans parler du résultat extraordinaire qui mérite confirmation, obtenu par MM. Barral et Bixio, qui prétendent avoir observé un abaissement de température de trente-neuf degrés au dessous de glace à une élévation de sept mille mètres, on voit quelles différences et quel désaccord tous ces résultats présentent entre eux. Il est évident que la loi de la décroissance de la température dans les régions élevées pourra être fixée avec une très-grande facilité et avec certitude par des observations thermométriques prises au moyen d'un aérostat à différentes hauteurs dans l'atmosphère. En multipliant les observations de ce genre sous diverses latitudes, à différentes saisons de l'année, à différentes heures de la nuit et du jour, on arrivera, sans aucun doute, à saisir la loi générale de ce fait météorologique.

On peut en dire autant de ce qui concerne la loi de la décroissance de la densité de l'atmosphère. La détermination exacte du rapport dans lequel l'atmosphère décroît de densité à mesure que l'on s'élève, dépend de deux éléments : la décroissance de la température et la diminution de la pression barométrique. Des observations aérostatiques peuvent seules permettre d'établir ces éléments sur des bases expérimentales dignes de confiance. Les physiciens n'accordent, à bon droit, que très-peu de crédit à la loi donnée par M. Biot relativement à la décroissance de la densité de l'air, car cette loi n'est calculée que sur quatre ou cinq observations prises dans les ascensions aérostatiques de MM. de Humboldt et Gay-Lussac. C'est en multipliant les observations de ce genre et en se plaçant dans des conditions différentes de latitudes, d'heures, de saisons, etc., qu'on pourra la fixer d'une manière positive. Ajoutons que ce résultat aurait d'autant plus d'importance, qu'il fournirait une donnée certaine pour mesurer la véritable hauteur de notre atmosphère. En effet, étant connue la loi suivant laquelle décroît la densité de l'air dans les régions élevées, on déterminerait à quelle hauteur cette densité peut être considérée comme insensible, ce qui établirait sur une base expérimentale solide le fait assez vaguement établi jusqu'ici de la hauteur et des limites physiques de notre atmosphère. Cette loi intéresse d'ailleurs directement l'astronomie. On sera, en effet, toujours exposé à commettre des erreurs sensibles sur la position réelle des étoiles, tant que l'on ne pourra tenir un compte exact de la déviation que subit la lumière de ces étoiles en traversant l'atmosphère. Or, cette déviation dépend de la densité et de la température des couches d'air traversées. Ainsi l'astronomie elle-même réclame la fixation de la loi de la décroissance de la densité de l'air.

On établirait encore aisément, grâce aux aérostats, la loi de la décroissance de l'humidité selon les hauteurs atmosphériques. Les hygromètres que nous possédons aujourd'hui sont d'une précision si grande, que les observations de ce genre, exécutées dans des conditions convenablement choisies, donneraient sans aucun doute un résultat satisfaisant, et auraient pour effet d'enrichir la physique d'une loi dont tous les éléments lui font encore défaut.

On admet généralement que la composition chimique de l'air est la même dans toutes les régions et à toutes les hauteurs ; M. Gay-Lussac a constaté ce fait dans son ascension aérostatique ; mais les procédés d'analyse de l'air ont subi, depuis l'époque des expériences de M. Gay-Lussac, des perfectionnements de tout genre, et il est reconnu que l'analyse de l'air par l'eudiomètre, telle que ce physicien l'a exécutée, laï se une part sensible aux erreurs d'expérience. Il serait donc de toute nécessité d'analyser l'air des régions supérieures en se servant des procédés si remarquables employés et créés par M. Dumas. Cette expérience, si naturelle, si facile et pour ainsi dire commandée, n'a jamais été exécutée : c'est donc à tort, selon nous, que l'on admet l'identité de la composition de l'air dans toutes les régions. On a soumis, il est vrai, à l'analyse par les procédés de M. Dumas, l'air recueilli au sommet du Faulhorn et du Mont-Blanc, et l'on a reconnu son identité chimique avec l'air recueilli à la surface de la terre ; mais il n'est pas douteux que la hauteur des montagnes même les plus élevées du globe ne soit un terme très-insuffisant pour la recherche du grand fait dont nous parlons.

Plusieurs physiciens ont admis la variation, suivant les hauteurs, de la quantité de gaz acide carbonique qui fait partie de l'air. Une des expériences les plus faciles à exécuter dans la série prochaine des recherches aérostatiques, consistera à éclaircir ce point de l'histoire de notre globe.

Les expériences exécutées à l'aide d'un ballon aérostatique permettraient encore de vérifier la loi de la vitesse du son, et de reconnaître si la formule établie par Laplace est vraie dans les couches verticales de l'air comme dans les couches horizontales, ou, si l'on veut, de rechercher si le son se propage avec la même rapidité dans les couches horizontales de l'air et dans le sens de la progression verticale. Il est probable que le résultat serait différent, et la loi que l'on fixerait ainsi jetterait un jour nouveau sur les faits relatifs à la densité de l'atmosphère et sur quelques points secondaires qui se rattachent à ces questions.

Les phénomènes du magnétisme terrestre actuellement connus recevraient aussi des éclaircissements très-utiles d'expériences exécutées à une grande hauteur dans l'air. Le fait même de la permanence de l'intensité de la force magnétique du globe à toutes les hauteurs dans l'atmosphère, admis par MM. Biot et Gay-Lussac comme conséquence de leurs observations aérostatiques, aurait peut-être besoin d'être repris et examiné de nouveau. La difficulté que présente l'observation de l'aiguille aimantée dans un ballon agité par les vents, et qui éprouve continuellement une rotation sur lui-même, rend ces observations susceptibles d'erreur. Il ne serait donc pas hors de propos de reprendre, dans des conditions convenables, l'examen de ce fait.

Enfin l'un des plus utiles problèmes que nos savants pourront se proposer dans le cours de ces ascensions, sera de rechercher s'il n'existerait pas, à certaines hauteurs dans l'atmosphère, des *courants constants*. On sait que sur certains points du globe il règne pendant toute l'année des courants invariables, qui portent le nom de *vents alisés*. En prolongeant dans l'atmosphère les expériences aérostatiques, en se familiari-

sant avec ce séjour nouveau, en étudiant ce domaine encore si peu connu, peut-être arriverait-on à trouver, à certaines hauteurs, quelques courants dont la direction soit invariable pendant toute l'année, ou bien encore qui se maintiennent périodiquement à des époques déterminées (1). Franklin pensait qu'il existe habituellement dans l'atmosphère inférieure une sorte de courant froid se rendant des pôles à l'équateur, et par contre un courant supérieur soufflant en sens inverse et se rendant de l'équateur aux deux extrémités de la terre. La découverte de ces *vents alisés* ou de ces *moussons* des régions supérieures serait un fait immense pour l'avenir de la navigation aérienne, car, leur existence une fois constatée, et leur direction bien reconnue, il suffirait de placer et de maintenir l'aérostat dans la zone de ces courants pour le voir emporté vers le lieu fixé d'avance. Pour peu que ces *moussons* fussent multipliées dans l'atmosphère, le problème de la navigation aérienne se trouverait résolu beaucoup mieux que par les combinaisons mécaniques dont nous avons démontré l'impuissance.

En attendant que d'aussi brillants résultats soient obtenus, l'aérostation peut dès ce jour hâter sur plus d'un point le progrès des sciences physiques. C'est à elle à prendre pied dans ce domaine trop négligé ; c'est aux savants aussi qu'il appartient de mieux comprendre l'avenir promis à l'art des Pilâtre et des Montgolfier, et de rendre ainsi à l'aérostation la place qu'elle doit occuper parmi les plus utiles auxiliaires de l'observation scientifique.

Nous ne pouvons mieux compléter l'histoire de l'art de l'aérostation jusqu'à nos jours, qu'en rapportant la dernière tentative de direction faite sous nos yeux, le 24 septembre dernier 1852, par M. Giffard, à l'aide d'un véritable aérostat à vapeur. Nous empruntons la description de l'appareil et le récit de son premier voyage à l'auteur lui-même, qui l'a adressé à la *Presse* du lendemain.

Description du premier aérostat à vapeur.

« L'appareil aéronautique dont je viens de faire l'expérience a présenté pour la première fois, dans l'atmosphère, la réunion d'une machine à vapeur et d'un aérostat d'une forme nouvelle et convenable pour la direction. Ce dernier est allongé et terminé par deux pointes ; il a 12 mètres de diamètre au milieu et 44 mètres de longueur ; il contient environ 2,500 mètres cubes de gaz ; il est enveloppé de toutes parts, sauf à sa partie inférieure et aux pointes, d'un filet dont les extrémités ou pattes d'oie viennent se

(1) On consultera avec intérêt, sur les moyens de procéder avec les aérostats dans ces explorations des espaces atmosphériques, dans la vue d'y étudier la direction des vents et des grands courants d'air, une note présentée par M. Dupuis-Delcourt à l'Académie des sciences, dans la séance du 11 mars 1850.

réunir à une série de cordes fixées à une traverse horizontale en bois de 20 mètres de longueur ; cette traverse porte à son extrémité une espèce de voile triangulaire assujettie par un de ses côtés à la dernière corde partant du filet, et qui lui tient lieu de charnière ou axe de rotation.

« Cette voile représente le gouvernail et la quille ; il suffit, au moyen de deux cordes qui viennent se réunir à la machine, de l'incliner de droite à gauche pour produire une déviation correspondante à l'appareil et changer immédiatement de direction ; à défaut de cette manœuvre, elle revient aussitôt se placer d'elle-même dans l'axe de l'aérostat, et son effet normal consiste alors à faire l'office de quille ou girouette, c'est-à-dire à maintenir l'ensemble du système dans la direction du vent relatif.

« A six mètres au-dessous de la traverse est suspendue la machine à vapeur et tous ses accessoires.

« Elle est posée sur une espèce de brancard en bois dont les quatre extrémités sont soutenues par les cordes de suspension, et dont le milieu, garni de planches, est destiné à supporter les personnes et l'approvisionnement d'eau et de charbon.

« La chaudière est verticale et à foyer intérieur sans tubes ; elle est entourée extérieurement, en partie, d'une enveloppe en tôle qui, tout en utilisant mieux la chaleur du charbon, permet aux gaz de la combustion de s'écouler à une plus basse température ; la cheminée est dirigée de haut en bas, et le tirage s'y opère au moyen de la vapeur qui vient s'y élancer avec force à sa sortie du cylindre et qui, en se mélangeant avec la fumée, abaisse encore considérablement sa température, tout en les projetant rapidement dans une direction opposée à celle de l'aérostat.

« La combustion du charbon a lieu sur une grille complétement entourée d'un cendrier, de sorte qu'en définitive, il est impossible d'apercevoir extérieurement la moindre trace de feu. Le combustible que j'emploie est du coke de bonne qualité.

« La vapeur produite se rend aussitôt dans la machine proprement dite ; celle-ci est à un cylindre vertical dans lequel se meut un piston qui, par l'intermédiaire d'une bielle, fait tourner l'arbre coudé placé au sommet.

« Celui-ci porte à son extrémité une hélice à 3 palettes de 3m40 de diamètre, destinée à prendre le point d'appui sur l'air et à faire progresser l'appareil. La vitesse de l'hélice est d'environ 110 tours par minute, et la force que développe la machine pour la faire tourner est de 3 chevaux, ce qui représente la puissance de 25 à 30 hommes. Le poids du moteur proprement dit, indépendamment de l'approvisionnement et de ses accessoires, est de 100 kil. pour la chaudière, et de 58 kil. pour la machine ; en tout 158 kil., ou 50 kil. par force de cheval, ou bien encore 5 à 6 kil. par force d'homme ; de sorte que, s'il s'agissait de produire le même effet par ce dernier moyen, il faudrait, ce qui serait impossible, enlever 25 à 30 hommes représentant un poids moyen de 1,800 kil., c'est-à-dire un poids douze fois plus considérable.

« De chaque côté de la machine sont deux bâches, dont l'une contient le combustible et l'autre l'eau destinée à être refoulée dans la chaudière au moyen d'une pompe mue par la tige du piston. Cet approvisionnement représente également la quantité de lest dont il est indispensable de se munir, même en assez grande quantité, pour parer aux fuites du gaz par les pores du tissu ; de sorte qu'ici la dépense de la machine, loin d'être nuisible, a pour effet très-avantageux de délester graduellement l'aérostat, sans avoir recours aux projections de sable ou à tout autre moyen employé habituellement dans les ascensions ordinaires.

« Enfin l'appareil moteur est monté tout entier sur quelques roues mobiles en tous sens, ce qui permet de le transporter facilement à terre ; cette disposition pouvant, en outre, être utile dans le cas où la machine viendrait toucher le sol avec une certaine vitesse horizontale.

« Si l'aérostat était rempli de gaz hydrogène pur, il pourrait enlever en totalité 2,800 kil., ce qui lui permettrait d'emporter une machine beaucoup plus forte et un certain nombre de personnes. Mais, vu les difficultés de toute espèce de se procurer actuellement un pareil volume, il est nécessaire d'avoir recours au gaz d'éclairage, dont la densité est, comme on sait, très-supérieure à celle de l'hydrogène. De sorte que la force ascensionnelle totale de l'appareil se trouve diminuée de 1,000 kil. et réduite à 1,800 kil. environ, distribués comme suit :

« Aérostat avec la soupape. . . . 320 kil
« Filet. 130
« Traverse, corde de suspension,
gouvernail, corde d'amarrage. . . 300
« Machine et chaudière vide. . . 150
« Eau et charbon contenus dans
la chaudière au moment du départ. 60
« Châssis de la machine, brancard, planches, roues mobiles, bâches à eau et charbon. 420
« Corde traînante pour arrêter l'appareil en cas d'accident. 80
« Poids de la personne conduisant l'appareil. 70
« Force ascensionnelle nécessaire au départ. 10
                                        1560 kil.

« Il reste donc à disposer d'un poids de 248 kil. qu'il est plus prudent d'affecter uniquement à l'approvisionnement d'eau et de charbon, et par conséquent de lest. — Tout ceci posé, le problème à résoudre pouvait être envisagé sous deux points de vue principaux : la suspension convenable d'une machine à vapeur et de son foyer sous un aérostat de forme nouvelle, plein de gaz inflammable, et la direction proprement dite de tout le système dans l'air.

« Sous le premier rapport, il y avait déjà

des difficultés à vaincre; en effet, jusqu'ici les appareils aérostatiques enlevés dans l'atmosphère s'étaient bornés invariablement à des globes sphériques ou ballons tenant suspendu par un filet un poids quelconque, soit une nacelle ou espèce de panier pouvant contenir une ou plusieurs personnes, soit tout autre objet plus ou moins lourd. Toutes les expériences tentées en dehors de cette primitive et unique disposition avaient eu lieu, ce qui est infiniment plus commode et moins dangereux, sur de petits modèles, tenus captifs par l'expérimentateur; le plus souvent elles étaient restées à l'état de projet ou de promesse.

« En l'absence de tout fait antérieur suffisamment concluant, et malgré les indications de la théorie, je devais encore concevoir certaines craintes sur la stabilité de l'appareil; l'expérience est venue pleinement rassurer à cet égard, et prouver que l'emploi d'un aérostat allongé, le seul que l'on puisse espérer diriger convenablement, était, sous tous les autres rapports, aussi avantageux que possible, et que le danger résultant de la réunion du feu et d'un gaz inflammable pouvait être complétement illusoire.

« Pour le second point, celui de la direction, les résultats obtenus ont été ceux-ci : dans un air parfaitement calme, la vitesse de transport en tout sens est de 2 à 3 mètres par seconde; cette vitesse est évidemment augmentée ou diminuée, par rapport aux objets fixes, de toute la vitesse du vent, s'il y en a, et suivant qu'on marche avec ou contre, absolument comme pour un bateau montant ou descendant un courant quelconque; dans tous les cas, l'appareil a la faculté de dévier plus ou moins de la ligne du vent, et de former avec celle-ci un angle qui dépend de la vitesse de ce dernier.

« Ces résultats sont d'ailleurs conformes à ceux que la théorie indique, et je les avais à peu près prévus d'avance à l'aide du calcul et des faits analogues relatifs à la navigation maritime.

« Telles sont les conditions dans lesquelles se trouve ce premier appareil; elles sont certainement loin d'être aussi favorables que possible, mais si l'on réfléchit aux difficultés de toute nature qui doivent entourer ces premières expériences faites avec des moyens d'exécution excessivement restreints et à l'aide de matériaux incomplets et imparfaits, on sera convaincu que les résultats obtenus, quelque incomplets qu'ils soient encore, doivent conduire, dans un avenir prochain, à quelque chose de positif et de pratique.

« Pour cela, que faut-il? Un appareil plus considérable permettant l'emploi d'un moteur relativement beaucoup plus puissant et ayant à sa disposition toutes les ressources pratiques accessoires sans lesquelles il lui est impossible de fonctionner convenablement.

« Je me propose d'ailleurs d'aller au-devant de toutes les objections en faisant connaître incessamment les principes généraux, théoriques et pratiques sur lesquels je crois que la navigation aérienne par la vapeur doit être basée.

« Les diverses explications que je viens de donner me dispensent d'entrer dans de longs détails sur le voyage aérien que j'ai fait. Je suis parti seul de l'Hippodrome le 24, à cinq heures un quart. Le vent soufflait avec une assez grande violence. Je n'ai pas songé un seul instant à lutter directement contre le vent; la force de la machine ne me l'eût pas permis; cela était prévu d'avance, et démontré par le calcul; mais j'ai opéré avec le plus grand succès diverses manœuvres de mouvement circulaire et de déviation latérale.

« L'action du gouvernail se faisait parfaitement sentir, et à peine avais-je tiré légèrement une de ses deux cordes de manœuvre, que je voyais immédiatement l'horizon tournoyer autour de moi. Je suis monté à une hauteur de 1,500 mètres, et j'ai pu m'y maintenir horizontalement à l'aide d'un nouvel appareil que j'ai imaginé et qui indique immédiatement le moindre mouvement vertical de l'aérostat.

« Cependant la nuit approchait, je ne pouvais rester plus longtemps dans l'atmosphère; craignant que l'appareil n'arrivât à terre avec une certaine vitesse, je commençai à étouffer le feu avec du sable; j'ouvris tous les robinets de la chaudière; la vapeur s'écoula de toutes parts avec un fracas horrible; j'eus un moment la crainte qu'il ne se produisît quelque phénomène électrique, et pendant quelques instants je fus enveloppé d'un nuage de vapeur qui ne me permettait plus de rien distinguer.

« J'étais en ce moment à la plus grande élévation que j'aie atteinte : le baromètre marquait 1,800 mètres; je m'occupai immédiatement de regagner la terre, ce que j'effectuai très-heureusement dans la commune d'Élancourt, près Trappe, dont les habitants m'accueillirent avec le plus grand empressement et m'aidèrent à dégonfler l'aérostat

« A dix heures, j'étais de retour à Paris. L'appareil a éprouvé à la descente quelques avaries insignifiantes qui seront bientôt réparées, et alors je m'empresserai de renouveler cette expérience, soit par moi-même, soit en la confiant à l'habileté et à la hardiesse de mes collaborateurs.

« Je ne terminerai pas sans faire savoir que j'ai été puissamment secondé dans cette entreprise par MM. David et Salama, ingénieurs civils, anciens élèves de l'école centrale; c'est grâce à leur dévouement sans bornes aux sacrifices de toute espèce qu'ils se sont imposés, et à leur concours intelligent que j'ai pu arriver à réaliser, même partiellement, des idées depuis longtemps préconçues, et que, sans eux, il m'eût été probablement impossible de mettre à exécution dans un avenir prochain.

« Je saisis avec empressement cette occasion de leur en témoigner publiquement toute ma reconnaissance ; c'est pour moi un devoir et une vive satisfaction.

« HENRY GIFFARD. »

AGRICULTURE. — L'agriculture est l'art de cultiver la terre, de la fertiliser, de lui faire produire, sans l'épuiser, la plus grande quantité possible de grains, de fruits et de plantes. C'est le plus ancien, le premier des arts, celui d'où découlèrent tous les autres. A peine l'homme paraît-il sur la terre que c'est à ses fruits qu'il demande sa nourriture. Des deux premiers enfants de notre premier père, l'un cultive le sol, l'autre élève des troupeaux, réunissant dans la première de toutes les familles ces deux branches importantes et connexes qui composent à elles seules l'agriculture tout entière. Toutes les législations sages, toutes les religions l'ont prise sous leur sauvegarde, ont favorisé son développement et l'ont mise en honneur. Dans l'antiquité païenne, ce sont les dieux qui les premiers l'enseignent aux hommes ; le bœuf, cette personnification du labourage, est honoré à l'égal d'un dieu, en Egypte, tandis qu'à Athènes il est défendu de le tuer, même pour les sacrifices ; les déesses Isis et Vesta ne sont autres que la terre fécondée ; à Rome, la puissance est assise sur le sol, l'autorité y reste toujours attachée à la terre. Dans la Chine, il est un jour de l'année où l'empereur se rend processionnellement aux champs, où il trace lui-même un sillon, pour honorer la charrue, et donner ainsi l'exemple à ses sujets. Si nous voulons descendre jusqu'aux époques modernes, nous retrouvons, dans les édits de nos rois, la même protection accordée aux agriculteurs, et le même honneur rendu au travail des champs : un de ces édits porte que le gentilhomme peut, sans *déroger*, se livrer à la culture des terres.

L'art de l'agriculture est à la fois théorique et pratique. Nous emprunterons à M. Walez le développement sommaire de ces deux grandes divisions (1).

« La *théorie* de l'agriculture se compose : 1° de .a *physique agricole*, ou connaissance des éléments qui favorisent ou contrarient la végétation ; des diverses natures de sol et de leurs propriétés ; des différents végétaux soumis à la culture ; de la nomenclature de ces végétaux, et de tout ce qui est relatif à la qualité ou à l'exposition du sol qui leur convient. 2° De la *culture des champs*, ou connaissance des principes généraux de la culture des terres ; des principes qui doivent diriger les travaux dans chaque localité spéciale ; de tous les détails relatifs aux instruments aratoires, outils et ustensiles ; des principes à suivre dans les semis et les plantations ; de la théorie des engrais et des amendements. 3° De l'*art vétérinaire*, qui comprend tout ce qui concerne la santé des animaux associés aux travaux et aux besoins de l'homme. 4° De l'*architecture rurale*, qui est l'art de construire avec économie, solidité, commodité, salubrité, les bâtiments de la campagne, tels qu'habitation des cultivateurs, logements des animaux, édifices et locaux destinés à resserrer les grains et fourrages, soit caves et greniers, soit meules et granges. A cet art appartiennent aussi les travaux nécessaires pour assainir les terres, dessécher le sol ou faciliter les irrigations. Toutefois ces deux dernières divisions n'appartiennent pas essentiellement à l'agriculture proprement dite.

« L'*agriculture pratique* comprend la culture du sol, la conservation des produits de la terre, l'éducation des bestiaux, la fabrication du beurre et du fromage, l'extraction du miel et le blanchissage de la cire, la préparation et le rouissage des produits de chaque plante textile, la culture de la vigne et l'art du vigneron, la culture du mûrier, celle des plantes oléagineuses et l'extraction des huiles.

« L'agriculture est une science de faits ; elle suppose de longues observations. Nous n'avons que des notions incomplètes, et souvent incertaines ou vagues, sur l'état de cet art chez les plus anciens peuples. Assurément les productions spontanées de la terre ne purent longtemps leur suffire. Chaque famille cultiva le terrain qu'elle trouvait convenable d'exploiter pour ses besoins, et elle demeura propriétaire du sol qu'elle avait mis en valeur. Alors la découverte d'un meilleur instrument aratoire, d'une meilleure manière de travailler était un grand bienfait. L'invention de la charrue (*Voy.* CHARRUE.) a dû faire époque ; mais on ignore le siècle qui l'a vue naître. Les premiers cultivateurs furent obligés de déployer une adresse et une vigueur extrêmes. Il leur fallut de longs travaux et des expériences multipliées avant de connaître l'art et de façonner un champ par les labours, de l'enrichir par des engrais, de choisir et de préparer les semences, de saisir le moment opportun pour les répandre, d'en surveiller fructueusement le produit. Leurs progrès furent lents et difficiles. Que de siècles se sont écoulés, que d'essais ont été tentés pour perfectionner les méthodes les plus commodes !

« Le peuple parvenu le premier à un haut degré de civilisation a donné sans doute les premières leçons aux autres peuples. Les livres de Moïse, un des plus anciens monuments historiques, ne fournissent presqu'aucune lumière pour pouvoir suivre la marche et les progrès de l'art chez les Hébreux, qui virent les patriarches labourer les champs, élever des troupeaux et cultiver des plantes. Sortie des mains des Phéniciens, l'agriculture fut un honneur dans les beaux jours de l'Egypte ; et les monuments que l'on a découverts de ce pays offrent des tableaux en bas-relief donnant des connaissances fort curieuses sur les différentes opérations agricoles qu'ils pratiquaient, et les instruments qu'ils mettaient en usage.

« Les Grecs reçurent des Egyptiens les premiers éléments des connaissances humaines et les premiers exemples de l'art de

(1) Voir le *Dictionnaire des Arts et Manufactures.*

cultiver la terre, à l'époque de la fondation des colonies égyptiennes dans la Grèce. Les Égyptiens fondèrent des colonies semblables dans toutes les parties du monde connu. L'agriculture a dû pénétrer en Asie et parvenir en Europe par quelques établissements que les Grecs et les Phéniciens avaient formés en Italie et sur les côtes de la Gaule; et elle s'est répandue enfin par les Romains.

« Nous avons quelques notions sur l'état de l'agriculture chez les Grecs par le poëme d'Hésiode intitulé : *les Travaux et les Jours* ("Ἔργα καὶ Ἡμέραι). Cet écrivain, un des plus haute antiquité, fait mention de la charrue; il désigne le soc, la flèche, le manche; il parle d'un rateau, de la faucille, de l'aiguillon du bouvier; il cite une voiture à roues très-basses, et qui avait sept pieds et demi de largeur. On voit dans ce poëme que le sol recevait trois labours : le premier en automne, le second au printemps, et le dernier immédiatement avant les semailles; mais il n'est pas question d'engrais ou de fumier. A une époque moins reculée, Théophraste nous parle de la manière de mêler les différentes espèces de terres pour ameublir le sol. La graine était semée à la volée, et l'on passait le rateau sur le semis; la récolte était liée en gerbes; on remuait le grain, on le serrait dans des caisses ou des coffres placés au grenier, et on réduisait le blé en farine à mesure des besoins de la famille

« Les Romains honorèrent l'agriculture, dont l'histoire, chez ce peuple, est parvenue jusqu'à nous avec quelques détails. Il fallait être cultivateur pour se voir admis au nombre des défenseurs de la patrie; sous les premiers rois et sous la république, lorsqu'on voulait récompenser un vaillant citoyen, on lui donnait des terres. Les lois portaient jusqu'à l'excès le respect de la propriété rurale, puisqu'on punissait de mort les dégâts volontaires apportés à la moisson d'autrui ou le déplacement des bornes d'un champ. Nul n'avait le droit de conduire ses troupeaux sur les terres d'un voisin ; toute assemblée politique était défendue le jour de marché, dont rien au reste ne gênait la liberté. On soignait l'entretien des grands chemins. Mais sous l'empire, quand le luxe acheva de corrompre les mœurs, l'agriculture tomba comme toutes les institutions. On abandonna aux esclaves le soin de cultiver le sol, et on eut recours aux nations étrangères pour nourrir les maîtres du monde ; on ne s'occupa plus guère en Italie que des pâturages et de l'éducation des bestiaux.

« Caton le censeur, Varron, Columelle, Virgile, Pline et Palladius, nous ont laissé des documents intéressants sur la situation et les progrès de l'agriculture, aux diverses époques de la grandeur des Romains ou de leur décadence.

« Caton parle de deux espèces de charrues; l'une pour les terres fortes et compactes, l'autre pour un sol plus léger. Varron cite une charrue à deux socs ou tranchants; Pline fait mention de la charrue à coutre. On voit que les Romains pratiquaient le labour léger; que nous appelons *binage* : ils estimaient beaucoup le fumier de pigeon ou *colombine;* et parmi leurs meilleurs engrais ils comptaient les immondices des rues et l'urine des bestiaux.

« Leur ancienne charrue ordinaire, la même qui est encore en usage aujourd'hui dans les départements méridionaux de la France, était tirée par des bœufs et non par des chevaux. Dans les derniers temps de la République, les Romains se servirent de la charrue à roues : leurs terres étaient semées une année, et l'autre année elles restaient en jachère. Ils semaient des plantes légumineuses pour les retourner en vert dans les sillons, les recouvrir de terre et les faire pourrir en fermentant. Le chaume était brûlé sur place ; et les bestiaux parquaient en plein air. On ne liait pas le blé en gerbe : aussitôt coupé, on l'envoyait à l'aire pour être battu. Virgile nous apprend que ses contemporains donnaient leur blé à manger en vert aux bestiaux quand les tiges poussaient avec trop de vigueur; et nous voyons, dans ses Géorgiques, à quel point ils pratiquaient les irrigations. Les Romains cultivaient l'orge, l'escourgeon, le panil, le millet, ainsi que notre froment ordinaire, qu'ils appelaient *robus* (COLUM. II, 6) ou blé rouge, et notre froment blanc, nommé par eux *siligo;* ils appelaient *tremas* ou *triticum trimestre*, ce que nous désignons sous le nom de *blé trémois.* Ils connaissaient toutes nos espèces de fèves, de haricots, de lentilles et de pois; les lupins, les raves, les navets et les choux. Ils avaient d'immenses prairies naturelles, ils pratiquaient l'art de former des prairies artificielles dans lesquelles ils semaient principalement de la luzerne. On ignore s'ils avaient du sainfoin. L'art de cultiver la vigne et les oliviers fut porté chez eux à la plus haute perfection.

« Le type de l'ancienne agriculture des Romains se conserva dans les Gaules, dans la Germanie et dans les pays qui forment aujourd'hui la Grande-Bretagne. Les moines gardèrent le dépôt précieux des bonnes traditions agricoles.(1)

« L'ouvrage de l'Arabe Eben-el-Avam est un monument curieux de l'agriculture des Maures en Espagne. L'auteur, qui vivait au xii⁰ siècle de l'ère chrétienne, a retracé le tableau complet des travaux de ses compatriotes sur un sol qui offrit à diverses époques le modèle d'une culture parfaite et l'exemple d'une étonnante fertilité. Son livre a été traduit en espagnol. Un auteur chrétien du même pays, saint Isidore de Séville, a laissé un traité non moins instructif sur l'état des connaissances agricoles chez les Espagnols, aujourd'hui arriérés de plusieurs siècles sur ce

_____

(1) Voir, pour les travaux des moines ainsi que pour les immenses services qu'ils rendirent à l'agriculture et à la civilisation, le 2⁰ ch. de notre art. ASSISTANCE, dans le *Dictionnaire des erreurs sociales.*

point comme sur tant d'autres : le livre xvii° de ses *Origines*, intitulé *de Rebus rusticis*, et le 20° concernant les instruments aratoires et domestiques, ne laissent rien à désirer pour l'histoire de l'art.

« Au xvi° siècle, on vit renaître l'art de cultiver. La plupart des *géoponiques* grecs et latins furent traduits dans les diverses langues modernes ; et chaque pays produisit un ouvrage classique dans ce genre. »

Nous ne suivrons point M. Walcz dans l'historique qu'il fait des progrès de l'agriculture dans les divers pays de l'Europe ; nous avons hâte d'arriver à cette partie du récit qui doit plus particulièrement nous intéresser, nous voulons dire à l'*Histoire de l'agriculture en France*. Nous emprunterons les pages suivantes à l'excellent ouvrage de M. J. Joung (*Patria*), juge si compétent en cette matière.

« Selon toute apparence, les Gaulois ne furent d'abord qu'un assemblage de peuples vivant au milieu des bois ; quand ils devinrent sédentaires, ils réservèrent l'agriculture aux esclaves. Ils élevaient une grande quantité de gros bétail, de brebis et de chevaux, se nourrissaient du lait et de la chair de leurs troupeaux, ainsi que des produits de leur chasse, et buvaient le vin, l'hydromel, la bière, peut-être aussi le cidre. L'habileté à créer des engrais, l'usage de marner les terres, celui d'une machine à récolter, que leur attribuent Pline et Palladius, la variété des plantes qu'ils cultivaient, le soin qu'ils donnaient aux asperges, le degré de perfectionnement auquel ils avaient porté l'élève du bétail, la beauté de leurs moutons dont les Romains briguaient la propriété, leur talent à préparer les salaisons de porc, qui s'exportaient à Rome de la Septimanie, le commerce des oies auquel se livrait une de leurs tribus, les Morini, doivent faire penser que l'agriculture était arrivée chez eux à un certain degré de prospérité ; mais, vraisemblablement, ces traits doivent s'appliquer à l'époque romaine de l'agriculture gauloise, car dans les temps antérieurs à cette période, la Gaule nous apparaît, à travers le voile de de la tradition, comme couverte de marécages et de forêts. Ce fut dans sa partie méridionale que l'agriculture prit son premier essor, lorsque les Phéniciens, puis les Carthaginois y eurent formé quelques établissements, et surtout lorsque les Phocéens y eurent fondé Marseille, apportant avec eux la vigne, l'olivier, le figuier, le câprier et tout le système de la culture grecque. Là encore, sous la domination romaine, la culture, secondée par la construction d'aqueducs et de canaux d'irrigation, atteignit un plus haut degré de prospérité que dans le reste de la Gaule ; l'empereur Probus en particulier jeta la base d'une des principales richesses actuelles de cette partie du territoire français, en y multipliant les plantations de vigne. Alors Marseille exportait des blés à Rome, qui, selon Pline, en tirait une assez grande quantité, non-seulement de là, mais aussi de Châlons-sur-Saône et de la Gaule en général ;

commerce qui devint encore plus important après la translation du siége de l'empire à Constantinople.

« L'invasion des barbares eut pour premier effet de faire rétrograder l'agriculture, et pendant tout le moyen âge elle resta plongée dans un état d'infériorité dont il lui était presque impossible de sortir, tant que durèrent les ténèbres et la confusion de la féodalité. Ce n'est pas qu'elle fût tout à fait négligée. Ainsi par exemple, l'économie rurale tient une grande place dans la loi salique, et Charlemagne, dans ses Capitulaires, pose des règles assez détaillées pour l'administration de ses domaines ruraux ; mais que pouvaient de simples directions ou même des textes de lois contre l'esprit et la constitution sociale de ces temps ?

« Le système féodal ruina les effets des instructions données par Charlemagne dans ses Capitulaires, et des encouragements qu'il accorda à la culture de la vigne, comme à celle des vergers. Il faut remarquer que les règlements forestiers de Charlemagne et de Louis le Débonnaire prescrivent les défrichements, défendent de planter des bois, et ne se montrent conservateurs à leur égard qu'en faveur de la chasse. Malgré l'invasion des Sarrazins, l'agriculture tomba moins bas dans le Midi que dans le Nord ; quelques canaux d'irrigation furent construits, et des associations de propriétaires se formèrent pour l'exécution et l'entretien des travaux publics utiles à l'agriculture. Les croisades la secouèrent quelque peu de son sommeil ; bon nombre de barons durent rendre la liberté ou des franchises à leurs serfs, afin de suffire aux frais de leur pèlerinage guerrier ; le nombre des petits propriétaires diminua et les grands fiefs prirent naissance ; enfin, les croisés rapportèrent de l'Orient en Europe quelques plantes utiles dont la culture se répandit. D'après les comptes de l'abbé Suger, pour l'abbaye de Saint-Denis, de meilleures fermes furent construites, des terres incultes furent défrichées et les fermages augmentèrent. Le clergé, qui possédait alors la plus grande partie des meilleures terres, publia plusieurs canons pour la sécurité de l'agriculture. Au xiv° et au xv° siècle, l'industrie agricole ayant beaucoup à souffrir des guerres avec l'Angleterre, des mesures politiques furent prises relativement à l'exportation et au prix de marché du blé, et l'intention de pourvoir à la conservation des bois commença à se manifester, d'abord dans la défense d'y faire paître les bestiaux, et dans l'ordre qui fut donné de vendre les coupes aux enchères ; puis dans l'ordonnance de Charles V, qui en 1376, posa les bases d'une véritable organisation forestière. Cependant la véritable ère de la renaissance commença pour l'agriculture, comme pour les lettres, que dans la seconde moitié du xv° siècle.

« Un symptôme de cette vie nouvelle se manifesta dans la transformation qu'éprouvèrent les jardins de plaisance : au lieu de carreaux réguliers nourrissant de gros légumes, quelques fruits et peu de fleurs entre les châteaux et leurs bastions, on voit dès lors la nature, représentée par le parc ou la forêt, s'associer à l'architecture du manoir par l'élégant intermédiaire de la cour d'honneur ou du parterre, qui participe de l'un et de l'autre, comme le témoignent les jardins encore subsistant de Chenonceaux. Dans l'agriculture, il s'opéra un changement important par l'introduction de plusieurs nouvelles plantes : tel fut le mûrier, dont quelques gentilshommes firent venir des plants d'Italie aux environs de Montélimart, après avoir pris part à la conquête du royaume de Naples par Charles VIII, en 1494; tels furent aussi le maïs, qui, vraisemblablement, fut introduit en France peu de temps après la découverte de l'Amérique, et le tabac, dont la mode s'empara avec fureur, lorsque Nicot, ambassadeur en Portugal, l'eut rapporté de ce pays et l'eut présenté à Catherine de Médicis, quarante ans après l'époque où Cortis en envoya les premières graines à Charles-Quint.

« Vers le milieu du siècle suivant parut le premier ouvrage d'économie rurale écrit en français, savoir les *Moyens de devenir riche*, de Bernard de Palissy; à cette même époque furent aussi publiés les premiers ouvrages d'horticulture tels que ceux de Gorgole de Corne (1553), de Bellon et de David de Brassard en 1558. Depuis ce moment le pouvoir central exerce sur l'agriculture une action plus prononcée, et la multiplicité de ses actes témoigne déjà de plus de sollicitude à l'égard de cet art que d'une juste appréciation de ses besoins; c'est ainsi que de Henri IV à Louis XVI on compte cent soixante-dix édits, arrêts, ordonnances, etc., concernant le seul commerce des grains, que tantôt ils entourent d'entraves et tantôt ils affranchissent ou favorisent. Les forêts aussi attirent particulièrement l'attention des gouvernements, mais la législation qui les concerne souffre moins de vicissitudes que celle des céréales. Trois ordonnances rendues par François Ier, en 1515, 1518 et 1537, ajoutent de nouvelles mesures à celles de Charles V; un système d'aménagement uniforme commence à poindre, le principe de la réserve des baliveaux sur taillis est établi; les droits d'usages, de pâturage, de pacage dans les forêts domaniales sont soumis à de nouvelles règles; une pénalité plus spéciale frappe les délits forestiers; certaines dispositions préservatrices sont déclarées applicables aux bois des particuliers, s'ils le demandent, etc. Dans le même siècle on ajoute aux attributions des Tables de marbre, antiques tribunaux des eaux et forêts, une juridiction extraordinaire sur les bois autres que ceux du roi; on tenta même, mais sans succès, sous Henri II et Henri III, de les faire subsister à côté des parlements. Sous Charles IX, les édits de 1561 soumirent à la surveillance des officiers des maîtrises royales les bois du clergé et des communes, ordonnèrent qu'un tiers en fût réservé pour croître en futaie, et défendirent aux particuliers de couper leurs taillis avant dix ans d'âge. En 1594, Henri IV étendit à tout le royaume les juridictions forestières et chercha à lutter contre l'abus des usages. Sous le même roi, inspiré par Sully, qui, dans la persuasion que toute richesse a sa source unique dans l'agriculture, a été de tous les ministres le plus dévoué à sa prospérité, on facilita la circulation des produits par la diminution des droits qui la gênaient de province à province, de même que par la construction de routes et de canaux; un édit anoblit *ipso facto* les chefs des compagnies de desséchement, et leur accorda différentes exemptions; l'ingénieur Bradley fut appelé de Hollande pour travailler au desséchement des marais; le jardin de Montpellier fut fondé, et une école de jardinage y fut annexée; des pépinières furent établies aux Tuileries et à Fontainebleau, et l'on permit le libre commerce des grains.

« Ce fut surtout à la fin du règne de Henri IV et dans la première moitié du XVIIe siècle, que les résultats de cette sage économie se firent sentir. La France, suivant Sully, produisit en abondance tout ce qui est nécessaire ou convenable à la vie; et elle put exporter des produits de son sol; en 1621, par exemple, elle put vendre à l'Angleterre une grande quantité de blé. Louis XIII, d'ailleurs, marchait sur les traces de son père, lorsqu'il quittait la cour pour aller planter ou greffer des arbres avec ce même Claude Mollet avec lequel Henri IV aimait à s'entretenir; lorsque de lui-même, ou à l'instigation de Richelieu il appelait Van Ens de Hollande, pour présider à des opérations de desséchement sur la rive gauche du bas Rhône, et lorsqu'il créait le Jardin du Roi à Paris. Son successeur, le grand roi, délaissa l'agriculture en faveur des jardins. Ceux de Versailles, dont la composition fut confiée à Le Nôtre, prirent un caractère de pompe en harmonie avec celle de la cour, en même temps que la direction des jardins fruitiers et potagers de toutes les maisons royales fut confiée à La Quintinie, avec ordre d'y établir des écoles pratiques de jardinage. La Quintinie, dans son ouvrage publié en 1690, pesa le premier en France les principes de l'horticulture, et particulièrement de la pomologie; cependant Girardot traitait à Bagnolet les pêchers d'après les principes opposés, qui ont été adoptés par les habitants de Montreuil. La partie de l'horticulture qui concerne spécialement les fleurs était alors l'objet d'une prédilection portée jusqu'à la folie dans les provinces du Nord; et pendant que l'art d'en obtenir de nombreuses variétés faisait de rapides progrès, Fagon débutait dans l'art des cultures forcées en construisant au Jardin du Roi quelques serres à toit vitré qu'il chauffait au moyen de fourneaux. D'un autre côté Colbert publiait sa célèbre ordonnance d'août 1669, sur les eaux et forêts, et cherchait par la publication d'une instruction générale à propager la culture de la garance; mais ces mesures partielles suffisaient-elles pour compenser le dommage indirect qu'il causait à l'agriculture, en la perdant de vue pour concentrer ses faveurs sur la fabrication et le commerce? Suffisaient-elles surtout pour réparer le tort bien plus grave qu'elle avait souffert depuis que, pour changer les châtelains en courtisans, Mazarin et Richelieu avaient pris soin de verser le ridicule sur le gentilhomme campagnard?

« A la magnificence et aux guerres de Louis XIV, succède un état d'épuisement qui dut influer défavorablement sur l'agriculture: aussi, pendant la première partie du dixhuitième siècle, ne trouve-t-on à glaner que quelques faits qui la concernent, par exemple, l'organisation des haras en 1717; mais dans la seconde partie du siècle le souffle d'une nouvelle vie commence à l'animer et la pénètre de plus en plus. Le pouvoir se réveille de son inaction. Louis XV fonde la Société royale et centrale d'agriculture et les pépinières royales. Louis XVI fait replanter les vides de la forêt de Fontainebleau et de celle de Rambouillet; en 1785, il envoie André Michaux aux Etats-Unis, afin d'y recueillir et de faire passer en France des graines et des plantes d'arbres et d'arbustes propres à y être naturalisés; dans le même but, il adresse aux voyageurs La Pérouse et d'Entrecasteaux des instructions rédigées de sa propre main; enfin, en 1786, il obtient du roi d'Espagne et établit à la ferme de Rambouillet un troupeau de mérinos, d'où sont provenus presque tous les mérinos et les métis aujourd'hui répandus en France. En même temps divers édits brisaient les barrières qu'opposaient au commerce intérieur des blés les droits d'impôts et de douanes qui, étant demeurés en la possession des provinces, variaient de l'une à l'autre; d'autres arrêts exemptaient d'impositions les terres nouvellement défrichées, d'autres encore supprimaient les corvées. De leur côté, les économistes de l'école de Quesnay contribuaient à relever l'agriculture dans l'opinion publique, en s'efforçant de la faire considérer comme l'unique source de toute richesse, et Turgot, non plus que Necker, ne dédaignaient de prendre la plume pour développer leurs idées sur la question du commerce des grains.

« L'art guidé par les méthodes scientifiques commençait à s'asseoir sur des bases moins empiriques. Ainsi l'économie forestière s'enrichissait des nombreuses observations faites sur les bois par Réaumur, Buffon, Varenne de Fenille, Duhamel-Dumonceau et Lamoignon de Malesherbes, qui, pour faire un écrit utile, n'avait eu qu'à observer les résultats de ses belles plantations. Dans l'horticulture, Duhamel-Dumonceau portait aussi son attention sur les arbres fruitiers, Roger Schabol formulait les procédés suivis par les habiles jardiniers de Montreuil et de Bagnolet dans la conduite des arbres en espalier, Dumont de Courset contribuait plus que personne de son temps

à acclimater et à faire connaître les espèces d'arbres exotiques en les réunissant dans son magnifique établissement du Désert, situé à la naissance d'une petite vallée du bas Boulonnais, et en les décrivant dans son *Botaniste-Cultivateur*. Les jardiniers Richard et Legrand faisaient un nouveau pas dans l'art de forcer les cultures, en obtenant pendant l'hiver, par le chauffage, des pêches, des cerises, des groseilles, des prunes et des fraises. La composition des jardins d'ornement se rapprochait de la nature en associant d'abord la bergerie au genre symétrique, puis en passant au genre pittoresque ou paysager, dans lequel elle débutait d'abord en se passionnant pour les enfantillages du goût anglais, ou pour ceux du goût chinois; enfin Delille, Fontanes, Saint-Lambert, Cérutti, célébraient dans leurs vers les conquêtes et les merveilles de cet art. L'agriture proprement dite faisait des progrès moins rapides que l'horticulture. Cependant le Persan Althen introduisait la culture de la garance dans le comtat d'Avignon, Duhamel-Dumonceau cherchait à systématiser l'art en lui donnant pour unique base le labourage sans engrais, et Rozier en réunissait tous les préceptes dans son Cours complet d'agriculture, tandis que Daubenton s'efforçait, en multipliant les essais, d'établir l'éducation des bêtes à laine sur des principes exacts, et que les sociétés d'agriculture qui, en 1761, étaient déjà formées sur plusieurs points, contribuaient à hâter le progrès agricole.

« Une voie bien plus large lui fut ouverte par la révolution de 1789 qui, en abolissant les dîmes, en procédant à l'aliénation des immenses biens du clergé et de la noblesse, en ordonnant l'égal partage des patrimoines entre les enfants, changea les conditions mêmes de la propriété territoriale qu'elle rendit plus libre, plus accessible aux mains les plus propres à lui donner toute sa valeur. Mais pendant les orages mêmes de la révolution, il était impossible que l'agriculture s'avançât bien loin dans la nouvelle carrière qui lui était ouverte. Sous le Directoire, le Consulat et l'Empire, elle eut moins à lutter contre la difficulté des circonstances. Elle était alors dirigée ou défendue par un homme qui la connaissait et la pratiquait, par François de Neufchateau, qui fit établir les pépinières départementales. Napoléon témoigna aussi qu'il était disposé à l'encourager en pourvoyant à l'établissement de plusieurs sociétés d'agriculture, en enrichissant et en agrandissant le Jardin national et en créant plusieurs jardins botaniques ou économiques; cependant les guerres de l'Empire retardèrent les progrès qu'elle faisait. Son essor fut plus vif lorsque la Restauration eut ramené la paix en France, et que les anciens officiers de l'empereur, échangeant l'épée contre la charrue, firent rejaillir l'éclat de la profession qu'ils quittaient sur celles qu'ils embrassaient, en même temps qu'ils répandaient autour d'eux la connaissance de procédés dont ils avaient pu être témoins dans les pays étrangers. C'est pendant cette période que fut fondée l'École forestière de Nancy, en 1824, sous Louis XVIII, et que la Société d'horticulture se forma sous les auspices de Charles X, pendant le règne duquel furent aussi promulgués le code forestier et la loi sur la pêche fluviale. Mais la dynastie déchue, que l'opposition soupçonnait de viser au rétablissement de l'aristocratie territoriale, se voyait entravée, même dans les mesures qui auraient pu être favorables à l'agriculture. Depuis la révolution de 1830, une plus grande liberté lui a été laissée, et c'est depuis lors qu'elle a le plus rapidement avancé. Ses perfectionnements ont été tels depuis 1789, que ses produits ont pu s'élever d'environ 40 p. 100. La plus grande part dans l'accroissement de ces produits doit être attribuée à la subdivision de la propriété territoriale en un beaucoup plus grand nombre de mains qui la cultivent, sinon avec plus de science, du moins avec plus d'efforts et une plus sévère économie, à la vente des biens des émigrés, aux défrichements, à la généralisation de la culture des pommes de terre, généralisation dont Parmentier a été le principal auteur, à l'introduction des prairies artificielles, aux perfectionnements qu'ont reçus les races et l'éducation des animaux domestiques, au grand développement qu'a pris l'entretien des mérinos, enfin aux efforts des agronomes, particulièrement à ceux de Mathieu de Dombasle, pour propager les doctrines de l'agriculture rationnelle. Aujourd'hui le mouvement en avant de l'agriculture continue d'avoir lieu sur tous les points du territoire, et il est peut-être plus rapide que dans aucun autre pays. »

Nous ne saurions plus utilement compléter cet article, qu'en empruntant au même auteur l'exposé qu'il donne de la situation présente (1846), de l'agriculture en France Statistiques raisonnées et comparées, puisées aux sources officielles, ou chez les maîtres de la science ; progrès des différentes branches qui constituent l'ensemble de l'art ; améliorations apportées à l'agriculture par les soins d'une administration éclairée ; exposé des besoins encore existants ; tout concourt à faire de ces pages un morceau du plus haut intérêt.

Fertilité du sol.

« Arthur Young a donné, comme résultat général de ses observations sur les différents sols de la France, une distribution qui les répartit en sept classes. Dans la première il range les terrains riches ; dans la deuxième les pays de bruyères ; dans la troisième les pays de montagnes ; dans la quatrième ceux des terres pierreuses ; dans la cinquième ceux de craie ; dans la sixième ceux de gravier ; dans la septième ceux de différents sols. L'étendue entière de la France étant représentée par 413, ces sept sortes de terres

entrent, la première pour 89, la deuxième pour 80, la troisième pour 90, la quatrième pour 64, la cinquième pour 52, la sixième pour 12, la septième pour 26.

« Dans la *Statistique de la France*, publiée par le ministère du commerce, les différentes sortes de sol indiquées comme composant le territoire ne diffèrent pas, si ce n'est en nombre, des classes adoptées par A. Young. .

« Trois départements sont indiqués comme ayant plus de la moitié de leur territoire en riche terreau, savoir : Eure-et-Loire, 310,001 hectares ; Gers, 429,000 ; Tarn, 328,949, et neuf comme en ayant plus du tiers ; ce sont Aisne, 302,480 ; Eure, 280,000 ; Finistère, 259,890 ; Marne, 347,000 ; Meuse, 224,900 ; Nord, 230,000 ; Saône-et-Loire, 317,500, Seine-Inférieure, 241,335 ; Yonne, 300,000.

« Sous le rapport de la fertilité naturelle, mesurée par la production des céréales, Lullin de Châteauvieux partage le territoire de la France en cinq classes, qui comprennent des portions de sa superficie représentées pour la première, ou pour les terres de la plus haute fertilité, par le nombre 4 ; pour la deuxième 23 ; pour la troisième 15 1/2 ; pour la quatrième 25 ; et pour la cinquième, c'est-à-dire pour les terres stériles, 17 1/2.

« De la comparaison de ces données, Lullin de Châteauvieux conclut que les meilleures terres de la France, réunies dans les deux premières classes, et occupant 0,320 de sa surface, se trouvent sur le littoral de l'ouest, dans le bassin qui ont formé les affluents des Pyrénées, et enfin dans la grande plaine qui s'étend au nord, entre la Loire et la mer ; que les provinces de l'est, à partir d'Avesnes (Nord), pour finir à Donzère (Drôme), en passant par Auxerre, Nevers et Lyon, offrent la plus vaste étendue proportionnelle de terres médiocres, c'est-à-dire de celles qui appartiennent à la 3e classe, et qui comptent pour 0,475 dans l'étendue de la France ; enfin, que les plus mauvaises terres, qui forment 0,205 de sa superficie, appartiennent à ses régions centrales, depuis la Lozère jusqu'au Finistère.

« Mais en faisant entrer en ligne de compte, outre la fécondité naturelle du sol, la valeur qu'il acquiert, soit par son appropriation à telle ou telle espèce de plantes, par exemple à la vigne, au mûrier, à l'olivier, aux bois, soit par la méthode et les procédés de culture, M. de Châteauvieux admet cinq sixièmes du territoire en sols productifs, et un sixième en terres d'un faible produit et hors de toute possibilité d'être améliorées, savoir en montagnes, en dunes et en terrains uniquement crayeux ou argilo-siliceux.

« Comme sommaire de l'étendue du domaine agricole et de la valeur de la production annuelle, la statistique officielle donne un tableau d'où nous extrayons le résultat suivant :

Étendue des cultures, produits, semences, consommation, valeur (1).

NATURE DES PRODUITS.	ÉTENDUE des CULTURES.	QUANTITÉ TOTALE DU PRODUIT.	DE LA SEMENCE.	DE LA CONSOMMATION.	PRIX MOYEN.	VALEUR totale DES PRODUITS
	hectares				fr. c	francs
Froment.	5,586,786 53	69,558,062 h.	11,411,780 h.	57,621,213 h.	15 95	1,102,768,057
Epeautre.	4,755 43	156,127	15,052	147,155	5 95	806,727
Seigle.	2,577,255 88	27,811,700	5,159,422	22,259,146	10 65	296,292,740
Méteil.	910,952 59	11,829,448	1,952,427	11,208,954	12 20	144,170,351
Orge.	1,188,189 53	16,661,462	2,575,615	12,402,441	8 25	137,622,411
Avoine.	3,000,634 19	48,699,485	7,015,508	36,599,689	6 20	302,011,470
Maïs et Millet.	631,751 89	7,620,264	212,792	6,657,482	9 40	71,797,084
Sarrazin.	651,244 92	8,469,788	551,552	6,998,959	7 25	61,388,644
Fèves de marais, Féveroles, Lentilles dravières.	12,991 49	241,151	37,999	217,155	8 35	2,188,942
Pois, Vesces, Bisailles.	29,400 52	582,656	70,715	295,041	12 71	4,488,726
Légumes secs.	296,925 72	3,460,877	559,893	3,114,719	15 05	52,007,848
Jardins.	360,696 41	»	»	»	» »	157,093,888
Aulx et Oguons.	255 48	28,850	»	23,060	7 70	186,660
Raves, Navets, Carottes.	6,252 84	144,680 q.	»	414,468 q.	1 85	798,665
Carottes, Navets, Topinambours.	4,591 80	865,814 h.	»	863,814 h.	1 57	987,469
Pommes de terre.	921,970 59	96,253,985	10,267,235	78,440,534	2 10	202,105,860
Betteraves.	57,665 15	15,740,691	444,895	15,090,440	1 85	28,979,549
Choux.	101 »	274,000 k.	»	121,000 k.	0 05	8,200
Colza, Navette.	173,506 59	2,279,365 h.	19,859	1,984,394 h.	22 45	51,126,744
Chanvre (graine et filasse).	176,148 48	1,671,641 / 67,507,076	450,799	1,068,481 / 57,978,909 k.	17 05 / 0 90	86,287,341
Lin (graine et filasse).	98,241 41	737,594 h. / 56,875,401 k.	252,472	477,169 h. / 56,742,356 k.	21 65 / 1 15	57,507,216
Gaude, Pastel.	434 »	7,855 q.	»	»	20 00	145,020
Safran.	758 58	5,140	»	16,245 k.	51 55	285,694
Garance.	14,676 25	160,340	»	160,340 q.	58 25	9,343,349
Tabac.	7,955 31	88,877	»	»	61 70	5,483,558
Chardon-cardières.	1,112 »	724,244 k.	»	724,244 k.	0 60	437,556
Houblon.	826 89	888,289	»	356,741 h.	1 05	931,559
Prairies artificielles.	1,576,547 19	47,256,674 q.	29,091,061 k.	45,146,555 q.	4 31	203,765,169
Prairies naturelles.	4,198,197 88	105,203,888	»	97,925,597	4 65	462,598,243
Jachères.	6,763,281 34	152,460,562	»	»	» »	92,885,902
Pâturages, Pâtis, Landes, Bruyères.	9,191,076 08	»	»	»	» »	82,064,046
Jones marins.	686 19	»	»	»	» »	14,525
Vergers, Pépinières, Oseraies.	766,577 91	»	»	»	» »	»
Câpriers.	» »	41,142 k.	»	41,112 k.	1 25	51,428
Arbres à cidre.	» »	10,880,947 h.	»	10,011,956 h.	10 10 / 4 65	34,422,13
Noyers.	6,742 65	1,503,591 k.	»	1,292,724 k.	1 17	1,740,540
Oliviers.	121,228 70	167,550 h.	»	172,575 h.	136 10	22,776,598
Vignes (vins et eaux-de-vie).	1,972,540 21	36,783,223 / 1,088,802	»	25,518,848 / 701,663	11 40 / 54 25	419,029,152 / 59,059,150
Mûriers.	41,277 »	»	»	»	»	»
Châtaigniers.	455,586 37	3,478,582	»	270,866,668 k.	0 07	19,196,277
Chênes-liéges.	220 95	4,007	»	3,354,091	3 90	13,528,190
Bois de la couronne.	52,972 03	110,252 s.	»	»	» »	1,047,404
— de l'État.	1,148,907 63	5,203,499	»	»	6 19	32,871,969
— des communes et des particuliers.	7,355,965 91	29,256,833	»	»	6 19	172,681,152
Sol forestier.	368,705 40	»	»	»	» »	»

	ÉTENDUE en hectares.	Valeur totale de la product. ann. en France.
		francs.
Cultures.	19,945,890 95 52	3,558,014,132
Vergers, Pépinières, Oseraies.	776,577 91 32	»
Prairies, Pâturages, Pâtis, Landes, Jachères.	21,097,952 80 86	762,482,433
Bois de toutes sortes.	3,804,550 97 88	206,600,552
Total.	50,614,978 65 58	4,527,097,090

« Les résultats connus dans ces tableaux ne sont pas tous également certains ni complets. Les rédacteurs de la *Statistique* le disent expressément : « Les céréales, qui « forment les cultures les plus anciennes, « les plus vastes, les plus importantes, sont « parfaitement connues, et les termes qui en « indiquent l'étendue, les semences, la pro« duction, ne sont presque jamais défec« tueux ; au contraire, ceux qui donnent la

(1) Nous avons abrégé ainsi . k pour *kilogramme*, h pour *hectolitre*, q pour *quintal métrique*, s pour *stère*.

« quantité de vin, d'eau-de-vie, de cidre,
« fabriquée annuellement, ne sont que des
« termes fort au-dessous de la réalité, at-
« tendu le gaspillage des vendanges, la
« consommation sur place, et surtout la
« fraude. La division extrême de la culture
« des pommes de terre, et la diversité infi-
« nie des produits des jardins, agissent
« d'une manière analogue. Quant aux cul-
« tures secondaires, telles que le colza, la
« betterave, le houblon, la garance et les
« plantes textiles, outre l'obstacle de leur
« répartition en une multitude de parcelles,
« il y a encore celui de la nouveauté de leur
« introduction dans beaucoup de localités,
« ce qui laisse des doutes sur le chiffre de
« leurs produits... On ne peut déterminer
« l'étendue de la culture des mûriers, parce
« qu'à ceux plantés en quinconces s'ajou-
« tent ceux plantés en espaliers ou en bor-
« dures. Il en est ainsi des pommiers à cidre,
« qui rarement sont réunis en vergers...
« L'étendue des prairies artificielles est
« énoncée avec exactitude; mais leurs pro-
« duits, qui sont du trèfle, de la luzerne et
« du sainfoin, varient en quantités et en va-
« leurs, selon ces espèces, et, comme on n'a
« pu en tenir compte séparément, les ter-
« mes généraux qui ont été adoptés ne peu-
« vent être que des approximations. » Les
évaluations de produits pour les prairies
naturelles, les pâtis, landes, bruyères et
terres vagues, auxquels il faut joindre les
jachères, n'ont point eu lieu par communes,
comme pour tous les autres articles, mais en
masse par arrondissements, et par conséquent ne sont non plus que des approximations. Enfin « l'étendue des bois n'est point,
« comme on pourrait le croire, déterminée
« avec certitude et précision, et il ne paraît
« pas qu'on l'ait connue à aucune époque
« autrement que par des estimations faites
« en masse et par conséquent fort douteu-
« ses. Les causes de cette incertitude sont :
« les changements éprouvés par les forêts
« depuis les opérations cadastrales, et prin-
« cipalement les clairières, les terrains dé-
« pouillés de leurs arbres, qui sont consi-
« dérés, tantôt comme devant être compris
« parmi les bois, tantôt comme n'en faisant
« pas partie. On a défalqué, quand on l'a
« pu, ces terrains déboisés, et on les a signa-
« lés sous le nom de sol forestier. Un cadas-
« tre spécial des forêts est une opération
« nécessaire et pressante. Pour y suppléer,
« on a combiné, dans les tableaux ci-dessus,
« les résultats du cadastre général avec ceux
« des investigations de l'administration des
« eaux et forêts, et avec les recherches fai-
« tes par les maires dans l'étendue de leurs
« communes. »

« Non-seulement l'administration n'a pu
toujours obtenir des résultats exacts et certains pour tous les genres de cultures et de
produits, mais encore il en est quelques-uns
qu'elle a dû omettre, parce qu'elle n'a pu
surmonter les obstacles qui se sont opposés
à leur détermination. Dans ce cas ont été en
particulier : 1° les pailles, qui forment un

objet très-considérable, qu'elle se propose
de faire connaître plus tard; 2° les pépinières, les oseraies, les aulnaies et les vergers
autres que ceux qui fournissent à la fabrication du cidre; elle suppose seulement que
la valeur de leurs produits peut s'élever à
18 millions de francs, en admettant que le
revenu brut ne dépasse pas celui que donnent
par hectare les bois des communes et des
particuliers. De ces omissions il a dû résulter que la somme qu'elle indique comme
exprimant la richesse agricole de la France
n'est pas assez élevée, et à ce déficit il faut
ajouter celui qu'a dû produire la tendance
assez générale des cultivateurs à déclarer
moins qu'ils n'ont réellement toutes les fois
qu'ils ont à répondre sur des questions posées par l'administration. Dans le but de
combler ce déficit et de chercher à rectifier
les erreurs que d'autres causes peuvent avoir
introduites dans un travail aussi considérable et aussi nouveau, un écrivain agronomique, M. C.-E. Royer, s'est livré à des recherches dont il a présenté les résultats
dans un tableau synoptique, et qu'il a mis
en regard de ceux de la statistique officielle.
Nous croyons utile d'en reproduire ici les
colonnes qui contiennent les rectifications
et additions concernant les valeurs du produit.

*Tableau additionnel pour l'étendue et le
produit des différentes cultures.*

	Addition par rectification.	Valeur des pailles, rési dus, etc., non évalués.	Valeur du pâtur ge, etc., non évalué.
	francs.	francs.	francs.
Froment.	»	222,505,798	22,250,580
Seigle.	»	97,712,491	9,774,249
Méteil.	»	34,615,416	3,461,542
Epeautre.	»	189,360	18,956
Maïs, Millet.	93,050,022	37,903,860	6,317,310
Orge.	»	53,269,292	5,291,855
Blé de mars.	»	427	43
Sarrazin.	»	4,019,856	401,986
Avoine.	»	69,554,736	2,772,156
Colza, Na- vette, etc.	16,273,532	10,410,360	3,557,024
Oliviers.	735,000	2,509,950	»
Garance.	»	146,760	146,760
Safran.	993,782	»	»
Tabac.	516,442	»	»
Cardières.	875,432	»	»
Houblon.	951,559	26,464	»
Mûriers.	135,000,000	»	»
Vignes.	401,594,172	»	»
Légum. secs.	52,007,840	8,907,750	»
Féveroles et Fèves.	865,253	720,000	»
Pommes de terre.	21,696,679	»	»
Betteraves.	»	576,650	»
Navets.	61,603	»	»
Rutabagas.	200,000	»	»
Carottes.	1,044,514	»	»
Topinamb.	751,488	»	»
Choux.	2,371,800	»	»
Prairies nat. et artific.	72,558,339	»	»
Jachères.	38,179,651	»	»
Chênes-liég.	7,146,474	»	1,973
Noyers.	34,190,284	»	»

Châtaignier.	1,552,819	910,774	3,915,615
Bois de l'Etat	53,333,148	»	»
Bois de la couronne.	6,273,643	»	»
Bois des com. et des part.	279,743,466	»	»
Bois en bordures, verders, etc.	20,000,000	»	»
Vergers, Pépin.,Oser., Auln., etc.	260,844,274	»	»
Produits div.	10,000,000	»	»
Total.	1,433,082,814	524,279,924	57,887,035

« En réunissant ces sommes à celles que donne la statistique agricole, on obtient 6,542,346,863 francs pour la valeur annuelle des productions végétales utiles en France; encore est-il présumable que cette énorme somme n'est pas suffisante pour exprimer le revenu brut fourni par les produits végétaux, puisque parmi les causes qui ont dû contribuer à faire obtenir pour les valeurs des totaux un peu faibles, et dont cependant M. Royer paraît n'avoir pas tenu compte, il en est une assez importante, savoir que les prix moyens sur lesquels sont fondés les calculs des valeurs appartiennent à l'année 1839, qui a été une année d'abondance, et doivent par conséquent être un peu inférieurs à la moyenne des dernières années.

Animaux domestiques.

« D'après les notes où l'administration explique la manière dont ses tableaux ont été dressés, on peut se fier à l'exactitude du nombre des animaux, soit existants soit abattus, sauf en ce qui concerne les porcs, qu'il est difficile d'énumérer, attendu qu'ils sont dispersés dans toutes les maisons rurales. Les prix moyens qui ont été relevés par communes s'accordent également assez bien avec la réalité des choses, et par conséquent on peut attribuer une exactitude suffisante aux valeurs totales qui résultent de la multiplication du nombre des animaux par les prix moyens; il y a moins de certitude à l'égard des poids, les tableaux des communes présentant le poids net avec des exagérations en plus ou en moins, et surtout à l'égard du revenu, sujet complexe sur lequel les matériaux n'ont pas été parfaitement suffisants, et qui a besoin d'être exploré de nouveau en détail, avant que d'être considéré comme bien connu.

ESPÈCES.	Nombre de têtes.	Prix moyen par tête.	VALEUR TOTALE.	Revenu moyen par tête.	Revenu total.
		fr. c.	francs.	fr. c.	francs
Taureaux.	39,926	84 »	33,613,990	24 30	9,695,577
Bœufs.	1,968,858	153 »	301,819,337	31 80	62,576,699
Vaches.	5,501,825	89 »	487,875,663	39 05	214,790,094
Veaux.	2,066,849	26 »	52,936,763	12 15	25,153,257
Béliers.	575,715	16 05	9,243,405	4 55	2,607,790
Moutons.	9,462,180	13 50	127,862,305	4 45	42,233,517
Brebis.	14,804,946	9 20	135,938,491	4 05	59,925,119
Agneaux.	7,308,589	5 70	41,559,056	2 10	15,284,217
Porcs.	4,910,721	35 »	172,556,008	16 15	79,427,040
Chèvres.	964,300	9 20	8,851,451	5 65	5,448,301
Chevaux.	1,271,630	172 »	218,498,584	95 05	120,852,951
Juments.	1,194,231	146 »	174,709,681	76 70	91,583,056
Poulains.	332,655	70 »	24,626,018	24 55	8,659,029
Mules et Mulets.	373,841	172 »	64,284,246	56 85	21,244,148
Anes et Anesses.	413,519	59 »	16,217,371	18 80	7,771,306
Totaux.	54,568,845		1,870,572,369		767,251,851

« Quel que soit, au reste, le degré de confiance que peut mériter le chiffre du revenu total donné par le tableau qui précède, il est assez loin d'exprimer les valeurs totales créées par les animaux en France, comme nous le voyons par le tableau ci-dessous :

ESPÈCES.	Nombre d'animaux abattus annuellement.	Poids brut.	Poids net.	Prix du kilogr. de viande.	Quantité consommée par habitant.	Quantité totale de la viande consommée.
		Kilogr.	Kilogr.	fr. c.	Kilogr	Kilogr.
Bœufs.	492,905	415	248	0 80	6,74	122,446,618
Vaches.	718,956	240	144	0 70	»	103,567,986
Veaux.	2,487,362	48	29	0 80	2,17	72,874,391
Moutons.	3,432,166	28	17	0 90	2,19	56,664,356
Brebis.	1,337,327	20	12	0 65	»	16,595,674
Agneaux.	1,035,188	10	6	0 90	0,19	6,313,291
Porcs.	3,957,407	91	75	0 85	8,65	290,446,475
Chèvres.	157,416	22	12	0 45	0,06	1,966,385
Totaux.	13,618,727				20	673,589,781

Il faut, en effet, ajouter les sommes suivantes à celle de   767,251,851

1° Pour 9,500,000 cuirs de bêtes bovines et de bêtes ovines estimées ensemble à 10 0/0 de la valeur de la viande.   29,612,000

Pour suifs à 7 0/0.   20,728,000

Pour abats, langues et pieds à 3 0/0.   8,883,000

Pour abats et issues de 3,957,407 porcs à 18 kilogr. par tête et au prix de 0 fr. 42 c. le kilogr.   29,917,000

2° Pour les œufs, en supposant que la production annuelle est de 20 fois supérieure à l'exportation qui est de 6,000,000 de f.   120,000,000

3° Pour les abeilles dont le miel et la cire valent, autant qu'en peut faire juger une exploration incomplète.   15,000,000

4° Pour 11,195,850 kilogrammes de cocons à 3 francs 77 centimes le kilogramme, déduction faite de la valeur des feuilles.   25,405,900

5° Pour les poissons pêchés annuellement dans les rivières et les étangs, et représentant suivant Chaptal une valeur de   20,000,000

6° Pour le rapport de la chasse d'après M. Schnitzler   1,000,000
                                        ─────────
                           Total   1,033,777,751

Produit brut et net du capital.

« Si l'on réunit cette somme à celle que donne la statistique officielle pour le revenu général des produits végétaux et des animaux sur le sol de la France, on a 5,560,874,481 fr. Mais comme le revenu du bétail entre en qualité de principal élément, les fourrages dont la valeur a été déjà portée au compte des produits végetaux, nous pensons qu'il y aurait à faire, en raison de cette circonstance, une réduction qui ramènerait à 5 milliards ou un peu plus la somme indiquée tout à l'heure. Suivant M. J. Schœn, auteur d'une statistique européenne qui remonte déjà à une douzaine d'années, le revenu brut de l'agriculture française était alors, de 4,262,000,000 fr.; cependant Chaptal, en 1819, le portait à 4,678,708,000; depuis lors Lullin de Chateauvieux l'a estimé à 5,020,510,000 fr., Balbi à 5,250,000,000, M. Charles Dupin, pour 1825 et 1826 à 5,313,163,735; l'*Encyclopœdia Britannica* à 6,750,000,000, par comparaison avec celui des Iles-Britanniques, qu'elle borne à 4,675,000,000; enfin, M. Royer, réunissant aux nombres qu'il a donnés comme représentant les valeurs fournies par les produits en eux-mêmes les salaires auxquels donne lieu, dans la campagne, leur première manipulation industrielle et commerciale arrive à un total de 7,543,013,298 francs.

« En 1788, Arthur Young, en se fondant sur ses nombreuses observations, le portait à 5,240,000,000 de livres tournois pour une surface de 131,000,000 d'acres, ou environ de 4,940,000,000 fr. pour 50,000, 000 d'hectares. Dans l'hypothèse d'un revenu total de 5 milliards, le produit par hectare serait de 100 francs; dans celle de M. Schœn, il ne s'élèverait qu'à 84 francs; dans celle du gouvernement, il irait à 110, et dans celle de M. Royer, il atteindrait à 150. Les 40 livres tournois par acre, qui résultent des observations d'A. Young, donnent 98 francs par hectare.

« Comment se distribue cet immense revenu ? Chaptal a calculé et classé de la manière suivante la part qu'en absorbent les frais d'exploitation :

	francs.
Semences en céréales et pommes de terre	381,252,536
Salaires de 1,500,000 ouvriers à raison de 120 fr. par ouvrier .	180,000,000
Salaires d'ouvriers pour céréales	160,777,654
— — prés .	56,733,850
— — vendanges	179,735,418
Réparation des bâtiments, entretien du mobilier, etc. . . .	300,000,000
Perte par la mortalité des chevaux	27,500,000
— par le dépérissement graduel	29,300,646
Mortalité des bœufs, vaches, taureaux, génisses	13,912,507
Mortalité des moutons . . .	11,007,676
— — porcs, ânes et volailles	6,000,000
Nourriture de 3,000,000 de familles à 575 fr. par individu . .	1,125,000,000
Consommation des animaux attachés à la ferme	363,780,248

                    Total. . . 3,334,005,515

« M. Ch. Dupin, d'après des données relatives aux années 1825 et 1826, a indiqué pour les frais d'exploitation la somme de 3,687,163,735 francs; Lullin de Châteauvieux les a estimés à 3,012,306,000 en admettant le rapport 3/5° entre ces frais et la valeur du produit brut, rapport qu'il a obtenu en le calculant pour un grand nombre d'exploitations soumises aux circonstances les plus diverses. Les répartiteurs de l'impôt les ont évalués à 40 francs par hectare. L'impôt foncier, qu'il faut aussi défalquer du produit brut pour asseoir le produit net, a représenté en 1837, d'après la statistique officielle, en principal 155,200,083 francs, dont 123, 005, 240 ont été fournis par les 49,878,203 hectares de propriétés non bâties et imposables, et le reste par les 6, 863, 556 de maisons ou autres bâtiments imposables. Ainsi, la contribution foncière perçue dans cette année a été de 2 fr. 47 c. par hectare, et de 4 fr. 69 c. par maison ou usine. Les cotes moyennes par hectare, dans la moitié sud et dans la moitié nord de la France, sont entre elles dans le rapport de 2 à 3 ; les deux départements où elles atteignent leurs points extrêmes sont celui de la Seine, où elles s'élèvent à 10 fr. 38 c., par hectare, et celui de la Corse, où elles ne montent qu'à 0 franc 17 c. Mais, selon M. Royer, le total de l'impôt foncier, tel que le donne la statistique, est loin de la réalité, et le budget de l'année 1842 l'a porté à 271,036,940 fr. Lullin de Châteauvieux l'estime à 250,000,000 en y comprenant une portion des charges locales, et il trouve, en le défalquant du revenu total, ainsi que des frais d'exploitation, un revenu net de 1,758,204,000 francs, ou de 35 francs par hectare. Avant lui, Chaptal avait indiqué trois nombres différents pour ce même revenu, savoir : 1°, 1,323,138, 877 francs ; nombre qu'il donnait comme résultant du calcul du cadastre ; 2° 1,344,703, 570 francs, ou différence entre le produit brut et les frais d'exploitation tels qu'il les avait lui-même obtenus ; 3° 1, 486,244,653 francs, somme à laquelle il arrivait en prenant pour base un produit net de 28 à 30 francs par hectare. D'après le calcul des années 1825 et 1826, M. Ch. Dupin parvenait à un produit net de 30 francs 38 c. par hectare, ou de 1,626,000,000 francs en totalité ; en 1831, il le portait à 1,902,000,000. Cependant pour l'année immédiatement antérieure, l'administration générale de l'enregistrement et des domaines ne l'estimait qu'à 1,580,597,000, francs. A cette même époque de 1831 M. Thiers l'évaluait à 2 milliards, montant qui résulte aussi du taux de 40 francs par hectare admis par les répartiteurs de l'impôt. Selon l'*Encyclopædia Britannica*, il est de 1,870,000,000 francs et surpasse de 37,000,000 celui des Iles-Britanniques. Forbonais ne l'estimait qu'à 800,000,000 tandis que A. Young triplait ce nombre et assignait à l'acre 18 liv. 14 sous, ce qui fait 46 francs pour l'hectare. Ces deux dernières évaluations sont toutes deux de l'époque qui a précédé immédiatement la révolution de 1789.

« De pareilles divergences montrent assez que la quotité du produit net n'est pas bien connue. On peut en dire autant des capitaux d'où se forment ses revenus ; car sauf en ce qui concerne les animaux domestiques, la statistique officielle ne contient aucun renseignement sur cet immense fonds qui alimente toutes les sources de la fortune publique ; et l'administration du cadastre, qui vraisemblablement a réuni tous les éléments nécessaires à cette détermination, ne les a point publiés. On en est donc réduit sur ce point à de simples conjectures, et c'est ce qui explique le grand écart qu'on remarque entre les évaluations des auteurs. Chaptal, d'après des documents relatifs à l'année 1818, comptait en valeur :

	francs.
Pour les propriétés agricoles	32,940,000,000
— chevaux, bestiaux, volailles, etc.	1,581,000,000
Pour les instruments aratoires à 1,000 fr. par ferme . .	3,000,000,000
Total . . .	37,521,000,000

« Cette valeur s'accorde , eu égard à la différence des époques , avec celle de 39,514,925,000 francs , que l'administration générale de l'enregistrement et des domaines tire de ses documents, vraisemblablement pour l'année 1830, en multipliant le revenu par 25. M. Pâris admet et a récemment indiqué pour la valeur du sol 60 milliards, et pour celle des animaux domestiques 3 milliards, ou en tout 63 milliards. Ce qu'il y a de remarquable, c'est que c'est à cette même somme de 63 milliards, ou du moins une somme fort approchante (59,421,000,000) qu'on arrive en traduisant par les expressions du système métrique les 480 liv. qu'Arthur Young a trouvées pour la valeur moyenne de l'acre de terre en France et qui équivalent à 1174 fr. l'hectare. A moins de s'appuyer sur de nombreuses séries de chiffres, il serait difficile de donner une moyenne qui ne risquât pas de s'écarter trop de la réalité, quand on voit, par exemple, l'hectare coûter jusqu'à 5,000 fr. dans certains pays d'herbages de la Normandie, et ne valoir que 50 francs dans quelques cantons de la Sologne ; quand on voit même, dans une petite commune du centre de la France, la Chapelle-Gaugain, des jardins cotés à 4,000 francs l'hectare, et des landes à 150.

« Même exactitude à l'égard du capital d'exploitation, soit fixe, soit circulant. Arth. Young l'estimait à 262,000,000 de louis pour 131,000,000 d'acres, ou à 2 louis par acre, ce qui fait environ 5,928,680,000 francs pour les 50,614,972 hectares du domaine agricole, ou 118 francs seulement par hectare, taux qu'il regarde comme deux à trois fois moins élevé qu'en Angleterre. Lullin de Châteauvieux évalue à 42 fr. 50 cent. le capital circulant, et à 65 le capital fixe, représentant la valeur du cheptel et de sa consommation, mais non les bâtiments ni le mobilier : soit en tout 107 fr. 50 cent. par hectare ; les 42,000,000 d'hectares de la superficie cultivable, déduction faite du sol forestier, sont donc exploités au moyen d'une somme de 5,515,000,000 de fr., dont 1,785,000,000 en capital circulant, et le reste en capital fixe ; mais ce dernier, dans la plupart des cas, se confond avec la valeur de l'immeuble et ne peut être compté à part que lorsqu'il appartient au fermier ; or, cette portion distincte, Lullin de Châteauvieux ne la porte qu'à 412,912,500 francs. Quant au capital circulant, il se divise en deux parties à peu près égales, l'une se résolvant en numéraire, soit que ce numéraire existe en nature, soit qu'une portion s'en dépense à crédit ; l'autre qui n'est pas fournie en numéraire et représente le travail gratuit des métayers et des petits propriétaires. Des exemples isolés montrent que, dans les cantons, du moins où l'agriculture est très-productive, le capital d'exploitation est fort supérieur à celui qu'admet Lullin de Châteauvieux ; ainsi il est de 566 francs par hectare aux environs de Lille, d'après Cordier ; de près de 600 fr. dans les assolements du sud-est, qui comprennent la garance, la luzerne et le blé, d'après M. de Gasparin ; de 500 suivant Bigot de Morogues, dans les fermes de la Bauce, qui suivent l'assolement quadriennal et produisent beaucoup de blé ; de 300 à 360, suivant M. Moll, dans quelques départements de la région du nord qui suivent le système triennal amélioré ; mais dans le système triennal ancien on le voit retomber à 122 fr., même dans la région du nord, par exemple, aux environs de Provins. De tous les faits qu'avait recueillis A. Young, il concluait que les terres, en France, rapportaient un intérêt de 3 3/4 0/0 ; le maximum était 5 pour les pays de bruyères, et le minimum 2 3/4 pour l'Alsace. Depuis lors, qu'est devenu l'intérêt moyen de l'argent placé en fonds de terre ? c'est que qu'on ne semble pas avoir cherché à constater par des recherches spéciales ; seulement on semble admettre assez généralement qu'il doit être en moyenne de 3 à 4 0/0 ; on suppose aussi que le capital d'exploitation rapporte 8 0/0 net à l'entrepreneur.

Population rurale, grandeur des propriétés et des exploitations.

« Une population nombreuse prend part à la production de ces richesses territoriales. A l'époque de la révolution de 1789, on jugeait qu'elle formait plus des 3/4 de la population totale. D'après le recensement de 1836, en comptant comme populations rurales toutes celles qui habitent des communes au-dessous de 3,000 âmes, elles peuvent encore être considérées comme formant les 3/4 de la population, puisqu'elles s'élèvent au total de 25,301,683. Lullin de Châteauvieux, en supposant une population de 32,×00,000 âmes, d'après le recensement de 1831, en attribue aux campagnes 26,000,000 ou le 4/5. S'il faut en croire un autre auteur, M. Chemin-Dupontès, les calculs les plus exacts portent à 22 millions la population agricole de la France. Ainsi ce que produit chaque agriculteur ne peut suffire qu'à sa propre subsistance et au quart ou au tiers de celle d'un citadin, tandis que, à en juger par le pays où l'agriculture est la plus florissante, le travail agricole d'un individu doit suffire à son existence et à celle d'un citadin. Il ressort d'abord de la comparaison entre la population totale et l'étendue du domaine agricole, qu'il faut au cultivateur une étendue de 1 hectare 51 ares pour la production de la quantité de denrées que nécessite la subsistance d'un individu. On cite, il est vrai, les départements du Nord et du Bas-Rhin, qui ne comptent que 55 ou 83 ares par habitant ; mais ces départements, malgré la richesse de leur production, sont encore obligés d'ajouter à leur consommation des produits tirés du dehors.

« Si l'agriculteur français ne produit que peu pour la consommation générale, il faut principalement en accuser le morcellement de la propriété territoriale et le défaut de division qui en résulte dans le travail agricole. Voici, en effet, d'après Lullin de Châteauvieux, comment les 46 millions d'hectares appartenant aux particuliers se partagent entre les 4,800,000 familles qui formaient avant le recensement de 1831 les 24 millions d'individus intéressés à la propriété rurale.

Répartition de la propriété territoriale.

CATÉGORIES		Minimum de leurs impositions.	Nombre des propriétaires.	Étendue moyenne des propriétés.	Étendue totale des propriétés.	TOTAUX.
DES PROPRIÉTÉS.	DES PROPRIÉTAIRES CONTRIBUABLES.					
		francs.		hectares.	hectares.	francs.
Grande propriété.	Éligibles. 1re classe	1,000 »	»	»	2,840,000	
	2e classe	500 »	8,000	555 »	2,700,000	17,528,000
	Électeurs. 3e classe	300 »	15,000	180 »	5,628,000	
	4e classe	200 »	67,000	84 »	6,160,000	
Moyenne propriété.	5e classe	125 »	110,000	56 »	7,700,000	14,420,000
	6e classe	50 »	220,000	33 »	6,720,000	
Petite propriété.	7e classe	25 »	480,000	14 »	4,500,000	14,252,000
	8e classe	0 05	3,900,000	5 65	9,752,000	
			4,800,000			46,000,000

« Sous le rapport du mode d'exploitation des terres, Lullin de Châteauvieux admet que 8,740,000 hectares sont cultivés par des fermiers à rentes fixes, 14,530,000 par des métayers à moitié fruit, et 20,000,000 par l'économie des propriétaires. Cette dernière division comprend deux sortes de propriétaires très-distincts : les uns, qui forment la 8e classe des contribuables, cultivent leur modeste héritage de leurs propres mains, sans avances, sans rien livrer à la circulation générale, excepté le vin, et sans éprouver le besoin d'améliorations que celles qui peuvent avoir pour but de pourvoir directement aux besoins de leur propre consommation ; les autres qui paient 25 à 100 f. d'impositions, et dont les domaines ont en moyenne une superficie de 13 hectares, trouvent dans cette étendue le moyen de livrer au marché un excédant de produits, et dans leur qualité de propriétaires incommutables un grand intérêt à fertiliser leur sol, aussi bien que la possibilité d'attendre les résultats de leurs améliorations. Les 14,530,000 hectares culuvés à moitié fruit par des métayers sont situés, pour la plupart, dans les départements du centre, de l'ouest et du midi, ou consistent en vignes. Dans ce système, fort peu d'améliorations sont possibles, parce que les métayers n'apportent dans l'entreprise d'autre capital que celui du travail de leur famille, et que la plupart des propriétaires qui font exploiter à moitié fruit sont peu aisés, ignorants en agriculture, et presque toujours livrés à d'autres occupations ; la combinaison qui, dans ce système, est surtout contraire aux améliorations rurales, est celle par laquelle les grands propriétaires du centre afferment, pour une rente fixe, leur domaine à un fermier général qui, pour l'ordinaire n'étant nullement agriculteur, se borne à le subdiviser à un certain nombre de métayers. Au contraire, c'est la culture par fermiers à rentes fixes, telle qu'elle se pratique dans les départements de l'est, et surtout dans ceux du nord, qui est la plus propre à provoquer les améliorations, et qui fournit le plus à la circulation générale, parce qu'elle s'exécute sur de plus grandes surfaces ; parce qu'elle nécessite des capitaux dont l'emploi bénéficie exclusivement au fermier qui les consacre à son exploitation ; parce qu'enfin elle se prête plus à la division du travail. Il est cependant fâcheux que la courte durée des baux et les conditions qu'ils imposent le plus souvent aux fermiers ne soient pas favorables aux assolements à longs termes et aux innovations de la culture moderne.

« A la distinction de la grande, de la petite et de la moyenne propriété, se rattache sans se confondre avec elle, celle de la grande, de la petite et de la moyenne culture. Toujours, d'après le même auteur, on peut assigner, en faisant abstraction des bois :

« A la petite culture qui s'opère par le travail seul de la famille et sans charrue :

	hectares.	
1° Pour les pays vignobles	5,400,000	
2° Pour les régions montagneuses . . .	4,500,000	16,370,000
3° Pour les petites propriétés	6,470,000	

« A la moyenne culture qui ajoute occasionnellement au travail de la famille le service d'ouvriers étrangers, et s'exécute à l'aide d'une charrue, mais sans division dans l'ordre des travaux ;

1° Pour les petites propriétés dont l'impôt est de 25 à 30 fr.	4,500,000	
2° Pour les propriétés exploitées par métayers	14,500,000	20,500,000
5° Pour celles qu'exploitent les petits fermiers parcellaires .	1,500,000	
A la grande culture qui s'opère à l'aide d'ateliers formés d'ouvriers étrangers à la famille		6,130,000
		————————
Total . . .		43,000,000

« On pourrait faire une catégorie à part des pays d'herbages, qui ne se cultivent suivant aucun des systèmes de petite, de moyenne ou de grande culture, et qui comprennent, d'un côté, les prés d'embouche, de l'autre, les pâturages du sommet des montagnes : mais cette addition modifierait bien peu ce tableau, qui nous montre la France essentiellement soumise au système de la petite et de la moyenne propriété, système qui n'admet que peu ou point la division du travail. « Le trait caractéristique « de l'économie rurale de la France, dit Lullin de Châteauvieux, tient à ce fait immense, car il en domine tous les procédés, « toutes les circonstances ; il fait plus, il « classe la notion et lui imprime ce caractère « agricole que ne pourront lui faire perdre « tous les efforts tentés par le commerce et « l'industrie. Ce qui surabonde, par conséquent, en France, c'est la puissance du « travail ; ce qui manque, c'est la justesse « de son application. » En effet, il y a encore plus d'un paysan dans le cas de ce jeune Limousin qui, au rapport d'A. Young, allait vendre au marché un poulet pour le prix de douze sous, tandis que son travail pendant la journée qu'il employait ainsi lui en aurait valu vingt-quatre. Il faut remarquer, en outre, que le système de la petite culture et de la petite propriété a trop souvent pour conséquence le morcellement des biens ruraux en parcelles séparées les unes des autres, et enchevêtrées dans celles d'une autre propriété, enchevêtrement qui nuit à la culture des unes et des autres. Le nombre des parcelles de propriétés, suivant les documents officiels, est de 123,360,338 ; celui des propriétaires, de 10,896,682.

Circulation des produits agricoles

« Depuis 1836, la France possède, sur les chemins vicinaux, une loi qui, sans être bonne, a permis de réaliser quelques améliorations. En effet, trois ans après sa promulgation, au premier janvier 1840, d'après un rapport inséré dans le *Moniteur*, on avait reconnu légalement 350,509 chemins vicinaux, ayant ensemble une longueur approximative de 723,180 kilom., sur lesquels on en attribuait 48,633 aux chemins de grande communication, et les sommes consacrées aux premiers travaux s'étaient élevées d'année en année, jusqu'à 49,000,000 de francs en 1839 ; les valeurs représentées par les prestations en nature formaient la majeure partie de cette somme.

« A mesure que les voies de communication s'étendront et s'amélioreront, l'agriculture pourra plus aisément écouler ses produits. Depuis longtemps, il a été établi, dans le but de faciliter cet écoulement, une quantité de foires qui actuellement dépasse 25,000, et un nombre de marchés qui est peut-être quatre fois plus considérable. Pour la plupart, ces foires et ces marchés reçoivent toutes les espèces de produits ; mais il en est un certain nombre qui se distinguent par leur spécialité, que détermine le genre de production ou de consommation dominant dans la contrée : tels sont, par exemple, à Paris, la Halle aux blés, les marchés aux fourrages, aux légumes, aux fleurs, au poisson ; les marchés de Sceaux et de Poissy, pour les bestiaux ; les foires de Chartres et de Nogent, pour les chevaux ; l'entrepôt des vins, à Bercy. Dans quelques halles et marchés, certaines denrées se vendent à la criée et aux enchères ; c'est ce qui a lieu, par exemple, pour le beurre; à Paris. Des mercuriales, où sont notées en chiffres les phases des ventes. sont rédigées dans les principaux marchés et publiées en grande partie par les journaux.

« Avant d'arriver entre les mains des consommateurs, une partie des denrées agricoles ont différents impôts à acquitter. Quelques-unes des plus nécessaires, par exemple, les céréales, sont généralement exemptes des droits d'octroi et de consommation ; mais d'autres en sont plus ou moins grevées. A Paris, on calcule que les droits prélevés sur les bestiaux par la caisse de Poissy, l'octroi de la ville et aux abattoirs, élève de 0 fr. 26 le prix du kilogramme de viande, c'est-à-dire d'environ un quart de sa valeur primitive. Le fardeau est moins lourd pour la France en général; car on estime que les différentes charges fiscales qui y pèsent sur la consommation de la viande n'en haussent le prix que de 10 0/0 ; mais il n'en est pas moins vrai que la production animale est ainsi placée dans une situation désavantageuse comparativement à celle des céréales. Le vin a de bien plus pesantes charges à supporter : d'après des documents officiels relatifs aux années 1825-1827, les octrois des villes avaient perçu 21,378,397 fr. sur 7,505,903 hect. ou 2 fr. 85 par hectolitre ; or, les droits d'octroi, d'après les indications de M. Royer, ne forment qu'un sixième des impositions que l'impôt foncier, les droits de circulation et de consommation font peser sur les boissons ; par conséquent toutes ensemble, elles en triplent presque le prix original : aussi font-elles entrer annuellement 150 millons de francs environ dans les caisses publiques. Le tabac est une source encore plus féconde de revenus publics, eu égard au peu d'extension de sa culture, qui n'a lieu que dans six ou sept départements, et de sa consommation. En effet, en 1837, une consommation de 14,143,791 kil. avait donné 81,366,497 fr., dont 59,028,912 de produit net ; or, en supposant que le tabac indigène entre pour deux tiers dans la consommation totale, et que les frais de sa fabrication doublent le prix qu'il vaut comme feuille en sortant des mains du producteur, on trouve qu'il rapporte au trésor quatre ou cinq fois plus qu'il ne coûte à produire. Le sucre de betterave, depuis l'application de la loi du 3 juillet 1840, qui le frappe d'un droit de 27 fr. 50 à 39 fr. 70, les 100 kil., suivant les types, se trouve imposé dans la proportion d'un cinquième à un quart de sa valeur sur les marchés. En 1842, la production étant de 30,697,047 kilog., à la fin de juillet les droits perçus avaient donné 6,081,812 fr., c'est-à-dire un sixième de la valeur commerciale de cette denrée, supposée au bas prix de 120 francs les 100 kilog. Aux droits de douane et aux impôts de consommation se rattachent les droits de douane qui se perçoivent sur les produits exportés ou importés, et dont les plus importants sont ceux qui ont été établis sur les chevaux, les bestiaux, les laines, les lins et les céréales. Le commerce des céréales, attendu son importance, a été soumis à un système compliqué de droits de douane qui a moins pour but de remplir les caisses du trésor public que d'obvier aux fâcheux effets qu'entraînent les variations de prix et de satisfaire les intérêts du consommateur après ceux du producteur. Dans ce but on a distribué les départements frontières en quatre classes formant elles-mêmes huit sections, et ce sont les prix moyens, relevés sur certains marchés désignés par la loi, qui servent de prix régulateurs pour l'application de l'échelle des droits de douane dans chacune de ces classes. Ces droits varient pour leur quotité en sens inverse des prix, de manière que la somme des unes et des autres reproduit toujours à peu près le maximum jugé nécessaire pour la juste rémunération du producteur national ; savoir de 21 fr. 25 à 27 fr. 23 c. l'hectolitre, suivant la classe. C'est le froment dont le prix, publié chaque mois, sert de régulateur pour la fixation des droits à percevoir sur toutes les céréales. Au delà du maximum, le grain étranger est reçu franc de droit, excepté celui de 0 fr. 25 l'hectolitre. Ainsi la moyenne des prix de l'hectolitre de froment étant d'environ 20 francs, le producteur national se trouve protégé contre la concurrence étrangère par une prime de 25 0/0, et ce n'est pas là une des moindres causes qui ont contribué à exagérer la culture des céréales en France, aux dépens de celle des herbages, c'est-à-dire de l'éducation des bestiaux, qui, comme nous l'avons vu, non seulement ne jouit pas de cette sorte d'encouragement, mais encore est grevée de la charge que lui imposent les octrois.

Moyens généraux d'aide, de perfectionnement et d'action.

« Au-dessus du système protecteur des douanes, qui, s'il protège indirectement la production nationale, a aussi pour effet de l'énerver et de la détourner de ses voies naturelles, nous mettons les moyens généraux qui ont pour but direct de la soutenir, de l'encourager et de l'éclairer dans sa marche.

« *Sinistres, assurances.* — D'un relevé des sinistres qui ont affligé la France de 1826 à 1833, il résulte que les pertes éprouvées s'élèvent approximativement aux chiffres suivants.

		francs.
Pertes par incendie	. . . .	99 651,343
— grêle	. . . .	282,052,589
— gelée	. . . .	101,448,723

Pertes par inondations 71,951,498
  — — épizooties 23,658,290

Total . . . 578,734,413
Moyenne annuelle . . . 82,676,314

« En compensant ce qui dans les pertes par incendies ne concerne pas l'agriculture par celles que lui causent les dégâts exercés par les animaux ou les hommes, et qui ne sont pas portées dans ce tableau, on trouve que les dommages qu'éprouvent chaque année la production agricole doivent s'évaluer à une valeur de 80 à 100 millions. Pour réparer ces désastres elle n'a que de faibles subventions, votées éventuellement par les chambres, et l'action incomplète des sociétés d'assurances contre l'incendie, contre la grêle et contre la mortalité des animaux domestiques, telles que la *Cérès*, l'*Iris*, la *Normande*, le *Minotaure*, l'*Agricole*, etc.

« *Crédit agricole.* — A côté de ces causes matérielles de souffrance, on peut placer dans un autre ordre d'idées le défaut de crédit, qui fait qu'on ne prête pas aux cultivateurs, si ce n'est à la condition onéreuse d'environ 6 0/0, et qui par cela même tend à augmenter la somme de leurs dettes. D'après les renseignements émanant de l'administration générale de l'enregistrement et des domaines, la propriété foncière est grevée de 4,688,862 inscriptions hypothécaires, représentant un capital de 11,239,265,778 fr. ; et l'intérêt hypothécaire s'élève à 561,533,288 fr., c'est-à-dire au tiers ou plus du revenu net. La longueur du temps qui s'écoule avant que les améliorations foncières puissent donner un intérêt, le peu de confiance qu'on a dans les lumières des cultivateurs, les nombreuses difficultés qu'éprouvent les créanciers à réaliser des gages représentatifs de valeurs foncières, soit parce que, jusqu'à présent, les esprits ne se sont pas pénétrés de l'idée que la propriété foncière est avant tout un instrument de travail, un capital susceptible d'échange comme tout autre ; soit à cause de l'imperfection de notre système hypothécaire, qui pèche surtout parce qu'il ne donne pas suffisamment la garantie de la publicité, telles sont les principales causes qui se sont opposées jusqu'à présent à la consolidation du crédit foncier. Les établissements mêmes qui se sont successivement formés pour lui venir en aide n'ont fort peu réussi ; et cependant le triste sort de ces sociétés n'a pas empêché qu'il ne s'en formât de nouvelles dans ces dernières années, entre autres la Banque de mobilisation et de garantie des créances hypothécaires, la Banque nationale de la dette foncière et la Banque agricole de France : les deux premières effectuant des prêts hypothécaires avec les deniers de leurs commanditaires ou autres capitalistes, et mobilisent le contrat hypothécaire au moyen de mandats circulant nominatifs et au porteur ; la dernière a pour but de favoriser le travail agricole, et non la propriété foncière, en faisant des avances sur des dépôts de produits, en recueillant et rendant productifs les capitaux provenant des économies faites par l'agriculture. Quel qu'ait été ou quel que doive être le sort de ces institutions, on peut juger par leurs efforts ou leurs prétentions mêmes, qu'il y a là un besoin à satisfaire. C'est aussi ce qu'on peut penser en voyant les mémoires sur les combinaisons les plus propres à fonder le crédit foncier se succéder sans relâche (1), les vœux pour l'établissement de banques locales à l'instar de celles d'Ecosse ou de Prusse se manifester de différents côtés, et les pouvoirs de l'Etat simplifier, en 1841, la procédure qu'entraîne la saisie des immeubles. L'achèvement du cadastre sera d'un grand secours pour la réalisation de ce but, à laquelle cependant s'opposeront les esprits, qui ne voient pas sans inquiétude les immeubles fournir chaque année un contingent d'une valeur de deux milliards et demi environ aux mutations en général, et de 12 à 1,300,000 fr. en particulier aux ventes ou cessions.

(1) Le gouvernement vient d'instituer, par un décret, le mode du crédit foncier en France, à l'imitation de ce qui se pratique dans une grande partie du nord de l'Europe. Déjà plusieurs compagnies se sont formées pour mettre ce mode à exécution. Voici en quoi il consiste :

1° Chaque compagnie, prêteuse ou emprunteuse, ou prenant à la fois les deux caractères, obtient, dans une circonscription déterminée, les priviléges suivants : 1° La loi des hypothèques est modifiée en sa faveur, de manière à purger facilement et d'une manière irrévocable, les hypothèques légales, celles des femmes et des mineurs, qui, jusqu'à ce jour, laissaient les prêteurs dans une incertitude fatale sur la sûreté de leurs créances ; 2° En cas de non payement de la part de l'emprunteur aux époques convenues, l'expropriation a lieu par une procédure sommaire, qui dure à peine quelques semaines, au lieu des lenteurs qui permettent, dans la législation ordinaire, d'obtenir des délais qui durent quelquefois plusieurs années, et qui entraînent des frais considérables que les poursuivants doivent avancer.

2° L'emprunteur s'engage à restituer intérêt et capital, en 41 annuités à raison de 6 0/0 de la somme empruntée, qui ne dépassera pas 50 0/0 de la valeur vénale estimée de l'immeuble.

3° Les annuités seront mises en circulation au moyen de coupures négociables au porteur, appelées lettres de gage, qui prendront cours à l'instar des valeurs commerciales et des effets publiés. (*Voyez* le décret.)

Dans cette combinaison, le sol entier du pays peut devenir le gage d'une banque universelle, laquelle prélève 1/2 0/0 pour ses frais et bénéfices. Les propriétaires emprunteurs se trouvent libérés par le payement de la dernière annuité, à la fin de la 41e année : il leur en aura coûté, par an 4 0/0 d'intérêt et 1 1/2 pour le remboursement du capital.

Le but qu'on se propose est de soustraire les propriétaires, principalement les petits, au joug des usuriers, et de favoriser l'amélioration de l'agriculture.

On peut déjà deviner à la manière dont les premières compagnies annoncent leurs systèmes d'opérations, que le projet que l'on a en vue ne pourra ne pas remplir ces deux conditions. Le cultivateur dans sa manie habituelle d'acquérir, empruntera pour s'agrandir et non pour améliorer ce qu'il a. Les

Établissements et institutions agricoles.

« Ce n'est pas assez de venir en aide au cultivateur dans ses désastres ou ses embarras pécuniaires, il faut aussi mettre à sa portée les moyens de perfectionner ses procédés, et, sous ses yeux, les modèles qu'on lui propose d'imiter. Différents établissements publics tendent à ce but. Ainsi dans la plupart des jardins de botanique, on rassemble et cultive différentes plantes utiles jusqu'alors inconnues, ou peu répandues dans la culture du pays, soit pour les porter à la connaissance du public, soit même pour en distribuer gratuitement les graines et les plants parmi les agriculteurs. Citons surtout comme ayant rendu des services signalés en ce genre, le jardin des Plantes de Paris, et la pépinière du Luxembourg, dans laquelle sont rassemblées presque toutes les variétés de vignes connues, et qui en fait des expéditions à Tarascon et à Bordeaux, afin que les mêmes essais se poursuivent sous des climats différents. La collection d'instruments aratoires, et de machines d'agriculture formée au Conservatoire des arts et métiers, aurait la même importance pour la mécanique agricole, encore peu avancée en France, si l'on y consacrait les fonds nécessaires pour la tenir en meilleur état. Le perfectionnement de l'économie rurale est encore secondé par les ventes annuelles de mérinos, de moutons à laine longue de Dishley et de gros bétail de la race de Durham, originairement importés de l'Espagne et de l'Angleterre aux frais du gouvernement, et perpétués comme types ; les seuls mérinos dans la bergerie royale de Rambouillet, les seuls Durham au haras du Pin, et les trois races ensemble à l'école vétérinaire d'Alfort. A une de ces ventes un bélier a été acheté 3870 fr., et une brebis 639 fr. Le prix moyen des brebis de choix de Rambouillet est indiqué à 108 fr. On s'est récrié, à tort selon nous, contre cette manière de faire acheter les moyens d'améliorations par ceux qui doivent les mettre en œuvre.

« Les haras royaux, auxquels il faut joindre les dépôts d'étalons et de remonte, ne procèdent pas ainsi, mais, par cela même peut-être, ont moins bien rempli leur but. En vertu de l'ordonnance du 24 octobre 1840,

compagnies, étant de leur nature inexorables sur le payement régulier des annuités, forceront l'emprunteur dans toutes les circonstances où ses revenus seront diminués ou retardés, à recourir à l'usurier pour éviter une expropriation devenue si facile et si prompte. Le sol changera perpétuellement et rapidement de mains, conditions qui, loin de favoriser l'amélioration de l'agriculture, est au contraire la plus puissante cause de sa détérioration et de sa ruine. Au surplus l'avenir aura bientôt décidé la question, et l'expérience seule peut enseigner si ce qui a réussi en Allemagne peut être applicable en France, où les coutumes, les mœurs et l'organisation sociale reposent sur des bases toutes différentes, où la tenue des terres a été modifiée presque entièrement depuis l'introduction du Code civil. Nous ne saurions, en ce moment, faire autre chose que de prémunir l'opinion contre un enthousiasme qui ne serait pas sans quelque danger.

il existe maintenant deux haras de première classe : celui du Pin (Orne), qui, à l'époque de l'ordonnance, n'entretenait que 32 poulinières et quelques étalons, et celui de Pompadour (Corrèze) ; un haras de deuxième classe, celui de Rosières, (Meurthe) ; sept dépôts de première classe, dix de deuxième et un dépôt de remonte avec station à Paris. Le but principal de l'institution des haras, en ce qui concerne l'agriculture, est nonseulement de proposer aux éleveurs de chevaux des modèles d'imitation, mais aussi de contribuer directement à l'amélioration des races par le croisement de ces types avec les juments du pays ; c'est pour cela que chaque année, à l'époque de la monte, les étalons entretenus dans les haras sont répartis en un certain nombre de stations, suivant les besoins des localités, et placés chez les cultivateurs les plus habiles dans l'art d'élever les chevaux. En 1827, un nombre total de 1827 étalons était entretenu par l'administration, qui coûte elle-même annuellement plus de 1,500,000 fr. à l'État. Il suffit de mentionner ici en passant les fermes expérimentales et les fermes modèles, qui, lorsqu'elles ne joignent pas l'enseignement au but qu'annonce leur titre, n'ont qu'une utilité contestée ou ne peuvent compter sur un succès certain. Il est à craindre qu'on ne doive en dire autant de l'association agricole fondée par le prince de Monaco, dans le département du Calvados, pour l'extinction de la mendicité, sur le modèle de la colonie agricole qui avait été fondée à Frederiksoord, en Hollande, mais qui avait mal réussi. En effet, ces sortes d'établissements, qui prennent l'agriculture, non pour but, mais simplement comme moyen, ne sauraient que difficilement, 'quelle que soit d'ailleurs l'excellence de leur but moral et social, se soutenir par l'agriculture ni contribuer à ses progrès.

« Au contraire, c'est vers ce dernier but que sont surtout tournés les efforts des sociétés d'agriculture et des comices agricoles. Ceux-ci, dont il n'existait qu'une dizaine sous la restauration, ont pris depuis la révolution de 1830 un prodigieux accroissement. Essentiellement destinés à mettre en contact les différentes classes de la population rurale, à vaincre par le spectacle de faits réels la défiance des paysans, à étendre et rectifier leurs idées en les mettant aux prises avec les opinions différentes de leurs supérieurs, ou mieux encore de leurs pairs, à stimuler leur émulation par la lutte, à récompenser leur conduite ou leurs tentatives d'amélioration, ces concours ouverts dans les champs, ces fêtes annuelles de l'agriculture, volontiers accueillis par les populations rurales, ont répandu parmi elles un peu plus de vie, et, réagissant sur les sociétés d'agriculture, les ont en partie ramenées vers la pratique de l'art, que perdaient souvent de vue ces corps, ayant leur siège dans les villes, et autant ou plus composés de citadins que de campagnards. Sous l'empire de ce mouvement, le nombre des comices à fini par s'élever, en 1843, à 664, et celui des sociétés à 157. La plupart de ces sociétés embrassent dans leur action tout le champ de la culture et de l'économie rurale. Cependant il en existe aussi qui ont un but spécial, en particulier l'horticulture, l'œnologie, l'art séricole, l'éducation des chevaux, etc. La Société centrale d'agriculture, qui siége à Paris, se distingue des autres, parce que la sphère de son action embrasse toute la France, et non pas uniquement le département où elle a sa résidence, quoiqu'elle n'ait aucune suprématie sur les autres. Il existe aussi à Paris un Cercle agricole, sorte de club où ont aussi lieu des conférences sur des sujets d'agriculture, et l'Académie des sciences compte dans son sein une section d'économie rurale, qui a surtout pour fonction de vérifier les faits de la science agronomique soumis à son contrôle. Enfin cette année une réunion d'un nouveau genre, un congrès agricole s'est tenu dans la capitale, et à la gravité des questions qu'il a agitées, on a pu juger du rôle important que sont appelées à jouer des assemblées de ce genre, où se rendent des représentants agricoles de toutes les parties de la France.

Représentation, administration publique de l'agriculture.

« A vo r. agriculture agitée de ce mouvement, il est facile de juger qu'elle cherche et tend à s'élever au-dessus du rang subordonné où elle a été réduite jusqu'à présent, et à obtenir une représentation plus directe auprès des pouvoirs de l'Etat, ou même à s'en faire attribuer une part. Actuellement les organes officiels par lesquels elle peut manifester ses besoins sont, outre les administrations de préfectures et de sous-préfectures, les conseils d'arrondissement, les conseils généraux de départements et le conseil général de l'agriculture, institué en 1819, et modifié d'abord en 1831, puis en 1841, par une ordonnance qui a porté le nombre de ses membres, de 30 à 54; mais, sans parler de la dépendance où se trouvent les deux premiers de ces organes à l'égard du pouvoir, aucun d'eux n'appartient en propre à l'agriculture, excepté le dernier, qui cependant est encore dans une position inférieure à l'égard des conseils généraux du commerce et des manufactures, parce qu'il est entièrement de la nomination du ministre, tandis que ses rivaux émanent, par élection, des chambres consultatives du commerce et des manufactures. L'existence même de ces chambres est une nouvelle cause d'infériorité pour l'agriculture, qui, jusqu'à présent, n'a pu obtenir d'institutions de ce genre. Dans cette absence de représentation réelle de l'agriculture, il s'était formé, au sein de l'ancienne chambre des députés, une conférence agricole, qui, dans ce poste élevé, pouvait être pour les intérêts agricoles un auxiliaire utile, mais ne pouvait leur assurer un appui durable. Il est vrai que leur représentation n'était pas bien nécessaire, du moins à l'égard du gouvernement, puisque l'un des ministè-

res, celui de l'agriculture et du commerce, est, en partie, chargé de leur défense, et qu'ils n'ont jamais été en butte à la malveillance du pouvoir. Il serait cependant à désirer qu'ils fussent confiés plus souvent à des hommes qui en eussent fait une étude approfondie, et qu'ils ne courussent pas de nouveau le risque d'être appréciés, comme ils le furent sous la restauration, par ce ministre qui déclarait que, si l'agriculture souffrait, c'était parce qu'elle produisait trop ; ou par cet autre, d'une date plus récente, qui venait confesser à la tribune qu'il n'avait trouvé aucun moyen d'employer les 300,000 francs alloués à son ministère, pour être consacrés à l'encouragement de l'agriculture. Les inconvénients auxquels elle est exposée, sous ce rapport, résultent surtout de la subordination des intérêts matériels aux phases de la politique, qui se sont fait sentir aussi dans la direction générale de l'agriculture, où dix sous-secrétaires d'Etat sont venus, en neuf ans, faire un apprentissage, interrompu avant même qu'on pût en espérer des fruits. Ces brusques changements, ces incertitudes dans la sphère élevée qui devait éclairer la voie des améliorations, n'ont pas laissé que d'exercer quelque influence dans les régions inférieures du pouvoir ; et si l'administration des eaux et forêts, guidée par les principes posés dans le code forestier, et agissant dans le cadre tout tracé des 32 conservations forestières, par ses directeurs, ses conservateurs, ses gardes généraux, ses ingénieurs forestiers et ses autres agents, a continué ses utiles travaux, sans être beaucoup arrêtée par les changements de ministères, il ne paraît pas en avoir toujours été de même de l'administration des haras, à laquelle on a eu à reprocher d'assez fréquentes variations dans son but et ses méthodes; mais les ordonnances qui l'ont successivement modifiée l'ont toujours plus dérobée à ces vicissitudes.

Instruction agricole.

« Dans le remaniement des haras, qui a eu lieu en 1840, il a été fondé à celui du Pin une École des haras royaux, qui n'admet que vingt élèves, et où l'enseignement embrasse une durée de deux années, qui peuvent être doublées. Auparavant, la France possédait déjà les trois Écoles vétérinaires de Lyon, de Toulouse et d'Alfort, près Paris, de même que l'École forestière de Nancy. Ces deux dernières ont été rebâties ou réorganisées dans ces dernières années. A côté de ces établissements spéciaux, il en existe beaucoup d'autres, dont le but est plus général. L'enseignement élémentaire de l'agriculture a été introduit dans plusieurs écoles primaires et normales primaires; à quelques écoles villageoises il a été annexé une pièce de terre, que cultivent les élèves eux-mêmes, et l'on se félicite des heureux résultats de cette innovation. C'est encore l'enseignement élémentaire de l'agriculture, joint à la pratique, qui fait la base de ces colonies de jeunes détenus, ou d'orphelins et d'enfants pauvres, qui se sont formées, d'abord à Mettray (Indre-et-Loire), puis en divers autres points de la France, sur le modèle des institutions fondées à Horn près de Hambourg, et dans l'île de Thompson, voisine de Boston. Au-dessus des écoles élémentaires se placent les instituts agricoles qui, ayant pour but de former des jeunes-gens à l'exercice en grand de l'agriculture, par l'union de la science et de la pratique, sont toujours joints à des fermes expérimentales ou modèles. En 1841, on comptait 27 de ces fermes-écoles, dont les premières ont été celles de Roville, fondée par M. Bertier, et longtemps dirigée avec éclat par Mathieu de Dombasle, récemment enlevé à la science agronomique ; de Grignon (Seine-et-Oise), établie dans un grand domaine acheté aux frais de la liste civile, sous le règne de Charles X, et en partie soutenue par le gouvernement. L'administration de l'État et les autorités départementales s'intéressent aussi plus ou moins au succès de presque tous les instituts agricoles, en y entretenant des élèves à leurs frais. C'est ainsi qu'en 1841, le ministre de l'agriculture annonçait aux chambres que 180 maîtres-valets étaient envoyés, aux frais de l'État, dans des fermes-modèles, pour y faire des études agricoles. Enfin, l'enseignement purement théorique de l'agriculture se donne dans les cours ou chaires d'agriculture qui ont été successivement établies dans la plupart de nos grandes villes, à l'instar de celles qui ont été fondées, il y a neuf ou dix ans, au Conservatoire des arts et métiers, à Paris.

« Parmi les autres moyens de propager les connaissances agricoles, il faut placer les traités, les mémoires des sociétés, les journaux, les circulaires ministérielles et les. voyages aux frais de l'État. Les nombreuses publications qui ont pour objet l'agriculture peuvent être utiles aux cultivateurs éclairés et amis du progrès, mais restent presque totalement inconnues aux masses qui ne sont pas en état de les comprendre ou qui se rient de leurs théories trop souvent hasardées. Le ministère et la Société centrale d'agriculture ont cherché à faire pénétrer la lumière au sein de ces ténèbres, en provoquant la composition de manuels élémentaires appropriés aux diverses régions de la France. Les manuels ont été bien composés, mais ceux à qui ils étaient destinés en font-ils usage ? Pour donner à ces masses le goût de la lecture, il n'y a pas, que nous sachions, de meilleurs moyens que la diffusion de l'instruction élémentaire. Les fréquentes circulaires que les ministres adressent aux préfets, aux maires, aux conseils généraux de départements, etc., pour porter leur attention et leurs délibérations ou rectifier leurs idées sur différents sujets qui touchent à l'économie rurale, ont du moins cet avantage qu'elles arrivent à leur adresse et ne peuvent manquer d'être prises en considération. Les inspecteurs et les voyageurs qui sont envoyés comme agents ou aux frais du gouvernement dans les départements pour y surveiller l'emploi de certains fonds, et

pour y porter ou en rapporter des lumières, exercent aussi vraisemblablement, en vertu de ce caractère, une influence favorable au progrès des saines doctrines.

Moyens d'encouragement et d'émulation.

« Au nombre de ses principaux moyens d'épreuve et d'émulation, l'agriculture compte les concours par écrit sur des sujets proposés, les expositions de ses produits, les concours d'instruments aratoires et les courses de chevaux. Les concours d'instruments ont déjà contribué en beaucoup de lieux, à améliorer la construction de ces instruments et l'exécution des labours. Les courses de chevaux n'excitent pas moins vivement l'intérêt ; mais n'ayant pour but que le développement de la vitesse, et établies en faveur de races étrangères ou factices, elles ont peu d'importance pour la production nationale ; il faut cependant faire une exception pour les courses qui ont eu lieu dans les pays d'élève du nord-ouest, tels que le Calvados, la Manche, les Côtes-du-Nord, le Morbihan, la Sarthe, où l'on a institué à côté de la course de plus grande vitesse des épreuves relatives au trot des chevaux libres ou attelés, et à leur force de tirage. Les récompenses qu'obtiennent les vainqueurs, ou qui vont chercher les auteurs des inventions ou innovations utiles et les bons serviteurs, se bornent généralement à des objets en nature, à des médailles, à la décoration de la Légion-d'Honneur et à des primes ou à des prix en argent. Parmi les primes, on peut distinguer celles qu'accorde l'administration des haras en faveur des étalons jugés capables d'améliorer l'espèce, et des meilleures poulinières : ces primes sont de 200 à 500 fr. par année ; parmi les prix, les plus considérables sont également réservés à l'espèce chevaline, le grand prix royal s'élevant dans les courses jusqu'à 14,000 fr. Les fonds votés dans le budget pour l'encouragement de l'agriculture ont été continuellement en augmentant depuis une dizaine d'années qu'ils ont été institués, et s'élèvent actuellement à environ 900,000 fr.; ils ont pour destination la plupart des objets et institutions que nous avons successivement énumérés. Les fonds d'encouragement que s'imposent les départements, les sociétés d'agriculture et les comices doivent beaucoup grossir cette somme.

Législation rurale.

« Les intérêts de l'agriculture sont encore régis par une multitude de décrets, d'arrêts, d'ordonnances, de lois, de coutumes, d'usages, etc., incohérents entre eux et ne répondant plus qu'imparfaitement aux besoins de l'agriculture moderne ; aussi sollicite-t-on depuis longtemps la confection d'un code rural plus propre à les satisfaire. Une tentative avait été faite dans ce sens par l'administration impériale ; mais les travaux de la commission nommée dans ce but par le décret du 19 mai 1808, quoique consciencieusement exécutés, parurent trop imparfaits pour être soumis à l'examen du Corps législatif et restèrent à l'état de projet. Depuis lors aucune nouvelle entreprise sérieuse n'a été faite pour vaincre les difficultés de cette œuvre; mais quelques lois spéciales ont été promulguées : notamment le Code forestier, ou loi du 21 mai 1827, avec son complément, l'ordonnance réglementaire du 1er août de la même année; la loi relative à la pêche fluviale, publiée le 15 avril 1829, et la loi sur la chasse, qui ne compte que deux années d'existence. Le but des deux premières lois a été surtout de ménager les ressources du présent en opposant des obstacles à l'avidité qui pourrait porter les particuliers à en abuser, et même de la porter à en créer de nouvelles pour l'avenir; c'est pour cela que le Code forestier a soumis à un régime sévère, exercé par une administration relevant directement du ministère des finances, tous les bois quelconques qui appartiennent en propre à l'État, à la couronne, aux communes et aux établissements publics, ou à la propriété desquels ils ont des droits; c'est pour cela aussi que l'exercice des droits d'usage, même dans les bois des particuliers, est soumis à des règles déterminées, que tous les genres de délits et de contraventions sont prévus et réprimés par des peines proportionnées à leur gravité, que des obstacles temporaires sont apportés aux défrichements, et des encouragements donnés aux plantations sur les montagnes et sur les dunes. Les dispositions de la loi sur la pêche fluviale sont conçues dans le même esprit de prévoyance. Celles de la loi relative à la chasse ont surtout pour objet de restreindre, dans l'intérêt de l'agriculture, l'exercice d'un plaisir qui lui est incompatible. Le Code forestier et la loi sur la pêche fluviale remplacent en partie l'ordonnance de 1669, dont ils développent, complètent, précisent, et en général adoucissent les dispositions. Parmi les autres lois rurales, se range en première ligne celle du 28 septembre 1791, qui, à cause de sa généralité, a été considérée comme un code rural, mais dont il ne reste plus aujourd'hui que quelques articles en vigueur concernant les abeilles et essaims, les cours d'eau, les étangs, les clôtures, les défrichements, le parcours, la police rurale, les gardes champêtres, les délits ruraux, les épizooties, les inondations d'héritages et quelques autres. Cette loi et d'autres qui ont paru pendant l'époque révolutionnaire ont eu principalement pour but et pour effet d'affranchir la propriété et la population rurales des entraves de la féodalité.

« Le Code civil, promulgué quelques années plus tard, contient un assez grand nombre de dispositions qui intéressent plus particulièrement l'agriculture; telles sont: la plus grande partie du livre II, qui concerne les biens et les différentes modifications de la propriété, entre autres, sous le titre 1er, le chapitre 1er relatif à la classification des immeubles; et, dans le chapitre 2, l'article 538, qui indique quelles portions du territoire sont considérées comme des dépendances du domaine public; sous le titre II

la section 1re du chapitre 2, articles 552 à 564 où il est question du droit d'accession relativement aux choses immobilières, et spécialement aux plantations, aux alluvions et atterrissements, aux déplacements de terre par les fleuves et rivières, aux pigeons, lapins et poissons qui passent d'une propriété dans une autre; sous le titre III, la section 1re du chapitre 1er, articles 583 à 599, qui déterminent les droits de l'usufruitier; quelques articles de la section 2 de ce même chapitre relative aux obligations de l'usufruitier sous le titre IV, le chapitre 1er, articles 640 à 648, roulant sur les servitudes qu'entraîne la situation des lieux, particulièrement en ce qui concerne l'écoulement des eaux, le bornage et la clôture; dans le chapitre 2 du même titre, les articles 666 à 673, qui ont pour objet les servitudes établies par la loi à l'égard des fossés, haies et plantations mitoyennes; dans le chapitre 3, les articles 687 et 688, où il est question des servitudes rurales et des droits de passage, puisage, pacage, et autres semblables; dans le livre III, sous le titre VIII la troisième section du chapitre 2 qui renferme les règles particulières aux baux à ferme, articles 1763 à 1778; et le chapitre 4 tout entier, articles 1800 à 1831, qui règle les conditions du bail à cheptel. La saisie des fruits pendants par racine est le seul objet spécial à l'agriculture auquel s'appliquent des dispositions particulières dans le Code de procédure civile. Les fonctions des gardes champêtres et forestiers sont déterminées dans le chapitre 3, livre 1er du Code d'instruction criminelle. Enfin, parmi les peines établies par le Code pénal dans son livre III, titre II, chapitre 2 pour la répression des crimes et des délits contre les propriétés, plusieurs s'appliquent au vol des objets d'agriculture (section 1re, articles 388 à 397), et un plus grand nombre encore énumèrent les peines décernées contre ceux qui auront mis feu aux bois et aux récoltes, ou qui auront dévasté les récoltes sur pied, endommagé ou abattu des arbres, coupé des grains ou fourrages appartenant à autrui, brisé des instruments d'agriculture, rompu des clôtures, comblé des fossés, altéré ou fait disparaître des limites, donné la mort à des animaux domestiques, ou négligé de se conformer aux injonctions et aux défenses de l'autorité administrative dans le cas de maladies contagieuses, etc. (section 3, articles 434 et 444-463). Dans le même Code livre IV, le chapitre des contraventions et des peines décrète des amendes variables de 1 fr. à 15 fr. ou même un emprisonnement de trois jours contre ceux qui auront laissé dans les champs des coutres de charrues, ou autres instruments dont puissent s'armer les malfaiteurs; qui auront négligé d'observer les lois ou règlements sur l'échenillage, qui auront glané, râtelé ou grapillé prématurément ou pendant la nuit; qui auront, sans en avoir le droit, passé sur un terrain chargé d'une récolte, ou qui y auront laissé passer leurs bestiaux et bêtes de services; qui auront contrevenu aux bans de vendanges;

enfin qui, par suite de causes diverses dont ils auraient pu prévenir les effets, auront été une occasion de mort ou de blessures pour les animaux appartenant à autrui.

« Il serait superflu de rappeler ici la multitude des autres mesures législatives qui ont été successivement émises à l'égard de l'agriculture, et qui, pour la plupart, demanderaient à être refondues, modifiées ou remplacées par d'autres. C'est en ce qui concerne la vaine pâture, le droit de parcours, les communaux, les irrigations, les cours d'eau, les défrichements, les déboisements, les reboisements, les domestiques de campagnes, qu'on paraît principalement désirer l'amélioration de la législation. »

AIGUILLE. — Petit instrument d'acier trempé, délié, poli, ordinairement pointu par un bout, et percé d'une ouverture longitudinale par l'autre bout.

Nous avons dit *ordinairement*, parce que l'aiguille n'est pas toujours percée et pointue. En effet, entre les instruments qui portent le nom d'aiguille, et ainsi appelés à cause de l'usage qu'on en fait, il y en a qui sont pointus et non percés, d'autres qui sont percés et non pointus, d'autres encore qui ne sont ni pointus ni percés.

« De toutes les manières d'attacher l'un à l'autre deux corps flexibles, celle qui se pratique avec l'aiguille est une des plus universellement répandues : aussi distingue-t-on un grand nombre d'aiguilles différentes. On a les *aiguilles à coudre*, ou *de tailleur*; les *aiguilles de chirurgie, d'artillerie, de bonnetier*, ou faiseur de bas au métier ; *d'horloger, de cirier, de drapier, de grainier, de perruquier, de coiffeuse, de faiseur de coiffe à perruques, de piqueur d'étuis, tabatières*, et autres semblables ouvrages ; *de sellier, d'ouvrier en soie, de brodeur, de tapissier, de chandelier, d'emballeur ; à matelas, à empointer, à tricoter, à enfiler, à presser, à brocher, à relier, à natter, à boussole ou aimantée*, etc., etc.

« Avant l'invention des aiguilles d'acier, on a dû se servir, à leur défaut, d'épines, d'arêtes de poissons ou d'os d'animaux; mais depuis l'établissement des sociétés, ce petit outil est devenu d'un usage indispensable dans une infinité d'arts et d'occasions (1). »

Nous ne parlerons ici que de l'*aiguille à coudre* : son invention remonte à la plus haute antiquité, si l'on observe que les Babyloniens et les Phrygiens connaissaient déjà les broderies d'or et d'argent. En 1370 on fabriquait des aiguilles à Nuremberg, et la première fabrique d'aiguilles métalliques fut établie en Angleterre en 1543. Cet instrument, dont le prix est si modique, demande, pour être confectionné, plus de temps et plus de soins qu'on ne pourrait le croire, et passe par les mains de cent vingt ouvriers avant d'arriver à celles qui doivent l'employer. Voici la manière dont l'*Encyclopédie* décrit cette fabrication :

(1) Une partie de cet article est extraite de l'*Encyclopédie méthodique*.

« Ayez de bon acier, faites passer cet acier, réduit en fil, soit au charbon de terre, soit au charbon de bois, suivant l'endroit de la fabrique. Mettez-le, chaud, sous le martinet pour lui ôter ses angles, l'étirer, ou l'étendre et l'arrondir.

« Lorsqu'il sera fort étiré, et qu'il ne pourra plus soutenir le coup du martinet, continuez de l'étirer et de l'arrondir au marteau. Ayez une filière à différents trous; faites passer ce fil par un des grands trous de la filière, et *tréfilez-le* pour l'étendre et l'amincir. Ce premier tréfilage s'appelle *dégrossi*.

« Après le premier tréfilage ou dégrossi, donnez un second tréfilage par un second trou de la filière, après avoir fait chauffer le fil ; puis un troisième tréfilage par un troisième trou plus petit que le second.

« Continuez ainsi jusqu'à ce que votre fil soit réduit, par ces tréfilages successifs, au degré de finesse qu'exige la sorte d'aiguille que vous voulez fabriquer.

« Il y a deux remarques à faire : c'est qu'il semble que la facilité du tréfilage demande un acier ductile et doux, et que l'usage de l'aiguille demande un acier fin, et, par conséquent, très-cassant. C'est à l'ouvrier à choisir entre tous les aciers celui où ces deux qualités sont combinées, de manière que son fil se tire bien et que les aiguilles puissent avoir la pointe très-fine sans être cassante. Mais, comme il y a peu d'ouvriers en général qui entendent assez bien leurs intérêts pour ne rien épargner quand il s'agit de rendre leur ouvrage excellent, il n'y a guère d'aiguillers qui ne disent que plus on cassera d'aiguilles, plus ils en vendront, et qui ne les fassent de l'acier le plus fin, d'autant plus qu'ils ont répandu le préjugé que les bonnes aiguilles doivent casser. Les bonnes aiguilles cependant ne doivent être ni molles ni cassantes.

« On graisse de lard le fil d'acier à chaque tréfilage, afin de le rendre moins revêche et plus docile à passer par les trous de la filière. Lorsque l'acier est suffisamment tréfilé ou dégrossi, on le coupe par brins à peu près d'égale longueur. Un ouvrier prend autant de ces brins, qu'il en peut tenir les uns contre les autres, étendus et parallèles, dans la main gauche.

« Cet ouvrier aiguiller, nommé le *coupeur*, est assis devant un banc. Ce banc est armé d'un anneau fixe à l'une de ses extrémités; il est échancré circulairement à son extrémité opposée; l'anneau de la première extrémité reçoit le bout long de la branche d'une cisaille ou force; à l'échancrure circulaire est ajusté un seau rond. L'ouvrier tient l'autre branche de la cisaille de la main droite, et coupe les brins de fil d'acier, qui tombent dans le seau.

« Ces bouts de fil d'acier coupés passent entre les mains d'un second ouvrier qui les *palme*.

« Palmer les aiguilles, c'est les prendre quatre à quatre, plus ou moins, de la main gauche, par le bout qui doit faire la pointe placé entre le pouce et l'intervalle de la troisième et la seconde jointure de l'index ; de les tenir divergentes, et d'en aplatir sur l'enclume l'autre bout. Ce bout sera le cul de l'aiguille.

« On conçoit aisément que ce petit aplatissement fera de la place à la pointe de l'instrument qui doit percer l'aiguille ; mais pour faciliter encore cette manœuvre, on tâche d'amolir la matière. Pour cet effet, on passe toutes les aiguilles palmées par le feu, on les laisse refroidir et un autre ouvrier nommé le *perceur*, assis devant un billot à trois pieds, prend un poinçon à percer, l'applique sur une des faces aplaties de l'aiguille, et frappe sur le poinçon ; il en fait autant à l'autre face aplatie et l'aiguille est percée.

« On transporte les aiguilles percées sur un bloc de plomb, où un ouvrier ôte, à l'aide d'un autre poinçon, le petit morceau d'acier resté dans l'œil de l'aiguille, et qui le tenait bouché. Cet ouvrier s'appelle le *troqueur*, et la manœuvre, *troquer les aiguilles*. Les aiguilles troquées passent entre les mains d'un ouvrier qui pratique à la lime cette petite rainure qu'on aperçoit des deux côtés du trou et dans la direction : c'est ce qu'on appelle les *évider*.

« Quand les aiguilles sont évidées, et que la *canelle* ou la *rainure*, ou la *railure* est faite, et le cul de l'aiguille arrondi, ce qui est encore l'affaire de l'évideur, on commence à former la pointe à la lime, ce qui s'appelle *pointer l'aiguille* ; et de la même manœuvre on en forme le corps, ce qui s'appelle *dresser l'aiguille*. Quand les aiguilles sont *pointées* et *dressées*, on les range sur un fer long, plat, étroit et courbé par le bout. Quand il est tout couvert, on fait rougir sur ce fer les aiguilles à un feu de charbon. Rouges, on les fait tomber dans un bassin d'eau froide pour les *tremper*. Cette opération que fait l'ouvrier *trempeur*, est la plus délicate de toutes ; c'est d'elle que dépend la qualité de l'aiguille. Trop de chaleur brûle l'aiguille, trop peu la laisse molle. Il n'y a point de règle à donner là-dessus. C'est l'expérience qui forme l'œil de l'ouvrier, et qui lui fait reconnaître à la couleur de l'aiguille, quand il est temps de la tremper.

« Après la trempe se fait le *recuit*. Pour *recuire* les aiguilles, on les met dans une poêle, sur un feu plus ou moins fort, selon que les aiguilles sont plus ou moins fortes. L'effet du recuit est de les empêcher de se casser facilement. Il faut encore avoir ici grande attention au degré de la chaleur. Trop de chaleur les rend molles et détruit la trempe ; trop peu les laisse inflexibles et cassantes.

« Il arrive aux aiguilles, dans la trempe, où elles sont jetées dans l'eau fraîche, de se courber, de se tordre et de se défigurer. C'est pour les redresser et les restituer dans leur premier état qu'on les fait recuire. On les redresse avec le marteau. Cette manœuvre s'appelle *redresser les aiguilles avec le marteau*. Il s'agit ensuite de les *polir*. Pour cet effet, on en prend douze à quinze mille qu'on arrange et étend en petits paquets les uns auprès des autres sur un morceau de treillis neuf, couvert de poudre d'émeri. Quand elles sont ainsi arrangées, on répand encore dessus de la poudre d'émeri qu'on arrose d'huile ; on roule le treillis, on en forme une espèce de bourse oblongue, en le liant fortement par les deux bouts, et le serrant partout avec des cordes.

« On prend cette bourse ou ce rouleau, on le porte sur la table à polir ; on place dessus une planche épaisse chargée d'un poids. Un ou deux ouvriers font aller et venir cette charge sur le rouleau ou la bourse pendant un jour et demi, et même deux jours de suite. Par ce moyen les aiguilles, enduites d'émeri, sont continuellement frottées les unes contre les autres, selon leur longueur, et se polissent insensiblement.

« Lorsque les aiguilles sont polies, on délie les deux extrémités. Le rouleau délié, on jette les aiguilles dans de l'eau chaude et du savon ; ce mélange détache le cambouis, formé d'huile, de parties d'acier et de parties d'émeri, dont elles sont enduites, et cette manœuvre s'appelle *lessive*. Un ouvrier qui déroule les treillis laisse tomber les aiguilles dans la lessive, après qu'elles ont été polies à la polissoire. Lorsque les aiguilles sont lessivées, on prend du son qu'on étale, on répand les aiguilles encore humides sur ce son ; elles s'en couvrent en les remuant un peu. Quand elles en sont chargées, on le jette avec ce son dans une boîte ronde qui est suspendue en l'air par une corde, et qu'on agite jusqu'à ce qu'on juge que le son et les aiguilles sont secs et sans humidité ; c'est ce qu'on appelle *vanner les aiguilles ;* mais il est plus facile d'avoir pour van une machine telle que nous allons la décrire. C'est une boîte carrée, traversée par un axe, à une extrémité duquel est une manivelle qui met en mouvement la boîte avec le son et les aiguilles qu'elle contient. Cette boîte est munie d'une porte à feuillure qu'assujettit une barre ou verrou. Un ouvrier fait tourner le *van*.

« Après que les aiguilles sont nettoyées par le van, où on a eu soin de les faire passer par deux ou trois fonds différents, on les en tire en ouvrant la porte du van qui est barrée. On les met dans des vases de bois ; ou les trie ; on sépare les bonnes des mauvaises, car on se doute bien qu'il y en a un bon nombre dont la pointe où le cul s'est cassé sous la polissoire ou dans le van.

« Ce tirage et l'action de leur mettre à toutes la pointe du même côté, s'appelle *détourner les aiguilles*.

« Il n'est plus question que d'empointer les aiguilles pour les achever. C'est ce qu'un ouvrier exécute sur une petite pierre de meule à polir. Voilà enfin le travail des aiguilles achevé. La dernière manœuvre que nous venons de décrire, s'appelle l'*affinage*.

« Lorsque les aiguilles sont affinées, on les essuie avec des linges mollets, secs, et plutôt gras et huilés qu'humides. On en fait des comptes de deux cent cinquante; qu'on empaquète dans de petits morceaux de papier bleu que l'on plie proprement. De ces petits paquets on en forme de plus gros qui contiennent jusqu'à cinquante milliers d'aiguilles de différentes qualités et grosseurs; on les distingue par numéro : celles du numéro 1 sont les plus grosses; les aiguilles vont en diminuant de grosseur jusqu'au numéro 22, qui marque les plus petites.

« Les cinquante milliers sont distribués en treize paquets : douze de quatre milliers, et un de deux milliers. Le paquet de quatre milliers est distribué en quatre paquets d'un millier, et le paquet d'un millier en quatre paquets de deux cent-cinquante. Chaque paquet porte le nom et la marque de l'ouvrier.

« Les aiguilles à tailleur se distribuent en aiguilles à boutons, à galons et à boutonnières; et en aiguilles à rabattre, à coudre et à rentraire. L'aiguille dont le tailleur se sert pour coudre, rentraire et rabattre, est la même, mais entre les tailleurs, les uns font ces manœuvres avec une aiguille fine, les autres avec une aiguille un peu plus grosse. Il en est de même des aiguilles à boutons, à galons et à boutonnières. »

Tel est en substance le mode de fabrication des aiguilles. Les progrès de la mécanique l'ont singulièrement accéléré, et telle est la célérité de ses diverses parties, qu'un enfant peut percer quatre mille aiguilles par jour, et tel est le bas prix de la main-d'œuvre, que la façon d'un millier d'aiguilles ne coûte que soixante sept centimes et demi. Les aiguilles dites *anglaises* ou à l'**Y**, sont celles à la fabrication desquelles on apporte le plus de soin; elles portent une empreinte particulière, et ont souvent le *chas* (trou) en or; en outre, elles ont toujours la pointe dans la direction de leur axe, tandis que dans les aiguilles plus communes, la pointe se trouve fréquemment sur l'un des côtés.

AIMANT. — L'aimant est une substance minérale qui a la propriété d'attirer le fer, l'acier, le cobalt, le nikel, le chrôme et le manganèse; les Grecs le désignaient sous le nom de *μαγνης*, d'où les mots *magnétique*, *magnétisme*. — *Voy.* Boussole, Électricité, Magnétisme, Électro-Magnétisme.

Entrons dans l'examen de la théorie des diverses propriétés de cette pierre métallique. Nous emprunterons cet article à M. Legrand.

« On sait que le fer, à l'état métallique et à celui d'oxyde noir, s'attache à l'aimant avec une force considérable; cette force se mesure par le poids du fer que l'aimant peut enlever. Elle ne dépend point de la grosseur de celui-ci : l'on voit des aimants porter des poids dix fois plus considérables que leur propre. La force magnétique ne se manifeste pas avec une égale intensité dans tous les points de la surface d'un aimant. Ordinairement il y a deux portions de cette surface dans lesquelles l'attraction est plus

forte : on les appelle les *pôles de l'aimant*. On peut les reconnaître en plaçant l'aimant dans de la limaille de fer, celle-ci s'attachant plus fortement aux environs des pôles. Lorsque les deux pôles peuvent agir en même temps sur les extrémités opposées d'un morceau de fer, l'attraction magnétique en est augmentée : c'est pour cette raison qu'on donne aux aimants artificiels la forme d'un fer à cheval dont les deux extrémités sont les deux pôles. On applique sur ces deux extrémités un morceau de fer doux qu'on appelle *l'ancre*, et qu'on charge d'autant de fer que l'aimant en peut porter. La force magnétique n'exerce pas seulement son influence par le contact : un aimant un peu fort enlève de la limaille de fer à distance. Elle s'exerce également à travers tous les corps, si l'on excepte le fer, qui, selon la manière dont il est placé, en augmente ou en affaiblit l'effet. Un aimant conserve toute sa force lorsqu'on a soin de le charger autant qu'il peut l'être, autrement il la perd peu à peu. La rouille l'affaiblit aussi. Les aimants chauffés fortement perdent tout à fait leurs propriétés; diverses autres causes paraissent nuire aussi quelquefois au pouvoir magnétique.

« Si par un moyen quelconque, on place un aimant de manière à ce qu'il puisse se mouvoir librement en direction horizontale, il prend toujours de lui-même une position telle qu'un de ses pôles est dirigé vers le nord, et l'autre vers le sud; pour cette raison ces points de l'aimant sont appelés *pôle austral* et *pôle boréal*. Cette propriété, qu'on désigne sous le nom de *polarité*, a conduit à l'invention de la *boussole* (*Voy.* ce mot). Deux aimants s'attirent mutuellement par leurs pôles de noms différents, *boréal* et *austral*, qu'on appelle en conséquence les *pôles amis*; ils se repoussent par leurs pôles de noms semblables, ou *pôles ennemis*.

« Toutes les propriétés de l'aimant peuvent se communiquer au fer à l'aide de frottements.

« Lorsqu'un morceau de fer doux touche seulement à un aimant, ou même tant qu'il en est proche, il est lui-même magnétique; mais dès qu'on l'en éloigne, il perd à peu près cette propriété. Dans ce cas, le fer n'est pas aimanté par la communication, mais par le *partage* du magnétisme, et l'espace en dedans duquel cet effet a lieu s'appelle la *sphère d'activité magnétique*. C'est là-dessus qu'est fondée l'idée de l'*armure*, morceau de fer qui s'applique exactement sur un aimant naturel dont il rejoint les deux pôles, et qui est muni lui-même, en dehors, de deux proéminences auxquelles s'attache une *ancre*; le reste de l'aimant est recouvert d'une enveloppe de cuivre. Au moyen de cette disposition, le fer doux devient, par le partage du magnétisme, un aimant dont la force est bien plus active et plus durable. »

Complétons cette théorie par ces quelques mots de M. L. Lalanne.

« M. Dore, de Berlin, vient de constater la

propriété magnétique dans tous les métaux par un mode d'expérimentation nouveau.

« La limaille de fer s'attache à l'aimant que l'on y roule : elle se porte principalement vers deux points appelés pôles, qui semblent être des centres d'attraction plus puissants et qui sont vers les extrémités. Il y a plusieurs procédés pour transmettre la vertu magnétique d'un aimant à une substance magnétique. Le plus simple consiste à passer, plusieurs fois, un des pôles d'un aimant, naturel ou artificiel lui-même, sur la barre que l'on veut aimanter ; la force coercitive avec laquelle le barreau retient la vertu magnétique qu'on lui a communiquée artificiellement est presque nulle dans le fer doux, beaucoup plus considérable dans l'acier, et elle augmente avec la dureté et la trempe. Le choc, l'écrouissage, la torsion accroissent aussi cette force ; le fer doux passé à la filière acquiert une force coercitive sensible. Mais aussi un corps magnétique est d'autant plus difficile a aimanter, qu'il retient mieux la vertu magnétique.

« Tous les aimants, naturels ou artificiels, ont la propriété de se diriger constamment dans le même sens, à la même époque et dans le même lieu, lorsqu'on les suspend par leur centre de gravité ; de là l'inclinaison et la déclinaison magnétiques.

« La terre agit sur l'aiguille aimantée comme pourrait le faire un grand aimant naturel. Une expérience bien remarquable prouve son influence. Si on prend une barre de fer et qu'on la tienne parallèle à la direction de l'aiguille aimantée, suspendue librement, cette barre acquiert deux pôles et les propriétés magnétiques ; ces données sont applicables à Paris.

« On nomme boussole (*Voy.* ce mot.) l'appareil qui renferme une aiguille aimantée soumise à l'action du magnétisme terrestre. On distingue la boussole de déclinaison et d'inclinaison.

« L'aiguille astatique est celle que l'on a placée dans un plan perpendiculaire à la direction que prend l'aiguille d'inclinaison dans le méridien magnétique, elle est alors en équilibre dans une des positions quelconque qu'elle peut occuper autour de son axe.

« L'action du fer, sur les boussoles employées pour diriger la marche des navires, peut être remplacée par le procédé du compensateur magnétique dû à M. Barlon.

« Coulomb a constaté, avec sa balance à torsion, que les attractions et les répulsions magnétiques étaient en raison inverse du carré de la distance.»

AIR (*Phénomènes et propriétés de l'*). — L'air, chimiquement parlant, dit Monge, ayant la faculté de dissoudre l'eau, l'atmosphère, dont le contact avec la surface des mers et avec les parties humides des continents, est perpétuellement renouvelé, doit être regardé comme tenant continuellement une quantité d'eau plus ou moins grande en dissolution. Quelle que soit cette **quantité** d'eau absorbée par l'air, tant

qu'elle est dans l'état de dissolution complète, l'atmosphère conserve sa transparence. C'est seulement, quand une des causes qui favorisaient la dissolution éprouve une diminution assez grande pour porter l'air au delà du point de saturation, que la portion d'eau surabondante, forcée de quitter l'état élastique et de se réduire à l'état liquide, sous la forme de petits globules massifs, trouble la transparence de l'air dans toute l'étendue de sa masse super-saturée. La faculté dissolvante de l'air peut être favorisée, suivant l'auteur, par les deux causes bien distinctes, qui sont l'élévation de la température et l'accroissement de la pression. La super-saturation de l'atmosphère, et, par conséquent, la perte de sa transparence, peuvent donc être produites de deux manières différentes, et les phénomènes qui en résultent ne doivent pas être confondus. Lorsqu'une masse d'air, saturée ou presque saturée d'eau par une certaine température, éprouve dans toute son étendue un refroidissement capable de la porter au delà du point de saturation, et que néanmoins sa température est encore assez élevée pour que sa pesanteur spécifique soit moindre que celle des colonnes latérales de l'atmosphère, cette masse, dont la transparence est troublée par la super-saturation, prend un mouvement ascensionnel, en vertu des lois de l'hydrostatique, et forme une *fumée*. C'est dans ce sens que les rivières et les corps humides *fument*, lorsque leur température est sensiblement plus haute que celle de l'air environnant. Les fumées qui résultent des combustions qui sont en partie produites de cette manière, et en partie aussi par la condensation des différentes substances que la chaleur de la combustion avait réduites en vapeurs ; mais ces derniers phénomènes sont, pour ainsi dire, purement chimiques, et l'auteur n'en fait mention ici que pour classer d'une manière plus déterminée ceux qui ont rapport à la météorologie. Lorsque la pesanteur spécifique de la masse d'air super-saturée par refroidissement ne diffère pas sensiblement de celle des parties latérales de l'atmosphère, cette masse, dont la transparence est troublée, garde sa position, ou ne prend d'autre mouvement que celui qui peut lui être transmis par l'agitation de l'air ; alors c'est un *brouillard* ou un *nuage*, selon la position de l'observateur par rapport à elle. (*Annales de chimie*, tom. V, p. 42.)

AIR (*Appareil pour le parfumer par irroration*). — M. Brillat-Savarin, de Paris, construisit un appareil pour parfumer, par irroration, l'air des appartements. Ce procédé peut avoir des applications plus utiles et plus étendues. Il consiste dans une nouvelle application donnée à la fontaine de compression réduite. Le récipient contient environ un quart de litre ; on le remplit à moitié d'une liqueur légèrement parfumée ; ensuite on introduit, à l'aide d'une pompe foulante à soupape, une quantité donnée d'air, et le liquide retenu par le robinet, au moindre mouvement qu'il reçoit, s'échappe sous la forme d'une véritable rosée, par un trou extrêmement petit, qui se trouve pratiqué dans l'ajustage recouvrant la fontaine. Cette rosée ne mouille pas sensiblement, et, tout en lavant l'air et le fumant, elle le rend très-doux et très-agréable à respirer. (*Société d'encouragement*, 1811, 80ᵉ bull., p. 30. — *Annuaire de l'Institut*, 1812, p. 174, n° 149.)

AIR (*Machine propre à le renouveler dans les mines*). — Cette machine, très-simple, se compose d'une caisse qui communique, à l'aide d'un canal en bois, à l'ouverture de la mine. On observe, dans l'intérieur de cette caisse, une roue à ailes, qui fait l'office d'un ventilateur, et qui est mise en mouvement par une roue à pot, et montée sur le même axe. A côté de l'axe se trouve une ouverture destinée à fournir l'air dans l'intérieur de la caisse. Enfin, un canal verse l'eau qui donne le mouvement à la roue. L'air entre dans la caisse, et les ailes, ou les ventilateurs, le poussent vers les extrémités de cette caisse, qui communiquent directement avec l'intérieur de la mine. Cet effet est dû à la rotation de la roue, dont le mouvement est déterminé par la chute de l'eau qui sort du canal. Cette machine imprime donc à l'air un mouvement dû à la force centrifuge, et cette force est exercée par le mouvement rapide de rotation que la roue extérieure communique à la roue à aile intérieure. Ainsi la même force, en déterminant un courant d'air qui suit la direction de la tangente inférieure du cercle que trace la roue à ailes, le force à descendre dans le canal qui encaisse, et cet air est ainsi poussé dans l'espace où l'on veut le renouveler. (*Annales des arts et manufactures*, 1815, tom. LV, p. 225.)

AIR (*Machine pour le déplacer*). — Invention de M. Salichon de Lyon. — Moyens de diriger, de chauffer ou de refroidir l'air dans les maisons. Invention de M. Choulot. (*Dictionnaire des découvertes.*)

AIR (MOYEN DE LE DESINFECTER). — C'est en 1773 que M. Guyton de Morveau fit voir que le gaz acide muriatique avait la propriété de désinfecter l'air. Jusque-là, aucun principe de physique n'avait guidé ceux qui cherchaient à combattre l'influence de l'air infecté dans les hôpitaux, dans les lazarets et dans les circonstances accidentelles où elle produisait de funestes effets. L'expérience que M. Guyton fit dans une église de Dijon était la plus concluante; l'église était vaste, l'infection extrême, avec un seul appareil, dans lequel le muriate de soude fut décomposé par l'acide sulfurique, il fit disparaître toute l'infection par une seule opération. Dans la même année, les prisons de Dijon éprouvèrent les ravages de cette fièvre qui naît de l'accumulation des malades; on fit la même opération, avec le même résultat. Il fut alors prouvé que le gaz acide muriatique détruisait les effets de la putréfac-

tion, et ceux qui sont dus à la trop grande accumulation des malades.

Cette méthode de désinfecter l'air a été adoptée dans les pays étrangers, et surtout en Angleterre, où le docteur Smith a employé les vapeurs de l'acide nitrique; ce qui indique que la propriété de désinfecter est propre à tous les acides. M. Guyton ayant soumis cette question à l'expérience, en comparant les effets des différentes vapeurs acides sur l'air infecté, il en est résulté : 1° que le gaz muriatique a une plus grande expansion dans l'espace que l'acide nitrique, en sorte qu'il vaut mieux pour les grands locaux; 2° que le dégagement de la vapeur nitrique doit être faite à froid, pour qu'elle ne devienne pas nuisible à la respiration par le gaz nitreux qui se forme à chaud; 3° que par la même raison on doit éviter tout contact de substance métallique qui pourrait décomposer l'acide. Sous ces rapports le gaz muriatique mérite la préférence; mais on lui a reproché d'être offensif pour la respiration. Ce reproche paraît peu fondé; cependant, si les malades se trouvaient accumulés dans des salles basses, ou si le caractère de leur maladie faisait craindre une impression facile sur leurs poumons, il serait alors préférable d'employer l'acique nitrique. M. Fourcroy avait proposé, en 1791, l'usage de l'acide muriatique oxygéné pour détruire les substances qui portent infection, non-seulement dans les hôpitaux, mais encore dans les salles de dissection; il l'a même recommandé dans toutes les maladies, tel que les ulcères, les cancers, et pour la destruction de tous les virus. M. Guyton a reconnu que cet acide est supérieur, en raison de sa grande expansivité et de la promptitude de ses effets. La préférence doit donc être donnée à l'acide muriatique oxygéné, parce que les acides qui ne se décomposent pas ne font que soustraire le principe infectant; mais l'acide muriatique oxygéné doit le détruire par un effet analogue à la combustion, et si l'acide nitrique peut produire un semblable effet, cet effet doit être plus actif dans le premier, l'odeur vive et même dangereuse de l'acide muriatique, lorsque ses vapeurs sont condensées, ne doit point en faire craindre l'application; on sait que les ouvriers le supportent sans inconvénient pour leur santé, dans un état de condensation beaucoup plus considérable que celui qui est nécessaire pour la désinfection. Une des propriétés particulières de l'acide muriatique oxygéné, c'est que les ingrédients qui le produisent peuvent être conservés dans un vase, de manière que leur action réciproque devienne pour longtemps un foyer de désinfection, en ouvrant le vase qui les contient, sans qu'il soit besoin d'y appliquer la chaleur.

M. Guyton lui a procuré cet avantage dans la préparation qu'il a désignée par *acide muriatique oxygéné extemporané*, et qui est composé d'un mélange d'oxide de manganèse, et d'acide nitro-muriatique. En ouvrant le flacon qui la contient, il se répand aussitôt des vapeurs que l'on dirige en transportant le vase, que l'on modère et que l'on fait césser à volonté. De plus, M. Guyton a fait construire des appareils de poche qui ont l'utilité bien plus grande de préserver de l'infection. Ainsi l'acide muriatique oxygéné doit être considéré comme le moyen de désinfection le plus efficace et de l'application la plus facile.

Il est des maladies contagieuses dont la cause matérielle a une origine encore inconnue ; l'expérience a fait voir que cette cause avait beaucoup d'analogie avec celles qui produisent une autre infection. Ainsi l'acide muriatique doit dénaturer ces funestes combinaisons, comme il dénature les parties colorantes, les molécules odorantes, les émanations putrides. L'analogie doit conduire à diriger ces tentatives vers les altérations putrides qui s'établissent dans l'estomac et les intestins, mais avec la prudence qu'exige la délicatesse de ces organes. Ce qui est établi pour l'espèce humaine, doit s'appliquer aux maladies des animaux domestiques qui paraissent provenir d'une infection particulière de l'air, des écuries et des établissements mal aérées. En l'an XIII, le grand chancelier de la Légion-d'Honneur a écrit à M. Guyton une lettre flatteuse en lui envoyant la croix d'officier de la Légion-d'Honneur, comme une récompense de ses utiles travaux.

Les Anglais ont voulu enlever à M Guyton la gloire d'avoir imaginé les appareils désinfectants, mais cette prétention n'a pu induire personne en erreur ; il serait difficile de démentir une opinion établie en Europe depuis dix ans.

Passons maintenant à la description des divers appareils qui servent à la désinfection.

Deux appareils désinfectants, très simples, préparés chez M. Boulay, pharmacien, d'après les indications et sous les yeux de M. Guyton de Morveau, offrent aux particuliers les moyens d'appliquer la méthode désinfectante aux lieux qui en auraient besoin. Le premier appareil est destiné à purifier l'air dans les endroits un peu étendus, tels que : les hôpitaux, des prisons, des vaisseaux, des salles d'assemblées, etc. On peut l'appeler réservoir de désinfection. Il se compose d'un seau de cristal épais recouvert par un opturateur, formé d'un disque de glace, qui se ferme complétement au moyen d'une vis de pression. Il est accompagné de deux flacons remplis, l'un d'acide nitro-muriatique, l'autre d'oxide noir de manganèse, dans des proportions convenables. Au moment d'en faire usage, on introduit dans le seau de cristal l'oxide de manganèse, et l'acide nitro-muriatique, et on le ferme exactement. Il suffit ensuite d'un peu ouvrir quelques minutes pour obtenir un dégagement considérable. La durée de ce dégagement, répétée chaque fois avec modération est au moins d'une année. Après ce temps on se borne à renouveler les matières. L'autre appareil destiné aux usages journaliers et domestiques, est

encore plus simple : c'est un flacon portatif enfermé dans un étui de bois très fort, et surmonté d'une vis du même bois , qui fixe d'une manière très-solide le bouchon dans son goulot; ces flacons sont de la capacité de deux centilitres et peuvent se porter dans la poche.

Il sont remplis au tiers d'un mélange combiné de manière à fournir en abondance des émanations gazeuses d'une égale densité, même au bout de plusieurs années. Lorsque l'air qu'on respire est suspect, pour se servir de ces flacons, il suffit de les déboucher pendant quelques moments ; on est aussitôt enveloppé d'une atmosphère gazeuze qui a la propriété de détruire les miasmes délétères.

A défaut de flacons désinfectants, on peut mêler dans un vase de verre, ou de terre non vernissée, une cuillerée d'oxide noir de manganèse, et y verser une petite quantité d'acide sulfurique. Le mélange fermente aussitôt, et laisse échapper en grande abondance une fumée acide vive et pénétrante. Il faut renouveler cette opération soir et matin. Les fumigations sont surtout très-propres à empêcher les vers à soie de tourner au gras, et peuvent accélérer la marche de ces précieuses chenilles. Pour purifier une salle de 65 sur 13 mètres de large, on met dans une grande capsule, un mélange composé de :

Sel commun,	30 déc. ou 10 onc.
Oxyde noir de magnésie,	6 déc. ou 2 onc.

le vase mis en place on y verse 25 décag. ou 8 onces d'acide sulfurique. On ferme les portes et les fenêtres, et l'on ne rentre qu'après douze heures. L'acide sulfurique est connu sous le nom d'huile de vitriol, l'oxide de manganèse se trouve dans les pharmacies et chez les droguistes. Si l'on ne pouvait se procurer à temps ce minéral, les fumigations avec le sel commun ne doivent pas être négligées : leur action serait moins prompte et moins énergique. On prévient tout excès qui pourrait incommoder, soit les malades, soit les gens de service, en rendant successif le dégagement du gaz désinfectant. Pour cela, on a soin de régler exactement les doses du mélange de sel et de manganèse, et de ne verser dessus l'acide sulfurique qu'après l'avoir étendu d'une quantité égale d'eau. Si on était embarrassé pour régler les doses, on pourrait adopter la méthode de M. Chaussier. Elle consiste à placer dans les salles une capsule dans laquelle on a mis un mélange de sel et de manganèse : on la porte d'une main sur un support, dans l'autre on tient un flacon d'acide sulfurique délayé, dont on verse, de temps en temps, quelques gouttes dans la capsule. Ces opérations, que d'abord on avait faites sur le feu, se font tout aussi bien à froid (1).

_____
(1) Extrait du *Dictionnaire des découvertes*.

ALCHIMIE. — Si de nos jours on prononce le nom d'*alchimiste*, immédiatement surgissent en la pensée du plus grand nombre et les vaines tentatives faites pour obtenir la *transmutation des métaux*, et les absurdes recherches de la *pierre philosophale*. Mais ne nous hâtons pas trop de jeter le ridicule ou l'injure à la face de ces hommes d'études des temps antiques ou du moyen âge, qui demandèrent à la science l'explication des phénomènes de la nature : beaucoup errèrent, sans doute; des charlatans, abusant d'un faux titre, se glissèrent dans leurs rangs; mais il n'en restera pas moins pour constant aux yeux de tout homme impartial, que les travaux de ces gens, souvent inconnus en leur temps, et aujourd'hui si généralement dédaignés, préparèrent dans le silence de l'étude les grandes découvertes de cette science moderne qui embrasse en quelque sorte le monde, qu'on appelle la Chimie (*Voy.* ce mot.) Nous ne saurions présenter un résumé plus complet de cette science que l'on appelle l'alchimie que celui que nous fournissent les lignes suivantes empruntées à M. F. Rattier.

« Le mot *alchimie*, d'origine arabe, est employé dans les anciens auteurs pour désigner la chimie elle-même, ou plutôt les premiers essais de cette science, qui a pris dans les temps modernes tant d'extension et d'importance. De nos jours, l'alchimie n'est plus considérée que comme une des erreurs de l'esprit humain, et n'appartient plus qu'à l'histoire, de même que la magie et l'astrologie judiciaire. Aux époques où les connaissances étaient peu répandues, où le grand livre de la nature était fermé pour la plupart, ceux qui avaient l'ouvrir et en déchiffrer quelques fragments incohérents passaient pour posséder une science immense; et, se comparant à la foule ignorante qui les environnait, devaient se croire eux-mêmes fort élevés au-dessus d'elle et revêtus d'une puissance merveilleuse. L'orgueil trop naturel à l'homme fut sans doute le mobile qui dirigea le plus grand nombre des alchimistes, quoiqu'il soit permis de croire que la cupidité n'a pas toujours été étrangère à leur conduite.

« Les alchimistes font dater leur prétendue science des premiers temps du monde, et en attribuent l'invention à tous les hommes célèbres dont l'histoire et la mythologie nous ont transmis les noms. Il n'est pas sans intérêt de remarquer que les Chinois font remonter l'origine de l'alchimie à plus de 2,500 ans avant notre ère.

« Quoi qu'il en soit, c'est dans les premiers siècles du christianisme que l'alchimie fut cultivée avec les autres sciences occultes et la philosophie mystique dominante à cette époque; alors les diverses parties des connaissances humaines n'étaient pas encore étudiées séparément. Ainsi, l'alchimie, par exemple, se composait de physique, de chimie, de botanique, etc., dirigées vers un but commun, la transmutation des métaux et la découverte d'un remède universel; car de tout temps l'amour de la vie et la soif de l'or ont été les principaux mobiles des travaux de l'homme.

« Les premiers essais de la chimie métallurgique et les phénomènes qui se passent dans la fusion et la purification des métaux sont probablement ce qui a donné lieu à des espérances embrassées avec trop d'empressement et de précipitation. En voyant que la réunion de divers métaux donnait un produit autrement coloré que les substances élémentaires, on conçut l'idée de changer un métal en un autre, et surtout de transformer en or toutes sortes de métaux. Des faits nombreux qu'on peut facilement reproduire contribuèrent à entretenir cette séduisante illusion.

« Le mystère enveloppait toutes les opérations des alchimistes, qui avaient un langage et des caractères allégoriques, et qui s'entouraient d'appareils compliqués pour arriver à des résultats que de nos jours on atteint avec facilité. On n'obtenait qu'à grand'peine et après de nombreuses épreuves, d'être initié au secret du grand œuvre, et l'on désignait sous le nom d'adeptes ceux à qui les yeux avaient été ouverts. Ce n'est pas cependant que les alchimistes se soient réunis en société; au contraire, ils travaillaient le plus ordinairement seuls, faisaient un secret de leurs procédés et de leurs découvertes, et ils exigeaient de ceux qu'ils initiaient à leurs connaissances le serment de ne les jamais révéler à personne : outre que moins ils avaient des idées claires des phénomènes qui se passaient sous leurs yeux, plus ils cherchaient à les exprimer par des figures et des locutions symboliques, inintelligibles pour ce qu'ils appelaient les profanes. Cette marche tout à fait opposée aux progrès des sciences physiques fut longtemps suivie; aussi les véritables conquêtes de la chimie ne datent-elles pas de cette époque.

« Cependant les alchimistes ont rendu de grands services à cette science. Si dans leurs travaux assidus ils ne trouvaient pas ce qui faisait l'objet de leurs recherches, le hasard leur fit souvent découvrir des faits d'une grande importance. C'est ainsi qu'en tourmentant, en quelque sorte, les métaux de mille manières différentes, en les faisant rougir, fondre, volatiliser, condenser; en les mélangeant dans des proportions variables, ils virent sortir de leurs creusets un grand nombre de sels et d'oxydes métalliques qui furent de véritables conquêtes pour la médecine et pour les arts industriels.

« Pour parvenir au but de tous leurs désirs, la production de l'or, les alchimistes croyaient avoir besoin d'un agent qui renfermât en soi le principe de toutes les matières, et qui fût un dissolvant universel. Cet agent, dont la composition variait, était nommé *pierre philosophale*, et il devait avoir en même temps la force d'éloigner du corps tout principe de maladie, d'y entretenir la santé, d'y faire renaître la jeunesse, et même d'anéantir indéfiniment la mort. D'ailleurs, une condition indispensable au succès était la pureté du cœur, l'abnégation de toutes les influences actuelles et la réunion avec la Divinité. On a toujours attribué aux mauvaises dispositions des adeptes les continuels désappointements qu'ils ont éprouvés ; car la pierre philosophale est encore à trouver.

« Les anciens Égyptiens paraissent avoir eu des connaissances assez étendues en chimie et en métallurgie ; mais ce n'est pas chez eux qu'il faut chercher l'origine de l'alchimie, bien qu'Hermès, fils d'Anubis, soit considéré comme l'auteur de divers ouvrages sur l'alchimie et la magie ; et que ces sciences soient fréquemment désignées sous le nom d'art hermétique. Chez les Grecs, quelques hommes, qui étudièrent les écrits des Égyptiens, se livrèrent aussi à des travaux de ce genre, et le goût de la magie et de la théosophie se répandit plus tard chez les Romains.

« Lorsque, sous les empereurs, les sciences et les arts firent d'assez grands progrès, la superstition et le charlatanisme se mirent aussi à les exploiter : le luxe des Romains rendait l'or plus nécessaire qu'il ne l'avait jamais été. Caligula fit des essais pour changer en or l'orpiment ; mais il abandonna des tentatives qui lui parurent plus dispendieuses que productives. Dioclétien, plus sage ou plus instruit par l'expérience de son prédécesseur, défendit, au contraire, la pratique des sciences occultes, et fit brûler tous les livres égyptiens qui traitaient de la manière de fabriquer l'or, l'argent et les pierres précieuses. Vers la fin du IIIe siècle parurent des manuscrits décorés des noms les plus célèbres de l'antiquité, mais réellement composés par des moines égyptiens, et dans lesquels on enseignait, en allégories et avec des figures mystiques et symboliques, le moyen de préparer la pierre philosophale. Ces ouvrages, maintenant plus inintelligibles que jamais, sont nombreux, et l'on cite ceux de Synésius, de Zosyme, de Panopolis, etc. Leurs titres étaient aussi bizarres que leur contenu : *Clef de Salomon*, *Table d'émeraude*, etc.

« Plus tard l'alchimie pénétra chez les Arabes, et fut accueillie avec enthousiasme chez ce peuple d'une imagination ardente, et chez lequel une civilisation assez avancée avait amené le goût des sciences naturelles. C'est à leurs travaux que sont dus un grand nombre de découvertes utiles ; mais, par une malheureuse compensation, ils perdirent un temps précieux en laborieux essais, en ridicules combinaisons et en applications souvent fâcheuses. C'est parmi les Arabes, dit-on, que parut, vers le IXe siècle, le chimiste devenu célèbre sous le nom de Gébes, homme d'un profond savoir et dans les ouvrages duquel se trouvent déjà des renseignements sur la manière de traiter le mercure et les autres métaux. Il propagea la croyance de la transmutation des métaux, et fut suivi d'hommes non moins capables, parmi lesquels figure Avicenne. Le nom d'alchimie date de cette époque

« Au moyen âge, les moines et les clercs, dépositaires de toutes les connaissances, propagèrent l'alchimie, qui pénétra en Orient avec les livres et la philosophie des Arabes. Les Papes cependant la proscrivirent. Alors parurent des hommes célèbres qui, tout en subissant sur quelques points l'influence de leur siècle, le devançaient cependant par leur génie ; Raymond Lull ou Lullius, qui vécut dans le XIIIe et le XIVe siècle, fut un alchimiste des plus distingués. On raconte que pendant son séjour à Londres, à la cour d'Édouard Ier, il changea en or 50,000 livres de mercure, avec lesquelles furent frappés les premiers nobles à la rose. Nous citons à dessein ce fait incroyable, pour montrer avec quelle facilité, à cette époque dépourvue de critique, s'accréditaient les contes les plus bizarres, et comment l'alliance de la superstition avec une science imparfaite enfantait, en même temps que les plus utiles découvertes, les plus pernicieuses erreurs.

« En 1488, l'alchimie fut défendue à Venise, et les prohibitions qui s'élevèrent contre elle prouvent qu'elle était devenue un goût général et poussé presque jusqu'à la fureur. En effet, alors les alchimistes jouissaient d'un grand crédit, non-seulement auprès du vulgaire, mais même auprès des princes qui en entretenaient à grands frais près d'eux, dans l'espoir d'être dédommagés de leurs avances par d'inépuisables trésors. En Allemagne, ils avaient le rang d'officier.

« Sous l'influence de Paracelse, de Roger Bacon, de Basile Valentin et d'autres savants du XVIe siècle, l'alchimie changea de direction et s'allia avec la médecine ; elle cessa de chercher aussi assidûment la pierre philosophale et la transmutation des métaux, et s'attacha spécialement à découvrir des arcanes, c'est-à-dire des remèdes merveilleux propres à guérir tous les maux de l'humanité. Alors furent introduites, dans la pratique de la médecine, non-seulement les préparations minérales qui s'y conservent aujourd'hui, mais encore une foule d'autres qu'on en a judicieusement bannies, soit comme insignifiantes, soit comme dangereuses. Il semblait alors que tout dût être médicament, et surtout que les substances les plus précieuses dussent être les plus efficaces ; aussi est-ce à cette époque qu'on vit paraître l'or potable, les gouttes d'or et les élixirs de longue vie et de propriété, dans lesquels on faisait entrer les matières les plus rares, et qui par conséquent se vendaient au poids de l'or.

« Au XVIIe siècle, l'alchimie jouit d'une grande faveur et fut cultivée par un grand nombre d'hommes distingués. Elle se dégagea peu à peu des formes mystiques qu'elle avait affectées jusque-là. Les alchimistes se rassemblèrent en sociétés, telles que les Roses Croix. Ils se communiquèrent leurs idées et travaillèrent de concert à exploiter les richesses immenses que leur avaient léguées leurs prédécesseurs. Quelques hommes de bon sens commencèrent à suivre une marche plus régulière et plus méthodique, et c'est aux

Kircher, aux Glauber, aux Eraste, que doit être attribuée la gloire d'avoir tiré la chimie du chaos où elle était ensevelie, d'avoir commencé à lui donner une forme métho‑ dique, et d'avoir préparé l'état brillant dans lequel nous la voyons aujourd'hui.

« Si l'on peut considérer l'alchimie comme une science fausse et sans but raisonnable, il ne faut pas croire cependant que tous les alchimistes aient été des imposteurs. Si quelques-uns uns d'entre eux exploitaient à leur profit la crédulité publique, le plus grand nombre, persuadé de la possibilité d'arriver au grand œuvre, travaillait avec un zèle et une assiduité dignes d'un meilleur résultat. Ils entreprenaient de longs voyages pour aller visiter les solitaires du mont Sinaï, et ces voyages ne pouvaient manquer d'être utiles. Ils sacrifièrent leur fortune à des expériences coûteuses, et plusieurs d'entre eux furent victimes de tentatives dangereuses auxquelles les exposait leur peu de connaissance des matières et des procé‑ dés qu'ils mettaient en œuvre.

« Des enthousiastes rêveurs allièrent en‑ semble l'alchimie, l'astrologie et la magie, sur lesquelles ils ne possédaient que des notions imparfaites, et retardèrent plutôt qu'ils ne favorisèrent les progrès de la science.

« Même de nos jours, on a vu quelques personnes étrangères aux premières notions de chimie, et séduites par la lecture de quel‑ ques anciens ouvrages sur l'alchimie, entre‑ prendre de longs travaux où elles dissi‑ paient en pure perte leur temps et leur for‑ tune. Mais par bonheur ces exemples sont rares; l'instruction croissante a fait com‑ prendre que la recherche de la pierre philo‑ sophale et du remède universel est une pure folie. On sait que la chimie n'est pas encore à même de prononcer avec certitude sur la formation primitive des métaux, sur les lois qui président à leur production; ni d'appré‑ cier les circonstances qui concourent à leur accroissement et à leur perfectionnement; qu'en conséquence elle ne peut favoriser ni surtout imiter cette opération de la nature. Quant au remède universel et au moyen de prolonger la vie, c'est une chimère qu'il faut également abandonner, se confiant aux soins d'une médecine éclairée.

« On peut consulter sur cette matière l'ou‑ vrage allemand de Schmieder; *Histoire de l'Alchimie* (Halle, 1832, in‑8°). »

ALCOOL. — L'acide acétique paraît être le seul de tous les acides végétaux connus dont la réaction sur l'alcool soit telle, qu'au moyen de plusieurs distillations, ces deux corps disparaissent et forment un véritable éther. Mais lorsqu'au lieu de mettre les aci‑ des végétaux en contact avec l'alcool, on les met en même temps en contact avec ce corps et l'un des acides minéraux forts et concentrés, on peut alors produire, avec tous, de nouvelles combinaisons très-remar‑ quables par leur nature; ainsi, lorsque les acides végétaux sont purs, il n'y en a point, si l'on en excepte l'acide acétique, qui puis‑

sent, en se combinant d'une manière quel‑ conque avec l'alcool, perdre ses propriétés acides; mais lorsqu'ils contiennent un acide minéral capable de condenser fortement l'alcool, tous ces acides forment, au con‑ traire, avec ce corps une combinaison telle que leurs propriétés acides disparaissent sans que pour cela l'acide minéral fasse partie de la combinaison. (*Mémoires de l'Ins‑ titut*, classe des sciences physiques et ma‑ thématiques, tom. II, an XI, page 114.)

M. Théodore de Saussure présente à l'Insti‑ tut, sur l'analyse de l'alcool et de l'éther sul‑ furique, un travail extrêmement remarquable par son exactitude et par les nouvelles don‑ nées qu'il fournit à la science. Il a opéré, par voie de combustion, soit de l'alcool lui-même, soit de sa vapeur, et par voie de décomposition au moyen de la simple cha‑ leur: il a déterminé par les procédés les plus exacts et les plus rigoureux la quantité de l'eau et de l'acide carbonique produits, ainsi que les quantités respectives de leurs éléments en oxygène, en carbone et en eau; et il a tiré un résultat moyen de toutes ses opérations. Il a fait voir enfin que les deux analyses qu'il a faites sont d'accord avec la quantité de l'éther fournie par une quantité donnée d'alcool, et avec l'analyse de ce qui reste après l'éthérification. (*Mémoire de l'Ins‑ titut*, 1807. — *Moniteur*, 1808, p. 212.)

Jusqu'alors, les deux seuls intermèdes employés pour obtenir l'alcool bien rectifié étaient la potasse caustique et le muriate de chaux. Mais M. Destouches a pensé que l'a‑ cétate de potasse pourrait avoir les mêmes vertus que ces intermèdes, sans en avoir les inconvénients, en ce que la fusion est très-facile et la plus petite quantité de potasse est suffisante pour enlever à l'alcool la por‑ tion d'acide acéteux qu'il retient. Voulant s'assurer de cette opération, l'auteur a pris trois kilogrammes d'acétate de potasse fondu et réduit en poudre; il l'a mis dans la cu‑ curbite d'un alambic et a versé de plus six litres d'alcool rectifié du commerce, à trente-six degrés (aréomètre de Beaumé); il chauffé légèrement le mélange, en remuant avec une spatule jusqu'à ce que le sel ait été dissout. Il a placé ensuite le chapiteau et a distillé à une douce chaleur, qu'il a aug‑ mentée sur la fin de l'opération. L'alcool qui passe donne près de quarante-trois de‑ grés au même aréomètre et six degrés de température; on retire environ les deux tiers de celui employé. Il résulte de cette expérience et de plusieurs autres faites par M. Destouches, que l'acétate de potasse est l'intermède le plus simple et le plus écono‑ mique dont on puisse se servir pour porter l'alcool à son plus haut degré de rectification que les proportions les plus convenables sont deux parties en poids d'alcool à trente-six degrés sur une d'acétate de potasse; que l'alcool à quarante-quatre degrés aréomètre de Beaumé (température de dix degrés au-dessus de zéro de Réaumur) est le plus grand degré de légèreté auquel on soit arrivé jusqu'à ce jour; qu'alors la pesanteur spécifique est à celle de l'eau comme 8,002 : 10, et qu'il entre en ébullition à 63 0 Réaumur ; qu'enfin l'alcool dissout les sels déliquescents et surtout d'acétate de potasse, à froid dans les proportions de cinq seizièmes de son poids, et à chaud, dans celles de huit seizièmes, dont l'excédant aux cinq seizièmes se précipite par le refroidissement (*Bulletin de pharmacie*, 1809, tom. 1", page 19.)

Plusieurs historiens attribuent à Arnauld de Villeneuve la découverte de l'alcool. Cependant, dit M. Cadet, Géber, médecin grec ou arabe, qui vivait au IXᵉ siècle, décrit très-bien dans ses ouvrages la distillation. Or, on n'a pu distiller une liqueur fermentée sans reconnaître l'alcool. Je trouve, ajoute-t-il, dans l'histoire de la médecine, un fait qui vient à l'appui de l'opinion contraire à Arnauld. Schulz, prétend que l'eau divine ou *Scythicus latex*, inventée par Démocrite et désignée par les Grecs sous le nom de χρυσουλχου, n'est point l'eau potable comme l'ont prétendu les alchimistes, mais l'alcool ou esprit de vin, nommé encore en langue slavone *korsolki*, ce qui n'est pas loin de χρυσουλχου. (*Bulletin de pharmacie*, tome IV, page 307.)

Les chimistes pensaient autrefois que l'alcool ou l'esprit de vin était un produit essentiel de la fermentation ; mais M. Gabbroni, correspondant de la classe des sciences physiques et mathématiques, a soutenu une opinion contraire. Selon lui, ce n'est qu'accidentellement, et lorsqu'elle excite trop de chaleur, que la fermentation engendre de l'alcool ; mais, dans les vins ordinaires, on ne produit l'alcool que par la chaleur qu'on leur imprime pour les distiller ; et la principale preuve qu'il en donne, c'est qu'on ne peut pas le retirer de ces vins par la potasse, quoiqu'elle y fasse connaître la moindre parcelle d'alcool qu'on y aurait introduite exprès. M. Gay-Lussac a cherché à faire revenir à l'opinion ancienne, en faisant voir que la potasse démontre aussi l'alun naturel au vin, quand on le débarrasse auparavant, par la litharge, des principes qui l'y enveloppaient et s'opposaient à sa séparation, et que l'on ne peut obtenir ce liquide spiritueux en distillant le vin à une température de quinze degrés, laquelle est inférieure de beaucoup à celle de la fermentation ordinaire. Cependant on pouvait craindre que M. Gay-Lussac n'eût opéré sur des vins où la fermentation aurait primitivement développé de l'alcool, comme il convient lui-même qu'elle le fait quelquefois, ou sur des vins dans lesquels des marchands infidèles auraient mis de l'eau-de-vie. Pour prévenir cette objection, il a fait lui-même du vin avec des raisins et en a conduit la fermentation. Il a trouvé de l'alcool comme dans tout autre. M. Gay-Lussac a aussi fait voir que l'on peut obtenir de l'alcool absolu de Richter, en employant la chaux-vive, ou mieux encore la baryte au lieu du muriate de chaux. (*Rapport de la classe des sciences physiques et mathématiques de l'Institut sur* les travaux de 1813. — *Arch. des découvertes et invent.*, an 1813, p. 110.)

Pour obtenir l'alcool extrait de pommes de terre, on prend cent livres de ce tubercule bien lavé, cuit à la vapeur et écrasé sous un rouleau ; on prépare quatre livres d'orge germée, séchée et moulue au moulin ; on delaye l'orge dans un peu d'eau tiède ; on jette cette orge dans la cuve destinée à la fermentation ; on y verse vingt-cinq livres d'eau bouillante, et on y jette les pommes de terre écrasées, et l'on brasse le tout avec des râbles de bois. Lorsque la division est complète, on délaye six à huit onces de levure de bière dans environ deux cent vingt-cinq livres d'eau, de manière à ce que toute la masse prenne la température de douze à quinze degrés de Réaumur, et on ajoute six à huit onces de bonne eau-de-vie. La cuve à fermentation doit être placée dans une pièce où la température soit entretenue de quinze ou dix-huit degrés, au moyen d'un poêle. Elle sera assez grande pour que la masse puisse s'élever au moins de six à sept pouces sans déborder ; on en ôte un peu que l'on remet lorsque la liqueur commence à s'affaisser. On couvre alors la cuve, et on laisse la fermentation s'achever pendant cinq à six jours. On connaît qu'elle est terminée lorsque le liquide est clair et que les pommes de terre sont tombées au fond de la cuve. On décante, on presse le marc et on distille. Cette distillation se fait à la vapeur, avec un alambic en bois ou en cuivre, à la Rumfort. Le produit de cette première opération est cohobé. Lorsque la fermentation a été bonne, un quintal de pommes de terre donne cinq à six pintes d'eau-de-vie à vingt degrés. Cette eau-de-vie, conservée quelques mois dans des barils neufs et légèrement caramélée, comme les eaux-de-vie de vin, peut entrer en concurrence. Les résidus sont utilisés pour la nourriture du bétail. (*Journal de pharmacie*, 1817, p. 178.)

ALCOOLIMÈTRE. — M. P.-A. Garros, de Paris, inventa, en 1811, cet instrument qui donne le degré constant des eaux-de-vie et de l'esprit de vin à toutes les températures. (*Ann. de l'ind.*, 1821, p. 3.)

ALCOOLISATOIRE. — M. Brocard, de Rouen, inventa, en 1819, cet appareil qui offre, avec l'avantage de s'échauffer facilement et de consumer peu de combustible, celui d'opérer simultanément des distillations de différents degrés, par un moyen simple et facile. Les essais qui en ont été faits à Rouen ont parfaitement réussi. (*Ind. franç.*, par M. DE JOUY, p. 8.)

ALCOOMÈTRE. — Instrument de physique, inventé par M. Fournier, en 1811. Cet appareil, propre à prévenir toutes les falsifications et fraudes commerciales, est composé d'un tube de verre de 16 à 18 centimètres de long, posé verticalement sur une calotte de cuivre, portant sur son centre une tige graduée, de même métal ; la tige entre dans le tube, ajusté à la base par une virole exactement vissée et qui, se fermant hermétiquement, empêche que le liquide qu'on veut analyser ne se répande. Cet appareil est porté sur trois pieds, au-bas desquels est une lampe à esprit de vin, placée sous la calotte, et directement sous la tige pour l'échauffer d'une manière prompte. A un de ses pieds est une virole mobile qui porte un couvercle servant à modérer à volonté l'action du feu et à éviter que le liquide ne se répande par-dessus les bords. (*Ann. de l'ind.*, 1811, p. 3, et *Arch. des déc.*, tom. I, pag. 97.)

ALLUMETTES.—On met dans une petite fiole à large ouverture 4 grammes de phosphore, on y ajoute assez d'huile de térébenthine pour que le phosphore en soit recouvert; alors on y mêle 1 gramme de fleur de soufre; on place la fiole dans de l'eau chaude, et quand le phosphore est fondu, on la ferme avec un bouchon, et on agite fortement jusqu'à ce que le tout soit refroidi, puis on fait couler l'huile de térébenthine surnageant. On plonge le bout des allumettes dans la bouillie épaisse qui reste, et ensuite, quand elles sont presque sèches, on les trempe dans le mélange suivant :

On dissout 3 grammes de gomme arabique dans un peu d'eau, on y ajoute 2 grammes de chlorate de potasse, et on mélange le tout jusqu'à ce que la masse soit bien homogène. Alors on y ajoute encore 1 gramme de suie, laquelle a été broyée d'abord avec un peu d'esprit-de-vin et une petite quantité d'indigo ou de cinabre, suivant qu'on veut colorer les allumettes en bleu ou en rouge.

En douze heures les allumettes sont desséchées. Lorsqu'on les frotte sur un corps rude, elles s'enflamment sans détonation.

ALUMINE. — Terre ou oxyde métallique dont les propriétés les plus apparentes sont de happer à la langue, de se durcir au feu, et qui sert de base aux pierres précieuses du genre des *corindons*, tels que le rubis, le saphir, l'émeraude, la topaze, etc.; elle a passé longtemps pour infusible. A l'aide du foyer électrique, entretenu par une trèsforte pile, M. Després, dans ses belles expériences au collége de France, est parvenu à fondre l'alumine complétement; de son côté, M. Ebelmen, que les sciences viennent de perdre, a obtenu, dans le four à porcelaine de Sèvres, de véritables gemmes diversement colorées, en petits cristaux, en ajoutant à l'alumine l'acide boracique pour fondant. On peut, dès à présent, regarder la fabrication de ces pierres précieuses comme une conquête de l'industrie; seulement il reste à la pratiquer assez en grand, pour obtenir des cristaux d'un volume suffisant pour les besoins de la joaillerie. L'alumine est très-commune dans la nature; elle constitue la base essentielle de toutes les argiles où elle se trouve mêlée à la silice, à l'oxyde de fer, à la chaux, etc.

ALUMINE. — La terre qui contient l'alumine de Hall est souvent mêlée de glaise; elle est d'un beau blanc, douce au toucher, un peu grenue, légère, poreuse et assez semblable à l'agaric fossile. Elle répand une odeur argileuse, lorsqu'on y souffle la vapeur pulmonaire. Quand on la presse entre les doigts, elle devient friable et se brise. On y trouve quelques parcelles d'oxyde de fer rouge, dispersées inégalement dans la masse. Cette matière est infusible au chalumeau; en l'y faisant rougir, elle devient plus sèche et moins pesante, sans se durcir sensiblement, quoiqu'elle perde un peu de son volume primitif. En la chauffant au rouge dans un creuset d'argent, pendant quelques minutes, elle perd près de la moitié de son poids, sans perdre de dureté et sans se cuire. Elle se dissout très-bien dans les acides sulfurique, nitrique et muriatique, à l'aide d'une légère chaleur. Elle ne fait point d'effervescence pendant cette dissolution, elle laisse un peu de résidu en poussière blanche indissoluble, légèrement grenue et qui paraît être de la silice. La dissolution de l'alumine dans l'acide sulfurique donne par une lente évaporation, des cristaux en feuillets nacrés; en y ajoutant quelques gouttes de dissolution de sulfate, il s'y est formé sur-le-champ des cristaux octaèdres d'alun. L'expérience faite par M. Fourcroy a prouvé que la terre de Hall ne contient point de potasse; elle n'a point fourni d'alun par sa simple dissolution dans l'acide sulfurique, et il a fallu y ajouter du sulfate de potasse pour en obtenir un sel triple. Il résulte de toutes ces expériences qu'on a pu faire sur une petite quantité de terre (un gramme) que l'alumine de Hall, au lieu d'être de l'alumine pur, contient avec cette terre du sulfate de chaux; de la chaux non acidifère, de l'eau et une quantité presque inappréciable de silice, plus quelques traces d'un muriate qui s'est aussi montré dans plusieurs essais. L'acide sulfurique qu'on y a trouvé à la quantité de 0, 20 n'y est pas isolé ni combiné à l'alumine, mais à la chaux. L'analyse a donné en quantités respectives : alumine 45, sulfate de chaux 24, eau 27, chaux, silice et muriate 4 100. (*Annal. du Muséum d'histoire naturelle*, an XIII, t. I, pag. 43.)

M. Gay-Lussac, de l'Institut, pour la préparation de l'alumine a imaginé un procédé qui consiste à prendre de l'alun à base d'ammoniaque, que l'on trouve en abondance dans le commerce. On commence par le calciner pour le dépouiller de son eau de cristallisation, et on le décompose ensuite dans un creuset, à une chaleur rouge. L'acide sulfurique et l'ammoniaque se dégagent et l'alumine reste seule dans un grand état de pureté. Cette terre ainsi préparée est très-blanche, douce au toucher, et d'une ténuité extrême. Elle se lie bien avec l'eau, mais elle l'abandonne par une douce chaleur, et reprend ses propriétés comme M. de Saussure l'avait déjà remarqué. Sa grande division et la dureté de ses molécules pourront la rendre propre à lustrer des métaux; sa blancheur permettra peut-être aussi de l'employer dans la fabrication des couleurs. (*Annales de chimie et de physique*, 1817, t. V, pag. 101.)

ALUN ARTIFICIEL (*Sa fabrication*). —

M. Curaudau inventa un procédé qui consiste à prendre deux cents parties d'argile et cinq de muriate de soude, dissout dans une suffisante quantité d'eau pour donner au mélange une consistance pâteuse. On en fait ensuite des pains, dont on remplit un fourneau à reverbère, dans lequel on fait un feu actif pendant deux heures, et jusqu'à ce que l'intérieur du fourneau soit obscurément rouge. La calcination étant finie, on réduit l'argile en poudre, on la met dans une bonne futaille, et l'on verse dessus, a diverses reprises, un quart de son poids d'acide sulfurique en agitant fortement à chaque fois. Dès que les vapeurs d'acide muriate qui se dégagent alors sont dissipées, on ajoute autant d'eau qu'on a mis d'acide, et on remue comme la première fois. Il s'opère entre l'acide, la terre et l'eau, une combinaison si prompte que le mélange s'échauffe, se gonfle et exhale des vapeurs extrêmement abondantes. Lorsque cette chaleur est un peu apaisée, on continue d'ajouter de l'eau jusqu'à ce qu'il y en ait environ huit à dix fois autant que d'acide. La terre inutile à la formation de l'alun étant déposée et la liqueur éclaircie, on la tire dans des baquets ou chaudières en plomb. On met ensuite sur le marc autant d'eau qu'on a retiré de liqueur; on réunit celle-ci à la première, et on met dans ces lessives une dissolution de potasse, dans laquelle il doit y avoir de cet alcali, le quart du poids de l'acide employé, puis on agite. Si on préfère employer le sulfate de potasse, on en mettra deux fois autant que d'alcali. Au bout de quelque temps, la liqueur refroidissant, forme des cristaux d'alun dont la quantité s'élève, quand la cristallisation est achevée, à trois fois le poids de l'acide employé. On raffine cet alun en le faisant fondre dans la plus petite quantité d'eau bouillante possible, alors il est aussi beau que le meilleur alun du commerce. Comme le marc contient encore quelques parties d'alun, M. Curaudau recommande de le lessiver une troisième fois, avec une quantité d'eau suffisante pour le dessaler complétement, et de se servir de ce lavage, au lieu d'eau simple, pour une deuxième opération. Par ce moyen il n'y a rien de perdu. Si on voulait même fabriquer de l'alun pour le commerce, on pourrait employer, pour dissoudre la combinaison de l'alumine et de l'acide sulfurique, au lieu d'eau, la dissolution de sulfate de potasse provenant des lavages de bleu de prusse, substance ordinairement perdue ; et on pourrait également employer aux mêmes usages les résidus ou ciments des distillateurs d'eau-forte, qui contiennent l'alumine

et la potasse propres à la confection de l'alun. Il suffirait d'arroser cette substance, réduite en poudre, avec l'acide sulfurique, et d'ajouter au mélange la quantité d'eau nécessaire, en opérant comme il a été dit plus haut. Par ces procédés, M. Curaudau a fabriqué de l'alun avec un avantage de plus de vingt-cinq pour cent sur celui du commerce d'alors, et on a dix à douze pour cent de bénéfice. Les fabricants de bleu de Prusse, à qui la potasse ne coûterait rien, auraient encore dix-sept à dix-huit pour cent à gagner, en faisant ce sel artificiellement. (Rapport. à l'Inst., 9 fructidor, an IX. — Annales des arts et manufactures, même année.)

L'alun de la fabrique de M. Curaudau avait les mêmes qualités que celui de Rome; il pouvait être employé avec succès pour les couleurs fortes comme pour les nuances légères. MM. Roard des Gobelins, et Oberskamps ont jugé qu'il était le meilleur de tous ceux qui ont été fabriqués en France. Enfin on se le procurait à 15 pour 100 au-dessous du cours de l'alun de Rome. Ce produit a valu à M. Curaudau une médaille d'argent à l'exposition de l'année. (Moniteur, 1806, p. 68. — Ann. de l'Indust. 1811, p. 5.)

Une commission de la classe des sciences physiques et mathématiques de l'Institut, ayant soumis à l'analyse chimique l'alun de M. Curaudau, s'exprime ainsi dans son rapport : « L'alun de Rome et celui de M. Curaudau, qui ont fait le sujet de notre analyse, doivent être considérés comme égaux en qualité, et peuvent être employés avec le même avantage dans toutes les opérations de teinture. Il résulte donc de cette fabrication artificielle que, dans les manufactures de toiles peintes, il y aura de l'économie à substituer l'alun de M. Curaudau à celui de Rome, puisque ce dernier est beaucoup plus cher. » (Bull. de cette soc., 1807, p. 26 et 116.)

— M. Bérard, de Montpellier, médaille d'argent pour avoir retiré, par une seule opération, des eaux-mères des salpêtres, l'alun, le sulfate de fer et l'acide nitrique. (Bull. de la soc. d'encouragement, 1820, p. 91.) — M. Delpech, du Maz d'Azil (Aveyron), a obtenu une médaille de bronze pour de l'alun contenant moins d'oxyde de fer que celui de Rome. (Bulletin de la société d'encouragement, 1820, p. 116.)

ALUNS (Divers). — M. Vauquelin, de l'Institut, a reconnu, par les différentes expériences qu'il a faites, que, sur une once ou 576 grains de diverses espèces d'alun, il existe savoir :

	Alumine.	Acide.	SULFATE		
			de potasse.	d'ammoniaque.	de fer.
Alun de Rome.	59,50	128,44	120	0	0
Alun dit de Rome.	60,00	119,08	123	0	0
Alun de Liége.	60,50	119,08	124	5	$\frac{1}{4}$
Alun de l'Aveyron (procéd. de Thomas).	60,25	120,20	116	6	$1\frac{1}{4}$
Alun anglais.	60,25	128,44	152	8	1
Alun de l'Aveyron (proc. de Ribaucourt).	60,00	117,24	128	7.	$\frac{1}{2}$

On voit, dit M. Vauquelin, que les quantités d'alumine, d'acide sulfurique et de sulfate de potasse sont, à très-peu de chose près, les mêmes dans tous les aluns, et que les seules différences consistent dans quelques atomes de sulfate d'ammoniaque et de fer contenus dans ceux de Liége, de l'Aveyron, de l'Angleterre et de Ribaucour. Il est même très-probable que ces différences, dont les plus grandes ne vont qu'à un centième et demi, sont plutôt dues aux petites irrégularités inévitables dans les expériences, qu'à la nature même des aluns. Il n'y a donc d'autre variété dans les aluns que l'existence du fer dans les uns et la non-existence de ce métal dans les autres ; mais cette matière, dont la quantité ne s'élève qu'à trois millièmes dans l'alun de l'Aveyron, qui en est le plus chargé, peut-elle apporter une assez grande influence dans les propriétés de ces sels pour que leur valeur ne soit que la moitié de celle de l'alun de Rome ? Si l'on supposait ces aluns privés de la petite quantité de fer qu'ils contiennent, il semble qu'ils seraient parfaitement semblables à l'alun de Rome, et, sous ce rapport, celui de Ribaucour en approcherait le plus. Si la différence qui existe entre l'alun de Rome et les autres aluns est aussi grande que le disent les teinturiers, il faut en conclure que les moyens de la chimie ne sont pas capables de nous la faire connaître ; mais M. Chaptal est porté à croire que la réputation et la supériorité attribuée à l'alun de Rome ne sont fondées que sur quelques anciens préjugés, et que les aluns de fabrique, lorsqu'ils ne contiennent pas de fer, doivent être aussi propres à tous les usages que ceux de Rome. Pour savoir si c'est la présence de ces traces de sulfate d'ammoniaque et d'oxyde de fer que contiennent les aluns des fabriques qui les rend inférieurs à l'alun de Rome, il faudrait en purifier une certaine quantité et en faire des essais en teinture, pour les comparer. Si l'on trouvait quelques différences, il serait alors prouvé qu'il y a quelques principes dans les uns qui n'existent pas dans les autres, et que la chimie n'a pu découvrir. (*Société d'encouragement*, an XII, p. 149)

Il s'agissait d'une application importante de la chimie aux arts, qui consistait à rendre les aluns communs égaux à l'alun de Rome, pour la teinture. Il fallait, pour cela, les débarrasser d'un peu de fer. Aux divers moyens imaginés pour parvenir à ce but, M. Séguin en a ajouté un nouveau, pris de la différence de solubilité de l'alun pur et de l'alun chargé de fer. Il fait dissoudre seize parties d'alun ordinaire dans vingt-quatre parties d'eau, laisse cristalliser et obtient par ce moyen quatorze parties d'alun aussi pur que celui de Rome, et deux parties d'alun à peu près au degré de celui de Liége. On peut appliquer ce procédé à la fabrication première et obtenir, dès l'origine, un alun qui vaut un tiers de plus. (*Travaux de la classe des sciences physiques et mathématiques de l'Institut*, 1806.)

AMADOU. — On donne le nom a amadou à une espèce de mèche préparée à prendre très-facilement le feu.

La fabrication d'amadou se fait principalement en Allemagne, avec une sorte de grands champignons ou d'agarics, et d'excroissances fongueuses qu'on trouve sur les vieux chênes, frênes, ormes, sapins et autres arbres.

On fait cuire ces champignons ou excroissances dans l'eau commune.

On les sèche, on les bat avec un marteau pour les amollir, et en briser et diviser les parties ; on les coupe par morceaux, que l'on étend si l'on veut ; on les fait bouillir ensuite dans une forte lessive de salpêtre ; on les remet sécher au four, et l'amadou est fait.

On se procure encore de l'amadou avec le gros papier bleu, tel que celui qui enveloppe le sucre, ou avec de vieux linges que l'on fait brûler jusqu'au moment que la flamme cesse, et qu'ils sont réduits dans une espèce de charbon, que l'on étouffe en cet état, pour s'en servir au besoin.

Il y a aussi une plante légumineuse ou papilionacée, nommée Sécla, dont la tige blanche, spongieuse et épaisse, réduite en une sorte de charbon, forme une espèce d'amadou qui est employé principalement dans les Indes.

On sait de quel usage est l'amadou, pour se procurer promptement du feu par les étincelles que l'on tire du choc de l'acier contre une pierre à fusil. (*Voy.* ALLUMETTES, BRIQUETS.)

AMBULANCES VOLANTES. — M. Larrey, inspecteur général du service de santé des armées est l'inventeur des ambulances volantes dont on trouve la description dans un ouvrage qu'il fit imprimer à Paris. C'est à l'armée du Rhin que M. Larrey fit cette invention qu'il a perfectionner depuis. (*Mon.* 1812.)

AMIANTE VÉGÉTAL. — La science a reconnu que la combustion réside uniquement dans la combinaison d'un corps avec l'oxygène, et que ce phénomène était en général accompagné de lumière et de chaleur, parfois aussi d'électricité. Cette combinaison de l'oxygène avec un corps a fait que ce dernier est qualifié de combustible. Pour qu'un corps soit incombustible, il s'agit d'empêcher toute combinaison de l'oxygène avec ce corps ou de trouver le moyen d'en isoler l'oxygène.

Un grand nombre de chimistes ont essayé d'atteindre ce résultat. L'illustre Gay-Lussac a indiqué, il y a déjà trente ans, dans les *Annales scientifiques* de l'époque, divers procédés d'incombustibilité ; mais ils ont été reconnus insuffisants. Cependant, les expérimentateurs qui lui ont succédé, y sont revenus directement ou indirectement.

Un jeune savant, M Henri Imbert, vient, nous en sommes convaincu, de résoudre le problème. A la suite de longues études et d'essais réitérés, il a découvert un procédé pour rendre les tissus, non-seulement incombustibles, mais de plus et simultanément imperméables. Les toiles qui ont été préparées sous sa direction ont la double propriété de résister au feu et de repousser l'eau et l'humidité.

Des expériences ont eu lieu. Un morceau de la *toile Imbert* a été plongé jusqu'à trois reprises consécutives dans un bain de térébenthine double, et soumis à l'action de la flamme. Il est sorti souple, flexible et intact de cette redoutable épreuve.

Un autre morceau de toile a été jeté sur un ardent brasier de houille, et le brasier s'est éteint. Quelques charbons, en adhérant à certains points du tissu, finissaient par le noircir et par produire une sorte de mâchefer végétal ; mais, dans aucun cas, le tissu ne put ni rougir ni devenir lumineux ; conséquemment il ne peut, dans aucun cas, communiquer le feu et propager l'incendie. L'imperméabilité n'a pas été moins évidemment démontrée. Un vase fait avec la toile de M. Imbert conserve l'eau aussi bien qu'un récipient de terre ou de métal.

Le tissu qui réunit les deux qualités opposées d'incombustibilité et d'imperméabilité est une toile à voile ordinaire, — double trame, — quatre fils. La préparation à laquelle il est soumis n'augmente pas d'un vingtième sa densité ou son poids primitif. Ajoutons qu'il dure incomparablement plus que les toiles ordinaires, et que le prix de revient est le même.

La découverte nouvelle que M. Imbert appelle AMIANTE VÉGÉTAL, nous semble pouvoir être utilement employée pour les campements militaires, les bâches des messageries et des chemins de fer, les prélarts de la marine, les voiles des navires, et surtout les voiles des bateaux à vapeur, les toiles et les tentures de théâtre, enfin dans tous les cas où l'action du feu et celle de l'eau sont à redouter également.

AMIDON. — L'amidon ou *fécule* est une poudre blanche formée de granules sphéroïdes, ovoïdes, ou plus ou moins allongés, suivant la nature et l'âge de la plante qui les a produits. On peut l'extraire 1° des grains de toutes les plantes acotylédones, et par conséquent, des blés et autres graminées ; 2° d'un grand nombre de racines ou tubercules charnus, tels que les pommes de terre, les *convolvulus bulbatus* et *edulis*, l'*helianthus tuberosus*, le *jatropha manichot*, etc., qui en contiennent une quantité très-considérable ; 3° des tiges de plusieurs plantes monocotylédones, particulièrement du palmier, qui donne le *sagou*, et 4° des racines d'*inula helenium*, des *dahlias*, de la plupart des plantes de la famille des radiées et de quelques espèces de lichens. L'amidon qui provient de cette quatrième catégorie porte le nom d'*inuline*. L'inuline a la même composition chimique que l'amidon ordinaire, et à peu près les mêmes propriétés. On la distingue en ce qu'elle prend, par la teinture d'iode, une teinte jaune ou brunâtre, tandis que l'amidon est coloré en bleu ou en violet.

On donne plus particulièrement le nom d'*amidon* à celui retiré des céréales, et celui de *fécule* à l'amidon extrait des pommes de terre.

Suivant Pline le naturaliste, les habitants de Chio furent les premiers inventeurs de cet art de tirer l'amidon du blé. On dit que son nom latin *amilum*, est dérivé de *sine mola factum*, parce que les anciens ne faisaient point moudre le grain dont ils tiraient l'amidon. On suit encore cette méthode dans quelques endroits de l'Allemagne ; on le fait crever et on l'écrase.

Les matières de l'amidon sont du blé ou des issues de blé, comme les recoupettes et les griots. Pour entendre ce que c'est que *recoupettes* et *griots*, il faut savoir que le blé moulu se blute, et que le bluteau se distribue en six portions, lesquelles sont la *fleur de farine*, la *grosse farine*, les *griots*, les *recoupettes*, les *recoupes* et le *son*. On donne le son aux chevaux, on nourrit les vaches de recoupe ; on fait du pain de la grosse farine et de la fleur de farine, et l'on tire l'amidon des griots et des recoupettes.

Le blé gâté est moulu, et employé, comme nous le dirons ci-après, à la confection de l'amidon commun.

Il faut donc que l'amidonnier songe à se pourvoir d'abord de griots, de recoupettes, et même de blés gâtés. Les boulangers lui fourniront les griots et recoupettes qu'il pourra employer sur-le-champ. Il faut faire moudre les blés gâtés.

L'eau est le principal instrument de l'amidonnier, surtout celle qui doit servir de levain, et produire la fermentation : c'est ce qu'on appelle les eaux sures ou eaux fortes.

On peut se procurer les eaux sures par l'un des deux procédés suivants : 1° Prenez deux livres de levain avec lequel le boulanger fait lever sa pâte ; délayez ces deux livres de levain dans un seau d'eau chaude : au bout de deux jours l'eau sera sure. Mais comme cette quantité d'eau sure n'est pas suffisante pour le travail de l'amidonier, il agite cette première eau sure, il y ajoute un demi-seau d'eau chaude, la laisse reposer, la remue encore, et continue la même manœuvre jusqu'à ce qu'il y ait la quantité d'eau sure dont il a besoin.

2° Au défaut de levain de boulanger, on met dans un chaudron quatre pintes d'eau commune, quatre pintes d'eau-de-vie, deux livres d'alun de roche ; on fait bouillir le tout ensemble, et on a de l'eau sure pour s'en servir comme il sera dit ci-après.

L'amidonnier obtient encore les eaux sures par un autre moyen, dont nous parlerons après quelques observations.

Il faut, dans l'atelier ou trempis de l'amidonnier, des tonneaux connus sous le nom de demi-queues de Bourgogne, et que les amidonniers nomment *bernes* ; on les défonce par un bout, et l'on s'en sert de la manière suivante :

Mettez environ un seau d'eau sure dans un de ces tonneaux. Il faut de cette eau sure moins en été, davantage en hiver ; mais on doit prendre garde, dans cette dernière saison, que le levain ne gèle.

I. Versez de l'eau pure sur ce levain, jusqu'au bondon ; achevez de remplir les tonneaux de matière, c'est-à-dire, de recoupettes et de griots, moitié par moitié, ou de farine de blé gâté moulu gros. Cette première opération s'appelle *mettre en trempe* ou *mise en trempe*. Il est dit dans les statuts des amidonniers, que les recoupes et recoupettes seront mises en trempe ou en levain, pendant l'espace de trois semaines, dans des eaux pures, nettes et claires; mais on ne les y laisse en été que dix jours, et pendant quinze en hiver. Ce terme et plus court ou plus long, selon la force du levain. Il n'y a guères que l'expérience qui puisse apprendre à connaître, avec précision, le temps convenable.

Lorsque les matières ont été suffisamment en trempe ou en levain, elles se précipitent au fond du tonneau, et il leur surnage une eau qu'on appelle *eau grasse*; espèce d'huile que la fermentation des matières a renvoyée sur la surface de l'eau. Il faut jeter cette eau grasse. Après quoi on prend des sas ou tamis de toile de crin, de dix-huit pouces de diamètre sur dix-huit pouces de hauteur; on en pose un sur deux lattes qui sont mises horizontalement sur un tonneau bien rincé; ensuite puisez trois seaux de matière en trempe, versez-les sur le sas, et lavez-les avec six seaux d'eau claire en procédant de la manière suivante:

II. Versez d'abord sur les trois seaux de matière en trempe mise dans le sas de crin, deux seaux d'eau claire; remuez le tout avec les bras. Quand ces deux seaux d'eau claire seront passés, versez deux autres seaux sur le reste de la matière contenue dans le sas, remuez de nouveau. Lorsque ces deux autres seaux seront encore passés, versez les deux derniers seaux sur le second reste de la matière, et remuez pour la troisième fois. Cette seconde opération s'appelle *laver le son*.

Les statuts des amidonniers leur enjoignent de bien laver ou séparer les sons, et de veiller à ce que leurs sas soient bons, et leurs eaux bien pures et bien nettes.

Il faut vider dans un tonneau ce qui reste dans le sas, et laver ces résidus avec de l'eau claire. Ces résidus lavés peuvent servir de nourriture et d'engrais aux bestiaux. Continuez de passer de la matière en trempe sur le même tonneau, jusqu'à ce qu'il soit plein. Le lendemain de cette seconde opération, jettez l'eau qui a passé à travers les sas avec la matière en trempe; cette eau s'appelle *eau sure*.

C'est le levain des amidonniers dont nous devions parler.

Il faut mettre de cette eau sure, quand on s'en sert pour mettre en trempe, un seau sur chaque tonneau de matière, en été, trois, et quelque fois quatre seaux en hiver.

III. Enlevez cette eau sure avec une sebille de bois, jusqu'à ce que le blanc déposé au fond du tonneau paraisse. Remplissez ensuite les tonneaux de nouvelle eau, en quantité suffisante pour pouvoir, avec une pelle de bois, battre, broyer, et démêler l'amidon. Ensuite remplissez les tonneaux d'eau claire. Cette troisième manœuvre s'appelle *rafraîchir l'amidon*.

Deux jours après le rafraîchissement, jetez l'eau qui a servi à rafraîchir, jusqu'à ce que le premier blanc paraisse.

Ce premier blanc se nomme indifféremment le *gros* ou le *noir* par les amidonniers. Ce gros ou ce noir s'enlève de dessus le vrai amidon ou second blanc qui en est couvert. On ne le perd pas; il fait le principal gain des amidonniers, parce qu'ils le vendent ou qu'ils le gardent pour engraisser des porcs.

IV. Quand le gros ou le noir est enlevé, on jette un seau d'eau claire sur le résidu de crasse que le gros ou le noir laisse sur le second blanc, ou sur l'amidon qu'il couvrait, on rince bien la surface de cet amidon avec ce seau d'eau. On a un tonneau vide tout prêt à recevoir les rinçures, on les y met, elles y déposent, et ce dépôt des rinçures s'appelle *amidon commun*. Les amidonniers nomment cette quatrième opération *rincer*.

Le rincer étant fait, on trouve au fond de chaque tonneau quatre pouces d'épaisseur ou environ d'amidon. Cette quantité varie selon la qualité des recoupettes et des griots qu'on a employés. Il est évident que les blés gâtés qu'on convertit en amidon doivent donner davantage, tout étant employé; mais l'amidon qu'on en tire est toujours commun, et n'a jamais la blancheur de celui qui est fait de recoupettes et de griots de bon blé.

V. On prend l'amidon qui est dans un tonneau, on le verse dans un autre, c'est-à-dire, pour parler précisément, que de deux tonneaux d'amidon on n'en fait qu'un, où par conséquent il doit se trouver neuf à dix pouces d'amidon de recoupettes et de griots. Cette cinquième opération s'appelle *passer les blancs*.

VI. Lorsque les blancs sont passés d'un tonneau dans un autre, on verse dessus une quantité suffisante d'eau claire pour les battre, broyer et délayer; ce qui s'exécute avec une pelle de bois. Cette opération est la sixième, et s'appelle *démêler les blancs*.

Les blancs démêlés, on pose un tamis de soie dont la figure est ovale, sur un tonneau rincé et propre; on fait passer à travers ce tamis les blancs qu'on vient de démêler, on continue ce travail sur un même tonneau, jusqu'à ce qu'il soit plein. Les statuts enjoignent de se servir d'eau bien claire pour passer les blancs.

VII. Deux jours après que les blancs ont été démêlés et passés, on jette l'eau qui est dans les tonneaux, et qui a traversé le tamis de soie, jusqu'à ce qu'on soit au blanc.

Il reste sur le blanc une eau de même couleur qui le couvre; versez cette eau dans un grand pot de terre; jetez ensuite un seau d'eau claire sur l'amidon même, rincez la surface avec cette eau, ajoutez cette rinçure à l'eau blanche: cette rinçure déposera; le dépôt sera encore de l'amidon commun.

Après que l'amidon aura été bien rincé, levez-le du fond des tonneaux, mettez-le dans des paniers d'osier, arrondis par les coins, et garnis en dedans de toiles qui ne soient point attachées aux paniers. Ces paniers ont un pied de large, dix-huit pouces de long sur dix pouces de haut. Cette opération s'appelle *lever les blancs.*

VIII. Le lendemain du jour qu'on aura levé les blancs, vous ferez monter les paniers remplis d'amidon au séchoir, qui est un grenier bien percé de lucarnes, pour que l'air le traverse. L'aire du plancher de ce grenier doit être de plâtre bien blanc et bien propre.

On renversera les paniers sens dessus dessous sur l'aire de plâtre. La toile n'étant pas attachée aux paniers, suivra l'amidon ; on ôtera cette toile de dessus le bloc d'amidon, qui restera nu.

On mettra ce bloc sur le côté ; on le rompra avec les mains, sans instruments, en quatre parties, chaque quartier en quatre morceaux, c'est-à-dire, que chaque quartier donnera seize morceaux, ou environ soixante livres d'amidon.

On laisse l'amidon sur le plancher de plâtre, jusqu'à ce qu'il ait tiré l'eau qui pouvait se trouver dans l'amidon. Cette opération est la huitième, et s'appelle *rompre l'amidon.*

IX. Quand on s'aperçoit que l'amidon rompu est suffisamment séché, et qu'il est resté assez de temps sur le plancher de plâtre du grenier pour pouvoir être manié, on l'enlève. Ensuite on le *met aux essuis.* C'est la neuvième opération, elle consiste à l'exposer proprement à l'air sur des planches situées horizontalement aux fenêtres des amidonniers.

X. Quand l'amidon paraîtra suffisamment ressuyé sur les planches, vous prendrez les morceaux, vous les ratisserez de tous les côtés. Ces ratissures passeront dans l'amidon commun. Vous écraserez les morceaux ratissés et vous les mettrez en grain, c'est-à-dire, que vous les réduirez en petites parties, grosses à peu près comme des fèves ou des noix, soit en marchant dessus avec des sabots, soit d'une autre manière. Si la chaleur du soleil et la force du hâle n'ont point été assez grandes pour les bien sécher, ce qui eût été plus favorable pour conserver la blancheur de l'amidon dans toute sa pureté, vous porterez cet amidon dans l'étuve, le répandant à la hauteur de trois pouces d'épaisseur sur des claies couvertes de toiles.

On aura soin de retourner l'amidon soir et matin : sans cette précaution, sans ce remuage dans l'étuve, il deviendrait vert, de très-beau blanc qu'il est. Cette dixième opération est la dernière et s'appelle mettre l'*amidon à l'étuve.*

L'étuve de l'amidonnier est un cabinet garni au pourtour de tablettes de bois blanc, bordées de voliges qui font un rebord assez haut pour tenir l'amidon. Ordinairement l'étuve est chauffée par un poêle, qui devrait être disposé de façon à pouvoir être allumé par le dehors, pour n'avoir point de fumée qui altère la blancheur de l'amidon.

Les amidonniers qui n'ont point d'étuves se servent du dessus des fours de boulangers, et les louent pour cette opération.

L'amidon, au sortir de l'étuve, est sec et commerçable.

On distingue l'*amidon fin* et l'*amidon commun.* Le fin sert à faire la poudre à poudrer les cheveux, et on le fait aussi entrer dans les dragées et autres compositions semblables.

L'amidon commun est employé par les cartonniers, relieurs, afficheurs, chandeliers, teinturiers du grand teint, blanchisseurs de gaze et autres.

Le meilleur amidon sert encore à faire la colle, et de l'empois blanc et bleu. Il est encore employé en médecine ; il est regardé comme pectoral, onctueux et adoucissant.

L'amidon commun doit rester quarante-huit heures au four des amidonniers ; et au sortir du four, huit jours aux essuis : c'est ce que prescrivent les statuts.

Suivant les règlements de police, l'amidonnier ne peut acheter des blés gâtés que d'un marchand à qui le magistrat permet de les vendre.

L'amidon provenant des blés gâtés, doit être fabriqué avec la même précaution que l'amidon fin.

L'amidon commun et fin ne doit être vendu par les amidonniers qu'en grain, sans qu'il leur soit permis, sous quelque prétexte que ce soit, de le réduire en poudre.

Outre l'amidon de froment, on en peut tirer d'autres substances.

On en retire aussi des recoupes de l'orge ; mais l'amidon n'est pas aussi blanc que celui qui provient du froment.

M. de Vaudreuil imagina le premier, en **1716**, de substituer au blé la racine de l'arum ou pied-de-veau, et il obtint le privilége exclusif, pour lui et pour sa famille, de fabriquer cette nouvelle espèce d'amidon pendant vingt ans.

L'Académie jugea, en **1739**, que l'amidon de pomme de terre et de truffes rouges, proposé par le sieur Ghise, faisait un empois plus épais que celui de l'amidon ordinaire, mais que l'émail pour l'empois bleu ne s'y mêlait pas aussi bien ; cependant, qu'il serait bon d'en permettre l'usage, parce qu'il épargnerait les grains dans les temps de disette.

M. Duhamel du Monceau, dans son *Traité de la fabrique de l'amidon*, qui est du nombre des arts publiés par l'Académie des sciences, dit que l'on peut, par un travail considérable, retirer du froment entier, et non moulu, un très-bel amidon, mais qui est nécessairement fort cher. Quoique son procédé ne puisse être d'usage par les raisons qu'il donne, et parce qu'il est défendu d'employer à la fabrique de l'amidon de bon blé entier, nous allons faire connaître cette main-d'œuvre, pour ne laisser rien à désirer à cet égard.

On choisit de bon froment, on le met avec de l'eau dans des tonneaux ou bernes

On expose les bernes au soleil, pour que l'eau pénètre le grain plus promptement. On renouvelle l'eau deux fois par jour, afin d'ôter une teinture que fournit le son, et qui altérerait la blancheur de l'amidon. Il s'agit d'attendrir le grain par cette trempe, et de dissoudre par l'eau le suc muqueux qui unit les parties farineuses.

L'eau de pluie ou de rivière, le temps chaud, et le grain nouveau, sont les plus propres à faciliter cette dissolution de la partie farineuse. On reconnaît que les grains ont été suffisamment en trempe, quand ils s'écrasent aisément entre les doigts. Communément huit jours suffisent.

Le grain en cet état, on en met quelques poignées dans un sac long et étroit, fait d'une toile claire, mais forte et bien cousue. On met ce sac sur une planche unie, posée sur une futaille défoncée. On écrase le grain, en frottant fortement le sac sur cette planche. On le bat même comme du linge qu'on lave, pour que l'eau, empreinte de la substance farineuse, tombe dans la futaille ; et, pour faciliter la sortie de la farine, on trempe de temps en temps le sac dans l'eau, et on l'exprime sur la planche.

Quand l'eau qu'on exprime n'est plus blanche, ni chargée de farine, on retire le marc du sac, et on le jette dans une futaille, pour le mettre encore en trempe avec de l'eau qu'on retirera de dessus l'amidon. Par ce moyen, le marc fournira encore de l'amidon, à la vérité moins parfait que le premier.

Toutes les fois qu'on vide le sac, il faut le retourner et racler l'intérieur avec un couteau de bois, afin d'ôter le son qui y restant attaché par une substance visqueuse, empêcherait l'amidon de passer au travers de la toile.

A mesure que les bernes se remplissent de cette farine délayée dans beaucoup d'eau, la partie farineuse se précipite au fond, et il surnage une eau rousse qu'il faut ôter de temps en temps, la remplaçant avec de l'eau claire. Quand on a répété plusieurs fois cette opération, et lorsque l'eau ne prend plus aucune teinture, on remue l'amidon avec l'eau claire qui surnage, et on la passe par un tamis fin dans une berne bien propre.

La fécule très-blanche qui a passé par le tamis, se sépare de l'eau en se précipitant au fond de la berne. On la lave encore si l'on veut, en versant dessus plusieurs fois de nouvelle eau ; mais on ne la passe plus au tamis ; on égoutte l'eau le plus qu'on peut ; on expose la fécule au soleil pour la dessécher, et quand elle a suffisamment pris corps, on la coupe par morceaux, qu'on expose au vent et au soleil, sur des planches couvertes de toile, pour empêcher que l'amidon, qui conserve toujours quelque viscosité, ne s'attache aux planches.

Quand on peut procurer à l'amidon, en l'exposant au vent et au soleil, toute la sécheresse qu'il doit avoir, il est toujours plus blanc que quand on est obligé de le mettre à l'étuve. M. Baumé a aussi retiré de l'amidon de la racine de bryone, qui a été trouvé aussi bon à l'épreuve pour la poudre à poudrer et pour la colle, que l'amidon extrait du froment. Il est d'autres substances dont on peut tirer de l'amidon, telles que le marron d'Inde, les racines de serpentaires, de mandragore, de colchique, d'iris, de glayeul, de fumeterre bulbeuse, de pivoine, de silipendule, de petite chélidoine, d'ellébore à feuilles d'aconit, et généralement de toutes les fécules farineuses des plantes.

Quand on veut obtenir de l'amidon de ces plantes, on en épluche et lave les racines ; ensuite on les râpe, en ajoutant un peu d'eau à celles qui sont trop sèches ; on en fait une pâte que l'on soumet à la presse ; il en résulte un marc que l'on délaie dans une grande quantité d'eau. Alors il dépose au fond du vase un sédiment qui, étant bien lavé, fournit de l'amidon.

Le procédé pour extraire de l'amidon des pommes de terre, est d'abord de les bien laver, et d'en ôter toute la terre qui peut y être attachée. Ensuite on les pèle, on les râpe en poudre, dans un vase où il y a de l'eau. On lave ces râpures dans plusieurs eaux, que l'on fait doucement écouler lorsque la matière est précipitée.

Après plusieurs lotions, la matière paraît avoir beaucoup de blancheur et de finesse. Alors l'amidon est fait, il ne s'agit plus que de le faire bien sécher. (*Voy.* FÉCULE.)

Mais l'amidon paraît être en plus grande quantité dans la fécule du froment, et c'est ce qui la fait toujours préférer à toutes les autres fécules que l'on a essayé de lui substituer. La farine la plus blanche est presque tout amidon.

Lorsque l'amidon est pur et bien lavé, dit M. Parmentier, c'est une substance parfaitement neutre, blanche, insipide, inodore, douce et froide au toucher, inaltérable à l'air, sèche et pulvérulente, d'une finesse, d'une ténuité et d'une division extrêmes, insoluble à froid, tant dans les liqueurs aqueuses que spiritueuses et acides, prenant une forme et une substance gélatineuses en bouillant avec l'eau, et ne donnant, dans la distillation, que des produits acides et huileux.

Le même chimiste a observé que l'amidon des plantes âcres, caustiques, odorantes et colorées ne diffère point de celui des racines et semences douces et savoureuses ; toujours il est sain, blanc et inodore. Voici une épreuve fort simple qui peut faire reconnaître l'amidon partout où il est renfermé ; c'est que les racines et semences qui contiennent de l'amidon répandent, avant de prendre feu, une fumée épaisse, dont l'odeur est entièrement semblable à celle du pain grillé.

Il ne sera pas sans intérêt de connaître les édits qui réglèrent jadis la profession d'amidonnier, à cette époque où la science n'avait pas atteint le degré où elle est parvenue aujourd'hui, et en ces temps où l'économie politique encore imparfaite, où les règlements fiscaux, aussi variés que les provinces, étaient diverses, exposaient le pays à de fréquentes et déplorables variations dans les prix des grains alimentaires.

Au mois de février 1771, le roi a rendu un édit, enregistré au parlement le 20 août de la même année, par lequel Sa Majesté défend aux amidonniers d'acheter de bons grains pour en faire de l'amidon ; de tirer une première farine des blés germés et gâtés pour la vendre aux boulangers qui en font du pain, et d'introduire dans la fabrication de leur amidon des matières prohibées par les règlements, parce qu'un pareil procédé de leur part contribue au rehaussement du prix des grains dans des années peu abondantes, occasionne des maladies, et produit quelquefois des accidents funestes.

Pour remédier à cet inconvénient, l'article 4 de cet édit permet aux commis préposés pour la perception des deux sous imposés pour chaque livre d'amidon, de visiter les ateliers des amidonniers, et, lorsqu'ils les trouveront en faute, de les dénoncer, par des procès-verbaux en bonne forme, aux officiers de police et aux magistrats chargés de l'exécution de leurs règlements.

L'article 6 leur défend, sous peine de 500 livres d'amende, de vendre aux boulangers aucune farine provenant des blés germés ou gâtés qu'ils sont dans le cas d'employer.

L'article 3 défend aussi, sous peine de confiscation des amidons, matières et ustensiles servant à la fabrication et à la préparation, et de 1,000 livres d'amende, d'en fabriquer ailleurs que dans les villes, bourgs, et lieux où il s'en fabrique actuellement ; Sa Majesté se réservant cependant d'étendre ladite permission dans d'autres lieux, dans le cas où les circonstances l'exigeront.

Par le même édit, le droit d'entrée pour les amidons étrangers est fixé à 4 sous pour livre.

Les amidonniers ont seuls le droit de faire le commerce de suif de creton, et ils prennent le titre d'amidonniers cretonniers.

Les règlements de police leur défendent de fabriquer leur amidon et suif de creton à Paris, à cause de l'odeur infecte de leurs eaux et des matières qu'ils emploient. Il faut que leurs manufactures soient dans les faubourgs et banlieues, à peine de confiscation de leurs marchandises, et de 1,500 livres d'amende ; et il ne leur est permis de s'établir qu'aux lieux où il y a facilité pour l'écoulement des eaux, et que sous l'autorisation expresse du magistrat. L'apprentissage est de deux ans, après lequel temps l'apprenti est reçu maître amidonnier cretonnier, sur le brevet quittancé et le certificat de ses services. Le chef-d'œuvre consiste en un cent environ d'amidon parfait, chez l'un des jurés. Cet amidon est au profit de la communauté. Les fils de maîtres sont exempts des chefs-d'œuvre.

Les amidonniers ni leurs veuves ne peuvent prêter leur nom à qui que ce soit ; ni prendre aucun compagnon sans le consentement par écrit des maîtres qu'ils auront quittés, à peine d'amende.

Nous ne pouvons mieux terminer cet ar-

ticle qu'en rapportant en son entier l'arrê du conseil d'État du roi, du 10 décembre 1778, concernant les droits sur l'amidon, e servant en même temps de règlement pour la fabrication :

« Sur ce qui a été représenté au roi, étan en son conseil, par les syndics et la majeure partie des maîtres amidonniers de la ville et faubourgs de Paris, que la forme de la perception du droit imposé par l'édit du mois de février 1771, sur l'amidon et la poudre à poudrer, met les plus grandes entraves à leur fabrication ; que la vigilance des employés ne peut réprimer la fraude trop facile à pratiquer dans la forme actuelle que les amidonniers qui veulent se livrer à la fraude du droit, y trouvant un avantage considérable, peuvent vendre leurs marchandises à un prix inférieur à celui des amidonniers qui ne veulent pas frauder, en sorte que ceux qui sont dans l'usage de se soustraire au payement du droit, ruinent entièrement le commerce de ceux qui l'acquittent, conformément aux intentions de Sa Majesté ; et qu'il est de sa justice de rétablir la concurrence dans ce commerce, en commuant le droit qui se lève à la vente et sur le poids des amidons vendus, en un droit relatif à la contenance des vaisseaux destinés à la trempe : et Sa Majesté ayant fait examiner les dites représentations. Vu sur ce l'avis du lieutenant général de police de Paris : ouï le rapport du sieur Moreau de Beaumont, conseiller d'État ordinaire, et au conseil royal des finances, le roi étant en son conseil, a ordonné et ordonne ce qui suit :

« ART. 1er. Le droit préposé par l'édit du mois de février 1771, continuera d'être perçu sur l'amidon et la poudre à poudrer, fabriqués dans le royaume ; ordonne Sa Majesté, pour la plus grande facilité du commerce et de la perception, que ledit droit sera levé, à compter du jour de la publication du présent arrêt, par forme d'évaluation, et jusqu'à ce qu'autrement il en ait été ordonné, à raison de 7 livres 10 sous sur chaque muid, mesure de Paris, qui sera mis en trempe par les fabricants, et pour les autres vaisseaux en proportion.

« ART. 2. Ne pourront les amidonniers se servir pour leur fabrication, que des vaisseaux ou futailles de formes connue et usitée, et susceptibles d'être jaugés, tels que les tonnes, tonneaux, muids, buffes, pipes et demi-queues, sans pouvoir en employer de moindre contenance que les demi-queues, ni faire usage de cuves, cuveaux, baquets et autres vaisseaux informes, à peine de confiscation et de cent livres d'amende.

« ART. 3. Aussitôt après la publication du présent arrêt, il sera fait un inventaire général chez tous les fabricants d'amidon, qui seront tenus de déclarer et mettre en évidence, tant les futailles dans lesquelles ils auront des marchandises en trempe, que celles qu'ils destineront à l'usage des trempes, lesquelles seront sur-le-champ rouannées, numérotées, jaugées et prises en charge par les commis du régisseur, qui sera tenu de déposer au greffe des juridictions compétentes, l'empreinte des rouannes dont le dépôt sera fait, et le certificat délivré sans frais par le greffier : et dans le cas où les futailles qui contiendraient des matières en trempe ne pourraient être jaugées sur-le-champ, sans préjudicier aux dites matières, veut Sa Majesté qu'il soit sursis à la jauge desdites futailles, qui ne sera faite qu'au fur et à mesure du passage des matières au tamis de crin, dont les amidonniers seront tenus de faire déclaration au bureau du régisseur, ainsi qu'il sera expliqué ci-après.

« Art. 4. Enjoint Sa Majesté aux fabricants d'amidon de ranger par ordre, autour de leurs trempis, les futailles destinées à mettre des marchandises en trempe, de manière qu'on puisse passer librement pour les visiter, et pour examiner la situation des trempes; fait Sa Majesté défense auxdits amidonniers de les masquer par d'autres vaisseaux, ou de gêner les passages; permet, en ce cas, Sa Majesté, aux commis du régisseur, de faire sortir des trempis les vaisseaux ou autres choses qui pourraient nuire à la visite; et enjoint aux amidonniers de les retirer à la première réquisition desdits commis, à peine de cent livres d'amende contre lesdits refusants.

« Art. 5. Lesdites futailles seront, comme il est dit ci-dessus, rouannées, numérotées chez chaque fabricant, par ordre, à commencer par n° 1er, et jaugées en présence desdits fabricants, ou de leurs femmes, enfants, ouvriers et domestiques, ou eux dûment appelés; et la contenance de chaque sera empreinte et marquée sur l'endroit de la futaille le plus apparent.

« Art. 6. Fait Sa Majesté, défense aux amidonniers, de déranger l'ordre des numéros desdites futailles et de les déplacer, pour quelque cause et sous quelque prétexte que ce soit, si ce n'est pour raison de vétusté ou de quelque accident imprévu : auquel cas il sera tenu d'en faire déclaration au bureau du régisseur, sans pouvoir déplacer lesdites futailles, que les commis ne soient arrivés pour constater la nécessité du déplacement, rouanner, jauger et numéroter les futailles qui devront y être substituées, le tout à peine de confiscation et de deux cents livres d'amende.

« Art. 7. Ne pourront les amidonniers mettre aucune marchandise en trempe, qu'ils n'en aient fait leur déclaration par écrit au bureau du régisseur, contenant le jour et l'heure qu'ils entendront y procéder, le nombre, le numéro et la jauge de chacune des futailles qu'ils voudront y employer; leur enjoint expressément Sa Majesté, de suivre, pour faire ces trempes, l'ordre des numéros des futailles, sans pouvoir, sous aucun prétexte, l'interrompre, anticiper d'un numéro sur l'autre, ni rétrograder, à peine de confiscation et de deux cents livres d'amende.

« Art. 8. Seront tenus les amidonniers, de faire des trempes entières, sans pouvoir, sous prétexte de défaut de matières ou autrement ne faire que des moitiés, des quarts ou autres portions de trempes : veut Sa Majesté, qu'ils ne puissent mettre aucune futaille en trempe, qu'ils n'aient la quantité de matière proportionnée à sa contenance; et dans le cas où la trempe ne sera pas complète, ordonne, Sa Majesté, qu'ils ne pourront prétendre aucune diminution pour raison de ce qui s'en manquera, et qu'ils seront contraints au payement du droit entier, sur le pied de la contenance de la futaille.

« Art. 9. Pourront les amidonniers se servir, pendant le temps de la fermentation des matières seulement, de hausses, pour empêcher les dites matières de refluer par-dessus les bords des futailles, et de se perdre; lesquelles hausses ne pourront être attachées ni clouées auxdites futailles : fait, Sa Majesté, défense aux amidonniers, d'en faire usage en tout autre temps, à peine de confiscation des futailles en contravention, et de 200 livres d'amende, permet aux commis qui trouveront des hausses sur les futailles, après la fermentation finie, de les faire jeter bas.

« Art. 10. Les matières ne pourront rester en trempe plus de trois semaines; après lequel temps les amidonniers seront tenus, conformément aux articles 19 et 20 de leurs statuts, de les passer au tamis de crin en suivant toujours l'ordre des numéros des futailles mises en trempe, sans pouvoir les intervertir sous quelque prétexte que ce soit, et passer au tamis de crin un numéro subséquent avec ceux qui le précèdent. Enjoint Sa Majesté, auxdits amidonniers, de faire au préalable leur déclaration par écrit au bureau du régisseur, contenant le jour et l'heure qu'ils entendront procéder à cette opération, qui ne pourra être faite qu'en présence des commis, à peine de confiscation et de deux cents livres d'amende, de laquelle opération il sera dressé acte par les commis sur leurs portatifs, contenant le jour qu'il y aura été procédé, le nombre et les numéros des trempes qui auront été levées, ainsi que la contenance des futailles, pour être ensuite lesdits droits desdites trempes acquittés par les amidonniers, un mois après le passage au tamis de crin, sur le pied de la jauge de chaque futaille et à raison de 7 livres 10 sous par muids, mesure de Paris ; et à défaut par les amidonniers de payer à l'expiration de chaque mois, veut Sa Majesté, qu'ils y soient contraints par toutes voies dues et raisonnables, même par corps, comme pour ses propres deniers et affaires.

« Art. 11. Fait Sa Majesté, très-expresses inhibitions et défenses aux amidonniers de surcharger et renouveler leurs trempes pendant le temps de la fermentation, comme aussi d'en retirer aucunes matières pour en substituer d'autres, de receler aucunes trempes en tout ou en partie, et d'avoir des trempis cachés et clandestins, à peine de confiscation et de 500 livres d'amende, solidaire entre l'amidonnier et l'entreposeur ; et attendu qu'il est possible de connaître par la couleur de l'eau et l'écume qui se forme dessus pendant la fermentation, ainsi que par la pression des matières en putréfaction, si l'on a élevé des matières en trempes, ou si on les a surchargées ; veut Sa Majesté, ainsi que les amidonniers y consentent, que les commis puissent juger de la situation des trempes, des degrés de la fermentation et de la putréfaction, et des différentes opérations qu'on aura pu faire ; et en cas de contravention, qu'il en soit dressé par eux des procès-verbaux, auxquels foi sera ajoutée jusqu'à inscription de faux ; et que les contrevenants soient condamnés en la confiscation des choses saisies et en l'amende de cinq cents livres ci-dessus énoncée.

« Art. 12. En cas de contestation de la part des amidonniers, sur la jauge des futailles servant à mettre les marchandises en trempe, ou que, par la construction desdites futailles, l'irrégularité des douves, ou par quelques autres causes, la jauge des dites futailles ne puisse être faite avec assez de justesse pour être assuré de leur véritable contenance, il sera loisible aux commis de les faire dépoter ; enjoint Sa Majesté aux amidonniers d'y procéder à la première réquisition des commis, et de fournir à cet effet tout ce qui sera nécessaire audit dépotement ; à peine de 100 livres d'amende contre les refusants, aux frais desquels il y sera procédé par le premier tonnelier sur ce requis, auquel il est enjoint de le faire, à peine de cinquante livres d'amende.

« Art. 13. Seront tenus les amidonniers de souffrir les visites et exercices des commis toutes fois et quantes ils le requerront, même les jours de dimanches et fêtes, hors les heures du service divin, à peine de 200 livres d'amende pour premier refus, et de plus grande peine en cas de récidive.

« Art. 14. Déclare Sa Majesté les professions de perruquier, boulanger et meûnier, incompatibles avec celle d'amidonnier ; défend en conséquence Sa Majesté à tous perruquiers, boulangers et meûniers, de faire et fabriquer des amidons en quelque lieu que ce soit ; et aux amidonniers d'exercer ou faire exercer par leurs femmes ou par leurs enfants demeûrants avec eux, aucune desdites professions, et d'acheter et d'employer à la fabrication de l'amidon des blés de bonne qualité, et propres à faire du pain, le tout à peine de confiscation et de 500 livres d'amende : enjoint Sa Majesté au régisseur, ses commis et préposés, d'y tenir exactement la main.

« Art. 15. interprétant, en tant que de besoin, l'article 111 de l'édit du mois de février 1771, veut sa Majesté qu'aucuns particuliers ne puissent s'établir amidonniers, même dans les villes et bourgs où il y en a actuellement d'établis, qu'ils n'en aient obtenu permission du conseil : fait Sa Majesté défense à ceux qui auront obtenu ladite permission, de fabriquer et de faire fabriquer des amidons, qu'au préalable ils n'aient fait leur

déclaration au bureau du régisseur, conformément à l'article 11 dudit édit, et sous les peines y portées ; veut Sa Majesté qu'à l'avenir il ne puisse être accordé de permissions pour d'autres lieux que pour ceux où il y a des commis établis, ni pour un plus grand nombre de fabricants que lesdits lieux n'en pourront comporter.

« Art. 16. Les déclarations ordonnées par le présent arrêt, seront faites le matin avant midi, pour les opérations de l'après-midi, et dans l'après-midi avant six heures du soir, pour les opérations du lendemain matin, au bureau dudit lieu ou au plus prochain, et contiendront le jour et l'heure auxquels le fabricant entendra procéder aux opérations qui seront indiquées ; elles seront inscrites sur un registre à ce destiné, et seront signées tant par le buraliste, que par le fabricant, s'il sait signer ; et il en sera sur-le-champ délivré copie, sans frais, au fabricant, qui sera tenu de la représenter aux commis à leur première visite, sans qu'ils puissent procéder auxdites opérations qu'après l'arrivée desdits commis, et en leur présence, sous les peines portées par les articles ci-dessus qui ordonnent lesdites déclarations.

« Art. 17. Les peines prononcées contre les contrevenants, par le présent arrêt, ne pourront être remises ni modérées, sous quelque prétexte et pour quelque cause que ce puisse être : fait en conséquence Sa Majesté défense aux juges qui connaissent des contestations relatives auxdits droits, de modérer les amendes, et d'ordonner aucune surséance à l'exécution des contraintes qui seront décernées contre les redevables, que Sa Majesté veut être exécutées par provision, nonobstant toutes oppositions ou autres empêchements, pour lesquels les redevables ne pourront se dispenser de payer le montant des dites contraintes, avant de pouvoir être reçus à procéder sur les susdites oppositions.

« Art. 18. Les amidons fabriqués qui se trouveront, lors de l'inventaire général ordonné par l'article 3 du présent arrêt, tant dans les magasins que sur les étuves des fabricants, seront pesés et le poids d'iceux constaté par les commis. À l'égard de l'amidon vert, et des tonneaux de pâtes, mines et blancs qui seront aussi existants à ladite époque chez les fabricants, il sera fait une évaluation de gré à gré, ou par experts convenus avec les redevables, du poids que les uns et les autres pourront rendre, pour être le tout droits payés par les amidonniers à raison de 2 sous par livre, dans le délai d'un mois, à compter du jour de l'inventaire général.

« Art. 19. Le droit de 4 sous, imposé par l'article 1er de l'édit du mois de février 1771, sur chaque livre d'amidon et de poudre à poudrer qui proviendront de l'étranger, et entreront dans le royaume, continuera d'être levé et perçu dans les bureaux pour ce établis.

« Art. 20. Ordonne au surplus Sa Majesté, que l'édit du mois de février 1771, et les autres règlements rendus sur le fait desdits droits, notamment l'arrêt du conseil du 20 mars 1772, continueront d'être exécutés selon leur forme et teneur, en ce qui n'est pas contraire aux dispositions du présent arrêt; et que l'ordonnance des aides, et autres règlements concernant lesdits droits, seront communs pour la régie, perception et recouvrement du droit énoncé au présent arrêt; enjoint Sa Majesté, au sieur lieutenant général de police de la ville, faubourgs et banlieue de Paris, et aux sieurs intendants et commissaires départis dans les provinces et généralités du royaume, de tenir la main à l'exécution du présent arrêt, lequel sera exécuté, nonobstant opposition ou autres empêchements, dont, si aucuns interviennent, Sa Majesté se réserve la connaissance, icelle interdisant à toutes ses autres cours et juges.

« Fait au conseil d'Etat du roi, Sa Majesté y étant, tenu à Versailles le 10 décembre 1778.
        « *Signé* : AMELOT.

« Louis, par la grâce de Dieu, roi de France et de Navarre, à notre amé et féal conseiller en nos conseils, le sieur intendant et commissaire départi pour l'exécution de nos ordres en la généralité de Paris : Salut. Nous vous mandons et ordonnons, par ces présentes signées de nous, de tenir la main à l'exécution de l'arrêt dont expédition est ci-attachée sous le contre-scel de notre chancellerie, rendu le 10 décembre 1778, en notre conseil d'Etat, nous y étant, pour les causes y contenues; commandons au premier notre huissier ou sergent sur ce requis, de signifier ledit arrêt à tous qu'il appartiendra, à ce que personne n'en ignore; et de faire en outre pour l'entière exécution d'icelui, et de tout ce que vous ordonnerez en conséquence, tous commandements, significations et autres actes et exploits de justice, requis et nécessaires, sans autres congé ni permission, nonobstant toutes choses à ce contraire. Car tel est notre plaisir. Donné à Versailles le dix-neuvième jour du mois de décembre, l'an de grâce mil sept cent soixante-dix-huit, et de notre règne le cinquième.
        « *Signé* : LOUIS,
    « Et plus bas :
        « Par le roi :
            « *Signé* : AMELOT.
    « Et scellé. »

AMIDON. (*Son extraction de la racine du Colombo; sa préparation et sa fermentation.*) — Cette découverte fut faite par M. Planche, en 1811. Après avoir fait subir à la racine du Colombo l'action de l'eau froide et de l'alcool, il s'aperçut que cette racine retenait une portion de ce dernier liquide. Il procéda à une nouvelle macération dans l'eau pour le déplacer en totalité; par ce moyen il a pu extraire encore un peu de la matière jaune amère combinée avec la matière animale. La racine, bien égouttée, a été pilée dans un mortier de marbre et réduite à une espèce de pulpe; M. Planche a délayé celle-ci avec vingt parties d'eau

froide, et a jeté le tout dans un linge tendu au-dessus d'une terrine vernissée; puis il a soumis le marc à l'action de la presse. L'auteur l'a pisté de nouveau, délayé avec de l'eau et l'a exprimé comme la première fois; la même opération a été répétée jusqu'à ce que l'eau passât presque limpide. Toutes les eaux de lavage réunies offraient un liquide trouble, couleur de café au lait, d'une saveur fade. Ce liquide a été réparti dans plusieurs curcubites de verre et on a laissé déposer le tout pendant douze heures; alors on a séparé, à l'aide d'un siphon, toutes les liqueurs de leur dépôt. L'auteur les a filtrées, mais elles sont restées constamment louches, et ont laissé, après leur vaporisation, une petite quantité d'une matière d'apparence gommeuse, due à une portion d'amidon entraînée et suspendue dans l'eau, avec un reste de matière animale. La couche supérieure de chaque dépôt était formée d'une matière grisâtre, pulvérulente, provenant des débris ligneux de la substance cordicale de la racine. Cette matière étant spécifiquement très-légère, M. Planche est parvenu à la séparer exactement en versant avec précaution de l'eau froide, dans laquelle il l'agita. La couche inférieure était prise en une masse d'un blanc sale, qui, lavée plusieurs fois dans l'eau pure, est devenue assez blanche par la dessiccation et la pulvérisation. Cette poudre était douce au toucher; vue avec un microscope, elle présentait de petits globules demi-transparents; elle est indissoluble dans l'eau froide et dans l'alcool, elle forme, avec l'eau bouillante, une gelée consistante d'une saveur fade, sans arrière-goût, amère. L'auteur en a fait préparer un potage au bouillon de viande, comparativement avec la fécule de pomme de terre, et il n'a remarqué entre ces deux substances aucune différence. L'amidon, dit-il, dans la racine de Colombo, y existe dans la proportion d'un tiers au moins, proportion considérable qui doit assigner à cette plante, ou du moins à sa racine, une place dans la nombreuse série des substances alimentaires déjà examinées par M. Parmentier. (*Bulletin de Pharmacie*, 1811, p. 229.)

M. Guin a apporté, en 1819, un perfectionnement à son procédé, qui tend à préparer l'*amidon sans fermentation*, et consiste à faire tremper le grain dans l'eau à une température douce, pour le ramollir et l'empêcher de fermenter. Il faut souvent renouveler l'eau; cette opération dure six jours en hiver et quatre jours en été. Le grain s'est gonflé, et lorsqu'on peut l'écraser avec le doigt on le porte dans un moulin à fécule. Ce moulin est une conque ou bassin assez profond pour recevoir une charge de blé. Dans cette conque tourne une meule verticale en segment de cylindre, qui écrase et déchire le grain, tandis qu'un filet dans l'eau l'imbibe peu à peu et délaye la fécule. Cette eau devient laiteuse et s'élève dans le bassin jusqu'à un tuyau de décharge appliqué près de son bord, d'où elle tombe dans une auge, où l'amidon est précipité. Quand elle cesse d'être laiteuse, on arrête le moulin, et on trouve au fond le gluten et le son ou enveloppe du grain, formant une pâte grise, élastique, ne contenant plus de fécule amilacée. L'amidon obtenu par ce procédé est lavé de nouveau et séché à l'air, comme dans les procédés ordinaires. (*Journal de Pharmacie*, 1819, p. 340. — *Archives des découvertes et inventions*, 1820, p. 351.)

AMIDON (*Sucre d'*). — M. E. Bérard de Montpellier, dans une lettre écrite à la société d'encouragement, annonce qu'ayant traité six parties d'amidon de la manière indiquée par M. Vogel, c'est-à-dire en mettant deux centièmes d'acide sulfurique en ébullition avec de l'amidon et une certaine quantité d'eau, elles lui ont donné plus de six parties de sirop de bonne qualité, qu'il a concentré jusqu'au 35° ou 36° degré bouillant; après un repos de huit jours, il a été pris en masse cristallisée semblable à celle du miel en hiver. Ce sucre est moins sucré que celui de cannes, et il a quelque analogie avec celui du raisin ; mais sa saveur est plus franche. On peut facilement le terrer, alors il devient plus blanc et se remplit de points brillants, mais il est moins sucré que celui obtenu en soumettant la masse cristallisée à la presse. Par cette dernière opération on obtient un sucre assez blanc, qui acquiert de la dureté par son exposition à l'air; il a un goût très-agréable, et il peut être très-avantageusement employé par les pharmaciens, les confiseurs, les distillateurs, etc. (*Société d'encouragement*, 1812, p. 201.)

On attribue à M. Kirchhorff, de Saint-Pétersbourg, une expérience de laquelle il résultait que l'amidon est susceptible de fournir une matière sucrée et de donner un sucre économique. On annonçait en même temps que ce savant a découvert le moyen de connaître et d'imiter plusieurs modifications naturelles des végétaux, et qu'il éclaircirait quelques points obscurs de la chimie végétale. En 1801 M. Fourcroy disait dans ses cours, qu'en faisant passer du gaz acide carbonique oxygéné dans de l'amidon délayé dans l'eau, on obtenait au bout de quelque temps une matière sucrée. M. Parmentier, dans sa *Pharmacopée*, pag. 361, dit : « Il y a trente ans que, combinant ensemble de la fécule amilacée de pommes de terre avec un peu de tartrite acidule de potasse et d'eau distillée, j'ai remarqué que ce mélange avait acquis au bout de quelques mois une saveur sucrée ; que cette saveur était plus marquée quand je substituais à la crème de tarte l'acide acéteux. Mon collègue Deyeux, ayant fait la même expérience, a obtenu le même résultat. » Ainsi tout le mérite de M. Kirchhorff se réduit à avoir constaté un phénomène observé en France il y a trente ans. (*Monit.* 1812, p. 588.)

AMIDON DE POMMES DE TERRE (*Sucre d'*). — M. Thorin de Paris a extrait de l'a-

midon de pommes de terre, un sirop peu coloré; il est transparent et d'un goût plus agréable que ceux faits jusqu'alors, quoiqu'il contienne un peu de sulfate calcaire; des confitures et des liqueurs faites avec ce sirop, depuis plus de six mois, ont paru bonnes et bien conservées. Avec trois appareils semblables à celui dont se sert l'auteur, on peut convertir par jour 500 kilog. de fécule en sirop, qui reviendrait à plus de 50 centimes la livre. Chaque livre de fécule fournit son poids de sirop. M. Thorin emploie les mêmes procédés que M. Lampadius. Il fait d'abord bouillir son mélange à la vapeur de l'eau dans une cuve de bois blanc: lorsque l'action de l'acide se termine, il sature avec la craie et laisse reposer longtemps, ensuite il décante avec soin, et il fait cuire son sirop à trois reprises pour en séparer chaque fois le sulfate de chaux, et, malgré cette précaution il en découvre encore à l'aide de réactifs. M. Bourriat rapporteur a remarqué que pendant cette opération la fécule, avant sa conversion en matière sucrée, passait à l'état gommeux. Ensuite, après avoir fait saturer l'acide et l'avoir filtré pour le réduire à une consistance presque solide, la masse que l'on en obtient a plusieurs des caractères de la gomme arabique : elle forme la même adhérence aux doigts et est également soluble dans l'eau froide, dont elle ne trouble point la transparence; et lorsqu'elle est desséchée, elle devient même plus friable que la véritable gomme. (*Société d'encouragement*, 1814, bulletin 115, page 17.)

Nous renvoyons aux traités spéciaux publiés dans ces derniers temps pour les procédés nouveaux relatifs à la fabrication de l'amidon et à tous les détails qui concernent cette industrie, tels que le *Dictionnaire des arts et des manufactures, l'Encyclopédie du dixneuvième siècle et l'Encyclopédie moderne de MM. Firmin Didot*.

ARBALÈTE, — Arme de trait qu'on peut considérer comme un arc ordinaire (*Voy.* ARC), auquel on aurait ajouté un fût de bois ou *chevalet*, destiné à diriger le projectile. Ce fût, perpendiculaire au centre de la corde, renferme vers le milieu de sa longueur, une petite roue mobile d'acier, ou *noix*, ayant deux entailles dans les deux parties opposées de sa circonférence. Dans la première s'arrête la corde de l'arbalète lorsqu'elle est tendue; à la seconde aboutit l'extrémité du ressort de la détente. Si l'on en presse la clef, qui se trouve sous le chevalet, près de la poignée, le ressort se dégage, la noix tourne, la corde s'échappe, et le projectile est lancé au loin. Il y avait plusieurs espèces d'arbalètes; les petites se bandaient avec la main; les grandes, qui étaient quelquefois fixes et non portatives, avec le pied droit et même avec les deux pieds; celles dont on faisait usage à la guerre, avaient un moulinet et une poulie. On en voyait de plus grosses qui, fixées sur les remparts, servaient à les défendre et étaient manœuvrées par plusieurs hommes, elles envoyaient des projectiles d'un plus gros volume.

L'arbalète servait à lancer des balles ou de gros traits appelés *matras*. On attribue l'invention de cette arme aux Phéniciens. Elle paraît avoir été introduite en France après la première croisade, sous le règne de Louis le Gros. Si nous en croyons Guillaume de Poitou, elle fut employée concurremment avec l'arc à la bataille d'Hastings. Mais plusieurs Papes la proscrivirent comme *déloyale et traîtresse*, et le second concile de Latran l'anathématisa, l'appelant *artem mortiferam et Deo odibilem;* mais cependant, il permit de l'employer contre les hérétiques. Un chroniqueur de Philippe-Auguste atteste qu'il n'y avait pas un homme en France, sous ce règne, qui sût s'en servir; et quoique l'usage s'en soit rétablie ensuite, on voit dans Guillaume Du Bellay qu'en 1522 il n'y-a plus dans l'armée française qu'un seul arbalétrier. C'est d'un trait d'arbalète que périt Richard Cœur de Lion. On montre à l'arsenal de Zurich une arbalète qu'on dit être celle de Guillaume-Tell.

Cette arme, qui était un perfectionnement de l'arc, en ce sens qu'elle déterminait d'une manière plus sûre l'émission du projectile, fut abandonnée lorsque l'invention de l'artillerie fit substituer aux armes de traits des machines de destruction bien autrement puissantes. L'emploi ne s'en est conservé que comme exercice d'agrément.

On nommait *arbalétrier* l'homme armé d'une arbalète. On avait autrefois dans les armées des compagnies d'arbalétriers à pied et à cheval. Le grand maître des arbalétriers de France était alors celui qui, depuis l'invention des armes à feu, s'est appelé le grand maître de l'artillerie. On peut voir dans *l'Histoire de la milice française* du P. Daniel les droits et privilèges que voulaient avoir les grands maîtres des arbalétriers de France.

On retrouve dans les arts et métiers plusieurs instruments appelés *arbalètes*, à raison de quelque analogie de forme ou d'emploi avec l'arme que nous venons de décrire. Les taillandiers et les serruriers ont un instrument qu'ils nomment ainsi. En marine, on donne quelquefois ce nom au *radiomètre*. C'est aussi une espèce d'attelage, qui consiste à mettre deux chevaux de front, puis un seul en tête.

En termes de charpenterie, des *arbalétriers* sont des pièces de bois servant à la charpente d'un bâtiment, et qui sont appuyées par un bout l'une contre l'autre en forme d'arc, portant de l'autre bout sur une poutre mise en bas en forme de corde, avec une quatrième mise au milieu en manière de flèche. Elles sont destinées à supporter le poids de la couverture, et servent d'appui aux *pannes* qui portent les *chevrons* (1).

ARC. — La plus ancienne de toutes les armes, l'arc se compose d'une verge ou baguette flexible, mais élastique, aux deux extrémités de laquelle se trouve fixée une corde tendue. Une flèche se place sur la corde, et celle-ci, se trouvant d'abord tendue, puis abandonnée à elle-même, envoie au loin le projectile. L'origine de l'arc se perd dans la nuit des temps : la fable attribue son invention au dieu Apollon. Les livres saints font mention de l'arc, pour ainsi dire, dès la première page; enfin les sauvages, qu'on a trouvés dans tous les voyages de découvertes, étaient pourvus d'arcs et de flèches dont ils se servaient avec une grande dextérité.

Une branche courbée, quelques intestins d'animaux desséchés, une petite branche garnie à une extrémité d'une épine ou d'un caillou pointu et à l'autre de quelques plumes, tel a dû être le premier appareil au moyen duquel l'homme a d'abord cherché à s'emparer des animaux que leur vol ou la rapidité de leur course mettaient hors de sa portée. Alors il ne songeait pas encore à tourner ses armes contre ses semblables. Mais bientôt il perfectionna cet instrument destructeur, et devint assez habile pour atteindre, à coup sûr, le gibier à la chasse et son ennemi dans les combats.

Chaque peuple fabriqua les arcs suivant les matériaux qu'il trouvait à sa disposition, et la forme varia quelquefois, ainsi qu'on peut s'en convaincre en visitant les cabinets de curiosités. On les faisait en bois dur, en corne, quelquefois même en acier, afin de leur donner une plus grande élasticité. La corde est ordinairement de chanvre, d'une médiocre grosseur, et cirée afin qu'elle ne s'effile pas.

Jusque à l'invention de la poudre à canon l'arc fut employé chez presque toutes les nations, et les *archers*, représentant nos troupes légères, contribuèrent souvent au gain des batailles. De nos jours l'arc n'est plus employé, si ce n'est comme objet d'agrément, dans quelques provinces de France où il existe des compagnies de l'arc.

L'infériorité de cette arme, relativement aux armes à feu, est évidente; il devait y avoir une extrême difficulté à la manier avec précision. Cependant on sait avec quelle adresse s'en servaient les Perses du temps de Cyrus, les Scythes et les Parthes; et l'on trouve dans les écrits de Franklin un petit pamphlet dans lequel il fait ressortir avec beaucoup de talent les avantages des arcs et des flèches sur les armes à feu, et conseille de revenir à leur usage, sans abandonner les autres.

On place sur la corde l'encochure de la flèche, et, tirant à soi celle-ci, on augmente plus ou moins la courbure de la tige, suivant la distance à laquelle on veut envoyer le projectile. L'archer doit être effacé, le pied gauche en avant, le bras gauche tendu, et son œil droit placé dans la direction de la flèche qu'il va lancer. L'arc est tenu perpendiculairement à l'axe du corps dans le plus grand nombre des cas; la position horizontale qu'on voit dans quelques tableaux doit nuire à la précision, en faisant vaciller l'arc.

(1) Cet article est emprunté à M. Rathéry. — Voy. *Encyclopédie des gens du monde.*

La portée de cette arme est en raison de sa longueur et de son élasticité, sur laquelle les variations de l'atmosphère doivent exercer de l'influence. Les sauvages, qui envoient leurs traits à une grande distance, se servent d'arcs qui exigent beaucoup de vigueur. Homère nous apprend qu'il fallait une force plus qu'ordinaire pour tendre l'arc d'Ulysse. Aussi, dans les temps modernes, avait-on suppléé à la force humaine en fixant l'arc sur une tige et en tendant la corde au moyen d'une manivelle (1). *Voy.* ARBALÈTE.

ARÉOMÈTRES. — Cet instrument de physique, perfectionné, en 1791, par M. Vincent, élève et successeur de Cartier, est précieux par son exacte et invariable précision. Il n'a pas l'inconvénient des aréomètres à poids, puisqu'il prend de lui-même, et sans y rien ajouter, ce degré d'enfoncement qui convient à chaque liqueur, en raison de sa force et de sa qualité. M. Vincent a également perfectionné les aréomètres à sels, à sirops et à sucre, propres aux raffineries. (*Moniteur*, 1791, p. 474.)

La société d'encouragement, après des expériences comparatives avec le pèse-liqueur le Cartier, alors généralement employé à Paris, a reconnu que l'aréomètre de M. Bories est d'une extrême précision, qu'il indique à l'œil, sans tâtonnement et sans calcul, les titres d'eaux-de-vie les plus en usage, quelles que soient les variations de la température ; qu'il est d'une manutention commode, d'une exécution soignée, bien entendue, et d'un prix modique ; enfin, qu'on peut le considérer comme le meilleur instrument applicable au commerce. Cet instrument consiste en une tige verticale en argent, passant par l'axe d'une boule de même métal, ayant 43 millim. de diamètre. La partie supérieure de cette tige est divisée en 40 ou 45 degrés. L'extrémité inférieure porte un petit poids en argent qui indique le titre des eaux-de-vie et de l'esprit de vin, suivant l'usage du pays où l'aréomètre est employé. Les poids dont on se sert, au nombre de quatorze, sont placés dans une boîte qui renferme aussi un thermomètre à esprit de vin, portant deux échelles, l'une divisée en 40 degrés, pour les eaux-de-vie, et l'autre en 45, pour les alcools. (*Société d'encouragement*, 1807, p. 185.)

M. Barthélemy de Montpellier a perfectionné l'aréomètre. Cet instrument fait d'après les principes de M. Bories, est précieux par la justesse avec laquelle il indique de suite les titres des eaux-de-vie les plus en usage, quelle que soit la température. Sa manutention est aussi commode que son exécution est soignée. L'instrument perfectionné de M. Barthélemy coûtait 90 fr., y compris le thermomètre à esprit de vin, dont l'échelle correspond aux degrés du thermomètre, et quatorze poids en argent. (*Société d'encour.*, 1807, 37ᵉ bull., p. 25. — *Annales de l'Industrie*, 1811.)

(1) Extrait de l'*Encyclopédie des gens du monde*.

L'appareil de M. Lavigne, réunissait tout ce qu'on était en droit d'exiger, et, suivant M. Vauquelin, il ne laissait plus rien à désirer, en ce que, 1° il indique, à toute température, les quantités précises d'alcool et d'eau contenues dans toute eau-de-vie et esprit ; 2° il donne la facilité d'amener, avec précision et de suite, les eaux-de-vie au degré de spiritualité désirée ; 3° il a pour régulateur un thermomètre de Réaumur, qui présente l'avantage essentiel de le remplacer en cas d'accident. Il est simple, d'un usage facile, et à la portée de tout le monde. Par suite de ses expériences et à l'aide d'un procédé très-simple, M. Lavigne est parvenu à rendre son aréomètre propre à indiquer, avec toute la précision possible, la quantité d'alcool contenue dans chaque quantité de vin. Cette épreuve est si exacte, que si, lorsqu'on a éprouvé un vin quelconque, on changeait sa nature, soit par une addition, où par tout autre moyen, la fraude serait reconnue par une seconde épreuve. Cet instrument a été examiné par MM. Vauquelin, Chaptal et Berthollet, qui l'ont approuvé ; et d'après leur déclaration on a remis à M. Lavigne 3,000 fr. (*Cons. des arts et métiers*, sal. Vaucanson, mod. n° 118. — *Archives des découvertes et inventions*, 1811, p. 268.)

Un autre aréomètre, qui pouvait servir à indiquer le degré de force de l'esprit de vin, de l'eau-de-vie et de toutes les liqueurs, se compose des pièces suivantes : 1° d'une balance très-sensible qui indique distinctement jusqu'à un quart de grain (on en trouve de pareilles parmi celles dont on se sert pour peser les monnaies d'or, mais il vaut mieux en choisir d'un peu plus grande, et dont les bassins aient au moins un pouce et demi de diamètre) ; 2° d'un petit flacon à col étroit et allongé qui, jusqu'à une hauteur déterminée du col, peut contenir mille grains d'eau chaude distillée, marquant à peu près seize degrés de chaleur ; si le diamètre du col n'a pas plus de deux lignes d'ouverture, on aperçoit distinctement l'augmentation du volume au moyen d'une goutte d'eau (l'endroit du col auquel s'élèvent les mille grains d'eau doit être marqué à l'extérieur du verre par un trait fait à la lime) ; 3° d'un poids en laiton, qui réponde exactement à celui du flacon vide et séché ; 4° enfin, des poids plus ou moins grands formant ensemble un total de mille grains. Pour conserver tous ces objets, on les met dans une boîte de bois doublée en drap, afin de les préserver de l'humidité. On peut ajouter un petit entonnoir pour remplir plus facilement les flacons, et quelques feuilles de papier brouillard pour retirer ce fluide surabondant qu'on peut y avoir introduit. Le flacon, contenant jusqu'à la marque mille grains d'eau, puisque l'esprit de vin et d'eau-de-vie qu'on y introduira pèsera moins, la pesanteur spécifique de l'esprit de vin étant moindre que celle de l'eau. Si l'on remplit le flacon jusqu'à la marque avec de l'esprit de vin parfaitement rectifié et dégagé d'eau, son poids ne sera que de sept cent quatre-vingt-douze grains. Cent parties d'un pareil esprit de vin ne contiennent donc point d'eau; mais plus l'eau-de-vie introduite dans ce flacon est pesante, plus elle contient·d'eau. (*Annal. des arts et manufactures*, 1811, t. XLI, p. 161.)

ARGENTURE. — Opération qui consiste à donner à divers objets l'aspect et l'apparence de l'*argent*. On emploie pour cette opération plusieurs procédés; l'un, qui constitue une industrie spéciale, consiste à appliquer une lame d'argent plus ou moins épaisse (*Voy.* Plaqué); l'autre dans lequel on se sert d'argent en feuilles, qu'on applique sur les objets qu'on veut argenter; un troisième, appelé *argenture au pouce*, dans lequel on emploie une dissolution d'argent; enfin, on donne temporairement au cuivre la couleur et le brillant de l'argent, en le frottant avec une poudre composée d'antimoine et de mercure.

On argente le plus ordinairement le cuivre, le bois, le carton, la pierre, l'écaille, etc., soit en totalité, soit par parties. Pour les substances non métalliques, il suffit d'enduire l'objet d'une couche de solution gommeuse ou albumineuse, d'appliquer ensuite les feuilles d'argent, et de brunir après avoir laissé sécher, ou bien de fixer la feuille d'argent en passant un fer chauffé.

L'argenture est une opération qui n'a guère d'autre but que le luxe. La couche d'argent étant extrêmement mince, n'empêche pas le cuivre de se couvrir d'un oxyde qui est très-soluble et très-vénéneux. Aussi les vases argentés doivent-ils être proscrits de l'économie domestique, pour ce qui concerne la préparation et la conservation des aliments, usages pour lesquels il convient de préférer le plaqué. — *Voir*, pour l'argenture par les procédés électro-chimiques, le mot Galvanoplastie. *Voyez* aussi l'article Dorure (1).

ARMES. — La signification de ce mot est étendue, et peut être appliquée à tout instrument propre à servir pour la défense ou pour l'attaque. Le mot *armes* vient du latin *arma* qui, à son tour, dérive, suivant les uns, d'*arceo*, je repousse, et suivant les autres d'*armus*, épaule, auquel répond le mot allemand *arm*, bras. La nature a donné à tous les animaux des armes naturelles avec lesquelles ils pourvoient à leur existence ou à leur sûreté; il y en a même qui se servent d'armes artificielles; mais c'est l'espèce humaine qui a été l'inventrice des moyens les plus merveilleux de destruction. Les hommes ont employé ces moyens pour s'entre-détruire, et souvent pour anéantir en un moment leurs plus belles œuvres. Ils se sont associés aux animaux, les éléphants, les chevaux, les chameaux, le chien même, qui ont rivalisé avec eux de courage et d'ardeur dans les guerres. Tous les éléments de la nature sont, entre les mains de l'homme, autant de matériaux qu'il façonne pour l'attaque et pour la défense. Le bois, les pierres, les os étaient les premières armes;

les métaux vinrent ensuite. Les Romains, pendant plusieurs siècles, faisaient leurs armes en cuivre (1); au cuivre succéda le fer qui en constitue aujourd'hui la matière principale. A la suite des progrès de la société, de l'augmentation de la population, et de la construction des maisons et des cités qui abritaient davantage les hommes, l'esprit de destruction créa des moyens proportionnés aux difficultés qu'il avait à vaincre; on inventa des machines plus fortes et plus compliquées, et on employa les béliers à tarière, les corbeaux démolisseurs, et d'autres appareils plus ou moins puissants.

L'invention de la poudre a porté un changement total dans les armes, en leur donnant un plus grand développement, une plus grande perfection, et surtout une puissance plus prompte et plus mathématique. L'effet devint plus terrible pour les monuments que pour les hommes eux-mêmes; les chocs des guerriers corps à corps furent dès lors plus rares et les batailles moins meurtrières. Les Romains regardaient les armes de jet, l'arc et la fronde, comme des armes indignes d'eux; aussi quand commença l'usage des armes à feu, les hommes braves se montrèrent révoltés de cette invention, et Bayard s'indignait qu'un homme fort et courageux fût ainsi souvent exposé à périr de la main d'un faible et lâche adversaire; Montluc s'exprimait de même; et lorsque le célèbre Carlo Rence employa, en 1380, le canon contre la ville de Chiozza, toute l'Italie se récria contre ce qu'elle appelait une contravention manifeste aux lois de la bonne guerre; c'est encore le raisonnement des Asiatiques contre les Européens; ils les adjurent de quitter leur feu infernal, et de combattre à l'arme blanche.

Quant à la forme actuelle des armes, qui n'est pas encore la dernière sans doute, elles peuvent être divisées en armes *portatives* et armes non *portatives*.

Les armes *portatives* se subdivisent en deux sortes très-distinctes : les armes *blanches*, nom qu'elles ont prises de la couleur de l'acier, et les armes *à feu* destinées à l'emploi de la poudre. Parmi les armes blanches usitées dans les armées européennes on trouve la lance, l'épée, le

(1) A l'appui de ce fait, nous citerons la note suivante :

Une épée de bronze trouvée par M. Traullé, d'Abbeville, dans des tourbières auprès de Corbie (Somme), a fourni les observations suivantes, faites par MM. d'Arcet et Mougez. Ce bronze ne contient ni fer, ni arsenic, mais on y trouve de l'étain et des atomes de zinc, et 5/6 de cuivre. On a fait une épée de bronze qui coupait comme les épées antiques. M. d'Arcet a fait un alliage semblable de douze centièmes d'étain, et à l'aide du moule, il a fabriqué deux lames de couteau et une lame de canif; on a formé le tranchant en battant sur la lame et en l'aiguisant sur la meule. L'usage du bronze pour les instruments tranchants conserverait dans les voyages de mer les lames, que l'acidité de l'atmosphère rouille et corrode lorsqu'elles sont de fer. (*Mémoires de l'Institut. Moniteur*, an IX, p. 1446.)

sabre et le poignard. L'usage primitif de la lance vient des Tatares et des Polonais. Elle a valu à ces derniers une sorte de célébrité en Europe. Leurs lances ont en général 7 pieds 2 pouces et 3 lignes de longueur, et 15 lignes de diamètre; elles sont forgées; près du fer, on fixe une flamme dont la couleur sert de signe distinctif pour les régiments. Les régiments qui sont armés de lances sont appelés *lanciers* ou bien encore *hulans*. On cherche à présent à généraliser l'emploi de cette arme dans toute la cavalerie. La Russie a donné des lances au premier rang des régiments de la grosse cavalerie. Les cosaques ont des lances extrêmement longues et sans flammes.

L'*épée* n'est, à proprement parler, qu'une arme de parade (1); elle est à lame plate ou à lame triangulaire; les officiers de toutes armes, excepté ceux de la cavalerie légère, la portaient, il y a quelques années, en temps de paix; mais depuis, presque dans toutes les armées, on les a remplacées par de petits sabres que l'on porte de la même manière que l'épée.

Les *sabres* sont de différentes espèces; les uns droits, les autres courbes ou cambrés; dans les uns le plat est uni, et dans d'autres il est évidé; c'est l'arme principale de la cavalerie. En général la grosse cavalerie porte des sabres longs, à lame droite, à deux gouttières, fourreaux en tôle d'acier, garde à coquille à quatre branches en S, calotte et virole en cuivre, poignée en bois, ficelée et recouverte d'une basane noire. Le sabre de la cavalerie légère est courbe, lame cambrée à flèche évidée, garde à trois branches, fourreau et poignée comme dans le sabre de la grosse cavalerie.

Dans l'artillerie, tous les hommes portent des sabres qui sont les mêmes que ceux de l'infanterie.

En France, ils sont à lame à deux tranchants à soie plate, à pans creux, terminée en langue de carpe, fourreau en cuir, garnitures en cuivre; depuis 1831 ces *sabres-poignards* ont été introduits dans toute l'infanterie. Dans les troupes du génie de quelques armées, les soldats portent des sabres qui, d'un côté, sont à lame tranchante, et de l'autre dentelés de manière à pouvoir servir de scie à main.

Les poignards ne sont presque pas usités dans les armées de terre, excepté chez les Turcs qui s'en servent pour couper les têtes aux prisonniers ou aux morts; mais ils sont en usage dans la marine.

On ne peut omettre ici deux armes qui ont joué quelque rôle dans les guerres modernes; ce sont les *piques* et les *faux*. Ces armes sont bonnes pour armer promptement des masses de population, faute d'armes à

feu. Les piques ont de l'analogie avec les lances; ce sont de longues perches armées d'une pointe de fer. En 1812, la milice de Russie en fut armée; il s'en trouvait plus de dix mille à la bataille de Borodino ou de la Moskova. La faux a été aussi en usage dans les temps anciens, et l'on s'en servait en mer. César dit que les Romains, dans le combat naval contre les peuples de Vannes (Bretagne), coupèrent les cordages avec des faux emmanchées au bout de longues perches. Cette arme, de notre temps, a acquis quelque célébrité en Pologne où les habitants, tous agriculteurs, s'en servaient dans les levées en masse. On l'ajuste au bout d'une perche, et elle sert d'estoc et de taille. A la bataille de Raclavice, Kosciuszko en fit le premier usage en ligne, et l'on sait avec quel succès; dans la dernière guerre, la plus grande partie des régiments avaient, dans le deuxième et troisième rang des faux, et on remarquait que ces armes étaient surtout terribles contre la cavalerie qui n'a enfoncé aucun des carrés où se trouvaient les *faucheurs*.

Parmi les *armes à feu* on comprend les fusils, les mousquetons, les carabines, les pistolets et les bouches à feu. Le *fusil* est l'arme distinctive de l'infanterie : terme moyen, les fusils dont on se sert dans les armées européennes ont des canons de quarante pouces de longueur comme en France, et des balles de dix-huit à la livre. Les baïonnettes coudées à leur base et fixées par une virole au bout du canon ont dix-sept pouces de longueur, ce qui donne au fusil à la fois la propriété des armes à feu et des armes blanches. Les baguettes sont en fer. Ces armes sont pourvues depuis plusieurs années de batteries à percussion. Le poids du fusil en France est de 4 kil. 58. Quelques corps légers, comme les Tyroliens en Autriches, les tireurs de Neufchâtel en Suisse, ont des fusils dont les canons sont plus petits, mais qui ont une grande portée, et sont armés, au lieu de baïonnettes, de couteaux de chasse. Le fusil porte jusqu'à 1,000 pas, sous l'angle de 45°, mais la portée certaine d'un fusil de guerre est censée être de 120 toises, et c'est sur cette portée qu'on a établi toutes les lignes de défense. (*Voir* pour la série des progrès qu'a fait la fabrication des fusils l'article ARQUEBUSIER.)

Les *mousquetons* sont des fusils à l'usage de la cavalerie; la longueur de leurs canons est en France de 0ᵐ 50; leur poids est de 2 kil. 55, la baïonnette est supprimée.

Les *pistolets* que l'on emploie dans la cavalerie française ont les canons de 7 pouces 4 lignes à 8 pouces de longueur, et pèsent 1 kil. 31. Pour les marins on ajoute un crochet de ceinture en acier faisant ressort et tenu par la grande vis du milieu de la platine qui est plus longue pour cette destination.

Une partie de cet article nous a été fourni par l'*Encyclopédie des gens du monde*. Ce qui précède était écrit en 1833. Depuis, de nombreuses modifications, de grands perfectionnements ont été apportés tant dans l'organi-

---

(1) Ceci ne saurait s'appliquer à l'*épée Préval* : cette arme n'est autre chose qu'une épée triangulaire renforcée et allongée; parfaitement *en main* et munie d'une excellente *garde*, elle est la meilleure des armes d'*estoc*. Il serait à souhaiter qu'elle fût adoptée pour la cavalerie de réserve et de ligne.

sation des troupes d'infanterie que dans la fabrication des armes portatives de jet, ainsi que dans celle de leurs projectiles. Les beaux travaux de M. le capitaine Delvigne ont mis à même d'armer des hommes de choix de l'infanterie d'armes qui réunissent à la fois la *portée* et la *précision*. Cet officier ayant remarqué que la percussion seule de la baguette sur la balle portait cette dernière à s'aplatir et à s'étendre tout à l'entour des parois intérieures du canon, adopta pour cet intérieur la cannelure à hélice. Dès lors le *forcement* de la balle, que l'ancienne méthode du *maillet* avait fait rejeter dans des circonstances où un feu rapide est indispensable, devenait d'un usage facile, une *arme de précision* était trouvée. La protection éclairée du M. le duc d'Orléans aida l'inventeur à triompher des obstacles; et quelque temps après ces beaux bataillons que nous admirons aujourd'hui sous la dénomination de *chasseurs de Vincennes* étaient créés sous le nom de *chasseurs d'Orléans*. Deux sortes de carabines sont en usage dans cette troupe. L'une d'un calibre ordinaire sert à l'armement du plus grand nombre des soldats. D'autres, désignées sous le nom de *grosses carabines*, d'un calibre plus fort, et d'une portée égale à celle de l'artillerie de campagne, munies en outre d'une hausse, sont réparties dans chaque compagnie aux hommes d'élite de cette élite de tireurs. Une baïonnette-sabre, longue, large et forte, est jointe à l'équipement du chasseur; il la porte habituellement dans un fourreau de tôle d'acier, suspendu au ceinturon : placée au bout de la carabine dont elle ne gêne nullement le tir, la baïonnette-sabre lui donne les avantages d'une excellente arme de *hast*.

Une autre espèce de carabine, beaucoup plus courte que la précédente, basée sur les mêmes principes, munie également d'une hausse et d'une baïonnette-sabre, dite carabine à *tige*, due aux travaux du général d'artillerie Thouvenain, sert à l'armement des soldats de cette arme. Une tige en acier, placée dans l'axe du canon, au fond de la culasse, donne à la balle une portée plus grande et plus précise.

Nous n'entrerons pas ici dans la description des nouveaux projectiles, depuis les *balles tronconiques* jusqu'aux *balles* dites *obus*, nous renverrons le lecteur aux curieux et intéressants travaux des divers arquebusiers de Paris. Nous avons hâte d'arriver à l'une des inventions les plus puissantes de l'art moderne, à l'Artillerie. Nous ne saurions donner un aperçu plus complet et mieux raisonné en même temps de cette vaste science qu'en extrayant les pages suivantes d'une brochure du président actuel de la République, le prince Louis-Napoléon Bonaparte.

Première période.

Depuis l'invention de la poudre jusqu'à Charles VIII.

« Quoiqu'avant l'invention de la poudre on donnât le nom de corps d'artillerie à des hommes chargés de construire et de diriger

les machines de guerre (1), nous ne considérons cette arme que comme devant sa création à l'invention de la poudre; nous ne parlerons pas du feu grégeois, objet de tant de recherches, et que plusieurs auteurs croient être la poudre d'aujourd'hui. — Il est vraisemblable que l'invention de la poudre vient de l'Orient; d'après un passage de Quinte-Curce, il paraîtrait que les Indiens tirèrent contre Alexandre des projectiles dans des armes à feu. Les Chinois connaissaient la poudre quatre-vingts ans avant Jésus-Christ ; mais il paraît aussi qu'ils ignoraient le parti qu'on pouvait en tirer pour lancer des projectiles. Deux cents quinze ans après Jésus-Christ, Julius-Africanus fit la description de la composition de la poudre, et au vi° siècle Théodose décrivit les feux d'artifice. Ce qui tendrait à prouver que le salpêtre et la poudre sont venus aux Perses et aux Arabes de l'Orient, c'est qu'encore aujourd'hui les Perses appellent le salpêtre sel chinois, et que les Arabes le désignent sous le nom de neige chinoise (2).

« Ce qui paraît certain, c'est qu'on se servit longtemps du mélange des parties constitutives de la poudre pour les réjouissances, sans connaître leur force de projection. En 846, Marcus-Graccus enseignait la manière de lancer des fusées, et dans le xii° siècle

---

(1) Les anciens employaient dans les siéges des machines très-puissantes, faites à l'imitation de l'arc et de la fronde et dont nous donnerons d'abord une idée.

La principale pièce de la machine appelée *baliste* était un écheveau de cordes en cheveux, en crin ou en nerf d'animaux; cet écheveau, fixé horizontalement par ses extrémités à deux points de la machine, se tordait fortement à l'aide d'un levier ou bras qui s'y engageait dans le milieu par un bout, et qui, abandonné ensuite à lui-même, frappait avec violence par l'autre bout un dard disposé convenablement.

En creusant ce second bout en forme de cuillère on rendait la machine propre à lancer des masses d, pierres ou de métal.

Le *polybole* était une machine composée des deux précédentes, et qui produisait à la fois les effets de l'une et de l'autre.

La *catapulte* avait deux bras horizontaux qui s'engageaient dans deux écheveaux disposés verticalement; ces bras, en se débandant dans des sens opposés, tendaient une corde qui lançait au loin une masse très-lourde.

Pour battre en brèche les murailles des villes assiégées, on se servait du *bélier*, qui n'était autre qu'une longue poutre, armée par un bout d'une tête de bélier en métal: cette poutre, suspendue horizontalement à une certaine hauteur, était mise en mouvement par des câbles ou des chaînes tirées à bras d'hommes.

Ces engins et quelques autres semblables, constituaient, avec les tours bélières et les tours d'attaque, le système de l'artillerie ancienne. Pour avoir une plus ample description, on peut consulter le *Dictionnaire d'art militaire* de l'Encyclopédie.

(2) La plupart des renseignements de cette première période sont tirés de *Geschichte der Feuerwaffen-Technik*, von Dr Moritz Meyer, königl. preuss. Hauptmann.

le feu grégeois revint sur la scène. En 1191 on s'en sert devant Saint-Jean-d'Acre ; en 1193 devant Dieppe, contre les vaisseaux anglais ; en 1230, Philippe-Auguste brûle, avec cette matière inflammable, les palissades de l'île des Andelys ; on voit donc qu'il est difficile d'assigner une époque précise à l'invention de la poudre, et que Berthold Schwarz ne peut guère en être nommé l'inventeur, puisque Roger Bacon, en 1220, et Albertus-Magnus, en 1280, avaient déjà fait connaître les propriétés du mélange du salpêtre, du soufre et du charbon. L'époque où les données commencent à être plus certaines est le commencement du xive siècle. En 1308, Gibraltar fut assiégé par les Espagnols avec des bouches à feu ; et Brescia, en 1311 ; en 1338, il y avait des canons à Puy-Guillaume, château fort d'Auvergne ; en 1339, le duc Jean de Normandie se servit de canons pour le siége de Train-l'Evêque ; il y en avait en Italie et en Allemagne à la même époque. »

Les premières bouches à feu.

« Les premières armes à feu, qui s'appelaient bombardes et canons, ont été fabriquées en fer. Ces armes, très-courtes et d'un grand calibre, ne furent, d'abord, qu'un assemblage de barres de fer, disposées en cylindre et reliées par des cercles du même métal. Elles lançaient des carreaux de fer ou des pierres, et se tiraient sous de grands angles. On parvint ensuite à les forger d'une seule pièce, et parmi les plus remarquables de cette époque, les unes avaient extérieurement et intérieurement la forme d'un cône tronqué, le petit diamètre répondant à la culasse qui se terminait par une vis conique ; les autres avaient la forme d'un cylindre uni ou renforcé sur une grande partie de la longueur vers la bouche.

« D'après Giovani Villani, les Anglais, à la bataille de Crécy en 1346, avaient de petits canons tirant de petites balles en fer. A la fin du xive siècle, les bouches à feu étaient déjà d'un usage général. En 1378, les Anglais battirent en brèche Saint-Malo et Thouars. Les Vénitiens tirèrent des fusées sur Chiozza pour l'incendier. Froissard dit qu'à la bataille de Rosabèque, gagnée par les Français sur les Flamands, en 1382, on avait déjà des armes à feu portatives. En 1385, le roi de France, Charles VI, reçut dans son camp, devant Dam en Flandre, des boulets de pierre. Dans son expédition contre la Suisse, Léopold d'Autriche traînait à sa suite des bouches à feu. Les Français avaient, à cette époque, une petite brigantine armée de canons. »

Seconde période.

Depuis Charles VIII jusqu'à Gustave-Adolphe. (De 1414 à 1612.)

« En 1449, Pont-Audemer fut attaqué par le comte Dunois avec des fusées. Charles le Téméraire avait, contre les Suisses, 162 bouches à feu en fer de 48 livres ; il assiégea Grandson avec 50 grandes carthaunes (canons courts et pesants) ; les Suisses, à Grandson, avaient 6,000 fusils ; à Morat, ils en avaient 10,000 et des canons en fer ; ils en prirent 200 à Charles le Téméraire. C'est aussi vers la fin du xive siècle qu'on introduisit les boulets en fer ; ils pesaient environ 56 livres. C'est à peu près à la même époque qu'on se servit aussi des boulets rouges et des mortiers. En 1472, Sagan fut incendié par les premiers, et en 1480 Caorsin fait la description de ces derniers dans le récit du siége de Rhodes.

Charles VIII.

« C'est pendant la campagne de Charles VIII en Italie, qu'on voit ce premier emploi important de l'artillerie dans la guerre de campagne. La garde de l'artillerie fut toujours confiée au corps le plus distingué. Charles VIII en chargea les Suisses dans ses guerres d'Italie, et l'on sait qu'ils étaient alors la meilleure et peut-être la seule bonne infanterie de l'Europe. Au retour de la conquête du royaume de Naples, ils s'attelèrent eux-mêmes au canon pour lui faire traverser l'Apennin, Charles VIII n'avait que des pièces en bronze sur des affûts ; en passant par Rome, il avait 36 pièces de gros calibre ou couleuvrines, 104 de petit calibre ou faucons ; ces derniers étaient sur des affûts à deux roues et pouvaient suivre la cavalerie partout ; le dixième de l'infanterie avait des armes à feu.

Louis XII.

« Sous Louis XII, le soin de garder l'artillerie et de la conduire fut confié aux lansquenets, corps d'infanterie allemande connu par sa valeur, et ennemis jurés des Suisses.

François Ier.

« A la bataille de Marignan, François Ier avait 72 bouches à feu, séparées par batteries qui, tirant contre l'ordre profond des Suisses, leur causa des pertes considérables. Après cette bataille mémorable, qu'on nomma le combat des géants, François Ier, réconcilié avec les Suisses, leur rendit la garde de l'artillerie qu'ils conservèrent jusqu'à Louis XIV. Le célèbre Pierre de Navarre, qui de simple soldat s'éleva en France et en Espagne aux premières dignités, ayant été témoin d'un essai grossier pour faire jouer une mine, en 1487, au siège de Sarzanella par les Génois, renouvela cette expérience, en 1503, étant au service de Charles-Quint ; il mina le château de l'Oeuf à Naples et en rendit maîtres les Espagnols. A la bataille de Pavie, 1525, le feu de la mousqueterie fit un effet considérable ; c'est vers cette époque qu'on commença à régler les calibres de l'artillerie.

Charles-Quint

« Charles-Quint hâta beaucoup les progrès de l'artillerie ; il fit fabriquer à Malaga, sur de nouvelles propositions, 12 pièces de 40 livres de balles, portant les noms des douze apôtres et qui servirent longtemps de modèle aux fondeurs de l'Europe. Charles-Quint ayant fait faire des essais pour régler la longueur des carthaunes, on adopta la longueur de 18 calibres. A la bataille de Cérisolles, gagnée par le duc d'Enghien sur les troupes de Charles-Quint, le premier avait des pièces de 4 avec un double attelage qui accompagnaient la cavalerie. En 1662, on se servit contre Rouen, pour la première fois, d'obus. Déjà on s'occupait théoriquement de l'art de l'artillerie. Machiavel, dans son *Art de la guerre*, parle de la tactique de cette arme. Tartaglia publia, en 1543, des considérations sur la trajectoire du boulet. Enfin, en 1572, l'édit de Blois régla les dimensions des bouches à feu, simplifia le nombre des calibres jusqu'alors existants. Collado publia, en 1585, sous le titre *Pratica d'artilleria*, le premier ouvrage d'artillerie fondé sur de nombreuses expériences. Galilée, en 1599, s'occupa aussi de la partie théorique de cette arme.

Henri IV.

« Quoiqu'il y ait eu des grands maîtres d'artillerie avant Sully, et que le premier fût, en 1515, Antoine de Lafayette, seigneur de Pontgibauld, cette charge devint plus importante en étant confiée, en 1592, au grand Sully. Ce grand ministre, dont l'influence bienfaisante se fit sentir dans toutes les branches de l'administration, apporta aussi beaucoup d'améliorations au matériel d'artillerie, et fit construire de hauts fourneaux exclusivement destinés à la fonte des bouches à feu et des projectiles; il rendit des ordonnances sur le raffinement du salpêtre. Henri IV avait 50 canons pareils de 45 livres qui causaient alors l'admiration universelle. « Quoique l'artillerie de ce temps ne fût pas très-mobile, et qu'une fois en batterie les chevaux fussent dételés jusqu'à ce qu'il fallût se porter en avant, on verra dans le passage suivant un nouvel indice de l'artillerie légère.

« On lit dans Enrico Caterino Davila, livre X, page 611, année 1589, 24 septembre, bataille d'Arques :

« Ceux de la ligne s'avancèrent avec ef-« fronterie, mais une nouvelle manière de « combattre les obligea de se retirer avec « une grande perte ; car le roi ayant envoyé « le baron de Byron avec un gros détache-« ment de cavalerie au milieu de la plaine, « le duc de Mayenne, indigné de leur témé-« rité de s'avancer aussi loin et pensant que ils « s'étaient engagés imprudemment, envoya « deux escadrons de cavalerie pour les atta-« quer ; mais à leur arrivée, les gens du roi, « s'étant développés avec adresse à droite et « à gauche, laissèrent avancer au milieu « d'eux, deux grandes couleuvrines qui, ti-« rant et exécutant au galop tous les mou-« vements avec une promptitude admirable, « non-seulement tuèrent beaucoup de monde « et rompirent leur ordre de bataille, mais « mirent l'ennemi en fuite, leur offrant le « spectacle extraordinaire de deux machines

« aussi grandes escarmouchant avec la ca-« valerie. Cette manière si neuve et si « prompte de conduire l'artillerie de gros « calibre fut l'invention de Charles Brisca, « bombardier, natif de Normandie, » etc.

« D'Aubigny raconte le même fait.

« Il est curieux cependant de voir que plus tard, à la bataille de Newport, en 1600, il n'y eût que 6 canons de part et d'autre. En 1606, à Wachtendonk, Bucquoy, général de Philippe III, roi d'Espagne, fit jeter sur la brèche, en montant à l'assaut, des grenades à main. La guerre d'indépendance dans les Pays-Bas contribua aux progrès de l'art de l'artillerie, surtout dans ce qui a rapport à l'attaque ou à la défense des places.

« C'est vers la fin du XVIe siècle qu'on abandonna la construction de ces pièces de dimensions extraordinaires qui pesaient, sans l'affût, jusqu'à 26,000 livres. Le poids du boulet était de 140. On sentit qu'on gagnerait à ne faire que des pièces qu'on pût supporter et manœuvrer aisément.

« L'usage des boulets rouges, quoique déjà connu antérieurement, puisque les Polonais en tirèrent beaucoup au siége de Dantzig, en 1577, devint plus commun dans cette guerre. Le tir des boulets incendiaires et des bombes devint aussi plus fréquent. L'artillerie de campagne fut moins nombreuse qu'auparavant; on comptait seulement une bouche à feu par mille hommes. Quoique deux siècles et demi se fussent déjà écoulés depuis l'invention des premières bouches à feu, leur emploi n'avait point encore changé entièrement la tactique de l'infanterie. »

Troisième période.

De Gustave-Adolphe à Frédéric le Grand. (De 1612 à 1740.)

Gustave-Adolphe.

« Jusqu'à Gustave-Adolphe les améliorations qu'on avait introduites dans l'artillerie n'avaient été que partielles; ce grand capitaine fut le premier qui fit comprendre tous les changements importants que cette nouvelle arme de jet devait introduire dans la tactique. Il comprit que le plus grand avantage à donner à l'artillerie était de la rendre mobile, afin de réunir sur un point marqué le plus de feux possible ; il allégea le matériel et créa l'artillerie, connue depuis sous le nom d'artillerie régimentaire ; au lieu de diviser les bouches à feu sur tout le front de la ligne de bataille, il fut le premier qui la réunit en batterie sur les ailes et au centre de ses lignes ; pour diminuer l'effet nuisible de l'artillerie ennemie, il diminua la profondeur de l'ordonnance, et, tout en donnant moins de prise à l'ennemi, il procura à sa mousqueterie un plus grand champ de tir, en augmentant son front. Parmi les améliorations secondaires qu'il a introduites, on peut compter le perfectionnement du fusil d'infanterie et l'emploi des gargousses au lieu de la lanterne pour charger les pièces. L'adoption de la vis de pointage au lieu du pointal en bois, et l'introduction de l'étoupille en fer-blanc en remplacement de la poudre qu'on introduisait dans la lumière, sont des améliorations de cette époque. Dans toutes ses batailles, Gustave-Adolphe traîna toujours un grand nombre d'artillerie à sa suite; on peut compter qu'il eut toujours 4 bouches à feu par mille hommes. A son passage du Lech devant Tilly, il avait 172 pièces de gros calibre.

« Déjà les Suédois avaient, dans la campagne de Pologne, des canons dont l'âme était un cylindre de fer recouvert en cuir. En 1626, le colonel suédois Wurmbrand en fit construire encore; mais on les abandonna bientôt après la bataille de Leipzig, où ces pièces s'échauffèrent tellement, que la charge prit feu en l'introduisant dans le canon. En 1633, les Suédois assiégèrent Constance avec des mortiers à chambres coniques, et ce qui semblera singulier, c'est qu'ils creusèrent en terre des bouches à feu d'où ils tirèrent des pierres (1), ce qui est la même chose que les nouvelles fougasses-pierriers. Les Suédois avaient alors changé leurs canons en cuivre contre des canons de 4 en fer; ces pièces, attelées de deux chevaux, avaient 16 calibres de longueur; leur poids était de 625 livres; elles pouvaient tirer trois coups dans le même temps qu'il fallait pour en tirer un avec le mousquet (2). C'est vers cette époque que le tir à bombe, connu depuis longtemps en Allemagne et en Angleterre, fut introduit en France. Les grands capitaines, qui vinrent après Gustave-Adolphe, ne firent que suivre brillamment les exemples donnés par ce grand roi dans la tactique. Condé, Turenne, Banner, Torstenson, le duc de Weimar, Wallenstein, Montecuculi, firent ressortir le rôle important de l'artillerie. Cependant Turenne employa un bien moins grand nombre de bouches à feu que Gustave-Adolphe.

Louis XIV.

« En 1691, Louis XIV établit la compagnie des fusiliers du roi, chargée de la garde de l'artillerie; cette compagnie fut la première qui eut des fusils armés de la baïonnette. En 1693, Louis XIV donna au régiment des fusiliers du roi, le nom de *Régiment royal d'artillerie*. Louis XIV, en 1697, créa la première compagnie de mineurs, commandée par M. de Vallière.

« En 1678, on disposait encore l'infanterie sur six rangs. En 1688, on ne la forma plus que sur quatre, et à la fin de ce siècle l'infanterie et la cavalerie furent également disposées sur quatre rangs. A cette époque, on augmenta de nouveau le nombre des bouches à feu, ainsi que la force numérique des armées. A Fleurus, où le maréchal de Luxembourg remporta la victoire, l'armée française avait 100 bouches à feu. Dans ses autres campagnes, ce maréchal conduisit 195 canons et 76 mortiers. Dans la guerre de la succession, on vit le prince Eugène et Malborough exécuter encore, sur une plus grande échelle, les préceptes de Gustave-Adolphe. A la ba-

(1) MORITZ MEYER.
(2) GREWENITZ, page 50.

taille de Hochstaedt, l'artillerie des impériaux contribua beaucoup aux succès de la journée. A la bataille de Malplaquet, les alliés avaient 120 bouches à feu, les Français près de 200, et 300,000 combattants couvraient le champ de bataille; 50 bouches à feu des Français, placées à droite de leur ligne et chargées à mitraille, mirent hors de combat 2,000 Hollandais dans une seule décharge (1). A la fin de ce siècle et au commencement du XVIII°, la science théorique et le matériel de l'artillerie subirent de grands perfectionnements. En 1683, les Français adoptèrent la prolonge et les étoupilles; on introduisit l'usage de l'éprouvette pour mesurer la force de la poudre; le globe pesait 60 livres; la charge était une demi-once; la portée requise était de 60 toises.

Vauban.

« Vauban rendit l'attaque bien supérieure à la défense par l'invention du tir à ricochet; il changea aussi les affûts de place et introduisit les cartouches d'infanterie; cependant on amorçait encore avec une boîte à poudre. Les sabots pour boulets furent adoptés en 1709. A Steinkerque (1692), les alliés avaient tous leurs fusils avec des batteries à pierres; les Français qui n'avaient que les deux tiers de leur infanterie armés de mousquets, jetèrent leurs armes pour prendre celles de leurs ennemis, qu'ils trouvaient sur le champ de bataille (2). Les piques ne furent abandonnées entièrement que par l'influence de Vauban. En 1693, les Français ayant appris, à leurs dépens, à la bataille de Nerwinde, les effets des obusiers, adoptèrent ces bouches à feu quelque temps après. En 1697, Fouard essaya de faire des affûts en fer forgé, qui réussirent parfaitement; les roues, pour les pièces de campagne, étaient en bois. En 1709, Peret employa le tir horizontal des obus dans des canons, contre les vaisseaux. Quelques années plus tard, Moritz, de Genève, fut le premier qui coula *plein* un canon et qui inventa la machine horizontale pour le forer.

« Quant à la partie théorique, Haller, en 1686, s'occupe déjà de la résistance que l'air oppose au mouvement des projectiles tout en la considérant comme nulle. A la même époque, Torricelli, Anderson, Blondel, s'occupent de questions balistiques. Newton, en 1687, prouve que la trajectoire dans l'air n'est pas une parabole. Herberstein et Halley traitent les mêmes sujets. Saint-Remy publia, en 1697, ses *Mémoires d'artillerie*. En 1702, de la Hyre, Bernouilli, font des recherches sur les effets de la poudre. Bélidor construit des tables de tir pour mortier qui sont reconnues inutiles. Wolf fait des recherches dans le même genre. En France, à cette époque, des charges furent proportionnées au poids du boulet; on les réduisit à un cinquième; elles étaient auparavant des deux tiers, ou de un demi. Les différents calibres furent réunis par brigades; on allégea les bou-

(1) Major GREWENITZ, page 61
(2) Capitaine MORITZ MEYER.

ches à feu de campagne, ainsi que leurs affûts.

Vallière.

« En 1712, Vallière, qui avait assisté à toutes les campagnes de la fin du règne de Louis XIV, et qui avait pris part à 60 siéges et à dix grandes batailles, introduisit de nouveaux perfectionnements dans l'artillerie française ; il réduisit le nombre des calibres à cinq et calcula les effets de la poudre dans les mines. Au siége du Quesnoy, en 1712, il démonta, par le tir d'enfilade, avec 34 pièces, en 24 heures, 80 pièces ennemies; il proposa de battre en brèche avec des obus.

« Pendant le 17ᵉ siècle, on inventa plusieurs armes singulières qu'on retrouve encore aujourd'hui dans les arsenaux, telles que des pièces jumelles, des pièces triples et des mortiers à plusieurs coups; toutes ces armes, dont on reconnut l'embarras et le peu d'effet, furent abandonnées à l'époque dont nous parlons. »

Quatrième période.

De Frédéric à Napoléon. (De 1740 à 1800.)

Frédéric.

« Frédéric, comme tous les grands hommes, vit d'un coup d'œil, dans la politique comme dans la guerre, tout ce qu'il y avait à faire pour améliorer, et employa les moyens les plus prompts pour parvenir à un grand résultat. Il ne détruisit par les armes que pour recréer par son génie: telle est la mission des hommes supérieurs. Fidèle aux principes des Romains, qui prirent toujours chez leurs ennemis ce qu'ils y trouvèrent de bon, il envoya, en 1747, plusieurs officiers d'artillerie dans le Brabant pour y étudier les systèmes établis dans l'armée française.

« Frédéric sépara l'artillerie de campagne de l'artillerie de siége ; il la réunit en batteries ; elle n'était auparavant divisée qu'en parc. Il créa l'artillerie légère pour suivre les mouvements de la cavalerie. A Czaslau, à Hohenfriedberg, Frédéric plaça son artillerie en masse, au lieu de l'éparpiller sur tout le front de la ligne ; à Rosbach, on la voit déjà suivre les mouvements de cette fameuse cavalerie, commandée par Seidlitz. A Leuthen, l'artillerie joua aussi un grand rôle. A Zorndof, 20 bouches à feu réunirent la mort sur les Russes, que la célèbre charge de cavalerie de Seidlitz mit en déroute. La perte de la bataille de Künersdorf peut être attribuée, en grande partie, au manque de réserves d'artillerie et de cavalerie ; les pièces régimentaires et celles de gros calibres n'étant pas assez mobiles, à cette époque, pour suivre les mouvements des troupes au moment décisif.

« Frédéric perdit deux fois son artillerie à cheval ; il la réorganisa une troisième, et au combat de Reichenbach, à la fin de la guerre de 7 ans, c'est elle qui, par la vivacité de son feu et qui assura le succès de la journée.

« On voit, dans presque toutes les batail-
les du grand Frédéric, l'importance qu'acquit l'artillerie ; sa tactique fut perfectionnée comme celle des autres armes. Sous Frédéric le nombre des bouches à feu fut de 4 pièces par mille hommes. Les pièces de 12 furent introduites par lui au nombre des pièces de campagne. Tempelhof introduisit dans l'armée prussienne des batteries de mortiers de 7 livres et de 10 livres.

Gribeauval.

« En France, Gribeauval introduisit de nouveaux changements dans l'artillerie ; il fut envoyé en Prusse par le comte d'Argenson, ministre de la guerre, pour prendre des renseignements sur l'artillerie prussienne. Après avoir servi Marie-Thérèse, il revint en France ; les principales améliorations dont il dota l'artillerie sont :

« 1° La rédaction de l'ordonnance de 1767, qui fixa la proportion des troupes de l'artillerie, relative à la force des armées et en détermina l'emploi ;

« 2° L'établissement des écoles de cette arme sur l'excellent pied où elles ont été depuis ;

« 3° La formation du corps des mineurs dont il avait le commandement particulier ;

« 4° Le perfectionnement des manufactures d'armes, de forges et de fonderies ;

« 5° Les proportions établies dans les différents calibres des bouches à feu, qui furent considérablement allégées ;

« 6° De nouvelles batteries de côtes, avec des affûts de son invention pour les servir ;

« 7° L'ordre établi dans les arsenaux de construction, et la plus grande uniformité dans toutes les pièces des trains d'artillerie. Toutes les constructions furent, dès lors, exécutées avec une précision parfaite par des ouvriers exercés et travaillant sous la direction d'officiers consommés dans cette partie.

« Les obusiers ne furent adoptés définitivement en France qu'en 1774. Comme améliorations de cette époque, il faut encore compter la division de l'artillerie en bouches à feu de position et en bouches à feu de régiment, l'adoption de la vis de pointage, de la hausse à la culasse, des essieux en fer, des forges de campagne, et la création des compagnies d'ouvriers.

« Dans la guerre de sept ans, les Russes se servirent des pièces dites *licornes*, ou *à la Schouwalow*, qu'ils ont encore aujourd'hui.

« Dans cette période et surtout à la fin du XVIIIᵉ siècle, parurent les ouvrages précieux qui ont encore une valeur classique. Les principaux auteurs furent, en France, Maupertuis, Lambert, Dupuget, Lombard ; en Suède, Struensée ; en Piémont, Papacino d'Antoni ; en Angleterre, Robins et Hutton ; en Prusse, Tempelhof, Euler, Scharnhorst ; en Autriche, le général D'Unterberger et Vega ; en Espagne, Morla ; en Saxe, Hoyer et Rouvroy. »

Cinquième période.

Napoléon. (De 1800 jusqu'en 1815.)

« L'empereur Napoléon, que nous prendrons comme représentant glorieux des changements introduits par la révolution de 89, créa une nouvelle ère dans la guerre comme dans la politique. Tout, sous son commandement, reçut une nouvelle impulsion.

« L'artillerie, dans ses mains, ne fut plus une arme accessoire; elle devint la massue du géant.

« Quoique sous Napoléon tout se soit perfectionné, la législation civile autant que l'organisation militaire, il faut cependant, pour bien juger ce qui s'est fait sous ce grand homme, voir le but général et non les effets secondaires ; car, de même qu'en politique, le règne de l'Empereur n'est pas une querelle de palais ni un discussion fallacieuse des articles d'une charte, mais la question de l'indépendance de la France, de la régénération de l'Europe ; de même, sous son commandement, l'artillerie n'est pas occupée de querelles minutieuses, de systèmes d'affûts ou de calibres, mais l'organise de manière à pouvoir tirer tout l'avantage possible de ce corps d'élite, et le met en position de montrer toute sa puissance physique et morale ; et, pour continuer la comparaison : de même que chez les nations étrangères, il organise des pays et en forme des corps ayant nationalité, administration et organisation particulières, afin de les amener plus promptement, quand il en sera temps, à une indépendance complète ; de même, dans l'armée, il crée les divisions composées de trois armes, corps entiers qui rendent les grandes masses plus maniables, et permettent de les réunir aisément sur le point important le jour du combat.

« Nous ne parlerons pas des cent batailles où l'artillerie joua un si grand rôle ; vanter Napoléon comme capitaine est inutile aujourd'hui, le vanter comme fondateur et régénérateur est hors de notre sujet ; cependant qu'il me soit permis d'ajouter que l'histoire de l'Empereur nous offre du moins une idée consolante, c'est que la calomnie passe et que la vérité reste ; car maintenant, partout où les passions se sont calmées, on rend justice à l'empereur, et même chez les nations étrangères , et surtout chez les Prussiens, qui possèdent l'armée la plus nationale et la plus instruite de l'Allemagne ; il n'y a pas de journal périodique militaire où Napoléon n'apparaisse sous le double aspect de grand homme et de grand capitaine. Mais revenons à notre sujet. Suivant l'état de la société, suivant les influences auxquelles elle obéit, la régénération d'un corps se fait de deux manières : ou elle s'étend du centre aux extrémités, ou de la circonférence elle reflue vers le centre, c'est la sève qui du tronc s'étend aux branches, ou la greffe qui produit l'effet opposé ; c'est ainsi que, tandis que sous Frédéric la tactique perfectionnée amena une amélioration dans la stratégie ; sous Napoléon, au contraire, la tactique ne fut améliorée que par la stratégie ; c'est ainsi que toutes les bran-

ches de l'administration civile et militaire furent améliorées comme conséquence d'un besoin impérieux, comme résultat d'un seul mobile.

« La première nécessité fut d'avoir de grandes armées pour défendre le territoire. Il fallut ensuite les rendre mobiles pour obtenir des succès décisifs. La première condition et les principes d'égalité amenèrent la conscription au lieu des enrôlements volontaires, de sorte que l'armée devint l'élite de la nation, et, se retrempant sans cesse dans le peuple, elle comprit sa haute mission et sa noble origine. L'obligation de rendre l'armée mobile amena l'abolition des tentes, l'organisation du train pour tous les équipages militaires, la création des divisions et des corps d'armées.

« Le perfectionnement de l'artillerie amena aussi la guerre des tirailleurs qui, en employant avantageusement tous les feux de l'infanterie, la déroba aux effets du canon.

« L'artillerie à cheval reçut sous l'empire le plus grand développement. Dans ses Mémoires, l'empereur s'exprime ainsi sur cette arme :

« L'artillerie à cheval est le complément « de l'arme de la cavalerie ; 20,000 chevaux « et 120 bouches à feu d'artillerie légère « équivalent à 60,000 hommes d'infanterie « ayant 120 bouches à feu. Dans les pays de « grandes plaines, comme en Égypte, dans « les déserts, en Pologne, il serait difficile « d'assigner qui aurait la supériorité (1). »

« L'empereur refusa avec raison d'amalgamer dans le même corps l'artillerie et le génie; mais il réunit les élèves des deux armes à l'école de Metz, établissement qu'alimentait l'école Polytechnique.

« L'artillerie régimentaire ne fut qu'un expédient pour faire transporter une nombreuse artillerie avec moins d'embarras que si elle eût été réunie en divisions et en parcs. (Général FOY, page 120.)

« Le matériel, jusqu'en 1827, fut toujours, sauf quelques changements, celui qu'établit Gribeauval. En 89, on adopta les mortiers proposés par le général Gomer, à chambre cône-tronqué. En 90, on régla l'armement des côtes en bouches à feu en fer coulé. En l'an XI de la république, on proposa un nouveau système d'artillerie, et on adopta les pièces de 6. En 1811, à l'attaque de Cadix, on sentit le besoin d'une bouche à feu dont la portée fût plus grande.

« Le colonel Villantroys en fit fabriquer à Séville qui donnèrent de très-grandes portées. Les calibres étaient de 9 à 10 et 11

(1) 2,000 cavaliers avec 12 pièces d'artillerie légère équivalent donc à 6,000 hommes d'infanterie avec 6 pièces d'artillerie ; en ligne de bataille, les divisions occupent une ligne de 500 toises, douze fantassins ou quatre chevaux par toise. Un coup de canon, qui tuerait tout ce qui existe sur une toise de solidité, tuerait donc douze fantassins ou quatre cavaliers et quatre chevaux. La perte de douze fantassins est bien plus considérable que celle de quatre cavaliers et de quatre chevaux. (Mémoires de Montholon.)

pouces ; les longueurs d'âmes de 6, 7 et 8 calibres ; les charges de 30 à 60 livres ; les portées de 5 à 6,000 mètres ; le poids de la pièce de 7,000 à 17,000 livres , et celui de l'affût de 5,000 à 10,000 livres.

« Pendant les guerres de la révolution, le nombre des obusiers fut beaucoup plus considérable qu'il ne l'était auparavant. L'équipage impérial était de 120 bouches à feu pour un corps d'armée de 40,000 hommes , ou quatre divisions d'infanterie, ayant une division de cavalerie légère, une de dragons, une de cuirassiers. De ces quinze divisions d'artillerie, deux étaient attachées à chaque division d'infanterie, trois étaient en réserve et quatre à cheval ; une à la division de cavalerie légère, une à la division de dragons, deux à celle des cuirassiers (1).

« Quelques militaires ont émis l'opinion que, depuis un siècle, la tactique n'avait nullement fait de progrès : il est vrai de dire que la base de notre tactique est la tactique prussienne , mais améliorée par vingt années de victoires. Qui oserait, de nos jours, vanter avec Folard la supériorité des anciennes machines de guerre sur les nôtres, en disant que les flèches, les balistes et les catapultes étaient infiniment *plus justes, plus assurées, plus continues ?* Qui croirait que, il n'y a pas cent ans, les bouches à feu étaient dételées sur le champ de bataille, les charretiers restant à couvert jusqu'à ce qu'on voulût changer de position ? Qui croirait que, il y a quarante ans, la conduite des bouches à feu était abandonnée à des entrepreneurs, gens non militaires et ignorant le service, ou, comme s'exprime le général Foy, sans patrie et sans vertu ? Qui croirait que, avant le grand Frédéric, quand on voyait l'affaire douteuse, on faisait retirer les pièces d'artillerie de peur de les perdre ?

« Enfin, qui croirait que, douze ans avant la révolution, on a écrit des volumes pour prouver que la mobilité des canons est une qualité superflue, et que les mêmes pièces montées sur les mêmes affûts doivent servir le long des côtes, sur les remparts, aux siéges et en campagne ? »

Période actuelle.

Systèmes nouveaux, inventions.

« Depuis la paix, on a, chez toutes les puissances , perfectionné les branches de l'art militaire. Dans un grand nombre de pays, on a adopté, pour le matériel, les affûts anglais monoflasques.

« En France, en Belgique, en Piémont, en Suède, en Suisse et dans quelques parties de l'Allemagne, le matériel anglais a servi de modèle pour la construction des voitures.

« Le nouveau système français a été attaqué comme le furent précédemment les systèmes de Vallière et de Gribeauval. Les uns ont exagéré ses avantages, les autres ont exagéré ses inconvénients ; comparer, pour l'agilité, l'artillerie montée à l'artillerie à

(1) Montholon, page 175.

cheval, c'est commettre une grande erreur ; mais en la comparant à l'artillerie à pied , elle aura toujours l'avantage sur celle- ci ; car l'artillerie montée n'est que de l'artillerie à pied qui, suivant les circonstances, a la possibilité de transporter ses soldats sur les affûts et sur les caissons et d'accélérer ainsi ses mouvements.

« Nous énumérerons les avantages du matériel français ; cela sera, en même temps, vanter le matériel suisse de campagne, qui, sauf quelques modifications insignifiantes, lui est entièrement semblable.

Artillerie française. — Nouveau matériel.

« L'adoption d'un nouveau matériel, beaucoup plus mobile que l'ancien, a conduit à modifier l'organisation du personnel qui doit le servir.

« Le personnel de l'arme comprend : 1° les troupes qui manœuvrent les bouches à feu ; 2° un bataillon de pontonniers ; 3° les compagnies d'ouvriers ; 4° le train des parcs d'artillerie.

« Les troupes de l'artillerie forment 14 régiments , chacun composé de 12 batteries , d'un peloton hors rang et d'un cadre de dépôt.

« Les 4 premiers régiments ont 3 compagnies à cheval ; les 10 autres en ont seulement 2.

« Les batteries non montées sont destinées aux services des siéges, des places et des parcs. Comme elles suivent au régiment la même instruction que les autres batteries, il suffit d'augmenter l'effectif en hommes et de leur donner des chevaux, pour les transformer en batteries montées, ou à cheval.

« Le 24, le 16, le 12 et le 8 forment toujours les calibres des canons de siége et de place ; mais le 12 et le 8 sont seuls destinés à armer les batteries de campagne. C'est un avantage de la mobilité des nouveaux affûts, de permettre qu'on ne conduise sur le champ de bataille que des bouches à feu d'un effet puissant.

« Le 1 , pour les troupes légères, était abandonné depuis longtemps. Les pièces de 4 existantes sont employées dans l'armement des places pour les sorties ; il en est de même des pièces de 6, calibre qui avait été adopté en l'an XI, pour remplacer le 4 qu'on trouvait trop inefficace, et le 8 qu'on trouvait trop lourd.

« Les obusiers, tels qu'ils ont été employés dans les dernières guerres, avaient présenté de graves inconvénients : d'une part, ayant une âme trop courte, ils n'avaient qu'un tir fort incertain ; d'autre part, étant fort légers, ils avaient une violente réaction sur l'affût, qu'on était contraint de faire très-pesant et qui encore résistait mal.

« Pour obvier à ces inconvénients, on a fabriqué de nouveaux obusiers, longs comme les canons, et offrant par leur poids une résistance suffisante à l'explosion. Ce sont les seuls actuellement en usage.

« Ces obusiers sont du calibre de 6 et de 24 (ce dernier est ainsi nommé, parce que l'obus peut être tiré dans la pièce de 24); ils se placent sur les mêmes affûts que les canons de 12 et de 8, et accompagnent les batteries de ces deux calibres.

« Ils ont une chambre raccordée avec l'âme par un tronc de cône. Les obus sont ensabotés, et dans la tête du refouloir est ménagée une cavité pour donner logement à la fusée, quand on pousse l'obus à fond.

« En outre de ces deux obusiers de campagne, il existe :

« 1° Un obusier de 8 pour les siéges et la défense des places ; cet obusier se charge à la main comme les anciens obusiers ; mais pour détruire l'effet de détérioration sur les affûts, il y a, en arrière du fond de l'âme, une masse de métal qui donne à cette bouche à feu, extérieurement, la longueur d'un canon ;

« 2° Un obusier de 12 pour la guerre de montagne : cette dénomination vient de ce que l'obus a les dimensions du boulet de 12. Nous l'avons nommé obusier de 8, parce que son obus pèse environ 8 livres, et qu'il était nécessaire de ne pas le confondre avec l'obusier de 12 déjà existant en Suisse.

« Les avantages du nouveau matériel consistent dans la disposition suivante :

« Les quatre roues étant d'égale hauteur, la voiture est plus mobile et n'a pas moins de tournant que l'ancienne, parce que les deux flasques sont remplacées par une flèche unique.

« Le point d'attache des deux trains étant bas, et composé d'un crochet fixé à l'avant-train, et d'une lunette qui termine la crosse, au lieu de la cheville ouvrière, on ôte et on replace l'avant-train avec facilité et promptitude et il n'y a plus qu'un seul encastrement, ce qui accélère la manœuvre.

« En outre, les deux trains se trouvent par là indépendants l'un de l'autre, et la voiture franchit les mauvais pas avec plus d'aisance.

« Il n'y a que deux espèces d'affûts de campagne : l'un pour le 12 et l'obusier de 6, l'autre pour le 8 et l'obusier de 24 ; l'avant-train du caisson est le même que celui de la pièce, ce qui permet de réapprovisionner l'affût par un simple échange d'avant-train.

« Les caissons ne diffèrent entre eux que par la division intérieure de leurs coffres, qui reçoivent les munitions des divers calibres.

« L'affût pour les pièces de siége est analogue à celui de campagne et peut servir de porte-corps, c'est-à-dire de voiture pour faire voyager la pièce.

Système du général Zoller

« Le général-major d'artillerie baron de Zoller, un des généraux d'artillerie les plus distingués de la Bavière, après avoir médité sur tous les nouveaux systèmes d'affûts, et après avoir fait, par lui-même, de nombreuses expériences, a proposé pour l'artillerie bavaroise un nouveau système, qui tient du matériel Gribeauval et du nouveau système français.

« Les calibres sont : canons de 12 et de 6, obusiers longs de 24 et de 12, deux affûts pour ces quatre calibres ; les affûts ont deux flasques, et les entretoises comme les affûts à la Gribeauval. Le général a conservé deux espèces de roues, quoiqu'il n'y ait qu'un seul essieu et par conséquent qu'une seule espèce de boîte ; il paraît qu'il a trouvé, dans la pratique, des désavantages dans l'égale hauteur des roues à l'avant-train et à l'arrière-train ; la hauteur des roues de l'avant-train est à celle des roues de l'arrière-train, comme 9 : 11.

« L'avant-train sert indistinctement aux affûts et aux autres voitures (1) ; il porte un grand coffre.

« Il y a 2 caissons : l'un sert aux batteries de 12 et à l'approvisionnement des parcs d'infanterie ; l'autre, qui est un caisson Wurst, sert à toutes les batteries de 6, et son couvercle arrondi, rembourré, couvert en cuir, permet aux canonniers de s'y asseoir. La voie des voitures est de 58 pouces 1/2 (pied du Rhin).

« Les avantages de ce matériel consistent dans les propriétés suivantes :

« Une grande solidité, l'indépendance des deux trains liés par un seul point, un bon attelage ; chaque cheval, maître de ses mouvements, est attelé à l'avant-train sans être obligé de soutenir le timon ; les chevaux de derrière sont attelés aux palonniers de la volée de derrière ; les deux ou les quatre chevaux de devant sont attelés à la volée du bout du timon ; les voitures ont un grand tournant ; l'affût de 6 tourne sous l'angle de 91°, celui de 12 sous 89°, le caisson ordinaire sous 88°, le caisson Wurst sous 81, la forge de campagne sous 78°, et le chariot de batterie sous 73°. Cinq pas suffisent pour pouvoir tourner sur place avec un attelage de 6 chevaux.

« Le système entier a une grande flexibilité provenant de l'indépendance des deux trains et du bon attelage des chevaux.

« Les mouvements du timon sont bien moins considérables que dans l'ancien système, dont l'avant-train avait une grande sassoire.

« Les coffres d'avant-trains de 12 contien-

(1) Ses parties principales sont : 2 armons, 1 corps d'essieu en bois, 1 grande selette, 1 petite sassoire portant la cheville ouvrière de 9 pouces de longueur et éloignée de 18 pouces de la grande selette, 1 support placé sur la ligne du milieu de l'encastrement des armes portant la chaîne d'embrelage, 1 châssis de coffre à munitions, 1 petite selette fixée dans le sens de sa longueur sur le support servant dans les voitures conjointement avec le poids du coffre à munitions qui se trouve de 4 pouces plus en avant dans les avant-trains des voitures que dans ceux des affûts ; à maintenir en partie le timon dans sa position par le contre-balancement du devant de l'arrière-train dont l'entretoise de devant s'appuie, dans certaines positions, sur l'extrémité de cette petite sellette qui n'a de largeur que 5 1/2 pouces et 9 pouces de largeur ; 1 planche marche-pied, 4 tasseaux de planches marche-pieds, 1 volée de derrière avec deux palonniers, 1 timon, 1 volée de bout de timon sans palonniers, 1 essieu en fer, deux roues.

nent 17 cartouches; les coffres d'avant-trains
de 6, 20. Les munitions sont toutes dans
des caisses, ce qui facilite les remplacements
des munitions consommées des avant-trains,
puisqu'il ne s'agit que d'échanger les caisses
vides contre des caisses pleines. Il faut peu
de temps pour enharnacher, désenharna-
cher, atteler et dételer les chevaux. Les voitures chargées de ce système sont moins
lourdes que celles du matériel français et
suisse, ce qui est naturel, puisque les coffres
contiennent moins de munitions.

Canons du colonel Paixhans.

«·Les canons à bombes du colonel Paix-
hans furent une innovation heureuse, et le
récit des expériences entreprises contre les
vaisseaux avec ces nouveaux projectiles ne
laissent pas douter de leur effet destructif
pour la marine.

« L'invention consiste à tirer horizontalement des bombes et des obus dans des canons qui auraient un calibre triple ou quadruple de celui des canons ordinaires, et
qui, cependant, conserveraient le même
poids.

« En remplacement de la caronade de 36,
on aurait une caronade à obus du calibre
d'un canon de 48, le projectile pèserait 35
livres et la pièce 72 fois le poids de son projectile chargé.

« Avec le poids du canon de 36, on lance-
rait des bombes de 8 pouces, en forant le
canon au calibre de 80.

« Avec le poids du canon de 48, on lance-
rait des bombes de 11 pouces, etc., etc.

« La forme générale d'un canon à bombes
ou à obus est à peu près celle d'une caronade qui aurait des tourillons, ou d'un obusier long.

« La chambre est cylindrique raccordée
avec l'âme par un arc de cercle d'un rayon
— 1/8 du diamètre de la chambre.

« La charge varie de 1/12 ou 1/7 du poids
du projectile.

« La bombe ou l'obus est ensaboté.

« Pendant les essais commandés par le
gouvernement, les bombes tirées à 1,000 et
1,200 mètres sur un vaisseau, y ont fait des
ravages extraordinaires.

« Les portées moyennes furent de 2,000 à
2,400 mètres.

« Le canon de 80, chargé de 17 livres 11
onces de poudre et tiré sous l'angle de 37
1/2 degrés, a lancé la bombe à une lieue
4,250 mètres.

Affûts en fer du capitaine Thiery.

« Une proposition importante, faite par le
capitaine Thiery, consiste à remplacer les
affûts en bois par des affûts en fer, tant pour
le matériel de siége et de place que pour celui de campagne.

« L'affût, l'avant-train, les coffres, sont en
fer. Ils sont faits sur le même dessin que le
nouveau matériel.

« Selon l'auteur, on obtiendrait, par cette
substitution, les avantages suivants:

« La simplification du système, facilité de
construction et de réparations.

« Avantages pour l'exécution du tir, l'em-
barquement et l'emmagasinement, durée
plus grande et économie.

« Il propose aussi d'adopter des leviers en
fer. La prolonge en fer substituée à la prolonge ordinaire a déjà été essayée avec avantage. On a objecté à ces nouveaux affûts que
les boulets ennemis, en frappant sur le fer,
éclatent et font l'effet de la mitraille pour
les servants. Mais ce reproche est-il fondé?
On voit dans l'*Histoire de l'artillerie*, par le
capitaine Moritz Meyer, qu'on fabriqua, en
1697, une quantité d'affûts en fer avec des
roues en bois, pour les pièces de campagne.
(*Voyez* col. 232.)

« Enfin, l'auteur cité plus haut, reprend
la question si souvent agitée de pièces en fer
coulé, et émet les raisons les plus judicieu-
ses pour faire adopter pour le fondage des
bouches à feu un autre procédé, qui
consiste surtout à mettre pour le fondage de
la tulipe en bas et la culasse en haut; la mas-
selotte est alors le prolongement de la culasse, et la figure du moule est un cône recouvert et posant sur son sommet.

Artillerie de montagne.

« Dans un des derniers numéros du *Journal des armes spéciales*, le colonel d'artillerie Tardy de Mont-Ravel présente des
moyens très-ingénieux pour transporter les
bouches à feu dans les sentiers des montagnes. Son système repose sur la disposition
suivante, qu'il désigne ainsi : « Arrêté dès
« le début par le peu de largeur de routes,
« j'ai rejeté le corps de voiture en ne con-
« servant que les roues; les tourillons légè-
« rement modifiés me servent d'essieu. »

« Chaque tourillon de la pièce est percé à
son extrémité et taraudé pour recevoir une
tige en fer; celle-ci est terminée, à son
extrémité extérieure, par une large rondelle
fixe servant d'esse, ce qui fait gagner au
moins six pouces sur la largeur du système.

« D'après l'auteur, une partie des canons
destinée aux places des montagnes devrait
être ainsi préparée à l'avance; on introduit
ensuite dans l'âme une pièce de bois ou
fausse flèche, portant une traverse et à son
extrémité une lunette. Autour de la traverse
est placé un cordage dont les deux extrémités viennent s'attacher aux deux anses de
la pièce. Ainsi disposée, elle peut facilement
être mise en mouvement.

« Quelques passages seulement nécessite-
ront l'emploi exclusif des canonniers; les
routes étant en général praticables pour des
mulets attelés en file, on fait usage d'un
avant-train à limonière, avec un crochet
cheville-ouvrière destiné à recevoir la lunette de la flèche.

Inventions diverses.

« Nous nous bornerons à citer quelques
expériences faites récemment. En 1823, on
essaya en Autriche, mais sans un grand

succès, de tirer à balles dans des mortiers; à Woolwich, on renversa, en 1824, des murs à la Carnot, avec des obusiers et des caronades; en 1828, les Russes se servirent, avec avantage, en Perse, de bombes pour battre en brèche les places fortes. Perkins tira, dans la même année, un fusil fixé sur le cercle d'une roue; les balles atteignirent le but, quoique le recul ait fait faire chaque fois plusieurs révolutions à la roue. Ces essais sont consignés dans les ouvrages du capitaine Moritz Meyer et de Smola.

Armes à vapeur.

« Le capitaine Joachim Madelaine, dans son livre intitulé *Introduction à l'étude de l'artillerie*, prouve combien il serait peu raisonnable d'espérer d'atteindre, au moyen de la vapeur, les effets produits par la force expansive de la poudre.

« M. Perkins fit construire une machine dont le générateur ne contenait que deux pintes d'eau et consommait 76 kilogrammes de houille en six heures. Elle lançait, en une minute, cent cinquante balles par un canon de fusil ordinaire; ces balles étaient projetées contre une plaque de fonte, placée à 18 mètres; les unes par la vapeur à une pression de 5 atmosphères, d'autres par la vapeur dont la pression était de 40 atmosphères. Le but étant resté toujours à la même distance, les balles ont été déformées plus ou moins, suivant la vitesse dont elles étaient animées.

« M. le colonel d'artillerie Aubert, voulant s'assurer quelles charges de poudre ordinaire seraient nécessaires pour déformer de la même manière des projectiles de même nature, a fait depuis des épreuves avec un fusil de munition ayant déjà servi. Le but, qui était aussi une plaque en fonte, fut placé à la même distance de 18 mètres.

« Les résultats auxquels M. le baron Aubert est parvenu, sont indiqués dans le tableau suivant :

Vapeur.		Poudre.	
5 atmosphères	. . . .	»	1/2 gramme.
35 id.	. . . .	1	» id.
40 id. un peu plus de	.	1	1/2 id.

« Or, la charge employée pour les fusils d'infanterie étant de 11 grammes, non compris l'amorce, on peut déjà juger combien doit être plus grande la vitesse imprimée par une quantité de gaz qu'on peut concevoir sept fois plus grande, et resserrée à peu près dans le même espace; ces gaz pouvant même être regardés comme élevés à une plus haute température, et doués par conséquent d'une plus grande tension. En supposant les gaz à peu près sept fois comprimés et en quantité sept fois plus grande, l'effet produit par la charge ordinaire de 11 grammes répondrait à une pression comprise entre 1,960 atmosphères obtenues en multipliant les 40 atmosphères par le carré de 7, et 280 atmosphères, produit simple de 40 par 7. Pour que l'on pût compter sur l'un de ces effets, ou plutôt juger jusqu'à quel

point les pressions réelles s'en approchent dans les différents cas, il faudrait pouvoir apprécier les degrés de température, la manière d'agir de la chaleur sur le gaz à de si hautes pressions, et comment le mobile est déplacé; car plus la charge augmente, plus il y a de probabilité que la balle doit être chassée avant que toute la poudre soit enflammée.

« D'après les épreuves déjà faites, la vapeur, avec une tension dite de 40 atmosphères, n'étant susceptible que d'un effet minime, il ne faudrait peut-être pas moins de 6 à 800 atmosphères pour lancer les mêmes balles avec la vitesse de 15 à 1,600 pieds par seconde, et combien en faudrait-il encore plus pour projeter des boulets de 4, 8, 12, 16 et 24; mais pour l'exécution, il est des limites fixées par les arts et par la nature des matières dont ils peuvent disposer.

« Les expériences faites à Vincennes, en 1829, sont d'accord avec les raisonnements du capitaine Madelaine; on tira dans un canon à vapeur de M. Perkins, des balles de 4 livres de plomb, qui, lancées à une faible distance, n'atteignirent pas la cible.

« Au résumé, réduisant à la véritable expression les hautes vertus attribuées à ces nouvelles armes, nous dirons : 1° que la pression la plus grande, à laquelle on puisse pratiquement élever la vapeur, ne saurait, dans l'état actuel des arts, dépasser 40, 60, 100, et, si l'on veut, même 150 atmosphères; 2° qu'avec une telle pression, on ne pourra lancer que les plus petits projectiles, tels que des balles; 3° qu'indépendamment des dangers que présenterait le service de ces armes, l'effet des projectiles ne pourrait pas, à la faible distance de 80 à 160 mètres, être comparé à celui que l'on obtient avec le simple fusil d'infanterie.

Améliorations à introduire dans l'artillerie.

« Quoique les plus grands géomètres se soient occupés du problème balistique, il serait pourtant à désirer, pour la partie théorique de l'arme, qu'on s'occupât d'un moyen facile et exact de calculer la vitesse initiale, c'est-à-dire d'un moyen plus simple que le pendule balistique et plus exact que la machine inventée par le colonel Grobert (1).

(1) Le principe de la machine du colonel Grobert inventée au commencement de ce siècle, consiste à monter, sur un axe de rotation horizontal de 3,m50 de long environ, deux disques perpendiculaires; ce système est mû par un poids suspendu par une corde qui met un treuil en mouvement; ce treuil porte une roue garnie d'une chaîne sans fin, qui s'enroule dans une poulie portée par l'axe de rotation. Lorsque le système a pris un mouvement uniforme, on établit l'arme horizontalement et parallèlement à l'axe de rotation, à peu de distance du premier disque, et de façon que sa direction soit distante de 1m 00 de la ligne qui passe par les centres des disques. Il est évident que les deux trous faits par le projectile dans les deux disques ne seront pas dans une ligne parallèle à l'axe; mais si, par chaque trou ou point

« Les belles expériences de Hutton ont besoin d'être refaites en grand, avec cet esprit de clarté qui distingue les mathématiciens français. Il serait aussi à désirer qu'on fît des essais définitifs sur l'angle de réflexion, ceux de Sharnhost n'étant point satisfaisants.

« Les effets produits par les différentes qualités de la poudre méritent d'être encore mieux étudiés.

« Un des plus grands avantages à obtenir pour le matériel serait de pouvoir se servir de pièces en fer, ou d'améliorer l'alliage des bouches à feu, afin d'en augmenter la durée. Alléger les bouches à feu, et, par une disposition mécanique, diminuer le recul, serait encore une grande amélioration.

« L'essor que prennent les sciences et les arts fait espérer que l'arme de l'artillerie fera encore de rapides progrès ; les travaux des hommes distingués que ce corps renferme dans tous les pays tendent à amener des améliorations heureuses ; je dis heureuses, parce qu'il est prouvé que plus les moyens de destruction se perfectionnent, moins les guerres sont meurtrières ; et même si ces moyens pouvaient atteindre un degré que notre imagination seule peut nous faire entrevoir, les hommes, malgré leurs passions, seraient obligés de rester en paix, et l'humanité serait satisfaite, puisqu'il y a des hommes pour lesquels la vie est le plus grand des biens ! »

Il ne nous reste plus qu'à dire deux mots sur les armes de quelques bandes asiatiques, que les armées russes mènent souvent à leur suite ; nous voulons parler de l'*arc* et des *flèches*, etc. (*Voy.* Arc). Les *flèches* sont longues d'environ 1 m., 20, et armées à leur extrémité comme les lances. Dans quelques contrées barbares d'Afrique et d'Asie, les pointes de ces flèches sont faites avec du cristal, ou empoisonnées, et, dans ce cas, elles causent la mort dans un court espace de temps. Ces barbares portent aussi pour armes défensives, soit des plastrons de coton piqué entre deux toiles, ce qui suffit pour préserver des flèches, soit des cuirasses de nattes ou de peau de veau-marin, coupée en lanières. (*Voy.* Arc, Arbalète, Arquebuse ; *voy.* aussi Arquebusier pour la confection des *armes à feu*.)

ARMURE. — Pris dans son sens le plus étendu, ce mot désigne tout ce que l'homme porte pour l'attaque ou pour la défense ; mais il s'entend plus particulièrement de l'équipement complet des armes *défensives*. Les premiers hommes se couvrirent de peaux de bêtes, car alors, comme la vie était un combat, l'armure se confondait avec l'habillement. Bientôt vint le bouclier, armure moins étendue, mais plus mobile et qui pouvait aller au-devant du corps ; puis la tête fut garantie par le casque, le corps par la cuirasse, les jambes par les bottines. Plus tard, on y ajouta des brassarts et des cuissarts, et, au moyen âge, en joignant toutes les parties de l'armure, on réussit à rendre les chevaliers presque invulnérables. Voici les pièces dont se composait, au xv⁰ siècle, une armure de pied en cap : 1° *casque*, 2° *hausse-col*, 3° *cuirasse*, 4° les *épaulettes*, 5° les *brassarts*, 6° les *gantelets*, 7° les *tassettes*, 8° les *cuissarts*, 9° les *grèves* ou armure de jambes, 10° les *genouillères*. Il y avait jusqu'à des pièces placées sous l'aisselle (*goussets*) qui la couvraient quand l'homme d'armes levait le bras. Enfin, les chevaux eux-mêmes avaient une armure qui leur couvrait la tête, le poitrail et les flancs. On voit à Paris, à la Bibliothèque nationale et au Musée d'artillerie, à la Tour à Londres, à Dresde, à Vienne, à l'arsenal de Berlin, etc., des modèles d'armures de toute espèce.

Les anciens avaient un grand nombre d'armes défensives ; ils employaient des boucliers qui les couvraient entièrement et des casques pour se préserver des flèches, javelots et frondes. Dans les temps de la chevalerie, on portait des cuirasses, ou cottes de maille, qui couvraient les chevaliers depuis la gorge jusqu'aux cuisses, et des casques pour se couvrir la tête et le visage, et se garantir ainsi des chocs des armes blanches. Les armes à feu ont beaucoup diminué la valeur des armes défensives, et, comme dans les marches et les mouvements rapides elles embarrasseraient les troupes, on n'en conserve quelques-unes que dans la grosse cavalerie. Les principales armes défensives sont aujourd'hui le casque et la cuirasse.

Les cuirasses modernes varient de 9 à 10 kilogrammes.

ARQUEBUSE (L'), d'où l'ouvrier fabricant a tiré son nom (*Voyez* Arquebusier), a été ainsi appelée de deux mots italiens, *arco* qui signifie arc, et *bufio*, trou ; l'arquebuse est montée sur un *fût* ou long bâton, elle est la plus ancienne des armes à feu ; elle ne commença d'être en usage en France que sous le règne de Louis XII. Cette arme devait avoir, selon Hanzelet, quarante calibres de longueur, et porter une balle d'une once et sept huitièmes avec autant pesant de poudre ; elle se montait avec un rouet, et avait une petite ouverture par où le feu se communiquait à la poudre. On faisait autrefois usage de petites arquebuses dont le canon n'avait qu'un pied de long. On les appelait *pistolets à rouet*. On n'en trouve plus que parmi les anciennes armes des arsenaux, et dans les cabinets par curiosité.

Le rouet qui faisait mouvoir tous les ressorts de l'arquebuse, était une petite roue d'acier qu'on appliquait contre la platine. Cette roue était traversée dans son centre par un essieu. Au côté de l'entrée de cet

et par la ligne des centres des disques, on fait passer un plan, ces deux plans feront un angle qui mesurera l'arc décrit par un point des disques, pendant le temps que le mobile parcourra l'intervalle des deux trous, et comme le mouvement de rotation des disques est uniforme et connu par l'observation, on en déduit facilement le temps relatif à un arc connu.

essieu, était attachée une petite chaîne qui tenait au ressort, et s'entortillait autour de l'essieu, à mesure qu'on le faisait tourner; une clef adaptée au bout extérieur de l'essieu, servait à bander le ressort et à faire tourner le rouet de gauche à droite. Cette clef faisait par le même mouvement retirer de dessus le bassinet de l'amorce une petite coulisse de cuivre qui le couvrait: alors, pour peu qu'on tirât la détente avec le doigt, comme on fait aujourd'hui à un fusil, à un pistolet, on lâchait le chien qui, étant armé d'une pierre, faisait feu en tombant sur le rouet d'acier, et se communiquait à l'amorce.

L'*arquebuse à mèche* était d'une construction fort simple. Cette arme, ajustée sur un bâton, portait, à l'extrémité d'en bas du canon, un chien nommé serpentin, à cause de sa figure: on attachait une mèche à la mâchoire du chien, et en pressant avec la main une longue détente à peu près semblable à celle d'une arbalète, on faisait jouer une espèce de bascule intérieure qui abaissait le serpentin garni de sa mèche allumée sur le bassinet où il enflammait la poudre.

Cette arquebuse était si pesante, que le soldat qui en était armé, portait en même temps un bâton ferré en bas pour le fixer en terre, et garni en haut d'une fourchette sur laquelle il appuyait son arme, pour pouvoir la coucher en joue et tirer.

Cette arquebuse à mèche, rectifiée et rendue plus portative, s'appela dans la suite *mousquet*.

L'*arquebuse à croc* est encore une ancienne arme que l'on trouve dans la plupart des vieux châteaux. Elle ressemble assez à un canon de fusil; et elle est soutenue par un croc de fer qui tient à son canon, lequel est soutenu par un espèce de pied qu'on nomme chevalet. On s'en servait beaucoup autrefois pour garnir les créneaux et les meurtrières. On dit que le premier usage qu'on fit de ces arquebuses fut dans l'armée impériale de Bourbon, qui chassa Bonnivet de l'État de Milan.

Mais cette arme est si massive et si pesante, que deux hommes suffisaient à peine pour la porter. On ne s'en sert guère aujourd'hui que dans quelques vieilles forteresses, faute de canons. Le calibre de l'arquebuse à croc est plus gros que celui du fusil, et bien moindre que celui du canon. On charge cette arme de la même manière que le canon; et l'on y met le feu avec une mèche. Sa portée est plus grande que celle du fusil.

L'*arquebuse* ou *fusil à vent* (voyez ce mot), est une machine qui sert à pousser des balles avec une grande violence, en n'employant que la force élastique de l'air. Cette espèce d'arme chargée d'air, a un effet qui ne le cède guère à celui des fusils ordinaires, mais en le déchargeant, elle rend beaucoup moins de bruit; c'est sans doute ce qui a donné lieu à la fable de la poudre blanche; ce qui doit s'entendre dans un sens allégorique d'une cause qui n'est pas sensible aux yeux, comme

l'air. En effet, le bruit ne venant pas de la couleur de la poudre, mais étant une suite nécessaire de l'explosion subite dont elle est capable, on doit croire que toute matière qui se dilatera avec la même vitesse, qu'elle soit noire ou blanche, éclatera de même.

L'arquebuse à vent est composée de deux canons qui s'enchâssent l'un dans l'autre. On met une balle dans le canon intérieur, dans lequel, à l'aide d'une pompe, on conserve et presse l'air qui y a été introduit par la soupape près de la base de la pompe; et cet air, condensé, la tient exactement fermée. Tout auprès, il y a une seconde soupape qui est pressée en bas par un ressort spiral, et dont la queue traverse une petite boîte de cuir gras qui ne donne aucun passage à l'air. Cette queue, qui se recourbe, se jette en dehors de l'arquebuse dans une cannelure; de sorte qu'on peut la mouvoir en dedans et en dehors par le moyen de la clef du fusil auquel elle est attachée. Dès qu'on tire cette queue en arrière, la soupape s'ouvre, et laisse échapper l'air, qui, en sortant par la lumière, située au fond du canon, va frapper la balle qui en reçoit un degré de vitesse égal à celui qu'aurait pu lui communiquer la poudre d'une charge de fusil ordinaire.

Comme la clef ouvre et ferme la soupape fort brusquement, il ne s'échappe du canon que très-peu d'air à la fois; de sorte que ce canon étant chargé d'une certaine quantité d'air comprimé, on peut tirer plusieurs coups de suite, sans être obligé de recharger le fusil.

Pour cet effet, on met les autres balles dans un petit canal, ou réservoir, que l'on tourne par le moyen d'un robinet, pour les placer successivement dans la direction du petit canon, ou pour les déplacer lorsqu'on ne veut pas les tirer.

Mais le ressort de l'air diminuant à mesure qu'il en sort, les dernières balles sont poussées beaucoup plus faiblement. Cependant le huitième coup peut encore percer une planche de chêne épaisse de six lignes, et placée à la distance de vingt à vingt-cinq pas. L'air et la balle font peu de bruit en sortant, surtout si le lieu où l'on est n'est point fermé: c'est un souffle violent qu'on entend à peine à trente ou quarante pas.

Lorsque l'extrémité d'une arquebuse n'a point la forme d'une crosse de fusil, et qu'elle ressemble à une canne, on l'appelle une canne à vent. C'est Marin, bourgeois de Lisieux, qui est réputé l'inventeur de l'arquebuse à vent. Il est du moins le premier qui ait présenté un arquebuse à vent à Henri IV. C'est donc mal à propos que l'on en a attribué postérieurement l'invention à quelques ouvriers de Hollande.

Les arquebuses ou fusils à vent sont des instruments plus curieux qu'utiles. La difficulté de les construire, celle de les entretenir longtemps en bon état, les rend nécessairement plus chers et d'un service moins commode et moins sûr que les fusils ordinaires. Le seul avantage qu'on y pourrait trouver, c'est-à-dire celui de frapper sans être entendu, pourrait devenir dangereux dans la société; et c'est une précaution fort sage de restreindre le plus qu'il est possible l'usage de ces sortes d'instruments. De plus, il n'ont point la même force que les armes à feu, et c'est une chose fort rare que les soupapes retiennent l'air assez constamment pour garder longtemps l'arquebuse chargée (1).

ARQUEBUSIER. — L'arquebusier, que l'on nommait autrefois ARTILLIER OU ARTILLEUR, est l'ouvrier qui fabrique les petites *armes à feu*, telles que sont les *fusils*, les *mousquets*, les *pistolets*; qui en forge les canons, qui fait les platines, et les monte sur des fûts en bois. Cet art ne peut être très-ancien, il n'est venu qu'après l'invention de la poudre. Nous emprunterons au consciencieux et savant ouvrage intitulé : *Dictionnaire des Arts et Manufactures*, les détails qui vont suivre sur la fabrication des armes à feu, leurs divers emplois, et les perfectionnements qui ont été successivement apportés dans leur confection.

Cet article serait incomplet si nous ne le faisions suivre du remarquable travail sur les diverses espèces de fusils, inséré par M. le vicomte de Pontécoulant dans l'*Encyclopédie des gens du monde*.

« D'après Ménage, le mot *fusil* a trois étymologies : suivant la première, il viendrait de l'italien *focile* ou *fucile de focus*, feu : on trouve la seconde étymologie dans Scaliger sur le poëme d'Etna : il dérive ce mot de *fusilis*, en sous-entendant *lapis*, comme s'il y avait une pierre-fusil; la troisième étymologie est du P. Luble, qui, dans son *Dictionnaire*, dérive ce mot de celui de *feu* et d'une contraction de *salire*, *exsilire*, *quod et ejus et lapidis attritu ignis exsiliat*.

« Il y a une grande dissidence entre les auteurs anciens sur le temps où l'on commença à employer à la guerre des armes à feu portatives. Selon le P. Daniel, ce serait dans les premières années du XVIᵉ siècle; mais si l'on consulte les écrivains cités par cet historien, on peut en faire remonter l'usage en 1465 ; car on lit dans les Mémoires d'Ollivier de la Marche qu'on avait des coulevrines dans la guerre du Bien public. Comines dit que dans l'armée Suisse, en 1476, il y avait dix mille coulevrines. Piétro Cerneo, qui écrivit son *Histoire de Corse* vers la fin du XVᵉ siècle et qui mourut vers l'an 1506, dit positivement que les Aragonais, en 1420, au siège de Boniface, avaient avec eux des tireurs armés d'escopettes. « Des « hunes faites, dit-il, et des tours élevées sur « les vaisseaux, les ennemis faisaient sans « relâche pleuvoir des traits sur les assiégés. « Ils se servaient aussi des bombardes à « main, faites d'airain fondu et semblables à « des bâtons forés. Ils les appellent esco-« pettes. Ceux qui les portaient, par l'explo-« sion du feu, lançaient un gland de plomb « qui traversait un homme armé. » On peut encore ajouter l'autorité du cardinal Adrien, qui dit, dans des vers latins adressés au cardinal Ascanio, imprimés en 1505 (Venise, chez Alde Manuce), où parlant d'une ma-

chine inventée par un Allemand nommé Lips, « que avec un mélange de nitre, de « soufre et de charbon de saule réduits en « poudre, il remplit jusqu'à la moitié du « ventre un cylindre d'airain creusé dans sa « longueur; il enfonce ensuite une balle de « plomb. Dans la partie supérieure est « percé un léger trou ; en en approchant la « flamme, aussitôt le porc-épic est percé « d'une atteinte plus rapide que le javelot. »

Histrix continuo forato fumat.

« Ces armes étaient fort lourdes, et ne demandaient pas moins de deux hommes pour les porter; pour les tirer, on les plaçait sur un chevalet. Peu après on les adapta à un fût ; pour pouvoir viser plus commodément, on les faisait reposer sur une fourchette; elles se nommaient *arquebuses à croc*. En 1524, au passage de la Sesia, Bayard fut tué par une pierre lancée par une arme de cette sorte. Peu après, on perça la lumière sur le côté, et on ajouta un bassinet. Mais, pour remédier à l'embarras que causait la mèche, qui devait être tenue d'une main pendant que l'autre ajustait, on employa une platine d'une grande simplicité; elle était composée d'un chien, que sa forme fit appeler *serpentin*; il supportait une mèche allumée; au moyen d'une bascule qu'une détente faisait jouer, le serpentin s'abaissait sur le bassinet. En 1540, on fit usage d'une platine plus commode, mais aussi beaucoup plus compliquée; elle se composait d'une petite roue d'acier, cannelée, qui était placée sous le bassinet, dont elle traversait le fond de manière à pénétrer au milieu de l'amorce. En tournant avec une manivelle la tige d'acier qui occupait le centre de cette roue, on roulait autour de l'axe une petite chaînette, qui bandait un ressort auquel elle était attachée. Les armes garnies de cette forme de platine s'appelèrent *arquebuses à rouet*. On diminua le poids de cette arme, de manière qu'il ne fût plus nécessaire de l'appuyer sur un chevalet pour pouvoir la tirer; on en construisit dont la crosse était très-courte et très-recourbée; elles s'appuyaient sur la poitrine, et on les nomma poitrinal, pectrinal.

« Les troupes à pied eurent des arquebuses à mèche, dont la platine était simple et peu chère à établir; elles furent appelées mousquets. Ces armes si lourdes étaient embarrassantes : aussi furent-elles critiquées par beaucoup d'écrivains militaires, dont la plupart ne les considéraient comme objets de curiosité; et ne leur reconnaissaient d'autre mérite que celui de faire du bruit. Montaigne a dit, en 1580 : « Les armes à feu font « si peu d'effet, sauf le tonnement des oreil-« les, à qui désormais chacun est apprivoisé, « que j'espère qu'on en perdra l'usage. » Le *fusil à pierre* fut inventé dans le commencement du XVIIᵉ siècle, mais il fallut bien des années pour en répandre l'usage. En 1680, on arma de fusils à pierre quelques compagnies d'élite; mais ce ne fut qu'en 1703 que l'arquebuse à mèche cessa d'être employée dans les armées.

« L'invention des armes qui se chargeaient par la culasse précéda de quelques années celle de la batterie à silex : nous nous en occuperons en rendant compte des perfectionnements qui, de nos jours, ont été apportés dans les fusils simples.

« Tout le monde sait comment le feu est mis à la charge au moyen d'un caillou taillé en biseau : la pierre, tenue entre les mâchoires du chien, s'abattant rapidement lorsque l'on presse la détente, attaque la feuille d'acier dont est couvert le bassinet, et fait jaillir des étincelles qui allument l'amorce. En italien, cette pierre se nommait *focile*. C'est de là que l'on paraît avoir fait le mot *fusil*.

« Les premiers canons de fusils étaient en cuivre; mais on a abandonné cette matière à cause des nombreux inconvénients qu'elle offrait. Le fer forgé a entièrement remplacé l'airain. Les canons communs se font d'une lame de fer qu'on roule, et dont on soude les deux bords, en ayant soin de les supposer; mais, comme on a remarqué que l'effort de la poudre agissait surtout dans la largeur de l'arme, et tendait à écarter les deux bords de la lame que l'on a réunis en les soudant, et qu'au contraire, dans le sens de la longueur, l'effet de la poudre sur les parois est à peu près nul, on a cherché à mettre toute la force, tout le nerf du fer, en travers du canon : on a donc imaginé de le remettre à la forge. Quand il est bien rouge, on en fixe le bout dans un étau, puis on le tord en le tournant sur son axe, de manière à ce que les soudures décrivent une spirale. Un canon ainsi travaillé se nomme canon tordu.

« Il y a encore une autre manière de travailler les canons. Autour d'un tube de tôle qu'on appelle *chemise*, et dans toute sa longueur, on roule un ruban de fer ou d'acier; quand il est bien soudé dans toutes ses parties, à l'aide de la mèche et du foret, on enlève cette chemise, de telle sorte qu'il ne reste que l'enveloppe formée du ruban. Ce canon s'appelle canon à rubans. Mais comme on avait reconnu que plus on travaille le fer à petits morceaux, plus on est certain de le purger de tous corps étrangers, on a imaginé de forger des canons de fusil avec des débris de fers de mules, de vieux fers de faux, etc. Réunissant alors ces fils de fer ou d'acier en faisceaux, on les forge pour en former une tige carrée nommée *trousse*; on les tord ensuite de manière à ce que tous les fils de fer se trouvent en spirale; puis on les forge de nouveau pour en faire un ruban qu'on soude autour d'une chemise, ces canons sont ceux que l'on connaît dans le commerce sous le nom de *canons de Damas*. On nomme *jonc* la réunion, dans le même canon, des damas et des rubans.

« A peine les armes à feu furent-elles inventées qu'on tâcha de faire disparaître les défauts qui leur étaient reprochés : le premier et le plus grave était la longueur du temps nécessaire pour y mettre la poudre et le plomb et pour fouler la charge avec la baguette ou le maillet. On disait aussi qu'après avoir fait feu, elles laissaient sans défense celui qui les portait. On chercha alors à y placer à la fois plusieurs charges. L'idée qui se présenta tout d'abord fut de mettre des charges l'une sur l'autre; de les séparer par quelque corps qui empêchât la communication du feu, lorsque le projectile lui-même ne pouvait pas remplir exactement cette condition. Puis, à l'aide de lumières percées d'espace en espace, on les enflammait en commençant par celle qui se trouvait la plus rapprochée de la bouche. Il existe, au Musée d'artillerie de Paris, un mousquet de cette forme, sous le n° 1035. On fit des arquebuses avec deux platines à rouet, l'une à droite, l'autre à gauche du canon, de manière à faire partir les deux charges, l'une après l'autre. Ces armes étaient d'un usage dangereux, car si on se trompait en lâchant la détente et que l'on fit partir d'abord la charge inférieure, le canon devait crever. M. Lepage a tenté, il y a quelques années, de rajeunir cette vieille invention : il a construit une carabine à deux canons superposés; chaque canon contient deux charges. Mais, pour prévenir les accidents qui peuvent arriver si l'on fait partir la charge inférieure la première, il a imaginé une seule détente qui fait tomber les chiens l'un après l'autre; ce mécanisme ne peut jouer que dans un ordre constant.

« Aux États-Unis d'Amérique, on essaya d'employer comme arme de guerre un fusil dont le canon pouvait tirer plusieurs coups de suite. Les balles dont on se servait étaient percées comme les perles d'un collier d'un trou que l'on remplissait d'une substance dont la combustion, quoique rapide, se faisait moins vite que celle de la poudre. L'explosion de la charge supérieure allumait ce mélange, et le feu se communiquait ainsi de proche en proche jusqu'à la dernière charge, envoyant les balles à la suite les unes des autres. Mais il y avait là un grand danger; car si le soldat tombait, le fusil continuait toujours à partir, et rien ne pouvait suspendre l'inflammation des charges.

« Quand, par des améliorations dans la fabrication des armes, on fut parvenu à les rendre moins pesantes, on en exécuta à double canon. Dans le principe, ces deux canons restèrent isolés; ils ne tenaient ensemble que par une crosse commune; l'usage en était alors fort incommode; par la suite, on les réunit et on les fixa ensemble au moyen de clavettes, qui s'enlevaient à volonté. Ce n'est que beaucoup plus tard qu'on imagina de souder les deux canons et d'y joindre une plate-bande de métal sur laquelle est posé le guidon. En Allemagne, on fabrique beaucoup d'armes qui ont un canon rayé, propre à lancer la balle, et l'autre comme ceux des fusils ordinaires, pour recevoir du menu plomb.

« On construisit aussi des armes ayant plusieurs canons réunis ou séparés, mais n'ayant qu'une seule platine. Cette machine de guerre, à laquelle Fieschi a donné une triste célébrité, a reçu le nom d'*orgue*. Quelquefois on a soudé jusqu'à sept canons qui communiquaient entre eux par des lumières percées intérieurement, partant en même temps et lançant vers le même but un grand nombre de balles. Il y a aussi des fusils qui ont deux canons superposés, ne tenant au fût que par une seule broche d'acier parallèle à leur direction, en sorte qu'il est possible de les faire pivoter sur cet axe commun et leur faire prendre mutuellement la place l'un de l'autre; chaque canon vient à son tour présenter son bassinet à la platine unique incrustée dans le fût. Les platines ont reçu de grands perfectionnements, entre autres, par M. Paris et M. Carbon, qui ont tâché d'empêcher que le fusil pût partir sans la volonté de celui qui le porte

« Il y eut encore des *fusils à tonnerre tournant*, construits par M. Valdahon; M. Nicollet inventa, en 1725, un mécanisme ingénieux; M. Bruniel en imagina un autre : nous les passerons sous silence ainsi que le *fusil à 24 coups* de Bouillet, offert à Louis XV en 1767, l'arme proposée par le maréchal de Saxe, et le *fusil à clapet* du général Montalembert, pour nous restreindre aux systèmes qui sont encore en usage.

« On a cherché à procurer une plus grande portée au fusil en augmentant démesurément la longueur du canon; tels sont encore les fusils qu'on nomme fusils de rapport : l'homme qui les tire est forcé d'en faire poser le fût sur un chevalet en forme de fourche plantée en terre; mais on s'est aperçu que le projectile, par son frottement contre les parois, perdait en partie sa vitesse. On a donc raccourci le canon, mais il fallut éviter l'excès contraire; pour augmenter cette portée, on a d'abord carabiné les canons afin que les balles fussent forcées, c'est-à-dire qu'elles présentassent plus de résistance; puis on s'est efforcé de rendre plus instantanée l'ignition de la poudre.

« Vauquelin et Berthollet essayèrent de substituer au salpêtre, dans la confection de la poudre, un sel nouveau, l'hydrochlorate de potasse. Ce sel, mélangé au tiers de son poids de soufre pulvérisé, détonne par la percussion ou s'enflamme par le contact de l'acide sulfurique. Mais il n'était pas réservé à la France de tirer immédiatement parti de cette découverte : ce fut l'étranger qui fit le premier usage de la percussion. En 1809, on appliqua des platines à percussion aux canons de la marine américaine; vers la même époque, on construisit en Angleterre des fusils de chasse dont l'amorce fulminante partait par la percussion; enfin M. Lepage imagina une platine de fusil avec ce nouveau genre d'amorce. La construction de ces armes ne se ressemblait pas; les fusils anglais avaient un magasin pour 25 ou 30 amorces; celui de M. Lepage s'amorçait à chaque coup à l'aide d'une petite poire aussi simple qu'ingénieuse. Le mécanisme très-compliqué de l'invention anglaise le fit abandonner; celui de M. Lepage continua pendant quelque temps à être seul en usage. Cependant l'hydrochlorate de potasse exerçait sur le fer une action si délétère que les soins les plus assidus ne pouvaient garantir de la rouille les pièces qui se trouvaient en contact avec cette substance; pour obvier à ce grand défaut, M. Lepage fut le premier qui essaya de remplacer l'hydrochlorate alcalin par un fulminate à base métallique. Il employa d'abord l'agent fulminant de Berthollet; puis, après de nombreux essais, il s'arrêta au fulminate de mercure. Une grande diversité de systèmes fut mise en usage; tous ont disparu pour faire place à la capsule de cuivre inventée par M. Prélat. Cette capsule, qui contient de la poudre fulminante, se place sur la cheminée qu'elle emboîte exactement; elle est impénétrable à l'humidité, et réunit les avantages de tous les autres systèmes de fusils à piston.

« On a présenté comme invention nouvelle les fusils se chargeant par la culasse. En 1540 on essaya déjà de charger les armes de cette manière. On peut voir au Musée d'artillerie, n° 1161, une carabine à rouet et à mèche, se chargeant au tonnerre au moyen d'un dé; on voit aussi dans la même collection, n° 2622, deux canons de fer très-longs et de petit calibre se chargeant par la culasse; l'un porte la date de 1535.

« Les fusils de ce genre peuvent se diviser en deux grandes catégories : dans l'une, le canon reste à sa place et la culasse est mobile, comme dans les *fusils à tambour*, le *fusil Pauly*, le *fusil Robert* et le *fusil Pattet*; dans cette catégorie se rangent les *fusils Lefaucheux*, *Lepage*, *Lelyon* et *Béringer*. Dans tous les fusils de ce genre, on donne au canon une forme conique, c'est-à-dire se rétrécissant légèrement jusqu'à la bouche, afin que la balle qui entre d'abord à l'aise, forcée de se resserrer pour sortir, offre plus de résistance et porte plus loin.

« Le fusil à tambour se compose de six canons de quatre pouces environ de longueur soudés ensemble en forme de faisceaux : ils sont fixés par une broche au fût et viennent, comme dans les fusils tournants, servir successivement de tonnerre à un canon beaucoup plus long, mais de même calibre. Chaque canon porte sa cheminée et son amorce; mais comme il n'y a qu'une platine et un seul chien, on ne peut tirer qu'un coup à la fois.

« Le fusil Pauly se charge en levant une bascule qui tient à la partie inférieure du canon par deux tourillons placés à droite et à gauche de celui-ci; lorsqu'on ouvre la bascule, on découvre le tonnerre, on y place la cartouche. Un trou qu'on pratique au fond de la cartouche permet d'y adapter une tige forée comme les cheminées des armes ordinaires : c'est sur cette tige que se place la capsule. L'amorce est enflammée par la percussion d'un chien qui agit intérieurement.

« Dans le fusil Robert, on fait servir l'extrémité du levier qui forme la bascule pour appuyer le ressort, de manière à le bander lorsqu'on ouvre le fusil; on n'a pas la peine de l'armer; du reste cette arme est basée sur le même système que le fusil Pauly.

« La partie inférieure du canon du fusil Pettet se termine par une boîte carrée, ouverte par-dessus, mais fermée de tous les autres côtés par des plaques de fer. Dans cette boîte se place un petit mortier du même calibre que le canon auquel il sert de culasse; une cale ou coussinet de fer qui se glisse derrière cette chambre mobile, la pousse en avant et l'empêche de bouger. Pour charger, on ôte de sa place la cale de fer, on recule la chambre mobile, ce qui permet de tourner en l'air son embouchure. On emploie des cartouches, mais à la rigueur on peut s'en passer; l'amorce est portée par une cheminée sur laquelle le chien vient s'abattre.

« *Fusil Lefaucheux.* — Voici comment on se sert de ce fusil : on tient de la main gauche le canon, et on appuie le pouce contre la clef, qui se détourne à l'instant et dégage les crochets: aussitôt le canon s'abat et présente son tonnerre ouvert. Dans cette position, la clef reste en place et ne peut plus retomber pendant que le fusil est tenu de la main gauche; puis on relève le canon, on ramène la clef à sa place et le fusil est chargé. La cartouche est garnie intérieurement de poudre fulminante; une broche est adaptée à son extrémité, et quand le chien s'abat la percussion a lieu dans la cartouche même.

« Le fusil Lepage est construit sur le même système que le fusil Lefaucheux; il n'en diffère que dans la manière de fermer le fusil. En levant un levier situé en arrière de la pièce en équerre, on tire un verrou qui était entré dans un trou pratiqué à la pièce de fer soudée sous le canon : alors celui-ci peut faire la bascule. Lorsqu'on la relève il suffit d'abaisser le levier pour repousser le verrou à sa place.

« Le fusil Lelyon s'ouvre également à charnière; pour le fermer on fait usage d'un levier circulaire qui vient se placer sous le pontet de la sous-garde.

« Le fusil Béringer forme encore une charnière, mais le nœud de brisure permet de démonter le fusil avec la plus grande facilité : il suffit pour cela d'ôter le tiroir. Quand on veut charger cette arme, on la saisit avec la main gauche un peu au-dessus de la brisure; avec le pouce et l'index de la main droite on dégage la pointe de la sous-garde, enclavée dans le trou du prolongement de la pièce en équerre; on fait décrire au pontet un quart de cercle sur la place perpendiculairement au fût : par ce mouvement le crochet se trouve dégagé de l'entaille et le canon fait bascule; pour le fermer il suffit de le ramener vivement à sa place avec la main gauche, tandis qu'on maintient la crosse avec la droite. Un petit carré de fer taillé en biseau, que le canon chasse en se relevant, appuie sur le plan incliné de la vis et fait décrire à celle-ci une révolution qui renvoie la pointe de la sous-garde presqu'à sa place.

« Une propriété particulière des compositions fulminantes, est de ne s'enflammer que lorsqu'elles sont frappées par une surface plane, et de pouvoir être coupées par une lame tranchante sans produire de détonnation. C'est l'application de cette propriété qui a conduit le baron Heurteloup à son nouveau système d'amorces, nommées *amorces continues*, ainsi qu'à leur application aux fusils de guerre. La poudre fulminante est contenue dans un tube aplati; ce tube se place dans un encastrement, de manière qu'une de ses extrémités vienne se reposer sur l'orifice de la cheminée, et il est maintenu par une plaque de cuivre qui s'ouvre et se referme comme une boîte à charnière; le marteau est composé d'une partie plane destinée à frapper, et il est terminé par une partie tranchante qui, au moment du choc, coupe la portion du tube qui fournit l'amorce et le sépare exactement du reste. Dans l'encastrement où est placé le tube, se trouve une petite roue dentée qui communique au marteau par une tige, de manière qu'en armant le marteau la roue tourne d'un cran, et fait avancer chaque fois le tube sur la cheminée de la quantité nécessaire pour former une nouvelle amorce; un seul tube fournit près de cinquante amorces.

ARROSEMENTS (*Machine pour les*).—Invention de M. Quatremère-Disjonval. Cette machine, dont l'auteur a présenté le modèle à la société d'agriculture de Lyon (an X), est composée d'une cuve carrée placée sous le brancard d'une voiture à quatre roues, avec avant-trait tournant. Le cuve est élevée à 162 millimètres au-dessus du terrain que la machine parcourt. En la laissant entrer dans une rivière ou un réservoir, elle se remplit par le bas, au moyen d'une soupape qui s'élève par l'effort de l'eau inférieure, et qui se referme lorsque la cuve est pleine, par le poids de l'eau supérieure. On peut également l'emplir par des trous qui règnent sur son couvercle. L'arrosement s'opère à l'aide d'un tube percé dans sa convexité et placé au bas de cette cuve, qui peut être utilement employée dans les incendies; mais elle doit être alors garnie sur les côtés et par le bas de six robinets, pour remplir les seaux, et de plus, de deux syphons, pour transmettre directement l'eau dans les pompes. On a imaginé depuis de suspendre la cuve hydraulique sur des guindages de cuir, à l'aide d'un treuil; ce qui donne la facilité de plonger plus profondément la caisse dans l'eau, et de s'élever au-dessus des plantes déjà hautes en végétation. Enfin, cette machine, réduite aux proportions des planches d'un jardin, peut y être appliquée avec un grand avantage. Dans les départements où l'on amende les terres avec des engrais liquides, l'usage de la même machine sera indispensable ; elle remplacera les tonneaux qui servent à cet usage, et qui par leur mauvaise construction ne laissent pas de compromettre la santé des hommes employés à ces travaux: surtout elle préviendra l'inégalité de distribution de l'engrais. Un seul homme, arrivé sur le terrain, tire la chaîne sans se déplacer, et répand également l'engrais sur le sol que la voiture parcourt. (*Rapport à la société d'agriculture de Lyon*, séance du 15 brumaire·an X.)

ARSENIC. — « L'oxyde blanc d'arsenic, nommé aussi acide arsénieux, est un des poisons les plus actifs que l'on connaisse ; pris à très-petites doses, il corrode très-promptement les parties de l'estomac et cause bientôt la mort. Il est très-volatif et se sublime aisément au-dessous de la température rouge. En se condensant, l'acide arsénieux cristallise sous forme d'octaèdres réguliers ; si la sublimation n'est pas conduite trop brusquement, traité par les corps réductifs et, par exemple, par le charbon, il donne de l'arsenic métallique. Ce procédé, indiqué par Brandt pour préparer ce dernier, consistait à chauffer un mélange d'acide arsénieux et de savon.

« L'acide arsénique qui résulte de la combinaison de l'arsenic avec une proportion d'oxygène plus considérable que celle que contient l'acide arsénieux, possède la propriété générale des acides. C'est un corps solide, blanc, dont les affinités sont très-énergiques; c'est un poison encore plus actif que l'acide arsénieux. Il a une grande affinité pour l'eau et les oxydes métalliques avec lesquels il forme des composés nommés arséniates, dont la composition et les propriétés chimiques ont une grande analogie avec celles des phosphates. L'une des combinaisons les plus importantes est l'arseniate de fer, qui, à raison de son insolubilité dans l'eau et de sa composition bien déterminée, est un réactif fréquemment employé pour doser l'arsenic dans ces analyses chimiques. On prépare l'acide arsénique en faisant bouillir l'acide arsenieux avec l'acide nitrique, et mieux encore avec l'eau régale : dans cette opération, l'acide nitrique, en se décomposant, cède une nouvelle dose d'oxygène à l'acide arsénieux.

« L'arsenic, en se combinant avec l'hydrogène, forme un gaz extrêmement délétère et qui cause infailliblement la mort quand on en respire la plus petite dose. Ce gaz, nommé hydrogène arséniqué, est sans couleur : sa pesanteur spécifique, comparée à celle de l'air, est 2, 7; il se décompose sous l'influence d'une température élevée ou par l'action d'une série d'étincelles électriques. Mis en contact à une haute température avec l'oxygène ou l'air en excès, il brûle avec flamme et donne naissance à de l'eau et à de l'oxyde d'arsenic. Le chlore, en se combinant avec l'hydrogène, exerce sur le gaz dans l'eau, un alliage formé de trois parties d'étain et de deux parties d'arsenic. A l'aide d'une douce chaleur l'étain se combine avec le chlore de l'acide, et forme un chlorure qui reste en dissolution dans l'eau : l'hydrogène de l'acide, au contraire, se combine avec l'arsenic et se dégage de la fiole où se fait la préparation : on le recueille sur le mercure et même sur l'eau, qui n'exerce aucune action lorsqu'elle a été récemment portée à l'ébulition. L'eau ordinaire décomposerait une petite partie du gaz à l'aide de l'oxigène qu'elle tient en dissolution.

« L'arsenic forme avec le soufre deux composés très-remarquables : le premier nommé *réalgar* est celui des deux composés qui renferme la moindre proportion de soufre. Il a une belle couleur rouge orangée ; sa pesanteur spécifique est 3, 6; ses cristaux rentrent dans le système prismatique oblique, il est composé de 0, 701 d'arsenic et de 0, 299 de soufre.

« La deuxième combinaison de soufre et d'arsenic se nomment *orpiment*. La couleur est jaune d'or, et son éclat un peu nacré; ses cristaux dérivent d'un prisme rhomboïdal oblique, différent du prisme du réalgar; sa pesanteur spécifique est 3, 5. L'orpiment est composé de 0, 609 d'arsenic et de 0, 390 de soufre.

« Ces deux composés, qui sont l'un et l'autre vénéneux, se trouvent assez souvent associés dans la nature à d'autres espèces arsenicales.

« L'arsenic en se combinant avec le chlore forme un chlorure liquide, incolore très-volatif; il se compose à peu près avec l'eau comme le chlorure d'antimoine; il se prépare en distillant un mélange d'arsenic et de perchlorure de mercure.

« Les combinaisons de l'arsenic avec les métaux seront décrites au sujet des métaux avec lesquels il forme des composés remarquables.

« L'arsenic ne forme jamais de grandes masses dans les roches qu'on voit à la surface du globe; mais il fait partie, soit essentiellement, soit accidentellement, d'un assez grand nombre d'espèces minérales.

« A l'état natif il est communément associé à certains minéraux argentifères : c'est ainsi qu'on le rencontre journellement à Andreasberg (Hartz), à Nagy-ag, et à Kapulel (Transylvanie), à Guadalcanal (Espagne), à Sainte-Marie (Haut-Rhin), etc., mais rarement il se trouve dans ces mines à l'état de pureté absolue, il y est presque toujours mélangé de plusieurs combinaisons du soufre, de l'arsenic et de l'antimoine avec divers métaux. On ne le trouve jamais cristallisé, mais bien en masses compactes, grenues et surtout testacées.

« A l'état d'acide arsénieux on le trouve accidentellement dans les filons argentifères d'Andreasberg (Hartz), de Joachimethal (Bohême), etc. L'acide arsénieux naturel se présente ordinairement en masses compactes et terreuses et rarement sous forme de cristaux.

« Ainsi qu'on l'a annoncé ci-dessus, on trouve l'arsenic à l'état de réalgar et d'orpiment. Il se trouve aussi à l'état d'arseniure, combiné avec divers métaux, tels que l'antimoine, l'argent, le bismuth, le cuivre, etc. Plus ordinairement il se présente dans la nature comme élément essentiel d'une série de combinaisons qui forment les sulfures d'arsenic et d'antimoine avec un grand nombre de sulfures métalliques, tels que ceux d'argent, de plomb, de cuivre, de fer, de zinc, nikel, de cobalt, etc. Ces combinaisons qui sous plusieurs rapports ont une haute importance, seront décrites et énumérées au sujet de ces divers métaux.

« Les usages de l'arsenic et de ses combinaisons sont assez bornés. A l'état métallique il entre dans la composition de l'alliage des miroirs de télescope. On en a employé pendant longtemps pour travailler le platine. A l'état pulvérulent, il est employé fort imprudemment comme mort aux mouches. L'acide arsenieux entre dans la composition du *vert de scheele* ou arseniate de cuivre, qui est surtout employé dans la fabrication des papiers peints. On fait aussi quelquefois usage de l'acide arsenieux dans la verrerie. Les sulfures, à cause de leur belle couleur, sont employés aux peintures.

« Lorsque les mines de Sainte-Marie dans le département du Haut-Rhin étaient exploitées activement pour argent elles fournissaient une assez grande quantité d'arsenic. Aujourd'hui cette industrie paraît être la propriété exclusive de la Saxe et de la Silésie. Les petites usines de ces deux contrées préparent l'arsenic métallique, l'arsenic blanc vitreux, l'orpiment et le réalgar. Les deux premiers s'obtiennent, soit accidentellement dans le grillage des minerais d'argent et de cobalt, soit par le grillage de mispickel, ou sulfure double d'arsenic et de fer que l'on traite uniquement pour la préparation de ses matières arsénicales. Par l'action de la chaleur et l'influence de l'air ces minerais sont décomposés, et une partie de l'arsenic se volatilise soit à l'état métallique, soit à l'état d'acide arsenieux : on recueille ces produits dans de longues cheminées jointes aux fourneaux de grillage. L'acide arsenieux, qui est le produit principal du grillage, sert en général à fabriquer les autres produits arsénicaux. Distillé seul une seconde fois avec les précautions convenables, il donne l'arsenic blanc vitreux ; mélangé avec une matière réductive comme le charbon et mieux le mispickel, il donne l'arsenic métallique. Enfin, on prépare les sulfures en distillant des mélanges convenables de soufre et d'acide arsenieux. Les ateliers dans lesquels se font ses préparations doivent être disposés avec grand soin, afin que les émanations vénéneuses des fourneaux n'aient point d'influence fâcheuse sur la santé des ouvriers. » (*Encyclopédie nouvelle*, article *Arsenic.*)

ARSENIC. (*Son emploi contre les miasmes paludéens.*) — Les fâcheux effets produits sur l'organisation humaine par les effluves des marais sont trop généralement connus pour qu'il soit nécessaire d'insister sur la nécessité de combattre cette cause si générale d'insalubrité. Le desséchement des marais est le premier moyen qui se présente à l'esprit, mais ce desséchement est souvent impossible, et, quand il est praticable, il ne s'obtient point sans qu'il en coûte beaucoup d'argent, sans qu'il faille se résigner à sacrifier beaucoup de vies. N'y aurait-il donc pas quelque autre moyen d'arriver au même résultat ? Ne serait-il pas possible d'annihiler directement les miasmes paludéens ? M. H. Martinet répond hardiment par l'affirmative. Voici ce qui l'a mis sur la voie :

« M'occupant il y a un an, dit-il, de recherches sur la cause des maladies épidémiques, je lus l'observation suivante du docteur Stokes : « Dans le Cornouaille, les « fièvres décimaient les populations ; une « fonderie fut établie, et les fièvres disparurent. Le grillage des minerais jetait dans « l'atmosphère des vapeurs arsénicales qui « tuaient les miasmes. » Plus tard, M Bury fit voir que les ouvriers qui travaillaient le cuivre étaient préservés du choléra, et que les habitations voisines des fonderies étaient pareillement épargnées ; or, le cuivre est souvent arsénical, de sorte que l'arsenic n'est probablement pas étranger à l'effet produit. L'arsenic est aujourd'hui employé avec succès dans le traitement des fièvres paludéennes ; mais pourquoi attendre que le mal soit développé pour le combattre ? Pourquoi ne pas détruire d'avance le miasme ? Il faut l'annihiler sur place, non pas en établissant des fonderies, mais en empoisonnant les marais avec des tonnes d'arsenic. »

L'auteur présente ensuite des motifs qui le portent à supposer que les exhalaisons des marais produisent leurs terribles effets, non point en raison de leur composition chimique, mais comme étant les véhicules d'êtres organisés microscopiques qui conservent la vie même après avoir pénétré dans les organes respiratoires, et ce sont ces êtres contre lesquels il veut diriger l'action intoxicatrice de l'arsenic.

ARTILLERIE. — M. Dureau de La Malle a exposé dans un mémoire lu à l'Académie des sciences en décembre 1854, les conclusions auxquelles l'a conduit, relativement à l'époque où l'artillerie a pris dans nos armées une certaine importance, l'examen d'un manuscrit, qui paraît avoir appartenu à Jean de Bruges, sire de Gruthuyse, grand-maître de l'artillerie du duc de Bourgogne, Philippe le Bon, et qui, ayant fait probablement parti de la bibliothèque achetée du fils du grand-maître par Louis XII, était passé ensuite dans la bibliothèque de Rennes. M. Dureau de La Malle s'attache à prouver que ce manuscrit, qui est une traduction française du *Gouvernement des rois*, par Gille Colonna, appartient bien à l'époque qu'il lui assigne. Les preuves tirées, indépendamment de celles qui résultent du caractère de l'écriture, des indices fournis par les vignettes : ainsi la forme des habits des personnages figurés, et en particulier des chaussures (les souliers à la poulaine interdits sous Charles VII), la forme de la couronne qui est ouverte (Charles VII est le premier roi de France qui ait porté la couronne fermée) le système, des fortifications, etc. Le manuscrit ayant été exécuté pour un grand-maître de l'artillerie, le dessinateur des vignettes a fait entrer, comme ornement dans les entourages, plusieurs des objets qui figuraient à cette époque dans un arsenal bien fourni. Or, dans le nombre de ces objets nous trouvons non-seulement des mortiers, mais des obusiers ou des canons lançant des boulets creux qui éclatent au moment de l'explosion. A ces preuves directes se joignent des renseignements fournis par l'histoire, qui attestent un grand changement opéré à cette époque dans la poliorcétique ; aussi, les sièges sont abrégés d'une manière extraordinaire, ce qui tient évidemment à l'introduction d'un puissant moyen destructeur Qu'on lise, dans Monstrelet et les chroniqueurs contemporains, le siége de Dinan et des vingt autres villes attaquées depuis Charles VII jusqu'à la mort de Charles le Téméraire, on verra la brèche ouverte et les villes prises parfois après trois jours, et en général, en moins de quinze ou vingt. (*Compte rendu de l'Académie des sciences.*)

Résultats des expériences sur les alliages de cuivre, d'étain, de zinc et de fer, considérés sous le rapport de la fabrication des canons, 1817. — Il résulte de toutes les expériences faites par ordre du ministre de la guerre les faits ci-après : 1° Les alliages ternaires composés de métal à canon, avec un à un et demi de fer-blanc pour cent ou trois de zinc, donnent, coulés en sable, de meilleurs produits que le bronze ordinaire coulé de la même manière. La propriété qu'a cet alliage ternaire d'éviter les soufflures et d'augmenter ainsi la résistance des objets coulés en sable, pourrait en rendre l'emploi avantageux dans la fabrication de boîtes de roues, d'écroux, de vis de pointage, etc., si l'on ne trouvait pas d'inconvénients à adopter plusieurs espèces d'alliages dans l'artillerie. 2° En employant des métaux neufs très-purs et le moulage en terre, le meilleur alliage, sous le rapport de la ténacité, paraît être celui actuel, de cent de cuivre et onze d'étain ; et sous celui de la dureté, l'alliage ternaire composé des mêmes proportions de cuivre et d'étain, et d'un quart de fer-blanc pour cent. Ainsi on voit que ce dernier perd de ses avantages à mesure qu'on le coule en terre, comparativement avec l'autre en lingots de plus fortes dimensions. 3° Cet alliage ternaire présente, en général, assez d'homogénéité dans toutes ses parties. La propriété qu'il a de donner toujours à peu près les mêmes résultats pour des degrés assez différents de chaleur, et de solidifier promptement après la coulée, pourrait le rendre utile dans beaucoup de circonstances, si le coulage plus en grand,

dans les fourneaux à réverbère, ne lui donnait pas plus d'infériorité encore, à l'égard de l'alliage actuel, qu'il n'en a eu dans le cours des expériences, en passant des lingots de deux livres à ceux d'un poids de quarante livres. 4° Avec de vieux bronzes d'une pureté ordinaire, l'alliage ternaire ferré paraît avoir un peu plus de résistance que celui ordinaire, et présenter beaucoup plus d'avantages dans le coulage à noyau, à cause du plus d'épaisseur, de dureté et d'infusibilité de ce qu'on nomme vulgairement croûte métallique, qui existe toujours d'une manière plus ou moins marquée à la surface des pièces. 5° Ces alliages ternaires zinqués sont inférieurs aux autres, et ils n'ont de la supériorité sur celui ordinaire que dans le cas de coulage au sable, qu'on devrait proscrire des établissements d'artillerie. 6° Un degré de chaleur élevé convient aux fontes faites en terre avec des métaux neufs et purs ; un degré de chaleur ordinaire convient à celles faites en sable ou avec de vieux bronzes : et une faible fusion ne convient à aucun alliage, à cause de la liquation à laquelle elle donne lieu, en portant sensiblement plus d'étain à la circonférence des objets qu'au centre. 7° La combinaison du bronze est d'autant plus intime qu'il a été coulé, toutes choses d'ailleurs égales, sous de plus faibles dimensions, et par conséquent refroidi plus promptement ; ce qui prouve en faveur du coulage à noyau ; et ce qui en démontre encore plus les avantages, c'est que la ténacité et la dureté sont constamment plus fortes à la surface des ingots qu'au centre. 8° Le déchet au creuset est, terme moyen, savoir : pour les fontes de deux à quatre livres, de six à sept dixième pour cent ; et pour d'autres, de cinquante à soixante livres, de deux à deux, deux aussi pour cent (on n'obtient généralement que deux et demi à trois pour cent dans les fonderies). 9° On altère sensiblement la qualité des bronzes par des fontes successives qui les oxydent ; il conviendrait, pour en obtenir toute la résistance que leur degré de pureté peut encore offrir, de les refondre préalablement un contact avec le carbone, afin de revivifier ceux qu'un grand nombre de fusions ou qu'un affinage trop prolongé aurait pu oxyder. 10° De petites différences dans la pureté des métaux paraissent en apporter de grandes dans les qualités de l'alliage. Il en est de même relativement au déchet ; un peu de plomb, par exemple, paraît l'augmenter beaucoup. 11° Enfin le plomb ne se combine qu'imparfaitement avec le bronze, puisqu'il peut en exister une quantité appréciable à la culasse, sans en trouver des traces à la volée d'une bouche à feu. L'affinité de ce métal pour l'étain pourrait bien aussi augmenter les proportions de ce dernier dans la partie inférieure des pièces ; mais comme on ne peut rien conclure d'une seule expérience, l'on n'en parle ici que pour fixer par la suite l'attention à ce sujet. (*Annales de chimie et de physique*, 1817, t. V, p. 113.)

Dans un appendice au rapport fait au ministre de la guerre, M. Dusaussoy donne le détail de ses expériences sur la trempe des bronzes. La propriété particulière que la trempe communique aux alliages de cuivre et d'étain, et dont M. Darcet a fait une belle application à la fabrication des cymbales, a engagé M. Dusaussoy à répéter plus en grand les expériences qu'il avait faites à ce sujet en 1816, pour voir s'il serait avantageux ou non de soumettre les bouches à feu à cette opération. Les résultats de ces nouvelles expériences ont parfaitement confirmé ceux obtenus précédemment, et l'on a également trouvé que la trempe augmentait la malléabilité et la ténacité des bronzes coulés en plaques très-minces; qu'elle en rendait la couleur beaucoup plus jaune et le son beaucoup plus grave; mais, d'un autre côté, on a reconnu qu'elle en diminuait sensiblement la dureté, et que, généralement, passé une certaine épaisseur (quatre à cinq lignes), elle fendillait et altérait tellement les objets, qu'elle suffisait souvent pour les mettre hors de service. Une pièce de quatre, par exemple, qui aurait été trempée, éclaterait probablement en plusieurs morceaux au premier coup que l'on tirerait avec. Ce n'est donc pas à la trempe qu'on doit attribuer l'excès de dureté que ces alliages présentent à leur surface; puisqu'elle les rend plus mous, mais bien, comme on l'a vu précédemment, aux plus fortes proportions d'étain qui y existent, et particulièrement à ce que la combinaison, favorisée par un refroidissement plus prompt, y est plus intime que partout ailleurs. Il serait cependant possible qu'elle eût des effets différents sur une pièce qui viendrait d'être coulée, et dont l'intérieur ne serait pas solidifié; mais comme cette opération présente des dangers, à cause de l'explosion que l'eau réduite en vapeur pourrait occasionner, on pense que l'on ne doit pas en tenter l'essai. Ce n'est pas non plus aux effets de la trempe que les anciens devaient la dureté des armes et des outils en bronze dont ils se servaient; car on sait, d'après les beaux travaux de MM. Monge et Dizé, qu'ils ne contenaient le fer qu'accidentellement, et qu'ils n'employaient d'autres moyens pour leur donner du tranchant, que celui de l'écrouissage. Ces armes étaient composées ordinairement de quatorze à quinze d'étain sur cent de cuivre. Les résultats des expériences faites par l'auteur confirment ce que l'on connaissait déjà à cet égard, savoir: 1° que l'écrouissage augmente la dureté et la densité des métaux, mais qu'il en diminue considérablement la ténacité; 2° que les ouvrages en bronze, convenablement écroués, ensuite recuits, offrent, au contraire, beaucoup plus de résistance qu'auparavant, et comme on peut, par analogie, juger de l'effet que cette opération doit produire sur d'autres métaux, tels que le fer, l'acier, etc., on doit en conclure qu'il convient de faire recuire soigneusement, après avoir été forgés, tous les objets qui

demandent une grande ténacité, comme boulons d'affûts, sous-bandes, chevilles ouvrières, etc., etc., que l'on écrouit et qu'on martèle souvent, pour les finir, longtemps après qu'ils ont cessé d'être rouges. (*Annales de chimie et de physique*, 1817, t. V, p. 225 et suivantes.)

Nous lisons dans le *Mémorial de Saint-Hélène* :

« *De l'état actuel de l'artillerie.* — L'empereur a beaucoup parlé sur l'artillerie. Il eût désiré plus d'uniformité dans les pièces, moins de subdivisions. Le général était souvent hors d'état de juger leur meilleur emploi, et rien ne pouvait valoir les avantages de l'uniformité dans les instruments et les accessoires.

« L'empereur se plaignait qu'en général l'artillerie ne tirait pas assez dans une bataille. Le principe à la guerre était qu'on ne devait pas manquer de munitions : quand elles étaient rares, c'était l'exception; hors de cela, il fallait toujours tirer, sans calculer la dépense de boulets.

« Il disait qu'on ne pouvait jamais faire tirer les artilleurs sur les masses d'infanterie quand ils se trouvaient eux-mêmes attaqués par une batterie opposée. « C'était « lâcheté naturelle, disait-il gaiement, vio- « lent instinct de sa propre conservation. » (*Mémorial.*)

« Les hommes qui se sont fait une idée de la guerre moderne en commentant les anciens, diront qu'il vaut mieux avoir 3,600 chevaux ou 4,000 fantassins de plus, dans une armée de 40,000 hommes, que 120 pièces de canon, ou n'avoir que 60 bouches à feu et avoir 1,800 chevaux ou 2,000 fantassins de plus : ils auront tort. Il faut dans une armée de l'infanterie, de la cavalerie, de l'artillerie dans de justes proportions : ces armes ne peuvent point se suppléer l'une à l'autre. Nous avons vu des occasions où l'ennemi aurait gagné la bataille : il occupait, avec une batterie de 50 à 60 bouches à feu, une belle position; on l'aurait en vain attaqué avec 4,000 chevaux et 8,000 hommes d'infanterie de plus; il fallait une batterie d'égale force, sous la protection de laquelle les colonnes d'attaque s'avancèrent et se déployèrent. Les proportions des trois armes ont été, de tout temps, l'objet des méditations des grands généraux.

« Ils sont convenus qu'il fallait : 1° quatre pièces par mille hommes, ce qui donne en hommes le huitième de l'armée pour le personnel de l'artillerie ; 2° une cavalerie égale au quart de l'infanterie.

« Prétendre courir sur les pièces, les enlever à l'arme blanche, ou faire tuer les canonniers par des tirailleurs, sont des idées chimériques; cela peut arriver quelquefois, et n'avons-nous pas des exemples de places fortes prises d'un coup de main ! Mais, en système général, il n'est pas d'infanterie, si brave qu'elle soit, qui puisse, sans artillerie, marcher impunément, pendant cinq ou six cents toises, contre seize pièces de canon bien placées, servies par de bons canonniers : avant d'être arrivés aux deux tiers du chemin, ces hommes seront tués, blessés, dispersés. L'artillerie de campagne a acquis trop de justesse dans le tir, pour qu'on puisse approuver ce que dit Machiavel qui, plein des idées grecques et romaines, veut que son artillerie ne fasse qu'une décharge, et qu'après elle se retire derrière sa ligne.

« Une bonne infanterie est sans doute le nerf de l'armée ; mais si elle avait longtemps à combattre contre une artillerie très-supérieure, elle se démoraliserait et serait détruite. Dans les premières campagnes de la guerre et de la révolution, ce que la France a toujours eu de meilleur, c'est l'artillerie ; je ne sache pas un seul exemple de cette guerre où vingt pièces de canons, convenablement postées, et en batterie, aient jamais été enlevées à la baïonnette. A l'affaire de Valmy, à la bataille de Jemmapes, à celle de Nordlingen, à celle de Fleurus, nous avions une artillerie supérieure à celle de l'ennemi, quoique souvent nous n'eussions que deux pièces pour mille hommes, mais c'est que nos armées étaient très-nombreuses. Il se peut qu'un général plus manœuvrier, plus habile que son adversaire, ayant dans sa main une meilleure infanterie, obtienne des succès pendant une partie de la campagne, quoique son parc d'artillerie soit fort inférieur ; mais au jour décisif d'une action générale, il sentira cruellement son infériorité en artillerie » (*Mémoires de Napoléon.*)

« Plus l'infanterie est bonne, plus il faut la ménager et l'appuyer par de bonnes batteries. » (*Ibid.*)

« *De la division d'artillerie.* — La division d'artillerie a été fixée par le général Gribeauval à huit bouches à feu d'un même calibre, de quatre, de huit, de douze, ou obusiers de six pouces, parce qu'il faut : 1° qu'une division d'artillerie puisse se diviser en deux ou quatre batteries ; 2° parce que huit bouches à feu peuvent être servies par une compagnie de cent vingt hommes, ayant en réserve une escouade au parc ; 3° parce que les voitures nécessaires au service de ces huit bouches à feu peuvent être attelées par une compagnie d'équipage du train ; 4° parce qu'un bon capitaine peut surveiller ce nombre de pièces ; 5° parce que le nombre de voitures qui composent une batterie de huit bouches à feu fournit suffisamment d'ouvrage à une forge et à une prolonge, et que deux affûts de rechange lui suffisent si la division était composée de moins de bouches à feu, il faudrait d'autant plus de forges, de prolonges, d'affûts de rechange.

« Napoléon a supprimé les pièces de 4 et de 8 ; il y a substitué la pièce de 6 : l'expérience lui aurait démontré que les généraux d'infanterie faisaient usage indistinctement de pièces de 4 ou de 8, sans avoir égard à l'effet qu'ils voulaient produire ; il a supprimé l'obusier de six pouces ; il a substitué l'obusier de cinq pouces six lignes, parce que deux cartouches du deuxième calibre, que d'ailleurs l'obusier de cinq pouces six lignes se trouve avoir le même calibre que les pièces de 24, qui sont si communes dans nos équipages de siége et dans nos places fortes. Il a formé ses divisions d'artillerie à pied de deux obusiers de cinq pouces six lignes, à grande portée, et de six pièces de 12 : celles d'artillerie à cheval, de quatre pièces de 6 et de deux obusiers ; mais il serait préférable qu'elles eussent la même composition que les premières, c'est-à-dire deux obusiers de cinq pouces six lignes, et six pièces de 6.

« Ces changements modifiaient le système de M. de Gribeauval ; ils étaient faits de son esprit, il ne les eût pas désavoués. Il a beaucoup réformé, il a beaucoup simplifié ; l'artillerie est encore trop lourde, trop compliquée ; il faut encore simplifier, uniformément réduire, jusqu'à ce que l'on soit arrivé au plus simple. » (*Mémoires de Napoléon.*)

ARTS (BEAUX-). Le temple résumant en lui tous les beaux-arts, au moins dans leur synthèse, nous donnerons ici dans la description des principes sur lesquels est fondée la basilique chrétienne, le type consacré, la genèse historique, traditionnelle des arts dans l'ère moderne. Nous empruntons à M. Cyprien Robert ce magnifique travail que nous regrettons d'écourter.

« Consacré à l'Architecte suprême, le temple renferme en lui toutes les formes élémentaires ou géométriques imprimées à la nature par son Verbe, et comme elles se résolvent plus ou moins dans le cercle, image du monde, on voit par conséquent les temples les plus anciens avoir la forme ronde. Platon nous apprend que le cercle était considéré par les sages primitifs comme la manifestation la plus palpable de l'Être éternel, sans commencement ni fin. De là les coupoles pyramidables de l'Inde et de l'Asie surgissant d'une masse carrée ; de là les panthéons grecs et romains. Tout être de sa nature tend au cercle ou à l'unité...

« Perfectionnement de l'art antique, le temple chrétien est donc sorti de deux formes primordiales : le rond et le carré. La rotonde aux catacombes précède ordinairement les salles de colombaires. Plus tard, le nombre trois succédera à l'unité, ou le triangle au cercle ; des ogives colossales remplaceront la coupole ; sur le massif carré, symbole de la nature et de la terre, et dont les quatre faces répondent aux quatre vents, s'élancera le triangle, porteur de la flèche aérienne, moyen de résurrection hors du tombeau de la matière, lien entre la terre et le ciel. Ce symbole trinitaire est en architecture ce que sont dans l'ordre moral les trois vertus de foi, d'espérance et d'amour, comme le carré fondamental correspond dans l'ordre humain aux quatre vertus cardinales : force, prudence, tempérance et justice, qui sont en quelque sorte les quatre roues du char social ; en sorte que, des trois vertus qui ont rapport à Dieu, et des quatre vertus qui ont rapport au monde, résulte le nombre sept, qui est, suivant la mystique ancienne, celui de toute création achevée et de tout être complet. De même aussi en architecture le mariage harmonique du carré et du triangle produit l'édifice accompli. Voilà pourquoi les anciens Grecs, ayant rejeté de leurs édifices le nombre divin ou le triangle de la pyramide et de la flèche, pour ne développer que le carré, qui n'est cependant que le piédestal dans toute œuvre spiritualiste, ne quittent point la terre, leurs temples à longues lignes droites rampent toujours ; monter à cent pieds les effraye.

« Bien différent, le christianisme, qui fait de même reposer l'édifice de la société terrestre sur les quatre vertus cardinales, bases de tout perfectionnement moral, a élevé plus qu'aucune autre religion les trois vertus théologales ou divines : espérance, foi, amour, qui sont le saint triangle, et comme les trois flèches que l'homme lance pour percer le ciel. En conséquence, dans les arts, fidèle reflet de la religion, ce que les Chrétiens ont aussi le plus développé, ce qu'ils ont rendu prodigieux, et porté jusqu'aux nues, c'est ce triangle. Les lourdes collines pyramidales de l'architecture indoue et égyptienne, ou même les éblouissantes tours dorées de la Chine, avec leurs doubles toits, si massives malgré leurs efforts pour être légères ; que sont-elles, comparées aux flèches gothiques ? Quelles tours dans le monde peuvent rivaliser avec elles en hauteur, en grâce, en beauté ? Et le nombre trois est presque partout le fondement caché de cette harmonie. Les plus anciens tableaux du moyen âge offrent tantôt les trois croix du calvaire, une grande et deux petites, ou une madone entre deux chœurs d'anges, un abbé entre deux moines, un pape entre deux saints, ou les trois mondes au-dessus l'un de l'autre ; les trois églises, militante, souffrante et triomphante ; la sainte famille à la crèche, composée de trois êtres ; les trois mages, parole de l'Orient ; les neuf chœurs d'esprits purs, formant trois cercles lumineux autour du Verbe qu'ils adorent. Dans la musique, c'est également la mesure à trois temps, l'accord à trois voix qui est le plus beau. Jusque dans la poésie, on retrouve la triade ou stance de trois vers ; et les trois chants du Dante, qui contiennent tout l'art du moyen âge.

« Le christianisme étant l'accomplissement du monde, son art doit réunir les beautés de tous les siècles. C'est pourquoi on le vit d'abord décorer les portiques de ses temples de tous les symboles oubliés de l'Asie, se revêtir d'hiéroglyphes, et reproduire les antiques mystères dégagés du sensualisme grossier de l'idolâtrie. Le temple païen était d'ordinaire sans fenêtres, éclairé

seulement par la porte ou par une ouverture à la voûte ; les façades en triangle écrasé portaient les sculptures mythologiques, et sous les portiques extérieurs se déroulaient des fresques ; c'étaient les seules choses dont le peuple pût jouir : des voiles jaloux cachaient les dieux. Le temple du Christ, au contraire, dilatant son sein, reçut le peuple tout entier ; les voûtes s'élancèrent, l'espace devint immense, l'œil s'égara parmi les faisceaux de colonnes, formant des milliers de lignes perpendiculaires, dont la hauteur échappe au calcul du regard. En dehors, sous des dais à jour, enveloppant, ainsi que des ailes diaphanes de chérubins, les statues colossales, on vit les saints patrons prier sur la ville entre le ciel et la terre, au haut des pyramides effilées comme des aiguilles de cristal. Tout cet ensemble, pour ainsi dire haletant d'extase, devient un grand symbole de l'élan de l'âme vers son rédempteur.

« Or, cette architecture dans le passé se compose de deux éléments fondamentaux, le roman et le gothique, la basilique et la cathédrale du moyen âge. La première, issue de Memphis et d'Athènes, réconciliant le vieux monde avec le nouveau ; la seconde, fille de Cologne et de Flore, née, planant sur la matière vaincue, renouant la terre avec les cieux. L'Église alors se réveille matériellement, devient la cathédrale immense, terrible et gracieuse, éblouissante et pleine de recueillement ; elle est enfin le vrai temple catholique, c'est-à-dire universel, les hommes y entrent à flots pressés, sans distinction de rang ; là du moins ils seront égaux ; tout doit se confondre dans le Christ.

« Cathédrale ! ce mot est un son magique qui réveille tout ce que notre âme a de souvenirs frais et doux, sévères et solennels. Au moyen âge, chaque croyance a la sienne, où vont se prosterner les monarques ; chaque république, chaque grande ville en a une. Les peuples la voient de loin s'élever sur la cité comme un signe ami, qui promet aide et repos.

« La cathédrale est plus qu'une église, » dit M. Laurentie, « c'est un symbole. C'est « une colonne sur laquelle tous les siècles « ont gravé leur pensée, qui présente le ré- « sumé de tous les efforts du peuple, qui le « caractérise et transmet immortelle sa fi- « gure aux âges à venir. »

« Le portique qui précédait l'église, et dont l'enceinte carrée, environnée de colonnes, devint plus tard le champ des morts, était situé vers le couchant ; mais la tête des défunts, dans leur tombe, était tournée vers l'église ou l'orient, pour signifier la résurrection future , suivant l'explication des païens mêmes, qui connaissaient cet usage. Ainsi l'église se trouvait orientée absolument comme le temple antique ; car Vitruve dit qu'en y entrant on s'avançait vers l'aurore, dont les premiers rayons allaient frapper l'autel, et peut-être même le front de l'idole, ce qui permettait aux astucieux pontifes de produire des mystiques effets de lumière, qu'on regardait comme des miracles. Propre, selon Porphyre, à tous les temples d'idoles, cette position était également celle du temple de Jérusalem.

« Les premières basiliques placées ordinairement sur des hauteurs, s'appelèrent *domus columbæ* (demeure de la colombe, c'est-à-dire de l'Esprit-Saint). Recevant sur leur haute montagne les premiers rayons de l'aurore et les dernières flammes du couchant, ces cathédrales primitives étaient, comme le sont encore les églises grecques et russes, surmontées de coupoles et de toits à dorures étincelantes.

« Il y avait d'abord l'*Atrium* ou *Paradisus*, portique carré à colonnes, aussi large que l'église même, et enveloppant de ses arcades le champ découvert, devenu celui des sépultures communes, après qu'on eût renoncé aux catacombes, sur la porte de ces cimetières; par où les fidèles passaient pour aller aux sources de la vie, on lisait : *dormitorium*. Ce dortoir des défunts était dominé par une haute colonne, surmontée d'une croix qui surgissait souriante du milieu des tombes.

« Dans ces basiliques, des vitraux de mille couleurs imitaient, disent les anciens auteurs, la teinte légèrement empourprée de l'aurore, le vert velouté des prairies, les flammes ardentes du soleil couchant, et ces nuages jaunes qui semblent des torrents d'or liquide. Ces verres en mosaïque remplissaient les larges fenêtres qui surmontaient les rangées de colonnettes des galeries supérieures. Les plus anciennes de ces fenêtres, à Rome, sont arquées, d'après le mode des fenêtres des palais romains, ou bien ce sont des cercles de marbre, découpés en forme de roses, et formés d'une foule de petites ouvertures, comme on en voit encore à l'église des saints Vincent et Anastase, *alle trefontane* et d'autres, mais murées, à Saint-Laurent hors des murs, à *San Giovanni avanti porta latina*, à Saint-Paul, *extra muros*, ou l'incendie les a peut-être détruites.

« Les plafonds et les lambris étaient de cèdre, et dorés comme le sont encore actuellement les salles des plus beaux palais de Rome.

« Des mosaïques en verres opaques décoraient les parties les plus remarquables des murailles.

« Le pavé même était formé de cette espèce de mosaïque appelée *opus Alexandrinum*, parce qu'Alexandre Sévère l'avait introduite à Rome, selon son historien Lampridius, et en avait décoré toutes les chambres du palais impérial.

« La polychromie s'étendait ainsi à toute l'église, comme on croit que c'était le cas pour les colonnades extérieures du Panthéon, qui entouraient la *cella* de Minerve, et portaient une frise de bas-reliefs de cinq cents pieds de longueur, représentant la fête des panathénées, et où l'on reconnaît non-seulement la coloration en rouge des fonds, mais encore les différentes teintes données aux draperies des héros. De même que pour la plupart des temples antiques, de même aussi pour les premières basiliques, la couleur revêtit diversement les murs, les façades et les piliers. Non content de peindre l'histoire biblique, le moyen âge alla jusqu'à décorer les saints lambris de marines, de chasses et d'animaux sur des fonds d'azur ou de pourpre, avec des sentences en lettres d'or. Ces paysages avaient pour but de faire admirer Dieu dans les merveilles de la création. Mais ici la distraction, accusée par des objets profanes, l'emportait évidemment sur l'édification.

« Les nefs, dit saint Maxime, symbolisent l'univers ou le grand monde fait pour le petit monde ou l'homme. Là se rassemblaient les fidèles des deux sexes, mais séparément, les hommes se plaçaient à droite, c'est-à-dire au midi, car ils possèdent le feu et la force, et ce sont eux que Dieu appelle à livrer au génie du mal les plus ardents combats, et à gauche ou au nord étaient les femmes, parce qu'elles forment le côté faible de l'humanité, le côté du crépuscule et de la chute, et que Dieu leur demande de moins grands efforts, comme l'observait, au IXᵉ siècle, Amalarius : *Masculi stant in australi parte, et feminæ in boreali, ut ostendatur per fortiorem sexum firmiores sanctos constitui in majoribus tentationibus hujus mundi; et per fragiliorem sexum infirmiores sanctos.*

« Aux deux extrémités des bas côtés, en allant vers le sanctuaire, étaient deux espaces réservés : le *senatorium* pour les patriciens, et le *matroneum* pour les nobles dames. Mais plus près encore du Saint des saints, et totalement séparées du peuple, les vierges et les veuves formaient pendant le sacrifice des chœurs harmonieux dans les galeries aériennes, portées par les arcades des nefs.

« L'intérieur du temple était divisé en trois zones, tout se formulait dès lors, autant que possible, d'après la triade. La première zone, dite le *narthex*, la *ferula*, le *pronaos* ou l'avant-temple, voisine de la porte, était la partie la plus humble, la plus basse de l'église, destinée aux pénitents non excommuniés et aux catéchumènes qui entendaient l'Evangile sans pouvoir assister au sacrifice. La seconde partie, appelée proprement la nef ou *noos*, lieu des initiés séparés du *narthex* par un mur transversal à trois portes; celle du centre, pour les processions; celle de droite pour les hommes, et celle de gauche pour les femmes. La nef centrale, quoique exhaussée parfois au-dessus du *narthex*, était souvent aussi enfoncée de quelques degrés au-dessus des bas côtés, et servait ainsi comme de lieu de scène au spectacle religieux des cérémonies et des processions que le peuple contemplait pieusement des deux bas côtés.

Dans cet espace siégeaient les lévites et les trois chœurs du chant, rangés autour des trois ambons ou pupitres; l'un au centre, pour l'orchestre et les psalmistes; l'autre pour l'épître que chantait le sous-diacre; le troisième, pour l'évangile que le seul diadiacre pouvait lire, ainsi que les lettres et les édits des évêques. Ces ambons étaient ordinairement des chaires de marbre, ou octogones carrés, avec des sculptures ou des mosaïques.

« La troisième zone d'initiation dans le mystère divin, était le sanctuaire, *sacrarium*, ou la *cella*, nommée *hieration* par les Grecs, séparée de tout le reste du temple par un grand arc dit *arcus triumphalis*, parce que, imité des arcs triomphaux des Césars, ornés des bas-reliefs de leurs hauts faits, l'arc chrétien portait sur son fronton et ses pendentifs les miracles du Christ et de ses apôtres.

« Précédé par les colonnades des nefs, comme l'arc païen par les colonnades du forum, il s'élevait devant le sanctuaire, où l'on ne montait que par des gradins, comme au capitole, et le prêtre seul, ainsi qu'un triomphateur, pouvait en franchir le seuil, formé de trois marches, où s'administrait l'Eucharistie, et sur lequel descendait le voile du Saint des saints, qu'on ne levait qu'après l'accomplissement des mystères; sur ce voile étaient souvent peintes de longues histoires. L'arc triomphal lui-même était orné de mosaïques ou d'arabesques sculptées, comme il y en a encore dans Saint-Étienne du Mont, à Paris. Cette forme antique a été religieusement conservée par l'Église grecque et russe.

« Sous le sanctuaire exhaussé était la *confession*, crypte souterraine dans laquelle se rassemblaient, suivant le langage d'alors, les conciles des saints décédés (*concilia martyrum*). Sur ce tombeau commun, rempli des os des confesseurs, brûlaient nuit et jour des lampes, le plus souvent au nombre de douze, emblèmes des apôtres et des douze signes de feu du zodiaque, que le soleil parcourt incessamment, et de même le rayon de l'amour divin descendait sur ces lampes des martyrs, dont l'huile opérait des miracles; leur lumière s'appelait le feu chaste, le feu des vierges, qui avaient accompli leur sacrifice, des astres purs qui avaient parcouru leur cercle, des hercules chrétiens qui, ayant achevé leurs douze travaux, avaient pour cela douze étoiles sur leurs tombes.

« Au-dessus de la confession ou *martyrium* s'élevait, au bord de la *cella*, l'autel longtemps unique, consacré au Dieu premier-né, *altare unigenito*. Ce ne fut que plus tard qu'on en érigea aux saints.

« L'on remarque qu'à mesure que le temple prenait de plus grandes dimensions, l'autel s'élevait davantage vers l'abside, pour être plus visible de toutes les nefs dans l'hémicycle élargi du sanctuaire, lequel, image du monde supérieur et divin, éblouissait par ses dorures, ses mosaïques, et les mille couleurs de leurs vitraux; car on voit déjà, dès le IVe siècle, des vitres diversicolores remplacer, dans les villes florissantes, les jalousies des fenêtres jusqu'alors non fermées.

« La plus profonde barbarie règne encore dans les mosaïques de Sainte-Marie-Transtibérine et de *Sancta Francesca Romana* de la fin du XIIe siècle, tandis que le siècle réédificateur qui lui succède nous montre aujourd'hui, dans les vastes mosaïques de Jacob-Turrita à Saint-Jean de Latran et à Sainte-Marie Majeure, des chefs-d'œuvre comme peinture hiératique. Alors la vieille mosaïque se réveilla dans Rome, pure et rayonnante; mais le reste du monde chrétien ne sut pas sourire à son réveil. Un autre art, doué de couleurs bien plus ardentes et de moyens d'action bien plus variés, la peinture sur verre, commençait à régner. Les fenêtres des temples avaient sans doute, depuis bien des siècles, des vitraux à couleurs variées, comme ceux de Saint-Paul *extra muros*, faits sous Théodose le Grand, et qui, dit le poëte Prudentius, imitaient les prairies ornées de fleurs printanières, les teintes rosées de l'aube, la pourpre et l'opale des nuages sous le soleil couchant. Ces fenêtres, il est vrai, ne laissaient pénétrer par leur étroite ouverture en carré oblong, sous des arcs mesquins, qu'une lumière qui tenait du crépuscule; on suppléait à la grandeur par le nombre : la basilique du Vatican avait quatre-vingt-huit de ces fenêtres, d'autres églises en avaient jusqu'à cent vingt. Leur diamètre ne s'élargit que quand parut au moyen âge la peinture sur verre, sortie de la mosaïque grecque, qui, espèce de purgatoire ténébreux de l'art antique, aspirait à le faire remonter dans la lumière. Cette peinture aux émaux enflammés fut comme le papillon aux ailes éblouissantes, échappé de la noire chrysalide byzantine.

« Ceux qui les premiers, allongeant le transept ou la *chalcidica* des basiliques romaines, pour lui donner la forme de croix, posèrent par-dessus cet édifice la coupole aérienne, avaient démontré clairement la puissance et la supériorité de l'art chrétien sur l'antique. Mais ceux qui remplacèrent la coupole par la flèche gothique surmontant tout le monument qui la porte en triomphe vers le ciel, élevèrent en quelque sorte l'architecture au-dessus de toutes les lois de pesanteur jusqu'ici consacrées. Il est vrai qu'enivrés de tant de succès, les artistes perdirent de vue le type primitif des basiliques, qu'ils auraient dû respecter dans ses formes fondamentales. Aussi ces antiques monuments disparurent-ils bientôt. Il n'y a plus guère que Saint-Clément, à Rome, qui ait conservé son premier caractère presque sans altération. Une cour de soixante-deux pieds de long sur soixante-cinq de large précède le *pronaos*. Au centre de la nef est le chœur oblong. Flanqué de deux ambons et d'une balustrade, élevé de vingt-sept pouces au-dessus des nefs latérales, mais plus bas que le sanctuaire, qu'on croit avoir été jadis séparé par un voile du reste de l'église, et qui au fond de l'abside conserve le siége pontifical à la manière gréco-russe, ainsi que les deux pastophories ou chapelles latérales. On peut voir, dans Ciampini, des recherches curieuses sur ces anciens monuments.

« La cour qui précédait le temple n'avait d'abord d'autre but que de dégager l'édifice et d'en faire briller la façade.

« Un étroit vestibule ou *prodomus*, nommé le *narthex* ou la *ferula*, porté par quelques colonnes, et où se prosternaient les pénitents sous le cilice et la cendre, précédait les portes toujours au nombre de trois ou de cinq, et qui, le plus souvent couvertes d'arabesques, offraient, dans un médaillon central, l'agneau mystique soutenant la croix de son pied droit; le plus souvent une inscription l'entourait.

« Mais toujours plus hardi, le temple élevait ses voûtes, agrandissait ses nefs, tendait des arcades plus larges, afin de contenir la multitude qui, pour la première fois depuis le commencement du monde, venait assister au grand mystère. Redevenu par là enfant de Dieu et familier dans sa maison, le peuple oubliait la religion de colère des idoles qui, pendant deux mille ans, l'avait déclaré un impur esclave, et forcé à se tenir tremblant sous les portiques extérieurs. Néanmoins ce ne fut qu'à l'entrée du moyen âge, et seulement parmi les Occidentaux, que les laïques furent admis à contempler de leurs yeux jusqu'aux cérémonies les plus secrètes du sacrifice. On continue encore en Russie, en Grèce et en Orient, de tirer le voile et de fermer les portes du sanctuaire pendant la plus grande partie de la messe.

« La basilique occidentale du moyen âge répète dans les arts la conquête de la Grèce par le génie romain. Comme le monde politique d'alors, elle réunit la variété à la puissance, la liberté à l'unité. Sur la colonne corinthienne, gracieuse et légère, s'élance la gigantesque arcade. Alors, comme à toutes les époques de triomphe, reparaît le triangle, fruit du mariage complet des deux éléments de l'art, le beau et le fort, le fini et l'infini, qui correspondent au pair et à l'impair, à la femme et à l'homme. Le troisième terme, ou la pointe du triangle, qui figure l'élan vers le ciel, détermine la naissance de l'ogive et de la flèche ou tour gothique, laquelle est encore l'ogive, mais à sa dernière expression, l'ogive parvenue à percer la voûte de la matière et à s'envoler vers Dieu. Mais bornons-nous à terminer cet article par un curieux extrait de Boisserée, très-bien résumé dans l'*Histoire de France* par M. Michelet.

« Les voûtes cintrées sont sujettes à fléchir au sommet. (Plus solides) les voûtes gothiques ne sont (cependant) presque jamais construites en pierre de taille, mais en petites pierres mêlées de beaucoup de mortier; et pourtant, dans plusieurs églises, la voûte n'a pas plus de six pouces d'épaisseur; elle n'en a que trois ou quatre à Notre-Dame de Paris. Aussi, dans cette dernière

église, la charpente en forêt repose uniquement sur les murs latéraux, et passe au-dessus de la voûte sans s'y appuyer... Ce fut au xiie siècle (seconde époque du style ogival) que l'on commença à projeter en l'air les arcs-boutants. Au xie, on les cachait encore sous la toiture des ailes. Alors les contre-forts s'élevèrent comme des tours, et se couronnèrent de clochetons. Enfin l'arcade et les bas côtés se reproduisent en dehors, dans les contre-forts et les arcs-boutants qui soutiennent l'édifice. Le nombre sept, nombre des sept dons du Saint-Esprit, des sept sacrements, est aussi celui des chapelles du chœur, deux fois sept celui des colonnes qui le soutiennent. Cette prédilection pour les nombres mystiques se retrouve dans toutes les églises. Celle de Reims a sept entrées; celles de Reims et de Chartres, sept chapelles autour du chœur; le chœur de Notre-Dame de Paris a sept arcades; la croisée est longue de cent quarante pieds (seize fois neuf), large de quarante-deux (six fois sept). C'est aussi la largeur d'une des tours et le diamètre d'une des grandes roses; les tours de la même église ont deux cent quatre pieds (dix-sept fois douze), quarante-cinq chapelles (cinq fois neuf).

« Notre-Dame de Reims a dans œuvre quatre cent huit pieds (trente-quatre fois douze); Chartres trois cent quatre-vingt-seize pieds (six fois soixante-six); les nefs de Saint-Ouen de Rouen et des cathédrales de Strasbourg et de Chartres sont toutes trois de longueur égale (deux cent quarante-quatre pieds). La Sainte-Chapelle de Paris est haute de cent dix pieds, longue de cent dix, large de vingt-sept (troisième puissance de trois).

« A qui appartenait cette science des nombres, cette mathématique divine? A aucun homme mortel, mais à l'Église de Dieu. A l'ombre même de l'Église, dans les chapitres et les monastères, le secret s'en transmettait avec les enseignements des mystères chrétiens. L'Église seule pouvait accomplir ces miracles de l'architecture. Souvent, pour terminer un monument, elle y appelait tout un peuple. Trente mille hommes travaillaient à la fois à celle de Strasbourg, et tel était leur zèle que la nuit ils continuaient aux flambeaux. Souvent encore l'Église prodiguait des siècles; elle accomplissait lentement une œuvre parfaite. Renaud de Montauban portait déjà des pierres à la cathédrale de Cologne, et on y travaille encore aujourd'hui.

« Auprès de nos cathédrales normandes, leurs filles d'Angleterre sont prodigieusement riches, délicatement, subtilement ouvragées; mais le génie mystique est plus fortement marqué en Allemagne. L'âme allemande s'est prise avec bonhomie aux fleurs, aux arbres, aux belles montagnes de Dieu, elle en a bâti dans sa simplicité des miracles d'art; comme à la naissance de l'enfant Jésus, ils arrangent le bel arbre de Noël, tout chargé de guirlandes, de rubans et de girandoles, pour la joie des petits enfants. C'est là que le moyen âge enfante des âmes d'or, qui ont passé sans qu'on en sût rien.

« Aux dernières pointes de ces flèches où le couvreur ne se hasarde qu'en tremblant, vous rencontrerez solitaires sous l'œil de Dieu, aux coups du vent éternel, quelque ouvrage délicat, quelque chef-d'œuvre d'art et de sculpture, où le pieux ouvrier a passé sa vie ; pas un nom, un signe, une lettre, il eût cru voler sa gloire à Dieu ; il a travaillé pour Dieu seul, pour le *remède de son âme*... Tous ces humbles maçons bâtissaient pour la Vierge leurs cathédrales.... lui adressaient leurs tours mystiques. Elle seule sait tout ce qu'il y a là de vies humaines, de dévouements obscurs, de soupirs d'amour.

« Comme le droit allemand transporté en France perd son caractère symbolique, prend un caractère réel, plus historique, plus variable... De même l'art gothique y perd sa divinité... Plus impersonnel, l'art allemand a rarement nommé les artistes ; les nôtres ont marqué nos églises de leur ardente personnalité.

« En effet, on connaît les noms de la plupart de nos architectes ; leur avidité de gloire, leur rivalité les poussa quelquefois jusqu'à des crimes.

« Ensuite nos cathédrales ont la plupart du temps une frappante harmonie de distinction. « Saint-Denis, dit encore M. Michelet, est l'église des tombeaux, non pas une sombre et triste nécropole païenne, toute brillante de foi et d'espoir, large et sans ombre comme l'âme de saint Louis qui l'a bâtie... Notre-Dame de Paris, la grande et lourde église, toute fleurdelisée, appartient à l'histoire plus qu'à la religion ; elle a peu d'élan, peu de mouvement d'ascension si frappant dans les églises de Strasbourg et de Cologne. Les bandes longitudinales qui coupent Notre-Dame sont plutôt les lignes d'un livre ; cela raconte au lieu de prier. Notre-Dame de Paris est l'église de la monarchie ; Notre-Dame de Reims celle du sacre. Celle-ci est achevée contre l'ordinaire des cathédrales, riche, transparente, pimpante dans sa coquetterie colossale, elle semble attendre une fête, elle n'en est que plus triste, la fête ne revient plus. Chargée et surchargée de sculptures, couverte plus qu'aucune autre des emblèmes du sacerdoce, elle symbolise l'alliance du roi et du prêtre, sur les rampes extérieures de la croisée batifolent les diables ; ils se laissent glisser aux pentes rapides, ils font la moue à la ville, tandis qu'au pied du *clocher à l'angle* le peuple est pilorié.

« Le miracle (de l'architecture gothique), c'est que cette végétation passionnée de l'esprit... lançant ses jets luxurieux, se développe dans une loi régulière, elle dompte son exubérante fécondité au nombre, au rythme d'une géométrie divine.... cette géométrie de la beauté éclate dans la cathédrale de Cologne.... qui a crû avec la régularité des cristaux. La croix de cette église

normale est strictement déduite de la figure par laquelle Euclide construit le triangle équilatéral. Ce triangle, principe de l'ogive, peut s'inscrire à l'arc des voûtes. Le nombre dix et le nombre douze, avec leurs subdiviseurs et leurs multiples, dominent tout l'édifice. Dix est le nombre humain, celui des doigts ; douze, le nombre divin, le nombre astronomique. Ajoutez-y sept en l'honneur des sept planètes. Dans les tours et dans tout l'édifice, les parties inférieures dérivent du carré et se subdivisent en octogones ; les supérieures dominées par le triangle s'exfolient en hexagone, en dodécagone ; de plus le chœur est terminé par cinq côtés d'un dodécagone et chaque chapelle par trois côtés d'un octogone. La colonne a, dans le rapport de son diamètre à la hauteur, les proportions de l'ordre dorique, c'est-à-dire le rapport de un à six et de un à sept ; la hauteur égale à la largeur de l'arcade, conformément au principe de Vitruve et de Pline. Ainsi, dans ce type de l'église gothique subsistent les traditions de l'antiquité. L'arcade jetée d'un pilier à l'autre est large de cinquante pieds, ce nombre se répète aussi dans tout l'édifice.

« C'est la mesure de la hauteur des colonnes ; les bas côtés ont la moitié de la largeur de l'arcade, la façade en a le triple, la longueur totale de l'édifice a trois fois la largeur totale, autrement dix-neuf fois la largeur de l'arcade ; la largeur du tout est égale à la longueur du chœur et de la nef, égale à la hauteur du milieu de la voûte ; la longueur est à la hauteur comme deux à cinq, le porche, le carré de la transversale, les chapelles, avec le bas côté qui les sépare du chœur, sont chacun égaux à la largeur de l'arcade principale, et en somme égaux à la largeur totale ; la largeur transversale ou croisée est avec sa longueur totale dans le rapport de deux à cinq, et avec la largeur du chœur et de la nef dans le rapport de deux à trois ; la hauteur des voûtes latérales égale deux cinquièmes de la largeur totale, c'est-à-dire deux fois deux cent cinquante cinquièmes, ou soixante pieds ; pour la voûte du milieu, la largeur dans œuvre est à la hauteur dans le rapport de deux à sept, et pour les voûtes latérales, dans le rapport de un à trois. A l'extérieur, la largeur principale de l'église égale la hauteur totale ; la longueur est à la hauteur dans le rapport de deux à cinq ; même rapport entre la hauteur de chaque étage et celle de l'ensemble. »

Quelque admirable que soit le type sur lequel ces mesures ont été prises, évidemment son autorité est insuffisante, et l'on ne peut nullement en conclure les règles universelles, invariables de l'architecture gothique, si indépendante, si variée. Néanmoins, il faut croire que ce premier pas aura des conséquences, et qu'on arrivera tôt ou tard à prouver le parfait *classicisme* de nos merveilleuses cathédrales. La tradition du beau comme du vrai ne s'est rompue dans aucun siècle ; l'esprit humain poursuit, depuis qu'il existe, un seul et même but.

ASPHIXIE (*Appareil Julien contre l'*). — Cet appareil se compose d'un casque en cuivre, muni d'un vantail vitré qui permet de voir tout ce qui se passe autour de soi. Une tige, terminée à l'intérieur par une éponge, sort extérieurement et permet à la main de lui imprimer un mouvement de rotation pour nettoyer le verre terni par la respiration. Ce casque est clos hermétiquement, sous le menton, par une gaîne de caout-chouc imperméable. Un tube en caout-chouc communique avec un sac de même matière, placé sur le ventre et rempli d'air atmosphérique, que l'expérimentateur peut respirer à telle dose qu'il juge convenable, au moyen de robinets et de soupapes qui s'ouvrent et se ferment à volonté. Un autre tube, aussi de caout-chouc, conduit l'acide carbonique insufflé par les poumons dans un récipient métallique, adapté en manière de ceinture autour des reins, et articulé sur chaque hanche.

L'acide carbonique y est neutralisé par une provision de chaux ou de potasse caustique qu'il sature peu à peu. Le même gaz, échappé des narines par la respiration, et conduit par une issue, est absorbé par une couche des mêmes matières chimiques placée dans le cimier du casque. L'air vicié renfermé dans l'appareil est chassé, au fur et à mesure, par une soupape d'échappement. Un petit soufflet et une lanterne qui s'accroche à la ceinture complète ce système dont nous croyons avoir expliqué l'ensemble, sans pouvoir en énumérer tous les détails ni en analyser toutes les fonctions. Il est excessivement portatif, conçu d'une manière très-ingénieuse, et peut-être de la plus grande utilité dans les incendies.

M. Julien, ayant endossé cette armure, est entré dans un appartement fermé de partout, où du foin et de la paille mouillée, auxquels on avait mis le feu, répandaient une fumée très-fuligineuse. Il s'est promené au milieu de cette atmosphère asphyxiante sans éprouver le moindre inconvénient. Il y a séjourné environ vingt-deux ou vingt-trois minutes sans être aucunement incommodé ; puis il est allé chercher et a rapporté à l'extérieur divers objets placés dans ce local, pour simuler un sauvetage. Enfin, l'expérience a été faite au milieu des exhalaisons d'une grande quantité de soufre enflammé. L'acide sulfureux, si volatil, n'a pu pénétrer dans l'appareil, et M. Julien est sorti sain et sauf de cette épreuve au milieu des félicitations des spectateurs de la ville d'Aix.

ASTROLOGIE. — « C'est l'art de prévoir les événements de ce monde sublunaire d'après l'aspect du ciel, d'après les influences des astres, leurs situations relatives, etc.

« Cet art prétendu appartient à l'antiquité la plus lointaine. « C'est, dit Bailly, la maladie la plus longue qui ait affligé la raison « humaine, car on lui connaît une durée de « cinquante siècles. »

« On trouve l'astrologie établie à la Chine dès le commencement de l'empire. Dans l'Inde, à Babylone, en Egypte, il paraît bien que les collèges des prêtres ne s'adonnèrent avec tant d'assiduité à l'observation des mouvements célestes, que pour être en état d'appliquer avec plus de rigueur les règles de l'astrologie. Nous savons particulièrement des anciens Egyptiens qu'ils considéraient la pratique de la médecine comme essentiellement liée à la connaissance des influences célestes (PTOLÉMÉE, *Libri quadripartiti*, lib. ı, § 3), et cette opinion adoptée par Hippocrate et Galien, a été reproduite jusque dans les temps modernes par de très-savants médecins.

« La Bible condamne en plusieurs endroits les superstitions astrologiques dont sans doute le peuple juif n'aura pas toujours su se défendre.

« Chez les Grecs on voit le progrès de l'astronomie proprement dite s'effectuer indépendamment des spéculations de l'astrologie ; mais c'est en vain que la plupart des philosophes grecs, et ensuite des philosophes romains dénoncent l'erreur des prédictions fondées sur le cours des astres : l'astrologie compte partout et dans toutes les classes de la société de nombreux partisans. Elle est cultivée et enseignée dans l'école d'Alexandrie. A Rome, et plus tard à Constantinople, les astrologues, quelquefois proscrits, ne perdent jamais leur crédit auprès de la multitude, non plus que chez les grands.

« Les Arabes, ayant recueilli l'héritage des sciences antiques, maintinrent l'astrologie au même rang que l'astronomie, et c'est sur ce pied qu'ils la transmirent aux nations chrétiennes.

« Lorsque l'astrologie se répandit dans l'Europe occidentale, le merveilleux attaché à ses promesses ne fut pas sans doute un des moindres stimulants qui aidèrent à la rénovation des sciences véritables, car les hommes de ce temps qui ont le plus réellement contribué au progrès de l'esprit humain furent presque tous des partisans avoués de l'astrologie. Bientôt il n'y eut prince d'Italie, de France, d'Allemagne, d'Espagne ou d'Angleterre, qui ne s'attachât quelque astrologue, ou au moins qui ne prît conseil des astrologues les plus renommés ; mais on pense bien qu'ainsi interrogés et consultés de toutes parts, ceux-ci se trouvèrent fort souvent en défaut, d'autant plus que, trop confiants dans leur art, ils ne craignirent pas d'avancer quelques-unes de ces éclatantes prédictions qui ne laissent, après l'événement contraire, aucune place aux interprétations subtiles.

« C'est ainsi qu'en 1179 tous les astrologues chrétiens, juifs et arabes, s'accordèrent pour annoncer que la conjonction de toutes les planètes, au mois de septembre 1186, amènerait la destruction de toutes choses par la violence des vents et des tempêtes. Cette prédiction répandit partout la terreur, et les sept mille qui suivirent furent, pour beaucoup de personnes, des années de deuil et de désolation. Cependant l'année 1186 se passa fort tranquillement de la part du vent et des tempêtes. — Plus tard, Stoffler, astrologue allemand, osa encore prédire un déluge qui devait arriver l'an 1524, en même temps que la conjonction des trois planètes supérieures dans le signe des poissons. Mais le genre humain échappa à ce prétendu déluge, comme en 1186 il avait échappé à la destruction générale. — L'étoile si brillante qui parut tout à coup, en 1572, dans la constellation de Cassiopée, et qui fut, comme on sait, l'occasion, pour le célèbre Tycho-Brahé, de reviser les anciens catalogues des fixes et d'en dresser un nouveau sur ses propres observations, cette étoile donna également lieu à beaucoup de pronostics. Les imaginations effrayées crurent que c'était la même étoile qui jadis avait conduit les mages au berceau de l'Homme-Dieu, et que sa nouvelle apparition annonçait la fin du monde.

« Le désappointement des astrologues dans la plupart de leurs prédictions générales était un fait notoire qui devait à la longue ruiner leur crédit; à cela se joignaient leurs erreurs, non moins manifestes dans les pronostics sur la destinée des individus. D'ailleurs l'aurore d'une vraie philosophie scientifique commençait à poindre et découvrait de plus en plus la vanité d'une doctrine dont toutes les règles paraissaient arbitraires. En vain Tycho-Brahé et Keppler, faisant bon marché des pratiques ridicules recommandées par la superstition ou par le charlatanisme, tentèrent de se défendre contre la réaction générale et de maintenir au moins quelques principes fondamentaux. L'astrologie perdait chaque jour de son influence, et enfin elle s'évanouit comme une vaine chimère devant la lumière éclatante que les découvertes du XVIIᵉ siècle répandirent sur tous les domaines de l'esprit humain.

« On remarque entre les destinées de l'astrologie et celles de l'alchimie une conformité singulière. Toutes deux ont été cultivées par des hommes éminents en savoir et en vertu, et toutes deux aussi ont été exploitées par le plus ignoble charlatanisme; toutes deux sont reléguées par la science moderne au rang des pures rêveries; que dis-je? au rang des plus honteuses maladies de l'esprit humain! Et cependant personne ne conteste que toutes deux aient rendu à l'esprit humain d'immenses services; car l'alchimie n'a quitté la scène du monde qu'après avoir donné naissance à la chimie, cette science si féconde en merveilles et si pleine d'utilité; et, d'autre part, l'astronomie avait trop peu d'attraits pour la multitude et trop de difficultés dans ses commencements pour se suffire à elle-même; pendant longtemps elle n'a pu se produire et se soutenir que sous le patronage de l'astrologie. C'est là une assertion de Keppler (*Tables Rudolph.*, préf.) dont tous les historiens ont reconnu l'exactitude.

« Mais on a montré de plus, au mot *Alchimie*, que si le but suprême des chercheurs du grand œuvre a dépassé jusqu'à ce jour toutes les forces de l'homme, il n'avait cependant rien d'absurde en soi, rien qui fût essentiellement contradictoire aux principes

de la raison. En est-il de même de l'astrologie? c'est-à-dire, au milieu des absurdités palpables de cet art prétendu, y a-t-il au moins quelque idée plausible qui puisse en expliquer la durée? y a-t-il quelque principe fondamental que la raison puisse avouer, ou bien croirons-nous, au contraire, que toutes les erreurs, que toutes les extravagances qu'on signale dans les écrits des astrologues aient pu régner universellement par elles-mêmes, et traverser une si longue suite de siècles sans autre appui que la crédulité des uns et la cupidité des autres?

« Je ne pense pas qu'entre ces deux suppositions le sens naturel puisse hésiter longtemps; car certainement l'erreur ni le mensonge n'ont par eux-mêmes aucun élément de durée; et toute opinion qui a été universellement dominante, quand même elle nous paraîtrait absurde et ridicule, représente nécessairement quelque grande vérité qui aura été déguisée ou altérée. C'est là une règle de critique qu'il conviendrait, ce semble, d'appliquer à l'histoire de la science comme à l'histoire de la politique et de la religion; car, nous n'en sommes plus sans doute à croire que quelques intrigants aient jamais eu le pouvoir d'accréditer d'une façon durable et générale aucune sorte d'erreur! Pour moi, je me range tout à fait à cette opinion que Mesmer énonce à propos précisément des dogmes astrologiques, mais que j'aurais pu également emprunter à quelque écrivain d'une autorité plus universellement reconnue; c'est que « la philosophie a fait quelquefois des efforts pour se dégager des erreurs et des préjugés; mais en renversant ces édifices avec trop de chaleur, elle en a recouvert les ruines avec mépris, sans fixer son attention sur ce qu'elles renferment de précieux. » (*Mémoire sur la découv. du magnét. animal.*)

« Et de fait, quand nous voyons que l'astrologie a été préconisée ou professée chez les Grecs par des hommes tels qu'Hippocrate et Galien, Ptolémée, Proclus et Porphyre; cultivée chez les Arabes par les plus savants astronomes; justifiée chez les modernes par le célèbre Albert et par son illustre disciple Thomas d'Aquin; défendue enfin par Ticho-Brahé et par Keppler, accepterons-nous, sans examen, que cette doctrine n'ait jamais été qu'une pâture pour nourrir l'ignorance et la crédulité? Admettrons-nous, sans preuve, que tous ces beaux esprits n'y aient vu rien de plus que ce qu'y voient de nos jours Matthieu Laensberg et ses benoîts lecteurs? Non, certainement. Nous serons, au contraire, disposés à croire qu'il y a au fond de cette doctrine quelque chose d'essentiellement vrai et utile.

« Ensuite, si nous examinons la chose de plus près, nous verrons que l'idée de l'influence des astres sur l'atmosphère (et par conséquent l'idée de leur action au moins médiate sur les végétaux et sur les animaux), idée très-plausible en elle-même, a reçu de l'expérience des modernes une confirmation décisive, si non encore pour tous les astres, déjà cependant pour la lune. (*Voyez* Météorologie.) Ainsi, quoique l'insuffisance des méthodes et des règles employées par les astrologues ait rendu parfaitement vaine leurs prétentions à prédire les variations de l'atmosphère et tous les changements de temps par les circonstances du cours des astres, il faut avouer néanmoins qu'il n'y avait là rien qui, en soi, blessât les principes de la raison.

« La prétention de déterminer rigoureusement tous les accidents de la vie d'un individu d'après l'état du ciel à l'heure de sa naissance, est au contraire extrêmement folle; mais la façon dont l'entendaient Ptolémée et ses commentateurs, et ensuite saint Thomas, Tycho-Brahé, Keppler, etc., n'est pas, à beaucoup près, si choquante. Suivant l'opinion de ces grands hommes, l'action des agents extérieurs, ou, comme on dit, l'influence du milieu sur les individus est beaucoup plus puissante dans les premiers instants de la vie qu'à tout autre âge; d'où ils tirent cette conséquence que l'influence immédiate ou médiate que les corps célestes exercent continuellement sur le corps humain, est particulièrement efficace à l'heure de la naissance, et très-capable, par exemple, en cet instant, de déterminer le tempérament des individus, ou au moins de les douer de certaines prédispositions physiques qui entraînent des prédispositions morales correspondantes. D'ailleurs, comme on sera, dans toute la suite de la vie, affecté d'une façon différente, par telle ou telle influence, selon qu'on possédera telle ou telle constitution, il s'ensuit qu'on peut, jusqu'à un certain point, conjecturer les accidents auxquels chacun est exposé de la part des astres (supposé leur action bien connue), lorsqu'on sait sous quelles influences il est né. Ainsi raisonnaient les défenseurs de l'astrologie. Quant au détail des règles, ils n'avaient rien autre chose à dire, sinon qu'elles étaient le fruit d'observations antérieures, et leur avaient été transmises par les anciens. (Ptolémée, *Tetrab.*, lib. i, c. 2.)

« Ces règles ne supportent pas le moindre examen; mais on verra au mot *Météorologie* que les raisonnements qui précèdent ont paru très-acceptables à des hommes qui n'appartiennent pas du tout aux siècles d'ignorance et de superstition. De plus, il faut savoir que tous les auteurs cités précédemment, et même des hommes d'un mérite bien inférieur, tels que Junctin, Campanella, Cardan, Argolus, etc., s'accordent à reconnaître que l'influence des astres à l'heure de la naissance, quoique s'étendant à toute la vie, n'enchaîne pas la volonté des individus, et ainsi n'a aucunement le caractère de la fatalité : astre inclinant, non nécessitant; c'est là leur thème. L'homme est attiré, soit en bien, soit au mal (moral ou physique), par l'action des astres comme par l'action de tous les êtres qui l'entourent; mais l'homme, par l'exercice de sa spontanéité propre, peut également favoriser cette attraction, ou bien lui opposer des influences contraires : or, n'est-ce pas dans cette puissance que les plus grands théologiens et les philosophes, vraiment dignes de ce nom, ont fait toujours consister la liberté humaine ?—Le système de Bailly sur l'origine et sur la nature de l'astrologie, tel qu'il l'a présenté dans l'histoire de l'astronomie ancienne, est donc complétement faux, puisqu'il suppose cette doctrine issue d'un matérialisme qui nierait complétement la liberté humaine, cela est directement contraire à la manière de voir de tous les astrologues. Mais Bailly croit qu'une fatalité rigoureuse est essentielle aux prédictions astrologiques, et lorsqu'il entend Tycho-Brahé s'écrier dans une apologie de la science astrologique : « L'homme renferme en lui une force bien plus grande « que celle des astres; il surmontera leurs « influences, s'il vit selon la justice; mais « s'il suit ses aveugles penchants, s'il descend à la classe des brutes et des animaux « en vivant comme eux, le roi de la nature « ne commande plus, il est commandé par « la nature. » (Tycho, *Disc. sur les sciences naturelles mathém.*, *prononcé dans l'Université de Copenhague*, 1574.) Au lieu de reconnaître sa propre erreur sur la nature de l'ancienne astrologie, Bailly trouve que « l'erreur se montre ici à découvert. » Il demande « ce que c'est qu'un pouvoir qui peut être suspendu, et s'il est rien de plus absurde que la prédiction d'un avenir qui peut ne pas arriver, etc. » (*Hist. de l'astromod.*, tom. I.) Mais Tycho aurait répondu à la première question de Bailly : C'est un pouvoir qui peut être suspendu ! Et à la deuxième : Oui, il y aurait quelque chose de plus absurde; ce serait la prédiction d'un avenir inévitable !— Je pourrais montrer que l'opinion si bien exprimée par Tycho est, comme je l'ai dit, celle de tous les astrologues. Ainsi Campanella termine son ouvrage (*Prædic. astrologic.*, lib. vii) par cette sentence remarquable : *Sapiens utitur astris; sensualis servit astris : sanctus dominatur.* — Et Ptolémée s'exprime comme il suit dans le Centon : *Sapiens anima confert cœlesti operationi, quemadmodum optimus agricola, arando expurgandoque, confert naturæ.* — *Potest qui sciens est, multos stellarum effectus avertere, quando naturam eorum noverit; ac seipsum ante illorum eventum præparaverit* (*Traduction du Centon ou Carpos* par Junctin). Sans plus multiplier les citations, je ferai observer que Ptolomée, en raison de tous ces principes, ne fait pas difficulté de reconnaître aux pronostics individuels une servitude bien inférieure à celle des pronostics généraux; il déclare expressément que les premiers peuvent être démentis par l'effet des habitudes volontaires, par l'éducation, etc. (*Tetrab.*, lib. i, c. 2 et 3.) Après cela, il faut bien convenir que Ptolémée et ses commentateurs se mettent en contradiction manifeste avec les idées que nous venons d'exposer, par le minutieux détail qu'ils font sortir pour chaque individu de son *thème de nativité*. Ainsi je n'ai pas voulu, Dieu m'en garde ! établir la réalité de la science astrologique ; j'ai voulu seulement faire comprendre comment, à une autre époque, des génies du premier ordre ont pu s'appliquer à cette science, ce qui serait tout à fait inexplicable, si on s'en tenait à l'opinion du vulgaire sur ses principes fondamentaux.

« Maintenant, je crois de plus qu'on doit reconnaître à l'astrologie une valeur réelle et positive dans le développement de l'esprit humain. En effet, tous les traités d'astrologie, à commencer par le *Tétrabiblos* de Ptolémée, établissent en principe la réaction physique des astres les uns sur les autres, et c'est même là le fondement essentiel de la doctrine. Bien plus, cette réaction mutuelle des astres a été exclusivement du ressort de l'astrologie jusqu'à ce que Newton, en mettant hors de doute un de ses modes principaux, ait établi au rang des sciences véritables la physique des astres. Il me paraît donc qu'on doit considérer l'astrologie comme ayant préparé les idées qui constituent aujourd'hui notre *astronomie physique*, et comme ayant été chez les anciens le représentant ou l'équivalent de cette partie essentielle de la science moderne.

« Ce point de vue me paraît confirmé d'abord, parce que la partie de l'astrologie qui se rapporte à la destinée des individus et dans laquelle l'erreur a été la plus grossière, est toujours présentée par les astrologues comme une conséquence et une dépendance de cette astrologie météorique, dont le principe et l'influence des astres sur l'atmosphère pour produire les vents et la pluie ; sur la mer pour produire les marées et les tempêtes, etc. Or, cette astrologie météorique, quoique mêlée encore à beaucoup d'erreurs, renferme bien évidemment les premières idées d'astronomie physique. — Ensuite, je n'aurais qu'à montrer comment l'astrologie même est envisagée et classée par les anciens auteurs. Nossius, par exemple, emploie encore le mot astrologie dans le sens primitif, et astrologique qui est science des astres ; et il partage cette science générale en deux branches dont l'une purement mathématique ne traite que des mouvements célestes, et l'autre purement physique a rapport à l'influence réciproque des astres, et constitue ce qu'on a entendu depuis plus particulièrement par astrologie. (Vossius, *de scientiis mathematicis*.) Pour ne pas dépasser les bornes de cet article, je suis forcé d'inviter les lecteurs à recourir aux ouvrages de Keppler, pour y voir comment l'astrologie y est attachée à un ensemble d'idées qui appartiennent absolument à l'astronomie physique. Il faut lire aussi la très-remarquable division de l'astrologie générale (science des astres), par Junctin, dont le *Speculum astrologiæ* (tome II, p. 537, Lugdun., 1583); les titres mêmes de l'ouvrage cité plus haut de Campanella (Francofurti, 1630), etc. Je m'en tiens d'ailleurs, comme autorité tout

à fait décisive, à ce que dit Ptolémée lui-même dans le *Tétrabiblos*. Il débute, en effet, par enseigner à *Syre* ou *Syrus* (le même personnage à qui l'*Almageste* est adressé) que « deux choses sont indispen- « sables pour pratiquer l'art de la divina- « tion astrologique : l'une est l'étude de tous « les mouvements des astres, mouvements « d'où résultent leurs situations relatives, « leurs configurations, etc. ; l'autre est la « connaissance des effets que ces mouve- « ments, que ces situations relatives, que « ces configurations, etc., produisent sur « les êtres naturellement soumis à leur in- « fluence. » Ptolémée reconnaît d'ailleurs que la première de ces deux sciences préli- minaires est par elle-même très-digne d'in- térêt, et mérite toute l'attention des hommes abstraction faite de son application à l'art divinatoire ; et il ne fait pas difficulté non plus de reconnaître que cette science des mouvements célestes est beaucoup plus parfaite et plus certaine que celle des in- fluences. » (*Encyclopédie nouvelle*, article *Astrologie.*)

ASTRONOMIE.—Science des astres ; étude et description des corps célestes, des lieux qu'ils occupent dans l'espace, de leurs mou- vements, de leur constitution physique, etc. C'est à la fois le commencement et la fin, le premier et le dernier terme des sciences naturelles, le premier mobile de la curiosité excitée à la vue de l'univers, et des derniers efforts de l'esprit humain emprisonné sur notre planète, et se précipitant dans les pro- fondeurs de l'immensité. Au point où cette science est parvenue de nos jours à l'aide des méthodes analytiques, le seul moyen de s'en former une juste idée est de rappeler la série non interrompue des travaux des astronomes dont l'histoire a gardé les souve- nirs. Nous suivrons, dans ce but, les savantes recherches du célèbre Laplace (1).

De l'astronomie ancienne jusqu'à la fondation de l'école d'Alexandrie.

Le spectacle du ciel dut fixer l'attention des premiers hommes, surtout dans les cli- mats où la sérénité de l'air invitait à l'obser- vation des astres. On eut besoin, pour l'agri- culture, de distinguer les saisons et d'en con- naître le retour. On ne tarda pas à s'aperce- voir que le lever et le coucher des princi- pales étoiles, au moment où elles se plongent dans les rayons solaires, ou quand elles s'en dégagent, pouvaient servir à cet objet. Aussi voit-on chez presque tous les peuples ce genre d'observations remonter jusqu'aux temps dans lesquels se perd leur origine. Mais quelques remarques grossières sur le lever et sur le coucher des étoiles ne for- maient point une science, et l'astronomie n'a commencé qu'à l'époque où, les obser- vations antérieures ayant été recueillies et comparées entre elles, et les mouvements cé- lestes ayant été suivis avec plus de soin qu'on ne l'avait fait encore, on essaya de détermi-

(1) *Précis historique de l'astronomie ancienne.*

ner les lois de ces mouvements. Celui du soleil dans un orbe incliné à l'équateur, le mouvement de la lune, la cause de ses phases et des éclipses, la connaissance des planètes et de leurs révolutions, la sphéricité de la terre et sa mesure, ont pu être l'objet de cette antique astronomie; mais le peu qui nous reste de ses monuments est insuffisant pour en fixer l'époque et l'étendue. Nous pouvons seulement juger de sa haute antiquité par les périodes astronomiques qui nous sont parvenues, et qui supposent une suite d'observations d'autant plus longue, que ces observations étaient plus imparfaites. Telle a été la vicissitude des choses humaines, que celui des arts qui peut seul transmettre à la postérité, d'une manière durable, les événements des siècles écoulés, l'imprimerie étant une invention moderne, le souvenir des premiers inventeurs s'est entièrement effacé. De grands peuples ont disparu sans laisser sur leur passage des traces de leur existence. La plupart des cités les plus célèbres de l'antiquité ont péri avec leurs annales, et avec la langue même que parlaient leurs habitants : à peine reconnaît-on la palce où fut Babylone. De tant de monuments des arts et de l'industrie, qui décoraient ces cités, et qui passaient pour les merveilles du monde, il ne reste plus qu'une tradition confuse et des débris épars dont l'origine est le plus souvent incertaine, mais dont la grandeur atteste la puissance des peuples qui ont élevé ces monuments.

Il paraît que l'astronomie pratique des premiers temps se bornait aux observations du lever et du coucher des principales étoiles, de leurs occultations par la lune et par les planètes, et des éclipses. On suivait la marche du soleil, au moyen des étoiles qu'effaçait la lumière des crépuscules, et par les variations des ombres méridiennes des gnomons : on déterminait les mouvements des planètes par les étoiles dont elles s'approchaient dans leur cours. Pour reconnaître tous ces astres et leurs mouvements divers, on partagea le ciel en constellations; et cette zone céleste nommée *zodiaque*, dont le soleil, la lune et les planètes alors connues ne s'écartaient jamais, fut divisée dans les douze constellations suivantes : *Le Bélier, le Taureau, les Gémeaux, l'Ecrevisse, le Lion, la Vierge, la Balance, le Scorpion, le Sagittaire, le Capricorne, le Verseau, les Poissons.*

On les nomma *signes*, parce qu'elles servaient à distinguer les saisons; ainsi l'entrée du soleil dans la constellation du Bélier marquait, au temps d'Hipparque, l'origine du printemps : cet astre parcourait ensuite le Taureau, les Gémeaux, l'Ecrevisse, etc. Mais le mouvement rétrograde des équinoxes changea, quoiqu'avec lenteur, la correspondance des constellations avec les saisons; et à l'époque de ce grand astronome, elle était déjà fort différente de celle que l'on avait établie à l'origine du zodiaque. Cependant l'astronomie, en se perfectionnant, ayant eu besoin de signes pour indiquer le mouvement des astres, on continua

de désigner, comme Hipparque, l'origine du printemps par l'entrée du soleil dans le Bélier. Alors on distingua les constellations, des signes du zodiaque, qui ne furent plus qu'une chose fictive, propre à indiquer la marche des corps célestes. Maintenant que l'on cherche à tout ramener aux notions et aux expressions les plus simples, on commence à ne plus considérer les signes du zodiaque; et l'on marque la position des astres sur l'écliptique par leur distance à l'équinoxe du printemps.

Les noms des constellations du zodiaque ne leur ont point été donnés au hasard : ils ont exprimé des rapports qui ont été l'objet d'un grand nombre de recherches et de systèmes. Quelques-uns de ces noms paraissent être relatifs au mouvement du soleil : l'*Ecrevisse*, par exemple, et le *Capricorne* indiquent la rétrogradation de cet astre aux solstices, et la *Balance* désigne l'égalité des jours et des nuits à l'équinoxe; les autres noms semblent se rapporter à l'agriculture et au climat du peuple chez lequel le zodiaque a pris naissance. Le *Capricorne*, ou la constellation de la *Chèvre*, paraît mieux placé au point le plus élevé de la course du soleil qu'à son point le plus bas. Dans cette position, qui remonte à quinze mille ans, la Balance était à l'équinoxe du printemps, et les constellations du zodiaque avaient des rapports frappants avec le climat de l'Egypte et avec son agriculture. Tous ces rapports subsisteraient encore si les constellations du zodiaque, au lieu d'avoir été nommées d'après leur lever avec le soleil ou au commencement du jour, l'eussent été d'après leur lever à l'entrée de la nuit; si, par exemple, le lever de la Balance à ce moment eût indiqué le commencement du printemps. L'origine du zodiaque, qui ne remonterait alors qu'à deux mille cinq cents ans avant notre ère, s'accorde beaucoup mieux que la précédente, avec le peu que nous savons de l'antiquité des sciences et spécialement de l'astronomie.

Les Chinois sont, de tous les peuples, celui dont les annales nous offrent les plus anciennes observations que l'on puisse employer dans l'astronomie. Les premières éclipses dont elles font mention ne peuvent servir qu'à la chronologie, par la manière vague dont elles sont rapportées; mais ces éclipses prouvent qu'à l'époque de l'empereur Yao, plus de deux mille ans avant notre ère, l'astronomie était cultivée à la Chine comme base des cérémonies. Le calendrier et l'annonce des éclipses étaient d'importants objets pour lesquels on avait créé un tribunal de mathématiciens. On observait dès lors les ombres méridiennes du gnomon aux solstices, et le passage des astres au méridien; on mesurait le temps par des clepsydres, et l'on déterminait la position de la lune par rapport aux étoiles dans les éclipses, ce qui donnait les positions sidérales du soleil et des solstices. On avait même construit des instruments propres à mesurer les distances angulaires des astres. Par la réunion de ces moyens, les Chinois avaient reconnu que la durée de l'année solaire surpasse d'un quart de jour environ trois cent soixante-cinq jours; ils la faisaient commencer au solstice d'hiver. Leur année civile était lunaire, et, pour la ramener à l'année solaire, ils faisaient usage de la période de dix-neuf années solaires correspondantes à deux cent trente-cinq lunaisons, période exactement la même que, plus de seize siècles après, Calippe introduisit dans le calendrier des Grecs. Leurs mois étant alternativement de vingt-neuf et de trente jours, leur année lunaire était de trois cent cinquante-quatre jours, et par conséquent plus courte de onze jours et un quart que leur année solaire; mais dans l'année où la somme de ces différences aurait excédé une lunaison, ils intercalaient un mois. Ils avaient partagé l'équateur en douze signes immobiles, et en vingt-huit constellations dans lesquelles ils déterminaient avec soin la position des solstices. Les Chinois avaient au lieu du siècle, un cycle de soixante ans, et un cycle de soixante jours, au lieu de la semaine; mais ce petit cycle de sept jours, en usage dans tout l'Orient, leur était connu depuis les temps les plus reculés. La division de la circonférence fut toujours en Chine subordonnée à la longueur de l'année, de manière que le soleil décrivit exactement un degré par jour; mais les divisions du degré, du jour, des poids et de toutes les mesures linéaires, étaient décimales; et cet exemple donné depuis quatre mille ans au moins, par la plus nombreuse nation de la terre, prouve que ces divisions, qui d'ailleurs offrent tant d'avantages, peuvent devenir par l'usage extrêmement populaires.

Les premières observations utiles à l'astronomie sont de Tcheou-Kong, dont la mémoire est encore en vénération à la Chine, comme celle de l'un des meilleurs princes qui l'aient gouvernée. Frère de Ou-Ouang, fondateur de la dynastie des Tcheou, il régit l'empire après sa mort, pendant la minorité de son neveu, depuis l'an 1104 jusqu'à l'an 1098 avant notre ère. Confucius, dans le Chou-King, le livre le plus révéré des Chinois, fait adresser par ce grand prince à son pupille les plus sages maximes du gouvernement et de la morale. Tcheou-Kong fit par lui-même et par ses astronomes un grand nombre d'observations, dont trois nous sont heureusement parvenues, et sont précieuses par leur haute antiquité. Deux d'entre elles sont des longueurs méridiennes du gnomon, observées avec un grand soin, aux solstices d'hiver et d'été, dans la ville de Loyang: elles donnent pour l'obliquité de l'écliptique, à cette ancienne époque, un résultat conforme à la théorie de la pesanteur universelle. L'autre observation est relative à la position du solstice d'hiver dans le ciel, à la même époque. Elle s'accorde pareillement avec la théorie, autant que le comportent les moyens employés alors pour déterminer un élément aussi délicat. Cet accord remarquable ne

permet pas de douter de l'authenticité de ces observations.

L'incendie des livres chinois, ordonné par l'empereur Chi-Hoanti, vers l'an 213 avant notre ère, fit disparaître les vestiges des anciennes méthodes du calcul des éclipses, et beaucoup d'observations intéressantes: pour en retrouver qui puissent être utiles à l'astronomie, il faut descendre d'environ quatre siècles depuis Tcheou-Kong, et se transporter en Chaldée. Ptolémée nous en a transmis plusieurs: les plus anciennes sont trois éclipses de lune, observées à Babylone, dans les années 719 et 720 avant notre ère, et dont il a fait usage pour déterminer les mouvements de la lune. Sans doute, Hipparque et lui n'en avaient point de plus anciennes, qui fussent assez précises pour servir à ces déterminations dont l'exactitude est en raison de l'intervalle qui sépare les observations extrêmes. Cette considération doit diminuer nos regrets de la perte des observations chaldéennes qu'Aristote, si l'on en croit Porphire cité par Simplicius, se fit communiquer par l'entremise de Callisthène, et qui remontaient jusqu'à dix-neuf siècles avant Alexandre. Mais les Chaldéens n'ont pu découvrir que par une longue suite d'observations, la période de 6585 jours ⅓, pendant lesquels la lune fait 223 révolutions à l'égard du soleil, 239 révolutions anomalistiques, et 241 révolutions par rapport à ses nœuds. Ils ajoutaient $\frac{4}{194}$ de la circonférence, pour avoir le mouvement sidéral du soleil dans cet intervalle, ce qui suppose l'année sidérale de 365 jours ¼. Ptolémée, en rapportant cette période, l'attribue aux plus anciens mathématiciens; mais l'astronome Géminus, contemporain de Sylla, désigne les Chaldéens comme inventeurs de cette période, et il explique la manière dont ils en ont conclu le mouvement diurne de la lune, et la méthode par laquelle ils calculaient l'anomalie lunaire. Son témoignage ne doit laisser aucun doute, si l'on considère que le saros chaldéen, de 223 mois lunaires, qui ramène la lune à la même position à l'égard de ses nœuds, de son périgée et du soleil, fait partie de la période précédente. Ainsi les éclipses observées, dans une période, fournissaient un moyen simple de prédire celles qui devaient avoir lieu dans les périodes suivantes. Cette période et la manière ingénieuse avec laquelle ils calculaient la principale inégalité lunaire, ont exigé un grand nombre d'observations comparées entre elles avec adresse: c'est le monument astronomique, le plus curieux avant la fondation de l'école d'Alexandrie. Voilà ce que l'on connaît avec certitude de l'astronomie d'un peuple que l'antiquité regarda comme le plus instruit dans la science des astres. Les opinions des Chaldéens sur le système du monde ont été très-variées, comme cela devait être à l'égard d'objets que l'observation et la théorie n'avaient point encore éclairés. Cependant, quelques-uns de leurs philosophes, plus heureux que les autres, ou guidés par des vues plus saines sur l'ordre et sur l'immensité de l'univers, ont pensé que les comètes étaient, ainsi que les planètes, assujetties à des mouvements réglés par des lois éternelles.

Nous avons très-peu de renseignements certains sur l'astronomie des Egyptiens. La direction exacte des faces de leurs pyramides vers les quatre points cardinaux donne une idée avantageuse de leur manière d'observer; mais aucune de leurs observations n'est parvenue jusqu'à nous. On doit être étonné que les astronomes d'Alexandrie aient été forcés de recourir aux observations chaldéennes; soit que la mémoire des observations égyptiennes ait dès lors été perdue, soit que les Egyptiens n'aient pas voulu les communiquer, par un sentiment de jalousie qu'a pu faire naître la faveur des souverains pour l'école qu'ils avaient fondée. Avant cette époque, la réputation de leurs prêtres avait attiré les premiers philosophes de la Grèce. Thalès, Pythagore, Eudoxe et Platon allèrent puiser chez eux les connaissances dont ils enrichirent leur patrie; et il est vraisemblable que l'école de Pythagore leur fut redevable de quelques-unes des idées saines qu'elle professa sur la constitution de l'univers. Macrobe leur attribue expressément la pensée des mouvements de Mercure et de Vénus autour du soleil. Leur année civile était de trois cent soixante-cinq jours : elle était divisée en douze mois de trente jours, et ils ajoutaient à la fin cinq jours complémentaires ou épagomènes. Mais, suivant l'ingénieuse remarque de M. Fourier, l'observation des levers héliaques de Syrius, la plus brillante des étoiles, leur avait appris que le retour de ces levers retardait alors, chaque année, d'un quart de jour; et ils avaient fondé, sur cette remarque, la période sothique de 1461 ans, qui ramenait à peu près aux mêmes saisons, leurs mois et leurs fêtes. Cette période s'est renouvelée dans l'an 139 de notre ère. Si elle a été précédée d'une période semblable, comme tout porte à le croire, l'origine de cette période antérieure remonterait à l'époque où l'on peut supposer avec vraisemblance que les Egyptiens ont donné des noms aux constellations du zodiaque, et où ils ont fondé leur astronomie. Ils avaient observé que, dans vingt-cinq de leurs années, il y avait trois cent neuf retours de la lune au soleil; ce qui donne une valeur fort approchée de la longueur du mois. Enfin, on voit par ce qui nous reste de leurs zodiaques, qu'ils observaient avec soin la position des solstices dans les constellations zodiacales. Suivant Dion Cassius, la semaine est due aux Egyptiens. Cette période est fondée sur le plus ancien système d'astronomie, qui plaçait le soleil, la lune et les planètes dans cet ordre de distances à la terre en commençant par la plus grande : Saturne, Jupiter, Mars, le Soleil, Vénus, Mercure, la Lune. Les parties successives de la série des jours divisés chacun en vingt-quatre parties, étaient consacrées dans le même ordre à ces astres. Chaque jour prenait son nom de l'astre correspondant à sa première partie. La semaine se retrouve dans l'Inde parmi les Brames, et avec nos dénominations; et je me suis assuré que les jours, nommés par eux et par nous de la même manière, répondent aux mêmes instants physiques. Cette période qui était en usage chez les Arabes, les Juifs, les Assyriens, et dans tout l'Orient, s'est renouvelée sans interruption et toujours la même, en traversant les siècles et les révolutions des empires. Il est impossible, parmi tant de peuples divers, d'en connaître l'inventeur : nous pouvons seulement affirmer qu'elle est le plus ancien monument des connaissances astronomiques. L'année civile des Egyptiens étant de 365 jours, il est facile de voir qu'en donnant à chaque année le nom de son premier jour, les noms de ces années seront à perpétuité ceux des jours de la semaine. C'est ainsi qu'ont dû se former ces semaines d'années, dont on voit l'usage chez les Hébreux, mais qui appartiennent évidemment à un peuple dont l'année était solaire et de 365 jours.

L'origine de l'astronomie en Perse et dans l'Inde se perd, comme chez tous les peuples, dans les ténèbres des premiers temps de leur histoire. Les Tables indiennes supposent une astronomie assez avancée; mais tout porte à croire qu'elles ne sont pas d'une haute antiquité.

Les Tables indiennes ont deux époques principales qui remontent, l'une à l'année 3102 avant notre ère, l'autre à 1491. Ces époques sont liées par les mouvements du soleil, de la lune et des planètes, de manière qu'en partant de la position que les Tables indiennes assignent à tous ces astres à la seconde époque, et remontant à la première au moyen de son Tables, on trouve la conjonction générale qu'elles supposent à cette époque primitive. Bailli a cherché à établir, dans son Traité de l'astronomie indienne, que cette première époque était fondée sur les observations. Malgré ses preuves exposées avec la clarté qu'il a su répandre sur les matières les plus abstraites, je regarde comme très-vraisemblable qu'elle a été imaginée pour donner dans le zodiaque une commune origine aux mouvements des corps célestes. Nos dernières Tables astronomiques, considérablement perfectionnées par la comparaison de la théorie avec un grand nombre d'observations très-précises, ne permettent pas d'admettre la conjonction supposée dans les Tables indiennes; elles offrent même à cet égard des différences beaucoup plus grandes que les erreurs dont elles sont encore susceptibles. A la vérité, quelques éléments de l'astronomie des Indiens n'ont pu avoir la grandeur qu'ils leur assignent, que longtemps avant notre ère; il faut, par exemple, remonter jusqu'à six mille ans, pour retrouver leur équation du centre du soleil. Mais indépendamment des erreurs de leurs déterminations, on doit observer qu'ils n'ont considéré les inégalités du soleil et de la lune, que relativement aux éclipses, dans lesquelles l'équation annuelle de la lune s'ajoute à l'équation du centre du soleil, et l'augmente d'une quantité à peu près égale à la différence de sa véritable valeur, à celle des Indiens. Plusieurs éléments, tels que les équations du centre de Jupiter et de Mars, sont très-différents dans les Tables indiennes, de ce qu'ils devaient être à leur première époque : l'ensemble de ces Tables, et surtout l'impossibilité de la conjonction générale qu'elles supposent, prouvent qu'elles ont été construites, ou du moins rectifiées dans des temps modernes. C'est ce qui résulte encore des moyens mouvements qu'elles assignent à la lune par rapport à son périgée, à ses nœuds et au soleil, et qui, plus rapides que suivant Ptolémée, indiquent qu'elles sont postérieures à cet astronome; car on sait par la théorie de la pesanteur universelle, que ces trois mouvements s'accélèrent depuis un très-grand nombre de siècles. Ainsi ce résultat de la théorie, si important pour l'astronomie lunaire, sert encore à éclairer la chronologie. Cependant l'antique réputation des Indiens ne permet pas de douter qu'ils aient dans tous les temps cultivé l'astronomie. Lorsque les Grecs et les Arabes commencèrent à se livrer aux sciences, ils allèrent en puiser chez eux les premiers éléments. C'est de l'Inde que nous vient l'ingénieuse méthode d'exprimer tous les nombres avec dix caractères, en leur donnant à la fois une valeur absolue et une valeur de position; idée fine et importante, qui nous paraît maintenant si simple, que nous en sentons à peine le mérite. Mais cette simplicité même, et l'extrême facilité qui en résulte pour tous les calculs, placent notre système d'arithmétique au premier rang des inventions utiles; et l'on appréciera la difficulté d'y parvenir, si l'on considère qu'il a échappé au génie d'Archimède et d'Apollonius, deux des plus grands hommes dont l'antiquité s'honore.

Les Grecs n'ont commencé à cultiver l'astronomie que longtemps après les Egyptiens et les Chaldéens, dont ils ont été les disciples. Il est difficile, à travers les fables qui remplissent les premiers siècles de leur histoire, de démêler leurs connaissances astronomiques. Leurs nombreuses écoles offrent très-peu d'observateurs avant celle d'Alexandrie : ils y traitèrent l'astronomie, comme une science purement spéculative, et en se livrant à de frivoles conjectures. Il est singulier qu'à la vue de cette foule de systèmes qui se combattaient sans rien apprendre, la réflexion très-simple, que le seul moyen de connaître la nature est de l'interroger par l'expérience, ait échappé à tant de philosophes dont plusieurs étaient doués d'un rare génie. Mais on en sera moins étonné, si l'on considère que les premières observations, ne présentant que des faits isolés sans attrait pour l'imagination impatiente de remonter aux causes, elles ont dû se succéder avec une extrême lenteur. Il a fallu

qu'une longue suite de siècles en accumulât un assez grand nombre, pour faire découvrir entre les phénomènes des rapports, qui, s'étendant de plus en plus, réunissent à l'intérêt de la vérité celui des spéculations générales auxquelles l'esprit humain tend sans cesse à s'élever.

Cependant, au milieu des rêves philosophiques des Grecs, on voit percer sur l'astronomie des idées saines qu'ils recueillirent dans leurs voyages et qu'ils perfectionnèrent. Thalès, né à Milet l'an 640 avant notre ère, alla s'instruire en Egypte : revenu dans la Grèce, il fonda l'école Ionienne, et il y enseigna la sphéricité de la terre, l'obliquité de l'écliptique, et les véritables causes des éclipses du soleil et de la lune. On dit même qu'il parvint à les prédire, en employant sans doute les méthodes ou les périodes que les prêtres égyptiens lui avaient communiquées.

Thalès eut pour successeurs Anaximandre, Anaximène et Anaxagore. Les deux premiers introduisirent dans la Grèce l'usage du gnomon et des cartes géographiques. Anaxagore fut persécuté par les Athéniens, pour avoir enseigné les vérités de l'école Ionienne. On lui reprocha d'anéantir l'influence des dieux sur la nature, en essayant d'assujettir ses phénomènes à des lois immuables. Proscrit avec ses enfants, il ne dut la vie qu'aux soins de Périclès, son disciple et son ami, qui parvint à faire changer la peine de mort en exil. Ainsi la vérité, pour s'établir sur la terre, a souvent eu à combattre des erreurs accréditées qui, plus d'une fois, ont été funestes à ceux qui l'ont fait connaître.

De l'école Ionienne sortit le chef d'une école beaucoup plus célèbre. Pythagore, né à Samos, vers l'an 590 avant notre ère, fut d'abord disciple de Thalès, qui lui conseilla de voyager en Egypte, où il se fit initier aux mystères des prêtres, pour connaître à fond leur doctrine. Ensuite il alla sur les bords du Gange interroger les Brachmanes. De retour dans sa patrie, le despotisme, sous lequel elle gémissait alors, le força de s'en exiler, et il se retira en Italie où il fonda son école. Toutes les vérités astronomiques de l'école Ionienne furent enseignées avec plus de développement dans celle de Pythagore; mais ce qui la distingue principalement est la connaissance des deux mouvements de la terre, sur elle-même et autour du soleil. Pythagore l'enveloppa d'un voile pour la cacher au vulgaire; mais elle fut exposée dans un grand jour par son disciple Philolaüs.

Suivant les Pythagoriciens, les comètes elles-mêmes sont en mouvement comme les planètes autour du soleil : ce ne sont point des météores passagers formés dans notre atmosphère, mais des ouvrages éternels de la nature. Ces notions, parfaitement justes du système du monde, ont été saisies et présentées par Sénèque, avec l'enthousiasme qu'une grande idée, sur l'un des objets les plus vastes des connaissances humaines, doit exciter dans l'âme du philosophe : « Ne nous étonnôns point, dit-il, que l'on ignore encore la loi du mouvement des comètes, dont le spectacle est si rare, et qu'on ne connaisse ni le commencement ni la fin de la révolution de ces astres qui descendent d'une énorme distance. Il n'y a pas quinze cents ans que la Grèce a compté les étoiles et leur a donné des noms..... Le jour viendra que, par une étude suivie de plusieurs siècles, les choses actuellement cachées paraîtront avec évidence; et la postérité s'étonnera que des vérités si claires nous aient échappé. » On pensait encore dans la même école, que les planètes sont habitées, et que les étoiles sont des soleils disséminés dans l'espace, et les centres d'autant de systèmes planétaires. Ces vues philosophiques auraient dû, par leur grandeur et par leur justesse, entraîner les suffrages de l'antiquité; mais ayant été accompagnées d'opinions systématiques, telle que l'harmonie des sphères célestes, et manquant d'ailleurs des preuves qu'elles ont acquises depuis par leur accord avec les observations, il n'est pas surprenant que leur vérité, contraire aux illusions des sens, ait été méconnue.

La seule observation que l'histoire de l'astronomie nous offre chez les Grecs, avant l'école d'Alexandrie, est celle du solstice d'été de l'an 432 avant notre ère, par Méton et Euctemon. Le premier de ces astronomes se rendit célèbre par le cycle de dix-neuf années correspondantes à deux cent trente-cinq lunaisons, qu'il introduisit dans le calendrier. La méthode la plus simple de mesurer le temps est celle qui n'emploie que les révolutions solaires; mais dans le premier âge des peuples, les phases de la lune offraient à leur ignorance une division si naturelle du temps, qu'elle fut généralement admise. Ils réglèrent leurs fêtes et leurs jeux sur le retour de ses phases; et quand les besoins de l'agriculture les forcèrent de recourir au soleil pour distinguer les saisons, ils ne renoncèrent point à l'ancien usage de mesurer le temps par les révolutions de la lune, dont on pouvait ainsi connaître l'âge par les jours du mois. Ils cherchèrent à établir entre les révolutions de cet astre et celles du soleil, un accord fondé sur des périodes qui renfermassent des nombres entiers de ces révolutions. La plus simple est celle de dix-neuf ans; Méton établit donc un cycle de dix-neuf années lunaires, dont douze étaient communes de de douze mois; les sept autres en avaient treize. Ces mois étaient inégaux et ordonnés de manière que sur les deux cent trente-cinq mois du cycle, cent dix étaient de vingt-neuf jours, et cent vingt-cinq de trente jours. Cet arrangement proposé par Méton, à la Grèce assemblée dans les jeux olympiques, fut reçu avec un applaudissement universel et unanimement adopté. Mais on ne tarda pas à s'apercevoir qu'à la fin d'une période, le nouveau calendrier retardait d'environ un quart de jour sur la nouvelle lune. Calippe proposa de quadrupler le cycle de dix-neuf ans, et d'en fer-

mer une période de soixante et seize ans, à la fin de laquelle on retrancherait un jour. Cette période fut nommée *Calippique*, du nom de son auteur : quoique moins ancienne que le *saros* des Chaldéens, elle lui est inférieure pour l'exactitude.

Vers le temps d'Alexandre, Pythéas illustra Marseille sa patrie, comme géographe et comme astronome. On lui doit une observation de la longueur méridienne du gnomon, au solstice d'été dans cette ville : c'est la plus ancienne observation de ce genre, après celle de Tcheou-Kong. Elle est précieuse en ce qu'elle confirme la diminution successive de l'obliquité de l'écliptique. On doit regretter que les anciens astronomes n'aient pas fait un plus grand usage du gnomon qui comporte bien plus d'exactitude que leurs armilles. En prenant quelques précautions faciles, pour niveler la surface sur laquelle l'ombre se projette, ils auraient pu nous laisser, sur les déclinaisons du soleil et de la lune, des observations qui seraient maintenant fort utiles.

De l'astronomie depuis la fondation de l'é cole d'Alexandrie jusqu'aux Arabes.

Jusqu'ici l'astronomie pratique des divers peuples n'a présenté que des observations relatives aux phénomènes des saisons et des éclipses, objets de leurs besoins ou de leurs frayeurs. Quelques périodes fondées sur de très-longs intervalles de temps, et d'heureuses conjectures sur la constitution de l'univers, mêlées à beaucoup d'erreurs, formaient toute leur astronomie théorique. Nous voyons pour la première fois, dans l'école d'Alexandrie, un système combiné d'observations faites avec des instruments propres à mesurer des angles, et calculées par les méthodes trigonométriques. L'astronomie prit alors une forme nouvelle que les siècles suivants n'ont fait que perfectionner. La position des étoiles fut déterminée avec plus d'exactitude qu'on ne l'avait fait encore : les inégalités des mouvements du soleil et de la lune, furent mieux connues : on suivit avec soin les mouvements des planètes. Enfin, l'école d'Alexandrie donna naissance au premier système astronomique qui ait embrassé l'ensemble des phénomènes célestes, système, à la vérité, bien inférieur à celui de l'école de Pythagore; mais qui fondé, sur la comparaison des observations, offrait, dans cette comparaison même, le moyen de le rectifier et de s'élever au vrai système de la nature dont il est une ébauche imparfaite.

Après la mort d'Alexandre, ses principaux capitaines se divisèrent son empire, et Ptolémée Soter eut l'Egypte en partage. Son amour pour les sciences et ses bienfaits attirèrent dans Alexandrie, capitale de ses États, un grand nombre de savants de la Grèce. Héritier de son trône et de ses goûts, son fils Ptolémée Philadelphe les y fixa par une protection particulière. Il leur donna pour demeure un vaste édifice qui renfermait un observatoire et cette fameuse bibliothèque formée par Démétrius de Phalère, avec tant de soins et de dépenses. Ayant ainsi les instruments et les livres qui leur étaient nécessaires, ils se livraient, sans distraction, à leurs travaux qu'excitait encore la présence du prince qui venait s'entretenir souvent avec eux. Le mouvement imprimé aux sciences par cette école, et les grands hommes qu'elle produisit ou qui lui furent contemporains, font, de l'époque des Ptolémées, l'une des plus mémorables de l'histoire de l'esprit humain.

Aristille et Timocharis furent les premiers observateurs de l'école d'Alexandrie : ils fleurirent vers l'an 300 avant notre ère. Leurs observations sur la position des principales étoiles du zodiaque firent découvrir à Hipparque la précession des équinoxes, et servirent de base à la théorie que Ptolémée donna de ce phénomène.

Le premier astronome que cette école nous offre après eux est Aristarque de Samos. Les éléments les plus délicats de l'astronomie paraissent avoir été l'objet de ses recherches : malheureusement, elles ne sont point parvenues jusqu'à nous. Le seul de ses ouvrages, qui nous reste, est son *Traité des grandeurs et des distances du soleil et de la lune*, dans lequel il expose la manière ingénieuse dont il essaya de déterminer le rapport de ces distances. Aristarque mesura l'angle compris entre les deux astres, au moment où il jugea l'exacte moitié du disque lunaire, éclairée. A cet instant, le rayon visuel mené de l'œil de l'observateur, au centre de la lune, est perpendiculaire à la ligne qui joint les centres de la lune et du soleil; ayant donc trouvé l'angle à l'observateur, plus petit que l'angle droit, d'un trentième de cet angle, il en conclut que le soleil est dix-neuf fois plus éloigné de nous que la lune; résultat qui, malgré son inexactitude, reculait les bornes de l'univers, beaucoup au delà de celles qu'on lui assignait alors. Dans ce traité, Aristarque suppose les diamètres apparents du soleil et de la lune égaux entre eux et à la 180me partie de la circonférence, valeur beaucoup trop grande; mais il corrigea dans la suite cette erreur; car nous tenons d'Archimède qu'il faisait le diamètre du soleil égal à la 720me partie du zodiaque; ce qui tient le milieu entre les limites qu'Archimède lui-même, peu d'années après, assigna, par un procédé très-ingénieux, à ce diamètre. Cette correction fut inconnue à Pappus, géomètre célèbre d'Alexandrie, qui vécut dans le IVe siècle, et qui commenta le traité d'Aristarque. Cela peut faire soupçonner que l'incendie d'une partie considérable de la bibliothèque d'Alexandrie, pendant le siège que César soutint dans cette ville, avait déjà fait disparaître la plupart des écrits d'Aristarque, ainsi qu'un grand nombre d'autres ouvrages également précieux.

Aristarque fit revivre l'opinion de l'école pythagoricienne sur le mouvement de la terre; mais nous ignorons jusqu'à quel point il avait avancé par ce moyen l'explication des phénomènes célestes. Nous savons seulement que ce judicieux astronome, considérant que le mouvement de la terre n'affecte point d'une manière sensible la position apparente des étoiles, les avait éloignées de nous, incomparablement plus que le soleil : il paraît être ainsi dans l'antiquité celui qui eut les plus justes notions de la grandeur de l'univers. Elles nous ont été transmises par Archimède, dans son *Traité de l'Arénaire*. Ce grand géomètre avait découvert le moyen d'exprimer tous les nombres, en les concevant formés de périodes successives de myriades de myriades : les unités de la première étaient des unités simples : celles de la seconde étaient des myriades de myriades, et ainsi de suite : il désignait les parties de chaque période par les mêmes caractères que les Grecs employaient dans leur numération jusqu'à cent millions Pour faire sentir l'avantage de sa méthode, Archimède se propose d'exprimer le nombre des grains de sable que la sphère céleste peut contenir, problème dont il accroît la difficulté, en choisissant l'hypothèse qui donne à cette sphère la plus grande étendue : c'est dans cette vue qu'il expose le sentiment d'Aristarque.

La célébrité de son successeur Eratosthène est due principalement à sa mesure de la terre; elle est en effet la première tentative de ce genre, que nous offre l'histoire de l'astronomie. Il est très-vraisemblable que longtemps auparavant on avait essayé de mesurer la terre; mais il ne reste de ces opérations que quelques évaluations de la circonférence terrestre, que l'on a cherché, par des rapprochements plus ingénieux que certains, à ramener à une même valeur à très-peu près conforme à celle qui résulte des opérations modernes. Eratosthène ayant considéré qu'à Syène, au solstice d'été, le soleil éclairait un puits dans toute sa profondeur, et comparant cette observation à celle de la hauteur méridienne du soleil au même solstice à Alexandrie, trouva l'arc céleste compris entre les zéniths de ces deux villes, égal à la cinquantième partie de la circonférence; et comme leur distance était estimée d'environ cinq mille stades, il donna deux cent cinquante-deux mille stades à la longueur entière du méridien terrestre. Il est peu probable que, pour une recherche aussi importante, cet astronome se soit contenté de l'observation grossière d'un puits éclairé par le soleil. Cette considération et le récit de Cléomède autorisent à penser qu'il fit usage de l'observation des longueurs méridiennes du gnomon aux deux solstices d'hiver et d'été, à Syène et à Alexandrie. C'est la raison pour laquelle l'arc céleste qu'il détermina entre les zéniths de ces deux villes, s'éloigne peu du résultat des observations modernes. Mais la plus grande incertitude que laisse cette mesure de la terre est relative à la valeur du stade employé par Eratosthène, et qu'il est difficile de reconnaître au milieu des stades nombreux qui furent en usage dans la Grèce.

Eratosthène mesura encore l'obliquité de

l'écliptique, et il trouva la distance des tropiques égale à onze parties de la circonférence divisée en quatre-vingt-trois : Hipparque et Ptolémée n'apportèrent aucun changement à cette valeur par de nouvelles observations.

De tous les astronomes de l'antiquité, celui qui par le grand nombre et par la précision des observations, par les conséquences importantes qu'il sut tirer de leur comparaison entre elles et avec les observations antérieures, et par la méthode qui le guida dans ses recherches, mérita le mieux de l'astronomie, est Hipparque de Nicée en Bithynie, qui vécut dans le second siècle avant notre ère. Ptolémée, à qui nous devons principalement la connaissance de ses travaux, et qui s'appuie sans cesse sur ses observations et sur ses théories, le qualifie avec justice d'*astronome d'une grande adresse, d'une sagacité rare, et sincère ami de la vérité*. Peu content de ce qu'on avait fait jusqu'alors, Hipparque voulut tout recommencer et n'admettre que des résultats fondés sur une nouvelle discussion des observations, ou sur des observations nouvelles plus exactes que celles de ses prédécesseurs. Rien ne fait mieux connaître l'incertitude des observations égyptiennes et chaldéennes sur le soleil et sur les étoiles, que la nécessité où il se trouva d'employer celles des premiers astronomes d'Alexandrie, pour établir ses théories du soleil et de la précession des équinoxes. Il détermina la durée de l'année tropique, en comparant une de ses observations du solstice d'été avec celle d'un pareil solstice, qu'Aristarque avait faite dans l'année 281 avant notre ère. Cette durée lui parut un peu moindre que l'année de 365 jours $\frac{1}{4}$ adoptée jusqu'alors, et il trouva qu'à la fin de trois siècles il fallait retrancher un jour. Mais il remarqua lui-même le peu d'exactitude d'une détermination fondée sur les observations des solstices, et l'avantage de se servir pour cet objet des observations des équinoxes. Celles qu'il fit dans un intervalle de trente-trois ans le conduisirent à peu près au même résultat. Hipparque reconnut encore que les deux intervalles d'un équinoxe à l'autre étaient inégaux entre eux, et inégalement partagés par les solstices, de manière qu'il s'écoulait quatre-vingt-quatorze jours et demi, de l'équinoxe du printemps au solstice d'été, et quatre-vingt-douze jours et demi, de ce solstice à l'équinoxe d'automne.

Pour expliquer ces différences, Hipparque fit mouvoir le soleil uniformément dans un orbe circulaire; mais au lieu de placer la terre à son centre, il l'en éloigna de la vingt-quatrième partie du rayon, et il fixa l'apogée au sixième degré des Gémeaux. Avec ces données il forma les premières Tables du soleil, mentionnées dans l'histoire de l'astronomie. L'équation du centre, q' elles supposent, était trop grande : on peut croire avec vraisemblance que la comparaison des éclipses dans lesquelles cette équation paraît augmentée de l'équation annuelle de la

lune, a confirmé Hipparque dans son erreur, et peut-être l'a produite; car cette erreur, qui surpassait un sixième de la valeur entière de l'équation, se réduisait au seizième de cette valeur dans le calcul de ces phénomènes. Il se trompait encore en supposant circulaire l'orbe elliptique du soleil, et en regardant comme uniforme la vitesse réelle de cet astre. Nous sommes assurés aujourd'hui du contraire par les mesures de son diamètre apparent; mais ce genre d'observations était impossible au temps d'Hipparque; et ses Tables du soleil, malgré leur imperfection, sont un monument durable de son génie, que Ptolémée respecta au point d'y assujettir ses propres observations.

Ce grand astronome considéra ensuite les mouvements de la lune. Il détermina, par la comparaison d'éclipses choisies dans les circonstances les plus favorables, les durées de ses révolutions relativement aux étoiles, au soleil, à ses nœuds et à son apogée. Il trouva qu'un intervalle de 126007 $\frac{1}{24}$ renfermait 4367 mois entiers, 4573 retours d'anomalie, 4612 révolutions sydérales de la lune moins $\frac{16}{720}$ de la circonférence. Il trouva de plus qu'en 5458 mois, la lune revenait 5923 fois au même nœud de son orbite. Ce résultat, fruit d'un travail immense sur un très-grand nombre d'observations dont il ne nous reste qu'une très-petite partie, est peut-être le monument le plus précieux de l'ancienne astronomie, par son exactitude, et parce qu'il représente, à cette époque, la durée sans cesse variable de ces révolutions. Hipparque détermina encore l'excentricité de l'orbe lunaire et son inclinaison à l'écliptique; et il les trouva les mêmes à très-peu près que celles qui ont lieu maintenant dans les éclipses, où l'on sait que l'un et l'autre de ces éléments sont diminués par l'évection et par l'inégalité principale du mouvement de la lune en latitude. La constance de l'inclinaison de l'orbe lunaire au plan de l'écliptique, malgré les variations que ce plan éprouve par rapport aux étoiles et qui, par les observations anciennes, sont sensibles sur son obliquité à l'équateur, est un résultat de la pesanteur universelle que les observations d'Hipparque confirment (1). Enfin il déter-

(1) Képler a remarqué cette constance à la fin de son *Epitome de l'astronomie copernicienne*; mais il la fonde sur une considération très-singulière. « Il convient, dit-il, que la lune, planète secondaire et satellite de la terre, ait une inclinaison constante sur l'orbe terrestre, quelques variations que ce plan éprouve dans sa position relative aux étoiles; » et les observations anciennes sur les plus grandes latitudes de la lune et sur l'obliquité de l'écliptique se refusaient à cette hypothèse, il faudrait, plutôt que de la rejeter, les révoquer en doute. » Ici les raisons de convenance et d'harmonie ont conduit Képler à un résultat juste; mais combien de fois ne l'ont-elles pas égaré? En se livrant ainsi à son imagination et à l'esprit de conjectures, on peut rencontrer la vérité par un heureux hasard; mais l'impossibilité de la reconnaître au milieu des erreurs dont elle est presque toujours accompagnée, laisse tout le mérite de sa découverte à celui qui l'établit solidement par l'observation et le calcul, les seules bases des connaissances humaines.

mina la parallaxe de la lune, dont il essaya de conclure celle du soleil par la largeur du cône d'ombre terrestre, au point où la lune le traverse dans ses éclipses ; ce qui le conduisit à la valeur de cette parallaxe, trouvée par Aristarque.

Hipparque fit un grand nombre d'observations des planètes ; mais trop ami de la vérité, pour former sur leurs mouvements des hypothèses incertaines, il laissa le soin à ses successeurs d'en établir les théories.

Une nouvelle étoile qui parut de son temps lui fit entreprendre un catalogue de ces astres, pour mettre la postérité en état de reconnaître les changements que le spectacle du ciel pourrait éprouver : il sentait d'ailleurs l'importance de ce catalogue pour les observations de la lune et des planètes. La méthode dont il se servit est celle qu'Aristille et Timocharis avaient déjà employée. Le fruit de cette longue et pénible entreprise fut l'importante découverte de la précession des équinoxes. En comparant ses observations à celles de ces astronomes, Hipparque reconnut que les étoiles avaient changé de position par rapport à l'équateur, et qu'elles avaient conservé la même latitude au-dessus de l'écliptique. Il soupçonna d'abord que cela n'avait lieu que pour les étoiles situées dans le zodiaque ; mais ayant observé qu'elles conservaient toutes la même position respective, il en conclut que ce phénomène était général. Pour l'expliquer, il supposa dans la sphère céleste, autour des pôles de l'écliptique, un mouvement direct d'où résultait un mouvement rétrograde en longitude, dans les équinoxes comparés aux étoiles, mouvement qui lui parut être par siècle, de la trois-cent-soixantième partie du zodiaque. Mais il présenta sa découverte avec la réserve que devait lui inspirer le peu d'exactitude des observations d'Aristille et de Timocharis.

La géographie est redevable à Hipparque de la méthode de fixer la position des lieux sur la terre, par leur latitude et par leur longitude pour laquelle il employa le premier les éclipses de lune. Les nombreux calculs qu'exigèrent toutes ces recherches lui firent inventer ou du moins perfectionner la trigonométrie sphérique. Malheureusement les ouvrages qu'il composa sur tous ces objets ont disparu : nous ne connaissons bien ses travaux que par l'*Almageste* de Ptolémée qui nous a transmis les principaux éléments des théories de ce grand astronome, et quelques-unes de ses observations. Leur comparaison avec les observations modernes en a fait reconnaître l'exactitude, et l'utilité dont elles sont encore à l'astronomie fait regretter les autres, et particulièrement celles qu'il fit sur les planètes dont il ne reste que très-peu d'observations anciennes. Le seul ouvrage d'Hipparque qui nous soit parvenu est un *Commentaire critique de la sphère d'Eudoxe*, décrite dans le poëme d'Aratus : il est antérieur à la découverte de la précession des équinoxes. Les positions des étoiles sur cette sphère sont si fautives, elles

donnent pour l'époque de son origine des résultats si différents que l'on ne peut voir, sans étonnement, Newton fonder, sur ces positions grossières, un système de chronologie qui d'ailleurs s'écarte considérablement des dates assignées avec beaucoup de vraisemblance à plusieurs événements anciens.

L'intervalle de près de trois siècles, qui sépare Hipparque de Ptolémée, nous offre Géminus et Cléomède, dont les traités d'astronomie sont parvenus jusqu'à nous, et quelques observateurs tels qu'Agrippa, Ménélaüs et Théon de Smyrne. Nous remarquons encore dans cet intervalle la réforme du calendrier romain, pour laquelle Jules César fit venir d'Alexandrie l'astronome Sosygène. La connaissance précise du flux et du reflux de la mer paraît appartenir à cette époque : Possidonius reconnut les lois de ce phénomène qui, par ses rapports évidents avec les mouvements du soleil et de la lune, appartient à l'astronomie, et dont Pline le naturaliste a donné une description remarquable par son exactitude.

Ptolémée, né à Ptolémaïde en Egypte, fleurit à Alexandrie vers l'an 130 de notre ère. Hipparque avait donné par ses nombreux travaux une face nouvelle à l'astronomie ; mais il avait laissé à ses successeurs le soin de rectifier ses théories par de nouvelles observations, et d'établir celles qui manquaient encore. Ptolémée suivit les vues d'Hipparque, et dans son grand ouvrage intitulé *Almageste*, il essaya de donner un système complet d'astronomie.

Sa découverte la plus importante est celle de l'évection de la lune. Avant Hipparque on n'avait considéré les mouvements de cet astre que relativement aux éclipses, dans lesquelles il suffisait d'avoir égard à son équation du centre, surtout en supposant avec cet astronome l'équation du centre du soleil plus grande que la véritable ; ce qui remplaçait en partie l'équation annuelle de la lune. Il paraît qu'Hipparque avait reconnu que cela ne représentait plus le mouvement de la lune dans ses quadratures, et que les observations offraient à cet égard de grandes anomalies. Ptolémée suivit avec soin ces anomalies ; il en détermina la loi, et il en fixa la valeur avec beaucoup de précision. Pour les représenter, il fit mouvoir la lune sur un épicycle porté par un excentrique dont le centre tournait autour de la terre, en sens contraire du mouvement de l'épicycle.

Ce fut dans l'antiquité une opinion générale, que le mouvement uniforme et circulaire, comme le plus parfait, devait être celui des astres. Cette erreur s'est maintenue jusqu'à Képler qu'elle arrêta pendant longtemps dans ses recherches. Ptolémée l'adopta, et plaçant la terre au centre des mouvements célestes, il essaya de représenter leurs inégalités dans cette hypothèse. Que l'on imagine en mouvement sur une première circonférence dont la terre occupe le centre, celui d'une circonférence sur laquelle se meut le centre d'une troisième circonférence, et ainsi de suite jusqu'à la dernière que l'astre décrit uniformément. Si le rayon d'une de ces circonférences surpasse la somme des autres rayons, le mouvement apparent de l'astre autour de la terre sera composé d'un moyen mouvement uniforme, et de plusieurs inégalités dépendantes des rapports qu'ont entre eux les rayons des diverses circonférences, et les mouvements de leurs centres et de l'astre : on peut donc, en multipliant et en déterminant convenablement ces quantités, représenter toutes les inégalités de ce mouvement apparent. Telle est la manière la plus générale d'envisager l'hypothèse des épicycles et des excentriques ; car un excentrique peut être considéré comme un cercle dont le centre se meut autour de la terre, avec une vitesse plus ou moins grande, et qui devient nulle s'il est immobile. Les géomètres avant Ptolémée s'étaient occupés des apparences du mouvement des planètes dans cette hypothèse ; et l'on voit dans l'*Almageste* que le grand géomètre Appollonius avait déjà résolu le problème de leurs stations et de leurs rétrogradations.

Ptolémée supposa le soleil, la lune et les planètes en mouvement autour de la terre dans cet ordre de distances : la Lune, Mercure, Vénus, le Soleil, Mars, Jupiter et Saturne. Chacune des planètes supérieures au soleil était mue sur un épicycle dont le centre décrivait autour de la terre un excentrique, dans un temps égal à celui de la révolution de la planète. La période du mouvement de l'astre sur l'épicycle était celle d'une révolution solaire ; et il se trouvait toujours en opposition au soleil, lorsqu'il atteignait le point de l'épicycle, le plus près de la terre. Rien ne déterminait dans ce système la grandeur absolue des cercles et des épicycles ; Ptolémée n'avait besoin que de connaître le rapport du rayon de chaque épicycle à celui du cercle décrit par son centre. Il faisait mouvoir pareillement chaque planète inférieure sur un épicycle dont le centre décrivait un excentrique autour de la terre ; mais le mouvement de ce point était égal au mouvement solaire, et la planète parcourait son épicycle, pendant un temps qui, dans l'astronomie moderne, est celui de sa révolution autour du soleil ; la planète était toujours en conjonction avec lui, lorsqu'elle parvenait au point le plus bas de son épicycle. Rien ne déterminait encore ici la grandeur absolue des cercles et des épicycles. Les astronomes antérieurs à Ptolémée étaient partagés sur les rangs de Mercure et de Vénus dans le système planétaire. Les plus anciens dont il suivit l'opinion les mettaient au-dessous du soleil : les autres plaçaient ces astres au-dessus : enfin quelques Egyptiens les faisaient mouvoir autour du soleil. Il est singulier que Ptolémée n'ait pas fait mention de cette hypothèse qui revenait à égaler les excentriques de ces deux planètes à l'orbe solaire. Si de plus il avait supposé les épicycles des planètes supérieures égaux et parallèles à cet orbe, son système se serait réduit à faire mouvoir, comme Tycho-Brahé, toutes les planètes autour du soleil, pendant que cet astre circule autour de la terre ; et il ne serait plus resté qu'un pas à faire pour arriver au vrai système du monde. Cette manière de déterminer les arbitraires du système de Ptolémée, en y supposant égaux à l'orbe solaire les cercles et les épicycles décrits par un mouvement annuel, rend évidente la correspondance de ce mouvement avec celui du soleil. En modifiant ainsi ce système, il donne les distances moyennes des planètes à cet astre, en parties de sa distance à la terre ; car ces distances sont les rapports des rayons des excentriques à ceux des épicycles pour les planètes supérieures, et des rayons des épicycles, aux rayons des excentriques pour les deux inférieures. Une modification aussi simple et aussi naturelle du système de Ptolémée a échappé à tous les astronomes jusqu'à Copernic : aucun d'eux ne paraît avoir été assez frappé des rapports du mouvement géocentrique des planètes avec celui du soleil, pour en rechercher la cause : aucun n'a été curieux de connaître leurs distances respectives au soleil et à la terre : on s'est contenté de rectifier, par de nouvelles observations, les éléments déterminés par Ptolémée, sans rien changer à ses hypothèses.

Si l'on peut, au moyen des épicycles, satisfaire aux inégalités du mouvement apparent des astres, il est impossible de représenter en même temps les variations de leurs distances. Ptolémée ne pouvait connaître que très-imparfaitement ces variations, relativement aux planètes dont il était impossible alors de mesurer les diamètres apparents. Mais les observations de la lune suffisaient pour lui montrer l'erreur de ses hypothèses suivant lesquelles le diamètre de la lune périgée dans les quadratures serait double à très-peu près de son diamètre apogée dans les syzygies. D'ailleurs, chaque inégalité nouvelle que l'art d'observer, en se perfectionnant, faisait découvrir, surchargeait son système d'un nouvel épicycle ; ainsi, loin d'avoir été confirmé par les progrès ultérieurs de l'astronomie, il n'a fait que se compliquer de plus en plus ; et cela seul doit nous convaincre que ce système n'est point celui de la nature. Mais en le considérant comme un moyen de représenter les mouvements célestes, et de les soumettre au calcul, cette première tentative sur un objet aussi vaste fait honneur à la sagacité de son auteur. Telle est la faiblesse de l'esprit humain, qu'il a souvent besoin de s'aider d'hypothèses pour lier entre eux les phénomènes, et pour en déterminer les lois : en bornant les hypothèses à cet usage, en évitant de leur attribuer de la réalité, et en les rectifiant sans cesse par de nouvelles observations, on parvient enfin aux véritables causes, ou du moins, on peut tirer suppléer et conclure, des phénomènes observés, ceux que des circonstances données doivent développer. L'histoire de la philosophie nous offre plus d'un exemple des avantages que les hypothèses peuvent procurer sous ce point de vue, et des erreurs auxquelles on s'expose en les réalisant.

Ptolémée confirma le mouvement des équinoxes, découvert par Hipparque. En comparant ses observations à celles de ses prédécesseurs, il établit l'immobilité respective des étoiles, leur latitude à très-peu près constante, et leur mouvement en longitude, qu'il trouva conforme à celui qu'Hipparque avait soupçonné. Nous savons aujourd'hui que ce mouvement était beaucoup plus considérable ; ce qui, vu l'intervalle qui sépare ces deux astronomes, semble supposer de grandes erreurs dans leurs observations. Malgré la difficulté que la détermination de la longitude des étoiles présentait à des observateurs qui n'avaient point de mesures exactes du temps, on est surpris qu'ils aient commis ces erreurs, surtout quand on considère l'accord des observations que Ptolémée cite à l'appui de son résultat. On lui a reproché de les avoir altérées ; mais ce reproche n'est point fondé. Son erreur sur le mouvement annuel des équinoxes me paraît venir de sa trop grande confiance dans la durée qu'Hipparque assigne à l'année tropique. En effet, Ptolémée a déterminé la longitude des étoiles, en les comparant au soleil par le moyen de la lune, ou à la lune elle-même, ce qui revenait à les comparer au soleil, puisque le mouvement synodique de la lune était bien connu par les éclipses ; or, Hipparque ayant supposé l'année trop longue, et par conséquent le mouvement du soleil par rapport aux équinoxes plus petit que le véritable, il est clair que cette erreur a diminué les longitudes du soleil, dont Ptolémée a fait usage. Le mouvement annuel en longitude, qu'il attribuait aux étoiles, doit donc être augmenté de l'arc décrit par le soleil, dans un temps égal à l'erreur d'Hipparque sur la longueur de l'année, et alors il devient à fort peu près ce qu'il doit être. L'année sidérale étant l'année tropique augmentée du temps nécessaire au soleil, pour décrire un arc égal au mouvement annuel des équinoxes, il est visible que l'année sidérale d'Hipparque et de Ptolémée doit peu différer de la véritable : en effet, la différence n'est qu'un dixième de celle qui existe entre leur année tropique et la nôtre.

Ces remarques nous conduisent à examiner si, comme on le pense généralement, le catalogue de Ptolémée est celui d'Hipparque, réduit à son temps, au moyen d'une précession d'un degré dans quatre-vingt-dix ans. On se fonde sur ce que l'erreur constante des longitudes des étoiles de ce catalogue disparaît quand on le rapporte au temps d'Hipparque ; mais l'explication que nous venons de donner de cette erreur justifie Ptolémée du reproche de s'être approprié l'ouvrage d'Hipparque ; et il paraît juste de l'en croire, lorsqu'il dit positivement qu'il a observé les étoiles de ce catalogue, celles mêmes de sixième grandeur. Il remarque en même temps qu'il a retrouvé à très-peu près les positions des étoiles, qu'Hipparque avait déterminées par rapport à l'écliptique ; et l'on est d'autant plus porté à le penser, que Ptolémée tend sans cesse à se rapprocher des résultats de ce grand astronome qui fut, en effet, bien plus exact observateur.

Ptolémée inscrivit dans le temple de Sérapis à Canope les principaux éléments de son système astronomique. Ce système a subsisté pendant quatorze siècles : aujourd'hui même qu'il est entièrement détruit, l'Almageste, considéré comme le dépôt des anciennes observations, est un des plus précieux monuments de l'antiquité. Malheureusement il ne renferme qu'un petit nombre des observations faites jusqu'alors. Son auteur n'a rapporté que celles qui lui étaient nécessaires pour expliquer ses théories. Les tables astronomiques une fois formées, il a jugé inutile de transmettre avec elles, à la postérité, les observations qu'Hipparque et lui avaient employées pour cet objet ; et son exemple a été suivi par les Arabes et par les Perses. Les grands recueils d'observations précises, rassemblées uniquement pour elles-mêmes et sans aucune application aux théories, appartiennent à l'astronomie moderne, et sont l'un des moyens les plus propres à la perfectionner.

Ptolémée a rendu de grands services à la géographie, en rassemblant toutes les déterminations de longitude et de latitude des lieux connus, et en jetant les fondements de la méthode des projections, pour la construction des cartes géographiques. Il a fait un *Traité d'optique* dans lequel il expose avec étendue le phénomène des réfractions astronomiques : il est encore auteur de divers ouvrages sur la musique, la chronologie, la gnomonique et la mécanique. Tant de travaux sur un si grand nombre d'objets supposent un esprit vaste, et lui assurent un rang distingué dans l'histoire des sciences. Quand son système eut fait place à celui de la nature, on se vengea sur son auteur du despotisme avec lequel il avait régné trop longtemps : on accusa Ptolémée de s'être approprié les découvertes de ses prédécesseurs. Mais la manière honorable dont il cite très-souvent Hipparque à l'appui de ses théories le justifie pleinement de cette inculpation. A la renaissance des lettres parmi les Arabes et en Europe, ses hypothèses, réunissant à l'attrait de la nouveauté l'autorité de ce qui est ancien, furent généralement adoptées par les esprits avides de connaissances, et qui se virent tout à coup en possession de celles que l'antiquité n'avait acquises que par de longs travaux. Leur reconnaissance éleva trop haut Ptolémée qu'ensuite on a trop rabaissé. Sa réputation a éprouvé le même sort que celles d'Aristote et de Descartes : leurs erreurs n'ont pas été plutôt reconnues, que l'on a passé d'une admiration aveugle à un injuste mépris ; car dans les sciences mêmes, les révolutions les plus utiles n'ont point été exemptes de passion et d'injustice.

De l'astronomie depuis Ptolémée jusqu'à son renouvellement en Europe.

Les travaux de Ptolémée terminent les progrès de l'astronomie dans l'école d'Alexandrie. Cette école subsista pendant cinq siècles encore; mais les successeurs de Ptolémée se bornèrent à commenter ses ouvrages, sans rien ajouter à ses théories ; et les phénomènes que le ciel offrit dans un intervalle de plus de six cents ans, manquèrent presque tous d'observateurs. Rome, pendant longtemps le séjour des vertus, de la gloire et des lettres, ne fit rien d'utile aux sciences. La considération attachée, dans cette république, à l'éloquence et aux talents militaires, entraîna tous les esprits. Les sciences, n'y présentant aucun avantage, durent être négligées au milieu des conquêtes que son ambition lui fit entreprendre, et de ses querelles intestines qui produisirent enfin les guerres civiles dans lesquelles son inquiète liberté expira, et fut remplacée par le despotisme souvent orageux de ses empereurs. Le déchirement de l'empire, suite inévitable de sa trop vaste étendue, amena sa décadence; et le flambeau des sciences, éteint par les irruptions des Barbares, ne se ralluma que chez les Arabes.

Ce peuple, exalté par le fanatisme d'une religion nouvelle, après avoir étendu sa puissance et cette religion sur une grande partie de la terre, se fut à peine reposé dans la paix, qu'il se livra aux sciences avec ardeur. Vers le milieu du viii⁰ siècle, le calife Almanzor encouragea d'une manière spéciale l'astronomie. Mais, parmi les princes arabes qui se distinguèrent par leur amour pour les sciences, l'histoire cite principalement Almamon, de la famille des Abassides, et fils du fameux Aaron-al-Reschid. Almamon régnait à Bagdad en 814. Vainqueur de l'empereur grec Michel III, il imposa pour une des conditions de la paix, qu'on lui fournirait les meilleurs livres de la Grèce : l'*Almageste* fut de ce nombre : il le fit traduire, et répandit ainsi parmi les Arabes les connaissances astronomiques qui avaient illustré l'école d'Alexandrie. Pour les perfectionner, il rassembla plusieurs astronomes distingués qui, après avoir fait un grand nombre d'observations, publièrent de nouvelles Tables du soleil et de la lune, plus parfaites que celles de Ptolémée, et longtemps célèbres dans l'Orient, sous le nom le *Table vérifiée*. Dans cette Table, le périgée solaire a la position qu'il devait avoir : l'équation du centre du soleil, beaucoup trop grande dans Hipparque, est réduite à sa véritable valeur ; mais cette précision devenait alors une source d'erreurs dans le calcul les éclipses où l'équation annuelle de la lune corrigeait, en partie, l'inexactitude de l'équation du centre du soleil, adoptée par cet astronome. La durée de l'année tropique est plus exacte que celle d'Hipparque : elle est cependant trop courte d'environ deux minutes; mais cette erreur vient de ce que les auteurs de la Table vérifiée comparèrent

leurs observations à celles de Ptolémée : l'erreur aurait été presque nulle, s'ils eussent employé les observations d'Hipparque. C'est encore par cette raison qu'ils supposèrent la précession des équinoxes un peu trop grande.

Almamon fit mesurer avec un grand soin, dans une vaste plaine de la Mésopotamie, un degré terrestre que l'on trouva de deux cent mille cinq cents coudées noires. Cette mesure offre la même incertitude que celle d'Eratosthène, relativement à la longueur du module dont on fit usage. Toutes ces mesures ne peuvent maintenant nous intéresser, qu'en faisant connaître ces modules. Mais les erreurs, dont ces opérations étaient alors susceptibles, ne permettent pas d'en retirer cet avantage, qui ne peut résulter que de la précision des opérations modernes, au moyen desquelles on pourra toujours retrouver nos mesures, si, par la suite des temps, leurs étalons viennent à s'altérer.

Les encouragements donnés à l'astronomie, par Almamon et par ses successeurs, produisirent un grand nombre d'astronomes arabes très-recommandables, parmi lesquels Albatenius occupe une place distinguée. Ce prince arabe fit ses observations à Aracte, vers l'an 880. Son *Traité de la science des Étoiles* contient plusieurs observations intéressantes, et les principaux éléments des théories du soleil et de la lune : ils diffèrent très-peu de ceux des astronomes d'Almamon. Son ouvrage ayant été, pendant longtemps, le seul traité connu de l'astronomie arabe, on lui attribua les changements avantageux qu'il apporta aux éléments des Tables de Ptolémée. Mais un fragment précieux, extrait de l'*Astronomie* d'Ebn-Junis, et que M. Caussin a bien voulu traduire, à ma prière, nous a fait connaître que ces changements sont dus aux auteurs de la Table vérifiée. Il nous a de plus donné, sur l'astronomie arabe, des notions précises et fort étendues. Ebn-Junis, astronome du calife d'Egypte, Hakem, observait au Caire vers l'an mil. Il rédigea un grand *Traité d'astronomie*, et il construisit des Tables des mouvements célestes, célèbres dans l'Orient par leur exactitude, et qui paraissent avoir servi de fondement aux Tables formées depuis par les Arabes et par les Perses. On voit dans ce fragment, depuis le siècle d'Almanzor jusqu'au temps d'Ebn-Junis, une longue suite d'observations d'éclipses, d'équinoxes, de solstices, de conjonctions de planètes et d'occultations d'étoiles, observations importantes pour la perfection des théories astronomiques, qui ont fait connaître l'équation séculaire de la lune, et répandu beaucoup de lumière sur les grandes variations du système du monde. Ces observations ne sont encore qu'une faible partie de celles des astronomes arabes, dont le nombre a été prodigieux. Ils étaient parvenus à reconnaître l'inexactitude des observations de Ptolémée sur les équinoxes; et en comparant leurs observations, soit entre elles, soit avec celles d'Hipparque, ils avaient fixé avec une grande

précision la longueur de l'année : celle d'Ebn-
Junis n'excède pas de treize secondes la
nôtre qu'elle devait surpasser de cinq secondes. Il paraît, par son ouvrage et par les
titres de plusieurs manuscrits existants dans
nos bibliothèques, que les Arabes s'étaient
spécialement occupés de la perfection des
instruments astronomiques : les traités qu'ils
ont laissés sur cet objet, prouvent l'importance qu'ils y attachaient, et cette importance
garantit la justesse de leurs observations.
Ils donnèrent encore une attention particulière à la mesure du temps, par des clepsydres, par d'immenses cadrans solaires, et
même par les vibrations du pendule. Malgré
cela , leurs observations d'éclipses présentent presque autant d'incertitude que celles
des Chaldéens et des Grecs; et leurs observations du soleil et de la lune sont loin d'a-
voir sur celles d'Hipparque une supériorité
qui puisse compenser l'avantage de la distance qui nous sépare de ce grand observateur. L'activité des astronomes arabes, bornée aux observations, ne s'est point étendue
à la recherche de nouvelles inégalités ; et sur
ce point, ils n'ont rien ajouté aux hypothèses de Ptolémée. Cette vive curiosité qui
nous attache aux phénomènes, jusqu'à ce
que les lois et la cause en soient parfaitement connues , caractérise les savants de
l'Europe moderne.

Les Perses soumis longtemps aux mêmes
souverains que les Arabes, et professant la
même religion, secouèrent, vers le milieu
du XIᵉ siècle, le joug des califes. A cette époque, leur calendrier reçut, par les soins de
l'astronome Omar-Cheyan, une forme nouvelle fondée sur l'intercalation ingénieuse
de huit années bissextiles en trente-trois ans,
intercalation que Dominique Cassini, à la fin
de l'avant-dernier siècle , proposa comme
plus exacte et plus simple que l'intercalation
grégorienne, ignorant que les Perses la connaissaient depuis longtemps. Dans le XIIIᵉ
siècle, Holagu-Hecoukan, un de leurs souverains, rassembla les astronomes les plus
instruits, à Maragha, où il fit construire un
magnifique observatoire dont il confia la direction à Nassiredin. Mais aucun prince de
cette nation ne se distingua plus par son zèle
pour l'astronomie qu'Ulugh-Beigh, que l'on
doit mettre au rang des plus grands observateurs. Il dressa lui-même à Samarcande,
capitale de ses Etats, un nouveau catalogue
d'étoiles, et les meilleures Tables astronomiques que l'on ait eues avant Ticho-Brahé.
Il mesura en 1437, avec un grand instrument, l'obliquité de l'écliptique ; et son résultat corrigé de la réfraction et de la fausse
parallaxe qu'il avait employée, donne cette
obliquité plus grande qu'au commencement
de ce siècle ; ce qui confirme sa diminution
successive.

Les annales de la Chine nous ont offert
les plus anciennes observations astronomiques : elles nous présentent encore, vingt-
quatre siècles après, les observations les
plus précises que l'on ait faites avant le renouvellement de l'astronomie, et même

avant l'application du télescope au quart de
cercle. On a vu que l'année astronomique
des Chinois commençait au solstice d'hiver,
et que, pour en fixer l'origine, on observa
dans tous les temps les ombres méridiennes
du gnomon vers les solstices. Gaubil, l'un
des plus savants et des plus judicieux missionnaires jésuites envoyés dans cet empire,
nous a fait connaître une suite d'observations
de ce genre, qui s'étendent depuis l'an 1100
avant notre ère, jusqu'en 1280 après. Elles
indiquent, avec évidence, la diminution de
l'obliquité de l'écliptique qui, dans ce long
intervalle, a été d'un millième de la circonférence. Tsou-tchong, l'un des plus habiles
astronomes chinois, comparant les observations qu'il fit à Nankin en 461, avec celles
que l'on avait faites à Loyang dans l'année
173, détermina la grandeur de l'année tropique plus exactement que ne l'avaient fait les
Grecs et même les astronomes d'Almamon :
il la trouva de 365 j., 24282, la même à très-
peu près que celle de Copernic. Pendant
qu'Holagu-Hecoukan faisait fleurir l'astronomie en Perse, son frère Cobilai, fondateur
en 1271, de la dynastie des Yven, lui accordait la même protection à la Chine : il
nomma chef du tribunal des mathématiques
Cocheou-King, le premier des astronomes
chinois. Ce grand observateur fit construire
des instruments beaucoup plus exacts que
ceux dont on avait fait usage jusqu'alors : le
plus précieux de tous était un gnomon de
quarante pieds chinois, terminé par une plaque de cuivre, verticale et percée par un
trou du diamètre d'une aiguille. C'est du
centre de cette ouverture que Cocheou-King
comptait la hauteur du gnomon : il mesurait
l'ombre, jusqu'au centre de l'image du soleil. « Jusqu'ici, dit-il, on n'observait que le
bord supérieur du soleil, et l'on avait de la
peine à distinguer le terme de l'ombre :
d'ailleurs, le gnomon de huit pieds dont on
s'est constamment servi est trop court. Ces
motifs m'ont porté à faire usage d'un gnomon de quarante pieds, et à prendre le centre de l'image. » Gaubil, dont nous tenons
ces détails, nous a communiqué plusieurs de
ces observations faites depuis 1277 jusqu'en
1280 : elles sont précieuses par leur exactitude, et prouvent d'une manière incontestable les diminutions de l'obliquité de l'écliptique, et de l'excentricité de l'orbe terrestre,
depuis cette époque jusqu'à nos jours. Cocheou-King détermina avec une précision
remarquable la position du solstice d'hiver
par rapport aux étoiles en 1280 : il le faisait
coïncider avec l'apogée du soleil, ce qui avait
eu lieu trente ans auparavant : la grandeur
qu'il supposait à l'année est exactement
celle de notre année grégorienne. Les méthodes chinoises, pour le calcul des éclipses,
sont inférieures à celles des Arabes et des
Perses : les Chinois n'ont point profité des
connaissances acquises par ces peuples, malgré leurs communications fréquentes avec
eux ; ils ont étendu à l'astronomie elle-
même l'attachement constant qu'ils portent
à leurs anciens usages.

L'histoire de l'Amérique, avant sa conquête par les Espagnols, nous offre quelques vestiges d'astronomie; car les notions les plus élémentaires de cette science ont été, chez tous les peuples, les premiers fruits de leur civilisation. Les Mexicains avaient, au lieu de la semaine, une petite période de cinq jours : leurs mois étaient chacun de vingt jours, et dix-huit de ces mois formaient leur année qui commençait au solstice d'hiver, et à laquelle ils ajoutaient cinq jours complémentaires. Il y a lieu de penser qu'ils composaient de la réunion de cent quatre ans, un grand cycle dans lequel ils intercalaient vingt-cinq jours. Cela suppose une durée de l'année tropique, plus exacte que celle d'Hipparque; et, ce qui est remarquable, elle est la même à très-peu près que l'année des astronomes d'Almamon. Les Péruviens et les Mexicains observaient avec soin les ombres du gnomon aux solstices et aux équinoxes : ils avaient même élevé pour cet objet des colonnes et des pyramides. Cependant, quand on considère la difficulté de parvenir à une détermination aussi exacte de la longueur de l'année, on est porté à croire qu'elle n'est pas leur ouvrage, et qu'elle leur est venue de l'ancien continent. Mais de quel peuple et par quel moyen l'ont-ils reçue? Pourquoi, si elle leur a été transmise par le nord de l'Asie, ont-ils une division du temps, si différente de celles qui ont été en usage dans cette partie du monde? Ce sont des questions qu'il paraît impossible de résoudre.

Il existe dans les nombreux manuscrits que renferment nos bibliothèques beaucoup d'observations anciennes encore inconnues, qui répandraient un grand jour sur l'astronomie, et spécialement sur les inégalités séculaires des mouvements célestes. Leur recherche doit fixer l'attention des savants versés dans les langues orientales; car les grandes variations du système du monde ne sont pas moins intéressantes à connaître que les révolutions des empires. La postérité qui pourra comparer une longue suite d'observations très-exactes, à la théorie de la pesanteur universelle, jouira de leur accord, beaucoup mieux que nous à qui l'antiquité n'a laissé que des observations le plus souvent incertaines. Mais ces observations, soumises à une saine critique, peuvent, du moins en partie, compenser par leur nombre, les erreurs dont elles sont susceptibles, et nous tenir lieu d'observations précises; de même qu'en géographie, pour fixer la position des lieux, on supplée les observations astronomiques, en comparant entre elles les diverses relations des voyageurs. Ainsi, quoique le tableau que nous offre la série des observations depuis les temps les plus anciens jusqu'à nos jours, soit fort imparfait; cependant on y voit d'une manière très-sensible, les variations de l'excentricité de l'orbe terrestre, et de la position de son périgée; celles des mouvements séculaires de la lune, par rapport à ses nœuds, à son périgée et au soleil; enfin

les variations des éléments des orbes planétaires. La diminution successive de l'obliquité de l'écliptique pendant près de trois mille ans, est surtout remarquable dans la comparaison des observations de Tcheou-Kong, de Pythéas, d'Ebn-Junis, de Cocheou-King, d'Ulugh-Beigh et des modernes.

De l'astronomie dans l'Europe moderne.

C'est principalement aux Arabes que l'Europe moderne doit les premiers rayons de lumière, qui ont dissipé les ténèbres dont elle a été enveloppée pendant plus de douze siècles. Ils nous ont transmis avec gloire le dépôt des connaissances qu'ils avaient reçues des Grecs, disciples eux-mêmes des Égyptiens. Mais, par une fatalité déplorable, elles ont disparu chez tous ces peuples, à mesure qu'ils les ont communiquées. Depuis longtemps, le despotisme, étendant sa barbarie sur les belles contrées qui furent le berceau des sciences et des arts, en a effacé jusqu'au souvenir des grands hommes qui les ont illustrées (1).

Alphonse, roi de Castille, fut un des premiers souverains qui encouragèrent l'astronomie renaissante en Europe. Cette science compte peu de protecteurs aussi zélés; mais il fut mal secondé par les astronomes qu'il avait réunis, et les tables qu'ils publièrent ne répondirent point aux dépenses excessives qu'elles avaient occasionnées. Doué d'un esprit juste, Alphonse était choqué de l'embarras des cercles et des épicycles dans lesquels on faisait mouvoir les corps célestes : *Si Dieu*, disait-il, *m'avait appelé à son conseil, les choses eussent été dans un meilleur ordre.* Par ces mots qui furent taxés d'impiété, il faisait entendre que l'on était encore loin de connaître le mécanisme de l'univers. Au temps d'Alphonse, l'Europe dut aux encouragements de Frédéric II, empereur d'Allemagne, la première traduction latine de l'Almageste de Ptolémée, que l'on fit sur la version arabe.

Nous arrivons enfin à l'époque où l'astronomie, sortant de la sphère étroite qui l'avait renfermée jusqu'alors, s'éleva, par des progrès rapides et continus, à la hauteur où nous la voyons. Purbach, Regiomontanus et Waltérus préparèrent c••• •eaux jours de

---

(1) Cette réflexion de Laplace montre assez la tendance philosophique et politique qui préoccupait de son temps, et qui peut-être préoccupe encore certains savants. A commencer d'Almamon, tous les chefs arabes auxquels Laplace attribue, dans les pays qui précèdent, les progrès de l'astronomie, étaient des despotes, dans la pure acception du mot. Si la science a péri en Égypte, en Perse, dans l'Inde, ce fut justement alors que ce pouvoir absolu qui la protégeait fut détruit, soit par la conquête, soit par l'insurrection des peuples; en général, on peut observer que le progrès des sciences et des lettres n'a lieu que sous la protection d'un pouvoir politique, fort, concentré, durable, et, sans sortir de notre pays, nous voyons que le règne de Louis XIV, le plus absolu de tous, est celui où les sciences, les arts, la littérature, acquièrent un développement inouï jusqu'alors.

la science, et Copernic les fit naître par l'explication heureuse des phénomènes célestes, au moyen des mouvements de la terre sur elle-même et autour du soleil. Choqué, comme Alphonse, de l'extrême complication du système de Ptolémée, il chercha dans les anciens philosophes une disposition plus simple de l'univers ; il reconnut que plusieurs d'entre eux avaient mis Vénus et Mercure en mouvement autour du soleil ; que Nicétas, au rapport de Cicéron, faisait tourner la terre sur son axe, et par ce moyen, affranchissait la sphère céleste de l'inconcevable vitesse qu'il fallait lui supposer pour accomplir sa révolution diurne. Aristote et Plutarque lui apprirent que les pythagoriciens faisaient mouvoir la terre et les planètes autour du soleil, qu'ils plaçaient au centre du monde. Ces idées lumineuses le frappèrent : il les appliqua aux observations astronomiques que le temps avait multipliées, et il eut la satisfaction de les voir se plier, sans effort, à la théorie du mouvement de la terre. La révolution diurne du ciel ne fut qu'une illusion due à la rotation de la terre, et la précession des équinoxes se réduisit à un mouvement dans l'axe terrestre. Les cercles imaginés par Ptolémée, pour expliquer les mouvements directs et rétrogrades des planètes, disparurent ; Copernic ne vit dans ces singuliers phénomènes que des apparences produites par la combinaison du mouvement de la terre autour du soleil avec celui des planètes, et il en conclut les dimensions respectives de leurs orbes, jusqu'alors ignorées. Enfin, tout annonçait dans ce système cette belle simplicité qui nous charme dans les moyens de la nature, quand nous sommes assez heureux pour les connaître. Copernic le publia dans son ouvrage sur les *Révolutions célestes :* pour ne pas révolter les préjugés reçus, il le présenta comme une hypothèse. « Les astronomes, dit-il, dans sa dédicace au Pape Paul III, s'étant permis d'imaginer des cercles pour expliquer les mouvements des astres, j'ai cru pouvoir également examiner si la supposition du mouvement de la terre rend plus exacte et plus simple la théorie de ces mouvements. »

Ce grand homme ne fut pas témoin du succès de son ouvrage : il mourut presque subitement, à l'âge de soixante-onze ans, après en avoir reçu le premier exemplaire. Né à Thorn, dans la Prusse polonaise, le 19 février 1473, il apprit dans la maison paternelle les langues grecque et latine, et il alla continuer ses études à Cracovie. Ensuite, entraîné par son goût pour l'astronomie, et par la réputation que Regiomontanus avait laissée, le désir de s'illustrer dans la même carrière lui fit entreprendre le voyage de l'Italie où cette science était enseignée avec succès. Il suivit à Bologne les leçons de Dominique Maria ; il obtint ensuite une place de professeur à Rome où il fit diverses observations; enfin il quitta cette ville pour se fixer à Fravenberg, où son oncle, alors évê-

que de Warmie, le pourvut d'un canonicat. Ce fut dans ce tranquille séjour, que, par trente-six ans d'observations et de méditations, il établit sa théorie du mouvement de la terre. A sa mort, il fut inhumé dans la cathédrale de Fravenberg, sans pompe et sans épitaphe; mais sa mémoire subsistera aussi longtemps que les grandes vérités qu'il a reproduites avec une évidence qui, enfin, a dissipé les illusions des sens, et surmonté les difficultés que leur opposait l'ignorance des lois de la mécanique.

Ces vérités eurent encore à vaincre des obstacles d'un autre genre, et qui, naissant d'un fonds respecté, les auraient étouffées, si les progrès rapides de toutes les sciences mathématiques n'eussent concouru à les affermir. La religion fut invoquée pour détruire un système astronomique, et l'on tourmenta par des persécutions réitérées l'un de ses défenseurs, dont les découvertes honoraient l'Italie. Réthicus, disciple de Copernic, fut le premier qui en adopta les idées; mais elles ne prirent une grande faveur que vers le commencement du XVIIe siècle, et elles la durent principalement aux travaux de Galilée.

Un heureux hasard venait de faire trouver le plus merveilleux instrument que l'industrie humaine ait découvert, et qui, en donnant aux observations astronomiques une étendue et une précision inespérées, a fait apercevoir dans les cieux des inégalités nouvelles et de nouveaux mondes. Galilée eut à peine connaissance des premiers essais sur le télescope, qu'il s'attacha à le perfectionner. En le dirigeant vers les astres, il découvrit les quatre satellites de Jupiter, qui lui montrèrent une nouvelle analogie de la terre avec les planètes ; il reconnut ensuite les phases de Vénus, et dès lors il ne douta plus de son mouvement autour du soleil. La voie lactée lui offrit un nombre infini de petites étoiles que l'irradiation confond à la vue simple dans une lumière blanche et continue : les points lumineux qu'il aperçut au delà de la ligne qui sépare la partie éclairée de la partie obscure de la lune, lui firent connaître l'existence et la hauteur de ses montagnes. Enfin, il observa les taches et la rotation du soleil, et les apparences singulières occasionnées par l'anneau de Saturne.

Galilée, né à Pise en 1564, annonça de bonne heure les grands talents qu'il développa dans la suite. La mécanique lui doit plusieurs découvertes dont la plus importante est sa théorie de la chute des graves. Il était occupé de la libration de la lune, lorsqu'il perdit la vue : trois ans après, il mourut à Arcetri, en 1642, emportant avec lui les regrets de l'Europe éclairée par ses travaux.

Pendant que ces choses se passaient en Italie, Kepler dévoilait en Allemagne les lois des mouvements planétaires. Mais avant que d'exposer ses découvertes, il convient de remonter plus haut, et de faire connaître les progrès de l'astronomie dans le nord de l'Europe, depuis la mort de Copernic.

L'histoire de cette science nous offre à cette époque un grand nombre d'excellents observateurs. L'un des plus illustres fut Guillaume IV, landgrave de Hesse-Cassel. Il fit bâtir à Cassel un observatoire qu'il munit d'instruments travaillés avec soin, et avec lesquels il observa longtemps lui-même. Il s'attacha deux astronomes distingués, Rothman et Juste Byrge; et Tycho fut redevable à ses pressantes sollicitations des avantages que lui procura Frédéric, roi de Danemark.

Tycho-Brahé, l'un des plus grands observateurs qui aient existé, naquit à la fin de 1546, à Knudsturp en Scanie. Son goût pour l'astronomie se manifesta dès l'âge de quatorze ans, à l'occasion d'une éclipse arrivée en 1560. A cet âge où il est si rare de réfléchir, la justesse du calcul, par lequel on avait prédit ce phénomène, lui inspira le vif désir d'en connaître les principes; et ce désir s'accrut encore par les oppositions qu'il éprouva de la part de son gouverneur et de sa famille. Il voyagea en Allemagne où il contracta des liaisons de correspondance et d'amitié avec les savants et les amateurs les plus distingués de l'astronomie, et particulièrement avec le landgrave de Hesse-Cassel, qui le reçut de la manière la plus flatteuse. De retour dans sa patrie, il y fut fixé par Frédéric, son souverain, qui lui donna la petite île d'Huène, à l'entrée de la mer Baltique. Tycho y fit bâtir un observatoire célèbre sous le nom d'*Uranibourg* : là, pendant un séjour de vingt-un ans, il fit un nombre prodigieux d'observations, et plusieurs découvertes importantes. A la mort de Frédéric, l'envie déchaînée contre Tycho le força d'abandonner sa retraite. Son retour à Copenhague n'assouvit point la rage de ses persécuteurs : un ministre (son nom comme celui de tous les hommes qui ont abusé du pouvoir pour arrêter les progrès de la raison, doit être livré au mépris de tous les âges), Walchendorp, lui fit défendre de continuer ses observations. Heureusement Tycho retrouva un protecteur puissant dans l'empereur Rodolphe II, qui se l'attacha par une pension considérable, et lui donna un observatoire à Prague. Une mort imprévue l'enleva dans cette ville, le 24 octobre 1601, au milieu de ses travaux, et dans un âge où il pouvait encore rendre à l'astronomie de grands services.

De nouveaux instruments inventés, et des perfections nouvelles ajoutées aux anciens; une précision beaucoup plus grande dans les observations; un catalogue d'étoiles, fort supérieur à ceux d'Hipparque et d'Ulugh-Beigh; la découverte de l'inégalité de la lune, qu'il nomma *variation;* celle des inégalités du mouvement des nœuds et de l'inclinaison de l'orbe lunaire; la remarque importante que les comètes se meuvent fort au delà de cet orbe; une connaissance plus parfaite des réfractions astronomiques; enfin des observations très-nombreuses des planètes, qui ont servi de base aux lois de Kepler; tels sont les principaux services que Tycho-Brahé a rendus à l'astronomie. L'exactitude de ses observations, à laquelle il fut redevable de ses découvertes sur le mouvement lunaire, lui fit connaître encore que l'équation du temps, relative au soleil et aux planètes, n'était point applicable à la lune, et qu'il fallait en retrancher la partie dépendante de l'anomalie du soleil, et même une quantité beaucoup plus grande. Kepler, porté par son imagination à rechercher les rapports et la cause des phénomènes, pensa que la vertu motrice du soleil fait tourner la terre plus rapidement sur elle-même dans son périhélie que dans son aphélie. L'effet de cette variation du mouvement diurne ne pouvait être reconnu par les observations de Tycho, que dans le mouvement de la lune, où il est treize fois plus considérable que dans celui du soleil. Mais les horloges perfectionnées par l'application du pendule ayant fait voir que cet effet est nul dans ce dernier mouvement, et que la rotation de la terre est uniforme, Flamsteed transporta à la lune elle-même l'inégalité dépendante de l'anomalie du soleil, et que l'on avait regardée comme apparente. Cette inégalité, dont on doit à Tycho le premier aperçu, est celle que l'on nomme *équation annuelle*. On voit par cet exemple comment l'observation, en se perfectionnant, nous découvre des inégalités jusqu'alors enveloppées dans ses erreurs. Les recherches de Kepler en offrent un exemple encore plus remarquable. Ayant fait voir, dans son *Commentaire sur Mars,* que les hypothèses de Ptolémée s'écartaient nécessairement des observations de Tycho de huit minutes sexagésimales, il ajoute : « Cette différence est plus petite que l'incertitude des observations de Ptolémée, incertitude qui, de l'aveu de cet astronome, était au moins de dix minutes. Mais la bonté divine nous ayant fait présent dans Tycho-Brahé d'un très-exact observateur, il est juste de reconnaître ce bienfait de la Divinité, et de lui en rendre grâce. Convaincus maintenant de l'erreur des hypothèses dont nous venons de faire usage, nous devons employer tous nos efforts pour découvrir les lois véritables des mouvements célestes. Ces huit minutes, qu'il n'est plus permis de négliger, m'ont mis sur la voie pour réformer toute l'astronomie, et sont la matière de la plus grande partie de cet ouvrage. »

Frappé des objections que les adversaires de Copernic opposaient au mouvement de la terre, et peut-être entraîné par la vanité de donner son nom à un système astronomique, Tycho-Brahé méconnut celui de la nature. Suivant lui, la terre est immobile au centre de l'univers : tous les astres se meuvent, chaque jour, autour de l'axe du monde; et le soleil, dans sa révolution annuelle, emporte avec lui les planètes. Dans ce système, qui, selon l'ordre naturel des idées, aurait dû précéder celui de Copernic, les apparences sont les mêmes que dans la théorie du mouvement de la terre. On peut généralement considérer tel point que l'on veut, par exemple le centre de la lune, comme immobile, pourvu que l'on transporte en sens contraire, à tous les astres, le mouvement dont il est animé. Mais n'est-il pas physiquement absurde de supposer la terre sans mouvement dans l'espace, tandis que le soleil entraîne les planètes au milieu desquelles elle est comprise? La distance de la terre au soleil, si bien d'accord avec la durée de sa révolution, dans l'hypothèse de son mouvement, pouvait-elle laisser des doutes à un esprit fait pour sentir la force de l'analogie, et ne doit-on pas dire avec Kepler, que la nature proclame ici, d'une voix haute, la vérité de cette hypothèse? Il faut l'avouer, Tycho, quoique grand observateur, ne fut pas heureux dans la recherche des causes: son esprit peu philosophique fut même imbu des préjugés de l'astrologie judiciaire, qu'il a essayé de défendre. Il serait cependant injuste de le juger avec la même rigueur que celui qui se refuserait, de nos jours, à la théorie du mouvement de la terre, confirmée par les nombreuses découvertes faites depuis en astronomie. Les difficultés que les illusions des sens opposaient alors à cette théorie n'avaient point encore été résolues. Le diamètre apparent des étoiles, supérieur à leur parallaxe annuelle, donnait à ces astres, dans cette théorie, un diamètre réel plus grand que celui de l'orbe terrestre: le télescope, en les réduisant à des points lumineux, a fait disparaître cette grandeur invraisemblable. On ne concevait pas comment les corps détachés de la terre pouvaient en suivre les mouvements. Les lois de la mécanique ont expliqué ces apparences: elles ont fait voir ce que Tycho, trompé par une expérience fautive, refusait d'admettre, qu'un corps en partant d'une grande hauteur, et abandonné à la seule action de la gravité, retombe à très-peu près au pied de la verticale, en ne s'écartant à l'orient que d'une quantité très-difficile à observer à cause de son extrême petitesse; en sorte que l'on éprouve maintenant, à reconnaître dans la chute des graves le mouvement de la terre, autant de difficulté que l'on en trouvait alors à prouver qu'il y doit être insensible.

La réforme du calendrier julien se rapporte au temps de Tycho-Brahé. Il est utile d'attacher les mois et les fêtes aux mêmes saisons, et d'en faire des époques remarquables pour l'agriculture. Mais pour obtenir cet avantage précieux aux habitants des campagnes, il faut, par l'intercalation régulière d'un jour, compenser l'excès de l'année solaire sur l'année commune de trois cent soixante et cinq jours. Le mode d'intercalation le plus simple est celui que Jules César introduisit dans le calendrier romain, et qui consiste à faire succéder une bissextile à trois années communes. Mais la longueur de l'année que ce mode suppose étant trop considérable, l'équinoxe du printemps anticipait sans cesse, et dans l'intervalle de quinze siècles écoulés depuis Jules César, il s'était rapproché de onze jours et demi du commence-

ment de l'année. Pour remédier à cet inconvénient, le Pape Grégoire XIII établit par un bref, en 1582, que le mois d'octobre de cette année n'aurait que vingt-un jours; que l'année 1600 serait bissextile; qu'ensuite l'année qui termine chaque siècle ne serait bissextile que de quatre en quatre siècles. Cette intercalation, fondée sur une longueur un peu trop grande de l'année, ferait anticiper l'équinoxe d'un jour environ en quatre mille ans; mais en rendant commune la bissextile qui termine cet intervalle, l'intercalation grégorienne deviendrait à très-peu près rigoureuse. On ne changea point d'ailleurs le calendrier julien. Il était facile alors de fixer au solstice d'hiver l'origine de l'année, et de rendre plus régulière la longueur des mois, en donnant trente-un jours au premier, vingt-neuf jours au second dans les années communes, et trente jours dans les années bissextiles, et en faisant les autres mois alternativement de trente-un et de trente jours; il eût été commode de les désigner tous par leur rang ordinal; ce qui aurait fait disparaître les dénominations impropres des quatre derniers mois de l'année. En corrigeant ensuite, comme on vient de le dire, l'intercalation adoptée, le calendrier grégorien n'eût laissé rien à désirer. Mais convient-il de lui donner cette perfection? Si l'on considère que ce calendrier est aujourd'hui celui de presque tous les peuples d'Europe et d'Amérique, et qu'il a fallu deux siècles et toute l'influence de la religion pour lui procurer cet avantage, on sentira qu'il doit être conservé même avec ses imperfections qui ne portent pas d'ailleurs sur des points essentiels. Car le principal objet d'un calendrier est d'attacher, par un mode simple d'intercalation, les événements à la série des jours, et de faire correspondre pendant un très-grand nombre de siècles les saisons aux mêmes mois de l'année; conditions qui sont bien remplies dans le calendrier grégorien. La partie de ce calendrier, relative à la fixation de la Pâque, étant, par son objet, étrangère à l'astronomie, je n'en parlerai point ici.

Dans ses dernières années, Tycho-Brahé eut pour disciple et pour aide Kepler, né en 1571, à Viel, dans le duché de Wirtemberg, et l'un de ces hommes rares que la nature donne de temps en temps aux sciences, pour en faire éclore les grandes théories préparées par les travaux de plusieurs siècles. La carrière des sciences lui parut d'abord peu propre à satisfaire l'ambition qu'il avait de s'illustrer; mais l'ascendant de son génie et les exhortations de Mœstlin le rappelèrent à l'astronomie, et il y porta toute l'activité d'une âme passionnée pour la gloire.

Impatient de connaître la cause des phénomènes, le savant doué d'une imagination vive l'entrevoit souvent avant que les observations aient pu l'y conduire. Sans doute il est plus sûr de remonter des phénomènes aux causes, mais l'histoire des sciences nous montre que cette marche lente et pénible n'a pas toujours été celle des inventeurs. Que d'écueils doit craindre celui qui prend son imagination pour guide! Prévenu pour la cause qu'elle lui présente, loin de la rejeter lorsque les faits lui sont contraires, il les altère pour les plier à ses hypothèses : il mutile, si je puis ainsi dire, l'ouvrage de la nature, pour le faire ressembler à celui de son imagination, sans réfléchir que le temps dissipe ces vains fantômes, et ne consolide que les résultats de l'observation et du calcul. Le philosophe, vraiment utile aux progrès des sciences, est celui qui, réunissant à une imagination profonde une grande sévérité dans le raisonnement et dans les expériences, est à la fois tourmenté par le désir de s'élever aux causes des phénomènes, et par la crainte de se tromper sur celles qu'il leur assigne.

Kepler dut à la nature le premier de ces avantages; et Tycho-Brahé lui donna pour le second d'utiles conseils dont il s'écarta trop souvent, mais qu'il suivit dans tous les cas où il put comparer ses hypothèses aux observations; ce qui, par la méthode d'exclusion, le conduisit, d'hypothèses en hypothèses, aux lois des mouvements planétaires. Ce grand observateur qu'il alla voir à Prague, et qui, dans les premiers ouvrages de Kepler, avait démêlé son génie à travers les analogies mystérieuses des figures et des nombres, dont ils étaient pleins, l'exhorta à observer, et lui procura le titre de mathématicien impérial. La mort de Tycho, arrivée peu d'années après, mit Kepler en possession de la collection précieuse des observations de son illustre maître; et il en fit l'emploi le plus utile, en fondant sur elles trois des plus importantes découvertes que l'on ait faites dans la philosophie naturelle.

Ce fut une opposition de Mars qui détermina Kepler à s'occuper de préférence des mouvements de cette planète. Son choix fut heureux, en ce que l'orbe de Mars étant un des plus excentriques du système planétaire, et la planète approchant fort près de la terre dans ses oppositions, les inégalités de son mouvement sont plus grandes que celles des autres planètes, et doivent plus facilement et plus sûrement en faire découvrir les lois. Quoique la théorie du mouvement de la terre eût fait disparaître la plupart des cercles dont Ptolémée avait embarrassé l'astronomie, cependant Copernic en avait laissé subsister plusieurs, pour expliquer les inégalités réelles des corps célestes. Kepler, trompé comme lui par l'opinion que leurs mouvements devaient être circulaires et uniformes, essaya longtemps de représenter ceux de Mars dans cette hypothèse. Enfin, après un grand nombre de tentatives qu'il a rapportées en détail dans son ouvrage *De stella Martis*, il franchit l'obstacle que lui opposait une erreur accréditée par le suffrage de tous les siècles : il reconnut que l'orbe de Mars est une ellipse dont le soleil occupe un des foyers, et que la planète s'y meut de manière que le rayon vecteur, mené de son centre à celui du soleil décrit des aires proportion-

nelles au temps. Kepler étendit ces résultats à toutes les planètes, et il publia en 1626, d'après cette théorie, les Tables Rudolphines à jamais mémorables en astronomie, comme ayant été les premières fondées sur les véritables lois du système du monde, et débarrassées de tous les cercles qui surchargeaient les tables antérieures.

Si l'on sépare des recherches astronomiques de Kepler les idées chimériques dont il les a souvent accompagnées, on voit qu'il parvint à ces lois de la manière suivante. Il s'assura d'abord que l'égalité du mouvement angulaire de Mars n'avait lieu sensiblement qu'autour d'un point situé au delà du centre de son orbite, par rapport au soleil. Il reconnut la même chose pour la terre, en comparant entre elles des observations choisies de Mars dont l'orbe, par la grandeur de sa parallaxe annuelle, est propre à faire connaître les dimensions respectives de l'orbe terrestre. Kepler conclut de ces résultats que les mouvements réels des planètes sont variables, et qu'aux deux points de la plus grande et de la plus petite vitesse, les aires décrites dans un jour par le rayon vecteur d'une planète, autour du soleil, sont les mêmes. Il étendit cette égalité des aires à tous les points de l'orbite; ce qui lui donna la loi des aires proportionnelles aux temps. Ensuite, les observations de Mars vers ses quadratures lui firent connaître que l'orbe de cette planète est un ovale allongé dans le sens du diamètre qui joint les points des vitesses extrêmes; ce qui le conduisit enfin au mouvement elliptique.

Sans les spéculations des Grecs sur les courbes que forme la section du cône par un plan, ces belles lois seraient peut-être encore ignorées. L'ellipse étant une de ces courbes, sa figure oblongue fit naître dans l'esprit de Kepler la pensée d'y mettre en mouvement la planète Mars; et bientôt, au moyen des nombreuses propriétés que les anciens géomètres avaient trouvées sur les sections coniques, il s'assura de la vérité de cette hypothèse. L'histoire des sciences nous offre beaucoup d'exemples de ces applications de la géométrie pure, et de ses avantages; car tout se tient dans la chaîne immense des vérités, et souvent une seule observation a suffi pour féconder les plus stériles en apparence, en les transportant à la nature dont les phénomènes ne sont que les résultats mathématiques d'un petit nombre de lois immuables.

Le sentiment de cette vérité donna probablement naissance aux analogies mystérieuses des Pythagoriciens : elles avaient séduit Kepler, et il leur fut redevable d'une de ses plus belles découvertes. Persuadé que les distances moyennes des planètes au soleil et leurs révolutions devaient être réglées conformément à ces analogies, il les compara longtemps, soit avec les corps réguliers de la géométrie, soit avec les intervalles des tons. Enfin, après dix-sept ans d'essais inutiles, ayant eu l'idée de comparer les puissances des distances avec celles des temps des révolutions sidérales, il trouva que les carrés de ces temps sont entre eux, comme les cubes des grands axes des orbites : loi très-importante, qu'il eut l'avantage de reconnaître dans le système des satellites de Jupiter, et qui s'étend à tous les systèmes de satellites.

Après avoir déterminé la courbe que les planètes décrivent autour du soleil, et découvert les lois de leurs mouvements, Kepler était trop près du principe dont ces lois dérivent, pour ne pas le pressentir. La recherche de ce principe exerça souvent son imagination active ; mais le moment n'était pas venu de faire ce dernier pas qui supposait l'invention de la dynamique et de l'analyse infinitésimale. Loin d'approcher du but, Kepler s'en écarta par de vaines spéculations sur la cause motrice des planètes. Il supposait au soleil un mouvement de rotation sur un axe perpendiculaire à l'écliptique : des espèces immatérielles émanées de cette astre dans le plan de son équateur, douées d'une activité décroissante en raison des distances, et conservant leur mouvement primitif de révolution, faisaient participer chaque planète à ce mouvement circulaire. En même temps, la planète, par une sorte d'instinct ou de magnétisme, s'approchait et s'éloignait alternativement du soleil, s'élevait au-dessus de l'équateur solaire et s'abaissait au-dessous, de manière à décrire une ellipse toujours située dans un même plan passant par le centre du soleil. Au milieu de ces nombreux écarts, Kepler fut cependant conduit à des vues saines sur la gravitation universelle, dans l'ouvrage *De stella Martis*, où il présenta ses principales découvertes.

« La gravité, dit-il, n'est qu'une affection corporelle et mutuelle entre les corps, par laquelle ils tendent à s'unir.

« La pesanteur des corps n'est point dirigée vers le centre du monde, mais vers celui du corps rond dont ils font partie ; et si la terre n'était pas sphérique, les graves placés sur les divers points de sa surface ne tomberaient point vers un même centre.

« Deux corps isolés se porteraient l'un vers l'autre, comme deux aimants, en parcourant, pour se joindre, des espaces réciproques à leurs masses. Si la terre et la lune n'étaient pas retenues à la distance qui les sépare, par une force animale, ou par quelque autre force équivalente, elles tomberaient l'une sur l'autre, la lune faisant les $\frac{54}{55}$ du chemin, et la terre faisant le reste, en les supposant également denses.

« Si la terre cessait d'attirer les eaux de l'Océan, elles se porteraient sur la lune, en vertu de la force attractive de cet astre.

« Cette force, qui s'étend jusqu'à la terre, y produit les phénomènes du flux et du reflux de la mer. » Ainsi l'important ouvrage que nous venons de citer contient les premiers germes de la mécanique céleste, que Newton et ses successeurs ont si heureusement développés.

On doit être étonné que Kepler n'ait pas appliqué aux comètes les lois du mouvement elliptique. Mais, égaré par une imagination ardente, il laissa échapper le fil de l'analogie, qui devait le conduire à cette grande découverte. Les comètes, suivant lui, n'étant que des météores engendrés dans l'éther, il négligea d'étudier leurs mouvements, et il s'arrêta au milieu de la carrière qu'il avait ouverte, laissant à ses successeurs une partie de la gloire qu'il pouvait encore acquérir. De son temps, où commençait à peine à entrevoir la méthode de procéder dans la recherche de la vérité à laquelle le génie ne parvenait que par instinct, et en y mêlant souvent beaucoup d'erreurs. Au lieu de s'élever péniblement par une suite d'inductions, des phénomènes particuliers à d'autres plus étendus, et de ceux-ci aux lois générales de la nature, il était plus agréable et plus facile de subordonner tous les phénomènes à des rapports de convenance et d'harmonie, que l'imagination créait et modifiait à son gré. Ainsi Kepler expliqua la disposition du système solaire par les lois de l'harmonie musicale. Il est affligeant pour l'esprit humain de voir ce grand homme, même dans ses derniers ouvrages, se complaire avec délices dans ces chimériques spéculations, et les regarder comme l'âme et la vie de l'astronomie. Leur mélange avec ses véritables découvertes fut sans doute la cause pour laquelle les astronomes de son temps, Descartes lui-même et Galilée, qui pouvaient tirer le parti le plus avantageux de ses lois, ne paraissent pas en avoir senti l'importance. Galilée pouvait alléguer en faveur du mouvement de la terre l'une des plus fortes raisons qui prouvent ce mouvement, sa conformité avec les lois du mouvement elliptique de toutes les planètes, et surtout avec le rapport du carré des temps des révolutions, au cube des moyennes distances au soleil). Mais ces lois ne furent généralement admises qu'après que Newton en eut fait la base de sa théorie du système du monde.

L'astronomie doit encore à Kepler plusieurs travaux utiles : ses ouvrages sur l'optique sont pleins de choses neuves et intéressantes. Il y perfectionne le télescope et sa théorie ; il y explique le mécanisme de la vision, inconnu avant lui ; il y donne la vraie cause de la lumière cendrée de la lune, mais il en fait hommage à son maître Mœstlin, recommandable par cette découverte et pour avoir rappelé Kepler à l'astronomie, et converti Galilée au système de Copernic. Enfin Kepler, dans son ouvrage intitulé : *Stereometria doliorum*, présente sur l'infini des vues qui ont influé sur la révolution que la géométrie a éprouvée à la fin de l'avant-dernier siècle ; et Fermat, que l'on doit regarder comme le véritable inventeur du calcul différentiel, a fondé sur elles sa belle méthode de *Maximis et minimis*.

Avec autant de droits à l'admiration, ce grand homme vécut dans la misère, tandis que l'astrologie judiciaire, partout en honneur, était magnifiquement récompensée.

Heureusement, la jouissance de la vérité qui se dévoile à l'homme de génie, et la perspective de la postérité juste et reconnaissante, le consolent de l'ingratitude de ses contemporains. Kepler avait obtenu des pensions qui lui furent toujours mal payées. Étant allé à la diète de Ratisbonne, pour en solliciter les arrérages, il mourut dans cette ville, le 15 novembre 1631. Il eut dans ses dernières années l'avantage de voir naître et d'employer la découverte des logarithmes, due à Neper, baron écossais; artifice admirable ajouté à l'ingénieux algorithme des Indiens, et qui, en réduisant à quelques jours le travail de plusieurs mois, double, si l'on peut ainsi dire, la vie des astronomes, et leur épargne les erreurs et les dégoûts inséparables des longs calculs; invention d'autant plus satisfaisante pour l'esprit humain, qu'il l'a tirée en entier de son propre fonds: dans les arts, l'homme se sert des matériaux et des forces de la nature, pour accroître sa puissance; mais ici, tout est son ouvrage.

Les travaux d'Huygens suivirent de près ceux de Kepler et de Galilée. Très-peu d'hommes ont aussi bien mérité des sciences par l'importance et la sublimité de leurs recherches. L'application du pendule aux horloges est un des plus beaux présents que l'on ait faits à l'astronomie et à la géographie, qui sont redevables de leurs progrès rapides à cette heureuse invention et à celle du télescope dont il perfectionna considérablement la pratique et la théorie. Il reconnut, au moyen des excellents objectifs qu'il parvint à construire, que les singulières apparences de Saturne sont produites par un anneau fort mince dont cette planète est entourée. Son assiduité à les observer lui fit découvrir un des satellites de Saturne. Il publia ces deux découvertes dans son *Systema Saturnium*, ouvrage qui contient encore quelques traces de ces idées pythagoriciennes dont Kepler avait tant abusé, mais que le véritable esprit des sciences qui, dans ce beau siècle, fit de si grands progrès, a pour toujours effacées. Le satellite de Saturne égalait le nombre des satellites à celui des planètes alors connues: Huygens, jugeant cette égalité nécessaire à l'harmonie du système du monde, osa presque affirmer qu'il ne restait plus de satellites à découvrir; et peu d'années après, Cassini en reconnut quatre nouveaux à la même planète. La géométrie, la mécanique et l'optique doivent à Huygens un grand nombre de découvertes; et si ce rare génie eût eu l'idée de combiner ses théorèmes sur la force centrifuge, avec ses belles recherches sur les développées, et avec les lois de Kepler, il eût enlevé à Newton sa théorie des mouvements curvilignes et celle de la pesanteur universelle. Mais c'est dans de semblables rapprochements, que consistent les découvertes.

Dans le même temps, Hévélius se rendit célèbre par d'immenses travaux, et spécialement par ses observations sur les taches et la libration de la lune. Il a existé peu d'observateurs aussi infatigables: on regrette qu'il n'ait pas voulu adopter l'application des lunettes au quart de cercle, invention qui, en donnant aux observations une précision jusqu'alors inconnue, a rendu la plupart de celles d'Hévélius inutiles à l'astronomie.

À cette époque, l'astronomie prit un nouvel essor par l'établissement des sociétés savantes. La nature est tellement variée dans ses productions et dans ses phénomènes, il est si difficile d'en pénétrer les causes, que, pour la connaître et la forcer à nous dévoiler ses lois, il faut qu'un grand nombre d'hommes réunissent leurs lumières et leurs efforts. Cette réunion devient surtout nécessaire, quand le progrès des sciences, multipliant leurs points de contact, et ne permettant plus à un seul homme de les approfondir toutes, elles ne peuvent recevoir que de plusieurs savants les secours mutuels qu'elles se demandent. Alors le physicien a recours au géomètre pour s'élever aux causes générales des phénomènes qu'il observe; et le géomètre interroge à son tour le physicien pour rendre ses recherches utiles en les appliquant à l'expérience, et pour se frayer par ces applications mêmes de nouvelles routes dans l'analyse. Mais le principal avantage des académies est l'esprit philosophique qui doit s'y introduire, et de là se répandre dans toute une nation et sur tous les objets. Le savant isolé peut se livrer sans crainte à l'esprit de système: il n'entend que de loin la contradiction qu'il éprouve. Mais dans une société savante, le choc des opinions systématiques finit bientôt par les détruire, et le désir de se convaincre mutuellement établit nécessairement entre les membres la convention de n'admettre que les résultats de l'observation et du calcul. Aussi l'expérience a-t-elle montré que depuis l'origine des académies la vraie philosophie s'est généralement répandue. En donnant l'exemple de tout soumettre à l'examen d'une raison sévère, elles ont fait disparaître les préjugés qui trop longtemps avaient régné dans les sciences, et que les meilleurs esprits des siècles précédents avaient partagés. Leur utile influence sur l'opinion a dissipé des erreurs accueillies de nos jours avec un enthousiasme qui, dans d'autres temps, les aurait perpétuées. Également éloignées de la crédulité qui fait tout admettre, et de la prévention qui porte à rejeter tout ce qui s'écarte des idées reçues, elles ont toujours sur les questions difficiles et sur les phénomènes extraordinaires, sagement attendu les réponses de l'observation et de l'expérience, en les provoquant par des prix et par leurs propres travaux. Mesurant leur estime, autant à la grandeur et à la difficulté d'une découverte qu'à son utilité immédiate, et persuadées par beaucoup d'exemples que la plus stérile en apparence peut avoir un jour des suites importantes, elles ont encouragé la recherche de la vérité sur tous les objets, n'excluant que ceux qui, par les bornes de l'entendement humain, lui seront à jamais inaccessibles, Enfin c'est de leur sein que se sont élevées ces grandes théories que leur généralité met au-dessus de la portée du vulgaire, et qui, se répandant par de nombreuses applications, sur la nature et sur les arts, sont devenues d'inépuisables sources de lumières et de jouissances. Les gouvernements sages, convaincus de l'utilité des sociétés savantes, et les envisageant comme l'un des principaux fondements de la gloire et de la prospérité des empires, les ont instituées et placées près d'eux, pour s'éclairer de leurs lumières dont souvent ils ont retiré de grands avantages.

De toutes les sociétés savantes, les deux plus célèbres par le grand nombre et par l'importance des découvertes dans l'astronomie, sont : l'Académie des sciences de Paris et la Société royale de Londres. La première fut créée en 1666, par Louis XIV, qui pressentit l'éclat que les sciences et les arts devaient répandre sur son règne. Ce monarque, dignement secondé par Colbert, invita plusieurs savants étrangers à venir se fixer dans sa capitale. Huygens se rendit à cette invitation flatteuse : il publia dans le sein de l'Académie, dont il fut un des premiers membres, son admirable ouvrage *De Horologio oscillatorio*.

Dominique Cassini fut pareillement attiré à Paris par les bienfaits de Louis XIV. Pendant quarante ans d'utiles travaux, il enrichit l'astronomie d'une foule de découvertes : telles sont la théorie des satellites de Jupiter, dont il détermina les mouvements par les observations de leurs éclipses ; la découverte de quatre satellites de Saturne, de la rotation de Jupiter et de Mars, de la lumière zodiacale ; la connaissance fort approchée de la parallaxe du soleil ; une table de réfractions très-exacte ; et surtout, la théorie complète de la libration de la lune. Galilée n'avait considéré que la libration en latitude : Hévélius expliqua la libration en longitude, en supposant que la lune présente toujours la même face au centre de l'orbe lunaire dont la terre occupe un des foyers. Newton, dans une lettre adressée à Mercator, en 1675, perfectionna l'explication d'Hévélius, en la ramenant à l'idée simple d'une rotation uniforme de la lune sur elle-même, pendant qu'elle se meut inégalement autour de la terre ; mais il supposait avec Hévélius, l'axe de rotation toujours perpendiculaire à l'écliptique. Cassini reconnut par ses propres observations, qu'il lui était un peu incliné d'un angle constant ; et pour satisfaire à la condition déjà observée par Hévélius, suivant laquelle toutes les inégalités de la libration se rétablissent à chaque révolution des nœuds de l'orbe lunaire, il fit coïncider constamment avec eux les nœuds de l'équateur lunaire. Tel a été le progrès des idées sur un des points les plus curieux du système du monde.

Le grand nombre des académiciens astronomes d'un rare mérite, et les bornes de ce précis historique, ne me permettent pas de rendre compte de leurs travaux. Je me contenterai d'observer que l'application du télescope au quart de cercle, l'invention du micromètre et de l'héliomètre, la propagation successive de la lumière, la grandeur de la terre et la diminution de la pesanteur à l'équateur, sont autant de découvertes sorties du sein de l'Académie des sciences.

L'astronomie n'est pas moins redevable à la Société royale de Londres, dont l'origine est de quelques années antérieure à celle de l'Académie des sciences. Parmi les astronomes qu'elle a produits, je citerai Flamsteed, l'un des plus grands observateurs qui aient paru ; Halley, illustre par des voyages entrepris pour l'avancement des sciences, par son beau travail sur les comètes, qui lui fit découvrir le retour de la comète de 1759, et par l'idée ingénieuse d'employer les passages de Vénus sur le soleil à la détermination de sa parallaxe. Je citerai enfin Bradley, le modèle des observateurs, et célèbre à jamais par deux des plus belles découvertes que l'on ait faites en astronomie, l'aberration des fixes et la nutation de l'axe de la terre.

Quand l'application du pendule aux horloges, et du télescope au quart de cercle, eut rendu sensibles aux observateurs les plus petits changements dans la position des corps célestes, ils cherchèrent à déterminer la parallaxe annuelle des étoiles ; car il était naturel de penser qu'une aussi grande étendue que le diamètre de l'orbe terrestre est encore sensible à la distance de ces astres. En les observant avec soin dans toutes les saisons de l'année, ils aperçurent de légères variations, quelquefois favorables, mais le plus souvent contraires aux effets de la parallaxe. Pour déterminer la loi de ces variations, il fallait un instrument d'un grand rayon, et divisé avec un soin extrême. L'artiste qui l'exécuta mérite une part dans la gloire de l'astronome qui lui dut ses découvertes. Graham, fameux horloger anglais, construisit un grand secteur avec lequel Bradley reconnut, en 1727, l'aberration des étoiles. Pour l'expliquer, ce grand astronome eut l'heureuse idée de combiner le mouvement de la terre avec celui de la lumière, que Roëmer, à la fin de l'avant-dernier siècle, avait conclu des éclipses des satellites de Jupiter. On doit être surpris que dans l'intervalle d'un demi-siècle, qui sépare cette découverte de celle de Bradley, aucun des savants très-distingués qui existaient alors, et qui tous admettaient le mouvement de la lumière, n'ait fait attention aux effets très-simples qui en résultent sur la position des étoiles. Mais l'esprit humain, si actif dans la formation des systèmes, a souvent attendu que l'observation et l'expérience lui aient fait connaître d'importantes vérités que le simple raisonnement eût pu faire découvrir. C'est ainsi que l'invention des lunettes astronomiques a suivi de plus de trois siècles celle des verres lenticulaires, et n'a même été due qu'au hasard.

En 1745, Bradley reconnut par l'observation la nutation de l'axe terrestre et ses lois. Dans toutes ces variations apparentes des étoiles, observées avec un soin extraordinaire, il n'aperçut rien qui indiquât une parallaxe sensible. On doit encore à ce grand astronome le premier aperçu des principales inégalités des satellites de Jupiter, que Wargentin ensuite a développé avec étendue. Enfin, il a laissé un recueil immense d'observations de tous les phénomènes que le ciel a présentés vers le milieu du dernier siècle, pendant plus de dix années consécutives. Le grand nombre de ces observations et la précision qui les distingue font de ce recueil l'un des principaux fondements de l'astronomie moderne, et l'époque d'où l'on doit partir maintenant dans les recherches délicates de la science. Il a servi de modèle à plusieurs recueils semblables, qui, successivement perfectionnés par le progrès des arts, sont autant de jalons placés sur la route des corps célestes pour en marquer les changements périodiques et séculaires.

A la même époque, fleurirent Lacaille en France, et Tobie Mayer en Allemagne : observateurs infatigables et laborieux calculateurs, ils ont perfectionné les théories et les Tables astronomiques, et ils ont formé sur leurs propres observations des catalogues d'étoiles, qui, comparés à celui de Bradley, fixent avec une grande exactitude l'état du ciel au milieu du dernier siècle.

Les mesures des degrés des méridiens terrestres et du pendule, multipliées dans les diverses parties du globe, opérations dont la France a donné l'exemple, en mesurant l'arc total du méridien qui la traverse, et en envoyant des académiciens au nord et à l'équateur pour y observer la grandeur de ces degrés et l'intensité de la pesanteur: l'arc du méridien compris entre Dunkerque et Formentera, déterminé par des observations très-précises, et servant de base au système de mesures, le plus naturel et le plus simple; les voyages entrepris pour observer les deux passages de Vénus sur le soleil, en 1761 et 1769, et la connaissance très-approchée des dimensions du système solaire, fruit de ces voyages ; l'invention des lunettes achromatiques, des montres marines, de l'octant, et du cercle répétiteur trouvé par Mayer et perfectionné par Borda; la formation par Mayer de Tables lunaires assez exactes pour servir à la détermination des longitudes à la mer; la découverte de la planète Uranus, faite par Herschel en 1781; celles de ses satellites et de deux nouveaux satellites de Saturne, dues au même observateur; telles sont, avec les découvertes de Bradley, les principales obligations dont l'astronomie est redevable au siècle précédent.

Le siècle actuel a commencé de la manière la plus heureuse pour l'astronomie : son premier jour est remarquable par la découverte de la planète Cérès, faite par Piazzi à Palerme ; et cette découverte a bientôt été suivie de celles des deux planètes Pallas et Vesta, par Olbers, et de la planète Junon, par Harding.

De la découverte de la pesanteur universelle.

Après avoir montré par quels efforts l'esprit humain est parvenu à découvrir les lois des mouvements célestes, il me reste à faire voir comment il s'est élevé au principe général dont elles dérivent.

Descartes essaya le premier de ramener la cause de ces mouvements à la mécanique. Il imagina des tourbillons de matière subtile, au centre desquels il plaça le soleil et les planètes. Les tourbillons des planètes entraînaient les satellites, et le tourbillon du soleil emportait les planètes, les satellites et leurs tourbillons. Les mouvements des comètes, dirigés dans tous les sens, ont fait disparaître ces tourbillons divers, comme ils avaient anéanti les cieux solides et tout l'appareil des cercles imaginés par les anciens astronomes. Ainsi Descartes ne fut pas plus heureux dans la mécanique céleste que Ptolémée dans l'astronomie; mais leurs travaux sur ces objets n'ont point été inutiles aux sciences. Ptolémée nous a transmis, à travers quatorze siècles d'ignorance, les vérités astronomiques que les anciens avaient trouvées, et qu'il avait encore accrues. Quand Descartes vint, le mouvement imprimé aux esprits par les découvertes de l'imprimerie et du nouveau monde, par les révolutions religieuses, et par le système de Copernic, les rendait avides de nouveautés. Ce philosophe, substituant à de vieilles erreurs des erreurs plus séduisantes, soutenues de l'autorité de ses travaux géométriques, renversa l'empire d'Aristote, qu'une philosophie plus sage eût difficilement ébranlé. Ses tourbillons, accueillis d'abord avec enthousiasme, étant fondés sur les mouvements de la terre et des planètes autour du soleil, contribuèrent à faire adopter ces mouvements. Mais en posant en principe qu'il fallait commencer par douter de tout, Descartes prescrivit lui-même de soumettre ses opinions à un examen sévère, et son système astronomique fut bientôt détruit par les découvertes postérieures qui, jointes aux siennes, à celles de Kepler et de Galilée, et aux idées philosophiques que l'on acquit alors sur tous les objets, ont fait de son siècle, illustré d'ailleurs par tant de chefs-d'œuvre dans la littérature et dans les beaux-arts, l'époque la plus remarquable de l'histoire de l'esprit humain.

Il était réservé à Newton de nous faire connaître le principe général des mouvements célestes. La nature, en le douant d'un profond génie, prit encore soin de le placer dans les circonstances les plus favorables. Descartes avait changé la face des sciences mathématiques par l'application féconde de l'algèbre à la théorie des courbes et des fonctions variables. Fermat avait posé les fondements de l'analyse infinitésimale par ses belles méthodes des maxima et des tangentes. Wallis, Wren et Huygens, venaient de trouver les lois de la communication du mouvement. Les découvertes de Galilée sur la chute des graves, et celles d'Huygens sur les développées et sur la force centrifuge, conduisaient à la théorie du mouvement dans les courbes. Kepler avait déterminé celles que décrivent les planètes, et il avait entrevu la gravitation universelle. Enfin, Hook avait très-bien vu que les mouvements planétaires sont le résultat d'une force primitive de projection, combinée avec la force attractive du soleil. La mécanique céleste n'attendait ainsi, pour éclore, qu'un homme de génie qui, rapprochant et généralisant ces découvertes, sût en tirer la loi de la pesanteur. C'est ce que Newton exécuta dans son ouvrage des *Principes mathématiques de la philosophie naturelle*.

Cet homme, célèbre à tant de titres, naquit à Woolstrop en Angleterre, sur la fin de 1642, l'année même de la mort de Galilée. Ses premières études mathématiques annoncèrent ce qu'il serait un jour ; une lecture rapide des livres élémentaires lui suffit pour les entendre : il parcourut ensuite la *Géométrie* de Descartes, l'*Optique* de Kepler et l'*Arithmétique des infinis* de Wallis ; et s'élevant bientôt à des inventions nouvelles, il fut, avant l'âge de vingt-sept ans, en possession de son *Calcul des fluxions*, et de sa *Théorie de la lumière*. Jaloux de son repos, et redoutant les querelles littéraires, qu'il eût mieux évitées en publiant plus tôt ses découvertes, il ne se pressa point de les mettre au jour. Le docteur Barrow, dont il était le disciple et l'ami, se démit en sa faveur de la place de professeur de mathématiques dans l'Université de Cambridge. Ce fut pendant qu'il la remplissait, que, cédant aux instances de la Société royale de Londres et aux sollicitations de Halley, il publia son ouvrage des *Principes*. L'Université de Cambridge, dont il avait défendu avec zèle les priviléges attaqués par le roi Jacques II, le choisit pour son représentant dans le parlement de convention de 1688, et dans le parlement de 1701. Il fut nommé directeur de la monnaie par le roi Guillaume, et créé chevalier par la reine Anne. Élu en 1703 président de la Société royale, il continua de l'être sans interruption. Enfin il jouit de la plus haute considération pendant sa longue vie ; et à sa mort, arrivée en 1727, l'élite de sa nation, dont il avait fait la gloire, lui rendit de grands honneurs funèbres.

En 1666, Newton, retiré à la campagne, dirigea, pour la première fois, sa pensée vers le système du monde. La pesanteur des corps au sommet des plus hautes montagnes, à très-peu près la même qu'à la surface de la terre, lui fit conjecturer qu'elle s'étend jusqu'à la lune ; et qu'en se combinant avec le mouvement de projection de ce satellite, elle lui fait décrire un orbe elliptique autour de la terre. Pour vérifier cette conjecture, il fallait connaître la loi de diminution de la pesanteur. Newton considéra que si la pesanteur terrestre retient la lune dans son orbite, les planètes doivent être retenues pareillement dans leurs orbes par leur pesanteur vers le soleil, et il le démontra par la loi des aires proportionnelles aux temps ; or, il résulte du rapport constant trouvé par Kepler, entre les carrés des temps des révolutions des planètes et les cubes des grands axes de leurs orbes, que leur force centrifuge, et par conséquent leur tendance vers le soleil, diminuent en raison du carré de leurs distances au centre de cet astre. Newton supposa donc la même loi de diminution à la pesanteur d'un corps, à mesure qu'il s'élève au-dessus de la surface de la terre (1). En partant des expériences de Galilée sur la chute des graves, il détermina la hauteur dont la lune abandonnée à elle-même descendrait vers la terre, dans un court intervalle de temps. Cette hauteur est le sinus verse de l'arc qu'elle décrit dans le même intervalle, sinus que la parallaxe lunaire donne en parties du rayon terrestre ; ainsi, pour comparer, à l'observation, la loi de la pesanteur réciproque au carré des distances, il était nécessaire de connaître la grandeur de ce rayon. Mais Newton, n'ayant alors qu'une mesure fautive du méridien terrestre, parvint à un résultat différent de celui qu'il attendait ; et soupçonnant que des forces inconnues se joignaient à la pesanteur de la lune, il abandonna ses idées. Quelques années après, une lettre du docteur Hook lui fit rechercher la nature de la courbe décrite par les projectiles autour du centre de la terre. Picard venait de mesurer en France un degré du méridien : Newton reconnut, au moyen de cette mesure, que la lune était retenue dans son orbite par le seul pouvoir de la gravité supposée réciproque au carré des distances. D'après cette loi, il trouva que la ligne décrite par les corps, dans leur chute, est une ellipse dont le centre de la terre occupe un des foyers. Considérant ensuite que Kepler avait reconnu, par l'observation, que les orbes des planètes sont pareillement des ellipses au foyer desquelles le centre du soleil est placé, il eut la satisfaction de voir que la solution qu'il avait entreprise par curiosité, s'appliquait aux plus grands objets de la nature. Il rédigea plusieurs propositions relatives au mouvement elliptique des planètes ; et le docteur Halley l'ayant engagé à les publier, il composa son ouvrage des *Principes mathématiques de la philosophie naturelle*, qui parut à la fin de l'année 1687 (2). Ces détails, que nous tenons de Pemberton, contemporain et ami de Newton, qui les a confirmés par son témoignage, prouvent que ce grand géomètre avait trouvé, en 1666, les principaux théorèmes sur la force centrifuge, qu'Huygens ne publia que six ans après, à la fin de son ouvrage *De Horologio oscillatorio*. Il est très-croyable, en effet, que

_____
(1) Parmi toutes les lois qui font évanouir l'attraction à une distance infinie, la loi de la nature est la seule dans laquelle cette supposition de Newton soit légitime.
(2) Les principes du système solaire furent posés dans l'année suivante, et Newton concourut à leur établissement.

l'auteur de la *Méthode des fluxions*, qui paraît avoir été dès lors en possession de cette méthode, a facilement découvert ces théorèmes.

Newton était parvenu à la loi de la pesanteur, au moyen du rapport entre les carrés des temps des révolutions des planètes, et les cubes des axes de leurs orbes supposés circulaires : il démontra que ce rapport a généralement lieu dans les orbes elliptiques, et qu'il indique une égale pesanteur des planètes vers le soleil, en les supposant placées à la même distance de son centre. La même égalité de pesanteur vers la planète principale existe dans tous les systèmes de satellites ; et Newton la vérifia sur les corps terrestres par des expériences très-précises que l'on a plusieurs fois répétées, et d'où il résulte que le développement des gaz, de l'électricité, de la chaleur et des affinités, dans le mélange de plusieurs substances contenues dans un vaisseau fermé, n'altèrent le poids du système ni pendant ni après le mélange.

En généralisant ensuite ses recherches, ce grand géomètre fit voir qu'un projectile peut se mouvoir dans une section conique quelconque, en vertu d'une force dirigée vers son foyer, et réciproque au carré des distances ; il développa les diverses propriétés du mouvement dans ce genre de courbes ; il détermina les conditions nécessaires pour que la courbe soit un cercle, une ellipse, une parabole ou une hyperbole, conditions qui ne dépendent que de la vitesse et de la position primitives du corps. Quelles que soient cette vitesse, cette position et la direction initiale du mouvement, Newton assigna une section conique que le corps peut décrire, et dans laquelle il doit conséquemment se mouvoir ; ce qui répond au reproche que lui fit Jean Bernoulli, de n'avoir point démontré que les sections coniques sont les seules courbes que puisse décrire un corps sollicité par une force réciproque au carré des distances. Ces recherches, appliquées au mouvement des comètes, lui apprirent que ces astres se meuvent autour du soleil, suivant les mêmes lois que les planètes, avec la seule différence que leurs ellipses sont très-allongées, et il donna le moyen de déterminer, par les observations, les éléments de ces ellipses.

La comparaison de la grandeur des orbes des satellites et de la durée de leurs révolutions, avec les mêmes quantités relatives aux planètes, lui fit connaître les masses et les densités respectives du soleil et des planètes accompagnées de satellites, et l'intensité de la pesanteur à leur surface.

En considérant que les satellites se meuvent autour de leurs planètes, à fort peu près comme si ces planètes étaient immobiles, il reconnut que tous ces corps obéissent à la même pesanteur vers le soleil. L'égalité de l'action à la réaction ne lui permit point de douter que le soleil pèse vers les planètes, et celles-ci vers leurs satellites , et même que la terre est attirée par tous les corps qui pèsent sur elle. Il étendit ensuite cette propriété à toutes les parties de la matière, et il établit en principe, que *chaque molécule de matière attire toutes les autres, en raison de sa masse et réciproquement au carré de sa distance à la molécule attirée.*

Ce principe n'est pas simplement une hypothèse qui satisfait à des phénomènes susceptibles d'être autrement expliqués, comme on satisfait de diverses manières aux équations d'un problème indéterminé. Ici le problème est déterminé par les lois observées des mouvements célestes dont ce principe est un résultat nécessaire. La pesanteur des planètes vers le soleil est démontrée par la loi des aires proportionnelles aux temps ; sa diminution en raison inverse du carré des distances est prouvée par l'ellipticité des orbes planétaires ; et la loi des carrés des temps des révolutions, proportionnels aux cubes des grands axes, montre avec évidence que la pesanteur solaire agirait également sur toutes les planètes supposées à la même distance du soleil, et dont les poids seraient par conséquent en raison des masses. L'égalité de l'action à la réaction fait voir que le soleil pèse à son tour vers les planètes, proportionnellement à leurs masses divisées par les carrés de leurs distances à cet astre. Les mouvements des satellites prouvent qu'ils pèsent à la fois vers le soleil et vers leurs planètes, qui pèsent réciproquement sur eux ; en sorte qu'il existe entre tous les corps du système solaire une attraction mutuelle, proportionnelle aux masses et réciproque au carré des distances. Enfin, leurs figures et les phénomènes de la pesanteur à la surface de la terre nous montrent que cette attraction n'appartient pas seulement à ces corps considérés en masse, mais qu'elle est propre à chacune de leurs molécules.

Parvenu à ce principe, Newton en vit découler les grands phénomènes du système du monde. En considérant la pesanteur à la surface des corps célestes, comme la résultante des attractions de toutes leurs molécules, il trouva cette propriété remarquable et caractéristique de la loi d'attraction réciproque au carré des distances, savoir : que deux sphères formées de couches concentriques et de densités variables suivant des lois quelconques, s'attirent mutuellement, comme si leurs masses étaient réunies à leurs centres ; ainsi les corps du système solaire agissent à très-peu près, comme autant de centres attractifs, les uns sur les autres et même sur les corps placés à leur surface ; résultat qui contribue à la régularité de leurs mouvements, et qui fit reconnaître à ce grand géomètre la pesanteur terrestre, dans la force par laquelle la lune est retenue dans son orbite. Il prouva que le mouvement de rotation de la terre a dû l'aplatir à ses pôles, et il détermina les lois de la variation des degrés des méridiens et de la pesanteur à sa surface. Il vit que les attractions du soleil et de la lune font naître et entretiennent dans l'Océan les oscillations que l'on y observe sous le nom de *flux et reflux de la mer*. Il reconnut que plusieurs inégalités de la lune et le mouvement rétrograde de ses nœuds sont dus à l'action du soleil. Envisageant ensuite le renflement du sphéroïde terrestre à l'équateur, comme un système de satellites adhérents à sa surface, il trouva que les actions combinées du soleil et de la lune tendent à faire rétrograder les nœuds des cercles qu'ils décrivent autour de l'axe de la terre, et que toutes ces tendances, en se communiquant à la masse entière de cette planète, doivent produire dans l'intersection de son équateur avec l'écliptique cette rétrogradation lente que l'on nomme *précession des équinoxes*. Ainsi la cause de ce grand phénomène, dépendant de l'aplatissement de la terre et du mouvement rétrograde que l'action du soleil imprime aux nœuds des satellites, ce que Newton a, le premier, fait connaître, elle n'avait pu, avant lui, être soupçonnée. Kepler lui-même, porté par une imagination active à tout expliquer par des hypothèses, s'était vu contraint d'avouer sur cet objet l'inutilité de ses efforts.

Mais, à l'exception de ce qui concerne le mouvement elliptique des planètes et des comètes, l'attraction des corps sphériques, et le rapport des masses des planètes accompagnées de satellites, à celle du soleil, toutes ces découvertes n'ont été qu'ébauchées par Newton. Sa théorie de la figure des planètes est limitée par la supposition de leur homogénéité. Sa solution du problème de la précession des équinoxes, quoique fort ingénieuse et malgré l'accord apparent de son résultat avec les observations, est défectueuse à plusieurs égards. Dans le grand nombre des perturbations des mouvements célestes, il n'a considéré que celles du mouvement lunaire, dont la plus grande, l'évection, a échappé à ses recherches. Il a bien établi l'existence du principe qu'il a découvert; mais le développement de ses conséquences et de ses avantages a été l'ouvrage des successeurs de ce grand géomètre. L'imperfection du calcul infinitésimal à sa naissance ne lui a pas permis de résoudre complétement les problèmes difficiles qu'offre la théorie du système du monde; et il a été souvent forcé de ne donner que des aperçus toujours incertains, jusqu'à ce qu'ils aient été vérifiés par une rigoureuse analyse. Malgré ces défauts inévitables, l'importance et la généralité des découvertes sur ce système et sur les points les plus intéressants de la physique mathématique, un grand nombre de vues originales et profondes, qui ont été le germe des plus brillantes théories des géomètres du dernier siècle, tout cela présenté avec beaucoup d'élégance, assure à l'ouvrage des *Principes* la prééminence sur les autres productions de l'esprit humain.

Il n'en est pas des sciences comme de la littérature. Celle-ci a des limites qu'un homme de génie peut atteindre, lorsqu'il emploie une langue perfectionnée. On le lit avec le même intérêt dans tous les âges, et sa réputation, loin de s'affaiblir par le temps, s'augmente par les vains efforts de ceux qui cherchent à l'égaler. Les sciences, au contraire, sans bornes comme la nature, s'accroissent à l'infini par les travaux des générations successives : le plus parfait ouvrage, en les élevant à une hauteur d'où elles ne peuvent désormais descendre, donne naissance à de nouvelles découvertes, et prépare ainsi des ouvrages qui doivent l'effacer. D'autres présenteront, sous un point de vue plus général et plus simple, les théories exposées dans le livre des *Principes*, et toutes les vérités qu'il a fait éclore; mais il restera comme monument de la profondeur du génie qui nous a révélé la plus grande loi de l'univers.

Cet ouvrage et le traité non moins original du même auteur sur l'optique réunissent au mérite des découvertes celui d'être les meilleurs modèles que l'on puisse se proposer dans les sciences, et dans l'art délicat de faire les expériences et de les assujettir au calcul. On y voit les plus heureuses applications de la méthode qui consiste à s'élever par une suite d'inductions des phénomènes aux causes, et à redescendre ensuite de ces causes à tous les détails des phénomènes.

Les lois générales sont empreintes dans tous les cas particuliers; mais elles y sont compliquées de tant de circonstances étrangères, que la plus grande adresse est souvent nécessaire pour les découvrir. Il faut choisir ou faire naître les phénomènes les plus propres à cet objet, les multiplier en variant leurs circonstances, et observer ce qu'ils ont de commun entre eux. Ainsi, l'on s'élève successivement à des rapports de plus en plus étendus, et l'on parvient enfin aux lois générales que l'on vérifie, soit par des preuves ou par des expériences directes, lorsque cela est possible; soit en examinant si elles satisfont à tous les phénomènes connus.

Telle est la méthode la plus sûre qui puisse nous guider dans la recherche de la vérité. Aucun philosophe n'a été plus que Newton fidèle à cette méthode : aucun n'a possédé à un plus haut point ce tact heureux qui, faisant discerner dans les objets les principes généraux qu'ils recèlent, constitue le véritable génie des sciences; tact qui lui fit reconnaître dans la chute d'un corps le principe de la pesanteur universelle. Les savants anglais ses contemporains adoptèrent, à son exemple, la méthode des inductions, qui devint alors la base d'un grand nombre d'excellents ouvrages sur la physique et l'analyse. Les philosophes de l'antiquité, suivant une route contraire, et se plaçant à la source de tout, imaginèrent des causes générales pour tout expliquer. Leur méthode, qui n'avait enfanté que de vains systèmes, n'eut pas plus de succès entre les mains de Descartes. Au temps de Newton, Leibnitz, Mallebranche et d'autres philosophes l'employèrent avec aussi peu d'avantages. Enfin, l'inutilité des hypothèses qu'elle a fait imaginer, et les progrès dont les sciences sont redevables à la méthode des inductions, ont ramené les bons esprits à cette dernière méthode que le chancelier Bacon avait établie avec toute la force de la raison et de l'éloquence, et que Newton a plus fortement encore recommandée par ses découvertes.

A l'époque où elles parurent, Descartes venait de substituer aux qualités occultes des péripatéticiens, les idées intelligibles de mouvement, d'impulsion et de force centrifuge. Son ingénieux système des tourbillons, fondé sur ces idées, avait été avidement reçu des savants que rebutaient les doctrines obscures et insignifiantes de l'école, et ils crurent voir renaître dans l'attraction universelle ces qualités occultes que le philosophe français avait si justement proscrites. Ce ne fut qu'après avoir reconnu le vague des explications cartésiennes, que l'on envisagea l'attraction comme Newton l'avait présentée, c'est-à-dire comme un fait général auquel il s'était élevé par une suite d'inductions, et d'où il était redescendu pour expliquer les mouvements célestes. Ce grand homme aurait mérité, sans doute, le reproche de rétablir les qualités occultes ; s'il se fût contenté d'attribuer à l'attraction universelle le mouvement elliptique des planètes et des comètes, les inégalités du mouvement de la lune, celle des degrés terrestres et de la pesanteur, la précession des équinoxes, et le flux et reflux de la mer ; sans montrer la liaison de son principe avec ces phénomènes. Mais les géomètres, en rectifiant et en généralisant ses démonstrations, ayant trouvé le plus parfait accord entre les observations et les résultats de l'analyse, ils ont unanimement adopté sa théorie du système du monde, devenue par leurs recherches la base de toute l'astronomie. Cette liaison analytique des faits particuliers avec un fait général est ce qui constitue une théorie. C'est ainsi qu'ayant déduit, par un calcul rigoureux, tous les effets de la capillarité, du seul principe d'une attraction mutuelle entre les molécules de la matière, qui ne devient sensible qu'à des distances imperceptibles, nous pouvons nous flatter d'avoir la vraie théorie de ce phénomène. Quelques savants, frappés des avantages produits par l'admission de principes dont les causes sont inconnues, ont ramené dans plusieurs branches des sciences naturelles, les qualités occultes des anciens, et leurs explications insignifiantes. Envisageant la philosophie newtonienne sous le même point de vue qui la fit rejeter des Cartésiens, ils lui ont assimilé leurs doctrines qui n'ont cependant rien de commun avec elle dans le point le plus important, l'accord rigoureux des résultats avec les phénomènes.

C'est au moyen de la synthèse que Newton a exposé sa théorie du système du monde. Il paraît cependant qu'il avait trouvé la plupart de ses théorèmes par l'analyse dont il a reculé les limites, et à laquelle il convient lui-même qu'il était redevable de ses résultats généraux sur les quadratures.

Mais sa prédilection pour la synthèse et sa grande estime pour la géométrie des anciens lui firent traduire, sous une forme synthétique, ses théorèmes et sa méthode même des fluxions; et l'on voit par les règles et par les exemples qu'il a donnés de ces traductions, combien il y attachait d'importance. On doit regretter avec les géomètres de son temps, qu'il n'ait pas suivi dans l'exposition de ses découvertes, la route par laquelle il y était parvenu; et qu'il ait supprimé les démonstrations de plusieurs résultats, paraissant préférer le plaisir de se faire deviner à celui d'éclairer ses lecteurs. La connaissance de la méthode, qui a guidé l'homme de génie, n'est pas moins utile au progrès de la science et même à sa propre gloire que ses découvertes : cette méthode en est souvent la partie la plus intéressante, et si Newton, au lieu d'énoncer simplement l'équation différentielle du solide de la moindre résistance, eût en même temps présenté toute son analyse, il aurait eu l'avantage de donner le premier essai de la méthode des variations, l'une des branches les plus fécondes de l'analyse moderne.

La préférence de ce grand géomètre pour la synthèse, et son exemple ont, peut-être, empêché ses compatriotes de contribuer, autant qu'ils l'auraient pu, aux accroissements que l'astronomie a reçus par l'application de l'analyse au principe de la pesanteur universelle. Cette préférence s'explique par l'élégance avec laquelle il a su lier sa théorie des mouvements curvilignes aux recherches des anciens sur les sections coniques, et aux belles découvertes qu'Huygens venait de publier suivant cette méthode. La synthèse géométrique a d'ailleurs la propriété de ne faire jamais perdre de vue son objet, et d'éclairer la route entière qui conduit des premiers axiomes à leurs dernières conséquences; au lieu que l'analyse algébrique nous fait bientôt oublier l'objet principal pour nous occuper de combinaisons abstraites, et ce n'est qu'à la fin qu'elle nous y ramène. Mais en s'isolant ainsi des objets, après en avoir pris ce qui est indispensable pour arriver au résultat que l'on cherche; en s'abandonnant ensuite aux opérations de l'analyse, et réservant toutes ses forces pour vaincre les difficultés qui se présentent, on est conduit par la généralité de cette méthode, et par l'inestimable avantage de transformer le raisonnement en procédés mécaniques, à des résultats souvent inaccessibles à la synthèse. Telle est la fécondité de l'analyse, qu'il suffit de traduire dans cette langue universelle les vérités particulières, pour voir sortir de leurs expressions une foule de vérités nouvelles et inattendues. Aucune langue n'est autant susceptible de l'élégance qui naît du développement d'une longue suite d'expressions enchaînées les unes aux autres, et découlant toutes d'une même idée fondamentale. L'analyse réunit encore à ces avantages celui de pouvoir toujours conduire aux méthodes les plus simples : il ne s'agit pour cela que de l'appliquer d'une manière convenable, par un choix heureux des inconnues, et en donnant aux résultats la forme la plus facile à construire géométriquement, ou à réduire en nombres : Newton lui-même en offre beaucoup d'exemples dans son *Arithmétique universelle*. Aussi les géomètres modernes, convaincus de cette supériorité de l'analyse, se sont spécialement appliqués à étendre son domaine et à reculer ses bornes (1).

Cependant, les considérations géométriques ne doivent point être abandonnées ; elles sont de la plus grande utilité dans les arts. D'ailleurs, il est curieux de se figurer dans l'espace les divers résultats de l'analyse ; et réciproquement, de lire toutes les modifications des lignes et des surfaces, et les variations du mouvement des corps dans les équations qui les expriment. Ce rapprochement de la géométrie et de l'analyse répand un nouveau jour sur ces deux sciences : les opérations intellectuelles de celle-ci, rendues sensibles par les images de la première, sont plus faciles à saisir, plus intéressantes à suivre ; et quand l'observation réalise ces images et transforme les résultats géométriques en lois de la nature ; quand ces lois, en embrassant l'univers, dévoilent à nos yeux ses états passés età venir, la vue de ce sublime spectacle nous fait éprouver le plus noble des plaisirs réservés à la nature humaine.

Environ cinquante ans s'écoulèrent depuis la découverte de l'attraction, sans que l'on y ajoutât rien de remarquable. Il fallut tout ce temps à cette grande vérité, pour être généralement comprise, et pour surmonter les obstacles que lui opposaient l'opinion admise sur le continent, que l'on devait, à l'exemple de Descartes, expliquer mécaniquement la pesanteur ; les divers systèmes imaginés pour cet objet, et l'autorité de plusieurs grands géomètres qui la combattirent, peut-être par amour-propre, mais qui cependant en ont hâté le progrès par leurs travaux sur l'analyse infinitésimale. Parmi les contemporains de Newton, **Huygens**, fait plus qu'aucun autre pour apprécier le mérite de cette découverte, admit la gravitation des grands corps célestes les uns vers les autres, en raison inverse du carré des distances, et tous les résultats que Newton en avait déduits sur le mouvement elliptique des planètes, des satellites et des comètes, et sur la pesanteur à la surface des planètes accompagnées de satellites. Il rendit à Newton, sous ces rapports, toute la justice qui

(1) Les premières applications de l'analyse aux mouvements de la lune offrirent un exemple de cette supériorité : elles donnèrent avec facilité, non-seulement l'inégalité de la variation, que Newton avait obtenue difficilement par un procédé synthétique, mais encore l'évection qu'il n'avait pas même essayé de rattacher à la loi de la pesanteur. Il serait certainement impossible de parvenir par la synthèse aux nombreuses inégalités lunaires dont les valeurs, déterminées par l'analyse, représentent les observations aussi exactement que nos meilleures tables formées par la combinaison d'un nombre immense d'observations avec la théorie.

lui était due. Mais de fausses idées sur la cause de la gravité, lui firent rejeter l'attraction de molécule à molécule, et les théories de la figure des planètes et de la variation de la pesanteur à leur surface, qui en dépendent. On doit cependant observer que la loi de la gravitation universelle n'avait pas, pour les contemporains de Newton et pour Newton lui-même, toute la certitude que le progrès des sciences mathématiques et des observations lui ont donnée. Euler et Clairaut qui les premiers, avec d'Alembert, appliquèrent l'analyse aux perturbations des mouvements célestes, ne la jugèrent pas suffisamment établie, pour attribuer à l'inexactitude des approximations ou du calcul les différences qu'ils trouvèrent entre l'observation et leurs résultats sur les mouvements de Saturne et du périgée lunaire. Mais ces trois grands géomètres et leurs successeurs, ayant rectifié ces résultats, perfectionné les méthodes, et porté les approximations aussi loin qu'il est nécessaire, sont enfin parvenus à expliquer par la seule loi de la pesanteur tous les phénomènes du système du monde, et à donner aux théories et aux tables astronomiques une précision inespérée. Il n'y a pas encore trois siècles que Copernic introduisit dans ces tables les mouvements de la terre et des autres planètes autour du soleil. Environ un siècle après, **Kepler** y fit entrer les lois du mouvement elliptique, qui dépendent de la seule attraction solaire. Maintenant elles renferment les nombreuses inégalités qui naissent de l'attraction mutuelle des corps du système planétaire : tout empirisme en est banni ; et elles n'empruntent de l'observation que les données indispensables.

C'est principalement dans ces applications de l'analyse que se manifeste la puissance de ce merveilleux instrument sans lequel il eût été impossible de pénétrer un mécanisme aussi compliqué dans ses effets qu'il est simple dans sa cause. Le géomètre embrasse présentement dans ses formules l'ensemble du système solaire et ses variations successives. Il remonte aux divers états de ce système dans les temps les plus reculés, et il redescend à tous ceux que les temps à venir dévoileront aux observateurs. Il voit ces grands changements, dont l'entier développement exige des millions d'années, se renouveler en peu de siècles, dans le système des satellites de Jupiter, par la promptitude de leurs révolutions, et y produire de singuliers phénomènes entrevus par les astronomes, mais trop compliqués ou trop lents pour qu'ils en aient pu déterminer les lois. La théorie de la pesanteur, devenue par tant d'applications un moyen de découvertes aussi certain quel'et servation elle-même, a fait connaître ces lois et beaucoup d'autres dont les plus remarquables sont la grande inégalité de Jupiter et de Saturne, les équations séculaires des mouvements de la lune par rapport à ses nœuds et à son périgée, et le beau rapport qui existe entre les mouvements des trois premiers satellites de Jupiter.

Par ce moyen, le géomètre a su tirer des observations, comme d'une mine féconde, les éléments les plus importants de l'astronomie, qui sans l'analyse y resteraient éternellement cachés. Il a déterminé les valeurs respectives des masses du soleil, des planètes et des satellites, par les révolutions de ces différents corps et par le développement de leurs inégalités périodiques et séculaires : la vitesse de la lumière et l'ellipticité de Jupiter lui ont été données, par les éclipses des satellites, avec plus de précision que par l'observation directe : il a conclu la rotation d'Uranus, de Saturne et de son anneau, et l'aplatissement de ces deux planètes, de la position respective des orbes de leurs satellites : les parallaxes du soleil et de la lune, et l'ellipticité même du sphéroïde terrestre, se sont manifestées dans les inégalités lunaires ; car on a vu que la lune, par son mouvement, décèle à l'astronomie perfectionnée l'aplatissement de la terre dont elle fit connaître la rondeur aux premiers astronomes par ses éclipses. Enfin, par une combinaison heureuse de l'analyse avec les observations, la lune, qui semble avoir été donnée à la terre pour l'éclairer pendant les nuits, est encore devenue le guide le plus assuré du navigateur qu'elle garantit des dangers auxquels il fut exposé longtemps par les erreurs de son estime. La perfection de la théorie lunaire, à laquelle il doit ce précieux avantage et celui de fixer avec exactitude la position des lieux où il attère, est le fruit des travaux des géomètres, depuis un demi-siècle ; et pendant ce court intervalle, la géographie, accrue par l'usage des Tables lunaires et des montres marines, a fait plus de progrès que dans tous les siècles précédents. Ces théories sublimes réunissent ainsi tout ce qui peut donner du prix aux découvertes : la grandeur et l'utilité de l'objet, la fécondité des résultats et le mérite de la difficulté vaincue.

Il a fallu, pour y parvenir, perfectionner à la fois la mécanique, l'optique, les observations et l'analyse, qui sont principalement redevables de leurs accroissements rapides aux besoins de la physique céleste. On pourra la rendre encore plus exacte et plus simple ; mais la postérité verra sans doute avec reconnaissance que les géomètres modernes ne lui auront transmis aucun phénomène astronomique dont ils n'aient déterminé les lois et la cause. On doit à la France la justice d'observer, que si l'Angleterre a eu l'avantage de donner naissance à la découverte de la pesanteur universelle, c'est principalement aux géomètres français, et aux prix décernés par l'Académie des sciences, que sont dus les nombreux développements de cette découverte, et la révolution qu'elle a produite dans l'astronomie (1).

(1) L'histoire de l'astronomie doit citer avec reconnaissance le nom d'un magistrat, l'un de ses plus utiles bienfaiteurs. En 1714, M. Rouillé de Meslay, conseiller au parlement de Paris, légua par testament à l'Académie des sciences une somme consi-

L'attraction régulatrice du mouvement et de la figure des corps célestes n'est pas la seule qui existe entre leurs molécules : elles obéissent encore à des forces attractives dont dépend la constitution intime des corps, et qui ne sont sensibles qu'à des distances imperceptibles à nos sens. Newton a donné le premier exemple du calcul de ce genre de forces, en démontrant que dans le passage de la lumière, d'un milieu transparent dans un autre, l'attraction des milieux la réfracte de manière que les sinus de réfraction et d'incidence sont toujours en raison constante ; ce que l'expérience avait déjà fait connaître. Ce grand physicien, dans son *Traité d'optique*, a fait dériver de semblables forces la cohésion, les affinités, les phénomènes chimiques alors connus, et ceux de la capillarité. Il a posé ainsi les vrais principes de la chimie, dont l'adoption générale a été plus tardive encore que celle du principe de la pesanteur. Cependant il n'a donné qu'une explication imparfaite des phénomènes capillaires, et leur théorie complète a été l'ouvrage de ses successeurs.

Le principe de la pesanteur universelle est-il une loi primordiale de la nature, ou n'est-il qu'un effet général d'une cause inconnue ? Ne peut-on pas ramener à ce principe les affinités ? Newton, plus circonspect que plusieurs de ses disciples, ne s'est point prononcé sur ces questions auxquelles l'ignorance où nous sommes des propriétés intimes de la matière ne permet pas de répondre d'une manière satisfaisante. Au lieu de former sur cela des hypothèses, bornons-nous à présenter quelques réflexions sur ce principe et sur la manière dont il a été employé par les géomètres. La loi très-simple qu'il énonce est celle des émanations qui partent d'un centre. Elle paraît être la loi de toutes les forces dont l'action se fait apercevoir à des distances sensibles, comme on l'a reconnu dans les forces électriques et magnétiques. Ainsi cette loi, répondant exactement à tous les phénomènes, doit être regardée par sa simplicité et par sa généralité comme rigoureuse. Une de ses propriétés remarquables est que si les dimensions de tous les corps de l'univers, leurs distances mutuelles et leurs vitesses venaient à croître ou à diminuer proportionnellement, ils décriraient des courbes entièrement semblables à celles qu'ils décrivent ; en sorte que l'univers, réduit ainsi successi-

dérable pour fonder deux prix annuels sur le perfectionnement des théories astronomiques et des moyens d'obtenir les longitudes à la mer. Ces prix ont été remportés successivement par les plus grands géomètres étrangers, et les profondes recherches contenues dans leurs pièces couronnées par l'Académie ont rempli complétement les vues du fondateur. Un moyen insignifiant d'obtenir les longitudes à la mer, que M. Rouillé de Meslay avait présenté dans son testament, avec réserve, servit de prétexte à ses héritiers pour attaquer ce testament. L'Académie des sciences le défendit, et, fort heureusement pour l'astronomie et pour la géographie, le procès fut jugé en sa faveur.

vement jusqu'au plus petit espace imaginable, offrirait toujours les mêmes apparences à ses observateurs. Ces apparences sont par conséquent indépendantes des dimensions de l'univers, comme en vertu de la loi de proportionnalité de la force à la vitesse, elles sont indépendantes du mouvement absolu qu'il peut avoir dans l'espace. La simplicité des lois de la nature ne nous permet donc d'observer et de connaître que des rapports.

La loi de l'attraction donne aux corps célestes la propriété de s'attirer, à très-peu près comme si leurs masses étaient réunies à leurs centres de gravité : elle donne encore à leurs surfaces et aux orbes qu'ils décrivent la forme elliptique, la plus simple après les formes sphérique et circulaire, que l'antiquité jugea essentielles aux astres et à leurs mouvements.

L'attraction se communique-t-elle dans un instant d'un corps à l'autre ? La durée de sa transmission, si elle était sensible pour nous, se manifesterait principalement par une accélération séculaire dans le mouvement de la lune. On avait proposé ce moyen d'expliquer l'accélération que l'on observe dans ce mouvement ; et l'on trouvait que pour satisfaire aux observations, il fallait attribuer à la force attractive une vitesse sept millions de fois plus grande que celle d'un rayon lumineux. La cause de l'équation séculaire de la lune, étant aujourd'hui bien connue, nous pouvons affirmer que l'attraction se transmet cinquante millions de fois au moins plus promptement que la lumière. On peut donc, sans craindre aucune erreur sensible, considérer sa transmission comme instantanée.

L'attraction peut encore faire naître et entretenir sans cesse le mouvement dans un système de corps primitivement en repos ; car il n'est pas vrai de dire avec plusieurs philosophes, qu'elle doit à la longue, les réunir tous à leur centre commun de gravité. Les seuls éléments qui doivent toujours rester nuls sont le mouvement de ce centre, et la somme des aires décrites autour de lui dans un temps donné, par toutes les molécules du système projeté sur un plan quelconque.

Considérations sur le système du monde et sur les progrès futurs de l'astronomie.

Le précis que nous venons de donner de l'histoire de l'astronomie offre trois périodes bien distincts, qui se rapportent aux phénomènes, aux lois qui les régissent, et aux forces dont ces lois dépendent, nous montrent la route que cette science a suivie dans ses progrès, et que les autres sciences naturelles doivent suivre à son exemple. Le premier période embrasse les observations des astronomes antérieurs à Copernic sur les apparences des mouvements célestes, et les hypothèses qu'ils ont imaginées pour expliquer ces apparences et pour les soumettre au calcul. Dans le second période, Copernic déduit de ces apparences les mouvements de la terre sur elle-même et autour du soleil, et Kepler

découvre les lois des mouvements planétaires. Enfin dans le troisième période, Newton, en s'appuyant sur ces lois, s'élève au principe de la gravitation universelle ; et les géomètres, appliquant l'analyse à ce principe, en font dériver tous les phénomènes astronomiques et les nombreuses inégalités du mouvement des planètes, des satellites et des comètes. L'astronomie est ainsi devenue la solution d'un grand problème de mécanique, dont les éléments des mouvements célestes sont les constantes arbitraires. Elle a toute la certitude qui résulte du nombre immense et de la variété des phénomènes rigoureusement expliqués, et de la simplicité du principe qui suffit seul à ces explications. Loin d'avoir à craindre qu'un astre nouveau ne démente ce principe, on peut affirmer d'avance que son mouvement y sera conforme : c'est ce que nous avons vu nous-mêmes à l'égard d'Uranus et des quatre planètes télescopiques récemment découvertes ; et chaque apparition de comète en fournit une nouvelle preuve.

Telle est donc, sans aucun doute, la constitution du système solaire. Le globe immense du soleil, foyer principal des mouvements divers de ce système, tourne en vingt-cinq jours et demi sur lui-même : sa surface est recouverte d'un océan de matière lumineuse ; au delà, les planètes avec leurs satellites se meuvent dans des orbes presque circulaires, et sur des plans peu inclinés à l'équateur solaire. D'innombrables comètes, après s'être approchées du soleil, s'en éloignent à des distances qui prouvent que son empire s'étend beaucoup plus loin que les limites connues du système planétaire. Non-seulement cet astre agit par son attraction sur tous ces globes, en les forçant à se mouvoir autour de lui, mais il répand sur eux sa lumière et sa chaleur. Son action bienfaisante fait éclore les animaux et les plantes qui couvrent la terre, et l'analogie nous porte à croire qu'il produit de semblables effets sur les planètes ; car il est naturel de penser que la matière dont nous voyons la fécondité se développer en tant de manières, n'est pas stérile sur une aussi grosse planète que Jupiter qui, comme le globe terrestre, a ses jours, ses nuits et ses années, et sur lequel les observations indiquent des changements qui supposent des forces très-actives. L'homme fait pour la température dont il jouit sur la terre, ne pourrait pas, selon toute apparence, vivre sur les autres planètes : mais ne doit-il pas y avoir une infinité d'organisations relatives aux diverses températures des globes de cet univers ? Si la seule différence des éléments et des climats met tant de variétés dans les productions terrestres, combien plus doivent différer celles des diverses planètes et de leurs satellites ? L'imagination la plus active ne peut s'en former aucune idée ; mais leur existence est, au moins, fort vraisemblable.

Quoique les éléments du système des planètes soient arbitraires, cependant ils ont entre eux des rapports qui peuvent nous éclairer sur son origine. En le considérant avec attention, on est étonné de voir toutes les planètes se mouvoir autour du soleil, d'occident en orient, et presque dans le même plan ; les satellites en mouvement autour de leurs planètes, dans le même sens et à peu près dans le même plan que les planètes ; enfin, le soleil, les planètes et les satellites dont on a observé les mouvements de rotation, tournant sur eux-mêmes, dans le sens et à peu près dans le plan de leurs mouvements de projection. Les satellites offrent à cet égard une singularité remarquable : leur mouvement de rotation est exactement égal à leur mouvement de révolution, en sorte qu'ils présentent constamment le même hémisphère à leur planète. C'est du moins ce que l'on observe pour la lune, pour les quatre satellites de Jupiter et pour le dernier satellite de Saturne, les seuls satellites dont on ait reconnu jusqu'ici la rotation.

Des phénomènes aussi extraordinaires ne sont point l'effet du hasard. En soumettant au calcul leur probabilité, on trouve qu'il y a plus de deux cent mille milliards à parier contre un, qu'ils ne sont point l'effet du hasard ; ce qui forme une probabilité bien supérieure à celle de la plupart des événements historiques sur lesquels nous ne nous permettons aucun doute. Nous devons donc croire, au moins avec la même confiance, qu'une cause primitive a dirigé les mouvements planétaires (1).

Un autre phénomène également remarquable du système solaire est le peu d'excentricité des orbes des planètes et des satellites, tandis que ceux des comètes sont fort allongés, les orbes de ce système n'offrant point de nuances intermédiaires entre une grande et une petite excentricité. Nous sommes encore forcés de reconnaître ici l'effet d'une cause régulière : le hasard n'eût point donné une forme presque circulaire aux orbes de toutes les planètes ; il est donc nécessaire que la cause qui a déterminé le mouvements de ces corps les ait rendus presque circulaires : il faut de plus que la grande excentricité des orbes des comètes, et la direction de leur mouvement dans tous les sens, en soient des résultats nécessaires.

Quelle est cette cause primitive ? Puisqu'elle a produit ou dirigé les mouvements des planètes, il faut qu'elle ait embrassé tous ces corps ; et vu les distances qui les séparent, elle ne peut avoir été qu'un fluide d'une immense étendue. Ce fluide n'a pu leur donner un mouvement presque circulaire

(1) Il est bon de remarquer que par ces mots : *cause primitive*, Laplace n'entend pas le Créateur ; car on ne saurait s'imaginer, quelque incrédule que l'on soit, de remplacer Dieu par un fluide d'une immense étendue. Nous aimons mieux penser que l'auteur n'a voulu désigner ici que le moyen matériel que l'auteur de toutes choses avait employé (dans l'hypothèse hasardée dont il s'agit) pour imprimer aux astres la disposition, direction et mouvement qu'on semble craindre ici d'attribuer à la suprême intelligence.

DICTIONN. DES INVENTIONS.

autour du soleil dans le sens du mouvement de rotation de cet astre, et dirigé à peu près dans le plan de l'équateur solaire, sans avoir eu lui-même un mouvement semblable ; il environnait donc le soleil comme une atmosphère. La considération des mouvements planétaires nous conduit ainsi à penser qu'en vertu d'une chaleur excessive, l'atmosphère du soleil s'est primitivement étendue au delà des orbes de toutes les planètes, et qu'elle s'est resserrée successivement jusqu'à ses limites actuelles. Si les planètes avaient pénétré profondément dans cette atmosphère, sa résistance les aurait fait tomber sur le soleil ; on peut donc conjecturer qu'elles ont été formées à ses limites successives par la condensation des zones de vapeurs qu'elle a dû, en se refroidissant, abandonner dans le plan de son équateur. Les satellites ont pu être formés de la même manière, par la condensation des atmosphères des planètes : il paraît même difficile d'assigner une autre origine à l'anneau de Saturne. Je m'éloignerais trop de mon sujet en rapportant ici les développements de cette hypothèse, que j'ai donnés dans l'*Exposition du système du monde*, où, malgré la vraisemblance qui en résulte, je l'ai présentée avec la défiance que doit inspirer tout ce qui n'est point un résultat direct de l'observation ou du calcul.

Quoi qu'il en soit de la vérité de ces conjectures, il est certain que les éléments du système planétaire sont ordonnés de manière qu'il doit jouir de la plus grande stabilité, si des causes étrangères ne viennent point la troubler. Par cela seul que les mouvements des planètes et des satellites sont presque circulaires et dirigés dans le même sens et dans des plans peu différents, ce système ne fait qu'osciller autour d'un état moyen dont il ne s'écarte jamais que de quantités très-petites. Les moyens mouvements de rotation et de révolution de ces divers corps sont uniformes, et leurs distances moyennes aux foyers des forces principales qui les animent, sont constantes : toutes les inégalités séculaires sont périodiques. Les plus considérables sont celles qui affectent les mouvements de la lune par rapport à son périgée, à ses nœuds et au soleil : elles s'élèvent à plusieurs circonférences ; mais après un très-grand nombre de siècles, elles se rétablissent. Dans ce long intervalle, toutes les parties de la surface lunaire se présenteraient successivement à la terre, sans l'attraction du sphéroïde terrestre qui, faisant participer la rotation de la lune à ces grandes inégalités, ramène sans cesse vers nous le même hémisphère de ce satellite, et rend l'autre hémisphère invisible à jamais. C'est ainsi que l'attraction réciproque des trois premiers satellites de Jupiter a primitivement établi et maintenu le rapport que l'on observe entre leurs moyens mouvements, et qui consiste, en ce que la longitude moyenne du premier satellite, moins trois fois celle du second, plus deux fois celle du troisième, est constamment égale à deux angles droits. En vertu

12

des attractions célestes, la grandeur de l'année sur chaque planète, est toujours à très-peu près la même : le changement d'inclinaison de son orbite à son équateur, renfermé dans d'étroites limites, ne peut apporter que de légères variétés dans la température des saisons. Il semble que la nature ait tout disposé dans le ciel pour assurer la durée du système planétaire, par des vues semblables à celles qu'elle nous paraît suivre si admirablement sur la terre, pour la conservation des individus, et pour la perpétuité des espèces (1).

Cette considération seule expliquerait la disposition de ce système, si le géomètre ne devait pas étendre plus loin sa vue, et chercher dans les lois primordiales de la nature, la cause des phénomènes le plus indiqués par l'ordre de l'univers. Déjà quelques-uns d'eux ont été ramenés à ces lois. Ainsi la stabilité des pôles de la terre à sa surface, et celle de l'équilibre des mers, l'une et l'autre si nécessaires à la conservation des êtres organisés, ne sont qu'un simple résultat du mouvement de rotation, et de la pesanteur universelle. Par sa rotation, la terre a été aplatie, et son axe de révolution est devenu l'un de ses axes principaux; ce qui rend invariables les climats et la durée du jour. En vertu de la pesanteur, les couches terrestres les plus denses se sont rapprochées du centre de la terre dont la moyenne densité surpasse ainsi celle des eaux qui la recouvrent; ce qui suffit pour assurer la stabilité de l'équilibre des mers, et pour mettre *un frein à la fureur des flots.* Ces phénomènes et quelques autres semblablement expliqués, autorisent à penser que tous dépendent de ces lois par des rapports plus ou moins cachés; mais dont il est plus sage d'avouer l'ignorance, que d'y substituer des causes imaginées par le seul besoin de calmer notre inquiétude sur l'origine des choses qui nous intéressent. Parcourons l'histoire des progrès de l'esprit humain et de ses erreurs, nous y verrons les causes finales reculées constamment aux bornes de ses connaissances. Ces mêmes causes que Newton transporta aux limites du système solaire, étaient, il n'y a pas longtemps, placées dans l'atmosphère, pour expliquer les météores; elles ne sont donc, aux yeux du philosophe, que l'expression de l'i-

gnorance où nous sommes des véritables causes.

Portons maintenant nos regards au delà du système solaire, sur ces innombrables soleils répandus dans l'immensité de l'espace, à un éloignement de nous tel, que le diamètre entier de l'orbe terrestre, observé de leur centre, serait insensible. Plusieurs étoiles éprouvent, dans leur couleur et dans leur clarté, des changements périodiques remarquables : ils indiquent à la surface de ces astres, de grandes taches que des mouvements de rotation présentent et dérobent alternativement à nos yeux. D'autres étoiles ont paru tout à coup, et ont ensuite disparu après avoir brillé pendant plusieurs mois d'un vif éclat. Telle fut l'étoile observée par Tycho-Brahé en 1572, dans la constellation de Cassiopée. En très-peu de temps, elle surpassa la clarté des plus brillantes étoiles et de Jupiter même : on la voyait en plein jour. Sa lumière s'affaiblit ensuite, et elle disparut seize mois après sa découverte. Sa couleur éprouva des variations considérables : elle fut d'abord d'un blanc éclatant, ensuite d'un jaune rougeâtre, et enfin d'un blanc plombé comme Saturne. Quels changements prodigieux ont dû s'opérer sur ces grands corps, pour être aussi sensibles à la distance qui nous en sépare! Combien ils doivent surpasser ceux que nous observons à la surface du soleil, et nous convaincre que la nature est loin d'être toujours et partout la même! Tous ces astres devenus invisibles n'ont point changé de place durant leur apparition. Il existe donc dans l'espace céleste, des corps opaques aussi considérables, et peut-être en aussi grand nombre que les étoiles.

Il paraît que loin d'être desséminées à des distances à peu près égales, les étoiles sont rassemblées en divers groupes dont quelques-uns renferment des milliards de ces astres. Notre soleil et les plus brillantes étoiles font probablement partie d'un de ces groupes, qui, vu du point où nous sommes, semble entourer le ciel et forme la voie lactée. Le grand nombre d'étoiles que l'on aperçoit à la fois dans le champ d'un fort télescope dirigé vers cette voie, nous prouve son immense profondeur qui surpasse mille fois la distance de Syrius à la terre; en sorte qu'il est vraisemblable que les rayons émanés de la plupart de ces étoiles, ont employé un grand nombre de siècles à venir jusqu'à nous. La voie lactée finirait par offrir à l'observateur qui s'en éloignerait indéfiniment l'apparence d'une lumière blanche et continue, d'un petit diamètre; car l'irradiation qui subsiste même dans les meilleurs télescopes, couvrirait l'intervalle des étoiles. Il est donc probable que, parmi les nébuleuses, plusieurs sont des groupes d'un très-grand nombre d'étoiles qui, vus de leur intérieur, paraîtraient semblables à la voie lactée. Si l'on réfléchit maintenant à cette profusion d'étoiles et de nébuleuses, répandues dans l'espace céleste, et aux intervalles immenses qui les séparent, l'imagination

---

(1) C'est principalement à l'attraction des grands corps placés au centre du système de planètes et des systèmes de satellites, qu'est due la stabilité de ces systèmes que l'action mutuelle de tous ces corps et les attractions étrangères tendent sans cesse à troubler. Si l'action de Jupiter venait à cesser, ses satellites, que nous voyons se mouvoir autour de lui suivant un ordre admirable, se disperseraient aussitôt, les uns en décrivant autour du soleil des ellipses très-allongées, les autres en s'éloignant indéfiniment sur des orbes hyperboliques. Ainsi l'inspection attentive du système solaire nous montre la nécessité d'une force centrale très-puissante, pour maintenir l'ensemble d'un système et la régularité de ses mouvements.

étonnée de la grandeur de l'univers, aura peine à lui concevoir des bornes.

Herschel, en observant les nébuleuses au moyen de ses puissants télescopes, a suivi les progrès de leur condensation, non sur une seule, ces progrès ne pouvant devenir sensibles pour nous qu'après des siècles, mais sur leur ensemble, comme on suit dans une vaste forêt l'accroissement des arbres, sur les individus de divers âges, qu'elle renferme. Il a d'abord observé la matière nébuleuse répandue en amas divers, dans les différentes parties du ciel dont elle occupe une grande étendue. Il a vu dans quelques-uns de ces amas cette matière faiblement condensée autour d'un ou de plusieurs noyaux peu brillants. Dans d'autres nébuleuses, ces noyaux brillent davantage relativement à la nébulosité qui les environne. Les atmosphères de chaque noyau, venant à se séparer par une condensation ultérieure, il en résulte des nébuleuses multiples formées de noyaux brillants très-voisins, et environnés, chacun d'une atmosphère : quelquefois, la matière nébuleuse en se condensant d'une manière uniforme, produit les nébuleuses que l'on nomme *planétaires*. Enfin, un plus grand degré de condensation transforme toutes ces nébuleuses en étoiles. Les nébuleuses classées d'après cette vue philosophique indiquent avec une extrême vraisemblance leur transformation future en étoiles, et l'état antérieur de nébulosité des étoiles existantes. Ainsi l'on descend par le progrès de la condensation de la matière nébuleuse, à la considération du soleil environné autrefois d'une vaste atmosphère, considération à laquelle je suis remonté par l'examen des phénomènes du système solaire. Une rencontre aussi remarquable, en suivant des routes opposées, donne à l'existence de cet état antérieur du soleil, une grande probabilité.

En rattachant la formation des comètes à celle des nébuleuses, on peut les regarder comme de petites nébuleuses errantes de systèmes en systèmes solaires, et formées par la condensation de la matière nébuleuse répandue avec tant de profusion dans l'univers. Les comètes seraient ainsi par rapport à notre système, ce que les aérolithes sont relativement à la terre à laquelle elles paraissent étrangères. Lorsque ces astres deviennent visibles pour nous, ils offrent une ressemblance si parfaite avec les nébuleuses, qu'on les confond souvent avec elles, et ce n'est que par leur mouvement ou par la connaissance de toutes les nébuleuses renfermées dans la partie du ciel où ils se montrent, qu'on parvient à les en distinguer. Cette hypothèse explique d'une manière heureuse l'extension que prennent les têtes et les queues des comètes, à mesure qu'elles approchent du soleil; l'extrême rareté de ces queues qui, malgré leur immense profondeur, n'affaiblissent point sensiblement l'éclat des étoiles que l'on voit à travers; la direction de mouvement des comètes dans tous les sens, et la grande excentricité de leurs orbites.

Des considérations précédentes fondées sur les observations télescopiques, il résulte que le mouvement du système solaire est très-composé. La lune décrit un orbe presque circulaire autour de la terre; mais vue du soleil, elle paraît décrire une suite d'épicycloïdes dont les centres sont sur la circonférence de l'orbe terrestre. Pareillement, la terre décrit une suite d'épicycloïdes dont les centres sont sur la courbe que le soleil décrit autour du centre de gravité du groupe d'étoiles dont il fait partie. Enfin le soleil décrit lui-même une suite d'épicycloïdes dont les centres sont sur la courbe décrite par le centre de gravité de ce groupe, autour de celui de l'univers. L'astronomie a déjà fait un grand pas, en nous faisant connaître le mouvement de la terre, et les épicycloïdes que la lune et les satellites décrivent sur les orbes de leurs planètes respectives. Mais s'il a fallu des siècles pour connaître les mouvements du système planétaire, quelle durée prodigieuse exige la détermination des mouvements du soleil et des étoiles ! Déjà les observations nous montrent ces mouvements: leur ensemble paraît indiquer un mouvement général de tous les corps du système solaire vers la constellation d'Hercule ; mais elles semblent prouver en même temps que les mouvements apparents des étoiles sont une combinaison de leurs mouvements propres avec celui du soleil. On remarque de plus des mouvements très-singuliers dans les étoiles *doubles* : c'est ainsi que l'on nomme ces étoiles qui, vues dans le télescope, paraissent formées de deux étoiles très-voisines. Ces deux étoiles tournent l'une autour de l'autre d'une manière assez sensible dans quelques-unes, pour que l'on ait pu déterminer à peu près, par les observations d'un petit nombre d'années, la durée de leurs révolutions.

Tous ces mouvements des étoiles, leurs parallaxes, les variations périodiques de la lumière des étoiles changeantes, et les durées de leurs mouvements de rotation; un catalogue des étoiles qui ne font que paraître, et leur position au moment de leur éclat passager; enfin les changements successifs de la figure des nébuleuses, déjà sensibles dans quelques-unes, et spécialement dans la belle nébuleuse d'Orion : tels seront, relativement aux étoiles, les principaux objets de l'astronomie future. Les progrès dépendent de ces trois choses : la mesure du temps, celle des angles, et la perfection des instruments d'optique. Les deux premières ne laissent presque rien maintenant à désirer: c'est donc principalement vers la troisième que les encouragements doivent être dirigés; car il n'est pas douteux que si l'on parvient à donner de très-grandes ouvertures, aux lunettes achromatiques, elles feront découvrir dans les cieux, des phénomènes jusqu'à présent invisibles; surtout si l'on a soin de les transporter dans l'atmosphère pure et rare des hautes montagnes de l'équateur.

Il reste encore à faire sur notre propre système de nombreuses découvertes. La planète Uranus et ses satellites nouvellement reconnus, donnaient lieu de conjecturer l'existence de quelques planètes jusqu'ici non observées. On avait même soupçonné qu'il devait y en avoir une entre Jupiter et Mars, pour satisfaire à la progression double qui règne à peu près dans les intervalles des orbes planétaires à celui de Mercure. Ce soupçon a été confirmé par la découverte de petites planètes qui sont, à des distances du soleil peu différentes de la distance que cette progression assigne à la planète intermédiaire entre Jupiter et Mars. L'action de Jupiter sur ces planètes, accrue par la grandeur des excentricités et des inclinaisons de leurs orbes entrelacés, produit dans leurs mouvements des inégalités considérables qui répandront un nouveau jour sur la théorie des attractions célestes, et donneront lieu de la perfectionner encore.

Les éléments arbitraires de cette théorie et la convergence de ses approximations dépendent de la précision des observations et du progrès de l'analyse; et par là, elle doit, de jour en jour, acquérir plus d'exactitude. Les grandes inégalités séculaires des corps célestes, résultantes de leurs attractions mutuelles, et que déjà l'observation fait apercevoir, se développeront avec les siècles. Des observations faites avec de puissants télescopes sur les satellites, perfectionneront les théories de leurs mouvements, et peut-être en feront découvrir de nouveaux.

On déterminera, par des mesures précises et multipliées, toutes les inégalités de la figure de la terre et de la pesanteur à sa surface; et bientôt l'Europe entière sera couverte d'un réseau de triangles qui feront connaître exactement la position, la courbure et la grandeur de toutes ses parties. Les phénomènes du flux et du reflux de la mer, et leurs singulières variétés dans les différents ports des deux hémisphères seront déterminés par une longue suite d'observations et comparés à la théorie de la pesanteur. On reconnaîtra si les mouvements de rotation et de révolution de la terre sont sensiblement altérés par les changements qu'elle éprouve à sa surface, et par le choc des aérolithes qui, selon toutes les vraisemblances, viennent des profondeurs de l'espace céleste. Le retour des comètes déjà observées, les nouvelles comètes qui paraîtront, l'apparition de celles qui, mues dans des orbes hyperboliques, doivent errer de système en système, les perturbations que tous ces astres font éprouver aux mouvements planétaires; celles qu'ils éprouvent eux-mêmes et qui, à l'approche d'une grosse planète, peuvent changer entièrement leurs orbites; enfin les altérations que les mouvements et les orbes des planètes et des satellites reçoivent de la part des étoiles, et peut-être encore, par la résistance de milieux éthérés : tels sont les principaux objets que le système solaire offre aux recherches des astronomes et des géomètres futurs.

L'astronomie, par la dignité de son objet et par la perfection de ses théories, est le plus beau monument de l'esprit humain, le titre le plus noble de son intelligence. Séduit par les illusions des sens et de l'amour-propre, l'homme s'est regardé longtemps comme le centre du mouvement des astres, et son vain orgueil a été puni par les frayeurs qu'ils lui ont inspirées. Enfin, plusieurs siècles de travaux ont fait tomber le voile qui cachait à ses yeux le système du monde. Alors il s'est vu sur une planète presque imperceptible dans le système solaire, dont la vaste étendue n'est elle-même qu'un point insensible dans l'immensité de l'espace. Les résultats sublimes auxquels cette découverte l'a conduit, sont bien propres à le consoler du rang qu'elle assigne à la terre, en lui montrant sa propre grandeur dans l'extrême petitesse de la base qui lui a servi pour mesurer les cieux. Conservons avec soin, augmentons le dépôt de ces hautes connaissances, les délices des êtres pensants. Elles ont rendu d'importants services à la navigation et à la géographie ; mais leur plus grand bienfait est d'avoir dissipé les craintes produites par les phénomènes célestes, et détruit les erreurs nées de l'ignorance de nos vrais rapports avec la nature : erreurs et craintes qui renaîtraient promptement, si le flambeau des sciences venait à s'éteindre.

Planète Le Verrier (Neptune). — Rien ne saurait justifier d'une manière plus éclatante, les prétentions et les promesses de la science, l'exactitude des calculs et de l'analyse appliqués aux problèmes les plus difficiles de l'astronomie, que la découverte récente de la planète la plus éloignée du soleil, due à M. Le Verrier.

L'acquisition d'un nouvel astre dans le système dont nous faisons partie, est par lui-même un événement important; mais ce qui est surtout digne de remarque en cette occasion, ce qui, aux yeux du plus grand nombre, touche presque au merveilleux, c'est qu'un savant, enfermé dans son cabinet, par le seul secours des calculs, devine dans les profondeurs du ciel une planète jusqu'alors inconnue; désigne, à un degré près, le lieu où, à l'aide des meilleurs instruments, on doit la découvrir; suppute sa grosseur, indique sa route, et laisse aux observateurs de tous les pays le soin de confirmer par le sens de la vue, la réalité d'un fait qu'il n'a aperçu que par les yeux de l'esprit. Un résultat si admirable mérite bien que l'on explique avec détail les moyens par lesquels on est parvenu à l'obtenir, et nous ne saurions mieux faire que d'en emprunter le récit au remarquable ouvrage de M. Figuier.

« L'histoire conserve avec orgueil les noms de quelques astronomes heureux qui reconnurent dans le ciel l'existence de planètes jusqu'alors ignorées; mais ces découvertes n'avaient en elles-mêmes rien d'inusité ni d'insolite, elles ne sortaient pas du cadre de nos moyens habituels d'exploration; le perfectionnement des instruments d'optique y joua le premier et quelquefois l'unique rôle. Les planètes Uranus, Cérès, Pallas, Vesta, Junon, Astrée et les autres petites planètes, ont été reconnues en étudiant avec le télescope les diverses plages célestes. C'est par une méthode différente et bien autrement remarquable que M. Le Verrier a procédé. Il n'a pas eu besoin de lever les yeux vers le ciel, et sans autre secours que le calcul, sans autre instrument que sa plume, il a annoncé l'existence d'une planète nouvelle qui circule aux confins de notre univers, à douze cents millions de lieues du soleil. Et non-seulement il a constaté son existence, mais il a déterminé sa situation absolue et les dimensions de son orbite, évalué sa masse, réglé son mouvement et assigné sa position à une époque déterminée; de telle sorte que, sans avoir une seule fois mis l'œil à une lunette, sans avoir jamais observé lui-même, et probablement parce qu'il n'avait jamais observé, il a pu dire aux astronomes : « .A tel jour, à telle heure, bra-« quez vos télescopes vers telle région du « ciel, vous apercevrez une planète nou-« velle. Aucun œil humain ne l'a encore « aperçue, mais je la vois avec les yeux « infaillibles du calcul. » Et l'astre fut reconnu précisément à la place indiquée par cette prophétie extraordinaire. Voilà ce qui fait la grandeur et l'originalité admirable de cette découverte, positivement unique dans l'histoire des sciences.

« Mais ce n'est pas seulement comme un moyen de grandir aux yeux du monde l'autorité des sciences, que la découverte de M. Le Verrier se recommande à notre attention. Elle est appelée à exercer sur l'avenir de l'astronomie une influence des plus sérieuses, et nous nous attacherons à faire comprendre la direction nouvelle qu'elle doit imprimer à ses travaux. Personne n'ignore d'ailleurs que la découverte de notre compatriote a soulevé en Angleterre une discussion de priorité assez vive. La publication récente du travail original de l'astronome anglais permet de résoudre cette question d'internationalité scientifique qui a sérieusement occupé les savants des deux côtés du détroit. Ajoutons enfin qu'il n'est pas hors de propos d'examiner et de réduire à leur juste valeur certaines critiques que le travail de M. Le Verrier a provoquées parmi nous. Il est si facile, en ces matières, de surprendre et d'égarer l'opinion publique, que, sur la foi de ces discussions, bien des personnes s'imaginent aujourd'hui que la découverte de M. Le Verrier s'est évanouie entre ses mains et que sa planète a disparu du ciel. On est presque honteux d'avoir de telles présomptions à combattre ; cependant . il importe à l'honneur scientifique de notre pays de couper court sans retard à une erreur si grossière. L'histoire de cette découverte et des moyens qui ont servi à l'accomplir suffiront à rétablir la vérité. »

Histoire de la découverte de la planète Le Verrier.

« L'observation attentive du ciel fait reconnaître l'existence de deux sortes d'astres ;

les uns, en multitude innombrable, sont invariablement fixés à la voûte céleste, et conservent entre eux des relations constantes de position, ce sont les étoiles; les autres, en très-petit nombre, se montrent toujours errants dans le ciel, ce sont les planètes. Le déplacement n'est pas le seul moyen qui permette de distinguer les planètes des étoiles. En général, les planètes se reconnaissent à une lumière, quelquefois moins vive, mais tranquille et non vacillante; elles ne scintillent pas comme les étoiles; enfin , à l'aide des instruments, on leur reconnaît un disque ou un diamètre sensible, tandis que les étoiles ne se présentent dans nos lunettes que comme des points sans dimension appréciable. On compte aujourd'hui vingt-une planètes et vingt-deux en y comprenant la terre. Cinq ont été connues de toute antiquité, ce sont Mercure, Vénus, Mars, Jupiter et Saturne. Les autres ne peuvent s'apercevoir qu'à l'aide du télescope : aussi leur découverte est-elle postérieure à l'époque de la construction et du perfectionnement des instruments d'optique. Lorsque William Herschell eut construit, à la fin du XVIIIe siècle, ses gigantesques télescopes, il put pénétrer l'espace à des profondeurs jusque-là inaccessibles aux yeux des hommes. La première découverte importante qu'il réalisa par ce moyen fut celle de la planète Uranus.

« Le 13 mars 1781, Herschell étudiait les étoiles des Gémeaux, lorsqu'il remarqua que l'une des étoiles de cette constellation, moins brillante que ses voisines , paraissait offrir un diamètre sensible. Deux jours après l'astre avait changé de place. Herschell ne s'arrêta pas d'abord à l'idée que cet astre nouveau pourrait être une planète; il le prit simplement pour une comète, et il l'annonça sous ce titre aux astronomes. On sait que l'orbite que les comètes décrivent est en général une parabole, tandis que les planètes parcourent une ellipse presque circulaire dans leur révolution autour du soleil. Après quelques semaines d'observation, on se mit à calculer l'orbite suivie par la prétendue comète; mais l'astre s'écartait rapidement de chaque parabole à laquelle on prétendait l'assujettir. Enfin, quelques mois après, un Français, amateur d'astronomie, le président de Saron , reconnut le premier que le nouvel astre était situé bien au delà de Saturne, et que son orbite était sensiblement circulaire. Dès-lors, il n'y avait pas à hésiter : ce n'était pas une comète, c'était bien réellement une planète circulant autour du soleil, à une distance à peu près double du rayon de l'orbe de Saturne.

« Dès que l'existence de la nouvelle planète fut bien constatée, on s'occupa de déterminer avec précision les éléments de son orbite. Avec les moyens dont l'astronomie dispose de nos jours, l'orbite d'Uranus aurait été calculée quelques jours après sa découverte et avec très-peu d'erreur; mais les méthodes mathématiques étaient loin de permettre encore de procéder avec tant de sûreté et de promptitude. Ce ne fut qu'un an plus tard que Lalande put la calculer, au moyen d'une méthode dont il était l'auteur.

« Mais l'observation de la marche d'Uranus montra qu'il était loin de suivre l'orbite assignée par Lalande. On chercha donc à corriger les erreurs introduites dans ses calculs, en tenant compte des actions connues en astronomie sous le nom de *perturbations planétaires*. Les lois de Képler permettent, comme on le sait, de fixer d'avance l'orbite d'un astre, lorsque l'on a déterminé un petit nombre de fois sa position dans le ciel. Cependant les lois de Képler ne sont pas exactes d'une manière absolue; elles ne le seraient que si le soleil agissait seul sur les planètes. Or, la gravitation est universelle, c'est-à-dire que chaque planète est constamment écartée de la route que lui tracent les lois de Képler, par les attractions qu'exercent sur elle toutes les autres planètes. Ces écarts constituent ce que les astronomes désignent sous le nom de *perturbations planétaires*. Leur petitesse fait qu'elles ne deviennent sensibles que par des mesures très-délicates; mais les perfectionnements des moyens d'observation les ont rendus, depuis Képler, très facilement appréciables. Dès les premiers temps de la découverte d'Uranus, on reconnut l'influence qu'exerçaient sur lui les perturbations de Jupiter et de Saturne, et grâce aux progrès de la mécanique des corps célestes créée par Newton, grâce aux travaux de ses successeurs, Euler, Clairault, d'Alembert, Lagrange et Laplace, on put calculer les mouvements d'Uranus, en ayant égard, non-seulement à l'action prépondérante du soleil, mais encore aux influences perturbatrices des autres planètes. On put ainsi construire l'*éphéméride* d'Uranus, c'est-à-dire l'indication des positions successives qu'il devait occuper dans le ciel. L'Académie des sciences proposa cette question pour sujet de prix en 1790. Delambre, appliquant les théories de Laplace au calcul de l'orbite d'Uranus, construisit les tables de cette planète. Mais l'inexactitude des tables de Delambre ne tarda pas à être démontrée par l'observation directe, et il fallut en construire de nouvelles. Ce travail fut exécuté en 1821 par Bouvard.

« En dépit de toutes ces corrections, Uranus continua de s'écarter de la voie que lui assignait la théorie; l'erreur allait tous les jours grandissant. Enfin la *planète rebelle*, comme on l'appela, n'avait pas encore terminé une de ses révolutions que l'on perdait tout espoir de représenter ses mouvements par une formule rigoureuse.

« Les astronomes ne sont pas habitués à de pareils mécomptes, cette discordance les préoccupa vivement. Pour une science aussi sûre dans ses procédés, c'était là un fait d'une gravité extraordinaire. Aussi eut-on recours, pour expliquer cette dissidence, à toutes les hypothèses possibles. On songea à l'existence d'un certain fluide hypothétique répandu dans l'espace, désigné sous le nom d'*éther* et qui, par sa résistance, troublerait les mouvements d'Uranus; on parla d'un gros satellite qui le suivrait, ou bien d'une planète encore inconnue dont l'action perturbatrice produirait les variations observées; on alla même jusqu'à supposer qu'à la distance énorme du soleil (près de sept cents millions de lieues) où se trouve Uranus, la loi de la gravitation universelle pourrait perdre quelque chose de sa rigueur; enfin, une comète n'aurait-elle pu troubler brusquement la marche d'Uranus? Mais ces diverses hypothèses ne furent appuyées d'aucune considération sérieuse, et personne ne songea à les soumettre au calcul. En cela, du reste, chacun suivait le penchant de son imagination sans invoquer d'arguments positifs. On ne pouvait penser sérieusement à entreprendre un travail mathématique dont les difficultés étaient immenses, dont l'utilité n'était pas établie, et dont on n'avait même pas les éléments essentiels. C'est en cet état que M. Le Verrier trouva la question.

« M. Le Verrier n'était alors qu'un jeune savant assez obscur; il était simple répétiteur d'astronomie à l'École polytechnique. Cependant son habileté extraordinaire dans les hauts calculs était connue des géomètres, et les recherches qu'il avait publiées en 1840, sur les perturbations et les conditions de stabilité de notre système planétaire, avaient donné une très-haute opinion de son aptitude à manier l'analyse. C'est sur cette assurance que M. Arago conseilla, en 1845, au jeune astronome, d'attaquer par le calcul la question des perturbations d'Uranus. C'était là un travail effrayant par ses difficultés et son étendue; une partie de la vie de Bouvard s'y était consumée sans résultat; mais la simplification que M. Le Verrier avait introduite lui-même dans les calculs de la mécanique céleste, devait trouver dans ces recherches une application toute tracée. D'ailleurs l'astronomie est aujourd'hui une science si avancée et si parfaite qu'elle n'offre qu'un bien petit nombre de ces grands problèmes capables de séduire l'imagination et d'entraîner les jeunes esprits; il y avait au contraire au bout de celui-ci une perspective toute brillante de gloire; M. Le Verrier se décida à l'entreprendre.

« La première chose à faire c'était de reprendre dans son entier le travail de Bouvard, afin de reconnaître s'il n'était pas entaché d'erreurs. Il fallait s'assurer, en remaniant les formules, en poussant plus loin les approximations, en considérant quelques termes nouveaux négligés jusque-là, si l'on ne pourrait pas réconcilier l'observation avec la théorie et expliquer, à l'aide de ces éléments rectifiés, les mouvements d'Uranus par les seules influences du soleil et des planètes agissant conformément aux principes de la gravitation universelle. Telle fut la première partie du grand travail accompli par M. Le Verrier; elle fut l'objet d'un mémoire étendu qui fut présenté à l'Académie des sciences le 10 novembre 1845. L'habile géomètre établissait, par un calcul rigoureux et définitif, quelles étaient la forme et la grandeur des termes que les actions perturbatrices de Jupiter et de Saturne introduisent dans l'expression algébrique de la position d'Uranus. Il résultait déjà de cette révision analytique, qu'on avait négligé dans le calcul des termes nombreux et très-notables, dont l'omission devait rendre impossible la représentation exacte des mouvements de la planète. M. Le Verrier reconnut ainsi que les tables données par Bouvard étaient entachées d'erreurs qui viciaient l'ellipse théorique d'Uranus, à tel point que par cela seul, et indépendamment de toute autre cause, les tables construites avec des éléments aussi imparfaits ne pouvaient en aucune manière concorder avec l'observation. Ainsi furent mises en évidence les inexactitudes qui affectent les calculs de Bouvard.

« Cette révélation, pour le dire en passant, étonna beaucoup les astronomes, mais peut-être a-t-on trop insisté à cette époque sur les erreurs de Bouvard. Pour juger les erreurs de ce géomètre, il faut se reporter à l'époque où il fut exécuté et considérer surtout que les méthodes perfectionnées dont on se sert aujourd'hui étaient encore à découvrir. Ainsi que le remarque M. Biot, Bouvard a fait tout ce que l'on pouvait faire de son temps: « On fait mieux maintenant, dit M. Biot, on « calculs après lui; mais, sans lui, on n'au-« rait pas seulement à les perfectionner : le « sujet manquerait; car, sans l'assistance de « Bouvard, Laplace n'aurait jamais pu éten-« dre si loin les développements de ses pro-« fondes théories. »

« Les personnes qui fréquentaient, il y a quelques années, les séances de l'Institut, ne manquaient pas de remarquer un petit vieillard négligemment vêtu, et qui, toujours assis à la même place, passait tout l'intervalle de la séance courbé sur un cahier couvert de chiffres; c'était Bouvard, qui, selon l'expression de M. Arago, « ne cessa de cal-« culer qu'en cessant de vivre. » Venu à Paris du fond de la Savoie, sans éducation et sans ressources, le hasard l'avait rendu témoin des travaux de l'Observatoire, et dès ce moment une véritable passion s'était développée en lui pour l'astronomie et les mathématiques. Il s'occupait d'études de ce genre avec une ardeur extraordinaire et sans trop savoir où elles le conduiraient, lorsqu'il eut l'occasion d'être mis en rapport avec Laplace. Le grand géomètre, retiré alors à la campagne, dans les environs de Melun, travaillait à la composition de sa *Mécanique céleste*. Mais il ne pouvait suffire seul aux calculs et aux déductions numériques que nécessitait cette œuvre immense. Il trouva un secours d'une valeur inestimable dans l'assistance de Bouvard, qui, dès ce moment se dévoua à ses travaux avec une patience et une docilité infatigables. C'est grâce à l'abnégation de Bouvard et par sa collaboration assidue, qui se prolongea durant sa vie entière, que Laplace put mener à fin cette

œuvre de génie dont les géomètres de notre temps recueillent les bénéfices. Ainsi sans les travaux de Bouvard, les méthodes abrégées de calcul dont nos astronomes tirent un si grand parti, seraient encore à créer aujourd'hui ; il y aurait donc injustice à lui reprocher avec amertume des erreurs qui ont été le fait moins de son esprit que de son temps.

« Les erreurs de Bouvard une fois constatées, M. Le Verrier corrigea les formules qui avaient présidé à la composition de ses tables ; il construisit ainsi des tables nouvelles et compara les nombres ainsi rectifiés avec les données de l'observation directe. Malgré cette correction, ces tables restèrent en désaccord avec les mouvements d'Uranus, M. Le Verrier put donc conclure, mais cette fois avec toute la rigueur d'une démonstration mathématique, que la seule influence du soleil et des planètes connues était insuffisante pour expliquer les mouvements de cet astre, et que l'on ne parviendrait jamais à représenter sa marche, si l'on n'avait égard à d'autres causes. Ainsi ce n'était plus désormais dans les erreurs des géomètres, mais bien dans le ciel même qu'il fallait chercher la clef des anomalies d'Uranus. Une carrière nouvelle s'ouvrait donc devant M. Le Verrier ; il s'y engagea sans retard, et le 1er juin 1846, dans un mémoire que tout le monde a lu, il exposait le résultat de ses admirables calculs.

Nous avons déjà vu que, pour expliquer les anomalies d'Uranus, les astronomes avaient mis en avant un grand nombre d'hypothèses. On avait songé à la résistance de l'éther, à un satellite invisible, à une comète qui aurait passé dans le voisinage d'Uranus, à une planète encore inconnue ; enfin on était allé jusqu'à redouter qu'à la distance énorme d'Uranus, la loi de la gravitation ne perdît quelque chose de sa rigueur. Au début de son mémoire, M. Le Verrier passe en revue chacune de ces hypothèses et il montre que la seule vue à laquelle on puisse logiquement s'arrêter, c'est l'existence d'une planète encore inconnue.

« Je ne m'arrêterai pas, dit-il, à cette idée « que les lois de la gravitation pourraient « cesser d'être rigoureuses à la distance du « soleil où circule Uranus. Ce n'est pas la « première fois que, pour expliquer les ano-« malies dont on ne pouvait se rendre comp-« te, on s'en est pris au principe de la gravi-« tation. Mais on sait aussi que ces hypo-« thèses ont toujours été anéanties par un « examen plus profond des faits. L'altéra-« tion des lois de la gravitation serait une « dernière ressource à laquelle il ne se-« rait permis d'avoir recours qu'après avoir « épuisé les autres causes, et les avoir re-« connues impuissantes à produire les effets « observés.

« Je ne saurais croire davantage à la ré-« sistance de l'éther, dont on a à peine en-« trevu les traces dans le mouvement des « corps dont la densité est la plus faible, « c'est-à-dire dans les circonstances qui se-

« raient les plus propres à manifester l'action
« de ce fluide.

« Les inégalités particulières d'Uranus se-
« raient-elles dues à un gros satellite qui
« accompagnerait la planète? Ces inégalités
« affecteraient alors une très-courte période;
« et c'est précisément le contraire qui ré-
« sulte des observations. D'ailleurs le sa-
« tellite dont on suppose l'existence devrait
« être très-gros, et n'aurait pu échapper aux
« observateurs.

« Serait-ce donc une comète qui aurait, à
« une certaine époque, changé brusquement
« l'orbite d'Uranus? Mais alors la période
« des observations de cette planète, de 1781
« à 1820, pourraient se lier naturellement,
« soit à la série des observations antérieu-
« res, soit à la série des observations posté-
« rieures; or, il est incompatible avec l'une
« et l'autre.

« Il ne nous reste ainsi d'autre hypothèse
« à essayer que celle d'un corps agissant
« d'une manière continue sur Uranus, et
« changeant son mouvement d'une manière
« très-lente. Ce corps, d'après ce que nous
« connaissons de la constitution de notre
« système solaire, ne saurait être qu'une
« planète encore ignorée. »

« M. Le Verrier démontre, dans la suite
de son mémoire, que cette hypothèse explique numériquement tous les résultats de
l'observation, et il établit d'une manière
irrécusable l'existence d'une planète jusqu'a-
lors inconnue, et qui trouble par son attraction le mouvement d'Uranus. Mais par quels
moyens l'illustre astronome a-t-il été conduit à un résultat si remarquable, et sur
quels faits a-t-il appuyé ses calculs?

« Il ne savait rien sur la masse de la planète perturbatrice, ni sur l'orbite qu'elle décrivait; il était donc nécessaire d'établir
quelque hypothèse qui pût servir de point
de départ au calcul. Pour donner à la planète
inconnue une place approximative, M. Le
Verrier eut recours à une loi célèbre en
astronomie. On sait que les distances des
planètes au soleil sont à peu près doubles
les unes des autres; cette relation purement
empirique, et dont la cause physique est
d'ailleurs inconnue, porte le nom de *loi de
Bode* ou *de Titus*. Képler avait déjà signalé
entre les distances des planètes au soleil,
un rapport de ce genre, et il avait été amené
par cette remarque à indiquer entre Mars et
Jupiter l'existence d'une lacune, ou de ce
qu'il nommait un *hiatus*. La patience et la
sagacité des astronomes modernes ont confirmé cette conjecture hardie, en faisant découvrir dans cet espace et aux places indiquées par la loi de Bode, les planètes Cérès,
Pallas, Junon, Vesta et toute la série des
petites planètes télescopiques. Comme Uranus est deux fois plus éloigné du soleil que
Saturne, M. Le Verrier pensa que la nouvelle planète serait elle-même deux fois plus
éloignée du soleil qu'Uranus. Cette hypothèse
lui fournit donc une première évaluation
approximative de la distance de l'astre in-

connu, qu'il savait d'ailleurs se mouvoir
à peu près dans l'écliptique.

« Ce premier résultat obtenu, il restait à
fixer la position actuelle de l'astre dans son
orbite avec assez de précision pour que l'on
pût se mettre à sa recherche. Si la position et
la masse de la planète avaient été connues, on
aurait pu en déduire les perturbations qu'elle
fait subir à Uranus; mais ici le problème se
trouvait renversé: les perturbations étaient
connues, il fallait déterminer avec cet élément la position que la planète occupait dans
le ciel, évaluer sa masse, trouver la forme
et la position de son orbite, et expliquer par
son action les inégalités d'Uranus.

« Il nous est impossible d'entrer dans
aucuns détails sur la méthode mathématique suivie par M. Le Verrier, sur les calculs
immenses qu'elle a nécessités, les obstacles
de tout genre que cet astronome dut rencontrer, et l'habileté prodigieuse avec laquelle il les surmonta. Nous donnerons cependant une idée suffisante des difficultés
que présentait l'exécution de ce travail, en
disant que ces petits déplacements d'Uranus,
ces perturbations qui étaient les seules données du problème, ne dépassent guère en grandeur $\frac{1}{60}$ de degré, c'est-à-dire, par exemple,
le diamètre apparent de la planète Vénus,
quand elle est le plus près de la terre. Bien
plus, ce n'étaient pas ces perturbations mêmes
qui étaient les éléments du calcul, mais leurs
variations, leurs irrégularités, c'est-à-dire
des quantités encore plus petites et entachées naturellement des erreurs d'observation. Ajoutons enfin que les vrais éléments
de l'orbite d'Uranus ne pouvaient être considérés eux-mêmes comme connus avec exactitude, puisqu'on les avait calculés sans tenir compte des perturbations de la planète
qu'il s'agissait précisément de chercher.

« M. Le Verrier triompha de toutes ces
difficultés par son génie mathématique. Le
1er juin 1846, il annonçait publiquement à
l'Académie des sciences ce résultat mémorable: *La planète qui trouble Uranus existe.
Sa longitude au 1er janvier 1847 sera 325 degrés, sans qu'il puisse y avoir une erreur de
10 degrés sur cette évaluation.*

« Cependant pour assurer la découverte
matérielle de la nouvelle planète, pour en
hâter l'instant, il ne suffisait pas d'avoir mathématiquement prouvé son existence et
d'avoir assigné avec une certaine approximation sa position actuelle. Comme elle avait
jusque-là échappé aux observateurs, il était
évident qu'elle devait offrir dans les lunettes l'apparence d'une étoile et se confondre
avec elles. Il fallait donc déterminer avec plus
de rigueur sa position à un jour donné,
c'est-à-dire le lieu du ciel vers lequel il fallait diriger le télescope pour l'apercevoir.
M. Le Verrier entreprit cette nouvelle tâche.
Trois mois lui suffirent pour exécuter le
travail immense qu'elle nécessitait, et le
31 août 1846, il en présentait les résultats à
l'Académie des sciences. L'illustre astronome donnait dans ce mémoire des valeurs
plus rapprochées des éléments de sa pla-

nète. Il fixait sa longitude à 326 degrés 1/2 au lieu de 325, et sa distance actuelle à trente-trois fois la distance de la terre au soleil, au lieu de trente-neuf, comme l'exigeait la loi empirique de Bode.

On a peine à comprendre comment une telle masse de calculs si compliqués put être exécutée dans un si court intervalle. Mais M. Le Verrier avait intérêt à terminer son travail avant la prochaine opposition de la planète, qui devait arriver vers le 18 ou le 19 août. C'était la situation la plus favorable pour l'observer, car ensuite elle se serait projetée sur des points de l'écliptique de plus en plus rapprochés du soleil, et elle aurait alors disparu, pendant plusieurs mois, dans l'éclat de ses rayons. La recherche aurait dû être renvoyée à l'année suivante. Malgré cette hâte excessive, M. Le Verrier n'omit aucun des détails qui devaient inspirer la confiance aux astronomes et les exciter à rechercher l'astre nouveau dans la plage du ciel qu'il désignait. Il annonça que la masse de sa planète surpasserait celle d'Uranus, que son diamètre apparent et son éclat seraient seulement un peu moindres, de telle sorte que non-seulement on pourrait l'apercevoir à de bonnes lunettes, mais encore que l'on pourrait la distinguer sans peine des étoiles voisines, grâce à son disque sensible; il ajoutait enfin que, pour la découvrir, il fallait la chercher à cinq degrés à l'est de l'étoile δ du Capricorne.

« Dès ce moment et de l'aveu de tous les astronomes, la planète nouvelle était trouvée. En effet, sa découverte physique ne se fit pas attendre. Le 18 septembre, M. Le Verrier annonçait ses derniers résultats à l'Observatoire de Berlin. L'un des astronomes, M. Galle, reçut la lettre le 23. Il mit aussitôt l'œil à la lunette, la dirigea vers le point indiqué, et il reconnut à cette place une petite étoile qui se distinguait par son aspect des étoiles environnantes, et qui n'était pas marquée sur la carte de cette région du ciel. Il fixa aussitôt sa position. Le lendemain, cette position se trouva changée, et le déplacement s'était opéré dans le sens prédit : c'était donc la planète. M. Galle s'empressa d'annoncer ce fait à M. Le Verrier qui accueillit la nouvelle avec joie sans doute, mais sans surprise; il n'avait rien à apprendre de ce côté, la certitude mathématique lui suffisait pour prévoir ce résultat. Le 5 octobre, M. Leverrier donna connaissance à l'Académie de l'observation de M. Galle.

« Pour juger de la précision avec laquelle M. Le Verrier avait fixé la position de sa planète, il suffit de comparer deux nombres empruntés à ses calculs.

« La longitude héliocentrique conclue des observations de M. Galle le 1ᵉʳ octobre, est . . . . 327° 24'
« La longitude héliocentrique calculée d'avance par M. Le Verrier, et annoncée le 31 août, est . . 326° 32'
—————
Différence. . . . . . 0° 52'

« Ainsi la position de l'astre avait été prévue à *moins d'un degré près.*

« En présence d'un tel résultat, et quand on considère les immenses difficultés du problème, on ne peut s'empêcher d'admirer le génie mathématique dont fit preuve M. Le Verrier. Quels étaient, en effet, les éléments du calcul ? Quelques oscillations d'une planète observée seulement depuis un demi-siècle, des déplacements à peine sensibles dont l'amplitude ne dépassait guère 1/10 de degré, ou, pour mieux dire, les seules différences de ces déplacements. Quelles étaient, au contraire, les inconnues à dégager? La place, la grandeur et tous les éléments d'un astre situé bien au delà des limites de notre système planétaire, d'un corps éloigné de plus de douze cents millions de lieues du soleil, et qui tourne autour de lui dans un intervalle de cent soixante-six ans Or ces nombres immenses sortent du calcul avec une valeur très-approchée, et le résultat de l'observation ne démontre pas une erreur de un degré dans la détermination théorique. L'histoire des sciences ne fournit aucune preuve aussi éclatante de la certitude et de la puissance de l'analyse mathématique.

« On se rappelle la sensation que produisit dans le public l'annonce de ce grand événement scientifique. Sans doute, peu de personnes, même parmi les savants, pouvaient apprécier la véritable importance et la nature des difficultés du travail de M. Le Verrier ; cependant tout le monde comprenait ce qu'il y avait de merveilleux à avoir constaté *a priori*, et sans autre secours que le calcul, l'existence d'une planète que nul œil humain n'avait encore aperçue. Aussi les témoignages de l'admiration publique ne manquèrent pas à l'auteur de cette découverte brillante. Nous ne rappellerons pas les honneurs de tout genre qui furent rendus à l'illustre astronome; contentons-nous de dire que jamais découverte ne fut mieux accueillie ni plus dignement récompensée.

« Cependant on s'est demandé à cette époque comment M. Le Verrier n'avait pas essayé de chercher lui-même dans le ciel la planète dont il avait théoriquement reconnu l'existence, et comment, après avoir fixé, avec une précision si étonnante, sa position absolue, il ne s'était pas empressé de diriger une lunette vers la région qu'il indiquait, afin de vérifier lui-même sa prophétie et s'assurer de cette manière l'honneur tout entier de sa découverte. L'explication de ce fait est fort simple : M. Le Verrier n'est pas observateur. L'exécution des travaux astronomiques embrasse en effet deux parties très-différentes, le calcul et l'observation : les astronomes suivent d'une manière à peu près exclusive l'une ou l'autre de ces deux carrières, qui exigent chacune des études et des qualités spéciales. Quand on jette les yeux sur les instruments de l'Observatoire de Paris, cet équatorial gigantesque, ces télescopes à vingt pieds de foyer, ces cercles divisés avec une précision merveilleuse, ces lunettes dont les réticules sont formés de fils plus fins que ceux de l'araignée, ces pendules dont la marche rivalise d'uniformité avec le mouvement diurne de la voûte céleste, etc., on comprend aisément que la pratique de l'observation astronomique ne soit pas à la portée de chacun. Il ne suffit pas d'avoir entre les mains le violon de Paganini, il faut encore savoir en jouer; de même il faut apprendre à se servir des instruments astronomiques. Il est donc tout simple que M. Le Verrier, doué par la nature de ce rare trésor du génie mathématique, se soit contenté de cet heureux privilége et ait abandonné à d'autres le champ de l'observation céleste.

« On a exprimé avec plus de raison le regret que l'Observatoire de Paris n'ait pu ravir aux astronomes allemands l'honneur d'avoir constaté l'existence de la nouvelle planète. Nos astronomes ont répondu, pour repousser ce reproche, que si M. Galle a si promptement réussi dans sa recherche, c'est parce qu'il avait sous les yeux une carte très-précise de la région du ciel que parcourait la planète. Cette carte, qui fait partie de la grande publication entreprise sous les auspices de l'Académie de Berlin, par le fait d'un hasard heureux, sortait le jour même de la presse et ne se trouvait encore dans aucun autre observatoire. Sans doute l'exploration de cette partie du ciel était plus difficile pour les observateurs encore dépourvus de cette carte; cependant il est permis d'affirmer que l'on aurait pu arriver sans son secours à trouver la planète si, *dès le 1ᵉʳ juin*, on s'était mis à sa recherche avec cette confiance et cette ardeur qui ont soutenu M. Le Verrier dans ses efforts, et qui résultaient chez lui du sentiment profond de la certitude des méthodes mathématiques.

Réclamation de M. Adams concernant la découverte de la planète Le Verrier. — Objections de M. Babinet. — Critiques dirigées contre les résultats obtenus par M. Le Verrier. — Influence de la découverte de *Neptune* sur l'avenir des travaux astronomiques.

« On n'était pas encore revenu de l'admiration et de la surprise qu'avait excitées en France la découverte de M. Le Verrier, lorsqu'un incident inattendu vint ajouter à la question un intérêt nouveau. Dix jours à peine après l'observation de M. Galle, les journaux anglais annoncèrent qu'un astronome de Cambridge avait fait la même découverte que M. Le Verrier. Un jeune mathématicien, M. Adams, agrégé du collége de Saint-Jean, à Cambridge, avait exécuté, disait-on, un travail analogue à celui de notre compatriote, et il était arrivé à des résultats presque identiques. Les calculs de M. Adams n'avaient pas été publiés, mais on affirmait qu'ils étaient connus de plusieurs astronomes.

« Exprimé même en ces termes, ce fait ne pouvait porter aucune atteinte aux droits publiquement établis de M. Le Verrier; cependant il souleva une vive controverse et amena des débats très-irritants. La publication des calculs de l'astronome anglais a mis un terme à ces discussions regrettables, et

elle permet de rétablir la vérité. Le travail de M. Adams a été produit dans la séance du 13 novembre 1846, devant la société astronomique de Londres, qui en a ordonné l'impression et la distribution au monde savant.

« Il résulte de l'*Exposé* publié par M. Adams et des lettres qui l'accompagnent que, dès l'année 1844, cet astronome, alors élève à l'université de Cambridge, s'occupait de la théorie d'Uranus et cherchait à rectifier les mouvements de cette planète par l'hypothèse d'un astre perturbateur. Ce n'était pas d'ailleurs la première fois que cette pensée se présentait à l'esprit des astronomes. On voit, dans l'introduction des tables de Bouvard, que ce géomètre, désespérant de représenter le mouvement d'Uranus par une formule rigoureuse, s'arrête vaguement à l'idée d'une planète perturbatrice. D'après le témoignage de sir John Herschel, le célèbre astronome allemand, Bessel aurait exprimé cette opinion d'une manière beaucoup plus formelle. En examinant attentivement les observations d'Uranus, Bessel avait reconnu que ses écarts excédaient de beaucoup les erreurs possibles de l'observation et il attribuait ces écarts à l'action d'une planète inconnue, les erreurs étant systématiques et telles qu'elles pourraient être produites par une planète extérieure. Cependant cet astronome ne soumit jamais cette vue au contrôle du calcul. M. Adams prit le problème plus au sérieux, puisqu'il en fit le sujet d'un travail spécial.

« Comme M. Le Verrier, l'astronome anglais eut recours à la loi de Bode pour obtenir d'abord une distance approximative du nouvel astre. Vers la fin de 1845, il connaissait à peu près la position de la planète, qu'il supposait d'une masse triple de celle d'Uranus. Au mois de septembre 1845, il fait part de ses résultats au directeur de l'Observatoire de Cambridge, M. Challis, qui l'engagea à se rendre à Greenwich pour les communiquer à l'astronome royal, M. Airy. M. Adams se rendit en effet à Greenwich, mais l'astronome royal était alors à Paris. Dans les derniers jours d'octobre 1845, M. Adams se présenta de nouveau à Greenwich, mais M. Airy était encore absent, et il dut se borner à lui laisser une note dans laquelle il fixait les divers éléments de sa planète hypothétique. Il annonçait dans cette note que la longitude moyenne de sa planète serait de 323° 2' le 1ᵉʳ octobre 1846. Il avait calculé que sa masse serait triple de celle d'Uranus; que, par conséquent, l'astre nouveau jouirait du même éclat qu'une étoile de 9ᵉ grandeur, et qu'il serait dès lors facile de la voir; il espérait que, sur ces indications, l'astronome royal voudrait bien faire entreprendre sa recherche. Mais M. Airy ne semble pas avoir pris ce résultat au sérieux, car il ne fit pas exécuter cette recherche; il avait fait à M. Adams une objection qui était restée sans réponse, et sa conviction ne se forma qu'après la lecture du mémoire bien autrement décisif de M. Le Verrier. Quant à M.

Adams, il n'ajoutait pas sans doute une grande foi à ses propres calculs ; il se refusa à les publier, et ne les adressa à aucune société savante ; il ne chercha pas même à prendre date pour son travail, bien qu'il fût informé par la publication du premier mémoire de M. Le Verrier, qu'un autre mathématicien s'occupait du même sujet. Il attendit, pour parler de ses calculs, que M. Galle eût vérifié par l'observation directe l'existence de la planète. Disons d'ailleurs que M. Adams, plus équitable en cela et plus sincère que ses amis, n'a pas hésité à reconnaître lui-même le peu de fondement de leurs réclamations et à restituer à M. Le Verrier tous les droits qui lui reviennent. Il s'exprime ainsi dans le préambule de son *Exposé*. « Je ne mentionne ces recherches « que pour montrer que mes résultats ont « été obtenus indépendamment et avant la « publication de ceux auxquels M. Le Ver- « rier est parvenu. Je n'ai nulle intention « d'intervenir dans ses justes droits aux « honneurs de la découverte, car il n'est pas « douteux que ses recherches n'aient été « communiquées les premières au monde « savant, et que ce sont elles qui ont amené « la découverte de la planète par M. Galle. « Les faits que j'ai établis ne peuvent donc « porter la moindre atteinte aux mérites qu'on « lui attribue (1). »

«Si maintenant, et indépendamment de la question de priorité qui ne saurait être douteuse en faveur du savant français, on compare le travail mathématique des deux astronomes, il est facile de reconnaître que celui de M. Adams n'était qu'un premier aperçu, un simple essai auquel les deux astronomes anglais qui en reçurent la communication, et probablement aussi l'auteur lui-même, n'accordaient que peu de confiance (2). M. Adams n'a donné qu'une analyse de ses recherches ; mais il en a dit assez pour que les mathématiciens aient pu constater que la méthode qu'il a suivie n'est qu'une sorte de tâtonnement empirique, un essai de nombres plutôt qu'un calcul méthodique et rigoureux. Au contraire, ce qui constitue la haute valeur et la beauté originale du travail de notre compatriote, c'est qu'il a été une conséquence directe des perfectionnements qu'il a introduits lui-même dans les calculs de la mécanique céleste, et une application de ses recherches antérieures dans les procédés de l'analyse mathématique. Avant d'attaquer le problème de la détermination de l'astre nouveau, M. Le Verrier avait complétement remanié la théorie d'Uranus, en introduisant dans cette théorie des termes importants dont on ne s'était pas avisé avant lui. Ce n'est donc pas seulement parce qu'il a le premier publiquement annoncé, que cette découverte lui appartient, elle lui revient encore parce que seul il l'avait rendue possible par ses travaux antérieurs.

« Dans les premiers temps de la découverte, M. Arago proposa de donner à l'astre nouveau le nom de *planète Le Verrier* ; il pensait qu'il était bon d'inscrire ce nom dans le ciel, pour rappeler le génie du géomètre qui avait si admirablement étendu les bornes de nos moyens d'exploration. Cependant le nom de *Neptune* a prévalu, et il est aujourd'hui définitivement adopté, pour ne pas rompre l'uniformité des dénominations astronomiques.

« Nous n'avons pas besoin de dire que tous les astronomes, et notamment ceux qui possédaient de puissantes lunettes, s'empressèrent d'observer Neptune et d'étudier sa marche. Aussi on ne tarda pas à annoncer que cette planète est accompagnée d'un satellite ; il avait été découvert par M. Lassell, riche fabricant de Liverpool, qui consacre sa fortune et ses loisirs à des observations astronomiques. C'est avec un télescope dont le miroir a deux pieds d'ouverture et vingt pieds de longueur focale, et qu'il a construit de ses mains, que M. Lassell a observé ce nouveau corps, qui circule autour de la planète dans un intervalle d'environ six jours.

« D'après les données les plus récentes de l'observation, le diamètre de Neptune est de dix-sept mille trois cent lieues. Son volume est donc environ deux cent fois celui de la terre, et il peut être vu avec un télescope d'une force très-médiocre. Sa vitesse moyenne, de quatre mille huit cents lieues par heure, est six fois moindre que celle de

---

(1) *Transaction de la Société royale d'astronomie de Londres.*

(2) Une lettre citée par M. Arago dans le cahier du 19 octobre 1846 des *Comptes rendus de l'Académie des sciences*, montre parfaitement que le directeur de l'observatoire de Greenwich n'ajoutait aucune confiance aux résultats annoncés par M. Adams. Depuis l'année 1845, M. Airy avait entre les mains le travail de M. Adams, qui contenait les éléments de sa planète hypothétique. Cependant il accordait si peu de crédit à ces données, qu'au mois de juin 1846, c'est-à-dire après la publication du premier mémoire de M. Le Verrier, il ne croyait pas encore à l'existence d'une planète étrangère qui troublât les mouvements d'Uranus. Voici en effet ce qu'il écrivait le 26 juin à M. Le Verrier, en lui présentant ses objections contre les conclusions de son mémoire:

‹ Il paraît, d'après l'ensemble des dernières observations d'Uranus faites à Greenwich (lesquelles sont complètement réduites dans nos recueils annuels, de manière à rendre manifestes les erreurs des tables, soit qu'elles affectent les longitudes héliocentriques ou les rayons vecteurs) ; il paraît, dis-je, que les rayons vecteurs donnés par les tables d'Uranus sont considérablement trop petits. Je désire savoir de vous si ce fait est une conséquence des perturbations produites par une planète extérieure, placée dans la position que vous lui avez assignée.

‹ *J'imagine qu'il n'en sera pas ainsi*, car le principal terme de l'inégalité sera probablement analogue à celui qui représente la *variation* de la lune, c'est-à-dire dépendra de sin 2 (V—V'). . . . . ›

Ainsi l'un des astronomes les plus habiles de l'Europe, quoique en possession du travail de M. Adams, ne croyait pas qu'une planète extérieure pût expliquer les anomalies d'Uranus. ‹ En faut-il davantage, dit M. Arago, pour établir que le travail en question ne pouvait être qu'un premier aperçu, qu'un essai informe auquel l'auteur lui-même, pressé par la difficulté de M. Airy, n'accordait aucune confiance ? ›

la terre. Il décrit autour du soleil une ellipse presque circulaire, avec une vitesse linéaire d'une lieue et un tiers par seconde; la durée de sa révolution est d'environ cent soixante six ans, et sa distance moyenne au soleil est trente fois plus grande que celle de la terre, c'est-à-dire de douze 'cents millions de lieues. Enfin, il est, dit-on, pourvu, comme Saturne, d'un anneau; mais l'existence de cet anneau est bien problématique; il se pourrait que ce ne fût là qu'une pure illusion d'optique dont les meilleurs télescopes ne sont pas toujours exempts.

« Ici se terminerait l'histoire de la découverte mémorable qui vient de nous occuper, si, vers la fin de l'année 1848, un académicien n'était venu soulever au sein de l'Institut une discussion, nullement sérieuse en elle-même, mais qui, mal comprise ou défigurée, jeta inopinément dans le public, sur la découverte de l'astronome français, certains doutes qu'expliquent d'ailleurs aisément l'ignorance générale en pareilles matières ou la malveillance de quelques détracteurs. Voici quel fut l'origine de cette controverse inattendue

« Dès que la planète Neptune fut signalée aux astronomes, on s'occupa de l'observer et de fixer ses éléments par l'observation directe. On ne surprendra personne en disant que l'orbite de la planète nouvelle ayant été calculée d'après les observations, ses éléments présentèrent quelques désaccords avec ceux que M. Le Verrier avait déduits *a priori* de ses calculs, avant que l'astre fût aperçu. Ce désaccord était d'ailleurs assez faible et infiniment au-dessous de la limite des erreurs auxquelles on pouvait s'attendre. Cependant M. Babinet crut pouvoir se fonder sur ces faibles différences pour admettre que la planète nouvelle ne suffisait pas pour rendre compte des anomalies d'Uranus. Il recherche dès lors si l'on ne pourrait pas les expliquer, non plus par la seule influence de Neptune, mais par l'action de cette planète réunie à celle d'une seconde planète hypothétique encore plus éloignée, et que, par une prévision qu'il est permis de trouver anticipée, il désigna sous le nom d'*Hypérion*. Il n'y avait rien dans cette idée qui pût éveiller de grands débats; c'était une simple vue de l'esprit, qu'à tout prendre on pouvait discuter, bien que, pour le dire en passant, la plupart de nos géomètres s'accordent à repousser comme théoriquement inadmissible l'hypothèse de M. Babinet, car l'action de deux planètes ne saurait être remplacée par celle d'une troisième située à leur *centre de gravité*, comme il le dit en termes formels. Le travail de M. Babinet serait donc passé sans exciter d'émotion particulière, si les termes qu'il employa dans son mémoire n'étaient venus donner malencontreusement le change à l'esprit du public. Voici, en effet, comment débute la mémoire de M. Babinet : « L'identité de la planète « Neptune avec la planète théorique, qui « rend compte si admirablement des perturbations d'Uranus, d'après les travaux de

« MM. Le Verrier et Adams, mais surtout « d'après ceux de l'astronome français, *n'é-* « *tant plus admise par personne* depuis les « énormes différences constatées entre l'as- « tre réel et l'astre théorique quant à la « masse, à la durée de la révolution, à la « distance du soleil, à l'excentricité, et même « à la longitude, on est conduit à chercher « si les perturbations d'Uranus se prêteraient « à l'indication d'un second corps planétaire « voisin de Neptune..... etc. » Si M. Babinet se fût borné à constater les désaccords qui existent entre la masse, la distance et l'orbite de Neptune, fournis par l'observation directe, et ces mêmes éléments déduits du calcul de M. Le Verrier, il n'aurait fait que rappeler des circonstances que personne ne songeait à contester. Mais l'ambiguïté de sa rédaction donna lieu aux interprétations les plus fâcheuses, et sur la foi de sa grave autorité, des critiques sans fin contre la découverte de M. Le Verrier firent tout d'un coup irruption. Nous ne nous arrêterons pas à la niaiserie de certains journaux, qui ont tout bonnement prétendu, et qui répètent chaque jour, que la planète de M. Le Verrier n'existe pas. Mais il importe d'examiner en quelques mots les critiques plus sérieuses et mieux fondées en apparence, qui ont été dirigées à cette occasion contre le travail de notre célèbre astronome.

« On ne peut nier qu'il n'existe une certaine différence entre la position vraie de Neptune et celle que le calcul lui avait assignée. Mais pouvait-il en être autrement? M. Le Verrier a découvert sa planète par un moyen détourné et sans l'avoir vue : il était donc impossible qu'il fixât sa place avec la précision de l'observation directe; tout ce qu'il a prétendu faire, et tout ce qu'on pouvait espérer de lui, c'était de déterminer sa situation dans le ciel avec assez d'exactitude pour qu'on pût la chercher et la découvrir. Demander en pareille matière une précision absolue, c'est évidemment exiger l'impossible : « Dirigez l'instrument vers tel « point du ciel, a dit M. Le Verrier, la pla- « nète sera dans le champ du télescope. » Elle s'y est trouvée : que demander de plus ?

« Mais, ajoute-t-on, M. Le Verrier s'est trompé sur la distance de Neptune, puisque au lieu d'être actuellement, comme il l'a dit, de trente-trois fois la distance de la terre au soleil, elle n'est que de trente fois cette distance. Accordons qu'il en soit ainsi, est-ce là une erreur bien notable? Sans doute, si, dans le but de frapper l'imagination, on exprime cette différence en lieues ou en kilomètres, on arrivera à un nombre effrayant; mais cette manière d'argumenter manque évidemment de bonne foi. En effet, comme la distance et l'étendue de notre système solaire sont immenses relativement à notre globe et relativement à la petitesse des unités adoptées pour nos mesures linéaires, la moindre erreur dans leur évaluation se traduit par des nombres énormes, de telle sorte que le reproche qu'on fait pour Neptune pourrait s'appliquer à toutes les mesures astronomiques. Considérons, par exemple, la distance de la terre au soleil, dont la détermination a coûté tant de travaux et de recherches. La mesure de cet élément fondamental a présenté, entre les mains des plus grands astronomes, des discordances supérieures à celle qu'on reproche à M. Le Verrier. En 1750, on s'accordait à admettre pour cette distance trente-deux millions de lieues. Vingt ans après, on la portait à plus de trente-huit millions de lieues ; la différence de ces deux résultats dépasse six millions de lieues, ou la cinquième partie du premier, tandis que l'erreur reprochée à M. Le Verrier ne serait que d'un dixième, c'est-à-dire deux fois moindre. Et cependant, d'une part il s'agissait du soleil, l'astre le plus important de notre monde, l'objet des observations quotidiennes des astronomes depuis deux mille ans ; d'autre part c'était un astre jusqu'alors inaperçu, et qui ne devait se dévoiler aux yeux de l'esprit que par les faibles écarts qu'il produit chez une planète connue seulement depuis un demi-siècle.

« On accuse encore M. Le Verrier d'avoir attribué à sa planète une masse plus considérable que ce qu'elle a réellement. A cela il suffit de répondre que les astronomes ne s'accordent pas même sur la grandeur des masses de plusieurs anciennes planètes, et notamment sur celle d'Uranus lui-même. On conçoit d'ailleurs que si M. Le Verrier a placé Neptune un peu trop loin, il a dû, par compensation, le faire un peu trop gros. Ainsi l'incertitude sur la masse de la planète résultait nécessairement de celle de sa distance. C'est ce dont conviennent tous les astronomes. Sir John Herschell, dans une lettre à M. Le Verrier, relative à cette dicussion, n'hésite pas à reconnaître que l'incertitude des données de la question entraînait forcément celle des éléments de l'orbite de Neptune. Ces éléments n'étaient, du reste, qu'une partie accessoire du problème.

« L'objet direct de vos efforts, ajoute M. « Herschell, était de dire où était placé le « corps troublant à l'époque de la recher- « che, et où il s'était trouvé pendant les « quarante ou cinquante années précédentes. « Or c'est ce que vous avez fait connaître « avec une parfaite exactitude. »

« Après un tel témoignage, auquel on pourrait joindre celui de bien d'autres astronomes étrangers, et celui de nos illustres compatriotes MM. Biot, Cauchy, Faye, etc., on voit quel cas il faut faire des singulières assertions dont la découverte de M. Le Verrier a été l'objet. Grâce aux commentaires des petits journaux, une bonne partie du public s'imagine aujourd'hui que la planète de M. Le Verrier a disparu du champ de nos télescopes, tandis qu'au contraire, depuis le jour de sa découverte, elle a si bien suivi la route que l'astronome français lui avait assignée, que chacun peut maintenant, à l'aide de ses indications, l'observer dans le ciel, s'il est muni d'une lunette fort ordinaire. En résumé, le *Neptune*

trouvé par M. Galle, comme la planète calculée par M. Le Verrier, rendent parfaitement compte des perturbations d'Uranus, et leur identité ne saurait être contestée par aucun savant de bonne foi.

« Telle est, réduite à ses termes les plus simples, l'histoire de cette découverte extraordinaire, qui occupera une si grande place dans les annales de la science contemporaine. Ce qui a frappé surtout et ce qui devait frapper en elle, c'est la confirmation merveilleuse qu'elle a fournie de la certitude des méthodes mathématiques qui servent à calculer les mouvements des corps célestes. Elle nous a appris comment l'intelligence, aidée de ce précieux instrument qu'on appelle le calcul, peut en quelque sorte suppléer à nos sens, et nous dévoiler des faits qui semblaient jusqu'à ce moment inaccessibles à l'esprit.

« Mais ce qui a été moins remarqué peut être, c'est la confirmation éclatante qu'elle a apportée à la loi de l'attraction universelle. Les anomalies d'Uranus avaient fait craindre à quelques astronomes qu'à la distance énorme de cette planète, la loi de l'attraction ne perdit une partie de sa rigueur ; la découverte de Neptune est venue heureusement nous rassurer sur l'exactitude de la loi générale qui règle les mouvements célestes. Cependant, dans son bel exposé du travail mathématique de M. Le Verrier, imprimé en 1846 dans le *Journal des savants*, M. Biot assure que cette confirmation était loin d'être nécessaire, et que la loi de Newton n'était nullement mise en péril par les irrégularités d'Uranus. Il cite à ce propos une série de faits astronomiques, tous fondés sur la loi de l'attraction, et dont la précision et la concordance suffisaient, selon lui, pour établir la certitude absolue de cette loi. Les preuves invoquées par M. Biot sont sans réplique ; que l'on nous permette cependant de faire remarquer que tous les exemples invoqués par l'illustre astronome se passent tous, si l'on en excepte le fait emprunté à la réapparition des comètes, dans un rayon d'une étendue *relativement* médiocre. Au contraire, la planète Neptune est placée aux confins du monde solaire, Or la considération de la distance n'est pas à dédaigner. Il n'est pas rare, en effet, de voir certaines lois physiques commencer à perdre une partie de leur rigueur quand on les prend dans les conditions extrêmes. C'est ainsi que les belles recherches de M. Regnault ont démontré que les lois de la compression et de la dilatation des gaz se modifient quand on les considère au moment où les gaz se rapprochent de leur point de liquéfaction. N'était-il pas à craindre, d'après cela, que la loi elle-même de l'attraction ne pût subir une altération de ce genre, qui ne deviendrait sensible qu'à partir de certaines limites ? Dans un moment où, d'après les résultats des recherches les plus récentes de nos physiciens, on remarque une tendance marquée à tenir en suspicion plusieurs grandes lois dont le crédit était resté longtemps inébranlable, cette confirmation du principe de l'attraction universelle a paru à beaucoup d'esprits sérieux un témoignage utile à enregistrer. La plupart des astronomes n'ont pas hésité à porter ce jugement, et M. Encke a proclamé la découverte de M. Le Verrier *la plus brillante preuve qu'on puisse imaginer de l'attraction universelle.*

« Une autre conséquence découle de la découverte de M. Le Verrier, conséquence plus lointaine et qui a dû frapper moins vivement les esprits, bien qu'elle mérite de fixer toute l'attention des savants. M. Le Verrier termine son travail par la réflexion suivante : « Ce succès doit nous laisser es- « pérer qu'après trente ou quarante années « d'observations de la nouvelle planète, on « pourra l'employer à son tour à la décou- « verte de celle qui la suit dans l'ordre des « distances au soleil. » Ainsi, la planète qui nous a révélé son existence par les irrégularités du mouvement d'Uranus, n'est probablement pas la dernière de notre système solaire. Celle qui la suivra se décèlera de même par les perturbations qu'elle imprimera à Neptune, celle-ci à son tour, celle-ci en décèlera d'autres plus éloignées encore, par les perturbations qu'elle en éprouvera. Placés à des distances énormes, ces astres finiront par n'être plus appréciables à nos instruments ; mais alors même qu'ils échapperont à notre vue, leur force attractive pourra se faire sentir encore. Or, la marche suivie par M. Le Verrier nous donne les moyens de découvrir ces astres nouveaux, sans qu'il soit nécessaire de les apercevoir. Il pourra donc venir un temps où les astronomes, se fondant sur certains dérangements observés dans la marche des planètes visibles, en découvriront d'autres qui ne le seront pas, et en suivront la marche dans les cieux. Ainsi, sera créée cette nouvelle science, qu'il faudra nommer l'*astronomie des invisibles*, et alors les savants, justement orgueilleux de cette merveilleuse extension de leur domaine, prononceront avec respect et avec reconnaissance le nom du géomètre qui assura à l'astronomie une destinée si brillante. »

Démonstration du mouvement diurne de rotation de la terre, au moyen d'un pendule.

Nous ne saurions mieux terminer cet article, que par la description de l'appareil ingénieux employé dernièrement par M. Foucault, dans des expériences publiques faites au Panthéon, pour rendre sensible et évidente aux yeux des moins instruits, la rotation diurne de la terre sur elle-même, à l'aide d'un pendule dont la déviation régulière, indique immédiatement et régulièrement ce mouvement de rotation.

Laissons d'abord parler M. Foucault :

« Les observations si nombreuses et si importantes dont le pendule a été jusqu'ici l'objet, sont surtout relatives à la durée des oscillations : celles que je me propose de faire connaître à l'Académie, ont principalement porté sur la direction du plan d'oscil-

lation qui, se déplaçant graduellement d'orient en occident, fournit un signe sensible du mouvement diurne du globe terrestre.

« Afin d'arriver à justifier cette interprétation d'un résultat constant, je ferai abstraction du mouvement de translation de la terre, qui est sans influence sur le phénomène que je veux mettre en évidence, et je supposerai que l'observateur se transporte au pôle, pour y établir un pendule réduit à sa plus grande simplicité, c'est-à-dire, un pendule composé d'une masse pesante, homogène et sphérique, suspendue par un fil flexible à un point absolument fixe ; je supposerai même, tout d'abord, que ce point de suspension est exactement sur le prolongement de l'axe de rotation du globe, et que les pièces solides qui le supportent ne participent pas au mouvement diurne. Si dans ces circonstances, on éloigne de sa position d'équilibre la masse du pendule, et si on l'abandonne à l'action de la pesanteur, sans lui communiquer aucune impulsion latéral, son centre de gravité repassera par la verticale, et, en vertu de la vitesse acquise, il s'élèvera de l'autre côté de la verticale à une hauteur presque égale à celle d'où il est parti. Parvenu en ce point, sa vitesse expire, change de ligne, et le ramène, en le faisant passer encore par la verticale, un peu au-dessous de son point de départ. Ainsi l'on provoque un mouvement oscillatoire de la masse suivant un arc de cercle dont le plan est nettement déterminé, et auquel l'inertie de la matière assure une position invariable dans l'espace. Si donc ces oscillations se perpétuent pendant un certain temps, le mouvement de la terre, qui ne cesse de tourner d'occident en orient, deviendra sensible par le contraste de l'immobilité du plan d'oscillation dont la trace sur le sol semblera animée d'un mouvement conforme au mouvement apparent de la sphéricité ; et si les oscillations pouvaient se perpétuer pendant vingt-quatre heures, la trace de leur plan exécuterait dans le même temps une révolution entière autour de la projection verticale du point de suspension.

« Telles sont les conditions idéales dans lesquelles le mouvement de rotation du globe deviendrait évidemment accessible à l'observation. Mais en réalité on est matériellement obligé de prendre un point d'appui sur un sol mouvant ; les pièces rigides où s'attache l'extrémité supérieure du fil du pendule ne peuvent-être soustraites au mouvement diurne, et l'on pourrait craindre, à première vue, que ce mouvement communiqué au fil et à la masse pendulaire n'altérât la direction du plan d'oscillation. Toutefois la théorie ne montre pas là une difficulté sérieuse ; et, de son côté, l'expérience m'a montré que, pourvu que le fil soit rond et homogène, on peut le faire tourner assez rapidement sur lui-même dans un sens ou dans l'autre, sans influer sensiblement sur la position du plan d'oscillation, en sorte que l'expérience telle que je viens de la décrire doit réussir au pôle dans toute sa pureté.

« Mais quand on descend vers nos latitudes, le phénomène se complique d'un élément assez difficile à apprécier, et sur lequel je souhaite bien vivement d'attirer l'attention des géomètres.

« A mesure que l'on approche de l'équateur, le plan de l'horizon prend sur l'axe de la terre une position de plus en plus oblique, et la verticale, au lieu de tourner sur elle-même comme au pôle, décrit un cône de plus en plus ouvert; il en résulte un ralentissement dans le mouvement apparent du plan d'oscillation, mouvement qui s'annule à l'équateur pour changer de sens dans l'autre hémisphère. Pour déterminer la loi suivant laquelle varie ce mouvement sous les diverses latitudes, il faut recourir soit à l'analyse, soit à des considérations mécaniques et géométriques que ne comporte pas l'étendue restreinte de cette Note; je dois donc me borner à énoncer que les deux méthodes s'accordent, en négligeant certains phénomènes secondaires, à montrer le déplacement angulaire du plan d'oscillation comme devant être égal au mouvement angulaire de la terre dans le même temps multiplié par le sinus de la latitude. Je me suis donc mis à l'œuvre avec confiance, et, en opérant de la manière suivante, j'ai constaté, dans son sens et dans sa grandeur probable, la réalité du phénomène prévu.

« Au sommet de la voûte d'une cave on a solidement scellé une forte pièce en fonte, qui doit donner un point d'appui au fil de suspension, lequel se dégage du sein d'une petite masse d'acier trempé, dont la surface libre est parfaitement horizontale. Ce fil est d'acier fortement écroui par l'action même de la filière; son diamètre varie entre $\frac{6}{10}$ et $\frac{11}{10}$ de millimètre; il se développe sur une longueur de 2 mètres, et porte à son extrémité inférieure une sphère de laiton rodée et polie qui, de plus, a été martelée de façon à ce que son centre de gravité coïncide avec son centre de figure. Cette sphère pèse 5 kilogrammes et elle porte un prolongement aigu qui semble faire suite au fil suspenseur.

« Quand on veut procéder à l'expérience, on commence par annuler la torsion du fil et par faire évanouir les oscillations tournantes de la sphère. Puis, pour l'écarter de sa position d'équilibre, on l'embrasse dans une anse de fil organique dont l'extrémité libre est attachée à un point fixe pris sur la muraille, à une faible hauteur du sol. On dispose arbitrairement, par la longueur donnée à ce fil, de l'écart du pendule et de la grandeur des oscillations qu'on veut lui imprimer. Généralement, dans mes expériences, ces oscillations comprenaient à l'origine un arc de 15 à 20 degrés. Avant de passer outre, il est nécessaire d'amortir, par un obstacle que l'on retire peu à peu, le mouvement oscillatoire que le pendule exécute encore sous la dépendance des deux fils; puis, dès qu'on est parvenu à l'amener au repos, on brûle

le fil organique en quelque point de sa longueur; sa ténacité venant alors à faire défaut, il se rompt, l'anse qui circonscrivait la sphère tombe à terre, et le pendule, obéissant à la seule force de gravité, entre en marche et fournit une longue suite d'oscillations dont le plan ne tarde pas à éprouver un déplacement sensible.

Au bout d'une demi-heure, ce déplacement est tel qu'il saute aux yeux ; mais il est plus intéressant de suivre le phénomène de près, afin de s'assurer de la continuité de l'effet. Pour cela, on se sert d'une pointe verticale, d'une sorte de stylet monté sur un support, que l'on place à terre, de manière à ce que, dans son mouvement de va-et-vient, le prolongement appendiculaire du pendule vienne, à la limite de son excursion, sous la pointe fixe. En moins d'une minute, l'exacte coïncidence des deux pointes cesse de se reproduire, la pointe oscillante se déplaçant constamment vers la gauche de l'observateur; ce qui indique que la déviation du plan d'oscillation a lieu dans le sens même de la composante horizontale du mouvement apparent de la sphère céleste. La grandeur moyenne de ce mouvement, rapportée au temps qu'il emploie à se produire, montre, conformément aux indications de la théorie, que sous nos latitudes la trace horizontale au plan d'oscillation ne fait pas un tour entier dans les vingt-quatre heures. Je dois à l'obligeance de M. Arago et au zèle intelligent de notre habile constructeur, M. Froment, qui m'a si activement secondé dans l'exécution de ce travail, d'avoir pu déjà reproduire l'expérience sur une plus grande échelle. Profitant de la hauteur de la salle de la Méridienne, à l'Observatoire, j'ai pu donner au fil du pendule une longueur de 11 mètres. L'oscillation est devenue à la fois plus lente et plus étendue, en sorte qu'entre deux retours consécutifs du pendule au point de repère, on constate manifestement une déviation sensible vers la gauche.

« Je présenterai en terminant une dernière remarque.

« C'est que les faits observés dans les circonstances où je me suis placé concordent parfaitement avec les résultats énoncés par Poisson, dans un mémoire très-remarquable lu devant l'Académie, le lundi 13 novembre 1837. Dans ce mémoire, Poisson, traitant du mouvement des projectiles dans l'air, en ayant égard au mouvement diurne de la terre, démontra par le calcul que, sous nos latitudes, les projectiles lancés vers un point quelconque de l'horizon éprouvent une déviation qui a lieu constamment vers la droite de l'observateur placé au point de départ et tourné vers la trajectoire. Il m'a semblé que la masse du pendule peut être assimilée à un projectile qui dévie vers la droite quand il s'éloigne de l'observateur, et qui nécessairement dévie en sens inverse en retournant vers son point de départ; ce qui conduit au déplacement progressif du plan moyen d'oscillation et en indique le sens. Toutefois le pendule présente l'avantage d'accumuler les effets et de les faire passer du domaine de la théorie dans celui de l'observation. »

Ces belles expériences ayant vivement intéressé l'Académie des sciences, voici le travail théorique et explicatif qu'il a inspiré à M. Binet, un de nos plus savants géomètres,:

« L'Académie a entendu avec beaucoup d'intérêt, la communication que lui a faite M. Arago d'une belle expérience exécutée par M. Foucault; son objet est de montrer qu'un pendule simple et libre mis en oscillation dans un plan déterminé, ne conserve pas l'orientation de ce plan, et que, par l'effet de la rotation diurne du globe terrestre, l'azimut du plan oscillatoire s'accroît continuellement dans le sens du nord vers l'est, ou de l'est vers le sud, ou du sud vers l'ouest, ou de l'ouest vers le nord, c''est-à-dire en sens contraire de la rotation du globe.

« L'expérience de M. Foucault réalise ainsi un vœu que Laplace énonce dans ces termes: « Quoique la rotation de la terre soit main- « tenant établie avec toute la certitude que « les sciences physiques comportent, cepen- « dant une preuve directe de ce phénomène « doit intéresser les géomètres et les astro- « nomes. »

« Ce résultat inattendu, qui confirme en quelque sorte physiquement les théories de Galilée, a été dignement accueilli et appré- cié par les éloges que M. Arago et M. Pouil- let ont exprimés dans la dernière séance de l'Académie. Depuis quelques jours plu- sieurs de nos confrères en avaient connais- sance ; M. Foucault m'avait exposé une par- tie des inductions dynamiques et des consi- dérations qui avaient formé sa conviction : de premières expériences avaient justifié ses conjectures et ses vues. En me consul- tant, l'auteur désirait savoir à quel point le résultat mécanique auquel il arrivait s'ac- cordait avec les théories mathématiques et avec les déductions obtenues par les géomè- tres. Dans le chapitre 5 du quatrième vo- lume de la *Mécanique céleste*, Laplace a con- sidéré l'effet de la rotation diurne de la terre sur le mouvement des projectiles dans le vide ; il a eu égard, en outre, à la résis- tance de l'air sur la chute des corps qui tom- bent d'une grande hauteur : toutefois, il ne s'est pas occupé du pendule à ce point de vue du mouvement du globe terrestre. Pois- son a traité ce sujet en 1837, dans le *Journal de l'École polytechnique ;* cependant ce n'était pas l'objet spécial de ce grand géo- mètre, et il ne s'en occupe qu'incidemment. Il trouve les oscillations indépendantes du mouvement diurne dans tous les azimuts, quand le pendule est assujetti à suivre une courbe donnée ; à l'égard du pendule qui peut se mouvoir librement dans tous les sens, il dit que la force perpendiculaire au plan des oscillations est trop petite pour écarter sensiblement le pendule de son plan et à avoir une influence appréciable sur son mouvement. Cette conclusion paraît con- traire aux expériences de M. Foucault; mais le passage que je viens de citer permet un doute : Poisson ne rapporte pas le calcul de la force dont il parle, et d'ailleurs il n'est pas suffisant d'avoir reconnu qu'une force per- turbatrice est très-petite pour conclure qu'elle ne produira qu'un effet insensible après un grand nombre d'oscillations.

« Cette question méritait d'être approfon- die ; voici les résultats fournis par une dis- cussion attentive des formules du mouve- ment relatif, à laquelle je me suis appliqué. J'ai supposé que le pendule ne fait que de très-petites digressions, voisines de sa po- sition d'équilibre ; quand elles sont planes, une combinaison fort simple et analogue à celle qui donne les équations des moments, montre que le plan oscillatoire tourne gra- duellement autour de la verticale du point de suspension avec une vitesse angulaire constante; l'azimut du plan, mesuré du nord vers l'est, de l'est vers le sud, etc., s'accroît uniformément ; la vitesse constante est ex- primée par la rotation angulaire de la terre, multipliée par le sinus de la latitude γ du lieu de l'observation. Ce mouvement angu- laire est donc 1 sin. ", pour une .seconde de temps sidéral , la rotation uniforme de la terre étant de 15 degrés en une heure sidérale. Cette expression de vitesse azimu- tale étant obtenue, m'a porté à faire une remarque, fondée sur un théorème d'Euler, que Lagrange a développé dans sa *Mécanique,* et sur lequel la théorie des couples, de M. Poinsot, a répandu beaucoup de clarté. Le théorème d'Euler appliqué au cas actuel, autorise à regarder la vitesse de rotation de la terre comme la résultante de deux vites- ses angulaires qui auraient lieu, l'une autour de la verticale du pendule, et l'autre autour de la méridienne dirigée vers le nord, parce que ces deux lignes et une parallèle à l'axe de la terre passant par la suspension, se trouvent dans un même plan. La compo- sante de la vitesse angulaire, relative à l'axe vertical, a pour expression n sin γ, selon ce théorème, c'est-à-dire la rotation de la terre multipliée par le cosinus de l'angle que forme son axe avec la verticale. Cette vitesse angulaire composante est donc la mesure de celle que prend le plan azimutal oscillatoire et en sens contraire. A cette considération, l'on pourrait rattacher quelques inductions et considérations synthétiques pour établir le résultat de M. Foucault; néanmoins il m a paru qu'une preuve complète et plus sa- tisfaisante résulte des équations du mouve- ment relatif. Le théorème d'Euler pourrait servir à former les équations différentielles du mouvement ; mais elles ne fournissent toutes les circonstances calculables du mou- vement que par leur intégration plus ou moins avancée ou par des propositions qui en tiennent lieu. Toutefois, je dois dire qu'au moment où j'énonçais à M. Foucault l'expression de la vitesse, il me montra une formule qui exprimait la même loi : aussi il a su découvrir non-seulement le phéno- mène de la déviation du plan, mais aussi la mesure de sa vitesse angulaire autour de la verticale.

« Les oscillations planes du pendule simple sont un cas particulier des oscilla ions coniques considérées autrefois par Clairault, et c'est le problème plus général que j'ai effectivement traité, mais en ayant égard à la rotation diurne de la terre. Quand on fait abstraction de ce dernier mouvement et que le pendule ne s'écarte que très-peu de la verticale, notre confrère M. Pouillet a remarqué, il y a longtemps, que la projection horizontale du point mobile décrit une orbite elliptique, dont le centre répond à la verticale, et en se bornant au premier degré d'approximation, l'ellipse est invariable. En faisant intervenir le mouvement diurne de la terre, je trouve que, quel que soit le sens du mouvement du pendule dans son orbite sphérique, cette projection horizontale est encore une ellipse dont les deux axes sont constants; c'est le plan azimutal du grand axe de l'ellipse qui se déplace, dans un sens rétrograde, avec une vitesse dont la partie uniforme est n. sin. γ, c'est-à-dire la rotation angulaire de la terre estimée parallèlement à l'horizon, ainsi que je l'ai expliqué ci-dessus. Tous ces résultats supposent que l'on néglige la résistance de l'air dont l'effet principal se manifeste sur l'amplitude et sur la durée des oscillations, que cette résistance finit par éteindre; mais cet effet est très-faible sur la déviation du plan : ce ne sera que dans une seconde approximation que j'essayerai d'y avoir égard, n'ayant pour objet dans cette note que de montrer comment l'expérience importante de M. Foucault aurait pu être indiquée par les équations de la dynamique, interprétées sans inadvertance, parce qu'elles ne sont autre chose que l'expression exacte des lois du mouvement de la matière. »

I.

« Les équations différentielles du mouvement relatif d'un pendule simple d'une longueur r, en ayant égard à la rotation diurne de la terre, résultent soit des formules de Laplace, établies dans le quatrième volume de la *Mécanique céleste*, soit de celles que Poisson a données dans le *Journal de l'École polytechnique*, 26ᵉ cahier; je vais rapporter ces formules en me servant à peu près de la notation de Poisson : n sera la vitesse angulaire de la terre de l'occident vers l'orient; γ la latitude géographique du point de suspension du pendule; g la pesanteur terrestre combinée avec la force centrifuge locale provenant de la rotation de la terre; les coordonnées rectangulaires x, y, z, auront leur origine au point de suspension; l'axe positif des x est dirigé vers l'est, l'axe des y vers le nord, et les z positifs sont dirigés de haut en bas, dans le sens vertical de la chute des graves; N est la tension du fil du pendule simple, ou la pression normale que supporte la surface sphérique : cette force est dirigée vers l'origine des coordonnées, et elle forme avec les axes des angles qui ont $\frac{x}{r}, \frac{y}{r}, \frac{z}{r}$ pour cosinus. En négligeant la résistance de l'air, les trois équations différentielles du mouvement du pendule seront

$$(a) \begin{cases} \dfrac{d^2 x}{dt^2} + \dfrac{N x}{r} = 2\,n \sin. \gamma \dfrac{dy}{dt} + 2\,n \cos. \gamma \dfrac{dz}{dt}, \\ \dfrac{d^2 y}{dt^2} + \dfrac{N y}{r} = -2\,n \sin. \gamma \dfrac{dx}{dt}, \\ \dfrac{d^2 z}{dt^2} + \dfrac{N z}{r} = g - 2\,n \cos. \gamma \dfrac{dx}{dt}. \end{cases}$$

« Entre les coordonnées x, y, z, on a

$$x^2 + y^2 + z^2 = r^2,$$

d'où l'on tire les relations :

$$x\,dx + y\,dy + z\,dz = 0,\ x\,d^2x + y\,d^2y + z\,d^2z + (dx^2 + dy^2 + dz^2) = 0.$$

« En multipliant dx, dy, dz, les équations (a) et en les ajoutant, tous les termes affectés de N et de n se détruisent, et il reste simplement

$$\frac{dx\,d^2x + dy\,d^2y + dz\,d^2z}{dt^2} = g\,dz,$$

dont l'intégrale est

$$\frac{dx^2 + dy^2 + dz}{dt^2} = 2\,g\,(z - c).$$

On aura la pression N en multipliant par x, y, z, les mêmes équations différentielles et en les ajoutant; on remplacera dans la somme $x\,d^2x + y\,d^2y + z\,d^2z$ par $-dx^2 - dy^2 - dz^2$, et il viendra :

$$Nr = gz + \frac{dx^2 + dy^2 + dz^2}{dt^2} + 2\,n \sin. \gamma$$
$$\frac{x\,dy - y\,dx}{dt} + 2\,n \cos. \gamma \frac{x\,dz - z\,dx}{dt}.$$

On substitue la valeur $2\,g\,(z - c)$, au carré de la vitesse, et il vient

$$Nr - 3\,gz - 2\,gc + 2\,n \sin. \gamma \frac{x\,dy - y\,dx}{dt}$$
$$+ 2\,n \cos. \gamma \frac{x\,dz - z\,dx}{dt}.$$

« La vitesse angulaire de la terre, représentée par le coefficient n dans ces formules, est une très-petite fraction, savoir $n = \frac{\pi}{86400}$, si l'on prend la seconde sidérale pour unité de temps, et alors $n = 15''$ de degré; et quand on prend la seconde de temps moyen solaire $n = \frac{2\pi}{86168} = \frac{\pi}{13713} = 15''$, 39, ce qui surpasse un peu la première valeur, rapportée à une autre unité de temps. Tous les termes multipliés par n peuvent être assimilés à des forces perturbatrices du mouvement déterminé par les mêmes équations où l'on aurait posé $n = 0$: ce seraient alors les équations du pendule conique dont on a les intégrales générales qui renferment quatre paramètres arbitraires; pour avoir égard aux termes multipliés par n, selon la méthode connue de la variation des constantes arbitraires, on rendra variables les quatre paramètres; et leurs différentielles étant obtenues pourront être intégrées par approximation.

« Notre objet actuel permet de simplifier cette recherche, parce que nous pouvons nous borner à considérer les petites digressions ou oscillations d'un pendule autour de la position d'équilibre, ou autour de

13

la verticale, sa distance $\rho = \sqrt{x^2 + y^2}$ à l'axe du z doit demeurer une petite quantité, ainsi que les vitesses $\frac{d\rho}{dt}, \frac{dx}{dt}, \frac{dy}{dt}$: elles seront traitées comme des quantités du premier ordre.

« On a

$$z = \sqrt{r^2 - x^2 - y^2} = \sqrt{r^2 - \rho^2} = r - \frac{\rho^2}{2r} - \frac{\rho^4}{8r^3} \text{etc.};$$

ainsi, voulant négliger les ρ^4 dans z, on aura

$$\frac{dz}{dt} = -\frac{\rho}{r} \frac{d\rho}{dt}.$$

«En remplaçant z par cette valeur dans la dernière des formules (a) on aura

$$N = \left[g - \frac{d(\rho d\rho)}{r dt^2} - 2n \cos.\gamma \frac{dx}{dt} \right] \left(1 + \frac{\rho^2}{2r^2} \right),$$

ou $1 + \frac{\rho^2}{2r^2}$ remplace le facteur $\frac{r}{z}$; dans la première approximation on peut négliger le terme $2n \cos.\gamma \frac{dx}{dt}$ qui demeure du second ordre : on y aura égard si on le veut dans une approximation ultérieure. La valeur N sera ainsi réduite à $N = g$. Pour abréger, nous poserons $\frac{N}{r} = \frac{g}{r} = h2$, et les deux premières équations (a) deviendront

$$\frac{d^2x}{dt^2} + h^2 x = \quad 2n \sin.\gamma \frac{dy}{dt} + 2n \cos.\gamma \frac{dz}{dt},$$

$$\frac{d^2y}{dt^2} + h^2 y = -2n \sin.\gamma \frac{dx}{dt}$$

le terme

$$2n \cos.\gamma \frac{dz}{dt} = -2n \cos.\gamma \frac{\rho d\rho}{r dt}$$

doit être rejeté dans l'approximation suivante, étant de l'ordre déjà négligé dans le premier nombre, où N est remplacé par rh^2. Les équations deviennent donc, en posant $n \sin. \gamma = k$,

$$(a) \begin{cases} \dfrac{d^2x}{dt} + h^2 x = 2k \dfrac{dy}{dt}, \\ \dfrac{d^2y}{dt} + h^2 y = 2k \dfrac{dx}{dt}, \end{cases}$$

« On satisfait à ces équations linéaires par les valeurs

$$x = p \cos.(\mu t + \varepsilon), \quad y = p \sin.(\mu t + \varepsilon),$$

p et ε étant deux constantes arbitraires et μ une quantité constante qui va être déterminée. La substitution dans l'une ou l'autre des équations (a) donne la même formule, savoir :

$$p(h^2 - \mu^2) \sin.\mu t + \varepsilon) = 2k p\mu t + \varepsilon);$$

après avoir divisé par $p \sin.(\mu t + \varepsilon)$ cela se réduit à

$$h^2 - \mu^2 = 2k\mu.$$

On obtiendra μ en résolvant l'équation

$$\mu^2 + 2k\mu - h^2 = o;$$

ses racines μ et μ_1 sont de signes contraires savoir :

$$\mu = -k + \sqrt{h^2 + k^2}$$
$$\mu_1 = -k - \sqrt{h^2 + k^2}$$

« On remarque que $k^2 = n^2 \sin.^2 \gamma$ est une

quantité négligeable relativement à $h^2 = \frac{g}{r}$, parce que $n = \frac{1}{1/43^2}$; et nous prendrons $\mu = h - k\mu, = -h - k$. On satisfait évidemment aux mêmes équations (a') par les valeurs

$$x = p_1 \cos.(\mu_1 t + \varepsilon_1), \quad y = p_1 \sin.(\mu_1 t + \varepsilon_1);$$

or, les équations différentielles étant linéaires, l'on sait que les expressions générales des variables x et y se composent de la somme des valeurs particulières, ainsi l'on a :

$$x = p \cos.(\mu t + \varepsilon) + p_1 \cos.(\mu_1 t + \varepsilon_1),$$
$$y = p \sin.(\mu t + \varepsilon) + p_1 \sin.(\mu_1 t + \varepsilon_1).$$

«L'instant à partir duquel on compte le temps étant arbitraire, on pourra rendre égales les constantes arbitraires $\varepsilon = \varepsilon_1$; la constante ainsi supprimée sera comprise dans la variable t : les deux autres constantes p, p_1, quoique arbitraires, doivent cependant être telles que x et y demeurent de petites quantités selon l'hypothèse.

« Ajoutons les carrés des coordonnées

$$x = p \cos.(\mu t + \varepsilon) + p_1 \cos.(\mu_1 t + \varepsilon),$$
$$y = p \sin.(\mu t + \varepsilon) + p_1 \sin.(\mu_1 t + \varepsilon);$$

cela donne, pour $\rho^2 = x^2 + y^2$,

$$\rho^2 = p^2 + p_1^2 + 2pp_1 \cos.(2ht),$$

parce que $\cos.(\mu t - \mu_1 t) = \cos.(2ht)$. Cette valeur revient à

$$\rho^2 = (p + p_1)^2 \cos.^2(ht) + (p - p_1)^2 \sin.^2(ht);$$

et, en posant

$$p + p_1 = \rho_1, \quad p - p_1 \rho_2,$$

on aura

$$\rho^2 = \rho_1^2 \cos.^2(ht) + \rho_2^2 \sin.^2(ht).$$

Ainsi la valeur de ρ^2 est nécessairement comprise entre ρ^2 et ρ_2^2, et en supposant que ρ_1 soit supérieur à ρ^2, on aura constamment

$$\rho_1 > \rho > \rho_2$$

Par conséquent, il suffit que la constante $\frac{\rho}{r}$ soit une petite quantité pour que ces résultats soient conformes à l'hypothèse des petites oscillations.

II.

« On voit qu'après chaque durée

$$t = \frac{\pi}{h} = \pi \sqrt{\frac{r}{g}}$$

la distance ρ reprend périodiquement sa valeur; mais il n'en est pas tout à fait ainsi de x et y : ces coordonnées éprouvent de petites altérations dont nous allons reconnaître les effets. Substitutions dans x et y pour μ et μ_1, les quantités $h - k, -h - k$; elles deviennent

$$x = p \cos.(ht + \varepsilon - kt) + p_1 \cos.(ht - \varepsilon + kt),$$
$$y = p \sin.(ht + \varepsilon - kt) - p_1 \sin.(ht - \varepsilon + kt);$$

ou bien

$$x = \cos.ht \,[\overline{p+p_1} \cos.(\varepsilon - kt)] - \sin.ht \,[\overline{p - p_1} \sin.(\varepsilon - kt)],$$
$$y = \sin.ht \,[\overline{p - p_1} \cos.(\varepsilon - kt)] + \cos.ht \,[\overline{p + p_1} \sin.(\varepsilon - kt)];$$

or

$$p + p_1 = \rho_1, \quad p - p_1 = \rho^2;$$

on a donc :

$$x = \rho_1 \cos.ht \cos.(\varepsilon - kt) - \rho_2 \sin.ht \sin.(\varepsilon - kt),$$
$$y = \rho_2 \sin.ht \cos.(\varepsilon - kt) + \rho_1 \cos.ht \sin.(\varepsilon - kt),$$

d'où l'on tire

$$\rho_1 \cos. kt = x \cos. (\varepsilon - kt) + y \sin. (\varepsilon - kt),$$
$$\rho_2 \sin. kt = -x \sin. (\varepsilon - kt) + y \cos. (\varepsilon - kt),$$

« Pour interpréter plus clairement ces expressions, nous concevrons le pendule simple (ou l'extrémité du rayon sphérique) comme projeté sur le plan tangent horizontal, inférieur à la sphère décrite avec le rayon r; nous nommerons P cette projection mobile à l'égard de deux axes x et y parallèles à ceux qui passaient par le point de suspension; le point mobile, ne s'écartant du plan tangent inférieur que d'une quantité du second ordre, est dans toutes ses situations extrêmement voisin de sa nouvelle projection : suivre des yeux cette projection est presque suivre le pendule lui-même.

« Soit v l'azimut de la projection horizontale P mesurée de l'est vers le nord, c'est à dire dans le sens de circulation des x positifs aux y positifs; en sorte que

$$x = \rho \cos. v, \quad y = \rho \sin. v,$$

par les valeurs précédentes on aura

$$\rho_2 \sin. (kt) = \rho [\sin. v \cos. (\varepsilon - kt) - \cos. v \sin. (\varepsilon - kt)],$$

ou bien

$$\rho_2 \sin. (kt) = \rho \sin. (v - \varepsilon + kt),$$

et semblablement

$$\rho_1 \cos. (kt) = \rho \cos. (v - \varepsilon + kt).$$

Soit encore :

$$\xi = \rho \cos. (v - \varepsilon + kt), \quad v = \rho \sin. (v - \varepsilon - kt);$$

on voit que ξ est la projection du point P sur une droite qui comprendra l'angle $\varepsilon - kt$ avec l'axe des x, car elle forme alors l'angle $v - \varepsilon + kt$ avec ρ; v sera la perpendiculaire abaissée de P sur cette même droite; et ξ et v sont deux coordonnées rectangulaires rapportées à des axes qui forment avec les x positifs les angles $\varepsilon - kt$, $\frac{\pi}{2}$; $+ \varepsilon - kt$; l'axe des ξ est donc une droite mobile. Cela posé; on a

$$\sin. (kt) = \frac{v}{\rho_2}, \quad \cos. (kt) = \frac{\xi}{\rho_2},$$

Et en ajoutant les carrés de ces valeurs

$$1 = \frac{v^2}{\rho_2^2} + \frac{\xi^2}{\rho_1^2};$$

Ainsi les coordonnées v et ξ appartiennent à une ellipse dont les axes $2\rho_1$ et $2\rho_2$ sont constants; mais le grand axe de cette ellipse est uniformément mobile autour de son centre. La valeur de l'axe azimutal $x\xi = \varepsilon - kt$ prouve que le sens du mouvement est rétrograde du nord vers l'est, la vitesse angulaire constante $\frac{dv}{dt}$ étant $k = n \sin. \gamma$, où γ est la latitude. Cette vitesse est nulle quand la station est à l'équateur où $\gamma = o$; elle serait $n = \frac{2\pi}{86163}$ pour une station polaire. Quand on pose $n = o$, selon l'hypothèse ordinaire où l'on néglige la rotation de la terre, la projection devient l'ellipse invariable indiquée par M. Pouillet, dans le cas des petites oscillations du pendule simple.

« La durée d'une oscillation étant $\pi \sqrt{\dfrac{r}{g}}$, la déviation de l'axe de l'ellipse est, pendant ce temps, de $n \sin. \gamma \pi \sqrt{\dfrac{r}{g}}$; quantité extrêmement petite, mais qui, se reproduisant dans le même sens à chaque oscillation, devient promptement sensible et appréciable.

« La vitesse angulaire du plan oscillatoire autour de la verticale est $k = n \sin. \gamma$; il convient de remarquer qu'elle est précisément égale en grandeur, et de direction contraire a une composante de la vitesse de rotation de la terre n décomposée en deux vitesses angulaires : l'une aurait pour axe de rotation la verticale, et l'autre, la méridienne dirigée vers le nord. Ces deux droites et une parallèle à l'axe de la terre, passant par le point de suspension du pendule, sont dans un même plan; la parallèle à l'axe de la terre fait avec la méridienne l'angle γ, et l'angle $90° - \gamma$ avec la verticale. D'après le théorème d'Euler sur les vitesses angulaires de rotation, la composante de n autour de la verticale est $n \sin. \gamma$, et la seconde composante de n autour de la méridienne est $n \cos. \gamma$. Ainsi l'angle azimutal s'accroît comme si la terre était entraînée autour de la verticale par la composante horizontale de sa vitesse angulaire, et que le plan oscillatoire fût entièrement fixe, sans avoir égard à la seconde composante $n \cos. \gamma$. Au pôle, cette dernière composante est nulle; la proposition est alors évidente, et c'est le point de départ des considérations ingénieuses qui ont amené M. Foucault à son expérience.

« On construit facilement les valeurs des coordonnées

$$\xi = \rho_1 \cos. (kt), \quad v = \rho_2 \sin. (kt),$$

qui assignent la position du point P sur l'ellipse.

« Soit O son centre et OG la direction de l'axe $2\rho_1$, formant avec l'axe des x l'angle $\varepsilon - kt$; sur le grand axe 2ρ comme diamètre, on décrit un cercle, et l'on trace un rayon OP', formant avec OG l'angle $GOP' = kt$; du point P' de la circonférence on abaisse une ordonnée $P'G$ sur le grand axe; elle rencontre en P l'ellipse, et l'on a

$$OG = \rho_1 \cos. (kt) = \xi,$$
$$GP = \rho_2 \sin. (kt) = v.$$

« Ainsi, ρ sera $OP = \sqrt{\xi^2 + v^2}$; l'angle $GOP = v - \varepsilon + kt$; et l'on a

$$\frac{v}{\xi} = \text{tang.} (v. - \varepsilon + kt) = \frac{\rho_1}{\rho_2} \text{tang.} (kt).$$

Cette construction est semblable à celle qui détermine la position de l'axe de la terre à l'égard de sa position moyenne, dans la théorie de la nutation.

« III. Je rapporterai ici le procédé qui me conduisit d'abord au résultat principal, avant d'avoir développé une partie des calculs précédents. Les deux premières équations (a) sont

$$\frac{d^2 x}{dt^2} + \frac{Nx}{r} = 2 n \sin. \gamma \frac{dy}{dt} + 2 n \cos. \gamma \frac{dz}{dt},$$
$$\frac{d^2 y}{dt^2} + \frac{Ny}{r} = -2 n \sin. \gamma \frac{dx}{dt};$$

on élimine N, et il vient

$$\frac{x\,d^2 y - y\,d^2 x}{dt} = -2\,n\,\sin.\ \gamma\ (x\,dx + y\,dy) - 2\,n\,\cos.\ \gamma\,y\,dz.$$

« On peut effectuer l'intégration sur deux parties de cette formule, et l'on aura

$$\frac{x\,dy - y\,dx}{dt} + h\,(x^2 + y^2) = G - 2\,n\,\cos.\ \gamma \int y\,dz.$$

où G est une constante arbitraire. Mais tang. $v = \frac{y}{a}$ donne

$$dv = \frac{x\,dy - y\,dx}{x^2 - y^2},$$

et l'équation précédente, divisée par $\rho^2 = x^2 + y^2$, devient

$$\frac{dv}{dt} + k = \frac{G}{\rho^2} - \frac{n\,\cos.\ \gamma}{\rho^2}\int y\,dz.$$

Cette équation admet des oscillations coniques ou planes, et d'amplitude quelconque. Au pôle, le dernier terme disparaît, à cause de cos. γ, et alors $k = n$; à une latitude γ, le dernier terme contient l'intégrale $S\ y\ dz$, qui, étant multiplié par n, autorise à remplacer y et dz par les valeurs qui conviennent au pendule non troublé. Dans les petites oscillations, et d'après les valeurs précédentes (n° 2), on aura

$$y\,dz = \frac{h}{r}\,(\rho_1^2 - \rho_2^2)\,\sin.\ (2\,ht)\,[\rho_1\,\sin.\ ht\,\cos.\ \varepsilon + \rho_2^1\,\cos.\ ht\,\sin.\ \varepsilon].$$

dont l'intégrale sera périodique : après l'avoir divisée par ρ^2, le terme restera périodique; il sera, d'ailleurs, d'un ordre inférieur aux autres termes de la même formule, et négligeable dans la première approximation; la formule, ainsi réduite à

$$\frac{dv}{dt} + k = \frac{G}{\rho_1^2\,\cos.^2(ht) + \rho_2^1\,\sin.^2(ht)},$$

n'est que la différentielle de l'équation

$$\text{tang. } (v - \varepsilon + kt) = \frac{\rho_2}{\rho_1}\,\text{tang. } (ht),$$

que d'autres combinaisons nous ont donnée depuis. Quand les oscillations sont planes, l'axe $2\rho_2$ de l'ellipse mobile est nul, mais ρ, subsiste toujours, et l'on a $v = \varepsilon - kt$, v étant l'azimut du plan d'oscillation. La formule montre ainsi que le plan a un mouvement rétrograde dont la vitesse constante est $k = n$ sin. γ, c'est-à-dire que le plan tourne uniformément autour de la verticale du nord vers l'est, ou du sud vers l'ouest, conformément à la théorie de M. Foucault, que l'expérience a confirmée. »

AUGUSTINE. — (*Chauffe-pieds économique*.)— *Invention de Mme Augustine Chambon-de-Montaux, de Paris.* — Cette chaufferette, pour laquelle l'auteur obtient un brevet d'invention de cinq ans, et ensuite un brevet de perfectionnement, était un meuble commode, élégant, et qui réunissait à ces avantages, celui de répandre une chaleur toujours égale, d'un transport facile, de n'exhaler aucune odeur et d'exiger peu de soins. La forme des augustines est à peu près la même que celle des chaufferettes ordinaires; on les décore facilement; elles n'ont aucun trou supérieur. Pour des hommes, on leur donne la forme d'un pupitre

ou d'une chancelière. La chaleur est produite par une petite lampe à courant d'air; cette lampe est enfermée dans trois boîtes de fer blanc : la première contient l'huile et la mèche; la deuxième reçoit l'huile qui pourrait sortir de la première par suite de quelque mouvement violent; elle est fixée au milieu de la plus grande boîte, placée au-dessous du réservoir de chaleur. Le porte-mèche est surmonté d'un petit appareil en cuivre rouge, évasé par le haut, qui enveloppe la flamme, et sert à établir un léger courant d'air autour d'elle, pour l'empêcher de fumer. La troisième boîte est un réservoir de chaleur disposé au-dessus du porte-mèche de la lampe; elle est en cuivre, remplie de sable et soudée exactement de tous les côtés. Elle est placée dans une ouverture entaillée au milieu de la boîte du chauffe-pieds, d'où on la retire au moyen d'un anneau. Il est aisé de voir qu'avec une construction semblable, on ne risque ni de se brûler, ni de mettre le feu, ce qui arrive fréquemment dans l'emploi des chaufferettes ordinaires. L'huile employée pour les lampes à double courant d'air, est propre aussi à la lampe de cette chaufferette; mais on doit lui préférer celle de saine et de moëlle de bœuf, comme étant beaucoup moins chère et d'un aussi bon service. Les mèches d'amiantes sont préférables, surtout quand on se sert d'huile d'olive. Il résulte des expériences faites par M. Gillet-Laumont, pour reconnaître la consommation de l'huile dans la lampe du chauffe-pieds de Mme Chambon, qu'en alimentant pendant quatorze à quinze heures les frais n'excédent pas 25 à 30 centimes. (*Bull. de la société d'encourag.*1815, p, 207.)

AUTOCLAVE. — (*Technologie.*) — On a donné depuis peu le nom d'autoclave à des vases culinaires, ou à des marmites propres à faire cuire les aliments ou toutes autres substances sans évaporation. Ce n'est pas autre chose que la marmite de Papin perfectionnée.

Le mot *autoclave* est formé de deux mots dont l'un est pris dans la langue grecque et l'autre dans la langue latine. Il signifie qui ferme de lui-même. En effet, l'orifice est ovale, le couvercle a la même forme, mais il est un peu plus grand, lorsqu'on a mis dans le vase ce qu'on veut y faire cuire, on introduit le couvercle par son petit diamètre dans le sens du grand; diamètre de l'orifice : on conçoit qu'il doit entrer facilement; lorsqu'il est en entier dedans, on le retourne pour qu'il bouche l'orifice, et on le tient dans cette position par une vis qui l'attire au dehors : mais comme dans cette position il se trouve dans tous ses points, plus large que l'orifice, il ne peut pas sortir; lorsque par la chaleur la vapeur se dégage, comme elle ne trouve aucune issue, elle presse sur le couvercle et ferme d'autant plus hermétiquement l'orifice que la tension de la vapeur est plus grande. (*Encyclopédie moderne*, art. *Autoclave.*)

AUTOCLAVE. — *Invention de M. Lemare*

de Paris, en 1820. — Avec cet appareil que l'auteur nomme *autoclave*, on peut préparer du bouillon en moins d'une heure : une expérience faite par lui, à cet égard, a eu un plein succès. Il a mis dans une marmite une pièce de bœuf, des légumes et autant d'eau qu'il est nécessaire pour un dîner de cinq personnes ; le vase fut placé sur le feu qui fut entretenu avec un peu de charbon ; au bout de trente-six minutes on enleva la marmite et on la laissa refroidir. On trouva le bouillon très-bon et le bouilli bien cuit. Il n'est pas nécessaire d'ôter le couvercle pour écumer ; à la fin de l'opération l'écume qui ne peut se mêler avec le bouillon se précipite au fond du vase. Cette marmite en cuivre étamé, est un perfectionnement très-ingénieux du digesteur de Papin. Elle se ferme hermétiquement, de manière à pouvoir contenir la vapeur au degré voulu ; une soupape de sûreté, placée sur le sommet du couvercle, est destinée à prévenir les explosions que pourrait occasionner la trop grande pression de la vapeur. Les avantages de cet appareil sont, 1° de donner un bouillon d'une qualité éminemment supérieure par le motif qu'il n'y a aucune évaporation ; 2° d'augmenter considérablement les produits par la grande quantité de gélatine que fournissent les os, sans qu'ils aient besoin d'être broyés ; cuits seuls, pendant une ébullition d'une heure, ils s'amollissent sans se déformer, au point de pouvoir être pétris comme de la pâte ; 3° d'opérer la cuisson beaucoup plus promptement que dans les marmites ordinaires, d'où résulte une double économie de temps et de combustibles. Ce mode de cuisson à la vapeur est introduit dans les hospices et dans beaucoup de ménages. Les autoclaves peuvent être employés avec succès dans les distilleries, les brasseries, les savonneries, les blanchisseries, les ateliers de teinture. M. Lemare a obtenu pour cet appareil un brevet d'invention de cinq ans. (*Archives des découvertes et inventions*, 1820, p. 398.)

M. Grammaire a appliqué l'autoclave aux usages pharmaceutiques : cet appareil lui a servi à obtenir des sirops, des décoctions, l'extractif des végétaux, et le principe gélatineux du lichen d'Islande, de la mousse de Corse, de la corne de cerf, etc. M. Grammaire a trouvé que l'autoclave a l'avantage sur les bassines qui servent à faire des sirops, 1° d'opérer en quinze minutes, tandis qu'il faut une heure et demie à la servant d'une bassine ordinaire ; 2° de donner un sirop moins coloré et plus limpide, quoique le degré d'ébullition soit très-considérable. Dans une bassine, si le feu est trop fort, le calorique soulève la masse du sirop et on est forcé d'ajouter de l'eau, qu'il faut ensuite faire évaporer. L'ébullition trop prolongée colore le sirop, ce qui, comme on vient de le dire n'a pas lieu avec l'autoclave. La même expérience faite pour extraire la salsepareille a prouvé que l'autoclave a sur les bassines l'avantage, 1° d'obtenir plus de principes extractifs des végétaux ;

2° d'exiger moins de temps puisqu'on opère en huit heures, au lieu de vingt-huit que l'on emploie avec les bassines ; 3° d'user moins de combustible. Son usage est aussi préférable à celui des poêlons dont on se sert pour la gelée du lichen d'Islande, 1° parce qu'on opère en trente minutes au lieu de quatre heures ; 2° parce qu'on ne consomme que deux onces de lichen au lieu de quatre onces que l'on emploie dans un poêlon ordinaire ; 3° parce que l'on n'emploie ni colle de poisson, ni gélatine de d'Arcet. Pour la gelée de corne de cerf, l'autoclave a l'avantage d'obtenir la gélatine en trente minutes, tandis que dans un poêlon l'on obtient qu'une très petite quantité de principe gélatineux, encore faut-il y ajouter de la colle de poisson. Pour la gelée de mousse de Corse, l'on extrait avec l'autoclave, tout le principe gélatineux et vermifuge en vingt-cinq minutes, et cinq minutes même suffisent pour obtenir une gelée bien clarifiée tandis qu'il faut trois ou quatre heures, tant pour la décoction que pour clarifier, en opérant dans une bassine. Enfin l'autoclave serait d'une très-grande utilité pour les bureaux de charité, où l'on pourrait faire du bouillon gélatineux d'os que l'on mêlerait ensuite avec partie égale de bouillon. (*Jour. de pharm.*, 1820, t. VI, p. 315.)

AUTOGRAPHE. — *Mécanique inventée par M. Brunel, l'an VII.* — Cette machine est basée sur le principe du pantographe, et elle réunit plusieurs qualités précieuses pour le commerce : en même temps qu'on écrit une lettre, on en fait une, deux ou même trois copies. Dans les comptoirs où il est essentiel de tenir des doubles écritures, le même commis peut à la fois copier ses registres et ses journaux ; enfin s'il s'agit de copier des dessins ou des cartes de géographie, on peut le faire avec une précision et une exactitude auxquelles ne pourrait atteindre le talent le plus exercé. L'autographe est portatif ; il se peut replier dans un nécessaire de voyage, et les négociants qui ont une correspondance étendue peuvent se dispenser d'avoir à leur suite un secrétaire.

AZOTE. — (*Son extraction du charbon par la chaleur, et sa combinaison avec l'acide oximuriatique et avec l'oxygène.*) — Pour s'assurer de l'origine de l'azote qu'on obtient en opérant sur les gaz inflammables composés, M. Berthollet a répété diverses expériences sur ce charbon. En ne prenant que le résultat du gaz recueilli à la fin de l'expérience sur l'eau bouillie et le mercure sec, il a trouvé dans cent parties de gaz, sur l'eau, 10, 15 d'azote, et dans cent parties de gaz recueilli sur le mercure 13, 00. D'où il conclut que le gaz azote que contiennent les gaz inflammables que l'on obtient en soumettant le charbon à l'action du feu, provient du charbon même, et n'est point dû à un mélange d'air atmosphérique, excepté la partie qui peut être indiquée par l'absorption du gaz nitreux. (*Annales des sciences et des arts*, 1809, 1re partie.)

La découverte d'une combinaison de

l'azote avec l'acide oximuriatique, due à M. Dulong, en 1813, offre les propriétés les plus singulières. Pour l'obtenir, il faut présenter à l'acide oximuriatique de l'azote, non à l'état de gaz, mais à une combinaison quelconque, dans un sel ammoniacal, par exemple, pourvu que l'acide de ce sel ne soit pas assez volatilisé pour être déplacé par l'oximuriatique. M. Dulong fit passer un courant de gaz oximuriatique dans la dissolution, et il obtint une sorte d'huile d'un jaune fauve, plus pesante que l'eau,

même salée, qui s'évapore promptement à l'air, et qui détonne par la chaleur, à l'air libre, avec un bruit plus fort que celui d'un mousquet. Le cuivre la décompose en s'emparant de l'acide, et en dégage l'azote ; mais ce qui en rend l'étude effrayante, c'est que la moindre parcelle que l'on met en contact avec une substance combustible, avec le phosphore, par exemple, produit une explosion violente et brise tous les appareils. (*Rapport sur les travaux de l'Institut en 1813. — Moniteur, 1814, p. 83.*)

B

BALANCES. — **Balance mécanique.** — Instrument employé dans les opérations commerciales et dans les recherches de la science pour reconnaître ou vérifier le poids des corps. En général, ces machines sont construites sur le principe de l'équilibre et d'après les propriétés du levier.

1° Deux corps d'égale pesanteur, suspendus à égale distance du point d'appui ou de suspension d'un levier placé horizontalement, demeurent en équilibre. D'où il suit que, pour connaître le poids d'un corps quelconque, il suffit de connaître le poids de divers poids au moyen desquels, en ajoutant ou retranchant, on parvient à tenir le levier ou la balance en état d'équilibre avec le corps dont le poids était cherché.

2° Deux corps de poids inégaux, placés à inégales distances du point d'appui de la balance, se font équilibre, si ces distances sont entre elles en raison inverse de ces poids ; ainsi, un poids d'un kilogramme, suspendu à quatre décimètres du point d'appui, fait équilibre à un poids de quatre kilogrammes, suspendu à la distance de un décimètre du même point d'appui dans la partie opposée. Telle est la très-simple théorie de la balance ou *romaine* des anciens, qui est encore la nôtre, et à laquelle on n'a rien modifié, si ce n'est quelques dispositions dans la forme, suivant les usages auxquels l'instrument est destiné, et quelques perfectionnements dans les détails d'exécution; nous nous bornerons à en indiquer quelques-uns :

Balance-Brouette *pour la pesée des grains.* — Le transport de cette balance est facile ; elle occupe peu de place ; sa forme est celle d'un établi de mécanique, monté sur deux roulettes en fonte de fer. A l'aide de deux bras de levier qui se ploient et se déploient à volonté, on peut la conduire partout où l'on en a besoin. Les plateaux de cette balance, qui ressemblent à deux marche-pieds, oscillent par une très-petite addition de poids ; les pesées se font comme dans les balances ordinaires, et le service en est très-commode, l'homme chargé du sac de blé n'ayant autre chose à faire qu'à le poser sur un des plateaux. La balance proprement dite se compose d'un fléau dont les bras sont égaux, de deux systèmes de plateaux, et de crochets qui forment avec le fléau un parallélo-

gramme mobile, dont les supports des plateaux sont les côtés verticaux. L'un des plateaux reçoit les caisses ou sacs que l'on amène dans une brouette, et qu'il est facile d'y déposer. Quant aux charges portées à dos d'hommes, on les met sur un plateau supérieur, auquel a été fixée une espèce de dossier en fer, contre lequel le sac est appuyé. Un autre mécanisme sert à tenir la gueule d'un sac posé sur l'un des plateaux, pour le remplir jusqu'à un poids déterminé. Pour rendre les plateaux immobiles pendant que l'on met ou que l'on retire les fardeaux et les poids, M. Chemin a imaginé d'adapter à sa balance deux mentonnets fixés à une tige qu'on fait tourner à l'aide d'une poignée ; par ce moyen, les mentonnets se placent ou se retirent de dessous le plateau des poids. (*Bulletin de la Société d'encouragement,* 1819, pag. 213, planche 177.)

Balance-pendule de M. Dumont. — La construction de cet instrument est relative à la théorie du levier courbé, qui prend une position d'équilibre différente pour chaque poids attaché à l'une de ses extrémités. La balance est supportée par un couteau long et tranchant, ce qui assure sa durée et sa mobilité ; un second couteau renversé, comme celui des balances ordinaires, est adapté à l'extrémité du levier, et porte une tige verticale, à laquelle on accroche le plateau ; la charge de ce plateau entraîne la partie postérieure de la machine, formant contre-poids et portant une échelle graduée, destinée à indiquer les pesées au point où la verge de tirage vient la rencontrer. La balance, en se repliant sur elle-même, n'occupe que l'espace d'une seule barre de fer. Une petite manivelle, composée d'une vis sans fin, est jointe au système pour rendre la manœuvre du pesage plus simple ; elle n'a ni ressort ni engrenage, et dispense de se servir des poids en usage pour les balances ordinaires. Son échelle est divisée, afin de donner à la fois la valeur du fardeau en poids de quatre nations. M. Régnier a proposé l'adoption de cette balance, 1° parce que les pesées sont plus rapides ; 2° parce qu'elle exige moins d'emplacement ; 3° parce que son prix, 150 francs, est peu élevé ; ces conclusions ont été adoptées, et Son Ex. le ministre de l'intérieur, par son arrêté du 18 avril 1818, en a permis l'usage dans le commerce en gros, en la présentant au bureau de vérification pour y être poinçonnée. La *balance-pendule* de M. Dumont peut être d'une nouvelle utilité par le mécanisme que M. Saint-Denis y a ajouté.

BALANCE D'ESSAI de M. Devrine. — Cette balance diffère de celles généralement connues par la suppression de l'aiguille placée au milieu du fléau, laquelle, malgré sa finesse, nuit toujours à la justesse des opérations, par la facilité qui permet d'équilibrer les deux bras du fléau, et de placer les trois couteaux dans le même plan. Cette balance est sensible à la cent millième partie du gramme. Une médaille de bronze a été décernée à M. Devrine pour ce perfectionnement. — Il a été présenté à l'exposition une balance d'essai d'une sensibilité que ses plateaux étant chargés de vingt kilogrammes, il suffit de 3 centigrammes pour la faire trébucher. Cette balance organisée pour l'essai des grains, et d'après le nouveau système métrique, est composée d'un fléau de 175 millimètres, partagé par le couteau de suspension en deux bras inégaux dans le rapport de un à cinq. Les deux couteaux extrêmes portent chacun une petite chappe à crochet; on suspend à ce dernier du côté du petit bras une mesure cylindrique de cuivre ayant environ 18 centimètres de haut, réglée de façon à avoir la contenance d'un demi-litre. Pour faire équilibre à cette mesure, on suspend au crochet de l'extrémité du grand côté un petit plateau de cuivre creux, qui a la forme d'une boîte de marc, d'environ 43 millimètres de diamètre, et qui est assez profond pour tenir une pile de poids pour peser le grain dont on remplit le demi-litre. L'auteur s'est conservé la faculté de renfermer dans la mesure le fléau, le plateau, les poids, une radoire et une trémie d'étoffe, garnie d'un cercle de cuivre, dont l'introduction du grain dans la mesure nécessite l'usage; tous ces objets, contenus dans le demi-litre, sont enfermés dans un étui. Cette balance a l'avantage de pouvoir faire connaître de suite, et sans calcul, le poids de l'hectolitre de grain, surtout du blé, qu'on essaie par le poids seul du demi-litre, et d'en faire reconnaître ainsi la qualité.

BALANCE HYDROSTATIQUE. — La balance hydrostatique de M. Barré est d'une construction d'autant plus heureuse, qu'en n'employant qu'un seul poids toujours égal à celui du corps plongé, il est facile de construire un appareil qui donne la densité du liquide soumis à l'expérience, tandis qu'avec la balance hydrostatique ordinaire, on ne parvient à connaître cette densité qu'à l'aide de calcul embarrassant pour quiconque n'en connaît pas la théorie. Cependant l'auteur n'a pas vu comment il fallait graduer son instrument pour atteindre le but qu'il s'était proposé. Par le moyen de deux poids, l'un fixe, l'autre mobile, il a fait équilibre au corps proposé, et il a cherché à en déterminer le rapport avec le corps plongé, en se servant d'une analyse compliquée, qui lui a donné, pour ce poids, des valeurs dépendantes de la densité du liquide où le corps

est plongé, et il ne s'est pas aperçu que son instrument ne présentait plus aucun avantage sur la balance hydrostatique ordinaire. Le Comité des arts mécaniques a proposé, en conséquence, de le modifier ainsi : soit A B, un levier chargé de deux poids égaux M et K, le premier fixe, le deuxième mobile; le point d'appui C étant à égale distance des deux extrémités A et B, le poids K serait équilibré à M dans l'air, s'il était appliqué en A ; mais quand M sera plongé dans un fluide moins dense que ce dernier corps, il faudra, pour maintenir l'équilibre, rapprocher le poids K du point C, et le placer, par exemple, en D, l'équilibre ayant lieu dans cette situation. Si l'on nomme A C, a; A D x; la densité du corps M, d, celle du liquide y, on aura, en supposant que M représente le poids des deux corps également pesants M et K, les résultats suivants : 1° Le poids qui reste à M, quand il est plongé dans le liquide $- M'\frac{My}{d}$;

2° Le moment de ce poids $= (M - \frac{My}{d} a$;

Ces deux moments étant égaux, on aura après la réduction : $\frac{a My}{d} = M x$, d'où $y = \frac{d}{a} x$. pour un autre liquide, dont la densité serait y', la distance A D devenant x', on aurait le même : $y' = \frac{d}{a} x' d$ et a étant constants, on tire de ces deux équations $y : y' :: x : x'$, c'est-à-dire que les densités des deux liquides sont nécessairement proportionnelles aux distances correspondantes x et x'; d'où il suit que l'instrument étant ainsi construit, il faudra d'abord plonger le corps M dans le liquide, dont la densité est prise pour unité, l'eau distillée, par exemple, et marquer le point D où répond alors le poids K. Si l'on divise ensuite l'intervalle A D en 100 ou en 1,000 parties; suivant la grandeur de l'instrument et le degré de précision qu'on désire en portant les mêmes divisions le long de A C, et les numérotant à partir du point A, la valeur que prendra A D, quand le corps M sera plongé dans un autre liquide, donnera la valeur de sa densité en centièmes ou en millièmes de celle de l'eau distillée. M. Ampère a observé que l'instrument, ainsi rectifié, sera préférable à tous ceux connus sous les noms d'*aéromètres*, d'*hydromètres*, etc.

BALANCE MONÉTAIRE *de M. Seguier.* — « Cet appareil a pour but de faire faire à la machine à vapeur d'un hôtel des monnaies l'importante opération du pesage des flans pour l'ajustage du contre-pesage des pièces frappées pour leur réception, travail délicat actuellement confié à la main intelligente de l'homme.

« Les avantages de cette machine sur les êtres intelligents sont de faire plus certainement et plus rapidement le triage des pièces en justes, fortes et faibles.

« La garantie d'un bon triage ne réside actuellement que dans l'attention soutenue des peseurs : ils doivent constamment mettre en harmonie une perception intellectuelle avec une action de la main qui tend à devenir machinale par sa continuelle répétition.

« La rapidité du pesage à la main est nécessairement subordonnée à l'adresse du peseur, qui ne peut jamais trébucher qu'une pièce à la fois.

« La balance placée sous les yeux de l'Académie sépare en trois catégories pour les réunir en trois groupes distincts, les pièces justes, fortes et faibles ; par une pesée unique, elle fait un triage qui en exigerait trois, acceptant du premier coup, comme pièces justes, toutes celles qui sont dans les limites de la tolérance légale, limites que cette machine permet de varier à volonté et qu'elle est appelée à restreindre.

« L'appareil se compose de quatre parties principales :

« 1° Le distributeur ou trémie, dans laquelle il suffit de jeter pêle mêle les pièces pour être sûr qu'elles seront toutes pesées jusqu'à la dernière, quels que soient les arrangements qu'elles aient pu, par l'effet du hasard, prendre dans la trémie ;

« 2° La balance proprement dite, qui allie une grande sensibilité à la faculté de ne trébucher que sous une différence de poids supérieure à la limite de la tolérance ;

« 3° Le poseur qui fait passer successivement toutes les pièces sous le plateau de la balance ; par suite d'une disposition particulière, ce poseur n'est pas, comme celui des balanciers monétaires, exposé à manquer sa fonction par le fait des bavures du découpage qui accrochent parfois les flans entre eux, ou le relief des empreintes qui produit, dans certaines relations de position des pièces entre elles, le même effet quand elles sortent des coins et n'ont point encore éprouvé de frai ;

« 4° Enfin l'aiguillage ou changement de voies, mécanisme qui dirige la pièce pesée vers le récipient des pièces justes, fortes et faibles, par la nature et le seul fait du poids de la pièce.

« Deux machines à trier les monnaies existent déjà : l'une n'est pas sortie de la Banque d'Angleterre, où elle est en usage malgré l'extrême lenteur de ses fonctions ; la Monnaie de Munich conserve l'autre sous une cage de verre, au nombre des machines plus industrieuses qu'utiles ; toutes deux ont coûté des sommes considérables. Nous croyons offrir à moins de frais des avantages plus grands.

« Notre machine n'est, en définitive, qu'une balance ordinaire de précision pourvue des accessoires convenables ; pourtant elle n'a pas besoin comme celles de Londres et de Munich, d'un arrangement préalable des pièces en rouleau et de leur introduction successive dans le tube du poseur ; pour elle, il suffit que les pièces soient jetées dans la trémie pour qu'elles soient triées et pesées.

« Par son emploi, la certitude du pesage ne résidera plus que dans le parfait et constant accord de l'intelligence et de la main de l'ouvrier poseur ; elle sera le résultat nécessaire du jeu d'organes simples, dont les fonctions sont encore assurées par la belle et bonne exécution que MM. Debui, père et fils ont su leur donner.

(*Extrait des comptes rendus hebdomadaires de l'Académie des sciences.* n. 7, août 1850.)

BALANCIER A COMPENSATION. — Le balancier est une pièce importante qui entre dans la composition d'un grand nombre de machines, qui sert à la transmission de la force motrice et qui concourt à en régulariser l'action. Dans les travaux d'horlogerie, dans les expériences physiques sur la chute des corps, dans les mesures astronomiques du temps, etc., la parfaite régularité des oscillations du pendule est de la plus haute importance. Aussi les divers artistes qui se sont occupés de la confection de ces instruments ont-ils dû chercher à rendre nulle l'influence de la température sur l'allongement ou le raccourcissement des tiges du balancier. Grand nombre de systèmes plus ou moins ingénieux ont été produits ; tous sont basés sur la différence de dilatation des divers corps. L'espace restreint que doit occuper cette notice ne nous permet de citer que deux de ces instruments que recommandent surtout les comptes rendus des *Bulletins de la Société d'encouragement*, auxquels nous empruntons les lignes suivantes : ce sont les balanciers de MM. Noriet et Bourdin.

BALANCIER A COMPENSATION *de M. Noriet.*— La lentille de ce balancier est enfilée sur la tige de l'instrument à la manière ordinaire, et pose sur deux supports adaptés, à frottement aux extrémités d'une lame courbée en ovale, très-aplatie, et dont les bouts restent à distance, pour laisser passer la tige au bout de laquelle le plat de la lame est fixé. Cette lame est formée de deux autres dont l'extérieure est d'acier et l'intérieure de cuivre. La chaleur, en allongeant le cuivre plus que l'acier, déformera la lame bimétallique et forcera les extrémités de la courbe déjà ouverte à s'écarter l'une de l'autre, et à s'ouvrir davantage en prenant leur point d'appui sur le milieu de la courbe, qui est fixée sur la tige ; les supports adaptés vers les extrémités de l'arc pousseront donc ces lames en haut ; précisément, par le même effet du calorique, le balancier s'allongeant, le centre d'oscillation descendra, et la compensation sera produite si ces deux effets contraires sont égaux. Ainsi il faudra que les deux supports soient placés vers le bout de la lame arquée, en des points convenables. Des vis de rappel, disposées à cet effet, servent à mouvoir les supports aussi peu qu'on veut ; le long des branches de la lame, le bout de la tige du balancier, qui perce la lame bimétallique et la dépasse, est taraudé pour recevoir un écrou afin de régler le pendule, même sous une température constante quelconque. On fait ensuite varier la chaleur, et on règle la position des supports, de manière à produire la compensation, en comparant le balancier à celui d'un pendule déjà réglé.

BALANCIER COMPENSATEUR *de M. Bourdin.*—

La tige principale de ce balancier consiste en un tube de verre, substance presque aussi peu dilatable que le sapin préparé, dont on a fait usage pour le même effet : au haut de ce tube est goupillé un bouchon d'acier non trempé, terminé par le crochet de suspension du pendule. Un bouchon du même métal est goupillé au bas du tube, de l'intérieur duquel il ne sort que de quelques millimètres. Ce dernier bouchon a par-dessous, une tige cylindrique taraudée, ayant le même axe et sur lequel est ajouté un écrou en cuivre jaune, dont la face supérieure plane s'applique contre l'épaulement que ce bouchon présente, et saille tout à l'entour du tube de verre. Un contre-écrou en cuivre jaune, façonné en cul-de-lampe, est monté sur la même tige, et prévient le dérangement de l'écrou.

Sur la saillie de cet écrou pose le pied d'un tube de zinc qui entoure, sans frottement sensible, la tige de verre ; vers le haut de ce tube de zinc, on serre à demeure un collier en cuivre jaune ayant des oreilles dans lesquelles sont taraudées deux vis de règlements en acier, qui gouvernent un collier inférieur pouvant glisser à frottement doux sur le tube. Enfin deux tiges de platine, serrées à demeure dans les oreilles de ce collier inférieur, tiennent suspendue par son axe de figure une lentille en cuivre jaune, percée d'une ouverture cylindrique, ayant pour axe son diamètre vertical et donnant passage libre au tube de zinc dans lequel passe la tige en verre.

On voit par cette disposition, qu'en construisant le balancier de manière que le centre de figure de la lentille en soit le centre d'oscillation, la longueur du pendule se compose de la somme de la distance du point de suspension à l'axe de la goupille qui lie le bouchon supérieur avec la tige de verre ; de la longueur de cette tige comprise entre cet axe et celui de la goupille de liaison du bouchon inférieur, et de la longueur de ce dernier situé au-dessous de l'axe de sa goupille, le tout diminué de la longueur du tube de zinc existant au-dessous du collier qu'il porte à demeure, et augmenté de la longueur des vis de règlement du collier inférieur, ainsi que de la longueur des tiges de platine.

Il est donc possible de combiner ces diverses sortes de longueurs de manière que la somme des dilatations de celles qui correspondent à l'acier, au verre et aux platines, soit précisément égale à la dilatation de la longueur du tube de zinc, signalée nonobstant la petite variation de longueur qu'il serait nécessaire de faire éprouver aux vis du règlement, entre les deux colliers, pour parvenir à donner exactement au pendule la longueur qui assure la durée voulue aux oscillations qu'il doit effectuer.

Cela étant fait, il est évident que ces dilatations se manifestant dans des sens opposés au-dessous du point de suspension du pendule, la longueur de ce dernier ne saurait être altérée en aucune manière par les variations de température auxquelles ce pendule pourra être exposé.

Tel est le problème que M. Bourdin s'est proposé, et qu'il a résolu avec succès, par la construction, à la fois simple et élégante, du balancier compensateur qu'il a soumis à l'examen de la Société. Les dilatations de l'acier, du verre, du platine, du zinc, n'étant pas absolument constantes, M. Bourdin a reconnu, ainsi que cela doit être, que tous ses balanciers, établis suivant les proportions moyennes auxquelles il a été conduit, ne sont pas nécessairement, par cela seul, soustraits entièrement à l'influence d'un changement considérable de température. Pour s'assurer si la compensation existe, et pour l'obtenir rigoureusement, à l'aide du collier à demeure qui entre dans la construction de son balancier, si cela est nécessaire, cet artiste a imaginé un appareil ingénieux, bien que le principe ne paraisse pas en être entièrement nouveau. La capacité intérieure est plus ou moins échauffée, à volonté, par une lampe à double courant d'air, près qu'on y a suspendu le balancier à vérifier, de manière que l'horizontale de son centre d'oscillation soit mise en rapport avec le levier d'un mécanisme extrêmement simple, faisant partie de cet appareil et agissant sur l'aiguille d'un cadran divisé en degrés sexagésimaux.

Si les changements de température ne font pas varier la position de l'aiguille, le balancier est convenablement placé. Dans le cas contraire, il faut desserrer le collier qui doit rester à demeure sur le tube de zinc, afin de pouvoir le faire glisser sur le tube dans le sens convenable pour opérer l'exacte compensation ; car, d'après la construction adoptée par M. Bourdin, ses pendules se raccourcissent si le tube de zinc est trop long au-dessous du collier à demeure, et ils s'allongent, s'il est trop trop court. La nouvelle position du collier à demeure étant arrêtée, on rétablit la vraie longueur du pendule en agissant sur les vis de rappel du collier inférieur pour ramener le centre d'oscillation dans la portion où la rectification doit avoir lieu, si l'on n'y est pas encore parvenu, on répète l'opération, et cela jusqu'à ce que l'aiguille du cadran reste immobile. La sensibilité de l'appareil est telle, qu'un balancier à demi-secondes, à tige entièrement en zinc, pris à la température de 8° centigrades, a fait parcourir à l'aiguille un arc de 36 divisions, pendant cinq minutes que la température intérieure a mises pour s'élever de 8° à 12° centigrades ; c'est 9 divisions du cadran pour 1 degré de chaleur. Par un calcul très-simple, basé sur la *dilatation* moyenne du zinc, on trouvera que dans cette expérience chaque degré du déplacement de l'aiguille correspondait à une dilatation de la tige de zinc du pendule, égale à environ 0m,000008.

Un balancier à demi-secondes, système Bourdin, non encore réglé, ayant été substitué au précédent, et la température ayant été élevée de 13° à 26° centigrades, ce qui a demandé 15 minutes de temps, l'aiguille a rétrogradé de 10 divisions seulement par degré centigrade de température ; d'où l'on voit que le collier à demeure de ce balancier demandait à descendre un peu pour arriver au point de compensation.

D'après les calculs mentionnés ci-dessus, le raccourcissement du balancier n'a été, dans cette expérience, c'est-à-dire pour une variation de 13° de température, que de 0^m,0008 seulement.

BALANCIER HYDRAULIQUE. — *Invention de M. Dartigues, de Paris* (1817). — Ce balancier porte à chacun de ses bras un piston ; chaque piston se meut dans un cylindre ; vers le haut de ces cylindres est une échancrure à laquelle s'abouche un embranchement du chenal, communiquant avec un réservoir d'eau supérieur ; si l'on lève une pale qui est dans le chenal, l'eau du réservoir supérieur s'introduit à l'instant par le piston, qui est obligé de descendre dans le cylindre avec une force égale à la totalité du poids de l'eau dont il est chargé. Le cylindre dans lequel se meut le piston est d'une hauteur égale à toute la chute d'eau dont on peut disposer ; mais un peu au-dessus du niveau du déchargeoir inférieur, ce cylindre est garni d'ouvertures dans toute sa circonférence, de sorte qu'à l'instant où le piston arrive au bas de sa course, l'eau dont il est chargé s'évacue d'elle-même de toutes parts. Durant ce temps, le piston attaché à l'autre bras du balancier remonte à la partie supérieure du cylindre qui le contient, lève lui-même la pale qui donne accès à l'eau dont il doit se charger ; il descend donc à son tour avec une force égale à celle qui a fait agir le piston opposé, et, dès qu'il est en bas, l'eau s'écoule comme il vient d'être dit. Ainsi, à chaque oscillation, l'un des pistons va se charger, dans le haut de son cylindre, de l'eau dont le poids doit le faire descendre, tandis que l'autre piston, arrivé au bas de sa course, laisse écouler spontanément l'eau qui le couvrait. Le même mécanisme, qui fait lever les pales quand les pistons arrivent en haut, les fait fermer quand ils descendent, et tout le reste de la machine tient à des détails d'exécution très-faciles à saisir. L'auteur avait eu d'abord l'idée de remplacer les pistons par des caisses carrées, qu'il aurait été plus facile de construire ; M. Pasqueur, employé au Conservatoire des arts et métiers, lui a communiqué à ce sujet une idée fort ingénieuse, qui consiste à faire les caisses à trois côtés, et à les faire glisser du côté ouvert, sur un plan légèrement incliné, contre lequel un bâti en charpente les force à rester appuyées ; le plan incliné est échancré vers le haut, comme le cylindre de la première machine. Au moment où la caisse arrive en haut, la pale s'ouvre, et l'eau, prenant son niveau, charge la caisse ; pendant que celle-ci descend, la pale se ferme et l'eau ne peut s'échapper, puisque le plan incliné sert de quatrième côté à la caisse, qui glisse sur des coulisses ; mais arrivée au bas, l'eau trouve dans le massif

du plan incliné une ouverture par où elle échappe ; le mouvement alternatif s'établit donc comme avec les pistons. On voit que cette machine est extrêmement simple ; elle peut être construite par tous les ouvriers possibles, et elle aura sur les machines hydrauliques ordinaires l'avantage d'employer utilement la totalité du poids de l'eau pendant la presque totalité de sa chute, avantage inappréciable dans le cas où l'on n'a que des chutes d'eaux peu considérables. On sait quelle perte énorme de forces on éprouve dans les machines à roues hydrauliques, surtout quand on est obligé de faire passer l'eau par-dessus ces roues. Mais c'est principalement dans les machines hydrauliques employées à des pompes à tiges et à tirans, dans les usines où l'on se sert de pistons et de soufflets, et dans toutes les circonstances où le mouvement circulaire des roues doit être converti en celui de va-et-vient, que le balancier hydraulique pourrait être avantageux, puisqu'il donne ce dernier mouvement sans aucun des engrenages qui épuisent inutilement une grande partie de la force motrice, quelque bien qu'ils soient exécutés. L'auteur, l'ayant fait construire en grand, a reconnu que, sur une chute d'eau d'environ 5 pieds, versant à chaque coup de balancier 10 pieds cubes ou 350 litres, ou décimètres cubes d'eau, il en a élevé à 42 pieds de haut, environ un pied cube ou 35 décimètres par oscillation. On obtient 18 coups de balancier par minute ; ainsi c'est au moins 560 litres ou pintes par minute, ou 33,600 par heure, ou 800,000 litres par jour ; ce qui fait 800 mètres cubes élevés à 42 pieds en vingt-quatre heures. Cette machine n'a besoin d'aucun entretien ni de réparations. Elle produit un effet égal à environ 80 centièmes de la force employée ; ce qui est hors de proportion avec toutes les autres machines hydrauliques connues. C'est le moyen le plus économique d'employer la force de l'eau comme moteur, surtout dans les machines qui demandent le mouvement de va-et-vient, telles que les pompes, les scieries, les soufflets. Il a été fait un rapport à l'Académie des sciences sur le balancier par MM. de Prony, Biot et Girard (1).

BALANCIER POUR LES MONNAIES. — Instrument à l'aide duquel on exerce la pression qui doit forcer la matière ductile dont se compose le disque ou *flan* du métal à se mouler sur les deux surfaces d'acier appelées *coins*, entre lesquelles il est compris. Il se compose d'une forte vis d'un décimètre environ de diamètre ; elle porte trois filets carrés d'un relief assez considérable, sur une longueur équivalente à six fois son diamètre. Elle est en fer et tourne dans un écrou fixe en cuivre ; sa tête, qui dépasse l'écrou, est taillée en prisme à six pans, et s'engage dans un œil de même forme pratiqué au milieu d'une barre horizontale en fer, à l'aide de laquelle on com-

(1) Extrait du *Dictionnaire des découvertes.*

munique à la vis un mouvement de rotation. On adapte aux extrémités de cette barre deux disques creux en cuivre que l'on remplit de plomb, et qui ont pour but d'augmenter la masse de la partie mobile de l'appareil. Des manœuvres, agissant à l'aide de cordes sur les extrémités de la barre, lui communiquent un mouvement rapide, et la vis descend jusqu'à ce que son extrémité inférieure rencontre un obstacle fixe qui, arrêtant presque subitement la masse entière en mouvement, éprouve une énorme pression. Celle-ci aurait pour objet de soulever l'écrou de bas en haut, s'il n'était fixé d'une manière invariable aux fondations même sur lesquelles repose l'appareil.

La partie inférieure de la vis est assemblée avec le plus grand soin avec une pièce en acier trempé qui transmet le choc.

Le coin supérieur est adapté à un tampon également en acier qui lui transmet le choc qu'il reçoit de là tête de la vis; le tampon lui-même, qui porte le coin supérieur, est supporté par des ressorts à *boudins*, à une certaine hauteur au-dessus du coin inférieur; on facilite par là l'introduction du *flan* entre les deux coins. Enfin le coin inférieur est porté par un second tampon en acier nommé *rotule*; sa partie inférieure a la forme d'un segment sphérique dont le centre correspond au milieu de la surface du coin, et se trouve exactement sur le prolongement de l'axe de la vis. La rotule repose sur le *tas*, creusé lui-même en portion de sphère décrite du même rayon et fixée d'une manière invariable aux fondations de l'appareil. Cette forme sphérique, donnée à la rotule et au tas qui la supporte, remédie au défaut de parallélisme qui pourrait résulter de quelque inexactitude dans la pose des deux coins; on voit en effet que, dans ce cas, le coin inférieur, pressé au moment du choc par sa partie la plus élevée, prendra de lui-même, par rapport au coin supérieur, la position qu'il doit avoir pour le succès de l'opération.

Lorsque la vis est dans sa position la plus élevée, le flan est placé entre les deux coins dans une position où il est maintenu par une virole qui l'embrasse par sa partie cylindrique; à ce moment les ouvriers qui manœuvrent le balancier tirent à eux, avec force, les cordes adaptées aux extrémités de la barre assemblée à la partie supérieure de la vis, et lui impriment un mouvement rapide de rotation. Bientôt la tête en acier de la vis rencontre le tampon d'acier auquel est fixé le coin supérieur; les ressorts à boudins qui le supportent se compriment, et le coin glissant entre deux coulisses est entraîné, de haut en bas, contre le flan que le coin inférieur empêche de descendre plus bas. A ce moment la masse entière mise en mouvement se trouve arrêtée presque subitement par les deux coins et le flan compris entre eux; la pression supportée par eux est énorme, coins; par suite, les figures sculptées en creux sur les deux coins se reproduisent en bosse sur le flan. Par un jeu d'élasticité

dont on se rend compte aisément, la vis et la barre qui lui a communiqué le mouvement, après être arrivées à l'état de repos, se meuvent en sens contraire, et reprennent leur position primitive; on profite de ce mouvement ascensionnel de la vis pour soulever le coin inférieur, qui détache la pièce de monnaie de la virole fixe à laquelle elle est devenue adhérente par suite de la forte pression à laquelle elle a été soumise. Elle est ensuite enlevée et remplacée par un autre flan, qui pénètre dans la virole fixe aussitôt que le coin inférieur qui en a dégagé la première pièce est revenu à sa place. Ces mouvements s'opèrent à l'aide d'un mécanisme auquel la vis sert de moteur pendant son mouvement ascensionnel. Le travail du monnayeur se borne à présenter, après chaque coup de balancier, le flan auquel le choc suivant doit donner l'empreinte.

La barre décrit à chaque pulsation un angle de 70 à 80°; elle est manœuvrée par douze à quatorze hommes, qui frappent aisément 2,000 pièces de 5 francs par heure (1).

Passons maintenant aux perfectionnements introduits dans la fabrication de la monnaie.

Pour arriver à un bon monnayage, il faut deux choses indispensables auxquelles les gouvernements se sont appliqués; la première est relative à la forme et à la gravure des coins, et la seconde à la force motrice qui les applique sur le métal. L'une ne regarde que les graveurs, et l'on peut dire qu'ils ont atteint la perfection. Quoique par les moyens employés actuellement au frappage de la monnaie l'on obtienne des résultats satisfaisants, nous sommes encore loin de la perfection, du moins relativement au principe moteur qui applique les coins.

A la Monnaie de Paris, le balancier est mis en mouvement par des hommes qui tirent en même temps chacun un cordon. L'adoption de ce balancier, dû à M. Guingembre, a signalé plusieurs perfectionnements dans le monnayage. Le principal est relatif au posage du flan. Autrefois il se faisait à la main, et était par conséquent sujet à de nombreux accidents; et en outre, il entraînait beaucoup de lenteur. Par un mécanisme ingénieux, M. Guingembre a inventé un poseur qui reçoit le flan à monnayer, et par le mouvement qui lui est imprimé va le porter entre les coins, où il reçoit à la fois et d'un seul coup de balancier l'empreinte propre à chaque face, retourne ensuite en chercher un second et le place sous l'action de la machine après en avoir chassé le premier. Les mouvements de ce poseur sont tellement calculés, qu'aucune des opérations qui lui sont propres ne peuvent jamais manquer. C'était là une grande amélioration. Mais ce balancier n'est pas sans défauts; il en est même qui peuvent avoir des résultats fâcheux. Par exemple, que le monnayeur ait une distraction et

(1) Cette description si claire et si complète de l'opération du monnayage est de M. Clapeyron.

qu'il oublie de mettre un flan dans la main de fer du poseur, les deux coins poussés de toute la force de la machine, s'entrechoquent violemment et sont mis hors d'état de service. On a bien essayé de porter remède à cet inconvénient en établissant ce qu'on appelle un *pare-à-faux*. Si le monnayeur s'aperçoit à temps de la distraction, au moyen de cet instrument il peut faire arriver promptement un morceau de métal destiné à ménager les coins, en empêchant l'entrechoquement.

Le principal défaut du balancier Guingembre est de ne produire, en travail ordinaire, qu'un monnayage imparfait. Cette imperfection vient de ce que la machine étant mue par les bras des hommes, la force varie plus ou moins, selon que leur action est plus ou moins simultanée, ou parce que leurs bras se fatiguent, en sorte que la pression est souvent insuffisante. Aussi en Angleterre a-t-on cherché à remplacer les hommes par l'action de la vapeur, et l'on y est parvenu. Espérons que nos mécaniciens français ne resteront pas en arrière de leurs voisins, qui font mystère de leur découverte, et n'en laissent pas pénétrer le secret. L'on sait toutefois que la force motrice de la machine à vapeur est communiquée à l'appareil qui met en mouvement le balancier, à l'aide d'une pompe aspirante constituant une véritable machine atmosphérique. Mais il n'est pas nécessaire de recourir au système anglais pour éviter les inconvénients que nous venons de signaler. Tout le monde sait que pour la refonte des monnaies, il a été fortement question en France d'adopter la machine de Munich ; or cette presse est mue par la vapeur avec une grande facilité, et ne présente aucun des inconvénients du balancier Guingembre. Nous n'essayerons pas de la décrire; il suffit de dire que la pièce essentielle et principale est un levier dont un arbre à volant met l'extrémité en mouvement.

Les avantages de cette machine sont nombreux : car 1° elle produit beaucoup plus que le balancier employé jusqu'ici dans notre fabrication de monnaies ; 2° l'action de la vapeur étant plus constante que celle des hommes, il en résulte une pression toujours égale et parfaitement suffisante ; point de pièces donc à rejeter à la fonte ; 3° il n'est plus besoin de *pare-à-faux*, parce que les coins ne peuvent jamais se trouver en contact ; 4° l'action étant régulière, les coins peuvent frapper un plus grand nombre de pièces de monnaie sans être altérés ; et 5° ce qui n'est point un des moindres avantages, les pièces de monnaie étant toutes régulièrement frappées, l'on peut distinguer plus facilement, à la seule inspection, la vraie monnaie de la fausse.

Nous ne terminerons pas cet article sans faire remarquer une amélioration importante dans la fabrication des monnaies françaises ; elle consiste dans l'inscription en relief tracée sur la tranche des pièces.

Après avoir suivi toutes les phases de la fabrication des monnaies, il ne sera peut-être pas sans intérêt de suivre chez nous autres Gallo-Français, l'historique de cet art qui a placé nos monnaies, comme perfection de fabrication, et comme exactitude de valeur représentative au-dessus de celles des autres nations. Nous empruntons cet historique en entier à MM. L. Lalanne et Delage.

§ I. *Monnaies gauloises antérieures à la domination romaine.*

« Les Gaulois ont longtemps ignoré l'usage de la monnaie : chez eux, comme chez tous les peuples primitifs, l'échange tenait lieu de la vente proprement dite. Mais quand ils eurent reconnu combien pareil mode était insuffisant, ils empruntèrent l'art monétaire à une civilisation plus avancée que la leur et avec laquelle le hasard les avait mis en contact. A peine établis dans la Gaule méridionale, les Phocéens y frappèrent des monnaies semblables à celles de la Grèce. On en retrouve un assez grand nombre non-seulement à Marseille, mais encore à Saint-Remy (Glanum), à Cavallon, à Avignon, à Orange, enfin dans toutes les villes qui semblent avoir été fondées par les Massaliotes, ou qui ont entretenu avec eux de fréquentes relations de commerce. Toutefois l'exemple donné par les colonies grecques n'eut guère qu'une influence tardive et locale, et c'est à une autre cause qu'il faut rapporter l'origine de la monnaie gauloise. Les nombreuses pièces d'or que Philippe de Macédoine fit frapper après la découverte des mines de la Thessalie, se répandirent au loin, et il en arriver jusqu'en Gaule, par l'intermédiaire des Phocéens de Marseille, qui n'avaient cessé d'être en rapport avec la mère-patrie. D'un autre côté, les Gaulois qui revinrent de leur expédition en Macédoine, vers le III° siècle, avant notre ère, rapportèrent dans leurs pays un riche butin, composé surtout de statères ou philippes d'or. Ces monnaies, sur lesquelles étaient d'un côté la tête d'Apollon et de l'autre un bige, avec le nom ΦΙΛΙΠΠΟΥ mises en circulation, furent trouvées si commodes, qu'on les multiplia en les imitant d'abord avec soin, puis d'une façon de plus en plus grossière. Le beau type grec fut bientôt altéré au point de devenir méconnaissable. La matière elle-même changea : un peu d'or mélangé de beaucoup d'argent forma l'alliage sous le nom *d'électrum*, qui encore ne tarda pas à être remplacé par le cuivre. Voilà comment tout dégénère entre les mains des barbares. L'art monétaire, importé de la Macédoine, était à son déclin, lorsqu'un nouvel élément étranger vint le régénérer. »

§ II. *Monnaies gallo-romaines.*

« En pénétrant dans la Gaule, les Romains y portèrent leurs institutions et leurs usages. Les lettres grecques firent place aux lettres latines, et les drachmes aux quinaires. Pour les monnaies d'argent et de cuivre, on imita les empreintes romaines, l'or seul continua à être frappé d'après le système macédonien, qui, du reste, avait déjà pris un caractère national, tant sous le rapport des figures que sous celui des inscriptions. Dans la Gaule méridionale, le type latin fut adopté, sans détrôner entièrement le type massaliote. Les Celtes et les Belges continuèrent à inscrire sur leurs divinités.

« Ce n'est que dans la seconde moitié du .¹ᵉʳ siècle de l'ère chrétienne que le monnayage gaulois perdit toute son originalité, et se confondit avec celui du peuple conquérant. Dès lors l'on cessa de marquer les noms des villes où les pièces étaient frappées, et il devint impossible de distinguer les monnaies de Rome de celles des ateliers gallo-romains, qui, pour le dire en passant, avaient été réduits à ceux de Lyon, d'Arles et de Trèves. L'aureus ou sou d'or, les deniers et les quinaires d'argent, les as et les semis de cuivre, étaient les espèces alors en usage. Il est inutile de faire observer qu'elles étaient toutes à l'effigie des empereurs romains ou des membres de leur famille. A dater du milieu du IIIᵉ siècle, quelques monnaies peuvent être attribuées avec certitude aux Gaulois ; ce sont celles qui offrent les têtes des tyrans dont l'autorité n'a été reconnue qu'en Gaule, tels que les deux Pastomes, Tétricus et Marius. Vers la même époque l'art monétaire est en pleine décadence : le dessin du type devient grossier, et si l'or conserve encore quelque pureté, l'argent est remplacé par un vil billon, où le cuivre domine ; bien plus, on se contente souvent de revêtir le cuivre d'une légère couche d'argent ; c'est ce que l'on nomme cuivre saussé. Depuis le règne de Dioclétien, certains sigles inscrits à l'exergue des monnaies paraissent désigner des ateliers monétaires, ceux entre autres d'Arles et de Trèves, P. A R , P. T R., percussum Arelatis, — Treveris. Il ne faut pourtant pas attacher trop de valeur à de pareilles indications, car on trouve les sigles CO N O B., Constantinopoli obsignatum ou obryzum, sur des pièces qui appartiennent évidemment à la Gaule. Ces erreurs proviennent d'une imitation inintelligente ou servile des espèces frappées à Constantinople.

« L'empereur Constantin fit dans le monnayage une réforme que le désordre des monnaies avait rendue nécessaire. Il décréta que la livre pesant d'or se diviserait en 72 sous, que chaque sou serait subdivisé en deux moitiés ou semis, en trois tiers du trient et qu'il faudrait 12 deniers pour faire un sou d'argent.

« La monnaie de bronze fut aussi réformée. D'après Le Blanc, le poids de la livre romaine était de 6,144 de nos grains, et de 6,048, suivant Savot de Romé de l'Isle, et M. Ducholais a adopté l'opinion, du moins en ce qui concerne la livre du temps de Constantin. Dans la première hypothèse, le sou romain doit peser 85 grains 113, et dans la deuxième, 84 seulement. Le système monétaire établi par Constantin, sauf quel-

ques légères modifications, fut suivi jusqu'au règne de Charlemagne. »

§ III. Monnaies mérovingiennes.

« Les Germains, maîtres des Gaules, adoptèrent la monnaie romaine ; ils pensèrent qu'il était de leur intérêt de frapper leurs pièces à l'effigie de l'empereur. Le prestige de l'empire romain avait sans doute aussi quelque valeur à leurs yeux. Les conquérants se mirent donc à imiter servilement les monnaies du peuple vaincu, de même qu'ils en avaient pris toutes les institutions, et ce ne fut qu'après la conquête de la Bourgogne et de la Provence qu'ils firent l'essai d'une monnaie nationale.

« Vers le milieu du VIᵉ siècle, Théodebert frappa monnaie à Metz et à Châlons, Childebert à Arles, et Clotaire à Marseille. Les barbares avaient modifié, dès le commencement du VIIᵉ siècle, le poids et le type des monnaies romaines. Le sou d'or était toujours divisé en semis et en triens ou trimissis ; mais il ne pesait plus, d'après les calculs de M. Guérard, que 70 grains 1/2. Il n'y a d'exception que pour le sou de Théodebert, qui se rapproche assez de ceux de Constantin, puisqu'il pèse environ 81 grains. Presque toutes les pièces mérovingiennes sont en or ; la seule monnaie d'argent était le denier, que l'on appelait aussi saiga. Le sou d'or comprenait 40 de ces deniers ; le sou d'argent, qui était une monnaie purement nominale, n'en valait que 12.

« Les deniers sont rares avant le VIIIᵉ siècle ; leur poids moyen est de 21 à 22 grains. On ne connaît pas de pièces de billon de cette époque, ou du moins le très-petit nombre qu'on en a trouvé donne lieu de croire que ce sont des contrefaçons de celles d'or ou d'argent, ou bien des pièces ostrogothiques ou vandales faussement attribuées à la Gaule.

« M. Guérard, qui a publié dans son Polyptique d'Irminon des travaux très-remarquables sur les monnaies des deux premières races, évalue le sou d'or à 90 fr. de notre monnaie. On sait que le denier est le 40ᵉ du sou d'or : ainsi la plus petite monnaie mérovingienne valait 2 fr. 25 cent. En présence de pareils faits, on se demande comment pouvaient s'effectuer les achats qui sont les plus fréquents dans la vie, et l'on est forcé de conjecturer qu'une masse de monnaies de billon sorties des ateliers romains circulait encore dans les Gaules, et suffisait aux besoins de chaque instant.

« Il reste à décrire les types que les barbares avaient créés pour les substituer au coin de la monnaie romaine. Et d'abord on distingue chez les Mérovingiens deux sortes de monnaies, les unes caractérisées par le nom du roi, et les autres par le nom du monétaire. Les premières sont rares, tandis que les secondes sont en comparaison assez communes. Cet usage d'inscrire le nom du monétaire est une innovation digne de remarque. Le nombre des monétaires étant extrêmement multiplié, on sent combien il doit être difficile de classer leurs pièces chronologiquement. Lelewel a publié dans son *Traité de numismatique* une longue liste de monétaires, ainsi que la nomenclature des villes où ils ont frappé monnaie ; MM. Cartier, Combrouse et de Longpérier ont donné des listes plus complètes encore. Du reste, les espèces royales et celles des monétaires ne diffèrent point entre elles, toutes représentant d'un côté une tête, et au revers une croix ou diverses figures telles que l'*alpha* et l'*oméga*, un calice, des croisettes, etc. On y voit aussi des sigles, dont la plupart sont inexpliqués, et des chiffres qui ont rapport au poids de la monnaie ; XXI de ligues sur les sous, et VII sur les triens. La tête est ordinairement en profil, tournée à droite, et le plus souvent ceinte d'un diadème ou d'une bande perlée. Les légendes sont écrites en caractères latins. Certaines lettres, le C et l'O, par exemple, affectent quelquefois une forme carrée (**⊏ ◊**). Au droit de la monnaie on lit le nom du roi ou celui du monétaire. N. REX ou N. MONETARIUS ; et au revers le nom du lieu où a été frappée la pièce, avec le mot *civitas*, *villa* ou *castrum*, le tout accompagné de *fitur*, *fecit* ou *fit*. Des lettres renversées, supprimées ou entrelacées pour remplir les lacunes font souvent le désespoir de ceux qui cherchent à déchiffrer les légendes mérovingiennes. Les monnaies de ce temps offrent que les noms des ducs et des comtes, mais quelquefois des noms de saints, comme saint Martin, saint Denis.

« Sous les rois de la première race, le monnayage est extrêmement barbare, et ne se ressent plus de sa belle origine ; les artistes ont oublié l'art monétaire que les Grecs et les Romains avaient poussé au plus haut degré de perfection. Le type, devenu partout informe et grossier, est très-varié dans le nord de la France, sans doute à cause des invasions incessantes des peuplades germaniques ; au midi il y a plus de stabilité et de simplicité. Les monnaies des Wisigoths, qui occupaient, comme on voit, le sud-ouest de la Gaule, méritent une mention spéciale pour plusieurs raisons : le flan en est plus large et plus mince que celui des espèces mérovingiennes. Elles n'admettent pas le nom des monétaires ; enfin on y remarque deux têtes, celle du roi et celle de l'empereur. Un fait aussi curieux ne doit pas plus nous étonner que l'alliance des lois barbares avec le droit romain dans le code wisigothique ; en effet, personne n'ignore que les traditions romaines ont toujours été plus vivaces dans le midi que dans le nord de la Gaule. »

§ IV. *Monnaies des Carlovingiens.*

« L'avènement des Carlovingiens sur le trône fut accompagné d'une révolution monétaire des plus complètes, qui s'était déjà annoncée dès la fin de la première race. L'or, si commun sous les Mérovingiens, ne fut plus employé ; quelques pièces d'or de Charlemagne et de Louis le Débonnaire font seules exception à cette règle. Le flan des monnaies s'amoindrit et s'élargit ; les têtes royales devinrent rares ; les noms des mo-

nétaires disparurent à jamais, et les monnaies ne furent plus autorisées que par le nom du souverain. Ainsi les pièces carlovingiennes diffèrent essentiellement des mérovingiennes par la matière, l'épaisseur, le style et les légendes. Les seules espèces réelles alors en usage sont le denier et le demi-denier, ou obole. Charlemagne renforça le poids de la monnaie ; ses deniers pèsent près de 31 grains ; mais M. Guérard pense que le poids légal devait être de 32 grains ; ce qui fait 384 grains pour le sou d'argent, et 7,680 grains pour la livre de Charlemagne ; car ce prince avait ordonné qu'on taillerait 20 sous à la livre d'argent. Les calculs ingénieux de M. Guérard portent à 3 fr. 50 cent. la valeur relative du denier carlovingien.

« Dans le principe, le type de la monnaie carlovingienne est extrêmement simple : on y remarque pour tout ornement la croix à branches égales, légèrement pattées, et pour légende le nom du roi ; au revers un nom de lieu. A partir du IXe siècle le type paraît un peu plus varié et plus compliqué. Charlemagne essaya d'améliorer la monnaie, tant sous le rapport du poids que sous le rapport de l'art. Il réussit à rendre les lettres plus correctes et le dessin moins grossier ; mais ses tentatives de restauration eurent des résultats peu durables. Les deniers de Charlemagne, frappés dans les Gaules, sont presque toujours sans effigie ; ils offrent en général son monogramme avec les titres de roi des Francs et des Lombards, d'empereur et d'auguste, ou simplement le titre de roi. L'usage de représenter une ville par l'image d'une porte, et la religion chrétienne par l'emblème d'un temple, fut adopté sous cet empereur. Son successeur, Louis le Débonnaire, laissa de côté le monogramme, et inscrivit le nom du lieu en lignes horizontales ; il orna quelquefois sa monnaie d'une tête laurée, tournée à droite. Le type de Lothaire ; Charles le Chauve, qui fit dominer son coin dans toute l'étendue de l'empire, fit revivre le monogramme carolin. C'est lui qui adopta la célèbre formule *Gratia Dei rex*, laquelle, délaissée quelque temps, s'est ensuite perpétuée de siècle en siècle avec la monarchie. En 845 ce prince publia à Piste, relativement à la fabrication de la monnaie, une ordonnance où il fixait à dix le nombre des ateliers monétaires, et déterminait le type qu'on serait obligé de suivre. Voici les lieux des ateliers : le palais du roi, Quentovic (ville détruite du Ponthieu), Rouen, Reims, Sens, Paris, Orléans, Châlons-sur-Saône, Metulle (Melle), et Narbonne. C'était une belle idée, surtout pour l'époque, que de vouloir ramener à l'unité le système monétaire ; malheureusement une pareille tentative était prématurée. La sage ordonnance de Charles le Chauve ne fut probablement pas exécutée, car aucune pièce des lieux précédents n'est frappée de la manière prescrite.

« L'usage d'inscrire un nom de saint sur les monnaies semble avoir passé de l'Italie en France sous le règne de Charles le Chauve.

« Louis le Bègue mettait son monogramme sur ses monnaies, et remplaçait la formule *Gratia Dei rex* par celle-ci : *Misericordia Dei rex*; en quoi il fut imité par le roi Eudes.

« Une chose digne de remarque, c'est la persistance du type de Charlemagne ; il était en telle faveur que Louis III, Carloman et Charles le Gros s'efforcèrent de s'en rapprocher le plus possible pour donner du crédit à leurs monnaies. Le roi Eudes se servit aussi quelque fois du monogramme carolin.

« Les espèces des derniers rois de la seconde race ne présentent rien de particulier ou d'original, si ce n'est le mot *rex* écrit dans le champ. A vrai dire, ce ne sont que des copies plus ou moins fidèles des pièces de Charlemagne ou de Charles le Chauve.

« Avant de passer aux monnaies de la troisième race, il est à propos de jeter un coup d'œil rétrospectif sur les différentes parties de la France, et de dire un mot touchant l'origine des monnaies épiscopales et baronales.

« Charlemagne et Charles le Chauve s'étaient efforcés de rendre le type de la monnaie à peu près uniforme; mais le démembrement de leur empire amena des tendances diverses dans le style monétaire. Après la mort de Louis le Bègue, Boson s'étant fait couronner roi de Provence ou de Bourgogne, inscrivit son nom sur ses pièces; Louis l'Aveugle y fit même représenter son effigie. Du reste, les monnaies frappées dans le royaume de Bourgogne sont rares; bien qu'elles diffèrent peu de celle de France, elles se ressentent du voisinage de l'Italie.

« En Alsace et en Lorraine, provinces qui dépendaient de l'empire d'Allemagne, les espèces portaient le nom de l'empereur, tantôt seul, tantôt accompagné de celui de l'évêque.

« Dès les temps mérovingiens, le droit de battre monnaie appartenait déjà à plusieurs églises et abbayes, telles que Saint-Martin de Tours, Saint-Aignan d'Orléans, les cathédrales de Limoges, de Sens et de Poitiers ; mais les seigneurs laïques n'avaient pas reçu et ne s'étaient pas encore arrogé ce privilége. Suivant Lelewel, les priviléges octroyés aux prélats ne leur auraient donné que la faculté d'exercer le monnayage royal à leur profit. Dans la suite, par extension de leur droit, les privilégiés se mirent à forger une monnaie épiscopale ou abbatiale à leur propre nom. Privilége et abus, telle est donc la double origine de la monnaie des prélats. Quant à la monnaie baronale, elle n'est pas née du privilége ; elle procède uniquement de l'usurpation. Le prince d'Orange est, en effet, le seul laïque qui ait reçu le droit de battre monnaie de l'empereur d'Allemagne, en 1178. Vers la fin du règne de Charles le Chauve les bénéfices étaient devenus héréditaires, les grands vassaux qui les possédaient, ayant conquis une sorte d'indépendance à la faveur du désordre qui suivit la chute de Charles le Gros, s'attribuèrent tous les droits de souveraineté, et par suite le droit monétaire. Ils ne créèrent pourtant pas tout d'un coup un monnayage qui leur fût propre. Comme le peuple était accoutumé à la monnaie royale, qui jouissait d'un grand crédit, ils s'étudièrent à en imiter le type. Ainsi, les deniers de Melle en Poitou étaient calqués sur une ancienne empreinte, portant le nom de Charles. Le duc d'Aquitaine et l'archevêque de Toulouse inscrivaient aussi le nom de Charles sur leurs pièces. A Étampes et au Mans on conservait la formule *Gratia Dei rex*, tout en éliminant le nom royal. Les ducs de Normandie mettaient simplement leurs noms, sans formule mensongère. Au contraire, les deniers de Hugues le Blanc et de Hugues-Capet, ducs de France, offrent le singulier assemblage des deux légendes : *Gratia Di rex* et *Hugo dux*. Néanmoins, sur quelques pièces de Hugues-Capet on ne trouve que les mots *Gratia Dei dux*, autour de son monogramme. »

§ V. Monnaies frappées en France depuis Hugues-Capet jusqu'à Philippe-Auguste.

« Lorsque Hugues-Capet monta sur le trône, la monnaie baronale, triste fruit de l'anarchie des premiers temps féodaux, était partout constituée, si bien qu'il ne restait plus au roi que quatre ou cinq monnaies dans son duché de France, tandis que Charles le Chauve en avait possédé une centaine. Tout occupé à consolider son autorité naissante, le nouveau monarque respecta les priviléges monétaires de ses vassaux. Il aurait d'ailleurs tenté en vain de faire prédominer sa monnaie sur les autres. Le régime féodal qui venait de s'établir était dans toute sa force, et l'un des caractères principaux de ce régime était la diversité, l'incohérence. Les espèces royales elles-mêmes subissaient cette loi fatale; elles n'étaient pas frappées d'après un type unique ; celles de Paris différaient de celles d'Orléans, d'Étampes et de Senlis et de quelques autres villes, où le roi exerçait son droit monétaire plutôt en qualité de seigneur que comme souverain. Aussi toutes les monnaies sont alors purement locales, non-seulement par le type, mais encore par le poids ; car la livre varie d'un pays à l'autre. Il n'y a d'uniforme que la base du système qui n'a pas changé. La livre se divise toujours en 20 sous, le sou en 12 deniers et le denier en deux oboles. On continue à ne frapper que des deniers et des oboles ; mais ces espèces sont plus légères et d'un plus mauvais titre que celles de l'époque carlovingienne. Une sorte de billon finit même par remplacer l'argent jusqu'au xiiie siècle.

« Dans le principe, le type des Capétiens ne diffère pas essentiellement de celui des Carlovingiens. La formule *Gratia Dei* est cependant abandonnée et on ne rencontre plus de monogramme. En revanche, l'*alpha* et l'*oméga* reparaissent dans le champ de la monnaie et forme le type des espèces de Paris et de Pontoise. Les barons rendirent vulgaire cet emblème de l'éternité en l'adoptant presque universellement, et en l'attachant aux branches de la croix. Le portrait se montre de nouveau sous Philippe Iᵉʳ, mais il est sans fronton jusqu'au règne de saint Louis. L'effigie royale est bannie de la monnaie capétienne ; il n'y a d'exception que pour les pièces de Bourges sur lesquelles Louis VII fit représenter sa tête de face; il est vrai que ce n'était là qu'une empreinte locale. Sous Philippe Iᵉʳ, Louis VI et Louis VII, quelques seigneurs ne faisaient pas difficulté de mettre sur leurs monnaies le nom et même la tête du roi. Vers 1137, la fleur de lis se montre, comme un futur élément d'unité, sur les pièces de la couronne; cette marque distinctive de la race royale ne tarda pas à se répandre; les princes du sang se l'approprièrent pour les monnaies des villes qui étaient sous leur domination. A peu près à la même époque, la couronne fit revivre la formule *Dei gratia*, qui devint en quelque sorte le signe de la souveraineté. Néanmoins, au xivᵉ siècle, une foule de prélats, de barons, s'attribuèrent cette formule ambitieuse. »

§ VI. *Monnaies seigneuriales.*

« Vers l'an 1000, la croyance générale à la fin du monde avait tout paralysé. Le prétendu danger une fois passé, on songea de nouveau aux intérêts matériels ; le nombre ainsi que l'activité des ateliers monétaires s'accroît considérablement. Cette activité est due bien plus aux grands vassaux qu'à la couronne; c'est alors, en effet, que commença le véritable règne de la monnaie seigneuriale. La difficulté des communications d'un pays à l'autre rend les monnaies locales presque indispensables. Aussi, de toutes parts, prélats et barons se mettent à frapper monnaie, les uns en vertu de leurs privilèges, les autres par suite d'usurpations; souvent ils s'associent pour exercer à frais et à profits communs leurs droits monétaires, de même qu'ils faisaient des pariages pour l'administration de la justice.

« En général les seigneurs laïques, comme les ducs de Normandie et de Guienne, les comtes de Toulouse, d'Anjou, etc., marquaient leurs pièces de leurs noms. Cet exemple fut suivi par plusieurs prélats, dès le xiᵉ siècle. Quelque monnaies portent à la fois le nom du roi et celui de l'évêque, avec des attributs locaux ; telles sont celles de Beauvais et de Laon.

« A Mâcon et à Châlons on voit les noms des rois régnants : Lothaire, Robert, Henri, Philippe. Plus tard le nom du roi; mais le B, ancien type local et lettre initiale de *Benedictio*, ou plutôt de *Burgundia*, persista pendant quelque temps. Certains seigneurs, parmi lesquels nous citerons le sire de Bourbon, l'évêque de Langres et le comte de Nevers, ne mettaient sur leurs pièces que le nom d'un prince carlovingien appelé Louis; d'autres allaient jusqu'à contrefaire ou au moins à imiter la monnaie du roi et celles des principaux barons.

« Le type de la monnaie seigneuriale abonde en détails curieux; il est surtout extrêmement varié dans le nord de la France,

où l'on remarque, outre la croix, des effigies des monogrammes, des temples, des portails et d'autres objets surannés, qui son devenus bizarres et méconnaissables, pa suite des transformations successives que l'i gnorance des monnayers leur à fait subir. Le temple de la monnaie de Rouen, en se défigurant de plus en plus, se réduit en un simple triangle. Le monogramme est très-commun sur les monnaies baronnales ; tantôt c'est celui d'un ancien souverain, tantôt celui d'un seigneur. C'était une marque monétaire convenue qui ne changeait pas, quelque fussent leurs noms, différents barons qu se succédaient, mais qui, bientôt incomprise dégénérait d'une étrange façon sous le burin inhabile des graveurs. Le monogramme de Foulques Nerra, par exemple, *Fulco*, qu était le signe de la monnaie angevine, se convertit en une sorte de clef; celui du roi Eudes devint local dans plusieurs pays et persista sous les règnes suivants. On le re trouve singulièrement défiguré à Mantes, à Angoulême, à Saintes, à Etampes, à Château Landon et même à Provins.

« Jusqu'ici l'empreinte des deniers provi nois était resté inexpliquée ; les uns y voyaient un *pagne*, par allusion au mo *Champagne;* d'autres, avec Lelewel, croyaien y reconnaître les débris d'une tête cassée M. Duchalais, dans un excellent travail qu'il vient de publier sur la monnaie de Provins a démontré que cette image était tout sim plement le monogramme dénaturé du ro Eudes; il a prouvé, en outre, que les denier qui ont pour légendes + SEEI OEI ILSCIEI R + RIL DVI ILSCATO, étaient le résulta d'une alliance monétaire entre Sens et Pro vins, et qu'on devait lire, sous ces caractère altérés : *Senonis civi*, *Provinis castro*. L type provinois était fort répandu : on e trouve des variétés à Rethel, à Sens et mêm jusqu'à Rome, où les drapiers champenoi l'avaient importé.

« La monnaie de Déols présente une étoile celle de Montreuil un vaisseau; celles d Laon, d'un côté une tête royale, et de l'autre une tête épiscopale; celle de Sancerre, un figure entourée de ces mots : *Caput Juliu Cæsar*. Cette effigie fut copiée à Guingamp de même que le monogramme de Foulque fut reproduit à Gien et à Montluçon. L monnaie de Chartres offre la tête diadémé de la Vierge, qui apparaît plus ou moins al térée sur les pièces de plusieurs villes du pay chartrain. Nous remarquerons à ce propo que la métropole imposait ordinairement so coin aux villes de son diocèse. Sens, Auxerr et Paris en sont d'autres exemples.

« Dans la France méridionale, les moné taires semblent pauvres en inventions. L'in fluence des grands fiefs et les habitudes ec clésiastiques, qui dominent presque partout suffisent pour maintenir une certaine unifor mité du type. Le coin épiscopal n'admet guèr que des têtes de saints, la dextre, la cross ou la mitre. D'ordinaire, les prélats signalen les ateliers de monnayage par les noms d saints patrons de leurs églises. La crosse fi gure sur les espèces de l'archevêque d'Arles, de l'évêque de Viviers, etc. L'usage de mettre sur la monnaie l'image ou le nom d'un saint était, avons-nous dit, venu d'Italie ; voilà pourquoi il est très-fréquent dans cette partie de l'ancien royaume d'Arles qui s'étend entre le Rhône et les Alpes, et qu'on peut regarder comme la terre classique de la monnaie ecclésiastique. A Vienne, c'est saint Maurice; à Grenoble, saint Vincent; à Valence, saint Apollinaire; à Arles, saint Trophime; et à Die, la sainte Vierge, qui décorent l'empreinte prélatale. Dans le reste de la France les pièces frappées en l'honneur d'un saint sont moins communes.

« Les monnaies épiscopales étaient d'abord toutes anonymes. Hervée, qui occupait le siége de Reims vers la fin du X⁰ siècle, est le premier qui ait inscrit son nom; il fut imité par d'autres prélats du nord de la France. Au midi les pièces tardèrent plus encore à devenir nominales : ainsi le privilége monétaire des archevêques d'Arles est de la fin du IX⁰ siècle, et leurs noms ne commencent à se montrer que vers 1317.

« Suivant D. Vaissète et Derby, l'évêque d'Agde, celui de Melgueil, et le comte de Toulouse, Alphonse, frère de saint Louis, laissaient mettre sur leurs pièces le nom de Mahomet, dans le but évident de faciliter le commerce avec les infidèles, mais au grand scandale de la chrétienté. Cette singulière monnaie n'est pas parvenue jusqu'à nous. Lelewel attribuait à Melgueil certains deniers fort communs, sur lesquels il croyait voir *Malcona*. Il est certain qu'il lisait mal la légende, qui est composée, sans contredit, des mots *Narbona-Raimund* ; mais peut-être ne se trompait-il pas en donnant ces pièces à Melgueil. En effet, la plupart des actes relatifs à l'histoire de Languedoc et de Provence mentionnent la monnaie melgorienne : et il serait dès lors bien extraordinaire qu'une monnaie qui circulait au loin et en abondance se fût entièrement perdue, tandis que les deniers dont il s'agit ici se retrouvent en grand nombre dans tous les pays où la monnaie melgorienne avait cours. Pour expliquer la légende *Narbona-Raimund*, on peut conjecturer que Melgueil, qui était dans la province ecclésiastique de Narbonne, a copié le type de la métropole, en l'altérant toutefois et sans le comprendre ; car les lettres sont tellement dégradées, qu'on les avait prises d'abord pour des caractères arabes. Il est donc permis de penser, nonobstant la légende, que les deniers dont nous parlons appartiennent à Melgueil. Un fait que nous a signalé M. Duchalais vient encore confirmer cette opinion : l'espèce de croix qui orne le champ de nos pièces se montre pareillement sur un sceau de Jean II de Montlaur, évêque de Melgueil vers la fin du XII⁰ siècle.

« Les espèces d'Albi, comme celles de Melgueil, fournissent un exemple remarquable de l'ignorance des graveurs du moyen âge; la légende est défigurée de telle sorte, qu'elle est restée longtemps inintelligible. On y a découvert à grand'peine les mots *Raimund-*

Albieci, et dans le champ *vico*, pour *viconomes*. Ce n'est qu'en établissant une série complète et graduée de dégénérescence que l'on peut arriver à l'explication des types corrompus.

« Certaines lettres isolées dans le champ ont rapport aux noms des premiers seigneurs qui ont frappé monnaie dans la localité et imposé leur empreinte à leurs successeurs ; mais les numismatistes en sont parfois réduits aux conjectures pour expliquer ces lettres. C'est ainsi que sur la monnaie de Morlas, frappée par les comtes de Béarn, Lelewel trouve *Morlecis Palatium*, là où M. Duchalais lit simplement le mot *Pax*, avec plus de raison, ce nous semble ; sur la monnaie de Toulouse, le premier de ces numismatistes voit une croisette, un *alpha* et une casse, tandis que le second déchiffre le mot VGO, qui est le nom d'un ancien prélat.

« Le champ de la monnaie, dans le Midi, est souvent orné d'une figure cruciforme, composée, au moyen de l'arrangement symétrique des croisettes, de lunules ou de lettres, parmi lesquelles on trouve l'X et l'O.

« Il n'entre pas dans notre plan de faire connaître tous les seigneurs, tant ecclésiastiques que laïques, qui jouissaient du droit monétaire, et encore moins de décrire toutes les espèces seigneuriales ; nous sommes forcé de nous restreindre. Dans le cours du XII⁰ siècle, le système féodal, poussé jusqu'à ses dernières conséquences, avait divisé et subdivisé le territoire de la France en une multitude de fiefs et d'arrière-fiefs, dont la plupart des tenanciers avaient le privilége de monnayage. La Normandie est la seule province qui soit, à cette époque, dépourvue de monuments monétaires; partout ailleurs le nombre des espèces locales est excessif; malgré ce morcellement et ce chaos, on peut reconnaître dans la France, sous le rapport du style monétaire, quatre grandes divisions, qui répondent aux quatre associations de monnayers, connues sous les noms de serment de France, serment de l'Empire, serment de Brabant, et serment de Toulouse. L'Aquitaine se rapprocha de bonne heure de la France royale; mais les monnayers du serment de l'Empire ne se réunirent à ceux du serment de France que sous le règne de François I⁰⁰.

« Nous ne parlerons plus désormais des espèces locales qu'incidemment, et nous suivrons les progrès de la monnaie royale, qui commence à devenir monnaie de l'État à partir du règne de Philippe-Auguste; mais avant il convient de dire un mot des espèces municipales. L'affranchissement des communes, opéré principalement dans le XII⁰ et le XIII⁰ siècle, donna aux villes une existence et des intérêts distincts de ceux de leurs seigneurs; plusieurs d'entre elles voulurent dès lors avoir une monnaie. De ce nombre sont Amiens, Saint-Omer, Marseille, Montpellier et Cahors.

« Il est souvent difficile de distinguer les

pièces des communes de celles de leurs seigneurs, parce qu'en général les villes n'avaient pas de coin particulier, et se contentaient d'adopter celui de leurs seigneurs ; ceux-ci leur en faisaient même un devoir, lorsqu'ils leur cédaient le droit de battre monnaie. Ainsi, le comte de Provence imposa cette condition à la ville de Marseille, l'évêque de Maguelone aux consuls de Montpellier, et celui de Cahors à la commune de cette ville. Du reste, le monnayage municipal eut une courte existence ; l'isolement et la jalousie des communes de ce temps-là les unes à l'égard des autres, ne lui permirent pas de se développer et de prospérer ; il était né d'ailleurs trop tard, à une époque où les espèces locales étaient déjà en pleine décadence. Néanmoins, le monnayage de quelques villes libres d'Alsace et de Lorraine jeta un certain éclat du xive au xviie siècle.

§ VII. *Monnaies frappées en France depuis Philippe-Auguste.*

« On a vu que les premiers rois capétiens faisaient forger des espèces tout à fait disparates dans les différentes villes de leur domaine. Philippe-Auguste essaya de centraliser la monnaie, en la ramenant à un type uniforme. Il fit frapper des deniers parisis, non pas seulement à Paris, mais dans un grand nombre de villes qui étaient sous son autorité ; toutefois, afin de ne pas établir trop brusquement sa réforme, il usa d'un moyen terme, et respecta les noms locaux sur les parisis qui sortaient des ateliers de Montreuil, d'Arras, de Saint-Omer et de Péronne. De plus, quoiqu'il eût acquis le monnayage de Saint-Martin de Tours, il n'osa pas y importer le parisis, et se contenta peut-être de décréter que le denier tournois serait reçu dans les provinces situées au delà de la Loire. Ainsi, la monnaie royale se trouva soumise à un double système. Il y avait encore, en fait de menues monnaies, le demi-denier, autrement dit obole ou maille, et le quart de denier, qui portait les noms de pite, poitevine ou pougeoise, parce qu'on la forgeait originairement à Melles, en Poitou.

« Philippe III renouvela et suivit tous les règlements que son père avait faits sur la monnaie.

« La livre devint, sous Philippe le Bel, une monnaie réelle ; elle fut représentée par le gros royal, pièce d'or qui valait 20 sous parisis. Au commencement de son règne, Philippe le Bel ne s'écarta pas du système de saint Louis ; mais bientôt, pour remédier à l'épuisement de ses finances, il affaiblit les monnaies. Cet affaiblissement commença en 1295 ; il fut porté si loin qu'un denier ancien en valait trois nouveaux. La monnaie forte, remise en vigueur en 1306, fut de nouveau affaiblie en 1310. Des changements aussi funestes amenèrent la ruine du commerce et de nombreuses séditions dans le royaume.

« Louis X, voulant mettre fin à ce désordre, fit revivre les règlements monétaires de saint Louis ; de plus, comme l'altération des monnaies avait fait surgir de faux monnayeurs de toutes parts, il publia, en 1315, une ordonnance qui prescrivait aux prélats et aux barons le titre, le poids et la marque de leurs monnaies. Cette ordonnance eut pour effet, comme l'a très-bien remarqué M. Duchalais, de paralyser en beaucoup d'endroits la fabrication des espèces seigneuriales. La politique constante de nos rois, depuis saint Louis, était de maintenir autant que possible une séparation complète entre leurs empreintes et les empreintes locales. Il est vrai que le plus souvent leurs prescriptions à cet égard étaient vaines. Les plus puissants seigneurs du royaume ne faisaient pas difficulté d'imiter les pièces d'or et d'argent frappées par le roi, et notamment la monnaie blanche connue sous le nom de gros.

« Du milieu du xiiie siècle au milieu du xive, le type local disparut presque entièrement, chassé qu'il fut, soit par l'imitation des espèces royales, soit par les conquêtes, les confiscations, les héritages et les acquisitions de tout genre que faisait la couronne, soit enfin par l'influence étrangère des nations voisines.

« A cette époque, le type des pièces provençales se trouve soumis à une triple tendance perturbatrice de la part de l'Aragon, de l'Italie et de la France. Dans plusieurs provinces de l'ouest on rencontre l'empreinte anglaise. Depuis, la réunion des vastes États du comte de Toulouse à la France, la monnaie de la couronne fait de grands progrès dans le Midi. La Lorraine et l'Alsace restent allemandes, mais les caractères particuliers de la monnaie de ces pays s'effacent peu à peu.

« Nous avons oublié de mentionner une autre cause qui contribua à dénaturer le type local, nous voulons parler de l'introduction des armes sur l'empreinte ; cet usage commença vers le milieu du xiiie siècle, et devint dans la suite fort à la mode.

« En résumé, depuis saint Louis, la plupart des espèces seigneuriales ont disparu, et celles qui restent ne vivent généralement que d'emprunt ; la monnaie de l'État, au contraire, a gagné du terrain de tous côtés, et, par suite, le style monétaire est devenu plus uniforme. Mais hâtons-nous de revenir à la monnaie royale.

« Philippe le Long acquit plusieurs monnaieries importantes : il avait résolu d'établir l'unité de monnaie, de poids et de mesure, afin que, disait-il, « sous une monnoie, « un poids et une mesure convenable, le « peuple marchandast plus seurement. » Ce prince, prévenu par la mort, ne put mettre son beau projet à exécution. Charles le Bel décria toutes les monnaies d'or, à l'exception de l'agnel, qu'il faisait frapper pour 20 sous tournois. Vers 1322, il affaiblit la monnaie, qui ne fut remise sur le pied que huit ans plus tard, par Philippe de Valois. Ce dernier prince fit paraître plusieurs nouvelles espèces d'or et d'argent, parmi lesquelles nous citerons le *denier d'or à l'écu*, le *parisis d'or*, valant 20 sous parisis, et le *parisis d'argent*, qui représentait un sou ou 12 deniers. La monnaie fut affaiblie à deux reprises par Philippe de Valois, et lorsqu'en 1350, on revint pour la seconde fois à la monnaie forte, le sou de saint Louis fut diminué d'un quart.

« Pendant le règne désastreux du roi Jean, le cours des monnaies fut livré à des fluctuations continuelles. En 1360, ce prince, de retour d'Angleterre, s'appliqua à régler le système financier, et créa une espèce qui mérite d'être signalée, parce que son nom s'est conservé jusqu'à présent, c'est le *franc d'or* ou *franc à cheval*, qui valait une livre ou 20 sous tournois, et par conséquent 16 sous parisis.

« Avant de monter sur le trône, Charles V frappa dans le Dauphiné des pièces d'or et d'argent, en qualité de dauphin; ce que ses successeurs tirent aussi. Devenu roi, il maintint la monnaie forte et veilla avec beaucoup de soin à la police de la monnaie. Il fit forger le florin d'or aux fleurs de lis, autrement dit *franc à pied*, qui était de la même valeur que le *franc à cheval*.

« Charles VI inventa l'*écu à la couronne*, qui a été en usage jusqu'à Louis XIII. Depuis l'apparition de cette pièce, on ne grava plus que trois fleurs de lis sur l'écu de France. Les guerres que Charles VI et Charles VII eurent à soutenir contre les Anglais les forcèrent d'altérer la monnaie. Pendant ce temps-là, les rois d'Angleterre, maîtres d'une grande partie de la France, y frappaient monnaie à leur coin. Après l'expulsion des Anglais, qui eut lieu en 1454, on put enfin remédier au désordre du système monétaire.

« Louis XI remplaça l'écu d'or à la couronne par l'*écu au soleil* ou *écu sol*, qui tirait son nom du soleil gravé au-dessus de la couronne; il émit aussi des *blancs au soleil*. Il fixa le cours des monnaies étrangères en France, et chercha à restreindre les priviléges monétaires des grands vassaux. Cependant il permit la fabrication des monnaies d'or et d'argent au duc de Guyenne, son frère, au duc de Bretagne et au prince d'Orange, dont la principauté relevait alors du Dauphiné. Sous son règne, la France étendit ses limites, le nombre des monnaieries seigneuriales fut beaucoup réduit, et l'on vit notamment cesser le monnayage de Provence et de Bourgogne.

« Après la conquête du royaume de Naples par les Français, on frappa monnaie en Italie au nom de Charles VIII, qui prit le titre de roi de Sicile et de Jérusalem. Les *testons*, ainsi nommés à cause de l'effigie royale qui s'y trouvait, passèrent de l'Italie en France sous Louis XII : c'était de grosses espèces d'argent, qui valaient 10 sous tournois; elles furent en vogue jusqu'à Henri III, qui leur substitua les pièces de 20 sous.

« Louis XII imposa son nom à Milan, à Gênes et à Naples; il rendit définitivement royaux les ateliers monétaires de la Bretagne. Sous François Iᵉʳ, on commença à graver la tête du roi sur quelques-uns de ces écus, à marquer les espèces d'une lettre différente, suivant les ateliers monétaires d'où elles sortaient, enfin à mettre le millésime. Cette dernière innovation, la plus importante de toutes, fut sanctionnée par une ordonnance de Henri II, laquelle prescrivait, en outre, d'indiquer par des chiffres le rang que le roi occupait parmi ceux du même nom que lui. On sent combien la numismatique française eût été simplifiée, si l'usage d'insérer la date sur les monnaies avait été adopté dès les premiers temps de la monarchie.

« Au XVIᵉ siècle, les graveurs étudièrent et allèrent même jusqu'à imiter les beaux types de la monnaie romaine, et l'art monétaire, qui était en progrès, principalement depuis saint Louis, ne tarda pas à se perfectionner.

« Vers la même époque, les prélats et les barons, fort peu nombreux, qui jouissaient encore du droit de monnayage, copiaient de plus en plus les espèces royales. Les monnaies de quelques villes d'Alsace et de Lorraine conservaient toutefois une empreinte originale, et il faut en dire autant de la plupart des pièces que le Pape frappait dans le Comtat-Venaissin.

« Henri II émit une nouvelle espèce d'or, qu'on nomma *Henri*; il se servit le premier du balancier pour frapper monnaie. Il n'est pas inutile de remarquer que ses coins continuèrent d'être employés sous François II et même au commencement du règne de Charles IX, de telle sorte qu'on n'a d'autres monnaies du roi François que celles qui ont été frappées en Écosse.

« En 1575, Henri III ordonna la fabrication des francs d'argent qui valaient 20 sous; par là la livre d'argent cessa d'être une monnaie nominale. Sous ce règne les deniers commencèrent à être de cuivre pur, au lieu de billon, et l'on vit aussi reparaître la monnaie de cuivre, qui était inusitée depuis l'époque romaine.

« Pendant les troubles qui suivirent la mort de Henri III, il y eut en France trois sortes de monnaies, celle de l'État, celle de Henri IV, celle du cardinal de Bourbon, dit Charles X, laquelle persista jusqu'en 1597, bien que ce roi des ligueurs fût mort dès l'année 1593, et enfin celles des politiques, qui ne reconnaissaient aucun roi. Henri IV mit fin à ce schisme monétaire.

« Louis XIII fit fabriquer des louis d'or de 10 livres et des louis d'argent ou écus blancs de 60 sous; on ne connaissait auparavant que les écus d'or. La fabrication au marteau fut interdite en 1645; et c'est alors que le monnayage atteignit son plus haut degré de perfection, grâce à l'habileté du graveur Varin et aux machines de Briot.

« A l'exemple de son père, Louis XIV frappa monnaie dans la Catalogne; il fit aussi des espèces particulières pour le Canada et les Pays-Bas. Depuis plus d'un siècle, le surhaussement du prix des monnaies allait toujours en augmentant; pour obvier à cet abus, le roi décria toutes les monnaies étrangères, à l'exception des pistoles d'Espagne. La livre parisis ne fut abolie que sous Louis XIV : ce prince voulut qu'on ne comptât plus désormais que par livres tournois, et il acheva ainsi de constituer l'unité monétaire, but vers lequel tendaient tous les efforts de nos rois depuis Philippe-Auguste et saint Louis.

« Le sou de cuivre rouge parut en 1719. L'émission désastreuse du papier-monnaie signala le règne de Louis XV et la fin de celui de Louis XVI.

« La révolution française éteignit les derniers priviléges monétaires que Louis XIV et Louis XV n'avaient pu acquérir. Au système duodécimal établi par Charlemagne, la Convention substitua, en 1794, le système décimal, qui avait l'avantage d'être en harmonie avec la numération, ainsi qu'avec les nouveaux poids et mesures. Depuis cette utile réforme, nos monnaies, si ce n'est peut-être celles de cuivre, ne laissent plus rien à désirer; elles sont, sans contredit, supérieures à celles des autres peuples, et nous faisons des vœux pour qu'elles servent de modèles dans tous les États de l'Europe. »

BAROMÈTRE (de βάρος, pesanteur, et μέτρον, mesure). — Instrument qui sert à mesurer la pression exercée par le poids de l'air, et qui par cela même mesure, en vertu des propriétés connues des gaz, la force expansive de l'air et sa densité par une température donnée. Puisque tous les phénomènes qui touchent de plus près à l'homme s'accomplissent dans le sein de l'atmosphère et sont modifiés par l'état véritable de ce milieu fluide, on conçoit de quel intérêt doivent être les indications d'un pareil instrument, tant en pratique qu'en théorie. Aussi la naissance de la physique proprement dite ne date-t-elle que de l'époque où Galilée soupçonna l'effet de la pression de l'air dans le phénomène de l'ascension de l'eau dans les pompes, et où Torricelli, son disciple, imagina de substituer à la colonne d'eau élevée par cette pression une colonne de mercure, fluide treize fois et demie plus pesant. Quelque simple que cette substitution nous paraisse, elle avait alors un grand mérite d'invention; et si un heureux hasard n'eût fait rencontrer dans la nature un corps anormal qui réunit la pesanteur métallique à la propriété de rester fluide aux températures ordinaires, les développements des sciences physiques auraient bien pu en être à tout jamais entravés; car comment expérimenter, dans tant de circonstances délicates, avec un baromètre d'une trentaine de pieds ? On connait généralement la part que la France peut revendiquer pour Pascal dans la découverte mémorable du baromètre, ou du moins dans celle de la théorie et de l'application la plus importante de cet instrument. La première expérience de Torricelli date de 1643. Le célèbre P. Mersenne qui, par la correspondance qu'il entretenait avec les savants, remplissait, vers le milieu

du XVIIe siècle, le rôle dont les journaux scientifiques sont chargés de notre temps, en fut informé en 1644, et la communiqua aux philosophes français, notamment à Pascal. Ce dernier, par l'expérience qu'il fit faire au sommet du Puy-de-Dôme et par celle qu'il fit lui-même à Paris, sur le haut de la tour Saint-Jacques de la Boucherie, dissipa tous les doutes sur la nature du phénomène, en même temps qu'il fit voir comment le baromètre pouvait servir à mesurer les hauteurs : application longtemps négligée et devenue familière de nos jours à tous ceux qui s'occupent d'observer la nature.

On distingue communément trois sortes de baromètres, qui ne sont au fond que le même appareil très-légèrement modifié : le baromètre à cuvette, le baromètre à siphon et le baromètre à cadran. Ce dernier n'est employé que comme meuble de fantaisie ou d'ornement. Le frottement des poulies de renvoi lui ôte toute précision, et les physiciens n'en font aucun usage. Parmi les dispositions qu'on a imaginées pour faire du baromètre un instrument portatif et de voyage, celle dont l'invention appartient à M. Gay-Lussac, a été accueillie avec une faveur que le nom de ce célèbre physicien explique assez.

Rien de plus simple, en principe, que la construction d'un baromètre ordinaire. Remplir de mercure un tube fermé par le haut, ouvert par le bas, de manière à ce que l'espace compris entre le mercure et l'extrémité supérieure soit purgé d'air et de tout autre fluide élastique; recourber en forme de siphon l'extrémité inférieure qu'on laisse ouverte, ou la plonger dans une cuvette également remplie de mercure, voilà toute l'opération ; mais cette opération exige des soins minutieux, si l'on veut attendre de l'instrument des indications précises. On en trouvera la description dans la plupart des traités de physique.

La fonction la plus vulgaire du baromètre, celle qui lui a valu sa popularité, c'est l'indication de la pluie et du beau temps; malheureusement c'est la fonction qu'il remplit le plus mal, au point que la plupart des physiciens ne sont pas encore convaincus que la chute de la pluie et la sérénité de l'atmosphère soient effectivement liées aux variations de la pression atmosphérique à la surface de la terre, ou aux oscillations du baromètre. En tous cas, si cette liaison existe, elle n'a point été encore expliquée d'une manière satisfaisante, qui ait rallié toutes les opinions. Dans les premiers temps qui ont suivi l'invention du baromètre, on croyait que le baromètre montait par la pluie et descendait par le beau temps. On avait d'autant moins de peine à justifier cette croyance, qu'elle se trouvait en harmonie parfaite avec le langage ordinaire : « Le temps est lourd, dit-on; l'atmosphère est chargée de nuages; » locutions qui doivent induire naturellement à penser qu'une pression plus grande est exercée sur la colonne barométrique, et par conséquent que le mercure doit monter par les temps pluvieux. Quoique cette opinion ne compte plus aujourd'hui de défenseurs, et que le fait contraire soit, sinon démontré, du moins assez probable, on est généralement d'accord que les indications météorologiques du baromètre méritent plus de créance quand il descend que quand il monte. Une variation soudaine du baromètre annonce une grande perturbation de l'atmosphère et ne manque guère d'être accompagnée d'une modification sensible dans la constitution météorologique ; au contraire, le même état météorologique persiste souvent pendant que le baromètre monte ou descend d'un mouvement progressif et continu, et surtout pendant qu'il monte.

Le baromètre éprouve de plus grandes oscillations en hiver qu'en été, et cette différence est surtout sensible dans les régions polaires. La hauteur moyenne du mercure dépend principalement de la hauteur du lieu au-dessus du niveau de l'Océan, comme nous l'expliquerons tout à l'heure; mais en outre elle est modifiée par les circonstances locales et par l'influence des saisons. Si le lieu est situé sur un continent un peu élevé au-dessus du niveau de l'Océan, la hauteur barométrique y sera plus grande en hiver qu'en été, et plus faible durant cette dernière saison qu'au printemps et en automne. Si, au contraire, le lieu de l'observation est fort élevé au-dessus du niveau de la mer, le baromètre s'y tiendra plus haut en été que pendant le printemps et l'automne, et plus dans les deux dernières saisons qu'en hiver. Au Saint-Bernard, par exemple, la différence de l'été à l'hiver est de 5 à 6 millimètres.

Le baromètre est sujet à des variations horaires, évidemment liées à l'influence calorifique du soleil, quoique l'on ne connaisse pas encore très-bien le mode de cette influence. Ces variations sont particulièrement remarquables entre les tropiques où elles s'élèvent à 2 ou 3 millimètres, et acquièrent une grande régularité; à tel point que, suivant M. de Humboldt, on pourrait presque fixer l'heure à chaque instant du jour et de la nuit, d'après la seule observation de la hauteur du baromètre. En général, dans ces climats, le baromètre monte et descend périodiquement deux fois en 24 heures. A l'équateur, il monte depuis 4 heures 13 minutes du matin jusqu'à 9 heures 23 minutes; puis il descend jusqu'à 4 heures 8 minutes du soir, pour remonter jusqu'à 10 heures 23 minutes, et ensuite baisser jusque vers 4 heures du matin. Le *maximum* du soir est quatre fois moindre que celui du matin, et le *minimum* du matin moitié de celui du soir.

A mesure que l'on s'éloigne des régions tropicales, les oscillations horaires et régulières du baromètre se compliquent avec des variations accidentelles beaucoup plus considérables, qui les masquent complétement aux yeux d'un observateur superficiel. Mais, par cela même que des variations sont accidentelles et irrégulières, leurs effets doivent se compenser sensiblement quand on embrasse un assez grand nombre d'observations, de manière à ne plus laisser subsister, dans les valeurs moyennes, que l'influence des causes constantes et régulières. Cette ingénieuse déduction de la théorie des chances a été particulièrement appliquée aux observations barométriques faites dans nos climats d'Europe. De cette manière, Ramond a constaté en France l'existence d'une période semblable à celle qui s'observe entre les tropiques, mais moins étendue, et dont les instants correspondants aux plus grandes et aux plus petites hauteurs ne sont pas les mêmes en toutes saisons. Le *maximum* du matin arrive entre 7 et 8 heures pendant l'été, et de 9 à 10 heures pendant l'hiver. Le *minimum* du soir tombe entre 4 et 5 heures durant la première saison, et entre 2 et 3 heures durant la seconde. En discutant plusieurs milliers d'observations faites à l'Observatoire de Paris, M. Bouvard a trouvé que la plus petite étendue des oscillations correspondait au trimestre de novembre, décembre et janvier, et la plus grande au trimestre suivant. Il paraît que lorsqu'on atteint le 70e degré de latitude, l'influence des variations horaires cesse entièrement.

L'action attractive du soleil, et surtout celle de la lune, devraient produire dans l'atmosphère des oscillations analogues aux marées et qui se manifesteraient par des variations barométriques correspondantes. Mais la théorie indique en même temps que ce *flux* atmosphérique doit être très-faible; et effectivement, quelque soin qu'on ait apporté à discuter les observations faites dans nos climats, on n'a pu en constater l'existence d'une manière certaine.

La hauteur du baromètre varie principalement, et indépendamment des oscillations périodiques ou des perturbations accidentelles, en raison de la hauteur du point où on l'observe, au-dessus du niveau des mers. Il est clair qu'à mesure qu'on s'élève dans l'air, les couches inférieures cessent de peser sur la cuvette du baromètre, et qu'il faut une moindre hauteur de mercure pour faire équilibre à la pression des couches supérieures. Au niveau de l'Océan la moyenne est de 0^m,7629 (28 pouces 2 lignes $\frac{2}{10}$); à Paris au niveau de la Seine, elle est de 0^m,76 (28 pouces 0 ligne $\frac{9}{10}$); la température étant à 12° du thermomètre centigrade, la colonne barométrique n'a plus guère que 0^m,57 ou 21 pouces au sommet du grand Saint-Bernard; et dans les ascensions aérostatiques, telles que celles de M. Gay-Lussac, la diminution de la pression barométrique ou la raréfaction de l'air est portée au point de gêner les fonctions de la vie animale et de produire une pénible sensation de malaise.

Il serait très-facile de calculer, d'après les lois de l'équilibre des gaz, la différence de hauteur au-dessus du niveau de l'Océan qui correspond à une différence observée dans la pression barométrique, si la température de l'air était partout la même, et si l'air n'était pas plus ou moins mélangé de vapeur aqueuse. Malheureusement les lois suivant lesquelles varie la température de l'air à différentes hauteurs, et son état hygrométrique, sont inconnus théoriquement. Il a fallu interroger l'expérience, comparer des hauteurs données par le baromètre à celles qui sont mesurées directement par des procédés de nivellement ou de géodésie, afin de construire des formules et des tables à l'aide desquelles on pût faire servir le baromètre à la mesure précise des hauteurs. *L'Annuaire du bureau des longitudes* contient des tables de cette nature, dues à M. Oltmanus, et qui ont paru les plus commodes pour le calcul, dès qu'on sut se dispenser d'employer les tables de logarithmes. Lorsque les circonstances atmosphériques sont favorables, on peut espérer de mesurer avec le baromètre une hauteur de 1,500 mètres à 4 ou 5 mètres près (1).

Nous compléterons l'article par les données suivantes, tirées du *Dictionnaire des découvertes* :

« Entre les différentes formules données pour la solution du problème de la mesure des hauteurs au moyen du baromètre, dit Cuvier dans un rapport fait à l'Institut, celle de M. Laplace se distingue par la manière dont elle a été déduite de la théorie; mais le coefficient principal, tiré d'une observation qui paraît ne pas avoir été exempte d'erreur, pouvait avoir besoin de quelque modification. C'est ce que M. Ramond vient d'examiner dans un mémoire dont nous allons rendre compte. Ses différentes expériences sur diverses montagnes lui ont fait reconnaître quelles sont les circonstances les plus convenables pour cette observation, ainsi que les heures qu'il faut choisir ou éviter; car il est des causes dont l'effet doit être très-sensible, et dont il sera toujours impossible de tenir compte dans ses calculs; tels sont les vents ascendants ou descendants, qui, suivant M. Ramond, règnent constamment à certaines heures; les uns, en diminuant le poids de la colonne d'air à laquelle le mercure fait équilibre, doivent aussi diminuer cette colonne, et faire juger les hauteurs trop grandes; les autres produisent nécessairement un effet contraire. Il faut donc choisir l'instant où l'équilibre de l'atmosphère n'est troublé ni par l'une, ni par l'autre cause, et cet instant est le milieu du jour. Or, M. Ramond a encore observé que les vents ascendants règnent plus souvent que les autres; il en conclut que les résultats moyens des observations doivent donner des hauteurs trop petites. Ce n'est pas tout que de bien choisir l'instant, il ne faut pas moins d'attention dans le choix des stations. Il faut des observations simultanées, faites les unes dans le lieu dont on cherche la hauteur, et les autres dans un lieu fixe dont la

hauteur au-dessus du niveau de la mer soit parfaitement connue. Quand on cherche à vérifier une formule, il est de plus nécessaire d'avoir une égale connaissance de la hauteur de la montagne où l'on porte le baromètre; et pour qu'on n'ait rien à objecter à la conclusion, il faut que les deux stations soient assez voisines, et que rien n'interrompe la communication; en sorte que les variations atmosphériques qui surviendraient dans l'une aient également lieu dans l'autre. M. Ramond a trouvé tous ces avantages réunis dans le pic de Bigorre et la ville de Tarbes, où un astronome estimé a voulu se charger des observations correspondantes; avec cette attention soutenue, M. Ramond a trouvé la correction du coefficient de Laplace, et cette formule corrigée qu'il a employée pour mesurer l'ascension aérostatique de M. Gay-Lussac. Ces mêmes formules ont été employées par lui aux observations faites par M. de Humboldt sur les plus hautes montagnes du Pérou, sur le Chimboraçao. Il résulte de tous ces calculs que la méthode de Laplace, pour mesurer les hauteurs par le baromètre, doit être considérée comme la meilleure, c'est-à-dire comme celle donnant les erreurs les plus petites, tantôt en plus, tantôt en moins. La somme de ces erreurs divisée par le nombre des observations indique à peine $\frac{1}{500}$ pour correction ultérieure du coefficient déterminé par M. Ramond. Les procédés géométriques sont impraticables, dit M. Ramond, pour déterminer le nivellement des plaines, et l'élévation des montagnes; la physique nous a ouvert une nouvelle carrière en appliquant le baromètre à des opérations que nos projections géographiques et les artifices du dessin ne permettent de faire qu'avec de grandes difficultés. Depuis que l'air se pèse, le décroissement des pressions atmosphériques a servi d'indice à l'accroissement des hauteurs; la balance est dans nos mains, c'est le baromètre. Cet instrument a servi à déterminer l'élévation des principales montagnes du globe; il peut être appliqué au nivellement des plaines, et à accomplir, dans un court espace de temps, cette opération si importante. En faisant cette application, on doit redouter bien des écueils qui résultent non-seulement de l'imperfection des instruments, mais encore des modifications que la colonne d'air a subies. En effet, lorsqu'on applique le baromètre à la détermination des différences de niveau, on reconnaît qu'il est impossible de répéter l'opération en mesurant plusieurs fois la hauteur, sans trouver entre les résultats des différences qui surpassent de beaucoup celles qui dérivent de l'imperfection des instruments. La cause générale des erreurs est facile à reconnaître : la mesure des différences des niveaux repose sur la supposition que l'air est tranquille; mais toute rupture d'équilibre met la mesure en défaut. Il convient donc d'examiner de plus près le phénomène des variations barométriques, les modifications de l'atmosphère qui les occasionnent et la

(1) Extrait de l'*Encyclopédie des gens du monde*.

différence particulière des climats. L'auteur, en employant deux baromètres correspondants, a évité les écueils qu'il signale ; car, dit-il, si l'étude des modifications de l'atmosphère perfectionne l'art de mesurer les hauteurs, celui-ci ne rend pas moins de services à la connaissance des modifications de l'atmosphère. Pour l'observateur attentif les erreurs de mesure ne seront plus un fait anormal et muet : ces erreurs lui révéleront le moindre désordre survenu dans l'équilibre des airs ; elles en indiqueront la nature ; elles en détermineront la valeur. Il était impossible de démêler dans les rapports confus du baromètre isolé ce qui appartient en propre à ce trouble. Qu'un second baromètre saisisse la même colonne d'air sur un autre point de la hauteur, dès lors sa marche donne un signe apparent à des quantités auparavant imperceptibles. L'observation simultanée des deux baromètres correspondants est pour la météorologie une espèce de microscope composé, qui amplifie les dimensions que leur petitesse aurait dérobées à nos regards.

« Dans un mémoire lu à l'Institut, et divisé en trois parties, M. d'Aubuisson établit dans la première la formule qui sert à la mesure des hauteurs ; dans la deuxième, il en compare les résultats avec ceux de l'expérience, et dans la troisième, il traite des erreurs dont les mesures barométriques sont susceptibles. Il résulte de toutes ces opérations que le calcul donne des hauteurs d'autant plus grandes aux diverses heures du jour, que la chaleur est plus forte au moment de l'observation. M. d'Aubuisson a remarqué que les hauteurs augmentaient ou diminuaient, suivant que les couches de l'atmosphère prennent une température moyenne dépendante de leur élévation, et qui participe d'autant moins aux changements de température que la couche voisine de la terre éprouve d'heure en heure, du jour au lendemain, et même d'une saison à l'autre, qu'elles sont plus élevées, ou plutôt qu'elles sont plus éloignées du sol ; et c'est au changement de la température que l'auteur attribue les principales anomalies que présentent les mesures barométriques d'une même hauteur faite dans des circonstances différentes.

« Il a été présenté en 1811, par M. Humboldt-Conté, à la Société d'encouragement, un baromètre en fer, inventé par M. Conté, son beau-père, pour mesurer les hauteurs du sol. Dans ce baromètre les différences des hauteurs du mercure ne sont pas mesurées par une échelle graduée ; mais l'observateur pèse la quantité de mercure qui est entrée dans le baromètre, s'il est monté, ou qui en est sortie, s'il a descendu. Pour rendre sensibles les plus légères différences, M. Conté a fait la partie supérieure de son baromètre extrêmement large (de 15 lignes), cela dans une quantité suffisante pour un abaissement du mercure à 23 pouces. Il résulte de cette disposition que la mesure d'un mètre répond à une quantité déterminée de grammes de mercure. L'auteur estimait que son instrument était à la pression de Paris, à peu près 4 grains par pied. Le baromètre est composé d'un tube de fer ; une partie de cette colonne forme la cuvette supérieure, et l'autre partie la cuvette inférieure. D'après la différence presque infinie qui est entre les surfaces de ces deux cuvettes, l'on conçoit que lorsque la colonne de mercure s'abaisse, tout le mercure qui abandonne la partie supérieure sort du baromètre ; le tube renfermant la colonne de mercure est fermé dans la partie inférieure par un robinet ; en tournant ce robinet on interrompt à volonté la communication de la colonne de mercure avec la cuvette inférieure. Le tube du baromètre est percé d'une ouverture conique qui répond au robinet, quand on le tourne de ce côté ; cette ouverture est située tout à fait au bas de la colonne de mercure. La partie inférieure du baromètre se renferme tout entière dans un tube beaucoup plus grand, qui s'y visse. Ce tube est un réservoir destiné à recevoir le mercure qui sort du baromètre quand la colonne s'abaisse, lorsque la pression de l'atmosphère est moins forte. Il est muni d'un piston destiné, en l'élevant, à soulever le mercure qui est dans le réservoir, pour le porter dans la partie supérieure du tube, et baigner avec ce liquide la partie inférieure du baromètre ; si, au contraire, on baisse ce piston, le mercure du réservoir se porte dans la partie inférieure du tube, et dégage la partie inférieure du baromètre. Le réservoir est garni de deux trous avec glaces pour laisser voir dans l'intérieur. Ces ouvertures répondent aux orifices du tube. Pour faire une observation on suspend par un cordon l'instrument ; on abaisse le piston et l'on tourne le robinet par le moyen du tournevis, de manière que son orifice réponde à la petite colonne ou cuvette inférieure. S'il ne coule plus de mercure par l'orifice, on dévisse le réservoir, et on le pèse exactement. Si pendant cette opération il survenait quelque variation dans la pression de l'atmosphère, il faudrait, avant de démonter le réservoir, tourner le robinet au moyen du tournevis, et maintenir le robinet dans une position telle que son orifice ne communiquât avec aucune des ouvertures pratiquées dans la partie inférieure du tube du baromètre : dans cette position la colonne du mercure sera entièrement privée de toute communication avec l'atmosphère. On peut alors peser le réservoir avec le mercure qu'il contient, puis le remettre à sa place, en le vissant avec force pour que, dans le transport, le mercure ne puisse s'échapper ni se perdre par la vis qui est garnie d'un cuir gras. Pour faire la deuxième opération, on suspend le baromètre, et on remonte le piston. Le piston en remontant repousse le mercure dans la partie supérieure du réservoir, de manière que les deux orifices du tube plongent dans ce liquide.

« On reconnaîtra cet état de choses en regardant par les deux ouvertures pratiquées dans les parois du réservoir, et garnies de deux glaces pour laisser voir ce qui se passe dans l'intérieur. Le piston ainsi remonté et et les orifices immergés dans le mercure, l'on dégage la tige de son crochet, et on la pousse dans la fente du robinet, que l'on tourne dans le même sens qu'on l'avait déjà tourné, de manière à rencontrer un arrêt et à mettre l'orifice de ce robinet en rapport avec l'orifice du tube ; la colonne de mercure alors en communication avec le mercure du réservoir s'élève ou s'abaisse comme dans un baromètre ordinaire. Lorsqu'on voit que tout mouvement a cessé dans le mercure du réservoir, on tourne le robinet en sens inverse, pour faire communiquer son orifice avec la cuvette inférieure; on abaisse alors le piston pour remettre les choses dans leur état primitif. Quand toute oscillation a cessé dans le mercure, on met le robinet dans la position où il ne communique à aucune ouverture, et on pèse de nouveau le réservoir; la différence de poids, en plus ou en moins, donne la différence de hauteur du sol ou de la pression de l'atmosphère. La raison qui fait que l'on a pratiqué dans le tube une ouverture pour mettre la colonne en communication avec le réservoir, est que, dans le mouvement donné au baromètre en le transportant, l'on pourrait introduire de l'air dans la cuvette inférieure, qui rentrerait avec le mercure, si celui-ci avait à rentrer; au lieu que l'ouverture étant évasée en tous sens, lorsqu'on l'a plongé dans le mercure du réservoir, celui-ci s'y introduit en chassant tout l'air qu'elle contient ; et après l'introduction du mercure dans le tube, on lui rend la communication avec la cuvette inférieure ; comme il y en a trop dans le tube, le mercure en sortant chasse l'air qu'elle contenait, sans que cet air puisse s'introduire dans le tube et troubler le vide. Lorsqu'on veut remplir le tube de cet instrument, l'on démonte le robinet, et l'on verse du mercure jusqu'à ce qu'il soit plein. Dans cette situation on monte le réservoir sur le tube, en ayant soin de le bien visser. Ensuite on retire le piston qui était près du robinet ; il se produit, par cette retraite, un vide de 16 pouces à peu près dans la cavité du réservoir, dont il raréfie l'air; après, on démonte le réservoir, on remet le robinet et on place le tube dans la position ordinaire : alors le baromètre est dans un vide parfait. La facilité de renouveler cette opération fait qu'on la répète toutes les fois que le vide n'est pas parfait. La commission nommée par la Société d'encouragement a établi, dans son rapport, que cet instrument avait atteint le plus haut degré de perfection ; qu'il remplissait son objet avec précision, et que sa pesanteur seule présentait quelques inconvénients. »

« M. Jecker a un baromètre qui est formé d'un tube en forme de siphon en fer : on lui donne la forme d'un châssis deux fois et demie plus haut que large. Au milieu est une traverse qui porte un couteau de balance placé au centre de gravité. La chape qui supporte le couteau est tellement suspendue, que cela la rend perpendiculaire, et donne à cette balance plus de sensibilité. On conçoit que le mercure ne peut s'élever ou s'abaisser sans changer le poids relatif des deux branches ; alors l'instrument penche du côté le plus pesant. Ce défaut d'équilibre est marqué par une aiguille sur un cercle gradué ; pour évaluer la quantité de mercure déplacé on rétablit l'équilibre en mettant des poids dans un tube latéral.

« Ce baromètre est essentiellement destiné à mesurer les hauteurs, et M. Jecker, pour arrêter les oscillations du mercure, a adapté sur l'une des branches deux clefs qui le retiennent. Pour connaître la température de l'atmosphère au moment où l'instrument indique sa pesanteur, il a attaché un thermomètre au baromètre. Cet instrument est d'une telle sensibilité, qu'il est facile d'évaluer avec lui de très-petites hauteurs ; l'aiguille fait reconnaître la différence d'un pied d'élévation. (*Bulletin de la Société d'encouragement*, 1814, page 205.) — *Voy.* MACHINE A VAPEUR. — *Expérience de Pascal.* »

BAS. — BAS A MAILLES FIXES. — *Importation de M. Chevrier de Paris*, 1807. Ces bas se fabriquaient depuis longtemps en Angleterre ; mais M. Chevrier est le premier qui les ait imités. On pourrait les appeler bas façonnés, parce qu'ils présentent un mélange de soie et de coton, ainsi qu'une variété de couleurs et de desseins. La soie qui recouvre les mailles de ces bas produit un effet brillant et agréable à l'œil. (*Société d'encouragement*, 1807, pag. 7. — *Archives des découvertes et inventions*, 1808, t. 1er, p. 438.)

« BAS COUPÉS A LA PIÈCE (*Procédé pour fabriquer des*). — *Invention de M. Pierre Decroix, de Paris*, an IV. — On fait, sur un métier à bas ordinaire, des tricots de toutes couleurs et matières que l'on désire ; ce procédé permettant de prolonger le tricot autant qu'on le veut, on en fait des bas comme les tailleurs font des habits. Les bas se font seuls ou par paires, ou par deux ou trois paires ; puis on les coupe de la longueur exigée ; ensuite on les coud jusqu'au mollet et l'on rentre leurs coutures en dedans jusqu'à la largeur du bas de la jambe. Ce qui reste est rabattu de chaque côté et sert de garniture par derrière. Comme on en peut faire autant au bout des pieds, lorsqu'ils sont usés, l'on découd ce rempli, que l'on recoud uniquement, et les bas sont comme neufs, seulement ils sont un peu courts d'un pouce ou deux. Il faut avoir soin d'employer de bonne marchandise afin que la jambe puisse durer en raison de ces restaurations. En répétant cette opération plusieurs fois, on parvient à avoir longtemps de bons bas ; enfin, en suivant les mêmes indications, et réservant les remplis par derrière, ces mêmes bas peuvent passer aux enfants. Par le procédé de M. Decroix, on fabrique deux bas à la fois sur un même métier lorsqu'il a dix-huit pouces de large.

en observant de faire l'ouvrage un peu plus lâche, parce qu'il est d'une plus longue durée qu'un ouvrage serré. On peut aussi faire deux paires ensemble sur un métier de quinze à seize pouces, mais à côtes et à mailles coulées. L'on coupe alors la pièce par le milieu, et l'on forme ainsi la paire de bas prise dans une seule largeur de métier. En procédant de cette manière, les deux bas de cette paire sont de la même force, au lieu que presque tous les bas sont plus forts l'un que l'autre, étant faits séparément. Beaucoup d'ouvriers font de mauvaises lisières dans les bas, ce qui les fait marquer très-souvent dans les coutures; l'on évite cet inconvénient en les cousant en dedans, et en laissant une maille ou deux en dehors de la couture; alors les lisières ne peuvent céder. Si l'on veut tailler des bas en travers, c'est-à-dire de manière que la longueur du bas soit prise sur la largeur du métier, on le peut également en les cousant comme les autres et en observant de les émailler; dans ce cas, ces bas paraissent sans couture jusqu'au mollet, et le bas de la jambe est double, ce qui produit la même économie que ceux qui sont pris sur la longueur. Enfin, à l'aide de l'invention de M. Decroix, les bas se font indifféremment en long ou en travers, guillochés, à côtes, sans côtes, à mailles coulées, rayés, chinés, etc. On pouvait faire des bas à côtes sans envers, et fabriquer quatre bas à la fois, suivant la largeur des métiers; deux en long et deux en travers, en observant de mettre autant d'aiguilles dans la mécanique que dans le métier, sauf une de moins du côté des lisières. Ce tricot fournit le double, est plus joli, et on y emploie des matières diverses. L'on établit encore sur les métiers Sarazin, des étoffes d'une à deux aunes, plus ou moins, suivant la largeur des métiers, et selon que l'ouvrage est plus serré ou plus lâche, et plus ou moins tiré en largeur et en longueur. (*Description des brevets expirés*, 1811, tom 1°', pag. 358. — *Ann. des arts et manufactures*, 1812, art. 5, pag. 281.)

Nous allons maintenant emprunter au *Dictionnaire des découvertes* la description de divers métiers pour la fabrication des bas.

Métiers à bas. — Invention Jeandeau. — Ce métier est composé de deux assemblages, c'est-à-dire, de deux systèmes de construction en bois, sur lesquels sont établies les différentes pièces en bois et en fer qui concourent à la formation de la maille; le premier assemblage est fixe et immobile, et sert proprement de base au second, qui est mobile sur deux charnières placées à ses deux extrémités. L'assemblage fixe forme d'abord une plate-forme sur laquelle une rangée d'aiguilles est établie; elle tient lieu de ce que l'on appelle la barre aux aiguilles. L'ordre du centre, qui comprend soixante aiguilles, est invariablement attaché à cette situation. Aux deux côtés, sont deux plaques de cuivre chargées de trente aiguilles chacune, c'est le second ordre; il est établi sur autant de bases qu'il a de vis de rappel,

encaissées dans le corps de la plate-forme qu'elles font mouvoir. C'est par le jeu de ces vis correspondant à des écrous placés aux deux extrémités de la plate-forme et à deux petites manivelles, que les deux plaques latérales du second ordre peuvent déplacer en s'éloignant du premier ordre du centre. Le but de ce déplacement est de recevoir en même temps le troisième ordre des aiguilles qui sont placées en arrière, et qui sont mues par le jeu de la même vis de rappel, laquelle produit des vides successifs que ces aiguilles viennent remplir après avoir fait un demi-tour sur leur extrémité inférieure. Ces aiguilles mobiles sont au nombre de 45 de chaque côté : leur mouvement s'exécute au moyen de quatre dents que porte l'extrémité arrondie de leur tige, lesquelles dents engrènent dans chaque denture correspondante que portent ces vis de rappel. Il est aisé de voir que ces vis, en opérant le déplacement des plaques latérales, et formant par là des vides propres à recevoir autant d'aiguilles, font tourner en même temps sur leur axe ces aiguilles, qui par leur nouvelle situation, viennent exactement remplir ces vides. On voit que par cette nouvelle disposition des aiguilles, et par l'augmentation et la diminution de ces aiguilles placées entre l'ordre du centre et celui des deux côtés, on a facilité les moyens d'augmenter ou de diminuer les mailles, suivant que le tricot l'exige. C'est ainsi que l'ouvrier pourra, par exemple, introduire de nouvelles mailles dans les coins des bas, et lier ainsi sans couture le talon au coude-pied. Chacune des aiguilles, soit de centre, soit des deux côtés, se place sur la face antérieure des plaques de cuivre, dans un trou au fond duquel est une vis de pression qui les y maintient assez fortement. Ce moyen simple remplace le plomb, qui, par la fonte, fixe dans leurs tiges les aiguilles des anciens métiers. Toutes les aiguilles sont, dans le nouveau métier, placées comme dans l'ancien : leur rangée se présente de même dans une situation horizontale; elles y sont également immobiles dans le travail. Le second assemblage porte le chariot des roulettes, la rangée des platines, et ce qui fait l'office de la presse. Ce chariot renferme deux roulettes; chacune d'elles est un assemblage de lames fort minces, placées autour d'un axe mobile. Ces lames sont obliques à la marche d'un autre chariot; lorsque celui-ci avance et que la roulette inférieure parcourt la rangée des aiguilles, chaque lame s'engage dans leurs intervalles, plie le fil qu'on a étendu sur ces aiguilles, et en se relevant pousse latéralement les plis sous les becs des aiguilles; par là ces roulettes, dans leur mouvement, opèrent deux effets essentiels, c'est-à-dire qu'elles plient le fil en l'engageant les plis sous les becs des aiguilles; d'un autre côté, comme le chariot porte deux roulettes opposées, elles peuvent satisfaire au mouvement d'aller et de retour que comporte le travail du tricot. En conséquence la roulette qui, dans cette première marche du chariot, travaillait au cueillage, prend au retour la partie supérieure, et se trouve remplacée par celle qui parcourait les dents du peigne. Ainsi successivement ces deux roulettes opposées font l'office des platines à ondes et du chevalet dans l'ancien métier. Le jeu d'aller et de retour s'exécute facilement et régulièrement par le chariot. Les platines sont composées de deux lames en fer fortes et courtes : la plus courte se présente dans la partie antérieure, et la plus longue reste en arrière.

En ces deux lames est une gorge profonde. Les platines sont montées sur une verge de fer qui reçoit leur tête, et à côté de chacune d'elles est une rosette de cuivre qui les sépare ; elles correspondent, aux moyen de ces interpositions, à l'intervalle des aiguilles avec lesquelles le travail est combiné. Quelques-unes des rosettes ont des queues qui traversent la barre aux platines, et servent à les fixer contre cette barre. Il nous reste maintenant à faire connaître par quel mécanisme s'exécute l'opération de la presse. Ici c'est le second assemblage qui est abaissé dans sa totalité, au moyen de quoi les rosettes qui séparent les platines et qui rencontrent dans leur abaissement les becs des aiguilles, les pressent comme il convient au travail des mailles, et voici comment dans la partie inférieure du second assemblage est une barre qui tient lieu de tournettes ou d'insuble. C'est d'abord sur cette barre que s'enroule le tricot à mesure qu'il se travaille : aux deux extrémités de cette même barre sont deux rouleaux que nous considérons comme les deux poignées de l'ancien métier ; d'un côté ces rouleaux s'engagent dans les vides latéraux de l'insuble, pour la faire tourner ; de l'autre, ils correspondent à deux roulettes dentées situées au delà des abattants, de manière à tourner autour d'un piton rond invariablement fixé au premier assemblage. Lorsque l'ouvrier saisit les deux poignées, et les fait tourner de manière que les pitons ronds se trouvent occuper la partie supérieure des roulettes dentées, et que le second assemblage s'abaisse de toute l'étendue du diamètre de ses roulettes, de toute la quantité nécessaire pour presser suffisamment le bec des aiguilles.

Pour achever de donner une idée du nouveau métier, nous croyons qu'il convient maintenant de passer au travail de toutes les pièces dont nous avons décrit non-seulement les formes, mais encore les dispositions différentes. Nous ferons observer d'abord que toutes les opérations du tricot s'exécutent de la même manière, seulement les moyens mécaniques ne sont pas les mêmes. On sait que la maille est un pli dans un pli, ou, selon les ouvriers, une boucle dans une boucle ; on concevra facilement que le tricot, qui consiste dans un assemblage de mailles, se forme par une suite de plis, d'où il résulte qu'une machine quelconque, avec laquelle on exécutera des tricots, doit faire des plis et introduire de

nouveaux plis dans les premiers, et ainsi de suite. Pour cela on étend du fil sur une rangée d'aiguilles ; on y fait autant de plis qu'il y a d'intervalle entre ces aiguilles ; puis, après qu'on a engagé les plis dans les becs des aiguilles, on fait passer, au moyen des platines et de la presse, les anciens plis sur les nouveaux qui restent dans les becs, et l'on abat ces anciens ; enfin, au moyen des platines et de leur gorge, on met en extrait les nouveaux plis qui en attendent d'autres plus nouveaux encore, qu'on introduit de la même manière. (Conservatoire des Arts et Métiers, n° 304 ; — *Bulletins de la Société d'encouragements*, an XI, page 33.)

Invention John Moor et George Armitage. — Les importateurs de ce métier ont obtenu un brevet de cinq ans, avec prolongation du même nombre d'années, pour les perfectionnements qu'ils ont apportés au métier à bas, en le rendant propre à fabriquer la dentelle. Pour former le point, il faut, après avoir placé sur les aiguilles un morceau d'étoffe, engager les porte-mailles dans cette étoffe ; puis, au moyen du curseur, on couche un fil sur le devant des aiguilles et en arrière des becs. Alors le curseur forme les ondes en abattant successivement les platines, et il les engage sous les becs ; ensuite on presse pour jeter le morceau d'étoffe sur les mailles formées ; de cette manière les porte-mailles sont engagés chacun dans une boucle formée de deux en deux aiguilles voisines ; on repousse l'ouvrage et on dégage les portes-mailles. On couche de nouveau un fil sur les aiguilles, comme on a déjà fait, mais en sens inverse. On forme de nouvelles ondes que l'on forme sous les becs, et on fait agir la presse pour abattre les grandes boucles et les mailles de derrière. Cette opération étant terminée, il n'y a que la moitié d'un point ; pour faire l'autre moitié, on engage chaque porte-maille dans l'intervalle qui est à droite de celui où il était précédemment, et on répète les mêmes mouvements.

Perfectionnement Viardot. — L'auteur a supprimé la grande presse et ses accessoires qui existent dans le métier ordinaire ; les garde-platines, etc. La pièce qui remplit dans le nouveau métier les fonctions de la presse est une lame de fer terminée par des pivots qui servent à la fixer ; les aiguilles sont logées dans un même nombre d'entailles pratiquées sur une barre de cuivre, et éprouvent un mouvement d'allée et venue pour la maille. Le cueillage se fait à la manière ordinaire, et en continuant de presser sur la même marche, on opère l'assemblage ; pressant ensuite sur une deuxième marche, on fait reculer la foulure ; les becs se ferment en passant sous la presse ; l'ouvrage s'abat derrière cette presse, au moyen de la barre fendue en cuivre, dans les entailles de laquelle les aiguilles sont logées. Cette nouvelle construction de métier n'exige que des platines simples à un seul crochet ; trois marches suffisent pour les opérations, qui s'exécutent en six temps et sans autre bruit que celui du cueillage. Le tricot fait sur le nouveau métier est plus régulier que sur l'ancien, parce que la barre fendue qui abat l'ouvrage est constamment droite, tandis que les platines sont souvent inégales de largeur et s'usent inégalement. M. Viardot, mentionné honorablement à la Société d'Encouragement, a joint à son nouveau métier la mécanique déjà en usage pour faire les bas à côtes simples. (*Bull. de la Société d'Encour.* m XIII, page 106.)

Perfectionnement Bellemère. — L'auteur a obtenu un brevet de cinq ans pour avoir perfectionné le métier à bas, mû par un double métier et un balancier. Les platines qui remplacent ici celles à ondes sont soutenues par une barre au moyen d'un talon qui a peu de saillie, après quoi vient une autre barre sur laquelle s'accrochent des ressorts, qui, adhérant aux platines par l'extrémité opposée, leur communiquent une certaine chute ou force. Sur ces mêmes platines il y a un deuxième talon, servant à déterminer la longueur des plis par l'étendue de la descente des platines à leurs extrémités, et en avant est une échancrure qui sert aux premiers plis du cueillement. Ces mêmes platines sont tenues parallèlement par un peigne en fer ou en cuivre. Ce peigne les conserve dans leur forme et contribue à la régularité de leur jeu. Les secondes platines sont appliquées à une broche à demi ronde par une entaille formant la croissant, et peuvent s'en détacher à volonté au moyen d'une clef qui sert à tourner cette broche ; ces dernières platines, de même que celles à ondes, sont maintenues parallèlement dans le même peigne. Pour l'exécution du travail, l'ouvrier jette le fil comme à l'ordinaire sur le travail des rangées d'aiguilles, qui se trouvent naturellement en avant ; puis, appuyant sur une marche, il fait courir le chevalet, dont la tête, rencontrant le talon de chacune des platines à ondes, en opère la chute, ce qui forme les premiers plis, distribués seulement sur les aiguilles de deux en deux. L'ouvrier avec le même pied, appuyant sur une deuxième marche à laquelle correspondent deux tringles de fer tenant aux extrémités de deux leviers fixés au fût, et au milieu desquels sont deux tringles qui correspondent à la barre à chevalet, parvient à faire descendre le cadrement du métier, qui renferme les platines à plomb. Il résulte de ce mouvement et de la descente des platines, qu'elles ont agi sur la moitié du fil qui n'était pas plié ; l'ouvrier égalise tous les plis en rapprochant les becs des deux systèmes de platines, ce qui s'exécute promptement, en continuant d'abaisser la marche. La mécanique consiste en une barre à aiguilles, dont le nombre est la moitié, les trois quarts ou le quart des aiguilles du métier, suivant le nombre des rangées de mailles qui constituent les côtes. Cette barre est portée par un cadre attaché au fût du métier, que l'ouvrier peut mouvoir d'avant en arrière et de haut en bas, et ces aiguilles opèrent en sens

contraire de celles du métier. Elles saisissent les plis qu'elles rencontrent pour les faire tomber d'avant en arrière, pendant que les premières aiguilles les font tomber d'arrière en avant, comme dans le travail ordinaire. Entre les deux jeux d'aiguilles est une presse qui ferme les becs des premières aiguilles, lorsqu'on pousse en arrière la barre par une marche ; puis, en s'appuyant sur le genou à équerre, on fait descendre les aiguilles de la mécanique entre les plis anciens et nouveaux ; ensuite, en appuyant sur la presse avec les pouces, l'ouvrier ferme les becs des aiguilles de la mécanique, et la barre d'abatage opère les effets qui lui sont propres, avec les modifications que doivent produire les aiguilles de la mécanique. Une expérience de deux ans a prouvé la réalité des avantages que présente ce nouveau métier : en rendant les mouvements du métier anglais beaucoup plus légers, l'artiste a su en faire un assemblage moins coûteux de moitié. (*Rapport de l'Institut* en 1806.)

Invention Favreau, de Paris. — Après huit années de travaux, ce fabricant, qui a obtenu un brevet de cinq ans, est parvenu à mettre en pleine activité un métier sur lequel il peut fabriquer deux bas sur la même ligne, et en même temps, par le simple effet d'une manivelle. Le fût du nouveau métier a un mètre trois décimètres de hauteur, sur un mètre deux décimètres de largeur. C'est dans ce fût, ou cadre, que sont établis deux systèmes d'équipages, dont la correspondance et la réunion constituent le nouveau métier. Le premier système renferme, dans un encadrement, les pièces de l'ancien métier qui sont conservées, et qui peuvent concourir à la formation des mailles ; le second système se trouve placé à la moitié de la hauteur du fût sur le derrière. Ce sont quatre arbres qui reçoivent leur mouvement de rotation par un axe coudé, qu'on nomme *manivelle*, et que l'ouvrier qui préside aux opérations du nouveau métier tourne continuellement. Un de ces arbres est armé des mentonnets qui correspondent avec les pièces du premier système d'équipages. Outre cela, une roue dentée, qui détermine les intervalles des cueillements, est placée à l'extrémité de l'un de ces arbres. La première partie du nouveau métier se présente avec les deux pièces de tricot et la manivelle, à portée de l'ouvrier qui préside au travail, et qui se trouve tranquillement assis. M. Favreau, en conservant les pièces de l'ancien métier qui concourent à la formation des mailles, a supprimé très-rigoureusement celles qui les font tout mouvoir. Conséquemment point d'ondes, point de tout ce qui constitue cet équipage si étendu, si nombreux ; mais toutes les platines des deux systèmes sont conservées sur deux rangées pour servir à la fabrication de deux bas en même temps : dans le nouveau système de l'auteur on remarque encore deux suites d'aiguilles et la presse, à laquelle on peut donner une grande étendue entre ces deux extrémités et à son point d'appui. Or, la célérité du travail provient de ce que les moteurs des différentes pièces qui fabriquent les mailles se succèdent aussi rapidement que les mentonnets de l'axe, qui est mû par le levier de rotation. En second lieu, on conçoit que tout ce qui peut être distribué sur une seule ligne peut appartenir aux deux systèmes de fabrication des mailles à la fois ; ainsi voilà le métier à deux bas possible. La multiplicité des plis dans le même sens pouvait échapper aux platines à ondes : il a donc fallu avoir recours à d'autres platines dont les deux sortes de mouvements ont été imaginées pour qu'on soit plus assuré de leurs effets. La première rangée des grandes platines éprouve d'abord, par l'action d'un petit chevalet, des chutes régulières, et forme sur les aiguilles prises de trois en trois de grands plis. La seconde rangée de platines vient, en descendant entre les aiguilles, se partager sur les plis conjointement avec les grandes platines, qui se prêtent à ce partage en remontant un peu ; et au moyen de ce que la rangée des secondes platines est double, elle complète les plis dans l'intervalle des premiers, de telle sorte qu'ils deviennent égaux dans la tête de toutes les aiguilles, ce qui a contribué dans la suite à l'uniformité des mailles qu'ont offerte M. Favreau ou ses élèves sur le métier à manivelle. Le cueillement s'opère au moyen de deux petits chariots, placés dans une coulisse derrière la tête des grandes platines, dont ils procurent la chute par la formation des plis qui doivent servir à la fabrication des deux pièces de tricot en même temps.

Deux conducteurs amènent et étendent en avant les fils qu'on tire des bobines sur les rangées des aiguilles, et les platines en tombant forment les plis, après quoi le premier mentonnet lève la grande bascule, qui fait remonter les grandes platines à plomb, qui se partagent les plis et les complètent. Ensuite un second mentonnet se présente, lequel fait avancer tout le train du métier et la totalité des plis sous les becs. C'est alors que s'opère le mouvement de la forme de la maille ; puis un troisième mentonnet fait baisser la presse ; ce qui comprime les aiguilles dans leur châsse. Un quatrième mentonnet amène les aiguilles fabriquées par-dessus les becs des aiguilles, et la presse se relève par l'action de l'anse qui lui sert de contre-poids ; d'ailleurs le même mentonnet conduit en même temps les mailles fabriquées sous le bec et la tête des aiguilles, et opère l'abatage. Un cinquième mentonnet fait baisser tout le train du métier, pour faciliter le crochement et remettre l'ouvrage derrière la gorge des deux systèmes de platine.

Enfin, à sa suite, un sixième mentonnet retire en arrière le train du métier qui, par un échappement, se remonte, et le cueillement se fait de droite à gauche ou de gauche à droite par l'effet de la roue du va-et-vient qui se trouve placée parmi les différents moteurs indiqués. Ainsi tous les mouvements essentiels pour la fabrication de la maille s'exé-

cutent sans interruption : ces mouvemen sont au nombre de onze : dix s'opère dans l'intervalle des cueillements, qui so déterminés par la roue dentée que meut second arbre à manivelle. Cette roue denté qui détermine les intervalles successifs d cueillements, est placée à l'extrémité d l'arbre, armée de mentonnets correspon dant aux systèmes de toutes pièces qui co courent à la formation des mailles. Les onz mouvements sont : 1° celui de cueillemen ou de l'extension du fil à la tête des ai guilles ; 2° celui de la chute successive d grandes platines, qui plient le fil de trois e trois aiguilles ; ensuite l'élévation des pla tines à plomb, qui achèvent de compléte les plis, en en formant deux dans l'interval de trois ; 3° celui de la formation des mail qui s'opèrent sous les becs et à la tête d aiguilles ; 4° le relèvement du train du mé tier, qui facilite le rejet de l'ouvrage ; 5° mouvement de la presse qui comprime bec des aiguilles ; 6° le mouvement qu amène l'ouvrage sur les becs des aiguilles 7° le mouvement qui abat les mailles fa briquées sur celles qui sont préparées dar la tête des aiguilles ; 8° le mouvement q ramène le train du métier pour opérer l'a batage et faciliter le crochement ; 9° le mou vement qui fait baisser le train pour place l'ouvrage fabriqué dans la gorge des plat nes ; 10° celui par lequel on retire le trai du métier en arrière ; 11° celui qui relèv le métier et le rattache aux mentonnière Ces onze mouvements s'exécutent avec un telle célérité qu'ils complètent leur effet e six secondes sur les deux pièces de trico après quoi le cueillement recommence, les deux systèmes de platines recommen cent comme nous l'avons dit. Il est superfl de s'appesantir sur les avantages de cette i vention. Ils se déduisent naturellement.

Une amélioration notoire, que M. Favrea a apportée dans son métier à bas, consis en une jauge qui donne incontestablemen à ces produits beaucoup de finesse et un solidité considérable. Cette jauge est déte minée par une longueur de trois pouces, se distingue par les numéros de grosseur de finesse des fils qui constituent le tric fabriqué au métier ; ce qui se décide p le nombre des ondes que renferme la jaug et la quantité de plomb que recèle la rangé d'aiguilles. Si cette jauge dans sa longueu renferme vingt ondes ou vingt plombs deux aiguilles, on gratifie le métier du n méro 20 en nature. On peut, sans augmen ter le nombre des ondes et des plombs, e faire un numéro 20 fin, en ajoutant un troisième aiguille dans un plomb et un deuxième platine fixe dans un plomb à pla tine. Le métier numéro 20 fin se trou vera de la même finesse que le 30 en na ture, et ce dernier remis à fin fera l'effet d 45 en nature. M. Favreau ayant trouvé moitié des ondes en effectuant le cueille ment qui forme les plis du fil de quatre e quatre dans les métiers à manivelles, il e résulte qu'on n'a pas besoin d'avoir recou à une troisième aiguille dans les plombs, ni à une deuxième platine fixe dans une mobile, pour obtenir un tricot aussi solide que fin; qu'en conséquence les métiers seront montés de telle finesse qu'on pourra le désirer, et au delà même de celle qui est connue jusqu'à présent; qu'ils seront toujours montés à deux aiguilles et à une platine fixe contre une mobile, et dont la jauge sera basée sur la mesure métrique d'un décimètre, ce qui correspond à 3 pouces 8 lignes et 4 points de longueur.

Invention Dautry. — 1806. — Il résulte du rapport fait à l'Institut par MM. Coulomb et Desmaretz, que M. Dautry a rassemblé dans le métier dont nous allons parler tous les équipages de l'ancien, de manière qu'on peut y exécuter des manœuvres réunissant la perfection à la célérité et au soulagement de l'ouvrier. L'auteur est parvenu à simplifier le jeu et le travail de toutes les pièces, lesquelles se trouvent dans une situation différente de celle de l'ancien métier, c'est-à-dire les unes sur les autres, sur des tiges de fer très-fortes et solidement établies, dans une position verticale toute différente de l'ancienne, où elles sont placées sur des plans horizontaux, et en arrière des pièces qui servent au même travail. Le métier de M. Dautry réunit tous les avantages que l'on peut se promettre de ces sortes de machines, tant relativement aux vues d'économie que pour le soulagement des ouvriers. Le premier équipage qui se présente est une petite barre sur laquelle reposent les platines, au moyen de faibles coches pratiquées sur le derrière de leurs têtes. Dans le second équipage, les platines ont les mêmes formes, les mêmes dentures et les mêmes découpures que dans l'ancien métier; seulement on a pratiqué dans leurs têtes les entailles dont nous avons parlé, et qui servent à les soutenir par l'extrémité des leviers à grilles. Outre cela, l'auteur y a joint des ressorts accélérant la chute des platines, qui cueillent et qui suppléent à l'action du poids des ondes dans l'ancien métier. Le troisième équipage est celui du chevalet, qui, glissant le long d'une barre, fait tomber successivement les platines mobiles, par une double marche de droite à gauche et de gauche à droite. Une roue qui se meut avec deux marches fait que le cueillage s'exécute plus régulièrement. Le quatrème équipage a le même arrangement, la même situation que dans l'ancien : les aiguilles qui le composent sont construites de manière qu'elles offrent d'abord dans leurs becs la forme des crochets, et ensuite celle des aiguilles à têtes fermées. Le cinquième équipage est comme celui des secondes platines : elles sont établies dans une broche qui tient à l'équipage mobile du métier, et descendent comme il convient pour l'assemblage des deuxièmes plis. Au devant de la barre à chevalet est un peigne qui sert à régler l'intervalle des deux sortes de platines, et qui remplace la barre fendue et les plombs à platine. Le sixième équipage est

celui de la presse qui est très-simplifié. Le septième équipage renferme dans un cadre mobile et qui se balance aisément plusieurs pièces des autres équipages; il sert particulièrement au travail de la réunion des plis et à celui du prolongement des mailles.

Perfectionnement Coutan — 1808. — Depuis longtemps M. Coutan, auquel il a été délivré un brevet de perfectionnement pour cinq années, s'est appliqué avec un grand succès à suivre les inventions relatives à l'art de la bonneterie, et particulièrement à la réforme de l'ancien métier à bas. Dans son nouveau métier il a fait disparaître : 1° toutes les ondes et leviers; 2° la barre fendue ; 3° la broche; 4° la bascule; 5° le peigne ; 6° la grille; 7° les porte-grilles; 8° la barre à chevalet; 9° les contre-pouces ; 10° les tirants; 11° les porte-tirants; 12° le chaperon; 13° les chameaux ; 14° les gueules de loup ; 15° les quatre roulettes; 16° les chariots; 17° les moulinets. A toute la complication de forces que nous venons d'indiquer, M. Coutan oppose pour équivalent une lame de dix lignes de long sur trois de large, qu'il ajoute à la platine à ondes. Ses métiers sont de 37 pouces de large et 36 fin ou 37 mailles dans un pouce. Sur cette dimension, pour établir les anciens métiers, la dépense est de quatre à cinq mille francs; tandis que, pour les nouveaux, elle est tout au plus de douze ou de quinze cents francs. Ces derniers ne sont pas sujets aux réparations, puisqu'il n'y a de parties de frottement que les boutons des abattants. L'emploi avantageux de cette machine est constaté pour le tulle et pour le tricot à jour, dit *tricot de Berlin*. Le nouveau métier est propre à toutes sortes d'ouvrages de bonneterie, notamment pour les jauges fines; l'ouvrage qu'il produit est de toute perfection. Les commissaires ont conclu d'abord que les suppressions de plusieurs pièces de l'ancien métier sont aussi bien vues sous le rapport de l'art que sous celui de l'économie; en second lieu, que les réformes et les améliorations introduites par M. Coutan annoncent une grande intelligence; enfin, qu'il a mis l'art de la bonneterie en possession d'un nouvel appareil, également propre à la fabrication du tricot simple et uni et à celle des tricots à jour, que l'on n'exécutait que par des moyens longs et fort pénibles.

Invention Bonnard de Lyon. — 1810. — Le métier en fer coulé, employé au lieu de fer malléable, dû à M. Bonnard, a été présenté et accueilli au Conservatoire des arts et métiers de Paris. Cette invention est considérée comme très-précieuse, parce qu'elle prouve jusqu'à quel point on est parvenu à perfectionner la fonte de fer, même dans les objets les plus délicats.

BAS COUPÉS A LA PIÈCE. — *Invention Pierre Decroix.* — Un brevet de cinq ans a été accordé à l'auteur pour un procédé au moyen duquel on fait sur le métier à bas ordinaire des tricots de toutes les couleurs et matières que l'on désire; ce procédé permettant de prolonger le tricot autant qu'on le veut, on en fait des bas comme les tailleurs font des habits. Ces bas se font seuls ou par paires, ou par deux ou trois paires, puis on les coupe de la longueur exigée; ensuite on les coud jusqu'au mollet, et l'on rentre la couture en dedans jusqu'à la largeur du bas de la jambe. Ce qui reste est rabattu de chaque côté et sert de garniture par derrière. Comme on en peut faire autant au bout des pieds lorsqu'ils sont usés, l'on découd le rempli que l'on recoud tout uniment, et les bas sont comme neufs, excepté qu'ils sont plus courts d'un pouce ou deux. Il faut avoir soin d'employer de bonne marchandise, afin que la jambe puisse durer en raison de ces restaurations. En répétant cette opération plusieurs fois, on parvient à avoir longtemps de bons bas; enfin, en suivant les mêmes indications, et réservant les remplis par derrière, ces mêmes bas peuvent passer aux enfants par le procédé de M. Decroix. On fabrique deux bas à la fois sur un même métier lorsqu'il a 18 pouces de large, en observant de faire l'ouvrage un peu plus lâche, parce qu'il est d'une plus longue durée qu'un ouvrage serré. On peut aussi faire deux paires ensemble sur un métier de 15 à 16 pouces, mais à mailles coulées : l'on coupe alors la pièce par le milieu, et l'on forme ainsi la paire de bas, prise dans une seule largeur du métier. En procédant de cette manière, les deux bas sont de la même force, au lieu que presque tous les bas sont plus forts l'un que l'autre, étant faits séparément.

Beaucoup d'ouvriers font de mauvaises lisières, ce qui fait très-souvent manquer les bas par les coutures; l'on évite cet inconvénient en les cousant en dedans, et en laissant une maille ou deux en dehors de la couture; alors les lisières ne peuvent céder. Si l'on veut tailler des bas en travers, c'est-à-dire que la longueur du bas soit prise sur la largeur du métier, on le peut également en les cousant comme les autres, en observant de les emmailler; dans ce cas, les bas paraissent sans couture jusqu'au mollet, et le bas de la jambe est double, ce qui produit la même économie que ceux qui sont pris sur la longueur. Enfin, à l'aide de l'invention de M. Decroix, les bas se font indifféremment en long comme en travers, guillochés, à côtes, sans côtes, à mailles coulées, rayées, chinées, etc. On peut aussi faire usage des métiers de toutes jauges, ainsi que de la mécanique inventée par M. Sarrazin, avant la période que nous traitons, pour faire des bas sans envers, et pour fabriquer quatre bas à la fois, suivant la largeur des métiers. Ce tricot, fait mécaniquement, fournit le double, et il est plus joli que le tricot connu. Les mêmes économies se pratiquent en employant des matières ordinaires. L'on établit encore sur les métiers Sarrazin des étoffes d'une à deux aunes, plus ou moins, suivant la largeur des métiers, et selon que l'ouvrage est plus serré ou plus lâche, et plus ou moins tiré en largeur et en longueur.

Nous ne pouvons que citer une nouvelle invention de beaucoup d'avenir, *le tricote continu*, dû à M. Jouve. Il ne nous est p permis de donner la description de cette i vention; nous dirons seulement qu'elle réalisé pour le métier à bas la transforma tion à chercher pour toute machine agissa par alternative, et l'a rendu continu. Qu'on se représente une circonférence de 0^m,7 de diamètre environ, où aboutissent les pl tines d'un métier à bas, et autour de laquel tourne une bobine portant un fil qui se d roule par le mouvement d'un axe qui por des excentriques et diverses autres pièc qui déterminent des mouvements analogue à celui de l'ouvrier qui emploie le métier bas, on aura une idée grossière du *tricote continu*. On concevra que cette machin fournit un cylindre continu de tricot q peut remplacer, après le foulage, le drap surtout la flanelle, en évitant toutes les fa çons du métier à tisser. Il est pourtant just d'observer que le tricot ne peut avoir, dan le sens transversal surtout, la résistance d tissus obtenus avec des fils croisés. Cett différence sera bien peu sensible pour le draps et étoffes foulées, et sera un avantag pour quelques étoffes, telles que la flanell qui doivent avoir beaucoup d'élasticité. En fin, cette invention doit rendre entièremen automatique la fabrication des tricots, pa la rapidité et la continuité de sa productio

BATEAU SOUS-MARIN ou **BATEAU PLON GEUR.** Nous emprunterons ce qui a rappo à cette utile et intéressante invention au *Bulletins de la Société d'encouragement.*

Description d'un bateau sous-marin constru par M. Lemaître, fabricant de grosse cha dronnerie, à la Chapelle-Saint-Denis.

A la fin de 1842, des expériences publi ques furent faites à Londres et à Plymout par M. Payerne, avec une cloche de plon geur de son invention, dans laquelle il ava embarqué une quantité d'air suffisante pou pouvoir respirer pendant un temps donné sans communication avec le dehors, et des substances propres à absorber l'acide carbo nique formé dans l'intérieur de la cloch

Ces expériences, qui eurent un plein suc cès, furent répétées, en France, avec un appa reil de grande dimension, construit par M Lemaître.

La cloche de plongeur dont il s'agit est d forme ovoïde-allongée, sans envelopp composée de feuilles de tôle d'une épaisseu variable de 6 à 10 millimètres, séparées tran versalement par une cloison cintrée, garni à l'intérieur, de cornières faisant office d membrures, et, à l'extérieur, de larges cer cles en fer plat, sur lesquels sont fixés d forts anneaux destinés à l'amarrer; cett cloche a 9 mètres de longueur sur 3 mètre de diamètre. A l'intérieur, elle est divisé en deux parties : la partie d'avant, d'un capacité d'environ 23 mètres cubes, est u réservoir d'air comprimé; il a été éprouvé 7 atmosphères. La partie d'arrière, d'un dimension beaucoup moindre, est destiné à recevoir les hommes et à leur permettre de travailler au fond de l'eau ; on y pénètre par un trou placé au-dessus d'un exhaussement formant un puits, lequel est en communication directe avec l'eau ; c'est dans ce puits que descendent les hommes pour travailler.

Quand on veut faire descendre le bateau au fond d'un fleuve ou de la mer, on commence par comprimer de l'air en quantité suffisante dans le réservoir, au moyen de deux pompes et d'une combinaison de robinets et de conduits qui leur permet de pomper de l'air et de l'eau au besoin.

Cette opération étant faite, on bouche, par l'intérieur, le trou d'homme, et l'on introduit dans le bateau, soit à l'avant, soit à l'arrière, et souvent dans les deux compartiments, une certaine quantité d'eau, jusqu'à ce qu'il commence à s'immerger. Alors on ouvre très-doucement un robinet qui donne passage à une portion d'air de l'avant à l'arrière, afin d'empêcher l'eau de monter dans le puits et d'envahir l'arrière du bateau. Dès ce moment, les hommes se trouvent placés dans un air comprimé à un degré déterminé par la colonne d'eau dans laquelle ils sont immergés. Quand l'appareil a atteint le fond de l'eau, on continue d'introduire de l'air jusqu'à ce que toute l'eau montée dans le puits en soit chassée. Alors les hommes, si le sol est solide et s'ils ne sont pas contrariés par les courants, peuvent manœuvrer le bateau comme ils le désirent ; il est d'une telle mobilité, qu'un homme seul peut le conduire partout où il est nécessaire. S'il s'agit d'objets précieux, on peut les recueillir et les emmagasiner dans l'intérieur du bateau ; les objets d'un fort poids, au contraire, sont amarrés soit au treuil du puits, soit à des anneaux fixés à l'intérieur du puits.

Cette opération étant terminée, il suffit de retirer de l'intérieur du bateau une certaine quantité d'eau équivalente au fardeau à soulever, plus la quantité qui le tient immergé, et le tout remonte à la surface. En ce moment, on perd, par le puits de l'arrière, une assez grande quantité d'air ; car, à mesure que l'on s'élève à la surface, la pression de l'eau sur l'air diminue.

Si l'opération a eu une certaine durée, il est nécessaire de faire usage de l'appareil régénérateur, qui peut revivifier l'air et le maintenir presque constamment à l'état respirable. Cette opération se fait au moyen de pompes qui font passer de l'air de l'arrière dans l'appareil qui est placé dans le réservoir ; cet air vient se mélanger avec celui qui s'y trouve emmagasiné.

Ce bateau possède la faculté de se mouvoir et de se gouverner au moyen d'une hélice et de trois gouvernails placés à l'arrière : le premier, disposé verticalement, fonctionne comme un gouvernail ordinaire ; les deux autres, placés horizontalement de chaque côté, servent à le diriger de haut en bas et de bas en haut.

Bateau plongeur du docteur Payerne. — Ce bateau est applicable, 1° aux travaux hydrauliques, constructions ou démolitions sous

l'eau ; 2° au sauvetage des hommes et des bâtiments en mer, ainsi qu'au sauvetage des valeurs naufragées ; 3° à la découverte et à la pêche des bancs de coraux, huîtres, etc. ; 4° à la culture des fonds de baies, fleuves, lacs, étangs, pour opérer par la nouvelle méthode la fécondation artificielle du frai.

L'idée de construire des bateaux plongeurs n'est pas nouvelle ; rien de sérieux n'avait été cependant essayé jusqu'à l'époque où Fulton fit construire un bateau en cuivre et de forme allongée, muni de rames à vis et de pompes aspirantes, pour plonger à volonté par la charge de l'eau. L'expérience faite en 1800, en présence de Guyton de Morveau, démontra la possibilité de rester sous l'eau pendant plusieurs heures.

Guyton de Morveau, que l'expérience intéressa vivement, remit à Fulton un mémoire sur les moyens à employer pour prolonger sans danger le séjour des hommes dans le bateau plongeur.

Plus tard les frères Caessin construisirent un bateau en bois, qu'ils appelèrent *Nautile*, long de 27 pieds, contenant neuf personnes ; deux compartiments pouvaient être remplis d'air ou d'eau suivant le poids à donner pour plonger ou remonter.

Cependant les tentatives que nous venons de rappeler ne donnèrent pas lieu à des applications durables et furent abandonnées.

Il faut sans doute l'attribuer aux causes suivantes : 1° L'équipage des bateaux plongeurs construits jusqu'ici ne pouvait se mettre directement en contact avec l'eau au milieu de laquelle la propulsion avait lieu, ce qui rendait impraticables les travaux qui s'exécutent au moyen du système qui constitue la cloche du plongeur. (*Voyez ce mot.*) 2° Pour l'application du bateau en cas de guerre, la propulsion à l'aide d'avirons articulés, mus à bras d'homme, ne pouvait évidemment fournir une vitesse capable de pouvoir résister aux courants. Les cloches de plongeurs employées dans la marine, suffisamment lestées pour descendre sous l'eau, permettent à un homme de travailler sous l'eau, et il peut vivre dans l'air comprimé qu'il respire, si l'on a soin de renouveler son atmosphère au moyen d'un tuyau communiquant à une pompe foulante placée dans un bateau à la surface de l'eau. Ce système, soit qu'il s'applique à la cloche du plongeur, soit à un bateau devant rester longtemps immergé, entraîne des embarras par la solidarité de manœuvres établies entre le fond et la surface ; en outre, si le tuyau n'est pas suffisamment étanché, les plongeurs sont exposés à une prompte submersion. M. Payerne a cherché à remédier à cet inconvénient, en embarquant une quantité d'air comprimé suffisante pour respirer pendant un temps donné, et en employant au besoin des substances propres à absorber l'acide carbonique formé par la respiration. Depuis l'année 1842 le docteur Payerne poursuit avec courage et intelligence la réalisation de ces idées, avant d'avoir réalisé la construction du bateau qui fait l'objet de cet article. M. Payerne avait déjà construit une cloche à plongeur, en partant du principe que nous venons d'exposer.

Cette cloche, de 1 m 60 de hauteur, 1 m 28 de long et de 0 m 80 c. de large, était munie intérieurement, indépendamment de siéges pour les plongeurs, de 4 cylindres en fer, contenant de l'air comprimé à 8 ou 9 atmosphères, qu'on laissait échapper par partie pendant l'immersion. Ces expériences furent exécutées avec succès en Angleterre, en 1842 et 1843. Il fut constaté que deux ou trois plongeurs pouvaient rester trois heures au fond de l'eau, sans communication avec l'extérieur, à la condition de faire passer l'air extérieur de la cloche à travers un lait de chaux et de potasse, et cela au moyen d'un soufflet garni d'une pomme d'arrosoir. Enfin, en 1846, le bateau actuel sortait des ateliers de MM. Lemaitre et Cavé, construit sous la direction du docteur Payerne.

Nous allons décrire sommairement sa disposition, en ayant soin de séparer, dans l'examen de la communication de l'inventeur, ce qui se rattache à des combinaisons réalisées avec succès de la partie qui est encore à l'état de projet.

Le bateau plongeur, inventé par le docteur Payerne, est construit avec des plaques de forte tôle assemblées comme celles des chaudières de machines à vapeur ; il est capable de résister à une forte pression en restant étanché. Une série d'ouvertures pratiquées à la surface supérieure reçoit des verres lenticulaires épais, scellés solidement sur le pourtour et destinés à livrer passage au jour.

La forme du bateau est à peu près ovoïde ; il offre une partie cylindrique se raccordant à l'avant avec une partie conique et à l'arrière avec une calotte sphérique.

Le volume de la partie destinée à loger les hommes est d'environ 7 mètres cubes, déduction faite de l'espace occupé par les organes de la machine, des ustensiles, etc.

Le bateau est muni, à sa partie supérieure, d'un trou d'homme pouvant se fermer hermétiquement au moyen d'une porte serrée avec des vis.

Le fond est également muni d'une porte, que l'on peut ouvrir lorsque le bateau est immergé, et lorsqu'on veut se mettre en communication avec le fond de l'eau. Dans la partie centrale se trouve un réservoir destiné à recevoir l'air comprimé.

Les pompes, destinées à l'admission et à l'expulsion de l'eau, ainsi qu'au refoulement de l'air, sont à double effet. L'orifice aspirateur de chacune correspond à un récipient commun, qui envoie dans chaque compartiment, et ainsi en dehors du bateau, un tuyau ramifié pour l'eau, et un autre plus étroit pour l'air ; le premier est plongeant, le second, au contraire, est relevé à son extrémité libre ; tous sont munis d'un robinet qui en règle l'ouverture. L'orifice de refou-

lement des pompes est pareil à celui d'aspiration.

On conçoit que, le bateau se trouvant lest de manière à pouvoir disparaître sous l'eau, il suffira d'une faible addition ou soustraction de lest pour que le système, d'abord en équilibre au milieu de la masse d'eau puisse descendre ou remonter.

Voici comment s'exécute la manœuvre pour gagner le fond et exécuter le travail hydraulique :

On commence à s'approvisionner d'air comprimé à l'aide de pompes, et l'air est fourni à une pression qui dépendra de la profondeur que l'on veut atteindre.

L'équipage s'enferme dans la chambre qui lui est réservée, et l'on introduit alors dans les compartiments latéraux, dans ceux d'avant et d'arrière, assez d'eau pour donner au bateau une densité un peu supérieure à celle du volume d'eau qu'il déplace, ce qui permet de gagner doucement le fond.

Avant d'ouvrir la porte qui se trouve sous les pieds des hommes pour explorer le fond, on commence par équilibrer la pression de l'atmosphère où séjournent les hommes avec la pression sous laquelle se trouve le bateau à la profondeur atteinte, et cela en ouvrant un robinet qui communique avec le réservoir à air comprimé.

On reconnaît facilement que cette condition est remplie, lorsqu'un robinet, placé sur la plaque du fond, ne donne plus entrée à l'eau, ni sortie à l'air.

On peut alors dévisser les boulons qui maintiennent la porte du fond du bateau, se mettre en libre communication avec l'extérieure.

Lorsqu'on veut suspendre le bateau à une distance déterminée du fond, sans ancrer, on déroule les treuils dont l'appareil est muni, et on largue ainsi une quantité de chaîne qui, en posant sur le fond, allège le bateau du poids voulu.

Les travaux étant terminés, on rentre les chaînes et les objets recueillis, on ferme la porte de travail, et l'on expulse de l'eau, à l'aide de la pompe, jusqu'à ce que le bateau remonte. On ferme alors les robinets, et on ouvre l'un des trous d'homme pour rentrer en communication avec l'atmosphère.

Lorsque plusieurs individus doivent séjourner d'une manière prolongée dans le bateau immergé, il convient de recourir aux moyens de purification de l'air proposés par M. Payerne, et qui sont ceux que peut suggérer la chimie, semblables à ceux que Guyton de Morveau avait indiqués.

M. Payerne propose, dans ce cas, de se servir d'un appareil propre à dégager l'oxygène fourni par la calcination d'un mélange de chlorate de potasse et de peroxyde de manganèse, et susceptible même d'être chauffé à l'aide d'un combustible oxygéné particulier.

Jusqu'à présent M. Payerne n'a pas eu besoin d'employer ce moyen. En effet, l'expérience a prouvé que cinq hommes ont pu séjourner pendant cinq heures et demie et sans danger dans une capacité de 7 mètres cubes, en s'aidant seulement de la purification de l'air à l'aide d'une dissolution alcaline, et sans recourir à aucun dégagement d'oxygène.

Ces faits ont été attestés par une commission nommée par M. le ministre des travaux publics. (*Rapport fait par M. Félix Leblanc.*)

BATEAUX (Moyens de leur faire remonter les rivières). — *Mécanique.* — *Inventions.* — *M. Huguet de Mâcon.* — An XI. — Cet artiste a trouvé, pour faire remonter aux bateaux les courants les plus rapides, un appareil dont voici le principe : Si un triangle isocèle est mu dans un fluide suivant la direction d'une perpendiculaire, d'abord par sa pointe, ensuite par sa base, la résistance, dans le premier cas, sera à la résistance, dans le second, comme le carré de la moitié de la base est au carré d'un des côtés. Si donc on expose à l'action d'un courant deux triangles isocèles égaux, attachés aux extrémités d'une corde, l'un par la pointe et l'autre par la base, après avoir passé cette corde autour d'une poulie située horizontalement et se mouvant librement, le triangle qui présentera sa base au courant sera entraîné, et l'autre obligé de remonter ce courant avec une vitesse d'autant plus grande, que le fleuve sera plus rapide, et que l'angle du triangle à remonter sera plus aigu. Dans l'application, M. Huguet substitue aux deux triangles deux assemblages de sa façon, qu'il nomme *coursiers* (un coursier est formé par une réunion de madriers posés les uns à côté des autres, et arrêtés par des barres et un châssis suffisamment fort). A cet assemblage, qui varie de grandeur suivant les dimensions des bateaux, est fixée une espèce de caisse qu'on laste plus ou moins, selon le lit de la rivière, afin de conserver au coursier sa position verticale. Cette caisse doit être assez large pour contenir un homme qui descend avec le coursier, et manœuvre selon l'exigence des cas. Aux deux bouts du coursier sont deux tourillons sur lesquels se meuvent deux grandes pelles, que l'auteur appelle *nageoires*; à chacune d'elles, et près du tourillon, est attaché, en retour d'équerre, un grand levier au moyen duquel on peut donner aux nageoires une position verticale ou horizontale. Sur un des flancs, et vers les deux bouts, sont quatre anneaux de fer fortement assujettis : savoir, deux supérieurs et deux inférieurs. Aux deux premiers A, d'un bout, sont attachés deux traits qui se réunissent à une grosse corde ; dans les deux autres B, de l'autre bout, sont également passés deux traits qui s'attachent à une cheville ; en sorte que le coursier présente au courant sa plus grande face, et que le conducteur lâchant ces traits, le coursier prend de suite une position parallèle au courant, au lieu de celle à angle droit qu'il avait auparavant. On place la machine ou à des pilotis élevés, ou aux deux piles d'une arche de pont, et à la clef de la voûte. Là, on assujettit solidement trois grandes poulies

dans une situation inclinée ; sur ces poulies est passée une très-longue corde ou maille, aux extrémités de laquelle sont attachés deux coursiers que nous supposerons d'abord situés parallèlement au courant, l'un près des poulies, l'autre à la dérive, position de repos. On attache le bateau à remonter à la corde au-dessus du coursier d'amont ; au signal du patron, on tend les traits des anneaux, et le coursier se présente au travers du courant. Le conducteur augmente la surface de ce coursier en abattant les nageoires, et le bateau remonte traînant en remorque le coursier dérivé. Lorsque le conducteur approche du bateau à remonter, il relève la nageoire qui pourrait être rencontrée, et le patron du bateau, par un coup de gouvernail, l'écarte un peu s'il craint de toucher. La vitesse de la marche n'est pas ralentie pour cela d'une manière sensible, parce que cet intervalle n'est que d'un instant, et que le mouvement imprimé continue, quoique la cause ait été interrompue. Le coursier ayant dépassé le bateau, rabat sa nageoire jusqu'au moment où le bateau approche du relais. Le courant agissant alors plus fortement par la force acquise et par son action sur la corde dérivée, il serait à craindre que le bateau ne vînt à heurter contre les pilotis ou piles du pont ; mais le conducteur du coursier lâche lentement les traits des deux anneaux, le mouvement imprimé continue en se ralentissant, et le bateau arrive sans secousse au relais. Là, il s'amarre à un second coursier et se détache du premier : opération prompte, et qui n'exige pas que le bateau s'arrête seulement une minute ; on opère ainsi de relais en relais. Dans le cas de vent, on arme le coursier ou le bateau d'une voile, et l'on tire encore parti de ce moteur. M. Huguet pense que sa machine serait très-avantageuse sur le Rhône. On descend de Lyon à Avignon en 48 heures, et il faut 25 à 30 jours pour remonter. Si les relais étaient établis, en supposant la marche du bateau égale au tiers de la vitesse du courant, on serait à Lyon en 150 heures, avantage inappréciable pour le commerce (1).

BATIMENTS A VAPEUR. *Voy.* Pyroscaphie, Vélopèdes.

BATIMENTS A VOILES. *Voy.* Navigation.

BATIMENT *propre à naviguer sans voiles, sans chevaux et sans rouages.* — *Invention de M. Lacroix.* — Ce bâtiment, arrondi par son fond, offre deux côtés planes, perpendiculaires à l'eau et parallèles entre eux dans une longueur convenable. Chacun de ces côtés est armé d'un parallélogramme en fer, mobile sur des axes qui traversent le milieu de ses petits côtés et la partie moyenne d'une fourchette. L'auteur a donné à ce parallélogramme le nom de porte-rames. Elles y sont, en effet, toutes attachées perpendiculairement par leur tête, au moyen d'une vis en-

(1) L'exposé de ce procédé, dont l'application n'a donné que des résultats incomplets, est extrait du *Dictionnaire des découvertes.*

15

gagée dans les grands côtés, et dont les deux extrémités, sans filets, glissent alternativement de haut en bas et de bas en haut, dans un œil ménagé à cet effet. Ces rames ont leur axe particulier dans la direction perpendiculaire. Le parallélogramme passe successivement du rectangle à l'acutangle, à droite et à gauche, pour entraîner simultanément les rames par moitié dans des directions opposées; et au moyen de ce qu'elles sont brisées, pendant que les unes se ferment pour avancer, les autres servent pour appuyer, ce qui détruit toute intermittence dans le mouvement. Une langue, qui passe librement entre les deux tranchants de la fourchette, l'entraîne au moyen d'une vis qui glisse sur elle-même dans les ouvertures latérales de cette fourchette. Cette langue, fixée à l'extrémité d'un arbre qui tourne dans une boîte de cuivre, imite le mouvement d'une pendule, et détermine le travail du parallélogramme, au moyen de leviers que l'on fait basculer. L'avant et l'arrière du bâtiment se terminent en espèces de prismes, afin de pouvoir placer des gonds à leur arête : ceux de l'avant soutiennent un gouvernail prismatique et creux, faisant l'office de la tête du poisson. Au moyen de l'obliquité de ces faces, le plus léger mouvement de ce gouvernail devient très-sensible, et comme il se prolonge jusqu'à la quille, ou à peu près, son arête partage la colonne d'eau dans toute sa hauteur. Cette eau, suivant le prolongement des faces, n'offre au bâtiment aucune résistance. La barre du gouvernail glisse sur une portion de cercle percée de trous, étant percée elle-même dans un point correspondant; on la fixe sous quel angle on veut, au moyen d'une broche de fer ou de cuivre. Les gonds de l'arrière portent une queue composée de deux ou trois feuilles liées par des charnières de cordes, qui leur permettent de tourner à droite et à gauche. Cette queue est rendue élastique par des ressorts appliqués sur ces feuilles; son mouvement se lie avec celui de la tête, au moyen d'une espèce de bride qui se rabat sur l'arrière du bâtiment. Un homme suffit au gouvernail pour cette manœuvre, qui, n'étant qu'instantanée et peu fatigante, laisse la faculté de relayer ceux qui sont au balancier, et qui reprennent leur place. Ce bâtiment est susceptible de toutes les évolutions, même sur son centre. Il se distingue des autres en ce que le mécanisme n'occupe aucun espace dans le corps du bâtiment ni sur ses bords. Les rames, étant de fer avec des feuilles de tôle ou de cuivre, sont les plus solides qu'on puisse établir. Le mécanisme est contenu dans un double bord qui ne fait qu'une médiocre largeur; et quand le bâtiment est à l'eau, rien n'est visible que le balancier et le jeu des fourchettes. L'auteur a obtenu un brevet d'invention de cinq ans. (*Moniteur*, 1799, p. 1285.)

BATTANT A BRAS, *à navettes changeantes, pour le tissage des étoffes.*—*Invention de M. Culat.* — Cette machine est décrite dans le *Dictionnaire annuel de 1821*, publié par les auteurs du *Dictionnaire des découvertes*.

BATTOIRS A GRAINS. — *Invention de M A. M. Baun, de Paris.*—Le but du mécanisme pour lequel l'auteur a obtenu un brevet d'invention de cinq ans, est de battre le grains beaucoup mieux qu'on ne peut le faire par les procédés ordinaires et de diminuer les frais du battage. La machine es composée principalement d'un manége, avec un rouet qui fait tourner une lanterne don l'arbre est armé de seize fléaux brisés, e distribués autour sur quatre rangées e également espacées; de manière que les coups qu portent sur les gerbes placées sur un plan cher élevé, se succèdent sans interruptio pendant tout le temps que le cheval attel au levier du manége fait tourner le rouet (*Description des brevets expirés*, t. 1ᵉʳ,p. 229 pl. 10.)

M. de Mussigny a construit un secon battoir qui offre un cylindre dont chaqu tour représente trente-deux coups de fléau En parcourant un cercle de 13 mètres d diamètre, le cylindre fait 20 tours, et prod duit 640 coups. Le cheval qui traîne la ma chine au pas, fait aisément deux tour par minute, et dans une demi-heure, soixant fois le tour du cercle, ce qui donne 38,40 coups de fléaux, qui sont suffisants pou dépouiller le blé de trente gerbes. Ce trava équivaut à peu près à celui de deux batteur pendant une journée. Les avantages du bat toir à blé sont: 1° de pouvoir battre promp tement; 2° de n'employer à cet ouvrage qu des femmes et des enfants; 3° de nettoye le blé moucheté et noir; 4° de briser l paille à volonté. Le prix de cette machin n'excède pas 36 francs. (*Annales des arts e manufactures*, 1810, t. XXXV, p. 174, pl. 389 On a, dans ces derniers temps, perfec tionné les battoirs à grains, comme tous le autres instruments qui servent aux opéra tions agricoles. Chaque jour les progrès d la mécanique s'étendent dans ce domaine en Angleterre surtout, où la vapeur s'appl que maintenant en grand à tous les besoin de l'agriculture et des manutentions agr coles.

BÉLIER HYDRAULIQUE. — *Inventio de Montgolfier.* — An V. — Cette ma chine est composée de trois parties prin cipales : le corps du bélier, la tête, et so tube d'ascension. Le corps du bélier con tient un tube vertical ou incliné, ou mêm un peu sinueux, suivant la disposition d local. Ce tube, dont le diamètre et la hauteu varient selon les circonstances, admet dan sa capacité l'eau d'un ruisseau ou d'une cas cade naturelle ou factice; son orifice infé rieur s'abouche avec un second tube hori zontal ou très-peu incliné, dont la longueu variable a néanmoins un rapport avec le tub vertical; rapport déterminé par l'expérienc et corrélatif à la puissance de la machine l'extrémité du tube horizontal s'abouch avec la tête du bélier. Cette tête contie deux capacités, terminées chacune par un soupape, dont les ouvertures se font alterna tivement et en sens contraire, l'une au-dessus de ce tube. La même tête contient au dôme un réservoir d'air; sur sa base, et auprès de sa soupape, se trouve le tube d'ascension, dont le diamètre est environ la moitié de celui du tube horizontal. Dans la troisième machine, la hauteur de la chute d'eau est très-petite, mais le diamètre du bélier est plus grand; néanmoins les résultats diminuent, ce qui fait pressentir que l'emploi de très-grands diamètres lui serait défavorable, et d'autant plus qu'il aurait l'eau à élever à de plus grandes hauteurs.

Perfectionnements jusqu'en 1810. — A la construction primitive, M. Montgolfier a fait des corrections et des additions importantes : les principales consistent dans l'introduction de deux réservoirs d'air, dont l'un sert d'aliment à l'autre. Ces deux réservoirs sont différents en forme et en capacité; le plus volumineux s'élève en dôme au-dessus de la soupape dite d'ascension. L'air de ce réservoir, comprimé par le jeu alternatif de la machine, réagit sur la colonne d'eau qui s'élève dans le tube d'ascension; mais une portion de ce même air s'échappant à chaque percussion par sa permixtion et sa combinaison avec l'eau, ce réservoir, dans l'état primitif, se trouvait évacué assez rapidement, et bientôt la machine cessait ses fonctions. Pour alimenter ce réservoir, M. Montgolfier a établi, au-dessous de la soupape d'ascension, un réservoir latéral d'air, dont une portion passe par cette soupape chaque fois qu'elle s'ouvre. Dès qu'elle se ferme, la réaction élastique de tout le système forme dans ce second réservoir un vide momentané; aussitôt une soupape latérale s'ouvre, l'air de l'atmosphère s'y précipite, et remplace celui qui a été chassé au dôme du premier réservoir. Cette addition, qui a fait disparaître les défauts de la première machine, assure à celle-ci un emploi constant et régulier, sans toutefois qu'elle soit devenue, comme le pense l'auteur, propre à remplacer la machine de Marly. Mais, en supposant que le bélier hydraulique ne puisse tenir lieu des grandes machines, les avantages n'en restent pas moins démontrés dans une foule de circonstances où il peut être utile à l'industrie et à l'agriculture. Ce bélier a un caractère qui le distingue, c'est de pouvoir être employé lorsque les autres machines n'offrent plus de ressources. En rassemblant parcimonieusement les eaux de quelques rigoles, et les faisant converger dans un canal commun, on peut tirer parti de ces ruisseaux, insuffisants pour toute autre machine hydraulique. Opposé en cela à la pompe à feu, le bélier, très-puissant dans de très-petits diamètres, verrait peut-être évanouir son énergie, si l'on voulait l'appliquer à de trop vastes capacités. Cette ingénieuse invention a obtenu le cinquième grand prix décennal de première classe, destiné à la machine la plus importante pour les arts et les manufactures. (*Rapport du jury et rapport d'une commission de l'Institut de France. — Moniteur* de 1810, page 1301.)

M. Montgolfier fils. - 1813. - Le bélier hydraulique, dit cet observateur, peut servir à l'arrosement des prairies, et fournir d'eau les habitations situées à cinquante toises d'élévation et même au-dessus. Lorsque le volume d'eau à employer excède 150 à 200 pouces de fontainier, on ne peut éviter d'en établir plusieurs, et les frais augmentant en raison de la différence qui se trouve entre la hauteur de la chute et celle de l'ascension, il faut n'employer que des chutes dont la hauteur soit toujours au moins la quarantième partie de la hauteur d'ascension. Dans cette proportion, le prix de l'ascension d'un pouce de fontainier s'élève de 7 à 8,000 francs, non compris la dépense des tuyaux, qu'on ne peut fixer que d'après la connaissance des distances à parcourir. Si la hauteur d'ascension n'est que vingt fois la hauteur de la chute, le produit du point à élever ne sera que de 4,000 fr.; si elle n'est que de cinq fois, 1,000 fr., etc. Pour connaître le nombre de pouces d'eau nécessaire pour en élever un à une hauteur déterminée, il suffit de diviser cette hauteur par celle de la chute, et de doubler le quotient; le résultat de ces deux opérations sera l'expression du nombre cherché. Pour avoir des données précises sur toutes les parties de la dépense à faire dans chaque localité, il faut déterminer la nature et le volume du cours d'eau destiné à servir de moteur au bélier; la plus grande hauteur de chute qu'on peut lui donner; la quantité d'eau qu'on veut élever dans un temps donné; enfin la hauteur (mesurée verticalement) et la distance de la partie inférieure de la chute où l'on veut porter les eaux élevées par le bélier. (*Bulletin de la Société d'encouragement,* 1813, page 10.)

M. de Bernis. — 1817. — En transformant en piston la soupape ascendante du bélier hydraulique, il pourrait être employé comme moteur, et remplacer les roues à augets avec d'autant plus d'avantage, qu'on pourrait le placer entre les piles des ponts, lieu le plus favorable à l'action du courant, sans qu'il gêne notablement le cours de l'eau, attendu son peu de volume. Il paraît propre aussi à résoudre l'important problème de l'emploi, comme moteur, du flux et du reflux. La solidité et la petite dimension de cet appareil le rendent capable de résister à l'action des marées. (*Arch. des découvertes et inventions,* 1819, page 371. — *Mémoires de l'Académie des sciences,* octobre 1817.)

Les Anglais ayant voulu s'approprier l'invention du bélier hydraulique, M. Montgolfier a prouvé, dès l'an XI, que cette invention appartenait tout entière à la France. « Je déclare, a-t-il dit, que j'en suis le seul auteur, et que l'idée ne m'en a été fournie par personne. Il est vrai qu'un de mes amis a fait passer, avec mon agrément, à MM. Watt et Bolton, copie de plusieurs dessins que j'avais faits de cette machine, avec un mémoire détaillé sur ses applications; ce sont ces mêmes dessins qui ont été fidèlement copiés dans la patente prise par M. Bolton, à Londres, le 13 décembre 1797. » Le bélier hyraulique est déposé sous différentes formes au Conservatoire des arts et métiers.

BERTHOLIMÈTRE. —*Invention de M. Descroizilles aîné, de Rouen.* — Cet instrument est destiné à mesurer la force de l'acide muriatique oxygéné liquide, pour l'indigo et pour l'oxyde de manganèse. Il est composé : 1° d'un tube de verre du diamètre intérieur de 14 millimètres au moins et de 18 au plus, que l'on ferme à la lampe par un bout ; 2° d'une jauge graduée à 27 millimètres de distance chaque degré l'un de l'autre, depuis 0 jusqu'à 12 ; 3° d'une pompe à bouche placée dans une bouteille. Cet instrument est très-utile aux verriers, aux savonniers, aux teinturiers, aux salpêtriers, aux fabricants et aux blanchisseurs. (*Annuaire de l'industrie*, 1811, p. 27.)

BÉTON. — On nomme *béton* toute composition de mortier destinée à être employée dans l'eau et susceptible de prendre corps presque instantanément. Des bétons placés, immédiatement après leur fabrication, sous une eau chaude à 40 degrés Réaumur, parviennent, en dix ou douze heures, au même degré de consistance que s'ils étaient placés sous une eau courante à 7 degrés, pendant sept à huit jours. Dans le béton où l'on se sert des chaux grasses, il vaut mieux en employer moins que d'en mettre trop ; l'influence des proportions peut aller jusqu'à décupler la résistance du béton. Pour les bétons ou mortiers ordinaires à chaux grasses ou moyennes, et même à chaux maigres faibles, les trois procédés d'extinction, rangés par ordre de supériorité, sont : l'extinction spontanée, l'extinction par immersion, et l'extinction ordinaire. Pour les bétons à chaux douées d'une grande énergie, c'est l'ordre inverse. Il y a, dans un béton à pouzzolane et à chaux grasse, tous les principes qui se trouvent dans un béton à pouzzolane et à chaux maigre ; la seule différence vient de ce que dans l'un, la chaux, d'abord isolée, a été combinée aux autres matières par la voie humide, tandis que, dans l'autre, une certaine portion de ces matières était combinée d'avance à la chaux par la voie sèche. L'eau dissout la chaux grasse qui est en excès dans les bétons, quand la pouzzolane est de médiocre qualité, d'où résulte une détérioration. L'expérience démontre qu'une colonne de béton de 3 mètres de diamètre pourrait, dans une eau courante, et dans le cas le plus défavorable, disparaître entièrement au bout de cent ans. On déduit de cette action de l'eau sur les bétons à chaux grasses une règle singulière pour trouver des proportions exactes. L'excès de chaux dans les bétons en retarde la prise. Les pouzzolanes énergiques en proportions exactes avec les chaux communes font corps plus vite qu'avec les chaux maigres. L'extinction spontanée et l'extinction par immersion sont généralement plus propres que l'extinction ordinaire à accélérer cette prise. La dureté des bétons à chaux grasses fait plus de progrès de la seconde année à la troisième que de la première à la seconde.

Ce progrès, au contraire, commence à être retardé à la même époque pour les bétons à chaux maigres très-énergiques. Les carrés de nombres qui expriment les enfoncements qu'une tige de fer soumise à une percussion réglée prend dans un béton quelconque, sont réciproquement proportionnels aux forces qui parviendraient à la rompre (1).

BETTERAVE (*Instrument propre à semer la graine de*).—*Invention de M. Grillon-Villeclair, maire de Châteauroux (Indre).* — Cet instrument trace cinq sillons à la fois : dans chacun des sillons passe une roue de deux pieds de diamètre, garnie de six pointes de fer qui impriment en terre, à égale distance autant de trous où l'on dépose la graine. Avec un seul cheval qui conduit cette espèce de charrue, et cinq femmes ou enfants qui la suivent pour déposer la graine dans chaque trou ; on peut ensemencer près de deux hectares par jour d'un terrain bien préparé. (*Bibliothèque des propriétaires ruraux*, 1812, n° 110.)

BETTERAVE (*Procédé pour conserver la*). — M. Bonnatin, de Paris a rendu compte des moyens employés pour conserver les betteraves, et prévenir la déperdition du principe sucré. La récolte des betteraves se fait par un beau temps ; on doit les laisser un ou deux jours sur terre, pour que l'humidité qu'elles contiennent puisse s'évaporer. En cet état on les met dans des fossés creusées dans un terrain sablonneux ; ces fosses doivent avoir un mètre de profondeur sur un mètre de large ; leur longueur est indéterminée. On arrange les betteraves par couches, jusqu'au niveau du sol ; un enfoncement est ménagé au milieu, on le couvre de paille en forme de toit ; on laisse une ouverture au faîte, et on a soin de poser dessus un tuyau de terre cuite de quatre pouces de diamètre, qui traverse le toit de paille que l'on a recouvert de terre de manière à ne pas laisser pénétrer la pluie. Par un temps humide, on bouche le tuyau avec une tuile ou de la paille. (*Moniteur*, 1813, page 1185.)

BETTERAVE (*Machines propres à râper ou piler la*). — *Invention de MM. Pichon, ingénieur en instruments de mathématiques, et Moyaux, menuisier mécanicien, à Paris.* — La machine pour laquelle les auteurs ont obtenu un brevet d'invention de cinq ans, est très-peu dispendieuse à construire. Elle réduit les betteraves en pulpe divisée au point de produire en jus les trois quarts de leur poids. Ce qui la rend supérieure à toutes celles faites jusqu'ici (1812) dans ce genre, c'est qu'elle présente la betterave à l'action du cylindre râpant par le moyen d'une table mobile et sans fin, sans que l'on soit obligé de la tenir au risque de se blesser, et qu'un enfant peut fixer les betteraves sur huit ou dix machines. Son bâti est celui d'une carde à coton. Un cylindre de quatorze pouces de long, garni de dents en fer cémenté, est mû par un manège ; il peut l'être à bras, en y ajoutant une roue d'engrenage agissant sur un pignon monté sur un cylindre, et qui donne à ce dernier une vitesse de quatre tours pour un de manivelle. Une table mobile et sans fin, composée de douves réunies ensemble par deux courroies ou charnières, armées dans toute leur superficie de dents en fer, sert à tenir les betteraves et à les empêcher de reculer; tandis que les dents du cylindre agissent contre une poulie montée sur un arbre portant deux plateaux dentés, qui engrènent dans les intervalles des douves de la table, et la font avancer d'après une vitesse calculée sur celle du cylindre. Sur cette poulie est une vis sans fin; le mouvement lui est communiqué par deux roues d'angle, dont l'axe de la première est l'axe du cylindre. Deux autres plateaux montés sur le même arbre et opposés aux deux premiers, servent à régler la tension de la table; et sur le bâtis sont fixés deux rebords en bois, afin de maintenir la betterave dans la direction du cylindre. C'est à leurs extrémités, et tout près de ce même cylindre, que se trouve un plan incliné fait en bois, lequel reçoit la pulpe et la dirige dans un baquet placé au-dessous. Un cylindre à brosse, dont l'axe est fixé sur les montants du bâtis, sert à dégorger celui-ci. (*Brevets non publiés.*)

La partie principale de la machine imaginée par M. Thiéry, de Paris, et qui lui a valu un brevet d'invention de cinq ans, est un cylindre de soixante-dix centimètres de diamètre et de trente-cinq de longueur, formé de cent vingt lames ou douves de fer forgé, d'environ deux centimètres de largeur, dont chacune porte une arête anguleuse longitudinale, prise sur pièce, de trois à quatre millimètres de saillie, et taillée en dents de scie équilatérales. Ces douves, entre lesquelles il n'existe aucun intervalle, sont fixées chacune par trois vis, sur trois des cinq cercles de fer qui les supportent; ces cercles sont moulés sur des croisillons qui sont marbrés sur un même axe, à l'extrémité duquel est un pignon qui communique l'action du moteur. Les deux bouts du cylindre sont fermés par deux plaques de tôle fixées par des vis sur les deux croisillons extrêmes, afin que rien ne puisse pénétrer dans l'intérieur du cylindre; sur le châssis même portent les coussinets qui reçoivent les tourillons de l'axe; et au devant du cylindre est arrêtée très-solidement une boîte rectangulaire partagée en deux par une cloison longitudinale. Le fond de cette boîte, dont la longueur est perpendiculaire à l'axe du cylindre, fait avec le plan tangent au cylindre un angle d'environ soixante degrés. Les extrémités de cette boîte et environ la moitié de leurs parois supérieures sont ouvertes du côté le plus éloigné du cylindre. On place les betteraves de ce côté, et on les presse vers l'autre extrémité contre le cylindre au moyen de deux poussoirs de bois, dont un arrêt règle la course de manière à ce qu'ils ne puissent toucher les dents du cylindre; on peut aussi les charger d'un poids assez fort pour comprimer

les betteraves contre le cylindre; alors on les éloigne au moyen d'une bascule pour placer la betterave au fond des boîtes. Deux enfants fournissent les betteraves dans les cases : le cylindre doit faire six tours par seconde. (*Bulletin de la société d'encouragement*, 1812, pag. 142, pl. 89.)

Les machines de M. Caillon sont composées de deux tambours, en fer fondu, de cinquante centimètres de diamètre sur quatre-vingt-dix de longueur, dont les axes sont placés dans le même plan horizontal, et disposés de manière que le mouvement de rotation de l'un des tambours se communique à l'autre par l'intermédiaire des roues d'engrenage combinées pour que la vitesse de l'un soit à celle de l'autre comme un est à soixante-dix. Le tambour, qui est animé de la plus grande vitesse, reçoit le mouvement du premier moteur, et le transmet au deuxième comme un laminoir. Ces tambours sont armés à leur surface de dents de crochet, pointues, taillées dans l'épaisseur même de la fonte, au moyen d'une machine à canneler, ou rapportées, et fixées solidement sur les tambours. Il faut toujours rapprocher ces tambours assez pour que la betterave ne puisse passer sans avoir été déchirée. (*Société d'encouragement*, 1812, pag. 155.)

M. Molard, administrateur du Conservatoire des arts et métiers, inventa un appareil qui consiste dans quatre cylindres de marbre ou de bois dur, recouverts à la circonférence de feuilles d'étain ou de ferblanc, et par les bouts, d'une couche de mastic, pour empêcher l'humidité de pénétrer dans le bois. Le diamètre et la longueur de ces cylindres varient à volonté. Deux des mêmes cylindres portent une toile sans fin, en gros fil retors, bordée de deux cordonnets de la grosseur d'une plume à écrire, et dont la longueur et la largeur sont proportionnées à la longueur de ces cylindres et à l'étendue de la râpe à laquelle on veut l'adapter; les deux autres cylindres servent à laminer la toile, ainsi que la pulpe dont elle est sans cesse recouverte, pendant que la râpe est en mouvement. On augmente ainsi la pression de la quantité jugée nécessaire pour exprimer le suc qui, s'amassant d'abord en avant du laminoir, finit par couler sur la toile sans fin, qui vient à sa rencontre en montant un peu, tombe derrière le cylindre de renvoi dans le premier réservoir, où il se dépose, et passe ensuite dans la chaudière ou dans un deuxième réservoir. Pour recevoir le suc qui filtre à travers une partie de la toile sans fin, on établit entre les parties de cette toile une auge en fer-blanc, dont l'un des bords s'applique contre un des cylindres pour recueillir le suc dont il est imprégné, et qui est disposée de manière que le sucre qu'elle reçoit coule dans le premier réservoir par deux gouttières placées à chacun des angles de l'auge. On conçoit aisément qu'il convient d'empêcher la pulpe de tomber trop près des bords de la toile, afin qu'elle éprouve une pression toujours égale.

La pulpe, ainsi exprimée, tombe dans la caisse d'une presse hydraulique ou à vis, destinée à retirer tout le suc qu'elle contient. (*Société d'encouragement*, 1812, pag. 157, planche 90.) — L. Lamarcha a obtenu un brevet d'invention pour une machine propre à réduire en pulpe les betteraves et autres racines.

La machine inventée par M. Isnard est une presse qui se compose de deux jumelles en bois de chêne, posée sur champ, et jointes ensemble par quatre madriers qui s'encastrent à queue d'hirondelle dans les jumelles, et distants de manière que l'ensemble de cette charpente forme deux encadrements de presse. Quatre planches percées de plusieurs trous sont appliquées contre les jumelles en dedans de l'encadrement, et en sont maintenues à un pouce de distance par des soutiens. Une vis en fer forgé s'emboîte dans deux platines en fonte écrouées sur deux plateaux de chêne, et traverse par le milieu un écrou en cuivre, dont un pouce de chaque extrémité s'emboîte dans des plaques de fer forgé : ces plaques sont percées dans leur milieu d'un trou rond où s'ajuste l'extrémité de l'écrou ; elles sont fixées en dedans contre l'un et l'autre madrier du centre, et leur trou correspond à celui des madriers du pas où passe la grande vis. Une grande roue en fer à dents obliques est ajustée à l'écrou au moyen d'une étoile en fonte à six rayons écroués sur elles par leurs extrémités ; cette étoile est percée à son centre d'un trou hexagone qui s'ajuste exactement sur l'écrou taillé de même ; mais, pour consolider encore mieux le tout, de chaque côté de cette étoile sont ajustées deux rondelles en fer battu, dont le trou du centre est pareillement hexagone et s'ajuste sur l'écrou. Les deux plaques qui maintiennent entre elles l'étoile en fonte sont jointes ensemble par six écrous, d'où il résulte que la grande roue est parfaitement fixée à l'écrou que nous venons d'indiquer plus haut ; une lanterne en fer engrène dans des dents ; son axe peut recevoir à une de ses extrémités une manivelle ; l'autre extrémité est arrondie et porte dans une pièce de fer percée qui traverse le madrier, et est boulonnée à son extrémité. M. Isnard a obtenu un brevet de cinq ans. (*Société d'encouragement*, 1813, p. 155. — *Conservatoire des arts et métiers*, salle d'agriculture, modèle n° 328.)

La machine employée dans la sucrerie de Sauerschwabenheim vers 1820 marche par un manège à deux chevaux ; la roue communique le mouvement à un axe au moyen d'une lanterne. Cet axe porte deux roues dentées qui font tourner les lanternes attachées à un pivot qui passe par le centre de la râpe et lui communique le mouvement. L'appui du pivot passe dans l'intérieur d'une boîte qui recueille la pulpe des betteraves, dont la partie supérieure est mobile, et se détache au moyen des vis. Les betteraves se placent à l'ouverture de la boîte pour être soumises à l'action de la râpe. La longueur du couteau denté est à peu près

de onze pouces. Le nombre des couteaux es[t] de cent quarante à cent cinquante ; ils son[t] placés dans une position inclinée de quelque[s] degrés au rayon de la roue ; ils sont traver[-] sés à leurs extrémités par deux anneaux qu[i] les contiennent, et soutenus par un troisièm[e] anneau dans le milieu de leur longueur. L[a] roue principale a cent trente-six dents, e[t] la machine est tellement disposée, que le[s] lanternes tournent cinquante-une fois pen[-] dant que la roue fait un tour. Les deu[x] chevaux, sans se fatiguer, peuvent faire deu[x] tours en une minute. (*Société d'encourage[-] ment*, 1813, page 161, pl. 101.)

BETTERAVES (*Machine à séparer le su[c] du marc de*). — *Invention de M. Lauver[-] gnat (Louis), de Passy, près Paris*. — Cett[e] machine, est assez simple dans sa forme, e[t] l'effet en est sûr et prompt. C'est un systèm[e] de forts cylindres horizontaux, dans le genr[e] de ceux dont on se sert pour laminer ; seu[-] lement ils sont inclinés l'un sur l'autre, d[e] façon que le marc, qui glisse sur une tré[-] mie, passe entre les deux cylindres et s[e] sépare parfaitement du jus, qui est condui[t] dans une gouttière d'un côté de la machine[,] tandis que le marc qui est attaché au cylin[-] dre s'en détache facilement au moyen d[e] deux racloirs ou couteaux de bois qui [y] sont fixés, et tombe dans un panier du côt[é] opposé au jus. Au moyen de ces cylindres[,] on peut aisément tirer soixante à soixant[e] dix pour cent de jus ; et, ce qui prouve l[a] perfection de cette machine, c'est qu'e[n] ajoutant au marc passé au cylindre une cer[-] taine quantité d'eau, si on le repasse entr[e] les deux cylindres on obtient exactement l[a] même quantité d'eau. Les cylindres, qu[i] peuvent être en fonte, en marbre ou e[n] granit, doivent être parfaitement ronds et s[e] presser l'un contre l'autre autant que possi[-] ble, afin que le marc qui passe entre le[s] deux soit aussi mince qu'une feuille de pa[-] pier. L'axe du cylindre de dessus doit êtr[e] placé en avant de celui de dessous, afin qu[e] le jus ne puisse pas remonter et passer entr[e] les cylindres, mais qu'il tombe par les trou[s] pratiqués sur le côté inférieur de la trémi[e] laquelle est inclinée à trente degrés environ[.] C'est dans cette disposition particulière de[s] cylindres que consiste une partie du succè[s] de cette machine. Les cylindres sont mis e[n] mouvement au moyen d'une manivelle don[t] le pignon engrène une roue d'un diamètr[e] huit à dix fois plus grand que celui du pi[-] gnon ; laquelle roue est fixée à l'axe du cy[-] lindre supérieur, qui doit engrener celui d[e] dessous, au moyen de deux autres roue[s] dentées. Les extrémités de la trémie doiven[t] s'emboîter exactement contre les cylindre[s] afin que le jus ne puisse s'échapper. L[e] marc est poussé contre les cylindres soit à[à] la main, soit par un poussoir, auquel la ma[-] nivelle donne un mouvement de va et vient[.] On peut également y adapter deux hérisson[s] qui attirent le marc entre les cylindres[.] (*Brevets non publiés. — Dictionnaire des dé[-] couvertes*, t. II, p. 59 et 60.)

BETTERAVE. — La racine charnue de

cette plante offre un très-bon aliment à divers animaux, et surtout aux vaches, dont elle peut améliorer le lait en augmentant sa quantité; ses feuilles servent aussi à la nourriture des bestiaux; une portion de leurs débris reste sur le sol et contribue à le féconder. Ce précieux végétal est le seul dont on ait pu obtenir économiquement en France un sucre identique avec celui des cannes.

La France touchait à l'apogée de l'épopée impériale; tout sur le vieux continent reconnaissait les lois du grand empereur, mais les Antilles étaient perdues; notre marine, hors d'état de lutter avec les flottes britanniques, ne donnait à notre commerce qu'une protection incertaine, et la France, ne pouvant lutter corps à corps avec ses ennemis, était réduite à adopter le gigantesque système de *blocus continental* : c'est alors que Napoléon résolut de réaliser en grand cette pensée, qui déjà l'avait occupé, de remplacer par les ressources mêmes de l'Europe les produits les plus essentiels que la métropole avait dû jusqu'à ce jour à ses colonies. Les savants furent consultés, et le problème suivant leur fut posé : trouver une plante d'une culture facile en nos contrées, et assez riche en matière saccharine pour remplacer avantageusement la canne à sucre. — Les savants ont-ils résolu le problème? L'industrie nationale s'est chargée de la réponse.

Le sucre le plus abondamment consommé dans presque toutes les parties du monde est extrait des cannes cultivées dans les Indes, aux Antilles, etc., et des betteraves récoltées en Europe.

Le sucre pur, cristallisable, identique dans les cannes, betteraves, patates, érables, melons, etc., est un principe immédiat des végétaux, c'est-à-dire qu'à moins de l'altérer ou de le décomposer, il nous est impossible d'en extraire deux substances. Il est blanc, diaphane, solide; il pèse 16,65, l'eau pesant 10 sous le même volume ; ses cristaux purs ne contiennent presque pas d'eau ; la saveur du sucre est douce et très-agréable pour la plupart des animaux : seul il ne jouit pas d'une faculté nutritive complète; mais il forme un assaisonnement susceptible de concourir à l'assimilation d'autres substances alimentaires.

Dans la culture des cannes et des betteraves, les engrais actifs de matière animale produisent de très-bons effets s'ils sont employés en qualité convenable.

Ainsi, 500 à 750 kilogrammes de chair ou sang sec en poudre, ou 18 à 20 hectolitres de noir animal, résidu des clarifications, ou mieux encore 15 hectol. de *noir animalisé*, suffisent pour la fumure d'un hectare qu'on sème d'abord en blé, puis ensuite en betteraves. Afin de mieux nettoyer et ameublir les terres ou pour avoir une provision plus grande de betteraves, lorsque le terrain que l'on a à sa disposition ne suffit pas pour alterner les cultures, on peut obtenir plusieurs années de suite des récoltes de betteraves sur le même terrain; mais, dans ce cas, on ne profite pas, pour la culture des céréales et autres, du nettoiement du sol par les binages donnés aux betteraves.

« La bonne culture de la betterave, dit M. Isnard, directeur de l'École spéciale de chimie de Strasbourg, influe sur la quantité de sucre que l'on en extrait. Des expériences ont établi que la même quantité de betteraves et la même qualité ont produit un tiers de plus de sucre, en raison des soins que l'on avait apportés à leur culture. Les terres doivent avoir porté du froment l'année précédente, et on ne doit les fumer que l'année avant d'y déposer les semences de betteraves, pour éviter de communiquer à celles-ci une trop grande quantité de sels ammoniacaux, sels qui rendent l'extraction du sucre très-difficile. Le terrain doit être léger, profond et pas trop humide. Après avoir bien ameubli la terre, on se dispose à semer en avril, à moins qu'on ne craigne encore quelques froids. Les graines se mettent en terre à 24 pouces de distance, ensuite on roule légèrement le terrain pour l'unir. Lorsqu'une graine de betterave produit plusieurs plantes ou qu'il s'en trouve de trop rapprochées, on les enlève pour les repiquer dans les places vides. A cette époque, on sarcle avec soin, et on confie cette opération à des femmes et à des enfants qui, à l'aide d'une bêche en triangle, dégarnie de fer dans le milieu, éprouvent peu de fatigue. Lorsque les betteraves ont acquis un plus grand accroissement, on a soin de les butter; pour cette opération on se sert d'une herse à double versoir. On ne dépouille point la racine de ses feuilles, sinon celles placées le plus près de terre et qui jaunissent. On peut seulement, en novembre, cueillir quelques feuilles pour donner aux vaches. En agissant différemment, on obtient des racines défectueuses avec un collet monstrueux, souvent d'un volume triple de la racine, et qui offre une perte considérable lorsqu'on les destine à la fabrication du sucre. A la fin de novembre, on procède à l'extraction des racines, ce qui se pratique à l'aide de pioches, en ayant soin de ne pas endommager les betteraves. Pour les conserver, après les avoir extraites de terre par un temps sec, on les laisse sur le champ. Le peu de terre qui les entoure se dessèche promptement, et s'en sépare avec facilité.

« On creuse ensuite dans un terrain sec et sablonneux une fosse de 15 pieds de long, six pieds de large, et 4 pieds de profondeur; on y dépose les betteraves privées de leurs feuilles et nettoyées, et on les recouvre ensuite avec la terre, foulée et disposée de manière que l'eau ne puisse ni pénétrer, ni séjourner dans la fosse. Cette manière, aussi simple qu'économique, est le moyen le plus sûr pour préserver les racines de toute germination et les garantir des froids les plus rigoureux. »

Nous empruntons les observations suivantes sur la culture de la betterave au *Dictionnaire des découvertes* :

« L'expérience a prouvé que les betteraves

produites par des sols abondamment fumés étaient peu propres à la fabrication du sucre. Il est encore démontré que les betteraves d'une grande grosseur et d'un poids élevé donnent moins de sucre que lorsqu'elles ne pèsent que d'une livre et demie à trois livres; le cultivateur doit donc diriger son attention à obtenir des betteraves d'une grosseur moyenne. Ainsi, lorsqu'on cultivera de bons terrains, il faudra moins espacer les graines et réciproquement. Il est reconnu que la trop grande force de végétation communiquée par un excès d'engrais nuit à la qualité des betteraves à sucre : la surabondance de ces engrais communique au sirop une saveur désagréable qu'aucun moyen connu ne peut faire disparaître, et rend beaucoup plus difficile l'extraction de la petite quantité de sucre que renferme alors la betterave. Or, sur les terres où cette racine est cultivée, il faudra changer de mode et la considérer comme dernier produit; c'est-à-dire : dans les bons terrains soumis à la rotation triennale, la betterave sera très-bien cultivée l'année de jachère. Dans les terres d'une moindre qualité, elle pourra l'être en remplacement de l'avoine; enfin, dans les terres médiocres, il conviendra de fumer l'année même où l'on sème, et plutôt en automne qu'au printemps. La betterave destinée à l'extraction du sucre exige un terrain médiocrement humide, profond et très-ameubli par des labours d'automne et d'hiver; ce terrain ne doit point être abrité par des arbres; il faut éviter les terres marécageuses, les sables secs et perméables à l'eau; les sols compactes et trop argileux; ceux humides sans être marécageux donneront de belles betteraves, mais peu riches en principe de sucre. Les façons multipliées, la fréquence des binages et des sarclages, semblent en augmenter la quantité. Le buttage multiplie le principe sucré; et on a remarqué que la partie de la racine qui sort de terre en contenait beaucoup moins. On ne doit enlever les feuilles que lorsqu'elles jaunissent; ce qui a lieu vers la fin d'août ou au commencement de septembre. Toutes les espèces de betteraves sont susceptibles de donner du sucre, mais à un degré différent. L'espèce qui en donne le plus est la betterave à pulpe et peau tout à fait blanches, tiges peu larges, feuilles petites, ne sortant pas de terre, très-riche de collet, racine fusiforme. La betterave jaune intérieurement et extérieurement, convenablement cultivée en France, a donné de très-riches produits. Celle tout à fait rouge, celle veinée de blanc et de rouge, et rouge extérieurement, donnent encore abondamment du sucre. L'espèce connue sous le nom de *racine de disette*, dont la peau est généralement d'un beau rose foncé, ayant la pulpe intérieure blanche ou légèrement veinée de rouge, et qui sort presque entièrement de terre, fournit des sirops de bon goût, mais qui refusent de cristalliser; cette betterave est la moins difficile pour la nature du terrain. La rareté et la cherté de la graine de bonne betterave

exigent que les cultivateurs donnent la préférence au mode de repiquage; ils économiseront plus des trois quarts de la semence, et auront des betteraves qui ne sortiront pas de terre. (*Moniteur* de 1812, page 387.)

« Dans des observations infiniment intéressantes sur la culture de la betterave, M. Calvel, de l'Institut, appelle l'attention du cultivateur sur le choix dans les semences; il prouve que le peu d'attention apporté à cet objet influe essentiellement sur les récoltes et la qualité sucrante de la betterave. Les graines doivent être bien vannées et séparées de toutes ordures et graines avariées. D'après les expériences, un demi-kilogramme de bonne graine contient 12 à 13,000 graines bien mûres et bien aoûtées, tandis que le mélange non vanné ni nettoyé renferme plus de 16 et quelquefois plus de 18,000 graines, dont près d'un quart est avorté. Du choix des graines dépend donc le succès de la culture, puisque des graines mal choisies fourniront des betteraves qui ne renfermeront point de sucre concret. Les têtes de betteraves choisies pour graines doivent être coupées; il ne faut prendre que la semence parvenue à une entière maturité et négliger celle portée par les rameaux latéraux, fruits ordinaires d'une surabondance de végétation. Relativement au mode de semer et à la quantité de graines à employer, l'expérience a prouvé que le mode d'espacer les graines à un pied en tous sens et de les déposer une à une dans des trous, était à préférer au semis à la volée, ou à celui qui consiste à déposer plusieurs graines dans le même trou : non-seulement il y aura une grande économie, mais encore on favorisera la végétation de la racine, qui dépérirait par la concurrence. D'ailleurs, chaque bonne graine contient plusieurs germes. Enfin, la quantité de graines est reconnue devoir être de 3 livres et demie, à l'espacement d'un pied, par arpent d'ordonnance; de 22 pieds par perche ou 48,400 pieds carrés; et pour l'hectare, ou 94,768 pieds carrés, 4 kilog. de graines seront jugés nécessaires. M. Calvel conseille à chaque cultivateur de recueillir lui-même sa graine, ou du moins de ne recevoir que celle qui serait bien vannée et entièrement dégagée de toutes ordures et graines avortées. »

Nous venons de décrire les méthodes ainsi que les perfectionnements apportés dans la culture d'une plante dont les produits, faibles d'abord, contribuent aujourd'hui si puissamment à la prospérité de notre industrie nationale. Nous ne lirons pas maintenant sans intérêt les divers détails de la fabrication du sucre si clairement analysés dans l'intéressant travail de M. Payen(1).

« Les betteraves, dès qu'elles sont mûres, dit M. Payen, ou même très-peu de temps avant, sont arrachées et décolletées dans les champs, et la *fane* est donnée aux bestiaux qu'elle nourrit pendant un ou deux mois; durant cet intervalle, on arrache et l'on

___
(1) Voy. *Encyclopédie des gens du monde*.

porte à la râpe la quantité nécessaire à la fabrication journalière ; le surplus est déposé dans des magasins frais, ou mieux dans des silos, au bord des terres mêmes, pour être traité postérieurement.

« Il y a un double avantage à commencer le traitement des betteraves très-peu de temps avant leur maturité : 1° elles contiennent alors autant de sucre et d'une plus facile extraction ; 2° le temps de l'arrachage se prolonge aisément, et les betteraves non arrachées s'altèrent moins encore que dans les silos, ne fût-ce que parce qu'elles n'ont pas encore été froissées, meurtries ni blessées.

« A l'entrée dans la fabrique, la première opération consiste dans un nettoyage dont le but est d'enlever d'abord la terre adhérente et les cailloux. Deux moyens sont employés pour y parvenir ; le premier, plus simple, quoique moins économique dans une grande exploitation, consiste à racler avec un couteau toutes les parties couvertes de terre ; on tranche même les radicelles qui recèlent des pierrailles. Le deuxième moyen consiste en un lavage dans un grand cylindre creux, en bois, dont les douves sont écartées de 12 à 15 lignes à l'extérieur. Ce cylindre tourne sur son axe en fer, en plongeant à sa partie inférieure dans une caisse en bois remplie d'eau.

« Il convient généralement, dans une fabrique de sucre de betteraves, de se servir de bœufs ou de vaches pour imprimer la puissance mécanique au *laveur*, aux *râpes*, *presses*, *pompes*, *tiresacs*, etc., car ces animaux, nourris en grande partie avec le marc pressé de la pulpe, rendent, soit en accroissement de chair musculaire, soit en produit de lait, une valeur qui représente celle de ces résidus et les utilise mieux. Un manége attelé de six bœufs, ce qui en suppose vingt-quatre à l'écurie pour se relayer, suffit pour une usine traitant 5,000,000 de kilogr. de betteraves.

« Dès que les betteraves sont nettoyées par l'un des deux procédés ci-dessus, on les porte à la râpe. Plusieurs sortes d'ustensiles de ce nom sont destinés à déchirer les utricules, ou le tissu cellulaire, qui, dans les betteraves, renferment le suc. Les différents systèmes de râpes, désignés sous les noms de leurs constructeurs, sont ceux de Caillon, de Pichon, de Burette, d'Odobel et de Thierry.

« Depuis très-peu de temps, le perfectionnement dans les constructions des presses hydrauliques et à vis en fer, la facilité et l'habitude de leur service les fait employer exclusivement dans beaucoup de fabriques b en montées. On serre graduellement la presse, et l'on obtient directement 70 à 75 de jus pour 100 de pulpe fraîche. Pendant qu'une presse agit, une autre est chargée de même, en sorte que la pulpe soit toujours rapidement exprimée ; une presse de moyenne dimension donne 6,000 kilogr. de jus en 12 heures.

« Les procédés usuels que nous venons d'indiquer pour l'extraction du jus des betteraves laissent un marc pesant encore 25 à 30 pour 100 du poids des betteraves, et comme celles-ci ne contiennent que 3 centièmes environ de substance ligneuse non réductible en jus, le marc de 100 kilogr. de betteraves recèle encore 22 à 23 p. 100 de jus ; et il importe d'autant plus d'obtenir cette portion que ce marc a déjà supporté tous les frais de nettoyage, de râpage, etc. Ce qui s'oppose à ce que l'on extraye facilement le jus, c'est qu'il est renfermé dans des cellules ou utricules dont plusieurs parties ne sont pas atteintes par la râpe ; aussi est-on parvenu dernièrement à extraire les deux tiers du jus restant dans les marcs, en chauffant ceux-ci brusquement pendant 10 minutes par une injection de vapeur et sans même les faire sortir des sacs déjà exprimés. Cette température, déterminant la rupture des cellules, laisse le suc qui y est contenu libre de suivre les lois ordinaires de l'écoulement des liquides, et il suffit de reporter aussitôt sous la presse, pour obtenir la portion précitée qui porte de 88 à 90 pour 100 la quantité totale.

« Tout le jus étant obtenu à froid et à chaud, est porté dans les chaudières à déféquer ; il doit être soumis successivement aux opérations désignées ainsi ; 1° la défécation ; 2° la première filtration ; 3° la première évaporation ; 4° la deuxième filtration ; 5° la deuxième évaporation ou cuite ; 6° la cristallisation ; 7° l'égouttage ; 8° le raffinage.

« Le système général du chauffage dans les diverses opérations que nous allons décrire est à feu nu, ou mieux encore à la vapeur ; ce dernier mode présente une économie marquée de combustible et de main-d'œuvre, puisqu'un seul fourneau, pour le chauffage d'une chaudière ou d'un *générateur* à produire la vapeur, suffit à toutes les clarifications et à l'évaporation.

« *Défécation.* — Il est utile de multiplier les défécations, afin que le jus soit exposé le moins de temps possible aux réductions spontanées qui l'altèrent. On doit donc chauffer le jus très-vite, et dès que la température du liquide est élevée à 60°, ou lorsqu'on peut à peine y tenir le doigt un instant, on verse le lait de chaux bouillant, on agite vivement quelques secondes, puis on laisse en repos jusqu'à ce que la première apparence d'ébullition se manifeste. La proportion de chaux varie entre 2, 5 et 10 pour 100, suivant la qualité du jus ; et celle-ci dépend de la variété des betteraves, de la nature du sol, des engrais, de la saison, des soins de culture, etc.

« *Première filtration.* — La défécation faite, après 5 ou 6 minutes de repos, on soutire au clair, sur un filtre Dumont, le suc déféqué, par le robinet du fond de la chaudière.

« *Évaporation.* — En sortant du filtre, le liquide clair coule dans les chaudières évaporatoires à large surface. Trois ou quatre de ces chaudières reçoivent tout le liquide filtré qui n'y occupe qu'une hauteur de 6 à 7 pouces ; elles l'évaporent aussitôt rapidement par une vive ébullition.

« *Deuxième filtration.* — Dès que l'écume albumineuse est bien formée à la superficie, on décante avec précaution à l'aide de la cannelle inférieure, et le plus possible à clair, afin d'éviter que le filtre ne s'obstrue par des flocons albumineux trop abondants. On remet dans la chaudière le liquide filtré ; on évapore encore rapidement jusqu'à 25 degrés, puis on filtre pour la troisième fois, mais sur un filtre Dumont chargé de *noir neuf*. Le sirop devenu limpide est prêt à éprouver la cuite.

« *Cuite* ou *dernière évaporation.* — Cette opération importante s'est pratiquée de diverses manières et a donné lieu, soit dans l'extraction du sucre de betteraves, soit dans le raffinage des sucres, à plusieurs inventions brevetées. Ici nous nous bornerons à indiquer les trois systèmes principaux en usage ; cuite à la chaudière-bascule, à feu nu ; cuite à la vapeur forcée (Taylor) ; cuite dans le vide relatif (Roth). Quant au système d'Howard, c'est au raffinage seul que ce dernier mode de *cuire* le sucre est appliqué jusqu'aujourd'hui. Mais ce procédé, perfectionné par M. Degrand, s'est déjà introduit avec de grands avantages dans les raffineries et les fabriques ; on ne peut en dire autant de l'ingénieux appareil évaporant par insufflation de l'air chaud, dû à MM. Branne-Chevalier et Peuvion ; enfin, un nouveau mode d'évaporation, inventé par M. Champonnois et tout nouvellement introduit dans nos fabriques de sucre indigène, de sirop de dextrine, et dans nos raffineries, peut suffire seul à toute l'évaporation. Il consiste en colonnes de tôle ou de cuivre chauffées intérieurement par un jet de vapeur ; le liquide à évaporer coule continuellement sur toute la surface extérieure en se divisant dans les mailles d'un réseau métallique ; en passant ainsi trois fois dans l'intervalle de 5 ou 6 minutes, le jus des betteraves est amené au degré de concentration convenable. Ce terme se reconnaît de la même manière à peu près dans tous les systèmes de rapprochement ; on plonge dans le sirop bouillant une tige ou une écumoire, on retire et l'on effleure vivement sa surface avec le bout de l'index ; en posant alors ce doigt sur le pouce, puis écartant aussitôt les doigts, on observe l'effet du liquide interposé ; si celui-ci forme un filet qui, se rompant, se replie en crochet, le rapprochement du sirop est à son terme.

« Un autre moyen simple consiste à souffler fortement sur la face de l'écumoire relevée et légèrement secouée ; si alors une multitude plus ou moins grande de globules plus ou moins légers s'envolent en arrière, la cuite est finie et plus ou moins rapprochée.

« Lorsque les diverses cuites sont réunies dans les rafraîchissoirs, on laisse leur température s'abaisser jusqu'à 55° ; on agite avec une grande spatule en bois, en raclant les parois, afin d'en détacher les cristaux adhérents et de les répandre dans la masse ; on porte aussitôt après tout ce sirop cuit dans les cristallisoirs, à l'aide de puisoirs (*pucheux*) et de *bassins* à anses.

« Toutefois, on se contente des grandes formes dites *bâtardes* dans la plupart des fabriques. Ces vases, en terre cuite, sont bouchés avec un linge tamponné introduit dans le trou dont leur fond est percé ; on les pose sur ce fond pour les emplir, et lorsque la cristallisation est achevée, on les débouche et les pose sur des pots, ou mieux dans les *trous* d'un faux plancher sous lequel des rigoles reçoivent les sirops égouttés pour les conduire, par une pente douce, dans les réservoirs.

« Les sirops sont rassemblés en quantité suffisante pour emplir un cristallisoir, afin de produire une deuxième et même une troisième cristallisation.

« Ainsi l'on obtient aujourd'hui jusqu'à quatre cristallisations des jus traités sans clarification et par trois filtrations.

« A l'aide des derniers perfectionnements on a obtenu jusqu'à 7 pour 100 de sucre de betteraves, et 1 hectare en très-bonne culture, produisant jusqu'à 45,000 kilogr. de celles-ci, représenterait une production de 3,150 kilogr. de sucre.

« En comptant sur un produit moyen de 5 pour 100 de sucre cristallisé de betteraves, on voit que l'hectare de terre, produisant au moins 20,000 kilogrammes de ces racines, donnerait 1,000 kilogr. de sucre ; et que pour la consommation de la France portée à 60,000,000 de kilogrammes, il suffirait de cultiver chaque année 1,200,000 hectares de terre, c'est-à-dire la sixième partie des terrains laissés encore improductifs. »

Citons maintenant quelques-uns des divers procédés d'extraction du sucre employé jusqu'à ce jour ; cette revue historique et rétrospective pourra nous donner une idée de la série des progrès accomplis dans l'industrie saccharine.—Nous empruntons au *Dictionnaire des découvertes.*

« Une médaille d'or a été décernée à M. Achard, membre de l'Académie de Berlin par la Société d'agriculture de la Seine, pour avoir, le premier en Europe, extrait en grand du sucre de la betterave.

« Pour obtenir ce sucre, on fait cuire les betteraves jusqu'à ce qu'elles soient assez ramollies pour qu'on y puisse introduire une paille ; ensuite on les coupe par tranches et à l'aide d'une forte presse on en exprime le suc. Le marc est mis en macération dans de l'eau pendant douze heures, on l'exprime, et on procède à l'évaporation du fluide. Pour cela, on le fait bouillir continuellement jusqu'à ce qu'il ait consistance de sirop liquide, en le passant de temps à autre, pour le séparer des corps qui flottent au milieu et troublent sa transparence.

« Le sirop, ainsi rapproché, est versé dans des terrines évasées qu'on place dans une étuve chauffée à 30 ou 35 degrés. Il se forme alors à la surface du sirop une croûte cristalline que l'on brise lorsqu'elle s'épaissit. Quand une particule gommeuse et non grenue rem place cette croûte, on arrête l'évaporation. Le résidu est un mélange de moscouade ; en mettant le tout dans un sac de toile mouillé, et en exprimant graduellement, la moscouade reste dans le sac, et l'extrait liquide se sépare. Cette moscouade peut servir aux mêmes usages que le sucre, obtenir la plus grande blancheur, et être mise en pains par l'opération du raffinage. La moscouade de cannes donne un seizième de sucre de plus que la moscouade de betteraves. (Extrait des *Mémoires de l'Institut*.)

« M. *Derosne, de Paris*. — Le procédé de l'auteur repose sur trois points principaux ; 1° L'emploi de la chaux caustique ; 2° celui de l'alun ; 3° enfin l'usage de l'alcool, pour dépurer les moscouades et remplacer le terrage ; ce dernier point est un procédé nouveau. (*Moniteur* de 1811, page 396.)

« M. *Deyeux, de l'Institut*. — Une médaille d'or a été remise à ce savant, par la Société d'agriculture de la Seine, pour avoir fait connaître des procédés relatifs à l'extraction du sucre de betterave, et avoir, le premier en France, extrait en grand ce sucre. (Séance de la Société d'agriculture de la Seine, du 21 juillet 1811.)

« M. *J. Barruel*. — 1812. — Le jus de la betterave étant exprimé par les moyens connus, on le verse dans la chaudière dont on connaît la capacité ; on chauffe le fourneau, et on porte le liquide à 65 degrés (thermom. de Réaumur) ; puis on y ajoute 295 grammes de chaux vive par 100 kilogrammes de jus. La chaux doit être pure, bien calcinée et de bonne qualité ; si elle contenait des substances étrangères, il faudrait en augmenter la proportion. — On l'étend dans une quantité suffisante d'eau bouillante pour en faire du lait de chaux ; après l'avoir versée à cet état dans la chaudière, on agite fortement pendant une minute, à l'aide d'une écumoire ou d'une spatule en bois ; on continue ensuite de chauffer, sans agiter, de manière à porter la masse à 30 degrés Réaumur, sans faire bouillir. La matière colorante, le mucilage animal et la matière végéto-animale, se combinent alors avec la chaux, et forment des composés insolubles. On les voit d'abord se séparer sous forme de petits flocons grisâtres, et qui se rassemblent promptement en masse au-dessus du liquide, de manière qu'une couche solide ne tarde pas à en recouvrir toute la surface. Au bout d'un quart d'heure ou d'une demi-heure, selon la masse du liquide soumis à la clarification, on enlève cette matière écumeuse, au moyen de l'écumoire, et avec la précaution de ne pas plonger cet instrument dans le liquide, pour ne pas l'agiter. Pendant cette opération, on laisse diminuer graduellement le feu ; si on l'éteignait, l'écume tomberait trop promptement au fond. Le jus ainsi écumé est parfaitement transparent et d'un jaune de paille, quelle que soit l'espèce de betterave que l'on ait employée. Au bout de dix minutes, on décante à l'aide d'un siphon particulier, et on verse le jus sur une couverture de

laine soutenue par un filet posé sur un châssis, pour séparer ce jus de quelques flocons qui ont échappé à l'écumoire. On verse ensuite sur ce filtre le dépôt qui reste au fond de la chaudière, ainsi que les écumes, pour les faire égoutter. La chaux joue trois rôles dans cette opération : elle désacidifie, elle décolore et elle clarifie. Pour la clarification, elle doit nécessairement se trouver en excès, et une portion s'en combinant avec le sucre, elle se trouve encore en excès dans les proportions. Sa présence, dans ce cas, se reconnaît : 1° à la saveur urineuse et caustique qu'elle communique au jus ; 2° à la pellicule irisée qui se forme à la surface du liquide, lorsqu'après en avoir pris dans une cuillère, on souffle dessus ; 3° à la propriété que le jus a de rappeler au bleu le papier de tournesol rougi par un acide. Si on laissait cet excès de chaux dans le liquide, le sirop qui proviendrait de son évaporation aurait une saveur extrêmement désagréable ; mis à l'étuve, il donnerait très-peu de sucre et d'une mauvaise qualité. Pour enlever ce même excès de chaux, on la sature par un acide quelconque : il faut donner la préférence aux acides qui forment avec elle un sel insoluble : tels sont les acides sulfurique et carbonique. Mais comme il importe dans tout établissement de recourir aux moyens les plus économiques, on emploiera de préférence l'acide carbonique, puisque tous les fabricants pourront l'obtenir par la simple combustion du charbon au contact de l'air : vingt parties de charbon en donnent cent d'acide carbonique ; enfin cet acide forme avec la chaux un sel insoluble qui se précipite en totalité, avantage que ne présente pas l'acide sulfurique ; car le sulfate de chaux reste toujours uni à la liqueur, se dépose par la cuisson dans le fond de la chaudière, y forme une incrustation qui détermine la caramélisation d'une portion de sucre, et altère les chaudières. On reconnaît que l'excès de chaux est précipité à la saveur franche qu'acquiert le jus, et à la disparition de la pellicule qui se formait auparavant, lorsqu'on soufflait à la surface. La neutralisation de la chaux ne dure que 10 à 15 minutes ; la cuve dans laquelle on l'a opéré porte, à un doigt de son fond, un robinet à l'aide duquel on soutire le jus, pour le séparer du carbonate de chaux qui reste au fond. On porte ce jus dans les chaudières à évaporation qui ont beaucoup de surface et peu de profondeur ; on l'évapore à gros bouillons, jusqu'à ce qu'il marque 25 degrés à l'aréomètre de Baumé. Alors on diminue le feu, et on continue la cuisson sans ébullition, jusqu'au 36° degré du même aréomètre. On met ensuite le sirop dans des pipes à eau-de-vie ; on le laisse huit jours ; il dépose du malate de chaux ; puis on le transporte à l'étuve. Celle-ci ne doit être chauffée que de 15 à 20 degrés ; la température de l'été est la plus convenable pour la cristallisation. (*Moniteur* de 1812, page 64).

« M. *Derosne* (*Charles*), *pharmacien à Paris*. — Pour obtenir la prompte cristalli-

sation du sucre de betterave, l'auteur indique le procédé suivant. Lorsque les sirops seront bien clairs, au lieu de les exposer à l'étuve, on les fera évaporer, soit au
bain de vapeur, soit à feu nu, mais dans
ce dernier cas à une chaleur parfaitement
ménagée. On aura soin de les mettre par
couches peu épaisses sur des vases évaporatoires qui présentent beaucoup de surface.
On aidera la concentration du sirop en le
remuant de temps en temps, et en l'exposant à un courant rapide d'air. Bientôt il
cristallisera, et présentera l'aspect d'une
pâte grenue. Si le sirop était d'une qualité
inférieure, il faudrait y ajouter, lorsqu'il
devient épais, une petite quantité de sucre
brut ou moscouade de betteraves ; bien mêler le tout, et exposer ce mélange pendant
quelques heures à une chaleur d'environ
60 degrés Réaumur, sans l'agiter. Cette addition, qui ne trouve point assez de liquide
pour se dissoudre, déterminera la cristallisation du sucre contenu dans le sirop.
Lorsque cette matière sera parvenue à la
consistance convenable, on mettra cette pâte
dans un bain-marie, et on la fera chauffer
dans la vapeur jusqu'à ce que le thermomètre plongé dans cette matière liquéfiée
indique environ 80 degrés Réaumur. Le
sirop prendra alors plus de fluidité, mais
contiendra encore du sucre non fondu. On
le maintiendra pendant quelques jours à
cette température, qu'on laissera ensuite
tomber à environ 72 à 75 degrés. Les cristaux qui seront restés détermineront promptement la cristallisation d'une nouvelle
quantité de sucre. Alors on versera la matière bien chaude dans de grandes formes
ou caissons de bois, qu'on tiendra à une
température telle, que le refroidissement ne
puisse avoir lieu qu'insensiblement. Le degré de chaleur ainsi maintenu diminuera
la viscosité de la partie non cristallisable, et
accélèrera la formation du sucre en cristaux
assez gros pour permettre l'écoulement de
la mélasse. Pour décolorer promptement
cette moscouade, sans en fondre une partie,
on versera sur ce sucre ou moscouade une
certaine quantité de sirop de betteraves,
aussi peu coloré que possible, et évaporé
seulement au degré auquel il peut commencer à cristalliser, c'est-à-dire, à 36 degrés de
l'aréomètre de Baumé. Le sirop étant froid,
l'emploi du charbon peut être utile pour
préparer des sirops de betteraves peu colorés. Ce sirop, déjà saturé, n'attaquera pas
le sucre cristallisé, et se mêlant avec la mélasse, la liquéfiera, et décolorera le sucre.
Plus le sirop qu'on emploiera sera décoloré,
plus le sucre brut sera beau, et, pour lui
donner le degré de sécheresse convenable,
il suffira de le laver avec une très-petite
quantité d'alcool. Le sucre brut étant de
bonne qualité, cette opération pourra remplacer le terrage. Lorsque, au contraire, le
sirop sera pauvre en sucre cristallisable, et
qu'après la cuisson et la cristallisation, il
formera une masse de laquelle la mélasse
ne pourrait que très-difficilement, ou même

pas du tout se séparer, on mêlera simplement la moscouade avec le sirop décoloré
on laissera ce mélange en digestion pendan
quelques heures ; on le mettra ensuite dan
une toile, et on l'exprimera au moyen de l
presse. La séparation de la mélasse se fer
en raison de la fluidité produite par le siro
incolore employé ; ce qu'on retirera de l
presse pourra ensuite être complétemen
dépouillé de sirop, au moyen d'une petit
quantité d'alcool. Les sirops mêlés de mélass
qu'on obtient par ce moyen peuvent êtr
mis à l'étuve pour cristalliser ; la nouvell
quantité de mélasse qu'ils contiennent ren
drait très-difficile, et d'une réussite incer
taine, la cristallisation immédiate. M. De
rosne rend d'ailleurs justice aux procédé
de M. Achard. (*Bulletin de la Société d'en
couragement*, 1812, pages 13 et 14.)

« *M. Bonmatin, de Paris.* — Le procéd
de M. Bonmatin pour obtenir le sucre de l
betterave ayant été jugé le meilleur, le mi
nistre des manufactures et du commerce
par son arrêté du 12 juin, en a ordonn
l'impression au nombre de deux mille exem
plaires, pour être envoyés aux préfets de
départements chargés de faire réimprime
la description dans les journaux. Lorsqu
le sucre de betterave a été extrait par le
moyens connus, il faut, pour obtenir le su
cre brut ou moscouade qu'il contient e
plus ou moins grande quantité, lui fair
subir successivement les quatre opération
suivantes : 1° on met dans une chaudière d
cuivre placée sur un fourneau le sucre d
betterave que l'on veut clarifier, et on l
chauffe jusqu'à 65 degrés Réaumur. Quelque
instants avant d'arriver à cette température
ou prépare un lait de chaux, en versant d
l'eau bouillante sur la chaux vive ou causti
que. Les doses des matières à employer son
pour un litre de suc, 3 grammes de chau
éteinte dans 18 grammes d'eau. Le lait d
chaux étant fait, et le suc de betterave étan
porté à 65 degrés, on verse le premier liquid
dans le suc, en ayant soin de laver le vas
avec une portion de ce même suc et d'agite
le tout à l'aide d'une spatule de bois. O
pousse le feu de manière à élever la liqueu
jusqu'à 80 degrés ; alors, et aussitôt, o
éteint ce feu, afin d'éviter l'ébullition, qu
serait nuisible. On conserve la liqueur dan
un parfait repos pendant une heure, ce qu
détermine la séparation d'une écume abon
dante, solide, foncée en couleur, que l'on en
lève moyen au d'une écumoire, et que l'on me
égoutter sur un blanchet. Après avoir écum
cette liqueur, on l'abandonne encore deu
heures à un repos absolu, dans la même chau
dière, après quoi on la filtre à travers un blan
chet. 2° La liqueur qui filtre à travers le blan
chet est limpide, bien moins coloré que n
l'était le suc de betterave, et offre une saveu
sucrée, rendue désagréable par la saveur âcr
de la chaux. Pour neutraliser en grande par
tie la chaux dissoute dans le suc, on chauff
la liqueur jusqu'à 65 ou 70 degrés Réaumur
après quoi on y verse 6 décigrammes d'acid
sulfurique à 66 degrés de l'aréomètre de

Baumé, par litre de sucre clarifié. Il est indispensable d'affaiblir préalablement cet acide dans vingt fois son poids d'eau. Le mélange étant agité, on porte la liqueur à l'ébullition, et on enlève, à mesure qu'elles se présentent, les écumes que l'on met égoutter sur le blanchet. On soutient ainsi l'évaporation jusqu'à ce que la liqueur bouillante marque 15 degrés à l'aréomètre. Le sulfate de chaux qui s'est formé nage abondamment dans cette liqueur; il faut filtrer celle-ci à travers le blanchet, afin de séparer le sel insoluble. 3° La filtration de cette liqueur étant faite, et la chaudière étant nettoyée, on porte de nouveau le liquide à l'ébullition. On enlève successivement l'écume qui se produit, et l'on diminue le feu lorsque le même liquide présente les caractères d'un sirop. Pour que la cuisson soit complète, la liqueur doit marquer, bouillante, 32 degrés à l'aréomètre, alors on décante dans un vase, et l'on a un très-bon sirop de betteraves, qu'il faut conserver sans l'agiter, dans un endroit frais. 4° Avant d'égrener le sirop de betteraves et d'en obtenir ainsi du sucre brut ou moscouade, il faut l'abandonner dans un repos absolu pendant quatre jours au moins : par ce repos, le sirop laisse précipiter la plus grande partie des matières salines et des autres substances étrangères qu'il contient. Pour procéder au grenage, on doit décanter avec soin ce sirop dans une bassine, et n'opérer que sur 50 kilogrammes à la fois. On allume le feu sous la bassine, de manière à mettre le sirop promptement en ébullition. Il ne tarde pas à se produire un boursoufflement considérable, que l'on modère en y projetant un peu de beurre. Il se produit aussi des écumes qu'il faut enlever à mesure. Pendant l'évaporation, le feu doit être assez actif pour qu'elle soit constamment très-grande; on ne doit pas cesser d'agiter la masse à l'aide d'un mouveron, sans quoi le sirop brûlerait. Il arrive, au moment où la matière est en ébullition, qu'il se produit des cloches qui se crèvent et laissent échapper des vapeurs aqueuses et bien visibles; comme on approche alors de la cuite, il faut plonger un thermomètre dans la masse, jusqu'à ce que le mercure monte à 90 degrés Réaumur. L'opération est ordinairement finie quand on est arrivé à ce terme. Un moyen plus sûr de reconnaître la cuisson du sirop, est celui que pratiquent les raffineurs de sucre de cannes, et qu'ils appellent la *preuve par le filet* : il consiste à prendre avec le pouce, sur le mouveron, un peu de la masse bouillante que l'on comprime faiblement entre le pouce, au moyen du doigt indicateur. Si en séparant brusquement les doigts, de manière que l'index soit en haut, il se produit un filet assez long, et si ce filet casse près du pouce et remonte vers l'index en prenant la forme d'un crochet, on a la certitude que la cuisson du sirop est complète. Alors on doit verser la masse dans un rafraîchissoir; on l'abandonne jusqu'à ce que la chaleur tombe de 90 à 35 degrés. A ce terme on agite un peu

cette masse, qui offre déjà des marques sensibles du grenage, et on la coule aussitôt dans des cônes ou formes de terre légèrement humectés, dont l'ouverture inférieure a été bouchée avec soin. Après le refroidissement et la cristallisation complète du sucre dans les cônes, on débouche leur ouverture inférieure pour donner issue à la mélasse, et l'on a ainsi du sucre brut ou moscouade qu'il est aisé de blanchir par le terrage d'après les procédés des raffineurs.

« *M. C.-J.-A. M. de Dombasle.* — 1820. — L'auteur ne pense pas, avec M. Chaptal, que le manufacturier soit obligé de cultiver lui-même la betterave, quoique ce soit le moyen le plus lucratif. La betterave blanche donne le plus de sucre, ou 4 livres et demie par quintal, et de 60 à 175 livres de suc pesant 8 à 10 degrés à l'aréomètre. Il faut éviter que ce suc exprimé ne devienne visqueux et filant par un prélude de fermentation acide. Après l'emploi de la chaux, et lorsque le sirop est concentré, on doit faire usage du charbon animal. Celui fait avec les cornes (pour la préparation du bleu de Prusse) n'a pas produit d'aussi bons résultats que le charbon d'os. On en met une livre et demie par quintal de veson; le sirop concentré à 32 degrés de l'aréomètre de Baumé a encore besoin de trois quarts de charbon animal, ou moitié de la dose précédente. On clarifie par le sang de bœuf. Lorsqu'on emploie du beurre frais, même en très-faible quantité, dans le raffinage du sucre de cannes ou de betteraves, celui-ci a une odeur de beurre désagréable; mais si on se sert de beurre fondu, privé d'une partie caséeuse odorante, on n'a plus d'odeur à redouter. D'après les produits de la manufacture de M. de Dombasle, la livre de sucre revient à 1 fr. 55 cent., sans compter les produits accessoires qui peuvent diminuer ce prix. Le charbon animal exige une dépense assez considérable; car il faut l'employer à la dose de 2 p. 0/0 du poids des betteraves. On obtient 3 p. 0/0 de sucre en pains de betteraves, coûtant 15 fr. le millier; et dans une grande manufacture, ce sucre ne coûterait que 1 fr. 05 cent. On obtient de 90,000 kilogrammes de mélasse de betteraves environ 500 hectolitres d'eau-de-vie à 19 degrés. Le maximum du produit d'un hectare de cannes à sucre, à la Jamaïque, donne environ 4,149 kilogrammes de sucre brut; le même terrain, cultivé en betteraves, en France, donne par maximum 2,250 kilogrammes de sucre brut; mais dans l'état ordinaire, les produits moyens sont seulement de moitié, et même moins. Cependant la betterave croissant plus vite que la canne, les produits seront plus fréquents. Il faudrait cultiver 40,000 hectares pour la consommation annuelle de la France; et comme la betterave se cultive dans les jachères non employées, la 175e partie des jachères de la France suffirait pour son approvisionnement; les produits ou résidus de la betterave nourriraient en outre une foule de bestiaux, ou fourniraient de précieux engrais.»

(*Journ. de pharmacie*, 1820, tom. VI, p. 344.)

M. de Beaujeu a soumis en 1834 à l'Académie des sciences les procédés nouveaux qu'il emploie dans la fabrication du sucre de betteraves, et qui sont remarquables par leur simplicité qui amène de grandes économies de temps, d'ustensiles et de forces, et par la bonne qualité des produits. Diviser les betteraves en lames minces, qu'on place à plusieurs reprises dans de l'eau chaude qui s'empare de la matière sucrée, sans entraîner de substances étrangères, telle est la manière de procéder de M. de Beaujeu, qui traite ensuite ce liquide sucré à peu près comme dans la fabrication ordinaire. Dans la filtration à circulation continue, le travail se fait presque seul, et cependant l'épuisement de la matière sucrée a lieu très-complétement. Cette fabrique est en pleine activité à Narce ; elle a été établie avec d'autant moins de frais qu'il ne faut plus de machine à vapeur, de manége, de râpes, de presses, de sacs, de claies, etc., et, cependant on peut y faire jusqu'à 150 milliers de sucre par jour, avec un si petit nombre d'ouvriers que les personnes qui ont visité l'établissement peuvent à peine en croire leurs yeux. On a observé d'ailleurs que les résidus de betteraves étaient plus substantiels et plus nutritifs pour les bestiaux que ceux que fournissent les fabriques où l'on emploie la râpe et la presse.

BIJOUTIER-ORFÉVRE. — L'art de l'orfévre (*auri faber*, forgeron d'or), qui implique nécessairement la richesse, les superfluités de la civilisation et les fantaisies du luxe, était fort rarement pratiqué dans les Gaules barbares et libres ; quelques anneaux grossiers, des phalères ou colliers pareils à ceux qui figuraient parmi les dépouilles de Caractacus, des agrafes pour les ceinturons de guerre ; tel est à peu près l'inventaire des bijoux gaulois. Les peuples des provinces méridionales, qui se trouvaient avant la conquête romaine en rapport avec la Grèce et l'Italie, s'appliquèrent les premiers aux travaux de l'orfévrerie, et, tout en restant bien loin des maîtres qu'ils imitaient, ils parvinrent à donner à leurs produits une perfection relative, qui suffisait aux exigences d'un goût peu développé. Au reste, dans ces temps reculés, la fabrication des objets d'or et d'argent paraît avoir été un métier plutôt qu'un art, métier qui n'occupait qu'un petit nombre de bras, et dont les ouvrages étaient particulièrement réservés aux rois ou destinés au service du culte. C'est pour la table de Théodoric que la ville de Toulouse fabriqua cette belle vaisselle d'or et d'argent que le roi des Wisigoths montrait avec orgueil comme un produit magnifique de l'industrie de ses sujets. C'est dans le tombeau de Chilpéric Ier que l'on a retrouvé ces abeilles d'or que quelques écrivains ont regardées comme le type primitif des fleurs de lis. Enfin c'est pour les églises et les palais que saint Eloi forgeait jour et nuit sur son enclume. Ce saint personnage, qui joua dans l'apostolat du nord de la Gaule un rôle important, est resté plus

célèbre encore comme orfévre que comme évêque. Il eut pour maître dans l'art de l'orfévrerie Abbon, artiste de Limoges, qui tena un atelier public de monnayage dans cett ville. Devenu très-habile après un cou apprentissage, saint Eloi se lia d'amitié ave Bobon, garde de la trésorerie du roi Clo taire II, et plus tard avec le roi, qui le charg de travaux nombreux. Il eut pour aide Thill (saint Théau), esclave qu'il avait rendu à liberté.

Saint Ouen, dans sa Vie de saint Eloi, signalé les œuvres les plus remarquable de cet orfévre : « Eloi, dit-il, fit un gran nombre de châsses d'or et d'argent enrichie de pierres précieuses, à savoir : de Germain évêque de Paris ; de Séverin, abbé d'Agaune de Platon, prêtre et martyr ; de Quintin, de L cien, évêque de Beauvais, de Geneviève, d Colombo, de Maximien, de Julien, et de bea coup d'autres. Mais surtout, le roi Dagobe en faisant les frais, il exécuta admirablemer en or et en pierreries la châsse de saint Gré goire de Tours ; il fabriqua aussi la châss de saint Brice. » La liste des morceaux d'o févrerie qu'on attribuait à saint Eloi avar 1790 est malheureusement trop considérabl pour que nous puissions la donner ici.

Les artistes qui succédèrent à saint Elo appartiennent, comme lui, pour la plupar à l'Eglise. Ce ne sont plus les évêques (ca déjà les évêques, devenus puissants et riche ont cessé de se livrer aux travaux manuels ce sont des moines qui fabriquent les ob jets destinés au service du culte.

Sous le règne de Charlemagne, l'orfévreri prit un notable développement ; on peut e juger par les inventaires des trésors d quelques abbayes, et entre autres de l'abbay de Saint-Riquier. Les candélabres, les croi ciselées et enrichies de pierreries, les évan géliaires recouverts de dyptiques précieux les étuis destinés à renfermer les livres d'é glise, les lampes d'or et d'argent, les châs ses et reliquaires de toutes formes, figuren en grand nombre dans ces curieux inven taires, et l'accumulation de pareilles riches ses dans l'intérieur des monastères suffirai seule à expliquer la rareté du numéraire e l'absence presque totale des monnaies d'or Les trésors des couvents et des églises ex citèrent singulièrement l'avidité des Nor mands, et, lorsque la mort de Charlemagn eut livré l'empire aux attaques de ces pi rates, les objets d'orfévrerie religieuse dis parurent presque tous. Le Xe siècle fut peu près stérile pour les œuvres d'art. O sait cependant que, du temps de Wego abbé de Saint-Martial de Limoges (974-982) Josbert, moine gardien du sépulcre, fit un châsse ornée de pierreries, une image d'o de saint Martial, et plusieurs autres objet d'orfévrerie. Lors de la renaissance mys tique du XIIe siècle, quand les églises, s relevant de leurs ruines, eurent revêtu suivant l'expression de Raoul Glaber, leur blanches robes de fête, on cultiva de nou veau les arts qui pouvaient contribuer à l splendeur du culte. On cite à cette époqu

Vallon, moine du diocèse de Metz ; Odoranne, religieux de Saint-Pierre le Vif, qui exécuta un Christ attaché à la croix ; le Normand Othon, qui fut chargé d'orner de travaux d'orfévrerie le tombeau de Guillaume le Conquérant ; Richard, qui décora l'église de Vannes, et fit pour cette église un tabernacle enrichi d'or et de pierreries précieuses. Dans le même temps, Godefroy, évêque de Champ-Allemand, assignait un certain nombre de prébendes aux ecclésiastiques qui s'occupaient d'orfévrerie, et il faisait apprendre cet art aux serfs des abbayes placés dans le ressort de sa juridiction épiscopale. Le tombeau du comte de Champagne, Henri le Large, fut exécuté en argent massif et orné d'émaux.

On trouve dans le troisième livre de la *Schedula diversarum artium*, du moine Théophile, de curieux détails sur les procédés de fabrication des anciens orfévres. Les vases sacrés en or ou en argent, les calices dorés, niellés ou incrustés de pierres précieuses, les burettes, les encensoirs, en un mot toutes les pièces d'orfévrerie sont l'objet d'instructions particulières. Il est à remarquer que Théophile ne parle ni des crucifix, ni des ciboires, ni des ostensoirs tels que nous les avons aujourd'hui , et cela, parce que de son temps l'usage de représenter en ronde bosse Jésus sur la croix ne s'était point encore répandu, et parce que l'Eucharistie était conservée dans une colombe de métal suspendue par une chaîne au ciborium. Dans tous ces travaux on s'inquiétait peu de la correction du dessin ; ils avaient du prix par leur richesse et par leur poids bien plutôt que par la beauté de leurs formes ; et l'orfévrerie, qui reproduisait en petit les lignes de l'architecture, de la statuaire et de la miniature, suivait pas à pas les vicissitudes de ces arts dans leur décadence et dans leur progrès. Les croisades, en exaltant jusqu'à l'idolâtrie la vénération des fidèles pour les reliques, la révolution communale, mettant le tiers-état à même de conquérir une aisance qui donne le goût du luxe, activèrent l'industrie des orfévres. Les croisés emportaient au départ la *sporta peregrinationis*, la boîte aux reliques ; et, en revenant dans leur pays pour remercier Dieu de la protection qui avait conservé leur vie, ils offraient aux églises quelques reliquaires ouvragés, quelques ornements de haut prix, comme la croix magnifique qui fut donnée par Godefroy de Bouillon à l'abbaye de Clairmarais, près Saint-Omer, et qui existe encore. A dater de cette époque, l'art se sécularise en quelque sorte. Il sort des couvents et passe des moines aux bourgeois. Les orfévres, joailliers, bijoutiers, metteurs en œuvre et marchands d'or et d'argent, qui formaient le sixième corps des métiers marchands de Paris, figurent, dans le livre d'Etienne Boileau, parmi les corporations les plus importantes de la capitale : alors comme aujourd'hui, l'étalon d'or dont ils se servaient passait « touz les ors de quoi on œvre en nule

terre. » Riches et charitables, les orfévres de Paris, qui sont mentionnés au nombre de cent seize sur le rôle de la taille de 1292, donnaient chaque année un dîner aux pauvres de l'Hôtel-Dieu ; ils avaient de nombreux priviléges, et Philippe de Valois leur accorda ces armoiries. Ce fut un orfévre, Raoul, qui, sous le règne de Philippe III, reçut le premier, parmi les hommes du tiers-état , des lettres de noblesse , en France.

Le luxe fit de rapides progrès ; les bourgeois singèrent les princes , et il fallut des lois somptuaires pour modérer leur ardeur de briller. Au xiv siècle , des ordonnances souvent renouvelées défendirent de fabriquer, si ce n'est pour le service des églises, des pièces d'orfévrerie pesant plus d'un marc ; mais ces ordonnances n'atteignaient pas ceux qui les avaient rendues , et les fantaisies interdites au peuple restèrent un privilége de la royauté. Charles V , malgré la simplicité de ses goûts, était riche en argenterie et en bijouterie : sa vaisselle d'argent se composait de 437 pièces ; la vaisselle d'argent doré, de 448 pièces ; la vaisselle d'or, ornée de pierreries, de 292 pièces: les principaux morceaux de ce trésor étaient une grande nef d'or pesant 53 marcs 4 onces , soutenue par six lions et portant un ange à chaque extrémité ; une autre nef d'or donnée par la ville de Paris et pesant 123 onces ; deux hydres , ornées d'émaux , portant de chaque côté un sauvage armé d'une lance. Il faut ajouter à ces objets les belles lampes d'argent que Charles V avait fait placer au Louvre dans la tour de *Librerie*. On voit en outre par des chartes contemporaines que les princes du sang royal faisaient fréquemment pendant le xive siècle des présents d'orfévrerie aux personnes qu'ils désiraient honorer. De 1394 à 1397 , Hanco Crest ou Croist, orfévre et valet de chambre du duc d'Orléans, fit pour ce prince des ouvrages d'or et d'argent.

On cite dans le siècle suivant, parmi les artistes les plus habiles : Aladeigues de Perpignan, qui exécuta pour l'église de cette ville un ostensoir en or et en vermeil ; Josset d'Esture , orfévre de Paris , qui fit de beaux fermoirs d'argent pour le duc d'Orléans (1497), et Pierre de Chappes, né aux environs de Bourges. Mais ce ne fut guère qu'au vie siècle que l'orfévrerie fut réellement un art. François 1er appela à Fontainebleau Benvenuto Cellini, et cet artiste fabriqua en France, entre autres chefs-d'œuvre, un petit vase pour la duchesse d'Etampes, et un Jupiter en argent. L'école italienne exerça une influence heureuse sur les orfévres français, qui luttèrent dès lors avantageusement avec ceux de Florence et de Bologne. François Briot fit de belles aiguières en étain , qui sont conservées au musée des Thermes (style Henri II); Jean Cousin se rendit célèbre comme orfévre au commencement du xvie siècle , Etienne de Laulne au temps de Henri IV, et Alexis Loir au temps de Louis XIV. On possède à Rouen une lame de cuivre sur laquelle sont gravés en creux les noms de 265 orfévres de cette ville au XVI° siècle, avec les poinçons de chacun d'eux. Elle fut faite pour remplacer le tableau des marques détruit en 1562, lors du sac de Rouen par les protestants. Sous le règne du grand roi, Claude Ballin exécuta des vases, des tables, des candélabres remarquables, qui, par malheur, furent portés à la monnaie pendant la guerre de la succession d'Espagne. L'orfévre Thomas Germain fut logé au Louvre, et élevé, en 1738, à la dignité d'échevin de la ville de Paris. L'art du joaillier, qui se distingue de l'orfévrerie, en ce qu'il consiste particulièrement dans la monture des pierres fines, prit sous Louis XIV une certaine importance.

Au XVIII° siècle, l'orfévrerie, qui du reste était fort à la mode, ne put échapper au mauvais goût qui avait envahi tous les arts. En même temps une industrie nouvelle occupa les bijoutiers. La bijouterie d'acier fut introduite en France vers 1740; elle y resta longtemps stationnaire et inférieure à celle des pays étrangers. Depuis une quarantaine d'années, elle dispute de supériorité avec celle de l'Angleterre. M. Auguste, orfévre de Louis XVI, exécuta quelques morceaux remarquables où il imitait les formes grecques et romaines, en essayant pour son art la révolution que David allait accomplir dans la peinture. M. Odiot, orfévre de l'empereur, réalisa bientôt cette révolution, et fit dans le style antique un grand nombre de pièces d'or et d'argent qui sont à bon droit estimées. Sous la Restauration, MM. Odiot fils, Collier et Fauconnier furent à la tête de l'orfévrerie française. On cite de M. Collier une fontaine en argent et le vase du sacre de Charles X.

À une époque récente, l'application du galvanisme à la dorure et à l'argenture des métaux, découverte par MM. Ruolz et Elkington, a ouvert à l'orfévrerie une voie nouvelle, en procurant aux consommateurs, avec les avantages du bon marché, des produits d'un brillant, d'une élégance et d'une solidité remarquables (1).

BITUME. — Substance minérale combustible que l'on serait tenté de regarder comme étant d'origine végétale, à en juger par la quantité de carbone qui entre dans sa composition. Son principal caractère est de répandre pendant sa combustion, qui est toujours accompagnée d'une flamme peu brillante et d'une fumée peu épaisse, une odeur particulière que l'on désigne pour cela sous le nom de *bitumineuse*.

Cependant, à l'aide d'autres caractères, on a été conduit à distinguer plusieurs espèces de bitumes que nous allons examiner.

Le *naphte* est une matière liquide à la température ordinaire, d'une couleur jaunâtre, extrêmement inflammable, répandant une forte odeur de goudron, et soluble en toute proportion dans l'alcool.

(1) Extrait de *Patria*. — Voy. DIAMANTAIRE, LAPIDAIRE.

Le *pétrole* est un bitume liquide et huileux, de couleur noirâtre plus ou moins foncée ; il donne du *naphte* à une distillation douce, et laisse pour résidu une matière grasse, épaisse, visqueuse, qui prend de la consistance lorsqu'elle a été exposée à l'air.

Le naphte et le pétrole sont toujours unis dans la nature. Ils accompagnent le gaz hydrogène carboné qui se dégage à l'intérieur de la terre dans certaines localités ; dans les environs de Bakou, sur les bords occidentaux de la mer Caspienne, il suffit de creuser un puits de 8 à 10 pieds de profondeur pour que le mélange de naphte et de pétrole s'y rassemble en grande quantité ; on en extrait aussi près d'Amrano dans le duché de Parme et sur la pente des Apennins, dans celui de Modène, ainsi qu'en France aux environs de Pézenas, dans le département de l'Hérault.

Partout où le naphte est abondant, il est employé pour l'éclairage, comme l'hydrogène carboné. Celui que l'on extrait de Gabian, dans les environs de Pézenas, est en usage comme vermifuge sous le nom *d'huile de Gabian*.

Le bitume élastique, appelé communément *caoutchouc minéral* (*Voy. ce mot*), reçu le nom de *dapech* et d'*élatérite*. C'est une substance d'un brun plus ou moins foncé, compressible, et qui devient élastique lorsqu'elle a été chauffée dans de l'eau bouillante. Son odeur tient à la fois de celle du cuir et de celle du suif. On trouve l'élatérite en Angleterre, dans les mines de plomb d'Obin, dans le Derbyshire ; et en France, dans les mines de houille de Montreloir, près de Varades, département de la Loire-Inférieure.

Sous le nom de *malthe* on désigne le bitume glutineux appelé *poix minérale*, *pétrole tendre*, *goudron minéral*, et *pissasphalte*, substance molle, glutineuse, qui, douée d'un assez grande dureté l'hiver, se ramollit l'été, mais qui se fond toujours dans l'eau bouillante et se dissout dans l'alcool. La malthe abonde dans un grand nombre de pays, en Europe et en Asie ; la Suisse, la Bavière la Hongrie, la Galicie et la France possèdent plusieurs localités où elle découle soit du calcaire, soit du grès, soit de l'argile, soit aussi de quelques roches d'origine volcanique ou en contact avec celles-ci. Ce bitume est employé à différents usages ; on en enduit les cordages et le bois qui doivent servir dans l'eau ; on s'en sert pour goudronner les toiles, pour préserver de l'humidité les plâtres et les constructions en maçonnerie, pour mastiquer les caves, les citernes et les fosses d'aisance. Mélangé avec des sables et des calcaires en poudre, il remplace avec économie et solidité les tuiles, les ardoises et le plomb laminé pour la couverture des bâtiments ; on le fait entrer dans la composition du vernis dont on recouvre le fer et dans les peintures grossières qui ont besoin d'être très-solides ; enfin on s'en sert en Auvergne, en Suisse magne et en Hongrie pour graisser les voitures.

Le bitume solide est connu sous les noms d'*asphalte* (*Voy.* Asphalte), de *bitume de Judée*, de *poix minérale scoriacée*, de *Karabé de Sodome* et de *baume de momie*. C'est une substance noire, solide, brillante, à cassure conoïdale, insoluble dans l'alcool, et fusible à une température plus élevée que celle de l'eau bouillante. Son nom d'asphalte lui vient de la mer Morte, autrefois le lac Asphaltite, où il est exploité de temps immémorial, avec d'autant plus de facilité qu'il surnage à l'eau et que le vent le pousse et le réunit dans les anses ou petits golfes de ce lac. Les Egyptiens s'en servaient dans les embaumements ; les Babyloniens en enduisaient les briques qu'ils employaient aux divers édifices de leur ville; les Romains mêmes en recouvraient d'une couche légère les statues qu'ils voulaient préserver des injures de l'air. Les modernes le font entrer dans la composition de certains vernis noirs, dans la couleur connue sous le nom de *bitume de Judée*, et dans celle qui a reçu le nom de *momie*, parce qu'on l'a souvent extraite des anciens cadavres égyptiens.

Il existe encore un autre bitume qui est sans usage dans les arts; c'est le *rétinasphalte* ou *rétinite*, matière solide d'un brun plus ou moins clair, d'un aspect résineux et qui a quelquefois l'apparence du succin ou de l'ambre, compact et veiné : il est fusible à une basse température ; il pétille au feu et répand en brûlant une odeur d'abord agréable, puis bitumineuse.

Le rétinasphalte se trouve dans le Devonshire en Angleterre, en rognons isolés, dans la formation de *lignite*. Il en est de même de celui qui existe dans l'état de New-York en Amérique (1).

BITUME PLASTIQUE. *Voy.* Caoutchouc minéral.

BLANC DE CÉRUSE, ou Blanc de plomb. (*Sa fabrication.*) — *Importation de M. Chaillot, de Paris, en* 1791.— Pour obtenir le blanc de céruse, suivant le procédé importé, il faut préparer des étuves en serres chaudes, c'est-à-dire former en maçonnerie une voûte surbaissée, de 6 pieds de large, sur 1 pied d'élévation, ce qui forme un conduit de chaleur. Cette construction doit être faite en briques. On peut réunir deux, trois ou quatre conduits de ce genre, suivant la quantité de blanc que l'on veut faire. Ces conduits de chaleur doivent être alimentés par un poële qui est placé au centre. Au-dessus des mêmes conduits, en forme de caissons, qui ont la même longueur et la même largeur que les conduits, c'est-à-dire 5 pieds. La base qui pose sur la voûte est en briques; on élève sur les côtés de petits murs d'appui, à la hauteur de 4 pieds, et on leur donne un pied d'épaisseur. Pour faire le blanc de céruse, on prend des pots de grès de forme oblongue, avec des supports sur les côtés, et ayant aux deux tiers de

leur profondeur une grille de même matière que les pots. On pose sur ces grilles des lames de plomb de 2 lignes d'épaisseur, à la distance de 4 lignes l'une de l'autre, afin que l'évaporation ne soit pas interceptée. Cette disposition étant faite, on prend du fort vinaigre bouillant, dans lequel on aura fait dissoudre du vitriol romain à la dose de 2 onces sur chaque 2 pintes, et on verse ce mélange sur le plomb. Il faut observer que le vinaigre ne doit pas être en assez grande quantité dans chaque pot pour monter jusqu'à la grille et toucher le plomb, mais qu'il doit en rester éloigné de 2 pouces. On bouche ensuite hermétiquement le pot avec son couvercle. On dépose les pots dans les encaissements indiqués ci-dessus, autant qu'ils peuvent en contenir, en y joignant 6 pouces de tan dessous, autant entre les pots, et 18 pardessus, afin que la chaleur soit bien concentrée. On alimente le poële de manière que la température soit maintenue à 20 degrés. On laisse les pots un mois dans cette chaleur ; après ce temps on les retire des encaissements, et on a soin que le blanc qui s'est formé reste toujours liquide. On prend ensuite de la craie de Champagne (toutes n'étant pas bonnes pour cette opération), bien blanche, bien fine et très-lourde; on la casse par petits morceaux, les plus menus qu'il est possible, afin d'être à même de choisir les parties exemptes de rouilles et d'autres corps étrangers qui pourraient ternir le blanc; on passe cette craie au moulin pour la pulvériser, après quoi on infuse toute la poudre dans des cuves pleines d'eau bien limpide, pour la laver. Il faut avoir soin de la laisser déposer et de ne prendre que la superficie. Cette opération se recommence sept fois, et même plus si les circonstances l'exigent. On laisse bien ressuyer le blanc, jusqu'à ce qu'il soit formé en pâte; alors on met ⅓ de blanc de plomb en un tiers de blanc de craie bien épurée ; on mêle le tout ensemble pour n'en faire qu'une pâte, que l'on passe dans un moulin pour le broyer; on lave une seconde fois cette matière afin de la blanchir, puis on la laisse dans des cuves bien couvertes, afin que la poussière n'y pénètre pas; et on ne doit découvrir ces cuves que quand le blanc est formé en pâte épaisse. Tout étant ainsi disposé, on met le blanc dans des moules que l'on place sur des planches rangées dans une étuve. La substance doit rester là au moins un mois pour avoir le temps de durcir; car plus le blanc de céruse est vieux fabriqué, plus il est beau. (*Description des brevets expirés*, t. I, p. 151. → *Annales des arts et manufactures*, t. XLV, p. 259.)

Invention de M. Saxelbye, de Derby. — Suivant le procédé pour lequel l'auteur a obtenu un brevet d'invention, il suffit de brûler un combustible quelconque dans des fourneaux appropriés pour se procurer l'élévation de température nécessaire, sans volatiliser le vinaigre. Toute espèce de fourneau est bon dès que, par son moyen, on

---

(1) Cet article est tiré de l'*Encyclopédie des gens du monde.*

peut déterminer, augmenter, diminuer, en un mot, régler le degré de chaleur produit : ses dimensions dépendent de celles du local qu'il doit échauffer. Toutefois, il faut avoir soin de placer le fourneau de manière à ce qu'il produise son effet uniformément, surtout de le tenir dans une position telle que la fumée, l'acide carbonique, etc., ne puissent pénétrer dans l'atelier où sont renfermés les pots qui contiennent la charge ordinaire de plomb et de vinaigre. La nature ou l'espèce de combustible, et le poids ou la quantité qui s'en consume dans un temps déterminé, ne sont pas les données les plus exactes pour arriver au degré de chaleur qu'exige cette opération. M. Saxelbye préfère l'emploi du thermomètre, qu'il dispose de manière à ce que les échelles, étant extérieures, laissent apercevoir sans peine les moindres variations de la température intérieure. L'auteur pense que l'on peut se servir de thermomètres construits avec du mercure ou tout autre fluide, ou de ceux composés de tiges métalliques qui portent le nom de pyromètres. Pour éviter encore plus sûrement une trop grande élévation de température, M. Saxelbye fait pratiquer dans la partie la plus élevée de l'atelier une ou plusieurs soupapes, au moyen desquelles il renouvelle à volonté l'air qui se trouve détérioré par la combustion ou l'oxidation des lames métalliques. On peut faire dépendre l'ouverture de ces soupapes de la dilatation du mercure ou de celle des tiges métalliques ; elles s'ouvrent alors quand la température s'élève, et se ferment, au contraire, dès qu'elle se rapproche du degré extérieur. L'auteur a trouvé, après diverses expériences, que le degré de chaleur le plus favorable à la production du blanc de céruse, se trouvait être de 90 à 100 degrés de thermomètre de Farenheit, pour les dix ou douze premiers jours, et de 100 à 110 pour les huit jours suivants. La température doit être ensuite proportionnellement élevée de 10 degrés par semaine jusqu'à la fin de l'opération, qui dure ordinairement quarante-huit jours, ou, en général, jusqu'à l'entière évaporation du vinaigre ou de l'acide employé. A cette époque, on retire les pots de l'atelier, on sépare le blanc de céruse, on le dessèche ; c'est alors qu'il est propre à être mis dans le commerce. L'auteur s'est servi avec avantage, dans quelques circonstances, de l'eau réduite en vapeur pour relever la température de l'atelier ; il a fait des observations thermométriques sur le degré de chaleur qu'elle prend en s'évaporant, et il est parvenu ainsi à pouvoir donner à ses pots la température nécessaire pour la réussite de ses opérations. (*Moniteur* 1805, p. 108.)

MM. Clément et Desormes ont présenté à la Société d'encouragement un nouveau procédé découvert par M. Montgolfier pour fabriquer le blanc de plomb. La première opération de ce procédé est le laminage du plomb sur coutil pour obtenir des lames minces à surface raboteuse. Pour oxider et carbonater le plomb, Montgolfier indique un fourneau ordinaire à reverbère chauffé avec du charbon de bois. La cheminée, placée sur le dôme du fourneau, s'élève à 4 ou 5 mètres, prend une direction horizontale, se rend dans un tonneau couché par terre et se trouve adaptée à un orifice fait au fond du tonneau, un peu au dessus de son centre. Du vinaigre séjourne dans la partie supérieure de ce tonneau, un tuyau égal à la cheminée, se trouve ajusté vers le centre du second fond du tonneau. Il communique avec une grande caisse rectangulaire dans laquelle on suspend les lames de plomb haut et bas pour déterminer le courant d'air à parcourir entièrement la surface des lames. L'autre extrémité de la caisse est ouverte pour donner issue aux gaz qui ne se combinent pas avec le plomb. La caisse a un couvercle mobile, que l'on enlève pour poser les lames de plomb sur les petits bâtons qui les attendent. L'air qui s'élève du fourneau pour entrer dans le tonneau où se trouve le vinaigre, chauffe cet acide et l'emporte en vapeur. Ainsi, il arrive dans la caisse un courant composé 1° d'acide carbonique ; 2° d'oxygène ; 3° de vapeur de vinaigre ; 4° gaz azote de l'air atmosphérique. Tout se réunit donc dans cet appareil pour la formation du carbonate de plomb. Les lames se chargent assez promptement d'une couche de carbonate ; si on ne veut pas les laisser se convertir entièrement en une seule opération, on les retire de la caisse et on les suspend dans l'eau, alors le blanc de plomb se détache et tombe au fond du vase. (*Bulletin de la société d'encouragement*, 18 p. 56. — *Annales des arts et manufactures*, 1813, p. 200.)

M. Roard, de Clichy a présenté à la Société d'encouragement du blanc de céruse comparable aux premières qualités du blanc de Hollande, et sa fabrique peut en fournir annuellement 600,000 kilog. au commerce. La Société ayant fait peser une même quantité de céruse de Clichy et de céruse de Hollande de première qualité, et les ayant fait broyer l'une et l'autre sur pierre semblables et avec la même espèce d'huile, la céruse de Clichy fut plutôt et mieux broyée, et absorba une plus grande quantité d'huile. Pour continuer l'expérience, on prit une planche qui fut séparée en deux parties, on couvrit chacune d'elles avec l'une des deux céruses ; la différence ne fut pas d'abord sensible, elle ne le devint que par la dessication. Immédiatement après la première application, le bois parut moins couvert du côté de la céruse de Clichy, n'offrit plus de différence sensible quatre jours après. A la deuxième application, la différence de la blancheur fut plus sensible et à la troisième encore davantage. Cette différence fut toujours beaucoup plus apparente après la dessication de la peinture. Quant à l'opacité, la différence entre les deux céruses n'était déjà plus sensible lorsque la première couche fut sèche. Il r sulte des expériences faites, que la céruse de Clichy, employée à trois couches, ainsi qu'on le pratique pour celle de Hollande, couvre tout autant que celle-ci, et qu'on en consomme un dixième de moins; et qu'avec deux couches de la céruse de Clichy on obtient les mêmes effets qu'avec trois couches de celle de Hollande. La propriété de sécher promptement est encore une qualité dans la peinture, et la céruse de Clichy l'emporte sur celle de Hollande. De plus, cette peinture reste mate en séchant, ce qui prouve une combinaison plus intime de ses molécules avec l'huile. (*Bulletin de la Société d'enc.*, 1813, p. 128.)

Diverses expériences faites à Cherbourg, en 1816, par ordre du ministre de la marine, ont prouvé que la céruse de Clichy, première qualité, comparée à celle de Hollande, aussi de première qualité, absorbe moins d'huile, forme une pâte plus compacte, et qu'elle se broie aussi bien. Elle supporte, pour son délayage, l'huile en plus grande quantité, se combine plus intimement avec ce liquide, et ne le rejette pas aussi facilement. Elle est employée en plus petite dose sur une surface d'une étendue déterminée; elle couvre aussi bien, sèche plus promptement, et produit un blanc plus beau, plus pur, plus vif et plus frais. Mélangée en quantité déterminée avec d'autres peintures, elle forme des couleurs secondaires qui participent à ses qualités, et leur donne une nuance moins foncée, plus fraîche et plus vive. Par son emploi, elle présente une économie réelle évaluée à 7 p. 100, d'après le terme moyen de plusieurs essais; enfin elle s'altère moins promptement, employée soit dans les appartements, soit sur la carène ou les œuvres mortes d'un bâtiment de mer. (*Bulletin de la Société d'encouragement*, 1817, page 96.)

BLEU. *Voy.* INDIGO, PASTEL.

BLEU (*Procédé pour obtenir cette couleur sans indigo.*) — *Découverte de M. Manfredi Stella, associé de la maison Belling, de Cologne*, 1808. — On peut, au moyen de cette importante découverte, teindre en bleu, sans indigo, le coton, la soie, la laine et les draps fabriqués. Plusieurs expériences ont été constatées d'une manière authentique, et le succès que M. Manfredi a obtenu, dans trois opérations qu'il a faites en présence d'un grand nombre de fabricants de draps et de négociants, ne laisse aucun doute sur la bonté de son procédé. Une première expérience a parfaitement réussi sur les cotons filés. La couleur bleue faite par l'auteur a subi, sur la laine, un débouilli de vinpierre, sans perdre aucunement de sa couleur. Cet échantillon, teint à la manière de M. Manfredi, et à la cuve d'indigo, a augmenté sensiblement de couleur. La seconde expérience a démontré que ce chimiste n'emploie pas d'indigo dans son procédé, et la laine teinte était parvenue à un tel degré de couleur foncée qu'elle donnait beaucoup d'espérance de pouvoir l'employer à faire du drap bleu, bien qu'elle

n'eût pas encore acquis le degré d'égalité désirable. Une troisième expérience a prouvé que le procédé de M. Manfredi pourrait être d'un grand usage dans la fabrication de ce drap, principalement parce qu'après avoir passé par toute espèce d'acide, et même finalement par la potasse, la couleur n'a changé que faiblement. Le coupon de drap sur lequel on a fait l'essai, passé par le moulin à dégorger et lavé avec la terre de foulon, a présenté, après cette opération, une couleur qui pouvait servir avec un grand avantage aux draps pour l'armée; le bon marché de la couleur s'y trouvant réuni à la bonté. (*Moniteur*, 1808, page 715.)

BLEU ARTIFICIEL. — *Découverte de M. Taffaert*. — L'auteur a trouvé une matière bleue en démolissant la sole d'un de ses fours à soude. Il n'a observé cette substance que depuis qu'il construit l'âtre de ses fours en pierres de grès; il n'en apercevait pas lorsqu'ils étaient en briques. Ayant remis cette substance à M. Vauquelin, qui l'analysa, il résulta de l'analyse, qu'on remarqua une analogie singulière entre cette matière colorante et celle de l'outremer. Ainsi que cette dernière, elle est subitement décolorée par les acides minéraux, avec dégagement de gaz hydrogène sulfuré; elle n'est point attaquée par les lessives alcalines bouillantes; la chaleur rouge ne la détruit pas, à moins qu'elle ne soit élevée à un haut degré. Cependant la base sur laquelle repose cette couleur n'est pas entièrement la même que celle du lapis lazuli. Ce dernier contient de l'alumine, de la silice, en combinaison avec la soude, et du sulfate de chaux, tandis que la base de la substance nouvelle contient de plus une grande quantité de sable à l'état de mélange. Mais elle renferme de même du sulfate de chaux, de la silice et de l'alumine combinée à l'alcali, du fer et de l'hydrogène sulfuré, qui sont probablement les principaux ingrédients de la couleur. (*Annales de chimie*, janv. 1814. — *Archives des découvertes et inventions*, t. VII, p. 89.)

BLEU CÉLESTE. — *Découverte de M. William Storg, à Fontenay-les-Bois (Seine)*. — On se sert, pour former ce bleu, qui a valu à son auteur un brevet d'invention de cinq ans, d'un grand vase de verre ou d'une chaudière de fer. Dans ce dernier cas, il n'est pas nécessaire d'employer de la limaille de fer comme ingrédient. On réduit en poudre une livre de bel indigo: on le met dans un vase avec trois livres d'acide sulfurique; on remue le mélange et on le laisse reposer pendant vingt-quatre heures au plus. On fait fondre ensuite dix livres de potasse dans une pinte d'eau; on joint au mélange précédent une pinte de cette forte solution de potasse et après avoir exactement trituré, on ajoute une livre du meilleur savon bleu coupé menu; on continue à ajouter de la solution de potasse, jusqu'à ce que le mélange s'offre sous la forme d'une poudre sèche; on y jette alors une demi-pinte d'eau claire et on remue encore. Cette opération se continue de même jusqu'à ce que la dissolution de potasse soit toute employée ; M. William y mêle après cela, et avec soin, une demi-livre d'alun en poudre fine passée au tamis. Après trois jours de repos la composition est propre à être employée. Elle est en consistance de pâte. (*Description des brev. expirés*, t. II, p. 149.)

BLEU D'AZUR. — *Découverte de M. Thénard, de l'Institut*, an XII. — Le prix excessif de l'outre-mer, qui est la seule couleur bleue sur la solidité de laquelle la peinture puisse se fonder, n'en permettant plus l'usage que dans la miniature, M. Thénard, qui savait que la belle couleur bleue de la manufacture de porcelaine de Sèvres était due à l'arséniate de cobalt, essaya de stratifier dans un creuset une certaine quantité de ce sel avec de l'alumine récemment précipitée de l'alun. Cet essai réussit constamment et eut un plein succès. Il résulte donc des expériences de ce savant chimiste, que la couleur bleue la plus belle se compose de 1 d'arséniate et de $1 \frac{1}{1} 2$ d'alumine. L'auteur ayant ensuite cherché dans quelles proportions l'alumine et l'arséniate ou le phosphate de cobalt devaient être employés pour former la plus belle couleur bleue, trouva, après des essais multipliés, qu'elle se compose de 1 de phosphate, et de $\frac{1}{4}$ 2 et 3 d'alumine. Les couleurs à base d'arséniate ont paru à M. Thénard être constamment moins vives et moins intenses que celles des phosphates ; mais, malgré la beauté de celles-ci, elles sont encore inférieures en beauté à l'outre-mer de première qualité. Le coup de feu influe beaucoup sur le ton de la couleur. Le degré de chaleur qui a paru le plus favorable à M. Thénard, était le rouge cerise, lorsque l'alumine était en même quantité que le sel de cobalt, et que la chaleur devait augmenter avec la quantité de l'alumine ; mais il est prudent, pour saisir le degré de feu convenable, de retirer de temps en temps du creuset une petite quantité de la matière, et de la retirer entièrement lorsque la couleur atteint la nuance convenable. Pour obtenir une belle couleur, il faut avoir des sels de cobalt, autant purgés que possible du fer que contient le cobalt. La découverte de cette couleur est d'un grand prix ; et, pour en connaître la solidité, MM. Vincent et Mérimée ont fait un grand nombre d'essais, tant à la gomme qu'à l'huile ; tous ont parfaitement réussi. Les essais à l'huile de l'outre-mer à cent francs l'once, et du bleu à base d'arséniate et de phosphate, ne peuvent se distinguer ; mais si, au lieu de l'huile on emploie la gomme, ces deux couleurs se distinguent ; dans ce cas, l'outremer est plus intense. La couleur nouvelle, exposée dans les essais pendant deux mois à une lumière vive, n'a subi aucune espèce d'altération ; elle n'est attaquée à la température de l'atmosphère, ni par l'acide muriatique oxygéné, ni par aucun des acides connus ; les alcalis et l'hydrogène sulfuré sont également sans action sur elle. Le prix du bleu, soit à base

d'arséniate, soit à base de phosphate, sera alors pour le fabricant, de la première m... nière, de vingt à vingt-neuf francs les ci... hectogrammes ; de vingt-neuf francs, s'... était formé de parties égales d'alumine d'arséniate ; de vingt-trois francs si quantité d'alumine était double de celle l'arséniate ; et de vingt francs si elle éta... triple. De la seconde manière, c'est-à-di... de phosphate, il ne coûterait presque p... davantage, parce qu'il peut contenir un tie... de plus d'alumine que le premier, et êt... aussi et même plus intense que lui. (*Bull... tin de la société d'encouragement*, an XI... page 125. — *Annales des arts et manufact... res*, même année, t. XVI, p. 225).

BLEU DE PRUSSE (*Sa composition et s propriétés*). — M. Clouet, professeur de chim... à Mézières, qui, d'après les expériences fait... sur la matière colorante du bleu de Pruss... avait pensé que cette substance était le ré... sultat de la combinaison de l'alcali volat... avec la substance inflammable des charbon... (le carbone), est parvenu à produire cet... union en prenant deux parties et demie c... chaux vive en poudre, mêlée avec une pa... tie de sel ammoniac sec et pulvérisé. Apré... avoir introduit ce mélange dans une cornu... de grès, il l'a exposé sur un banc de sab... dans un fourneau garni de son dôme ; au be... de la cornue fut adapté un tube de porc... laine rempli de charbon pulvérisé et séché... le tube de porcelaine passait aussi à trave... un fourneau garni d'un dôme, et dispos... pour bien chauffer. A l'extrémité du tub... de porcelaine, opposé à la cornue, était scell... un ballon à deux pointes, lequel commun... quait à une suite d'autres ballons tubulé... qui étaient remplis de différentes substance... propres à reconnaître ce qui devait passe... On commença par chauffer le tube de por... celaine jusqu'à ce qu'il fût rouge ; alors seu... lement on fit dégager l'ammoniaque, qu... après avoir passé à travers le tube de porce... laine rempli de charbon incandescent, fu... reçue dans les ballons, et présenta à l'exa... men les différentes propriétés reconnue... par les chimistes à la matière colorante d... bleu de Prusse. Le premier ballon contenai... une dissolution vitriolique de fer bien satu... rée ; le deuxième contenait aussi la mêm... dissolution, étendue d'eau et avec excè... d'acide ; le troisième renfermait une disso... lution nitreuse de fer, aussi avec excès d'a... cide. Lorsque le tube qui contenait le char... bon fut bien rouge, et que le gaz commenç... à passer, il se forma dans le premier ballo... une grande quantité de bleu de Prusse ; i... ne s'en forma point dans le deuxième, e... encore moins dans le troisième, où étai... l'acide nitreux, qui décomposait la matièr... colorante en exhalant une forte odeur de ga... nitreux. Pour parvenir à fixer cette portio... de gaz colorant, et empêcher sa décomposi... tion et sa dissipation, l'auteur fit entrer u... excès d'alcali dans les deux ballons ; le ga... colorant se combina avec cet excès, et lors... qu'il y eut circulé quelque temps, il s'... forma du bleu de Prusse en y ajoutant u...

excès d'acide. Dans une autre expérience, le premier ballon fut rempli d'acide vitriolique étendu d'eau pour retenir l'ammoniaque non combinée ; car il s'en dégage toujours une certaine quantité qui n'a point contracté d'union avec le charbon, peut-être parce que les tuyaux dont s'est servi M. Clouet n'étant pas assez longs, l'ammoniaque ne restait pas assez longtemps en contact avec le charbon. Le deuxième ballon contenait de l'eau distillée ; le troisième de l'alcali minéral caustique ; un quatrième contenait de la limaille de fer et de l'acide vitriolique étendu d'eau distillé. Lorsque l'opération fut finie, l'acide vitriolique du premier ballon se trouva non-seulement neutralisé par l'alcali volatil, mais il contenait une certaine quantité de matière colorante, car il produisait abondamment du bleu de Prusse avec les dissolutions de fer. L'eau distillée qui se trouvait dans le deuxième ballon paraissait contenir la matière colorante assez pure ; elle ne donnait de précipité bleu avec les dissolutions de fer que lorsqu'on y ajoutait un alcali avant de l'employer. Dans le troisième, l'alcali minéral caustique se combina avec une assez grande quantité de matière colorante. Dans le quatrième, où se trouvait la limaille de fer avec l'acide vitriolique étendu d'eau, il s'était formé une petite quantité de très-beau bleu de Prusse, couleur d'outremer. Aucune de ces liqueurs colorantes n'était saturée ; toutes précipitaient les dissolutions vitrioliques de fer avec excès d'acide, en bleu un peu vert. Ce précipité ne devint d'un beau bleu qu'avec addition d'acide nitreux ou d'eau régale dans la liqueur où s'était fait le précipité. Une de ces liqueurs, celle du premier ballon, composée d'acide vitriolique délayé, combiné avec l'alcali volatil, et contenant en même temps la matière colorante unie à l'ammoniaque, présente un fait particulier : si on précipite avec cette liqueur une dissolution vitriolique de fer, et qu'on se serve ensuite d'acide nitreux **vert** pour aviver la couleur, le précipité ne devient pas bleu, mais il prend une couleur de lie de vin foncée ; l'eau régale concentrée produit le même effet. Ce précipité paraît en partie soluble dans l'eau ; les autres liqueurs colorantes ne produisent point le même effet. Après quelque temps de repos, ces différentes liqueurs déposèrent une assez grande quantité de matière brune ; ce dépôt, qui était fort volumineux et très-léger, séparé des liquides qui le contenaient, filtré, lavé et séché, se trouva à l'examen être du charbon, qui, sans doute, n'avait pas été complétement dissous par l'ammoniaque. Le charbon, combiné avec les principes de l'ammoniaque de plusieurs manières et dans plusieurs proportions, n'a rien produit ; ce qui prouve qu'il faut que le charbon soit combiné directement avec l'ammoniaque. pour que la substance colorante puisse être produite. (*Annales de chimie*. 1791, pag. 30.)

BOIS (COLORATION ET CONSERVATION DES). — Les procédés pour teindre les bois sont, en général, peu connus, et on ne trouve nulle part un traité sur l'art de les colorer. M. Cadet de Gassicourt s'est livré à un grand nombre d'expériences. Il a examiné l'action des couleurs végétales sur seize espèces de bois, l'action des couleurs métalliques sur ces mêmes bois, et les changements opérés sur les couleurs par les réactifs et les mordants. Il a cherché quels étaient les vernis les plus avantageux, le mode d'opérer le plus commode et le plus prompt. La décoction du bois de Brésil lui a donné sur le sycomore la nuance de l'acajou jaune et brillant, et sur le noyer blanc une teinte d'acajou rouge : celle de curcuma a donné à l'érable une couleur assez brillante pour imiter le bois jaune satiné d'Amérique ; celle de gomme-gutte, dans l'essence de térébenthine, a donné l'aspect du jaune satiné des Indes ; mais rien ne lui a paru mieux imiter l'acajou que le sycomore imprégné de l'infusion de roucou dans l'eau chargée de potasse. Dans l'emploi des couleurs métalliques, il a essayé les muriate, prussiate et sulfate de fer, les nitrate et sulfate de cuivre, le sulfate acide de cobalt, précipité par l'eau de savon. Ce dernier produit sur le sycomore une nuance d'un brun clair, qui, par le poli, a pris le plus bel éclat. Les mordants les plus usités, tels que l'alun et le muriate d'étain, ont généralement foncé le rouge donné avec le bois de Brésil, rendu violette la couleur provenant du campêche, légèrement rougi la garance, et n'ont point altéré le curcuma. Comme réactifs, les alcalis, les acides, les sels métalliques, ont servi à varier les nuances ; l'acide sulfurique a donné une couleur éclatante de corail au Brésil et au campêche. M. Cadet a observé que les bois restaient ternes si on ne les recouvrait d'un vernis : celui qui lui a le mieux réussi est composé de 8 onces de sandaraque, 2 onces de mastic en larmes, 8 onces de gomme laque en tablettes et 2 pintes d'alcool de 36 à 40 degrés. Il ajoute à ces ingrédients, pour les bois très-poreux, 4 onces de térébenthine ; on casse les gommes, les résines, et l'on opère leur dissolution par une agitation continuelle sans le secours du feu. Pour appliquer les vernis sur le bois coloré et poli à la prêle, on l'imbibe légèrement avec un morceau de gros linge usé, imprégné de vernis, que l'on renouvelle lorsque le linge paraît sec, en continuant jusqu'à ce que les pores du bois soient bien couverts ; enfin on verse un peu d'alcool sur un morceau de linge propre, et l'on frotte légèrement jusqu'à ce que le bois ait pris un beau poli et un éclat spéculaire. Deux ou trois couches de vernis suffisent pour les bois dont les pores sont serrés.

Perfectionnements. — *M. Wagner.* — 1811. —Une somme de 100 francs et une médaille d'argent ont été accordées à ce fabricant par la Société d'encouragement, pour le grand nombre d'essais qu'il a faits sur la teinture du bois, et pour être parvenu à les teindre à une profondeur remarquable, comme aussi pour avoir donné à ses couleurs l'éclat le plus vif. (*Bulletin de la Société d'encouragement*, septembre 1811.)

Voici quelques autres procédés dont les auteurs ne nous sont pas connus, mais que nous croyons devoir rapporter, parce qu'ils ont été consignés dans un ouvrage estimé, et que d'ailleurs les essais sont ici sans inconvénient. Pour donner au bois la teinture bleue, il faut faire dissoudre du cuivre dans de l'eau-forte, et brosser le bois à plusieurs reprises avec cette liqueur chauffée; ensuite on fait une solution de perlasse, dans la proportion de deux onces sur une pinte d'eau; on frotte avec cette solution le bois couvert de celle de cuivre, jusqu'à ce que la teinte bleue soit parfaite.

Le procédé pour la teinture en jaune consiste à prendre un bois blanc quelconque, et à l'enduire à plusieurs reprises avec une brosse trempée dans une teinture de curcuma, faite d'une once de cette matière pulvérisée, sur une pinte d'esprit-de-vin, décantée au bout de quelques jours d'infusion. Si on veut donner une teinte rougeâtre, il faut ajouter un peu de résine sang-dragon. On peut aussi teindre le bois en jaune avec de l'eau-forte, qui quelquefois donne une belle teinte, mais elle est sujette à porter au brun. Il faut prendre garde que l'eau-forte ne soit trop concentrée, car alors elle noircit le bois.

Pour obtenir la teinture en mahogoni (acajou), on emploie la garance, le bois de Brésil et le bois de campèche. Ces matières produisent un rouge plus ou moins brun, et on les mêle dans des proportions suffisantes pour obtenir la teinte que l'on désire.

Lorsque l'on veut teindre en noir, il faut brosser le bois à plusieurs reprises avec une décoction chaude de bois de campèche. On prépare ensuite une infusion de noix de galles, à la proportion de quatre onces de ces noix en poudre sur deux quarts d'eau. On la met au soleil ou à une douce chaleur pendant trois ou quatre jours, puis on brosse le bois trois ou quatre fois, ce qui lui donne un beau noir. On peut aussi le polir avec une brosse et de la cire noire.

Pour la teinture en pourpre, il faut d'abord frotter plusieurs fois le bois avec une forte décoction de campèche et de brésil, dans la proportion d'une livre du premier sur quatre onces du second, dans un gallon d'eau qu'on fait bouillir au moins pendant une heure. Quand le bois a acquis un corps de couleur suffisant, on le laisse sécher, et on passe dessus une solution d'une drachme de perlasse étendue d'un quart d'eau.

On donne une belle couleur rouge au bois en faisant une forte infusion de bois de Brésil dans l'urine putréfiée, ou dans l'eau, imprégnée de perlasse, à la proportion d'environ 7 livres 6 onces, poids de marc, sur un gallon de l'un ou l'autre de ces liquides. On ajoute la proportion d'une livre de bois de Brésil, et on laisse infuser pendant deux ou trois jours, en remuant souvent; ensuite on tire au clair l'infusion, que l'on fait chauffer jusqu'à ébullition; on en frotte le bois à cette température, jusqu'à ce qu'il paraisse fortement coloré; alors, et

pendant qu'il est humide, on le brosse avec une dissolution d'alun dans l'eau sur u quart d'eau (le quart vaut 2 pintes, c'est-à dire deux livres d'eau poids de marc). Pou un rouge moins vif, il faut dissoudre un once de sang-dragon dans une pinte d'espri de-vin, et on brosse le bois jusqu'à ce qu la teinte paraisse de la force désirée : ce est plutôt un vernis qu'une couleur. Pou teindre en rose, il faut ajouter à un gallo de l'infusion de bois de Brésil, deux onc de perlasse de plus que pour teindre en rouge, et on l'emploie de même. On pe rendre la teinte plus pâle en augmentant l proportion de perlasse, et en faisant l'ea d'alun plus forte.

Le procédé pour la teinture du bois e vert consiste à faire dissoudre du vert-de gris dans l'eau; on brosse le bois ave cette solution chaude, jusqu'à ce qu'il ait l teinte qu'on désire.

BOIS DE CONSTRUCTION. — On emploi principalement le chêne, le hêtre, le cha taignier, l'orme et le sapin. Le chêne es préféré surtout pour les bâtiments de mer il se conserve et se durcit dans l'eau et es d'une grande résistance. Le hêtre sert border en partie les carènes. On fait le pommes en orme. Les pannes des toiture légères sont quelquefois en sapin; la mâtur des vaisseaux, les bordages des bateaux d rivières et une multitude d'autres construc tions légères ou économiques sont aussi d ce dernier bois. La légèreté, la hauteur laquelle ces arbres s'élèvent, et leur pri modéré les font employer de préférenc dans un grand nombre de circonstances.

Les jeunes chênes doivent être préféré comme étant de meilleur service; mais il ne fournissent pas les grandeurs d'échan tillons nécessaires pour les construction considérables, et on est obligé d'y employe de vieux bois. Les principaux vices sont le nœuds pourris, les branches cassées qui on laissé infiltrer l'eau dans le cœur de l'arbr et l'ont gâté par les effets des gelées, etc. C'es avec la hache, le ciseau et la tarière qu'o sonde les bois pour en juger la qualité. Le bois des pays méridionaux sont sujets à s gercer, et à se fendre; mais comme cet effe provient de la sève du bois, il a peu d'in convénients, il faut cependant quelquefoi contenir la pièce à l'endroit de ces gerçure avec des liens ou étriers en fer. C'est encor un défaut pour les bois d'être verts, parc qu'ils se tourmentent et se déforment, c qui peut nuire à la solidité ou à la grâce de constructions; il faut les conserver long temps avant de les employer, pour leur lais ser faire leur effet. La coupe des bois do se faire lorsque la sève est inactive, et spé cialement à l'approche de l'hiver, pour le chênes, ormes, châtaigniers, etc. Pour le sapins on préfère les mois de mai et d'avri parce que la sève ne monte pas encore. Le praticiens veulent que l'on choisisse le temp du décours de la lune : nous ne nous ar rêterons pas à discuter sur cette opinion qu n'est fondée ni sur l'expérience ni sur rie de raisonnable. Il faut mettre avec une foule d'autres préjugés invincibles, l'erreur qui porte à croire que les bois coupés dans le déclin de la lune sont moins sujets à se pourrir.

La plupart des petites constructions se font avec les bois du pays, parce qu'ils reviennent à meilleur compte ; mais les belles pièces se tirent des grandes forêts et principalement du nord de l'Europe et de l'Amérique, des Pyrénées, de l'Auvergne, etc. Les sapins du Nord ont sur ceux des autres régions une supériorité qui les rend préférables ; le grain est fin, les fibres sont flexibles et pénétrées d'une gomme et d'une résine abondante, qui les maintient très-longtemps après qu'ils sont abattus, et qu'on reconnaît à l'odorat. Les sapins des Pyrénées sont particulièrement estimés ; cependant ils se dessèchent plus vite que ceux du Nord.

Il ne faut employer les bois que longtemps après qu'ils ont été abattus. Les sapins pour mâture sont même conservés dans des fosses faites exprès et où on les tient immergés. L'eau de la mer ne les pénètre pas beaucoup et les entretient frais. Quant aux chênes, ormes et autres bois, on les dispose en chantier par étage, de manière que l'air les environne partout et que les courants les dessèchent. Ils y arrivent des forêts tout débités en planches ou équarris en solives ; et ces formes s'accommodent parfaitement à l'espèce de disposition aérée dont il vient d'être question. Ces pièces ont diverses dimensions, selon leur usage et la nature de leur substance.

Pour former une poutre, on équarrit l'arbre, c'est-à-dire qu'on enlève, selon la longueur, quatre segments cylindriques d'un bois imparfait nommé *aubier*. On voit au cœur de l'arbre une série de couches qui l'enveloppent les unes les autres en forme de cercles ou couronnes concentriques. Le plus grand des cercles entiers a pour diamètre l'épaisseur de la pièce ; au delà de ce cercle, les autres sont tranchés et ne forment plus que des portions de cercle qui vont en diminuant vers les arêtes de la pièce. Ainsi, une poutre carrée est composée d'un cylindre continu de bon bois, bien solide, et de quatre portions angulaires tranchées d'un bois moins solide et plus jeune. Plus il entre de ce dernier bois dans le cylindre central et plus la pièce est faible. Rien de plus variable, par conséquent, que le degré de résistance qu'on doit attendre des bois, puisqu'il dépend des qualités et de la nature des fibres ligneuses, de leur âge, et de la quantité d'aubier qui s'y trouve. Aussi la plupart des expériences qui ont été faites sur la force des bois sont-elles contradictoires les unes des autres ; sans compter qu'on a vu des poutres supporter, sans se rompre, neuf milliers des jours entiers, et qui, remises en expérience cinq à six mois après, rompaient sous la charge de six milliers, c'est-à-dire d'un tiers moindre que la première.

C'est à Galilée qu'on doit les premières vues sur la résistance des bois. Selon cet illustre géomètre, la résistance est en raison inverse de la longueur des pièces, en raison directe de la largeur, et en raison double de la hauteur. Telle est la règle généralement adoptée dans les arts et par tous les mathématiciens. Belidor l'a réduite en formule : une poutre étant appuyée solidement et scellée en ses deux extrémités, le poids sous lequel elle va rompre étant placé au milieu de la longueur, il trouve que ce poids $\frac{900\,b\,h^2}{l}$ est mesuré par l étant la longueur de la poutre exprimée en pieds, h la hauteur et b la base de sa section perpendiculaire, exprimée l'une et l'autre en pouces.

Quand les deux bouts de la pièce sont libres et seulement posés sur des appuis inébranlables, il faut remplacer le multiplicateur 900 par 600. Ainsi dans cette dernière supposition, pour une pièce de 20 pieds de long et de 7 pouces d'équarrissage, on a 20 pour l, et 7 pour h et b, ce qui donne 10,290 pour le poids qu'elle pourra porter en son milieu et sous lequel elle va rompre. Nous verrons bientôt que ce résultat est beaucoup plus fort ; il serait plus près de la vérité si l'on ne mettait que 500 au lieu de 600 pour facteur, en sorte que le poids sous lequel la poutre va fléchir est approximativement de $\frac{500\,b\,h}{l}$

Quand le poids n'est pas situé au milieu de la pièce, on l'y réduit par le calcul à l'aide de la décomposition des forces. On trouve que si m est la plus courte distance du poids au mur d'appui le plus voisin, il faut prendre pour son maximum $\frac{250\,b\,h^2}{m}$

Les praticiens recommandent d'ailleurs de ne faire porter au bois que la moitié tout au plus de l'effort sous lequel il romprait, lorsqu'on veut faire des constructions solides et durables. Ce n'est que dans les échafauds et les édifices dont l'existence est de peu de durée, qu'on peut se hasarder de donner au bois une charge des deux tiers de celle qui vient d'être assignée.

Mais il est à observer que la règle de Galilée est déduite de la supposition que les corps qu'on veut rompre sous la charge n'ont aucune flexibilité : l'élasticité des bois contrarie donc les raisonnements qui servent de base à ce principe, et c'est ce qui nous a forcés d'apporter à la formule une modification dans son facteur ; et même avec ce changement, on ne peut la présenter que comme un moyen d'approximation. Buffon et M. Girard, de l'Académie des sciences, se sont livrés à des recherches très-intéressantes sur cette importante théorie. On remarque l'habileté de leurs expériences et la composition de la machine qu'ils ont employée.

Nous croyons devoir exposer ici les principaux résultats obtenus par le plus célèbre de nos naturalistes, tels qu'on les voit consignes dans ses œuvres. (*partie expérimentale*, xi° *Mémoire*, *matières générales*.) Ce savant remarque que,

1° La force du bois est proportionnelle à son poids sous des dimensions constantes : en sorte que de deux pièces de bois de même longueur et de même équarrissage, la plus forte est la plus pesante, et elles résistent l'une et l'autre à peu près dans la raison de leurs poids.

2° La résistance croît avec les dimensions en hauteur et en largeur, avec cette observation qu'il y a beaucoup plus d'avantage à faire croître la hauteur que la largeur. Aussi maintenant, pour économiser les bois, construit-on beaucoup de combles où la charpente est remplacée par des planches de 15 lignes d'épaisseur mises de champ.

3° La résistance des bois décroît plus que ne le ferait supposer la raison des longueurs, et cette raison augmente beaucoup à mesure que la poutre devient plus courte ; en sorte qu'une poutre est bien éloignée de rompre sous la charge qui, doublée, romprait une poutre deux fois plus longue : c'est ce que les expériences suivantes attestent.

4° Les défauts des bois, les nœuds, la carie, les fentes, les directions très-obliques des fibres ligneuses doivent être pris en grande considération dans ces sortes d'expériences, parce qu'il en résulte un genre d'altération du bois, qui varie selon les cas, et change entièrement les effets généraux. Il n'est plus possible de s'en reposer alors sur les règles ordinaires, et la prudence oblige de rebuter les bois atteints de ces vices.

Voici les divers résultats que Buffon a obtenus de ces expériences. Les poids moyens sous lesquels il a fait rompre des poutres de chêne exemptes de défauts, posées sur des appuis, sont les suivants :

4 pouces d'équarrissage.		
12 pieds de longueur.		2,987 livr.
10	— —	3,612
9	— —	4,025
8	— —	4,550
7	— —	5,313

5 pouces d'équarrissage.		
28 pieds de longueur.		1,775 livr.
24	— —	2,125
22	— —	2,600
20	— —	3,200
18	— —	3,700
16	— —	4,300
14	— —	5,300
12	— —	6,000
11	— —	6,400
10	— —	7,100
9	— —	8,250
8	— —	9,800
7	— —	11,775

6 pouces d'équarrissage.		
20 pieds de longueur.		4,900 livr.
18	— —	5,500
16	— —	6,300
14	— —	7,475
12	— —	9,000
10	— —	11,000
9	— —	13,000
8	— —	15,500
7	— —	19,000

7 pouces d'équarrissage.		
20 pieds de longueur.		8,200 liv.
18	— —	9,400
16	— —	11,000
14	— —	13,000
12	— —	16,000
10	— —	19,500
8	— —	22,800
7	— —	26,000

8 pouces d'équarrissage.		
20 pieds de longueur.		11,300 liv.
18	— —	13,000
16	— —	16,500
14	— —	20,000
12	— —	23,600
10	— —	27,800

Ces résultats ne s'accordent pas avec la formule que nous avons rapportée, et il paraît qu'on leur doit plus de confiance qu'à une théorie qui ne comprend pas toutes les conditions du problème. Il est même à observer que le poids de la poutre s'ajoute par le fait à celui dont on la charge, ce qui tend à altérer encore les effets qu'on attend de l'expérience. Ainsi, la règle de Galilée et la formule de Bélidor ne donnent que des approximations, et on fera bien dans tous les cas de pratique, de s'en fier de préférence aux résultats que nous venons de citer.

Buffon rapporte en outre les différens degrés de flexion qu'ont éprouvé les solives avant d'éclater ; mais la connaissance de ce fait est bien moins intéressante pour les arts, qui évitent, au contraire, de charger les bois jusqu'à rupture complète, que de savoir quelle est la flexion qu'ils éprouvent sous les poids modérés dont on les charge d'ordinaire. Les travaux durables auxquels les bois sont employés, forcent de se tenir bien loin des limites de leur force, surtout en considérant que le temps et mille causes concourent à affaiblir la résistance des bois.

M. Dupin, dans un *Mémoire* (14° *Journal de l'École polytechnique*), lu à l'Académie des sciences le 19 juillet 1818, examine la question sous le point de vue qu'il importe le plus aux arts, et détermine les petits changemens de figure que de faibles pressions font éprouver aux bois. Suivant la remarque de ce savant, à peine un vaisseau de premier rang est-il lancé à la mer que, malgré les soins recherchés qu'on a réunis pour en assurer la solide construction, la réaction des poids des parties et la pression des eaux, courbent toute cette grande machine, et font former à ces parties des arcs qui, sur une corde de 60 mètres de longueur, présentent quelquefois un demi-mètre de flèche ; cette énorme déformation influe sur toutes les qualités du navire. De semblables effets sont produits dans toutes les circonstances où les bois sont employés, et on peut juger de quelle importance il doit être de prévoir la quantité de ces déformations.

Voici les résultats des expériences de M. Dupin.

1° La flexion des bois, produite par des poids très-petits, est proportionnelle à ces poids, en mesurant cette flexion par la flèche de leur arc, c'est-à-dire par l'abaissement du point milieu de la règle mise en expérience.

2° De deux vaisseaux dont la charpente serait d'égal volume, celui qui est construit avec le bois le plus pesant, perdra moins d'arc et de courbure que l'autre; et si la charpente a le même poids, construite avec des bois différents, le vaisseau construit en bois plus léger sera celui dont l'arc sera le moins considérable, et conséquemment qui présentera la plus grande solidité.

3° Les résistances à la flexion, on, si l'on veut, les flèches des arcs (descension du point milieu), sont proportionnelles aux cubes des épaisseurs.

L'auteur donne les développements théoriques propres à démontrer cet effet, qui a une si grande importance pour l'emploi des sapins dans les matures.

4° Deux pièces d'égal équarrissage, se plient suivant des arcs dont les flèches sont proportionnelles aux cubes des distances des appuis.

5° Lorsqu'on compare la flexion d'une pièce équarrie, chargée d'un poids placé en son milieu, à celle qu'on observe quand ce même poids est uniformément réparti sur toute la longueur, on trouve que, pour toutes les espèces de bois et quelque soient les dimensions d'équarrissage, ces flexions sont les $\frac{5}{8}$ l'une de l'autre. Ainsi, prenant pour unité le poids d'une pièce, en doublant les $\frac{5}{8}$ de la flèche qu'elle présente quand on la soutient horizontalement par les deux bouts, on a la flèche qu'elle présentera lorsqu'elle sera chargée en son milieu d'un poids égal au sien. Ce principe donne le moyen de peser sans balance, les bois très-lourds et très-longs, pourvu que leur épaisseur soit constante. En outre, on peut toujours remplacer un poids unique placé au milieu d'une pièce, par un autre qui serait réparti uniformément sur toute la longueur et réciproquement.

6° Deux pièces de bois de même espèce ayant des dimensions homologues proportionnelles, lorsqu'on les soutiendra par leurs extrémités, plieront sous leur propre poids et les flèches seront directement comme les carrés des longueurs, en sorte qu'elles prendront un seul et même rayon de courbure quelle que soit leur grandeur absolue. La même chose aurait encore lieu, si les pièces étaient chargées de poids accumulés ou repartis proportionnels à leurs poids respectifs.

7° Quant à la figure de la courbe qui est produite par la flexion des bois entre deux points d'appui, elle est très-sensiblement celle d'une *hyperbole*. L'auteur démontre ce fait par l'expérience et par le raisonnement; il trouve que, lorsque le poids dont la pièce est chargée, au lieu d'être au milieu, est plus rapproché de l'un des appuis d'une quantité peu considérable, la courbe n'est plus symétrique par rapport à la verticale, même par le milieu, mais qu'elle se confond encore à très-peu près avec une hyperbole

rapportée à des diamètres conjugués dont l'un est horizontal et l'autre oblique.

Tels sont les intéressants résultats consignés dans le mémoire d'un savant qui ne borne pas ses travaux à des recherches purement spéculatives de mathématiques, et sous ce rapport, ce travail méritait de trouver place dans un ouvrage consacré aux arts d'application.

Le chêne, lorsqu'il reste perpétuellement plongé dans l'eau, y acquiert une durée extraordinaire et y demeure indestructible : mais tous les bois qui sont exposés aux actions successives des éléments, ne tardent pas à pourrir, quelque soin qu'on prenne pour les conserver. Ils sont souvent la proie d'une maladie que les Anglais nomment *dry-rot*, pourriture sèche, épidémie végétale contre laquelle tous les préservatifs sont impuissants. C'est surtout dans les constructions navales que les ravages de ce fléau sont les plus redoutables. La durée moyenne d'un navire n'est évaluée qu'à huit ans pendant la guerre et quatorze ans pendant la paix, en ayant égard à toutes les causes de destructions. Aussi les gouvernements veillent-ils avec un grand soin à tout ce qui peut assurer la conservation des vaisseaux.

Selon Dupuis (*Voyage dans la Grande-Bretagne, force navale*, chap. 6, p. 184) le gouvernement anglais ne fait jamais achever complètement la construction des navires qui sont sur les chantiers à l'époque où la paix vient succéder à la guerre. Il se borne à amener les bâtiments à un tel état, qu'ils puissent être promptement mis en service, et il charge des officiers et une partie de l'équipage d'en assurer la conservation. Les Anglais pensent avec raison, qu'un édifice dont la valeur s'élève jusqu'à deux millions de francs, et dont le dépérissement annuel est par conséquent d'un huitième ou d'un douzième selon les cas de paix ou de guerre, éprouve par an 250,000, ou 143,000 fr. de pertes, et quand même on dépenserait la somme énorme de 100.000 fr. pour prolonger sa durée d'une année il y aurait encore grand avantage à faire ce sacrifice.

Lorsque le chêne doit être enfoncé en terre et scellé, comme on y est forcé pour les constructions des berceaux de jardins, contre-espaliers, clôture, échafaudages, etc., on retarde de beaucoup les effets destructeurs en brûlant le bout qui entre en terre. Le charbon qui recouvre le bois sert de préservatif contre l'humidité, les insectes, etc.

Les dimensions des poutres s'évaluent par les règles de la géométrie : les bois qu'on emploie dans les constructions sont des parallélipipèdes rectangles, ou bien si l'un de leurs bouts est un peu plus fort que l'autre, on se contente d'en mesurer l'épaisseur dans les deux sens vers le milieu de la longueur, et on suppose ensuite que cette épaisseur moyenne règle toute l'étendue. Il suit de cette forme vraie ou supposée que pour avoir le volume d'une solive, il faut en exprimer les trois dimensions à l'aide de la même unité linéaire et faire le produit de la multiplication de ces trois nombres. Ainsi l étant la longueur, h l'épaisseur dans le sens vertical, et b la largeur dans le sens horizontal, exprimés en la même unité, le produit $l\,h\,b$ sera le nombre d'unités cubiques contenues dans ce volume. Quant au poids de la pièce, il suffira de multiplier ce volume par le poids de l'unité cubique de la substance qui n'est autre chose que le produit du poids d'un égal volume d'eau par le poids spécifique, tel qu'il est donné dans la table suivante, pour les bois le plus ordinairement employés, si on prend pour unité le décimètre et qu'on

nomme le poids spécifique du bois qu'considère (nombre donné par la table su vante) on a le pour poids de la solive expri en kilogrammes et le volume en litres décilitres cubes, dont mille font le st ou mètre cube.

$$poids = a\,l\,b\,h$$
$$volume = l\,b\,h$$

Quand l'unité est le centimètre, le poi est exprimé en grammes et le volume centimètres cubes, ou pouces cubes,... et reste, pour avoir le poids à multiplier produit $a\,l\,b\,h$, par celui d'un volume d'e égal à cette unité.

ESPÈCES.	POIDS SPÉCIFIQUE.	POIDS DU PIED CUBE.
		liv.
Cœur de chêne,	a — 1,327	81,90
Noyer et orme.	0,671	46,97
Noisetier et tilleul,	0,604	42,28
Sapin,	0,550	38,50
Hêtre,	0,852	59,64
Peuplier,	0,383	26,81
Poirier,	0,661	46,27
Frêne,	0,845	59,15
Buis de France,	0,912	63,84
Vigne, buis de Hollande,	1,327	92,89
Ebène,	1,351	92,17
Aulne,	0,800	56,00
Cerisier,	0,715	50,05

Les marchés qu'on fait sur les chantiers pour livrer la charpente, et ceux des marchands qui s'approvisionnent dans les forêts se font en estimant les volumes par pièces, c'est le nom qu'on donne à une poutre qui a 6 pouces d'équarrissage sur deux toises de longueur. Quand la solive n'a pas ces dimensions, on les y ramène par le calcul, en les estimant en pièces et fractions de la pièce. Ce volume pris pour unité équivaut à trois pieds cubes, dont chacun de 1,728 pouces cubes. Ainsi, pour évaluer une solive proposée en pièces, il suffira d'en mesurer les trois dimensions en pieds ou en pouces, de multiplier ces trois nombres et de diviser par 3, ou par trois fois 1,728, selon que l'unité est le pied ou le pouce.

Comme ces opérations reviennent fréquemment dans la pratique, on en a fait une règle pour l'usage ordinaire qui revient au calcul suivant :

Estimez en pouces les dimensions d'équarrissage, c'est-à-dire la largeur et la hauteur de la poutre, et en toises sa longueur ; faites le produit de la multiplication de ces trois quantités, et divisez ce produit par 72, le quotient sera le nombre de pièces contenues dans la solive. Ainsi $\frac{h\,b\,l}{72}$ est le nombre de pièces exprimé algébriquement, $h\,b\,l$ étant les dimensions en largeur, hauteur et longueur exprimées comme on vient de le dire. Si la longueur est donnée en pieds, alors il faut prendre 432 pour diviseur, au lieu de 72. Par exemple, une solive à 8 pouces sur 7, et sur 15 pieds, je multiplie 8 par 7 et par 15: ce qui me donne le produit de 840; je di-

vise par 432, et je trouve $\frac{11}{54}$, ou 1 pièce pieds 8 pouces : attendu que la pièce partagée en six volumes égaux appelés pied le pied en 12 pouces, etc.

Bois de travail. — Nous comprendro sous cette dénomination les bois employ par les menuisiers, les ébénistes, les chu rons, etc., et nous les diviserons en *bois menuiserie*, *bois de charronnage*, *bois pr cieux*.

Bois de menuiserie. — Les bois recherch pour l'usage de la menuiserie, sont : le s pin, le hêtre, le châtaignier, le tilleul, poirier, le pommier sauvage, le noyer, chêne, le frêne, l'érable, le buis, le merisi le cornouiller, le tremble, le peuplier, platane, l'acacia, etc. Le menuisier meubles emploie particulièrement le noy et le hêtre. L'orme sert aussi au menuisi en voiture pour faire les châssis, et le noy pour faire les panneaux.

Le merrain est un bois cœur de chêne qu n'étant pas de qualité à être exploité bois de marine ou de charpente, est fen et préparé à l'épaisseur d'environ 3 cen mètres, et depuis 1 mètre jusqu'à 1 mèt 1/2 de longueur, avec le plus de large qu'il peut s'en trouver.

Le bois de chêne, que l'on appelle aus *bois gras* ou *doux*, est celui qui est le moi poreux et sans fil, et qui a moins de nœu que le bois ferme.

On appelle *bois de sciage pour la men serie*, celui qui est débité en soliveaux, chevrons et coupé en planches. On co prend sous ce nom tout le bois qui a moi de 6 pouces (15 centimètres) d'équarrissag ce sont, en général, des bois tendres, employés surtout pour la boiserie, le parquetage, les lambris et les plafonds.

Ce bois de sciage est très-sujet à se déjeter ; aussi, lorsqu'on peut se procurer du bois de chêne tendre, de droit fil et parfaitement sec, on préfère ce dernier pour faire des panneaux et des assemblages qui ne fatiguent point.

Pour avoir du merrain dur, d'une belle couleur, qui ne soit pas sujet à la vermoulure, on le jette dans l'eau immédiatement après qu'il a été façonné; mais si l'on destine ce merrain à faire des futailles, il faut choisir une eau nette et courante : car le bois prendrait la saveur d'eau croupie et la communiquerait aux liqueurs qu'il renfermerait.

On donne aux bois de menuiserie, à mesure qu'on les débite, diverses longueurs. Cette dimension est fixée, suivant l'usage marchand, depuis 2 et 3 mètres, jusqu'à 4, 5, et rarement 6 mètres, à moins que ce ne soient des sapins dont on peut faire des planches qui ont jusqu'à 10 mètres de longueur.

Le bois blanc est celui dont le tissu est blanc, léger et peu solide : la première dénomination appartient plus spécialement au châtaignier, au tilleul, au sapin, qui ont plus de fermeté, et la seconde au saule, au bouleau, au tremble et autres espèces de peupliers. Les arbres dont le bois est blanc n'appartiennent pas tous à la classe des bois blancs : c'est la nature du tissu ligneux et non la couleur du tissu qui détermine leur classification. Le hêtre et le charme sont de la classe des bois durs, malgré la couleur de leur substance. La distinction de bois en bois durs et en bois mous serait plus exacte.

Les bois de débit viennent de jeunes arbres auxquels on ménage toute la longueur qu'ils peuvent porter, comme 10 ou 15 mètres, sur 4 ou 5 mètres de circonférence vers le petit bout. C'est avec ces bois que l'on fait des traverses et quantité de menus ouvrages : ils se livrent en grume et de toute leur longueur.

Les bois durs sont des bois opposés aux bois blancs, ou plutôt aux bois mous. Ils sont d'une contexture ferme et d'une fibre grosse; ils viennent des pays chauds ou des fonds pierreux ou sablonneux. On appelle aussi bois durs ceux qu'on apporte des îles. On range parmi les bois durs, les chênes, l'orme, le frêne, le hêtre, le charme, les érables, le buis, le merisier, l'alisier, le prunier, le poirier, le pommier sauvage, le sorbier, le cornouiller et le néflier.

Bois feuillards pour cercles et pour lattes. Ce sont des bois refendus en lattes plus ou moins épaisses, pour servir à établir les couvertures en tuile et couvrir les solives des planchers que l'on veut plafonner, ainsi que les bâtiments de charpente qu'on veut revêtir d'un enduit de plâtre, ou de chaux et de sable.

On prend ordinairement pour les cercles des tonneaux et des cuves, de jeunes bois de noisetier ou de châtaignier qu'on refend en deux.

Tout les bois propres pour la menuiserie peuvent se flotter, à l'exception des bois blancs, comme le tremble, le peuplier et le tilleul qui se pourrissent dans l'eau. Au contraire, le chêne, l'érable, le poirier, le coudrier, le sapin gagnent a être flottés. L'eau délaye la sève, les rend plus tendres sous l'outil de l'ouvrier, leur donne une plus belle couleur et fait qu'ils sont moins sujets à se déjeter.

Bois de charronnage.—Le frêne, le charme, le chêne, l'érable et surtout l'orme sont les bois dont le charron fait le plus grand usage.

On distingue, dans les diverses sortes de ces bois, les bois en grume et les bois de sciage.

Le bois en grume est celui qui est en tronçons ou en bille, et n'est ni équarri ni débité avec la scie, et qui a encore son écorce, mais qu'on a coupé dans les longueurs propres aux ouvrages que les charrons veulent en faire.

On compte aussi pour bois de charronnage de jeunes frênes qui ont depuis 15 jusqu'à 30 centimètres d'équarrissage et qui sont un peu courbés naturellement. Ces pièces de bois servent pour les brancards de carosses ou de chaises.

Bois de placage (*Machines à scier le*).—(*Mécanique*). — *Inventions*. — *M. Charpentier, de Paris*, an VIII.—Cette machine, simple et dégagée de tous grands frottements, produit un effet surprenant; elle est mue par un seul homme, et elle peut être employée pour l'exploitation des forces et dans les ateliers de construction de la marine. (*Conserv. des arts et métiers*, grande galerie, modèle n° 489, ettiroir G H, dess. n° 14. — *Moniteur, an VIII*, p. 1160.)

M. Tschaggeny, 1811. — Le but que l'auteur s'est proposé est de trouver une machine précise, économique, expéditive; il semble l'avoir atteint, puisqu'il n'y a que deux frottements de roues, lesquelles roues sont divisées de manière à emporter une grande résistance avec très-peu de force. Cette machine est mue par un manége; un ou deux chevaux, suivant le besoin, suffisent pour faire mouvoir jusqu'à cent vingt scies à la fois; ce qui, comme le remarque M. Tschaggeny, occuperait, d'après les procédés connus, trois cent soixante ouvriers. Les châssis de scies sont faits avec la plus grande exactitude; leurs montants sont cylindrique, et les machines intérieures propres à fixer les scies et à les tendre également, sont établies de manière à pouvoir procurer à un plus ou moins grand nombre de scies égale force, sans la plus petite variation, lors même que ces scies seraient à trois quarts de ligne d'éloignement les unes des autres. M. Tschaggeny a obtenu un brevet d'invention de cinq ans. (*Brevets non publiés*.)

M. Cochot, de Paris, 1814. — La machine inventée par ce mécanicien offre de grands avantages sur celles alors en usage, par l'économie de forces et de bois, eu égard au peu d'épaisseur et à la forme de la scie, au châssis à couteaux qui maintient cette scie dans ses mouvements, et aux deux brosses mobiles qui nettoient les dents pendant le travail. Le châssis à couteaux et les brosses, qui n'existent à aucune mécanique connue sont les principales pièces qui donnent la facilité de tirer d'un bloc de bois un nombre de feuilles d'autant plus considérables, que la scie, étant extrêmement mince et d'une forme toute particulière, il se perd très-peu de bois par le sciage. (*Brevets non publiés.*)

Bois INDIGÈNES (*Coloration des*). — (*Economie industrielle*). — *Découverte de M. Cadet de Gassicourt*, 1810. — La Société d'encouragement a proposé un prix pour des meubles construits en bois indigènes; mais, pour qu'ils plaisent généralement, il faut que ces bois présentent non-seulement les mêmes avantages, mais encore le même aspect que ceux de l'Inde et de l'Amérique. Les procédés pour teindre les bois sont en général peu connus, et on ne trouve nulle part un traité sur l'art de les colorer. M. Cadet de Gassicourt s'est livré à un grand nombre d'expériences. Il a examiné l'action des couleurs végétales sur seize espèces de bois, l'action des couleurs métalliques sur ces mêmes bois, et les changements opérés sur les couleurs par les réactifs et les mordants. Il a cherché quels étaient les vernis les plus avantageux, le mode d'opérer le plus commode et le plus prompt. La décoction du bois de Brésil lui a donné sur le sycomore la nuance de l'acajou jaune et brillant, et sur le noyer blanc une teinte d'acajou rouge; celle de curcuma a donné à l'érable une couleur assez brillante pour imiter le bois jaune satiné d'Amérique; celle de gomme-gutte, dans l'essence de térébenthine, a donné l'aspect du jaune satiné des Indes; mais rien ne lui a paru mieux imiter l'acajou que le sycomore imprégné de l'infusion de roucou dans l'eau chargée de potasse. Dans l'emploi des couleurs métalliques, il a essayé les muriate, prussiate et sulfate de fer; les nitrate et sulfate de cuivre; le sulfate acide de cobalt, précipité par l'eau de savon. Ce dernier lui a donné sur le sycomore une nuance d'un brun clair, qui par le poli a pris le plus bel éclat. Les mordants les plus usités, tels que l'alun et le muriate d'étain, ont généralement foncé le rouge donné avec le bois de Brésil, rendu violette la couleur provenant du campêche, légèrement rougi la garance, et n'ont point altéré le curcuma. Comme réactifs, les alcalis, les acides, les sels métalliques ont servi à varier les nuances; l'acide sulfurique a donné une couleur éclatante de corail au brésil et au campêche. M. Cadet a observé que les bois restaient ternes, si on ne les recouvrait d'un vernis: celui qui lui a le mieux réussi est composé de huit onces de sandaraque, deux onces de mastic en larmes, huit onces de gomme laque en tablettes, et deux pintes d'alcool de 36 à 40 degrés. Il ajoute à ces ingrédien pour les bois très-poreux, quatre onces térébenthine: on casse les gommes, résines, et l'on opère leur dissolution p une agitation continuelle sans le secou du feu. Pour appliquer le vernis sur le b poli et coloré à la prêle, on l'imbibe légèr ment avec un morceau de gros linge us imprégné de vernis, que l'on renouvel lorsque le linge paraît sec, en continua jusqu'à ce que les pores du bois soient bi couverts; enfin, on verse un peu d'alco sur un morceau de linge propre, et l'o frotte légèrement jusqu'à ce que le bois a pris un beau poli et un éclat spéculai Deux ou trois couches de vernis suffise pour les bois dont les pores sont serré (*Bull de la Soc. d'encouragement*, 181 page 301. — *Ann. des arts et manufactur* 1811, tome XLII, page 91.)

Perfectionnements. — *M. Wagner*, 1811. *Une somme de 100 fr.* et *une médaille d'arge* ont été accordées à ce fabricant par la S ciété d'encouragement, pour le grand no bre d'essais qu'il a faits sur la teinture d bois, et pour être parvenu à les teindre une profondeur remarquable; comme aus pour avoir donné à ses couleurs l'éclat plus vif. (*Bull. de la Soc. d'enc.*, 1811.)

Voici quelques autres procédés dont l auteurs ne nous sont pas connus, ma que nous croyons devoir rapporter, par qu'ils ont été consignés dans un ouvra estimé, et que d'ailleurs les essais so ici sans inconvénients. Pour donner a bois la *teinture bleue*, il faut faire disso dre du cuivre dans de l'eau forte, brosser le bois à plusieurs reprises ave cette liqueur chauffée; ensuite on fait u solution de perlasse, dans la proportion deux onces sur une pinte d'eau; on frott avec cette solution le bois couvert de de cuivre, jusqu'à ce que la teinte bleu soit parfaite. (*Ann. des arts et manufact* tome XL, page 71.) — Le procédé pour *teinture en jaune* consiste à prendre un bo blanc quelconque, et à l'enduire à plusieur reprises avec une brosse trempée dans un teinture de curcuma faite d'une once d cette matière pulvérisée, sur une pin d'esprit-de-vin décantée au bout de quelqu jours d'infusion. Si on veut donner un teinte rougeâtre, il faut ajouter un peu d résine sang-dragon. On peut aussi teindr le bois en jaune avec de l'eau forte, qu quelquefois donne une belle teinte; mai elle est sujette à porter au brun. Il fau prendre garde que l'eau forte ne soit tro concentrée, car alors elle noircit le bois (*Mêmes ouvrage, année et tome*, page 69.) — Pour obtenir la teinture *en mahogany* (aca jou), on emploie la garance, le bois de Bré sil et le bois de campêche. Ces matière produisent un rouge plus ou moins brun et on les mêle dans des proportions suffi santes pour obtenir la teinte que l'on désire (*Même tome*, page 73.) — Lorsque l'on veu teindre en *noir*, il faut brosser le bois plusieurs reprises avec une décoction chaud de bois de campêche. On prépare ensuite une infusion de galle, à la proportion de quatre onces de ces noix en poudre sur deux quarts d'eau. On la met au soleil ou à une douce chaleur pendant trois ou quatre jours, puis on brosse le bois trois ou quatre fois, ce qui lui donne un beau noir. On peut aussi le polir avec une brosse et de la cire noire. (*Même tome*, page 73.) — Pour la teinture en *pourpre*, il faut d'abord brosser plusieurs fois le bois avec une forte décoction de campêche et de brésil, dans la proportion d'une livre du premier sur quatre onces du second, dans un gallon d'eau qu'on fait bouillir au moins pendant une heure; quand le bois a acquis un corps de couleur suffisant, on le laisse sécher, et on passe dessus une solution d'une drachme de perlasse d'un quart d'eau. (*Même tome*, page 72.) — On donne une belle couleur *rouge* au bois, en faisant une forte infusion de bois de Brésil dans l'urine putréfiée, ou dans l'eau imprégnée de perlasse, à la proportion d'environ sept livres six onces poids de marc, sur un gallon de l'un ou l'autre de ces liquides: on ajoute la proportion d'une livre de bois de Brésil, et on laisse infuser pendant deux ou trois jours, en remuant souvent; ensuite on tire au clair l'infusion, que l'on fait chauffer jusqu'à ébullition; on en frotte le bois à cette température, jusqu'à ce qu'il paraisse fortement coloré : alors, et pendant qu'il est humide, on le brosse avec une dissolution d'alun dans l'eau, sur un quart d'eau (le quart vaut deux pintes, c'est-à-dire deux livres d'eau poids de marc). Pour un rouge moins vif, il faut dissoudre une once de sang-dragon dans une pinte d'esprit-de-vin, et on brosse le bois jusqu'à ce que la teinte paraisse de la force désirée : ceci est plutôt un vernis qu'une couleur. Pour teindre en *rose*, il faut ajouter à un gallon de bois de Brésil, deux onces de perlasse de plus que pour teindre en rouge, et on l'emploie de même. On peut rendre la teinte plus pâle en augmentant la proportion de perlasse, et en faisant l'eau d'alun plus forte. (*Même tome*, page 70.) — Le procédé pour la teinture du bois en *vert* consiste à faire dissoudre du vert-de-gris dans l'eau; on brosse le bois avec cette solution chaude, jusqu'à ce qu'il ait la teinte qu'on désire. (*Même tome*, page 71.)

Bois indigènes. — (*Leur emploi dans la fabrication des meubles.*) — (*Art de l'ébéniste.*) — *Innovation de M. Burette, de Paris*, 1806. — Cet ébéniste a, le premier, offert à la Société d'encouragement, un meuble fait entièrement de bois de chêne et de charme, et plaqué en loupe d'orme tortillard. Le placage de ce dernier bois est très-brillant, d'un poli magnifique; sa couleur fait très-bien ressortir la dorure, et les accidents produits par ses nodosités sont variés et agréables; en un mot, la loupe d'orme choisie ne le cède en rien au prix bel acajou. Mais cette sorte de bois est remplie de petits trous : c'est leur existence qui avait empêché jusqu'ici qu'on ne l'employât dans

l'ébénisterie, en ce que : 1° le mastic avec lequel on bouchait ces trous laissait, à la longue, apercevoir les interstices, et n'avait pas d'ailleurs la ténacité du bois; 2° en ce que les petites chevilles qu'on y avait substituées tenaient beaucoup de temps à confectionner. Or, M. Burette est l'inventeur d'une machine au moyen de laquelle on peut produire dans une journée l'ouvrage de vingt ouvriers dans la fabrication de ces chevilles, ce qui diminue le prix de la main-d'œuvre dans la fabrication des meubles dont il s'agit. M. Burette emploie aussi pour les filets, du charme teint en noir; ce bois produit presque l'effet de l'ébène et peut très-bien le remplacer. (*Médaille d'argent — Rapport à la Société d'enc.*, 8 août 1806.)

1810. — *Une prime de 400 francs* a été accordée au même artiste pour un succès toujours croissant dans la fabrication des meubles avec les bois indigènes. (*Même Société*, bull. de 1810.

M. *Frichot, de Paris*, 1811. — Ce fabricant a reçu de la Société d'encouragement 300 *fr.* et *une médaille d'argent* pour avoir aussi mis en œuvre la loupe d'orme, celle de frêne et l'orme tortillard. Cet orme se travaille comme le ronce d'acajou; il est liant, solide, et prend bien le poli. Les petits trous dont il est percé, loin d'être un inconvénient, contribuent à la solidité du placage, parce que les chevilles dont on les bouche, retiennent le fond à la superficie. M. Frichot a mis sous les yeux de la Société un lit d'une forme simple et noble, une commode, un secrétaire et une chaise, le tout en orme ronceux, et un secrétaire en cœur de frêne bien poli et agréablement nuancé. La somme de 300 francs qui lui a été remise faisait partie de celle de 1,200 fr., montant du prix proposé par la Société d'encouragement pour la fabrication de meubles en bois indigènes. (*Bull. de la Soc. d'encourag.*, 1811, page 252.)

M. *Lorillard, de Bourges* (Cher). — *Une somme de* 300 *fr.*, faisant partie du même prix, et *une médaille d'argent*, ont été délivrées à cet ébéniste par la même Société, pour avoir envoyé au concours un secrétaire et une commode en orme tortillard dont les bâtis sont en chêne et en noyer. Le placage d'orme tortillard est appliqué sur le bâti. (*Bull. de la Soc. d'encourag.*, 1811, page 253.)

M. *Bapst, de Paris*. — Ce fabricant a reçu de la Société d'encouragement *une somme de* 300 *fr.*, sur les 1,200 *fr.*, montant du prix proposé par cette Société pour l'emploi des bois indigènes dans la fabrication des meubles; plus *une médaille d'argent* pour avoir soumis au concours un secrétaire et une commode avec deux flambeaux plaqués en chêne, houx et noyer, d'un très-beau fini. (*Bull. de la Soc. d'enc.*, 1811, p. 253.)

M. *Gravier, de Paris*. — *Une somme de* 100 *francs*, provenant des 1,200 fr., montant du prix proposé par la même Société, et *une médaille d'argent*, ont été accordées à cet ébéniste pour avoir exposé une petite toilette en frêne teint, et des meubles en bouleau, bois jusqu'alors inconnus dans les ateliers des ébénistes. (*Bull. de la Soc. d'encourag*, 1811, page 253.)

M. Faure, fabricant à Lyon, a obtenu *une somme de* 100 fr., provenant du prix de 1,200 fr., plus *une médaille d'argent* pour avoir présenté au concours, un secrétaire plaqué en marronnier d'Inde, dont l'aspect est très-agréable ; ce qui utilise ce bois de peu de valeur. Le bois de marronnier d'Inde est d'un prix inférieur aux autres ; il est doux à travailler ; le râcloir suffit pour le polir ; mais il devient plus beau si on emploie la ponce à l'eau ou la prèle ; on doit se garder d'employer la ponce à l'huile. Les nuances qui se développent sous la couleur et le vernis varient selon que la pièce est prise dans le tronc, les branches ou les racines. Ce bois supporte l'uniformité et prend bien la couleur de l'acajou, par la teinture d'une décoction des bois de Brésil et de Fernambouc sans alun. On vernit le bois de marronnier ainsi teint, après l'avoir poli à la cire, ayant eu soin toutefois de bien dépouiller auparavant. (*Bull. de la Soc. d'encourag.*, 1811, page 254.)

M. Wagner, de Paris. — Cet ébéniste a présenté à la Société une toilette en bois essence d'érable, et plusieurs petits objets teints par un procédé dont il a gardé le secret, et qui s'adapte à tous les bois indigènes pour imiter ceux que fournit l'étranger. Il choisit parmi les premiers les espèces dont le grain et la veine s'en rapprochent davantage. La teinture de M. Wagner pénètre à une profondeur notable ; les échantillons teints en bois d'acajou, loin d'avoir perdu, ont acquis de la force, et le vernis ne s'est point altéré. Ce fabricant a participé pour *une somme de* 100 *francs* dans le partage que la Société a fait de celle de 1,200 fr. qu'elle avait proposée comme prix. (*Bull. de la Soc. d'encourag.*, 1811, p. 254.)

M. Marc, ébéniste à Sainte-Menehould, (*Marne*).—Cet ébéniste a fait plusieurs meubles en érable et en orme ronceux ; il a donné aux accidents du bois une symétrie qui, bien ménagée, peut plaire à l'œil. Ses produits auraient été exposés au concours s'ils fussent parvenus assez à temps ; mais la Société d'encouragement a pensé qu'ils étaient dignes d'y avoir place, et *a mentionné* cet artiste dans le rapport fait dans sa séance du 4 septembre 1811. (*Bulletin de la Société d'encouragement*, année 1811, page 254.)

BOISSON MILITAIRE, *en remplacement de celle acidulée par le vinaigre.* — (*Hygiène.*) — *Découverte de M. Quatremère-Disjonval, adjudant-commandant, an XI.* — Cette utile découverte est due à la mission dont fut chargé M. Quatremère-Disjonval par M. le général Miollis, et qui tendait à chercher un remède aux ravages qu'éprouvait principalement la quarante-quatrième demi-brigade, attaquée, ainsi que beaucoup d'autres corps, d'une fièvre endémique devenue épidémique. Cet officier supérieur composa

une boisson dont les éléments furent reco nus ne contenir aucun principe délétère elle fut approuvée par les professeurs médecine clinique de Pavie, comme aya offert les résultats les plus avantageux s cinquante-trois individus qui furent prése vés, tandis que leurs camarades de lit fure attaqués de la maladie. L'analyse de ce boisson a offert de l'eau tenant en dissol tion de très-petites quantités, 1° d'aci sulfurique libre ; 2° d'acide tartarique libr 3° un huitième de grain de tartre vitrio pour chaque once d'eau, tandis que les ac des libres n'excèdent pas probablement dixième de grain par once d'eau. Enfin l' conomie que présente cette boisson, préf rable à celle acidulée par le vinaigre, pe être évaluée comparativement des deux tie aux trois quarts. (*Moniteur*, an XI, pa 352.)

BOMBARDES. *Voy.* Artillerie.

BOMBYX ou Ver a soie.—« Tous les no byx fabriquent la soie ; mais elle est trop gr sière et trop dure pour être propre à auc usage, ou plutôt on n'a pas encore cherc à l'utiliser, et on pourrait probablement tirer quelque parti. Il n'en est qu'un pe nombre qui en fournissent une dont puisse confectionner des étoffes, et qui so toutes originaires de l'Inde et de la Chir Depuis un temps immémorial, les peup de ces contrées emploient pour leurs vêt ments, non-seulement la soie de l'espèce bombyx que nous avons naturalisée da nos climats, le bombyx du mûrier, mais e core celles de plusieurs autres qui sont re tées à l'état sauvage, ou qui ont été réduit en domesticité. Aristote et Pline, qui to deux ont parlé de la soie, dont ils ne co naissaient l'origine que sur des rappo vagues, ont confondu ces dernières espèc avec le ver à soie proprement dit.

« Le bombyx que nous élevons en Euro est originaire des provinces septentrional de la Chine, et il ne s'est même répandu q peu à peu dans les provinces méridiona de cet empire. Dans les premiers siècles l'ère chrétienne, l'entrepôt principal d soieries chinoises était à Tenfan, dans la p tite Bucharie, et les caravanes qui se re daient dans cette ville les transportaie dans les régions situées à l'ouest, et, main en main, elles se répandaient dans t l'empire romain. Tenfan était la métropo des soies de l'Asie supérieure ou de la rique de Ptolémée. Expulsés de leur pa par les Huns, les Sères s'établirent dans grande Bucharie et dans l'Inde. C'est d'u de leurs colonies, le Ser-Hend (Sur-Indi Ptolémée), que deux missionnaires gr transportèrent, au VIIe siècle, sous le règ de Justinien, les œufs du ver à soie à Co tantinople. On nourrit ces vers avec d feuilles de mûrier ; ils vécurent et travail rent sous un climat étranger. Sous le règ suivant, des ambassadeurs de la Sogdia venus à Constantinople, reconnurent q les Grecs savaient élever ces insectes travailler la soie aussi bien que les Chino

A l'époque des premières croisades, leur culture passa de la Morée en Sicile, puis de là à Naples, d'où elle se répandit insensiblement dans toute l'Italie, et de là, plusieurs siècles après, dans nos provinces méridionales, où elle commença à se développer sous le ministère Sully. Aujourd'hui l'éducation des vers à soie enrichit plusieurs de nos départements du midi, et les soieries de Lyon n'ont point de rivales pour la beauté du tissu, la solidité des couleurs et le goût des dessins.

« Le bombyx qui fournit cette précieuse matière n'a rien de remarquable ni pour la taille, ni pour les couleurs ; il est assez petit, d'un blanc jaunâtre ou sale avec deux raies transversales, et un croissant intermédiaire brun aux premières ailes, plus apparent dans le mâle que dans la femelle. Au sortir de l'œuf, la chenille est couverte de poils qui la font paraître d'un roux cendré ou noirâtre, mais qui tombent à la première mue. Dans l'âge adulte, elle est d'un blanc bleuâtre ou verdâtre, et quelquefois d'un brun noirâtre : les individus de cette dernière couleur sont vulgairement appelés moricauds. Chez les sujets ordinaires, la tête est grise, et les stigmates sont le pourtour noir ; le troisième anneau du dos offre une bande transverse de taches noirâtres, et il y a sur le cinquième et huitième anneaux deux croissants jaunâtres, et se regardant par leur concavité. La partie postérieure du corps est toujours munie d'une pointe charnue un peu inclinée en arrière. Les feuilles du mûrier noir et du mûrier blanc sont la seule nourriture de cette chenille dans les ateliers d'éducation ; mais il est prouvé que si on l'abandonne à elle-même, surtout dans les années chaudes, elle peut arriver à sa croissance en mangeant d'autres végétaux : on en a vu mangeant du mûrier, se répandre dans les champs et ne vivre que de feuilles de maïs. Godart rapporte même qu'en 1822, il a été trouvé dans les fossés du Quesnoy, une vingtaine de cocons dont les papillons étaient récemment sortis.

« L'éducation des vers à soie, dans le pays où le climat permet de s'en occuper, est devenue un art véritable, qui n'a pas encore atteint parmi nous toute la perfection dont il est susceptible. Olivier de Serres, l'abbé Sauvage et Rozier, ont donné à cet égard de sages conseils dans leurs écrits, mais point de méthode qui garantisse aux cultivateurs un succès infaillible. Le comte Dandolo, agronome italien distingué, mort à Varèse, petite ville de la Lombardie, en 1819, est le premier qui ait fait faire à cet art de véritables progrès, et qui lui ait donné une forme régulière et systématique. Nous allons exposer en peu de mots sa méthode qui est très-répandue en Italie, et qui commence à être adoptée en France par les éducateurs de vers à soie les plus éclairés.

« Dans nos départements méridionaux, on appelle magnaniers les cultivateurs qui se livrent à cette industrie, et magnanières les ateliers destinés à l'éducation des vers. Les conditions que ceux-ci doivent réunir sont d'être à l'abri de l'humidité, des variations brusques de température, qu'un air doux et uniforme y circule librement, et qu'on ne soit pas obligé, pour éviter la stagnation des matières gazeuses qu'exhalent les vers, d'ouvrir les portes et les fenêtres lorsqu'il fait du vent, ou que l'air extérieur est trop froid. Quant à leur grandeur, elle varie suivant la quantité de vers que l'on veut élever. Les vers provenant d'une once d'œufs et qui n'occupent qu'un espace de 9 pieds 6 pouces carrés, pendant les premiers jours de leur naissance, finissent lorsqu'ils sont adultes, par en couvrir un de 239 pieds. Cette quantité, répétée autant de fois qu'on a d'onces d'œufs, doit donc servir de base pour la grandeur que l'on veut donner à l'atelier ; mais en général, on n'en construit guère qui en contiennent plus de quatre à cinq onces. Un bâtiment de neuf mètres de long sur six de largeur suffit pour ces derniers, et concilie l'économie de la feuille avec l'espace nécessaire aux vers.

« La magnanière doit être parfaitement éclairée au moyen de nombreuses fenêtres, et munies de poêles, de cheminées, de thermomètres, d'hygromètres, et de tous les ustensiles nécessaires à l'éducation des vers à soie. Afin de faciliter la circulation de l'air, on y pratique, en nombre proportionné à sa grandeur, des soupiraux de 12 à 15 pouces carrés, que l'on ouvre et ferme à volonté au moyen d'une coulisse recevant un châssis de toile ou de verre : les uns doivent être pratiqués à la partie supérieure de la salle, près du plafond : les autres au niveau du pavé, sous les fenêtres et dans les portes ; et enfin quelques-uns dans le pavé même : ceux-ci ouvrent sur la cave qui est placée au-dessous de l'édifice. Il est bon, lorsqu'on a beaucoup de vers à élever, de partager ce dernier en trois parties : l'une petite, destinée à faire éclore les œufs ; l'autre, nommée le petit atelier, où les vers demeurent dans leur premier âge ; et la troisième, ou le grand atelier, qui les reçoit après la troisième mue. Cette dernière doit être environ deux fois aussi vaste que les deux autres prises ensemble. Un local destiné à emmaganiser les feuilles du mûrier, en attendant qu'on les donne aux vers, complète l'établissement.

« La portion la plus importante des ustensiles consiste en claies d'environ 30 à 32 pouces de largeur sur 9 à 10 pieds de longueur, qu'on dispose le long des murs de l'atelier, ou par rangées parallèles dans leur milieu, en les mettant les unes sur les autres, de manière à ce qu'elles soient séparées par un intervalle de 20 à 22 pouces. On peut les faire de toutes sortes de matériaux ; la seule condition à observer, en quelque sorte, est que l'air circule librement dans leur tissu et entre elles. La température à laquelle doit être maintenu l'atelier, est un des circonstances les plus importantes à connaître, et qui influe le plus sur la santé des vers et sur la finesse de la soie. Ils ont besoin de moins de chaleur à mesure qu'ils se développent et acquièrent plus de force; de sorte que l'atelier, qui, dans leur premier âge, a besoin d'être maintenu à environ 19° R. de chaleur, ne l'est plus qu'à 16° et demi ou 15° quand ils ont opéré toute leur croissance. Le froid ne nuit pas aux vers, et ne fait que retarder leur développement, si ce n'est pendant leur mue qu'il peut les tuer en leur ôtant les forces nécessaires pour supporter cette crise; ils peuvent au contraire supporter une chaleur assez forte, pourvu que l'air circule dans l'atelier. L'humidité est plus à craindre pour eux, et ce dont il faut les préserver avec le plus de soin; on y parvient sans peine au moyen des poêles et des cheminées dont l'atelier est pourvu.

« Le choix et la quantité de nourriture à donner aux vers sont également essentiels. Il est reconnu que la feuille du mûrier blanc est celle qu'ils préfèrent, et qui leur fait produire la plus belle soie; il est important de la leur donner tendre, surtout dans le premier âge, et entièrement privée d'humidité : les feuilles recouvertes d'une sorte de miellée visqueuse, celles qui sont atteintes de la rouille, ou mouillées par la pluie ou la rosée, leur font toujours plus ou moins de mal, et il faut rejeter les unes et faire sécher les autres avant de les leur servir. On a soin également de les couper plus ou moins menu, afin qu'ils les entament plus facilement. Leurs repas doivent être exactement réglés, de manière à ce que tous mangent en même temps, qu'ils ne prennent que la quantité de nourriture nécessaire, et que toutes les feuilles qu'on leur a données soient consommées avant qu'on leur en donne de nouvelles. Quant à la quantité de nourriture qu'ils consomment jusqu'à leur changement en chrysalides, il est reconnu, d'après des expériences exactes, que les vers provenant d'une once d'œufs mangent 1,588 livres de feuilles net, c'est-à-dire déduction faite de ce qu'elles ont perdu par l'évaporation et l'épluchement; en tenant compte de cette perte, on trouverait 1,880 livres. Chaque ver consomme ainsi environ une once de feuille par jour, c'est-à-dire que dans le cours de sa vie il a détruit en substance végétale à peu près 60,000 fois son poids primitif.

« Les œufs ont reçu le nom de graine. Dans les premiers jours d'avril commencent les préparatifs pour les faire éclore. On les détache des linges dans lesquels ils étaient contenus depuis l'année précédente, et après les avoir lavés successivement dans de l'eau et du vin, afin de les nettoyer du vernis qui les recouvre, on les met dans des boîtes en en formant une couche d'un demi-travers de doigt d'épaisseur; on transporte ensuite ces boîtes dans la chambre dont nous avons parlé plus haut, et on élève graduellement la température de celle-ci de 14° à 22° R.

Au bout de huit à dix jours, les œufs prennent une couleur blanchâtre qui indiqu que les œufs sont déjà formés; on les r couvre alors d'une feuille de papier cribl de petits trous sur laquelle on met de jeun branches de mûrier garnies de quelqu feuilles. A mesure que les vers éclosent, i passent à travers les trous du papier, et répandent sur les branches; on prend alo celles-ci, et on les transporte sur les clai dans le grand atelier, en les y répanda d'une manière uniforme. Les soins min tieux qu'exige leur éducation commer cent alors, mais nous mèneraient trop loi Il suffit de dire que ces soins et la quanti de nourriture varient chaque jour, et qu l'attention du magnanier ne doit pas ralentir un seul instant s'il veut retir tout le fruit possible de ses travaux.

« La maturité des vers à soie s'annon par des signes analogues à ceux que mo trent en pareille circonstance toutes l chenilles des lépidoptères : leur corps d vient mou, leurs couleurs se flétrissent, i paraissent inquiets et semblent cherche abri. On leur oppose alors des fagots contre claies, et ils ne tardent pas à y grimper à filer leurs cocons. La plupart ont termi le leur dans l'espace de trois à quat jours; on en laisse écouler autant, et on l détache alors délicatement, en en rése vant une quantité proportionnée à la grai qu'on veut obtenir. Ceux-ci éclosent da douze ou quinze jours, suivant la tempér ture à laquelle ils sont soumis. A peine né les papillons s'accouplent; on les transpor alors dans un lieu obscur, et on sépare mâle de la femelle après que l'union a du environ dix heures; on fait pondre celle-c sur des linges auxquels la graine, naturell ment visqueuse, s'attache fortement; o plie ensuite ces linges, et on les conserv pour l'année suivante, dans un lieu frais bien aéré. Chaque femelle pond envir cinq cents œufs.

« Les vers à soie sont sujets à un ass grand nombre de maladie, telles que la gra serie, la consomption, la muscardine, etc dont on trouvera l'explication dans l traités spéciaux sur la matière. Des soi attentifs sont les meilleurs moyens de l en préserver. Les ateliers qui réunisse toutes les conditions mentionnées plus ha éprouvent beaucoup moins de pertes qu les autres.

« La manière de tirer la soie des cocons e des plus simples. Après les avoir préal blement dépouillés de la bourre qui le revêt à l'extérieur, on les met dans l'ea chaude, ou on les expose à la vapeur, af de tuer la chrysalide, et de dissoudre l'es pèce de gomme qui colle les fils entre eu les femmes, qui sont plus spécialemen chargées de ce travail, prennent ensui plusieurs de ces derniers, et les dévide au moyen d'une sorte de rouet. Chaqu cocon n'étant composé que d'un fil uniqu replié dans tous les sens, cette opératio n'offre que peu de difficulté. » (*Encyclopédie nouvelle*, art. *Bombyx*.)

BOTTES. *Voy.* CHAUSSURES.

BOUCHES A FEU. *Voy.* ARTILLERIE.

BOUCHONS DE LIÉGE (*Machine à fabriquer les*). — *Invention de M. Maupassant de Rancy*. — L'avantage de cette machine est de fabriquer à la fois un grand nombre de bouchons et de les donner dans des dimensions parfaitement uniformes. Depuis cette époque (1816), plusieurs inventions nouvelles sont venues perfectionner celle-là. (*Voyez Bulletin de la Société d'encouragement*, 1820, pag. 116.)

BOUCLIER. *Voy.* ARMES.

BOUGIE. — Cylindre de cire dont l'axe est une mèche de coton et dont on se sert pour l'éclairage. On appelle *bougie filée* celle dont la mèche, composée de longs fils de coton, n'est couverte que d'une couche mince de cire, et qui sert soit à porter à la main, soit pour faire des veilleuses ; dans le premier cas, on lui donne aussi vulgairement le nom de *rat de cave*.

BOUILLOIRE *s'adaptant aux bouches de chaleur*. — *Invention de M. Guyton-Morveau*. — La capacité de cette bouilloire est de six décilitres ; elle peut être en fer-blanc, en cuivre étamé ou en argent ; son poids total est de 24 décagrammes. Il se compose d'un cylindre relevé en équerre et garni de son couvercle à charnière ; il y a une petite poignée dont la pomme est en bois ; une coulisse sert à introduire le manche ; il y a de plus un cylindre percé dans toute sa circonférence de petits trous pour mettre le thé ou les substances dont on veut faire des infusions ; ce cylindre se place dans la bouilloire. (*Bulletin de la Société d'encouragement* 1813, pag. 165.)

BOULANGERIE. *Voy.* PAIN.

BOUSSOLE. — Instrument servant à la direction des navires sur les mers, à celle des voyageurs dans les pays inconnus ou dans les déserts. La boussole sert aussi à relever les angles dans les opérations topographiques, elle prend alors le nom de *déclinatoire*. Nous verrons plus loin quelle est la construction de cet instrument.

La boussole est, par ses applications et par les résultats immenses qui en sont dérivés, l'une des plus importantes découvertes de l'esprit humain. Par elle, les mers, les limites que la nature avait semblé poser au génie entreprenant et aventureux de l'homme, se sont transformées en voies rapides et directes de communications ; les échanges ont succédé aux échanges, les races sont entrées, s'il nous est permis de nous exprimer ainsi, en communion, et la lumière, venue à l'Europe du vieil Orient, a pu lui être reportée à son tour, alors qu'il a touché à son époque de déchéance. Nous nous bornerons, pour faire apprécier cet instrument, à citer les lignes suivantes dans lesquelles M. A. Legrand en donne une excellente des-

cription, en même temps qu'avec conscience il recherche l'origine d'une de ces découvertes, si grandes, que, dans notre pensée religieuse, nous ne saurions les attribuer qu'à une révélation divine.

« La boussole est une boîte dans laquelle est placée sur un pivot, en acier trempé, une aiguille en losange, aimantée, munie à son centre de gravité d'une chape en agate ; à cette aiguille est attachée une feuille de tôle qui se meut librement ; avec elle, sur cette feuille, est collé un rond de papier fin, qui porte les trente-deux aires de vent, et dont la circonférence est divisée en 360 degrés. En regard l'un de l'autre et dans la direction la plus habituelle de l'aiguille, se trouvent deux lignes de mire, dont une assez large pour recevoir un petit fil à plomb, tandis que l'autre est munie d'un petit miroir qui réfléchit la position de l'aiguille aimantée, en sorte que l'œil de l'observateur placé derrière la dernière mire saisit d'un seul coup d'œil l'angle que fait l'aiguille avec un astre ou tout autre objet fixe pris dans l'espace. Cette boîte, construite avec tous les soins convenables, est suspendue dans une autre boîte, de telle manière que, malgré le roulis du vaisseau, elle puisse toujours conserver la situation horizontale. Enfin, tout l'appareil est placé dans une autre boîte carrée, couverte d'une glace, qu'on met près du gouvernail, dans l'*habitacle*, assez grande armoire, aussi carrée, construite sans fer et qui est placée à l'arrière du vaisseau. Cet habitacle renferme toujours deux boussoles qui sont séparées l'une de l'autre par une cloison et qui, en se contrôlant mutuellement, avertissent des avaries qui peuvent arriver à l'une d'elles. Le marin qui dans les bâtiments tient le gouvernail, et qu'on nomme *timonier*, a toujours les yeux sur les deux boussoles ; aussi l'habitacle est-il éclairé pendant la nuit à l'aide d'une lampe à réflecteur. De cette manière, en plaçant le gouvernail dans telle ou telle position ; il ramène sans cesse le bâtiment dans la direction nécessitée par sa marche, car l'aiguille aimantée, affectant toujours à peu près la même direction et étant mobile, s'écarte dans un sens ou dans un autre, quand l'axe du bâtiment, c'est-à-dire une ligne droite tirée d'arrière en avant et également distante des bords sur toute son étendue, cesse d'être parallèle avec l'axe de l'aiguille, ou de faire avec lui un certain angle, indiqué à l'avance selon la direction que doit suivre le bâtiment.

« La boussole porte avec elle une cause d'erreur qu'il est important de signaler ; c'est que, selon les points du globe où l'on se trouve, elle s'écarte toujours plus ou moins vers l'est ou l'ouest : c'est ce que l'on nomme la *déclinaison de l'aiguille aimantée*. Des tables ont été dressées qui donnent cette déclinaison pour un grand nombre de lieux, et qui servent ainsi à corriger l'erreur qui résulterait de l'ignorance dans laquelle on serait sur cette modification que reçoit l'aiguille aimantée dans sa marche.

« L'aiguille aimantée, si bien construite qu'elle soit, ne se maintient pas sur son axe dans une position parfaitement horizontale : son pôle nord s'incline vers la terre dans notre hémisphère boréal, tandis que c'est son pôle sud qui s'incline ainsi dans l'hémisphère austral; c'est ce que l'on appelle *Inclinaison*.

« Platon (né l'an 129 avant Jésus-Christ), et Aristote, son élève, ont eu certainement connaissance l'un et l'autre de la propriété qu'avait l'aimant d'attirer le fer. C'est par allusion à cette propriété que Platon avait nommé l'aimant *pierre herculéenne*, parce qu'elle s'assujettit le fer, qui dompte toutes choses (1). Mais Aristote, dans son livre *De lapidibus*, fait preuve de connaissances plus étendues sur les propriétés de l'aimant, et des lignes qu'il a écrites il est permis de conclure qu'il avait reconnu deux *extrémités* à l'aimant, l'une *septentrionale* et l'autre *méridionale*, et que ces deux extrémités sont en opposition.

« Il est encore permis de présumer, d'après ces mots : *Hoc utuntur nautæ*, que déjà de son temps les navigateurs avaient su tirer parti de la direction constante de l'aimant vers le nord, pour se diriger dans leurs voyages de long cours. L'usage de la boussole se serait ensuite perdu au milieu des grandes commotions politiques qui ont ébranlé le monde civilisé d'alors, et il n'en fut plus fait mention avant le commencement du XII° siècle. C'est à tort qu'on attribua alors l'invention de cet instrument à un Napolitain nommé Flavi de Gioja. En effet, les vers suivants, qu'on trouve dans une satire en vers intitulée *la Bible*, et qui est du poète français Guyot de Provins, ne permettent pas de douter que la boussole ne fût connue en France au moment où ces vers furent écrits, quoiqu'ils ne donnent pas la date précise de l'introduction de son usage dans la marine française.

> Icelle étoile ne se muet,
> Un art font que mentir ne puet,
> Par vertu de l'amantère (2),
> Une pierre laide, noirette,
> Où li fer volentiers se joint, etc....

« Du reste, la boussole, à cette époque, n'était qu'une aiguille aimantée, placée à la surface de l'eau, à l'aide d'une petite paille ou d'un petit morceau de liége; souvent même elle ne consistait qu'en un morceau de pierre d'aimant de forme oblongue, placé sur du liége.

(1) Cette explication, bien qu'ingénieuse, n'est pas certaine ; nous sommes toujours portés à prêter aux anciens nos propres idées. Ainsi que M. Klaproth l'a observé, *pierre d'hercule*, comme on a traduit ces mots jusqu'ici, pourrait bien signifier *pierre d'Héraclée*, ville située au pied du mont Sipyle, en Lydie. Klaproth ajoute : « il paraît que cette ville reçut plus tard le nom de Magnésie et qu'alors l'aimant fut aussi appelé *pierre de Magnésie*. »

(2) Dans ce mot nous croyons reconnaître le mot arabe *almas*, dont les Grecs paraissent avoir fait ἀδάμας, pour désigner et le diamant et l'aimant.

« Un grand nombre d'auteurs, se copiant mutuellement, ont répété que les Chinois connaissaient les propriétés de l'aimant et boussole plus de mille ans avant Jésus-Christ. D'après les savantes recherches de M. Klaproth, on pourrait présumer que ce peuple avait conservé la connaissance des propriétés de l'aimant; conservé, mais non découvert, d'après ce que nous avons des notions qu'avaient sur cet objet les peuples navigateurs qui existaient du temps d'Aristote. D'après Klaproth la plus ancienne mention du procédé par lequel on aimante le fer se trouve dans le dictionnaire *Chou Wen* de Hieu-Thin, qui date de l'an 19 après Jésus-Christ. Sous la dynastie des Tsin qui comprend les années 265 à 419, on connaissait la propriété qu'a l'aiguille aimantée de se diriger du sud au nord; mais la plus ancienne description qu'on trouve dans les auteurs chinois de la boussole proprement dite, ne date que des années 1111 à 1117 après Jésus-Christ; il y est question de la déclinaison de l'aiguille aimantée.

« Nous avons dit en quoi consistait alors la boussole. C'est dans cette forme que Ballack en a rencontré une, en 1242, entre les mains d'un pilote de Syrie; celle que Brunetto Latini vit, en 1260, chez le moine Bacon, pendant le voyage qu'il fit en Angleterre, offrait aussi la même disposition. Ainsi, toujours d'après M. Klaproth, cette espèce de boussole aurait été usitée en Chine 80 ans au moins avant la composition de Guyot de Provins; de sorte que la connaissance des usages de la boussole ne remonterait pas en Europe au delà de la fin du XII° siècle. Elle aurait été transmise aux Européens par les Arabes, du temps des croisades ; ceux-ci l'avaient reçue des navigateurs dans l'océan indien qui l'auraient eux-mêmes empruntée aux Chinois. Ainsi Vasco de Gama lorsqu'il pénétra pour la première fois (1497-1498) dans les Indes-Orientales, y trouva des pilotes qui se servaient fort habilement de l'aiguille aimantée. Ce serait aussi aux Chinois, et non à Christophe Colomb, qu'il faudrait attribuer la découverte de la déclinaison de l'aiguille aimantée; ils l'auraient connue à la même époque que la boussole. L'*Histoire naturelle médicale* de Keou-Tsoun-Chy contient la remarque que l'aiguille magnétique se dévie un peu vers l'est.

« Mais les conclusions que M. Klaproth a déduites de ses laborieuses recherches sont-elles absolument rigoureuses, et ne peut-on pas contester encore aux Chinois la première connaissance des propriétés de l'aimant et celle de la boussole? De plus les Français ne peuvent-ils pas, jusqu'à un certain point, revendiquer, sinon l'invention, du moins le perfectionnement de cette dernière ? Il nous semble digne de remarque, que dans toutes les anciennes boussoles, le nord soit indiqué par une fleur de lis. N'est-il pas permis, jusqu'à un certain point, d'en conclure que toutes les nations modernes chez lesquelles on a trouvé des boussoles les avaient copiées de celles sorties des mains d'un ouvrier français, qui avait placé là les armes de son pays ?

« Le nom de cet instrument éclaire, du reste, peu sur son origine. Des auteurs recommandables le font venir du mot latin *buxus*, qui veut dire *buis* et *boîte*, parce que les premières boîtes paraissaient avoir été faites en buis ; de *buxus* on aurait fait *buxolus*, *buxola*, *bussola*, et enfin *boussole*. M. Klaproth pense au contraire que ce mot, qui nous est venu peut-être de l'italien, et qui répond à celui de μπουσουλα de la langue grecque moderne, n'est pas le mot originaire ; il le croit dérivé de *moussala, le dard*, mot qu'on prononce vulgairement *moussala*, et qui est l'un de ceux qui, en arabe, désignent la boussole. Avec ce dernier mot, le terme le plus répandu en Europe est celui de *bompass*, usité chez les Allemands, les Portugais, les Russes, les Danois, et en Chine, le nom général de la boussole est *thi-nan, indicateur du sud*. »

BOUTONS DE TOMBAC (*Fabrication des*). —*Importation de M. Dumont, de Lyon.*—Suivant le procédé de ce manufacturier, on fait fondre dix livres de cuivre jaune ; lorsqu'il est fondu, on ajoute seize onces d'étain fin en baguettes, et quatre onces de plomb ; on remue bien le tout, et on le coule ensuite dans une lingotière. La quantité de ce métal dépend de la juste proportion de l'étain qui entre dans sa composition ; une plus grande quantité le rendrait beaucoup plus sec et plus rempli de piqûres ; le plomb adoucit cet alliage, mais il nuit au poli si on l'emploie en trop fortes doses. Lorsque le métal est ainsi préparé, et que l'on veut fondre les boutons, il faut avoir soin de ne les pas trop faire chauffer ; un instant après que les boutons sont coulés, le premier soin doit être de les repasser, pour voir s'ils sont bien casés ronds, et pour enlever, avec de petites pinces à main, les morceaux de jets qui pourraient être restés à quelques-uns. On les place ensuite sur un tour pour les arrondir à la lime : ce tour doit être à lunette d'un côté, et à pointe de l'autre ; il doit avoir un mandrin en acier trempé, dont la grosseur par le bout se trouve un peu au-dessous du bouton que l'on veut arrondir. On pratique au milieu de cette empreinte un petit trou carré-long pour y faire entrer la queue du bouton, et un petit emplacement rond pour y noyer son culot s'il en a un. On ajuste ensuite en face du tour, sur une poupée, une vis à trois filets, semblable à celle dont se servent les boutonniers pour sortir les boutons étampés ; le bout de la vis doit être taraudé, et l'on y visse un morceau d'acier rond presque de la largeur du bouton ; on l'ajuste bien en face du mandrin ; on détourne la vis d'un demi-tour avec la manette, pour placer le bouton dans le mandrin ; en sorte qu'il soit serré entre ces deux morceaux d'acier. On fait marcher le tour, et on enlève à la lime tout ce qui se trouve excédant à la rondeur ; après que le bouton a été arrondi, l'on tourne

le dessous. Pour cet effet on dispose sur un mandrin de buis la place du bouton, avec un petit épaulement à fleur de ce bouton ; on ajuste à la vis un morceau d'acier rond comme le précédent, mais qui est percé par-devant d'un gros trou rond pour y laisser tourner aisément la queue du bouton ; ce trou doit avoir un demi-pouce de profondeur ; il faut ensuite faire une ouverture sur le côté ; c'est par cette ouverture que passe l'outil qui sert à tourner le bouton. On emploie ordinairement pour ce travail une lime à tiers-point, aiguisée sur trois faces ; lorsque le dessous est tourné on fait la face. En Angleterre, on est dans l'usage de tourner le dessus des boutons dans un mandrin de bois scié en quatre pour faire ressort, et que l'on serre avec un anneau ; mais comme ce moyen exige des ouvriers très-adroits pour tourner la surface bien plate, on y supplée par un moyen très-simple, qui consiste à faire dresser une meule de Langres bien unie. On parvient aisément à l'unir, en en frottant deux l'une sur l'autre ; on les place ensuite sur un banc, et l'on frotte le bouton dessus avec un morceau de bois de bout que l'on tient à la main, et qui appuie sur la queue de ce bouton. Lorsque tout le feu de fonte est enlevé, on passe le bouton sur une autre pierre de grès beaucoup plus fine, qui enlève les traits de la première. Cela fait, on a des bandes de cuir de deux pieds de long sur un pied de large, qui sont clouées et collées sur des planches bien plates et sur des établis ; on prend du sable noir de fondeur qui ait déjà servi, on le passe dans un tamis très-fin, puis on y ajoute environ une once d'huile d'olive par livre de sable ; on huile aussi le cuir ; on y étend ce sable, et on frotte le bouton dessus en droite ligne, par le moyen d'une pièce en fer où l'on aura pratiqué un trou carré-long pour y faire entrer la queue du bouton. Cette opération commence à rendre le bouton lisse et brillant : il faut après cela le frotter en rond avec de la potée, et la partie la plus fine du même sable préparé à l'huile comme le précédent. Ensuite on brillante le bouton avec une roue placée sur le tour, et sur laquelle on a collé du buffle enduit d'une composition faite en parties égales de rouge d'Angleterre, de potée d'étain et de terre pourrie anglaise ; à quoi l'on ajoute un peu d'huile pour former une pâte solide, que l'on frotte de temps en temps sur la roue : pendant l'opération on tient le bouton par la queue avec des pinces. Tel est la manière de donner le poli ordinaire. Le plus fin se fait ensuite en plaçant le bouton sur la roue, et en le présentant devant une polissoire à main, garnie d'une peau bien douce, sur laquelle on met du rouge anglais bien fin et presque sec ; on peut aussi, après cela, brunir avec la pierre de sanguine et la bière. Lorsque les boutons sont polis, on les blanchit dans un bouillitoire composé de six livres d'étain fin, que l'on grenaille en le coulant dans de l'eau fraîche, et que l'on met ensuite dans un chaudron, avec une livre de crême de tartre et une livre d'alun de roche. On fait bouillir le tout ensemble, et on y met les boutons dans une filoche, pour ne pas les mêler avec l'étain ; on les laisse environ un quart d'heure, puis on les jette dans l'eau fraîche pour enlever les sels ; ensuite on les sèche dans la sciure de buis, après quoi on les crible et on les enjolive de différentes gravures : ceux qui sont gravés à la main ou à la fraise ne doivent être blanchis qu'a-près la gravure. Les petits boutons bombés pour gilets se fabriquent différemment des plats dont on vient de parler. Voici les meil-leurs moyens que l'on emploie. Lorsque le bouton est fondu, on le place sur le tour, en le faisant tenir par la queue (comme on fait aux autres boutons plats) avec la vis garnie d'un bout d'acier pour le retenir ; on enlève tout le feu de fonte à la lime, et on fait le bord en même temps ; on enlève ensuite les traits de lime avec un outil aiguisé, qui fait l'office d'un grattoir. Le dessous se tourne comme celui des boutons plats, en le fixant à la pièce adaptée à la vis. (*Description des brevets expirés*, t. 1er, page 206, planche 7.)

BRIQUES. — *Invention de M. Regnault.* — L'idée première des *briques à enclaves* est due à M. Regnault. Un rapporteur de la Société des sciences, lettres et arts de Paris, fit un rapport favorable sur son Mémoire. Mais de-puis il apporta encore des perfectionnements à la fabrication de ces briques.— Plus tard, M. Laujorrois inventa les *briques réfractai-res* qui, dégagées de toute matière vitrifiable, calcaire ou pyriteuse, ont la propriété de ne se fondre ni de se calciner, et de ne subir aucune altération dans la transition du chaud au froid. (*Arch. des déc.*, 1820, t. XII, p. 36. — *Bul. de la Soc. d'enc.*, 1808, p. 85.)

BRIQUET. — Instrument à l'aide duquel on se procure du feu, en joignant à son emploi un autre corps, tel que feuilles sè-ches, amadou (*Voyez ce mot*), chiffons, bois (*Voyez* ALLUMETTES), et substances chimiques.

Les divers moyens propres à obtenir une inflammation quelconque pourraient pres-que ne pouvoir se compter, depuis le plus rudimentaire de tous, celui que nous appe-lerions volontiers le *briquet des sauvages*, qui consiste à obtenir du feu au moyen du calorique développé par le frottement, jus-qu'au briquet plus scientifique désigné sous le nom de *briquet à gaz hydrogène*. Nous avons fait en effet tant de progrès, dit-on, en toutes choses, que depuis longtemps nous avons oublié notre beau et ancien bri-quet à silex, notre vieil amadou, et les al-lumettes simplement soufrées des ancien-nes ménagères. Il n'est pas moins vrai que dans plus d'un coin paisible et retiré de nos campagnes les nouvelles méthodes n'ont point encore détrôné notre vieux briquet ; il n'en est pas moins vrai que bien souvent, dans nos pérégrinations, nous avons vu le

soldat détacher avec délices, à défaut de cou-teau ou d'*eustache*, la boucle qui serrait sa ceinture, ramasser un caillou sur la route, et, avec toute la sollicitude d'un gourmet, en-flammer son bien-aimé *brûle-gueule*, en dépit de la science et des inventions plus ou moins *chimiques*. Bien des progrès depuis ces temps ont été faits ; on a acquis, il est vrai, plus de rapidité dans l'obtention du feu désiré ; mais a-t-on gagné plus de certi-tude pour l'effet à produire, et n'a-t-on pas aussi acquis en même temps des causes, même involontaires, de terribles sinistres ? Quoi qu'il en soit, nous allons mettre sous les yeux de nos lecteurs quelques-unes de ces inventions plus ou moins récentes.

BRIQUET A LANTERNE (*armé d'une baïon-nette* [1]). — Au moyen de ce briquet, on obtient promptement de la lumière pendant la nuit, sans recourir ni à l'amadou ni aux allumettes, et l'on est armé et éclairé tout à la fois. Cette invention, fort simple, est non-seulement avantageuse sous le rapport de la sûreté, mais elle l'est encore sous celui de la promptitude avec laquelle elle procure de la lumière. Le briquet à lanterne a la forme d'un pistolet d'arçon ; il porte au lieu du canon une petite baïonnette ; celle-ci est recouverte de son fourreau. Tout à côté de la platine est solidement fixée une petite lanterne à réverbère, qui contient un mor-ceau de bougie. Cette bougie, percée d'une broche chaude sur la longueur de sa mèche, offre le moyen d'y rapporter une autre mè-che de communication, imbibée de cire jus-qu'à son extrémité et terminée par des fila-ments cotonneux ; lesquels filaments sont soufrés par des procédés particuliers pro-pres à les rendre très-inflammables. La mèche de communication , étant rapportée sur la bougie, se recourbe, en se prolongeant vers le bassinet et en passant par une large ou-verture pratiquée exprès dans la lanterne. La partie soufrée de la mèche se replie en-core en bas, près du bassinet, et sans tou-cher à rien. De cette manière, elle s'en-flamme beaucoup mieux que si elle était plongée dans l'amorce du bassinet. Lorsque l'on fait partir la platine, l'amorce donne une flamme plus étendue qu'il ne faut pour allumer sur-le-champ les filaments sulfu-reux de la mèche qui prend feu et donne la lumière que l'on désire. L'expérience a prouvé qu'au bout de plusieurs années un pareil briquet a produit son effet aussi bien que les premiers jours ; il n'a d'ailleurs rien d'assujettissant, et, pour être sûr de son service, il suffit de mettre une bonne amorce au bassinet ; car la mèche est imman-quable (2).

BRIQUET OXIGÉNÉ. — Ce briquet se com-pose d'une sorte d'allumette soufrée, dont l'extrémité est recouverte d'un léger enduit de muriate sur-oxigéné de potasse, et qui s'enflamme avec beaucoup de promptitude en le plongeant dans l'acide sulfurique.

---

(1) Cette invention n'est donnée que comme sim-ple objet de curiosité.

(2) Extrait du *Dictionnaire des découvertes.*

BRIQUETS PHOSPHORIQUES. — 1809. — On a inventé une composition particulière pour la fabrication des briquets phosphoriques. Ce nouveau procédé consiste à faire chauffer dans un bain de sable 8 parties de phosphore pur, que l'on fait fondre à moitié sans le laisser oxider; lorsqu'il est dissous, on ajoute 4 parties égales de magnésie; on mélange le tout, pendant une heure, à une chaleur de 90 degrés Réaumur, et on modère le feu à mesure que l'opération se termine. Parvenue à 30 ou 35 degrés, cette composition forme une espèce de poudre grasse qu'on met dans des flacons, qu'il faut tenir exactement bouchés quand ils sont refroidis. Cette matière forme un corps opaque propre à allumer une allumette ordinaire, en l'introduisant et en la roulant entre les doigts dans le flacon où est la composition. Ces briquets peuvent se transporter partout et en tout temps sans éprouver la moindre altération; leur durée peut être d'une année dans l'usage habituel. (*Moniteur* de 1809, page 858.)

Perfectionnements. — Les briquets pour lesquels M. Cagniard a obtenu un brevet de perfectionnement de cinq ans ne diffèrent pas des briquets phosphoriques ordinaires, si ce n'est qu'au lieu d'employer des flacons de verre pour contenir le phosphore, l'auteur se sert de flacons métalliques. Ces flacons sont composés de trois pièces, un culot ou canon, une virole d'étranglement, et un bouchon; le canon et la virole sont en plomb, et le bouchon est en étain. *(Moniteur* de 1810, page 1238.)

M. Derosne, pharmacien. — 1816. — La préparation de ces nouveaux briquets est extrêmement simple. Il suffit de mettre environ 18 à 20 grains de phosphore dans un tube, n'importe de quelle matière; ce tube devra avoir environ 6 lignes de diamètre et être d'une longueur telle qu'il puisse être tenu à la main; on emplit la partie inférieure de ce tube avec une substance quelconque, que l'on comprime moins au liège; on ne réserve pour le phosphore et le bouchon qu'un espace de 6 à 7 lignes, dont 3 environ pour le phosphore et 4 pour le bouchon. On coupe le phosphore par petits morceaux, puis on les met dans la bouteille, qu'on bouche immédiatement avec un bouchon. En chauffant avec précaution à une bougie la partie où se trouve le phosphore, celui-ci se fond très-promptement; il se moule dans la bouteille en se refroidissant, et le briquet se trouve fait. Rien de plus simple que la manière de se servir de ce briquet : il suffit de gratter légèrement, avec une allumette ordinaire, la petite couche de phosphore; une très-petite portion adhère à l'allumette; et en la frottant ensuite légèrement, soit sur un morceau de feutre, de vieux gants, de drap, de laine, ou même sur le bouchon, le phosphore s'enflamme plus ou moins rapidement, et communique le feu à l'allumette. On a constaté qu'avec un grain un quart de phosphore on allume cent allumettes. (*Bulletin de la Société d'encouragement*, 1816, p. 111.)

BRIQUETS PNEUMATIQUES. — Le phénomène de l'inflammation produite par une compression rapide de l'air, qui a fixé l'attention de la première société savante de l'Europe, a suggéré à M. Grobert l'idée de réduire à de moindres dimensions l'instrument destiné à cette expérience; il a tracé sur la surface extérieure de cet appareil une division aliquote du mètre, et en combinant la longueur de la pompe avec celle du piston, lorsque celui-ci est soulevé, il a représenté par la longueur totale de l'instrument l'ancienne mesure du pied. Dans les recherches que l'auteur a faites sur ce phénomène, il s'est aperçu que la difficulté que l'on éprouve fréquemment dans les petits appareils, pour obtenir l'inflammation de l'amadou à chaque coup de piston, était occasionnée par le retard que l'on apporte à conserver l'inflammation, en présentant trop tard l'amadou à l'air libre. Un robinet de sûreté, construit avec habileté et précision, fournit une solution satisfaisante de ce problème. Sur la longueur du cylindre de ce robinet, il règne une cavité dont la profondeur est mesurée par l'épaisseur du combustible; quand cette cavité est amenée à la partie supérieure ou latérale de l'appareil, on y place de l'amadou; un trou percé à l'extrémité opposée donne en même temps à l'air extérieur la faculté de s'introduire dans la pompe pour soulever le piston; le robinet étant tourné à la moitié ou à la quatrième partie du cercle, selon les différentes constructions adoptées, l'amadou est alors présenté à la colonne d'air qui doit être comprimée. Le coup de piston étant donné, on tourne de nouveau la clef, qui ramène à l'extérieur l'amadou allumé; enfin, un canal, aboutissant par ses extrémités à l'extérieur de la pompe et à la cavité où l'amadou est placé, permet d'entretenir l'inflammation du combustible, en poussant et en ramenant le piston après l'instant où l'amadou est rentré en contact avec l'air extérieur. (*Moniteur* de 1806, page 200.)

Perfectionnement. M. J. Dubois, de Lyon, 1809. — Ce perfectionnement consiste en un petit corps de pompe en cuivre jaune d'environ 11 centimètres de longueur, sur 1 centimètre de diamètre, exactement alésé et fermé à l'une de ses extrémités, laquelle est terminée en demi-boule. Un piston fait avec des rondelles de cuir enfilées sur une tige carrée, et serrées avec un écrou de cuivre qui porte un trou borgne destiné à recevoir l'amadou, complète ce briquet pneumatique, avec lequel on peut enflammer l'amadou, en poussant avec vitesse le piston contre le fond du corps de pompe (1).

BRIQUET A GAZ HYDROGÈNE. — Le briquet à gaz hydrogène, très-ingénieux, est formé d'un réservoir à gaz hydrogène, fermé à sa partie supérieure, qui plonge par sa partie inférieure dans un bocal renfermant de l'a-

(1) Extrait du *Dictionnaire des découvertes.*

cide sulfurique etendu, dont le niveau s'é-
lève plus ou moins dans le réservoir, selon
que ce dernier renferme moins ou plus de
gaz. A une certaine hauteur est suspendu,
par un fil de cuivre ou de laiton, un morceau de zinc qui, lorsque l'acide monte dans
le réservoir, se trouve y plonger, et donne
lieu à un dégagement gazeux qui répare les
pertes du réservoir, et augmente le volume
et la tension du gaz qu'il renferme, de manière à ramener le bain d'acide sulfurique
au-dessous de son niveau, et alors tout dégagement gazeux cesse. On voit donc que
par ce moyen le réservoir est toujours rempli de gaz hydrogène, qui se renouvelle au
besoin par le jeu même de l'appareil. A la
partie supérieure du réservoir est un tube
effilé muni d'un robinet, qui permet de donner issue à volonté au gaz. Si maintenant
on dispose, en avant du jet d'hydrogène, du
platine en éponge, sur lequel il arrive, le
platine s'échauffe rapidement, rougit, puis
enflamme le jet de gaz. On explique ce phénomène par une condensation considérable
d'oxygène venant de l'air atmosphérique et
d'hydrogène (700 fois environ son volume),
qui s'opère à la surface du métal et qui favorise leur combinaison respective, par suite
de laquelle il se dégage une quantité de
chaleur suffisante pour faire rougir le platine et enflammer le jet d'hydrogène.

Nous terminerons ici cette nomenclature,
car le chapitre des *Briquets* pourrait devenir
aussi long que celui des *Lanternes*, ou que
le chapitre, plus connu, d'Aristote sur les
Chapeaux. Il n'en est pas moins un fait positivement acquis, c'est que cette industrie,
jointe à celle des allumettes, met en mouvement plusieurs millions par année.

BRIQUETIER (*Art du*). — *Invention de
M. Regnault*. — L'idée première des briques
à enclaves est due à feu M. Regnault, qui présenta à la Société des sciences, lettres et arts
de Paris, un mémoire sur lequel on fit un
rapport favorable ; mais il fit à ces briques
divers changements qui en rendirent l'emploi plus étendu et plus facile. Il augmenta
le volume des nouvelles briques et les porta
de vingt-un centimètres de long à trente-
deux centimètres, et de dix centimètres de
large à seize centimètres, sur une épaisseur
proportionnée ; ce qui donne beaucoup plus
de force aux queues d'aronde.

*Invention de M. Laujerrois, au Mont et
(Saône-et-Loire).* — La brique réfractaire de
M. Laujerrois, dégagée de toute matière vitrifiable, calcaire ou pyriteuse ont la propriété de ne se fondre ni de se calciner, et
de ne subir aucune altération dans la
transition du chaud au froid. Elles reçoivent plus promptement et conservent plus
longtemps l'impression de la chaleur que les
meilleures briques dites de Bourgogne. Il a
été constaté que des fourneaux construits
avec ces briques durent depuis quinze ans.
Leur usage est aussi très-économique pour
les boulangers ; il leur faut un tiers moins
de combustible pour chauffer leurs fours,
lorsque ces fours sont construits avec les
briques du Montet, que lorsqu'ils sont construits avec d'autres briques. Elles sont avantageusement connues à Lyon et dans le midi de la France. (*Rapport à la Société d'encouragement*, au XI.) Les briques dites à enclaves, dont M. Legressier s'est occupé, sont
composées d'une enclave principale, et donnent sept moules différents, y compris les
encoignures, les cintres et les plans circulaires. La forme de ces briques varie suivant la place qu'elles doivent occuper dans
la maçonnerie ; fabriquées dans des moules
en métal, leur précision ne peut manquer
d'être parfaite, et ne sera pas altérée par le
ciment, puisqu'on ne doit se servir, pour
les réunir, que de chaux vive réduite à la
consistance de bouillie. (*Annales des arts et
manuf.*, tom. XXXIII, pag. 301.)

Dans les briques dites à enfoncement,
M. Lavocat pratique cinq à six cavités d'environ un centimètre sur les larges faces, et
un creux angulaire à chacune de leurs extrémités. Il les plonge ensuite jusqu'à saturation dans un mortier liquide, et les lie
ainsi entre elles avec du gros mortier ordinaire. En employant ce procédé, l'auteur
obtient, dit-il, des constructions très-solides.
Il trouve le mortier fin moins bon que le
gros, parce que ce dernier, en entrant dans
les cavités des briques, les lie bien plus solidement que par la méthode usitée. (*Bull.
de la Soc. d'encourag*, 1819, pag. 184. — *Archiv. des découvertes et inventions*, 1820,
to v. XII, pag. 360.)

Invention de M. Bourdier. — L'auteur
mouille l'argile, la pétrit avec les pieds, et en
forme des boules qu'il fait essuyer pendant
vingt-quatre heures : on les jette ensuite dans
un moule et on comprime cette terre avec une
batte en bois très-lourde ; on fait ensuite sécher chaque carreau pendant quinze jours.
Après ce temps, on remet les carreaux dans
le moule, on les bat de nouveau avec force
et on les fait enfin sécher pendant six mois.
(*Archiv. des découvertes et invent.*, 1710, pag.
323.)

L'application de la presse hydraulique à
la confection des briques, imaginée par
M. Mollerat, a réussi complètement. Il prend
de l'argile sèche et réduite en poudre ; il la
comprime fortement avec la presse hydraulique, et en forme des espèces de pierres
qui pourraient être mises en œuvre sans
cuisson ; mais elles acquièrent une bien
plus grande perfection lorsqu'elles ont reçu
le degré de cuisson nécessaire. Ces briques
peuvent avoir toutes sortes de formes et jusqu'à douze cents pouces cubes de dimension. Elles sont toutes d'une exécution parfaite, à angles vifs ; leur surface est très-
lisse ; elles conservent à la cuisson tout leur
poli et toute la régularité de leur formes.
(*Archiv. des découvertes et invent.*, 1810, pag.
326.)

Machine à fabriquer les briques. — Cette
machine se compose principalement de deux
caisses en fer fondu, dans lesquelles on met
la terre glaise préparée pour les briques,
et de deux pistons que l'on fait jouer à bras

alternativement, au moyen d'un cric ou d'une vis qui oblige la terre, fortement comprimée, à sortir des caisses par des ouvertures de la forme désirée, pour les briques, tuiles, corniches, colonnes, tuyaux et autres ouvrages. Ces divers produits sont sur un transporteur, où ils sont coupés par longueurs, et déposés ensuite sur la place destinée à les faire sécher. La terre glaise est préparée pour cette machine, par un pétrin également mécanique, mû au moyen d'un manège et d'une grande simplicité. Ces briques se fabriquent par cette machine à deux tiers du prix de la façon ordinaire, et sont d'une perfection qui surpasse tout ce qui a été fait. (*Bull. de la Soc. d'encourag.*, 1808, pag. 85.)

BRIQUETTES —*Importation de MM. Matz et Quest, de Paris.* — Ces briquettes sont formées de houille pure, réduite presque en poussière, et mêlée avec de la terre franche ou de l'argile, dans une proportion qui varie suivant la volonté de ceux qui les fabriquent. Les fabricants peuvent, par cette opération, donner plus ou moins de qualité aux briquettes, sous le précieux rapport de l'économie que l'on se propose par l'emploi de combustible. (*Monit* , 1809, pag. 1317.)

Invention de M. Burette, de Paris. — Procédé propre à fabriquer les briquettes de charbon de terre, de bois et de tourbe, sans amalgame d'argile.

M. Lheulier a présenté à la Société d'encouragement des briquettes qui, par une combinaison de houille grasse, de houille sèche, et d'une très-petite quantité d'argile, procurent un chauffage économique. Il entre dans la composition de ces briquettes deux tiers de houille dite grasse d'Anzin (Nord), un tiers de houille dite sèche de Fresne (Nord), amalgamées sous la vingtième d'argile en volume, équivalant au quinzième en poids : ce combustible ne coûte que 63 centimes pour douze heures. (*Bull. de la Soc. d'encourag.*, 1815, pag. 111.)

BRONZE. — (*Moyen de le dorer et de garantir les ouvriers de l'insalubrité des émanations du mercure.*) — *Découverte de M. Darcet.* 1818. — M. Ravrio avait proposé un prix pour un moyen de garantir les ouvriers de l'insalubrité des émanations du mercure; ce prix fut remporté par M. Darcet, auteur d'un procédé qui consiste principalement à déterminer le tirage des cheminées par un fourneau d'appel. Ce procédé, qui n'entraine aucune dépense, a été pratiqué par le même auteur dans les ateliers de l'hôtel des Monnaies, où l'on est garanti des vapeurs nuisibles par de semblables moyens. Il résulte des nombreuses expériences de M. Darcet, que l'alliage le plus propre à recevoir la dorure est celui qui est composé de 82 parties de cuivre, 18 de zinc, 3 d'étain et 1 demie de plomb ; ou de 83 de cuivre, 18 de zinc, 1 d'étain et 3 de plomb. Les proportions dans lesquelles le mercure et l'or doivent s'amalgamer varient suivant la quantité d'or qu'on veut laisser sur le bronze. L'ouvrier fait

son amalgame avec huit parties de mercure contre 1 d'or; mais l'auteur a vu par l'analyse que l'amalgame varie, chez les doreurs, depuis 9 parties pour 100 d'or jusqu'à 35, et depuis 67 de mercure jusqu'à 91. En appliquant l'amalgame sur le bronze bien décapé, à l'aide d'un pinceau de fil de laiton trempé dans l'acide nitrique, l'ouvrier était contraint à respirer des vapeurs qui altéraient sa santé. M. Darcet a imaginé de substituer à cet acide une dissolution de nitrate de mercure, qui produit le même effet, et qui est employée par l'artiste. Pour que le maniement de l'amalgame n'altère pas la santé de l'ouvrier, lorsque la pièce est couverte de cette préparation, il suffit de l'exposer au feu pour volatiliser le mercure ; néanmoins cette opération est encore dangereuse, par rapport aux nombreuses vapeurs mercurielles qui se dégagent. C'est pour obvier à ce danger que l'auteur a fait construire des fourneaux d'appel, dont le tuyau monte environ au tiers de la hauteur de la cheminée du doreur. Ce fourneau détermine un tirage très-rapide, qui entraine au dehors toutes les vapeurs. On utilise le feu de ce fourneau en plaçant dessus une chaudière, un bain de sable, ou le poêlon contenant le mat. L'effet de ce fourneau est tel, que la fumée qu'on fait au milieu de l'atelier se dirige vers l'ouverture de la cheminée. On trouve, dans le mémoire de M. Darcet sur cet important objet, un moyen très-simple pour ramasser le mercure qui se volatilise. Il consiste à chauffer les pièces couvertes d'amalgame dans une caisse, et à pratiquer un conduit cylindrique sur la paroi opposée à l'ouverture, lequel conduit s'élève au haut de la cheminée, et redescend dans un baquet rempli d'eau, où le mercure doit se condenser. (*Dictionnaire des découvertes*, tom. II, pag. 203 et 204.)

BRONZER. — Outre la coloration artificielle des alliages que ce mot indique, et qui s'applique aux ornements de bronze, aux statues, et aux médailles de bronze et de cuivre, il désigne aussi l'opération au moyen de laquelle on donne aux sculptures en plâtre, en bois, en carton, etc., l'apparence de bronze antique. Pour cela, on délaye, dans une solution étendue de colle forte, du brun de Prusse, de noir de fumée et de l'ocre jaune, on étend cette couleur au pinceau sur toute la surface à bronzer, et avant que la dernière couche soit complétement sèche, on trempe le bout d'un pinceau humecté dans de la poudre d'or musif et on en applique un peu sur l'extrémité de toutes les parties saillantes dans le but d'imiter les effets produits par le frottement sur les bronzes antiques. On sent qu'il faut fondre les teintes vives que forme l'or musif pour bien rendre ces effets de causes naturelles et que tout dépend ici de l'adresse du peintre.

La peinture de bronze à l'huile se fait en broyant bien fin du brun-rouge d'Angleterre avec de l'huile de lin; on donne deux couches de cette couleur qu'on laisse sécher successivement ; quand la seconde est sèche, on y passe un vernis au bronze formé d'une solution de gomme laque dans l'esprit de vin ; on trempe ensuite le pinceau au vernis dans la poudre d'or musif, on délaye et on étend plus particulièrement sur les vives arêtes et sur les bosses. Cette peinture résiste très-bien à l'eau. (*Dict. technol.*, t. II.)

C

CABESTAN. — Le cabestan dont il s'agit étant fixé d'une manière immobile, les deux brins du câble doivent être enroulés sur la partie échancrée du cabestan dans le même sens, de manière qu'après deux ou trois tours ces deux brins viennent se réunir sur la roulette qui se trouve établie au côté gauche du cylindre. Au moyen des deux roulettes mobiles placées dans l'intérieur de la pièce de bois, à l'arrière du cabestan, les deux brins de câble conservent leur parallélisme et se développent sur le cylindre, chacun de leur côté, et toujours à la même place. Ce mécanisme ne tire les masses que d'une manière horizontale ; mais pour lui faire enlever des fardeaux verticalement, par exemple les ancres d'un vaisseau, il ne faudrait que changer l'appareil établi à l'arrière du cabestan et lui donner une direction horizontale. Il serait encore facile de détacher cet appareil du cabestan même, pour le fixer au vaisseau, à la place où les manœuvres ont lieu pour les autres. (*Ann. des arts et manuf.*, t. XIV, p. 210 et 211, pl. 7.)

CABLES EN CHAINE *pour la marine.* — *Invention de M. Giersoon, 1812.*

CACHE-ENTRÉE. — *Inventions de M. Régnier.* — C'est une serrure imitée d'après celle que M. Denon a rapportée d'Égypte, et dont il a publié la description dans son intéressant voyage. Il se compose, 1° d'une petite boîte de fer ou de bronze, qui n'a pas six lignes de saillie sur la porte ; 2° d'une plaque de recouvrement à coulisse, en acier ou en cuivre écroui, pour couvrir et découvrir à volonté l'entrée de la serrure ; 3° d'une petite clef en forme de râteau, qui porte vers son milieu trois chevilles d'acier de différentes longueurs, et placées à des distances inégales ; 4° de trois parallélipipèdes en acier, verticalement renfermés dans la boîte, lesquels forment trois barrières qui s'opposent au mouvement de la plaque à recouvrement, lorsque le râteau est séparé du cache-entrée ; 5° de quatre boulons à écrous qui fixent solidement cette fermeture incrustée d'une ligne dans l'épaisseur de la porte. Lorsqu'on veut ouvrir ou fermer le cache-entrée, on place le râteau sur la cloison inférieure, qui a trois petites ouvertures comme des lumières de fusil, pour laisser passer les trois chevilles d'acier correspondantes. Ce râteau se maintient au cache-entrée par la pression de deux branches latérales ; cette espèce de clef doit être soulevée autant que possible, pour ne pas laisser d'intervalle entre elle et la cloison ; alors les trois parallélipipèdes se trouvent élevés au degré convenable pour laisser un passage libre à la plaque de recouvrement. Cette plaque à coulisse porte une petite onglette, afin que le bout du pouce puisse avoir la prise ordinaire pour la faire manœuvrer. Les trois parallélipipèdes renfermés dans le cache-entrée sont susceptibles en fabrication, de recevoir chacun douze degrés de hauteur différents ; d'où il suit que leur position respective offre un nombre de combinaisons égal à la troisième puissance de douze, c'est-à-dire qu'on peut la varier de dix-sept cent vingt-huit manières différentes. Cependant un homme qui aurait dix-sept cent vingt-huit clefs de diverses façons ne serait pas sûr d'ouvrir le cache-entrée à cause des distances inégales des trois chevilles et de leurs différentes positions dans leur plan qui augmentent considérablement les difficultés : cela est si vrai qu'un ouvrier adroit n'a pu faire une seconde clef sur la première, sans avoir le cache-entrée. Indépendamment de la sûreté de ce mécanisme, il a encore une solidité qui lui est propre, parce que les trois parallélipipèdes en acier présentent trois barreaux qui ne peuvent être forcés ; que les trois ouvertures pratiquées pour recevoir les trois chevilles du râteau ne permettent pas d'introduire quelque chose d'assez fort pour qu'on puisse déranger le mécanisme intérieur ; enfin, parce que l'onglette du recouvrement est trop faible pour pouvoir forcer les arrêts qui retiennent la coulisse. (*Société d'encouragement*, 1808 et 1809, bulletins 43 et 49, p. 5 et 35.)

En 1812, M. Régnier présenta à la société d'encouragement un nouveau cache-entrée dont le mécanisme est formé d'un piton à pâte en acier trempé ; il s'agrafe sur l'entrée de la serrure en le plaçant selon la longueur du panneton et en lui faisant faire un quart de révolution. Le piton est fendu au milieu de son épaisseur pour recevoir une clavette, l'un et l'autre percés d'un œil dans lequel on passe l'anse d'un cadenas à combinaison, qui empêche que la clavette d'acier puisse être retirée, ou le piton détourné, et la clef, mise à part, n'entre plus dans la serrure. (Voy. *Société d'encouragement*, 1812 et 1813, bulletins 56 et 96, p. 105 et 139.)

CACHEMIRES. — Avant la campagne d'Égypte, le châle cachemire n'était connu chez nous que de quelques privilégiés qui avaient entretenu des relations avec l'Inde ; il fut révélé au monde commercial par l'envoi d'un châle oriental à Paris, par le général en chef de l'armée d'Égypte. Un de ces hommes qui savent deviner et préparer l'avenir d'une industrie, M. Bellanger, conçut de suite tout ce que l'imitation de si beaux produits pouvait offrir de développement au travail et de prospérité à son pays. Il se mit à l'œuvre, décomposa le tissu oriental et parvint à créer, par le procédé même employé dans l'Inde, un châle parfaitement semblable à son modèle. M. Bellanger eut le mérite de faire monter le premier un métier à la tire; il inventa un harnais à grandes coulisses, et composa son armure en établissant la lisse de rabat et de liage. La filature de laine ne fut point sourde à cet appel ; et bientôt elle put livrer à 34 et et 36 fr. une qualité qui s'était payée jusque là 72 et 80 fr. le kilogramme.

M. Ternaux contribua puissamment au développement et au progrès de cette nouvelle industrie. Il fit venir à grand frais des chèvres du Thibet ; il essaya de les acclimater et de les propager sur notre sol. Si ses efforts ne furent pas couronnés d'un plein succès, le commerce et la France ne lui en tinrent pas moins compte, et la reconnaissance publique donna aux nouveaux châles le nom de *châles Ternaux*.

Dès 1782, un fabricant de Paris avait formé, à Bohain et à Fresnoy, des établissements pour le travail des gazes de soie.

L'usage du châle est universel en France, et depuis la grande dame jusqu'à la grisette, il est le complément obligé de toute toilette féminine. Pour répondre à un besoin si général, nos fabriques se sont évertuées à employer de mille manières les duvets indiens, la laine, la soie, le coton ; à varier les nuances et les formes du dessin, à rechercher toutes les combinaisons possibles du tissage. Puis, l'impression est venue, avec l'enluminage de ces brillantes couleurs, offrir aux fortunes modestes une imitation coquette et séduisante des gens les plus riches.

En ne considérant que la nature du travail, une distinction se présente de suite à faire entre le châle fait au fuseau à la manière indienne, dit *épouliné*, et le châle broché au lamé tel qu'on le fabrique en France.

Dans les deux modes de fabrication, on monte la chaîne de la pièce, ainsi que cela se pratique généralement pour le métier à la Jacquart. Le tissage en imitation s'exécute avec autant de navettes qu'il y a de couleurs dans le dessin. Les navettes sont passées à travers la chaîne dans l'ordre convenable. Tous ces fils n'étant introduits que par intervalle dans la trame, lorsque la composition du modèle l'exige, ils restent flottants sur le dos de la pièce, et sont ensuite coupés, ce qui n'altère en rien la qualité du tissu, le feutrage empêchant les fils de s'échapper. Mais il y a une perte considérable d'étoffe, laquelle est toute employée dans les tapis.

Le tissage en imitation des véritables cachemires diffère du précédent ; les fils destinés à la trame sont non-seulement égaux en nombre à celui des couleurs du modèle ; mais, en outre, il y a autant de petites navettes remplies de ces fils, qu'il doit y

avoir de couleurs répétées dans la largeur de la pièce. Chacune de ces navettes passe seulement à travers la partie de la fleur sur laquelle la couleur de son fil doit paraître, et elle revient ensuite sur elle-même après avoir traversé le fil de la navette contiguë. Ce qu'il y a de plus difficile dans la fabrication des cachemires, c'est d'éviter la confusion des navettes et de ne pas frapper le battant avant que toutes aient rempli leurs fonctions.

Dans le procédé oriental, toutes les figures en relief sont faites avec un mince fuseau. La fleur et le fond s'exécutent avec le fuseau au moyen d'un entrelacement qui les rend en quelque sorte indépendants de la chaîne. D'ailleurs le fabricant indien lui-même, malgré toutes les conditions de bon marché dans lesquelles il est placé, sous les rapports de la main-d'œuvre et de la matière, ne travaille pas avec moins de dépense de temps et d'argent que nous.

Un châle long, à grandes palmes, à larges bordures, de première qualité et recherché dans le commerce, peut s'établir dans l'Inde, sur le pied suivant :

Une paire de châles longs, moulée sur 12 métiers, peut être confectionnée dans l'espace de 6 à 7 mois. Dans le corps d'une paire de châles longs, semblables l'un à l'autre pour le dessin et les couleurs, il y a vingt coutures ou rentrayures. Les nœuds de rattachement pour le rentrayage de diverses pièces de rapport, dont se compose cette paire de châles, sont alors placés sur l'endroit et l'envers du tissu.

Le prix d'un châle long de qualité marchande, fabriqué sur 12 métiers, varie entre 1,200 et 2,000 roupies, c'est-à-dire entre 2,400 et 4,000 francs, environ.

Mais, jusqu'à présent, les châles de fabrique française ne peuvent-être considérés que comme tissés et brochés en lame ; et, prenant en considération la matière employée, nous les diviserons en : *châles de Paris : châles de Lyon; châles de Nîmes.*

La fabrique de Paris exploite trois sortes de châles, genre et imitation de cachemire; 1° le *cachemire pur*, dont la chaîne et toutes les matières tissées et lamées tout en duvet de cachemire. La majeure partie sont carrés et ont de 1 mètre 80 cent. à 1 mètre 95 de côté; leur prix varie de 250 à 500 francs. Le nombre des couleurs employées est rarement au-dessous de 8 ; il est d'ordinaire de 10 à 11, et il s'élève quelquefois jusqu'à 14 et 15. Les châles longs en cachemire pur doivent avoir de 1 mètre 50 à 1 mètre 60 de large sur 3 mètres 60 à 3 mètres 80 de long, et leur prix varie entre 300 et 700 francs.

2° Le *châle indou cachemire*, qui se fabrique avec les mêmes matières que le cachemire pur, à l'exception de la chaîne qui est en soie de fantaisie. Afin d'obtenir encore une réduction sur le prix de revient, on économise sur une ou deux couleurs, et l'on peut alors vendre ce châle au prix de 180 à 220 francs.

3° Le *châle indou laine*, dont la chaîne

est la même que celle de l'indou cachemire, mais dont la trame et le lamé sont en laine plus ou moins fine. La fabrique de Lyon abandonne à Paris le cachemire pur, mais elle lui dispute avec succès l'exploitaton du cachemire indou pure laine. Mais l'article le plus important de la fabrique de Lyon est le *châle Thibet*. Ce châle se fabrique avec un mélange de laine et de bourre de soie ; il se conforme, pour les dessins et les qualités, aux exigences de la consommation, et peut descendre à la portée des plus petites fortunes.

Lyon fabrique, en outre, une grande variété de châle fantaisie carrés, pour l'été; en cachemires, en laine douce, en Thibet, etc. On compte à Lyon environ 4,000 métiers de châles occupant chacun 3 personnes ; tous ne battent pas constamment ; un quart à peu près éprouve un chômage obligé par le changement d'articles, le montage et autres causes.

La fabrique de Nîmes met toute son industrie à imiter les dispositions en vogue à Paris et à Lyon, et aucune ne paraît avoir mieux rempli le problème économique, car elle trouve à l'étranger un débouché considérable de ses produits.

Mentionnons encore la fabrique de Reims qui, la première, a monté les châles sur des chaînes simples, ce qui lui a permis d'en réduire considérablement les prix.

CADENAS A COMBINAISONS. — Ce cadenas présente à l'extérieur, et lorsqu'il est fermé, la forme d'un cylindre sur le côté duquel est attachée une anse semi-circulaire. Ce cylindre résulte de la réunion de quatre viroles en cuivre placées entre deux plaques ou platines de fer. Les plaques servent à retenir les deux extrémités de l'anse. Les viroles peuvent tourner sur elles-mêmes, indépendamment les unes des autres, et offrent chacune les vingt-quatre lettres de l'alphabet. Lorsqu'on veut ouvrir ce cadenas, il faut connaître la combinaison des lettres ou le mot qui a servi à le fermer; il suffit alors de disposer ces lettres dans l'alignement de deux traits qui sont tracés sur le bord des plaques et d'écarter ensuite ces deux plaques l'une de l'autre, ce qui permet d'ouvrir l'anse, laquelle est à charnière, par une extrémité. Pour connaître le mécanisme intérieur de ce cadenas, il faut le dissembler; ce qui s'opère en ôtant la vis qui est au centre des plaques, et en ouvrant ensuite le cadenas comme on vient de le dire. Les pièces qui le composent consistent particulièrement en un râteau à quatre dents et en huit viroles, dont quatre sont visibles à l'extérieur, et dont les quatre autres sont immédiatement en dessous. Les viroles intérieures ont chacune une entaille pratiquée sur leur surface concave; or l'on conçoit aisément que le râteau ne peut se dégager et le cadenas s'ouvrir, que quand ces quatre entailles sont dans l'alignement des dents du râteau. Quant aux quatre viroles extérieures, elles ont vingt-quatre entailles sur leur surace concave, correspondant aux vingt-quatre

lettres gravées sur leur surface convexe ; ces entailles servent à fixer les viroles intérieures aux viroles intérieures, dans telle position que l'on veut, celles-ci ayant un clou saillant à leur surface convexe, sur lequel on place telle entaille que l'on désire de la virole extérieure. Le nombre des combinaisons dont est susceptible la position respective des viroles est assez considérable pour qu'il n'y ait aucune probabilité qu'on puisse ouvrir le cadenas, quand on ignore le mot ou l'ordre de lettres qui a servi à le fermer; et si l'on supposait même qu'un malfaiteur eût la patience d'essayer à l'ouvrir sur toutes les combinaisons, du moins on ne pourrait pas admettre qu'il en eût le loisir. Ce nombre est égal à la quatrième puissance de vingt-quatre, c'est-à-dire, à 331,776; ainsi, en essayant mille combinaisons par jour, ce qui exigerait plusieurs heures, il faudrait près d'une année pour les épuiser toutes. Le mécanisme du cadenas exécuté par M. Regnier est simple, sa construction est soignée et toutes les pièces en sont solides. La Société d'encouragement, voulant donner à l'auteur un témoignage convenable d'approbation, a publié son invention dans un de ses bulletins. M. Regnier a imaginé d'autres cadenas, dans lesquels des chiffres remplacent les lettres de l'alphabet; leur combinaison est la même que celle décrite ci-dessus. (Conserv. des arts et métiers, grande galerie, modèle n° 334. — *Bulletin de la Société d'encouragement*, an XI, p. 58. — *Moniteur* de 1809, p. 938. — *Arch. des découvertes et inventions*.

Perfectionnement. — *M. Huret, de Paris.* — 1813. — Les perfectionnements apportés aux cadenas de M. Regnier, par M. Huret, consistent en ce qu'ils peuvent être ouverts à l'aide d'un toucher délicat, attendu qu'ils n'ont pas ces petites dents dont la résistance, quoique faible, n'était pas insensible; en ce qu'ils ne peuvent être ni forcés, ni limés facilement, parce que toutes les parties d'acier sont trempées et que les cylindres sont cinq fois plus épais que ceux des autres; en ce qu'ils offrent un bien plus grand nombre de combinaisons, parce qu'on peut se servir, non-seulement des chiffres ou des lettres, mais encore des diverses parties de l'espace qui les sépare; en ce qu'ils permettent de changer le nombre qui donne l'ouverture, sans qu'il soit nécessaire de les démonter, opération longue et désagréable; en ce qu'ils ne peuvent jamais se perdre en route, ni s'ouvrir par l'effet seul du ballottement; enfin en ce que, au moyen d'un procédé ingénieux, on peut les ouvrir la nuit sans lumière, avantage extrêmement précieux en route. (*Annales des arts et manufactures. — Archives des découvertes et inventions.*) — *Voy.* SERRURERIE.

CADRAN DE SURETÉ. — *Invention de M. Mariotte.* — Le mécanisme de ce cadran est aussi digne de fixer l'attention par sa singularité que par l'utilité de ses effets. C'est un moyen sûr de punir celui qui cherche à s'introduire dans les appartements, boutiques, caisses et magasins, à l'aide de fausses clefs ou d'effractions, soit par les portes, soit par les fenêtres ou les cheminées. Il donne l'alarme en faisant sonner un tocsin, tire un coup de pistolet et allume une bougie. On peut l'adapter à toute espèce de meuble, et le secret en est d'autant plus sûr qu'il frappe celui qui essayerait de le pénétrer. Il faut une instruction préalable pour s'en servir sans danger, autrement la moindre tentative fait partir la détente du pistolet. Les armes à feu employées dans cette mécanique n'ont point de pierre ni de batterie, ce qui les empêche de se salir par la combustion de la poudre. (*Moniteur*, 1811, p. 48. — *Annuaire* de 1812.)

CADRAN NOCTURNE. — *Invention de M. Griébel, de Paris.*—Ce cadran est propre à être adapté aux horloges publiques, aux pendules de corridors et à celles de salons; il peut servir à lire la nuit, en éclairant à l'intérieur, tous les espaces blancs étant transparents. Les chiffres et toutes les autres parties extérieures sont limés à angle, pour qu'ils ne puissent porter d'ombre dans les directions obliques de la vue. Deux cercles, l'un extérieur, l'autre intérieur, portent des rainures par derrière pour recevoir deux épaisseurs de verre, faite de plusieurs morceaux, et dont la jonction s'opère avec du mastic par derrière les baguettes qui forment les chiffres; de sorte que cette jonction n'est pas visible à l'extérieur. Entre les deux verres est une étoffe blanche, qui, complètement enfermée par le mastic, ne peut être altérée par le temps. Lorsqu'on veut éclairer les transparents, on pratique, avant tout, dans le mur un trou de la grandeur du cadran; on fixe ce dernier dans ce trou par le cercle extérieur; puis, dans la distance qui existe entre le cadran et le mouvement, on établit une cloison mobile qui porte un ou plusieurs réflecteurs (suivant la grandeur du cadran), opposés les uns aux autres, pour que l'ombre que causerait la tringle soit nulle. Un tuyau disposé au-dessus des lumières, reçoit et conduit dehors la fumée et la vapeur de l'huile. Les aiguilles doivent être vernies en noir pour que le jour et la nuit elles conservent une même couleur. La forme de la boîte du pendule adapté à l'horloge ci-dessus est un globe proportionné à la grandeur du cadran; le mouvement est porté par le cadran, pour n'avoir qu'un foyer de lumière; alors le centre de ce cadran reste compact et verni en blanc pour le jour. La lumière est fixée à une porte pratiquée dans le globe, diamétralement opposée au centre du cadran, et à laquelle est attaché le réflecteur. Il résulte de cette forme de boîte, pour les pendules portatives, que la lumière est à une assez grande distance pour ne point influer sur les huiles du rouage; la lampe est à courant d'air et entourée d'un verre qui conduit la vapeur de l'huile hors la boîte. Le pendule d'échappement est remplacé par un balancier à spirale et à compensation.

(*Description des brevets expirés*, t. IX, p. 129, p. 9.)

CADRANS CARRÉS *pour montres et pendules.*—*Invention de M. de Ryoz,* 1817.

CADRANS SOLAIRES. — M. Chevalier, de Paris, à perfectionné ces cadrans dits portatifs, qui sont suspendus dans une boîte, à la manière des boussoles marines; dans leur état actuel ils se placent toujours d'eux-mêmes horizontalement, pourvu que le plan sur lequel on les pose ne soit pas trop incliné. Le cadran solaire portatif demande à être placé dans la direction même du méridien et à être établi dans un parfait niveau. (*Ann. de l'ind.,* 1811.)

Invention de M. Morel-le-Cerf, de Bar-sur-Seine. — On doit à cet ingénieur un cadran solaire à minutes, au moyen duquel on peut régler les pendules à équation. Ce cadran en forme deux : l'un horaire, divisé, en vingt-quatre parties; l'autre, destiné à marquer les minutes, divisé en soixante parties. (*Ann. de l'indust.,* 1811. — *Bulletin de la société d'encouragement,* t. V, p. 278.)

Les cadrans solaires horizontaux de M. Champion peuvent, dans toutes les positions, remplacer ceux à demeure et être exposés au grand air. Ils se composent d'une méridienne portative, verticale; d'une partie immobile et fixe; d'une partie mobile portant la méridienne, accompagnée de lignes horaires, d'un style doré, d'une olive ou goutte, servant de pivot et masquant la vis avec laquelle on fixe la partie mobile de l'instrument, lorsque la méridienne est dans la position cherchée; d'une boule de cuivre doré servant d'ornement et de pivot supérieur; enfin, d'un plomb suspendu à un fil, pour indiquer la position verticale de l'instrument et aider à la retrouver dans le cas où il serait sorti de son aplomb. La méridienne verticale portative, dit l'auteur, doit être suspendue dans la partie extérieure de l'embrasure d'une fenêtre; et quand elle a été amenée à l'état perpendiculaire, c'est-à-dire, à l'instant de midi, on la fixe dans sa position au moyen de l'olive ou de la goutte. M. Champion est parvenu à rendre général l'usage de ces cadrans, par les calculs qu'il a établis pour tous les pays, depuis les 35e degrés de latitude jusqu'au 60e. Les cadrans horizontaux qui se placent en avant d'un balcon ou de l'appui d'une croisée, marquent toutes les heures avant et après midi; ils sont accompagnés d'une rosette des vents cardinaux, et les styles en sont dorés. Ces cadrans, d'un diamètre de 6 à 8 pouces, sont calculés de manière que, dans quelque pays que ce soit, l'heure de midi est toujours juste. (*Annales des arts et manufactures,* t. IV, p. 43, pl. 440.)

En 1812, M. Luzarches inventa un cadran *horizontal, équinoxial, universel, solaire et lunaire.*

Les cadrans solaires dits astronomiques, dus à M. Desimencourt, offrent l'avantage d'indiquer le midi moyen dans tous les temps de l'année, et peuvent servir à régler une horloge ou une montre sans faire aucune correction par le retard ou l'avance du cadran. Le midi moyen est indiqué par une courbe qui a la forme d'un 8 très-allongé. Lorsque l'ombre de l'extrémité du style passe sur cette couche, il est midi moyen, de même qu'il est midi vrai lorsque cette ombre passe sur le méridien. Quant aux autres signes horaires, elles ne donnent que l'heure vraie, mais très-exactement, de cinq en cinq minutes. Comme la ligne des midi moyens donne le retard ou l'avance du soleil, pour le jour où l'on se trouve, elle peut servir à régler les horloges. Les heures les plus avancées de la journée sont données très-exactement, attendu que l'auteur n'a point négligé l'effet des réfractions. Lorsque ces cadrans solaires seront isolés, ils pourront aussi faire connaître l'heure du lever et du coucher du soleil. Les cadrans solaires ordinaires ne peuvent servir, sans erreur sensible, que sur une étendue de trois myriamètres ou 15° en latitude; l'auteur a construit les siens pour une série de latitudes très-rapprochées, depuis 30 jusqu'à 60 degrés. (*Moniteur*, 1818, p. 1240.)

CÆCOGRAPHE, ou MACHINE A L'AIDE DE LAQUELLE ON PEUT ÉCRIRE SANS VOIR CLAIR.— *Invention.* — M. *Jullien, de Paris.*— 1817.— Cet instrument se compose d'un cadre dans lequel une planche monte et descend à volonté; sur cette planche, et à l'aide d'une tringlette de cuivre, est fixée la feuille de papier. Une crémaillère, pratiquée sur le côté gauche de la planche, engrène la dent d'un ressort servant à fixer la distance que l'on doit mettre entre les lignes. Un régulateur sous lequel le papier monte librement avec la planche, sert à diriger la main qui écrit, tandis qu'un râteau, que l'on fixe sur ce régulateur à l'aide d'une vis de pression, avertit que la ligne est déterminée. La planche est revêtue d'un maroquin sous lequel une étoffe bien tendue donne à sa surface la souplesse convenable. Deux boutons en cuivre placés sur le côté gauche de la planche, au-dessus et au-dessous de la crémaillère, donnent le moyen de la faire monter et descendre à volonté; le ressort se dégage de lui-même pour faire monter la planche, mais il le faut dégager avec la main gauche pour la faire redescendre. La planchette qui maintient le papier sert à fixer la marge sur laquelle on ne doit pas écrire. Cet instrument se place ou sur un pupitre ou sur une table, à l'aide de deux pieds en fer établis dans la partie latérale supérieure du cadre; ces pieds entrent dans deux ouvertures pratiquées dans le pupitre ou la table. L'écritoire est placée à droite, et l'encre doit être tenue à la hauteur nécessaire, pour l'immersion du bec d'une plume ordinaire; on place au fond de cette écritoire une rondelle de liège pour ne pas émousser la plume. Une tige d'acier placée à l'extrême droite, à côté de l'écritoire, indique où la main doit s'arrêter pour prendre l'encre. Pour faire usage du cæcographe, il faut descendre la planche jusqu'à ce que le re-sort engrène la dent supérieure de la cr-maillère. Après avoir relevé la tringlette-cuivre, l'on passe la feuille de papier so-le régulateur, et on la monte jusqu'à qu'elle soit de niveau avec le bord supérie-de la planche. Il faut aussi appuyer la feui-de papier contre la tringlette que l'on rebais-ensuite, et sous laquelle le papier est r-tenu par deux pointes en acier. On fixe-râteau sur le régulateur à environ de-doigts de la feuille de papier. On puise-l'encre en remontant sur le bord du pup-tre, jusqu'à ce qu'on sente la tige de fe-on secoue la plume sur l'écritoire, afin qu-n'y reste pas trop d'encre. On porte-main sur le papier de manière que le rég-lateur se trouve placé entre le troisième-le quatrième doigt, et l'on écrit la premiè-ligne. Lorsque le main est parvenue au r-teau, on cesse d'écrire, puis, de la main ga-che, on pousse le bouton de cuivre placé au-dessus de la crémaillère. Alors on pre-de l'encre pour écrire la deuxième ligne,-l'on continue ainsi jusqu'à ce que la pa-soit terminée. Pour dégager la feuille de p-pier, l'on retire le ressort, l'on descend-planche à l'aide du bouton placé au bas-la crémaillère, et on relève la tringlette. Po-mettre de la poudre sur l'écriture, il est b-d'avoir un plateau carré, de la grandeur-la feuille de papier, afin de pouvoir la sa-poudrer facilement. On retourne ensuite-feuille et on la place sur la planche po-écrire la deuxième page. Lorsqu'on écr-une lettre, on observe les distances que l'-juge convenable de mettre entre la date-le texte, etc., en montant la planche de de-ou trois crans, suivant qu'on veut laiss-plus ou moins d'espace (**1**).

CAFÉ MOKA (*Conserve de*).—*Invention* M. *Bourgogne. pharmacien.* — L'auteur cette préparation s'est proposé, 1° de fix-d'une manière précise, et d'après des sign-invariables, le degré de torréfaction du caf-degré sur lequel les avis sont encore pa-tagés, et qui influe considérablement sur saveur; 2° d'obtenir du café liquide u-concentration telle qu'il représente vin-fois son volume sans altérer ses principe-et en conservant surtout son arome, qu-trouve constamment dissipé en pure per-par les procédés vulgaires; 3° de soustrai-au café ses arrières-principes, dont les pr-priétés sont aussi nuisibles que leur gout-est âpre, styptique et repoussante; 4° enfi-de trouver le moyen de préserver le ca-préparé de toute altération pendant six mo-au moins: Rien de plus simple que l'empl-de cette liqueur ainsi concentrée, qui e-comme un esprit-café. On en mesure deu-cuillerées à café dans une tasse; on vers-dessus quatre onces d'eau limpide et boui-lante, et le café est prêt. Une telle prépa-ration offre déjà une grande économie c-combustible. Une autre considération bie-

---

(1) Description imprimée à la suite du *Manuel d-sommelier*, page 262.

importante encore, c'est que ce café, ne conservant aucun arrière-goût de marc, exige un tiers de sucre de moins que le café préparé par l'ébullition. (*Moniteur*, 1818, p. 633. *Dictionnaire des découvertes*, t. II, p. 269 et 270.)

CAFÉ INDIGÈNE. — *Invention de M. Legras, de Bruxelles.*—Ce chimiste a imaginé une composition qu'il appelait café des bois, et dont voici le détail : 1° Après avoir fait écosser les glands, l'auteur les fait macérer quelques jours dans plusieurs eaux, suivant les quantités et selon qu'il remarque la diminution de leur âpreté; il les fait sécher, puis les torréfie. 2° Il fait sécher des racines de fougère au soleil en été, au four en hiver, et les torréfie, puis les mond avec les glands. 3° Il mêle une partie des glands avec une partie de racines des fougères torréfiées. 4° Le procédé pour la torréfaction et la trituration est le même que celui qui est usité pour le café ordinaire, savoir : un tambour et un moulin à bras ou à manége. 5° M. Legras met quatre clous de girofle pulvérisés, une demi-cuillerée d'essence de térébenthine, et trois cuillerées de mélasse par kilogramme; il renferme ensuite le café dans un vaisseau, en y jetant quelques poignées de feuilles de menthe, relativement à la quantité du café, pour en améliorer l'odeur. (*Description des brevets expirés*, t. IV, p. 283. — *Moniteur*, 1808, p. 1437.)

En 1810, madame Legrand de Paris inventa un café indigène, et, en 1811, madame veuve Call un autre. M. Déculenéer-Bosch composa un café dont le goût fort agréable se rapprochait infiniment de celui du véritable café de Java.

En 1813, M. François de Neuchâteau fit du *café de betteraves*. — M. Baretti fit du *café de buis*. (Voy. *Annuaire de l'industrie française*, 1812. — *Annales des arts et manufactures*, t. XLVIII, p. 280.)

En 1818, M. Baumand fit du *café de chicorée, de carottes et d'amandes.* Aucune de ces compositions de cafés indigènes ne s'est répandue et conservée. Le café de betteraves de M. François de Neuchâteau était très-limpide et bien supérieur à tout ce qui avait été tenté pour imiter le café. En en mêlant les deux tiers avec un tiers de bon café, on obtenait un café supérieur. Mais dans ce mélange il faut avoir soin de ne pas mêler les poudres, mais d'en obtenir séparément des décoctions et de les réunir ensuite suivant les proportions indiquées plus haut. (Voy. *Annales des arts et manufactures.*)

CAFÉOMÈTRE. (Physique). — *Invention.* — M. Chevalier, de Paris, 1806. — Cet instrument, qui sert à apprécier les nuances différentes de pondération, est l'application de la théorie de l'aréomètre, ou pèse-liqueur, avec cette différence que les degrés en sont plus espacés. Dans l'eau pure il plonge à zéro, qui est à la pesanteur ce que, dans le thermomètre, ce même zéro est à la congélation. Les degrés au-dessous de zéro indiquent donc dans le caféomètre la pesanteur, et par conséquent la force du café, comme le thermomètre au-dessous de zéro indique les degrés du froid. (*Moniteur*, 1806, p. 988.)

CAFÉS (ORIGINES DES).—Voici sur l'origine des cafés de Paris des renseignements que nous empruntons au *Siècle.*

Il y a 180 ans environ, un Arménien, nommé Pascal, venu en France à la suite de Soliman-Aga, ambassadeur de la Porte près de Louis XIV, installa à la foire Saint-Germain une boutique, devant laquelle la foule s'arrêtait étonnée. Pascal vendait à tout venant, pour le prix de deux sous et demi, une tasse d'infusion de café; c'était alors une nouveauté si grande, que les plus intrépides osaient seuls se risquer à déguster cette liqueur inconnue, au sujet de laquelle on racontait d'incroyables histoires, que la crédulité publique accueillait sans contestation. Le Parisien est, par sa nature, un peu mouton de Panurge. Quand on vit que le café n'empoisonnait pas, ne rendait pas idiot, ne troublait aucune des facultés de l'esprit ou du corps, on se hasarda petit à petit, et bientôt la foule envahit la boutique de Pascal, dont le nom devint bientôt populaire.

Enchanté de ce premier succès, et désireux d'arrondir sa fortune déjà si bien commencée, le premier cafetier de France, après la fermeture de la foire de Saint-Germain, vint fonder à Paris le premier café permanent, qu'il établit sur le quai de l'Ecole. La vogue l'y suivit pendant quelque temps, mais elle se lassa bientôt, et Pascal quitta Paris pour aller à Londres.

Un autre Arménien, nommé Maliban, tenta alors de ranimer l'enthousiasme public en faveur du café. Ce second établissement, situé rue Mazarine, eut à peu près les destinées du premier. La concurrence, d'ailleurs, ne tarda pas à naître. Deux cafés s'élevèrent simultanément, l'un au bas du pont Notre-Dame, l'autre dans la rue Saint-André-des-Arts, à la descente du pont Saint-Michel, pendant qu'un boiteux, dont les mémoires du temps ont conservé le nom, le *Candiol*, allait de maison en maison, de boutique en boutique, vendant du café qu'il faisait lui-même sous les yeux des consommateurs, au prix de deux sous la tasse, sucre compris.

Un Sicilien, nommé Procope, eut l'intelligence qui, jusque-là, avait manqué à ses prédécesseurs. Il comprit que des Français ne pouvaient consommer le café à la manière des Orientaux, isolément; il eut l'idée de créer avant tout un lieu de réunion élégant, confortable, où le plaisir de déguster la liqueur nouvelle ne serait plus qu'un plaisir accessoire. Après avoir tenté un premier essai à la foire de Saint-Germain, comme son prédécesseur Pascal, il ouvrit, dans la rue des Fossés Saint-Germain, en face de la Comédie-Française, le célèbre établissement qui existe encore aujourd'hui sous le nom de café Procope.

Dès cet instant, le café fut fondé en France. Sous Louis XV, on comptait déjà à Paris plus de six cents cafés, et la province, marchant sur les traces de la capitale, tint à honneur de posséder aussi des établissements de ce genre.

On ne doit pas oublier, en traitant ce sujet, que Déclieux fut le premier qui porta à la Martinique un arbrisseau de café, et qui, pour doter nos colonies de cette richesse, eut le courage de faire pour la précieuse plante ce que M. de Jussieu avait fait pour le cèdre du Liban, qui couronne aujourd'hui de ses vastes rameaux le sommet du Jardin-des-Plantes, c'est-à-dire de se priver d'eau pendant toute la durée de la traversée pour arroser le frêle arbuste qui devait faire la fortune de nos colonies (1).

CALCULER (MACHINE A). — Pour abréger les opérations de l'analyse numérique (*arithmétique*), on a inventé en divers temps des machines plus ou moins ingénieuses, dont le but est de gagner du temps. Ainsi, pour multiplier, par exemple, une somme par une autre, il faut, dans la méthode ordinaire, écrire sous le multiplicande les chiffres du multiplicateur, et passant successivement de l'un à l'autre, inscrire une troisième ligne de nombres, qui forme le produit recherché. Au moyen d'une machine plus ou moins ingénieuse, plus ou moins heureusement combinée, on peut, en dirigeant quelques aiguilles sur un cadran, tourner sur un cadran correspondant le chiffre demandé, et éviter ainsi une grande perte de temps. Il en est ainsi pour toutes les opérations, même les plus compliquées, de l'arithmétique.

Les Orientaux, les Égyptiens même ont eu leurs machines à calculer, mais fort imparfaites. Parmi nous, on doit remarquer d'abord celle inventée par Pascal, qui lui coûta des efforts d'imagination auxquels on attribue la fatigue d'esprit qui paraît avoir abrégé sa vie. De nos jours, le célèbre Babbage a employé plusieurs années à la construction d'une machine à calculer qui se voit à Londres, au Kings'-College, et est destinée à résoudre, en quelques secondes, les problèmes les plus compliqués de la science du calcul. Cette machine qui a coûté plusieurs centaines de mille francs, dus à la munificence de Georges III, n'est point encore terminée, elle ne le sera peut-être jamais, car il est bon de remarquer ici, pour l'instruction des inventeurs qui voudraient encore se livrer à cette recherche, que nulle

(1) Esménard, dans son poème de la *Navigation*, a consacré ces vers à l'intelligent dévouement de Déclieux :

Chacun craint d'éprouver les tourments de Tantale :
Déclieux, seul, les défie, et d'une soif fatale
Étouffant tous les jours la dévorante ardeur,
Tandis qu'un ciel d'airain s'enflamme de splendeur,
De l'humide élément qu'il refuse a sa vie,
Goutte à goutte il nourrit une plante chérie :
L'aspect de son arbuste adoucit tous ses maux.

machine ne peut être aussi utile que l'invention des Logarithmes, pour abréger les opérations du calcul. La machine à calculer paraît donc destinée, quelque perfectionnement qu'on y apporte, à être plutôt un exemple de difficulté vaincue, un simple objet de curiosité, plutôt qu'un instrument usuel et utile ; néanmoins, pour donner au lecteur une idée suffisante de la machine à calculer, nous choisirons, parmi la foule de tentatives faites jusqu'à nous, celle de M. Thomas, dont l'invention, sous le nom d'*arithmomètre*, a donné lieu, en 1851, au rapport suivant fait par M. Benoît à la Société d'encouragement ; ce rapport contient presque tout ce qu'il y a à connaître sur ce sujet.

« Lorsqu'en 1604, Nèper fit connaître l'invention à laquelle son nom doit l'immortalité, il pouvait intituler l'ouvrage qui en donnait les détails de *Mirificis Logarithmorum canonicis descriptio* ; c'était, en effet, une invention merveilleuse que celle de ces nombres auxiliaires, dont l'emploi ménageait aux hommes de science la majeure partie du temps que les calculs numériques avaient exigés jusque-là ; car le temps est la seule chose dont il n'existe pas de débit, les *logarithmes* n'ont été si généralement et si vite adoptés que parce qu'ils donnaient le moyen de transformer les multiplications en additions, et les divisions en soustractions, et par suite l'élévation aux puissances de multiplications et d'extractions des racines en divisions. Les personnes qui par état ou par goût s'occupent d'applications utiles des sciences mathématiques savent seules combien seraient longs et fatigants des calculs qu'elles doivent avoir souvent à effectuer, si les tables *logarithmiques* ne venaient au secours de leur patience, qui sans le soulagement qu'elle en reçoit serait quelquefois mise à bout. Les *logarithmes* sont donc, je le répète, une invention admirable ; mais rien n'a démontré qu'elle fût la seule possible pour abréger même autant qu'elle le fait les calculs numériques. Pascal croyait qu'on pouvait en trouver d'autres, puisque dès 1642 il ouvrait la voie des applications de la mécanique à l'important problème dont l'invention des logarithmes avait fourni une solution.

« Je ne reproduirai pas ici la nomenclature de tous les essais plus ou moins infructueux et dispendieux qui ont suivi celui du célèbre géomètre-philosophe que je viens de citer ; elle est imprimée dans le *Bulletin* du 1843, page 415, à la suite du rapport fait le 12 juillet par notre collègue M. Th. Olivier sur l'additionneur de M. Roth.

« Feu M. Francœur, l'un des anciens vice-présidents de la Société, dans son rapport du 20 décembre 1821 sur l'*arithmomètre* de M. Thomas, inséré au *Bulletin* de 1822, a signalé les calculateurs de Pascal, de Lépine et Diderot. « Toutes ces machines, dit-il « sont aujourd'hui tombées dans l'oubli, et « l'on ne les regarde que comme des con- « ceptions plus ou moins ingénieuses ; celle « de M. Thomas, ajoute-t-il, ne ressembl[e]

nullement aux autres, elle donne de suite
les résultats du calcul sans tâtonnement,
et n'est faite à l'imitation d'aucune des
premières. »

« La description de cette machine primi-
ve est consignée dans le *Bulletin* de 1822 ;
age 355, et la planche 232, qui accompagne
 texte en représente les plus justes détails
 construction ; c'est de cette machine per-
ctionnée par M. Thomas lui-même que je
ens vous entretenir au nom de votre con-
il des arts mécaniques. Depuis la publica-
on de l'arithmomètre inventé par M. Tho-
as, il a été construit une autre machine
 le même principe. On lit en effet dans
rapport de M. Mathieu, compris dans celui
 jury central, à l'exposition de 1849 : « MM.
Mens et Joyet ont présenté sous le nom
d'*Arithmaurel*, une machine à calculer
dans laquelle on retrace le principal organe de l'arithmomètre de M. Thomas ;
à savoir des cylindres cannelés et des
arbres parallèles sur lesquels glissent des
pignons destinés à représenter des nombres. » « Ce sont réellement là, comme
dit M. Mathieu, les principaux organes
es machines de M. Thomas, tous organes
ractéristiques ; toutefois MM. Mens et
oyet ont cru devoir conserver les cannelures
ont les cylindres de la machine primitive
 M. Thomas étaient réputés garnis, tandis
e dans la machine que cet inventeur nous
umet aujourd'hui, et qu'il compose d'au-
nt de cylindres composés parallèlement
s uns à côtés des autres que les nombres
additionner doivent avoir d'ordres d'unités
 lieu de *cannelures, ou intervalles* compris
tre dix-huit *dents* géminées, il n'existe
lus que neuf *dents* simples sur chaque
ylindre, quel que soit l'ordre des chiffres,
nités, dixaines qu'il est destiné à compter,
 qui est plus rationnel.

« De ces neuf dents, dont les *cylindres*
nt garnis à la manière des roues d'engrenage cylindrique, sur un peu moins de la
oitié de leur périphérie, la seconde et les
iivantes, dans le sens du mouvement, sont
accessivement de moins en moins longues,
 leur différence constante est égale au neu-
ième de la longueur du *cylindre*. De cette
onstruction et de ce que les *pignons* de dix
ents, *mobiles* le long de leurs axes particu-
ers, parallèles entre eux et à ceux des *cy-
ndres*, sont amenés en regard de la partie
e ceux-ci, où existe un nombre de dents
xprimé par celui des neuf chiffres 0, 1, 2,
, 4, 5, 6, 7, 8, 9, inscrits le long des cou-
sses parallèles ouvertes dans une plaque de
ecouvrement de la cage de la machine, sur
equel les *boutons à index* ont été arrêtés, il
ésulte qu'en faisant faire simultanément
ux cylindres une révolution entière, ce que
on obtient par un seul et même tour de
anivelle, chaque *pignon mobile* se déplace,
ndividuellement d'autant de dents ou de
ixièmes de tour qu'il y a d'unités de son
rdre dans le chiffre des coulisses en regard
uquel l'*index* correspondant aura été arrêté
volonté.

« Pour indiquer, on écrit sur une même
ligne ces dixièmes de révolution effectués
par les pignons mobiles et leurs arbres, c'est-
à-dire le nombre représenté par les chiffres
de divers ordres sur lesquels les *index* des
coulisses ont été arrêtés ; une des extrémités
de ces arbres est munie d'une petite roue
d'angle de dix dents, qui commande une autre roue d'angle égale ; celle-ci est fixée sur
un petit axe placé d'équerre et commun à
un *disque* ou *cadran*, s'appliquant contre le
dessous d'une tablette formant le prolongement de la *plaque des coulisses*. Dans cette
tablette est pratiquée une ligne de petites
ouvertures ou *lucarnes*, par lesquelles on
aperçoit toujours celui des nombres 1, 2, 3,
4, 5, 6, 7, 8, 9, 0, inscrits sur le timbre des
cadrans, qui exprime le nombre de dixièmes
de tour effectués par les divers *pignons mobiles* correspondants, ou, ce qui est la même
chose, le nombre exprimé par les chiffres
sur lesquels ont été placés des *index* des
coulisses, si, avant de donner le tour de manivelle, le zéro des *cadrans* occupait la ligne
des *lucarnes*, disposition qu'un mécanisme
particulier et indépendant donne le moyen
d'obtenir, après qu'on a soulevé la tablette,
quand, dans cette position, on ne peut pas
faire usage des boutons moletés qui surmontent extérieurement les axes du cadran.

« On voit, d'après ce qui précède, qu'en
laissant exister le nombre inscrit dans les
lucarnes de la *tablette*, si on en écrit un nouveau au moyen des index des coulisses, il
suffira de donner un autre tour de manivelle,
pour que les unités de chaque ordre aillent
s'ajuster aux unités de l'ordre correspondant déjà indiqué dans les lucarnes ; on lira
donc sur la tablette le nombre exprimant la
somme des deux nombres que l'on aura
successivement inscrits aux coulisses, et il est
évident que l'on pourra continuer à ajouter
ainsi un nouveau nombre à la somme d'autres nombres obtenus, tant que la somme
d'unités du même ordre, dans tous ces nombres à ajouter, ne dépassera pas 9.

« Que faudrait-il pour pouvoir additionner
des nombres quelconques ? A l'aide de cette
machine, il suffirait que, lorsque chaque cadran présenterait dans sa lucarne le chiffre 0
correspondant à la somme de 10 unités de
son ordre, lesquelles composent ainsi une
unité de l'ordre supérieur, ce cadran ajoutât
immédiatement cette unité à celle inscrite
dans la lucarne du cadran situé à gauche ; de plus, comme le nombre inscrit dans
les lucarnes pourrait être exprimé par une
rangée de 9, il faudrait, en outre, que le
transport d'unité dont je viens de parler
fût successif et s'opérât de droite à gauche,
afin que le résultat de l'addition à un tel
nombre pût s'écrire par un seul tour de manivelle, sous forme de l'unité de l'ordre immédiatement supérieur à celui des plus
grandes unités qu'il constituait. C'est ce à
quoi M. Thomas est parvenu : 1° en faisant
retarder convenablement, au moyen du jeu
des roues d'angle, par lesquelles les cylindres dentés sont commandés par un même

arbre de couche, l'arrivée des dents pareilles de ces cylindres dans ce plan unique qui
occupe leur axe ; 2° au moyen d'organes fort
simples, dont l'effet est immanquable et dans
la combinaison desquels consiste une des
différences principales qui existent entre sa
nouvelle machine et l'ancienne, il se compose une sorte de petits tocs émanchés, à
glissement sur le plan libre du cylindre
denté des dizaines et des cylindres suivants,
et que de petits ressorts hélicoïdes d'acier,
tendent constamment à repousser de l'extrémité de ces cylindres. La face intérieure de
chacun de ces tocs est armée d'une espèce de
doigt cylindrique, disposé exactement dans
le prolongement de la place qu'occupait sur
le cylindre, avant d'avoir été enlevée, la
dixième dent, c'est-à-dire celle qui suivait
la plus courte des dents conservées. La rive
antérieure de cette face est, en outre, taillée
en biseau dans le voisinage de la douille
centrale que le ressort hélicoïde entoure,
afin que ces tocs puissent être facilement repoussés vers les cylindres, malgré l'action
de ces ressorts, quand ils viennent à remonter de petits plans inclinés fixés à la
cage de la machine. Dès que ces tocs ont été
ainsi repoussés à leur position la plus voisine de leur cylindre, et avant qu'ils n'abor-
dent les plans inclinés des butoirs d'a-
cier mobile, latéralement se rapprochant des
arbres de ce cylindre, alors le bout antérieur des douilles des tocs appuie et glisse
contre ces butoirs qui continuent à maintenir ses tocs dans la position que les plans
inclinés leur ont donnée ; mais, lorsque l'un
de ces butoirs mobiles vient à être écarté
de l'axe du cylindre comme je l'expliquerai
tout à l'heure, plus que la douille du toc
n'a désailli sur cet axe ce toc n'étant plus
retenu, le ressort hélicoïde est repoussé de
telle sorte, que son doigt va s'engager entre
deux des dix dents d'une petite roue cylindrique ajustée sur le corps de l'arbre du pignon mobile, précisément où la partie dentée
du cylindre n'étant plus engagée dans ce pignon, celui-ci est libre, ainsi que son arbre,
de céder à l'action des doigts du toc. Toutefois,
le pivot atteignant bientôt le plan incliné
fixe correspondant, l'action de ce plan dégage le doigt d'entre ces deux roues cylindriques, dès que cette dernière et son arbre
ont ainsi effectué un dixième de tour, lequel
s'ajoute évidemment aux autres dixièmes de
tour déjà enregistrés et faits par cet arbre,
pendant qu'il a été soumis à l'action des
dents du cylindre lui-même.

« Mais il faut, ainsi que je l'ai fait remarquer, que les jeux des pièces que je viens
de décrire soient déterminés par le cadran
des limites d'ordre immédiatement inférieur ; pour cela, tous les cadrans sont fermés par-dessus d'une canne d'acier qui, au
moment même où le 0 de leur limbe se présente dans la lucarne correspondante, les
met en communication avec leur voisin de
gauche, en agissant sur un des tocs d'une
petite équerre ou levier coudé dont l'autre
bras est flanqué du butoir mobile men-

tionné ci-dessus. Le ressort particulier qu
maintient l'équerre de ce butoir dan
sa position ordinaire est donc à la porté
de la canne du cadran. Le butoir est pa
cela même écarté de l'arbre du cylindre dent
situé à gauche ; il cesse momentanémen
de s'opposer à l'action du ressort hélicoïde
c'est-à-dire au glissement des tocs sur cett
arme, et de ces glissements résultent les e
fets que j'ai décrits.

« Dès que ces effets sont produits, l
canne du cadran abandonne l'équerre
celle-ci, obéissant alors à l'action du resso
particulier qui la gouverne, rapproche d
l'axe du cylindre droit correspondant l
butoir mobile faisant corps avec elle, et
remplace ainsi entre le bout extérieur de l
douille du toc, aussitôt que l'action du pla
fixe sur le biseau de sa place extérieure ; o
en donne la facilité en réagissant sur le re
sort hélicoïde auquel le toc avait obéi ; to
se trouve replacé dans les mêmes position
relatives initiales, et l'entier mécanisme e
disposé de manière à pouvoir continuer l'ad
dition de nouveaux nombres ; le multipl
cateur, n'étant en réalité que l'addition d
multiplicande, agit lui-même autant de fo
qu'il y a d'unités dans le multiplicateur ;
en résulte que l'arithmomètre de M. Th
mas peut servir à faire cette opération,
que, par une idée fort simple de l'inventeu
cette machine opère avec une promptitude
une sûreté étonnantes. Cette idée consiste
établir sous la tablette à la gauche des cadra
placés dans la direction des coulisses, et do
il a été question, un nombre égal de c
drans et de lucarnes semblables ; à lier cet
tablette avec le restant du mécanisme,
manière à pouvoir le repousser vers la droi
jusqu'au point d'amener même tous c
nouveaux cadrans et leurs roues à angles
la place qu'occupaient les autres et à obé
et à agir comme eux : soit, par exemple,
nombre 2,749 à multiplier par celui de 3,93
j'écris le premier avec les index des quat
coulisses à droite, j'amène les zéros des ca
drans dans les lucarnes et je donne sept tou
de manivelle, ce qui écrit dans les lucarnes
nombre 19,243, qui est le multiplicande ajou
sept fois à lui-même comme le veut le chiff
7 des unités du multiplicateur. Pour mult
plier par le chiffre 5 des dizaines, il suf
de multiplier 2,749 par 5, et d'écrire le pr
duit sous les dizaines du nombre 19,243 ; e
déplaçant donc d'un rang vers la droite le
cadrans de la tablette et en donnant 5 autre
tours de manivelle, on obtiendra dans le
lucarnes le nombre 15,663, résultat de cet
addition. En poussant la tablette d'un aut
cadran vers la droite et donnant 9 tours
manivelle, on ajoutera à ce dernier nombr
le produit de 2,749 par le chiffre 9 des cer
taines du multiplicateur, et on lira dans le
lucarnes 2,630,793. Enfin, en déplaçant en
core d'un cadran vers la droite la tablette,
derniers tours de manivelle ajouteront a
nombre ci-dessus le produit du multipli
cande par le chiffre 3 des mille du multipl
cateur, et on lira dans les lucarnes pour l

:oduit total, cnerchez le nombre 10,877,793. ette multiplication se fait en moins de 18 :condes. Il ne faut guère plus d'une minute)ur obtenir avec cette machine le produit 999,999,800,000,001 de 99,999,999 multiplié par lui-même, il suffit de 45 secondes)ur trouver le produit 5,555,555,444,444,445 e 99,999,999 multiplié par 55,555,555, ou :lui de 4,094,043,055,449, 522 de 93,785,426 ultiplié par 43,653,297, en 17 secondes on :ut faire ainsi dans les lucarnes le nombre 111,111,088,888,889, produit du même ombre 99,999,999 par 11,111,111. C'est enpre par la réalisation d'une idée fort simple ue M. Thomas a donné à son arithmomètre propriété de faire les soustractions et par nte les divisions, qui ne consiste qu'à)ustraire du dividende le diviseur autant e fois que cela peut être fait.

« M. Thomas a remarqué aussi que les ignons mobiles commandés par les cylinres dentés devant pouvoir glisser sur leurs rbres, il n'y avait aucun inconvénient à lire glisser ces arbres au moins dans les)mières de la cage qui les reçoivent, puisue les pignons sont maintenus en place ar des colliers faisant corps avec les bou)ns à index des coulisses chez chacun e ses arbres dont le corps rectangulaire averse aussi ce frottement libre, la partie entrale des roues cylindriques commanées par les tocs. Il a donc fixé une seonde roue d'angle de dix dents égales à elles dont j'ai parlé et située de l'autre côté e la roue pareille, montée sur l'axe du cadran orrespondant à cette distance, telle qu'elle e peut engrener avec elle que lorsque, iisant glisser l'arbre, les dents de la première roue s'en dégagent entièrement. On iécanisme très-simple, sur lequel on agit à aide d'une espèce de flèche indicatrice, prouit le déplacement instantané de tous ces rbres, et maintient les nouvelles roues ngrenées avec celles des cadrans ; de sorte u'en tournant la manivelle dans le même ens que pour l'addition et la multiplication, es cadrans se meuvent en sens contraire et etranchent ainsi, à l'aide d'un seul tour de oanivelle, d'un nombre écrit dans les lucarnes e la tablette, tout autre nombre plus petit, narqué par les index des coulisses. Si, par xemple, on écrit dans les lucarnes le nombre 5,639,468, et avec les index des coulisses e nombre 69,839,989, un tour de manivelle jui ne dure pas une demi-seconde, fait ap)araîtredansleslucarneslenombre5,799,479, xcès du premier nombre sur le second. Il ésulte de là que, pour effectuer une divi-ion, il faut d'abord diriger la flèche indi-:atrice vers les mots division et soustraction ;ravés sur la plaque écrite, le dividende dans es lucarnes et le diviseur avec les index les coulisses, puis amener la tablette dans une position telle que le plus fort chiffre du lividende corresponde au plus fort chiffre du diviseur s'il est plus grand que lui, et dans le cas contraire, que ce soit le chiffre suivant.

«Le nombre de cadrans passés à droite des

coulisses, augmenté d'une unité, exprimera le nombre des chiffres entiers du quotient cherché. Dans cette position, le plus fort chiffre de ce dernier sera égal au nombre de tours de manivelle qu'il faudra faire pour que le reste des soustractions successives du diviseur, que l'on effectuera ainsi et qu'on lira dans les lucarnes, soit moindre que le diviseur. On rentrera alors la tablette d'un cadran, et si le nombre inscrit dans les lucarnes, au-dessus du diviseur, est égal au plus grand que lui, un ou plusieurs tours de manivelle suffiront pour le rendre moindre. Dans tous les cas, le nombre de tours de manivelle opérés pour cela exprimera le second chiffre du quotient cherché, qu'il faudra *noter* comme le premier. Si le premier reste obtenu et poussé vers la gauche, au lieu d'être égal au diviseur ou plus grand que lui, était plus petit, alors le second chiffre du quotient aurait un zéro, et, après l'avoir noté, on rentrerait encore la tablette d'un autre cadran, pour continuer de la même manière à l'effet d'obtenir les chiffres suivants du quotient. En conservant pour dividende, dans les lucarnes de la tablette, le nombre 9,182,736,456,483,622, et dans les coulisses le nombre 69,889,989 pour diviseur, il suffit de 75 secondes pour obtenir, avec l'arithmomètre, les chiffres entiers 131,482,501 du quotient et pour les inscrire au crayon sur un papier. Le reste de la division figure dans les lucarnes où on lit 32,950,533.

« J'ai supposé dans tout ce que j'ai dit que l'on comptait les nombres de tours de manivelle donnés, soit pour multiplier par un chiffre voulu, soit pour trouver successivement chaque chiffre d'un quotient cherché. Mais la machine de M. Thomas renferme un organe qui dispense de ce soin; il consiste en une espèce de vis ayant neuf pas ou neuf tours d'hélice, de la grosseur des cylindres, dentée et placée à leur suite, dans les filets de laquelle s'engage le bas d'un curseur à boutons et à index, qu'on peut faire glisser le long d'une coulisse ouverte dans la plaque de recouvrement à gauche de celle dont il a été question; quand la manivelle est arrêtée au point de départ, s'il s'agit de multiplier par un des nombres 1, 2, 3.... 9, on place l'index du curseur sur celui de ces chiffres inscrits au bord gauche de la coulisse, et en tournant la manivelle sans compter les tours, on éprouve un arrêt dans le mouvement, précisément lorsque le nombre de tours voulu est effectué, et le curseur index se trouve ramené à zéro.

« Quand on veut opérer une division, on place ce curseur index au haut de sa coulisse, où se trouve le zéro de la graduation 0, 1, 2, 3... 9, inscrite sur son côté *droit*, et en tournant la manivelle jusqu'à ce que le reste des soustractions successives soit devenu moindre que le diviseur, l'index des curseurs est amené sur le chiffre qui exprime le quotient partiel correspondant qu'on peut y lire. L'axe de cet organe porte, comme ceux des cylindres dentés, un toc et des accessoires, afin d'enregistrer jusqu'au nombre 10, sur le cadran de la tablette qui lui correspond, les unités de l'ordre supérieur à celui des unités comptées au moyen du dernier cylindre denté voisin ou occupant la gauche de la rangée.

« Les divers exemples que j'ai cités montrent avec quelle promptitude pourrait opérer les calculs arithmétiques une personne à laquelle la manœuvre de l'arithmomètre de M. Thomas serait familière. Les services que cette machine peut rendre dans les maisons de commerce et de banque sont évidents, puisqu'on y a constamment à multiplier des prix par des quantités, et que, pour l'établissement des comptes d'intérêts, on est dans l'usage de multiplier toutes les sommes par le nombre de jours durant lesquels l'intérêt doit être servi, et de transformer ensuite les produits ainsi obtenus en argent, en les multipliant encore, soit chacun, soit leur total, par le coefficient relatif au taux de l'intérêt. Les vérificateurs, les ingénieurs, etc., trouveront un grand secours dans l'emploi de cette machine ; car ils doivent effectuer aussi des supputations analogues aux précédentes, et ces calculs sont longs et fastidieux ; elle donne, d'ailleurs, le moyen de vérifier, avec la plus grande facilité et en aussi peu de temps qu'on a mis à la faire, l'exactitude de toute opération ; car si c'est par addition ou par multiplication, par exemple, que l'on a opéré, il suffit de détourner la flèche indicatrice vers la soustraction ou la division, et de répéter l'opération faite ; s'il n'a été commis aucune erreur, le nombre qui avait été inscrit primitivement dans les lucarnes doit s'y représenter à la fin. De là résulte aussi le précieux avantage de pouvoir réparer immédiatement toute erreur, dont on s'aperçoit à temps, dans le cours d'un calcul, et provenant d'un ou plusieurs tours de manivelle donnés de trop. La réduction d'une fraction ordinaire en fraction décimale s'y fait très-facilement, et l'on obtient avec promptitude autant de chiffres décimaux qu'on en désire. La somme ou la différence d'une suite indéfinie de produits simples, telle que : $a \times b \times b \times c \times d \times e \times f \times$, s'obtient aussi très-rapidement avec l'arithmomètre.

« L'extraction des racines carrées et des racines cubiques y est très-facile à faire, et lorsqu'on a quelque pratique de la marche à suivre, on trouve très-promptement avec une machine à huit coulisses et à seize lucarnes, les huit premiers chiffres de la racine carrée, d'un nombre de seize lucarnes, des huit premiers chiffres de sa racine cubique. Sur une machine à huit coulisses et à seize lucarnes on obtient très-rapidement aussi le quatrième terme d'une proportion, si le produit des moyens est au-dessous de dix quatrillions, tandis que l'extrême connu n'est pas exprimé par plus de huit chiffres ; on y calcule d'après la propriété du carré de l'hypoténuse, et, avec toute l'exactitude désirable, le troisième côté d'un triangle rectangle, dont deux côtés sont donnés ; on pro-

cède à la résolution générale des triangles avec le concours des tables des lignes trigonométriques naturelles qui étaient exclusivement en usage avant l'invention des logarithmes. On peut également y calculer de la même manière les formules, telles que :

$$\text{Sin } a \cos. b \times \sin. b \cos. a \sin. a \sin. b;$$

et

$$\cos. a \cos. b \times \sin. a \sin. b;$$

celles

$$\frac{\sin. a \times \cos. a}{\cos. b \sin. b}$$

et

$$\frac{\text{tang. } a \times b}{1 - b \times \text{tang. } a}$$

et autres expressions de forme analogue, qui se présentent dans les applications mécaniques. Mais c'est surtout dans l'abstention de la plupart des tables numériques et de tous les *barèmes* que l'on trouve dans le commerce de la librairie, que l'arithmomètre de M. Thomas eût pu rendre de précieux services. Par exemple, la table de multiplication, dressée par ordre du ministre de la marine et des colonies, imprimée par Didot jeune, en l'an VII, aurait été dictée avec cette machine infiniment plus vite qu'on n'eût pu l'écrire, puisque chaque tour de manivelle en eût fourni un des nombres; il en serait de même de tous les tarifs que l'on aurait à calculer ou à vérifier. La table des carrés des nombres 1, 2, 3, 4, 5, etc..., eût pu être aussi dictée très-vite, puisqu'en moins de trois minutes j'ai fait écrire, par exemple, dans les lucarnes de la machine, les cinq autres carrés 240281001, 240312004, 240343009 240374016, etc...., 241802500 des nombres 15501, 15502, 15503, 15504, etc...., 15550 Pour former la table des cubes des nombres 1, 2, 3, 4, 5, etc..., on eût commencé par dicter, avec la même facilité que la table des carrés, une table des différences 7, 19, 37, 61, etc... De ces cubes successifs l'écrivain aurait ensuite dicté tour à tour les nombres de cette table auxiliaire. L'opérateur, après avoir écrit ou combiné chacun de ces nombres et donné un tour de manivelle, aurait fait apparaître le cube correspondant dans les lucarnes, et l'eût énoncé en réponse à l'écrivain qui en aurait pris note. On voit avec quelle facilité l'exactitude des tables des carrés et des cubes peut être vérifiée. L'arithmomètre de M. Thomas est donc réellement applicable à certaines interpolations numériques; il l'est encore à la solution de beaucoup de problèmes par des tâtonnements ou essais successifs, qui conduisent assez rapidement à un résultat aussi approché qu'on le désire; l'extraction des racines 4e, 5e, 6e, etc., d'un nombre donné est dans ce cas.

« Je l'ai également appliqué au calcul de la formule de MM. Arago et Dulong $p = 1,033$ $(0, 2847 + 0,007,155\ t)$, p donnant la pression p de la vapeur sur une surface de 1 mètre carré, en fonction de sa température t pour $t = 128°$, 8 il m'a conduit, en cinq minutes, à $p = 2^k$, 6382267345, et pour $t = 263$, 89, à $p = 51^k$ 699472436, au lieu de ces valeurs exactes, on lit respectivement dans les tables ordinaires les nombres 2^k 582 et 51^k 650 qui en diffèrent sensiblement.

« Tous ces détails m'ont paru nécessaires pour vous faire apprécier la portée de l'invention ingénieuse de M. Thomas : la simplicité de la composition des organes élémentaires qui la constituent, la facilité de la réaliser en machines capables d'opérer sur des nombres formés d'autant de chiffres significatifs que l'on veut ; la certitude et l'exactitude des résultats qu'elle fournit et de temps précieux qu'elle peut économiser aux calculateurs. Votre comité des arts mécaniques espère, messieurs, que vous la jugerez digne de tout votre intérêt et d'un des plus hauts témoignages de votre approbation, et il m'a chargé de conclure en son nom : 1° à l'insertion du présent rapport dans le *Bulletin*, pour signaler au public le nouvel arithmomètre de M. Thomas, qui devra être d'ailleurs figuré dans une de vos planches ; 2° à ce qu'il soit adressé à l'inventeur des remerciements pour son intéressante communication, et des félicitations pour sa persévérance et sa réussite dans les tentatives de perfectionnement d'une machine à laquelle il a su donner un plus grand degré d'utilité, et dont il a rendu la manœuvre très-aisée et la fabrication plus facile, circonstance qui en fait ressortir la valeur à un prix modéré. »

En fait de machines à calculer, on ne parle guère que de celle de Pascal et des tentatives de Leibnitz ; mais bien longtemps avant ces deux grands hommes, l'idée de faire mécaniquement les opérations de l'arithmétique était venue à l'esprit humain. Les Syriens, les Egyptiens et les Indiens avaient imaginé, pour faire l'addition et la soustraction, pour un petit nombre de chiffres sans doute, une espèce de châssis composé de baguettes croisées, que l'on faisait mouvoir d'une manière qui nous est inconnue ; chez les Grecs, Pythagore avait inventé un instrument, dont l'abaque ou la table de multiplication qui porte son nom rappelle le principe. Les historiens arabes parlent d'un additionneur employé dans les écoles d'Afrique, et le baron Néper, Ecossais, que l'invention des logarithmes a immortalisé, avait imaginé de simplifier le travail des calculs en disposant des petites baguettes en forme de pyramides rectangulaires, dont chaque face contenait une partie de l'abaque ou table ordinaire de la multiplication. Cet instrument, qui faisait perdre d'un côté, par l'arrangement des baguettes, celui qu'il faisait gagner de l'autre, n'eut aucun succès. Un Français, nommé Petit, intendant des fortifications, chercha à la ramener à une pratique plus facile. Il imagina de changer e tambour des orgues de Barbarie en une machine d'arithmétique. Dans cette vue, il forma des baguettes de carton et les ajusta autour de ce carton. Par le moyen de quelques boutons qui y tenaient, il arrangeait les unes auprès des autres des lames qui portaient des chiffres ; mais cette combinaison ne fut pas accueillie par le public. Pascal y fit cependant attention, et ce fut pour faciliter de mouvement des baguettes dont il vient d'être question, qu'il imagina la combinaison des roues et des poids, que l'on appelle la machine arithmétique de Pascal. On sait que ce travail, qui le fatigua beaucoup, n'a rien ajouter à sa gloire. Le mécanicien Grillet essaya de simplifier la machine de Pascal. Il supprima le tambour et les poids, et distribua les baguettes sur des roues, de telle sorte qu'en les tournant d'un côté, il opérait l'addition, et qu'en les tournant de l'autre, il faisait la soustraction. Leibnitz suivit cette idée presque sans succès. Perrault essaya à son tour de construire une machine analogue. Il échoua dans cette tentative comme ses devanciers. La célèbre table à calcul de Sanderson n'est pas, à proprement parler, une machine.

De nos jours, l'illustre Babbage a employé un grand nombre d'années à la construction de la machine qui se trouve à Londres au Kings'-College, et est destinée à résoudre les problèmes les plus compliqués de la science du calcul. Cette machine, qui a coûté plusieurs centaines de mille francs, dus à la munificence de Georges III, n'est pas encore terminée et ne le sera probablement jamais.

L'additionneur du docteur Roth, qui opère en même temps la soustraction, est ingénieux, mais est trop incomplet pour devenir usuel.

L'arithmomètre de M. Thomas, de Colmar, se distingue par d'autres qualités que par le mérite des difficultés vaincues, et il est permis de lui assigner une autre destination que celle de faire l'ornement d'un conservatoire ou d'un riche cabinet de physique. Ce n'est point pour frapper d'étonnement les mécaniciens et les savants que l'ingénieux inventeur de cet instrument a passé trente-quatre ans à le simplifier comme il l'est, mais pour faire un calculateur infaillible, un abréviateur de temps toujours prêt à fonctionner, un auxiliaire presque gratuit, en un mot, du commerçant et du banquier, du financier et du savant, de l'administrateur qui veut vérifier le travail de ses aides et de quiconque, ne voulant pas recourir à la science d'autrui pour faire ses calculs, se défie de sa propre science.

L'arithmomètre n'opère pas seulement avec promptitude et avec une exactitude infaillible l'addition, la soustraction, la multiplication et la division, quelque nombreux qu'en soient les chiffres, elle exécute encore les opérations les plus difficiles et les plus compliquées de l'arithmétique, ainsi que l'a dit l'auteur du savant rapport fait à la Société d'encouragement sur cette machine.

Arithmographe. — On peut, avec l'instrument de M. Gattey, sans même prendre la plume, faire en un instant toutes sortes de calculs. Il est composé de deux disques ou cadrans concentriques, tournant l'un sur l'autre, et sur chacun desquels sont tracées les divisions logarithmiques des nombres depuis un jusqu'à dix. Chaque cadran est divisé en neuf parties qui ne sont pas égales entre elles, mais qui vont en décroissant, suivant la proportion convenable. Chacune des divisions principales a dix divisions intermédiaires, et celles-ci en ont encore dix. Les traits marquant les premières sont plus longs que les autres, ceux 'es secondes sont plus longs que tous les autres, ceux des secondes sont plus longs que les traits qui marquent les sous-divisions, les dernières sont distinguées par un point qui les termine. Le cadran intérieur porte une flèche servant d'index, et qu'on peut placer sur tous les points du cadran extérieur, au moyen de deux petits boutons placés dans le cadran intérieur, et qui servent à le faire mouvoir. (*Ann. de l'industrie*, 1811. — *Bull. de la Société d'encourag.*, même année, p. 50.)

L'arithmographe a été perfectionné par M. Hayan, qui l'a fait en écaille, en ivoire et en bois. Il a confectionné des instruments analogues et plus portatifs auxquels il donne la forme, soit d'une tabatière, soit de deux cercles concentriques qui glissent l'un sur l'autre. Ces instruments se recommandent par l'exactitude que le mécanisme de leur construction donne aux divisions logarithmiques tracées sur la surface. (*Rapport de la Société d'encouragement sur les travaux de 1816*, séance du 9 avril 1817, p. 239.)

Arithmomètre. — Instrument de mathématique inventé par M. Thomas. Un brevet de cinq ans a été accordé à l'inventeur pour cet instrument, au moyen duquel on peut faire avec promptitude toutes les opérations de l'arithmétique (*Dictionnaire des découvertes*, t. I, p. 399.)

Calculateur mécanique. — Instrument de mathématique inventé par M. Guesnat. Au moyen de cet instrument, pour lequel l'auteur a obtenu un brevet de cinq ans, on peut, sans maître, opérer les quatre premières règles de l'arithmétique. (*Dictionnaire des découvertes*, t. II, p. 303 et 304.)

Calculateur marin. — Instrument de marine, importation de M. Fitch-John, de Philadelphie. Cet instrument, pour lequel l'auteur a obtenu un brevet de quinze ans, consiste en une planche faite, soit en métal, en bois, en carton ou en peau. Cette planche est divisée en cinq tables particulières. La première a pour objet de marquer l'espace que parcourt un navire sur tel ou tel rumb de vent : elle est divisée en dix colonnes, numérotées de gauche à droite par la suite des nombres naturels, depuis un jusqu'à dix inclusivement. Au-dessus et au-dessous de chacun de ces chiffres sont placés des nombres qui servent à exprimer, en nombres entiers et en fractions décimales, l'espace qu'a parcouru le vaisseau sur chaque aire de vent. La seconde est une table de latitude et de longitude, dont les chiffres peuvent, à volonté, représenter des nombres entiers ou fractionnaires. Les chiffres placés dans l'une et l'autre table, sur la même ligne que les aires, indiquent l'espace parcouru. Dans la première table, ceux

qui se trouvent au-dessus et au-dessous de ces chiffres, dans la même case, marquent la latitude et la longitude qui correspondent à cet espace. La troisième table sert à calculer les latitudes et les longitudes; elle est composée de quatre colonnes, au haut desquelles sont placées les quatre lettres N., S., E., O.; chaque rangée de quatre trous doit être posée vis-à-vis les rives qui se trouvent à gauche de la première table de latitudes et de logitudes. Les trois premiers trous sont pour les nombres entiers, et le quatrième pour les décimaux. La quatrième table fait connaître le nombre des milles qui répondent à un degré de longitude sous une latitude donnée. Enfin la cinquième est une table de tangentes, sur laquelle les huit aires de vent sont tracées; elle fait connaître la route que doit tenir un vaisseau quand la latitude et la longitude sont connues. Comme la troisième table, elle est percée de trous pour recevoir des chevilles, depuis une jusqu'à neuf. Dix sont blanches : c'est avec ces dernières qu'on fait tous les calculs. (*Description des brevets expirés*, t. II, p. 276, pl. 62.)

CALEIDOSCOPE. *Voy.* KALÉIDOSCOPE.

CALENDRIER. (*Mesure de l'année religieuse et civile.*)—Chez les Grecs, on trouve, vers l'an 532 avant Jésus-Christ, une année commune de douze mois, formant ensemble 354 jours; mais pour établir les 11 jours excédants, on ajoutait un treizième mois de 30 jours aux troisième, cinquième et huitième années d'une période de huit ans, nommée octaétéride. Cette période comprenait donc cinq années communes de 354 jours, et trois années, dites emboliomiques, de 384 jours; en tout 2,922 jours, ce qui est seulement une heure et demie de trop. On trouve que dans ce système, le renouvellement de l'année solaire arrivait à précéder d'un jour entier celui de l'année civile, après 16 octaétérides, c'est-à-dire après 128 ans, le déplacement des saisons s'y serait donc fait sentir beaucoup plus lentement que dans le système égyptien. Remarquez aussi qu'il aurait eu lieu dans un ordre inverse. Cette octaétéride, imaginée par Cléostrate (Bailly, *Astron. anc.*), ne fut pas généralement adoptée, parce que les Grecs dirigeaient en ce temps-là tous leurs efforts vers la composition d'un cycle qui fît concourir les mouvements du soleil et de la lune, et que cette condition n'était pas ici exactement remplie.

Chez les Romains, Numa fit l'année de douze mois et de 355 jours; mais il ajoutait, après deux ans, un mois intercalaire de 22 jours, et après quatre ans un mois de 23 jours. Comme il s'aperçut que l'année se trouvait trop longue, il régla ensuite que dans la huitième année on n'intercalerait que 15 jours au lieu de 23. (D'Alembert, *Encycl.*—Lalande, *Astron.*) Tout cela donne encore en huit ans 2,922 jours. Mais on dut charger spécialement le collège des pontifes de veiller au maintien d'une règle si compliquée, et cela fut, dans tous les temps de la république, la source des plus graves abus. Les pontifes intercalèrent plus ou moins souvent, tantôt par superstition, et tantôt par politique, lorsqu'ils voulaient allonger ou diminuer la durée des magistratures, ou encore par spéculation, suivant qu'ils étaient favorables ou contraires aux fermiers des revenus de l'Etat; car ils pouvaient ainsi modifier le temps de leurs baux. C'était donc, dans le calendrier romain, une extrême confusion. Jules César, étant grand pontife, en ordonna la réforme : aidé de Sosigène, mathématicien de l'école d'Alexandrie, il institua cette règle très-simple, que trois années communes de 365 jours seraient suivies d'une quatrième année de 366 jours, laquelle fut appelée bissextile, parce que le jour intercalaire étant placé dans le mois de février, le lendemain du sixième jour avant les calendes de mars (sexto calendas Martii), fut nommé lui-même pour cette raison, jour bissextile (bissexto calendas). L'an 45 avant notre ère fut la première année comptée selon l'institution de Jules César. Pour amener le 1ᵉʳ janvier de cette année à la nouvelle lune, que, suivant le solstice d'hiver, il fallut porter à 455 le nombre de jours de l'année précédente (46 ans avant Jésus-Christ), qu'on a nommée, pour cette raison, ou parce qu'elle a servi de transition d'un calendrier à l'autre, l'année de confusion. Cette circonstance nous montre en quel état était tombé le calendrier romain.

Le mode d'intercalation, institué par Jules César, a l'avantage de donner bien plus de facilité que les précédents pour réduire en jours un nombre quelconque de siècles et d'années, ce qui est important pour les calculs chronologiques. Il suppose d'ailleurs que l'année solaire est de 365 jours et un quart. Cependant Hipparque avait déjà reconnu qu'elle est sensiblement mois longue, et il la faisait de $365 + \frac{1}{4} - \frac{1}{300}$. Il est difficile de croire que Sosigène ait ignoré cette détermination. Il aura douté de son exactitude, ou bien il aura jugé la différence de trop peu d'importance. Quoi qu'il en soit, l'année moyenne de 365 jours ¼, supposée dans le calendrier julien, est trop longue de 11', et 8 ou 10", qui font un jour en 129 ans. Ainsi c'était la même approximation et dans le même sens que par l'octaétéride de Cléostrate, ou par la règle de Numa; mais cette approximation était obtenue ici par un moyen infiniment plus simple.

Quelque légère que fût la différence de l'année julienne à l'année solaire, elle était pourtant assez grande pour se faire sentir après un petit nombre de siècles. Aussi une nouvelle réforme fut-elle réclamée avec instance dès le commencement du xvᵉ siècle. Elle n'eut lieu cependant qu'à la fin du xviᵉ, en 1582, sous le pontificat de Grégoire XIII. L'institution de Jules César fut alors modifiée en ce sens que, sur quatre années centenaires consécutives, la dernière seulement est bissextile, au lieu que, dans le calendrier julien, elles devraient l'être toutes les quatre. Depuis lors voici la règle

qu'on doit suivre pour reconnaître si une année de notre ère est ou non bissextile : — Toute année, exprimée par un nombre qui n'est pas exactement divisible par 4, se compose de 365 jours. Parmi les années séculaires, celles dont le nombre n'est pas divisible par 100, sont également de 365 jours. Toutes les autres en ont 366.—Ainsi, 1834 et 1835 n'ont que 365; mais 1836 en aura 366, parce que son nombre est divisible par 4. — 1700, 1800 et 1900 sont des années communes; mais l'an 2000 sera bissextile.

Voyons maintenant jusqu'à quel point la règle grégorienne maintient la coïncidence entre l'année civile et l'année solaire. Selon le calendrier julien, 400 ans comprenaient 300 années communes avec 100 bissextiles, c'est-à-dire 146,100 jours. Mais Grégoire en retranche trois jours; ainsi il ne reste dans cette période que 146,097 jours. En même temps, si on multiplie par 4000 la durée de l'année moyenne, on trouvera 146,096 j. 21 h. 44'. En 400 ans, le calendrier grégorien aura donc 1,460,970 jours, tandis que 4000 années tropiques donneront seulement 1,460,969 j. 1 h. 20'. Ce n'est donc pas une erreur d'un jour entier en quatre mille ans. Cela est très-suffisant pour les besoins ordinaires. Delembre proposait de rendre communes l'an 4000 et ses multiples qui devraient être bissextiles selon la règle grégorienne, et alors l'erreur ne serait plus que d'un jour en cent mille ans. Mais il est probable que dans l'an 4000 on aura trouvé, pour la valeur moyenne de l'année tropique, une valeur plus exacte et un peu différente de celle dont nous faisons maintenant usage, de sorte qu'on imaginera alors quelque autre correction.

Nous ne devons pas omettre de mentionner ici le mode d'intercalation très-exact et très-simple adopté par les Perses l'an 467 de l'hégire (1075 de Jésus-Christ), et par conséquent 500 ans avant sa dernière réforme adoptée par les peuples occidentaux. L'intercalation persane consiste à faire la quatrième année bissextile sept fois de suite, et à ne faire de changement la huitième fois qu'à la cinquième année ; de sorte qu'en 33 ans il y a huit intercalations, et par conséquent 12,053 jours. En 4000 années persiennes, il y aura donc 1,460,969 j. 16 h. 44'. C'est plus d'exactitude que dans le système grégorien; mais il y a un peu moins de facilité pour réduire en jours les années et les siècles.

Chez tous les peuples, l'année a été divisée en mois, période qui est donnée par la révolution synodique de la lune. Même plusieurs nations, et particulièrement les Mahométans et les Chinois, règlent leur année civile sur le cours de cet astre, la composant de douze lunaisons qui comprennent 354 jours. C'est ce qu'on appelle une année lunaire. — Comme l'année solaire contient environ 12 lunaisons et ⅓, c'est pour cela qu'elle a été universellement partagée en douze mois. Quelques auteurs rapportent, à la vérité, que Romulus avait fait l'année de dix mois seulement (304 jours); mais il est bien douteux qu'une pareille institution, qui déplacerait si rapidement les saisons, ait été jamais en vigueur. Je trouve dans Plutarque (*Questions romaines*) que c'était une opinion également accréditée que Numa avait trouvé l'année formée déjà de douze mois, et qu'il en avait seulement déplacé l'origine; la rapportant, du 1er mars, où Romulus l'avait placée à l'époque du 1er janvier. Cela semble infiniment plus probable.

Le commencement de l'année a été fixé parmi nous au 1er janvier par une ordonnance de Charles IX, de 1564.

CALES FLOTTANTES. — *Invention de M. Ducrest.*—MM. Monge et Parfait, rapporteurs, nommés par l'Institut, s'expriment ainsi, en rendant compte de la mission ordonnée par le ministre de l'intérieur au sujet de l'invention dont il s'agit. Le commerce réclamait depuis longtemps des établissements propres au carénage et au radoub des bâtiments. Les moyens employés jusqu'à ce jour étaient reconnus insuffisants et d'un emploi extrêmement dispendieux, quelquefois même nuisibles à la solidité de l'ensemble des bâtiments. M. Ducrest a proposé un nouveau procédé; il consiste à submerger un ponton, à établir le navire dessus, et à faire flotter le tout. Voilà ce que l'auteur du projet entend par cales flottantes, et cette expression paraît juste. Un parallélipipède de trente-deux mètres de longueur, dix de largeur et deux de profondeur, étant totalement submergé, déplace six cent quarante stères d'eau, répondant en nombre rond à une masse pesant six cent quatre-vingt-onze mille kilogrammes, ou six cent quatre-vingt-onze tonneaux de mer. En construisant cette machine en sapin du nord, son poids effectif serait de soixante-quatre tonneaux; elle pourrait donc flotter, quand on l'aurait chargée d'un poids de six cent vingt-sept tonneaux, et la coque des grands navires de commerce n'a pas cette pesanteur. On conçoit qu'en faisant couler ce ponton par des poids additionnels, en posant ensuite un navire dessus, en l'y assujettissant avec soin, et en supprimant les poids additionnels, tout le système s'élèvera, le ponton se démergera en raison inverse du poids du navire dont il sera chargé; qu'enfin ce navire se trouvera monté sur une cale flottante, et entouré d'une grande plate-forme de trois cent vingt mètres superficiels, où les ouvriers seront parfaitement placés pour procéder à sa visite et à son radoub. Plusieurs difficultés se présentèrent d'abord aux commissaires; mais étant faciles à résoudre, ils ne se sont fixés qu'à une principale, celle de la stabilité du système, et sa résistance à l'inclinaison. Il s'agissait de prévenir les malheurs incalculables qui pouvaient résulter d'un défaut de calcul, de prévoyance; cette opération se faisant dans un port, on avait à garantir la vie d'un grand nombre d'ou-

vriers, et une infinité de barques et de bâtiments avoisinant l'appareil. Avant que le ponton allégé soulève le navire, celui-ci jouit de toute la stabilité qui lui est propre, mais à proportion que le plan de flottaison diminue, la stabilité décroît comme le cube des ordonnées de ses plans. Le navire n'est pas encore démergé au tiers de son tirant d'eau propre, que la stabilité est nulle ou indifférente; et quand il a dépassé ce point, elle devient négative; enfin le vaisseau de quatre cents tonneaux, fixé sur la cale flottante, parvenu au moment où la quille serait à fleur d'eau, serait si puissamment sollicité à se renverser, qu'il faudrait un effort de cent dix à cent vingt milliers pour s'y opposer. Qu'au lieu de poulies, de cordages, de crampons, de flotteurs additionnels, on ajoute au ponton deux chalans (ou pontons ouverts et sans pont), faisant corps avec la charpente, de même longueur que le ponton, ayant le fond recourbé pour donner lieu au moins de déplacement possible, et on tiendra leurs murailles assez élevées pour que, lors de l'émersion, elles surmontent la surface de l'eau d'un décimètre. On conçoit alors que si, pendant l'émersion, les murailles s'élèvent, on les videra à mesure. Ainsi on obtiendra un point de solidité tellement satisfaisant que, le bénéfice étant centuple de la perte, il n'y aura plus lieu à la moindre inquiétude. Ajoutant aux deux bouts du ponton un rebord pour garantir les ouvriers des vagues, tout concourt dans l'ensemble du système pour en prescrire l'adoption. L'estimation de la dépense pour l'établissement de ce ponton peut être portée à une mise de fonds de 35,000 francs. Il faudrait donc pour faire un produit raisonnable, louer cette machine à raison de 14 fr. 40 c. par jour, ce qui serait à peu près 5 c. par tonneau pour un bâtiment de trois cents tonneaux; or, à répartitions égales, on ferait pour 10 centimes ce qui, par les méthodes ordinaires, revient à 25 c., et on épargnerait encore les réparations à l'œuvre morte et dans les chambres du vaisseau, résultant du virement en quille. Pour dernier avantage, les commissaires rapporteurs observent que, par l'usage de cette nouvelle machine, les navires sont beaucoup moins fatigués; et ils pensent que la classe ne peut que donner son approbation à l'invention des cales flottantes. (*Moniteur*, an XI, p. 341. — *Mémoires de l'Institut des sciences physiques et mathématiques*, an XI.)

CALLIGRAPHIE. *Voy.* ÉCRITURE.

CALORIFÈRES. Avant de donner, d'après le *Dictionnaire des découvertes*, la description de quelques-unes des inventions relatives aux calorifères, nous parlerons d'abord du *calorimètre* de M. Montgolfier.

Cet appareil, propre à déterminer le degré de chaleur ainsi que l'économie qui résulte de l'emploi des combustibles, se compose d'une caisse en bois qui doit être assez bien jointe pour ne point permettre à l'eau de s'échapper; elle est surmonté d'un couvercie percé d'une ouverture; dans le fond se trouve également une ouverture; un petit poêle de cuivre placé dans l'intérieur la ferme hermétiquement, pour ne pas donner passage à l'eau; son ouverture inférieure correspond avec celle de la caisse; une autre, pratiquée dans la partie supérieure, est fermée par un bouchon que l'on peut ôter à volonté. A la base de la caisse est une grille de fer sur laquelle on met le combustible; les cendres tombent au-dessous de cette grille par une ouverture. Près de l'extrémité supérieure du poêle règne un tuyau propre à donner passage à la fumée qui s'échappe par l'ouverture de ce tuyau; il doit être construit en tôle ou en cuivre, et de manière à ne pas permettre à l'eau qui l'entoure d'y pénétrer; un conduit plus grand que le précédent l'environne, afin que l'eau se trouve entre ses parois et celles du tuyau pour la fumée. Un réservoir, dont l'entonnoir est plus élevé que la hauteur de la caisse, est destiné à remplir d'eau l'appareil, et communique avec les conduits ci-dessus; un autre tuyau, qui passe dans la caisse, sert à y introduire l'eau après qu'elle a passé par le premier conduit. A la partie supérieure de la caisse est un robinet par lequel on peut laisser échapper l'eau bouillante; à la partie inférieure est un autre robinet pour vider l'appareil si on le juge convenable. Cet appareil doit reposer sur des pieds. (*Annales des arts et manufactures*, t. **XXIII**, p. 183, pr. **5**, 1ʳᵉ coll.) Parlons maintenant des calorifères,

« Le calorifère salubre de M. Olivier, ont dit **MM.** Berthollet et Guyton, dans un rapport à l'Institut, présente une cheminée ordinaire avec son chambranle de marbre, dont la tablette porte deux colonnes de faïence, qui s'élèvent jusqu'au plafond, où elles reçoivent une plate-bande en forme d'architrave. Le foyer, destiné à recevoir le combustible, est réduit à 40 centimètres de largeur; l'issue horizontale donnée à la flamme n'en a que 16 de hauteur. Elle est ouverte seulement vers le fond par une plaque de fonte, et aboutit à un tuyau perpendiculaire de 22 centimètres sur 16, qui s'élève du sol du foyer jusqu'à la sortie du comble. Un régulateur, dont la clef se présente au-dessous du milieu de la tablette du chambranle, sert à intercepter, à cette hauteur, le passage de la flamme et de la fumée, la force à redescendre pour se distribuer dans deux embranchements pratiqués dans les angles à côté du foyer, puis de là passer à travers la tablette dans les colonnes de faïence dont nous avons parlé, qui ont 13 centimètres de diamètre intérieur, et à l'extrémité desquelles se trouvent encore des soupapes ou régulateurs. Enfin, après avoir parcouru ces diverses parties, la flamme et la fumée arrivent, par un petit canal de jonction, dans le tuyau perpendiculaire à la hauteur du plancher, à moins qu'on ne veuille en profiter dans l'étage supérieur, et par le même mécanisme de la chaleur que la fumée seule pourra porter à cette élévation. L'espace qu'occupent, dans les angles,

les deux embranchements inférieurs est fermé par deux plans coupés, construits en carreaux de faïence, et à la hauteur de la plaque de fonte qui couvre une partie du foyer, est prolongée en retour une espèce de bain de sable sur lequel on peut placer des bouillons, théières et autres vaisseaux de faïence ou de porcelaine. Plusieurs expériences, faites en présence de MM. les commissaires de l'Institut, leur ont prouvé que la chaleur parcourt avec beaucoup de rapidité toutes les parties de cet appareil, qui, en quelques minutes, a procuré au thermomètre une température de 19 degrés dans une pièce d'environ 86 mètres cubes, ayant 4 fenêtres et 2 portes. Ces mêmes expériences ont encore prouvé que la fumée est presque entièrement consumée dans les circonvolutions que lui fait subir l'appareil. Le calorifère salubre ne communique à l'appartement où il est placé aucune odeur ni émanation nuisible, ce qui paraîtra d'autant plus naturel qu'il n'entre dans sa construction d'autre fer que la petite plaque de fonte qui couvre le foyer et les montures des soupapes. Toute espèce de combustible brûlé dans cet appareil est consumé sans produire d'effet nuisible ou simplement désavantageux. MM. les commissaires en ont fait l'épreuve avec de la tourbe brûle, de la houille, et jusqu'à du vieux cuir, et une dernière épreuve leur a démontré que le thermomètre étant, le matin, dans l'appartement où le calorifère salubre était placé, à 11 degrés, 367 décigrammes de bois flotté ont suffi pour le faire monter à 19 degrés, et que, fermant après une heure et demie les soupapes, il se soutint à 16 degrés 75 c. au bout de six heures. Il y a donc évidemment économie de combustible dans l'emploi de cet appareil qui, en résumé et au dire du rapporteur de l'Institut, présente les avantages suivants : 1° de réduire les tuyaux de cheminée à des dimensions si petites qu'ils ne peuvent être exposés à fumer; 2° de brûler sans odeur toutes sortes de combustibles et de les brûler si complétement qu'il ne sort de l'extrémité supérieure du tuyau aucune vapeur nuisible; 3° de retenir à volonté dans l'intérieur de l'appartement, par des circulations bien ménagées, toute la chaleur que le combustible peut dégager, ou d'en diriger une partie dans les pièces voisines au étages supérieurs; 4° d'offrir dans une tablette particulière, placée immédiatement au-dessus du feu, la commodité d'y faire bouillir les liqueurs dans des vases de porcelaine; 6° de pouvoir recevoir toutes les décorations que l'on peut désirer. Un encouragement a été voté à l'Institut en faveur de l'appareil de M. Olivier. (Séance du 8 prairial an XIII.)

« D'après des expériences faites par les membres du bureau consultatif de la Société d'encouragement, il a été reconnu que les appareils de M. Désarnod doivent être choisis de préférence à tous ceux connus pour les usages les plus ordinaires. (Société d'encouragement, *Bullet*. LVᵉ, pag. 26.)

« L'appareil inventé par M. Curaudau pour

chauffer les appartements et les maisons particulières, les grands locaux des manufactures, les bureaux des administrations, les vastes salles des hôpitaux et de spectacles, les étuves et les serres, présente, sous tous ces aspects, un intérêt majeur. Par son application, l'air intérieur est incessamment renouvelé, et la chaleur peut être portée à un très-haut degré sans faire craindre pour les hommes les inconvénients des autres procédés de chauffage. Ecartant toute espèce de crainte d'incendie, cet appareil convient essentiellement aux bibliothèques et administrations par sa propriété de renouveler l'air en apportant celui extérieur; il devient indispensable pour les serres, qui ont tant à redouter l'humidité provenant des plantes. A ces avantages il joint encore celui de présenter une grande économie dans le combustible, soit qu'on emploie le bois ou le charbon de terre; quel que soit d'ailleurs le mode de chauffage que l'on adopte, bois, charbon, ou tourbe, il n'en résulte aucune odeur dans la transmission du calorique. Le foyer de cet appareil est tout au plus de la dimension de celui d'un poêle d'antichambre; trois demi-bûches suffisent pour le remplir, et néanmoins porter au degré désiré la chaleur dans les pièces d'un corps de bâtiment de quatre à cinq étages. MM. Guyton et Carnot, nommés pour examiner cet appareil et juger de ses résultats, firent leur rapport à l'Institut dans la séance du 10 avril 1809. Voici comment ils s'expriment : « Nous avons examiné les « nouveaux procédés de M. Curaudau, ap-« pliqués au chauffage de la manufacture « de porcelaine de MM. Rast frères. Si l'on « se représente cet appareil renfermé dans « un cabinet très-étroit ou petite étuve close « de tous côtés par un mur peu épais, qu'au « plafond de cette petite étuve il y ait des « ouvertures auxquelles soient adaptés des « tuyaux pour porter la chaleur de cette « étuve dans les étages supérieurs de l'é-« difice, et pour la distribuer dans les dif-« férents magasins et ateliers de l'établis-« sement, on aura une idée générale des « constructions pyrotechniques de M. Cu-« raudau. » Au-dessus de l'ouverture de la voûte du foyer et dans l'étuve, se trouve un chapiteau qui reçoit la chaleur et la fumée; la séparation de celle-ci a lieu au moyen de plusieurs gros cylindres où elle circule longtemps, et d'où elle se rend dans le canal d'évacuation pour sortir en dehors à une température plus basse que celle de l'étuve; n'entraînant avec elle qu'une infiniment petite portion de calorique, elle se trouve rejetée loin des bâtiments que l'appareil est destiné à échauffer. Lorsque la fumée a achevé tous les circuits dans l'étuve, il n'en existe presque plus; ce dont MM. Guyton et Carnot se sont assurés en ouvrant les grandes soupapes qui lui donnent, lorsqu'on veut, entrée dans l'étuve; et ils ont remarqué que les organes n'en sont pas sensiblement affectés. Il résulte encore de cette heureuse combinaison, que

les établissements se trouvent à l'abri de l'incendie, non-seulement parce que le foyer est parfaitement isolé, et soigneusement séparé de l'étuve par le chapiteau, mais encore parce que le tuyau qui emporte la fumée n'est point employé comme tuyau de chaleur; qu'il se trouve séparé des autres, et dirigé par des endroits où il ne pourrait causer aucun accident, quand même il serait brûlant; car les mêmes savants se sont convaincus qu'au sortir de l'étuve sa chaleur était plus basse. D'un autre côté, les vrais tuyaux de chaleur, qui la portent et la distribuent dans les ateliers, prennent naissance, non au corps même du poêle, mais dans l'air échauffé de l'étuve, qui se trouve lui-même renouvelé par l'air extérieur mis en rapport à l'aide de conduits en maçonnerie. Quant à l'économie du combustible, elle ressort des faits eux-mêmes et résulte de ce que tout ou presque tout le calorique est mis à profit : en effet, MM. Guyton et Carnot ont vu, 1° que la fumée en emporte très-peu; 2° qu'il entre dans le système de M. Curaudau que son fourneau ait très-peu de masse et beaucoup de développement en surface; de sorte qu'il absorbe le moins possible de calorique et qu'il en transmet très-peu au corps adjacent, excepté à l'air ambiant avec lequel il est en contact par un grand nombre de points; 3° que l'étuve étant très-resserrée et les murs peu épais, il en résulte que ces murs, qui forment la cloison, absorbent peu de calorique, qu'ils n'en laissent point échapper, et qu'ils le tiennent comme dans un réservoir d'où il est tiré par les diverses parties de l'édifice, en raison des besoins, à l'aide de soupapes qui en interceptent à volonté le passage en tout ou en partie. Ainsi, ce procédé fait disparaître cette suite incalculable de tuyaux qui encombrent les ateliers, donnent des inquiétudes fondées pour le feu, compromettent les marchandises confectionnées ou les matières premières par le bistre qu'ils distillent. Il remplace une atmosphère chaude et humide, susceptible de se charger de miasmes délétères, par un air chaud ambiant, incessamment renouvelé par l'air extérieur. Les rapporteurs font cependant observer que l'établissement de ces foyers doit être fait dans un endroit profond, autrement on en obtiendrait peu de succès à cause de la tendance que l'air échauffé et dilaté par le calorique a toujours à se porter vers les parties élevées. Ainsi, par exemple, ce procédé ne réussirait pas dans une grande salle ou dans une suite d'appartements de plain-pied, si l'appareil n'était établi dans un étage inférieur. (*Séance de la classe des sciences physiques et mathématiques de l'Institut*, du 10 avril. — *Ann. des rts Act Manufactures*, t. XXXII, p. 171.)

« M. Gaultier, au nom d'une commission spéciale de la société d'encouragement, a rendu compte d'un nouveau calorifère de M. Désarnod. Toutes les pièces de cet appareil sont en fonte; le foyer est une espèce de cloche à laquelle est adaptée une porte pleine, qui ne s'ouvre que pour introduire le combustible; dessous est un grand cendrier séparé du foyer par une grille. L'air qui alimente le feu entre dans le cendrier par une porte à coulisse et traverse la grille. Le combustible embrasé sort du foyer par un tuyau vertical, entre dans le premier tambour, descend par son tube jusqu'à un canal trois quarts circulaire horizontal, et, à la hauteur de la grille, remonte par sept autres tubes jusqu'à un deuxième tambour, supérieur au premier, d'où il s'échappe par un tuyau unique pour sortir de la pièce. Cet appareil est destiné à apporter l'air chaud dans les étages supérieurs; il doit être placé dans un caveau; ou, si on le met dans une pièce, il convient de lui donner une cheminée en tôle en forme de ruche. Cette manière d'élever la température des grands appartements, à l'aide de l'air chaud, met à l'abri de l'incendie; elle est agréable et économique, la chaleur se répand uniformément. Il ne peut jamais y avoir de courant d'air froid, l'air est continuellement renouvelé, ce qui rend les appartements très-sains.

« Le nouveau calorifère de M. Désarnod a été exécuté très en grand dans la salle de MM. Franconi, rue du Faubourg du Temple, où deux de ces poêles suffisent pour échauffer complétement une salle contenant 40,000 pieds cubes d'air. Le foyer a la forme d'une cloche; il est muni, dans la partie inférieure, d'une grille mobile; il est posé sur un socle formant un vaste cendrier, et il a une ouverture garnie d'une gueule avec un tampon qui s'y adapte et le ferme hermétiquement. Le cendrier a aussi une porte à coulisse, que l'on ouvre pour attiser le feu et dégager la grille des cendres et des autres matières qui l'obstruent. Au-dessus du foyer, on voit une espèce de lanterne ou tambour avec lequel ce foyer communique par un collet; la fumée monte d'abord par cette lanterne, puis descend par six tuyaux dans une gargouille ou canal circulaire qui entoure horizontalement, et aux trois quarts, la partie inférieure du foyer. Elle remonte de là par sept autres tuyaux dans une lanterne placée au-dessus de la première; elle s'y réunit et passe ensuite dans un tuyau ordinaire qui aboutit au-dessus des toits. Cet appareil est recouvert par une double enveloppe qui ne descend pas plus bas que le canal circulaire; l'air passe aisément dessous, circule autour du foyer et des tubes, puis se répand dans la salle par un conduit de 50 pouces carrés. Chacun des poêles est placé dans un caveau d'environ 10 mètres en tout sens, construit sous la salle. Ces caveaux sont fermés par une porte à deux vantaux; mais il faut entre par deux ouvertures pratiquées en haut, et ces ouvertures peuvent s'agrandir ou se rétrécir à volonté au moyen de coulisses. L'air qui entretient la combustion est tiré du dehors par un canal souterrain qui l'amène sous la grille, de manière qu'il n'a aucune communication avec l'air du caveau; autrement si celui-ci

pouvait être attiré pour alimenter le feu on perdrait le calorique qu'il contient, puisque cet air irait avec la fumée se répandre audessus des toits. Si le poêle n'avait qu'une seule enveloppe, le calorique aurait bientôt pénétré à travers une aussi mince paroi, et la température du caveau parviendrait à un degré d'élévation tel qu'il ne serait pas possible d'y entrer pour le service du poêle. D'ailleurs les murs en absorberaient une partie considérable en pure perte; mais la couche d'air qui passe rapidement entre les deux enveloppes s'empare du calorique qui se dégage de la première, et la température du caveau ne s'élève pas au delà d'un degré supportable. Déjà échauffé, cet air circule autour du foyer et de plus de 80 pieds de tuyaux presque rouges, et lance dans la salle un jet rapide qui a plus de 70 degrés de chaleur à l'embouchure du conduit. Il n'est donc pas étonnant que, tout énorme que soit une masse d'air de 40,000 pieds cubes, on puisse avec deux appareils ainsi disposés, élever la température à 15 ou 18 degrés. La dépense du charbon n'est cependant, terme moyen, que de 4 fr. pour les deux fourneaux; et il faut observer que l'ouverture faite au sommet de la coupole dissipe continuellement une quantité prodigieuse de calorique. Le nettoiement des tuyaux est facile au moyen de portes convenablement placées. On pénètre sans peine à travers les chemises, dans les lanternes, dans les tuyaux et dans le canal circulaire où ils s'abouchent, de sorte que dans un court espace de temps le poêle est parfaitement nettoyé; il ne faut pour faciliter l'opération que quelques brosses et instruments particuliers appropriés à cet usage. Pour éviter la fréquence des réparations, toutes les pièces de ce poêle, qui peuvent être détruites par l'effet de la haute température à laquelle elles sont exposées, sont en fonte, c'est-à-dire, le foyer, le cendrier, les lanternes et les tuyaux servant à la circulation intérieure de la fumée. Le foyer même est divisé en deux pièces; de sorte que la partie inférieure la plus exposée à l'action du feu peut à peu de frais être renouvelée, et encore doit-elle durer 8 à 10 ans. Quant aux autres pièces, il est démontré par l'expérience qu'elles peuvent servir à plusieurs générations. M. Désarnod a fait, en présence des commissaires de la Société d'encouragement, une expérience avec un poêle semblable à celui de la salle Franconi. Ce poêle a élevé la chaleur d'une pièce contenant 8,700 pieds cubes d'air à 28 degrés au delà de la température qu'il indiquait, et cela en 4 heures de temps, avec une dépense de 4 fr. de combustible. Le lendemain il restait encore 13 degrés de chaleur dans la pièce. D'après la conclusion de MM. les commissaires chargés de l'examiner, ce poêle remplit parfaitement le but que son auteur s'est proposé, celui de procurer les moyens de chauffer de vastes pièces d'une manière agréable, salubre et économique, et l'auteur a aussi fait un heureux emploi des moyens déjà connus d'économiser le calorique et de le porter là où l'on en a besoin. (*Bulletin de la Société d'encouragement*, juin 1817).— *Archives des découvertes et inventions*, même année, p. 235). La Société d'encouragement a, dans sa séance du 23 mars, décerné une médaille à M. Désarnod pour ses nouveaux calorifères et pour ses constructions pyrotechniques. (*Moniteur* de 1818, p. 464.)

« *M. J.-A. Roger, successeur de M. Curaudau.* — 1819. — Versé depuis longtemps dans l'art des constructions pyrotechniques, M. Roger a apporté tous ses soins à perfectionner le nouveau système de chauffage si ingénieusement trouvé par M. Curaudau. En conservant à cet appareil les propriétés qui ont été signalées par les commissaires de l'Institut, il est parvenu à lui en donner de nouvelles. Ainsi, lorsque les établissements à échauffer ne permettent pas de disposer d'une cave, ou que le terrain sur lequel ils reposent ne comporte point d'excavation, M. Roger est parvenu à placer l'appareil de plain-pied, et à lui faire produire les mêmes effets au rez-de-chaussée. Il a rendu ce procédé applicable à l'impression des étoffes, en saisissant la couleur à l'aide du calorique et en la fixant sur la toile au sortir du rouleau ; il a utilisé son application aux grands séchoirs, aux étuves et à la fabrication en grand de la fécule de pommes de terre; avec le même appareil qui sert en hiver à chauffer les salles de spectacles et celles des hôpitaux, il peut, au moyen d'une très-faible dépense, offrir un ventilateur qui renouvellera incessamment l'air en même temps qu'il le rafraîchira ; enfin, dans les salles où l'on réunit une grande quantité de personnes, M. Roger peut purifier l'air avec des émanations acides, ou le parfumer avec des substances odorantes volatilisées. » — *Voyez* CHAUFFAGE.

CAMPHRE (*Raffinage et épuration du*). — *Invention de M. Vilain, pharmacien.* — La forme des vases et la manière de conduire le feu sont, suivant M. Clémandot, les principaux moyens à l'aide desquels on peut réussir dans le raffinage du camphre. Il donne ainsi la description de ces moyens. On prend un vase à sublimer, semblable à une fiole à médecine, mais beaucoup plus évasée; on y introduit environ deux livres et demie de camphre brut grossièrement pulvérisée, et que l'on a mêlé avec six gros de chaux vive en poudre; on place le vase dans un bain de sable, on ajoute le cercle de tôle à la capsule, et l'on verse du sable de manière à ce que la bouteille en soit recouverte jusqu'à la naissance de son goulot. Alors on pose le tout sur un fourneau ordinaire, dont le feu doit être d'abord très-ménagé, pour que la bouteille s'échauffe peu à peu. On l'augmente graduellement jusqu'au point nécessaire pour faire fondre le camphre, ce que l'on accélère encore en mettant quelques charbons allumés sur le sable qui recouvre le matras. Quand le camphre est bien fondu, on cesse d'augmenter le feu, et on l'entretient au même degré

pendant un quart d'heure ou une demi-heure, afin de dissiper l'humidité que renferme toujours le camphre brut; après cela ou diminue le feu, et l'on n'en laisse que la quantité nécessaire pour continuer à faire bouillonner, de manière à ce qu'en approchant l'oreille on entende distinctement de légers soubresauts. C'est à ce point qu'il faut s'arrêter, et auquel s'opère la dernière partie du procédé, c'est-à-dire la sublimation. Pour la faciliter, on dégage le goulot du matras du sable qui l'entoure ; l'air venant alors à frapper cette partie de l'appareil, la refroidit et détermine ainsi la condensation du camphre. Pendant toute l'opération il faut retirer du sable successivement, en sorte qu'il n'en reste plus autour du matras vers la fin. Cette soustraction doit se faire lentement et par intervalle, et si l'air était trop froid, il faudrait couvrir la partie de l'appareil dégagée de sable d'un morceau de drap ou d'autre chose analogue. Si l'on négligeait cette précaution, on verrait bientôt la portion du camphre exposée au contact du froid prendre un aspect blanchâtre et opaque, tout différent de celui qu'il doit avoir. Cette opération dure sept à huit heures, et demande des précautions très-minutieuses : 1° Il est essentiel de pousser le feu un peu fort pour fondre le camphre brut; sans cela la portion non fondue se ramollirait, s'attacherait aux parois supérieures de la bouteille, et salirait le camphre sublimé. 2° Lorsque la matière est fondue, il faut diminuer le feu, en en laissant cependant assez pour entretenir le bouillonnement dont on a parlé plus haut. 3° Tant que dure l'opération, le camphre sublimé est tenu par la chaleur de la partie supérieure de la bouteille, dans un état de demi-fusion qui le rend diaphane et presque invisible. Cette dernière circonstance a fait croire à plusieurs personnes que la sublimation n'avait pas eu lieu ; elles ont par conséquent augmenté le feu et fait retomber le camphre déjà sublimé au fond du vase; ce qui occasionne beaucoup de déchet. 4° On reconnaît que l'opération est terminée en plongeant une baguette de fer au fond de la bouteille : le camphre fondu s'attache autour de cette baguette, et indique d'une manière précise la quantité restante. Lorsqu'il n'en reste plus que quelques lignes, on retire la bouteille, et après quelques minutes on la mouille avec un linge trempé dans l'eau froide, pour que le pain de camphre se détache plus facilement. 5° Le camphre qui adhère encore au fond et aux parois du verre est gratté et jeté dans une chaudière de cuivre recouverte d'une calotte du même métal, que l'on place sur un fourneau. En se volatilisant, il s'attache aux parois de cette calotte, dont on le retire ensuite aisément. (*Journal Annales de chimie et de physique*, 1818, t. VIII, p. 75.)

CANNELLES AÉRIFÈRES.— *Invention de M. Jullien, de Paris*, 1808.— La cannelle dite n° 1, que l'auteur destine à transvaser les vins en bouteilles, s'emploie ainsi : On place la bouteille, que l'on veut transvaser, sur un support horizontal, que l'auteur appelle porte-bouteille; elle y est maintenue à l'aide d'une vis de pression. Ce support est mobile, à charnière à l'une de ses extrémités, et peut être incliné à volonté et sans secousse, par le moyen d'une vis de rappel verticale, placée à l'autre extrémité; de sorte que l'on peut donner à la bouteille l'inclinaison nécessaire pour l'écoulement du vin. Deux branches, fixées à la partie mobile du support, portent un étrier garni d'un plateau sur lequel on pose la bouteille à remplir. Cet appareil doit être solidement fixé à une table par une bride de fer et une vis à patte. La bouteille étant placée, on enlève avec un emporte-pièce une portion du bouchon, de manière à y pratiquer une ouverture cylindrique; on peut pénétrer jusqu'au liquide, sans avoir à craindre de le voir couler; mais l'ouverture ne doit pas être trop large; il vaut mieux laisser une légère épaisseur de liége au côté du bouchon qui touche le vin. Le bouchon étant percé, on introduit un instrument courbé et légèrement conique, que l'auteur nomme cannelle-aérifère. Elle est composée de deux pièces : l'une est une cannelle qui reçoit le liquide par de petites ouvertures pratiquées au tiers environ de la longueur; l'autre est un tube ouvert par ses deux extrémités, qui est, au moment de son introduction; exactement rempli par une tige métallique que l'on peut retirer par l'extrémité extérieure du tube. En faisant pénétrer l'extrémité de ce tube, qui plonge dans la liqueur jusqu'à la bulle d'air occupant la partie supérieure du ventre de la bouteille, et en retirant la tige qui remplit ce tube, la bulle d'air est mise en communication avec l'air extérieur, et la liqueur s'écoule doucement et sans secousse; l'on termine l'écoulement en donnant à la bouteille, et au moyen de la vis de rappel, une inclinaison telle que la totalité du liquide puisse passer dans l'autre bouteille. (*Moniteur*, 1809, p. 519.)

Lorsque l'on transverse le vin de Champagne mousseux sujet à déposer, il faut avoir soin de lui conserver autant qu'il est possible son gaz carbonique. Cette opération est assez difficile, parce qu'il faut préserver la liqueur à transvaser du contact de l'air extérieur. C'est sur cet objet que sont dirigées les recherches de M. Julien. Il est parvenu à construire un appareil ingénieux qui remplit ce but. Cet appareil (cannelle n° 2) ne diffère pas essentiellement de celui que nous venons de décrire. Le vase qu'on vide et celui qu'on remplit sont hermétiquement fermés; ils communiquent immédiatement ensemble, de manière que la liqueur s'écoule de l'un dans l'autre sans être frappée par l'air extérieur; mais comme il est nécessaire d'introduire de l'air dans la bouteille pleine pour que la liqueur puisse s'en échapper, l'auteur a imaginé celui de la bouteille vide placée au-dessous. Pour cette opération, M. Jullien se sert d'un support horizontal, ou porte-bouteille, qui ne diffère

de celui de l'appareil n° 1 qu'en ce que les branches de l'étrier sont arrêtées par deux chaînettes, et ne peuvent se développer en avant. Le plateau sur lequel se pose la bouteille inférieure se lève et se baisse à volonté; il est arrêté à la hauteur convenable par une détente qui engage les dents d'une crémaillère adaptée à la partie antérieure des branches de l'étrier. Un emporte-pièce en fer sert à percer le bouchon; mais il ne faut pas pénétrer jusqu'au liquide lorsqu'on opère sur des vins mousseux, sans quoi il s'échapperait avec force, et on éprouverait un déchet considérable. On introduit dans la bouteille pleine une cannelle garnie d'un tube aérifère qui se plonge dans le vase inférieur, en traversant un bouchon au moyen duquel on le ferme hermétiquement; l'air de ce vase, par sa légèreté spécifique, remonte dans la bouteille supérieure à mesure qu'elle se vide, en passant par ce tube aérifère, ce qui favorise l'écoulement du liquide. Cette espèce de cannelle, que M. Jullien nomme cannelle double aérifère, est composée de deux tubes réunis dans un bouchon, dont le diamètre varie suivant les orifices plus ou moins grands qu'il doit fermer; la partie inférieure du petit entonnoir est soudée sur le tube correspondant à la cannelle, et qui descend jusqu'au fond de la bouteille; ce tube est taillé en forme de gouttière. L'extrémité supérieure de la cannelle porte le couvercle de l'entonnoir qui se ferme hermétiquement au moyen d'une garniture de peau; le tube aérifère supérieur est réuni à son tube correspondant par un petit assemblage en forme d'étui fermant exactement; l'extrémité de ce tube aérifère supérieur est garni d'une petite cannelle qui, étant fermée, empêche le liquide d'y pénétrer, et, ouverte, établit une communication entre l'air contenu dans le vase inférieur et la bouteille pleine. Si l'on oubliait de fermer cette cannelle avant l'introduction, ou que la liqueur, chassée avec force, pénétrât dans le tube, on rétablirait la communication de l'air en soufflant dans un petit tuyau adapté pour cet effet au robinet de la cannelle, mais qui n'en interdit pas les fonctions : cette précaution devient cependant inutile lorsqu'on opère avec soin. L'extrémité du tube aérifère est fermée par une pointe d'acier soudée sur ce même tube, et dont le bout est percé en dessous de petits trous qui favorisent l'introduction de l'air dans la bouteille. Pour éviter que les fragments de bouchon ne passent avec le vin dans la bouteille qu'on remplit, l'auteur a prolongé en dedans de l'entonnoir le tube inférieur, et l'a recourbé en forme de crosse, de manière que son orifice, plongeant toujours dans le liquide, le reçoit pur et laisse les fragments de bouchons à la surface. Tel est la composition de cet appareil, qui pourrait paraître compliqué, mais qui ne l'est pas plus que l'appareil simple pour transvaser les vins ordinaires, parce que les deux tubes supérieurs et inférieurs étant réunis, s'introduisent l'un après l'autre dans les bouteilles. Il faut avoir soin de presser le bouchon sur le vase à remplir, en relevant le plateau sur lequel il pose. Dès que les cannelles sont ouvertes, l'opération se fait comme avec l'appareil simple. (*Société d'encouragement*, 1809, bulletin 56, p. 56.)

L'appareil du n° 3 est la cannelle aérifère double, pour remplir les bouteilles de vin de Champagne mousseux dont on a extrait le dépôt par l'opération nommée dégorgement. Cette cannelle est un perfectionnement de l'entonnoir aérifère double du même auteur; l'économie qu'elle procure sur le déchet considérable que l'on éprouve en faisant le remplissage à l'air libre, et la grande facilité qu'elle donne pour faire cette opération, l'ont fait adopter par les principaux négociants de la Champagne. Cet appareil se compose d'un robinet placé entre deux douilles opposées verticalement par leurs bases, et garnies de deux bouchons coniques destinés à boucher, l'un la bouteille qu'on vide, et l'autre celle qu'on remplit. Le robinet est percé de deux orifices, dont l'un correspond à la partie de chaque douille destinée au passage du vin, et l'autre à deux tubes aérifères placés dans l'intérieur des douilles, et par lesquels l'air contenu dans la bouteille qu'on remplit monte dans celle que l'on vide. Il résulte de cette disposition que si l'on introduit la douille de cette cannelle dans le col d'une bouteille pleine de manière que le bouchon conique la bouche parfaitement, et si, après avoir renversé cette bouteille et placé de la même manière la douille dans le col de la bouteille que l'on veut remplir, et qui est debout, l'on ouvre le robinet, le vin descend dans la bouteille, et l'air qui occupe le vide de celle-ci monte par le tube aérifère et va remplacer le vin. La cannelle se fixe sur la bouteille à vider, soit avec une ficelle, soit avec un double fil de fer et des crochets placés au-dessus du bouchon; mais comme il est difficile de serrer assez ce fil de fer pour qu'il résiste à l'effort du vin grand mousseux, M. Jullien a fait construire deux appareils qui maintiennent solidement la cannelle. Le premier de ces appareils se compose d'un collier en cuivre qui s'adapte au col de la bouteille à vider, à l'aide d'une vis; on introduit alors la cannelle dans le col de la bouteille, et on fait entrer les pointes du collier dans les trous des bandes. Les bandes sont surmontées de vis qui traversent la platine en cuivre, et garnies d'écrous qui servent à les serrer pour fixer la cannelle et enfoncer le bouchon conique dans le col de la bouteille. Le second appareil se compose de deux courroies passant dans les brides latérales d'un culot en cuir dans lequel on place la bouteille à vider, et qui sont terminées d'un côté par deux boucles carrées s'agrafant à des crochets placés au-dessus du bouchon conique de la cannelle, et de l'autre bout par deux anneaux fixés dans la traverse en cuivre, qui se meut parallèlement sur deux tringles de fer poli, à l'aide d'une vis prisonnière mise en mouvement par la mani-

velle. Cette traverse, par le mouvement qui lui est donné, tire également les deux courroies, qui alors font entrer le bouchon dans le col de la bouteille et l'y maintiennent. Il arrive souvent que le gaz acide carbonique comprimé dans la bouteille que l'on vide, et celui qui se dilate dans celle qu'on remplit, exercent une pression assez forte pour ralentir l'écoulement. Pour éviter cet inconvénient, il faut, après avoir rempli deux ou trois bouteilles, retourner l'appareil, et entr'ouvrir le robinet pour donner issue au gaz comprimé, avant de remplir une autre bouteille. Lorsque la bouteille qui sert à remplir est vidée, on doit avoir soin d'ouvrir le robinet avant de détacher la cannelle; il faut de temps en temps graisser ce robinet avec un peu de suif, pour empêcher le vin de transsuder. Lorsque le rodé est fatigué, on le rétablit en mettant une goutte d'huile sur le robinet, avec un peu de pierre-ponce en poudre très-fine que l'on fixe en tournant le robinet dans la cannelle, ayant soin de le retirer et enfoncer chaque tour que l'on fait. Quand il est bien poli et qu'il porte partout, on l'essuie, ainsi que le dedans de la cannelle, et l'on garnit avec un peu de suif, ou, ce qui vaut mieux, avec de la poté d'étain délayée dans un peu d'huile d'olive. (*Manuel du sommelier*, par M. Jullien, p. 23, pl. 3.)

La cannelle aérifère double n° 4 est destinée à transvaser, sans évaporation, les fluides éthérés, fétides ou gazeux, et sert à éviter que l'éther et les huiles essentielles perdent de leur degré et de leur volume par leur contact avec l'air libre. On peut varier la forme et les dimensions de cet appareil pour l'approprier soit à la forme des vases, soit à la nature des substances à transvaser. Suivant la dimension qu'on lui donne, il peut être employé sur des bouteilles, bocaux ou tonneaux de toute espèce. C'est un siphon ordinaire, auquel l'extrémité inférieure de la branche déférente traverse avec elle un bouchon conique destiné à boucher le vase récipient, et suit le corps du siphon jusqu'au haut de la branche plongeante, où il se termine, après avoir traversé, conjointement avec elle, un deuxième bouchon conique, servant à boucher le vase qu'on vide; un robinet placé au bas de la branche déférente suspend à volonté l'écoulement du liquide. M. Jullien a substitué au tube d'aspiration une pompe dont le piston se meut à l'aide d'une manivelle passant par l'axe d'une roue d'entrée, qui engrène la crémaillère; la branche plongeante est faite en deux parties, afin qu'on puisse la faire descendre à volonté dans le vase qu'on vide, qui doit toujours être fermé par le bouchon. Pour faire usage de ce siphon, on introduit la branche plongeante dans le vase qu'on veut vider, jusqu'à ce que le bouchon conique en ferme exactement l'orifice. Le vase récipient se met sous la branche déférente; il est également bouché par un bouchon conique. Le robinet du siphon étant alors fermé, on fait l'aspiration au moyen d'une pompe; puis, ouvrant le robinet, le liquide passe d'un vase dans l'autre par le siphon, et l'air contenu dans celui qu'on remplit monte par le tube aérifère. Par ce moyen, les deux vases font échange de leur contenu sans communication avec l'air extérieur, et par conséquent sans évaporation; comme aussi, lorsque le vase est rempli, l'écoulement cesse, et l'on n'a pas à craindre l'expansion du liquide. Le piston de la pompe peut être mu à l'aide d'une tige de fer surmontée d'une poignée, ce qui est moins dispendieux que la crémaillère. Les siphons destinés pour l'acide sulfurique sont en plomb. (*Manuel du sommelier*, par M. Jullien, page 239.)

CAOUTCHOUC. — Une substance depuis peu découverte, la GUTTA PERCHA (*Voyez ce mot*), de nature analogue à celle du caoutchouc, promet aux arts et à l'industrie de nouvelles et heureuses applications. Nous en parlerons dans la suite de cet ouvrage. (*Voyez* aussi RESSORTS EN CAOUTCHOUC.)

CAOUTCHOUC DU FIGUIER. — *Decouverte.* — *M. Tremolière.* — 1813 — Ayant fait une incision transversale au tronc d'un figuier, l'auteur a obtenu à peu près 64 grammes de suc laiteux beaucoup moins épais que dans les euphorbes; ce suc poisse les mains et laisse après un prurit très-désagréable à la peau. Il exhale une odeur nauséabonde, d'une saveur âcre, caustique, et corrodant les lèvres en excitant une inflammation. Après l'avoir traitée par l'eau et ensuite par l'alcool à 33 dégrés, M. Trémolière obtint, par ce dernier procédé, trente-deux grammes de suc, trois grammes deux décigrammes et demi de substance élastique, qu'il soumit à diverses expériences qui lui prouvèrent que c'était du caoutchouc. (*Bulletin de pharmacie*, 1814. — *Archives des découvertes et inventions*, même année, tome VII, p. 193.

CAOUTCHOUC MINÉRAL, OU BITUME ÉLASTIQUE FOSSILE DU DERBYSHIRE. — Il y a vingt ans environ qu'on reconnut dans les issures naturelles d'une des mines de Careton quelques portions isolées d'une espèce de bitume noirâtre, compressible et même élastique. On y fit peu d'attention. Quelques années après, une forte pluie d'orage creusa de profondes ravines sur le flanc d'une des collines qui entourent la petite ville de Careton, un bitume semblable fut mis à découvert; quelques échantillons en furent remis à M. Faujas-Saint-Fond, et il reconnut que cette substance fossile avait une parfaite identité avec le caoutchouc connu sous le nom vulgaire de gomme élastique : l'analyse chimique confirma cette opinion, et on ne vit pas sans étonnement une substance qui découle d'arbres exotiques, qui ne croissent que sous les zônes brûlantes, se trouver entre des couches de schiste argileux, dans le sein des montagnes du nord de l'Angleterre. M. Faujas-Saint-Fond désigne ainsi les variétés de bitume qui ont été trouvées dans le même endroit : 1° bitume élastique d'un brun noir, un peu olivâtre, mou, très-compressible, onctueux et comme un peu gras, légèrement aromatique à l'odorat,

ayant un peu l'odeur fade du caoutchouc naturel, sans saveur, surnageant dans l'eau, s'allumant et brûlant avec une flamme vive, laissant un résidu noir huileux qui ne sèche pas; 2° un bitume gercé, fendillé, sec, mais encore compressible, d'une couleur moins foncée que la première variété; 3° un bitume d'un brun couleur de foie, beaucoup moins onctueux au toucher, mais compressible; 4° même bitume que le précédent, mais plus ferme, avec apparence ligneuse; 5° un caoutchouc fossile, compressible, ayant l'aspect de la véritable gomme élastique; 6° un bitume noir, solide, dur, cassant comme le jayet, très-brillant dans sa cassure, etc. Si l'on considère maintenant que les arbres et les autres végétaux qui produisent le caoutchouc naturel, et en assez grande abondance pour que la matière puisse découler et s'accumuler à leur pied, lorsqu'un accident en déchire l'écorce, sont tous exotiques, on conviendra que c'est ici un beau fait géologique qui coïncide, au reste, avec celui des succins fossiles trouvés dans quelques mines de charbon et dans des terrains tourbeux d'origine très-antique. (*Annales du Muséum d'histoire naturelle*.) — *Voyez* BITUME.

CARACTÈRES D'IMPRIMERIE. — Les caractères d'imprimerie sont de petits parallélipipèdes dont l'une des extrémités représente, gravés en relief, dans un sens contraire à celui qu'offre l'impression, des lettres, des chiffres, ou tout autre signe usité dans la description des sciences et des arts. Nous parlerons dans d'autres articles des premiers essais faits pour sculpter des caractères sur des planches de bois, puis sur des types de bois et de métal; ici nous dirons seulement que peu de branches dans les arts ont reçu autant de perfectionnements. Depuis Schæffer, qui, le premier, imagina de tailler des poinçons, de frapper des matrices, de fabriquer des moules et d'y fondre des caractères dont chaque sorte fût parfaitement uniforme, les imprimeurs les plus célèbres d'Allemagne et d'Italie, et surtout ceux de France, qui ont égalé, à force de perfectionnements, la gloire des inventeurs, se sont appliqués à enrichir la typographie de frappes nouvelles, mieux faites, plus profondes et de plus en plus élégantes. Aussi les caractères, dont le nombre était encore fort restreint il y a cinquante ans, sont-ils maintenant variés à l'infini. Depuis le caractère microscopique gravé par M. Henri Didot, il y a quelques années, sur 3 points typographiques (une demi-ligne de pied de roi), jusqu'aux grosses lettres d'affiches, qui ont 2 ou 3 pouces, et que l'on sculpte encore quelquefois en bois, on en a fondu sur tous les degrés intermédiaires de l'échelle et sur toutes leurs fractions, sans compter les subdivisions en *petit-œil, gros-œil, gras, poétique, égyptien, gothique, ronde, anglaise*, etc.

La matière dont les caractères sont formés est composée de 16 parties de plomb et d'une de régule d'antimoine, qui leur donne le degré de consistance nécessaire pour résister à l'action de la presse; on y ajoute quelquefois de l'étain et du cuivre pour augmenter leur dureté; tout autre métal serait ou trop cher, ou sujet à des inconvénients qui mettraient en peu de temps les fontes hors de service (1). — *Voyez* FONDEUR EN CARACTÈRES.

Pendant longtemps les noms donnés aux caractères ont été de convention : les uns ont gardé ceux de leurs inventeurs, d'autres ceux des ouvrages auxquels ils ont primitivement servi; mais depuis que la mesure régulière des *points* a été généralement adoptée, on a pu mettre dans leurs proportions et dans leur nomenclature un ordre qui remplace avantageusement les anciennes dénominations tout à fait arbitraires. Voici les noms et la valeur en points des caractères les plus usités : la *perle*, fondue sur 4 points; la *parisienne* ou *sédanoise*, sur 5 ; la *nonpareille*, sur 6 ; la *mignonne*, 7 ; le *petit-texte*, 7 ½ ; la *gaillarde*, 8 ; le *petit-romain*, 9 ; la *philosophie*, 10; le *cicéro*, 11 et 11 ½ ; le *saint-augustin*, 12 et 13; le *gros-texte* et le *gros-romain*, 14 et 16; le *petit* et le *gros parangon*, 18 et 20. Ces derniers, ainsi que la *palestine*, le *trismégiste*, les *petit*, *gros*, *double* et *triple canons*, et autres, dont la base de *corps* est variable, ne sont guère employés que pour les affiches.

Les trois dimensions géométriques des caractères, la longueur, la largeur et la profondeur, sont nommées en imprimerie *corps*, *épaisseur* et *hauteur*. Le corps d'une lettre se prend de la tête des L, des D, jusqu'à la fin des G, des P ou des Q. Toutes les lettres qui composent un caractère doivent avoir le même corps, que ce soient des capitales (ou majuscules), des lettres à queue ou de petites lettres, comme l'E ou l'A. On peut se rendre compte de cette explication par ces signes mêmes qui traduisent notre pensée, et qui ne sont séparés par aucune lame de plomb (interligne), comme on le fait quelquefois. Le blanc qui existe d'une ligne à l'autre n'est causé que par cette partie de métal appelé *talus*, ménagé à chaque côté de l'O, par exemple, pour en faire à volonté un D ou un Q. Comme la rencontre des queues de certaines lettres avec la tête de quelques autres est très-rare, cette juxtaposition des lignes n'a rien de choquant. L'*épaisseur* est tout simplement la différence qui existe entre une lettre large comme l'M, et une autre mince comme l'N ou l'I. La *hauteur* est la distance prise au pied de la lettre supposée debout sur sa tige, jusqu'à l'*œil*, nom donné au relief qui figure la lettre même. Cette hauteur est de 10 lignes 1/2, mesure généralement adoptée dans les fonderies françaises. Pour avoir encore une idée précise de ce que nous énonçons, qu'on se figure cette

page dont on ne voit que la surface, ayant par-dessus environ trois mille tiges de plomb qui font, avant qu'elles soient imprimées, une masse compacte de près d'un pouce d'épaisseur.

Les caractères, fondus d'après l'alphabet français, sont gravés perpendiculairement (comme le sont ceux-ci), et sont appelés *romains*, probablement parce qu'ils étaient en usage à Rome avant que le fameux Alde-Manuce, de Venise, eût inventé le caractère penché de droite à gauche, que l'on nomme *italique* (le mot donne l'exemple de la chose) et qu'il employa longtemps seul par privilége spécial. Depuis les Alde, ce caractère a été perfectionné par M. Fournier, l'un des plus célèbres typographes français, et il est maintenant réservé pour faire contraste avec le romain, dans toutes les circonstances où l'on veut faire ressortir une partie quelconque du discours. Tout caractère romain doit avoir son italique correspondant.

Outre la série des lettres de l'alphabet en forme ordinaire et courante, chaque caractère a son assortiment complet en *capitales* grandes et petites ; de tous les signes de ponctuation, d'espaces, cadrats, cadratins et demi-cadratins, lames ou pièces de métal moins hautes que les lettres, qui servent à séparer les mots et à remplir les vides que laissent les fins d'alinéas. Toute imprimerie doit avoir aussi sa collection d'*initiales* ou *lettres de deux points* (sortes de capitales destinées à la confection des titres), et en caractères imitant l'écriture ou garnis d'ornements, sur lesquels le génie des fondeurs aime à s'exercer, et qui contribuent à la réputation de la typographie française. Nous renvoyons au mot IMPRIMERIE pour ce qui concerne les caractères anciens ou étrangers dont chaque imprimerie est plus ou moins fournie, comme le grec, l'hébreu, et autres langues de l'Orient. L'imprimerie nationale de Paris a seule, entre toutes les typographies du monde, la collection complète des types de toutes les langues connues.

Depuis quelque temps la gravure et la fonte en caractères ont pris un nouvel essor, et ceux appelés *compactes*, dont plusieurs imprimeurs réclament le mérite d'invention, commencent tellement à prévaloir dans le goût du public, qu'ils menacent l'imprimerie d'une espèce de révolution. Mais s'il y a des innovations heureuses, le mauvais goût amène de son côté des créations informes, appelées *monstres* à juste titre, qui, nous l'espérons, ne seront qu'éphémères.

Parmi ces inventions modernes, on peut citer les caractères mobiles pour l'impression des cartes géographiques, qui n'ont pas eu un grand résultat, et ceux pour la musique, inventés en Italie (1501), et perfectionnés par M. Duverger, qui ont obtenu, au contraire, un succès des plus remarquables (1).

CARMIN, CARMINE. — Substance d'une

(1) M. Colson a cependant établi avec succès un caractère ferrugineux dont la résistance offre de réels avantages pour les impressions à grand nombre d'exemplaires ; les journaux surtout ont adopté avec le plus vif empressement cette invention qui leur permet de réaliser de notables bénéfices. (*Note de l'éditeur.*)

(1) Cet article est emprunté à M. A. Réne. — *Voy.* IMPRIMERIE. — *Voy.* aussi STÉRÉOTYPIE.

très-belle couleur rouge, extraite de la cochenille. Les procédés par lesquels on l'obtient paraissent être jusqu'ici un secret. On peut présumer qu'ils consistent à dissoudre les parties solubles de la cochenille dans une liqueur alcaline, et à les précipiter ensuite par une dissolution d'alun. D'après les expériences de MM. Pelletier et Caventou, le carmin est un composé triple, formé de l'acide du sel qui a servi à le précipiter, de la matière animale qui se trouve dans l'insecte, et d'une partie colorante que les chimistes ont nommée *carmine*. Cette substance, de nature toute végétale, est d'un rouge pourpre éclatant, grenue et d'une apparence cristalline, Elle est fusible à 50 degrés ; elle est inaltérable dans l'air, très-soluble dans l'eau et peu dans l'alcool. L'éther et les huiles volatiles n'ont aucune action sur elle ; les acides, les alcalis, plusieurs sels, font varier sa couleur ; les sels à base de plomb, d'étain, la précipitent en violet ; le deuto-nitrate de mercure.la précipite en rouge vif ; l'albumine s'en empare et forme une belle laque.

La carmine n'a été trouvée encore jusqu'ici que dans la cochenille.

CARÇONS. *Voy.* Armes.

CARTON-PIERRE. — Composé nouveau, fort intéressant par les applications dont il est susceptible dans les constructions architecturales. C'est un mélange dans différentes proportions, suivant le degré de consistance et de dureté qu'on veut obtenir, de pâte de papier, de gélatine, de terre bolaire, de craie et d'huile de lin. Le tout étant broyé et réduit en une pâte de consistance moyenne, sert à faire des tuiles à la fois légères, incombustibles, et imperméables à l'eau, qui peuvent être employées avec avantage dans beaucoup de cas, ou bien des briques infiniment utiles pour les cloisons légères. Mais l'usage le plus étendu qu'on en ait fait jusqu'à présent en France, c'est d'en mouler les ornements d'architecture pour la décoration intérieure des appartements. Ces ornements, qui se rapportent avec facilité, et qui reçoivent toute espèce d'enduit, même la dorure, remplacent avec une immense économie les sculptures que l'on faisait jadis. On fait aussi avec le carton-pierre des statues, des candélabres d'une grande solidité et infiniment moins chers que les mêmes objets en autre matière. C'est en Suède qu'a été inventé le carton-pierre, dont la composition a été bientôt divulguée, de sorte qu'on en fabrique à présent partout. On a même déterminé par des recherches, les proportions de ses divers éléments et constaté par des recherches très-positives que les objets faits en carton-pierre résistent parfaitement à l'action de l'eau, comme à celle du feu (1).

CÉRAMIQUE (de κεραμία, *la poterie*.) — Le nom d'*art céramique* est donné à l'ensemble des divers arts qui ont pour but la fabrication des Faïences, Grès, Poteries, Porcelaines, Émaux, etc. (*Voy.* ces *mots.*) M. de

(1) Tiré de l'*Encyclopédie des gens du monde.*

Moléon en a donné un excellent aperçu dans les lignes suivantes, que nous lui empruntons.

« Le mot *ceramus* désignait chez les anciens des vases de terre cuite dont on se servait dans les repas, jusqu'au temps des Macédoniens. Cléopâtre, voulant imiter le luxe introduit chez les Romains, faisait distribuer à ses convives, lorsqu'ils se retiraient, des coupes auxquelles elle conserva le nom de *ceramus*, quoiqu'elles fussent d'or et d'argent.

« Les secrets de cet art sont restés trop longtemps ignorés en France, où ce n'est guère qu'à dater du xive siècle qu'ils ont été d'abord appliqués à la fabrication du *grès* (*Voy.* ce mot), pâte compacte qui réunit à la dureté l'imperméabilité. Sont venues ensuite la faïence dite *italienne* et les *poteries à vernis*. Dans Florence et Pesaro, il s'établit des fabriques d'où l'on tira les belles faïences connues, dans toute l'Europe, sous le nom de *majolica* et *terra invetriata*. Vers le xvie siècle parut en France Bernard de Palissy, génie sans culture, mais armé d'une volonté ferme et persévérante, qui, à la fois peintre, sculpteur, naturaliste et hydraulicien, fut en même temps l'inventeur de la poterie de terre émaillée, connue sous le nom de *faïence*. Après des efforts inouïs, des sacrifices considérables, il parvint à fabriquer une belle poterie aux formes si gracieuses, aux couleurs si brillantes, aux arabesques si délicates et si variées, qu'elle servit d'ornement aux palais des grands. Le château de Madrid, dans le bois de Boulogne, était orné extérieurement de ces belles faïences, et la grande cour du château de Saint-Germain-en-Laye renfermait des tableaux de même nature. Ces poteries sont en ce moment recherchées par les amateurs et les artistes avec un empressement égal à leur rareté.

« Ce n'est qu'au xviiie siècle qu'il faut faire remonter la *terre de pipe*, ou faïence anglaise, la porcelaine proprement dite, à pâte dure et presque vitreuse, et un troisième genre de faïence imitée par les Anglais, et dont le modèle a été pris en Chine. Cette dernière, à pâte fine et dure également, n'est pas vitrifiée ; elle a seulement une couverte vitreuse et une transparence très-agréable à l'œil.

« Les pays qui peuvent se considérer comme rivaux dans l'exercice de cet art sont la Chine, la France et l'Angleterre. Dans le dernier, Wedgwood, célèbre manufacturier, a porté à un haut degré de perfection la pratique des procédés ; mais en France, nous avons un établissement unique dans son genre, celui de Sèvres, dont la réputation est à juste titre européenne. On a contesté plusieurs fois son utilité ; il serait facile de la prouver par la simple énumération des services qu'il a rendus.

« Pour tout ce qui tient aux objets de commerce, à la vente en détail, nul doute que Sèvres ne puisse être surpassé ; mais un établissement particulier se ruinerait infailliblement s'il voulait, comme à Sèvres, se livrer à la confection des grandes pièces, des morceaux de luxe destinés à des souverains et à des possesseurs de grandes fortunes. Il y a deux genres de fabrication dans cette manufacture ; ils comprennent la *porcelaine dure*, appliquée à toutes les pièces destinées à l'action de la chaleur, et la *porcelaine tendre*, dite *fritte*, réservée pour les pièces d'ornement, de décoration, telles que celles qui figurent sur les plateaux de dessert, etc.

« Nous devons dire un mot d'un autre genre de fabrication qu'on a cherché à imiter en France, à diverses reprises, mais qui ne s'y est pas maintenue, soit parce qu'on ne l'a pas assez appréciée, soit parce qu'après la mort de celui qui l'avait importée on n'ait pas su la bien appliquer; nous voulons parler de la fabrication des *hyoceromes* faits avec une terre légère, très-poreuse et ayant la propriété, très-utile pour un pays chaud, de rafraîchir les liquides qu'on verse dans ce vase, lorsqu'on les expose à un courant d'air. L'évaporation s'établit en peu de temps, et au fur et à mesure que le calorique se dégage, l'eau devient de plus en plus froide. En Espagne, ce genre de poterie est très-commun. »

CHAMBRE CLAIRE. —Cet ingénieux instrument, que nous devons à Wollaston, sert, comme la chambre obscure (*Voy. ce mot*), à tracer une image fidèle d'un objet, d'un édifice, d'un paysage, etc. La chambre claire se compose essentiellement d'un prisme en cristal à quatre faces, dont deux sont assemblées à angle droit ; l'angle opposé à l'angle droit est de **135°**. Si l'on dirige vers un objet l'une des faces perpendiculaires du prisme, de telle sorte que l'autre face perpendiculaire soit horizontale et supérieure, les rayons qui entreront par la première face iront se réfléchir sur la face oblique voisine qui occupe la partie inférieure du prisme, et où ils se trouveront de nouveau réfléchis sur la seconde face oblique qui est située postérieurement, et ses rayons ainsi réfléchis sortiront du prisme par sa face supérieure dans une direction verticale. Si, au-dessous de l'instrument, on place, à la distance de la vision distincte, une feuille de papier blanc, les objets paraîtront à l'observateur qui regarde par la face supérieure être placés sur le papier; car nous voyons toujours les objets sur le prolongement de la dernière direction du rayon qui arrive à notre œil. Si l'observateur se place de telle sorte que la moitié de la pupille reçoive les rayons réfléchis par le prisme, tandis que l'autre moitié reçoit les rayons émanés du papier, il apercevra en même temps les objets extérieurs, et la pointe d'un crayon se promenant sur le papier; ces deux sensations se confondront en une seule, et il croira suivre avec son crayon les contours d'un objet représenté sur le papier; on voit qu'au moyen de cet instrument on pourra dessiner comme avec une chambre obscure.

L'appareil est formé d'un écrou qui permet de le fixer à une table quelconque. Cet écrou porte une tige de cuivre qui peut s'allonger ou se raccourcir, qui, à l'aide d'une charnière, peut prendre une inclinaison plus ou moins grande. Cette tige porte le prisme, et en outre un diaphragme percé d'une ouverture de 5 millimètres, placé au-dessous de la face supérieure du prisme, destiné à maintenir l'œil dans une position convenable. Deux verres colorés, mobiles, servent à affaiblir l'inégalité d'éclat des objets vus par réflexion ou directement, différence qui nuirait à la netteté de la vision. Enfin, une lentille convexe est placée devant la face antérieure du prisme pour donner aux rayons venant des objets une divergence égale à ceux qui arrivent du papier et du crayon situés à la distance de la vue distincte ; car autrement l'œil, quoique convenablement placé, ne pourrait voir avec une égale netteté des objets extérieurs à la pointe du crayon. Cet instrument a été perfectionné par MM. Amici et Chevallier (1).

Voici, sur l'instrument de Wollaston, les renseignements pratiques donnés par l'auteur lui-même :

« Il faut que le dessinateur se place dans une position telle, qu'une portion seulement de la pupille soit interceptée par l'arête du prisme : alors cette portion de l'œil recevra les rayons émanés des objets éloignés, par la double réflexion prismatique interne ; tandis que les rayons venant du papier et du crayon entreront directement dans la partie de cette même pupille, qui est en arrière de l'arête du prisme.

« Selon que l'arête du prisme entame plus ou moins avant le cercle de la pupille, la vivacité relative des deux impressions qui résultent en même temps de la vision directe et des images produites par la double réflexion, varie. Si l'œil avance trop sur le prisme, on ne voit plus que l'image des objets éloignés, le crayon et le papier disparaissent ; si, au contraire, l'œil est trop en arrière, on ne voit plus que le crayon et le papier. Mais il y a une position intermédiaire de l'œil que l'usage fait bientôt acquérir, et dans laquelle on aperçoit en même temps, avec un degré de clarté égal et suffisant, les images, le papier et le crayon. Pour éviter les inconvénients qui peuvent résulter des mouvements involontaires de l'œil, on peut chercher à fixer sa position et régler les quantités relatives de lumière qu'il reçoit à la fois du papier et des images réfléchies, au moyen d'un petit trou pratiqué dans une lame de laiton qui, se mouvant autour d'un point fixe, peut s'adapter à toutes les inégalités de lumière. Le trou de cette lame de laiton se présente sur le bord du prisme, et, en poussant la lame plus ou moins en avant ou en arrière, on trouve, par un court tâtonnement, le point le plus convenable pour la double vision, lorsque l'œil est placé tout près de cette ouverture.

« L'instrument, devant être situé très-près de l'œil, n'a pas besoin de grandes

---

(1) Tiré de l'*Encyclopédie des gens du monde*.

dimensions, et l'on peut réduire de beaucoup son volume sans nuire à l'effet. Bien que ma première intention eût été de faciliter, au moyen de cet appareil, le dessin des objets naturels dans leur véritable perspective, et que ce soit là son principal usage, cet avantage est loin d'être le seul qu'on en puisse tirer; car la même disposition de réflecteurs peut tout aussi commodément s'employer pour copier des dessins déjà faits que pour dessiner d'après nature; et l'instrument peut aussi aider les commençants à acquérir l'habitude de faire des esquisses correctes. »

CHAMBRE OBSCURE. — La *chambre obscure*, ou *chambre noire*, est un instrument de physique découvert par Roger Bacon, suivant certains auteurs; attribué par d'autres à Jean-Baptiste Porta, et au moyen duquel on obtient une image fidèle des corps.

Une chambre complétement obscure, dont le volet est percé d'une très-petite ouverture, et un carton blanc, voilà l'instrument réduit à son plus grand degré de simplicité. Qu'un objet fortement éclairé soit placé hors de l'appartement, à quelque distance de l'ouverture du volet, des rayons lumineux que chaque point de cet objet lance dans toutes les directions, quelques-uns pénétreront par cette ouverture; mais comme elle est plus petite que le corps en question, il en résulte que les rayons venus des différents points du corps qui l'ont traversée sont des rayons convergents, et que leur point de concours est à une distance plus ou moins grande de l'ouverture du volet. Comme tous ces rayons se meuvent en ligne droite, ils deviennent divergents au delà du point de concours. Si l'on place l'écran à ce point, tous les rayons y faisant leur image, on voit une tache blanche. Si l'on éloigne l'écran de ce point, la tache s'élargit, devient moins vive, et enfin, à une certaine distance, on verra une image en miniature et renversée de l'objet placé en dehors; seulement cette image est peu vive, à cause du petit nombre de rayons lumineux admis par l'ouverture. Il est facile de se rendre raison du renversement de l'image, en suivant la direction des rayons lumineux, qui viennent des différents points de l'objet. Soient en effet trois points du corps : l'un se trouvant sur une même ligne horizontale que l'ouverture, où il n'envoie que des rayons horizontaux; les deux autres, situés au-dessus et au-dessous de lui, n'y envoient que des rayons obliques. Ces rayons convergeront et coïncideront au point de concours; mais au delà, les rayons venus du premier point restent horizontaux, tandis que les rayons reçus d'en haut iront sur l'écran faire leur image au-dessous de celle des rayons horizontaux, et que l'image des rayons venant d'en bas se trouvera au-dessus de celle-ci. En répétant cette considération pour tout autre point, on verra que l'image de l'objet doit être renversée. Cette image ne peut être aperçue qu'à une certaine distance du point de concours; en effet, à mesure que l'on s'éloigne du point de concours où

toutes les images de chaque point se trouvent superposées, on voit qu'à cause de la divergence des rayons, ces images doivent se trouver moins exactement placées les unes sur les autres, et l'on comprend qu'à une certaine distance ces images seront tellement situées qu'elles n'empiéteront plus sur leurs voisines. On aura alors une image nette de l'objet. Si l'on adapte au volet une lentille convexe, la convergence des rayons introduits sera augmentée, et le point du concours se trouvera rapproché du volet, ce qui permettra de diminuer les dimensions de l'instrument et de le rendre plus portatif. L'image deviendra plus vive, parce qu'un plus grand nombre de rayons seront admis dans l'intérieur de l'appartement.

Deux tubes noircis à l'intérieur, glissant l'un dans l'autre, l'extrémité de l'un étant garnie d'une lentille, l'extrémité opposée du second fermée par une membrane transparente ou un verre dépoli, formeront une chambre obscure très-portative; mais cet appareil est peu employé, parce que son usage est incommode. Les dispositions suivantes sont les plus usitées : une boîte carrée, noircie à son intérieur, porte sur un de ses côtés un tube qui peut se raccourcir ou s'allonger, et dont l'extrémité libre est garnie d'une lentille. Le côté opposé à la boîte présente un miroir plan, incliné à l'horizon de 45°, qui réfléchit ainsi dans une direction verticale des rayons qui lui ont été transmis par l'ouverture dont nous avons parlé. Ces rayons vont former leur image sur un verre dépoli placé sur la face supérieure de la boîte, et qui est recouvert d'une sorte de capuchon, pour empêcher que les rayons venus du dehors n'affaiblissent l'éclat de l'image.

La chambre obscure verticale se compose d'une table portant quatre montants qui soutiennent une plaque percée d'un trou, dans lequel glisse un tube vertical garni d'une lentille. Un miroir faisant avec l'horizon un angle de 135° est placé sur la plaque et renvoie dans la direction de l'axe du tube l'image des objets voisins. Un papier blanc, placé sur la plaque au-dessous du tube, reçoit les rayons admis dans celui-ci, et il s'y forme une image des objets extérieurs, dont il est facile de suivre les contours avec la pointe d'un crayon. Des rideaux placés sur des montants interceptent toute lumière étrangère.

M. Chevalier remplace le miroir et la lentille de la chambre obscure verticale par un prisme à trois faces dont l'une, convexe est dirigée du côté des objets; l'autre, concave, regarde la table dont nous avons parlé; et la troisième, plane, fait un angle de 135° avec l'horizon. Les rayons admis par la face convexe du prisme vont se réfléchir sur la face plane, qui les renvoie sur la face concave d'où ils arrivent sur le papier. Les faces concave et convexe sont calculées de manière à ce que les rayons sortent du prisme dans une direction convenable, pour pouvoir produire les phénomènes dont nous avons rendu compte. Par cette méthode on obtient des images beaucoup plus vives, et l'instrument est beaucoup moins compliqué (1).

L'œil peut être considéré comme une chambre obscure, mais une chambre obscure parfaite : nous rappellerons qu'il est nécessaire de bien se pénétrer des considérations dans lesquelles nous sommes entrés, si l'on veut se former une idée nette de la vision.

Cet article serait incomplet si nous ne renvoyions le lecteur aux mots EUGRAPHE et CHAMBRE CLAIRE, et surtout à celui de PHO-TOGRAPHIE où il trouvera une des plus belles applications de la *chambre obscure*. Voir aussi, comme complément de la série d'instruments de dessin mécanique, les articles DIAGRAPHE et PANTOGRAPHE.

CHAMBRE OBSCURE à *prisme convexe*. — M. Chevalier aîné, de Paris, opticien, s'est proposé de remplacer par un seul prisme la lentille et le miroir plan de l'ancienne chambre obscure. La base de ce prisme ne diffère d'un triangle rectangle isocèle que parce que l'un des côtés de l'angle droit est remplacé par un arc de cercle, qui a ce côté pour corde. Cet arc est la section d'une face sphérique de prisme adjacente à la plus petite face plane, de la forme d'un parallélogramme; le plan de la plus grande face, de même forme, passe par les hypothénuses des deux triangles, bases du prisme. Des cinq faces de celui-ci, quatre sont planes, et chacune a pour l'un de ses côtés l'arc de cercle; intersection de son plan et de la cinquième face, qui est sphérique. Lorsque le prisme est en place sur la chambre obscure, les plans des deux bases sont verticaux, la petite face perpendiculaire à ces plans est horizontale, la grande face est inclinée à quarante-cinq degrés par rapport à l'horizon. Voici les effets produits : un faisceau de lumière horizontale, dirigé vers le centre de la face convexe, traverse le prisme, rencontre la face inclinée à quarante-cinq degrés, s'y réfléchit, tombe sur la face plane horizontale, et sort du prisme pour rentrer dans l'air. On reçoit sur une feuille de papier l'image de l'objet d'où le faisceau de lumière est parti. Le prisme convexe de M. Chevalier présente les avantages suivants : l'image des objets est plus vive, plus nette que dans la chambre obscure, où l'on se sert de la lentille et du miroir. On évite, par la réfraction sur les faces du prisme, l'inconvénient de la double réflexion sur les faces parallèles d'une glace de miroir, plan qui a une certaine épaisseur. Un prisme est préférable, pour la durée, au miroir, dont l'étamage peut se détruire par l'humidité ou par d'autres causes accidentelles assez fréquentes. De plus, l'artiste ou l'amateur peut travailler longtemps et commodément sous le rideau de la chambre obscure à prisme, parce que l'air y circule facilement. (*Bulletin de la société d'encouragement*, janvier 1820.)

CHANDELLES. — *Perfectionnement de*

(1) Cette description est due à M. Vallot.

M. J.-F. *Netto*. — Le moyen indiqué par M. Netto pour fabriquer des chandelles qui ne coulent point et brûlent parfaitement, est le suivant : Il faut, 1° dégager soigneusement le coton destiné aux mèches, des nains, nœuds et autres ordures qui s'y trouvent et qui forment l'humidité; les fils doivent être unis, d'une force égale et légèrement tors; 2° employer le suif de mouton nouveau, bien purifié, et le couler dans des moules de verre. Les mèches préparées se passent dans la cire fondue, ou sont enduites de spermaceti. (*Annales des arts et manufactures*, 1809, t. XXXI, p. 174.

Pour fabriquer d'après les procédés de l'auteur des chandelles qui répandent un lumière vive, et qui durent lontemps, on prend, par exemple, huit livres de suif; on le met, coupé en morceaux, dans un chaudron, et on le fait fondre sur un feu de charbon, après y avoir ajouté un quart de son poids d'eau. On doit prendre garde qu'il ne noircisse. Lorsqu'il est fondu, on le presse à travers un linge, après quoi on y ajoute la même quantité d'eau, demi-once de salpêtre, autant de sel ammoniac, et une once d'alun calciné. On fait bouillir ce mélange jusqu'à ce qu'il ne se forme plus de bulles, et que la surface demeure unie, ou qu'on aperçoive au milieu une place transparente de la largeur d'un écu. On le laisse alors refroidir, on le décante pour le débarrasser de la crasse qui s'est précipitée, et on le fait fondre de nouveau. Il faut employer des mèches moitié coton, moitié fil, qu'on trempe dans un mélange de suif et de camphre avant de les mettre dans les formes. Les chandelles, ainsi faites, ne coulent pas, et ont en outre l'avantage de durer le double des autres. Pour former les mèches on les compose de parties égales de fil de lin et de coton; on les trempe dans l'eau-de-vie, où l'on a fait dissoudre un peu de camphre, et quand elles sont sèches, on les enduit d'un mélange de cire et de suif. Le suif se compose de parties égales de graisse de bœuf, de mouton ou de chèvre. La graisse des rognons est la meilleure, mais la vieille graisse fétide ne donne jamais de bonnes chandelles. On prend donc vingt-quatre livres de suif coupé en petits morceaux, et on les met dans une cuve d'eau bouillante; à mesure que l'eau s'évapore, on la remplace par d'autre; on passe toute la masse par un linge, après quoi on fait bouillir le suif pendant une demi-heure dans deux pintes d'eau de fontaine, dans laquelle on a fait dissoudre une once et demie d'alun, deux onces de potasse, et huit onces de sel commun. Quand on coule les chandelles, on mêle un peu d'eau bouillante au suif, mais en très-petite quantité, pour que les mèches ne s'en imbibent pas. Si l'on veut faire des chandelles qui durent deux heures de plus que les chandelles ordinaires, on fait bouillir huit livres de graisse de bœuf avec trois livres de graisse de mouton, coupée en petits morceaux, dans une demi-pinte d'eau dans laquelle on fait dissoudre un quart d'once de sel ammoniac pulvérisé, et on ajoute deux onces de sel commun et une demi-once de salpêtre. Lorsque après l'évaporation de l'eau, le suif est fondu, on le met dans un vase humecté d'eau, on le fait fondre une seconde fois en gros morceaux, avec un quart d'once de nitre purifié; et après l'avoir laissé un peu bouillir, on en enlève l'écume brune qui monte à la surface. (*Ann. des arts et manuf.*, t. XLIX, p. 209.)

CHANVRE ET LE LIN (*Machines à filer le*).— *Importation de M Robinson* (*Williams*).— Les filaments du lin étant inégaux entre eux et variant constamment de longueur, suivant les différentes qualités, il a fallu approprier les cylindres d'étirage à ce nouveau genre de filature, et créer un système de machines pour remplir cet objet; c'est ce qu'a fait M. Williams Robinson. Après avoir peigné le lin à la manière ordinaire, le prend par petites poignées que l'on étend par couches égales dans le sens de la longueur, sur deux tablettes fixes à charnières situées vers les bords supérieurs d'une petite auge au fond de laquelle on fait glisser, chaque couche successivement, à mesure qu'elles en sont retirées par l'effet d'une machine placée à l'une des extrémités de cette auge, et dont l'objet est encore de distribuer sur une plus grande longueur les couches successives de lin qu'elle prend au bout de la même auge pour en former un ruban continu. Ayant réuni deux ou trois de ces rubans, on les fait passer à une seconde machine à étirer, ne différant de la première que par les cylindres étireurs, qui préparent deux rubans à la fois au lieu d'un. On répète le doublage à l'étirage du ruban sur une troisième machine semblable à la précédente. Le ruban ayant acquis beaucoup d'égalité par les doublages et étirages précédents, on le fait passer à une machine ou il s'allonge de nouveau et prend la forme d'un fil légèrement tordu, de la grosseur d'une plume à écrire, et qui s'enroule sur des bobines. A mesure que celles-ci se remplissent, on les place sur une machine à filer qui donne la dernière préparation à douze fils à la fois, lesquels s'enroulent en même temps sur un même nombre de bobines. (*Brevets publiés*, t. III, p. 105, pl. 29 et 30.)

Invention de MM. Madden (*John*), *de Versailles, et Patrick O'Neal*.— La machine à préparer le chanvre et le lin, inventée par ces artistes, se compose d'un bâti portant l'axe d'une manivelle. Cet axe tourne sur des supports en cuivre et est garni de rouleaux en bois couverts de peau, qui agissent sur des cylindres de pression aussi en bois et cannelés. Sur un des deux rouleaux, autour desquels les cardes sans fin font leur mouvement, en est un autre qui sert à presser la matière. Un second, qui remplit le même objet, est placé sur le milieu des cardes au-dessus desquelles est un cylindre pour les supporter. Une grande poulie, dont l'axe est celui de la manivelle, au moyen d'une corde croisée, donne le mouvement à une autre petite poulie ajustée sur l'axe du

peigne. A l'extrémité de cette dernière est une troisième poulie qui donne le mouvement à une quatrième, laquelle à son tour le transmet à une cinquième, au moyen d'une poulie à double gorge montée sur son axe; sur le côté du bâti est une table sur laquelle la matière est étalée. Celle-ci est conduite par des entonnoirs sur les cardes sans fin, et sous les cylindres lamineurs situés à l'extrémité de l'autre côté. Ces cylindres sont mis en mouvement par deux poulies, dont l'une est sur l'axe du premier cylindre, et l'autre sur l'axe de la manivelle. Dans cette machine à filer, le bâti a la forme d'un trapèze; elle est composée de seize branches qui peuvent être augmentées. Sur l'axe d'une manivelle sont des cylindres cannelés en cuivre ou en fer, qui reçoivent dans leurs mouvements la matière préparée. Sur chacun de ces cylindres sont des supports de pression, et, dans leur séparation, des crochets pour suspendre les poids. Une roue d'engrenage placée sur l'axe des cylindres cannelés, donne le mouvement à un pignon placé à l'extrémité d'un arbre porteur de petits cylindres de bois qui, tournant dans une caisse de fer-blanc, remplie d'eau, humectent le fil qui passe par-dessus. A l'extrémité de l'axe de la manivelle est une poulie qui donne le mouvement à une autre poulie opposée; une troisième petite poulie concentrique avec celle-ci imprime le mouvement à la grande, sur l'axe de laquelle sont des cylindres de pression en bois cannelé. Une bande de cuir sert à conduire le fil en gros sous ces cylindres et des rouleaux libres servant à presser le fil sur cette bande. Des entonnoirs en fer-blanc reçoivent la matière à la sortie des cylindres de pressions. Une poulie en cuivre dont l'axe est fixé sur l'un des montants du bâti, reçoit une chaîne au moyen de laquelle on fait monter et descendre la bobine. Sur le même côté du bâti est une autre poulie qui, au moyen d'une corde et de la poulie sur laquelle est l'axe de la manivelle, fait mouvoir un cylindre qui fait marcher les broches. Les auteurs ont obtenu un brevet de cinq ans. (*Brevets publiés*, t. IV, p. 204, p. 15 et 16).

CHAPELET HYDRAULIQUE. — Cette machine, qui sert à élever l'eau, se compose d'une chaîne sans fin, faite de maillons de cuivre articulés, portant des disques en cuir fort, qu'on fait circuler à l'aide de deux tambours dont l'un est plongé dans l'eau. Ces disques passant successivement dans un tuyau vertical ou incliné, dont le bas plonge dans l'eau, et qui a le même calibre que les disques, élèvent l'eau de la même manière qu'un piston de pompe ordinaire. Le produit de cette machine est égal à la surface d'un disque, multipliée par la vitesse qu'on imprime à la chaîne, la résistance est proportionnelle à la hauteur d'élévation de l'eau.

CHARBON. —CARBONISATION DU BOIS PAR LA VAPEUR D'EAU SURÉCHAUFFÉE.—*Procédé de M. Violette.* — Nous empruntons aux *Bulletins* *de la Société d'encouragement* la description de cet ingénieux procédé.

« Dans la première partie de son mémoire, l'auteur, après avoir indiqué les diverses variétés de charbon, rend compte des recherches qu'il a faites pour déterminer les phénomènes successifs de la carbonisation en vase clos, et les effets de l'exposition du bois à divers degrés de température Il a reconnu qu'à la température de 200 degrés le bois ne se carbonise pas ; qu'à 250 degrés on obtient un charbon incuit, autrement dit des *brûlots*, qu'à 300 degrés on forme le *charbon roux*, et qu'à 350 degrés et au delà l'opération donne invariablement du *charbon noir*. Le temps nécessaire à la carbonisation varie de trois heures à une demi-heure, et les produits ont passé progressivement et à volonté du charbon roux jusqu'au charbon noir. L'auteur examine le rendement en charbon qui est d'autant moindre que la carbonisation est plus avancée.

« MM. Thomas et Laurent ayant eu l'heureuse idée d'employer la vapeur surchauffée à la revivification du noir animal, M. Violette a pensé qu'il était possible, par assimilation et analogie, d'étendre ce procédé à la carbonisation du bois. Il a trouvé dans ses premiers essais non-seulement une petite supériorité pour la force de la poudre préparée avec ce bois, mais un rendement beaucoup plus considérable en charbon. En conséquence, il a fait construire un appareil en grand, propre à une fabrication courante. Dans cet appareil, la vapeur est fournie par un générateur ordinaire ; elle passe dans un serpentin contourné en hélice. Le tube a 20 mètres de longueur; la vapeur surchauffée par le feu du foyer en sort à une température déterminée, 300 degrés par exemple pour obtenir du charbon roux : elle enveloppe un cylindre horizontal qui renferme le bois, elle pénètre dans ce cylindre, échauffe le bois et en opère la carbonisation ; puis elle sort du cylindre chargée des produits de la distillation. Cet appareil fonctionne régulièrement depuis une année dans la poudrière d'Esquerdes, et alimente exclusivement et avec avantage la fabrication des poudres de chasse.

« L'auteur a retiré généralement en charbon de 33 à 37 pour 100 de bois, moyennant 35 pour 100, et 2 pour 100 de brûlots ; mais aucune partie de charbon noir. Le rendement a été parfois de plus de 39 pour 100 de charbon roux.

« Par les anciens procédés, on obtient moyennement 18 pour 100 de charbon roux et 14 pour 100 de charbon noir. On voit par là que la proportion du charbon qu'on cherche à produire est deux fois plus grande par le nouveau procédé que par l'ancien. Il est aussi facile de produire du charbon noir en élevant la température de la vapeur au delà de 300 degrés. Le maintien de la vapeur dans des limites thermométriques déterminées, condition indispensable au succès de l'opération, s'obtient facilement par la manœuvre du robinet d'admission de la vapeur. Le prix de revient est également en faveur du nouveau procédé.

« Après avoir fait connaître combien la vapeur d'eau chauffée pourrait offrir d'utiles ressources à toutes les industries qui emploient la chaleur dans des limites thermométriques comprises entre 100 et 500 degrés, entre autres pour la cuisson du pain, celle des aliments, l'extraction de l'acide pyroligneux, etc., l'auteur établit que la dessication du bois s'obtient par ce procédé avec la plus grande facilité. » (*Acad. des sciences*, 19 juin 1848.)

CHARRUE, *aratum*, machine avec laquelle on laboure la terre.

Du moment qu'il fut reconnu que pour rendre la terre fertile, il fallait en remuer la surface, on dut chercher le moyen d'exécuter ce travail le plus facilement possible. Le premier instrument dont on fit usage pour cela, fut vraisemblablement un morceau de bois pointu ; plus tard on y substitua un crochet ou un arbre fourchu, dont une des branches, plus courte que l'autre, sillonnait la terre, tandis que la plus longue servait à le traîner. Voilà sans doute l'origine de la charrue. Des écrivains se sont donnés la peine d'en rechercher l'inventeur comme si elle pouvait être, dans l'état où nous la voyons, le produit d'une seule conception.

La charrue des Romains, d'après la description qu'en donne Virgile, dans le premier livre de ses *Géorgiques*, n'était autre chose qu'un crochet de cette espèce ; et notre araire du Gers, également usité dans nos départements méridionaux, conserve encore à peu près cette forme primitive. Ces sortes de charrues remuent assez bien les terres légères et sablonneuses, mais elles ne sont qu'un labourage très-imparfait dans des terres fortes et argileuses.

L'objet de la charrue étant de couper, diviser, renverser et ameublir la terre, on a cherché, d'après l'expérience et les lois de la mécanique, à donner à son ensemble et à chacune des pièces qui la composent, la forme la plus convenable pour remplir ce but. Toutes les charrues inventées jusqu'à ce jour (on sait que le nombre en est très-considérable), ne sont pas également propres à labourer dans toutes sortes de terre. Un soc large et tranchant ne saurait convenir dans des terrains rocailleux et remplis de roche ; un soc pointu ne ferait qu'un très-mauvais labourage dans les terres dures, argileuses, tenaces et pleines de racines. Tantôt le sillon doit être peu ou très-profond, tantôt la terre doit être peu ou beaucoup renversée. Il faut donc des charrues pour chacune des circonstances. C'est au cultivateur a choisir celle qui va le mieux à la nature de son sol.

Nous devons à Arbuthnot, Ecossais, les premières observations qui ont été faites sur l'action de la charrue dans le travail du labourage. On trouve le résultat de ses expériences et de ses recherches dans le *Journal de physique*, d'octobre 1774. Il avait reconnu que le versoir d'une charrue destinée à des labours profonds dans des terres fortes, devait, pour opposer le moins de résistance à ouvrir la terre, présenter dans toutes les coupes horizontales des demi-cycloïdes engendrées par des cercles de diamètre différent, dont la plus petite forme le bas, et la plus grande le haut; mais il avait conseillé de prendre la demi-ellipse pour les versoirs des charrues à labour superficiel, comme renversant plus promptement les terres. Il avoue que ce n'est point à la théorie qu'il est redevable de cette découverte, mais bien en observant la manière avec laquelle le versoir aborde la terre, comment elle s'y attache ou s'en détache, comment elle tombe, en remarquant les endroits qui s'usent dans les différentes charrues, ce qui fait connaître les points sur lesquels le frottement s'exerce le plus.

Depuis cette époque, des hommes d'un mérite supérieur n'ont pas dédaigné de s'occuper du perfectionnement de la charrue. En Angleterre, on a vu MM. les ducs de Bedford, les lords Sommerville, les Small, les Coke, et autres grands propriétaires et cultivateurs, faire eux-mêmes, et provoquer par des récompenses considérables, les améliorations dont cet instrument est susceptible. C'est au concours ouvert sur ce même objet par la Société d'agriculture de Paris, dans les premières années de ce siècle, que nous devons le versoir de M. Jefferson, ancien président des Etats-Unis : versoir qu'on regarde avec raison comme le plus parfait qui existe. Des recherches, faites simultanément par les hommes les plus capables dans les pays les plus civilisés du monde, eurent des résultats les plus heureux. La charrue, tout en conservant la force qui lui est nécessaire, devient beaucoup plus légère. Les pièces principales, comme l'oreille, la semelle, le soc, et même le corps de la charrue, furent faites en Angleterre, en fer de fonte coulé. Les cultivateurs purent se procurer des charrues de toute espèce et des meilleurs modèles à très-bas prix chez les fondeurs, comme on achète ici les socs de fer brut. C'est à cette circonstance qu'il faut attribuer l'usage général qu'on fait en Angleterre des charrues de fer. Cet exemple fut promptement suivi par les Etats-Unis d'Amérique. En France, l'usage des charrues de fer serait bientôt général, si, comme en Angleterre et en Amérique, le prix du fer et de la fonte moulée descendait à 12 ou 15 fr. les cent livres.

La charrue, par la célérité de son travail, occupe le premier rang parmi les machines agricoles. On lui doit cette surabondance des produits de la terre que, par son moyen, un très-petit nombre d'hommes obtient, et qui permet aux autres de se livrer à des occupations étrangères à l'agriculture, sans qu'ils puissent craindre de manquer de subsistance et des autres choses nécessaires à la vie;

mais, considérée sous le rapport de la perfection et de l'efficacité du travail, la houe et la bêche lui sont préférables. Ce n'est donc qu'en raison de son extrême célérité et de l'économie qu'elle présente dans le travail de labourage qu'on la préfère aux deux instruments dont on vient de parler.

Quoique les principes qui doivent diriger la construction des charrues appropriées à chaque espèce de terre soient bien connus, on en trouve néanmoins autant de variété qu'on parcourt de pays différents. Chaque cultivateur prétend que celle dont il se sert est la meilleure; de là vient la résistance que tous ou presque tous opposent à l'introduction des nouvelles charrues, bien que l'expérience les ait fait et les fasse encore reconnaître tous les jours comme infiniment supérieures.

Pour qu'une charrue soit d'un usage avantageux, il faut qu'un seul laboureur puisse la tenir et conduire en même temps l'attelage; qu'elle soit simple, légère et solide; que l'attelage ne soit, s'il est possible, que de deux bêtes; que le soc ait une forme appropriée à la nature du sol, c'est-à-dire tranchant pour les terres compactes, argileuses et pleines de racines, et pointu pour les terres maigres, pierreuses, sablonneuses et légères; que le versoir ait la courbe la plus propre à pénétrer et à renverser graduellement la terre; qu'elle nettoie bien le fond de la raie et range la terre sur le côté; que la charrue obéisse avec la plus grande facilité au mouvement et à la direction que veut lui faire prendre le laboureur qui la tient; qu'elle se maintienne en terre et d'aplomb sans effort : ce qui s'obtient par un juste équilibre entre l'action et la réaction de la charrue et des terres coupées et renversées, et en entretenant avec soin le tranchant du soc à sa face inférieure. (*Dictionn. technol.*, art. *Charrue.*)

Voici la description d'une nouvelle charrue, pour laquelle le sieur Rouquet de Toulouse a reçu un brevet de quinze ans le 22 novembre 1847.

Le sep, le contre-versoir et la partie de devant du versoir sont d'une seule pièce en fonte. Le sep reçoit une tringle inclinée et le devant du versoir est entaillé pour recevoir une lame horizontale. La partie qui précède le versoir est en fonte et présente des cavités à détente qui se garnissent de terre, et on évite ainsi de faire dans le sol des sillons à surfaces lisses. Cette partie se fixe par le boulon et termine le déversoir. On limite l'écartement par l'arc-boutant.

Cet arc-boutant, fixé entre le versoir et le contre-versoir a un trou carré et une vis de pression pour recevoir et fixer la tringle carrée qui doit traverser cette partie et le sep, et former la pointe du soc. On voit, sur les figures comment est disposé le couteau, qui est arrêté par une vis de pression. Le couteau et la tringle carrée sont en acier. On voit, par cette disposition, que l'acier est opposé à la force, et la fonte au frottement. La tringle se place dans l'embouchure de l'arc-boutant qui correspond à celle du sep et est arrêté par une vis de pression.

Cette tringle, par sa position, s'éfile d'un côté par le fait qu'elle s'émousse de l'autre. L'on n'a qu'à retourner cette tringle quand le biseau est formé de deux côtés. (*Description des machines et procédés pour lesquels des brevets d'invention ont été pris sous le régime de la loi du 5 juillet 1844 publiée par les ordres de M. le ministre de l'agriculture du commerce et de l'industrie*, (vol. XIII, p. 157.)

CHARRUE SANS AVANT-TRAIN OU ARAIRE. — Cette espèce de charrue est la plus ancienne et d'une forme réduite à la plus simple expression. Elle se compose d'un soc fixé au versoir par un lien en fer solide, et un boulon le retient à la semelle. L'araire ne convient qu'aux terrains légers ou sablonneux. Mais, dans ces sortes de terrains, une bonne araire, conduite par un laboureur intelligent, vaut mieux que la plupart des charrues. Elle demande moins de force dans le tirage; elle fatigue moins l'homme qui la dirige, et cependant elle produit autant que toute autre charrue, et le labourage en est tout aussi satisfaisant. Mais le travail avec cet instrument demande, de la part du cultivateur, beaucoup d'attention pour régulariser la marche et ne point dévier ni à droite ni à gauche; parce que, sans appui en avant de l'age, le moindre déplacement du coutre rendrait son travail très-imparfait et même impossible.

CHASSIS PORTATIFS *à l'usage des jardins.* — *Invention de M. A. Thouin.* — Ces châssis peuvent être de bois ou de fer; cependant l'inconvénient de les faire trop massifs en les construisant en bois, fait préférer ceux en fer. Ils sont composés de quatre panneaux de vitres assemblés sur un bâtis carré : la partie supérieure est terminée par une pyramide à quatre faces vitrées. Le corps de ce châssis est soutenu sur quatre pieds qui se dépassent, lesquels doivent être aplatis et recourbés à angle droit, pour donner plus d'assiette à la machine lorsquelle est posée sur des terres mouvantes. Un des quatre côtés du châssis doit s'ouvrir dans toute son étendue et se fermer à volonté, ainsi qu'une des quatre faces de la pyramide. La petite fenêtre pratiquée dans cette pyramide doit toujours être placée du côté opposé à celui dans lequel se trouve la grande ouverture. A ce châssis portatif s'adapte une caisse carrée, solide, goudronnée, et dont les angles doivent porter huit équerres, pour empêcher que l'humidité ou la sécheresse ne les disjoigne. Au fond est un trou pour l'écoulement des eaux. Une autre caisse construite de la même manière, et destinée à entrer dans la première, ne doit cependant y toucher sur aucun point; et afin de la tenir à égale distance des parois de la caisse dans laquelle elle est renfermée, quatre morceaux de fer ayant la figure d'un T, sont attachés chacun au milieu des quatre côtés extérieurs de la petite caisse

par une de leurs branches; l'autre branche de ces mêmes T, qui fait saillie, s'appuie sur les faces intérieures de la grande caisse, empêche la petite de toucher au fond, et tient cette dernière en équilibre. Lorsqu'on veut se servir de ces châssis, on enterre la première caisse qui est la plus grande, à la place qu'on destine à la plante; on emboîte ensuite la seconde dans cette première, et on la remplit de tannée chaude. C'est dans le milieu de cette tannée que doit être placé le pot qui contient la plante qu'on veut cultiver de cette manière. Autant qu'il est possible, il convient que la petite fenêtre pratiquée dans la pyramide du châssis, ne s'ouvre point du côté du midi, mais bien du côté de l'ouest, de l'est ou du nord. (*Annales du Muséum de l'histoire naturelle*, t, V, p. 246.)

CHÂTAIGNE (*Fabrication du sucre de*).— La découverte du sucre de châtaigne, annoncé par M. Guerrazi de Florence, an 1812, est due à M. Parmentier, qui l'avait publiée plus de trente ans auparavant. Dans son traité de la châtaigne donné en 1780, ce savant offre une analyse de ce fruit, et le sucre qui s'y trouve, ne lui a point échappé; il séparait ce sucre de l'extrait par l'alcool. Il est possible que les travaux de M. Parmentier, sur ce sujet, fussent inconnus à M. Guerrazi; mais, dans les circonstances actuelles, il restera toujours à ce dernier le mérite d'avoir le premier conçu l'idée importante de fabriquer en grand le sucre de châtaigne. Jusqu'en 1812, les châtaignes de Toscane sont celles qui ont présenté le plus de sucre : cent parties de ces châtaignes séches en ont donné soixante de farine et quarante de sirop, dont M. Guerrazi a extrait dix parties de moscouade cristallisée. Des expériences plus en grand ont donné quatorze parties de sucre. Les mêmes expériences, répétées à Paris, ont donné une cassonade couleur nankin et d'une parfaite sécheresse, mais dont l'acrêté en interdisait l'emploi dans les besoins domestiques. On a reconnu que ce sucre pouvait utilement servir à obtenir une eau-de-vie commune assez bonne et de l'alcool. Il a été constaté de la farine des châtaignes, provenant du marc de l'opération, et à laquelle on mêle un cinquième de farine de froment, fait d'assez bon pain. Enfin, le meilleur procédé pour conserver la châtaigne, soit qu'on la destine à l'extraction du sucre, soit qu'on la mette en réserve pour obtenir de la farine, est d'opérer la dessiccation par une étuve qui se chauffe en dessous, de manière que les châtaignes ne soient pas exposées à la fumée et n'en conservent pas le goût. (*Moniteur*, 1812, page 334.)

Les séchoirs à courant d'air chaud, dit M. Alluand, sans mélange de fumée, sont seuls convenables pour la dessiccation des châtaignes destinées à la fabrication du sucre. (*Société d'encouragement*, 1813, bulletin 108, page 133.)

CHAUDIÈRE *propre à économiser le combustible.* — *Invention de M. de Rumford, associé de l'Institut.* — Le corps de cette chaudière a la forme d'un tambour; c'est un cylindre vertical, de cuivre, d'un pied de diamètre et d'autant de hauteur, fermé en haut et en bas, par des plaques circulaires. Au centre du disque supérieur est adapté un tube cylindrique de six pouces de diamètre, sur trois de haut, fermé par le haut au moyen d'une plaque de cuivre et de trois lignes d'épaisseur, attachée avec des vis. Cette dernière plaque est percée de trois trous, qui ont chacun environ trois lignes de diamètre. Le premier, pratiqué au centre, reçoit un tube vertical, qui fait arriver dans la chaudière l'eau d'un réservoir placé au-dessus. Ce tube, qui descend jusqu'à un pouce près du fond du vase, porte un robinet vers son extrémité inférieure. Ce robinet est alternativement ouvert et fermé par un flotteur qui nage dans l'eau de la chaudière. Le second des orifices pratiqués dans la plaque qui couvre le cou de la chaudière, reçoit l'extrémité inférieure d'un autre tube vertical, qui sert à faire passer la vapeur du même vase jusqu'à l'endroit où elle doit être employée. Le troisième trou est fermé par une soupape de sûreté. Le fond plat, circulaire du corps de la chaudière, est percé de sept autres trous, chacun de trois pouces de diamètre; à ces trous sont adaptés autant de tubes cylindriques de cuivre mince, battu, de neuf pouces de long, et fermés en bas par des rondelles circulaires. Ces tubes sont soigneusement rivés et soudés ensuite au fond de la chaudière. (*Archives des découvertes et inventions*, tome I, page 236; tome II, page 199.)

CHAUFFAGE. — *Chauffage à la vapeur.* — Ce mode de chauffage, dont la découverte est due à Rumfort, et plusieurs applications à MM. Montgolfier, Clément et Désormes, présente des avantages marqués dans un grand nombre de circonstances; mais est-il devenu d'un usage réel. En effet, il n'offre aucun danger pour le feu, le foyer pouvant être à une grande distance des endroits que la vapeur doit échauffer. Cette condition est importante lorsqu'il s'agit de porter la chaleur dans de vastes ateliers ou des magasins remplis de matières très-combustibles telles que le coton, par exemple.

Dans le système de chauffage par la vapeur, un seul foyer suffit, pour toutes les parties d'un bâtiment d'une grande étendue: cette circonstance est cause d'économie, puisque les pertes de la chaleur s'augmentent avec le nombre des foyers. Il y a de plus, économie de main-d'œuvre et facilité dans la surveillance. Une grande régularité de température est facile à obtenir, et c'est une condition essentielle de succès dans beaucoup d'applications; pour certaines étuves et échoirs pour les manufactures de cotons filés en numéros très-fins, les opérations de teintures, divers apprêts, l'encolage du papier, etc. Enfin, il est très-facile, comme nous le verrons plus bas, de calculer d'avance pour ce mode de chauffage, toutes les dimensions de la chaudière et des conduits propres à donner les résultats

qu'on se propose d'obtenir, la quantité de combustible, la dépense d'établissement, etc., etc., etc.

Les appareils que nécessite ce procédé varient de mille manières dans leurs formes en raison des choses que l'on veut échauffer, et suivant les localités. Nous indiquerons les principes auxquels toutes ces variétés de forme doivent se rattacher, et nous citerons quelques exemples des nombreuses applications utiles que l'on peut en faire.

L'appareil que l'on emploie pour échauffer au moyen de la vapeur, se compose d'une chaudière fermée et de divers conduits; le tout peut être construit en cuivre, en fonte, en tôle, en plomb, ou en étain, mais parmi tous ces métaux, le cuivre mérite la préférence. Il réunit en général le plus d'avantage. En effet, si on le compare à la fonte, on trouve que dans les mêmes circonstances, il permet de produire et de condenser une quantité de vapeur beaucoup plus considérable, et par conséquent laisse passer une quantité beaucoup plus grande de calorique; sa durée est beaucoup plus longue, puisqu'il ne s'oxide ni ne se casse aussi facilement; les réparations y sont bien plus aisées. La valeur de la fonte diminue des trois quarts lorsqu'elle est hors de service pour l'altération de sa forme, tandis que le cuivre ne perd par là qu'un tiers de sa valeur en supposant que la dépense première fût double, la durée étant plus que deux fois aussi grande, il y aurait toujours une économie réelle à employer le cuivre. Le poids plus considérable qu'il faut donner à la fonte pour en obtenir la même force, oblige à faire des constructions plus solides pour la soutenir. La comparaison avec les autres matières est encore bien moins soutenable, la tôle de fer, bien plus oxidable que le cuivre est plus difficile à travailler, en sorte que façonnée en chaudières et en tuyaux épais, elle revient à peu près au même prix que le cuivre, dure beaucoup moins, exposée au courant de la vapeur, et lorsqu'elle est même hors de service, elle a perdu près de neuf-dixièmes de sa valeur.

Le plomb employé à construire les chaudières est sujet à se fondre, pour peu qu'il s'y forme des dépôts séléniteux; il est d'un poids considérable lorsqu'on le façonne en tuyaux d'un grand diamètre; et, comme il est susceptible de s'amollir à la chaleur, il se déforme en fléchissant sous son propre poids. Enfin les grandes différences de dilatation qu'il éprouve dans les changements de température, ne tardent pas, quelque précaution qu'on prenne, à le plisser ou le faire déchirer en plusieurs endroits.

L'étain, plus fusible encore que le plomb, manque de ténacité, et ploie difficilement; il est cher et peu solide. Quant au zinc, chacun sait combien ce métal est susceptible d'altération; il ne peut, en général, remplacer que très-désavantageusement les autres métaux que nous avons cités.

On a donc tout intérêt à employer le cuivre pour établir un chauffage à la vapeur. La forme de la chaudière présentera d'autant plus de solidité, qu'elle s'approchera davantage de celle d'une sphère, ou d'un cylindre terminé par des fonds hémisphériques. Cette observation est importante, lorsqu'il s'agit d'élever la température de la vapeur de beaucoup au delà de 100°, puisque dans ce cas il faut établir une pression dans la chaudière et dans tous les tuyaux avec lesquels elle est en communication. Cette pression peut équivaloir à celle de plusieurs atmosphères. Dans ce cas aussi, qui est celui des évaporations vives au moyen de la vapeur, toutes les clôtures doivent être doubles, et le recouvrement des feuilles de cuivre de 7 à 8 centimètres. L'épaisseur du cuivre sera proportionnée à la pression qu'il doit supporter, et devra être capable de résister à une pression double au moins.

Les dimensions de la chaudière et des tuyaux sont réglées sur la quantité de chaleur dont on a besoin, et, d'après ces données, que la chaudière ayant 2 ou 3 millimètres d'épaisseur, elle produira, par heure, 45 ou 50 kilogrammes de vapeur par mètre carré de surface exposée au feu d'un foyer ordinaire, pour lesquels on brûlera environ 6 ou 7 kilogrammes de charbon de terre, et que, dans les tuyaux destinés à porter la chaleur où elle est utile, et dont l'épaisseur est de 1 millimètre et demi, la vapeur condensée est égale en poids à 1,2 kilogrammes pour chaque mètre carré par heure ; ce qui équivaut à 1 kil. 200 × 650 = 780 unités, équivalant à 15 kil. 60 d'eau chauffée à 50°, ou 62 kil. 4 d'air (51 mètres cubes environ), ou enfin à 102 mètres cubes d'air, dont la température serait élevée de 25°

Un résultat pratique, reconnu en Angleterre, démontre qu'il faut 1 mètre de fonte, ayant 20 millimètres d'épaisseur, chauffé constamment par la vapeur, pour élever la température de 67 mètres cubes d'air de 20°. Relativement aux calorifères par la vapeur, non-seulement la forme de la chaudière peut varier, mais encore, pour les mêmes résultats, sa capacité et la surface du liquide qu'elle contient, puisque tout dépend de la surface métallique exposée au feu ; ainsi dans les bateaux à vapeur, où l'on doit surtout économiser la place le plus possible, et produire beaucoup de vapeur, on multiplie les surfaces chauffantes en faisant passer les produits de la combustion par plusieurs tuyaux qui circulent dans l'intérieur de la chaudière ; on laisse aussi la surface extérieure de la surface de la chaudière enveloppée par la flamme.

Il résulte de là que la quantité de liquide contenu dans une chaudière ne peut nullement être considérée comme une cause de production de vapeur, mais seulement comme un magasin ou réservoir de chaleur.

Parmi les tuyaux dans lesquels passe la vapeur, il faut distinguer ceux qui servent à échauffer de ceux dont la fonction est de faire traverser à la vapeur l'espace compris entre l'endroit qu'elle doit échauffer et la chaudière. On conçoit que ces derniers doivent être d'un petit diamètre, puisque la chaleur qu'ils perdent est proportionnelle à leur surface. Pour calculer la section du passage nécessaire à une quantité de vapeur donnée, il suffit de se rappeler la vitesse de la vapeur d'eau sous la pression que peut supporter la chaudière. Cette vitesse est énorme ; elle est égale à 590 mètres par seconde, en sorte que, sous cette pression, il passerait, par un orifice d'un centimètre carré, 59 mètres cubes de vapeur par seconde, ou 3,540 mètres par minute, ou 212,400 mètres par heure — 1,630 kilog. de vapeur environ, ce qui équivaut à la chaleur de 10,595 kilogrammes d'eau à 100 degrés ; ou enfin à 1,059,500 unités de chaleur.

On voit, d'après ces bases, que de très-petits passages et une légère pression de deux ou trois pieds d'eau doivent suffire pour conduire la vapeur, et que, dans presque toutes les circonstances ordinaires, des tuyaux d'un pouce de diamètre sont bien plus que suffisants. On ne doit cependant pas les construire plus petits en général, de peur que le passage ne se trouve trop rétréci dans les coudes ou par un applanissement dû à une cause quelconque, ou par l'eau qui peut se condenser pendant le trajet de la vapeur. Il faut avoir la précaution d'envelopper ces tuyaux de poussier de charbon sec, de laine ou de tout autre corps peu conducteur, pour éviter le refroidissement.

Les conduits de la vapeur dans les endroits qu'elle doit échauffer sont établis dans un but tout opposé ; ainsi, ils doivent développer la plus grande quantité de chaleur possible, et celle-ci étant en raison de la quantité de vapeur condensée et de la facilité avec laquelle le calorique traverse les enveloppes, il est nécessaire que les surfaces de ces conduits soient étendues, et le rayonnement du calorique facilité, en les enduisant d'une couche de peinture d'une couleur terne. Nous avons vu qu'une surface d'un mètre carré en cuivre, de 2 à 3 millimètres d'épaisseur, laisse passer par heure dans l'air (en supposant une différence de 600 entre l'intérieur du conduit et l'air extérieur, ou que l'eau condensée sorte à 400) la chaleur de 1,200 grammes de vapeur condensée — 1,200 = 650 — 40 × 732 unités.

Les tuyaux de chaleur dans lesquels la vapeur se condense doivent être soutenus par des supports mobiles, tels que des rouleaux ou des bancs à roulettes ; sans cette précaution, les allongements et retraits alternatifs qui ont lieu fréquemment dans les variations de température, ne pouvant s'opérer librement, feraient plisser ou déchirer les tuyaux, ou même arracher les scellements les plus solides qui les retiendraient. Ces dilatations et contractions des tuyaux sont d'autant plus considérables que la température moyenne, dans toute la longueur, est plus élevée, et réciproquement. Comme les mouvements qui en résultent deviennent faciles au moyen de la disposition que nous venons d'indiquer, on peut en profiter pour régler l'entrée de la vapeur : une soupape est placée à cet effet dans le tuyau ; lorsque celui-ci s'allonge par la chaleur, elle diminue graduellement le passage de la vapeur et abaisse en même temps la température. C'est, comme on le voit, un véritable régulateur.

Les produits de la combustion doivent être dirigés, au sortir du fourneau, de la chaudière à vapeur sous un réservoir destiné à alimenter celle-ci d'eau, indépendamment de l'eau qui se condense et qui peut être ramenée directement dans la chaudière ou dans le réservoir qui l'alimente. On peut faire passer les conduits de la fumée dans les pièces que l'on veut échauffer, afin de tirer parti d'une portion de la chaleur qui est entraînée dans la cheminée par le tirage. Le tuyau du réservoir qui alimente l'eau la chaudière à vapeur doit plonger dans le liquide qu'elle contient et avoir, soit au-dessus, soit au-dessous de ce réservoir, une hauteur perpendiculaire plus grande que celle d'une colonne d'eau qui représente la pression de la vapeur. Si cette pression était un peu considérable, il faudrait que l'eau fût introduite dans la chaudière au moyen d'une pompe foulante. C'est ce qui a lieu lorsqu'il est utile d'élever la température de la vapeur au point d'avoir une ébullition vive dans le liquide qu'elle doit échauffer au delà de 100 degrés.

Lorsqu'on n'a à sa disposition que des eaux chargées de sels calcaires, les dépôts qu'elles forment dans les chaudières présentent de graves inconvénients : ils peuvent faire casser la fonte et même faire éclater le cuivre par une explosion, ou causer la fusion là où ils sont adhérents. On évite ces accidents en introduisant dans l'eau de la chaudière des pommes de terre coupées en morceaux, et qu'on renouvelle de temps à autres, tous les quinze jours ou tous les mois, après avoir vidé l'eau bourbeuse et rincé la chaudière.

La surface de la grille sur laquelle le charbon brûle, doit être égale au tiers environ de la surface du fond de la chaudière et en être distante d'environ 45 centimètres ; le passage de la fumée dans la cheminée et des autres conduits doit être le même dans tous les points, et sa section être égale à la surface de la grille. Des dimensions qui seraient sensiblement différentes de celle-ci présenteraient des inconvénients que la pratique a démontrés, mais qu'il serait trop long de détailler ici.

Les principes généraux du chauffage à la vapeur étant établis, nous devons en citer des applications particulières pour nous faire mieux entendre.

Nous supposerons qu'on veuille échauffer un atelier, d'une maison d'habitation, d'une étuve, d'un séchoir, et soit qu'il y ait un ou plusieurs étages, et dans ce dernier cas, un tuyau vertical portera la vapeur dans divers endroits au moyen d'embranchements horizontaux.

Si toute la masse de l'air à échauffer par heure, y compris les renouvellements, est calculée devoir être égale à 1000 mètres cubes, dont la température doit être élevée de 30 degrés, ce qui équivaudra à la chaleur de 1000×1^k230 (poids d'un mètre cube d'air) $= 1230^k$. dont la chaleur équivaut à celle de $\frac{1230}{4} = 307,5$ kilogrammes d'eau à 30° ou 9210 unités ; que les pertes de la chaleur par les parois des fenêtres, etc., puissent être évaluées au cinquième de cette quantité ou 1845 unités, il faudra en tout fournir $9210 + 1845 = 11055$ unités de chaleur ; divisant ce nombre par 7050 unités, pouvoir calorifique d'un kilogramme de charbon de terre, nous aurons 1^k568 ; quantité théorique ou environ 2 kilogrammes par heure, quantité pratique ou 20 kilogrammes pour 10 heures égalant un quart d'hectolitre.

La quantité de vapeur, pour former cette chaleur, sera de $\frac{11055}{655-44} = 17^k83$ par heure. Or, puisqu'un mètre produit au moins 40 kilogrammes par heure, la surface chauffante de la chaudière sera de 0^m44575 ou un peu moins que la moitié d'un mètre carré, ou à très-peu près un demi-mètre, si l'eau condensée emporte plus de 30 degrés de température. On détermine aussi facilement, d'après les données établies plus haut la surface rigoureusement nécessaire des tuyaux qui donnent la chaleur ; en effet, il suffit de poser cette relation :

780 unités : 1 mètre : : 11055 : $x = 14,17$.

Ce sera 14 mètres de surface et une fraction ; la circonférence des tuyaux étant de 25 centimètres, il faudrait une longueur totale de 56 mètres environ.

Le chauffage à la vapeur n'est pas seulement utile pour élever la température de l'air intérieur des maisons, des ateliers, etc., il peut être appliqué à une infinité d'usages dans lesquels il présente souvent économie de combustible et de main d'œuvre, parce qu'il permet de centraliser, vers un seul foyer, toute la production de la chaleur nécessaire à diverses applications. Si l'on veut élever la température d'un liquide un nombre quelconque de degrés, jusqu'au terme de l'ébullition, et qu'il soit nécessaire d'y ajouter de l'eau, ou que du moins on le puisse sans inconvénient, on doit faire plonger le tuyau dans le liquide, afin que toute la vapeur qu'il conduit soit mise en contact avec ce liquide ; c'est le meilleur moyen de profiter de la chaleur que la vapeur d'eau contient. En effet, en se condensant tout entière jusqu'à ce que le mélange soit à 100 degrés, elle abandonne toute la chaleur qui la constituait à l'état élastique, et qui est égale à celle de six fois et demie son poids d'eau chauffée depuis 0 jusqu'à 100 degrés. C'est le cas le plus simple de chauffage par la vapeur ; il est donc extrêmement facile d'en calculer toutes les circonstances.

Si par exemple, on veut élever en dix minutes, à 70 degrés centigrades 1000 kilogrammes d'eau dont la température initiale soit de 12 degrés, la différence ou l'élévation de température à produire sera de 70 — 12 = 58° équivalant à 58,000 unités de chaleur qui sont contenues dans $\frac{58000}{650}$ = 89ᵏ23 de vapeur. Il faudra donc mettre dans une cuve ou dans tout autre vase convenable environ 910 kilogrammes d'eau, y faire barboter à peu près 90 kilogrammes de vapeur à l'aide d'un tuyau d'un pouce de diamètre au plus, qui plongera d'un pied ou deux dans le liquide. Le combustible qu'il faudra pour cette opération se déduit aisément de ce que nous avons dit plus haut. Si l'effet du barbotage de la vapeur peut causer un dérangement nuisible dans les matières légères placées suivant un certain ordre, telles par exemple, que des écheveaux de coton, on fait arriver la vapeur sous un double fond percé de petits trous.

Ce mode de chauffage peut être utilement appliqué à la fabrication de la colle, dans les papeteries, à fondre divers sels en poudre, au blanchiment des toiles, à diverses opérations de teinture, etc. On voit que toutes choses égales d'ailleurs, il doit faire profiter de la plus grande quantité possible de la chaleur que la vapeur contient, puisqu'elle la communique à l'eau en se condensant toute entière et sans pertes sensibles.

On échauffe l'eau en divers liquides de même que l'air, par un contact indirect avec la vapeur, c'est-à-dire que celle-ci ne devant pas toucher ni se mêler aux corps qu'elle échauffe, ne les traverse qu'enveloppée dans des conduits, perméables seulement à la chaleur ; dans ce cas, la matière de ces conduits est choisie d'après l'action spéciale que les corps échauffés pourraient exercer sur elle ; aussi ne fait-on guère plonger dans les acides que le plomb, l'argent ou le platine ; le fer convient très-bien pour les solutions alcalines ; le cuivre doit être préféré en général pour toutes les solutions neutres.

Ce mode de chauffage sans pression n'est économique que relativement aux températures peu élevées, inférieures à 60° centigrades. Si l'on voulait dépasser ce terme, la condensation deviendrait plus difficile et la quantité de vapeur qui s'échapperait sans être liquéfiée causerait une perte assez considérable, à moins cependant que la surface qui condense la vapeur ne fût très-étendue.

La construction de l'appareil est très-simple ; il suffit de faire passer dans le liquide que l'on veut échauffer des conduits adaptés à une chaudière à vapeur quelconque : ces conduits sont ordinairement des tuyaux cylindriques que l'on fait circuler, soit latéralement du haut en bas d'une cuve, comme dans les serpentins ordinaires, soit au fond seulement de la cuve ; quelquefois aussi la vapeur chemine dans une double enveloppe adaptée au vase qu'on veut échauffer. Les parois extérieures de cette enveloppe doivent être garanties le plus possible du refroidissement à l'aide de corps non conducteurs.

Le chauffage par la vapeur libre ou peu comprimée est employé pour sécher les toiles, en les enroulant sur des cylindres creux que la vapeur traverse.

On s'en sert aussi dans quelques apprêts et particulièrement pour calandrer. La vapeur présente dans cette dernière opération des avantages très-marqués sur les masses de fer rougies au feu que l'on employait autrefois ; sa température est beaucoup plus égale, et l'on évite le travail pénible d'enlever des masses de fer, de les porter au feu, en rapporter d'autres. L'économie que la nouvelle méthode présente est très-facile à apercevoir ; en effet 150 kilogrammes de fer à calandrer n'équivalent quand à leur chaleur spécifique, qu'au huitième de leur poids en eau, ou a 18ᵏ75 ; or, la température de ce fer rouge, peut être évaluée à 1000 degrés, dont la quantité de chaleur égale 18ᵏ75 × 1000 = 18750 unités, et il faut seulement pour produire cette chaleur $\frac{18750}{650}$ = 28ᵏ846 de vapeur ce qui exige environ 4 kilogrammes de charbon de terre, tandis que pour chauffer au rouge 150 kilomètres de fer, il faut plus de 250 kilogrammes de charbon. Cette énorme différence dans la quantité de combustible, tient à ce que le fer doit être porté à une température très-élevée, et que la transmission de la chaleur entre le charbon incandescent et le fer est d'autant plus lente que ce fer devient plus chaud. L'eau, au contraire, ne peut acquérir une température plus élevée que 100 degrés, elle doit donc absorber la chaleur du combustible avec une grande force, puisque la différence plus ou moins grande de température détermine le passage plus rapide de la chaleur d'un corps à un autre.

La rapidité de la communication de la chaleur et la grande quantité que l'on en peut faire passer par une surface donnée, augmentent encore considérablement lorsque l'on agit sous des pressions un peu fortes, en effet, la température de la vapeur s'accroît aussi ; il en résulte que les points de contact avec ses enveloppes, sont plus multipliés, et qu'à surface égale il y a plus de chaleur communiquée ; on détermine une forte ébullition dans les solutions que les conduits de cette vapeur traversent. (*Dictionnaire technologique*, art. *Chauffage*).

On emploie le *chauffage à circulation d'eau chaude*, le *chauffage à la vapeur* et le *chauffage par la vapeur et à circulation d'eau*. Le premier de ces procédés, conçu avant 1777, est dû à M. Bonnemain qui l'appliqua à l'incubation artificielle des poulets, et l'amena à une perfection telle, qu'un appareil monté par l'auteur fonctionne encore aujourd'hui au Pecq. En passant de France en Angleterre, de 1820 à 1836, il y reçut un immense développement et remplaça presque partout la vapeur, et lui est de beaucoup supérieure. Les appareils de circulation se divisent en circulation à basse pression, et en circulation à haute pression. Parmi ces derniers, on distingue deux systèmes principaux, celui de M. Léon Duvoir qui emploie trois dispositions différentes, et celui de M. Perkins, moins dangereux que le précédent. Le chauffage à la vapeur employé dans les édifices publics et les ateliers, s'est bientôt introduit jusque dans les demeures particulières. L'institut de Paris est chauffé par ce moyen. Le chauffage par la vapeur et à circulation d'eau ne nous semble pas avoir été appliqué, au moins en grand, bien qu'il réunisse l'avantage des deux autres. Il est dû à l'initiative de M. Ph. Grouvelle.

En considérant le chauffage dans tous ses détails, c'est un art dont les applications sont très-étendues et souvent fort difficiles. Voyez les articles CALORIFÈRES et CHEMINÉES. L'article *Poêle* ayant été omis, nous résumerons ici ce qui le concerne.

POÊLE (*Moyen d'augmenter la chaleur du*). — Le perfectionnement au moyen duquel M. Conté a augmenté la chaleur d'un poêle est ingénieux par sa simplicité et par l'effet qu'il produit. Il consiste en un tuyau de tôle, d'un diamètre inférieur à celui par lequel s'échappe la fumée, il est placé dans l'intérieur du grand tuyau, et parallèlement avec lui; les deux extrémités de ce petit tuyau traversent le grand et ses bords sont soudés de manière que la fumée ne puisse pas s'échapper. Les deux bouts du petit tuyau sont entièrement ouverts, et l'air peut y circuler librement; d'après cela il est aisé de concevoir que, les tuyaux étant dans une situation verticale, la fumée qui passe par le grand tuyau échauffe le petit qu'elle embrasse; l'air froid entre dans celui-ci par l'extrémité inférieure, le traverse, s'y échauffe, et, devenant plus léger, monte et en sort par le haut; de façon qu'il s'établit dans la chambre un courant continuel d'air chaud. Ce simple appareil peut s'appliquer aisément à tous les poêles, en y pratiquant deux coudes, soit au tuyau de fumée, soit au tuyau de chaleur, la dépense est bien peu considérable, car elle se borne à un tuyau de tôle d'un petit diamètre. L'invention de M. Conté réunit l'avantage d'être simple, peu coûteuse, de pouvoir être exécutée par tous les ouvriers, et de remplir le but de chauffer promptement et avec économie. (*Société d'encouragement*, an XII, page 180.)

Poêle construit sur les principes des cheminées suédoises. — Avant de donner la description de ce poêle, M. Guyton de Morveau entre dans quelques explications sur le calorique et sur la manière de l'obtenir. 1° On ne produit de chaleur qu'en proportion du volume d'air qui est consommé par le combustible. 2° La quantité de chaleur produite, est plus grande avec une égale quantité du même combustible, lorsque la combustion est plus complète. 3° La combustion est d'autant plus complète, que la partie fuligineuse du combustible est plus longtemps arrêtée dans des canaux où elle puisse subir

une seconde combustion. 4° Il n'y a d'utile dans la chaleur produite que celle qui se répand et se conserve dans l'espace que l'on veut chauffer. 5° La température sera d'autant plus élevée dans cet espace que le courant d'air qui doit se renouveler pour entretenir la combustion, sera moins disposé à s'approprier, en le traversant, une partie de la chaleur produite. De là plusieurs conséquences évidentes.

1° Il faut isoler le foyer des corps qui pourraient communiquer rapidement la chaleur. Toute celle qui sort de l'appartement est en pure perte. 2° La chaleur ne pouvant être produite que par la combustion et la combustion ne pouvant être entretenue que par un courant d'air, il faut attirer ce courant dans des canaux, où il conserve la vitesse nécessaire, sans s'éloigner de l'espace à échauffer, de manière que la chaleur qu'il y dépose, s'accumule graduellement dans l'ensemble du fourneau isolé, pour s'en écouler ensuite lentement, suivant les lois de l'équilibre de ce fluide. 3° Le bois consommé au point de ne plus donner de fumée, il est avantageux de fermer l'issue de ces canaux, pour y retenir la chaleur qui serait emportée dans le tuyau supérieur par la continuité d'un courant d'air nouveau, qui serait nécessairement à une plus basse température. 4° Enfin, il suit du cinquième principe, que toutes choses d'ailleurs égales, on obtiendra une température plus élevée, et qui se soutiendra bien plus longtemps, en préparant dans l'intérieur des poêles, ou sous l'âtre des cheminées et dans leur pourtour, des tuyaux dans lesquels l'air tiré du dehors, s'échauffe avant de pénétrer dans l'appartement pour servir à la combustion, ou pour remplacer celui qu'elle a consommé; c'est ce que l'on a nommé *bouches de chaleur*, parce qu'au lieu d'envisager leur principale destination, on pense assez communément qu'elles ne sont faites que pour donner par ces issues, un écoulement plus rapide à la chaleur produite. Cette opinion n'est pas absolument sans fondement, puisqu'il en résulte une jouissance plus actuelle en quelques points, et que l'air qui en sort, n'a changé de température, qu'en emportant une portion de la chaleur qui aurait séjourné dans l'intérieur. Avec la possibilité de fermer ces issues par une simple coulisse, il est facile d'en retirer tous les avantages sans aucun inconvénient. Dans les appartements réservés ou exactement fermés, cette pratique devient indispensable, si l'on ne veut rester exposé à des courants d'air froid, et faire une part de combustible pour restituer la chaleur qu'ils absorbent continuellement. Il nous reste peu de traces de la manière dont se chauffèrent les anciens; on voit qu'ils allumaient un grand feu au milieu d'une pièce dont le toit était ouvert, et que les autres salles s'échauffaient par des brasiers portatifs. Au temps de Sénèque, on commença à pratiquer des tuyaux dans les murs pour porter la chaleur dans les étages supérieurs; les fourneaux étaient encore placés dans le bas. Il paraît néanmoins que c'est là l'origine des tuyaux destinés à recevoir la fumée, et même des poêles, dont le placement et les proportions éprouvèrent successivement une infinité de variations, suivant les localités, les besoins et le goût de décoration. François Keslar, en 1619, proposa des vues d'améliorations. Il établissait dans ses poêles jusqu'à huit chambres les unes sur les autres, que la fumée devait traverser avant d'entrer dans le tuyau; il faisait arriver immédiatement dans le cendrier de l'air du dehors pour entretenir le feu, et un autre soupirail était destiné à tirer aussi l'air de la chambre pour le renouveler. Dalesme, en 1686, jeta la première idée du poêle sans fumée, qu'il nomme *furnus acapnos*, et dans lequel la fumée est obligée de descendre dans le fond, où elle se consume réellement. Gauger, en 1713, est le premier à qui l'on doit le système le plus complet de vues et d'expériences, sur la circulation de la chaleur, les ventouses d'air chaud, la manière de faire servir un seul feu à chauffer plusieurs pièces et de renvoyer la chaleur par des courbes elliptiques. On y trouve la description d'une cheminée avec le contre-cœur, l'âtre et les jambages de fer creux pour échauffer l'air qui doit entrer dans la chambre. En 1745, Franklin fit connaître les *nouveaux chauffoirs de Pensylvanie*, et c'est d'après ces principes que sont construits les foyers économiques de Désarnod. L'expérience a prouvé que les poêles dont s'occupe M. Guyton de Morveau ont constamment offert trente, quarante et jusqu'à cinquante pour cent sur le combustible, et en procurant une chaleur plus forte et plus égale comparativement aux autres cheminées ou poêles à grandes ouvertures auparavant employés. Le service de ces poêles est facile; il consiste à mettre à la fois tout le bois que peut contenir le foyer, qui est très-petit, à n'y introduire que des bois sciés d'égale longueur, et dès qu'il a brûlé, à fermer la coulisse destinée à arrêter la communication des canaux de circulation avec le tuyau de la cheminée; par ce moyen, toute la chaleur que le combustible a pu produire reste dans ces canaux, et n'en sort que lentement et seulement pour se répandre dans l'appartement; au lieu qu'un morceau de bois, qui n'aurait pas brûlé en même temps, obligerait de laisser cette coulisse ouverte, et que le courant d'air nécessaire à sa combustion emporterait dans le tuyau de cheminée, la plus grande partie de la première chaleur produite. A la suite de ces observations, l'auteur donne la description de ce poêle. Son élévation est de cent soixante-quatre centimètres, non compris le vase, ornement indépendant, simplement posé sur la table supérieure; sa largeur est de quatre-vingt-cinq centimètres, sa profondeur de cinquante-huit centimètres. Son élévation peut, sans inconvénient, être portée jusqu'à deux mètres, ou être réduite à celle des poêles de laboratoire, portant un bain de sable à hauteur de main. Les deux autres

dimensions sont déterminées par celles des briques destinées à former les canaux intérieurs de circulation qui doivent elles-mêmes être dans des proportions données pour que la fumée y passe librement, et cependant qu'il n'y entre pas avec elle une quantité d'air capable d'en opérer la condensation ou d'abaisser la température au delà du degré nécessaire à son entière combustion. Le tuyau qui porte la fumée des canaux de circulation dans la cheminée, et dans lequel la clef qui sert à intercepter la communication, est un tuyau de poêle ordinaire en tôle; mais il y aurait de l'avantage à n'employer pour la partie dans laquelle joue la coulisse ou le disque obturateur, qu'une matière moins conductrice de chaleur, par exemple, un tuyau fait exprès en terre cuite. Le coude qui forme ce tuyau, pour aller gagner la cheminée, indique que la première condition est que le corps du poêle soit entièrement isolé du mur, et à 25 centimètres du point le plus rapproché. Le tuyau perpendiculaire qui entre dans la cheminée se trouve prolongé par un autre bout destiné à recevoir l'eau qui pourrait se condenser dans la partie supérieure, afin qu'elle ne pénètre point dans l'intérieur du poêle. Le couvercle qui termine ce prolongement facilite le nettoiement du tuyau sans le démonter. On pratique ordinairement une mèche, ou espèce de petite étuve qui remplace avantageusement le massif qui occuperait le même espace. Pour les parois extérieures, on emploie les carreaux de faïence ordinaire; et si l'on ne veut point de bouches de chaleur, toute la construction de l'intérieur peut se faire avec des briques assemblées avec de la terre à four délayée et posées de champ pour les canaux de construction, sans autres fers qu'une plaque de fonte au-dessus du foyer: la porte et son châssis, à la manière ordinaire. La dépense qu'occasionne de plus l'établissement des bouches de chaleur se réduit aux quatre plaques de fonte, portant languettes et rainures pour former les compartiments. Tout le reste se fait avec de la tôle roulée et clouée, qui, une fois noyée dans la maçonnerie, ne peut laisser de fausses issues à l'air (*Annales de chimie*, an X, t. 41, p 79.)

Poêle en fonte de M. B. Desvone. — Ce poêle n'est point une invention: c'est la réunion de ce qu'il y a d'avantageux dans divers appareils des auteurs qui se sont occupés, jusqu'alors, de pyrotechnie. Il serait difficile d'en trouver qui, sous un même volume et avec la même quantité de combustible, fût susceptible de donner autant de chaleur, surtout lorsque le couvercle est enlevé: ce qui double ses surfaces. La fonte dont il est formé est d'une inaltérabilité qui en assure la durée, et d'une perméabilité, par le calorique, bien supérieure à celle de tous les ouvrages de ce genre exécuté en terre. La facilité de placer et de monter ce poêle à volonté peut encore avoir quelque prix, et la division de ses parties peut permettre un remplacement facile, dans le cas où l'une

d'elles viendrait à se rompre. La supériorité de cet appareil, comme poêle, doit
nécessairement diminuer sa qualité comme
fourneau ; et il doit résulter de la facilité
avec laquelle il transmet le calorique qu'il
doit moins promptement chauffer les liquides que les fourneaux ordinaires construits
en terre ou en briques : mais cet objet n'est
qu'occasion, puisqu'il s'agit d'un poêle qui
puisse chauffer beaucoup et promptement.
D'ailleurs la chaudière qu'il renferme, lorsqu'elle est pleine d'eau, ne tarde pas à être
mise en ébullition, et peut, à volonté, servir de marmite, d'appareil distillatoire ou
de bain de sable. Le prix de ce poêle est
très-modique. (*Société d'encouragement*, bulletin 91, t. II, VI. XXIV.)

Poêles. — (*Manière de les construire, par
M. Debret, de Troyes.*) — L'auteur a obtenu
un brevet d'invention de cinq ans, pour des
poêles qui se composent ainsi qu'il suit :
1° d'une grille du foyer ; 2° d'un cendrier de
6 pouces de largeur et 9 pouces de profondeur ; il se ferme au moyen d'une porte
que l'on ouvre plus ou moins à volonté,
suivant la quantité d'air que l'on veut introduire sous la grille pour allumer et donner de l'activité au feu ; 3° d'une espèce
d'entonnoir renversé, placé au-dessus du
foyer et recevant directement la chaleur
pour l'introduire dans le tuyau rond ou
carré, ajusté à la partie supérieure qui
s'élève à 3 ou 4 pieds, et même plus, au-
dessus du poêle. Ce tuyau, servant de cheminée, conduit la fumée dans une boule ou
sphère creuse, d'où elle descend dans un
cylindre creux de 9 pouces de diamètre, et
dans le premier réservoir ; de là, elle est
introduite dans le réservoir inférieur par
quatre ouvertures rectangulaires, où elle
trouve enfin son issue au dehors par un
tuyau ; 4° d'un plancher du cendrier servant
en même temps de fond au réservoir ; 5° d'un
second plancher au niveau de la grille du
foyer qu'il supporte, en même temps qu'il
sert de fond au premier réservoir : c'est sur
ce plancher que sont pratiquées ces quatre
ouvertures rectangulaires par où la chaleur
est introduite par le réservoir inférieur ;
6° d'une tablette au-dessus du poêle, percée,
dans son milieu, d'un trou de 9 pouces de
diamètre pour recevoir la partie inférieure
du tuyau : ce trou peut être rond ou carré.
Lorsqu'on a placé le bois sur les charbons
allumés, disposés sur la grille, on ferme le
foyer hermétiquement, au moyen d'une
porte, et l'air nécessaire pour alimenter le
feu n'est introduit que par la grille que par
l'ouverture du cendrier. (*Brevets publiés*,
tom. IV, p. 15.)

Poêle économique de M. Bruine. — Ce poêle,
pour lequel l'auteur a obtenu un brevet
de cinq ans, ne diffère pas, quant à l'extérieur, des poêles ordinaires. Il est en faïence,
de forme ronde, recouvert d'une tablette
en marbre, et surmonté d'un tuyau aussi
en faïence ; l'intérieur est disposé de la
manière suivante : une chaudière métallique ayant la forme d'une auge circulaire,
plus ou moins grande, suivant le local à
chauffer, compose l'intérieur de ce poêle.
Le foyer est placé immédiatement au-dessous. La chaleur qui s'en dégage, concentrée et dirigée par des encloisonnements et
des conduits en hélice qui sont pratiqués
contre les parois intérieures de la chaudière,
échauffe l'eau et donne en même temps de
l'air chaud par plusieurs bouches de chaleur. M. Bruine attribue à ce poêle les
propriétés suivantes : 1° la chaleur que
l'on en obtient est moins sèche et par conséquent plus salubre que celle des poêles
ordinaires, puisqu'on a la facilité d'y mêler
des vapeurs aqueuses dans la proportion
qu'on désire ; 2° ce poêle chauffé une seule
fois en vingt-quatre heures, en fermant les
soupapes, en conserve suffisamment de
chaleur pour échauffer un appartement
pendant le même temps ; 3° on peut, à
toute heure de la journée, en retirer de
l'eau chaude pour un bain ou pour tout
autre usage ; 4° en introduisant des plantes
aromatiques dans la chaudière, on parfume
aisément un appartement, et l'on en obtient
des fumigations salutaires pour un malade ;
5° avec un semblable poêle, on peut entretenir une chaleur humide dans des serres
afin d'altérer moins les plantes que la chaleur sèche des poêles ordinaires ; 6° enfin
avec des tuyaux convenablement prolongés,
on peut enduire à volonté de l'air chaud
dans les pièces voisines ou à divers étages.
Plusieurs bouches de chaleur sont placées
sur le contour de ce poêle, et viennent de
l'intérieur. Un tuyau d'évaporation part de
la chaudière et aboutit dans la cheminée ;
il est garni d'un robinet qui établit ou ferme
à volonté cette communication. Il y a un
second tuyau de fumigation, également
garni d'un robinet. Des encloisonnements
sont placés sur les côtés du foyer. Ils sont
destinés à concentrer la chaleur sous la
chaudière, et à échauffer l'air qui sort des
bouches de chaleur. Avant de gagner la
cheminée, la chaleur parcourt un canal en
hélice pratiqué dans l'intérieur du cylindre
contre les parois de la chaudière. Un troisième tuyau garni d'un robinet, sert à vider
la chaudière et à conduire l'eau chaude
dans un cabinet de bain. Des ouvertures
sont pratiquées dans la tablette du poêle et
dans le couvercle de la chaudière, pour
introduire l'eau dans celle-ci. Un espace est
ménagé entre le couvercle de la chaudière et
le dessus de la tablette de marbre, afin que
l'air puisse se répandre dans l'appartement.
(*Brevets publiés*, tom. II, p. 146, planche 32.)

L'appareil de M. Vallois, de Rouen, est
construit tant intérieurement qu'extérieurement, en pièces de terre cuite, jointes les
unes aux autres ; on y remarque deux parties distinctes, dont la supérieure est soutenue à une certaine hauteur au-dessus de
l'inférieure, par cinq colonnes creuses. Dans
l'intérieur se trouvent le foyer et les ouvertures par lesquelles on admet l'air froid, et
dans la supérieure sont pratiqués divers
compartiments où l'air froid, admis par les

ouvertures de la partie d'en bas, monte, s'échauffe et sort ensuite par les bouches de chaleur ménagées sur divers points du contour du poêle. La base est formée d'un demi cercle appliqué contre une portion rectangulaire; elle pose sur des pieds qui la tiennent élevée de trois centimètres. Il y a une ouverture et une soupape pour admettre de l'air froid qui va s'échauffer dans l'intérieur du poêle, et particulièrement dans les compartiments de la partie supérieure. (*Brevets publiés*, 1820, tom. IV, p. 82.)

Poêles, fours et cheminées. — *Perfectionnement de M. Curandeau de Paris.* — Pour tirer le meilleur parti possible de la chaleur produite par toute espèce de combustion, il faut faire agir les gaz résultant de la combustion, sur les corps à échauffer de bas en haut, et latéralement à la fois, ensuite opposer au courant déjà refroidi, plusieurs obstacles pour ralentir sa sortie, sans cependant retarder l'accès de l'air dans l'intérieur du foyer. On obtient facilement ce dernier effet, lorsque le foyer est en rapport avec les divers tuyaux destinés à faire circuler alternativement le courant d'air de bas en haut et de haut en bas avant qu'il ne parvienne au tuyau extérieur. M. Curandeau a obtenu un brevet de cinq ans pour avoir appliqué ce principe à la construction des poêles, fours et cheminées. Le courant des gaz se divise en deux parties pour parcourir ensuite et successivement de haut en bas, *et vice versa*, les divers conduits qui y sont pratiqués, ce qui donne le temps au calorique de se répandre dans l'intérieur des appartements, afin qu'il arrive au tuyau extérieur. D'après les mêmes procédés l'auteur a construit 1° des cheminées et des poêles qui échauffent de très-grands appartements avec peu de bois; 2° des poêles qui échauffent très-bien et dans lesquels on peut faire le dîner. Ces poêles ont à droite et à gauche de petites étuves pour conserver chauds les aliments; 3° enfin des fourneaux-poêles, avec deux chaudières, dont l'utilité est d'échauffer l'endroit où ils sont placés, de procurer autant d'eau chaude qu'on peut en avoir besoin et de faire cuire toutes sortes de légumes, le tout en fort peu de temps et avec très-peu de bois. (*Brevets publiés*, t. III, p. 101, n. 27.)

Poêles fumivores. — L'un de ces poêles, pour lesquels M. Thilaurier a obtenu un brevet d'invention de dix ans, est d'une construction fort simple; il consume sa fumée et épargne le combustible. Au dehors il a la forme ordinaire et est en faïence; au dedans, il renferme une caisse prismatique en tôle, divisée en deux chambres par une cloison verticale. La chambre postérieure, plus grande, sert à contenir le bois; la chambre antérieure plus petite, est garnie d'une grille horizontale placée vers le milieu de sa hauteur; sur cette grille on met le charbon qui doit servir à échauffer le poêle et à distiller le bois; l'espace au-dessous est le cendrier : sur le devant du poêle sont deux portes, celle inférieure sert à retirer

les cendres, la supérieure s'applique sur une grille verticale qui est contiguë à cette horizontale; ces deux grilles contiennent le charbon et forment le foyer; le couvercle du poêle qui s'enlève à volonté ferme hermétiquement à l'aide des rebords qui entrent dans une gouttière garnie de sable. Le tuyau du poêle est adapté sur le derrière, et communique avec l'espace vide qui sépare la caisse de tôle et les parois en faïence; ce tuyau est garni vers sa base d'une petite porte et d'une grille comme tous les poêles qui brûlent à flamme renversée : pour charger ce poêle on enlève le couvercle, on remplit de bois la chambre postérieure, on met des charbons allumés sur la grille de la chambre antérieure, on allume ensuite quelques copeaux et du papier dans le tuyau pour déterminer le courant, on ouvre la porte qui correspond à la grille; la combustion s'établit au moyen de l'air extérieur qui entre par la grille verticale et fait brûler le charbon; le bois se réduit en charbon et sert pour le lendemain. On ne voit sortir de fumée par le tuyau, qui est moins chaud que les parois du poêle. On ne le charge qu'une fois pour toute la journée. (*Brevets publiés*, tom. III, p. 144, pl. 34).

Un deuxième poêle fumivore à la forme d'un autel antique supporté par un trépied, dont la partie inférieure soutient un candélabre tronqué. Il se compose, 1° d'une calotte en métal dans laquelle on met la braise; la partie supérieure est garnie d'un gril à large barreaux et le fond d'un gril serré; 2° d'un four dans lequel circule la chaleur; 3° d'un tube de verre ou de métal établissant communication de la calotte au four; 4° d'une cloison inclinée, pour amener la cendre vers l'issue; 5° d'un trou pratiqué dans la cloison, pour le passage du courant d'air; 6° d'un tuyau de conduite pour le courant d'air établi sous le parquet, et communiquant à la cheminée; 7° d'un trépied servant de support au poêle; 8° d'une porte ménagée dans le bas de la cheminée, et au moyen de laquelle on établit le courant en raréfiant l'air avec un peu de charbon allumé; 9° du couvercle du poêle en forme de calotte, ayant une porte au moyen de laquelle on règle le tirage et l'activité du feu. Le tube qui établit la communication entre le foyer et le four étant en verre, on voit circuler la flamme renversée, dont on peut d'ailleurs varier la couleur à l'aide de divers combustibles. Le candélabre sert à la fois de calendrier et de magasin à la chaleur, qui se répand dans la pièce. Le tuyau d'aspiration, pratiqué sous le parquet et dans l'épaisseur des murs, est ordinairement construit en briques. M. Thilorier a apporté à ce poêle des améliorations qui consistent, 1° à supprimer la calotte ou couvercle, ainsi que le gril à larges barreaux; 2° à les remplacer par un couvert plat, criblé et garni dans son milieu d'un tuyau métallique de 7 à 8 centimètres de diamètre sur 1 ou 2 mètres de hauteur, dont la partie inférieure, traversant le foyer et le gril, vient s'ajuster avec un tube de verre de même diamètre, qui se prolonge jusqu'à 1 décimètre de l'entrée du four. De cette manière, il se trouve placé dans le centre du grand tuyau de verre, dont le diamètre est triple ; et la flamme, forcée de passer dans l'intervalle ménagé entre ces deux tuyaux, y prend diverses nuances bleuâtres très-agréables à la vue, et le courant d'air apporté par le tube du milieu contribue à compléter la combustion de la fumée. Si l'on voulait donner à ces poêles plus de hauteur et la forme d'une colonne d'un ordre quelconque, dont le fût serait en verre, et le chapiteau et le foyer alimentés par de l'air pris dans la pièce supérieure, on pourrait varier à l'infini la décoration d'un appartement, et le faire paraître environné d'une colonnade flamboyante, dont les colonnes seraient autant de poêles communiquant tous au tuyau aspirateur commun.

Un perfectionnement a été apporté au second poêle de M. Thilorier : il ne laisse subsister que le plancher du foyer, qui sert de support au cylindre de verre, que l'on prolonge à cet effet ; il supprime la calotte ainsi que le gril à larges barreaux, ou il couvre au besoin cette dernière calotte d'un couvercle criblé et percé en son milieu pour recevoir un bout de tuyau de 7 à 8 centimètres de diamètre. Ce tuyau est de métal ; il s'ajuste, dans la partie supérieure, avec un tube de même diamètre et de 1 mètre ou 2 de hauteur ; sa partie inférieure traverse le gril, disposé dans son milieu en forme d'anneau, et adapté à un tube de verre de même diamètre, placé au centre du grand cylindre, dont le diamètre est environ triple de celui du tube ; l'extrémité inférieure du petit tube de verre repose sur un cercle de métal suspendu à 1 décimètre du plancher. Si l'on met dans la calotte du charbon de bois, on obtiendra une flamme bleuâtre, visible en forme de nuages, dans l'espace contenu entre le grand et le petit cylindre. (*Brevets publiés*, t. III, p. 144 et suiv., pl. 34.)

Poêles Voyenne.—Un poêle que M. Voyenne a construit dans la salle du conseil de la Société d'encouragement, ressemble, pour la forme, au poêle suédois ; il lui ressemble surtout par des circuits que la fumée est obligée de parcourir dans ce nouvel appareil ; mais il est moins massif, plus portatif, et revient à meilleur marché. Le foyer est entouré d'une double enveloppe dans laquelle il arrive de l'air, tiré soit de l'appartement, soit du dehors ; lequel air, réchauffé en passant sur le coffre renfermant le foyer, va sortir dans la chambre par une bouche de chaleur. M. Voyenne a senti que pour naturaliser en France le poêle suédois, il fallait diminuer la lenteur avec laquelle ses parois massives se pénètrent du calorique, et son poêle procure une chaleur rapide mais de peu de durée, parce que le climat de la France ne nécessite pas ordinairement la continuité de cette chaleur. En effet, son appareil s'échauffe assez rapidement pour qu'au moyen de 4 ⅓ kilogrammes de bois il soit chaud à ne pas tenir les mains au bout

d'un quart d'heure, il conserve néanmoins sa chaleur environ quatre heures. La promptitude de l'échauffement tient, 1° au peu d'épaisseur des parois ; 2° à l'addition de la bouche de chaleur ; 3° à la présence d'une caisse en fonte qui renferme le foyer. Il est clair encore que le courant d'air dont nous avons parlé, et qui, après avoir passé sur le foyer, s'échappe par un orifice supérieur, enlève une certaine quantité de calorique, et hâte par conséquent le réchauffement de la chambre ou le refroidissement du poêle. Ce refroidissement, qui pourrait être un inconvénient dans les poêles ou l'on recherche la lenteur, est, dans l'appareil nouveau, un avantage approprié au pays que nous habitons. À l'extrémité du conduit d'air, M. Voyenne a placé un vase rempli d'eau, pour absorber ce que la chaleur pourrait avoir d'acre et de nuisible. La bouche de chaleur peut être placée à volonté, soit à la partie la plus élevée du poêle, soit à sa partie moyenne, soit tout à fait en bas. Dans cette dernière position on perd un peu de la promptitude du courant d'air ; mais la chaleur, en circulant dans la partie basse de l'appartement, s'y distribue avec plus d'égalité, ce qui d'ailleurs est commode pour se chauffer les pieds. Le courant d'air établi au travers du poêle contribue à mettre en mouvement l'air de la chambre, et lorsque ce courant est formé par l'activité du dehors, l'air atmosphérique de l'appartement se trouve renouvelé par le concours de celui venant de l'extérieur. Les commissaires nommés par la société d'encouragement ont été d'avis que le poêle de M. Voyenne est bien combiné avec les besoins du public, que sa construction est calculée d'après les principes de la saine physique et confectionnée avec soin. (*Soc. d'enc.*, an XI, p. 98.)

Moyens artificiels d'augmenter et d'entretenir la chaleur.—On a prouvé, dit M. de Rumford, associé de l'Institut, que lorsque les côtés et le fond d'une cheminée à grille ouverte, dans laquelle on brûle du charbon de terre, sont garnis de briques qui peuvent supporter l'action du feu, si ces briques viennent à rougir, elles projettent dans la chambre beaucoup plus de chaleur que tous les charbons dont on pourrait remplir le foyer, même en supposant qu'ils brûlassent avec toute l'activité possible. Il résulte de là qu'un morceau de houille incandescent ne lance pas, à beaucoup près, autant de rayons calorifiques que le fait un morceau de brique ou de pierre de la même forme et des mêmes dimensions ; et cette découverte intéressante conduit à des perfectionnements importants dans la construction de nos foyers et dans l'économie du combustible. Ce combustible, au lieu d'être employé à chauffer la chambre directement ou par les rayons qui procèdent immédiatement de la combustion, devrait être disposé de manière à chauffer plus particulièrement les côtés et la partie postérieure du foyer qui le contient. Les parois doivent aussi toujours être composées de briques ou de pierres à foyer, et jamais de fer ni d'autre métal. Une petite quantité de houille convenablement bien arrangée, fait un bien meilleur feu qu'une quantité plus considérable entassée sans réflexion; et, par cette raison, des grilles à charbon peu profondes, lorsqu'elles sont garnies dans les côtés de parois appropriées à l'objet, donnent plus de chaleur dans la chambre, et consomment moins de combustible que ne le font les grilles profondes. La masse de charbon qui les remplit intercepte les rayons qui viennent des parois de leur foyer, et empêche qu'ils n'arrivent dans la chambre; et même, selon la manière ordinaire de conduire nos foyers, cette masse empêche que ces parois n'acquièrent assez de chaleur pour contribuer, dans aucun cas, à réchauffer la chambre, lors même que ces parois sont garnies de matières convenables, et qu'on y consomme une grande quantité de houille. Pour faire du feu avec une grille mal construite, il faut garnir le fond d'un lit de boules faites de bonne terre à briques ou de grès artificiel bien cuit: chaque boule doit être parfaitement sphérique, et elle doit avoir deux pouces et demi ou deux pouces trois quarts de diamètre. On met le combustible sur cette courbe, et on ajoute de ces mêmes boules parmi le charbon de terre, à mesure qu'on en remplit la grille, en ayant soin de distribuer les boules d'une manière uniforme. Dans l'usage de ces boules, il faut empêcher qu'elles ne s'entassent au fond de la grille; à mesure que le combustible se consume, les boules qui lui sont entremêlées descendent peu à peu au fond de la grille, et il est urgent de les soulever de temps à autre. Quand le feu est bas, on doit en enlever quelques-unes, et il ne faut les remplacer que lorsqu'on a remis de la houille dans le foyer. Des boules faites avec des fragments de briques dures, bien cuites, peuvent servir à cet usage; mais elles durent moins que celles faites avec la même composition que les briques réfractaires. Il faut que ces boules soient très-rondes; quand on les fait dans des moules, pour les sécher ensuite et les faire cuire au four, la meilleure composition est un mélange de vieux creusets pilés avec la glaise de Sturbridge; on peut aussi en composer de très-bonnes avec des briques dures ordinaires, pilées et mêlées avec cette glaise ou une terre grasse quelconque; il faut les faire assez grosses pour qu'elles ne puissent pas passer au travers des barreaux. (*Ann. des arts et manu.*, t. VIII, p. 202.)

Poêle-fourneau. — Invention de M. Harel. — Le poêle-fourneau de M. Harel, est construit d'après celui de M. Bauriat. Comme celui de dernier, il est en terre cuite; sa forme est cylindrique, sa capacité arbitraire; il est cerclé d'une bande de fer placée à sa partie supérieure; il a une porte en tôle fixée comme à tous les poêles. On y substitue une fermeture en terre qu'on enlève à volonté et qu'on remplace par la castière-porte, de l'invention de M. Cadet de Vaux.

Le tuyau s'adapte dans la partie supérieure apposée à la porte, ou sur l'un des côtés. Le haut du poêle est ouvert en entier; on ferme cette ouverture d'un couvercle en terre, qui, étant fixé dans les rainures, prévient la sortie de la fumée. On substitue à ce couvercle une capsule en tôle, lorsqu'on veut faire chauffer des fers à repasser ou établir un bain de sable; à la place de cette capsule on met une marmite, ayant vers le milieu de sa surface extérieure un rebord saillant qui ferme toute la circonférence de l'ouverture du poêle. On peut aussi se servir d'une marmite ordinaire, en adaptant un cercle en tôle au bord de l'ouverture du poêle. On place sur la marmite, pour la fermer, un seau de fer-blanc qui contient une assez grande quantité d'eau bientôt chauffée par la vapeur; et soit qu'on se serve de ce seau, soit qu'on couvre la marmite d'une autre marmite en terre de même diamètre, mais moins profonde, on peut mettre dans l'intérieur et au-dessus du bouillon en ébullition une botte en fer-blanc soutenue par des pattes qui portent sur les bords de la marmite. Cette espèce de casserole contient les viandes ou légumes que l'on veut apprêter; ils cuisent très-bien par l'effet de la vapeur. Ce poêle, auquel on peut adapter les mêmes appareils qu'au fourneau Bauriat, ou à la plupart de ceux inventés par M. de Rumford, a le même tirage que les poêles ordinaires. Ce qui l'assimile aux poêles suédois c'est que dans l'intérieur, à peu près à moitié de sa hauteur, il existe un support circulaire sur lequel s'établit un couvercle de terre, portant à son centre, un anneau de fer, pour qu'avec un crochet on puisse l'enlever et le replacer à volonté. Le couvercle fait en forme d'assiette plate et épaisse, a une échancrure dont le diamètre est à peu près le même que celui du tuyau de poêle. La flamme et le calorique frappent d'abord le dessous de ce couvercle, et trouvent une issue par son échancrure, mais à huit ou neuf diamètres, on place un second couvercle au-dessus du premier et construit de même, quoique d'un plus grand diamètre; la portion échancrée de celui-ci se place opposée à l'ouverture du tuyau et à celle du couvercle inférieur, ce qui établit la circulation du calorique dans l'intérieur du poêle.

CHAUFFERETTE, ou plus exactement CHAUFFE-PIEDS. — Petit appareil destiné à chauffer ou à maintenir chauds les pieds. Un petit vase de terre ou de tôle rempli de cendres chaudes ou de poussier de charbon allumé et quelquefois renfermé dans un coffret de bois percé de trous, telle était la chaufferette vulgaire dont se servaient jadis les gens qui n'avaient pas le moyen de se chauffer mieux. Mais on leur reprochait plusieurs inconvéniens dont le plus réel et le plus grand était le dégagement d'acide carbonique, qui pouvait, dans les endroits fermés, produire des accidents sérieux ou tout au moins de graves incommodités. Alors on imagina de substituer au réchaud allumé une plaque de fonte chauffée enfermée dans un appareil approprié, ou de l'eau bouillante contenue dans un vase d'étain, qu'on pouvait mettre au besoin dans un lit. Enfin, l'invention la plus commode et la plus moderne est celle des *augustines*. Qu'on se figure une petite boîte plate de la hauteur d'un tabouret, et recouverte d'un tapis; au fond est une petite lampe à huile au-dessus de laquelle se met un coffre plat, rempli de sable fin, qui, échauffé par la flamme de la lampe, maintient une douce et constante chaleur. Ces chaufferettes simples et sans mauvaises qualités sont généralement en usage à présent et ont même été adaptées aux voitures (1).

CHAUSSURE. — Partie d'habillement dont la forme et la matière ont beaucoup varié, et qui a pour objet de mettre le pied et la jambe à l'abri du froid, de l'humidité et du choc des corps extérieurs. Dans l'état sauvage ou dans une civilisation imparfaite, l'homme marche pieds nus; l'épiderme épais qui garnit le dessous du pied le garantit de la douleur à laquelle d'ailleurs il est assez peu sensible; et il s'occupe de couvrir de peaux toutes les autres parties de son corps avant de songer à se chausser. Aussi les voyageurs ont-ils trouvé chez les peuplades sauvages l'usage des chapeaux là où les chaussures étaient inconnues, excepté seulement dans les pays froids. Quelques morceaux d'écorce attachés sous le pied avec des liens furent les premières chaussures; plus tard on tressa du jonc en forme de brodequin. Ce ne fut que dans une société avancée déjà que les peaux de bêtes, diversement préparées, furent employées au même usage; et il a fallu bien du temps à cette industrie pour en arriver au point où nous la voyons aujourd'hui. Les sabots mêmes, cette chaussure grossière, ne sont pas très-anciennement connus.

Si la matière des chaussures a beaucoup changé, la forme n'a pas été plus constante. En effet, tantôt le pied est enfermé dans un soulier, ou bien le pied et la jambe elle-même sont contenus dans un brodequin ou dans une botte, dont la consistance est plus ou moins considérable suivant l'usage auquel ils sont destinés. On a vu successivement les souliers arrondis, carrés ou pointus et même recourbés, plats ou élevés, depuis la cheville jusque presque au milieu de la cuisse. Pour la couleur et les ornements accessoires, le luxe et la mode se sont exercés sur cette partie du costume comme sur toutes les autres, et l'on aurait peine à énumérer les différentes révolutions qu'ils lui ont fait subir. On considère comme appartenant à la chaussure les bas, les chaussettes et les chaussons, qu'on interpose entre la peau et les diverses espèces de souliers, bottes et brodequins. Quant aux considérations hygiéniques qui se rattachent à l'art de la chaussure on peut regarder comme principales les suivantes.

L'usage des chaussures est devenu indis-

pensable au milieu de nos habitudes sociales; il est favorable à la santé et à la longévité, en garantissant les extrémités inférieures du froid et de l'humidité dont les effets sont désastreux, sans parler de ce qu'il préserve ces mêmes parties d'une foule d'accidents plus ou moins graves. On doit s'attacher à leur donner assez de solidité pour qu'elles isolent bien le pied du sol, et en même temps assez de souplesse et de légèreté pour qu'elles ne gênent pas les mouvements. Il importe que les chaussures soient bien montées sur la forme du pied, pour éviter plusieurs affections très-douloureuses qui résultent des pressions qu'exercent sur lui les bottes ou les souliers trop larges ou trop étroits; car ces deux excès sont également nuisibles. On évite cet inconvénient en faisant les chaussures distinctes pour le pied droit et le pied gauche. On devra veiller à ce que les bas ne présentent ni plis ni coutures volumineuses et dures, et ce n'est point un objet indifférent dans l'éducation physique des enfants que de prendre les précautions nécessaires pour prévenir les différentes difformités très-réelles qui ont pour cause unique la défectuosité des chaussures, surtout pendant le premier âge de la vie.

CHAUSSURES IMPERMÉABLES. — L'imperméabilité des chaussures est d'une grande importance; on la leur donne au moyen d'enduits divers, tels que l'*huile de lin* rendue siccative; par l'oxyde de plomb, le *caoutchouc* (*Voy. ce mot*), la *gélatine* dissoute à chaud et rendue ensuite insoluble par une infusion de *tan* ou de *noix de galle*; les *goudrons végétaux ou minéraux*; la *cire*; les *toiles gommées*, etc.

CHAUSSURES DES ANCIENS. — Il existe une variété infinie, quant à la matière et quant à la forme de la chaussure chez les différents peuples de l'antiquité.

En Grèce, la chaussure était faite avec du cuir, et recevait la dénomination générique de πέδιλα (semelles), ou de ὑπόδημαθα (ce qu'on lie sous les pieds). Le mot ὑπόδημα κοῖλον, semelle ou chaussure creuse, désignait notre soulier. Chaque classe sociale se distinguait par une chaussure spéciale, qui concourait, avec le reste du vêtement, à assigner le rang et l'importance de ceux qui les portaient: c'est ainsi que les femmes de qualité avaient pour leur usage exclusif une chaussure particulière appelée *sandales* (σανδάλα); les courtisanes une autre chaussure nommée *persiques*; celle qui était réservée aux pauvres gens avait le nom d'*abulces*, celle des soldats *crepides*, celle des paysans *garbatines*, celle des comédiens *embates*, et enfin celle des tragédiens *cothurnes*. Toutes ces chaussures s'attachaient sur le pied avec des courroies nommées *imantes*; cependant il y en avait qui consistaient en bottes, en bottines et en brodequins.

Les chaussures romaines (*calceas, calceamentum*) étaient de même matière que chez les Grecs, de couleur noire pour les hommes, et blanche, et quelquefois rouge, pour les fem-

(1) Extrait de l'*Encyclopédie des gens du monde*.

mes. Les personnes riches et les sénateurs en portaient qui allaient jusqu'à mi-jambe, *calcei uncinati*. On les distribuait en deux classes : celles qui couvraient entièrement le pied, et celles qui le laissaient à découvert en partie (*soleæ*). Les chaussures de peau tannée, ordinairement de couleur rouge (*mullei*), étaient considérées comme chaussures de luxe ; on les ornait souvent de pierreries, et il est reproché à César par un ancien de porter une chaussure de cette espèce, *haute et rouge*. La chaussure des philosophes à Rome était de feuilles de palmier, sans doute dans une intention exagérée de simplicité et d'endurcissement ; celle des pauvres était en bois (*soleæ ligneæ*). Les habitants des campagnes portaient les *sculponeæ*, et les soldats les *caligæ*.

La chaussure des Juifs n'offre rien de remarquable ; ils la quittaient, comme font encore les Orientaux, en entrant dans les lieux saints ou pour faire preuve de respect. Chez eux, donner sa chaussure était le signe du transport de la propriété d'une chose sur laquelle on traitait.

Les Germains et les Goths portaient une chaussure de jonc et d'écorce montant jusqu'à la cheville.

Chez les Chinois et les Indiens, il a été employé à la confection de la chaussure une infinité de matières diverses, entre autres : le lin, le jonc, la soie, le bois, l'écorce, le fer, l'airain, et même l'or et l'argent. Les Persans, et à leur imitation, les Russes, fabriquaient des bottines formées, sur le pied, de cuirs de différentes couleurs, cousus ensemble et formant des espèces d'arabesques.

Les babouches, chaussure turque, ont de l'analogie avec nos pantoufles (1).

CHAUSSURES FAITES A LA MÉCANIQUE. — *Invention de M. Brunel.* — La semelle et le talon du soulier se coupent au moyen d'un fer de même forme, qui agit comme un emporte-pièce, et on obtient une semelle en deux coups de masse. Cette semelle est ensuite placée sous une machine qu'on fait aller avec le pied, et qui perce les bords de trois rangées de petits trous destinés à mettre des clous. Ces clous se font à l'aide d'une machine qui coupe une lame de fer tendre, et qui en fait des pointes de la forme et de la grandeur convenables. Cette machine agit avec une telle promptitude, qu'un seul ouvrier fabrique jusqu'à 60,000 clous par jour. Une troisième machine exécute la double opération de placer le clou dans le trou de la semelle, et de l'y fixer en l'enfonçant fortement, de manière que la pointe ressorte de deux ou trois lignes de l'autre côté de la semelle ; ensuite on la fixe à l'empeigne déjà préparée, en plaçant celle-ci sur une forme, où elle est serrée au moyen de cinq ou six étaux placés circulairement autour de la forme. Sur les bords de l'empeigne sont des bandes d'un cuir épais, dans lesquelles on enfonce les clous de la semelle avec quel-

(1) Cette rapide et curieuse revue est extraite de l'*Encyclopédie des gens du monde*.

ques coups de marteau ; on attache ensuite la semelle à l'empeigne ; puis on dévisse les étaux, et le soulier en sort tout confectionné. L'expérience a prouvé que ces souliers sont d'un très-bon usage. (*Bulletin de la Société d'encouragement*, 1815.)

CHAUX (*Diverses propriétés de la*). — Chimie. — *Observations nouvelles.* — M. Raymond, *de Romans.* — 1791. — M. Gengembre est le premier qui ait annoncé qu'en faisant bouillir une dissolution de potasse sur du phosphore, il se produisait un gaz particulier qui avait la propriété de brûler par le seul contact de l'air, et auquel on imposa le nom de gaz hydrogène phosphoré on n'avait point encore tenté de le varier en substituant à la potasse d'autres bases alcalines ou terreuses, même des oxydes métalliques. M. Raymond, en se livrant à ces expériences, signale ce procédé suivant comme un des plus propres à fournir abondamment et à peu de frais cette substance éminemment combustible. Ce moyen consiste à faire un mélange de deux onces de chaux éteinte à l'air, d'un gros de phosphore coupé par petits morceaux, et une demi-once d'eau ; on réduit le tout en une pâte molle que l'on met promptement dans une petite cornue de grès, et à laquelle on adapte un tube recourbé dont le diamètre intérieur ne doit pas avoir plus d'une ligne et demie et qui, par une de ses extrémités, doit plonger sous une cloche pleine d'eau dans une cuve hydro-pneumatique. L'auteur conseille l'emploi des cornues de grès de préférence aux cornues de verre, très-sujettes à se briser aussitôt que les premières portions de gaz hydrogène phosphoré qui se forment viennent à se trouver en contact avec l'air atmosphérique qu'elles contiennent ; la combustion qui s'opère alors dans leur intérieur suffit presque toujours pour les faire éclater. L'appareil ainsi disposé, et les jointures étant parfaitement lutées, on procède à la distillation en augmentant le feu graduellement ; à peine la cornue commence-t-elle s'échauffer, qu'il s'en dégage presque aussitôt du gaz hydrogène phosphoreux : ce dégagement dure longtemps, et l'on peut en recueillir jusqu'à trois pintes lorsqu'on emploie les doses indiquées. Le résidu de l'opération, examiné ensuite par les réactifs appropriés, présente exactement les mêmes caractères que le phosphate natif de chaux. Il n'y a donc pas de doute que l'eau ne soit décomposée dans cette circonstance ; que l'un de ses principes, l'oxygène, ne soit employé à l'acidification du phosphore, qui s'unissant alors à la chaux, forme avec cet base du phosphate calcaire, tandis que l'hydrogène fondu par le calorique, et enlevant avec soi une portion de phosphore extrêmement divisé, passe, à la faveur du tube, sous les cloches qu'on avait disposées pour le recevoir dans l'état de gaz hydrogène phosphoré. C'est cette portion de phosphore dans un état de division extrême, qui, étant tenue en dissolution dans ce gaz, sert à l'allumer, et lui donne comme on voit la propriété de brûler par le seul contact de l'air; aussi est-il démontré qu'il se forme toujours dans sa combustion non-seulement de l'eau, mais aussi un peu d'acide phosphorique. Le gaz hydrogène phosphoré ne conserve pas longtemps cet état parfait de combustibilité qui sert à le caractériser; car à mesure que le phosphore se condense sur les parois du vase qui le contient, il perd insensiblement cette propriété, et repasse bientôt à l'état de gaz hydrogène simple. Il est cependant essentiel de remarquer que cet effet n'a lieu qu'à la longue, et qu'il en reste toujours quelques portions qui sont encore, dans l'état de gaz hydrogène phosphoré, susceptibles de s'enflammer par le seul contact de l'air. Cette observation est de la plus grande importance, afin de prévenir les accidents terribles qui pourraient résulter du mélange imprudent de ce gaz que l'on croirait être entièrement décomposé, avec une quantité donnée d'air vital; mélange qui faillit être funeste à M. Raymond. La facilité avec laquelle l'eau s'était laissé décomposer par le phosphore aidé de la chaux, engagea l'auteur à vérifier la possibilité d'obtenir le même effet à la température dans laquelle nous vivons, et il obtint les mêmes résultats, à l'exception que le gaz obtenu n'avait pas la faculté de s'enflammer spontanément. Cette différence vient sans doute de ce que la température naturelle n'est jamais assez élevée, surtout en hiver, pour écarter les molécules du phosphore au point de les rendre solubles dans le gaz hydrogène, ce qui a constamment lieu toutes les fois qu'on emploie l'action du calorique pour se procurer le gaz hydrogène sulfuré. M. Raymond étendit ensuite ses expériences sur deux mélanges séparés; dans l'un était un gros d'oxyde blanc de zinc, et dans l'autre même quantité d'oxyde noir de fer; tous deux contenant des doses égales de phosphore et d'eau, ont été placés en même temps dans des cornues de verre sur un bain de sable. Après un temps assez long, et à l'aide d'une forte chaleur, on a obtenu de chacun ce que mélanges du gaz hydrogène phosphoré. Le mélange d'oxyde de zinc en a fourni plus tôt, et dans une quantité plus grande que celui qui avait été fait avec l'oxyde noir de fer. Cette différence provient de la plus forte attraction qu'a l'oxyde de zinc pour l'acide phosphorique. La chaux, dans l'ordre des substances alcalines terreuses ou métalliques, tient le premier rang par rapport aux attractions électives de l'acide phosphorique; elle est aussi celle de toutes que l'on doit employer avec le plus de succès pour se procurer abondamment du gaz hydrogène phosphoré. (Annales de chimie, 1791, tome X, pages 19 et suivantes.) — M. Cadet de Gassicourt. — 1812. — M. Pelletier père avait observé que, lorsqu'on éteignait une certaine quantité de chaux dans l'obscurité, il y avait quelquefois émission de lumière. M. Cadet de Gassicourt a répété à plusieurs reprises cette opération dans l'obscurité la plus parfaite, et il n'a vu aucune trace de

lumière. Mais en répandant avec précaution quelques substances combustibles sur les points les plus ardents de la chaux en extinction, il a observé plusieurs phénomènes remarquables: 1° l'essence de térébenthine, versée goutte à goutte, a fait entendre un léger bruit, et s'est volatilisée sans s'enflammer; 2° l'éther s'est volatilisé de même sans s'allumer; 3° la poudre à canon s'est enflammée; 4° le camphre s'est sublimé, et ne s'est pas allumé; 5° le phosphore s'allume promptement; 6° le soufre sublimé se fond, brunit et s'enflamme; 7° enfin, un mélange de muriate sur-oxygéné de potasse et de soufre s'enflamme et décrépite. (Annales des arts et manufactures, t. XLVI, page 83.) — M. Gay-Lussac. — 1817. — En renfermant de l'eau de chaux sous un récipient de verre, et plaçant à côté un vase contenant de l'acide sulfurique concentré, on voit la chaux cristalliser en hexaèdres réguliers coupés perpendiculairement à leur axe et transparents. Ces cristaux contiennent:

| Chaux, | 0,70 |
| Eau, | 0,30 |

C'est à-dire une proportion d'eau comme tous les hydrates alcalins. Archives des découvertes et inventions, 1817, page 163.

CHAUX NATIVES DIVERSES. — Minéralogie. — Observations nouvelles. — M. Haüy, de l'Institut. — An XI. — Romé Delisle, dans la nouvelle édition de sa Cristallographie, décrit vingt-six formes cristallines; M. Haüy en a décrit quarante-sept dans son Traité de minéralogie, et depuis, le même savant en a observé treize; ce qui fait en tout soixante. Les treize variétés annoncées comme nouvelles sont les chaux carbonatées unimixte, binosénaire, moyenne, unibinaire, coordonnée, annulaire, sous-quadruple, additive, quadrirhomboïdale, tridodécaèdre, quadridodécaèdre, quadruplante et quintiforme. (Annales du Muséum d'hist. nat., an XI, t. 1er, p. 114, pl. 3 et 8.) — 1808. — Les problèmes dont le but est de déterminer les variétés de cristallisation qui ont un rhomboïde pour forme primitive, sont susceptibles de deux solutions qui conduisent à une même forme par des lois différentes de décroissement. La division mécanique, en faisant connaître la position des faces du noyau relativement aux faces du cristal secondaire, indique celle des deux lois d'où dépend la forme de ce cristal. Pendant longtemps M. Haüy dit n'avoir rencontré que très-rarement les deux solutions à la fois dans un même système de cristallisation; mais les exemples de ce genre se sont multipliés au milieu des observations récentes (1808) qu'il a faites sur les variétés de la chaux carbonatée, dont le nombre se trouve maintenant porté à quatre-vingt-treize. Le même savant donne ainsi la description de quelques-unes de celles qui réalisent la possibilité de ce double emploi d'une même forme, avec deux structures différentes: 1° la chaux carbonatée trihexaèdre: cette variété se présente sous la forme d'un prisme hexaèdre régulier, terminé par deux pyramides droites, hexaèdres ; trois faces de chaque pyramide, prises alternativement, sont parallèles à celles du noyau ; les trois autres, qui proviennent d'un décroissement par deux rangées en hauteur sur les angles inférieurs du noyau, sont inclinées sur les plans adjacents de la même quantité que les précédentes, c'est-à-dire, de cent trente-cinq degrés ; en sorte que le rhomboïdal secondaire que produirait l'ensemble des six faces, si elles existaient seules, serait semblable au noyau ; 2° *la chaux carbonatée ambiguë* : le dodécaèdre qui, dans cette variété, se combine avec le rhomboïde inverse et avec les pans du prisme hexaèdre régulier, est semblable au dodécaèdre métastatique, appelé *dent de cochon* ; mais il dépend d'une autre loi de décroissement, du genre de celles que l'auteur a nommées *intermédiaires*. Dans le dodécaèdre métastatique ordinaire, les arêtes les moins saillantes regardent les faces du noyau, tandis que les plus saillantes sont tournées vers les bords ; et d'une autre part le rhomboïde inverse ordinaire a ses faces tournées vers les bords supérieurs du noyau. En supposant que le rhomboïde inverse ordinaire se combine dans une même forme avec le dodécaèdre métastatique ordinaire, il est évident que ses faces répondront aux arêtes les plus saillantes de ce dodécaèdre ; mais, dans la variété dont il s'agit, elles regardent, au contraire, les arêtes les moins saillantes ; cela peut avoir lieu dans le cas où le métastatique résulterait de la loi et le rhomboïde inverse de la loi. L'autre cas est celui où le métastatique serait donné par le décroissement intermédiaire, et l'inverse par l'autre décroissement. La division mécanique fait disparaître cette *ambiguïté*, en prouvant que c'est le deuxième cas qui a lieu ; 3° *la chaux carbonatée sténonome* : cette variété diffère de celle que l'auteur a décrite dans son traité sous le nom de *soustractive* par l'addition des facettes. Les deux premières espèces fournissent un nouvel exemple de la loi de décroissement qui tend à produire un rhomboïde semblable au noyau. Les faces offrent un cas particulier, celui où le décroissement, ayant lieu par deux rangées, produirait un dodécaèdre dont tous les triangles, au lieu d'être scalènes, comme dans les autres cas, deviendraient isocèles, c'est-à-dire, que le dodécaèdre serait composé de deux pyramides droites, réunies base à base. M. Haüy termine en disant que ces résultats qu'il n'avait donnés que pour hypothétiques offraient comme des descriptions anticipées d'autant de produits de la cristallisation qui existaient encore dans le sein de la terre. (*Annales du Muséum d'histoire naturelle*, 1808, tome, XI, page 66, pl. 8.) — *Découverte.* — M. Monteiro. — 1812. Malgré les nombreuses explorations dont le Vésuve a été l'objet, aucun ouvrage de minéralogie ne fait mention de *la chaux fluatée* comme originaire de cette localité.

Il en faut conclure, dit l'auteur, que cette substance est extrêmement rare au Vésuve, et que, même quand on la rencontre, elle se présente toujours de manière à ne pas pouvoir être aussi facilement reconnue qu'elle l'est partout ailleurs. La chaux fluatée du Vésuve se présente soit en cristaux, soit en masses d'un volume si petit, que ce n'est qu'en l'étudiant avec beaucoup de peine et d'assiduité que M. Monteiro a pu parvenir à en déterminer la nature d'une manière non équivoque. Ce minéral se cristallise en octaèdres cunéiformes ; les différentes fractures du morceau soumis à l'expérience donnèrent la faculté de découvrir les joints naturels parallèles aux autres faces. Ainsi il demeura hors de doute que le petit cristal dont il vient d'être question présentait la vraie forme primitive du minéral du Vésuve. Conduit par cette considération importante, il fut dès lors facile de découvrir le minéral du Vésuve amorphe parmi les substances qui l'accompagnent. Enfin la régularité des petits octaèdres fut confirmée par l'observation de M. Haüy. Si l'on compare le minéral du Vésuve avec la chaux fluatée cristallisée, on voit que le minéral du Vésuve raye très-légèrement le verre, en y laissant une trace de sa propre poussière ; il se laisse entamer par la pointe d'un canif, dont la pression le fait souvent comme fendiller et éclater dans le sens d'un ou plusieurs joints naturels. Sa râclure est d'un beau blanc de neige. La chaux fluatée raye la chaux carbonatée : elle entame aussi le verre, et sa râclure est pareille à celle du minéral du Vésuve. Aux premiers coups de chalumeau, celui-ci perd son éclat et sa limpidité, en devenant blanc laiteux et peu translucide ; bientôt il se convertit en un émail blanc bien caractérisé. En tenant cet émail exposé au dard de la flamme, sa surface se boursoufle par l'élévation d'une quantité d'éminences que l'on ne peut mieux comparer qu'à de petits choux-fleurs : elles sont opaques et d'un beau blanc de neige. La chaux fluatée, traitée au chalumeau, présente les mêmes phénomènes ; mais, de plus, elle commence souvent par pétiller et éclater. Le minéral du Vésuve, réduit en poudre, et mis dans l'acide sulfurique légèrement chauffé, produit les mêmes phénomènes que la chaux fluatée, et offre le dégagement de l'acide fluorique. Jeté en poudre sur un charbon ardent ou sur un fer chaud, le minéral du Vésuve ne donne pas le moindre indice de la phosphorescence ni de la décrépitation qui ont lieu communément pour la chaux fluatée. A la flamme d'une bougie il est demeuré absolument inaltérable, et la chaux fluatée a pétillé et éclaté. L'électricité par la chaleur et l'action de l'acide nitrique, soit à chaud ou à froid, a été nulle de part et d'autre. De toutes les observations et expériences qui précèdent, l'auteur conclut que la substance examinée est une *chaux fluatée originaire du Vésuve.* D'ailleurs, appuyé de l'opinion du célèbre Haüy, M. Monteiro est autorisé à affirmer sa découverte d'une nouvelle localité d'un minéral déjà connu, et qui, se trouvant d'ailleurs abondamment répandu dans la nature, pourrait paraître peu importante, si elle n'était pas accompagnée de circonstances qui la rendent aussi intéressante qu'instructive sous d'autres rapports. On ne pouvait guère s'attendre, en effet, à rencontrer parmi les productions minérales rejetées par le Vésuve une substance dont le nom, *spath fusible*, rappelle la propriété éminente qu'elle possède de faciliter la fusion des autres minéraux et dont les gisements connus jusqu'ici ne pouvaient aucunement faire soupçonner qu'elle existât dans une pareille localité. *Annales du Muséum d'histoire naturelle*, 1812, tome XIX, page 36.

CHAUX DE CONSTRUCTION (*Examen des*). — *Observations nouvelles*. — M. Collet-Descotils, ingénieur en chef des mines. — 1813. — On préfère pour les constructions sous l'eau l'espèce de chaux désignée par le nom de *chaux maigre*, comme fournissant beaucoup moins de mortier que celle dite *grasse*. Lorsqu'on l'éteint à l'aide d'une petite quantité d'eau, elle s'échauffe à peine et n'augmente pas sensiblement de volume. On attribue cette différence à un peu d'oxyde de manganèse ou d'oxyde de fer; mais l'auteur pense que l'on n'a point fait assez d'attention à la quantité considérable de matière siliceuse qu'elle contient toujours, ainsi qu'à l'altération que cette substance éprouve pendant la cuisson de la chaux. En effet, l'analyse d'une pierre à chaux grasse des environs de Nemours n'a présenté que de la chaux et de l'acide carbonique; lorsqu'au contraire un échantillon de pierre calcaire de Senonches, qui fournit une excellente chaux maigre, a donné, outre de la chaux et de l'acide carbonique, un quart de silice extrêmement fine, avec une très-petite proportion de magnésie d'alumine et de fer. Cette silice, qui n'est point attaquée lorsque l'on dissout dans les acides la pierre de Senonches, se dissout presque en entier lorsqu'on soumet à leur action la chaux fabriquée avec cette même pierre; la silice doit se trouver par conséquent dans la chaux dans un état propre à éprouver l'action des agents chimiques, et il est très-probable qu'elle contracte par l'addition de l'eau une union intime avec la chaux, union qui doit être moins attaquable que la chaux seule par l'action de l'atmosphère ou de l'eau. Ainsi, pour qu'une chaux maigre soit bonne, elle doit contenir une grande quantité de matière siliceuse disséminée en parties très-fines. (*Ann. des arts et manufactures*, t. L, p. 329.—*Annales de chimie*, 1813, t. LXXXVIII, page 19.)

M. Vicat. — 1817. — Cet ingénieur a remarqué, après plusieurs expériences, qu'il est des chaux maigres qui ne durcissent point dans l'eau. Jusqu'ici on avait assez généralement supposé que ces chaux étaient douées de la propriété de prendre corps et de se durcir dans l'eau; mais les caractères physiques des pierres calcaires ne sont que des indices trompeurs de leurs qualités comme pierres à chaux. On transforme les chaux communes en chaux maigres d'une qualité supérieure à celle des chaux maigres naturelles, en les laissant tomber spontanément en poudre, en les pétrissant après avec une quantité convenable d'argile, soit blanche, soit grise ou brune, et en faisant cuire le mélange. Un des effets de la calcination sur les pierres à chaux maigres est de rendre soluble, dans les acides, la portion de silice qu'elles contiennent. La pierre calcaire passe par diverses couleurs avant d'arriver au terme ordinaire de la cuisson; or il est un degré de cuisson où une pierre à chaux commune, sans être frittée, ne s'éteint pas dans l'eau, mais donne, lorsqu'on la réduit mécaniquement en poudre fine, une pâte qui durcit à la manière des chaux maigres. L'extinction par immersion n'a d'autre effet que d'empêcher la chaux de prendre tout le développement qu'elle aurait pris par l'extinction ordinaire. L'extinction spontanée produit un effet semblable; mais elle donne en outre aux chaux communes des propriétés toutes contraires à celles qu'on a supposées jusqu'à ce jour. La dureté des hydrates de chaux dépend beaucoup de la quantité d'eau qu'on emploie pour former la pâte. Certaines chaux communes, très-grasses et blanches, peuvent former, par le seul concours de l'eau, des corps aussi durs qu'une foule de pierres naturelles, et recevoir un beau poli; mais il faut employer le procédé ordinaire d'extinction (non l'immersion, comme le prétend M. Sage), et donner à la pâte une consistance ferme. L'action de l'air augmente avec le temps la dureté des parties de ces corps qu'elle peut atteindre. Les chaux maigres, surtout celles qui sont colorées, ne donnent, par le seul concours de l'eau, que des corps légers et friables. L'action de l'air en augmente aussi la dureté, mais pas assez pour la rendre égale à celle qu'elle communique aux hydrates de chaux grasses. Les résistances des hydrates en général ne sont point proportionnelles à leurs duretés. Par résistance on entend la force que les corps opposent quand on essaye de les rompre en tirant. Les hydrates de chaux maigres résistent dans l'eau; les hydrates de chaux grasses au contraire, s'y ramollissent et finissent par s'y dissoudre. (*Annales de chimie et de physique*, 1817, t. V, p. 387.) — 1820. — On appelle *chaux grasses* celles qui proviennent des pierres qui se rapprochent beaucoup du marbre par la pureté: elles sont pour l'ordinaire fort blanches; elles foisonnent beaucoup par l'extinction et donnent lieu à une pâte forte et liante. On donne au contraire le nom de *chaux maigres* à celles qui proviennent des pierres tenant en quantité notable de la silice, de l'alumine et du fer; ordinairement grises ou d'un jaune sale, elles foisonnent très-peu par l'extinction, et donnent une pâte courte et peu tenace. Les chaux grasses réduites en pâte par l'extinction ordinaire, et placées ensuite sous l'eau ou dans un bassin imperméable, recouvert de sable ou de terre, peuvent s'y maintenir à l'état pâteux pendant plusieurs siècles ; divisées au contraire en solides d'une petite dimension, et exposées au contact de l'air et à couvert, elles contractent, par le double effet de la dessiccation et de l'acide carbonique répandu dans l'atmosphère, une dureté très-remarquable : elles deviennent même susceptibles d'un fort beau poli. Les chaux maigres en général, traitées comme les premières, et placées soit dans l'eau, soit dans un bassin, y durcissent en peu de jours, et elles formeraient à la longue une espèce de pierre tendre qu'on ne pourrait enlever qu'au pic. Exposées à l'air, elles prennent une consistance crayeuse, sans pouvoir jamais recevoir le poli. Ces faits n'offrent d'exception que pour la chaux maigre dont la silice a résisté à la chaux pendant la cuisson, et ne se dissout point dans les acides ; cette chaux se comporte à peu près comme la chaux maigre. Ainsi le nom de *chaux maigre* cesse d'être caractéristique, puisqu'il en existe de telles qui ne jouissent pas de la propriété de durcir dans l'eau : c'est par cette raison que l'on a proposé de donner aux autres le nom de *chaux hydrauliques.* La qualité des chaux hydrauliques naturelles ne dépend que de la présence d'une certaine quantité d'argile, combinée par le feu avec la matière calcaire ; des expériences faites en grand ont confirmé d'une manière très-certaine qu'on peut maintenant fabriquer de la chaux artificielle supérieure aux chaux naturelles analogues. *Annales de chimie et de physique,* 1820, t. XV, p. 365.

CHAYE, *Radix orixincis.* (Sa culture, et manière de se servir de sa racine pour fixer les couleurs.) — *Observations nouvelles.* — M. Le Gouy de Flaix. — An XII. — Le chaye est une plante vivace ; on l'arrache chaque année pour la replanter, ce qui a pu faire croire qu'elle était annuelle. On la cultive dans les terres légères et sablonneuses ; elle vient aussi dans les contrées des côtes orientales, dans la presqu'île en-deçà du Gange, nommée par les géographes indous partie méridionale de l'Inde ; ce qui semble annoncer que cette plante est indigène à ce pays. Elle ressemble au gramen ; elle forme des touffes plus ou moins considérables, composées de dix à douze tiges triangulaires, et de la grosseur d'un tuyau de plume. Elle ne s'élève qu'à huit ou dix pouces ; ses feuilles, larges de près de deux lignes et longues de six à sept pouces, sont d'un vert clair, elles sortent toutes du pied des tiges. Ses fleurs, très-petites, sont couleur de chair, et un peu bleuâtres, disposées en rose, le long du sommet des tiges comme celles de la lavande ; elles ont un petit calice monophylle, cinq très-petits pétales presque inodores au milieu desquels sont placés trois filets très-déliés, appuyés sur le fond du calice, où est le pistil ; ces filets sont un peu plus longs que les pétales, et surmontés chacun d'une corolle si déliée qu'on l'aper-

çoit à peine. Lorsque les pétales sont tombés, il leur succède une petite capsule oblongue, un peu aplatie, renfermant une semence rougeâtre de la grosseur de celle du tabac. La fleur est si petite qu'il est impossible de la tenir entre les doigts pour l'observer. C'est la racine de cette plante, si utile aux arts de la teinture ou de la peinture sur toile, qui a donné le nom à ce végétal.

On préfère le chaye de la côte d'Orixa à celui de Coromandel, qui ne s'emploie que pour les marchandises communes, tandis que celui qui se récolte depuis Ongol jusqu'à Visigapatan, sert à fixer les couleurs fines que l'on emploie pour les mouchoirs faits à Madras, à Saint-Thomé, etc. Les racines de ce végétal ont quelquefois jusqu'à deux pieds de long ; on choisit pour l'usage des teintures fines, celles des plantes qui ne donnent que des racines de huit à douze pouces ; l'expérience a prouvé que les petites avaient plus de vertu que les longues. Elles sont toutes pivotantes, grosses comme celles du chiendent, et forment une touffe épaisse autour de la plante. Elles sont jaunâtres quand elles sont fraîchement cueillies, et deviennent couleur de paille en se desséchant ; alors elles donnent à l'eau, par décoction, une légère nuance de rouge. En les arrachant de terre, on les secoue pour en faire tomber la terre sans jamais les laver. On transporte la touffe deux fois par an dans une terre préparée à la charrue ; on plante les plus petites tiges après qu'on a tondu leurs racines. M. Le Gouy rapporte qu'ayant laissé, après la décoction, infuser pendant une nuit quelques racines de chaye, il en trouva l'eau rougeâtre ; il y ajouta un peu d'alcali fixe, et aussitôt la décoction se trouva chargée d'une fécule jaune qui se précipita et avec laquelle il teignit du coton qui était aluminé. Le contraire est arrivé dans une infusion de safran des Indes (la terre-mérite) ; elle est d'un beau jaune, très-brillant ; et en y mêlant de l'eau de chaux, la teinture prend une couleur rougeâtre. Les vases de terre cuite, les seuls où l'on fait la décoction de racine de chaye, se trouvent enduits d'un vernis qui a une nuance violette assez belle. Les Indiens, pour teindre et peindre en rouge les toiles de coton et le fil avec lequel ils fabriquent les mouchoirs, donnent d'abord au fil ou à la toile, déjà décruée, une certaine préparation.

On les fait tremper dans du lait de bufle ou de brebis, mêlé avec du myrobolan réduit en poudre : sur deux pintes de lait on met deux onces et demie de la poudre de myrobolan ; on augmente les proportions suivant la quantité de toile ou de fil. On les met dans ce mélange pendant dix à douze heures, ensuite on les tord et on fait sécher au soleil, après quoi on les lave dans une eau courante ; mais cette fois on les laisse sécher à l'ombre. Pour les rendre plus lisses, on ploie en plusieurs doubles les écheveaux de fil, et on les bat fortement avec un rouleau de bois dur, en les posant sur une pièce de bois cylindrique, aussi de bois dur ; on change les plis de temps en temps, pour que la battue soit égale partout. Le lait mêlé avec la poudre de myrobolan a la propriété comme étant un corps gras, joint à un acide astringent, d'empêcher les couleurs de baver et de s'étendre sur la toile, et cette préparation ajoute aux autres mordants de la force sans nuire ni au fil ni à la toile. Sur deux pintes d'eau de puits la plus séléniteuse, on met deux onces d'alun pulvérisé, et quatre onces de bois de sapan concassé. Ce bois, nommé *vartangen enta-moul*, et commun dans l'Indoustan, donne une belle couleur rouge : pour l'animer davantage on y ajoute une once de bois de santal rouge. On tient ce mélange exposé au soleil pendant deux jours, ayant atten-tion de le remuer de temps en temps pour qu'il n'y tombe ni ordure ni poussière, surtout aucun acide, ni aucune partie de sel marin. Ensuite on le fait cuire pendant une heure à un feu modéré. Si l'on veut que le rouge soit plus foncé, on augmente la proportion de l'alun jusqu'à la dose to-tale de quatre onces. Il est nécessaire d'em-ployer des eaux crues ; aussi celles de Ma-zulipatan, qui ont cette qualité au plus haut degré, sont réputées les meilleures pour faire cette teinture ; et les fils et toiles qu'on y teint sont d'un rouge plus vif, plus foncé et plus durable que ceux des autres pays. Les eaux de Paliacate, situées dans le haut de la côte de Coromandel, à dix lieues de Madras, tiennent le deuxième rang, celles de cette dernière ville le troisième, et celles de Pondichéry de Trinquebar et de Négapatan dans le sud de la même côte, le quatrième rang. Quelle que soit la vertu de ces eaux, la couleur ne serait solidement fixée ni sur le fil ni sur l'étoffe, et ne serait pas aussi brillante, si on ne les passait pas dans la décoction faite avec la racine du chaye.

On réduit les racines en poudre impal-pable dans un mortier de granit et non de bois pour la teinture du fil, on les brise pour la peinture des chites : les Indous donnent la préférence au premier moyen, parce que, disent-ils, le bois nuirait à la vivacité des couleurs et à la propriété de la racine, que l'on est obligé d'humecter légè-rement pour la réduire en poudre ; autre-ment l'eau dissoudrait les parties extrac-tives du bois qui, se mêlant à la racine, en altéreraient la vertu et la couleur, puisque la poudre du chaye se chargerait des parties extractives résineuses, ou de la gomme du bois dans lequel on pilerait. Sur trois livres de poudre de cette racine on met environ dix pintes d'eau de puits tiède ; on agite ce mélange avec une spatule de bois blanc, dont on fait dégorger toute la sève en le mettant tremper pendant quelques jours dans de l'eau de chaux. Cette décoction ne donnerait qu'une nuance terne, sans ton de couleur, et qui ne serait pas agréable ; mais elle sert à aviver, à fixer la couleur rouge

du bois de sapan, ainsi que toutes les cou-leurs violettes, vertes, jaunes et même celle de l'indigo. On plonge la toile ou le fil dans cette décoction, qu'on tient sur le feu à un degré de chaleur que la main peut suppor-ter ; on tourne le fil et l'étoffe en tous sens pendant une demi-heure, afin qu'ils soient bien pénétrés ; on augmente le feu jus-qu'à ce que les mains ne puissent plus sou-tenir la chaleur ; alors on laisse refroidir la liqueur pour retirer l'étoffe. Lorsque la chaleur est dissipée, on retire la toile, on la tord fortement en et la garde roulée en elle-même jusqu'au lendemain dans l'état de l'humidité. Alors on la lave dans plu-sieurs eaux, on la fait sécher à l'ombre, puis on la fait tremper dans une eau qui tient du sel marin en dissolution.

CHEMINS DE FER. — Les chemins de fer actuels furent d'abord des chemins de bois. Les bois étaient de simples planches, les wagons de petits chariots ayant trois ou quatre roues. Il fallait éviter seule-ment deux inconvénients assez graves. le choc des chariots entre les côtés de la galerie et l'obligation de les traîner derrière soi pour les guider, et ce qui, sur des plan-chers grossièrement faits, et surtout dans les pentes, était de nature à occasionner de nombreux accidents. On y parvint en adap-tant au train du chariot une sorte de crosse ou timon recourbé, dont l'extrémité glis-sait dans l'interstice laissé entre les deux madriers sur lesquels reculaient les roues. Plus tard cette crosse reçut une forme plus appropriée à sa destination et fut garnie d'un galet horizontal, lequel, s'engageant dans la rainure, détruisait les frottements vifs. L'avant-train ainsi guidé, l'ouvrier pouvait pousser la voiture, et l'on obtenait une grande diminution dans la résistance au tirage. Il est remarquable que, dans cette première période, l'art avait atteint un de-gré de perfection qu'il n'a plus ; on avait rendu le déraillement très-difficile alors qu'il était à peine à redouter, puisque les chariots cheminaient avec une très-faible vitesse et n'étaient nullement destinés au transport de nombreux voyageurs. L'é-conomie de force qu'on obtenait par ce mode de traction dans les galeries fit penser à l'utiliser pour les mouvements qui s'opé-raient sur la surface du sol. Mais, là où l'on pouvait employer la force du cheval, il fallait faire usage de chariots plus grands, établir une voie plus large. Les roues pas-sant toujours sur la même trace, on adopta des madriers plus étroits mais garnis d'un rebord extérieur et intérieur, afin de pré-venir la déviation. Le cheval pouvant lui-même donner la direction, on supprima le guide central, et on fut ainsi dispensé de la recherche d'un moyen nouveau de l'appli-quer, moyen difficile à raison du change-ment de disposition que l'on faisait subir à la voie. Avec de semblables chemins la fa-cilité du tirage était tel, que, sur une route en plaine, un cheval pouvait tirer dix mille kilogrammes environ de houille, mais la prompte détérioration des rails opposait aux services de graves inconvénients. M. Regnauld, en 1767, proposa de substituer la fonte ou fer au bois. Les nouveaux rails, comme ces premiers, étaient plats avec un rebord, soit intérieur, soit extérieur, pour maintenir à la fois les roues des wagons. Ils étaient fixés par des chevilles de fer ou par des clous à vis, sur des pièces de bois placées en travers de la voie.

L'emploi des rails en fonte avait encore diminué de moitié la résistance au tirage. L'usage des rails dits à *ornières*, devint général, mais dans les chemins fangeux des mines, la poussière et la boue s'accumulant dans l'ornière, nuisait à la circulation. M. Sessop imagina en 1789, de réduire ces deux rebords en un seul, et de transporter ce rebord unique sur les roues, qui furent dès lors munies intérieurement de joues saillantes. Par suite de cette modification, la forme des roues et des rails, la manière d'assembler ces dernières sur des chairs en fonte de fer et des dés en pierre, ou des traverses en bois, se trouvèrent à peu de chose près ce qu'elles sont aujourd'hui. Mais les rails en fonte étaient très-courts ; les jointures multipliées engendraient des défectuosités que la petitesse des roues rendait sensibles au point d'amener de fréquents déraillements. On pensa qu'en fixant définitivement ces deux roues sur des essieux parallèles, on remédierait plus facilement à cet inconvénient par la résistance que se prêteraient mutuellement les roues. Cette disposition fut généralement adoptée, quoique le parallélisme des essieux créât une résistance nouvelle dans les courbes, par suite du glissement forcé de l'une des roues.

En 1820, l'application du laminoir à la fabrication du fer permit de remplacer les rails de fonte très-courts par des rails de fer malléable quatre ou cinq fois plus longs. Depuis 1820 jusqu'à ces dernières années, on n'a plus à signaler aucun progrès sensible dans la fabrication des rails, ni dans la manière de les assujettir.

Vers cette même époque, l'usage des chemins de fer s'étendit définitivement au transport des voyageurs. Les wagons furent d'abord traînés par des chevaux, auxquels on adjoignit bientôt des machines à vapeur de six à huit chevaux (système Ewans). En 1816, on voyait près de Cardif, dans le Glamosganshire, ces appareils conduisant dix à douze wagons de houille. Les paysans ôtaient leur chapeau sur le passage des convois et saluaient avec admiration ce qu'ils nommaient *iras-horse*, cheval de fer.

Ces moteurs si lourds et si imparfaits produisaient à peine assez de vapeur pour une vitesse de deux mètres environ par seconde ; moins de deux lieues à l'heure. Vers 1830, Stephenson appliqua pour la première fois aux locomotives les chaudières à tubes générateurs, que notre célèbre ingénieur Séguin avait inventées et livrées à l'industrie en 1827. Ces chaudières fournirent immédiatement une vitesse qui dépassa tout ce qu'auparavant on n'eût pas jugé possible. Mais la première expérience faite le 15 septembre 1830, fut portée à quinze lieues à l'heure ; dans des essais postérieurs, elle a été poussée jusqu'à trente et quarante lieues. En réalité, la vitesse avec laquelle on peut voyager sur les chemins de fer n'a point de limites ; on n'a pas voulu, ou n'a pas pu la porter jusqu'ici à plus de douze lieues à l'heure. La nature de la voie, la forme et le mode d'établissement des rails, le système de construction des wagons et des machines, sont loin de présenter des garanties suffisantes de sécurité pour que l'on ose aller au delà, mais il n'est pas douteux que, dans un temps peu éloigné, on sera en mesure de profiter de toute la vitesse obtenue dans divers essais.

CHEMINS DE FER. — Nous ne pouvons entrer ici dans le détail des diverses applications successives qui conduisirent à la construction des rails-ways, tels qu'ils existent maintenant. Nous renvoyons également aux traités spéciaux pour tout ce qui concerne les travaux de terrassements, les ouvrages d'arts, la construction des chaussées, la pose des rails et coussinets, la forme des wagons, etc. Nous arrivons de suite au tracé des chemins de fer, empruntant ce qui suit aux leçons faites à l'école des ponts et chaussées par M. Jullien, ingénieur du chemin de fer d'Orléans:

« Pour toute voie de communication, la voie proprement dite, et les véhicules ou moteurs destinés à la parcourir, doivent être considérés comme les parties solidaires d'un même ensemble mécanique. Aussi pour ces chemins de fer, le tracé dépend directement de l'influence qu'exercent sur la marche des locomotives les ondulations du profil longitudinal en élévation et en plan.

« Examinons d'abord le mouvement de la locomotive remorquant un convoi sur une ligne de niveau, et voyons l'effet qu'elle est capable de produire, soit quant à l'effort exercé, soit quant à la vitesse.

« Pour que la locomotive se mette en mouvement, deux conditions doivent être remplies : il faut d'abord que l'effort à exercer pour déterminer le mouvement n'excède pas les limites du grippement des roues motrices sur les rails ; il faut ensuite que la force impulsive de la vapeur sur les pistons fasse au moins équilibre à la somme des résistances de toute nature qui s'opposent à la marche de ces pistons. Chacune de ces conditions fixe, pour des états déterminés des machines et des rails, une valeur qui ne doit pas dépasser l'effort correspondant à la charge. Les deux valeurs aussi obtenues sont généralement différentes. C'est la moindre qui représente l'effort maximum que peut produire la machine. On comprend que si l'adhérence devenait égale, par exemple, au cinquième du poids supporté par les roues motrices, toute la force de la machine pourrait être utilisée.

« Le plus grand effort que pourrait aujourd'hui exercer généralement une locomotive de 16 tonnes, en cheminant sur un terrain horizontal, correspondrait à la traction d'un convoi de 260 tonnes remorqué avec une vitesse d'un peu plus de 5 mètres par secondes.

« En effet, les résistances directes, dont la somme ne doit pas dépasser la limite de l'adhérence, sont en ce cas :

1° Pour la traction de 270 tonnes y compris le tender, à 3 kilomètres par tonne . . . . . .   810 k. 00
2° Pour la résistance du vent.   87   45

En somme. . .   897 k. 45

Effort qui comme on voit, excède déjà la valeur précédemment trouvée par la limite de l'adhérence de la machine sur les rails.

« Le travail utile exercé en ce cas par la machine est exprimé par 810 kilom. 5 mèt., 4,030 kilom. 00 mèt., ce qui correspond à une force effective de 53 chevaux vapeur. Le moindre effort que la machine puisse exercer correspond à la traction du tender. On a calculé précédemment que la vitesse serait alors d'environ 16 lieues à l'heure, en terrain horizontal et l'air étant au repos, c'est-à-dire sous la seule action de la vapeur. Si la machine est appelée à exercer une action comprise entre les limites d'effort qui viennent d'être fixés, et qu'on la considère au départ, au moment où le mécanicien ouvre le régulateur, la vapeur étant dans la chaudière au maximum de tension, on voit immédiatement le mécanisme de la machine se mettre en jeu très-lentement, les roues motrices tourner sans glissement, entraîner le tender et communiquer à la première voiture un mouvement qui se transmet en s'affaiblissant de proche en proche aux voitures suivantes. A partir de cet instant, chaque nouvelle impulsion de la vapeur détermine un accroissement de la vitesse du mouvement, mais bientôt la dépense de la vapeur faite par les cylindres augmentant, et la tension de la vapeur dans les cylindres baissant en même temps que s'accroît la vitesse, il s'établit une vitesse uniforme et désormais permanente tant que l'état du convoi, des rails, du vent et de la machine ne changeront pas, et qui est telle qu'il y ait, d'une part, équilibre entre la tension de la vapeur dans le cylindre et la somme des résistances qui s'opposent au mouvement des pistons, et, d'autre part, égalité entre le poids d'eau vaporisée utilement par la chaudière et le poids de vapeur dépensée par les pistons.

« Supposons maintenant qu'un convoi plus ou moins considérable, remorqué ainsi avec une vitesse uniforme en terrain horizontal , vienne à rencontrer subitement une rampe, à l'instant même la résistance augmente, la tension de la vapeur dans les cylindres ne se trouve plus suffisante pour faire équilibre à la somme des résistances développées ; la vitesse se ralentit progressivement jusqu'à ce qu'il s'établisse une nouvelle vitesse uniforme qui convienne aux nouvelles conditions dans lesquelles la machine et le convoi se trouvent placés. Durant ce mouvement progressivement retardé, le convoi consomme une plus ou moins grande partie de la quantité de travail représentée par la force vive précédemment acquise. Si la rampe était à la fois très-longue et très-raide, il se pourrait que cette quantité de travail en réserve ne suffît plus pour aider la locomotive à franchir l'obstacle ; d'instant en instant la vitesse diminuerait ; la tension de la vapeur dans les cylindres irait constamment en augmentant, et atteindrait bientôt une valeur telle, que, insuffisante pour faire équilibre aux résistances, elle serait plus que capable de surmonter la résistance au glissement des roues ; l'adhérence étant rompue, les roues tourneraient sur place. Si au lieu d'être égale à $1/10^e$ du poids supporté par les roues motrices, l'adhérence était égale à $1/3$; les effets seraient différents.

« Lorsque les rampes sont assez longues pour que l'influence de la vitesse acquise dans les époques antérieures du mouvement ne puisse se faire sentir jusqu'à leur partie supérieure, elles ont pour conséquence d'obliger à réduire dans une proportion considérable le poids des convois que les locomotives pourraient remorquer. Ainsi, la locomotive qui peut remorquer en terrain horizontal, 128 tonnes de poids utile, ne pourra plus remorquer que 61 tonnes sur une rampe de 3 millimètres 36 sur une rampe de 6 millimètres 24, sur une rampe de 9, et 17 sur une rampe de 12.

« Dans tous les cas, une conséquence des pentes est d'augmenter notablement la dépense du combustible. Quand les pentes fortes doivent être courtes, ce sera une circonstance heureuse que de pouvoir les placer aux pieds des stations ; car, à l'arrivée, les convois useront leur vitesse sur la rampe ; au départ, ils reprendront plus vite leur rapidité de marche.

« Quand les pentes fortes doivent être longues, il sera préférable, au contraire, que les stations soient à leur pied, surtout si ce sont des stations de quelque importance. La déclivité des rampes franchies par les locomotives en service habituel ne dépasse guère 0m010. Entre 0m10 et 0m03, les plans inclinés seront desservis par des machines fixes, remorquant à la montée, ou retenant à la descente les convois au moyen de cordes.

Les machines fixes coûtent, en général, moins en entretien et en combustibles que les locomotives à égalité de puissance, et pour un travail durant le même temps. Mais leur emploi a l'inconvénient d'exiger une dépense continue et permanente pour un usage momentané, accidentel. En outre, il y a toujours temps perdu au passage des plans inclinés desservis par machines fixes ; car il faut arrêter le convoi pour attacher la corde.

« Ce sont là des motifs pour éviter l'emploi des plans inclinés, quand les circonstances pourront le permettre sans de trop grands sacrifices.

Les souterrains des chemins de fer sont habituellement plus grands que ceux des canaux ; mais il est une circonstance qui rend, par fois, malgré cela, les prix des uns et des autres assez comparables ; c'est que les souterrains des canaux sont presque toujours établis au-dessous du niveau des eaux souterraines, tandis que les souterrains des chemins de fer doivent être, autant que possible, placés au-dessus de ce niveau. On n'établit jamais les dés ou traverses immédiatement sur le fond du rocher ; le roulement des convois y serait trop rude. Loin de là, on établirait plutôt une plus grande épaisseur de ballast que sur toute autre partie de la voie ; afin d'assurer plus complétement l'écoulement des eaux à une certaine profondeur au-dessous des rails. On réserve ordinairement au ballast une épaisseur de 60 centimètres.

« La cheminée des locomotives s'élève à 4 mètres au-dessus des rails. On voit d'après cela, que la hauteur d'un souterrain de grande exploitation, ne saurait être de moins de 6 mètres à 6 mètres 50 cent., pour peu qu'on veuille conserver d'espace libre au-dessus de la cheminée de la machine. »

Donnons maintenant, d'après M. Perdonnet, quelques chiffres qui serviront à se faire une idée des frais d'entretien de la voie.

« Pour un chemin à une voie, le tonnage étant faible, et le service étant fait par des chevaux, les frais annuels varient de 6 à 800 fr. par kilomètre. Si, sur le même chemin, le moteur est la locomotive, le tonnage ne dépassant pas 100,000 tonneaux, les frais s'élèvent à 1,200 fr. sur les chemins à deux voies, de Darlington à Stokton, de Saint-Etienne à Lyon, où la vitesse est de 4 lieues à l'heure, le moteur, la locomotive ou le cheval, et le tonnage considérable, la dépense s'élève à 2,500 fr. Sur les chemins de Liverpool à Manchester, où la vitesse est considérable, elle monte à 7,300 fr. »

Parmi les divers systèmes proposés pour remédier aux inconvénients qui ont été signalés d'une manière si terrible par des catastrophes, comme celle de Meudon par exemple, en 1842, nous remarquons le frein à vapeur Raux, ou système d'enrayage à vapeur, permettant d'arrêter simultanément et en quelques secondes toutes les roues d'un convoi (locomotive, tender et wagons.) Voici l'exposé de ce système par l'auteur lui-même :

« *Des accidents sur les chemins de fer.* — L'établissement des chemins de fer en France, comme à l'étranger, a été signalé par des catastrophes si fréquentes, si terribles, qu'elles ont semblé balancer un instant, dans l'opinion publique, les immenses avantages du nouveau système de locomotion. De fait, si les accidents eussent dû se multiplier sur toutes les lignes, dans les mêmes proportions qu'aux débuts, c'eût été un sujet sérieux d'inquiétude. Heureusement, il n'en a pas été ainsi : ingénieurs, administrateurs,

ouvriers, employés, tous ont rivalisé d zèle pour vaincre les difficultés, écarter le périls et réunir au bénéfice de la vitesse ce lui de la sécurité.

« Les perfectionnements apportés dans l construction des machines, ont éloigné l crainte des désastres semblables à celui d Bellevue. La solidité des travaux d'art e de terrassements, rend impossible des ébou lements comme celui de Fampoux. L'activ surveillance exercée sur chaque voie, a fai à peu près disparaître les causes de dérail lement. En sorte qu'aujourd'hui, malgr l'immense développement qu'ont pris le railways, les accidents sont plus rares qu sur les tronçons de lignes où l'on a fait le premières expérimentations.

« *L'impossibilité d'arrêter à temps les con vois est une cause permanente d'accidents* — Parmi les causes d'accidents dont on n' pu jusqu'ici complétement se rendre maître il faut citer l'impossibilité d'arrêter court ou du moins en peu de temps, un convoi e vitesse. Les dix-neuf vingtièmes des mal heurs n'ont pas actuellement d'autre origine Trouver une force assez puissante pour en rayer simultanément ou presque instanta nément toutes les roues d'un train, serai rendre les chocs, les rencontres impossibles et faire disparaître les dernières causes de désastres auxquelles peut donner lieu l'ex ploitation des voies ferrées. »

Tel est le problème que s'est proposé l'auteur (Alexandre Raux) dans ce mémoire problème qu'il se flatte d'avoir complète tement résolu par l'application de son *frein vapeur.*

« *Modes d'enrayages usités jusqu'à présent* — Avant d'exposer le nouveau système pro posé, rappelons en peu de mots l'état ac tuel des moyens d'enrayage.

« Le premier frein en usage, emprunté aux voitures des rouliers, consistait en un levier sur lequel l'homme devait agir de tout son poids. L'inefficacité et les danger de ce procédé l'ont fait abandonner.

« Un autre frein, plus puissant, mais non sans inconvénients, se compose d'une tige verticale, munie à son extrémité supérieure d'un tourne-à-gauche, et combinée avec une série d'engrenages, de leviers et de bielles ; une roue à crochets armée d'un chiquet, empêche qu'il ne se desserre, et a pour but de soulager les bras qui le font manœuvrer.

« Une troisième espèce de frein, imitation du précédent et mû par le même procédé, se compose également d'une tige verticale qui s'emmanche dans un écrou mobile, communiquant avec deux leviers réunis, dont l'un s'articule avec une tige horizontale à laquelle obéit une série de leviers et de bielles.

« En somme, tous ces procédés témoignent d'une grande imperfection ; ils n'ont d'autre force motrice que celle de l'homme ; ils opèrent l'enrayage avec une extrême lenteur et ne sont pas sans danger pour celui qui les fait fonctionner.

« Les freins s'adaptent aux tenders, aux ·urgons de bagage et à quelques wagons.

« Dans ce dernier cas, le garde-frein oc-ape une guerite située sur l'impériale, où il doit descendre à chaque station, pour :monter dès que le convoi se met en mar-ne. L'entrée de quelques-unes de ces gue-tes se trouve à l'extrémité et entre deux .agons; l'abord en est fort dangereux et ·casionne des chutes très-fréquentes.

« L'enrayage le plus puissant est celui du nder, son chargement d'eau et de coke lui onnant sur la voie plus d'adhérence que en ont les autres véhicules. Afin de com-uniquer aux fourgons une force de résis-nce analogue, on a imaginé de les charger e lingots en fonte pesant environ cinq mille :logrammes. C'est un poids mort pour la :morque et pour lequel la locomotive 'pense de la vapeur en pure perte.

« Il faut considérer maintenant que, dans n train de quinze, vingt wagons, il n'y a s plus de six ou huit paires de roues mu-.es d'un système d'enrayage.

« Aux approches d'une gare ou d'une sta-on, le mécanicien doit s'annoncer par un oup de sifflet prolongé et suspendre l'action e la vapeur. Il serre en même temps le ein du tender. Si la marche ne se ralentit s assez vite, il siffle deux fois coup sur oup pour commander aux gardes-freins enrayer.

« Or, en admettant que tous les appels ent été entendus, que la manœuvre s'exé-te avec une rigoureuse exactitude, on ne rvient à arrêter complétement un train de tesse, sur un terrain de niveau et dans les nditions de sécheresse ordinaire, qu'à une stance de mille à quinze cents mètres.

.« Aussi l'arrivée d'un convoi sur un autre i stationnement, comme à l'accident d'En-nien; la rencontre de deux trains marchant r la même voie en sens inverse, comme celui de Poitiers du 18 septembre der-ier; un embarras sur la ligne, près s gares et aux chemins de niveau; des arrettes, des hommes, des bestiaux surpris, s éventualités et mille autres semblables ndent inévitable une catastrophe. Le mé-nicien a beau *battre contre vapeur* et ap-ler tous les conducteurs aux freins, il est possible de maîtriser la vitesse.

« Les signaux d'arrêt placés seulement à nq cents mètres, ne suffisent pas à préve-ir un malheur. Il faudrait que le méca-icien les aperçût d'un kilomètre; or, les ourbes, l'état de l'atmosphère, les ponts, s passerelles interceptant la vue ne per-iettent souvent de les voir qu'en passant près.

« L'imperfection de ce procédé a provoqué s études des inventeurs. De nombreux rojets se sont produits depuis l'établisse-ient des chemins de fer. Aucun n'a encore éussi à fixer l'attention; en sorte que le roblème reste entier, sauf la solution qu'en ropose ce mémoire.

« Si la vapeur est assez puissante pour ettre en mouvement un train, elle ne doit pas être moins efficace à l'arrêter : telle est la pensée qui a présidé à nos recherches.

« *Avantages du nouveau système.* — Grande puissance d'action, unité et célérité dans la manœuvre, arrêt simultané de toutes les roues d'un convoi, telles sont les qualités nécessaires pour rendre un frein aussi effi-cace, aussi parfait que possible. Ces qualités nous n'en avons omis aucune dans notre système. Puissance d'action, c'est la vapeur qui agit; unité, le mécanicien met seul en jeu l'appareil; célérité, il n'y a qu'un robi-net à ouvrir et l'enrayage s'effectue dans le temps qu'un jet de vapeur de la chaudière au dernier wagon; quelques secondes pour l'opération totale.

« L'emploi de notre frein-vapeur est aussi simple que peu coûteux; il peut s'appliquer non-seulement aux tenders et aux wagons, mais aussi aux locomotives.

« Les machines systèmes Crampton sont celles qui prêtent le mieux à cette applica-tion, à cause de la disposition de leur méca-nisme, qui se trouve à l'extérieur.

« *Aperçu sommaire du mécanisme.* — Qu'on suppose un corps de pompe placé sous cha-que wagon, entre les essieux, et dans lequel doivent se mouvoir deux pistons destinés à presser, par leur écartement, les sabots con-tre les roues. Un tube passe sous tout le convoi; il est fermé à l'arrière, et s'embou-che à l'avant sur le dôme de la machine, où il prend la vapeur, qu'il distribue dans cha-que corps de pompe.

« La vapeur, en s'introduisant entre les pistons, les écarte et leur fait serrer les sa-bots, sous la pression desquels les roues s'arrêtent aussitôt; le train ne fait plus que glisser sur les rails.

« Les crémaillères, armées de ressorts à boudins, ramènent les sabots à leur état d'i-nertie, quand la vapeur a cessé son ac-tion.

« *Description détaillée.* — Venons aux dé-tails :

« Un châssis est disposé sur les boîtes à graisse des roues pour supporter les princi-pales pièces de l'appareil. Le corps de pom-pe, d'une longueur de 25 centimètres au plus, et d'un diamètre intérieur de 20 cen-timètres environ, repose sur une traverse en fer parallèle aux essieux.

« *Corps de pompe et pistons.* — Le corps de pompe n'offre rien de particulier. Les pistons, pleins et cylindriques, diffèrent de ceux employés jusqu'ici, non par leur for-me, mais par leur usage; ils n'ont pas à pro-duire un mouvement de va-et-vient, ils pres-sent simplement les sabots sur les roues.

« A cet effet, ils sont prolongés par des tiges en fer filetées d'un bout, et fixées de l'autre contre une pièce en fer cintrée.

« Entre les extrémités des pièces cintrées et les roues, sont les sabots en bois. Les pistons entraînent dans leur course tout l'appareil, et opèrent l'enrayage à mesure que les sabots s'usent; des écrous, placés à l'extrémité filetée des tiges en fer faisant suite aux pistons, permettent de rapprocher des roues les pièces d'enrayage.

« *Ressorts pour faire cesser l'enrayage.* — Les ressorts à boudins, distendus par l'écartement des pistons, reprennent leur position dès que la vapeur n'agit plus, et ramènent en même temps les pièces cintrées et les sabots.

« *Tuyau de distribution.* — La difficulté du problème, c'était la construction du tuyau distributeur.

« Ce tuyau doit, en effet, offrir assez de résistance pour ne pas se déchirer sous l'action de la vapeur, assez de flexibilité pour ne pas se rompre dans les courbes de la voie et les secousses de la marche. Aussi nous ne nous sommes pas arrêtés à l'idée d'un tube fait d'une seule pièce.

« Chaque wagon est muni en dessous, et longitudinalement, de son tuyau de distribution, parfaitement cylindrique d'un bout sur une longueur de 40 centimètres environ, fileté de l'autre bout pour recevoir un écrou en forme d'entonnoir.

« Cet écrou permet de presser à volonté une garniture ou bague en caoutchouc destinée à empêcher toute fuite de vapeur.

« L'extrémité cylindrique du tube d'une voiture s'emmanche dans l'extrémité conique du tube d'une autre voiture.

« A l'assemblage des trains, il pourrait se faire que les deux extrémités similaires du tuyau se présentassent ; il faudrait alors retourner le wagon ; ce serait une perte de temps. Afin de parer à cet inconvénient, on peut recourir à la disposition suivante :

« Le tuyau de chaque wagon se termine de la même manière aux deux bouts. Il ne doit pas dépasser les tampons ; on a soin, au contraire, de le tenir plus court d'une longueur égale au raccourcissement dont ils sont susceptibles. L'assemblage se fait alors à l'aide d'un manchon mobile. Les extrémités du tube fixe peuvent être cylindriques ; dans ce cas, le manchon est conique des deux bouts ; ou mieux, c'est le tuyau de jonction qui est cylindrique, et les extrémités du tube fixe sont en forme d'entonnoir.

« L'assemblage des tuyaux, rendu imperméable par des garnitures en caoutchouc, leur laisse néanmoins assez de jeu dans le sens longitudinal pour qu'ils puissent rentrer les uns dans les autres et suivre le mouvement des tampons. Cet assemblage n'exige aucune précaution et s'effectue naturellement par l'accouplement des wagons.

« Le tube distributeur doit être fermé à l'arrière du convoi. Nous n'avons pas imaginé pour cela une voiture spéciale à placer en dernier, comme on le fait aujourd'hui pour les freins à la main. Ce serait une perte de temps pour la formation des trains. A chaque wagon le tube est muni d'un robinet qui peut s'ouvrir, se fermer, et permettre ou intercepter le passage de la vapeur La dernière voiture a seule son robinet fermé.

« Le tuyau de chaque wagon est fixé par le milieu au corps de pompe ; afin de combiner les exigences de la solidarité et de flexibilité, nous lui donnons en outre pour support, à chaque bout, un anneau concentrique à un plus grand cercle. Le cercle fixé au châssis, et l'anneau tient au cercle par quatre ressorts à boudin placés perpendiculairement deux à deux ; l'élasticité de cet appui fait que le tube n'éprouve jamais ni tension ni raideur.

« Nous avons imaginé ce moyen pour éviter la dépense de rotules d'articulation, dont l'emploi exige un travail de grande précision.

« Le tube prend la vapeur au dôme de machine et la conduit entre les pistons au moyen d'un bout de tuyau en retour d'équerre, attenant au corps de pompe.

« Le mécanicien, quand il veut arrêter ouvre un robinet qui met le tube distributeur en communication avec la chaudière Le jet de vapeur arrive en quelques secondes dans tous les corps de pompe jusqu'à l'extrémité du convoi.

« Dans les grands froids, il serait sans doute utile de donner une enveloppe faite d'une substance non-conducteur du calorique.

« La fermeture du robinet d'alimentation et l'ouverture d'un robinet d'échappement font cesser l'enrayage.

« Il nous reste maintenant à établir par le calcul la dépense de la vapeur que nécessitera notre système, sa puissance d'action et la durée de la manœuvre.

« *Dépense de vapeur.* — Le tube en cuivre de quatre centimètres de diamètre, présente une capacité de 7 décimètres environ par voiture, soit pour un train de dix wagons, 70 centimètres cubes ; c'est moins que la capacité d'un seul cylindre de locomotive. Nous estimons que la dépense de vapeur nécessaire à produire l'enrayage ne fera pas baisser la pression dans la chaudière d'un cinquième d'atmosphère. On peut s'en faire une idée si l'on considère que, dans la mise en mouvement d'une machine, dont les énormes cylindres, les boîtes à vapeur, les tuyaux d'introduction sont presque froids la baisse de pression accusée par le manomètre est à peine sensible.

« *Puissance d'action.* — Veut-on connaître la puissance d'action dont on dispose ? faut multiplier la surface du piston par 1 kilog. 033 grammes, poids de la pression atmosphérique sur chaque centimètre carré et multiplier ce produit par ce nombre d'atmosphères marqués au manomètre.

« Dans le cas dont il s'agit, l'expérience démontre que le rapport du frottement à la pression est d'un cinquième de la charge Prenons un wagon de 10,000 kilog., chargement compris ; son adhérence sera de 2,000 kilog., soit 1,000 kilog. par paire de roues la pression des sabots devra donc être plus forte que cette adhérence pour vaincre la rotation ; les pistons d'enrayage devront alors présenter les proportions suivantes :

« Diamètre, 20 centimètres.

« Surface, 314 centimètres carrés.

« En effet, multipliant ces 314 centimètres par 1 kilog. 033 grammes, nous avons 324 kilog. 362 grammes ; puis multipliant ce produit par 5 atmosphères, pression moyenne de la chaudière, nous obtenons 1,621 kilog. de pression sur chaque paire de roues. Cet excédant de 621 kilog. est bien plus que suffisant pour déterminer l'enrayage et compenser le frottement des pistons, la tension des ressorts de rappel et les pertes éventuelles de vapeur résultant de quelque fissure dans l'assemblage des tuyaux.

« Si une plus forte pression était nécessaire, on l'obtiendrait en changeant la distribution de la vapeur ; on sait que, dans ce cas, l'air refoulé par les pistons dans la chaudière, a pour effet de faire monter la pression aux plus hautes limites.

« *Durée de la manœuvre.* — Nous évaluons la durée de la manœuvre d'après les données suivantes ; à 60 kilomètres à l'heure, vitesse moyenne des trains express, donnent environ 16 mètres par secondes ; prenons six secondes pour arrêter la rotation des roues, nous aurons déjà 96 mètres de parcourus ; à partir de ce moment jusqu'à l'arrêt complet du train, la théorie donne moins de 100 mètres : mais nous prenons ce chiffre exagéré en nombre rond, soit, pour l'opération totale, 200 mètres de distance et une durée de 15 secondes.

« Il est inutile d'insister sur les avantages d'un semblable résultat : la sécurité des transports fait une loi de son adoption ; quant à la dépense nécessaire à l'établissement de l'appareil, elle s'élèvera à peine au chiffre des dégâts annuels occasionnés par les chocs et les rencontres dont notre découverte doit à jamais empêcher le retour.

« *Frein à air.* — Le mécanisme dont nous venons de faire l'exposé pourrait fonctionner à l'aide d'un fluide quelconque. Il est aisé de comprendre que l'air, l'eau, pressés avec force entre les pistons, produiraient le même résultat que la vapeur. Les convois de Saint-Étienne et de Saint-Germain, qui descendent sur une pente rapide par le seul poids de leur masse, pourraient s'enrayer au moyen de l'air comprimé. Il faudrait alors faire subir au système précédemment décrit les modifications suivantes :

« Au-dessous du corps de pompe principal, on adapte et l'on fait venir à la fonte un petit corps de pompe spécial, dans lequel se meut un piston plein.

« À l'un des essieux de chaque wagon on fixe une poulie d'excentrique munie d'une bielle, attenant elle même au piston. La marche du convoi imprime, par la rotation de l'excentrique un mouvement de va et vient à la bielle, et par suite au piston, qui refoule l'air du petit corps de pompe dans le grand.

« Pendant la marche, l'air qui passe entre les pistons d'enrayage doit avoir une issue au côté opposé à celui par où il pénètre ;

sans quoi l'arrêt du train s'effectuerait dès les premiers tours de roues ; le fluide ne ferait ainsi que traverser l'appareil.

« Veut-on le comprimer et produire l'enrayage : il suffit de fermer instantanément les orifices par où il s'échappe ; le refoulement de l'air entre les pistons agit alors comme la vapeur dans le système précédent.

« Une tringle sans solution de continuité, formée par l'assemblage des tringles en fer plein dont serait muni chaque wagon, permet au mécanicien d'ouvrir et de fermer a volonté les orifices donnant issue à l'air comprimé dans ce corps de pompe principal.

« Cette tringle agit par rotation, à l'aide de petits engrenages et transmet son mouvement à tous les robinets.

« Nous n'avons pas besoin de nous arrêter à décrire les procédés d'assemblage de la tringle ; ce que nous avons dit de l'articulation du tube de distribution nécessaire au frein à vapeur suffit à faire comprendre qu'il n'y a pas là de difficulté.

« *Frein à eau.* — L'eau qui n'est pas compressible agirait sans doute avec plus d'énergie que l'air. Il faudrait alors adapter à chaque wagon un réservoir à eau de forme variable, d'une contenance de quatre litres environ. À part cette modification, le mécanisme est à peu près le même que pour le frein à air.

« Pendant la marche, l'eau ne ferait que passer entre les pistons et retomber dans le vase d'où elle est sortie. La fermeture de l'orifice d'échappement produit la compression du liquide et l'écartement des pistons, l'enrayage a lieu comme dans les deux systèmes précédents.

« Les effets de chacun des trois systèmes d'enrayage que nous venons de décrire nous semble infaillible ; nous ne craignons pas que la pratique vienne démentir la théorie ; tout au plus aurait-elle à indiquer des modifications de construction dans quelques pièces de l'appareil.

« Et maintenant, quel sera le sort de cette découverte ? le succès ne dépend plus de nous, nous n'avons ni voix, ni influence dans les conseils administratifs. Les moyens d'expérimentation nous manquent complètement. C'est aux compagnies et à l'autorité d'aviser.

« Nous nous estimerons assez heureux, pour notre compte, d'avoir contribué à écarter du service des chemins de fer, les périls et les désastres ; nous trouverons dans notre brevet d'invention la juste récompense de nos travaux et de nos recherches. » (*Frein à vapeur Raux, ou système d'engrenage à vapeur permettant d'arrêter simultanément et en quelques secondes toutes les roues d'un convoi (locomotive, tender et wagons) par Alexandre Raux.*

Voici l'extrait d'un mémoire adressé à l'Académie des sciences par M. Prémaux, sur un mécanisme pouvant s'appliquer aux machines locomotives pour gravir les rampes et les plans inclinés des chemins de fer.

« Ce mécanisme, dit l'auteur, consiste en deux organes que j'ai désignés par le nom de *tiges motrices*, qui s'appuient alternativement par l'action de la vapeur, sur un rail denté, fixé entre les deux rails de la voie, de manière à opérer le mouvement de la machine. Des ressorts puissants, analogues à ceux qui suspendent les locomotives elles-mêmes, sont placés comme intermédiaire entre la machine et le mécanisme, afin de prévenir toute espèce de secousse qui pourrait résulter de l'action successive de ces tiges motrices.

» Ce qui caractérise ce système, c'est le degré de puissance qu'il peut développer pour vaincre les résistances les plus considérables, parce qu'on est maître de donner aux tiges motrices et au rail intermédiaire qui leur sert d'appui, des dimensions et une solidité en quelque sorte illimitées. C'est ainsi qu'avec une seule machine d'un poids peu différent de celui qu'on donne actuellement aux locomotives, on pourrait parvenir à faire gravir à un convoi de deux cents à trois cents tonnes, des pentes susceptibles de s'élever jusqu'à cinq centimètres par mètre. L'avantage de ce système sur tous ceux qui ont été proposés jusqu'à présent pour remplir le même but, et notamment sur le système des machines fixes, c'est qu'il n'apporte aucun changement au mode actuel d'exploitation des chemins de fer, et qu'il n'entraîne aucune modification dans les conditions d'établissement du matériel. Seulement le mécanisme que je propose d'adopter serait appliqué à un certain nombre de locomotives destinées à desservir les parties montagneuses d'un chemin de fer. Avec ce nouveau moyen, qui n'exige aucune manœuvre spéciale, une seule locomotive remorquant un convoi aussi considérable qu'on voudra, pourra, sans l'aide d'aucun renfort, franchir tous les obstacles présentés par l'inclinaison de la voie aussi aisément que quand le mécanicien veut la faire avancer, arrêter ou reculer sur les autres parties de la voie. » (*Comptes rendus hebdomadaires de l'Académie des sciences*, 23 décembre 1850).

Enfin nous trouvons dans un des derniers comptes rendus de l'Académie des sciences l'indication suivante : « Désirant obtenir du gouvernement l'autorisation de faire sur une des lignes du chemin de fer, et à ses frais, l'expérience d'une invention ayant pour but de prévenir la rencontre des convois, M. Varin a soumis à l'Académie les plans et les détails de cette invention, due à un très-jeune mécanicien de Poitiers, et inspirée par la terrible catastrophe de Saint-Benoît. Ayant déjà reçu l'approbation de M. l'ingénieur de la Vienne, d'un des ingénieurs du chemin de fer d'Orléans, et de plusieurs hommes spéciaux, il espère que l'Académie, si elle juge le nouveau procédé utile, voudra bien appuyer auprès du ministre des travaux publics la demande qui doit être adressée à ce haut fonctionnaire. MM. Piobert, Combes et Seguier ont été chargés par l'Académie d'examiner les plans déposés par M. Varin. L'invention dont s'agit, doit, d'après ce dernier, empêch[er] infailliblement la rencontre des convo[is] soit en avant, soit en arrière, en préven[ant] d'une manière inévitable, et sans le seco[urs] d'aucun homme les convois qui seront e[x]posés à se rencontrer sur une même vo[ie] L'avertissement est donné par le siffl[et] même de la locomotive du convoi qui vie[nt] à la rencontre d'un autre, lequel sifflet [est] mis en action et siffle par le fait de la pr[é]sence du convoi opposé. L'effet se prod[uit] à un, deux et trois kilomètres de distan[ce] jamais à moins de deux kilomètres, que[l]quefois à trois. « Ainsi, dans le cas où [un] convoi A, parti de Paris et se dirigeant [à] Strasbourg, par exemple, serait retardé [ou] arrêté dans sa marche par une cause que[l]conque, si un convoi B le suit sur la mê[me] voie, lorsque ce convoi B ne sera plus q[ue] deux kilomètres du convoi, le sifflet de [la] locomotive du convoi B sifflera par le f[ait] même de la présence du convoi A, à de[ux] kilomètres ; le mécanicien aura ainsi to[ut] le temps et l'espace nécessaire pour a[r]rêter la marche de sa locomotive. Si le co[n]voi n'est pas arrêté, mais seulement s[a] marche plus lentement qu'il ne le doit, [le] sifflet du convoi B sifflera encore quand [il] ne sera plus qu'à un mètre du convoi A. [Le] mécanicien saura, par le temps écoulé ent[re] les deux sifflements de son sifflet, av[ec] quelle vitesse marche le convoi qui le pré[cède], et il pourra régler sa propre vites[se] sur la sienne. Les mêmes effets se produi[sent] dans les rencontres en avant. M. Var[in] donne, dans la suite de sa note, une de[s]cription du dispositif, description que no[us] ne pouvons reproduire ici sans le secou[rs] des figures qui l'accompagnent. » (*Comp[tes] rendu de l'Académie des sciences*, déce[m]bre 1854.)

Voici quel était le développement d[es] chemins de fer avec la dépense qu'ils avai[ent] occasionnée, à la fin de 1845 :

	kilomètres.	francs.
Belgique,	559	145,984,01.
Angleterre,	5,638	2,000,000,000
Hollande,	154	32,540,000
Allemagne,	3,140	502,400,000
États-Unis.	7,500	846,075,000
France,	986	350,000,000
Danemarck,	106	12.508,000
Italie,	228	45,782,000
Cuba,	37	7,050,000
Russie,	52	14,560,000
	16,400	3,956,980,414

SYSTÈME JOUFFROY.

Chacun se rappelle la catastrophe arrivée [en] 1842, près de Meudon. La cause de cet événe[ment], funeste à plus de cinq cents personne[s], est encore à être révélée, soit qu'elle ait écha[p]pé à l'investigation des savants, soit que ceu[x]-ci, ne connaissant pas les moyens d'en pré[venir] le retour, n'aient pas osé la publier da[ns] la crainte de nuire à une grande industri[e] qui, chez nous, n'était encore qu'à son dé[but]. Quoi qu'il en soit, la même cause exi[ste] tant toujours, on doit craindre les mêmes effets. Ainsi, ce qui est arrivé en 1842 peut encore se reproduire à chaque instant, et il n'existe pas de raison pour qu'il puisse en être autrement.

A l'époque de ce terrible événement, M. le marquis de Jouffroy se transporta sur les lieux du sinistre, il en rechercha consciencieusement les causes, et, après un examen approfondi, il crut reconnaître, dans le système importé et pratiqué chez nous, les défectuosités décrites ci-après et suivies du remède qu'il propose.

Déjà M. Arago, à la tribune législative, avait dit ces paroles remarquables : « L'art des chemins de fer est encore dans l'enfance. Ne faites pas, si vous le voulez, la part de l'imprévu, de l'inattendu, et d'ordinaire c'est la part du lion ; contentez-vous de porter votre attention sur ce qui se fait, sur ce qui existe, et vous trouverez presque partout *routine, tâtonnements, incertitude.* Des solutions sont actuellement à l'étude ; si elles réussissent, les chemins de fer subiront dans leur tracé les plus grandes améliorations ; ils pourront pénétrer au cœur des villes, sans tout renverser devant eux.... Tout le monde sent le besoin de perfectionnements ; les esprits éclairés les entrevoient, les praticiens sont prêts à les saisir ; ils ne tarderont pas à se faire jour, car le génie de l'homme n'a jamais manqué à aucun besoin social. » (M. Arago, Chambre des députés, 24 avril 1838.)

Tous les inconvénients signalés par ce savant illustre, il y a déjà quatorze ans, existent encore aujourd'hui ; les progrès divers n'ont pas changé le système ; la largeur de la voie est encore insuffisante ; les difficultés résultant de la force du tirage, de l'impossibilité de tourner sans danger sur des courbes moindres de 1,000 mètres de rayon, de gravir les pentes de 8 à 10 millimètres par mètre sans une locomotive de renfort, existent toujours ; enfin les catastrophes se multiplient sans cesse par suite des déraillements, de la brisure d'un essieu, du dérangement d'un ressort, de la moindre négligence d'un conducteur, accidents quotidiens qui compromettent l'existence des hommes et la fortune publique... Pour tout perfectionnement qu'est-il advenu ? On a fait rétrograder l'art en modérant la vitesse.

Défauts du système actuel. — Les défauts inhérents au système actuel sont :

1° Que les rails, malgré toutes les précautions prises, n'ont pas une stabilité assez grande pour éviter une sorte de vibration qui fatigue toutes les parties des véhicules ;

2° Qu'au moindre dérangement, par suite de causes multipliées et si tenues, qu'il est à peu près impossible de s'en préserver complètement, les wagons et les locomotives sortent des rails avec une déplorable facilité ; d'autant plus que, par la propriété des surfaces courbes de la jante à rebord, l'une des roues ne peut se soulever obliquement sans que l'autre n'agisse aussitôt pour l'aider à dérailler ;

3° Qu'en cas d'accident, les convois mus avec une grande vitesse ne peuvent être modérés assez à temps pour éviter les chocs des wagons les uns contre les autres ;

4° Que le système s'oppose à ce que l'on puisse suivre des courbes un peu sensibles sans le secours de moyens accessoires et de complications qui augmentent les chances de danger ;

5° Que les chances augmentent encore avec l'inclinaison des pentes ;

6° Que les dépenses des constructions et des travaux d'art se multiplient à l'infini par l'obligation forcée où l'on est de percer les montagnes et d'établir des viaducs, faute de pouvoir éviter ces obstacles, par la nécessité de suivre constamment les lignes les plus directes ;

7° Que ces travaux d'art forcés exigent de grandes dépenses d'entretien, qui dépasseront les bornes de toute prévision en vieillissant ;

8° Enfin, que la ligne droite et les courbes de grands rayons, forcées, obligent à des expropriations très-couteuses et à bouleverser le sol, à parcourir des contrées non habitées et à priver les pays populeux des bienfaits que laissent espérer les voies de fer.

Locomotion à grande vitesse. — La locomotion à grande vitesse, la création de chemins de fer qui couvriront un jour toute la France, tous les pays civilisés du monde, imposent cinq grandes nécessités auxquelles il faut satisfaire, sous peine de compromettre la fortune publique et la vie de nombreux citoyens, savoir :

1° Il faut pouvoir parcourir sans dangers de petites courbes ;

2° Franchir, sans un surcroît de dépenses, des pentes de 15 à 30 millimètres au moins ;

3° Eviter toutes les chances de déraillement ;

4° Obtenir, sans frais énormes et sans danger, de grandes vitesses ;

5° Rendre les locomotives plus légères et diminuer le poids des rails sur lesquels roulent les wagons.

A ces nécessités impérieuses le système répond par six impossibilités manifestes :

1° Impossibilité de passer par de petites courbes, car le parallélisme des essieux et la fixité des roues permettent à grand'peine de franchir sans danger des courbes de 1,000 mètres de rayon ;

2° Impossibilité de gravir des pentes de plus de 7 millimètres sans une force supplémentaire, parce que le poids de la locomotive ne peut jamais être assez fort pour procurer, avec des rails polis, une adhérence suffisante ;

3° Impossibilité d'obtenir une sécurité entière parce que la forme des rails, le mode d'établissement des wagons, le parallélisme des essieux, la fixité des roues, tout, en un mot, tend au déraillement ;

4° Impossibilité d'obtenir de grandes vitesses sans des frais énormes et sans de grands dangers, à cause de la petitesse des roues, de l'insuffisance des freins, de l'absence totale d'un système efficace d'enrayage ; parce que , lorsqu'elle a une grande vitesse sur des rails polis , la locomotive ne peut plus rien remorquer ;

5° Impossibilité de construire des locomotives légères , puisque la relation de leur puissance est dans leur poids ;

6° Impossibilité de proportionner le poids des rails au poids des seuls wagons , puisqu'ils doivent supporter en même temps le poids énorme de la locomotive.

Conclusions.

De ce qui précède, il résulte d'une manière irrécusable que le système des voies de fer importé d'outre-Manche est :

1° Illogique dans son établissement, parce que par essence il exige un tracé rectiligne, tandis que dans la réalité son cours se perd dans une série d'arcs de cercles qui se succèdent presque sans interruption.

2° Ruineux , parce que la double nécessité d'exclure les pentes de 8 millimètres et de n'admettre que des courbes d'un très-grand rayon entraîne des dépenses incalculables , suppose des ressources illimitées ;

3° Ruineux surtout pour un grand nombre de pays qu'il ne pourra jamais atteindre , et qui n'en seront pas moins condamnés à partager les dépenses de travaux gigantesques , dont ils ne recueilleront jamais les fruits ;

4° Subversif du sol , qu'il bouleversera de fond en comble, qu'il menace d'une révolution complète, changeant à l'aveugle des déserts en lieux habités , et des lieux habités en déserts ;

5° Homicide, parce qu'il est vicieux par essence, à ce point que les moyens mêmes par lesquels on espère atténuer les dangers deviennent des causes efficaces de déraillement ;

6° Homicide enfin , parce que les désastres qui ont déjà tant coûté de sang et de larmes se renouvellent à chaque instant, parce qu'un immense convoi peut encore venir se briser et s'enflammer comme à Bellevue , parce qu'une sortie de la voie qu'on ne saurait ni prévoir ni prévenir peut entraîner des centaines de voyageurs dans des précipices escarpés, des fleuves, des étangs, etc. Ces terribles inconvénients qu'il est impossible de prévoir, qui se manifestent toujours instantanément, et devant lesquels échoue la surveillance la plus suivie, l'attention la plus exacte, ont éveillé le génie des ingénieurs des deux hémisphères : partout on s'est mis à l'œuvre, quelques-uns ont reçu de grands encouragements, tous avaient droit d'espérer qu'ils seraient aidés pour parvenir à la solution utile de questions qui intéressent à un si haut degré la vie et la fortune de chacun. Partout on n'a présenté que des palliatifs..... Mais il ne suffit pas pour perfectionner les voies de fer d'améliorer quelques détails ; il faut remonter jusqu'aux imperfections du système même.

Perfectionnement réclamé. — Problème à résoudre.

Locomotives.

Les machines locomotives attendent six perfectionnements essentiels :

1° La diminution du poids ;

2° L'indépendance ou du moins la non-égalité entre les deux nombres qui expriment la vitesse des roues et celle des pistons, avec diminution de cette dernière vitesse ;

3° La conservation de la force motrice alors même que la vitesse est ralentie ;

4° L'installation de roues motrices de telle sorte qu'aucune roue ne soit poussée;

5° La faculté de tourner sans danger dans des courbes de petits rayons ;

6° De gravir des pentes égales aux pentes des routes nationales.

Wagons.

Les wagons attendent cinq perfectionnements également indispensables :

1° Une construction simple et légère ;

2° L'abaissement du centre de gravité ;

3° La facilité de parcourir, naturellement, sans moyens violents , les plus petites courbes ;

4° La neutralisation aux moyens partiels de la force centrifuge ;

5° De grandes roues qui se portent sans un mouvement de rotation excessif à de grandes vitesses.

Conclusion absolue.

Il faut :

1° Que le déraillement soit impossible ou du moins qu'il soit sans danger ;

2° Que le machiniste soit aussi libre de sa locomotive qu'un habile écuyer l'est de son cheval, qu'il puisse la séparer des wagons à un instant donné, l'arrêter dans un instant très-court , même sur les pentes, à l'aide de freins, d'enrayoirs efficaces ;

3° Que le conducteur puisse aussi à son gré enrayer tous les wagons, dominer le convoi tout entier, même la locomotive;

4° Enfin, que tous les wagons soient munis d'appareils de sûreté, qui les enrayent indépendamment de toute volonté humaine, et les maintiennent forcément à distance , alors qu'un accident tendrait à les précipiter les uns contre les autres.

Résultats.

Ces perfectionnements auront pour conséquence :

1° De faire subir au chemin de fer les plus grandes améliorations dans leur tracé ;

2° De les diriger de manière à éviter des travaux d'art ruineux pour les entreprises, désastreux pour les propriétés ;

3° De les faire pénétrer au cœur des villes, sans tout renverser devant eux ;

4° De laisser aux déserts leur solitude et de donner aux endroits peuplés une nouvelle vie en respectant le sol ;

5° Enfin, de rendre leur établissement économique, utile à tous, et d'y faire participer la montagne comme la plaine.

SYSTÈME JOUFFROY.

Solution du problème impossibilité.

Rails

Le système Jouffroy résout complétement la grande question des voies de fer.

1° La voie se compose de trois rails, dont un central et de fatigue ; les deux autres, à ornière et de roulement, placés à une surface égale à celle des voies ordinaires.

Locomotive.

2° La locomotive, d'une forme toute nouvelle est, à proprement parler, [un tricycle articulé ; elle est plus légère de 2/3 environ que les locomotives actuelles, moins compliquée. Il y a indépendance complète entre les deux nombres qui expriment la vitesse de la roue motrice et celle des pistons, avec diminution de cette dernière vitesse ; la force motrice se condense alors que la vitesse s'est ralentie; aucune roue n'est poussée ; elle possède la faculté de tourner sans danger, même dans les courbes de 10 mètres de rayon, elle gravit les pentes de 50 millimètres ; enfin, elle ne peut, dans aucun cas, dérailler; au moyen de freins très-puissants, le conducteur en est absolument maître; il peut la ralentir ou l'accélérer à volonté, l'arrêter instantanément, même sur les pentes les plus rapides, et la séparer du convoi en cas de nécessité.

Wagons.

3° Les wagons sont, comme les locomotives, articulés par leur centre et posés sur quatre grandes roues semblables à celles des voitures ordinaires tournant librement; ils sont d'une construction simple et légère. Le centre de gravité est abaissé à quelques centimètres du sol; il possède la faculté de parcourir naturellement sans agent violent les plus petites courbes. La force centrifuge est neutralisée au dernier point au moyen de freins ; le conducteur peut à son gré enrayer tous les wagons d'un convoi et le dominer ainsi en entier ; il peut les séparer les uns des autres instantanément si un cas venait à l'exiger; munis d'appareils de sûreté, ils peuvent s'enrayer seuls. Le même appareil les maintient forcément à distance, et ils ne peuvent en aucune circonstance se précipiter les uns contre les autres; enfin ils ne peuvent jamais butter par suite de brisure d'essieu ou de roues.

Spécification de ce système, breveté le 15 mai 1843, n° 224, et description du perfectionnement.

1° On remplace les deux roues motrices actuelles par une roue de grand diamètre, garnie intérieurement de segments de cercle en bois, posés en sens de la fibre de bout, c'est-à-dire de manière que la ligne de direction de la fibre soit parallèle au rayon de la roue motrice.

Cette roue peut avoir aussi un cercle de fer strié, roulant sur un rail central composé de prismes en bois placés et maintenus entre deux longrines.

Cette roue marche sur un rail intermédiaire ou central en fer placé entre les deux rails actuels, lequel rail est strié dans le sens perpendiculaire à la longueur. Elle supporte un châssis qui renferme les cylindres et autres pièces du mécanisme; ce châssis est lié à un second châssis portant la chaudière, et celui-ci a un troisième châssis servant de tender. Ces liaisons ont lieu par de fortes charnières ménagées dans le métal des châssis. Par cette disposition, la locomotive se trouve supportée par cinq roues dont la grande reçoit l'impulsion de la vapeur et entraîne tout le convoi : les quatre autres roues tournant sur leur essieu et supportant la chaudière et l'approvisionnement. L'adhérence du cercle extérieur de la grande roue sur le rail central strié lui permet de gravir sans glisser et sert à modérer sa vitesse dans les descentes, lesquelles peuvent être évaluées à 50 millimètres par mètre, égales aux plus fortes pentes des routes nationales. Enfin, la disposition qui unit les trois châssis leur permet de se prêter aux courbes, même de 10 mètres de rayon, sans éprouver les inconvénients que la force centrifuge entraîne dans le système actuel.

2° On porte la largeur de la voie à 2 mètres, mesure prise intérieurement.

3° Le diamètre de toutes les roues des véhicules composant le convoi (celui de la roue motrice étant de 2 mètres 1/2) sera de 1 mètre 1/2.

Les caisses des wagons sont suspendues au-dessus des essieux, et à 14 centimètres seulement de distance du sol de la voie. Par ce moyen, le centre de gravité de tous les véhicules se trouve au-dessus du point de suspension, et par suite le mouvement d'oscillation horizontale, dit *mouvement de lacet*, est complétement amorti, et le déraillement impossible.

4° Pour surmonter les pentes, on varie les rapports de vitesse entre le piston et la roue motrice, de sorte que l'on consomme une plus grande partie de vapeur en montant qu'en plaine; ou, ce qui revient au même, on diminue la vitesse du convoi sans diminuer la vitesse des pistons.

5° On applique un procédé d'enrayage pour la sûreté des wagons, procédé dont nous parlerons ci-après.

Exposé.

Ce nouveau système embrasse comme points principaux :

1° La stabilité des appareils sur les lignes ;

2° Un système d'enrayage pour la sûreté des convois ;

3° Un système d'articulation des wagons pour parcourir les courbes;

4° Une nouvelle organisation dans le mécanisme et la fonction du moteur ;

5° Une nouvelle disposition dans l'établissement des lignes de rails.

Nous ferons observer que les dispositions de stabilité, d'articulation et de sûreté des convois peuvent fort bien s'appliquer aux lignes de rails existantes et aux nouvelles lignes proposées par l'inventeur.

La question de nouvelle organisation du moteur exige l'établissement des lignes spéciales qui complètent ce système de réforme. On fera encore remarquer qu'on peut appliquer ces principes de stabilité et d'articulation à tous les véhicules en général qui fonctionnent sur les routes ordinaires comme sur les voies ferrées. Le caractère distinctif et les avantages de chacun de ces perfectionnements sont démontrés à l'évidence dans ce qui suit.

Mémoire descriptif.

I. Le maximum de stabilité des wagons est atteint dans ce système par :

1° L'abaissement de la caisse à quelques centimètres au-dessus des rails ; 2° la largeur de la voie ; 3° la disposition des axes des roues des wagons, du centre de gravité et des points de traction sur la même ligne horizontale ; 4° les angles d'inclinaison du centre de gravité du wagon avec le contact des roues sur les rails dans le sens longitudinal et transversal. L'abaissement de la caisse est favorable à la stabilité de l'appareil par la descente de l'appareil du centre de gravité.

Cette stabilité est encore assurée par la largeur de la voie, qu'on porte à 2 mètres au lieu de 1 mètre 1/2, ce qui augmente le développement transversal de la surface de contact où cette plus grande largeur de voie n'augmente pas la largeur du terrain, car, par la disposition nouvelle, les roues sont logées dans un tambour à l'intérieur des flancs de la caisse, qui n'excède pas la largeur de 2 mètres 20 à 2 mètres 40 que prennent les caisses actuelles ; seulement on laisse moins de saillie entre l'aplomb de la caisse et la ligne de rail. Quant à la moindre largeur des banquettes, qui résulte de l'emplacement occupé par les tambours, on peut la regagner facilement par la plus grande longueur qu'on peut donner au wagon de ce nouveau système. La disposition des axes des roues, du centre de gravité du wagon et des points de traction sur la même ligne, est obtenue par l'abaissement de la caisse et par le plus grand diamètre des roues. Cette disposition, qui produit les plus grands angles de stabilité, supprime toute décomposition de force nuisible à l'aplomb du convoi, et par cela même conduit au maximum de traction.

Système d'enrayage pour la sûreté du convoi.

II. Ce système a pour principe une disposition mécanique très-simple qui, adaptée à chaque wagon, laisse au convoi toute sa liberté ; mais lorsque, par une circonstance quelconque, il y a choc des wagons, la secousse se trouve amortie par des ressorts dont la fonction immédiate est d'agir sur les paloniers, qui, par des tiges à enrayures disposées *ad hoc*, viennent, sous forme de frein, presser fortement contre les jantes des roues par cette combinaison particulière à chaque paire de roues de wagons, et dont l'effet est d'autant plus énergique, que la secousse est plus intense ; le convoi se trouve instantanément enrayé, ce qui supprime toutes circonstances de déraillement et de danger.

Système d'articulation des wagons pour parcourir les courbes.

III. Les wagons disposés pour parcourir les courbes se composent de deux demi-wagons réunis par deux articulations, qui leur permettent un mouvement relatif horizontal. Chacun de ces demi-wagons porte sa paire de roues tournant librement sur leurs fusées ; ce principe d'articulation, qui isole chaque paire de roues, laisse à chacune des roues toute liberté d'action et décompose la longueur des wagons, pour faire suivre à tout un convoi des courbes de tous rayons.

La simplicité de ce système d'articulation se fait remarquer par : 1° l'absence de tout mécanisme, et par suite, la suppression de tout contact intermédiaire, et 2° par la libre impulsion circulaire que chaque partie de wagon reçoit de la courbure même des rails.

Nouvelle organisation dans le mécanisme et la fonction du moteur.

IV. La nouvelle locomotive se subdivise, comme les wagons, en deux parties distinctes ; le châssis de la machine proprement dite est articulé de la même manière avec le châssis portant la chaudière, le foyer, la cheminée, etc. Ainsi qu'il a été dit plus haut, la locomotive se compose d'une seule roue motrice de 2 mètres à 2 mètres 40 de diamètre, en fonte de fer, à jantes en bois, roulant sur un centre en fer étiré, dont la surface est striée transversalement, de manière à empêcher tout glissement et à faciliter l'adhérence ; chacun des châssis est supporté par une paire de roues en fer forgé, servant de guide, et s'appuie sur les rails latéraux ; ces roues tournent librement sur des portions d'essieux articulés dans le sens vertical du côté opposé aux fusées, pour permettre leur libre aplomb sur les rails latéraux ; les deux cylindres à pistons communiquent le mouvement, par l'intermédiaire de bielles et manivelles, à un même arbre horizontal placé en tête de la machine.

Sur cet arbre sont montées deux roues de transmission de diamètres différents, qui transmettent alternativement le mouvement de l'arbre horizontal à la roue centrale motrice par le moyen de chaînes s'enroulant sur des roues de diamètres différents, fixes sur l'axe de cette roue, où l'arbre horizontal placé en tête de la machine est recouvert d'un manchon d'embrayage qui est à la disposition du conducteur, pour faire engrener, tantôt l'une des pièces d'engrenage, tantôt l'autre, et varier ainsi la vitesse de la roue motrice sans ralentir la vitesse des pistons moteurs.

Résumé.

Les caractères distinctifs de cette machine peuvent se résumer ainsi :

1° Articulation horizontale des deux châssis principaux pour parcourir les courbes ;

2° Marches produites par le contact d'une roue principale à jantes en bois sur un rail central strié transversalement pour augmenter l'adhérence ;

3° Transmission mécanique pour communiquer à la roue une vitesse variable suivant les pentes, sans varier la vitesse des pistons moteurs ;

4° Quatre roues latérales libres sur des pesées, et qui sont indépendantes l'une de l'autre et articulées dans le sens vertical, pour faciliter l'aplomb de ces roues d'appui sur les rails latéraux ;

5° Communication des cylindres à un axe droit, sans coude, par l'intermédiaire des bielles et manivelles qui évitent l'emploi d'essieux coudés ;

Cette machine est donc destinée, par l'articulation horizontale des châssis de la machine et de la chaudière, et par les quatre roues latérales sur les fusées indépendantes et articulées verticalement, *à parcourir les courbes de tous rayons*; et, par la plus grande adhérence résultant du contact de la roue principale à jantes de bois sur un rail central strié transversalement, ainsi que par le mouvement de vitesse variable de la roue motrice, *à monter des pentes rapides.*

Nouvelles dispositions dans l'établissement des lignes de rails.

V. La nouvelle locomotion ci-dessus décrite exige trois lignes de rails : le rail central, qui est strié transversalement, comme on vient de le voir, constitue la ligne de fatigue ; deux rails latéraux en fer étiré, à surface extérieure plane, à dossier extérieur saillissant le niveau de ces rails de plusieurs centimètres, destinés à empêcher le déraillement des appareils qui composent le convoi, constituent les lignes de roulement. Ces rails se posent comme d'ordinaire sur les traverses des châssis.

L'Institut royal de Naples a précédé de deux mois la justice rendue (mais trop tard) au système de M. de Jouffroy par l'Institut de Paris. Mais les savants napolitains, plus francs dans leurs rapports, n'ont pas craint de condamner en termes énergiques l'administration française dans une des plus mémorables circonstances pour le pays. Voici la traduction littérale du rapport fait à ce sujet au ministre de l'intérieur du royaume des Deux-Siciles.

Institut royal de Naples.

Rapport à S. E. le ministre de l'intérieur.

« Naples, le 12 septembre 1846.

« Excellence,

« La plus grande des inventions modernes, la plus utile application de la force puissante de la vapeur est, sans contredit, le système qui permet de transporter sur les chemins de fer, avec une grande vitesse, les hommes et les marchandises. Mais, malheureusement, aucune grande entreprise du génie humain n'atteint la perfection qui paraît réservée aux seules œuvres de la Divinité; chaque jour se multiplient les récits de catastrophes arrivées sur les chemins de fer dans quelques pays, par suite des déraillements des véhicules. Trop souvent des voies si utiles aux voyageurs sont souillées de sang humain, et il semble que chaque chemin de fer nouveau ne peut être livré à la circulation sans avoir d'abord offert à la mort des holocaustes humains.

« Le déraillement d'une locomotive, la brisure d'un essieu, la rupture d'un ressort, la moindre négligence d'un conducteur, un léger obstacle rencontré sur la voie, met en péril la vie des voyageurs; il en résulte la défiance des populations à l'égard des voies de fer et une sorte de discrédit pour ce genre de locomotion. Cependant, les chemins de fer existent depuis bien des années; ils sont venus de l'Angleterre, et, importés de pays en pays, ils ont été longtemps calqués sur la première invention. Il en a été établi un grand nombre dont plusieurs fort importants; mais qu'y a-t-on jamais introduit de nouveau? Toujours on s'est borné à copier correctement et en aveugle ce qui, dans des circonstances fatales, s'était montré défectueux, ce qui avait été expérimenté et reconnu être l'origine et la cause des désastres.

« Mais que dirons-nous à ce sujet? la science a-t-elle donc épuisé tous les moyens d'améliorer cette invention? la mécanique n'a-t-elle plus d'autorité sur cette matière? n'existe-t-il plus d'hommes capables de remédier à de si grands maux, de préserver tant de vies humaines, chaque jour sacrifiées? Si, grâce au ciel; et dans ces derniers temps spécialement, des mécaniciens distingués par le génie et par le cœur en sont venus à s'occuper de ces graves questions et à proposer des modifications et des perfectionnements qui doivent être accueillis avec reconnaissance et sollicitude par tous ceux qui s'intéressent à la conservation de la vie de leurs semblables, par les savants surtout qui ont l'obligation de concourir de leurs lumières aux perfectionnements d'une invention qui, tout utile qu'elle soit à l'humanité, se classe dans un seul jour parmi les plus funestes.

« Le marquis de Jouffroy est un des premiers qui aient présenté un nouveau système de chemins de fer. Homme de cœur et de talent, il a secoué le joug de l'apathie universelle et il présente des améliorations aux chemins de fer actuels.

« En voici une courte description. Le système entier renferme plusieurs caractères distinctifs.

« 1° La stabilité des voitures sur les rails, qui s'oppose à ce qu'elles puissent se renverser ;

« 2° Une combinaison d'articulation des voitures qui leur permet de parcourir les courbes de petit rayon ;

« 3° Une combinaison nouvelle des parties de la locomotive qui ne permet pas au convoi de sortir des rails et qui le rend apte à monter des pentes très-rapides ;

« 4° Un moyen facile d'éviter les chocs et d'arrêter les voitures ;

« 5° Enfin, une nouvelle disposition dans l'établissement de la voie.

« Il importe d'indiquer ici les perfectionnements introduits pour prouver chacun des avantages dont l'ensemble constitue le *système Jouffroy*.

« Il obtient la stabilité des voitures en les abaissant jusqu'à très-peu de distance du sol; d'où il suit que le centre des appareils se trouve placé au point le plus bas; en second lieu, en élargissant la voie des rails; et enfin, en disposant tous les points de traction des voitures dans le même plan horizontal.

« Par l'effet du système d'articulation du wagon, l'inventeur a construit ceux-ci en deux demi-wagons, réunis par des articulations qui permettent à la voiture entière un libre mouvement de rotation dans le sens horizontal; le centre de traction change ainsi au passage des lignes droites aux lignes courbes, les roues tournant sur les pièces de l'essieu, lequel est fixe, suivant naturellement le mouvement; et on peut dire que chaque essieu qui porte les roues à ses extrémités se trouve dans la position normale à la ligne qui unit le centre de traction et celui de l'essieu. On comprend aisément que les wagons étant coupés en deux parties, la longueur des caisses devient très-petite, ce qui favorise le passage des convois sur des courbes de petit rayon. Et le moindre contact des roues avec une face de rails courbe donne une impulsion libre à l'articulation des wagons qui prend aussitôt le pli convenable.

« Quant à la locomotive, elle porte dans son milieu une seule roue motrice de 2ᵐ 50 de diamètre, construite en fonte de fer, mais dont la circonférence est en bois. Cette roue embrasse et parcourt un rail de fer placé au milieu de la voie; ce rail est strié transversalement afin d'empêcher tout glissement et d'augmenter l'adhérence.

« Les tiges des pistons font mouvoir un axe horizontal, qui, par le moyen d'un appareil à chaîne, fait tourner la grande roue. Deux roues auxiliaires tournent librement sur les rails de côté; sur l'axe de la grande roue sont montés deux rouets dentés, de grandeur différente, au moyen desquels le conducteur, en embrayant à droite ou à gauche, a la facilité de faire varier la vitesse de la roue motrice sans ralentir la vitesse des pistons.

« Les caractères les plus marquants de cette machine perfectionnée peuvent se résumer comme il suit :

« 1° L'articulation horizontale de deux châssis principaux pour suivre les courbes ;

« 2° Le chemin parcouru par une roue principale à surface de bois en contact avec un rail guide en fer strié transversalement pour augmenter l'adhérence;

« 3° Le mécanisme qui sert à communiquer à la roue centrale une vitesse variable selon le besoin et l'inclinaison des plans à parcourir, sans varier la vitesse ni par conséquent la puissance des pistons moteurs ;

« 4° La communication des pistons des cylindres à vapeur avec un essieu droit par l'intermédiaire de bielles et de manivelles, ce qui évite l'emploi d'essieux coudés.

« Quant aux précautions prises pour la sécurité des convois, elles consistent dans une disposition mécanique qui est adaptée à chaque wagon et qui laisse au convoi toute sa liberté et son état normal. Mais, dès que par une circonstance quelconque un choc a lieu, la secousse est amortie par des jeux de ressorts fixés aux articulations, et dont la fonction immédiate est de passer des freins contre les cercles extérieurs de toutes les roues du convoi.

« Dans cette combinaison spéciale la combinaison des ressorts est d'autant plus énergique que le choc est plus intense. Le convoi se trouve successivement et presque instantanément enrayé, ce qui le préserve de toute espèce de danger et de déraillement.

« Quant à la disposition des rails de fer, ce système exige trois lignes de rails : celle du milieu striée en travers constituant la ligne de traction ou de travail. Les deux rails latéraux ont la forme d'une équerre sur un des côtés de laquelle sont les roues du convoi. Telle est la disposition succincte du système de chemins de fer du marquis de Jouffroy.

« L'Institut royal n'ignore pas qu'à Paris on a présenté quelques objections contre l'invention et même contre les perfectionnements apportés à la locomotive. L'Institut les soumet aux lumières de Votre Excellence en les accompagnant des réponses qu'il oppose à ces objections, lesquelles ne semblent avoir été faites que sous l'impulsion d'intérêts privés.

« 1° On dit que cette voie est compliquée, dispendieuse et périlleuse au croisement de voie et aux passages de niveau, parce qu'elle est formée de cinq guides; 2° que la locomotive est compliquée et mal combinée, parce que sa roue motrice ne porte que le poids du seul mécanisme et ne participe pas de l'adhérence produite par le poids de la chaudière qui, dans les locomotives ordinaires, forme la plus grande partie du poids; 3° que les voitures sont compliquées, qu'elles ne sont pas guidées sur la voie, qu'elles auront par conséquent un grand mouvement oscillatoire, et ne resteront sur les rails qu'aux dépens des contre-guides des rails latéraux qui sont les faces en retraite d'équerre dont il a été parlé plus haut; 4° que les caisses des voitures servant d'intermédiaire à sa puissance, elles subiront tous les chocs auxquels elles ne pourront résister, quelque solidement qu'on les construise; 5° enfin (et cette objection est la seule dont on doive s'occuper), que l'adhérence dont on se flatte pour la roue du milieu sur laquelle tout le système est appuyé, sera moindre lorsque la circonférence en bois sera mouillée que celle du fer sur fer ; par conséquent, que la locomotive ne pourra surmonter les plans inclinés, et *qu'elle tournera sur elle-même sans adhérer sur le rail.*

« Les quatre premières objections ne sont, aux yeux de l'Institut, que des paroles remplies d'exagération, et qui ne s'appuient sur aucun raisonnement de la science mécanique. En conséquence, on s'abstiendra de les relever ; elles tombent d'ailleurs à la première vue du système, dès qu'on réfléchit sur sa construction.

« La dernière objection ne fait que mettre en avant une question mécanique, savoir : si l'adhérence du fer sur le fer est plus grande ou plus petite que celle du bois mouillé sur le fer. M. de Jouffroy y a répondu par l'expérience, en disant : « J'ai « monté, je monte chaque jour des pentes « avec ma locomotive, et j'oppose un fait à « une assertion » Mais l'Institut va démontrer en outre que l'adhérence du bois mouillé sur le fer est plus grande que celle du fer sur le fer, et cette différence est fixée par des chiffres, c'est le mécanisme qui nous l'apprend. Dans le cas qui nous occupe, le frottement agit rotatoirement par suite du mouvement circulaire d'un corps qui se développe sur un autre où le frottement est proportionnel à la pression. On connaît la résistance en multipliant la pression exprimée après par le coefficient du frottement, ou ce coefficient d'après toutes les tables où sont évalués les frottements de divers corps entre eux, et comme suit :

Bois sur bois,	0,40
Fer sur fer (lubrifié),	0,08
Fer sur bois mouillé,	0,26

« Donc le coefficient du bois mouillé sur le fer est à celui du fer sur fer, comme 26,08, c'est-à-dire plus que triple, et conséquemment l'adhérence de la roue centrale doit être très-grande et d'autant plus grande encore que le rail porte des stries qui redoublent cette adhérence, et, par suite de cette disposition, la roue du milieu montera et surmontera les inclinaisons les plus fortes, ce que l'expérience en effet a démontré; l'opinion de l'Institut est donc que toutes les objections ci-dessus énoncées ne sont d'aucune valeur et doivent être négligées, et que le système de M. de Jouffroy est bien utile et économique. En outre, l'Institut a été particulièrement renseigné sur ce sujet par l'un de ses membres, M. le chevalier Dagostin, qui a examiné ce système avec soin et scrupuleusement pendant son séjour à Paris, où il a vu fonctionner en grand avec la précision et la régularité la plus parfaite, sur une petite ligne de voie de fer dans la maison de campagne de M. Falcas, rue de l'Ouest, n° 14, étant présents aux expériences les autres officiers d'artillerie et un mécanicien napolitain, qui ont accompagné le chevalier Dagostin dans ce voyage en France, fait par ordre du roi, et tous sont demeurés convaincus de la perfection du système et de la réalité du perfectionnement qu'il a établi dans les voies de fer, qui procure de la sécurité aux voyageurs, et qui résout toutes les difficultés des petites courbes et des pentes rapides.

« En conséquence, l'Institut royal est d'avis qu'on doit accorder le privilége, et comme ce système n'a pas été mis à exécution dans d'autres pays, qu'il soit considéré comme invention, et le privilége porté à quinze années. Considérant d'ailleurs qu'un chemin de fer exige d'immenses dépenses et une longue durée d'exécution, l'Institut opine aussi pour imposer à l'inventeur l'obligation d'exécuter ici, à Naples, ces grandes expériences, à moins qu'il ne plaise au gouvernement de faire l'acquisition de ce système, qui devrait alors être imposé au chemin de fer qui aurait lieu ultérieurement dans le royaume des Deux-Siciles. Telle est la réponse de l'Institut à l'honorable mission qui lui a été confiée par V. Exc. dans sa dernière dépêche ministérielle du 18 avril dernier.

« *Le vice-président*, FELICE SANTANGELO.

« *Le secrétaire*, CANTARELLI.

« *Nota.* A la suite de ce rapport, il a plu à S. M. le roi des Deux-Siciles de concéder comme par réserve royale, en date du 26 septembre 1846, le privilége demandé, pour être appliqué sur la ligne du chemin de fer de Capoue à Céprano. »

PROCÉDÉ DE M. ARNOUX.

M. Arnoux n'a pas voulu créer un nouveau système de chemins de fer; il propose simplement un *nouveau mode de voitures.* Il a cru avec raison que, dans la construction des véhicules destinés aux voies de fer, on n'avait pas assez cherché à leur donner la facilité de mouvement que l'on obtient sur les routes ordinaires ; que l'on avait trop facilement admis en principe le parallélisme rigoureux et inflexible des axes, et par suite la fixité des roues. Cette disposition vicieuse, comme nous l'avons prouvé, exclut non-seulement l'emploi de courbes d'un rayon plus petit que 1,000 mètres, et augmente par là indéfiniment les difficultés des tracés et les frais d'établissement des chemins, mais elle entraîne des inconvénients majeurs :

1° Le glissement forcé de l'une des roues dans les courbes, ou même dans les parties droites, lorsque les essieux ne restent pas normaux à la direction du chemin. 2° Le rapprochement disproportionné des axes, eu égard à la longueur des caisses, ce qui met une partie notable de celles-ci en *porte-à-faux* et augmente le mouvement de lacet, qui tend à faire soulever les roues et à les faire sortir de la voie avec ébranlement et fatigue des rails et des roues. 3° Le rétrécissement de la voie ou le rapprochement des rails, ce qui enlève aux voitures perchées sur les roues la stabilité dont elles ont tant besoin, eu égard à la grande vitesse qui les amène, etc.

« On ne pourrait croire, dit M. Arnoux, que ces inconvénients, dont il est inutile de déduire toutes les conséquences, fussent à jamais inhérents aux chemins de fer, et qu'il fallût renoncer à leur faire décrire des courbes de petit rayon. Le danger de dérailler est la seule cause qui ait fait abandonner l'avantage de laisser tourner les roues sur les essieux, disposition que ferait désirer le glissement des roues dans les courbes, et la construction coûteuse des roues actuelles, qui doivent être d'une très-grande perfection et d'un diamètre rigoureusement égal. Mais il est clair que tout obstacle cesserait si les essieux, au lieu de conserver leur parallélisme, pouvaient ou plutôt devaient prendre constamment une direction normale à la voie rectiligne ou courbe : car alors cette direction guiderait les roues, et les rails seraient soulagés de tous les frottements de côté et de ceux de glissement. »

Voilà le but que s'est proposé M. Arnoux; pour l'atteindre, il adopte le système des trains de voitures ordinaires, unis par une flèche à fourche ou à trois branches, et aux quels il conserve de plus la faculté de tourner sur des chevilles ouvrières, fixées aux lisoirs supérieurs, qui supportent la caisse par l'intermédiaire des ressorts. Mais comme une indépendance aussi complète entre les mouvements de rotation propres des essieux pourrait nuire à l'exactitude de la direction des roues sur les rails, qui est imparfaitement assurée par les rebords dont elles sont armées intérieurement, l'auteur a imaginé de rendre ses mouvements solidaires, par le moyen de tringles en fer qui se croisent sous la flèche, et sont terminées par des bouts de chaînes, dont une partie vient s'enrouler sur les contours extérieurs de deux anneaux circulaires, ou couronnes directrices en bois, de même rayon, montées sur les essieux, et qui se meuvent avec eux autour des chevilles ouvrières. Les extrémités des chaînes sont solidement fixées sur chaque anneau, au moyen de brides et de boulons de tirage, et glissent à frottement doux sur d'autres couronnes, ou *sassoires* concentriques, superposées aux anneaux qui font corps avec la flèche, les lisoirs supérieurs et la caisse.

Par suite de l'égalité des couronnes directrices de l'arrière et de l'avant-train, celui-ci ne peut décrire un certain angle sans qu'aussitôt l'autre ne décrive en sens contraire un angle égal, qui oblige aussitôt les roues attenantes à se mettre sur la direction du chemin circulaire auquel l'essieu de devant est déjà rendu perpendiculaire, à l'aide de combinaisons dont nous allons essayer de donner une idée.

M. Arnoux n'a pas trouvé de meilleur moyen de diriger l'essieu de la voiture qui chemine en tête de toutes les autres, que l'emploi de quatre galets, qui s'appuient contre les faces extérieures des rails,

et sont fixés aux angles d'un rectangle formé par des étriers en fer, faisant corps avec cet essieu. Un pareil dispositif aurait évidemment de graves inconvénients, s'il devait s'appliquer à l'avant-train d'une voiture fortement chargée ; car la pression, faisant naître sur la sassoire, ou les deux couronnes flottantes de ce train, une résistance très-grande, et dont le bras du levier est comparable à celui de la pression qui agit sur les galets, ceux-ci se trouveraient soumis à des efforts violents, qui pourraient entraîner des ruptures dangereuses, et qui, dans tous les cas, donneraient lieu à d'énormes pressements et à un prompt user des axes. Mais on doit admettre, au contraire, que ces inconvénients seront bien diminués si on adapte les galets au train qui porte les roues directrices de la locomotive. Ces roues sont beaucoup moins chargées, parce que le poids de la machine est presque concentré en entier sur les roues motrices.

Si l'on a bien compris les dispositions adoptées par M. Arnoux, on verra que lors du cheminement des voitures dans une direction rectiligne, tous les trains des roues conservent rigoureusement le parallélisme et la fixité qui distingue le système ordinaire, mais que dès l'instant où l'avant-train de la voiture qui marche en tête du convoi, et que nous supposerons être la locomotive, entrera dans la partie circulaire du chemin, l'arrière-train de cette voiture, et, par suite, les deux trains de la voiture suivante commenceront à tourner en prenant ainsi progressivement une direction de plus en plus oblique, par rapport à la partie rectiligne de ce chemin. De plus, il est évident que la même chose arrivera successivement à tous les arrière-trains des voitures à mesure que les avant-trains correspondants parviendront à leur tour au point de raccordement des deux parties de route.

L'obliquité dont il s'agit soulève contre le système de M. Arnoux une objection qui n'est pas sans valeur, et qui consiste en ce que, d'une part, cette obliquité engendre un léger frottement de glissement contre les rails ; d'une autre, en ce qu'elle donne lieu à une tendance des roues de l'arrière-train à les surmonter, circonstance analogue à celle qui se présente pour le système ordinaire dans les tournants.

MM. de Kermaingant et Arago ont en outre remarqué que le plus souvent la solution géométrique du problème ne sera qu'approchée, car le point de convergence des essieux de chaque voiture ne coïncidera avec le centre de la courbe qu'autant que la flèche de chaque voiture et le timon suivant seront exactement de même longueur, et que le rayon de la couronne de chaque flèche sera moitié plus petit que le rayon des couronnes des essieux de la voiture suivante. Mais l'égalité de la flèche et du timon est une imperfection réelle, puisque plus le timon sera court, moins la roue sera oblique à la voie du passage d'une courbe à une autre, et réciproquement; il *faudra donc incessamment se contenter de la solution approchée pour ne pas retomber dans un inconvénient plus grave.*

M. Arnoux a expérimenté son système sur une grande échelle dans un chemin construit à Saint-Mandé, et dont le développement égale 1,142 mètres formant un circuit fermé. Le convoi se composait de la locomotive, du tender de plusieurs voitures à quatre ou six roues et d'une plate-forme. M. Morin, si exercé aux maniements des instruments dynanométriques, a bien voulu évaluer lui-même sa résistance. M. Arago affirme qu'il résulte de mesures précises que la courbe de la voie n'ajoute rien aux résistances; que l'égalité de frottement et de résistance sur les parties courbes et droites du chemin de fer, quand la voiture sera construite selon le système de M. Arnoux et que les vitesses ne dépasseront pas certaines limites, est complétement établie par les expériences de Saint-Mandé.

Que conclure de cette description et de ces faits? Que les voitures de M. Arnoux ont des avantages réels sur les voitures actuelles, qu'elles permettent de franchir sans glissement et sans résistance des courbes d'un petit rayon; cela nous semble évident. Mais n'est-il pas certain aussi que le mode de direction de la première voiture à l'aide de galets roulants sur les rails, est un moyen forcé; que les voitures de M. Arnoux sont d'une complication extrême; que son invention est une solution *très-complexe et approchée* d'un problème susceptible d'une solution toute naturelle et toute facile.

Si l'emploi des galets n'entraînait pas des frais élevés d'établissement et d'entretien, si leur ajustement ne souffrait pas de grandes difficultés, M. Arnoux l'aurait étendu à toutes les voitures, ce qui était, ce semble, naturel, dès qu'on admet que ce mode de direction est bon. Mais la solution eût été environnée de prestiges.

En résumé, le système de voitures de M. Arnoux, quoique avantageux sous plusieurs rapports, offre les inconvénients suivants qui ne sont pas sans gravité:

1° Obliquité de la roue par rapport à la voie, à l'entrée et à la sortie des courbes.

2° Multiplication indéfinie de chaînes, barres, couronnes, chevilles, et autres pièces pouvant donner lieu chacune à un accident.

3° Emploi de galets directeurs, devant exercer dans les courbes une pression assez forte; elle était de 483 kilogr. dans les expériences de Saint-Mandé; les quatre galets sont indispensables à la direction du convoi; avec un galet de moins, il a été impossible de marcher; on assure aussi qu'à Saint-Mandé un des galets s'est brisé, et que cet accident a fait sortir la locomotive de la voie.

4° La force motrice est obligée d'imprimer au même instant le mouvement à toutes les voitures du convoi, lequel, à

cause du mode de liaison, forme un tout indivisible.

Dans le système actuel, où les wagons sont unis non par des barres inflexibles, mais par des chaînes mobiles, la locomotive qui commence à marcher n'agit d'abord, dit M. Minard, « que sur un wagon, puis les masses réunies de la machine et du premier wagon agissent ensemble sur le second, et ainsi de suite, de sorte que l'inertie totale du train est vaincue en détail. » Rien de semblable ne peut avoir lieu dans le dispositif de M. Arnoux. M. Minard ajoute: «L'action des machines sur des masses aussi considérables (un convoi tout entier) donnerait lieu à des accidents fréquents et à une prompte détérioration des équipages. » Nous reviendrons plus tard sur cette objection dont nous n'admettons pas la *réalité.*

5° La manœuvre nécessaire pour séparer une voiture du convoi sera incomparablement plus difficile, parce que les timons ou barres rigides qui unissent les voitures, ainsi que les chaînes qui sont attachées aux couronnes des flèches et des essieux, ne pourront être enlevés et remis en place sans un temps plus ou moins long.

6° Dans les courbes, le convoi ni aucune partie du convoi ne pourra reculer à moins qu'on ne fixe une seconde couronne à chaque flèche, qu'on n'arme de galets la dernière voiture; encore faudrait-il changer les attaches des chaînes, et ce sera dans tous les cas une complication nouvelle qui n'a pas encore été essayée.

7° Les caisses de M. Arnoux, plus élevées et moins appuyées sur leur largeur, ne portant que sur deux couronnes d'avant-train très-rapprochées, sont moins stables que les voitures actuelles; les essieux portent la charge au milieu de leur longueur, et on sera forcé de leur donner plus de force afin de prévenir la flexion.

8° Il faudra consolider la flèche et les brancards courbes de la locomotive par un troisième essieu fixé au milieu de l'intervalle des trains et porté sur deux roues en saillie, à larges bandes, avec ou sans rebords.

Ce n'est pas tout: M. Arnoux a diminué sous un rapport les chances du déraillement, mais il est encore possible et probable, et il faut arriver à le rendre comme impossible. L'appareil directeur peut se fausser, les galets peuvent échapper aux rails; les galets sont cependant les seules garanties de salut, puisqu'il semble que les roues motrices de M. Arnoux doivent être dépouillées de leurs rebords.

Répétons encore que nous ne nous faisons pas les adversaires d'aucun système, et moins encore du système de M. Arnoux. Si nous avons énuméré en détail les inconvénients qu'il présente, et qui ont été signalés par des juges bienveillants, c'est moins pour le combattre que pour faire ressortir l'importance du problème, et l'incomparable simplicité de la solution que nous aurons bientôt à décrire, solution qui bien certainement n'entraînera pas les frais d'entretien que l'on peut redouter, avec raison, dans le système de M. Arnoux.

PROPOSITIONS DIVERSES.

Nous n'avons aucun renseignement précis sur l'invention ingénieuse de MM. Bénau et Wilback, tendant au même but que le système de M. Arnoux. Ce que nous savons c'est que M. Wilback disputant à M. Arnoux la priorité de son idée, les deux inventions doivent présenter les mêmes avantages et les mêmes inconvénients.

MM. Dumoulin père et fils proposent une seule chose : munir le tender et les wagons d'un appareil d'enrayage ; il se compose de deux barres de fer d'égales dimensions, crochées au milieu, où elles sont maintenues par une tige qui les traverse perpendiculairement et qui est boulonnée en dessous. De chaque bout des deux barres et faisant corps avec elles, passe en se dirigeant dans le sens de l'écart, ce que MM. Dumoulin père et fils nomment une dent de fer ou une patte d'ancre. Sur les parois extérieures de chaque barre de fer sont placés des ressorts qui se composent de sept lames d'acier disposées l'une sur l'autre; la tige qui lie à leur centre les deux barres croisées va se réunir à la caisse du wagon, et tient en suspension, dans un fossé creusé au milieu et sur toute la largeur de la voie, l'instrument que nous venons de décrire ; cela posé, les dents de l'appareil, qui s'ouvrira, s'imprimeront dans la terre, et par là presque tous les accidents des chemins de fer perdront beaucoup de leur gravité ; c'est l'opinion de MM. Dumoulin, nous ne la combattrons pas ; nous craignons toutefois que leur invention ne soit qu'une ombre au tombeau ; n'oublions pas de dire que l'écoulement du fossé oblige à changer entièrement le système de traverses adopté jusqu'ici.

CHEMINS DE FER ATMOSPHÉRIQUES. — À l'époque où cette invention, ou plutôt ce perfectionnement prétendu, fut adoptée par le gouvernement français, qui, sur un rapport de M. Mallet, inspecteur divisionnaire des ponts et chaussées (1), accorda 1,800,000

(1) Voici un extrait de ce rapport, auquel nous osions dès lors opposer une critique que l'expérience a justifiée :

« On sait que la pression de l'atmosphère sur une surface donnée est à peu près la même qu'exercerait sur cette surface une colonne d'eau de 10ᵐ 10 ou de 0,76 de mercure, ce métal pesant environ treize fois et demie autant que l'eau.

« Les auteurs du système atmosphérique ont mis à profit cette propriété de l'air. Je suppose un tube ou tuyau d'une certaine longueur, de 100 mètres par exemple, placé sur le sol; il est bouché à une extrémité, dans l'autre est engagé un piston qui ferme hermétiquement le tube, mais qui peut se mouvoir en passant doucement contre la surface intérieure. Près de l'extrémité opposée à celle par laquelle j'introduis le piston est un autre tuyau communiquant avec le premier par un bout, et par l'autre avec une machine pneumatique. Les choses étant dans cet

fr. d'encouragement aux importateurs de ce système, nous disions, dans un mémoire imprimé :

état, si au moyen de cette machine j'aspire l'air contenu dans les tuyaux, le piston marchera ; il marchera d'autant plus vite, que l'air intérieur sera plus vite aspiré ; il est possible de produire une vitesse très-considérable en retenant le piston pendant quelque temps, la machine continuant d'agir. Qu'arrive-t-il dans cette opération ? À mesure que l'air des tuyaux est aspiré, la pression diminue sur la surface intérieure du piston, et l'atmosphère presse toujours de tout son poids sur la face d'arrière. La différence, en supposant le piston resté en place, va toujours en augmentant : elle serait la plus grande possible, si le vide était parfait dans le tube; mais c'est ce que les meilleures machines pneumatiques ne peuvent produire. Aux dernières limites il se forme d'ailleurs de la vapeur d'eau. Dans l'hypothèse d'un vide complet, la surface antérieure du piston n'éprouverait aucune pression, et celle d'arrière serait chargée de tout le poids de l'atmosphère; on sait que ce poids est de 1ᵏ 033 par centimètre carré ou de 15 liv. par pouce carré (mesure anglaise); si donc le piston avait une surface de 100 pouces, il serait poussé dans le tube par une force de 1,500 liv. Il pourrait tirer un poids fort considérable, car cette force équivaut à celle d'environ 15 chevaux. »

« Pour faire l'application de ce principe à l'exploitation des chemins de fer, il faut pouvoir agir sur toute longueur, c'est là le problème que MM. Clegg et Samuda ont résolu. Ils fendent leurs tuyaux d'un bout à l'autre, et par la fente ils font passer une tige qui attache le piston moteur à un wagon, ce qui par conséquent lui communique son mouvement. Si ce tuyau restait fendu il n'y aurait pas de vide possible. Il ferme sa fente au moyen d'une soupape longitudinale en cuir portant des armatures en fer pour résister à la pression atmosphérique. Le piston, qui a plus de six mètres de longueur, porte des roues ou galets qui soulèvent cette soupape, afin de donner passage à la tige à l'endroit où se trouve la tête du piston; il bouche hermétiquement ce tube, la soupape n'étant pas encore levée, de sorte que le vide existe devant lui. La soupape levée introduit derrière l'air qui le pousse; lorsque la tige est passée, la soupape se ferme, et une roue pesante qui passe dessus vient la joindre avec le tube; une composition de cire et de suif liquéfiée à chaque passage bouche les interstices.

À ce moyen ingénieux les inventeurs en ont ajouté d'autres ; cet aperçu est bien vague et les lecteurs nous le reprocheraient, si nous ne leur donnions pas une description plus détaillée du merveilleux chemin de fer.

« Dans ce nouveau système, la voie est composée, comme dans les chemins de fer ordinaires, de deux rails réunis de distance en distance par des traverses ; au milieu de cette voie et à égale distance des rails se trouve un tube qui offre, dans le sens de sa longueur et à sa partie supérieure, une ouverture assez large pour donner passage à une tige métallique verticale ; c'est à cette tige métallique, à laquelle on peut à volonté attacher les voitures qui sont sur les rails, qu'est lié invariablement le système de propulsion, c'est-à-dire le piston.

« Pour bien comprendre le jeu de ce mécanisme, supposons un instant que l'ouverture longitudinale du tube A, qui sert à donner passage à la tige métallique, soit hermétiquement fermée et qu'une machine pneumatique située à son extrémité aspire l'air qu'il contient. Un vide plus ou moins parfait s'établira, et si l'on présente à l'orifice du tube un piston, ce piston soumis à la pression atmosphérique par une de ses faces, s'avancera dans ce tube, et la marche de ce piston ou sa vitesse sera d'autant plus

« Il nous en a beaucoup coûté pour reproduire cet étrange rapport. Quoi ! pas un mot de critique sensée ! pas un blâme ! toujours

grande, que le vide du tube sera plus parfait. De plus, en vertu de l'impulsion que lui donne la pression atmosphérique, il pourra entraîner après lui un poids plus ou moins considérable.

« La difficulté à vaincre consistait donc ici dans le mode d'attache du poids à remorquer avec le piston voyageur et surtout dans le système à employer pour que ce piston communique de l'intérieur du tube le mouvement à la masse extérieure sans cesser d'être soumise à la pression atmosphérique, et sans que le vide diminue sur la face intérieure.

« A la tige métallique C est lié un châssis dont la longueur peut varier et qui porte à une de ses extrémités le piston voyageur et à l'autre un contre-poids destiné à équilibrer ce piston. Ce châssis supporte également quatre galets H H H H, destinés à soulever la soupape longitudinale après le passage du piston, pour permettre à la tige métallique de passer. En arrière de cette tige sont deux autres galets D D, inclinés à l'horizon qui soulèvent sa couverture I destinée à abriter la soupape contre les intempéries de l'air. Cette couverture I est formée de plaques minces en tôle de 1ᵐ 50 à 2ᵐ 00 de longueur faisant ressort au moyen d'une bande de cuir. L'extrémité de chaque lame passe sous la suivante dans la direction du mouvement du piston, assurant ainsi le mouvement de chacune successivement.

« Le vide est fait dans le tube A ; la pression atmosphérique, agissant sur la face postérieure du piston B, le met en mouvement; dès qu'il est passé, les galets H soulèvent la soupape longitudinale et livrent passage à la tige métallique qui lie le convoi au piston. Les lames dont se compose la couverture I se sont déjà successivement levées, comme nous venons de le dire, avant le passage de la tige métallique, elles sont soutenues par les galets D pendant que la soupape longitudinale retombe et qu'un tube N, rempli de charbon incandescent, contribue à les fermer hermétiquement en liquéfiant une matière composée de cire et de suif qui en assure l'adhérence complète.

« Le piston est un rouleau de fonte d'un diamètre inférieur à celui du tube, armé à ses extrémités d'une mâchoire pressant une bande de cuir; il est placé à 1ᵐ 40 de la tige de connexion; la pression de l'air, en s'exerçant, force les lames de cuir dont il se compose à s'appliquer exactement sur les parois du tube : le contact est parfait, quelles que soient les défectuosités de forme, et prévient la rentrée de l'air.

« Les méthodes employées pour insérer ces pistons dans le tube de propulsion, sans permettre à l'air extérieur d'entrer en même temps que lui, et pour le faire sortir du tube en se refermant, sont fort ingénieuses.

« Le tube est terminé en entonnoir à quelques distances de son extrémité se trouve une soupape F, à cet endroit et sur le côté est un espace demi-circulaire qui renferme une autre soupape plus grande que F et reliée à la première au moyen d'une branche recourbée. Ce système peut tourner autour d'une charnière; quand on fait le vide, la soupape F est pressée sur une de ses faces par la pression atmosphérique qui tend à l'ouvrir, mais elle est retenue par l'autre soupape qui, étant plus grande qu'elle, oppose à l'ouverture une résistance proportionnelle à sa surface. Sur le haut de l'espace demi-circulaire on pratique deux trous, un de chaque côté de la plus grande des deux soupapes ; ces deux trous peuvent être couverts par une boîte à coulisse. Pendant que le vide s'opère, on ne couvre qu'un des trous qui est aussi en communication avec la partie où s'opère le vide, et l'autre reste ouvert à l'air extérieur. Mais quand le convoi s'avance, il pousse la boîte à cou-

l'éloge, l'espérance *et les demandes d'argent*, et de plus la publicité *officielle* de toute la presse, dans laquelle tout ce qui était défa-

lisse qui, recouvrant alors les deux trous, les met en communication; la pression de la grande soupape diminue puisque ses deux faces sont maintenant sans communication avec la partie où l'on a opéré le vide, et la soupape F, soumise alors à une pression prépondérante, peut tourner autour de son axe et donner passage au piston.

« Pour sa sortie, la manœuvre est plus simple encore : le tuyau d'aspiration qui communique avec la machine pneumatique s'embranche sur le tube de propulsion à quatre ou cinq mètres de l'extrémité de ce tube, en sorte que dès que le piston a dépassé le point d'embranchement, il accumule l'air qui se trouve à l'extrémité du tube, et que, pressant sur la soupape, il la force à s'ouvrir en tournant autour d'une simple charnière. Elle tombe sur un levier à deux branches dont l'une choquée aussitôt après sa sortie du piston par une tige attenante au convoi, relève la soupape et l'applique de nouveau contre le tube où elle est maintenue par la raréfaction de l'air, qu'on recommence immédiatement.

« Arrivons enfin au récit de M. Mallet des expériences qui l'ont séduit. « Je les ai faites, dit-il, par « un beau temps; j'ai rencontré un auxiliaire plein « d'intelligence dans M. Joseph Samuda, frère de « l'un des inventeurs du système. La première expé- « rience que j'en ai faite est relative au vide obtenu « dans le tube de propulsion; ce vide est opéré par un « appareil pneumatique que met en mouvement une « machine à vapeur placée près de l'extrémité supé- « rieure du chemin. J'ai constaté que dans un ba- « romètre mis en communication avec le tube, le « mercure s'élevait jusqu'à 25 pouces, et cela dans « un espace de huit à neuf minutes. Plusieurs expé- « riences faites après le passage du convoi m'ont « donné des résultats à peu près semblables. J'ai « remarqué que plus il passait de convois sur le che- « min, plus vite on obtenait la hauteur de 25 pouces.

« Il résultait de cette hauteur que le piston pressé « sur sa face d'arrière par le poids de l'atmosphère, « qui équivaut à 15 livres (livre avoir du poids) par « pouce carré, ne l'était sur sa face antérieure que « par un poids égal au sixième de ces quinze livres, « c'est-à-dire à deux livres et demie. La force pro- « pulsive était donc de 12 liv. 1/2 par pouce super- « ficiel, et comme la surface du piston est de 176 pou- « ces, à cette hauteur du baromètre l'on avait 2,200 liv. « de puissance. On n'a pas besoin de cette force pour « partir et marcher, on peut très-bien le faire à une « hauteur de 15 pouces fournissant une force de plus « de 1,500 livres, et même à une hauteur moindre.

« Après avoir reconnu que le vide était obtenu « d'une manière plus parfaite qu'on n'aurait osé l'es- « pérer, je me suis occupé de la vitesse. Je rappor- « terai ici quatre expériences.

« 1° Avec un convoi pesant 38 tonnes (la tonne « anglaise est de 2,240 livres), le baromètre mar- « quant 25 pouces, l'on a monté en 3 minutes 15 se- « condes. Par prudence, l'on a employé les freins « pour franchir les courbes, ce qui a produit un ra- « lentissement. Le maximum de vitesse, dans cette « expérience, a été de 40 milles (16 lieues à l'heure).

« 2° Avec le même convoi, l'on est monté en 3 mi- « nutes 7 secondes, maximum de la vitesse ; 45 mil- « les (plus de 18 lieues).

« 3° On est parti, le baromètre marquant 8 pou- « ces, avec le même convoi. Pendant le trajet, le ba- « romètre est monté jusqu'à 20 pouces. Le voyage a « été effectué en 4 minutes 30 secondes. Sur quel- « ques points, l'on a marché à 30 milles (12 lieues).

« 4° Enfin, le baromètre marquant 25 pouces, « l'on est parti avec un convoi de 69 tonnes; le temps « du trajet a été de 5 minutes 20 secondes.

vorable est adroitement dissimulé, tout ce qui peut éblouir habilement exagéré.

« Pourquoi, par exemple, mettre en relief les vitesses maximum de 16 à 18 lieues, et taire les vitesses moyennes ? qui pensa ja-

« Pour descendre, l'on a employé la gravité. A
« cet effet, l'on a rangé le piston de côté (ce qui se
« fait avec la plus grande facilité), afin qu'il ne ren-
« contrât pas le tube. Le temps de la descente a été
« d'environ 5 minutes, le mouvement était ralenti
« par le frottement dans les courbes. Je n'ai rien à
« dire de ce moyen, usité sur plusieurs chemins de fer.
« Le service exige que l'on s'arrête à l'instant où
« on le veut, j'ai fait aussi cette expérience ; mais
« c'est au moyen de freins que le convoi a été arrêté.
« Je n'ai point dissimulé à M. Jacob Samuda, qui avec
« M. Clegg, a inventé le système atmosphérique, les
« objections que l'on fait contre ce moyen d'arrêt.
« Il m'a répondu qu'il substituerait à l'emploi des
« freins celui d'une soupape et d'un piston d'arrière,
« lequel, à volonté, permettrait ou empêcherait le
« passage de l'air. En fermant la soupape, le piston
« tenu plein ferait le vide en marchant, et le convoi
« s'arrêterait ; pour repartir, l'on n'aurait qu'à ou-
« vrir le registre du piston.
« Pendant trois jours consécutifs, le chemin at-
« mosphérique n'a pas cessé d'être en activité. Une
« foule de peuple envahissait les wagons, et un grand
« nombre de personnes de la haute société de Du-
« blin avaient été attirées par la curiosité. La compa-
« gnie du chemin de fer a complétement satisfait
« cette curiosité par des voyages multipliés, de sorte
« que l'on peut dire que le chemin était réellement
« en exploitation. Pendant ce temps, il n'est pas
« arrivé le moindre accident. Sur un pareil chemin
« la sécurité peut être regardée comme complète. »

« Il résulte de ce qui précède, monsieur le ministre,
que le problème est résolu pour un chemin de 2,800
mètres de longueur. Quand le chemin de Kingstown à
Dalkey sera livré au public, et cela sera sous peu de
jours, les choses se passeront comme elles se sont
passées pendant les trois jours d'expériences ; seulement il y aura plus d'ordre et de régularité dans le
service. On ne doit pas oublier d'ailleurs, monsieur
le ministre, que ce chemin est dans de mauvaises
conditions de tracé, ce qui était contraire au succès de l'épreuve.

« La première question qui vient à l'esprit est celle
de savoir si ce procédé s'appliquer à des chemins plus étendus. Nous n'avons jusqu'ici ni interruption de tube, ni croisement de convois, ni plusieurs autres circonstances qui se présenteront dans
l'exploitation d'un chemin à long parcours. Je n'af-
firmerai rien à l'égard de cette question : toutefois
je crois pouvoir dire, sans sortir d'une sage réserve,
que les conversations que j'ai eues à ce sujet avec
M. Jacob Samuda, à qui j'ai reconnu un esprit remarquable d'invention et une grande loyauté de caractère, ainsi que les réflexions que j'ai faites moi-même,
me portent à penser que le problème peut être résolu pour une longue ligne aussi bien que pour une
courte : ce n'est point ici le lieu d'entrer dans des développements à cet égard ; je le ferai plus tard, et
je solliciterai de vous un essai, car l'avenir des chemins de fer en France est fortement intéressé dans
la question. Je pense qu'un chemin comprenant trois
ou quatre machines fixes serait suffisant pour sa
solution complète. La grande dépense serait celle du
tuyau ; car les machines, si l'essai n'avait pas de succès, pourraient être revendues. La voie est exactement la même que celle d'un chemin à locomotive :
seulement il ne faudrait pas perdre l'avantage que
présente le système atmosphérique pour les pentes
fortes. On en ferait une condition de l'essai, dût-on
faire ensuite quelques terrassements pour revenir au
système locomotif. »

mais, en rendant compte des expériences
par lesquelles on a mesuré la vitesse d'un
convoi, à indiquer seulement la vitesse ex
traordinaire qu'il atteignit en certains point
de sa course ?

« Comment se fait-il encore que M. Malle
passe sous silence la force de la machin
fixe qui faisait le vide ? Ne serait-ce poin
parce qu'il y a une disproportion trop évi
dente entre la vitesse obtenue et la forc
employée ; parce que, dans le nouveau sys
tème, une machine fixe de 100 chevaux n'é
quivaut qu'à une machine mobile de 15, quo
qu'elle ne soit pas forcée de s'entraîner elle
même ; mais alors où est la bonne foi ?

« Pourquoi, enfin, des financiers sont-il
tout à coup transformés en ingénieurs exer
cés, aux dépens même de l'inventeur véri
table, qui apparaît à peine au second plan ! !

« Et tout cela, ces escamotages, ces réti
cences, cet enthousiasme, en présence d'u
levier monstre employé à soulever une pail
légère ! ! !

« Puis voyez combien d'absurdités.

« Qu'est-ce d'abord qu'un chemin de fe
atmosphérique ? Les Anglais, fort peu versé
dans la théorie et dans l'érudition scienti
fique, et chez qui les perfectionnements dan
les arts sont presque toujours introduits pa
des hommes d'exécution, ou plutôt par de
ouvriers, n'y regardent pas de fort près lors
qu'il s'agit d'appliquer une dénomination à
quelque procédé nouveau. C'est ainsi qu'i.
ont nommé une vis d'Archimède une sorte d
roue à hélice à laquelle le géomètre de Sy
racuse n'avait jamais songé ; ici ils appellen
chemin atmosphérique la progression sur le
sol par la force de la vapeur, péniblemen
transmise à l'aide d'un tube dans lequel une
machine pneumatique fait le vide, et qui sert
simplement à remplacer une chaîne de traction
sur les chemins de fer.

« La voie de fer, une fois établie, ne peut
être parcourue par les véhicules que suivant
l'un de ces deux modes différents de traction : 1° les convois seront traînés par des
chevaux ou par des locomotives à vapeur,
le moteur se transportant, dans ce cas,
sur toute l'étendue du chemin, et y étant
dirigé, modéré, arrêté à volonté par le conducteur du convoi, qui dispose à chaque
instant de la puissance motrice, et règle au
tant qu'il est en lui le mode et la vitesse de
locomotion ; ou 2° les trains des wagons seront remorqués à l'aide d'un câble, d'une
chaîne simple ou sans fin, d'un point à un
autre, par le secours d'une machine à vapeur fixe ou d'un manége, établi de distance
en distance sur la longueur de la voie.

« Ce second moyen n'a été employé jusqu'ici que dans le cas où le premier (celui
des locomotives mobiles) s'est trouvé insuffisant : aussi la rampe du chemin de fer qui
descend à Liége est desservie par des machines fixes, au moyen de chaînes de traction,
attendu l'impossibilité reconnue de surmonter, dans le système actuel des chemins de
fer, la pente considérable qui sépare cette
ville du plateau supérieur.

« Ce serait faire injure à l'intelligence de nos lecteurs que de mettre en balance ces deux moyens différents de locomotion ; il est évident que, partout où la nécessité n'imposera pas ses lois irrésistibles, le premier moyen, celui des locomotives mobiles, sera infiniment préférable au mode embarrassant et dangereux d'une locomotion forcée, d'un remorquage exercé à quelques kilomètres de distance.

« Eh bien! ce fameux chemin atmosphérique n'est autre chose qu'une modification compliquée et dispendieuse du procédé par lequel on remorque les convois à l'aide de moteurs fixes, placés de distance en distance.

« Tout le mérite de cet appareil consiste à remplacer par un tube énorme, avec une dépense pécuniaire *quarante fois plus grande*, et une perte de fer moins considérable, le câble, à corde en fil de fer, ou la chaîne simple employés jusqu'ici dans le cas exceptionnel où les machines fixes ont dû suppléer à l'incapacité des locomotives actuelles.

« En effet, nous lisons dans le *Dublin-Pilot* que MM. Clegg et Joseph Samuda, propriétaires de la patente d'invention, si invention il y a, emploient une machine à vapeur fixe de *cent chevaux de force*, fonctionnant d'après le principe de condensation expansif; que la pompe pneumatique est à double excursion, et son diamètre d'environ 2 mètres; que la plus forte pente à surmonter est de *huit millimètres par mètre;* enfin, que la courbe la plus courte a 153 mètres de rayon.

« Mais était-il besoin de faire tant de dépenses et de se donner tant de peines pour parvenir à ce faible résultat de *huit* millimètres par mètre, lorsque, depuis plusieurs mois, nous voyons, sur le chemin de fer imparfait d'Orléans, les locomatives de dix à douze chevaux de force surmonter la pente d'Etampes, égale à *huit* millimètres par mètre, remorquant des convois composés de vagons qui renferment 400 voyageurs?

« Voilà à quoi se borne cette *invention* dont nous aurions parlé en peu de mots et de sang-froid, si des hommes qui se disent ingénieurs, et qui, en effet, pourraient justifier *par brevet* leur prétention, n'avaient depuis quelques jours entrepris de *faire mousser* la conception la plus faible, la plus irrationnelle dont il ait jamais été question. A propos de chemin de fer, il faut le dire, il n'est rien d'absurde que la *science* de certains ingénieurs ne sache défendre; rien de rationnel et d'utile que leur ignorance ne puisse repousser; M. Mallet n'a pas du moins imité ces étranges professeurs qui exploitent si habilement la *réclame*, et vont jusqu'à insinuer que l'action atmosphérique, dans ce procédé, constitue *un moteur nouveau*. Il faut une grande dose d'ignorance, si l'on est de bonne foi, ou d'audace, si l'on possède au moins les premiers éléments de la science dont on parle, pour s'énoncer de cette manière.

« La puissance de l'atmosphère, dans le cas dont il s'agit, est évidemment, non pas un moteur, mais un intermédiaire, mais un moyen de transmission.

«Résumons-nous : si on nous avait présenté les essais herculéens de Kingstown comme une grande expérience de physique qui a conduit à ce résultat inattendu, qu'on peut faire le vide dans un tube de plusieurs kilomètres de longueur, alors même qu'une forte tige l'ouvre à chaque instant et le parcourt avec une excessive rapidité, nous aurions applaudi de bon cœur, nous ne regretterions pas les sommes énormes qu'on a dépensées. La science, à nos yeux, est une assez grande, une assez belle chose, pour qu'on puisse acheter de quelques millions une découverte *nouvelle*.

« Mais, quand, dans cette vaste expérience de physique, on veut voir un chemin de fer réellement établi, la solution complète, achevée, du problème de la locomotion par la vapeur, nous sommes réellement indignés.

« Rien n'est fait encore.

« La soupape n'est pas trouvée; on n'a pas prouvé que le mode actuel de fermeture résistera aux grandes variations de température et à l'intempérie de l'air

« Le corps gras qui doit s'opposer à la rentrée de l'air n'est pas découvert. Qui nous dit que celui qu'on a employé jusqu'ici ne se fondra pas dans les grands froids, et ne restera pas liquide dans les grandes chaleurs ?

« On n'a pas changé de voie ; les *embranchements continus sont même tout à fait impossibles*. Il faudra nécessairement recourir à des interruptions brusques, au transport difficile et long des convois, à l'aide de forces étrangères à la machine locomotive.

« On n'a tourné jusqu'ici que dans des courbes de 154 mètres, et c'est en effet tout ce qu'il est possible d'atteindre avec un piston en fonte inflexible, de 6 mètres (18 pieds) de longueur.

« La rencontre des routes ordinaires fera naître des difficultés insurmontables ; on ne pourra admettre *aucun passage de niveau*, ce qui est un inconvénient immense, et il ne sera guère plus facile que la voie de fer passe *au-dessus* ou *au-dessous* de la route.

« Les frais d'établissement et d'exploitation dépasseront toutes les prévisions. On pourra, en groupant habilement les chiffres, jeter de la poudre aux yeux; mais tôt ou tard la réalité apparaîtra écrasante. Le cylindre, avec sa soupape si ouvragée, coûtera lui seul autant que trois lignes de rails.

« Des expériences dynamométriques ont prouvé que la somme de force employée pour tirer un convoi, à l'aide de roues motrices tournant sur des rails, est de 3 à 5 millièmes du poids entraîné. Dans le système atmosphérique, il faut ajouter, pour le frottement du piston, 80 millièmes; pour le soulèvement de la soupape, 60 millièmes; pour le soulèvement de la couverture, 40 millièmes; en tout 180 millièmes. C'est-à-dire, que la consommation de *force motrice*, dans le nouvel appareil, est à celle dépensée dans le système ordinaire, comme 158 est à 5, ou 31 fois plus dispendieuse.

« Enfin, comme dans ce système la force et la vitesse imprimées dépendent uniquement du vide produit et des dimensions des tubes, on ne pourra réellement franchir avec avantage qu'une pente unique constamment la même, du moins avec des convois en pleine charge. En effet, si la pente augmente, la résistance du convoi augmentera en même temps, et ne pourra plus être vaincue par la force motrice, qui reste constante, à moins qu'on n'augmente les dimensions du tube, *ce qui est impossible*. D'un autre côté, renoncer aux convois à pleine charge ; c'est accroître considérablement les frais de transport : ce sont donc de toutes parts des difficultés nouvelles.

« Ces réflexions nous ont été suggérées en partie par un ingénieur très-distingué, M. le conseiller aulique Springer, chargé par la cour d'Autriche d'étudier dans leurs détails le chemin atmosphérique et notre nouveau système. Ce savant en concluait qu'alors même que la soupape serait réellement inventée, le corps gras réellement découvert, que les frais d'établissement ne seraient pas inaccessibles, il faudrait de plus créer pour le système atmosphérique une localité propre, à pente nue, qui ne fût traversée par aucune route. Comment trouver toutes ces conditions réunies, ailleurs que dans un désert ?

« Nous nous sommes armés de patience pour discuter la grande aberration d'esprit qu'on a appelée *chemin de fer atmosphérique*; on ne pouvait imaginer en réalité rien de plus bizarre, de plus insensé, et cependant l'apparition de la chimère a été saluée d'applaudissements unanimes. Le *pavillon anglais lui a porté bonheur en France* : on n'a pas ri de l'immense seringue et du ruisseau de suif fondu ; bien loin de s'effrayer des dépenses folles qu'entraînerait l'établissement d'un appareil dont la seule vue révolte, les organes les plus graves de la presse ministérielle, que disons-nous ? un inspecteur même des ponts et chaussées, ont fait un prompt appel aux fonds de l'Etat ; on n'a pas rougi de réclamer de nos pauvres prolétaires un centime additionnel pour faire marcher sur les bords de la Seine le monstre gigantesque dont la Tamise elle-même s'était effrayée, sachant bien qu'elle ne pourrait le nourrir, alors même qu'elle l'aurait enfanté. Aucune difficulté n'a encore été complétement vaincue ; les doutes surabondent encore dans les esprits les plus crédules; n'importe. L'*inventeur est un étranger*, *nous devons avoir confiance en son génie*; empressons-nous de voter des fonds énormes pour nous faire aspirer de Paris à Versailles, par les Anglais, à l'aide du vide que produiront à peine *douze machines à vapeur fortes de cent chevaux chacune*. Renonçons pour jamais à ces locomotives élégantes et légères dont l'Angleterre nous dispute en vain la glorieuse exécution.

« Quand tout à l'heure nous voudrons, nous *Français*, faire substituer à un système où tout est absurde une invention simple, sage, économique et sûre, *mais abritée des couleurs nationales*, comment serons-nous accueillis ? Un sentiment de crainte nous saisit déjà ; voyez ce qu'opposent à cet enfant, alors qu'il n'est encore qu'au berceau, ceux en qui l'on devait surtout espérer ? Faudra-t-il donc recourir pour lui à une nourrice étrangère, lui faire respirer l'air de l'exil ? »

Enfin, après quatre ans d'expérience, voici M. Figuier qui prend soin d'établir et de constater, avec le soin, le talent et l'impartialité que chacun lui accorde, la justesse de nos prévisions; laissons-le parler :

« La première idée de la locomotive atmosphérique appartient à Denis Papin. La machine à *double pompe pneumatique*, proposée par l'illustre physicien, en 1687, renferme évidemment l'idée, déjà réalisée en partie, de l'emploi de la pression atmosphérique comme agent moteur. Cent vingt ans après, en 1810, un ingénieur danois, M. Medhurst, fit revivre cette idée presque oubliée. Dans une brochure intitulée: *Nouvelle méthode pour transporter des effets et des lettres par l'air*, suivie, en 1812, d'un nouvel opuscule : *Quelques calculs et remarques tendant à prouver la possibilité de la nouvelle méthode*, etc., M. Medhurst proposa d'utiliser la pression de l'air pour le transport des lettres et des marchandises. Il parlait de construire une sorte de canal muni d'une paire de rails de fer, sur lesquels on placerait un petit chariot portant les lettres ou les paquets. Une machine pneumatique installée à l'extrémité de ce canal devait faire le vide dans cet espace ; un piston jouant librement dans l'intérieur et dans toute l'étendue de ce tube, pressé par le poids de l'atmosphère extérieur, aurait ainsi été entraîné dans l'intérieur du canal en poussant le chariot devant lui. Mais l'ingénieur danois ne put réussir à attirer sur ses idées l'attention du public ; ses brochures restèrent chez le libraire, et ses modèles n'eurent pas un visiteur.

« Bien que le système de M. Medhurst n'eût rien que de raisonnable, il était passé complétement inaperçu. Plusieurs années après, un autre inventeur en fit un projet extravagant, et le public anglais, fidèle à ses habitudes, ne laissa pas de s'y intéresser. En 1824, le gouvernement accorda à M. Vallance un brevet pour la belle invention que voici. Ce que M. Medhurst avait imaginé pour les lettres et les paquets, M. Vallance l'appliquait sans autre détour aux voyageurs. Il proposait de construire un très-large tube de fer susceptible de tenir le vide, et occupant toute l'étendue de la distance à parcourir : dans ce tube il plaçait des rails, sur ces rails des wagons, et dans ces wagons des voyageurs. Il formait à ses deux extrémités un récipient de nouvelle espèce, une machine pneumatique en épuisait l'air, et la pression de l'atmosphère poussait à grande vitesse le train des voyageurs dans ce ténébreux séjour. M. Vallance exécuta sur la route de

Brighton les essais de cette agréable invention. Il fit construire en bois de sapin un tunnel provisoire, qui n'avait pas moins de 2 mètres de diamètre, et dans lequel il faisait circuler ses voitures. Les habitants de Brighton accouraient en foule sur les bords de la route pour être témoins des essais de l'excentrique inventeur. Cependant personne ne consentit à servir de sujet à une expérience complète : pour cette fois l'horreur du vide était parfaitement à sa place.

« Le premier inventeur, M. Medhurst, qui voyait ses idées tomber dans l'absurde, les reprit pour les laver du ridicule. Il s'occupa de perfectionner son premier projet, et il y réussit pleinement, car c'est à lui qu'appartient la découverte du système actuel des chemins de fer atmosphériques. M. Medhurst publia en 1827 une courte brochure intitulée : *Nouveau système de transport et de véhicule par terre pour les bagages et les voyageurs.* L'ingénieur danois proposait deux procédés : le premier reproduisait son ancien projet d'un canal fermé de toutes parts ; mais il ne l'appliquait qu'aux bagages ; le second était consacré au transport des voyageurs. Ce nouveau système, qui n'est autre que celui que nous voyons aujourd'hui mis en pratique, présentait les dispositions suivantes : Un tube de fer était couché entre les deux rails, au milieu et dans toute l'étendue de la voie d'un chemin de fer ordinaire ; un piston parcourait toute la capacité intérieure de ce tube, et il se trouvait rattaché par une tige aux wagons chargés de voyageurs. Pour livrer passage à cette tige de communication dans tout le trajet du tube, sans donner un accès à l'air extérieur, M. Medhurst proposait de placer à la partie supérieure du tube, et dans toute son étendue, une rainure occupée par une couche d'eau, qui devait livrer passage à la tige de communication pour se fermer derrière le convoi. Ce genre de soupape était inapplicable, puisqu'il exigeait une horizontalité parfaite du sol ; cependant le principe était trouvé, et les conditions du problème nettement posées : il ne restait qu'à les remplir.

« Plusieurs ingénieurs s'occupèrent aussitôt de créer un nouveau système de soupape qui pût répondre à cet important et difficile objet, de donner passage à la tige de communication, et de refermer aussitôt le tube de manière à y maintenir le vide. Un grand nombre d'essais furent tentés dans cette direction. La soupape formée d'un assemblage de cordes, proposée, en 1834, par l'ingénieur américain Pinkus, ne remplit qu'imparfaitement ces conditions. Enfin, en 1838, MM. Clegg et Samuda, constructeurs à Wormwood-Scrubs, près de Londres, trouvèrent une solution tellement satisfaisante du problème, qu'elle permit de transporter aussitôt dans la pratique le nouveau procédé de locomotion de l'ingénieur danois.

« La soupape de MM. Clegg et Samuda se composait d'une lanière de cuir disposée à la partie supérieure et sur tout le trajet du tube propulseur ; elle servait à boucher l'ouverture longitudinale ménagée sur toute son étendue. Fixée au tube par l'un de ses bords, elle faisait ainsi fonction de charnière ; elle était soulevée par la tige qui servait à lier le piston aux wagons ; après le passage de cette tige, elle se refermait par suite de son poids, augmenté de celui de deux lames de tôle flexibles fixées sur chacune de ses faces. Pour rendre l'occlusion plus parfaite, le bord libre de la lanière de cuir reposait sur une entaille creusée dans la rainure, et cette entaille était remplie elle-même d'un mastic résineux. Après le passage de la tige de communication, une roue de bois adaptée au wagon directeur comprimait fortement la lanière de cuir contre sa rainure, et la replaçait dans la position qu'elle occupait auparavant ; la faible chaleur développée par cette compression avait pour effet de rendre le mastic plus fluide et de faciliter ainsi l'adhérence qu'il provoquait entre la bande de cuir et le métal. Dans l'origine, on avait même ajouté au rouleau compresseur un fourneau en grillage rempli de charbons incandescents, qui fluidifiait le mastic sur leur passage ; mais cet engin assez ridicule fut bientôt supprimé.

« Cet ingénieux système de soupape fut essayé pour la première fois en France, en 1838. MM. Clegg et Samuda en firent exécuter les essais à Chaillot et au Havre, sur un petit chemin de fer d'épreuve. L'invention, alors dans son enfance, fit peu de bruit et n'éveilla guère que des critiques. On ne croyait pas à la possibilité de maintenir le vide dans un tube de plusieurs kilomètres, incessamment ouvert et refermé par une tige qui le parcourait avec une vitesse excessive ; les hommes pratiques avaient de la peine à considérer d'un œil sérieux cet immense conduit, ce mastic fondu et ce réchaud voyageur. Mais les inventeurs ne perdirent pas courage, et après avoir avantageusement modifié la confection de leurs appareils, ils établirent aux portes de leurs ateliers, à Wormwood-Scrubs, non plus un modèle de petite dimension, mais un véritable chemin de fer de la longueur de près d'un kilomètre, offrant une pente sensible dans une partie de son parcours ; une pompe pneumatique, mise en action par une machine à vapeur de la force de seize chevaux, opérait le vide dans le tube. Les wagons étaient entraînés avec une vitesse de dix à douze lieues par heure.

« Le public, qui fut admis à prendre place dans les voitures, accueillit avec faveur les essais de ce curieux système. Mais quelques hommes de l'art, véritables dictateurs de l'opinion publique en Angleterre, se montrèrent plus difficiles, et déclarèrent d'un commun accord que l'invention ne pouvait être prise au sérieux. MM. Clegg et Samuda réclamèrent vainement contre la sévérité d'un tel arrêt ; ils ne purent réussir à trouver à Londres le plus faible appui. Mais l'Irlande, encore à peu près dénuée de chemins de fer, avait intérêt à accueillir les découvertes nouvelles : elle offrit aux inventeurs un théâtre favorable pour l'expérimentation de leurs idées. En 1840, M. Pim, trésorier de la compagnie du chemin de fer de Dublin à Kingstown, sur la foi des expériences dont il avait été témoin dans les ateliers de M. Clegg, proposa aux actionnaires de sa compagnie d'établir, à titre d'essai, le système atmosphérique à l'une des extrémités du chemin de Dublin, entre Kingstown et Dalkey. Pour encourager cet essai, le gouvernement anglais accorda aux inventeurs un prêt gratuit de 625,000 francs, destiné à faire face aux premiers frais de l'entreprise.

« Le chemin de fer de Kingstown à Dalkey fut terminé le 19 août **1843.** On se mit aussitôt en devoir de procéder au premier voyage d'essai. Un convoi composé de trois voitures chargées de plus de cent personnes fut placé à la tête de la ligne, et le vide ayant été opéré par les machines, il fut abandonné à lui-même. On lira peut être avec intérêt le récit donné par le *Morning-Advertiser* de cette première expérience qui eut en Angleterre un grand retentissement.

« Trois voitures, dit ce journal, furent pla-
« cées à la station de Kingstown. A la pre-
« mière était attaché le piston qui se meut
« dans le tube et une mécanique pour mo-
« dérer la vitesse du train et s'arrêter à
« Dalkey; une mécanique de cette sorte fut
« aussi attachée à la deuxième voiture, qui
« contenait un grand nombre d'ouvriers ;
« la troisième était réservée aux directeurs
« et à leurs amis, en tout, plus de cent per-
« sonnes. Tout ce monde était curieux de
« savoir le résultat du premier voyage.

« Tout étant prêt, vers six heures du soir,
« la machine à vapeur de Dalkey mit en
« mouvement la pompe pneumatique. Elle
« marcha si bien, qu'en une demi-minute le
« vide fut obtenu dans le tube. Les signaux
« nécessaires furent faits, le train partit, et
« quatre minutes après il avait atteint Dal-
« key. On ne peut se faire une idée de la
« facilité avec laquelle marche la machine,
« même au milieu des courbes les plus roi-
« des que l'on trouve sur cette ligne. Le
« train glisse sur les rails presque sans qu'on
« s'en aperçoive; point de fumée, point de
« bruit comme dans les chemins de fer à va-
« peur. Les mécaniques pour modérer le
« mouvement sont suffisantes; on a arrêté
« à Dalkey avec la plus grande facilité. Le
« succès complet de cette expérience prouve
« que désormais la pression de l'air atmos-
« phérique peut être appliquée aux che-
« mins de fer. »

« Les expériences subséquentes ayant confirmé ces premiers faits, le chemin de fer atmosphérique commença son service public de Kingstown à Dalkey.

« Les résultats obtenus en Irlande frappèrent beaucoup l'attention. L'Angleterre et la France s'en émurent particulièrement. Deux années après, une compagnie anglaise décida l'établissement d'un railway atmosphérique de Londres à Croydon. Ce chemin de fer, dont l'exécution rencontra beaucoup de difficultés, offre une parti-

cularité intéressante. Entre Norwood et Croydon, il traverse, sur un viaduc gigantesque, les deux chemins de fer ordinaires de Brighton et de Douvres.

« C'est sous l'influence de ces faits que, pendant l'année 1844, le ministre des travaux publics en France, désireux de s'éclairer sur la valeur positive de ces nouveaux procédés et de reconnaître leur influence sur l'avenir de nos chemins de fer, envoya en Irlande un inspecteur des ponts et chaussées, M. Mallet, avec mission d'y étudier les appareils de M. Clegg et Samuda. M. Mallet fit connaître, dans divers rapports, toutes les conditions du chemin de fer atmosphérique de Kingstown. Il entra dans des développements étendus sur les frais de son établissement, et compara sous ce double rapport les deux systèmes rivaux. Cet ingénieur, à qui l'on a reproché d'avoir vu d'un coup d'œil trop indulgent le système irlandais, s'attacha à combattre les objections qu'il souleva, et finalement demanda au ministre que l'on en fît parmi nous un essai sur une étendue suffisante.

« Adoptant les vues de M. Mallet, le gouvernement décida que le système atmosphérique serait soumis à l'épreuve définitive de l'exécution pratique. Un projet de loi fut donc présenté aux chambres, demandant pour cet objet une allocation de 1,800,000 francs. La loi fut votée le 5 août 1844 ; une ordonnance du 2 novembre de la même année arrêta que l'expérience aurait lieu entre Nanterre et le plateau de Saint-Germain. A cette époque le chemin de fer de Paris à Saint-Germain s'arrêtait à la commune du Pecq, au pied de la colline. On vit avec raison, dans le choix de cet emplacement, un moyen décisif de juger le nouveau système dans les conditions où il peut offrir le plus d'avantages, c'est-à-dire lorsqu'il s'agit de faire remonter aux convois des pentes d'une inclinaison considérable. La ville de Saint-Germain y trouvait d'ailleurs l'avantage de faire arriver jusqu'à elle les convois qui s'arrêtaient forcément au bas du plateau; elle ajouta une somme de 200,000 francs aux 1,800,000 francs alloués par l'Etat.

« Le chemin de fer atmosphérique, qui devait être établi de Nanterre au plateau de Saint-Germain, sur une longueur de plus de deux lieues, n'a été en réalité exécuté que dans l'intervalle de deux kilomètres et demi qui sépare Saint-Germain du pont de Montesson, dans le bois du Vésinet. Il fut terminé en 1847. Tout le monde connaît les travaux si remarquables que nos ingénieurs ont exécutés pour franchir la différence de 30 mètres de niveau qui existe entre l'embarcadère et le pont de Montesson. Vus de la terrasse de Saint-Germain, ils présentent un aspect plein de hardiesse et d'élégance. Ces travaux consistent en un pont de dix arches jeté sur la Seine, dans le point où l'île Corbière la divise en deux bras. Les arches de ce pont ont chacune une portée de **32** mètres. Vient ensuite un magnifique viaduc de vingt arches, de l'aspect le plus gracieux et e plus hardi, dont l'exécution présenta de grands obstacles, en raison de la nature du terrain sur lequel reposent ses fondations. A peu de distance de ce viaduc, le chemin atmosphérique s'engage dans un souterrain qui passe sous la terrasse de Saint-Germain; on entre ensuite dans une longue tranchée pratiquée dans la forêt, on pénètre de là dans un petit souterrain qui s'étend sous le parterre de la terrasse, et l'on arrive enfin à l'entrée de la gare, que quelques marches seulement séparent des salles d'attente situés de plain-pied avec la place du Château, dans l'intérieur de la ville.

« Le chemin de fer atmosphérique établi du bois du Vésinet au plateau de Saint-Germain sert depuis quatre ans au transport des voyageurs; il fait suite au chemin de fer ordinaire partant de Paris. Jusqu'au pont de Montesson, le trajet s'accomplit sur l'ancien chemin de fer; le reste du trajet, jusqu'à Saint-Germain, se fait sur le chemin atmosphérique. Ce changement de système s'effectue très-rapidement, et pour ainsi dire sans que les voyageurs aient le temps de s'en apercevoir. Arrivé à la station de Montesson, le train s'arrête, la locomotive passe derrière lui et le pousse au moyen d'un croisement de rails sur la voie atmosphérique. On accroche la première voiture du convoi au wagon directeur du chemin atmosphérique; aussitôt, sur un signal donné par le télégraphe électrique, les machines pneumatiques installées à Saint-Germain se mettent à fonctionner. L'air du tube est aspiré en quelques instants, et le convoi se met en marche. Le trajet s'accomplit en trois minutes. Le retour de Saint-Germain au pont de Montesson s'effectue par le seul poids du convoi roulant sur la pente descendante. Le conducteur n'a d'autre manœuvre à effectuer que de serrer les freins pour s'opposer à une trop grande accélération de vitesse. Arrivé à la station de Montesson, le convoi repasse sur la voie du chemin de fer ordinaire, et une locomotive tenue prête le ramène à Paris.

« Il nous reste à donner quelques détails sur le mécanisme des appareils moteurs du chemin atmosphérique de Saint-Germain. Le tube propulseur couché entre les rails, et qui se trouve maintenu par de simples chevilles sur les traverses de bois qui supportent ces derniers, coulé en fonte et résulte de l'assemblage de plusieurs cylindres semblables. Il présente sur son trajet de larges cercles assez rapprochés formant saillie, qui ont pour objet de renforcer et d'augmenter sa résistance. Son diamètre intérieur est de 63 centimètres. Il est formé de 850 portions et pèse 490 kilogrammes le mètre courant. Quant à la soupape, elle est en tout semblable à celle de MM. Clegg et Samuda. Elle est formée d'une longue bande de cuir fortifiée par des lames de tôle mince et flexible; un mastic formé d'huile de phoque, de cire, de caoutchouc et d'argile, maintient son adhérence

avec le tube. Le piston est muni, à sa partie antérieure, d'une sorte de long couteau disposé angulairement; à mesure qu'il s'avance dans le tube, ce couteau soulève la soupape de manière à laisser passer la tige de communication des wagons; après le passage du convoi, la soupape retombe par l'effet de sa pesanteur, et le rouleau compresseur vient, en pesant sur elle, la replacer dans sa situation primitive. Quand la soupape est soulevée par le couteau, elle laisse forcément rentrer un peu d'air extérieur dans le tube, mais comme les machines pneumatiques continuent de fonctionner pendant la marche du convoi, cette petite quantité d'air est expulsée à mesure qu'elle s'introduit, et le vide est ainsi toujours à peu près maintenu.

« Les machines pneumatiques installées à Saint-Germain, et destinées à faire le vide dans le tube propulseur, sont la partie la plus curieuse et la plus remarquable du matériel atmosphérique. Elles sont établies sur des proportions gigantesques et avec une perfection dont l'industrie française se montre fière à bon droit. Des machines à vapeur les mettent en action. Les chaudières destinées à produire la vapeur, les cylindres qui mettent en jeu sa puissance mécanique, et les pompes manœuvrées par les pistons de ces cylindres pour faire le vide dans le tube, sont disposés dans un immense bâtiment construit en pierre de taille, vitré par le haut, supporté par une charpente de fer et soutenu en son milieu par une colonne creuse par laquelle s'écoulent les eaux pluviales; un escalier placé au centre du bâtiment conduit à l'étage où sont disposés les cylindres des machines à vapeur; les chaudières, au nombre de six, sont placées au-dessous. Les cylindres des machines à vapeur sont couchés horizontalement comme des pièces de canon. Le mouvement de leurs pistons se communique aux cylindres pneumatiques par une bielle qui agit sur une roue dentée de dimensions extraordinaires, puisque son diamètre n'est pas moindre de 5 mètres. C'est cette roue dentée qui fait mouvoir les pompes pneumatiques. Ces pompes, au nombre de deux, sont placées au bas de l'édifice et rangées de chaque côté de l'escalier. Elles peuvent extraire 4 mètres cubes d'air par seconde. Les machines à vapeur, de la force de deux cents chevaux chacune, sont à haute pression, à condenseur et à détente. Elles ne fonctionnent pas d'une manière continue et n'entrent en action pour faire le vide qu'au moment où le convoi doit se mettre en marche. Rien n'est curieux à voir comme ces immenses machines immobiles et silencieuses qui tout d'un coup s'éveillent pour agiter leurs gigantesques leviers : trois minutes après, le convoi passe comme un éclair, et tout retombe dans le silence.

« On a dit plus haut que pour apprécier la valeur positive des nouveaux systèmes de chemins de fer, il faut invoquer les résultats de l'exécution pratique. Si cette vérité avait besoin d'une démonstration nouvelle, ce qui s'est passé au chemin atmosphérique de Saint-Germain en fournirait une preuve éclatante. Etudié au point de vue théorique et dans les conditions particulières où l'on avait pu l'observer, le système atmosphérique avait séduit beaucoup d'esprits et fait concevoir d'assez hautes espérances. Or, il a été exécuté chez nous avec tous les soins désirables, avec les concours des plus habiles ingénieurs du pays, et la pratique a démenti tristement les prévisions de la théorie. Les résultats de la grande expérience qui depuis quatre ans est en cours d'exécution quotidienne sur la route de Saint-Germain établissent que si le système atmosphérique est susceptible de bons résultats sous le rapport mécanique, au point de vue financier il est plus que désastreux. Les devis pour l'exécution de ce chemin, depuis Nanterre jusqu'à Saint-Germain, portaient la dépense totale au chiffre de deux millions. Or le chemin n'a été exécuté que sur une partie de cette distance, sur l'étendue de 2 kilomètres et demi qui sépare le pont de Montesson du plateau de Saint-Germain, et tout compte fait, l'ensemble a dépassé la somme de six millions. Ce chiffre rend toute discussion superflue. Le système atmosphérique, que l'on avait préconisé comme devant introduire une économie notable dans les frais d'établissement des chemins de fer, est infiniment plus coûteux que le système ordinaire.

« Quelques personnes ont voulu expliquer un résultat si accablant pour le chemin de fer atmosphérique par les difficultés qu'offrait le parcours de Nanterre à Saint-Germain, en raison de la hauteur extraordinaire de la rampe à franchir. On pourrait répondre que le système atmosphérique étant présenté surtout comme propre à triompher de l'inégalité des terrains, toute son utilité disparaît dès le moment où il ne peut servir avec avantage dans ces conditions particulières. Mais là n'est pas la seule réponse à adresser aux partisans de ce mode de transport. L'expérience décisive à laquelle le chemin atmosphérique a été soumis au milieu de nous a mis en lumière plusieurs inconvénients inhérents à son emploi, et dont la gravité suffirait à elle seule pour en prescrire l'abandon. Nous les résumerons en quelques mots.

« Avec le système atmosphérique, on ne peut, sans de très-grandes difficultés, établir des embranchements continus. Il faudrait nécessairement, pour changer de voie, installer à l'extrémité de la nouvelle ligne une machine pneumatique destinée à faire le vide dans le tuyau de ce nouveau parcours. En second lieu, la rencontre et les intersections des grandes routes y créent des obstacles presque insurmontables. En raison du gros tube couché entre les rails, les charrettes et les voitures ne peuvent traverser la voie comme elles traversent celle de nos chemins de fer ordinaires, en passant par-dessus les rails; il faut donc,

à chaque croisement avec les grandes routes, élever un pont ou creuser un souterrain de manière à donner passage aux voitures au-dessus ou au-dessous de la voie.

« Un autre vice du système atmosphérique, vice des plus graves, bien qu'il frappe moins l'esprit au premier aperçu, c'est la nécessité où l'on se trouve de conserver sur toute l'étendue de la route la même intensité à la puissance motrice. En général quand un chemin de fer rencontre une pente, la force à développer par la machine qui entraîne le convoi doit s'accroître pour surmonter cette résistance; quand le terrain reprend ensuite le niveau, la force de traction doit diminuer. Ces variations nécessaires dans l'intensité des forces agissantes nos locomotives les produisent sans difficulté, il suffit pour cela d'augmenter ou de diminuer la puissance de la vapeur; mais le système atmosphérique ne peut réaliser ces alternatives utiles dans l'intensité de l'agent moteur. La force qu'il développe dépend en effet, de l'étendue de la surface du piston qui se meut dans l'intérieur du tube sous le poids de la pression extérieure. Or la surface du piston est toujours la même, la force motrice doit donc conserver la même intensité sur toute l'étendue du trajet, soit que le convoi trouve une résistance en s'élevant le long d'une rampe, soit que cette résistance diminue quand le chemin reprend le niveau. Pour augmenter ou diminuer l'intensité de l'action motrice, il faudrait pouvoir faire varier la surface du piston; or, cela est impossible; il faut donc se contenter d'une égale intensité de force sur toute l'étendue de la ligne.

« Nous ajouterons, comme dernière difficulté s'opposant à l'application du système atmosphérique, les dépenses considérables qu'entraîne son exploitation quotidienne. L'immense appareil mécanique établi à Saint-Germain, ces gigantesques machines pneumatiques, ces six chaudières à vapeur, ne fonctionnent guère que trois minutes par heure. Pendant tout le reste du temps, leur service est inutile et l'on est contraint d'arrêter, comme on le peut, le tirage de la cheminée, pour le rétablir une heure après au moment du travail (1). Au point de vue industriel, un tel état est déplorable à tous égards et suffirait au besoin pour motiver l'abandon de ce système.

« En résumé, l'expérience de Saint-Germain a condamné le système atmosphérique. Les résultats obtenus en Angleterre sur le chemin de Croydon à Londres ont dû amener à une semblable conclusion, car depuis cinq ans on a repris sur ce chemin l'usage

(1) Pour parer autant que possible à cet inconvénient, on opère à Saint-Germain de la manière suivante. On laisse tomber le feu en fermant la clef de la cheminée; ensuite, au moment où le travail doit reprendre, on fait mouvoir un ventilateur qui active le tirage et rallume le feu. Ces précautions sont évidemment insuffisantes; la quantité de houille consumée chaque jour, comparée au travail produit, dénote une perte considérable de combustible.

des locomotives. Le chemin de Kingstown à Dalkey et celui de Saint-Germain sont les seuls de ce genre qui fonctionnent encore en Europe, et tout annonce que ce seront les derniers, au moins avec les dispositions adoptées aujourd'hui.

« Ainsi de tous les moyens proposés de nos jours pour remplacer le système actuel des chemins de fer, un seul a été soumis à l'épreuve d'une expérience décisive, et il s'est montré, sur tous les points, inférieur à son rival. Faut-il généraliser ce résultat et de l'insuccès du système atmosphérique, conclure que tous les nouveaux procédés de locomotion récemment imaginés, soumis à la même épreuve, éprouveraient le même sort? La logique repousse cette conclusion absolue. Cependant le sentiment des hommes de l'art y incline manifestement; l'échec de Saint-Germain a déterminé un retour favorable vers le système actuel des chemins de fer, et fait envisager ses imperfections d'un œil plus indulgent. En définitive, l'opinion des ingénieurs flotte en ce moment assez irrésolue. Gardons-nous d'ailleurs de porter un jugement sévère sur ces hésitations de la science. L'histoire nous apprend que chacune des grandes inventions de notre époque a dû traverser une période toute semblable de tâtonnements et d'incertitudes. Espérons seulement qu'il nous sera bientôt donné de la franchir et qu'une solution décisive du grand problème qui s'agite viendra porter à son plus haut degré de perfection cette invention admirable, qui a déjà rendu au monde de si précieux services. »

CHEMINÉES.—*Leurs vices de construction et moyens d'y remédier.* — Les cheminées en plâtre, dit M. Guython de Morveau, n'offrent point de solidité; les meilleurs ouvriers conviennent qu'il faut les reconstruire tous les vingt ou vingt-cinq ans au plus, c'est-à-dire qu'après une aussi courte durée il faut démolir au moins tout ce qui s'élève hors du toit, découvrir une partie des combles pour placer les échafauds, et exposer les plafonds, les boiseries, etc., à être dégradés par les pluies; le plus souvent, sans attendre ce terme, on est obligé de les réparer, de ramailler les écaries qui s'en détachent, et de boucher les crevasses qui s'y forment. Elles sont d'autant moins sûres, que ce n'est pas seulement dans la partie qui s'élève au-dessus des toits qu'il se forme des crevasses, il s'en forme aussi dans leurs parois intérieures, presque toujours recouvertes de lambris, de papier de tenture, etc., de sorte qu'on n'est averti que quand la fumée commence à prendre cette route, et par les traces qu'elle laisse de son passage. Ces dégradations sourdes sont si communes, même dans les cheminées construites ou refaites depuis peu d'années, que l'on ne peut trop admirer que les incendies qu'elles peuvent occasionner ne soient pas plus fréquents. Les anciens règlements défendent expressément d'approcher des cheminées aucun bois, sans qu'il y ait au moins 6 pouces (16 centimètres) de

charge. Le plâtre est la matière la moins propre à construire des cheminées, quand elle n'est pas simplement employée à assembler et à revêtir des matériaux d'une plus grande ténacité; l'eau des pluies, et celles qui s'élèvent avec la fumée, l'attaquent très-promptement; la chaleur de l'intérieur lui fait éprouver une dessiccation, ou, pour mieux dire, un commencement de calcination qui détruit insensiblement la liaison de ses parties. Ce n'est pas tant parce que les tuyaux en plâtre coûtent moins que ceux en briques que l'on adopte ce genre de construction; ce qui détermine cette préférence, c'est la commodité qu'il présente pour construire avec moins d'épaisseur, pour placer plusieurs tuyaux sur une même ligne, pour les dévoyer sans les soutenir hors de leur aplomb, pour les adosser, enfin, les uns aux autres sans faire de trop grandes saillies dans les appartements. Les cheminées construites sur ces dimensions sont très-sujettes à fumer; le seul moyen de s'en garantir est de réduire les tuyaux de conduite à des dimensions telles qu'ils soient en proportion de la masse des vapeurs fuligineuses qu'ils doivent recevoir; qu'ils ne soient pas assez resserrés pour donner lieu dans aucun temps à la poussée par la chaleur; qu'ils ne soient point assez grands pour qu'il puisse s'y établir deux courants, l'un, ascendant, l'autre, descendant; pour qu'enfin les vapeurs et le gaz à demi-condensés ne deviennent pas incapables de résister à la pression de l'atmosphère et à l'impulsion du moindre vent.

Ces principes sont tellement ignorés de la plupart des constructeurs, que lorsqu'il s'agit d'échauffer l'antichambre, c'est-à-dire la plus grande pièce de la maison, où le feu est communément le premier allumé et le dernier éteint, ils placent un gros poêle dans une niche, et ne donnent d'issue à la fumée que par un tuyau de 4 à 5 pouces de diamètre; tandis que dans d'autres pièces moins vastes, où l'on ne consomme pas souvent la moitié de bois, la fumée est reçue dans un canal de 3 pieds de long sur 10 pouces de large, c'est-à-dire ayant dix-sept fois plus de capacité. Le remède le plus généralement employé sont les ventouses, c'est-à-dire le rétrécissement du tuyau par une cloison mince que l'on pratique dans l'intérieur, le plus souvent jusqu'à la hauteur du toit, ou du moins jusqu'au premier grenier. On croit que l'effet de cette construction est de ramener dans l'appartement l'air que ce conduit reçoit d'en haut par une petite ouverture latérale; il est bien plus dans la diminution de la capacité du tuyau. On en a la preuve si l'on bouche l'orifice inférieur d'une ventouse, ce qui arrive fréquemment, soit en changeant la forme des âtres, soit pour n'avoir plus à supporter l'incommodité d'un torrent continuel d'air froid. Lorsqu'on surmonte une cheminée de tuyaux plus ou moins élevés de poterie ou de tôle, de 12 à 15 centimètres de diamètre, on ne fait autre chose que de réduire le conduit de la fumée à des dimensions qui ne peuvent plus admettre une colonne descendante. Les cheminées appelées à la Rumford opèrent le même effet en étranglant le tuyau par le bas. Les cheminées à la suédoise donnent à la fumée un circuit de 10 mètres et plus de longueur dans des canaux qui ont à peine 7 à 8 pouces de côté. Les foyers de Désarnod, les cheminées, les poêles à étuves de Curandau, les calorifères d'Olivier, dont des applications plus ou moins heureuses de la même théorie. Le moyen de remédier à la fumée par les ventouses contribue à diminuer la solidité des cheminées, et donne lieu à de graves accidents; car quelle solidité peut-on donner à de larges et minces carreaux de plâtre qu'on est obligé de placer après coup dans un tuyau de 10 pouces, dont il faudrait crever un côté pour les loger dans des écharpements, et qu'on ne fixe que par un léger jointement sur des parois à peine dépouillées de suie? Les crevasses, les déjoints ne tardent pas à s'y former par l'action de la chaleur et des vapeurs. Que la fumée prenne cette route, il s'y dépose à la longue de la suie que le ramoneur ne peut faire tomber, et à la première étincelle le foyer est d'autant plus dangereux que la flamme est portée par le trou de la ventouse plus près de la charpente, quelquefois même au-dessous du toit. (*Annales de chimie*, 1807, page 112, tome 64. — *Société d'encouragement*, bulletin 42, page 155.)

Tuyaux en terre cuite pour la construction des cheminées.—Invention de M. Brullée. — L'idée de remplacer les lourds tuyaux carrés en maçonnerie qui occupaient un grand espace dans les appartements, par des tuyaux plus petits en terre cuite, présente plusieurs avantages importants. Dans la cheminée de M. Brullée une colonne creuse en terre cuite, semblable à celles que l'on met sur les poêles, est placée sur le milieu de la tablette ou sur chacun des côtés, et il la prolonge dans tous les étages supérieurs, de manière qu'en supposant qu'il y eût une cheminée au rez-de-chaussée, une au premier étage et une au second, il y aurait au rez-de-chaussée au moins un tuyau composé de tronçons de colonnes isolés du mur; au premier étage il y aurait deux tuyaux et au second étage il y en aurait trois. Cette construction permet, suivant l'auteur, de supprimer les cheminées dans les étages supérieurs, de remplacer les gros murs par des cloisons couvertes de plâtre, de huit pouces d'épaisseur, ou des murs bâtis en pierres ou en briques de dix pouces, et de gagner ainsi deux pieds d'emplacement dans l'appartement. Elle a, en outre, l'avantage de garantir des incendies qu'occasionnent les cheminées ordinaires, d'assurer aux propriétaires une économie assez considérable sur les dépenses de construction, de supprimer les têtes de cheminées, les mitres et leurs murs de dossiers qui excèdent les combles des bâtiments et dont la chute occasionnée par les grands vents, expose les passants à de fréquents accidents. En isolant les tuyaux des murs, ils laisseront échapper plus de calorique que les tuyaux ordinaires; en les engageant dans les murs et en les revêtissant de plâtre, ils sont plus solides et occupent moins d'espace. Enfin ils peuvent être ramonés avec une corde et un fagot de ramée. (*Société d'encouragement*, bulletin 67, tome 9, p. 12.)

CHEMINÉES. — (*Moyens divers pour les empêcher de fumer.*)—*Invention de M. C. Piault, de Paris.* — Cette construction imaginée pour modifier les tuyaux de cheminée et garantir les appartements de la fumée, dans certains cas est applicable à toutes les cheminées et n'exige qu'une dépense très-légère. Cette modification apportée aux cheminées n'a pas pour objet de soustraire entièrement celle-ci à l'action du vent, mais de les disposer de telle manière que, quelque vent qu'il fasse, la fumée trouve toujours une issue par où elle puisse s'échapper. Ces considérations sur le vent peuvent aussi s'appliquer à l'action du soleil; car on sait que la fumée ne peut plus s'élever dans une cheminée, lorsque les couches d'air qui sont à sa partie supérieure ont été raréfiées par les rayons de cet astre. Dans cette construction, une partie de la cheminée (du moins dans nos climats, où les ombres ne sont jamais entièrement effacées) se trouve toujours garantie de l'action du soleil; une cloison partage transversalement la cheminée, pénètre dans son intérieur d'environ un pied, et s'élève au-dessus d'à peu près autant; deux portions de mur, dont chacune s'élève des faces longitudinales de la cheminée, viennent s'unir à angle droit, mais chacun en sens contraire, aux extrémités de la cloison, et de la même hauteur qu'elle, ont la forme d'un Z. Il est facile de concevoir actuellement que, de quelque côté que le vent ou le soleil arrive sur la cheminée, elle se trouve garantie de leur action, et que la fumée pourra s'échapper sans obstacle par cette ouverture. On perfectionne cette construction, en donnant aux faces de la cloison, et à celles des portions de la cheminée qui s'y unissent, une telle inclinaison, que le vent soit réfléchi dans un sens opposé à celui de l'ouverture de la cheminée, ce qui n'a pas lieu dans les constructions ordinaires, où le vent est justement réfléchi dans l'intérieur du tuyau. L'appareil de M. Piault a été construit sur un grand nombre de cheminées; et toujours avec succès. (*Société d'encouragement*, an. XI, *bulletin* 7, page 71.)

M. Le Normand fait faire une espèce de grille en fer, composée de neuf barres carrées de deux centimètres de largeur sur chaque face et le trou du milieu, qui présente la forme de deux rectangles, est de la grandeur du trou de la cheminée. Après avoir fait poser cette grille au-dessus du canon, on fait continuer le tuyau sur les quatre côtés de ce rectangle à une hauteur de vingt-cinq centimètres; on fait élever ensuite un petit mur de la hauteur de cinquante centimètres tout autour du rectangle extérieur, et une petite muraille sur la traverse qui partage le rectangle intérieur en deux parties égales. La petite muraille, faite en briques droites, afin qu'elle soit plus légère, sert d'abord à soutenir le toit de la cheminée, couvert en entier; et cette construction, placée au haut d'un tuyau d'une cheminée suffit pour l'empêcher de fumer, quelque vent qu'il fasse. En effet, les cheminées fument, parce que non-seulement le vent s'oppose à la sortie de la fumée, mais encore parce qu'il la refoule dans le tuyau, et qu'il intercepte le courant d'air qui devrait la pousser au-dehors. Le moyen proposé prévient tous les cas possibles où le vent pourrait faire fumer : seulement, lorsque les cheminées construites sur ce procédé sont enfermées dans un local très-circonscrit, le vent peut avoir de l'action sur elles, et on ne peut corriger ce défaut qu'en élevant le tuyau de la cheminée au-dessus des murailles qui forment enceinte. (*Ann. des arts et manufactures*, t. XV, p. 196.)

M. Désarnod a présenté à la société d'encouragement plusieurs appareils fumifuges, qui consistent : 1° en un T fumifuge, composé d'un tuyau vertical en tôle, surmonté d'une portion de tuyau carrée et cintrée, dont les deux extrémités sont ouvertes pour laisser échapper la fumée; 2° d'un globe en tôle, percé, sur toute sa circonférence, d'orifices sur lesquels sont ajustés de petits tubes coniques, surmontés chacun d'une calotte assez éloignée de l'ouverture pour donner passage à la fumée; 3° d'une lanterne divisée intérieurement en seize parties égales, dont huit forment alternativement des ouvertures : elle est entourée d'une zone pleine, à une distance convenable pour garantir ces mêmes ouvertures des effets du vent, et de manière à ne laisser échapper la fumée que par dessous ou en dessus; selon la direction du vent; 4° d'un triangle fumifuge; 5° d'une bascule qui a la propriété de se fermer du côté d'où vient le vent, et, par ce moyen, de laisser échapper la fumée du côté opposé. Chacun de ces appareils s'adapte à une base, espèce de mitre analogue à celles en plâtre, et y est solidement scellé. (*Rapport à la Société d'encouragement*, séance du 25 mars 1818.— *Archives des découvertes et inventions*, 1820, page 362.)

CHEMINÉES. — (*Appareil pour les ramoner et pour éteindre le feu qui s'y manifeste.*)—*Importation de M. Cadet de Gassicourt.* — Ce savant a importé d'Angleterre cet appareil, qui se compose de quatre brosses en barbe de baleine, à charnières, réunies à une tige en bois; de fortes baguettes creuses, aussi en bois, élèvent ces brosses, et une corde qui traverse les baguettes sert à les réunir. Les quatre brosses, mobiles, d'égales dimensions et formant éventail, sont attachées à une tige pleine et soutenues par des fourchettes reposant sur une virole ou douille évasée. Elles présentent le mécanisme d'un parapluie, et sont disposées de manière que,

ployées et leurs extrémités rabattues, elles occupent très-peu de place quand on les pousse vers le haut de la cheminée. Lorsqu'on les fait redescendre, elles se déploient et balayent la suie attachée aux parois de la cheminée. Les baguettes en bois ont deux pieds six pouces, elles sont creuses, et portent à leur extrémité supérieure une virole ou anneau; l'autre bout est aminci pour entrer dans la virole du tube correspondant. Une corde attachée au chapeau de la brosse traverse la série des baguettes et les réunit en les maintenant dans une position verticale. La baguette inférieure est munie d'une vis qui s'engage dans un écrou et qui sert à arrêter la corde à mesure qu'elle pénètre dans le tube. Pour ramoner, on place devant la cheminée un rideau percé de deux ouvertures longitudinales; il est monté sur une tringle de fer, divisée en deux branches qui glissent l'une sur l'autre et qui s'arrêtent par une vis afin de pouvoir s'allonger ou se raccourcir à volonté; les extrémités de cette tringle s'engagent dans deux pitons fixés au jambages de la cheminée. L'ouvrier, placé devant le rideau, travaille en passant ses brosses à travers les fentes du rideau. On établit sur l'âtre de la cheminée un patin en fer portant une poulie dans laquelle on passe l'extrémité de la corde, que l'on tend fortement. On l'attache ensuite à un crochet adapté à ce même patin. On introduit dans la cheminée la brosse renversée, on tire le rideau, qui se ferme au moyen des boutons ou des attaches; puis, après avoir arrêté la corde par un nœud au sommet du chapeau de la brosse, on la passe dans la première baguette, à laquelle on en adopte d'autres jusqu'à ce que la brosse soit parvenue en haut; quand elle y est arrivée, on la fait mouvoir en la poussant et en la retirant alternativement. Un ressort adapté à la tige supérieure empêche que les branches en fourchettes qui la soutiennent ne se ploient pendant la manœuvre. Pour retirer l'appareil, l'ouvrier, après avoir dégagé la corde du patin, saisit de la main gauche la baguette supérieure, tandis que de la droite il retire celle qui vient après, et ainsi de suite jusqu'à la dernière. Si le feu est dans la cheminée, on peut facilement l'éteindre en couvrant la brosse d'un drap mouillé et en la promenant comme il est dit ci-dessus. (*Société d'encouragement*, 1818, bulletin, 164, page 32, planche 156.)

CHIFFRES. — Ce nom, réservé d'abord au zéro, qu'on appelait *cyphra* dans le latin barbare du moyen âge, s'applique maintenant aux dix caractères employés habituellement pour exprimer les nombres. On a été plus loin, et on l'a donné, par extension, à tous les caractères employés dans le même but, chez différents peuples et à diverses époques. Ainsi, nous disons *les chiffres romains*, bien que ces prétendus chiffres ne soient autre chose que les lettres de l'alphabet. Pour nous conformer à cet usage, et pour ne pas séparer d'ailleurs des choses qui ont la plus grande liaison entre elles, nous traiterons ici de tout ce qui a rapport à *l'écriture numérique.*

On peut représenter aux yeux les mots qui expriment les nombres, en employant des lettres comme pour tous les autres mots de la langue; mais on a senti de bonne heure la nécessité de signes abréviatifs. Il serait curieux de rechercher quels étaient ces signes chez les divers peuples anciens dont la connaissance est parvenue jusqu'à nous. Nous ne parlerons ici que des Hébreux, des Grecs, des Romains et des Arabes.

Les premiers partageaient les 27 caractères de leur alphabet en trois *neuvaines :* la première représentait les neuf unités, de un à neuf; la seconde, les neuf dizaines, de dix à *quatre-vingt-dix ;* la troisième, les neuf premières centaines, de *cent à neuf cents.*

Les Grecs, suivant les auteurs de l'*Encyclopédie*, avaient trois manières d'exprimer les nombres par les caractères de leur alphabet. La plus simple consistait à employer les 24 lettres d'après l'ordre de leur succession dans l'alphabet, depuis α, 1, jusqu'à ω, 24. Ainsi sont numérotés les livres de l'*Iliade* d'Homère. Mais ce procédé, mis en usage par les Hébreux, et dont nous nous servons nous-mêmes tous les jours, ne peut réellement être considéré comme un système d'écriture numérique. La seconde manière, semblable à celle des Juifs, indiquée ci-dessus, consistait à diviser les 24 lettres de l'alphabet en trois séries, exprimant: la première, les huit premières unités; la seconde, les huit premières dizaines; la troisième, les huit premières centaines; *neuf, nonante,* et *neuf cents,* étaient représentés par des signes particuliers. Pour les mille on recommençait les trois séries des lettres, en plaçant un point dessous : α, 1000, β, 2000, etc. Enfin on employait les initiales même des noms de nombre; ι pour un (ïs au lieu de *eis*) π pour cinq (*pente*), Δ pour dix (*deka*), H pour cent (*hekaton*), x pour mille (*chilia*), M pour dix mille (*myria*); quand, entre les jambes du π, on plaçait une autre lettre, la valeur de cette dernière était quintuplée. Cette manière d'écrire les nombres se combinait avec la précédente.

Il est fort étonnant que ces peuples, dont la numération parlée était aussi régulière que la nôtre, eussent une numération écrite si imparfaite. Celle des Romains, qui se servaient aussi des lettres de leur alphabet, s'éloigne encore plus que celle des Grecs du système décimal, qui existait pourtant dans le langage (*Voy.* NUMÉRATION); elle procède par *cinq* au lieu de procéder par *dix* : aussi le signe du nombre 10 n'est-il qu'un double 5. Les signes de 1 à 10 sont les suivants · I, II, III, IV, v, VI, VII, VIII, ou IX et X, formé de deux V, dont l'un est renversé sous l'autre.

En ajoutant au signe de dix, X, chacun des signes précédents, on a successivement XI, onze, XII, douze, etc., jusqu'à dix-neuf. Vingt, ou deux fois dix, ou quatre fois cinq, s'exprime ainsi, XX; trente, s'écrit XXX, quarante, XXXX, ou XL, cinquante

moins dix. Cinquante, ou cinq fois dix, s'exprime par L ; en ajoutant à L tous les signes précédents, on a successivement tous les nombres depuis cinquante et un, LI, jusqu'à nonante-neuf, LXXXXVIIII, ou bien, LXXXXIX (cinquante et quarante et dix moins un). Cent s'écrit C, lettre qui commence le mot latin *centum;* puis on reprend la série des signes précédents, CI, CII,... CX,... CL; deux cents, trois cents, quatre cents, s'écrivent, CC, CCC, CCCC, ou CD (cinq cents moins cent). Cinq cents, s'écrit D ; six cents, sept cents, huit cents, DC, DCC, DCCC ; neuf cents, DCCCC, ou CM (mille moins cent); mille s'écrit M ; deux mille, cinq mille, dix-mille, cent mille, II, V, X, C. etc, (avec un trait superposé). Indépendamment des variations qu'on a pu remarquer ci-dessus dans la manière d'écrire certains nombres, il en existe plusieurs autres qui sont encore usitées dans les pays du Nord. Les principales sont : IƆ (avec un C renversé) pour cinq cents; CIƆ pour mille, CCIƆƆ pour dix mille, CCCIƆƆƆ pour cent mille, etc.

Le plus grand désavantage de ces divers genres d'écriture était de ne pouvoir se prêter facilement aux diverses opérations qu'on pratique sur les nombres. Aussi les Romains se servaient-ils, pour ces opérations, de jetons ou même de cailloux, *calculi,* dont nous avons fait notre mot calcul. On adopta enfin un système apporté en Espagne par les Maures, et introduit en Italie par le Pape Sylvestre II. Ce système, faussement attribué aux Arabes, remonte certainement beaucoup plus haut, et doit avoir été connu des peuples savants de l'antiquité la plus reculée.

Il n'est guère facile, en effet, de concevoir comment les Égyptiens, les Chaldéens, les Chinois, etc., auraient pu pousser si loin leurs connaissances astronomiques avec des méthodes de calcul aussi imparfaites que celles des Grecs et des Romains. Au reste, les Arabes eux-mêmes tranchent la difficulté en attribuant aux Indous le système d'écriture numérique qu'ils nous ont transmis.

Nous verrons (article NUMÉRATION) avec combien peu de mots on exprime tous les nombres, grâce à leur transformation successive en unités de différents ordres, décuples les uns des autres; il faut encore moins de signes pour les écrire dans le système indou. On exprime les neufs premiers nombres par neuf caractères : 1, 2, 3, 4, 5, 6, 7, 8, 9. Tous ces chiffres représentent des unités simples ou du *premier ordre.* Veut-on décupler leur valeur, il suffit d'ajouter après chacun d'eux un dixième caractère, 0 (*zéro*), qui, n'ayant par lui-même aucune signification, place tout simplement au second rang le chiffre qu'il accompagne, et avertit que les unités exprimées par ce chiffre sont du *second ordre* (décuple du premier ordre). On obtient ainsi la série des dizaines : 10, 20, 30, 40, 50, 60, 70, 80, 90.

Si le nombre qu'on veut exprimer contient des unités du second ordre et des uniés du premier ordre, on exprime les uns et les autres par le chiffre qui leur appartient, et alors le zéro devient inutile, puisque le chiffre des *unités simples* place au second rang celui des *unités décuples*. Ainsi onze (dix-un) s'écrit 11; trente-quatro (*trois uni-*és décuples et *quatre* unités simples) s'é-rit 34, etc.

D'après ce qui précède, les centaines (unités centuples ou du troisième ordre)s'exprimeront par les mêmes chiffres placés au troisième rang. Cent, décuple de 10 et centuple de 1, l'écrira 100 ; trois cent huit, qui renferme trois unités du troisième ordre, 0 (zéro ou rien) d'unités du second ordre, et 8 unités du pre-bier ordre, s'écrira 308, et en plaçant un 0 u rang des unités décuples pour conserver u chiffre 3, qui exprime les unités centu-les, le troisième rang qui lui appartient.

Les unités du quatrième ordre, ou les *mille*, sont décuples des unités du troisième rdre ou *centaines ;* on les exprime toujours par les mêmes chiffres, placés au quatrième rang en allant vers la gauche, et ainsi de uite pour les dizaines de mille (cinquième rdre), pour les centaines de mille (sixième rdre), pour les millions (septième or-re), etc. Présentons cela à l'œil par un ableau ;

Unité simple,	1,	2,	3,	4.	val. absol.
— décuple,	10,	20,	30,	40.	
— cent.	100,	200,	300,	400.	val. relat.
— mill.	1000,	2000,	3000,	4000.	

De ce qui précède nous conclurons : 1° que les chiffres *significatifs* (tous, ex-apté 0), ont deux espèces de valeur, l'une *absolue* qu'ils ont par eux-mêmes, l'autre *relative* qui varie suivant le rang qu'ils oc-upent dans la série de chiffres employés bour exprimer un nombre; 2° que le zéro 'a aucune valeur, et qu'il sert seulement conserver aux chiffres significatifs le rang ni détermine leur valeur relative; 3° que l valeur relative des chiffres augmente en proportion décuple à mesure qu'on les re-ule d'un rang vers la gauche ; 4° que dans iute série de chiffres exprimant un nom-re, chaque chiffre représente ou remplace es unités d'un ordre particulier, qu'on eut désigner par le rang qu'occupe ce hiffre. A l'article NUMÉRATION, on appli-uera ces règles à des nombres élevés, et on montrera que les longues suites de niffres sont divisées en tranches de trois hiffres, en commençant par la droite, et on dira de plus que, de même que la va-ur relative des chiffres augmente en pro-prtion décuple en allant vers la gauche à artir des unités simples, de même elle di-inue en proportion décuple en allant vers l droite, à partir du même point. (*Voyez* ussi FRACTIONS DÉCIMALES.)

Pour les autres manières actuellement mployées d'exprimer les nombres dans les pérations qu'on leur fait subir, la connais-ince des chiffres romains est indispensable ans une foule de circonstances, puisqu'ils ervent encore aujourd'hui dans certains computs. Mais elle est surtout utile pour la lecture et la critique des anciennes chartes et des anciens manuscrits. Dans ceux-ci, par exemple, on écrit *quatre* ainsi, IIII, et non IV ; neuf, VIIII, et non IX, etc. Au VIIIe siècle, au lieu d'employer le V pour *cinq,* on écrivait quelquefois IIIII. Le demi (*semi*) était exprimé par un *s* à la fin des chiffres. Ainsi l'on écrivait CIIS pour cent deux et demi. Cette S prenait quelquefois la figure de notre 5.

On voit dans quelques anciens manuscrits les chiffres LXL, pour exprimer quatre-vingt-dix. Sous les rois mérovingiens, on trouverait à peine, dans les dates des an-nées, des nombres rendus tout au long dans les manuscrits ; ils y sont toujours exprimés par des chiffres romains. Sous les Carlovin-giens, en Allemagne comme en France, on avait coutume de dater avec ces mêmes chiffres; sous les Capétiens, au moins jus-qu'au XVe siècle, on persista dans cet usage. C'est alors seulement que l'on commença, dans notre pays, à mêler des chiffres ro-mains avec des chiffres *arabesques.* Les Es-pagnols se servirent anciennement des mêmes chiffres romains que les Français; mais, chez eux, il faut surtout remarquer un X d'une forme particulière : le haut du jambage droit est en demi-cercle et vaut 40. Ceci mérite de ne pas être oublié, à cause des erreurs où ce signe a jeté les savants. Du reste, en Espagne, le chiffre romain s'est maintenu jusque dans le XVe siècle. Les Allemands ont longtemps fait usage du chiffre romain à peu près comme on faisait en France ; ils eurent néanmoins quelques figures qui leur étaient particulières.

Dans les dates des chartes, l'usage des chiffres romains fut également universel dans les différents pays ; mais, pour éviter de graves erreurs, il faut remarquer que, dans ces dates, ainsi que dans celles des au-tres monuments de France et d'Espagne, on omettait quelquefois le nombre *millième,* en commençant la date par les centaines ; que, dans d'autres, on posait le millième et l'on omettait les centaines ; enfin, que, dans le bas âge, on supprimait également le mil-lième et les centaines, commençant aux di-zaines, comme si l'on datait 35 pour 1835, et comme on dit encore 93 pour 1793.

De plus, il ne faut pas oublier que les anciens exprimaient souvent les nombres par des comptes ronds, ajoutant ce qui manquait pour les compléter, ou omettant le surplus. Cette manière de compter, qui n'est pas rare dans les livres sacrés, a passé de là dans les monuments. Les anciens co-pistes et même les modernes ont fait sou-vent des fautes en rendant les chiffres ro-mains, surtout dans les V, les L, les M, etc. Pour la ponctuation après les chiffres ro-mains, il n'y a jamais eu rien de fixe. On ignore quand a pu commencer l'usage de l'o supérieur mis après le chiffre romain · *anno* M°L°VI°.

Quant aux chiffres anciens, nommés ara-bes, leur origine et l'époque de leur introduction parmi nous sont assez peu connus. Les uns font honneur de cette invention aux Indiens, qui les communiquèrent aux Arabes, d'où, par le moyen des Maures, ils sont venus jusqu'à nous : cette origine indienne est généralement admise comme la mieux fondée. Les autres soutiennent que ces chiffres viennent des Grecs, qui les ont communiqués aux Indiens, d'où ensuite ils ont passé jusqu'à nous par les Arabes et les Maures. Édouard Bernard, Isaac Vossius, Huet et l'Anglais Ward appuient ce dernier système, qui, nous devons le reconnaître, ne paraît fondé que sur des conjectures fort arbitraires. Dom Calmet mit au jour une autre hypothèse, qui donnait à ces chiffres une origine toute latine : il prétendait qu'ils étaient des restes des notes de Tiron. Mais la ressemblance qu'il croit trouver entre ces deux sortes de figures est forcée, et d'ailleurs l'usage des notes de Tiron cessa dès le xᵉ siècle, au point qu'il n'en reste presque nul vestige dans les monuments depuis le commencement du xiᵉ siècle, et nos chiffres ne paraissent qu'au xiiiᵉ siècle, en France et dans les autres États de l'Europe. Ils ont subi depuis cette époque, parmi les Européens, le sort de l'écriture, c'est-à-dire que leurs figures n'ont pas moins varié que celles de nos lettres. Quelques-uns ont déféré au moine grec Planudes l'honneur de s'être servi le premier de ces chiffres ; d'autres en donnent la gloire à Gerbert, premier pape français sous le nom de Sylvestre II. Les Espagnols la revendiquent pour leur roi Alphonse X, à cause de ses tables astronomiques dites Alphonsines ; mais toutes ces prétentions n'ont pas de fondements bien solides. Ce qu'il y a de certain, c'est que les chiffres dits arabes étaient connus en Europe avant le milieu du xiiiᵉ siècle. D'abord on n'en fit guère usage que dans les livres de mathématiques, d'astronomie, d'arithmétique et de géométrie ; ensuite on s'en servit pour les calendriers, les chroniques et les dates des manuscrits seulement ; car les chiffres n'ont jamais été admis dans les diplômes ou chartes avant le xviᵉ siècle. Si l'on en trouvait quelques-uns avant le xivᵉ siècle, ce serait une circonstance des plus rares. Dans les xivᵉ et xvᵉ siècles, on pourrait, quoique assez difficilement, en rencontrer dans des minutes de notaires. Ces exceptions, si elles se trouvaient, ne serviraient qu'à confirmer la règle qui ne les admet que dans les actes du xviᵉ siècle.

Ces chiffres ne parurent sur les monnaies, pour marquer le temps où elles avaient été frappées, que depuis l'ordonnance du roi de France Henri II, rendue en 1549.

La figure des chiffres arabes n'était pas encore uniforme parmi nous en 1534, et ce n'était que depuis 1500 que l'usage en était ordinaire en France, encore les entre-mêlait-on souvent de chiffres romains. Même, si l'on en croit D. Lobineau (*Histoire de Bretagne*), c'est seulement depuis le règne de Henri III que l'on commença, en France, à employer en écrivant les chiffres arabes. Les

Russes ne s'en servent que depuis les voyages du tzar Pierre le Grand, au commencement du xviiᵉ siècle. Ils avaient été introduits en Angleterre vers le milieu du xiiiᵉ siècle (1233), et portés en Italie vers le même temps. L'Allemagne ne les reçut qu'au commencement du xivᵉ siècle (vers 1306) ; mais en général la figure de ces chiffres n'est devenue uniforme que depuis 1534 (1).

CHIFFRES DIPLOMATIQUES. — Correspondance secrète, dont la forme étrange et inusitée dérobe le sens à quiconque n'est pas au fait des conditions convenues d'avance entre les parties en relation. On emploie, pour atteindre au but, ou des signes complétement inconnus et purement imaginaires, ou des caractères usuels, tels que des chiffres, des nombres et des lettres de l'alphabet, mais détournés de leur acception primitive, combinés et diversifiés de certaines façons auxquelles on donne une signification arbitraire. On appelle chiffre à *simple clef* celui où l'on emploie toujours la même figure pour rendre une même lettre, mais l'on conçoit qu'il est facile, avec quelque application, de deviner une pareille combinaison, par le rapprochement des diverses parties. Pour compliquer les difficultés de traduction, on a imaginé le chiffre à *double clef*, c'est celui où l'on change d'alphabet à chaque ligne, même à chaque mot, et où l'on met des *nulles*, c'est-à-dire des phrases et des syllabes insignifiantes qui coupent le discours à intervalles convenus et dont la représentation n'est fixée que par le caprice. Il est évident que la nature et le nombre de ces bizarreries et de ces déguisements sont incalculables. Cependant il n'est par rare de voir des interprètes parvenir à déchiffrer les plus obscurs de ces hiéroglyphes et dérouter la prévoyance qui s'en sert pour garantir, en temps de guerre ou dans de graves circonstances le secret des dépêches importantes. Un autre chiffre mis en usage est connu sous le nom de *grille* : il consiste dans une série de mots accouplés et entremêlés comme au hasard, mais disposés de manière à fournir un sens, exact et complet au correspondant qui possède la grille. C'est un papier ou un carton découpé à jour, lequel, posé sur la missive au juste point, ne laisse apparents que les caractères nécessaires et masque ceux de remplissage ajoutés après coup par l'expéditeur, qui, au moyen d'une grille conforme a tracé régulièrement les paroles essentielles.

On appelle aussi *chiffre* l'alphabet que chacun des intéressés garde de son côté pour formuler ses lettres et pouvoir lire immédiatement celles qu'il reçoit.

On a plusieurs traités sur les écritures par chiffres. Le fameux abbé Trithème, qui écrivait dans le xvᵉ siècle, s'est occupé de cet art dans sa *Polygraphie*, qui a eu plusieurs éditions, et a été traduite en français

---

(1) Cet article est tiré de l'*Encyclopédie des gens du monde*.

par Collange (1561), in-4°. Le même Tri-thème a donné diverses manières d'écrire en chiffres dans son *Traité de sténographie*, qui, souvent réimprimé, l'a été encore à Nuremberg, en 1731. On attribue au duc Auguste de Brunswick un livre rare sur le même sujet, qui a pour titre : *Gustavi Se-leni enodatio stenographiæ, J. Trithemii*, 1624, in-fol. Nous citerons encore le livre *De occultis litterarum notis*, par J.-B. Porta, réimprimé à Strasbourg, en 1626, et dans lequel l'auteur napolitain donne plus de 180 manières de cacher sa pensée dans l'écriture ; e *Traité des chiffres, ou secrètes manières d'écrire*, par Blaise de Vigenère, 1586, in-4° ; a *Cryptographie, contenant la manière d'é-crire secrètement*, par J.-B. du Carlet, 1644, n-12; et l'*Interprétation des chiffres, tirée le l'Italien, d'A. M. Cospi*, par le P. Nicé-'on, 1641, in-8°.

CHIMIE. — Ayant à parler sur une science aussi vaste, aussi étendue que l'est lui-même o monde entier, s'il nous est permis de nous exprimer ainsi, nous ne saurions mieux faire que de citer le travail suivant le M. Ajasson de Grandsagne, auquel l'il-ustre baron de Berzélius a donné son ap-probation.

« CHIMIE. — C'est la science qui apprend à connaître la nature intime des corps, ou, mieux encore, l'action intime et réciproque le leurs molécules intégrantes les unes sur es autres. De toutes les sciences, la chimie est peut-être la seule qui soit de création toute moderne. Quelques procédés routiniers pour extraire et employer le petit nombre de métaux connus dans l'antiquité (les anciens ne travaillaient que sept métaux ductiles, es métaux cassants leur étaient inconnus); 'art de préparer quelques couleurs miné-ales, la connaissance de quelques sels, telles étaient les données des anciens en chimie. Dans tous ces faits on ne trouve que l'en-'ance de l'art; il n'y avait ni ne pouvait y avoir aucun système scientifique.

« Le mot chimie (*chemia* et *chymia*) semble être d'origine égyptienne, et avoir été dans le principe équivalant à l'expression de phi-osophie naturelle dans son acception la plus étendue, et comprenant tout ce que les an-iens pouvaient connaître des objets naturels. Cette science a reçu plusieurs noms à dif-érentes époques. En effet, dans la suite des emps la signification de ce mot paraît avoir été limitée ; elle fut même par degrés res-reinte à l'art de travailler les métaux, à aison, sans doute, de la grande importance qu'on attachait à cet art. Les anciens regar-lèrent les inventeurs et ceux qui le pecfec-tionnèrent comme les plus grands bienfai-teurs de l'humanité ; ils leur érigèrent des statues, consacrèrent des temples en leur honneur, et même les élevèrent au rang des dieux. Pendant combien de temps le mot chimie conserva-t-il cette signification nou-velle? C'est ce qui ne nous est pas possible de dire ; mais on voit que dans le IIIᵉ siècle on employait ce terme dans un sens plus borné, puisqu'il ne désignait plus, sous les noms de *chrysopée*, d'*argyropée*, que l'art de faire l'or et l'argent. La cause de cette plus grande limitation dans la signification du mot et l'origine de l'opinion, que l'or et l'argent pouvaient être le produit de l'art, sont égale-ment inconnues. Quelques auteurs l'ont nom-mé *Pyrotechnie* ou *art du feu*; d'autres l'appe-lèrent science spargyrique, nom composé de deux mots grecs, σπάω ἀγείρω, je sépare, je réunis, expression qui peint assez bien les moyens que possède la chimie pour con-naître la nature intime des corps, savoir : l'*analyse* et la *synthèse*. On l'appela encore *physique particulière*, et cette dernière déno-mination paraît lui convenir mieux encore que tout autre. En effet, il est certain que la distinction de la physique et de la chimie est fondée sur une assez faible différence. La première examine l'action des corps les uns sur les autres, en les considérant dans leur masse ; la seconde considère cette même action entre les molécules intégrantes. Dans l'une, elle est l'effet d'une attraction ou d'une répulsion générale ; dans l'autre, elle produit une combinaison ou une dé-composition particulière. Aucune science n'a de plus nombreux et de plus intimes rap-ports que la chimie avec la physique ; elles se rencontrent et se mêlent perpétuellement, et même on peut dire qu'il est impossible d'acquérir une connaissance exacte et pro-fonde de l'une, si l'on reste froidement étranger à l'autre, et il est permis de les regarder comme les branches d'un même arbre, comme les parties d'un grand système.

« Pour faire apprécier, même aux per-sonnes entièrement étrangères à cette science, la haute importance et l'utilité toujours croissante de la chimie, il nous suffira de jeter un coup d'œil général sur la multitude d'objets qu'elle embrasse, sur les avantages qu'on retire de son étude, soit pour l'expli-cation des phénomènes les plus frappants de la nature, soit pour le perfectionnement des procédés industriels.

« Dans les grands changements qui se réa-lisent autour de nous, l'agent principal est la chaleur ; sa puissance est irrésistible, ses effets sont innombrables, et comme il est la cause la plus ordinaire des combinaisons et des actions chimiques, il est un des objets essentiels de la chimie. La chaleur et la lumière sont intimement liés l'une à l'autre. Cette dernière étant aussi un agent dont l'é-nergie se manifeste dans beaucoup d'opéra-tions de la nature, elle devient pour le chi-miste le sujet de recherches non moins cu-rieuses et non moins intéressantes. En effet, l'importance de la lumière et de la chaleur est si universelle qu'il n'arrive aucun chan-gement, qu'il ne se forme aucune combinai-son, qu'il ne s'effectue aucun nouveau produit sans absorption ou dégagement de chaleur et même de chaleur accompagnée quelquefois de lumière. Eh ! les rigueurs de l'hiver, la douce température du printemps, le feu mûrissant de l'été et tous ces change-ments merveilleux qu'entraîne le renouvel-lement des saisons reconnaissent-ils d'autres causes? N'est-ce pas cette même puissance qni, dominant aussi bien la nature intime des animaux que des végétaux et celle des corps inertes, opère la croissance de cette profusion de végétaux et rappelle à une nouvelle existence ces myriades d'animaux dont les fonctions avaient été suspendues? L'air, la terre et les eaux reçoivent une chaleur viviliante au retour de la belle saison. La chimie est le principal et même le seul guide qui puisse nous conduire à la connaissance de la constitution de l'atmosphère, des changements auxquels elle est soumise, des variations de température, des lois qui gouvernent les vents, la rosée, la pluie, la grêle et la neige. Ces merveilleuses métamorphoses ne sont que les opérations chimiques exécutées sur une vaste échelle, et les lois de la chimie peuvent seules nous les expliquer.

« C'est la chimie qui donne à l'homme l'assistance la plus efficace pour se procurer cette infinie variété d'objets nécessaires à ses plaisirs, à son luxe, à son existence. Dès que les minéraux, les végétaux ou le règne animal sont l'objet de ses recherches, les procédés de cette science lui deviennent indispensables pour atteindre son but.

« L'importance de la chimie pour le minéralogiste est suffisamment démontrée par l'incertitude des classifications minéralogiques avant les progrès de la chimie moderne. La connaissance de cette science est indispensable pour découvrir et reconnaître les diverses substances dont notre globe se compose, pour purifier les corps, les séparer les uns des autres et les adapter aux divers usages auxquels ils sont propres. La minéralogie n'était pour ainsi dire pas une science avant les nombreuses analyses chimiques de l'illustre Prussien Klaproth. Ses recherches ont jeté beaucoup de lumières sur le système de Werner et ont puissamment servi à la classification de notre Haüy.

« La chimie nous a procuré une grande partie des connaissances que nous possédons sur le règne végétal. Cette science nous a fourni les moyens de tracer la marche de la végétation et d'éclairer les fonctions particulières aux divers organes des plantes, de démontrer que les végétaux résultent de la réunion d'un certain nombre de principes, de reconnaître la nature et les propriétés de ces corps composés, la proportion relative de chacun de leurs éléments, peu nombreux, bien qu'ils produisent une variété infinie de combinaisons plus ou moins utiles pour la nourriture qu'ils fournissent à l'homme ou aux animaux dont l'homme se nourrit ensuite. De là l'avantage que procure l'application de la chimie à l'agriculture, pour déterminer la nature du sol propre à telle ou telle plante pour l'enrichir ou le fertiliser par l'emploi des engrais. Sous ce point de vue la chimie peut offrir de grandes améliorations à certaines parties de l'agriculture et de l'économie rurale, et les progrès de la

science font espérer qu'on ne tardera pas à en jouir.

« L'application de la chimie à l'économie animale n'est pas moins importante ni moins utile, car elle ne sert pas seulement à reconnaître la composition des matières animales, à en isoler et examiner séparément les principes constituants, mais aussi à expliquer jusqu'à un certain point les fonctions essentielles des êtres vivants, telles que la digestion, la respiration, les sécrétions, qui, à cause des modifications que subissent les aliments, doivent être considérées jusqu'à un certain point comme des actions chimiques et appréciées par les moyens que fournit la science. Il faut observer néanmoins que les fonctions des végétaux et des animaux ne doivent pas être expliquées uniquement par les lois ordinaires de la chimie, sans tenir compte de l'influence des forces vitales qui contrarient et dominent quelquefois les actions chimiques, soit en secondant les effets utiles, soit en s'opposant aux effets nuisibles à la santé, et produisent un ordre de phénomènes d'une nature particulière.

« L'application des connaissances chimiques à l'hygiène est continuelle : la méthode désinfectante, inventée par Guyton-Morveau, est fondée sur la décomposition par le *chlore* de différentes combinaisons gazeuses qui peuvent infecter l'atmosphère; et les fumigations sont d'un usage journalier dans les prisons, les hôpitaux, les amphithéâtres de dissection, etc. Les boissons et les aliments nécessaires à la consommation, et dont l'examen constitue une branche importante de la *police médicale*, sont souvent altérés, et ce n'est qu'au moyen d'opérations chimiques que le médecin consulté peut donner son avis.

« Le praticien se trouve quelquefois obligé de faire l'application de la chimie à la pathologie proprement dite ; il est telle maladie dont on ne peut connaître le véritable caractère que par l'analyse chimique. Nous citerons les diabètes sucré et non sucré. En voici un autre exemple : Un malade rend de l'urine d'un rouge foncé et qui peut faire croire à une hématurie; l'analyse chimique ne découvre dans le liquide excrété aucune trace de sang : c'est donc à une autre cause qu'il faut rapporter la coloration de l'urine. La chimie a éclairé les opinions des médecins sur le passage des différents fluides dans le torrent de la circulation, la bile, par exemple, et sur les prétendues métastases de lait.

« Il est inutile de s'appesantir sur les avantages que la pharmacie retire continuellement de la chimie. Tout pharmacien doit être chimiste consommé, et c'est aux profondes connaissances des Scertuerner, des Pelletier, des Lauhert, des Planche, des Robiquet, etc., etc., que nous devons ces nombreuses analyses de substances végétales qui ont enrichi la matière médicale de nouveaux produits dont l'utilité n'est plus contestée, tels que la morphine, l'émétine, la quinine, etc., etc. La chimie nous a aussi délivrés de cette foule de formules bizarres, triste héritage de la médecine des Arabes et des rêveries des alchimistes du xıv° siècle. La fabrication des eaux minérales artificielles est encore un des heureux résultats de l'alliance de la chimie et de la pharmacie.

« La chimie est indispensable aux médecins pour *formuler*. Qu'arrivera-t-il s'ils ne connaissent pas la théorie des affinités ? Ils combineront ensemble les médicaments qui peuvent se décomposer, heureux s'ils n'obtiennent dans la formule qu'une combinaison inerte! Mais dans combien de circonstances n'administreront-ils pas au malade un composé dangereux ? Il faut donc que le médecin ait toujours présente à la mémoire, en faisant ses prescriptions, cette loi dont,nous devons la découverte à l'illustre Berthollet : « Toutes les fois que deux corps dissous « sont mêlés ensemble et qu'ils renferment « des éléments capables de donner naissance « à un corps insoluble, la décomposition « est forcée. » Ainsi, par exemple, le praticien se garde bien de prescrire ensemble l'hydrochlorate de baryte, et le sulfate de soude, l'acétate de plomb et le sulfate de magnésie, le nitrate d'argent et l'hydrochlorate de potasse, etc., etc. Il est toutefois certains cas constatés par l'expérience où une décomposition mutuelle n'est point une raison pour proscrire ce nouveau produit. La connaissance précise de la même théorie des affinités n'est pas moins nécessaire au médecin appelé, soit pour donner ses soins à un individu empoisonné, soit pour éclairer l'autorité sur la nature d'un empoisonnement, en reconnaissant, par exemple, au moyen de l'analyse, la présence de l'arsenic dans les aliments éjectés. La chimie indique au médecin le traitement auquel il doit soumettre la personne empoisonnée.

« Si l'on considère les perfectionnements que la chimie a apportés dans les arts industriels, un champ plus vaste encore se déroule à nos regards. Son importance est si haute, son influence si universelle, que pour le plus grand nombre des branches qui constituent l'industrie, les procédés sont puisés dans les lois de la chimie ; quelques exemples suffiront pour le prouver. L'art d'extraire les métaux de leurs combinaisons dans leur état naturel, de les purifier, de les combiner en divers alliages qui ont un but d'utilité ou d'agrément, doit presque tous ses procédés à notre science. Les immenses améliorations que la chimie moderne a introduites dans les manufactures de verre et de porcelaine suffisent pour démontrer son utilité dans les arts. La tannerie, l'art de fabriquer le savon, celui de teindre les tissus, de les blanchir, ne lui sont pas moins redevables. La boulangerie, la brasserie, la distillation, presque toutes les recettes de l'art culinaire et beaucoup d'autres de l'économie domestique, ne sont que des combinaisons chimiques. En un mot, dans toutes les opérations de la nature comme des arts, il y a élévation ou abaissement de température, il y a combinaison ou décomposition, et cette union des corps simples peut en produire de composés. Ces résultats divers ne peuvent s'expliquer qu'à l'aide des principes de la chimie.

« D'après l'esquisse rapide que nous venons de tracer, les personnes étrangères à la chimie pourront juger de son importance dans la vie usuelle. Mais quelque intéressants, quelque merveilleux que soient pour nous tous ces résultats, si nous considérons maintenant la chimie comme science spéculative, comme pur objet de méditations philosophiques, elle nous paraîtra digne encore d'une plus haute attention. Il n'y a peut-être pas d'étude plus propre à entretenir cet amour désintéressé de la vérité, qui donne tant de dignité et de supériorité à l'homme qui se livre avec succès à sa recherche. Sous ce point de vue, en effet, aucune science n'offre des sujets d'observation plus intéressants que ces métamorphoses, que ces changements qui s'opèrent de toutes parts autour de nous. Et certes, ce n'est pas un faible encouragement à l'étude de la chimie que de voir qu'elle ne nous repaît pas de théories stériles, et qu'en enrichissant notre esprit d'une vérité nouvelle, nous agrandissons ce domaine de la science d'une découverte qui aura peut-être les plus heureuses applications à la vie usuelle. Si la valeur pratique des faits et des découvertes d'une science est estimée en raison du développement que ses applications donnent à des ressources naturelles et au plaisir qu'elles nous procurent, d'une autre part, comme pure spéculation de l'intelligence, nous serons conduits par cette double considération à assigner à la chimie un rang élevé parmi les sciences philosophiques.

« Enfin toutes les autres ont besoin d'elle, même celles qui en paraissent les plus indépendantes. Sans la chimie, nous ne pourrions avoir une idée aussi exacte du vaste système de l'univers; c'est elle qui nous fait voir dans l'immensité azurée des cieux, à des distances incalculables, des flocons de vapeurs blanchâtres qui se condensent pour former, dans des millions de millions de siècles peut-être, des systèmes de globes comme celui d'où nous les observons.

« DIVISION DE LA CHIMIE. — Depuis que les découvertes modernes ont étendu la sphère et agrandi le domaine de la chimie, on a senti la nécessité d'en considérer en particulier les différentes branches et d'y former certaines divisions Jadis on divisait cette science en *chimie théorique* et *chimie pratique ;* cette distinction faisait même alors le partage naturel des principaux ouvrages de chimie de ceux de Boerhaave, de Senac et de Macquer. Une semblable division est plus nuisible qu'avantageuse aux progrès de la science ; elle tend à séparer deux parties qui doivent demeurer inséparables. La théorie sans la pratique marcherait en aveugle, et la pratique qui ne conduirait point à la théorie ne serait qu'une œuvre vaine et sans but.

« Fourcroy, prenant le mot *chimie* dan.

son acception la plus large, y distingue huit branches principales, qui, en comprenant tout l'ensemble de la science, donnent à la foi le dessin et le calque exact de tous ses détails. Les progrès des sciences physiques font qu'aujourd'hui plusieurs de ces subdivisions ou classifications secondaires sont fautives et fort arriérées, mais ce plan général nous semble le plus vaste qui ait été suivi même depuis lui. Ces huit branches ou divisions principales sont : 1° *Chimie philosophique ;* 2° *Chimie météorique* ou *météorologique ;* 3° *Chimie minérale;* 4° *Chimie végétale;* 5° *Chimie animale; 6° Chimie pharmacologique; 7° Chimie manufacturière*, et 8° *Chimie économique.*

« 1° La *Chimie philosophique* précède et domine toutes les autres. A l'aide des faits les plus généraux, elle établit les principes, les lois, et fonde ainsi toute la doctrine de la science. Elle ne s'applique à aucun objet particulier, mais elle les éclaire tous de son flambeau. Elle s'occupe des lois de l'attraction entre tous les corps; de la classification fondée sur les propriétés les plus essentielles et les plus générales des corps; des phénomènes de leurs combinaisons ou de leurs décompositions; des propriétés des principaux corps ou de ceux qui sont le plus généralement répandus dans la nature, des opérations qu'on pratique pour découvrir l'action réciproque de tous les corps, des moyens généraux soit de les analyser, soit de les combiner. Elle explique les plus grands mouvements de la nature; elle emprunte à toutes ses autres branches les faits qui constituent chacune d'elles. Elle forme, relativement aux sept autres branches, le tronc primitif qui les supporte toutes; elle est, en un mot, par rapport à ses autres branches, ce que sont les mathématiques pures aux mathématiques appliquées.

« 2° La *Chimie météorique* s'occupe spécialement de tous les phénomènes qui se passent dans l'air et que l'on connaît sous le nom de météores. En effet, la seule observation physique ne suffit pas pour connaître la nature, les phénomènes mêmes, la succession et surtout la cause des météores. Si les immenses suites d'observations météorologiques déjà faites ne nous ont pour ainsi dire rien appris, c'est qu'on n'a pas suivi jusqu'ici la vraie route qu'il fallait tenir pour résoudre ces problèmes de l'ordre le plus élevé. Les météores sont de véritables effets chimiques : inflammables, lumineux, aériens, aqueux, de quelques caractères qu'ils soient doués, sous quelques formes qu'ils se présentent, quelle que soit la matière qu'ils modifient, qu'ils transportent ou qu'ils dénaturent, ils sont manifestement dus à d'immenses opérations chimiques; et la chimie seule peut en dévoiler la cause, en pénétrer les mystères.

« 3° La *Chimie minérale* a pour objet l'analyse ou l'examen de tous les corps qui se trouvent sous l'écorce de notre globe, ou qui constituent les eaux, les terres, les pierres, les métaux, les bitumes, etc. L'art de les séparer, de les unir, de les purifier et de les reconnaître à des caractères certains; d'en saisir la formation primitive ou l'origine, les divers états, les différentes et successives altérations. C'est à elle qu'il appartient de diriger la classification et les recherches des minéralogistes. C'est la branche la plus cultivée et la plus avancée de la science chimique.

« 4° La *Chimie végétale* traite de l'analyse des plantes et de leurs produits. Naguère ce n'était que l'énumération des procédés des différents arts qui extraient, purifient et approprient à nos besoins les divers matériaux des végétaux. Aujourd'hui elle a de nouveaux moyens de décomposer les produits des plantes et de saisir leur ordre de composition; elle commence à expliquer leur nature intime, leur formation et leur rapport; elle leur fait éprouver artificiellement des changements analogues à ceux que produit la végétation; elle a posé les fondements de la physique végétale. Elle enseigne comment les substances minérales se combinent trois à trois ou quatre à quatre pour former les composés végétaux; elle montre l'influence des terrains, des engrais, des arrosements, etc., sur la végétation. Elle sera un jour le guide de l'agriculteur, comme elle est depuis longtemps celui du pharmacien et de tous les arts qui ont pour objet le traitement des substances végétales.

« 5° La *Chimie animale.* Le but de la chimie végétale : en effet, il consiste à rechercher quels sont les principes des corps vivants, à examiner comment ils s'associent pour former les diverses substances animales, à faire l'histoire de chacune d'elles, à déterminer celles qui entrent dans toutes les parties solides et liquides des animaux, et à étudier successivement toutes ces parties. Ainsi les muscles, les nerfs, les os, les excrétions de toute nature, le sang, les concrétions intestinales, etc., etc.; l'action des agents naturels sur l'économie animale, etc., sont du ressort de cette branche de la science qui nous occupe.

« 6° La *Chimie pharmacologique*, qui embrasse tout ce qui tient à la connaissance, à la préparation et à l'administration des médicaments, est une de celles qui ont le plus contribué à l'établissement de la chimie philosophique, à cause du grand nombre d'expériences, d'essais et de tentatives qu'elle a donné l'occasion de faire sur tous les corps naturels. Elle s'occupe de l'analyse des médicaments simples, de la préparation des remèdes chimiques, de l'art de formuler, de la conservation des médicaments, ainsi que de la sophistication à reconnaître et à prévenir.

« 7° La *Chimie manufacturière* est celle qui s'occupe de découvrir, de rectifier, d'étendre, de perfectionner ou simplifier les procédés chimiques des manufactures. Il faut, pour y obtenir du succès, joindre un esprit inventif aux plus profondes connaissances de la chimie philosophique. Elle a fait d'immenses progrès en France depuis une vingtaine d'années, comme le prouvent les établissements nombreux de blanchiment, de toiles peintes, de teintures, de savonnerie, de tannage, de sels, d'acides minéraux, de poteries, de verreries, de porcelaines, etc. C'est la partie de la chimie la plus cultivée en Angleterre, en Allemagne, en Hollande; c'est celle qui rend les plus importants services à la société.

« Enfin, la *Chimie économique* a pour but d'éclairer, de simplifier, de régulariser une foule de procédés économiques qu'on exécute sans cesse dans toutes nos demeures, pour les assainir, les échauffer, les éclairer, pour préparer les vêtements, la nourriture, les boissons. Elle devrait faire partie de toute éducation soignée, puisqu'elle est nécessaire à la conservation de la santé. C'est en quelque sorte une chimie familière ou domestique. Elle est encore très-utile pour détruire les préjugés qui assiègent la plupart des hommes.

« HISTOIRE DE LA CHIMIE. — L'étude de l'alchimie mène à la connaissance de l'état de la chimie à son origine, et surtout des principales phases par lesquelles cette science a passé depuis le VII' siècle, c'est-à-dire vers le temps de la destruction de la bibliothèque d'Alexandrie par les Arabes, jusqu'au milieu du XVII' siècle, vers 1640, espace d'environ mille ans qui forment, suivant l'expression de Bergman, le moyen âge de la chimie. Nous nous bornerons à esquisser rapidement le tableau : 1° des substances et des procédés connus dès les temps les plus reculés; 2° des découvertes qui furent faites jusqu'au milieu du XVII' siècle, avant de résumer l'histoire de la chimie moderne, dans les trois rubriques suivantes :

« I. Suivant Diodore de Sicile, les arts chimiques étaient fort avancés chez les Egyptiens; ils préparaient plusieurs médicaments; ils appliquaient comme caustique les cendres calcinées; ils avaient beaucoup de parfums composés; ils savaient faire des emplâtres avec des oxydes métalliques; ils taillaient, sculptaient et polissaient des pierres dures, les granits, les basaltes surtout; et des objets de curiosité apportés de l'Egypte dans ces derniers temps ont fait l'étonnement des savants et des artistes. Ils fondaient et coulaient les métaux, ils préparaient des briquets, extrayaient le natrum du limon du Nil, fabriquaient des savons, de l'alun, du sel marin, du sel ammoniac; ils retiraient l'huile des olives, des graines de raifort; ils conservaient les corps par l'embaumement; ils travaillaient bien l'or et le cuivre, ils possédaient des procédés métallurgiques; ils faisaient des verres, des porcelaines peintes, des émaux, ils peignaient sur le verre, ils avaient de la dorure et de l'argenture; ils fabriquaient une espèce de bière, de véritable vinaigre ils teignaient la soie à l'aide des mordants.

« L'Égypte conserva sa supériorité dans les arts jusqu'à l'époque de l'invasion d'Alexandrie par les Sarrasins. Déjà Dioclétien,

au IV' siècle, avait fait anéantir les ouvrages d'alchimie, craignant qu'à l'aide de cette science les Egyptiens ne devinssent assez riches pour secouer le joug de Rome.

« Les Grecs possédaient des connaissances moins profondes en chimie que les Egyptiens, chez qui ils allaient cependant puiser leurs arts; leurs plus grands philosophes, Pythagore, Thalès, Platon, cultivaient plutôt les mathématiques et l'astronomie que les sciences physiques; néanmoins on fabriquait des alliages fameux à Corinthe, de la céruse à Rhodes; on employait le cinabre en Grèce, on y taillait les pierres les plus dures, et les sculpteurs y sont bien plus célèbres que les chimistes. Tychius y tannait les cuirs, Platon a bien décrit la filtration; Hippocrate connaissait les calcinations; Gallien a parlé de la distillation *par descension*, et *l'ambic* a été indiqué par Dioscoride longtemps avant qu'on y ait ajouté la particule *al* pour faire le mot actuel d'*alambic*, comme on a fait *alchimie* de *chimie*. Athénée citait une verrerie établie à Lesbos. Démocrite d'Abdère a préparé et examiné les sucs des plantes; Aristote et Théophraste ont traité des pierres et des métaux.

« Les Phéniciens faisaient beaucoup de verres qu'ils échangeaient; c'est chez eux qu'a été trouvée la pourpre de Tyre, si célèbre avec ses trois nuances.

«On connaissait en Chine, dès ces temps reculés, le nitre, la poudre à tirer, le borax, l'alun, le vert-de-gris, les onguents mercuriels, le soufre, les couleurs, les teintures du lin et de la soie, la papeterie; on y faisait des porcelaines et des poteries très-variées; on y fabriquait beaucoup d'alliages; l'emploi de la cire, de l'ivoire, y était très-connu, et la corne y était habilement travaillée. Les Romains n'ont rien ajouté aux arts chimiques; ils les tenaient des Egyptiens et des Grecs : on parle cependant de verre malléable présenté à César, suivant Pétrone, et à Tibère, suivant Pline. Un passage d'Elien (*Histoire des animaux*) démontre assez clairement que la teinture en rouge par la cochenille n'était pas ignorée des Perses, et que cette couleur était même supérieure à la pourpre tyrienne.

«II. D'après Bergman, dont la dissertation historique doit servir de guide dans cette matière, voici le résumé des découvertes chimiques faites dans tout le cours des mille années que renferme le moyen âge de cette science. La classe des acides a été augmentée des acides sulfurique, nitrique et muriatique hydrochlorique. L'alcali volatil ou gaz ammoniacal fut tiré du sel ammoniac par Basile Valentin, au moyen de l'alcali fin ou chaux vive. Le sulfate de potasse, préparé de trois ou quatre manières différentes, reçut des noms différents, et celui de *tartre vitriolé*, qu'il a porté le plus longtemps, lui fut imposé par Crallius. Le nitrate de potasse reçut le nom de *nitre* appliqué jusqu'alors à la soude. J. Sylvius (J. Dubois) découvrit le muriate de potasse, qu'il nomma *digestif*, et Glauber le sulfate de soude, qu'il décora du nom de *sel admirable*. On commença à connaître quelques sels terreux, et entre autres le muriate de chaux qu'on nomma sel ammoniac fixe.

« On étudia les sels métalliques, les nitrates d'argent, sous la forme et le nom de *cristaux de Diane* et de *pierre infernale*, le muriate d'argent sous celui de *lune cornée* ; les deux muriates de mercure (sublimé doux et sublimé corrosif), furent décrits et employés ; le précipité rouge (oxyde de mercure) ou arane corallin, le sucre de Saturne (acétate de plomb), le beurre d'antimoine (muriate d'antimoine), la poudre d'Algarotti, le tartre antimoine (émétique), les trois vitriols, furent ou découverts ou mieux examinés et distingués. Le sable fut distingué de l'argile, l'eau de chaux fut préparée, les sulfures alcalins indiqués ; les métaux cassants, qu'on appela longtemps demi-métaux, furent distingués des métaux ductiles ; le bismuth, le zinc, l'antimoine, l'arsenic même, furent obtenus à l'état métallique. Une foule d'oxydes, de prétendues teintures métalliques, spécialement le pourpre minéral de Cassius, l'or fulminant, le tarbith minéral, les oxydes mercuriels de diverses couleurs, le minium et la litharge, le colchotar, les safrans de mars, l'antimoine diaphorétique, etc., etc., furent trouvés, et leur préparation assez bien décrite. On commença à distiller les huiles volatiles et les huiles empyreumatiques ; les éthers furent entrevus, l'esprit-de-vin assez bien connu et désigné même par le nom d'*alcool* qu'il porte aujourd'hui.

« Il est bon de remarquer que la plupart de ces découvertes ont été faites par les alchimistes, et que d'ailleurs le plus grand nombre, et surtout celles qui nous paraissent le plus capitale, ne doivent être rapportées qu'aux deux derniers siècles de cette longue période. Ajoutons d'ailleurs qu'il n'existe encore aucune liaison, aucune méthode systématique dans les connaissances chimiques, et que tous les faits incohérents dont on vient d'offrir un abrégé étaient plutôt relatifs aux idées de l'alchimie et de la médecine universelle qu'à l'avancement de la science qui n'existait pas réellement encore.

« III. HISTOIRE DE LA CHIMIE DEPUIS LE XVII° SIÈCLE ; NAISSANCE DE LA CHIMIE PHILOSOPHIQUE, etc. — Quoique le moyen âge de la chimie soit spécialement caractérisé par l'absence de tout système lié et de tout ensemble méthodique, la fin de cette époque (depuis le commencement du xvii° siècle surtout) avait été marquée par la publication de quelques ouvrages où l'on trouvait cette première idée de liaison entre les faits, et d'enchaînement ; c'étaient ceux de Libavius, de Van Helmont d'Angelus Sala, de Beguin, de Bundelius, de Rolfink, de Starkig, de Viganus et quelques autres, qui semblent n'appartenir que pour le temps seul de leur publication à l'époque qui vient d'être tracée, et qui ouvrent déjà, par l'es-

sai systématique qui commençait à s'y montrer, la route de la science dont la naissance a suivi de près cette époque.

« Au commencement, et comme à la tête de l'époque que nous traitons en ce moment, doivent être placés deux hommes dont les ouvrages l'ont de beaucoup emporté sur ceux de leurs prédécesseurs par la clarté des idées, par l'ordre et la méthode qui y règnent, Barner et Bohnius. La publication de ces deux premiers ouvrages philosophique sur notre science coïncide avec la création de la physique expérimentale, et doit être regardée comme la naissance de la véritable chimie. La chimie philosophique de Barner et le traité de la chimie raisonnée de Bohnius ont longtemps été les seuls livres des étudiants. Stahl savait le premier de ces ouvrages par cœur à l'âge de quinze ans.

« Aussitôt que le faux échafaudage scientifique de la chimie fut renversé, le phénomène de la combustion fut le premier qui attira l'attention des premiers chimistes théoriciens. L'influence de l'air dans les opérations chimiques avait été sentie depuis longtemps, et plusieurs changements qui s'opéraient alors avait été examinés avec sagacité ; car le feu était alors le seul agent pour ainsi dire connu de composition et de décomposition. Les premières idées théoriques qui méritent quelque attention sont celles de Joachim Bicher, de Spire, qui mourut en Angleterre en 1685. Ce chimiste acquit une grande célébrité à Vienne et à Harlem , à cause des perfectionnements qu'il procura aux arts industriels. Ses ouvrages sont remplis d'observations délicates, de réflexions non moins curieuses que profondes, et en même temps de subtilités frivoles. L'ouvrage dans lequel il expose son hypothèse sur la cause des différentes espèces de matières résultant d'un petit nombre de principes élémentaires combinés dans des rapports très-variés, est remarquable par son originalité et son style brillant. Cet ouvrage est la *Physique souterraine*, qui traite de la création de la matière, de la transformation et de la variation de ses éléments ; ses *Institutions chimiques ou OEdipe chimique* sont une autre production fort curieuse qui renferme l'histoire de la chimie élémentaire et les principales opérations de laboratoire. La terre était l'élément favori de ce chimiste, et il en admettait trois variétés, l'une vitrifiable, l'autre métallique, la troisième inflammable. C'est de ces trois espèces de terre que tout était composé dans la nature.

« Les esprits affranchis du joug des opinions si longtemps accréditées, corrigés des erreurs de l'alchimie et portés enfin à de nouvelles conceptions par les découvertes et les ouvrages de Bacon, de Descartes, de Leibnitz, de Galilée, de Toricelli, de Hales et du grand Newton, commencèrent à sentir que c'était par la voie des expériences qu'il fallait interroger la nature : la physique expérimentale naquit bientôt, et des sociétés savantes furent créées depuis le milieu jusqu'à la fin du xvii° siècle. L'Académie *del Cimenta*, fondée à Florence en 1651, perfectionna le thermomètre inventé peu d'années auparavant ; la Société royale créée à Londres par une charte royale de Charles II, en date du 15 juillet 1662, et l'Académie des sciences de Paris, créée par Louis XIV en 1666, furent le berceau de la physique et de la chimie expérimentales ; on y entreprit de grands travaux sur l'analyse d'un grand nombre de corps, etc. Parmi les immenses recherches que nous renfermons pour cette époque dans l'espace de 120 ans, depuis 1650 jusqu'en 1770, nous n'offrirons que les principales, ainsi que les noms des plus célèbres chimistes qui y ont contribué, en même temps que les progrès les plus saillants qu'ils ont fait faire à la science.

« L'analyse des eaux fut commencée à Paris par Duclos ; les distillations des plantes à feu nu furent faites avec beaucoup de soin par Dolart et Boulduc. Leibnitz examina les phosphores et les eaux à Berlin, et organisa l'académie de Prusse sur le modèle de celle de Paris, en 1700 ; Newton commença lui-même à répandre quelques idées générales et neuves sur les phénomènes chimiques, dans le sein de la Société royale de Londres.

« Bayle lia beaucoup d'observations chimiques aux expériences phisiques; à Paris, les deux Lémery, les trois Geoffroy, Jefoire, Glazer, Homberg, Hellot et Duhamel ont agrandi la sphère de la science, tandis qu'en Allemagne, en Prusse, en Suède, elle était cultivée et avancée par Henkel, Schluster, Kunkel et d'autres; en Angleterre par Starkay, Morley, Wilson, Slare, et en Hollande par Glauber, comme nous l'avons dit, par Sylvius et Demort.

« Au milieu de ces travailleurs s'éleva, en Prusse, un homme qui fixa pour un demi-siècle la théorie de la science dont il a su présenter l'ensemble le plus imposant, le système le plus lié et le plus étendu. Né à Anspach vers 1660, l'illustre Ernest Stalh, éclairé par les travaux et les vues de Kunkel, et surtout de Becher, dont il commenta les ouvrages, imagina sur le *feu combiné* un ingénieux système, qu'il accorda avec tous les faits connus jusqu'à lui, et qui, sous le nom de *phlogistique*, nommé auparavant *terre inflammable* par Becher, offrit, pour la première fois, une idée-mère, embrassant toute la science, et qui, en en réunissant toutes les parties, créa un système digne de rapprocher tous les hommes doués d'un esprit philosophique.

« De son côté Boerhaave, à Leyde, contribua puissamment à la création de la chimie philosophique, et il l'enrichit d'une foule d'expériences sur le feu, la chaleur, la lumière, l'analyse végétale, etc. C'est sur les pas de ces deux hommes célèbres, c'est dans le même esprit, et en poursuivant la carrière qu'il avait ouverte, que les plus habiles chimistes ont marché pendant plus de cinquante ans. Parmi ces hommes éclairés, sectateurs et promoteurs de l'école de

Stalh, on doit ranger spécialement en France, les Grossi, les Baron, les Macquer, les deux Rouelli ; en Allemagne et en Suède les Polt, les Cronsted, les Wallericus, les Lehman, les Gilbert, les Margraf, les Neumann ; en Angleterre, les Freind, les Shaw, les Lewis; en Hollande les Gaubius.

« Geoffroy l'aîné, médecin de Paris, de l'Académie des sciences, auteur d'une célèbre *Matière médicale*, brille au milieu de cette liste par la belle idée de représenter les affinités chimiques dans une table qu'il publia en 1718; il disposa, dans 16 colonnes, les principaux corps connus à cette époque suivant l'ordre de leur affinité chimique réciproque, et offrit aussi le moyen ingénieux de décrire dans un très-court espace les résultats des principales expériences de chimie. Cette importante méthode a guidé un grand nombre de chimistes, qui ont depuis ajouté une foule d'articles à cet ouvrage, mais qui en doivent manifestement l'idée à Geoffroy. Ainsi, les tables d'affinité de Rouille, de Limbourg, de Machy, de Winzel, et celles de Bergman même, qui ont surpassé toutes les autres, ne sont réellement que l'idée de Geoffroy agrandie et continuée.

« Dans cet espace de cent vingt ans, si remarquable dans les phases de la science par la destruction des anciennes erreurs, par la naissance de la physique expérimentale, par la création des sociétés savantes, si rempli par un grand nombre de travailleurs, la masse des faits nouveaux et des découvertes a été considérable : le diamant fut reconnu combustible, les gaz inflammables et méphitiques des mines furent discernés. Lémery fit avec le soufre et le fer humecté d'eau son volcan artificiel ; on connut la minéralisation et la chaleur des eaux. Le phosphore fut découvert par Brandt de Berlin, en 1669, et son extraction de l'urine humaine décrite avec soin en 1727. Kunkel en Saxe et Henkel avancèrent beaucoup l'histoire chimique des métaux ; le cobalt, l'arsenic, le zinc et leurs minerais furent mieux connus ; l'examen des propriétés chimiques de fer, de l'antimoine, du mercure, fit naître une foule de préparations nouvelles; le rapport et les différences de ces préparations, leur classement systématique, furent déterminés plus exactement ; le platine fut distingué des autres métaux et reconnu dans ses principaux caractères; on ajouta à l'ordre des métaux le nickel et le manganèse. La docimasie et la métallurgie furent perfectionnées, et les ouvrages de Cramer, de Schlutter, de Schindler de Delius, de Justi, de Wallerius, de Tillet, de Hellot, de Jars, corrigèrent beaucoup d'erreurs en éclairant les procédés et en les rapprochant de la science. Toutes les préparations pharmaceutiques furent perfectionnées ; les erreurs que la chimie avait portées dans l'art de guérir devinrent infiniment moins dangereuses.

« L'analyse végétale a éprouvé surtout d'heureux changements dans cette période. Après un travail de trente ans sur la distillation des plantes à feu nu, on reconnut qu'on avait suivi une fausse route : on commença l'examen des végétaux par des dissolvants; les fermentations furent étudiées et classées; les matériaux immédiats des plantes soigneusement purifiés et distingués les uns des autres; les propriétés de chacun d'eux ont été étudiées et déterminées; plusieurs même de ces matériaux, le gluten, le caoutchouc, des matières colorantes, ont été découvertes; l'éthérification est devenue un des phénomènes les plus constants, et les plus remarquables de l'analyse et de l'alcool; les arts qui ont les végétaux pour objet, spécialement la boulangerie, la teinture, la savonnerie, etc., ont reçu d'immenses perfectionnements.

« L'analyse animale n'a pas moins profité que celle des minéraux et des végétaux, depuis la naissance des sociétés savantes et par les travaux successifs des chimistes qui remplissent la troisième époque de l'histoire de la science. Schlosser et Margraf ont fait la précieuse découverte des sels phosphoriques dans l'urine et de la véritable origine du phosphore retiré de cette liqueur animale. Rouelle le cadet, Poultier de La Salle, examinèrent les liquides animaux et quelques matières solides. On vérifia dans les matières animales la propriété de reproduire de l'alcali volatil par le feu et par la putréfaction, caractère que Van Helmont, plus d'un siècle auparavant, avait déjà indiqué comme un cas particulier à ces substances; on étudia avec assez de soin les causes et les phénomènes de la putréfaction. Mais il faut convenir que, malgré le rapprochement déjà établi entre ces nombreux travaux, les chimistes ont laissé la science dans un état de vague et d'indécision qu'on remarque plus particulièrement dans l'analyse végétale et qui fait le caractère distinctif de l'époque qui nous occupe en ce moment. Mais cette troisième époque a eu pour résultat d'engendrer la véritable science en créant l'ordre systématique et une liaison entre tous les faits connus, le rapprochement de tous les faits découverts pendant cet intervalle, et leur encadrement méthodique dans le système des connaissances chimiques. Le plus grand nombre des ouvrages importants où les faits chimiques ont été liés et présentés avec la même méthode et la doctrine qu'on chercherait en vain à cette époque, ont été écrits après Stahl et Boerhaave, depuis les trente premières années du xviiie siècle.

« Il faut compter spécialement dans l'ordre des chimistes célèbres dont nous voulons parler ici et dont les ouvrages philosophiques ont terminé glorieusement les quarante années de l'époque qui nous occupe : Sénac, auteur du *Nouveau cours en chimie*, suivant les principes de Newton et de Stahl, en **1723** ; Juncker, auteur du *Conspectus chemicæ theorico-practicæ*, publié à Halle en **1730, 1738, 1744, 1750**; Shaw, auteur des *Chemical lectures*, Londres, **1733**; Cartheuser, auteur des *Elementa chemicæ dogmatico-experimentalis*, **1736**; Macquer, auteur des *Éléments de chimie théorique*, **1749**, et des *Éléments de chimie pratique*, **1751**; Vogel, auteur des *Institutiones chemiæ*, Gœtt, **1755**; Fred. Hoffmann, auteur de l'ouvrage : *Chemia rationalis et experimentalis*, **1756**; Spielmann, auteur des *Institutiones chemiæ*, **1763**.

« IV. Découverte des gaz ; Commencement de la révolution chimique. — Malgré les efforts des chimistes de l'époque précédente, il existait une immense lacune dans la science. On avait fait trop peu d'attention à l'influence de l'air; on avait été détourné par celle que Stahl avait portée sur le feu combiné; il se dégageait dans beaucoup d'opérations des fluides élastiques qu'on croyait vaguement être de l'air, et quoiqu'ils formassent souvent la plus grande partie des produits, on les négligeait. Il y avait aussi absorption d'air dans beaucoup d'autres opérations, et on n'avait point encore cherché à en apprécier l'influence. C'est dans les connaissances de ces deux phénomènes que reposait en quelque sorte une révolution qui devait changer entièrement la face de la chimie.

« Van Helmont les avait déjà entrevus et mystérieusement annoncés en **1620**. Jean Rey devina la fixation de l'air dans les métaux calcinés, et l'annonça dans un ouvrage publié à Bazas, en **1630**, et qui avait pour titre : *Essais sur la recherche de la cause pour laquelle l'étain et le plomb augmentent de poids quand on les calcine*. Boyle fit sur l'air beaucoup de tentatives nouvelles à la fin du xviie siècle, mais plus physiques que chimiques. Ses expériences ne changèrent point assez les vues et les manipulations des chimistes. Mais en adjoignant, comme manipulateur, Hooke à ses expériences, il rendit de grands services à la partie des sciences physiques qui concerne les instruments et les appareils. Hooke, en effet, est un des hommes qui en inventèrent ou en perfectionnèrent le plus grand nombre. C'est Boyle aussi qui forma à Oxford une société d'amis qui devint plus tard le noyau de la Société royale de Londres. Mayow travailla sur l'influence de l'air dans la combustion et la respiration en **1769**; il souleva le voile par ses recherches ingénieuses, mais presque inintelligibles pour ses contemporains; on relégua ses assertions parmi les hypothèses, les opinions singulières, et le voile retomba.

« Le docteur Hales commença, en **1728**, une nombreuse suite d'essais sur les fluides élastiques dégagés dans la distillation, etc.; mais supposant toujours qu'il obtenait de l'air plus ou moins altéré, cherchant même à purifier cet air, il ne tira de tout ce travail qu'un résultat erroné, savoir : que l'air était le ciment des corps et la cause de leur solidité. Il n'y avait aucune suite entre toutes ces premières tentatives, et même le lien que l'on a depuis retrouvé entre elles fut totalement rompu après Hales, et l'on parut oublier bientôt les faits déjà découverts, ainsi que les premières idées qu'ils avaient fait naître. Hales est le premier qui ait appliqué la chimie aux recherches de physiologie végétale. En 1750, Venel, professeur de chimie à Montpellier, qui avait observé que les eaux gazeuses mises sous le récipient de la machine pneumatique perdaient leur saveur, reprit le fil de ses expériences en arrêtant dans l'eau les fluides qui sont le produit des effervescences, et en imitant ainsi par sa distillation artificielle les eaux minérales acidulées ; mais il fit encore tous ses efforts pour prouver que c'était de l'air. En 1760, Joseph Black, qui devint, en 1766, professeur de chimie à Édimbourg, publia sur la magnésie et la chaux vive les expériences dans lesquelles il examina le prétendu air des effervescences, prouva qu'il était très-absorbable par les alcalis, qu'il les neutralisait, les rendait effervescents, leur était enlevé par la chaux qu'il convertissait en craie ; mais il lui conserva le nom d'air fixe, que Hales lui avait donné trente ans auparavant, sans le distinguer, à la vérité, de l'air comme le fit Black. Les faits remarquables observés par ce dernier sur la différence de ce fluide d'avec l'air, qu'on avait pourtant confondus ensemble jusque-là, firent une grande impression sur l'esprit des chimistes. Ils les engagèrent à examiner attentivement les propriétés de l'air fixe. Telle fut l'origine d'une immense révolution qui a changé la face de la science en agrandissant son domaine.

« En même temps que Black faisait à Édimbourg sa découverte de l'air fixe, Saluce examinait à Paris le gaz dégagé de la poudre à canon pendant son inflammation ; il le comparait à celui des effervescences ; il trouvait dans l'un et l'autre la propriété si différente de celle de l'air d'éteindre les corps en combustion ; il le distinguait par plusieurs autres de ses caractères, et cependant, moins exact que Black dans ses conclusions, il le croyait encore de l'air altéré par des substances étrangères. Immédiatement après Black, Brownrigg trouvait en Angleterre que l'eau de Pyrmont contenait, comme principe de sa propriété gazeuse et acidule, le même fluide élastique que Black avait reconnu dans les calculs effervescents (dans la craie et la magnésie), et il liait ainsi, par un des plus heureux accords, les expériences de Venel sur les eaux spiritueuses, comme on les appelait alors, avec la découverte du célèbre professeur d'Édimbourg. Tandis que le docteur Magbride, de Dublin, répétait et augmentait, en 1764, les expériences de Black sur l'air fixe, tandis qu'il étendait ses vues sur les propriétés de ce nouveau gaz et qu'il en faisait une ingénieuse application à l'économie animale et à la médecine, Meyer d'Osnabruk, publia sur la chaux et les alcalis une opinion inverse de celle de Black. Il admettait dans les matières caustiques un principe d'une ingénieuse création dont il ne prouvait pas l'existence, mais dont il appuyait la supposition par des expériences faites pour en imposer à beaucoup d'esprits. Il nommait ce principe *causticum* ou *acidum vingue*, il en supposait le passage du feu dans la chaux et dans les alcalis, les métaux,

et expliquait ainsi les phénomènes de toute calcination. Cette nouvelle doctrine partagea bientôt les chimistes en deux classes : ceux qui croyaient au *causticum* de Meyer, et ceux qui admettaient l'air fixe de Black. Presque toute l'Allemagne semblait disposée à embrasser le système de l'*acidum pingue*, quoiqu'il ne fût qu'un principe imaginaire, tandis que l'air fixe était un être réel, lorsque, en 1769, Jacquin, professeur de chimie à Vienne en Autriche, publia une dissertation savante et pleine de faits aussi curieux qu'exacts, où il examinait et comparait l'une et l'autre doctrine, et fit voir que l'air fixe expliquait, par des expériences rigoureuses, la causticité des alcalis, de la chaux, l'action de celle-ci sur les premiers qu'on recueillait par l'action du feu pendant la calcination de la craie.

« Parmi les nombreuses découvertes qui font le sujet de cet article, aucune n'a eu des résultats aussi importants que celle de la composition de l'air atmosphérique, supposition qui n'était même jamais entrée dans l'imagination des anciens, car ils regardaient, comme nous l'apprend Lucrèce, l'air comme un élément ou comme le dernier principe de la matière. C'était en air que se résolvaient tous les corps qui se vaporisaient ou disparaissaient détruits par le feu ou de toute autre manière. Rey, Hales, Livarius, Mayow, Cœsalpinus, avaient émis quelques idées sur l'air, mais leur expérience était insuffisante, et ils doivent disparaître de la scène devant Schéele, Priestley, Cavendisch et Lavoisier. Nous allons donc essayer d'esquisser le tableau des principaux travaux de ces hommes illustres. La difficulté de l'entreprise nous conciliera au moins l'indulgence du lecteur.

« Cavendish, physicien de Londres, publia, en 1766 et 1767, dans les *Transactions philosophiques* une suite d'expériences importantes, qui avancèrent beaucoup la connaissance et la théorie générale des fluides élastiques. En examinant l'air fixe avec des appareils plus exacts encore que ceux de Black, il détermina ses principales différences d'avec l'air, le reconnut plus pesant que lui ; insistant sur son absorption par l'eau et les alcalis, prouva qu'après avoir précipité l'eau de chaux en craie, il rendait ensuite celle-ci dissoluble ; il en indiqua la nature acide, montra que le charbon en brûlant produisait de l'air fixe et devint ainsi le propagateur de la doctrine de Black. Cavendish découvrit, de plus, deux autres fluides élastiques ; l'un était le gaz acide muriatique, l'autre l'air inflammable dont il détermina plusieurs des propriétés. Ce pas immense prouva qu'il y avait plusieurs corps, tous plus ou moins différents de l'air, qui pouvaient prendre et conserver la forme aérienne, et qu'ainsi par les expériences faites jusqu'à cette époque on avait laissé perdre sous cette forme et sous le nom d'air des produits dont il était important d'examiner les propriétés, et de calculer les effets dans les analyses et les combinaisons.

« La carrière s'ouvrit ensuite pour tous les chimistes qui furent appelés à reconnaître ces nouveaux produits aériformes, à examiner leur différence, leur nature et leur action sur les corps, et celle des corps divers sur eux. Bientôt les découvertes s'accumulèrent sans relâche sur ces fluides et la chimie s'enrichit de jour en jour de nouveaux faits plus ou moins importants sur la nature, la différence et les propriétés de ces corps gazeux. Lane, chimiste anglais, découvrit, en 1769, que le fer était dissoluble dans l'eau chargée d'air fixe. Smith, en comparant de nouveau, en 1772, les nouvelles propriétés de l'air fixe avec celles de l'air atmosphérique, insista sur les différences qui les distinguaient, et essaya de classer, quoique très-imparfaitement encore, différentes espèces de fluides qu'il nomma *gaz*, sans cependant renoncer encore à les croire de l'air surchargé de divers matières étrangères, tant cette première idée consignée dans les recherches de Hales devait retarder les progrès des esprits dans la connaissance intime de la véritable nature de ces fluides.

« Le docteur Priestley, qui avait entrepris depuis quelque temps une immense suite de recherches et d'expériences sur les gaz qu'il désigna improprement sous le nom de différentes espèces d'*air*, agrandit tout à coup cette carrière en multipliant notre connaissance sur des corps gazeux, en imaginant, pour les recueillir, les conserver, les transvaser, les mettre en contraste avec d'autres corps, des appareils plus simples qu'on n'en avait encore employé jusqu'alors. Wolf, autre chimiste anglais, venait déjà de perfectionner singulièrement les opérations de la chimie, en ajoutant au ballon qu'on perforait auparavant, pour laisser dégager ce qu'on croyait être de l'air, des tubes qui se rendaient dans des bouteilles pleines d'eau, où les gaz, les vapeurs, étaient reçus pour s'y dissoudre ou s'y condenser. Priestley, l'un des plus illustres physiciens qui ait contribué à la fondation des découvertes pneumatiques, et qui a trouvé à lui seul plus de fluides élastiques différents qu'il n'en avait été découvert avant lui, donna, en 1772, son premier ouvrage sur les différentes espèces d'air. Il examina dans dix sections de cet ouvrage l'air fixe de la bière en fermentation, avec lequel il acidula l'eau ; celui qu'il obtenait par l'effervescence des alcalis ; l'air qui a servi à la combustion des chandelles, à la respiration ; celui dans lequel a été exposé un mélange de soufre et de fer ; celui qui a servi à la combustion des charbons de bois, à la calcination des métaux ; l'air inflammable ; l'air marin (acide muriatique) et l'air nitreux. Le seul exposé de ces titres prouve que Priestley avait la double intention de déterminer ce qui arrivait à l'air de la part des corps combustibles et de tous les procédés qu'on appelait alors phlogistiquants, parce qu'on croyait qu'il se

dégageait du phlogistique, qu'il se combinait avec l'air, et de chercher quelles étaient les différentes espèces de fluides aériformes qu'on obtenait dans les nombreuses expériences où il y avait dégagement de ces fluides. Priestley rassembla surtout les preuves que ces gaz étaient fort différents de l'air, qu'il fallait les distinguer soigneusement, et quoiqu'il continuât à les désigner par le nom d'espèce d'air, à cause de leur forme, il a bien remarqué qu'il ne fallait pas les regarder comme des dissolutions de différentes matières dans l'air.

« Rouelle le cadet en avait la même idée, lorsqu'en 1773 il publia dans le *Journal de médecine* une dissertation sur l'air fixe, sur sa dissolution dans l'eau, sur sa combinaison avec le fer, sur l'air dégagé du foie de soufre que Bergan a nommé en suite *gaz hépatique*, et que le chimiste français dont on parle ici regarde le premier comme le minéralisateur des eaux sulfureuses.

« La même année 1773 est remarquable d'un côté par la fausse idée que quelques chimistes voulurent soutenir encore, qu'il ne fallait regarder que comme de l'air altéré l'air fixe et ses différentes espèces, et de l'autre côté par le prix honorable que la Société royale de Londres décernait publiquement à Priestley pour ses travaux sur le gaz.

« Bergan leva tous les doutes sur la nature de l'air fixe, différente de celle de l'air, dans une dissertation savante, publiée en 1773, en prouvant que cet air fixe était un véritable acide ; il le désigna sous le nom d'*acide aérien*. Guyton de Morveau faisait cependant encore remarquer, en 1774, que quelques gouttes d'acide sulfureux dans une grande quantité d'eau imitaient l'eau acidulée par l'acide aérien.

« Bayel publia, en 1774, de belles expériences sur la réduction des chaux métalliques sans addition de charbon ; il remarqua qu'il s'en dégageait de l'air, qu'elle n'avait pas besoin toujours de phlogistique pour se réduire, et il commença à faire sentir le peu de nécessité et les erreurs mêmes de la théorie de Stahl. La même année, Priestley fit l'importante découverte de l'air vital (oxygène) qu'il nomma air *déphlogistiqué*. Il commença aussi à répandre beaucoup de lumières et de vue sur les procédés eudiométriques.

« Alors les découvertes chimiques et les idées nouvelles se multiplièrent à tel point, qu'il faudrait les suivre mois par mois pour en avoir une notice exacte. Berthollet, en 1776, publia des *Observations sur l'air*, dans lesquelles il fit voir que l'acide tartreux se changeait en air fixe par le feu, que l'acide acétique donnait beaucoup d'air inflammable et d'air fixe dans sa décomposition, que l'air vital était contenu dans l'acide du nitre comme dans la chaux métallique. Bayel prouva que l'acide aérien était le minéralisateur du fer spathique. Pendant ce temps Scheele, guidé par le génie chimique, faisait de nombreuses et brillantes découvertes en Suède. Bergmann venait de trouver la conversion du sucre en acide par l'acide nitrique.; Scheele prouva que c'était le même qui existait dans l'oseille (acide oxalique); il apprit à distinguer entre eux plusieurs acides végétaux, spécialement les acides citriques, le malique et le gallique; il découvrit les acides métalliques de l'arsenic du tungstène et du molybdène; il jeta le plus grand jour sur le manganèse, trouva l'acide marin déphlogistiqué (chlore), entrevit la nature de l'alcali volatil et de l'acide prussique; et, après avoir fait une grande suite d'expériences sur l'air, la chaleur et la lumière, il essaya bientôt de donner une théorie générale de la chimie, très-différente de celle de Stahl, que Bergman adopta. Ce dernier chimiste l'éclaircit par sa *manière de philosopher*. Priestley continuait, en Angleterre, ses nombreuses recherches sur ce gaz qu'il nommait toujours espèce d'air; il trouva l'air acide apathique et l'air acide sulfureux. Le nombre et l'opposition de ses expériences embarrassaient cependant sa marche théorique à un tel point, qu'il vacillait sans cesse dans ses explications. Macquer, sentant dès lors la nécessité de changer la théorie générale de la science, imagina de substituer la lumière phlogistique, de la regarder comme précipitant de l'air, et de lier ainsi les nouvelles découvertes avec les anciennes et avec la doctrine de Stahl; Volta décrivit alors ses ingénieuses expériences sur l'air inflammable des marais, sur sa détonation avec l'air vital et l'air atmosphérique, sur la manière de déterminer la quantité d'air vital de l'air atmosphérique par cette détonation. Priestley découvrait dans les végétaux la propriété d'améliorer l'air gâté, comme il le croyait, ou de verser réellement dans l'atmosphère de l'air vital. On trouvait l'acide méphitique ou aérien dans beaucoup de minéraux. Fontana en trouvait dans les malachites; Elabory dans le plomb spathique blanc.

«Bientôt une foule de découvertes, de faits nouveaux, d'expériences curieuses, se succédèrent avec une étonnante rapidité. Les mémoires académiques, les ouvrages périodiques, les dissertations particulières, suffisaient à peine pour publier toutes ces nouveautés. La science occupait tous les esprits, et cependant on s'enrichissait de faits sans nombre; la théorie ne marchait qu'avec lenteur, elle semblait même se perdre et s'embarrasser au milieu de cette immense acquisition: chaque chimiste avait sa théorie particulière, on ne remarquait aucun ensemble complet, aucun rapprochement certain entre les résultats dont la multiplicité surchargeait véritablement la science. Il fallait un homme à grande conception, qui profitât de cet état d'incertitude pour arrêter et fixer la marche de la chimie. Une révolution était préparée de toutes parts dans les esprits, mais personne ne la guidait encore et n'en avait dirigé ou régularisé le mouvement. Ce fut au sein de l'Académie des sciences de Paris que s'opéra le changement dans la théorie reconnue nécessaire

sous les auspices et par le génie de Lavoisier.

« V. CHIMIE PNEUMATIQUE. — Quoique l'on doive à Lavoisier une foule de découvertes qui suffiraient pour le mettre au premier rang des physiciens de son siècle, c'est bien plutôt par les immenses améliorations qu'il a portées dans les expériences de la chimie, par l'exactitude des résultats qu'il en a tirés, par la force du génie qui lui a montré et ouvert une carrière nouvelle, par l'extrême et sévère réserve de ses raisonnements, et enfin par la création d'une doctrine nouvelle fondée sur tous les faits relatifs aux fluides élastiques, que les fastes de la science consacreront son nom à la postérité. Connu en 1768 par plusieurs recherches de physique d'une grande et précieuse exactitude, il saisit avec ardeur les nouvelles découvertes sur l'air fixe et les fluides élastiques, faites en Angleterre et en Allemagne; il répéta, en 1771 et en 1772, toutes les expériences de Black, et publia, au commencement de 1774, un premier ouvrage intitulé: *Nouvelles recherches sur l'existence d'un fluide élastique dans quelques substances, et sur les phénomènes qui résultent de son dégagement ou de sa fixation*. Il continua sans relâche ses travaux, et en fit connaître le résultat dans un grand nombre de mémoires qu'il publia successivement jusqu'en 1783, et 1785, époque à laquelle il mit en quelque sorte le sceau à sa doctrine nouvelle, en faisant connaître les faits relatifs à la décomposition et à la recomposition de l'eau.

« Mais en même temps qu'il poursuivait toutes ses heureuses applications de sa dernière découverte capitale sur la nature de l'eau, depuis 1783 jusqu'à la fin de 1786, il crut devoir combattre de nouveau, et par des arguments d'une grande force, dans plusieurs mémoires publiés pendant cette même époque, soit les modifications apportées depuis quelques années à la doctrine de Stahl, en faisant voir qu'on admettait contre les opinions de ce célèbre chimiste une foule de phlogistiques différents sur la nouvelle théorie de Scheele, exposée dans son ouvrage sur l'*air* et sur le *feu*, et de Bergman, en prouvant que leur opinion sur la prétendue union de phlogistiques avec l'air vital pour former la chaleur, admettait des suppositions sans nombre et des hypothèses dénuées de tous fondements et de toutes preuves. Ainsi Lavoisier, par un travail non interrompu de quinze années, par des découvertes successives, par des recherches plus exactes et plus précises que tout ce qu'on avait fait jusque-là en chimie, et même par l'emploi de toutes les découvertes des autres chimistes et des physiciens de son temps sur les fluides élastiques, parcourant toutes les bases de la science, en régénéra toutes les parties, et, après avoir traité successivement de la combustion en général, de la calcination des métaux, de l'analyse de l'air, de la nature, de la formation et de la décomposition des acides, des dissolutions métalliques, de la décomposition, de la fermentation, de la respiration, etc., objets qui embrassent toute la chimie, il établit ainsi le monument durable de la doctrine pneumatique, en faisant jouer à la base de l'air vital, qu'il avait désigné par le nom d'oxygène, le rôle le plus important dans tous les phénomènes de la nature et de l'art.

« Un aussi grand changement que celui qui a été opéré par Lavoisier, un aussi étonnant renversement d'idées et de principes ne s'est pas établi dans le monde savant sans éprouver de grandes résistances, sans exciter de graves objections ; puisque tous les chimistes et les physiciens ont commencé par douter des bases de théorie proposées par leur contemporain ; tous, malgré ses expériences et ces nouveaux résultats, ont continué, depuis 1777 jusqu'en 1787, d'adopter la doctrine du phlogistique et d'en modifier seulement quelques parties à l'exemple de Macquer ; mais après la découverte de la nature de l'eau, ceux d'entre eux, qui avaient suivi la marche et les progrès de Lavoisier, commencèrent à s'accorder avec lui et à penser que l'hypothèse du phlogistique, loin d'être désormais nécessaire pour expliquer les phénomènes chimiques, devenait plus nuisible et plus propre à embarrasser la théorie.

« Un de ceux qui travaillaient le plus parmi les chimistes français, et dont les expériences se rapprochaient le plus des expériences obtenues par Lavoisier, Berthollet, après avoir découvert la véritable nature de l'acide marin, prétendu déphlogistiqué de Scheele, de l'alcali volatil, de l'or fulminant, de l'argent fulminant, ainsi que l'influence du principe oxygène dans la décoloration des matières végétales par l'épaisissement des huiles, fut le premier qui renonça solennellement aux phlogistiques, en 1785, et qui adopta avec ardeur les idées de Lavoisier, pour toutes les explications ou phénomènes qu'il continuait d'observer dans ses nombreuses recherches.

« En même temps, plusieurs géomètres et physiciens illustres de l'Académie des sciences de Paris, Condorcet, Laplace, Cousin, Monge, Coulon, Dionis, qui suivaient avec zèle les conférences tenues chez Lavoisier, étaient témoins de ses expériences et encourageaient ses efforts, se décidèrent en faveur de sa doctrine et trouvèrent sa méthode de raisonnement bien supérieure à celle qui avait été jusque-là adoptée en chimie, en sorte que cette doctrine devint bientôt celle d'une grande partie des membres de l'Académie, qui la propagèrent et la développèrent en la défendant, dans toutes les occasions, contre ceux qui l'attaquaient et la combattaient même avec une sorte d'acharnement.

« Ce fut alors, vers la fin de 1786, que Guyton de Morveau, venu à Paris pour être lui-même témoin des dernières expériences de Lavoisier et de Berthollet, fut convaincu de la vérité de leur doctrine par l'exactitude et la pureté de leurs résultats expérimentaux. Au milieu de ce grand mouvement auquel il n'avait été rien moins qu'indifférent, quoique jusque-là il se fût contenté d'être le simple historien des deux théories qui partageaient tous les chimistes de l'Europe, Fourcroy suivit l'exemple de Berthollet et de Guyton, renonça entièrement à l'hypothèse du phlogistique, adopta dans tout son ensemble la doctrine pneumatique de Lavoisier, l'enseigna seule dans ses cours, l'inséra dans ses ouvrages et dans ses dissertations ; alors se forma l'école française que les étrangers nomment antiphlogistique, et dont les plus illustres physiciens de l'Europe adoptèrent bientôt ou toutes les données, ou au moins toutes les principales bases.

« Rapprochés par leurs goûts, leurs opinions et leurs études, Lavoisier, Berthollet, Guyton et Fourcroy sentirent ce que la révolution opérée dans la chimie exigeait d'eux pour être présentée dans son ensemble et avec la clarté de principes qu'elle avait acquise par un changement dans sa nomenclature. En effet, les mots anciens imaginés par des hommes cachés, mystérieux, crédules, enthousiastes, ou dans les siècles d'ignorance et de barbarie, ou dans des vues toutes contraires d'une science méthodique sans nul rapport, nulle cohérence entre eux, souvent puisés dans des préjugés, des erreurs ou des opinions plus ou moins ridicules, composaient un langage inintelligible qui n'offrait à l'esprit et à l'imagination aucun rapport avec les choses ou avec les faits qu'ils devaient représenter. Ils sentirent qu'il était nécessaire de créer une nomenclature tout entière, de la fonder sur des vérités nouvellement découvertes, d'en écarter tout arbitraire, toute hypothèse, tout objet étranger aux connaissances chimiques ; ils donnèrent à l'oxygène de Lavoisier le nom d'oxygène pour se rapprocher du génie de la langue française ; au principe inflammable de l'eau et de tous les composés combustibles végétaux, le nom d'hydrogène ; à la base du fluide non respirable de l'atmosphère, le mot d'azote : ce sont les trois seuls mots vraiment nouveaux introduits par eux dans la science.

« Les acides eurent tous une terminaison semblable dans leur état analogue (on croyait alors que tout acide renfermait de l'oxygène), les corps unis à l'oxygène, sans devenir acide, prirent la dénomination générale d'oxyde. Les combinaisons de combustibles simples avec les bases terreuses alcalines et métalliques, reçurent aussi une terminaison identique ; ils se servirent avec un grand avantage de la simple variation dans la terminaison des mots pour désigner les combinaisons analogues par leur nature. Les mots devinrent tous susceptibles de prendre, suivant le besoin, le caractère de substantif, d'adjectif ou de verbe.

« Les substances d'une même nature furent désignées par des mots du même genre ; tous les alcalis et les corps terreux eurent des noms féminins, tous les métaux des noms masculins ; ainsi, ils dirent le pla

ine, le manganèse ; comme, le plomb, le
er, le cuivre, le zinc : suivant ce mode de
dénomination systématique, la classe si
nombreuse des sels devint bien plus facile
à disposer régulièrement, à caser méthodiquement et à reconnaître jusque dans les
espèces ; en sorte que, loin de menacer de
ne pouvoir plus être embrassé par la mémoire, et comparer les uns aux autres,
comme les noms d'homme et de propriété
qu'on leur avait donnés jadis semblaient le
faire craindre, on reconnut bientôt que ce
nouveau langage facilitait singulièrement
leurs études et leurs classifications. Telle
fut la marche qu'ils suivirent dans ce travail, et telle est la raison des titres mérités
qu'elle reçut du système de nomenclature
méthodique.

» Un avantage inappréciable sortit en
même temps tout à coup de ce travail, devenu si nécessaire et si pressant. Forcé de
présenter dans un seul tableau l'image d'un
grand nombre de corps que la chimie commençait à connaître, les productions de la
nature et de l'air furent alors classées suivant une méthode toute différente de celle
qui avait été adoptée jusque-là. Toutes les
bases de la science furent imposées dans ce
tableau, et les élèves profitèrent tellement
de cette nouvelle classification des objets
fidèlement représentés, et comme peints
tout à la fois à leurs yeux et à leur intel-
gence par la nomenclature, que l'étude de
la science devint aussi aisée, aussi simple,
qu'elle avait été auparavant compliquée et
difficultueuse.

« La doctrine pneumatique, proposée au
monde savant par la réunion des chimistes
français cités, fit bientôt la plus grande sensation, et jeta le plus vif éclat chez toutes
les nations où la chimie était cultivée.
L'ouvrage de la nomenclature, où les bases
en étaient tracées, fut promptement traduit
dans toutes les langues, pour rendre, sinon
les expressions, au moins les idées françaises ; on prit dans chacun des idiomes des
murmures et des arrangements particuliers,
exigés par le génie de chaque langue, et si la
doctrine pneumatique trouva, quelques années
encore après 1787, date de sa consolidation,
quelques antagonistes et quelques opposants
en Angleterre et en Allemagne, elle y obtint
aussi de chauds partisans, d'habiles et de
zélés défenseurs, en sorte qu'elle devint
bientôt généralement répandue dans toute
Europe.

« En Angleterre, Cavendich, Nicholson,
tenant ; à Edimbourg, Black, le chef et le
nestor de cette grande révolution chimique ;
en Italie, Dandolo, Volta, Ventouri, Spal-
anzini, etc. ; en Allemagne, Girtanner,
Klaproth, Humboldt, Hermstadt, Scherer,
Schmeisser, etc. ; en Espagne, Proust, Cha-
vanon, Arésula, partout en un mot, où l'on
cultive notre belle science, les écoles ne
sont plus ou n'ont plus eu d'autre théorie
que la doctrine pneumatique ou en ont adopté les principales bases ; et si quelques professeurs habiles y ont allié encore une pe-

tite portion de la théorie ancienne du phlogistique, celle-ci ne jette plus qu'une lueur
pâle, faible et recouverte, à côté de la vive
lumière dont brille par tous les bons esprits la doctrine pneumatique.

« Telle est l'histoire de cette nomenclature qui persista, pour ainsi dire, sans altération considérable jusque vers 1820, et
qui, malgré de grandes modifications, sert
encore de base au langage adopté aujour-
d'hui.

« Mais allons maintenant reprendre à
1780 le cours de cet exposé historique des
découvertes chimiques, que nous avons un
moment interrompu pour parler de la nomenclature exclusivement.

« Bergman, en 1780, confirma la découverte du cobalt, faite par Branda en 1733,
mais ce n'est que longtemps après que parurent d'importants travaux sur ce métal :
le mémoire de Tassaert en 1798, celui de
M. Vauquelin en 1803, de M. Thénard en 1802,
de Proust en 1806, et de nouvelles recherches dans des temps tout à fait rapprochés
de notre époque. Mac-Grégor, examinant,
en 1781, un sable noir qui se rencontre
dans la vallée de Menachan, en Cornouaille,
le trouva composé de fer et d'oxyde d'un
nouveau métal, auquel il donna le nom de
ménachine, et quatorze ans plus tard, 1795,
Klaproth publia son analyse d'un minéral
rouge, brunâtre, connu sous le nom de shorl
rouge, qu'il trouva entièrement composé de
l'oxyde d'un métal particulier, auquel il
donna le nom de titane ; puis, en observant,
en 1797, le minéral de Mac-Grégor, il se convainquit que la ménachine et le titane étaient
une même et seule substance métallique.
Vauquelin et Hecht en 1796, Lowitz de Saint-
Pétersbourg en 1798, Lampadieu en 1803,
et Laugier en 1814, ajoutèrent de nouveaux
faits aux propriétés du titane, nom qui est
définitivement adopté.

« Dans la même année 1781, Scheele reconnut par son analyse un minéral appelé
tungsten, et l'acide tungstique ; peu de
temps après, deux chimistes espagnols, les
frères d'Elhuyard découvrirent le tungsten dans un minéral d'Amérique ; Vauquelin, Hecht, Pearson, Klaproth, Allen, Ai-
ken, Bucholz, M. Berzélius, ont fait ensuite
d'importantes recherches sur les propriétés
de ce corps ; d'un autre côté, Lavoisier connaissait l'identité du diamant avec le carbon ou charbon pur, et Priestley composait
l'eau par la combustion de l'hydrogène et
de l'oxygène.

« En 1782, le tellure fut découvert par
Maller de Reichenstein, et confirmé par une
nouvelle analyse que Klaproth fit du même
minéral, 1798. Le molybdène, qui précédemment avait été soupçonné par Scheele et par
Bergman, fut constaté métal particulier par
Hielm ; l'année suivante, Gingembre trouva
l'hydrogène phosphoré, et l'année d'après
Cavendich arriva, dans la série de ses travaux, à déterminer la composition de l'acide
nitrique, dénomination à laquelle on cherche
à substituer aujourd'hui, à cause de ses prin-

cipes constituants, le nom d'acide azotique.

« Jusqu'alors on avait bien reconnu la formation de l'eau, mais, en 1785, Fourcroy, Vauquelin et Séguin en obtinrent jusqu'à un demi-litre ; ce fut cette même année que Scheele découvrit l'acide malique, et que Berthollet publia ses expériences sur les acides acéteux et acétiques dont Adet, en 1798, montra l'identité ; il établit de plus que ces deux acides ne différaient que par la concentration. Dabit, de Nantes, poursuivant des recherches sur le même sujet, publia une nouvelle série d'expériences, et plus tard vinrent les observations de Darvacq, près de Mollerat, à qui on doit l'art d'extraire l'acide acétique du buis distillé. Dans la même année, Guyton de Morveau observa que la combustion du diamant a lieu quand on le plonge dans du nitre en fusion. Smithon-Tennant, répéta, en 1797, cette expérience ; Guyton lui-même (1800) confirma encore que le diamant n'était que du charbon, et cette opinion reçut une nouvelle autorité des expériences faites, en 1807, par Allen et Pépin, et David en 1814 ; mais revenant à l'année 1785, nous dirons que c'est l'époque à laquelle Berthollet découvrit l'argent fulminant (ammoniure d'argent), et qu'il publia des travaux par lesquels il mettait hors de doute l'opinion de Priestley sur la composition de l'ammoniaque, de même formée seulement d'hydrogène et d'azote.

« En 1786, Kirwan publia des expériences sur l'hydrogène sulfuré, aujourd'hui acide hydro-sulfurique, que Rouelle et Scheele avaient déjà examiné ; puis des chimistes hollandais s'en occupèrent en 1792 ; Berthollet en 1794 ; plus tard, Proust, M. Berzélius, en 1807 ; MM. Gay-Lussac et Thénard, en 1842.

« Ce fut en 1797 que Hermann fit ses travaux sur les alliages des métaux, et que Brugniatelli trouva l'acide subérique. Le docteur Hostin, étudiant l'ammoniaque, annonça, en 1788, qu'en mettant du gaz azote en contact avec du fer humecté d'eau, il se formait de l'ammoniaque et de l'oxyde de fer, affirmation confirmée par Vauquelin ; plus tard, David supposa qu'il entrait dans l'ammoniaque ou l'état d'oxyde un métal qu'ils nommèrent *ammonium;* mais ces conjectures ne se sont pas confirmées, et l'ammonium a été le premier exemple d'une base solifiable qui ne contient point d'oxygène. Les auteurs de la nomenclature chimique avaient admis à tort qu'un composé devait renfermer indispensablement de l'oxygène pour acquérir des propriétés acides ou oxydes. Vinrent ensuite les expériences de Berthollet sur l'acide sulfureux ; plus tard, Fourcroy, Vauquelin et Thomson publièrent une nouvelle suite d'expériences sur cette substance.

« La France, en proie à son exaltation de liberté, absorbée par la politique, perdit de vue pour quelque temps les travaux scientifiques ; les étrangers, au contraire, persistaient dans leurs recherches : ainsi, en 1789,

Kalproth découvrit la zisconne et l'uranne, auxquelles il donna ce nom tiré de la planète Uranie. Les travaux faits postérieurement par Bucholz, Rechter, Arfwatson, ont contribué à nous en faire connaître les propriétés. A la même époque, Hyggius entrevoyait trop confusément, il est vrai, la grande loi de réciprocité de saturation, qui semble être l'origine du système atomistique, tandis que Volta à Pavie, 1791, réfutant une fausse théorie de Galvani, découvrit cet instrument merveilleux qui porte son nom (pile de Volta), auquel la chimie doit sa plus belle découverte, et le moyen le plus rationnel de classer d'après leur électricité les corps qui font l'objet de son étude. Galvani avait admis une électricité animale; Volta démontra que l'action produite n'était qu'un résultat de l'électricité ordinaire, dégagée par le contact de deux corps étrangers.

« L'existence de la strontiane soupçonnée, en 1790, par Crawford, n'est constatée par Klaproth qu'en 1794, année dans laquelle Gadolin découvrit l'ytria. Ce serait ici la place de parler de l'essai de Kirwan sur la phlogistique et sur la constitution des acides ; mais ce sont autant d'erreurs lancées contre la chimie pneumatique, erreurs que la célébrité de leur auteur rendait plus dangereuses; aussi fallut-il la réunion des Fourcroy, des Lavoisier, des Monge et des Guyton-Morveau pour les réfuter d'une manière victorieuse. Il faut avouer cependant que ces erreurs furent utiles à la science par les analyses que faisait Kirwan pour soutenir son opinion.

« Peu de temps après, la chimie perdit son plus illustre promoteur : Lavoisier tomba sous la hache révolutionnaire ; mais les fureurs populaires furent à peine apaisées en France, qu'on y vit refleurir la chimie. Tandis que les chimistes, en Hollande, obtenaient l'hydrogène deuto-carbonné du gaz oléfiant de soufre, Vauquelin, examinant de nouveau la mine de plomb rouge de Sibérie découvrit le chrome dans des expériences d'abord répétées et confirmées par Klaproth en 1798, et par Gmelin, en 1799, puis par le prince Moussine-Pouschkine et d'autres chimistes qui les agrandirent. Un an après l'acide chromique, dont la combinaison avec le plomb donne la belle couleur appelée *jaune de chrome,* était trouvé. Vauquelin retirait, en 1798, la glucine de l'émeraude, et David, en Angleterre, examina le premier en 1799, le protoxyde d'azote dont la connaissance, due à Priestley, remonte à l'année 1772.

« La fin du XVIII⁰ siècle et le commencement du XIX⁰ forment une époque remarquable par le rôle important que l'électricité commença à jouer dans la science physique, comme agent de décomposition ; car, dès lors, la pile voltaïque devint un des appareils indispensables à un laboratoire de chimie, et si la fin du XVIII⁰ siècle fut remarquée par des faits de la plus haute importance pour la chimie, le commencement du XIX⁰ n'est pas moins brillant par ses nombreuses découvertes. En 1801, Priestley trouva l'oxyde de carbone qui fut ensuite constaté par M. Clément. La même année, l'Anglais Hatchet rencontra le colombium dans un métal envoyé de Massachusset au Muséum de Londres. Ekchbert, chimiste suédois, rencontra dans les minéraux appelés par lui *tantalite* et *yuro-tantalite*, une substance métallique différente de toutes celles qu'on connaissait. En 1809, le docteur Wollaston, s'étant procuré des échantillons du minéral de Suède, démontra l'identité du colombium et du tantalite. Encore en 1801, le valadium se montrait à Del-Rio, qui lui donnait le nom d'*erythronium*; mais de nouvelles analyses en ayant fait rejeter l'existence par l'auteur de la découverte lui-même, il fallut que M. Sefstrum le retrouvât en 1830 dans un fer de Suède et le réhabilitât, pour ainsi dire, sous le nom de *vanadium*, tiré de Vanbrais, une des divinités scandinaves.

« En 1803, plusieurs métaux s'offrent pour la première fois aux regards des chimistes : c'est à Smitthon Tennant qu'on doit l'osmium, qu'étudièrent d'abord Fourcroy, puis Wallaston, en 1803, et beaucoup plus récemment, M. Berzélius. Wallaston lui-même aperçut le palladium et le rhodium, qui furent ensuite examinés par Chenevix, Vauquelin, Berzélius, Lowry. Descotel, en 1803, trouva l'iridium, dont Fourcroy et Tennant en 1803, Wallaston en 1805, et M. Berzélius dans ces derniers temps, firent l'objet de leur examen. Ce dernier chimiste et Hisinger, son ami, découvrirent, à Stockholm, la propriété de la pile de Volta, pour décomposer les sels, et les lois sur lesquelles leurs principes reposent.

« La découverte du cerium, faite en 1804, avec Hisinger, fut le premier fruit des nombreux travaux de M. Berzélius. Le chlorure de soude fut décrit pour la première fois par Thomson, en 1804; et l'année suivante, MM. de Humboldt et Gay-Lussac firent connaître leurs travaux sur les moyens eudiométriques, l'analyse de l'air et la quantité qui se trouve en dissolution dans l'eau ; mais l'époque la plus glorieuse pour les découvertes des corps métalliques est celle de 1807. Poursuivant de brillants travaux sur les terres et les alcalis, et découvrant le potassium à l'aide de la pile voltaïque, sir Humphry Davy remporta le prix de galvanisme, fondé par Napoléon, à l'Institut de France, en 1807. M. Berzélius soupçonne la nature de la silice, d'où il extraira plus tard le métal appelé *silicum;* les expériences de Lavoisier sur la combustion du diamant à l'aide d'une lentille, sont répétées par Allen et Pepys, et, reprises, en 1815, par Davy; elles servent à confirmer les résultats de Lavoisier. L'année 1808 est encore remarquable, parce que Davy parvient à décomposer la soude et à extraire le sodium par le même procédé qui lui procurait la base de la potasse. C'est à cette époque qu'il faut rattacher l'origine de la découverte du barium et du calcium, métaux qui se trouvent dans

la baryte et la chaux, ainsi que du strontium, qui est la base du minéral appelé *strontiane.* Diverses expériences sur le phosphore conduisirent MM. Gay-Lussac et Thénard à la connaissance du proto-chlorure de phosphore. Cette même année, M. Gay-Lussac publia ses *Recherches sur la combinaison des gaz entre eux*; l'année suivante, MM. Gay-Lussac et Thénard découvrirent le bore; en 1810, M.§Th. de Saussure présente, à la Société de physique et d'histoire naturelle de Genève, l'analyse du gaz oléfiant, dont la réaction sur le chlore attirera, en 1816, l'attention de MM. Colin et Robiquet. M. Ampère soupçonne l'existence du fluor ou radical de l'acide fluorique, et Humphry Davy fait reconnaître le deuto-chlorure de phosphore. Cette même année enleva à la science Fourcroy, qui lui avait rendu tant de services par ses propres travaux, par des cours publics faits pendant vingt-cinq ans, et surtout par les nombreux et illustres élèves qu'il forma : Vauquelin, Gay-Lussac, Thénard, Robiquet, etc., et l'année qui suivit la mort de Fourcroy (1811) ne fut pas non plus sans gloire : M. Boullay trouva la picrotoxine ; MM. Gay-Lussac et Thénard démontrèrent que le chlore, découvert par Scheele en 1774, et nommé alors acide muriatique oxygéné, peut être considéré comme un corps simple. Puis, découverte de l'oxyde de chlore par Davy ; préparation de l'acide chlorique, par M. Gay-Lussac ; découverte de l'iode, par M. Courtois, quoique l'existence de ce nouveau corps n'ait été annoncée à l'Institut par M. Clément qu'en 1813 ; chlorure d'azote mis au jour par M. Dulong ; commencement des travaux de M. Berzélius sur la détermination des nombres proportionnels : tels furent les principaux faits qui recommandent cette époque. Ajoutons cependant que les travaux de M. Dulong sur le chlorure d'azote, ayant été interrompus par un accident grave qu'il éprouva en le préparant, ce chimiste ne put les reprendre qu'au mois de février 1812, et que Proust, soutenant les opinions de M. Berzélius, s'élevait avec raison contre l'erreur où se trouvait Berthollet, qui croyait que le nombre des combinaisons entre les mêmes corps était identique.

« La propriété qu'a le charbon d'absorber les gaz antérieurement aperçus par Fontana et constatés par Morozze Neurden, à l'aide de curieuses expériences, est examinée en 1812 par M. de Saussure; le docteur John-Davy publia aussi dans cette année une série d'expériences sur les combinaisons du bismuth avec l'oxygène, le chlore et le soufre. Tandis que Vauquelin et Parmentier faisaient connaître leurs travaux sur les sucres de betteraves, et M. Lecocq les siens sur l'oseille, M. Robiquet analysait le kermès dont il reconnut la nature. M. Chevreul séparait l'ématinie, et le carbure de soufre, trouvé par Lampadus en 1796, était constaté par Amédée Berthollet, Woolhouse, Vauquelin, M. Clément et Désormes.

« Le beau travail de M. Gay-Lussac sur l'iode date de 1813; mais la propriété qu'a ce corps de colorer l'amidon en bleu, ne fut trouvée qu'en 1814, par MM. Colin et Gauthier de Claubry ; M. Orfila n'en signala l'action vénéneuse qu'après 1815. M. Vauquelin fit mieux connaître le rhodium et le palladium ; M. Gay-Lussac mit au jour ses beaux travaux sur les sulfites, sulfures, par les muriates de mercure et sur les phosphores alcalins. Les étrangers ne restèrent pas en arrière, et entre autres travaux, Lagerhulme publia ses expériences sur les acides et sulfures de bismuth ; John-Davy, ses observations sur les combinaisons des fluates ; et M. Berzélius, après avoir donné les siennes sur les fluides animaux, recula hardiment les bornes de la science, en donnant naissance à sa théorie electro-chimique.

« En 1814, l'osmium et l'iridium furent rencontrés par Vauquelin dans le minerai de platine, et cet illustre savant ainsi que Davy, puis MM. Gay-Lussac et Colin, exécutèrent une série d'expériences curieuses sur les iodures et autres combinaisons de l'iode. M. Gay-Lussac, mettant à nu le cyanogène ou radical de l'acide prussique, prouva que cette matière tinctoriale, appelée bleu de Prusse, n'était qu'en hydroxyde ; quant à l'acide dont le cyanogène était le radical, il fut appelé depuis acide hydrocyanique, de préférence au nom d'acide prussique. Alors seulement on connut en France l'échelle des équivalents chimiques que le docteur Wollaston avait pourtant créée longtemps auparavant ; M. Dalton publiait sous son nom, en Angleterre, ses expériences et observations sur la théorie atomistique entrevue par Higgins en 1789. Nous ne devons pas omettre les travaux de M. A. Seguin sur le cinabre, l'opium et le quinine, les analyses de MM. Thomson et Darcet sur le tamtam des Chinois et sur les alliages de cuivre. Une perte bien douloureuse frappa cette année les amis des sciences, celle de M. Monge.

« L'année 1815 ne se présente pas à nous sans découvertes. M. Davy analyse l'acide iodique ; F. de Stadion à Vienne, Davy à Londres, étudient le deutoxyde de chlore. La morgarine fut trouvée par M. Chevreul, à qui l'on doit depuis cette époque tant de recherches sur la chime animale, et M. Gay-Lussac fit connaître la relation qui existe entre les volumes de gaz sous différentes pressions.

« En 1816, M. Dulong obtient l'acide hydrophosphoreux ; l'année suivante, M. Berzélius le sélénium ; M. Dussaussoy étudie l'alliage des métaux et sera suivi dans ses recherches par MM. Charles Thomson, Puymaurin, Wulson. La morphine est due à M. Sertuerner, 1817 ; trois chimistes, MM. Shomeyer, Rotoff, Herman annoncent presqu'en même temps, en 1818, la découverte du andmium ; mais les propriétés du nouveau métal n'ont été étudiées que par Shomeyer. M. Arwedson, élève de M. Berzélius, annonce l'existence d'un nouveau métal, le lethium ou son oxyde, tandis qu'en France M. Robiquet travaillait sur l'acide borique, et que M. Thénard, secondé par MM. Labillardière et Grouvelle, faisait ses

expériences sur l'eau oxygénée (deutoxyde d'hydrogène). Ces travaux de l'illustre professeur l'occupèrent encore dans le courant de toute l'année 1819, pendant laquelle MM. Wether et Gay-Lussac firent, de leur côté, connaître l'acide hyposulfurique et les hyposulfates ; MM. Lassaigne et Feneulle, de leur, annonçaient la delphine ; MM. Peltier et Caventin la strychnine, qu'ils avaient d'abord appelée vauqueline. Rappelons encore que MM. Dulong et Berzélius déterminèrent avec plus de précision qu'on ne l'avait fait avant eux, les proportions relatives des principes constituants dans l'eau, et que l'essai de M. Berzélius sur la théorie des proportions chimiques parut cette année.

« En 1820, nous trouvons M. Chevreuil faisant l'examen du beurre dans lequel il remarqua la présence de la *cholesterine*, de la *cétine*, de la *stéarine* et de l'*élaine* ; MM. Peltier et Caventin indiquaient la quinine, la vératrine ; M. OErsted la pipérine ; M. Robiquet la caféine. L'année 1822 fut remarquable par la découverte d'un nombre considérable de bases salsifiables végétales. Nous ne nous arrêterons pas à l'ingénieux appareil que M. Clément Desormes a créé sous le nom de cascade chimique ; nous ne mentionnerons pas les travaux d'analyse ou les observations de Vauquelin, de Wallaston, de Vogis, de M. Berzélius et des autres chimistes, qui se publiaient chaque jour ; mais disons qu'en 1823 M. Faraday obtenait la liquéfaction des gaz, et que MM. Parkins et OErsted montraient de nouveaux appareils la compressibilité de l'eau déjà admise par Canton ; disons aussi que M. Bussy préparait l'acide sulfurique anhydre, c'est-à-dire privé d'eau, en évaporant avec précaution l'acide sulfurique de Nordhausen, et qu'en 1824 MM. Liebig et Gay-Lussac obtinrent l'acide fulminique qui, joint à l'oxyde de mercure, forme la poudre fulminante que Howard avait découverte, en traitant le mercure par l'alcool et l'acide nitrique, et qui est aujourd'hui d'un si grand usage pour les armes à feu. M. Bussy liquéfie l'acide sulfureux, en le faisant arriver par un tube rempli de chlorure de calcium dans un flacon entouré d'un mélange réfrigérant ; il emploiera plus tard avec succès la vaporisation de cet acide pour condenser et liquéfier le chlore, l'ammoniaque, le cyanogène et même pour solidifier ce dernier corps. MM. Payen et Chevalier présentent un procédé pour déterminer le titre réel des soufres. En 1825, en Suède, M. Berzélius publia ses recherches sur l'acide fluorique ; un autre savant, M. Braconnot, fit connaître l'acide pectique. M. Chevalier présenta le moyen, bien essentiel pour la médecine légale, de différencier le fer oxydé par l'eau ou bien par le sang.

« En 1826, M. Balard, examinant les eaux-mères des salines situées sur les côtes de la Méditerranée, y rencontra le brôme, nouvel élément qui a la plus grande analogie de mode d'action avec le chlore et l'iode. M. Dœberuner découvrit que l'hydrogène s'enflamme à la température ordinaire quand on le fait passer à travers un morceau d'éponge de platine. M. Metscherlich publia ses curieux travaux sur les relations qui existent entre la forme des cristaux et leur dilatation par la chaleur. C'est aussi lui qui fit connaître le premier les corps *isomorphes*, c'est-à-dire qui, quoique d'une composition différente, affectent la même forme cristalline. En 1826, MM. Robiquet et Colin font de curieuses observations sur la garance; ils en extraient l'alizarine, ou matière colorante. En 1827, le même M. Metscherlich découvre l'acide sélénique et trouve que cet acide correspond à l'acide sulfurique pour sa composition, comme l'acide sélénieux correspond à l'acide sulfureux. La même année, M. Wœhler opéra la réduction de l'alumine, de la glucyne et de l'oxyde d'ystrium; ensuite M. Bussy, celle de la magnésie par le même procédé. MM. Chevalier et Tilloy indiquèrent un moyen d'extraire avec économie l'acide électrique du suc de groseilles. En 1827, M. Th. de Saussure commença, à Genève, de nombreuses expériences sur la quantité d'humidité et d'acide carbonique contenus dans l'atmosphère pendant chaque mois de l'année, et il continua ses observations en 1829, année pendant laquelle M. Berzélius annonça de nouveau l'existence du thorium qu'il avait rejetée après l'avoir admise plusieurs années auparavant. » — (*Voyez* ALCHIMIE.)

CHLOROFORME. *Voy.* ÉTHERISATION.

CHRONOMÈTRE (*Mesure du temps*). — Instrument de recherches scientifiques, destiné à mesurer le temps et ses plus petites fractions avec une parfaite exactitude. Une montre à secondes, douée d'une marche rigoureusement invariable, serait, sans contredit, un appareil des plus précieux. Les usages de la vie civile n'exigent nullement une aussi grande précision; mais il est une foule d'expériences de physique et de physiologie, qu'on ne saurait entreprendre sans avoir un bon *compteur* à sa disposition; et surtout la solution complète et pratique de ce problème d'une si haute importance, *les longitudes en mer*, dépend de la construction d'un chronomètre parfait. Aussi, dans tout le cours du dernier siècle, les premiers savants et les plus habiles artistes de l'Europe ont combiné leurs efforts pour arriver à la fabrication d'une *montre marine invariable*. Malheureusement pour le commerce, pour la géographie et pour la navigation, le chronomètre, malgré les immenses perfectionnements apportés aux arts mécaniques, n'est pas encore aujourd'hui un instrument auquel on puisse se fier d'une manière absolue.

Le principe fondamental de la détermination de la longitude, par ce procédé, est que chaque navigateur puisse être pourvu d'un instrument assez exact, pour emporter et pour garder, dans tout le cours d'un long voyage, l'heure du port d'où il est parti. Muni d'un pareil chronomètre, il n'aura plus qu'à déterminer l'heure *locale* de chaque station où il se trouvera; et en comparant cette heure avec celle de sa montre marine, il en

déduira sur-le-champ, et avec précision, la différence des heures des deux lieux, ou leur différence en longitude; rien n'est plus sûr ou plus simple, pourvu que le chronomètre marche parfaitement. C'est cette dernière condition que les travaux réunis des Harisson, des Kendal, des Graham, en Angleterre, ainsi que ceux des Berthoud, des Leroy, des Breguet, en France, n'ont pu résoudre encore d'une manière absolue, bien que la précision des montres marines ait été portée au point qu'elles puissent toujours servir utilement à aider et à contrôler le résultat des autres méthodes, parmi lesquelles la *méthode lunaire* est généralement préférée aujourd'hui. Le grand inconvénient de l'usage absolu des chronomètres en mer, ce n'est pas tant l'étendue de leurs variations que l'ignorance où se trouve forcément l'observateur sur le sens et la loi de ces variations; la découverte de l'erreur de la montre serait une opération absolument identique à celle de la détermination de la longitude même. L'irrégularité de leurs écarts paraît aussi devoir longtemps échapper à toute explication; de deux chronomètres exposés au mouvement d'un voyage de long cours, l'un ne variera en plusieurs secondes que de 8 à 10 secondes (ce qui est un très-beau résultat); l'autre, absolument semblable en apparence, aura une marche bien moins sûre.

Les artistes les plus habiles sont parvenus à corriger les effets de la dilatation, à régulariser l'isochronisme du spiral, à surmonter les difficultés d'un engrenage inégal, et même à rendre le frottement ou nul ou entièrement invariable; mais il leur a été impossible, jusqu'ici, de combattre les effets des diverses forces magnétiques ou électriques, que les éléments métalliques du chronomètre doivent nécessairement traverser aux divers parages du globe. Cette cause d'erreur, sans doute, ne pourra jamais être entièrement écartée; mais si les appareils destinés à rester invariables pendant une très-longue navigation laissent encore quelque chose à désirer, les artistes sont parvenus, à fabriquer et à livrer, à un prix modique, des *compteurs* et des *horloges* à peu près invariables. Il y a même de ces instruments avec lesquels on peut apprécier exactement *un dixième* de seconde, bien que les astronomes préfèrent généralement d'autres méthodes plutôt mentales que physiques. Il faut remarquer aussi que de la marche d'une montre, en *repos parfait*, dans un observatoire, on ne peut malheureusement rien conclure avec certitude, sur sa marche *agitée* par une longue et aventureuse navigation. Quant aux secousses d'un transport par terre, elles dérangent promptement et gravement ces appareils délicats (1).

CIMENT (*Machine à broyer le*). — *Invention de M. Daudin, ingénieur en chef des ponts et chaussées du département de la Sarthe, 1811.* — Cette machine, dont l'action et le mou-

(1) Extrait de l'*Encyclopédie des gens du monde*. — *Voy.* HORLOGERIE. — *Voy.* aussi MONTRE MARINE.

vement sont aussi simples que le jeu en est facile, remplace avec autant d'économie que de célérité la manipulation ordinaire et en améliore les produits. Les moyens mis en usage par le travail de cette machine réunissent deux avantages réels : celui de pouvoir manipuler les mortiers lorsqu'on les compose avec de la chaux en pâte; le second, celui de les fabriquer quand on emploie la chaux en poudre éteinte par immersion. Dans les ateliers d'une grande étendue, on peut appliquer différents moteurs à ce moulin, tels que l'air et l'eau. (*Annuaire de l'industrie*, 1811.)

Ciment calcaire. (*Sa combinaison.*)—En mêlant en proportions diverses de la chaux éminemment grasse, éteinte comme à l'ordinaire, avec du sable seul, ou avec l'une de ces pouzzolanes qui résistent d'une manière absolue à l'action de l'acide sulfurique, on obtient des ciments qui, placés sous une eau pure, y restent toujours mous, ou n'acquièrent, après un temps fort long, qu'une faible consistance. Les mêmes ciments exposés à l'air y durcissent par dessication seulement, car la facilité avec laquelle ils se brisent, au moindre choc, indique qu'aucun lien chimique n'a lieu entre leurs parties constituantes. Si on répète la même expérience sur les pouzzolanes dont on sépare facilement la silice par les acides, on obtient des ciments qui font prise en très-peu de temps dans l'eau et qui y deviennent de plus en plus durs; mais ils n'acquièrent pas une très-grande résistance en plein air: cela tient à ce que la dessication s'effectue trop rapidement. La chaux hydraulique donne de fort bon ciments lorsqu'on la combine avec le sable seul, ou avec l'une des pouzzolanes rebelles aux acides; tandis que l'on n'obtient que des résultats médiocres par l'emploi des matières qui conviennent à la chaux grasse. Si l'on avait une chaux très-grasse et une excellente pouzzolane, il faudrait, 1° choisir parmi les divers procédés d'extinction celui qui devrait porter la division de la chaux au plus haut terme; 2° réduire mécaniquement la pouzzolane en poudre très-fine si elle ne l'était pas; 3° régler les proportions d'après les essais préliminaires; 4° broyer longtemps et fortement ensemble les matières sans les noyer; 5° enfin, en retarder la dessication afin d'y entretenir l'humidité, condition essentielle de la combinaison. Si on a une excellente chaux hydraulique et divers sables siliceux également purs, il faudra, 1° entre ceux-ci choisir le plus fin, et s'il est possible le plus rude au toucher; 2° diviser parfaitement la chaux en adoptant le procédé d'extinction convenable; 3° en régler les proportions de manière que le mortier soit plein, et pourtant que l'intervalle de grain à grain soit le plus petit possible; 4° enfin, bien mêler, et retarder la dessication. (*Annales de chimie et de physique*, 1820, t, XV, p. 365.)

Ciment imperméable.—*Invention de M. C. Puymaurin.* — Dans nos climats pluvieux

et exposés à des gelées très-fortes, dit l'auteur, les ciments les plus parfaits laissaient désirer une qualité plus essentielle que la dureté et la solidité, l'impénétrabilité. Dans les ciments composés jusqu'à ce jour, an X, les pouzzolanes, briques pilées, scories, etc., doivent être réduites en poussière et celle-ci tamisée; mais ces mêmes ciments sont sujets à des retraits, fentes et gerçures. Il convient, pour prévenir ces inconvénients, de prendre deux mesures de caillo x de rivière bien lavés, ou des fragments de briques de la grosseur d'une noisette, deux de tuileau et de mâchefer pilés grossièrement, une de sable de rivière parfaitement lavé et une de chaux sortant du four et pilée. On forme un cercle avec le sable, on jette dans ce rond la chaux que l'on éteint, ayant soin de la bien écraser avec la pioche; quand la chaux est bien délayée, on la laisse trois heures en cet état, afin que tout soit bien dissout; on mêle alors peu à peu les cailloux de rivière, le mâchefer, le tuileau et le sable; on corroie ce mortier pendant une demi-heure à force de bras, afin de ne pas laisser une seule pierre siliceuse ou fragment de tuileau qui ne soit parfaitement incorporé. Quand le ciment est fini, on jette dessus de la chaux vive en poudre, un boisseau environ; le mortier devenant par cette addition très-difficile à remuer, on y ajoute une à deux pintes de lait de chaux, qui en pénètre ou cimente les parties. On peut employer le ciment ainsi préparé de deux manières: soit en dessus du carrèlement en briques, soit en dessous. Quand on veut faire une terrasse sur un plancher, il faut le carreler grossièrement en mortier de terre et de sable; cette couche sèche, on en place dessus une autre faite avec un mortier à chaux et sable assez gras. Si l'on établit sur carrèlement en briques, il n'est pas nécessaire que celles-ci soient taillées; leur surface doit même être raboteuse et piquée au ciseau. On donne à ce pavé la pente nécessaire pour l'écoulement des eaux. Au mois de juillet, lorsque les carrèlements sont bien secs, on compose le ciment comme ci-dessus; on l'applique en bandes de deux pieds de largeur sur deux pouces et demi à trois pouces d'épaisseur, après avoir mouillé préalablement le carreau avec du lait de chaux vive, et avec la truelle on serre fortement le ciment contre le carreau; on a soin de le battre avec le tranchant de la truelle, on le ramène avec la truelle mouillée légèrement, et on en comprime de nouveau la surface pour enterrer les parties grossières. Quand la première bande est terminée, on procède à la seconde, que l'on a soin de bien réunir pour éviter le retrait. Après sept à huit heures on mouille légèrement la surface au ciment, et avec des cailloux plats on la comprime, on la resserre et on la polit. A la fin d'août, on fait bouillir du goudron liquide et on l'étend sur le ciment avec des torchons attachés au bout de grands bâtons. Pour rendre la terrasse praticable, on prend de la chaux éteinte à l'air et réduite en poudre fine; on la jette sur le goudron, et avec le balai on enlève toute celle qui n'est point frappée par le goudron. Cette combinaison ressemble parfaitement au malta des Romains. Au mois d'octobre, on passe une nouvelle couche de goudron et de chaux. Lorsqu'on pose les briques sur le ciment, il ne faut pas les tailler. Il existe pendant quelque temps une infiltration; mais elle cesse promptement. (*Monit.*, an X, p. 1458 et 1462.)

CLOCHE. — Instrument de métal fait en forme de poire ouverte par le bas, avec un morceau de fer nommé *battant*, suspendu librement vers la partie supérieure de sa cavité. La *cloche* est suspendue à son tour par ses anses à une charpente appelée *mouton*. — On ne saurait remonter à l'origine de cet instrument, servant à la fois aux usages religieux et civils, et ayant servi souvent dans la moderne Europe aux commotions politiques. En Chine, au Japon, dans l'Amérique du sud, on a retrouvé la *cloche*. Quelle que soit son antiquité plus ou moins contestée, nous nous contenterons de poser ici un fait, qu'elle est un accompagnement inhérent aux temples bouddhistes, et que le dernier des Bouddha reconnu liturgiquement par ses sectateurs, *Sachia–Mouny*, vivait plusieurs siècles avant Jésus-Christ. Nous nous bornerons donc à transmettre à nos lecteurs l'article intéressant que donne sur les *cloches* l'*Encyclopédie des gens du monde*.

« Les bollandistes et Ménage dérivent le mot de *cloche* de *cloca* ou *clocea*, *cloccum*, qu'on rencontre en ce sens dans les auteurs du IVᵉ siècle. Il se trouve d'ailleurs dans l'anglais *clock* et dans l'allemand *glocke*. Fauchet pense que *cloche* est un vieux mot français, parce que l'aller et le revenir d'une *cloche* représentent l'allure d'un boiteux, ce qu'on appelait *clocher*. Mais le verbe pourrait bien être lui-même dérivé du mot *cloche* et faire allusion au mouvement de cet instrument.

« Il est impossible de préciser l'époque de l'invention des cloches. Si on voulait étendre ce nom à des instruments du même genre, mais de petite dimension, on pourrait admettre que les cloches ont été connues dans une haute antiquité. Généralement les critiques prétendent que les premières grosses cloches ont été fondues à Nola, en Campanie, au Vᵉ siècle, lorsque saint Paulin était évêque de cette ville, ou que du moins ce prélat en introduisit l'usage dans le service divin : c'est de là qu'elles auraient été appelées *campanæ* et *nolæ*. Ce dernier mot se dit proprement des grelots qu'on met au collier des chiens, aux pieds des oiseaux et au poitrail des chevaux et mulets.

Le pape Sabinien, successeur de saint Grégoire, fut, selon Polydore Virgile, le premier qui introduisit l'usage d'appeler le peuple aux saints offices par le son des cloches. Il ne paraît pas qu'on ait eu beaucoup de grosses cloches avant le VIIᵉ siècle. En 610, Loup, évêque d'Orléans, étant à Sens, que l'armée de Clotaire assiégeait, l'étonna si fort en fai-

sant sonner les cloches de l'église de Saint-Etienne, que toute l'armée prit la fuite. Ce fait prouverait que ce n'était pas encore une chose fort connue ni fort usitée. Bède le Vénérable nous apprend que sur la fin du même siècle, il y avait des cloches en Angleterre, et qu'on s'en servait pour appeler à la prière. Les religieux de l'abbaye d'Aumale se vantaient d'avoir les plus anciennes cloches de toute la Normandie.

C'est principalement dans les pays septentrionaux de l'Europe qu'a été cultivé l'art de fondre les cloches. Ainsi Moscou, l'ancienne capitale de la Russie, renfermait un grand nombre de cloches, dont l'une était si grosse, qu'il fallait vingt-quatre personnes pour la mettre en mouvement (1).

« On cite la grosse cloche de Saint-Etienne, à Vienne, en Autriche, fondue en 1711 avec des canons pris sur les Turcs; celles de l'église métropolitaine de Paris et de Saint-Jacques de Compostelle, en Espagne. La grosse cloche de Rouen, appelée *George d'Amboise*, pesant 40,000 livres, ou 36,000 livres si l'on s'en rapporte à l'inscription en vers latins qu'on y lisait; elle avait dix pieds de haut y compris les anses. Elle fut fondue le 2 août 1501; son battant était de 710 livres, sa circonférence de 30 pieds et son diamètre de 8 pieds et un tiers. On ne connut les cloches en Orient que vers le milieu du IXᵉ siècle. Les premières que l'on eut à Constantinople furent envoyées par les Vénitiens à l'empereur Michel, en 865, en reconnaissance d'un secours qu'ils en avaient reçu contre les Sarrasins.

« Il n'est pas vrai, comme l'ont prétendu quelques auteurs, que dans l'Eglise orientale l'usage des cloches ait été tout à fait inconnu, et qu'on y ait toujours appelé le peuple au service avec des maillets de bois. Leo Allatius, dans sa dissertation sur les temples des Grecs, prouve le contraire; il assure qu'après la prise de Constantinople l'usage des cloches fut défendu par les Turcs, de peur que leur son ne troublât le repos des âmes, qui, selon eux, sont errantes dans l'air. Il ajoute que l'usage des cloches est encore en vigueur dans quelques endroits où les Turcs ne vont pas, et qu'il y en a de très-anciennes au mont Athos. Le Père Jérôme Dandini, dans son *Voyage au mont Liban*, suppose

(1) Nous ignorons de quelle cloche le savant auteur veut parler; mais aujourd'hui même, les plus grosses cloches qui soient en Europe se trouvent en Russie. Il n'est pas sûr que l'immense cloche enfouie dans le Kremlin ait jamais été suspendue; mais le grand bourdon des cathédrales du Kremlin, fondu par M. Bognanof en 1817, et suspendu en 1819, a 20 pieds de haut sur 18 de diamètre, et pèse 132,000 livres de France; le battant pèse 3,900 livres. La grande cloche du monastère de Troïtza, non loin de Moscou, pèse jusqu'à 1,400 quintaux. On sait que le poids de la fameuse *Suzanne* d'Erfurt est seulement de 275 quintaux. Nous n'avons pas de données certaines sur les immenses cloches qu'on dit avoir été trouvées au Japon, à la Chine et au Pérou; nous pouvons dire seulement que, d'après Meyerberg, la grande cloche de Pékin pesait 120,000 livres.

aussi qu'il y avait de véritables cloches dans les églises des Grecs avant qu'ils fussent soumis par les Turcs. Si l'on ajoutait foi aux récits des voyageurs, on trouverait à la Chine des cloches d'une grande dimension ; au Japon , il y aurait des cloches d'or ; les Égyptiens n'avaient , il y a un siècle , que des cloches en bois, à la réserve d'une seule en fonte, qui avait été apportée par les Francs dans le monastère de Saint-Antoine ; ils en attribuaient l'invention à Noé.

« Les cloches ont servi et servent encore à divers usages : les religieux s'assemblaient capitulairement au son de la cloche.

« C'était autrefois l'office des prêtres de sonner les cloches et surtout dans les cathédrales. On appelait *klockmans* ceux qui étaient chargés de ce soin , et ce nom, d'origine tudesque (il signifie *homme des cloches*) , était encore employé dans l'église d'Amiens au moment de la révolution. Matthieu Pâris dit qu'autrefois , pendant le deuil, l'usage des cloches était défendu ; de là vient qu'on ne les sonne point le vendredi saint ; mais aujourd'hui on en fait un des principaux accessoires des enterrements. C'était une ancienne coutume de sonner les cloches pour un moribond , afin d'avertir les fidèles de prier pour lui. La sonnerie particulière pour un mort , qui est connue sous le nom de *glas* , était appelée à Reims l'*abbé-mort*, par corruption pour l'*aboi de la mort* (1). On sonnait les cloches à l'approche du tonnerre, non-seulement pour ébranler l'air, mais aussi pour convoquer le peuple qui venait dans les temples supplier Dieu d'éloigner le danger. On attribuait aux cloches des vertus miraculeuses. Dans quelques monastères, elles sonnaient d'elles-mêmes, disait-on, lorsqu'un religieux mourait ; leur son mettait le démon en fuite, délivrait les femmes en couches , guérissait le mal de dents , etc. Le droit d'avoir un beffroi et une cloche pour convoquer les bourgeois et habitants était un des principaux priviléges que réclamaient, dans le moyen âge , les communes ; aussi dans presque toutes les grandes villes voit-on encore la tour et la cloche municipales. En 1548, Bordeaux fut privé de ses cloches pour rébellion ; mais le roi Henri II les lui rendit bientôt après. L'enlèvement du beffroi de Nowogorod par le tzar de Moscovie fut aussi pour cette ancienne république le signal de la perte de sa liberté. On appelait, en France , *gentilshommes de la cloche* ceux qui n'étaient nobles que pour avoir passé par

(1) Aujourd'hui encore le glas funèbre porte à Reims le nom de *glay* ou *glai*. Lorsqu'un chrétien meurt, on tinte lentement une cloche à son *grave* ; cela s'appelle *sonner un trépassement*. A la présentation du corps à l'église, plusieurs cloches sont sonnées à grande volée, mais avec une cadence plus lente que pour les offices ordinaires. Il n'y a rien de plus lugubre que le glas spécial sonné dans cette ville le jour de la fête des Morts. Il semble qu'une plainte déchirante s'élève de la tombe pour appeler la foule insoucieuse au respect de ce grand jour. Du reste, sous le rapport de la sonnerie des cloches, Reims a conservé toutes les traditions du moyen âge, y compris le *couvre feu*. (*Note de l'éditeur.*)

certaines charges de mairie ou d'échevinage qui se donnaient au son de la cloche. Dans les villes de guerre, *la cloche des alarmes* était placée communément dans la maison du gouverneur. Autrefois, en temps de guerre, le grand maître de l'artillerie avait un droit sur les cloches des églises et sur tout le métal d'une place qui avait été battue du canon ; les habitants achetaient ce métal et payaient un certain droit pour les cloches. Dans les fêtes publiques , on fait sonner les cloches. Le *Dictionnaire de Trévoux* reproduit ces deux vers latins par lesquels on a essayé d'exprimer les usages d'une cloche :

Laudo Deum verum, plebem voco, congrego clerum, Defunctos ploro, pestem fugo, festa decoro.

« Les cloches se composent d'alliages métalliques dont les préparations varient. Celui qui sert communément à la fonte des cloches est formé de cuivre et d'étain ; ce dernier métal entre pour 25 parties sur 100 ; on appelle cet alliage airain, bronze ; il est dur et sonore.

« *Le fondeur de cloches* est chargé d'en diriger la fusion et de la couler dans un moule préparé à cet effet d'avance avec beaucoup de soins et de précautions. Comme les métaux dont se compose l'alliage ci-dessus ont des pesanteurs spécifiques différentes, il est très-utile, au moment de la *coulée*, de brasser la masse pour empêcher que chacun des métaux se sépare suivant l'ordre de sa densité. Quelquefois il suffit du temps du refroidissement pour que cette séparation se manifeste de nouveau. Si elle s'effectue, il faut briser la première fonte et remettre l'alliage dans le fourneau ; toutes ses parties deviennent alors plus uniformes, plus homogènes. (*Voy.* FONDEUR.)

« La partie la plus épaisse , ou le bord des cloches, est celle où frappe le *battant*. La partie supérieure ou *cerveau*, porte l'anneau auquel est suspendu le battant, et un peu plus bas sont attachées les *anses* qui permettent de manier la cloche. Souvent on en place plusieurs dans un clocher pour former les carillons. Le premier carillon fut établi, assure-t-on, à Alost, en Flandre, en 1487. L'expérience a constaté qu'il y a beaucoup de danger de sonner les cloches et de faire aller les carillons pendant un temps d'orage. Cela attire la foudre, et bien des sonneurs ont été victimes de leur imprudence.

« La bénédiction des *cloches*, vulgairement connue sous le nom de *baptême*, est antérieure à l'an 770, si l'on en croit Alcuin. Son témoignage est confirmé par d'anciens monuments, adopté par de savants hommes, bien que Baronius ne fasse remonter cet usage qu'à l'an 968 , sous le pontificat de Jean XII. Le *Pastoral* de Paris décrit ainsi la bénédiction des cloches : « Revêtu d'une « chappe blanche, le célébrant arrive avec « son clergé dans la nef de l'église où est « suspendue la cloche, de telle sorte qu'on « en puisse facilement faire le tour, et commence par bénir l'eau avec des prières « particulières. Le sous-diacre chante une

« leçon tirée du chapitre x du livre des
« *Nombres*. Le célébrant demande à haute
« voix à ceux qui sont chargés de nommer la
« *cloche*, et que l'on appelle improprement
« *parrains*, sous quelle invocation ils dési-
« rent qu'elle soit bénie. Après la réponse,
« le célébrant frappe trois fois la cloche avec
« le battant ; les parrains en font autant. On
« récite l'antienne *Buccinate*, et l'on en-
« tonne le psaume LXXX. Pendant qu'on le
« chante, le célébrant fait quatre onctions
« au-dedans de la cloche avec l'huile des
« catéchumènes, et dit en même temps *que*
« *cette cloche soit sanctifiée et consacrée, au*
« *nom du Père, du Fils et du Saint-Esprit,*
« *sous l'invocation de....* Le psaume fini, le
« célébrant chante une oraison : on entonne
« l'antienne *Servite*, et le psaume XCIX , pen-
« dant lequel le célébrant fait quatre onctions
« sur le dehors de la cloche avec le saint-
« chrême, et dit les mêmes paroles que ci-
« dessus. Cette cérémonie est suivie d'une
« oraison , après laquelle on impose l'an-
« tienne *Laudate*, et on chante le psaume CL.
« Pendant ce chant, le diacre place sous la
« cloche l'encensoir garni de feu et d'encens,
« et l'y laisse jusqu'à la fin de la bénédic-
« tion. Le psaume terminé, le célébrant
« chante une oraison dans laquelle on trouve
« cette prière remarquable : *Campanam hanc*
« *tua cruce signatam sancti Spiritus rore*
« *perfunde;* ensuite le diacre chante un court
« évangile, c'est-à-dire les versets 19 et 20
« du chap. XVIII de S. Matthieu. Après avoir
« baisé le livre, le célébrant fait le signe de
« la croix sur la cloche sans rien dire, et le
« clergé se retire dans le même ordre qu'il
« est venu. » Les rituels pontificaux des divers diocèses de la catholicité diffèrent plus
ou moins dans le cérémonial de la bénédiction des cloches ; mais tous s'accordent à
proscrire la dénomination de *baptême*, sous
laquelle l'ignorance l'a désignée. On peut
consulter le *Traité des cloches*, par Gilbert
Grimaud, à la suite de sa *Liturgie sacrée;*
celui de Thiers, et l'ouvrage de Jérôme Mag-
gias, *de Tintinnabulis*.

« La cloche, à bord des bâtiments de commerce, sert pour annoncer l'heure des repas, l'instant de faire branle-bas, etc. Sur
les vaisseaux de guerre français, elle a été
remplacée par le tambour, à l'exception de
l'indication de l'heure, qui se fait toujours
par la cloche.

« Dans les arts physiques et chimiques, le
mot *cloche* désigne un vase cylindrique, sphérique ou conique, destiné à couvrir tout ce
qu'on veut mettre à l'abri de l'humidité ou
du contact de l'air, ou à recevoir des substances gazeuses, etc. Les chaudronniers appellent *cloche* un instrument d'office servant à
la cuisson des volailles, compotes, etc. »

CLOCHE DU PLONGEUR. *Voy.* BATEAU
SOUS-MARIN. *Voy.* aussi PLONGEUR.

CLOCHES A FACETTES.—(*Invention de*
M. A. Thouin, 1805. — L'usage de ces cloches à facettes a pour objets de faciliter la
culture des plantes annuelles qui ont été
élevées sous des châssis, et que le passage

subit de la chaleur des couches à celle de
l'atmosphère pourrait ralentir dans leur végétation, ou de hâter la maturité de leurs
semences, ou enfin de prolonger leur présence dans les écoles de botanique. Ces cloches sont composées de morceaux de verre
liés entre eux par des lisières de plomb ; en
supposant leur base octaèdre, sa partie qui
se termine en pyramide serait formée de
seize morceaux de verre également assujettis comme les premiers ; une petite virole
de fer-blanc, dans laquelle passe un anneau, donne de la solidité à la cloche, et facilite les moyens de la transporter aisément.
(*Annales du Muséum d'hist. nat.*, t. V, p.
248.)

CLOCHES EN TERRE CUITE.—*Invention de*
MM. Rozier et Cadet-de-Vaux, 1809.—Le sommet de ces cloches est couvert sur un plan
incliné, et reçoit un simple carreau de vitre ; deux oreilles servent à soulever la
cloche ; au-dessous de ces oreilles sont deux
trous coniques qu'on tient ouverts ou fermés à volonté, et qui entretiennent au besoin un courant d'air, en même temps qu'ils
favorisent le dégagement de l'humidité, si
fâcheuse aux plantes qu'on est contraint de
laisser couvertes. Ces cloches sont surtout
d'une grande solidité dans les temps d'orages, redoutables pour les plantes en fleurs ;
on passe alors par une ouverture un fil de
fer dont la pointe s'enfonce dans le terreau,
ce qui fait un utile conducteur de fluide
électrique. (*Cours pratique d'agriculture* de
l'abbé Rozier, t. II, p. 388.)

CLOUS *fabriqués à froid*. — Les clous
faits à froid se font au moyen de laminoirs
et de grandes cisailles. Ils joignent à beaucoup de flexibilité l'avantage de tenir avec
une extrême force, résultat des aspérités
inhérentes à leur confection ; leur forme
tranchante, à la partie inférieure, empêche
la fente en la dirigeant de manière à couper le fil du bois. L'économie que M. Ge-
mire, de Clairvaux (Jura), a ainsi obtenue sur
les procédés ordinaires est considérable, et
se compose : 1° du montant du combustible
qu'il n'emploie pas ; 2° de partie de la main-
d'œuvre par la promptitude de l'exécution ;
3° de partie du déchet que donne le fer
brûlé par le feu, lorsqu'il s'agit de forger les
clous. Sous toutes les formes et de toutes
les dimensions, ces clous sont livrés au commerce à un prix moins élevé que ceux faits
à chaud, et ils leur sont préférables en ce
qu'ils sont plus liants et plus solides. (*Bul-*
letin de la société d'encouragement, novembre 1820.)

CLOUS (*Machines à fabriquer les*).—*Impor-*
tation de M. Elzéard Degrand, de Marseille,
1809. — Brevet de quinze ans pour une
machine propre à couper les clous et à frapper en même temps leurs têtes. — Autre
brevet de quinze ans pour un système de
fabrication de clous découpés, à tête perdue
et de clous découpés à tête frappée.

CLOUS D'ÉPINGLE (*Machines à fabriquer*
les). — *Invention de M. White*. — Cette

machine donne jusqu'à cent clous par minute. Les petits clous, dits clous d'épingle, se font à froid, et les grands à chaud. Ces clous ont une perfection impossible à trouver dans ceux forgés : leurs pointes sont tellement aiguës que la simple pression du pouce suffit pour les retenir dans le bois. La main d'un enfant peut alimenter une machine ; il n'y a qu'à présenter l'extrémité de la lame de fer dans laquelle le clou doit être taillé. La tête de celui-ci se fait par un coup qui suit immédiatement la séparation de la tige de la bande laminée, dont la longueur est calculée sur la longueur du clous. Tout le mérite de cette invention est dans la constante mobilité et l'indépendance d'action de deux pièces, dont se compose le ciseau du découpoir : la première de ces deux pièces s'arrête après avoir opéré, tandis que la seconde s'avance avec le clou qu'elle tient serré, pour laisser tout à la fois à découvert et isolée la partie destinée à former la tête, qui se frappe par un second coup. (*Dictionnaire des découvertes*, t. III, p. 270 et 271)

CLOUS FONDUS. En France, l'on ne fait pas usage des clous en fonte de fer ; parce que cette matière, à cause de son prix, ne présente pas d'économie. Il n'en est pas de même en Angleterre où l'on fait avec avantage des clous en fonte étamée.

COLLE DE PATE.—*Invention de M. Drury (Charles).* — L'auteur prend pour faire la colle de pâte une livre de pommes de terre crues, qu'il lave avec beaucoup de soin, puis il les réduit en pulpe au moyen d'une râpe ordinaire, sans les peler ; ensuite il jette cette pulpe dans deux pintes et demie d'eau, après quoi il fait bouillir le tout pendant deux minutes environ, en remuant continuellement. Aussitôt que la colle est retirée du feu, on y ajoute peu à peu une demi-once d'alun réduit en poudre fine, et l'on o,ère le mélange parfait à l'aide d'une cuillère. Cette colle, ainsi faite, est belle et transparente, exempte de mauvaise odeur, égale à celle faite avec de la farine, et moins cher. Un quart de boisseau de pommes de terre, préparées comme ci-dessus, donne trente-huit livres de colle. Elle peut se conserver exposée à l'air pendant douze jours, sans éprouver d'altération sensible. (*Société d encouragement*, 1814, bulletin 122, p. 197)

COLONIES. — Le mot, d'origine latine, est dérivé de *colere*, mettre en culture, d'où *colonus*, laboureur. La chose est cependant plus ancienne, et ce serait presque faire l'histoire des migrations des peuples depuis les temps les plus reculés, que de raconter de quelle manière se sont formées les plus anciennes colonies. On sait que les Phéniciens en avaient établi un grand nombre pour les besoins de leur commerce, et que cet exemple fut imité par Carthage, elle-même colonie phénicienne ; on sait aussi que la première civilisation de la Grèce est attribuée, mais peut-être à tort, à des colonies phéniciennes et égyptiennes, et que

celles des Grecs couvraient toute l'Asie Mineure, la côte septentrionale de la mer Noire, l'Italie, et s'étendaient même d'une part à la Cyrénaïque, et de l'autre jusqu'à l'embouchure du Rhône. Les colonies grecques ne méritaient peut-être pas toutes le nom de colonies; au moins pourrait-on révoquer en doute que la population de la plus ancienne Grèce ait suffi à donner naissance aux nombreux et importants établissements qui ne tardèrent pas à prospérer en Asie ; mais sur les pas d'Alexandre, beaucoup d'autres s'élevèrent dans l'intérieur de ce vaste continent, et les Athéniens purent, à bon droit, se vanter d'avoir porté dans le monde entier leur langue et leur civilisation. Des causes diverses concoururent à la fondation des colonies grecques : l'abondance de la population, l'incompatibilité des races, l'intolérance politique plutôt que religieuse, le commerce, des circonstances fortuites. L'espace nous manque pour entamer une matière aussi difficultueuse et aussi étendue, et nous renvoyons le lecteur aux ouvrages suivants : HEYNE, *De veterum coloniarum jure ejusque causis*, Gœtt., 1766 ; SAINTE-CROIX, *De l'état et du sort des colonies des anciens peuples*, Paris, 1779 ; RAOUL-ROCHETTE, *Histoire de l'établissement des colonies grecques*, Paris, 1815, 4 vol. (chez Treuttel et Wurtz), auxquels on peut ajouter les travaux, en langue allemande, de Hegewisch sur la même matière. Ce sujet nous entraînerait d'ailleurs trop loin ; car de grandes villes, et souvent même des Etats entiers, ont dû leur origine à de faibles colonies d'émigrés, témoin Rome elle-même, et Venise, et Marseille, et Cadix. Cependant nous devons remarquer ici que les colonies romaines, si nombreuses d'abord en Italie, et ensuite au delà des Alpes, avaient un caractère tout particulier et se gouvernaient par des lois spéciales. Intimement liées aux lois agraires, ces colonies occupent une place importante dans l'histoire romaine, et plus d'une fois encore nous aurons l'occasion d'en parler. Les colonies romaines étaient agricoles et ne ressemblaient en rien aux colonies commerciales que la fin du moyen âge a vues apparaître et qui ont imprimé un cachet nouveau à l'histoire des Etats de l'Europe; elles étaient de deux sortes quant à leur origine : *Coloniæ civium romanorum* et *Coloniæ Latinorum*. Les *coloniæ italicæ* formèrent ensuite une troisième espèce ; et quant à leur nature, elles étaient *civiles*, *plebeiæ*, *togatæ* ou *militares*. Plusieurs villes d'Allemagne et de la Gaule portaient le nom de *Colonia Agrippina*, et Cologne l'a même conservé jusqu'à nos jours.

Ici c'est des colonies modernes, presque toutes commerciales, que nous avons à nous occuper.

Au moyen âge, avant la découverte de l'Amérique et de la route des Indes par le cap de Bonne-Espérance, aucune puissance européenne ne possédait d'établissement au delà des mers : tout au plus pouvait-on nommer quelques comptoirs génois et vénitiens. C'était dans la Méditerranée que se faisait alors le plus grand commerce, principalement exploité par les petits États de l'Italie, concurremment avec quelques villes maritimes de la Catalogue. Le commerce entre l'Inde et le continent de l'Europe et de l'Asie se faisait par Ormuz et Aden, et par les golfes Persique et Arabique. Alep, Damas, le port de Barut, mais principalement l'Égypte, en avaient été jusque-là les entrepôts principaux et à peu près uniques. Tant que le commerce, enchaîné à la voie de terre, était entre les mains de quelques petits États, il resta sans importance; mais il reçut une extension immense au moment où, après la découverte de l'Amérique et de la route maritime aux Indes, les Espagnols et les Portugais prirent rang parmi les puissances commerciales et songèrent à monopoliser le commerce du monde.

1° A l'époque où la nation portugaise entreprit ses premiers voyages de découvertes, elle était dans tout l'éclat de sa période héroïque. Les guerres continuelles qu'elle avait alors à soutenir, contre les Maures, d'abord en Europe, puis en Afrique, avaient donné à son humeur guerrière un élan romanesque qui la disposait d'autant plus aux entreprises hardies et aventureuses qu'elle y mêlait une haine fanatique contre tout ce qui portait le nom d'infidèle. Aussi à partir de l'année 1410, où Henri le Navigateur commença ses premières courses maritimes sur la côte occidentale de l'Afrique, jusqu'à sa mort (1463), les Portugais firent successivement un grand nombre de découvertes : Madère (1419), le cap Boïador (1439), le cap Vert, (1446), les Açores, (1448), les îles du cap Vert (1449), et ils s'avancèrent jusqu'à Sierra-Léone. Ils visitèrent le Congo en 1484, et deux années plus tard, en 1486, Barthélemy Diaz poussa jusqu'au fameux cap auquel le roi Jean donna le nom de cap de Bonne-Espérance. Sous le règne d'Emmanuel le Grand, Vasco de Gama arriva enfin aux Indes orientales, et débarqua, le 20 mai 1498, à Calicut, sur la côte de Malabar. Les premiers établissements que les Portugais parvinrent à fonder sur cette côte furent cependant souvent ensanglantés par les combats qu'ils eurent à soutenir, surtout contre les Maures, qui seuls jusqu'alors avaient été en possession du commerce des marchandises de l'Inde ; et ce ne fut que grâce aux rares qualités de ses premiers vice-rois, du fameux Almeïda d'Abrantès qui gouverna de 1505 à 1509, et de son successeur, plus grand encore, Alphonse d'Albuquerque, que le Portugal, malgré ses faibles moyens, parvint à s'établir dans l'Inde cette immense puissance dont Goa, depuis 1508, était devenue le siège. Les Portugais se contentèrent d'occuper militairement quelques places qu'ils fortifièrent sur le littoral du continent et dans quelques îles qui leur servaient de lieu de relâche, comme Mozambique, Sofala et Melinda, sur la côte d'Afrique ; Mascati et Ormuz, dans le golfe Persique ; Din et Damau,

sur la côte de l'Inde et de Malabar ; Négapatam et Méliapour, sur celle de Coromandel, et Malacca sur la presqu'île du même nom. En 1511, ils fondèrent leurs premiers établissements dans les Moluques ; ceux qu'ils formèrent en 1518 à Ceylan, acquirent bientôt la plus haute importance. Les établissements de Java, de Sumatra, de Célèbes et de Bornéo ne devinrent jamais aussi florissants. Le Brésil lui-même, quoique découvert par Cabral dès l'année 1500, ne parut pas d'abord une possession bien lucrative. Cependant, à la suite de leurs colonisations, en Asie, les Portugais nouèrent avec la Chine (1517) et avec le Japon (1542) des relations qui furent pour eux, pendant bien des années, une source intarissable de richesses. Jusque-là le Portugal avait conservé seul, sans qu'on le lui disputât, le monopole du commerce des Indes orientales. Pour prévenir même toute discussion, une bulle du pape Sixte IV avait assuré aux Portugais, dès l'année 1481, la possession de toutes les découvertes qu'ils pouvaient faire au delà du cap Boaïdor ; et malgré les réclamations de l'Espagne au sujet des Moluques, il avait été décidé en 1529, que le roi Charles-Quint vendrait au Portugal ses droits à la couronne de ce pays, moyennant une somme de 350,000 ducats. Mais en 1580, après l'avénement de Philippe II au trône de Portugal, les colonies de l'Inde étant tombées au pouvoir de l'Espagne, elles lui furent bientôt arrachées par les Provinces-Unies. La puissance portugaise dans l'Inde, fondée par une série de grands hommes, par l'esprit héroïque de toute une nation, croula aussitôt que le caractère national dégénéra, et que l'esprit mercantile eut pris exclusivement la place de l'esprit romanesque qui d'abord avait envahi toutes les classes sans distinction ; puis vinrent d'autres calamités, comme la réunion du Portugal à l'Espagne, réunion qui amena à sa suite l'oubli des colonies et la démoralisation de l'esprit national, à une époque où tous les ennemis de l'Espagne devinrent ceux des Portugais ; alors l'édifice de la grandeur portugaise dans l'Inde menaça d'une chute rapide et s'engloutit bientôt sous ses immenses ruines. Ce qui distingue le commerce colonial des Portugais, c'est qu'il ne fut jamais confié à une compagnie exclusive, quoique les flottes se réunissent tous les ans dans le mois de février et de mars, pour passer l'inspection du gouvernement avant de faire voile pour l'Asie. Maîtres, dans les Indes, du commerce intermédiaire qui s'exerçait dans plusieurs ports très-fréquentés, ils se contentèrent, en Europe, de débarquer leurs marchandises à Lisbonne, sans songer à en pourvoir eux-mêmes toutes les autres places de commerce ; système fautif dont ils ne tardèrent pas à sentir les fâcheuses conséquences, lorsqu'ils trouvèrent, dans les Hollandais surtout, les plus dangereux concurrents. De ce moment, le Portugal ne conserva un rang parmi les nations coloniales de l'Europe que par sa possession du Brésil. Heureusement pour la colonisation de ce pays, l'on ne découvrit sa richesse en mines d'or qu'en 1698, et sa richesse, encore plus grande, en diamants que dans l'année 1728. Ce ne fut que sous l'administration du marquis de Pombal que le commerce de cette province fut confié à deux compagnies exclusivement patentées à cet effet.

2° Les Espagnols commencèrent presque en même temps que les Portugais à former et à exploiter des colonies. Le 11 octobre 1492, Colomb avait pris possession pour eux de l'île de San-Salvador, et, dans ses trois autres voyages, il avait découvert, aux Indes occidentales, le groupe d'îles où se trouve Saint-Domingue (Hispaniola), qui, par ses mines d'or, fut d'une si grande importance pour l'Espagne ; puis une partie des côtes du continent de l'Amérique. De 1508 à 1510, les Espagnols tentèrent infructueusement de s'établir à Cuba, à Porto-Rico et à la Jamaïque ; mais bientôt on vola de conquêtes en conquêtes. De 1519 à 1521, Fernand Cortez subjugua le puissant empire du Mexique ; de 1529 à 1535, Pizarre et ses compagnons s'emparèrent du Pérou, du Chili et du royaume de Quito ; en 1523, on devint maître de la Terre-Ferme, et, en 1536, la Nouvelle Grenade fut ajoutée aux possessions de l'Espagne, dans ces parages. Les qualités naturelles des contrées conquises par les Espagnols déterminèrent tout d'abord le caractère particulier de ces colonies, qu'elles ont conservé jusqu'à ce jour. On n'y rencontrait point, il est vrai, les précieuses productions de l'Inde ; mais en revanche l'or et l'argent y abondaient, et c'était là ce qu'on cherchait avant tout. Si les colonies portugaises dans l'Inde, à dater de leur fondation, étaient devenues des colonies de négociants, celles des Espagnols dans l'Amérique devinrent aussi, dès leur origine, des colonies de mineurs, et ce fut bien tard qu'elles prirent encore un autre caractère. Pour assurer leur domination sur les peuplades de chasseurs qui vivaient dans l'intérieur des terres, et pour les habituer à une vie moins errante, les Espagnols eurent recours aux missions. En convertissant les Indiens au christianisme, ils espéraient les réunir en familles, les attacher à une demeure fixe ; et déjà, en 1532, sous Charles-Quint, le code des colonies était positif dans ses dispositions à cet égard. Le gouvernement de ces vastes États se composait, en Europe, d'un conseil des Indes ; en Amérique, de deux vice-rois d'abord, puis de quatre, et de huit capitaines généraux à peu près indépendants. Des villes s'élevèrent bientôt sur les côtes, tant pour les besoins du commerce que pour servir de postes militaires. Dans la suite il s'en éleva aussi dans l'intérieur, surtout dans le voisinage des mines. Vera-Cruz, Cuma, Porto-Bello, Carthagène, Valence, Caraccas ; et sur les côtes de l'Océan Pacifique, Acapulco, Panama ; enfin Lima, La Conception, Buenos-Ayres, prirent ainsi naissance. Le régime ecclésiastique de la mère-patrie s'établit dans les colonies, avec cette différence cependant que l'Église demeura dans une plus grande indépendance de la royauté. L'exploitation des métaux précieux étant le principal produit des colonies espagnoles, il s'ensuivit naturellement qu'on chercha à y maintenir toutes les relations commerciales sous la surveillance la plus sévère. Le seul port ouvert au commerce des îles, en Espagne, était Séville, d'où partaient tous les ans pour Porto-Bello deux escadres de *galions*, fortes d'environ douze voiles, tandis qu'une flotte de quinze gros vaisseaux était dirigée sur la Vera-Cruz. Aussi ce commerce, bien qu'il ne fût point légalement commis à une compagnie exclusive, resta-t-il toujours la propriété de quelques riches armateurs. L'Espagne ayant pris possession des Philippines en 1564, il s'établit, dès l'année 1572, des relations régulières entre Acapulco et Manille, au moyen de quelques galions ; mais les nombreuses entraves auxquelles était soumis le commerce empêchèrent toujours que ces îles, malgré leur position, fussent avantageuses à la couronne, pour laquelle elles furent, au contraire, toujours une charge onéreuse : et sans des raisons purement religieuses, l'Espagne les eût entièrement abandonnées. Mais à peine les Hollandais et les Anglais, ces deux peuples essentiellement commerçants, eurent-ils pris une part active au commerce colonial, que bientôt il se releva en Europe, avec une nouvelle vie, et acquit une importance politique qu'il n'avait jamais eue jusqu'alors et qu'on ne lui connaît plus aujourd'hui.

3° S'étant approprié d'abord, comme nous l'avons dit, le commerce intermédiaire des marchandises de l'Inde entre Lisbonne et le reste de l'Europe, les Hollandais avaient formé une marine marchande considérable, et dans leur glorieuse guerre de l'Indépendance, ils n'avaient pas tardé à reconnaître la faiblesse de la marine espagnole. Poussés à bout par les rigueurs despotiques de Philippe II, ils résolurent d'attaquer leurs oppresseurs jusque dans leurs possessions de l'Inde. L'ordonnance prohibitive que, dix ans auparavant, ce roi avait rendue contre les relations des Hollandais avec Lisbonne, venait d'être renouvelée en 1594 avec plus de sévérité encore, et l'embargo avait même été mis sur plusieurs de leurs navires. Exclus ainsi du commerce des denrées coloniales, il ne restait aux Néerlandais d'autre alternative que de renoncer entièrement à ce commerce, ou d'aller chercher directement aux Indes les marchandises qu'on leur refusait en Europe. Encouragés par Cornélius Houtmann, homme de savoir et de résolution, excités en même temps par plusieurs tentatives infructueuses pour trouver un passage aux Indes par le nord, et décidés à ne plus entreprendre de nouveaux essais inutiles, des négociants d'Amsterdam s'associèrent avec quelques maisons réfugiées d'Anvers, pour former une compagnie dite *des pays lointains*. Quatre bâtiments promptement armés firent voile pour l'Inde, le 2 avril 1595, sous le commandement de Houtmann et de Molenaer. Quoique cette première expédition ne présentât pas tous les avantages qu'on en avait espérés, elle servit du moins à faire connaître la faiblesse des Portugais et toute la haine que les indigènes leur portaient ; et de nouvelles sociétés se formèrent à l'envi pour expédier leurs escadres dans ces riches contrées. L'excès de la concurrence qui en résulta, joint aux luttes continuelles que les Hollandais avaient à soutenir contre la puissance combinée des Espagnols et des Portugais, engagea, au bout de quelques années, les États généraux à réunir ces différentes sociétés en une seule compagnie des Indes, qui, par des lettres patentes délivrées le 20 mars 1602, et souvent renouvelées dans la suite, fut non-seulement investie du privilége exclusif du commerce des Indes, mais encore d'une autorité presque absolue sur les conquêtes à faire et sur les nouveaux établissements à fonder. La souveraineté que s'étaient réservée les États généraux devenait presque un mot vide de sens. Le système colonial des Hollandais ne tarda pas à se développer, et bientôt il prit le caractère de fixité qu'il conservera pendant si longtemps. C'étaient des colonies commerçantes qu'ils entendaient former : les Moluques et les grandes îles de la Sonde, plus faciles à défendre que le continent de l'Inde alors régi par de puissants souverains, furent le noyau de la puissance hollandaise ; et ce fut certainement une cause principale de leur longue splendeur, qu'on n'avait besoin que de rester maître de la mer pour se maintenir dans ces possessions. En 1618, le gouverneur général Kœn transporta le siége du gouvernement à Batavia, qu'on venait de construire. Ce ne fut pas sans peine et sans effusion de sang que les Hollandais parvinrent à s'emparer peu à peu de tous les établissements portugais, auxquels ils ajoutèrent, dès 1611, le commerce avec le Japon, qu'ils surent même bientôt s'approprier exclusivement. Alors quelques possessions insignifiantes sur la côte de Goa furent les tristes ruines de l'ancienne grandeur des Portugais. Vers le milieu du XVIIe siècle, la puissance hollandaise arriva à l'apogée de sa splendeur, surtout après la fondation, au cap de Bonne-Espérance, d'un établissement pouvant servir de rempart à ses possessions de l'Inde, et après avoir expulsé les Portugais de Ceylan (1638). Toute l'administration coloniale était soumise au gouverneur général de Batavia, qui avait sous ses ordres plusieurs gouvernements, directions, commanderies et résidences, dont les titres et le nombre dépendaient du plus ou moins d'importance des établissements qu'on formait. En Europe, la direction en était confiée à un conseil de dix membres (Bewindhebleer), qu'on choisissait dans un grand conseil de 60 directeurs. Les Hollandais formèrent aussi, en 1621, une compagnie des Indes occidentales, qui fit, de 1630 à 1640, de grandes conquêtes dans le Brésil, mais qui les perdit dès l'année 1642. Les établissements fondés pour la contrebande dans quelques petites

îles des Indes occidentales, à Saint-Eustache, à Curaçao, Saba et Saint-Martin (1632-1649) eurent plus de durée ; mais depuis 1667, il ne resta plus aux Hollandais sur le continent américain, que Surinam, Paramaribo, Essequebo et Berbice.

4° En même temps que la Hollande, mais d'abord avec beaucoup moins de succès, l'Angleterre avait réclamé sa part aux richesses des colonies. Sous le règne d'Elisabeth, elle fixa son attention sur l'Amérique septentrionale où Humphrey, Gilbert, Greenville et Raleigh essayèrent tour à tour de fonder des colonies ; mais là, point d'or, et cependant ce métal était toujours le principal but des colonisations. Après plusieurs vaines tentatives pour trouver un passage aux Indes, par le nord-est ou le nord-ouest, quelques Anglais, doublant pour la première fois le cap de Bonne-Espérance (1591), avaient pénétré jusqu'aux Indes. Le 31 décembre 1600, Elisabeth assura à une compagnie spéciale, par lettres patentes, le monopole du commerce au delà de ce cap et du détroit de Magellan. Cependant les Anglais parvinrent avec peine à établir quelques factoreries sur le continent indien et sur la route qui y mène. L'île de Sainte-Hélène, dont ils s'emparèrent en 1601, fut le seul point de quelque importance dont ils eussent à se vanter. Sous le règne de Charles Ier, en 1623, la compagnie anglaise des Indes orientales, chassée des Moluques par les Hollandais, ne conserva plus dans l'Inde que le fort Saint-George qu'elle avait établi à Madras, en 1620, et quelques factoreries sur les côtes de Coromandel et de Malabar. De 1633 à 1638, cette compagnie parut même entièrement dissoute, mais Cromwell lui donna une nouvelle vie en la protégeant contre les Hollandais. Cependant, sous le règne de Charles II, elle retomba dans sa première impuissance, et cela en grande partie par sa propre faute. Il se forma, en 1648, une nouvelle compagnie des Indes privilégiée, et ce ne fut que la réunion des deux compagnies, opérée en 1708, qui sauva le commerce des Indes d'une ruine complète. Les possessions des Anglais se bornaient alors à Madras, Calcutta et Bencoolen ; et l'immense développement de leur puissance dans ces contrées ne date guère que du milieu du XVIIIe siècle. La chute de l'empire du Mogol, provoquée par les troubles qui suivirent la mort d'Aureng-Seyb, et consommée par l'expédition dévastatrice de Chah-Nadir, en 1739, en jeta les premiers fondements. Mais bien que les Français se fussent mêlés, comme les Anglais, des dissensions intestines entre les princes indiens et leurs gouverneurs ; bien que sous La Bourdonnaye et Dupleix, les premiers eussent d'abord pris le dessus, l'Angleterre parvint cependant bientôt, après le départ de ces hommes habiles, à reprendre de l'influence dans la province de Karnatek ; et sous l'administration de Lawrence et de Clive, à la faveur de la guerre de sept ans qui préoccupait l'Europe, elle sut adroitement y étendre de plus en plus sa puissance. La prise de Pondichéry l'avait rendue maîtresse de toute la côte de Coromandel; et la victoire que Clive remporta à Plancy, le 26 juin 1756, fonda sa souveraineté dans l'Inde. Enfin, par le traité d'Allahabad du 12 août 1765, le grand mogol, souverain titulaire des Indes, ayant cédé aux Anglais la province de Bengale, il ne resta plus aux nababs qu'une ombre de pouvoir. Cependant ce n'est que depuis la chute de l'empire de Maïssour que la puissance des Anglais dans l'Inde peut être regardée comme entièrement affermie; dès lors, les Mahrattes, avec lesquels les Anglais en étaient venus pour la première fois aux mains en 1774, ont été les seuls ennemis que la compagnie ait eus à redouter. Toute la côte orientale, la plus grande partie de la côte occidentale de l'Inde en deçà du Gange et des pays baignés par ce fleuve jusqu'au Delhi, furent successivement soumises aux Anglais. En attendant, deux compagnies, celle de Plimouth et celle de Londres, avaient reçu un privilège de Jacques Ier (1607), l'une pour la côte méridionale, l'autre pour la côte septentrionale de l'Amérique du nord, et dès la même année, on vit s'élever Jamestown dans la Virginie. Dans un pays sans mines et sans autres productions remarquables, naturelles ou industrielles, propres au commerce, leurs acquisitions ne pouvaient être que des colonies de planteurs. Les troubles qui alors vinrent agiter l'Angleterre et donnèrent lieu à tant d'émigrations, firent prospérer ces établissements lointains; des provinces entières se formèrent et obtinrent, après la dissolution de la compagnie de Londres, qui eut lieu en 1625, et de celle de Plimouth, qui arriva en 1637, des constitutions dans lesquelles on remarquait de là beaucoup de formes républicaines. Plus tard, commencèrent les établissements anglais à la Barbade, dans l'île de Saint-Christophe et dans beaucoup d'autres petites îles. Cependant ces possessions dans l'Inde occidentale n'acquirent de l'importance comme colonies de planteurs qu'après l'importation de la canne à sucre à la Barbade en 1641, et en 1660 à l'île de Jamaïque, enlevée aux Espagnols cinq ans auparavant. Les possessions continentales prospérèrent incomparablement plus vite, même après la naturalisation du caféier dans les îles, en 1782. Cette même année donna encore naissance à la Georgie, la plus nouvelle des treize provinces; la pêche de la morue donna de l'importance à la possession de Terre-Neuve; enfin la paix de Paris (10 février 1763) vint ajouter le Canada aux nombreuses possessions de l'Angleterre. Mais déjà en 1764 il s'éleva des discussions entre elle et les colonies américaines sur la question de savoir si la métropole avait le droit d'imposer les colonies, tandis qu'elles ne se trouvaient point représentées au parlement. Les hostilités commencèrent le 19 avril 1775, et avec l'assistance de la France, cette guerre se termina par la reconnaissance des treizes provinces

américaines insurgées. La paix conclue à Paris, en 1783, fut le berceau du premier Etat indépendant au delà des mers. La puissance de l'Angleterre ne s'en ressentit cependant nullement : ses relations avec la jeune république n'en devinrent, au contraire, que plus suivies et plus actives, et la Grande-Bretagne n'en conservera pas moins sa supériorité comme nation coloniale. Le Canada et l'Acadie acquirent alors plus d'importance pour elle; les îles de l'Inde occidentale y gagnèrent aussi, en raison de plus de franchise qu'on accorda au commerce.

5° Les Français commencèrent un peu tard à figurer parmi les nations coloniales. Ce fut Colbert qui dota la France de ses premières colonies, et de compagnies commerciales qu'on regardait comme inséparables des établissements coloniaux. Cependant il n'y eut que les colonies de planteurs qui obtinrent d'heureux résultats; plusieurs colonies agricoles et commerciales furent tentées sans succès. Colbert fit, en 1664, l'acquisition de plantations particulières à la Martinique, à la Guadeloupe, à Sainte-Lucie, à Grenade et dans d'autres îles des Indes occidentales, et envoya encore la même année des colons à Cayenne; mais de toutes ces possessions, la plus importante pour la France fut Saint-Domingue, cet ancien repaire des fameux flibustiers. La compagnie des Indes occidentales, créée la même année, n'existait plus dix ans après sa formation. Le sucre et le coton, et, depuis l'année 1728 seulement, le café, à la Martinique, étaient les principaux produits des possessions françaises au delà des mers. Bientôt cependant les franchises accordées au commerce en 1717, ainsi que la contrebande qu'on commença à exploiter avec succès en même temps que les Etats de l'Amérique Espagnole, donna aux colonies françaises beaucoup d'avantages sur celles des Anglais, et quand la France perdit, par la paix conclue à Paris en 1763, plusieurs de ses petites îles, Saint-Domingue, en la dédommageait amplement par son rapport annuel de 170 millions de livres, somme à peu près égale aux produits du reste des îles occidentales. Cruellement saccagée en 1791, cette île se releva depuis sous une nouvelle forme. Sur le continent américain, la France possédait, depuis 1661, le Canada et l'Acadie avec Terre-Neuve; mais ses établissements y prospérèrent lentement, et elle perdit l'Acadie déjà en 1713, par la paix d'Utrecht, et le Canada, Terre-Neuve avec le cap Breton en 1763. La Louisiane, avec ses chétifs établissements, ayant été cédée, en 1764, à l'Espagne, Cayenne fut tout ce qui resta à la France dans ces contrées; l'Espagne lui restitua bien la Louisiane dans la suite, mais la France la vendit, en 1803, aux Etats-Unis. Aux Indes orientales, les Français ne furent pas plus heureux; Colbert avait également fondé, en 1664, une compagnie des Indes orientales. Après de vaines tentatives pour s'établir à Madagascar, on fonda, en 1670, sur la côte de Coromandel, Pondichéry, qui devint dès lors le siége du gouvernement français. Cependant la compagnie n'eut aucun succès, et, quoique réunie (1719) à celle du Mississipi, elle resta languissante. En revanche, les Français occupèrent en 1720, l'Ile-de-France et celle de Bourbon, que les Hollandais venaient d'abandonner; et la première, sous le sage gouvernement de La Bourdonnais, ne tarda point à devenir florissante. Sous l'administration de Dupleix, gouverneur de Pondichéry, et à partir de 1751, les armées françaises firent des progrès considérables dans cette partie de l'Inde; mais la paix de 1763 ne laissa pas longtemps jouir la France de ses conquêtes, et la dissolution de la Compagnie des Indes orientales eut lieu en 1769. Les Français ne possédèrent dès lors plus que Caridal et Pondichéry, que les Anglais avaient rasé; Bourbon et l'Ile-de-France seules leur conservèrent quelque influence dans le commerce des Indes orientales. Après la chute de Napoléon, la dernière fut encore cédée aux Anglais. En 1827, les colonies françaises comptaient plus de 325,000 âmes, dont à la Martinique 102,000, à la Guadeloupe 135,500, à Bourbon 88,600. Les colonies d'Afrique qui, avant 1830, se bornaient au Sénégal, étaient alors d'une faible importance; mais on sait que depuis, la régence d'Alger est venue agrandir la puissance coloniale de la France, et cette acquisition a marqué en quelque sorte une révolution dans le système colonial. Mais l'espace nous manque ici pour entrer dans plus de détails.

6° Nous passons aux colonies danoises. Déjà en 1618, sous Christian IV, il s'était formé au Danemark une Compagnie des Indes, lors de la conquête du Trankebar, qui appartient encore aujourd'hui aux Danois. Plus tard ils acquirent encore quelques établissements sur la côte de Malabar et au Bengale, et notamment Friedrichonagor. Les îles de Nicobar ou de Frédéric, toujours occupées par eux, sont une dépendance du Trankebar. De toutes les compagnies fondées depuis lors pour l'exploitation du commerce des Indes, et dont plusieurs furent très-florissantes, il n'existe plus que la Compagnie asiatique, créée en 1732. Les îles Saint-Thomas et Saint-Jean, dont les Danois prirent possession en 1668, mais dont la dernière ne fut exploitée que depuis le commencement du XVIII° siècle, ainsi que Sainte-Croix, qu'on acheta en 1733 à la France, appartinrent à l'une de ces compagnies jusqu'en 1754; dans cette année le gouvernement en fit l'acquisition, et ce fut alors, et surtout depuis 1764, où il supprima tous les privilèges commerciaux, que ces îles commencèrent à prospérer. Le commerce des Indes orientales devint de plus en plus productif, et la compagnie fit surtout de grandes affaires avec la Chine. Lorsque la couronne eut fait l'acquisition de toutes les possessions danoises dans les Indes orientales, elle déclara la liberté pleine et entière du commerce pour tous ses sujets. En 1721, sous Frédéric IV, les Danois fondèrent leurs

premières colonies hyperboréennes, qui ne tardèrent point à se multiplier. Les colonies danoises, aux Indes occidentales, avaient en 1827 une population d'à peu près 30,000 âmes; celles des Indes orientales, en 1809, en avaient environ 19,000.

7° La Suède aussi, bien qu'elle ne possédât aucun établissement aux Indes, établit en 1731 une Société des Indes orientales, afin de prendre une part directe au commerce du thé avec la Chine, commerce qu'elle exploitait alors avec avantage. Elle parvint en 1784, par l'acquisition de la petite île de Saint-Barthélemy, que lui céda la France, à s'établir de pied ferme dans l'Inde. Les colonies suédoises comptaient en 1827 une population de 9,000 âmes.

8° L'Autriche fut moins heureuse : la Compagnie d'Ostende, qu'elle forma en 1722, pour se mettre en relations directes avec les Indes orientales, ne put tenir contre la puissante opposition de l'Angleterre et des Provinces-Unies, et fut obligée de se dissoudre en 1731. Une nouvelle tentative faite en 1734, pour occuper, avec quatre hommes et leur commandant, les îles de Nicobar, ne réussit pas davantage.

9° Ce ne fut que vers la fin du dernier siècle (1767) qu'on vit se former en Russie une société particulière, pour l'exploitation de la chasse et du commerce des fourrures, dans les îles Kouriles et Aléoutiennes, et sur les côtes du nord-ouest de l'Amérique. Mais un ukase ayant, dans l'intérêt de cette compagnie, fait défense à toutes les autres nations de fréquenter les côtes que les Russes occupaient entre l'Asie et l'Amérique du Nord, les Etats-Unis réclamèrent et occupèrent militairement plusieurs positions dans la partie nord-ouest de l'Amérique, que l'Angleterre et l'Espagne avaient cédée aux Etats-Unis.

Dans les temps où la traite des noirs était dans sa plus grande activité, l'Afrique elle-même ne demeura pas sans importance pour le système colonial de l'Europe. Les possessions des nations coloniales, dans cette partie du monde, ne consistaient guère qu'en de simples factoreries plus ou moins fortifiées, qui n'avaient d'autre but que cet indigne trafic d'hommes qu'exploitaient des compagnies privilégiées. Mais une première colonie de nègres libres fut fondée par les Anglais, en 1786, à Sierra-Leone, et une autre le fut, en 1821, par les Américains, à Liberia; les Danois essayèrent de leur côté, et non sans quelque succès, d'en établir une. L'abolition de la traite, d'abord proclamée par eux (1792 et 1802), et ensuite par l'Angleterre et la France, dut nécessairement réagir sur les établissements africains.

Enfin, la découverte de l'Australie donna naissance, en 1788, aux colonies de Sidney, dans la Nouvelle-Galles méridionale, et dans la Terre de Diémen, et ces colonies agricoles devinrent bientôt florissantes.

Le système colonial imprima une nouvelle impulsion au commerce du monde, et bientôt les nations y reconnurent une source essentielle de leur bien-être. C'est en se laissant abuser par toutes les belles fictions du système commercial, et plus encore par la brillante prospérité de plusieurs nations, qu'on a souvent exclusivement attribué cette prospérité à leurs relations coloniales, au lieu de faire la part au génie d'un peuple et à son caractère particulier, ou bien aussi à sa position politique et géographique. Il en résulta un grand empressement à prendre part aux bénéfices que ce commerce promettait, une grande jalousie entre les nations et les spéculateurs, et ce système colonial inhumain et absurde, dont le progrès de la raison n'a pu assez tôt faire justice.

Bien qu'en principe général on reconnût que les mers de l'Inde n'appartenaient pas exclusivement à une seule nation, ses nouveaux maîtres cherchèrent à s'assurer, par des traités conclus avec d'autres États, la souveraineté exclusive de certaines parties des mers; et à force de vexations et d'oppressions de tous genres, même en temps de paix, ils réussirent à en éloigner leurs rivaux. Ce ne fut qu'en 1822 que l'Angleterre proclama la liberté du commerce des colonies.

Ce commerce se divise en trois classes : le commerce intermédiaire entre les provinces mêmes de ces contrées lointaines; .e commerce entre l'Europe et les colonies, et celui des productions coloniales en Europe. Le cabotage, avant l'arrivée des Portugais dans l'Inde, était presque exclusivement abandonné aux Maures ou aux Arabes; et quoique les Européens eussent bientôt cherché à l'accaparer, ils n'y réussirent pas assez pour empêcher d'autres nations d'y prendre part; dans la suite, les Chinois, les Cochinchinois et les Indous, l'exploitèrent en grande partie. Il devint aussi impossible en Europe de faire du commerce des productions coloniales le patrimoine exclusif d'une seule nation, quoique celle qui avait acheté les marchandises de première main dût trouver un avantage bien naturel sur celle qui était obligée de les lui acheter. A l'exception des Portugais et des Espagnols, dont le commerce, jusqu'à présent, a été tout passif, toutes les autres nations cherchèrent constamment à exploiter elles-mêmes, autant que possible, dans nos contrées, le commerce des productions de leurs colonies (1).

L'histoire des diverses colonies européennes se rattache directement à celle des *découvertes géographiques*. Nous renverrons donc le complément de cet article au mot Géographie.

COMBUSTION. — La chaleur développée par la combustion se disperse de deux manières différentes : une partie est rayonnée par le combustible embrasé, l'autre est entraînée par les produits gazeux de la combustion. Dans certains cas, comme celui des

(1) Extrait du *Conversation Lexicon* et de l'*Encyclopédie des gens du monde.*

cheminées qui servent au chauffage domestique, on n'utilise que la chaleur rayonnante.

Quand, au contraire, la combustion s'opère dans une enceinte fermée, comme dans le foyer des fours à réverbère, la chaleur dispersée par le rayonnement du combustible sert à échauffer les parois du foyer. A partir du moment où celle-ci atteint une température fixe, toute la chaleur développée est entraînée par les gaz, qui peuvent alors s'échauffer jusqu'au degré appelé température de combustion, puisque la chaleur rayonnée par les parois est égale à celle rayonnée par le combustible incandescent.

M. Péclet a déterminé, au moyen d'un appareil particulier, pour chaque combustible, la fraction de la chaleur totale qui est dispersée par le rayonnement. Il est arrivé à cette conclusion, que le charbon embrasé rayonne plus que les flammes : ainsi M. Péclet admet que, pour le charbon de bois, la chaleur rayonnée est la moitié de la chaleur totale, tandis qu'elle n'est que les 2/5 pour le bois.

Les appareils dans lesquels on utilise les combustions ont des formes et des destinations très-variées.

Dans le cas le plus simple, celui du chauffage domestique, on n'utilise souvent que la chaleur rayonnée : c'est le cas des foyers à cheminée. Quand on se sert de poêles, presque toute la chaleur développée pourrait, à la rigueur, se transmettre à l'air de la pièce par l'intermédiaire du poêle et de la cheminée.

Les appareils employés dans les arts pour utiliser les combustibles peuvent se diviser en deux grandes classes : la première comprend tous ceux où la matière à échauffer n'est pas en contact direct avec le combustible. On peut y ranger les foyers qui servent à évaporer les liquides ou à chauffer des chaudières à vapeur, les fours à réverbère de formes si variées qu'on emploie dans le traitement des métaux, les fours à faïence et à porcelaine.

La seconde classe comprendra tous les appareils où la matière à échauffer est en contact direct avec le combustible. Les foyers de maréchalerie, tous les fourneaux à cuve qui servent au traitement des minerais métalliques, appartiennent à cette dernière classe.

De la combustion des gaz. — On a vu par ce qui précède que les gaz qui s'échappent à la partie supérieure des fourneaux à cuve contiennent encore beaucoup d'oxyde de carbone et d'autres gaz combustibles, tels que l'hydrogène, qui provient de la distillation du charbon. Il en résulte des flammes bleuâtres, qui se continuent au gueulard tant que le fourneau est en roulement. On n'avait jamais songé à tirer parti de la chaleur qu'elles produisent jusqu'en 1809, époque à laquelle M. Aubertot, maître de forges de la Nièvre, fit exécuter dans ses usines de nombreuses constructions, pour tirer parti de la chaleur perdue de ses hauts fourneaux et de ses feux d'affinerie. Il utilisa cette chaleur avec beaucoup de succès pour la cuisson de la chaux et des briques, pour le grillage des minerais de fer. Ses procédés furent décrits en 1814 par M. Berthier, qui indiqua en même temps plusieurs autres usages auxquels on pouvait appliquer cette source de chaleur ; entre autres, *le chauffage d'une chaudière à vapeur destinée à fournir la force motrice pour la soufflerie du haut fourneau.* Mais l'emploi des gaz combustibles des hauts fourneaux n'a acquis dans la métallurgie une grande importance que depuis quelques années. On a reconnu que la chaleur développée par leur combustion était comprise entre les deux tiers et les trois quarts de la valeur calorifique du charbon introduit dans le fourneau.

Jusqu'à ces derniers temps, la combustion de ces produits gazeux s'opérait librement par l'air, qui s'introduisait avec eux dans la chaudière ou dans les fours où la chaleur devait être utilisée. Quand on brûle un combustible solide sur une grille ou dans un fourneau à cuve, l'air appelé par la cheminée ou projeté par la tuyère, s'introduit à la fois à travers tous les interstices que laisse le combustible, et l'absorption de l'oxygène de l'air est pour ainsi dire instantanée. Quand, au contraire, un volume de gaz un peu considérable se brûle à l'air libre, il n'y a combustion qu'à la surface de contact du gaz avec l'air, et il en résulte que les flammes doivent se prolonger à une grande distance de l'orifice de la sortie des gaz. Dans de pareilles conditions, il n'était pas possible d'obtenir de la combustion des gaz une température très-élevée, à cause du déplacement continuel du lieu de la combustion.

M. Faber du Faur, directeur de l'usine royale de Wasseralfingen (Wurtemberg), a complétement résolu le problème de la combustion des gaz, en injectant au milieu, par un grand nombre d'orifices, un courant d'air chaud et comprimé. L'air et les gaz se mélangeant presque aussitôt, le lieu de la combustion se trouve invariable, et à une petite distance de l'entrée de l'air et des gaz dans le four.

Depuis la réussite des essais de M. Faber, on a monté des appareils pour le puddlage de la fonte, au moyen des gaz de hauts fourneaux, dans plusieurs usines de France et de l'étranger. Les appareils de combustion ont des formes très-variées ; mais le principe de leur construction est identique à celui de Wasseralfingen. (J. EBELMEN.) (1)

CONSERVES.—On nomme ainsi des substances alimentaires, soit solides, soit liquides, qui ont été mises par un procédé quelconque à l'abri de la corruption ou de l'altération. Le développement considérable qu'a acquis depuis quelques années l'emploi des conserves, surtout dans les voyages maritimes au long cours, nous engage à publier en entier la notice suivante publiée par M. A. Faure.

« La plupart des substances végétales et animales s'altèrent plus ou moins rapide-

(1) Extrait du *Dict. des Arts et Manuf.*

ment au contact de l'air, surtout lorsqu'il est chaud et humide ; très-fréquemment la substance en se putréfiant, se désorganise et se réduit d'abord en une masse pâteuse, en répandant une odeur plus ou moins forte et désagréable, et enfin se dessèche, en formant un résidu terreux et presque pulvérulent, qui porte le nom de moisissure.

« Les matières azotées et surtout les substances animales, s'altèrent et se putréfient beaucoup plus rapidement que les matières organiques non azotées ; quelques-unes de ces dernières, telles que les résines, les corps gras, etc., ne paraissent pas susceptibles d'éprouver la fermentation putride, et préservent de toute altération les corps qui en sont suffisamment imprégnés. La putréfaction des matières azotées s'annonce par une odeur extrêmement fétide et repoussante, qui est peu ou point sensible pour les substances non azotées.

« Le principal produit de la fermentation est de l'acide carbonique ; vient ensuite pour les matières azotées l'ammoniaque, dont la formation parait activer beaucoup la décomposition ; enfin il se dégage quelquefois du gaz des marais, lorsque la putréfaction a lieu sous l'eau, de l'hydrogène sulfuré, dans le cas de matières animales renfermant un peu de soufre.

« Nous venons de dire que les conditions nécessaires pour que la fermentation s'établisse étaient l'accès de l'air, la présence de l'eau et une température convenable ; nous allons les examiner successivement.

« *Accès de l'air.* — Les substances organisées, complétement soustraites au contact de l'air ou de l'oxygène, n'éprouvent point de fermentation. De la viande de boucherie introduite sous une cloche renversée sur la cuve à mercure et remplie d'acide carbonique ou d'hydrogène, se conserve des mois entiers, sans acquérir la moindre odeur, tandis qu'elle se putréfie rapidement dans les mêmes circonstances, lorsqu'on remplit la cloche d'oxygène ou d'air atmosphérique. D'après les expériences de M. Gay-Lussac, le raisin exprimé dans le vide ou dans du gaz hydrogène pur fournit un moût sucré qui se conserve sans altération, mais qu, éprouve la fermentation alcoolique aussitôt qu'on introduit quelques bulles d'air sous la cloche qui le renferme.

« *Présence de l'eau.* — Les substances organiques bien desséchées se conservent sans altération dans l'air sec, comme cela arrive pour la colle forte, qui, en solution, éprouve rapidement la fermentation ; cependant les matières organiques peuvent se conserver à l'état humide, lorsqu'on a saturé l'eau par du sel ou du sucre, ou qu'on y a ajouté quelques-unes des substances anti septiques dont nous parlerons plus loin. On est encore incertain sur le rôle que joue l'eau dans la putréfaction, à savoir, si elle est décomposée et donne lieu à une fermentation d'ammoniaque et d'acide carbonique, aux dépens de l'azote et du carbone de la substance organique, ou bien si elle en active seulement la marche, en jouant le rôle d'un dissolvant intermédiaire qui facilite les réactions.

« *Chaleur.* — La température a une grande influence sur les progrès de la fermentation putride, en coagulant l'albumine ; la fermentation n'a pas lieu au-dessus de 100° et elle cesse au-dessous de 0° ; ainsi, Pallas a découvert dans le nord de la Sibérie, renfermés dans les glaces, des restes d'animaux antédiluviens, dont l'espèce n'existe plus, parfaitement conservés, et dont la chair n'avait subi aucune altération.

« Les différents procédés employés pour conserver les substances organiques consistent soit à les soustraire à l'action de l'air, de l'eau, de la chaleur, soit à les imprégner de substances, comme les huiles volatiles, divers sels métalliques, surtout la créosote ; ces substances sont dites par cette raison anti septiques.

« 1° *Dessiccation.* — C'est le procédé le plus efficace ; mais dans beaucoup de circonstances il ne peut être employé. D'une part, il est très-difficile d'obtenir, pour les objets d'un certain volume, une dessiccation complète et assez rapide pour qu'il ne s'opère pas pendant la durée de l'opération une altération partielle ; et, d'autre part, les substances en se desséchant se racornissent et ne peuvent plus reprendre entièrement leur saveur et leur état primitif, même après une cuisson prolongée ; enfin la dessiccation en grand cause beaucoup de peine et d'embarras, et par suite, n'est pas toujours avantageuse. La chair découpée en tranches minces et séchée au soleil, comme on le pratique dans quelques parties de l'Amérique, devient très-dure, et fournit un aliment aussi peu savoureux que difficile à digérer. Un procédé bien préférable, mais aussi plus coûteux, est le suivant :

« On fait tremper, pendant 5 à 10 minutes, la viande à conserver, découpée en morceaux de 50 à 100 grammes, dans une chaudière remplie d'eau bouillante, puis on la retire et on la porte sur un treillis dans une étuve à air chaud dont la température doit être de 45 à 50 degrés centigrades ; on plonge ainsi successivement tous les morceaux de viande dans la même eau, qui se transforme en un consommé très-concentré, auquel on ajoute, s'il en est besoin, au fur et à mesure, un peu d'eau fraîche pour remplacer celle qui se perd par évaporation, et même un peu de sel et quelques épices ; enfin, on évapore ce consommé jusqu'à ce qu'il forme une pâte gélatineuse qui se transforme rapidement en gelée par le refroidissement. Au bout de deux jours passés à l'étuve, la viande est suffisamment desséchée ; on la retire et on la trempe dans la gelée précédente, que l'on a préalablement chauffée, puis on la rapporte à l'étuve, de sorte qu'elle se trouve recouverte d'un vernis de colle de gélatine, dont on peut augmenter l'épaisseur par une seconde immersion. Ainsi préparée, la viande se conserve sans la moindre altération, dans un lieu sec, et reprend, à très-

peu près, ses propriétés primitives lors de la cuisson.

« La dessiccation est surtout employée pour conserver les fruits qui, tantôt sont desséchés entiers, tantôt sont coupés en quartiers. La dessiccation a lieu suivant le climat, soit au soleil, soit dans des fours de boulangerie, soit enfin dans des étuves. Ce dernier procédé a été appliqué récemment à la conservation des betteraves préalablement coupées en rondelles à l'aide d'une machine ; ce procédé permet aux fabriques de sucre de marcher toute l'année, tandis que la betterave fraîche restreint à l'hiver la durée de la fabrication ; et s'il donne lieu à une certaine dépense en combustible nécessaire pour opérer la dessiccation, cet inconvénient est presque balancé par les avantages suivants : le volume des betteraves est considérablement diminué et le rend bien plus économique ; la betterave desséchée se réduit aisément en une farine qui peut être traitée avec une quantité d'eau proportionnellement bien moins considérable, de telle sorte que l'on obtient un jus sucré beaucoup plus concentré et plus pur, dont le traitement ultérieur exige beaucoup moins de combustible et donne moins de déchet.

« Il faut également bien dessécher les céréales et les farines, si l'on veut les conserver longtemps sans altération.

« 2° *Salaison.* — C'est un des procédés les plus employés pour conserver les substances alimentaires ; il consiste à frotter la viande avec du sel et à l'en saupoudrer ; puis à la disposer par lits dans une terrine et à la surcharger de poids ; au bout de quelques jours on la retire, on la place de nouveau par lits séparés par des couches de sel, dans le saloir, puis on l'arrose avec la saumure qui s'en était écoulée par la pression. Les poissons de mer, et surtout les harengs, sont salés avec du sel gris ; après les avoir lavés, on les fait tremper vingt-quatre heures dans la saumure, puis on les met en caque. On sale également le beurre, le fromage, etc., pour le conserver.

« On ajoute souvent au sel marin une certaine quantité de nitre qui paraît avoir une action très-efficace. Parmi les autres sels, que leur saveur ou leurs propriétés empêchent d'employer, nous citerons l'alun et le sulfate d'alumine. Le dernier, en dissolution concentrée, est très-employé dans les préparations anatomiques et pour conserver les cadavres (procédé Gannal), en l'injectant dans la veine carotide, d'où il se répand par les ramifications du système veineux dans toutes les parties du corps. — *Voy.* EMBAUMEMENT.

« 3° *Emploi de l'esprit-de-vin.* — Ce procédé, employé dans les préparations anatomiques et la conservation des fruits, réunit à la simplicité la faculté de conserver aux substances organiques leurs formes et leur état naturels, en permettant de les observer facilement à travers le liquide transparent qui les baigne. Malheureusement ce moyen de conservation ne peut avoir qu'un usage très-restreint pour la conservation des substances alimentaires, à cause de la saveur qu'il leur communique.

« 4° *Emploi du sucre.* — Le sucre, qui, en dissolution étendue, éprouve très-aisément la fermentation alcoolique, surtout en présence d'un ferment, ne s'altère nullement en dissolution très-concentrée, et peut alors servir comme agent de conservation; c'est ainsi que l'on confit les fruits, les racines et un grand nombre de substances végétales.

« 5° *Emploi du froid.* — Le froid s'oppose, comme nous l'avons dit, au développement de la fermentation; ainsi, pendant l'été, on conserve facilement dans la glace, la viande de boucherie, et autres substances alimentaires. En Angleterre, on emballe dans la glace les poissons, et particulièrement les truites, pour les expédier des lacs d'Ecosse jusqu'à Londres.

« 6° *Soustraction du contact de l'air.* — Dans cette catégorie, nous citerons d'abord le procédé de Sweeny, qui consiste à remplir un vase avec de l'eau complétement privée d'air par une ébullition prolongée, à jeter au fond de la limaille de fer, à y introduire la viande à conserver, et à verser au-dessus de l'huile, de manière à en former à la surface une couche de 1 à 2 centimètres. Cette couche s'oppose presque entièrement à la dissolution de l'air dans l'eau, et la petite quantité d'oxygène qui pourrait s'y dissoudre est absorbée par la limaille de fer; la viande se conserve ainsi plusieurs mois.

« Le procédé d'Appert repose également sur le principe de la soustraction complète du contact de l'air. A cet effet, il introduit les mets tout préparés dans une boîte de fer-blanc de grandeur convenable, soude le couvercle qui porte une petite ouverture par laquelle il achève de remplir la boîte de sauce, puis soude enfin une petite pièce de fer-blanc sur cette ouverture. Il plonge ensuite ces boîtes pendant une demi-heure à une heure, suivant leur grosseur, dans un bain d'eau bouillante, afin de combiner avec les éléments de la sauce les dernières traces d'oxygène qui pourraient rester dans la boîte, qu'il recouvre enfin, pour plus de sûreté, après leur refroidissement, d'un vernis à l'huile.

« La méthode d'Appert, dit Liebig, est « basée sur le même principe que la fer-« mentation de la bière avec dépôt. Dans « cette dernière opération, on sépare, par « l'intermédiaire de l'air, toutes les matières « putrescibles, à une température basse, à « laquelle l'alcool ne peut pas s'oxyder; en « les éloignant ainsi, on diminue la tendance « de la bière à s'aigrir. La même chose se « pratique dans la méthode d'Appert; elle « consiste à mettre l'oxygène en présence « des légumes, à une température élevée, « où il y a bien combustion lente, mais non « putréfaction. Par l'éloignement de l'oxy-« gène, après que la combustion lente est « achevée, toutes les causes d'une altération « ultérieure se trouvent écartées. »

« Appert livre au commerce une grande quantité de viandes ainsi préparées qui, d'après ses nombreuses expériences, se conservent des années entières. S'il y a eu une fermentation dans l'une des boîtes, on le reconnaît à la vue de l'extérieur seul, par la déformation des parois planes causée par le dégagement des gaz.

« Les petits objets, comme les pois, les haricots, etc., sont conservés dans des bouteilles en verre que l'on ferme avec de bons bouchons, et que l'on place ensuite dans un bain d'eau salée ou de vapeur chauffée un peu au-dessous de 100°. Pour prévenir la casse des bouteilles, on emploie des chaudières munies d'un double fond percé de trous, et même on enveloppe les bouteilles dans des sacs en toile; après quelques heures d'ébullition, on retire le feu et on laisse refroidir les bouteilles dans la chaudière; enfin on les cachète. On peut introduire les légumes à l'état cru; il vaut mieux les faire bouillir dans de l'eau, ce qui diminue leur volume, de telle sorte qu'il en tient davantage dans les bouteilles et qu'il y reste d'autant moins d'air. L'ébullition au bain-marie doit durer d'une heure à deux, selon la nature des légumes.

« La plupart des procédés employés pour la conservation des œufs (*Voy. œmot*) consistent également à soustraire au contact de l'air l'albumine ou blanc d'œuf; la coque, qui est calcaire, est très-poreuse et suffit seulement pour retenir le blanc d'œuf, mais l'air la traverse facilement. Ordinairement, on place les œufs par étages, la pointe en bas, dans une terrine, que l'on remplit ensuite d'eau de chaux; la chaux s'infiltre au travers de la coque, et forme en très-peu de temps avec le blanc d'œuf un ciment très-compacte qui bouche les pores de la coque et s'oppose très-efficacement à tout accès de l'oxygène dissous dans l'eau de chaux. Quelquefois on plonge les œufs frais pendant une minute ou deux dans l'eau bouillante, de manière à coaguler, à la surface seulement, le blanc d'œuf, qui forme un enduit préservateur pour la partie non coagulée; on conserve ensuite les œufs au frais dans de la sciure de bois. Il vaudrait mieux enduire les œufs ainsi préparés, et encore chauds, d'une dissolution épaisse de gomme mêlée avec un peu de sucre, puis les conserver dans du poussier de charbon.

« 7° *Emploi de substances antiseptiques.* — Nous placerons en première ligne la créosote, dont la présence dans la fumée, ainsi que dans l'acide pyroligneux, est probablement la cause qui rend si remarquable l'emploi de ces deux agents comme moyen de conservation.

« La viande à fumer est d'abord frottée avec du sel, et souvent aussi avec un peu de salpêtre, puis enfumée dans une hutte destinée à cet usage. Les bois feuillés sont préférables aux bois résineux, qui communiquent toujours à la chair un arrière-goût désagréable. La règle à suivre, en fumant les viandes, est de ne produire que peu de fumée à la fois, et par suite d'augmenter beaucoup la durée de l'opération. Lorsqu'on produit trop de fumée, il est impossible d'obtenir un bon résultat; l'extérieur est déjà entièrement fumé avant que l'intérieur le soit sensiblement. A la fin de l'opération seulement, on produit, pendant un temps très-court, beaucoup de fumée, afin de préserver la surface exposée au contact de l'air.

« La viande immergée pendant quelque temps dans l'acide pyroligneux, puis séchée à l'air libre, se conserve tout aussi bien que la viande fumée; mais elle acquiert un goût désagréable; ce qui fait que ce procédé n'est point employé pour la conservation des substances alimentaires.

« Les autres substances antiseptiques, comme le sublimé corrosif, le perchlorure d'étain et l'acide arsénieux, sont surtout employés pour la conservation des objets d'histoire naturelle et pour embaumer les cadavres. Une injection de sublimé corrosif en dissolution dans les veines, ou mieux une immersion dans cette dissolution, préserve les cadavres de toute altération.

« CONSERVATION DE L'EAU. — C'est un fait bien connu que l'eau conservée dans des tonnes en bois se corrompt très-facilement, ce qui paraît dû à ce qu'elle dissout peu à peu les matières extractives du bois, lesquelles une fois dissoutes ne tardent pas à entrer en putréfaction; d'après les observations de Prechtl, le sulfate de chaux contenu dans la plupart des eaux se décompose alors et donne lieu à un dégagement d'hydrogène sulfuré, de sorte que l'eau n'est plus du tout potable.

« Les tonnes en bois ne sont donc pas propres à conserver l'eau; aussi dans la marine emploie-t-on des barriques en fer-blanc, où elle se conserve très-bien, et dans le fond desquelles on a soin de mettre quelques morceaux de fer, sur lesquels se porte en grande partie l'action de l'oxygène dissous dans l'eau; mais ce moyen est assez coûteux, parce que le fer-blanc s'attaque aisément à la rouille.

« Par suite des propriétés désinfectantes du charbon, on peut conserver l'eau pendant assez longtemps dans des tonnes en bois carbonisées à l'intérieur sur une certaine épaisseur. Lorsqu'il s'agit de rendre potable de l'eau déjà corrompue, le charbon est le moyen le plus efficace. Un autre procédé consiste à ajouter une très-faible quantité d'alun en poudre, qui clarifie l'eau en précipitant la plus grande partie des substances organiques dissoutes, mais qui ne peut lui enlever l'odeur qu'elle a acquise; il réussit beaucoup mieux, employé comme moyen de prévenir la corruption de l'eau. » (1)

COTON. — Duvet végétal dont les principales nuances sont le blanc, le jaunâtre et le rougeâtre. Ce duvet est long, fin et soyeux; c'est un produit *tomenteux*, enveloppant les graines d'un arbrisseau qui a reçu le nom de *Cotonnier*. (*Voyez ce mot.*)

Le moment pour recueillir le coton est vers la fin de septembre ou les premiers jours d'octobre. Les gousses qui le renferment,

(1) *Voy. Dict: des Arts et Manuf.*

vertes d'abord, deviennent jaunâtres, puis s'ouvrent; c'est le signe de la maturité. Le matin est la partie du jour la plus convenable pour la récolte du coton, car la rosée, en humectant les feuilles déjà à demi desséchées, les empêche de se mêler au coton et de nuire ainsi à sa qualité; après avoir retiré le coton de son enveloppe, on l'expose au soleil et l'on a surtout soin de le soustraire à l'humidité.

Ainsi que nous l'avons dit, le coton varie en couleur, en longueur, en finesse et en force; on peut rapporter ces différences au climat, à l'espèce du cotonnier, au genre de culture et à la préparation qu'on lui fait subir. Toutefois, chaque espèce renferme trois qualités. La plus longue, la plus belle et la plus propre, et aussi celle qui donne le moins de déchet, se nomme *fleur de marchandise*; on l'emploie pour la chaîne; la seconde, qui sert pour la trame, est nommée *qualité marchande*; et la troisième, dite *qualité inférieure*, s'emploie aussi pour la trame, mais on ne la fait entrer que dans des étoffes moins fines.

Pour séparer le coton de sa graine, on dispose horizontalement deux rouleaux de bois, rapprochés suffisamment pour que le coton seul puisse passer entre, tandis que les graines se trouvent rejetées au dehors. On imprime le mouvement à ces rouleaux à l'aide d'une manivelle à pédale; un volant surmonte l'axe de la manivelle, pendant qu'un contre-poids charge le rouleau supérieur. Les moulins à coton peuvent avoir deux ou quatre passes, et à l'aide d'un courant, on peut, par le moyen d'un axe commun, communiquant avec une roue à eau, mettre en mouvement plusieurs moulins. On peut également se servir, pour l'extraction du coton de sa coque, d'un autre petit moulin formé par deux cylindres cannelés et soutenus horizontalement, lesquels pincent le coton qui passe entre leurs surfaces, et le dégagent ainsi de sa gousse, dont le volume ne saurait pénétrer dans l'espace qui sépare les rouleaux. Ces cylindres qui séparent les rouleaux tournent en sens contraire, mis en mouvement par deux roues attachées à un même marche-pied, afin que la même personne puisse les faire agir. Aux États-Unis on emploie à cet usage une machine bien plus expéditive. Elle se compose d'un cylindre formé de disques très-minces, armés de dents couchées et très-effilées à leur circonférence. Un axe rond à nervures traverse à leur centre tous les disques, maintenus parallèlement entre eux par des plateaux en bois interposés entre chacun, tandis que des barreaux en fer, près de leur circonférence, laissent les dents du dehors libres de tourner. Ces barreaux, fixés par le haut et le bas sur des pièces de bois composant un système assujetti à tourner autour d'un axe, permettent de faire varier la saillie des dents disques ou *scies circulaires*. Devant le cylindre se trouve une espèce de trémie dans laquelle on place le coton à égrener, et par derrière sont des brosses portées par des barres de bois et tournant sur un axe, dans les barbes desquelles passent les dents des scies. On voit par cette description que le succès de cette machine est subordonné au degré de saillie des dents hors des barreaux de la grille. Si cette saillie est trop considérable, la machine s'engorge et finit par ne plus pouvoir être tournée, tandis que, si elle ne l'est guère, elle ne débite pas.

On reconnnaît les meilleures qualités de coton par la longueur du fil, sa douceur au toucher, sa finesse et sa netteté. Celui dont la soie est frisée ou boutonneuse est le moins bon ; car, indépendamment des filaments, le coton boutonneux a de petits points blancs qui, par leur nature, y adhèrent de telle sorte qu'ils ne peuvent en être séparés que par un excellent cardage. Lorsqu'un bouton reste, il paraît sur le fil et le rend inégal ; souvent même, dans le tissage, il occasionne la rupture des fils. Lorsqu'on sait mélanger différentes espèces de coton avec une économie entendue, on obtient des qualités mixtes très-avantageuses pour le tissage.

Tous les cotons ont des caractères particuliers qui les distinguent ; la manière la plus convenable de les diviser est en cotons à longues soies et en cotons à courtes soies.

Parmi les cotons à *longues soies* se rangent, par ordre de valeur, les cotons de Géorgie, de Bourbon, d'Egypte, de Porto-Rico, de Cayenne, de Bahia, de Maragnan, de Motril, de Fernambouc, de Camouchi, de Para, d'Haïti, de Minas, de la Guadeloupe, de Saint-Domingue, de la Martinique, de la Trinité-de-Cuba, de Cumana, de Caracas et de Carthagène. Le coton de Géorgie est le premier des cotons connus, par sa grande finesse, sa propreté, sa force et la douceur de sa soie. Moins blanc que le Bourbon, il est argenté ; c'est ce que les négociants nomment *beurre terne*. Le Bourbon est le plus uni et le plus égal des cotons ; il en existe de deux sortes : l'une, de couleur jaune, peu employée dans la filature, et l'autre blanche comme les cotons du Levant. Le coton d'Egypte, dit *jumel*, est nerveux, fin et d'un jaune terne. Celui de Porto-Rico est d'une soie droite, douce, ferme, et blanc argenté ; mais souvent il se trouve chargé de noyaux. Le coton de Cayenne est fin, fort et régulier, blanc beurré. Le Bahia ressemble au Maragnan, si ce n'est que ce dernier est plus chargé d'ordures, de graines et de coton mort ; il est très-estimé dans le commerce ; sa soie est plus fine que celle du Fernambouc, elle est employée de préférence. Le Camouchi lui ressemble, seulement la soie est plus grosse et plus propre. Celui de Para, au contraire, est généralement sale ; sa couleur est blanc terne. Haïti a des cotons d'une qualité médiocre, à cause de leur trop grande maturité. Le Minas est jaune, un peu sale, mais long et fin. Le Saint-Domingue et le Guadeloupe comprennent tous les cotons des Antilles ; ils exigent un grand choix ; quelquefois leur soie est mêlée de parties jaunes Le

coton de la Martinique est jaune, assez propre ; mais sa soie est un peu dure. Celui de la Trinité-de-Cuba, de même que celui de Cuba, est dur, d'une soie irrégulière et souvent chargée ; sa couleur est blanc beurré ; de nombreux points blancs adhèrent à sa fibre. Celui de Cumana est d'une soie longue, inégale et cassante. Ces mauvaises qualités proviennent, ainsi que sa saleté, de la manière vicieuse dont on le récolte. Le Caraque est de même très-inégal, sec, cassant et sale ; sa couleur est jaunâtre terne. Enfin, le coton de Carthagène est d'un blanc terne, à mèches très-longues, d'un lainage dur et chargé de grains brisés ; pour en tirer tout le parti convenable, il faudrait le faire passer deux fois à la carde en gros.

Les principaux cotons à *courtes soies* sont : celui de la Louisiane, dont la soie est douce, fine et assez longue ; mais on y trouve souvent une grande quantité de graines noires et vertes tellement adhérentes qu'il est difficile de l'éplucher ; le coton Cayenne, d'une soie moins fine que le Louisiane, mais plus longue et aussi dure ; celui d'Alabama, dont la soie est moins fine et moins unie que dans celui de la Louisiane, mais beaucoup plus blanche ; le coton Mobile, dont la soie, bien qu'un peu grasse, est propre et longue. Celui de la Caroline est blanc, fin et propre ; celui du Sénégal, qui n'a guère de valeur dans le commerce, est difficile à filer, à cause de sa mauvaise préparation ; il est, du reste, assez blanc. Le coton Souboujac et de Kinie est le plus beau du Levant, tant par sa bonté que par sa blancheur et sa propreté ; seulement il est un peu frisé. Le Surate est malpropre et contient des feuilles et du sable ; aussi n'est-il employé que pour des marchandises de peu de valeur. Celui de Madras a la soie courte ; il est d'un beau jaune et propre ; le coton du Bengale est d'une teinte jaunâtre ; sa soie est fine et courte.

En général, on doit toujours préférer les cotons longues soies aux cotons courtes soies ; il faut aussi les choisir d'un beau blanc, bien cordés, et faire attention aux filaments, qui sont cassants dans plusieurs espèces. Depuis plusieurs années déjà, on reçoit de l'Egypte des cotons dont la qualité s'améliore chaque année. C'est au vice-roi Méhémet-Ali que l'Egypte doit l'introduction et le développement de cette branche importante de commerce, ainsi que la construction des machines qui nettoient parfaitement le coton et ont le mérite d'augmenter sa qualité.

Pour emballer le coton, on le dispose par couches dans des espèces de sacs de toile forte, suspendus en l'air à l'aide de poteaux traversés horizontalement par des *traversées* qui y sont adaptées. Comme plus le coton est pressé, moins il a de dangers à courir dans le transport, on fait fouler avec les pieds le coton mis peu à peu dans le sac ; après quoi, pour l'empêcher de remonter, on mouille le sac à l'extérieur ; enfin, quand le sac est plein, on coud l'ouverture et on ménage à chaque encoignure une poignée, afin d'en rendre le maniement plus facile.

Chaque balle contient de 200 à 600 livres.

Aux Etats-Unis on se sert, pour emballer le coton, de presses hydrauliques et à vapeur ; on a une caisse, appelée *moule*, large et longue comme la balle qu'on veut former ; sa hauteur, quatre fois plus considérable que la balle, se compose de plusieurs châssis superposés, et dont les côtés sont agrafés par leurs angles avec des crochets en fer. Les fonds, qui sont les plateaux de la presse, portent des entailles propres à recevoir des ligatures. Le plateau supérieur est calibré juste sur l'intérieur de la caisse, dans laquelle le fait entrer la pression. A mesure qu'il pénètre, on démonte les châssis, à l'exception du dernier qu'on laisse encore pendant qu'on noue les ligatures. Tout étant disposé, on adapte l'enveloppe de toile ; et, de cette manière, les balles, sous un volume de 12 à 13 pieds cubes, sont si serrées, qu'elles contiennent 250 à 300 kilogr. Les cotons de Géorgie nous arrivent en balles rondes couvertes de toile de chanvre ; ceux de Bourbon en balles carrées, avec des nattes et des joncs ; ceux de Cayenne en balles de diverses formes, ainsi que ceux de Fernambouc, d'Egypte et de Bahia. Les toiles sont de coton ou de chanvre. Nous recevons, dans des balles rondes de diverses dimensions, les cotons de la Guadeloupe ; ceux de Minas sont recouverts de surons en cuir ; ceux d'Haïti sont dans des ballots de forme ronde, enveloppés d'une toile de lin légère ; ceux de Caracas nous viennent en ballots carrés en cuir ou en toile, avec des liens de cuir. Les cotons de la Louisiane sont en balles carrées, dans une toile de chanvre, avec des cordes, ainsi que ceux d'Alabama et de Mobile ; ceux de Cayenne sont ordinairement en balles rondes, de même que ceux de Géorgie ; ceux de Madras nous arrivent dans un tissu d'écorce d'arbres, en balles carrées, de même que ceux de Surate et de Bengale.(1)

COTON. (*Sa teinture en diverses couleurs.*) — Les oxydes de fer ont la plus grande affinité avec le fil de coton, ce qui les rend très-précieux dans la teinture. Pour les obtenir, on dissout le fer dans un acide. Chaque teinturier fait un mystère de celui qu'il emploie, mais, en général, on donne la préférence à l'acide acéteux ; cette préférence est établie bien moins sur la différence de couleur que peut donner tel ou tel acide, que sur la vertu plus ou moins corrosive qu'ils exercent sur les étoffes ; elle est telle, pour les sulfates et muriates, que si on ne lave pas l'étoffe en sortant du bain, elle sera, à coup sûr, brûlée ; tandis que l'acide acéteux, ou tout autre acide végétal n'entraîne pas cet inconvénient. M. Chaptal se borne à faire connaître la couleur qu'on peut obtenir de l'oxyde de fer : 1° employé seul, sur une étoffe qui n'a reçu aucune préparation préliminaire ; 2° employé communément avec le rouge de garance, ou le principe astringent, si l'on dissout du sulfate de fer ou tout autre sel martial dans l'eau, et qu'on y plonge du coton,

(1) Extrait de l'*Encyclop. des gens du monde.*

cette matière végétale y prendra une teinte foncée plus ou moins charmoise, selon que la dissolution est plus ou moins chargée. L'affinité du coton est telle qu'il soutire ce métal, et l'enlève en grande partie à l'acide qui l'a dissout, si l'on précipite le fer d'une dissolution un peu forte par une liqueur alcaline, marquant 5 à 6 degrés de Baumé, il en résulte un mélange d'un bleu verdâtre. Le coton manié dans ce précipité prend d'abord une teinte d'un vert sale et mal uni ; mais la seule exposition à l'air la fait tourner au jaune en très-peu de temps, et la nuance en est alors plus foncée, c'est la couleur d'ocre ou de rouille. Ces couleurs présentent des inconvénients : les principaux sont que les nuances fortes brûlent et fatiguent les étoffes ; que les teintes sont rudes, désagréables à l'œil, et ne peuvent que difficilement se marier avec les couleurs douces fournies par les végétaux. M. Chaptal est parvenu à éviter ces divers inconvénients par la méthode suivante : il faut fouler le coton à froid dans une dissolution de sulfate de fer marquant 5 degrés, l'exprimer avec soin à la cheville, et le plonger de suite dans une lessive de potasse à 2 degrés, sur laquelle on a versé de la dissolution de sulfate d'alumine jusqu'à saturation. Sa couleur s'avive dans le bain en même temps qu'elle devient plus moëlleuse. On laisse reposer le coton dans cette liqueur pendant 4 à 6 heures, ensuite on le lave et on le fait sécher. Ce procédé a l'avantage de garantir le tissu de l'étoffe, et en graduant la force des dissolutions, on obtient toutes les nuances que l'on peut désigner. Cette couleur est très-agréable, très-solide, et surtout très-économique ; c'est par ce moyen qu'on fabrique des nankins dont la couleur a plus de fixité que celle des nankins anglais. Cette même couleur résiste aux lessives, mais les astringents la font tourner au brun. Ce jaune, combiné avec l'indigo, ne donne point un beau vert, comme on l'avait espéré. L'oxyde de fer se combine très-bien avec le rouge de la garance, et produit une couleur d'un violet clair ou pruneau ; et d'un très-bon usage dans la teinture en coton. Pour aviver cette couleur et lui donner la faculté de résister aux lessives, il faut commencer par préparer le coton comme s'il devait recevoir le rouge d'Andrinople, et lorsqu'on la conduit jusqu'à l'opération de l'engallage, alors on le passe dans une dissolution de fer plus ou moins chargée, selon la nuance de violet que l'on désire. On lave le coton avec soin, on le garance à deux reprises, et on l'avive dans un bain de savon. Lorsqu'on désire un véritable violet velouté et bien nourri, on ne le passe à la dissolution de fer qu'après l'avoir préalablement engallé. Le fer est, par ce moyen, précipité en un oxyde bleuâtre qui, combiné avec le rouge de la garance, fournit un violet superbe, plus ou moins foncé, selon la couleur unie ; ce qui provient de ce que le fer déposé sur le coton reçoit une suroxydation par la simple exposition à l'air, qui varie dans les diverses parties-du coton. Les fils qui sont à l'extérieur du marteau s'oxydent fortement; tandis que ceux de l'intérieur, soustraits à l'action de l'air, n'éprouvent aucun changement, d'où il suit que l'intérieur du marteau présente une faible nuance, tandis que l'extérieur offre un violet presque noir. Pour remédier à cet inconvénient, il faut laver le coton en le sortant de la dissolution du fer, et le garancer mouillé; la couleur en est plus unie et plus veloutée; le rouge de la garance et l'oxyde de fer déposés sur l'étoffe, y déterminent la couleur violette; cette couleur tourne au rouge et au bleu, selon que l'un ou l'autre de ces principes prédomine. Il est très-difficile d'obtenir une combinaison qui produise le ton de couleur désiré, surtout lorsqu'on le veut bien nourrir, très-vif et très-foncé : on peut y parvenir, non-seulement en variant les proportions sur deux principes colorants, mais encore en variant le procédé d'avivage, puisque l'on sait que la soude dissout l'oxyde de fer, tandis que le savon dévore de préférence, par une forte ébullition, le rouge de garance, de manière que l'on peut faire tourner au rouge ou au bleu, selon que l'on arrive avec l'un ou l'autre de ces deux mordants.

Les procédés employés pour teindre le coton en rouge d'Andrinople sont, suivant M. Chaptal, soumis encore à de longues manipulations; on y emploie successivement la soude, l'huile, la noix de galle, le sumac, le sulfate d'alumine, le sang, la liqueur gastrique, la garance, le savon, le nitromuriate d'étain, etc. Pour simplifier ce procédé, il convient d'en réduire et d'en ramener toutes les opérations à des principes simples. Il est connu que le coton ne prend le rouge de la garance d'une manière solide que lorsqu'il a été convenablement imprégné d'huile. Le rouge qu'on applique par impression ne jouit pas, à beaucoup près, du même degré de fixité, puisqu'il ne peut pas supporter l'avivage par la soude. On donne au coton cette préparation préliminaire, en formant une liqueur savonneuse à froid, par la combinaison de l'huile et d'une faible dissolution de soude. Cette lessive alcalative est destinée à diviser l'huile et à la porter sur tous les points du coton. M. Chaptal a trouvé que la potasse produisait le même effet que la soude, et ce fait mérite quelque attention. La soude étant rare et chère dans le nord, pourra y être suppléée par la potasse qui y est commune. La soude doit être caustique et contenir peu de muriate; elle ne peut être rendue caustique par la chaux, parce qu'elle rembrunit la couleur; sa causticité doit être un effet de sa calcination. Le carbonate de soude, ou la soude mêlée de beaucoup de muriate, ne se tient que très-imparfaitement avec l'huile : ainsi les vieilles soudes effleuries, et les soudes impures de nos climats, ne peuvent servir aux usages de cette teinture. Pour qu'une huile soit bonne, il faut qu'elle s'unisse parfaitement avec la lessive de soude, et qu'elle reste dans un état de combinaison absolue et permanente. L'huile fine ne conserve pas son état de combinaison avec la soude; il faut une huile qui contienne une forte portion de principe extractif, qui forme une combinaison plus épaisse, plus durable, et n'exige qu'une faible lessive d'un ou deux degrés. L'huile doit être en excès et non dans un état de saturation absolue, car elle abandonnerait l'étoffe par le lavage, et la couleur resterait sèche. Lorsque le coton est convenablement imprégné d'huile, on lui fait subir l'opération de l'engallage, qui décompose la liqueur savonneuse et fixe l'huile sur l'étoffe. Le principe astringent de la noix de galle s'unit à l'huile, et forme avec elle un composé qui noircit en se desséchant, est peu soluble dans l'eau, et a la plus grande affinité avec le principe colorant de la garance. La noix de galle ne saurait être remplacée par les autres astringents, à quelque dose qu'on les emploie, et elle doit être passée la plus chaude possible, pour que la décomposition soit prompte et parfaite. Le coton engallé doit être séché promptement, afin d'éviter sa coloration en noir. Le troisième mordant employé dans la teinture rouge sur coton, est le sulfate d'alumine, il a la propriété d'aviver le rouge de garance, et il contribue, pour sa décomposition et la fixation de son alumine, à donner de la solidité à la couleur. Le coton engallé et plongé dans une dissolution de sulfate ou d'acétite d'alumine change de couleur dans le moment et devient gris; le bain ne présente pas de précipité, parce que l'opération se fait dans le tissu même de l'étoffe où les produits restent fixés. Si l'alun était trop chaud, une portion de galle s'échapperait du tissu de l'étoffe, et alors la décomposition de l'alun se ferait dans le bain lui-même, ce qui diminuerait la proportion du mordant et appauvrirait la couleur. Dans ce court exposé, dit M. Chaptal, j'ai voulu essayer de présenter à l'Institut l'analyse des opérations de la teinture en rouge, la plus compliquée de toutes, et un exemple de ce que peut la chimie sur les arts lorsqu'elle saura les éclairer de ces principes. (*Annales de chimie*, t. XXV, p. 251 et suivantes, et *Société philomathique*, an VII, p. 127.)

Le carthame est fourni à l'Europe par l'Egypte où il sert à teindre les soies. On l'emploie également dans cette contrée à la teinture du coton, et le procédé auquel on doit cet avantage consiste : 1° à séparer, au moyen d'une eau un peu alcalisée, la partie jaune de la partie colorante, rouge; 2° à incorporer l'alkali sous la meule avec le carthame; 3° à échauffer le bain à la température de trente à quarante degrés. (*Institut du Claire*, frimaire, an VII.—*Moniteur*, 1779, p. 904.)

La couleur du coton en amaranthe est une de celles qui ont été négligées; sa beauté et les moyens qu'elle présente pour obtenir le beau pourpré des anciens, méritent cependant toute l'attention des chimistes. Lorsqu'on veut soumettre le coton à la teinture, on doit commencer par le décreuser ; il suffit pour cela de le faire bouillir pendant deux heures, et le moment où il s'enfonce de lui-même dans le liquide, indique que le coton est bien décreusé ; on le lave à l'eau claire, on le tord et on le passe ensuite au mordant suivant :

Ces substances étant mises dans seize pots d'eau chaude, on les remue jusqu'à dissolution ; on fait ensuite bouillir quatre onces de bois du Brésil dans quatre pintes d'eau, et on laisse refroidir jusqu'à trente-deux degrés Réaumur. On dissout dans le mordant neuf onces d'arsenic blanc en poudre et treize de muriate d'ammoniaque, on mêle cette liqueur avec le bain ci-dessus, et on le laisse reposer pendant quatre jours. Après ce repos, on passe la liqueur au clair, on y plonge le coton décreusé au mordant, en imbibant toutes ses surfaces ; on le tord à demi, et on l'étend pour le faire sécher. Lorsqu'il est bien sec, on prend de l'eau tiède, on y plonge le coton à plusieurs reprises, et on le tord. Pour le garançage, on se sert d'une chaudière pleine d'eau, de la contenance d'environ deux cents pintes, et on y met seize livres de garance de Hollande, en grappes ; lorsque la liqueur est tiède, on y trempe douze livres de coton passé au mordant et placé sur des lissoirs qu'on tourne sans discontinuer pendant une heure et demie. Après quelque temps de la température, on pousse le feu par gradation, jusqu'à ce qu'on ne puisse plus supporter la main dans le liquide ; mais il faut prendre garde d'arriver au degré d'ébullition, car la couleur jaune se développerait. On enlève ensuite le coton de la chaudière, on le place sur une grille de bois blanc pour le laisser refroidir ; deux heures après on le lave à l'eau courante, jusqu'à ce qu'il ne communique plus aucune couleur à ce liquide, et on le tord à fond. L'opération ayant été bien conduite, le coton doit être d'un beau rouge ; on le repasse alors au mordant, et lorsqu'il est bien sec et lavé, on le passe au bain de bois de Brésil. Pour obtenir ce bain, on emplit la chaudière nettoyée avec de l'eau de puits très-chargée de sélénite ; on met cinq livres de bois de Brésil dans un sac de toile un peu claire, et on y fixe le sac au fond de la chaudière à l'aide d'un poids. On fait bouillir ce bain pendant trois heures et demie, et on le verse dans une cuve de bois blanc. On remplit la chaudière et on fait bouillir jusqu'à réduction au quart, on retire ensuite le sac et on y verse la première décoction. Lorsque ce bain est un peu chaud, on y trempe le coton garancé, et on augmente le feu jusqu'à l'ébullition ; on retire alors les lissaires, et on plonge le coton dans le bain, en ayant soin de le tenir au fond pour qu'il prononce également la couleur et qu'il ne se brûle point aux bords de la chaudière. Après une ébullition d'une heure, on retire le coton, on le place sur la grille, et lorsqu'il est froid, on le lave et on le tord à plusieurs reprises

jusqu'à ce que l'eau sorte claire. On l'étend et on le retourne, afin qu'il sèche uniformément. La couleur amaranthe qui résulte de cette opération est l'une des plus brillantes que le teinturier ait pu imaginer, et elle est d'une solidité à toute épreuve ; elle égale en beauté celle que l'on fait avec la cochenille ; elle est enfin plus stable et moins coûteuse. Tout porte à croire, d'après quelques essais, que cette couleur peut s'appliquer sur la soie. (*Annales de chimie*, an XII, t. L, p. 147 et suiv.)

On doit aux peuples de l'Orient l'art de teindre le coton en rouge d'Andrinople, auquel le traité de M. Chaptal est consacré ; le hasard et le temps seuls ont pu amener ces peuples, après bien des essais, à ce long tissu d'opérations entre lesquelles, sans le secours des théories, il est impossible d'apercevoir aucune relation. Mais, quelle qu'en soit l'origine, il n'est pas moins remarquable qu'on ait trouvé cet art cultivé avec un succès presque égal depuis les côtes de la Morée jusqu'à celles de Coromandel, et que, dans cette vaste étendue occupée par la Grèce, la Turquie, l'Arménie, la Perse et l'Indostan, ses procédés, fondés exactement sur les mêmes principes, présentent une telle analogie, que les modifications qu'ils ont subies semblent dépendre, pour la plupart, de la différence des productions du sol. Introduit dans le midi de la France, par des Grecs et des Arméniens, il s'est répandu de là partout où les besoins du commerce et l'activité de l'industrie l'ont appelé. Peu d'années s'étaient écoulées depuis que ces étrangers s'étaient fixés auprès de Montpellier, quand M. Chaptal, qui propageait avec tant de distinction les lumières de la chimie dans la célèbre école de cette ville, et dans les fabriques de tout le Languedoc, forma un établissement pour la teinture du coton en rouge. Elle y fit de rapides progrès ; les opérations, devenues plus simples et plus sûres, donnèrent un plus beau produit ; leur théorie fut en même temps créée par ce savant chimiste, et c'est à lui qu'appartient principalement l'honneur d'avoir fait atteindre à cet art le degré de perfection où il est porté actuellement en France. Le but de cet art est de reproduire constamment, sous la même nuance, la couleur la plus éclatante que puisse avoir le coton, en lui donnant, avec toute la vivacité dont elle est susceptible, la faculté de résister à la puissance des agents qui tendent sans cesse à l'altérer, ses moyens consistent dans l'emploi de substances colorantes par elles-mêmes, et dans celui de sept à huit autres substances successivement mises en action dans une série d'opérations qui se prolonge presque sans interruption pendant la durée d'un mois. Il n'est pas nécessaire d'être familiarisé avec la teinture pour sentir que la réunion de ces conditions fait de l'art de teindre le coton en rouge d'Andrinople un des plus difficiles et des plus compliqués parmi ceux qui dépendent de la chimie. On conçoit, en effet, qu'on ne peut sans beaucoup de peine mettre assez d'exactitude dans les manipulations, et d'uniformité dans le choix des matières, pour arriver avec plus de certitude à la nuance désirée, après un travail assez long et aussi varié. La chimie n'offre que de faibles ressources contre les obstacles de ce genre ; on ne parvient à les lever qu'en réunissant, par l'habitude d'opérer, les nombreuses observations qui apprennent à maîtriser les petites circonstances, à remplir avec sûreté toutes les conditions dont dépend le succès de chaque opération, et en acquérant ainsi cette espèce de tact, plus facile à transmettre par imitation que par des préceptes, qui, sous le nom de tour de main, a tant de prix dans les arts. Aussi M. Chaptal a-t-il consigné dans son travail tout ce qui peut aider à mettre en pratique des procédés qui ont longtemps donné aux produits de ses ateliers une supériorité marquée. Il ne dédaigne aucun détail, il présente l'art dégagé des principes théoriques ; et faisant passer avant tout les moyens d'exécution, il entre dans les considérations de pratique les plus propres à assurer leur réussite. Ainsi il commence par faire connaître les avantages que l'on doit rechercher dans un local destiné à un établissement de teinture en rouge. Il décrit ensuite la manière de distribuer ce local qui est le plus favorable aux opérations, et il donne tous les renseignements nécessaires sur la construction et la disposition des ateliers. C'est donc dans la chimie appliquée aux arts par M. Chaptal, et particulièrement dans le traité sur l'art de teindre le coton en rouge du même auteur, que l'on trouvera une description détaillée et précise de ses procédés. (*Moniteur*, 1807, p. 610 et 683.)

D'après le procédé de M. Bucher pour teindre le coton en nankin bon teint, et pour lequel il a obtenu un brevet d'invention de quinze ans, on fait décrasser le coton filé en écheveaux, en fusées et même en rames, dans de l'eau de rivière contenant par 100 kilogrammes 10 livres de lessive caustique en remplacement de la potasse. Après une ébullition de trois heures, on lave le coton dans la rivière, et on le passe au bain de nankin. A ce bain, composé de moitié d'eau de pluie et moitié d'un bain jaune fait avec de la rouille de fer, on ajoute une dissolution de fer obtenue par l'acide nitrique et une lessive caustique de cendres de chaux et de cendres ordinaires ; et sur 50 kilogrammes de coton, on mêle 5 kilogrammes d'alun ordinaire et 1 kilogramme de sel de saturne. On fait baigner le coton dans cette préparation à froid, pendant trois heures, on le tourne constamment pendant ce temps, et on le lave ensuite à la rivière. Cette opération terminée, on le dépose pendant deux heures dans une cuve remplie d'eau de rivière qui contient pour 50 kilogrammes, 500 grammes de garance dite d'Alsace, et de la teinture de noix de galle, extraite par le vin blanc ; puis on lave le coton à la rivière, et on le fait sé-

cher au soleil, à l'air ou dans une sécherie chaude. (*Brevets publiés*, t. IV, p. 277.)

En s'occupant des diverses teintures du coton, M. Vitalis est parvenu à remplacer le muriate d'étain par le sulfate acide de potasse dans le rosage du coton teint en rouge d'Andrinople. Cette découverte peut être de quelque intérêt dans les circonstances où l'on ne peut se procurer de l'étain pur qu'avec beaucoup de difficultés et à un prix très-élevé. Les expériences ont été faites en grand dans l'atelier de M. Gonin, teinturier en rouge des Indes, à Bapaume près Rouen. (*Annales des sciences et des arts*, 1809, 1re partie, p. 195.)

On doit au zèle de M. Kœchlin, de Mulhouse, la découverte du procédé qui permet d'appliquer sur la toile de coton le rouge d'Andrinople, que l'on n'avait jusqu'en 1810 fixé que sur le coton en fil. Cette découverte fait époque dans l'art des impressions sur toiles. (*De l'industrie française*, par M. de Jouy, p. 38.)

MACHINES DIVERSES. — L'art de carder et de filer le coton a donné lieu à une foule d'inventions, depuis la fin du siècle dernier. Nous allons en indiquer quelques-unes, d'après le travail de M. Ure, pour montrer, d'une manière encore bien incomplète, combien d'efforts ont été faits successivement pour amener cette industrie au point où nous venons de l'exposer.

Machines à carder et à filer. — MM. Brown, Pickfort et compagnie. 1792. — La mécanique, pour laquelle les auteurs prirent un brevet consistait en quatre machines pour carder et filer le coton. Elles ont toutes la propriété particulière de rendre un fil de coton susceptible d'être employé sur-le-champ à la fabrication des plus belles mousselines. La première de ces machines est composée d'un métier de bois, portant deux cylindres de fer cannelés, qui transmettent le coton à deux autres cylindres couverts en cardes, l'un desquels, ayant trois pieds de diamètre, est couvert en cardes plates ; le second a un pied de diamètre et est couvert en rubans cardés. De ce second cylindre le coton passe, au moyen d'un peigne qui l'en détache, sur un tambour de bois de deux pieds de diamètre sur dix-huit pouces de large ; et quand le tambour a fait quatorze a quinze tours, on enlève le coton pour le placer sur la machine suivante. Cette seconde machine file en gros en forme de *mull-jenny*, nom donné à ces appareils en Angleterre. Elle est composée d'un métier de bois de dix à quatorze pieds de longueur sur neuf de large et trois de hauteur ; sur la longueur de ce métier, sont placés environ soixante fuseaux au-dessus desquels sont posés trois rangs de cylindres en fer cannelés, et sur ceux-ci sont placés des cylindres en bois couverts de drap et de cuir, qui pèsent sur les cylindres cannelés par le moyen de poids ou leviers. C'est entre ces trois rangs de cylindres que doit passer le coton, après avoir été filé en gros ; les cylindres du dernier et du second rang sont de trois quarts de pouce de diamètre et ceux du premier sont d'un pouce ; les premiers rangs font six ou huit révolutions, tandis que les autres n'en font qu'une. Le fil en gros, après avoir passé par ces trois rangs, acquiert six au sept degrés aussi de finesse de plus ; alors on attache les bouts de coton, ainsi filés, aux fuseaux sur un châssis au-devant des cylindres pour tendre les fils ; ce châssis est supporté sur quatre roues de cuivre, sur lesquelles il marche dans une coulisse de fer, avec peu de frottement. Ce même châssis parcourt ainsi alternative-ment de droite à gauche une distance de quatre pieds en une minute, et produit par conséquent quatre pieds de fil à chaque fu-seau, sur lequel il se dévide au retour du châssis. Les fuseaux tournent au moyen d'un cylindre en fer-blanc, placé sur le châssis, vis-à-vis d'eux à la distance de seize à dix-huit pouces, et moyennant une corde de communication entre le cylindre et la poulie de chaque fuseau. Ce cylindre est mis lui-même en mouvement par une roue de trois pieds de diamètre, placée à la distance d'environ trois pieds du cylindre à filer. A l'arbre de cette roue tient une autre roue d'engrenage en cuivre, laquelle donne le mouvement aux cylindres à filer, et désengrène après seize tours, qui pro-duisent quatre pieds de fil. A ce même arbre tient encore une poulie qui fait mar-cher le châssis des fuseaux, laquelle s'ar-rête en même temps que l'autre désengrène ; il ne reste plus alors qu'à tourner la mani-velle jusqu'à ce que le fil ait reçu le tors qu'on veut lui donner. La troisième ma-chine, qui est l'objet de la perfection, est composée d'environ vingt broches ou fuseaux, de trois rangs de cylindres qui filent depuis le n° 20 jusqu'au n° 100 de fi-nesse ; sa construction est la même que celle décrite ci-dessus. Enfin, la dernière machine est composée d'un rang de cylin-dres avec le châssis à fuseaux, et disposée de la même manière que les deux dernières. (Brevets non publiés.)

Perfectionnement. M. L.-E. Pouchet de Rouen. — An XI. — Ce filateur a imaginé de diviser le système d'Arkwright en petites machines qui n'occupent pas plus de place qu'un rouet com-mun. Ces machines ont l'avantage de conve-nir aux moindres emplacements ; elles peu-vent être manœuvrées par une seule per-sonne, et donnent la facilité d'allier les soins domestiques aux travaux d'une fila-ture. Ces machines sont vingt-quatre fois plus productives que les rouets ordinaires : elles n'exigent que deux heures d'instruc-tion, ce qui rend l'application facile aux maisons de détention. Une médaille d'or a été décernée à M. Pouchet pour ce perfec-tionnement. (*Rapport du jury* du 2 vendé-miaire an XI ; et *Moniteur*, an XI, page 47.)

Observations nouvelles. — MM. *Bardel, Mo-lard, Langelevée, Conté et Bellanger.* — An XII. — Dans un rapport au ministre de l'intérieur, ces commissaires s'expriment ainsi sur l'in-troduction des machines à filer et à carder le coton, et sur leurs perfectionnements : « Des 1780, M. Roland de la Platière publia un ou-vrage sur l'art du fabricant de velours de coton. Mais depuis un temps impossible à déter-miner, plusieurs manufactures possédaient des machines à cylindres propres à carder le coton, nommées *cardes à loquettes*, de grands rouets à une broche, et des machines à filer en fin, connues sous le nom de *machines a chariot*, au moyen desquelles une seule per-sonne pouvait filer de vingt à vingt-cinq fils à la fois. Mais la difficulté de faire recon-naître et de faire garantir la propriété des inventions avait contraint les auteurs ou propriétaires de découvertes utiles à tenir leurs procédés secrets ; de là la difficulté insur-montable de préciser l'époque des premiers pas de la science et du perfectionnement.

« En 1784, M. Martin, fabricant de velours de coton à Amiens, obtint un privilége ex-clusif de douze années pour la construction et l'usage de machines au moyen desquelles on pouvait préparer le coton et la laine, carder en ruban, tirer, filer en gros, filer en fin, doubler et retordre en même temps. Ces machines, les plus parfaites de toutes celles qui avaient été présentées au gouvernement jusqu'alors (an XI), furent établies à l'Epine près Arpa-jon ; elles donnèrent naissance à la première filature continue établie en France ; et cet établissement tient encore le premier rang parmi ceux du même genre que nous possé-dons. M. Delaitre, l'un des propriétaires de cette filature, présenta des cotons à l'expo-sition de l'an IX qui obtinrent la première distinction. Dès 1785, le gouvernement ac-corda à M. Miln, mécanicien, une somme de 60,000 francs à titre d'encouragement, avec un traitement annuel de 6,000 francs, et une prime de 1,200 francs pour chaque assorti-ment de ses machines qu'il justifierait avoir fourni aux manufactures. Sur les modèles de M. Miln, d'autres mécaniciens construi-sirent des machines, auxquelles ils apportè-rent des changements plus ou moins utiles; ainsi le but du gouvernement fut rempli : les machines se multiplièrent et les manu-facturiers purent se procurer d'intéressantes connaissances sur la composition et les pro-duits de ces machines, jusqu'alors peu con-nues. Mais ce fut en 1789 que MM. Morgan et Massey, négociants à Amiens, firent cons-truire une *mull-jenny* de cent quatre-vingts broches ; en 1791, le ministre de l'intérieur, sur la demande du bureau d'encouragement de la ville d'Amiens, accorda à ces deux manufacturiers 12,000 francs, pour les indem-niser des frais de construction. Cependant le succès de ce nouveau genre de filature était encore incertain, et il ne s'est développé et invariablement établi que du moment où MM. François et Liewen-Bauwens eurent formé, l'un à Gand, l'autre à Passy, deux établissements de filature par *mull-jenny*. Le jury a été appelé à décider sur le genre de mérite de ces diverses machines; après l'examen approfondi de toutes les machines qui lui ont été soumises, il a désigné l'assorti-ment présenté par MM. Liewen-Bauwens et

mes Farrar comme devant obtenir la pré-
fence sur les machines du même genre
ésentées au concours. » (*Ann. des Arts et
nuf.*, an XII, tome. XV, p. 162 et suiv.)

Inventions. — *M. Molard jeune, démonstra-
ir au Conservatoire des arts et métiers.* —
Pourqu'une machine à carder le coton, dit
Molard, remplisse parfaitement son objet, il
suffit pas de peser exactement le coton
de le faire arriver au grand tambour de
mécanique en quantité parfaitement égale
ns tous les instants de son travail ; il faut
core : 1° que le tambour et les cylindres
i composent une machine à carder tour-
nt bien rond ; 2° que leur forme cylindri-
e ne soit pas sujette à changer suivant les
riations de l'atmosphère ; 3° que le cuir
s planches de cardes qui recouvrent les
lindres et le tambour soit d'égale épais-
ir et sans défaut ; 4° que les cordes soient
gale hauteur, de même forme et compo-
s d'un fil fin, élastique, soit de fer ou
cier. »

On peut atteindre cette perfection qui as-
e le succès de la durée des machines ;
is, comme les douves qui composent la
conférence du tambour et des cylindres
sont pas exemptes de variations hygro-
triques, quelle que soit la nature du bois,
en résulte que le tambour et les cylindres
restent pas parfaitement ronds, que la
tie la plus éminente de leur circonférence
nd plus de coton ; de là, des inégalités
ivitables dans la grosseur de la nappe et
ruban. C'est pour remédier à cet incon-
nient que M. Molard a composé le tam-
ir et les cylindres des machines à carder,
manière que les fibres du bois tendent du
itre à la circonférence, et par ce moyen les
ibours et les cylindres se conservent parfai-
ient ronds. (*Moniteur*, an XII, page 1318.)

M. Pohecheim. — Ce mécanicien a présenté
jury un *mull-jenny* à filer en fin par
uillées de 1 mètre 624 millimètres de
g, composé de 216 broches. Le laminoir
cette mécanique est formé de trois pai-
de cylindres à étirer; leurs supports sont
ne seule pièce, et l'écartement des cylin-
s ne peut varier ; il y a 30 millimètres
la première à la deuxième paire de cy-
dres et 33 millimètres de la deuxième à
troisième. Les cylindres supérieurs en
s, recouverts de basane, prennent cha-
1 six fils. Le coton s'étend sur cette ma-
ne à filer en fin, de la première à la deu-
me paire de cylindres, dans le rapport de
à 43, et de la deuxième à la troisième de
à 110. Des diamètres du premier et
ixième cylindres cannelés sont de 26 mil-
ètres : celui du troisième est de 31 mil-
ètres. Cette machine, conduite par M.
er, fileur, aidé de deux rattacheurs, a
duit en deux heures et demie 1 kilogram-
936,584. Des expériences répétées six
rs de suite par le fileur, il en est résulté,
ès un travail de onze heures par jour,
kilogrammes 131,680 de fil au n° 30.
te machine a été admise au concours
l'an XII. (*Moniteur*, an XII, page 135.)

M. Bramwels, de Paris. — Ce mécanicien a
présenté au jury six machines à filer et à
carder le coton ; la première mécanique est
propre à carder à nappes ; la deuxième à
carder à doubles rubans ; ces deux machines,
à peu près semblables se composent chacune d'une paire de cylindres cannelés alimentaires, du diamètre de 33 millimètres ;
d'un grand tambour couvert de cardes, du
diamètre d'un mètre, dont l'axe porte la manivelle. Le tambour est surmonté de dix
planches garnies de cardes nommées chapeaux, d'un petit tambour de 0ᵐ, 325
de diamètre, couvert de cardes en rubans,
sur lequel agit le peigne qui en détache le
coton sous forme de nappes, et d'un tambour
uni, du diamètre de 0ᵐ 650, autour duquel ces nappes se roulent; la vitesse du
grand tambour est à celle du tambour à
cardes en ruban comme 25 est à 2 et à celle
des cylindres alimentaires comme 50 est à
1. En imprimant au grand tambour une vitesse de cent révolutions par minute, on a
cardé sur cette mécanique 26 kilogrammes
414 de coton en douze heures. Une carde à
nappes suffit pour alimenter deux cardes à rubans. Les troisième et quatrième mécaniques
sont propres, l'une à étirer les rubans, l'autre
à les étirer et les tordre, par le moyen de
huit lanternes. Chacune de ces machines,
qui sont pareilles, se compose de quatre
laminoirs à deux paires de cylindres, dont
on peut augmenter ou diminuer l'écartement. Ces laminoirs se meuvent par des
cordes de coton et un cylindre à baguettes
placé sur le bâti de la machine, dont l'axe
porte une manivelle. Le diamètre du premier cylindre cannelé est de 26 millimètres,
celui du deuxième est de 29 millimètres. La
cinquième machine pour filer en fin, appelée *mull-jenny*, est composée de 216 broches, par aiguillées de 1ᵐ, 299 de long.
Le laminoir de cette machine est composé
de trois paires de cylindres à étirer, se communiquant bout à bout et sur lesquels la
filature en gros est étirée du premier au
deuxième cylindre dans le rapport de 15 à
16, et du deuxième au troisième depuis celui
de 16 à 95. Le diamètre des premier et deuxième cylindres cannelés est de 20 millimètres, celui du troisième cylindre de 25
millimètres. Chaque cylindre supérieur
presse 4 fils, 2 par chaque bout. Ce *mull-
jenny*, conduit par un fileur aidé de trois
rattacheurs, produit en douze heures de
travail 5 kilogrammes 870 de fil n° 40. La
sixième machine pour filer en gros, appelée
aussi *mull-jenny*, est composée de 108 broches, par aiguillées de 1 mètre 299 de long.
Le laminoir de cette machine est composé
de trois paires de cylindres à étirer, se communiquant bout à bout ; la deuxième paire
peut s'éloigner de la troisième à volonté ;
le diamètre des premier et deuxième cylindres cannelés est de 20 millimètres 250, et
celui du troisième cylindre est de 26 millimètres.
Le coton, préparé d'abord par la mécanique
à carder double à nappes, par la machine à
carder double à rubans, ensuite par la ma-

chine à étirer les rubans sortant de la carde, puis par la machine à les étirer de nouveau et à les tordre légèrement, est roulé sur des bobines, au moyen d'un petit rouet particulier, opération séparée et qui se fait à la main ; ensuite on met ce coton sur le *mull-jenny* à filer en gros, où il éprouve un allongement, du premier cylindre à étirer au deuxième, dans le rapport de 13 à 14, et du deuxième au troisième, de 14 à 37. Le chariot qui porte les broches dans cette machine opère lui-même un étirage qui augmente la longueur de chaque aiguillée dans le rapport de 37 à 40. Ces six mécaniques ont été admises au concours de l'an XII. (*Moniteur*, an XII, page 135.)

M. Liewen-Bauwens et J. Farrar. — Ces manufacturiers ont présenté au jury deux *mull-jenny* ; le premier est destiné à filer en fin par aiguillées de 1ᵐ 289 de long et 300 broches. La roue qui imprime le mouvement au laminoir et aux broches de cette machine est placée vers le milieu du bâti ; cette disposition permet à un même fileur de soigner deux mécaniques semblables, placées en face l'une de l'autre, et qui reçoivent leur mouvement d'un moteur commun. Le laminoir de ce *mull-jenny* est composé de trois paires de cylindres ; la distance de la deuxième à la troisième paire peut varier à volonté. Le diamètre des premier et deuxième cylindres cannelés est de 22 millimètres, celui du troisième de 29 millimètres. Le fil en gros y éprouve un étirage de la première paire à la deuxième, dans le rapport de 3 à 4 ; et de la deuxième à la troisième de 4 à 17 ; on peut varier ce dernier étirage, qui augmente la longueur des fils de chaque aiguillée, dans le rapport de 7 à 8 ; cet allongement varie suivant la finesse du fil. Ce *mull-jenny*, conduit à la main par un fileur aidé de deux rattacheurs, produit en douze heures de travail 10 kilogrammes 272,066 de fil n° 40 ; et dans d'autres expériences, recevant le mouvement d'un moteur particulier, il a produit 7 kilogrammes 337, 190 de fil n° 74, dans le même espace de temps. Le second *mull-jenny* est propre à filer en gros par aiguillées de 1ᵐ 299 millimètres de long à 72 broches. Le laminoir de cette machine est composé de trois paires de cylindres à étirer. Le diamètre des premier et deuxième cylindres cannelés est de 22 millimètres ; celui du troisième de 25 millimètres. La deuxième paire peut s'écarter de la troisième à volonté. Le coton sortant des lanternes de la mécanique à laminoir est composé dans des cases qui sont derrière ce *mull-jenny*, sur lequel il éprouve une augmentation de longueur de la 1ʳᵉ à la 2ᵉ paire de cylindres dans le rapport de 9 à 16, et de la 2ᵉ à la 3ᵉ, dans celui de 16 à 51. Le chariot qui porte les broches opère lui-même un étirage, qui augmente la longueur de chaque aiguillée dans le rapport de 5 à 6. Ce *mull-jenny* produit en douze heures 11 kilogrammes 739,504 de fil en gros propre à former un fil en fin du n° 40. Cette quantité varie suivant le degré de finesse qu'on veut obtenir. Les mêmes manufacturiers ont présenté,

outre des deux *mull-jenny* ci-dessus, trois autres mécaniques, savoir : la première simple à carder à nappes, la seconde double, à carder à rubans. Ces deux machines, à peu près semblables, sont composées chacune d'une paire de cylindres cannelés alimentaires de 33 millimètres de diamètre, d'un grand tambour de 8 décimètres 63 millimètres de diamètre, couvert de cardes, et surmonté de chapeaux ; enfin, d'un autre tambour de décimètres 25 millimètres, couvert de cardes en ruban sur lequel agit le peigne. Le coton que le peigne détache sous forme de nappe se roule autour d'un tambour uni de 5 décimètres 42 millimètres de diamètre, d'où il est enlevé chaque fois que la charge est cardée. La vitesse du grand tambour est à celle du cylindre couvert de cardes ou ruban comme 25 est à 1, et à celle des cylindres cannelés alimentaires comme 70 est à 1. Ces derniers cylindres ont 33 millimètres de diamètre. Le produit de la carde à nappes est de 14 kilogrammes 674,380, quantité moyenne, journée de douze heures, avec une vitesse au grand tambour d'environ 10 révolutions par minute. La charge de la carde est de 122 grammes 287 de coton ou laine, étendu le plus également possible sur une longueur de 8 décimètres 11 millimètres de toile, qui les transmet aux cylindres alimentaires. La troisième machine est composée de sept laminoirs à deux paires de cylindres, dont on peut varier à volonté la distance. Le diamètre du premier cylindre cannelé est de 22 millimètres ; celui du deuxième est de 31 millimètres. Chacun de ces laminoirs augmente la longueur des rubans sortant de la carde dans le rapport de 1 à Trois de ces laminoirs sont munis de six lanternes qui, au moyen du mouvement de rotation, donnent aux rubans un léger degré de tors. Une pareille machine suffit à la préparation de toute quantité de coton cardée par la mécanique double à carder en rubans. Ces cinq machines sont disposées de manière à recevoir le mouvement d'un tambour hydraulique, ou de tout autre qu'on voudrait y adapter ; elles ont été admises au concours de l'an XII, et ont obtenu l'approbation du jury. (*Moniteur*, an XII page 135.)

M. Mila père, de Paris, est auteur d'un assortiment de machines à filature composé composées : 1° d'une carde simple à nappes produisant par un travail de douze heures 14 kilogr. 974 gr. ; 2° d'une carde simple à rubans ; 3° d'une machine composée de trois laminoirs à deux paires de cylindres ; 4° d'une machine à filer en fin de 12 broches à œillettes ; 5° d'une machine à filer en fin de 48 broches à œillettes. L'auteur, pour obtenir une tension égale dans les cordes qui impriment le mouvement aux broches des deux dernières machines, a fixé les crapaudines sur des pièces de bois munies de roulettes portées sur un plan incliné ; il a placé des rondelles de peau élastique sous chaque bobine afin d'en augmenter la résistance à mesure qu'elles se chargent de coton. (*Moniteur*, an XII, page 135.)

M. Jubert — An XII. — La machine inventée par M. Jubert pour filer le coton en gros se compose d'une manivelle qui donne le mouvement à un tambour à claire-voie, sur lequel passent les cordes qui font marcher les six lanternes du système avec leurs bobines. Les bobines s'enfilent sur autant de broches, où l'on dévide la filature en gros ou le boudin. Le tirage suffit pour donner le mouvement à ces bobines, qui doivent être libres sur leurs broches. Les cylindres sont menés par les roues dentées adaptées à un arbre, qui reçoit son mouvement au moyen d'un train engrenant dans une de ces roues. Le mouvement est communiqué du tambour aux lanternes par une corde qui passe, d'un côté, par dessous un rouleau, et de l'autre par dessus un autre, afin de garnir la poulie horizontale de la lanterne. Toutes les roues employées par M. Jubert sont en bois. *Ann. des Arts et Manufactures*, tome XXI, page 51 et suiv., pl. 1, 2, 3.)

Perfectionnements. — *M. Pouchet, de Rouen.* — Le perfectionnement, pour lequel l'auteur a obtenu un brevet de cinq ans, consiste à substituer plusieurs rangées de broches, placées à diverses hauteurs et dans des plans verticaux différents, à l'unique rangée dont les anciens métiers sont pourvus; de sorte que, sans augmenter les dimensions d'une machine, elle peut avoir deux ou trois fois plus de broches. (*Brev. publiés*, tome III, page 27, planche 13.)

M. Albert Charles, de Paris — 1806. — Ce mécanicien a présenté au concours des mécaniques pour lesquelles il lui a été décerné une médaille d'or. Ces machines sont : 1° des carderies, brisoirs et finisseurs, mus par engrenage, sans cordes, ni poulies, dont les chapeaux sont réglés par des vis; 2° un laminoir à quatre systèmes. Cette mécanique, mue par un engrenage, n'est point sujette aux irrégularités des moteurs à poulies et à cordes; 3° une boudinerie à quatre lanternes, qui produit une épargne de main-d'œuvre dans cette préparation du coton; 4° une boudinerie à œillets ou système continu, préparant le boudin pour la filature en gros, et remplaçant à la fois les lanternes et le boudinage; 5° une filature en gros ou en doux, dite *stricher*, système *mull-jenny*; 6° une filature en lin, même système, avec un moteur hydraulique; 7° une filature continue, système *Trostel*, pour les numéros 30 à 50, et une autre pour les numéros 80 à 180, pour chaîne. (*Moniteur* de 1806, page 447.)

MM. Rivery père et fils, d'Amiens. — Les cylindres cannelés pour cordes, et *mull-jenny* de MM. Rivery, sont faits avec précision, et d'un prix modéré; ils ont valu à leurs auteurs une médaille d'argent de deuxième classe. (Même *Monit.*, pag. 1434.)

MM. Klark et André de Havre, près Mons.. — Une médaille d'argent de première classe a été décernée à ces manufacturiers, pour avoir présenté à l'exposition une série de broches pour mécaniques à filer la laine

et le coton, qui sont faites avec soin et sont d'un prix modéré. Leur manufacture fait deux milles broches par semaine, à l'aide de moyens aussi simples qu'ingénieux qui perfectionnent et abrègent la main-d'œuvre. (Même *Moniteur*, même page.)

MM. Corbillelez Augustin de Niancourt, et Walsh de Paris. — Ces fabricants ont obtenu une médaille d'argent de deuxième classe, pour avoir présenté des cardes remarquables par le choix du cuir et par la qualité du fil de fer et d'acier. (Même *Moniteur*, ibid.)

M. Delafontaine. — Une médaille d'argent de deuxième classe a été décernée à M. Delafontaine : 1° Pour sa nouvelle manière d'enter les cylindres d'étirage : cette manière est plus solide que l'ancienne, et donne le moyen de remplacer les collets sans changer les cylindres; 2° pour un moyen de soustraire la bobine à l'action de la broche, afin de pouvoir en régler plus facilement la résistance suivant la finesse du fil; 3° pour la forme qu'il donne à la denture des roues d'engrenage, afin d'obtenir plus d'uniformité dans le mouvement. (Même *Moniteur*, même page.)

M. Andrieux, de Paris. — Mentionné honorablement pour la belle exécution de deux machines; la première appelée cardes-finissoires, et la deuxième *mull-jenny*, propre à filer en fin. (3ème *Moniteur*, même page.)

MM. Maquenhein, d'Escarbotin (Somme), Poujol, de Besançon. — Mentionnés honorablement pour leurs cylindres de filature et de carderies de coton. (Même *Moniteur*, même page.)

MM. Boucher, oncle et neveu, de Paris. — Même mention pour des cylindres cannelés, broches, roues d'engrenage et supports destinés aux filatures. (Même *Moniteur*, même page.)

Invention. — *M. Rodier (Claude).* — La machine inventée par M. Rodier a pour objet : 1° de tirer parti des épluchures et déchets de coton, et de les rendre d'aussi bonne qualité que celle des cotons dont ils sortent; 2° de diviser les cotons Carthagène et autres semblables de manière à leur donner une longueur convenable à être mis sous la carde, et à les rendre les plus beaux fils qui puissent sortir des filatures; 3° de réparer les cotons avariés et de les ramener à leur blancheur, sans altérer la qualité ni la longueur de la soie. Cette machine se compose d'une trémie, dans laquelle on jette le coton; d'un premier châssis garni de planchettes, armées chacune de longues aiguilles ployées à leur extrémité inférieure; d'un second châssis, garni de baguettes armées de quantité d'aiguilles recourbées en forme de crochets de cardes, qui, avec celles du châssis précédent, servent à faciliter le passage et le nettoyage du coton. Ce châssis roule entre des galets de cuivre, et se meut continuellement, suivant un mouvement de va et vient produit par une poulie, une bille et un axe coudé. Deux tringles à crémaillère portent chacune trois plans inclinés, dont l'objet est d'élever plus ou moins le premier châssis, pour que les aiguilles de ce châssis et celles du second laissent entre elles un passage plus ou moins grand au coton. Cet effet s'obtient au moyen de deux pignons fixés sur l'axe qui reçoit la manivelle, montée sur l'arbre porteur des deux pignons, est d'élever plus ou moins le châssis supérieur. A l'un des bouts des châssis est une gueule de loup par où sort le coton, après avoir été nettoyé et disposé pour être mis dans les cardes. (*Brevets publiés*, t. III, p. 273, pl. 52.)

Observations nouvelles. — *M. Bardel.* — 1807. — Le moyen employé par M. Bardel pour éviter le duvet des cotons filés consiste à exposer les bobines sortant du métier dans une étuve chauffée par la vapeur de l'eau bouillante. L'auteur, ayant fait depuis des essais sur ce procédé, a remarqué qu'il ne produisait pas d'effets apparents sur les bobines filées aux *mull-jenny*; et il a cru, d'après cela, devoir rectifier cette annonce, qui, telle qu'elle a été présentée à la Société d'encouragement, pourrait induire quelques manufacturiers en erreur. L'opération de l'étuve n'agit pas sensiblement sur les cotons filés aux *mull-jenny*, mais elle produit un très-bon effet sur ceux filés par chaîne aux machines en continue. Le degré tors que doivent éprouver les cotons filés pour chaîne, les fait friser ou corviller, et c'est ce défaut que l'étuve fait disparaître. Rien n'indique cependant que cette préparation soit indispensable, et qu'elle influe avantageusement sur la qualité du fil : l'encollage et la tension qu'il éprouve sur le métier ne laissent plus aucune trace d'un trop fort degré de torsion ; mais le fil gagne, sinon en qualité, du moins en apparence, et c'est un pas de plus vers la perfection. Ceux qui ont quelque pratique de la filature ont dû observer que les filaments du coton, qui forment le duvet, sont produits par la vibration qu'imprime à la mèche le mouvement des broches pendant la marche du chariot ; à cet inconvénient inévitable, même dans nos meilleures machines, il s'en joint un autre, celui de l'étirage de la mèche pendant la course du chariot, qui, dans beaucoup de métiers à filer, est de sept à huit pouces. L'allongement qu'il donne à la mèche en décompose la texture, et le mouvement des broches, imprimé au fil en même temps que l'étirage a lieu, doit nécessairement occasionner l'écart des filaments, et par conséquent le duvet ; mais il y a un moyen très-simple de l'éviter, c'est de ne donner aux fils qu'un faible étirage, en réglant la marche du chariot dans une juste proportion avec la vitesse des cylindres cannelés ; cet étirage ne doit être que d'un pouce ou d'un pouce et demi pour la trame seulement (1). Pour la chaîne, au lieu d'étirer la mèche, il faut un pouce de roulement, c'est-à-dire que le chariot, à la fin de la course, doit laisser un pouce de lâche à la volée. On sent assez que le tors qu'on

donne de plus au fil pour chaîne sur les *mull-jenny* est suffisant pour qu'il prenne, dans sa longueur, la tension nécessaire. Ainsi, d'après ce principe, le fil pour trame ne doit être étiré, pendant la course du chariot, que d'un pouce à un pouce et demi sur une volée de quarante-deux à quarante-quatre pouces de longueur ; et celui pour chaîne doit avoir un pouce de libre, afin qu'il puisse d'autant rentrer sur lui-même par l'effet du tors. On sait que, pour obtenir cet effet, la marche du chariot se règle par la corde qui le conduit, et que c'est la différence de diamètre des roues d'angle qui détermine la vitesse des cylindres cannelés, et qui les met en rapport avec le mouvement du chariot. Ce rapport de vitesse doit être combiné de manière qu'après la course et le repos du chariot, le fil ait un tors à peu près suffisant, et qu'il ne faille pas en donner en plus que de quatre à six tours de roue, suivant la finesse qu'on veut obtenir. Cette disposition du métier donne au fil plus de rondeur, plus de netteté, et moins de duvet ; elle évite aussi qu'il ne casse trop fréquemment, parce que la fatigue qu'éprouve nécessairement la mèche par la vibration des broches et l'action du tors, n'est point augmentée par un étirage hors de mesure. C'est d'après l'expérience que l'auteur propose cette méthode, qui a été adoptée dans plusieurs filatures, et qui a produit les meilleurs effets. (*Société d'encouragement*, 1807, Bullet. 37, page 3.)

Invention. — *M. Chassaigne, de Paris.* — Brevet de quinze années pour l'invention d'un nouveau principe de filature en deux, par des machines employées spécialement à la filature du coton propre à la trame des couvertures et des molletons de coton.

Perfectionnement. — *M. Bodmer.* — 1808. — Les perfectionnements apportés par l'auteur aux métiers à filer le coton, et pour lesquels il a obtenu un brevet de cinq ans, consistent : 1° à faire mouvoir les broches des métiers à filer par une chaîne dont les chaînons sont en bois, et garnis de plaques de chapeaux placées sur des ressorts ; 2° à mouiller le coton en même temps qu'on le file, dans une espèce de lessive ou colle, faite avec des rognures de parchemin ; de sorte que le fil sortant de la filature peut être livré au tisserand sans aucune préparation. Lorsqu'on veut faire usage de cette colle, il faut, pour que le fil se colle également, la maintenir toujours chaude, ce qu'on obtient par la vapeur d'un vase d'eau bouillante, auquel on adapte autant de tubes communiquant au tuyau dans lequel se trouve celui qui, par le moyen de petits conduits, doit fournir aux rouages la colle qu'il reçoit d'un réservoir placé sur l'un des côtés des machines. (*Brevets publiés*, t. IV, p. 312, pl. 21.)

Inventions. — *M. Rawle, de Déville près Rouen.* — 1809. — Un brevet de quinze ans a été délivré à M. Rawle pour procédés propres au cardage et à la filature du coton.

---

(1) On appelle *volée* cette longueur de fil que produit la marche du chariot avant l'envidage.

Importation. — *M. Bauwens.* — 1810. — Ce manufacturier, au moment où nos filatures de coton par mécaniques étaient restées en arrière de celles d'Angleterre, à cause des perfectionnements récents apportés à ces dernières, a importé ces mêmes perfectionnements. (*Rapport de l'Institut*, séance du 20 août 1810. — (*Monit.* 1810, page 1303.)

Inventions. — *M. Mather, de Mons (Jemmapes).* — 1812. — Un brevet d'invention a été délivré à M. Mather pour un moyen d'imprimer le mouvement aux machines à filer le coton et la laine.

MM. Calla et Sareda, de Paris. — 1813. — Un brevet d'invention de cinq ans a été délivré à ces mécaniciens pour la construction d'une machine propre à filer le coton. Cette machine se compose d'un principe de broches, qui permet l'introduction du fil à leur partie supérieure, au moyen d'une vis ouverte qui communique à un trou fait au centre de la mèche, par lequel passe le fil qui sort latéralement un peu au-dessus du collet où frotte la broche, et passe de là à l'aillette. La broche étant inclinée, et sa partie supérieure n'étant contenue que dans une encoche, l'ouvrier peut tirer à lui cette partie de la broche, et introduire le fil dans le trou, en lui faisant faire par la vis le tour nécessaire à son introduction. Les machines destinées à filer d'autres substances que le coton ne diffèrent en principe de celle-ci que par les distances et le nombre des cylindres de pression qui présentent les fils aux broches: ces distances ne peuvent être déterminées que par la longueur des fibres. (*Brevets non publics.*)

Perfectionnement. — *M. Mather, de Mons (Jemmapes).* — Il a été délivré à M. Mather, de Mons, un brevet d'additions et de perfectionnements aux moyens d'imprimer le mouvement aux machines à filer le coton et la laine.

Inventions. — *MM. Thomas Ulhborn et compagnie, de Grevenbroich.* — Ces manufacturiers ont obtenu au concours d'Aix-la-Chapelle la médaille d'or pour des plaques propres à carder le coton et la laine. Les plaques dont il s'agit sont d'une exécution parfaite; leur emploi est d'autant plus apprécié par les fabricants qu'ils ne sont plus obligés de faire venir de loin leurs moyens de cardage. (*Monit.*, 1813, p 927.)

Perfectionnement. — *M. Collier.* — 1814. — Jusqu'à ce jour les cylindres des cardes avaient été construits en bois ou en cuivre laminé et soudé; mais les premiers étaient susceptibles de se tourmenter, les seconds, en ayant quelques inconvénients de ceux en bois, ne pouvaient être employés pour les grands cylindres, vu le prix du métal; et souvent le fabricant qui s'en servait était obligé de détacher ses cardes et de tourner de nouveau ses cylindres, ce qui, en détruisant la machine, lui faisait encore perdre un temps précieux. Pour parer à ces inconvénients, l'auteur compose ses grands et petits cylindres de cardes, d'un arbre en fer

et de roues de fonte assemblées par une carcasse en fer mince qu'il enduit dessus et dessous d'une couche de ciment composé de différentes substances calcaires, telles que plâtre, albâtre, pouzzolane, chaux, brique pilée, et dont les proportions dépendent des circonstances. Il emploie aussi les bitumes, résines, colles, sang de bœuf, blanc d'œuf, charbons et autres substances convenables; il obtient par ce moyen des cylindres parfaitement ronds, d'une matière homogène, durs, sonores, et qui n'éprouvent aucune variation, à quelque épreuve qu'on les soumette. L'auteur a pris pour ce perfectionnement un brevet de cinq ans. (*Brevets publiés*, t. IV, p. 24.)

Inventions. — *M. Saladin.* — 1816. — Ce manufacturier a obtenu un brevet de quinze ans pour une machine au moyen de laquelle il est parvenu à filer le coton sans duvet. L'auteur, qui a soumis des échantillons à la société d'encouragement, emploie deux procédés différents, l'un pour les cotons filés aux mull-jennys, l'autre pour ceux dits continus. Au moyen du premier, le duvet n'est point apparent et offre à l'œil un aspect de perfection qu'on ne trouve pas dans les cotons ordinaires; la régularité de la filature en est mieux appréciée, parce que le fil étant plus net, on peut plus aisément en apercevoir les défauts. En froissant un peu ce coton, le duvet en ressort et ne montre qu'un fil ordinaire qui, néanmoins, est d'une bonne filature. Il n'en est pas de même de ceux dits continus; le duvet est tellement rentré et incorporé dans le fil, qu'il résiste bien plus aux froissements.

M. André Jacob, ouvrier chez M. Kœchlin, à Mulhouse. — 1819. — Cet ouvrier a reçu une récompense de trois cents francs pour avoir inventé diverses machines dont l'usage est devenu commun et précieux dans les filatures de coton.

M. Vautier. — 1820. — Les appareils inventés par M. Vautier se composent : 1° d'un battoir pour ouvrir et nettoyer le coton qui est destiné à être filé; 2° d'un mécanisme pour régler la pression sur les cylindres étireurs dans les machines à filer; 3° d'une disposition particulière de plusieurs cordes et de plusieurs systèmes de laminoirs et de lanternes, qu'un homme seul peut mettre en mouvement. La machine à battre consiste en un châssis rectangulaire, couvert de cordes tendues, faisant l'office d'une claie élastique, et sur lequel on jette le coton qu'il faut battre; en deux arbres placés de chaque côté du châssis et armés de baguettes; en deux ressorts de cordes tendues, fixés immédiatement sous chacun des arbres à baguettes; enfin, en un arbre tournant placé sous le châssis et qui met en jeu toute la machine. Cet arbre étant garni de cames et d'un renvoi de mouvement fort simple, les deux axes horizontaux sont forcés de faire alternativement un quart de révolution, ce qui relève les baguettes et les place verticalement; celles-

25

ci retombent ensuite avec vitesse par l'effort du ressort de cordes qui oblige les axes à tourner en sens contraire pour revenir à leur préposition. Afin d'imiter autant que possible l'action de la main qui tient la baguette dans le battage ordinaire, M. Vautier a imaginé de rendre la claie mobile sur des galets, et de lui imprimer un mouvement de va-et-vient qui l'éloigne alternativement de l'axe dont les baguettes viennent de tomber. Dans la machine à filer le coton, le succès du filage dépend de la pression bien ordonnée, autant que des vitesses relatives des cylindres étireurs. Le mécanisme pour régler cette pression consiste en deux sellettes dont l'une repose sur les collets du rouleau du milieu et du rouleau de derrière, et dont l'autre s'appuie, par un bout, sur la première aillette, et par l'autre bout sur le collet du rouleau de devant; une bride placée sur la deuxième sellette passe entre le rouleau de devant et celui du milieu, et vient s'accrocher au levier d'une espèce de balance romaine sur laquelle est fixé un poids plus ou moins lourd. Ce poids, qui produit seul la pression sur les trois cylindres, peut être éloigné et rapproché à volonté du point d'appui. La bride peut aussi être accrochée plus ou moins près des cylindres de devant; enfin la deuxième sellette peut être placée de manière que le bout qui repose sur la première soit plus ou moins près du cylindre du milieu. Lorsque la pression est réglée comme il convient pour la qualité du coton et l'espèce de fil qu'on veut obtenir, elle doit rester la même dans tout le cours de la fabrication; mais il arrive souvent que les ouvriers ne remettent pas exactement tout le mécanisme dans son premier état; d'où il résulte que les métiers produisent alors un filage irrégulier. L'auteur a pensé qu'on obtiendrait une pression suffisante sur le cylindre cannelé de derrière, si l'on plaçait sur ce cylindre un rouleau de bois sans collet, et garni de son axe de fer de grosseur ordinaire, ou un rouleau en fer de même poids. Quant à la pression requise pour le cylindre du milieu et le cylindre de devant, M. Vautier l'obtient par une simple sellette et une romaine. Il s'est proposé d'employer la force entière d'un homme seul, pour faire subir au coton toutes les diverses préparations qui précèdent le filage : la disposition qu'il a imaginée pour atteindre ce but consiste en trois cardes placées les unes en avant des autres, et à peu de distance d'un bâti de charpente, qui renferme quatre systèmes de laminoirs et deux systèmes de lanternes. Le mouvement est donné simultanément à toutes ces machines par une manivelle mue par un seul homme. Cette manivelle est placée sur un axe horizontal, lequel porte une grande poulie et une roue dentée. La grande poulie reçoit une corde sans fin, qui embrasse une autre poulie plus petite, enarbrée par un axe horizontal placé au haut du bâti, et portant lui-même six autres poulies qui correspondent aux systèmes des laminoirs et des lanternes, et servant à leur imprimer le mouve-

ment par l'intermédiaire de courroies sans fin. La roue dentée engrène dans une autre roue dentée plus petite, fixée sur l'axe du grand tambour de la carde du milieu; cet axe porte en outre une poulie à deux gorges, qui reçoit deux cordes sans fin. L'une de ces cordes transmet le mouvement de rotation à une autre poulie de même diamètre, fixée sur l'orbe du gros tambour de la carde de derrière, et l'autre fait tourner une poulie plus petite, fixée sur l'arbre du gros tambour de la carde de devant, laquelle sert de cardes en gros et en nappes. Les deux autres servent de cardes en fin et en rubans. Les diamètres respectifs des roues dentées et des poulies sont déterminés de manière que, quand la manivelle fait trente tours par minute, le gros tambour fait cent révolutions, et celui des cardes en rubans, soixante-quinze. Ce qui est surtout surprenant, dans cette réunion de machines de la force d'une homme, c'est d'avoir soumis à l'action du même moteur les cardes et les laminoirs. Les premières par leur inertie, font l'office du volant, et entretiennent dans toutes les parties de ces divers mécanismes, une uniformité de mouvement qui n'est pas altérée par les inégalités que la main de l'homme exerce sur la poignée de la manivelle. Un ouvrier, travaillant dix heures par jour, produit sur ces machines quinze kilogrammes de coton cardé, réduit en ruban et prêt à être filé. *Archives des découvertes et inventions*, 1820, page 270. — *Bulletin de la société d'encouragement*, mars 1820.

COTON (*Machines à imprimer les toiles de*). — *Notice par Jérémie Risler.* — Nous empruntons la notice suivante au *Bulletin de la société industrielle de Mulhouse*, n° 13, p. 249.)

« Les premières machines à imprimer furent celles à planches plates, qui n'étaient qu'une application à l'indienne, des machines qui servaient à imprimer sur papier les gravures des planches de cuivre, avec la différence qu'au lieu d'encre noire et grasse, on se servait de couleurs composées de mordants gommés : ces machines, dabord imparfaites, ne pouvant agir qu'à bras et par un mouvement alternatif de va-et-vient, ont été successivement améliorées, jusqu'à ce qu'on parvint à les faire marcher par un moteur quelconque.

« Il y a soixante ans que la première machine à imprimer au rouleau fut construite en Angleterre. Peu de temps après on en introduisit en France, et notamment à Mulhouse : les établissements qui les premiers ont possédé cette machine, en ont retiré de grands avantages; car, par son moyen, on peut imprimer 20 aunes par minute, et dans des dessins qu'il serait impossible d'exécuter à la main. Cette machine est très-simple : un rouleau de cuivre gravé baigne dans la couleur : une lame d'acier, fortement maintenue entre à règles, parfaitement dressées et serrées à vis, appuie de son poids tout le long sur le rouleau, râcle la couleur sur toute la surfaire lorsqu'il tourne, et n'en laisse absolument que dans le creux de la gravure ; un autre rouleau, plus grand, en fonte de fer, garni d'un drap épais, se trouve pressé sur le premier par 2 leviers chargés de poids qui appuient sur ses deux tourillons. La toile à imprimer passe entre ces deux rouleaux, d'où elle sort pour entrer dans une étuve où elle sèche.

« Les premières machines à imprimer au rouleau furent construites avec des bâtis en bois, et des leviers simples en fer, chargés d'une certaine quantité de poids. Outre que leur apparence est monstrueuse, elles sont fort incommodes et dangereuses même pour le service ; aussi dès que le moulage de la fonte de fer s'est perfectionné, et a permis de si heureuses applications aux machines, on en a profité.

« Le rapport de mon triple système de leviers est comme 64,44 ; ainsi, en appliquant au bout du troisième levier un poids de 25 kilogrammes, de chaque côté j'obtiens une pression = $64,44 \times 50 = 3,222$ kilogrammes, plus que suffisante pour imprimer les dessins les plus délicats. Cette quantité de pression est indépendante du poids direct du rouleau presseur en fonte de fer, dont le poids est ordinairement de 350 à 400 kilogrammes. Je n'ai point fait entrer non plus en ligne de compte le poids propre des leviers, qui se compensent à peu près entre eux, puisqu'il y en a qui agissent en poussant et d'autres en tirant.

« Depuis quelque temps, entre le rouleau presseur, j'en applique un petit de 2 pouces de diamètre, suspendu librement dans une coulisse, et pouvant se régler pour la parallèle par 4 vis. L'emploi de ce rouleau dispense d'une pression aussi forte que celle qu'on emploie habituellement ; il en résulte plus de netteté dans le travail, et la machine exige moins de force pour se mouvoir.

« Les plis que fait par fois la toile à imprimer, lorsqu'elle se rend entre les rouleaux, étaient un inconvénient : le moyen qui m'a le mieux réussi pour y obvier, c'est l'emploi d'une vis à 5 filets en fer poli, dont les filets divergent du milieu à droite et à gauche ; on fait tourner cette vis par engrenages en sens inverse de la toile, et l'observation qu'il y a à faire dans son emploi, c'est de rapprocher cette vis autant que possible du point où la toile est saisie par le drap sans fin entre les rouleaux : car, dès que l'on abandonne à elle cette même toile tirée en large, elle se rétrécit et tend à faire des plis. »

COTONNIER, *sa culture.* — Le cotonnier se cultive en général dans les climats les plus chauds des quatre parties du monde ; peu à peu on l'a porté dans les zones tempérées, soit de l'ancien, soit du nouveau continent ; il peut s'élever encore à des latitudes plus au Nord. On récolte du coton au cap de Bonne-Espérance, dont le climat est analogue au nôtre ; on en récolte en Amérique, dans le Ténessée, et même au delà

de l'Ohio, où il s'est introduit de la Caroline. On sait que le Ténessée étant par trente-cinq et trente-six degrés, le froid y est comparable aux quarante-cinq et quarante-sixième degrés de France ; l'été y est chaud, mais le froid commence à la fin de septembre, et alors la végétation s'arrête. Nous avons beaucoup de départements qui sont ou sous cette latitude, ou plus au sud. Je citerai particulièrement, dit M. Tessier, membre de l'Institut, ceux de la Gironde, des Landes, de l'Ariège, de Lot-et-Garonne, de l'Aude, des Pyrénées-Orientales, de l'Hérault, du Gard, des Bouches-du-Rhône, de la Drôme, de Vaucluse, du Var et celui de la Corse. Il faut observer que l'intensité de la chaleur augmente par des abris, de telle sorte que de deux localités sous la même latitude, celle qui est préservée du nord et du nord-est offre plus d'avantage pour la culture d'une plante des pays chauds, que celle qui reçoit toute l'influence de ces vents ; faute d'abris naturels, on en fait d'artificiels avec des murs et des palissades, qui remplissent le même but. Le lieu d'où viennent les graines, et les espèces ou variétés de cotonniers qui les ont produites, sont encore des considérations qu'on doit avoir dans le choix de la contrée où l'on se propose de les cultiver. Un principe qu'il est bon de poser, c'est qu'il faut aux cotonniers, dont la végétation est la plus prompte et la plus accomplie, six mois sans gelée : cela doit établir une règle pour tenter des essais et pour prendre des précautions. On assure que le cotonnier peut se cultiver dans plusieurs sortes de terrains, même dans ceux qui sont un peu pierreux ou crayonneux ; le sol qui a du corps, sans être trop sec ni trop humide, lui convient le mieux ; il est bon de fumer ce sol auparavant pour le rendre plus substantiel ; il faut que des labours profonds et répétés le divisent et l'ameublissent, la racine de la plante étant disposée à pivoter ; on a remarqué que plus elle s'enfonce, plus on obtient de coton. Ce végétal est de la famille des malvacées ou mauves ; il est probable qu'il se plairait dans les terrains où se plaisent la mauve ordinaire, la guimauve, l'alcée, la mauve rose, etc. ; la graine bien aoûtée, c'est-à-dire cueillie mûre et bien soignée, conserve deux ans sa vertu germinative. Quand on aura réuni et essayé diverses espèces et variétés de coton, on saura distinguer celles qui méritent la préférence ; jusqu'ici l'on présume que c'est le coton herbacé (*gossypium herbaceum*), dont les Maltais et autres cultivateurs du Levant se trouvent bien, et celui à graines vertes de Ténessée, qui réussiront le mieux. Avant de semer la graine de coton, on est dans l'usage de la frotter fortement pour la débarrasser des filaments qui y sont adhérents, à moins qu'elle ne soit de l'espèce dont la graine se sépare facilement et reste nue. Comme elle est d'une nature sèche et coriacée, pour en faciliter la germination, on la met tremper trois ou quatre jours dans l'eau. Dans quelques pays, au lieu de se servir d'eau seulement, on laisse la graine séjourner un peu dans une lessive de cendres, ou de suie, ou de fiente d'animaux, avec l'intention, dit-on, de la garantir des vers et insectes qui l'attaquent dans la terre. Suivant les pays on dispose diversement le terrain ; les uns le distribuent en petits carrés, aux angles desquels ils placent des graines ; d'autres, sans distribuer le terrain, se contentent d'y tracer des lignes selon la longueur, et l'ensemencent au plantoir. La charrue, pour une culture en grand, serait un moyen plus économique ; il suffirait de poser de distance en distance des enfants pour mettre les graines dans les raies. De quelque manière qu'on s'y prenne, il faut semer deux graines à côté l'une de l'autre, pour en ôter une dans la suite si les deux lèvent ; l'espace entre les pieds doit être de soixante-six centimètres, et les graines seront placées à douze ou treize centimètres de profondeur ; peut-être serait-il avantageux de former dans le terrain de petites buttes pour placer des graines sur chacune d'elles ; ce moyen augmenterait la chaleur. Le temps le plus favorable à un ensemencement en coton est celui qui doit être suivi de la pluie, pourvu qu'elle ne doive pas être de longue durée. Quand on sème au plantoir par un temps sec, on supplée à la pluie en versant de l'eau dans chaque trou. On accélérerait de beaucoup la végétation du coton, si, au lieu de le semer au plantoir, on commençait par le semer sur couche comme le tabac : la facilité d'abriter les couches contre les gelées printannières mettrait dans le cas de le semer plus tôt, et sa maturité préviendrait les froids de l'automne.

Je conseille, continue M. Tessier, de ne pas négliger cette méthode, qui me paraît utile pour la plupart de nos climats ; en l'employant, on repiquerait les pieds aussitôt qu'ils auraient pris assez de force, et on les arroserait comme on est dans l'usage de le faire pour un grand nombre de plantes. On débarrassera d'herbes la cotonnière autant de fois qu'il sera nécessaire, et on rapprochera la terre des pieds. Si la méthode de l'ensemencement au plantoir est celle qui a eu lieu, on détruira un des deux pieds qui auront levé à l'époque où ils auront six feuilles. Quand le cotonnier a trente-trois centimètres ou environ de hauteur, il faut pincer l'extrémité des tiges principales et les couper avec l'ongle, en ayant l'attention de ne point tailler dans le tendre, mais à la partie où la tige commence à se durcir, ce qui est très-important. Cette mesure est indispensable pour faire pousser les branches latérales qui portent les gousses de coton ; sans cela les tiges monteraient et ne donneraient pas de gousses ou n'en donneraient que de tardives qui ne mûriraient pas. On pince également à leur tour, et dans la même intention, les extrémités des tiges latérales aussitôt qu'elles montrent deux gousses ; à cet effet, comme tout ne pousse pas à la fois, on visite de temps en temps la cotonnière. Cette opération est la même que celle qui se fait pour les poids et pour les fèves

S'il ne tombe pas de temps en temps une légère pluie, on fera bien d'arroser un peu les pieds de coton, à moins qu'ils ne soient situés près de la mer, ou d'une rivière, ou d'un ruisseau, dont l'évaporation retombe sur les feuilles de ce végétal. Les pays où l'irrigation est praticable peuvent être d'un grand avantage pour le produit d'une cotonnière. Si le cotonnier craint la grande et longue sécheresse, il craint aussi les averses et les pluies prolongées, surtout celles de l'automne, qui pourrissent les gousses et altèrent la qualité du coton.

Beaucoup de petits ennemis attaquent cette plante et lui nuisent quelquefois très-sensiblement : tels sont les vers, les scarabées, parmi lesquels il y en a un nommé diable ou diablotin, les chenilles, etc. On peut bien, dans certaines localités, remédier à la grande sécheresse par des arrosages ; les averses sont aussi des accidents qui n'ont pas toujours des suites funestes ; on prévient les pluies d'automne si l'on accélère la végétation du coton en le semant par couches et en le plaçant bien. Quant aux insectes et aux vers, les moyens qui quelquefois les détruisent ou préviennent leurs ravages, sont connus.

Les gousses du cotonnier se forment peu après la floraison. D'abord elles sont vertes, bientôt elles jaunissent et elles s'ouvrent : c'est alors qu'il faut les cueillir. On choisit le matin, afin que la rosée, humectant les feuilles qui commencent à se dessécher, les empêche de se briser et de se mêler au duvet du coton ; on le retire de sa coque, et on le fait sécher au soleil ou dans un endroit sec et à l'abri de la poussière, jusqu'à ce qu'il puisse être emballé. La graine à laquelle tient le coton s'en sépare ou à la main, ou à l'aide d'une machine, qui consiste en deux rouleaux l'un sur l'autre, tournant en sens contraire ; on engage le coton entre ces deux rouleaux, assez serrés pour ne point admettre la graine qui tombe à terre. Cette machine, peu coûteuse, épargne de la main-d'œuvre (*Monit.* 1807, p. 608).

M. C.-P. Lasteyrie. — 1808. — On doit au zèle, aux lumières et au talent de M. Lasteyrie plusieurs ouvrages du plus grand intérêt sur l'économie rurale ; tous ont pour objet quelque importante amélioration ou quelque accroissement dans nos richesses agricoles. L'ouvrage que ce savant a publié sur les moyens d'introduire la culture du coton en France offre en même temps une instruction sur son emploi, sous le titre de considérations générales. L'auteur a d'abord levé les doutes sur la possibilité d'acclimater le coton en France : l'analogie, les faits, la comparaison des latitudes et des lieux, lui offrent des preuves si palpables à cet égard, qu'il n'y a rien à y opposer de l'objection banale et futile, tirée de l'oubli ou de la négligence des propriétaires français, objection à laquelle il est aisé de répondre, comme y répond en effet l'estimable auteur.

Il résulte de ses observations, 1° que le coton est cultivé en grand dans des latitudes quelquefois, à la vérité, plus méridionales que celles des provinces du sud de la France, mais où la rigueur des hivers, le froid des nuits et d'autres circonstances rendent le climat moins propre à cette production que notre sol; 2° qu'il est cultivé dans les îles de la Méditerranée; qu'il l'a été autrefois en Provence, et qu'il peut l'être très-avantageusement en Corse, où peut-être il conviendrait de former des fermes ou cultures expérimentales pour faire les premiers essais en grand; 3° que les primes ne paraissent pas suffire pour introduire cette richesse; l'expérience semble indiquer la nécessité de l'établissement et l'essai en grand au compte de l'État; 4° que la culture du coton est plus lucrative qu'aucune autre, et qu'elle est de nature à offrir un avantage certain, durable et croissant par la vente assurée de ce produit; 5° qu'elle est en même temps très-aisée à pratiquer; que tout sol, même le plus ingrat, lui convient, en lui appliquant les façons nécessaires à l'espèce et au genre de coton que l'on veut cultiver (*Monit.*, 1808, p. 456).

On cultive à la porte de Gênes, dans une campagne appelée Conégliano, appartenant à M. Jacques-Philippe Durazzo, le coton, comme on cultive ailleurs le blé, c'est-à-dire qu'on le sème chaque année, et que chaque année on en récolte une assez grande quantité pour occuper les habitants du pays à en fabriquer de la bonneterie. Une paire de bas de cette fabrique a été présentée à la Société d'encouragement. On n'entend parler ici que de la culture du coton herbacé, qui est une plante annuelle. Le coton Nankin ou Siam se cultive avec un pareil succès. Madame Lélie Grimaldi, de cette même famille Durazzo, qui a transformé une campagne tout entière en un riche et superbe jardin botanique qu'elle cultive elle-même, y a naturalisé, pour ainsi dire, le coton arbre (celui de nos colonies), qu'elle a tenu en pleine terre toute une saison. (*Monit.*, 1808, p. 469.)

M. Parmentier, de l'Institut. — Le cotonnier herbacé, l'une des plantes les plus précieuses, dit ce savant, que la nature semble avoir destinée à l'homme, qui se l'est appropriée dans tous les climats, et dont la culture prospère aujourd'hui dans les deux mondes, pourrait être naturalisé en France. La Société centrale d'agriculture, convaincue que nos agriculteurs ne doivent pas dédaigner une pareille conquête, a proposé un prix dû à la générosité de l'un de ses membres, M. le duc de Charost, pour celui qui en planterait au moins mille pieds. Plusieurs essais heureux ont été faits en Provence et en Languedoc. Le cotonnier est naturalisé dans l'île de Malte et en Sicile; et on a tout lieu de croire qu'à force de semis répétés, on rapprochera insensiblement de nos climats une plante d'autant plus avantageuse, que les céréales qui lui succèdent ont une réussite complète. *Société d'Agriculture* de Paris, séance du 6 avril 1808. — *Moniteur*, 1808, p. 444.)

M. M.-A. Vassalli de Salon (Bouches-du-Rhône), — 1809. — L'auteur distingue toutes les espèces de coton en trois classes, savoir : coton arborescent, coton arbuste, et coton herbacé; dans les climats chauds toutes y sont vivaces. L'arborescent, comme celui du Brésil, de Fernambouc, de la Géorgie, etc., ne réussit pas en plein champ dans les départements méridionaux de la France; il demande plus de temps que les autres pour pousser les branches à fleurs; l'hiver les tue avant de fleurir. Il y a des espèces, dans la classe du coton arbuste, qui réussissent très-bien en France; telles sont celles du Siam blanc à graine verte; du Siam-Nankin de Gallipoli, et toutes les autres espèces de coton arbuste dont la plante et les feuilles ressemblent à celles de Siam dont on vient de parler, comme le coton à courte soie, le coton à filoselle, etc. Mais le coton à graine lisse, brune ou noire, comme celui de Cayenne, qui a été acclimaté en Espagne et dans l'île d'Iviça, réussit médiocrement dans nos départements les plus chauds; dans les autres il demeure sans succès. Les espèces de coton herbacé forment la classe qui, en France, réussit presque tous les ans, comme le coton de Syrie, de Saint-Jean-d'Acre, de Chypre, de Kicagas, de Malte, de Pantalarie, et toutes les espèces de coton barbaresque qui ont les feuilles échancrées. M. Vassali regarde le coton de Siam blanc à graine verte, comme étant le plus propre à s'acclimater aisément dans nos contrées : il s'y perfectionne en blancheur, en finesse et en soyeuseté; en sorte qu'il a donné occasion de l'appeler à tous égards coton français. Les espèces que l'on cultive aux environs de Smyrne et dans la Turquie européenne, comme le souboujac, le coton de Salonique, etc., doivent aussi réussir en France; toutes celles dont la plante pousse les branches avec les boutons à fleurs, réussissent sans exception dans les départements méridionaux; toutes les autres espèces, qui tardent plus à sortir leurs boutons à fleurs, réussissent moins, principalement dans les lieux où l'été est de courte durée. La germination bien développée des arbres fruitiers d'été, et la fermentation de la terre sont des indices certains que l'époque est propice et véritable pour le semis du coton. Le coton de Siam à graine verte, et celui de Gallipoli, peuvent être ensemencés par anticipation. La graine de ces deux espèces végétera en tout ou en partie, car cette graine ne pourrit pas aussi facilement que la graine des espèces du coton barbaresque, qui ne peut rester sous la terre sans pourrir, si elle n'y germe pas promptement. Quand le semis s'anticipe, il ne faut pas tremper la graine, l'humidité pouvant lui causer de la putréfaction, et la terre n'étant pas assez en fermentation pour lui communiquer à l'instant les premiers mouvements de la germination. Pour être assuré que la graine de coton germe et sorte de la terre, il faut que celle-ci soit légère,

:neuble et dans l'état de fermentation : il ne faut pas couvrir la graine avec beaucoup de terre ; la quantité de deux doigts lui est suffisante. Pour que le coton atteigne parfaitement le point de maturité nécessaire dans nos climats, il doit être clair-semé, et les vaseaux éloignés de manière que les plantes ne s'entre-touchent pas dans leur croissance. La distance d'un vaseau à l'autre doit être d'environ un mètre, si le cotonnier est des espèces de Siam à graine verte ou d'espèces semblables, et de deux tiers de mètres seulement s'il est des herbacées. On sème six ou huit graines dans chaque vaseau pour s'assurer de deux ou trois plantes ; et on place ces graines ensemble et unies sur un même point, pour qu'elles s'entr'aident à lever la terre ; alors elles auront la force de pousser et de sortir vigoureusement, quand la superficie même de la terre se formerait en croûte par suite de la pluie et de la sécheresse. Si toutes les graines qu'on a mises en terre sortent, on les éclaircira deux fois ; la première dix jours après la patame, c'est-à-dire quand les plantes auront poussé la première feuille, si alors on laisse quatre plantes par vaseau. Le dernier éclaircissage sera nécessaire quand les plantes auront bien développé la cinquième feuille, les deux séminales non comprises ; on ôte encore alors un ou deux pieds, pour n'en laisser en place que deux dans les terres grasses, et trois dans les terres médiocres ou maigres. Lorsqu'il meurt au milieu des vaseaux quelque pied de l'espèce de Siam à graine verte ou d'espèces semblables, il faut avoir l'attention, en éclaircissant, de laisser seulement deux pieds dans les vaseaux circonvoisins, mais jamais davantage. Quand les plantes des espèces à feuilles échancrées commencent à fleurir, et que la tige devient rouge jusqu'à la moitié, il faut les étêter. Si le coton arbuste est ensemencé dans des terres grasses ou irrigables, l'étêtement est également nécessaire ; mais cette opération est plutôt nuisible aux espèces à graine lisse et brune ou noire. Pour mûrir parfaitement, le coton demande un air libre et ventilé ; l'humidité automnale lui est nuisible. Ainsi, à l'approche de la maturité on cessera tout arrosage ; et, si le cas l'exige, on effeuillera les plantes vigoureuses pour donner de l'air aux gousses. Il ne faut jamais récolter le coton avant qu'il soit mûri : ceux qui, par ignorance de cette partie de culture, coupent les cocons non ouverts, et les forcent à s'ouvrir en les faisant dessécher au four, recueillent, par ce moyen, une très-petite quantité de coton faible et mauvaise, et ils se voient contraints tous les ans de recourir à l'étranger pour avoir de la graine. (*Moniteur*, 1809, page 993.)

M. S***.—Pour cultiver le coton en France avec succès, dit l'auteur de l'observation, il faut préparer la partie la plus méridionale ; la position au sud-ouest et à l'abri du nord est celle qui convient. L'air salin étant propice au cotonnier, il faut préférer la proximité de la mer. Un sol profond, quoique pierreux, est convenable. Il vaut mieux aligner sa plantation que de n'observer aucun ordre dans sa disposition : les allées doivent être présentées au rayons du soleil. La charrue, la herse, le rou lean et la houe à cheval, paraissent être le instruments aratoires destinés le plus spécia lement à la culture du coton. Les plantes pa rasites doivent être soigneusement écartée des plantations, qui doivent être tenues dan un état de propreté absolue. Peut-être que le semis en pépinière et le transplant procu reraient au cultivateur des avantages réels et que l'émondage des feuilles trop avides d séve vers le moment de la nouûre du frui opérerait un effet utile au profit de ce frui Après la récolte, une taille bien entendu dans le cotonnier triennal paraît être indis pensable, et des tuteurs ou échalas peuven être requis pour certaines localités trop fa tiguées par le vent. Le labourage de plantation peut être calculé sur la nature du sol pour être plus ou moins profond ; et la sé cheresse ou l'humidité de la saison obser vée en plantant pour couvrir la graine plu ou moins, afin qu'elle ne dessèche ni n pourrisse. Cette théorie est appliquée ave les modifications requises. L'expérience de produits est le meilleur conseiller ; et l méthode la plus essentielle à observer es celle dont le résultat est notoirement le plu fructueux. La bonne graine peut pousse dans deux ans après sa récolte ; elle rest au moins sept jours en terre avant de ger mer, si elle est favorisée d'une saison pro pre et d'un arrosage convenable ; elle peu y rester plusieurs mois sans pourrir si l temps est sec et la terre sans humidité. O conseille au planteur de consacrer un o deux arpents de terre à l'essai de cultur des différentes espèces de coton connues afin que l'expérience décide quel est le co tonnier qui est préférable ; on lui conseill aussi de tenter la greffe, le provin, la mar cotte et la bouture. La culture du cotonnie des parties de la Méditerranée les plus ana logues à notre climat semble devoir fixer no tre attention ; mais les cotonniers d'Iviça, d Malte, de Sicile, sont les meilleurs : ceu cultivés en Espagne méritent tous nos soins Le coton connu par les naturalistes sous l nom de *gossypium arboreum* est celui don la culture commande toute préférence ; c'es un arbrisseau de dix à quinze pieds de hau teur. La chenille est friande du cotonnie jeune ; il faut que la surveillance active d cultivateur détourne ce fléau destructeur d ses plantations, en lui faisant une guerre con tinuelle et en détruisant ses repaires.

COULEURS. La belle couleur de garanc sur le coton fut importée en France ver 1780, par des teinturiers grecs qui s'établi rent en Languedoc ; ils faisaient un secre de leur procédé, mais les Français le péné trèrent bientôt, et dès ce moment le procéd commença à recevoir des améliorations qu en ont fait une partie importante de notr industrie. L'art ne se borne plus à pro duire des couleurs très-supérieures à ce qu était alors connu, soit dans le Levant, soi ans l'Inde, il produit toutes les nuances du rouge, depuis le rouge enfumé de Maras jusqu'aux nuances les plus délicates du rose, il forme depuis le marron le plus foncé jusqu'au lilas le plus clair, et il donne à toutes les couleurs une telle solidité, que les lessives les plus fortes ne peuvent les altérer. La fabrique de montpellier a été le berceau de cet industrie, elle fut améliorée dans les ateliers de cette ville ; mais elle passa bientôt à Rouen, et c'est là qu'elle reçut ses perfectionnements les plus importants. Elle y a fixé et développé cette belle fabrication de tissus de coton colorés, avec laquelle aucune partie de l'Europe ne peut rivaliser.

Les opérations longues et difficiles, l'emploi successif et nécessaire de dix à douze substances différentes, toutes jugées indispensables pour donner aux couleurs l'éclat et la solidité qu'exige le commerce, n'avaient pas permis jusqu'alors de pouvoir se promettre des résultats constants et uniformes. Le teinturier maîtrise aujourd'hui ses procédés, de manière à faire disparaître les chances défavorables qu'il éprouvait autrefois. L'habitude et les lumières ont rendu sa marche plus sûre et ses succès plus certains. Un autre résultat, c'est que toutes les couleurs, dans tous les genres, même dans les nuances délicates, présentent une égalité, un uni qu'on n'avait pu obtenir jusqu'à ces derniers temps. Ce problème, dont on sentira toute la difficulté en réfléchissant au nombre des apprêts, à la longueur du travail à la main, et surtout l'avivage forcé qu'on est obligé de donner pour obtenir les couleurs brillantes, est complétement résolu. Les nuances de rouge et de violet sont bien plus nombreuses et plus parfaites qu'elles n'étaient. La teinture dans toutes les parties, quelle que fût d'ailleurs la matière sur laquelle on se proposât de fixer la couleur, a dû beaucoup de progrès à M. Roard, ancien directeur de l'école de teinture aux Gobelins, et à M. Vitalis, professeur de chimie spécial à Rouen. On a trouvé le moyen de produire des couleurs que tous les efforts de l'art n'avaient encore pu obtenir. M. Widmer a découvert une couleur verte que l'on fixe sur les toiles de coton, et qui se fait en une seule fois, sans avoir besoin de combiner successivement le jaune et le bleu. Les avantages de ce vert sont reconnus dans toutes les fabriques. On est parvenu à teindre en rouge d'Andrinople les toiles de coton en pièce, et on a donné à cette couleur une égalité et un éclat qu'on n'avait obtenus jusqu'alors que sur le fil de coton. Les procédés mécaniques d'exécution ont été amplifiés : à l'application lente, successive et souvent inexacte des planches, on a substitué l'action rapide, continue et régulière du cylindre, on a trouvé des agents chimiques qui ont le pouvoir de modifier la couleur, en la faisant tourner vers des nuances déterminées d'avance, ou de l'enlever tout à fait, de manière à reproduire le blanc sans altérer la solidité de l'étoffe. Ces agents chimiques que, dans le langage des ateliers on appelle des rougeurs, étant appliqués, par le moyen de la planche ou du cylindre, sur des toiles teintes à fond uni, déterminent des dessins nuancés de diverses couleurs. Par sa solidité, le rouge d'Andrinople se refusait à cette opération. On doit à M. Daniel Kœchlins de Mulhausen, la découverte des moyens qui l'y ont assujetti. Ces nouveaux procédés ont beaucoup contribué à accélérer le travail et à le rendre plus parfait. (*Annales de chimie et de physique*, 1820, t. XIII, p. 376.)

COULEURS (*Machine à broyer les*). — *Invention de M. Molard, conservateur du dépôt central des arts et métiers.* — Cette machine est composée de deux cylindres de fonte, durs, bien polis, de trois décimètres de long sur autant de diamètre, accolés horizontalement dans un châssis de bois. Ces cylindres qui ont des vitesses différentes, opèrent à la fois un laminage et un broiement : l'un, que l'auteur nomme cylindre molette, porte sur son axe une roue de trente dents, et a un mouvement plus rapide que l'autre, dont le pignon à huit dents, et engrène celui de trente dents. La différence entre les vitesses des deux cylindres est comme quatre à cinq ; on applique à ce dernier la manivelle ou le monteur. Deux trémies mobiles, destinées à recevoir la couleur et réunies par la base, recouvrent les cylindres ; leur mouvement est indépendant de celui des cylindres. Le fond de l'issue de ces trémies est garni d'une petite porte, pour laisser échapper la couleur broyée, qu'on jette dans la trémie supérieure. Lorsqu'elle a passé entre les cylindres, on renverse cette trémie, afin que la couleur soit broyée une seconde fois ; et l'on continue cette opération jusqu'à ce que la trituration soit achevée. Lorsqu'on a des cylindres de différents diamètres, on y adapte des roues dont les engrenages sont égaux, et des roues, et *vice versa*. Ainsi on a l'avantage d'augmenter ou de diminuer le diamètre des roues, pour varier l'opération du frottement des cylindres (*Société d'encouragement*, 1808.—*Annales des arts et manufactures*, 1808, t. XXIX, p. 915. — *Archives des découvertes et inventions*, t. I, p. 424.— *Annuaire de l'industrie*, 1811.)

COUPE-CEP. — *Invention de M. Ruffet, mécanicien à Charly (Rhône).* — Cet instrument est propre à enlever avec promptitude le bois mort de la vigne ; il a la forme d'une tenaille tranchante et très-acérée ; de même que celle-ci, il est composé de deux branches mobiles qui tournent autour d'un axe commun ; sa longueur, en totalité, est de 78 centimètres. (*Annuaire de l'industrie*, 1812, p. 88.)

COUVERTURES EN CUIVRE LAMINÉ. — *Invention de M. Bonnot.* — Cette toiture, pour laquelle l'auteur a obtenu un livret de 15 ans, est infiniment plus solide et plus durable que les couvertures ordinaires ; elle devient moins dispendieuse, en ce qu'elle n'exige pas des bois de charpente aussi forts que ceux destinés à soutenir la tuile ou le plomb : et d'ailleurs, en employant le cuivre pour les couvertures, on n'est pas obligé d'élever les murs et les cheminées à la hauteur où l'on est contraint de les porter, en suivant les règles de la bâtisse ordinaire. Après des expériences réitérées, M. Bonnot est parvenu à trouver un étamage qui a toute la solidité désirable, en ce qu'il n'éprouve aucune altération par la présence de l'eau, ni par le contact de l'air. Il a aussi réussi à joindre, par des plis et des replis, les planches de cuivre avec des soudures. La matière propre à l'étamage se compose de 8 livres de plomb que l'on fait fondre dans un bain de fer ; après quoi on y mêle 17 livres d'étain fin, 2 livres de résine, 1 livre et 1/2 de suif et autant de graisse de porc. Cette composition, étant bien mêlée, doit présenter à la surface une couleur rougeâtre ; on la remue de nouveau, et avec un gros bouchon d'étoupes bien net, on écume avec soin la matière jusqu'à ce qu'il n'y reste plus aucun corps étranger, et qu'elle soit brillante comme de l'argent. On la verse ensuite dans des lingotières, disposées à cet effet, et on l'y laisse refroidir. (*Brevets non publiés; Dictionnaire des découvertes*, t. IV, p. 164.)

COUVERTS PLAQUÉS EN ARGENT. — Nous donnons ici, d'après le *Dictionnaire des découvertes*, une série de diverses inventions ou perfectionnements qui concernent cette industrie. — Voyez pour tout ce qui concerne l'application d'un métal sur un autre, les mots — PLAQUÉ, — ARGENTURE, — DORURE, — GALVANO-PLASTIE.

Invention. — MM. *Patoulet, Lebeau, Andry, Picoux et L'Huillier, de Paris.* — An VII.—Un brevet d'invention a été accordé à ces fabricants, pour leurs couverts plaqués en argent, fabriqués d'après le procédé décrit ci-après. Les couverts doivent être limés avec soin, et avec des formes parfaitement égales, comme s'ils étaient coulés dans un même moule. La première opération qu'on leur fait subir ensuite est de les étamer : on les fait, à cet effet, dérocher pendant vingt-quatre heures dans une solution de sel ammoniac; après quoi on les saupoudre de poix-résine, et on procède à leur étamage à la manière ordinaire, en étendant avec soin l'étain avec une poignée d'étoupes, jusqu'à ce qu'il soit bien égal partout. Cette opération terminée, on prend des plaques d'argent fin, laminées, de dimensions et d'épaisseur convenables; on les emboutit sur le couvert même; et, avec un ébauchoir de buis, on les fait joindre le plus exactement possible. On réunit et on déroche ces coquilles d'argent, et l'on sablonne légèrement le couvert étamé. Pour achever d'ajuster le placage et le souder, on se sert de deux fortes matrices, composées de deux tiers de cuivre rouge, et d'un tiers de cuivre jaune, fondus ensemble pour les rendre plus solides; elles portent l'empreinte exacte de l'objet qu'on veut plaquer; on les serre l'une

contre l'autre, au moyen de deux boulons à clavettes placés à leurs extrémités; et on veille à ce que ces boulons soit ajustée à demeure dans la matrice inférieure, tandis que leur tige passera librement par des trous correspondants pratiqués dans la matrice supérieure. On découpe à l'emporte-pièce des morceaux de papier blanc de la forme des couverts; on les trempe dans une eau légèrement gommée; on met sur chaque matrice dix à douze feuilles, et l'on place au milieu la cuillère ou la fourchette; on serre ensuite le tout fortement sous une presse, ayant soin de mettre à l'extrémité de la vis une forte cale en fer, autant pour garantir la matrice supérieure que pour rendre la pression égale partout. Le papier, ainsi pressé, prend la forme de l'empreinte, se dessèche, et se durcit promptement; on découpe alors les bords qui excèdent de plus d'une ligne ceux de l'objet qu'il représente en creux; on recouvre la cuillère ou la fourchette de leurs coquilles d'argent; on les replace entre les matelas de papier déjà empreints, et l'on presse de nouveau les matrices ensemble; ce qui achève l'exacte application de la feuille d'argent sur le couvert; il faut enfoncer en même temps, à coups de marteau, les clavettes des boulons, pour que les matrices conservent la pression qu'elles viennent d'éprouver, lorsqu'on les a retirées de dessous la presse. Les choses étant à ce point, on met le tout sur un feu de charbon bien allumé, pour chauffer les matrices, afin de faire fondre des petits paillons d'étain, qu'on a préalablement placés entre les bords extrêmes des coquilles d'argent. Cette fusion étant opérée, on prend une lame d'étain, avec laquelle on soude ces bords en la promenant tout au tour pour compléter la fusion de l'étain et le faire couler plus facilement; on ajoute quelques gouttes d'essence de térébenthine, avec une petite spatule de fer, et l'on replace, sans perdre un instant, les matrices comme ci-devant, sous la presse, que l'on fait agir fortement. Les matelas de papier, qui sont alors excessivement durs, font joindre et souder l'argent sur la pièce étamée; on serre de nouveau les clavettes, et on laisse refroidir le tout ensemble après l'avoir retiré de la presse. Pour ébarber les couverts, on se sert de tenailles dont le tranchant a la même courbure. On emploie, pour chaque objet plaqué de cette manière, un huitième de son poids d'argent fin; on peut à volonté en augmenter la proportion. Le perfectionnement du procédé consiste, 1° à supprimer les boulons à clavettes des matrices, en ne conservant que des guides, pour les maintenir exactement l'un sur l'autre; 2° à emboutir sur les objets mêmes qu'on veut plaquer, et à faire, au moyen des matrices, deux coquilles en tôle de fer de l'épaisseur d'une carte, et dont les rebords excèdent de quelques lignes ceux de la pièce; 3° à mettre, au lieu de quelques paillons d'étain pour fournir la soudure nécessaire, deux feuilles du même métal très-minces, et de la même dimension que l'objet à plaquer. Le couvert étamé, et légèrement saupoudré de poix-résine pulvérisée, est placé au milieu, les feuilles d'étain immédiatement après, ensuite les coquilles d'argent bien dérochées, puis les matelas de papier; enfin les coquilles en tôle à rebords excédans. On établit le tout entre les deux matrices, qu'on soumet à une forte action de la presse. On place à des distances égales, et tout autour des bords des coquilles de tôle, dix-huit ou vingt petits ressorts en fer à cheval, faits de gros fil de fer. Ces ressorts ont pour objet de maintenir les feuilles d'argent exactement appliquées sur le couvert, lorsqu'on aura supprimé l'action de la presse. Le couvert étant débarrassé de ces matrices, on le plonge pendant trois minutes, en l'agitant continuellement dans un bain d'étain d'environ cinquante kilogrammes, tenu à un degré de chaleur tel qu'il ne fasse que roussir le papier. A l'instant où on retire le couvert de ce bain, on le replace sous la presse, que l'on serre le plus fortement possible, et on le laisse refroidir dans cet état; le reste du travail se fait comme dans le premier procédé. Pour préserver le bain d'étain de l'oxydation, on projette sur sa surface, pendant l'immersion du couvert, quelques pincées de résine en poudre. (*Des cription des brevets expirés*, tome II, page 122, pl. 26 et 27.)

COUVREUR. — Ouvrier qui s'applique à couvrir le dessus des bâtiments. De tout temps l'homme s'est vu dans la nécessité de chercher un abri contre les injures de l'air. La vie errante que menèrent presque toutes les familles dans les premiers siècles, et le défaut d'outils, les réduisirent à n'avoir d'autres retraites que les antres et les cavernes. Les premiers logements ont été proportionnés aux circonstances locales que présentait chaque climat, et relatifs aux lumières et au génie des différents peuples. Les bois offraient tant de facilités à l'homme pour se construire un logement, que l'on en aura profité d'abord dans ces temps reculés. Les roseaux, les herbes, les branches et les écorces des arbres auront été les premiers matériaux dont on fait usage. On a commencé par entrelacer grossièrement les branches des arbres; on les soutenues sur quelques perches, et l'on a recouvert ces premières cabanes de feuilles ou de gazon; leur forme était sans doute circulaire : un trou pratiqué à la pointe du toit donnait issue à la fumée du foyer, placé dans le milieu de la cabane. Ces bâtiments n'exigeaient ni grands apprêts ni grandes connaissances.

On voit encore de nos jours, dans différentes contrées des deux Indes, quantité de cabanes construites aussi grossièrement que dans les premiers âges du monde. On voit dans les pays les plus septentrionaux, et par conséquent les plus froids, des cabanes entièrement construites avec des peaux et des os de chiens de mer ou d'autres grands poissons.

Dans le nord de la Suède, les toits des maisons sont presque à plat : on se contente d'étendre sur les solives du plancher supérieur, qui tiennent lieu de chevrons, de l'écorce de bouleau dont la substance est presque incorruptible; et on recouvre ces écorces d'une épaisseur de terre suffisante pour y pouvoir semer du gazon.

Au Pérou et surtout à Lima, où il ne pleut jamais, les maisons sont terminées en terrasses, qui ne consistent que dans une claie très-serrée, sur laquelle on répand à une certaine épaisseur du sable fin; cela suffit pour recevoir et absorber les rosées qui y sont journalières et très-abondantes.

L'art de couvrir les toits exige plus d'attention qu'on ne pense; il est bien essentiel, pour la conservation d'un bâtiment, que la couverture soit faite avec intelligence et entretenue avec soin : un semblable travail, entrepris par un ouvrier infidèle ou mal habile, occasionnerait la ruine du bâtiment le plus solide, après l'avoir rendu inhabitable par sa négligence ou sa friponnerie, dont les premiers effets seraient la pourriture des charpentes et la dégradation des murailles. Pour qu'un toit soit exactement recouvert, on doit exiger du couvreur que l'eau n'y puisse jamais pénétrer, soit par les noues, soit par les faîtières, ni qu'elle puisse s'insinuer dans les murs par les égouts. Quand on termine par une terrasse un bâtiment voûté, on la recouvre avec des chapes de ciment; ou avec du plomb, ou avec de larges tablettes de pierre dure, dont on réunit les joints avec du mastic de différente espèce.

On couvre certains grands édifices avec du *plomb*, ou des *lames de cuivre*, ou avec de la *tôle de fer*, ou avec du *zinc*. — (*Voy.* les mots PLOMB, — TÔLE, — ZINC.)

Comme ces sortes d'ouvrages ne sont pas du ressort des couvreurs ordinaires, et que les terrasses ou les couvertures où l'on emploie des métaux s'exécutent par d'autres ouvriers, nous nous dispenserons d'en parler ici, ne voulant maintenant nous occuper que de ce que nous appelons l'art du couvreur. Mais avant d'entrer dans les détails des procédés propres aux différentes manières usitées de couvrir les bâtiments, nous allons rapporter d'après l'ancienne *Encyclopédie*, quelques observations générales et préliminaires.

« La couverture est la partie d'un bâtiment la plus élevée, qui défend tous les intérieurs des injures de l'air, et qui est soutenue de tous côtés sur les bois appuyés d'un bout sur les murs de la maison, et de l'autre aux arcs-boutés ou assemblés, soit ensemble, soit avec d'autres bois qui font partie de la charpente. On couvre les maisons ou de plomb, ou d'ardoise, ou de tuile, ou de bardeaux, ou de chaume. Plus la matière est pesante, plus le toit doit être bas; pour l'ardoise, on peut donner au toit une hauteur égale à sa largeur. Pour la tuile, la hauteur ne peut être que les deux tiers, ou tout au plus les trois quarts de la largeur. S'il y a des croupes ou boîtes de toits qui ne soient pas bâties en pignons, mais couvertes en penchant comme le reste du comble, il faut tenir ces croupes plus droites que les autres couvertures. Autrefois on ne faisait que des couvertures droites, hautes et n'ayant de chaque côté qu'une pente terminée en pointe au comble. Ces toits avaient des avantages, mais ils occasionnaient trop de dépense en tuile, en ardoise, en charpente, et ils renfermaient trop peu d'espace : on les a donc abandonnés pour les mansardes.

« Quand on couvre de tuile, on place les chevrons à deux pieds ou seize pouces au plus de distance; le millier de tuiles, du grand moule fait sept toises de couvert. Ces tuiles ont treize pouces de long, huit de large, et quatre pouces trois lignes de pureau. On appelle ainsi la portion de tuile qui reste découverte quand elle est en place. La grandeur des tuiles du petit moule est communément de huit à dix pouces de long, sur six de large, et trois pouces et demi de pureau. Les tuiles rondes ou creuses demandent un toit extrêmement plat. Il y a de l'ardoise de onze pouces de long sur six à sept de large, et deux lignes d'épais; c'est la carrée forte. La carrée fine a douze ou treize pouces de large, sur une ligne d'épais. Le millier fait quatre toises de couvertures, en lui donnant trois pouces et demi de pureau; en la ménageant bien, elle peut former jusqu'à quatre toises et demie. Le bardeau, ou ces petits ais qu'on substitue à la tuile, ne charge pas les maisons; on les nomme aissis ou aissantes. On les emploie communément aux hangars. Il faut qu'ils soient sans aubier. Si on en fait des toits de maisons il ne sera pas nécessaire que la charpente soit forte. Il ne faudra pas épargner le clou, non plus qu'à l'ardoise. Il durera plus longtemps si on le peint à l'huile. A la campagne on couvre de chaume ou de paille de seigle non battue au fléau; après que les faîtes et sous-faîtes sont posés, on y attache, avec de gros osiers ou des baguettes de coudriers, de grandes perches de chêne, à trois pieds de distance; on lie ces perches avec de plus petites qu'on met en travers, et l'on applique là-dessus le chaume ou la paille qu'on fixe avec de bons liens. Plus les liens sont serrés et le chaume pressé et égal, mieux la couverture est faite. Il y a des couvertures de jonc et de roseaux. Quelquefois on gâche la paille avec de la terre ou du mortier. On accroche la tuile à la latte; on y cloue l'ardoise après l'avoir percée d'un coup de marteau; c'est pour cela qu'on remarque à la tuile une encrenure en dessous. Le pureau est plus grand ou plus petit selon la distance des lattes. Voilà en quoi consiste tout l'ouvrage du couvreur, qui demande plus de hardiesse et de probité que d'adresse. La latte est attachée sur les chevrons.

« Comme il est quelquefois difficile de vérifier l'ouvrage du couvreur, il n'a pas de peine à tromper; il peut compter plus de tuiles ou d'ardoises qu'il n'en emploie; il peut employer de mauvaises lattes et de la tuile mal façonnée; il peut disposer la vieille de manière qu'elle soit mêlée avec la neuve, ou qu'elle lui serve de cadre. Il n'y a que la stipulation avant que l'ouvrage commence, et un examen attentif après que l'ouvrage est achevé, qui puissent mettre à couvert de la tromperie. Le toisé de la couverture n'a rien de difficile, les dimension étant données; mais il est quelquefois dangereux de les prendre sur le toit. Quand on les a, il faut supposer la couverture plane, et ajouter au produit pour le battellement, un pied carré pour la pente, un pied carré; pour le posement des gouttières, un pied carré; pour une vue de faîture, six pieds; pour un œil-de-bœuf commun, dix-huit pieds; pour les lucarnes, demi-toise ou une toise, selon leur forme. Il n'est pas difficile de savoir ce qu'il doit entrer d'ardoises ou de tuiles dans une couverture, les dimensions de l'ardoise étant données, l'étendue de la couverture et la quantité de pureau; ce qu'on a toujours.

« On appelle couverture à la mi-voie, celle où l'on a tenu les tuiles moins serrées que dans la couverture ordinaire. Cette manière de couvrir convient à tous les ateliers où il faut ménager une issue à la fumée, ou à des vapeurs incommodes ou nuisibles. »

On fait des couvertures comme on vient de le dire avec différentes matières : 1° avec du chaume ou du roseau; 2° avec du bardeau qui est fait de merrain ou de douves de vieilles futailles; 3° avec de la tuile qui est une terre cuite; 4° avec de l'ardoise, pierre feuilletée que l'on tire de quelques carrières particulières; 5° avec certaines pierres plates qu'on appelle laves, et qui se trouvent dans certains cantons; 6° avec de la tourbe; 7° avec des planches; 8° avec des lames de métal; 9° enfin, avec de la terre, du ciment, avec toutes matières qui peuvent arrêter la pluie.

Des couvertures faites avec du chaume. — Pour faire une couverture solide avec du chaume, on recommande aux moissonneurs de couper les froments assez haut pour qu'il reste une plus grande longueur de paille sur terre; c'est la partie du pied de cette paille qui est la plus forte, et qu'on appelle le chaume; c'est celle qui a le plus de consistance, et qui fait une bien plus solide couverture, que ne pourrait faire la paille ordinaire. Dans les années où les fourrages sont forts et très-élevés, les chaumes donnent une meilleure couverture que lorsqu'ils sont bas et menus. On emploie de préférence le chaume de seigle pour couvrir les glacières, parce qu'il est important que ces couvertures ne puissent donner aucun passage à l'air. Au défaut de chaume de seigle, la paille la plus menue est la plus propre pour être employée à cet usage. Comme le chaume fait une couverture légère, il est par conséquent inutile de donner beaucoup de force à la charpente du toit; mais il faut aussi que le toit ne soit ni trop plat, ni trop roide; s'il était trop plat, l'eau y coulerait trop lentement; s'il était trop roide, plusieurs parties du chaume s'échapperaient peu à peu, et on apercevrait bientôt l'eau des pluies pénétrer dans le bâtiment. On observe de donner au toit une pente de quarante-cinq degrés ; cela regarde le charpentier qui chevale et brandit les chevrons sur le faîte, ainsi que sur les planes, et qui les fait déborder de dix-huit pouces, afin que le couvreur en chaume puisse former l'égout pendant cette opération. On pose ordinairement les chevrons à deux pieds de distance les uns des autres, à compter du milieu d'un chevron au milieu d'un autre, parce qu'il suffit qu'il y ait trois chevrons sous chaque latte ; le couvreur commence par latter le toit ; il cloue le cours des lattes à six ou sept pouces de distance les unes des autres sur les chevrons. Dans les endroits où le bois est rare, on n'emploie pas des lattes clouées, on y substitue de menues perches de six à sept pieds de longueur, qu'on attache avec des harts ou liens d'osier, sur des chevrons de brins qui ordinairement ne sont pas équarris, et qui sont arrêtés avec des chevilles de bois sur la panne ou sur le faîtage ; on les chevauche même inégalement sur les pannes, et on n'observe point de les poser les unes au bout des autres. Cette charpente grossière s'exécute par les couvreurs en chaume.

La charpente étant établie, le couvreur javelle le chaume ; il se sert pour cela d'une faucille qu'il tient à la main droite ; il prend au meulon une petite brassée de chaume, qu'il secoue à terre pour faire tomber peu à peu les brins ; il donne toutes ces secousses dans un même sens, et arrange les brins de chaume, à peu près parallèlement les uns aux autres. S'il arrive qu'il laisse tomber quelque poignée un peu grosse qui ne s'arrange pas bien, il la reprend et la divise avec la pointe de sa faucille, pour en mieux arranger les brins ; ensuite il reprend au tas de nouveau chaume, il l'arrange de la même façon, et, quand il a formé devant lui un tas d'environ trois ou quatre pieds de longueur, sur un pied d'épaisseur et deux pieds de largeur, il fourre ses sabots sous la longueur du petit tas, et prend par petites parties le chaume qu'il vient d'arranger ; il les appuie avec ses mains sur le devant de ses jambes ; il les peigne grossièrement avec ses doigts ; il en presse les brins les uns contre les autres ; il arrache avec ses mains les pailles qui ne sont pas bien engagées avec le reste ; il frappe du plat de la main sur la portion qu'il a déjà arrangée, et il forme ainsi ce que l'on appelle une javelle de chaume, c'est-à-dire un petit tas dont les brins sont fort rapprochés les uns des autres, et qui forment un tout d'une consistance suffisante ; ensuite il lève cette javelle et il la pose sur un lien de paille, après quoi il forme une seconde javelle comme il a fait la première, et lie ces deux javelles avec le même lien de paille, afin de pouvoir les monter commodément sur le toit. Quand l'ouvrier a formé deux, trois ou quatre cents bottes de javelles, il commence la couverture du toit, en s'y prenant de la manière que nous allons

l'expliquer. On observe ici qu'il est impossible de bien javeler du chaume sec, parce qu'il est trop roide et qu'il se rompt au lieu de s'arranger ; on ne peut pas non plus faire une bonne couverture avec du chaume sec, ce qui oblige de le mouiller auparavant, sans quoi cette paille se romprait ; ainsi, quand il fait du hâle, il faut mouiller le chaume avant de le javeler, et il faut encore mouiller les javelles avant de les mettre en place : cette opération augmente un peu les frais de l'ouvrage. Le couvreur commence par former l'égout du toit ; et, pour y parvenir, il choisit le chaume de meilleure qualité, et en forme des javelles d'environ quatre pieds de longueur ; il lie une de ces grandes javelles au quart de sa longueur par un enlacement d'osier long ; il en appointit le gros bout et il tortille le bout menu, et y fait une boucle ; il pique cet osier dans la javelle, il passe ensuite l'osier dans la boucle ; après quoi il serre fortement la première portion, puis il repique l'osier par le dessous ; enfin, en le faisant revenir sur le bord, il serre fortement l'autre portion comme il l'a pratiqué à l'autre bord de la javelle, elle se trouve liée aux deux bouts ; alors, avec une faucille bien tranchante, il la coupe en deux, ce qui lui donne deux javelles ou coussinets d'égouts qui se trouvent enlacés d'osier par le milieu de leur longueur. Quand les bâtiments sont bas, un manœuvre peut tendre avec une fourche les gerbes de chaume au couvreur qui est monté sur le toit ; cette fourche est de fer et semblable à celles dont on se sert lors de la moisson pour charger les gerbes sur la voiture ; mais quand les bâtiments sont trop élevés, le manœuvre est obligé de charger les javelles sur sa tête et de les monter sur le toit à l'aide d'une échelle. Le couvreur fait l'égout en arrangeant les coussinets bien serrés les uns auprès des autres, de sorte même qu'ils se recouvrent un peu les uns les autres par le côté, et, afin que l'égout se soutienne mieux et même qu'il soit un peu retroussé, on met sur la partie pendante des chevrons, ou place de lattes, un cours de perches assez longues, sur lesquelles les coussinets puissent s'appuyer. Quand l'égout a été garni de coussinets dans toute la longueur du bâtiment, le couvreur forme sur le pignon la bordure avec des javelles garnies de leur lien de paille, ou, ce qui est encore mieux, liées avec des harts ; car comme cette bordure est plus exposée que le reste de la couverture à être emportée par le vent, le lien de paille ou la hart la mettent plus en état de résister ; et c'est par la même raison que l'on a grand soin de lier avec des osiers toutes les javelles des rives ou des bordures, soit aux chevrons, soit à la latte ; outre cela, on les traverse encore avec des chevilles de bois qu'on fait entrer à coups de maillet dans le garni de la muraille ; enfin, comme il est de la plus grande importance de fortifier cette partie contre l'effort du vent, il y en a qui mettent par-dessus le chaume, quand la couverture est finie, deux chevrons chovalés à leur tête, et liés par.le bas à ceux de la charpente. Cette précaution est très-bonne.

Il faut maintenant faire attention que les javelles sont plus épaisses au milieu que vers les bouts; or la partie la plus mince doit répondre à la queue du coussinet; la partie mince couvre entièrement le coussinet et même le déborde un peu, et une partie s'appuie sur la latte et forme le pureau de cette javelle.

Ce premier lit de javelles étant bien arrangé et fermement attaché sur les chevrons, on place le second rang de manière que la partie mince de la javelle forme le pureau, et qu'elle recouvre plus de la moitié de la longueur de la première javelle. Ainsi la partie la plus épaisse de la première javelle répond à la partie mince des secondes javelles. On lie les javelles du second rang sur les chevrons, on les met un peu en recouvrement sur les côtés des javelles qu'elles touchent, le couvreur les presse fortement avec son genou et ses mains, et en continuant ainsi de rang en rang, il arrive jusqu'au faîte. Les deux rangs de javelle des deux côtés du toit recouvrent un peu la pièce de charpente, mais non pas assez pour empêcher l'eau d'y pénétrer; c'est pourquoi on met dans toute la longueur du faîte de grandes et fortes javelles faîtières dont la longueur croise le faîte en angle droit. La partie la plus épaisse de la javelle repose sur le toit qu'elle croise; et les deux extrémités plus minces recouvrent d'un côté et de l'autre les javelles. Quoiqu'on lie ces javelles faîtières au toit même, le vent pourrait les emporter si l'on n'avait la précaution de les charger avec de la terre un peu détrempée et battue avec la palette. Le toit étant ainsi entièrement couvert de chaume, on le laisse en cet état environ deux ou trois mois, afin de donner le temps aux brins de chaume de s'affaisser les uns sur les autres; au bout de ce temps, le couvreur monte sur la couverture pour en reconnaître l'état : s'il y trouve des endroits creux qu'on nomme des gouttières, comme cela ne manque guère d'arriver, il fourre la palette dans la partie du chaume qui est la plus enfoncée, et en relevant le manche de cet outil il forme un vide, dans lequel il introduit des javelles plus ou moins épaisses, selon que l'enfoncement est plus ou moins considérable; puis, avec ses mains, il unit grossièrement la couverture, en retirant et jetant à bas le chaume superflu, ensuite il bat la couverture avec le plat du peigne, pour comprimer le chaume et détacher les brins qui ne tiennent pas suffisamment; il finit ce travail en polissant son ouvrage avec les dents du peigne. Il ne lui reste plus que le chaume à égaler, ce qu'il fait en tirant avec la main les brins de chaume qui débordent les coussinets, et si le couvreur s'aperçoit qu'il y ait des endroits qui ne soient pas assez garnis de chaume, il y en remet du nouveau, avec la palette. Ces sortes de couvertures sont très-bonnes pour les maisons des paysans; elles garantissent leurs logements de l'air chaud ou froid, de sorte qu'elles sont fraîches en été et chaudes en hiver; ces couvertures ont encore l'avantage d'épargner beaucoup sur la dépense de la charpente; mais elles ne conviennent point dans les fermes, non-seulement parce qu'elles sont exposées à être incendiées, mais encore parce qu'elles sont sujettes à être endommagées par les pigeons et les volailles; de plus elles servent de réduit aux fouines, aux souris, aux rats, qui cherchent toujours les habitations où il y a du grain et des volailles.

Des couvertures de roseaux. — On fait de fort bonnes couvertures avec les roseaux qui croissent dans les marais; comme le terrain où ils viennent est ordinairement rempli d'eau, on attend l'hiver et on les coupe pendant la gelée, ils ont alors six pieds de hauteur; on les coupe par la moitié avec la faucille, et l'on en fait des bottes que l'on lie avec de la paille; ces bottes tiennent lieu de javelles de chaume. La manœuvre en est la même, mais ces sortes de couvertures exigent plus d'adresse que celles de chaume; aussi coûtent-elles une fois plus de façon; mais elles résistent plus au vent et durent quarante ans de plus, sans que l'on soit obligé d'y faire aucune réparation. On couvre aussi les murailles avec du roseau, et cette couverture n'exige d'autre attention que de bêcheveter le roseau, afin que la couverture soit aussi épaisse d'un côté que de l'autre. Ces sortes de couvertures de chaume et de roseau sont faciles à réparer; il suffit de substituer des javelles à celles que le vent ou quelques autres causes ont pu dégrader, et de lier ces javelles neuves aux chevrons, pour les rendre solides. Mais lorsque la négligence et le nombre des années ont laissé la superficie de la couverture se détruire, au point que l'herbe et la mousse y croissent, alors si l'on veut prévenir la perte totale de la couverture, il faut y faire faire la grande réparation qu'on nomme le manteau, ce qui consiste à mettre sur toute la superficie une couche neuve de chaume ou de roseau. Il faut d'abord ôter tout le chaume pourri, jusqu'à ce qu'on ait découvert le chaume sain; ensuite, en commençant par l'égout, on fourre avec la palette des javelles de chaume dans toute la longueur du bâtiment; puis en remontant par des orgnes ou lignes horizontales, on garnit toute la couverture de javelles neuves que l'on presse entre les anciennes, en les appuyant avec le genou et en les frappant avec la palette, après quoi on retire avec les mains tout le chaume superflu; on peigne le manteau comme on a fait aux couvertures neuves; on remet sur le faîte des javelles faîtières neuves, on les charge de terre, on égalise l'égout; on répare enfin les rives ou bordures. On peut aussi faire servir une partie de l'ancien chaume, dont on a ôté ce qui était pourri, et qu'on a remplacé par du chaume neuf.

Des couvertures en tuiles. — Les tuiles sont des carrés de terre cuite, qui ont environ cinq lignes d'épaisseur. Il y a différente.

formes de tuiles, de plates, de creuses, en 5 ; elles ont toutes leur emploi.

Nous observerons que pour avoir une couverture solide en tuiles, il faut la construire, ni trop plate, ni trop inclinée; l'usage est de donner en hauteur aux combles couverts en tuiles, le tiers de leur largeur. Il faut au reste avoir égard à la pesanteur de la tuile, et faire les charpentes d'autant plus fortes, qu'elles ont un plus grand poids à supporter. Dans quelques provinces, les tuiles plates portent à un de leurs bouts une petite éminence qu'on nomme crochets ou nez. Il y a d'autres provinces où il existe, à la place de crochets, des trous pour les clouer. Il était défendu, par les statuts des maîtres-couvreurs, de clouer ces fortes tuiles, à Paris, avec des chevilles de bois, mais il leur était permis d'y mettre des clous de bateaux. On fait encore communément, aux tuiles de grands moules, des trous à côté du crochet, pour avoir une double sûreté.

Former un égout pendant, et le plein couvert. — Quand la tuile est montée, on doit former l'égout, en posant sur la chanlatte un rang de demi-tuiles, qui s'accrochent au cours des lattes, qui est immédiatement au-dessus de la chanlatte, et dont le bord doit arroser le sous-doublis sans laisser de pureau; mais le milieu des tuiles du doublis doit couvrir les joints des demi-tuiles du sous-doublis; le second rang de tuiles s'accroche au second cours de lattes; il recouvre les deux tiers de la longueur des tuiles du premier rang, dont il reste quatre pouces de découvert, si c'est du grand échantillon, et trois pouces seulement, si c'est du petit moule : cette partie découverte s'appelle pureau. Au reste, il faut que le milieu de la largeur des tuiles du second rang recouvre les joints du premier rang, en continuant à accrocher ainsi en liaison, des rangs de tuiles, sur tous les cours de lattes; le plein toit se trouve couvert.

Pour faire les égouts retroussés, on fait aboutir les chevrons sur le milieu de l'épaisseur du mur; ce mur doit être terminé par un entablement de pierre de taille, ou par quelques rangs de briques. Supposons que l'entablement ait deux pouces de saillie; on pose en mortier ou en plâtre un sous-doublis de tuiles qui doit saillir de quatre pouces, il faut que celles qui forment le sous-doublis aient un peu de pente vers le dehors; on couvre le sous-doublis d'un doublis formé d'un rang de tuiles posées avec du plâtre ou du mortier, suivant l'usage du pays; ce doublis doit arraser le sous-doublis, en couvrir les joints et avoir un tant soit peu plus de pente. Quand l'égout est achevé, on fait quelquefois un solement de plâtre de quatre pouces de large, à la tête de cet égout, pour recevoir des coyaux que le charpentier fournit, et qu'il taille suivant la rondeur du comble; plus le comble est plat, plus il faut que les coyaux soient longs, et alors on descend les lattis jusqu'au pied des lattes, c'est-à-dire des coyaux : le premier pureau d'après l'égout s'attache sur le premier cours de latte, et continue jusqu'en haut. Nous expliquerons plus au

long ce que c'est que les coyaux, lorsque nous parlerons de la couverture en ardoise; en attendant, nous dirons que ce sont des bouts de chevrons qu'on attache avec des clous à l'extrémité d'en bas des chevrons.

Des différentes manières de couvrir les arrêtiers. — Pour former la couverture aux arrêtiers, il est sensible que si l'on conduisait carrément toutes les tuiles, il resterait à placer près l'arrêtier une tuile triangulaire qui manquerait de crochet, et que par conséquent on ne pourrait attacher à la latte; pour éviter cet inconvénient, les couvreurs font ce qu'ils appellent une approche, une contre-approche, et la tuile de l'arrêtier, ayant une certaine largeur, peut conserver son crochet. Quand on n'a pas de tuiles échancrées que l'on nomme tuiles dépecées comme cela arrive souvent, on échancre par le haut la contre-approche; on échancre encore l'approche qu'on place joignant la contre-approche, et il ne reste plus qu'à échancrer la tuile de l'arrêtier, pour qu'elle porte sur une des faces de l'arrêtier; ainsi celle-ci peut s'accrocher à la latte, sinon on la cloue sur l'arrêtier. Ces tuiles échancrées à l'approche de l'arrêtier forment par en bas une ligne un peu courbe; mais quand cette ligne est bien conduite, elle n'est pas désagréable, parce qu'elle est peu sensible à la vue; du reste, on continue de même la couverture de bas en haut, en conservant les pureaux comme en plein couvert. Comme les tuiles ne se joignent jamais assez exactement sur l'arrêtier pour empêcher la pluie d'y pénétrer, on garnit le dessus des arrêtiers d'un filet de plâtre ou de mortier, et ce filet, qui entame sur les tuiles de l'arrêtier, forme de chaque côté une plate-bande de deux pouces de largeur. Quand les toits sont fort plats, au lieu d'un simple rivet de mortier, on pose des tuiles sur l'arrêtier et on les noie dans le mortier en faisant en sorte que le pureau réponde à celui du toit.

Des noues. — Pour se former l'idée d'une noue, il faut se figurer un bâtiment qui tombe si l'on veut sur le milieu d'un autre bâtiment, et que le toit du premier bâtiment se jette sur la couverture du second. Il y a des noues où l'un des bâtiments se trouve avoir un toit plus plat que l'autre, de quelque façon qu'ils soient posés ; on couvre les noues de différentes manières que je vais détailler. La méthode la plus aisée à exécuter et la plus propre, se fait en garnissant le moulet qui est la pièce de charpente qui forme le fond de la noue, avec une dosse ou madrier, sur lequel on cloue des ardoises, ou l'on y asseoit, avec du mortier ou du plâtre, des tuiles creuses, renversées, pour faire une gouttière qui se trouve former le fond de la noue; ensuite on fait aboutir les tuiles des deux toits sur cette espèce de gouttière, comme sur un tranchis. On appelle tranchis, le rang de tuiles qui termine un toit en aboutissant sur un pignon ou arrêtier. On voit donc que les tuiles sont alternativement entières, et que d'autres ne sont que des demies ou des deux tiers de tuiles; il n'y a pas un grand inconvénient à cela quand ce sont des toits qui aboutissent sur des pignons, parce qu'on borde le tranchis avec un rivet de plâtre ou de mortier. Il n'en serait pas de même pour le tranchis d'un toit non pareil; les demi-tuiles pourraient tomber ou se renverser dans la noue. On peut éviter ces inconvénients en formant les tranchis comme les arrêtiers avec des tuiles rompues, dont on fait des approches, et des contre-approches, en donnant au tranchis trois pouces de recouvrement sur le fond d'un filet de mortier, qui doit avoir dix-huit pouces de largeur, afin qu'il reste un pied de distance d'un tranchis à l'autre dans toute la longueur de la noue, ou de pied en tête.

Des ruellées. — Quant un toit aboutit à un mur qui est plus élevé, on fait, en approchant du mur, un tranchis; mais on a l'attention qu'il s'élève en cette partie, et on recouvre le tranchis d'un filet de mortier ou de plâtre, c'est ce que l'on appelle une *ruellée.* Dans les endroits où le plâtre ne manque pas, on en fait un parement pour donner les devers aux tuiles, et par dessus la tuile on fait un solin le long du mur supérieur.

Comment on couvre le faîte avec des faîtières ou des enfaîteaux. — Quand le toit et les arrêtiers sont couverts, et qu'on a formé les noues, les tranchis et les ruellées, il ne reste plus à couvrir que le faîte; les tuiles des deux côtés du toit, qui se réunissent vers cette partie, ne se joignent jamais assez exactement pour garantir le faîte et la tête des chevrons des eaux de la pluie; c'est pour cette raison qu'on couvre avec des tuiles creuses, qu'on nomme des *faîtières* ou *enfaîteaux;* elles ont ordinairement quatorze pouces de longueur, et assez de largeur pour former un recouvrement de quatre pouces sur les tuiles. On pose ces faîtières à sec sur toute la longueur du bâtiment; de manière qu'elles se touchent le plus exactement possible, et qu'elles forment une file bien alignée; pour y parvenir on les change de bout et même de place, afin de mettre à côté les unes des autres celles qui s'accordent le mieux; ensuite on les borde dans toute la longueur du bâtiment d'un filet de mortier ou de plâtre, et on couvre de la même façon tous les joints. Au haut des croupes, l'aiguille en poinçon excède le toit de huit à neuf pouces; mais comme cette partie ne peut être couverte avec les faîtières, quelques-uns la couvrent avec un petit amortissement de plomb; mais ordinairement on en recouvre les faces avec des ardoises, et on attache dessus une ardoise qui dépasse d'un bon pouce.

Manière de couvrir les tours rondes et les colombières. — On latte les tours rondes comme les toits plats, excepté qu'on choisit dans les bottes de lattes celles qui sont un peu cintrées sur le champ; et quand on

n'en trouve pas de cette forme, on se sert de lattes carrées qui sont assez pliantes, pour se prêter au contour qu'on veut leur faire prendre. En forçant la latte on l'oblige de prendre le contour convenable. On peut se dispenser, pour ces sortes de couvertures, d'employer de la tuile gironnée, c'est-à-dire plus étroite en haut qu'en bas. Quand on s'aperçoit que vers la pointe du cône les tuiles sont trop larges par en haut, et que les joints deviennent obliques, on mêle quelques tuiles gironnées, et plus il faut en mettre plus on avance vers la pointe du cône, de sorte que lorsqu'on est parvenu à trois ou quatre pieds au-dessous de la pointe, non-seulement on n'emploie plus de la tuile gironnée, mais souvent on est encore obligé d'en diminuer la largeur de la tête; enfin on termine cet ouvrage de la même manière que les croupes, en couvrant l'aiguille avec un petit amortissement de plomb ou de poterie.

Manière de couvrir les murailles avec des tuiles ou des enfaîteaux. — Excepté les tablettes de pierres de taille, il n'y a point de meilleure couverture pour les murailles que celles que l'on fait avec des tuiles; ces couvertures se font précisément comme les égouts retroussés : on commence par asseoir sur du mortier ou sur du plâtre, un sous-doublis et un doublis, puis on pose des tuiles de recouvrement avec du mortier, ce qui forme des pureaux de trois ou quatre pouces; et ce petit toit est recouvert par des faîtières que l'on borde et que l'on joint, de la même manière que celles des faîtes des bâtiments, on met plus ou moins de rang de tuiles selon que la muraille est plus ou moins épaisse.

Des mortiers ou plâtres. — La solidité des couvertures dépend beaucoup de la bonté des mortiers ou des plâtres que l'on y emploie. 1° Il ne faut point que le plâtre soit noyé; un plâtre qui a été gâché trop mou, ne durcit jamais parfaitement; d'ailleurs il y a certains plâtres qui sont meilleurs que d'autres. 2° Pour ce qui est des mortiers de chaux, il faut, si la chaux est nouvellement éteinte, n'y point ajouter d'eau; s'il y a longtemps qu'elle est éteinte, il faut la mettre dans un peu d'eau et la délayer avant d'y mêler le sable; car, pour faire un bon mortier, il ne faut jamais ajouter d'eau quand le sable ou le ciment est mêlé avec, et si le mortier paraît trop dur, il faut le bouler avec le rabot; il deviendra alors assez mou pour être employé avec utilité et il n'en sera que plus solide. 3° L'usage ordinaire, pour faire de bon mortier, est de mêler deux parties de sable avec une partie de chaux, c'est-à-dire un tiers de chaux et un tiers de sable. 4° On fait ce mortier soit avec du ciment, soit avec du sable; l'une ou l'autre de ces pratiques n'est préférée qu'à raison des lieux où l'on se trouve; car dans les endroits où le sable est sec et la tuile tendre, le sable est préféré au ciment, et où la tuile est dure et bien cuite, c'est le ciment qui mérite la référence. En général, le défaut du mortier fait avec du ciment est qu'il se détache en copeaux très-durs; il faut, en ce cas, faire le mortier avec moitié sable et moitié ciment.

Couverture en ardoises. — Si l'on excepte les couvertures en plomb et en cuivre, qui ne sont point du ressort des couvreurs, les couvertures les plus belles sont celles qui sont faites en *ardoises ;* elles sont impénétrables à la pluie et durent longtemps; elles ont encore l'avantage de ne point charger les charpentes; leur seul inconvénient est que le vent les emporte quelquefois, surtout lorsqu'on emploie de l'ardoise trop mince et de mauvaise qualité, car il y a des ardoises qui s'amollissent à l'eau.

L'ardoise s'éclate fort aisément au feu, ce qui la rend d'un mauvais service dans les incendies; et le vent, emportant au loin leurs éclats, peut alors causer beaucoup de ravages; cela a été la raison qui a fait défendre dans plusieurs villes d'Allemagne cette espèce de couverture. Quoique les ardoises aient été taillées sur les chantiers des carrières, il faut cependant que le couvreur, avant de les monter sur un bâtiment, les repasse toutes les unes après les autres, pour leur donner une forme plus régulière. Pour faire les égouts pendants à coyaux, on attache sur les chevrons des bouts de chevrons de deux pieds et demi ; on les fait excéder plus ou moins le vif du mur, et ils sont terminés par un larmier ; chaque coyau est attaché sur un chevron par trois forts clous ; on cloue sur le bord des coyaux la chanlate, qui ne doit point les excéder ; on cloue sur la chanlate, le doublis et le sous-doublis sans pureau, et qui doivent faire saillie sur la chanlate de trois ou quatre pouces ; ensuite on pose les ardoises suivant leur pureau, et elles sont retenues chacune par deux ou trois clous. Pour faire les égouts retroussés, on pose sur l'entablement, qui a deux pouces de saillie sur le vif du mur, on pose, dis-je, sur cet entablement, avec mortier ou plâtre, un rang de tuiles auquel on donne trois pouces de saillie au delà de l'entablement; sous ce rang de tuiles, qui forme le sous-doublis, on pose également avec mortier ou plâtre un second rang de tuiles, auquel on donne trois ou quatre pouces de saillie au delà du premier rang, ce qui forme le doublis ; ensuite on cloue sur la latte, qui est portée par les petits coyaux, ou sur un filet de plâtre assez épais pour gagner la pente du toit ou l'arrondissement de l'égout, on cloue les ardoises, auxquelles on donne leur pureau.

Du couvert. — Quand les égouts sont formés, on pose toutes les ardoises du couvert, en conservant bien régulièrement le même pureau, afin qu'elles se joignent plus exactement ; on met toujours en dessus la face de l'ardoise où la coupe est en chanfrein et égrignotée; on les attache à la latte avec deux ou trois clous dont les têtes doivent être recouvertes par les ardoises supérieures. Pour que les files des ardoises soient régulièrement droites, on fait à chaque rang un trait avec un cordeau pour marquer l'endroit où

les ardoises doivent aboutir, et quand il fait trop de vent, on trace avec une règle un trait blanc. Quand un toit est plus large à un bout qu'à un autre, on forme des accoinçons qui se terminent à l'égout, et ensuite on conduit les autres rangs d'ardoises parallèlement au faîte.

Des arrêtiers. — Après que le plein toit a été couvert, on travaille à couvrir les arrêtiers et les contre-arrêtiers : pour cela on forme des approches et des contre - approches, comme nous l'avons déjà dit en parlant de la couverture en tuiles ; mais comme on peut tailler aisément et proprement l'ardoise, on les rogne par le bas, pour que les files d'ardoises puissent tomber carrément sur l'arrêtier, tandis qu'à l'arrêtier en tuiles on fait un petit arrondissement. Outre cela, on fait en sorte que les ardoises se touchent assez exactement, pour que l'eau n'y puisse pas pénétrer et sans qu'on soit obligé d'y mettre du plomb ni du plâtre ; cependant on met toujours au bas de l'arrêtier une petite bavette de plomb taillé en oreille de chat, à laquelle on donne un peu plus de saillie qu'à l'ardoise, et on fait un ourlet au bord de cette bavette.

Des faîtes. — On couvre ordinairement les ardoises clouées sur le faîte avec des bandes de plomb de dix-huit pouces de largeur, qu'on retient avec des crochets qui saisissent les bords, et qui sont cloués sur le faîte ; mais en plusieurs endroits on couvre les faîtes tout en ardoises, ou, comme l'on dit, en *lignolet.*

Réparation. — Les réparations à faire sur les couvertures d'ardoises sont de deux sortes : les menues réparations et les réparations à bout.

Dans les premières, il ne s'agit que de substituer des ardoises à celles qui ont été détachées ou rompues. Si les lattes sont pourries, on remet des bouts de lattes sur lesquelles on cloue les ardoises. Quelquefois les couvreurs, après avoir arraché les clous d'une ardoise rompue et en avoir enlevé les fragments, taillent une ardoise neuve et la fourrent sous les autres ardoises sans la clouer. Quand le toit est fort plat, cette ardoise peut subsister encore assez longtemps ; mais quand le toit est un peu roide, elle est sujette à tomber, ou à être dérangée par des coups de vent ; c'est donc une négligence dangereuse de ne pas attacher l'ardoise aux lattes.

Lorsqu'il faut faire des remaniements à bout, ou remettre des ardoises à un égout, on doit échafauder, ou, si l'on veut, on se sert de longues échelles qui s'étendent jusque sous l'égout, mais on a soin qu'elles ne portent point sur les ardoises ; pour cela on attache une chaise renversée au haut de l'échelle, et pour que l'échelle ne tombe pas, on passe deux perches entre les échelons et les montants de l'échelle pour l'empêcher de tomber.

Couvertures en bardeaux. — On appelle bardeau de petites planches refendues comme le merrain, mais qui n'ont que douze ou quatorze pouces de long; leur largeur varie

On fait aussi des bardeaux avec de vieilles douves de futailles. Quand le bardeau a été ainsi travaillé, les couvreurs l'emploient; ils le clouent sur la latte. Mais pour tailler proprement le bardeau et le mettre de largeur, les couvreurs se servent d'une hachette. Ils le percent avec une vrille pour y placer le clou, sans quoi le bardeau pourrait se fendre. Ces petites planches s'emploient de la même manière que les ardoises, et font des couvertures fort propres; mais l'eau qui s'y amasse entre le recouvrement fait pourrir le bardeau assez promptement, à moins qu'il ne soit fait de cœur de chêne de la meilleure qualité, et la légèreté de son poids est un des avantages de sa couverture.

En Suisse, on met un bardeau sous chaque tuile pour rendre les couvertures plus chaudes et plus sèches, en les défendant du passage du vent et de la pluie. Une couverture particulière à la ville de Naples est ce qu'on appelle *lastrico*; c'est une espèce de ciment dont les terrasses et le dessus des maisons, tous en pentes, sont couverts: il est formé avec de la chaux et de la terre appelée pouzzolane, qui sont détrempées, battues à différentes reprises. Ce travail est fort long, quand on veut le bien faire, mais il est très-rare qu'il le soit assez bien pour n'être pas sujet aux lézardes ou autres crevasses. C'est cette couverture particulière qui procure à Naples le spectacle des bâtiments n'est pas cette agréable de voir en été la plus grande partie des habitants, après le coucher du soleil, prendre l'air frais sur ces terrasses. Cette espèce de couvertures, sans être plus coûteuse que celle de tuiles, lui est infiniment supérieure pour sa durée et son agrément.

Couverture en laves. — La lave propre pour la couverture des bâtiments n'est pas cette matière qui sort à demi vitrifiée des volcans et à laquelle on donne le nom de lave. La lave propre pour la couverture des toits, dont il va être question, est une sorte de pierre plate qui se tire à découvert des carrières. Souvent la lave recouvre une pierre épaisse, quelquefois un roc vif, d'autrefois un gros sable aplani; on trouve des carrières de laves à mi-côte, quelquefois même au pied des montagnes et dans les plaines; presque toute la partie de la Bourgogne, sur les lieux connus sous le nom de baillage de la montagne ou de Châtillon, a des carrières de laves dans les lieux les plus élevés. Il y en a aussi en Franche-Comté, en Champagne et en Lorraine. Dans toutes ces provinces, on s'en sert pour couvrir les maisons, avec d'autant plus de profit que cette couverture coûte peu et est très-solide.

La lave se tire des carrières, en tables plus ou moins grandes, avec une épaisseur différente, mais le tireur les réduit à un pied dix-huit pouces, ou deux pieds de longueur, sur autant de largeur, et ne lui laisse jamais plus d'un pouce d'épaisseur. Elle peut s'employer aussi avec des dimensions plus petites. Au sortir de la carrière, on la dispose en petits tas arrondis; en laissant un vide au milieu pour que l'air ou le soleil les sèche plus facilement.

La charpente des couvertures en laves doit être aussi forte que pour les couvertures en tuiles, avec cette différence qu'on ne donne à la hauteur de l'aiguille que la moitié de la largeur du bâtiment; si la charpente avait plus de roideur, les laves y tiendraient moins solidement. Tous les bois doivent être choisis et d'un fort équarrissage; les chevrons ne doivent être séparés que de quinze pouces au plus. L'espèce de latte qu'on emploie consiste en brins de chêne, de dix, quatorze ou quinze pouces de circonférence par le pied et de dix-huit pieds de long. Le charpentier, après les avoir équarris des deux faces, les fend dans toute leur longueur; le rond ainsi divisé forme deux lattes: il les attache en travers sur les chevrons avec des clous, ou avec des chevilles, à la distance de trois pouces et demi l'un de l'autre, ayant toujours l'attention que les bouts de lattes portent toujours sur les murs des pignons, sans jamais porter à vide, ce qui amènerait la ruine du bâtiment.

La lave sort brute des mains de l'ouvrier qui la tire, et on la transporte au pied des maisons que l'on doit couvrir; elle est alors d'une forme irrégulière: c'est le couvreur qui la taille avec une espèce de hachette ou hachotte non tranchante, dont le côté opposé a la forme d'un marteau qui sert à casser les bavures et à abattre les angles de la lave. Le couvreur ne taille à terre que les plus épaisses, qu'il doit employer sur les murailles et qu'il nomme gouttières; il leur donne une forme à peu près carrée, il ne taille ces laves qu'autant qu'il en faut pour faire deux rangs, chacun de la longueur du bâtiment, il taille les autres sur le bâtiment. Les laves une fois en haut du toit, le couvreur les pose, savoir, les gouttières et les doubles gouttières sur la muraille, et les autres entre deux lattes, de rang en rang jusqu'au faîte, de manière qu'elles y soient assujetties. Comme les murs bien faits ont toujours un talus insensible, il faut que le toit avance pour les garantir; pour cet effet, le couvreur commence à mettre sur la muraille la double gouttière, qu'il avance de quatre pouces au delà du bord du mur, et sur cette arrière-gouttière il pose la gouttière en l'avançant le plus qu'il peut, de sorte que l'arrière-gouttière sert de bras d'appui à la gouttière. Le couvreur aligne la gouttière au moyen d'un cordeau parallèle au mur, et tendu aux deux extrémités de la muraille. Quand le couvreur a posé ses gouttières et employé sur la muraille deux rangs des laves les plus épaisses, il garnit les rangs supérieurs jusqu'au faîte, avec les laves qui sont entre les lattes, il les taille avec la hachotte, et aligne les rangs parallèlement au premier tiré au cordeau, ayant soin toujours que le joint de deux laves tombe sur le milieu de la lave inférieure, et couvrant chaque rang avec une petite retraite de deux ou trois pouces. La lave se met à plat sur la latte, elle y est arrêtée par

n propre poids ; chaque rang est arrêté
r le rang supérieur qui pèse sur lui. L'
uverture se termine par deux rangs de
tes mises sur la réunion des deux côtés
couvert, c'est ainsi que se fait le faîtage
s fermes ; les particuliers plus soigneux y
ettent des faîtières de tuiles comme aux
uvertures de tuiles ; d'autres font des faî-
res en pierres de taille ; cette façon doit
re préférée dans les pays où la pierre de
ille est à bon marché. Cette couverture en
ve est peu coûteuse, elle résiste à toutes
s intempéries de l'air, et l'on en a vu du-
r jusqu'à près de quatre-vingts ans, sans
oir eu besoin de réparations.

Des échafaudages des couvreurs. — Les
uvreurs se servent quelquefois des écha-
uds de maçons, mais communément ils
chafaudent sur des chevalets de pied ou
s chevalets rampants, qu'ils attachent aux
nnes ou aux autres parties de la charpente
toit. Ces chevalets forment une console qui
ppuie perpendiculairement contre le mur
contre le toit. Ces chevalets se mettent à
à ou douze pieds de distance et soutien-
nt une échelle couchée ; on étend des planes sur les échelons, de sorte que le couv-
eur peut travailler, ou debout ou assis,
lon l'attitude qui lui paraît la plus com-
ode. Le couvreur se sert encore de petits
evalets, qu'il attache avec des cordes aux
evrons, de manière que le côté pose sur
partie du toit qui est déjà couverte, et,
ur ne pas rompre les ardoises, on ajoute
minces traverses de bois ; on couche de
me des échelles sur ces traquets. Pour
couvertures en tuiles, le couvreur monte
r la latte qui lui sert d'échelle, ou sur des
helles garnies de rouleaux de paille qu'il
ache à la latte, et quand le toit est borde cheneaux de plomb, il y met le
ed de son échelle. Si le toit est plat, il
t se servir d'échelles légères garnies à
tête et en queue de rouleaux de paille.
le toit est raide, on se sert d'une corde
uée pour y travailler ; alors le couvreur
ache à chacune de ses jambes un étrier de
ir, composé de deux jambiers, retenus
r des jarretières ; ces deux jambiers
nissent à un crochet de fer qui s'accro-
e aux nœuds de la corde, et à la même
rde on attache une sellette sur laquelle le
vreur s'assecit. Le couvreur qui s'élève à
ide d'une corde nouée est obligé de déta-
her l'un après l'autre les deux étriers,
s la sellette pour les remonter à un
ud supérieur, ce qui est une opération
ez longue. Quand les réparations sont à
re sur un comble, le couvreur jette une
de nouée sur le faîte, et deux ouvriers
vent travailler en même temps de cha-
à côté du toit. Si la réparation est sur
e croupe, on attache la corde nouée à
guille, et l'on peut ainsi travailler sur les
is faces de la croupe.

Quant aux pavillons ou flèches de clochers,
mme il s'y trouve ordinairement un œil-
bœuf en plomb placé vers l'endroit le
s élevé, on passe par là une corde de

moyenne grosseur. Le couvreur monte sur
cette corde jusqu'à l'œil-de-bœuf, puis, tenant de la main droite une autre petite
corde nouée, nommée le *fouet*, il la jette le
plus haut qu'il peut pour embrasser la flèche ;
ensuite, avec une latte qu'il tient de la main
gauche, il tâche d'attraper le bout de la
corde, et lorsqu'il l'a saisi, il lie autour de la
flèche les deux bouts du fouet le plus serré
qu'il est possible ; il s'élève peu à peu jusqu'à l'aiguille en répétant la même manœuvre. Il fait alors la réparation convenable ; mais quand il s'agit de descendre, il
faut détacher la corde nouée du haut de la
flèche, et pour cet effet, attacher la petite
corde nouée au-dessus de l'amortissement
avec un virbouquet : ce virbouquet étant attaché au fouet, il facilite au couvreur le
moyen de descendre. Arrivé à l'œil-de-bœuf,
il s'attache à la grosse corde nouée qui passe
en cet endroit ; il tire à lui la petite qui tient
à la cheville du virbouquet ; et le fouet ne
tenant plus à rien tombe de son propre
poids. Les échelles des couvreurs sont de
bois blanc et fort légères. Les rouleaux dont
on garnit les échelles sont de paille longue
ou de paille nattée.

Communauté des couvreurs. — Les statuts
des couvreurs sont anciens et sans date, et
ont été renouvelés par des lettres patentes
du roi Charles IX au mois de juillet 1556.
Quatre jurés gouvernent cette communauté,
Il y en a deux d'élus tous les ans, par les
autres maîtres ou bacheliers, en présence
et du consentement du procureur du roi du
Châtelet. Chaque maître ne peut avoir qu'un
apprenti non marié, obligé pour six ans.
Suivant les statuts, l'apprenti gagne la première année vingt sous par jour, et les années suivantes deux sous de plus par jour,
jusqu'à la sixième où il gagne trente sous
sans être logé ni nourri. Le chef-d'œuvre
est exigé de l'aspirant à la maîtrise. Les
couvreurs qui travaillent sur les rues encourent une amende s'ils ne mettent pas des
défenses aux lieux où ils travaillent pour
avertir les passants. L'édit du mois d'août
1776 réunit les couvreurs aux plombiers,
carreleurs et paveurs. Le droit de réception
est de 500 livres. On compte à Paris environ
160 maîtres couvreurs (1).

CRAIE (*Sa formation.*) — MM. G. Cuvier et
A. Brongniart, de l'Institut, dans un essai sur la géographie minéralogique des environs de Paris, ont remarqué que la craie
forme, comme dans presque tous les lieux
où on l'a observée, une masse dans laquelle les assises sont si peu distinctes qu'on
douterait presque qu'elle ait été formée par
lits, si l'on n'y voyait ces bancs interrompus de silex qui, par leur position parfaitement horizontale, leur parallélisme,
leur continuité et leur fréquence, indiquent
des dépôts successifs et presque périodiques.
Leur distance respective varie suivant les
lieux ; à Meudon ils sont à environ deux

(1) Cet aperçu si complet sur l'art du couvreur est
tiré de l'*Encyclopédie méthodique*

mètres l'un de l'autre, et l'espace compris entre ces deux lits de silex ne renferme aucun morceau isolé de cette pierre ; à Bougival, les bancs sont éloignés et les silex beaucoup moins nombreux. La craie qui les renferme n'est pas de la chaux carbonatée pure ; elle contient, suivant M. Bouillon-Lagrange, environ 0,11 de magnésie, et 0,19 de silice, dont la plus grande partie est à l'état de sable qu'on peut séparer par le lavage. Les fossiles qu'on y trouve sont peu nombreux, en comparaison de ceux qu'on observe dans les couches de calcaire grossier qui recouvre la craie presque immédiatement ; mais ils sont entièrement différents de ces fossiles par les espèces et par les genres. Les fossiles qu'on y rencontre se composent de deux lituolithes, trois vermiculaires, de belemnites qui, suivant M. Defranc, sont différentes de celles qui accompagnent les ammonites du calcaire compacte ; de fragments de coquilles qui, par leur forme tubulaire et leur structure fibreuse, ne peuvent être rapportées qu'au genre pinna ; mais si on déduit de l'épaisseur de ces fragments la grandeur des individus auxquels ils devaient appartenir, on conclura que ces testacées devaient être monstrueux. Les mêmes savants ont mesuré des morceaux qui avaient douze millimètres d'épaisseur, tandis que celle des plus grandes espèces de pinna connues n'est que de deux millimètres. Ils ont remarqué aussi une moule, deux huîtres, une espèce de genre peigne, une cranie, trois térébratules, un spirorbis, des ananchites, dont l'enveloppe crustacée est restée calcaire et a pris la texture spathique, tandis que le milieu seul est changé en silex ; des porpytes ; cinq à six polypiers différents : un d'entre eux paraît appartenir au genre de caryophyllica et un autre au genre millepora ; enfin des dents, des squales. A Meudon, la craie n'est point à nu ; elle est recouverte par l'argile plastique et par le calcaire grossier. La partie la plus élevée de la masse de craie paraît être au-dessus de la verrière de Sèvres ; elle est à quinze mètres au-dessus de la Seine. Cette disposition relève toutes les couches de terrain qui la surmontent, et elle semble en même temps en dominer l'épaisseur. La masse de pierre s'incline sensiblement du côté de la rivière. A Bougival, près Marly, la craie est presque à nu dans quelques points, n'étant recouverte que par des pierres calcaires d'un grain assez fin, mais en fragments plus ou moins gros et disséminés dans un sable marneux, qui est presque pur vers le sommet. Au milieu de ces fragments on trouve des géodes d'un calcaire blanc-jaunâtre, compacte, à grains fins, avec des lames spathiques et de petites cavités tapissées de très-petits cristaux de chaux carbonatée. La pâte de ces géodes renferme une multitude de petites coquilles univalves à spire, ce qui paraît prouver que ce calcaire n'appartient pas à la formation des craies. Parmi ces géodes, MM. Cuvier et Brongniart en ont remarqué une qui présentait une

vaste cavité tapissée de cristaux limpides allongés et aigus, ayant plus de deux cent mètres de long. La division mécanique fait voir que ces cristaux appartenaient à l'espèce de la strontiane sulfatée, et M. Haüy les a appelés strontiane sulfatée apotome. Ces cristaux offrent des prismes rhomboïdaux à quatre pans, dont les angles sont les mêmes que ceux du prisme des variétés unitaire, émoussée, etc., c'est-à-dire 77 degrés 2' et 102 58. Ils sont terminés par des pyramides à quatre faces et très-aiguës. L'angle d'incidence des faces de cette pyramide sur les pans adjacents est de 161 degrés 16'. Les faces sont produites par un décroissement par deux rangées à gauche et à droite de l'angle E de la molécule soustractive. C'est une loi qui n'avait pas encore été reconnue dans les variétés de strontiane sulfatée étudiées. Son signe sera E. E [**] Les cristaux de strontiane observés jusqu'à présent (1808) aux environs de Paris sont très-petits, et tapissent les parois de quelques-unes des géodes de strontiane qu'on trouve dans les marnes vertes de la formation gypseuse ; mais on n'en avait pas encore vu d'aussi volumineux et d'aussi nets (*Annales du muséum d'histoire naturelle* 1808, t. XI, p. 300.)

CRAIE (*Carbonate de chaux.*) — Dans la fabrication de la soude factice, la craie employée par les fabricants, disent MM. Payen et Chevalier, est obtenue par l'extraction le lavage, pour la priver par ce dernier moyen, de quelques parties hétérogènes. Mais on a employé avec succès, dans une fabrique située aux environs de Rouen, de la craie qui n'avait subi aucun lavage, et ce procédé est économique. Ce même procédé appliqué à toutes les fabriques de soude artificielle voisine des lieux où la carbonate de chaux est tirée, pourrait aider à soutenir la concurrence de nos soudes avec les soudes étrangères. (*Dictionnaire des découvertes* t. IV, p. 170 et 171.)

CRAYON. C'est un nom générique, par lequel on désigne plusieurs substances terreuses, pierreuses et minérales, colorées, dont on se sert pour tracer des lignes, dessiner, peindre au pastel ; telles sont la craie, la sanguine ou hématite, la pierre noire.

On donne plus particulièrement le nom de crayon à la blende, ou mine de plomb, molybdena, qui est un minéral contenant quelquefois du zinc, et qui résiste très-fort à l'action du feu. On coupe la mine de plomb en morceaux carrés longs et menus pour les revêtir de bois et en faire les crayons ordinaires, ou bien on les taille, on leur donne une forme propre à être mise dans un porte-crayon : cette substance se trouve en plusieurs endroits de l'Europe ; cependant il y a du choix. Les meilleurs crayons sont ceux qui nous viennent d'Angleterre ; on les fait avec une espèce de blende, ou mine de plomb très-pure, non mêlée de sable ou de matières étrangères ; elle se taille aisément, et quand on l'a taillée elle ressemble à du plomb fraîchement coupé.

elle qui n'a point ces qualités, n'est pas propre à faire de bons crayons. La mine qui fournit le bon crayon d'Angleterre, est dans la province de Cumberland, à peu de distance de Carlisle; elle est unique dans son espèce, et le gouvenement en a fait un soin tout particulier. L'exportation de cette mine est défendue sous des peines très-rigoureuses, avant que d'être employée en crayons. Personne n'ignore l'usage du crayon dans le dessin. (*Encycl. méthod.*)

CRAYONS. (*Machine à fabriquer les*). — M. Arnoult et Humblot-Conté ont obtenu un brevet d'invention pour une machine propre à la fabrication des crayons Conté.

CRAYONS. Tout le monde sait ce que l'on nomme *crayon*; ce sont de petites bahettes de plombagine renfermées dans un cylindre de bois de cèdre et dont on se sert pour écrire ou dessiner. Depuis quelques années l'on fait des crayons d'une forme ronde que l'on place dans des portes-crayons de métal.

C'est à MM. Conté et Humblot qu'on doit la fabrication des crayons artificiels dont l'usage est si commun maintenant en France.

CRAYONS A DESSIN, *crayons au pastel.* — On obtient des crayons noirs pour le dessin en mélangeant deux tiers environ d'argile très épurée avec un tiers de noir de fumée bien tamisé; on en fait une pâte que l'on comprime dans des moules de forme quadrangulaire, on les fait cuire ensuite dans des vases clos.

Les crayons rouges se font avec la sanguine que l'on réduit en poudre avec une lime à dents très-fines ou avec une lime; l'on broye ensuite cette limaille à l'eau en y mêlant du mucilage de gomme arabique et un peu d'eau de savon. Pour les crayons blancs on réduit en poudre de la craie blanche de bonne qualité et on opère ensuite comme pour les crayons rouges.

Quant aux crayons au pastel on leur donne ordinairement la forme cylindrique ils se font avec un mélange de terre de pipe, et de matières colorantes. On comprime ensuite la matière dans des moules on fait sécher comme pour toutes espèces de crayons. Les frères Joël de Paris font un mélange de terre de pipe, et de matière colorante en parties égales. Ces matières ont du bleu de Prusse, de la céruse, du vermillon, etc., selon la couleur qu'ils veulent donner aux crayons. Puis ils délayent avec de l'esprit de vin, dans lequel ils ont fait dissoudre de la gomme-laque, et y ajoutent de la térébenthine. La qualité des crayons dépend essentiellement de la finesse de la pâte. Il est donc nécessaire de broyer avec soin l'argile et les matières colorantes. on ne parvient guère à un broyage suffisant qu'à l'aide d'une mécanique, ou d'un moulin.

CRAYONS LITHOGRAPHIQUES. — *Observations nouvelles de M. Labougier.* — Il résulte des expériences faites par M. Labougier sur les *crayons lithographiques*, que ces crayons sont formés de quatre substances différentes, c'est-à-dire de cire, de suif ou graisse, de résine, et de charbon, toutes matières qui ne se mêlent pas à l'eau, propriété importante et dont on tire un parti avantageux dans le procédé de gravure pour lequel on emploie ces crayons. L'analyse a donné 0,15 de cire, 0,21 de mélange de cire et de graisse, 0,25 de suif ou de graisse, et 0,06 de charbon; total 0,93. La perte de sept parties que ce résultat indique est inévitable dans ces sortes d'analyses, et elle serait même plus considérable si l'on n'avait pas eu la précaution de peser exactement tous les filtres que l'on a employés. (*Archives des découvertes et inventions*, 1811, t. IV, p. 129. — *Ann. du Muséum d'histoire naturelle*, t. XVII, p. 166.)

CRAYONS. — Extrait du *Dictionnaire des découvertes.*

Invention. — *M. N.-J Conté, de Paris.* - An III. — La fabrication des crayons artificiels, pour laquelle l'auteur a obtenu un brevet de dix ans, consiste à prendre de l'argile bien pure, c'est-à-dire celle qui contient le moins de terre calcaire ou de silice, matière qu'emploie M. Conté, pour donner de l'agrégation et de la solidité. On sait que l'argile a la propriété de diminuer de volume, et de se durcir, en raison directe des degrés de chaleur quelle éprouve. C'est d'après cette propriéé que l'auteur l'a employée comme matière solidifiante de toutes sortes de crayons. Le succès a répondu à son attente, et il est parvenu à en faire d'artificiels, qui peuvent remplacer et surpasser même, à quelques égards, ceux qui venaient d'Angleterre, sous le nom de *capucine, pierre d'Italie, pierre noire*, etc.; il est parvenu à leur donner le degré de dureté et de solidité convenables, en mêlant plus ou moins d'argile avec les diverses matières colorantes, et en les faisant plus ou moins cuire. La préparation de l'argile consiste à délayer dans de grands baquets, avec de l'eau de rivière, une assez grande quantité; lorsqu'elle est bien délayée, on y ajoute une quantité d'eau proportionnée, on remue bien le tout et on laisse reposer environ deux minutes. Le fond du baquet qui contient cette argile doit être élevé de 0^m 6 environ; on place un autre baquet de 0^m 6 plus bas, et on transvase avec un siphon l'eau ainsi troublée, ayant soin que la branche du siphon, qui fait la succion, ne soit jamais enfoncée plus de 0^m 28 dans l'eau. Quand celle-ci commence à paraître plus trouble, on arrête l'écoulement; on met dans le baquet supérieur de nouvelle eau, jusqu'à ce que l'on ait une assez grande quantité d'eau trouble ainsi transvasée; le dépôt se fait lentement; mais enfin elle se clarifie. On tire toute l'eau claire avec un siphon, et on met toute l'argile qui se trouve au fond, sur une toile propre, tendue par les quatre coins, jusqu'à ce qu'elle se dessèche : elle est alors en état d'être employée. Pour faire des crayons imitant ceux nommés *capucines* on prend du carbure de fer; lorsqu'il est réduit en poussière, on le met dans un creuset, et on le fait rougir presque jusqu'au blanc; l'action du feu lui donne une qualité que, sans elle, il ne pourrait avoir ; elle lui donne aussi plus de brillant, plus de douceur ; elle empêche que, en le mêlant avec l'argile, il ne se fasse une altération inévitable dans le cas contraire. Cette substance minérale, ainsi calcinée, doit être mêlée avec l'argile. Ce mélange peut s'effectuer en doses différentes ; moins on met d'argile, moins on fait cuire les crayons, plus ils seront tendres ; plus on emploie d'argile, relativement au carbure, plus ils seront fermes ; enfin, ils pourraient, dans le premier cas, se réduire en poussière, et dans l'autre, acquérir tant de dureté, qu'ils ne marqueraient plus. Ainsi l'on sent qu'il faut tenir un juste milieu. Les crayons que M. Conté a présentés au Comité de salut public, et qui ont fixé son attention, étaient composés ainsi qu'il suit : les uns étaient formés de deux parties de carbure et de trois d'argile ; les autres de deux de carbure et de deux d'argile, etc. Cette composition peut être variée à l'infini et pour les nuances et pour la dureté ; avantage précieux que ne donne point la mine naturelle. Une chose importante dans cette opération, c'est que tous ces crayons sont aussi moins noirs que ceux faits avec la mine naturelle, et ils ont l'avantage de ne pas faire un dessin aussi luisant, ce qui nuit beaucoup à l'effet. Au surplus, en mettant relativement peu d'argile et beaucoup de carbure, on obtient le même résultat.

Pour préparer la pâte qui sert à former ces crayons, il faut, lorsque les matières sont passées exactement, mêler un peu d'argile avec le carbure, et broyer le mélange jusqu'à ce qu'il soit réduit en une pâte extrêmement fine. Pour s'assurer s'il est assez broyé, on fait cuire un peu de cette pâte ; si en la taillant on aperçoit des grains de mine, le but est manqué ; il faut alors broyer de nouveau jusqu'à ce qu'il n'en paraisse plus. On y mêle ensuite le reste de l'argile qui avait été pesée, et on recommence à broyer jusqu'à ce qu'on n'entende plus passer la molette ; il faut alors que cette pâte, qui est très-liante, soit fort épaisse ; il suffit qu'elle puisse se manier. On en forme une boule, que l'on met sous une cloche de verre posée sur un plat rempli d'eau, ayant soin de la placer sur un support qui la sépare de ce liquide. Quant à la préparation que doit subir la pâte pour faire les crayons, le premier moyen consisterait à en faire un solide, que l'on ferait cuire et que l'on débiterait à l'imitation des Anglais, en lames minces propres à être introduites dans le bois, mais, outre que ce moyen serait long, difficile et dispendieux, il aurait de plus l'inconvénient d'émousser promptement les scies et de réduire beaucoup de matière en poussière qui serait perdue. Cet inconvénient a suggéré à M. Conté un autre moyen qu'il croit préférable à tous égards ; et, sans s'arrêter à celui que les Anglais ont été forcés d'adopter, parce qu'ils ne sont pas maîtres de choisir, ayant à traiter une matière solide et non une pâte, l'auteur a pensé qu'on

formant des plaques et en les faisant cuire il s'épargnerait beaucoup de travail. Il es possible, en effet, de faire cette cuite sans qu les plaques se gauchissent, et sans que rie n'empêche leur placement dans les montu res en bois. Le succès de ce moyen est cer tain ; mais l'expérience en a fait connaître M. Conté un plus simple et plus court. O fait dans une plaque de buis de petites rig les semblables aux barreaux que forment le crayons, d'un volume et d'une largeur u peu plus grands à cause du retrait ; on soin de faire bouillir dans du suif le mor ceau de buis portant les cannelures, afi d'empêcher la pâte de s'y attacher ; on pren ensuite de cette pâte avec une spatule, on en remplit les creux en pressant forte ment ; on recouvre toutes les rainures ave une plaque de buis également bouillie dan le suif ; on la serre fortement avec une o deux vis, et on laisse sécher le tout dans ce état. Comme l'air de l'atmosphère ne peu toucher la pâte que par les bouts, ils sè chent les premiers, ils se détachent des ca nelures en diminuant de volume, et par peu l'air circule dans toute la longueu On met le moule dans un four médiocre ment chaud où les barreaux finissent de se dessécher. Quand ils sont à ce point, on re tire le moule et on le vide sur une table gar nie de drap ; on voit alors tous les barreau qui doivent former les crayons. La majeu partie est d'un seul morceau ; quelques-ur sont en deux ; mais tous sont parfaitemer droits, point très-important. Pour donne de la solidité à ces crayons, on les place per pendiculairement dans un creuset ; lorsqu' en est rempli, on jette dessus de la pous sière de charbon, environ deux pouces d'é paisseur, ou du sablon fin, ou de la cend tamisée ; toutes ces matières produisent u bon effet. On met un couvercle sur le creu set, et on le lute avec de l'argile, de la crai ou quelque autre substance capable de re sister à un haut degré de chaleur. On me le creuset au feu et on le fait rougir ; le de gré de chaleur qu'il doit recevoir est rela tif à la dureté que l'on veut donner au crayons : il est réglé par le pyromètre d Wedgwood. Quand les crayons sont cuit on retire le creuset et on les laisse refroid pour les en ôter. Si ces crayons sont dest nés à tracer des plans, à dessiner l'archite ture, ou à former des lignes très-fines, faut, avant de les monter, les tremper dar la cire presque bouillante, ou dans du su à la même température, ou enfin dans u mélange de l'un et de l'autre. Cette immer sion se fait en mettant les crayons sur u grillage de fil de fer, en les plongeant dan une chaudière, ils acquièrent par là de douceur, ils s'usent beaucoup moins en tr vaillant, et ils conservent parfaitement leu pointe. Lorsqu'on doit employer ces crayon à dessiner l'ornement, la figure, etc., il e préférable de ne pas les plonger dans ce préparations ; ils font un dessin beaucou plus vigoureux, du plus beau mat, et qui n point le luisant incommode de la mine d plomb ordinaire. M. Conté a trouvé un deuxième procédé pour faire des crayons artificiels d'une qualité différente de la première. Toutes les opérations sont les mêmes, excepté qu'on y ajoute du noir de fumée, c'est-à-dire que les crayons sont composé de cette matière, de carbure de fer et d'argile. On les cuit de même, et on a soin que, dans le moment de la cuite, ils soient enfouis dans le creuset sous les matières désignées plus haut, pour les soustraire à l'air et éviter que le noir de fumée ne brûle pas à la superficie, ce qui ne manquerait pas d'arriver si on négligeait cette précaution. On peut, comme on le voit, faire une série de crayons à l'infini, en mettant plus ou moins de noir de fumée et d'argile, et l'on obtient ainsi des crayons depuis le noir le plus intense jusqu'au plus pâle. Ils sont aussi de la meilleure qualité pour dessiner la nature dans toutes ses productions : les dessins en sont beaux et vigoureux, et aussi noirs qu'on le désire. Le même auteur a de plus découvert un troisième procédé pour faire des crayons artificiels colorés, qui peuvent servir à dessiner la miniature ; il est parvenu à en faire de cette nature qui peuvent être montés en bois comme les capucines, et qui font également la pointe. Or, on a des crayons couleur de bistre, en employant la terre d'ombre calcinée mêlée avec l'argile. L'oxyde de plomb rouge, connu sous le nom de rouge saturne, donne un très-beau crayon aurore ; le carmin en donne un de sa couleur, ainsi que tous les roses, en y ajoutant plus ou moins d'argile ; les laques ont les mêmes propriétés. Il faut cependant noter que toutes les couleurs qui sont susceptibles de se brûler ne doivent pas être cuites comme les autres ; on se contente, pour les durcir, de les mettre sécher à l'étuve, et ensuite les faire bouillir, ou dans l'huile, ou dans le suif, ou dans la cire, ou enfin dans un mélange de ces matières. Tous les oxydes métalliques colorés deviennent, comme on le voit, propres à faire des crayons ; celui du fer en procure de plusieurs espèces différentes dans la proportion qu'il contient plus ou moins d'oxygène, tels que les rouges, les bruns-rouges, les bruns-violets, etc. On obtient les crayons bleus avec l'indigo ou le bleu de Prusse mêlé avec l'argile. Il faut avoir soin d'employer pour les crayons colorés l'argile très-blanche, afin que leur couleur ne soit pas altérée. Pour la manière de faire les montures de ces crayons, on suit le procédé connu ; on emploie pour cet objet le bois de cèdre ou de genévrier, comme les plus convenables. Quant à la manière de mouler et former des crayons propres à dessiner le modèle ou les rondes-bosses, il faut avoir des crayons en fer de la forme qu'on désire ; on les attache perpendiculairement sur une plaque de tôle, dont les bords sont relevés à la hauteur que doivent avoir les crayons. On forme un composé d'étain, de régule d'antimoine, de zinc, ou de tous autres métaux capables de se durcir par le mélange, on les

fait fondre dans un creuset, et on les verse dans le moule de tôle où sont plantés les modèles de crayons en fer ; on laisse refroidir la matière, on retire ensuite les modèles en fer, qui laissent des creux servant à mouler les crayons. On remplit complétement les trous du moule avec de la pâte ; et comme elle diminue de volume en séchant, les crayons se détachent aisément, et on les renverse sur une table couverte d'une étoffe pour les empêcher de se casser ; on les laisse ensuite sécher davantage à l'ombre, ensuite à l'étuve, puis au four, et enfin on les met au creuset comme les premiers, en prenant la même précaution de les couvrir de charbon pulvérisé ou autre matière, pour empêcher le contact de l'air. On sait que, pour dessiner l'architecture et les plans, il est nécessaire d'avoir des crayons qui fassent parfaitement la pointe ; on les obtient en faisant fondre du plomb dans un creuset où l'on met du régule d'antimoine, et lorsque tout est fondu, on y ajoute un peu de mercure ; il résulte de ce mélange un métal composé qui est friable sans être dur, et qui peut être aisément taillé en crayon. « Cette découverte est encore au berceau, dit M. Conté, en terminant son mémoire ; mais je vois, par le premier essai, qu'elle est susceptible de produire dans la suite le meilleur effet. » (*Brevets publiés*, 1811, tome Ier, page 234).

An IV. — Les commissaires de l'Institut, chargés d'examiner les crayons noirs et rouges de M. Conté, s'expriment ainsi en rendant compte de ces crayons : « Ils ont, comme la pierre d'Italie et les autres crayons de pierre naturelle, le mérite de pouvoir être taillés. Ils s'effacent facilement à la mie de pain, sont propres aux dessins de la plus grande proportion et peuvent être placés dans tous les porte-crayons. » (Institut, séance du 6 prairial an IV, et *Moniteur* de l'an V, page 1146.)

MM. Bayen et Fourcroy ont été chargés par l'Institut de lui faire un rapport sur d'autres crayons de M. Conté. « Le but de l'auteur, disent les commissaires, a été de substituer aux crayons d'Angleterre et d'Allemagne de nouveaux crayons artificiels, et en même temps d'affranchir la France d'un tribut qu'elle avait payé jusqu'alors à ses voisins. » Instruit de tout ce qui avait été fait avant lui, M. Conté sentit bien qu'il devait s'éloigner des sentiers battus, se faire une route nouvelle, et travailler sur un plan tout à fait différent de ceux qui avaient été suivis jusque-là. Après des recherches et des expériences aussi variées que nombreuses, il parvint à fabriquer une composition d'un mélange nouveau. Parfaite homogénéité et constante identité de la pâte, densité variée à volonté, mais graduée suivant les divers besoins des arts, pâte qui imite, et qui surpasse même la plombagine native, couleur diversifiée et nuancée au gré de l'artiste, depuis le gris ordinaire de cette substance jusqu'au noir mat, diminution de ce brillant métallique qui est un défaut dans le produit naturel, propriété de s'effacer à la gomme élastique, instruments nouveaux, mécaniques ingénieuses et simples pour toutes les modifications, les formes, et en général les préparations diverses qu'exige soit la composition qui fait la base de ses crayons, soit l'enveloppe de bois dont ils sont recouverts pour leur conservation et leur usage; rien ne manque aux procédés imaginés.» « Nous assurons à l'Institut, continuent MM. Fourcroy et Bayen, que M. Conté a véritablement créé un art nouveau, ingénieux, fondé sur les connaissances les plus exactes de la chimie et de la mécanique, bien supérieur aux pratiques employées jusqu'ici dans la fabrication des crayons artificiels, et que n'offraient certainement pas les procédés mis en usage par les Anglais.» (Institut, séance du 6 prairial an IV. — *Moniteur* de 1796, page 1143. — *Description des brevets expirés*, tome 1er, page 234.)

Perfectionnement. — Humblot-Conté. — An IX. — Une médaille d'or a été décernée à ce fabricant, pour la bonne qualité des crayons fabriqués d'après le procédé de M. Conté, son beau-père, et que M. Humblot a exposé. *(Rapport du jury de l'exposition,* cinquième jour complémentaire an IX.)—1806.—« Humblot - Conté, est-il dit dans le rapport du jury de l'exposition de cette année, doit être vivement félicité de ce qu'il maintient la fabrication des crayons à la hauteur où elle a été portée lors de la découverte de cette composition métallique. » (*Rapport du jury.*)

*Inventions.—M. Lemoine, peintre.—1812.—*L'invention des crayons indigènes est nouvelle pour le public; mais elle remonte à l'an 1774, époque à laquelle l'auteur cessa de faire usage des crayons ordinaires. Ceux dont il s'agit ici sont composés de matières toutes indigènes à la France; ils laissent bien loin derrière eux les espèces les plus estimées jusqu'ici, par le degré de perfection auquel les a portés M. Lemoine. Ils sont propres aux graveurs, pour les grands dessins, aux hachures, pour l'usage de l'estompe, et conviennent pour remplacer la pierre noire. Leur composition ne nous est pas connue.

*MM***.* — 1818. — Pour faire des crayons d'après le moyen imaginé par l'auteur, on prend du charbon à grain très-fin, on le scie en fragments qui se placent pendant une demi-heure environ, près d'un feu léger dans une terrine remplie de cire d'abeille fondue; après ce temps on les retire, et il ne reste plus qu'à les laisser refroidir. Pour donner un grand degré de dureté au charbon, il faut ajouter de la résine à la cire d'abeille; on substituera un peu de beurre ou de suif à la résine, si l'on veut que les crayons soient très-mous. Les dessins faits avec ces crayons sont aussi inaltérables que si on s'était servi d'encre, et le frottement ne les efface pas. Ce moyen, aussi simple qu'économique, peut être employé pour durcir les pierres calcaires, noires et rouges, dont se servent également les dessinateurs. (*An-*

*nales de chimie et de physique,*1818, tome IX, page 334.)

Perfectionnement. — Humblot-Conté. — 1819. — Les crayons de la fabrique de M. Humblot sont aujourd'hui parfaitement homogènes; leur degré de dureté répond constamment aux numéros qu'ils portent et ne changent plus avec le temps. Le même fabricant a mis depuis peu dans le commerce de nouveaux crayons un peu inférieurs en qualité, mais de beaucoup supérieurs à ceux d'Allemagne, dont il se fait en France une grande consommation. Il les donne à bas prix, et il les a marqués de manière que les détaillants ne peuvent jamais les vendre pour ceux de première qualité. Le jury aurait décerné une médaille d'or à cette fabrique si elle ne lui avait pas été précédemment accordée. (*Rapport du jury.*)

CRÈME. — *(Moyen de la conserver très-longtemps.)— Invention de M. Lebas, de Paris.* —M. Lebas a imaginé un moyen de conserver pendant l'hiver la crème que produit le lait d'été. Ce moyen consiste à mettre la crème dans un chaudron avec un peu de sel; on lui fait faire quelques bouillons, on la laisse refroidir pour la mettre ensuite dans des pots ou dans des barils. La crème se conserve ainsi pendant l'hiver aussi fraîche et aussi bonne que dans la meilleure saison, ce qui est avantageux pour l'approvisionnement des grandes villes. (*Brevets publiés,* 1811, t. I, p. 158.)

CREMNOMÈTRE. — *Invention de M. Cadet.* — Cet instrument est destiné à peser le résidu des filtres et en général tous les précipités légers et rares. Son usage est très-commode dans les analyses d'eaux minérales et pour apprécier la production progressive du fer dans les végétaux. Le cremnomètre se compose d'un tube de verre blanc de deux décimètres environ de hauteur et de quatre millimètres de diamètre. Il se termine, d'un côté, en forme d'entonnoir; et il est fermé, de l'autre, par un bouchon de cristal usé à l'émeri. Au-dessus de ce bouchon est un collet large et plat en verre, qui sert à poser l'instrument sur un pied tourné en bois, creusé de manière à recevoir le bouchon de cristal, qui doit s'enfoncer jusqu'au premier degré de l'échelle accolée au tube calibré. Le bouchon sert à faciliter le nettoiement de l'instrument lorsque quelque précipité en a sali la base. Pour se servir utilement de ce cremnomètre, il faut faire quelques essais préliminaires: délayer, par exemple, grain à grain quelques terres ou sels insolubles, les mesurer dans l'instrument, après un temps déterminé noter les degrés auxquels ils se sont élevés, et garder ces tables de rapport pour y trouver des tables de comparaison, quand on s'occupera d'analyses ou de produits de même nature qui devront être appréciés. (*Journal de pharmacie,* 1819, page 304, planche 2.)

CRÉPUSCULE. — *Voyez* OPTIQUE.

CRIBLE VENTILATEUR à *cylindre,* —

Invention de M. Josse (Marne). Ce crible a valu à son auteur une médaille d'encouragement de la Société d'agriculture de Châlons. (*Moniteur*, 1866, p. 80.)

CRISTAL. (*Médailles et camées incrustés dans la masse du*) — *Invention de M. Dufougerais, directeur de la manufacture des cristaux du Mont-Cenis.* — Les camées de ce manufacturier sont de biscuit de porcelaine, leur pâte est facile à modeler, et résiste à la chaleur nécessaire pour les incorporer dans des verres de plomb. On peut, par ce moyen, rendre inaltérables toutes sortes d'empreintes. (*Travaux de la classe des beaux-arts de l'Institut*, depuis le 1ᵉʳ octobre 1808, jusqu'au 1ᵉʳ octobre 1809.)

M. Bourdon de Saint-Amans. — Au moyen du procédé de l'auteur, on saisit dans le cristal même des dessins coloriés de toute espèce, que leur enveloppe transparente met à jamais à l'abri des outrages de l'air et du temps. Ce procédé paraît très-ancien ; mais l'on doit à M. Saint-Amans une perfection qu'il semble difficile d'outre-passer. Il a conservé la plupart des anciens procédés établis par M. Dufougerais ; mais le plus souvent il coule du cristal dans des moules appropriés à la forme dont il a besoin ; il pose aussitôt sur cette matière liquide la pierre qu'il veut incruster, et il la recouvre d'une nouvelle couche de cristal, qu'il aplatit, pour ne laisser que la quantité d'air nécessaire à la production du reflet métallique. M. Saint-Amans, au lieu de la pâte ordinaire de porcelaine qu'on employait autrefois, prépare et cuit lui-même sa terre, de manière qu'il reste maître des effets. La substitution heureuse qu'il a faite des moules de terre cuite à ceux de plâtre lui donne une telle facilité, que l'opération du moulage peut maintenant être confiée à des femmes ou à des enfants. (*Société d'encouragement*, 1819, p. 52. — *De l'industrie française*, par M. de Jouy.)

CUIVRAGE DU FER. — Le cuivrage des pièces préalablement décapées réussit avec les dissolutions de potassium, de chlorure de sodium et de tartrate neutre de potasse par le procédé suivant : on prend une quantité d'eau de pluie ou d'eau bouillie et filtrée suffisante pour couvrir entièrement l'objet qu'on se propose de cuivrer, on en retire l'objet et on y fait fondre l'un des composés mentionnés ci-dessus en quantité telle qu'il y ait environ huit à dix parties d'eau pour une de matière solide ou de sel, on filtre la dissolution et on la reçoit dans un vase de grès, ou dans une capsule de fonte émaillée ; on introduit alors, dans cette dissolution, le fil conducteur en cuivre du pôle zinc ainsi que celui du pôle cuivre de l'appareil galvanique. Quand on se sert du chlorure de potassium, de sel marin ou de chlorure de calcium, on ajoute à la liqueur un peu d'ammoniaque caustique, et quand on se sert du tartrate de potasse, un peu de carbonate de cette base ; on fixe à l'extré-

mité du fil de cuivre du pôle cuivre une plaque mince de cuivre laminé et c'est à l'extrémité du pôle zinc qu'on assujettit l'objet à cuivrer. La plaque de cuivre doit en partie plonger dans la liqueur, et de même il faut que l'objet soit complètement immergé dans la dissolution. On opère à la température de 15 à 20 degrés centigrades. (*Bulletin de la Société d'encouragement*, 1848).

CUIVRE.—(*Procédés pour l'obtenir séparément, ainsi que les autres matières qui entrent dans la composition du métal des cloches.*) — *Découvertes de M. Auguste.* — Après avoir placé dans un fourneau à air une coupelle suffisamment distante des barres pour qu'elle acquière un grand degré de chaleur, on pose le métal des cloches dans la coupelle, et on la recouvre d'un vase de forme sphérique qui lui est supérieur en diamètre, afin d'éviter que le charbon ne tombe dans la matière. On laisse entre le vase supérieur une distance pour établir un courant d'air à la surface du métal. Quand il a reçu un degré de chaleur suffisant pour être fondu, on donne un coup de feu. Aussitôt après on ouvre le fourneau, on enlève le couvercle de dessus la coupelle, pour que le contact de l'air froid détermine plus promptement la chaux d'étain à se rassembler à la surface. A mesure que les pellicules se forment, on les tire avec un rateau de fer sur les bords de la coupelle, et ainsi de suite, jusqu'à ce qu'il ne reste plus de métal liquide. Alors on reporte tout ce qui est sur les bords dans le centre de la coupelle, on continue à broyer jusqu'à ce que le métal, réduit en poudre, acquière une couleur grise. Quand il est dans cet état, on ajoute six onces par livre de sel marin, on recouvre la coupelle de son dôme et on met de nouveau le feu au fourneau. Dès que la matière est en pâte et que le départ de l'étain ou du cuivre se manifeste par des globules de métal rouge, on donne un coup de feu pour les déterminer à se rassembler en grenailles. La surface de la coupelle est couverte des bouillons de la matière enveloppée de sel marin cristallisé qui recouvre la chaux d'étain et des autres métaux qui se manifestent par une couleur jaune pâle. C'est dans cet état qu'on enlève la matière du fourneau pour la transporter dans un autre creuset où l'on fait la fonte. Le cuivre se précipite au fond du creuset, et il se forme au-dessus une scorie de couleur gris cendré. Cette scorie est sèche, elle se réduit facilement en poudre dans le mortier. Le cuivre qui en résulte est pur et entièrement ductile, au point qu'il peut passer aux travaux sans éprouver le retard d'un nouvel affinage. La scorie, mêlée avec de la poussière de charbon allumé, donne un métal blanc d'autant plus faible, que l'étain est plus surchargé d'antimoine, de bismuth, de cuivre, etc.

	la livre.	le quintal.
Une livre de matière de cloche a rendu en cuivre en poids de.	liv. 11 onces 2 gros 45 9⁄257ᵉ	
Cela donne un quintal.		70 liv. 12 onc. 7 gr.
La même livre a rendu en métal blanc un poids de.	liv. 3 onces 1 gros 14 10⁄30°	
C'est pour le quintal.		19 liv. 11 onc. » gr.
Totaux. . .	14 onces 3 gros 59 19⁄25°	90 liv. 7 onc. 7 gr.
	1 4 12 6⁄25ᵉ	9 8 1
1 liv. » » »		100 liv » »

(*Annales de Chimie*, 1791, tom. IX, pag. 344.)

MM. Fourcroy et Vauquelin, pour arriver au même but, proposent la calcination au point de faire augmenter le métal de 18 pour 100 en poids. On mêle ensuite deux parties de métal de cloche non calciné à une partie ainsi oxidée, on ajoute aussi une certaine quantité de verre pilé, et par un coup de feu on revivifie et on fond l'oxyde de cuivre; l'oxyde de manganèse peut opérer plus promptement l'oxydation de l'étain. (*Bulletin de la Société philomatique*, 1791, pag. 2.)

Les scories du métal de cloche, regardées comme intraitables, avaient été abandonnées : on en ferrait les chemins. A Romilly, on les avait employées pour faire une digue, lorsque MM. Anfrye et Lecour sont parvenus, par la voie sèche, à retirer de ces scories un alliage de cuivre et d'étain, dont on sépare l'étain par l'oxydation. D'un quintal de ces scories, ils retiraient quarante livres d'alliage. (*Rapport de M. Vauquelin à l'Institut.* — *Annales de Chimie*, tom. I, pag. 167.)

CUIVRE ROUGE. — (*Procédé pour lui donner la couleur, le grain et la dureté de l'acier.*) — *Découverte de M. Saye, de l'Institut.* — Ce savant a reconnu que le moyen le plus sûr et le plus prompt pour phosphorer le cuivre, était de prendre ce métal sous forme métallique, de le fondre avec deux parties de verre animal et un douzième de poudre de charbon; mais il est essentiel que le cuivre offre beaucoup de surface avantage qu'on a en prenant des copeaux de ce métal qu'on met lit par lit avec le verre animal : il se forme du phosphore, dont la plus grande partie brûle, tandis que l'autre se combine avec le cuivre, dans lequel il reste si bien uni qu'il ne s'en dégage pas, quoique rendu en fusion pendant vingt minutes sous le verre animal qui n'a pas été décomposé. Le creuset étant refroidi et cassé, on trouve sous le verre, qui a passé à l'état d'émail rouge, le cuivre phosphoré sous forme d'un culot gris et brillant : par cette opération le cuivre a augmenté d'un douzième. Ce métal, ainsi combiné avec le phosphore, acquiert la dureté de l'acier, dont il a le grain et la couleur; comme lui, il est susceptible d'un beau poli, se tourne facilement et ne s'altère pas à l'air. M. Saye conserve depuis quinze ans, dans son laboratoire, des culots de cuivre phosphoré polis, qui n'ont éprouvé aucune altération. Le cuivre ne peut se combiner avec le phosphore que par la voie sèche. Si l'on met

dans une dissolution de nitrate de cuivre étendue de quatre à cinq mille parties d'eau un cylindre de phosphore, on trouve au bout de huit jours le cuivre sous forme métallique, cristallisé et ductile, formant un étui au cylindre de phosphore. (*Annales de arts et manufactures*, tome XX, page 113 2ᵉ collection.)

CUVES (*Instrument pour connaître le degré de fermentation des*). — *Invention de M. Chevalier, ingénieur en instruments de mathématiques.* — Cet instrument, construit d'après les principes de Réaumur, est destiné à faire connaître les degrés de température de la cuve en fermentation, et à préciser le moment du décuvage qui y est indiqué. Fixé à l'extrémité d'un cylindre, il peut plonger jusqu'au fond de la cuve et en rapporter assez de liqueur pour en offrir la dégustation. Séparé de son cylindre, l'instrument devient un thermomètre ordinaire propre à observer comparativement entre l'air extérieur et celui des appartements. L'auteur a obtenu un prix d'encouragement de la société d'agriculture de Seine-et-Oise.

CYLINDRE A BATTOIRS. (*Machine à battre le blé.*) — La société d'agriculture du département de Lot-et-Garonne avait vu avec une sorte de reconnaissance M. Carrère, cultivateur aussi zélé qu'ingénieux, adopter le rouleau cannelé inventé par M. Martine, pour battre ou dépiquer le blé; mais cette adoption, dont ses voisins avaient senti tout le prix, devenait souvent pour eux sans avantage, l'usage du cylindre exigeant le service d'un cheval. M. Carrère eut l'idée d'aviser aux moyens de rendre cet instrument d'un usage plus général. Forcé de s'accommoder au pas lent et mesuré du bœuf, il a cherché à associer au cylindre un instrument qui pût tirer de cette lenteur même la plénitude de son action. Plusieurs essais ont prouvé qu'il avait complétement atteint le but qu'il s'était proposé. Le cylindre à battoirs offre deux instruments distincts : 1° le rouleau tel que l'a perfectionné M. Martine, réduit à dix arêtes, et dont on trouve la description dans la notice que la société d'agriculture d'Agen a publiée; 2° des battoirs qui sont entièrement de l'invention de M. Carrère, et dont nous allons donner une idée. Qu'on imagine, pour cet effet; un cadre rectangulaire; deux triangles de fer rond forment les montants, et deux solives de chêne les traversent : celles-ci ont la longueur de l'axe, mesurée entre les deux roues polygones du cylindre, et les montants ou triangles environ quatre pouces de plus que l'élévation de l'axe de la machine au-dessus du terrain. M. Carrère a donné un pouce de diamètre aux triangles, et trois pouces d'équarrissage aux solives, dont les angles ont été légèrement arrondis. Vis-à-vis du milieu de l'intervalle que laissent entre elles les arêtes du cylindre, qui sont au nombre de dix, chacune des extrémités de l'axe est percée d'un trou qui la traverse diamétralement. Ces trous doivent être distants entre eux d'un intervalle égal à celui qu'on a mis entre les triangles du battoir que ces trous doivent recevoir, et dans lesquels elles doivent couler librement. On sent que, pour que les triangles des cinq battoirs qui répondent aux dix intervalles entre les arêtes ne se rencontrent pas à leur croisement dans l'axe, l'intervalle entre les triangles doit décroître de manière que chaque trou se trouve à un pouce au moins de celui qui précède. On doit faire en sorte que les trous pratiqués de chaque côté de l'axe pour les recevoir soient renfermés dans un intervalle de six à sept pouces. De cette construction il suit conséquemment, 1° que, puisque les triangles ou montants de chaque battoir traversent diamétralement l'axe du cylindre, cinq battoirs occuperont les intervalles entre les arêtes, de manière qu'une traverse de chaque battoir répondra à deux intervalles diamétralement opposés; 2° que si, dans le moment où le cylindre en repos porte sur l'extrémité de deux rayons ou arêtes consécutives, on soulève le battoir qui répond au milieu de leur intervalle, ce battoir coulant dans ses trous tombera par son poids avec une force proportionnée à la hauteur à laquelle il aura été élevé, et qu'ainsi la traverse inférieure s'appliquant sur le sol, la traverse supérieure se trouvera arrivée à quatre ou six pouces à peu près de l'axe du cylindre; 3° que si, dans cet état de choses, faisant faire au cylindre une demi-révolution, et la traverse inférieure devenant alors la plus élevée, le cadre descendait en tombant de son bois, l'autre traverse descendrait à son tour avec une force proportionnée à la hauteur de la chute, c'est-à-dire à l'élévation de l'axe au-dessus du terrain. Ce que nous disons d'un battoir devant s'étendre à tous, il est évident que cinq battoirs auront frappé chacun deux coups dans chaque révolution du cylindre. Tels sont les instruments aussi simples qu'ingénieux que M. Carrère a combinés avec le rouleau proposé et exécuté par M. Martine. Leur jeu est si heureusement adapté au pas du bœuf, qu'ils tirent de la hauteur même de ce mouvement, ainsi qu'on l'a fait observer plus haut, la plénitude de leur action. Il est aisé de sentir, en effet, que le jeu du cylindre à battoirs exige une certaine lenteur dans les mouvements; que trop de précipitation empêcherait chacun des battoirs d'arriver jusqu'à terre avant d'être remplacé par le suivant; et qu'ainsi successivement aucun n'aurait le temps de produire son effet. Il a donc fallu que

M. Carrère combinât l'élévation de l'axe du cylindre qui détermine la hauteur de chute de ses cadres, et le poids de ces mêmes cadres avec la vitesse que les bœufs devaient imprimer à la machine. Ce ne peut être qu'après un long tâtonnement qu'il a pu donner à chacune de ses parties les dimensions les plus avantageuses pour l'effet désiré, et qu'on ne pourrait changer sans s'exposer à détruire l'accord qui doit régner entre elles. C'est d'après cette considération que nous avons cru devoir les donner ici telles qu'elles ont été prises sur la machine même qui a servi à l'essai.

Roues polygones, diamètre, six pieds.

Intervalle entre les roues, environ quatre pieds.

Diamètre de l'axe, dix pouces.

Triangles des battoirs, diamètre, un pouce.

Hauteur des cadres, quatre pieds.

Longueur des traverses des battoirs, trois pieds six à sept pouces.

Poids des cadres, quarante livres.

Poids total du cylindre, évalué environ huit cents livres.

L'aire sur laquelle M. Carrère a fait manœuvrer son cylindre à l'aide d'un seul bœuf, a quatre-vingt-trois pieds de diamètre, à son centre est élevé perpendiculairement un poteau d'environ dix pieds de hauteur, à l'extrémité supérieure duquel est pratiqué un collet embrassé par un collier tournant auquel est fixé la longe qui détermine les rayons successifs du cercle que le bœuf doit décrire. Cette manière d'attacher la longe laisse la liberté de passer au-dessus et facilite le reste du service. Les gerbes disposées circulairement, comme dans la manœuvre du cylindre ordinaire, étaient au nombre de deux cent quarante; un seul bœuf fut attelé à la machine qu'il parut traîner sans efforts. Le soleil était voilé par des vapeurs qui en modéraient si fort l'action que plusieurs cultivateurs du voisinage ne jugèrent pas à propos de dépiquer ce jour-là; et en cinq heures l'opération fut entièrement terminée, et le produit se trouva être d'environ trente quintaux ou vingt sacs, mesure du pays. Il est essentiel d'observer que la percussion des battoirs fut si forte que, dès les premiers moments, trois se trouvèrent hors de service, et ne purent contribuer en rien au reste de l'opération. Le premier essai convainquit M. Carrère de la nécessité de donner plus de force aux triangles de ses battoirs qui n'avaient alors que huit lignes de diamètre, et se décider à le porter à douze dans un second essai. Le jour désigné fut encore moins favorable que celui du premier essai. Le soleil était également voilé; l'aire se trouvait encore humide des pluies qui avaient précédé. Les gerbes qui restaient à dépiquer avaient formé la vase de la gerbière et pompé toute l'humidité du sol sur lequel elle était établie. Enfin elles étaient de ce gros blé dont la paille ressemble à des roseaux, et qui exige un tiers de temps de plus pour son parfait dépouillement. Cependant malgré tous ces désavantages réunis, l'opération commença à midi précis, fut terminée à trois heures, et deux cent quarante gerbes se trouvèrent dépiquées avec une perfection qu'on n'obtient pas par la méthode usitée. D'après cet exposé il est donc constant que M. Carrère obtint dans l'intervalle de trois heures, avec son cylindre à battoirs, un effet qu'eût exigé le travail d'une douzaine d'hommes pendant la journée entière, et quel travail encore! tandis qu'un seul conducteur marchait à pas lents, des femmes et des enfants en se jouant, avaient suffi pour cette opération. (*Moniteur*, 1808, p. 432.)

CYLINDRES EN PAPIER (*Machines à faire les*). — (Mécanique.) — *Importation.* — *M. Bardel.* — Cette machine est composée de deux fortes plaques de cuivre ou de fer fondu, traversées dans le milieu de leur diamètre par un tourillon à chaque bout. Une de ces plaques doit être fixée ou retenue par une embase à un des bouts de l'arbre; l'autre est mobile et peut se serrer à volonté par le moyen d'un écrou à six pans, taraudé sur un pas de vis qui porte l'autre bout de l'arbre. Le papier dont on forme le cylindre doit être égal d'épaisseur et de bonne qualité; on le coupe en feuilles rondes d'un diamètre un peu plus grand que celui des plaques; il s'enfile feuille par feuille dans l'arbre de fer, et la pression de ces feuilles s'opère au moyen de l'écrou, par une forte clef en fer à deux bras. Les feuilles sont préalablement mises sous presse entre des plaques de fer chauffées. Après cette opération, elles sont percées au milieu, de manière que l'arbre puisse entrer avec justesse dans leurs ouvertures. Si l'arbre est rond, on est obligé, pour retenir la masse de papier formée qui tournerait autour de l'arbre, de traverser les plaques et la masse du papier, par trois boulons de fer à tête et à vis, qu'on serre avec des écrous. M. Bardel propose, pour éviter ces défauts, de faire construire un arbre rond, cannelé dans toute la longueur, qui traversait le papier, de former une ouverture au centre de chaque feuille au moyen d'un emporte-pièce dont la forme rentrerait dans les cannelures de l'arbre. Les feuilles étant ainsi retenues par cette espèce d'engrenage, on éviterait l'effet des boulons. On peut se dispenser de ce nouveau moyen pour l'arbre carré. Le point qu'il faut atteindre pour obtenir de bons cylindres est la forte pression du papier. Pour cet effet, on ne presse qu'une petite quantité de feuilles à la fois, et on en ajoute de nouvelles sur celles déjà pressées, jusqu'à ce qu'on ait donné au cylindre la longueur convenable. Ces rouleaux ainsi construits, lustrent les étoffes, donnent à celles lustrées et satinées, l'éclat de la soie et toute la fermeté qui leur convient. Ils sont d'une construction aussi simple que durable et remplacent avantageusement ceux en métaux et en bois dont on se servait avant l'importation de M. Bardel. (*Annales des arts et manufactures*, t. XV, p. 80.)

D

DACTYLOGRAPHIE. (*Clavier destiné à transmettre, au moyen du toucher, les signes de la parole.*) — Cet instrument est composé de vingt-cinq touches représentant les vingt-cinq lettres de l'alphabet; chaque lettre, au moyen d'un léger mouvement imprimé à la touche correspondante, est exprimée par un petit cylindre de bois qui s'élève au-dessus du niveau de la table, et se fait sentir sous la main de la personne avec qui on parle. Pour bien distinguer les vingt-cinq lettres, on a placé sous chaque doigt, un à la racine du doigt, l'autre à l'extrémité, et les trois autres dans les interstices des phalanges. Les lettres placées sous le pouce n'ont pas une division aussi bien marquée, elles sont cependant placées de manière à ne laisser aucune incertitude; ce sont d'ailleurs les lettres les moins usitées. La décomposition du dactylographe est très-simple; on peut en connaître l'usage à la première vue. Les deux tiges isolées à droite du clavier sont en réserve pour répondre aux mouvements vifs du discours, tels que oui, non, ou pour d'autres significations arbitraires, selon les conventions qu'on aura jugé à propos d'établir. Le dactylographe sera bientôt familier aux sourds-muets, chez qui le sens du toucher est si actif et si délicat. Il offre un moyen de correspondance entre un sourd-muet et un aveugle, moyen qui n'avait pas encore été trouvé. Enfin il peut mettre en rapport les sourds-muets avec les personnes qui ne connaissent pas les signes dont ils font usage. Dans la correspondance que l'on veut établir, les interlocuteurs se trouvent placés l'un vis-à-vis de l'autre; chacun d'eux pose exactement la main donnée de son côté, tandis que la main droite agit sur le clavier. M. Brimmer, célèbre mécanicien, s'est chargé de l'exécution de cette ingénieuse machine qui se compose de plus de dix mille pièces. (*Moniteur*, 1818, pag. 1359.)

DAGUERREOTYPE. *Voyez* PHOTOGRAPHIE.

DANAIDE. — *Invention de M. Manoury d'Ectot.*—Cette machine, dont la classe des sciences physiques et mathématiques de l'Institut a fait le plus grand éloge, et à laquelle l'auteur a donné le nom de Danaïde, se compose d'une cuve en fer-blanc, dont la hauteur est à peu près égale au diamètre, et dont le fond est percé d'un orifice à son centre. Au travers de cet orifice passe un essieu vertical de fer, retenu dans le haut par un collier, et posant, dans sa partie inférieure, sur un pivot qui lui permet de tourner sur lui-même, en entraînant la cuve à laquelle il est fixé. Cet essieu, dirigé suivant l'axe de la cuve, ne ferme pas complétement l'orifice central qu'il traverse ; il laisse, au contraire, tout autour de sa circonférence une couronne vide par où l'eau affluente peut s'échapper. A l'axe vertical est fixé un tambour aussi de fer-blanc. mais fermé par des fonds en haut et en bas. Ce tambour concentrique à la cuve, et qui tourne avec elle, en remplit presque toute la capacité. Il règne seulement entre les parois latérales des deux cylindres un petit intervalle de quelques centimètres, qui existe aussi entre le fond de la cuve et le fond de dessous du tambour. De plus, l'espace compris entre ces deux fonds est divisé en plusieurs cases par des diaphragmes dirigés de la circonférence du tambour jusqu'aux bords de l'orifice central ; ces cases communiquent ainsi avec l'espace annulaire compris entre la cuve et le tambour. L'eau arrive par le haut dans cet espace annulaire, au moyen d'un ou plusieurs tuyaux, par où elle coule d'un réservoir placé au-dessus. L'orifice inférieur de ces tuyaux répond au niveau de l'eau dans la cuve, et ils sont dirigés horizontalement et tangentiellement à la circonférence moyenne, entre celle du tambour et celle de la cuve. Les causes de perte de force vive se présentent d'elles-mêmes dans la machine de M. Manoury. Elles sont dues, 1° à la vitesse que le fluide conserve en sortant par l'orifice central ; 2° au choc de l'eau affluente contre celle qui est déjà contenue entre la cuve et le tambour. En rendant nulle, ce qui est possible, chacune de ces deux pertes de force vive, on aura les conditions nécessaires pour faire produire à la danaïde le plus grand de tous les effets possibles. Pour y parvenir, désignons par H la hauteur totale de la chute d'eau comptée jusqu'au fond de la cuve ; appelons H' la hauteur moyenne de l'eau renfermée dans l'espace annulaire compris entre le tambour et la cuve, et représentons par V la vitesse de rotation de cette eau, la vitesse de l'eau affluente sera $\sqrt{2g\,(H-H')}$, et cette vitesse devra être égale à la vitesse de rotation V, pour qu'il n'y ait point de choc : ce qui fournit d'abord l'équation, $V = \sqrt{2g\,(H-H')}$. Il reste maintenant à égaler à zéro la vitesse avec laquelle l'eau sort de la danaïde. Pour trouver cette vitesse, rappelons, dit l'auteur, un des résultats auxquels nous sommes parvenus en traitant de la roue à réaction, en considérant, dans un vase animé d'un mouvement de rotation autour d'un axe vertical, deux points situés à la même profondeur, l'un sur l'axe, l'autre à une distance où la vitesse de rotation était $\frac{u}{1}$, nous avons trouvé que la pression exercée sur le second point surpassait celle qu'éprouvait le pre-

mier de la quantité $\frac{u^2}{2}$; dans le cas de la danaïde la pression soutenue par la partie du fond qui répond à l'espace annulaire est g H ; et la vitesse de rotation y est V ; la pression exercée au centre du fond sera donc $g H - \frac{V^2}{2}$; et comme c'est cette pression qui détermine la vitesse d'écoulement de l'eau, on devra avoir $V'^2 = 2g$ H' pour que l'eau sorte sans vitesse. Les deux autres valeurs de V, étant égalées, nous donnent $H = \frac{H}{2}$, et par conséquent $V = \sqrt{g H}$. Ainsi, pour faire produire à la danaïde le plus grand de tous les effets possibles, il faut partager la hauteur de la chute d'eau en deux parties égales. La moitié supérieure de cette hauteur sera parcourue dans les tuyaux, et l'autre moitié sera occupée par l'eau que la force centrifuge devra retenir entre la cuve et le tambour. (*Annales de chimie et de physique*, 1818, t. VIII, p. 303.) Il a été décerné à M. Manoury d'Ectot, par la société d'encouragement, une médaille d'or pour le succès de ces machines hydrauliques, appliquées aux usages de l'agriculture et aux besoins des arts économiques. (*Moniteur*, 1813, p. 843.) *Voyez* FORCES VIVES.

DANAÏDE, *ou nouveau pressoir à vin.* — *Invention de M. Huguet, de Mâcon.* — Ce pressoir est composé d'une cage formée par six colonnes, de vingt-cinq à trente centimètres d'équarrissage, et de quatre-vingts mètres de long. Ces six colonnes sont assemblées, deux à deux, dans trois semelles de trente à trente-trois centimètres de large, quinze de hauteur, et un mètre cinquante centimètres de longueur. L'intervalle entre chaque paire de colonnes est d'un mètre cinquante cintimètres, et de seize à dix-sept centimètres entre chaque colonne, assemblées sur la même semelle, et maintenues dans cette distance par trois traverses. La traverse supérieure est assemblée par entaille entre les colonnes ; elle à vingt-sept centimètres de large et trente-huit de hauteur, et elle est percée d'un trou vertical d'environ quatre centimètres de diamètre, pour donner passage à un petit cylindre de fer que l'on nomme la soie de la vis. Cette vis, en fer tourné, et dont le pas est triangulaire, doit être de la grosseur de la vis d'un fort étau, la partie vissée étant de soixante-dix centimètres de longueur. Entre cette partie vissée et la soie, il y a un carré avec épaulement pour recevoir une roue en fer à dents obliques : cette roue, dont l'axe est terminé par une manivelle, reçoit son mouvement d'une vis sans fin. Les calculs ont démontré que la force d'un seul homme, appliquée à cette manivelle de trente-trois centimètres de rayon, sur une surface circulaire d'un mètre de diamètre, égale celle de quarante hommes avec un pressoir ordinaire sur un marc de sept pieds de couche, ou de quarante-neuf pieds de surface, avec une vis en bois suivant les dimensions ordinaires. Le mouvement de cette manivelle fait tourner la roue, la vis qui lui sert d'axe tourne avec elle, et fait descendre l'écrou qui doit être en cuivre, avoir à peu près vingt-cinq centimètres de hauteur, et porter un rebord renfoncé par quatre arêtes saillantes qui descendent de haut en bas. Ce bord est percé de deux trous qui servent à l'assujettir au moyen de deux boulons en fer, au sommier et à la dame. Le sommier glisse entre les colonnes, et la dame presse le marc en entrant dans la danaïde où cuve sans fond.

Le diamètre de la dame doit être un peu moindre que celui de l'intérieur de la danaïde, qui est composée de deux tronçons de cylindres creux, ou tonneaux sans fond, percés latéralement et posés l'un au-dessus de l'autre. Chaque tronçon est garni de deux forts cerceaux et de deux mains en fer, s'élevant un peu au-dessus de leur hauteur. Ces tronçons, réduits à cinquante ou soixante centimètres de hauteur, peuvent être maniés avec la plus grande facilité. La danaïde repose sur une couche en pierre d'environ vingt centimètres d'épaisseur ; dans cette couche est creusée une rigole circulairement pour recevoir le vin qui en découle, et le conduire par une grille mastiquée dans les vases ordinaires. Cette couche est portée par deux traverses, qui ont, ainsi qu'une troisième, trente-huit centimètres de hauteur. Si le marc est peu considérable, et que la dame, après être descendue jusqu'à ce que le sommier touche les bords de la danaïde, laisse encore du vin, on relève ce sommier en tournant la manivelle en sens inverse ; puis on ôte la vis sans fin, et on fait tourner la roue à bras, on fait sortir le tronçon supérieur, on met sur le marc un petit disque en bois, quelques morceaux de poutrelle bien équarris et coupés de longueur ; on redescend la dame en faisant tourner la roue à la main, jusqu'à ce qu'il soit nécessaire d'augmenter la force, alors on remet la vis sans fin, et l'on presse jusqu'à siccité. Pour vaincre toutes les difficultés qui se présentent, lorsque la dame descend et remonte, on a placé près de la vis sans fin deux roulettes en cuivre qui maintiennent l'horizontalité de la roue, et en plaçant le tronçon rempli de marc pressuré en un autre tronçon foncé, d'un diamètre un peu plus grand, de manière qu'en lui faisant subir une seconde pression le marc tombe dans le vase inférieur, on est ainsi dispensé de couper le marc, et la place reste nette sur la couche pour recommencer une autre foulée. On conçoit que la pression se fera infiniment plus vite, et qu'on pourra remplir une danaïde pendant qu'on pressera dans l'autre, la même vis sans fin pouvant servir pour les deux.

Ce pressoir, bien supérieur aux anciens, occupe peu de place, est d'un service facile, n'exige point d'effort, et coûte moins qu'un autre à établir. (*Archives des découvertes et inventions*, 1813, p. 415. — *Annales des arts et manufactures*, n° 130.)

DANAIS (*Propriétés tinctoriales du*). —
(Botanique.) — *Observations nouvelles.* — M. *Aubert du Petit-Thouars.* — An XII. —
La garance appartient, comme on sait, à la famille des rubiacées, dont le danaïs fait partie, et la plupart des plantes qui lui ressemblent par leur forme extérieure ont aussi des racines douées de propriétés tinctoriales analogues ; cette observation a été faite sur un grand nombre de rubiacées herbacées à feuilles verticillées. (*Stellatæ rag.*) Parmi les rubiacées ligneuses et à feuilles opposées, on n'a encore qu'un petit nombre d'exemples qui puissent constater l'analogie de leurs propriétés. M. du Petit-Thouars en a ajouté un nouveau. Il a observé à Madagascar que les habitants du pays se servent de la racine d'une rubiacée pour teindre en rouge les tissus qu'ils forment avec les filaments du palmier nommé *rafia*.

Cette rubiacée est un arbuste grimpant appelé *danaïs* par Commerson, qui, ayant observé que les fleurs cette plante sont dioïques par avortement, comme si les étamines étaient suffoquées par le pistil, les avait comparées aux danaïdes qui ont fait périr leurs époux. Cette plante avait été réunie au *pœderia* par Jussieu et Lamarck ; mais comme ces capsules contiennent un grand nombre de graines, elle ne peut appartenir au *pœderia* ; le genre danaïs de Commerson doit donc être conservé et placé entre le *mussœnda* et le *cinchona*. La racine du danaïs, lorsqu'on la fait infuser dans de l'eau-de-vie de sucre, ou arack, donne une teinture jaune, et devient elle-même d'un rouge intense et inaltérable. L'arack, teint en jaune par le danaïs, ayant été évaporé, dépose une poudre jaune qui, mêlée avec de la gomme arabique, s'étend facilement sur le papier : cet extrait a l'amertume du quinquina. Cette même racine de danaïs colore en jaune l'eau dans laquelle on la fait bouillir, et acquiert de même une belle couleur rouge ; si l'on fait bouillir cette racine avec de l'alun, on obtient une couleur mélangée de jaune et de rouge. Pour obtenir le rouge pur, les Madégasses la font bouillir avec des cendres, ce qui fait penser à M. du Petit-Thouars que les alcalis sont le véritable dissolvant de cette couleur. Il retrouve la même gradation dans les racines de l'*asperula tinctoria*, de la garance elle-même, et dans les fleurs du carthame des teinturiers. (*Société philomathique*, an XII, bulletin 89, p. 221.)

DENTELLE.—Tissu léger dont l'invention nous est inconnue, ainsi que l'époque où, pour la première fois, il a été fabriqué. Plusieurs pays, tels que Gênes, Venise, l'Allemagne et la France, se disputent cet honneur. Il n'y a qu'un fait certain, c'est que ce fut sous Colbert, en 1666, que le *point d'Alençon* acquit cette célébrité qu'on lui a vu prendre en France depuis le règne de Louis XIV. Jusque-là on n'y avait confectionné que des dentelles grossières qui ornaient les vêtements d'église, tels qu'aubes,

 rochets, etc. C'est à Bruxelles principalement
que se fabrique de la très-belle dentelle, et
les Anglais ont eu la prétention d'en imiter
le point ; mais ils le font imparfaitement. Le
point d'Angleterre, fait au fuseau, n'a pas la
même solidité que celui de Bruxelles, surtout pour ce qui concerne le cordon. Très-
souvent on confond l'un avec l'autre. Cependant on a cessé depuis longtemps de demander à l'Angleterre de la dentelle, depuis
que la Flandre, la Champagne et la Picardie
fabriquent beaucoup mieux.

C'est en France une branche importante
de l'industrie manufacturière ; car, en 1825,
on portait jusqu'à 30,000 le nombre de personnes qui, seulement dans les environs de
Caen et de Bayeux, se livraient à cette fabrication. On fait en général de trois sortes de
dentelles : l'une avec du fil de lin, qu'on
appelle *dentelle ;* l'autre, avec de la soie,
appelée *blonde ;* et la troisième, avec des
fils d'or, d'argent, ou de cuivre doré, argenté, espèce de réseau métallique, qu'on
emploie pour les décorations, à cause de son
éclat, et qui est bien moins chère que les
deux autres espèces. La première espèce se
fabrique avec le plus beau fil de lin ; la
deuxième avec de la soie blanche de qualité
inférieure, ce qui empêche la blonde de supporter le blanchissage, qu'on ne peut réci-
liver qu'en lui faisant perdre sa beauté. Si
la soie est noire, les blondes qu'on fabrique sont appelées *dentelles noires*.

Tout le monde a vu comment se fabrique
la dentelle. Un petit métier de forme ovale
ou rectangulaire, bien rembourré et recouvert d'étoffe, et entaillé au milieu d'un trou
rectangulaire, est placé sur les genoux de la
personne qui travaille. Ses doigts mettent en
jeu une infinité de petits fuseaux, autour
desquels sont enroulés des fils, qui, étant
sans cesse croisés, forment le tissu de la dentelle même. Pour la régularité des points, on
se sert d'épingles de laiton, piquées dans
la partie rembourrée du métier, et qui ont
pour objet de tenir chaque fil à la place qu'il
doit occuper, et de donner à chaque point
une forme semblable. *Piquer*, c'est tracer sur
un morceau de vélin, placé sous la dentelle
même, le dessin qui représente cette dentelle, et pour cela on se sert d'épingles qui
forment les points d'appui.

Les dentelles se distinguent soit par la
nature du travail qu'elles exigent, comme
le *réseau, la bride, les grandes et petites fleurs,*
soit par le nom des localités où elles se fabriquent. Après les dentelles de Bruxelles,
qui sont en première ligne à cause de la
beauté des dessins, de leur éclat, de leur
goût, viennent les dentelles de Malines, qui
furent davantage, puis celles de Valencien-
nes, le point d'Alençon, de France ou de
Venise. L'industrie a inventé des mécaniques
pour faire les dentelles et pour fabriquer
les voiles. Elles sont peu en usage et l'on
suit en général l'ancienne méthode (1)

La manufacture d'Alençon donna naissance

(1) Extrait de l'*Encyclopédie des gens du monde.*

aux nombreuses fabriques d'imitation qui se
sont élevées sur plusieurs points du territoire français.

Celles de Caen et de Bayeux furent particulièrement remarquables.

L'un des premiers fondateurs de la fabrication des dentelles dans le Calvados fut M.
Simon, aïeul de M. Lair, à qui sont attribués
les premiers essais faits dans les environs
de Caen. Les progrès de cette fabrique furent si rapides que, dès la fin du siècle dernier, on livrait au commerce, non-seulement des bandes de toutes les largeurs,
mais encore des voiles, des châles, des pè-
lerines ou mantilles de diverses espèces.
Mais ce qui contribua puissamment à l'immense développement auquel elle est parvenue depuis, fut la découverte du point de
raccroc, par lequel on joint les bandes d'une
manière imperceptible à l'œil même du
producteur. Cet ingénieux procédé, inventé,
dit-on, par une ouvrière nommée Cabagnet,
permet de diviser les grandes pièces d'ouvrage et d'y employer un nombre indéterminé d'ouvriers, tandis qu'auparavant il n'é-
tait guère possible d'en occuper plus de
deux à la fois sur des objets d'une grande
étendue. On peut en conséquence produire
infiniment plus vite et à des prix proportionnellement réduits.

Les premières dentelles se firent en fil de
Flandre ; mais bientôt nos manufactures se
distinguèrent par l'emploi de diverses matières, et créèrent de nouveaux genres. On
inventa les dentelles de soie noire ; puis la
blonde, d'abord de nuance nankin, couleur
naturelle de la soie, fut blanchie, et on obtint les blondes blanches, qui semblent appartenir spécialement à nos contrées, d'où
elles sortent avec un éclat qui l'emporte sur
celui de tous les autres lieux de fabrique.
Les fils d'or et d'argent en ont encore souvent rehaussé la beauté.

Nous allons extraire maintenant du *Dic-*
tionnaire des découvertes la description de
divers métiers employés à la fabrication des
dentelles.

MÉTIER PROPRE A FAIRE LE FOND DE DEN-
TELLE.—*Invention.*— *MM. Dervieu et Piaud,*
de Saint-Etienne (Loire). — 1809.— Dans ce
métier, pour lequel les auteurs ont obtenu un
brevet de dix ans, une couronne en fer battu
est placée horizontalement à la hauteur de
un mètre dix-neuf centimètres au-dessus
du sol. Il se trouve détaché de cette couronne soixante-dix-sept cercles que les auteurs appellent *têtes de baguettes ;* ils nomment aussi *couronnes* deux parties languet-
tées, l'une intérieure, l'autre extérieure,
qui se trouvent tracées sur la circonférence
de la première couronne, et ils désignent
sous le nom de *circonférence moyenne* les
couronnes où se trouvent tous les centres
des têtes de baguettes. Au-dessous de la circonférence moyenne des couronnes est placé
horizontalement un cercle de fer ou anneau
plat, dont le centre correspond verticalement
au centre des couronnes, et la circonférence
moyenne à la circonférence moyenne des

mêmes couronnes. Ce cercle est percé perpendiculairement à sa surface d'autant de
trous qu'il y a de têtes de baguettes. Ces
trous correspondent verticalement aux centres de ces dernières. Au-dessous du cercle
de fer, est placé dans le même sens un
cercle en bois rendu solide par des traverses
ajustées de manière à laisser le centre libre.
Ce second cercle est percé de trous correspondant verticalement à ceux du premier.
Dans ces trous sont maillés des clous qui
dépassent le cercle en dessus et en dessous,
et peuvent s'abaisser ou s'élever. Chacun de
ces clous sert de support à une baguette en
fil de fer. Il la reçoit dans son trou vertical
au moyen d'un pivot qui doit pouvoir tourner facilement sur son support. Le cercle
en bois est appelé *cercle de support*, et les
clous se nomment *supports des baguettes*.
A cinq millimètres du centre et sous la tête
de baguette (ceci est pour trente-neuf têtes
de baguettes seulement), les auteurs supposent deux cordes parallèles ; à l'extrémité
de chacune de ces cordes est une espèce
de dent en forme de triangle. Les côtés de
ce triangle, qui comprennent l'angle droit,
ont quinze millimètres environ : la dent est
mobile sur un de ces côtés, l'autre est perpendiculaire à l'extrémité de la corde, et
forme, lorsque la dent est en repos, un
angle de 45 degrés environ avec la tête de
baguette. Pendant le jeu de la machine, cette
même dent est soulevée et retombe par son
propre poids. Les baguettes armées de ces
trente-neuf têtes s'appellent *baguettes des
nœuds*. Les têtes des trente-huit autres baguettes sont armées chacune d'une semblable dent, faite et inclinée en sens contraire
de la première. Au sommet de l'angle droit
de la dent est un crochet de niveau avec la
tête de la baguette. Les baguettes fixées à
ces trente-huit têtes ainsi armées d'une dent
et d'un crochet se nomment *baguettes des
tors*. Des trois grosses têtes de baguettes
qui entrent dans la composition du métier,
celle du milieu, appelée *tête de baguettes
des faufils*, est armée de quatre dents, de
même forme que celles des baguettes des
nœuds, et inclinée du même côté. Les deux
autres têtes, appelées *têtes de baguettes des
bords*, ont chacune deux dents, de même
forme, et inclinées du même côté que celles
des baguettes des tors, et un crochet placé
à égale distance entre ces deux dents.
Toutes les têtes sont placées sur le métier
de manière qu'une tête à deux dents ou de
nœuds se trouve toujours entre deux têtes
à crochet ou de tors, et réciproquement.
Les baguettes des bords sont chacune entre la baguette des faufils et une baguette
des nœuds. A trente centimètres deux millimètres au-dessous des têtes de baguettes des
nœuds, est fixée à chaque baguette, comme
axe, une roue dentée de quatorze dents et
de trente-sept millimètres neuf décimillimètres de rayon. A soixante-deux centimètres
sept millimètres au-dessous des têtes de baguettes des tors, est fixée à chacune de ces
baguettes, comme axe, une autre roue den-

tée de quatorze dents et de trente-se
millimètres neuf décimillimètres de rayo
A cinquante-six centimètres huit millim
tres au-dessous des têtes de baguettes d
bords, est fixée à chacune de ces baguette
comme axe, une troisième roue dentée (
vingt dents et cinquante-cinq millimètr
un décimillimètre de rayon. A trente-se
centimètres neuf millimètres au-dessous (
la tête de la baguette des faufils est fixée
cette baguette, comme axe, une portion (
roue qui ne doit porter que douze dent
attendu que la même baguette ne fait jama
qu'un quart de révolution au plus, et qu'ell
ne revient à chaque fois que de la mêm
quantité. Toutes ces baguettes, armées ain
si de leurs têtes et de leurs roues dentées
forment une espèce de tambour dont l'inté
rieur est occupé par deux grandes roue
horizontales, mobiles et indépendantes l'un
de l'autre, autour d'une tige de fer qui leu
sert d'axe. Cette tige est placée verticale
ment au centre de la machine ; elle est ain
que son prolongement, appelée *axe du mé
tier*. L'une de ces deux roues est placée
une hauteur telle qu'elle puisse engrene
dans toutes les roues ; elle s'appelle *rou
des nœuds*. Ces deux roues ont chacun
deux cent trente-une dents qui s'engrè
nent dans les petites roues mentionnées
plus haut. Ces dents sont plantées perpen
diculairement à la surface inférieure de la
roue des tors, et à la surface supérieure de
la roue des nœuds. Sur la surface supérieure
de la roue des tors, et perpendiculairement à
la surface supérieure de la roue des nœuds,
est tracée une circonférence sur laquelle
sont plantées, aussi perpendiculairement,
deux cent vingt dents pour engrener dans
les roues des deux baguettes des bords. Un
petit nombre de dents placées convenablement sur la surface inférieure de la roue
des nœuds engrènent dans la portion de
roue dentée fixée à la baguette des faufils.
Les deux cent trente-cinq dents de la roue
des tors doivent traverser le cercle dans
son épaisseur, et ressortir de huit à neuf
millimètres sur sa surface supérieure. Toutes les têtes de baguettes étant placées de
manière que les pointes de leurs dents se
trouvent à peu près verticalement sous la
circonférence moyenne des couronnes, les
crochets des têtes de baguettes des
tors doivent être disposés alternativement l'un à la droite, l'autre à la gauche,
le suivant, à la droite, etc., de leurs baguettes
respectives. Les crochets des têtes de baguette des bords doivent être en dessous de
la machine, et dans la direction des centres
de ces baguettes au centre des machines. La
tête de la baguette des faufils doit avoir les
pointes de deux de ces dents à peu près
verticalement sous la circonférence moyenne
des couronnes. Au centre de la roue dentée
de chacune des deux baguettes les plus voisines de celles des bords est fixé perpendiculairement un tuyau de quelques centimètres de hauteur et d'un diamètre inférieur
égal à celui de la baguette. On passe celle-

ci dans ce tuyau, et la roue dentée est soutenue, à la hauteur qu'on lui a déjà assignée, par une petite clavette qui traverse la baguette dans son épaisseur et que l'on met lorsque la roue est entrée. A un millimètre au-dessous de la roue est un fil de fer, fixé perpendiculairement sur la surface de la roue, un pivot de quelques millimètres de hauteur. Le noyau tend toujours à s'appuyer contre le pivot au moyen d'un ressort à boudin qui enveloppe la baguette, et dont une des extrémités est attachée à cette dernière et l'autre à un point fixe hors d'elle. Il entre encore dans la composition de la machine des pièces que les auteurs nomment *cadres voyageurs*. Le cadre voyageur est composé d'un cercle de cuivre de 3 millimètres d'épaisseur et de 38 millimètres de diamètre. Au milieu de ce cercle est pratiqué un trou, dans l'alignement de son diamètre et à la distance de son centre, d'un côté de 14 millimètres 7 décimillimètres, et de l'autre de 10 millimètres 15 décimillimètres, plantés perpendiculairement au plan du même cercle deux fils de cuivre, pliés à angle droit à 16 centimètres 24 décimillimètres environ de longueur, en sens contraire l'un à l'autre, coupés après le pli à 6 millimètres 8 décimillimètres à peu près, et rivés aux deux extrémités du diamètre d'un anneau en tôle. Parallèlement au diamètre où sont plantés les fils de cuivre, et à la distance de 14 millimètres du centre, est élevée une butte épaisse de 2 millimètres ayant la forme d'un carré dont les côtés sont de 14 millimètres. La surface opposée du cercle est unie; il y repose un bassin rond, en fer, le fond en est très-plat; ses bords, bien perpendiculaires au fond, ont 9 millimètres de hauteur dans tout leur contour. Ce bassin est très-mobile autour d'un tuyau fixé dans un trou pratiqué au centre et qui lui sert d'axe. Ce tuyau a 8 millimètres de diamètre, et son ouverture est de 4 millimètres 5 décimillimètres; il porte un bourrelet pour que le bassin, en tournant, reste appliqué sur le cercle que les auteurs nomment *cercle-cadre*. A l'autre extrémité du tuyau est fixé, toujours perpendiculairement, un autre cercle en cuivre qu'ils appellent *tête du cadre*. Cette tête a 49 millimètres 6 décimillimètres de diamètre; ses bords ont une épaisseur de 4 millimètres 5 décimillimètres, sur une largeur de 9 millimètres. Le milieu de la tête est moins épais; le milieu de sa surface inférieure est enfoncé de 2 millimètres environ; ce qui forme sur cette surface un anneau plat dont les bords sont un peu arrondis vers leur circonférence convexe et concave. Les *cadres droits*, ainsi nommés par les auteurs, et qui entrent encore dans la construction de leur métier, diffèrent des cadres voyageurs en ce qu'ils sont très-légers, qu'ils n'ont point de bassin, que le tuyau est extérieurement d'égal diamètre dans toute sa longueur, qu'il n'a point d'anneau, mais que, dans cette partie, les fils de cuivre sont liés à leur extrémité par une traverse solide de

5 millimètres d'épaisseur; qu'un peu au-dessus de cette traverse les fils de cuivre sont pliés ou brisés deux fois pour laisser entre eux un écartement plus grand jusqu'à la hauteur de 9 millimètres au-dessus de cette traverse; qu'à partir de cette distance l'éloignement des deux fils n'est que de 18 millimètres jusqu'au cercle supérieur; enfin, en ce qu'au lieu de tête il est fixé à ces cadres une petite bande de tôle au bout de laquelle est une pinnule. Le milieu de cette pinnule est à 27 millimètres de distance de l'extrémité supérieure du tuyau; elle est perpendiculaire au fil qui, sortant de ce tuyau, passe par le milieu de la pinnule et fait un angle de 45 degrés avec le prolongement de ce même tuyau. Au milieu et au-dessous de la traverse est un petit trou de 2 millimètres de profondeur.

Ce cadre a 192 millimètres du dessous de la traverse jusqu'à l'extrémité supérieure du tuyau. Un support est ajouté aux baguettes; ce n'est autre chose qu'un fil de fer partant de la baguette à angle droit, plié perpendiculairement à 2 centimètres de longueur, coupé à 7 ou 8 millimètres de distance de ce coude, et aminci à son extrémité de manière à former une pointe qui puisse se loger aisément dans le trou fait au milieu de la traverse. Cette pointe correspond verticalement au centre du crochet, dont elle est distante de 176 millimètres. Le tuyau du cadre se loge dans le crochet où il est arrêté par un petit fil de fer que l'on ajuste après qu'on l'y a placé : ce tuyau dépasse le dessus de la tête de la baguette d'environ 1 centimètre. Aux baguettes des bords est aussi ajusté un support un peu plus grand, pour que son extrémité, qui doit supporter un cadre droit, corresponde verticalement au centre du crochet de la tête de baguette. Les auteurs, en parlant des coffrets et roquets adaptés à leur machine, supposent une bande de tôle de 18 millimètres de largeur, qu'ils plient à angle droit du même côté en deux endroits distants l'un de l'autre de 38 millimètres 3 décimillimètres. Après les deux plis, ils terminent la tôle aux 23 millimètres. Dans le plan perpendiculaire à la bande, parallèlement aux parties pliées et à la distance de 10 millimètres du coude supérieur, est un fil de fer de 14 millimètres de longueur. Dans ce même plan se trouve un petit trou, pratiqué à 7 millimètres du coude supérieur sur la partie pliée. Il s'y trouve aussi le milieu de deux entailles ou pinnules, pratiquées aux deux extrémités de la bande; il s'y trouve encore le milieu d'une troisième pinnule partant du coude inférieur de la bande, au delà de ce coude, et dans la direction de la partie pliée inférieure et prolongée de ce côté. Cette pièce se nomme *coffret droit*. Le fil de fer dont il vient d'être parlé sert d'axe au roquet; celui-ci est composé d'un tuyau dans lequel entre un fil de fer, et de deux cercles minces en tôle ajustés aux extrémités du tuyau, auquel ces deux cercles sont perpendiculaires, et dont l'un est taillé en roue de cliquet. Le roquet est maintenu dans le coffret par un fil de fer qui passe près du fond des deux pinnules qui se trouvent l'une sur l'autre, et de l'axe du roquet qui dépasse.le coffret en dessous. Ce fil de fer est appelé *clavette de coffret ;* il est ajusté solidement, mais de manière à pouvoir s'ôter et se remettre. Le fil contenu dans le roquet sort par le trou dont il a été parlé plus haut. Le coffret est placé dans le cadre ; il y est maintenu au moyen de ces pinnules où se logent les fils de cuivre, et il entre dans ce cadre par l'écartement des mêmes fils de cuivre, et près de la traverse dont il a été également parlé. Le coffret des cadres voyageurs a de plus grandes dimensions que celui dont il vient d'être parlé, et il en est de même de son roquet, qui doit contenir près de deux fois autant de fil que le roquet de l'autre coffret ; le premier entre dans le cadre voyageur en passant par l'anneau et en glissant le long des fils de cuivre de ce cadre ; il y est suspendu par le fil qui, en sortant du coffret, passe par le tuyau du même cadre.

Pour que le coffret puisse être suspendu par le fil, le mouvement de rotation du roquet est arrêté par une butte mobile qui s'appuie sur les dents de son cercle à cliquet. Cette butte se lève pour laisser tourner le roquet et le fil se dévider ; ce qui arrive lorsque le coffret se trouve à la hauteur de la butte du cadre. La butte du roquet présente un levier du premier genre à la gauche du coffret. A 4 millimètres 5 décimillimètres de l'extrémité de sa longueur, et à 6 millimètres 8 décimillimètres du coude supérieur, est un petit trou auquel correspond un autre trou pratiqué dans une partie de la tête prise à l'extrémité supérieure de la bande ; cela indique que cette partie est pliée à angle droit, et qu'elle se trouve parallèle au fond de la bande. Ces deux trous servent de point d'appui au levier, qui est un fil de fer traversant les deux trous : on le plie à angle droit en dehors et très-près de chacun de ces derniers ; on le plie encore à 4 millim. 5 décimillim., et on le termine à 11 millim. de distance de ce dernier pli qui est parallèle à l'axe du roquet. Cette partie s'appuie contre les dents du cercle du cliquet, et l'arrête malgré l'effort que fait le fil pour le faire tourner. Les auteurs appellent cette partie du levier *butte du roquet ;* l'autre extrémité du fil de fer est contournée de manière à passer derrière la clavette en dedans du coffret, d'où il ressort à une distance assez grande pour aboutir.à la butte du cadre, lorsque le coffret arrive près du cercle de ce dernier. Cette autre partie du fil de fer est appelée *levier de la butte du roquet.* Cette butte est tenue appliquée contre le cercle denté du roquet par un ressort léger en fil de fer partant du bas du coffret. Quand le coffret arrive au haut du cadre, la butte de celui-ci fait baisser le levier de la butte du roquet, qui échappe la dent qu'elle tenait, et en reprend une autre au moment où le coffret descend et lâche son fil. Quand le coffret descend en bas du cadre, la clavette s'appuie sur le coude du fil de cuivre et l'empêche d'en sortir. Dans le tuyau de ce cadre est ajusté un autre tuyau en verre dont les bords sont très-unis, et par où passe le fil. Le roquet est placé dans le coffret d'une manière telle que son cercle denté se trouve tout près du fond de ce dernier.

Dans le jeu du métier, et d'après ce qui vient d'être dit, les fils, convenablement disposés, forment un cône tronqué dont la base inférieure est de 1 mètre 32 centimètres de diamètre, la base supérieure de 14 millim. 7 décimillim. et la hauteur de 65 centim. 1 millim. Après que ces.fils, que les auteurs distinguent en *fils droits* et en *fils voyageurs,* ont exécuté les divers mouvements que leur imprime la machine, ils se trouvent avoir exécuté une rangée de trous en fond de glace. Pour continuer le même fond, les fils recommencent les mêmes mouvements. Les auteurs ont reconnu qu'une plaque en tôle, dont la forme et la marche sont convenables, contribue à former assez régulièrement la grille de la dentelle. Ils ont donc établi un jeu de quarante plaques dont la moitié supporte toujours cette grille. L'égale pesanteur de tous les coffrets voyageurs entre eux, et de tous les coffrets droits aussi entre eux, contribue à l'égale tension de leurs fils, et par conséquent à la perfection de l'ouvrage, perfection que l'on obtient difficilement sur le carreau. Pour que la grille soit bien faite, il faut encore que les coffrets voyageurs pèsent plus que les coffrets droits : les premiers pèsent 23 grammes et les seconds 15 grammes. MM. Dervieu et Piaud nomment *cercle du battoir* un anneau de 11 centim. d'épaisseur et 13 centim. de largeur. Un tuyau de 11 centim., par où passent les fils de la dentelle, est fixé verticalement au-dessus des couronnes par des traverses au centre du cercle, et lui sert d'axe. Par conséquent, la surface intérieure de ce cercle est placée horizontalement au milieu du métier, à 65 centim. 1 millim. au-dessus de la surface des couronnes. Sur la surface supérieure du même cercle est tracée une circonférence de 392 millim. de rayon, divisée par 40 points correspondants aux centres des têtes de baguette des nœuds, c'est-à-dire que des lignes verticales abaissées de ces points aboutissent aux rayons tirés du centre des couronnes au centre des têtes de baguette des nœuds. Par chacun de ces points, et dans la direction du centre des cercles, est pratiquée une fente verticale de 55 millim. de profondeur et de 2 millim. environ de largeur.

Cette fente est continuée depuis le milieu de la largeur de ce cercle jusqu'à sa partie inférieure, de manière qu'il se trouve coupé par chaque fente dans les trois quarts de sa solidité. Ces fentes servent à loger les plaques au battoir, lesquelles plaques sont mobiles autour des points de division, au moyen de petites traverses en fils de fer qui passent perpendiculairement au-dessus des fentes par un trou pratiqué dans chaque plaque. Pour que ces traverses tiennent solidement sur le cercle, elles sont terminées en crampons et entrent dans deux trous faits de chaque côté des fentes dans l'épaisseur du cercle. La partie des plaques, qui est logée dans les fentes et dépasse le cercle de 2 ou 3 centimètres en dessus, a 7 centimètres de largeur. A partir de la surface concave du cercle, il la diminue de largeur jusqu'à la petite circonférence du cône tronqué formé par les fils traversant le tuyau de 11 centimètres, et réunis d'abord à un point fixe hors de ce tuyau. Le dos, qui sépare les fils vers le bout de la plaque, est terminé par une ligne courbe telle, que sa tangente (dans les diverses positions de la plaque montant le long des fils) est toujours à peu près perpendiculaire à ces fils, ou, pour s'exprimer exactement, l'angle formé par cette tangente et le prolongement des mêmes fils du côté de la pointe du cône doivent être d'un peu moins de 90 degrés; autrement ce dos, qui, par l'effet du mouvement de la plaque, doit glisser sous l'angle formé par les fils croisés, ferait écarter cet angle en dehors du cône par le frottement, tandis que la perfection exige que ce sommet d'angle soit poussé dans le tuyau dans la direction des fils. Les plaques sont prolongées hors du cercle qui les supporte, et ont de ce côté 16 centimètres 3 millimètres de longueur, à partir de leur point d'appui. A cette distance est un petit trou qui, dans le mouvement des plaques, fait un quart de révolution. Près de ce trou, et un peu au-dessous, est attaché un poids de plomb qui tend à faire appuyer le bout de la plaque contre la petite circonférence du cône tronqué, avec un effort à peu près égal au poids des quatre coffrets dont la plaque sépare les fils. A chacun des petits trous dont il vient d'être parlé, est accroché un fil de fer plié exprès pour cela à une de ses extrémités. Les fils de fer accrochés aux plaques correspondent aux baguettes de nœuds, que les auteurs désignent par n° 1, formant un cône dont la pointe est sur l'axe du métier à 7 décimètres au-dessus de la surface supérieure du battoir, lorsque le bout des plaques est appuyé contre la petite circonférence du cône tronqué. Les fils de fer accrochés aux plaques correspondant aux baguettes, distinguées sous le n° 2 par les auteurs, forment un autre cône dont la pointe est sur l'axe du métier, à un mètre au-dessus de la surface supérieure du cercle à battoir. Ces cônes sont appelés *cône du battoir*. On conçoit que leur pointe se mettant en mouvement le long de l'axe du métier, les plaques doivent décrire un quart de cercle. Les fils de fer qui composent les cônes sont de deux pièces, afin qu'ils aient de la flexibilité. Les plaques étant en repos et leurs bouts appuyés contre la petite circonférence du cône tronqué, par l'effet du poids de plomb, on peut facilement soulever une de ces plaques indépendamment des autres, ce qui n'arriverait pas si le fil de fer attaché à la plaque était inflexible. Cette

facilité est indispensable pour remettre les fils qui se dérangent ou qui cassent. Chaque plaque est guidée, au centre du métier, par deux fils de fer fin partant horizontalement de la petite circonférence du cône tronqué, et aboutissant, près de la circonférence convexe de ce cercle, à la surface inférieure du cercle du battoir aux extrémités des deux ressorts ajustés sur la surface convexe de ce cercle. Ces ressorts servent à tenir les deux fils de fer toujours tendus : ces derniers passent des deux côtés de la fente, et ne laissent entre eux que le passage nécessaire à la plaque qu'ils guident jusqu'à l'axe du métier. Sur le bout inférieur du tuyau où se trouve la petite circonférence du cône tronqué, sont pratiquées de petites entailles peu profondes qui laissent entre elles de petits massifs. Autour de chaque massif passe un fil de fer fin qui l'enveloppe, et dont les extrémités vont s'attacher aux extrémités des deux ressorts. Le bout inférieur du tuyau du battoir, étant ainsi coupé par de petites entailles, ne pourrait pas recevoir la dentelle sans la déchirer; en conséquence, celle-ci passe sur un bout du tuyau très-mince dont il s'agit. La petite circonférence du cône tronqué se trouvant enfin sur le bout de ce dernier tuyau, les bouts des plaques ne s'y appliquent pas précisément, mais ils en sont tenus à une petite distance par un bourrelet en buis ajusté au tuyau du battoir, et qui empêche que les plaques ne se mâchent en touchant le bout du tuyau qui est en fer. Pendant le tirage, et au sortir du tuyau du battoir, la dentelle passe successivement sur neuf roquets en bois dont les axes sont parallèles entre eux; huit de ces roquets sont rassemblés dans un encaissement dont les côtés ont 16 centimètres 23 décimillimètres de largeur, et 53 millimètres de hauteur. Les axes de quatre de ces roquets sont placés dans un plan vertical distant de deux des bords de l'encaissement de 56 millimètres, et à 105 millimètres les uns des autres. Le premier de ces quatre roquets, qui est aussi le premier qui reçoit la dentelle au sortir du tuyau du battoir, est éloigné du plan inférieur de l'encaissement de 13 centimètres 8 millimètres; le quatrième est éloigné du plan supérieur de 75 millimètres; quatre autres roquets sont placés dans un plan parallèle au premier, et à une distance de 9 centimètres. Ces quatre roquets sont, comme les quatre premiers, éloignés entre eux de 105 millimètres. Le premier des quatre derniers, qui est le second qui reçoit la dentelle, est placé à 86 millimètres du plan inférieur de l'encaissement. Le neuvième roquet a son axe mobile autour du second axe, placé dans le plan de ces quatre derniers roquets, à la distance de 34 millimètres au-dessus du quatrième des premiers, ou de 93 millimètres au-dessous du plan supérieur de l'encaissement. L'axe mobile du neuvième roquet est distant de son second axe de 113 millimètres. Ces roquets, très-mobiles sur leurs axes, ont 45 millimètres de longueur environ, et un diamètre

portant 2 centimètres. Une poulie, dont le diamètre est de 79 millimètres, est fixée à une de leurs extrémités. Les poulies sont entre elles, ainsi que les roquets, d'un diamètre aussi égal que possible. Une corde sans fin passe sur les neuf poulies; elle entre sur une dixième, fixée verticalement au bas de l'encaissement, et au-dessous de la neuvième poulie; l'axe de celle-ci est mobile, afin de pouvoir tenir la corde tendue par un poids convenable qu'on adapte à l'autre extrémité de son levier. La grandeur de cette dixième poulie, ainsi que son élévation au-dessus du plan inférieur de l'encaissement, sont arbitraires. Au moyen de cette poulie, la corde sans fin, après avoir passé sur les neuf autres, peut revenir de la neuvième à la première, sans en toucher aucune. Cette corde ainsi tendue appuie assez fortement sur toutes les poulies pour qu'en en faisant tourner une, toutes les autres tournent, en emmenant la dentelle fixée sur les roquets, et cela par le seul frottement qui se communique de l'une à l'autre. L'encaissement est fixé à sa partie inférieure sur la traverse supérieure du cercle du battoir et à sa partie supérieure par des liteaux partant des montants du métier; il est logé en dedans des cônes. La dentelle sortant du tuyau du battoir passe alternativement sur chacun des roquets du premier plan, sous chacun des roquets du second, et enfin sur le neuvième roquet hors de l'encaissement. Au sortir de celui-ci, et après avoir passé sur ce neuvième roquet, elle passe encore entre deux fils de fer des cônes, puis sur un dixième roquet très-mobile placé hors du métier, d'où elle tombe verticalement dans une corbeille. On fait en sorte qu'elle sorte bien par le milieu du tuyau du battoir. La corde sans fin passe sur les poulies correspondant aux roquets sur lesquels passe la dentelle, et de la même manière qu'elle. Le premier roquet qui reçoit cette dernière a sa poulie armée d'une roue de cliquet de soixante-trois dents, plus ou moins, suivant la grandeur que l'on veut donner aux trous de la dentelle. Un cliquet à axe mobile pousse à l'extrémité d'un levier du premier genre une dent de la roue qui, retenue par un autre cliquet fixé à l'encaissement, laisse le premier cliquet revenir seul reprendre une autre dent et la pousser à son tour. Ce cliquet revient seul, par le poids de son levier. À chaque dent qui passe, la dentelle monte d'une quantité qui correspond à un demi-tour ou un nœud. Le cliquet, ou le levier qui le porte, joue au moyen d'un fil de fer qui correspond par un levier intermédiaire à l'autre extrémité du premier levier; il ne peut jouer que dans un espace qu'on lui fixe, le surplus dont le fil de fer pourrait le tirer est absorbé par la tension d'un ressort formé d'une autre partie du même fil de fer, que l'on contourne à cet effet. Le levier intermédiaire, ainsi que le levier armé d'un cliquet, ont leurs points d'appui sur l'encaissement. L'autre extrémité du fil de fer dont il vient d'être parlé est attachée à une touche de cylindre dont il sera

bientôt question; la dentelle est comprimée sur le neuvième roquet par un petit cylindre en bois à axe mobile soumis à l'action d'un poids de 10 à 12 décagrammes. Tout ce qui a été décrit plus haut se trouve placé dans un assemblage de quatre montants liés tout autour par de fortes traverses : cet assemblage occupe un espace de 1 mètre 62 centimètres en carré : les montants ont 3 mètres 25 centimètres de hauteur. Des traverses, partant de celles qui lient les montants, soutiennent par leurs bords le cercle du battoir. Le cercle des supports des baguettes est soutenu par huit supports partant du cercle de fer, et recourbés pour qu'ils ne gênent pas le mouvement des petites roues dentées. Quatre forts fils de fer, ajustés horizontalement aux traverses qui lient les quatre montants, aboutissent en différents points de la surface du cercle des supports, et achèvent de lui donner la position précise qu'il doit avoir. Ces fils de fer sont maillés à une de leurs extrémités, et sont fixés aux traverses chacun par deux écrous.

Leur autre extrémité, recourbée à angle droit, entre dans des trous pratiqués dans l'épaisseur du cercle des supports. Du cercle en fer s'élèvent douze supports; ils sont faits de manière à ne pas empêcher le mouvement des cadres. Ces supports sont représentés par deux lignes perpendiculaires aux deux extrémités d'une bande fixée horizontalement par son milieu sur le cercle de fer, et dans l'alignement d'un point pris sur l'axe du métier. Les deux lignes perpendiculaires sont des verges de fer maillées à leurs bouts supérieurs, à l'endroit où les couronnes sont fixées par des écrous, en dessus et en dessous. La tige de fer qui sert d'axe au métier tient par son extrémité supérieure au centre d'un fort diamètre en fer ajusté au cercle de fer, et par l'autre extrémité à une traverse supportée par le milieu de chacune des deux autres traverses qui lient au bas les montants du métier. Les deux grandes roues dentées, c'est-à-dire celles des tors et celles des nœuds, sont supportées, à leur centre, par de petits bouts de fer qui traversent la tige dans son épaisseur, et sont surmontées de viroles en fer. La partie de la tige qui sert d'axe fixe à ces roues doit avoir une certaine longueur, afin qu'elle les tienne plus sûrement dans une position horizontale. Les auteurs appellent *rayon à cliquet* une petite planche longue de 64 centimètres, épaisse de 14 millimètres, et large de 1 décimètre environ. Cette planche est mobile, par une de ses extrémités, autour de la tige en fer ou axe du métier. Elle repose, dans sa longueur et sa largeur, sur la surface supérieure de la roue des tors. Dans cette position elle glisse sur cette surface en tournant l'axe du métier. À 16 millimètres à peu près de distance, en dedans de la circonférence où sont plantées les dents qui engrènent dans les roues dentées des baguettes des bords, et sur le même plan, est tracée une autre circonférence divisée en onze points. À chacun de ces points est plantée verticalement une forte dent ; l'autre extrémité du rayon à cliquet aboutit derrière ces dents : à cette extrémité, ce rayon est armé d'un cliquet qui est formé d'une petite plaque de fer posée horizontalement, et mobile dans cette position, autour d'un point pris sur la surface supérieure près du bout du rayon. Ce dernier est dépassé par le bout du cliquet, lequel bout se termine en un angle dont un des côtés est dans l'alignement d'un point de l'axe du métier. Le cliquet présentant sa pointe, le côté dont on parle se trouve à droite. Ce cliquet, dans cette position, ne cède point de droite à gauche, mais de gauche à droite, et il est ramené dans sa première position par un ressort. Le rayon se mouvant de droite à gauche, le cliquet cède en rencontrant chacune des onze dents, et passe derrière elles. Lorsque ce rayon se meut de gauche à droite, le même cliquet emmène la dent qu'il rencontre, et fait tourner la roue. Dans le jeu de la machine, le rayon emmène la dent derrière un autre cliquet horizontal, mobile sur un centre fixe. Ce cliquet résiste lorsqu'il est poussé de droite à gauche ; il cède de gauche à droite, et est ramené dans sa première position par un ressort. La dent amenée contre ce cliquet par le mouvement du rayon le fait céder, le dépasse, rencontre un ressort qu'elle fait céder encore pour faire faire aux baguettes le surplus des trois demi-tours ; après cela, le rayon prenant un mouvement rapide en sens contraire, la dent revient sur ses pas par l'action du ressort et s'appuie contre le cliquet à centre fixe. Pendant ce mouvement, le rayon est revenu prendre une autre dent qu'il emmène pour faire parcourir à la roue encore un onzième de sa circonférence ; mais, pour cela il faut que le ressort qui appuie la première dent contre le cliquet à centre fixe se soulève pour la laisser passer. A cet effet, le ressort est ajusté à l'extrémité d'une bascule qui joue verticalement, tandis que le ressort agit horizontalement. Un instant avant que la roue reprenne son mouvement, la bascule se lève, et la dent passe sous le ressort. Bientôt la bascule retombe par son propre poids pour soumettre la dent qui vient à l'action du même ressort. La bascule armée du ressort, le cliquet à centre fixe, le levier du genre et rectangulaire qui communique avec la bascule et sert à la faire lever, sont ajustés sur une traverse fixe, solide, qui tient aux autres traverses du métier, et entre en dedans de celui-ci en passant entre deux baguettes. Il y a deux cylindres dans la machine. Les auteurs nomment l'un *cylindre du métier*, et l'autre *cylindre du battoir*. Le cylindre du métier est formé d'un axe en bois de 12 décimètres 45 millimètres de long, et de 9 centimètres en carré ; il tourne sur deux pivots plantés à ses deux extrémités. Sur cet axe sont enfilées perpendiculairement par leurs centres, et arrêtées à différentes distances, des roues ou cercles en bois de 65 centimètres de diamètre, et de 38 millimè-

tres environ d'épaisseur ; sur chacune de ces roues, de droite à gauche, est tracée près des bords une circonférence sur laquelle des dents ou bouts de fil de fer de 45 millimètres de longueur sont plantées perpendiculairement au plan de la roue. Ces dents sont distribuées sur toutes les roues conformément à l'ordre dans lequel les différentes pièces du métier doivent se mouvoir ; et à l'une des extrémités de l'axe est une roue dentée. Le cylindre du battoir est formé d'un axe en fer carré, tournant d'une part sur une de ses extrémités, sur laquelle un pivot est relevé, et d'une autre part sur un tourillon formé près de son autre extrémité. Le côté du tourillon est en dehors du métier ; une roue dentée y est enfilée perpendiculairement par son centre. Dans le milieu de l'axe est établie une espèce de roue formée de trois autres, enfilées par leur centre, et toujours perpendiculairement à l'axe. Ces trois roues sont jointes les unes contre les autres ; elles ont 27 millimètres d'épaisseur ; celle du milieu a 65 centimètres de diamètre ; celles des côtés 43 centimètres 3 millimètres.

Sur chacune de ces deux dernières est tracée une courbe telle que la roue, en tournant également et en faisant une demi-révolution sur son axe placé horizontalement, un point qui ne quitterait pas cette courbe, en conservant un mouvement toujours vertical sur l'axe du cylindre, descendrait d'abord d'une manière lente, puis accélérée, ensuite uniforme. Ce point doit se trouver à l'endroit le plus bas, au moment où les fils se croisent sur les baguettes des nœuds ; rester au même endroit jusqu'à ce que les fils aient quitté ces baguettes, et jusqu'à ce qu'ils se trouvent sur les baguettes des tors alignés à l'axe du métier et au fil droit ; remonter alors d'un mouvement d'abord lent, puis plus rapide, et arriver enfin à la plus grande hauteur d'une manière extrêmement lente. Il doit rester à cette hauteur sur la demi-circonférence, pendant le temps que la roue fait l'autre moitié de sa révolution. Pendant ce temps, un autre point exécute le même mouvement, au moyen d'une semblable révolution décrite sur l'autre roue accolée à celle de 65 centimètres de diamètre. On conçoit que le mouvement de ces deux points est celui qui convient aux plaques du battoir, et qu'elles l'exécuteront si ces points correspondent, au moyen de deux leviers du premier genre, aux deux pointes des cônes du battoir. Les auteurs appellent les courbes que l'on vient de décrire *courbes de battoir*. La baguette des faufils est placée à peu près dans un plan qui passerait par l'axe du métier, et par le milieu d'une des traverses qui lient les quatre montants. Les traverses opposées l'une à l'autre qui servent d'assemblage aux mêmes quatre montants, sont prolongées, du côté de la traverse mentionnée plus haut, de 6 décimètres, pour tenir deux autres montants de 1 mètre 84 centimètres environ de hauteur. L'assemblage, par ce moyen, forme un rectangle de 2 mètres 22 centimètres de long, toujours sur 1 mètre 62 centimètres de large. Entre les deux montants de 1 mètre 84 centimètres, et à la hauteur de 238 millimètres au-dessus du sol sont placés horizontalement, à la suite l'un de l'autre, les deux axes des cylindres; leurs pivots sont supportés par des crochets fixés contre ces deux montants et contre un montant de 65 centimètres placé entre les deux autres. Les axes sont aussi parallèles au côté désigné de l'assemblage primitif et à 6 décimètres de ce côté. Les mêmes traverses du rectangle sont encore prolongées pour supporter un axe auquel sont ajustés deux pignons, dont l'un engrène dans la roue dentée du cylindre du métier, et l'autre dans la roue dentée du cylindre du battoir. Le même axe, en mouvement avec ses deux pignons, fait tourner les deux cylindres; celui du métier fait un tour, tandis que celui du battoir en fait deux. Le métier reçoit tout son mouvement de cet axe à deux pignons, qui le reçoit lui-même par l'intermédiaire de plusieurs engrenages, d'une roue mue par l'eau. De différents points pris dans le plan vertical qui passe par l'axe du métier, descendent vers cet axe des touches ou bras de levées en bois, mobiles à leurs extrémités, passant le long des surfaces des roues, et dépassent les dents perpendiculaires aux plans de ces mêmes roues; de sorte que, dans le mouvement du cylindre ces dents poussent les touches les unes après les autres et leur font décrire des arcs de cercle. Cela suppose que, dès que la dent a quitté la touche, cette dernière revient à la même place où elle avait été rencontrée par la première, et que les touches, ramenées par les dents, s'éloignent du métier. Des points pris près des extrémités inférieures de ces touches portent des fils de fer qui passent entre les baguettes, et vont communiquer le mouvement aux différentes pièces du métier. De la touche dite *du rayon à cliquet*, part un fil de fer qui va aboutir à peu près perpendiculairement vers l'extrémité du rayon du côté du cliquet. Quatre dents, sur une circonférence de roue du cylindre, font parcourir chacune à la touche un arc assez grand pour que la roue des tors, mise en mouvement par l'intermédiaire du rayon, fasse suivre aux baguettes leurs trois demi-tours et un peu plus.

D'un autre point du rayon part un autre fil de fer en sens contraire de celui qui aboutit à la touche; ce fil de fer ramène le rayon dans un sens contraire à celui où l'a poussé la touche : de sorte que, dès que le rayon est laissé libre par cette touche, il revient au point où il a été pris, toujours derrière une des onze dents dont il a été parlé, et qu'il emmène lorsqu'il reprend son mouvement. En avant de la touche, dite *de la roue des nœuds*, part un fil de fer qui aboutit à un point pris sur la surface inférieure de cette roue des nœuds, près de sa circonférence. Ce fil est à peu près perpendiculaire à un diamètre de la même roue passant par le point où il aboutit; quatre dents

plantées sur une des circonférences d'une autre roue du cylindre font parcourir aux baguettes des nœuds, au moyen de la touche, un demi-tour et un peu plus. La roue des nœuds exécute son mouvement, qui est en sens contraire de celui de la roue des tors, toujours alternativement, et un instant après que cette roue a cessé le sien. La touche dite *de retour* est pour parcourir, en sens contraire à la roue des nœuds, l'espace qu'elle a parcouru par l'action de la touche précédente. La touche, dite *de la bascule*, sert à faire lever la bascule dont il a été parlé, un moment avant que la roue des tors presse son mouvement en avant. La touche dite *des buttes* sert à faire lever les deux buttes dont il a aussi été question. De la touche dite *de tirage* part un fil de fer qui, passant entre les fils de fer des cônes, aboutit au levier intermédiaire correspondant à l'autre extrémité du levier, lequel est armé d'un cliquet qui fait marcher la roue dentée du tirage. Cette touche agit quatre fois pendant que le cylindre du métier fait un tour. Le cercle des guides et sa touche sont destinés à assurer la marche des cadres voyageurs. Ces cadres étant arrivés à leur point de repos, leurs tuyaux peuvent laisser un espace assez considérable en deçà ou au delà de la circonférence moyenne des couronnes, sans que pour cela les dents des baguettes soient hors de leur bassin. Cependant si un des cadres, par l'effet de la pesanteur de son coffret, et par suite du mouvement acquis que le frottement ne peut absorber, venait à continuer sa marche par la même baguette qui l'a mené, il en résulterait un dérangement dans le métier qui occasionnerait des inconvénients auxquels les auteurs ont voulu parer; pour cela, ils ont imaginé un cercle ou couronne en bois de 23 millimètres d'épaisseur, de 7 centimètres environ de largeur, et de 1 mètre 8 centimètres de diamètre extérieurement. Ce cercle est placé horizontalement; il est mobile sur son centre, qui est dans l'axe du métier. La surface inférieure et la surface supérieure des couronnes sont très-près l'une de l'autre. Ce cercle est armé, à sa circonférence, de bouts de fils de fer formant des prolongements de rayons. Ces fils de fer aboutissent un peu au-dessus des pointes des baguettes de la couronne intérieure; la moitié seulement des pointes des baguettes de la couronne intérieure ont chacune au-dessus d'elle l'extrémité d'un fil de fer qui se présente aux cadres quand ils arrivent. Alors, si le cadre doit passer à gauche, l'extrémité du fil de fer se détourne assez pour le laisser passer et l'empêcher de passer à droite, et si le cadre doit passer à droite, l'extrémité du fil de fer opère de la même manière qu'à gauche. Comme les mouvements des cadres, se portant sur les fils de fer dont on vient de parler, ont lieu dans le même moment, on voit qu'un petit mouvement à droite ou à gauche du cercle, sur son axe, suffit pour éviter le dérangement prévu, et qu'une touche seule exécute ce mouvement. L'axe que

-doit parcourir le diamètre du cercle est fixé, et ce diamètre est arrêté aux deux extrémités de cet axe par deux poids fixes; le cercle soumis à l'action d'un poids tend toujours à revenir et à s'arrêter dans la position où les bouts de fil de fer se trouvent au-dessus des baguettes des tors. Ces bouts sont placés de manière à laisser passer les cadres sur les baguettes des tors. Le cercle est soumis à l'action d'un autre poids plus faible qui lutte contre les premiers, et tend à ramener le cercle en sens contraire. La touche, par l'intermédiaire d'un levier, soulève le poids le plus fort; alors le cercle est soumis à l'action du plus faible, qui l'entraîne à l'autre extrémité de l'axe. On voit donc que la touche peut soulever le poids le plus fort, sans que l'espace à parcourir par le cercle cesse d'être réglé, et que son action ne s'exerce dans ce cas que sur le poids seul. Quand la touche est livrée à elle-même, le poids le plus fort réagit contre le plus faible et entraîne le cercle à son tour. De ces deux poids, le plus faible communique au cercle par une ficelle passant sur une poulie, et le plus fort par un levier à trois bras dont le point d'appui est au point de réunion des bras, et tient au-dessous d'une traverse de la couronne. Une des extrémités de ce levier communique au cercle par une ficelle horizontale ou un fil de fer brisé; l'extrémité opposée communique à un fil de fer qui tient à la touche; la troisième extrémité a son bras d'équerre avec les deux autres, et supporte le poids. La touche agit un moment avant que les cadres voyageurs se présentent pour passer sur les baguettes de nœuds. Les fils de fer se détournent et restent détournés jusqu'à ce que les cadres se trouvent sur les baguettes de nœuds, et alignés au centre du métier. La dent du cylindre quitte alors la touche, qui laisse revenir le cercle à sa première place. Ce cercle, que l'on vient de décrire, ne sert qu'à assurer le mouvement des cadres lorsqu'ils se portent de la couronne extérieure vers l'intérieure.

Un semblable travail serait inutile pour le cas où les cadres de la couronne intérieure se portent vers l'extérieure, le poids des coffrets, joint au frottement, étant suffisant pour absorber le mouvement qui peut leur rester, au moment où les têtes de baguettes cessent de les mener. Le mouvement des fils de fer du cercle des guides, ne pouvant pas convenir au mouvement des cadres, qui voyagent sur les trois grosses têtes de baguettes, les auteurs ont remplacé ces fils de fer dans cet endroit par des ressorts faibles ajustés sur les couronnes, et qui, cédant devant les mêmes cadres, lorsqu'ils sont conduits par les dents de ces baguettes, résistent assez pour absorber le mouvement qui pourrait leur rester, lorsque ces mêmes dents ont cessé de les conduire. Le cercle, dit *de l'arrêt* ou *de l'échappement*, est une pièce semblable à celle que l'on vient de décrire, avec cette différence que ce cercle est très-léger, que le nombre des fils de fer ou prolongement de rayons est double, et que

ces mêmes fils de fer sont plus longs que ceux du cercle des guides. Le cercle d'échappement est mobile par son centre autour de l'axe du métier, qui ne le supporte pas, mais qui empêche seulement que le centre de ce cercle ne varie. Il est soutenu par quatre fils de fer, qui partent des traverses de la couronne intérieure, et sont également éloignés entre eux; leur distance du centre du métier est de 24 centimètres environ. Ils aboutissent à des points correspondants, pris sur les traverses du cercle d'échappement qu'ils soutiennent. Ce cercle est horizontalement placé à une hauteur telle, que ces fils de fer ou prolongement de rayons, passant entre les baguettes, les dépassent de 4 centimètres environ, et se trouvent un peu au-dessous des supports des cadres droits, de manière à ne pas gêner le mouvement des cadres.

Ceux-ci étant en mouvement, si un fil casse, le coffret tombe en bas du cadre, sa clavette s'engage entre les fils de fer du cercle de l'échappement, et lui communique un petit mouvement; le cercle, par le bout d'une petite bande de tôle très-étroite ajustée sur lui à cet effet, supporte l'extrémité d'une verge de fer mobile à son autre extrémité sur un point fixe. Dans le petit mouvement du cercle de l'échappement, cette verge tombe; une autre verge dont la première supporte le bout au moyen d'un fil de fer, au-dessus des bouts des dents qui ressortent sur la surface supérieure de la roue des tors, tombe aussi; son extrémité s'engage entre les bouts des dents, de manière à empêcher la roue de tourner, et à la faire résister à l'effet du cylindre. Les deux verges sont mobiles à une de leurs extrémités, et arrêtées par leur milieu, chacune dans une pinnule, où elles ne peuvent se mouvoir que verticalement. L'axe des pignons des cylindres est rond; sur un des côtés de chaque pignon et perpendiculairement à l'axe, est fixée une planche d'environ 16 centimètres de long sur 8 centimètres de large, laquelle porte un échappement (la longueur de la planche est comptée depuis le centre des pignons). L'extrémité de cette planche est occupée, dans sa largeur, par un ressort droit de 68 millimètres de long sur 5 décimillimètres de large, appliqué contre la surface de la planche, sur laquelle il est fixé par une de ses extrémités. Le bout de ce ressort, qui peut jouer, est plié à la longueur de 2 millimètres; ce pli forme un angle de 45 degrés. Un levier fait d'un parallélipipède en fer de 45 millimètres en carré, et de 68 millimètres de long, s'applique aussi contre la surface de la planche; il a son point d'appui au milieu de sa longueur, à 95 millimètres du centre du pignon. Une des extrémités de ce levier aboutit sous la partie recourbée du ressort; l'autre extrémité dépasse l'extrémité d'un bout de fil de fer de 45 millimètres de diamètre, qui part de l'axe du pignon, et est ainsi appliqué sur la surface de la même planche. Les auteurs appellent ce dernier bout de fil de fer *traverse*. L'axe des pignons tournant, le bout de la traverse appnie sur un des bouts du levier; l'autre extrémité de ce levier appuie contre la partie brisée du ressort, et, par ce moyen, l'axe fait tourner le pignon, qui engrène dans la roue du cylindre. Si le pignon résiste, le ressort se lève, et laisse passer l'extrémité du levier, qui glisse sous la partie recourbée; et l'autre extrémité du levier, cédant à la traverse, celle-ci marche seul et le métier s'arrête. Ce cas arrive lorsqu'un fil casse, et cet accident occasionne une résistance dans la roue des tors; mais dans ce cas, le battoir reste en mouvement, et il est essentiel qu'il s'arrête aussi : c'est pour parvenir à l'arrêter à propos que les auteurs ont imaginé l'échappement dont nous venons de donner la description.

Un petit cône, qui doit être en bois, pour être plus léger, se loge dans le tuyau du battoir; sa base est à 4 ou 5 millimètres au-dessus du bord inférieur de ce tuyau. La dentelle passe entre les parois de ce tuyau et ceux du petit cône; la base de celui-ci a ses bords un peu arrondis, pour ne pas déchirer la dentelle. Il sert, dans cet endroit, à élargir cette dernière, que le tirage fait rétrécir par la tension qu'il lui fait éprouver. On peut encore, après que la dentelle est sortie du métier, lui faire perdre son rétrécissement en l'étirant en largeur sur un étendage, à la manière des tulles. Le petit cône est serré par la dentelle qu'il emmène; mais il est ramené toujours dans sa première position par une bascule, dont l'extrémité le tire au moyen d'un fil vertical qui lui sert d'axe. Cette bascule reçoit son mouvement de la même touche qui fait mouvoir le cercle des guides, et qui n'agit sur cette bascule que vers la fin de son mouvement.

Le métier reçoit son action d'un volant adapté à l'axe d'une roue, laquelle engrène dans une autre roue fixée à l'axe des pignons. Cette action est communiquée au volant par l'intermédiaire d'un ressort, qui commence à céder en réagissant contre le volant. Par ce moyen, on empêche que le mouvement ne soit trop brusque en commençant, et on évite les secousses et les inégalités que l'engrenage de la roue à eau peut produire pendant que cette roue tourne. Les auteurs supposent ici qu'une seule roue dentée, placée dans l'intérieur du métier, engrène dans toutes les roues dentées des baguettes; que cette roue a un mouvement continu de va et vient, semblable à celui de la roue des nœuds, avec cette différence cependant qu'elle reste le même temps à parcourir en sens contraire l'espace ou l'axe qu'elle a parcouru en avant; ils supposent aussi que la complication qu'ils ont ajoutée aux deux baguettes des nœuds les plus voisins de celles des bords est de même ajoutée à toutes les baguettes du métier; au moyen de cette complication, et quoique toutes les petites roues dentées soient en mouvement, chaque baguette ne marchera qu'autant que la butte dont on fait mention ne l'aura pas retenue. « Si donc on suppose, ajoutent les auteurs, que pour chaque baguette il y a une touche qui corres-

pond à la butte, que toutes les touches placées dans le même plan sont mises en jeu par un cylindre où seraient distribuées des dents dans l'ordre que l'on imaginera, il est évident que l'on pourra faire mouvoir à volonté les différentes baguettes du métier, c'est-à-dire dans l'ordre correspondant à celui qu'on aura jugé à propos d'établir entre les dents du cylindre. À présent, continuent-ils, si les têtes de baguettes des tors sont sans crochets et armées de deux dents, comme le sont celles des nœuds, et si tous les cadres droits sont remplacés par des cadres voyageurs, on voit qu'à l'aide du cylindre dont on vient de parler, on pourra exécuter toutes sortes d'entrelacements. Dans le cas où toutes les buttes resteraient levées, tous les cadres seraient en mouvement, et se croiseraient deux à deux alternativement, sur les baguettes des nœuds et sur celles des tors; le métier exécuterait alors un lacet. On conçoit que le mouvement du battoir correspondra au jeu des baguettes; mais dans le cas le plus compliqué que l'on puisse supposer, il faudrait que chaque plaque pût battre indépendamment des autres, et pendant le temps que deux fils mettraien à se tordre; ce qui nécessiterait de la rapidité dans son mouvement, et autant de courbes que de plaques. » Le métier de MM. Dervieu et Piaud paraît donc particulièrement propre à la fabrication du fond de dentelle, dit *fond de glace*. « D'autres fonds que celui-là demanderaient, disent les auteurs, un plus grand nombre de fils et un plus grand nombre de leurs entrelacements pour former un nœud; les fils devraient être plus fins, ce qui les rendrait par conséquent plus sujets à casser, surtout lorsqu'ils seraient de chanvre ou de lin. Les fonds se feraient plus lentement; dans les cas où les fils devraient se croiser deux à deux, deux fois de suite, il y aurait du temps de perdu, celui qu'emploieraient les baguettes pour revenir chercher les cadres, afin de leur faire redoubler leur demi-tour. » Enfin, le fond de glace étant celui qui offrait le plus d'avantage aux auteurs, ils ont adopté ce genre de fabrication. Les premiers essais ont eu pour résultats des lacets très-bien faits; leur premier essai en dentelle a été un fond filigrane de dix-huit fils, dont un échantillon fut déposé dans le temps sous les yeux du ministre de l'intérieur, par les soins de M. Fauriel.

DÉSINFECTION. *Voy.* AIR.

DIAGRAPHE. — Ce mot, dérivé du grec, veut dire *j'écris, je dessine par, à travers*; il désigne un instrument de dessin qui depuis peu est venu enrichir l'art graphique.

Une règle méplate en acier parfaitement droite, trois galets disposés de telle sorte qu'ils roulent entre des pointes qui se règlent à volonté, et qu'on peut faire tourner légèrement et sans jeu; une autre règle en cuivre surmontée d'une demi-tringle ronde faisant corps avec cette règle, une petite planchette, un chariot sur lequel s'élève un tube qui peut tourner sur lui-même et s'incliner dans tous les sens, par le moyen d'une charnière, et que quefois par deux ; plusieurs vis, une petite boîte carrée glissant le long du tube, une petite goupille en acier, un petit châssis en cuivre noir, un crayon et un fil, tels sont les huit ou dix pièces qui entrent dans la composition du diagraphe. Le tout est contenu dans une boîte qui varie selon la grandeur de l'instrument. Les plus petits diagraphes, qui, du reste, donnent également, mais par bandes successives, les dessins de toute dimension, sont renfermés dans une boîte de 12 pouces de longueur sur 3 environ de largeur ; la boîte elle-même se développe pour former la planchette, et une grande canne se divisant en deux parties sert à la fois de siége et de pied de table. Quant au mécanisme, il diffère peu, dans son principe, de l'opération qui fait sur la vitre elle-même les contours des objet aperçus derrière cette vitre ; dans le diagraphe, c'est un châssis de vitre chargé d'un point ou petite marque fixée dans le châssis qui parcourt les circonscriptions de l'objet qu'on veut représenter.

Considéré sous le point de vue scientifique, le diagraphe a pour base le principe général de toute perspective, principe qui peut se résumer ainsi : Si de l'œil du spectateur des lignes viennent aboutir à tous les points du corps ou de l'objet dont on désire obtenir l'apparence, et si une surface quelconque se trouve interposée entre cet objet et l'œil, les lignes, par leur rencontre avec cette surface, y laissent l'empreinte perspective du corps ou de l'objet à représenter. Ainsi, on peut dire du diagraphe qu'il est, en quelque sorte, la perspective mécanisée. En effet, aidé par lui, on parvient non-seulement à expliquer toutes les lois de la perspective, mais encore à s'instruire seul et à apprendre, sans secours étranger, le dessin linéaire. Cet instrument a pour but de représenter sur le papier les lignes vues dans l'espace, quelle que soit leur position et suivant les lois de la perspective, et tel est aussi le genre de dessin qu'il est le plus apte à reproduire. Le diagraphe est, en quelque sorte, un maître de dessin pour qui veut apprendre cet art ; il est un auxiliaire puissant pour le dessinateur, le peintre, l'architecte, dont il abrége et perfectionne le travail, en leur évitant la perte du temps. Quant aux personnes absolument étrangères au dessin, et qui veulent cependant dessiner, il leur suffit de placer convenablement le diagraphe et de savoir s'en servir, pour obtenir, avec autant de célérité que d'exactitude, la représentation de tous les objets, tels qu'un portrait, un paysage, etc., même sans qu'elles puissent se rendre compte des effets qu'elles produisent.

L'honneur de cette invention, qui remonte déjà à seize années, mais encore récemment perfectionnée par son auteur, appartient à M. Gavard, capitaine d'état-major français, ancien élève de l'Ecole polytechnique. Le mérite est d'autant plus réel, que ce mécanicien n'a pu être aidé que très-faiblement par les théories de la chambre claire et de la chambre obscure (Voy. ce mot.) Le diagraphe se plie à toutes les exigences du dessin, il donne toutes les projections possibles, la réduction des grands tableaux qu'on ne peut déplacer, le calque des gravures placées sous verre, les paysages et portraits d'après nature, et sur quelque échelle que ce soit, les dessins horizontaux ou inclinés, suivant un angle quelconque ; il reproduit sans qu'on soit obligé de lever la tête, les figures des plafonds, voûtes et dômes, les esquisses des poses d'après nature, le dessin géométral, le tracé des ombres, des superficies courbes ou irrégulières, enfin celui des ornements, plans, situés obliquement et dont on peut composer la disposition sans en avoir sous la vue le tout ensemble. Loin de désenchanter l'art, comme l'ont dit quelques adversaires de cette invention, le diagraphe ne fera que lui ouvrir un champ plus vaste, en lui fournissant des données premières dont l'exactitude aurait désespéré le talent le plus accompli et le travail le plus opiniâtre.

Nous ne finirons pas sans recommander à l'examen des savants et des artistes la notice remarquable dans laquelle M. Gavard a luimême développé la théorie scientifique de sa belle découverte. (Paris, A. Guyot.) (Voy. PANTOGRAPHE. — Voy. aussi RÈGLES PANTOGRAPHES).

DIAMANT (Appareil propre à la combustion du).—Invention de MM. Guyton de Morveau et Hachette.—L'appareil dont se servirent ces savants dans leurs premières expériences sur la combustion du diamant était composé d'un tube de platine, dans lequel une pompe à cric servait à faire passer le gaz oxygène, lorsqu'il avait été chauffé au rouge blanc. Ce tube, qu'ils avaient fait tirer à la manière des tubes des lunettes, pour éviter les soudures, était nécessairement très-mince, et fut bientôt hors de service par l'affaissement qu'il subit dans une des opérations préliminaires, et qui détermina une fissure. Obligés de faire construire un nouvel appareil, ils ont pensé que pour le mettre à l'abri de semblables accidents, il fallait donner beaucoup plus d'épaisseur au tube destiné à traverser le fourneau, et en augmenter en même temps le calibre intérieur, afin de pouvoir y introduire des substances d'un plus grand volume, ou même y placer un support approprié, dans le cas où il y aurait à craindre que les corps soumis à l'expérience ne fussent emportés par le courant, ou que le résidu de la combustion ne contractât quelque adhérence aux parois du tube. Il n'y avait d'autre moyen pour atteindre ce but, que de faire forger un cylindre massif de platine, pour le forer ensuite à la manière des canons ; c'est le parti qu'on a pris, ce qui a mis ces chimistes en possession d'un instrument que l'on croit le plus solide et le plus commode que l'on puisse employer pour ce genre de recherches. Cet appareil se compose d'un tube de platine de 34 centimètres de longueur. Une partie, dont il a été parlé plus haut, de 15 centimètres de longueur, de 24 millimètres de grosseur, a été forgée pleine, et ensuite forée pour lui donner un calibre intérieur de 15 millimètres, de sorte qu'on lui a conservé 4 millimètres d'épaisseur. A chaque bout de cette pièce est ajusté et soudé à l'or pur un autre tube de platine laminé à 2 millimètres seulement d'épaisseur, également soudé à l'or et terminé par un collet renforcé, ouvert intérieurement en cône et portant cinq filets de vis, pour recevoir les ajutages. Ce tube est placé dans les échancrures pratiquées dans le fourneau formé de deux creusets appelés de plomb noir dont on a enlevé les fonds, de 11 centimètres de diamètre dans leur évasement. Dans la grille du fourneau est pratiqué un trou pour recevoir la tuyère d'un soufflet à double vent, d'environ 29 décimètres cubes de capacité. Les ajutages du tube de platine communiquent, à 38 centimètres de distance, à l'une des branches de vases à peu près demi-circulaires et contenant du muriate de chaux que l'on nomme par cette raison tubes desséchants, et qui sont environnés de glaces dans les terrines. L'autre branche de ces tubes reçoit un ajutage du même genre, qui la met en communication avec l'intérieur du gazomètre placé de son côté, lorsque le robinet est ouvert. Les gazomètres qui sont en verre se composent d'un cylindre ou manchon de verre blanc de 24 mètres 5 centimètres de hauteur, de 7 millimètres d'épaisseur et de 16 centimètres de diamètre intérieur. Les bords inférieurs sont dressés pour s'appliquer exactement sur une glace doucie, mastiquée bien horizontalement sur le pied de bois. Ce manchon est fixé sur la glace par le cercle de fer réuni au pied de bois, par les branches de fer qui traversent le cercle et le tirent par leurs écrous. Une cloche de verre sans bouton de 12 mètres 2 centimètres de diamètre extérieur, de 19 mètres 5 centimètres de hauteur, dont les bords inférieurs s'appliquent également sur la glace du fond, et qui est fixée par une verge de fer percée dans toute sa longueur, est taraudée en vis à l'extrémité supérieure pour entrer dans la petite calotte de fer faisant fonction d'écrou. Cette verge est percée pour recevoir un tube de verre, qui s'élève de 2 centimètres au-dessus de la calotte de fer, et qui arrive au pied de bois en traversant la glace, recourbe et se prolonge jusqu'au robinet d'acier auquel il est mastiqué. Un récipient mobile ou cloche de verre de 13 centimètres de diamètre intérieur, de 4 millimètres d'épaisseur, de 15 centimètres de hauteur. Cette cloche, dont la capacité est près de 3 décimètres cubes, porte une échelle gravée au diamant en décilitres. Il n'y a, comme on voit, aucune différence de l'un des gazomètres à l'autre, étant tous les deux destinés à faire passer et repasser le gaz par le tube de platine. Il faut que les pièces de verre soient parfaitement recuites, pour éviter qu'elles ne se fondent lorsqu'elles sont vides et en repos. Ces ruptures spontanées, sans changement sensible de température, ne peuvent être occasionnées que par des vibrations ; on prévient ces accidents en couvrant cette partie d'un vélin qui laisse assez de transparence pour juger les lignes de niveau du mercure, que l'on peut même enlever vis-à-vis l'échelle sans qu'il cesse de produire son effet. (*Annales de chimie*, 1812 t. LXXXIV, p. 20, pl. 20.)

DIAMANT. La province du Brésil, qui produit de ce minéral, est située au dedans des terres, entre vingt-deux et seize degrés de latitude méridionale (provinces du Brésil qui les produisent). Ce furent les Paulistes et habitants de l'ancienne capitainerie de Saint-Vincent, qui découvrirent ces mines et peuplèrent en grande partie toute cette province riche, ainsi que celles de Mato-Grosso, de Cuiaba, de Gorjares et du Rio grande de San-Pedro ; en un mot, sans eux, presque tout l'intérieur du Brésil avec ses immenses richesses, serait encore inconnu et dépeuplé. Ce fut Antonio Soary Pauliste, qui donna son nom à une de ces montagnes, qui le premier découvrit et visita le Serro-Dosrio ; on n'exploitait que de l'or, quand enfin on reconnut des diamants dans le Riacho-Fundo, d'où on en tira au commencement, et après dans le Rio de Peire; on en retira aussi un grand nombre de la Gignitignogna, rivière très-riche. Enfin, à la fin de 1780, au commencement de 1781, une horde de près de trois mille contrebandiers, appelés Grimpeiros, découvrit des diamants, et en tira une immensité de la terre de Santo-Antonio; mais elle fut forcée de l'abandonner à la ferme royale, qui s'en empara. Ce fut alors que se confirmèrent les soupçons que les montagnes étaient la vraie matrice des diamants; mais comme le travail des lits de rivières et de leurs bords est moins long, se fait plus en grand, et que d'ailleurs les diamants y sont plus gros, la ferme abandonna les montagnes, et fit de grands établissements dans la rivière de Toucanbirmen, qui baigne les vallons de cette chaîne, laquelle a de longueur près de 90 lieues. On reconnut par des recherches et des excavations, que toute la couche de cette terre placée sous la couche végétale, contenait plus ou moins de diamants disséminés, attachés à une gangue plus ou moins ferrugineuse et compacte, mais jamais en filons ou dans les parois des géodes. (*Mémoire lu à la société d'histoire naturelle, Annales de chimie*, 1792, t. XV, p. 82.)

Dans une des plus récentes séances de l'Académie des sciences, M. Dufrenoy, directeur de l'École des mines, a présenté au nom de M. Halphen, qui en est le propriétaire, un magnifique diamant trouvé au Brésil, et appelé l'*Étoile du Sud*. Cette pierre, vraiment merveilleuse et éminemment intéressante au point de vue scientifique, est d'une eau très-pure et de forme dodécaédrique. Elle pèse 244 carats et perdra la moitié de son poids dans l'opération de la taille, qui sera faite sans clivage et par frottement. Elle vaudra alors plus de cinq millions, et figurera à l'exposition universelle, où elle répandra beaucoup plus d'éclat que la fameuse *Montagne de lumière* du Palais de cristal. L'*Etoile du Sud* faisait partie d'un groupe de cristaux dodécaédriques unis comme les cristaux de quartz et de spath calcaire; elle a été trouvée dans les terrains métamorphiques du Brésil, qui doivent être considérés désormais comme le gisement naturel du diamant. (*Cosmos.*)

Le diamant est le plus souvent incolore et transparent; cependant on en rencontre qui sont légèrement nuancés. On en a trouvé des noirs, des jaunes, des verts, des bleus, des roses. Ces derniers sont les plus recherchés. On les préfère même aux diamants incolores.

« Dès l'époque de la civilisation la plus reculée, l'excessive dureté du diamant le fit regarder comme une substance inaltérable, indestructible. De là le nom d'*adamas* qu'il porta chez les anciens et dont l'étymologie grecque (δαμάω je dompte, avec l'*a* privatif) exprime l'indestructibilité qu'ils lui attribuaient et qui, selon eux, était telle qu'elle résistait au feu le plus violent.

« Cependant la science des modernes devait rectifier cette opinion et conduire à la connaissance de la nature de cette pierre précieuse. Ce fut Boèce de Boot qui le premier, en 1609, soupçonna que le diamant pourrait bien être un corps combustible; Robert Boyle, célèbre philosophe et physicien anglais, parvint en 1673 à le brûler; en 1704, Newton, par l'influence que le diamant exerce sur la lumière, fut conduit à annoncer qu'il devait être une substance grasse coagulée, voisine du succin et de l'huile de térébenthine, et conséquemment inflammable. Lavoisier, sollicité par Haüy, fit des expériences sur le diamant, en opéra la combustion au moyen du gaz oxygène, et remarqua que le gaz qui se dégageait pendant la combustion jouissait de la propriété de précipiter la chaux à la manière de l'acide carbonique; il acquit bientôt la certitude que le résultat de ces expériences n'offrait que de l'acide carbonique, et il en conclut que le diamant était du carbone. Le savant chimiste anglais Smitson Tennant reprit ces expériences et en confirma l'exactitude : il fit brûler un diamant dans un étui d'or par l'intermédiaire du nitre, obtint aussi de l'acide carbonique, et en conclut que le diamant était uniquement composé de charbon. Guyton de Morveau fit un essai plus direct : ayant réfléchi que l'acier n'était que du fer uni à du charbon, il substitua à cette dernière substance de la poussière de diamant et convertit en acier une petite quantité de fer. Toutefois, il restait à établir si le charbon pur et calciné était du diamant oxydé, ou s'il n'était que du carbone pur comme le diamant. Les premières expériences relatives à cette question furent faites encore par Guyton de Morveau : elles établirent que le charbon pur ne contient pas d'oxygène, et que sous le rapport chimique il est identique avec le diamant. Enfin, le chimiste an-

glais Davy entreprit une série d'expériences dont le résultat fut que le diamant, en brûlant, ne donne absolument que de l'acide carbonique pur; il confirma ainsi ce qui avait été dit par ses devanciers.

« Il est donc aujourd'hui bien reconnu que le diamant n'est autre chose que du carbone, c'est-à-dire la matière la plus pure contenue dans le charbon. Cependant les résultats obtenus par l'analyse n'ont point encore conduit les chimistes à former des diamants par l'acide carbonique ou le carbone. Ceux qui ont été présentés à l'Académie des sciences dans ces derniers temps ont été reconnus pour n'être point de véritables diamants.

« Considéré sous le point de vue minéralogique, le diamant constitue une espèce unique du genre carbone, en tête des houilles, des lignites, de l'anthracite et du graphite, vulgairement et improprement appelé mine de plomb, qui ne sont, pour ainsi dire, que des sous-espèces du même genre. Bien que ce soit le plus dur de tous les minéraux connus, il n'est pas la pierre fine la plus pesante. Sa pesanteur spécifique est de 3,52; c'est à peu près celle de la topaze qui est de 3,49 à 3,54; celle du saphir ou corindon est de 3,97 à 4,16, et celle de l'hyacinthe ou du zircon est de 4,4. Il offre un des exemples les plus frappants de ce fait, que la solidité des substances minérales n'est point en rapport avec leur dureté, car c'est un corps très-fragile. Ses autres caractères physiques sont de posséder l'électricité vitrée par le frottement, et d'être doué d'une phosphorescence telle que, présenté pendant un instant à la lumière du soleil et porté ensuite dans l'obscurité, il répand des jets lumineux pendant un temps plus ou moins long, surtout s'il est limpide et d'une grosseur un peu considérable. Ainsi le *Régent*, le plus beau diamant de la couronne de France, offre ce phénomène à un très-haut degré d'intensité.

« Le diamant se présente rarement amorphe, c'est-à-dire sans forme régulière, dans la nature; on y remarque toujours quelques facettes cristallines. Sa cristallisation primitive est l'octaèdre; on le trouve aussi en tétraèdre régulier, solide, à quatre faces triangulaires, et en dodécaèdre rhomboïdal, c'est-à-dire en cristaux qui présentent douze faces en losange. Il est rare qu'il se présente sous la forme cubique. Mais une particularité que présente sa cristallisation, c'est que les faces de ces cristaux sont presque toujours tombées, et ses arêtes conséquemment courbes. Lorsque ce caractère est très-prononcé, il offre tout à fait l'aspect d'un sphéroïde.

« Du reste il y a des diamants de différentes nuances, c'est-à-dire jaunes, jaunâtres, rouges roses, verdâtres, bruns et noirâtres; mais c'est toujours la variété incolore et limpide qui est la plus recherchée.

« Malgré son origine si peu relevée, le diamant assimilé au charbon par sa composition, n'en est pas moins la plus dure, la plus brillante et la plus précieuse de toutes les gemmes. Elle est conséquemment aussi la plus chère ; et l'on comprend qu'il n'en peut être autrement lorsqu'on sait qu'un diamant brut de 4 grains ou de 1 carat revient au prix de 40 francs au gouvernement brésilien, bien que le Brésil en fournisse beaucoup au commerce. Ceux qui, en raison de leur petitesse ou de leurs défauts, ne peuvent être employés dans la bijouterie, se vendent encore 30 à 36 francs le carat, pour servir à faire la poudre de diamant dite *égrisée*, à l'aide de laquelle on taille et l'on polit le diamant et les autres pierres dures.

« Les lapidaires donnent au diamant quatre formes différentes, qui portent les noms de *pierre faible*, *pierre épaisse*, *rose* et *brillant*.

« La taille en pierre faible donne au diamant la forme d'une table carrée et oblongue, dont les bords sont abattus en talus, de sorte qu'un biseau règne tout autour de la pierre. On n'emploie ce genre de taille que lorsqu'on a été obligé de diminuer le diamant pour en faire disparaître quelques imperfections. La taille en pierre épaisse donne au diamant, dans sa partie supérieure, la même forme que la pierre faible ; mais, au lieu de se terminer par une face plane et large, la partie qui doit être engagée dans la monture a la forme d'une culasse haute des deux tiers de l'épaisseur de la pierre. La taille en rose présente trois rangées de facettes triangulaires, dont six forment le sommet supérieur de la pierre, tandis que le dessous est large et présente une face plane. Enfin la taille en brillant, qui est employée pour les pierres les plus belles, offre à sa partie supérieure une face octogone entourée d'une triple rangée de faces triangulaires. La partie qui doit être enchâssée dans la monture est une culasse qui prend les deux tiers de la pierre et qui est entourée de huit facettes longitudinales

« Les petits diamants bruts susceptibles d'être taillés se vendent 48 fr. le carat ; mais lorsqu'un diamant brut dépasse le poids d'un carat, sa valeur s'estime par le carré du poids multiplié par le prix de 48 francs. Ainsi on établit le prix d'une pierre de 3 carats d'après la formule suivante : 3 × 3 × 48, qui donne pour résultat 432 fr.

« Ce prix augmente considérablement par la taille ; ainsi un carat s'estime 216 à 240 et même 283 fr., une pierre de 3 carats et d'une belle eau se vend 1,700 à 1,900 fr. En général, le prix d'un diamant taillé s'obtient par le carré de son poids multiplié par 192 fr., ce qui porterait la valeur ordinaire du brillant ci-dessus à 1,728 fr. Cependant cette échelle d'estimation n'est pas exacte pour les pierres d'une grande dimension : ainsi un diamant de 49 carats, qui, d'après la formule indiquée, vaudrait 460,992 fr., a été payé par le pacha d'Égypte 760,000 fr.

« Les diamants de 5 à 6 carats sont déjà de belles pierres ; ceux de 12 à 20 carats sont rares, et l'on n'en connaît qu'un petit nombre qui dépassent 100 carats.

« Le plus gros diamant connu est celui du radjah de Matan, à Bornéo ; il est brut, mais de la plus belle eau et pèse 367 carats. Un gouverneur de Batavia en offrit un million de francs et deux bricks de guerre armés ; mais il ne put l'obtenir. Celui que possédait l'empereur du Mogol, au temps de Tavernier, pesait 270 carats ; il était taillé en rose et était évalué par ce voyageur à la somme de 11,723,000 livres. Celui de la couronne de Russie pèse 193 carats et a été acheté moyennant 2,600,000 fr. et une pension viagère de 96,000 fr. Celui de la couronne d'Autriche pèse 139 carats et est estimé 2,600,000 fr. : cependant il est d'une teinte jaunâtre, d'une mauvaise forme, et taillé en rose.

« Celui de la couronne de Toscane pèse 139 carats ; sa forme est belle, mais sa teinte est jaunâtre, ce qui en diminue beaucoup la valeur. Celui de la couronne de Portugal ne pèse que 95 carats : c'est le plus gros que l'on ait trouvé au Brésil ; il n'a pas été taillé ; on lui a conservé sa forme octaèdre naturelle. Le capitaine anglais Burner dit avoir vu, en 1830, dans le trésor du roi de Lahore, dans l'Inde, le fameux diamant appelé *Kohé-noor* (montagne de lumière). C'est une pierre magnifique, de la plus belle eau. Le diamant de la couronne de France, connu sous le nom de *Régent*, parce qu'il fut acheté par le duc d'Orléans, alors régent, pèse 136 carats 3/4 ; il a coûté 2,500,000 livres, et est estimé plus du double. Relativement à sa perfection, on peut le regarder comme le plus beau du monde. Enfin, le *Sancy*, ainsi appelé parce qu'il fut apporté en France par le baron de Sancy, ambassadeur à Constantinople, pèse 55 carats et est estimé 600,000 fr. Il a été acheté par M. Paul Demidoff, chambellan de l'empereur de Russie.

« Bien que le diamant soit connu depuis une très-haute antiquité, il ne paraît pas qu'il le fût du temps d'Homère ; du moins rien ne l'indique dans ses écrits. Cependant, suivant un célèbre professeur de Gœttingue, M. Heeren, le diamant était un des articles du commerce que les Carthaginois faisaient avec les Etrusques. Pline donne une description assez exacte de ce minéral lorsqu'il dit qu'il est terminé en pointe comme une toupie, et que souvent il présente l'apparence de deux toupies placées en sens contraire et jointes par leur partie la plus large. Il le compare au quartz limpide ou au cristal de roche, sauf son extrême dureté, qui fait, dit-il, que les lapidaires se servent de ses éclats, enchâssés dans du fer, pour graver les pierres fines les plus dures.

« Chez les anciens, comme pendant le moyen âge, on ignorait l'art de tailler et de polir le diamant ; on choisissait comme objets d'ornement ceux dont les cristaux présentaient des octaèdres. On sait que le manteau de Charlemagne et celui de saint Louis étaient ornés de diamants semblables. Ce fut Louis de Berquem, ou mieux Van Berchem qui dé-

ouvrit, en 1476, l'art de tailler les diamants
en les frottant l'un contre l'autre, et de les
polir au moyen de leur propre poussière. Le
premier diamant qui fut taillé par ce procédé
appartint à Charles le Téméraire, qui le
perdit à la bataille de Granson. Les Bernois
le vendirent à des négociants d'Augsbourg ;
il appartint ensuite au roi d'Angleterre
Henri VIII ; sa fille Marie l'apporta en dot
au roi d'Espagne Philippe II ; mais on ignore
ce qu'il devint depuis.

« Tout le monde, dit Haüy, connaît l'usage
des pointes naturelles de diamants pour
couper le verre. Avant que l'on employât ce
procédé, on commençait par tracer un sillon
dans le verre au moyen de l'émeri ou avec
une pointe d'acier très-dure ; on humectait
ensuite le verre à l'endroit du sillon, et l'on
y passait une pointe de fer rougie au feu,
qui déterminait la rupture du verre. Aujour-
d'hui les vitriers, à l'aide de ces petits diamants que les lapidaires rebutent, taillent
un carreau de vitre en un clin d'œil, et le
diamant, lorsqu'il est privé de l'avantage de
plaire, a encore le mérite d'être utile. »

« La physique appliquée à l'industrie vient
de trouver un nouveau moyen d'utiliser le
diamant : on en fait des lentilles de loupes
avec lesquelles on obtient un grossissement
de 210 à 245 fois.

« C'est dans des dépôts d'atterrissement et
de transport que l'on trouve le diamant,
soit dans l'Inde, soit au Brésil, soit en Sibérie. Ces dépôts sont superficiels, ou du moins
ne sont recouverts que de quelques couches d'argile d'alluvion. Mais il est évident
que le diamant ne s'est pas formé dans ces
dépôts : aussi, pour avoir une idée de l'âge
de ce minéral, devait-on chercher une roche
qui le contînt. En effet, on a reconnu depuis
peu dans l'Inde sa présence dans un dépôt
qui paraît être de l'époque secondaire, dont
les débris roulés ont formé des amas au pied
des montagnes.

« L'Inde est depuis une époque très-recu-
lée en possession de cette richesse minérale.
C'est sur les rives de la Krichna et du Pen-
nar, dans l'ancien royaume de Golconde, au
centre du Dekkam, et surtout dans les environs de la ville de Pannach dans l'Allahabad, que l'exploitation des diamants est
plus-productive. Au commencement du XVIIe
siècle ces dernières mines rapportaient annuellement 2 à 3 millions de francs ; la plupart des diamants qu'on en retirait ne se
vendaient pas plus de 1,500 fr. chacun.

« Diverses localités de l'île de Bornéo renferment aussi dans un dépôt de transport
des diamants qui ne sont pas moins estimés
que ceux de l'Inde. Au Brésil, c'est plutôt
dans un poudingue que dans un dépôt de
cailloux roulés que l'on trouve les diamants.
Le poudingue est composé de cailloux, de
quartz, de schiste talqueux, de diorite, etc.,
liés ensemble par un sable ferrugineux ; plusieurs espèces minérales, telles que le fer
oligiste et le fer oxydulé ou aimant, se trouvent aussi dans cette roche, que les Brési-
liens nomment *cascalhao* ou *cascalho*. Le

territoire où l'on a établi des exploitations
régulières occupe une étendue de 16 lieues
du sud au nord, et de 8 de l'est à l'ouest,
dans la comarca ou arrondissement de Cer-
ro-do-Frio, aux environs de la ville de Teju-
co. Pendant longtemps les exploitations de
l'or sur ce territoire empêchèrent de reconnaître qu'il recélait des diamants.

« Les premiers que l'on y trouva, vers le
commencement du XVIIIe siècle, furent regardés comme des cristaux sans valeur, et le
gouverneur de Villa-do-Principe s'en servit
comme de jetons de jeu. « Apportés par ha-
« sard à Lisbonne, on en remit à l'ambassa-
« deur de Hollande, afin qu'il les fît examiner
« dans son pays, qui était alors le principal
« marché de pierres précieuses. Les lapidaires
« d'Amsterdam les reconnurent pour de très-
« beaux diamants. L'ambassadeur, en infor-
« mant le gouvernement portugais de la dé-
« couverte, conclut en même temps un traité
« pour le commerce de ces pierres ; et Cerro-
« do-Frio devint un district à part. L'énorme
« quantité de diamants exportés dans les vingt
« premières années, et qu'on dit avoir excédé
« 1,000 onces, en diminua promptement le prix
« en Europe, et on les envoya par la suite dans
« l'Inde, qui auparavant les avait fournis ex-
« clusivement, et où ils avaient plus de va-
« leur. »

« Le gisement des diamants des monts Ou-
rals n'est connu que depuis peu d'années.
C'est M. le professeur d'Engelhardt, à Dorpat,
qui le premier appela l'attention sur la possibilité de leur existence dans ces montagnes. M. A. de Humboldt, en 1829, examinant, chez le comte Porlier, à Saint-Pétersbourg, les échantillons de sables aurifères
que l'on exploite sur les terres de celui-ci,
près de la mine d'Adolph, dans les environs
de Bissirck, trouva une si grande analogie
entre ces sables et ceux qui, au Brésil, renferment des diamants, qu'il conseilla de faire
chercher avec beaucoup de soin dans les résidus des lavages, pour s'assurer s'il ne s'en
trouverait pas. Ces recherches ne furent pas
infructueuses : de 1830 à 1833 on en trouva
48, la plupart cristalisés à 12 ou 42 faces ;
en 1831 on en trouva aussi à 3 ou 4 lieues
d'Iekaterinebourg. Mais ces découvertes ne
sont intéressantes que pour la science ; car
les frais de lavage ont jusqu'à présent surpassé la valeur des diamants trouvés.

« On voit, par ce que nous venons de dire,
que l'extraction des diamants se fait par l'opération du lavage des matières avec lesquelles
ils sont mêlés. Au Brésil, le gouvernement
emploie des nègres ; et bien que, pour encourager leur zèle et leur probité, on donne
la liberté à celui qui trouve une pierre dont
le poids dépasse 17 carats, il est rare qu'ils
ne parviennent pas à tromper la surveillance
de leurs gardes, pour vendre en contrebande
les diamants les plus beaux. Le lavage du
cascalho s'opère sous un hangar au moyen
de caisses dans lesquelles on fait arriver un
courant d'eau qui enlève toutes les parties
terreuses, après quoi l'on cherche dans le
gravier qui reste les diamants qui peuvent

s'y trouver. Il y a ordinairement 20 nègres dans chaque atelier, et plusieurs inspecteurs, assis sur des banquettes élevées, placées sur la partie supérieure des caisses. Le nègre qui vient de trouver un diamant doit en avertir en frappant des mains, et le remettre à l'inspecteur, qui le dépose dans une gamelle suspendue au milieu de l'atelier. Chaque soir cette gamelle est portée à l'officier principal qui compte les diamants, les pèse et les enregistre.

« Depuis 1730 jusqu'en 1814, les exploitations des diamants ont fourni au gouvernement brésilien 3,020,000 carats, ce qui donne un produit annuel de 36,000 carats. Mais ce produit a considérablement diminué ; il n'est plus aujourd'hui que de 20,000 carats.

« C'est le Brésil, dit M. Beudant, qui four-
« nit aujourd'hui tout le commerce de dia-
« mants ; il en parvient en Europe 25 à 30,000
« carats, qui n'en forment plus que 8 à 900,
« lorsqu'ils sont taillés. »

Citons encore le *Dictionnaire des connaissances utiles*.

« Le diamant, la plus chère des substances minérales, tient le premier rang parmi les pierres précieuses ; il doit cette préférence à sa rareté, à sa dureté, à son éclat, à l'ensemble de ses propriétés. Il était connu des anciens sous le nom d'*adamas*, d'où vient celui d'*éclat adamantin*, qu'on donne aux pierres précieuses dont le brillant se rapproche de celui du diamant. Les Perses, les Turcs et les Arabes le nomment *almas*; les Allemands et les Français *diamant*; les Anglais *diamond* ou *adamant stone*; les Espagnols et les Italiens *diamante*. L'Inde paraît être la première contrée où le diamant a été trouvé dans les royaumes de Golconde et de Visapour ; les principaux gîtes sont dans le Bengale et le Deccan. C'est dans cette dernière contrée qu'existe la presque totalité des mines qui furent et sont encore exploitées. Les plus abondantes sont celles de *Gani*, de *Raolconda* et de *Gouel*. La première appartient au royaume de Golconde; elle est très-renommée par la grosseur de ses diamants, dont la valeur est moindre parce qu'ils sont parfois colorés. La mine de *Raolconda* fut découverte vers le milieu du xivᵉ siècle, dans la province de *Carnatik* ; elle appartient au roi de Visapour. La rivière de *Gouel*, qui passe dans le royaume de Bengale, charrie les diamants connus dans le commerce sous le nom de *pointes naïves*. Au pied des montagnes de Gates et à environ 20 milles de Golconde, on trouve aussi la mine de *Pasteal*, dont les diamants sont très-estimés.

« Les diamants de Gani sont de nature argilo-ferrugineuse ; c'est par le lavage le plus soigné qu'on les sépare de la terre qui les couvre. Les ouvriers employés à leur recherche sont nus et très-surveillés, afin qu'ils n'en avalent aucun, car c'est le seul moyen qu'ils puissent mettre en œuvre pour en voler.

« Entourés de terre, ceux de la mine de Raolconda se trouvent dans les fissures des rochers. Ces diamants offrent parfois (des) points noirs et rouges qui en altèrent (la) valeur. Les mines de Visapour n'en do(n)nent que de petits ; aussi ont-elles été s(uc)cessivement abandonnées. C'est dans cel(les) des environs de Golconde qu'on a trou(vé) les plus beaux diamants, entre autres le *(Ré)gent*. Pintherton dit qu'on en trouve au(ssi) à Boudencound, à environ 60 milles au s(ud) de la rivière de Jousma, qui se jette da(ns) le Gange.

« Vers le commencement du xviiiᵉ s(iè)cle, on découvrit au Brésil, dans la p(ro)vince de *Minas-Geræs*, district de *Serra-(do) Frio*, des terrains diamantifères assez (ri)ches pour suffire aux besoins du commer(ce). En effet, le produit de ces diamants (fut) d'abord de 15 livres ; il est maintenant (de) 10 à 12 livres, ou de 24,000 à 28,000 cara(ts) qui, par la taille, se réduisent à envi(ron) 900 carats propres à la bijouterie ; le re(ste) est employé au polissage. Le plus gros (des) diamants trouvés au Brésil est de for(me) octaèdre ; il pèse, sans avoir été taillé, (...) carats (5 gros 20 grains). Par un règleme(nt) spécial, le nègre qui trouve un diamant (de) 70 grains est mis en liberté, avec quelqu(es) cérémonies usitées ; mais malgré cet ava(n)tage inappréciable, les diamants les plus g(ros) et les plus beaux sont bien souvent vol(és).

« Quoique le diamant soit incolore, on (en) trouve cependant coloré en bleu, en bru(n), en jaune, en gris, en rouge, en vert et (en) noir. Le rouge et le vert sont très-rare(s); ce dernier porte le nom de *diamant savoya(rd)*. On le trouve en grains irrégulièrement (ar)rondis ou en cristaux qui constituent aut(ant) de variétés.

« Le diamant est le plus dur de tous (les) corps ; on ne peut l'user qu'au moyen de (sa) poussière. Lorsqu'il est sous forme crist(al)line, naturelle ou artificielle, il décompo(se) les rayons solaires, et offre un jeu agréa(ble) de couleurs irisées, qu'on nomme éc(lat) *adamantin*. C'est le corps qui réfracte (le) plus la lumière ; il raye tous les corps c(on)nus ; il développe l'électricité positive (par) le frottement, tandis que le quartz b(rut) donne la négative ; il est phosphorescent (par) son exposition au soleil ou par le choc él(ec)trique ; son poids spécifique est de 3,4 (à) 3,55 ; il est insoluble dans tous les age(nts) chimiques. Les anciens croyaient qu'en plo(n)geant un diamant brut dans du sang de bo(uc) chaud, il s'amollissait et se cassait ensu(ite) plus facilement. Il faut ranger cette erre(ur) à côté des propriétés fabuleuses qu'on lu(i a) prêtées, principalement celles d'en enge(n)drer d'autres, de donner une poudre vé(néneuse) à laquelle on a attribué la mort (de) Paracelse, d'être un antidote contre les (en)sorcellements, la peste, les poisons, et (...) enfin on lui supposait la vertu d'augmen(ter) l'amour des époux et de découvrir l'infidél(ité) des femmes. Nous croyons, en effet, (que) le don des diamants peut, d'une part, fo(r)tifier ou cimenter les affections du cœu(r), et de l'autre, servir de clef d'or pour ache(ter) quelques secrets. C'est ainsi qu'on doit p(...)

sophiquement traduire ces opinions absurdes.

« La nature du diamant fut inconnue des
anciens ; elle fut devinée par Newton. Ce
grand homme, considérant sa grande force
de réfraction, n'hésita pas à le classer, en
1675, parmi les combustibles. Cette opinion
de Newton, qui n'était basée que sur la pénétration de son génie, se trouva convertie,
cent dix-neuf ans après, en une vérité incontestable par suite des expériences de
l'académie de Florence, entreprises en 1794,
et de celles de l'infortuné Lavoisier, qui
constata que le diamant, en brûlant, se convertissait en acide carbonique. Depuis, MM.
Arago et Biot, considérant l'énergie de sa
force réfractive, furent portés à croire qu'il
contenait de l'hydrogène. Sir Humphry Davy
soupçonna de l'oxygène ; mais cet habile
chimiste, ayant opéré un grand nombre de
fois la combustion du diamant avec la plus
minutieuse exactitude, n'obtint, comme
M. Lavoisier, que du gaz acide carbonique pur ;
de sorte que le diamant est universellement
regardé comme étant du carbone pur, dont
les molécules sont unies par une très-grande force de cohésion.

« Le poids usité en Europe et en Asie, pour
les diamants, porte le nom de *carat* ou *karat* ; le karat pèse *quatre grains* : mais ces
grains sont un peu plus faibles que ceux
de l'ancien poids, car il en faut 74 1/4 pour
faire un gros, ce qui représente 72 grains
linaires. Le carat équivaut à 205 milli-
grammes ; aux mines de Raolconde et de
Gani ou Colour, le poids équivaut à 3 grains
3/4 de carat ; en général, à Soumelpour,
dans le Mogol, on se sert du *ratis* ; ce poids
correspond à 7/8 de carat ; dans le royaume
de Golconde et de Visapour, on compte par
manguelins : c'est un carat 1/8 ; les Portugais font également usage de ce poids à
Goa.

« Nous passerons sous silence la taille et
le polissage des diamants, qui paraissent ne
dater que du xv siècle ; c'est au moyen de
sa poudre, nommée *égrisée*, qu'on y
parvient. Les formes on lui donne
sont : la taille à *pierre faible* ou *en table*,
la *pierre épaisse* dite *taille des Indes*,
le en *rose*, taille du *diamant brillant* ;
celle-ci est la plus précieuse : elle n'est connue que depuis le commencement du règne de
Louis XIV. C'est le cardinal Mazarin qui
premier fit tailler ainsi douze très-beaux
diamants de la couronne, connus depuis sous
le nom des *douze Mazarins*.

Le prix d'exploitation des diamants, quelle
que soit leur grosseur, est si élevé, qu'on
l'évalue à 38 fr. 20 c. par carat. Le prix de
vente n'est nullement relatif à celui de l'exploitation. Le tarif du prix des diamants
varie suivant la forme, le degré de transparence, la pureté et la grosseur. Toutes choses égales d'ailleurs, les diamants sont réputés *fins* si leur forme est celle d'un polyèdre à peu près régulier dont plusieurs
diamètres se croisent en sens divers ; ceux
qui ne sont que la moitié d'un tel polyèdre

et reposent sur une large section plane sont
des *diamants roses*. Quant à la transparence
et à la limpidité, elle doit égaler celle de
l'eau, et elle en prend le nom ; un diamant
d'*une belle eau* est réputé parfait, quand même il serait coloré. Mais parmi ceux qui
réunissent à un plus haut point les qualités qui constituent la perfection, les plus
gros sont recherchés plus particulièrement
en raison de leur rareté toujours plus grande
à mesure que le poids augmente ; d'où il
suit qu'une sorte de règle fixe leur prix proportionnellement au carré des poids ou des
volumes. Ainsi, si un diamant fin, de belle
eau, est estimé 1,000 fr., un autre aussi parfait, et qui serait d'un volume décuple,
coûterait 100,000 fr. En tenant compte d'une
seule dimension, du diamètre, par exemple,
un diamant dont le diamètre serait le double de celui d'un autre, devrait coûter
soixante-quatre fois autant ; pour un diamètre triple, sept cent vingt-neuf fois autant, et si cette dimension était quadruple,
quatre mille quatre-vingt-seize fois le même
prix. Mais les diamants d'une grosseur extraordinaire sont tout à fait hors de ligne ;
aucun tarif n'en règle le prix.

« Les défauts des diamants sont leur *mauvaise forme*, leur *couleur*, leur *étendue*, leur
épaisseur ; outre cela il en existe encore
d'autres qu'on nomme *glaces* ou *gerçures*,
rouages, jardinages, terrasses ou *dragon-
neaux*. Ces défauts peuvent être attribués à
de petites fentes remplies de matières hétérogènes, ou bien à des points colorés. On
fait disparaître souvent ces défauts en chauffant ces diamants dans un creuset, après
les avoir entourés d'une couche de charbon ;
nous devons ajouter que les points rouges
sont ainsi convertis en points noirs qui les
déprécient moins.

« Il existe au Musée britannique un diamant
monstre, ainsi qu'un très-beau brillant noir,
unique peut-être en son genre.

« Les diamants les plus estimés sont ceux
qui sont d'un blanc de neige, et que les
joailliers appellent *première eau*. Voici leurs
principales dénominations dans le commerce : 1° Les plus gros diamants se nomment
diamants parangons. 2° Ceux qui ont la plus
belle blancheur, *diamants première eau*.
3° Ceux qui viennent après, *diamants seconde eau*, etc. 4° Les diamants octaèdres
naturels sont connus sous le nom de *diamants pointes naives*. 5° Les diamants do-
décaèdres à faces convexes, *diamants bruts*
ou *ingénus*. 6° Ceux qui se refusent au clivage à cause de la position de leurs lames,
diamants de nature. 7° Enfin les très-petits,
diamants grains de sel.

« *Diamants célèbres par leur grosseur et leur
beauté.* — A. Diamant du rajah de Matan à
Bornéo. — C'est le plus gros de tous ceux
que l'on connaît ; il est évalué à plus de 300
carats, ce qui fait environ 2 onces 1 gros.

« B. Diamant de l'empereur du Mogol. — Il
a été trouvé à la mine de Gani ; il pesait brut
900 carats. Son poids a été réduit par la taille
à 219 carats 9/16 ; il a la forme d'un œuf

coupé transversalement ; il est taillé en rose.

« C. Diamant de l'empereur de Russie. — Son poids est de 193 carats. Ce diamant formait un des yeux de la fameuse statue de Sheringhan, dans le temple de Brama.

« D. Diamant du grand-duc de Toscane. — Il pèse 139 carats 1/2 ; il est net et de belle forme ; son eau tire un peu sur le citron ; il appartient maintenant à l'empereur d'Autriche.

« E. Diamant du roi de Portugal. — Il provient des mines du Brésil ; c'est le plus gros qu'on y ait trouvé ; son poids est estimé à 120 carats. Il est à pointes naives, c'est-à-dire qu'il a la forme octaèdre naturelle, n'ayant point été taillé.

« F. Le Régent. — Il a été trouvé dans les mines de Parteal, au pied des montagnes de Gattes, à 44 lieues sud de Golconde ; on l'appelle aussi le Pitt, du nom de la personne qui le vendit au régent duc d'Orléans, sous Louis XV. Son poids brut était de 410 carats ; il a fallu deux ans pour en achever la taille, qui l'a réduit 136 3/4. Il est de forme presque carrée, ses coins sont arrondis. Sa forme et son eau sont telles que, sous le rapport de la perfection, il est regardé comme le plus beau du monde. Il n'a cependant été vendu que 2,508,000 francs ; mais on l'estime plus de 5,000,000. M. A. Caire porte même son prix à 12,000,000 ; il y a grande apparence qu'il se trompe. Ce diamant a 14 lignes de longueur, 13 1/4 de largeur, et 3/4 d'épaisseur.

« G. Le Sancy. — Ce nom lui vient de M. d Sancy, qui, étant ambassadeur à Constanti nople, en fit l'achat. M. Delisle, qui l'a v peser par M. Jacquemin, joaillier de la co ronne, dit que son poids est de 55 carat Il n'a coûté que 600,000 fr. ; mais il a un valeur bien supérieure.

« H. Diamant du pacha d'Egypte. — Il pès 49 cara s et a coûté 760,000 fr.

« Diamants de la couronne. — On compren sous cette dénomination tous les joyaux qi faisaient partie de la dotation de la couronn et parmi lesquels on distingue le Régent do il a été question plus haut.

« Le premier inventaire général des di mants, pierres et pierreries de la couronne fut fait sous l'Empire, en 1810 ; un re colement de cet inventaire eut lieu so Louis XVIII, à son retour de Gand, où c joyaux avaient été transportés pendant l cent jours, et toutes les parures ayant é démontées, les diamants, perles, pierreri et expertisés : il fut reconnu que ces joyau étaient au nombre de 64,812, pesant 18,7 carats 17/32, évalués 20,900,260 fr. Le no veau récolement, fait en exécution de loi du 2 mars 1832 sur la liste civile, p MM. Bapst et Lazarre, joailliers de la co ronne, a constaté le même nombre, le mê poids et la même évaluation. Voici un tablea des objets les plus remarquables que pr sentent ces joyaux :

DÉSIGNATION DES OBJETS.	NATURE des PIERRES.	NOMBRE des PIERRES.	POIDS. CARATS	ÉVALUATION.	TOTAUX.
Couronne	Brillants	5,206	1,872 4/32 1/2	14,686,504 85	4,702,788
	Roses	146	28/32	219	
	Saphirs	59	120	16,065	
Glaive	Roses	1,569	308 8/32	»	61,165
Autre glaive	Brillants	410	155 24/32	»	271,559
Épée	Brillants	1,576	330 24/32	»	241,874
Aigrette et bandeau	Brillants	217	544 25/32	»	275,119
Contre-épaulette	Brillants	127	102 28/32	»	191,834
Agrafe de manteau	Brillants	197	61 6/32	30,685	68,105
	Opale	1	» »	37,500	
Boucles de souliers et jarret.	Brillants	120	105 12/32	»	56,877
Bouton de chapeau	Brillants	21	28 22/32	»	240,700
Rosettes de chapeau et de souliers	Brillants	27	83 40/32	»	89,100
Plaque du Saint-Esprit	Brillants	443	194 10/32	»	525,956
Plaque de la Légion d'honneur	Brillants	393	82 6/32	34,552 95	44,678
	Roses	20	» 4/32	40	
Croix de la Légion d'honneur	Brillants	505	43 8/32	10,082 80	
	Roses	15	» 2/32	30	
Parure, rubis et brillants	Rubis	399	410 17/32	211,336 68	595,758
	Brillants	6,042	793 14/32	181,925 41	
	Roses	527	» »	596 50	
Parure, brillants et saphirs	Brillants	3,857	558 6/32	129,951 09	285,816
	Saphirs	67	768 8/32	155,865	
Parure, turquoises et brillants.	Brillants	3,502	434 5/32	87,920 63	130,820
	Turquoises	215	» »	42,900	
Parure de perles	Perles	2,101	5,912 27/32	1,164,525	1,165,165
	Roses	520	» »	640	
Collier	Brillants	26	106 12/32	»	135,900
Epis	Brillants	9,175	1,033 4/32	»	191,475
Peigne	Brillants	250	92 9/32	»	47,451
Bout de ceinture	Brillants	480	49 8/32	»	8,552
		37,395	13,968 14/32		18,912,597

« Les autres objets consistent en plaques et croix de différents ordres, tels que de Saint-Lazare, de la Toison-d'Or, de la Jarretière, le Saint-Alexandre, de Saint-André, de Saint-Etienne, de l'Aigle-Noir, de l'Eléphant, etc. »

Nous terminerons cet article en rappelant à nos lecteurs le beau diamant que chacun a pu admirer à l'exposition universelle de Londres, et appelé *Montagne de lumière*. C'est le plus beau diamant connu jusqu'à ce jour. (*Voy. plus haut.*) Nous en donnerons en quelques mots l'historique. Lors de la prise de Delhy par le fameux shah Nadir, plus connu sous le nom de Thamas-Kouli-Kan, le *Koh-i-noor* passa par droit de conquête du trésor du Grand-Mogol dans celui de son terrible adversaire. Quelques années après, le shah Nadir fut assassiné dans sa tente par les chefs de son armée. La fameuse *montagne de lumière* échut à l'un d'eux, qui parvint à régner dans la suite sur l'Afghanistan. Ce chef fut l'ancêtre du dernier souverain du Caboul, Shah-Shoudjâ. Chassé de son pays, Shah-Shoudjâ, après mille vicissitudes, après bien des courses errantes, s'était réfugié près du roi de Lahore Runjet-Sing. L'hospitalité que lui donna le Maharadjah fut d'abord splendide. Le rusé Runjet convoitait le trésor de son hôte.

Après lui avoir fait proposer inutilement de s'en défaire, il résolut d'atteindre par la ruse et par de sourdes persécutions la réalisation d'un don que les offres les plus brillantes n'avaient pu obtenir. Privé de tout ce qui n'était pas luxe ou apparat, resserré dans un palais, privé même de nourriture, l'infortuné Shah-Shoudjâ fut réduit à solliciter de son astucieux adversaire l'acceptation du diamant si longtemps convoité. Runjet-Sing mourut le 27 juin 1839, léguant le *koh-é-nour* au temple hindou de Djagdjernuth. A la suite de troubles civils des plus sanglants, le gouvernement de ses successeurs crut à propos, pour s'attirer la protection de l'Angleterre, de faire cadeau à la reine du célèbre diamant. C'est ainsi que le *koh-é-nour*, au lieu d'orner obscurément les yeux ou les oreilles d'une divinité de l'Indoustan, est venu faire briller ses feux sur la couronne de la Grande-Bretagne.

DIAMANTAIRE-LAPIDAIRE. — C'est l'homme d'art chargé de la composition des parures en pierres ou en métaux précieux. (*Voy.* BIJOUTIER-ORFÉVRE, DIAMANT, PIERRERIES ARTIFICIELLES.)

Les dames romaines portaient des pendants d'oreilles, des colliers et des bracelets, non-seulement de perles, mais encore de pierres de couleur, mais surtout d'émeraudes et d'opales. Les hommes et les femmes à Rome faisaient grand usage des bagues; on en mit d'abord à l'index, ensuite au petit doigt, puis au doigt voisin du petit doigt; de sorte que les doigts s'en trouvèrent tous chargés, à l'exception de celui du milieu. Enfin on en changeait selon les saisons, on avait de légères pour l'été, et de pesantes, chargées des plus grosses pierres, pour l'hiver.

On voit encore dans les cabinets des antiquaires de ces bagues qui pèsent jusqu'à une once.

A l'égard des Grecs, il nous reste peu de vestiges de leur parure.

Les femmes turques, qui passent la moitié de leur vie sur un sopha, ont les pieds toujours nus en été, et y mettent des bagues à tous les doigts.

En France, sous Henri III, c'était encore la mode de porter trois bagues à la main gauche, une au second doigt, une au quatrième et la troisième au petit doigt.

On employait fort rarement le diamant avant le règne de Louis XIII, parce qu'on n'avait point encore trouvé le secret de le tailler, et ce n'est que sous Louis XIV que l'on a commencé à en faire usage. Les anciens le connaissaient, mais ils en faisaient peu de cas, ne sachant lui donner tout son brillant par la taille et par l'art de le monter; ils estimaient beaucoup plus les pierres de couleur, et surtout les perles.

Agnès Sorel, qui aimait la parure, est la première femme qui ait porté des pierreries en France. Anne de Bretagne est la seconde.

Depuis François Ier, qui a rappelé tous les arts, jusqu'à Louis XIII, toutes les parures n'étaient composées que de pierres de couleurs et de perles. On portait des agrafes de différentes pierres de couleur, et quelquefois on y attachait un diamant au milieu.

Les femmes ont conservé l'usage des perles jusqu'à la mort de Marie-Thérèse d'Autriche, c'est à peu près l'époque où les diamants brillants ont commencé à devenir en vogue, et à obtenir la préférence sur toutes les autres parures de pierres précieuses.

Le commerce et le travail des pierreries sont devenus considérables. On y distingue le *diamantaire*, ou le marchand autorisé à faire le commerce des diamants; le *lapidaire*, celui qui taille les pierres précieuses; le *joaillier*, fabricant qui peut mettre en œuvre, monter et fabriquer les pierreries.

Enfin le *metteur en œuvre* est l'artiste qui s'applique à monter les pierres fines sur l'or et l'argent. Tous exercent le même art et doivent apprendre 1° à connaître les pierres fines, à les évaluer, et même à les imiter; 2° à les tailler, à leur donner du brillant, à les monter et à les mettre en œuvre.

Nous distinguerons, d'après l'ouvrage de M. Dutens, deux sortes de pierreries: les pierres précieuses et les pierres fines.

Pierres précieuses. — Parmi les pierres précieuses cristallisées, on doit classer suivant l'ordre ordinaire de leur dureté et suivant le rang que leur donnent les bons lapidaires, le diamant, le rubis, le saphir, la topaze, l'émeraude, l'améthyste, l'aigue-marine, la chrysolithe, le grenat et l'hyacinthe.

Il y a apparence que ces pierres précieuses sont formées dans la terre par la voie de cristallisation. M. Achard, chimiste allemand, de l'Académie de Berlin, rapporte en 1783 beaucoup d'expériences d'où il résulte que les pierres précieuses sont en grande partie composées de terres alcalines qu'on n'a jamais cru y trouver.

Par ce moyen on est en état de savoir comment se fait la cristallisation de ces pierres, ce qui a été impossible aussi long-temps qu'on a cru qu'elles étaient compo-sées de pierres de silex.

Chaque cristallisation exige nécessaire-ment une dissolution préliminaire ; mais comme les cristaux, tels qu'on les trouve dans les pierres, sont indissolubles, il faut absolument que le dissolvant abandonne la substance dissoute dans l'instant que la cristallisation se forme.

Or, l'air fixe est le seul dissolvant qui réponde à cette condition ; aussi M. Achard imagine que l'eau chargée d'air fixe, qui est si commune, dissout les terres alcalines dont les pierres précieuses sont composées.

Lorsque cette dissolution se filtre par la lessive de la terre, et se suspend enfin en forme de gouttes blanches, l'air fixe se sé-pare des parties terreuses qu'il tenait en dissolution dans l'eau, et qui les réunissent pour former des cristaux.

Le chimiste allemand a essayé de faire des pierres d'après cette théorie, et il a eu, dit-il, le bonheur de réussir. On prétend que le hasard a procuré la découverte de la pre-mière mine de diamants, et que ce fut un berger qui, en gardant son troupeau, trouva sous ses pieds une pierre qui lui parut avoir quelque éclat ; que cette pierre ayant passé entre les mains d'un marchand qui en con-nut tout le prix, et qui, à force de recherches, découvrit l'endroit où cette mine était si-tuée ; qu'ayant fait fouiller au pied de la montagne peu éloignée de la forteresse de Golconde, il découvrit une terre rouge mê-lée de cailloux et parsemée de veines, tan-tôt blanches et quelquefois jaunes, dont la matière avait rapport avec la chaux.

La plus grande partie des ouvriers con-naissent, au premier coup d'œil, les terres qui donnent le plus d'espérance et les distin-guent même, dit-on, par l'odeur.

Tavernier, qui visita les mines de Gol-conde en 1652, dit que, dans leurs environs, il y a une terre sablonneuse et pleine de taillis, que dans ces rochers et taillis on voit des veines d'un demi-doigt de largeur ; que, pour sortir le sable qui est dans ces veines, les mineurs y insèrent de petits fers crochus ; que c'est dans ce sable qu'ils trouvent le diamant ; mais que, comme ces veines varient dans leur direction, ils sont obligés de casser ces rochers pour ne pas perdre le fil de leurs veines, et qu'il leur arrive souvent, en brisant ces rochers avec leurs leviers de fer d'y étonner le diamant ou d'y faire des glaces ou fêlures.

Lorsqu'un diamant se trouve avoir une glace un peu grande, ils le clivent, c'est-à-dire qu'ils le fendent ; lorsque la pierre est nette, les mineurs ne font que la passer sur la roue, sans s'attacher à lui donner aucune

forme ; lorsque le diamant a plusieurs points ou taches, les Indiens tâchent de masquer ces défauts en couvrant toute la pierre de facettes. Ces ouvriers travaillent tout nus et sont assez mal payés ; aussi plusieurs cherchent à se dédommager en avalant des diamants qu'ils peuvent déro-ber aux yeux de leurs surveillants.

Les marchands qui viennent pour acheter les diamants ne peuvent point entrer dans les mines ; ils doivent attendre que les maî-tres mineurs leur apportent des échantillons de diamants, et il faut conclure le marché tout de suite, sans quoi les mineurs reprennent leurs pierres, et ne reparaissent plus avec les mêmes.

Du diamant. — Le diamant est de toutes les pierres la plus dure, la plus brillante. Il doit être sans couleur, et cependant on en trouve quelquefois de colorés. Il ne peut être poli qu'avec la poudre de diamant mê-me. Il a la propriété phosphorique et élec-trique ; c'est-à-dire qu'il devient phospho-rique et lumineux, après avoir été exposé aux rayons du soleil, ou après avoir rougi quelque temps dans un creuset.

Il est électrique en ce qu'il attire la paille, les plumes, le papier, les cheveux, etc., et surtout le mastic quand on l'a échauffé par le frottement.

La forme la plus belle de sa cristallisation est l'octaèdre en pointe. Les mines renom-mées de diamant sont Goulour près Golconde, Raolconde près Visapour, Latawar et Soumelpour au Bengale. Il y en a aussi dans Bornéo, au Brésil et à Malacca.

Les diamants sont plus ou moins estimés selon leur couleur et leur transparence ; quelques-uns ont une teinte de jaune ; d'au-tres sont bleuâtres ou de couleur d'acier. On a reconnu dans ces derniers temps que le dia-mant brûle, en jetant une flamme ondu-lante qui se détruit, et même qu'il s'éva-pore dans une coupelle à un degré de ca-lorique moindre que pour la fusion de l'ar-gent.

Ainsi les lapidaires qui mettent au feu les diamants pour les blanchir, doivent évi-ter de les exposer à un feu trop violent, sans quoi ils risquent de voir leurs dia-mants disparaître sans ressource.

La règle pour l'évaluation du diamant est que sa valeur croisse selon le carré de son poids. Ainsi qu'on suppose un diamant brut de 2 carats, à 2 louis le carat, multipliez 2 par 2, ce qui donne 4 ou le carré de son poids, ensuite multipliez 4 par deux, cela donnera huit louis qui feront la vraie valeur du diamant brut de 2 carats. Si l'on veut évaluer pareillement un diamant taillé, il faut doubler son poids après la taille, parce que la diminution d'un tel diamant aura été de moitié. D'après cette estimation, le prix d'un diamant taillé, du poids d'un carat sera de 8 louis, (terme moyen).

On pèse le diamant au carat, le carat est un poids imaginaire composé de quatre grains un peu moins forts que ceux du poids du marc ; car il faut 74 grains $\frac{1}{4}$ de carat pour équiva.oir aux **71** grains d'un gros d'or. En terme de joaillerie, un diamant qui pèse 20 grains est un diamant qui pèse 5 carats.

Les petits diamants se vendent au poids du carat, et le prix du carat varie selon le temps et la qualité des pierres.

Tableau du prix des diamants taillés d'après Jeffries, joaillier anglais.

Carats (†)		Louis	Livres	Carats		Louis	Livres
1		8		15	1	1860	12
1	19	12	12	15	2	1922	
1	2	18		15	3	1984	12
1	3	24	12	16		2048	
2		32		16	1	2112	12
2	1	40	12	16	2	2178	
2	2	50		16	3	2244	12
2	3	60	12	17		2312	
3		72		17	1	2380	12
3	1	84	12	17	2	2450	
3	29	98		17	3	2520	12
3	3	112	12	18		2592	
4		128		18	1	2664	12
4	1	144	12	18	2	2738	
4	2	172		18	39	2812	12
4	3	180	12	19		2888	
5		200		19	1	2964	12
5	1	220	12	19	2	3042	
5	2	242		19	3	3120	12
5	3	264	12	20		3200	
6		288		20	1	3280	12
6	19	312	12	20	2	3362	
6	2	338		20	3	3444	12
6	3	364	12	21		3528	
7		392		21	1	3612	12
7	1	420	12	21	2	3698	
7	2	450		21	3	3784	12
7	3	480	12	22		3872	
8		512		22	1	3960	12
8	1	544	12	22	2	4050	
8	2	578		22	3	4140	12
8	3	612	12	23		4232	
9		648		23	19	4324	12
9	1	684	12	23	2	4418	
9	2	722		23	3	4512	12
9	3	760	12	24		4608	
10		800		24	1	4704	12
10	19	840	12	24	2	4802	
10	2	882		24	3	4900	12
10	3	924	12	25		5000	
11		968		25	1	5100	12
11	1	1012	12	25	2	5202	
11	2	1058		25	3	5304	12
11	3	1104	12	26		5408	
12		1152		26	1	5512	12
12	1	1200		26	2	5618	
12	2	1250		26	3	5724	12
12	3	1300	12	27		5832	
13		1352		27	19	5940	12
13	1	1404	12	27	2	6050	
13	2	1458		27	3	6160	12
13	3	1512	12	28		6272	
14		1568		28	19	6384	12
14	1	1624	12	28	2	6498	
14	29	1682		29		6728	
14	3	1740	12	29	2	6962	
15		1800		30		7200	

(†) Le carat est de 4 grains.

Si le diamant a quelque imperfection dans sa forme et dans la couleur de l'eau, ou s'il a quelque point ou quelque glace noirâtre, il doit perdre beaucoup de son prix.

Or, pour évaluer un diamant qui a des défauts, on peut multiplier son poids, que nous supposons de 10 carats, par 10 autres carats, ce qui donne un résultat de 100; puis multiplier ce produit par la moitié de la valeur d'une pierre taillée, d'un carat; ce qui ne sera ainsi que quatre louis, au lieu de huit par carat, l'estimation d'un diamant défectueux de 10 carats sera dès lors de 400 louis.

Appliquons ces règles de proportion aux plus beaux diamants connus pour en avoir une sorte d'estimation. Le diamant du Grand-Mogol pèse 279 $\frac{9}{16}$ de carat; il est d'une eau parfaite, la forme est bonne, il n'a pour défaut qu'une petite tache à l'arête du tranchant, au bas du tour de la pierre.

Tavernier estime que, sans cette glace, le premier carat serait de 160 livres, mais à cause du petit défaut, il le réduit à 150 livres, et selon cette règle, il estime le diamant du Grand-Mogol à 11,723,278 livres.

Le diamant du grand-duc de Toscane pèse 139 carats; il est net, taillé de tous les côtés à facettes, mais comme l'eau tire un peu sur la couleur du citron, Tavernier ne met le premier carat qu'à 135 livres, et sur ce pied ce diamant doit valoir 2,608,335 livres.

Deux autres diamants, qui appartenaient au roi de France, sont, l'un le *Sancy*, ce diamant a coûté 600,000 livres et vaut beaucoup plus; l'autre, dit le *Pitt* ou le *Régent*, parce que ce fut Pitt qui le vendit au duc d'Orléans pendant la minorité de Louis XV. Ce diamant pèse 136 carats $\frac{2}{5}$, il est taillé en brillant et a coûté 2,500,000 livres; il vaut le double.

Le diamant que Catherine II a acheté, en 1772, d'un négociant grec, pèse 779 carats; il est d'une belle eau et très-net. Ce diamant a été payé 2,250,000 livres comptant et 100,000 livres de pension viagère et n'a pas été acheté, à beaucoup près, ce qu'il vaut. Il est de la grosseur d'un œuf de pigeon et de forme ovale aplatie. Ce diamant, dit-on, formait un des yeux de la fameuse statue de Sheringham.

Ce diamant est le plus gros qui soit connu à présent; il est placé au haut du sceptre de l'impératrice, au-dessous de l'aigle.

Des rubis. — On met le rubis au second rang, parce que c'est la pierre la plus dure après le diamant; il résiste à la lime. Henckel dit que le feu solaire amollit cette pierre au point de lui faire recevoir l'empreinte d'un cachet de jaspe.

La belle cristallisation du rubis oriental est octaèdre comme celle du diamant. Les rubis du Brésil cristallisent en prismes et se terminent en pyramide. On en voit aussi d'arrondis, mais qui ont été roulés par les eaux. On croit que cette pierre tient sa couleur rouge du fer. En effet, on la trouve le plus souvent aux Indes dans des ocres ou dans des sables rouges. En Bohême et en

Silésie, il y en a qui sont enveloppés de grès et de quartz.

On distingue dans .e commerce quatre sortes de rubis : le *rubis oriental,* le *rubis spinel,* le *rubis balais* et le *petit rubis.* Le rubis oriental n'est pas toujours de la même couleur. Il est rouge-vif et quelquefois ponceau.

Les royaumes d'**Ava** et de **Pégu** fournissent beaucoup de rubis; il en vient aussi des hautes montagnes de l'île de Ceylan, d'où les torrents les font couler dans les rivières du pays. Ces derniers sont les rubis les plus estimés et préférables à ceux de Pégu.

Voici la manière dont on évalue, à peu près, le rubis oriental, en le supposant toujours sans défaut.

Un rubis parfait, d'une belle couleur, pesant un carat, vaut 10 louis;

De deux carats, 40 louis;
De trois   »   150   »
De quatre   »   400   »
De cinq   »   600   »
De six   »   1000   » et plus.

Le plus grand rubis qu'on connaisse appartenait au roi de France: il était brut parmi les pierreries de la couronne, et on ne savait à quoi l'employer à cause de trois pointes qui saillaient si fort, qu'on ne pouvait les abattre sans le réduire à une pierre ordinaire; mais M. Gué, célèbre lapidaire, en a fait un dragon, qui est dans l'ordre de la Toison; il tient le briquet entre ses griffes et vomit la flamme par la gueule. Un riche particulier de Paris, M. d'Auguy, possède un beau rubis oriental qui passe le poids de six carats.

On doit observer ici qu'au Pégu les marchands ont l'usage de nommer rubis toutes les pierres précieuses de couleur.

Le rubis spinel vient après le rubis oriental, parce qu'il est moins dur que lui et plus que le rubis balais.

Il est d'un rouge clair vif. Sa plus belle couleur est celle de cerise.

On trouve le plus communément le rubis spinel, qui, passé quatre carats, vaut la moitié d'un diamant du même poids.

Le rubis balais se cristallise en prismes à plusieurs pans inégaux cannelés. Il est d'un rose pâle.

On en trouve dans les Indes, et plus encore dans le Brésil.

On imite avec la topaze du Brésil le rubis balais, en la mettant sur un feu gradué, dans un petit creuset.

Le rubicelle ou petit rubis, est d'un rouge pâle tirant sur le jaune, c'est le rubis le moins recherché et le moins cher. Il est cependant susceptible du plus beau poli; on en trouve au Brésil où l'on tâche de faire passer les plus parfaits pour des rubis balais.

L'almandine. — L'almandine ou l'alabandine, est une pierre peu connue et peu recherchée, qu'on classe entre le rubis et l'améthyste. Quoiqu'elle n'ait point leur dureté, elle est d'un rouge foncé; on évalue son

prix, quand cette pierre est parfaite, comme le rubis balais.

Le saphir. — Le saphir a une cristallisation obliquante parallélipipédique. Il est dur, brillant, et résiste à la lime. On tire les plus beaux saphirs de Bisnagar, de Pégu, de l'île de Ceylan. Le saphir oriental est d'un beau bleu céleste, d'une couleur veloutée, riche, et également distribuée, sans être trop foncée. Il s'en trouve de diverses autres nuances, depuis le bleu d'indigo jusqu'au bleu qui tire sur le blanc, et qu'on appelle *saphir d'eau.* On parvient quelquefois à priver le saphir de sa couleur, en l'exposant dans un creuset à un feu violent; il prend alors un poli si vif, qu'il ressemble au diamant. Le saphir perd de son prix suivant qu'il est plus ou moins laiteux. Il y a un saphir verdâtre que l'on appelle *œil de chat,* et qui vient de la Perse.

Un saphir oriental de 10 carats parfait peut valoir 50 louis, un de 20 carats 200 louis, et ainsi de suite; ayant cependant pour principe qu'une pierre précieuse parfaite ne peut être soumise à des règles d'évaluation, d'autant que selon sa grosseur et sa rareté, elle devient d'un prix d'affection.

Le Saint-Esprit que portait le roi de France était un seul saphir d'une grosseur prodigieuse, bordé de diamants de 4 grains, d'un bleu aussi velouté que le saphir d'Orient.

La topaze. — La topaze est une pierre de forme octaèdre tronquée, et la plus dure de toutes après le diamant et le rubis. On trouve des topazes au Pégu, dans l'île de Ceylan, en Arabie, au Brésil, en Bohême, en Saxe; toutes ces espèces avec des différences de jaune.

La topaze orientale est d'une couleur vive jonquille ou de citron; on recherche surtout la topaze qui est satinée et qui paraît comme remplie de paillettes d'or, d'un brillant resplendissant. On fait passer quelquefois dans le commerce des topazes d'Égypte pour des topazes orientales. La topaze du Brésil est, après la topaze orientale, la plus dure et la plus recherchée; elle est d'un jaune orange foncé et susceptible d'un très-beau poli.

Les topazes qui sont d'un jaune sale, enfumé, peuvent être mises avec succès dans un creuset plein de cendres sur un feu gradué; on fait rougir le creuset jusqu'à ce que la pierre ait perdu son ancienne couleur, et on la retrouve souvent en un joli rubis balais.

La topaze de Bohême est en cristaux en canons assez gros; elle est susceptible d'un poli moins vif que les deux précédentes. Sa couleur tire un peu sur l'hyacinthe et quelquefois sur le brun.

On rencontre bien d'autres topazes en Allemagne, qui ne sont qu'une espèce de spath vitreux, fusibles, à feuilles parallélogrammes et qui ne peuvent tromper que les moins connaisseurs; on croit que ces pierres tirent leur couleur jaune du plomb.

Une topaze orientale parfaite peut être évaluée à 16 livres le premier carat, et, pour trouver le prix de celles de deux, de trois, de quatre, il faut multiplier l'un par l'autre, et multiplier ensuite le produit par 16 livres, et ainsi de celles du grand poids, comme il a été observé pour le diamant. Les belles topazes du Brésil et même celles de Saxe, au-dessus d'un carat, quand elles sont parfaites, peuvent s'évaluer à 6 livres le carat, en augmentant le prix suivant le poids, comme on l'a dit précédemment.

De l'émeraude et du péridot. — **M.** Dutens remarque que les anciens se sont trompés sur l'émeraude, et qu'ils ont donné le nom de *smaragdus* à une tout autre pierre.

Théophraste parle d'une émeraude de quatre coudées de large, envoyée par le roi de Babylone au roi d'Égypte; et d'un obélisque de quarante coudées, formé de quatre émeraudes. Il est sensible que Théophraste a voulu parler de jaspe vert, ou de ces cristallisations de couleurs verdâtres que l'on trouve à l'embouchure des volcans, mais qui sont tendres quoique pesantes.

Pline donne aussi une description de l'émeraude qui ne convient qu'au péridot. C'est une pierre d'un vert jaunâtre qu'on tire de Chypre, et que l'on appelle *émeraude bâtarde.* Cependant, lorsque le jaune n'y est pas trop dominant, elle est agréable à la vue.

Il y a des péridots d'Orient qui viennent d'Arabie et de Perse, plus durs que ceux de Chypre, qui sont d'un plus beau vert de printemps avec une teinte jaune.

Ce sont ces sortes de pierres que les anciens appelaient émeraudes. Il faut conclure de là que l'émeraude n'était pas connue aux anciens, et que sa connaissance date de la découverte du Nouveau-Monde.

On distingue deux espèces d'émeraudes d'Amérique, celles du Pérou et celles du Brésil.

L'émeraude du Brésil se trouve en prisme oblong, à 6, 8, 9, 10, 12 pans inégaux, terminés par une pyramide obtuse. L'émeraude du Pérou se nomme aussi *émeraude de vieille roche;* telle est d'un beau vert de prairie dépuré, velouté, et réfléchissant des rayons éclatants. La plus belle émeraude vient de la mine de Manta au Pérou.

Les émeraudes du Brésil sont d'un vert foncé, d'une très-belle eau avec une teinte rembrunie.

Les émeraudes d'une belle couleur pure, sans défaut, sont très-rares, elles sont souvent remplies de jardinages, ou sujettes à des nuages qui les obscurcissent, et qui ôtent totalement leur jeu.

Les petites émeraudes se vendent ensemble, sur le pied d'un carat, un louis.

Une belle émeraude d'un carat et demi peut valoir 5 louis, mais au delà de ce poids la valeur de l'émeraude n'augmente pas en proportion, car il est fort difficile d'en trouver de si grosses parfaites.

M. d'Augny en a deux parfaitement belles dans sa superbe collection.

L'émeraude a pour matrice le quartz et le spath coloré en vert; ce sont ces matières pierreuses à qui l'on donne le nom de *racine d'émeraude,* de *prase* et de *smaragdo-prase* quand elle est belle.

Le prase. — Le prase tire son nom de πράσον qui signifie *poireau,* parce qu'il est vert de poireau. La teinte de cette pierre est égale et légère, on croit que les émeraudes de Théophraste n'étaient que des prases.

La smaragdo-prase. — La smaragdo-prase est d'un vert de pré foncé, c'est proprement la prime d'émeraude. Cette pierre est ordinairement peu diaphane, et très-tendre; cependant il s'en trouve de dures susceptibles d'un beau poli. On trouve beaucoup de prismes d'émeraudes gravées par les anciens; c'est vraisemblablement l'espèce d'émeraude que Pline disait venir de Chypre.

L'améthyste. — L'améthyste orientale est d'un beau violet, et regardée comme la plus rare des pierres précieuses. On ne connaît pas la forme de sa cristallisation: M. d'Augny, dont nous avons cité la collection, est peut-être le seul qui possède une belle améthyste, et elle est d'un si beau violet pourpre, que M. Dutens est tenté de la caractériser un rubis violet, à cause de sa grande dureté.

L'améthyste occidentale paraît formée d'un cristal de roche qui a été coloré par une substance métallique; elle a la configuration du cristal, et est susceptible d'un beau poli.

Il y a des améthystes d'un beau violet bleu colombin, d'autres d'une belle couleur gris de lin; mêlée d'un peu de bleu, semblable à la fleur de pêcher.

La couleur la plus ordinaire de l'améthyste est le violet. Celles d'un violet pourpré sont les plus rares, ces dernières viennent de Carthagène d'Amérique.

On trouve aussi des améthystes en Bohême, en Espagne, en Auvergne; elles sont ordinairement dans une sorte de quartz.

On ne peut établir le prix de l'améthyste orientale, à cause de sa rareté, et les occidentales se vendent par estimation selon leur grandeur, leur beauté, et la pureté de leur couleur. Au reste il faut prendre garde de confondre l'améthyste avec le grenat syrien.

L'aigue-marine ou béryl. — L'aigue-marine a sa cristallisation d'une forme polygone, elle est transparente, d'un bleu mêlé de vert; c'est vraisemblablement la pierre que les anciens nommaient *béryl.*

On peut distinguer deux sortes de béryls, l'une orientale, et l'autre occidentale.

L'aigue-marine orientale est d'une belle transparence et d'un grand éclat; elle a une couleur fine mêlée de blanc et de bleu. Elle est très-dure; ce qui distingue cette pierre des émeraudes et des saphirs, c'est que l'émeraude est purement verte, sans mélange de bleu, au lieu que l'aigue-marine participe des deux par ce mélange de bleu et de vert, mais avec un grand nombre de nuances. Cependant les aigues-marines orientales ont un mélange plus égal et plus fixe ; elles ont plus de dureté et sont susceptibles d'un plus beau poli que les occidentales.

Les aigues-marines orientales viennent des grandes Indes, de Ceylan, de l'Euphrate, au pied du mont Taurus ; on trouve des aigues-marines occidentales en Saxe, en Bohême et dans beaucoup d'autres pays de l'Europe.

Une belle aigue-marine s'évalue comme le saphir ; et, quant à l'occidentale, on l'estime à la vue.

La chrysolithe. — La chrysolithe orientale est une pierre qui cristallise en prisme oblong hexaèdre à côtés inégaux, terminés par deux pyramides tétraèdres, d'un beau vert-pomme clair et vif. Elle est rare, on la trouve dans l'île de Ceylan.

On distingue deux sortes de chrysolithes du Brésil : l'une dont la couleur est à peu près semblable à celle du péridot oriental, excepté que sa couleur verte est mêlée de jaune ; cette pierre étant moins dure prend aussi un poli moins vif.

L'autre espèce de chrysolithe du Brésil est d'une couleur de paille, chargée d'une belle teinte de vert.

On peut évaluer comme l'émeraude la chrysolithe orientale d'un vert de pomme clair.

Quant aux belles chrysolithes du Brésil, d'un jaune de paille avec une légère teinte de vert, elles peuvent s'évaluer à 1 louis le carat, 2 louis celles de 2 carats et ainsi de suite.

Du grenat. — Il n'y a point de pierre précieuse qui varie autant que le grenat, soit pour la diversité et l'intensité de couleur, soit pour la variété de la configuration ou de la cristallisation. Il y a des grenats d'un rouge obscur, d'autres jaunâtres, d'un brun foncé, ou tirant sur le sang de bœuf.

Les grenats n'ont en général ni le brillant ni la transparence des autres pierres précieuses. Il faut cependant en excepter le grenat syrien, dont la couleur est riche, vive et agréable.

Le *grenat oriental* se distingue à un rouge tendre mêlé de pourpre et de violet, ce qui peut le faire confondre avec l'améthyste orientale ; mais il n'en a ni le poids ni le poli. On tire les plus beaux grenats de Syrie, de Calicut, de Cambaye et de Canaor.

Il y a un autre grenat oriental d'un rouge orangé, tirant sur le jaune d'hyacinthe, très-dur et très-riche en couleur. On le tire de Sariam au Pégu ; ce qui a fait nommer cette pierre *soranus* par les anciens.

Le *grenat occidental* est d'un rouge foncé ; on ne peut guère juger de sa couleur qu'au grand jour, car elle paraît noire à la lumière d'une bougie.

On rencontre des grenats dans les ardoises et autres pierres feuilletées, dans la pierre à chaux, dans les roches. On en trouve aussi de détachés dans les sables de rivières. Les grenats participent beaucoup du fer, d'où ils tirent leur couleur.

On estime au prix du saphir et même davantage le *grenat syrien*.

Le *grenat de Bohême* est moins recherché. On voit à Fribourg des moulins qui servent à tailler le grenat.

L'hyacinthe. — L'hyacinthe est d'une belle couleur aurore, tirant sur le ponceau, et d'une limpidité parfaite. Quand la pierre réunit toutes ces qualités, on l'appelle *hyacinthe la belle.*

L'hyacinthe occidentale est moins dure que la belle ; elle est d'une couleur plus safranée, moins éclatante et tirant sur la fleur de souci ; elle vient du Brésil en cristaux quadrilatères, terminés par les deux bouts, d'une pyramide d'un même nombre de côtés.

L'hyacinthe s'évalue à peu près comme l'améthyste.

Cristal de roche et cailloux cristallisés. — Le cristal de roche est d'une belle transparence, assez dur et non coloré. Sa cristallisation varie : la plus ordinaire est en prisme hexaèdre dont les côtés sont égaux, terminé à l'une et à l'autre extrémité par une pyramide aussi hexaèdre, dont les plans sont triangulaires.

Le plus beau cristal se tire de la Bohême et de la Suisse. La mine la plus belle est celle de Tifchbach, dans le Valais.

Cailloux de Médoc, d'Alençon et du Rhin. — Ces cailloux sont des portions de cristaux de roches roulées ou arrondies par les eaux dans les endroits où on les trouve. Il y a de ces cristaux colorés et dans toutes les nuances des pierres précieuses ; mais ils conservent toujours la forme hexaédrique affectée aux cristaux de roches.

Des pierres fines. — Les pierres fines sont des cailloux, qui, par leur beauté, leur couleur, leur éclat, leur finesse, figurent avantageusement après les pierres précieuses. Les pierres fines peuvent servir aussi d'ornement et de joyaux ; ces pierres fines sont les agates, la sardonyx ou sardoine, les cornalines, la calcédoine, le girafol, l'opale, les pierres chatoyantes, l'aventurine, la turquoise, etc.

Des agates. — L'agate est une pierre plus ou moins transparente, remarquable par sa dureté et sa netteté, la beauté de son poli et sa finesse.

Il y en a deux sortes, *l'agate orientale* et *l'agate occidentale.*

L'agate orientale est pommelée et blanche. Si sa couleur est laiteuse, mêlée de jaune et de bleu, c'est une calcédoine ; mêlée de couleur orangée, c'est la sardoine ; si elle est rouge, c'est une cornaline.

L'agate occidentale, au contraire, a plusieurs couleurs différemment nuancées ; mais comparée à l'agate orientale, elle paraîtra inférieure, surtout par le peu de vivacité de ses couleurs.

Il y a des *agates grises*, dont le fond est gris avec des zones, rubans contournés en spirale.

L'*agate léontine* est de couleur de lion, remplie d'ondes, et quelquefois mouchetée comme une panthère.

Il y a des agates avec des veines rouges. D'autres sont ondulées, à veines blanches.

D'autres sont d'un beau noir

D'autres sont de quatre couleurs ou de quatre éléments.

On voit sur certaines agates des configurations d'arbrisseaux, de buissons, de mousses, de nuages. Ces jeux de la nature sont dus, pour la plupart, aux exhalaisons d'une substance métallique colorée et infiltrée dans les agates; et selon qu'ils sont plus distincts, ils donnent plus de prix à ces pierres.

Sardonyx ou *sardoine*. — On appelle sardonyx une agate demi-transparente dont un cercle est rouge, et l'autre couleur de corne. La dénomination de sardonyx vient du mot *sarde*, qui désigne la couleur rouge de la cornaline qui s'allie avec une des couleurs de l'onyx.

On distingue dans le commerce la *sardoine orientale*, la *sardoine occidentale* et la *sarde-agate*, ou *œillée*. La sardoine orientale est la plus dure et la plus transparente. Elle est pommelée, bien nuancée, et susceptible d'un beau brillant. On la tire des Indes, de l'Arménie, de Babylone où on l'appelle *pierre de Memphis*.

La sardoine occidentale, que les Italiens nomment *sticcolo*, est parsemée de taches sourdes, bleues; elle est moins dure que l'orientale. On en tire de Bohême. La sardoine œillée est une agate dont les zones tournent autour d'un centre commun, avec une tache au milieu, qui ressemble à un œil. Les artistes profitent quelquefois de cet accident : ils creusent au-dessous et mettent une feuille d'or qui donne de l'éclat à cet endroit de la pierre ; on s'en sert pour faire des cachets.

Cornaline. — La cornaline, désignée sous le nom de *sarda*, dans Pline, est une espèce d'agate demi-transparente, d'un grain fin, et d'un beau poli, elle est rougeâtre ou couleur de sang.

La *cornaline orientale* est très-dure, également transparente, et vue entre la lumière et l'œil elle est d'un éclat brillant.

La cornaline orientale vient des Indes, de l'Arabie, de l'Égypte.

La belle cornaline ordinaire est d'un rouge vif, tirant un peu sur l'orangé, ou de couleur de chair vive. La plus parfaite vient de Perse, et approche du grenat par la couleur et la transparence.

La *cornaline blanche* a une nuance de bleu qui la fait paraître laiteuse.

La *cornaline panachée* est rougeâtre ou jaunâtre, bariolée de lignes blanches, rouges ou noires. Il y en a aussi de pâles de blanchâtres, et quelques-unes sont tachetées de gouttes de sang.

On distingue aussi dans le commerce les cornalines *onyx*, les cornalines *œillées*, les cornalines *herborisées* ou *dentrites*, suivant qu'elles sont remarquables par ces caractères.

Calcédoine. — La calcédoine est une pierre demi-transparente, nébuleuse, d'un bleu lai-

teux ; il y en a aussi de luisantes et même de chatoyantes; sa dureté approche de celle de l'agate, et rend cette pierre susceptible d'un beau poli. On en trouve des morceaux assez grands pour en faire des bijoux et des vases.

On distingue plusieurs espèces de calcédoines : La calcédoine *saphirine* est la plus dure; on appelle ainsi celle d'un gris bleuâtre, où la teinte du bleu domine.

Il y a de ces calcédoines qui ont, pour ainsi dire, les couleurs de l'arc-en-ciel, et qu'on appelle *iris calcedonia*.

La calcédoine *laiteuse*, ou la plus commune, est d'une seule couleur, d'un blanc pâle, ou de lait; elle n'est distinguée de l'agate blanche qu'en ce qu'elle est plus nébuleuse et moins dure.

La calcédoine *rayée*, *tachetée*, est reconnaissable par de petites raies, tantôt grises, tantôt rouges, sur un fond blanc laiteux.

Enfin, on donne le nom de *pierres calcédoineuses* à toutes les pierres fines qui ont des nuages, ou des teintes laiteuses qui en offusquent la transparence.

Girafol ou *argentine*. — Le girafol, qu'on appelle aussi *pierre du soleil*, est plus dur que l'opale et moins que le cristal; il est d'un blanc laiteux, avec une teinte de bleu et de jaune, réfléchissant les rayons de la lumière lorsqu'il est sphérique.

Le girafol oriental vient de l'Asie mineure.

Le girafol occidental se tire de Bohême et de Hongrie.

On appelle *argentine* une espèce de girafol chatoyant sur un fond argentin.

Opale. — L'opale est une pierre dure, faisant feu avec l'acier ; luisante, presque transparente, d'un bleu laiteux, ou couleur de nacre de perles, qui a la propriété de réfléchir toutes les couleurs de l'arc-en-ciel.

L'opale est la seule pierre précieuse que l'art n'ait pu encore contrefaire; on taille l'opale en cabochon. On distingue plusieurs sortes d'opales : L'opale *orientale*, qui est aussi nommée *opale à paillettes*, parce que les lames, couleur gorge de pigeon, qu'on y observe, paraissent comme autant de brillants de différentes couleurs lorsqu'on la fait chatoyer. Elle réfléchit, comme l'iris, les couleurs les plus éclatantes. Les Indiens l'estiment autant que le diamant et le rubis.

On estime dans le commerce une belle opale le double d'un saphir de grosseur égale. Les plus belles, de cette espèce, viennent de l'île de Ceylan. Il y en a une superbe dans la collection de M. d'Augny.

L'opale *à flamme* chatoye comme s'il sortait des lignes de feu parallèles.

L'opale *jaunâtre occidentale* a un jaune qui la domine, au travers duquel on voit quelques couleurs ; elle ne chatoye pas bien. On la tire de Chypre et d'Arabie.

Il y a encore d'autres opales de peu de valeur, que l'on tire de Bohême, de Saxe et de Hongrie.

Astérie. — L'astérie est une pierre singulière et extrêmement rare, que l'on peut

p acer au rang des opales, parce qu'elle est
de la même nature; elle n'a pas toutes les
petites lueurs de l'opale, mais elle a de
grandes lames de lumière, qui ondulent avec
éclat sur la surface, à peu près comme l'éclair
lorsqu'il perce la nue.

Cependant si on ne l'approche près de
la lumière ou du grand jour, elle paraît couleur de marron sans aucun agrément pour
la vue.

Cette pierre est plutôt une pierre de curiosité qu'une pierre agréable; on la taille
en goutte de suif; elle est très-tendre comme
l'opale orientale.

Pierre de lune. — La pierre de lune est
une espèce d'agate nébuleuse, ou plutôt une
opale faible d'un blanc de lait, qui réfléchit
la lumière comme fait la lune; il y en a
d'orientales d'un chatoyant blanc sur un
fond bleu, dont l'effet est très-agréable.

L'iris. — L'iris est formée par cristallisation et semblerait la devoir être
placée avec les pierres précieuses, mais son
effet est si semblable à celui de l'opale qu'on
la met à la suite des opales. L'iris a une
cristallisation hexagone, elle est d'une couleur de gris de lin, ayant la propriété de réfléchir les couleurs de l'arc-en-ciel; on taille
l'iris en cabochon pour faciliter son jeu
comme l'opale.

Pierres chatoyantes. — On appelle pierres
chatoyantes celles qui, comme les yeux de
chat, jettent, dans une certaine exposition à la
lumière, un ou plusieurs rayons lumineux;
nous avons plusieurs fois parlé de pierres
précieuses qui sont quelquefois chatoyantes.
Mais celles qui ont réellement cette propriété, sont l'*œil de chat*, espèce d'agate très-
fine, d'un gris de paille, ou jaune, ou verdâtre. Plusieurs ont un point au milieu,
d'où partent, en traçant des lignes verdâtres, des rayons lumineux, qui, par leurs
couleurs vives, couleur de poireau, rendent
assez bien la figure d'un œil de chat. L'œil
de chat vient de l'Egypte.

Il y a plusieurs pierres de cette espèce qui
n'offrent qu'un chatoyement en long, c'est
pourquoi les lapidaires les taillent en ovale.

ŒIl du monde, caillou d'un gris rougeâtre, et très-rare, qui réfléchit si fortement les rayons de la lumière, qu'étant
exposé au soleil, il en rend l'image avec
un éclat étonnant. Une singularité de cette
pierre, c'est qu'elle devient transparente
dans l'eau et qu'elle reprend son opacité en
séchant.

Le *cacholong* est une agate blanche, dure
et compacte, qui se vitrifie au feu. On la
trouve sur les bords d'une rivière appelée
Cache par les Kalmouks, qui appellent
cholong toutes les pierres, d'où le nom de
cacholong.

Tourmaline. — La tourmaline est d'une
transparence sourde et d'un jaune obscur,
qui tient du vert et du noir. Cette pierre
singulière n'est connue en Europe que depuis **1717**; le duc de Noya l'a rendue célèbre par ses expériences et sa lettre adressée
à M. de Buffon en **1759.** Suivant cette lettre,

la tourmaline paraît inaltérable à un feu
médiocre, pour voir l'effet singulier qu'elle
a d'attirer ou de repousser la cendre, même
la poussière de charbon. Elle s'électrise par
le feu beaucoup plus que par le frottement;
elle attire et repousse même à travers le papier, elle n'est point attirée par l'aimant, et
perd son électricité par un grand feu.

Turquoises. — Les turquoises sont des
dents et des os d'animaux pétrifiés, selon
M. Réaumur; en effet, on les trouve fila-
menteuses, et percées pour le passage des
nerfs. Les joailliers distinguent cette pétrifica-
tion en *turquoise orientale* et *turquoise occidentale de nouvelle roche.*

L'orientale tire sur le bleu céleste; elle est
très-dure et susceptible d'un beau poli. On
l'apporte de Nécapour, et de Turquie d'où lui
vient le nom de turquoise.

L'occidentale est moins dure, et tire plus
sur le vert que sur le bleu. On en trouve en
Espagne, en Allemagne, en Languedoc. Une
belle turquoise orientale de la grosseur
d'une noisette est estimée trente louis.

La malachite. — La malachite est une sorte
de cristallisation formée par les eaux. Cette
cristallisation est colorée par le cuivre, elle
est plus verte que bleuâtre. On la trouve
dans les cavités des filons de cuivre, dans
les mines de la Chine et de la Suède. La plus
belle est d'un vert de mauve ou de prairie.
On fait avec la malachite des tabatières, des
manches de couteaux, des bijoux.

Le lapis-lazuli. — Le lapis surnommé
lazuli est une pierre orientale et le plus tendre de tous les cailloux; il est d'un beau
bleu d'azur parsemé de petits rameaux et
de petits points. On en trouvait autrefois de
gros morceaux, mais comme les Turcs s'en
servent et en brisent beaucoup, il n'en vient
plus en Europe que de petits morceaux qui
sont rares et chers. C'est avec le lapis qui
n'a point de veines d'or que l'on fait l'outre-
mer, la plus chère de toutes les couleurs. —
Voy. OUTREMER. Il se trouve en Egypte.

Fluors. — Les fluors sont des pierres
fines, si tendres qu'elles se brisent sous
l'ongle; le nom de *fluor* leur a été donné
parce qu'elles fluent et qu'elles coulent
comme la glace au soleil. Ces pierres ne
doivent pas seulement leur origine aux volcans, on en trouve aussi dans les grottes
souterraines. On en voit de bleus, verts,
jaunes, avec des pointes de blanc.

TAILLE DES PIERRES PRÉCIEUSES. — L'art de
tailler les pierres précieuses est très-ancien,
mais il était très-imparfait. Les Français ont
mieux réussi que les autres nations, et les
lapidaires de Paris, qui, depuis **1290,** sont
formés en corps, ont porté cet art à son plus
haut point de perfection.

Ils se servent de différentes machines pour
tailler les pierres précieuses. Le diamant le
plus dur se forme sur une roue d'un acier
fort doux, tournée par une espèce de moulin, avec de la poussière de diamant trempée dans de l'huile d'olive; ce qui polit aussi
le diamant.

Les rubis, saphirs et topazes d'Orient, se

taillent sur une roue de cuivre avec du tripoli détrempé dans de l'eau, et de la poussière de diamant.

Les émeraudes, hyacinthes, améthystes, et autres pierres moins dures, se taillent sur une roue de plomb avec de l'émeri, et on les polit sur une roue d'étain avec du tripoli. La turquoise, l'opale et le girafol se taillent sur une roue de bois avec du tripoli.

Taille du diamant. — Le diamant, au sortir de la mine, est revêtu d'une croûte épaisse, qui laisse à peine apercevoir quelques transparences. Ainsi encroûté, le diamant s'appelle *diamant brut.* La première opération de la taille du diamant est celle par laquelle on le décroûte ; mais, comme cette matière est très-dure, on est obligé de frotter d'abord deux diamants l'un contre l'autre, ce qu'on appelle *égriger* les diamants ; on les mastique chacun au bout d'un petit bâton, en forme de manche que l'on peut aisément tenir avec facilité pour les frotter.

Par ce moyen, il tombe une petite poussière que l'on reçoit dans une petite boîte appelée *égrisoir ;* cette poussière sert ensuite à les polir.

Pour leur donner le poli, il faut suivre le fil de la pierre, sans cette précaution on n'y réussirait pas ; au contraire, le diamant s'échaufferait sans prendre aucun poli.

Les diamantaires les comparent à des nœuds de bois dont les fibres sont pelotonnées, de façon qu'elles se croisent en différents sens.

Lorsque le diamant est décroûté, on peut juger de sa transparence et de sa netteté. Dans le commerce, on entend par *eau* la transparence du diamant : un diamant d'une eau sèche ou cristalline est un beau diamant.

Les Français se sont adonnés tard à la taille du diamant, et l'on peut juger, par des pierres qui restent encore de leur première taille, qu'ils n'y étaient pas d'abord fort habiles. Mais ensuite les lapidaires de Paris ont poussé cet art à un tel point de perfection, qu'il n'y a pas d'apparence que l'on puisse désormais le porter plus loin.

Les pierres précieuses se taillent, en général, sur des roues de métal qui sont mues par le moyen d'un tour composé de plusieurs pièces, dont les principales sont un arbre coudé, une crapaudine d'acier ; on roule le pivot de l'arbre sur deux roues, dont l'une de bois et l'autre en fer ; une manivelle donnant du jeu à la roue de bois par le coude de l'arbre, et une corde à boyau passant autour de la roue de fer et autour de la roue de bois.

Après cette définition générale, entrons dans des détails particuliers sur la taille du diamant.

La taille du diamant est le poli, le brillant, et la forme que l'on donne aux diamants bruts avec le secours de l'art.

Personne n'ignore que le diamant est la plus dure et la plus compacte des productions de la nature ; il entame tous les autres corps et ne peut l'être que par lui-même, et

c'est sa dureté qui lui procure ce jeu étincelant dont il semble pénétré. Le diamant se tire de la mine ordinairement brut, et ressemble alors à un caillou ; on n'en rencontre pas communément à qui la nature ait donné la taille, qui soient polis ; mais il s'en présente quelquefois où la taille paraît indiquée, et qui, ayant roulé parmi les sables des rivières, se trouvent polis naturellement ; quelques-uns même se trouvent facettés. Ces sortes de diamants se nomment diamants *ingénus.* Pline nous débite que pour avoir de la poudre de diamant, dont les graveurs se servent pour tailler les autres pierres fines, on fait tremper le diamant dans du sang de bouc tout chaud, et que, devenant par ce moyen plus tendre, la pierre se réduit aisément en petits éclats et se divise en portions si menues, que l'œil peut à peine les discerner.

Quoique rien ne soit plus ridicule que ce conte de naturaliste, on aperçoit au travers de son récit fabuleux que les anciens broyaient comme nous le diamant ; et sans doute ceux qui en avaient le secret avaient inventé un pareil mensonge afin de donner le change et de demeurer seuls maîtres du secret.

Ce qui doit paraître surprenant, c'est que les anciens, ayant reconnu dans le diamant la force d'entamer toutes les autres pierres, ils n'aient pas aperçu qu'il faisait le même effet sur lui-même.

La taille du diamant ne doit elle-même son origine qu'à un coup du hasard. Louis de Berquem, natif de Bruges, qui, le premier, la mit en pratique en 1476, était un jeune homme qui sortait à peine des classes et qui n'était nullement initié dans l'art du lapidaire. Il avait éprouvé que deux diamants s'entamaient si on les frottait l'un contre l'autre. Il n'en fallut pas davantage pour faire naître dans un sujet industrieux des idées plus étendues. Il prit deux diamants bruts, les égrisa et finit par y faire des facettes assez régulières ; après quoi, à l'aide d'une certaine roue de fer qu'il avait imaginée, et de la poudre qui était tombée de ces diamants, il acheva, en promenant les diamants sur cette poudre, de leur donner un entier poli. On vit alors le premier diamant devenu régulier ; mais sa forme n'avait encore que celle d'une pointe naïve.

C'en était assez pour une première tentative ; il suffisait de savoir qu'on pouvait tailler le diamant. Le premier essai eut les suites les plus heureuses, à l'exception d'un petit nombre de diamants revêches qui sont appelés diamants *de nature,* et qui ne peuvent point acquérir de poli dans certaines parties, ce qui vient de ce que le fil en est tortueux. On est aux Indes dans cette persuasion, qu'il est important de ne rien perdre d'un diamant ; et l'on y est moins curieux, en le taillant, de lui faire prendre une forme régulière que de le conserver dans toute son étendue. Les pierres qu'on reçoit toutes taillées de ce pays-là, ont presque toujours des formes bizarres, parce que le lapidaire indien s'est réglé, pour l'arrangement de ses facettes, sur la forme naturelle du diamant brut. Le plus grand diamant du Grand Mogol, qui est une rose, présente une infinité de facettes inégales.

Il y environ trois cents ans que l'on taillait tous les diamants en *pierre épaisse* : c'est-à-dire en table avec quatre faces autour, ce qu'on appelle encore *taille des Indes*. Il y a deux cents ans qu'on les taille en *rose*, et ce n'est que sous Louis XIV, que l'on a trouvé la manière de les tailler en *brillant*. Ce fut le cardinal Mazarin qui fit tailler les premiers, ils sont encore parmi les pierreries de la couronne, sous le nom des *douze mazarins*. Les diamants nommés *pierres épaisses*, sont taillés en dessus comme [les pierres faibles ; c'est-à-dire que la partie qui doit se présenter lorsque le diamant sera mis en œuvre, est en table ; mais il n'en est pas ainsi du côté opposé : au lieu d'être plat, il est en culasse, ayant à peu près le double de la partie supérieure, et formant un prisme régulier. C'était ainsi qu'étaient taillés les diamants dans le commencement.

Mais depuis qu'on a perfectionné l'art de la taille, on ne forme plus guère les diamants autrement qu'en rose ou en brillant. Autrefois, quand un diamant brut était trop épais, on le clivait, c'est-à-dire qu'on le séparait en deux pour trouver deux diamants dans la même pierre ; et encore aujourd'hui on use encore de cette pratique. Elle consiste à tracer dans tout le pourtour du diamant une ligne de partage, en ayant soin de suivre le fil de la pierre ; et lorsque cette ligne a acquis assez de profondeur, on prend une lame de couteau d'acier bien aigue, que l'on pose sur la raie, et d'un coup sec, frappé sur la pierre, on la divise en deux parties presque égales.

Les diamants ainsi clivés sont propres à faire des roses ; car le diamant rose est plat en dessous et s'élève en dôme en dessus, et est taillé en facettes ; le diamant rose est donc partagé, selon sa superficie, en deux parties : la plus éminente s'appelle la *couronne*, et la partie qui fait le tour s'appelle *dentelle*.

Le diamant rose darde de fort grands éclats de lumière, et qui sont même, à proportion, plus étendus que ceux qui sortent du diamant brillant, mais il est vrai que celui-ci joue davantage, ce qui est l'effet de la différence de la taille. Les pierres épaisses ont nécessairement dû faire naître l'idée du diamant brillant, car ce dernier est divisé, dans son épaisseur, en deux parties inégales, de la même manière et dans la même proportion que les pierres épaisses : c'est-à-dire qu'environ un tiers est pour le dessus du diamant, et les deux autres tiers pour le dessous, nommé la *culasse* ; mais, au lieu que la table épaisse n'est environnée que de simples biseaux dans le brillant, le pourtour de la table, qui est à huit pans, est taillé en facettes, les unes triangulaires et les autres losangées ; et le dessous de la pierre, qui n'était qu'un prisme renversé, est encore à facettes appelées *pavillons*, préci-

sément dans le même ordre que dans la partie supérieure, sans quoi le jeu serait faux.

Nous répétons que la taille la plus avantageuse est la taille en brillant. Pour l'exécuter, on forme trente-trois faces de différentes figures et inclinées sur le dessus de la pierre. On fait vingt-cinq autres faces sur la partie qui est dans l'œuvre, de manière que les faces du dessus correspondent avec celles du dessous, dans des proportions assez justes pour multiplier les réflexions, et pour donner en même temps quelqu'apparence de réfraction à certains aspects ; c'est de cette manière que l'on donne des reflets aux diamants : peut-être y aurait-il moyen de perfectionner la taille des brillants, mais il faudrait pour cela avoir de grandes pierres que l'on risquerait de gâter.

Il n'y a guère plus d'un siècle qu'on a commencé à brillanter les diamants, ce qui les a mis en plus grande faveur qu'auparavant. Il est encore à la connaissance de tout le monde que les diamants les plus parfaits sont les plus gros, qui joignent à une belle forme de la hauteur et du fond ; ceux de la plus belle eau, c'est-à-dire les plus blancs, et dont la couleur extrêmement vive ne souffre pas d'altération ; ceux qui sont les plus nets, exempts de taches, de points et de glaces ; on a donné ce nom à de petits interstices remplis d'air, qui, se trouvant à l'intérieur de la pierre, y font paraître des déchirures dont les facettes multiplient la réflexion. Quant aux points ou dragons, ce sont des parties métalliques, qui, pareillement engagées dans le corps, se montrent comme autant de petites taches qui se dissipent en mettant le diamant dans un creuset. Mais l'opération ne réussit pas toujours, et le métal se dissout quelquefois et change la couleur du diamant.

Personne n'ignore qu'à l'égard des diamants sales, noirs, le lapidaire les réduit en poudre dans un mortier d'acier, et que cette poudre sert pour polir les autres. Enfin, ils ont donné le nom de diamant *parangon* aux diamants qui sont d'une beauté, d'une grosseur extraordinaire. Tel est celui du Grand-Mogol, celui que possédait le grand-duc de Toscane, et le diamant le *Sancy*.

Je ne dois pas oublier, en finissant, que la mine découverte au Brésil en 1728, et qui fait un des beaux revenus du roi de Portugal, fournit l'Europe de magnifiques diamants qui ne diffèrent en rien de ceux des Indes orientales, et méritent à tous égards la même estime ; c'est un fait qu'on ne révoque plus en doute, et c'est une découverte de notre siècle.

TAILLE DES AUTRES PIERRES PRÉCIEUSES. — Quant aux rubis, saphirs et topazes, on les taille sur une roue de cuivre, arrosée de poudre de diamant et d'huile d'olive, et le poliment se fait avec du tripoli trempé dans l'eau. On tourne d'une main un moulin qui fait agir la roue, pendant qu'on forme de l'autre la pierre cimentée au bout d'un bâton qui entre dans un instrument appelé *qua-drant*.

La taille que l'on donne au rubis est la même que pour toutes les autres pierres de couleur. Le dessus est en table, environné de biseaux, et le dessous n'est qu'une suite de biseaux qui commencent à la tranche, et, allant par degrés en diminuant de hauteur chacun par égale proportion, vont se terminer au fond de la culasse. Cette taille, telle que l'on vient de la décrire, n'est que pour les pierres précieuses que l'on a dessein de faire jouer ; car pour toutes celles qui sont simplement destinées à être gravées, il suffit que les deux faces en soient dressées uniment. On n'en monte aucune qu'on ne mette dessous une feuille d'argent peinte de la même couleur que la pierre. Pour les rubis balais, émeraudes, hyacinthes, améthystes, etc., on les taille comme on l'a dit au commencement, et on les polit sur une roue d'étain avec du tripoli.

Il y a d'autres pierres, comme la turquoise, le lapis, l'opale, que l'on polit sur une roue de bois avec du tripoli. Pour former les vases d'agate et d'autres sortes de pierres dures, on a une machine, qu'on appelle un *tour*, exactement semblable à ceux des potiers d'étain ; excepté que ceux-ci sont faits pour y attacher les vases que l'on veut travailler, au lieu que les autres sont disposés pour recevoir les outils qu'on y applique et qui tournent au moyen d'une grande roue qui les fait agir. Ces outils en tournant forment ou gravent les pierres qu'on leur présente. On les arrose aussi avec de l'émeri détrempé dans l'eau, ou avec de la poudre de diamant délayée avec de l'huile, selon le mérite de l'ouvrage ou de la matière employée ; car il y a des pierres qui ne valent pas la poudre de diamant qu'on dépense pour eux, comme sont le jade, la turquoise et plusieurs autres qui paraissent être d'une matière grasse. Lorsque toutes ces différentes pierres sont polies et qu'on veut les graver soit en relief, soit en creux, on se sert d'une machine appelée *touret*, si ce sont de petits ouvrages ; cette machine n'est autre chose qu'une roue de fer, dont les deux bouts des essieux tournent et sont enfermés dans deux pièces de fer mises debout, comme les lunettes des tourneurs, ou les chevalets des serruriers. A un bout des essieux de la roue, on met les outils dont on se sert, on fait tourner cette roue avec le pied, pendant que d'une main l'on présente et l'on conduit l'ouvrage contre l'outil qui est de fer dense, si ce n'est quelques-uns des plus grands que l'on fait de cuivre.

Tous les outils, quelque grands ou petits qu'ils soient, sont de fer et de cuivre : les uns ont la forme d'une petite girouette, on les appelle des *scies* ; les autres, qu'on nomme *bouts* ou *bouterolles*, ont une petite tête ronde comme un bouton ; ceux qu'on appelle *de charnière*, sont faits comme une virole et servent à enlever les pièces : il y en a de plats, et d'autres différentes sortes que l'ouvrier fait forger de diverses grandeurs. On appli-

que l'outil contre la pierre qu'on travaille, soit pour ébaucher, soit pour finir, non pas directement opposé au bout de l'outil, mais à côté, en sorte que la scie ou bouterolle l'use en tournant contre. Soit qu'on fasse des figures, des lettres ou autres ouvrages, on s'en sert toujours de la même manière, les arrosant avec de la poudre de diamant et de l'huile d'olive. Après que les pierres sont gravées, ou de relief ou en creux, on les polit sur des roues de brosses faites de poil de cochon, et avec du tripoli, à cause de la délicatesse du travail ; et quand il y a un grand champ, on fait exprès des outils de cuivre ou d'étain propres à polir le champ avec le tripoli, lesquels on applique sur le touret de la même manière que l'on met ceux qui servent à graver.

DIORAMA. — Ce nom, emprunté à la langue grecque, signifie littéralement *vue de jour*. Il désigne assez bien la nature du spectacle qui le porte, et qui se compose de vues, de sites et d'intérieurs éclairés par le jour naturel, mais d'une façon particulière. Le spectateur, après avoir parcouru des corridors obscurs, est introduit dans une salle non moins sombre. Il aperçoit à travers une large ouverture, semblable à celle d'une avant-scène de théâtre, un tableau d'une immense surface, dont il ne peut, d'aucun côté, découvrir les limites, et qui reçoit avec une égale abondance, sur toutes ses parties, la plus vive clarté du jour.

Le diorama est une imitation du panorama qui, inventé en Angleterre en 1796, importé en France par Fulton en 1804, fut perfectionné par Prévost en 1816. MM. Daguerre et Bouton ouvrirent le premier diorama à Paris en 1822. Le tableau qui, dans le panorama, est cylindrique, a dans le diorama une surface plane, et l'on y emploie quelques moyens nouveaux, surtout des combinaisons d'optique qui ajoutent aux prestiges de la peinture. Ainsi, l'on a recours à des ciels exécutés en transparence, ce qui les rend beaucoup plus lumineux ; à des verres coloriés, à la lumière des flambeaux, etc.; mais la crainte de sortir des limites de l'art n'a pas permis de recourir à tous les moyens mécaniques qu'on aurait pu ajouter à la peinture. Un des effets les plus piquants qu'ait employés Daguerre, l'habile peintre créateur du diorama, est celui par lequel son tableau de la *Messe de minuit à Saint-Etienne-du-Mont*, offrant d'abord une vue de jour, passait par toutes les modifications de lumière pour arriver à une scène de nuit, éclairée par la lueur des flambeaux. Tout était peint sur la même toile ; la lumière qui tombait sur le tableau était seule mobile. Le système de cette peinture était basé sur la différence qu'éprouvent les couleurs lorsque la lumière qui les éclaire est transmise par réflexion ou par réfraction, et que cette lumière elle-même est diversement coloriée. Dans ce tableau, l'effet où ce principe se trouvait le plus développé était l'apparition de figures placées sur des chaises qui, dans la vue du jour, paraissaient vides.

Plusieurs causes concourent à l'illusion complète et au grand effet que produit le diorama : c'est le contraste des ténèbres et de la lumière ; c'est l'éloignement du tableau dont, comme nous l'avons dit, on ne peut, d'aucun côté, découvrir les limites, et dont la vérité d'aspect général est d'autant plus grande, que l'air interposé, agissant sur les tons comme il agit sur tous les objets naturels, ajoute à leur fusion, à leur transparence, et les harmonise entre eux ; c'est l'impossibilité de substituer le vague d'un aperçu lointain à l'exactitude d'un examen fait de près ; c'est enfin le manque d'objets naturels de comparaison. De tous nos sens, le plus facile à tromper est la vue : ce n'est qu'avec incertitude que cet organe exerce ses fonctions ; la dimension, la couleur, la distance, ne peuvent être déterminées, évaluées par lui sans l'aide de la comparaison ; or, ce secours manque au diorama, où le tableau absorbe seul les rayons visuels, où la nature n'est point à côté en concurrence avec l'imitation. Ajoutons que Daguerre, excellent peintre de décorations, savait unir à ces moyens d'illusion une exécution savante, l'entente des effets, la vérité de la couleur. Les premiers tableaux exposés au Diorama furent l'*Intérieur de la cathédrale de Cantorbéry* et la *Vallée d'Unterwalden* ; puis on y a remarqué successivement *Saint-Pierre-de Rome*, une *Vue de la forêt Noire*, le *Bassin du commerce à Gand*, l'*Inauguration du temple de Salomon*, etc. (1).

DISTILLATION. — Opération chimique dans laquelle on sépare un liquide volatil de substances qui sont moins volatiles que lui. On attribue aux Arabes la découverte de la distillation ; du moins les premières notions que l'on trouve sur cet art sont-elles consignées dans les écrits d'un de leurs médecins, Al-Rhazet.

La distillation en petit, pour les expériences chimiques, se fait dans des vases spéciaux de verre, de terre ou de métal, appelés *cornues ;* quand on opère en grand, on se sert d'appareils composés de trois parties : la *cucurbite,* le *chapiteau* et le *réfrigérant.* Cet appareil prend le nom d'*alambic* (V. Alcool.) Nous allons, avec l'auteur du *Dictionnaire des découvertes,* examiner plusieurs de ces appareils.

Invention. — *M. P. Lebon, ingénieur à Paris.* — An VI. — Le procédé pour lequel l'auteur a obtenu un brevet de quinze ans consiste : 1° en un mécanisme pour recueillir l'effort de la vapeur, et que l'auteur nomme *moteur ;* 2° en un instrument au moyen duquel ce moteur agit pour élever l'eau ; 3° en un appareil dans lequel s'opère la distillation. La vapeur est conduite par des tuyaux dans un cylindre, et de là, après y avoir produit son effet, elle va au condenseur par d'autres tuyaux. Le cylindre dont il vient d'être parlé est concentrique, avec un autre cylindre dont le diamètre est moin-

(1) Extrait de l'*Encyclopédie des gens du monde.*

dre, et qui n'est, en quelque sorte, que le prolongement du premier cylindre, retourné intérieurement. L'ouverture supérieure de premier et second cylindres est fermée par une plaque. Le petit espace que ces deux cylindres laissent entre eux contient du mercure, dans lequel plonge un troisième cylindre dont l'ouverture supérieure est aussi fermée par une plaque. « Cela posé, dit l'auteur, supposons que, par la condensation de la vapeur dans le troisième cylindre, le vide y soit fait ; tandis que celle contenu dans le premier agira sur sa surface intérieure ; il est évident que, d'un côté, le mercure cédera à la force expansive de la vapeur ; que sa surface entre le premier et le troisième cylindre s'abaissera, tandis que celle entre le second et le troisième s'élèvera, et que ce dénivellement cessera lorsqu'il fera équilibre à la force expansive de la vapeur, que, d'un autre côté, la vapeur pressant sur la plaque de l'ouverture supérieure du troisième cylindre, ce troisième cylindre sera forcé de descendre, et y tendra avec un effort proportionnel à la surface de sa plaque et à la force expansive de la vapeur. Supposons maintenant l'inverse, ajoute M. Lebon, c'est-à-dire que, par la condensation de la vapeur dans le premier cylindre, le vide y soit fait, tandis qu'elle agira dans le troisième ; il est évident que l'effet inverse aura lieu, et que ce troisième cylindre fera pour remonter, un effort proportionnel à la surface de sa plaque et à la force expansive du gaz aqueux. On recueillera donc, par ce nouveau moyen, l'effort de la vapeur, avec la même facilité que dans les machines à feu ordinaires, et avec la différence qu'aucun frottement de piston contre des parois solides n'en diminuera l'effet. Tel est l'instrument passif qui reçoit l'impression du moteur. Le même instrument va devenir actif et faire monter le fluide à distiller. La formation des trois cylindres de la machine hydraulique est la même que celle des trois cylindres dont il est fait mention ci-dessus et dans lesquels est recueilli l'effort de la vapeur. Le troisième cylindre de cette première partie de l'appareil est joint au troisième cylindre de la seconde partie par une tige, et ne peut agir sans imprimer à ce dernier le même mouvement ; d'où il suit que dans l'ascension des deux cylindres mobiles dont il s'agit ici, l'eau sera aspirée par deux tuyaux de la première partie, et l'ouverture de la soupape du second cylindre de cette partie sera refoulée par un tuyau de la seconde et un tuyau de la première, par l'ouverture de la soupape du troisième cylindre de celle-ci ; et que, dans leur descente, l'eau sera aspirée par trois tuyaux de la seconde partie, par l'ouverture de la soupape de cette dernière ; et refoulée par trois autres tuyaux et l'ouverture d'une autre soupape de la même partie, pour se rendre dans le récipient de la liqueur à distiller, par le tuyau qui communique à ce même récipient. »

La troisième partie de l'appareil est une machine dans laquelle s'opère la distillation, et qui se compose d'un vase qui renferme le bain, dans lequel est plongé un second vase recevant le liquide à distiller ; un troisième vase renferme le bain dans lequel est plongé un quatrième vase recevant le liquide distillé, un tuyau établit la communication entre les second et quatrième vases; un autre tuyau sert à l'écoulement du fluide formé par la condensation de la vapeur. Pour l'explication de l'appareil, l'auteur choisit le fluide le plus commun, et suppose qu'on ait à distiller de l'eau, que le robinet de cet appareil soit fermé, que, par le moyen de la machine hydraulique ou toute autre, les second et quatrième vases, les premier et second tuyaux de cette troisième partie de l'appareil soient remplis d'eau, et que la hauteur du second tuyau excède trente-deux pieds : cela posé, si l'on ouvre le robinet, le quatrième vase se videra, et la surface de l'eau, dans le second tuyau, s'abaissera, jusqu'à l'instant où la colonne de ce fluide fera équilibre au poids de l'atmosphère. A l'instant même, si on abaisse la température du premier bain au-dessous de celle du second, la vaporisation commencera; ce second bain aspirera du premier le calorique, qui entraînera, sous la forme de vapeur, l'eau combinée avec lui; mais les parois du quatrième vase faisant l'office d'un filtre imperméable à l'eau, et laissant échapper le calorique, les particules de l'eau se rapprocheront et paraîtront sous la forme fluide. Cette eau condensée tombera dans le second tuyau, et formera une pareille quantité à sortir par le grand orifice de l'appareil, puisqu'on a supposé que la colonne d'eau faisait équilibre au poids de l'atmosphère. La fourniture du fluide, faite par le second tuyau de la deuxième partie de cet appareil, étant réglée de manière qu'elle égale constamment la quantité qui est distillée, la distillation continuerait de cette manière, si la liqueur contenue dans le second vase, purgée d'air, comme quelques fluides, n'en laissait dégager. L'appareil que nous venons de décrire offre quelques-uns des nombreux moyens qu'on peut employer pour remédier à cet inconvénient, ou l'éviter; mais avant de les donner, l'auteur fait observer que, si d'un côté la hauteur de la colonne d'eau paraît nécessiter une plus grande élévation de fluide à distiller, d'un autre côté, ce désavantage est compensé par le vide dans le second vase, qui soulage du poids de l'atmosphère l'effort du moteur de la machine hydraulique. D'ailleurs, par l'excès de la hauteur du quatrième vase sur celle du second, on peut déterminer un nouveau mouvement et former de l'appareil un simple siphon qui, sans le secours même de la machine hydraulique, élèverait des fluides, et les verserait, après les avoir distillés, par la plus courte de ses branches. Cette colonne du second tuyau n'est pas indispensable; il est quelquefois plus avantageux de faire le vide par d'autres procédés que nous allons indiquer. Une partie du double effet de la pompe hydraulique peut être destinée à pomper les

gaz qui se dégagent des fluides, la liqueur même condensée, et une partie de la vapeur dont elle pourrait, par une pression, décider la résolution en fluide; on pourrait emprunter le même secours de la machine à vapeur. En général, on doit remarquer : 1° qu'à la même tige qui réunit le troisième cylindre de la première partie de l'appareil au troisième cylindre de la seconde, on peut adapter une pompe à vapeur, une pompe hydraulique, une pompe à gaz, à simple ou double effet, ou même faire d'une machine à double effet une pompe à vapeur à gaz, une à vapeur et à l'eau, ou une à gaz et à l'eau; 2° que la chaudière de la machine à vapeur peut en fournir un jet, pour purger d'air à volonté la machine à distiller, et que le service inverse peut quelquefois s'emprunter de la machine à distiller pour le mouvement de la machine à vapeur. Par le moyen de l'appareil de M. Lebon, lorsque les vapeurs sont difficiles à condenser, le quatrième vase peut contenir une substance avec laquelle elle ait de la tendance à se combiner, et dont le choix pourra déterminer le degré de volatilité qui restera à la liqueur distillée. La pression de la pompe à air peut aussi déterminer la résolution en fluides de gaz susceptibles d'être condensés. L'air ambiant, par sa pression, empêche qu'il ne puisse s'exhaler la moindre partie des vapeurs, dont le ressort est maintenu dans un état de faiblesse qui ne lui permet pas de vaincre celui de l'air. Le mouvement du calorique se détermine par le froid qui l'aspire, comme par la chaleur sensible qui le refoule. Les parois des vaisseaux, d'un côté, introduisent le calorique pour le combiner avec l'eau ; d'un autre côté, elles le laissent échapper pour retenir l'eau, et la faire reparaître sous la première forme. Le calorique, qui entraîne l'eau comme les fils d'une corde l'élèvent, n'est retardé dans son mouvement, ni par la pression de l'air, ni par la difficulté qu'il a éprouvée à traverser le filtre qui le dépouillerait, à la surface même du fluide, d'une partie de l'eau qu'il aurait entraînée. La distillation se fait à des températures extrêmement basses ; la seule différence entre celle des bains est essentielle ; leur élévation cesse d'être nécessaire. Des substances qui, par leur fixité, ne paraissent pas susceptibles d'être distillées, le deviennent maintenant. Enfin cet appareil, qui mettra à profit les glaces dues à la rigueur des hivers, et qui suppléeront aux combustibles, produit un mouvement capable de charger les vaisseaux distillatoires, et de suffire même à tous les besoins de ce genre d'opération. Tels sont les avantages que des essais répétés ont offerts à M. Lebon, et qui l'ont engagé à solliciter un brevet d'invention pour distiller, au moyen du vide et du froid, par les procédés indiqués ci-dessus, qu'il a appliqués principalement à la fabrication des eaux-de-vie, esprits-de-vin, et autres essences, à la formation des sels, à la purification des huiles et autres substances, et en général à séparer et recueillir des composés quelconques, leurs parties constituantes fixes ou volatiles. (*Description des brevets expirés*, année 1811, t. I, p. 361.)

M. *O'Reilly* — An IX. — Au moyen de l'appareil de M. O'Reilly, on peut distiller l'acide sulfureux liquide; on peut encore l'employer avec avantage pour la distillation de l'acide muriatique oxygéné (chlore). Il est composé : 1° d'un fourneau de distillation avec cendrier ; ce fourneau est destiné à recevoir trois grands matras de verre ; 2° d'une porte pour l'introduction du combustible ; 3° d'un bain de sable placé dans une cuve, formée de tuiles de terre cuite recourbées, et dont les bords reposent sur le mur du fourneau ; 4° d'un matras de verre dans lequel on introduit les matières à distiller ; 5° d'un entonnoir recourbé pour l'introduction de l'acide sulfurique ; 6° d'un tube recourbé qui conduit le gaz généré dans le réservoir intermédiaire ; ce tube est luté dans un couvercle de plomb, qui s'adapte sur le col du matras : ce couvercle est également perforé pour l'introduction de l'entonnoir recourbé ; 7° d'un réservoir intermédiaire de plomb à cinq tubulures ; une de ces tubulures reçoit l'extrémité d'un tube qui descend jusqu'au fond du réservoir, lequel étant rempli d'eau, à $\frac{2}{3}$ de sa capacité, et traversé par le gaz acide qui se détache en bulle à l'extrémité de ce tube ; deux autres tubes ont la même destination ; 8° d'un tube de sûreté, inséré dans une autre tubulure du réservoir ; il y a en outre une tubulure dans laquelle est inséré l'orifice du tuyau qui conduit le gaz généré dans l'intérieur du condensateur : ce tuyau doit avoir au moins trois pouces de diamètre ; il traverse une cloche tubulée qui surmonte le condensateur et descend jusqu'au fond ; les bulles d'air qui s'échappent de son extrémité remontent en traversant la colonne d'eau, et après avoir éprouvé la pression considérable de la colonne : à cet effet, on n'a qu'à augmenter la hauteur de cette colonne pour obtenir la pression qu'on voudra. L'auteur a fait traverser un plancher, afin de donner une élévation de douze pieds au moins. A mesure que l'eau est saturée dans le condensateur, les bulles remontent au-dessus de la surface de ce fluide, entrent dans le second tuyau de plomb, exactement semblable au précédent, et qui sert à saturer l'eau dans le second condensateur. Ce second condensateur est cerclé à des distances de quatorze à seize pouces avec de fortes bandes de fer, assemblées par des vis, qui servent à rapprocher les joints et à empêcher l'eau de fuir. Les cloches tubulées entrent dans une rainure faite sur le bois, au bord supérieur, où elles sont lutées avec du ciment gras ; ces cloches peuvent être faites avec tel verre qu'on voudra, pourvu qu'il soit assez diaphane pour laisser distinguer les bulles qui traversent, afin qu'on puisse reconnaître le degré de saturation ; les cercles en fer doivent être vernis. Il y a un trou pour le robinet de décharge, par lequel on soutire la liqueur dans les cuves d'immersion. Les robinets des condensateurs sont en plomb. On peut faire entrer le troisième tuyau dans un autre condensateur, si on le juge à propos, ou enfin dans une très-petite cuve, pour tirer tout le parti possible de la distillation. On aura soin de pratiquer deux ou plusieurs trous dans le plancher du laboratoire où l'on distille le gaz acide, pour le passage des condensateurs. On peut établir ce laboratoire dans un appentis ou hangar ; le rez-de-chaussée peut être ouvert et doit communiquer avec l'atelier où l'on place les appareils à la vapeur, afin d'y couler les cuves d'immersion, après les avoir chargées de toile ou de fil, et de les remplir ensuite de la liqueur détersive. (*Annales des Arts et Manufactures*, an II, tome VI, page 29.

M. *Stone*, *de Mesly près Charenton.* — An X. — Il paraît que la première idée d'employer la vapeur de l'eau bouillante pour chauffer des chaudières d'évaporation est due à M. Rumfort ; mais personne n'avait encore pensé à appliquer le même moyen à la distillation. M. Stone établit en l'an X, à Mesly près Charenton, un superbe appareil pour la distillation à la vapeur. La chaudière est ronde, afin d'exposer le plus de surface possible à l'action du feu. Comme il a employé de vieux alambics qui se trouvaient dans sa brûlerie, il a placé celui qui devait distiller les grains dans une cuve de bois dont le diamètre est à peu près de huit pouces de plus que l'alambic, et de manière à l'entourer d'une nappe d'eau de quatre pouces ; le tuyau de vapeur, en partant de la chaudière-cylindre, gagne le plafond, où il est soutenu par des agrafes ; de ce tuyau partent trois embranchements, d'un pouce de diamètre, qui descendent perpendiculairement tout autour. Ils entrent jusqu'au fond de la cuve, et leurs fonctions consistent à chauffer l'eau qui entoure l'alambic ; ces tuyaux n'ont d'autres soupapes que des clapets à charnières. Afin d'empêcher que le froid ne frappe sur l'extrémité des tubes, avant que les fluides ne soient échauffés, ils sont tous trois enveloppés d'une chemise ou second tuyau d'un plus grand diamètre que les tuyaux à vapeur. Ce vide se remplit d'air, et par sa propriété peu conductrice, l'air empêche la condensation subite de la vapeur, dans l'extrémité de ce tube, avant qu'il ait versé son calorique dans les masses destinées à être distillées. La cuve de bois est surmontée d'un couvercle retenu fortement sur la cuve par des arcs-boutants qui portent contre le plafond. Deux petits tubes horizontaux entrent dans le dessus et vers le fond de la cuve, leur objet est de retirer l'eau surabondante produite par la condensation de la vapeur ; lorsqu'en tournant le robinet supérieur on voit qu'il sort de l'eau, on en retire aussitôt en tournant le robinet inférieur. Le travail de la rectification n'est pas moins ingénieux. Un tuyau, partant du conduit de vapeur, sert à échauffer l'eau du bain-marie de l'alambic de rectification ; mais l'expérience yant prouvé que la chaleur générée par la vapeur peut forcer le travail, on a adapté un globe avec une soupape de sûreté, qui cède à une expension déterminée : les pulsations de la soupape font sonner une petite cloche, qui avertit que le travail va trop vite. Un des objets les plus intéressants de cette brûlerie est la méthode employée pour extraire jusqu'à la dernière partie d'esprit ardent. Le résidu des rectifications est mêlé avec de l'eau que fournit le tuyau nourricier du cylindre à vapeur ; ainsi l'esprit ardent qui pourrait s'y trouver passe de nouveau dans le premier alambic, et s'élève avec les premières eaux faibles. Ce genre de distillation présente un grand avantage par l'économie du combustible, et, ce qui est infiniment au-dessus de cette économie, par la certitude d'avoir des esprits ardents, exempts d'empyreume. (*Art du distillateur*, par M. Le Normand, tome IV, page 307.)

E. Adam, de Montpellier. — An X. — L'appareil distillatoire pour lequel E. Adam avait obtenu un brevet d'invention, se trouve décrit notamment dans le *Bulletin de pharmacie* et dans l'*Art du distillateur*, par M. Le Normand. Il est aussi parlé de cet appareil dans les *Annales de chimie*, dans les *Bulletins de la Société d'encouragement*, dans les *Archives des découvertes*, etc.; mais des inexactitudes paraissent s'être glissées dans quelques descriptions ou planches qui ont été publiées à ce sujet; nous croyons devoir nous en rapporter aux détails contenus dans les observations non contredites de M. F. Adam, frère de l'inventeur.

Perfectionnement. — M. *Edelcrantz.* An XI. — Chaque distillation consiste, comme on sait, principalement en deux opérations : la conversion de la matière à distiller en vapeur, par le feu, et la condensation de ces mêmes vapeurs par le froid.

Pour que ce double objet soit rempli avec promptitude et sans dépense inutile de combustibles, il est nécessaire d'établir un équilibre parfait entre la chaleur vaporante et le froid condensant, ce qui se fait en opposant celui-ci (comme on peut le faire dans la pratique), moyennant une quantité donnée d'eau d'une température fixe, passant dans un temps déterminé par le réfrigérant. Il faut que le feu soit réglé de manière que la quantité de vapeur produite, ne soit ni plus ni moins grande que celle qui, dans le même temps, peut être condensée par le froid appliqué. Or, le manque d'attention à cette circonstance produit, surtout dans la distillation des liqueurs spiritueuses, les deux inconvénients suivants : 1° Si le feu est trop vif, une grande quantité de vapeurs condensées passe du serpentin dans l'air extérieur, ce qui occasionne la perte de la matière distillée et du combustible ; 2° si le feu se ralentit trop, la condensation produit un vide dans le serpentin et dans l'alambic, lequel n'étant pas rempli dans la même proportion par de nouvelle vapeur, oblige l'air extérieur d'entrer, ce qui rend difficile la vaporisation et la condensation ; et enfin, étant forcé de sortir de nouveau, il entraîne avec lui une partie de vapeur, et occasionne la perte de la matière distillée et du temps. Afin de remédier à ces défauts, et de fournir en même temps un moyen simple pour indiquer à chaque instant l'état actuel du feu, M. Edelcrantz a imaginé l'instrument dont la description suit, qui peut être adapté à tous les appareils distillatoires, et qui n'est qu'une application ingénieuse de principes connus en pratique.

Cet instrument est ainsi composé : on se sert d'un tube de cuivre ou de verre, en plusieurs morceaux, recourbé, et se terminant par une boule ; le bout supérieur du tube peut être attaché par le moyen d'une vis de rappel au serpentin Sa longueur est de quatre pieds, et la capacité de la boule est un peu plus grande que toute la capacité du tube. La distillation étant en train, et les vapeurs étant condensées par le conduit et par la boule dans le tube, ce ne sera que lorsqu'il sera rempli dans ses deux bras que la liqueur sortira pour entrer dans le vase qui doit la recevoir. Ces deux bras, restent remplis pendant tout le temps de la distillation, et c'est en cela que consiste le remède aux inconvénients dont il est parlé ci-dessus. Il est facile de voir que si le feu devient trop vif, la vapeur non condensée ne pourra se dissiper en s'ouvrant un passage dans l'air extérieur, avant d'avoir chassé toute la liqueur contenue dans le tube, et avoir vaincu la pression de la colonne. Dans le second cas, l'air extérieur ne pourra entrer pour remplir le vide occasionné par la lenteur du feu, qu'en chassant la colonne et surmontant une pression de la même hauteur. Or cette colonne, étant de quatre pieds, donne une latitude assez grande, et assez de temps aux ouvriers pour régler le feu en conséquence. Si le tube était de verre, ils n'auraient qu'à observer le niveau de la liqueur dans ses deux bras : l'abaissement indiquerait qu'il faut diminuer le feu dans l'un et l'augmenter dans l'autre; mais des tubes de cette longueur étant trop casuels, il vaut mieux attacher un petit régulateur de verre, dont deux bras, de trois pouces de long chacun, contiennent du mercure, lequel en montant alternativement dans l'un ou l'autre, indique exactement l'état du feu et des vapeurs. Ce régulateur peut être enfermé dans un bocal ou flacon qui le mette à l'abri de tout accident. Entre lui et le serpentin se trouve un robinet qui, au commencement, communique avec l'air extérieur ; mais quand, après avoir poussé le feu avec force, on voit les vapeurs sortir, en le tournant on ouvre la communication entre le serpentin et le régulateur qui commence alors ses fonctions. La boule empêche la liqueur poussée par l'air extérieur de monter dans l'alambic; il est inutile de dire que le chapiteau, de quelque forme qu'il soit, doit être bien luté, pour ne pas donner accès à l'air extérieur. (*Annales des Arts et Manufactures*, an XI, t. XII, page 87.

Inventions. — *M. F. Barne-Neveu, de Nîmes (Gard).* — An XI. — L'appareil pour lequel il a été accordé à l'auteur un brevet de cinq ans, se compose d'un fourneau disposé de manière qu'en ouvrant un registre on chauffe à volonté un cylindre. Une cucurbite ou chaudière, garnie à la partie inférieure d'un robinet pour l'évacuation du liquide, a une ouverture à son sommet pour en introduire sans déranger le chapiteau; celui-ci s'ajuste exactement sur la cucurbite, dont le tuyau légèrement incliné va s'unir à un serpentin après avoir traversé longitudinalement un réservoir cylindrique qui sert de condensateur. Le tuyau est soudé sur les fonds de ce cylindre, et l'eau est fournie à ce dernier par une ouverture, tandis qu'un robinet est destiné à le vider. Un petit tuyau indiquant le trop-plein, sert en même temps à faire évacuer l'eau chaude au fur et à mesure qu'on en introduit de la froide par l'ouverture. Tout étant ainsi disposé, on remplit de vin la cucurbite, le cylindre et le réfrigérant du serpentin avec de l'eau froide. On chauffe d'abord modérément; il serait mieux de chauffer au bain-marie qu'au feu nu. Le registre étant ouvert, on laisse chauffer l'eau contenue dans le cylindre, au point de ne pouvoir plus y tenir la main; on ferme alors le registre, le vin de la cucurbite ne tarde pas à entrer en ébullition, et la distillation commence. L'on baisse le degré de chaleur du condensateur, en y introduisant de l'eau froide, jusqu'à ce que l'alcool sorte au degré que l'on désire. On l'obtient, de cette manière, en une seule opération, et aussi promptement que les procédés ordinaires donnent l'eau-de-vie. Si, avec cet appareil, on ne voulait faire que de l'eau-de-vie, il suffirait d'entrenir l'eau à un degré de température un peu élevé. On peut substituer au cylindre qui sert de condensateur, une espèce de cucurbite surmontée, d'un chapiteau; et au lieu d'eau, on y met du vin destiné à être distillé. Lorsque ce vin a acquis un certain degré de chaleur, on le fait couler dans la chaudière d'évaporation par un robinet. On fait ainsi quelque économie de combustible; tout le reste d'ailleurs est construit comme dans le premier appareil. Le condensateur des vapeurs aqueuses est quelquefois un serpentin. Des améliorations ont été apportées par l'auteur à cet appareil, en 1805; elles consistent à donner beaucoup plus de largeur et moins de profondeur à la chaudière, que l'on chauffe avec la vapeur introduite dans l'espace inférieur, et à remplacer le tuyau unique des autres appareils par plusieurs petits tuyaux en fer-blanc dont la somme des sections soit plus considérable que celle du tuyau employé ordinairement. (*Brevets expirés*, tome II, page 128. — *Art du distillateur*, par M. Le Normand, tome II, page 321.)

M. A. Barre de Nîmes. — An XII. — Au moyen de l'appareil pour lequel l'auteur a obtenu un brevet de dix ans, on peut distiller des vins et des marcs de raisin en même temps, sans que les produits se mêlent. Avec un seul feu, cet appareil présente les ressources d'un atelier de distillation ordinaire de quatre à cinq alambics; il apporte aussi une très-grande économie dans le combustible, et dans le temps qu'il faut pour la distillation d'une quantité de vin déterminée. Mais la description de ce même appareil ne pouvant être entendue qu'à l'aide de plusieurs planches, et étant d'ailleurs d'une étendue qui dépasse absolument les bornes de notre ouvrage, nous croyons devoir, par ce double motif, nous borner à indiquer cette description, qui se trouve dans le quatrième volume des *Brevets publiés par l'administration du Conservatoire des arts et métiers.* En 1805 et en 1806 l'auteur a obtenu des certificats de perfectionnement, dont le détail est également mentionné dans l'ouvrage du Conservatoire.

M. Solimani, professeur de chimie et de physique. — L'appareil pour lequel l'auteur a obtenu un brevet de cinq ans, est propre à la distillation des vins et à la formation des esprits et des eaux-de-vies. Cette machine distillatoire renferme un double appareil; chacun est composé,

1° d'un fourneau;
2° d'une bassine à vapeur;
3° de deux chaudières;
4° d'un appareil particulier que M. Solimani, a nommé *alcogène*;
5° d'un condenseur;
6° d'une pompe.

Le fourneau a été construit de manière que la flamme, obligée de circuler sous la bassine, où elle fait plusieurs évolutions, rencontre de distance en distance des obstacles qui la font tourbillonner, et raniment son activité en accélérant sa vitesse : l'effet est tel, que, quoique le foyer où repose la houille n'ait pas plus de trois décimètres, et que la flamme du charbon de terre soit fort courte, elle forme cependant un très-long ruban pour parvenir à l'extrémité du chemin qui lui est ouvert. Toute la fumée se consume, et l'on emploie que 40 centimes de combustible pour la distillation d'un muid de vin. La largeur du canal où la flamme circule est d'environ 2 décimètres à son origine, et va toujours en se rétrécissant. Au-dessous du fourneau est un massif de maçonnerie sur lequel repose une bassine en cuivre d'une forme parallélogrammique, dont la longueur est de 3 mètres, et la largeur de 1 mètre et 1/2. L'eau quelle contient à la hauteur de 2 ou 3 décimètres environ, s'échauffant au feu du fourneau, est bientôt réduite en vapeurs. Ces vapeurs se trouvent comprimées par de fortes parois en maçonnerie, et par une voûte épaisse, en pierre de taille, lesquelles recouvrent la bassine et la chaudière qui est établie dans cette cavité. A la partie supérieure de la voûte est pratiquée une soupape de sûreté, qui peut être chargée ou allégée à volonté, e, ui sert à régler ou à constater la chaleur es vapeurs, et dont la température peut 'élever à volonté, mais au-dessus de 80 egrés. Un niveau en verre communiquant l'intérieur de la bassine, sert à marquer u dehors la hauteur de l'eau qui y est con-nue. On conçoit que ces vapeurs, ainsi omprimées et fortement chauffées, doivent ecevoir une quantité considérable de ca-irique, qui s'y entasse. La chaudière se ouve plongée dans cette atmosphère, et : vin à distiller qu'elle contient s'y vapo-se promptement. Le calorique que leur ansmet la vapeur de la bassine, l'envelop-ant de tous côtés, agit avec une force égale : continue, et sa forme et ses dimensions vorissent encore la vaporisation. Pour que : liquide qu'elle renferme présente plus de irface à la chaleur, cette chaudière est uble, ou composée de deux vaisseaux ont les fonds communiquent par un tube. hacun de ces vaisseaux a une forme carrée, nt chaque côté a 12 décimètres, sur une uteur de 5 décimètres seulement. Ces ux vaisseaux se réunissent par leurs apiteaux. Le collet des chaudières est lindrique, porte 3 pieds de diamètre, et résente aux vapeurs du vin un chemin cile dans lequel leur expansion peut être sément soutenue. La hauteur des collets épasse l'épaisseur de la voûte seulement e la quantité nécessaire pour consolider chapiteau, qui repose presque sur la artie supérieure de la maçonnerie. Les aaudières sont supportées au-dessus de la assine par des barres de fer. Les va-eurs du vin, élevées des chaudières, se 5unissent par les chapiteaux, et descendent ar un tube dans un réservoir, où elles se assemblent et se lavent. Il s'agissait de sou-iettre alors l'eau-de-vie à des opérations iccessives, pour lui enlever son flegme, et 'obtenir l'alcool dans ses différents degrés e concentration. C'est à ce résultat qu'est arvenu M. Solimani, avec son appareil ommé *alcogène*. Il est composé de deux uilles de cuivre parfaitement étamées, oudées par leurs bords, laissant entre elles n intervalle de quatre millimètres et demi, liées de manière à former une suite de lans inclinés l'un à l'autre de 45 degrés, t renfermés dans un réservoir en bois 'une grandeur convenable. Ce réservoir est ne barrique remplie d'eau. Du réservoir où es vapeurs se rendent pour s'y laver, elles assent par un gros tube et arrivent dans la artie inférieure de l'alcogène, qui présente ar sa forme, dans le volume donné, la plus rande surface possible à l'impression du iquide qui le baigne extérieurement, et aux apeurs le plus grand espace à parcourir. e calorique des vapeurs, qui abondent dans es plans inclinés de l'alcogène, se commu-ique bien vite à l'eau qui les enveloppe; et, our l'empêcher de trop s'échauffer et en rrêter la température au point nécessaire à a vaporisation de l'espèce d'esprit qu'on eut obtenir, M. Solimani a adapté au milieu lu réservoir un aéromètre mobile qui, mis

en équilibre à 40 degrés de chaleur, peut, par le changement de température, s'élever ou s'abaisser avec elle, et introduire au moyen d'une soupape, obéissant à son mou-vement, de l'eau froide, afin de rétablir l'équilibre. Les avantages de ce nouvel appa-reil sont étonnants. Quatre feuilles de cuivre carrées, de cinquante centimètres de lar-geur, n'occupant que soixante-six centimè-tres de hauteur, placées dans le réservoir en bois, recouvertes d'eau, communiquant d'un côté à la chaudière à l'aide d'un tuyau qui s'apaqte à son chapiteau, de là et de l'autre côté au serpentin descendant, rectifient en seize heures six cents veltes d'eau-de-vie, et cela sans aucun travail, indépendamment de l'économie du temps, du combustible et de la main-d'œuvre. Cette forme d'appareil in-flue sur la qualité des esprits; ils sont infi-niment plus doux, plus suaves que les autres. Le condensateur est un réfrigérant formé de six plans inclinés, semblables à ceux du déflegmant. L'eau froide, amenée dans le ré-servoir du condensateur par un tube qui se décharge dans sa partie inférieure, s'y re-nouvelle sans cesse; l'alcool, dont la tem-pérature est toujours au-dessous de celle de l'atmosphère, coule enfin au dehors, dans le baquet portatif destiné à le recevoir. Les résultats de la distillation sont rejetés dans la chaudière, par un corps de pompe fou-lante, au moyen d'un tube recourbé; ils y arrivent chauds à 60 degrés au moins, et ne nuisent en rien à l'expansion des vapeurs; tellement, que la distillation tournant dans un cercle et recommençant sans cesse enlève nécessairement jusqu'aux derniers atomes de l'alcool. Ainsi il n'y a jamais de repasse; l'analyse est entière: les résidus de la distil-lation passent à volonté du réservoir dans la pompe, par un robinet à siphon. L'appareil de M. Solimani distille en neuf heures de temps cinq cent treize myriagrammes de vin, use quinze myriagrammes de combus-tible, et les vins rendent un alcool trois-six, jusqu'à un sixième de leur poids. Il en ré-sulte qu'en temps égaux, et avec une écono-mie des deux tiers de combustible, cet appa-reil distille en alcool dix-huit fois autant de vin que les appareils ordinaires en distillent en eau-de-vie; l'avantage qu'il présente est donc incontestable. (*Brevets non publiés. Art du distillateur*, par M. Le Normand, t. II, p. 46).

M. **Bérard** (*Isaac*), *du Gard.* — An XIII. — Ce distillateur a obtenu un brevet de dix ans pour un appareil distillatoire dans lequel il a appliqué heureusement le principe connu en chimie, que les liquides n'entrent pas tous en ébullition au même degré de chaleur, et que les plus relatifs sont ceux qui bouillent à un moindre degré de calorique. Par une rai-son inverse, lorsque plusieurs liquides d'une pesanteur spécifique différente sont vapori-sés par l'action du calorique et passent ensemble dans une atmosphère d'une tem-pérature moins élevée, froide même, les plus volatils sont ceux qui se condensent les derniers. L'appareil de l'auteur est très-simple et peu dispendieux. La chaudière ne

diffère point de celles des anciennes distilleries. Le serpentin est double : l'un supérieur, plongé dans une cuve de vin, et
l'autre inférieur, plongé dans une cuve
pleine d'eau. Le vase intermédiaire, ou le
condensateur, est une découverte digne des
plus grands éloges. Ce condensateur est
formé par la réunion de trois cylindres de
quinze centimètres chacun de diamètre, dont
deux ont un mètre de longueur chacun, et
le troisième seulement cinquante centimètres. Ce dernier cylindre réunit les deux
autres à angles droits, et ils forment ensemble les trois côtés d'un parallélogramme d'un
mètre de long sur cinquante centimètres de
large. Les deux extrémités de cet assemblage sont hermétiquement fermées, à l'exception de deux issues qui établissent la
communication du condensateur, soit avec
la chaudière, soit avec le serpentin supérieur. L'intérieur de ces trois cylindres réunis, que l'on ne doit considérer que comme
un seul et même vase, est divisé en treize
cases, par douze diaphragmes en cuivre
étamé. Chacun de ces diaphragmes porte un
trou rond dans sa partie latérale et un trou
demi-circulaire dans sa partie inférieure. Le
trou rond sert à donner passage aux vapeurs
qui circulent d'une case dans l'autre, et le
trou semi-circulaire laisse passer les flegmes
qui se rendent dans la chaudière, afin d'y
subir une seconde distillation. A l'extérieur
de ce condensateur est un tuyau de trois
centimètres de diamètre, qui est le prolongement du chapiteau de la chaudière, et qui,
traversant tout l'appareil à dix centimètres
au-dessus, communique avec le condensateur par quatre tubes latéraux, dont deux
servent à porter les vapeurs directement
dans les deux cases extrêmes d'un côté, et
les deux autres dans les deux cases extrêmes de l'autre côté de l'appareil. A la jonction de ces petits tuyaux et le grand sont
placés deux robinets à trois ouvertures. A
l'aide de ces robinets on établit la communication soit avec la totalité des cases, soit
avec une partie seulement, et l'on détermine
par là la force plus ou moins grande de la
liqueur. Le condensateur est totalement immergé dans l'eau, que l'on entretient constamment à 40 degrés de chaleur. Cet appareil
est placé presque horizontalement dans une
baie, et n'a dans sa totalité que l'inclinaison
suffisante pour que les flegmes, qui se condensent dans les cases, puissent s'écouler
dans la chaudière au fur et à mesure qu'ils
se forment. A la dernière case de l'appareil
est soudé un tube qui porte les derniers produits de la distillation dans un serpentin
plongé dans une cuve remplie de vin, et de
celui-ci dans un serpentin plongé dans une
cuve pleine d'eau, ou réfrigérant. A cet appareil infiniment ingénieux, M. Bérard a
ajouté un perfectionnement qui étonne par
sa simplicité et par ses résultats avantageux.
Pleinement convaincu que lorsque les vapeurs rencontrent quelque obstacle dans
leur route, la partie la plus aqueuse se condense avant la plus spiritueuse, et qu'il se

détermine alors, à l'aide d'un degré de calorique suffisant, une véritable analyse de
ces vapeurs, il a intercepté le passage des
vapeurs de la cucurbite dans la partie supérieure du chapiteau, par un diaphragme en
cuivre étamé, soudé au chapiteau dans le
sens horizontal. Ce diaphragme est percé
dans son milieu d'un trou de 5 centimètres
de diamètre, auquel est adapté un tuyau de
même grosseur et de 15 centimètres de longueur. Ce tuyau est recouvert par un cylindre de même longueur que le tuyau, mais
de 7 centimètres de diamètre, de manière
qu'il y ait une distance de 1 centimètre entre son fond et l'extrémité du tuyau qu'il
recouvre; et par conséquent son extrémité
inférieure se trouve suspendue à 1 centim.
du diaphragme. Les vapeurs qui s'élèvent
dans le chapiteau ne peuvent parvenir à son
sommet qu'en passant par le tuyau. Elles
frappent le fond du cylindre; une partie s'y
condense, tombe sur le diaphragme, tandis
que la partie la plus spiritueuse monte dans
la partie supérieure du chapiteau, et enfile
son bec pour se rendre dans le cylindre. Les
vapeurs condensées, à force de s'accumuler
sur le diaphragme, finiraient par remplir la
partie supérieure du chapiteau et par causer
une explosion, sans un tube de 3 centim.
de diamètre et de même hauteur que le premier, qui est soudé au diaphragme à côté
de lui, et le dépasse au-dessous de la même
quantité qu'il s'élève au-dessus. Il est ouvert par ses deux bouts, et l'on a pratiqué
plusieurs trous sur le côté dans sa partie
supérieure. Ce tuyau est recouvert, dans sa
partie inférieure, d'un cylindre. Lorsque les
vapeurs condensées se sont accumulées sur
le diaphragme au point d'arriver à un des
trous pratiqués à la partie supérieure du
tube de sûreté, elles descendent dans la
chaudière par le tube pour y être distillées
de nouveau. Par suite, M. Bérard a coupé la
partie supérieure de la chaudière par un
diaphragme, de la même manière qu'il avait
coupé le chapiteau, et a placé sur ce diaphragme trois cylindres semblables à celui
qu'il avait mis dans le chapiteau, avec un
seul tube de sûreté. Cette nouvelle disposition accéléra la distillation, en rendit les
produits plus parfaits, et facilita les moyens
de faire les esprits de toutes les preuves.
(*Art du distillateur*, par M. Le Normand,
tome II, page 69.) — M. Isaac Bérard a obtenu, la même année, un premier certificat
de perfectionnement de dix ans pour des
améliorations apportées à son appareil distillatoire. Les additions consistent en une
caisse d'une grandeur médiocre formant un
parallélipipède, et renfermant un appareil
particulier. Cette caisse remplie d'eau s'a-
dapte à une chaudière chargée de vin, et
est posée sur son serpentin; elle est destinée à recevoir les produits de la chaudière
et à les transmettre au serpentin. Il est résulté des expériences faites par les commissaires chargés d'examiner ce nouveau procédé, que l'appareil présenté par M. Isaac
Bérard a donné, relativement à un muid ou

quatre-vingt-dix veltes, la quantité de neuf litres deux cent soixante-un millilitres d'eau-de-vie de plus que la chaudière conduite suivant l'ancien procédé; que l'eau-de-vie qu'on a retirée était la preuve de Hollande, tandis que celle de l'autre chaudière était plus faible d'un degré, ce qui porte jusqu'à vingt-cinq livres au moins l'excédant donné par ce nouvel appareil, lequel présente encore l'avantage de fournir à volonté des eaux-de-vie de différents titres jusqu'au trois-cinq et au delà, et de donner beaucoup moins de repasse que l'ancien procédé, puisqu'il résulte des expériences qu'elle n'a été en proportion qu'au cinquième de celle de l'autre chaudière. Cet appareil possède le grand avantage de pouvoir être transporté et adapté à toutes les chaudières. Les commissaires ont encore reconnu que le même appareil, adapté à une chaudière de rectification, chargée d'eau-de-vie preuve de Hollande, a donné jusqu'au trois-sept degrés, et que l'ensemble des produits mélangés a donné du trois-six. Le 2 frimaire 1806, M. Bérard a obtenu un deuxième certificat de perfectionnement pour de nouvelles additions faites à l'appareil dont il est l'inventeur. Il faut mettre, dit-il, une platine dans l'intérieur du chapiteau de la chaudière; au milieu de cette platine est adapté un tuyau qui monte vers le haut du chapiteau par où la vapeur passe, et au haut duquel tuyau sont des crénelures pour diviser la vapeur de tous côtés. Un autre tuyau, un peu plus grand et fermé au-dessus, vient recouvrir celui ci-dessus décrit et s'adapter à la platine; il a des ouvertures dans le bas tout autour, afin de donner passage à la vapeur qui, sortant de ces ouvertures, l'élève dans les bras du chapiteau et entre dans l'appareil de rectification, qu'on a soin de tenir un peu plus élevé, afin que le tuyau de communication, qui reporte le flegme dans la chaudière, vienne s'adapter au chapiteau. Le flegme s'évapore de nouveau par la chaleur que lui procure l'ébullition de la chaudière, et l'on rectifie jusqu'à la fin de la chauffe. Par ce moyen, le flegme ne tombant plus dans la chaudière, la distillation s'active beaucoup plus, donne plus de force aux esprits, rend la liqueur plus fine de goût, et procure un gonflement dans le produit. Lorsque la distillation est finie, on retire le flegme contenu dans le chapiteau par le robinet, on le rejette au dehors ou bien on le fait communiquer à la chaudière par un tuyau, afin qu'il sorte avec la vinasse. Un autre moyen de perfectionnement, ajouté par l'auteur à son appareil, est seulement propre à la fabrication de l'eau-de-vie, preuve de Hollande ou autres preuves basses. Ce moyen consiste à mettre une chaudière sur l'autre. L'auteur désigne la première chaudière par la lettre A; elle est de la contenance de vingt veltes chargée de vin. Cette chaudière repose sur le fourneau, et distille par l'action du feu. Au-dessus est une seconde chaudière désignée par la lettre B, plus grande d'un cinquième que la première,

et chargée aussi de vin. La vapeur de la première chaudière s'élève dans le chapiteau, elle est conduite par un tuyau dans l'appareil de rectification, communique du tuyau à la serpente, et tombe en eau-de-vie. Après que celle-ci a fini de tomber, la vapeur qui sort de la même chaudière, se trouvant plus grossière et donnant beaucoup plus de chaleur, met le vin de la seconde chaudière en ébullition, et tombe aussi en eau-de-vie. La vapeur grossière qu'on appelle repasse, qui sort de la première chaudière, passe dans l'appareil de rectification et se raffine en eau-de-vie, preuve de Hollande. Quand il ne reste plus rien dans la première chaudière, on rejette la vinasse, et il ne reste plus à sortir de la chaudière de dessus que la repasse, qui ne peut s'évaporer que par l'action du feu. De suite on ouvre le robinet qui est adapté à la chaudière B, et qui communique à celle A, pour y faire tomber le résidu. Alors on charge avec du vin la chaudière B, qui se met de nouveau en ébullition par la grande chaleur que lui donne la vapeur grossière sortant de la chaudière A, et distille en preuve de Hollande, jusqu'à la repasse, en même temps que le résidu de la chaudière A se rectifie aussi en preuve de Hollande. Par ce moyen, avec le même combustible, on fait au delà du double du travail qu'avec le procédé ordinaire; il ne faut pas plus de main-d'œuvre; la liqueur est meilleure, notamment celle provenant de la chaudière B, attendu qu'elle distille sans que le feu la touche. Le tuyau qui communique de la chaudière à l'appareil, pour l'écoulement du flegme, peut être placé indistinctement aux deux chaudières. On peut établir celle B en bois, puisqu'elle n'est pas atteinte par le feu; construite ainsi, elle ne peut que rendre l'eau-de-vie meilleure, et elle l'affranchit du goût de cuivre. Cette chaudière peut se mettre à côté de la chaudière A; elle fera le même effet pour la distillation sans feu, en mettant dans cette dernière un cylindre d'une grosseur convenable. Le 10 juin 1806, l'auteur a obtenu un troisième certificat pour quatre perfectionnements. Le premier pour le chapiteau de son appareil. Il faut descendre dans les chaudières, de quelque construction qu'elles soient, son chapiteau de la moitié de la hauteur; on le met et on le lève à volonté; le feu étant allumé, la chaudière se met en ébullition; la vapeur qui se dégage passe par les tuyaux dans le chapiteau, sort de suite par un autre tuyau, et entre dans l'appareil de rectification. Le flegme qui se sépare de la vapeur la plus spiritueuse vient retomber dans le chapiteau, conformément au premier perfectionnement de l'auteur, avec cette différence, qu'à ce dernier, la chaleur que donne la vapeur qui se dégage de la chaudière n'échauffe que la platine du chapiteau, tandis qu'à celui-ci la chaleur en échauffe le dessous et le tour, de manière que cette chaleur, ou la vapeur qui sort par les tuyaux et passe dans le flegme, l'échauffe aussi, et qu'elles s'accordent ensemble pour soutenir ce flegme en ébullition afin d'activer la distillation. Le robinet qui est en bas du chapiteau sert à introduire le flegme dans la chaudière, quand il n'y a plus d'esprit, pour le jeter ensemble avec la vinasse hors de cette chaudière ; on ouvre le même robinet au moyen d'une tige qui traverse le chapiteau. Un tuyau, qui entre, d'une part, dans le chapiteau, et de l'autre dans la chaudière, sert à faire tomber le flegme dans cette chaudière. Le second perfectionnement consiste à faire chauffer le vin d'une manière plus naturelle ; voici comment l'auteur s'y prend : il fait la cuve ou caisse qui contient l'appareil de rectification plus haute qu'à l'ordinaire, d'une grandeur convenable, et il place un tonneau ou caisse de cuivre ou de bois par-dessus ou par-dessous ledit appareil ; puis il remplit ce tonneau ou caisse de vin pour la charge des chaudières. La chaudière étant en activité, les robinets à trois eaux sont rangés de manière à faire parcourir de tous côtés, et à volonté, la vapeur dans cet appareil, soit pour faire des esprits quelconques, soit pour faire de l'eau-de-vie à la preuve de Hollande. Cette vapeur échauffe extrêmement l'eau qui est dans la cuve ou caisse ; alors l'auteur met à profit la chaleur de cette eau pour faire chauffer le vin contenu dans le tonneau ou la caisse ; en sorte que quand la chauffe a fini, et que le flegme et la vinasse ont été rejetés de la chaudière, il ouvre de suite le robinet, et le vin prêt à être en ébullition tombe dans la chaudière. Cette manière, suivant l'auteur, économise singulièrement le combustible et active le travail. Il y a toujours un robinet qui communique d'une chaudière à l'autre pour les charger ensemble. Le troisième perfectionnement consiste en une manière de distiller les marcs. L'auteur en rend compte ainsi : Le dessus de la chaudière du bas est percé de plusieurs ouvertures, que l'on ferme par des contre-platines, lorsqu'on veut distiller des vins, eaux-de-vie ou esprits ; et quand on veut distiller le marc, on lève ces contre-platines, on les remplace par d'autres qui sont percées de plusieurs trous ; on charge de marc la chaudière qui est dessus, par une ouverture pratiquée à côté du chapiteau, que l'on ferme à volonté ; la chaudière d'en bas est chargée d'eau que l'on met en ébullition ; la vapeur de cette eau passe par les trous des contre-platines, traverse le marc, et en emporte l'esprit. Par ce moyen, et à l'aide de ses appareils, l'auteur fait, dit-il, les preuves à volonté, jusqu'à l'esprit trois-six, dans une seule opération. La chauffe finie, on peut sortir le marc par la même ouverture, et, pour faciliter la décharge, on peut en pratiquer une dans le bas de la chaudière. Le quatrième perfectionnement est relatif au fourneau. Les chaudières, dit l'auteur, étant sur le fourneau décrit dans mon troisième moyen de perfectionnement, le calorique ayant circulé autour des chaudières qui sont au-dessous par le moyen des soupapes, il continue à circuler autour

des chaudières qui sont au-dessus avant qu'il puisse s'échapper par le tuyau de la cheminée. Par cette construction du fourneau, on peut y placer huit chaudières, quatre dans le bas et quatre au-dessus. Cette nouvelle manière économise le combustible et la main-d'œuvre. Le 24 juillet 1806, M. Isaac Bérard a obtenu un quatrième certificat pour avoir simplifié son appareil distillatoire. Le moyen de simplification adopté par l'auteur consiste à mettre au-dessus du chapiteau à perfectionnement un serpentin ordinaire, dans lequel on fait entrer la vapeur par le tuyau, et le robinet dit à trois eaux, qui, après avoir parcouru ce serpentin, passe par un tuyau, entre dans un autre serpentin et tombe en esprit, toujours conformément aux inventions primitives. Le flegme qui se sépare de la vapeur la plus spiritueuse retombe dans le chapiteau et la chaudière. Si l'on veut faire de l'eau-de-vie, on tourne le robinet adapté au serpentin, la vapeur passe dans le second serpentin et tombe en eau-de-vie. Cette construction s'adapte également à une chaudière simple et au système de deux chaudières. L'auteur se sert aussi d'une caisse en place de chapiteau. Cette caisse est divisée en deux parties par une platine à laquelle on laisse une ouverture par le bas. La vapeur entre dans cette caisse, passe par l'ouverture de la platine, sort par un tuyau, et va dans son appareil de rectification ; le flegme rentre dans la caisse et retombe dans la chaudière. Le 13 septembre 1806, il a été accordé à l'auteur un cinquième certificat pour quatre perfectionnements. Le premier est relatif à une nouvelle construction de fourneau propre à économiser le combustible : ce moyen consiste à introduire le calorique dans la chaudière par deux ouvertures pratiquées au fond ; ce calorique entre par les ouvertures des tuyaux, parcourt l'intérieur de la chaudière, et va s'échapper par la cheminée. Le perfectionnement dont il s'agit peut s'appliquer à l'appareil d'une chaudière comme à celui de plusieurs chaudières. Non-seulement il économise le combustible, mais il hâte la distillation. Le second perfectionnement est relatif à la distillation des marcs. L'auteur place deux tonneaux remplis de marc près de la chaudière chargée d'eau en ébullition ; la vapeur de cette eau sort par un tuyau et pénètre dans le double-fond des tonneaux, qui supportent le marc ; ce double-fond, percé de trous, laisse pénétrer la vapeur à travers le marc et fait sortir l'esprit qu'il contient ; la vapeur du marc sort par le robinet d'un tuyau, entre dans un chapiteau, sort par une trompe, et se rend dans un serpentin qui entoure l'appareil de rectification. Si l'on veut faire des esprits forts, on ferme deux robinets ; alors la vapeur s'élève dans l'appareil de rectification, passe dans la seconde chambre, et va se condenser dans le serpentin ; le flegme qui se dépouille retombe dans la deuxième chambre, subit une seconde rectification, et lorsque ce flegme est à une certaine hauteur, il retombe dans le chapiteau pour subir une troisième rectification. L'opération étant terminée dans le premier tonneau, elle recommence dans l'autre, et, pendant que l'une se fait, on décharge l'autre tonneau par l'ouverture du bas. Le troisième perfectionnement se rapporte à la fabrication des eaux-de-vie sans appareil de rectification ni chapiteau. Dans ce procédé pratiqué avec deux chaudières l'une sur l'autre, lorsqu'elles sont chargées de vin et en ébullition, la vapeur de celle inférieure passant dans la supérieure, l'eau-de-vie sort par un robinet, et va se condenser dans le serpentin qui est dans le réfrigérant. Lorsqu'il n'y a plus d'esprit dans la chaudière inférieure, on rejette la vinasse; on fait couler le contenu supérieur dans la chaudière inférieure, et on recharge de vin la supérieure. Dans la chaudière du dessous, il se trouve, avec la vinasse, ce qu'on appelle la repasse ou résidu. Cette repasse s'élève en vapeur, entre dans la chaudière supérieure qui est chargée de vin, et en fait sortir l'eau-de-vie; on rejette de rechef la vinasse et l'on continue l'opération. Le quatrième perfectionnement consiste à distiller avec un serpentin et son réfrigérant à côté de la chaudière; on met un robinet à trois eaux, de manière que quand on veut faire de l'eau-de-vie, pour activer la distillation, la vapeur de chaque chaudière va se condenser dans les serpentins. Lorsque l'eau-de-vie est tombée, on tourne ces robinets; la vapeur, changeant de direction, va dans l'autre chaudière pour se rectifier en eau-de-vie, et l'auteur fait faire à volonté des esprits à la chaudière à appareil, et de l'eau-de-vie à l'autre chaudière. Faisant alors tomber dans la chaudière le flegme qui est dans la caisse, il obtient le même résultat; et comme le premier résidu qui tombe après l'esprit se trouve encore fort, M. Bérard a soin de le mettre dans un réservoir placé dans la cuve qui contient l'appareil. Il ouvre un robinet pour faire tomber ce résidu dans la caisse; il tourne aussi le robinet à trois eaux qui est sur le chapiteau de l'autre chaudière; la repasse y entre, passe dans le résidu contenu dans la caisse, va se rectifier dans l'appareil, et tombe en esprit. Le 26 décembre 1811, l'auteur a obtenu un sixième certificat pour un dernier perfectionnement à son appareil distillatoire, à l'effet d'obtenir une distillation perpétuelle en eau-de-vie au titre du commerce, et d'un goût supérieur. La vapeur d'une chaudière A une fois rectifiée, au lieu de la faire passer dans le cylindre qui est placé dans le chauffage, on tourne le robinet à trois eaux, et on introduit, par ce moyen, cette vapeur dans la chaudière B, et ce à l'aide d'un tuyau. Cette opération doit se faire sans interruption après avoir rejeté la vinasse contenue dans une chaudière A, fermé la douille et ouvert le robinet. Cette vapeur passe dans la chaudière B, se mêle avec la vapeur du vin déjà contenue dans cette dernière, passe par le même chapiteau et le même tuyau et coule par

le même serpentin. Une fois la chaudière B vidée, on la recharge à l'aide du chauffage, et pendant le temps que l'on décharge et que l'on charge les chaudières, la distillation continue sans interruption; mais comme la vapeur de a chaudière A s'affaiblit pendant que l'on charge la chaudière B, et qu'elle n'est bientôt qu'au titre de la repasse, ce qu'il est facile de s'assurer, on tourne le robinet à trois eaux, ce qui amène, au moyen de tuyaux, la vapeur dans le liquide au fond de la chaudière B où elle se condense. On peut, si l'on veut, intercepter cette vapeur à la chaudière B, on n'a pour cela qu'à retourner le robinet à trois eaux; alors elle va se distiller en repasse par le serpentin. Cette repasse est utilement employée dans les distillations suivantes. Dès qu'il n'y a plus d'esprit dans la chaudière A, on continue à faire les mêmes opérations, tant pour la décharge que pour la charge des chaudières et le chauffage : cette manière d'opérer présente une grande économie de combustible et de main-d'œuvre, et donne un produit considérable, bien supérieur en goût et en qualité à ce que produisaient les procédés connus. Cet appareil, facile à conduire, est à l'abri de tout danger, et enfin produit une distillation perpétuelle en eau-de-vie. Lorsque l'auteur veut faire des esprits, il change le chapiteau et le remplace par celui pour lequel il a déjà obtenu un brevet de perfectionnement. Une fois ce chapiteau placé, il ne charge de vin que la chaudière A; la vapeur qui se dégage entre dans un cylindre ou chapiteau, et passe dans des tuyaux; il l'arrête au robinet à trois eaux, puis l'introduit, au moyen d'un tuyau, au fond de la chaudière B, pour qu'elle se condense dans les flegmes qui s'y trouvent. La vapeur qui s'en dégage alors passe dans le chapiteau, va se rectifier dans le cylindre rectificateur; la vapeur rectifiée sort par un tuyau, et va couler en esprit par un serpentin. L'auteur, en tournant un des robinets à trois eaux, introduit les flegmes dans la chaudière B, qui, en cette occasion, sert de réservoir. On peut faire servir cette même chaudière pour la fabrication des esprits de marc de raisin, en faisant à la chaudière A une ou deux ouvertures avec couvercles, afin d'y introduire le marc et de l'en sortir lorsque la chauffe est finie. (Une ouverture est toujours nécessaire, quand même on ne voudrait fabriquer que des eaux-de-vie ou esprits-de-vin, afin de nettoyer au besoin la lie qui se dépose au fond de cette chaudière.) Dans ce cas, on charge de vin la chaudière B, et on charge de marc la chaudière A. Une fois cette dernière chargée et l'ouverture fermée, et après y avoir versé l'eau nécessaire pour la première chauffe seulement, on la met en ébullition : la vapeur qui se dégage échauffe le vin dans la chaudière B, met ce vin en distillation, lui fait distiller l'eau-de-vie qu'il contient et une partie de la repasse, et la vapeur du marc va se rectifier dans le cylindre rectificateur. Dès que le marc renfermé dans la chaudière A ne contient plus d'esprit, on décharge cette chaudière, puison la recharge de suite, et l'on fait tomber sur le marc, au lieu d'eau, la repasse contenue dans la chaudière B; le peu qui reste de ce dernier liquide se redistille avec l'esprit du marc : cette opération est à répéter à chacune des chauffes.

Perfectionnement. — M. *Chassary*, de *Montpellier.* — M. Chassary a obtenu un brevet pour dix ans, pour un appareil propre à l'amélioration des procédés de distillation des eaux-de-vie. Il présente un aspect majestueux; il offre à l'extérieur l'apparence d'une colonne assez grosse et d'une hauteur proportionnée, laquelle est placée verticalement au-dessus de la cucurbite, et lui sert de chapiteau. L'intérieur de la colonne renferme quatre chapiteaux enfilés et placés l'un sur l'autre. (*Art du distillateur*, par M. Le Normand, tome II, page 227.)

Invention. — M. *Flickwier, de Cette.* — Ce distillateur a obtenu un brevet de dix années, pour un moyen d'opérer facilement, et à peu de frais, la rectification de l'alcool. Cet appareil ne diffère de celui de M. Chassary que par six chapiteaux l'un sur l'autre, enveloppés par une colonne placée verticalement sur la cucurbite. (*Art du distillateur*, par M. Le Normand, tome II, page 228.)

M. *Ménard, pharmacien à Lunel.* — Vers le milieu de l'an XIII, M. Ménard inventa un appareil pour la distillation des vins. Cet appareil est très-simple; il produit du 3/7 en chargeant la chaudière de vin, et du 3/8 en la chargeant d'eau-de-vie. Il fait huit chauffes de 3/6 par vingt-quatre heures. Les produits à temps égal, surpassant ceux des appareils connus jusqu'alors, ont constamment été limpides et de bon goût, et il n'y a eu tout au plus qu'une velte de repasse. La chaudière ne diffère point des anciennes ; la seule invention consiste dans le condensateur. Ce condensateur ou alcogène est un cylindre de cuivre de quarante-un centimètres de diamètre, et de un mètre soixante-trois centimètres de longueur. Ces dimensions suffisent pour une chaudière d'une contenance de 4 à 5 hectolitres. Ce cylindre est divisé intérieurement en huit cases, par sept diaphragmes en cuivre, et est couché horizontalement, de manière que les diaphragmes sont dans une situation verticale. Ces cases communiquent l'une à l'autre par un tube qui est soudé à la partie supérieure du diaphragme, et descend jusqu'à la partie inférieure de l'alcogène, sans la toucher. Toutes les huit cases du condensateur n'ont pas une égale dimension. Les deux cases extrêmes sont le double plus larges que les six intermédiaires, de manière que chacune des cases extrêmes, d'après les dimensions actuelles, sera de trois cent vingt-cinq millimètres, et chacune des six intermédiaires de cent soixante-deux millimètres. L'alcogène est entièrement renfermé dans une grande caisse ou réfrigérant, formée de forts madriers de chêne : il est supporté par quatre pieds en cuivre, qui ont de trois à quatre pouces de hauteur, afin que l'alcogène ne touche pas le fond du réfrigérant, et que, par

ce moyen, l'eau dans laquelle il est plongé l'enveloppe de toutes parts. Cette caisse repose sur une maçonnerie solide. Au-dessous de l'alcogène, et dans l'espace qui existe entre lui et le fond de la caisse, sont soudés huit tuyaux, coudés presque à angles droits, à trois centimètres de l'alcogène, et sortant par huit trous pratiqués au-devant de la caisse. Ces huit tuyaux sont solidement mastiqués dans ces trous, afin que l'eau du réfrigérant ne s'échappe pas par ces ouvertures. Ces mêmes tuyaux, armés chacun d'un robinet simple dans leur partie antérieure à la caisse, sont soudés avec un grand tuyau qui est placé au-dessous d'eux. Ce grand tuyau est un peu incliné vers la chaudière, pour y ramener les flegmes, lorsque la distillation est terminée. A la partie supérieure du condensateur, et au-dessus de chacune des grandes cases, on a pratiqué un tuyau qu'on nomme tuyau de change, et qui se ferme par un bouchon de liége. L'extrémité de la dernière case de l'alcogène communique avec le serpentin par un tuyau qui est placé à la partie supérieure, pour recevoir les vapeurs qui s'en échappent, et qui les transmet au serpentin, afin qu'elles y soient condensées. Au-dessus de l'alcogène, et dans toute sa longueur, se trouve placé un tube qui part du chapiteau de la chaudière, et transmet les vapeurs soit dans la première, soit dans la dernière case, à l'aide d'un robinet à trois trous qui est placé presque à la naissance de ce tuyau. (*Art du distillateur*, par M. Le Normand, tome II, page 170.)

M. *Brugnière, de Nîmes* (Gard). — Avec l'appareil pour lequel l'auteur a obtenu un brevet de quinze ans, on peut retirer, par une seule distillation, les esprits que les vins et eaux-de-vie peuvent fournir, aux titres connus dans le commerce. On peut aussi conduire cet appareil de manière que la distillation y soit ou permanente, ou à volonté, telle que celle des procédés ordinaires. Le but d'utilité qui ressort le plus de cet appareil est celui-ci : il rejette au dehors le résidu aqueux, en même temps qu'il fournit le produit spiritueux. La chaudière étant chargée, le bain-marie d'évaporation et le bain d'eau froide de liquéfaction étant remplis comme il convient, les fourneaux allumés et l'ébullition une fois établie, tant dans la chaudière que dans le bain-marie, les vapeurs qui montent de la chaudière entrent dans le rectificateur, pour arriver au serpentin. Ces vapeurs passant assez librement dans la partie du rectificateur, sont chauffées par le bain-marie; mais trouvant dans la prolongation du rectificateur une température beaucoup moins chaude, elles s'y condensent en partie, et il n'arrive au serpentin que celles qui, par leur grande spirituosité, ont pu, sans se liquéfier, résister aux températures par où elles ont passé. Les vapeurs moins spiritueuses se condensant dans la partie du rectificateur qui est baignée d'eau froide, le liquide qui en provient tombe sur sa base, et coule nécessairement sur son plan incliné, retournant vers la partie chauffée au bain-marie. Là il rencontre les séparations qui, contrariant son cours, et le retardant singulièrement, lui donnent le temps d'arriver à une température assez haute pour entrer de nouveau en évaporation, et dès lors tout ce qu'il contient de spiritueux se dégage en vapeurs, qui, en suivant le même cours que les premières échappées de la chaudière, sont, à leur tour, de nouveau exposées aux mêmes effets. Il en résulte que le liquide qui, après cette épreuve, arrive dans la partie du rectificateur la plus voisine de la chaudière, n'est plus que de l'eau, et peut être rejeté au dehors par le robinet, ou renvoyé dans la chaudière par l'autre robinet, s'il contient encore quelque spirituosité, ce qui peut bien arriver dans les premiers moments de la distillation, mais jamais après. Par ce moyen, en entretenant l'eau du bain-marie toujours bouillante, et en tempérant et rafraîchissant, par l'introduction d'une eau froide et le rejet des eaux chaudes, celles des autres parties du bain, on obtient dans les portions du rectificateur, plongées dans ces mêmes parties des bains, autant de liquéfaction que l'on veut, et, par le même moyen, on parvient à faire à volonté, avec le même liquide, mis en ébullition dans la chaudière, toutes les preuves qu'il peut fournir. La permanence de la distillation peut aisément s'établir à l'aide d'un serpentin horizontal, qui traverserait toutes les eaux des bains, et qui communiquerait à la partie du rectificateur où commencent les séparations, en y faisant couler avec mesure le liquide à distiller. Il est évident qu'en l'échauffant par degrés, ce liquide arriverait aux séparations du rectificateur, où il serait vaporisé comme les autres liquides provenant de la condensation des vapeurs échappées de la chaudière, et qu'il en résulterait les mêmes effets. Cette permanence pourrait également avoir lieu, soit seulement dans l'intervalle d'une chauffe à l'autre, soit en ne faisant aucun usage de la chaudière, en fermant hermétiquement la communication avec le rectificateur et en ne se servant que du bain-marie, qui, dans ce cas, pourrait être changé en un bain de vapeur ou de sable, ou dont l'eau pourrait être chargée de sel marin. Dans l'appareil ci-dessus décrit, la permanence de la distillation n'était indiquée que par les seules fonctions du rectificateur; une connaissance plus approfondie de la chose et de l'expérience a appris, en 1806, à M. Brugnière, qu'il devait principalement faire concourir à cette œuvre la chaudière elle-même; qu'à cet effet il devait augmenter le nombre des chaudières, en les faisant communiquer soit les unes aux autres, soit à une chaudière ou réservoir central, en les disposant de manière que l'une ou les unes reçussent constamment et alternativement le liquide à distiller, et celui revenant du rectificateur et de l'appareil de l'auteur, ou de tout autre agent qui aurait les mêmes fonctions; et qu'il fallait que les chaudières pussent dégorger le résidu à mesure que le liquide en ébullition

se serait dépouillé de tout ce qu'il pourrait contenir de spiritueux. Au moyen de ces changements, l'appareil se gouverne ainsi: les chaudières étant chauffées, et d'abord chargées seulement jusqu'au niveau des tuyaux de communication, et le robinet du troisième tuyau étant fermé, la vapeur gagne le condensateur renfermé dans le récipient, pour arriver au serpentin, échauffe le liquide à distiller qui est contenu dans ce récipient, et arrive en liquide dans le bassinet; dès lors, en ouvrant avec précaution le robinet du tuyau, le liquide à distiller s'introduit chaud dans les trois premières chaudières. La quatrième, ne recevant rien, finit promptement sa distillation, ce que l'on reconnaît en ouvrant le robinet du tuyau du petit serpentin qui communique à la quatrième chaudière, en fermant le robinet du troisième tuyau, et en éprouvant, à la manière accoutumée, le liquide qui découle dès lors du serpentin. La distillation de cette quatrième chaudière étant terminée, et la vinasse rejetée, on ouvre le robinet du tuyau de communication, et lorsque le liquide des autres chaudières a pris son niveau dans celle-ci, on ferme ce robinet, et l'opération recommence. A cet effet, on a soin de ne laisser introduire dans les trois chaudières, pendant le temps de l'une à l'autre décharge de la quatrième, le liquide à distiller, que vers le milieu de leur hauteur, ce qui s'opère facilement au moyen d'un régulateur en verre placé à la première chaudière; cette manœuvre facile et simple, opérée avec intelligence, établit une distillation perpétuelle qui, sous le rapport de l'intérêt du fabricant, a, dit l'auteur, les plus grands avantages. (*Brevets non publiés.*)

M. Guy, de l'Ile-d'Oléron.—L'auteur a obtenu un brevet de cinq ans pour un appareil distillatoire qui se compose d'une chaudière de forme tronquée, dont le diamètre supérieur est de 1 mètre 623, le diamètre inférieur, de 0 mètre 811, et la hauteur, de 0 mètre 514, y compris le collet. Le fond de cette chaudière est légèrement bombé, de manière que la plus grande convexité est de 0 mètre 54. Au centre de ce fond est attachée une crapaudine en cuivre, dans laquelle entre la verge de l'agitateur. Le chapiteau de la chaudière, sur laquelle il est cloué à demeure, est de 0 mètre 811 de hauteur; il a un rebord de 0 mètre 135 intérieurement; ce rebord est destiné à accueillir les gouttes qui se condensent contre les parois. Un autre petit chapeau est placé sur le premier, à 0 mètre 379 de diamètre, et porte deux anses au moyen desquelles on peut l'ôter et le remettre à volonté. Le bras ou queue du chapeau a 0 mètre 893 de longueur; sa plus grande ouverture est de 0 mètre 433 de diamètre, et la petite, un peu moins de 0 mètre 108. Sa pente, sur toute sa longueur, est de 0 mètre 162. Un tuyau en forme d'entonnoir sert à introduire l'eau nécessaire au nettoiement du serpentin. Un autre tuyau, garni de son entonnoir, est appelé tuyau de charge; l'auteur appelle indicateur un petit tuyau avec robinet, dont l'objet est de faire connaître quand la chaudière est assez chargée; un dernier tuyau sert à la décharge, après la distillation. Au moyen d'un agitateur dont la verge excède de 0 mètre 162 la hauteur du petit chapeau, cette verge est maintenue en bas pas la crapaudine, et en haut par le trou pratiqué au petit chapeau. L'agitateur est garni de quatre verges en cuivre qui ont chacune le demi-diamètre du fond de cette chaudière; les lies ne peuvent donc s'attacher au fond. Quatre ailes de moulin sont placées un peu plus haut, et agitent le liquide pour provoquer l'évaporation. Un bras de levier, qu'on peut ôter et remettre à volonté, sert à mettre l'agitateur en mouvement. Un serpentin à six torons, qui vont tous en diminuant, présente au toron supérieur un orifice triple de celui du toron inférieur, et donne 16 mètres 883 de circonvolution. Il y a aussi une pipe de 1 mètre 299 de diamètre, et de hauteur, un mètre 623. Une augeon pierre est destinée à recevoir le vin, avant de le mettre dans la chaudière. Le fourneau se compose d'un foyer de 0 m. 541, de hauteur sur 0 m. 596 de diamètre ; d'un cendrier dont le carré d'ouverture est de 0 mètre 189, et placé sous la grille ; d'une double porte, l'une placée à l'intérieur de la maçonnerie, et l'autre à l'extérieur. La flamme et la fumée parcourent quatre fois le tour de la chaudière dans des tuyaux horizontaux et perpendiculaires, avant que de se rendre dans la cheminée. Quatre registres, dont un est fermé toutes les heures, chauffe les parties de la chaudière chargées de liqueur. Enfin, une boîte de fer-blanc, dont l'ouverture est en demi-cercle, facilite l'introduction de l'air froid qu'on obtient en telle quantité que l'on veut. (*Brevets expirés*, t. III, p. 91, pl. 26.)

M. Brougonnières, de la Rochelle (Charente-Inférieure). — L'appareil, pour lequel l'auteur a obtenu un brevet d'invention de cinq ans, est construit ainsi qu'il suit : Le fourneau n'a pas de cheminée apparente; une grille formée de deux grillons, et placée à l'extrémité de l'âtre ou sol, donne passage à l'air, qui, sans le cendrier, anime le feu. La flamme parcourt le fond de la chaudière, vient sortir sur le devant, où elle entre dans l'intérieur de la chaudière par vingt-un tuyaux, y réchauffe le vin, et va ressortir par derrière. Par ce moyen on concentre et on multiplie l'action du vin, et l'on obtient par conséquent un résultat proportionnel. Le chapiteau contient un carré de six pouces en tous sens; il est traversé par quatre rangs de tuyaux qui se croisent, et qui sont séparés par un vide d'environ deux lignes. Ce carré est placé au milieu du réfrigérant plein d'eau, qui lui-même contient le chapiteau. L'eau du réfrigérant passe dans les tuyaux dont il s'agit, et les vapeurs du vin mis en ébullition s'échappent en se condensant successivement par les vides séparatifs des tuyaux. Les vapeurs, se dégageant alors de leurs flegmes, vont encore se condenser dans le premier tuyau qui joint le récipient, et enfin achèvent

leur condensation dans le chauffe-vin et le serpentin. A la première chauffe l'on obtient des esprits à 3 degrés de Réaumur. L'obélisque qui tient au chapiteau est placé sur le carré ; il est comme lui couvert par l'eau du réfrigérant; cette eau passe par des tuyaux qui le traversent, et ceux-ci opèrent une plus forte et plus active condensation, qui donne, en fermant le robinet inférieur, de l'esprit à 10 degrés et même à 18, en proportion du nombre des tuyaux condensateurs. (*Brevets non publiés.*)

M. Fournier, pharmacien à Nîmes (Gard). — L'appareil pour la distillation des esprits, eaux-de-vie, et principalement des marcs de raisin, qui a valu à son auteur un brevet de cinq ans, est préférable aux anciens, en ce que, l'opération se faisant dans des vases de bois, on obtient des esprits purs. La mobilité de cet appareil permet de le transporter facilement et à peu de frais dans les campagnes, dans tous les lieux éloignés des fabriques d'eau-de-vie, où il peut se trouver des matières à distiller. Le déplacement de ces matières, outre qu'il est toujours très-dispendieux, leur fait perdre infiniment de leur qualité. Enfin, pouvant laisser les résidus aux propriétaires, on obtient les matières à des prix plus modérés. Un seul homme suffit pour le service de l'appareil dont il s'agit. Le résultat qu'on en obtient équivaut à celui de six chaudières ordinaires. L'économie du combustible est très-sensible, en ce qu'on n'a pas besoin d'éteindre le feu. Lorsqu'un vase a terminé sa distillation, on transmet les vapeurs dans l'autre par le moyen de robinets. Pendant que celui-ci distille à son tour, l'ouvrier a le temps de démonter et de recharger le premier, et ainsi de suite, au fur et à mesure que l'eau chaude est prise par un tuyau de communication dans la partie supérieure du réfrigérant. On peut encore, et à peu de frais, fixer cet appareil. Pour cela on n'a besoin que d'une chaudière fermée; elle doit être faite en cuivre mince, et de telle forme qu'on voudra, pourvu qu'elle soit enveloppée entièrement par la maçonnerie, pour ne pas perdre de chaleur. Il est inutile de faire circuler la cheminée autour; il suffit que le feu frappe en dessous. Cet appareil est monté sur une voiture à quatres roues; sur le derrière est une chaudière à vapeur placée dans une caisse de bois ; le foyer du fourneau se trouve sous un des coins de la chaudière. Une cheminée occupe l'angle opposé à celui du foyer. La chaleur, avant de gagner cette cheminée, est forcée, par des encloisonnements, de circuler sous le fond de la chaudière. L'intervalle ménagé entre la chaudière et la caisse de bois est rempli de maçonnerie, pour empêcher la diffusion de la chaleur. Un niveau régulateur marque la hauteur de l'eau dans la chaudière, dans laquelle un tuyau conducteur des vapeurs aqueuses se partage en deux parties, qui se rendent dans les tonneaux qui contiennent les matières à distiller. Ces tonneaux sont cerclés en fer, recouverts, réunis l'un contre l'autre, et fixés sur les brancards de la voiture par des brides en fer qu'on serre avec des clavettes. Deux tuyaux conducteurs des esprits, et qui aboutissent à l'embouchure des serpentins, sortent de ces tonneaux; chacun de ces tuyaux est muni d'un robinet. Le réfrigérant contenant le serpentin est posé sur l'avant-train; au bas du réfrigérant est un tuyau de sortie des esprits; un autre tuyau, garni d'un robinet, établit la communication entre la partie supérieure du réfrigérant et la chaudière, pour restituer à celle-ci l'eau qu'elle perd par l'évaporation. Les tonneaux, la chaudière et le réfrigérant ont chacun un tuyau de vidange. Cet appareil se démonte, pour en faciliter le transport et empêcher les fractures ou la dégradation des pièces qui le composent. L'amélioration qu'obtient l'auteur dans les eaux-de-vie de marc, distillées à la vapeur au moyen de vases de bois, lui fit trouver, en 1806, des procédés de perfectionnement dans la distillation au bain-marie. Il se servit des eaux chaudes qu'on retire sans cesse du réfrigérant : à cet effet, il imagina un serpentin surmonté d'un vase cylindrique, divisé horizontalement en deux parties, dont la supérieure est dominée par un tuyau en forme de cou de cygne, qui porte les vapeurs dans le vase inférieur. Celui-ci, étant à une température moins élevée, opère une seconde rectification, d'où il résulte du trois-six, si on a mis de l'eau-de-vie dans l'alambic. En proportionnant les vases rectificateurs à l'alambic, on obtient du trois-six jusqu'à la fin de la distillation, moins la huitième partie, qui n'est que du trois-cinq, plus une petite quantité de flegme qui a tout au plus la valeur du vin, et qu'on conserve pour en faire une distillation particulière. Ce procédé a d'autant plus d'avantage sur tous les procédés ordinaires, qu'il n'est pas nécessaire, pour obtenir du trois-six, de mettre dans l'alambic du trois-cinq, ce qui expose les ouvriers à des accidents; d'ailleurs, les produits n'en sont que plus considérables et le meilleure qualité. Ayant reconnu qu'il convenait mieux d'échauffer les liquides par-dessous que par les côtés, l'auteur se dispensa de faire les parois de sa chaudière en métal; à cet effet il se servit d'un tonneau dont le fond inférieur seulement est en cuivre, et qu'il plaça immédiatement sur le foyer d'un fourneau construit en forme de volute, pour mieux distribuer la chaleur. Pour conserver l'appareil pendant qu'il n'est pas en activité, on le remplit d'une eau salée à 18 degrés. L'alambic se compose d'un tonneau en bois, cerclé en fer, dont le fond inférieur est en cuivre étamé, et posé sur un fourneau dont le foyer est en forme de volute; ce fourneau sert d'alambic pour la rectification et de chaudière pour la distillation à la vapeur. Au haut du tonneau est un tuyau de sortie des vapeurs; et, afin d'en favoriser la sortie, le plan du fond supérieur du tonneau est incliné; sur ce fond est un trou pour introduire le liquide; au

bas du tonneau est un tuyau de vidange; la cheminée du fourneau doit s'élever au delà du tonneau. L'embouchure du serpentin qui reçoit les vapeurs venant de l'alambic est pratiquée à la partie supérieure de la cuve servant de réfrigérant, et se rend en forme circulaire dans le premier bain-marie, ou partie supérieure du cylindre qui surmonte le serpentin. Un second bain-marie est séparé du premier par une cloison, et un tuyau en forme de cou de cygne conduit les vapeurs surabondantes du bain supérieur à l'inférieur. Au premier bain est adapté un robinet qui sert à introduire à volonté l'eau du réfrigérant pour nettoyer l'appareil, et à sa partie inférieure en est un autre qui sert à vider ce bain dans le second; un troisième robinet est adapté au second bain-marie pour le vider. Les tiges des clefs de ces robinets doivent être prolongées jusque hors du réfrigérant; des supports maintiennent le serpentin dans le réfrigérant, et deux tuyaux adaptés à la cuve servent, l'un à introduire l'eau froide, l'autre à la sortie du trop plein. M. Fournier, après de nombreuses expériences, ayant remarqué que dans la distillation, et surtout la rectification des esprits, les grandes issues sont contraires à la condensation des vapeurs aqueuses; que les tuyaux en forme de cou de cygne, adaptés au chapiteau de l'alambic suivant une direction oblique, donnaient trop de facilité au flegme de passer, il remédia, en 1806, à ces inconvénients, en faisant les tuyaux plus étroits, en les dirigeant d'abord verticalement jusqu'à une certaine hauteur, et les faisant ensuite gagner l'entrée des serpentins par un retour demi-circulaire. On comprend que, dans leur trajet jusqu'au sommet de la courbe, les vapeurs pesantes, perdant successivement de leur calorique, se trouvent condensées en liquide dans la chaudière, tandis que les vapeurs légères ou alcooliques, continuant à suivre le tuyau, gagnent le serpentin, où elles sont à leur tour condensées, et donnent une liqueur plus forte. Mais, pour l'avoir encore à un degré supérieur, l'auteur a ménagé à la troisième circonvolution du serpentin un petit réservoir, où toute celle qui est formée dans la partie supérieure se rend; elle tombe de là, lorsqu'on ouvre un robinet, dans une chaudière, pour être distillée de nouveau. Il est nécessaire que l'eau du réfrigérant soit tenue à une certaine température, qu'on règle au moyen d'un réservoir d'eau froide placé dans la partie supérieure, et d'un thermomètre qui est en communication avec l'eau du réfrigérant, vis-à-vis le robinet dont nous venons de parler. Les eaux froides arrivant par le bas y sont versées par plusieurs orifices horizontaux, afin de ne pas les mêler avec l'eau chaude, et conserver autant de fraîcheur que possible autour des circonvolutions inférieures du serpentin. Le robinet d'extraction placé vers le milieu du serpentin étant fermé, l'appareil se réduit à un petit appareil ordinaire, avec lequel on obtient de l'eau-de-vie, comme avec ce dernier. Il est nécessaire de fixer d'une manière invariable le chapiteau sur la chaudière, pour éviter les accidents qui pourraient résulter de la pression qu'exerce la vapeur. On voit que les anciens appareils distillatoires sont susceptibles de recevoir des dispositions semblables, et qu'en plaçant des robinets d'extraction à diverses hauteurs du serpentin, et en augmentant le nombre de ses circonvolutions, on peut obtenir des esprits de différentes forces. Cet appareil rectificateur se compose d'une chaudière en cuivre dont l'intérieur est étamé; à sa partie supérieure est un chapiteau également en cuivre, et étamé dans son intérieur ; de son extrémité s'échappe un tuyau qui transporte les vapeurs dans un serpentin placé dans son réfrigérant ; au milieu de ce serpentin est un réservoir où se rendent les vapeurs condensées à sa partie supérieure ; un robinet y est adapté, ainsi qu'un tuyau au moyen desquels on peut les faire retourner dans la chaudière, en aboutissant à un tuyau qui y est placé pour la charger. Au-dessus du réfrigérant est un réservoir d'eau froide, un thermomètre fixé vis-à-vis le robinet d'extraction, et, en dehors du réfrigérant, se trouve en communication avec l'eau de l'intérieur. A l'extrémité supérieure de la cuve est un déversoir pour les eaux chaudes. (*Brevets publiés*, 1818, t. II, p. 278, pl. 63 et 64.)

Mademoiselle Bascon, de Montpellier.—Cette demoiselle a obtenu un brevet de dix ans pour l'invention d'un procédé qui donne du 3/6 par une seule opération ou une même chaude. Le but de mademoiselle Bascon n'a pas été de distiller par analyse, mais d'économiser le combustible, en opérant trois distillations différentes dans le même temps et sur le même fourneau. La chaudière de son appareil est trois fois plus longue que large; elle a une forme parallélogrammique. Au milieu de sa longueur s'élève un très-vaste chapiteau rond, qui a un bec très-large, et qui aboutit dans un serpentin immergé dans une cuve pleine d'eau froide. Indépendamment du collet qui reçoit le chapiteau, le fond supérieur de la vaste chaudière est percé de deux trous inégaux, qui reçoivent chacun une chaudière particulière, dont les bords extérieurs sont parfaitement lutés avec les bords des collets qui les reçoivent; ces deux chaudières descendent jusqu'à trois pouces de son fond; elles sont toutes les deux d'égale profondeur; elles varient seulement par leur diamètre. Chacune de ces chaudières est surmontée d'un chapiteau semblable à celui de la chaudière du milieu, lequel aboutit à un vaste serpentin immergé dans l'eau. Les cuves de ces serpentins sont toutes les deux d'un côté du fourneau, et celle du chapiteau du milieu est placée du côté opposé. Il est facile de concevoir que si l'on remplit aux trois quarts les trois chaudières, en chauffant la chaudière parallélogrammique, les deux autres s'échaufferont en même temps, et la grande chaudière, en opérant la

distillation, servira de bain-marie aux deux autres; il y aura donc économie de combustible, puisque trois chaudières distilleront en même temps et par le même feu. Le but de mademoiselle Bascon a été non-seulement d'obtenir une grande quantité de produits, mais encore de les recevoir analogues aux substances mises dans chaque chaudière. Si l'on désigne le grand alambic par le n. 1, le moyen par le n. 2, et le petit par le n. 3, que l'on remplisse de vin le n. 1, il produira de l'eau-de-vie preuve de Hollande par la distillation; si l'on met ce produit dans le n. 2, on obtiendra du 3/5; et enfin si l'on met le résultat du n. 2 dans l'alambic n. 3, on aura, par la distillation, du 3/6. La grandeur des trois chaudières, dont les deux plus petites sont étamées en dedans et en dehors, est combinée de manière que les produits de la première sont suffisants, dans les circonstances les moins avantageuses, pour remplir la seconde et ceux de la seconde pour remplir la troisième. Ainsi mademoiselle Bascon, par ce procédé aussi neuf qu'ingénieux, distille du 3/6 par une seule chauffe, lorsqu'une fois l'appareil est en train, puisqu'il lui faut deux chauffes lorsqu'il commence pour avoir de l'eau-de-vie et du 3/5. Elle n'emploie aucun alcogène. (*Art du distillateur*, par M. Le Normand, tome II, page 223. *Brevets non publiés*.)

M. Reboul, de Calvisson. — L'appareil pour lequel M. Reboul a obtenu un brevet de cinq ans se compose d'un foyer, d'un espace situé sous la chaudière, lequel est parcouru par la flamme ; d'une chaudière en cuivre rouge, où l'on met le vin à distiller ; du chapiteau de la chaudière en forme de cou de cygne, par où s'élève la vapeur qui forme l'esprit ; d'une petite chaudière en cuivre recevant un tuyau ajusté au chapiteau de la chaudière où est le vin, et embranché à un petit bassin plat suspendu au centre de la petite chaudière. Il existe deux petits bassins en cuivre, divisés chacun en quatre cases numérotées de 1 à 8. La vapeur, au sortir du deuxième tuyau, se répand dans la case n. 1, d'où elle est conduite dans la deuxième case par un tuyau siphon, de cette case elle passe de la même manière dans les cases 3 et 4, pour être ensuite introduite dans une cinquième case au moyen d'un autre tuyau à siphon, d'où elle passe successivement dans les cases 6, 7, et 8, à l'aide d'autres tuyaux semblables. La vapeur, arrivée dans la huitième case, est reçue par un tuyau aboutissant à un serpentin, d'où elle passe dans un autre placé dans un grand bassin rempli d'eau froide, où elle se condense, et sort en liqueur froide au degré de 3/6 par un tuyau, et après avoir parcouru le serpentin et le pourtour du bassin. Pour avoir du 3/5, on remplit la petite chaudière avec de l'eau-de-vie ordinaire, dite preuve de Hollande, qui, étant réduite en vapeur par l'ébullition provenant de la vapeur sortant de la grande chaudière qui parcourt le tuyau ajusté au chapiteau et le bassin, sort en liqueur au degré de 3/5 par un autre tuyau. Pour avoir de l'eau-de-vie ordinaire dite preuve de Hollande, on ferme, au moyen d'un robinet, le tuyau ajusté au chapiteau de la grande chaudière; la vapeur est alors introduite dans un autre tuyau qui la conduit directement dans le premier serpentin, d'où elle sort en preuve de Hollande par le même tuyau qui fournit le 3/6. Pour économiser le temps et le combustible, l'auteur a imaginé un bassin dans lequel le vin qu'on y met est chauffé par le serpentin dont il vient d'être question; ce vin chaud est porté par un autre tuyau dans la grande chaudière. Le vin froid arrive dans ce bassin au moyen d'une pompe et d'un tuyau de conduite. Le bassin doit contenir au moins un peu plus que la grande chaudière, pour que le vin employé dans la même journée ne soit jamais froid. Le marc qui reste dans les cases des deux premiers bassins est transmis, après l'opération, dans la grande chaudière, au moyen d'un tuyau à robinet, auquel communiquent autant de robinets qu'il y a de cases. Un tuyau incliné sert à verser dans la grande chaudière le marc contenu dans la petite. Deux robinets servent à établir ou interrompre la communication de la grande chaudière avec le bassin. (*Brevets expirés*, tome III, page 250, planche 47.)

M. Reboul, de Pézenas. — L'auteur a imaginé, pour la distillation des marcs, lies de raisin et autres substances qui ne sont pas du vin proprement dit, un nouvel appareil qui se compose d'un vaste alambic rempli d'eau, et qu'il place au centre de la brûlerie; autour sont de grandes cuves en bois, cerclées en fer et fermées hermétiquement. Ces cuves sont remplies de marc en raisin; à côté des cuves sont autant de réfrigérants, garnis chacun d'un serpentin. La vapeur de l'eau en ébullition échauffe le marc contenu dans les cuves, et la distillation s'opère avec beaucoup d'économie. (*Art du distillateur*, par M. Le Normand, t. 1er, pl. 473.)

M. Curaudau professeur de chimie. — L'alambic et le fourneau de l'appareil, que l'auteur destine au même usage que le précédent, sont absolument construits d'après les mêmes principes que ceux pour la distillation des vins; seulement M. Curaudau a changé la forme de la chaudière dans l'endroit où la chaleur exerce la plus forte action; et, pendant l'opération, il y fait circuler une chaîne, afin d'empêcher que les matières qui se déposent n'y brûlent. La partie de la chaudière qui est perpendiculaire au foyer est bombée; son élévation au-dessus du fond de la chaudière est de six pouces, et son diamètre est de trois pieds. Un morceau de fer, courbé suivant la courbure du fond de la chaudière, supporte une chaîne qui est disposée de manière à frotter le fond de la chaudière. Ce grattoir est combiné avec une tige verticale, qui, au moyen d'une force motrice quelconque, lui donne un mouvement continuel de rotation. Cette tige traverse une ouverture recouverte d'un tampon qui empêche la vapeur de s'échapper. — L'alambic, dans un second appareil du même auteur, n'a rien

qui se rapproche de la forme de l'alambic de l'appareil précédent, qui est en surface, tandis que celui dont il s'agit ici est en profondeur. M. Curaudau lui a donné cette forme particulière, afin d'éviter que l'eau-de-vie obtenue des marcs ne se ressentît de la mauvaise odeur qu'on lui communique par les procédés ordinaires. Il se compose d'un foyer dans la forme donnée aux autres appareils; sa porte a dix pouces de large sur neuf de haut. La chaudière a seize pouces de profondeur et trois pieds de diamètre; à son ouverture est une gorge pour recevoir le cuvier, qui a trois pieds de haut et le même diamètre que la chaudière. Dans l'intérieur du cuvier sont placés, de neuf pouces en neuf pouces, des tasseaux pour recevoir une grille en bois; chaque grille est traversée par plusieurs conduits de chaleur; ils sont ordinairement au nombre de neuf dont un au milieu. Ces conduits de chaleur sont destinés à porter les vapeurs d'eau bouillante alternativement de case en case, lesquelles vapeurs sont changées par la partie spiritueuse contenue dans le marc. Supposant la chaudière moitié remplie d'eau, aussitôt que cette eau a acquis le degré d'ébullition, elle traverse les conduits de chaleur, et se répand uniformément sur toute la masse du marc contenu dans la première case; alors la partie spiritueuse gazéifiée s'élève en vapeur de préférence à l'eau, et ne tarde pas ensuite à gagner le chapiteau. Ce qui se passe à l'égard de la première case a également lieu pour les autres, et de cette manière l'eau-de-vie n'a aucun des goûts désagréables que lui communique la méthode usitée. Le chapiteau est de même forme qu'aux autres appareils; deux issues sont pratiquées pour l'air qui a traversé le fourneau; la cheminée de ce dernier est pratiquée dans un extérieur: son diamètre est du tiers de l'ouverture de la porte du foyer. Une soupape établie dans la cheminée, à la hauteur du bord de la chaudière, est destinée à arrêter le courant d'air lorsque le fourneau chauffe trop fort. (*Art du distillateur*, par M. Le Normand, t. I, p. 473 et suivantes.)

M. Sizaire, de Carcassonne (Aude). — L'auteur a obtenu un brevet d'invention de cinq ans pour un nouveau procédé propre au perfectionnement de la distillation du vin, et à la fabrication des eaux-de-vie et esprits. Cet appareil consiste en une chaudière surmontée de son chapiteau; l'extrémité s'emboîte dans un serpentin plongé dans une cuve de bois hermétiquement fermée. L'extrémité de ce serpentin sort de la cuve et communique, au moyen du tuyau, à un autre serpentin plongé dans une cuve ou réfrigérant, dans laquelle entre continuellement, par le bas, un filet d'eau froide qui fait sortir une égale quantité d'eau chaude par le haut de cette cuve. Quand on chauffe la chaudière après y avoir mis du vin, les vapeurs sont condensées dans leur passage et tombent en liquide. Pour obtenir à volonté tous les titres, M. Sizaire ajoute que, lorsque les va-

peurs sont arrivées au sommet de la courbure du tuyau, elles ont déjà perdu une
certaine quantité de leur chaleur, et continuent d'en perdre jusqu'à la partie du
serpentin; cette perte de chaleur fait que
la partie de ces vapeurs la moins volatile
et la moins spiritueuse est condensée et
tombe en raison de son poids, par l'ouverture dans le tuyau qui la conduit dans le
cône renversé. La portion de la vapeur
échappée à cette première condensation
étant refoulée par la vapeur qui s'élève de
la chaudière, parcourt le serpentin, dépose
dans ce chemin une nouvelle portion de sa
chaleur et ce qu'elle contenait de moins
volatil et condensé ; puis elle tombe par
l'ouverture dans le tube qui la porte, comme
la première, dans le cône ou bain-marie. Ce
qui reste à l'état de vapeur, après ces deux
condensations, parcourt le reste du premier
serpentin et est porté dans le deuxième au
moyen du tuyau de raccord, où il subit une
condensation complète et coule en liqueur
par l'orifice; le titre de ce résultat est ordinairement au-dessus de $\frac{3}{4}$. Le robinet, étant
ouvert, donne lieu à deux déflegmations:
ce robinet étant fermé, la première seule
aura lieu, et le résultat sera de l'eau-de-vie
à la preuve de Hollande. Quand ce titre est
trop fort, on l'affaiblit en donnant un peu
moins de vin. On affaiblit le titre de $\frac{3}{4}$ en
fermant de temps en temps le robinet pour
laisser tomber de la preuve de Hollande
avec l'esprit, et le mettre ainsi au titre convenable. Au fond du réservoir du vin est
une grille en forme d'arrosoir, servant à
arrêter au passage tous les corps étrangers
dont la grosseur pourrait obstruer les tuyaux
de conduite. Quand on ouvre le robinet, le
vin passe du réservoir dans la cuve du serpentin supérieur. L'aréomètre à titre gradué sert à régler la hauteur du vin dans
la cuve. Ce vin est chauffé par les vapeurs
qu'il condense. Une demi-heure après le
commencement de la distillation, la surface
du vin est abaissée dans la chaudière, en
proportion de la quantité d'eau-de-vie obtenue; cet abaissement, qui a lieu aussi
dans le bain-marie, est indiqué par l'aréomètre. On ouvre le robinet, le vin passe de
la cuve au réfrigérant dans le bain-marie;
le trop plein de celui-ci se verse dans la
chaudière, et le liquide est porté à une hauteur supérieure; enfin elle devient telle
qu'elle donne lieu à un écoulement par un
tuyau; le liquide qui s'écoule par ce tuyau
n'est que de mauvais vin dépourvu d'alcool. Un tube recourbé en cou de cygne
est destiné à recevoir les vapeurs qui s'élèvent de la surface du vin chauffé par le premier serpentin, et à les conduire dans le
serpentin inférieur pour y être condensées
et mêlées au produit de la distillation de la
chaudière. Comme dans une brûlerie il importe d'avoir de l'eau chaude pour rincer les
futailles dans lesquelles on met de l'eau-de-
vie, on pourra s'en procurer un réservoir constant, en établissant au-dessous du tuyau d'é-
vacuation un baquet contenant un bain-marie.

(Brevets publiés, t. III, p. 254. pl. 48, fig. 1.)

M. Lelouis, *de la Rochelle*. — **1807.** —
Un brevet d'invention de cinq ans a été
accordé à l'auteur pour un appareil au
moyen duquel on peut extraire du vin et
par une seule distillation tout l'esprit qu'il
contient, sans mélange de flegme. Ce nouvel
appareil est simple, facile à diriger, et est à
la portée du brûleur le moins expérimenté.
Les dépenses sont à peu près les mêmes
que pour les autres appareils, mais les résultats sont différents. On obtient sept à huit
chauffes de 90 veltes en vingt-quatre heures,
et elles donnent toutes l'esprit déflegmé que
contenait le vin soumis à la distillation, et
propre à être livré de suite au commerce.
Le mécanisme qui fait cette séparation est
facile à adapter à toutes les brûleries mêmes
quatre ou trente francs de déboursés suffisent pour chacune des chaudières, sans rendre le service plus pénible, et sans exiger
une plus grande étendue de terrain. Cet appareil consiste en un cendrier, un fourneau,
une chaudière, deux réfrigérants, dont le
premier, qui enveloppe le bras de la chaudière, est en même temps un vase distillatoire, et charge la chaudière à l'aide d'un
robinet; le deuxième achève la condensation.
Il y a un serpentin d'une grande dimension,
plusieurs tuyaux et robinets pour remplir
ou vider la pipe ; une futaille couchée horizontalement pour recevoir l'alcool ; une futaille debout qui reçoit le flegme et tous les
petits accessoires des brûleries ordinaires.
La forme de la chaudière est à peu près celle
d'un pâté, son diamètre en général est de 67
centimètres ; son fond, de même dimension,
est bombé en dedans de 7 centimètres, pour
rendre l'action du feu plus forte, résister davantage au poids du liquide, et loger dans
ses angles les lies de vin, où elles sont à l'a-
bri des effets du calorique. Son corps cylindrique a, de hauteur jusqu'à la clouure, 35
centimètres ; son chapeau, qui est immobile, et dont la forme est à peu près demi-
sphérique et du même diamètre, a 63 centimètres du côté opposé au bras, et 20 sous ce
même bras ; il est percé de trois ouvertures.
La vidange n'offre rien de remarquable. La
première des ouvertures du chapeau est circulaire, de 33 centimètres de diamètre, et
fermée en tourtière; elle a son bord inférieur
un peu au-dessus des clous, et est placée
vers le milieu et au bord inférieur de son
diamètre. Elle sert au chargement et au nettoiement de la chaudière, et ferme hermèti-
quement. La deuxième ouverture, placée
à côté, garnie d'un robinet, est destinée à
charger sur le marc, au moyen d'une pompe, sans perdre un atome de vapeur et sans
interrompre la distillation ; elle économise
du bois et du temps, sans nuire en aucune
manière à l'opération. La troisième ouverture du chapeau reçoit le bras qui y est
cloué et soudé hermétiquement ; elle a 65
centimètres de diamètre de devant en arrière, et 67 centimètres de haut en bas; elle
prend sur son sommet et finit sur l'un des
côtés à 12 centimètres de son bord. Le bras

ui complète cette chaudière est un cône longué, placé assez obliquement pour permettre l'écoulement de l'alcool dans le serpentin ; il est luté au bec supérieur de celui-ci ; son diamètre à cet endroit est de **18** centimètres, et sa longueur d'un mètre cente-trois centimètres ; il est enveloppé, dans presque toute son étendue, par le réfrigérant distillatoire, dont la contenance est égale à celle de la chaudière, afin de la charger en entier, par le moyen du robinet, après la chauffe finie. Ce réfrigérant ne contenant que du vin ou de l'eau-de-vie destinée à être rectifiée, et presque bouillante quand on la vide dans la chaudière, on conçoit bien qu'il y a économie de temps et de combustible. Il est en outre surmonté d'un chapeau auquel est adapté un bras qui verse dans le serpentin les produits de la distillation, que le calorique de l'alcool sortant de la chaudière a fait évaporer. Le robinet fermé lui fait prendre une autre route lorsque la distillation est finie ou approche de sa fin, afin de connaître avec certitude si elle ne contient plus d'esprit ardent. Lorsque la distillation de la chaudière est finie, l'esprit sortant de ce réfrigérant se rend par un tuyau dans la pièce debout pour se mêler avec le flegme séparé de l'alcool ; l'un et l'autre sont destinés à être distillés une seconde fois. Le fond de ce réfrigérant est soutenu par un support en bois qui a son point d'appui d'un côté sur la maçonnerie, et de l'autre sur une trine solidement clouée à la pipe ; ce réfrigérant ne gêne pas le service et offre toute solidité. Le serpentin, dont les spirales ont un mètre soixante-trois centimètres de diamètre, imposant cinq tours et demi, offre un tube de seize centimètres de diamètre à son premier tour ; les autres spirales sont en diminuant graduellement jusqu'au bec inférieur qui verse l'esprit condensé dans la futaille couchée horizontalement. Toutes ces pièces sont en cuivre rouge, lavées et nettoyées à chaque chauffe ; le cuivre même est préférable pour les serpentins ; un tuyau soudé fortement à la fin du premier tour du serpentin, avec lequel il communique par une ouverture de six centimètres de diamètre, reçoit le flegme déjà condensé, pendant que l'esprit continue sa route pour éprouver le même sort dans les tours subséquents du serpentin. Le flegme, qui contient moins de calorique que l'esprit, et qui est, par cette raison, plus facilement condensé, de même qu'il est plus long à se mettre en ébullition, continuant de s'introduire dans le tuyau, sort de la pipe pour se vider, à l'aide du robinet, dans la futaille debout, jusqu'à la fin de la distillation. La pipe qui contient le serpentin est d'une grande dimension, afin que la masse réfrigérante soit en proportion du besoin et de la vitesse de la distillation. Elle est soutenue par un massif de maçonnerie d'une hauteur proportionnée aux besoins. Cette maçonnerie doit être plus large en bas qu'en haut, parce que la condensation s'achevant à la partie inférieure, c'est là où il

doit y avoir une plus grande masse de liquide froid ; cette construction a encore pour but de faciliter le rabattage des cercles sans déranger aucune partie de l'appareil. La grande capacité de la pipe ne dispense pas d'y adapter des robinets pour dégorger l'eau chaude et y en introduire de froide. Ces derniers sont placés extérieurement à la partie inférieure, afin que l'eau froide, s'y étant introduite, n'ait pas déjà acquis une température plus élevée que celle de la source qui la fournit, et qu'elle puisse chasser celle dont la chaleur est superflue, sans se mêler avec elle. Cette pipe est foncée à sa partie supérieure, au-dessous du premier tour du serpentin, de manière à empêcher la communication de l'eau de ce premier tour avec celle des tours inférieurs. Pour alimenter cette eau d'une quantité égale à celle enlevée par l'évaporation, et donner une issue à la vapeur de l'eau des spirales inférieures, on a pratiqué dans le milieu du diamètre de ce fond une ouverture carrée de trente centimètres, avec évasement supérieur, pour y adapter un canal de même dimension et d'une hauteur égale à celle du bord supérieur de la pipe, afin de laisser sortir cette vapeur de l'eau inférieure, et de fournir de l'eau chaude au bassin supérieur quand l'évaporation la rend nécessaire. Par ce procédé simple on fournit, au premier tour du serpentin, l'eau chaude dont il a besoin pour condenser le flegme et laisser l'esprit continuer sa route en état de vapeur, et aux tours inférieurs l'eau froide qui leur est indispensable pour bien condenser ce même esprit déflegmé. Il existe des dégorgeoirs pour écouler l'eau chaude superflue dans le même temps qu'on la remplace avec l'eau froide. Dans toute son étendue, la maçonnerie a treize pouces d'épaisseur de plus que le diamètre de la chaudière, excepté à sa partie antérieure, où l'on a pratiqué un marchepied de trente-trois centimètres de large. Le cendrier et le fourneau doivent être construits selon le combustible que l'on emploie. Immédiatement au-dessus du marchepied, se trouve la porte du fourneau qui se ferme par une trappe en fer, de manière à contenir le calorique dans le fourneau. La forme de ce fourneau, s'élevant en glacis, est de cinquante centimètres de diamètre au niveau des grilles, et de six centimètres de moins que la chaudière à son bord supérieur ; sa paroi postérieure est plus évasée, et divisée dans son milieu pour former la naissance d'un conduit de chaleur, ou cheminée tournante, dont la largeur sera de douze centimètres sur neuf de profondeur, également continuée en glacis. Cette paroi postérieure s'élève par une inclinaison extrêmement oblique, tandis qu'en avant elle monte presque verticalement : cette disposition est importante pour maintenir le centre du foyer vers la partie antérieure de la chaudière, et faire profiter son fond d'une très-grande partie du calorique, avant que la flamme et tous les produits de la com-

bustion qui l'accompagnent aient gagné la
cheminée tournante, où ils se consomment
au profit du liquide soumis à la distillation,
en chauffant également; élevée à la hauteur
de 31 centimètres, la maçonnerie du fourneau doit avoir 6 centimètres de diamètre
de moins que le fond de la chaudière; les
bords de ce fond y sont appliqués sur 3 centimètres d'épaisseur. Dans toute leur circonférence ils y sont bien mélangés, en dessous
et en dehors, pour ne laisser aucun issue au
calorique, et le forcer de passer par la naissance de la cheminée tournante, qui doit lui
faire parcourir toute la circonférence de la
chaudière. Le surplus de la maçonnerie excédante forme le plan inférieur de la même
cheminée, reçoit et supporte la maçonnerie
qui forme les parois externes. Ce plan est
horizontal, et de la largeur de six pouces; il
parcourt toute la circonférence de la chaudière. Il monte verticalement jusqu'à moitié
de la hauteur de la charge de la chaudière,
afin que le calorique ne s'applique jamais
directement au-dessous de la colonne du
liquide qui le contient. Trois ouvertures de
18 centimètres carrés permettent le ramonage, et se ferment avec des portes en fer
fondu. Ce conduit de chaleur est fermé à
l'endroit où il se joint à la cheminée verticale par une cloison en briques, qui, d'un
côté, empêche la flamme et tout le calorique
qui l'accompagne de s'introduire dans la
cheminée verticale, avant d'avoir chauffé
toute la circonférence de la chaudière, et de
l'autre qu'il ne rentre dans le fourneau. Il
n'est pas moins important de faire parcourir
au calorique toute la circonférence de la
chaudière avant de passer sur la vidange,
afin d'éviter la difformité du promontoire
qu'elle forme dans le conduit; ce qui nuirait
à sa circulation, et imprimerait une chaleur
trop forte à la petite portion de liquide
qu'elle contient; on se sert utilement de ce
promontoire à la fin de ce conduit, pour
donner une pente oblique à cette portion de
son plan inférieur qui l'unit à la cheminée
verticale, et rend plus libre le passage des
restes de la combustion. Le surplus de la
maçonnerie qui revêt la chaudière se continue suivant la forme de cette dernière, et
toujours en diminuant son épaisseur, avec la
seule précaution de ne point l'étendre jusque sur son sommet, attendu qu'il y a toujours dans cette partie assez de chaleur pour
maintenir l'esprit en état de vapeur. (*Brevets
expirés*, 1820, tome IV, page 166.)

Perfectionnements. — *M. Carbonel, d'Aix*
1819. — Dans la plupart des appareils distillatoires, on redoutait une explosion, surtout
vers la fin de la distillation, en raison de la
résistance qu'opposent les colonnes de vin
dans les vases distillatoires contigus à la chaudière. M. Carbonel a voulu réunir les avantages de ces appareils et en éviter les inconvénients. Au-dessus d'une chaudière ordinaire, ce distillateur a établi à demeure une
seconde chaudière qui fait corps avec la
première, dont le col traverse la seconde, et
se termine au-dessus en pomme de pin

percée d'une infinité de trous pour laisse
sortir les vapeurs. Cette espèce de pomm
de pin est recouverte par un vaste chapitea
presque aussi large que la chaudière, qu
reçoit en même temps les vapeurs sortant d
celle-ci et celles qui sortent de la chaudièr
supérieure par un tube latéral. Les vapeurs de
deux chaudières se mêlent dans le chapitea
Le couvercle de la chaudière inférieur
sert de fond à celle supérieure, et, par cett
construction, beaucoup de matière est éco
nomisée. Le liquide contenu dans la supe
rieure se trouve échauffé de deux manière
et par le fond supérieur de la chaudière i
férieure, et par le col de cette dernière, qu
traverse le liquide. M. Carbonel a adapté u
réfrigérant au double chapiteau. Le conder
sateur est composé de cinq cylindres; l'en
semble de ce condensateur est formé de tu
bes recourbés qui établissent la communica
tion d'un cylindre à celui qui le suit. L
dernier communique de même avec le se
pentin. Il fait communiquer les trois case
de chaque cylindre par un trou semi-circu
laire pratiqué au bas de chaque diaphragme
Par cette construction, il diminue plusieur
petits tuyaux, et ramène les flegmes dans l
chaudière, s'il le juge convenable. Les cin
cylindres condensateurs sont renfermés ch
cun dans une baie particulière remplie d'eau
qu'on tient plus ou moins chaude, afin d'ob
tenir des esprits plus ou moins purs. A
dessous du tuyau de retour est un autr
tuyau qui prend sa naissance au chapitea
de la chaudière, traverse le tuyau de retou
avec lequel il communique dans les deu
sens, par le moyen d'un robinet à trois trou
et va se rendre dans le serpentin inférieu
auquel il est soudé dans sa partie supérieur
Vers le milieu de la longueur de ce tube e
soudé un autre tuyau vertical qui s'ajuste
avec la partie supérieure d'un autre serpen
tin, séparé des deux premiers, et qui est en
tièrement immergé dans l'eau. Au-dessus d
ce tuyau vertical, et dans sa jonction avec l
long tuyau, se trouve un robinet à troi
trous, au moyen duquel on établit la com
munication soit avec le serpentin qui es
placé au-dessus, soit avec celui qui est a
bout de ce tuyau. Il est à remarquer qu
l'eau est ici le grand mobile de la distillation
mais comme le cylindre condensateur es
divisé en cinq parties, que chacune est ren
fermée dans une baie particulière rempli
d'eau, on peut varier la température de l'ea
de ces baies, et obtenir, sans addition d
liquide dans aucune case, toutes les espèce
d'esprit, à volonté. On peut encore charge
la chaudière supérieure avec de l'eau-de-vie
pour obtenir des esprits d'un degré supé
rieur. (*Art du distillateur*, par M. Le Nor
mand, t. II, page 201; *Annales des Arts, et Ma
nufactures*, 1809, tom. XXXII, p. 118, pl. 361.

M. Adam (Zacharie), *de Montpellie*
(*Hérault*), 1809. — Certificat d'addition e
de changement aux appareils distillatoire
de son frère, Edouard Adam, auquel il a
succédé, conjointement avec ses frères
sous la dénomination d'héritiers bénéfi-

t celle des flegmes de la première case est omplète, ce qu'on vérifie en présentant ne lumière aux robinets d'épreuve, on éva- ue le résidu de la première case dans la baudière, en ouvrant le robinet, et le li- uide de cette capacité, à la faveur du tuyau e décharge. Cela fait, on remet le tam- on qui le ferme; on ouvre le robinet de harge et celui de trop plein, afin de facili- er cette charge et d'épier le moment où lle est complète. En même temps que aène, avec le secours du tuyau armé de on robinet, les flegmes de cette case ans la première, et au moyen d'un autre obinet, placé à gauche de l'appareil, dans a chaudière. Les robinets étant fermés, on ecommence la chauffe, et ainsi de suite. et appareil a pour but principal la recti- cation immédiate des vins et eaux-de-vie, 'est-à-dire le moyen d'obtenir dans une eule chauffe tout l'esprit-de-vin, à tout tre, depuis le plus bas jusqu'au plus élevé. es procédés pour arriver à ce but sont es condensations et des redistillations suc- essives, hors le feu, simultanément opé- ées avec la distillation à feu nu. Le mérite e cette invention est de mettre beaucoup 'activité dans l'exécution, et cela est dû au oyen employé de faire traverser les va- eurs au liquide condensé; car par ce moyen n obtient un titre beaucoup plus élevé, n ne reçoit point de second produit, et on vite les repasses. Outre cela, le liquide se rouvant distillé au bain de vapeur, et en- uite par la chaleur de la vapeur qui sort e la chaudière et qui le traverse, est plus tôt istillé, et toute la chaleur est mise à profit, e qui produit une grande économie de com- ustible, premier objet qu'on doive se pro- oser dans la distillation.(*Brevets non publiés.*)

Observations nouvelles. — MM. les au- urs des *Annales de chimie.* — 1811. — I. Edouard Adam, disent ces savants, 'amusait avec l'éolipyle, au mois d'août 800, lorsque la vapeur aqueuse qui n était chassée, arrivant dans l'eau froide, orta ce liquide presqu'à l'ébullition. Frap- é de ce phénomène inattendu, car il ne onnaissait pas alors les moyens d'ébulli- ion des liquides par la transmission des apeurs, il imagina, dans le courant d'octo- re de la même année, de distiller à la va- eur le marc de raisin, et le succès dépassa es espérances. Ayant ainsi obtenu de l'eau- e-vie très-bonne, il était naturel de pré- oir que le résultat serait bien plus avan- ageux si l'on mettait en ébullition une uantité donnée de vin, par le calorique des apeurs de ce même liquide. Edouard Adam enta l'expérience; et au lieu de n'avoir our produit que de l'eau-de-vie, il obtint e l'esprit de trois-six. Son appareil distil- atoire se composait alors de l'alambic or- inaire; de deux caisses en cuivre divisées n plusieurs cases, et d'un serpentin; le tout ommuniquant ensemble par des tuyaux. L'a- ambic fut rempli de vin que l'on chauffa; l'on ait ce liquide et de l'eau-de-vie dans la premiè- e caisse, et l'ébullition en fut déterminée par

les vapeurs qui sortaient de l'alambic; celles que donnait cette caisse venaient se condenser dans le serpentin, d'où coulait de l'esprit trois-six et même de l'esprit trois-sept. Ce fut avec cette machine que, le 29 mars 1801, l'auteur fit constater sa découverte par une commission légale; il sollicita un brevet d'invention qui lui fut accordé le 1er juin suivant. C'est sous l'égide de ce brevet que l'auteur entreprit d'exécuter en grand sa découverte. D'abord il fit emploi du bois dans la distillation; le couvercle des chaudières du premier appareil en grand fut une forte planche de chêne; mais les va- peurs alcooliques, en dissolvant la résine, ramollirent tellement cette planche, qu'elle obéissait à la seule pression du doigt; il fallut avec d'autant plus de raison y renon- cer, que l'on avait à craindre le goût de moisi quand l'appareil resterait quelques jours sans travailler. Ce changement avait été précédé d'un autre changement non moins utile. Au lieu de deux caisses divi- sées en plusieurs cases, on avait fait autant de vases qu'il existait de cases distinctes, ce qui facilitait la déperdition du calorique. M. Edouard Adam redouta longtemps cette déperdition, qu'il supposait devoir s'oppo- ser au maximum d'effet à produire; aussi coucha-t-il la cheminée des fourneaux sous les vases à vin, qu'il enveloppa d'une forte maçonnerie. Cette construction rendant dif- ficile la condensation des vapeurs, on démo- lit les murs de plusieurs vases; il en résulta un tel avantage que bientôt on les démolit tous. On avait remarqué un goût désagréa- ble au produit obtenu après plusieurs chauf- fes; ayant reconnu que ce goût tenait à la carbonisation du tartre déposé dans les an- gles que présentaient les vases à vin par leur forme carrée, on substitua à cette forme la forme ovale, ce qui, en évitant le dépôt de tartre, offrit encore plusieurs autres avantages. Ces changements valurent à M. Edouard Adam un brevet de perfectionne- ment, obtenu le 25 juin 1805. On dit que M. le comte de Rumfort est le premier qui ait découvert l'usage de la vapeur de l'eau bouillante comme véhicule propre à trans- porter la chaleur d'un lieu dans un autre; M. Edouard Adam fit cette découverte en même temps que M. le comte de Rumfort, et il est le premier qui ait appliqué ce moyen utile à la distillation du vin. (*An- nales de chimie*, 1811, page 87.)

M. F. Adam.—1811.—Dans une lettre écrite aux rédacteurs des *Annales des Arts et Ma- nufactures*, M. Adam relève une erreur qui s'est glissée dans la gravure de l'appareil distillatoire de E. Adam, son frère; cette gravure était jointe au mémoire de M. Le Normand sur les distilleries. Pour prévenir toute erreur et toute omission, M. F. Adam donne la description suivante: Cet appa- reil est formé de deux parties bien distinctes par leurs formes et par les fonctions qui leur sont attribuées. La première se compose d'un vase de forme ovoïde, couché trans- versalement, et de trois autres vases, ou

ciaires, et en vertu de l'autorisation qu'ils en ont reçue par le traité conclu entre eux et les créanciers de la succession. (*Moniteur*, 1809, p. 858.)

M. Derivaz. — 1810. — Brevet de quinze ans pour un appareil distillatoire.

Invention. — *M: J. D. Basconde Montpellier.* — L'appareil pour lequel l'auteur a obtenu un brevet de cinq ans, se compose d'un fourneau et d'une chaudière très-large, en comparaison de sa hauteur; vers sa partie supérieure, elle se rétrécit. Cette ouverture est fermée par une lame de cuivre ou diaphragme bombé dans son milieu, et percé dans sa circonférence par quatre trous. Trois sont surmontés par trois tubes recouverts de trois autres, ayant leurs extrémités supérieures fermées par une petite lame de cuivre, et les inférieures un peu évasées. Chacun d'eux est fixé dans la position indiquée par trois petites lames de cuivre clouées en forme de triangle, partie au diaphragme, partie à l'extrémité inférieure des tubes. La quatrième ouverture est traversée par un tube, dont la partie supérieure est plus large, et fermée par une lame de cuivre: ce tube se prolonge dans la chaudière. Le diaphragme sert de fond à un réservoir, ou case circulaire couronnée par un réfrigérant, laquelle case a dans son milieu une ouverture très-étroite en raison de sa capacité. De cette ouverture s'élève le chapiteau ou cylindre périforme, lequel est fermé, dans sa partie inférieure la plus étroite, par un diaphragme bombé en dedans, et percé dans son milieu d'un trou surmonté par un tube, et recouvert par un second, lequel est attaché à cette lame de cuivre comme les précédents. Ce cylindre est entouré, dans sa partie supérieure, d'un second réfrigérant, et surmonté dans son milieu d'un tube qui va joindre celui du serpentin condensateur, ou du cylindre rectificateur, ayant à son côté une douille qui sert à charger la case du résidu de la chauffe. Le tube recourbé va se joindre à un second armé d'un robinet; ce dernier traverse le cylindre immédiatement par-dessous le diaphragme qui est à cette extrémité, et va se terminer plus en une autre petit tube qui est fixé à son entour par trois petites lames de cuivre. Derrière l'insertion de ce tube il en est placé un troisième coudé, armé d'un robinet placé au niveau du fond de la case, lequel a issue dans la case qui est derrière le petit tube. Du côté opposé à ces trois tubes, il en est un appelé tuyau de retour, lequel rapporte les flegmes du cylindre rectificateur dans la case du chapiteau. Le chapiteau ou cylindre placé dans l'ouverture y est maintenu solidement par deux tringles ou tiges en fer, dont une extrémité est en crochet et l'autre en vis. Celle à crochet se fixe à un anneau posé au haut d'un petit piston de fer fixé au plancher du bassin près du collet de l'ouverture; et l'autre, passée dans un anneau de fer fixé au corps du chapiteau, y est maintenue au moyen d'un écrou. On procède ainsi qu'il suit avec cet appareil. On enfonce la chaudière dans la maçonnerie jusqu'au niveau de son ouverture, reposant sur le fourneau; étant chargé de vin déjà chaud quand il arrive dans la capacité du chauffage à vin par le robinet de charge, il est bientôt en ébullition par l'action immédiate du feu. Les vapeurs qui résultent de l'ébullition de ce liquide passent par les tubes droits, dont le nombre peut être augmenté à volonté, et vont frapper la partie supérieure des tubes renversés; elles reviennent ensuite au fond de la case, et s'élèvent dans sa capacité par les trois ouvertures que lui ménagent les lames de cuivre. Là ces vapeurs se condensent en partie ou en totalité par l'action du bassin réfrigérant, s'y distillent de nouveau ou se déflegment par la chaleur du vin en ébullition, et principalement par celle qu'abandonnent les vapeurs amenées au fond du réservoir en traversant et pénétrant, en tout sens, le liquide condensé. Le produit de cette première rectification (car les vapeurs sortant du liquide après y avoir traversé son dans un degré de spirituosité plus élevé qu'avant) passe dans la seconde case du cylindre par le tuyau qui repose sur ce diaphragme, lequel fait la séparation naturelle de la première case avec cette dernière. Arrivé à l'extrémité du tube droit, le tube qui le recouvre oblige les vapeurs alcooliques à descendre jusqu'au fond de cette capacité successivement elles s'y répandent, se condensent en tout ou en partie selon leur degré de spirituosité; de sorte que le liquide formé par la condensation des vapeurs s'unit au calorique que lui abandonnent celles qui le traversent, est redistillé par ces mêmes vapeurs, qui vont encore, en suivant la direction du tuyau, se déflegmer dans le serpentin ou cylindre rectificateur, en le parcourant en totalité ou en partie, et enfin se condense dans le serpentin rafraîchi par le vin ou par l'eau, pour être reçues dans le récipient à preuve de Hollande, 3/5, 3/6, 3/7, 3/8, etc. Dans le cours de ces diverses rectifications, qui peuvent être multipliées à volonté par un plus ou moins grand nombre de cases, les flegmes qui reviennent du serpentin ou du cylindre rectificateur par le tuyau de retour, en augmentant la masse de ceux qui y sont déjà pourraient s'y ramasser en trop grande quantité, gêner l'effet expansif des vapeurs produire quelques fâcheux accidents ou ralentir leur épuration, et même le rendre nulle ou bien faible. Pour éviter ces inconvénients, on a établi dans la première case le tube au moyen duquel, lorsque le liquide contenu est arrivé au niveau de ses traces circulaires, il est conduit au fond du petit tube pour être versé dans la chaudière; dans la seconde case, même opération, même précaution. A gauche de l'appareil sont deux tubes courbés, placés l'un sur l'autre; on laisse continuellement ouvert celui qui est placé en bas, jusqu'à ce qu'on n'ait à recevoir que deux vives voltes d'esprit. Arrivé au point énoncé de la distillation, on ferme le robinet; on la continue, et quand la désalcoolisation du vin

œufs, placés droits et horizontalement par rapport à la chaudière. Cette première partie de l'appareil est appelée, par M. Adam, distillatoire ; ce sont autant d'alambics destinés à contenir du vin, dans de certaines proportions ; ce vin se trouve mis en expansion et distillé, non pas par l'action du feu, mais par l'influence de la vapeur transmise de l'alambic ; placé sur le feu nu, il y est mené très-chaud, comme dans la chaudière sur le feu, après chaque renouvellement il chauffe ; ainsi les fonctions de ces cases, ou vases, sont évidemment et purement distillatoires ; les vapeurs qui en proviennent, et qui sortent du quatrième et dernier vase, ne sont autre chose qu'un mélange d'eau et d'alcool réunis à l'état volatil, et dont l'ensemble, condensé dans le serpentin ordinaire, ne produira que de l'eau-de-vie preuve de Hollande, et des repasses. Jusque-là M. E. Adam avait beaucoup fait pour les progrès de l'art de la distillation, puisqu'il avait offert le moyen d'économiser une portion considérable de combustible, en tirant partie du calorique des premières vapeurs pour chauffer autant de vin qu'en contient la chaudière. Mais cet avantage n'était que le prélude d'avantages bien plus importants encore ; après ce premier pas vers une perfection inconnue jusqu'à lui, l'auteur conçut et exécuta le moyen de rectifier cette masse énorme de vapeurs sortant de son quatrième vase distillatoire, à l'aide du même fourneau, et dans une seule et même opération ; de plus, il voulut maîtriser cette opération au point de rectifier plus ou moins ces mêmes vapeurs, et d'en obtenir tout le produit au titre de ce qu'on appelle dans le commerce 3/5, 3/6, 3/7, 3/8 ; opération qui, avant lui, était répétée autant de fois que le brûleur désirait obtenir un titre de spirituosité plus élevé. Ce sont les instruments à l'aide desquels il a opéré cette merveille qu'il a appelés la partie condensatoire de son appareil, au moyen duquel il a adopté d'autres principes et créé d'autres moyens. E. Adam a placé son appareil rectificateur horizontalement à la chaudière. Il s'est affranchi de tout ce que faisaient les anciens, en indiquant un chemin pour les vapeurs alcooliques que rien ne devait contrarier, et en offrant aux flegmes condensés une route toute particulière pour revenir vers la chaudière, quand il voulait les y ramener, afin d'achever d'en tirer jusqu'au dernier atome d'alcool. Il a eu sur les anciens le merveilleux avantage d'accélérer la distillation, parce qu'il a su obtenir des flegmes dans les cases mêmes où ils sont condensés, et les y redistiller à l'aide du calorique des vapeurs transmises de l'appareil distillatoire. Il obtient ainsi son produit à grands flots, tellement qu'en trois heures il extrait de cinq cent quarante veltes de vin soixante-dix-sept veltes d'esprit 3/6. Il conduit dans les alambics et vases distillatoires le vin chaud et voisin de l'ébullition, parce que, ayant entouré l'un de ses deux serpentins de vin au lieu d'eau,

il en a retiré cet avantage et la faculté également inappréciable de commencer la réfrigération qui doit liquéfier les produits totalement rectifiés, de sorte que, les esprits arrivent aux trois quarts refroidis dans le second serpentin, entouré d'eau, ce liquide n'échauffe point, et n'a pas besoin d'être renouvelé. En rapprochant tous les points qui établissent la différence des moyens rectificateurs d'Edouard Adam, avec ceux dont les anciens ont usé, on ne pourra disconvenir qu'ils leur étaient inconnus et qu'ils sont de son invention. Ces moyens se réduisent à ceux-ci : 1° interposition horizontale de cases ou vases entre l'alambic et le serpentin, percées à leur extrémité supérieure, pour donner passage aux vapeurs alcooliques que rien n'arrête dans leur course, et percées aussi à leur extrémité inférieure, pour le retour des flegmes vers la chaudière ; 2° tuyau de rétrogradation vers la chaudière des flegmes condensés, communiquant avec chacune des cases par le trou pratiqué à leur partie inférieure. Cette route est tout à fait distincte du chemin que parcourent les vapeurs alcooliques pour parvenir au serpentin ; 3° réfrigération appropriée autour de la partie supérieure des cases condensatoires, de manière à ne forcer à la condensation que les parties flegmatiques, sans qu'elles puissent exercer d'influence sur les parties les plus subtiles ; 4° tubes plongeant dans chacune des cases rectificatrices, conducteurs des vapeurs transmises de l'appareil distillatoire, et agents distillateurs des flegmes accumulés dans le fond de chaque case après leur condensation ; 5° réfrigération par le vin à la place de l'eau, dont on s'était toujours servi, offrant le double avantage d'utiliser ce qui reste de calorique aux vapeurs rectifiées pour le produit de la chauffe suivante, et de conserver un degré de température capable de refroidissement. Après ces diverses remarques, M. F. Adam donne la description de l'appareil distillatoire. Il est composé de six vases de forme sphérique, moins grands que les vases distillatoires de forme ovoïde ; ces vases sont réunis deux par deux, et entourés d'un bassin rempli d'eau et attaché aux deux tiers de leur élévation. Ces mêmes vases sont toujours vides au commencement de chaque chauffe ; ils communiquent entre eux par un tube recourbé ; le premier de ces vases reçoit les vapeurs provenues des alambics et vases distillatoires. Ces vapeurs enfilent les vases condensatoires, et déposent dans chacun d'eux leurs parties flegmatiques, forcées d'obéir à l'influence d'une température appropriée vers l'extrémité supérieure de ces vases ; enfin les vapeurs les plus subtiles, après avoir conservé leur nature aériforme, à travers leur passage par tous ces vases, sortent du sixième et dernier, pour être portées par un tube dans le premier serpentin, enfermé dans un foudre, hermétiquement clos et rempli de vin. Elles s'y liquéfient, et ce liquide est porté dans un second serpentin rempli d'eau, pour achever de s'y refroidir.

M. F. Adam termine en disant que pendant le temps que les vapeurs provenues de l'appareil distillatoire subissent leur déflegmation à travers les cases rectificatrices, les vapeurs alcooliques, entraînées avec les flegmes dans la condensation de ces dernières, sont remises de nouveau en expansion à l'aide de tubes plongeurs, conducteurs des vapeurs, et remontent à l'extrémité de chaque case pour y subir une nouvelle rectification au moyen du refroidissement extérieur; de manière que toutes les parties spiritueuses sont extraites dans le même temps, non-seulement de la masse principale des vapeurs sorties de la chaudière, mais encore des portions de flegmes avec lesquelles elles avaient été entraînées dans leur chute au fond des cases. C'est à ce moyen ingénieux que se rattachent la grande célérité de l'opération, les économies de combustible et de main-d'œuvre, ainsi qu'une plus grande quantité de produits, estimée au sixième par tous les experts vérificateurs. Tant d'avantages méritaient bien d'être, dit l'auteur, énumérés et appréciés, et c'est à tort, ajoute-t-il, que M. Le Normand, dans son mémoire sur les distilleries, en attribue l'invention à M. Bérard, distillateur au Grand-Gallargue (Gard), qui fut breveté plus de quatre ans après M. Adam, et qu'il n'a point hésité à faire entrer en concurrence avec celui-ci. (*Annales des Arts et Manufactures*, 1811, tome XL, page 97.)

Invention.—*M. Bailleul, d'Auxerre.*—1812. —Les avantages de l'appareil dû à l'auteur sont, selon lui, 1° de donner 36 degrés à l'alcool que l'on retire de la vapeur dans la première distillation, et de le dépouiller totalement du goût de feu et d'empyreume; 2° de distiller dans vingt-quatre heures 6,000 kilogrammes de marc de raisin, avec une très-grande économie de combustible. L'auteur prétend en outre que, par son procédé, les alcools peuvent remplacer ceux tirés du vin même. D'après l'avis de plusieurs savants, l'appareil de M. Bailleul ne présente rien de nouveau; seulement ce qui paraît n'avoir rien de commun avec les procédés déjà connus, c'est la manière dont il place soit le marc de raisin, soit les plantes ou les fleurs qu'il veut distiller, au-dessus de la cocurbite. L'auteur a obtenu un brevet de cinq ans. (*Brevets non publiés.*)

M. Duroselle fils, de Paris.—1813.—Pour arriver au véritable but du perfectionnement des appareils, dit M. Duroselle, il fallait baser le principe et la direction sur les principes mêmes de l'esprit-de-vin et du flegme. L'on sait que lorsque l'esprit se dégage du vin, il s'élève toujours verticalement en vapeurs; qu'il entraîne avec lui une partie de vapeurs aqueuses; que, par l'effet d'une température décroissante, elles descendent dans la partie inférieure du vase dans lequel elles sont condensées. C'est sur ce raisonnement que se trouve basé le nouvel appareil pour lequel M. Duroselle a obtenu un brevet d'invention de cinq ans. Cet appareil est composé de deux cylindres surmontés d'une boule en forme d'oignon, placée verticalement sur le collet d'une chaudière; son élévation est de huit pieds sur deux pieds de diamètre; le cylindre inférieur a un pied de diamètre, et renferme six diaphragmes, qui se communiquent de l'un à l'autre par le moyen de différents tuyaux, soit pour l'enlèvement de l'esprit, soit pour le retour du flegme condensé, qui descend dans la boule à mesure qu'il est délaissé par l'esprit. La boule renferme un tuyau dans son intérieur, lequel reçoit les vapeurs qui s'élèvent de la chaudière; c'est dans la boule que s'exécute la première analyse, et que les vapeurs continuent leur marche, en s'élevant toujours verticalement dans le premier diaphragme du cylindre, et de l'un à l'autre, jusqu'à sa partie inférieure, où elles s'introduisent dans le serpentin; elles sont alors parfaitement analysées et purgées d'eau. La partie aqueuse qui est condensée par l'eau contenue dans le cylindre extérieur, descend d'un diaphragme à l'autre, en se rapprochant progressivement du calorique, jusqu'à ce qu'elle soit arrivée à la boule, dont la capacité a trois pieds de diamètre sur deux pieds d'élévation; cette pièce ne peut s'accumuler que jusqu'aux deux tiers de sa capacité; passé cette limite, le liquide tombe dans la chaudière, par ce moyen elle ne peut jamais s'engorger. Le flegme vient se distiller dans cette pièce, qui est placée à la proximité du calorique que lui communique la chaudière, et l'esprit qui s'en dégage, s'élevant toujours verticalement, suivant son principe naturel, se rapproche progressivement de la région la plus tempérée de l'appareil, tandis que le flegme qui l'abandonne sur son passage descend aussi progressivement, en se rapprochant de la région la plus chaude, de sorte que les deux parties, en se désunissant l'une d'avec l'autre lorsqu'elles sont en marche, sont ramenées vers les points principaux dont chacune a besoin suivant sa volatilité: le flegme vers la chaleur, et l'esprit vers le tempéré; puisque l'eau froide est jetée par le moyen d'un petit filet sur la partie supérieure de la colonne d'eau qui entoure le cylindre inférieur partie où l'esprit abandonné une portion considérable de calorique, ce qui le réduit d'environ soixante-quinze degrés de chaleur, tandis qu'à la partie inférieure le calorique est bien plus considérable. C'est pour cela que l'eau du réfrigérant est toujours plus chaude à sa partie inférieure qu'à la supérieure, attendu que l'esprit n'entraîne pas à un si haut degré de calorique; ce qui fait que la partie supérieure de la colonne est toujours la plus tempérée, parce qu'il y coule sans cesse un petit filet d'eau froide, qui ne peut jamais se communiquer à la partie inférieure reposant sur la surface de la boule, et dont le refroidissement ne peut pas atteindre jusqu'au flegme dont il est préservé, ce résultat qu'on n'obtient pas dans les appareils dont les vases sont placés horizontalement eu égard à la chaudière et éloignés du calorique. Ainsi le flegme se trouve placé dans la partie inférieure des vases, qui est la plus tempérée dans ces sortes d'appareils, ce qui donne lieu aux inconvénients qu'on leur impute avec juste raison, et auxquels on n'a pas encore remédié. Mais on s'apercevra, par la description de l'appareil nouveau, que ces inconvénients n'existent plus, puisque le retour du flegme dans la chaudière ne peut pas ralentir l'ébullition, à laquelle il n'arrive que lorsqu'il a 80 degrés de chaleur. Au moyen de cet appareil on obtient le titre que l'on désire, depuis 20 jusqu'à 28 degrés, avec du vin seulement. Ce n'est que depuis 34 degrés en sus qu'on retire deux ou trois veltes de liquide, au titre d'environ 22 degrés; dans les autres titres, au-dessous de 44 degrés, on n'a aucun produit de flegme ; le tout est converti au titre désiré. Il n'y a aucun robinet pour intercepter telle ou telle vapeur, ce n'est que par le moyen de la température que l'on obtient le titre que l'on veut avoir.

L'expérience a prouvé à M. Duroselle qu'en mettant 4 veltes d'eau-de-vie à 21 degrés, ensemble 84 degrés, dans 100 veltes d'eau, on retire une velte à 32 degrés, 2 à 20 degrés, et une à 12 degrés; ce qui a produit 84 degrés. Voilà ce qui constitue l'avantage de son invention; or, si l'on charge la chaudière d'esprit à 33 degrés, on a beaucoup de peine à porter le titre à 37 degrés; l'esprit s'enlève, pour ainsi dire, tel qu'on l'a déposé, ce n'est que lorsque la chaudière est chargée d'un liquide depuis 12 jusqu'à 20 degrés de spirituosité que l'on obtient ce résultat. L'on peut faire dix chauffes dans l'espace de vingt-quatre heures. Cet appareil ne laisse craindre aucun accident, et présente beaucoup d'économie pour le combustible. Les pièces qui le constituent sont: 1° la chaudière; 2° le cylindre intérieur, ne faisant qu'un seul corps avec la boule; 3° le cylindre extérieur qui sert de réfrigérant; 4° la barrique où est logé le premier serpentin immergé dans le vin, qui s'échauffe par le passage des vapeurs; 5° la barrique où est logé le second serpentin immergé dans l'eau; 6° une barrique servant de récipient; 7° le réservoir d'eau; 8° un robinet fuyant de l'eau chaude du réfrigérant; 9° un robinet fuyant de l'eau chaude du réfrigérant qui entoure la boule; 10° un robinet pour vider à volonté le flegme de la boule dans la chaudière; 11° un robinet qui signale le trop plein de la chaudière; 12° le robinet de vidange de la chaudière; 13° une ouverture fermée par une calotte et pratiquée à la chaudière, pour faciliter le dépôt et la sortie du marc de raisin, lorsqu'on veut en distiller; 14° un robinet qui transmet le vin chaud de la première barrique dans la chaudière; lorsqu'on veut charger, il faut ouvrir le tampon de la chaudière pour lui donner de l'air; 15° un tuyau introduisant l'eau dans l'appareil pour le nettoyer à volonté.

Lorsque le tout est ainsi disposé, pour charger la chaudière du vin chaud de la barrique, on ouvre le robinet; la charge faite, on achève de remplir la barrique par du vin froid, au moyen d'une pompe placée dans le tuyau et qui introduit le vin froid dans la partie inférieure, en même temps que le vin chaud s'introduit dans l'autre tuyau qui communique dans la chaudière. Un autre robinet signale le trop plein. La charge faite, on active le feu, et dans quatre ou cinq minutes le vin est en ébullition; les vapeurs s'élèvent verticalement dans le tuyau placé dans l'intérieur de la boule, et s'échappent à travers les petits trous qui sont à sa partie supérieure, où elles sont bientôt rabaissées par le tuyau de recouvrement. Jusqu'à la distance de 2 pouces, ces vapeurs s'élèvent à travers le flegme et s'introduisent dans le premier tuyau du cylindre, et ainsi de suite de l'un à l'autre, jusqu'à celui qui est le plus élevé.

Lorsque l'esprit est arrivé à l'extrémité du cylindre, il est dépouillé de toute l'aquosité qu'il contenait, et s'introduit dans le tuyau qui se présente verticalement, et qui est incliné vers le serpentin, où il est parfaitement condensé. Dès que l'esprit a parcouru les deux serpentins, dont l'intérieur est toujours immergé dans l'eau froide, qu'on a soin d'entretenir dans la barrique, la partie aqueuse, qui est condensée par la température de l'eau contenue dans le cylindre, descend d'un diaphragme à l'autre par un trou pratiqué à la partie inférieure de chacun d'eux et dans la boule. Si l'on veut vider la boule, on ouvre le robinet, et le résidu aqueux se rend dans la chaudière. Ce résidu, étant en ébullition, ne refroidit pas le liquide de la chaudière, comme cela arrive dans les appareils où le même résidu vient de l'endroit le plus tempéré, ce qui est un vice irréparable. Pour arriver à obtenir dans cet appareil le titre au-dessous du trois-six, ou 33 degrés, on supprime une partie du filet d'eau froide, dans la proportion de l'infériorité du titre que l'on veut obtenir. Le distillateur connaît la spirituosité du liquide qui coule par le serpentin; si ce liquide est trop élevé, il supprime encore un peu plus d'eau; si au contraire son titre n'est pas assez élevé, il l'augmente; mais dans le cas où il voudrait porter son produit à 20 ou 22 degrés, il supprime tout à fait le filet d'eau, jusqu'à ce qu'il ne fasse plus de globules; alors il faut donner un petit filet d'eau en ouvrant le robinet à moitié, ou au quart, selon le besoin. Si l'on rabaissait trop la température, toutes ces vapeurs seraient condensées, et le filet de la distillation ne coulerait plus; cependant lorsque ce filet donne le titre désiré, et qu'il se soutient, on supprime l'eau; ce n'est que lorsqu'il diminue qu'on donne un peu d'eau, et par ce moyen tout le flegme est converti en liquide de 20 ou 22 degrés; ainsi de suite dans toutes les autres preuves plus élevées et dans les proportions. L'eau froide qui s'introduit à la partie supérieure prend la place de la chaude, qui fuit par le robinet disposé à cet effet. Cet appareil peut être adapté à telle chaudière que l'on voudra, quelle que soit sa capacité, puisque les diaphragmes sont toujours libres ainsi que la boule, lorsqu'on le désire, ce qui n'influe en rien sur le principe de l'appareil, ni sur la marche de l'opération. (*Brevets non publiés.*) — Le même auteur a obtenu un brevet de dix ans, pour des procédés de construction d'un appareil distillatoire, servant à réduire le titre de l'esprit de vin. Il lui a été délivré en 1814 un certificat d'additions et de perfectionnements.

Inventions. — *M. Alègre, de Paris.* — Un brevet d'invention a été pris par M. Alègre pour un nouvel appareil distillatoire, dont voici la description :

Dans un fourneau d'une construction particulière, est enfermée une première chaudière en surface, surmontée d'une autre chaudière. Celle-ci est enveloppée d'un réfrigérant. Au-dessus de la chaudière supérieure est un chapiteau en forme de sphère aplatie, supporté par un collet de peu d'élévation ; c'est dans ce chapiteau que se rendent les vapeurs fournies par les deux chaudières, et il est, comme la chaudière supérieure, enveloppé d'un réfrigérant. Au-dessus de ce chapiteau s'élève une colonne en cuivre, de 6 à 7 pieds de hauteur, et d'environ 33 pouces de diamètre. Cette colonne en contient une seconde plus petite qui renferme le condensateur. La colonne est surmontée de deux tuyaux en arc, qui se rendent dans une cuve d'environ 10 pieds de hauteur, laquelle renferme un vaste serpentin de la même hauteur ; cette cuve est foncée par ses deux bouts. La liqueur condensée, après avoir parcouru les tours nombreux de l'immense serpentin contenu dans la cuve, coule froide dans le bassin ou dans la barrique placée au-dessous du bec inférieur du serpentin, et qui est destinée à la recevoir. On n'emploie pour la réfrigération ou la condensation des vapeurs que du vin, ou les liqueurs mêmes destinées à être distillées. Ce n'est que dans les deux réfrigérants qui enveloppent le chapiteau et la chaudière supérieure qu'on met de l'eau. Toutes les quarante minutes, on fait une chauffe, et l'on distille en vingt-quatre heures de cent cinquante à deux cents hectolitres de vin, ou de dix-neuf cent soixante-quinze à deux mille trois cents veltes, pour obtenir de l'eau-de-vie à 22 degrés, ou de l'esprit de 33 à 36 degrés avec le même liquide. Un seul appareil suffit. On connaît que la chauffe est finie, c'est-à-dire le vin est dépouillé de tout son alcool, lorsque après avoir ouvert le robinet du niveau supérieur de chacune des chaudières, on en approche un papier enflammé sans voir brûler la vapeur qui sort par ce robinet. Avec cet appareil on n'a pas de repasses ; et cet avantage si remarquable a été attesté par la Chambre de commerce, qui a spécialement recommandé la mise en activité de l'appareil de M. Alègre.

On n'éteint pas le feu pendant qu'on décharge et qu'on recharge l'appareil : comme cette opération dure tout au plus trois minutes, on se contente de ne pas alimenter le feu, et la distillation continue, parce que les vapeurs qui se trouvent dans l'immense serpentin ne sont pas toutes condensées au moment où la distillation cesse. L'opération ne paraît pas interrompue, parce que le vin dont on charge les deux chaudières, étant très-chaud, rend l'interruption presque insensible.

L'appareil dont il s'agit possède encore un autre avantage non moins essentiel, celui d'opérer le dédoublement des esprits, c'est-à-dire d'obtenir avec du trois-six de l'eau-de-vie preuve de Hollande. Jusqu'alors (1813), en mêlant un litre d'esprit avec un litre d'eau pour faire ce dédoublement, on n'obtenait pas deux litres d'eau-de-vie : on subissait toujours une perte d'un centième du mélange, effet qui est dû à la pénétration des liqueurs. M. Alègre, à l'aide de son appareil, a évité d'éprouver cette perte, et de plus l'eau-de-vie qui provient du dédoublement n'a pas un goût différent de celle obtenue directement. Pour arriver à ce but, ce distillateur met ces deux corps en contact, non à l'état de liquide, mais à l'état de vapeur ; il applique à chacun d'eux le degré de calorique qui lui est nécessaire pour être vaporisé, et c'est dans cet état qu'il les combine. Un seul fourneau et le nouvel appareil suffisent pour cette opération.

Quoique l'appareil distillatoire de M. Alègre, que nous venons de décrire, soit le meilleur, ou du moins l'un des meilleurs connus jusqu'en 1813, l'auteur l'a perfectionné en 1816 (le brevet de perfectionnement est de dix ans), et il est maintenant susceptible de faire un tiers d'ouvrage de plus qu'auparavant, sans augmenter la quantité d'ouvriers, ni le charbon, ni aucune des dépenses qu'exigent le premier appareil, et tous les autres connus.

« Ce fait peut être prouvé, dit M. Alègre, par des expériences auxquelles l'appareil perfectionné que j'ai fait monter à Paris, rue du faubourg Saint-Antoine, n° 291, a été soumis. Cet appareil ne contient que quarante veltes de liquide, ou trois cents litres, avec le vin de fécule : il distille de quatre-vingts à quatre-vingt-dix veltes d'eau-de-vie à 22 degrés en vingt-quatre heures, et comme on peut effectuer trente chauffes par jour, il peut distiller douze cents veltes, ou neuf mille litres de vin de fécule ; et le produit de ce vin sera d'environ quatre-vingts à quatre-vingt-dix veltes d'eau-de-vie à 22 degrés, ou de cinquante-cinq à soixante veltes d'esprit à 33 degrés, ou à 36 dans les proportions du premier produit cité. Ces différents degrés sont obtenus à volonté. Un appareil plus grand, d'une contenance de cent veltes, par exemple, peut distiller trois mille veltes de vin de fécule, ou vingt-deux mille huit cents litres, et faire avec ce vin de deux cent douze à deux cent vingt-cinq veltes d'eau-de-vie à 22 degrés par vingt-quatre heures. »

L'auteur assure que le produit serait bien

plus considérable dans le midi de la France, en opérant sur du vin de raisin.

M. Cellier-Blumenthal, de Paris. — Un brevet de quinze ans a été accordé à M Cellier-Blumenthal pour un appareil distillatoire continu à la vapeur, propre à la distillation des vins, des grains et des pommes de terre. Cette invention est fondée sur des principes entièrement nouveaux dans l'art de la distillation. Pour opérer, il faut porter le liquide au point le plus élevé de l'appareil ; là il entre par un tube qui le divise en filets déliés, ou nappes très-minces ; il parcourt ainsi toutes les surfaces, qui sont multipliées à dessein, et il arrive par petites portions dans la chaudière, dépouillé de tout ou de presque tout l'alcool qu'il contenait. Là il fait encore un assez long circuit, et ne constitue plus que de la vinasse, qui finit par être privée du peu d'alcool qu'elle contenait. Cette vinasse dépouillée s'écoule alors continuellement, et sa sortie est réglée d'après les quantités de vin introduites dans la partie supérieure de l'appareil. Une fois l'opération commencée, rien ne peut la ralentir ; au moyen de la division du liquide et de l'action de la vapeur sans compression, cette opération se fait seule. La vapeur d'eau simple, ensuite celle de la vinasse mêlée avec plus ou moins d'alcool, sort de la chaudière, entre dans l'appareil par sa partie inférieure ; elle y rencontre le vin sous forme de pluie, ou sous celle de filets divisés ou de nappes très-minces. Elle le chauffe d'abord, puis il se forme des vapeurs alcooliques aux dépens d'une partie du calorique de la vapeur de l'eau, qui, en abandonnant le calorique, se trouve ramenée à l'état d'eau liquide ; elle se mêle avec le vin de la vinasse, et prend sa direction vers la partie inférieure de l'appareil ; de là elle se rend dans la chaudière, mêlée avec la vinasse presque entièrement dépouillée. Dans cette chaudière, la vinasse sert d'elle-même de réservoir pour fournir la vapeur aqueuse, et le peu d'alcool qu'elle peut encore contenir achève d'être enlevé au moyen des circuits ménagés dans la chaudière, et qu'elle parcourt avant de s'échapper par le robinet de décharge. La vapeur alcoolique, mêlée de plus ou moins de vapeur aqueuse, prend sa direction vers la partie supérieure de l'appareil, et rencontrant dans son chemin des surfaces moins chaudes qu'elle, l'échange se continue, elle se dépouille de plus en plus d'eau ; et lorsqu'elle en est privée au point désiré, elle se rend dans le serpentin, où, trouvant le vin d'abord chaud, puis un peu moins, et enfin froid, elle s'y condense, reparaît à l'état liquide, et forme ainsi de l'esprit à tel degré que l'on veut, suivant le refroidissement ou la multiplicité des surfaces plus ou moins chaudes qu'on lui a fait parcourir. (*Archives des découvertes et inventions*, 1820, tome XII, page 316).

M. Dérives, de Taillant (Gironde). — Brevet de dix ans pour la construction d'une machine propre à extraire l'eau-de-vie contenue dans le marc de raisin.

M.* .—1816.** — L'appareil que nous allons décrire est propre à remplacer les ballons dans toutes les distillations à la cornue où les produits de l'opération doivent être condensés, comme dans la préparation des éthers, de l'acide nitrique, etc.

Quelques pharmaciens ont déjà cherché à substituer au serpentin un vase condensateur moins embarrassant, et d'un usage plus général. Le serpentin métallique ne peut servir à la distillation des acides ; le serpentin en verre est trop coûteux et trop fragile ; tous deux retiennent trop facilement l'odeur des liquides qui les ont traversés, et deviennent souvent très-difficiles à nettoyer. Il fallait donc trouver un condensateur analogue aux ballons, mais qui n'assujettît point l'opérateur à rafraîchir continuellement, et qui donnât la facilité de séparer les produits de l'opération sans mettre dans la nécessité de déluter.

L'appareil suivant remplit toutes ces conditions.

Il se compose d'une cuve en cuivre destinée à contenir un flacon tubulé à sa base, de la capacité de dix à douze pintes. Il faut observer seulement de proportionner le flacon à la dimension de la cuve, de manière à conserver entre ce flacon et les parois de la cuve deux pouces et demi de distance sur tous les points. Afin de fixer le flacon d'une manière facile et surtout solide, pour que l'eau dont la cuve est continuellement remplie ne puisse le soulever et diminuer son aplomb, on pratique à la partie inférieure de la cuve, et vers le tube du flacon, une ouverture ronde de quatre pouces de diamètre environ (ouverture beaucoup trop grande, mais destinée à recevoir une autre pièce). Un morceau de cuivre, qui a la forme d'un plateau de balance creux ou d'une capsule, dont l'ouverture ou le diamètre de son évasement se trouve le même que l'ouverture pratiquée à la cuve, y est soudé de manière que la partie convexe se trouve en dedans. Au fond et au centre de cette pièce, on pratique un passage destiné à recevoir la tubulure. Il est facile de s'apercevoir dans quelle intention on pratique ce renfoncement. Comme il est nécessaire que le flacon soit entouré d'une égale quantité d'eau sur tous les points, et comme la tubulure de ces flacons n'a tout au plus que deux à trois pouces de longueur, cette pièce est destinée à se porter au-devant pour la conduire à l'extrémité de la cuve par l'ouverture pratiquée dans son centre. Pour maintenir le flacon dans une position fixe, sa partie supérieure reçoit un anneau en fer, qui passe très-librement autour de son col, c'est-à-dire, avec un demi-pouce ou un pouce de jeu. On place au-dessous une rondelle ou valet de paille, pour éviter le contact immédiat du fer contre le verre. On soude à ce cercle deux branches, dont les extrémités vont se fixer sur les bords de la cuve, au moyen d'une petite pièce dans laquelle elles s'enclavent, et se trouvent arrêtées par une clavette que l'on retire à vojonté. L'ouverture inférieure de la cuve est pratiquée à un point d'élévation qui exige que le flacon soit porté sur une planche pour mettre sa tubulure de niveau avec elle.

Cette planche est garnie de trois petites tringles de bois, dans lesquelles le fond du flacon se trouve encadré. Quand le flacon est en place, on assujettit la planche avec une brique. Ces dispositions faites, on lute avec un peu d'emplâtre malaxé l'ouverture de la cuve, qui reçoit la tubulure; et l'on monte l'appareil à la manière accoutumée. On adapte à une cornue une allonge recourbée qui se rend dans le flacon destiné à condenser les vapeurs. Celui-ci, muni d'un robinet en verre, verse la liqueur dans un récipient également tubulé à sa base. Un filet d'eau froide se rend dans l'intérieur de la cuve par un entonnoir muni d'un tuyau, et l'eau échauffée par la distillation, montant à la partie supérieure de la cuve, en sort par un tuyau de décharge, pour être sans cesse remplacée par de l'eau froide.

Cette cuve mérite la préférence sur les moyens employés jusqu'à ce jour : parce que la manière de rafraîchir l'appareil est constante, et n'exige pas une surveillance continue, parce que les produits obtenus sont plus considérables en raison de la facile condensation; parce qu'on peut se livrer en même temps à d'autres opérations. Si l'on a plusieurs distillations successives à faire, on n'a que l'allonge à luter et déluter chaque fois. Dans les pharmacies où l'emplacement ne permet pas que l'on ait un réservoir pour fournir de l'eau à volonté, on peut y suppléer en établissant, par un moyen quelconque, au-dessus de la cuve, un seau, un tonneau, une jarre, ou tout autre vase rempli d'eau, au fond duquel plonge un siphon qui se rend dans la cuve, et l'alimente d'eau froide. Pour distiller en grand de l'éther, on pourrait faire marcher deux cornues à la fois, pourvu que le flacon plongé dans la cuve fût en deux tubulures à sa partie supérieure, qui recevrait le bec des deux allonges; mais il faudrait que ce flacon eût une capacité double, et qu'au lieu de contenir douze pintes, il pût en contenir vingt-quatre. Il en serait de même de la cuve, qui aurait besoin d'un volume d'eau plus considérable, puisqu'elle aurait le double de vapeurs à condenser. Comme l'hiver est ordinairement la saison où l'on fait provision d'éther, on pourrait, au lieu d'avoir un courant d'eau, employer de la glace, qui condenserait encore mieux les vapeurs. La lenteur avec laquelle elle se fond donnerait à l'opérateur toute sécurité sur la marche de la distillation. Cet appareil, étant de métal, ne peut servir à la distillation des acides, ni à de grandes opérations, parce qu'on ne trouverait pas de flacons tubulés d'une grande capacité; mais alors on pourrait avoir recours au condensateur conique de M. le baron de Gedda, académicien de Stockholm. (*Annales des Arts et Manufact.,*

t. XIX. p. 92. *Journal de Pharmacie,* 1816, bull. 2, p. 170.)

M. Le Normand, de Paris. — 1818. — L'appareil inventé par ce professeur de technologie est composé de trois pièces : la cucurbite, le condensateur, et le réfrigérant.

La chaudière a quatre pieds de diamètre, et contient huit hectolitres de matière. Le liquide présente à l'évaporation vingt-cinq pieds carrés de surface; et, malgré l'absence de tout moteur mécanique, aussitôt que les substances s'échauffent, elles sont continuellement agitées. Dès que la distillation commence, l'air atmosphérique est chassé de l'appareil, et ne peut plus y rentrer; on n'a d'autres robinets à tourner que ceux de décharge, lorsque la distillation est finie : aucun accident ne peut survenir pendant l'opération. Par ses procédés, l'auteur obtient les résultats les plus satisfaisants.

Il n'a point de repasses, et les résidus donnent zéro à l'aréomètre, pendant que l'esprit qui sort marque 39 degrés. Cet appareil est monté en grand à Paris. Le jury d'exposition a décerné une médaille d'argent à M. Cellier-Blumenthal. (*Bulletin de la Société d'encouragement,* juillet 1818. *Archives des découvertes,* 1819, page 219.)

M. Garlepied, de Bordeaux. — L'auteur a inventé un chapiteau de chaudière qu'il nomme *chapiteau perfectionné,* avec lequel une chaudière de soixante veltes peut faire huit chauffes par vingt-quatre heures de travail; et, chaque fois, on obtient de l'eau-de-vie à 22 ou 24 degrés, d'un goût suave et doux, sans qu'il soit nécessaire de rebrûler. Cet appareil peut consommer seize barriques de vin par jour. Il a en outre l'avantage de produire deux litres d'eau-de-vie par barrique de plus que par les anciens procédés; d'économiser le bois, le temps et la main-d'œuvre. M. Garlepied construit une colonne pleine sans rafraîchissoir, qu'il nomme *colonne de rectification,* avec laquelle on obtient à la première chauffe le trois-six, et même l'esprit le plus fort que les nouveaux appareils puissent fournir. (*Archives des découvertes et inventions,* 1820, *tome XII,* page 319.)

M. Derosne. — Une médaille d'argent a été décernée à M. Derosne, pour avoir fait connaître et adopter le charbon animal dans le raffinage des sucres, et perfectionné l'appareil distillatoire de M. Cellier-Blumenthal. (*De l'Industrie française,* par M. de Jouy, page 8.)

DONNAVY (MACHINE À ÉLEVER L'EAU).—*Mécanique.* — *Invention.* — M. Donnavy, armurier-mécanicien, à Provins. — 1808. — Cette invention n'est point, comme on l'a dit, due au hasard ou à une inspiration soudaine, c'est le résultat de longues méditations et de tentatives multipliées; c'est l'ouvrage d'un homme qui joint à un génie inventif des connaissances positives, un esprit patient et cultivateur, une main adroite et exercée. Ce n'est qu'après six ans d'essais que M. Donnavy est parvenu à réaliser ses idées, ou du moins à en amener l'exécution au degré de perfection et de simplicité qu'il lui a donné Sa machine est établie dans un puits au milieu de son jardin. C'est là qu'elle a été vue à plusieurs reprises par des personnes dignes de foi, telles que le maire de Provins même, et par M. Aubert Dupetit-Thouars. Ce dernier s'est rendu exprès sur les lieux, il a vu la machine et l'inventeur, et a publié dans la *Gazette de France*, du 11 juin 1808, une relation qui, d'après l'exactitude des observations et les lumières de l'observateur, peut passer pour un véritable rapport d'expert. Il ne doit exister aucun doute sur la réalité de la découverte. Il ne s'agit que de l'apprécier sous les rapports de la science. Le mécanisme est si peu compliqué, suivant l'auteur, qu'il suffirait à un enfant de le voir pour le comprendre. La seule partie visible de l'appareil consiste en un réservoir élevé de quelques pieds au-dessus du puits, et duquel descendent trois tuyaux d'inégale grosseur. Le plus gros des trois sert à l'ascension de l'eau. Un des petits sert simplement à la diriger vers sa destination. L'usage du troisième n'est pas désigné, mais il y a lieu de croire que c'est une des pièces essentielles, et en quelque sorte l'âme de la machine. Le surplus du mécanisme est placé au fond du puits. L'eau s'élève à vingt-huit ou trente pieds au-dessus de son niveau, et alimente sans relâche un jet d'eau placé au milieu d'un bassin. Le volume d'eau fourni est environ de trois muids par heure. Le trop plein du bassin est ramené dans le puits. On ne savait pas, par conséquent, jusqu'à quel point on pouvait augmenter la hauteur de l'ascension et le volume de l'eau élevée ; mais M. Donnavy est persuadé que cette augmentation peut aller très-loin, et il ne saurait en assigner le terme. On ne voit ici aucune force étrangère employée. Point de courant ; la machine est sur une eau stagnante. Point de vent ; tout est renfermé. Point de poids ni de ressorts ; il faudrait les remonter. Point de bras, point d'animaux, point de vapeur ; tous ces moyens sont visibles, variables, bornés. On est donc forcé de conclure, tout incroyable que peut paraître ce résultat, que la machine renferme en elle-même son principe d'action, et que le mouvement une fois imprimé est entretenu par une force quelconque de réaction, que fournit l'eau même sur laquelle il opère. C'est aussi le dire de l'auteur ; c'est celui des commissaires de la Société d'agriculture, sciences et arts de Provins. Depuis trois ans que cette machine est en action (1808), elle s'est arrêtée qu'une fois, et cela par l'engorgement d'un tuyau où des feuilles sèches avaient pénétré ; inconvénient facile à prévenir. Quelques personnes ont vu la solution du trop fameux problème du mouvement perpétuel. C'en est peut-être une heureuse approximation ; mais ce qui paraît plus certain, c'est que cette machine diffère, dans ses moyens et dans ses effets, de toutes celles qui avaient été jusqu'alors exécutées ou proposées ; que par conséquent c'est en effet une acquisition pour la science, qu'en-

fin c'est un nouveau pas fait en mécanique. Les commissaires de la Société d'agriculture ont proposé de donner à cette machine le nom de son auteur. La prétention est des plus justes, nous l'appelons donc la *Donnavy*. Les applications possibles de la Donnavy sont sans nombre ; et, comme l'observe M. Dupetit-Thouars, l'imagination se perd dans l'énumération des services qu'on peut en attendre. Distribuer l'eau en abondance aux jardins et aux champs, l'élever sur le sommet des montagnes, l'amener à la surface des terrains les plus arides, partout où on pourrait la trouver dans les retraites de la terre, la faire monter au plus haut des habitations pour tous les usages domestiques, tirer d'un lac, d'un étang ou d'un puits, des courants, des chutes d'eau propres à faire agir des moulins et des usines, faciliter l'établissement des canaux de navigation et d'arrosage, dessécher les marais, trouver enfin dans son emploi mille moyens de diminuer la peine et la dépense en multipliant les produits, ou d'entreprendre des choses que les moyens actuellement en usage ne permettent pas de tenter : telle est la faible esquisse des avantages que l'on entrevoit, et que le temps et l'usage développeraient tous les jours. Quel peut être maintenant le sort de cette découverte ? M. Donnavy a vendu son secret à des négociants de Marseille (*MM. Brunel et compagnie*), qui ont entrepris des dessèchements de marais. (*Moniteur* de 1808, page 715.)

DORURE. — Nous donnerons d'abord, d'après l'*Encyclopédie méthodique*, le résumé des procédés employés autrefois, nous réservant d'exposer ensuite ceux dont on se sert aujourd'hui. Voici comment s'exprime à ce sujet l'*Encyclopédie méthodique :*

« La dorure est l'art d'employer l'or en feuille et l'or moulu, et de l'appliquer sur les métaux, le marbre, les pierres, le bois et diverses autres matières.

« Cet art n'était point inconnu aux anciens, mais ils ne l'ont jamais poussé à la même perfection que les modernes.

« Pline assure que l'on ne vit de dorure à Rome qu'après la destruction de Carthage, sous la censure de Lucius Mummius, et que l'on commença pour lors à dorer les plafonds des temples et des palais ; mais que le Capitole fut le premier endroit que l'on enrichit de la sorte. Il ajoute que le luxe monta à un si haut point, qu'il n'y eut point de citoyen dans la suite, sans en excepter les moins opulents, qui ne fit dorer les murailles et les plafonds de sa maison.

« Ils connaissaient comme nous, selon toute apparence, la manière de battre l'or et de le réduire en feuilles ; mais ils ne portèrent jamais cet art à la perfection qu'il a atteint parmi nous, s'il est vrai, comme dit Pline, qu'ils ne tiraient d'une once d'or que sept cent cinquante feuilles de quatre travers de doigt en carré. Il ajoute, il est vrai, que l'on pouvait en tirer un plus grand nombre ; que les plus épaisses étaient appelées *bractæ prænestinæ*, à cause qu'à

Préneste la statue de la fortune était dorée avec ces feuilles; et les plus minces *enacteæ questoria*. »

Les doreurs modernes emploient des feuilles de différentes épaisseurs; mais il y en a de si fines, qu'un millier ne pèse pas quatre ou cinq dragmes. On se sert des plus épaisses pour dorer sur le fer et sur divers autres métaux, et les autres pour dorer sur bois.

Mais nous avons un autre avantage sur les anciens dans la manière d'appliquer l'or; et le secret de la peinture à l'huile, découvert dans les derniers temps, nous fournit les moyens de rendre notre dorure à l'épreuve des injures des temps; ce que les anciens ne pouvaient faire. Ils n'avaient d'autre secret pour dorer les corps qui ne pouvaient endurer le feu, que le blanc d'œufs et la colle, qui ne sauraient résister à l'eau, de sorte qu'ils bornaient la dorure aux endroits qui étaient à couvert de l'humidité de l'air.

Les Grecs appelaient la composition sur laquelle ils appliquaient leur or dans la dorure sur bois, *leucophœum* ou *leucophorum*. On nous la représente comme une espèce de terre gluante, qui servait vraisemblablement à attacher l'or et à lui faire endurer le poli; mais les antiquaires et les naturalistes ne s'accordent point sur la nature de cette terre, ni sur sa couleur, ni sur les ingrédients dont elle était composée. Il y a différentes sortes de dorure parmi nous; savoir: la dorure à l'huile, la dorure en détrempe, et la dorure au feu, qui est propre aux métaux et pour les livres.

Manière de dorer à l'huile.—La base ou la matière sur laquelle on applique l'or dans cette méthode, n'est autre chose, suivant M. Félibien, que de l'or couleur, c'est-à-dire, ce reste de couleur qui tombe dans les pinceliers ou godets dans lesquels les peintres mettaient leurs pinceaux. Cette matière qui est extrêmement grasse et gluante, ayant été broyée et passée par un linge, sert de fond pour y appliquer l'or en feuille. Elle se couche avec le pinceau comme les vraies couleurs, après qu'on a encollé l'ouvrage; et si c'est du bois, après lui avoir donné quelques couches de blanc en détrempe.

Quelque bonne que puisse être cette méthode, les doreurs anglais aiment mieux se servir d'un mélange d'ocre jaune, broyée avec de l'eau, qu'ils font sécher sur une pierre de craie, après quoi ils le broient avec une quantité convenable d'huile grasse et dessiccative, pour lui donner la consistance nécessaire.

Ils donnent quelques couches de cette composition à l'ouvrage qu'ils veulent dorer, et lorsqu'elle est presque sèche, mais encore assez onctueuse pour retenir l'or, ils étendent les feuilles par-dessus, soit entières, soit coupées par morceaux, se servant pour les prendre de coton bien doux et bien cardé, ou de la palette des doreurs en détrempe, ou même simplement du couteau avec lequel on les a coupés, suivant les parties de l'ou-

vrage que l'on veut dorer, ou la largeur de l'or qu'on veut appliquer.

A mesure que l'or est poncé on passe par-dessus une brosse ou gros pinceau de poil très-doux, ou une patte de lièvre, pour l'attacher et comme l'incorporer avec l'or couleur, et avec le même pinceau ou un autre plus petit, on le ramende s'il y a des enflures, de la même manière qu'on le dira de la dorure qui se fait avec la colle.

C'est de la dorure à l'huile que l'on se sert ordinairement pour dorer les dômes et les combles des églises, des basiliques et des palais, et des figures de plâtre et de plomb qu'on veut exposer à l'air et aux injures du temps.

Dorure en détrempe.—Quoique la dorure en détrempe se fasse avec plus de préparations, et pour ainsi dire, avec plus d'art que la dorure à l'huile, il n'en est pas moins constant qu'elle ne peut être employée en tant d'ouvrages que la première, les ouvrages de bois et de stuc étant presque les seuls que l'on dore à la colle; encore faut-il qu'ils soient à couvert, cette dorure ne pouvant résister, ni à la pluie, ni aux impressions de l'air, qui la gâtent et l'écaillent aisément.

La colle dont on se sert pour dorer doit être faite de rognures de parchemin ou de gants, qu'on fait bouillir dans l'eau jusqu'à ce qu'elle s'épaississe en consistance de gelée.

Si c'est du bois qu'on veut dorer, on y met d'abord une couche de cette colle toute bouillante, ce qui s'appelle encoller le bois. Après cette première façon et lorsque la colle est séchée, on lui donne le blanc, c'est-à-dire, qu'on l'imprime à plusieurs reprises d'une couleur blanche détrempée dans cette colle, qu'on rend plus faible ou plus forte avec de l'eau, suivant que l'ouvrage le demande.

Ce blanc est de plusieurs sortes; quelques doreurs le font de plâtre bien battu, bien broyé et bien tamisé; d'autres y emploient le blanc d'Espagne ou celui de Rouen. Il y en a qui se servent d'une espèce de terre blanche qu'on tire des carrières de Sèvres, près Paris, qui n'est pas mauvaise quand elle est affinée. On se sert d'une brosse de poil de sanglier, pour coucher le blanc. La manière de le mettre et le nombre des couches sont différents, suivant l'espèce des ouvrages. A ceux de sculpture, il ne faut que sept ou huit couches; aux ouvrages unis, il en faut jusqu'à douze. A ceux-ci elles se mettent en adoucissement, c'est-à-dire en traînant la brosse par-dessus; aux autres, on les donne en tapant, c'est-à-dire en frappant plusieurs coups du bout de la brosse, pour faire entrer la couleur dans tous les creux de la sculpture.

L'ouvrage étant parfaitement sec, on l'adoucit; ce qui se fait en le mouillant avec de l'eau nette, et en le frappant avec quelques morceaux de grosse toile, s'il est uni; et s'il est de sculpture, en se servant de légers bâtons de sapin, auxquels sont attachés quelques lambeaux de cette même oilé, pour pouvoir plus aisément suivre tous les contours, et pénétrer dans tous les enfoncements de relief.

Le blanc étant bien adouci, on y met le jaune, mais si c'est un ouvrage de relief, avant de le jaunir on le répare, on le recherche, on le coupe, et on le bretelle; toutes façons qui se donnent avec des petits outils de fer comme les fermoirs, les gouges et les ciseaux, qui sont des instruments de sculpteurs, ou d'autres qui sont propres aux doreurs; tels que sont le fer carré qui est plat, et le fer à retirer qui est crochu.

Le jaune qu'on emploie est simplement de l'ocre commun, bien broyé et bien tamisé qu'on détrempe avec la même colle qui a servi au blanc, mais plus faible de la moitié. Cette couleur se couche toute chaude; elle supplée, dans les ouvrages de sculpure, à l'or qu'on ne peut quelquefois porter jusque dans les creux, et sur les revers des feuillages et des ornements.

L'assiette se couche sur le jaune, en observant de n'en point mettre dans les creux des ouvrages de relief. On appelle assiette la couleur ou la composition sur laquelle doit se poser et s'asseoir l'or des doreurs. Elle est ordinairement composée de bol d'Arménie, de sanguine, de mine de plomb et d'un peu de suif; quelques-uns y mettent du savon et de l'huile d'olive, et d'autres, du pain brûlé, du bistre, de l'antimoine, de l'étain de glace, du beurre et du sucre candi. Toutes ces drogues ayant été broyées ensemble, on les détrempe dans de la colle de parchemin toute chaude et raisonnablement forte, et l'on en applique sur le jaune jusqu'à trois couches; les dernières ne se donnent que lorsque les premières sont parfaitement sèches. La brosse pour coucher l'assiette doit être douce, mais, quand elle est couchée, on se sert d'une autre brosse plus rude, pour frotter tout l'ouvrage à sec; ce qui enlève les petits grains qui pourraient être restés, et facilite beaucoup le brunissement de l'or.

Lorsqu'on veut dorer, on a trois sortes de pinceaux; des pinceaux à mouiller, des pinceaux à ramender, et des pinceaux à matter; il faut aussi un coussinet de bois, couvert de peau de veau ou de mouton, et embourré de crin ou de bourre, pour étendre les feuilles d'or battu au sortir du livre; un couteau pour les couper, et une palette à un bilboquet pour les placer sur l'assiette. Le bilboquet est un instrument de bois plat par-dessous, où est attaché un morceau d'étoffe, et rond par-dessus, pour le reprendre de manière plus aisément. On se sert d'abord des pinceaux à mouiller pour donner de l'humidité à l'assiette, en l'humectant d'eau, afin qu'elle puisse aspirer et retenir l'or; on met ensuite les feuilles d'or sur le coussinet, qu'on prend avec la palette, si elles sont entières, ou avec le bilboquet ou le couteau même dont on s'est servi pour les couper, et on les pose et étend doucement sur les endroits de l'assiette que l'on vient de mouiller.

Lorsque l'or vient à se casser en l'appliquant, on le ramende en bouchant les cassures avec de petits morceaux d'or, qu'on prend au bout des pinceaux à ramender; et avec les mêmes pinceaux ou de semblables, mais un peu plus gros, on l'unit partout, et on l'enfonce dans tous les creux de la sculpture où on le peut porter avec la palette ou le bilboquet. L'or en cet état, après qu'on l'a laissé parfaitement sécher, se brunit ou se matte.

Brunir l'or, c'est le polir et le lisser fortement avec le brunissoir, qui est ordinairement une dent de loup ou de chien, ou bien un de ces cailloux qu'on appelle pierre de sanguine emmanchée de bois, ce qui lui donne un brillant d'un éclat extraordinaire.

Matter l'or, c'est passer légèrement de la colle en détrempe, dans laquelle on délaye quelquefois un peu de vermillon, sur les endroits qui n'ont pas été brunis, on appelle aussi cela repasser ou donner couleur à l'or. Cette façon le conserve et l'empêche de s'écorcher, c'est-à-dire de s'enlever quand on le manie.

Enfin, pour dernière façon, on couche le vermillon dans tous les creux des ornements de sculpture, et l'on ramende les petits défauts et gersures avec de l'or en coquille; ce qui s'appelle boucher l'or moulu.

La composition à laquelle on donne le nom de vermeil est faite de gomme-gutte, de vermillon et d'un peu de brun rouge broyés ensemble avec le vernis de Venise et l'huile de térébenthine. Quelques doreurs se contentent de laque fine ou de sang-de-dragon en détrempe, ou même à l'eau pure.

Quelquefois, au lieu de brunir l'or, on brunit l'assiette, et l'on se contente de le repasser à la colle, comme on fait pour matter. On se sert ordinairement de cette manière de dorer pour le visage, les mains, et les autres parties nues des figures de relief. Cet or n'est pas si brillant que l'or bruni; mais il l'est beaucoup plus que celui qui n'est que simplement matté.

Quand on dore des ouvrages où l'on conserve des fonds blancs, on a coutume de les recampir, c'est-à-dire de coucher du blanc de céruse détrempé avec une légère colle de poisson, dans tous les endroits des fonds sur lesquels le jaune ou l'assiette ont pu couler.

Manière de dorer au feu. — On dore au feu de trois manières, savoir : en or moulu, en or simplement en feuille, et en or haché.

La dorure d'or moulu se fait avec de l'or amalgamé avec le mercure dans une certaine proportion, qui est ordinairement d'une once de vif argent sur un gros d'or.

Pour cette opération, on fait d'abord rougir le creuset; puis l'or et le vif-argent y ayant été mis, on les remue doucement avec le crochet, jusqu'à ce qu'on s'aperçoive que l'or soit fondu et incorporé au vif argent; après quoi on les jette ainsi unis ensemble dans de l'eau, pour les apurer et laver; d'où ils passent successivement dans d'autres eaux, où cet amalgame, qui est presque aussi liquide que s'il n'y avait que du vif argent, se peut conserver très-longtemps en état d'être employé à la dorure. On sépare de cette masse le mercure qui n'est point uni avec elle, en le pressant avec les doigts à travers un morceau de chamois ou de linge.

Pour préparer le métal à recevoir cet or ainsi amalgamé, il faut dérouler, c'est-à-dire décrasser le métal qu'on veut dorer; ce qui se fait avec de l'eau-forte ou de l'eau seconde, dont on frotte l'ouvrage avec la gratte-bosse; après quoi le métal ayant été lavé dans l'eau commune, on l'écure enfin légèrement avec du sablon.

Le métal bien déroché, on le couvre de cet or mêlé avec du vif-argent, que l'on prend avec la gratte-bosse fine ou bien avec l'avivoir, l'étendant le plus également qu'il est possible, en trempant de temps en temps la gratte-bosse dans l'eau claire, ce qui se fait à trois ou quatre reprises; c'est ce qu'on appelle parachever.

En cet état le métal se met au feu, c'est-à-dire sur la grille à dorer ou dans le papier, au-dessous desquels est une poêle pleine de feu, qu'on laisse ardent jusqu'à un certain degré que l'expérience seule peut apprendre. A mesure que le vif-argent s'évapore, et que l'on peut distinguer les endroits où il manque de l'or, on répare l'ouvrage, en y ajoutant de nouvel amalgame où il en faut. Enfin, il se gratte-bosse avec la grosse brosse de laiton; et alors il est en état d'être mis en couleur, qui est la dernière façon qu'on lui donne, et dont les ouvriers qui s'en mêlent conservent le secret avec un grand mystère; ce qui pourtant ne doit être guère différent de la manière employée pour donner de la couleur aux espèces d'or.

Une autre méthode, c'est de faire tremper l'ouvrage dans une décoction de tartre, de soufre, de sel et autant d'eau qu'il en faut pour le couvrir entièrement, et de l'y laisser jusqu'à ce qu'il ait acquis la couleur qu'on désire, après quoi on le lave dans l'eau froide.

Pour rendre cette dorure plus durable, les doreurs frottent l'ouvrage avec du mercure et de l'eau-forte, et le dorent une seconde fois de la même manière. Ils réitèrent cette opération jusqu'à trois ou quatre fois, pour que l'or qui couvre le métal soit de l'épaisseur de l'ongle.

Dorure au feu avec de l'or en feuille.—Pour préparer le fer ou le cuivre à recevoir cette dorure, il faut les bien gratter le gratteau, et les polir avec le polissoir de fer; puis les mettre au feu pour les bleuir, c'est-à-dire pour les échauffer, jusqu'à ce qu'ils prennent une espèce de couleur bleue. Lorsque le métal est bleu, on y applique la première couche d'or, que l'on ravale légèrement avec un polissoir, et que l'on met ensuite sur un feu doux.

On ne donne ordinairement que trois couches, ou quatre au plus; chaque couche étant d'une seule feuille d'or dans les ouvrages communs, et de deux dans les beaux ouvrages; et à chaque couche qu'on donne, on les remet au feu. Après la dernière couche, l'or est en état d'être bruni clair. (FÉLIBIEN, *Dict. d'arch., peint., sculp.* Voy. *Dict. du com. et ch.* Tous ces auteurs se sont suivis.)

Dorure sur cuir, ou manière de faire les cuirs dorés.—Les tentures de cuirs sont faites de plusieurs peaux de veau, de chèvre ou de mouton, cousues ensemble. Les peaux que l'on emploie le plus communément sont celles de mouton, parce qu'elles coûtent moins que les autres, quoique celles-ci soient de plus grande durée, et que l'ouvrage en serait plus beau. Ces peaux étant sèches lorsque l'ouvrier les achète, il est obligé de les mettre tremper pendant quelques heures dans une cuve pleine d'eau, où il les remue avec un bâton, plusieurs fois et à différents temps, afin qu'elles deviennent flexibles, comme cela est nécessaire.

On les retire ensuite, et pour les rendre encore plus souples, on les bat sur une pierre; l'ouvrier prend une peau par un coin et frappe plusieurs fois les autres parties sur cette pierre. Quand il a ainsi préparé un certain nombre de peaux, il les détire; voici en quoi cette opération consiste: On met sur une table une grande pierre, on couche dessus la peau que l'ouvrier tient d'une main, et de l'autre un instrument qui est de fer, excepté la poignée qui est de bois; il ne coupe point, car on ne s'en sert que pour étendre la peau et l'unir, ce qui se fait en le pressant sur la peau, et en le faisant aller et venir en l'inclinant.

Quand on a détiré une certaine quantité de peaux, on leur donne une forme régulière; on se sert pour cela d'une règle ou d'une équerre, ou d'un châssis qui est de la grandeur de la planche gravée qu'on applique sur la peau. Si on voulait retrancher tout ce qui empêche de former des lignes droites, on rendrait les peaux bien petites: c'est pourquoi on laisse les petites échancrures; mais on y colle des pièces, de même que dans les endroits défectueux qui peuvent se rencontrer dans le milieu de la peau; et afin que ces défauts ne paraissent pas, on escarne la peau, c'est-à-dire on taille en biseau les bords de la peau où l'on veut mettre une pièce, de même que les bords de la pièce: ce qui se fait en couchant la peau sur une pierre unie et en diminuant l'épaisseur des bords avec un vrai couteau. On colle ensuite les pièces avec de la colle de parchemin. Les pièces étant collées, on argente les peaux, soit qu'on les destine à former des tentures de cuir argenté ou de cuir doré: car c'est un vernis qu'on passe sur l'argent qui leur donne une couleur approchant de celle de l'or.

On enduit le cuir de colle pour y faire tenir l'argent. La colle qu'on emploie ici est la même que celle dont on se sert pour coller les pièces ; on lui donne la consistance d'une gelée, en la faisant cuire un peu plus longtemps.

Pour encoller une peau ou un carreau, il faut un morceau de colle de la grosseur d'une noix. On le partage en deux et l'ouvrier prend une des portions qu'il étend sur la peau, du côté de la fleur, avec la paume de la main, le plus uniment qu'il lui est possible. Il fait la même chose avec une autre peau ; après cela, il reprend la première et étend de la même manière l'autre morceau de colle, et il achève ensuite la seconde peau. On met ainsi, dans deux différents temps, ces deux morceaux de colle, afin que la première couche ait le temps de durcir avant que de mettre la seconde, et cela pour qu'une partie de la colle ne traverse que la feuille d'argent, quand on l'applique, ou que l'argent, comme les ouvriers disent, ne s'y noie pas : ce qui arriverait, si l'épaisseur de la couche de colle était trop grande.

Le carreau étant encollé pour la seconde fois, on y applique l'argent. Pour cet effet, l'ouvrier prend la peau, encore humide, et l'étend sur une table ; il a à côté de lui un grand livre de papier gris dans lequel sont les feuilles d'argent, d'où il les tire l'une après l'autre avec une petite pince de bois, pour les faire tomber sur un morceau de carton un peu plus grand qu'une feuille d'argent ; cette feuille de carton se nomme la palette. La palette étant chargée, l'ouvrier la tient de la main gauche, et il fait tomber la feuille sur la peau, en sorte que les côtés soient parallèles à ceux de la peau ; il fait ainsi un rang, et il couvre successivement toute la peau. Il faut observer que, pour faire cet ouvrage, on ne doit pas se placer dans un endroit exposé à quelque passant : car il ne faut qu'un souffle pour enlever les feuilles d'argent, les chiffonner et les gâter.

La peau étant couverte de feuilles d'argent, l'ouvrier prend une queue de renard dont il fait un tampon avec lequel il presse les feuilles, afin de les obliger à prendre sur la colle : c'est ce qu'on appelle étouper. Il frotte ensuite légèrement, avec la même queue, le carreau de tous côtés, afin d'enlever l'argent qui n'est pas collé et qui est de trop. Cela fait, on met sécher la peau dans une chambre où il y a des cordes tendues à une certaine hauteur; on met la peau sur les cordes, l'argent en dehors, avec un ustensile qu'on nomme la croix. Il leur faut quatre à cinq heures pour sécher en été; en hiver, les peaux demeurent plus longtemps sur les cordes, mais on ne les laisse pas sécher là entièrement : on les cloue sur des planches, l'argent en dedans, afin que la poussière ne tombe pas dessus, et on les expose au soleil, dans un jardin. La peau, ainsi clouée, ne peut pas se retirer ou se racornir, comme disent les ouvriers, en séchant.

On n'attend pas, pour brunir la peau, qu'elle soit tout à fait sèche ; il faut qu'elle conserve une certaine mollesse sans être

humide : c'est ce que l'habitude apprend à connaître. Pour brunir une peau, on l'étend sur une pièce bien unie qui est sur une table, et on passe avec force le brunissoir sur chaque partie de la peau, jusqu'à ce qu'elle ait acquis le brillant que l'on cherche. Le brunissoir n'est autre chose qu'un caillou bien uni que l'on enchâsse dans une pièce de bois, afin de le tenir plus commodément.

Pour avoir des tentures, il ne s'agit plus que d'imprimer les carreaux ; mais, comme on imprime presque de la même manière les cuirs argentés et les cuirs dorés, nous différons à parler de l'impression que l'on donne aux uns et aux autres; jusqu'à ce que nous ayons vu comment on dore. Nous avons déjà dit que c'était au moyen d'un vernis; nous allons maintenant en donner la composition :

Prenez quatre livres et demie d'arcanson ou colophane, autant de résine ordinaire, deux livres et demie de sandaraque et deux livres d'aloès; mêlez ces quatre drogues ensemble après avoir concassé celles qui sont en gros morceaux, et mettez-les dans un pot de terre, sur un bon feu de charbon. Faites fondre toutes ces drogues, et remuez-les avec une spatule afin qu'elles se mêlent et qu'elles ne s'attachent point au fond. Lorsqu'elles seront bien fondues, versez sept pintes d'huile de lin dans le même vaisseau, et, avec la spatule, mêlez-la avec les drogues : faites cuire le tout, en remuant de temps en temps pour empêcher, autant qu'on le peut, une espèce de marc qui se forme et qui ne se mêle point avec l'huile, de s'attacher au fond du vaisseau. Quand votre vernis est cuit, ce que l'on connaît en prenant une goutte avec une cuiller d'argent et en examinant s'il file en le touchant avec le doigt et le retirant, ou, s'il est poissé, on le passe à travers un linge ou une chausse.

Ce vernis est celui qui est le plus en usage parmi les ouvriers; on pourrait bien le perfectionner en lui donnant plus de brillant au moyen de quelques autres gommes; mais nous ne rapporterons pas ici toutes les recherches que l'on a faites là-dessus. Les curieux les trouveront dans l'*Art de travailler les cuirs dorés*, par M. Fougeroux de Bondaroy. Nous allons voir maintenant comment on étend ce vernis sur les feuilles d'argent; c'est ce que les ouvriers nomment dorer.

Pour dorer, on choisit des jours sereins, où il y a apparence que l'on jouira d'un beau soleil; on porte les carreaux brunis dans un jardin que les ouvriers nomment l'atelier du dorage, c'est le même endroit où l'on a fait sécher les peaux avant de les brunir. C'est aussi sur les mêmes planches où elles étaient attachées alors qu'on les cloue, avec cette différence que l'on met maintenant la surface argentée en dessus. On prépare ainsi une vingtaine de peaux et on les pose sur des tréteaux les unes à côté des autres. Tout étant ainsi disposé, l'ouvrier qui a la direction de ce travail commence par passer dessus le carreau un blanc d'œuf et l'y laisser sécher. Quelques ouvriers croient que ce procédé nuit à la solidité de l'ouvrage, et ne le pratiquent point. Quoi qu'il en soit, il faut que cette couche soit légère, car le blanc d'œuf s'écaillerait si on le mettait trop épais.

Quand il est bien sec, l'ouvrier qui dore met devant lui le pot à l'or ou au vernis qui a la consistance d'un sirop épais; il trempe dans ce pot les quatre doigts d'une main et s'en sert comme d'un pinceau pour appliquer le vernis, il les tient un peu écartés les uns des autres, et il fait décrire à chaque doigt une espèce d'S; c'est ainsi qu'il remplit le carreau de lignes de vernis placées à égales distances les unes des autres. Cela fait, on emplâtre les carreaux, comme disent les ouvriers, c'est-à-dire on étend sur toute la surface de la peau le vernis qu'on a d'abord mis par raies, en ne se servant que de la main que l'on tient étendue sur la peau. Quoiqu'on cherche à étendre le vernis le plus également qu'il est possible en le promenant sur la peau, il ne laisse pas d'y avoir des creux qui en gardent plus que d'autres, et qui donnerait à l'or différentes nuances si on laissait la peau vernissée en cet état. Pour remédier à cela, l'ouvrier bat, avec le plat de la main, les peaux qui ont été emplâtrées les premières, en leur donnant de petits coups redoublés, surtout dans les endroits où il remarque plus d'or que dans les autres; il oblige ainsi l'or à s'étendre également partout et à s'incorporer avec les feuilles d'argent. Lorsqu'on a battu les peaux, on les met sécher au soleil en les appuyant contre le mur. Alors, l'ouvrier prend de nouvelles peaux qu'il met sur les tréteaux, sur lesquelles il fait les mêmes opérations. Quand la première couche est sèche, on en met de même une seconde, ayant soin de la mettre plus épaisse dans les endroits qui paraissent les plus pâles ou blancs: ce sont ceux où la première couche était la plus légère. Dans les beaux jours d'été, le vernis est sec au bout de quelques heures, ce que l'on connaît s'il ne colle point ni ne colore le doigt qui le touche.

C'est ici le lieu de parler d'une espèce de tentures qui ne sont dorées qu'en partie. On choisit pour l'espèce dont il est ici question des dessins légers et qui ne demandent pas une gravure profonde sur les planches; on imprime donc avec de telles planches les peaux argentées, en les faisant passer sous la presse, comme on le dira ci-après, ou bien on calque seulement le dessin sur l'argent. On enduit le tout de vernis; mais aussitôt après que les peaux sont emplâtrées l'ouvrier regarde les endroits où l'argent doit paraître, et en les soulevant il passe au couteau par-dessus pour enlever le vernis; il donne ensuite son carreau à un autre ouvrier, qui emporte avec un linge le vernis qu'il peut y avoir encore de trop dans quelques endroits.

Lorsque le vernis est assez sec pour ne

plus s'attacher aux doigts, on imprime alors les peaux, c'est-à-dire on leur donne les figures de relief qui paraissent dans les cuirs dorés. Pour cet effet, on se sert d'une planche; elle consiste en différentes pièces de poirier ou de cormier, sans nœuds, que l'on assemble à queue d'aronde, et qu'on unit comme il convient: c'est là-dessus qu'on grave le dessin qu'on juge à propos, en creusant dans certaines parties du bois les endroits qui doivent former des reliefs sur le cuir. On observe dans cette espèce de gravure en bois de faire en sorte que la vive-arête des parties creuses et des parties saillantes ne se termine pas par des angles trop aigus: on courrait risque de couper le cuir en imprimant avec de telles planches; l'art consiste ici à adoucir ces creux de façon que l'on n'ôte rien à la netteté et à la précision du dessin. Afin de faire entrer le cuir jusqu'au fond de ces cavités, on se sert de contremoules ou de contre-estampes, sur lesquels on voit en relief le dessin qui se trouve dans la planche gravée. Voici comme on les forme. On prend un morceau de carton, d'une grandeur convenable, sur lequel on étend une pâte composée de rognures de peau de gants que l'on amollit en les laissant tremper quelque temps dans l'eau; on en met une épaisseur suffisante sur la feuille de carton pour que tous les reliefs s'y trouvent formés; on couvre cette pâte avec une feuille de papier, qui s'y colle d'elle-même. On met ce carton ainsi préparé dans une des cavités de la planche; on fait passer le tout sous la presse, et on l'en retire avec la contre-estampe du dessin représenté sur la planche gravée. La pâte se retire en séchant et laisse un espace pour le cuir que l'on met entre le moule et le contre-moule, comme nous allons le dire.

Le vernis étant assez sec pour que la peau puisse recevoir l'impression, on humecte avec une éponge son envers, afin de la rendre flexible, et on la couche sur la planche gravée, la dorure en dessous, et on la fait passer sous la presse: voici comment cela se fait. La presse dont on se sert ici est la même que celle que l'on emploie pour l'impression des tailles douces. On pose la planche gravée sur une autre planche, qui porte immédiatement sur le rouleau inférieur, et on la couvre avec une couverture de laine pliée en quatre, que l'on fait passer entre les rouleaux pour la rendre bien unie avant que d'y mettre la planche gravée; cela fait, un certain nombre d'ouvriers saisissent les bras qui sont au rouleau supérieur, et le faisant tourner avec force, ils obligent toutes ces planches à passer entre les rouleaux. Comme le tout est extrêmement serré, le frottement de la planche qui repose sur le rouleau inférieur le fait ainsi tourner. La peau ayant entièrement passé entre les rouleaux, on lève la couverture, et l'on trouve que la peau, par la pression de la couverture, s'est enfoncée dans les endroits creux de la planche; mais comme elle n'a pas été jusqu'au fond de la gravure, on applique alors les contre-moules, et on la fait passer derechef entre les rouleaux. Si on n'a pas des contre-moules, on emplit les creux avec du sable; mais cette manière est beaucoup plus longue que l'autre et ne réussit pas aussi bien. Si la planche n'est pas assez serrée entre les rouleaux, on augmente la pression à l'aide de quelques feuilles de carton que l'on place entre les deux. (*Encycl. méthod.*)

Donnons maintenant un court résumé des procédés modernes pour la dorure.—Extrait du *Mémoire sur l'art de dorer le bronze*, par M. Darcet; mémoire que l'Académie des sciences couronna en 1818.

L'art du doreur, dit-il, consiste à appliquer, sur la surface du métal convenablement préparé, une couche d'or tenue en dissolution par le mercure. Celui-ci étant volatil, un certain degré de chaleur suffit pour le dissiper, et l'or seul reste appliqué et adhère sur le bronze.

Préparation de l'amalgame d'or. — La combinaison de l'or avec le mercure s'effectue dans un creuset que l'on fait légèrement rougir sur un feu de charbon de bois. L'ouvrier agite le mélange, et au bout de quelques minutes il le verse dans une terrine contenant de l'eau, le lave avec soin et en exprime, en le serrant avec ses deux pouces contre les parois du vase, tout le mercure liquide qui peut aisément s'en séparer. L'amalgame qui reste est pâteux et consistant, au point de conserver l'empreinte des doigts; on le garde à l'abri de la poussière.

Plus la portion de mercure est grande par rapport à l'or, plus la couche d'or qu'il laissera sur la pièce à dorer sera mince, et ce sera l'inverse dans le cas contraire. L'ouvrier met ordinairement huit parties de mercure contre une d'or; mais après la compression qui en sépare la plus grande quantité de mercure, l'amalgame ne retient plus qu'une demi-partie de ce métal et une partie d'or.

Dissolution mercurielle. — Pour faciliter l'application de l'amalgame d'or sur le bronze, on emploie de l'acide nitrique pur, dans lequel on a fait dissoudre un peu de mercure, et que l'on étend dans vingt fois son poids d'eau de pluie ou d'eau distillée.

Dorure.—Ces préparations terminées, on procède aux opérations de la dorure :

1° La pièce de bronze sortant des mains du tourneur et du ciseleur est mise à recuire sur un feu de charbon de bois, qui la dépouille des parties grasses et onctueuses que la surface a pu contracter pendant le travail, et qui y produit un certain degré d'oxydation propre à détruire le·poli des superficies.

2° *Dérochage* et *décapage.* — Cette opération a pour but de faire disparaître la couche d'oxyde formée sur la surface du métal, soit par son exposition au feu, soit par son refroidissement à l'air.

On trempe la pièce d'or dans de l'acide sulfurique très-étendu d'eau, et on l'y frotte avec une brosse rude; on la lave ensuite et on la fait sécher, sa surface est encore irisée. On la trempe alors dans de l'acide nitrique à 6°, et on l'y frotte avec un pinceau à longs poils : cette opération met le métal à nu, mais ne le rend pas *blanc* comme le disent les ouvriers. Pour lui donner tout l'éclat métallique, on passe enfin la pièce dans un bain d'acide nitrique à 36°, auquel on ajoute un peu de suie ordinaire et de sel marin. Cette dernière circonstance a fait avec raison penser à M. Darcet qu'on pouvait dérocher parfaitement en employant l'acide sulfurique et l'acide muriatique, au lieu d'acide nitrique, qui attache le cuivre pur avec beaucoup plus de facilité et d'énergie que ne le sont les deux premières.

Dans tous les cas, dit-il, le dérochage bien fait ne doit dissoudre que l'oxyde formé à la surface de la pièce pendant le recuit, et ne doit attaquer en aucune manière le métal, ce qu'il est difficile d'empêcher lorsqu'on déroche le bronze, en se servant d'acide nitrique.

La pièce étant bien décapée, on la lave avec soin à grande eau, et on la roule dans de la tannée, du son ou de la sciure de bois, pour la sécher complétement, et pour éviter que l'humidité ne l'oxyde de nouveau.

3° *Application de l'amalgame.* — Cette application se fait avec la *gratte-bosse à dorer* ou pinceau de fil de laiton, que l'on trempe d'abord dans la dissolution nitrique de mercure, et que l'on appuie ensuite sur l'amalgame l'or, en la retirant à soi, pour la charger d'une quantité nouvelle de cet alliage. On la dépose sur une pièce à dorer et on l'y étend avec soin, en trempant de nouveau, si cela est nécessaire, la gratte-bosse dans la dissolution mercurielle et ensuite dans l'amalgame. L'ouvrier intelligent répartit également ou inégalement l'amalgame sur la pièce, selon que les diverses parties doivent recevoir plus ou moins d'or.

On lave ensuite la pièce à grande eau, on la fait sécher et on la porte au feu pour faire volatiliser le mercure. Si la première couche de mercure ne suffit pas, on lave de nouveau la pièce et l'on recommence l'opération jusqu'à ce qu'on soit satisfait de l'ouvrage.

4° *Volatilisation du mercure.* — Le doreur expose la pièce de bronze sur des charbons ardents, la retourne, l'échauffe peu à peu au point convenable, la retire du feu, la met dans la main gauche qui est garnie d'un gant de peau épais et rembourré pour éviter de se brûler, la tourne et retourne en tous sens, en la frottant et la frappant à petits coups avec une brosse à longs poils. Il répartit ainsi également la couche d'amalgame.

5° Il remet la pièce au feu et la traite de la même manière, jusqu'à ce que le mercure soit entièrement volatilisé, mais très-lentement. La pièce, amenée à l'état de dorure parfaite, est lavée et gratte-bossée avec soin avec une eau acidulée avec du vinaigre. Lorsque le bronze doré doit avoir des parties brunies et d'autres mises au mat, on couvre celles-là avec un mélange de blanc d'Espagne, de cassonade et de gomme délayée dans l'eau ; cette opération s'appelle *épargner les brunis*. Le doreur fait alors sécher la pièce et la réchauffe pour chasser le peu de mercure qui pourrait encore rester. Avant qu'elle soit tout à fait refroidie il la plonge dans de l'eau acidulée dans de l'acide sulfurique ; il la lave ensuite, l'essuie et lui donne le *bruni*.

On exécute le bruni en frottant la pièce avec des *brunissoirs* d'hématite ou de pierre sanguine, qu'on fait mordre à l'aide d'une eau légèrement acidulée avec le vinaigre.

6° Le *mat* se donne comme il suit: Lorsqu'après la volatilisation du mercure, la pièce a pris une belle teinte d'or, on la couvre d'un mélange liquéfié de sel marin, de salpêtre et d'alun ; on la chauffe, et on la plonge subitement dans de l'eau froide, qui en sépare la couche saline. Il ne reste plus qu'à la passer dans de l'acide nitrique très-faible, la laver à grande eau et la faire sécher, soit à l'air ou sur un réchaud, soit en l'essuyant légèrement.

7° Pour les autres teintes qu'on donne au bronze, telles que la *couleur d'or moulu* et la *couleur d'or rouge*, nous renverrons au mémoire de M. Darcet.

Des améliorations furent introduites par ce savant académicien pour assainir l'art du doreur, qui, auparavant, faisait une infinité de victimes, soit en causant la mort prématurée des ouvriers, soit en les rendant impotents après quelques années de travail.

Nous lisons, dans les *Annales des arts et manufactures* (tome X, p. 177), les observations suivantes sur les procédés usités alors (an X) pour dorer et argenter les métaux : L'éclat de l'or plaît à tous les regards ; mais cette matière précieuse est si rare que les arts ont dû rechercher tous les moyens de la multiplier en apparence, en couvrant d'une couche légère de ce riche métal des métaux plus communs ; telle est l'origine de la dorure. Pour dorer, on couvre immédiatement le métal d'une feuille d'or, ou bien l'on forme un amalgame d'or et de vif-argent dont on frotte le métal, après quoi on volatilise le vif-argent au moyen de la chaleur. Le succès de l'opération dépend en grande partie du soin que l'on met à bien nettoyer la surface du métal qui doit s'allier à l'or, parce qu'alors leur union est plus intime. L'argent, le cuivre, le laiton et le similor se dorent facilement par les deux manières que l'on vient d'indiquer ; mais le fer et l'acier présentent beaucoup de difficultés et ne peuvent recevoir une dorure durable par aucun des procédés connus jusqu'à ce jour (an X). La raison est que la surface de l'acier et du fer ne peut pas se conserver parfaitement nette pendant l'opération. Dans l'application de l'or en feuilles sur le fer ou sur l'acier, il faut commencer par chauffer le métal sur lequel on se propose d'appliquer l'or. Cette circonstance place l'artiste entre deux écueils; le risque de ne pas chauffer assez, et de procurer ainsi peu d'adhérence, et celui de chauffer trop, et

procurer au métal un commencement d'oxydation, outre le danger de recuire la trempe des armes tranchantes, telles que les épées, les poignards qu'on doit chauffer. La difficulté de l'opération du dorage avec l'amalgame et le nitrate de mercure, et le danger de la non-réussite s'accroissent encore lorsqu'on entreprend de dorer le fer ou l'acier par ce procédé; car le métal n'ayant pas d'affinité avec le mercure, il faut un intermède pour disposer sa surface à le recevoir. Dans ce but, on humecte les parties qu'on se propose de dorer d'une dissolution de mercure dans l'acide nitreux (l'eau-forte), mordant que les artistes appellent eau mercurielle. L'acide, qui a plus d'affinité pour le fer que pour le mercure, attaque le premier et dépose une couche mince de mercure à la place de celle de fer qu'il enlève. Cette couche procure l'union de l'amalgame qu'on applique ensuite sur le fer, qui ne l'aurait pas reçu sans elle. Mais, par ce procédé, la surface du fer souffre de l'action de l'acide nitrique, et contracte avec l'or une union assez faible, de manière qu'on ne peut pas produire une dorure brillante et durable par ce moyen. Pour le dorage avec l'amalgame et le sulfate de cuivre, on applique quelquefois avec un pinceau de poil de chameau une solution de sulfate (vitriol bleu) à la partie de l'acier qu'on se propose de dorer. Par une affinité chimique exactement semblable à celle dont on vient de parler plus haut, une couche mince de cuivre se précipite sur le fer. Le cuivre ayant de l'affinité pour le mercure, peut servir d'intermède et moyenner une sorte d'union entre l'amalgame et le fer. Mais, dans l'un et l'autre de ces procédés, la surface de l'acier demeure toujours altérée par l'action de l'acide, et on est également obligé d'employer un degré de chaleur suffisant pour volatiliser le mercure. D'après ces inconvénients, la plupart des artistes suivent le premier procédé, qui consiste à appliquer la feuille d'or sur le métal chaud, et à l'y fixer par l'action du brunissoir. Ce procédé est pénible, mais la surface du fer court moins de risque d'en être altérée. Le procédé perfectionné pour dorer le fer ou l'acier, moins connu des artistes qu'il ne mérite de l'être, peut être utile à ceux qui sont appelés à dorer ces métaux. On commence par verser sur une solution d'or dans l'acide nitromuriatique (eau régale), environ le double d'éther; ce mélange doit être fait avec précaution et dans un grand vase. On secoue ensemble les deux liquides, et aussitôt que le mélange est en repos, on voit l'éther se séparer de l'acide nitro-muriatique, et flotter à la surface; l'acide se décolore et l'éther prend une couleur, parce qu'il enlève l'or à l'acide. On verse les deux liqueurs dans un entonnoir de verre, dont le bec, qui doit être assez fin, demeure fermé jusqu'à ce que, par le repos, les deux fluides se soient complétement séparés l'un de l'autre. On l'ouvre alors; l'acide, comme plus pesant et occupant le dessous, passe le premier; on ferme dès qu'il a coulé en entier, et l'entonnoir ne contient plus alors que la dissolution d'or dans l'éther; on la met dans une fiole bien bouchée, et on la garde pour l'usage. Lorsqu'on veut dorer le fer ou l'acier, il faut commencer par en polir la surface avec l'émeri le plus fin, ou plutôt avec du rouge d'Angleterre délayé dans de l'eau-de-vie. On applique ensuite avec une petite brosse ou pinceau l'éther aurifère, le liquide s'évapore promptement, et l'or demeure. On chauffe et on passe le brunissoir. On peut, au moyen de cette dissolution d'or dans l'éther, tracer à la plume ou au pinceau toutes sortes de figures sur le fer, et l'on croit que c'est le procédé employé pour dorer les lames Sohlingen. Comme tous les artistes n'ont peut-être pas sous la main la recette pour la meilleure préparation de l'acide nitro-muriatique et de l'éther, on donne ci-après l'une et l'autre. Pour préparer la dissolution d'or dans l'acide nitro-muriatique (eau régale), on fait dissoudre dans une quantité suffisante d'acide nitreux autant de sel ammoniaque qu'il voudra en dissoudre à froid, et même dans un lieu frais. On met dans cet acide l'or réduit en limaille ou en feuilles minces, et on le dépose dans un endroit chaud jusqu'à dissolution parfaite. Cette dissolution prend une couleur jaune, celle de l'or, et elle teint en pourpre la peau des animaux. La préparation de l'éther sulfurique se fait en mettant dans une grande cornue une livre et demie d'esprit-de-vin bien rectifié, et en versant dessus lentement deux livres de l'acide sulfurique plus concentré. En remuant un peu le mélange, à mesure que l'on verse l'acide, il s'échauffe, et les vapeurs qui se dégagent avec abondance répandent une odeur pénétrante. Lorsqu'on a versé tout l'acide sulfurique, on ajoute une demi-livre d'esprit de vin qui rince le col de la cornue en passant. On mêle bien le tout et on le laisse reposer quelque temps après avoir fermé l'orifice de la cornue que l'on met ensuite dans un bain de sable, et à laquelle on adapte un grand récipient, puis on allume le feu; il doit être lent et modéré. La chaleur ne doit pas se communiquer au récipient. On continue l'opération jusqu'à ce qu'une odeur sulfureuse se manifeste à la tubulure de ce dernier. On délute et on recueille le produit, qui est un mélange d'éther, d'eau acidulée, d'esprit-de-vin, d'acide sulfureux et de matière charbonneuse. Pour le rectifier, on le remet dans une cornue; et après y avoir ajouté un peu d'alcali pour absorber l'acide, on met la cornue au bain de sable qu'on chauffe très-légèrement; la première moitié du liquide qui passe est de l'éther très-pur. On peut employer le résidu à préparer encore de l'éther. Il suffit de verser dessus du bon esprit-de-vin, mais en quantité moindre d'un tiers que la première fois, on distille, on rectifie, etc. Il existe un autre procédé analogue pour dorer. Les personnes qui trouveraient la préparation de l'éther trop

difficile peuvent substituer à ce liquide une huile essentielle, comme l'esprit de lavande, l'huile de térébenthine, etc.; ces liquides ont la propriété d'enlever l'or à la dissolution nitro-muriatique. Comme on a souvent de la peine à se procurer de l'alcool bien rectifié, on peut y parvenir en appliquant à l'esprit de vin faible le procédé suivant : On prend de la potasse bien desséchée que l'on verse sur l'esprit-de-vin. L'alcali s'unit à l'eau exclusivement, et l'esprit-de-vin, plus pur, surnage. On le décante et on répète sur lui la même opération. On continue jusqu'à ce que la potasse ne sorte plus humectée. L'alcool devient très-pur, mais il se colore par l'action de la potasse. Pour le décolorer on le distille à feu doux dans une cornue, et les quatre premiers cinquièmes sont de l'esprit-de-vin parfaitement rectifié. Indépendamment des méthodes précédentes on peut aussi dorer l'argent à froid et avec assez de facilité, par le procédé suivant : On dissout de l'or dans l'acide nitro-muriatique et on trempe des chiffons de linge dans la solution ; on brûle ensuite ces chiffons, et on en conserve soigneusement les cendres qui sont très-noires et plus pesantes que les cendres communes. On passe ces cendres sur la surface de l'argent que l'on veut dorer; on peut y employer simplement les doigts ou un morceau de peau ou de liége; cette action incruste les molécules d'or sur la surface de l'argent; on lave cette surface et on y aperçoit ensuite à peine quelques signes de dorure, mais l'action du brunissoir la fait paraître ensuite avec beaucoup d'avantage : ce procédé est d'une exécution extrêmement facile et il emploie peu d'or. On peut conserver longtemps la surface des instruments délicats construits en laiton, en les dorant de la manière suivante : Après s'être procuré une solution d'or saturée, et après l'avoir fait évaporer jusqu'en consistance d'huile, on la laisse cristalliser. On dissout les cristaux dans de l'eau pure, et après avoir plongé dans cette solution les pièces à dorer, on les lave dans l'eau pure et on passe le brunissoir ; on répète le procédé jusqu'à ce que le dorage soit bien complet. La solution des cristaux du nitro muriate d'or est préférable à la dissolution simple du métal, parce qu'il y a toujours dans celle-ci une portion d'acide libre, qui attaque toujours plus ou moins la surface du cuivre ou du laiton et détruit son poli. On peut donner au laiton un vernis très-ressemblant à la dorure, en le couvrant d'une solution de gomme laque dans l'esprit de vin. Il conserve son brillant pendant aussi longtemps que ce vernis dure. Il faut éviter de frotter les instruments ainsi préparés avec une brosse trop forte, ou avec la craie; mais il faut seulement les essuyer avec des chiffons de toile. On prépare ce vernis ainsi qu'il suit : On fait dissoudre deux onces de gomme laque bien pure dans 48 onces d'alcool, et on met la solution dans un bain de sable à une chaleur modérée. Pour empêcher d'une part que l'esprit-de-vin ne s'évapore, et de l'autre que le vase trop bien bouché ne fasse explosion, il faut recouvrir le goulet d'une vessie dans laquelle on fait quelques trous d'épingles. On fait dissoudre dans un autre vase et dans la même quantité d'esprit-de-vin une once de sang-de-dragon en grains. On mêle les deux solutions lorsqu'elles sont complétement achevées ; on jette dedans trois grains de bois jaune et on laisse le tout pendant douze heures dans une chaleur modérée; on filtre ensuite au papier gris et on conserve pour l'usage dans une fiole bien nette. Le bois jaune est préférable à toute autre substance pour donner la couleur d'or au vernis de laque. Si l'on veut qu'il soit pâle et qu'il n'altère point la couleur du laiton, on supprime ce principe colorant, et si l'on veut au contraire une teinte jaune plus foncée, on peut ajouter une demi-dose du bois en sus de la première. (*Dictionnaire des découvertes*, t. XI, p. 353 à 359.)

Laissons parler maintenant le savant M. Dumas, dont le rapport a été reçu à son apparition comme un des travaux les plus remarquables de chimie industrielle.

Les trois dissolutions indiquées ci-dessus permettent de dorer tous les métaux en usage dans le commerce, et même des métaux qui, jusqu'ici, n'y ont point été employés.

Ainsi l'on peut dorer le platine, soit sur toute sa surface, soit sur certaines parties, de manière à obtenir des dessins d'or sur un fond de platine.

L'argent se dore si aisément, si régulièrement et avec des couleurs si pures et si belles, qu'il est permis de croire qu'à l'avenir tout le vermeil s'obtiendra de la sorte. On varie à volonté l'épaisseur de la couche d'or, sa couleur même. On peut faire sur la même pièce des mélanges de mat et de poli.

Enfin on dore avec une égale facilité les pièces à grande dimension, les pièces plates ou à reliefs, les pièces creuses ou gravées et les filaments déliés.

Tout ce qu'on vient de dire de l'argent, il faut le répéter du cuivre, du laiton, du bronze. Rien de plus aisé, de plus régulier que la dorure des objets de diverses natures que le commerce fabrique avec ces trois métaux. Tantôt l'or, appliqué en pellicules excessivement minces, constitue un simple vernis propre à garantir ces objets de l'oxydation ; tantôt appliqué en couches plus épaisses, il est destiné à résister, en outre, au frottement et à l'usage. Par un artifice très-simple, on peut varier l'épaisseur de la couche d'or, la laisser mince partout où l'action de l'air est seule à craindre ; l'épaissir au contraire là où il importe d'empêcher les dégradations dues au frottement. La bijouterie tirera grand parti de ces moyens.

Le packfong prend très-bien la dorure par ce procédé, et il devient facile de convertir en vermeil les couverts en packfong, déjà assez répandus et qui ne sont pas sans danger.

L'acier, le fer se dorent bien et solidement par cette méthode, qui n'a aucun rapport, à cet égard, avec les procédés si imparfaits de dorure sur fer et acier ; seulement il faut commencer par mettre sur le fer ou l'acier une pellicule cuivreuse. Les couteaux de dessert, les instruments de laboratoire, les instruments de chirurgie, les armes, les montures de lunettes et une foule d'objets en acier ou en fer recevront ce vernis d'or avec économie et facilité. Nous avons constaté que divers objets de cette nature avaient été reçus avec une vive satisfaction par le commerce. L'emploi des couteaux dorés à l'usage habituel nous a fait voir d'ailleurs que cette application était de nature à résister à un long usage, quand la couche d'or était un peu épaisse.

L'étain a été, sous ce rapport, l'objet d'expériences très-intéressantes de M. de Ruolz ; il s'est assuré qu'il ne se dore pas très-bien par lui-même ; mais vient-on le couvrir d'une pellicule infiniment mince de cuivre, au moyen de la pile et d'une dissolution cuivreuse, dès lors il se dore aussi aisément que l'argent. Le vermeil d'étain est même d'une telle beauté, qu'on peut assurer que le commerce saura trouver d'utiles débouchés à ce nouveau produit, quoiqu'il soit de notre devoir d'ajouter qu'en raison du prix élevé de l'or, il devient difficile de mettre sur des creusets d'étain une couche d'or suffisante pour les rendre durables, sans élever trop leur prix.

DOUBLAGE DES NAVIRES. — C'est une enveloppe, en bois ou en cuivre, qu'on met sur le franc-bord des vaisseaux qui doivent naviguer dans les mers chaudes. L'objet principal de ce *doublage* est de les garantir de la piqûre des vers.

Doublage en bois. — Les navires du commerce, qui vont dans les mers d'Afrique et des Indes orientales, sont ordinairement doublés avec des planches de sapin portant de six à dix lignes d'épaisseur. On doublait autrefois de la même manière les vaisseaux de guerre qui, par leur vétusté, ne pouvaient pas retenir le calfatage ; les doublages empêchaient les étoupes de sortir des coutures.

Cette opération s'exécute de la manière suivante : Après avoir mis le navire à sec, et l'avoir abattu en carène, on le chauffe avec des torchons de paille en flamme et des copeaux, et l'on remet le calfatage en bon état ; on étend ensuite sur le franc-bord une couche épaisse de brai gras et de brai sec, mêlés ensemble par portion égale. Sur cet enduit, qui sert de colle, on applique un gros papier commun ou une espèce de toile que l'on nomme serpillière, et l'on goudronne par-dessus ; après quoi on cloue le doublage dans le sens de la longueur, en commençant près de la quille, remontant jusqu'à la ligne de flottaison, lequel doublage on a soin de calfater et de caréner comme à l'ordinaire. Les clous doivent être multipliés, surtout dans les bouts ou écarts, et dans toutes les parties où le doublage est forcé de changer un peu brusquement de direction, de manière à le faire exactement appliquer contre la surface du bordage. Les clous sont en fer, et leur longueur doit être telle qu'on ne puisse pas craindre qu'ils forment des voies d'eau.

Malgré toutes ces précautions, le doublage en bois est bientôt dévoré par les vers. Pour garantir le franc-bord de leurs piqûres, on avait imaginé de garnir la surface du doublage appliquée d'une couche de pole ou poil de bœuf mêlé de goudron; cela faisait une croûte intermédiaire très-dure, qu'on croyait impénétrable à l'action des vers; mais ayant reconnu l'inutilité de cette méthode, elle fut abandonnée.

Les Espagnols sont dans l'usage de mettre, entre le doublage de bois et le franc-bord, un mastic fait de chaux vive éteinte dans l'huile; ils en mettent une couche de trois lignes d'épaisseur, par-dessus laquelle ils clouent le doublage avec des clous à tige mince, mais très-multipliés. Ce mastic sèche et se durcit, et se lie aussi avec les clous qui le traversent; il forme un corps si compacte et si solide, qu'on a vu des vaisseaux dont le doublage était totalement mangé ou pourri, naviguer encore longtemps sans faire de l'eau. A cet égard, nous ferons la remarque que si l'on faisait usage pour cet objet de la *chaux hydraulique*, il ne serait pas nécessaire de l'éteindre dans l'huile, elle se durcit très-bien, quoiqu'elle ne soit éteinte qu'à l'eau, ce qui produirait une grande économie.

La Compagnie des Indes avait dans l'usage de clouer le doublage de ses vaisseaux avec des clous de fer à têtes plates et rondes, de six à huit lignes de diamètre, ce qui couvrait presque toute la surface du navire d'un doublage de fer. La rouille que produisait ces têtes, très-voisines les unes des autres, s'étendait dans les interstices, et garantissait ainsi la totalité du doublage de la piqûre des vers. On donnait à cette manière d'opérer le nom de *mailletage*.

Le doublage en bois, quoique mince, a l'inconvénient de grossir le volume de la carène des vaisseaux, et d'en changer par conséquent les lignes de flottaison; sa surface ne pouvant pas être aussi lisse que celle du franc-bord, les plantes marines, les coquillages s'y attachent, et rendent la marche des vaisseaux lourde. Ajoutons que le doublage en bois dure peu. Toutes ces raisons ont fait recourir au doublage en cuivre. Aujourd'hui tous les bâtiments de la marine royale, et même un grand nombre de ceux du commerce sont doublés de cette manière.

Doublage en cuivre.—Ce fut en 1778, pendant la guerre d'Amérique qu'on commença, dans le port de Brest, à doubler en cuivre quelques frégates et quelques vaisseaux de guerre. On sait que les Anglais avaient adopté ce *doublage* dès l'année précédente, mais on ne connaissait pas précisément les procédés qu'ils employaient.

La frégate l'*Iphigénie* ayant pris et amené au port de Brest un cutter bordé à plat et doublé en cuivre, on vit que ce doublage était fort mince et qu'il était appliqué à nu sur le franc-bord, qu'on avait seulement recouvert d'une couche de peinture au blanc de céruse. Ce fut avec cette même frégate l'*Iphigénie* qu'on fit le premier essai du placage en cuivre. Voici comment on y procéda.

Après avoir réparé avec soin le calfatage de toute la partie submergée, on remplit les jointures avec du mastic de vitrier fait avec de l'huile de lin et du blanc d'Espagne en poudre. On étendit ensuite sur toute la carène, comme dans le cas de doublage en bois, une grosse toile claire qu'on colla contre le franc-bord avec un amalgame de brai gras et de suif, laquelle toile fut recouverte à son tour d'une couche de brai sec. Ce fut par-dessus cette dernière couche que fut appliqué le doublage en feuilles de cuivre rouge de dimension égale, portant un tiers de ligne d'épaisseur; le bord de chaque planche recouvrait de dix-huit lignes celui de la planche contiguë, soit de l'avant ou de l'arrière, soit de bas en haut. Les clous en cuivre rouge forgé étaient éloignés l'un de l'autre, sur le pourtour des planches, de centre en centre également de dix-huit lignes; et pour clouer l'une des planches, on avait tracé sur leurs surfaces deux diagonales et des parallèles à ces diagonales, de trois pouces en trois pouces. Leur intersection formait une espèce de quinconce qui marquait la place de chaque clou. On perçait le cuivre avec des poinçons acérés, dont la pointe était du même calibre que les clous, mais un peu moins longue; un bourrelet limitait la profondeur de l'enfoncement.

Tels furent les premiers essais du doublage en cuivre, non-seulement sur l'*Iphigénie*, mais encore sur d'autres frégates, telles que la *Gentille*, l'*Amazone*, etc. On avait espéré qu'il durerait au moins dix ans; mais à cet égard on fut bien vite détrompé. L'*Iphigénie* partit aussitôt pour l'Amérique, où il fut constaté, à son arrivée, que déjà le cuivre était altéré et même percé dans plusieurs endroits. M. de Kersaint, qui la commandait, envoya en France un mémoire dans lequel il attribuait ce malheur aux procédés qu'on avait suivis dans le doublage sa frégate; surtout au mauvais effet de la toile, qui, par sa rigidité, par l'inégalité de ses fils, par les gros nœuds dont elle était remplie, et qu'on n'avait pas eu soin d'abattre, formait des bosses et des soufflures dans le doublage qui avait accéléré sa destruction. On eut en effet plus tard l'occasion de reconnaître que la durée du doublage dépendait beaucoup des soins qu'on apportait aux procédés de son application; mais une des principales causes du peu de durée de ces premiers doublages fut apparemment la qualité du cuivre même. Dans ce moment on ne peut se procurer que des feuilles étirées au marteau, au lieu d'être étirées au laminoir; et l'on sait que le martelage, quelque bien fait qu'on le suppose, ne peut jamais donner des feuilles de tôle d'une épaisseur rigoureusement égale partout, et qu'il tend à affaiblir le métal en désunissant les molécules et les forçant à changer de place à chaque instant. En effet, le premier coup de marteau qu'on applique sur une table de cuivre fondu y produit un enfoncement, et en même temps un rebroussement de la matière tout autour de la surface percutée. Le second coup de marteau donné à côté du premier, ramène quelques-unes des molécules rebroussées, dans le plan du fond de la cavité formée par le premier coup, et porte le rebroussement plus loin ; ce dérangement des molécules a lieu à chaque fois que le marteau frappe les mêmes parties. On sent que cette percussion doit se renouveler souvent pour réduire à un tiers de ligne d'épaisseur une table qui en a six, c'est-à-dire à un dix-huitième de son épaisseur primitive. Il n'est pas douteux que les fibres d'un métal, quelque malléable qu'on le suppose, qui se trouvent pliées un si grand nombre de fois dans des directions contraires et transportées successivement d'un lieu à un autre, n'éprouvent des ruptures d'autant plus nombreuses, qu'elles résultent d'une infinité de chocs violents et partiels. L'existence de ces défauts dans les feuilles étirées au marteau fut démontrée lorsqu'on voulut mettre en partie l'opération du vernis que M. Delafolie, négociant de Rouen, avait conseillé de mettre sur le cuivre, comme un moyen de conservation ; car, en chauffant les feuilles frottées d'un côté d'huile de lin, on s'aperçut que la fumée passait au travers d'un grand nombre, souvent dans plusieurs endroits, mais plus particulièrement dans le milieu, on voyait même l'huile bouillonner par-dessus la feuille et former des taches sur la surface qui n'était point présentée au feu. On y découvrait un ou plusieurs petits trous, d'où l'on conclut que ces cuivres étaient gercés et traversés par des parties hétérogènes, et que l'eau de la mer avait pu détruire de même.

Indépendamment de cette cause principale du peu de durée des premiers doublages en cuivre, on persistait à croire que les corps qu'on interposait entre eux et le franc-bord, avaient beaucoup d'influence. On savait que les Anglais n'y mettaient autre chose qu'une couche de peinture, ayant soin d'enfoncer les clous et les chevilles de fer du bordage, et de les recouvrir d'un corps gras, de manière à ce que jamais le fer ne pût être en contact avec le doublage ; mais on ne jugea pas devoir abandonner la toile, qu'on regarda comme nécessaire à la conservation du fer. Pour concilier les idées, on arrêta qu'on appliquerait une couche de peinture sur la toile. Quelques bâtiments furent doublés de cette manière, mais cette méthode ne fut pas définitivement adoptée.

La paix ayant eu lieu en 1783, tous les vaisseaux du roi rentrèrent dans les ports où ils furent examinés avec la plus grande exactitude. On fut justement effrayé de l'effet destructeur de l'acide cuivreux ou vert-de-gris sur les ferrures de toute espèce. Tous les clous, toutes les chevilles, après deux ou trois ans de service, se trouvèrent corrodés par l'acide cuivreux combiné avec l'acide marin ; le mastic de vitrier dont on les avait couverts avait été complétement détruit, l'eau de la mer s'était insinuée entre le fer et le bois ; elle avait, dans bien des endroits, réduit à moitié la force du métal. Cette circonstance fit supprimer le mastic de vitrier pour y substituer une matière moins attaquable par l'eau de la mer. A cet effet, on enfonça les clous et les chevilles dans le bordage, à la profondeur de trois ou quatre lignes, ce qui forma des trous qu'on remplit de suif. On appliqua aussi sur toute la carène plusieurs couches de cette même substance, de manière que le bois en fut partout recouvert de l'épaisseur d'à peu près une ligne. Sur cet enduit on étendit une serge légère qu'on nomme *frise*, dont le dehors fut luté de plusieurs couches de goudron, sur lequel on cloua ensuite le doublage comme à l'ordinaire. Ce fut là la méthode à laquelle on s'arrêta pendant quelque temps en France, ayant soin de n'employer que des cuivres laminés au lieu d'être battus. Les clous, au lieu d'être forgés, furent fondus avec de la vieille mitraille provenant des doublages hors de service ; deux tiers de cuivre rouge et un tiers de cuivre jaune fournissent soixante-six à soixante-dix clous à la livre. Par ces précautions on est parvenu à obtenir une durée de cinq ou six ans, regardant comme hors de service toute feuille *de doublage* aussitôt qu'elle est percée dans quelques-unes de ces parties. Des trous de quatre ou six lignes de diamètre suffisent pour les faire mettre au rebut.

On a jugé que les feuilles, pour pouvoir se plier et s'appliquer à toutes les formes convexes ou concaves que présente la carène d'un vaisseau, ne devaient pas avoir plus d'un tiers de ligne d'épaisseur. Ce sont les trois ou quatre premières rangées près de la ligne de flottaison, qui se détruisent le plus promptement. On recouvre le bord supérieur de la première rangée d'une bande de bois qu'on nomme *liston*, portant sept à huit pouces de large sur dix-huit lignes d'épaisseur. Elle a pour objet non-seulement de bien affermir le cuivre contre le bordage, mais encore de le garantir des chocs des petites embarcations. Ce *liston* est recouvert ensuite d'une ou de plusieurs couches de goudron, ayant soin de n'en pas répandre sur le doublage de cuivre, où la moindre goutte, la moindre saleté, devient une matrice pour les plantes marines, des goémons des coquillages qu'on nomme en Bretagne des *broniques*.

De tout ce qui précède, nous pouvons conclure, 1° qu'il faut mettre le plus grand soin à ne point plier ses feuilles de cuivre, soit dans le transport, soit dans le moment de leur application ; 2° qu'il ne faut rien épargner pour que le cuivre touche immédiatement et partout le franc-bord et que les clous ne correspondent pas aux têtes des chevilles du bordage. Si la serpillière ou une toile forte comme celle d'Olonne et de Locornan, ou une serge, ne soient pas bien collées par l'amalgame de brai et de suif, et qu'elles fassent des soufflures dans quelques endroits, on les coupe alors pour faire échapper l'air contenu entre elles et le bordage. Ensuite, en y introduisant du même amalgame, on les recolle en rapprochant les bords près l'un de l'autre, en faisant en sorte qu'il n'en résulte pas de bosse; 3° il faut veiller avec soin qu'aucune tache d'huile, de graisse ou d'autres corps étrangers ne s'attachent sur le doublage.

Le poids du *doublage* en cuivre est fort peu de choses en raison de celui du vaisseau. On diminue d'ailleurs le *lest* dans le même rapport. Alors le centre de gravité du bâtiment n'est pas sensiblement déplacé. Le poids du doublage en cuivre peut, dans tous les cas, être estimé au cinquième du port du vaisseau, les cinq sixièmes en feuilles et un sixième en clous. Ainsi, pour un vaisseau de 110 canons, dont le port est de 2,400 tonneaux, le poids du doublage est de 24 tonneaux; et pour une frégate, dont le port est de 570 tonneaux, le doublage est de 7 tonneaux et demi. Cette proportion suffit pour les gros bâtiments. Mais la surface de la carène étant relativement plus grande dans les petits, on augmente cette proportion. On la double même pour les bâtiments bordés à clin, à cause des retailles et des plis qu'il faut faire pour couvrir chaque arête du bordage et du plus grand nombre de clous que cela exige.

Voici une instruction sur la manière d'appliquer le doublage en cuivre et le choix des matières : je prends pour exemple un navire de 600 tonneaux.

Comme nous l'avons vu, son cuivre pèsera 6 tonneaux, c'est-à-dire 12,000 livres, dont 10,000 en feuilles et 2,000 en clous.

Les clous doivent avoir au plus 15 lignes de longueur totale, la tête ronde, 7 à 8 lignes de diamètre; la surface supérieure doit être plane, et le dessous arrondi comme un segment sphérique; la tige est carrée et porte 2 lignes carrées à l'endroit de sa naissance; ces clous sont cloués en saillie et sont faits, comme nous l'avons vu, de deux tiers de cuivre rouge et d'un tiers de cuivre jaune; il y en a 66 à 70 par livre.

Les planches de cuivre doivent toutes être égales et porter 60 pouces sur 16 à 18 pouces de large. Le pied carré pèse 1 livre 11 onces, ce qui correspond à 4 points d'épaisseur; plus fortes, on ne pourrait pas les plier, et plus faibles, elles ne dureraient pas. Il faut qu'elles aient une couleur uniforme; que leur surface soit bien lisse; on rebute toutes celles qui sont feuilletées.

On trace à la ligne, avec du blanc de céruse, deux parallèles au pourtour, l'une à 9 lignes, et l'autre à 18 du bord de la feuille; ensuite deux diagonales et des parallèles à ces diagonales à 3 pouces de distance, comme nous l'avons déjà dit. A cet effet, on donne aux ouvriers des petits morceaux de bois qu'on nomme *buquettes*, qui leur servent à régler successivement ces distances avec précision. Quelquefois on perce les feuilles d'avance, c'est un mauvais usage qu'il ne faut suivre que quand on est pressé.

Le navire étant bien calfaté, mis sur sa carène, garni de sa frise, de sa peinture, etc., on applique le premier rang de feuilles sur la quille; le bord inférieur de ces feuilles doit être à deux pouces du bord inférieur de la quille; on ne double pas le dessous, parce que le moindre échouage ou son passage sur quelques câbles dans un évitage, enlèveraient bien vite le cuivre qu'on y aurait mis. Chaque ouvrier a dans un sac pendu devant lui, des clous, un poinçon à tige ronde, dont la pointe est acérée; cette tige a une ligne et demie de diamètre à sa naissance et neuf lignes de long; le bourrelet qui limite son enfoncement à la forme de l'intérieur de la tête du clou; il y a aussi, dans le sac de l'ouvrier, une paire de petites pinces et un marteau à deux têtes carrées. Quand on a présenté une feuille à sa place, on l'y assujettit avec un clou planté dans son milieu; ensuite on met d'autres clous de distance en distance, en allant vers les bords, ce que les ouvriers appellent *faufiler*. Tous ces clous doivent être placés sur les intersections des lignes diagonales, ainsi que nous l'avons déjà fait observer, de même que ceux des bords le seront de dix-huit lignes en dix-huit lignes, ayant soin, en perçant le trou avec le poinçon, de faire l'enfoncement nécessaire pour loger la tête de manière à ne point laisser de saillie de dehors. Le second rang, ou la deuxième rivure des feuilles, doit descendre de dix-huit lignes sous le premier : il faudra, en conséquence, ne pas clouer les joints verticaux de la première virure trop près du bord supérieur, afin de laisser la facilité d'introduire la seconde, ainsi de suite, jusqu'à la ligne de flottaison qui se trouve recouverte du *liston* ou *boudin* qu'on y cloue avec des clous en cuivre de trois pouces.

Le bordage à clins exige plus de précautions encore; on commence son doublage par le haut et par l'arrière. Les clous ne sont plus placés en quinconce, mais en rangées parallèles aux angles saillants du bordage et à des distances de deux pouces de centre en centre. C'est avec des coins de bois dur qu'on fait plier le *doublage*, pour le faire joindre exactement contre le franc-bord.

On ne peut prendre trop de soin pour bien appliquer le doublage; il faut qu'il n'y ait entre lui et le franc-bord aucun vide. C'est de là que dépend sa durée. Il faut également qu'il soit lisse, qu'il n'y ait point de tache, ni de goudron, ni de corps gras, afin que les végétations marines ne puissent y avoir aucune prise.

Le principal effet du *doublage* en cuivre, celui qui mérite le plus d'attention, c'est d'augmenter dans un très-grand rapport la vitesse du sillage. On doit cet avantage à une carène toujours parfaitement lisse, qui glisse sans obstacle dans les eaux.

Nous avons essayé, ainsi que les Anglais, de doubler des bâtiments en fer, en étain, en plomb, mais sans succès.

Les Anglais avaient affirmé que leur *doublage* durerait au moins dix ans, mais l'inspection de quelques bâtiments, que notre marine avait pris dans la guerre d'Amérique, fit connaître que leur *doublage* n'avait pas plus de durée que le nôtre. Les frégates la *Minerve*, le *Fox*, la *Cérès*, prises en 1780, avaient leur *doublage* très-détérioré ; cependant les deux premières étaient, pour ainsi dire, neuves quand elles furent prises. La *Cérès* n'avait que deux ans de construction. On fut obligé, en 1781, de remplacer dans ces trois frégates plus de la moitié du cuivre qui se trouvait hors de service.

On sait que l'acidité de l'eau de la mer combinée avec la séve, et que tous les quatre ou cinq ans il faut le remplacer ; et, lorsqu'à cette cause de destruction déjà si active vient s'ajouter encore l'action puissante de l'oxyde cuivreux ou vert-de-gris, la corrosion du fer est infiniment plus rapide. Les pentures du gouvernail, qui portent quatre pouces d'épaisseur, sont en dix-huit mois de temps, réduites au tiers de ces dimensions. Il faut donc apporter le plus grand soin à ne pas laisser subsister de contact immédiat entre le cuivre et le fer. On y interpose des lames de plomb et de la toile goudronnée. Les Anglais, pour garantir les clous et les chevilles du bordage du contact du cuivre, en recouvrent la tête d'une plaque de plomb très-mince, et mettent par-dessus un petit morceau de toile également très-fin, collée avec du goudron, et ne mettent ni toile ni frise. Le *doublage* se place à nu sur une simple couche de peinture. Il en résulte une grande économie de toile et de travail, et une surface extérieure toujours très-unie.

Tous ces procédés, quelque perfectionnés qu'ils soient ne laissent pas moins le cuivre exposé à une prompte destruction, puisque au bout de cinq à six ans on est obligé de le renouveler en entier.

On trouve dans un ouvrage périodique anglais : *The philosophical magazin*, de juillet 1824, des observations sur la corrosion du cuivre par l'eau de mer, et sur le moyen d'y remédier, par sir Humphry Davy, dont nous allons rapporter ici un extrait.

Suivant lui, le cuivre est un métal qui n'est que faiblement positif dans l'échelle électro-chimique ; et, d'après ses idées, il pourrait agir sur l'eau de mer seulement lorsqu'il est à l'état positif ; et par conséquent, s'il pouvait être rendu légèrement négatif, l'eau de mer n'aurait plus d'action sur lui. Mais comment parvenir à le rendre tel ? Après bien des réflexions, sir H. Davy rendit l'eau de mer légèrement acidulée par l'acide sulfurique, et il y plongea un morceau de cuivre poli, contre lequel il avait soudé un morceau d'étain équivalent

au vingtième de la surface de cuivre ; après trois jours, le cuivre se trouva intact, tandis que l'étain était entièrement corrodé : nulle trace de teinte bleue dans le liquide ; au contraire, dans une expérience comparative où l'on avait fait uniquement usage du cuivre dans une semblable liqueur, il y avait eu corrosion considérable du cuivre, et une teinte bleue se manifesta distinctement dans le liquide.

Puisqu'un vingtième de la surface en étain empêchait l'action de l'eau de mer rendue légèrement acidulée par l'acide sulfurique, sir H. Davy ne douta point qu'une quantité beaucoup plus petite ne rendît parfaitement nulle l'action de l'eau de mer sur le cuivre, action qui dépendait seulement de l'oxygène pris à l'air commun ; en essayant en *deux centièmes* d'étain, l'effet de sa propriété préservatrice contre la corrosion du cuivre se trouva décisif.

Ce résultat général étant obtenu, sir H. Davy fit beaucoup d'expériences avec son élève et son ami, M. Faraday. Il trouva que les effets étaient toujours les mêmes, soit qu'on mît l'étain au milieu, au sommet, ou à la base du cuivre ; mais, après une semaine, on s'aperçut que l'action préservatrice d'effet était altérée, il se formait une couche de sous-muriate qui paralysait l'action du liquide.

Avec le zinc, ou le fer forgé ou fonte, une semblable diminution d'effet ne se produisait pas. Le zinc occasionnait seulement un nuage blanc dans l'eau de mer, nuage qui se précipitait promptement au fond du vase dans lequel on faisait l'expérience. Le fer donnait lieu à un précipité de couleur orange intense ; mais, après plusieurs semaines, nulle trace de cuivre ne fut trouvée dans l'eau ; et, bien loin que la surface en fût corrodée, on y remarqua en beaucoup d'endroits une addition de zinc ou de fer.

En poursuivant ces recherches, et en les appliquant à toute forme possible et disposition de cuivre, les résultats furent toujours très-satisfaisants. Un morceau de zinc de la grosseur d'un pois ou de la pointe d'un clou en fer suffit pleinement pour préserver quarante ou cinquante pouces carrés de cuivre, et cela soit qu'on place le métal protecteur au milieu, au sommet, ou au bas de la feuille de cuivre, et soit que le cuivre soit droit, ou courbe ou en spirale ; et si l'on établissait complétement la communication entre les différents morceaux de cuivre par des fils ou de minces filaments ayant la quarantième ou cinquantième partie d'un pouce de diamètre, l'effet était le même, le cuivre restait brillant partout, tandis que le zinc ou le fer étaient totalement corrodés. Une feuille épaisse de cuivre d'environ soixante pouces superficiels fut coupée de manière à former sept divisions, réunies en communiquant seulement par de très-minces attaches qu'on put laisser, et un morceau de zinc d'un cinquième de pouce de diamètre fut soudé à la division supérieure. Le bout ayant été plongé dans l'eau de mer, le cuivre resta parfaitement poli. La même épreuve fut faite avec le fer. On trouva dans les deux cas, au bout d'un mois, le cuivre aussi brillant qu'au moment où il fut plongé dans l'eau. Au contraire, des morceaux de cuivre plongés de même sans défense dans l'eau de mer, éprouvèrent une corrosion considérable qui donna un précipité au fond du vase.

Un fragment de clou en fer d'environ un pouce de long, fut attaché par un fil de cuivre d'un pied, à une feuille de cuivre de quarante pouces superficiels, et le tout fut plongé dans l'eau de la mer. Au bout d'une semaine, on trouva le cuivre aussi bien préservé que si le clou eût été en contact immédiat.

Un morceau de cuivre et un de zinc ayant été soudés bout à bout, furent disposés en forme d'arc et plongés dans deux vaisseaux différents où il y avait de l'eau de mer. Les deux portions d'eau furent mises en communication par un peu d'étoupe humectée dans cette même eau ; le cuivre se trouva préservé comme s'il eût été dans le même vase.

L'Océan pouvant être considéré comme un conducteur d'une étendue infinie, relativement à la quantité de cuivre qui sert à doubler un vaisseau, sir H. Davy essaya de déterminer si cette circonstance aurait de l'influence sur les résultats ; il plaça deux fils de cuivre très-fins, l'un sans défense, l'autre défendu par un très-petit fragment de zinc, dans un vaste bassin rempli d'eau de mer. Cette masse d'eau pouvait être considérée comme ayant avec cette atome de zinc le métallique d'un vaisseau. Le cuivre armé de zinc ne subit aucune altération ; le cuivre non protégé par l'armure du zinc se trouva terni, et il se forma un dépôt de poussière verte.

Il fut attaché un petit morceau de zinc a la partie supérieure d'une plaque de cuivre poli, et on souda un morceau de fer d'une beaucoup plus grande dimension à la partie inférieure, et le tout fut mis dans l'eau de mer. Non-seulement le cuivre fut préservé comme à l'ordinaire, mais encore le fer le fut aussi, et au bout de quinze jours on les trouva intacts.

Ces résultats donnés par la théorie, et les essais faits en petit, ont été pleinement confirmés dans un voyage que sir H. Davy a fait en Norwége pendant les mois de juillet et d'août 1824, sur le bateau à vapeur la *Comète*, que les lords de l'amirauté de Londres avaient mis à sa disposition pour cet objet. Il a trouvé que les feuilles de cuivre armées d'un *deux-centième* de fer sont d'une efficacité parfaite, même quand on va avec la plus grande rapidité dans la mer la plus rude.

Il a également remarqué que parmi les métaux protecteurs, le fer coulé est le plus convenable ; et que la matière plombagineuse qui s'y forme n'en paralyse point l'action électrique. Il avait perdu le dépôt des substances terreuses sur le cuivre négatif, et il

a trouvé effectivement que la chose avait eu lieu sur les feuilles de cuivre exposées environ quatre mois à l'eau de mer, lesquelles feuilles étaient armées de zinc et de fer sur une étendue de $\frac{1}{13}$ à $\frac{1}{7}$ de leur superficie ; ces feuilles se couvraient de carbonate de chaux et de magnésie. Mais on peut aisément prévenir cet effet ; il suffit de diminuer, avec une juste proportion, la quantité du métal protecteur, de manière à empêcher l'excès du pouvoir négatif du cuivre, qui alors reste brillant et net.

Dans le cours de ses recherches, l'auteur a observé plusieurs faits singuliers dont quelques-uns sont du ressort de la science générale. De faibles dissolutions de sel agissent fortement sur le cuivre, tandis que des dissolutions concentrées ne l'affectent point, sans doutes parce qu'elles contiennent peu d'air, dont l'oxygène semble nécessaire pour donner à ces dissolutions la faculté électropositive. D'après ces mêmes principes les dispositions alkalines et l'eau de chaux empêchent l'action de l'eau de mer sur le cuivre, ayant en elles-mêmes l'énergie électro-positive qui rend le cuivre négatif. En terminant, sir H. Davy indique de nouvelles applications de la théorie électrochimique pour la conservation des objets d'acier et de fer par le moyen du zinc. Des instruments tranchants de la construction la plus soignée se conservent parfaitement en mer dans des boîtes revêtues de zinc.

Voilà tout ce que nous avons pu recueillir sur la découverte du savant sir H. Davy, relativement à la conservation du *doublage* en cuivre des vaisseaux. La marine lui sera redevable de grands moyens d'économie. Cependant cette découverte est du nombre de celles qui ont besoin d'être sanctionnées par le temps et l'expérience.

Quelle que soit l'espèce de métal protecteur qu'on adopte, zinc ou fonte, il est appliqué par bandes minces et étroites, sur le doublage, dans le sens de la largeur du navire, de manière à occuper environ la deux-centième partie de la surface du doublage. (C. M., *Dictionnaire technologique*, page 131 et 140.)

DRAGUE (*Mécanique*). — On appelle ainsi une machine qui sert à curer le fond des puits, des rivières, enfin à creuser ou déblayer sous l'eau. On prétend que les premières machines de ce genre furent inventées pour creuser et nettoyer les canaux de Venise, cependant les immenses constructions maritimes de l'antiquité peuvent faire douter de cette assertion. Mais la machine usitée à Venise est la première qui nous ait été connue. Nous renverrons pour sa description au *Traité des machines* de M. Hachette, et nous nous contenterons de décrire la machine dont on se sert actuellement et qui est mue par la vapeur.

Un châssis de charpente est fixé en avant et à tribord d'un ponton ou bateau *dragueur*. Une traverse également en charpente repose sur le châssis, puis un second châssis semblable s'élevant au milieu du bateau, et enfin sur un montant fixé à babord.

De l'extrémité (tribord) de cette traverse qui se projette au dehors du bateau, descend une pièce de fer destinée à servir de support à un long châssis. Ce châssis, par une autre extrémité, est suspendu au moyen d'une chaîne passant sur deux poulies, à une traverse que présente l'arrière du bateau.

Les longues solives de ce dernier châssis portent, chacune, à leur extrémité supérieure, une allonge en fer offrant une ouverture qui laisse passer un cylindre creux en fonte. Ces deux cylindres, dont l'un s'appuie à la pièce de fer et l'autre à l'une des traverses du premier châssis, servent de point au dernier châssis, lorsqu'on l'élève ou qu'on l'abaisse, au moyen des poulies. Ils reçoivent, en outre, l'axe d'un rouleau à quatre coulisses ou gorges. Un rouleau semblable est placé à l'autre extrémité du châssis, et sur ces deux rouleaux tourne une double chaîne sans fin, formée de mailles pleines et articulées, d'une longueur parfaitement égale.

A chacun des chaînons de la double chaîne est fixée avec des boulons, une *hotte* ou *louche* en forte tôle, à forme déprimée, à ouverture évasée, et garnie de trous pour laisser écouler l'eau qu'il puise en même temps que le gravier. Un certain nombre de rouleaux en fonte, placés entre les pièces longitudinales du dernier châssis, facilitent le mouvement de rotation des chaînes et des hottes qu'elles portent.

Des rouleaux s'élèvent sur chacune des mêmes pièces et maintiennent les chaînes dans la direction convenable.

Le mouvement est imprimé aux chaînes par une roue en fonte portée par le même axe que le rouleau supérieur. Cette roue, d'une certaine épaisseur, forme comme un cylindre garni à son bord interne d'écrous et de vis; ces écrous faisant saillie vers le centre de la roue qu'ils traversent, exercent sur la circonférence d'une autre roue contenue dans la première, une pression qui n'en empêche cependant pas la rotation quand intervient une force supérieure au frottement desdits écrous. La roue intérieure a un pivot commun avec une large roue d'engrenage, qui fait mouvoir une autre roue plus petite, portée par l'arbre d'une machine à vapeur.

Cette machine, moteur de tout l'appareil, est à haute pression; il y a un bouilleur, renfermant le fourneau et la chaudière; une bielle communiquant le mouvement à une roue à volant, dont l'arbre est le même que celui de la roue d'engrenage.

Les poulies, auxquelles est suspendu le châssis à *hottes* se rapprochent par le tirage de la chaîne, qui, descendant obliquement sur le pont du bateau, vient s'enrouler sur un cylindre. L'extrémité de ce cylindre porte une roue à dents qui reçoit son mouvement de l'autre roue. Cette dernière roue reçoit l'action d'un levier brisé,

dont l'extrémité se trouve près du robinet régulateur de la machine. Il résulte de cette disposition qu'un seul homme dirige le robinet et le levier, et peut, par conséquent, en abaissant ce dernier, mettre en rapport avec les deux roues, qui, se mettant à tourner, communiquent le mouvement de l'une à l'autre, en agissant sur les poulies.

Il y a en outre une forte barre de fer recourbée, fixée au flanc du ponton, et traversant le ponton pour l'empêcher de s'écarter.

Une auge, suspendue au-dessous du rouleau ou cylindre, reçoit le contenu des hottes, qui s'y versent successivement. L'auge elle-même se vide dans un bateau destiné à cet usage, et portant le nom de *Marie-Salope*.

Un seul ouvrier, comme nous l'avons déjà dit, suffit pour faire fonctionner tout l'appareil. Le bateau étant fortement amarré, la chaîne à hottes est mise en mouvement par la machine à vapeur. Après un certain nombre de tours, et quand il le juge convenable, l'ouvrier appliquant un pied sur le levier, dégage l'une des roues de l'autre, puis, avec elle, il soulève un crochet qui arrête le rouleau. Le châssis peut alors descendre de nouveau jusqu'au fond. Quand il y est parvenu, l'ouvrier le fixe en laissant tomber le crochet et le *dragage* commence.

S'il arrive que les hottes rencontrent un fond trop dur pour l'entamer, et qu'il y ait, en conséquence, danger de voir la machine s'arrêter ou la chaîne se rompre, la roue contenue dans la roue ou cylindre surmontant la résistance des écrous qui frottent sur elle, se met à tourner seule; la roue s'arrête et avec elle la chaîne. L'ouvrier, pressant alors sur le levier, met en rapport les deux roues. Le rouleau tourne, la chaîne s'enroule autour, les deux poulies se rapprochent et le châssis est soulevé. (*Encyclopédie moderne*, art. *Drague*).

Moulin à draguer.—Invention de M. Hubert, officier du génie maritime, à Rochefort. Les eaux de la Charente tiennent continuellement dans leur cours de la vase en suspension, qui se dépose partout où la vitesse des eaux est ralentie, comme dans les avant-cales des vaisseaux, à Rochefort, qu'on est obligé de laver tous les jours à la marée basse; mais l'inconvénient se fait surtout sentir à l'avant-bassin. La Charente y dépose à chaque marée une couche environ sept millimètres, et en peu de temps des couches accumulées s'élèvent à une hauteur telle que les portes des formes en sont complètement obstruées. On employait autrefois des bœufs pour traîner une drague destinée au curage de ces vases; mais ce travail durait plusieurs mois, et coûtait de 20 à 25,000 francs. Le prix d'un seul curage, tel qu'on l'exécutait anciennement, a suffi pour payer les frais de la machine que M. Hubert a fait construire; et le modique salaire de deux condamnés, chargés de la surveillance du moulin, remplace la dépense que faisaient autrefois cinquante-six bœufs et les conducteurs. Dans les intermittences des curages, la machine à draguer sert comme laminoir et comme moulin à broyer les couleurs avec lesquelles on peint l'intérieur et l'extérieur des vaisseaux. Le grand avantage du moulin à draguer est surtout de procurer au port de Rochefort des emplacements toujours libres pour les carènes et les radoubs; tandis qu'en raison de la dépense énorme, ils n'avaient servi qu'aux constructions. Ce moyen est applicable au curage de presque tous les ports, avec d'autant plus d'économie que le vent peut faire mouvoir ces machines pendant plus des deux tiers de l'année. (*Rapport historique sur le progrès des sciences*, etc., fait au gouvernement, en 1808 ; et *Annales de chimie et de physique*, 1816, tome I, p. 207.)

DRAINAGE. — Le drainage est une opération qui consiste à creuser dans les champs humides, dans les marais, dans les prés trop aqueux des galeries souterraines qui les dessèchent rapidement et leur donnent une fertilité qu'ils n'avaient jamais connue.

Pourquoi, comment, à quel prix s'exécute cette opération, quelles en sont les suites? Voilà ce que nous allons tâcher d'expliquer succinctement.

Tout le monde sait que quand un terrain est trop humide, et il y en a encore beaucoup en France, la végétation y est peu productive; les céréales, les arbres, etc., n'y poussent point, les foins y sont composés d'herbes dures, peu nourrissantes et appartenant en grande partie à des espèces aquatiques telles que les joncs, etc. Souvent même les signes ne sont pas si manifestes; de temps en temps seulement on remarque sur divers points du champ, après le labourage, de larges espaces d'une couleur foncée, tandis que le reste est sec; dans ces champs la récolte est de même inégale, mal venue, présentant en un mot tous les caractères des terrains dans lesquels l'eau séjourne plus ou moins profondément arrêtée par une couche argileuse qui s'oppose à sa pénétration.

Outre cette pauvreté du sol, d'autres inconvénients graves accompagnent la stagnation des eaux. — Une insalubrité déplorable y entretient des fièvres endémiques chez les habitants, de fréquentes épizooties dans leurs troupeaux.

De tout temps on avait essayé de modifier ces conditions; le plus souvent c'était en pratiquant des tranchées ouvertes et en élevant en dos-d'âne les terrains qu'elles séparaient; mais ces tranchées ouvertes avaient d'assez graves inconvénients: d'abord, elles entraînent la perte d'une assez grande étendue de terrain, elles nécessitent des dépenses notables de curage; enfin, loin d'assainir l'atmosphère du pays, elles le rendent encore plus insalubre.

Les anciens employaient pour la formation de leurs rigoles souterraines d'assainissement des pierres, des branches et même de la paille. Voici comment Columelle décrit ce travail : « Si le sol est humide, il faudra faire des fossés pour le dessécher et donner de l'écoulement aux eaux. Nous connaissons deux espèces de fossés : ceux qui sont cachés et ceux qui sont larges et ouverts. D'un autre côté, on fera pour les fossés cachés des tranchées de trois pieds de profondeur qu'on remplira jusqu'à moitié de petites pierres ou de gravier pur, et l'on recouvrira le tout avec la terre tirée du fossé. Si l'on n'a ni pierre ni gravier, on formera, au moyen de branches liées ensemble, des câbles auxquels on donnera la grosseur et la capacité du fond du canal et qu'on disposera de manière à remplir entièrement ce vide. Lorsque les câbles seront bien enfoncés dans le canal, on les recouvrira de feuilles de cyprès, de pin, ou de tout autre arbre qu'on comprimera fortement, après avoir couvert le tout avec de la terre tirée du fossé; aux deux extrémités on posera, en forme de contre-fort, comme cela se pratique pour les petits ponts, deux grosses pierres qui en porteront une troisième, le tout pour consolider les bords du fossé et favoriser l'entrée et l'écoulement des eaux (1). »

On a essayé aussi de faire des tranchées couvertes dont on remplissait le fond avec de petites pierres, avec des tuiles, etc., que l'on remplissait ensuite avec de la terre jusqu'au niveau du reste du sol. Mais la filtration au travers de ces matériaux était encore bien incomplète.

On pensa ensuite à mettre dans le fond des tranchées des tuiles à convexité supérieure, qui formaient un petit tunnel assez bon; on joignit à ces tuiles rondes d'autres à forme plate, et le tout constituait un vrai canal souterrain dont on obtient de remarquables résultats.

Mais la dépense était considérable et les déformations fréquentes; on imagina dans ces derniers temps de remplacer ce canal à pièces mobiles par des tuyaux en terre cuite posés bout à bout, dont le prix était beaucoup moins élevé et la résistance bien plus grande. C'est ce qui constitue le *drainage* actuel.

Quant à la tranchée de drainage on ne saurait mieux faire encore aujourd'hui que de répéter avec W. Blight, que nous traduisons littéralement : « Tu dois la faire assez profonde pour qu'elle aille au fond de l'eau froide qui suinte et croupit. Un yard ou quatre pieds de profondeur, si tu veux drainer à ta satisfaction. Et de nouveau, arrivé au fond où repose la source suintante, tu dois aller plus profondément d'un fer de bêche, quelque profond qu'il soit déjà, si tu veux drainer la terre à souhait. Mais pour ces tranchées ordinaires, que l'on fait souvent à un pied ou deux, je dis que c'est une

_____

(1) Collection des auteurs latins publiée par M. Nisard. — *Les agronomes latins.*

grande folie et du travail perdu que je désire éviter au lecteur. »

Pour drainer un hectare, le prix varie entre 150, 180 et 250 fr., dont on est rapidement dédommagé par l'abondance de la récolte.

Certains fermiers ont fait leurs frais en une *seule année*.

En effet, voici ce qui se passe dans une terre drainée :

1° La température du sol s'élève, car il n'est plus refroidi par l'évaporation constante des eaux qu'il contenait autrefois.

2° La couche arable s'approfondit; le terrain s'ameublit et s'aère.

3° Les céréales poussent et mûrissent là où l'on pouvait à peine faire des prairies artificielles.

4° On peut établir des prairies artificielles dans des terrains envahis autrefois par les joncs et les plantes aquatiques, et qui servaient plutôt à la promenade des bestiaux qu'à leur nourriture.

5° Enfin, et cela est fort à considérer, les fièvres causées par la cachexie paludéenne disparaissent peu à peu.

Ces résultats, constatés en Angleterre y ont développé une industrie puissante, qui tend à se répandre en France. — Faire les tuyaux rapidement, facilement et à bon marché, voilà le problème pour la solution duquel on fait en ce moment de grands efforts qui ont déjà amené un très-bas prix dans leur fabrication. Il y a quelques années une des dernières machines, récemment inventée en Angleterre pour cet usage, a été envoyée en France.

Nous résumons dans les six tableaux suivants à peu près tous les résultats indispensables à connaître sur les travaux de drainage. Les deux premiers tableaux sont de M. Gotto, de Londres, et donnent les prix de fabrication des tuyaux de drainage avec des machines perfectionnées. Les troisième, quatrième et cinquième, dressés par M. Donaldson et M. Parkes, indiquent le prix du drainage des différentes terres. Enfin le sixième tableau, résultant d'une enquête officielle de M. Maccaw, fournit quelques faits particuliers pris parmi les plus importants :

PREMIER TABLEAU.

Prix de fabrication des tuyaux de drainage avec des machines perfectionnées

MATIÈRES des TUYAUX.	QUANTITÉ DE MATIÈRES EMPLOYÉES par 1,000 tuyaux de 0 m. 304 de longueur.		PRIX DES MATÉRIAUX, DE LA MAIN-D'ŒUVRE ET DE LA CUISSON, par 1,000 tuyaux de 0 m. 304 de longueur.				
	ARGILE.	CHARBON	Argile 8 fr. 70 les 1,000 kil., y compris la taxe.	Main-d'œuvre à 3 fr. les 1,000 kil.	Charbon à 23 fr. les 1,000 kil.	Faux frais, location du four, enfournement, défournement, etc.	DÉPENSE TOTALE.
m.	kil.	kil.	fr.	fr.	fr.	fr.	fr.
0.051	1.988	101. 5	17.29	9.94	2.54	7.87	37.63
0.076	2.895	152. 2	25.18	14.47	3.80	14.43	57.88
0.102	4.876	240. 6	42.42	24.38	6.01	15.48	88.29
0.127	6.855	304. 7	59.63	34.27	7.61	24.15	125.66
0.152	8.182	406. 2	71.18	40.41	10.15	41.76	162.50
0.223	14.884	544.14	103.39	59.42	14.85	48.68	226.34

DEUXIÈME TABLEAU.

INTERVALLES entre DRAINS.	LONGUEUR totale des drains par hectare.	NOMBRE CORRESPONDANT de tuyaux d'une longueur de .			
		0. 30	0. 33	0. 36	0. 40
m.	m.				
05	2.000	0.667	6.000	5.556	5.000
06	1.667	5.556	5.001	4.742	4.167
07	1.429	4.763	4.287	3.970	3.372
08	1.250	4.166	3.750	3.472	3.125
09	1.111	3.703	2.333	3.086	2.777
10	1.000	3.333	3.000	2.778	2.500
11	0.909	3.030	2.727	2.525	2.272
12	0.833	2.893	2.499	2.314	2.082
13	0.769	2.786	2.307	2.136	1.922
14	0.714	2.716	2.142	1.983	1.785
15	0.667	2.223	2.001	1.855	1.667
16	0.625	2.083	1.875	1.736	1.562
17	0.588	1.960	1.764	1.632	1.470
18	0.556	1.853	1.668	1.544	1.390
19	0.526	1.753	1.578	1.461	1.315
20	0.500	1.666	1.500	1.389	1.250

TROISIÈME TABLEAU.

Prix du drainage des différentes terres par hectare.

Désignation de l'espèce du sol.	Distance des drains.	Profon- deur des drains.	Nombre de mè- tres de drains par hect.	Prix d'ouverture et de remplissage par mèt.	de tuyaux et em- ployés par hect.	Nombre de tuyaux par hec- tare (1) (2)	Dépense totale par hectare.
				fr.		fr.	fr.
TERRES FORTES							
Arg. et grav., comp. et tenace.	4.56	0.76	2.173	0.104	226.99	6.519	270.67	497.66
Argile forte et adhérente.	5.12	0 76	1.953	0.098	191.39	5.859	248.26	434.65
Argile friable.	5.47	0.84	1.830	0.094	172.03	5.490	227.94	399.96
Argile tendre.	6.39	0.84	1.560	0.085	129.73	4.689	204.69	334.42
TERRES MOYENNES.							
Terre argileuse.	6.70	0.91	1.492	0.104	155.17	4.476	185.84	341.01
Terre marneuse.	7.41	0.91	1.368	0.094	128.59	4 104	170.4₀	299 99
Terre graveleuse.	8.22	0.99	1.216	0.146	177.54	3.648	15z.46	329.00
Terre friable.	9.14	0.99	1.094	0.125	136.75	3.282	136.27	273.02
TERRES LÉGÈRES.							
Terre graveleuse légère.	10.05	1.07	0.995	0.177	176.11	2.985	123.94	300.05
Terre marneuse légère.	10.96	1.14	0.912	0 167	152.30	2.736	113.60	265.90
Terre sablonneuse.	11.88	1.22	0.842	0.156	131 53	2.526	104.88	236.23
Terre molle légère.	12.80	1.22	0.781	0.146	114.03	2.343	97.38	211.41
Sol sableux.	13.71	1.22	0.729	0.146	106.43	2.187	90.80	197.23
Sol graveleux léger.	15.08	1.29	0.663	0.209	138.57	4 989	82.58	221 15
Sol graveleux profond.	16.75	1 29	0.597	0.188	112.24	1.791	74.36	186.60
Sol graveleux grossier.	18.28	1.37	0.547	0.250	136.75	1.641	68.13	204 88
Sol graveleux coulant.	20.10	1.30	8.497	0.209	103.87	1.491	61.61	165.78

QUATRIÈME TABLEAU.

NATURE DU SOL.	COMTÉS.	Profondeur des drains.	Ecartement des drains.	Main-d'œu- vre par hec- tare.	Tuyaux par hectare.	Dépense totale.
Argile homogène.	Kent.	0.91	10.07	62.47	24.68	87.15
— —	Sussex.	0.91	10.07	62.47	24 68	87.15
— —	Surrey.	0.91 à 1.22	10.07	85.17	24.68	107.85
— —	—	0.22 à 1.37	12.20	68.61	20.27	88 88
Argile avec quelques pierres.	—	1.22	15.20	82.65	16 36	99.01
Arg. avec sous-sol grav. et pesant.	Kent	0.91 à 1.07	15.09	110.71	16.63	127.34
— —	—	1.22	15.09	110.71	16.63	129 34
Argile, graviers, sables.	—	1.22	20.11	83.17	12 45	95.62
Argile, sous-sol graveleux.	—	0.07 à 1.22	10.07	155.96	24.68	100.64

CINQUIÈME TABLEAU.

Prix des drainages exécutés var M. Parkes dans le comté de Northampton.

NATURE DU SOL.	Etendue drainée.	Profondeur des drains.	Ecartement des drains.	Main-d'œuvre par hectare.	Prix des tuiles.	DÉPENSE totale.	DÉPENSE par hectare.
Argile lourde.	13.133	1.22	—	10.97	2.856 10	953.16	3.809.26	285.73
Argile variable.	24.666	1.22		10.97	5.845.47	1.956.97	5.802.44	255.24
Argile forte.	6.464	1.22	9.14 à 10.06		1.182.55	512.66	1.695.21	262.25
Terre forte.	6.464	1.22		11.89	1.552.11	383.37	1.915.48	296.35
Argile bleue, faible.	8.080	1.22		9.14	1.735.34	633.35	2.368.69	294.58
Argile blanchâtre forte.	18.584	1.22		10.97	4.164.88	1.405.97	5.570.85	299.76
Argile forte et gravier.	5.256	1.22	10.06 à	10.97	1.246.00	448.06	1.694.06	322.51
Argile blanchâtre.	4.848	1.22		10.97	923.33	357.65	1.280.96	264.22

D'après ce qui précède, l'on voit que les frais de main-d'œuvre pour le drainage varient de 120 à 160 francs par hectare ; soit, en moyenne, 140 francs. Les tuyaux coûtent aussi, en moyenne, 13 fr. 50 cent. ; total des dépenses : 153 fr. 50 cent. Voyons maintenant les bénéfices qu'on retire du drainage dans les circonstances ordinaires.

En général, comme résultat moyen, on estime que les sommes consacrées au drainage rapportent 10 pour 100 ; mais cette estimation est certainement au-dessous de la vérité En effet, les fermiers et propriétaires anglais payent au gouvernement 6 et demi

(1) Ces tuyaux de drainage ont 0 m. 55 de longueur.   (2) Ces tuyaux sont à 41 fr. 25 le mille.

pour 100 d'intérêt sur les sommes qu'ils en reçoivent en part pour établir des drains dans les terres qu'ils exploitent. Malgré cet intérêt qui serait exhorbitant en France, ils acceptent avec empressement les sommes qui leur sont offertes; donc ils en retirent bien au delà de 6 et demi pour 100.

Ceci est vrai surtout pour les terres de bonne qualité où le drainage est traité convenablement; il arrive même souvent que des terres soumises au drainage rendent un intérêt de 25 pour 199 sur les sommes absorbées par cette opération. Car, outre la plus grande facilité de labourer ces terres en temps opportun, et la réduction des frais de labour, M. Nielson a remarqué qu'un hectare qui, avant le drainage ne produisait que 5 hectolitres 40 de grains, en rendait 9 hectolitres après le drainage. .

Voici des faits recueillis par M. Maccaw dans une enquête officielle, qui établiront mieux qu'une évaluation générale les avantages du drainage.

SIXIÈME TABLEAU.

NOMS des PROPRIÉTAIRES.	NOM de la TERRE.	NATURE du SOL.	DÉPENSE par hectare.	produit annuel par hectare.		ACCROISSEMENT annuel	INTÉRÊT par 100 de la dépense.
				an-cien.	nou-veau.		
			fr. c.	f. c.	f. c.	f. c.	f. c.
A. M. Oswald.	Brockle-Hill-Marsh.	Sol profond d'alluvion et marais (1).	200,94 420,06 627,00	46,78	124,78	78.00	12,44
B. Sir F. Ferguson.	Moorston.	Terre franche, sous-sol argile et gravier, sources.	459,62	62,31	99,82	37,48	8,15
C. Dailson.	Morniston.	Argile franche, sous-sol tenace.	395,08	37,42	93,59	56,17	13,25
D. Nighy-Wason.	Barrhill Farmis.	Landes, marécages sous-sol d'argile.	502,28	7,79	43,66	35,78	7,50
F. M. Oswald.	Streckrows.	Sol humide	335,00	62,34	112,30	49,96	14,06

Nous ne doutons pas que si les cultivateurs, en France, étaient bien instruits des résultats avantageux du drainage, ils ne l'établissent dans les terrains qui en ont besoin. Or, ces terrains sont fort étendus dans presque tous nos départements. Ne serait-il pas temps que le gouvernement fixât son attention sur un objet si important. La population s'accroît d'année en année. En 1830, elle n'était que de 30,000,000 d'habitants; maintenant elle s'élève au — dessus de 36,000,000. Il est certain que l'agriculture n'a pas trouvé le moyen d'accroître les productions de la terre en proportion des accroissements de la population. Il en résulte que dans les années où la récolte en toute nature ne dépasse pas le rendement d'une récolte moyenne, les vivres s'élèvent à des prix au-dessus des ressources de la classe ouvrière. Celle-ci ne vit que de privations; elle est dans la souffrance, et s'il arrive une récolte au-dessous de la moyenne, il y aura disette. Il est de la sagesse d'un gouvernement de prévoir les maux qui peuvent fondre tout à coup sur le peuple. L'on donne de grands encouragements à l'industrie, l'on établit même des concours pour les produits agricoles; c'est bien; mais cela ne suffit pas; il est nécessaire d'aviser au moyen de faire rendre à la terre une production suffisante pour les besoins du peuple. En France, la propriété est divisée, morcelée, et généralement les agriculteurs ont peu de capitaux; les capitalistes portent leurs fonds dans les grandes sociétés industrielles, qui leur procurent un revenu trois fois plus grand que celui que peut leur payer l'agriculture. Par là même celle-ci, privée d'argent, se trouve dans l'impossibilité d'entreprendre des améliorations, comme serait celle du drainage, parce qu'elles demandent des avances de fonds. Tout le monde comprend cette situation de l'agriculture; la presse des provinces comme celle de la capitale en gémit; elle en fait assez pressentir les résultats; mais le remède, le gouvernement seul peut le préparer, et nous faisons des vœux pour qu'enfin il comprenne bien ses devoirs à cet égard.

DRAPS. — Sous la dénomination de *draperie* ou d'*étoffes drapées* ou lainées, on comprend tous les draps unis, les draps croisés, les casimirs, les cuirs de laine, les flanelles, les molletons, et en général toutes les étoffes à chaînes et trames de laine, dont la corde ou le tissu est recouvert par un duvet plus ou moins fin, produit du lainage ou du foulage, ou de ces deux opérations à la fois.

Les étoffes de laine, *textile laneum*, par leur beauté, leur souplesse, leur force, leur légèreté, leur durée; par la propriété qu'a la laine d'absorber les vapeurs aqueuses qui s'exhalent incessamment du corps humain, par la propriété qu'elle a de n'être que mé-

(1) Canal de décharge a coûté 200,94.

diöcrement conductrice de la chaleur, de prendre et de retenir avec la plus grande facilité toute sorte de couleur, ces étoffes, disons-nous, sont les plus propres à faire les vêtements dont l'homme a besoin pour se garantir de la rigueur des saisons. Aussi voit-on tous les peuples civilisés des régions froides et tempérées, habillés d'étoffes de laine.

L'origine de ces étoffes remonte sans doute à la plus haute antiquité. Homère et tous les écrivains des temps les plus reculés font mention de nombreux troupeaux que possédaient quelques peuplades, quelques particuliers dont c'était la principale richesse. Ils parlent de l'usage de les tondre et de l'emploi de leur laine en vêtement, mais ces étoffes furent-elles tissées ou seulement feutrées? L'histoire ne nous apprend rien à cet égard. Il est à croire que l'idée simple du feutrage, qui se présentait naturellement dans la toison des moutons, a précédé la fabrication très-complexe des étoffes tissées, que Pline attribue aux Égyptiens. Dès cette époque, on dut abandonner le feutrage qui ne donne pas, à beaucoup près, une qualité d'étoffe comparable à celle qu'on obtient par les procédés du tissage. Quoi qu'il en soit, le feutrage n'est plus pratiqué aujourd'hui que dans la fabrication des chapeaux d'homme et de quelques étoffes à tapis et à tentures.

Ce n'est pas ici le lieu de rappeler l'histoire de l'établissement des manufactures de draps dans les divers pays, et de suivre avec détail les perfectionnements qu'on y a successivement apportés. Les personnes curieuses de ces sortes de recherches peuvent se satisfaire en lisant l'article *Draperie* dans l'*Encyclopédie méthodique*, par Roland de la Platière, et l'*Art du Drapier*, par Duhamel-Dumonceau. Les améliorations introduites dans cette fabrication depuis l'époque où ces savants ont écrit, en 1785, se trouvent éparses dans divers ouvrages, tels que les *Brevets d'invention*, le *Bulletin de la Société d'encouragement*, les *Annales des Arts et Métiers*, etc. Mais disons seulement que ce fut sous Colbert, ce ministre protecteur de l'industrie et du commerce de son pays, que nos fabriques de draperie prirent de la consistance et devinrent enfin supérieures à celles de Flandre, de Hollande et d'Angleterre, qui jusqu'alors nous avaient primés. Mais la funeste révocation de l'édit de Nantes, qui vint frapper un grand nombre de nos plus habiles manufacturiers, nous fit bientôt perdre cette supériorité, que nous n'avons pu reconquérir que bien plus tard, par l'effet du concours de quelques heureuses circonstances, telles que l'améliorations de nos laines, par l'introduction des mérinos espagnols, et leur croisement avec nos moutons indigènes.

C'est à deux étrangers, MM. Douglas et Cockevil, que nous dûmes, en 1802, l'importation en France des premières machines à carder et à filer la laine, et à brosser les

étoffes par un mouvement continu de rotation. Les premiers fabricants qui les adoptèrent furent MM. Ternaux, Décrétat, Poupart de Neuflise. Elles sont décrites et gravées dans le troisième volume des *Brevets*. On en voit une série complète de grandeur d'usage dans les galeries du Conservatoire des arts et métiers, où le gouvernement en fit faire le dépôt, après en avoir acquis le droit par l'achat du brevet d'importation.

Ces modèles, mis sous les yeux du public, furent promptement imités, et donnèrent un grand élan vers la perfection à nos établissements de draperie. Depuis cette époque, mais surtout depuis que les communications sont devenues libres avec l'Angleterre, et que nous avons repris nos expositions publiques des produits de nos industries, qui excitent une vive et salutaire émulation, nos moyens de fabrication se sont continuellement améliorés. La puissance des machines à vapeur est venue augmenter prodigieusement nos produits. Les ateliers déjà renommés ont soutenu ou étendu leur réputation, d'autres, moins connus ou récemment formés, les ont imités, quelquefois même égalés ou surpassés, et sont ainsi devenus à leur tour des modèles qui propagèrent les bons exemples. Les fabricants apportent un soin plus soutenu dans le choix et la préparation des laines, dans l'application des couleurs, dans les apprêts des étoffes; presque tous adoptent les machines qui diminuent les frais de main-d'œuvre et leur permettent de livrer leurs produits à meilleur marché.

L'exposition de 1823 a constaté, d'après le rapport du jury, que Sedan et Louviers sont toujours au premier rang pour la production des draps superfins; que Beaumont-le-Roger lutte avec Louviers de perfection; que la ville d'Evreux, qui depuis longtemps ne redoute aucune concurrence pour la solidité de ses produits, étend avec rapidité la sphère de son industrie, et qu'elle fabriquait déjà des draps qui, pour la finesse et le moelleux, approchent de ces dernières villes. Castres qui n'a pris rang parmi les villes manufacturières qu'en 1814, se trouve déjà placée à la tête de la fabrication des cuirs de laine, des casimirs, de tous les draps croisés que leur légèreté fait rechercher par le commerce du Levant. Tours et Limoux imitent les beaux draps de Sedan; Beauvais imite ceux de Louviers; Lodève ceux d'Elbœuf; beaucoup de villes, tant du nord que du midi, fabriquent avec avantage des draps légers à l'instar de ceux de Castres.

Tours, Mont-Luel, Vienne, Châteauroux, Carcassonne et autres villes, qui fournissent des draps de moyenne qualité à notre consommation et à notre commerce intérieur, et à notre commerce d'exportation, ainsi que Bourges, Clermont, Lodève, Bédarieux, Limoges, Troyes, Vire, etc., qui sont en possession de fabriquer le drap commun pour l'habillement des troupes, ont pris part au grand mouvement imprimé à notre industrie.

La *draperie*, considérée dans son ensemble, est une des sources les plus fécondes et les plus puissantes de notre prospérité manufacturière. On estimait déjà, en 1834, à 238,000,000 de francs la valeur totale des produits qu'elle livre annuellement au commerce. La ville d'Elbœuf, seule, entre dans cette somme pour 36,000,000.

M. le comte Chaptal, dans son ouvrage sur l'*Industrie française*, publié en 1819, porte à 23,700,000 fr. le montant des exportations de nos draperies, d'où il résulte que la consommation intérieure s'élève à 214,300,000 fr. En supposant la France peuplée de 30 millions d'habitants, on voit que cela donne, pour la dépense annuelle d'habillement de chaque individu, une somme de 75 fr. 14 cent. (1).

Nous ne croyons pas nécessaire de donner ici les divers procédés particuliers qu'on suit dans la fabrication de chaque espèce de draps, cela nous mènerait trop loin et à des répétitions fastidieuses et inutiles. D'ailleurs, les variétés qu'on remarque dans les diverses sortes de draps proviennent moins des procédés de fabrication, que de la qualité des laines, de leur filage plus ou moins égal et fin, du tissage et surtout des apprêts plus ou moins soignés.

Voyez au mot LAINE combien le climat, l'espèce des moutons et leur éducation ont d'influence sur la finesse de leurs toisons. Le fabricant de draps, ayant fait choix de la laine qui convient à sa fabrication, n'a plus actuellement à s'occuper de son lavage. Il l'achète en balle toute lavée et triée en diverses qualités qu'on désigne dans le commerce sous le nom de *laines primes, secondes, tierces, kaidas, jeunes*, etc.; il ne lui fait plus subir qu'un simple dégraissage qui lui fait perdre environ 15 ou 16 p. 100 de son poids. Ce lavage a pour objet de la purger complétement de toutes les matières étrangères qu'elle contient encore, et de la disposer aux diverses opérations auxquelles elle doit être successivement soumise, et que nous allons indiquer par ordre et sommairement, sauf les explications des divisions de ce travail, qui ne peuvent pas être renvoyées à des articles particuliers.

L'épluchage ou détrichage de la laine, que les fabricants de draps faisaient autrefois dans leurs ateliers, s'exécutent aujourd'hui dans les lavoirs de laines.

Le dégraissage qu'on fait subir à la laine avant de la mettre en œuvre, a pour objet de lui enlever le reste de suint ou de saleté qu'elle pourrait contenir encore, et de la disposer à recevoir l'opération de la teinture. Elle se donne soit à la laine, soit au fil, soit à la pièce après l'avoir tissée, ce qui fait dire que *le drap a été teint en laine, en fil* ou *en pièce*, suivant que c'est l'un ou l'autre procédé qu'on a employé. La teinture en laine est la plus égale et la plus solide; les draps fins sont teints de cette manière, mais alors la laine est plus dure à ouvrir et à carder que dans son état naturel, cela ne change rien à la suite des procédés. Dans le cas de la teinture en pièce, on a à garantir les lisières de son action. Pour cela on les roule sur elles-mêmes et on les enveloppe de bandes de toile très-serrées, qu'on coud tout le long, de manière que la couleur ne puisse pas y pénétrer quand on vient à plonger la pièce dans la cuve de teinture.

On fait des draps d'une seule ou de plusieurs espèces de laines, comme aussi d'une seule ou de plusieurs sortes de couleurs mêlées ensemble dans les proportions déterminées. Ce mélange s'exécute en même temps que l'huilage dans une cuve ou boche doublée de plomb, dans laquelle on remue la laine au moyen d'un rateau à dents de fer, jusqu'à ce qu'elle soit imprégnée de l'huile qu'on y a versée en même temps dans la proportion de 10 à 12 p. 100

La laine ainsi préparée est portée à la machine à ouvrir, à laquelle, dans les ateliers, on donne le nom de *diable*, de *loup*; cette machine consiste en un tambour de trois pieds de diamètre et autant de longueur, tournant sur son axe avec une vitesse de cent tours environ par minute. Son contour est armé de pointes de fer qui se croisent avec d'autres pointes semblables fixées à l'intérieur d'une surface cylindrique, au milieu de laquelle est placé le tambour. La laine étant jetée sur une toile sans fin le plus uniformément possible, est amenée à la machine par des cylindres nourrisseurs, comme dans une carde; elle sort par le côté opposé après avoir reçu l'action vive et répétée des pointes du tambour en mouvement. Cette machine, qui exige la force d'un cheval, peut ouvrir trois ou quatre cents livres de laine par jour.

Après cette opération, vient le *droussage* ou *cardage* en gros. La laine en sortant de cette machine se roule sur un tambour et forme un manchon d'un poids donné, qu'on ouvre et qu'on place ensuite sur la *carde à loquettes*. C'est une carde analogue à celle dont on fait usage pour le coton, mais avec cette différence dans les résultats que, pour le coton, toutes les opérations successives qu'on lui fait subir ont pour objet d'amener à une direction parallèle tous les filaments élémentaires, afin d'avoir un fil uni et sans barbe, tandis que c'est le contraire qu'on cherche dans la filature de la laine. C'est pour cette raison que les loquettes sont prises en travers sur le tambour de décharge, c'est-à-dire dans le sens de sa longueur, et qu'à cet effet on le couvre de plaques au lieu de rubans de cardes. Chaque loquette n'a ainsi que la longueur du tambour, mais on en forme des boudins d'une longueur indéterminée, en les soudant les uns au bout des autres. Ces boudins, placés dans des paniers, des pots de fer-

---

(1) Cette dépense paraît inférieure à la réalité, mais il faut considérer les femmes et les enfants qui forment environ les deux tiers de la population ainsi que beaucoup d'hommes du midi ne s'habillent pas de drap.

blanc ou de tôle, sont portés aux métiers à filer.

C'est ainsi que se prépare la laine destinée à la fabrication des draperies fortes et feutrées ; mais celle qui est destinée aux étoffes légères est peignée au lieu d'être cardée.

On sent que le filage de la laine, cardée ou peignée, peut se faire dans des établissements particuliers, qui fournissent leurs fils aux fabricants d'étoffes. Cela se fait même ainsi dans quelques manufactures, surtout en Angleterre, où l'on comprend bien les grands avantages qui résultent de la division du travail.

Nous allons expliquer le travail particulier du métier à tisser relativement aux étoffes de laine dont il est ici question, parce que dans la description générale de cette machine, nous ne dirons plus rien des applications à ce genre de fabrication.

L'opération du foulage rétrécissant le drap d'environ la moitié, il faut en tisser la toile d'une largeur double de celle qu'on veut avoir en définitive. Les beaux draps fins portant six quarts de large ont été tissés à douze quarts c'est-à-dire 3 aunes ou 10 pieds 6 pouces. On ne croyait pas anciennement qu'un seul tisserand pût faire passer la navette dans une largeur aussi considérable ; on craignait que ce mouvement qu'il fallait lui imprimer pour la faire traverser, ne fît rompre la suite qui est ordinairement d'un fil peu tordu et mou comme nous l'avons déjà fait observer ailleurs, avant qu'on connût l'usage des navettes volantes. Un seul tisserand placé au milieu d'un métier aussi large, ne pouvait pas atteindre, sans se déranger, les lisières de son tissu, pour lancer de côté et d'autre la navette, tout en faisant jouer en même temps les marches du métier. Il fallait donc, pour servir un métier de cette largeur, deux tisserands placés à droite et à gauche, qui se renvoyaient réciproquement la navette et la poussaient à travers les fils de la chaîne, quand le premier mouvement imprimé ne suffisait pas pour la faire arriver jusqu'au bord opposé. Mais aujourd'hui, à l'aide de la navette volante garnie de galets à sa partie inférieure, qui en diminuant le frottement, un seul tisserand placé au milieu est suffisant. La chaîne étant ourdie et parée avec un certain nombre de fils sur les côtés, de couleur différente pour former les lisières, on la place sur le métier comme à l'ordinaire ; alors faisant ouvrir la croisure ou pas de la chaîne, l'ouvrier y fait passer au moyen de la navette, un fil de la trame ou duite, qu'il enfonce à l'aide de plusieurs coups du battant, dans le fond de l'angle de la croisure ; mais ces coups ne se donnent pas de suite sur l'ouverture du même pas ; on en donne à moitié sur le jet même de la duite, ce qu'on appelle *frapper à pas ouvert*, et l'autre moitié *a pas fermé*, c'est-à-dire après avoir changé la croisure. Les coups frappés à pas fermé produisent, pour le serrement de la duite dans le fond du pas, beaucoup plus

d'effet que ceux qu'on frappe à pas ouvert. Aussi les ouvriers, actuellement, pour faire la toile la plus serrée, ne frappent-ils que trois ou quatre coups, un seul à pas ouvert et les autres à pas fermé. Un demi-pouce d'étoffe étant fait, le tisserand règle l'ouvrage c'est-à-dire qu'il rétablit chaque fil dans sa direction, dans sa croisure avec les fils voisins, il renoue ceux qui se sont cassés, retend les toches, remet ceux qui se sont perdus et les attache à des poids suspendu au delà de l'ensouple.

Le tisserand fait ensuite une partie d'étoffe qu'on nomme *entre-bandes*, parce qu'en effet elle est tissée entre des bandes de quelques duites de fils de couleur différente de celle du drap. Ces entre-bandes qui ont deux, trois ou quatre pouces de large, sont faites avec la même trame que celle qui doit servir au corps de la pièce, mais les fils de couleur sont ordinairement plus gros. C'est la *tête*, le *chef* ou le *cap* de la pièce. On donne le nom de *queue* à l'autre bout, qui se termine de la même manière. C'est sur ces bandes qu'on inscrit, à l'aiguille, le nom et la demeure du fabricant, le numéro de la pièce, les *rosettes* qui doivent indiquer le pied des couleurs. C'est aussi dans ces bandes qu'on découpe, avec un emporte-pièce, les échantillons que le fabricant fournit aux marchands ou aux consommateurs.

Aussitôt que le tisserand se trouve avoir une longueur d'étoffe de quelques pouces, il met le *temple*, afin de la maintenir dans toute sa longueur et d'empêcher le rétrécissement que ne manquerait pas de produire sur les côtés le tirage du *lancé* de la navette.

Le drap étant tissé à *trame mouillée* ne doit pas, comme la toile ordinaire, être enveloppé sur une ensouple, où il s'échaufferait et gênerait même l'ouvrier, on le déroule et on le rejette sur le *faudet* placé sous le métier, où il se sèche. On n'en laisse sur l'ensouple que la longueur nécessaire pour tirer dessus.

Le mouillage du fil destiné à faire la trame ne doit pas se faire indifféremment dans toute espèce d'eau ; comme ce fil doit conserver sa souplesse, il faut éviter de le tremper dans des eaux crues, acidulées ou alcalines, qui le rendraient dur et occasionneraient un commencement de feutrage. On se servira d'eau de pluie ou de rivière. Le mouillage se fait en écheveaux, dans un cuvier, où on laisse tremper le fil jusqu'à ce qu'il soit bien humecté, après quoi on le laisse égoutter sur des bâtons, et puis on le met sur les *canettes*, au fur et à mesure du besoin. Travaillant avec une trame mouillée, on sent que les lames du peigne ne doivent pas être en fer ; la rouille les aurait bientôt détruites ; elles sont de roseau ou de cuivre.

A chaque cessation de travail et au moment de le prendre, le tisserand doit avec une éponge ou une poignée de vieux morceaux de fils, que les ouvriers nomment *écrans*, et qui sont imbibés d'eau, mouiller la dernière partie de la toile fabriquée. Cette précaution est nécessaire pour que les nouvelles duites s'approchent des anciennes, au même degré que dans les parties de la pièce faites sans interruption ; on évite par là les *clairures* ou entre-bas, qu'aucune des opérations suivantes n'effacerait.

Les fils d'une chaîne étant très-tendres, quoique *parés*, se cassent aisément ; un bon ouvrier s'en aperçoit de suite et les rétablit. Il garantit ainsi les étoffes des défauts qu'on nomme *fourlançure, lardure, pas de chat, rosée, vide, pas d'araignée* et qui proviennent des fils de la chaîne qui manquent, qui sont trop ou trop peu tendus, qui se marient et ne croisent plus. Un des moyens d'empêcher la rupture des fils de la chaîne c'est de l'huiler de temps en temps entre les tissus et le peigne. On en use ainsi pour *enfrayer* des tissus et un peigne neuf, et pour adoucir une chaîne qui aurait été trop collée ; mais dans le cas contraire, on la pare légèrement entre l'ensouple et les lisses, avec une bouillie faite de farine de seigle et d'eau, ou seulement avec du petit-lait qu'on étend sur les fils de la chaîne au moyen d'une brosse.

Une chaîne étant toujours ourdie sur une longueur considérable, à cause du retrait qui a lieu au foulage, elle forme étant roulée sur l'ensouple un cylindre ou manchon d'un certain diamètre ; et comme cette chaîne, en se développant sur le métier à tisser, doit conserver une position horizontale, l'ouvrier est obligé d'élever l'ensouple à mesure que le diamètre du manchon diminue, ce qui se fait en introduisant des cales sous les tourillons ; ou bien, comme cela se fait dans les nouveaux métiers, l'ensouple est placée plus bas, et les fils de la chaîne vont passer sur un rouleau de renvoi, tournant librement sur ses tourillons dont l'arête supérieure est au niveau ou sur la même ligne horizontale que le milieu du peigne.

Les fils destinés à former les lisières ne sont pas ourdis en même temps que la chaîne ; on les ajoute après que la pièce est montée sur le métier, et on la tend, au moyen de poids, à peu près au même degré que les fils de la chaîne.

Les tisseurs sont payés à tant par aune, mais seulement après que le fabricant, assisté du chef des tisseurs, a fait la visite de l'ouvrage. Pour cela, la pièce étant étendue et placée sur deux perches élevées, distantes l'une de l'autre de trois pieds, dans un endroit bien éclairé, le fabricant l'examine en le faisant passer lentement devant lui, et la tirant par les lisières. Il s'assure d'abord qu'elle n'a pas éprouvé d'échauffement dans le tissage, ce qui se manifeste par une couleur verdâtre dans les draps blancs, et par une odeur fétide qui s'en exhale.

A mesure que les pièces sont reçues elles sont marquées par l'une des *nopeuses*, qui y brode en caractère lisible, à l'envers, en tête et en queue, avec du fil de couleur différente de celle de l'étoffe, le nom même du drap, celui du fabricant et de sa demeure. On choisit, pour faire l'*endroit* du drap, le côté de la toile qui présente le moins de défauts ou de nœuds.

Les pièces étant ainsi marquées, on leur fait subir l'opération du *nopage* de l'*épincetage* et de l'*époutissage*, qui consiste à dédoubler les fils qui seraient doubles, à rapprocher les fils dans les *clairures*, à détruire les nœuds, à l'aide de petites pinces pointues qu'on appelle *brucelles*, à retirer les ordures, les pailles qui seraient prises dans le tissu, qu'on fait tomber ensuite à l'aide d'un petit balai de bouleau sec. Cette opération a lieu pour les draps fins, au moins trois fois en différentes circonstances ; la première sur le drap en toile, et s'appelle *nopage en gras* ou *en écru* ; la seconde après le lavage du drap s'appelle *nopage en maigre* ; la troisième à la sortie des apprêts, et prend le nom de *nopage en apprêt*. Dans tous les cas, ce travail se fait sur des tables en forme de pupitre, tournées au jour, sur lesquelles les pièces sont étendues et attachées par leurs lisières, de sorte que les *nopeuses* et *épinceteuses* puissent les parcourir dans toute leur longueur.

Un fabricant de draps de Cambrai a pris, dans les derniers mois de 1824, un brevet d'invention pour une machine dont l'objet est d'effectuer le travail de l'*épincetage* ; il lui a donné en conséquence le nom d'*épinceteuse*. Si les nœuds ou flacons à enlever sur une pièce d'étoffe étaient très-multipliés, on conçoit qu'il pourrait être avantageux d'y employer une machine qui, agissant partout de la même manière, les saisirait et enlèverait nécessairement, mais ces défectuosités qu'il convient de faire disparaître sont éparses par-ci par-là, et les épinceteuses n'ont rien à faire dans les intervalles. Il peut donc arriver que ce travail soit moins dispendieux à la main que par machine.

Foulage des draps. C'est le feutre d'une étoffe de laine qui en fait du drap. On feutre les draps en les foulant, au moyen de *maillets*, à la manière de France et d'Angleterre, ou de *pilons*, comme les Flamands et les Hollandais, dans des auges de bois qu'on appelle *piles* ou *pots*, d'une forme particulière. De toutes les opérations qui concourent à la fabrication du drap, le *foulage* est celle qui suppose la pratique la plus éclairée et l'attention la mieux soutenue. Ce travail se divise en trois temps, le *lavage*, le *dégraissage*, et enfin le *feutrage*, qui se font avec de l'urine, de la terre glaise ou argile et du savon. Le choix de ces substances n'est pas indifférent. C'est de l'urine d'homme ayant bu du vin qu'on préfère et qu'on emploie après qu'elle a éprouvé la fermentation putride. La terre glaise des *foulonniers* se reconnaît à une couleur grisâtre, très-savonneuse au toucher ; elle doit être extraite longtemps avant de l'employer. Le savon est dur ou mou, fait avec des huiles d'olives ou de graines de soude. Les fabricants de draps du Languedoc se servent du savon de Marseille, qu'ils font dissoudre sur le feu ans une suffisante quantité d'eau, après l'avoir coupé par tranches extrêmement minces. A l'égard du savon vert ou mou dont les fabricants du Nord font usage, il suffit d'en empâter l'étoffe de distance en distance.

Du lavage. — Cette opération a pour objet de purger le drap des huiles et de la colle qui ont été employées lors du cardage et du tissage. Il importe même de ne pas la différer beaucoup, afin de ne pas exposer les pièces d'étoffes roulées sur elles-mêmes ou empilées à une fermentation qui se développe très-promptement, et qu'on ne prévient qu'en les déroulant et leur faisant prendre l'air tous les jours, dans un endroit très-sec. Ce lavage se fait dans les piles des foulons, à l'urine ou à la terre glaise, en faisant battre les maillets ou pilons très-lentement, pour ne pas donner à l'étoffe un commencement de feutrage. Lorsqu'on lave à la glaise, on mouille d'abord l'étoffe pour ramollir la colle et la disposer à se bien enduire de cette terre. A cet effet, on la roule sur elle-même et on la porte dans la pile où on la fait battre en y faisant arriver de l'eau pendant une demi-heure; alors on la retire, on la laisse égoutter un peu, et puis on la remet en rond, en répandant la terre par-dessus.

Cette pièce replacée dans la pile, y est de nouveau battue pendant trois quarts d'heure, en versant en même temps deux seaux de glaise bien épurée et bien délayée; on la fait ensuite dégorger, en continuant le battage pendant une heure, à grandes eaux qu'on fait arriver par des robinets et qu'on laisse sortir par des trous pratiqués au fond des piles.

Le lavage à l'urine est moins long. Il suffit de mettre la pièce de drap roulée dans la pile, et d'y verser assez d'urine pour la tremper entièrement. Le reste se fait de même que dans le lavage à la terre.

Le drap ainsi lavé et sec, subit le nopage à maigre.

Du dégraissage. — Dans cette opération comme dans la précédente, on fait battre le drap après l'avoir placé en rond dans la pile avec de la terre délayée en quantité suffisante, et y faisant tomber un léger filet d'eau pendant un quart d'heure seulement. Alors, arrêtant le cours de ce filet d'eau, on laisse battre pendant six heures environ jusqu'à ce qu'enfin toute la graisse du drap soit absorbée par la glaise; ce qui se manifeste par beaucoup d'écumes sous les pilons. Alors on fait dégorger en laissant battre pendant quelque temps à grande eau.

Pendant cette opération, il y a une manœuvre à faire qui exige deux personnes; elle consiste à tirer d'heure en heure le drap de la pile et à le *détirer* de main en main par les lisières, afin de lui faire prendre l'air et d'empêcher les faux plis de se former.

Nous ne donnons ici que les préceptes généraux. Les mêmes opérations dont nous venons de parler très-succinctement, sont pratiquées diversement dans les différents pays.

Du foulage. — Tout le travail du *lavage* et du *dégraissage* que nous venons d'indiquer n'est que préparatoire à celui du *foulage au savon.* Dégorgé, parfaitement net, égoutté au point de n'être plus que légèrement humide, le drap est placé dans la pile du foulon. Ayant fait dissoudre dans l'eau et sur le feu sept à huit livres de savon blanc, plus ou moins, suivant la dimension de la pièce d'étoffe, on partage cette dissolution savonneuse en deux portions égales, et l'on ajoute à une de ces moitiés une quantité d'eau tiède de manière à en avoir deux seaux. On lui donne le nom d'*eau blanche.* Cette dissolution étant refroidie, on en arrose le drap à mesure qu'on le range en rond dans la pile et puis on fait battre d'abord lentement et puis précipitamment, pendant 10, 12, 15, 20, 25, 30 heures, et même plus, suivant que le drap est par sa qualité et sa préparation plus ou moins disposé au *foulage,* et qu'il a peu ou beaucoup à perdre de sa dimension. Ce travail ne s'exécute pas tout d'un trait; on l'interrompt de deux heures en deux heures pour retirer le drap de la pile, le détirer et lui rendre de la dissolution savonneuse que l'on a mise en réserve, et voir les progrès du *foulage,* en le mesurant sur sa largeur de distance en distance. Si le rétrécissement est inégal, on y remédie lorsqu'on le rempile, en tordant les endroits larges et en laissant à plat les étroits. On continue le *foulage* jusqu'à ce que l'étoffe ait un pouce de moins en largeur que la dimension qu'on veut avoir. Ce léger excédant de rétrécissement a pour but de faciliter l'*équarrissage* de la pièce; ensuite on la fait battre à plat pour en effacer les plis pendant qu'elle est encore chaude, car ils deviendraient ineffaçables si l'on attendait qu'elle fût froide.

Quelques foulonniers ont la mauvaise habitude d'employer l'eau de savon chaude au lieu de l'employer froide comme nous l'avons indiqué; cela hâte le *foulage,* mais le tissu n'a pas eu le temps de s'ouvrir, ni les fils de se *défiler;* le drap au lieu d'être souple serait de mauvaise qualité, si le retrait occasionné par le feutrage, n'avait pas lieu en même temps sur la longueur comme sur la largeur; car il faut que la chaîne ainsi que la trame s'ouvrent, se dilatent, se détordent en même temps et en proportion, pour que l'étoffe soit de bonne qualité. La rentrée ordinaire des draps, pour constituer un bon feutrage, est d'un tiers sur la longueur et de trois septièmes, trois huitièmes et quatre huitièmes au plus sur la largeur. Il est de règle qu'un drap de cinq quarts, première qualité doit avoir acquis la force et l'épaisseur convenables, quand il se trouve réduit, après le foulage, savoir, sur la longueur, de soixante-trois aunes à quarante-deux, et sur la largeur, de deux aunes un quart à cinq quarts. Ainsi le *foulage,* d'où dépendent le corps, le moelleux et la beauté des draps, ne leur procure ces importantes qualités qu'aux dépens de leur longueur et de leur largeur.

Le drap étant foulé, on le fait *dégorger* dans la machine, à l'eau claire, en le faisant battre à plat pendant une heure, et plus si cela paraît nécessaire ; et puis on le porte au trempoir, pour le bien rincer au courant de l'eau en le brossant, et on le fait sécher.

Le foulage au savon est le plus généralement pratiqué ; néanmoins quelques fabricants foulent à l'urine, surtout les dernières qualités de draps qui doivent être teints en noir. Ce *foulage* est très-économique en ce qu'il dispense du *lavage* et du *dégraissage*, et qu'il ne diffère d'ailleurs en rien, quant aux manœuvres, de celui au savon. Le drap se met en rond dans la pile, avec deux ou trois seaux d'urine. On fait battre d'abord lentement, en le lissant au moins une fois par heure, jusqu'à ce que la corde, bien ouverte, se trouve bien disposée au feutrage. On augmente successivement la vitesse des maillets ou des pilons, et puis on ne lisse plus que de deux heures en deux heures, ayant soin, avant de rempiler, d'inspecter la largeur dans toute la longueur de la pièce, de tordre ou de laisser à plat les parties qui ne seraient pas encore assez rentrées ou qui le seraient trop. Le dégorgeàge s'en fait ensuite comme dans le cas du foulage au savon.

Quelques fabricants sont dans l'usage, quand ils foulent à l'urine, de répandre dans la pile, sur le drap, de la farine d'orge, de fève ou d'avoine. Ces substances mucilagineuses rendent le bain d'urine plus visqueux, et, suspendant le feutrage, elles disposent le drap à le mieux recevoir. S'il arrivait qu'on eût mis une trop grande quantité de farine, on pourrait en neutraliser l'effet, en jetant dans la pile une poignée ou deux de crottin de mouton, témisé et délayé dans un peu d'urine : cela hâte la rentrée de l'étoffe, que la farine avait suspendue. Cette pratique serait même bonne à employer dans tous les cas où le retrait ne se ferait pas assez vite.

Les draps sortant des moulins à *foulon* subissent successivement diverses opérations qu'on nomme *apprêts*. Il nous reste à indiquer ce qui se pratique à l'égard des belles et grosses *draperies* feutrées, dont il est ici question ; leur *apprêtage* se compose du *lainage*, du *tondage*, du *ramage*, *époutissage*, *couchage*, *pressage* et *entoilage*,

Du lainage des draps. — Le lainage des draps est une façon qu'on donne alternativement avec la tonte, en les tirant en longueur du côté de l'endroit, soit avec des brosses dures, des cardes, soit avec des têtes de chardons. L'objet de cette façon est de recouvrir, de garnir d'un duvet très-serré la surface du drap et de donner en même temps aux poils une direction déterminée. Autrefois cette façon se donnait à la main. La pièce d'étoffe, étant convenablement mouillée et suspendue sur des perches, passait successivement devant deux hommes qui brossaient, en tirant toujours du

haut en bas avec des chardons dont leurs mains étaient armées. Cette manipulation, très-longue et très-pénible, par conséquent fort dispendieuse, et qui ne pouvait pas être rigoureusement uniforme dans toute l'étendue de la pièce, a été heureusement remplacée par le travail d'une machine qu'on nomme *laineuse*.

Tondage. — L'objet de la tonture est de découvrir le tissu ou corde du drap pour que les chardons l'atteignent, le pénètrent, en démêlent les poils, et les ramènent à la surface. Sans ces tontures répétées alternativement avec le lainage, les chardons glisseraient sur le poil tiré dans les précédents lainages, la pointe des chardons n'y pénétrerait pas, et n'amènerait pas de nouveaux poils. Un drap est estimé bien tondu, lorsqu'il est approché très-près, uni, couvert dans toute son étendue, qu'il n'y a point d'*écriteaux*, de *lèse*, d'*entre-deux* ni de *banqueroutes*, de *mâchure*, de *témoin*, de *pointage*, de *papes* ou *queues de rat*, et de coups de *fonds*, mots par lesquels on désigne les endroits où le poil est resté plus long ; ceux où les égrainés des forces ont laissé des traces ; ceux où les reprises se voient ; ceux où le poil, coupé jusqu'à la corde, donne l'idée d'une étoffe vermiculée ou rongée des vers à la surface, ou qu'il s'y trouve des coups de pointage occasionnés par une mauvaise direction des forces, ou qu'ayant négligé de défaire des plis, le drap se trouve coupé ou rasé trop à fond.

Du ramage des draps. — Les draps ayant subi les opérations du *lainage* et du *tondage*, sont mis à la *rame* pour en effacer les plis et les mettre à une largeur uniforme dans toute leur longueur.

La *rame* est un fort châssis en bois de charpente, composé de poteaux plantés en terre et de plusieurs traverses dont la supérieure est mobile le long de ce poteau, afin de pouvoir se fixer à toutes les hauteurs qu'exige la largeur des étoffes. La longueur de ce châssis est également suffisante pour recevoir les plus grandes pièces. Les traverses du bas et du haut portent des crochets en fer très-rapprochés, auxquels on accroche le drap par les lisières, après l'avoir suffisamment mouillé ; alors, élevant la traverse supérieure, à l'aide de leviers ou de vis, on la fixe partout à la même hauteur, quand on juge que l'étirage du drap est suffisant. On peut, de cette manière, lui rendre de la largeur qu'il aurait perdue par une rentrée trop considérable au foulage. On laisse sécher la pièce sur la rame, et puis elle est remise aux *époutisseuses* qui l'étendent sur une table en pupitre, au grand jour, où elles l'examinent avec la plus grande attention, et on retirent la poussière et toutes les inégalités qui auraient pu échapper aux premières opérations.

Du couchage du poil des draps. — Cette opération, dont l'objet est de donner une seule et même direction aux poils d'une étoffe, dans toute sa longueur, du côté de l'endroit, se faisait autrefois à la main, sur des tables disposées à cet effet, à l'aide de fortes brosses de soies de sanglier, et d'une *tuile* ayant les mêmes dimensions que les brosses. Aujourd'hui ce travail, qui termine les façons des draps fins, s'exécute à une machine de rotation analogue à la machine à lainer, mais dont la moitié des barres du tambour sont des brosses roides, de poils de sanglier, au lieu d'être des chardons ; et l'autre moitié des planches garnies de la substance avec laquelle on compose les *tuiles à lustrer*, qui est un mélange de résine, de grès pilé et de limaille de fonte tamisée, en égale quantité, le tout mêlé et broyé à chaud, de manière qu'étant refroidi il a la consistance d'une pierre. Le drap doit être légèrement arrosé.

Le couchage étant terminé, on plie la pièce en deux, dans le sens de sa longueur, l'endroit en dedans, les lisières l'une contre l'autre, et puis la repliant sur elle-même, en zigzag, on en fait un rouleau, enveloppé de la tête, qu'on porte sous la presse.

Les draps ayant ainsi reçu toutes leurs façons, sont *endossés* ou enveloppés de leurs têtes dont on sépare le bout de la lisière sur laquelle est placé le plomb, en laissant sortir le chef pour mettre la marque en évidence. On les enveloppe ensuite de papier et d'une toile légère d'emballage, qu'on coud par les deux bouts. C'est ainsi qu'on les livre au commerce et à la consommation. (*Dictionnaire technologique*, t. IV, p. 144 à 153.)

Machines à lainer les draps. — *Invention.* — *MM. Grangier frères, d'Annonay* (Ardèche). — 1791. — Les auteurs ont obtenu un *brevet d'invention de quinze ans* pour une machine à lainer, qui consiste en un tambour de dimensions convenables, tournant horizontalement sur son axe : la surface de ce tambour est garnie de cardes plus ou moins fortes ou bien de têtes de chardon fixées sur de petites planchettes, ou entre des lames de fer disposées à cet effet. Ce tambour, auquel on imprime une grande vitesse, communique à son tour le mouvement, par le moyen d'une lanterne et d'une roue d'engrenage, à deux petits cylindres unis qu'on appelle *nourrisseurs* : ces cylindres sont placés un sur l'autre, de manière que leurs points de contact sont à très-peu près sur le même plan horizontal que l'axe du grand tambour ; on se ménage aussi le moyen de les presser plus ou moins l'un contre l'autre en employant des poids. Une pièce de bois placée entre ces cylindres et le tambour, et ayant la même longueur que ceux-ci, est fixée aux extrémités de deux leviers, dont le point d'appui est l'axe du tambour. Ces leviers se prolongent de quelques pieds au delà de ce dernier, afin de pouvoir les manier et les arrêter quand il en est besoin. On place deux tables, l'une en avant de l'autre, en arrière de la machine, dont voici la manœuvre : après avoir mouillé la pièce de drap, on la place sur la table de devant, du côté des cylindres nourrisseurs ; on met la machine en mouvement, et l'on engage le bout de la pièce entre les cylindres nourrisseurs, en la diri-

geant par-dessous la pièce de bois, et ensuite par-dessus le tambour. Les chardons ou les dents de cardes dont le tambour est garni, attirent avec force la pièce du drap ; mais comme elle est retenue par les cylindres et qu'elle n'avance que proportionnellement à la vitesse de la machine, il s'ensuit un travail très-régulier sur toute la longueur de la pièce. L'objet de la pièce de bois placée entre le tambour et les cylindres, sous laquelle l'étoffe passe, est de régler la pression que celle-ci doit subir sur les dents du tambour, en s'élevant plus ou moins avec les leviers auxquels elle est assujettie. (*Brevets publiés*, 1818, tom. II, pag. 114.)

Importation. — *M. Douglas.* — An XI. — Le lainage des draps est une façon qu'on leur donne en les tirant en longueur, soit avec des brosses dures ou des cardes, soit avec des têtes de chardon. L'objet de cette façon est de recouvrir la carde ou le tissu de l'étoffe mis à nu par la tonte, et de donner en même temps une direction déterminée aux poils. Autrefois cette façon se donnait à la main. La pièce d'étoffe étant convenablement mouillée, passait successivement devant un ou plusieurs ouvriers qui la frottaient le plus régulièrement possible, en tirant toujours de haut en bas, avec des brosses ou des chardons. Cette manipulation très-longue, très-fatigante, et par conséquent dispendieuse, qui ne pouvait être régulièrement uniforme dans toute l'étendue de la pièce, a été heureusement remplacée par la machine montée par M. Douglas, et pour laquelle il lui a été accordé *un brevet d'invention de quinze ans*. Cette machine consiste en un gros tambour horizontal ; on le fait tourner sur lui-même avec une grande vitesse, et sa surface garnie de chardons opère le travail du lainage d'une pièce de drap, à mesure qu'elle lui est fournie régulièrement par deux cylindres sur lesquels elle se roule et déroule alternativement. Elle est composée, 1° d'un bâti solidement construit en bois de chêne : la tête de droite est double et scellée par son pied dans un massif de maçonnerie. C'est dans l'intervalle de ces deux têtes que sont placées les roues d'engrenage ; se trouvant ainsi renfermées, elles ne sont ni embarrassantes, ni exposées à des accidents ; 2° d'un gros tambour à chardons ; sa longueur est de six pieds, et son diamètre de trente pouces : il est formé de douze fortes douelles en bois, laissant entre elles des intervalles de trois pouces. Ces douelles sont fixées avec des boutons par leurs extrémités et leur centre sur trois cercles de fonte de fer, qui composent le noyau de ce tambour. Les chardons étant rangés à côté les uns des autres, leurs queues sont engagées et saisies entre deux lames de fer mince, qu'on serre fortement l'une contre l'autre avec de la petite corde. Ces lames sont à leur tour fixées sur les douelles, par le moyen de boulons et de verroux à ressort ; 3° de deux cylindres en bois, placés au-dessus et au-dessous du gros tambour, dans le même plan vertical. Leur diamètre est de cinq pouces ;

ils portent des allonges à demeure, en toile ou drap, au bout desquelles on coud les piè-ces d'étoffe qu'on veut lainer ; 4° des man-chons et leviers, au moyen desquels on donne ou on suspend le mouvement des cylindres ; 5° des freins pour rendre leur mouvement plus ou moins dur ; 6° d'une cuve qu'on remplit d'eau, dans laquelle se mouille la pièce de drap roulée sur le cylindre inférieur ; 7° d'un pignon de six pouces de diamètre et de treize dents, monté sur l'axe du gros tambour ; 8° des roues d'engrenage en fer fondu, de quatre pieds de diamètre et de cent dents, montées sur les axes de deux cylindres, et menées par le pignon ci-dessus ; 9° d'une poulie de mouvements, sur laquelle passe la courroie du moteur ; 10° d'une barre de bois arrondie extérieurement, qui a la fa-culté, par le moyen de deux vis de rappel, de se rapprocher ou de s'éloigner du bâti, ou pour mieux dire du tambour à chardons. La machine étant ainsi disposée, on faufile au bout des allonges que portent les cylin-dres en bois la pièce à lainer, qu'on roule entièrement sur le cylindre inférieur, afin qu'elle se mouille dans l'eau de la cuve. On serre le frein du cylindre inférieur, et on désengrène le manchon ; ensuite on fait l'inverse relativement au cylindre supé-rieur, puis on met la machine en mouve-ment. Alors la pièce de drap, tirée par le cylindre supérieur, monte en passant con-tre le tambour à chardons, qu'elle embrasse en partie et qu'elle presse plus ou moins, à l'aide du frein inférieur et de la barre, qu'on règle à volonté. Toute la pièce étant pas-sée, on la fait revenir, sans arrêter la ma-chine, en sens inverse ; et ainsi de suite, jusqu'à ce que le travail du lainage soit ar-rivé au degré qu'on désire. D'après les di-mensions et le nombre des dents de roues d'engrenage, on voit que le tambour à chardon faisant un tour, les petits cylin-dres, distributeurs n'en font que treize centièmes, ou à peu près un huitième, c'est-à-dire que ceux-ci font passer deux pouces de drap, qui se trouvent brossés par douze rangées de chardons dans chaque voyage. (*Brevets publiés*, 1820, tome III, page 19, planche 12. *Conservatoire des arts et mé-tiers, salle des filatures*, numéros 35, 36 et 37.)

Inventions. — M. *Wathier, de Charleville.* — An XII. — La machine pour laquelle M. Wathier a obtenu un *brevet de cinq ans*, consiste, 1° en un pignon de bois composé de six ailes ; monté sur l'arbre des mani-velles, et qui communique à toute la ma-chine le mouvement qu'il reçoit lui-même de ces manivelles ; 2° en une roue en bois de soixante dents, recevant son mouvement du pignon, et montée sur le même arbre que le cylindre qui sert à faire monter le drap à mesure que l'on fait tourner les ma-nivelles ; 3° en deux cylindres servant de conducteurs au drap ; 4° en porte-chardons à coulisse, en forme de *T*, pouvant aller à volonté, en avant et en arrière, à droite et à gauche ; ces porte-chardons doivent avoir onze pieds, six pouces de long ; 5° en une autre grande roue pareille à la première. Elle est mise en mouvement par le pignon que l'on oblige d'engrener avec elle, lorsque le drap est presque entièrement roulé sur le cylin-dre, en poussant l'arbre de la quantité né-cessaire ; on recule au même moment le porte-chardons inférieur, et on avance le supé-rieur, sur lequel les chardons sont placés dans un sens inverse, on fait tourner les manivelles ; alors le drap se déroule de dessus un cylindre pour se rouler sur l'au-tre. Les quatre cylindres sont creux en bois; ils ont une crapaudine à chaque extrémi-té et sont portés chacun par deux vis à pointe en acier trempé ; deux des cylindres sont munis d'une poulie qui porte un levier en forme de romaine, dont l'objet est de faire éprouver aux cylindres un frot-tement qui les empêche d'aller par secous-ses, et qui force le drap d'être toujours éga-lement tendu.

(*Brevets non publiés.*) — M. *Mazeliné, de Louviers.* — An XII. —La machine à lainer pour laquelle l'auteur a obtenu un *brevet de dix ans*, se compose d'un bâti en bois de chêne de 2 mètres 273 millimètres de long, sur 1 mètre 406 millimètres de large, et 2 mètres 922 millimètres de hauteur ; d'un vilebrequin quadruple, ou axe en fer forgé à double manivelle sur deux plans de 2 mè-tres 579 millimètres de long, sur un carré de 33 millimètres servant à faire monter et descendre les chariots dont il va être parlé, et à éloigner et rapprocher les quatre bascu-les en fer de 2 mètres 922 millimètres d'épaisseur, qui servent à porter ces mêmes chariots ; de quatre châssis en fer de chacun 10 millimètres de long, de 27 millimètres de large et de deux millimètres d'épais-seur, qui montent les chardons portés par quatre chariots en fer garnis de roulettes en cuivre ; de deux bascules en fer et à charnière, de 1 mètre 298 millimètres de long qui font approcher ou éloigner cel-les dont on a parlé plus haut ; de quatre vis en fer, servant à éloigner ou rapprocher deux cylindres en bois de chêne de 162 millimètres de diamètre, montés sur un axe en fer de 2 mètres 273 millimètres de long, et de 40 millimètres de diamètre. Ces cylindres approchent ou éloignent l'étoffe des chardons. Deux autres cylindres aussi en chêne, de 135 millimètres de diamètre sont montés sur un axe également en fer, de 2 mètres 316 millimètres de long et de 40 millimètres de diamètre ; ils servent à clouer ou à déclouer l'étoffe. Deux douilles en cuivre, garnies de dents de loups en fer font engrener ou désengrener l'un de ces deux derniers cylindres par effet d'une bas-cule en fer de 1 mètre 298 millimètres de long, sur 33 millimètres de large, et 40 mil-limètres d'épaisseur. Un réservoir en bois de chêne garni de plomb, de 1 mètre 623 millimètres de long, de 486 millimètres de haut, et de 405 millimètres de large, est placé à la partie supérieure du bâti et con-tient l'eau nécessaire au lainage A ce réser voir est adaptée une soupape en cuivre, au moyen de laquelle on fait couler l'eau à volonté. Un tuyau en fer-blanc de 1 mètre 623 millimètres de long, percé de petits trous comme un arrosoir et ayant aussi la forme T, est attenant au fond du réservoir ; c'est par ce tuyau que passe l'eau nécessaire à l'exécution du travail. Un bâti en chêne porte une grande roue ou volant. A l'axe de cette roue est adaptée une poulie de 486 millimètres de diamètre, destinée à faire mouvoir une autre poulie de 974 millimètres de diamètre, placée au bout du vilebrequin. Deux poulies ayant cette dernière dimension en font mouvoir deux autres pareilles, adaptées aux deux derniers cylindres décrits plus haut, et au moyen de deux petites poulies (dites de renvoi) de 324 millimètres de diamètre.

Deux griffes en fer font engrener ou désengrener les douilles en cuivre, et un cordage sert à faire mouvoir toutes les poulies. Enfin deux dernières poulies de 243 millimètres de diamètre sont encore adaptées à l'axe de la grande roue, et quatre charnières en fer sont ajustées d'un bout aux chariots qui portent les chardons, et de l'autre bout à l'arbre à manivelle ou vilbrequin. « Un seul homme, dit M. Mazeline, suffit pour mettre la machine en mouvement, et la faire marcher toute la journée, et deux autres hommes étant chargés de surveiller la pièce d'étoffe, de démonter les chardons et de les retourner au besoin, on peut chaque jour opérer le lainage de deux pièces de drap de 36 à 40 aunes, en donnant à chacune dix tours de chardons, quantité plus que suffisante pour la perfection de cette main-d'œuvre.» (*Brev. non publiés.*)

Perfectionnements. — 1806. — Les pièces que M. Mazeline a ajoutées ou perfectionnées pour rendre sa machine plus avantageuse, sont : 1° une roue à rochet, destinée à faire aller et venir les grandes bascules ; 2° un ressort retenant cette roue lorsqu'elle saute d'une dent ; 3° une grande bascule qui sert à faire aller et venir celles dont il est parlé plus haut ; 4° un moufle dont l'objet est de tenir cette bascule par le milieu ; 5° une traverse mobile portant les courbes ou bascules ; 6° trois chapes dans lesquelles sont des roues propres à supporter cette traverse ; 7° un bras de fer au bout duquel est une charnière et une crémaillère qui sert à faire appuyer plus ou moins le chardon sur le drap ; 8° un support de la crémaillère ; 9° quatre pièces formant deux petits châssis destinés à faire monter et descendre les chariots ; 10° quatre petits rouleaux en fer sur lesquels se promènent des courbes ; 11° Deux romaines, formant d'un bout portion de cercle, et qui retiennent le drap lorsqu'il monte ou descend ; 12° un renvoi et un levier destinés à mettre la tension à la portée de l'ouvrier ; 13° une détente pour faire engrener ou désengrener deux moulinets ; 14° et 15° équerre et bascule ayant les mêmes

fonctions ; 16° deux petites colonnes et un support opérant le même effet, et supportant les bouts des deux arbres suivants ; 17° un arbre portant à un bout un pignon de huit dents ; environ au tiers un pareil pignon, et à l'autre bout une roue de seize dents ; 18° un autre arbre portant un pignon de huit dents à l'un de ses bouts et une roue de seize dents à l'autre bout, laquelle sert à faire tourner un des moulinets ; 19° un pignon de huit dents fixé au bout d'un vilebrequin ou arbre ; 20° deux roues de vingt-quatre dents fixées au bout des deux moulinets ; 21° deux poids destinés à faire pression sur les romaines ; 22° une dent de loup fixée dans le vilebrequin pour faire sauter une dent à chaque tour de la roue à rochet. Ce perfectionnement, suivant l'auteur, présente deux avantages : le premier est celui qui résulte du mouvement du va-et-vient, donné aux courbes ou bascules qui supportent les chardons ; ce qui contribue à la perfection du travail, parce que les chardons ne présentant qu'une très-petite surface, sont susceptibles de rayer le drap lorsqu'ils sont toujours dirigés sur le même train. Au moyen de la variété à laquelle ils sont soumis par le perfectionnement, cet inconvénient n'existe plus. L'expérience a prouvé, ajoute M. Mazeline, depuis les changements faits à la machine, que les chardons, même placés sans précaution, ne faisaient éprouver aucun désagrément pendant le travail. Le second avantage se trouve dans les roues d'angle que l'auteur a introduites dans le mécanisme à la place des poulies, attendu que plusieurs cordes destinées à faire marcher le même objet sont susceptibles d'être plus tendues l'un que l'autre, et nécessitent plus de soins et d'entretien que des roues dentées. (*Brevet non publié.* Conservatoire des arts et métiers, dessins, tiroirs E.F. n° 19.)

M. M. L. Faux, mécanicien à Viviers (Ourthe). — 1810. — L'auteur a obtenu un *brevet de cinq ans* pour les améliorations qu'il a apportées à la machine à laines de M. Douglas, lesquelles améliorations consistent à faire marcher, toujours dans le même sens et d'une manière continue, la pièce de drap, au lieu de la faire passer d'abord dans un sens, ensuite dans un sens contraire. Dans la machine de M. Faux, la continuité de mouvement de la pièce d'étoffe est organisée au moyen de deux cylindres en bois cannelés, roulant l'un sur l'autre : entre ces deux cylindres passe la pièce de drap, dont le chef et la queue sont joints bout à bout par une couture, et offrent ainsi une pièce sans fin à l'action des chardons. Ces derniers sont portés par les barres du tambour de la machine, qui tourne dans un sens opposé à celui de l'étoffe. Des roues d'engrenage et des poulies impriment le mouvement à cette machine. Le gros tambour est formé de barres de bois sur lesquelles les chardons sont fixés comme dans les autres mécaniques du même genre : le drap passe sur une barre mobile en bois qui sert à rapprocher le drap plus ou moins fortement du tambour dont on vient de parler, au moyen de deux vis à manivelle. Le mouvement de rotation de ce tambour s'effectue par l'action d'une courroie passant sur une poulie qui tourne sur le bord de l'axe auquel elle est fixée et avec lequel elle est en quelque sorte identifiée par l'intermédiaire d'une boîte roulante montée carrément sur cet axe. On fait jouer cette boîte par le moyen d'un levier à fourchette formant en même temps bascule, soit pour arrêter soit pour faire marcher la machine. L'axe du tambour porte un pignon en fonte de treize dents, fixé en dehors du bâti ; ce pignon commande une roue d'engrenage aussi en fonte de cent trois dents. Cette roue est assujettie sur l'axe du rouleau inférieur cannelé, qui est l'un de ceux entre lesquels passe la pièce d'étoffe sans fin, sur laquelle s'effectue le lainage. Le rouleau cannelé supérieur a pour support deux pièces de bois qui lui servent aussi de collet ; deux leviers à bascule servent à le lever et à le tenir désengrené, lorsqu'on veut suspendre le mouvement de la pièce de drap. Ces leviers, qui sont minces, passent dans des mortaises qui se trouvent dans les montants du bâti. Cette même pièce est tendue de manière à en faire disparaître les plis par une barre en bois, qui retiendrait même la masse entière de l'étoffe, dans le cas où elle serait entraînée ; le drap, en sortant des rouleaux cannelés, est écarté du tambour à chardons en glissant sur une table garnie de rouleaux à ses deux extrémités. La pièce d'étoffe, pendant son mouvement, tombe dans une bâche en bois plein d'eau et circule dans un sens contraire à celui du tambour. Les avantages résultant de ce perfectionnement sont : 1° d'économiser la toile, la ficelle et le temps employé pour attacher la pièce de drap par ses deux extrémités aux rouleaux supérieur et inférieur qui se la transmettent réciproquement dans la machine de M. Douglas ; 2° de supprimer le mécanisme qui était nécessaire pour opérer ce changement de mouvement et l'ouvrier qui était chargé de l'exécuter ; 3° de lainer, toujours sortant de l'eau, le drap avec une vitesse égale qui n'a pas lieu d'après le système de M. Douglas, attendu que le drap ne se mouille que sur le cylindre inférieur, qu'il en redescend presque égoutté et avec une vitesse qui n'est plus en rapport avec celle du tambour à chardons, vitesse qui est elle-même sans cesse variée, soit en montant, soit en descendant, par l'augmentation de volume des cylindres, occasionnée par l'enroulement du drap sur lui-même. Les avantages de la machine de M. Faux sont évalués par lui à un tiers en sus de ceux qu'on obtient par la machine qui fait l'objet de ce perfectionnement. (*Brev. non publiés*)

Invention. — *M. X. Kutgens, fils, d'Aix-la-Chapelle.* — 1813. — La machine à laines pour laquelle il a été délivré à l'auteur un *brevet d'invention de cinq ans*, se compose, 1° d'une manivelle ; 2° d'un grand tambour où sont attachées les cordes ; 3° de deux grands rouleaux qui portent le casimir ou le drap ; 4° d'un petit rouleau ambulant destiné à rapprocher l'étoffe des cordes ; 5° de deux roues d'engrenage pour les deux grands rouleaux ; 6° de deux clefs à vis, destinées à avancer ou à reculer le petit rouleau ambulant ; 7° de deux pinces faites pour retenir les deux grands rouleaux. L'eau, qui est amenée dans un baquet par un conduit, sert à humecter l'étoffe. Il entre en outre, dans la composition de la machine, une petite roue d'engrenage qui fait mouvoir les deux roues dont il vient d'être parlé au nombre 5, et une main qui change à volonté le mouvement de l'une de ces deux roues. Quoique la composition de cette machine ne présente rien de bien nouveau, elle paraît offrir néanmoins les avantages suivants. Il suffit, dit l'auteur, d'une seule personne de quinze ans pour la mettre en mouvement. Cette personne peut en même temps surveiller d'une manière parfaite la partie du garnissage, tandis que dans les autres machines à lainer connues, il faut un ouvrier *ad hoc* pour surveiller le même objet ; l'invention de M. Kutgens diffère encore essentiellement, suivant lui, des machines ordinaires, en ce que celles-ci requièrent trois ouvriers, tandis que la sienne n'en exige absolument qu'un ; et cet ouvrier fait seul la besogne de quatre qui laineraient à la main. Enfin, l'on apprête sur la machine de M. Kutgens quatre pièces de drap par jour, et l'ouvrage qu'elle donne est plus régulier que celui qu'on obtient par les autres ouvriers. Le mécanisme de cette machine, ajoute l'auteur, est simple et d'un jeu facile ; il est peu susceptible de se déranger, et il faut peu d'étude pour s'en servir ; il exige peu de place, et n'est pas d'un prix élevé.

4° *Tondage des draps.* Il se fait au moyen d'une machine ingénieuse nommée *tondeuse*, qui a pour objet de découvrir la corde du drap, afin qu'en y appliquant les chardons l'ouvrier puisse bien pénétrer dans le tissu et ramener les poils à la surface.

5° *Nauvage des draps.* Il a pour objet d'en effacer les plis et de leur donner une largeur uniforme.

6° *Époutissage.* Il a pour objet d'enlever la poussière et les ordures qui ont pu rester dans les draps après les précédentes opérations. Il est fait par des ouvrières nommées *époutisseuses.*

7° *Couchage du poil.* Il s'exécute au moyen d'une machine rotative. La moitié du tambour est garnie de brosses raides faites avec du poil de sanglier, et l'autre de planches garnies de la substance des *tuiles* à lustrer.

Nous allons donner avec le *Dictionnaire des découvertes* quelques notions sur les principales machines employées à la fabrication des draps ; nous passerons ensuite en revue quelques-unes des principales manufactures.

Voici d'abord la description de différentes machines employées au tondage des draps.

(Machine à tondre les draps.) — *M. Delarches, d'Amiens.* — 1790. — Dans la tonte des draps, l'inégalité du mouvement de la main faisait désirer vivement une amélioration, qui ne pouvait résulter que de la substitution des machines aux opérations manuelles. M. Delarches est le premier mécanicien qui ait donné à la France une machine appliquée à ce genre de travail. Elle était en activité à Amiens dès l'année 1790, mais elle ne servait alors qu'à tondre à la fois sept pièces de panne avec toute la précision désirable. L'examen qui en fut fait confirma dans l'idée qu'elle pouvait être employée à la tonte des draps. — An XI. — *Un encouragement de six cents francs* a été accordé à M. Delarches ; aidé de ce secours, il a définitivement appliqué sa machine à la tonte des draps, et cette opération s'est faite depuis au moyen de cette invention avec une exactitude et une précision auxquelles un ouvrier pouvait rarement assujettir le mouvement de sa main. Voici le compte qu'ont rendu du mécanisme dont il s'agit les commissaires qui ont été chargés par la Société d'encouragement d'examiner le modèle que l'auteur avait fait parvenir à cette société : « Il nous paraît indubitable que l'usage de la machine inventée par M. Delarches, procurerait une grande économie, en supposant que l'on eût à sa disposition un courant d'eau pour lui faire servir de moteur. Nous pensons qu'un seul homme pourrait surveiller au moins quatre mécaniques semblables, qui tondraient à la fois un pareil nombre de pièces de drap. En donnant aux forces de la machine, continuent MM. les commissaires, la même vélocité de mouvement que le tondeur communique à la force qu'il conduit, chaque mécanique, avec ses deux paires de *forces*, fera plus de travail qu'un même nombre de *forces* conduites à la main, puisque les couteaux des *forces* de la machine embrassent une longueur de vingt-sept à vingt-huit pouces, tandis que les couteaux des *forces* ordinaires n'embrassent qu'environ quinze à seize pouces, et que, d'ailleurs, le travail de celle-ci est interrompu chaque fois que le tondeur arrive à la lisière inférieure de l'étoffe, en ce qu'il est obligé de disposer une nouvelle tablée, et de transporter et replacer la *force* vers la lisière supérieure. Mais comme il pourrait y avoir de l'inconvénient à donner aux mouvements de la machine une rapidité qui userait trop promptement les pièces, nous supposerons que chaque mécanisme ne ferait qu'un travail double de celui d'un tondeur à la main. » (*Société d'encouragement*, bulletin 14, p. 114). La machine de M. Delarches ne paraît pas avoir été décrite nulle part d'une manière étendue, et nous n'avons pas pu nous en procurer le modèle. Mais les inventeurs ultérieurs ayant dépassé de beaucoup, en perfection et en importance, celle mentionnée ici, nous ne sommes entré dans quelques détails que pour rappeler à nos lecteurs qu'il existait des machines à tondre les draps d'origine française, avant les importations de M. Douglas.

Importation. — *M. Douglas.* — An XI. *La machine à tondre les draps et autres étoffes dans leur largeur,* importée par ce mécanicien, se compose, 1° d'un bâti ; 2° d'une poulie qui, par le moyen d'une courroie, donne à toute la machine le mouvement qu'elle reçoit d'un moteur quelconque ; 3° d'une seconde poulie à plusieurs gorges, placée sur le même arbre que la précédente, et donnant le mouvement à une troisième poulie, aussi à plusieurs gorges, communiquant le mouvement à une vis sans fin, qui le transmet à une roue fixée sur un arbre destiné à faire avancer deux chariots, portant chacun une paire de forces ordinaires, qui opèrent la tonte de la pièce de drap. Les chariots sont joints l'un à l'autre par deux ressorts avec coulisses, qui permettent de les approcher ou de les éloigner l'un de l'autre, suivant la largeur de l'étoffe ; 4° une vis sert à régler la place des tranchants des forces dans l'opération ; 5° une corde avec poids, a pour objet de ramener les chariots à leur point de départ, chaque fois que le drap a subi une tonte dans toute sa longueur ; 6° l'axe d'une roue à rochets avec manivelle et encliquetage, sert de treuil à deux cordes fixées chacune à l'extrémité d'un levier mobile, dont l'objet est d'élever les forces au-dessus du drap, en soulevant un tant soit peu une planchette, sans cependant interrompre leur action ; 7° une quatrième poulie communique, au moyen d'une courroie, le mouvement à une cinquième poulie, qui est ajustée sur un arbre coudé, le long duquel sont attachées deux cordes qui transmettent le mouvement à la partie tranchante des forces, et qui produisent l'action de la tonte ; 8° une pièce de fer est fixée au premier chariot des forces ; elle est destinée à pousser en avant le levier en forme d'équerre brisée à charnière, et dont l'extrémité supérieure reçoit une tringle au bout de laquelle est ajusté à demeure, un petit bras de levier, qui reçoit à charnière une tringle verticale, vers le milieu de laquelle est fixée une petite pièce de fer servant de support à l'axe de la roue. Au moyen de ce mécanisme, lorsque la pièce de fer vient à pousser le levier par le bout, la tringle descend d'une quantité suffisante, pour que la corde de la courroie qui met en mouvement la seconde et la troisième poulie, se détende, et pour que la vis sans fin cesse d'engrener avec la roue, alors les chariots restent en place et la tonte est arrêtée. C'est à cet instant que la corde et le poids ramènent les chariots à leur point de départ. La pièce de fer ne doit commencer à pousser le levier que quand la première force est arrivée jusqu'au bord de la lisière, et doit cesser lorsqu'elle est prête à toucher.

La machine à tondre les draps et les étoffes dans leur largeur se compose comme celle ci-dessus ; 1° d'un bâti ; 2° d'une manivelle

portant sur son axe une poulie et une roue d'engrenage; la poulie est pour imprimer le mouvement à toute la machine par un autre moteur que la manivelle, et la roue donne le mouvement à une autre roue dentée; 3° d'un grand arbre horizontal, qui reçoit son mouvement de va-et-vient, fait agir une des deux lames de chacune des forces; cette lame est constamment repoussée par des ressorts à boudin, dans lesquels passent des boulons qui servent à régler la hauteur des forces au-dessus du drap; 4° d'un volant en fonte qui est fixé à l'extrémité de l'arbre ci-dessus; il porte une poulie qui, au moyen d'une corde ou courroie et de deux autres poulies, imprime le mouvement aux cylindres à brosses placés sur le drap; 5° d'un coussin sur lequel passe le drap pour recevoir la tonte; 6° d'une poulie qui communique le mouvement qu'elle reçoit de l'arbre horizontal à une autre poulie, dont l'arbre reçoit une roue d'angle qui fait marcher un arbre vertical, lequel met à son tour en mouvement un second arbre horizontal par le moyen d'une grande roue d'engrenage. Ce second arbre horizontal porte une vis sans fin qui engrène une roue, ce qui fait mouvoir deux rouleaux formant laminoir, et destinés à enrouler le drap à mesure qu'il a reçu la tonte, et à le tenir constamment tendu. Ces deux rouleaux sont pressés l'un contre l'autre par deux ressorts qui embrassent leurs axes à chaque bout; 7° enfin, d'un rouleau sur lequel on enroule le drap avant de commencer l'opération. Au sortir de ce rouleau, le drap est porté sur le coussin, en passant d'abord sous les rouleaux à brosses, et de là il est conduit sous les forces. Cette machine est composée de trois paires de forces, au moyen desquelles on peut tondre une pièce de drap très-large, ou deux pièces à la fois de drap étroit. La tonte d'une pièce large s'opère en trois parties; pour cet effet, deux des trois forces sont placées sur le devant de la machine, sur une même ligne, et touchent chacune une des lisières; la troisième est placée sur le derrière, vis-à-vis l'intervalle que laissent entre elles les deux premières, de sorte que les deux premières forces tondent chacune un tiers de drap du côté des lisières, et la troisième tond le tiers du milieu. Pour les draps étroits, on place les deux pièces sur le rouleau autour duquel est enroulé le drap avant l'opération, chacune dans la direction des forces de devant, qui seules fonctionnent. Dans ce cas, les forces de derrière sont sans action, ou bien elles sont supprimées.

M. Douglas a dû inventer une autre machine à *tondre par le moyen d'une force à tranchants parallèles*, dont l'inférieur est fixe, tandis que le supérieur, mu par la rotation d'un axe coudé, vient croiser par dessus d'une quantité suffisante pour opérer la tonte du drap à mesure que celui-ci est soumis à son action. Cette machine se compose, 1° d'un châssis porté sur quatre pieds, formant le bâti de la machine; 2° de rouleaux conducteurs et régulateurs de la pièce d'étoffe;

3° d'une manivelle motrice de la machine; 4° d'une roue d'engrenage, montée sur l'axe de la manivelle; 5° d'un rouleau garni de brosses dures, dont la fonction est de relever le duvet du drap, afin de le mieux exposer à l'action des forces; 6° des bielles qui communiquent le mouvement parallèle au tranchant supérieur de la force, par le moyen des deux coudes que porte l'axe du rouleau ci-dessus; 7° des ressorts qui réagissent contre le dos du tranchant supérieur pour le ramener constamment vers le tranchant inférieur. Tout étant ainsi disposé, on concevra facilement qu'en tournant la manivelle, la roue d'engrenage transmettra son mouvement de rotation à un pignon que porte l'axe coudé du rouleau à brosses. Les bielles qui lui sont unies, ainsi que le tranchant supérieur de la force, éprouveront un mouvement de va-et-vient, et de croisement sur le tranchant fixe, qui opérera la tonte du drap dans le sens de sa longueur, à mesure que celui-ci est amené uniformément par le jeu même de la machine; le même mécanicien a établi une autre machine à tondre, construite d'après les mêmes principes que la précédente, mais plus simple, en ce que le tranchant supérieur de la force, au lieu d'agir parallèlement, tourne autour d'un axe vertical fixé sur une des extrémités du tranchant supérieur, comme dans les ciseaux ordinaires. Un ressort tend constamment à le tenir fermé, tandis qu'une corde attachée à l'extrémité opposée au centre du mouvement, et passant sur des poulies de renvoi, le tire et le lâche alternativement, lorsqu'on vient à tourner l'axe coudé sur lequel est fixée une manivelle; du reste elle ne diffère en rien de la précédente.

L'auteur a encore construit une machine à tondre, par le moyen de tranchants fixés sur les rayons d'une roue verticale, formant cisailles avec un tranchant horizontal fixe. Cette machine est composée, 1° d'un bâti; 2° d'une roue verticale en fonte de fer, à dix-huit rayons, armée d'autant de tranchants; 3° de l'axe en fer de cette roue portant à son autre extrémité une manivelle; 4° des rouleaux conducteurs du drap. Leurs axes sont munis, en dehors du bâti, de roues d'engrenage en fonte de fer, qui se transmettent le mouvement que leur communique la vis sans fin, fixée sur l'axe de la roue verticale; 5° d'un rouleau garni de brosses, dont la fonction est, comme dans les machines précédentes, de relever le duvet du drap. Son axe porte un petit pignon que mène la roue d'engrenage du rouleau conducteur de gauche. D'après cela, il est facile de concevoir le jeu de cette machine. La roue verticale venant à tourner, les tranchants dont les rayons sont armés passent successivement et tour à tour contre le tranchant fixe, derrière lequel circule la pièce de drap par le moyen des rouleaux conducteurs. Enfin M. Douglas a fait une dernière machine, construite d'après le même système que la précédente, mais où la roue porte-tranchants est horizontale et opère doublement. Un axe vertical tournant sur le pivot et dans un collet, porte une roue horizontale à laquelle on donne le mouvement à l'aide d'une manivelle et de deux roues d'engrenage d'angle, tandis qu'on fait avancer le drap de côté et d'autre à volonté, également par des manivelles fixées sur les axes des rouleaux conducteurs. M. Douglas a obtenu par ces différentes machines à tondre les draps dans leur largeur et dans leur longueur, *un brevet d'invention* de quinze ans. (*Brevets publiés*, 1820, t. III, p. 13, pl. 9, 10 et 11. *Ann. des Arts et Manuf.* an XII, t. XVI, p. 24, pl. 1 et 2. *Conserv. des arts et mét.* Sal. des pl., mod., n. 34.)

Invention. — *M. Wathier, mécanicien à Charleville* (Ardennes). — An XII.— Dans la machine pour laquelle l'auteur a obtenu un *brevet d'invention de cinq ans*, les *forces* agissent par un mouvement continu de rotation. Elle est disposée pour tondre les draps en travers, c'est-à-dire de lisière à lisière. Le moteur de cette machine est composé d'une manivelle, d'une roue de trente-deux dents, et d'une lanterne à huit fuseaux, dont l'axe coudé porte un volant, afin d'en régulariser le mouvement. Le coude de l'axe de la lanterne fait agir une balle qui, transformant le mouvement de rotation de la lanterne en mouvement oscillatoire, va, à son tour, à l'aide de leviers, d'axes horizontaux, pivotant sur leurs tourillons, de tringles et du levier angulaire faire battre ses forces. D'après le nombre des dents de la roue et des fuseaux de la lanterne, on voit que le mouvement est accéléré dans le rapport de un à quatre. Un des axes horizontaux porte latéralement deux tringles parallèles sous l'une desquelles glisse, dans tout l'espace que doivent parcourir les forces, suivant la largeur du drap, le bout inférieur recourbé de la tringle verticale. Ce crochet étant arrivé, échappe; alors les forces cessent de battre, bien que le moteur continue son mouvement. Un chariot roule, le plus juste possible, dans une rainure; son mouvement est facilité par les galets placés en dessous et sur les côtés. La corde qui, au moyen d'un poids, tire le chariot, est placée dans une poulie, à l'extrémité de la rainure. Un tasseau en bois est fixé à queue d'aronde perpendiculairement sur le chariot; il porte à ses deux extrémités des fourchettes en fer, dans lesquelles la branche inférieure des forces est placée. Une des fourchettes, l'extérieure, est garnie d'une vis de pression, qui sert à régler le frottement des forces sur le drap, concurremment avec un poids. Un levier et une vis font déverser plus ou moins les forces, c'est-à-dire qu'il les fait tondre plus ou moins ras; le levier est fixé sur la branche inférieure des forces, et la vis appuie sur le chariot. Un crochet en fer permet aux deux branches des forces de s'ouvrir, et les empêche néanmoins de décroiser tout à fait. Un arc-boutant en fer est fixé verticalement dans le chariot, et conduit le bout inférieur de la tringle verticale, à mesure que le mouvement progressif des forces a lieu. C'est

sur une table rembourrée que le drap est étendu successivement, et qu'il y est maintenu, d'un côté, par des vis de rappel; la table étant supportée par quatre vis de bois, on la monte et on la descend suivant le besoin.

Des tenons sont disposés pour recevoir le bâti d'une seconde machine, et successivement plusieurs autres. Le mouvement de toutes ces machines est porté sur une tringle horizontale en bois, soit qu'on les porte d'un côté soit qu'on les porte d'un autre. On a soin, toutefois, que le moteur se trouve au milieu, parce que alors les forces de droite s'ouvrent pendant que celles de gauche se ferment, et il s'ensuit une espèce de compensation qui contribue à régulariser le mouvement. Le jeu progressif des *forces*, pour parcourir l'espace compris entre les lisières du drap, est terminé par un poids qu'on augmente et qu'on diminue à volonté; le battement même des forces contribue à les faire avancer. Deux hommes, dont l'un pour tourner la roue motrice, et l'autre pour veiller aux machines et changer les draps à mesure qu'ils sont travaillés, suffisent pour mettre en activité huit machines semblables. Il est nécessaire que toutes les pièces qu'on tond en même temps soient de la même largeur, afin que, terminées dans le même espace de temps, les machines s'arrêtent l'une après l'autre toujours dans le même ordre, ce qui facilite le travail de l'homme chargé de leur direction. Au lieu d'un homme pour tourner la roue, on peut employer un manège ou un moteur quelconque; le travail en est plus régulier et plus économique.

Depuis l'invention, le poids n'ayant pas paru aux auteurs donner aux *forces* un mouvement progressif, uniforme, ils l'ont remplacé par un mécanisme dont l'effet est plus régulier, et pour lequel un *certificat de perfectionnement* leur a été délivré. (*Brevets publiés* tom. III, page 36.)

Perfectionnement. — *MM. Leblanc-Paroissien, de Reims.* — 1806. — Il a été accordé à l'auteur un *brevet de perfectionnement de cinq ans* pour une machine à tondre les draps. Cette machine est composée : 1° d'un axe garni de deux tringles, auquel le moteur communique un mouvement d'oscillation dont on règle l'étendue au moyen d'un levier traversant perpendiculairement cet axe, et arrêté sur ce dernier par deux écrous; 2° d'une autre tringle qui porte le mouvement oscillateur aux forces, et qui les suit dans leur mouvement progressif le long de la première tringle; 3° d'un mécanisme qui fait agir les forces; 4° des branches des deux ciseaux des forces. La première est maintenue invariablement dans une bride de fer qui fait partie du chariot; 5° d'un chariot qui se meut sur une barre de bois, et entre deux règles parallèles, fixées sur les côtés de cette barre. Ce mouvement est facilité par des galets en cuivre que porte le chariot, en dessous et sur ses côtés; 6° du poids qui ramène le chariot et par conséquent les forces à leur point de départ, aussitôt qu'elles sont parvenues auprès de la lisière ; 7° du poids qui facilite le mouvement progressif des forces sur le drap ; 8° des leviers au moyen desquels l'échappement se fait pour obliger les forces à rétrograder. Lorsque celles-ci sont parvenues au terme de leur course, la seconde tringle, dont le bout *inférieur* a la forme d'un crochet, abandonne la première et se trouve sous le bras de l'un des leviers ; elle se soulève, parce qu'alors le ressort des forces reprend toute son élasticité ; un autre levier, assujetti par un fil de fer au mouvement des leviers, lâche la corde qui soutient le poids qui ramène le chariot, et celui-ci, plus pesant que le poids qui facilite le mouvement progressif des forces, ramène le chariot à sa première position ; 9° une vis sert à mettre les forces dans la position la plus convenable pour les faire couper plus ou moins ras. (*Brevet publié*, 1818, tome II, page 256, planche 59.)

M. Place, de Louviers. — 1810. — L'auteur a obtenu un brevet d'invention de cinq ans pour un mécanisme propre à faire agir, par un mouvement de rotation continu, les forces des machines à tondre les draps. Ce mécanisme se compose : 1° d'une force ; 2° d'une romaine de pression qui donne lieu au chariot de ne pas être retenu plus à une place qu'à une autre ; 3° d'une billette qui met la force plus ou moins en laine sur le drap ; 4° d'un maillet en bois pareil à ceux dont on se sert à la main ; 5° d'une poulie adaptée au chariot, et qui donne le mouvement au maillet, qui fait agir la force ; 6° d'un support au bout du bâti de la machine, portant deux vis pour régler cette dernière ; 7° de deux roues en cuivre de cent quatorze dents ; 8° de deux pignons en cuivre de douze dents ; 9° d'un pignon de onze dents pour commander la chaîne de Vaucanson, qui donne la tirée à la force ; 10° d'un chariot qui porte la force. Ce chariot est posé et glisse sur une pièce latérale du bâti de la machine, et dont le dessus est taillé en angle saillant, afin d'empêcher la malpropreté d'y séjourner ; 11° d'un poids servant de pression à la force ; 12° d'une barre de fer qui s'adapte sur la force, en façon de sergent, pour y recevoir le mécanisme qui fait agir cette force ; 13° de poulies qui mettent le mécanisme en mouvement ou qui l'arrêtent ; 14° d'une poulie qui commande la poulie n° 5, et qui donne le mouvement au maillet n° 4 ; 15° d'une boîte où se trouve renfermé le mécanisme. La poulie n° 14, venant à tourner par un moteur quelconque, fait circuler la corde sans fin qui enveloppe cette poulie et celle n° 5 ; et cette dernière donne à son tour le mouvement à la force, par le moyen d'un mentonnet placé excentriquement sur le côté de cette poulie ; le mouvement progressif de la force le long de la table à tondre est donné en même temps que le pignon n° 9, dont la vitesse est donnée par les roues d'engrenage n° 7, et les pignons n° 8. (*Brevet non publié.*)

Observations nouvelles.— LA SOCIÉTÉ D'ENCOURAGEMENT.—Les machines à tondre ont le double avantage d'économiser la main-d'œuvre et de produire un travail plus régulier que celui qu'on obtient par le secours des bras. Ces machines épargnent les quatre cinquièmes de la force qu'exige le travail à la main. La première mécanique de cette espèce fut construite, il y a vingt ans (1811), par M. Delarches, d'Amiens. Quoique cette machine fût imparfaite et ne pût servir qu'aux étoffes de laine communes, la Société d'encouragement accorda, en l'an XI, a cet artiste, une prime de 600 francs. D'un autre côté, M. Wathier, après beaucoup d'essais et de peines, parvint à construire des machines à tondre le drap pour le compte de M. Ternaux. MM. Leblanc-Paroissien de Reims, et Place, de la même ville, sont parvenus depuis à faire de bonnes machines à tondre. En l'an XI, M. Douglas prit un *brevet d'invention* pour les mêmes machines ; mais c'est surtout à l'exemple et à la persévérance de MM. Ternaux frères que l'on doit le succès maintenant bien constaté de cette innovation. Nous avons aujourd'hui en France plus de quinze cents machines à tondre le drap ; cependant ces mêmes machines sont encore susceptibles de perfectionnement : celles à petite force remplissent parfaitement leur objet ; mais elles ne font point assez d'ouvrage ; celles à grande force, d'un mètre, par exemple, dont on a essayé l'usage, manquent de précision ; elles ne tondent pas également assez près. Cette imperfection tient à la forme et à la courbure des forces, qu'on a besoin de combiner avec plus d'exactitude. (*Société d'encouragement*, 1810, bulletin 14, page 114 ; et *Moniteur*, 1811, page 18.)

Invention. — M. *Mazeline.* — 1813. — La machine à tondre pour laquelle l'auteur a obtenu un *brevet d'invention pour cinq ans*, se compose : 1° d'une poulie qui reçoit la bande de cuir servant à mouvoir toute la machine, soit par un mouvement hydraulique, soit par un manége ; 2° d'une poulie de décliquetage qui s'encliquette ou se décliquette d'avec la poulie ci-dessus, au moyen des dents de loup qui sont fixées contre ces poulies et intérieurement ; 3° d'une douille en cuivre fixée contre la partie extérieure de la deuxième poulie, servant à faire décliqueter ; 4° d'une corde qui prend son action de la seconde poulie, et qui la transmet aux deux poulies suivantes ; 5° d'une poulie fixée au bout de la vis sans fin ci-dessus décrite et servant à la faire tourner ; 6° d'une autre poulie servant au renvoi et à tendre la corde décrite sous le n° 4 ; 7° de deux supports en fer dans lesquels agit l'ancre de décliquetage ; 8° d'une ancre servant à faire décliqueter la poulie n° 2, par la levée de l'équerre décrite sous le n° 40, 9° de deux leviers ou bascules en bois, de dix-huit lignes d'épaisseur et cinq pouces de large. Sur chacune de ces bascules est placée une bande de fer dont une à plat, l'autre sur champ, et sur lesquelles roulent les roues du chariot n° 21.

Ces leviers servent à soulever d'environ cinq degrés et d'un seul bout la force ou ciseaux à tondre, qui, décrivant alors un plan incliné, s'en retournent seuls au bout de la table, et procurent une économie de temps dans le travail ; 10° de deux arbres en fer servant au décliquetage et à l'enlèvement de la force. Celui de gauche porte au bout une équerre, se croche dans le mentonnet n° 44, au milieu, et soutient un levier en fer servant à enlever le poids et à faire recliqueter toute la machine. L'arbre du bout de droite porte d'un bout l'équerre n° 41, et de l'autre une pièce droite dans la forme de la branche de l'équerre, qui fait son effet vers la ligne horizontale ; 11° de quatre coussinets en cuivre, dans lesquels agissent les arbres ci-dessus ; 12° d'une branche de fer servant à recliqueter les équerres n° 40 et 41 ; 13° de leviers ou bascules de fer ; 14° de poids d'environ trente kilogrammes, servant à enlever les bascules n° 9 et la force n° 23 ; 15° d'un boulon qui est fixé dans la bâtisse n° 35, et servant à supporter les bouts des leviers n° 9 ; 16° de roues en cuivre partant du chariot n° 21 ; 17° d'une roue aussi en cuivre, qui est fixée sur l'axe d'une autre roue du même métal, placée dans l'intérieur de la boîte ou chariot, et qui sert à le faire avancer, en engrenant dans la chaîne décrite n° 38 ; 18° de deux poulies montées sur une coulisse en fer servant à tenir la chaîne sous les roues de dessus ; 19° d'une vis sans fin portant d'un bout une poulie ; cette vis engrène dans une roue en cuivre qui à quarante dents ; à l'autre bout de cette vis est une nille qui sert à donner le mouvement à la force par le moyen d'un cuir qui communique au maillet du culot ; 20° d'une pièce en fer tournée placée à coulisse dans la nille de la vis sans fin ; 21° d'un chariot, en forme de boîte, portant la force et tout ce qui la fait agir ; 22° d'une plaque de fer trouée et passant dans la vis n° 48 ; 23° d'une force, de quelque dimension qu'elle se trouve ; 24° d'une poulie en fer fondu servant à presser la force contre le drap ; 25° d'une petite pièce en forme de boucle d'un bout, à vis et écrou de l'autre, servant à retenir la courroie n° 34 ; 26° d'une pièce en fer s'appliquant sur la semelle de la force et retenue par le ressort n° 27. Cette semelle a d'un bout la même force que la pièce de fer n° 26, et est fixée par trois boulons à écrous à la même pièce d'un ressort, portant au bout vers le chariot une vis qui sert à lever ou à descendre sur le drap le tranchant de la semelle de la force ; 28° d'une vis taraudée dans le ressort ci-dessus, portée d'un bout sur le chariot ; 29° d'un mentonnet servant à clancher l'arbre de la roue n° 17 et à faire déclancher le mentonnet n° 44 en poussant la pièce de fer n° 31 à son arrivée au bout de la table ; 30° d'un arbre en fer portant les poulies n°s 1 et 2 ; 31° d'une pièce à charnière servant à faire décliqueter le mentonnet n° 44 ; 32° d'une pièce en fer en coulisse servant à porter la poulie n° 6 ; 33° d'un maillet ou culot en bois, fait de la même manière que ceux usités, excepté que

le manche est percé ; 34° d'une courroie en cuir communiquant de la nille de la vis sans fin au maillet ci-dessus ; 35° d'un bâti en bois, de quatre pouces sur cinq ; 36° d'une table rembourrée semblable à celles dont on se sert ordinairement ; 37° d'une pièce en fer fixée sur le semelle de la force par un boulon et ayant une roue de cuivre n° 16 ; 38° d'une chaîne de Vaucanson, fixée par les deux bouts aux équerres ci-dessus ; 39° d'une équerre fixée sur la bascule n° 9 et à laquelle est rattachée la chaîne ci-dessus ; 40° d'une autre équerre fixée à un bout de l'arbre n° 10, et qui se clanche dans le mentonnet n° 44 ; 41° d'une troisième équerre fixée à un autre bout de l'arbre n° 10, servant à lever les bascules n° 9, et aidé de la pièce ci-dessous ; 42° d'une pièce à charnière fixée à l'équerre ci-dessus, et servant à lever les bascules n° 9 ; 43° d'une pièce de fer à charnière communiquant de l'équerre n° 40 à celle n° 41 ; 44° d'un mentonnet servant à retenir et suspendre le poids n° 14 et à retenir croché et en activité toute la machine ; 45° d'un ressort en acier servant à tenir croché sur l'équerre n° 40 le mentonnet n° 44 et à ramener la pièce de décliquetage n° 31 ; 46° d'un fil de fer communiquant de la pièce n° 31 au mentonnet n° 44, et servant à faire décliqueter le chariot au bout de sa course ; 47° d'un coussinet partie en bois ordinaire et partie en buis ; ces deux parties tournent l'une dans l'autre et tendent à donner à la force le même jeu que lui donnerait la main ; 48° enfin, d'une pièce de fer fixée au chariot par des vis et des écrous en cuivre et servant à serrer le coussinet n° 47.

(Machines à fabriquer les draps.) — Invention. — MM. Renaud et Ford. — An V. — La première machine pour laquelle les auteurs ont obtenu un *brevet de dix ans*, et qu'ils nomment *diable*, est destinée à casser et à briser la laine ou matière première, et à la préparer en plumage pour la seconde opération. Ce *diable* est un cadre de cinq à six pieds de long, auquel est adapté un cylindre de cuivre de deux pieds de diamètre et de deux pieds six pouces de largeur, garni de dents d'acier de six lignes de longueur, et placées à six lignes de distance les unes des autres. Ce cylindre tourne dans une caisse circulaire ayant au-dessus un petit cylindre de sept pouces de diamètre, auquel est ajusté un éventail agissant avec la plus grande vélocité, et destiné, par son effet, à pousser hors d'œuvre les bourriers et autres malpropretés qui sont reçus à travers un grillage de fer. Dans la façade de cette caisse est une ouverture par laquelle sort la laine ainsi préparée ; l'autre partie du cadre a deux rouleaux nourrisseurs garnis de dents ; elle a ensuite deux autres rouleaux revêtus d'une étoffe qui reçoit la laine par les mains d'un enfant, va la porter aux nourrisseurs, et de là aux cylindres. Cette méthode, suivant les auteurs, est excellente pour mélanger les laines de différentes couleurs ; on peut, suivant eux aussi, par ce procédé, travailler quatre cents livres de

belle laine par jour. La seconde machine se nomme *cusseuse* et *cardeuse* ; elle est destinée à perfectionner le cardage et à étendre la laine de la largeur du drap, avec une exacte égalité, sur un cadre disposé pour cela, lequel a douze pieds de long et six de large, et auquel sont adaptés deux maîtres cylindres, deux cylindres volants, et deux cylindres déchargeants ou délivrants, qui fournissent à une troisième machine que l'on nomme *cardeuse* ou *rausasseuse*. Cette mécanique a un maître cylindre, un cylindre travailleur, un nettoyant, un volant, et un délivreur ou déchargeur. La pièce se monte par elle-même autour d'un demi-cadre de quinze verges de long pour former une pièce de drap de trente verges, par une étoffe adaptée à deux cylindres, et tournant continuellement. Cette machine est alimentée par un enfant. La substance est très-également réunie par le jeu de la machine, et portée alors sur la table de trente verges de long, ou de la longueur et de la largeur de la même pièce de drap. La mécanique, appelée *formeuse de chaîne ou canevas*, a un cadre de six pieds de long, et de la largeur du drap ; elle est construite d'un assortiment de rouleaux couvrant la moitié de ce cadre, placés près les uns des autres, une moitié dessus et l'autre dessous, et au nombre de soixante pour les deux assortiments ; de manière que la laine étant passée entre eux, ces rouleaux agissent par un mouvement rétrograde. En face de ces mêmes rouleaux est une plaque de cuivre de la même longueur que ces derniers, et de six pouces d'épaisseur ; elle est garnie de dents d'acier d'un pied de long, placées horizontalement à la distance de six lignes l'une de l'autre, et en demi-carré ; ces dents correspondent avec les rouleaux dont il vient d'être question.

Le résultat que l'on obtient de cette machine est le cardage de la laine, et sa réunion dans toute son étendue. En face des longues dents d'acier est une large pince en fer, dont la partie supérieure est convexe et la partie inférieure concave. Elle s'ouvre et se ferme perpétuellement par un mouvement uniforme, tirant la laine des longues dents, et la donnant à deux rouleaux de fer, qui la conduisent à deux autres rouleaux aussi en fer ; ceux-ci, par leur mouvement, parviennent à donner à la laine toute sa longueur. Cette opération est en même temps perfectionnée par d'autres petits rouleaux qui agissent avec plus de rapidité que les grands. La laine est alors dans le même état que lorsque les tisserands la canevassent à leur métier. Cette laine ainsi préparée est portée sur la table de trente verges de long, et placée sur la première couche pour former la chaîne du drap ; cela étant fait, une autre pièce de laine préparée par la machine *chaîneuse* est réunie aux autres couches pour former le tissu. A cette troisième opération succède une quatrième pour la confection de l'étoffe, fournie par la machine *piéceuse*.

C'est alors qu'on fait usage d'une préparation chimique contenue dans un arrosoir pareil à ceux avec lesquels on arrose les jardins, et dont on arrose la pièce de drap, qui est en même temps placée sur un rouleau pour la mettre dans un état à pouvoir la manier ; on la met ensuite au métier ou à la machine *tisseuse*, comme il suit : cette machine a en face une paire de rouleaux flûtés, qui, par leur jeu, tirent la pièce préparée pour la faire passer à une autre paire de rouleaux placés à six pouces des premiers, pendant que deux rateliers, composés de dents d'acier, consolident, par leur mouvement le tissage du canevas, au point qu'un simple brin de laine est aussi régulièrement uni entre la chaîne et le tissu que sur la surface ; et par la vapeur de la préparation chimique, mise à un certain degré de chaleur, on obtient le drap dans une humidité convenable. Ce tissage est beaucoup plus fin et considérablement plus fort que celui des draps fabriqués par la manière usitée. L'étoffe passe ensuite dans une troisième paire de rouleaux qui agissent soixante fois par minute. La pièce de drap ainsi travaillée subit plusieurs fois la même opération, et est jetée ensuite dans un bassin rempli d'une préparation chimique assez semblable à la première. Les auteurs ont fait un secret de ces deux préparations. Une broche, dont la longueur est égale à celle de la largeur du drap, et construite différemment qu'aucune broche pour tout autre usage, est placée et mue horizontalement, au point que son mouvement est de soixante coups par minute. Cette broche porte le drap entre deux rouleaux, et sur une planche de cuivre de la largeur de l'étoffe, qui est alors portée dans un moulin à foulon, pour être nettoyée. Ce même drap est mis ensuite dans un moulin à nappe ou à poil, qui est construit verticalement avec un cylindre couvert de chardons, travaillant dans l'eau pour faire ressortir la nappe ou poil de drap, ainsi qu'il est pratiqué à bras dans les autres manufactures. Cette machine fait son opération sur toute la longueur de la pièce de drap de trente verges dans trente minutes. Cette pièce est mise ensuite dans les champs, pour être tendue et séchée ; puis on la porte, lorsqu'elle est sèche, dans une machine verticale faite avec un grand cylindre garni de soies de cochon, et avec deux rouleaux, dont l'axe est revêtu de la pièce de drap, et l'autre destiné à la recevoir, pendant que le cylindre couvert de soies de cochon la travaille. Chaque bout de cette pièce est attaché aux deux rouleaux, et par le moyen d'une très-petite quantité d'huile, on donne le lustre au drap avant qu'il soit soumis à la presse ; après cela on le fait passer à travers deux broches flûtées pour en ôter toute la crasse et la poussière qui peut s'y être introduite, et pour le rendre parfaitement poli et propre. (*Brevets non publiés.*)

Perfectionnement. — **M. Vigneron.** — **1812.** — L'auteur a perfectionné le métier à tisser les draps, pour lequel M. Despeau avait obtenu un *brevet d'invention ;* et, successeur de ses droits, il livre maintenant au commerce, à 20 francs, ce qui primitivement en coûtait 60. Ce mécanisme consiste en deux ressorts en cordes tordues et tendues autour d'une espèce de moyeu en bois, qui, par un échappement que produit le va-et-vient du battant, lancent la navette alternativement, sans secousse et avec précision. Par ce moyen l'ouvrier, dispensé de lancer la navette avec ses bras, peut les employer à faire agir son battant; il peut le maintenir parallèlement à la largeur du tissu, et l'employer toute sa force pour frapper et serrer la trame de sa toile. Non-seulement les manufacturiers qui se sont servis de ces métiers ont transmis les rapports les plus avantageux, mais encore la Société d'encouragement a nommé des membres pour en examiner le jeu. Il est resté pour constant que l'ouvrier, sur l'ancien métier, ne passait que vingt-huit fois la navette par minute, sur le nouveau il peut la passer quarante-trois fois. Dans l'ancien métier, la résistance des marches pour fouler et ouvrir la chaîne est de vingt-sept kilogrammes; celle du nouveau n'est que de vingt-cinq. Cette différence, à l'avantage du nouveau métier, vient de ce que les marches de celui-ci sont de huit pouces plus longues. Enfin, dans l'ancien métier, l'ouvrier éprouvait beaucoup de fatigue pour passer la navette, la renvoyer, etc., tandis que, dans le nouveau, tous ces mouvements n'ayant pas lieu, l'ouvrier doit nécessairement travailler avec moins de peine. La Société d'encouragement a, en conséquence, donné son approbation au nouveau métier. (*Bulletin de la Société d'encouragement,* novembre 1812, pag. 212. *Conservatoire des arts et métiers,* galerie des échantillons, modèle, n° 276.)

Inventions. — M. Demaurey. — 1815. — La première machine de l'auteur est relative au dégraissage et dégorgeage des draps, qu'on laisse, lorsqu'ils arrivent au moulin, tremper plusieurs jours dans le courant de la rivière, qu'on arrose ensuite de terre à foulon bien délayée, et qu'on bat dans la pile pendant plusieurs heures et à plusieurs reprises. Un cylindre en bois dur est garni de grosses cannelures; et, ce qui a été jugé nuisible à la toile de lin ou de coton, comme effiloquant les fibres de l'étoffe, devient une perfection pour le drap. On peut passer et repasser à cette machine plusieurs pièces de drap cousues bout à bout, ou réunies en toile sans fin. Cette machine, simple dans sa construction est susceptible de toute la vitesse désirable; elle sera jugée plus expéditive que les maillets dont on fait ordinairement usage. Lorsque cette opération est terminée, on procède à celle du foulage. Le procédé employé jusqu'à ce jour se rattache aux pilons et aux maillets; ils agissent par percussion; mais en raison des frottements, une partie de la puissance motrice est paralysée. Dans sa construction, M. Demaurey conserve la forme des piles et celle des maillets, mais il ne les fait agir que par

pression en foulant sur l'étoffe, moyen qui se rapproche de la méthode des chapeliers pour former leur feutre. Dans cette machine, la pesanteur des maillets n'influe en rien sur la puissance, puisqu'ils sont en équilibre; les frottements sont beaucoup moins considérables que ceux que produisent les alluchons des machines actuelles. Ainsi, l'on pourra, dans les usines existantes, multiplier les piles, et fouler beaucoup plus de drap à la fois; les coups étant plus répétés, le drap s'échauffera plus promptement, et l'opération du foulage sera plus accélérée. Chaque paire de piles ne pouvant être mise en mouvement sans une courroie, et une poulie adaptée à l'axe du volant, il sera bon que cette poulie ait plusieurs gorges pour retarder ou augmenter au besoin la vitesse des maillets, sans nuire à celle des autres pièces. (*Société d'encouragement,* 1815, p. 31, pl. 119, fig. 1 et 2.)

Fabriques et manufactures. — M. Chanvrier, membre correspondant de l'institut. — An VII. — Les laines, soit de race pure, soit de races améliorées, n'étaient employées, dans nos manufactures, qu'aux bonneteries de Ségovie, et à faire des draps de deuxième qualité réputés tels, parce que, disait-on, ils ne pouvaient être teints en laine. M. Chanvrier a envoyé des toisons de Croissy à MM. Leroy et Rouy, de Sedan, qui en fabriquèrent un superbe drap bleu teint en laine; ce drap égale ceux que l'on fabrique avec les plus belles laines qui arrivent d'Espagne. Un échantillon de ce drap a été déposé à l'Institut, et constate que la partialité seule a pu pendant longtemps priver nos laines de races pures ou croisées d'être comparées à celles ditos d'Espagne. (*Mémoires de l'Institut* an VII, tom. II, page 484.)

Perfectionnement — MM. Ternaux — An IX. — La fabrication de ces manufacturiers distingués est l'objet d'un grand commerce; elle est variée depuis les espèces les plus communes jusqu'aux plus fines. MM. Ternaux ont obtenu une *médaille d'or* pour les draps superfins très-beaux qu'ils ont exposés. Ils sont chefs de quatre établissements considérables, où ils entretiennent de quatre à cinq mille ouvriers. (*Moniteur,* an X, page 4. *Livre d'honneur,* page 421.)

M. *Decretot, de Louviers.* — La manufacture de M. Decretot est avantageusement connue dans le commerce; on y fabrique des draps faits avec de la laine du troupeau de Rambouillet, des draps de laine française améliorée par l'alliance des mérinos avec les races indigènes, et un drap très-précieux de pinne marine. Il a été décerné à ce fabricant une *médaille d'or* par le jury de l'exposition. (*Moniteur,* an X, page 4. *Livre d'honneur,* page 115.)

M. *Lefèvre, de Paris.* — Il a été décerné à M. Lefèvre une *médaille d'argent* par le jury, pour avoir fait fabriquer le bon drap moyen par les aveugles des Quinze-Vingts, et pour avoir fait filer par les mêmes de la laine au n° 25, filature qui a été trouvée très-bonne et très-égale. (*Moniteur*, an X. *Livre d'honneur*, page 267.)

MM. *Delance, de Louviers* (Eure). Médaille d'argent pour exposition de draps superfins de la plus grande beauté qui ont concouru pour la médaille d'or. (*Moniteur*, an X, page 5. *Livre d'honneur*, page 124.)

M. *Grandin l'aîné, d'Elbeuf* (Seine-Inférieure). Médaille de bronze pour avoir exposé des draps qui soutiennent la réputation de sa fabrique. (*Moniteur*, an X, page 5. *Livre d'honneur*, page 208.)

MM. *Martel et fils, de Bédarieux* (Hérault). — *Mention honorable* pour leur exposition de draps bien fabriqués et propres à l'habillement des troupes. (*Livre d'honneur*, page 296.)

MM. *J. N. F. Lefèvre, Flavegny et fils, d'Elbeuf*. — Mention honorable pour avoir fabriqué des draps avec la laine de mérinos provenant d'un troupeau formé dans leur département. (*Moniteur*, an X, page 44. *Livre d'honneur*, page 174.)

MM. *Ternaux frères*. -- An X. — Ces fabricants ont exposé des draps de la plus grande beauté; on a surtout remarqué deux pièces de draps de Vigogne, d'un très-grand effet, l'une en couleur naturelle, et l'autre teintée en brun; leur fabrication de Sedan n'est pas moins remarquable; il est difficile de voir des draps noirs et blancs mieux exécutés que ceux qu'ils ont présentés à l'exposition. Le jury a pensé que les travaux de MM. Ternaux méritaient les *plus grands éloges*, et a déclaré que tous leurs produits étaient encore plus parfaits que ceux qui, en l'an XI, leur ont valu la médaille d'or. (*Rapport du jury*, 2 vend. an XI. *Livre d'honneur*, page 422.)

MM. *Pascal Jacques Thoron et compagnie, de Montolieu, près Carcassonne*. — Ces manufacturiers ont produit des draps destinés au commerce du Levant, et leur bonne fabrication, propre à agrandir nos relations dans ces contrées, a fixé l'opinion du jury, qui leur a décerné une *médaille d'argent*. (*Rapport du jury*, du 2 vend. an XI. *Livre d'honneur*, page 335.)

M. *Guibal jeune, de Castres* (Tarn). — Ce fabricant a exposé un assortiment d'étoffes de laine très-varié, du prix de deux à dix-huit francs le mètre, d'une fabrication extrêmement soignée, et appropriées à la classe moyenne et ouvrière. Il a obtenu une *médaille d'argent*. (*Rapport du jury*, du 2 vend. an XI. *Livre d'honneur*, page 215.)

Madame veuve de Racicourt, MM. Jobert Lucas et compagnie, de Reims, médaille d'argent en commun avec MM. Hennus et P. M. *Frontin, de Louviers* pour la fabrication d'une espèce de drap dit duvet de cygne. (*Moniteur*, 1806, page 1383. *Livre d'honneur*, page 367.)

M. *Grandin l'aîné, d'Elbeuf*. Les draps que ce fabricant a exposés sont de la plus belle qualité; le jury lui a décerné une *médaille d'argent*. (*Rapport du jury* du 2 vend. an XI. *Livre d'honneur*, page 208.)

M. *Morez, de Prades* (Pyrénées-Orientales). — La fabrication de ce manufacturier est bonne et établie à des prix modérés. Il lui a été décerné une *médaille de bronze* (*Rapport du jury*, 2 vend. an XI. *Livre d'honneur*, page 319.)

MM. *Martel et fils, de Bédarieux* (Hérault), et *Vialètes, de Montauban*. -- Les draps de ces fabricants, dans les moyennes qualités, ont paru bien fabriqués au jury, qui leur a décerné une *médaille de bronze*. (*Rapport du jury*, 2 vendémiaire an XI. *Livre d'honneur*, page 296.)

MM. *Lefèvre, Flavigny et fils, d'Elbeuf*. — Ces fabricants, mentionnés honorablement à l'exposition de l'an XI, ont envoyé deux coupons de drap bleu; un de pure laine du troupeau de Rambouillet, qui a donné un résultat aussi beau que la laine d'Espagne, l'autre, fabriqué avec de la laine de métis. Il leur a été décerné une *médaille de bronze en commun*. (*Rapport du jury*, du 2 vendémiaire an XI. *Livre d'honneur*, p. 267.)

MM. *Peton père et fils, de Louviers*. -- Les pièces de drap qu'ils ont présentées sont de la plus belle fabrication et d'un apprêt superbe : leur manufacture a fait des progrès; il existe dans leurs pièces une uniformité de perfection qui prouve une excellente administration de fabrique, et qui leur a valu *une mention honorable*. (*Rapport du jury*, 2 vendémiaire an XI. *Livre d'honneur*, page 347.)

M. *Pamard, de Desvres* (Pas-de-Calais). — Mention honorable pour ses gros draps en demi-largeur, qui sont d'une bonne fabrication. (*Rapport du jury*, 2 vendémiaire au XI. *Livre d'honneur*, page 334.)

M. *Decrétot, de Louviers*. — Ce fabricant auquel il a été décerné, l'an XI, une *médaille d'or* pour ses draps, a été *mentionné honorablement* pour l'exécution parfaite de ceux qu'il a exposés cette année. (*Rapport du jury*, 2 vendémiaire an XI. *Livre d'honneur*, page 115.)

. M. *Rochard, d'Abbeville* (Somme). — Mention honorable pour des calmouks dont la fabrication mérite des éloges. (*Rapport du jury*, 2 vendémiaire an XI. *Livre d'honneur*, page 380.)

MM. *Labranche et Tison, représentant les fabricants de Lodève* (Hérault). Mention honorable pour des pièces de draps propres à l'habillement des troupes, dont les qualités ont été trouvées très-bonnes. (*Rapport du jury*, 2 vendémiaire, an XI. *Livre d'honneur*, page 233).

MM. *Pélisson, de Poitiers, et Verny, d'Aubenas* (Ardèche).—*Mention honorable*, pour avoir fabriqué des draps moyens de bonne qualité pour la consommation de la classe peu aisée et l'habillement des troupes. (*Rapport du jury*, 2 vend. an XI. *Livre d'honneur*, page 448.)

Quinze-Vingts (Ateliers des). — *Mention honorable* pour les draps moyens que M. *Vincent*, directeur de ces ateliers, a présentés à l'exposition; le jury en a trouvé la fabrication soignée. (*Livre d'honneur*, page 364.)

Liège (Maison de force de). — Citation au rapport du jury pour les draps calmouks fabriqués dans cette maison ; ces étoffes étaient de bonne qualité. (*Livre d'honneur*, page 470.)

M. Aubry de la Noé, de Caen. — An XI. — La Société d'agriculture et de commerce de cette ville *a mentionné honorablement* ce manufacturier pour les *perfectionnements* qu'il a apportés dans la fabrication de ses draps et calmouks (*Moniteur*, an XII, page 196.)

M. Samuel Paysant — La même société a *mentionné honorablement* ce manufacturier pour les *perfectionnements* qu'il a apportés dans la fabrication de ses draps et calmouks. (*Moniteur*, an XII, page 196.)

Importation. — MM***. — An XII. — Le principal ingrédient pour teindre le drap en noir par la méthode hollandaise, dont M*** est l'importateur, est une espèce d'oseille qui croît dans les prés et pâturages. On commence à savonner et laver l'étoffe, on fait bouillir dans la chaudière une assez grande quantité d'oseille commune, pour rendre la décoction acide ; plus elle le devient, plus la couleur est belle et solide ; l'on peut même retirer l'oseille déjà bouillie et y en substituer de nouvelle. On passe ensuite la liqueur au tamis, on y plonge le fil ou le drap, qui doit y bouillir pendant deux heures, en remuant souvent. S'il se trouve des bas parmi les pièces à teindre, il est bon de les retourner à l'envers, après qu'ils sont restés pendant une heure ou deux dans le bain bouillant. On retire toutes les étoffes au bout de deux heures, on les place dans des auges, on lave la chaudière et l'on y remet de l'eau, avec une demi-livre de râpures de bois de Campêche par livre de fil, de laine ou d'étoffes sèches. Lorsque ce nouveau bain a légèrement bouilli près de quatre heures, on y plonge les draps ou les écheveaux bien tordus, et on entretient au même degré cette douce ébullition ; s'il y a des bas, on les retourne deux heures après. Ce bain doit être, comme le premier, assez abondant pour qu'on puisse y remuer facilement l'étoffe, que l'on ôte au bout de quatre heures ; alors on verse un gallon de vieille urine par livre de laine, dans la liqueur bouillante, préliminairement retirée du feu, en ayant l'attention de bien remuer. Quand ce mélange est refroidi, l'on y trempe pendant douze heures les écheveaux ou l'étoffe, on couvre le tout avec soin, puis on fait sécher à l'ombre ; on peut ensuite laver à l'eau froide pour dissiper l'odeur qu'ils peuvent encore retenir. (*Société d'encouragement*, an XII, 4e bulletin, page 66.)

M. Laporte. — La *Société d'agriculture et le commerce de Caen* a mentionné honorablement ce fabricant pour des droguets sortant de sa manufacture. (*Monit.*, an XII, p. 196.)

Invention. — MM. *Ternaux*. — An XII. — Les draps, façon de vigogne, se fabriquent en laine de Roussillon de première qualité ; pour rendre les brins de cette laine plats, on l'allonge sous les cylindres, ce qui lui donne le brillant et la douceur de la vi-

gogne. MM. *Ternaux* ont imaginé d'ajouter à cet apprêt, par immersion, de la gomme arabique préparée avant cette opération, qui ne réussirait pas si l'on n'avait la précaution de laisser, lors de la tonte, le poil plus élevé que sur les draps ordinaires, sauf qu'à la longue ils peluchent un peu, comme la vigogne véritable. (*Description des brevets d'invention dont la durée est expirée en 1820*, tome III, page 130. — 1806.)

Les draps superfins, fabriqués par MM. *Ternaux*, sont de leurs diverses manufactures, vont de pair avec ce qu'il y a de plus estimé dans ce commerce. Leurs vigognes ont été trouvées d'une qualité supérieure. Au mérite de fabriquer parfaitement les étoffes connues, MM. *Ternaux* joignent celui d'en avoir composé de nouvelles, soit d'après l'exemple des étrangers, soit d'après leurs propres combinaisons. C'est ainsi qu'ils ont supplanté les fabricants anglais pour l'étoffe appelée *duvet de cygne*. Leurs *sati-draps* et *sati-vigognes* sont doux, légers et d'un effet agréable. Ces manufacturiers, qui font à l'extérieur un commerce très-étendu, et qui emploient dans l'intérieur plusieurs milliers d'ouvriers, sont, sous tous les rapports, dignes des distinctions qu'ils ont obtenues aux expositions précédentes. (*Moniteur*, 1806, page 1382. *Livre d'honneur*, page 423.) *Voyez* DUVET DE CYGNE, SATI-DRAP et SATI-VIGOGNE.

M. Guibal jeune, de Castres (Tarn). — Ce fabricant obtint, en l'an X, une médaille d'argent pour un assortiment nombreux d'étoffes de laine, auxquelles on reconnut toute la perfection que comportent les étoffes de ce genre. La fabrication de celles exposées en 1806 était aussi soignée. Le jury a déclaré M. Guibal toujours digne de la distinction qui lui a été décernée. (*Moniteur*, 1806, page *Livre d'honneur*, page 213.)

M. Pamard, de Bourres (Pas-de-Calais). — Les draps pour lesquels ce manufacturier a obtenu une mention honorable en l'an X, continuent de mériter la même distinction. (*Moniteur*, 1806, p. 1383. *Livre d'honneur*, p. 334.)

Abbeville (Somme). — (Plusieurs manufacturiers d') *et des Andelys* (Eure). — Ces fabricants ont présenté des draps superfins et fins, qui auraient concouru pour les médailles, si le jury n'avait pas décidé qu'il n'en serait plus accordé à ceux qui en auraient obtenu précédemment pour le même objet. (*Liv. d'hon.*, p. 1 et 8.)

Sedan (Ardennes). — (Les fabriques de). — Les draps exposés par les fabriques de Sedan étaient capables de soutenir la comparaison avec ce que cette ville a fourni de plus parfait aux époques antérieures à 1789. Le jury a même reconnu que ces draps, si estimés pour la souplesse et l'agrément, ont encore acquis sous tous ces rapports. (*Liv. d'hon.*, p. 408.)

Mme veuve de Recicourt, MM. Jobert, Lucas et Cie, de Reims (Marne). — Ces manufacturiers, qui ont exposé en l'an X des draps dits *duvet de cygne*, dont la fabrication a fixé l'attention du jury, ont exposé en 1806 les mêmes produits, qui s'améliorent tous les jours et qui auraient valu une médaille d'argent de première classe à cette compagnie, si déjà elle. ne l'avait obtenue aux expositions précédentes. (*Moniteur*, 1806, p. 1385. *Livre d'hon.*, p. 367.)

MM Pélisson fils, de Poitiers, et Verny, d'Aubenas (Ardèche). — Ces fabricants, *mentionnés honorablement en l'an X*, ont mérité cette même distinction en 1806 pour les draps qui sont exposés, reconnus de bonne qualité, et propres, par la modicité de leur prix, à la consommation de la classe peu aisée et à l'habillement des troupes. (*Moniteur*, 1806, p. 1383. Livre d'hon., p. 340.)

MM. Martel et fils, de Bédarieux (Hérault). — Les draps moyens de la manufacture de M. Martel n'ayant pas dégénéré, ce fabricant a été déclaré toujours digne des distinctions qu'il a obtenues aux expositions précédentes. (*Moniteur*, 1806, p. 1383. *Livre d'hon*. p. 297.)

M. C. Rochard, d'Abbeville (Somme). — Les calmouks de ce manufacturier, mentionnés honorablement en l'an X, ont prouvé à l'exposition qu'il était toujours digne de sa réputation. (*Moniteur*, 1806, p. 1384, *Liv. d'honn.*, p. 380.)

M. Decrétot, de Louviers. — Les draps que ce fabricant a présentés à l'exposition répondent tout à fait par leur perfection à la haute idée que le public s'est depuis longtemps formée de sa manufacture, *le modèle de la draperie française.* (*Moniteur*, 1806, p. 1382. *Livre d'hon.*, p. 113.)

MM. Delarue et Lecamus, de Louviers, et Grandin, d'Elbeuf. — Ces fabricants, qui avaient obtenu des médailles d'argent de première classe aux précédentes expositions, ont exposé, en 1806, des draps parfaitement fabriqués, qui prouvent qu'ils ne cessent de faire des efforts pour se surpasser eux-mêmes et pour continuer de mériter la distinction qui leur a été accordée. (*Moniteur*, 1806, p. 1383. *Livre d'hon.*, p. 208.)

M. Flavigny, des Andelys (Eure).—Ce fabricant, qui occupe plus de trois cents ouvriers, a exposé des échantillons d'étoffes superfines en drap et ratine grande largeur. (*Livre d'hon.*, p. 8.)

Saint-Omer (Pas-de-Calais) (La fabrique de).—*Médaille de bronze* pour son exposition de gros draps, qui ont paru d'une bonne fabrication. (*Livre d'hon.*, p. 398.) — Les manufactures de *Lodève, Clermont, Saint-Chinian, Saint-Père, Bédarieux* (Hérault), *Chateauroux, Romorantin, Beschwillers, Beaulieu, les Loches, Pons-en-Rohans, Altindoff, Oberweset, Mayence* (Rhin et Moselle); *Erch, Witte,* et *Claireaux* (Forets). — Les draps exposés par ces fabriques ont paru au jury mériter une *mention honorable;* leur genre est propre à l'habillement des troupes. (*Moniteur*, 1806, p. 1385. *Livre d'honneur*, p. 29, 95, 287, 393, 398, 88, 385, 40, 26, 355, 457, 472, 471, 463, 477 et 460.)

Beauvais, Cormeilles, Hauvoise, Grandvilliers, Quesnoy, Tricot (Oise), *Mirepoix* et *Saint-Girons*' (Ariége) (les fabriques de). — *Mention honorable* pour les gros draps et draps moyens exposés par ces fabriques. (*Liv. d'honneur*, p. 28, 100, 142, 209, 311, 362, 393 et 436.)

M. Arnaud Pousset, de Loches (Indre). — *Mention honorable* pour des draps moyens qui ont de la souplesse et sont fabriqués avec intelligence et à bas prix. (*Liv. d'hon.*, p. 12.)

Vire (Calvados) (Les fabriques de).— *Mention honorable* pour les draps propres à l'habillement des troupes, que ces fabriques ont exposés. (*Liv. d'honneur*, p. 288.)

Poitiers (Vienne) (Dépôt de mendicité de). — *Citation* au rapport du jury pour les draps moyens et autres étoffes fabriquées dans cet établissement. (*Liv. d'honneur*, page 354.)

Aix-la-Chapelle et *Verviers* (Les fabriques de). — *Citation* au rapport du jury pour les *draps sérails.* (*Liv. d'honneur*, pages 456 et 470.)

Elbeuf (Seine-Inférieure) (Les manufactures de). — *Citation* au rapport du jury pour des produits de cette manufacture. La fabrication des draps a fait à Elbeuf de grands progrès. (*Liv. d'honneur*, page 104.)

Ourte et la *Roër* (Département de l'). — Le jury a vu avec le plus grand intérêt les draps envoyés par les nombreuses fabriques de ces contrées. (*Liv. d'honneur*, page 472.)

MM. Joseph Serres, Rachou et Albrezy père, de Montauban, ont présenté à l'exposition des draps croisés de très-bonne qualité, pour lesquels ces fabricants ont été cités honorablement. (*Moniteur*, 1806, page 1385. *Liv. d'honneur*, page 412.)

Invention.—*MM. Robert Lucas* et compag., *de Strasbourg* (Bas-Rhin). — 1807. — *Brevet de cinq années* pour l'invention d'une étoffe qu'ils nomment *hermine*, et qui est composée de laine et de coton. (*Moniteur*, 1807, page 348.)

Perfectionnement. — *Mentolieu* (La manufacture de). — 1808. — Les draps de cette manufacture, disent MM. Fourcroy et Desmarets, sont fabriqués avec la laine de mérinos de la bergerie de Perpignan. On est parvenu à leur donner les qualités des meilleurs draps de Sedan, excepté qu'ils sont trop forts, par conséquent moins souples. Les directeurs espèrent leur donner plus de perfection, si l'on parvient à améliorer la qualité de ces laines par une meilleure tenue des troupeaux.

MM. Ternaux frères. — 1810. — Ces manufacturiers ont établi dans la ville de Louviers, déjà célèbre par la qualité de ses draps, une fabrique où ils ont promptement atteint, bientôt surpassé, ce qu'on avait fait de plus beau dans le pays en drap de laine, en vigogne et en pinne marine. Ces industrieux manufacturiers ont aussi fondé à Reims une fabrique, où l'on imite parfaitement l'espèce de drap, appelée drap de Silésie, et où on l'a même perfectionnée sous quelques rapports. Ils ont introduit dans leur manufacture de Sedan tous les genres d'amélioration ; on y fabrique, dans les quatre établissements qui la composent, des draps de toutes qualités, même jusqu'à l'espèce appelée *calmouks*, dont la fabrication y a été perfectionnée. MM. Ternaux emploient pour fabriquer leurs diverses étoffes un nouveau genre de filature de laine peignée : la machine dont ils se servent donne au fil une grande finesse et une grande égalité, en abrégeant le temps et diminuant le prix de la main-d'œuvre. Cette machine, qui peut être mue par l'eau, est établie dans les divers ateliers de MM. Ternaux. On voit enfin dans leur maison d'Auteuil un établissement complet, à l'imitation de ceux d'Espagne, pour le tissage et le lavage des laines mérinos. Le jury des prix décennaux et l'Institut ont mentionné honorablement ces grands manufacturiers. Les étrangers ne pourront désormais atteindre la beauté et la solidité de ces produits. En achetant la fabrique de feu Bonvallet, qu'ils exploitent à Saint-Ouen, MM. Ternaux ont aussi perfectionné sa découverte, qui consiste à appliquer sur les draps une impression en relief imitant la broderie. Ils ont exposé des impressions de différentes couleurs, exécutées dans cette manufacture sur le drap et autres étoffes de laine. Les dessins étaient très-variés et jouaient la broderie réelle pour la netteté et la délicatesse du dessin. Ces étoffes sont propres à faire des ameublements très-agréables. En général, le public a pu remarquer que les établissements ci-dessus mentionnés enchérissent de plus en plus sur la supériorité qui leur a mérité les distinctions les plus honorables.

M. Ternaux père, décoré depuis longtemps de la Légion d'honneur, et maintenant officier de l'ordre, a été investi du titre de baron par le roi, en récompense de ses immenses services dans la fabrication des draps et étoffes.

La draperie a fait des progrès véritables pendant les treize années qui se sont écoulées depuis l'exposition de 1806 jusqu'à celle de 1819 ; les fabriques se sont multipliées, des moyens d'exécution plus sûrs et plus expéditifs ont été adoptés ; les produits ont gagné en qualité et on les a variés avec beaucoup d'art. Depuis le commencement du siècle il s'est fait dans cette branche importante de notre industrie une amélioration du premier ordre, c'est l'introduction des machines ; cette opération, qui n'était que commencée, et pour ainsi dire ébauchée en 1806, est aujourd'hui entièrement consommée. L'adoption des machines est devenue si générale, que le petit nombre d'établissements qui sont demeurés en arrière ne pourront bientôt plus soutenir la concurrence des autres fabriques ; ils seront obligés d'adopter les mêmes moyens ou de cesser leurs travaux. On reconnaît déjà ces établissements à la cherté de leurs produits et aux plaintes qu'ils font entendre sur la diminution des demandes. L'usage des machines introduit plus d'égalité dans la fabrication, de sorte que la qualité des draps

ne dépend plus autant de l'habileté des fabricants, en ce qui concerne la partie mécanique du travail. Cette habileté n'a conservé toute son influence que pour les opérations, très-importantes à la vérité, du choix et du rassortiment des laines, de la teinture, du dégraissage et des apprêts. Depuis longtemps il est reconnu qu'on ne fabrique rien en Europe qui égale les draps superfins de Sedan et de Louviers. Ceux que ces deux villes célèbres ont présentés à l'exposition de 1809 sont de la plus grande beauté. L'amélioration des laines a fourni le moyen d'accroître à la souplesse du drap et à la finesse, en même temps que les machines ajoutaient à la régularité de la fabrication. Tous ces draps sont d'une perfection presque uniforme, et ne diffèrent entre eux que par les nuances peu tranchées ; en sorte qu'il a fallu beaucoup d'attention pour assigner des différences. On remarquera sans doute que le jury n'a point décerné de médaille de bronze pour des draps fabriqués à Louviers et à Sedan ; ce n'est pas qu'il ait jugé indignes d'une telle distinction ceux de ces draps dont il n'a pas parlé ; loin de là, il les a considérés comme étant au-dessus de la classe marquée pour la médaille de bronze ; il a mieux aimé les passer sous silence que de les placer dans un rang inférieur à leur mérite. La fabrique d'Elbeuf ne se borne pas à une seule qualité de draps, elle opère sur une échelle étendue, de manière à fournir aux besoins d'une classe nombreuse de consommateurs. Les draperies qu'elle a présentées à l'exposition de 1819 sont toutes, quels que soient leur destination et leur prix, remarquables par les qualités essentielles qui caractérisent une bonne fabrication. Dans les prix supérieurs, on trouve la souplesse à un degré qui rapproche ces draps de ceux de Louviers. On a vu à ces expositions des draps d'Abbeville tout à fait dignes de la réputation distinguée dont la draperie de cette ville jouit depuis longtemps.

Mais ce n'est pas seulement à Louviers, à Sedan, à Abbeville et à Elbeuf que l'on fait des draps fins ; il s'est formé à Beaumont-le-Roger, dans le département de l'Eure, une manufacture dont les produits se placent au premier rang avec ceux de Louviers. On a vu se développer dans les départements de l'Aube, de l'Hérault, du Tarn et de l'Ariége, dans ceux de l'Isère, de l'Oise, de l'Eure et du Calvados, des manufactures qui donnent des produits supérieurs en perfection aux draps qu'on faisait jadis à Elbeuf, et qui égalent quelquefois ceux fabriqués il y a huit ans à Louviers, à Sedan et à Abbeville. La masse des produits de ces nouvelles manufactures surpassera bientôt ce qui était mis dans le commerce par les départements de l'Ourthe et de la Roër, aujourd'hui séparés de la France, et qui ne fournissent plus à sa consommation. C'est principalement dans les départements de l'Aube, de l'Hérault et du Tarn que l'on fabrique des draps destinés à être exportés dans le Levant, et qui sont connus sous le nom de *rondrins*, de *makouts* ou *draps sérail*. Le jury a vu avec une satisfaction particulière les draperies de ce genre à l'exposition, présentées par les fabriques de Carcassonne, de Saint-Pons, de Saint-Chinian, de Mazamet, de Clermont (Hérault); elles sont fabriquées avec intelligence et très-agréablement apprêtées.

En joignant ainsi la fabrication, et surtout en profitant de l'introduction des machines et de l'amélioration des laines nationales pour abaisser les prix sans altérer les qualités, ces villes ne peuvent manquer de ressaisir la faveur dont elles ont si longtemps joui dans les échelles du Levant. Le jury de 1806 ne jugea pas convenable de décerner des médailles aux manufactures de *draperies fines*; ce n'est pas qu'il méconnut l'importance de cette magnifique industrie; mais elle lui parut dans un état presque stationnaire et peu différent de celui où elle s'était montrée à l'exposition précédente. Depuis 1806 la fabrication des laines a fait, dans toutes ses parties, des progrès si considérables qu'on peut regarder cette industrie comme ayant subi un renouvellement presque total. Le jury a cru devoir signaler ce mouvement avantageux en donnant des distinctions qu'il était en son pouvoir de distribuer. *La draperie moyenne* forme une branche majeure de l'industrie du lainage; ses produits sont assez variés pour satisfaire à tous les besoins, et par la modération de leurs prix ils conviennent à un grand nombre de consommateurs. Le jury s'en est occupé avec un vif intérêt; il a reconnu que les progrès de l'art de fabriquer s'y font sentir d'une manière marquée. L'influence de l'amélioration de nos laines communes, par le croisement de la race indigène des bêtes à laine, des animaux de race pure, est très-sensible; le jury a voulu seconder ce mouvement, en décernant plusieurs distinctions. La fabrique de la draperie commune fournit non-seulement les vêtements aux classes pauvres ou peu aisées, mais encore de cette partie très-nombreuse de la population, qui, sans être étrangère à quelque aisance, est placée immédiatement au-dessous de la classe moyenne; elle alimente donc une consommation très-considérable. C'est dans cette partie surtout que l'application des machines et des nouveaux procédés a des résultats les plus étendus; les modèles sont tellement répandus dans les diverses contrées de la France qu'il n'est pas difficile de s'en procurer la connaissance. On peut prédire des succès aux établissements qui ne tarderont pas à les adopter, et une ruine certaine à ceux qui s'obstineront à ne pas en faire usage.

Le commerce des draps en Angleterre est immense, et chez nous, lorsqu'on veut se faire une idée de son importance, il suffit de visiter les villes de Louviers, de Sedan, d'Elbeuf, etc. Les produits annuels de cette dernière ville seulement sont de 40 à 45 millions de francs.

DRAPS IMPERMÉABLES. *V.* Caoutchouc.

E

EAU (*Appareils à filtrer l'*). *Invention.* — MM. J. Smith, Cuchet et D. Montfort. — An IX. — Ces appareils peuvent être en bois, en pierre ou en terre cuite. Leur forme extérieure est cylindrique ou conique, à base quadrangulaire ou circulaire, posant sur un trépied en bois. A quatre ou cinq pouces du fond est une première séparation en métal ou en grès, percée transversalement d'une multitude de petits trous comme une écumoire. Elle est exactement lutée contre les parois extérieures de la fontaine. On place un robinet au fond du vase, pour pouvoir retirer toute l'eau contenue dans l'espace ménagé au-dessous de cette séparation. Un petit tuyau, de cinq à six lignes de diamètre, descend du haut, le long des encoignures extérieures de la fontaine, et vient aboutir dans cet intervalle. C'est par là que s'échappe ou arrive l'air, lorsqu'on remplit ou qu'on vide cette capacité. On met d'abord sur cette première séparation un tissu de laine, et par-dessus une couche de grès pilé, d'environ deux pouces d'épaisseur. On forme ensuite une autre couche, d'un pied d'épaisseur, plus ou moins, selon la profondeur de la fontaine, avec un mélange de poudre grossière, de charbon de bois et de grès pilé très-fin et bien lavé. A défaut de grès on peut employer du sable fin de rivière. On a soin de comprimer fortement cette couche, afin que l'eau qui doit la traverser reste longtemps en contact avec le charbon. Par-dessus cette couche, on en met une troisième de sable ou de grès pilé, à peu près de même épaisseur, et on recouvre le tout d'un plateau ayant la forme exacte de la fontaine, parfaitement luté dans son contour. Ce plateau, en grès ou en pierre, est percé vers son milieu de trois ou quatre trous d'un pouce. On place sur chacun de ces trous des champignons en grès, dont la tige creuse est percée de petits trous; la tête de chaque champignon est enveloppée d'une éponge. L'eau, en traversant les éponges, se débarrasse déjà des substances qui n'y sont que suspendues. On a soin de laver ces éponges de temps en temps. Un petit tuyau en plomb, semblable à celui dont il est parlé plus haut, va de ce plateau à la partie supérieure de la fontaine. Sa fonction est de donner issue à l'air contenu dans les couches de matières filtrantes, à mesure que l'eau les pénètre. Ces dispositions peuvent être modifiées de différentes manières, pour les approprier à divers usages. Tantôt, par des cloisons intérieures, l'eau est forcée, lorsqu'elle est descendue en se filtrant, de remonter au travers de nouveaux filtres, elle s'échappe par un robinet placé vers le milieu de cette même fontaine. Les auteurs ont obtenu un brevet d'invention et de perfectionnement de cinq ans (*Brevets publiés en 1818*, tome II, page 65, planche 16). — (*Extrait du Dictionnaire des découvertes.*) — *Voy.* FILTRES.

EAUX (*Machines à élever les*). — *Invention.* — M. Dumontier, *de Paris.* — An XIII. — La machine pour laquelle l'auteur a obtenu un brevet d'invention de cinq ans se compose : 1° d'un arbre porteur d'une manivelle et d'une poulie à gorge aiguë, qui entraîne une corde dans son mouvement. Le diamètre de cette poulie doit être de huit pouces, à compter du fond de la gorge; 2° d'une potence en fer servant de support à tout le mécanisme; 3° de deux poulies placées sur un même arbre et accouplées dans une cage en fer fixée à la potence, au moyen d'un fort boulon. Leur diamètre peut être de seize à vingt pouces; 4° de deux mains en fer, réunies à charnières à l'extrémité de l'arbre fixé à la potence; ces mains ont ensemble la figure d'un compas dont les branches s'ouvrent alternativement pour conduire le seau dans le vase ou réservoir destiné à le recevoir. Ces mains ont chacune à leur extrémité inférieure une entaille qui reçoit une petite poulie sur laquelle passe la corde; 5° d'une chaîne attachée à l'extrémité de la corde; elle porte une main qui reçoit l'anse du seau; 6° d'une calotte conique en tôle, dans laquelle la corde est enfilée; on peut la faire monter à volonté en développant une partie de la corde qu'on a pelotonnée à l'endroit et au-dessus du nœud, et en roulant cette partie au-dessus dudit nœud pour l'allonger. De cette manière, on peut déterminer l'endroit où le seau doit verser. Cette calotte garantit en même temps le nœud qu'elle recouvre, et l'empêche aussi de se défaire; 7° d'un seau à bascule auquel sont fixées deux anses réunies par une tringle qui, au moyen d'un crochet, oblige le seau de verser lorsqu'il est arrivé au point déterminé. (*Brevets publiés*, tome III, page 193, planche 36.)

M. Bergeaud. — 1806. — Les deux machines pour lesquelles M. Bergeaud a obtenu un *brevet d'invention de dix ans* sont destinées à élever les eaux dans diverses circonstances. La première peut être employée à élever l'eau des puits, au moyen d'un chapelet à petits pots; son usage peut varier suivant les localités, et un seul homme ou un cheval suffit pour la diriger. La deuxième machine est destinée à élever l'eau à telle hauteur que l'on jugera à propos au moyen de deux seaux montant et descendant alternativement avec rapidité, se remplissant et se vidant par un effet inhérent à la machine, qui est susceptible d'être dirigée par un seul homme. (*Brevets publiés.*)

M. Forir, de Liége. — 1807. — Les procédés employés par l'auteur pour élever d'une mine l'eau, le minerai ou le charbon, et pour lesquels il a obtenu un *brevet de dix années*, consistent en une machine qui se compose, 1° d'un corps de pompe qui fournit l'eau à un déversoir; ce déversoir, au moyen d'une vanne, communique l'eau à une roue à bacs, qui fait tourner des roues d'engrenage par le pignon qui est adapté à l'axe de la roue à bacs et au moyen d'un volant. Ces mêmes roues s'engrènent à volonté dans la roue d'un tambour; 2° d'un frein pour arrêter le tambour à volonté; 3° de leviers qui servent à faire engrener et désengrener les roues dans le pignon de la roue à bacs et dans la roue du tambour; à l'aide de ces leviers, on tourne et on détourne le tambour à volonté; 4° de treuils qui supportent les cordes du tambour et qui sont adaptés aux paniers qui montent le minerai; 5° de molettes qui suspendent les cordes qui montent le minerai; 6° d'un conduit pour les eaux qui se rendent dans le réservoir, lequel conduit se ferme à volonté par la vanne; 7° de plusieurs autres vannes pour le déversoir de la deuxième extraction, et dont l'effet est le même pour la mise en activité; la première vanne se ferme avant d'ouvrir les autres; 8° d'un corps de pompe qui extrait à volonté; et à cet égard l'auteur observe qu'il suffit de dix à douze heures pour extraire ce qu'on appelle vulgairement la paillette; alors la machine, par un changement très-facile, peut extraire le double d'eau en y adaptant l'attirail du second corps de pompe et en décrochant le premier qui fournit l'eau au réservoir. Cette dernière manœuvre ne s'exécute que lorsqu'il se trouve une quantité d'eau capable de submerger la houillère. Ainsi, ajoute l'auteur, les travaux d'exploitation ne sont nullement suspendus; 9° enfin d'un guide qui suspend les corps de pompe. (*Brevets non publiés.*)

M. Néret. — 1808. — Un brevet de quinze ans a été délivré à l'auteur, pour une machine propre à élever les eaux.

M. Cagniard-Latour, de Paris. — 1809. La machine pour laquelle l'auteur a obtenu un *brevet de cinq ans*, consiste dans une roue à augets qui est plongée sous l'eau chaude; elle fait tourner par engrenage une vis d'Archimède, laquelle, plongée presque entièrement dans l'eau froide, aboutit sous une espèce de cloche où est son pivot. Au sommet de la cloche est un tuyau recourbé, dont l'extrémité communique avec un sommier plongé dans l'eau chaude, immédiatement au-dessous de la roue. Au sommier est une ouverture disposée pour verser l'air dans les augets. Pour mettre la machine en action, on fait tourner les vis jusqu'à ce que l'air atmosphérique qu'elle puise à la superficie de l'eau soit arrivé sous la cloche, ait passé de là au sommier et rempli la moitié des augets de la roue; alors on abandonne la machine à son mouvement. Si les deux liquides sont de même température, il y a équilibre; dans le cas contraire, l'action de la roue devenant plus puissante que la résistance de la vis, à cause de la dilatation de l'air, la machine continue de tourner et de faire tourner par engrenage une seconde vis d'Archimède disposée comme la première, si ce n'est qu'au lieu d'être plongée dans l'eau, elle l'est dans le mercure dont est rempli le tuyau, et qu'à la superficie du mercure il puise, au lieu d'air, l'eau contenue dans un vase. Cette eau arrive dans l'espace du tuyau et monte dans un conduit à une hauteur déterminée par la pression du mercure. La chaleur de l'air qui fait mouvoir une seconde roue à augets est plongée, comme la première, sous l'eau chaude, mais enfermée dans un vase cylindrique où l'on fait le vide. Un serpentin a son extrémité inférieure adaptée au vase. Un tuyau est fixé d'une part à l'orifice supérieur du serpentin, et de l'autre dans le vase rempli de mercure. Suivant le principe de la première vis, à mesure qu'on tourne celle qui est dans le tuyau, l'air de l'appareil sort par-dessous le mercure qui monte de plus en plus dans le tuyau, jusqu'à ce que l'eau soit en ébullition, ce qui fait tourner la première roue. Son mouvement est transmis au dehors par un tuyau dans lequel descend verticalement l'arbre d'une roue d'engrenage. Cet arbre, appuyé sur un pivot, tourne en même temps qu'une cuvette à mercure y adaptée, dans laquelle plonge le tuyau pour empêcher l'air de rentrer lorsqu'on fait le vide. Un renflement pratiqué dans le haut de l'arbre bouche à volonté l'orifice supérieur du tuyau. Une roue d'engrenage fixée au bas de l'arbre est destinée à faire mouvoir une vis, pour aspirer l'eau. Cette dernière vis n'est autre chose que la vis à faire le vide, ci-dessus décrite, si ce n'est que la partie supérieure du tuyau est terminée par un tuyau recourbé dans l'eau que l'on veut monter. Cette eau une fois arrivée dans la vis, sort par dessous le mercure et vient nager à sa surface. (*Brevets non publiés.*)

M. ***. — 1812. — La machine de l'auteur est simple et peu coûteuse; le jeu s'en fait sans interruption. Elle consiste en une double caisse en bois avec quatre soupapes; dans cette caisse est un piston mis en mouvement par un levier à bras ou par un mécanisme quelconque. Les bras de fer sur lesquels est fixé le piston se meuvent dans une emboîture du même métal, et ferment tout passage à l'eau. Il y a une boîte de cuir ou de toile, qui ferme l'autre lorsque le piston monte, et qui se plie comme une lanterne de papier lorsque le piston descend. Cette boîte sert à empêcher le passage de l'eau et de l'air à côté des bras du piston. Cette machine peut servir de soufflet dans les forges ou autres établissements. On peut aisément l'employer pour produire un jet d'eau. Une machine semblable, qui n'aurait que 4 pieds de long, et 7 pouces de largeur et de hauteur, serait un objet portatif dont on pourrait se servir comme d'une machine à vapeur dans les lieux étroits. (*Annales des Arts et Manufactures,* 1812, tome XLIX, page 261, planche 603.)

Perfectionnement. — *MM. Lacroix* et *Peulvay.* — 1818.

MM. Prong, Charles et Girard furent nommés par l'Institut pour examiner le modèle d'une machine propre à élever les eaux par l'action combinée du poids de l'atmosphère sur la surface du réservoir inférieur, et le refoulement de cette eau dans un tuyau ascendant implanté sur une espèce de réservoir intermédiaire, rempli en vertu du vide que le même mécanisme y opère. Les commissaires, après avoir expliqué comment on a suppléé aux pistons, aux clapets et aux soupapes ordinaires, donnent la description de toutes les parties de cette machine, et les moyens qui la mettent en jeu, d'où ils concluent qu'elle se réduit à une espèce de roue garnie d'un certain nombre d'ailes, susceptibles de s'ouvrir pour former successivement autant de cloisons dans le coursier qu'elles parcourent. L'idée de cette espèce de pompe leur paraît avoir beaucoup d'analogie avec une idée que Conté avait mise à exécution, douze ans avant son départ pour l'Egypte. Il leur paraît même que la machine de Conté était un peu plus simple; ce qui n'empêche pas que le nouveau modèle ne prouve des artistes habiles et intelligents. Si l'idée n'en est pas aussi nouvelle qu'ils en paraissent persuadés, il n'en est pas moins vrai de dire que leur pompe aspirante et foulante peut, dans certains cas, être substituée avec avantage aux pompes ordinaires, et que les auteurs ont donné une preuve de talent qui mérite d'être encouragé. Les commissaires ajoutent que l'on trouve, dans la description des machines de Servière, celle d'un appareil exécuté chez M. Lenoir, et dans lequel il est aisé de reconnaître une analogie sensible avec les machines de Conté et de MM. Lacroix et Peulvay. (*Mém. de l'Inst. sciences phys. et math.,* 1818, tome III, p. 45.)

M. Navier. — *Observ. nouv.* — 1818. — Dans un mémoire lu à l'Institut, M. Navier se propose de déterminer le rapport entre la force motrice et l'effet produit dans les machines de rotation employées pour élever l'eau. Le principe de la conservation des forces vives donne une relation mathématique entre les quatre espèces qui restent à considérer dans le problème, quand on néglige le frottement et la cohésion de l'eau, qui sont peu de chose. Ce principe, découvert par Huygens, fut achevé par J. Bernouilly, au nombre des lois fondamentales de la dynamique; Daniel en fit d'heureuses applications, et Borda s'en servit avec beaucoup de succès pour le calcul de plusieurs machines dont l'eau était le moteur. Dans celle que considère M. Navier, c'est l'eau qui est élevée par un moteur étranger quelconque. On doit à Borda la première évaluation exacte des forces vives perdues, mais il ne l'a donnée que dans des cas particuliers. C'est à M. Carnot que l'on doit la loi générale qu'il a renfermée dans le théorème suivant : « Dans tout système de corps en mouvement qui passe d'une situation à une autre, la somme des quantités d'action qui ont été dans cet intervalle imprimées par toutes les forces, est toujours numériquement égale à la moitié de la somme des forces vives, acquises dans le même intervalle par les divers corps du système, plus la moitié des forces vives perdues par l'effet des changements brusques de vitesse, s'il y a eu de tels changements. » Les roues à élever l'eau se divisent en trois classes, selon que l'axe de rotation est horizontal, vertical ou incliné. Dans la roue à godets, il y a force vive acquise par l'eau à l'instant où elle est puisée, et force perdue à l'instant où elle est divisée. De la loi ci-dessus on tire le rapport de la force motrice à l'effet de la machine; et par une simple différenciation, on obtient la vitesse qui donne le rapport le plus avantageux. Dans la roue à tympan, il n'y a pas de force perdue; cette roue est plus avantageuse que la précédente. M. Navier entre dans de grands détails sur la pompe spirale, formée par un tuyau de grosseur constante ou variable, plié en hélice sur un cône dont l'axe est horizontal. Cette machine ingénieuse a l'avantage très-précieux de donner un effet utile d'autant plus grand, qu'il s'agit d'élever l'eau à une plus grande hauteur. Le calcul de M. Navier détermine à quelle hauteur cet avantage commence à être bien sensible. Si l'on fixe à un axe vertical un siphon incliné, de manière à monter en sens contraire du mouvement de rotation, le bout inférieur étant plongé dans l'eau, l'eau s'élèvera par l'effet de la rotation.

L'auteur calcule l'effet d'une machine formée de deux paraboloïdes tournant ensemble sur le même axe vertical, et réunis l'un à l'autre par des cloisons inclinées. Les vis d'Archimède composent la classe dont l'axe est incliné. Daniel Bernouilli s'est occupé de leur théorie, mais il ne l'a pas épuisée comme M. Navier l'a fait. Pour le cas où un tuyau de diamètre constant, plié en spirale sur un cylindre dont l'axe est incliné, se remplit alternativement d'eau et d'air, il démontre d'une manière simple et élégante que la surface de l'eau doit être un paraboloïde, ayant pour un de ses diamètres l'axe du cylindre, et pour plan tangent à l'extrémité du diamètre, la surface de l'eau tranquille. Pour la vis ordinaire, formée par les révolutions d'une face gauche, à pente constante dans un cylindre circulaire, après avoir cherché les quantités d'eau contenues dans chaque tour de la vis, il dresse des tables pour abréger les calculs nécessaires, suivant que les vis sont plus ou moins contournées, et leurs axes plus ou moins inclinés. MM. Prony, Fourier et Dupin, commissaires chargés par l'Institut d'examiner le mémoire de M. Navier, disent que ce travail paraît être du nombre de ceux que l'Académie doit le plus encourager par ses suffrages. Etendre par une marche uniforme les moyens théoriques d'apprécier les effets des machines, c'est resserrer de plus en plus le cercle de l'empirisme, c'est fournir aux artistes des moyens généraux de se rendre compte des avantages et des désavantages qu'ils doivent espérer ou craindre de leurs inventions. En conséquence, l'Académie a arrêté que le mémoire de M. Navier serait imprimé dans le *Recueil des savants étrangers.* (*Mémoires de l'Institut,* sciences physiques et mathématiques, 1818, tome III, page 6 (1).

Parmi les divers systèmes hydrauliques que nous avons été à même d'examiner, nous avons été vivement intéressé par un appareil *assez singulier,* quoique *très-simple*, dont *M. Rabouin O'Sullivan* (2) *est l'inventeur*; cet appareil est à effet constaté, et a été mis en fonctionnement pendant plusieurs mois dans les ateliers que dirigeait l'habile M. Frimot, ingénieur en chef des ponts et chaussées, quai de Billy, à Paris.

Cet appareil supprime les tringles et les pistons, les répétitions de soupapes et corps de pompes usités, élève les eaux, même la vase, pour peu qu'elle soit liquide, à des hauteurs indéterminées, et neutralise complétement la pression atmosphérique. Il présente des avantages incontestables; nous pouvons même dire que M. Rabouin O'Sullivan a ouvert une nouvelle voie à l'hydraulique; car la pression atmosphérique n'est plus un obstacle pour l'ascension des liquides; au contraire, l'auteur a su l'utiliser de la manière la plus heureuse, tout en la neutralisant.

M. Rabouin O'Sullivan a indépendamment un moteur hydraulique, qui ne peut fonctionner par exemple qu'au moyen d'un cours d'eau, et élever les eaux à une hauteur de 100 à 200 mètres, en quantité relative à la puissance du courant; ce moteur une fois placé, ce qui est promptement fait, il fonctionne seul.

Au moyen de ces deux systèmes économiques combinés, on peut satisfaire à tous les besoins généraux d'irrigation, d'agriculture, d'usines, etc., etc.

EAUX (*Appareil propre à la décomposition des*). — *Invention de MM. Silvestre et Chappe.* — Ces auteurs, ayant reconnu par l'expérience que l'appareil dont se servaient les chimistes hollandais, pour obtenir la décomposition de l'eau par l'étincelle électrique, présente des difficultés insurmontables, proposèrent de lui substituer celui-ci. C'est un vase en cuivre de forme ovale, qui a pour support un pied creux dont les bords sont forés de plusieurs trous. Au milieu de la circonférence de ce vaisseau est ménagée une boîte en cuivre; un tube de verre y est reçu à frottement. Dans ce tube est fixée une tige de cuivre terminée extérieurement par un anneau, et à l'autre extrémité par une petite portion sphérique. Un bouton saillant est établi dans l'intérieur du vaisseau; on pourrait le doubler en platine, ainsi que la

(1) Extrait du *Dictionnaire des découvertes.* — *Voyez* DONNAVY et POMPES.

(2) Rue de la Sourdière, 26, à Paris.

portion de sphère qui lui correspond. A l'extrémité supérieure du vase est ajusté un robinet qui reçoit à vis une virole de cuivre dans laquelle est mastiqué un récipient de verre terminé par un tube, dont l'ouverture ne doit pas passer deux lignes et demie. Un robinet est adapté à la partie supérieure du tube; un petit cylindre de cuivre excède ce robinet, et remplit exactement l'ouverture du tube jusqu'à une ligne au-dessous de la virole; un trou presque capillaire traverse ce cylindre dans toute sa longueur et s'abouche avec l'ouverture du robinet; un faible conducteur glisse dans l'intérieur du tube, communique par son extrémité, forme avec la partie excédante du robinet une solution de continuité propre à effectuer l'inflammation des deux gaz. Lorsqu'on veut répéter l'expérience, il faut ménager entre le bouchon et la portion sphérique qui termine la tige une solution de continuité de quelques lignes, poser le pied du vase dans une cuvette contenant l'eau parfaitement distillée, remplir de cette eau la capacité de l'appareil en y faisant le vide par la succion; puis, fermant les robinets, faire communiquer à l'anneau de la tige un cordon métallique dont l'autre extrémité est fixée à la boule d'un excitateur. Prenant une bouteille de Leyde d'environ un pied carré de surface, il faut faire communiquer son intérieur avec le conducteur d'une machine électrique, et son extérieur avec la partie métallique de l'appareil; et lorsque cette bouteille est chargée par excès, il faut porter brusquement l'excitateur sur le conducteur: alors un bruit sourd manifeste le passage subit de la matière électrique à travers l'eau. Si, après avoir répété plusieurs fois cette décharge, on ouvre le robinet ajusté à l'extrémité supérieure du vase, de petites bulles de gaz se portent au sommet du récipient. On recommence la même opération jusqu'à ce qu'il se soit dégagé une quantité de fluide élastique suffisante pour en opérer la combustion d'une manière satisfaisante: ce qui a lieu par le passage d'une faible étincelle électrique excitée dans la solution de continuité du petit conducteur introduit dans l'intérieur du récipient. Il est bon d'observer qu'on ne doit pas compter sur les bulles qui se dégagent dans les premiers instants; elles sont sans doute, ajoutent les auteurs, le résultat des parties d'air atmosphérique dégagées par la commotion des parois intérieures de l'appareil. Il est donc indispensable de les faire disparaître par une seconde succion; et, dans l'expérience, les résidus de la combustion sont d'autant moins considérables que l'eau continue, dans le vase métallique, à éprouver plus de commotions. On peut, avec cet appareil, répéter des expériences intéressantes sur les huiles, les différents laits, l'alcool, et généralement sur tous les liquides qui n'ont que peu ou point d'action sur le métal. L'appareil que nous venons de décrire est d'autant plus avantageux que, construit en métal, il n'est point susceptible de se briser

comme celui des chimistes hollandais, dont les tubes sont de verre. Une vingtaine de commotions d'une bouteille de Leyde d'un pied carré suffisent pour offrir un résidu égal à ceux qu'ils obtenaient en six cents commotions semblables. La manipulation de cette expérience est devenue très-facile, et ne peut qu'être agréable à ceux qui, déjà rebutés par la difficulté de la répéter, en ont pris acte pour la révoquer en doute et combattre une théorie qu'elle ne fonde pas, mais qu'elle peut solidement appuyer. (*Annales de chimie*, 1790, t. VI, p. 121.)

Désinfection de l'eau au moyen du charbon. — *Découverte de M. Smith, de Paris.* — Le procédé consiste dans un filtre particulier et dans l'emploi de la propriété du charbon. (*Bulletin des sciences*, an IX, p. 173.)

Évaporation de l'eau par l'air chaud. — *Découverte de M. Curaudau.* — Parmi les différents moyens qu'on a mis en pratique ou qu'on a indiqués pour concentrer le suc de raisin, les uns ayant l'inconvénient de l'altérer pendant sa concentration, et les autres étant beaucoup trop coûteux, ou n'étant pas assez simples pour qu'on puisse retirer quelque avantage de leur adoption, l'auteur a pensé qu'un procédé qui serait exempt de tous les inconvénients dont on vient de parler, et qui aurait en même temps l'avantage d'être économique et simple, serait d'autant mieux accueilli qu'il concourrait puissamment à faire prospérer les fabriques de sirop de raisin. Le procédé qui va être décrit est fondé sur le principe bien connu que l'air, par exemple, à une température de dix degrés au-dessus de zéro, et qui serait saturé d'humidité, acquiert de nouveau la propriété de dissoudre de l'eau suivant les divers degrés de chaleur qu'on lui fait successivement éprouver. Pour appliquer le principe ci-dessus à l'évaporation des liquides, il faut: 1° échauffer à peu de frais un grand volume d'air; 2° opérer le renouvellement de l'air à mesure que son action dissolvante et dessiccative est épuisée; 3° donner la plus grande surface possible aux liquides destinés à être concentrés; 4° ne recourir à aucun moyen mécanique ni à aucune manipulation coûteuse, soit pour porter le liquide au degré de concentration désirable, soit pour le recueillir à mesure qu'il arrive à son dernier terme d'évaporation. Pour bien entendre la description de l'appareil de M. Curaudau, il suffit de se représenter un local carré, de cinq mètres de côté sur quinze mètres de hauteur, dans toute la largeur de ce local; à sept centimètres environ de distance, sont suspendues des toiles imprégnées du liquide qu'on destine à être évaporé. Au bas de chaque toile, suivant la ligne parallèle de leur suspension, sont de petites gouttières sensiblement inclinées pour porter le liquide dans un réservoir commun le liquide qu'y laissent égoutter les toiles qui sont au-dessus. Il faut de même se représenter que, dans le haut du local, est un réservoir du liquide à évaporer, lequel est mis en communication avec une série de conduits, placés sur une ligne parallèle aux toiles suspendues. Dans chaque conduit il y a une suffisante quantité de petits siphons destinés à mouiller les toiles dans une proportion telle que l'évaporation qui s'opère permette de recueillir, au degré de concentration convenable, le liquide qui s'égoutte au bas des toiles. Lorsque le tout est ainsi disposé, il ne s'agit plus que d'échauffer l'air du séchoir, ce qu'on obtient en mettant ce local en communication avec un courant d'air chaud à quarante degrés au-dessus de zéro, et dont on règle le volume et la vitesse suivant la plus ou moins prompte évaporation qu'on veut obtenir. L'appareil ventilateur de l'auteur peut être appliqué avec beaucoup d'avantage puisque, avec peu de combustible, on parvient à échauffer un volume d'air considérable, et que, sans recourir à aucun moyen mécanique, on peut augmenter ou diminuer à volonté le volume ou la vitesse de l'air échauffé qu'on introduit dans le séchoir. M. Curaudau avait la certitude que, dans le foyer d'un poële ventilateur de grande dimension on ne peut brûler que 200 kilogrammes de houille en vingt-quatre heures ; en second lieu, que la chaleur développée pendant ces vingt-quatre heures suffit pour sécher 1,200 pièces de toile contenant chacune 4 kilogrammes d'eau, ce qui donne une évaporation de 4,800 kilogrammes d'eau. Or, comme une dessiccation presque absolue de ces toiles n'a pu produire qu'une partie de l'effet qu'on aurait obtenu si l'air chaud eût agi sur des toiles constamment mouillées, ce n'est point exagérer le produit que de fixer à 5,000 kilogrammes le poids de l'eau qu'on évaporerait dans un séchoir où l'on entretiendrait une humidité permanente. Si on compare maintenant ce résultat avec ceux que l'on obtenait à la faveur des procédés que l'on regardait comme les plus avantageux, on trouvera que, pour évaporer 5,000 kilogrammes d'eau d'après ces mêmes procédés, on consommera pour 75 fr. de combustible, tandis que, d'après le moyen de M. Curaudeau, cette dépense ne s'élèverait qu'à 10 francs. Ce procédé peut être utilement employé dans les salpêtreries où l'on a tant d'eau à évaporer, et où l'on a employé jusqu'alors des moyens peu coûteux et très-dispendieux. Il convient aussi aux salines qui, par analogie, peuvent être comparées aux salpêtreries, tant par rapport aux résultats que pour ce qui est des moyens d'évaporation par l'action du feu. En mettant à contribution la propriété qu'a l'air chaud d'opérer promptement la dessiccation des substances humides soumises à son action, il est nécessaire, pour obtenir tout l'effet qu'offre un aussi puissant moyen, que de nouvel air chaud expulse du séchoir celui qui perd successivement sa propriété dessiccative. Pour cela, on pratique dans la partie supérieure du séchoir un nombre tel de petites ouvertures, que l'air humide qui doit être expulsé n'oppose aucune résistance au nouvel air chaud qui est destiné à

le remplacer. Une autre observation qu'il importe de faire, c'est que l'état plus ou moins hygrométrique de l'atmosphère, l'affinité plus ou moins grande de l'eau pour la substance qu'elle tient en dissolution, et enfin les différents degrés de concentration où l'on voudra porter les liquides, sont autant de causes qui concourront à rendre variables les quantités d'eau évaporées dans des temps égaux. A l'égard des toiles destinées à augmenter la surface du liquide qu'on veut concentrer, elles doivent être d'un tissu peu serré et de la plus basse qualité. Il importe aussi, pour la préparation du sirop de raisin, que ces toiles soient propres et ne contiennent plus aucune partie colorante. Blanchies convenablement, elles ne peuvent communiquer au sirop aucun goût étranger, et elles acquièrent la propriété d'être uniformément perméables à l'eau, propriété dont dépend le succès de l'opération. Pour régler le degré de concentration auquel on veut porter un liquide quelconque, il faut faire en sorte que la quantité du liquide qui coule du réservoir sur la toile soit dans un rapport tel, que lorsqu'il arrive au bas de cette même toile, il ait juste le degré qu'on veut obtenir. Cette partie de l'opération s'effectue à l'aide de la faculté que l'on a de diminuer ou d'augmenter l'écoulement du liquide suivant le plus ou moins de concentration auquel le sirop ou la dissolution saline doivent arriver au bas de la toile. (*Annales des arts et manufactures*, 1811, tome XL, page 88.)

On peut déduire aisément de la théorie de la chaleur, dans l'état où elle se trouve actuellement, que la vapeur d'eau contient essentiellement la même quantité de calorique latent, quand sa densité est la même, quelle que soit d'ailleurs sa température, c'est-à-dire, par exemple, que la vapeur d'eau qui se forme à 100° sous la pression de l'atmosphère, contient la même quantité de calorique latent que si elle était mêlée à de l'air atmosphérique à une température bien inférieure, pourvu que sa densité soit supposée la même. On est conduit également à ce théorème, dit M. Clément, par l'expérience directe, si l'on fait arriver dans le calorimètre de glace une quantité donnée de vapeur d'eau à 100°, éprouvant la pression de l'atmosphère, la quantité de glace fondue est égale à sept fois et demi le poids de la vapeur, c'est-à-dire que le calorique apporté par la vapeur peut être exprimé par $7,5 \times 75° = 562°,5$. En faisant traverser le calorimètre par des quantités de vapeur égales à la première, mêlées à de l'air à différentes températures, à 40, 50 ou 60°, par exemple, on trouve que, déduction faite de l'action de l'air chaud, et ayant d'ailleurs égard à la différence de température, la quantité de glace fondue est sensiblement la même que si la vapeur était pure ; par conséquent il est bien certain, selon l'auteur, que l'air ne contribue pas à l'état élastique de la vapeur, et que son existence suppose essentiellement l'emploi d'une quantité de calorique latent bien déterminée et invariable. De là il suit que, dans les évaporations spontanées ou artificielles, le calorique absorbé par l'eau pour devenir vapeur est toujours le même, et qu'il n'y a vraiment de différence que dans la quantité de celui qui forme la température de la vapeur, différence qui doit être ordinairement assez peu importante, puisqu'à son maximum, qui ne se présente jamais, elle ne peut être que de 100°, quand le calorique total essentiel à la vapeur d'eau pure sous l'atmosphère est égal à 562°. C'est une vérité encore bien certaine, que les combustibles ont une puissance calorifique déterminée, et que l'on ne peut outre-passer dans l'ordre actuel des choses : par exemple, le charbon de bois dégage par sa combustion une quantité de calorique capable de fondre environ quatre-vingt-quatorze fois son poids de glace, ou de vaporiser treize fois son poids d'eau, d'abord à 0° ; on ne connaît pas si exactement la puissance calorique des autres combustibles employés ordinairement ; mais on sait cependant que la houille de première qualité ne dégage pas plus de calorique que n'en absorbe un poids de vapeur décuple du sien. Ainsi on doit conclure des principes ci-dessus établis par M. Clément, que le maximum théorique de la puissance de la houille est de convertir en vapeur à 100° sous la pression atmosphérique, dix fois son poids d'eau à 0°, et que si la vapeur, au lieu d'avoir 100° de température, était mêlée à de l'air qui n'aurait comme elle que 50°, le calorique dégagé par la combustion d'une partie de houille, suffirait pour constituer environ onze parties de vapeur, en supposant toutefois que le calorique nécessaire à la température de l'air ne fait pas partie de celui dégagé par la houille, mais qu'il a été fourni par une autre source. On est bien éloigné d'un résultat aussi avantageux dans la pratique ; on n'utilise pas tant le calorique qui se développe dans les foyers ; une grande partie échappe à l'objet qu'on se propose. En suivant le procédé le plus ordinaire, celui des chaudières, à peine obtient-on cinq parties de vapeur par une de houille brûlée ; le plus souvent on n'en obtient pas quatre parties. En appliquant le calorique des combustibles à de l'air, pour le faire céder ensuite par celui-ci à de grandes surfaces humides qu'on lui fait parcourir, on peut en espérer un meilleur emploi ; mais cependant, outre quelques inconvénients qui sont communs à ce procédé comme à l'autre, celui-ci en présente de particuliers qui sont assez considérables. Par exemple, on est souvent obligé, par la nature même des opérations, de donner au liquide en évaporation une température assez élevée, que l'air chaud doit conserver en s'échappant, et par conséquent une assez grande quantité de calorique est appliquée inutilement à produire cette haute température de l'air et de la vapeur même. Aussi est-il rare d'obtenir dans les meilleurs évaporatoires par l'air

chaud, 6 kilogrammes de vapeur pour 1 kilogramme qui pourrait constituer le calorique dégagé. Voilà à quoi se borne toute l'efficacité du procédé de l'air chaud employé si souvent dans une infinité d'arts ; on s'en sert avec avantage dans les alunières de l'Istrie ; on peut en lire la description dans l'ouvrage de M. Sacquet, de Turin, sur le calorique. Il y a beaucoup de sécheries qui ne sont rien autre chose que ce procédé. M. Champy fils l'a employé depuis quelques années pour la poudre à canon ; et, au mois d'octobre 1810, on l'a indiqué dans les *Annales de chimie*, pour l'évaporation du sirop de raisin : ainsi on peut bien conclure avec assurance que l'air chaud n'est pas pour l'évaporation un agent plus nouveau que merveilleux. Cependant on annonce dans les *Annales des arts et manufactures*, n° 118, dit en terminant ici l'auteur, que M. Curaudau est parvenu à évaporer, par le moyen de l'air chaud, 5,000 kilogrammes d'eau avec 200 kilogrammes de houille. Ce résulte. admirable est non seulement quatre fois plus avantageux que tout ce qu'on a fait de mieux jusqu'en 1811, mais il excède de beaucoup, selon M. Clément, tout ce qu'il était possible d'espérer théoriquement. Le charbon de terre semblerait avoir donné à M. Curaudau deux et demi plus de calorique utilisé qu'il n'en peut dégager en brûlant dans le calorimètre, dans cet instrument destiné à ne rien laisser échapper, à recueillir complètement tout le calorique qui peut résulter de la combustion. (*Annales de chimie*, 1811, t. LXXIX, pag. 84.)

En répondant aux observations précédentes, M. Curaudau s'exprime ainsi :

« Les calculs que M. Clément a déduits de la théorie de la chaleur, pour appuyer son raisonnement, ne sont pas applicables au procédé de l'évaporation ; il se trompe considérablement, lorsqu'il assimile l'action réunie de l'air et du calorique sur un liquide, surtout réduit en surface, à l'action simple et immédiate de la chaleur sur un liquide en masse. » M. Curaudau a cru devoir faire connaître les raisons qui l'empêchent de partager l'opinion de M. Clément. Il pourrait, dit-il, à la rigueur ne compter l'emploi d'une chaleur artificielle dans son évaporatoire, que comme un agent destiné à augmenter la légèreté spécifique de l'air, et par ce moyen, devant opérer dans le séchoir une circulation d'air aussi rapide que si elle était produite à la faveur d'un ventilateur mû par des chevaux, ainsi que l'a proposé M. Clément. (*Annales de chimie*, 1811, t. LXXIX, p. 109.)

Machine propre à mettre en activité les eaux stagnantes. — Invention de M. Messance, de Lyon. — Cette machine est composée d'une roue de quarante pieds de diamètre, dont la circonférence est un canal divisé en cent vingt cases, contenant chacune un pied cube d'eau. L'ouverture de ces cases est dans l'intérieur de la roue ; chacune a deux ouvertures, l'une qui reçoit, l'autre qui donne ; celle par où l'eau entre a qua-

tre pouces de largeur sur un pied de longueur; sur l'autre est un cornet de huit
pouces de diamètre qui s'élève à six pieds.
Cette roue porte les eaux au centre de sa
circonférence. Là, elles s'échappent par le
cornet et vont tomber dans le bassin pour
les recevoir. La roue faisant deux tours par
minute, donne quatre pieds d'eau par seconde (et même plus, d'après l'expérience
faite en petit). Cette quantité d'eau suffira
pour faire marcher plus de six moulins.
Dict. des découvertes, t. V, art. Eau (1).
*Observations nouvelles.—M. Paul et comp.,
de Paris.* — An VIII. — L'exposition des
avantages que Genève a déjà retirés de l'établissement d'une fabrique d'eaux minérales
artificielles, qui existe depuis dix ans dans
son enceinte, forme la première partie du
mémoire de M. Paul. A l'imitation simple de
ces eaux, par laquelle il a commencé, ont
succédé des modifications dictées par les
médecins de Genève, et surtout la préparation d'eaux gazeuses plus chargées que celles
de la nature. Cet établissement peut être regardé comme une pharmacie pneumatique,
en raison de l'extension et de la variété des
produits que les propriétaires y ont successivement ajoutés. On n'apporte presque
plus à Genève d'eaux minérales, et celles de
la manufacture ont déjà été exportées. Quarante ou cinquante mille bouteilles de trois
cinquièmes de litre en sortent annuellement.
Ce premier succès a engagé la société à former un établissement pareil à Paris. On y
prépare neuf espèces d'eaux minérales artificielles. Les résultats des observations déjà
faites sur chacune de ces espèces se réduisent aux données suivantes :

1° Les *eaux de Seltz* ont été employées dans
les catarrhes, les rhumatismes, l'asthme, les
maladies bilieuses et putrides; elles agissent
comme diurétiques et antiseptiques, même à
l'extérieur; elles réussissent dans les spasmes
de l'estomac; elles facilitent la digestion;
on les boit avec du sirop, du lait, du vin;
M. Paul les prépare de deux manières relatives à l'extraction de l'acide carbonique :
dans l'une, il est dégagé de la craie par l'a-
cide sulfurique; dans l'autre, il en est séparé par le feu; le premier donne à l'eau une
âpreté due à une petite portion d'acide sulfurique et une propriété irritante; le second
ne communique rien de semblable à l'eau,
et permet de l'administrer dans les maladies
où l'irritation serait à craindre. Il fabrique
de plus, avec l'un ou avec l'autre de ces
gaz, des eaux de Seltz fortes ou faibles, suivant la proportion d'acide qu'il introduit.

2° Les *eaux de Spa*, chargées comme celles
de Seltz d'une grande proportion d'acide
carbonique, sont distinguées par la présence
du fer qu'on y ajoute. Aux propriétés des
premières, elles réunissent la qualité tonique
et stomachique de ce métal.

3° Les *eaux alcalines gazeuses*, très-recom-
mandées en Angleterre dans la gravelle et le

(1) *Annales de chimie*, 1790, tome VI, page
121.

calcul, apportent en effet, dans les douleurs
qui accompagnent l'un et l'autre de ces maux,
un soulagement très-marqué qui pourrait être
attribué, suivant les auteurs du mémoire,
à la qualité dissolvante que ces eaux communiquent aux urines. Ils la croient propre
à remplacer l'alcali caustique et le remède de
Stephens. Les malades doivent en prendre tous
les matins deux ou trois verres coupés avec du
lait.

4° Les *eaux de Sedlitz*, les plus faciles
à imiter, ont des propriétés purgatives et
fondantes, parfaitement semblables à celles
de la nature.

5° Les *eaux oxygénées*, contenant à peu
près la moitié de leur volume de gaz oxygène, sans saveur particulière, et que M.
Paul a le premier fabriquées, d'après les
vues des médecins de Genève, ont répondu
parfaitement à leur attente, et méritent la
plus grande attention de la part des gens de
l'art; elles raniment l'appétit et les forces,
excitent les urines, rappellent les règles,
calment les spasmes de l'estomac. et les accès hystériques.

6° Les *eaux hydrogénées*, contenant le
tiers environ de gaz hydrogène, sont cal-
mantes, et utiles dans les fièvres avec
quelques symptômes inflammatoires; elles
diminuent la fréquence du pouls, dans les
douleurs des voies urinaires, dans quelques
affections nerveuses et dans les insomnies.

7° Les *eaux hydrocarbonées* ne diffèrent pas
essentiellement des précédentes.

8° Les *eaux hydrosulfureuses*, préparées
avec le gaz hydrogène, mêlé de gaz hydrogène
sulfuré en petite quantité, ont l'odeur et le
goût d'œufs pourris, et ressemblent aux eaux
thermales sulfureuses; elles sont diaphoréti-
ques, fondantes, résolutives, très-avantageuses dans les obstructions, les jaunisses, les affections du mésentère. On peut les varier
beaucoup par la préparation du gaz. Leur
usage extérieur mérite autant d'attention de
la part des médecins que leur emploi à l'intérieur. Chargées de beaucoup de gaz hydrogène sulfuré, elles deviennent précieuses en lotions et en bains dans les maladies
psoriques; en douches, elles réussissent dans
les ulcères de mauvais caractère. Elles remplacent très-avantageusement l'usage des
eaux thermales pour les malades auxquels
leurs moyens ne permettent pas des voyages
dispendieux. Les auteurs du mémoire le terminent par deux considérations également
importantes : l'une a pour objet le point de
vue économique : l'argent exporté pour le
prix des eaux retenu en France, et celui des
étrangers attiré dans notre pays; l'autre
est relative aux résultats utiles à la science,
que les procédés employés à la fabrication
des eaux leur paraissent susceptibles de
fournir.

Les doses suivantes, extraites d'une note
remise par la compagnie de M. Paul sur
la demande des commissaires de l'Institut,
sont indiquées pour chaque bouteille contenant 6 hectogr. 11 centigr. d'eau (ou 20 onces) :

1° L'eau de Seltz forte : acide carbonique extrait par effervescence, 5 fois son volume; carbonate de chaux, 21 centigrammes; magnésie 10,5; carbonate de soude, 21 ; muriate de soude, 115,7.

2° L'eau de Seltz douce contient : acide carbonique, extrait par le feu et mêlé d'un peu de gaz hydrogène, 4 fois son volume ; les quatre sels aux mêmes doses que la précédente.

3° L'eau de Spa contient : acide carbonique, par effervescence, 5 fois son volume; carbonate de chaux, 10, 5 centigrammes ; magnésie, 21 ; muriate de soude, 2; carbonate de fer, 0,3.

4° L'eau de Spa forte, composée comme la précédente, contient le double de fer.

5° L'eau alcaline gazeuse contient : acide carbonique par effervescence, 6 fois son volume; carbonate de potasse, 800 centigrammes.

6° L'eau de Sedlitz contient : acide carbonique, par effervescence, cinq fois son volume ; sulfate de magnésie, 800 centigrammes.

7° L'eau oxygénée contient : gaz oxygène, moitié de son volume.

8° L'eau hydrogénée contient : gaz hydrogène, moitié de son volume.

9° L'eau hydrocarbonée contient : gaz hydrogène carboné, deux tiers de son volume.

10° L'eau hydrosulfurée faible contient : moitié de son volume de gaz hydrogène, mêlé de 1/32 de gaz hydrogène sulfuré.

11° L'eau hydrosulfurée forte contient : moitié de son volume de gaz hydrogène, mêlé de 1/4 de gaz hydrogène sulfuré.

M. Fourcroy, un des commissaires, termine son rapport par l'exposé des avantages que promet la fabrication nouvelle d'eaux minérales factices, et motive ainsi ses conclusions :

1° Depuis que la chimie a déterminé exactement la nature, la proportion des principes et surtout des gaz dissous dans les eaux minérales, l'art possède tous les moyens de les imiter par une fabrication artificielle. Les procédés de MM. Paul et compagnie prouvent qu'ils sont entièrement au courant de ces moyens, et qu'ils possèdent toutes les ressources qui sont au pouvoir de l'art.

2° L'établissement nouveau, fait à Paris, pour cette fabrication, offre un atelier bien supérieur à ce qui a été connu jusqu'ici (an VIII); ce ne sont plus les petits moyens ordinaires des laboratoires de chimie, ce n'est plus le produit d'une expérience resserrée et gênée, en quelque sorte, par des milliers d'autres expériences : c'est une véritable pharmacie pneumatique, une manufacture, où les mêmes opérations faites avec beaucoup de soin et en grand conduisent constamment à des résultats identiques.

3° Aux procédés connus, mais insuffisants des laboratoires, M. Paul a substitué une machine comprimante, qui introduit dans l'eau, non-seulement une quantité de gaz carbonique trois fois plus considérable que celle qu'on y avait insérée jusqu'ici, mais

encore des fluides élastiques, qui y avaient été regardés comme totalement insolubles.

4° Les eaux de Seltz et de Spa fabriquées dans le nouvel établissement, sont plus fortes et de beaucoup supérieures à celles qui avaient été préparées dans les pharmacies et les laboratoires de chimie, au moyen du nouveau procédé de compression que l'auteur a employé pour saturer l'eau de gaz acide carbonique. L'eau de Seltz douce, préparée avec l'acide carbonique extrait de la craie par l'action du feu, a réellement sur celle qui contient cet acide, retiré par l'effervescence, l'avantage d'être beaucoup moins irritante, et de convenir dans des cas où cette dernière serait plutôt préjudiciable.

5° Les eaux oxygénées et hydrogénées sont de nouvelles acquisitions très-importantes pour l'art de guérir ; elles promettent de plus à la physique et à la chimie de nouveaux moyens de recherches, et peut-être même à l'agriculture et aux arts des instruments précieux, autant que de très-utiles résultats.

6° Les eaux de Sedlitz et les eaux sulfureuses artificielles sont entièrement semblables à celles de la nature.

7° Les fabrications des diverses espèces d'eaux minérales ou médicinales, par les procédés de M. Paul, sont susceptibles d'améliorations, de modifications, de variétés faciles à obtenir; on peut, à l'aide de légers changements dans les procédés et les doses des matières dissoutes dans l'eau, augmenter ou diminuer, adoucir, modérer ou aiguiser en quelque sorte leurs effets.

8° L'établissement nouveau, dans l'ensemble des résultats qu'il fournit, offre à l'art de guérir une série de préparations médicamenteuses, qui peuvent remplir une foule d'indications variées, et suffire, avec très-peu d'autres secours étrangers, au traitement ou à l'adoucissement d'un grand nombre de maladies.

9° La composition des eaux minérales factices, devenue facile et donnant tout à la fois de grandes quantités de ces liquides médicamenteux, les malades indigents et les hospices trouveront désormais, dans les produits de cet établissement pharmaceutique, des ressources qu'il était extrêmement dispendieux d'aller chercher sur les lieux, ou de se procurer par le transport, également très-coûteux, des eaux minérales naturelles de leur source à Paris.

10° Enfin, cette préparation d'eaux minérales artificielles, faite assez en grand pour en fournir à un grand nombre d'individus à la fois, est propre à créer pour Paris et pour la France une nouvelle branche d'industrie, utile tout à la fois aux habitants, par les médicaments qu'elle leur fournit ; au commerce, par les sommes dont elle prévient l'exportation, par celles qu'elle doit attirer à l'étranger ; à la prospérité nationale, par les produits de tout genre qu'elle y fait naître. (*Annales de chimie*, tome XXXIII, page 125. (*Voy.* EAUX MINÉRALES.)

EAUX MINÉRALES. — Toutes les eaux contiennent en dissolution des substances minérales, et l'eau absolument pure n'existe pas dans la nature ; mais on a réservé le nom d'eaux minérales à celles qui renferment des sels, des oxydes, des acides, etc., en proportion assez considérable pour n'être plus propres aux usages domestiques. Ces eaux sont très-nombreuses : on en connaît plus de 1,400, dont la composition varie plus ou moins. Nous empruntons cet article à MM. Rattier et Boulatignier.

« L'histoire des eaux minérales a été jusqu'en ces derniers temps environnée d'un vague merveilleux, d'où sont venues beaucoup d'erreurs : on les a considérées comme des présents du ciel, offrant, dans le traitement des maladies des ressources qu'on ne trouvait point ailleurs. Rien pourtant n'est plus naturel que leur origine et leurs propriétés. Des eaux produites par la fonte des neiges ou des glaces, ou tombant des régions supérieures de l'atmosphère, s'infiltrent dans le sol et dissolvent diverses substances minérales, formant les gisements sur lesquels elles coulent ; puis elles passent au-dessus des foyers souterrains, qui les échauffent à un degré plus ou moins considérable, et occasionnent souvent des réactions entre les matières dont elles sont chargées ; enfin elles viennent se montrer à la surface du sol. Quelquefois le nombre et l'ordre de ces opérations est changé, et donne en conséquence des résultats différents : Ainsi telle eau, froide d'abord, s'échauffe et vient sortir de terre avec une température plus ou moins élevée : c'est ce qu'on nomme eau thermale ; telle autre, au contraire, chaude à son point de départ, s'est refroidie avant de sortir de terre : de là une division naturelle des eaux minérales en chaudes et en froides. Les terrains secondaires et volcaniques sont ceux qui fournissent le plus grand nombre d'eaux minérales.

« Sous le rapport de leurs propriétés physiques, ces eaux diffèrent d'avec l'eau ordinaire, et aussi beaucoup entre elles. En général, elles sont limpides, incolores, plus ou moins odorantes et sapides ; quelquefois louches et colorées ; enfin, plus ou moins pesantes, ou bien mêlées de gaz qui les rendent au contraire plus légères, mousseuses. Quant à leur température, elle est inférieure, égale, ou supérieure à celle de l'atmosphère. Mais ces différences dépendent de causes parfaitement connues ; et le calorique ne déroge en rien aux lois qui le régissent, ainsi qu'on le croyait jadis, lorsqu'on prétendait que les eaux minérales étaient plus chaudes que ne le serait de l'eau chargée des mêmes substances et chauffée à la flamme de nos foyers, qu'elles rendaient la fraîcheur aux fleurs fanées, etc.

« L'analyse chimique a dès longtemps révélé la composition des eaux thermales ; cependant, quelques personnes, intéressées peut-être, soutiennent qu'on ne peut opérer que sur le cadavre de ces eaux, si l'on

peut ainsi dire, et que les substances qu'on en extrait ne s'y trouvent pas dans l'état où la nature les y a mises. Quoi qu'il en soit, on procède par l'évaporation, par les réactifs, et aussi par la synthèse. C'est au moyen de cette dernière qu'on est arrivé à imiter plus ou moins parfaitement les eaux minérales.

« Presque tous les corps de la nature ont été constatés dans les eaux, outre que le calorique et l'électricité jouent un grand rôle dans leur histoire. Les gaz simples, les acides, les alcalis y ont été reconnus ; mais ce sont particulièrement les sels qui y abondent, qui s'y dissolvent et s'y décomposent, suivant que leurs éléments respectifs sont susceptibles de réagir les uns sur les autres. D'ailleurs ces principes, si nombreux déjà, se multiplient, en quelque sorte, dans les proportions infiniment variées dans lesquelles ils peuvent se trouver rassemblés dans les eaux ; aussi peut-on dire avec vérité qu'il n'y en a pas une seule qui ressemble absolument à l'autre. Cependant, au milieu de cette multitude, il a bien fallu former quelques catégories, et l'on divise les eaux d'après leurs propriétés les plus saillantes, savoir : d'abord en eaux thermales ou chaudes et en eaux froides ; ensuite en eaux acidulées, sulfureuses, ferrugineuses, et salines, selon la nature de leurs principes minéralisateurs. D'autres divisions ont été proposées, ayant pour base la présence de substances gazeuses, d'acides, d'alcalis ou de sels, de métalloïdes, de métaux, et même de matières organiques.

« L'action médicale des eaux minérales est un des points les plus controversés de la médecine pratique : ainsi, tandis que les uns, conservant d'anciennes idées, leur attribuent des propriétés miraculeuses et presque divines, d'autres, parmi lesquels on compte beaucoup de médecins expérimentés et consciencieux, pensent que les bons effets qui ont été observés s'expliquent naturellement par l'influence des médicaments actifs qu'elles tiennent en dissolution, et à laquelle il faut ajouter les circonstances dans lesquelles elles sont administrées, telles que le voyage, le changement d'air, de nourriture, d'habitudes, etc. Il en est qui, plus sceptiques encore, font remarquer que les eaux en général sont conseillées, soit contre des maladies simples et qui se guérissent d'elles-mêmes, soit contre des affections incurables ; de telle sorte que Vichy, Spa, Bourbonne, Carlsbad, Tœplitz, Baden, etc., seraient les oubliettes des médecins, qui enverraient mourir loin de leurs yeux et hors de leur responsabilité les malades pour lesquels ils ne savent que faire. Ces sceptiques disent encore qu'aux eaux, ce qu'on prend le moins ce sont les eaux ; que sous prétexte de traitement préparatoire, concomitant ou complémentaire, on emploie une foule de moyens étrangers aux eaux ; que d'ailleurs, on fait chauffer celles qui sont froides, refroidir celles qui sont chaudes, qu'on laisse déposer celles qui sont fort chargées, et qu'on ajoute à celles qui ne sont pas assez puissantes ; qu'enfin on ne fait pas difficulté, lorsqu'une première saison n'a pas réussi, d'en recommencer une seconde. D'ailleurs, ils ne nient pas l'action médicamenteuse des eaux sulfureuses, ferrugineuses, salines, etc. ; ils ne nient pas qu'elles agissent directement en provoquant des selles, des sueurs, des évacuations d'urine. Ils comprennent également que les phénomènes observés aux eaux sont remarquables, tout en prétendant qu'on les obtiendrait également ailleurs, pourvu qu'on opérât avec les mêmes éléments et dans des conditions semblables.

La mode, la routine, les intérêts particuliers ont conservé leur empire dans la matière qui nous occupe, nonobstant les lumières qu'y ont jetées les sciences naturelles et la philosophie médicale. On continue d'aller aux eaux par désœuvrement ; on continue d'aller leur demander la guérison de l'ennui, de la satiété, et de quelques autres maladies moins incurables peut-être. Les guérisons qui surviennent sont attribuées aux eaux, pour lesquelles une croyance superstitieuse établit une confiance qui peut être elle-même un moyen utile.

« Disons maintenant dans quelles maladies les eaux ont été recommandées et le sont encore aujourd'hui par beaucoup de médecins. Ce sont les maladies chroniques, celles par conséquent dans lesquelles on a eu l'occasion d'employer sans succès beaucoup de médicaments. Ce qu'on doit d'ailleurs remarquer, c'est qu'un très-grand nombre d'eaux assez différentes par leur composition chimique sont conseillées contre les mêmes affections. En général, les eaux thermales sont particulièrement indiquées contre les affections de la peau, contre les douleurs goutteuses, rhumatismales, nerveuses, les paralysies, et aussi contre les engorgements des articulations ou des viscères ; on les emploie plus généralement en bains. Au contraire, c'est plutôt à l'intérieur que se prennent les eaux froides.

« D'après leur composition, les eaux acidulées sont vantées contre les maladies des voies digestives, et en particulier contre celles du foie ; mais surtout contre les maladies des voies urinaires.

« Les eaux ferrugineuses sont regardées comme toniques, et recommandées dans les affections caractérisées par la langueur générale des fonctions, et aussi contre les dérangements des digestions.

« Les eaux salines, qui agissent comme purgation et comme diurétique, sont les plus employées de toutes et conviennent dans le plus grand nombre de cas.

« Enfin les eaux alcalines sont usitées comme résolutives et dissolvantes dans les scrofules, les flux muqueux, les ulcères, la gravelle, etc., et les eaux sulfureuses, surtout celles qui sont chaudes et iodurées, sont

presque celles qui jouissent de la confiance générale, dans les maladies où l'usage des excitants paraît être spécialement applicable.

« Dans l'impossibilité de nommer toutes les eaux minérales, nous nous bornerons à indiquer celles qui jouissent de la plus grande réputation : Eaux acidulées : Mont-d'Or, Néris, Ussat, Seltz, Pougues, Châteldon, etc. Eaux ferrugineuses : Passy, Forges, Spa, Bussang, Contrexeville, Vals, Cransac, qui sont froides ; Bourbon-l'Archambault, Montferrand, Niederbronn, qui sont chaudes ; Plombières, Luxeuil, Bourbonne-les-Bains, Bagnères, Aix, Bourbon-Lancy, Dax, Carlsbad, Tœplitz, froides ; Pyrmont, Sedlitz, Seydschutz, Epsom, Bath. Il faut y ajouter les eaux de mer (Dieppe, Boulogne, Brighton, Dobberan, Nice, Trieste, etc.), et l'eau des salines. Eaux alcalines : Ems, Chaudes-Aigues, Vichy. Eaux sulfureuses : Barèges, Bagnères-de-Luchon, Saint-Sauveur, Bagnols, Bonnes, Cauterets, Saint-Amand, Enghien, Baden, Schlangenbad, Wiesbaden, Aix-la-Chapelle, Schinznach.

« Le mode d'administration des eaux a, comme nous l'avons dit, quelque chose de mystique et de superstitieux ; et chaque source possède à ce sujet des traditions et des procédés, qu'on regarde comme fort importants. La quantité d'eau à boire, le nombre et la durée des bains, sont autant de choses sacramentelles. D'ailleurs, chaque espèce d'eau a sa saison, son traitement préparatoire, accessoire, etc. Chaque source a également ses accidents, tels que de la fièvre, des éruptions cutanées, des superpurgations, des hémorrhagies ; chacune aussi a son régime, indépendamment des indications relatives aux maladies.

« Pour faire jouir des bienfaits des eaux minérales ceux qui ne pouvaient pas les prendre à la source, on a imaginé de mettre ces eaux en bouteilles pour les transporter au loin ; mais on n'a vu, que par le refroidissement, pour les thermales, et par le transport, il se faisait des réactions chimiques qui les changeaient totalement, sans parler de ce qu'on leur ôtait un de leurs plus grands éléments de succès, savoir : le voyage entrepris par les personnes malades, et la distraction qui en est la suite. On a également imaginé, et l'honneur doit en être rapporté surtout à M. le docteur Struve à Dresde ; on a imaginé de fabriquer des solutions de sels, d'acides et de gaz, dans des proportions semblables à celles des eaux minérales, et cette fabrication est même devenue l'objet d'un commerce assez important.

« Quoi qu'en puissent dire les partisans des eaux naturelles, il est évident que, si l'on renonce aux avantages de l'exercice et de l'air des montagnes, les eaux factices ou artificielles sont supérieures aux eaux naturelles transportées en bouteilles ; car il ne faut pas croire que les effets des eaux, pour la guérison des malades, dépendent de quelques grains, en plus ou en moins, de quelque sel insignifiant, ou de quelque mince différence dans le volume d'un gaz. La fabrication des eaux minérales artificielles est une opération de chimie pharmaceutique difficile et délicate. Elle suppose la connaissance parfaite des substances contenues dans ces eaux, de leur quantité précise, et encore de l'état où elles y ont été introduites, comme des réactions qu'elles ont pu y subir. Des travaux importants ont été faits sur ce sujet ; on regrette seulement qu'ils n'aient pas une utilité plus réelle ou plus incontestée.

« On peut exprimer en peu de mots l'opinion qu'on doit avoir des eaux minérales. Elles n'agissent pas autrement que ne le faisaient, toutes choses égales d'ailleurs, des solutions salines, ou autres, chauffées artificiellement au même degré. Malgré l'immense variété d'éléments et surtout de proportions qu'on y remarque, leur action médicamenteuse se rapporte à celui de leurs composants qui prédomine. Dire qu'il en est autrement, c'est donner un démenti aux observations les mieux faites ; admettre quelque chose de merveilleux, de surnaturel, c'est de la déraison, et bien plus souvent du charlatanisme. Il est hors de doute que les moyens hygiéniques jouent un grand rôle dans les effets salutaires attribués aux eaux minérales ; enfin, que souvent l'emploi des eaux est tout à fait illusoire et qu'on y guérit comme ailleurs, ni plus ni moins.

« Laissons donc les eaux minérales, comme des médicaments simples et économiques, à ceux qui se trouvent dans leur voisinage ; laissons-les aux riches, qui payent leur tribut à la mode en s'y transportant de loin ; laissons-les également à ceux qui ne peuvent ou ne veulent pas comprendre les effets de l'exercice, du régime, des bains, etc., et qui craignent d'éclairer les malades sur leurs véritables intérêts.

« Considérées sous le rapport du droit administratif, les eaux minérales sont soumises, en France, à un régime différent, selon qu'elles sont la propriété de l'Etat ou celle des particuliers et d'établissements publics, et aussi selon qu'il s'agit de sources minérales ou d'eaux artificielles.

« L'Etat possède aujourd'hui six établissements thermaux : ce sont ceux de Vichy, de Néris et de Bourbon-l'Archambault (Allier), de Bourbonne (Haute-Marne), de Provins (Seine-et-Marne), et de Plombières (Vosges). Dans le tableau officiel des propriétés immobilières appartenant à l'Etat, ces établissements sont évalués à 1,109,700 fr. Les contestations entre les communes et l'Etat sur la propriété des sources d'eaux minérales doivent être jugées par les conseils de préfecture, sauf recours au conseil d'Etat.

« Les établissements thermaux appartenant à l'Etat sont administrés par les préfets, sous l'autorité du ministre de l'agriculture, du commerce et des travaux publics. Ils doivent être mis en ferme, à moins que, sur la demande des autorités locales, le ministre n'ait permis leur mise en régie.

« Aujourd'hui, il n'y a en ferme que trois établissements, ceux de Vichy, de Provins et de Plombières. La mise en ferme a lieu au moyen d'une adjudication publique aux enchères, d'après un cahier des charges arrêté par le ministre, et qui doit contenir le prix des eaux, bains et douches. La durée des baux est de trois années. Les difficultés qui peuvent s'élever pour l'exécution des clauses du bail et le payement du prix sont de la compétence des conseils de préfecture, sauf recours au conseil d'Etat.

« En cas de mise en régie, le régisseur doit être nommé par le préfet, qui choisit aussi les employés et servants attachés au service des eaux minérales, mais, après avoir pris l'avis du médecin-inspecteur. Les préfets règlent d'ailleurs, sous l'autorité du ministre compétent, les diverses branches de l'administration des établissements thermaux, et même leur ordre intérieur, lorsque l'affluence du public l'exige.

« Ces établissements sont inspectés par des docteurs en médecine ou en chirurgie, nommés par le ministre, de manière qu'il y ait un seul inspecteur par établissement, et qu'un même inspecteur en inspecte plusieurs, lorsque le service le permet. Néanmoins, il peut, si cela est jugé nécessaire, être nommé des inspecteurs-adjoints, à l'effet de remplacer les inspecteurs titulaires, en cas d'absence, de maladie, ou de tout autre empêchement. L'inspection a pour objet tout ce qui, dans chaque établissement, importe à la santé publique. Les inspecteurs doivent veiller particulièrement à la conservation des sources, à leur amélioration. Ils surveillent dans l'intérieur des établissements la distribution des eaux, l'usage qui en est fait pour les malades, sans néanmoins pouvoir mettre obstacle à la liberté qu'ont ces derniers de suivre les prescriptions de leurs propres médecins ou chirurgiens, ou même d'être accompagnés par eux s'ils le demandent. L'Etat accordant un traitement aux inspecteurs, ceux-ci ne peuvent rien exiger des malades dont ils ne dirigent pas le traitement ou auxquels ils ne donnent pas des soins particuliers. Ils doivent soigner gratuitement les indigents, admis dans les hospices dépendant des établissements thermaux, et sont tenus de les visiter au moins une fois par jour.

« Les produits des établissements thermaux appartenant à l'Etat sont peu considérables. Le dernier compte soumis aux Chambres les porte à 128,310 fr. Ils ne sont évalués qu'à 80,000 fr. au budget de 1838. Ce produit est loin de couvrir les dépenses d'administration, d'amélioration et d'entretien. Frappées de la prospérité de certains établissements thermaux d'Allemagne, des commissions de finances ont demandé que le gouvernement s'occupât de mettre les établissements de l'Etat en mesure de rivaliser avec eux ; mais la prospérité des établissements étrangers étant due principalement à ce qu'ils sont le rendez-vous du monde élégant, qui y traîne à sa suite tous les vices des salons d'oisifs, notamment la passion du jeu, est-il bien logique de consacrer une partie des deniers publics pour attirer chez nous ces brillantes et dangereuses réunions, lorsqu'on a supprimé, au détriment du trésor, la loterie royale et la ferme des jeux de Paris ?

« Les établissements d'eaux minérales qui appartiennent à des départements, à des communes, ou à des institutions charitables, sont gérées pour leur compte. Toutefois, les produits ne sont point confondus avec les autres revenus des dits départements, communes ou institutions. Ils sont spécialement employés aux dépenses ordinaires et extraordinaires des établissements thermaux, sauf les excédants disponibles, après qu'il a été satisfait à ces dépenses. Les budgets et les comptes sont aussi présentés et arrêtés séparément.

« Du reste, ces établissements sont soumis à une autorisation préalable, délivrée par le ministre du commerce, sur l'avis des autorités locales, accompagné de l'analyse des eaux. Cette autorisation peut être révoquée, en cas de résistance aux règles établies ou d'abus qui seraient de nature à compromettre la santé publique. Des tarifs du prix des eaux sont visés et arrêtés par les préfets, et il ne peut être perçu de prix supérieurs à ces tarifs. Les préfets règlent aussi la police et l'administration des établissements qui, comme ceux de l'Etat, sont soumis à la surveillance d'inspecteurs spéciaux, rétribués par les propriétaires en raison du produit des eaux.

« Les établissements appartenant à des particuliers sont soumis à la formalité d'une autorisation préalable, au visa des tarifs par les préfets, aux règles de la police des eaux minérales et à l'inspection, moyennant rétribution, par les médecins désignés par le ministre. (Voir, sur tout ce qui précède, les arrêtés du 29 floréal an VII, du 3 floréal an VIII, du 6 nivôse an XI, l'ordonnance royale du 18 juin 1823 et la loi du 21 avril 1832.)

« Certains établissements particuliers reçoivent de l'Etat des subventions à titre d'encouragement. Les eaux thermales de Barèges (Hautes-Pyrénées), à raison de leur importance, spécialement pour le traitement des militaires, ont donné lieu à des mesures particulières, qui ont pour but d'assurer la conservation de cet établissement, en empêchant l'altération des eaux par les arrosements, les défrichements ou même les constructions. (Voir le décret du 30 prairial an XII.) »

ÉBÉNISTERIE-MARQUETERIE. — ÉBÉNISTE-MENUISIER, *qui travaille en ébène*. — On donne le même nom à ceux qui font des ouvrages de rapport, de marqueterie, de placage, avec l'olivier, l'écaille et autres matières.

Ces matières, coupées ou sciées par feuilles, sont appliquées avec de la bonne colle d'Angleterre sur des fonds faits de moindres bois, où elles forment des compartiments.

Quand les feuilles sont plaquées, on laisse la besogne sur l'établi ; on la tient en presse avec des goberges, jusqu'à ce que la colle soit bien sèche. Les goberges sont des perches coupées de longueur, dont un bout porte au plancher, et dont l'autre est fermement appuyé sur la besogne avec une cale ou coin mis entre l'ouvrage et la goberge.

Les ébénistes se servent des mêmes outils que les autres menuisiers ; mais comme ils emploient des bois durs et pleins de nœuds, tels que les racines d'olivier, de noyer, etc., qu'ils appellent *bois rustiques*, ils ont des rabots autrement disposés, qu'ils accommodent eux-mêmes selon qu'ils en ont besoin : ils en ont dont le fer est demi-couché, d'autres où il est debout, d'autres où le fer a des dents. Lorsqu'ils travaillent sur du bois rude, ils se servent de ceux dont le fer est à demi couché ; si le bois est par trop dur, ils emploient le fer droit ; et lorsque la dureté du bois est telle qu'ils craignent de le faire éclater, ils se servent de fer à dents.

Lorsqu'ils ont travaillé avec ces sortes d'outils, ils en ont d'autres qu'ils nomment *racloirs*, qui s'affûtent sur une pierre à huile : ils servent à emporter les raies que le rabot debout et celui à dents ont laissées, et à finir entièrement l'ouvrage

De la marqueterie. — La marqueterie est du ressort de l'ébéniste, et comprend l'art d'assembler proprement et avec délicatesse des bois, des métaux, des verres et pierres précieuses de différentes couleurs.

Il est trois sortes de marqueterie : la première consiste dans l'assemblage des bois rares et précieux de différentes espèces, des écailles, ivoires et autres choses semblables ; quelquefois par compartiments de bandes d'étain, de cuivre sur de la menuiserie ordinaire, pour en faire des armoires, commodes, bibliothèques, bureaux, secrétaires, guéridons, écritoires, pieds et boîtes de pendules ; mais aussi pour des lambris, plafonds, parquets, et tout ce qui peut servir d'ornement aux plus riches appartements des palais et autres ; la seconde dans l'assemblage des émaux et verres de couleur ; la troisième dans l'assemblage des marbres et pierres les plus précieuses, qu'on appelle plus proprement mosaïque.

Ceux qui travaillent à la première marqueterie, se nomment *ouvriers de placage ;* parce qu'outre qu'ils assemblent les bois, comme les menuisiers d'assemblage, ils plaquent par dessus des feuilles très-minces de différentes couleurs, et les posent les uns contre les autres avec de la colle-forte, après les avoir taillés et contournés avec la scie, suivant les dessins qu'ils veulent imiter.

On ies appelle encore *ébénistes*, parce qu'ils emploient le plus souvent des bois d'ébène. Ceux qui travaillent à la seconde sont appelés *émailleurs* ; et ceux qui travaillent à la dernière sont les *marbriers*.

L'art de la marqueterie est, dit-on, fort ancien ; l'on croit que son origine était fort peu de chose, et qu'elle vient d'Orient, et que les Romains l'emportèrent en Occident avec une partie des dépouilles qu'ils tirèrent de l'Asie. Anciennement on divisait la marqueterie en trois classes ; la première qu'on appelait *mégalographie*, était la plus estimée ; on y voyait des figures, des dieux et des hommes ; la seconde représentait des oiseaux et autres animaux de toute espèce ; et la troisième, des fleurs, des fruits et des arbres, des paysages et autres choses de fantaisie ; ces deux dernières s'appelaient indifféremment *rhodographie*.

Cet art n'a pas laissé que de se perfectionner en Italie, vers le xve siècle ; mais depuis le milieu du xviie siècle, il a acquis en France toute la perfection que l'on peut désirer. Jean de Vérone, contemporain de Raphaël, et assez habile peintre de son temps, fut le premier qui imagina de teindre les bois avec des teintures et des huiles cuites, qui les pénétraient. Avant lui la marqueterie n'était, pour ainsi dire, que du blanc et du noir ; mais il ne la poussa que jusqu'à représenter des vues perspectives qui, n'ont pas besoin d'une grande variété de couleurs. Ses successeurs enchérirent sur la manière de teindre les bois, non-seulement par le secret qu'ils trouvèrent de les brûler plus ou moins sans les consumer, ce qui servit à imiter les ombres, mais encore par la quantité des bois de différentes couleurs vives et naturelles que leur fournit l'Amérique, ou de ceux qui croissent en France, dont jusqu'alors on n'avait point fait usage.

Ces nouvelles découvertes ont procuré à cet art les moyens de faire d'excellents ouvrages de pièces de rapport, qui imitent la peinture, au point que plusieurs les regardant comme de vrais tableaux, lui ont donné le nom de *peinture en bois* et *sculpture en mosaïque*.

La manufacture des Gobelins, établie sous le règne de Louis XIV, et encouragée par ses libéralités, nous a fourni les plus habiles ébénistes qui ont paru depuis plusieurs années ; du nombre desquels est le fameux Boule, dont il nous reste quantité de si beaux ouvrages ; aussi est-ce à lui seul, pour ainsi dire, que nous devons la perfection de cet art ; mais depuis ce temps-là, la longueur de ces sortes d'ouvrages les a fait négliger.

On divise la marqueterie en trois parties : La première est la connaissance des bois propres à cet art ; la seconde, l'art de les assembler par plaques et compartiments, mêlés quelquefois de différents métaux sur la menuiserie ordinaire ; et la troisième, la connaissance des ouvrages qui ont rapport à cet art.

Des bois propres à la marqueterie. — Les bois tendres, qu'on appelle ordinairement *bois français*, ne sont ni les meilleurs ni les plus beaux ; mais aussi sont-ils plus faciles à travailler, raison pour laquelle on en fait le fond des ouvrages.

Le fond des ouvrages de marqueterie sont les ouvrages mêmes non plaqués.

Les bois français que l'on emploie le plus souvent à cet usage sont : le sapin, le châtaignier, le tilleul, le frêne, le hêtre, et quelques autres très-légers, le noyer blanc et brun, le charme, le cormier, le buis, le poirier, le pommier, le merisier, l'acacia, le psalm et quantité d'autres, s'emploient refendus, avec les bois des Indes, aux compartiments de placage ; mais il faut employer ce bois bien sec, car comme il se tourmente beaucoup quand il n'est pas sec, quels mauvais effets ne ferait-il pas si une fois plaqué il se tourmentait ?

Les bois fermes, appelés *bois des Indes*, parce que la plupart viennent de ces pays, sont plus rares et plus précieux les uns que les autres ; leurs pores sont fort serrés, ce qui les rend très-fermes et susceptibles d'être refendus très-minces. Plusieurs les appellent *bois d'ébène*, quoique l'ébène proprement dit soit de couleur noire.

L'ébène noire est de deux espèces : l'une qui vient du Portugal, est parsemée de taches blanches ; l'autre, qui vient de l'île Maurice, est plus noire et beaucoup plus belle.

Le grenadil est une espèce d'ébène que quelques-uns appellent ébène rouge, parce que son fruit est de cette couleur ; mais le bois est d'un brun foncé, veiné de blanc.

Celles qui sont vraiment rouges, sont : le bois de rose, le mayenbeau, le chacaranda, le bois de la Chine, qui est veiné de noir ; le bois de fer est plus brun.

Les ébènes vertes sont : le calembour, le gaïac et autres ; mais cette dernière espèce est dure, pesante, et mêlée de taches brillantes.

Les ébènes violettes, sont : l'amaranthe, et l'ébène palissante, qu'on appelle violette ; mais le premier est le plus beau ; les autres sont bruns.

Les ébènes jaunes, sont : le clairembourg, dont la couleur approche de celle de l'or, le cèdre, différents acajous, et l'olivier, dont la couleur tire sur le blanc.

Des assemblages. — On entend par assemblage de marqueterie, non-seulement l'art de réunir et de joindre ensemble plusieurs morceaux de bois pour n'en faire qu'un corps ; mais encore de les couvrir par compartiments de pièces de rapport. Les uns se font carrément à queue d'aronde, en onglet, en fausse coupe, etc. ; les autres se font avec de petites pièces de bois refendues très-minces, découpées de différentes manières, selon le dessin des compartiments, et collées ensuite les unes contre les autres.

Cette dernière sorte d'assemblage se fait de deux manières, l'une est lorsqu'on joint des ivoires, écailles de différente couleur; l'autre lorsque l'on joint ces mêmes bois avec des compartiments ou filets d'étain, de cuivre et autres.

La première se divise en deux espèces : l'une lorsque les bois divisés représentent des cadres, panneaux, et quelquefois des fleurs de même couleur; l'autre lorsque, indépendamment des cadres, ces derniers représentent des fleurs, des fruits, et même des figures qui imitent les tableaux.

L'une et l'autre consistent à teindre une partie des bois qu'on veut employer, et qui ont besoin de l'être, pour leur donner des couleurs qu'ils n'ont pas naturellement; chaque ouvrier a sa manière de teindre les bois, dont il fait un grand mystère; les uns les brûlent, les autres les teignent avec de l'huile de soufre; ensuite à réduire en feuilles d'environ une ligne d'épaisseur tous les bois que l'on veut employer dans un placage; enfin, ce qui est le plus difficile, à contourner ces feuilles avec la scie, suivant la partie du dessin qu'elles doivent occuper, en les serrant dans des étaux que l'on appelle *ane*.

Cela se fait en pratiquant d'abord sur l'ouvrage même un placage de bois de la couleur du fond du dessin. On y trace ensuite le dessin, dont on supprime les parties qui doivent recevoir des bois d'une autre couleur.

Il faut ensuite les plaquer les unes sur les autres avec de la colle forte, en se servant du marteau à plaquer.

La seconde manière avec compartiments d'étain, de cuivre, est de deux sortes : l'une est celle dont le bois forme des fleurs et autres ornements auxquels les métaux servent de fond; l'autre est, au contraire, celle dont le cuivre et l'étain font les fleurs et autres ornements, auxquels le bois, l'écaille ou l'ivoire, sert de fond. On colle les métaux, non avec de la colle forte, mais avec du mastic.

Des ouvrages de marqueterie. — La marqueterie était fort en usage chez les anciens. La plus grande richesse des appartements ne consistait qu'en meubles de cette espèce. Les plafonds, les parquets, les lambris étaient aussi marquetés; ils en faisaient des vases et des bijoux de toutes espèces, qu'ils considéraient comme autant d'agréments agréables à la vue. Mais depuis que les porcelaines et les émaux les plus précieux ont remplacé toutes ces choses, la marqueterie a beaucoup diminué de son luxe. Néanmoins, on voit encore au château de Saint-Cloud et de Meudon des cabinets de curiosités, où se trouvent quantité de ces ouvrages

Tel était, au commencement de ce siècle, l'état de l'art de l'ébéniste et du marqueteur. Cet art a fait quelques progrès, surtout depuis que M. de Jouffroy, vers 1835, a trouvé le moyen de produire, à l'aide d'une machine mue par la vapeur, les travaux de marqueterie les plus compliqués, avec une économie considérable de main d'œuvre.

Une connaissance indispensable à l'ébéniste, et, on peut le dire, la plus importante de toutes, est celle des matériaux nécessaires à l'exploitation de son industrie. Ces matériaux se divisent en deux classes : les uns (ce sont certains bois de nos pays) entrent dans la construction des bâtis ou charpentes des meubles; les autres sont exclusivement affectés au revêtement ou placage, qui en fait l'ornement. Ce sont d'abord, parmi les bois indigènes, ceux qui tiennent de la nature ou sont susceptibles de recevoir, sous la main de l'art, les nuances les plus variées, les plus riches couleurs, tels que le noyer, le frêne, l'orme, l'amandier, le bois de Sainte-Lucie; et en second lieu, les bois qui croissent dans les deux Indes, en première ligne desquels il faut ranger l'acajou, l'aloès, les bois de rose et d'amaranthe, le gaïac, le santal rouge, le citron, les bois violets et satinés, les bois marbrés et le bois de fer, les ébènes, etc. Autrefois on sciait tous ces bois à la main; mais, outre que ce travail était très-pénible et donnait des feuilles inégales, il occasionnait encore un déchet considérable. Aujourd'hui on se sert de grandes scies circulaires mues par des chevaux ou par la vapeur, et l'on se trouve d'autant mieux de ce procédé mécanique, qu'il réunit l'économie du temps, des matériaux et de la fatigue à la précision mathématique du travail. Ainsi, par exemple, il suffit d'un ouvrier qui se tienne là pour placer les billes sur le chariot de la machine, et les retirer à mesure qu'elles sont détachées. Par ce procédé, on parvient à extraire de 30 à 40, quelquefois même jusqu'à 64 feuilles, d'une planche d'un pouce d'épaisseur.

On découpe ensuite ces feuilles avec une pointe ou lame, afin de leur donner des formes appropriées à la carcasse des meubles qu'elles doivent recouvrir. Il faut que l'ébéniste soit, avant tout, menuisier (*Voy. ce mot*), parce que la qualité de son travail, sous le double rapport de la solidité et de la propreté, dépend surtout de la confection des corps ou bâtis. On les construit de la même façon que pour les meubles ordinaires, mais en ayant soin de n'y faire entrer que du bois dur et très-sec, peu sujet à se tourmenter, sans quoi le placage ne manquerait pas de se lever ou de se fendre.

Lorsqu'à la suite de la découverte des deux Indes, les bois précieux de ces contrées vinrent enrichir le domaine de l'industrie, on se mit d'abord à faire les meubles de luxe en bois des Indes massif. Cette profusion, comme on peut le penser, en élevait le prix à un taux exorbitant, et ce ne fut guère que vers la fin du XVIIIe siècle que Laplace vint mettre à la portée de toutes les fortunes des meubles qui ne le cédaient en rien aux premiers pour l'éclat et le fini du travail. Le placage est la pierre de touche du talent de l'ouvrier ; c'est lui qui élève véritablement le travail de l'ébéniste à la hauteur des œuvres d'art. En effet, le nombre des diverses espèces de bois employés par les ébénistes est assez borné, et leurs ouvrages finiraient par devenir très-monotones, s'ils ne savaient varier à l'infini les marbrures de leurs bois par des coupures faites dans tous les sens, employer les uns dans leurs couleurs naturelles, en donner d'artificielles à certains autres, en les faisant bouillir avec des matières colorantes, enfin combiner leurs plaqués, et mêler les nuances de manière à produire les dessins les plus agréables à l'œil.

Voici maintenant la manière d'opérer : on chauffe d'abord à un feu clair les bois des meubles, afin de les rendre plus pénétrables à la colle et de faciliter l'adhérence des feuilles ; la pièce est ensuite moulée, c'est-à-dire battue sur un madrier de chêne, du côté qui doit recevoir la colle, qu'on n'applique qu'après l'avoir chauffée au bain-marie jusqu'à ce qu'elle soit liquéfiée, mais non cependant bouillante. La colle posée, on présente la pièce au feu du côté qui en est enduite ; on colle également le bâti, sur lequel on applique la feuille, et lorsqu'on s'est bien assuré qu'il n'y a pas de grumelots qui fassent corps sous le placage, on appuie fortement sur la pièce la paume du marteau dit à *plaquer*, en la poussant en avant et l'agitant en tout sens. De cette façon, l'adhérence devient parfaite entre les deux faces, et l'excédant de colle qui n'a pas encore perdu sa liquidité s'échappe par les bords. Pour savoir si l'adhérence est complète, on frappe légèrement avec la tête du marteau sur tous les points de la pièce, et la différence de son suffit pour faire distinguer les parties défectueuses des parties saines ; c'est ce qu'on appelle *sonder la pièce*. Si, par hasard, la colle s'était refroidie au point de ne pouvoir plus se prêter à l'adhésion, on lui rendrait sa liquidité en passant sur la pièce le fer à chauffer. Cette opération terminée, on place les feuilles sous l'établi, où on les tient en presse, comme nous l'avons dit colonne **1051**

On affecte encore au même usage une espèce de presse terminée à chaque extrémité par une vis, dont le jeu abaisse un châssis qui comprime fortement sur tous les points la besogne. Ces appareils ne s'enlèvent que lorsque la colle est parfaitement sèche, et le placage à l'abri des dérangements que pouvaient lui occasionner les variations de température. Le placage des surfaces courbes se pratique de la même manière ; seulement, comme il présente plus de difficultés, les ébénistes emploient à cet effet un tour appelé *mécanique à plaquer*.

A la suite du placage vient le replanissage. Son effet est de donner au bois une surface unie, mais qui demeure terne jusqu'à ce qu'on la recouvre d'un enduit transparent qui en fasse ressortir la beauté. On n'employa longtemps à cet usage que la cire seule ou la cire dissoute dans l'essence de térébenthine ; mais enfin on découvrit les vernis transparents, exclusivement employés aujourd'hui, parce qu'ils réunissent à un éclat presque métallique l'avantage de prolonger la durée des meubles, en durcissant leurs surfaces qu'ils mettent à l'abri des taches et de la poussière, en empêchant aussi les insectes rongeurs de pénétrer dans l'intérieur du bois. Dans l'intérêt de la conservation des meubles, il est urgent de renouveler de temps à autre ces vernis. Le replanissage s'effectue de la manière suivante : vous avez un rabot à lame dentée, très-peu saillante, afin de ne pas faire éclater le bois, et vous le conduisez dans une direction oblique au fil du bois ainsi qu'aux joints des lames de placage. A mesure que vous voyez la surface se nettoyer, vous rentrez graduellement le fer du rabot, jusqu'à ce qu'il ne morde presque plus, et vous prenez successivement plusieurs rabots à dentures de plus en plus fines, et tellement échelonnées que le fer du dernier n'agisse plus que comme une sorte de racloir.

Vient ensuite le polissage, qui consiste : 1° à unir le placage, en passant le râcloir dans tous les sens, et en terminant par un dernier coup donné légèrement dans le sens du fil du bois ; 2° à enlever avec le papier de verre, c'est-à-dire du papier couvert de colle et de verre pulvérisé, les inégalités que le racloir peut avoir omises : on emploie successivement du verre de plus fin en plus fin, jusqu'à ce que la surface, vue au jour, n'offre plus d'aspérités ; 3° à polir avec la pierre ponce et à l'huile, en frottant encore dans tous les sens et polissant à fil de bois ; 4° enfin, à finir et à polir avec de la poudre de tripoli très-fine, qu'on répand sur la surface du bois, après quoi on frotte jusqu'à ce que cette poudre ait absorbé toute l'huile et desséché presque entièrement la surface du bois. Il ne reste plus qu'à essuyer avec un linge, pour enlever l'espèce de limon qui s'est formé ; et ce dernier coup donné au polissage, le meuble se trouve disposé à recevoir le vernis.

Nous avons parlé plus haut des outils des ébénistes avec assez de détails pour n'avoir plus à y revenir.

A l'époque où les ornements métalliques étaient en grande faveur dans les ameublements, les ébénistes n'étaient pas chargés de les fondre, réparer ni dorer ; ils se contentaient de les poser. Ils ne préparaient et taillaient eux-mêmes que les ornements d'étain et de cuivre, qui formaient ce qu'ils appelaient la *partie* et la *contre-partie*. Aujourd'hui, la mode a proscrit toute espèce de métal dans les meubles, où l'on aime à trouver, avant tout, une grande simplicité. La manufacture royale des Gobelins a produit autrefois dans l'ébénisterie des artistes célèbres, parmi lesquels Boule se distinguait par la beauté de la marqueterie et le goût exquis qui présidait au choix de ses bronzes. Du reste, les ouvriers français semblent avoir monopolisé le génie de l'ébénisterie, et les ouvrages sortis de leurs mains, surtout dans les ateliers de Paris, ont conquis dans l'Europe une célébrité qu'aucun peuple ne leur dispute. Cependant les ouvriers allemands sont aussi très-renommés.

Les ébénistes n'ont jamais constitué à Paris une communauté particulière; ils appartenaient au corps des maîtres menuisiers; seulement, pour les distinguer de ceux qu'on nommait menuisiers d'assemblage, on les appelait menuisiers de placage ou de marqueterie. (*Voy.* MARQUETERIE.)

L'art de l'ébénisterie paraît remonter à une haute antiquité. Transporté par Alexandre de l'Asie, qui fut son berceau, en Grèce, il passa bientôt à Rome, où il fut accueilli avec la plus grande faveur, ainsi que la marqueterie et les mosaïques en marbres et métaux.

Au xvᵉ siècle, le Pape Jules II utilisa e talent de Jean de Vérone dans les embellissements du Vatican. Ses successeurs furent Philippe Brunelleschi et Benoît de Majano; et cependant nous n'avions encore en France que des meubles informes, lorsque les deux reines Catherine et Marie de Médicis appelèrent chez nous cet art qui, dans le xviiᵉ siècle, arriva presque à son apogée entre les mains de Jean-Marie de Blois, d'André-Charles Boule et de son fils, etc., auxquels ont succédé de nos jours les Helping, les Werner et tant d'autres.

ÉCLAIRAGE AU GAZ. — Dans tous les temps l'homme a senti le besoin de suppléer par une lumière artificielle à celle que lui refusait le soleil. Les moyens qu'il employa furent d'abord des plus simples : des éclats de bois, quelques branches d'arbres résineux. Bientôt les corps onctueux, les graisses (*Voy.* CHANDELLES, BOUGIES), les huiles, furent soumis à d'heureux essais. (*Voy.* LAMPES.) Le gaz hydrogène à son tour est venu nous prêter ses principes lumineux. Nous ne saurions mieux faire que de demander à l'ouvrage si apprécié du monde savant, que vient de faire paraître M. L. Figuier, les détails de ce nouveau progrès de la science.

La question de priorité qui se rattache à la découverte de l'éclairage au gaz a été débattue, il y a trente ans, en Angleterre et en France, avec une ardeur et une ténacité que l'importance même du sujet ne justifiait point. Le temps a effacé jusqu'aux traces de ces débats; on peut donc maintenant essayer en toute sécurité de fixer la part qui revient à chacune des deux nations rivales dans la création de cette branche intéressante de l'industrie contemporaine.

L'éclairage par le gaz n'est qu'une suite très-simple des découvertes chimiques accomplies au siècle dernier. On savait depuis longtemps que la combustion de certains gaz composés s'accompagne d'un dégagement de lumière et de chaleur, et dès la fin du xviiᵉ siècle, l'expérience avait montré que la houille, soumise en vase clos à une haute température, fournit un gaz susceptible de brûler avec éclat. Mais jusqu'à la fin du dernier siècle, personne n'avait songé à tirer parti de ce fait. L'idée d'appliquer à l'éclairage les gaz combustibles qui se forment pendant la décomposition de certaines substances organiques, appartient incontestablement à un ingénieur français nommé Philippe Lebon. Les moyens insuffisants et imparfaits employés par notre compatriote, pour appliquer à l'éclairage les gaz qui résultent de la décomposition du bois ou de la houille, ne reçurent en France qu'un commencement d'exécution; mais cette idée fut quelques années après reprise en Angleterre; et les procédés imaginés alors pour l'extraction et pour l'épuration du gaz, eurent pour effet de créer cette industrie remarquable. Ainsi le principe théorique de l'éclairage au gaz appartient à notre nation; mais l'honneur de son exécution pratique doit revenir tout entier à la persévérance et à l'habileté de nos voisins.

Tel est, en quelques mots, l'aperçu d'ensemble qui résume en un trait général la question historique qui se rapporte à l'invention qui va nous occuper. Examinons maintenant avec plus de détails les faits qui autorisent cette conclusion.

La première observation scientifique relative aux gaz combustibles et éclairants, est due à un physicien anglais nommé James Clayton. Tout le monde sait qu'il se dégage quelquefois du sein de la terre certains fluides élastiques susceptibles de s'enflammer. Ces phénomènes, dont les anciens ont parlé comme de prodiges inexplicables, ont été observés depuis des siècles; les feux de Pietra-Mala et de Barigazzo en Italie, la *fontaine ardente* du Dauphiné, les feux qui apparaissent sur les bords de la mer Caspienne et dans beaucoup de contrées des États-Unis, en sont des exemples bien connus.

En 1664, le docteur Clayton observa un phénomène semblable à la surface d'une veine de houille. En approchant un corps en ignition de certaines fissures de la mine, on voyait aussitôt apparaître une flamme. Clayton attribua ce fait à une vapeur spontanément dégagée du charbon, et pour vérifier sa conjecture, il soumit le charbon de cette mine à la distillation. Il reconnut, en opérant ainsi, que le charbon de terre fournissait de l'eau, une substance noire huileuse, qui n'était autre chose que du goudron, et enfin un gaz (*spirit*) qu'il ne put parvenir à condenser. Enflammé au bout d'un tube placé à l'extrémité de l'appareil, ce gaz brûlait en émettant beaucoup de lumière. Clayton désigna ce produit sous le nom d'*esprit de houille*, s'imaginant que la houille était le seul combustible qui pût lui donner naissance.

Hales, qui répéta cinq ans après l'expérience intéressante de James Clayton, reconnut que le charbon de terre soumis à la calcination fournit un tiers de son poids de vapeurs inflammables (1).

Le savant évêque de Landaff, le docteur Watson, qui s'est occupé en 1769 des produits de la distillation du charbon et du bois, annonce également qu'il a retiré de ces matières un gaz inflammable, une huile épaisse ressemblant à du goudron, et un résidu de charbon poreux et léger (2).

En 1786, lord Dundonald avait établi plusieurs fours pour la distillation de la houille, afin d'en obtenir du goudron. On reconnut que les vapeurs dégagées pendant la distillation étaient très-faciles à enflammer; mais, loin de tirer parti de ces produits comme agents lumineux ou combustibles, on les laissait échapper par toutes les ouvertures des appareils, on les brûlait à la bouche des fourneaux. On imagina seulement de disposer des tuyaux métalliques pour conduire le gaz, que l'on fit brûler à l'extrémité de ces tubes, et l'on produisit ainsi de la lumière à une certaine distance des fours. Cependant on ne voyait là qu'un phénomène curieux, qui servit longtemps de jeu aux ouvriers de l'usine. Un allemand nommé Diller, qui avait été témoin de ce phénomène, jugea à propos d'en faire à Londres une exhibition publique sur le théâtre du Lycée. Il faisait brûler des flambeaux alimentés par les gaz provenant de la distillation de la houille ; on donnait à ce spectacle le nom de *lumière philosophique*.

Il faut donc reconnaître que le pouvoir éclairant du gaz qui prend naissance pendant la calcination de la houille a été de bonne heure observé et mis en pratique en Angleterre ; mais le composé qui se forme dans cette circonstance était regardé comme un produit exclusivement propre au charbon de terre. Ce fait, découvert par hasard et en dehors de toute idée scientifique, n'avait conduit à aucune vue générale; il ne peut donc rien enlever au mérite des travaux de Philippe Lebon, qui reposent au contraire sur un ensemble de déductions théoriques, et représentent tout une série d'applications raisonnées de la science.

Philippe Lebon, ingénieur des ponts et chaussées, était né vers 1765 à Brachet (Haute-Marne), près de Joinville. C'est vers l'année 1786 qu'il conçut la première idée de faire servir à l'éclairage les gaz qui proviennent de la combustion du bois. En l'an VII de la république, il annonça sa découverte à l'Institut, et en l'an VIII, à la date du 6 vendémiaire (28 septembre 1799), il prit un brevet d'invention pour un appareil qu'il désignait sous le nom de *thermolampe*, et

(1) *Statique des végétaux*, t. I.
(2) *Essais chimiques*, t. II.

qui devait fournir à la fois de la lumière et de la chaleur. Philippe Lebon a publié un mémoire de quelques pages qui démontre suffisamment qu'il avait pressenti toute l'étendue que ses idées pourraient recevoir un jour. Quelques passages extraits de cet écrit fort peu connu suffiront à lever les doutes qui ont été émis à ce sujet à différentes époques.

Le mémoire de Lebon a pour titre : *Thermolampe ou poêle qui chauffent, éclairent avec économie, et offrent, avec plusieurs produits précieux, une force motrice applicable à toute espèce de machines.*

Après avoir indiqué les divers genres d'applications que peut recevoir le thermolampe, Lebon ajoute les réflexions suivantes :

« Je ne parle pas des effets que l'on pourrait obtenir en appliquant encore la chaleur produite aux chaudières de nos machines à feu ordinaires, ni des applications sans nombre de la force qui se déploie dans ces nouvelles machines. Tout ce qui est susceptible de se faire mécaniquement est l'objet de mon appareil, et la simultanéité de tant d'effets précieux rendant la dépense proportionnellement très-petite, le nombre possible d'applications économiques devient infini. Dans les forges on néglige et l'on perd tout le gaz inflammable, qui offre cependant des effets de chaleur et de mouvement si précieux pour ces établissements. La quantité de combustible que l'on y consomme est si énorme que je suis persuadé qu'en le diminuant considérablement on pourrait, en suivant les vues que j'indique, non-seulement obtenir les mêmes effets de chaleur, mais même donner surabondamment la force que l'on emprunte du cours d'eau, souvent éloigné des forêts et mines, et dont la privation donne lieu, dans les sécheresses, à des chômages d'autant plus nuisibles qu'ils laissent sans travail une classe nombreuse d'ouvriers ; en général tous les établissements qui ont besoin de mouvement ou de chaleur ou de lumière, doivent retirer quelque avantage de cette méthode d'employer le combustible à ces effets.

« Cependant le plus grand nombre des applications du thermolampe devant avoir pour objet de chauffer et d'éclairer, je vais les considérer particulièrement sous ce point de vue.

« La forme des vases dans lesquels le combustible est soumis à l'action décomposante du calorique, peut varier à l'infini, suivant les circonstances, les besoins et les localités. Je me contenterai d'indiquer quelques dispositions qui me paraissent intéressantes à connaître et qui d'ailleurs donneront une idée de la multiplicité des formes dont ces vases sont susceptibles. »

Ici Lebon indique les dispositions les plus convenables à donner au cylindre destiné à contenir le bois soumis à la distillation sèche. Il termine en ces termes :

« Le gaz qui produit la flamme, bien préparé et purifié, ne peut avoir les inconvénients de l'huile, ou du suif, ou de la cire employés pour nous éclairer. Cependant, l'apparence d'un mal étant quelquefois aussi dangereuse que le mal même, il n'est pas inutile de faire remarquer combien il est facile de ne répandre dans les appartements que la lumière et la chaleur, et de rejeter à l'extérieur tous les autres produits, même celui résultant de la combustion de ce gaz inflammable : voici, pour cet objet, ce qui est exécuté chez moi.

« La combustion du gaz inflammable se fait dans un globe de cristal, soutenu par un trépied, et mastiqué de manière à ne rien laisser échapper au dehors des produits de la combustion. Un petit tuyau y amène l'air inflammable; un second tuyau y introduit l'air atmosphérique, et un troisième tuyau emporte les produits de la combustion. Celui de ces tuyaux qui conduit l'air atmosphérique le prend dans l'intérieur de l'appartement quand on veut le renouveler, ou autrement il le tire de dehors. Comme ces tuyaux s'unissent au-dessous du globe, il est nécessaire que celui du tirage s'élève verticalement dans une autre partie de sa course, et qu'il y soit un peu échauffé au commencement de l'opération, pour déterminer le tirage. D'ailleurs, chacun de ces tuyaux peut avoir un robinet ou une soupape, afin que l'on puisse établir le rapport que l'on peut désirer entre les fournitures du gaz et le tirage.

« On conçoit, sans qu'il soit besoin de l'expliquer, que le globe peut être suspendu et descendu du plafond; que dans tous les cas, il est facile, par la disposition des tuyaux, de rendre prompte et immédiate la combinaison des deux principes de la combustion, de distribuer et de modeler les surfaces lumineuses, et de gouverner et suivre l'opération; et qu'enfin par ce moyen la chaleur et la lumière nous sont données après avoir été filtrées à travers du verre ou du cristal, et qu'elles ne laissent rien à craindre des effets des vapeurs sur les métaux. Il n'est point indispensable cependant, pour absorber les produits de la combustion, qu'elle ait lieu dans un globe exactement fermé; un petit dôme ou capsule de verre ou de cristal, de porcelaine ou d'autres matières, peut les recevoir pour les introduire dans un tuyau qui, par son tirage, les pousserait continuellement (1). »

Philippe Lebon signale dans son brevet les matières grasses et la houille comme propres à remplacer le bois. Cependant, dans l'appareil qu'il a décrit sous le nom de *thermolampe*, le bois seul était employé. Il plaçait dans une grande caisse métallique des bûches de bois qui étaient soumises à la distillation sèche. En se décomposant par l'action du feu, la matière organique donnait

naissance à des gaz inflammables, à diverses matières empyreumatiques et à de l'acide acétique. Il restait dans l'appareil du charbon comme résidu de la distillation. Lebon consacrait le gaz à l'éclairage, et il utilisait la chaleur du fourneau pour le chauffage des appartements. De là le nom de *thermolampe* pour cet appareil, qu'il voulait faire adopter comme une sorte de meuble de ménage. Depuis 1799 jusqu'en 1802, il fit un grand nombre d'expériences pour tirer parti de tous les produits qu'il obtenait. Ses premiers thermolampes furent établis au Havre; il voulait appliquer le gaz à l'éclairage des phares et faire servir le goudron à la marine. Mais les fluides élastiques qui prennent naissance pendant la combustion du bois et qui se composent surtout d'oxyde de carbone et d'hydrogène carboné, ne sont que très-peu éclairants; en outre, l'inventeur ne s'était pas sérieusement occupé des moyens d'épurer son gaz, qui répandait une odeur très-désagréable. Aussi les expériences exécutées au Havre n'éveillèrent-elles que faiblement l'attention ou l'intérêt du public, et Lebon revint à Paris sans avoir pu réussir à mettre ses vues en pratique.

L'application de la houille à l'éclairage, dont il ne parle qu'en passant, dans une note de son mémoire, fut cependant réalisée à Paris par Philippe Lebon. Les appartements et les jardins de l'hôtel Seignelay, qu'il occupait dans la rue Saint-Dominique, furent éclairés par ce moyen. Mais ses procédés d'épuration étaient tout à fait insuffisants; l'odeur fétide du gaz, les produits nuisibles auxquels sa combustion donne naissance, lorsqu'il n'a pas été convenablement purifié, forcèrent Lebon à abandonner l'entreprise. A peu près ruiné par les dépenses considérables que ses expériences avaient exigées, il se retira à Versailles et alla s'établir auprès de l'aqueduc de Marly une fabrique d'acide pyroligneux. (*Voy.* ce mot.)

La fabrication de l'acide pyroligneux, que Lebon établit à Versailles, n'était que l'application pratique des idées qui l'avaient amené à la construction de son *thermolampe*. En distillant du bois en vases clos, on obtenait un résidu de charbon qu'on livrait directement au commerce; il se formait du goudron, des gaz inflammables, de l'eau et de l'acide acétique. Le gaz ramené dans le foyer au moyen d'un tube, servait à activer la combustion, le liquide aqueux chargé de goudron et d'acide acétique, purifié par les moyens chimiques convenables, était employé à préparer de l'acide acétique faible, que l'on désignait et que l'on désigne encore sous le nom d'*acide pyroligneux*. Cette fabrication, qui présentait, on le voit, plusieurs faits remarquables et dénotait de la part de l'auteur une rare intelligence, est pratiquée aujourd'hui dans nos forêts sur une grande échelle, pour la préparation du charbon de bois et de l'acide acétique faible; elle n'a subi depuis sa création que fort peu de changements.

---

(1) *Addition au brevet d'invention de quinze ans, accordé le 28 septembre 1799, à M. Lebon de Paris. (Description des machines et procédés spécifiés dans les brevets d'invention et de perfectionnement et d'importation dont la durée est expirée,* t. V, p. 124.)

Philippe Lebon réunissait en effet à un haut degré les qualités de l'inventeur; il avait l'activité d'esprit, la sagacité de coup d'œil, la hardiesse d'exécution, qui amènent et fécondent les découvertes. Quoique forcé d'abandonner les expériences qu'il avait entreprises à Paris sur l'éclairage au moyen du gaz retiré de la houille, il n'avait jamais perdu de vue ce grand objet, et il n'est pas douteux que si les agitations politiques de l'époque eussent laissé à l'industrie un plus libre développement, il n'eût mené à bien cette belle entreprise. Sa triste fin, arrivée en 1802, priva la France de l'honneur définitif de cette invention. Un matin, au point du jour, quelques personnes relevèrent aux Champs-Elysées le corps d'un homme percé de coups; c'était celui de Philippe Lebon. Au milieu des préoccupations du moment, la cause de sa mort ne fut point recherchée, et son nom grossira la liste de ces inventeurs malheureux qui n'ont trouvé auprès de leurs contemporains que l'indifférence et l'oubli.

Pendant que Philippe Lebon échouait dans ses tentatives et ne trouvait en France aucun encouragement pour le développement de ses idées, un ingénieur nommé Murdoch, qui avait eu connaissance des résultats obtenus à Paris, les mettait en pratique en Angleterre. Les écrivains anglais prétendent que, dès l'année 1792, Murdoch avait fait dans le comté de Cornouailles, sa patrie, quelques expériences relatives aux gaz éclairants fournis par différentes matières minérales ou végétales. Aucun document ne confirme ce fait. Ce n'est que dans l'année 1798 que Murdoch vint établir dans les manufactures de James Wat, à Soho, près de Birmingham, un appareil destiné à l'éclairage du bâtiment principal. Cependant ce système ne fut pas définitivement adopté dans l'usine de Soho; les expériences y furent souvent abandonnées et reprises. En 1802, à l'occasion de la paix d'Amiens, Murdoch fit sur la façade de l'établissement de James Wat une illumination brillante qui étonna beaucoup la population de Birmingham.

Ce n'est qu'en 1805 que l'éclairage par le gaz fut institué pour la première fois d'une manière définitive en Angleterre dans une grande manufacture. A cette époque, la fabrique de James Wat adopta entièrement ce genre d'éclairage. Peu de temps après, le bel établissement pour la filature du lin de MM. Philipps et Lée à Manchester fut éclairé à son tour par ces moyens nouveaux. Cependant les procédés employés par Murdoch ne différaient que faiblement de ceux que Philippe Lebon avait mis en œuvre à Paris. Le gaz mal épuré renfermait tous les produits nuisibles qui se mêlent pendant la distillation de la houille à l'hydrogène bicarboné et communiquent aux produits de sa combustion les propriétés les plus fâcheuses. Cette sorte d'éclairage, dans les conditions où il se trouvait à cette époque, ne pouvait donc être toléré que dans une manufacture. De là aux applications générales du gaz à

l'éclairage public et domestique, il y avait un pas immense à franchir. Ce brillant résultat ne devait être réalisé qu'après de longues luttes et par une suite de travaux persévérants.

Un Allemand nommé F. A. Winsor avait traduit en allemand et en anglais le mémoire de Philippe Lebon sur le *thermolampe*. En 1802 il publia cette traduction à Brunswick, et la dédia au duc régnant qui avait été témoin avec toute sa cour de ses expériences sur l'éclairage au moyen de la distillation des bois de chêne et de sapin. Donnant suite à ces premières recherches, Winsor continua ses essais dans les villes de Brême, Hambourg et Altona; enfin il se rendit à Londres et exécuta les mêmes expériences en public sur le théâtre du Lycée. Les succès obtenus par Murdoch avec le gaz de la houille le décidèrent à renoncer à l'emploi des matières végétales. Il seconda ce dernier dans l'établissement définitif de l'éclairage de l'établissement de Wat à Soho et dans quelques fabriques de Birmingham. Convaincu dès lors de l'avenir réservé à cette industrie, Winsor prit en Angleterre un brevet d'invention et s'occupa de former une société industrielle pour appliquer le gaz à l'éclairage public.

Ce n'était pas une faible entreprise que de fonder au milieu de tant d'intérêts opposés une institution si nouvelle. Les industries, existant à cette époque pour l'éclairage domestique, devaient susciter contre un tel projet des obstacles de tout genre. Proposer d'élever au milieu des villes des réservoirs immenses d'un gaz inflammable, de placer le long des rues des conduits souterrains, et d'amener le gaz dans l'intérieur des maisons, en présence de tant de matières sujettes à l'incendie, c'était évidemment heurter toutes les habitudes reçues et provoquer des craintes sans nombre assez fondées d'ailleurs à une époque où l'expérience n'avait rien dit encore sur l'innocuité de ces dispositions. Ces premières difficultés auraient pu à la rigueur s'amoindrir devant la pratique, si le gaz proposé avait offert dans ses qualités des avantages certains. Mais loin de là; obtenu par les procédés mis en usage à cette époque, le gaz de Winsor présentait toute sorte de défauts; son odeur était fétide, il attaquait les métaux, il donnait naissance en brûlant à de l'acide sulfureux, enfin on ne connaissait pas les moyens de prévenir les explosions qu'il occasionne lorsqu'il se mélange accidentellement avec l'air atmosphérique. Toutes ces conditions si défavorables auraient fait reculer le spéculateur le plus hardi. Elles n'arrêtèrent pas Winsor. En effet tout semblait se réunir chez cet homme singulier pour en faire le type de l'industriel audacieux que rien n'arrête, qui, loin de céder aux résistances que soulèvent contre lui les intérêts opposés, y trouve un motif de plus de persister dans ses desseins, et qui, à force de hardiesse, de persévérance et de courage, par l'exagération de ses assertions, par des promesses souvent menteuses, finit par contraindre l'opinion de plier à ses vues.

Tout ce que Winsor avança d'affirmations téméraires, de promesses chimériques, est presque inimaginable. Cependant ne blâmons pas trop haut ces manœuvres ; c'est à elles que nous devons l'éclairage au gaz.

C'est en 1804 que Winsor publia à Londres le prospectus d'une compagnie nationale pour la lumière et la chaleur. Il promettait à ceux qui déposeraient 100 fr. un revenu annuel de 12,450 fr., lequel, ajoutait-il, était probablement destiné à atteindre un jour dix fois cette somme. Comme l'on avait exprimé la crainte que l'extension de son système d'éclairage n'amenât peu à peu à l'épuisement des mines de houille, Winsor déclarait avec assurance que le coke résidu de la distillation de la houille donnerait deux fois plus de chaleur en brûlant que le charbon qui l'avait fourni

Le capital de douze cent cinquante mille francs, demandé par Winsor, fut entièrement souscrit ; mais cette somme, au lieu de produire les revenus fabuleux que l'on avait annoncés, fut tout entière absorbée par les expériences.

Winsor ne se découragea pas. Appuyé par une commission de vingt-six membres choisis parmi ses anciens actionnaires et qui se composait de banquiers, de magistrats, de propriétaires, d'un médecin et d'un avocat, il renchérit si bien sur ses premières affirmations, qu'il se fit accorder une somme de quatre cent quatre-vingt mille francs pour continuer les expériences.

Mais ce premier résultat était loin de suffire. Le grand but à atteindre c'était d'obtenir du roi une *charte d'incorporation* de la société Pour y parvenir, Winsor ne devait reculer devant aucun moyen.

Le problème de l'épuration du gaz était bien loin encore d'être résolu ; les produits qu'on obtenait étaient d'une impureté extrême, leur qualité toxique et leur action fâcheuse sur l'économie étaient de toute évidence. Cependant Winsor n'hésitait pas à proclamer que son gaz était doué d'une odeur des plus agréables, et que loin de redouter les fuites qui pourraient se produire dans les tuyaux, il viendrait un jour où l'on y pratiquerait tout exprès une petite ouverture, afin de pouvoir respirer continuellement son odeur. A entendre Winsor, le gaz était encore un excellent remède ; il avait des propriétés sédatives éminemment utiles contre les irritations de poitrine. « Les médecins habiles, disait-il, ont recommandé d'en remplir des vessies et de les placer sous le chevet des personnes affectées de maladies pulmonaires, afin que, transpirant peu à peu de son enveloppe, il se mêle à l'air que respire le malade et en corrige la trop grande vivacité. » Puis se laissant entraîner sur cette pente, il ajoutait : « Dans le foyer même de l'exploitation, l'air, au lieu d'être infecté d'une fumée nuisible, ne contient que des atomes de goudron et d'huile en vapeurs, d'acide acétique et d'ammoniaque. Or on sait que chacune de ces substances est un antiseptique. L'eau goudronnée s'emploie

comme un médicament intérieur ; les huiles essentielles sont aussi utiles qu'agréables à respirer ; l'acide acétique ou vinaigre est un antiputride, et l'ammoniaque est comme l'hydrogène un puissant sédatif. » Il terminait en disant que les navigateurs, qui entreprennent des voyages de long cours, devraient emporter dans leurs vaisseaux, à titre de substances hygiéniques, quelques tonneaux des résidus provenant de la fabrication du gaz.

Notre industriel avait à lutter à cette époque à peu près contre tout le monde. Les résultats fâcheux de ses premiers essais avaient laissé dans tous les esprits une impression défavorable. D'un autre côté Murdoch, irrité de se voir contester ses droits d'inventeur, lui suscitait mille entraves. La plupart des savants qui ne pouvaient connaître encore toutes les propriétés du gaz de l'éclairage et le moyen de parer à ses dangers, se réunissaient pour combattre le novateur, qui, fort ignorant lui-même en ces sortes de matières, ne faisait que fournir des armes à ses adversaires par ses réponses erronées. Un savant, qui nous est connu par un *Traité des manipulations chimiques* traduit en français, M. Accum, se distinguait entre tous par la force de ses objections. Il prouvait que le gaz, tel que le préparait Winsor, était d'un emploi difficile, d'un maniement dangereux, et qu'il exerçait, sur l'économie une action très-nuisible. Toutes ces résistances, qui agissaient de la manière la plus fâcheuse sur l'esprit du public anglais, n'ébranlèrent pas un instant les projets ni la ferme assurance de Winsor.

Le 1er mars 1808 il convoqua les actionnaires de sa compagnie. Il exposa les travaux exécutés jusque-là et l'état présent de l'exploitation. N'ayant pu obtenir l'autorisation d'éclairer les principales places de Londres, on avait dû se borner à l'éclairage de la grande rue *Pall-Mall*. Winsor annonçait en outre qu'il avait adressé au roi un mémoire, dans lequel il demandait pour la compagnie le privilége exclusif de l'exploitation de sa découverte dans toute l'étendue des possessions britanniques. Le mémoire présenté à George III promettait un bénéfice de 670 p. 100 sur les fonds avancés. Mais le roi avait répondu « qu'il ne pouvait accorder la charte d'incorporation demandée par le mémoire, qu'après que l'on aurait obtenu du Parlement un bill qui autorisât la société. »

Sur cette déclaration, une enquête fut ouverte, le 3 mai 1809, devant la chambre des communes. Dans cet intervalle, Winsor n'avait pas perdu son temps. Par son infatigable insistance, par sa remuante activité, il avait fini par multiplier singulièrement le nombre des partisans du gaz ; l'opinion publique commençait à fléchir du côté de ses idées. Ce n'est du moins que par cette conversion unanime que l'on peut expliquer ce qui se passa devant la commission d'enquête de la chambre des communes. Tous les témoignages invoqués, toutes les autorités consultées, se montrèrent favorables au nouveau système d'éclairage. Winsor fit comparaître d'abord des vernisseurs qui employaient beaucoup d'asphalte étranger et qui vinrent affirmer que le goudron, ou l'asphalte du gaz, donnait un noir d'un lustre bien supérieur, qu'il se dissolvait et séchait plus vite et qu'il pouvait être employé sans mélange avec la résine. Des teinturiers vinrent ensuite annoncer que les eaux ammoniacales, provenant de l'épuration du gaz, l'emportaient de beaucoup sur les préparations analogues dont ils faisaient usage dans leurs ateliers. Un contre-maître de calfats déclara le goudron de Winsor bien supérieur aux produits de ce genre d'une autre origine. Un chimiste vint faire savoir que l'ammoniaque, appelée à remplacer un jour le fumier, rendrait sous ce rapport à l'agriculture des services immenses. Enfin les membres de la commission d'enquête ayant demandé à recueillir, sur ces différents sujets, l'avis d'un chimiste spécialement versé dans la connaissance des propriétés du gaz, Winsor n'hésita pas à désigner pour remplir cet office M. Accum, c'est-à-dire précisément le savant qui jusque-là avait le plus vivement combattu ses idées par ses discours et ses écrits. A l'étonnement général, M. Accum déclara en réponse aux questions qui lui furent posées par sir James Hall, président de la commission d'enquête, que le gaz obtenu par Winsor n'avait aucune mauvaise odeur et brûlait sans fumée, enfin que le coke, qui formait le résidu de sa fabrication, était supérieur à toutes les autres qualités de ce combustible existant sur les marchés.

En dépit de ce concours inattendu de témoignages favorables, le bill d'autorisation fut refusé par la chambre des communes.

Winsor se tourna alors vers la chambre des pairs. En 1810, la comédie qui avait été jouée devant la chambre des communes recommença presque dans les mêmes termes devant la chambre des lords. Elle eut cette fois un résultat plus heureux, car le bill d'incorporation approuvé par la chambre haute reçut l'assentiment du roi. La compagnie de Winsor obtint le privilége exclusif de l'éclairage au moyen du gaz *ligth* et son capital fut fixé à cinq millions. Elle commença alors à entrer d'une manière étendue et régulière dans l'exploitation de l'éclairage. Les appareils pour l'épuration et pour la distribution du gaz, les formes les plus convenables à adopter pour les becs, tout ce qui se rattachait directement à la pratique de cette industrie nouvelle fut soumis à des expériences suivies, qui finirent par amener l'ensemble de ses procédés à un état de perfection remarquable. Un ingénieur, M. Clegg, se distingua par des innovations heureuses universellement adoptées aujourd'hui.

Cependant tous ces essais ne pouvaient s'exécuter sans devenir la source de dépenses considérables, et jusqu'à 1816, la compagnie se traîna sans faire de pertes ni de bénéfices. Il fut reconnu à cette époque que la société allait être ruinée si l'on n'augmentait ses priviléges et si on ne

lui accordait l'exploitation de l'éclairage à perpétuité dans toute la Grande-Bretagne.

Pour atteindre ce but suprême, Winsor mit tous les ressorts en jeu. Un nouveau comité d'enquête ayant été institué auprès de la chambre des communes, il fit de nouveau passer sous les yeux de la commission une série de témoins officieux qui vinrent rendre aux qualités du gaz un hommage sans réserve. Tout le monde demandait que la nouvelle industrie fût protégée. Les marchands et les manufacturiers assuraient que le gaz avait des avantages bien supérieurs à ceux de l'huile ; les agents de police eux-mêmes venaient déclarer qu'il était pour eux un puissant auxiliaire, et qu'à sa clarté ils reconnaissaient bien mieux un voleur. Ce qu'il y avait de sérieux dans ces témoignages et ce qui frappa surtout le parlement, c'est que l'établissement de ce système d'éclairage devait créer en Angleterre, avec une nouvelle source de prospérité pour les houilles du pays, d'autres produits nouveaux susceptibles de recevoir dans l'industrie des applications utiles, tels que du goudron, des huiles minérales, des sels ammoniacaux, etc.

Cependant il restait un point essentiel à éclaircir. On avait signalé beaucoup d'explosions dans les boutiques de Londres, et la commission d'enquête voulait être bien édifiée sur ce fait. On demanda en conséquence des renseignements positifs sur les chances d'explosion que présente un mélange de gaz et d'air atmosphérique. Avec son assurance accoutumée, Winsor répondit que dans sa propre maison, en présence de Humphry Davy et de sir James Hall, on était entré avec une bougie allumée sans provoquer de détonation, dans une chambre bien fermée, qui avait été remplie de gaz pendant trois jours et trois nuits. Renchérissant sur cette première assertion, il ajouta que l'expérience avait été répétée sans accident après avoir rempli la chambre de gaz pendant sept jours et sept nuits. Comme les membres de la commission paraissaient élever quelques doutes sur le fait et demandaient quel était l'homme assez courageux pour avoir tenté une pareille épreuve :« C'est moi, » répondit Winsor.

Avec de tels procédés, avec une manière aussi hardie de lever les obstacles, le succès ne pouvait être douteux. Un bill définitif, réglant les derniers priviléges de la compagnie, fut accordé le 1ᵉʳ juillet 1816 et sanctionné par George III. On donna à la société de Winsor l'autorisation d'élever à dix millions son capital, qui plus tard s'éleva jusqu'à vingt-deux millions. *La compagnie royale* s'organisa dès lors d'une manière définitive sous la direction de Winsor. On établit dans le quartier de Westminster trois grands ateliers d'éclairage. Plusieurs autres usines s'élevèrent bientôt par les soins de la même compagnie dans les faubourgs de Londres et dans plusieurs villes de la province. Enfin l'éclairage au gaz prit, en quelques années, un tel développement en Angleterre, qu'en 1823 il existait à Londres plusieurs compagnies puissantes, et que celle de Winsor avait à elle seule posé quarante-neuf lieues de tuyaux.

La faveur qui avait accueilli en Angleterre les premiers établissements du gaz *light* inspira à Winsor la pensée de transporter cette industrie en France. Ce projet, dont nous recueillons aujourd'hui les bénéfices, devait lui causer d'amers regrets. Les luttes dont il avait triomphé dans son pays furent surpassées par celles qu'il eut à combattre parmi nous et qui consommèrent sa ruine.

Winsor vint à Paris en 1815. La rentrée de l'Empereur et les troubles des cent jours apportèrent un premier obstacle à ses projets. Ce ne fut que le 1er décembre qu'il put obtenir le brevet d'importation qu'il avait demandé. Lorsqu'il s'occupa ensuite de mettre sérieusement ses vues en pratique, il trouva à Paris une résistance presque universelle et qui aurait été de nature à déconcerter un homme moins habitué que lui à mépriser et à combattre les sentiments publics. Dans cette croisade, que beaucoup de savants français entreprirent contre les idées de l'importateur du gaz, l'Institut lui-même occupa une place que l'on voudrait pouvoir dissimuler pour l'honneur du premier corps savant de l'Europe. Ce qui rend moins excusables encore ces discussions opiniâtres qui durèrent plusieurs années, c'est le peu de valeur des arguments auxquels on avait recours. On prétendait que les houilles du continent seraient tout à fait impropres à la production du gaz, assertion dont la pratique ne tarda pas à démontrer l'erreur. On ajoutait que l'introduction du gaz porterait à l'agriculture française un dommage considérable, en ruinant l'industrie des plantes oléagineuses ; tous les principes d'économie publique faisaient justice de cette dernière appréhension. Un savant et manufacturier très-habile, Clément Desormes alla jusqu'à avancer que le gaz de l'éclairage ne pourrait jamais être adopté en France, en raison des dangers auxquels il expose. Les gens de lettres eux-mêmes se mettaient de la partie, et Charles Nodier se fit remarquer par la vivacité de ses attaques.

Pour combattre les préventions que jetait dans le public la résistance obstinée des savants, Winsor pensa qu'il était nécessaire de parler d'abord à l'esprit. Voulant ramener à lui l'opinion publique et rectifier des faits dénaturés, il publia, en 1816, une traduction du *Traité de l'éclairage au gaz* de M Accum, *augmenté*, comme il est dit sur le frontispice, par F.-A. Winsor, *auteur du système d'éclairage par le gaz en Angleterre, fondateur de la compagnie incorporée par charte royale à Londres, et breveté par Sa Majesté pour l'emploi de ce système en France.* Cependant cet ouvrage ne réussit qu'à demi à dissiper des erreurs trop fortement accréditées.

N'ayant pu convaincre en s'adressant à l'esprit, Winsor se décida à parler aux yeux. Pour attirer l'attention du public, il fit à ses frais un petit établissement et donna un spécimen du nouvel éclairage dans un salon du passage des Panoramas. Cette exhibition eut le résultat qu'il attendait. Il reçut une offre d'association de MM. Darpentigny et Périer, propriétaires d'une fonderie ; on lui proposait de confectionner et d'établir ses appareils à Chaillot. La faillite de cette maison, survenue peu de temps après, empêcha de donner suite à ce projet.

Une seconde compagnie se présenta ; mais les actionnaires demandaient, avant de rien conclure, que le passage des Panoramas fût éclairé tout entier. Cet essai décisif fut exécuté par Winsor et terminé en janvier 1817. Le public put dès lors se convaincre de la supériorité de ce nouveau système d'éclairage, et l'opinion se prononça en sa faveur d'une manière non douteuse. Les marchands du Palais-Royal suivirent l'exemple de ceux du passage des Panoramas, et Winsor reçut une demande de plus de quatre mille becs. Il y eut en même temps une grande émulation pour obtenir des actions dans l'entreprise. Le capital de la société fut constitué au chiffre de douze cent mille francs. Le grand référendaire de la chambre des pairs était à la tête des actionnaires, et il exigea en cette qualité que l'on commençât par éclairer le palais du Luxembourg.

Malheureusement Winsor, dont l'esprit remuant et actif était éminemment propre à faire réussir le principe d'une entreprise industrielle, était loin de réunir les qualités nécessaires pour administrer une exploitation importante. Au bout de deux ans, la compagnie s'affaissait sous le poids des difficultés, et elle dut se mettre en liquidation après avoir établi seulement l'éclairage du Luxembourg et du pourtour de l'Odéon. Le matériel fut adjugé pour la somme de 167,000 francs à M. Pauwels, qui, dans le milieu de l'année 1820, créa une nouvelle société Plus tard, cette compagnie s'est mise elle-même en liquidation ; mais elle est aujourd'hui en pleine prospérité. Elle porte le nom de *Compagnie française* et siége dans le faubourg Poissonnière.

Louis XVIII, qui voulait attacher son nom au souvenir de quelque création sérieuse, voyait avec peine la décadence en France d'une industrie déjà florissante en Angleterre. On n'eut donc pas de peine à obtenir de la liste civile les fonds nécessaires pour continuer l'éclairage du Luxembourg et d'autres quartiers. Le roi devint ainsi par le fait entrepreneur d'éclairage. Lorsque cette circonstance fut connue à la cour, on s'empressa de souscrire des actions, et de là est venu le nom de *Compagnie royale* que porta la société. Cependant, lorsque le but qu'il s'était proposé se trouva atteint, Louis XVIII comprit qu'il était à bout de son rôle, et il ordonna la vente de l'usine qui fut adjugée pour la moitié de la somme qu'elle avait coûtée. La compagnie qui se forma établit son siége près de la barrière des Martyrs. Elle n'a point prospéré néanmoins, et, après sa liquidation, le résidu de son capital s'est réuni à celui de la compagnie anglaise, Manby Wilson. En définitive, il existe aujourd'hui à Paris huit compagnies d'éclairage distribuées selon le périmètre des circonscriptions arrêtées par l'administration municipale. L'organisation de ces divers établissements et la disposition des tuyaux de conduite ont exigé un capital de trente millions.

Il serait hors de propos de passer en revue la série des moyens qui ont été successivement employés pour la préparation du gaz de l'éclairage depuis son origine; il nous suffira de décrire l'ensemble des procédés en usage aujourd'hui.

Toutes les matières organiques, qui présentent dans leur composition une prédominance de carbone et d'hydrogène, fournissent, étant soumises à la distillation sèche, des gaz inflammables doués d'un certain pouvoir éclairant. Mais les substances qui peuvent se prêter avec économie à la fabrication du gaz de l'éclairage sont peu nombreuses. La houille est le composé qui présente à beaucoup près les meilleures conditions sous ce rapport. Les huiles de qualité inférieure, l'huile de poisson, les graisses altérées, la résine, fournissent un gaz doué d'un pouvoir éclairant considérable, mais dont le prix de revient est assez élevé. La décomposition de l'eau au moyen du fer ou du charbon donne un gaz qui présente, sous le rapport de la pureté, une supériorité incontestable. Enfin certaines matières organiques constituant des résidus de fabrication, telles que les matières grasses extraites des eaux savonneuses des fabriques de drap, la tourbe, la lie de vin, les débourrages de cardes, les huiles de schiste, peuvent encore servir à la fabrication du gaz. Mais de toutes ces substances, la houille est encore le produit qui présente les meilleures conditions sous le rapport économique, en raison de cette circonstance importante, que la vente du coke, formant le résidu de sa fabrication, suffit à couvrir le prix d'achat de ce combustible. Examinons rapidement les procédés qui servent à la préparation du gaz de l'éclairage à l'aide de ce dernier produit.

Pour obtenir le gaz de la houille, on place cette matière dans de grandes *cornues* disposées au nombre de trois ou de cinq dans un large fourneau en briques. Ces cornues, qui peuvent contenir une centaine de kilogrammes de houille, ont à peu près la forme d'un demi-cylindre allongé; leur section représente un rectangle de 66 centimètres de large et de 33 centimètres de haut, dont les angles sont arrondis. Elles sont de fonte ou de terre réfractaire. Les cornues de terre, qui coûtent environ le tiers de celles de fonte, durent plus longtemps que celles-ci, et ne sont pas attaquées à l'extérieur par l'air et les produits de la combustion; mais elles résistent moins que les cornues métalliques aux changements de température, ce qui oblige à les faire fonctionner sans interruption, afin d'éviter leur rupture par suite du refroidissement. Au bout d'un certain temps de service, il se forme à l'intérieur des cornues de terre ou de fonte, des incrustations de charbon provenant du goudron, et l'on est obligé d'interrompre de temps en temps la fabrication du gaz pour détruire ces dépôts, ce qui se fait simplement en continuant à chauffer la cornue librement ouverte à ses deux extrémités : le courant d'air fait disparaître, en les brûlant, ces incrustations charbonneuses.

Le degré de la température à laquelle la houille est soumise influe beaucoup sur la quantité et sur la nature du gaz produit. L'expérience a montré que la température la plus convenable est le *rouge-cerise vif*. A une température trop basse ou élevée trop lentement, une partie du goudron se volatilise sans décomposition et se condense dans le premier réfrigérant sans produire de gaz. Si la température est trop élevée, le gaz hydrogène bi-carboné, dépose une partie de son carbone en touchant les parois trop échauffées de l'appareil, et il devient moins éclairant.

Toutes les espèces de houille ne donnent pas la même quantité de gaz. Le *cherry-coal*, ou la houille de Newcastle, qui est surtout employée en Angleterre, donne environ trois cent vingt litres de gaz par kilogramme; la quantité moyenne du charbon anglais n'en fournit guère cependant que deux cent dix litres. La houille dure de Mons, qui est employée dans le nord de la France, donne de deux cents à deux cent soixante litres d'un gaz d'une assez grande pureté. La houille grasse de Saint-Étienne en fournit de deux cents à deux cent soixante-dix litres, mais elle contient beaucoup de principes sulfureux qui altèrent la qualité du gaz obtenu.

Les produits de la décomposition de la houille sont très-nombreux. Au moment où il sort de la cornue, le mélange gazeux renferme les composés suivants : hydrogène bi-carboné — hydrogène proto-carboné — hydrogène pur — oxyde de carbone — acide carbonique — hydrogène sulfuré — sulfure de carbone — sels ammoniacaux — huiles empyreumatiques — goudron — et divers carbures d'hydrogène volatils. Quand il est mêlé à ces différents produits, le gaz ne présente qu'un très-faible pouvoir éclairant; son odeur est infecte, il exerce sur l'économie une action fâcheuse, il attaque et noircit les métaux et les peintures dont la céruse est la base; il répand en brûlant beaucoup de fumée et fait éprouver une altération sensible aux couleurs délicates de nos étoffes. Ces différents effets sont dus à l'ammoniaque, aux huiles empyreumatiques, au sulfure de carbone, mais surtout à l'hydrogène sulfuré ou acide sulfhydrique qui, en outre des résultats fâcheux qu'il occasionne à l'état de liberté, donne naissance, lorsqu'il brûle, à de l'acide sulfureux, composé des plus nuisibles pour nos organes. Il faut donc débarrasser le gaz des produits qui le souillent, éliminer toutes les substances étrangères dont il est mêlé et ne conserver que l'hydrogène bi-carboné, le seul qui soit d'un effet utile pour l'éclairage. Voici l'ensemble des moyens employés aujourd'hui pour procéder à cette purification.

Le long du fourneau et à sa partie supérieure, ou quelquefois sur le sol, règne un large tube de fonte à moitié rempli d'eau et qui perte le nom de *barillet*. En sortant des cornues, les tubes conduisant le gaz se rendent dans le barillet et viennent plonger dans l'eau qu'il renferme. Le goudron et les sels ammoniacaux se déposent en partie dans ce premier réfrigérant, qui a en outre pour fonction d'isoler chaque cornue, de telle sorte que les divers accidents qui peuvent arriver à l'une d'elles n'influent en rien sur le travail général.

La totalité du goudron n'est pas arrêtée dans le barillet, et les composés ammoniacaux ne le sont qu'en partie. Pour enlever plus complétement ces produits, le gaz, en sortant du barillet, est amené par un tube de fonte dans un long système de tuyaux appelé *condenseur*. C'est une série de tubes de fonte d'un diamètre médiocre, disposés verticalement et très-rapprochés les uns des autres. Tous ces tubes plongent dans une boîte de fonte, sous une couche d'eau de quelques centimètres. Les sels ammoniacaux se dissolvent dans l'eau, le goudron s'y condense, en même temps que le gaz se refroidit en parcourant la surface étendue que présente toute la série de ces tuyaux.

Ainsi débarrassé du goudron, le gaz conserve encore l'ydrogène sulfuré, l'acide carbonique, le sulfure de carbone et une partie des sels ammoniacaux; c'est pour le priver de ces diverses substances qu'on le dirige, à l'aide d'un tube, dans un nouvel appareil appelé *dépurateur*.

Le dépurateur employé autrefois se composait de cuves à demi remplies d'un lait de chaux, ou chaux délayée dans l'eau, dans lesquelles venait plonger le tube conducteur. Ce liquide absorbait l'hydrogène sulfuré en produisant du sulfure de calcium; il s'emparait en même temps de l'acide carbonique en formant du carbonate de chaux; enfin la chaux décomposait les sels ammoniacaux, et l'ammoniaque libre provenant de cette décomposition pouvait être ensuite absorbée à son tour en faisant passer le gaz dans une eau faiblement acidulée; pour hâter l'absorption, on multipliait les contacts du gaz avec la lessive calcaire en imprimant de l'agitation au liquide. Ce moyen d'épuration était parfait, mais il avait l'inconvénient d'augmenter la pression dans les cornues; il était difficile, en outre, de se débarrasser des liquides provenant de l'opération; il fut abandonné et l'on purifia le gaz en le faisant passer dans de vastes caisses de fonte remplies de foin ou de mousse saupoudrée, couche par couche, de chaux éteinte. L'épuration put s'effectuer ainsi sans provoquer de pression dans les appareils. Aujourd'hui dans la plupart des usines, la dépuration s'opère au moyen de grandes caisses de fonte ou de tôle, divisées en deux compartiments par un diaphragme vertical; dans chaque compartiment on place quatre ou cinq claies ou tamis de fer, sur lesquelles on répand de la chaux éteinte en poudre, en couche de huit à dix centimètres. Le gaz arrive par la partie inférieure de l'un des compartiments et sort par la partie inférieure de l'autre, il est forcé ainsi de se tamiser deux fois à travers plusieurs couches de chaux. Chacune des caisses est fermée par un couvercle dont les bords plongent dans une gorge remplie d'eau, afin d'obtenir une occlusion complète et d'empêcher le gaz de s'échapper à travers les jointures du couvercle. Quand on veut vider la chaux qui a servi à l'épuration et la remplacer par de nouvelle, ce couvercle est enlevé ou reposé à l'aide d'une chaîne qui passe sur une poulie et s'enroule sur un treuil.

L'épuration au moyen de la chaux, telle qu'on l'exécute aujourd'hui dans la plupart des usines de Paris, n'est pas complète; le gaz conserve du sulfhydrate d'ammoniaque, et de plus un peu d'ammoniaque mise en liberté par la chaux; en outre, la chaux provenant de l'épuration exhale une odeur infecte qui incommode le voisinage lorsqu'on vide les caisses ou quand on transporte les résidus.

M. Mallet, ancien professeur de chimie à Saint-Quentin, a imaginé, en 1841, un nouveau procédé d'épuration qui permet d'obvier à ces divers inconvénients. Ce procédé consiste à employer des dissolutions de sels de peu de valeur, tels que le sulfate de fer ou le chlorure de manganèse qui reste comme résidu de la fabrication du chlore. Le gaz vient se laver dans ces liqueurs qui le dépouillent de l'hydrogène sulfuré, de l'acide carbonique et de l'ammoniaque. Il s'opère entre les sels métalliques d'une part, et d'autre part entre l'hydrogène sulfuré et les sels ammoniacaux, une double décomposition; il se forme un sulfate ou un hydrochlorate d'ammoniaque soluble, et il se précipite du sulfure et du carbonate de fer ou de manganèse. L'opération s'exécute d'une manière méthodique. La dissolution saline est placée dans trois vases de fonte ou de tôle communiquant entre eux au moyen d'un tube. Les dissolutions sont de force inégale : la première et la seconde, provenant d'une opération antérieure, ont déjà servi à épurer le gaz et sont en partie saturées; la troisième, destinée à compléter le lavage, n'a pas encore servi, et jouit par conséquent de toute son action : au bout d'un certain temps, la saturation étant achevée dans le premier laveur, on en retire le liquide, qu'on remplace par celui du second; dans celui-ci, on met la dissolution provenant du troisième laveur, qui reçoit enfin une nouvelle quantité de chlorure de manganèse ou de sulfate de fer.

Le procédé de M. Mallet est appliqué à Saint-Quentin et à Roubaix; il a été l'objet d'un rapport favorable de M. Dumas à l'Académie des sciences. La pratique a montré en effet que ce moyen de lavage permet de débarrasser entièrement le gaz de l'hydrogène sulfuré et de l'ammoniaque. Par suite de l'absence des produits ammoniacaux dans le gaz purifié, les appareils qui servent à le conserver se détériorent moins rapidement; la consommation de la chaux se trouve diminuée; enfin le prix des sels ammoniacaux recueillis compense les frais de l'opération. Quoique très-favorablement accueillie par les savants, cette méthode de purification de gaz n'a cependant jamais été mise en usage à Paris, en raison de la difficulté que présente dans les usines le maniement des liquides, et de l'augmentation de pression qui en résulte dans les appareils.

M. de Cavaillon a récemment consacré avec succès le plâtre humide à l'épuration du gaz de l'éclairage. Le plâtre, provenant des platras retirés des vieux enduits abattus dans les démolitions, est mis en poudre, réduit en pâte avec de l'eau et placé sur des claies de fer ou d'osier dans un épurateur de la forme ordinaire. Le sulfate de chaux qui constitue le plâtre enlève au gaz le carbonate d'ammoniaque par une double décomposition chimique; il se fait du carbonate de chaux insoluble et de sulfate d'ammoniaque qui reste dissous dans l'eau. Le plâtre qui a servi à l'épuration est mis à part pour en retirer le sulfate d'ammoniaque dont le prix est assez élevé. Il suffit de lessiver ces résidus avec de l'eau, celle-ci se charge du sulfate d'ammoniaque; il ne reste plus qu'à évaporer cette liqueur pour obtenir le sel cristallisé. Mille kilogrammes de houille soumis à la distillation fournissent, selon M. Payen, six kilogrammes de sulfate d'ammoniaque. Cependant le gaz n'est pas dépouillé par ce moyen de l'hydrogène sulfuré; il faut donc le débarrasser de ce produit en le faisant passer dans un second épurateur contenant de la chaux. Ce procédé d'épuration est mis en usage à Paris dans l'usine de la *Compagnie française*.

Un nouveau moyen d'épuration du gaz de l'éclairage, fondé sur un ensemble très-curieux de réactions chimiques, commence à être mis en usage en Angleterre et dans quelques usines de Paris. Ce procédé consiste dans l'emploi, sous forme sèche, de certains composés ou sels métalliques. Le gaz arrive dans un premier épurateur contenant du chlorure de calcium destiné à lui enlever, par une double décomposition chimique, le carbonate d'ammoniaque. Il passe ensuite dans un second épurateur qui renferme un mélange d'oxyde de fer et de carbonate de chaux, divisé par de la sciure de bois. L'hydrogène sulfuré du gaz de l'éclairage est transformé en sulfure par l'oxyde de fer. Mais le sulfure de fer ainsi produit étant abandonné quelques heures au contact de l'air, s'y change en sulfate par l'absorption de l'oxygène atmosphérique. Ce sulfate de fer décompose alors le carbonate de chaux qui fait partie du mélange, et par suite d'une réaction chimique bien connue, il se produit du sulfate de chaux et de l'oxyde de fer. Ainsi l'oxyde de fer, transformé d'abord en sulfure, peut se régénérer et servir un très-grand nombre de fois à priver le gaz de son hydrogène sulfuré. Ce procédé, curieux en ce qu'il offre une série d'applications remarquables des faits purement chimiques, appartient à M. Lamming, chimiste anglais, qui l'exploite en Angleterre. L'usine de la *Compagnie de Belleville* l'emploie depuis quelque temps à Paris avec beaucoup de succès.

Purifié par l'un des moyens qui viennent d'être rapportés, le gaz de l'éclairage se rend dans le *gazomètre*, ou réservoir destiné à le contenir avant sa distribution. Cet appareil se compose de deux parties : la cuve destinée à recevoir de l'eau, et la cloche dans laquelle le gaz est emmagasiné.

En France, les cuves sont creusées dans le sol, bâties en maçonnerie solide, et revêtues d'un enduit imperméable à l'eau. En Angleterre et en Belgique, où le fer est à bas prix, ce sont des bassins circulaires formés de plaques de fonte assemblées avec des boulons. Construites de cette manière, les cuves peuvent être visitées de tous les côtés, et l'on peut réparer les fuites aussitôt qu'elles se manifestent. La cloche est toujours formée de plaques de forte tôle; elle est recouverte d'une couche épaisse de goudron.

Il est essentiel que la cloche du gazomètre puisse facilement s'élever et descendre, afin que le gaz qui s'y trouve contenu ne soit pas soumis à une trop forte pression; car cette pression, en se propageant dans tout l'appareil et même jusqu'aux cornues, pourrait provoquer des fuites de gaz ou modifier la décomposition de la houille. Le mode adopté pour la suspension du gazomètre consiste ordinairement dans une chaîne adaptée à la cloche qui, glissant sur deux poulies, est munie à son extrémité de poids en fonte en quantité suffisante pour faire à peu près équilibre au gazomètre. Le poids de la chaîne et celui de la cloche sont calculés de manière que l'équilibre subsiste toujours à mesure que la cloche, sortant de l'eau et par conséquent augmentant de poids, puisse diminuer de poids dans le même rapport à l'aide de la portion de chaîne qui, s'enroulant sur les deux poulies, vient passer du côté des contre-poids de fonte, et s'ajouter ainsi à leur poids primitif.

En sortant du gazomètre, le gaz est amené par un large tuyau aux conduits de distribution. Les tuyaux de conduite, à la sortie de l'usine présentant une large capacité, sont toujours de fonte; ceux qui servent aux embranchements peuvent être de plomb ou de tôle bituminée. Les tubes de verre ou de poterie présentent des avantages dans certaines localités. Les tubes d'un petit diamètre, qui servent à introduire le gaz dans l'intérieur des maisons, sont toujours de plomb.

Les becs employés pour la combustion du gaz de l'éclairage offrent en général la forme suivante : l'extrémité du tube conducteur se bifurque et amène le gaz dans un double cylindre creux aboutissant à une petite couronne métallique percée de trous qui donnent issue au gaz. L'air passe à la fois à l'extérieur et à l'intérieur de la couronne métallique et se trouve ainsi mis en contact par un très-grand nombre de points avec le jet dont il doit déterminer la combustion. Cette disposition, déjà ancienne, est connue sous le nom de *système d'Argand*. Les trous destinés à donner issue au gaz ont de un quart à un demi-millimètre de diamètre. Ils sont ordinairement au nombre de vingt et dépensent de 120 à 130 litres de gaz par heure. Le bec porte une galerie sur laquelle on pose une cheminée de verre qui favorise la combustion en provoquant un tirage. Les becs qui servent à l'éclairage des rues sont de petits tubes épais à bouts sphéroïdes portant une fente étroite ; le gaz, sortant en lame mince à travers cette fente, produit une flamme à surface développée qui imite à peu près la forme de l'aile d'un papillon.

A l'origine, les compagnies basaient la vente du gaz sur la durée de l'éclairage. Mais ce système était défavorable pour elles en ce que l'abonné pouvait clandestinement prolonger le temps de son éclairage, ou bien consommer une trop grande quantité de gaz, en employant, malgré les inconvénients qui en résultaient pour lui-même, une flamme de trop grandes dimensions. On a adopté maintenant d'une manière assez générale, une mesure qui satisfait à tous les intérêts. On livre le gaz à un prix déterminé pour un volume convenu. Lorsque le gaz est vendu dans ces conditions, il faut que les compagnies puissent, ainsi que le consommateur, déterminer exactement la quantité du gaz brûlé. Tel est l'objet des appareils connus sous le nom de *compteurs*. La disposition de ces appareils peut varier, mais leur construction repose toujours sur le même principe. Une capacité d'une dimension connue se remplit de gaz et s'en vide alternativement ; un tuyau amène le gaz dans un auget intérieur rempli d'eau ; cet auget se soulève et lui permet de se répandre dans la partie supérieure de l'appareil, d'où il s'échappe par un tube qui le conduit aux becs ; en même temps un second auget se remplit de la même manière. Pendant tout le temps de son passage, le gaz peut donc imprimer un mouvement de rotation à une roue à laquelle les deux augets sont attachés, et au moyen de rouages communiquant avec un cadran extérieur gradué, on peut connaître le volume du gaz brûlé d'après la capacité connue des augets et le nombre de révolutions indiqué par l'aiguille du cadran.

Les détails précédents sur l'extraction du gaz de la houille rendront tout développement inutile pour ce qui concerne la préparation du gaz au moyen de l'*huile* ou de la *résine*.

Le gaz hydrogène bi-carboné, qui prend naissance par suite de la décomposition de l'*huile* ou d'autres corps gras soumis à l'action d'une température élevée, est d'une assez grande pureté, ou du moins il ne renferme aucun de ces gaz sulfurés ou de ces produits ammoniacaux qui rendent si difficile et si longue l'épuration du gaz de la houille. Tout l'appareil nécessaire pour la préparation du gaz de l'huile se réduit à la cornue, au dépurateur à la chaux destiné à absorber l'acide carbonique, et au gazomètre. Dans la cornue, qui est d'ailleurs la même que celle qui sert à la préparation du gaz de la houille, on place des fragments de coke. Ce coke n'est point destiné à produire une action chimique ; il sert seulement à diviser l'huile qui tombe dans la cornue, et à faciliter sa décomposition par la chaleur en multipliant les surfaces de contact. L'huile se répand dans la cornue au moyen d'un tuyau communiquant avec un réservoir supérieur dont le niveau reste constant ; arrivée dans la cornue, elle se trouve en contact avec le coke porté au rouge, et se décompose en donnant naissance à du gaz hydrogène bi-carboné, et à une petite quantité d'oxyde de carbone et d'acide carbonique. Le gaz, s'échappant par un tube, vient plonger dans un réservoir où il dépose la majeure partie de l'huile non décomposée qu'il avait entraînée avec lui ; il passe de là dans l'épurateur qui le dépouille de son acide carbonique et il se rend enfin dans le gazomètre.

Le gaz obtenu par la décomposition de l'huile jouit d'un pouvoir éclairant trois fois supérieur à celui du gaz de houille. Cependant, en dépit de cette circonstance, la question économique condamne absolument son emploi. Le prix élevé des matières grasses, dans la plupart des pays, ne permet point de tirer parti de ce procédé qui ne laisse aucun produit secondaire susceptible de couvrir, comme le coke, une partie de l'achat de la matière première. Pour diminuer l'inconvénient résultant du prix élevé de l'huile, on a essayé de distiller directement les graines oléagineuses elles-mêmes, mais on n'a obtenu, comme il était facile de le prévoir, que de très-mauvais résultats. Les graines végétales produisent, en se décomposant par l'action du feu, beaucoup de gaz oxyde de carbone, dont le pouvoir éclairant est presque nul.

Dans certaines circonstances, lorsque des matières grasses provenant d'une fabrique existent en abondance et comme résidus sans emploi, on peut les consacrer à la fabrication du gaz. M. D'Arcet a montré que l'on peut utiliser ainsi avec économie les eaux savonneuses qui se produisent en quantité considérable dans le désuintage des laines. La ville de Reims a été longtemps éclairée par ce procédé.

Le gaz de la *résine* s'obtient par des moyens en tout semblables aux précédents. La résine, qui existe en abondance et à très-bas prix dans les contrées du nord, étant introduite à l'état de liquéfaction dans des cornues renfermant du coke incandescent, fournit un gaz très-pur et qui jouit d'un pouvoir éclairant double de celui du gaz de houille.

On sait que si l'on dirige un courant de vapeurs d'eau sur du charbon porté au rouge, l'eau se trouve décomposée; il se forme de l'acide carbonique, de l'oxyde de carbone, de l'hydrogène pur et de l'hydrogène carboné. Dans un mélange gazeux ainsi formé, l'hydrogène pur est le corps qui prédomine. Mais le pouvoir éclairant de l'hydrogène est presque nul, et l'on ne pourrait songer à tirer parti pour l'éclairage, du gaz fourni par la décomposition de l'eau, s'il n'existait des moyens de communiquer artificiellement la propriété éclairante à un gaz naturellement dépourvu de cette propriété. Ces moyens existent et ils sont assez nombreux. La propriété éclairante d'un gaz ne tient nullement en effet à sa nature particulière, mais bien, comme l'a montré Humphry Davy, à une simple circonstance physique, c'est-à-dire au dépôt d'un corps solide dans l'intérieur de la flamme. Le gaz hydrogène bi-carboné doit sa propriété éclairante à ce fait seul que sa combustion s'accompagne d'un dépôt de charbon, lequel restant quelque temps contenu au sein de la flamme avant d'être brûlé, s'y trouve porté à une température assez élevée pour devenir lumineux. Tous les autres gaz, tels que l'hydrogène phosphoré, qui abandonnent également pendant leur combustion une substance solide fixe, jouissent de la propriété éclairante. Il résulte de là qu'il est facile de fournir un pouvoir éclairant à un gaz qui en est naturellement dépourvu. Si l'on mélange au gaz hydrogène, par exemple, la vapeur de certains liquides très-chargés de charbon, tels que l'essence de térébenthine, l'huile de schiste ou divers autres carbures d'hydrogène volatils, on peut rendre sa flamme éclairante : l'essence de térébenthine ou l'huile de schiste produisent en effet en brûlant un résidu de charbon qui, se déposant à l'intérieur de la flamme, y devient lumineux et réalise ainsi les conditions physiques nécessaires pour communiquer à un gaz la propriété lumineuse. C'est là le moyen que M. Selligue avait mis en pratique dans son usine des Batignolles pour la préparation du gaz de l'éclairage au moyen de la décomposition de l'eau. Il décomposait l'eau dans une cornue au moyen de charbon de bois; les gaz, ainsi obtenus, venaient ensuite se mêler avec des vapeurs d'huile de schiste. Cependant la préparation du gaz au moyen de l'eau ne pouvait donner, avec les appareils employés par M. Selligue, des résultats avantageux au point de vue économique, et M. Selligue lui-même avait fini par y renoncer.

Des dispositions beaucoup plus convenables pour la préparation du gaz provenant de la décomposition de l'eau ont été imaginées et sont employées aujourd'hui, à Paris, par M. Gillard. Par les procédés ingénieux et nouveaux imaginés par cet habile industriel, la préparation du gaz extrait de l'eau présente aujourd'hui des conditions extrê-

mement avantageuses, et le système qu'il a créé nous paraît constituer le progrès le plus sérieux que l'éclairage par le gaz ait reçu depuis un grand nombre d'années.

M. Gillard décompose l'eau dans des cornues de fonte à l'aide du charbon de bois. La vapeur d'eau provenant d'une chaudière est dirigée dans l'intérieur de la cornue à l'aide d'un tube qui s'étend le long de toute sa capacité; ce tube est percé de trous très-petits qui donnent issue à la vapeur et la mettent en contact avec le charbon incandescent. L'hydrogène pur est le produit principal qui prend naissance pendant la décomposition de l'eau dans les appareils de M. Gillard. Les rapports entre l'hydrogène et l'oxyde de carbone sont, en effet, dans la proportion de 92 du premier sur 8 du second. La quantité d'acide carbonique produit est très-faible. Aussi l'épuration du gaz est-elle fort simple : il suffit d'amener le gaz dans un dépurateur contenant de la chaux pour le priver de l'acide carbonique; il se rend ensuite au gazomètre. Pour lui communiquer le pouvoir éclairant qui lui manque, on interpose au milieu de la flamme un petit cylindre formé par un réseau de fils de platine très-fins. La présence de ce corps étranger au milieu du gaz en combustion réalise les conditions physiques nécessaires pour provoquer l'effet lumineux; le *corbillon* de platine remplit, dans le gaz hydrogène pur, le même effet physique que produit, dans la flamme de l'hydrogène bi-carboné, le dépôt de carbone dont sa combustion s'accompagne. La combustion du gaz de l'eau présente ce fait assez curieux que la flamme est à peu près invisible et qu'on aperçoit seulement le réseau de platine porté au rouge-blanc et qui répand le plus vif éclat. Aussi la lumière n'est-elle pas sujette à vaciller, et elle reste immobile même au milieu d'un courant d'air.

Le gaz provenant de la décomposition de l'eau est d'une pureté extrême; il ne renferme aucun de ces produits sulfurés contenus trop souvent dans le gaz de la houille et dont les effets sont si nuisibles pour les métaux précieux. Aussi ce mode d'éclairage a-t-il été récemment adopté dans les ateliers et les magasins de M. Christofle pour la dorure et l'argenture galvanique des métaux. Le gaz est préparé dans la fabrique même, car tout l'appareil n'exige qu'un petit emplacement.

En résumé, les moyens nouveaux imaginés par M. Gillard pour l'extraction du gaz de l'eau constituent une découverte intéressante et qui mérite d'être encouragée. Il reste seulement à vider la question du prix de revient qui ne nous paraît pas encore suffisamment tranchée en sa faveur.

Il nous reste à dire quelques mots du *gaz portatif* comprimé et non comprimé. Dans les premières années de l'emploi du gaz on redoutait beaucoup les frais considérables qu'entraîne la *canalisation*, c'est-à-dire la distribution du gaz au moyen de canaux souterrains; on craignait de ne jamais couvrir les dépenses que nécessitent la disposition et l'achat des tuyaux. On eut donc l'idée de réduire le gaz à un petit volume en le comprimant à une pression considérable dans des réservoirs que l'on pouvait transporter facilement. Mais les désavantages de ce système ne tardèrent pas à se manifester. La difficulté de comprimer le gaz à trente atmosphères sans amener de fuites, l'impossibilité d'obtenir pendant la combustion un écoulement de gaz constant, de manière que les dimensions de la flamme restassent les mêmes, enfin le danger qui se rattachai à l'emploi de semblables appareils, obligèrent d'y renoncer. M. Faraday a fait voir, en outre, que la compression du gaz donne toujours naissance à divers carbures d'hydrogène liquides qui se forment aux dépens du gaz lui-même et amènent ainsi une perte notable de produit. Les établissements fondés à Paris pour l'exploitation du gaz comprimé ont depuis longtemps cessé leurs opérations.

M. Houzeau-Muiron, de Reims, a imaginé, depuis cette époque, de transporter à domicile le gaz *non comprimé* dans d'immenses voitures de tôle mince contenant de grandes outres élastiques et imperméables, munies d'un robinet et d'un tuyau. Quand il s'agit de distribuer le gaz au consommateur, le conducteur de la voiture fait agir une petite manivelle placée à l'extérieur; la manivelle serre des courroies qui compriment l'outre et chassent le gaz dans le gazomètre des particuliers. Ce système est en usage à Paris sur de petites proportions. L'usine pour la préparation du gaz non comprimé est établie rue de Charonne. C'est le gaz de la résine ou de l'huile que l'on y prépare, en raison de la supériorité de leur pouvoir éclairant; ce système a été aussi quelque temps adopté à Rouen, à Marseille, à Sedan et à Reims. Cependant il ne présente évidemment aucun avantage particulier. Le gazomètre dont chaque consommateur doit être muni occupe une place considérable et sa marche est difficile à régler. En outre, le gaz non comprimé ne peut présenter sous le rapport économique, aucune supériorité sur le système établi pour le gaz de la houille, qui, chassé dans les tuyaux sous une faible pression, ne coûte aucun frais de transport. On peut dire, sous le rapport de l'économie, que l'on peut espérer de l'éclairage avec le gaz non comprimé ce que disait M. Dumas à propos du gaz comprimé : « L'économie revient à peu près à celle qu'on pourrait attendre en remplaçant par des porteurs d'eau les tuyaux principaux de conduite que l'on établit à grands frais dans toutes les rues. »

Nous avons décrit l'ensemble des procédés qui servent à la préparation du gaz de l'éclairage au moyen des différentes substances qui peuvent s'appliquer à cet emploi. Nous n'avons pas besoin d'ajouter que le gaz de la houille est le plus communément en usage. Le gaz de l'huile et de la résine se prépare dans un petit nombre d'usines, et le gaz extrait de l'eau, destiné sans aucun doute à un avenir beaucoup plus sérieux, est encore d'une origine trop récente pour avoir pris

une grande extension. En Angleterre, en France et en Belgique, le gaz de houille est à peu près uniquement employé.

La quantité de gaz consommée dans Paris en 1846 a été estimée à vingt-cinq millions de mètres cubes, qui ont été produits par environ cent mille tonnes de houille. On évalue à quatre-vingt-cinq mille le nombre des becs qui servent dans cette ville à l'éclairage public et particulier. Chaque bec brûle en moyenne 150 litres de gaz par heure, et produit une lumière égale à une fois et demie celle d'une lampe Carcel.

Chercher à démontrer la supériorité de l'éclairage au moyen du gaz sur les anciens systèmes d'éclairage, ce serait évidemment vouloir plaider une cause depuis longtemps gagnée. Nous nous bornerons donc à rappeler quelques chiffres qui donneront la mesure de cette supériorité.

Il est reconnu qu'un bec à gaz, de la dimension adoptée par les compagnies, et qui est équivalent à un fort bec d'Argand, consomme par heure, terme moyen, 140 litres de gaz de houille, 58 à 60 litres de gaz de résine et 34 litres seulement de gaz de l'huile. D'où il résulte que, pour une soirée d'hiver commençant à quatre heures et finissant à onze, un bec consume : 1,120 litres de gaz de houille, 464 à 480 litres de gaz de résine, et 272 litres de gaz de l'huile. Or, d'après M. Peclet, le prix d'une heure d'éclairage, à lumière égale, en prenant pour terme de comparaison la lampe Carcel qui brûle 42 grammes d'huile à l'heure, revient à Paris, savoir :

Celle obtenue		c.
de la chandelle { des 12 au kilogramme	à	9 c. 80
{ des 16 —		12
de la bougie des 10 au kilogramme.		48 60
de l'huile, dans l'appareil le plus avantageux.		5 80
du gaz de l'huile ou de la houille.		3 90

Il résulte de là que la lumière fournie par les bougies de cire est 16 fois plus chère que celle du gaz, et que l'éclairage par le gaz présente une économie de près de moitié sur l'éclairage à l'huile, et des deux tiers sur celui du suif ou de la chandelle. Ajoutons que les chiffres donnés ici par M. Peclet sont encore beaucoup au-dessous de la vérité, car ce physicien base son calcul sur le prix de 72 centimes le mètre cube, prix trop élevé, attendu que les compagnies de gaz de Paris le livrent aujourd'hui aux consommateurs à 45 centimes le mètre cube.

Ce n'est pas seulement sous le rapport de l'économie que l'éclairage au moyen du gaz offre des avantages marqués; son emploi met à l'abri d'un grand nombre d'inconvénients inséparables des anciens modes d'éclairage. Les chances multipliées d'extinction que présentaient autrefois les réverbères alimentés par l'huile, telles que la gelée, l'agitation de l'atmosphère, le défaut de mèches ou le mauvais entretien de l'appareil, n'existent plus avec le gaz. Dans l'intérieur des maisons, il permet d'éviter les ennuis du soin et de l'entretien des lampes, et les pertes qu'occasionne trop souvent la mauvaise qualité du combustible. Il offre aussi moins de chances d'incendie, surtout dans les ateliers dans lesquels le nettoyage des lampes ou le coupage des mèches pendant leur ignition, provoquent des accidents fréquents par suite de la négligence des ouvriers.

Cependant la fixité obligée des appareils à gaz présente, dans l'intérieur des habitations, un inconvénient capital, qui annule presque tous les avantages de ce mode d'éclairage pour l'usage privé. Cette circonstance donne un prix particulier aux divers systèmes d'éclairage proposés depuis quelques années à l'aide de certains liquides combustibles. Et si l'on nous permet, en terminant, une courte digression, qui ne s'éloigne pas trop de notre sujet, nous ajouterons que l'*alcool térébenthiné*, improprement connu à Paris sous le nom de *gazogène*, était digne, à ce point de vue, de la plus sérieuse attention. La blancheur et l'éclat de la flamme fournie par ce liquide, l'absence de fumée et d'odeur, la constance et l'invariabilité de la lumière qu'il émet pendant toute la durée de sa combustion, sont des conditions qui assurent à l'emploi de ce liquide une grande supériorité. Sans pouvoir rivaliser d'une manière absolue avec le gaz sous le rapport de l'économie, il l'emporte de beaucoup à cet égard sur l'éclairage à l'huile, et obligerait, sans aucun doute, les compagnies de gaz à abaisser leur prix. Malheureusement cette industrie intéressante a été étouffée à sa naissance par les susceptibilités du fisc. Le dégrèvement des droits sur l'alcool dénaturé a été vainement réclamé jusqu'ici. Sous le dernier gouvernement, les chambres avaient admis le principe de cette réclamation, en laissant seulement à l'administration le soin d'établir, par un règlement, les conditions et les bases de la dénaturation de l'alcool destiné aux arts et à l'industrie. Mais l'administration trouva insuffisants tous les moyens proposés de dénaturation. Il est cependant démontré jusqu'à l'évidence qu'un grand nombre de procédés permettraient de dénaturer l'alcool térébenthiné de manière à rendre rigoureusement impossible la revivification de l'alcool pour le faire servir à la boisson. Espérons que l'administration, dans la discussion qui doit s'ouvrir quelque jour à propos de l'enquête sur l'impôt des boissons, prendra en considération sérieuse cette question qui touche de près à la prospérité du pays. Le dégrèvement des alcools dénaturés permettrait à cette industrie de prendre un très-grand développement et imprimerait ainsi à la fabrication de l'alcool une extension considérable. Les départements viticoles y trouveraient pour leurs produits un important débouché; les parties de la France qui préparent diverses matières propres à la fabrication de l'alcool, telles que le vin, la betterave, la pomme de terre, recueilleraient également de l'adoption de cette mesure un bénéfice sérieux. On sait d'ailleurs que les huiles et les suifs indigènes ne suffisent

point à notre consommation, et que l'importation de ces produits étrangers se fait chez nous dans une grande proportion; on ne nuirait donc pas à l'agriculture nationale en permettant aux mélanges alcooliques de se substituer aux matières premières d'éclairage que nous tirons de l'étranger. L'éclairage au gaz a reçu en Angleterre des encouragements puissants, dans le but de favoriser l'industrie des houilles qui constituent la richesse du sol anglais. La propriété viticole est la véritable et la plus positive richesse de la France; il serait donc de l'économie politique la mieux entendue de ne négliger aucun des moyens de favoriser son développement et ses progrès.

L'on ne verra pas sans intérêt, après cette histoire de l'éclairage par le gaz, les expériences qui ont été tentées en Belgique et en France par des particuliers, et les oppositions que quelques chimistes croyaient pouvoir faire à l'éclairage par le gaz. Ce sera comme un appendice qui complétera le récit historique que nous venons de faire. C'est au *Dictionnaire des découvertes* que nous empruntons ce qui va suivre:

La Société d'émulation établie à Liége avait proposé pour sujet de prix la construction d'un appareil de distillation propre à éclairer les ateliers, appartements, etc., au moyen du gaz hydrogène extrait de la houille. M. Maxime Ryss-Poncelet a remporté ce prix, et a construit un appareil qui l'on a jugé convenable à l'usage proposé, sans qu'il répandît dans l'intérieur des habitations de gaz délétères, ou nuisibles à la santé. M. Murdoch a fait adopter en Angleterre ce genre d'éclairage; mais les ouvrages qui rendent compte des succès qu'il a obtenus, ne font point connaître la manière dont son appareil est construit; on sait seulement que la houille est distillée dans une cornue de fer, et que le gaz passe à travers l'eau pour se rendre dans un réservoir qui le distribue dans les différentes lampes. C'est sur cette simple donnée qu'a opéré M. Ryss de Liége; il n'a pas encore rendu publiques (1811) les dispositions de son appareil distillatoire; mais son effet a été constaté par les commissaires de la Société d'émulation, et le résultat est d'un si grand intérêt qu'il a pensé qu'on lui saurait gré de l'avoir publié. L'appareil, entretenu au même degré de feu, produit cent cinquante lumières de quinquet, qu'il peut alimenter pendant six heures et demie, chaque flamme conservant la même intensité et la même hauteur.

La cornue est chargée de 100 kil. de houille grasse, qui coûtent	2 f.	40
L'entretien d'un fourneau exige 80 kil de houille sèche à 1 80 les cent kil.	1	44
Journée de l'ouvrier.	2	»
L'appareil coûtant 5,000 fr., l'intérêt à 6 p. °/₀, 10 p. °/₀ d'entretien.	1	60
Réparations annuelles, 600 fr.; par jour.	2	»
Dépense de l'éclairage au gaz.	9	44

Cent cinquante quinquets consumant de l'huile, coûteraient par jour 47 fr. 50 c.; l'économie en faveur de la houille est donc de

38 fr. 36 c. Ainsi la méthode de M. Ryss ne demande que le cinquième de la dépense ordinaire. La lumière est d'une grande pureté, d'une intensité supérieure à tout autre ; elle ne répand aucune odeur ; et elle a cela de particulier, qu'elle n'éblouit pas comme celle des quinquets, quoiqu'elle jette un éclat dont la blancheur approche de celle du jour. Ce mode d'éclairage présente encore cela d'économique, que les mêmes feux qui servent à la distillation de la houille pour en obtenir le gaz hydrogène, servent aussi au chauffage des ateliers, au moyen des poêles ventilateurs de Curaudau, qui pourraient aussi, sans augmenter la dépense, mettre en ébullition une chaudière pour activer, soit une pompe à feu, soit d'autres usines à vapeur. Ce moyen d'éclairage convient aux grands établissements publics et aux manufactures. Le mérite de la découverte est dû à M. Lebon ingénieur français. Cet ingénieur, offrant au public son *thermolampe* qui éclairait par le gaz provenant de la distillation du bois, annonça que cet appareil pouvait s'appliquer à la distillation du charbon de terre.

En 1817, M. Lenormand, en annonçant que l'on tire le plus grand parti en Angleterre de l'éclairage par le gaz hydrogène extrait de la houille, et qui fut découvert à Paris, en l'an VIII, par M. Lebon, comme nous l'avons dit plus haut, rapporte le fait suivant. Un physicien anglais a imaginé une lampe à gaz portative ; on garnit un globe de cristal d'un tube terminé en bec de lampe, et se fermant par un robinet. Dans ce globe on comprime, au moyen d'une pompe foulante, le gaz hydrogène, au point de le réduire du vingtième ou trentième de son volume ; un globe d'un pied de diamètre peut contenir assez de gaz pour éclairer pendant douze heures, par une lumière égale en intensité à celle de six chandelles ordinaires. (*Art du distillateur*, t. Ier, p. 149.)

La même année M. le préfet de la Seine a fait répéter, à l'hôpital Saint-Louis, l'expérience de l'éclairage au moyen du gaz hydrogène. L'appareil d'essai par lequel on opère à cet hôpital est monté pour quarante lampes à courant d'air. M. Biot a reconnu, 1° qu'il n'y a aucun doute sur la beauté et l'intensité de la lumière de ces lampes, sur son égalité, et l'absence absolue de toute odeur, quand les lavages du gaz sont faites convenablement ; 2° qu'il y a un bénéfice réel à établir ce mode d'éclairage dans tous les cas où l'on aura besoin d'un grand nombre de lumières longtemps entretenues ; 3° que déjà, dans l'état actuel des choses, on peut affirmer que pour un établissement de quatre cents lampes, entretenues journellement pendant quatre heures, la dépense de chaque lampe, par heure, serait d'environ trois quarts de centime, tandis qu'une lumière égale, produite par la combustion de l'huile, coûte à peu près trois fois autant.

Malgré ces expériences, M. Clément, en 1819, a soutenu, dans une brochure qu'il a publiée récemment, que cet éclairage était presque trois fois plus cher que celui à l'huile, et que d'ailleurs il était fort inférieur sous les autres rapports. Il est à croire que les entrepreneurs des grands travaux commencés et continués pour cet objet à Paris, n'ont pas été convaincus par sa dissertation ; mais d'un autre côté, dit-il, on a suspendu de plus grands travaux également entrepris dans le même dessein, et on a chargé M. Girard, ingénieur en chef des ponts et chaussées, d'aller étudier de nouveau la question en Angleterre, ce qui annoncerait qu'elle est devenue incertaine pour ceux aux yeux de qui elle ne l'était pas. Dans ces circonstances, il est parvenu à M. Clément des données précieuses que nous rapportons ici d'après lui. M. William Henry, de Manchester, dit-il, a publié de nombreuses expériences sur le gaz hydrogène du charbon de terre. (*Philosophical magazine, by Tilloche, august and september* 1819.) Les travaux de cet habile chimiste méritent une entière confiance, et peuvent contribuer à éclairer l'opinion sur ce sujet. M. Henry rapporte les résultats suivants de grandes expériences faites sur deux espèces de charbon de terre, dans les appareils de M. Lee, à Manchester. Cinq cents kil. du meilleur charbon (*cannel-coal*) ont produit cent mètres cubes de gaz ; ainsi un kilogramme donne deux cents litres. Cinq cents kil. de qualité ordinaire, mais bonne, ont produit quatre-vingt-cinq mètres cubes ; et par conséquent un kilogr. donne cent-soixante-dix litres. L'auteur avait admis cent-quatre-vingt-dix litres ; ainsi il n'avait point atténué le produit. La qualité des produits gazeux varie beaucoup, suivant la période de la distillation et suivant la nature du charbon employé. Le mélange de tous les produits du *cannel-coal* non purifiés exige cent cinquante-cinq mesures d'oxygène pour cent mesures de gaz ; il s'y rencontre d'ailleurs quinze mesures d'azote. Le gaz retiré du charbon ordinaire est d'une qualité inférieure ; il n'absorbe que cent mesures d'oxygène pour cent mesures de gaz ; aussi l'analyse y fait-elle découvrir beaucoup moins de gaz oléfiant que dans celui qui provient du meilleur charbon. Autrefois M. Henry avait cru que le gaz du charbon de terre ordinaire, absorbant un volume égal d'oxygène, était du gaz hydrogène protocarburé pur. Une étude plus soignée lui a fait découvrir qu'il s'y trouvait de petites portions de gaz oléfiant, qui toutefois n'en augmentent pas la combustibilité, parce que la présence d'une certaine quantité d'azote fait compensation, et réduit la valeur du gaz de charbon à celle du gaz hydrogène protocarburé, c'est-à-dire à celle que l'auteur a admise dans l'appréciation qu'il a faite de ce premier gaz pour l'éclairage. Ainsi les nouvelles recherches de M. Henry confirment l'exactitude de cette donnée principale dont M. Clément s'est servi pour établir le rapport entre l'huile et le gaz du charbon de terre. L'examen des produits de la distillation, à différentes périodes, a fait reconnaître que le gaz oléfiant était d'autant moins abondant que l'opération était depuis longtemps en activité. Cela doit être, parce que la température va en augmentant. Dans les trois premières heures, ce gaz constituait jusqu'à quinze pour cent du volume, et après douze heures il n'était plus que de quatre pour cent. Cette proportion est beaucoup moindre dans le gaz du charbon ordinaire; on y rencontre à peine un quart de la quantité de gaz oléfiant trouvée dans les produits du *cannel-coal*, et il est remarquable que ni au commencement, ni à la fin de la distillation, il ne s'en dégage pas la moindre quantité. Le chimiste anglais regarde comme certain que le pouvoir lumineux d'un combustible est proportionnel à la quantité d'oxygène qu'il peut absorber. L'auteur ne partage point cette opinion; mais si on voulait l'adopter, dit-il, il faudrait en tirer la conclusion, qu'à poids égal l'huile est supérieure au gaz du charbon de terre, et on admettrait encore la proposition qu'il a avancée. En effet, ajoute-t-il, l'huile absorbe plus d'oxygène que ce gaz, et cela dans le rapport de deux cent soixante-dix-sept à cent quatre-vingt-neuf, ou de cent à soixante-sept. M. Clément croit que sa supériorité est beaucoup plus grande; il l'a fixée, dans sa brochure, de cent à trente environ, d'après la comparaison de la lumière réellement produite. Effectivement beaucoup d'expériences démontrent ce fait, que la lumière n'est point en rapport avec l'oxygène absorbé, mais qu'elle dépend de la température du foyer où se fait la combustion, température qui, elle-même, varie beaucoup suivant les circonstances. Une preuve sans réplique, suivant notre auteur, que la lumière ne dépend pas de l'oxygène absorbé, c'est la flamme sans flamme à mèche de platine. Dalton a reconnu que l'oxygène employé à la combustion de l'alcool, dans cette circonstance, était en même quantité que lorsque la flamme était très-visible. Ainsi, dans un cas, la lumière émise est presque nulle; dans l'autre, elle devient très-appréciable, et dans tous les deux l'oxygène consommé est en quantité semblable; donc le principe admis, par M. Henry, n'est pas fondé, et véritablement le pouvoir lumineux n'est pas proportionnel à la quantité d'oxygène consommée. Il n'est pas possible de supposer que M. Henry ait entendu, ajoute M. Clément, que les circonstances de la combustion seraient les mêmes; car, dans la plupart des cas, on ne le pourrait pas. Ainsi il est impossible de faire brûler un poids donné de gaz hydrogène carboné avec une flamme égale en volume et en température à celle d'un même poids d'huile, de suif ou de cire. La flamme du gaz sera nécessairement plus volumineuse et d'une température moins élevée que celles des combustibles, qui elles-mêmes ne seront pas semblables. L'auteur imagine, par exemple, que la quantité de lumière produite par une même bougie, serait très-différente sur une haute montagne ou dans le fond d'une

vallée : sur la montagne, la flamme serait plus étendue, sa température serait plus basse, et par conséquent il y aurait moins de lumière produite que sous une plus grande pression atmosphérique. M. Clément prévient ici une objection qui pourrait être faite. Les physiciens savent qu'il existe de la lumière inappréciable pour nos sens, et que des phénomènes chimiques peuvent seuls nous révéler. On pourrait donc supposer que la lumière, visible ou non, réellement émise dans toute combustion, est, comme la chaleur, en quantité constante, quelle que soit la température. Mais l'auteur fait remarquer que la lumière dont il s'agit est seulement celle visible, celle utile et qui peut être vendue; or il ne paraît donc pas douteux, selon lui, que celle-ci varie suivant la température de la combustion, et il croit avoir raison de soutenir qu'elle n'est point proportionnelle à la quantité d'oxygène absorbée. Le désavantage de l'étendue de la flamme pour la production de la lumière appartient essentiellement au gaz préexistant; il se trouve dans une situation analogue à celle de la flamme de l'huile, du suif ou de la cire, transportée sur une très-haute montagne. M. Clément persiste donc à croire, et les expériences de M. Henry l'autorisent, dit-il, à le soutenir, que ces combustibles jouissent d'un pouvoir lumineux très-supérieur à celui du gaz du charbon, à poids égal. Mais la question d'économie n'est pas résolue par cette assertion, qu'il serait d'ailleurs, suivant notre auteur, très-facile de démontrer plus amplement. Il serait possible que, malgré son infériorité, le gaz se trouvât supérieur par rapport au prix. Par exemple, il pourrait donner trois fois moins de lumière que l'huile et mériter la préférence parce qu'il coûterait quatre fois moins cher. Ce point de la question, le plus important sans doute, n'est pas le moins difficile à éclaircir. La production du gaz et sa distribution sont des opérations assez compliquées dont il n'est pas aisé d'établir par avance un compte clair et précis. M. Clément l'a essayé dans son premier écrit sur ce sujet; mais il annonce que le compte qu'il a dressé est nécessairement éventuel, et il regarde comme plus certain d'admettre comme un *minimum* de prix celui auquel on vend le gaz à Londres. Il s'est assuré de nouveau que le prix annuel d'un bec de lumière égal à une lampe d'Argand ordinaire, brûlant pendant quatre heures par jour, à raison de trente grammes d'huile par heure, était de 120 francs; et, à moins de quelque erreur sur l'intensité de la lumière, qu'il ne croit pas possible, il tient pour certain que, dans la ville qu'il vient de citer, une dépense de 120 francs en gaz remplace à peu près quarante-cinq kilogrammes d'huile. L'auteur dit qu'à Paris la substitution du gaz à l'huile sera nécessairement moins économique, et que par conséquent on payerait 120 francs la même quantité de lumière qui nous est donnée par 43 kilogram. d'huile, lesquels coûtent maintenant (1819), à cent vingt-cinq fr. les cent kilogrammes, 56 fr., 25. : nous dépenserions donc au moins deux fois autant. Ainsi l'éclairage par le gaz du charbon de terre est une opération beaucoup plus dispendieuse pour la France, que celui par l'huile. Ainsi les expériences de M. Henry n'auraient changé en rien la conclusion des premières données que M. Clément avait employées. Mais un négociant de Londres lui a fait apercevoir une erreur qu'il a commise dans son premier travail : il a cru le prix de l'huile plus élevé dans cette ville qu'il ne l'est réellement ; un chiffre mal lu l'avait trompé sur ce point, et la vérité est que l'huile n'est presque pas plus chère dans la capitale de l'Angleterre qu'à Paris. Il résulte de là que l'éclairage par le gaz, que l'auteur croyait au moins économique à à Londres, ne l'est pas ; et la thèse qu'il avait osé, dit-il, à peine avancer contre l'opinion de tant de personnes instruites en France, il faudrait la soutenir contre l'opinion des Anglais en général. M. Clément déclare n'avoir pas cette hardiesse, et avoue qu'il lui est plus facile de croire qu'il se trompe. Il soumet, ajoute-t-il, aux partisans du nouvel éclairage, le désir qu'il a d'être tiré de son erreur ; désir qu'il a déjà témoigné à toutes les personnes instruites qu'il a pu rencontrer, et qui toutes lui ont conseillé de croire ce que tout le monde croit. Cependant pas une n'avait une conviction personnelle, pas une n'a pu lui démontrer l'utilité du gaz ; il en nommerait vingt qui toutes ont vu l'éclairage en Angleterre, et sont revenues pleines de foi ; mais qui, loin de dissiper ses doutes, les ont partagés. Voici à quels termes se réduit cette question si simple, selon l'auteur, et à laquelle il n'a pu trouver de réponse à Paris ; il la soumet maintenant (1819) aux habitants de Londres. Un bec de lumière brûlant toute l'année pendant quatre heures par jour, avec une intensité parfaitement égale à celle d'une bonne lampe d'Argand, qui consomme trente grammes d'huile par heure, coûte 120 fr. s'il est entretenu par le gaz ; pourquoi lui donne-t-on la préférence sur un bec absolument identique, puisque celui-ci pourrait être entretenu pour le prix de 60 fr. avec de l'huile ? M. Clément a dit comment il a vainement cherché la réponse à cette question, par toutes sortes de moyens : la conversation, des tentatives de correspondance, des publications imprimées, des articles de journaux, rien n'a pu déterminer un éclaircissement. Cependant on aurait, dit-il ici en terminant son mémoire, rendu un véritable service au nouvel éclairage, en soutenant la croyance générale qui lui est déjà favorable ; on aurait beaucoup fait pour son succès ; et assurément si quelqu'un peut répondre à la question dont il s'agit ici, il peut encore faire une action utile en publiant cette réponse.

Terminons cet article sur l'éclairage en analysant les recherches que l'on a faites pour trouver d'autres moyens d'éclairage plus économique que l'huile et le gaz. Dans

notre siècle l'on cherche non-seulement à améliorer les objets d'un usage constant, mais encore à les remplacer par d'autres pouvant conduire au même but et par des moyens plus économiques.

L'on a essayé d'abord l'éclairage au gaz liquide, à l'hydrogène liquide. L'on est parvenu à obtenir de ce gaz une flamme d'une blancheur éclatante ne donnant point d'odeur. La lumière se soutient mieux que celle procurée par l'huile ; en effet les mèches dans les becs à l'huile s'encrassent d'une espèce de mucilage ; il en résulte nécessairement une diminution d'intensité de lumière, sans diminution de dépense. Mais le gaz liquide composé d'huiles essentielles et d'alcool présente divers graves inconvénients :

1° L'on sait que toutes les huiles essentielles jettent une odeur très-désagréable ; si donc on avait le malheur de renverser une lampe, il faudrait déserter l'appartement pour un jour au moins ;

2° Ce liquide est très-volatil, très-inflammable ; il présente par conséquent des dangers réels d'incendie ;

3° Loin de présenter de l'économie, cet éclairage coûterait bien plus cher que celui à l'huile, surtout aujourd'hui où les alcools sont d'un prix très-élevé.

MM. Busson et Béale ont trouvé le moyen de réduire en vapeur les huiles essentielles et autres, dans l'intérieur d'un bec de lampe, et de mêler, à cette vapeur oléagineuse, une certaine quantité d'air avant la combustion. Les appareils de ces Messieurs, au rapport de personnes qui les ont vus, et compétentes pour les apprécier, sont très-ingénieux. La flamme produite par cette huile vaporisée est plus éclatante que celle des becs ordinaires à l'huile, mais elle donne moins de lumière que le gaz ; c'est du moins ce que l'on a remarqué dans l'essai qui a été fait sur la place du Carrousel. Cependant, dit M. Mallet, dont nous analysons le rapport, nous sommes convaincu que ce système d'éclairage des rues pourra faire une concurrence redoutable à l'éclairage à l'huile, surtout dans les localités peu importantes et trop pauvres pour songer à l'établissement d'une usine à gaz pour l'éclairage public. Quant à l'éclairage intérieur nous n'en pouvons rien dire ; nous n'en avons pas vu les essais. Cependant nous savons que ce système d'éclairage est employé dans quelques ateliers, dans quelques stations des chemins de fer. Le liquide, employé pour cet éclairage, présente pour les appartements le même inconvénient que le gazogène ou hydrogène liquide, c'est-à-dire qu'il répand une odeur infecte, non quand on le brûle, mais quand par mégarde on en répand quelques gouttes. Du reste il est incontestable que cet éclairage est plus économique que celui à l'huile.

MM. Rouen et Ménage ont tenté l'un et l'autre divers systèmes d'éclairage ; mais ils ne sont pas encore assez bien établis pour que nous puissions les apprécier. Nous ne pouvons toutefois qu'encourager les savants qui consacrent leurs talents au bien-être général; et nous avons la confiance que leurs efforts seront un jour couronnés de succès.

Il est peu de personnes, même parmi les savants, lorsque par goût ou par état ils ne s'occupent pas d'analyse chimique, qui soupçonnent toutes les difficultés à vaincre pour obtenir un éclairage commode et économique tout à la fois.

Le premier mobile de l'éclairage est le gaz. La flamme, dit Berzélius, n'est rien autre chose qu'un gaz qui brûle. Son intensité dépend des corps qui se combinent pendant la combustion. Si le gaz brûle seul, la flamme produit peu de lumière; mais si dans cette flamme vous interposez un corps solide et de nature à s'identifier avec la flamme sans se consumer, l'éclat de la lumière s'accroît singulièrement. Ainsi la lumière produite par les lampes à l'huile, par les chandelles ou bougies, n'est que le résultat d'un gaz qui s'échappe de ces matières et se consume en même temps que la mèche. La chaleur qu'elles laissent échapper n'est si brûlante qu'à cause d'un charbon très-délié qui y rougit et s'enflamme au contact de l'air. En effet, si l'on plonge dans la flamme un corps froid, on verra le carbone s'attacher à sa surface en formant du noir de fumée. Le gaz d'éclairage contient donc de l'hydrogène carburé qui se produit par la consommation de l'huile, des bougies, etc. D'où il suit que si le gaz qui brûle n'est pas assez carburé, il produit une flamme trop faible pour l'éclairage; si au contraire il est trop carburé, s'il dépose trop de carbone, la flamme qu'il produit n'a point d'éclat, elle est rougeâtre, fumeuse et ne répand qu'une lumière terne.

Pour obtenir un éclairage plus économique et plus intense tout à la fois que celui par l'huile ou la bougie, il faut trouver d'abord des matières premières très-communes et d'un prix peu élevé, et dont on puisse extraire un gaz contenant ni trop ni trop peu de carbone, ou susceptible d'être mélangé avec un autre gaz qui le corrige et établisse une juste proportion, sans les inconvénients que nous avons déjà signalés. Tel est le problème à résoudre. Puis se présentera celui des appareils pour l'emploi de ce gaz.

ÉCLAIRAGE ÉLECTRIQUE. — *Voyez* LUMIÈRE ÉLECTRIQUE. *Voyez* aussi GAZ, USINE A GAZ.

ÉCLUSE. — Il faut entendre par ce mot un ouvrage d'architecture hydraulique, destiné à opérer à volonté une retenue partielle d'un cours d'eau quelconque qui l'avoisine.

C'est à l'art militaire que l'on doit les écluses; leur apparition en Europe date de la fin du xvᵉ siècle. Il paraît que c'est en Italie, sur la Brenta, près de Viterbe, que les premières ont été construites; elles ont eu pour but, à leur origine, de former des réserves de masses d'eau à l'effet de remplir et alimenter les fossés qui entouraient les places fortes, principalement les châteaux-forts, encore nombreux à cette époque, et

dont la principale défense consistait, depuis l'invention des armes à feu, à tenir l'ennemi, autant que possible, à grande distance des murs des fortifications. Leur jeu ne se bornait pas seulement à maintenir les fossés pleins d'eau, ce qui d'ailleurs n'aurait pas toujours été possible dans certaines localités; mais le plus ordinairement à transformer en marais impraticables les abords de la place, pour augmenter la difficulté de son approche, ou bien encore à opérer subitement des courants rapides qui venaient surprendre les assaillants, les noyers et détruire les ouvrages d'attaque qu'ils avaient faits dans les fossés. C'est principalement à cette circonstance, plus encore qu'à l'action naturelle des écluses, que fait allusion l'expression proverbiale, *lâcher les écluses, faire jouer les écluses*, pour exprimer la catastrophe ou l'action décisive qui détermine le dénouement d'une affaire.

L'invention des écluses, qui, dans son principe, est un but de destruction, devait bientôt, par un effet contraire, contribuer aux progrès de la civilisation. La principale application, la plus belle, comme la plus importante, est celle qu'on en a faite à la construction des canaux. Jusque-là ce mode de communication, à qui le commerce doit la vie, avait été extrêmement restreint; ce genre d'ouvrage n'était praticable que dans les espaces où la planimétrie du sol en permettait l'exécution; mais du moment où l'adjonction d'une ou plusieurs écluses donna le moyen de mettre en rapport des cours d'eau de niveau différent, on put étendre leur parcours et surmonter les obstacles naturels que les accidents du terrain y opposaient.

On sait quel titre de gloire le célèbre ingénieur *Riquet* s'est acquis dans la conception hardie et l'exécution gigantesque du fameux canal du Languedoc, qui réunit deux grandes villes éloignées l'une de l'autre, Toulouse et Narbonne, et, par suite, opère une jonction réelle entre l'Océan et la Méditerranée. Ce fut aux perfectionnements qu'il apporta à la construction des écluses, ainsi qu'à leur savante combinaison, qu'il dut le succès de cette grande entreprise, où rien ne put l'arrêter, ni la longueur des distances, ni l'escarpement du terrain, ni même l'interposition des montagnes, barrières insurmontables que la nature semblait avoir imposées au génie de l'homme et que l'imagination n'aurait pas osé, avant l'illustre ingénieur, concevoir la pensée de franchir.

On admettra la réalité de ces résultats après l'explication suivante que nous allons donner de la construction d'une écluse.

Que l'on se représente donc un endroit où deux cours d'eau, d'ailleurs de directions quelconques, viendraient se rencontrer et se confondre, si la différence de niveau de leurs lits respectifs ne rendait leur réunion possible que par une cascade de l'un sur l'autre. Cet obstacle naturellement serait fatal au bateau qui aurait l'imprudence de braver le passage. Surmonter cette difficulté est cependant le problème qu'une écluse doit résoudre.

A cet effet, concevons qu'au point de contact des deux cours d'eau, on ait construit une espèce de chambre à ciel ouvert, plus exactement un bassin, ordinairement plus long que large, et dont l'axe longitudinal soit dirigé de manière que l'une de ses extrémités soit contiguë au canal supérieur et l'autre au canal inférieur. Concevons encore qu'à chacune de ces extrémités soit placée une porte construite solidement en charpente, et de force suffisante pour résister à la pression d'une hauteur d'eau égale à la hauteur du bassin, précisément la même que celle qui existe entre les niveaux des deux canaux à réunir.

Maintenant, supposons que la porte située du côté du canal inférieur, et que l'on appelle *porte d'aval*, soit fermée, tandis que celle du côté opposé, que l'on appelle *porte d'amont*, est ouverte. Dans cet état, le bassin ou l'écluse se remplira par l'eau provenant du canal supérieur, et l'eau y prendra le même niveau que dans ce dernier; un bateau venant d'amont pourra donc y être introduit. Une fois entré, on referme la porte sur lui pour intercepter la communication entre l'écluse et le bassin supérieur; puis on ouvre la porte d'aval, par où l'eau restée dans l'écluse s'écoulant fait abaisser le niveau jusqu'à ce que le bateau soit descendu au niveau du canal inférieur. Toutefois cette opération ne s'exécute pas brusquement, c'est-à-dire qu'au lieu d'ouvrir immédiatement les deux battants de la porte d'aval, on se contente d'ouvrir les vannes qui bouchent deux ouvertures pareilles pratiquées dans ses ventaux, et par où l'eau, s'échappant peu à peu, abaisse progressivement le bateau, qui évite ainsi le danger qu'il aurait couru si les deux battants de la porte eussent été ouverts subitement. Lorsque le bateau est parvenu au bas de l'écluse on achève d'ouvrir la porte d'aval; il passe alors dans le canal inférieur et poursuit sa route jusqu'à ce que la nécessité de franchir un autre niveau l'oblige, dans une autre écluse, à subir la même manœuvre que dans la précédente.

Réciproquement, par une manœuvre inverse, un bateau venant d'aval peut atteindre le niveau du canal supérieur; car pour cela, la porte d'aval étant ouverte, le bateau entre dans l'écluse, après quoi on ferme la porte sur lui; puis on ouvre les vannes de la porte d'amont : l'eau s'introduisant dans l'écluse élève peu à peu le bateau, qui parvient ainsi au niveau du canal supérieur, dans lequel il entre et continue son voyage.

Tel est succinctement l'exposé du mécanisme aussi simple qu'ingénieux par lequel s'opère le jeu des écluses. Cette combinaison semble si naturelle qu'on s'étonne que l'invention en ait été si tardive, mais il en a été de cette découverte comme de toutes celles qui ont été les plus utiles à l'industrie. Les procédés les moins compliqués ne sont pas ceux qui apparaissent les premiers à l'esprit de l'homme. Le vulgaire n'entrevoit, pour réaliser ses désirs, que des moyens d'exécution en proportion des résultats qu'il attend; la nature agit en sens inverse, elle produit les plus grands effets par les causes les plus simples; il n'est donné qu'au génie de dévoiler ses secrets.

Les parois latérales d'une écluse, c'est-à-dire celles qui sont parallèles à son axe longitudinal, s'appellent *bajoyers;* elles sont construites en maçonnerie, ou par économie en charpente, mais selon les dispositions adoptées pour la construction des *digues*, afin de leur donner la force de résister à ces poussées de terres et d'eau. Le fond de l'écluse se nomme *radier* et doit aussi être fait avec précaution pour éviter les filtrations.

Les portes d'extrémités demandent surtout des soins particuliers. On les compose de deux ventaux mobiles sur des gonds scellés; mais au lieu de les disposer sur le même plan transversal, comme aux portes ordinaires, on ajuste ces ventaux angulairement, s'appuyant l'un sur l'autre de manière à présenter au fil de l'eau une sorte d'avant-bec, ce qui fait que la pression du fluide, au lieu de les désunir, tend à les rapprocher. La manœuvre des portes et des vannes qui y sont adaptées s'exécute par des combinaisons de crics, de leviers et de roues dentées, qui, malgré le poids et les dimensions énormes de l'appareil, rendent le travail facile à un seul homme commis à la garde de l'écluse, et que par ce motif on nomme *éclusier*

Dans les localités où la hauteur d'un cours d'eau au-dessus de l'autre est considérable, on ne s'en tient pas à une seule écluse; on en pratique plusieurs à la suite les unes des autres, ce qui leur donne une disposition en gradins. Cet arrangement a le double avantage de ne dépenser, pour la descente d'un seul bateau, que la quantité d'eau nécessaire pour remplir une écluse partielle, et de permettre de descendre plusieurs bateaux dans le même temps qu'un seul emploierait, s'il n'y avait qu'une écluse unique dans toute la hauteur du canal d'amont au canal d'aval. Pour remonter, l'économie d'eau est moindre, et n'existe même plus pour un seul bateau; mais l'économie de temps subsiste lorsque plusieurs bateaux se présentent à la fois.

On appelle *éclusée* la quantité d'eau qu'il faut tirer du canal supérieur pour faire monter ou descendre un bateau d'un canal à l'autre, qu'il n'y ait qu'une ou plusieurs écluses successives. Généralement cette dépense est insensible sur la masse d'eau qui remplit les *biefs* (on donne ce nom à la portion d'un canal comprise entre deux écluses), lorsque la longueur de ceux-ci est considérable; mais elle tire à conséquence dans le cas contraire, et lorsqu'en même temps les biefs ne sont que faiblement alimentés par des irrigations secondaires. Dans ces circonstances, pour ménager les eaux du canal supérieur, on a recours à des bassins auxiliaires de retenue que l'on désigne sous le nom de *sas*. Les sas sont placés auprès des écluses et un peu au-dessus d'elles; leur fonction spéciale est de les alimenter au moment du passage des bateaux. Nous devons nous borner ici à cette indication sur les écluses dites *à sas*, qui constituent la partie la plus difficultueuse de l'art des canaux.

Les perfectionnements apportés au jeu des écluses pour les canaux ont bientôt conduit à en faire l'application d'autres usages. On les a employées avec succès dans les ports pour y opérer le déblaiement et le nettoyage des bassins et de leurs passes d'entrée, où l'action alternative de la marée occasionne des amas d'alluvions qui les combleraient bientôt si l'on n'avait un moyen de s'en débarrasser. Dans cette occasion on leur donne le nom d'*écluses de chasse*. Cette dénomination, après les détails que nous avons donnés ci-dessus, exprime suffisamment la nature de leurs dispositions et celle de leurs fonctions : nous nous dispenserons d'entrer dans plus d'explications à ce sujet, pour lesquelles on ne pourrait d'ailleurs que renvoyer aux ouvrages spéciaux qui traitent de cette matière. Les personnes qui désireront les consulter n'auront que l'embarras du choix entre les nombreux écrits publiés par des ingénieurs anglais et français, où l'on ne sait qu'admirer le plus, de la science profonde ou du brillant talent qui les distinguent.

L'utilité des écluses ne s'arrête pas aux grands travaux hydrauliques, elle rend encore d'éminents services à l'industrie civile : les grandes usines, les moulins et autres établissements qui ont pour moteur principal un cours d'eau, sont dans l'obligation d'opérer des retenues pour venir en aide au courant dans les temps de basses eaux. Une manœuvre analogue est nécessaire pour entretenir la flottaison à l'origine des rivières, où elle est souvent interrompue, soit à raison de la faiblesse de la pente, soit à défaut de profondeur du lit, soit enfin par une trop grande évaporation qui amène la diminution des eaux. Ces exemples suffisent pour montrer combien l'invention des écluses a été féconde en résultats, et quelles ressources elle peut offrir encore à l'avenir de la société, entre les mains de gens habiles qui sauront les faire fructifier (1).

Nouveau système d'écluses évitant toute perte de forces vives, autrement dit ne dépensant qu'un poids égal à celui des bateaux ascendants et gagnant au contraire la même quantité de liquide à la descente de ces derniers; par M. Burdin, ingénieur au Corps royal des Mines. M. Burdin, éveillé par l'objection à laquelle ont donné lieu tous les appareils que l'on a voulu substituer à celui des écluses, en présente un destiné à répondre complètement au principe des forces vives, c'est-à-dire à offrir une égalité rigoureuse entre le moteur dépensé et l'effet produit.

(1) Extrait de l'*Encyclopédie des gens du monde*.

DICTIONNAIRE DES INVENTIONS. I

Donnons une idée de l'appareil dont il s'agit, et suivons à cet effet l'ordre adopté par l'auteur dans la description de son nouveau système d'écluses évitant toute perte de forces vives.

M. Burdin a divisé son mémoire en deux parties ou paragraphes.

Le premier, intitulé : Partie théorique ; le deuxième : Application pratique, construction, dépenses.

L'objet que l'auteur se propose est d'obtenir une égalité rigoureuse entre le moteur dépensé et l'effet produit, but que l'on serait loin d'atteindre dans l'état actuel des choses.

A cet effet, il doit éviter tout mouvement brusque, et de plus pouvoir opérer en quatre ou cinq minutes le transvasement de 400 mètres cubes d'eau environ, en n'employant que la journée d'un homme.

« Déjà, dit l'auteur, on aperçoit que l'appareil exclut tout intermédiaire solide, et qu'il ne doit faire intervenir que des pressions liquides et atmosphériques ; enfin, on prévoit que surtout le centre de gravité des masses à mouvoir doit rigoureusement rester à la même hauteur pendant tout le mouvement. »

D'où il arrive à la conception d'un double siphon, au moyen duquel le déplacement horizontal et successif du prisme de chute opère la descente et la montée des bateaux sans perte de forces vives.

Telle est la description sommaire de l'écluse siphon de M. Burdin, description à laquelle nous nous bornerons ici, en renvoyant à l'ouvrage de cet ingénieur pour tous les détails d'exécution, dans lesquels on reconnaîtra l'instruction, la sagacité, et l'esprit inventif qui le distinguent, comme on y verra que l'auteur a prévenu toutes les objections qu'on pourrait lui faire, et y a répondu d'une manière qui paraît ne rien laisser à désirer.

On doit maintenant faire des vœux pour que cette ingénieuse conception ne soit point perdue pour la chose publique, ainsi qu'il n'arrive que trop fréquemment chez nous ; c'est en cherchant continuellement à repousser les idées nouvelles au lieu de les soumettre à l'expérience, que nous restons toujours au même point, c'est ainsi que nous laissons nos voisins d'outre mer nous devancer à pas de géant, et que nous devenons ensuite leurs tributaires.

Si, dans le temps, nous eussions étudié les moyens d'exécuter l'idée de Papin, au lieu de la traiter peut-être de rêverie, ou de nous laisser effrayer sans doute par les difficultés d'exécution, nous ne serions pas obligés aujourd'hui, après avoir gagné notre cause sur la conception du moyen d'employer la vapeur en expansion comme force motrice, de convenir que si cette idée appartient à Papin, c'est à Watt, c'est aux encouragements que le génie reçoit chez nos voisins que l'on doit la mise à exécution de ce moyen ; enfin, que ce sont eux qui ont su

35

l'exploiter au profit de la prospérité, de la richesse et de la puissance de leur pays. (*Bulletin des sciences technologiques*, article *Ecluse*, page 180 à 184, tome XV.)

Recherches théoriques et pratiques sur la fondation par immersion des ouvrages hydrauliques et particulièrement des écluses, par L. A. Beaudemoulin. (In-4°, avec 4 planches ; prix 3 fr. ; Paris, 1829 ; Gœury.) — Les fondations des travaux hydrauliques, partie la plus importante et en même temps la plus difficile de l'art des constructions, ont fait de grands progrès de nos jours. Les savantes publications de M. Vicat ont rendu populaires, pour ainsi dire, les applications de sa théorie, et la fabrication du béton, si généralement employé maintenant, est sans doute la première base de ces améliorations. C'est particulièrement du bon emploi du béton, de l'imperfection des méthodes mises en usage, enfin de la recherche des causes peu apparentes qui compromettent la solidité des ouvrages que traite le Mémoire de M. Beaudemoulin. La première partie est fertile en aperçus nouveaux, en moyens ingénieux dont l'auteur a fait une heureuse application dans les travaux du canal de Monsieur qui avoisinent son embouchure dans le Rhin. Nous signalerons quelques-uns d'entre eux. Dans les fondations par immersion de bétonnage, on recommande généralement de se garantir de l'effet destructeur des vases, mais ce précepte banal est débité pour ainsi dire comme un acquit de conscience, sans qu'on ait jamais imaginé rien d'efficace pour le mettre en usage. Lorsqu'on sonde à d'assez grandes profondeurs sous l'eau, indépendamment des vases provenant du drainage, qui viennent former sur le sol de fondation une couche assez solide et assez apparente pour qu'un balai de fer puisse les enlever, il s'en trouve d'autres d'une ténuité plus grande, qui, venues en suspension dans les eaux de la fouille, se déposent continuellement sur les corps mis en contact avec elles. Le béton, coulé par couches de peu d'épaisseur, s'enveloppe d'une partie de ces vases avant qu'une couche nouvelle ait été descendue, et la masse totale, viciée en détail par l'interposition des vases dans ses cavités, ne présente qu'une agglomération de matières sans adhérence. M. Beaudemoulin a remarqué que les parties saillantes étaient toujours saines, purgées de vase ; que les parties creuses en étaient au contraire chargées. Il a rendu cette observation sensible en jetant dans un vase ou un trou dont les parois étaient hérissées d'aspérités, de l'eau chargée en excès de chaux ou de terre. Quand l'agitation a été calmée et l'eau éclaircie, il a vu la vase déposée dans les creux, tandis que les sommités étaient parfaitement nettes. Les conséquences de cette remarque se montrent, suivant M. Beaudemoulin, dans toutes les écluses où l'on prendra la peine de faire piocher le béton. Suivant la place saillante ou creuse que l'on aura choisie, le béton présentera une con-

sistance plus ou moins solide. De ce fait bien observé l'auteur déduit une suite de procédés dont il sera important de tenir compte dans toute fondation hydraulique par immersion. Leur description nous entraînerait dans trop de détails ; nous renvoyons au Mémoire, où on lira avec intérêt une critique fort judicieuse de la trémie, habituellement employée au coulement du béton.

Les batardeaux en béton sont encore une chose, sinon nouvelle, au moins peu répandue. M. Beaudemoulin en a fait l'heureuse application à une époque assez reculée pour qu'il puisse se supposer quelques droits à l'invention. Nous le félicitons de ne point être entré à ce sujet dans l'historique oiseux qui accompagne la plupart de ces prétentions à la découverte. Il en a senti le ridicule et n'a pas voulu mêler les naïvetés de l'amour-propre aux considérations pleines de force, aux détails lucides, à la richesse et à l'observation des faits nouveaux qui s'enchaînent et lient entre elles les différentes périodes de son Mémoire. Mais ce qui nous paraît incontestable, comme nouveauté, c'est une amélioration importante, introduite dans le batardeau en béton, au moyen duquel M. Beaudemoulin a triomphé d'un écueil dangereux dans la construction de l'écluse de prise d'eau d'Huningue, écluse voisine du Rhin, et dont le plan de fondation était à plus de cinq mètres au-dessous des eaux moyennes. Dans les canaux où les batardeaux en béton ont été employés ou proposés, ils étaient soutenus par des files de planches armées de sabots en fer et enfoncés dans la couche de fondation, ou par des vannages verticaux reliés sur une ligne de pieux qui traversaient le massif de maçonnerie. Cette disposition, outre l'inconvénient de n'être applicable qu'à des massifs de peu de hauteur, en avait d'autres plus graves. Les pieux, en attaquant la couche de fondation, ouvraient un passage dangereux aux sources ; la poussée du béton, en les distrayant de leur position verticale, augmentait l'orifice du passage et provoquait elle-même une solution de continuité préjudiciable à la parfaite liaison de la maçonnerie. A ces moyens défectueux, M. Beaudemoulin a substitué une suite de fermes inclinées, reliées entre elles par des longrines et des vannages, qui forment un encaissement pour recevoir le béton. Le dessin de ces batardeaux, qui font ensuite partie de la maçonnerie des bajoyers, en fera comprendre la disposition. Nous n'essaierons pas d'en prouver les avantages ; il nous suffira de dire que, sur une dépense de 110,000 fr., montant approximatif du devis d'une écluse semblable à celle d'Huningue, elle donne une économie de 32,000 fr. sur l'emploi des batardeaux en terre. Cette différence résulte de calculs établis dans une note qui termine l'ouvrage, et dont le résultat nous paraît mériter toute confiance.

Dans la seconde partie du mémoire, M. Beaudemoulin appelle l'attention des ingénieurs sur une action puissamment destructive des fondations hydrauliques et dont il ne sache pas que personne avant lui ait recherché les causes ; je veux parler de filtrations souterraines dont on a mal apprécié encore la marche et les effets. Il arrive souvent qu'après avoir apporté les plus grands soins à l'établissement d'une fondation d'écluse en béton, lorsqu'on en vient aux épuisements, on est tout étonné de voir surgir une multitude de sources à travers une maçonnerie que l'on croyait imperméable ; le radier que l'on pose à force d'épuisements, n'est évidemment qu'un plâtrage qui n'arrête point les produits de ces sources, et la réparation de l'écluse arrive avant qu'on se soit expliqué comment une fondation si bien coulée a échoué contre des filtrations qu'elle devait contenir. En vain prétend-on l'expliquer par la mal-façon du béton : le même béton, composé des mêmes matières, préparé avec les mêmes soins, restera parfaitement compact, ou sera percé d'alvéoles par les eaux qui courront à travers suivant l'endroit où il aura été immergé. Cette différence provient, suivant M. Beaudemoulin, d'une erreur, fausse application donnée au principe de la nivellation des fluides. On suppose que du béton coulé dans une fouille, au milieu des eaux qui la remplissent et qui font équilibre aux sources d'où elles proviennent, acquerra sans trouble le degré de consistance convenable, et résistera ensuite, en vertu de cette consistance aux eaux extérieures, lorsque les eaux de l'intérieur auront été épuisées ; c'est une grave erreur. Si on a tranché un terrain perméable, les eaux qui sont au-dessus de la fouille se paralysent par l'effet de celles qui s'introduisent par les parois et dont la section a ouvert un dégorgement aux canaux souterrains. Cet effet, ici tout artificiel, est fréquemment observé dans les lacs, dans la mer, où l'on a reconnu des surgissements sous-marins dont la marche ascensionnelle n'était point arrêtée par les eaux supérieures. De là les imperfections d'un bétonnage qui aura été coulé au débouché de l'une de ces sources par lesquelles la fouille va devenir un nouveau réservoir de distributions, sources dont les forces jaillissantes sont considérables. C'est à l'explication des causes physiques, c'est au développement des phénomènes qu'elles produisent dans les travaux hydrauliques, c'est enfin à l'exposition des moyens de les prévenir par un système de puisards très-heureusement combiné que M. Beaudemoulin consacre la fin de son mémoire. Elle forme une véritable théorie que nous craindrions d'affaiblir en présentant quelques lambeaux épars ; nos lecteurs et l'auteur nous en voudraient également, les uns d'avoir piqué leur curiosité sans la satisfaire complètement, l'autre de n'avoir présenté que le squelette d'une théorie qui précisément parce qu'elle est neuve, ne doit marcher qu'accompagnée des développements qui la justifient.

Nous avons omis de dire que le mémoire de M. Beaudemoulin était précédé des avis de la commission des canaux et du conseil général des ponts et chaussées. (*Bulletin des Sciences technologiques*, rédigé par M. M. Dubrunfaut, article *Ecluse*, tome XII, page 367 à 371.)

ECLUSE A FLOTTEUR, ou HYDROBASCUL. — *Invention de M. Capron, de Paris*, 1815. — Le but de l'auteur, en construisant cette machine, a été d'éviter la perte d'eau qu'occasionne le passage des bateaux par les écluses des canaux. Il y parvient en doublant le sas d'une écluse, et en plaçant, dans la moitié de ce sas, un flotteur que l'on fait monter et descendre à l'aide d'un levier et d'un treuil, et qui, déplaçant de cette manière un volume d'eau plus ou moins considérable, élève ou abaisse l'eau du sas au niveau du bief supérieur ou inférieur. Ce flotteur, dont la capacité renferme une certaine quantité d'eau, est tenu en équilibre, à peu de chose près, sur l'arête supérieure de l'un des bajoyers, par le moyen d'un bassin attenant au flotteur, et dans lequel l'eau se déverse à mesure que le flotteur s'élève. Les commissaires nommés pour rendre compte de l'hydrobascule de M. Capron, rappellent à ce sujet, que le 17 août 1800, M. Bettancourt a présenté à l'Institut un projet d'écluse à flotteur, et que le même projet avait été conçu à Londres, à peu près dans le même temps, par M. Huddleston ; que ce dernier, dont la patente est du 30 septembre 1800, a sur M. Bettancourt l'avantage de l'avoir publié le premier. Ils font remarquer aussi que, dès le mois de janvier 1805, M. Capron avait présenté sa machine à l'Institut, dans un temps où l'on ne connaissait encore en France ni le travail de l'ingénieur espagnol, ni celui de l'ingénieur anglais. M. Capron a fait voir aux commissaires un modèle dont la manœuvre s'effectue d'une manière satisfaisante. Ils pensent toutefois que le projet n'est applicable qu'à des canaux de petites dimensions, et que, restreint à cet usage, il mérite les éloges de l'Académie. (*Mém. de l'Académie des sciences*, t. II, p. 55.)

ECLUSE A FLOTTEUR. — *Invention de M. Bettancourt*, 1807. — L'auteur a présenté à la première classe de l'Institut le modèle d'une écluse qu'il a inventée, et qui est applicable aux canaux de petite navigation. Ce modèle était accompagné d'un mémoire renfermant la théorie de la construction de cette écluse, et son usage, tant pour le cas où les biefs, placés à la suite les uns des autres, ne sont séparés que par des chutes verticales, que pour le cas où les descentes s'opèrent sur des plans inclinés. Les principales conditions que M. de Bettancourt s'est proposé de remplir sont l'économie de l'eau et celle du temps. MM. Bassut, Monge et Prony ont exposé comme il suit les moyens qu'il a employés pour parvenir à son but : « Le sas de l'écluse, dans lequel il introduit les bateaux qui montent ou descendent, communiqur, par une grande ouverture pratiquée au fond de ce sas, dans l'épaisseur d'un des murs de bajoyers, avec un puits à base rectangulaire creusé derrière le même mur, qui sert de revêtement à l'une des faces du puits, dont les trois autres faces et la base sont également revêtues en maçonnerie ; la base du puits doit être, pour remplir l'objet auquel il est destiné, plus basse que le dessus du radier du sas, ou que le seuil de la porte inférieure.

« D'après ces dispositions, supposant qu'un bateau entre du bief inférieur dans le sas, la porte d'aval étant ouverte, l'une se trouvera au même niveau dans le bief inférieur, dans le sas et dans le puits. Si alors on ferme la porte d'aval et qu'on oblige un flotteur de s'immerger en partie dans l'eau du puits, cette eau s'élèvera, tant dans le puits que dans le sas, de manière à occuper, au-dessus de son premier niveau, un volume égal au volume d'eau déplacé au-dessus de ce même niveau. S'il y a très-peu d'espace entre la paroi du flotteur et celle du puits, la presque totalité de la masse d'eau élevée se trouvera dans le sas, et si le puits et le flotteur ont les dimensions convenables, l'enfoncement du flotteur pourra être tel que l'eau du sas s'élève à la hauteur de celle du bief supérieur, dans lequel le bateau entrera par la porte d'amont ; un bateau descendant étant alors introduit dans le sas, l'émersion ou l'élévation du flotteur fera abaisser l'eau de ce sas à son premier niveau, de manière qu'en ouvrant la porte d'aval, le bateau descendant passera dans le bief inférieur. En répétant cette manœuvre, on fera monter et descendre autant de bateaux qu'on voudra. Les rapporteurs ont fait sur ce premier exposé les observations suivantes, savoir : 1° dans le cas où les bateaux montants ou descendants se succéderaient en marchant en sens contraire, comme dans l'exemple qu'on vient de citer, chaque immersion et chaque émersion du flotteur procurerait la traversée d'un bateau ; et dans le cas où plusieurs bateaux se succéderaient en marchant dans le même sens, chaque traversée exigerait les deux opérations ; 2° dans le premier cas, le bief supérieur ne ferait aucune dépense, parce que le volume d'eau, égal au volume déplacé par le bateau, qui lui serait enlevé au passage du bateau montant, lui serait rendu au passage du bateau descendant. Dans le deuxième cas, le bief supérieur gagnerait ou perdrait, respectivement, autant de ces volumes d'eau qu'il y aurait de bateaux allant dans le même sens, soit en montant, soit en descendant. Voilà donc un procédé simple et direct pour faire monter et descendre des bateaux dans des sas d'écluse; mais son application aurait de grands inconvénients, et serait même impraticable si on ne trouvait pas le moyen d'opérer l'immersion et l'émersion du flotteur sans dépense de force, ou du moins en n'employant d'autres efforts que celui dont un homme est capable sans se fatiguer ; c'est dans la découverte de ce moyen que consiste principalement le mérite

de l'invention de M. Bettancourt. L'idée de tenir le flotteur continuellement en équilibre, par un contre-poids, se présentait naturellement, mais il fallait en réduire l'exécution à des pratiques sûres et faciles. M. de Bettancourt a d'abord cherché, par les principes de l'analyse mathématique et de l'hydrostatique, quelle était la courbe sur laquelle devait se mouvoir le centre de gravité du contre-poids, pour faire équilibre à un flotteur de figure quelconque, dans toutes les positions, le fluide étant ou non indéfini; il a donné l'équation différentielle de cette courbe dont les indéterminées sont séparées, et qui par conséquent, dans chaque hypothèse sur la forme du plongeur, peut s'intégrer exactement ou se ramener aux quadratures. Passant ensuite au cas où le flotteur est un parallélipipède, ou en général un prisme dont les arêtes sont perpendiculaires à la base, il est parvenu à ce résultat extrêmement heureux, savoir : que, dans le cas dont il s'agit, la courbe décrite par le centre de gravité du contre-poids doit être un cercle; or l'équilibre aura lieu dans toutes les positions si, en remplissant cette condition, on fait en sorte que les différentes évaluations du flotteur, à partir de la position initiale, soient dans un rapport constant avec les cordes des arcs décrits par le centre de gravité du contre-poids, l'équilibre étant préalablement établi dans la position initiale, et dans une autre position quelconque.

« Pour appliquer ce résultat à la construction de son écluse, M. de Bettancourt rend le poids du flotteur égal au poids de l'eau qu'il déplace dans son état de plus grand abaissement. Dans cet état initial, le flotteur est suspendu à l'extrémité de la branche horizontale d'un levier coudé à angle droit, dont l'autre branche verticale porte un poids mobile qui peut couler le long de cette branche, et être fixé quand il trouve dans la position où on veut qu'il soit ; ce levier coudé tourne au tour d'un axe horizontal placé à l'assemblage de ces deux branches; une poulie tangente à la chaîne verticale qui tient le flotteur suspendu, est fixée solidement vers le sommet et en dedans de l'angle formé par la chaîne et la branche horizontale du levier, de manière que, dès qu'on élève cette branche horizontale, ou que l'on incline la branche verticale, la chaîne de suspension du flotteur coule sur la gorge de la poulie, et se maintient toujours verticale au-dessous de cette poulie. Cette disposition conçue, on voit que l'équilibre est établi dans la position initiale, au poids près de la branche horizontale du levier, qui est très-petit par rapport au poids de la branche verticale, et qu'on peut annuler par un contre-poids particulier; il suffit donc de placer le système dans une autre position quelconque, et de fixer le poids mobile, qui peut glisser le long d'une des branches du levier coudé, à une distance de l'axe de ce levier, telle que le système soit encore en équilibre dans la seconde position : cette préparation fort simple étant achevée, les conditions ci-dessus indiquées seront satisfaites, et l'équi-libre aura lieu dans toutes les positions. C'est d'après ces principes que M. de Bettancourt a composé le projet d'écluse dont les dessins étaient joints à son mémoire; et le modèle en relief, mis sous les yeux de la classe, rend sensible, de la manière la plus satisfaisante, l'accord entre les résultats du calcul et ceux de l'expérience. L'auteur a disposé son projet de manière à le rendre susceptible d'une exécution immédiate, et d'une construction conforme aux règles de l'art. Les principales dimensions de cette construction sont :

Chute de l'écluse.	2ᵐ 60
Longueur du sas.	6 98
Largeur du sas	2 17
Longueur du flotteur . . .	4 87
Largeur du flotteur. . . .	3 57
Hauteur du flotteur. . . .	5 28

« M. de Bettancourt suppose que les bateaux seront de huit à dix tonneaux (chaque tonneau représente le poids d'un mètre cube d'eau), de forme prismatique, et qu'ils tireront 0ᵐ87 d'eau, la profondeur d'eau des biefs étant de 1ᵐ30. Pour rendre l'entrée du bief inférieur dans s sas plus libre, il ouvre la porte d'aval en la faisant mouvoir sur deux poulies dans u e direction perpendiculaire à l'axe du sas, et la faisant entrer dans une ouverture latérale, pratiquée à l'extrémité d'un des murs des bajoyers. M. de Bettancourt pense qu'on peut exécuter son écluse sur des dimensions plus considérables que celles ci-dessus rapportées; cependant il conseille, lorsque la chute sera de plus de cinq mètres, de la sous-diviser en plusieurs chutes partielles. L'un de ses dessins offre une disposition d'écluses accolées qu'on peut exécuter dans ce cas; mais il croit, avec tous les ingénie s instruits, qu'il faut en général donner l préférence aux écluses séparées. M. de Bettancourt a consacré la fin de la partie descriptive son mémoire et deux planches de ses dessins à l'exposition les moyens d'application de son système l'écluse à la montée et à la descente des bateaux le long des plans inclinés. Le cas où toute l'économie d'eau qui comporte ce système a lieu est celui ou chaque descente d'un bateau correspond à la montée d'un autre bateau, en ajoutant à cette condition que e bateau descendant a sur le bateau montant un excès de poids capable d'opérer l'ascension de ce dernier. Chacun des chemins parcourus par les bateaux montants et descendants correspond à une écluse particulière placée à l'extrémité du bief supérieur; le puits du flotteur est à côté de ces deux écluses, et communique immédiatement avec un réservoir pratiqué entre elles, qui lui-même peut aussi communiquer à volonté avec l'un ou l'autre des deux sas. Les bateaux sont portés sur des chariots, dont les roues tournent dans des ornières ou rainures de fonte. Chaque bateau est retenu par une chaîne qui tient à une corde roulée sur un cylindre placé en amont de l'écluse correspondante

supérieure. Ces deux cylindres se communiquent leur mouvement par un engrenage dont on parlera tout à l'heure, et tournent dans le même sens; ce qui exige, pour qu'on puisse opérer la montée d'un bateau par la descente de l'autre, qu'une des cordes s'enroule par-dessus son cylindre, et l'autre par-dessous. Avant de faire voir comment le bateau descendant fait tourner les deux cylindres à la fois, il faut d'abord parler de la condition que l'auteur a voulu remplir en établissant la correspondance des mouvements des deux bateaux. Lorsque ces bateaux sont l'un au sommet et l'autre au bas du plan incliné, la longueur de ce plan est une portion commune du chemin qu'ils ont à faire pour se rendre à leurs destinations respectives; mais si, lorsque le bateau inférieur est en haut du plan incliné, une partie du bateau supérieur se trouvait prête à être immergée dans le bief inférieur, il ne lui restait pas, eu égard à cette immersion, la prépondérance nécessaire pour faire entrer le bateau montant dans le sas de son écluse où se trouve le prolongement de son plan incliné, quoique la pente de ce plan soit moindre dans le sas que hors du sas. Il faut donc, lorsque le bateau montant est prêt à entrer dans l'écluse supérieure, que le bateau descendant ait encore un certain espace à parcourir avant d'atteindre l'eau, c'est-à-dire qu'il faut que, pendant le temps employé par ce dernier bateau à parcourir le plan incliné, le bateau montant fasse un chemin égal à la longueur du plan incliné, plus à l'espace qu'il doit parcourir pour se loger dans le sas, espace qui est à peu près égal à sa longueur. M. de Bettancourt a satisfait à cette condition par l'arrangement et la proportion des engrenages, ainsi qu'on va le voir. Les extrémités des cylindres, qui sont en regard, portent des roues dentées, fixées à ces cylindres et perpendiculaires à leurs axes. Chacune de ces roues dentées engrène aux deux extrémités de son diamètre horizontal dans deux autres roues dentées, et chaque couple de ces quatre roues dentées, composée de deux roues en regard, est portée sur un axe commun, l'une des roues de la couple faisant corps avec l'axe commun, et l'autre pouvant tourner à frottement doux sur cet axe. Le rapport entre le nombre des dents des deux roues d'une couple est celui qui existe entre la longueur du plan incliné, et cette longueur est augmentée de celle d'un bateau. Cette disposition ne permet pas de placer les axes des cylindres dans une même direction, et ils sont simplement parallèles entre eux. Les roues des couples qui tournent à frottement doux sur leurs axes sont placées aux extrémités de la diagonale du parallélogramme, dont les axes des couples forment deux côtés. Chacune de ces roues en particulier peut facilement et à volonté être fixée sur l'axe auquel elle appartient; et alors les deux roues de cet axe sont assujetties à tourner ensemble. Ces détails conçus, qu'on imagine deux bateaux, l'un au sommet et l'autre au bas du plan incliné, attachés chacun à leur cylindre; si l'éclusier a fixé d'avance, ainsi qu'il doit le faire, la roue tournant à frottement doux de celle des deux couples qui rend la vitesse du bateau montant plus que celle du bateau descendant, dans la proportion ci-dessus indiquée, le premier bateau, supposé prépondérant, non-seulement fera franchir la chute au second, mais le placera dans l'écluse avant d'arriver au bief inférieur. Lorsque la profondeur du bateau descendant est telle que la vitesse du système devient trop grande, on modère cette vitesse par le moyen connu du frein qu'on fait presser et frotter sur la circonférence d'une roue. Les fonctions du flotteur sont d'amener le bateau, qui vient du bief supérieur, au-dessus du chariot introduit d'avance dans l'écluse, et à le faire échouer sur ce chariot. Le premier objet est rempli par l'immersion du flotteur, le second par son émersion; mais, en conservant, comme il convient de le faire, la forme prismatique au flotteur, les conditions de l'équilibre sont dérangées par le volume et la forme du chariot placé dans le sas. M. de Bettancourt rétablit cet équilibre en pratiquant une cavité de forme et de dimension telles, que les variations de hauteur de l'eau soient toujours proportionnelles aux parties du volume du flotteur immergées ou émergées, en ayant égard non-seulement au chariot, mais encore au bateau supposé vide et placé sur ce chariot. De plus, il creuse à côté de l'écluse un réservoir communiquant d'une part avec le bief supérieur, et de l'autre avec le puits du flotteur; cette dernière communication peut être ouverte et refermée à volonté par l'éclusier au moyen d'un clapet à pédale, pendant la manœuvre du flotteur. Ces préparations établies, si un bateau chargé, venant du bief supérieur, entre dans l'écluse supposée pleine, on élèvera le flotteur pour le faire échouer sur le chariot; mais à compter de l'instant où il sera en contact avec le chariot, comme son tirant d'eau est dû à sa charge entière, et que les dispositions d'équilibre ne sont relatives qu'au tirant d'eau du bateau allégé, les proportions de l'abaissement de l'eau tendront à être plus fortes que celles des volumes émergés, et le flotteur résistera à son ascension; l'éclusier détruira aussitôt cette résistance en ouvrant le clapet de la communication entre le réservoir latéral dont on a parlé ci-dessus et le puits du flotteur, et l'eau qu'il sera obligé strictement d'introduire dans le puits pour achever d'élever le flotteur sans effort, sera égale en poids à la charge du bateau. Si l'on observe que, lorsque le bateau est entré dans le sas, il a fait passer dans le bief supérieur un volume d'eau d'un poids égal à celui de sa charge et au sien propre, on verra que le poids d'eau du bateau vide étant supposé restitué au sas, l'eau supérieure se trouve, au moment de la descente du bateau sur le plan incliné, dans le même état où elle était avant que ce bateau entrât dans le sas.

« Lorsque ensuite le bateau venant du bief inférieur et son chariot sont entrés dans l'écluse qui leur correspond, et qu'il s'agit de faire monter le bateau dans le bief supérieur, l'immersion du flotteur n'a aucune difficulté tant que l'eau, dans le sas, n'excède pas le point supérieur du tirant d'eau du bateau allégé; et si le bateau est réellement allégé, son élévation et son passage dans le bief supérieur s'opèrent sans effort. Mais si ce bateau porte une charge ou une portion de charge, lorsque l'eau est arrivée au point dont nous venons de parler, il faut qu'elle s'élève encore avant de faire flotter le bateau; il résulte de la forme du bateau que les variations de cette élévation tendent à accroître dans une proportion plus forte que celles des volumes immergés, et que le flotteur résiste à sa descente; l'éclusier surmonte cette résistance en ouvrant la communication entre le réservoir latéral et le puits du flotteur, et en y introduisant par gradation une quantité d'eau égale en poids à la charge ou portion de charge du bateau. Cette dernière quantité d'eau est perdue par le bief supérieur, qui ultérieurement ne dépense en eau, pour la manœuvre des écluses, que le poids de la charge ou portion de charge des bateaux montants. Lorsque cette charge des bateaux montants est telle que les bateaux descendants n'ont plus la prépondérance nécessaire, il faut suppléer à ce défaut, soit par la chute d'une certaine quantité d'eau, soit par d'autres moyens mécaniques sur lesquels M. de Bettancourt ne propose rien de particulier. » MM. les rapporteurs ajoutent les observations suivantes sur le projet d'écluse soumis à la première classe de l'Institut par M. de Bettancourt. « Ce projet, disent-ils, offre un exemple intéressant de l'application de la théorie aux objets d'utilité publique; et nous nous sommes assurés que les conséquences qu'il tire de quelques principes incontestables de mécanique, pour établir sa construction, sont de la plus rigoureuse exactitude. Il emploie son moyen d'emplir et de désemplir son sas : 1° aux usages de la navigation par des canaux à écluses ordinaires simples ou accolés ; 2° au passage des bateaux d'un bief à un autre, dont il est séparé par un plan incliné. Nous ne voyons sur le premier point aucune objection à faire contre la possibilité de l'exécution de l'écluse à flotteur, surtout dans les dimensions auxquelles l'auteur s'est restreint; l'emploi des ressources connues de l'art, pour obtenir la solidité et la durée de l'ouvrage, n'offre pas plus de difficulté dans la construction que celle des écluses ordinaires; la manœuvre doit être prompte, facile, et n'exige pas un éclusier plus intelligent que ceux auxquels on confie communément le service des canaux ; enfin les pièces du mécanisme qui tient au flotteur sont d'une simplicité qui rassure contre la crainte de voir leur jeu fréquemment dérangé. L'application des sas à flotteur aux plans inclinés, comporte, par la nature de son objet, plus de complication que celle faite par M. de Bettancourt aux écluses ordinaires ; la manœuvre en est aussi moins simple et exige un éclusier plus intelligent et plus adroit que les éclusiers ordinaires ; mais ces inconvénients sont communs à toutes les constructions de plans inclinés, et ce qu'on peut exiger d'un constructeur ne doit être que de les diminuer le plus possible. Cette partie du travail de M. de Bettancourt est, comme l'autre, pleine d'invention et de détails ingénieux, et nous semble surtout réduire la dépense de l'eau à son minimum. Cependant il serait difficile, sans le secours de l'expérience, de se rendre un compte exact des avantages que sa construction peut avoir d'ailleurs sur les constructions de même espèce connues jusqu'à présent. Le modèle d'écluse que M. de Bettancourt a présenté à la classe, et dont il a fait don à l'Ecole des ponts et chaussées, a été exécuté en à Paris 1807 ; il en existe un depuis plusieurs années, établi sur une grande échelle, dans la galerie des modèles de S. M. le roi d'Espagne, où il est exposé publiquement. D'après cette circonstance et la confiance parfaite que l'auteur doit nous inspirer, disent toujours MM. les rapporteurs, nous ne doutons pas qu'il n'ait tiré de son propre fonds toutes les idées consignées dans son mémoire et dans le rapport. Cependant il existe un ouvrage anglais qu'il nous a communiqué lui-même, où l'on trouve un projet d'écluse de M. Huddleston, pour élever et abaisser l'eau dans un sas, au moyen de l'immersion et de l'émersion d'un flotteur, sans application aux plans inclinés. La patente de M. Huddleston est du 30 septembre 1800, et c'est à peu près vers ce temps que M. de Bettancourt a fait construire son modèle.

« L'auteur anglais a donc, quant à l'emploi du flotteur, l'avantage de l'avoir publié le premier ; mais sur tous les autres points, ses moyens non-seulement diffèrent totalement de ceux de M. de Bettancourt, mais nous paraissent leur être inférieurs. Enfin la commission, pour ne rien laisser à désirer sur l'histoire de l'invention dont elle s'est occupée, a comparé le moyen de M. de Bettancourt, pour tenir le flotteur en équilibre dans toutes les positions, avec ceux employés par MM. Lavoisier et Meunier dans la construction du gazomètre, pour parvenir au même but. M. Meunier a donné deux solutions du problème qu'on trouve exposées dans la *chimie* de Lavoisier et dans le volume des *Mémoires de l'Académie des sciences* de 1782 ; mais l'une et l'autre ne sont sensiblement exactes que lorsque le levier a des inclinaisons assez petites pour que les arcs décrits puissent être censés égaux à leur sinus ; ainsi la solution générale et rigoureuse du problème appartient exclusivement à M. de Bettancourt. » (*Classes des sciences physiques et mathématiques*, 1807. —*Moniteur*, même année, pag. 1090.—*Annales des Arts et Manufactures*, t. XXX, page 240. —*Société d'encouragement*, bulletin 43, 1810). — M. de Bettancourt a été mentionné hono-

rablement à la distribution des prix décennaux pour sa nouvelle écluse dont, comme on vient de le voir plus haut, on a fait un rapport très-avantageux à la classe des sciences physiques et mathématiques de l'Institut. (*Livre d'honneur*, page 38).

ÉCLUSES A SAS MOBILE ET A PLAN INCLINÉ. (Moyen de les construire). — *Invention.* — *M. Fulton.* —An VII.—D'après cette nouvelle construction, pour laquelle l'auteur a pris un brevet de quinze ans, la charge des bateaux ne doit pas excéder plus de quinze tonneaux ; ils ne doivent avoir que vingt pieds de long, sur quatre à cinq de large, et deux à trois de profondeur. Un bateau de cette grandeur peut contenir autant qu'une voiture ; par sa légèreté et celle de sa cargaison, il est beaucoup plus facile à manœuvrer, et ne fatigue pas la machine que l'on emploie pour cela. Il suffit d'un cheval pour tirer dix de ces bateaux attachés ensemble et contenant chacun quatre tonneaux (ce qui équivaut à un seul bateau de quarante tonneaux) ; ils peuvent faire à peu près une lieue par heure. Une roue hydraulique fait mouvoir la machine des plans, et deux boules centrifuges règlent la quantité d'eau sur la roue. Pour établir cette mécanique, on creuse un puits d'une profondeur égale à la différence du niveau des deux canaux. Au haut de ce puits est placée une roue portant une chaîne qui va gagner une cuve, laquelle a un contre-poids qui peut être enlevé au haut du puits après que la cuve s'est vidée. Dans la cuve est une soupape qui s'ouvre pour donner passage à l'eau que la cuve contient ; après quoi le contre-poids remonte la cuve au haut du puits, où elle se trouve placée, pour recommencer une pareille opération. Des ailes servent à donner à la cuve qui remonte un mouvement régulier ; les chaînes de la cuve et du contre-poids sont sans fin. Pour faire monter le bateau, on l'accroche aux chaînes ou câbles, on fixe la machine sous une roue, ce qui, au moyen d'un conduit, fait passer l'eau du canal supérieur dans la cuve. Au moment où cette cuve devient assez pesante, elle descend dans le fond du puits ; alors la soupape s'ouvre et laisse échapper l'eau qui passe dans le canal inférieur au moyen d'un tuyau souterrain, et le contre-poids remonte la cuve au haut du puits, où elle recommence la même opération. L'auteur fait varier la forme des bateaux suivant la nature des différentes choses qu'ils transportent ; et à l'aide de quelques légères modifications apportées à la machine dont le mouvement est réglé, soit par les ailes centrifuges, soit par les régulateurs dont il est parlé plus haut, il parvient à la disposer de manière à monter à différentes hauteurs jusqu'à trente pieds ; à passer des rivières sur un plan parallèle à l'horizon ; à travers une vallée large et profonde par le moyen de deux plans inclinés, etc. (*Brevets publiés*, t. IV, p. 207. — *Société philomathique*, bulletin n° 27, page 23.)

ÉCRITURE. —Le mot *écriture* (en latin *scriptura*, de *scribere*, écrire) désigne, dans son acception la plus usuelle, l'art de représenter la pensée par des caractères de convention auxquels on a donné le nom de *lettres*.

Développons avec M. Warburton, l'origine de cet art admirable, ses différentes sortes, et ses changements progressifs, jusqu'à l'invention d'un alphabet; c'est un beau sujet philosophique, dont les bornes de cet article ne permettent de prendre que la fleur.

Cette manière de communiquer nos idées par des marques et par des figures a consisté d'abord à dessiner tout naturellement les images des choses; ainsi, pour désigner un homme ou un cheval, on a dessiné l'un ou l'autre.

Nous en trouvons chez les Mexicains une preuve certaine: ils n'emploient pas d'autre écriture pour conserver leurs lois et leur histoire.

Il reste encore aujourd'hui un modèle très-curieux de cette écriture en peinture des Indiens, composé par un Mexicain, et par lui expliqué dans sa langue, après que les Espagnols lui eurent appris les lettres. Cette explication a été traduite en espagnol, et de cette langue en anglais. Parchas a fait graver l'histoire du Mexique, et y a joint une explication. Voilà la première méthode, et en même temps la plus simple qui s'est offerte aux hommes pour perpétuer leurs idées.

Mais les inconvénients qui résultaient de la grosseur des volumes portèrent bientôt les nations ingénieuses et civilisées à imaginer des méthodes plus courtes. La plus célèbre de toutes est celle que les Egyptiens ont inventée, à laquelle on a donné le nom d'*hiéroglyphe*. Par ce moyen, l'écriture, qui n'était qu'une simple peinture chez les Mexicains, devint chez les Egyptiens peinture et caractère, ce qui constitue l'hiéroglyphe (*Voy.* ce mot.)

Tel fut le premier degré de perfection qu'exigeait cette méthode grossière de conserver les idées des hommes. On s'en est servi de trois manières qui, à consulter la nature des choses, prouvent qu'elles n'ont été trouvées que par degré.

La première manière consistait à employer la principale circonstance d'un sujet pour tenir lieu du tout. Les Egyptiens voulaient-ils représenter deux armées rangées en bataille, les hiéroglyphes d'Horrapollo, cet admirable fragment de l'antiquité, nous apprennent qu'ils peignaient deux mains, dont l'une tenait un bouclier et l'autre un arc.

La seconde manière, imaginée avec plus d'art, consistait à substituer l'instrument réel de la chose à la chose même; un œil et un sceptre représentaient un monarque, une épée peignait le tyran Ochus, et un vaisseau avec un pilote désignait le gouvernement de l'univers. Enfin on fit plus, pour représenter une chose, on se servait d'une autre où l'on voyait quelque ressemblance ou quelque analogie.

Le premier objet de ceux qui imaginèrent la peinture hiéroglyphique, fut de conserver la mémoire des événements, et de faire con-

naître les lois, les règlements et tout ce qui a rapport aux matières civiles. Par cette raison, on imagina des symboles relatifs aux besoins et aux productions particulières de l'Egypte: par exemple, le grand intérêt des Egyptiens était de connaître le retour et la durée du vent étésien qui amoncelait les vapeurs en Ethiopie, et causait l'inondation en soufflant, sur la fin du printemps, du nord au midi. Ils avaient ensuite intérêt de connaître le vent du midi, qui écoulait les eaux vers la Méditerranée.

Mais comment peindre le vent? Ils choisirent pour cela la figure d'un oiseau: l'épervier, qui étend ses ailes vers le midi pour renouveler ses plumes au retour des chaleurs, fut le symbole du vent étésien qui souffle du nord au sud; et la huye, qui vient d'Ethiopie pour trouver des vers dans le limon à la suite de l'écoulement du Nil, fut le symbole du retour des vents du midi propres à faire écouler les eaux. Ce seul exemple peut donner une idée de l'écriture symbolique des Egyptiens.

Cette écriture symbolique, premier fruit de l'astronomie, fut employée à instruire le peuple de toutes les vérités et de tous les travaux nécessaires. On eut donc soin, dans les commencements, de n'employer que les figures dont l'analogie était le plus à portée de tout le monde; mais cette méthode fit donner dans le raffinement, à mesure que les philosophes s'appliquèrent aux matières de spéculation. Aussitôt qu'ils crurent avoir découvert dans les choses des qualités plus abstraites, quelques-uns, soit pour cacher leurs connaissances au vulgaire, soit par singularité, se plurent à choisir pour caractères des figures dont le rapport aux choses qu'ils voulaient exprimer n'était point connu. Pendant quelque temps, ils se bornèrent aux figures dont la nature offre des modèles, mais dans la suite, elles ne leur parurent ni suffisantes, ni assez commodes pour le grand nombre d'idées que leur imagination leur fournissait. Ils formèrent donc leurs hiéroglyphes de l'assemblage mystérieux de choses différentes, ou de parties de divers animaux; ce qui rendit ces figures tout à fait énigmatiques.

Enfin l'usage d'exprimer les pensées par des figures analogues, et le dessein d'en faire quelquefois un secret, engagèrent à représenter le mode même des substances par des images sensibles. On exprima la franchise par un lièvre: l'impureté par un bouc sauvage; l'impudence par une mouche; la science par une fourmi. On se contenta, dans ces occasions, d'un rapport quelconque; c'est la manière dont on s'était déjà conduit quand on donna des noms aux idées qui s'éloignent des sens.

Jusque-là l'animal ou la chose qui servaient à représenter avaient été dessinés au naturel; mais lorsque l'étude de la philosophie, qui avait occasionné l'écriture symbolique, eut porté les savants d'Egypte à écrire sur beaucoup de sujets, ce dessin ayant trop multiplié les volumes, parut ennuyeux; on se servit d'un caractère que l'on peut appeler l'écriture courante hiéroglyphique. Il ressemblait aux caractères chinois; et après avoir été formé du seul contour de la figure, il devint à la longue une sorte de marque. L'effet naturel que produisit cette écriture fut de diminuer beaucoup l'attention qu'on donnait aux symboles, et de la fixer à la chose signifiée. Par ce moyen, l'écriture symbolique se trouva fort abrégée, puisqu'il n'y avait d'autre chose à faire qu'à se rappeler le pouvoir de la marque symbolique, au lieu qu'auparavant il fallait être instruit des propriétés de la chose, ou de l'animal qui était employé comme symbole. En un mot cela réduisit cette sorte d'écriture à l'état où est celle des Chinois. (*V.* à la colonne 1114 la note relative à la *Chine.*

Ce caractère courant est proprement celui que les anciens ont appelé *hiérographique*, et que l'on a employé, par succession de temps, dans les ouvrages qui traitaient des mêmes sujets que les anciens hiéroglyphes. On trouve de ces exemples de caractères dans quelques anciens monuments; on en voit à presque tous les compartiments de la table isiaque.

L'écriture était dans cet état, et n'avait pas le moindre rapport avec l'écriture actuelle. Les caractères dont on s'était servi représentaient des objets; celle dont nous nous servons représente des sons : c'est un art nouveau. Un génie heureux sentit que le discours, quelque varié et quelque étendu qu'il puisse être pour les idées, n'est pourtant composé que d'un assez petit nombre de sons; il abandonna donc l'écriture représentative des êtres, qui ne pouvait s'étendre à l'infini, pour s'en tenir à une combinaison qui, quoique très-bornée, produit cependant le même effet.

Si on réfléchit, on verra que cet art, une fois conçu, dut être formé presque en même temps, et c'est ce qui relève la gloire de l'auteur. En effet, après avoir aperçu que les sons d'une langue se décomposent et se distinguer, l'énumération dut en être bientôt faite. Il était plus facile de compter tous les sons d'une langue, que de découvrir qu'ils pouvaient se compter. L'un est un coup de génie, l'autre est un simple effet de l'attention. Peut-être n'y a-t-il jamais eu d'alphabet complet que celui de l'inventeur de l'écriture.

Quoi qu'il en soit, toutes les espèces d'écritures hiéroglyphiques, quand il fallait s'en servir dans les affaires publiques, étaient sujettes à l'inconvénient inévitable d'être imparfaitement entendues. Thoth, en faisant servir les lettres à exprimer des mots et non des choses, évita tous ces inconvénients préjudiciables, et l'écrivain rendit ses intentions avec la plus grande clarté. Cette méthode eut encore cet avantage, que, comme le gouvernement chercha sans doute à tenir l'invention secrète, les lettres d'Etat furent pendant longtemps portées avec toute la sûreté de nos chiffres modernes.

C'est ainsi que l'écriture en lettres, appropriée à un pareil usage, prit le nom d'*épis-*

tolique; du moins je n'imagine pas, avec M. Warburton, qu'on puisse donner une meilleure raison.

Le lecteur aperçoit à présent que l'opinion commune, qui veut que ce soit la première écriture hiéroglyphique et non la première écriture en lettres qui ait servi pour le secret, est précisément opposée à la vérité. Dans la suite les lettres sont devenues l'écriture commune, et les hiéroglyphes une écriture secrète.

En effet, l'écriture en lettres parut si simple et si féconde qu'elle fit une fortune rapide; elle se répandit partout; elle devint l'écriture courante, et fit négliger la symbolique, dont on perdit peu à peu l'usage dans la société.

Cependant, malgré tous les avantages des lettres, les Egyptiens, longtemps après qu'elles eurent été trouvées, conservèrent encore les hiéroglyphes; la vénération qu'on avait pour les hommes passa aux caractères dont les savants perpétuèrent l'usage, mais ceux qui ignoraient les sciences ne furent pas tentés de se servir de cette écriture : tout ce que put sur eux l'autorité des savants fut de leur faire regarder avec respect cette écriture. Voilà ce qui a donné lieu à l'erreur de ceux qui croyaient que les hiéroglyphes contenaient les plus grands mystères.

On voit, par ces détails, comment il est arrivé que ce qui devait son origine à la nécessité a été dans la suite employé au secret, enfin cultivé pour l'ornement. Dans les siècles florissants de la Grèce et à Rome, ces figures étaient employées sur les monuments et sur les médailles, comme le moyen le plus propre à faire connaître la pensée; de sorte que le même symbole qui cachait une sagesse profonde en Egypte, était entendu par le simple peuple en Grèce et à Rome.

Tandis que ces deux nations savantes déchiffraient ces symboles à merveille, le peuple d'Egypte en oubliait la signification; et les trouvant consacrés dans les monuments publics, il s'arrêta stupidement aux figures qu'il avait sous les yeux. Il prit cet homme habillé en roi pour un homme qui gouvernait le ciel, et les animaux figuratifs pour des animaux réels. Voilà en partie l'origine de l'idolâtrie, des erreurs et des superstitions des Egyptiens.

Les hiéroglyphes d'Egypte étaient un simple raffinement d'une écriture plus ancienne qui ressemblait à l'écriture en peinture des Mexicains, en ajoutant seulement des marques caractéristiques aux images.

L'écriture chinoise a fait un pas de plus, elle a rejeté les images, et n'a conservé que les marques abrégées qu'elle a multipliées jusqu'à un nombre prodigieux. Cette écriture continue d'être commune à différentes nations voisines de la Chine, quoiqu'elles parlent des langues différentes (1).

(1) Nous ferons observer que depuis la naissance de *l'empire de la Chine,* dont les premiers fondateurs composèrent à peu près cent familles, car autrefois il n'y avait pas dans ce pays un plus grand nombre de noms de famille différents, l'art de l'écriture semble y avoir été en usage; du moins il est parve-

En effet, les caractères de la Cochinchine, du Tonking et du Japon sont les mêmes que ceux de la Chine, et signifient les mêmes choses. Ainsi, quoique les langues soient différentes, et que les habitants ne puissent pas s'entendre en parlant, ils s'entendent fort bien en écrivant, et tous leurs livres sont communs, comme sont nos chiffres d'arithmétique; plusieurs nations s'en servent et leur donnent différents noms, mais ils signifient tous la même chose.

On compte jusqu'à quatre-vingt mille de ces caractères.

Quelque déguisés que soient aujourd'hui ces caractères, M. Warburton croit qu'ils conservent encore des traits qui montrent qu'ils tirent leur origine de la peinture et des images.

M. Freret, au contraire, soutient que cette origine est impossible à justifier, et que les caractères chinois n'ont jamais eu qu'un rapport d'institution avec les choses qu'ils signifient.

Sans entrer dans cette discussion, il paraît prouvé, par les témoignages des PP. Martini, Magaillans, Gaudel, Semedo, et de M. Fourmont, que les Chinois se sont servis des images pour les choses que la peinture peut mettre sous les yeux, et des symboles pour représenter par allégorie les choses qui ne le peuvent être par elles-mêmes. On pourrait peut-être, en distinguant les temps, concilier les deux opinions différentes au sujet des caractères chinois. Celle qui veut qu'ils aient été originairement des représentations grossières des choses, se renfermerait dans les caractères inventés par Tsang-Kie, et dans ceux qui peuvent avoir une analogie avec les choses qui ont une forme; et la tradition des critiques chinois, citée par M. Freret, qui regarde les caractères comme des signes arbitraires dès leur origine, remonterait jusqu'aux caractères inventés par Thoth. Quoi qu'il en soit, il n'en est pas moins vrai que l'écriture des Chinois a dû commencer comme celle des Egyptiens.

Histoire de l'écriture. — Il n'est pas étonnant qu'on n'ait point d'histoire ancienne profane au delà d'environ trois mille années. Les révolutions de ce globe, et surtout la longue ignorance de l'écriture en sont cause. Il y a encore plusieurs peuples qui n'en font aucun usage.

Cet art ne fut commun que chez un très-petit nombre de nations policées, et encore était-il en très-peu de mains. Rien de plus rare chez les Français et les Germains que de savoir écrire, jusqu'aux xive et xve siècles.

Presque tous les actes n'étaient attestés que par témoins. Ce ne fut que sous Charles VII, en 1454, qu'on rédigea les coutumes des provinces. L'art d'écrire était encore

plus rare chez les Espagnols; de là vient que leur histoire est si sèche et si incertaine jusqu'à Ferdinand et Isabelle.

On voit par là combien le petit nombre d'hommes qui savaient écrire pouvaient en imposer.

Il y a des nations qui ont subjugué une partie de la terre sans avoir l'usage des caractères. Nous savons que Gengis-Kan conquit une partie de l'Asie au commencement du xiiie siècle, mais ce n'est ni par lui ni par les Tartares que nous le savons. Leur histoire, écrite par les Chinois, dit que ce peuple n'avait point l'art d'écrire. Il ne dut pas moins être inconnu au Scythe Ogus-Kan qui conquit une partie de l'Europe et de l'Asie avant Cyrus. Il est presque sûr qu'alors, sur cent nations, il y en avait à peine deux qui usassent de caractères. Cependant l'écriture était une invention trop heureuse, dit M. Paillasson, pour n'être pas regardée, dans son commencement, avec la plus grande surprise. Jaloux d'en être les inventeurs, les Égyptiens et les Phéniciens s'en sont longtemps disputé la gloire; ce qui met encore aujourd'hui en question à laquelle de ces deux nations on doit véritablement l'attribuer.

L'Europe ignora les caractères de l'écriture jusque vers l'an du monde 2620, que Cadmus, venant de Phénicie pour fonder Thèbes, en donna la connaissance aux Grecs, et deux cents ans après, les Latins la reçurent d'Evandre, à qui Latinus donna pour récompense une grande étendue de terre qu'il partagea avec les Arcadiens.

L'écriture était devenue trop utile à toutes les nations policées, pour éprouver le sort de plusieurs autres découvertes qui se sont entièrement perdues.

Depuis sa naissance jusqu'au temps d'Auguste, il paraît qu'elle a fait l'étude de plusieurs savants qui, par les corrections qu'ils y ont faites, l'ont portée à ce degré de perfection où on la voit sous cet empereur. On ne peut douter que l'écriture n'ait dégénéré dans la suite de la beauté de sa forme, mais toute défectueuse qu'elle était, on la recherchait, et ceux qui la possédaient étaient regardés comme des savants du premier ordre.

A la renaissance des sciences et des arts, l'écriture fut la première à laquelle on s'appliqua le plus, comme à un art utile, qui conduisait à la connaissance de tous les autres. Comme on voulait le rendre simple, on retrancha peu à peu les traits inutiles qui l'embarrassaient, et on est parvenu à lui donner cette forme gracieuse dont le travail n'est point difficile.

N'est-il pas singulier que l'écriture, si nécessaire à l'homme dans tous les états, qu'il ne peut l'ignorer sans s'avilir aux yeux des autres, à qui nous sommes redevables de tant de connaissances qui ont formé notre esprit et policé nos mœurs; n'est-il pas, dis-je, singulier qu'un art d'une si grande conséquence soit regardé aujourd'hui avec autant d'indifférence qu'il était recherché avec ardeur quand il n'était qu'à peine dé-

nu jusqu'à nos jours des inscriptions du huitième siècle avant Jésus-Christ, sans parler du monument d'Yu, qui doit être beaucoup plus ancien, mais qui n'est peut-être que la copie d'une inscription existant antérieurement, et ensuite effacée ou perdue.

grossi et privé des grâces que le bon goût lui a fait acquérir.

L'histoire nous fournit cent exemples du cas que les empereurs et les rois faisaient de cet art, et de la protection qu'ils leur accordaient. Entre autres, Suétone nous apprend, dans la Vie d'Auguste, que cet empereur enseignait à écrire à ses petits-fils. Constantin le Grand chérissait la belle écriture, au point qu'il recommanda à Eusèbe de Palestine « que les livres ne fussent écrits que par d'excellents ouvriers, comme ils ne devaient être composés que par de bons auteurs. »

Charlemagne s'exerçait à former le grand caractère romain.

Selon la nouvelle *Diplomatique*, Charles V et Charles VII de France écrivaient avec élégance et mieux qu'aucun maître de leur temps.

Nous avons eu deux ministres (Colbert et Desmarets) qui écrivaient avec la plus grande propreté. Il suffisait de présenter au premier les pièces élégamment écrites pour obtenir les emplois.

Nous compléterons cet historique, au risque d'être exposés à nous répéter, par l'article beaucoup plus étendu que M. E. Pascalet a inséré dans l'*Encyclopédie des gens du monde*.

On peut diviser l'écriture en *idéographique*, c'est-à-dire exprimant des idées plus ou moins complètes, abstraction faite du nom sonore, et en *phonétique* ou représentant des sons. Les hiéroglyphes égyptiens (*Voy. plus haut*), et généralement tous les signes symboliques, appartiennent à la première ; les caractères alphabétiques proprement dits constituent la seconde, dont l'usage est aujourd'hui à peu près universel.

La parole est le moyen naturel de communication entre les individus qui se trouvent en présence les uns des autres ; mais l'homme dû sentir de bonne heure le besoin de communiquer aussi avec les absents, et de laisser aux générations suivantes des témoignages de son passage. Alors il imagina d'abord de représenter par des signes quelconques certains faits dont il voulait perpétuer le souvenir ou transmettre le récit aux personnes absentes : l'écriture idéographique prit ainsi naissance. Rien de plus naturel, en effet, que de dessiner les images des choses qu'on avait déjà exprimées par des actions et des mots : le bois, les pierres, les métaux offraient pour recevoir ces esquisses imparfaites, et l'idée d'un objet se traduisit par la représentation plus ou moins exacte de cet objet matériel.

Cette écriture, comme on voit, désignait, non pas les sons, mais bien un ou plusieurs objets, une ou plusieurs actions, un événement avec telles ou telles circonstances, que certaines modifications dans la forme des traits servaient quelquefois à qualifier. C'était le premier germe de l'écriture ; ce fut aussi l'origine de la peinture, qui alors se confondait avec elle dans la même mission.

Ce premier pas franchi, on ne tarda pas à recourir aux symboles, qui permirent, avec le même nombre de signes, de rendre sensible une plus grande variété d'idées, et ce fut un acheminement notable vers le perfectionnement hiéroglyphique. Les Égyptiens sont regardés comme étant les premiers entrés dans cette voie ; peut-être y avaient-ils été devancés par les Éthiopiens et les Indiens. Ce n'est pas ici le lieu de nous livrer à de grands développements sur les hiéroglyphes, auxquels un article spécial sera consacré dans cet ouvrage ; mais l'ordre naturel des idées ne nous permet pas non plus de les passer entièrement sous silence. Disons donc qu'en général les hiéroglyphes peuvent se diviser en deux classes générales : les propres et les symboliques. Les propres, dont la mission était de parler à tous les yeux, ont été subdivisés en curiologiques, ou substitutifs d'une partie au tout, et en tropiques, c'est-à-dire représentatifs d'une chose par une autre, qui avait avec elle des ressemblances ou des analogies communes ; et les symboliques, dont le langage était muet pour la foule, se distinguaient également en tropiques, dans lesquels on ne faisait entrer que les propriétés les moins connues des choses ; et en énigmatiques, composés du mystérieux assemblage de choses différentes et des parties de divers animaux.

On peut donc signaler cinq espèces différentes d'écritures de pensées : la première était l'*hiéroglyphique imitative*, consistant dans l'imitation d'une partie de l'objet à représenter : ainsi l'homme était désigné par un de ses membres, le soleil par un cercle, un incendie par une fumée, etc., la deuxième était la *hiéroglyphique tropique, analogique*. La compétence de ces deux manières d'écrire ne s'étendait pas au delà des choses matérielles. La troisième, *symbolique* et *allégorique*, était employée de trois manières, qui doivent avoir été inventées à trois époques différentes : tantôt on substituait au tout la principale circonstance d'un sujet : ainsi, par exemple, deux mains, dont l'une tenait un bouclier, l'autre un arc, représentaient une bataille ; tantôt on remplaçait une chose par son instrument réel ou métaphorique : d'après ce procédé, un œil joint à un sceptre désignait un roi ; une épée et les deux signes précédents, un tyran ; le soleil avec la lune exprimait la suite des temps ; si, à ces deux emblèmes on ajoutait un œil, c'était la divinité. Enfin, d'autres fois on représentait une chose par une autre qui lui était ressemblante ou analogue : c'est ainsi que l'on peignait l'univers sous la forme d'un serpent, dont les taches indiquaient les étoiles. La quatrième espèce d'écritures de pensées, ou l'*hiéroglyphique énigmatique*, qui servait si merveilleusement l'esprit du mysticisme des sages, jaloux de cacher aux yeux des profanes les lumières dont ils s'étaient arrogé le monopole, se composait de signes sans rapport connus avec les choses qu'ils voulaient exprimer. D'abord limitée aux figures naturelles, elle en franchit bientôt le cercle, devenu trop étroit pour l'imagination exigeante des savants, qui firent entrer dans leurs hiéroglyphes un assemblage mystérieux de formes empruntées à mille objets divers. Enfin, la cinquième espèce d'écriture, dite *hiéroglyphique caractéristique*, représentait les modes mêmes des substances par des images sensibles : c'est ainsi qu'un lièvre était devenu l'emblème de la franchise, un bouc sauvage celui de l'impureté ; etc. On arriva à symboliser de cette manière les choses qui n'ont pas de formes, et l'on faisait servir à ces symboles les premiers rapports qui se présentaient à l'esprit. Il y avait, comme on voit, de quoi exercer l'imagination la plus active dans cette écriture toute énigmatique, qui étendit son domaine au point de devenir l'organe des intuitions les plus nébuleuses de la métaphysique, des abstractions les plus hardies de la philosophie. Lors de la conquête qui dota l'Europe d'un monde nouveau, les peuples les plus avancés de l'Amérique, les Mexicains, par exemple, en étaient à l'écriture symbolique : une maison marquée d'un signe particulier désignait chez eux une ville conquise ; des têtes d'hommes ornées d'emblèmes, les chefs des peuples ; des figures d'hommes armés du tomahawk annonçaient le départ pour la guerre ; quelques arbres ou un canot, un voyage par terre ou par eau. Les Péruviens avaient, comme on sait, leurs quipos, simples nœuds de laines de diverses couleurs qu'ils faisaient servir à rendre des nuances assez délicates de la pensée. Les lettres d'un Péruvien et d'une Péruvienne, qui employaient ce moyen de correspondance et dont nous avons une traduction, sont des modèles de grâce et de simplicité; on est étonné, en les lisant, des ressources que cette singulière écriture offrait à l'imagination. Aujourd'hui encore, les sauvages du Canada et de la Louisiane font servir au même usage des espèces de chapelets.

Les Romains, pour perpétuer le souvenir des principaux événements de leur histoire, n'imaginèrent d'abord rien de mieux que de planter des clous dans les murs du temple de Minerve; à en croire Tite-Live, c'était dans la même intention que les Etrusques en faisaient aussi dans le temple de leur déesse Nortia, tandis que, selon d'autres, ils avaient simplement en vue, dans cette pratique l'accomplissement d'une cérémonie religieuse. Enfin, après avoir fait fortune chez les anciens Egyptiens, les hiéroglyphes ont été accueillis par les Chinois, chez lesquels ils se sont conservés jusqu'à nos jours; car, bien qu'il ait ramené son écriture au système phonétique, ce peuple fait encore usage de caractères arbitraires désignant des pensées, abstraction faite des mots (1). D'après cet aperçu, quelque incomplet qu'il soit, il n'est pas difficile de concevoir combien toutes ces différentes espèces d'écritures, plus ou moins ingénieuses, devaient laisser subsister de lacunes et s'éloi-

gner de la véritable éloquence, qui consiste autant dans les formes grammaticales et l'harmonie des mots que dans la puissance de la pensée. Arrivons maintenant à l'écriture proprement dite, celle que nous avons désignée sous le nom de phonétique.

L'homme réduit à l'écriture de pensée avait dû s'attacher à tracer fidèlement l'image des objets qui serviraient à répandre cette pensée ; mais bientôt, la peinture scrupuleuse des choses prenant trop d'espace et entraînant d'ailleurs des pertes de temps considérables, on négligea la forme, pour ne plus s'attacher qu'au sens de la marque employée : c'est ce qui produisit l'écriture courante des hiéroglyphes, dont celle des Chinois de nos jours peut nous donner une idée très-approximative ; car l'écriture chinoise a commencé comme les hiéroglyphes égyptiens et traversé les mêmes phases qu'eux, avant d'arriver à sa constitution actuelle. Des caractères chinois à ceux des alphabets modernes, il n'y avait qu'un pas à faire. Au lieu de conserver une multitude de signes qui, isolés, avaient un sens déterminé et étendu, on en admit, à peu près, vingt-quatre ou vingt-cinq, à chacun desquels on affecta un son conventionnel. Rapprochés les uns des autres, ces caractères donnèrent des sons monosyllabiques possédant, outre leur signification individuelle, la propriété de devenir racines de plusieurs autres mots, et les innombrables combinaisons auxquelles ces caractères radicaux purent se plier suffirent, dans toutes les langues, à toutes les exigences du sentiment et de la pensée.

Il est difficile de préciser à qui l'on est redevable de l'invention de l'écriture phonétique, bienfait dont l'importance a été appréciée par la plupart des peuples, au point qu'ils en ont presque toujours fait honneur aux dieux ou à leurs sages les plus vénérés. Le monde des anciens était en possession de trois systèmes d'écriture très-différents entre eux : l'écriture chinoise, l'indienne et la sémitique paraissent avoir donné naissance à toutes les autres, soit en Asie, soit en Europe.

L'origine de l'écriture indienne se perd dans la nuit des temps (1). Dans le système sémitique, l'écriture éthiopienne, la chaldaïque, l'égyptienne et la samaritaine ou phénicienne, sont les seules qui puissent disputer la palme de l'antiquité. L'alphabet arabe actuel a succédé à l'alphabet syriaque, importé à la Mecque et à Médine dans le VIᵉ siècle de l'ère chrétienne, et dérivé lui-même du babylonien ou chaldéen. Tous ces alphabets paraissent, du reste, être de simples altérations du phénicien, représentés par le caractère dit samaritain, qui était peut-être l'hébreu primitif dans lequel a

(1) Il y a quelque chose d'inexact dans ce qui concerne l'écriture des Chinois. — Voy. la note plus haut.

(1) L'alphabet sanscrit, la souche de tous les autres, se compose de quatorze voyelles ou diphthongues, et de trente-quatre consonnes. Il en existait chez les Hindous un plus ancien, d'une beauté parfaite, et qu'on nommait *deva nagari*, écrit des dieux; c'est de ce dernier que plusieurs savants ont fait dériver l'écriture sémitique.

écrit Moïse. Quant à l'invention des lettres en elles-mêmes, question sur laquelle les auteurs sont très-partagés, les uns, tels que saint Cyrille d'Alexandrie, Eupolème et Isidore de Séville, l'attribuent à Moïse ; d'autres parmi lesquels nous trouvons Philon et Suidas, en font honneur à Abraham ; enfin, une troisième opinion, à laquelle Flavius-Josèphe et Suidas lui-même se sont rangés, nomme Seth comme l'auteur de cette découverte. D'autre part, Cnéus Gellius, cité par Pline le naturaliste, et Diodore de Sicile attribuent l'invention des lettres à l'Egyptien Thoth, appelé Hermès par les Grecs et Mercure par les Latins. Bien que les Egyptiens aient employé, avant et après lui, l'écriture hiéroglyphique, on n'a pas moins admis que Thoth a inventé l'écriture phonétique ou alphabétique : tous les auteurs anciens sont unanimes sur ce point ; on ajoute même que ce fut lui qui distingua les voyelles des consonnes, et, parmi ces dernières, les muettes des liquides. La première lettre de son alphabet, au dire de Plutarque, était formée par le dessin d'un ibis, oiseau consacré à Hermès par le respect des peuples, qui le mirent au nombre des dieux.

D'Egypte, cet alphabet passa, dit-on, chez les Phéniciens qui, après avoir copié à peu près la forme des lettres égyptiennes, voulurent plus tard s'arroger la gloire d'avoir découvert ce qu'on leur avait appris. La tradition générale, en effet, est que Cadmus enseigna cet art aux peuplades encore sauvages de la Grèce. Selon quelques auteurs, ce fut l'Athénien Cécrops ou le Thébain Linus, ou, au siége de Troie, l'Argien Palamède, qui inventèrent les formes des seize lettres dont se composa d'abord l'alphabet grec ; mais c'est au Phénicien Cadmus que la reconnaissance des siècles postérieurs aima à faire hommage du don des lettres. Pline, en reconnaissant l'obligation que nous leur en avons et en exprimant son opinion que les lettres sont d'origine assyrienne, rapporte, à cette occasion l'autorité d'Anticlidès et celle d'Epigènes. Suivant le premier, les lettres auraient été inventées en Egypte par un certain Ménos, 15 ans avant Phoronée, le plus ancien roi de la Grèce, si l'on en croit Epigènes, au contraire, on trouvait chez les Babyloniens des observations astronomiques remontant à sept cent vingt mille ans, gravées sur des briques cuites. Bérose et Christodème, qui taxent au plus bas l'ancienneté de ces observations, leur assignent cependant une date de quatre-vingt-dix mille ans. Quoi qu'il en soit, l'alphabet phénicien, conservé dans un assez grand nombre de monuments dont nous devons la connaissance et à l'explication à M. le professeur Gésinus à Halle, se composait primitivement de vingt-deux ou vingt-trois lettres, sans voyelles marquées ; le samaritain et l'hébreu ancien, ainsi que l'hébreu carré ou babylonien, sont exactement calqués sur cet alphabet sémitique primitif dont Klaproth fait honneur aux Babyloniens, préférablement aux Phéniciens. Vers la fin

du ve siècle, on imagina de représenter par des points cinq voyelles longues, cinq brèves et quatre autres très-brèves, dont chacune a son nom et sa figure, en tout quatorze lettres qui, ajoutées aux vingt-trois dont nous avons parlé, donnent en somme, trente-sept caractères, dont quinze ne sont indiqués que par des points. Malgré la différence, originairement très-petite, du nombre des lettres hébraïques et grecques, il existe entre elles des ressemblances nominales si frappantes qu'elles suffiraient, à défaut d'autres preuves, pour établir un rapport de filiation et de fraternité du second alphabet relativement au premier.

D'après quelques témoignages, Inachus, père de Phoronée, dont il a été question plus haut, aurait porté l'art inventé par Thoth et perfectionné par Ménos, en Argolide, où il fonda une colonie. Cependant en Arcadie, pays voisin de l'Argolide, Prométhée, qui vivait vers l'an 1600 avant Jésus–Christ, se vantait d'avoir enseigné à ses concitoyens l'art de tracer des caractères ; peut être n'avait-il fait qu'étendre d'un pays à un autre la découverte de Ménos. Peu de temps après Prométhée, Cécrops, venu d'Egypte, dit-on, pour civiliser l'Attique, y transplanta, au dire de Tacite, les lettres égyptiennes. Deux générations après, et plusieurs siècles avant le siége de Troie, le Phénicien Cadmus porta dans le voisinage de l'Attique, en Béotie, une écriture apparemment plus soignée, qu'Hérodote déclare avoir été inconnue avant lui. Les seize lettres qu'il fit connaître aux Grecs auraient été, suivant l'opinion commune, α,β,γ,δ,ε,ι,κ, λ,μ,ν,ο,π,ρ,σ,τ,υ, qui suffisaient, à la rigueur, pour rendre tous les sons de la langue. Des huit autres, quatre, en s'en rapportant à une tradition mentionnée par Pline, furent inventées d'abord par Palamède (θ,ξ,φ,χ) ; Aristote, qui attribue dix-huit lettres à l'alphabet de Cadmus, prétend que deux y furent ensuite ajoutées par Epicharme ; dans l'un et l'autre calcul, il y avait également vingt lettres ; les quatre dernières, formant le complément de l'alphabet grec, appartiennent à Simonide (ζ,η,ψ,ω). Les lettres ne pouvaient manquer de franchir tôt ou tard l'espace qui les séparait de l'Italie ; les Etrusques, assure-t-on, les reçurent du Corinthien Demarate ; les Aborigènes, de l'Arcadien Evandre, et elles conservèrent quelque temps leur nouveau domaine leurs formes étrangères.

Nous le répétons, il existe entre les divers alphabets des analogies bien capables de faire croire à la communauté de leur origine ; et l'étude de l'histoire, ainsi que celle des plus anciens monuments, ne peut que légitimer cette opinion. Les Egyptiens, qui connurent le papier depuis une haute antiquité, paraissent, s'il est vrai que les Phéniciens leur aient emprunté l'écriture, avoir ouvert la marche aux écritures modernes, en rapportant toutes les idées à un nombre très-limité de sons qu'ils représentèrent par des caractères ou lettres. Mais les prêtres, attachés aux anciens usages et ne pouvant d'ailleurs se décider à laisser échapper le sceptre de la science, conservèrent leurs hiéroglyphes jusque sous les Ptolémées. Le peuple mêle les deux écritures ; les négociants et ceux des savants qui ne voulaient pas se laisser distraire de l'objet de leurs spéculations ou de leurs recherches par des images souvent défectueuses, se bornèrent seuls à l'écriture alphabétique. Naturalisée chez les Phéniciens qui n'en connurent jamais d'autre, cette écriture passa peut-être plus tard aux Hébreux et aux Grecs ; les caractères grecs retournés en sens inverse ressemblent évidemment aux caractères hébreux ; ceux des Samaritains ne diffèrent en rien des anciennes lettres grecques, qui servirent vraisemblablement aussi à former l'alphabet latin, d'où sont issus tous ceux que l'on emploie en Europe et même chez différents peuples de l'Asie.

Une remarque intéressante à faire, c'est que les Phéniciens, les Grecs et les Hébreux, en affectant aux nombres les mêmes signes qui leur servaient à exprimer les sons, ont ouvert une source d'erreurs que les Indiens ont évitée, en imaginant, pour représenter les nombres, des caractères particuliers.

L'écriture des Chinois remonte à une haute antiquité : une inscription trouvée chez eux prouve, dit-on, qu'elle y était connue l'an 2287 avant notre ère. A en croire leurs traditions, l'empereur Fou-hi qui aurait fondé la monarchie chinoise l'an 2953 avant Jésus-Christ, aurait tracé les caractères qui subsistent encore aujourd'hui. L'alphabet de ce peuple se compose de 214 clefs ou caractères primitifs qu'on peut même réduire à un plus petit nombre, si l'on observe que de ces caractères, 6 seulement sont composés d'un seul trait, 23 composés de deux traits, 31 de trois traits et ainsi de suite, jusqu'au deux-cent-quatorzième, dont la formation admet 17 traits. Mais, quel que soit le nombre de traits qui entrent dans la composition d'un caractère, ce caractère est toujours exprimé par un monosyllabe qui en détermine la valeur. Ces expressions monosyllabiques constituent chez les Chinois l'écriture phonétique ; il suffit d'un peu de réflexion pour connaître que cette dernière se rattache à l'écriture hiéroglyphique, dont elle est dérivée, par des analogies que la suite des temps peut seule avoir altérées. Les 214 signes simples constituant l'écriture hiéroglyphique régulière des Chinois produisent par leurs combinaisons de 2, 3 et même 6, 8 jusqu'à 100,000 caractères, représentant par conséquent 100,000 idées, tandis que l'écriture phonétique régulière, telle que celle des Allemands et des Grecs, se compose d'environ 200 monosyllabes dont la réunion forme, à peu près, 8 ou 10,000 mots. Les Chinois possèdent un grand nombre d'écritures diverses. Kien-long, un de leurs empereurs, fit écrire, l'an 1742, en 32 écritures différentes un poëme dans lequel il chantait Mouk-den, sa capitale. L'écriture la plus ancienne de toutes paraît être le Khotéoù, écriture ainsi appelée parce que les traits dont elle est formée ressemblent assez à des têtards, traduction française du mot chinois *khô-téoù*. Elle fut inventée, dit-on, par Fou-hi, l'année 2950 avant Jésus-Christ, pour remplacer les cordelettes nouées. Elle est maintenant hors d'usage. Nous ne parlerons pas du Tchouan, écriture qui ne fut usitée que depuis Confucius, environ au VIe siècle, jusqu'au IIe avant notre ère, et dont on a encore conservé des modèles dans certains monuments et inscriptions ; nous ne parlerons pas non plus des autres écritures chinoises, dont la nomenclature nous entraînerait trop loin ; nous dirons seulement que, dans ces trente-deux espèces de caractères, le fond de l'écriture reste toujours le même et que les formes extérieures seules varient. Ainsi, par exemple, on peut avoir une idée de ces différences par celles qui séparent nos divers genres d'écritures, tels que le gothique, le romain, l'italique, etc. L'altération de l'orthographe, soit volontaire, soit provenant de l'inattention ou de l'ignorance, pourrait seule avoir attaqué la structure intime de chaque signe, simple ou composé. Du reste, les caractères chinois ont perdu tous les anciens traits de ressemblance avec les objets qu'ils doivent représenter, ce qui a transformé leurs hiéroglyphes primitifs en une écriture phonétique ordinaire.

L'écriture cunéiforme persépolitaine, dont l'invention est attribuée au premier des Zoroastre, est formée de deux signes uniques, le coin et le crochet ; elle est d'une extrême simplicité et n'appartient pas plus au genre hiéroglyphique qu'au genre syllabique. Il est supposable qu'elle a été, dès son origine, uniquement formée de lettres et on peut affirmer qu'elle est d'origine asiatique. Elle diffère des écritures égyptiennes, hiéroglyphique et phonétique, au point d'interdire toute espèce de comparaison entre elle et ces dernières. Des monuments conservés prouvent qu'elle s'est répandue dans une grande partie de l'Asie centrale et occidentale, où elle s'est beaucoup modifiée et a servi à former plusieurs alphabets, à l'aide de deux signes fondamentaux. On ne saurait se refuser à voir, dans la forme conique affectée par ces caractères, l'intention de figurer les rayons du soleil, auquel s'adressait le culte des Perses.

Les Orientaux ont adopté et conservé l'habitude d'écrire de droite à gauche ; cependant le sanscrit, qui, à en juger par les cadres de toutes les lettres, doit avoir été écrit d'abord de la même manière, le fut ensuite de gauche à droite. En revanche, la première méthode, la plus ancienne de toutes, paraît, dans l'origine, avoir été aussi en Europe suivie peut-être même par les Grecs. C'était aussi, dit-on, celle de ces fameux Huns qui, sous la conduite d'Attila, firent trembler le monde. Aujourd'hui tous les Occidentaux dirigent, comme on sait, leurs lignes de

gauche a droite. On peut signaler une troi-
ième manière d'écrire qui réunit les deux
premières et forma sans doute la transition
le l'une à l'autre : elle consiste à commencer
le droite à gauche; puis, arrivé au bout de
a première ligne, on écrit au-dessous du
dernier mot, en continuant de gauche à
droite, et ainsi de suite.

Elle était encore en usage, dit-on, du
temps de Solon, et les plus anciennes inscriptions grecques qu'on ait pu découvrir
étaient écrites dans ce sens. Les Chinois,
es Japonais et les Mexicains emploient,
mais avec des modifications différentes, l'é-
criture perpendiculaire, appelée aussi *kiéni-
lou* (de χίων, colonne, pilier, et εἶδος, vue
apparence). Les Mexicains écrivent de bas
en haut; les Chinois, pour tracer leurs lignes,
partent de l'angle droit supérieur de la page
et viennent aboutir à l'angle gauche inférieur, tandis que les Japonais les dirigent
en sens inverse de gauche à droite. Les
caractères persépolitains cunéiformes s'écrivaient de la même manière. Il est encore
une espèce d'écriture qui ne paraît avoir
appartenu spécialement à aucun peuple :
c'est celle qui est connue sous le nom d'*orbiculaire* ou *sphéridon* (de σφαῖρα, boule); on
l'adaptait aux vases de formes rondes et
aux monnaies. Enfin, nous ne devons pas
oublier de citer l'écriture à l'usage des aveugles; on l'obtient, au moyen d'une plume
de fer dont le bec n'est pas fendu et avec
laquelle on appuie sur un papier fort en
sens inverse, de façon que le caractère se
trouve tracé en relief, dans le sens ordinaire,
afin que la forme s'en fasse sentir sous les
doigts.

Il ne nous reste plus qu'un monument de
l'écriture des Gaulois. C'est la pierre écrite
qui se trouve près de Saulieu, en Bourgogne, dans le village de ce nom, tandis qu'on
rencontre encore en Danemark, en Suède,
en Norwége et même dans la Tartarie septentrionale, de nombreux vestiges des caractères runiques, qui doivent avoir appartenu à la langue celtique. Ces inscriptions,
communément perpendiculaires, sont gravées sur des pierres, des rochers et des bâtons, qui sont des espèces d'almanachs. Les
plus anciens monuments d'écriture latine
qui nous soient parvenus ne remontent guère
au delà du III° siècle avant Jésus-Christ, et
ce fut environ trois siècles après Auguste,
que la belle écriture du temps de ce prince
se corrompit par le mélange du caractère cursif
avec le capital. Mais elle se releva vers le
temps de Charlemagne, puis retomba de
nouveau, du X° au XIII° siècle, par l'abus des
ornements qui dégénéra en une monomanie
extravagante. C'est à cette époque aussi qu'on
place l'apparition du gothique. Cependant
vers le XV° siècle, on vit renaître le goût de
la belle écriture et des beaux arts; l'imprimerie substitua le caractère romain au gothique, qui ne se maintint plus que dans les
ouvrages en langues germaniques et en certaines langues slavonnes, jusqu'au moment où

la littérature dite romantique est venue nous
le rapporter.

Les caractères des différentes écritures
peuvent nous guider assez sûrement dans
l'appréciation des dates. Les manuscrits
écrits d'un bout à l'autre en capitales, ne
sont pas postérieurs au VIII° siècle; un livre
tout en onciales, sorte d'écriture capitale
dans laquelle les caractères sont presque
ronds, peut être rapporté à l'intervalle qui
sépare le XII° siècle du XI°; enfin un manuscrit en onciales, dans lequel les titres des
livres et les initiales des alinéas sont sans
ornements, appartient à la plus haute antiquité, lorsque surtout les lettres sont simples,
élégantes, sans base, ni sommets. L'écriture
dite *repassée* est très-ancienne. Les Grecs
du Bas-Empire l'ont fait revivre lorsqu'elle
commençait à s'effacer. Dans les manuscrits
trouvés à Herculanum, surtout dans les manuscrits grecs, les mots sont écrits en onciales, sans que rien puisse guider dans la
prononciation ni la séparation de ces mots.
L'usage de la ponctuation ne s'introduisit que
lorsque lalangue grecque commença à s'effacer.

Il y aurait une longue histoire à faire sur
les différentes matières qu'on a fait servir
successivement à recevoir les caractères gra-
phiques : on écrivit d'abord, ou plutôt on
grava sur la pierre, le bois, le plomb, le
marbre et l'airain; on passa de là à l'ivoire et
à des feuillets de substances plus légères et
moins embarrassantes; vinrent ensuite les
feuilles d'arbres, surtout celles du palmier,
usitées de temps immémorial; les écorces,
cette peau lisse qui sert d'intermédiaire entre l'écorce et le bois, à laquelle
les Latins ont donné le nom de *liber*, dont
nous avons fait *livre*, et dont les tranches,
roulées sur elles-mêmes, après avoir subi
certaines préparations (*voluta*), formaient les
volumes; les tablettes enduites de cire, dont
l'usage, au rapport d'Homère, était connu
avant la guerre de Troie, sur lesquelles on
écrivait avec un style ou stylet, pointu d'un
bout à cet effet, et aplati de l'autre, pour
effacer; les diphthères ou peaux de chèvre et
de mouton sur lesquelles les Perses, les
Ioniens, ainsi que plusieurs autres peuples, tracèrent longtemps leurs caractères.

On vit ensuite paraître le papyrus. Cette
plante, dont les anciens extrayaient la pellicule ou tranche de la moelle pour en faire
du papier qu'ils appelaient *biblos*, est une
cypéracée, appartenant au genre *cyperus*, en
français, *souchet*. Rare dans le Nil, le papyrus se trouve dans le Jourdain, en Abyssi-
nie, dans le Gange et encore dans certains
lacs de Sicile. On le cultive aujourd'hui au
Jardin-des-Plantes, à Paris. M. le marquis
de Fortia-d'Urban, dans un ouvrage qui
nous a fourni d'utiles et nombreux renseignements pour cet article, suppose que
la découverte de ce genre de papier
avait été faite dans la Nubie supérieure, en
employant l'écorce de l'*amyris papyrifera*, si

commun dans cette contrée et qui sert encore à écrire des amulettes. On distinguait neuf espèces différentes de papier; le lecteur qui voudra en connaître le détail consultera l'excellent ouvrage de M. Fortia-d'Urban, pour tout ce qui regarde leurs différences d'usage et de fabrication, les défauts du papier d'Egypte, l'ancienneté des manuscrits, la description des volumes trouvés dans les momies, la distinction des hiéroglyphes et des signes alphabétiques, etc. La rivalité qui, au rapport de Varron, s'établit entre Ptolémée Philométor, roi d'Egypte, et Eumène II, roi de Pergame, dota l'antiquité du parchemin de l'an 180 à 157 avant Jésus-Christ, Ptolémée avait défendu l'exportation du papyrus de ses Etats ; les habitants de Pergame imaginèrent le parchemin qui, du nom de leur ville s'appela *pergamenum*, ou plutôt ils perfectionnèrent les diphthères anciens, en les amincissant. C'est là-dessus qu'on écrivit les manuscrits depuis le règne de Ptolémée Philométor jusqu'au iii° siècle de notre ère. Enfin, le papier de chiffon, inventé vers le milieu du xiv° siècle, est venu donner un nouvel essor à l'art de l'écriture ; sa fabrication annuelle en France n'est pas moindre de 2,800,000 rames. (*Voy.* Papier.)

Art de l'écriture. — Calligraphie. — Considérée au point de vue purement mécanique, l'écriture peut se définir : l'art de tracer les caractères d'un alphabet, de les assembler et d'en composer des mots dessinés d'une manière claire, nette, exacte, distincte, élégante et facile, ce qui s'exécute communément avec une plume, de l'encre et du papier. Il est mille petites circonstances de détail qui paraissent indifférentes et puériles au premier coup d'œil, et sur lesquelles il est cependant essentiel de s'arrêter, lorsqu'on veut acquérir une exécution belle et facile. Ainsi, par exemple, il faut étudier avec soin les règles qui doivent déterminer la position du corps, de la main, la taille de la plume, son inclinaison sur le papier suivant les différents effets qu'on veut en obtenir et qui peuvent se diviser en deux ordres : 1° les pleins; 2° les déliés. De même, il faut présenter la plume de face, obliquement ou de travers : ces différentes manières de la tenir sont déterminées par le genre d'écriture et par les lettres qu'on veut tracer. On n'oubliera pas non plus que les mouvements formateurs sont les divers jeux des trois doigts nécessaires au dessin des lettres, savoir : le pouce, l'index et le médium. Ces mouvements sont au nombre de deux principaux : celui de haut en bas, que nous désignerons sous le nom de *radical;* et celui de bas en haut, qu'on peut appeler *ligateur.* On doit savoir aussi que les lettres se divisent en élémentaires, qui sont : *o, v, j, l, m, t*; elles servent à former les autres ou les lettres composées : *a, b, d, g, h, n, o, p, q,* qui se retrouvent en analyse dans les six premières ; et enfin les neutres : *f, c, k, s, z,* qui n'entrent dans la composition d'aucune

autre et ne tiennent leurs formes que d'elles-mêmes.

On peut ramener les différentes espèces d'écritures en usage chez nous aujourd'hui à six classifications générales : la *gothique,* la *ronde,* la *bâtarde,* la *cursive,* la *coulée* et l'*anglaise :* 1° la gothique est, comme nous l'avons vu, assez ancienne : aussi est-elle antérieure aux cinq autres. Nous savons que, jusqu'au règne de François Iᵉʳ, à peu près, elle a envahi tous les manuscrits. Elle est penchée, taillée à angles droits, et tire son nom de sa forme. Elle imite l'impression allemande; mais pour écrire dans la même langue, on se sert d'une cursive très-différente des anciennes formes ; 2° la ronde nous est venue d'Italie, immédiatement après la gothique. Elle est formée de lignes toutes perpendiculaires ; 3° la bâtarde, qui a reçu ce nom parce qu'elle est formée d'un mélange de gothique et de ronde, est une écriture toute française. Elle est, sans contredit, la meilleure et la plus lisible, puisque c'est elle qui se rapproche le plus des beaux caractères de l'impression latine. Elle doit être arrondie et très-peu penchée sur la droite ; 4° la cursive (du latin *currere,* courir), est un diminutif de la bâtarde. On lui donne ce nom parce qu'elle permet une assez grande vitesse. Elle est plus penchée et plus inégale que la bâtarde ; 5° la coulée est carrée et forme des angles très-penchés : sa vivacité l'a fait adopter dans tous les bureaux ; 6° enfin, l'anglaise n'est formée que d'ovales très-penchés sur la droite. Diminutif de la bâtarde, elle est plus généralement employée chez les Anglais que partout ailleurs, ce qui explique le nom qu'elle porte. Dans une vingtaine d'années elle sera probablement la seule admise et enseignée par les maîtres d'écriture. Elle est parfois, grasse, nourrie, allongée, etc. On distingue encore l'écriture *carrée,* uniquement composée de carrés; la *tremblée,* dans laquelle on ne trouve que des parties d'ovales ; la *fleurisée,* la *mariée ;* mais ce sont des écritures de fantaisie qui, à proprement dire, ne forment pas de genres à part. Bien que nous ayons indiqué plus haut six lettres élémentaires, on peut cependant, à la rigueur, ramener la formation de toutes les composées à deux sources principales : l'*i* et l'*o ;* ce qui revient à dire que les lettres, comme toutes les figures géométriques du monde, se composent de lignes droites et de courbes

En littérature, écrire est devenu synonyme de composer, travailler d'imagination ; aussi dit-on d'un homme qui a un mérite littéraire reconnu : « Il écrit bien, c'est un bon écrivain. » Le génie de la composition ne suppose donc pas du tout l'aptitude à tracer des caractères ; c'est même presque toujours une présomption du contraire, parce que la préoccupation continuelle de la pensée ne laisse pas d'attention au dessin des lettres (*docti male pingunt*). On assure que le fameux Rétif de la Bretonne, auteur de plus de 100 volumes, les composait le plus souvent à l'imprimerie, avec les caractères, et sans avoir de manuscrit; aussi ses écrits fourmillent-ils de fautes d'orthographe ; il n'en savait pas le premier mot. On dit, au contraire, d'un homme dont le talent consiste seulement dans l'adresse à tracer des caractères d'écriture : il peint bien ; ou : c'est un maître écrivain. Parmi les maîtres les plus en renom, on citait surtout, dans le siècle de Louis XIV, les Bardedot, les Allais, les Lesgret, les Sauvage, les Rossignol, les Michel, le P. Galloude, et plusieurs autres. Après tout, bien qu'on se soucie généralement assez peu de ce genre de mérite, et qu'on ne lui épargne même pas, au besoin, les traits du ridicule, on a vu des hommes arriver, dans l'exécution des caractères, à un degré de perfection qui touche de près à l'art. Ainsi, par exemple, quelques individus ont manié la plume avec assez de délicatesse et de légèreté pour renfermer le *Credo* et le *Pater* dans un cercle de papier du diamètre d'une pièce de dix sous ; le gendarme Vincent a écrit le *Pater* avec tant de finesse qu'on ne voyait qu'à la loupe la netteté des caractères, leur égalité, leur liaison et l'intervalle des mots. Le Vénitien Girolamo Rocco, le peintre anglais OEillard, le Génois Sinibaldo de Lurza, l'Italien Alumno, etc. (XIIIᵉ et XIVᵉ siècles), copiaient à la plume avec tant d'adresse les estampes des plus grands maîtres, que les plus habiles connaisseurs les croyaient gravées. D'autres exécutaient, en traits de plume, des figures d'oiseaux, de chevaux, et même des portraits, remplissant les détails de ces dessins de prières ou de sentences dont les lettres, plus ou moins déliées, plus ou moins pleines, figuraient les ombres ou les clairs.

Avant qu'on eût imaginé de se servir de plumes, on employait pour écrire des stylets, des roseaux ou des pinceaux. Les Chinois se servent de ces deux derniers instruments; ce sont aussi ceux qui conviennent le mieux à la finesse de leur papier, ainsi qu'au caractère accidenté de leur figure.

Lavater assure qu'on peut juger le caractère d'un homme à la vue de son écriture : il est certain qu'après la physionomie et le langage, elle offre encore un moyen de juger un homme, surtout quant à son caractère, de même que l'orthographe de ce qu'il écrit donne la mesure de son instruction.

ELECTRICITÉ *proprement dite*. — Le mot grec *électron* signifie *ambre* ou *succin*. Or, cette substance est la première dans laquelle on ait reconnu que le frottement développe la propriété d'attirer les corps légers, tels que la sciure de bois, de la moelle de sureau, des barbes de plumes. La cause de ce phénomène, bien autrement générale que les Grecs ne le soupçonnaient, a pris de là le nom d'électricité.

Certains corps deviennent électriques par le frottement, c'est-à-dire qu'ils acquièrent plus ou moins la propriété d'attirer à leur surface les corps légers ; ils portent le nom d'idio-électriques. Tels sont : l'ambre, la gomme laque, les résines, le soufre, le verre, etc. Les métaux, au contraire, sont anélectriques, c'est-à-dire qu'ils ne prennent pas d'électricité par le frottement direct; mais ils acquièrent la vertu électrique lorsqu'on les met en contact avec les autres corps préalablement frottés.

Les corps idio-électriques sont mauvais conducteurs, c'est-à-dire qu'ils jouissent de la propriété de retenir plus ou moins longtemps la vertu électrique développée en un point de leur surface. Les corps anélectriques au contraire sont bons conducteurs, c'est-à-dire que la vertu électrique développée en un de leurs points se transmet instantanément sur toute l'étendue de leur superficie. Cette distinction ne doit pas néanmoins être entendue d'une manière absolue, et il faut admettre que tous les corps sont plus ou moins bons conducteurs.

Le globe terrestre absorbe entièrement et rend insensible toute l'électricité développée sur une surface avec laquelle elle est en contact; c'est à raison de cette propriété qu'on lui donne le nom de réservoir commun et que les corps non conducteurs sont isolants comme interceptant toute communication avec le globe ou entre les corps électrisés et ceux qui ne le sont pas.

On appelle électroscopes les instruments propres à faire connaître l'électricité; le plus simple de tous consiste en une boule de moelle de sureau suspendue à un fil de soie ou à un fil de métal très-fin, fixé à une tige isolante.

Tout corps électrisé doit attirer la boule à une certaine distance. Mais lorsque cette boule a été en contact avec le corps et qu'elle a pris une certaine partie de son électricité, elle est repoussée. Deux boules semblables se repoussent mutuellement lorsqu'elles ont été électrisées par de la résine ou par du verre frotté avec de la laine; mais elles s'attirent lorsque l'une d'elles a été en contact avec la résine et l'autre avec le verre.

On conclut de là qu'il y a deux sortes d'électricités auxquelles on a donné respectivement le nom de vitrée et de résineuse, ou de positive et de négative. Leur combinaison constitue le fluide neutre ou l'état naturel des corps. Une machine électrique est un appareil au moyen duquel on peut développer de l'électricité en quantité indéfinie; elle se compose d'un plateau de verre vertical mobile autour d'un axe horizontal, qui dans le mouvement de rotation qu'on lui imprime autour de cet axe, frotte entre des coussins rembourrés de crins et de laine, et enduits d'une couche d'or massif (deutosulfure d'étain). Des conducteurs métalliques creux, cylindriques, ou en fer à cheval, sont tenus sur des pieds de verre enduits d'une couche de vernis à la gomme laque et terminés par des boules métalliques placées à proximité du plateau, se chargent d'électricité positive lorsque les coussins sont en communication avec le réservoir commun par des corps suffisamment conducteurs.

Un appareil de ce genre donne lieu aux phénomènes les plus curieux; d'abord lorsqu'on approche des conducteurs une subs tance conductrice, on en soutire des étincelles à une distance qui varie avec la puissance de la machine et qui atteint parfois jusqu'à trois ou quatre mètres. Ces étincelles sont accompagnées d'une détonation qui peut égaler celle d'un petit pétard. Les hommes et les animaux ressentent toujours une commotion plus ou moins forte lorsqu'ils soutirent l'étincelle. L'éther et l'alcool sont enflammés par le passage de cette étincelle, aussi bien que la mèche encore chaude d'une bougie qui vient d'être éteinte. Dans le pistolet de Volta, l'explosion chasse au loin un bouchon placé sur l'orifice d'un petit tube de cuivre où s'opère la combinaison de l'oxygène avec l'hydrogène.

Une personne, placée sur un gâteau de résine bien sec ou sur un isoloir à pied de verre, ne reçoit aucun choc de la machine avec laquelle elle communique, tandis que le mouvement y développe de l'électricité ; seulement elle éprouve sur la peau et surtout sur la figure l'impression d'un souffle léger ; ses cheveux se hérissent et laissent échapper des aigrettes de lumière. Si on vient alors à la toucher, on en tire des étincelles dont l'intensité dépend de la charge électrique que l'on a accumulée sur elle.

La danse des pantins est un jeu singulier qui a suggéré à Volta une ingénieuse explication de la formation de la grêle. De petits pantins de liége sont placés sur un plateau métallique communiquant avec le sol, tandis qu'un autre plateau, placé à 12 ou 15 centimètres au-dessus, communique avec le conducteur de la machine. Si l'on met celle-ci en mouvement, on voit les pantins sauter et retomber alternativement en faisant des oscillations répétées.

On dit qu'un conducteur est électrisé par influence lorsqu'il est soumis à l'action d'un corps électrisé. Ce corps revient à son état primitif lorsque l'influence cesse ; l'électrophore imaginé par Volta est un instrument très-simple et très-facile à construire, qui repose sur cette propriété : il se compose d'un gâteau de résine coulé dans une boîte plate et circulaire, et terminé par un plan ; d'un disque de bois à rebords arrondis, recouvert d'une feuille d'étain dont le diamètre est inférieur de 4 ou 5 centimètres à celui du plateau, et qui porte au milieu un manche isolant en verre ; on bat toute la surface de la résine avec une peau de chat, ce qui y développe l'électricité résineuse ; on pose sur cette surface le disque en le tenant par le manche ; et avec le doigt on soutire l'électricité résineuse qui s'y est développée. Si on enlève de nouveau le disque par son manche, on le trouve chargé d'électricité vitrée, et on peut en tirer une étincelle.

Tout appareil composé essentiellement de deux lames conductrices séparées par une lame non conductrice, est ce qu'on appelle un *condensateur*. Si l'une de ces deux lames est de plus chargée d'électricité, l'autre s'électrise aussi par influence, mais l'électricité de l'appareil est plus ou moins dissimulée. Pour recomposer le fluide neutre, il suffit de mettre en contact les deux lames par un excitateur.

La bouteille de Leyde est l'un des condensateurs les plus simples et les plus faciles à construire ; c'est une simple bouteille de verre revêtue extérieurement sur une partie de sa hauteur, d'une feuille d'étain, et remplie intérieurement de feuilles de clinquant, avec lesquelles communique une tige de métal fixée au goulot par un bouchon et terminée par une boule ou bouton. Pour charger la bouteille il faut tenir l'armature extérieure en communication avec le sol, pendant que le bouton soutire les étincelles fournies par une machine électrique ou un électrophore. L'électricité dissimulée se décompose ensuite avec une explosion plus ou moins forte, lorsqu'on vient à faire communiquer le bouton avec l'armature extérieure.

Les batteries électriques sont un assemblage de bouteilles de Leyde dont toutes les armatures extérieures communiquent entre elles, parce qu'elles reposent sur une lame de plomb, et dont les boutons sont aussi réunis par des tiges transversales. L'explosion d'une batterie médiocrement chargée peut tuer des animaux, et en accumulant des quantités convenables d'électricité, on fond les métaux, on brise les pierres ; en un mot, on produit les effets les plus surprenants.

L'analogie de ces effets avec ceux de la foudre est manifeste : aussi est-il bien constaté aujourd'hui que la foudre n'est qu'une étincelle électrique d'une grande puissance ; de là l'utilité des paratonnerres inventés par le célèbre Franklin. La pointe métallique qui termine la tige soutire l'électricité en excès des nuages qui passent au-dessus et la transmet au réservoir commun à l'aide d'un fort conducteur sans solution de continuité, plongeant assez avant dans le sol, ou dans un puits, ou dans une caisse remplie de braise de boulanger.

Un électrophore et une bouteille de Leyde, appareils que tout le monde peut construire ou se procurer à peu de frais, servent à une foule d'expériences curieuses et faciles à répéter.

Le perce-carte offre un phénomène curieux : deux pointes métalliques sont placées dans une même verticale, mais séparées par une lacune ; une carte est placée aussi verticalement entre elles, de telle sorte que les deux pointes correspondent à deux faces différentes. Chaque pointe étant mise en communication avec une des faces de la bouteille, l'étincelle part et la carte est percée d'un trou plus grand que celui d'une épingle. Des deux côtés du trou on observe un petit bourrelet et des filaments tirés en dehors.

Avec la bouteille de Leyde, on peut encore enflammer les liqueurs spiritueuses et même du coton roulé dans du lycopode et dans de la résine pulvérisée.

La pression, la chaleur et le clivage des métaux développent aussi de l'électricité dans certaines circonstances.

Électricité voltaïque ou galvanisme. — « Le tableau détaillé des grands résultats qui ont été amenés par de très-petites causes ne serait pas moins piquant peut-être, » dit M. Arago, « dans l'histoire des sciences que dans celle des nations..... » On peut prouver en effet que l'immortelle découverte de la PILE se rattache de la manière la plus directe à un léger rhume dont une dame bolonaise fut attaquée en 1790 et au bouillon aux grenouilles prescrit comme remède. Quelques-uns de ces animaux, dépouillés par la cuisinière de Mme Galvani, gisaient sur une table, lorsque, par hasard, on déchargea au loin une machine électrique. Les muscles, quoiqu'ils n'eussent pas été frappés par l'étincelle, éprouvèrent au moment de sa sortie de vives convulsions. Galvani, savant anatomiste, mais peu au fait de l'électricité, trouva ce phénomène très-surprenant. Il en fit le sujet d'expériences qu'il varia de mille manières, et il eut enfin l'occasion d'observer que les membres d'une grenouille décapitée, même depuis plusieurs heures, éprouvent des contractions très-intenses, sans l'intervention d'aucune électricité étrangère, lorsqu'on interpose une lame métallique ou, mieux encore, deux lames de métaux dissemblables entre un muscle et un nerf.

Galvani crut alors avoir trouvé le fluide vital, et lui assigna une nature électrique; mais Volta prouva que le contact seul de deux métaux différents produit de l'électricité, et il donna le nom de *force électromotrice* à cette force nouvelle qui décompose l'électricité naturelle de deux corps hétérogènes en contact.

Guidé par ses vues théoriques, Volta imagina de former une longue colonne en superposant successivement une rondelle de cuivre, une de zinc et un de drap mouillé, avec l'attention de ne jamais intervertir cet ordre. « Cette masse en apparence inerte est, quant à la singularité des effets, dit encore Arago, le plus merveilleux instrument que les hommes aient jamais inventé, sans en excepter le télescope et la machine à vapeur. » Les deux extrémités de la pile sont: l'une, une plaque de zinc à laquelle correspond le pôle positif; l'autre, une plaque en cuivre à laquelle correspond le pôle négatif. Si deux fils métalliques sont attachés à ces deux plaques extrêmes, au moment où on les touche tous les deux, on ressent une commotion dont la force dépend de celle de la pile. Le fil qui part du pôle-zinc étant appuyé sur le bout de la langue, et le fil du pôle-cuivre sur un autre point, on sent une saveur acide très-prononcée; pour que cette saveur devienne alcaline, il faut changer les fils de place.

L'eau, les acides, les oxydes, les sels et tous les corps composés, pourvu qu'ils soient conducteurs, sont décomposés par la pile lorsqu'on les place dans le COURANT, c'est-à-dire lorsqu'on les dispose entre les fils de

telle sorte qu'ils forment une partie du circuit; l'un des éléments se rend au pôle positif et l'autre au pôle négatif.

On a donné à la pile un grand nombre de formes différentes. Une pile à AUGES est une caisse en bois, divisée en compartiments ou cases par des cloisons composées chacune d'une plaque de cuivre et d'une plaque de zinc soudées ensemble, et qui s'engagent dans des rainures pratiquées exprès; les intervalles des plaques forment de petites auges de 5 à 6 millimètres d'épaisseur, dans lesquelles on met de l'eau acidulée. Les extrémités des fils peuvent être garnies de manchons de verre, afin de préserver l'expérimentateur de tout danger.

ÉLECTRICITÉ DYNAMIQUE.—C'est ainsi que l'on appelle une branche de la science presqu'entièrement due aux travaux de l'illustre Ampère, et dont les bases sont démontrées expérimentalement à l'aide d'un appareil extrêmement ingénieux.

On voit d'abord au moyen de cet appareil que deux courants parallèles s'attirent et se repoussent suivant qu'ils marchent dans le même sens ou en sens contraire. Ensuite, deux courants croisés tendent toujours à devenir parallèles pour marcher dans le même sens. Enfin, la terre agit en chaque lieu sur un courant voltaïque, comme un aimant dont l'axe serait parallèle à l'aiguille d'inclinaison, ou comme une série de courants électriques, tous dirigés de l'est à l'ouest, qui existeraient à la surface ou dans l'intérieur du globe, et dont l'intensité irait en croissant du pôle à l'équateur (1).

ÉLECTRICITÉ (médecine).— L'électricité, peu connue des anciens, n'avait pas été appliquée par eux au traitement des maladies; mais lorsque, au XVIIIe siècle, ce grand phénomène devint l'objet de l'attention des savants, les médecins s'en emparèrent et crurent y trouver l'explication et la cause des grands phénomènes de la vie, en même temps qu'un puissant moyen de rétablir la santé. L'empressement qu'on y mit fit même qu'on se paya d'hypothèses et que l'on conçut des espérances qui ne se sont pas réalisées. Quand furent faites les premières expériences sur l'électricité appliquée au corps de l'homme, on fut frappé de l'action énergique qu'elle exerçait, comme aussi de la facilité et de la régularité avec lesquelles on la suscitait. On avait fait mouvoir et revivre en quelque sorte des cadavres : on avait donc saisi et maîtrisé le principe vital, on allait pouvoir le rendre à ceux qui l'avaient perdu, ou tout ou moins le ranimer là où il serait languissant. Il y eut des mécomptes. L'identité bien reconnue actuellement de l'électricité proprement dite avec les phénomènes du galvanisme et du magnétisme minéral (*Voy.* AIMANT et GALVANISME), est venue ramener les esprits dans une voie plus positive et montrer que la mé-

(1) Cet article est emprunté à M. Léon Lalanne. (*Voy.* AIMANT, GALVANISME, PILES, MOTEUR ÉLECTRO-MAGNÉTIQUE.)

decine avait peu à espérer de cet agent d'ailleurs si remarquable.

L'électricité administrée au moyen de la machine ou au moyen de la pile diffère dans ses résultats.

Si l'on met un individu en contact avec le conducteur d'une machine électrique en action, l'électricité, s'il n'est pas isolé, le traverse pour se rendre au réservoir commun ; on ne remarque pas qu'il s'opère chez lui de changement notable, ni que lui-même éprouve aucune sensation particulière. Quand le sujet est isolé, le fluide s'accumule chez lui : on voit se hérisser les cheveux et les villosités du corps à l'approche d'un excitateur ; on peut tirer de toutes les parties du corps des étincelles lumineuses. D'ailleurs, dans les expériences qui ont été faites sur cette espèce de *bain électrique* (c'est ainsi qu'on le nomme), on n'a rien constaté qui dénotât une action particulière sur tel ou tel organe, et les effets qu'on a observés, savoir, l'accélération du pouls et l'accroissement de la transpiration cutanée, sont des phénomènes généraux qui, outre qu'ils ne se sont pas présentés d'une manière assez constante, se manifestent toutes les fois que l'économie se trouve soumise à une stimulation quelconque, et même dans le cas où les sujets subissent l'action d'un appareil dont la nouveauté peut influencer leur imagination.

Lorsqu'au lieu des bains électriques on présente une partie du corps au conducteur d'une machine en mouvement, il se produit des étincelles qui font éprouver dans le point qu'elles touchent un pincement plus ou moins douloureux, auquel se joint, quand l'appareil est d'une assez grande dimension, une secousse pénible dans les muscles sous-jacents ; ces contractions sont d'ailleurs toutes semblables à celles qui surviennent spontanément dans les affections convulsives ou qu'on provoque par l'administration intérieure de la noix vomique. Les mêmes effets sont éprouvés lorsqu'on tire des étincelles d'un individu isolé et saturé en quelque sorte d'électricité. Dans l'une et l'autre expérience, si les étincelles se succèdent avec rapidité, la peau devient chaude et douloureuse ; elle rougit et devient le siège d'une inflammation qui s'étend en rayonnant, précisément comme celle qu'on produirait en plaçant un point de cette membrane au foyer d'une lentille convexe. Cette inflammation pourrait aller jusqu'à la gangrène.

On n'emploie pas l'électricité de cette manière énergique : on préfère disséminer son action par des pointes multipliées servant de conducteurs. Quelquefois aussi, au moyen du fluide accumulé dans la bouteille de Leyde, on imprime à l'économie des secousses qui, si elles n'étaient graduées, pourraient devenir funestes. En effet, chez les animaux tués par des décharges électriques, on a pu constater des déchirures du cerveau, quoique en général, on prétende que l'électricité, comme la foudre, ne laisse après elle aucune trace de son passage, même alors qu'elle aurait anéanti la vie.

On a singulièrement varié les procédés et les appareils destinés à appliquer l'électricité à l'homme malade, de même qu'on a diversement expliqué les effets produits. Tantôt on a prétendu soutirer le fluide surabondant, et tantôt remédier à son défaut en l'introduisant à volonté ; et pour cela, on a introduit au sein des parties des aiguilles destinées à servir de conducteurs. Cette invention a reçu le nom d'*électropuncture* (*Voy.* ACUPUNCTURE). Plus tard, et par le changement de théorie, ces fluides ont été censés se séparer ou se réunir. Quoi qu'il en soit, malgré tout le mouvement qu'on s'est donné pour faire de l'électricité un remède à tous les maux, son application a été limitée aux affections du système nerveux et notamment aux convulsions, aux paralysies, aux névralgies et au tremblement, maladies contre lesquelles même son efficacité est au moins contestable.

Il ne faut pas croire néanmoins qu'une stimulation aussi puissante, et qui peut être dirigée à volonté, en quelque sorte, sur tel ou tel point de l'économie, ne puisse rendre quelques services ; mais c'est au médecin expérimenté qu'il convient d'en régler et d'en diriger l'emploi suivant les circonstances. Ainsi, la connaissance de l'action des excitants galvaniques et électriques à une grande profondeur les a fait employer dans les étranglements intestinaux pour rétablir le libre cours des matières, de même que dans les accouchements laborieux on a pu savoir positivement par ce moyen que l'enfant était mort dans le sein de sa mère, et conséquemment procéder sans crainte à l'extraction et au dépècement de son cadavre. Dans les cas de mort apparente, en dirigeant un courant électrique sur le cœur avec des aiguilles, on pourrait ranimer dans cet organe un reste de vitalité. Ce serait encore un moyen de cautériser les plaies envenimées, si l'on n'avait cette puissante objection que, dans les circonstances urgentes, les appareils électriques sont peu applicables, parce qu'ils ne sont ni communs, ni faciles à manier. Ajoutons qu'il est rarement arrivé que cet agent ait été entre les mains de personnes dignes de confiance pour leur capacité et leur moralité (1).

M. OErsted, de Copenhague, a découvert, en 1819, un phénomène tout à fait remarquable, celui de l'action du courant voltaïque sur l'aiguille aimantée. M. Ampère, en analysant, à partir de 1820, les diverses circonstances de ce phénomène, montra qu'elles se réduisaient aux deux faits suivants :

Supposons qu'une pile soit placée horizontalement à peu près dans la direction du méridien magnétique, et qu'on ait disposé dans la même direction une portion du fil conducteur ; supposons de plus qu'une aiguille aimantée soit mise au-dessous ou au-dessus d'une portion de ce conducteur, elle sera déviée dans un sens qu'on pourra con-

(1) Cet article est tiré de l'*Encyclopédie des gens du monde.*

naître d'après la règle suivante : Si l'on se place par la pensée dans la direction du courant, de manière qu'il soit dirigé des pieds à la tête et qu'on ait la face tournée vers l'aiguille, c'est toujours à gauche que le pôle austral est porté par l'action du courant électrique. Le second fait consiste en ce qu'un fil conducteur et un aimant dont l'axe fait un angle droit avec la direction de ce fil, s'attirent quand le pôle austral est à la gauche du courant qui agit sur lui, c'est-à-dire, quand la position est celle que le fil conducteur et l'aimant tendent à prendre en vertu de leur action mutuelle. Bien entendu qu'il faut, si cette action doit avoir lieu, que la droite qui mesure la plus courte distance entre le fil et l'axe de l'aimant rencontre cet axe entre les pôles. Cette observation est d'autant plus importante qu'elle explique pourquoi l'action attractive devient nulle vis-à-vis du pôle, et se change en répulsion, quand la droite qui mesure la plus courte distance entre le fil conducteur et l'axe rencontre cet axe au delà du pôle ; il y a au contraire répulsion quand le pôle austral est à droite, c'est-à-dire quand le fil conducteur et l'aimant sont maintenus dans une position opposée à celle qu'ils tendent à se donner, pourvu toujours que la ligne qui mesure la plus courte distance tombe entre les deux pôles : car lorsqu'elle tombe au delà, il y a attraction. L'attraction entre le fil conducteur et l'aimant est toujours réciproque dans tous les cas dont nous venons de parler, comme on peut s'en assurer en approchant un aimant conducteur mobile.

M. OErsted avait reconnu l'action des courants sur les aimants ; il en était resté là, lorsque M. Ampère découvrit l'action des courants sur les aimants, et, en analysant le phénomène dans tous ses détails, parvint à établir une théorie qu'il soumit au calcul. Nous n'entreprendrons pas de suivre l'auteur dans toutes les expériences qu'il imagina pour fonder sa théorie : nous nous bornerons à faire connaître celles qui nous paraissent les plus capitales.

Au moyen d'un appareil très-ingénieux et dont nous ne pouvons donner ici la description, M. Ampère constata ce fait fondamental pour la théorie, savoir : que deux fils métalliques parallèles, parcourus par des courants électriques, s'attirent quand ces courants vont dans le même sens, et se repoussent dans le cas contraire. Si les courants ne sont point parallèles, ils tendent toujours à le devenir, de telle manière que les courants marchent dans le même sens. Le globe pouvant être assimilé à un aimant, il doit agir sur les courants. M. Ampère vérifia cette action, que du reste il était facile de prévoir.

En comparant les effets produits par les courants sur eux-mêmes, et ceux des courants sur les aimants, il établit que l'action de la terre ou d'un aimant sur les courants peut être produite d'une manière identique par des courants seuls, d'où il arrive à la conséquence suivante : Nous pouvons nous rendre compte des phénomènes observés par

M. OErsted, si nous imaginons sur la surface d'un aimant une infinité de courants électriques situés tout autour dans des plans perpendiculaires à l'axe. Mais ce n'est pas seulement sur la surface de l'aimant, c'est aussi dans son intérieur qu'on doit, pour rendre raison de tous les phénomènes, admettre des courants électriques.

Les courants électriques d'un aimant étant disposés autour de son axe dans des courbes fermées, quand ils agissent sur d'autres courants situés à côté de cet aimant, ce n'est jamais qu'en vertu de la différence des actions de la partie de l'aimant voisine des points sur lesquels il agit, et de la partie opposée où les courants vont en sens contraire.

Pour appuyer cette hypothèse, Ampère construisit des aimants avec des fils conducteurs pliés en hélice, et il obtint avec ceux-ci les mêmes effets qu'avec les aimants naturels. M. Arago proposa aussi un moyen de vérification qui réussit parfaitement. Un élément de courant pouvant être assimilé à un élément d'aimant, il devait, comme ce dernier, attirer la limaille de fer, et c'est ce que l'expérience constate. Ampère et M. Arago travaillèrent aussi ensemble à l'établissement de la théorie en aimantant des barreaux d'acier qu'ils plaçaient dans l'intérieur des courants en hélice.

M. Schweiger, de son côté, en répétant les expériences d'Ampère et de M. Arago, parvint à obtenir des actions très-énergiques avec une pile voltaïque d'un seul couple dont il joignait les deux extrémités par un fil recouvert de soie qui revient plusieurs fois sur lui-même, de manière à faire parcourir au courant un nombre aussi grand que l'on veut de circonférences entre le cuivre et le zinc qui plongent dans l'eau acidulée. On obtient aussi une force directrice d'autant plus énergique que ce fil forme plus de circonvolutions. M. Schweiger est, comme on le voit, l'auteur de la découverte du galvanomètre, qui, depuis, s'est beaucoup perfectionné (1).

ÉLECTRO-MAGNÉTISME. — Lorsqu'on approche d'un fil conducteur traversé par le courant de la pile une aiguille aimantée librement suspendue, le courant tend toujours à tourner l'aiguille en croix avec lui, le pôle austral à gauche. Telle est la découverte fondamentale faite par le professeur *OErsted* à Copenhague, en 1820. MM. Biot et Savart ont démontré que l'intensité de l'action du courant est en raison inverse de la simple distance. Le multiplicateur ou galvanomètre, imaginé par M. Schweiger, est un instrument fondé sur cette propriété, et est d'une sensibilité merveilleuse pour découvrir les moindres traces de l'électricité en mouvement, notamment les phénomènes *thermo-électriques*, dus à une simple différence de température entre les parties d'un circuit composé de métaux. Le galvanomètre perfectionné par Nobili se compose de

(1) Extrait de l'*Encyclopédie des gens du monde.* (*Voy.* MOTEUR ÉLECTRIQUE.)

deux aiguilles aimantées de forces presque égales, et montées en sens contraires sur un même axe, de manière que leur ensemble ne conserve plus qu'une force directrice très-faible. De plus un circuit est formé par un fil métallique très-fin et très-long, enduit d'une substance isolante, et enroulé autour d'un cadre rectangulaire, de manière que l'aiguille supérieure passe au-dessus de la base supérieure, et l'aiguille inférieure entre les deux bases de ce rectangle. L'aiguille supérieure tourne autour d'un cadran divisé en 360 degrés. Les deux fils étant mis en contact avec le plus faible courant galvanique, la déviation de l'aiguille accusera l'existence du courant et sa direction.

M. Arago a imaginé de plonger dans de la limaille de fer le fil qui joint les deux pôles d'une pile : à l'instant la limaille s'enroule autour du fil et y adhère tant que dure le courant, mais elle se détache dès que le circuit est rompu.

Une aiguille d'acier est aimantée lorsqu'elle est placée dans un tube de verre, autour duquel est enroulé en hélice un fil métallique communiquant avec les deux pôles de la pile.

ÉMAUX. — On donne le nom d'*émail* à un verre blanc et opaque dont on recouvre la poterie, la faïence, la porcelaine (*Voy.* ces mots), les métaux, en le fixant par le moyen du feu. Nous en donnerons plus loin la préparation.

On peint sur cet émail ainsi appliqué avec des couleurs préparées à l'huile essentielle de lavande, que l'on emploie ensuite comme dans la peinture en miniature. Quand la peinture est terminée, on la passe au feu ; c'est une opération des plus délicates, et que souvent on est obligé de recommencer. Cet art était connu dans l'antiquité, mais ce ne fut guère qu'à l'époque de la Renaissance qu'il fit des progrès réels. Il atteignit en France son plus haut degré entre les mains du peintre Jean Petitot ; ses *émaux* furent bientôt de mode à la cour de Louis XIV, et cet artiste ne put bientôt suffire aux demandes de peintures qui lui était payées au plus haut prix.

On fabrique des émaux de diverses couleurs que l'*émailleur* applique ensuite sous mille formes variées aux différents métaux. Les orfévres et les joailliers en ornent les bijoux, les lapidaires les emploient à la contrefaçon des pierres précieuses. (*Voy.* PIERRERIES ARTIFICIELLES.)

Le secret qu'apportent les émailleurs dans la composition de leurs émaux rend difficile de connaître la méthode qu'ils suivent pour obtenir certaines couleurs. Nous allons néanmoins, d'après les observations faites par plusieurs savants, en indiquer la composition.

Il y a deux classes d'émaux, dit *M. Brongniard* (Voy. *Annales de chimie*), ceux opaques et ceux transparents. Les émaux opaques sont formés en ajoutant de l'oxyde d'étain aux émaux transparents, ou, ce qui revient au même, en colorant avec divers oxydes l'émail blanc opaque dont nous allons donner la recette. La matière commune à tous les émaux est un verre transparent et d'une fusibilité facile; en introduisant divers oxydes

métalliques dans ce verre, on le colore diversement, et on en forme les émaux qui suivent. L'oxyde d'étain en quantité suffisante lui ôte entièrement sa transparence, et lui donne un très-beau blanc, surtout lorsqu'on a eu soin d'y ajouter une petite quantité d'oxyde de manganèse, qui, laissant dégager pendant la fusion une partie de son oxygène, brûle les matières inflammables qui pourraient altérer la blancheur de cet émail. En ajoutant un peu d'oxyde d'étain au verre transparent, cette transparence n'est perdue qu'en partie et on obtient un émail qui imite les reflets de l'opale. L'émail jaune est formé par l'oxyde de plomb ou d'antimoine.

L'argent donne aussi un beau jaune. L'émail rouge est formé par l'oxyde d'or et par celui de fer; mais celui tiré de l'or est beaucoup plus beau. D'ailleurs, il est assez fixe au feu, tandis que celui du fer est très-sujet à changer. L'oxyde de manganèse donne le violet. L'émail bleu est coloré par le cobalt. Enfin l'oxyde de fer donne un très-beau noir. Le mélange de ces différents émaux, en diverses proportions, produira une énorme quantité de couleurs intermédiaires. Tantôt, pour faire ces couleurs, on mêle un émail avec un autre ; tantôt ce sont les oxydes qui sont mélangés avant d'entrer dans le verre. L'émail blanc, dit M. Clouet, soit pour la faïence, ou pour appliquer sur les métaux, se compose ainsi qu'il suit : on commence par faire calciner un mélange de plomb et d'étain, qui peut varier dans les proportions suivantes, savoir : sur cent parties de plomb, quinze, vingt, trente et même quarante d'étain. Le mélange de plomb et d'étain calcine très-facilement au contact de l'air. Aussitôt que cet alliage est chauffé au point d'être rouge (couleur cerise), il brûle comme du charbon et se calcine très-vite. Les proportions qui se calcinent le mieux sont celles qui, sur cent parties de plomb, en contiennent vingt à vingt-cinq d'étain : l'étain dont il est question ici est l'étain pur. A mesure que la calcination s'opère, on retire la portion calcinée, et on continue à oxyder le reste, jusqu'à ce que le tout soit devenu pulvérulent. Comme il échappe toujours quelques petites grenailles à la calcination, on repasse une seconde fois au feu l'oxyde obtenu, afin de le calciner complétement, ce dont on s'aperçoit lorsqu'il n'étincelle plus, c'est-à-dire lorsqu'on n'y voit plus paraître de parties qui brûlent à la manière des charbons, et que tout paraît d'une couleur uniforme. Lorsque la proportion d'étain passe vingt-cinq ou trente, il faut un feu plus fort pour opérer la calcination. Au reste, en variant les degrés du feu, on voit celui qui convient au mélange sur lequel on opère. On prend ordinairement cent parties de la chaux ci-dessus (que l'on nomme *calcine* dans les faïenceries) et cent de sable; on ajoute vingt-cinq à trente livres de sel marin ou muriate de soude, on mêle bien le tout ensemble, et on met fondre ce mélange sous le four dans lequel on cuit la faïence. Cette matière est ordinairement posée sur du sable, sur de la chaux éteinte à l'air, ou sur des cendres. Le dessous de la masse est assez ordinairement mal fondu. Cela n'empêche pas cependant que, lorsque cette matière est broyée, et ensuite mise sur les pièces, elle ne devienne très-blanche en cuisant dans le four; elle n'est pas blanche lorsqu'on la retire du four, souvent elle est même assez noire ou marbrée de noir, gris et blanc; cette manière de procéder est celle qui est usitée dans les faïenceries. Dans les compositions destinées aux faïenceries, on ne passe guère la proportion de vingt-cinq d'étain sur cent de plomb; même pour les faïences communes, on se contente de quinze d'étain sur cent de plomb. Il est facile de voir que, si on veut obtenir un émail plus blanc et plus fondant, il faut diminuer la quantité d'étain, celle du sel marin n'a pas besoin d'être augmentée; comme la blancheur et l'opacité dépendent de la quantité d'étain, on peut prendre de la calcine à vingt-cinq ou trente au cent. Par exemple, cent de calcine, soixante de sable, et vingt-cinq de sel marin, donnent une composition bien fondante; mais il faut observer qu'il est nécessaire d'employer quelques manipulations de plus, lorsqu'on veut avoir des émaux propres à être portés sur les métaux, et qu'on désire leur donner toute leur perfection.

Alors on n'emploie pas le sable crû; on le fait calciner avec le quart de son poids de sel marin, à grand feu, soit en petit dans un creuset, soit en grand dans un four à faïence même; si on désire un émail bien fondant, on mêle du minium ou du plomb calciné dans cette première opération, à peu près autant que de sel marin, c'est-à-dire un quart; on obtient alors une masse blanche à demi fondue et poreuse, qu'on pulvérise, et qu'on emploie dans la composition de l'émail au lieu de sable, et dans les mêmes proportions : on peut même diminuer cette matière jusqu'à 50 pour 100, si on veut obtenir un émail très-fusible. Cela dépend aussi de l'espèce de calcine qu'on emploie, puisque celle qui est plus chargée d'étain est moins fusible. Lorsqu'on veut avoir des fondants pour les couleurs, on se sert des mêmes compositions, excepté qu'on ne met que peu ou point d'étain dans le plomb. Dans ce dernier cas, on emploie ordinairement du minium. Ce fondant est bon pour certaines couleurs, mais pas pour toutes. Les fondants dans lesquels il entre des oxydes de plomb ternissent certaines couleurs; alors on en fait d'autres sans oxyde de plomb, et on se sert de nitre et de borax pour faire ces verres; on n'y met point de chaux d'étain. Voici ceux que l'auteur a éprouvés : trois parties de sable siliceux, une de craie, trois de borax calciné, donnent une matière propre à servir de fondant aux pourpres, bleus, et autres couleurs délicates; trois de verre blanc de gobeletterie, une de borax calciné, un quart de partie de nitre, une partie d'oxyde blanc d'antimoine fait par le nitre bien lavé, donnent un émail très-blanc, qui peut servir de fondant au pour

pre, et surtout au bleu; soixante parties de sable à émail ou moins, trente d'alun, trente-cinq de sel marin, et cent de minium ou d'un autre oxyde de plomb donnent un émail blanc, lorsque les fondants ne dominent pas trop, et un verre gélatineux lorsqu'on a mis beaucoup de fondants. Ce verre est bon pour le rouge et l'émail; il va sur toutes les argiles qui peuvent supporter un grand feu. Il est très-important d'observer et de savoir que le sable qu'on emploie pour les émaux n'est pas du sable qui ne contient que de la silice; celui-ci ne vaut rien; il faut du sable qui contienne du talc avec de la silice. Il faut à peu près une partie de talc contre trois de sable siliceux, pour faire un sable bon pour les émaux et pour les fondants des couleurs, etc. Ce qui paraît essentiel à la réussite des émaux, c'est le choix du sable; on peut en composer artificiellement. On produit toutes les couleurs avec les oxydes métalliques. Ces couleurs sont plus ou moins fixes au feu, suivant qu'elles tiennent plus ou moins fort à leur oxygène, ne soutiennent pas un grand degré de chaleur, et ne peuvent pas être employées. La couleur pourpre est de l'oxyde d'or qu'on prépare de diverses manières. On précipite par l'étain, ou par une dissolution muriatique d'étain, ou par une dissolution d'or très-étendue d'eau; on verse l'étain peu à peu, jusqu'à ce qu'on aperçoive la couleur purpurine; alors on cesse d'en mettre, on laisse déposer la couleur qu'on verse ensuite dans un vase de verre pour la sécher lentement. L'or précipité à l'état d'oxyde donne toujours une belle couleur pourpre; le fer la change. Les fondants salins conviennent le mieux à cette couleur. Aucun oxyde métallique ne donne positivement un rouge fondu : pour l'obtenir, on prend deux parties de sulfate de fer et une de sulfate d'alumine, on les fond ensemble dans leur eau de cristallisation; on les chauffe jusqu'à siccité, on augmente ensuite le feu au point de rougir le mélange : cette opération se fait dans un fourneau à réverbère. Les oxydes de fer seuls donnent bien une couleur rouge, mais elle est très-fugace, et, dans la fusion, elle tourne au noir, au jaune ou au verdâtre. Quoiqu'on puisse obtenir le jaune directement, on préfère les jaunes composés, parce qu'ils sont d'un emploi plus sûr et plus facile que le jaune qu'on peut tirer directement de l'argent. On emploie pour obtenir ces couleurs des oxydes métalliques dont on empêche la vitrification complète, en y mêlant d'autres substances, telles que des terres réfractaires, ou des oxydes métalliques difficiles à fondre. Les chaux métalliques, qui font la base des couleurs jaunes, sont ordinairement les chaux de plomb, le minium, le blanc de plomb ou la litharge. On emploie aussi la chaux blanche d'antimoine, celle dite *crocus metallorum* (ce régule pulvérisé et mêlé avec l'oxyde blanc d'antimoine donne aussi un beau jaune). Le vert se tire directement de l'oxyde de cuivre; tous ces oxydes sont bons; ils demandent peu de fondant, et ce fondant ne doit pas même être très-fusible ; une partie ou deux suffisent sur une d'oxyde. Cette couleur admet tous les fondants, les salins et les métalliques ; c'est ce qui varie les nuances. Le mélange du jaune et du bleu produit aussi le vert ; les peintres en figures emploient le vert composé de cette manière : mais pour la faïence et la porcelaine, on se sert du vert de cuivre. L'oxyde de cuivre produit aussi une belle couleur rouge, qui est très-fugace. On est parvenu à teindre les verres transparents en très-beau rouge avec l'oxyde de cuivre. Le bleu s'obtient de l'acide de cobalt ; c'est la plus fixe de toutes les couleurs ; elle est également belle au feu faible et au feu violent : l'arsenic n'y nuit point, les fondants salins et nitrés lui conviennent le mieux ; mais le meilleur fondant, et celui qui donne au bleu de cobalt le plus bel éclat et la plus belle nuance, c'est celui qui est composé de verre blanc qui ne contient pas de chaux métallique, de borax, de nitre et d'antimoine diaphorétique bien lavé. Lorsqu'on compose ce verre pour servir de fondant au bleu, on peut y mettre moins d'oxyde blanc d'antimoine : un sixième du total suffit. La chaux noire de manganèse donne un très-beau violet employé avec les fondants salins ; en variant ces derniers, on fait aussi varier la nuance de cette couleur, qui est très-fixe tant qu'elle conserve son oxygène. (*Annales de chimie*, tom. XXXIV, pag. 220.) *Voy.* EMAUX EN BAS-RELIEF.

ÉMAUX EN BAS-RELIEF, propres à la bijouterie. — *Art de l'émailleur.* — *Invention.* — MM. *Faisan, Mauden et Subit.* — 1815. — Pour émailler un objet de bijouterie de telle dimension qu'il puisse être, on commence par graver en bas-relief le sujet qu'on veut représenter sur un carré d'acier ; on estampe sur cette gravure une plaque d'or fin laminé. Cette plaque offre alors une véritable gravure en creux ; dans cette gravure on introduit, à l'aide d'une pointe d'acier et avec tout l'art possible, les différentes couleurs d'émaux broyées à l'eau. On peint dans le creux par couches avec les couleurs de peintre en émail, broyées à l'huile de lavande, les parties qui l'exigent, surtout les figures. Ensuite on passe le sujet au feu après chacune des couleurs. Lorsque le sujet est terminé, c'est-à-dire que chacun des objets qui le compose est rempli suffisamment d'émail ; on procède au fond que l'on étend par couches d'émail transparent ; et avant de passer la dernière de ces couches au feu, on ajuste le sujet ou le bijou. On les cramponne quelquefois, selon la nature des deux objets ; alors un feu vif unit le sujet au bijou. Il s'agit ensuite d'enlever l'or qui a modelé et qui recouvre encore le sujet. La méthode qui paraît d'abord la plus simple est celle de l'enlever en le déchirant, mais elle entraîne mille inconvénients, et ne peut convenir pour des sujets d'un relief élevé ; elle les défigure en enlevant des parties d'émail. La méthode des auteurs consiste à étendre au pinceau sur le bijou un préservatif (du vernis au copal) par couches minces qu'ils font bien sécher. Ils ont soin, en l'étendant, de laisser à découvert tout le sujet. Cette opération terminée, ils font dissoudre le recouvrement du sujet dans l'acide nitro-muriatique. Les bas-reliefs se découvrent bientôt entièrement ; c'est alors que pour enlever le préservatif qui couvre le bijou on le fait bouillir dans l'essence de térébenthine. Pour les bas-reliefs indépendants et à fonds transparents, on suit les procédés ci-dessus indiqués, et pour fond on met, en plusieurs couches, un émail opale que l'on fait devenir par l'action du feu aussi transparent qu'un cristal, puis dans un feu plus modéré on le fait orienter. L'opération terminée, on fait dissoudre l'or dans l'acide indiqué. Lorsqu'il faut un fond d'or, on étend le préservatif avec soin sur le fond du sujet. L'acide dissout alors les objets, et laisse subsister le fond d'or. Lorsque les sujets exigent des parties gravées mates, on les grave avec de l'agate taillée en pointe, en forme de burin. Pour composer les médailles offrant à chaque face un sujet différent ou semblable, on procède ainsi : on traduit en relief par le moyen du balancier les deux gravures en creux ou matrices exécutées sur acier par des artistes, ensuite on procède pour les deux sujets qui doivent former la médaille exactement de la même manière indiquée plus haut pour les autres genres de bas-reliefs. Les deux sujets terminés, il s'agit de les unir pour n'en faire qu'un corps ; on les ajuste donc l'un contre l'autre, en observant d'étendre auparavant une dernière couche de même nature que le fond, sans la passer au feu. On unit les deux moitiés de médaille par le moyen d'une ligature légère de fil d'or ou de fer ; on remplit, avant de les mettre au feu, les petits vides qui se trouvent sur les bords ; puis enfin on les passe à un feu vif, et les deux parties s'unissent. Au sortir du feu, après le refroidissement de l'objet, on le fait dissoudre de la manière indiquée. Lorsqu'il est dissout, il présente une véritable médaille en émail, dont les deux faces sont différentes ou semblables, selon qu'on a voulu les faire. Enfin, on regrave avec les outils d'agate les parties trop peu senties, ou qui perdent par le poli de l'émail ; et, s'il le faut, on lime le contour de la médaille. Ces procédés ont valu aux auteurs un *brevet d'invention de cinq ans* (1).

EMBAUMEMENT (de *balsamum, baume*). — Opération fort anciennement connue, pratiquée surtout dans l'Orient, et qui a pour objet de garantir les corps de la décomposition putride. Nous donnerons, d'après M. Rouyer, membre de la commission des sciences et des arts d'Égypte, l'exposé des méthodes suivies pour les embaumements dans l'antiquité.

Embaumements des anciens Egyptiens. — L'usage d'embaumer les morts remonte à la

(1) Cet article qui peut être considéré comme le complément du précédent est tiré du *Dictionnaire des découvertes*.

plus haute antiquité; il était connu chez presque tous les peuples du premier âge du monde. C'est dans l'Asie et l'Afrique, mais particulièrement en Egypte, que les embaumements ont été le plus usités. Les anciens Egyptiens paraissent être les premiers qui aient songé à faire embaumer les dépouilles mortelles de leurs pères, afin d'en perpétuer la durée, et de pouvoir conserver longtemps auprès d'eux ceux qu'ils n'avaient cessé d'honorer pendant leur vie. Ce pieux devoir, qu'ils regardaient comme une obligation sacrée, se rendait non-seulement aux parents, aux amis, auxquels les prêtres du Nil avaient seuls le droit de toucher, mais encore à ceux des animaux réputés sacrés, qui étaient en grande vénération dans plusieurs villes de l'Egypte. De tous les peuples anciens et modernes, les Egyptiens sont aussi les seuls chez lesquels les embaumements aient été faits avec beaucoup de méthode et de succès. Plusieurs autres nations faisaient embaumer leurs morts : les Ethiopiens les couvraient d'une espèce de résine diaphane, au travers de laquelle on pouvait voir le mort, ce qui a fait croire qu'ils les enfermaient dans des coffres de verre : les anciens Perses les enveloppaient dans de la cire : les Scythes les cousaient dans des sacs de peau. Pendant plusieurs siècles, les Grecs et les Romains ont employé, pour embaumer leurs morts, les plus rares et les plus précieux parfums ; mais ces sortes d'embaumements imparfaits n'étaient qu'une imitation de ceux des Egyptiens. En effet, dans toutes les contrées qu'habitaient autrefois ces différents peuples, il ne reste plus rien de ces cadavres, qui avaient été embaumés dans l'intention de les garantir de la destruction; on ne retrouve aujourd'hui dans ces tombeaux que quelques ossements des corps qui y ont été déposés, et qui tombent en poussière lorsqu'on les touche. Le temps les a entièrement détruits, tandis qu'il respecte encore aujourd'hui, dans les vastes et innombrables catacombes de l'ancienne Egypte, plusieurs milliers de générations ensevelies. L'art des embaumements que les anciens Egyptiens avaient porté à un si haut point de perfection, et qu'ils ont pratiqué avec tant de succès pendant une longue suite de siècles, est aujourd'hui tout à fait inconnu dans les mêmes contrées où il a pris naissance, et il reste enseveli dans le plus profond oubli, depuis que l'Egypte a été envahie et successivement ravagée par des peuples barbares qui ont anéanti toutes les institutions politiques et religieuses. Ce que les historiens de l'antiquité en rapportent se réduit aux funérailles des anciens Egyptiens, au respect que ces peuples avaient pour les morts, aux dépenses extraordinaires qu'ils faisaient pour se construire des tombeaux magnifiques et durables, qu'ils regardaient comme leur véritable demeure, tandis qu'ils appelaient leurs habitations des maisons de voyage. Hérodote, si justement nommé le père de l'Histoire, est aussi le premier qui ait indiqué la méthode que les Egyptiens suivaient pour embaumer les morts : il distingue trois sortes d'embaumements plus ou moins dispendieux, selon le rang et la fortune des particuliers. Voici, dit-il, comment les Egyptiens procèdent à l'embaumement le plus précieux. D'abord, ils tirent la cervelle par les narines, en partie avec un ferrement recourbé, en partie par le moyen des drogues qu'ils introduisent dans la tête; ils font ensuite une incision dans le flanc, avec une pierre d'Ethiopie tranchante; ils tirent par cette ouverture les intestins, les nettoient et les passent au vin de palmier; ensuite ils remplissent le ventre de myrrhe pure broyée (résine retirée d'une espèce d'amyris non encore décrite), de cannelle (écorce du *laurus cinnamomum*), et d'autres parfums, l'encens excepté ; puis ils le recousent. Lorsque cela est fini, ils salent le corps en le couvrant de *natrum* (sel qui se trouve abondamment dans plusieurs lacs d'Egypte, lequel est mélangé de carbonate, de sulfate et de muriate de soude) pendant soixante-dix jours; il n'est pas permis de le laisser séjourner plus longtemps dans le sel. Les soixante-dix jours écoulés, ils lavent le corps, et l'enveloppent entièrement de bandes de toile de coton enduites de commi (espèce de résine non déterminée) dont les Egyptiens se servaient ordinairement comme de colle. Ceux qui veulent éviter la dépense choisissent cet autre moyen. On remplit des seringues d'une liqueur onctueuse, que l'on tire du cèdre (résine liquide du *pinus cedrus*); on en injecte le ventre du mort, sans y faire aucune incision et sans en tirer les intestins. Quand on a introduit cette liqueur par le fondement, on le bouche pour empêcher la liqueur injectée de sortir ; ensuite on sale le corps pendant le temps prescrit. Le dernier jour, on fait sortir du ventre la liqueur injectée : elle a tant de force, qu'elle dissout le ventricule et les entrailles, et les entraîne avec elle. Le natrum consume les chairs, et il ne reste du corps que la peau et les os. Cette opération finie, ils rendent le corps sans y faire autre chose. La troisième espèce d'embaumement n'est que pour les pauvres : on injecte le corps avec la liqueur nommée *surmaïa*; on le met dans le natrum pendant soixante-dix jours, et on le rend ensuite à ceux qui l'ont apporté. Diodore de Sicile s'exprime à peu près de la même manière qu'Hérodote ; mais il donne en outre quelques détails qu'il est important de connaître. Les Egyptiens, dit-il, ont trois sortes de funérailles : les pompeuses, les médiocres et les simples. Les premières coûtent un talent d'argent ; les secondes, vingt mines; mais les troisièmes se font presque pour rien. Ceux qui font profession d'ensevelir les morts l'ont apprise dès l'enfance. Le premier est l'écrivain, c'est lui qui désigne, sur le côté gauche du mort, le morceau de chair qu'il en faut couper; après lui vient le coupeur, qui fait cet office avec une pierre d'Ethiopie... Ceux qui salent viennent ensuite; ils s'assemblent tous autour du mort qu'on vient d'ouvrir, et l'un deux introduit, par l'incision, sa main dans le corps, et en tire tous les viscères, excepté le cœur et les reins; un autre le lave avec du vin de palmier et des liqueurs odoriférantes. Ils oignent ensuite le corps, pendant plus de trente jours, avec de la gomme de cèdre, de la myrrhe, du cinnamomum, et d'autres parfums, qui non-seulement contribuent à le conserver pendant très-longtemps, mais qui lui font encore répandre une odeur très-suave. Ils rendent alors aux parents le corps revenu à sa première forme de telle sorte que les poils mêmes des sourcils et des paupières sont démêlés, et que le mort semble avoir gardé l'air de son visage et le port de sa personne. M. Rouyer se croit suffisamment autorisé à reconnaître qu'Hérodote a décrit en quelques lignes toute la théorie des embaumements, et que ces cadavres desséchés, connus sous le nom de *momies* d'Egypte, qui ont été l'objet des recherches d'un grand nombre de savants, et qui ont fixé l'attention de presque tous les voyageurs, ont été embaumés selon les lois de la saine physique. Quelques auteurs ont pensé que l'art des embaumements n'exigeait, de ceux qui en faisaient profession, aucune connaissance des sciences physiques et naturelles. Sans vouloir prétendre qu'une connaissance exacte de l'anatomie fût nécessaire pour procéder à ces embaumements, on voit que les embaumeurs égyptiens savaient distinguer des autres viscères le foie, la rate et les reins, auxquels ils ne devaient pas toucher; qu'ils avaient trouvé le moyen de retirer la cervelle de l'intérieur du crâne sans le détruire, et qu'ils connaissaient l'action des alcalis sur les matières animales, puisque le temps que les corps devaient rester en contact avec ces substances était strictement limité; ils n'ignoraient pas la propriété qu'ont les baumes et les résines d'éloigner des cadavres les larves des insectes et les mites; ils avaient aussi reconnu la nécessité d'envelopper les corps desséchés et embaumés, afin de les préserver de l'humidité, qui se serait opposée à leur conservation. Le travail de ceux qui étaient chargés d'embaumer les morts consistait en deux principales opérations bien raisonnées: la première de soustraire de l'intérieur des cadavres tout ce qui pouvait devenir une cause de corruption pendant le temps destiné à les dessécher; la seconde, d'éloigner de ces corps tout ce qui aurait pu, par la suite, en causer la destruction. C'est sans doute le but que se proposaient les embaumeurs lorsqu'ils commençaient par retirer des cadavres qu'on leur livrait les matières liquides, les intestins et le cerveau, et qu'ils soumettaient ensuite ces corps, pendant plusieurs jours, à l'action des substances qui devaient en opérer la dessiccation. Ils remplissaient les corps de résines odorantes et de bitume, non-seulement pour les préserver de la corruption, mais encore pour écarter les vers et les nécrophages qui dévorent les cadavres; ils les enveloppaient ensuite de

plusieurs contours de bandes de toile imbibées de résine, afin de les garantir du contact de la lumière et de l'humidité, qui sont les principaux agents de la fermentation et de la destruction des corps privés de la vie. On commençait la dessiccation des cadavres par la chaux, le natrum et les aromates. La chaux et le natrum agissaient comme absorbants, ils pénétraient les muscles et toutes les parties molles, ils enlevaient toutes les liqueurs lymphatiques et la graisse, sans détruire les fibres ni la peau. Les substances aromatiques dont on se servait réunissaient à leurs qualités balsamiques des propriétés styptiques et absorbantes, qui agissaient sur les corps à l'instar du tan; mais l'action de ces substances n'auraient pas suffi pour dessécher entièrement les cadavres. Il est certain que les embaumeurs, après les avoir lavés avec cette liqueur vineuse et balsamique, qu'Hérodote et Diodore appellent vin de palmier, et les avoir remplis de résine odorante ou de bitume, les plaçaient dans des étuves, où, à l'aide d'une chaleur convenable, ces substances résineuses s'unissaient intimement au corps, et ceux-ci arrivaient en peu de temps à cet état de dessiccation parfaite dans lequel on les trouve aujourd'hui. Cette opération, dont aucun historien n'a parlé, était sans doute la principale et la plus importante de l'embaumement. Au reste, ce qui pouvait contribuer de la manière la plus efficace à la perfection de l'embaumement des Egyptiens et à la conservation merveilleuse des momies, c'est le climat de l'Egypte, et principalement cette température élevée et toujours égale qui règne dans l'intérieur des chambres sépulcrales, et dans tous les lieux souterrains spécialement consacrés aux sépultures. C'était ordinairement dans l'intérieur des montagnes que les Egyptiens faisaient construire leurs tombeaux, qui devaient servir aussi à toute leur famille. Les grottes profondes que l'on trouve en si grand nombre dans les deux chaînes de montagnes qui s'étendent de chaque côté du Nil, depuis le Caire jusqu'à Syène, ne sont autre chose que les anciens tombeaux des habitants des nombreuses villes qui ont existé dans cette partie de l'Egypte; ces vastes et magnifiques appartements souterrains, placés à plusieurs lieues du Nil, dans l'enfoncement de la montagne qui sépare du désert de la Libye la plaine où était située l'ancienne Thèbes, ont également été construits pour servir de sépulture aux premiers souverains de l'Egypte; les immenses caveaux et les puits profonds que l'on trouve dans la plaine de Saggârah, appelée par les voyageurs la *plaine des momies*, n'ont été creusés que pour servir de cimetière aux habitants de la ville de Memphis, comme les superbes pyramides avaient été élevées pour renfermer les corps des rois et des princes. Quoiqu'on ne puisse pas déterminer d'une manière certaine à quelle époque et sous quel règne les Egyptiens ont commencé à embaumer leurs morts, tout porte à croire que les premiers tombeaux ont été construits dans cette partie de l'Egypte qui a été la première habitée et la plus florissante. Ainsi, les tombeaux des rois de Diospolis ou de l'ancienne Thèbes, ceux qu'on trouve dans les environs de cette grande cité, qui a été la première capitale de l'Egypte, peuvent être regardés comme plus anciens que les caveaux souterrains de Saggârah et que les pyramides de Memphis et de Gizeh. Les Musulmans, qui ont aussi une grande vénération pour les morts, conservent quelques restes de cet ancien usage. En Egypte, et dans toutes les contrées qui sont soumises aux lois du prophète, on trouve à côté des villes, et généralement auprès de tous les lieux habités, un vaste terrain, toujours bien situé, souvent ombragé d'arbres antiques et majestueux, décoré de plusieurs mosquées, et rempli d'une multitude de tombeaux dans lesquels chaque famille va déposer ses morts ; ce lieu se nomme la *ville des tombeaux*. Les naturels de l'Egypte, les Goîtes et les Mahométans observent encore, en rendant les derniers devoirs à leurs parents, plusieurs cérémonies absolument semblables à celles des anciens : à la mort d'un père, d'un époux, d'un enfant, les femmes se rassemblent autour du corps, elles poussent des cris perçants, ensuite le visage couvert de boue, le front ceint d'un bandeau, les cheveux épars et la gorge découverte, elles accompagnent le mort jusqu'au tombeau, en se lamentant et se frappant la poitrine.

Ce n'est pas dans les grottes les plus apparentes, ordinairement placées sur le devant et au pied des montagnes, ni dans ces tombeaux magnifiques qui frappent d'admiration tous les regards, qu'il faut chercher des momies entières et bien conservées ; ces monuments, toujours soupçonnés de renfermer des trésors ou quelques objets précieux, ont été visités et fouillés trop souvent, depuis que l'Egypte a été ravagée par les Arabes, qui, sous le prétexte de détruire les idoles dont ils se disaient les ennemis, ont violé l'asile sacré des morts et saccagé les tombeaux. Il faut pénétrer dans le sein des montagnes, et descendre dans ces vastes et profondes excavations où l'on n'arrive que par de longs conduits dont quelques-uns sont encombrés; là, dans des chambres ou des espèces de puits carrés, taillés dans le roc, on trouve des milliers de momies entassées les unes sur les autres, qui paraissent avoir été arrangées avec une certaine symétrie, quoique plusieurs se trouvent aujourd'hui déplacées et brisées. Auprès de ces puits profonds, qui servaient de sépulture commune à plusieurs familles, on rencontre aussi d'autres chambres moins grandes et quelques cavités étroites, en forme de niche, qui étaient destinées à contenir une momie, ou deux au plus. Les grottes de Thébaïde, qu'on voit souvent placées sur cinq à six rangs de hauteur, et que Paul Lucas et d'autres voyageurs avaient prises pour les anciennes demeures des anachorètes, renferment aussi un grand nombre de momies mieux conservées que celles qu'on trouve dans les caveaux et dans les puits de Saggârah. Il me serait impossible d'estimer le nombre prodigieux de celles qui sont éparses et entassées dans les chambres sépulcrales, et dans la multitude de caveaux situés dans l'intérieur de cette montagne. J'en ai développé et examiné un grand nombre, autant pour m'assurer de leur état et pour connaître leur préparation, que dans l'espérance d'y trouver des idoles, des papyrus, et d'autres objets curieux que la plupart des momies renferment sous leur enveloppe. Ces cadavres embaumés, parmi lesquels on remarque un nombre à peu près égal d'hommes et de femmes, et qui, au premier aspect, paraissent se ressembler et avoir été préparés de la même manière, diffèrent cependant par les diverses substances qui ont été employées à leur embaumement, ou par l'arrangement et la qualité des toiles qui leur servent d'enveloppe. Les historiens et les voyageurs ne sont pas d'accord sur l'espèce de toile dont les Egyptiens faisaient usage pour envelopper leurs morts. Le byssus avec lequel on faisait les toiles, est pris, dans les diverses traductions d'Hérodote, tantôt pour du lin, et tantôt pour du coton. L'examen des toiles dont ces momies sont enveloppées devait suffire pour décider cette question. MM. de Caylus et Rouelle ont prétendu que toutes les toiles qui enveloppaient les momies étaient de coton : l'auteur en a trouvé un grand nombre qui étaient enveloppées avec des bandes de toile de lin, d'un tissu beaucoup plus fin que celui des toiles de coton que l'on trouve ordinairement autour des momies préparées avec moins de soin; les momies d'oiseaux, particulièrement celles des ibis, sont aussi enveloppées avec des bandes de toile de lin. En examinant en détail et avec attention quelques-unes des momies qui se trouvent dans les tombeaux, on en reconnaît de deux classes principales; celles auxquelles on a fait sur le côté gauche, au-dessus de l'aîne, une incision d'environ six centimètres, qui pénètre jusque dans la cavité du bas-ventre, et celles qui n'ont point d'ouverture sur le côté gauche, ni sur aucune autre partie du corps. Dans l'une et dans l'autre classe, on trouve plusieurs momies qui ont les parois du nez déchirées et l'os ethmoïde entièrement brisé; mais quelques-unes de la dernière classe ont les cornets du nez intacts et l'os ethmoïde entier; ce qui pourrait faire croire que quelquefois les embaumeurs ne touchaient pas au cerveau ; l'ouverture qui se trouve sur le côté de plusieurs momies, se faisait, sans doute, dans tous les embaumements recherchés, non-seulement pour retirer les intestins qu'on ne retrouve dans aucun des cadavres desséchés, mais encore pour mieux nettoyer la cavité du bas-ventre, et pour la remplir d'une plus grande quantité de substances aromatiques et résineuses, dont le volume contribuait à conserver le corps, en même temps que l'odeur forte des résines en écartait les insectes et les vers; cette ouverture ne m'a pas paru avoir été recousue, comme le dit Hérodote; les bords avaient été seulement rapprochés et maintenaient ainsi la dessiccation. Parmi les momies qui ont une incision sur le côté gauche, on distingue celles qui ont été desséchées par l'intermède des substances tanno-balsamiques, et celles qui ont été salées. Les momies qui ont été desséchées à l'aide de substances balsamiques et astringentes sont remplies, les unes d'un mélange de résines aromatiques, et les autres d'asphalte ou bitume pur, *bitumen asphaltum*, matière résineuse, noire, sèche, d'une cassure vitreuse, presque sans odeur. Ce bitume était employé pour les embaumements; ce qui lui a fait donner le nom de *gomme des funérailles*, et de *baume des momies*. Les momies remplies de résines aromatiques sont d'une couleur olivâtre, la peau est sèche, flexible, semblable à un cuir tanné; elle est un peu retirée sur elle-même, et ne paraît former qu'un seul corps avec les fibres et les os; les traits du visage sont reconnaissables et semblent être les mêmes que dans l'état de vie; le ventre et la poitrine sont remplis d'un mélange de résines friables, en partie solubles dans l'esprit-de-vin : ces résines n'ont aucune odeur particulière capable de les faire reconnaître; mais jetées sur des charbons ardents, elles répandent une fumée épaisse et une odeur fortement aromatique. Ces momies sont très-sèches, légères, faciles à développer et à rompre; elles conservent encore toutes leurs dents, les cheveux et les poils des sourcils.

Quelques-unes ont été dorées sur toute la surface du corps; d'autres ne sont dorées que sur le visage, sur les parties naturelles, sur les mains et sur les pieds. Ces dorures sont communes à un assez grand nombre de momies, pour qu'il soit permis de ne pas partager l'opinion de quelques voyageurs qui ont pensé qu'on décoraient seulement les corps des princes ou des personnes d'un rang très-distingué. Les momies qui ont été préparées avec beaucoup de soin sont inaltérables, tant qu'on les conserve dans un lieu sec; mais, développées et exposées à l'air, elles attirent promptement l'humidité, et au bout de quelques jours elles répandent une odeur désagréable. Les momies remplies de bitume pur ont une couleur noirâtre; la peau est dure, luisante comme si elle avait été couverte d'un vernis; les traits du visage ne sont point altérés; le ventre, la poitrine et la tête sont remplis d'une substance résineuse, noire, dure, ayant peu d'odeur; cette matière, retirée de l'intérieur de plusieurs momies, a présenté les mêmes caractères physiques, et a donné à l'analyse chimique les mêmes résultats que le bitume de Judée qui se trouve dans le commerce. Ces sortes de momies, que l'on rencontre assez communément dans tous les caveaux, sont sèches, pesantes, sans odeur, difficiles à développer et à rompre; presque toutes ont le visage, les parties naturelles, les pieds et les mains dorés : elles paraissent avoir été préparées avec beaucoup de soin;

elles sont très-peu susceptibles de s'altérer et n'attirent point l'humidité de l'air. Les momies ayant une incision sur le côté gauche, et qui ont été salées, sont également remplies, les unes de substances résineuses, et les autres d'asphalte. Ces deux sortes diffèrent peu des précédentes : la peau a aussi une couleur noirâtre; mais elle est dure, lisse et tendue comme du parchemin; il se trouve un vide au-dessous; elle n'est point collée sur les os; les résines et le bitume qui ont été injectés dans le ventre et dans la poitrine sont moins friables, et ne conservent aucune odeur : les traits du visage sont un peu altérés, on ne retrouve que très-peu de cheveux, qui tombent lorsqu'on les touche. Ces deux sortes de momies se trouvent en très-grand nombre dans tous les caveaux. Lorsqu'elles sont développées, si on les expose à l'air; elles en absorbent l'humidité, et elles se couvrent d'une légère efflorescence saline que M. Rouyer a reconnue pour être du sulfate de soude. Parmi les momies qui n'ont d'incision ni sur le côté gauche ni sur aucune partie du corps, et dont on a retiré les intestins par le fondement, on en distingue aussi deux sortes : 1° celles qui ont été salées, ensuite remplies de cette matière bitumineuse moins pure que les naturalistes et les historiens appellent *pisasphalte*, *bitumen*, *pisasphaltum*, bitume qui tient le milieu entre le pétrole et l'asphalte; il a été nommé *poix minérale*, à cause de sa consistance molle et de son odeur de poix (cette substance a une couleur noire, une odeur forte et pénétrante; les Égyptiens l'employaient pour les embaumements communs); 2° celles qui ont été seulement salées. Pour parvenir à faire sortir les intestins sans ouvrir le bas-ventre, selon Hérodote, on injectait, comme nous l'avons dit, du cédria par le fondement; et pour les pauvres, on se servait de surmaïa, qui, au bout de quelques jours, entraînait les viscères. Comme on ne peut pas supposer que la racine du cèdre, qui n'est que balsamique, ait eu la propriété de dissoudre les intestins, non plus que cette prétendue liqueur purgative désignée dans le texte grec par le nom de *surmaïa*, il est beaucoup plus naturel de croire que ces injections étaient composées d'une solution de natrum rendue caustique, qui dissolvait les viscères; et qu'après avoir fait sortir les matières contenues dans les intestins, les embaumeurs remplissaient le ventre de cédria ou d'une autre résine liquide qui se desséchait avec le corps. Les momies salées, qui sont remplies de pisasphalte, ne conservent plus aucun trait reconnaissable; non-seulement toutes les cavités du corps ont été remplies de ce bitume, mais la surface en est aussi couverte. Cette matière a tellement pénétré la peau, les muscles et les os, qu'elle ne forme avec eux qu'une seule et même masse; ce qui porte à croire que la matière bitumineuse a été injectée très-chaude, ou que les cadavres ont été plongés dans une chaudière contenant ce bitume en liquéfaction. Ces sortes de momies, les plus communes et les plus nombreuses de toutes celles qu'on rencontre dans les caveaux, sont noires, dures, pesantes, d'une odeur pénétrante et désagréable ; elles sont très-difficiles à rompre ; elles n'ont plus ni cheveux ni sourcils, on n'y trouve aucune dorure. Quelques-unes seulement ont la paume des mains, la plante des pieds, les ongles des doigts et des orteils teints en rouge, de cette même couleur dont les naturels de l'Égypte se teignent encore aujourd'hui (avec le heuné) la paume des mains et les ongles des doigts. La matière bitumineuse que l'auteur en a retirée est grasse au toucher, moins noire et moins cassante que l'asphalte ; elle laisse à tout ce qu'elle touche une odeur forte et pénétrante ; elle ne se dissout qu'imparfaitement dans l'alcool ; jetée sur des charbons ardents, elle répand une fumée épaisse et une odeur désagréable ; distillée, elle donne une huile abondante, grasse, d'une couleur brune et d'une odeur fétide. Ce sont ces espèces de momies que les Arabes et les habitants des lieux voisins de la plaine de Saggârah vendaient autrefois aux Européens, et qui étaient envoyées dans le commerce pour l'usage de la médecine et de la peinture, ou comme objets d'antiquité : on les choisissait parmi celles qui étaient remplies de bitume de Judée, puisque c'est à cette matière qui avait longtemps séjourné dans les cadavres qu'on attribuait autrefois des propriétés médicinales si merveilleuses ; cette substance, qui était nommée *baume de momie*, a été ensuite recherchée pour la peinture. C'est pour cela que l'on n'a connu d'abord en France que l'espèce de momies qui renfermaient du bitume. Elles sont très-peu susceptibles de s'altérer ; exposées à l'humidité, elles se couvrent d'une légère efflorescence de substance saline à base de soude. Les momies qui n'ont été que salées et desséchées sont généralement plus mal conservées que celles dans lesquelles on trouve des résines ou du bitume. On remarque plusieurs variétés dans cette dernière sorte de momies ; mais il paraît qu'elles proviennent du peu de soins et de la négligence que les embaumeurs mettaient dans leur préparation. Les unes encore entières ont la peau sèche, blanche, lisse, et tendue comme du parchemin : elles sont légères, sans odeur, et très-faciles à rompre ; d'autres ont la peau également blanche, mais un peu souple, ayant été moins desséchées ; elles ont passé à l'état de gras. On trouve encore dans ces momies des morceaux de cette matière grasse, jaunâtre, que les naturalistes ont appelée *adipo-cire* : les traits du visage sont entièrement détruits ; les sourcils et les cheveux sont tombés ; les os se détachent de leurs ligaments sans aucun effort ; ils sont blancs et aussi nets que ceux des squelettes préparés pour l'étude de l'ostéologie ; les toiles qui les enveloppent se déchirent et tombent en lambeaux lorsqu'on

les touche. Ces sortes de momies, qu'on trouve ordinairement dans des caveaux particuliers, contiennent une assez grande quantité de substance saline qui est presque en totalité du sulfate de soude. Ces diverses espèces de momies sont emmaillottées avec un art qu'il serait difficile d'imiter. De nombreuses bandes de toile, de plusieurs mètres de long, composent leur enveloppe ; elles sont appliquées les unes sur les autres, au nombre de quinze ou vingt d'épaisseur, et font ainsi plusieurs circonvolutions, d'abord autour de chaque membre, ensuite autour du corps entier ; elles sont serrées et entrelacées avec tant d'adresse et si à propos, qu'il paraît qu'on a cherché, par ce moyen, à rendre aux cadavres, considérablement diminués par la dessiccation, leur première forme et leur grosseur naturelle. On trouve toutes les momies enveloppées à peu près de la même manière ; il n'y a de différence que dans le nombre des bandes qui les entourent, et dans la qualité des toiles, dont le tissu est plus ou moins fin, selon que l'embaumement était plus ou moins précieux. Le corps embaumé est d'abord couvert d'une chemise étroite, lacée sur le dos, et serrée sous la gorge ; sur quelques-uns, au lieu d'une chemise, on ne trouve qu'une large bande qui enveloppe tout le corps. La tête est couverte d'un morceau de toile carré, d'un tissu très-fin, dont le centre forme sur la figure une espèce de masque ; on en trouve quelquefois cinq à six ainsi appliqués l'un sur l'autre ; le dernier est ordinairement peint ou doré, et représente la figure de la personne embaumée. Chaque partie du corps est enveloppée séparément par plusieurs bandelettes imprégnées de résine. Les jambes approchées l'une de l'autre, et les bras croisés sur la poitrine, sont fixés dans cet état par d'autres bandes qui enveloppent le corps entier. Ces dernières, ordinairement chargées de figures hiéroglyphiques, et fixées par de longues bandelettes qui se croisent avec beaucoup d'art et de symétrie, terminent l'enveloppe. Immédiatement après les premières bandes, on trouve diverses idoles en or, en bronze, en terre cuite vernissée, en bois doré ou peint, des rouleaux de papyrus écrits, et beaucoup d'autres objets qui n'ont aucun rapport à la religion de ces peuples, mais qui paraissent être seulement des souvenirs de ce qui leur avait été cher pendant la vie. C'est dans une de ces momies, placée au fond d'un caveau de l'intérieur de la montagne (derrière le *Memnonium*, temple de la plaine de Thèbes), que M. Rouyer a trouvé un papyrus volumineux : ce papyrus était roulé sur lui-même, et avait été placé entre les cuisses de la momie, immédiatement après les premières bandes de toile. Cette momie d'homme, dont le tronc avait été brisé, ne paraissait point avoir été embaumée d'une manière très-recherchée. Elle était enveloppée d'une toile assez commune, et avait été remplie d'asphalte ; elle n'avait de doré que les ongles des orteils. **Presque** toutes les momies qui se trouvent dans ces chambres souterraines, où l'on peut encore pénétrer, sont ainsi enveloppées de bandes de toile avec un masque peint sur le visage. Il est rare d'en trouver qui soient enfermées dans leurs caisses, dont il ne reste aujourd'hui que quelques débris. Ces caisses, qui ne servaient sans doute que pour les riches et les personnes d'une haute distinction, étaient doubles ; celle dans laquelle on déposait les momies était faite d'une espèce de carton composé de plusieurs morceaux de toile collés les uns contre les autres ; cette caisse était ensuite enfermée dans une seconde construite en bois de sycomore ou de cèdre. Ces sortes de coffres toujours proportionnés à la grandeur des corps qu'ils devaient renfermer, et dont ils offraient la ressemblance, n'étaient composés que de deux pièces (le dessus et le dessous), réunies à l'aide de chevilles de bois ou de petites cordes de lin fabriquées avec beaucoup d'art. Ces caisses étaient couvertes d'une simple couche de plâtre ou d'un vernis, et ornées de diverses figures hiéroglyphiques. Les embaumements des animaux se faisaient de la même manière et avec les mêmes substances que ceux des cadavres humains, puisque la plupart de ces sortes de momies ont été salées. Les ibis surtout et les éperviers ont été embaumés de la manière la plus parfaite ; on les trouve remplis de substances résineuses et d'asphalte ; ils paraissent avoir été desséchés dans des fours; quelques-uns ont l'extrémité des plumes charbonnée. La plupart de ces oiseaux sont assez bien conservés pour qu'on puisse reconnaître la famille et l'espèce auxquelles ils appartenaient. Outre les diverses espèces de momies placées dans les caveaux, on trouve encore, à l'entrée de toutes les grottes sépulcrales et au pied des montagnes, beaucoup de cadavres ensevelis dans le sable, à une très-petite profondeur ; quelques-uns de ces corps n'ont été que desséchés ; d'autres sont remplis de pisasphalte, ou seulement couverts de charbon (il est assez remarquable que les Egyptiens, à cette époque, aient reconnu au charbon une propriété antiseptique); la plupart sont encore enveloppés dans des lambeaux de toile grossière et dans des nattes faites de roseaux et de feuilles de palmier. Ces cadavres ainsi inhumés, ne seraient-ils pas l'espèce d'embaumement dont on se servait pour les pauvres ? ou appartiendraient-ils à un temps postérieur, à celui où les Egyptiens faisaient embaumer leurs morts ? C'est ce que les recherches que l'on a faites n'ont pu donner le moyen de décider. D'après ce qui vient d'être exposé sur l'origine des embaumements, sur les connaissances que quelques historiens ont laissées de cet ancien usage, et sur l'état dans lequel on trouve encore aujourd'hui les momies dans les catacombes de l'ancienne Egypte, on voit que depuis un temps immémorial les Egyptiens faisaient embaumer leurs morts, et qu'ils avaient plusieurs sortes d'embaume-

ments, qui variaient à l'infini, selon les rangs et les états, ou d'après les dernières volontés du mort. On remarque que la dessiccation des cadavres était la base principale de l'embaumement; que toutes les momies ne devaient leur conservation qu'aux soins avec lesquelles elles avaient été préparées et placées dans des lieux à l'abri de l'humidité. Mais, quoique le climat de l'Egypte soit considéré avec raison comme très-propre à la dessiccation et à la conservation des cadavres, on ne doit pas regarder la perfection des embaumements des Egyptiens comme un avantage particulier à l'Egypte ; il n'est pas douteux qu'à l'aide des connaissances que nous possédons des arts chimiques, on ne parvienne aujourd'hui à imiter, avec succès, dans nos contrées, cet art merveilleux des Egyptiens, qui fait depuis tant de siècles l'admiration de tous les peuples. (*Description de l'Egypte*, tom. Ier, *Bulletin de pharmacie.*)

Nous joindrons à ce qui précède quelques observations faites sur l'art d'embaumer les corps par le docteur Barron. Si le sujet dont le corps doit être embaumé est mort d'une maladie chronique avec marasme, pourvu qu'on ne soupçonne point de dépôt purulent dans les viscères, que la putréfaction ne soit pas déclarée, et que le corps soit intact à l'extérieur, on peut conserver les entrailles dans leurs cavités respectives, excepté le cerveau, qu'il faut toujours extraire. Dans cette supposition, on commencera à laver toute la surface du corps avec de l'eau pure et fraîche; on fera passer dans les gros intestins des lavements du même liquide, et l'on absorbera avec la seringue vide les matières délayées qui n'auraient pu sortir, à raison de leur propre poids et de la pression exercée sur le bas-ventre. On absorbera aussi les matières contenues dans l'estomac par le même moyen. Il suffirait d'adapter une sonde œsophagienne au siphon de la seringue, qu'on introduit dans ce viscère par la bouche, ou par une ouverture pratiquée à l'œsophage, au côté gauche du cou. On remplit ensuite l'estomac et les intestins d'une matière bitumineuse qu'on met en fusion; on bouche les ouvertures, et l'on procède de suite à l'injection du système vasculaire. Pour cela, l'on détache un lambeau de la partie inférieure et latérale gauche de la poitrine, vis-à-vis la crosse de l'aorte; on coupe un ou deux des cartilages qui la recouvrent; on place dans l'intérieur de cette artère un siphon à robinet, à la faveur duquel on pousse une injection fine colorée en rouge, pour remplir les vaisseaux capillaires de tout le système membraneux ; on fait immédiatement après, et par le même moyen, une seconde injection plus grossière, pour remplir les artères et leur ramification ; et une troisième pour les veines, qui doit être passée par l'une des crurales ; on laisse refroidir le cadavre et figer la matière des injections. Pour vider le crâne, on applique une large couronne de trépan à l'angle d'union de la suture sagittale avec la suture occipitale, après avoir fait une incision longitudinale à la peau, sans toucher aux cheveux, qu'on a soin de conserver, comme les poils des autres parties du corps. Cette ouverture faite, on remplit les adhérences et les replis de la dure-mère, à l'aide d'un scalpel à deux tranchants, long et étroit ; on arrache les lambeaux de cette membrane avec une érigne mousse, et l'on fait sortir toute la masse du cerveau et du cervelet avec le même instrument et des injections d'eau froide, qui dissolvent promptement la substance cérébrale ; on réunit ensuite les bords de la division des téguments avec quelques points de suture. Si le sujet se trouvait dans un embonpoint plus ou moins considérable, et qu'il fût mort d'une maladie putride ou maligne, et pendant une saison chaude, il serait impossible de préserver les entrailles de la putréfaction ; dans ce cas, on les extrait par une incision semi-lunaire que l'on pratique au flanc droit, vers la région lombaire. On détache d'abord les intestins, l'estomac, le foie, la rate et les reins ; on coupe circulairement le diaphragme, puis le médiastin, la trachée-artère et l'œsophage, à leur entrée dans la poitrine, et l'on enlève le poumon et le cœur, sans altérer ce dernier organe, qui doit être préparé séparément et conservé avec soin. Ces deux cavités doivent être épongées, et l'on met une certaine quantité de muriate suroxygéné de mercure réduit en poudre sur les parties charnues de leurs parois ; on remplit ensuite ces cavités de crin lavé et sec ; on rétablit les formes du bas-ventre, et l'on fixe les deux bords de l'incision au moyen d'une suture à points passés ; enfin on plonge le corps ainsi préparé dans une suffisante quantité d'une solution de muriate suroxygéné de mercure aussi forte qu'on peut l'obtenir. On le laisse tremper dans cette liqueur l'espace de quatre-vingt-dix ou cent jours. Lorsqu'il est bien saturé de cette dissolution, on le place sur une claie exposée à l'action graduée d'un foyer de chaleur établi dans un lieu sec et aéré ; au fur et à mesure que les parties se dessèchent, on rétablit les formes naturelles de la face, la conformation des membres, et on leur donne l'attitude convenable ; on place deux yeux d'émail entre le globe rétracté de l'œil et les paupières ; on donne une teinte aux cheveux relative à leur couleur naturelle, si on le juge nécessaire, et l'on passe sur toute l'habitude du corps un vernis légèrement coloré, qui anime les teintes de la peau et lui conserve l'aspect de la fraîcheur ; enfin on met le corps sous verre pour l'exposer en public, ou on l'ensevelit dans un cercueil. On peut perpétuer ainsi, pendant des milliers d'années, les restes des héros ou des grands hommes d'État (1).

Dans ces derniers temps, on a utilisé pour les embaumements le deuto-chlorure de mercure, qui, en se combinant avec les matières animales, forme un composé imputrescible. M. Gannal a proposé depuis quelques années de plonger le cadavre dans une solution de

(1) Extrait du *Dictionnaire des découvertes*.

sel commun, d'alun et de nitre. M. Berzélius propose d'injecter dans les artères de l'acide pyroligneux et d'employer une solution de deuto-chlorure de mercure pour conserver la peau et les viscères. M. Braconnot substitue à cette solution le proto-sulfate de fer. Enfin MM. Capron et Boniface emploient une substance végétale tellement avide d'humidité, qu'en huit ou dix jours un cadavre pesant 120 livres était privé de toutes ses parties liquides. Ils sont parvenus ainsi à conserver des corps pendant plusieurs années.

ENDUITS HYDROFUGES. — Les murs des habitations, particulièrement les parties basses, sont exposés à se pénétrer d'une humidité plus ou moins considérable, suivant différentes circonstances particulièrement dépendantes de la situation des bâtiments et des usages auxquels ils sont employés, de la nature des matériaux de construction et de diverses conditions locales, des infiltrations par exemple.

Dans une localité semblable, l'air constamment humide présente de graves inconvénients pour la santé de ceux qui y habitent ; les objets qui s'y trouvent placés, et plus particulièrement les tentures, y éprouvent une détérioration plus ou moins rapide, qu'il est de la plus haute importance de prévenir. On sèche d'abord le mur à l'aide d'un réchaud de doreur, après l'avoir gratté à vif pour mettre le plâtre ou la pierre à nu ; puis on chauffe de nouveau les diverses parties sur lesquelles on applique à mesure un mastic gras. Si celui-ci ne pénètre pas complètement, on présente le réchaud devant, de manière à chauffer aussi fortement sans altérer cependant l'huile qui entre dans le mastic. On donne ainsi plusieurs couches, jusqu'à ce que le plâtre ou la pierre refuse d'absorber le mastic. La dernière couche forme alors, à la surface du mur, un léger glacis qui prend beaucoup de solidité, et sur lequel on peut ensuite peindre ou coller du papier de tenture ou autre. Le mastic gras communément employé se prépare en faisant cuire une partie d'huile de lin avec 1/10 de litharge, puis y faisant fondre deux parties de résine.

ÉPINGLES. — L'usage des épingles, mot dérivé du latin *spiculum*, petit dard, ne commença pas en France avant 1540. Catherine Howard, femme de Henri VIII, les introduisit en Angleterre en 1543. Auparavant les deux sexes se servaient de cordons, de lacets, d'agrafes, de boutons, et les pauvres de brochettes de bois pour attacher leurs vêtements. Des machines à confectionner les épingles furent montées à Troyes, à l'Aigle, etc. Il y a eu jusqu'à six mille ouvriers employés à cette fabrication.

L'épinglier est l'industriel qui fabrique et vend des épingles, des touches, des aiguilles, etc. Rien n'est plus simple et moins façonné qu'une épingle ; et cependant, de tous les produits de l'industrie, c'est peut-être celui dont le travail est le plus compliqué. Sa confection exige dix-huit opérations successives dont voici l'énumération. Jaunir, le fil de laiton, qui vient tout noir de la forge, roulé en torques, c'est-à-dire en forme de collier; le tirer à la bobille, le dresser, couper la dressée, empointer, repasser, couper les tronçons, tourner les têtes, les couper, les amollir, les frapper, les jaunir, après avoir été noircies au feu; blanchir les épingles, les étamer, les sécher, les vanner, piquer les papiers, enfin bouter les épingles, c'est-à-dire les caser dans le papier. Chacune de ces opérations constitue dans les manufactures une spécialité à laquelle un ou plusieurs ouvriers sont exclusivement affectés.

Les épingliers achètent le laiton en botte; ils le passent d'abord à la filière, pour lui donner la grosseur que doit avoir l'épingle, après quoi ils le décapent, c'est-à-dire le nettoient avec du tartre. La filière est une pièce de fer ou d'acier criblée à jour de plusieurs trous qui vont toujours en diminuant de grosseur, et par lesquels on fait passer le laiton, pour calibrer exactement le fil, et lui donner un volume approprié à l'espèce d'épingle qu'on veut faire. On appelle fil à moule celui qui sert au corps des épingles, et fil à tête celui dont on forme les têtes. Pour décrasser le fil, on divise la botte de laiton en écheveaux, qu'on tord par le milieu en forme de 8; on les jette dans une chaudière pleine d'eau claire, à laquelle on mêle une livre de gravelle blanche ou cinq quarterons de gravelée rouge, par 80 ou 90 livres de fils; alors un ouvrier retire, l'une après l'autre, les pièces qu'il frappe successivement sur un billot de bois pour détacher la crasse. Il les remet ensuite dans la même eau, et, lorsqu'elles ont bouilli à peu près une heure, il les retire et les bat comme la première fois, ce qui les rend plus brillantes et plus jaunes; puis, quand l'eau dans laquelle on lave le laiton reste bien claire, on fait sécher les pièces au soleil ou au feu. Le nettoyage terminé, on tire le fil par une filière, et, lorsqu'il a passé par deux trous, on le recuit à un feu de bois; on le met ensuite tremper dans l'eau, on le lave avec de la gravelée, on continue de le tirer, si on veut le rendre plus fin; et, au sortir de deux ou trois trous, on lui rend la couleur obscurcie par le feu, et on le recuit.

La grosseur des pièces une fois arrêtée, il s'agit de dresser le fil, c'est-à-dire qu'au moyen d'un instrument appelé engin (Voy. ce mot), on divise chaque pièce en brins longs de plusieurs pieds, qu'on rend le plus droit possible. Un dresseur peut préparer, chaque jour, du fil pour cent vingt mille épingles. La botte de dressées faite, on la coupe en tronçons, dont chacun doit fournir trois, quatre ou cinq épingles selon la longueur dont on les veut, et qui est déterminée par le moule. Cet instrument et une planchette, dont un côté est à rebord, et terminée, à l'une des extrémités, par une lame de fer verticale. Le coupeur qui le fait mouvoir jette dans une jatte de bois, placée à ses côtés, les tronçons qu'il a coupés; un ouvrier qu'on appelle l'empointeur s'en empare ensuite, pour leur faire une pointe à chaque bout, sur une meule de fer montée comme celle des couteliers, mais hérissée de hachures dans toute sa circonférence. Un bon empointeur peut faire, dans un jour, les pointes de soixante-douze mille épingles de calibres différents. A mesure qu'il fait les pointes, il passe son ouvrage à un second empointeur, qui leur fait subir la même opération sur une meule montée de la même manière, à cela près qu'elle a les taillants plus fins, les hachures moins larges, ce qui donne aux pointes plus de finesse et de poli. L'ouvrier chargé de ce travail s'appelle repasseur.

Chaque tronçon étant, comme nous l'avons dit, aiguisé des deux bouts, il suffit de le couper par le milieu pour en faire deux épingles; cette opération regarde le coupeur de hanses, nom qu'on donne aux épingles sans tête. Un homme peut couper, dans sa journée, environ 190,000 hanses. Vient ensuite le travail des spirales, au moyen d'un instrument appelé *tour-à-tête*. On réserve pour cet ouvrage le meilleur laiton, et on le recuit quelquefois, afin de lui donner plus de souplesse. Quand les pièces de cannetille destinées aux têtes sont préparées, le coupeur de têtes en prend d'une main dix ou douze dont il égalise les bouts avec soin, s'arme de grands ciseaux, et coupe d'un même coup, toutes ces pièces en petites parties, en prenant bien garde de ne détacher de chacune que deux tours de fil, ni plus ni moins, sans quoi l'ouvrage serait perdu. On peut couper environ cent quarante-quatre mille têtes par jour; elles tombent dans une sébile de bois à mesure qu'on les coupe. Pour les ramollir, on les fait recuire dans une cuiller de fer et chauffer jusqu'au rouge, afin de les rendre plus souples, pour les assujettir aux hanses. Les têtes coupées, on les accommode au bout des épingles, au moyen d'une machine appelée l'entêtoir. L'entêteur, c'est-à-dire l'ouvrier chargé de ce travail, s'assied devant une enclume, les coudes appuyés et un pied sur la marche. A côté de lui sont deux boîtes, dont l'une renferme les hanses et l'autre les têtes. De la main gauche il prend une hanse, en pousse au hasard la pointe dans un monceau de têtes, et, aussitôt qu'il en a enfilé une, il pose de la main droite, la tête dans le creux de l'enclume, tire l'épingle à elle, jusqu'à ce qu'elle soit ajustée, et alors, un poinçon que le pied de l'ouvrier tenait levé vient frapper la tête; il l'élève et le laisse retomber quatre ou cinq fois de suite, jusqu'à ce que la tête, frappée dans tous les sens, soit, pour ainsi dire, soudée à la hanse. Huit ou neuf mille épingles peuvent, terme moyen, passer, en un jour, par les mains d'un entêteur. Ces différentes opérations terminées, on s'occupe ensuite de blanchir les épingles, au moyen de l'étamage, non-seulement pour les embellir, mais encore pour éviter la mauvaise odeur que le cuivre laisse aux mains et le vert-de-gris qu'il est sujet à contracter. Quatre onces d'étain suffisent pour étamer cent livres d'épingles. On lave les épingles avant et après l'étamage, puis on les fait sécher, en les agitant dans la frottoire, espèce de petit tonneau d'un pied de diamètre environ, sur un peu moins de long, qu'on fait tourner au moyen d'une manivelle, sur un essieu de bois soutenu par deux tréteaux. Après avoir remué pendant une demi-heure, dans cette frottoire, les épingles mêlées à du son, on les verse dans le plat à vanner; on les vanne jusqu'à ce qu'elles soient bien nettes, et on les met dans un boisseau. Il ne reste plus alors qu'à disposer, par quarterons, les épingles sur du papier non collé, qu'on perce pour un quarteron à la fois, au moyen d'un outil qu'on appelle *quarteron*. C'est une sorte de peigne terminé par vingt-six pointes, à l'aide duquel une ouvrière perce, en un jour, assez de papier pour huit douzaines de milliers d'épingles; enfin, une seconde ouvrière, dite bouteuse, case les épingles dans ces trous et en forme des paquets composés chacun de six mille; c'est ce qu'on appelle des *sixains*. Une bouteuse peut arranger par jour trente mille épingles.

Autrefois les épingliers formaient à Paris une corporation très-nombreuse et très-ancienne, dont les statuts furent renouvelés par Henri IV, en 1608. Leur communauté était régie par trois jurés, éligibles à deux reprises différentes, et dont le ministère durait deux ans; mais, depuis que la plupart des maîtres eurent cessé de fabriquer pour vendre et que les merciers se mêlèrent de leur négoce, les fabriques d'épingles de Paris, très-renommées d'abord, tombèrent, et l'on tira les épingles d'Angleterre, de Hollande, de Rugles, de l'Aigle et autres lieux, où la main-d'œuvre était à plus bas prix.

On a calculé qu'il pouvait se consommer annuellement à Paris soixante millions d'épingles de toute espèce, qui, à 25 centimes le cent, font 150,000 fr. En 1803, Hams établit en Angleterre une fabrique dans laquelle les meules pour aiguiser les épingles étaient en acier, et les têtes de métal fondu. (Cet article est emprunté à M. E. Pascallet). (1)

ESCALIER HYDRAULIQUE.—(*Invention*). —*Madame veuve Le Courtois.*—1815.—Cette machine élève l'eau comme la pendule hydraulique de Bélidor; elle a valu à son auteur un *brevet d'invention de cinq ans*, et se compose d'un escalier hydraulique avec son balancier, qui s'activent l'un par l'autre d'une manière permanente. Deux ailes ou appuis, sur lesquelles des bobines sont posées aux pointes d'une pièce nommée étoile, viennent faire pression de gauche à droite, pour activer le balancier. L'étoile est adaptée à une roue à dents, posée de champ, qui dirige son mouvement, tandis que cette étoile dirige celui de l'escalier. Deux roues, montées sur le même arbre, donnent l'impulsion à la roue adaptée à l'étoile par celle qu'elles reçoivent des rouages du balancier. Trois civières à claire-voie embrassent les deux côtés de l'escalier hydraulique tant au centre

qu'aux deux extrémités; elles sont, pour cet effet, traversées par des barres de fer, boulonnées aux parties extérieures de cet escalier dont le pied baigne dans un grand bassin et s'y alimente. L'eau que verse l'escalier vient d'un réceptacle, d'où elle passe dans un conduit pour tomber sur le balancier. Une soupape adaptée à ce dernier est placée dans le réceptacle et n'agit que par son mouvement; de sorte que quand l'escalier s'incline à droite, l'eau s'échappe par une ouverture qui est à gauche, et quand il s'incline à gauche, l'eau passe par une autre ouverture qui est à droite. Elle entre donc alternativement de chaque côté dans la partie supérieure du balancier, qui est carré et creux, pour couler dans les seaux suspendus à ses extrémités inférieures, au moyen d'une branche de fer passée dans des pitons. Ces seaux ont des rebords saillants qui les retiennent lorsque leur soupape se lève, pour laisser échapper l'eau dans des seaux d'encaissement et de décharge que les contiennent. Un poids est fixé à la tête de ces derniers sur une barre perpendiculaire et vacillante, portant sur une autre barre horizontale par des crémaillères, qui, lorsque le poids descend, l'arrêtent, en lui laissant cependant la faculté de repousser la soupape pour que l'eau du premier seau s'épanche: ce qui s'effectue à l'aide d'une troisième barre, qui est perpendiculaire et se trouve accrochée à la soupape, formant le fond du premier seau. Le balancier porte des traverses qui sont jointes aux parties triangulaires sur lesquelles sont montées des demi-lanternes propres à faire agir les rouages. Des ouvertures, destinées à augmenter ou à diminuer le versement, sont pratiquées aux traverses recevant l'essieu (à volonté) et portant le balancier. Deux roues demi-dentées engrènent dans la portion de lanterne montée sur les parties triangulaires dont on vient de parler, et reviennent sur elles-mêmes, étant rappelées par cette portion de lanterne qui les commande; elles font marcher la roue du centre, posée de champ, dans laquelle elles n'engrènent que par une dent à échappement, et donnent le mouvement aux roues montées sur le même arbre dont il a été question plus haut. Aux deux côtés intérieurs et vers le pied de l'escalier, sont ajustés deux tuyaux de répulsion, pour accélérer l'introduction de l'eau dans ces deux côtés par l'échappement de l'air. Tout ce qui vient d'être décrit, vu de profil, représente les doubles rouages nécessaires pour donner un mouvement entier et régulier par l'effet des deux parties d'actions irrégulières; d'où il résulte qu'une roue tournant à gauche sur la roue du centre, et revenant après sur elle-même, celle de droite effectuant à son tour son action sur cette même roue du centre, toutes deux font produire à cette dernière un mouvement continu, à l'aide duquel marche la chose mue Par ce profil on voit aussi les supports, (qui peuvent être en bois ou en pierre) nécessaires pour soutenir tout cet ensemble. Les pièces dont il va être parlé ci-après lient les

(1) Voir l'*Encyclopédie des gens du monde*.

objets activés par le mécanisme agissant comme premier moteur. Ces pièces sont : 1° le rouet qui fait tourner la roue montée sur le même arbre, et qui est mu par l'escalier et le balancier ; 2° la roue qui reçoit son action du rouet et qui la communique, à l'aide d'une chaîne, aux trois petits rouets qu'elle commande ; 3° les trois petits rouets qui contiennent chacun une lanterne ; 4° les trois roues intermédiaires qui reçoivent leur mouvement des trois lanternes ; 5° une grande lanterne qui reçoit son impulsion des trois roues intermédiaires ; 6° deux poulies fixées sur deux supports qui s'opposent au cintrement de la chaîne et à son frottement ; 7° deux roues que réunit un même arbre et qui correspondent au rouet qu'elles font agir ; 8° un cadre pour l'assujettissement du rouet, de sa roue et des deux autres roues. Les roues et lanternes sont soutenues sur un pied dans la construction duquel il entre : 1° Une cage composée de trois poteaux, d'un chevron et d'un madrier ; 2° trois soliveaux attachés aux poteaux avec des pentures à charnières pour y fixer les trois roues et leurs lanternes, qui sont embrassées par la chaîne ; 3° un arbre en fer supportant la grande lanterne ; 4° quatre boulons avec écrous traversant la crapaudine qui supporte la grande lanterne; 5° neuf boulons à charnières ; 6° quatre supports de la grande lanterne sont joints et fixés à leur base sur un cercle de fer mobile dans lequel se trouve l'arbre de cette lanterne ; 7° un cercle en fer sur lequel doivent se fixer les quatre supports ; 8° trois parties à équerre ; 9° trois fuseaux retenus en tête par les trois équerres et portant à leur base sur trois plaques de cuivre enclavées dans un plateau de fer; 10° des vis pour fixer les trois parties sur le plateau de fer, qui doit être enchâssé dans le madrier; 11° enfin, un plateau qui reçoit et sur lequel tourne le pied rond de l'arbre de la grande lanterne. L'escalier hydraulique est propre, suivant l'auteur, à donner une action continue à tout ce qui est susceptible de se mouvoir, tant pour les parties hydrauliques que pour les parties mécaniques, comme moulins de toute espèce, pompes, manéges, martinets, métiers à filatures, etc. Cette machine a en outre la propriété, ajoute madame Le Courtois, de pouvoir acquérir une plus grande force sans perdre de sa vélocité, et d'activer toutes les usines connues auxquelles on voudrait l'adapter, dans quelque position qu'elles soient. (*Brevets non publiés*) (1).

ÉTAMAGE. — L'étamage, dans le sens vulgaire du mot, est une opération qui a pour but de soustraire certains métaux à la combinaison de leurs parties avec l'oxygène de l'air. Cette combinaison produit, comme on le sait, un oxyde qui endommage toujours considérablement les métaux auxquels il s'attache; et dans certains cas même, lorsqu'il se forme sur le cuivre, par exemple, il exerce

(1) *Extrait du Dictionnaire des découvertes.* (*Voy.* Bonnavy, Pompes, Chapelet hydraulique, Eaux [*Machines à élever les*].)

une influence très-énergique et très-fâcheuse sur l'économie animale. Ces oxydes varient de noms et de propriétés, selon la nature des corps soumis à l'action de l'air : ainsi l'oxyde de cuivre, connu sous le nom de vert-de-gris, est un poison violent; celui de fer, au contraire (la rouille), est innocent; et quelquefois même son emploi produit des résultats favorables pour la santé. Aussi le fer ne s'étame-t-il presque jamais. Il serait à désirer, dans l'intérêt de la santé publique, que ce métal fût le seul employé dans la confection des vases affectés au service culinaire. (*Voy.* Fer battu [*Ustensiles en*].) Mais, indépendamment de ce qu'il est plus commode, le cuivre a encore sur lui l'avantage de la solidité, et c'est pour empêcher l'oxydation de ce métal qu'on a recours, presque exclusivement pour lui, à la précaution de l'étamage.

Il paraît difficile aujourd'hui de fixer l'époque de son invention, mais quant au mécanisme de l'étamage, rien n'est plus simple. Voici à quoi il se réduit : on racle le vase à étamer avec un instrument de fer tranchant, connu sous le nom de *racloir*, arrondi par le bout et fixé dans un manche de bois assez long, c'est ce qu'on appelle *aviser la pièce*, après quoi on le chauffe fortement. On y jette ensuite de la poix-résine et de l'étain fondu, que l'on étend sur toute la surface avec une poignée d'étoupe; on fait encore usage d'un autre procédé, mais nous ne devons pas répéter ici l'explication qu'en a donnée au mot Tôle, mieux que nous ne pourrions le faire, un chimiste célèbre.

L'étamage, comme l'indique tant bien que mal l'étymologie du mot, consiste donc tout simplement à garnir d'une légère feuille d'étain la matière soumise à l'expérience. Les chaudronniers emploient un alliage composé de deux parties d'étain sur une de plomb. Cette opération, qui n'est qu'une espèce de soudure, repose sur la propriété reconnue de certains métaux de ne se combiner que très-faiblement, et après un laps de temps considérable, avec l'oxygène de l'air, ainsi que sur l'affinité que l'étain en fusion a pour le cuivre et autres métaux avec lesquels il se combine très-superficiellement du reste, dans le cas particulier de l'étamage, attendu que lui seul alors se trouve en fusion. L'or, l'argent et le platine possèdent toutefois à un degré plus éminent que l'étain la propriété de résister à l'action de l'oxygène; mais ils ne sont pas employés à l'étamage, en raison de leur prix élevé. Bien qu'on ait généralement une confiance illimitée dans l'efficacité de l'étamage, on pourrait cependant contester les bienfaits de son application aux ustensiles de cuisine surtout. D'abord l'étamage ne couvre jamais entièrement toutes les parties du vaisseau sur lequel on opère ; car, si l'on regarde au microscope une pièce sortant des mains des chaudronniers, on y remarquera toujours des parties de cuivre demeurées à nu, et l'on sait qu'une très-petite quantité de ce métal peut occasionner beaucoup de mal. En second lieu, la matière de l'étamage est le plus souvent un composé d'étain et de plomb : or, les acides des végétaux agissent assez énergiquement sur le plomb, qui, étant mis en dissolution, fournit un poison très-dangereux. Enfin, lors même qu'il n'entrerait dans l'étamage que de l'étain bien purifié, il y aurait encore quelque chose à craindre, c'est que l'étain bien purifié contient toujours une portion d'arsenic qu'il est presque impossible d'en séparer. Si l'on ajoute à toutes ces considérations que souvent le degré de chaleur employé pour apprêter un ragoût, par exemple, est plus que suffisant pour faire fondre l'étamage, ce qui met le cuivre à nu dans plusieurs endroits, on envisagera peut-être avec plus de méfiance une opération dont les inconvénients balancent les avantages.

Depuis quelque temps un nouveau système d'étamage qui se produit sous le nom d'étamage *polychron* (c'est-à-dire en bon français *durable*), menace de détrôner les méthodes qui ont été usitées jusqu'à présent. L'industriel à qui l'on doit cette découverte, *M. Beberel*, chaudronnier de Paris, garantit aux ouvrages qui sortent de ses ateliers sept à huit fois plus de durée que n'a l'étamage ordinaire. Voici le mode d'application : faites fondre au creuset des rognures de fer-blanc, auxquelles vous ajoutez ensuite de l'étain dans la proportion de 6 ou 7 à 1; brassez le bain et coulez le tout ensemble en lingots; vous obtenez un mélange dont le grain, vu à froid, rappelle assez exactement celui de l'acier; le reste de l'opération est des plus simples, on saupoudre de sel ammoniaque la pièce qu'on veut étamer, après l'avoir préalablement chauffée presqu'au rouge, et en même temps on la frotte avec un des lingots dont nous venons d'indiquer la composition. L'alliage entre en fusion et une poignée d'étoupe promenée sur le vase, pour répartir également partout le métal, termine l'opération. Cet étamage, qui mord également sur le laiton, le cuivre et le fer, n'a d'inférieur sur l'autre qu'un peu moins d'éclat peut-être; encore fait-on disparaître ce désavantage en le recouvrant d'une légère couche d'étain d'une qualité supérieure.

En dehors de la chaudronnerie, l'étamage est encore usité dans différentes branches d'industrie; ainsi, par exemple, les cloutiers d'épingles, pour donner aux clous de cuivre et autres une couleur qui imite celle de l'argent, font chauffer jusqu'à un certain degré les clous dans un pot de terre, après quoi ils jettent dans ce pot de l'étain bien purifié et du sel ammoniaque. Fondu par la chaleur des clous, l'étain s'y amalgame et leur donne la teinte qu'on désire. *Voy.* Epingle.

Etamer des miroirs, c'est étendre sur le derrière du verre une feuille d'étain appelée Tain, sur laquelle on a versé du mercure; en s'y attachant étroitement, cette feuille produit la réflexion de l'image des objets présentés à la surface supérieure du miroir. (*Voy.* Glace.) C'est à *M. Southwelle* que l'industrie est redevable de la méthode usitée pour étamer les miroirs en forme de globe; le mélange dont il a donné la recette est composé de trois onces de mercure et trois onces de marcassite d'argent, une demi-once de plomb, autant d'étain. On saupoudre ces deux dernières matières de marcassite, puis de mercure, qu'on mélange et qu'on remue bien ensemble avec le fer; seulement il faut éviter de mettre le mercure avant que les autres substances soient presque refroidies. Les meilleures conditions de succès pour l'opération sont que le verre soit bien chaud et bien sec; cependant elle réussirait également sur un verre froid.

En termes d'hydraulique, l'étamage est une opération qui a pour but d'assurer la solidité des tables de plomb qu'on emploie à la confection des cuvettes, terrasses et réservoirs. Cette espèce d'étamage se réduit à les enduire d'étain chaud, afin de boucher les soufflures (1).

ETHER PHOSPHORIQUE. (*Sa formation à l'aide d'un appareil particulier.*) — Convaincu par différents essais que le défaut d'action de l'acide phosphorique très-concentré, ou même vitreux, sur l'alcool, tenait surtout à la difficulté d'unir ces deux substances, de multiplier et de prolonger le contact de leurs molécules réciproques, M. Boullay a repris ce travail, et un résultat plus satisfaisant a été le fruit de ses expériences. A une cornue tubulée, placée sur un bain de sable, il a ajouté un ballon aussi tubulé, lequel communiquait par un tube de sûreté avec un flacon rempli d'eau de chaux. De ce flacon partait un second tube qui se rendait sous la cloche hydropneumatique; il introduisit dans la cornue 500 grammes d'acide phosphorique pur, résultant de la combustion du phosphore par l'acide nitrique vitrifié, redissous et réduit par l'évaporation en consistance de miel. Il plaça sur la tubulure de la cornue un instrument en cristal, que l'on pourrait appeler réservoir, de forme oblongue, ouvert à ses deux extrémités, dont chacune peut être exactement fermée par le moyen d'un robinet. De l'extrémité inférieure partait un tube qui descendait au fond de la cornue, et plongeait dans l'acide phosphorique. L'extrémité supérieure, surmontée d'un entonnoir dont la communication avec le réservoir pouvait être interrompue, portait aussi une petite ouverture bouchée à l'émeri, destinée à laisser sortir l'air, lorsqu'on le déplace par un liquide. L'appareil ainsi disposé, luté avec soin, et le premier récipient refroidi par un mélange de glace et de sel marin, on a mis du feu sous la cornue en l'augmentant graduellement, de manière à échauffer l'acide jusqu'à 95° de Réaumur. Alors M. Boullay a introduit dans le réservoir 500 grammes d'alcool à 40 degrés, et par le moyen du robinet inférieur il les a amenés, goutte à goutte, au travers de l'acide phosphorique chaud et liquide. Le mélange s'est opéré avec violence et bouillonnement; il s'est coloré en noir, et des stries abondantes ont

(1) Extrait de l'*Encyclopédie des gens du monde*. (*Voy.* Tôle, Fer-Blanc.)

sur-le-champ tapissé la voûte et le col de la cornue. Le feu a été entretenu, et la distillation continuée à siccité. Il a passé dans le ballon, 1° 120 grammes d'alcool faiblement éthéré ; 2° 260 grammes d'une liqueur blanche, légère, d'une odeur vive et beaucoup plus éthérée que la première ; 3° 60 grammes d'eau saturée d'éther et surnagée par 4 grammes environ d'un liquide de couleur citrine, d'une odeur empyreumatique : il est très-analogue à celui qui vient après l'éther sulfurique, et qu'on désigne communément sous le nom d'huile douce de vin ; 4° un autre liquide d'une odeur fétide et insupportable, rougissant la teinture de tournesol, s'unissant avec effervescence au carbonate de potasse. Cette combinaison évaporée à siccité était un sel déliquescent, feuilletée, parfaitement semblable à l'acétate de potasse. L'eau de chaux s'était troublée, mais seulement vers la distillation. Les deux premiers produits réunis, du poids de trois cent quatre-vingts grammes, rectifiés sur du muriate de chaux desséché, à une chaleur d'environ cinquante degrés, ont fourni 60 grammes environ d'une liqueur absolument semblable, pour l'odeur et la saveur, à l'éther sulfurique le plus pur ; elle marquait comme lui 60 degrés à l'aréomètre de Baumé, le thermomètre étant à 10. Elle se dissolvait dans huit à dix parties d'eau froide, s'évaporait rapidement à l'air, entrait en ébullition à 30 degrés de température, dissolvait les résines, le phosphore, et brûlait avec une flamme blanchâtre, en laissant un résidu charbonneux, et sans qu'aucune trace d'acide ait été mise à nu par sa combustion sur l'eau. Les autres produits de la rectification étaient de l'alcool légèrement éthéré. Cet alcool exposé de nouveau, et de la manière indiquée, à travers l'acide phosphorique qui avait servi aux expériences, a donné lieu à la formation d'une nouvelle quantité d'éther en tout semblable au premier. Il résulte donc des faits qui précèdent et de l'examen des produits : 1° que l'acide phosphorique peut transformer l'alcool en un éther parfait, au moyen de l'appareil et des précautions indiquées par l'auteur ; 2° que l'éther résultant de l'action de l'acide phosphorique sur l'alcool est celui, parmi les différents éthers connus, qui a le plus d'analogie avec l'éther sulfurique, sous le rapport de ses propriétés et des phénomènes observés dans sa préparation. (*Recueil des savants étrangers*, tome II.)

ÉTHÉRISATION. — De toutes les grandes découvertes faites dans les dernières années, il n'en est guère de plus utile à l'humanité que celle due à l'Américain *Charles Jackson*, la découverte des propriétés stupéfiantes de l'éther. Aussi nous empressons-nous de citer en son entier le consciencieux travail que vient de faire paraître M. L. Figuier, sur sa nouvelle méthode anesthésique.

« *Divinum est opus sedare dolorem*, a dit **Hippocrate.** Lorsque le père de la médecine exprimait cette idée, il parlait seulement de ces palliatifs insuffisants ou infidèles employés de son temps pour atténuer, dans le cours des maladies, les effets de la douleur. La découverte de l'éthérisation est venue donner à cette pensée une signification plus précise, et de nos jours, en présence des résultats fournis par la méthode américaine, quelques esprits enthousiastes n'ont pas hésité à lui prêter le sens d'une vérité absolue. Sans vouloir prendre au sérieux cette interprétation, qui se ressent un peu trop du mysticisme des universités allemandes, on ne peut cependant s'empêcher de reconnaître dans la découverte de l'éthérisation la réunion des circonstances les plus étranges. Rien, dans son origine, dans ses débuts, dans ses progrès, dans son développement, dans son institution définitive, ne rappelle les formes et l'évolution habituelle des découvertes ordinaires. C'est dans un coin du nouveau monde, loin de cette Europe, siége exclusif et berceau des sciences, qu'elle voit inopinément le jour, sans que rien l'ait préparée ou annoncée, sans que le plus léger indice ait fait pressentir un moment l'approche d'un événement aussi grave. Elle ne se produit pas dans le monde scientifique sous les auspices d'un nom brillant ; c'est un pauvre et ignorant dentiste qui, le premier, nous instruit de ses merveilles. Toutes les inventions de notre époque se sont accomplies lentement, par des tâtonnements longs et pénibles, par des progrès successifs laborieusement réalisés ; celle-ci atteint du premier coup les dernières limites : elle est à peine connue et signalée en Europe, qu'aussitôt des milliers de malades sont appelés à jouir de ses bienfaits. La plupart des grandes découvertes de notre siècle ont coûté à l'humanité de nombreuses victimes ; les machines à vapeur, les bateaux à vapeur, les chemins de fer, les aérostats, la poudre à canon, le paratonnerre, toutes les machines merveilleuses de l'industrie moderne, nous ont fait acheter leur conquête par de pénibles sacrifices. Au contraire, l'éthérisation, bien qu'elle touche aux sources mêmes de la vie et qu'elle semble jouer témérairement avec la mort, n'amène pas, dans ses débuts, l'accident le plus léger ; dans les applications innombrables qu'elle reçoit dès les premiers temps, elle ne compromet pas une seule fois la vie des hommes. Toutes nos découvertes sont loin d'atteindre d'une manière absolue le but qu'elles se proposent ; elles laissent toujours aux perfectionnements et aux progrès de l'avenir une part considérable. L'éthérisation semble toucher du premier coup à la perfection et à l'idéal, car non-seulement elle remplit complétement son objet, l'abolition de la douleur, mais elle le dépasse encore, puisqu'elle substitue à la douleur un état tout particulier de plaisir sensuel et de bonheur moral. Quel étonnant contraste entre les opérations chirurgicales pratiquées avant la découverte de la méthode anesthésique et celles qui s'exécutent aujourd'hui sous la bienfaisante influence de l'éther ou du chloroforme! Qui n'a frémi au spectacle que

présentaient autrefois les opérations san-
glantes ? Nous ne voulons pas attrister l'esprit de nos lecteurs de ce lugubre tableau;
mais seulement que l'on compare entre elles
ces deux situations si opposées, et que l'on
dise ensuite si, en substituant aux tortures
de la douleur les ravissements du plaisir et
de l'extase, la découverte américaine n'a
point dépassé les limites ordinairement imposées aux inventions des hommes.

« Quelles que soient les conclusions que
l'on veuille tirer du rapprochement de ces
faits, il faudra reconnaître au moins qu'en
nous donnant le pouvoir d'anéantir la douleur, cet éternel ennemi, ce tyran néfaste
de l'humanité, la méthode anesthésique
nous a enrichis d'un bienfait inappréciable,
éternellement digne de l'admiration et de la
reconnaissance publiques.

« Cette haute opinion, qu'il convient de se
former de la découverte américaine, aurait
pu peut-être sembler exagérée à l'époque
de ses débuts, au moment où l'annonce de
ses prodigieux effets vint frapper le monde
savant d'une surprise qui n'est pas encore
effacée. Mais aujourd'hui tous les doutes
sont levés. Quatre années d'études et d'expériences infinies accomplies dans toutes
les régions du monde, sous les climats les
plus opposés, dans les conditions les plus
diverses, ont permis d'instruire la question
jusque dans ses derniers détails et de résoudre toutes les difficultés secondaires qui
avaient surgi à l'origine. En Amérique, en
Angleterre et surtout en France, les Académies et les réunions savantes se sont
emparées avec ardeur de ce brillant sujet
d'études, et la question est aujourd'hui invariablement fixée dans tous ses points
utiles. Aussi le moment est-il parfaitement
opportun pour présenter le tableau général
de l'histoire et de l'état présent de cette
belle découverte. Le temps nous place déjà
assez loin de ses débuts pour nous défendre
de l'entraînement d'un enthousiasme irré-
fléchi, et de plus il nous a préparé un si
grand nombre de renseignements et de faits,
qu'il est maintenant facile de juger saine-
ment et en connaissance de cause ce grand
événement scientifique. D'ailleurs, une main
habile et savante a rassemblé tous les éléments de cette enquête. M. Bouisson, professeur de clinique chirurgicale à la Faculté
de médecine de Montpellier, a publié en
1850, sous le titre de *Traité théorique et pratique de la méthode anesthésique*, un ouvrage
étendu dans lequel tous les faits qui se rattachent à la découverte américaine sont
étudiés d'une manière approfondie. Les savantes recherches contenues dans le livre
du professeur de Montpellier nous permet-
tront de donner à nos lecteurs une idée
claire et complète de l'une des découvertes
les plus remarquables de notre temps.

« D'un autre côté, la question historique
qui se rattache à la découverte de l'éthérisation a soulevé aux États-Unis de longs
et importants débats; elle est devenue récemment le sujet de quelques publications
qui, à ce point de vue, offrent un grand
intérêt. Le dentiste William Morton a publié
à Boston, en 1847, un exposé des faits qui
ont amené la découverte des propriétés
stupéfiantes de l'éther. Le mémoire de William Morton sur la *découverte du nouvel
emploi de l'éther sulfurique* contient beaucoup d'assertions qui seraient d'une haute
gravité si la critique historique pouvait les
accepter sans contrôle. Par malheur, les
témoignages invoqués par le dentiste de
Boston ne sont empreints que d'une véracité fort douteuse, et c'est ce qu'a parfaitement démontré un nouvel opuscule publié
en 1848 par les soins du docteur Jackson.
MM. Lord, de Boston, sont les auteurs de ce
Mémoire à consulter, qui a pour titre : *Défense des droits du docteur Charles Jackson
à la découverte de l'éthérisation*. Bien que
très-confuse et très-obscure, la dissertation
des avocats du docteur Jackson fournit un
certain nombre de documents authentiques
qui permettent de rétablir la vérité sur une
question qui a longtemps agité et qui divise
encore les savants américains. L'étude attentive que nous avons faite des diverses
pièces rapportées dans ces deux opuscules,
nous donnera, nous l'espérons, les moyens
d'éclaircir ce point de l'histoire de la médecine contemporaine, sur lequel on ne possédait jusqu'à ce jour que des données contradictoires.

« Abordons en conséquence la question
historique; nous arriverons ensuite à l'exposition des faits généraux qui constituent la
méthode anesthésique, considérée comme
science.

« *Moyens anesthésiques chez les anciens.* —
L'honneur d'une découverte scientifique
peut rarement se rapporter aux efforts d'un
seul homme; presque toujours une longue
série de travaux isolés et sans but spécial
en avait rassemblé les éléments, jusqu'à
ce qu'un hasard heureux ou une intuition
puissante vint la dégager et lui donner sa
forme et sa constitution définitives. Si l'on
n'a pas suivi d'un œil attentif cette lente et
secrète élaboration des bases de l'édifice, i
est difficile de reconnaître les matériaux
successifs qui ont servi à l'élever, et l'on ne
distingue plus dès lors que le nom de celui
qui fut assez heureux ou assez habile pour
se placer à son sommet. C'est là ce qui explique l'erreur générale, qui attribue au seul
Jackson la découverte de l'anesthésie. On a
ignoré ou perdu de vue les travaux de ses
devanciers, et l'on a fautivement attribué à
un seul homme la gloire d'une invention
qui fut en réalité le résultat d'un grand
nombre d'efforts collectifs. Ce serait, en
effet, une grande erreur de s'imaginer que
la recherche des moyens anesthésiques ap-
partienne exclusivement à notre époque.
L'idée d'abolir ou d'atténuer la douleur des
opérations est aussi vieille que la science,
et, depuis l'origine de la chirurgie, elle n'a-
vait pas cessé de préoccuper les esprits.
Seulement le succès avait manqué aux nombreuses tentatives dirigées dans ce sens, et

l'on avait fini par regarder ce grand problème comme tout à fait au-dessus des ressources de l'art.

« Le savant philologue Eloy Johanneau a publié une note intéressante sur les moyens employés par les anciens pour rendre nos organes insensibles à la douleur. Il cite, à ce sujet, un passage de Pline, dont voici la traduction dans le vieux style d'Antoine du Pinet : « Quant au grand marbre du Caire, qui « est dit des anciens *Memphitis*, il se réduit « en poudre, qui est fort bonne, appliquée « en liniment avec du vinaigre, pour en- « dormir les parties qu'on veut couper ou « cautériser, car elle amortit tellement la « partie, qu'on ne sent *comme* point de dou- « leur. » Mais il paraît qu'Antoine du Pinet n'osait pas croire à un effet si surprenant, puisqu'il affaiblit dans sa traduction le texte de Pline, qui assure positivement qu'on ne sent point de douleur : *nec sentit cruciatum.* Le même Antoine du Pinet, qui a traduit aussi les *Secrets miracles de la nature*, et qui a fait des notes marginales sur sa traduction de Pline, y cite *messer* Dioscoride, qui dit que cette pierre de Memphis est de la grosseur d'un talent, qu'elle est grasse et de diverses couleurs. Dioscoride ajoute que si on la réduit en poudre et qu'on l'applique sur les parties à cautériser ou à couper, elles deviennent, sans qu'il en résulte aucun danger, si insensibles, qu'elles ne sentent aucune douleur. Cependant rien, dans les ouvrages de la médecine ancienne, ne confirme l'emploi de cette pierre de Memphis, qui pourrait bien être un de ces mille préjugés qui ont trop souvent surpris l'opinion du crédule naturaliste de l'antiquité.

« On ne pourrait en dire autant sans injustice de l'emploi fait chez les anciens de certaines plantes stupéfiantes ; les propriétés narcotiques de la mandragore, par exemple, ont été évidemment connues et mises à profit par eux pour calmer, dans certains cas, les douleurs physiques. Pline dit, en parlant du suc épaissi des baies de la mandragore : « On prend ce suc contre les mor- « sures des serpents, ainsi qu'avant de souf- « frir l'amputation ou la ponction de quelque « partie du corps, afin de s'engourdir contre « la douleur. » Dioscoride et son commentateur Matthiole donnent, à propos de cette plante, le même témoignage : « Il en est, « dit Dioscoride, qui font cuire la racine de « mandragore avec du vin jusqu'à réduction « à un tiers. Après avoir laissé clarifier la « décoction, ils la conservent et en admi- « nistrent un verre pour faire dormir ou « amortir une douleur véhémente, ou bien « avant de cautériser ou de couper un « membre, afin d'éviter qu'on n'en sente la « douleur. Il existe une autre espèce de « mandragore appelée *morion*. On dit qu'en « mangeant un drachme de cette racine, « mélangée avec des aliments ou de toute « autre manière, l'homme perd la sensation « et demeure endormi pendant trois à quatre « heures : les médecins s'en servent quand « il s'agit de couper ou de cautériser un

« membre. » La même assertion se retrouve dans Dodonée, d'où M. Pasquier a extrait le passage suivant : « Le vin dans lequel on a « mis tremper ou cuire la racine de man- « dragore fait dormir et apaise toutes les « douleurs, ce qui fait qu'on l'administre « utilement à ceux auxquels on veut couper, « scier ou brûler quelques parties du corps, « afin qu'ils ne sentent point la douleur(1).»

« Au moyen âge, l'art de préparer, avec les plantes stupéfiantes, des breuvages somnifères, était, comme on le sait, poussé fort loin. On connaissait, en outre, quelques substances narcotiques qui avaient la propriété d'abolir la sensibilité. Ce secret, qui existait dans l'Inde depuis des temps reculés, avait été apporté en Europe pendant les croisades, et il est reconnu que les malheureux qui, au moyen âge, étaient soumis aux épreuves de la torture, trouvaient quelquefois, dans l'usage de certains narcotiques, le moyen de se soustraire à ces douleurs. Une règle de jurisprudence établit que l'insensibilité manifestée pendant la torture est un signe certain de sorcellerie. Plusieurs auteurs invoqués par Fromman (2) parlent de sorcières qui s'endormaient ou riaient pendant la torture, ce que l'on ne manquait pas d'attribuer à la protection du diable ; dès le xiv⁰ siècle, Nicolas Eymeric, grand inquisiteur d'Aragon et auteur du *Directoire des inquisiteurs*, se plaignait des sortilèges dont usaient quelques accusés, et au moyen desquels ils restaient insensibles aux souffrances de la question(3). Fr. Pegna, qui a commenté, en 1578, l'ouvrage d'Eymeric, donne les mêmes témoignages sur l'existence et l'efficacité de ces sortilèges. Enfin Hippolitus, professeur de jurisprudence à Bologne en 1524, assure, dans sa *Pratique criminelle*, avoir vu des accusés soumis à la question demeurer comme endormis au milieu des tortures, et plongés dans un engourdissement en tout semblable à celui qui résulterait de l'action des narcotiques. Et. Taboureau, contemporain de Fr. Pegna, a décrit également l'état soporeux qui dérobait les accusés aux souffrances de la torture. Suivant lui, il était devenu presque inutile de donner la question ; la recette engourdissante étant connue de tous les geôliers, qui ne manquaient pas de la communiquer aux malheureux captifs destinés à subir cette cruelle épreuve.

« Cependant le secret de ces moyens ne paraît pas avoir franchi au moyen âge l'enceinte des cachots, et les chirurgiens ne purent songer sérieusement à en tirer parti pour épargner à leurs malades les souffrances des opérations. D'ailleurs les résultats fâcheux qu'entraîne si souvent l'administration des narcotiques s'opposaient à ce que leur usage devînt général. La dépression profonde qu'ils exercent sur les centres

(1) *Histoire des plantes*, trad. de Charles de l'Écluse, p. 297.
(2) Cité par Eusèbe Salverte. *Des sciences occultes*, t. I, chap. xvii.
(3) *Directoire des inquisiteurs*, partie III, p. 481.

nerveux, la stupeur, les congestions sanguines qui en sont la suite, les difficultés inévitables dans la mesure de leur administration, la lenteur dans la production de leurs effets, leur persistance, et les accidents auxquels cette persistance expose, durent empêcher les chirurgiens de tirer parti des narcotiques comme agents prophylactiques de la douleur. Aussi les témoignages de leur emploi sont-ils extrêmement rares dans les écrits de la chirurgie de cette époque ; Guy de Chauliac, Brunus et Théodoric sont les seuls auteurs qui les mentionnent. Théodoric, médecin qui vivait vers le milieu du XIIIe siècle, recommande, pour atténuer ou abolir les douleurs chirurgicales, de passer sous le nez du malade une éponge imbibée d'opium, d'eau de morelle, de jusquiame, de laitue, de mandragore, de stramonium, etc., afin d'endormir le malade, qu'on réveillait ensuite en lui frottant les narines avec du vinaigre, du jus de fenouil ou de rue (1).

« Voici le texte original qui spécifie d'une manière précise la manière dont se comportait Théodoric. J. Canappe, médecin de François Ier, dans son ouvrage imprimé à Lyon en 1532, *le Guidon pour les barbiers et les chirurgiens*, décrit ainsi, en parlant du *régime pour trancher un membre mortifié*, le procédé mis en usage par Théodoric et ses imitateurs : « Aucuns, dit-il, comme Théo-
« doric, leur donnent médecines obdormifè-
« res qui les endorment, afin que ne sentent
« incision, comme *opium, succus morellœ*,
« *hyosciami, mandragorœ, cicutœ, lactucœ*, et
« plongent dedans esponge, et la laissent sei-
« cher au soleil, et quand il est nécessité, ilz
« mettent cette esponge en eaue chaulde, et
« leur donnent à odorer tant qu'ils prennent
« sommeil et s'endorment ; et quand ilz sont
« endormis, ilz font l'opération ; et puis avec
« une autre esponge baignée en vin aigre, et
« appliquée ès narilles les esveillent, ou ilz
« mettent ès narilles ou en l'oreille, *succum*
« *rutœ* ou *feni*, et ainsi les esveillent, comme
« ilz dient. Les autres donnent opium à
« boire, et font mal, spécialement s'il est
« jeune ; et le aperçoivent, car ce est avec
« une grande bataille de vertu animale et
« naturelle. J'ai ouï qu'ilz encourent ma-
« nie, et par conséquent la mort. » Cependant,
l'histoire de la chirurgie du moyen âge est entièrement muette sur l'emploi de ces pratiques ; les préceptes de Théodoric restèrent donc sans application, et toute leur valeur se réduit à l'intérêt d'un document historique.

« Dans les temps modernes, à l'époque de la renaissance de la chirurgie, au milieu de toutes les grandes questions scientifiques qui commencèrent à s'agiter, on ne pouvait

(1) Un médecin des environs de Toulouse, M. Dauriol, assure qu'il employait en 1832 des moyens analogues chez les malades qu'il soumettait à quelque opération ; il rapporte cinq cas dans lesquels ses opérés, traités de cette manière, n'éprouvèrent aucune douleur. (*Journal de médecine et de chirurgie de Toulouse*, janvier 1847.)

négliger l'indication d'atténuer ou d'abolir la douleur des opérations. Aussi, à mesure que s'augmentent les ressources et l'étendue de l'arsenal chirurgical, on voit les praticiens s'occuper en même temps de défendre les malades contre cette *misérable boutique et magasin de cruauté*, comme l'appelait déjà Ambroise Paré. Mais une revue rapide des divers moyens qui ont été proposés ou employés jusqu'à nos jours pour atteindre ce but, montrera facilement que toutes les tentatives faites dans cette direction avaient échoué de la manière la plus complète.

« L'*opium*, dont l'action narcotique a été connue de toute antiquité, et que Van Helmont appelle un *don spécifique du Créateur*, a été employé à toutes les époques pour atténuer l'aiguillon de la douleur. Théodoric et Guy de Chauliac administraient l'opium à l'intérieur aux malades qu'ils se disposaient à opérer. Beaucoup de chirurgiens imitèrent leur exemple, et, au siècle dernier, Sassard, chirurgien de la Charité, a beaucoup insisté pour faire administrer, avant les opérations graves et douloureuses, un narcotique approprié à l'âge, au tempérament et aux forces du malade. Mais la variabilité et l'inconstance de l'opium, l'excitation qu'il provoque souvent au lieu de l'insensibilité que l'on recherche, son action toxique, les congestions cérébrales auxquelles il expose, la lenteur avec laquelle s'efface l'impression qu'il a produite sur l'économie, tout contribuait à faire rejeter son emploi de la pratique chirurgicale (1).

« La *compression* a été assez souvent employée dans la chirurgie moderne pour diminuer la douleur dans les grandes opérations et surtout dans les amputations des membres. Elle était exercée à l'aide d'une courroie fortement serrée au-dessus du lieu où les parties devaient être divisées ; Van-Swieten, Teden et Juvet ont beaucoup recommandé l'emploi de ce moyen. Mais la compression circulaire, sans jouir des avantages de l'opium, présentait des inconvénients plus grands encore ; car, à la douleur qu'on cherchait à prévenir, et que tout au plus on atténuait faiblement, venait s'adjoindre une nouvelle douleur, résultat immédiat de cette compression mécanique elle-même.

« Les *irrigations froides*, l'*application de la glace*, ont souvent permis, non-seulement de diminuer le mouvement fluxionnaire, mais encore de calmer la douleur. L'engourdissement par le froid est un moyen qui est évidemment susceptible d'amener un certain degré d'insensibilité. Après la bataille d'Eylau, Larrey remarqua, chez les nombreux blessés qu'il fut obligé d'amputer par un froid très-intense, un amoindrissement très-notable de la douleur. Mais il est évident que ce moyen, fort imparfait

(1) Le docteur Esdaile a tout récemment expérimenté, à Calcutta, les narcotiques opiacés comme agents d'anesthésie, et le résultat des expériences a été entièrement défavorable.

d'ailleurs pour produire une insensibilité locale absolue, offre le danger de compromettre gravement la santé générale des malades.

« L'*ivresse alcoolique* pouvait-elle, comme quelques chirurgiens l'ont espéré, amener des résultats plus satisfaisants ? On savait depuis longtemps que les luxations se réduisent avec une facilité extrême et sans provoquer de douleur chez les individus pris de vin. Haller rapporte plusieurs cas d'accouchement accomplis sans douleur pendant l'ivresse, et Deneux a observé un fait semblable à l'hôpital d'Amiens. Quelques chirurgiens ont même pratiqué, dans les mêmes circonstances, des amputations dont la douleur ne fut point perçue par le malade. M. Blandin se vit, il y a plusieurs années, dans la nécessité de pratiquer l'amputation de la cuisse à un homme qui fut apporté ivre-mort à l'Hôtel-Dieu. Le malade resta entièrement insensible à l'opération, et quand les fumées du vin furent dissipées, il se montra profondément surpris et en même temps très-affligé de la perte de son membre. Les faits de ce genre ont inspiré à quelques chirurgiens l'idée de provoquer artificiellement l'ivresse pour soustraire les opérés à l'impression de la douleur. Richerand conseillait, dans les luxations difficiles à réduire, d'enivrer le malade pour triompher de la résistance musculaire. Mais une telle pensée ne pouvait recevoir les honneurs d'une expérimentation sérieuse : l'ivresse, même décorée d'une intention thérapeutique, ne pouvait entrer dans le cadre de nos ressources médicales. Le dégoût profond qu'elle inspire, l'état d'imbécillité et d'abrutissement qu'elle entraîne, la dégradation dont elle est le type, les réactions qu'elle occasionne, devaient naturellement la faire exclure du domaine de la chirurgie. D'ailleurs l'action des alcooliques n'amène pas toujours l'insensibilité. M. Longet a mis ce fait hors de doute en expérimentant sur les animaux; et un de nos chirurgiens, qui avait cru ennoblir l'ivresse en la déterminant avec du vin de Champagne, échoua complétement dans ses tentatives pour provoquer l'insensibilité ; le champagne additionné de laudanum, malgré des libations abondantes, n'amena d'autre phénomène qu'une hilarité désordonnée.

« L'ivresse du *haschisch* est aussi insuffisante que celle du vin pour produire l'insensibilité. Ce n'est guère que sur les facultés intellectuelles que se manifeste l'action de ce singulier produit; l'imagination reçoit sous son influence un degré extraordinaire d'exaltation, l'individu rêve tout éveillé, mais ses organes restent accessibles à la douleur.

« En 1776, certains esprits enthousiastes crurent pendant quelque temps le problème qui nous occupe positivement résolu. Mesmer venait d'arriver à Paris pour y faire connaître les merveilles du *magnétisme animal*, cette étrange découverte éclose en son cerveau, à la suite d'une discussion académique. Avec l'aide de son élève, le docteur-régent Deslon, Mesmer remuait tout Paris et jetait les esprits dans une confusion extraordinaire. Il serait hors de propos de rappeler ici les détails de toute cette histoire bien connue : ce baquet magique, ces tiges d'acier, ces chaînes de métal passées autour du corps des malades et dans lesquelles beaucoup de personnes voyaient autant de petits tuyaux destinés à conduire la vapeur d'un certain liquide contenu dans le baquet. On attribuait à ces appareils fantastiques les plus merveilleux effets : les maux de l'humanité allaient s'évanouir comme par enchantement; les opérations les plus cruelles seraient supportées sans la plus légère souffrance; les femmes devaient enfanter sans douleur. De nombreux essais furent tentés par les adeptes de ces doctrines, et, par suite du mystérieux prestige que ces idées exerçaient sur certaines imaginations faibles ou déréglées, on signala quelques succès au milieu d'échecs innombrables. Ces jongleries, encouragées par des princes du sang et par le roi lui-même, durèrent plusieurs années; elles se terminèrent tardivement par un arrêt du lieutenant de police.

« Nous avons vu renaître à notre époque les prétentions du magnétisme animal en ce qui touche ses applications à la médecine opératoire; mais il s'agissait cette fois de faits positifs ou du moins susceptibles de contrôle. En 1829, une opération grave fut pratiquée à Paris pendant le sommeil magnétique, sans que le malade en eût conscience. A quelque point de vue qu'on l'envisage, l'observation de M. Jules Cloquet est remplie d'intérêt et l'on nous permettra de la rapporter.

« Un médecin qui s'occupait beaucoup de magnétisme, M. Chapelain, soumettait depuis longtemps à un traitement magnétique une vieille dame atteinte d'un cancer au sein. N'obtenant rien autre chose qu'un sommeil très-profond, pendant lequel la sensibilité paraissait abolie, il proposa à M. Jules Cloquet de l'opérer pendant qu'elle serait plongée dans le sommeil magnétique. Ce dernier, qui avait jugé l'opération indispensable, voulut bien y consentir, et l'opération fut fixée au 12 avril. La veille et l'avant-veille, la malade fut magnétisée plusieurs fois par M. Chapelain, qui la disposait, lorsqu'elle était en somnambulisme, à supporter sans crainte l'opération, et qui l'amena même à en causer avec sécurité, tandis qu'à son réveil elle en repoussait l'idée avec horreur. Le jour fixé pour l'opération, M. Cloquet trouva la malade habillée et assise dans un fauteuil, dans l'attitude d'une personne paisiblement livrée au sommeil naturel : M. Chapelain l'avait mise dans le sommeil magnétique; elle parlait avec beaucoup de calme de l'opération qu'elle allait subir. Tout étant disposé pour l'opérer, elle se déshabilla et s'assit sur une chaise. M. Cloquet pratiqua alors l'opération qui dura dix à douze minutes. Pendant tout

ce temps, la malade s'entretint tranquillement avec l'opérateur et ne donna pas le
plus léger signe de sensibilité : aucun
mouvement dans les membres ni dans les
traits, aucun changement dans la respiration
ni dans la voix, aucune variation dans le
pouls; elle conserva invariablement l'abandon et l'impassibilité automatique où elle se
trouvait quelques minutes avant l'opération.
Le pansement terminé, l'opérée fut portée
dans son lit, où elle resta deux jours entiers sans sortir du sommeil somnambulique.
Alors le premier appareil fut levé, la plaie
fut nettoyée et pansée, sans que l'on remar-
quât chez la malade aucun signe de sensibilité ni de douleur; le magnétiseur l'éveilla
après ce pansement, et elle déclara alors
n'avoir eu aucune idée, aucun sentiment de
ce qui s'était passé.

« L'annonce de ce fait singulier amena la
publication de quelques observations du
même genre, qui furent accueillies par le
public médical avec des sentiments très-
divers. Celui de ces faits qui paraît le plus
authentique s'est passé en 1842 dans un
hôpital d'Angleterre. Voici le résumé de
cette observation, qui a été le sujet d'une
discussion assez animée à la Société royale
de médecine et de chirurgie de Londres.
James Wombel, homme de peine, âgé de
quarante-deux ans, souffrait depuis cinq
ans d'une affection de genou, pour laquelle
il entra à l'hôpital de Welow le 21 juin
1842. Cette affection, très-avancée, n'était
curable que par l'amputation. Un magnétiseur, M. Topham, s'était assuré que le
sommeil somnambulique amenait chez cet
individu un état manifeste d'insensibilité
locale; il fut donc décidé que l'on essaierait
de pratiquer l'opération pendant le sommeil
magnétique. Elle fut exécutée par M. Ward.
Après avoir convenablement placé le malade, M. Topham le magnétisa et indiqua
au chirurgien le moment où il pouvait commencer. Le premier temps de l'amputation
se fit sans que l'opéré donnât le moindre
signe de sensibilité; après la seconde incision
il fit entendre quelques faibles murmures.
Au reste, son aspect extérieur n'était nullement modifié, et jusqu'à la fin de l'opération,
qui exigea vingt minutes, il demeura aussi
immobile qu'une statue. Interrogé après l'o-
pération, il déclara n'avoir rien senti.

« Plus récemment, M. le docteur Loysel,
de Cherbourg, a annoncé dans les journaux
de cette ville, avoir pratiqué plusieurs opérations sous l'influence du sommeil magnétique, sans que les malades aient accusé la
moindre douleur. Une amputation de jambe,
l'extirpation des ganglions sous-maxillaires,
et diverses autres opérations moins importantes, ont été exécutées de cette manière
sur des sujets d'âge, de sexe et de tempérament différents, que le sommeil magnétique a exemptés, dit l'auteur, de toute
sensation douloureuse. M. Loysel invoque,
à l'appui de ses assertions, le témoignage
d'un très-grand nombre de personnes recommandables de la ville de Cherbourg, qui

assistaient aux opérations. Ajoutons que
M. le docteur Künholtz, de Montpellier, a
observé dans sa pratique quelques faits du
même genre, qui se rapportent à des opérations moins graves. Il paraît enfin que des
expériences faites à Calcutta, sous les yeux
d'une commission nommée par le gouvernement des Indes, ont donné au docteur
Esdaile des résultats assez favorables pour
l'encourager à poursuivre cette voie.

« Tout cela est assurément fort curieux,
mais une seule réflexion suffira pour faire
comprendre qu'il était impossible d'introduire le magnétisme animal dans le domaine
de la chirurgie pratique. Le somnambulisme
artificiel, poussé au point d'amener l'insensibilité générale ou locale, est un fait d'une
rareté extraordinaire ; c'est une merveille
qui ne se rencontre que de loin en loin et
chez des individus d'une organisation toute
spéciale. Un *sujet magnétique*, selon les termes consacrés, est un phénix précieux que
les maîtres de l'art poursuivent avec passion sans le rencontrer toujours. Il faut,
pour répondre à toutes les conditions vraies
ou simulées du programme magnétique,
une organisation particulière et tout à fait
exceptionnelle. De là l'impossibilité de faire
franchir au magnétisme animal le seuil de
nos hôpitaux. D'ailleurs le charlatanisme et la
fraude ont perdu depuis longtemps la cause
du magnétisme. Il y a certainement quelques vérités utiles à glaner dans le champ
obscur de ces étranges phénomènes, et les
faits relatifs à l'éthérisation montrent bien
que tout n'est pas mensonge dans les merveilles que l'on nous a si souvent racontées
à ce propos. Mais le magnétisme avait, dans
l'ignorance de ses adeptes et dans les abus
qu'il ouvre si aisément à la spéculation et
à l'imposture, deux écueils redoutables; au
lieu de les éviter, il s'y est engagé à pleines
voiles. La science moderne s'accommode
mal de ces doctrines qui redoutent le grand
jour de la démonstration publique et qui ne
dévoilent leurs merveilles qu'à l'abri d'une
ombre propice ou dans un cercle de croyants
dévoués ; elle s'est écartée avec raison de
ces ténébreuses pratiques, et le magnétisme
animal appliqué à la prophylaxie de la douleur s'est vu refuser, avec juste raison, l'honneur d'une expérimentation régulière. L'eût-
on d'ailleurs admis à cette épreuve, il n'est
point douteux qu'il eût succombé, car les
faits mêmes que nous avons rapportés, et
qui, pour quelques-uns de nos lecteurs, peuvent sembler sans réplique, n'ont pas manqué de contradicteurs qui ont trouvé, dans
la possibilité de feindre l'insensibilité, dans
l'organisation de certains individus, capables de supporter sans s'émouvoir les opérations les plus cruelles, enfin dans la rareté
excessive des cas de ce genre, des motifs
suffisants pour rejeter les arguments tirés
de ces faits et pour repousser hors de la
chirurgie la thérapeutique incertaine et mystique du magnétisme animal.

« Nous venons de passer en revue la série
des moyens proposés à diverses époques

pour atténuer la douleur dans les opérations chirurgicales ; on voit aisément que nul d'entre eux n'était susceptible de recevoir une application sérieuse ou étendue. Les plus efficaces de ces procédés, tels que l'opium, la compression, l'application du froid, ne furent guère employés que par les praticiens qui en avaient conseillé l'usage. Après un si grand nombre d'efforts inutiles, devant des insuccès si complets et si répétés, la science avait fini par se croire impuissante. En 1828, le ministre de la maison du roi renvoya à l'Académie de médecine une lettre adressée au roi Charles X par un médecin anglais, M. Hickman, qui assurait avoir trouvé les moyens d'obtenir l'insensibilité chez les opérés. Cette communication fut très-mal accueillie, et malgré l'opinion de Larrey, plusieurs membres de l'Académie s'opposèrent formellement à ce qu'il y fût donné suite. Ainsi, on en était venu à regarder comme tout à fait insoluble le problème de l'abolition de la douleur, et l'on avait cru devoir condamner toutes les tentatives de ce genre. On ne mettait pas même en pratique le précepte de Richerand, qui conseille de tremper le bistouri dans l'eau chaude pour en rendre l'impression moins douloureuse. Le découragement était si complet sous ce rapport, que l'on n'hésitait pas à engager pour ainsi dire l'avenir, et à conseiller sur ce point une sorte de résignation. C'est ce qu'indique le passage suivant du *Traité de médecine opératoire* de M. Velpeau, publié en 1839 : « Eviter la douleur dans les « opérations, dit M. Velpeau, est une chi- « mère qu'il n'est pas permis de poursuivre « aujourd'hui. Instrument tranchant et dou- « leur, en médecine opératoire, sont deux « mots qui ne se présentent point l'un sans « l'autre à l'esprit des malades, et dont il « faut nécessairement admettre l'associa- « tion. »

« Tel était l'état de la science, telle était la situation des esprits, lorsque, pendant l'année 1846, la méthode anesthésique fit tout d'un coup explosion. On comprend facilement dès lors la surprise et la confusion profonde que durent éprouver les savants à voir résolu, d'une manière si formelle et si complète, un problème qui avait défié les efforts de tant de siècles, à voir positivement réalisée cette chimère depuis si longtemps abandonnée à l'imagination des poëtes. L'histoire de la découverte de l'éthérisation à notre époque mérite donc une attention particulière. Les recherches qui l'ont amenée n'ont d'ailleurs rien de commun avec l'ensemble des moyens que nous venons de passer en revue et qui se renfermaient tous dans le cercle des actions et des influences médicales. C'est en effet du laboratoire d'un chimiste qu'est sortie cette découverte extraordinaire qui devait exercer dans les procédés de la chirurgie une transformation si remarquable.

«*Agents anesthésiques dans les temps modernes. — Expériences de Davy sur le protoxyde d'azote.* — On trouve dans l'histoire des dé-

couvertes contemporaines quelques génies heureux qui ont eu le rare et étonnant privilége de s'emparer, dès l'origine, de la plupart des grandes questions qui devaient plus tard dominer la science tout entière. Tel fut Humphry Davy, qui associa son nom et consacra sa vie à l'étude de la plupart des grands faits scientifiques qui occupent notre époque. Le premier il comprit le rôle immense que devaient jouer dans l'avenir les emplois chimiques de l'électricité, cet agent destiné à changer quelque jour la face morale du monde. Son nom se trouve inscrit le premier sur la liste des chimistes dont les travaux ont amené la découverte de la photographie ; il a le premier soulevé la discussion des théories générales dont la chimie est aujourd'hui le texte ; enfin, à son début dans la carrière des sciences, il découvrit les faits extraordinaires qui devaient amener la création de la méthode anesthésique.

« Comment *Humphry Davy* fut-il conduit à réaliser une découverte si remarquable ?

« Davis Guilbert, l'un des membres les plus distingués de l'ancienne Société royale de Londres, passait un jour dans les rues de Penzance, petite ville du comté de Cornouailles, lorsqu'il aperçut, assis sur le seuil d'une porte, un jeune homme à l'attitude méditative et recueillie : c'était Humphry Davy, qui remplissait, dans la boutique de l'apothicaire Borlase, les modestes fonctions d'apprenti. Frappé de l'expression de ses traits, il l'aborda et ne tarda pas à reconnaître en lui le germe des plus heureux talents. Sorti, en effet, de la plus obscure origine, et malgré les conditions très-défavorables, le jeune apprenti avait déjà accompli, sans secours et dans l'isolement de ses réflexions, quelques travaux préliminaires qui dénotaient pour les sciences physiques les dispositions les plus brillantes.

« Guilbert était lié, à cette époque, avec le docteur Bedoës, chimiste et médecin, dont le nom a joui d'un certain crédit à la fin du dernier siècle. Quelques mois auparavant, Bedoës venait de fonder à Clifton, petit bourg situé aux environs de Bristol, un établissement connu sous le nom d'*Institution pneumatique*, consacré à étudier les propriétés médicales des gaz. Personne n'ignore que c'est en Angleterre, par les travaux de Cavendisch et de Priestley, que les fluides élastiques ont été découverts pour la première fois. A la fin du siècle dernier, l'étude de cette forme nouvelle de la matière avait imprimé aux travaux scientifiques un élan considérable ; les recherches sur les gaz se succédaient sans interruption, et les médecins s'appliquaient en même temps à étudier, dans le domaine de leur art, les applications de ces faits. D'un autre côté, Lavoisier venait de créer en France sa théorie chimique de la respiration, éclair de génie qui illumina la science tout entière et vint prêter aux travaux sur les fluides élastiques un intérêt du premier ordre. C'est sous l'influence de cette double impulsion que le docteur Bedoës avait fondé son *Institution pneumatique*. Cet établissement renfermait un laboratoire pour les expériences de chimie, un hôpital pour les malades destinés à être soumis aux inhalations gazeuses, et un amphithéâtre pour les leçons publiques. Il avait été élevé à l'aide de souscriptions, selon l'usage anglais. James Wat, un des principaux actionnaires, avait exécuté lui-même, dans les ateliers de Soho, les appareils servant à la préparation et à l'administration des gaz. Pour diriger son laboratoire, le docteur Bedoës avait besoin d'un chimiste instruit et habile; Guilbert n'hésita pas à offrir cette place au jeune apprenti, et c'est ainsi que, le 1ᵉʳ mars 1798, Humphry Davy, à peine âgé de vingt ans, quitta l'obscure boutique où s'était écoulée une partie de sa jeunesse et vint débuter dans la carrière où l'attendait tant de gloire.

« Dans l'institution pneumatique, Humphry Davy fut chargé spécialement d'étudier les propriétés chimiques des gaz et d'observer leur action sur l'économie vivante. Par le plus singulier des hasards, le premier gaz auquel il s'adressa fut le protoxyde d'azote, c'est-à-dire celui de tous ces corps qui exerce sur nos organes l'action la plus extraordinaire. Rien, parmi tous les faits qui existaient alors dans la science, ne permettait de prévoir les phénomènes étranges qui vinrent s'offrir à son observation.

« Il commença par faire une étude approfondie des propriétés et de la composition du protoxyde d'azote, et par déterminer les procédés les plus convenables pour l'obtenir. Il s'occupa ensuite de reconnaître ses effets sur la respiration. C'est le 11 avril 1799 qu'il exécuta cet essai pour la première fois, et c'est alors qu'il constata la propriété enivrante de ce gaz. Il éprouva d'abord une sorte de vertige, mais bientôt le vertige diminua, et des picotements se firent sentir à l'estomac; la vue et l'ouïe avaient acquis un surcroît remarquable d'énergie; vers la fin de l'expérience, il se développa un sentiment tout particulier d'exaltation des forces musculaires; l'expérimentateur ressentait un besoin irrésistible d'agir et de se mouvoir. Il ne perdit pas complétement la conscience de ses actions, mais il était dans une espèce de délire caractérisé par une gaieté extraordinaire et une exaltation toute particulière des facultés intellectuelles.

« Les faits observés à cette occasion par Humphry Davy sont devenus, selon nous, le point de départ de la méthode anesthésique; nous devons donc les faire connaître avec quelques détails. Dans l'ouvrage étendu qu'il publia à cette occasion, en 1799, sous le titre de : *Recherches chimiques sur l'oxyde nitreux et sur les effets de sa respiration*, Humphry Davy donne le résumé suivant de sa première expérience :

« Après avoir préalablement bouché mes « narines et vidé mes poumons, je respi- « rai quatre quarts de gaz (1), contenus

(1) Le quart anglais équivaut à 1 litre 1 décilitre.

« dans un petit sac de soie. La première im- « pression consista dans une pesanteur de « tête avec perte du mouvement volontaire. « Mais une demi-minute après, ayant con- « tinué les inspirations, ces symptômes « diminuèrent peu à peu et firent place à « la sensation d'une faible pression sur tous « les muscles; j'éprouvais en même temps « dans tout le corps une sorte de chatouil- « lement agréable qui se faisait particuliè- « rement sentir à la poitrine et aux extré- « mités. Les objets situés autour de moi « me paraissaient éblouissants de lumière « et le sens de l'ouïe avait acquis un sur- « croît de finesse. Dans les dernières inspi- « rations ce chatouillement augmenta, je « ressentis une exaltation toute particulière « dans le pouvoir musculaire, et j'éprouvai « un besoin irrésistible d'agir.

« Je ne me souviens que très-confusé- « ment de ce qui suivit; je sais seulement « que mes gestes étaient violents et désor- « donnés. Tous ces effets disparurent lors- « que j'eus suspendu l'inspiration du gaz ; « dix minutes après j'avais recouvré l'état « naturel de mes esprits; la sensation du « chatouillement dans les membres se « maintint seule pendant quelque temps.

« J'avais fait cette expérience dans la « matinée; je ne ressentis pendant tout le « reste du jour aucune fatigue et je passai « la nuit dans un repos complet. Le lende- « main, le souvenir de ces différents effets « était presque effacé de ma mémoire, et si « des notes prises immédiatement après « l'expérience ne les eussent rappelés à « mon souvenir, j'aurais douté de leur « réalité.

« Je croyais pouvoir mettre quelques- « unes de ces impressions sur le compte de « la surprise et de l'enthousiasme que j'a- « vais éprouvés, lorsque je ressentis ces « émotions agréables au moment où je « m'attendais, au contraire, à éprouver de « pénibles sensations. Mais deux autres ex- « périences faites dans le cours de la journée « en m'armant du doute, me convainquirent « que ces effets étaient positivement dus à « l'action du gaz. »

Le gaz qui avait servi à cette première expérience était mêlé d'une certaine quantité d'air; Humphry Davy respira quelques jours après le protoxyde d'azote pur.

« Je respirai alors, dit-il, le gaz pur. Je « ressentis immédiatement une sensation « s'étendant de la poitrine aux extrémités; « j'éprouvais dans tous les membres comme « une sorte d'exagération du sens du tact. « Les impressions perçues par le sens de la « vue étaient plus vives; j'entendais distinc- « tement tous les bruits de la chambre et « j'avais très-bien conscience de tout ce qui « m'environnait. Le plaisir augmentant par « degrés, je perdis tout rapport avec le « monde extérieur. Une suite de fraîches et « rapides images passaient devant mes « yeux ; elles se liaient à des mots inconnus « et formaient des perceptions toutes nou- « velles pour moi. J'existais dans un monde

« à part. J'étais en train de faire des théories
« et des découvertes quand je fus éveillé de
« cette extase délirante par le docteur Kin-
« glake qui m'ôta le sac de la bouche. A la
« vue des personnes qui m'entouraient,
« j'éprouvai d'abord un sentiment d'orgueil,
« mes impressions étaient sublimes, et
« pendant quelques minutes je me prome-
« nai dans l'appartement, indifférent à ce
« qui se disait autour de moi. Enfin je m'é-
« criai avec la foi la plus vive et de l'accent
« le plus pénétré : *Rien n'existe que la pen-*
« *sée, l'univers n'est composé que d'idées,*
« *d'impressions, de plaisir et de souf-*
« *france.*
    « Il ne s'était écoulé que trois minutes
« et demie durant cette expérience, quoique
« le temps m'eût paru bien plus long en le
« mesurant au nombre et à la vivacité de
« mes idées ; je n'avais pas consommé la
« moitié de la mesure de gaz, je respirai le
« reste avant que les premiers effets eussent
« disparu. Je ressentis des sensations pa-
« reilles aux précédentes, je fus prompte-
« ment plongé dans l'extase du plaisir et
« j'y restai plus longtemps que la première
« fois. Je fus en proie pendant deux heu-
« res à l'exhilaration. J'éprouvai plus long-
« temps encore l'espèce de joie déréglée
« décrite plus haut, qui s'accompagnait d'un
« peu de faiblesse. Cependant elle ne per-
« sista pas, je dînai avec appétit, et me
« trouvai ensuite plus gai et plus dispos. Je
« passai la soirée à préparer des expériences;
« je me sentais plein d'activité et de con-
« tentement. De onze heures à deux heures
« du matin je m'occupai à transcrire le
« récit détaillé des faits précédents. Je reposai
« très-bien; et le lendemain je me réveillai
« avec le sentiment d'une existence déli-
« cieuse qui se maintint toute la jour-
« née. »
    « Humphry Davy continua pendant plu-
sieurs mois ces curieuses expériences. L'exhilaration et l'exaltation de la force musculaire étaient les phénomènes qui marquaient surtout l'état étrange où le plongeait
la respiration du protoxyde d'azote.
    « Jusqu'au mois de décembre, dit-il, j'ai
« répété plusieurs fois les inspirations du
« gaz. Loin de diminuer, ma susceptibilité
« pour ses effets ne faisait que s'accroître :
« *6 quarts* étaient le volume de gaz qui
« m'était nécessaire pour les provoquer, et
« je ne prolongeais jamais les inspirations
« plus de deux minutes et demi..... Quand
« ma digestion était difficile, je me suis
« trouvé deux ou trois fois péniblement
« affecté par l'excitation amenée par le gaz;
« j'éprouvais alors des maux d'estomac,
« une pesanteur de tête et de l'excitation
« cérébrale.
    « J'ai souvent eu beaucoup de plaisir à
« respirer le gaz dans le silence et l'obscu-
« rité, absorbé par des sensations purement
« idéales. Quand je faisais des expériences
« devant quelques personnes, je me suis
« trouvé deux ou trois fois péniblement
« affecté par les plus faibles bruits; la lu-

« mière du soleil me paraissait d'un éclat
« fatigant et difficile à supporter. J'ai éga-
« lement ressenti deux ou trois fois une
« certaine douleur sur les joues et un mal
« de dents passager. Mais lorsque je respi-
« rais le gaz après quelques excitations mo-
« rales, j'ai ressenti des impressions de
« plaisir véritablement sublimes.
    « Le 5 mai, à la nuit, je m'étais promené
« pendant une heure au milieu des prairies
« de l'Avon ; un brillant clair de lune ren-
« dait ce moment délicieux et mon esprit
« était livré aux émotions les plus douces.
« Je respirai alors le gaz. L'effet fut rapide-
« ment produit. Autour de moi les objets
« étaient parfaitement distincts, seulement
« la lumière de la lampe n'avait pas sa viva-
« cité ordinaire. La sensation de plaisir fut
« d'abord locale ; je la perçus sur les lèvres
« et autour de la bouche. Peu à peu elle se
« répandit dans tout le corps, et, au milieu
« de l'expérience, elle atteignit à un moment
« un tel degré d'exaltation, qu'elle absorba
« mon existence. Je perdis alors tout senti-
« ment. Il revint cependant assez vite et
« j'essayai de communiquer à un assistant
« par mes rires et mes gestes animés tout
« le bonheur que je ressentais. Deux heures
« après, au moment de m'endormir et placé
« dans cet état intermédiaire entre le som-
« meil et la veille, j'éprouvais encore comme
« un souvenir confus de ces impressions
« délicieuses. Toute la nuit j'eus des rêves
« pleins de vivacité et de charme, et je m'é-
« veillai le matin en proie à une énergie
« inquiète que j'avais déjà éprouvée quel-
« quefois dans le cours de semblables ex-
« périences. »
    « Cette impression extraordinaire, pro-
duite sur le système nerveux par l'inspiration du protoxyde d'azote, devait naturellement amener à penser que ce gaz aurait
peut-être la propriété de suspendre ou d'a-
bolir la sensation des douleurs physiques.
C'est ce que Davy ne manqua pas de reconnaître. Il raconte, dans son livre, qu'en
deux occasions il fit disparaître une cépha-
lalgie par l'inhalation de son gaz. Il employa aussi ce moyen pour apaiser une
douleur intense causée par le percement
d'une dent de sagesse : « La douleur, dit-il,
« diminuait toujours après les quatre ou
« cinq premières inspirations ; le chatouil-
« lement venait comme à l'ordinaire, et la
« douleur était, pendant quelques minutes,
« effacée par la jouissance (1). » Plus loin
Humphry Davy fait la remarque suivante :
« Le protoxyde d'azote paraissant jouir,
« entre autres propriétés, de celle de dé-
« truire la douleur, on pourrait probablement
« l'employer avec avantage dans les opéra-
« tions de chirurgie qui ne s'accompagnent
« pas d'une grande effusion de sang (2). »
    « Si ce dernier passage n'eût été perdu
dans le trop long exposé des recherches de
Davy, et noyé dans le détail d'une foule

(1) *Recherches sur l'oxyde nitreux*, p. 465.
(2) *Recherches sur l'oxyde nitreux*, p. 556.

d'expériences sans intérêt, la création de la méthode anesthésique n'aurait pas eu à subir un demi-siècle de retard. Mais cette observation passa, à cette époque, entièrement inaperçue, et toute l'attention se porta sur les effets étranges produits par le protoxyde d'azote sur les facultés intellectuelles. Pendant plusieurs mois l'attention resta dirigée, en Angleterre, sur l'action physiologique de ce gaz, qui reçut, à cette occasion, les noms de *gaz hilarant, gaz du paradis,* etc.

« La réputation de l'*Institution pneumatique* commençait à se répandre, et Clifton était devenu le théâtre de nombreuses réunions. Les malades et les oisifs affluaient chez le docteur Bedoës; la présence de Coleridge et de Southey ajoutait à ces réunions un attrait particulier, et Davy trouvait dans le commerce de ces deux poëtes un heureux aliment à ses goûts littéraires. On voulut essayer, à Clifton, de connaître les phénomènes singuliers annoncés par Davy, et l'on se mit en devoir de répéter ses expériences. Coleridge et Southey se soumirent les premiers aux inhalations du gaz hilarant, et ils ont décrit leurs sensations dans quelques pièces de vers imprimées dans les œuvres de Coleridge. Plusieurs personnes éprouvèrent aussi les effets indiqués par Davy; mais quelques-unes ne ressentirent que des impressions douloureuses, d'autres n'éprouvèrent absolument rien.

« Ces expériences furent répétées en même temps dans plusieurs autres villes de l'Angleterre; les chimistes Ure, Tennant et Underwood eurent les mêmes sensations que Davy.

« En France, les mêmes essais furent moins heureux. Proust et Vauquelin, MM. Orfila et Thénard, ne ressentirent que des impressions douloureuses, qui allèrent même quelquefois jusqu'à menacer leur vie. Une société de médecins et d'amateurs se forma à Toulouse pour répéter en grand les expériences de Davy. Les résultats très-divers qui furent obtenus mirent hors de doute la différence des effets physiologiques produits par ce gaz selon les dispositions individuelles.

« Deux séances furent consacrées à ces essais. Dans la première six personnes respirèrent le gaz et douze dans la seconde. Voici le résumé des procès-verbaux tenus à cette occasion.

« Première séance. — Le premier sujet « a perdu connaissance dès la troisième « inspiration : il a fallu le soutenir pendant « cinq minutes; il s'est levé ensuite très-fa- « tigué et ne se rappelant avoir éprouvé au- « tre chose qu'une défaillance subite et un « battement dans les tempes.

« Le second sujet a trouvé que le gaz « possédait une saveur sucrée en même « temps styptique; il a ressenti beaucoup « de chaleur dans la poitrine, ses veines se « sont gonflées, son pouls s'est accéléré; les « objets paraissaient tourner autour de lui.

« Le troisième n'a senti la saveur sucrée « qu'à la première inspiration : il a ensuite

« éprouvé de la chaleur dans la poitrine, et « une vive sensation de plaisir ; après avoir « abandonné la vessie il a été pris d'un vio- « lent accès de rire.

« Le quatrième a conservé l'impression « de la saveur sucrée pendant quatorze « heures ; il a eu des vertiges, ses jambes « sont restées *avinées.*

« Le cinquième, en quittant la vessie, a « éprouvé des éblouissements, puis une sen- « sation de plaisir s'est répandue dans tout « son corps; il a eu les jambes avinées.

« Le sixième a conservé toute la journée « la saveur douce du gaz; il a eu des tinte- « ments d'oreilles, une pesanteur d'estomac « et les jambes avinées · au total, ce qu'il a « ressenti lui a paru plus pénible qu'agréa- « ble.

« Seconde séance. — Douze personnes ont « respiré le gaz, et plusieurs à deux repri- « ses : quelques-unes l'avaient déjà respiré « dans la première séance ; toutes, indis- « tinctement, ont été plus ou moins incom- « modées. M. Dispan, qui dirigeait la séan- « ce, décrit ainsi ce qu'il éprouva lui-mê- « me : « Dès la première inspiration, j'ai « vidé la vessie. Une saveur sucrée a, dans « l'instant, rempli ma bouche et ma poitrine « tout entière, qui se dilatait de bien-être. « J'ai vidé mes poumons et les ai remplis » encore ; mais, à la troisième reprise, les « oreilles m'ont tinté, et j'ai abandonné la « vessie. Alors, sans perdre précisément « connaissance, je suis demeuré un instant « promenant les yeux dans une espèce d'é- « tourdissement sourd ; puis je me suis pris, « sans y penser, d'éclats de rire tels que je « n'en ai jamais fait de ma vie. Après quel- « ques secondes, ce besoin de rire a cessé « tout d'un coup, et je n'ai plus éprouvé le « moindre symptôme. Ayant réitéré l'é- « preuve dans la même séance, je n'ai « plus éprouvé le besoin de rire. Je n'au- « rais fait que tomber en syncope, si j'eusse « poussé l'expérience plus loin. »

« Des essais du même genre furent répétés à la même époque par d'autres savants, et l'on put se convaincre ainsi que les effets physiologiques du protoxyde d'azote variaient de la manière la plus singulière selon les individus. Aux États-Unis, M. Mittchell et plusieurs autres personnes respirèrent le gaz hilarant : ils furent frappés, comme Davy, de sa propriété d'exciter le rire et de procurer une sensation générale agréable. En Suède, Berzélius ne remarqua rien autre chose que la saveur douce du gaz. A. Kiel, M. Pfaff et plusieurs de ses élèves confirmèrent les résultats obtenus par Davy. L'une des personnes qui l'avaient respiré, dit M. Pfaff, fut enivrée très-vite et jetée dans une extase extraordinaire et des plus agréables ; quelques-unes résistèrent davantage. Le professeur Würzer ressentit seulement de la gêne dans la poitrine et un sentiment de compression sur les tempes. Plusieurs de ses auditeurs, qui essayèrent, à son exemple, de respirer le gaz, éprouvèrent des sensations assez différentes, mais tous accusèrent une gaieté insolite suivie quelquefois d'un tremblement nerveux. Ces résultats contradictoires peuvent s'expliquer en partie par l'impureté du protoxyde d'azote dont on faisait usage. La décomposition de l'azotate d'ammoniaque, à laquelle on avait recours pour la préparation de ce gaz, peut en effet donner naissance à quelques produits étrangers, et notamment à de l'acide hypoazotique, dont l'action irritante et suffocante rend compte de certains effets d'asphyxie partielle observés dans ces circonstances.

« A dater de ce moment, les inhalations gazeuses devinrent une sorte de mode dans les cours publics et dans les laboratoires de chimie. Mais le gaz hilarant pouvait exposer aux divers accidents mentionnés plus haut; on chercha donc à le remplacer par un autre gaz qui, tout en jouissant de propriétés analogues, fut exempt de ces dangers. Il serait fort difficile de dire comment et à quelle époque se présenta l'idée de substituer au gaz hilarant les vapeurs d'éther sulfurique; il est certain néanmoins que, quelques années après, les élèves de chimie dans les cours publics, les apprentis dans les laboratoires des pharmacies, étaient dans l'habitude de respirer les vapeurs d'éther, comme objet d'amusement et pour se procurer cette ivresse d'une nature si spéciale que provoque l'inspiration du protoxyde d'azote. La tradition qui confirme cette pratique est encore vivante en Angleterre et aux États Unis (1) Elle est d'ailleurs mise hors de

doute par un article imprimé en 1818 dans le *Quaterly journal of science*, attribué à M. Faraday. Il est dit dans cet article, que si l'on respire la vapeur d'éther mêlée d'air atmosphérique, dans un flacon muni d'un tube, on éprouve des effets semblables à ceux qui sont occasionnés par le protoxyde d'azote; l'action, d'abord exhilarante, devient plus tard stupéfiante; l'auteur ajoute que ce dernier effet peut devenir grave sous l'influence de l'éther, et il cite l'exemple d'un *gentleman* qui, pour s'être soumis à son action, tomba dans une léthargie qui se prolongea pendant trente heures et menaça sérieusement sa vie.

« Ainsi, depuis le commencement du siècle dernier, les propriétés enivrantes et stupéfiantes du protoxyde d'azote étaient universellement connues, et l'on savait, en outre, que les vapeurs d'éther jouissent de la même action physiologique. Ces faits étaient si bien établis que les élèves des laboratoires se faisaient un jeu des inhalations éthérées. En outre, Humphry Davy avait signalé la propriété remarquable dont jouit le gaz hilarant d'abolir la douleur physique, et il avait proposé de s'en servir dans les opérations chirurgicales. Les éléments d'une grande découverte commençaient donc à se rassembler. Que fallait-il faire pour hâter ses progrès? Soumettre à l'expérience l'idée émise à titre de proposition par Humphry Davy, c'est-à-dire administrer le protoxyde d'azote dans une opération chirurgicale. C'est ce que fit Horace Wels, et c'est pour cela que le nom du dentiste de Hartford doit être inscrit après celui de Davy sur la liste des hommes qui ont concouru à la création de la méthode anesthésique.

Expérience d'Horace Wels à l'hôpital de Boston avec le gaz hilarant. — Essais de Charles Jackson. — Entrevue de Jackson et du dentiste William Morton. — Premiers emplois de l'éther comme agent anesthésique.

« Horace Wels exerçait sa profession à Hartford, petite ville du comté de Connecticut. Il avait résidé quelque temps dans la capitale des Etats-Unis, à Boston, comme associé du dentiste William Morton. Mais l'association n'avait pas prospéré, et il avait dû retourner dans sa ville natale. C'est là qu'au mois de novembre 1844, il lui vint à l'esprit de vérifier le fait annoncé par Humphry Davy, relativement à l'abolition de la douleur par les inhalations de protoxyde d'azote. Il fit sur lui-même le premier essai : il respira ce gaz; une fois sous son influence, il se fit arracher une dent, et ne ressentit aucune douleur. A la suite de cet essai favorable, il pratiqua la même opération sur douze ou quinze personnes avec un succès complet. Horace Wels assure avoir aussi employé dans le même but l'éther sulfurique; mais ce composé lui parut exercer sur l'économie une action trop énergique; sur les conseils du docteur Marcy, il renonça, s'il faut l'en croire, à en faire usage, et il s'en tint au gaz hilarant.

---

(1) C'est probablement d'après ces faits que la médecine commença à cette époque à tirer parti de l'éther sulfurique employé en vapeurs. Vers l'année 1820, M. Anglada, professeur de toxicologie à Montpellier, prescrivait les vapeurs d'éther contre les douleurs névralgiques; il se servait à cet effet d'un flacon de Wolf à deux tubulures. Selon M. Duméril, le docteur Desportes conseillait aux phthisiques les inhalations d'éther, et il en obtenait des effets sédatifs. En Angleterre, le docteur Thornton était dans l'usage, à la même époque, d'administrer la vapeur d'éther, entre autres remèdes pneumatiques; l'un de nos savants contemporains a raconté que le docteur Thornton l'avait soumis lui-même à ce traitement pendant sa jeunesse. Ainsi l'emploi des inhalations éthérées comme remède interne était entré d'une manière assez sérieuse dans la pratique médicale. L'appareil qui servait à administrer les vapeurs d'éther était d'ailleurs, à peu de chose près, le même que celui qu'ont employé les chirurgiens des Etats-Unis, dans les premiers temps de la méthode anesthésique. Dans l'article Ether du *Dictionnaires des sciences médicales*, publié en 1815, Nysten décrit ainsi cet appareil : « Il consiste en un petit flacon de verre à « deux tubulures, à moitié rempli d'éther. L'une des « tubulures reçoit un tube qui s'ouvre d'une part « dans l'air atmosphérique et plonge de l'autre dans « l'éther. L'autre tubulure opposée à la précédente « est courbée en arc, de manière que son extrémité « devenant horizontale, le malade la reçoit dans sa « bouche, et c'est par elle qu'il respire. L'air atmo« sphérique introduit par la première tubulure tra« verse l'éther et s'imprègne de sa vapeur qu'il « porte dans les voies respiratoires. » C'est, comme on le voit l'appareil que les chirurgiens américains ont employé au début de la méthode anesthésique.

« Assuré de l'efficacité de ce moyen préventif de la douleur, Horace Wels partit pour Boston, dans l'intention de faire connaître sa découverte à la Faculté de médecine. En arrivant à Boston, il se rendit chez son ancien associé Morton, et lui fit part de ce qu'il avait observé. Il vit le même jour le docteur Jackson, qu'il instruisit des mêmes faits. Il se rendit ensuite, accompagné de son confrère Morton, chez un professeur de la Faculté, le docteur Georges Hayward, chirurgien de l'un des hôpitaux de Boston, et lui proposa d'employer le gaz hilarant dans l'une de ses prochaines opérations. M. Hayward accepta cette offre avec empressement, seulement aucune opération ne devait avoir lieu avant deux ou trois jours ; trouvant ce délai trop long, Horace Wels et Morton allèrent trouver un autre professeur, le docteur Charles Warren. Celui-ci accepta la proposition sans difficulté : « Tenez, leur dit-il, « cela se rencontre à merveille ; nos élèves « se réunissent ce soir à l'hôpital pour s'amu- « ser à respirer de l'éther. Vous profiterez « de l'occasion, et vous trouverez là des « spectateurs tout prêts pour une expérience « publique. Préparez donc votre gaz, et ren- « dez-vous à l'amphithéâtre avec vos ins- « truments. Nous ferons un essai sur un ma- « lade à qui l'on doit extraire une dent. »

« Tout se passa comme il avait été dit. Le soir venu, Morton prit ses instruments, et se rendit avec son confrère à la salle des opérations. Les élèves étaient déjà réunis depuis longtemps. Horace Wels administra le gaz au malade, et se mit en devoir d'arracher la dent. Mais, par l'effet ordinaire de la variabilité d'action du protoxyde d'azote, ou par suite de sa mauvaise préparation, le gaz ne produisit aucun effet ; le patient poussa des cris, les spectateurs se mirent aussitôt à rire et à siffler, et la séance se termina à la confusion du malheureux opérateur.

« Horace Wels se retira le cœur serré ; le lendemain il fit remettre à Morton ses instruments et repartit pour Hartford. Le triste résultat de cette expérience et le chagrin qu'il éprouva de son échec lui occasionnèrent une grave maladie. Après sa guérison, il abandonna ses recherches.

« Ce n'est que deux ans après cette époque que le nom du docteur Jackson apparaît pour la première fois dans l'histoire de l'éthérisation. Reçu docteur en médecine à l'université de Harward, en 1829, Charles Jackson avait été de bonne heure attiré en Europe par le désir d'y perfectionner ses connaissances scientifiques. Il avait séjourné pendant quelques années à Paris et à Vienne, s'occupant de l'étude des sciences accessoires à la médecine, et particulièrement de géologie et de chimie. De retour à Boston, il ne tarda pas à abandonner sa profession de médecin pour se consacrer tout entier à des recherches de chimie analytique et de géologie. Les beaux travaux qu'il exécuta sur la géologie de plusieurs contrées des États-Unis le firent bientôt distinguer dans cette partie des sciences, et sa réputation parvint jusqu'en Europe, où il était connu comme le plus habile des géologues américains. Nommé inspecteur des mines du Michigan, il ouvrit à Boston des cours publics de chimie, et il recevait dans son laboratoire un certain nombre d'élèves qui s'exerçaient, sous sa direction, aux travaux de chimie.

« Les expériences de Davy sur le gaz hilarant, les tentatives d'Horace Wels pour tirer parti des propriétés de ce gaz, enfin la connaissance généralement répandue en Amérique de l'ivresse particulière occasionnée par la respiration des vapeurs d'éther, amenèrent Charles Jackson à examiner de plus près ces faits, dont l'importance était facile à comprendre. Il essaya sur lui-même l'action des vapeurs d'éther, et reconnut ainsi que leur inspiration, faite avec les précautions nécessaires, ne s'accompagne d'aucun danger. En effet, bien avant qu'il songeât à s'occuper de cette question, l'ivresse amenée par l'inspiration de l'éther sulfurique était, comme on l'a vu, généralement connue ; mais cet effet était regardé comme dangereux. Des jeunes gens qui, dans les laboratoires de chimie, avaient respiré trop longtemps les vapeurs d'éther, en avaient éprouvé de fâcheux résultats. Le docteur Mitchell rapporte qu'à Philadelphie, quelques enfants ayant versé de l'éther dans une vessie, la plongèrent dans l'eau chaude pour vaporiser l'éther, et respirèrent la vapeur qui se forma ; il en résulta de graves accidents, et la mort même en fut la suite. Ces faits étaient loin d'être isolés, et le danger attaché aux inhalations de l'éther était une opinion unanimement professée par les chimistes et les médecins américains. Or, dans l'expérience qu'il fit sur lui-même en 1842, Jackson eut occasion de se convaincre que les accidents observés dans ces circonstances ne devaient se rapporter qu'à l'oubli de quelques précautions indispensables, et que les vapeurs d'éther peuvent être respirées sans aucun inconvénient, si on les mélange d'une certaine quantité d'air atmosphérique. En même temps il reconnut, beaucoup mieux qu'on ne l'avait fait avant lui, la nature et le caractère précis de l'ivresse amenée par l'éther, son peu de durée, et l'insensibilité qui l'accompagne.

« Dans sa lettre à M. Joseph Abbot, M. Jackson rapporte ainsi l'expérience qui le conduisit à ces observations fondamentales :

« L'expérience qui me fit conclure que « l'éther sulfurique produisait l'insensibilité « fut faite de la manière suivante. Je pris « une bouteille d'éther sulfurique purifié « que j'avais dans mon laboratoire ; j'allai « dans mon cabinet, je versai de cet éther « sur un morceau de linge, et, l'ayant pressé « légèrement, je m'assis dans une berceuse. « Ayant appuyé ma tête en arrière sur la « berceuse, je posai mes pieds sur une « chaise, de manière que je me trouvasse « dans une position fixe ; je plaçai alors le « morceau de toile sur ma bouche et sous

« mes narines, et je commençai à respirer
« l'éther.

« Les effets que je ressentis d'abord furent
« un peu de toux, puis de la fraîcheur qui
« fut suivie d'une sensation de chaleur. Il
« me vint bientôt de la douleur à la tête
« et dans la poitrine, des envies de rire et
« du vertige. Mes pieds et mes jambes étaient
« engourdis et insensibles ; il me semblait
« que je flottais dans l'air ; je ne sentais plus
« la berceuse sur laquelle j'étais assis. Je
« me trouvai, pendant un espace de temps
« que je ne puis définir, dans un état de
« rêverie et d'insensibilité. Lorsque je re-
« vins, j'avais toujours du vertige, mais point
« d'envie de me mouvoir. La toile qui con-
« tenait l'éther était tombée de ma bouche ;
« je n'avais plus de douleur dans la poitrine
« ni dans la gorge ; mais je ressentis bien-
« tôt un tremblement inexprimable dans
« tout le corps ; le mal de gorge et de poi-
« trine revint bientôt, cependant avec moins
« d'intensité qu'auparavant.

« Comme je ne m'étais plus aperçu de la
« douleur, non plus que des objets exté-
« rieurs, peu de temps avant et après que
« j'eus perdu connaissance, je conclus que
« la paralysie des nerfs de la sensibilité se-
« rait si grande, tant que durerait cet état, que
« l'on pourrait opérer un malade soumis à
« l'influence de l'éther sans qu'il ressentît la
« moindre douleur. Me fiant là-dessus, je
« prescrivis l'emploi de l'éther, persuadé
« que l'expérience serait couronnée de suc-
« cès (1). »

« Déjà, avant cette époque, le docteur
Jackson avait respiré plusieurs fois les vapeurs d'éther, non pas à titre d'agent préventif de la douleur, mais simplement comme
remède antispasmodique, moyen déjà en
usage depuis plusieurs années chez les médecins des États-Unis. Ayant eu un jour recours à ce moyen pour combattre un rhume
violent, accompagné d'une constriction très-
pénible des poumons, il prolongea plus qu'à
l'ordinaire les inspirations, et ressentit alors
quelques effets d'insensibilité. Il est probable que ce fut là le fait qui lui donna l'idée
d'examiner de plus près l'action de l'éther
sur l'économie. Au reste, ce dernier point
est encore assez obscur par suite des explications tout à fait insuffisantes fournies par
M. Jackson, sur les circonstances qui l'ont
amené à reconnaître l'action stupéfiante de
l'éther.

« On peut donc résumer dans les termes suivants la part qui revient au chimiste américain, dans la découverte de la méthode anesthésique : Jackson établit beaucoup mieux
qu'on ne l'avait fait avant lui la nature de
l'ivresse éthérée, et il mit à peu près hors
de doute ce fait capital, assez vaguement
aperçu jusque-là, que l'insensibilité générale ou locale est la conséquence de cet état
particulier de l'économie ; il reconnut, en

(1) *Défense des droits du docteur Charles T. Jackson à la découverte de l'éthérisation*, par les frères
Lord, conseillers, p. 127.

outre, le temps très-court nécessaire pour
amener ces remarquables effets, la rapidité
avec laquelle ils disparaissent, et le peu de
danger qui les accompagne. On ne peut nier
que la découverte de la méthode anesthésique ne se trouvât contenue presque tout
entière dans les applications de ces faits.

« Tout porte à croire cependant que ces
idées étaient loin à cette époque de se présenter à l'esprit du docteur Jackson avec la
simplicité et l'évidence que nous leur prê-
tons ici. Quatre années se passèrent, en effet, sans qu'il songeât à les soumettre à un
examen plus sérieux. La possibilité de tirer
parti de l'éther dans les opérations chirurgicales existait donc, dans sa pensée, plutôt à
l'état d'opinion théorique que comme vérité
expérimentalement établie. Rien n'était plus
facile, s'il en eût été autrement, que de chercher à vérifier ses prévisions en administ-
rant l'éther à un malade soumis à quelque
opération chirurgicale. Il n'en fit rien ; il se
borna, quatre ans après, à indiquer, à titre
de simple conseil, l'emploi de l'éther pour
faciliter l'exécution d'une opération de faible
importance.

« Au mois de février 1846, un de ses élèves (Joseph Peabody) souffrait d'un mal de
dents, et, redoutant la douleur, voulait se
faire magnétiser avant l'opération ; le docteur Jackson lui parla de l'éther sulfurique
comme d'un agent utile pour détruire la sensibilité ; il lui donna même les instructions
nécessaires pour purifier l'éther et pour le
respirer. L'élève promit de s'en servir, et,
de retour dans son pays, il commença, en
effet, à distiller de l'éther dans cette intention ; mais ayant trouvé, dans les ouvrages
qu'il consulta, toutes les autorités contraires à l'idée de son maître, il renonça à
son projet.

« Six mois après, le docteur Jackson trouva
un expérimentateur plus docile. Ce fut le
dentiste William Morton.

« Une polémique très-longue et très-ani-
mée s'est élevée entre Jackson et Morton, à
propos de la découverte de l'anesthésie. Les
deux adversaires ont échangé un grand nombre de lettres et deux ou trois brochures
destinées à défendre leurs droits respectifs
à la propriété de cette invention. Par les
soins des deux parties, une enquête minutieuse a été ouverte, et, selon l'usage américain, on a produit des deux côtés un grand
nombre de témoignages assermentés (*affci-
davit*). La comparaison attentive de ces divers documents permet de fixer le rôle que
chacun d'eux a joué dans cette grande affaire. Il est parfaitement établi pour nous,
en dépit de ses assertions contraires, que
Morton ne savait pas le premier mot de la
question de l'anesthésie, lorsque, le 1ᵉʳ septembre 1846, le docteur Jackson lui communiqua, dans une conversation, toutes ses
idées à cet égard. Comme l'entretien de Jackson et de Morton est, au point de vue historique, d'une importance capitale, on nous
permettra de le rapporter ici ; il est très-
facile de le rétablir, grâce aux déposi-

tions assermentées qui en ont consigné les termes.

« Le 1ᵉʳ septembre 1846, le docteur Jackson travaillait dans son laboratoire avec deux de ses élèves, Georges Barnes et James Mac-Intyre, lorsque William Morton entra dans la salle et demanda qu'on voulût bien lui prêter un petit sac de gomme élastique.

« — Il vient de m'arriver, dit-il, un malade fort timoré qui redoute la douleur et qui demande à être magnétisé avant l'opération. Je crois qu'en remplissant un sac d'air atmosphérique, et lui faisant respirer cet air, j'agirai sur son imagination et je pourrai pratiquer mon opération tout à mon aise.

« Ayant reçu de M. Jackson le sac de gomme élastique, Morton demanda comment il devait s'y prendre pour le gonfler.

« — Tout simplement, dit Jackson, avec la bouche ou bien avec un soufflet. Mais, continua le docteur, votre projet me paraît bien absurde, monsieur Morton; votre malade ne se laissera pas tromper si niaisement, et vous n'aboutirez qu'à vous rendre ridicule.

« — Je ne vois pas cela, reprit Morton; je crois, au contraire, que mon sac bien gonflé d'air aura une apparence formidable, et que je ferai ainsi accroire à mon malade tout ce qu'il me plaira.

« En disant ces mots, il mit le sac sous son bras, et le pressant plusieurs fois avec le coude, il montrait de quelle manière il se proposait d'agir.

« — Si je peux seulement réussir à lui faire ouvrir la bouche, je réponds d'arracher sa dent. Ne connaissez-vous pas la puissance des effets de l'imagination? Et n'est-il pas vrai qu'un homme est mort par le seul effet de sa frayeur, lorsque, après avoir légèrement piqué son bras, on y fit couler un filet d'eau chaude?

« Comme il se mettait à raconter les détails de ce fait, Jackson l'interrompit.

« — Allons donc, monsieur Morton! je ne pense pas que vous ajoutiez foi à de semblables histoires. Renoncez à cette idée, vous ne réussirez qu'à vous faire dénoncer comme imposteur.

« Il y eut ici une pause de quelques instants. Le docteur reprit alors :

« — Ne pourriez-vous essayer sur votre malade le gaz hilarant de Davy?

« — Sans doute, répondit Morton. Je connais les propriétés de ce gaz, car j'assistais à l'expérience de Wels. Mais pourrais-je réussir moi-même à le préparer?

« — Non, répondit le docteur, vous ne sauriez vous passer de l'assistance d'un chimiste. Vous n'obtiendriez sans cela qu'un gaz impur, et vous n'aboutiriez qu'à une déconvenue, comme il arriva à ce pauvre diable d'Horace Wels.

« — Mais vous-même, docteur, dit Morton, ne pourriez-vous avoir la bonté de me préparer un peu de ce gaz?

« — Non, j'ai d'autres affaires.

« — Au fait, dit Morton, terminant là l'entretien, je m'en soucie peu. Je vais toujours me servir du sac.

« Et, sur ces dernières paroles, il se dirigea vers la porte, et sortit balançant à la main son sac de caoutchouc.

« Pendant qu'il s'éloignait, Jackson se ravisa. L'occasion lui parut bonne, sans doute, pour tenter une expérience décisive; l'insoucieux et entreprenant dentiste convenait parfaitement pour un essai de cette nature, dont l'issue pouvait devenir fâcheuse, et dont il redoutait peut-être pour lui-même les conséquences et la responsabilité. Il sortit du laboratoire, et rappela Morton, qui se trouvait déjà dans la rue; ils rentrèrent tous les deux dans le laboratoire.

« — Écoutez, Morton, dit le docteur, j'ai quelque chose de mieux à vous proposer. J'ai depuis longtemps une idée en tête, et vous êtes l'homme qu'il faut pour la mettre à exécution. Allez donc de ce pas chez l'apothicaire Burnett, et achetez une once d'éther sulfurique. Prenez surtout l'éther le plus pur, c'est-à-dire celui qui a été rectifié par une seconde distillation. Versez-en un peu sur un mouchoir, et faites-le respirer à votre malade. Au bout de quatre ou cinq minutes vous obtiendrez une insensibilité complète.

« — De l'éther sulfurique! dit Morton. Qu'est-ce que cela? Est-ce un gaz? En avez-vous un peu? Montrez-m'en, je vous en prie (1).

« Le docteur Jackson alla prendre dans une armoire un flacon d'éther, et le montra au dentiste qui se mit à le sentir comme s'il n'en avait jamais vu.

« — Votre liquide, dit-il, a une singulière odeur. Mais êtes-vous bien convaincu que j'obtiendrai l'effet dont vous parlez, et mon malade ne peut-il courir aucun risque?

« Jackson répondit du succès, et, à l'appui de l'innocuité de l'expérience, il rappela que les écoliers du collège de Cambridge, qui étaient dans l'habitude de respirer l'éther par amusement, ne s'en étaient jamais trouvés incommodés.

« Morton ne paraissait nullement rassuré, et son interlocuteur faisait tous ses efforts pour le persuader.

« — Je crains fort, dit le dentiste, d'incommoder mon malade.

(1) Pour comprendre l'importance de ce mot de Morton, il faut savoir qu'après le succès de la méthode anesthésique, ce dernier ayant revendiqué pour lui seul l'honneur de cette découverte, assura qu'il avait fait des expériences avec l'éther dès l'année 1843. Il est assez singulier dès lors que, pendant sa conversation avec Jackson, il ne connaisse point l'éther et demande si c'est un gaz. Pour expliquer cette contradiction, Morton a avancé plus tard que son ignorance, sous ce rapport, était simulée et qu'il voulait seulement tenir ainsi caché au docteur Jackson qu'il savait occupé du même sujet. Tout cela paraît fort invraisemblable, et, dans tous les cas, cette réticence ne dépose guère en faveur de sa sincérité.

38

» — N'ayez aucune crainte, répondait Jackson, j'ai fait cette expérience sur moi-même. Après une douzaine d'inspirations, votre malade s'affaissera sur sa chaise, et tombera dans une insensibilité absolue. Vous en ferez alors tout ce que vous voudrez.

« Les deux élèves de Jackson, Georges Barnes et James Mac-Intyre, s'étaient rapprochés dans cet intervalle et écoutaient la conversation. Morton s'adressa à l'un d'eux :

« — Croyez-vous, Mac-Intyre, que cette expérience soit sans danger et oseriez-vous la tenter sur vous-même ?

« — Certainement, répondit l'élève.

« — Mais, reprit alors M. Jackson, il y a un moyen bien simple de vous convaincre vous-même du peu de danger de cette expérience. Enfermez-vous dans votre cabinet, versez de l'éther sur un mouchoir et respirez-le pendant quelques minutes ; vous ne tarderez pas à ressentir les effets que je vous annonce. Tenez, ajouta-t-il, cela vaudra mieux encore, prenez ce petit appareil ; l'inspiration des vapeurs sera plus facile.

« Et il lui remit un flacon à deux tubulures, muni de ses deux tubes de verre.

« — C'est bien, répondit Morton ; je vais tout de suite en faire l'essai.

« Et du même pas le dentiste se rendit à la pharmacie de Burnett et acheta une once d'éther sulfurique. Il rentra chez lui, s'enferma dans son cabinet, et, s'il faut l'en croire, il fit sur lui-même l'expérience : « Assis dans le fauteuil d'opérations, je « commençai à respirer l'éther ; je le trou- « vai tellement fort, qu'il me suffoqua en « partie ; mais il produisit un effet décidé. « J'en saturai mon mouchoir, et je l'inhalai. « Je regardai ma montre ; je perdis bientôt « connaissance. En revenant à moi, je sentis « de l'engourdissement dans mes jambes, « avec une sensation semblable à un cau- « chemar. J'aurais donné le monde entier « pour que quelqu'un vînt me réveiller. Je « crus un moment que j'allais mourir dans « cet état, et que le monde ne ferait que me « prendre en pitié ou tourner en ridicule « ma folie. A la fin, je sentis un léger cha- « touillement de sang à l'extrémité de mon « doigt, et je m'efforçai de le toucher avec « le pouce, mais sans succès. Un deuxième « effort m'amena à le toucher, mais sans « éprouver aucune sensation. Peu à peu je « me trouvai solide sur mes jambes, et je « me sentis revenu entièrement à moi ; je « regardai sur-le-champ ma montre, et je « calculai que j'étais demeuré insensible « l'espace de sept à huit minutes (1). »

« Heureux de son succès, Morton s'empressa de l'annoncer aux personnes employées dans sa maison ; et il attendit avec une impatience facile à comprendre qu'un malade voulût bien se prêter à une expérience plus complète. L'occasion s'offrit le

soir même. A neuf heures, un habitant de Boston, nommé Eben Frost, se présenta chez lui, souffrant d'un violent mal de dents, mais redoutant beaucoup la souffrance et désirant être magnétisé pour ne rien sentir. « J'ai mieux que cela, dit Mor- « ton. » Il versa de l'éther sur un mouchoir et le fit respirer à son client. Celui-ci ne tarda pas à perdre connaissance. Un de ses confrères, le docteur Hayden, qui avait voulu être témoin de l'expérience, tenait une lampe pour éclairer l'opérateur. Morton prit ses instruments et arracha une dent barrée qui tenait par de fortes racines. La figure du patient ne fit pas un pli. Au bout de deux minutes, il se réveilla et vit sa dent par terre. Il n'avait ressenti aucune douleur et ne pouvait se rendre compte de rien. Il demeura encore vingt minutes dans le cabinet du dentiste, et sortit parfaitement remis, après avoir signé un certificat constatant le fait.

« Morton était transporté de joie ; le lendemain il courut dès le matin chez Jackson pour lui raconter l'événement ; il ne pensait pas encore à réclamer pour lui seul la pensée de l'invention ; il ne voulait pas encore être la tête d'une découverte dont il n'avait été que le bras. Jackson ne parut pas surpris le moins du monde : « Je vous l'avais « dit, » répondit-il sans s'émouvoir davantage. Ils commencèrent alors à s'entretenir des moyens de poursuivre les applications d'un procédé si remarquable et si nouveau.

« — Je vais, dit Morton, employer l'éther chez tous les clients qui se présenteront à mon cabinet.

« — Voilà qui est parfait, dit Jackson, mais cela ne suffit point. Allez, sans plus tarder, chez le docteur Warren, chirurgien de l'hôpital général ; faites-lui part de ce que vous avez fait, et proposez-lui d'employer l'éther pour une opération sérieuse. Personne ne croirait à la valeur de ce procédé, si l'on se bornait à l'employer dans une opération aussi simple que celle d'une extraction de dent. Il arrive souvent, dans ce cas, que les malades n'éprouvent aucune douleur, si l'opération est faite avec promptitude et par un tour de main adroit. On mettrait donc le défaut de sensibilité sur le compte de l'imagination. Il faut donner au public une démonstration tout à fait sans réplique.

« Le dentiste faisait beaucoup d'objections pour se rendre à l'hôpital.

« — Mais, si nous allons faire à l'hôpital une expérience publique, tout le monde reconnaîtra l'odeur de l'éther, et notre découverte sera aussitôt divulguée. Ne pourrait-on pas ajouter à l'éther quelque arome étranger qui en dissimulât l'odeur ?

« — Oui, répondit Jackson en riant, quelque essence française comme l'essence de roses ou de néroli. Après l'opération, le malade exhalera un parfum de roses, et le public ne saura plus que penser. Mais sérieusement, ajouta Jackson, croyez-vous que j'aie l'intention de faire à mon profit le monopole d'une découverte pareille ? Détrom-

(1) *Mémoire sur la découverte du nouvel emploi de l'éther sulfurique*, par W. MORTON, p. 17.

pez-vous. Ce que je vous ai communiqué, je l'annoncerai à tous mes confrères.

« Morton se décida enfin à se rendre à l'hôpital. Il vit le docteur Warren et lui raconta son opération de la veille; seulement, il ne dit pas un mot de la part que M. Jackson avait eue dans la découverte. Le docteur Warren accepta avec empressement la proposition du dentiste, et promit de saisir la première occasion qui s'offrirait d'employer l'éther dans une opération chirurgicale.

« En attendant, Morton continua d'administrer l'éther aux clients qui se présentaient chez lui. Pour son second essai, il éthérisa un petit garçon qui ressentit un peu de malaise et éprouva quelques vomissements. On fut obligé de ramener le petit malade en voiture; la famille s'alarma, et un médecin déclara qu'on l'avait empoisonné. Les parents étaient furieux; on parlait d'attaquer le dentiste devant les tribunaux; le succès de nouvelles opérations dont le bruit commençait à se répandre dans la ville calma heureusement cette émotion.

« Cependant le moment approchait où l'expérience décisive devait s'accomplir à l'hôpital de Boston. Morton employa cet intervalle à faire construire, avec l'assistance de M. Gould, médecin versé dans les connaissances chimiques, un appareil très-convenable pour l'administration des vapeurs éthérées. C'était un flacon contenant une éponge imbibée d'éther, muni de deux tubulures et portant deux soupapes inverses, pour donner un accès à l'air et une issue à la vapeur.

« C'est le 14 octobre 1846 que le docteur Warren exécuta cette expérience mémorable, en présence de tous les élèves de la Faculté de médecine et d'un grand nombre de praticiens de Boston. L'opération devait avoir lieu à dix heures; Morton se fit longtemps attendre. Il entra enfin au moment où le chirurgien, n'espérant plus le voir arriver, allait procéder à l'opération; il tenait à la main l'appareil que le fabricant venait seulement de terminer. Quant au docteur Jackson, il ne parut point : Morton avait été messager infidèle; il n'avait pas prévenu son confrère, qui était parti ce jour-là pour les mines du Maryland.

« L'opération se fit avec un bonheur complet. Morton ayant appliqué le tube aspirateur sur la bouche du malade, l'insensibilité se manifesta au bout de trois minutes. Il s'agissait d'enlever une tumeur volumineuse du cou. Le chirurgien fit une incision de trois pouces et commença à disséquer les tissus à travers les nerfs et les nombreux vaisseaux de cette région. Il n'y eut, de la part du patient, aucune expression de douleur; seulement il commença, après les premiers coups de bistouri, à proférer des paroles incohérentes, et parut agité jusqu'à la fin de l'opération; mais il déclara, en revenant à lui, n'avoir senti rien autre chose qu'une espèce de grattement. Des acclamations et des applaudissements retentirent aussitôt dans la salle, et les spectateurs se

retirèrent en proie aux émotions les plus vives.

« Le lendemain, une autre expérience fut exécutée dans le même hôpital, par le docteur Hayward, sur une femme qui portait une tumeur au bras. L'inspiration des vapeurs fut continuée pendant tout le temps de l'opération; il n'y eut aucun signe de douleur; quelques murmures se firent entendre à la fin de l'opération, mais à son réveil la malade les attribua à un rêve pénible qu'elle avait fait, et déclara n'avoir rien senti.

« Le 7 novembre, le docteur Bigelow pratiqua, avec l'éther, une amputation de cuisse. Le même jour, il lut à la Société médicale de Boston un mémoire détaillé sur les faits précédents, et l'éthérisation fut dès ce moment une découverte publique et avérée.

« La gloire d'avoir attaché son nom à une si précieuse découverte, et l'honneur qui lui revenait pour avoir hâté, par son heureuse audace, le moment de sa réalisation, ne suffirent point à William Morton. Il eut la triste pensée de monopoliser à son profit une découverte qui devait appartenir à l'humanité tout entière. Il voulut se placer sous la sauvegarde illibérale d'un brevet et exiger une redevance de tous ceux qui voudraient jouir de ce bienfait nouveau; ainsi il ne consentait à affranchir de la douleur que ceux qui auraient le moyen de payer ce privilège. Le docteur Jackson résista longtemps à cette prétention honteuse; disons-le cependant, il eut le tort de céder. M. Jackson allègue pour excuse qu'il ne consentit à laisser figurer son nom sur le brevet que pour maintenir ses droits à la priorité de l'invention. Le brevet qui leur fut délivré aux États-Unis représente, en effet, Jackson comme inventeur et Morton comme propriétaire, chargé d'exploiter la découverte. On est heureux d'ailleurs de trouver, dans des dépositions authentiques, les preuves du désintéressement du docteur Jackson. Elles résultent du témoignage même de l'homme d'affaires de Morton, M. Eddy, qui fut chargé de solliciter le brevet. Dans son *affidavit*, M. Eddy raconte que lorsqu'il alla trouver le docteur Jackson, pour le décider à demander le brevet, « il le « trouva imbu de ces préjugés, vieux et abandonnés depuis longtemps, contre les brevets d'invention. » Il fit tous ses efforts pour combattre ses scrupules; mais Jackson répondit « qu'il ne croyait pas qu'il fût compatible avec le principe des sciences libérales de monopoliser une découverte. » Lorsque plus tard Morton, persistant dans son dessein, envoyait dans toute l'étendue des États-Unis des agents chargés de vendre aux chirurgiens le droit d'employer l'éther, M. Jackson ne cessa de réclamer contre ces honteuses entraves. Il déclarait le brevet sans valeur et déplorait d'y voir son nom attaché. Il publia même une protestation contre le contrat qu'il avait si inconsidérément accepté; et, dans un entretien qu'il eut à ce sujet avec le président des États-Unis, il déclara combien il regrettait d'avoir cédé aux instances de son associé. Enfin, Morton lui ayant adressé un *bon* pour toucher une part de ses bénéfices, M. Jackson poussa le *préjugé* jusqu'à déchirer le mandat. Au mois de novembre, M. Eddy l'ayant informé qu'il tenait à sa disposition une somme assez considérable provenant de la même source, il refusa de l'accepter. Ainsi, la postérité n'oubliera pas que si, égaré mal à propos par sa sollicitude à maintenir ses droits d'inventeur, il eut la faiblesse de se mettre de moitié dans une mesure qui retarda pendant quelque temps la diffusion d'un bienfait public, du moins il fit tous ses efforts pour renverser les obstacles qu'il avait lui-même contribué à élever.

L'éthérisation en Europe. — « M. Boot, dentiste de Londres, reçut, le 17 décembre 1846, une lettre de William Morton qui l'informait de la nouvelle découverte. Il s'empressa de la communiquer à l'un de ses confrères, M. Robinson, praticien des plus distingués, qui fit construire aussitôt un appareil inhalateur parfaitement combiné, et qui est encore aujourd'hui en usage en Angleterre. A l'aide de cet appareil, il administra l'éther à un de ses clients, qui subit sans douleur l'extraction d'une dent. Deux jours après, le 19 décembre, M. Liston pratiquait, à l'hôpital du collége de l'Université, une amputation de cuisse et un arrachement de l'ongle du gros orteil, sans que les malades eussent conscience de ces opérations. MM. Guthrie, Lawrence, Morgan, les deux neveux d'Asthley Cooper; M. Fergusson, à l'hôpital du *King's College;* M. Tattum, à l'hôpital Saint-George, répétaient quelques jours après les mêmes tentatives, qui cependant ne furent pas toutes heureuses.

« Les expériences des chirurgiens anglais furent arrêtées quelques jours par les réclamations d'un agent de Morton, qui parlait de secret et de brevet, et menaçait de poursuivre en justice ceux qui feraient usage, sans autorisation, du nouveau procédé. Cependant les chirurgiens furent bientôt rassurés par les gens de loi; on laissa dire le prétendu agent des inventeurs, et l'on reprit avec une ardeur nouvelle l'étude des faits extraordinaires qui allaient produire dans la médecine opératoire une transformation si profonde.

« A la même époque, un praticien éminent de la Faculté de Paris fut informé, par une lettre venue d'Amérique, de la découverte de Jackson; mais on lui offrait seulement d'essayer et d'acheter le procédé que l'on tenait secret. M. Velpeau refusa prudemment d'expérimenter sur des malades un agent dont on lui cachait la nature. C'est à M. Jobert (de Lamballe) que revient l'honneur d'avoir le premier constaté en France l'action stupéfiante de l'éther. Le 22 décembre, c'est-à-dire trois jours après le docteur Robinson, M. Jobert pratiqua à l'hôpital Saint-Louis, avec l'assistance d'un jeune docteur américain, un premier essai, qui toutefois n'eut aucun succès, par suite de la mauvaise disposition de l'appareil. Mais la même tentative, répétée deux jours après, réussit complétement.

« M. Malgaigne, collègue de M. Jobert à l'hôpital Saint-Louis, s'empressa, de son côté, d'expérimenter l'éther dans son service chirurgical, et le 12 janvier 1847 il communiquait à l'Académie de médecine le résultat de ses observations. Il exposa les faits sur lesquels reposait la méthode américaine et fit connaître ses procédés d'exécution. Sur cinq opérés, M. Malgaigne ne pouvait annoncer qu'un seul cas de réussite; mais il attribuait cette circonstance à l'imperfection de l'appareil; des dispositions mieux entendues pour la construction du tube inspirateur devaient faire disparaître prochainement les causes d'insuccès.

« Six jours après, M. Velpeau informa l'Académie des sciences des faits qui commençaient à occuper très-vivement les esprits. Cependant M. Velpeau ne parlait encore qu'avec une certaine défiance; il redoutait pour les malades l'effet stupéfiant de l'éther et ne paraissait pas disposé à croire que l'état d'insensibilité pût se prolonger assez longtemps pour permettre d'exécuter une opération d'une certaine importance. Mais tous ces doutes ne tardèrent pas à disparaître. A mesure que la construction des appareils se perfectionnait, les cas de résistance à l'action de l'éther devenaient plus rares. M. Velpeau, M. Roux, M. Jobert, M. Laugier, apportèrent à l'Académie des sciences des faits devant lesquels devaient s'évanouir toutes les hésitations.

« Pour montrer avec quelle promptitude furent dissipées les appréhensions qui avaient accueilli les premiers résultats de la méthode américaine, nous rapporterons la communication pleine d'intérêt, faite par M. Velpeau à l'Académie des sciences le 1ᵉʳ février 1847. Voici en quels termes ce chirurgien éminent parlait d'une découverte qu'il avait accueillie, quinze jours auparavant, avec tant de réserve :

« Dans deux autres séances, dit M. Velpeau, en entretenant l'Académie de l'effet des vapeurs éthérées sur les malades qu'on veut opérer, j'ai fait remarquer que la chirurgie ne tarderait pas à savoir à quoi s'en tenir sur la réalité des faits annoncés. Lundi dernier, la question était déjà assez avancée pour m'autoriser à dire qu'elle me paraissait pleine d'avenir : aujourd'hui, les observations se sont multipliées de toutes parts, en France, comme en Angleterre, comme en Amérique; de toutes parts aussi les faits, confirmés les uns par les autres, deviennent d'un intérêt immense.

« J'avais émis la pensée que le relâchement des muscles, observé par moi sur un premier malade soumis à l'inhalation de l'éther, deviendrait utile s'il était possible de le reproduire à volonté, pour la réduction de certaines fractures ou de certaines luxations. Je trouvai à l'hôpital de la Charité, le lendemain même du jour où je manifestais cet espoir, un homme jeune, robuste, vigoureux, fortement musclé, qui était atteint d'une fracture de la cuisse droite. Naturellement exalté, très-impressionnable, cet homme se livrait malgré lui à des contractions presque convulsives, dès qu'on tentait de le toucher pour redresser ses membres. Soumis à l'inhalation de l'éther, il tomba bientôt dans une sorte d'ivresse, avec agitation des sens et loquacité. La sensibilité s'éteignit chez lui au bout de cinq minutes; les muscles se relâchèrent, et nous pûmes redonner à sa cuisse la longueur et la forme désirables, sans qu'il ait paru souffrir ou s'en apercevoir.

« Le jour suivant, j'eus à opérer un homme, également vigoureux et fort, d'une tumeur qu'il avait au-dessous de l'oreille gauche, et qui pénétrait dans le creux de la région parotidienne. Cette région, remplie de nerfs, de vaisseaux et de tissus filamenteux ou glanduleux très-serrés, est une de celles (tous les chirurgiens le savent) où les opérations occasionnent le plus de douleur. Soumis à l'action de l'éther, le malade est tombé dans l'insensibilité au bout de trois minutes; l'opération était à moitié pratiquée, sans qu'il eût fait de mouvements ou proféré des cris. Il s'est mis ensuite à parler, à vouloir se remuer, à nous prier d'ôter notre *camphre qui le gênait*, mais sans avoir l'air de songer à ce que je faisais. Une fois l'opération terminée, il est rentré peu à peu dans son bon sens, et nous a expliqué comme quoi il venait de faire un rêve dans lequel il se croyait occupé à une partie de billard. L'agitation, les paroles que nous avions remarquées, tenaient, nous a-t-il dit, aux nécessités de son jeu, et surtout à ce que quelqu'un venait de lui enlever un cheval laissé à la porte pendant qu'il achevait sa partie. Quant à l'opération, il ne l'avait sentie en aucune façon, il ne s'en était point aperçu; seulement, en invoquant ses souvenirs et ses sensations, il nous a soutenu qu'il entendait très-bien mes coups de bistouri, qu'il en *distinguait le cric-crac*, mais qu'il ne les sentait point, qu'ils ne lui causaient aucune douleur.

« Une malheureuse jeune femme, accouchée depuis six semaines, entre à l'hôpital pour un vaste dépôt dans la mamelle. Ce dépôt ayant besoin d'être largement incisé, je propose à la malade de la soumettre préalablement aux inhalations de l'éther; elle s'y soumet comme pour essayer, et en quelque sorte sans intention d'aller jusqu'au bout: il lui suffit, en réalité, de quatre à cinq inspirations de moins d'une minute pour perdre la sensibilité, sans agitation, sans réaction préalable. Son visage se colore légèrement, ses yeux se ferment; je lui fends largement le sein, sans qu'elle manifeste le plus léger signe de douleur: une minute après, elle ouvre les yeux, semble sortir d'un sommeil léger, paraît un peu émue, et nous dit: *Je suis bien fâchée que vous ne m'ayez pas fait l'opération.* Au bout de quelques secondes elle a repris ses sens, voit que son abcès est incisé, et nous affirme, de la manière la plus formelle, qu'elle ne

s'est point aperçue de l'opération, qu'elle ne l'a nullement sentie.

« Un pauvre jeune homme a besoin de subir l'amputation de la jambe, par suite d'une maladie incurable des os du pied : l'inhalation éthérée le rend insensible au bout de trois à quatre minutes ; j'incise, je coupe la peau et toutes les chairs, j'opère la section des os. La jambe est complétement tranchée ; deux artères sont déjà liées, et le malade, naturellement très-craintif, très-disposé à crier, n'a encore montré aucun signe de douleur ; mais, au moment où une troisième ligature, qui comprend un filet nerveux en même temps que l'artère, est appliquée, il relève la tête et se met à crier ; seulement ses cris semblent s'adresser à autre chose qu'à l'opération : il se plaint d'être malheureux, d'être né pour le malheur, d'avoir éprouvé assez de malheurs dans sa vie, etc. Revenu à lui trois minutes après, il a dit n'avoir rien senti, absolument rien, ne pas s'être aperçu de l'opération, et ne pas se souvenir non plus qu'il eût crié, qu'il eût voulu remuer. Il s'est simplement souvenu que, pendant son sommeil, les malheurs de sa position lui étaient revenus à l'esprit et lui avaient causé une émotion plus vive qu'à l'ordinaire.

« Chez une jeune fille, sujette à des convulsions hystériques, et qui était venue à l'hôpital pour se faire arracher un ongle rentré dans les chairs, les vapeurs d'éther ont paru produire un des accès dont la jeune malade avait déjà été affectée. Quoiqu'elle parût insensible pendant cet accès, je n'ai pas jugé convenable cependant de la soumettre à l'opération. Revenue à son état naturel, elle a soutenu que les piqûres, que les pincements dont on lui parlait, et qu'elle avait, en effet, supportés, n'avaient nullement été sentis par elle. Un second essai a été suivi des mêmes phénomènes ; seulement, comme l'opération qu'elle avait à subir est très-douloureuse, et une de celles dont la vivacité des douleurs est en quelque sorte proverbiale, et comme cette malade affirmait que les mouvements dont nous avions été témoins étaient complétement étrangers à ce qu'on avait pu lui faire pendant qu'elle était sous l'influence de l'éther, je pensai devoir revenir une troisième fois à l'expérience. Cette fois-ci, l'inhalation produit son effet en deux minutes et demie. Je procède ensuite à la fente de l'ongle, dont j'arrache successivement les deux moitiés : pas un mouvement, pas un cri, pas un signe de souffrance ne se manifeste pendant l'opération ; et cependant cette pauvre jeune fille paraissait voir et comprendre ce que je faisais, car, au moment où je m'apprêtais à lui saisir l'orteil, elle a relevé la tête, comme pour s'asseoir et en me regardant d'un air hébété ; si bien que j'ai cru devoir lui faire placer la main d'un des assistants devant les yeux. Deux minutes après, elle avait repris connaissance, et nous a dit n'avoir rien senti, n'avoir nullement souffert ; puis elle a été prise d'un léger accès de con-

vulsion, qui n'a duré que quelques instants.

« Un homme du monde, très-impressionnable, très-nerveux, s'est trouvé dans la
dure nécessité de se faire enlever un œil
depuis longtemps dégénéré. Soumis préalablement à l'action de l'éther, deux ou trois
fois, à quelques jours d'intervalle, il s'est
promptement convaincu que cet agent le
rendait insensible. Tout étant convenablement disposé, je l'ai mis en rapport avec
l'appareil à inhalation : cinq minutes ont
été nécessaires pour amener l'insensibilité.
Alors j'ai pu détacher les paupières, diviser
tous les muscles qui entourent l'œil, couper le nerf optique, disséquer une tumeur
adjacente, remplir l'orbite de boulettes de
charpie, nettoyer le visage, compléter le
reste du pansement et appliquer le bandage,
sans que le malade ait exécuté le moindre
mouvement, jeté le plus léger cri, mani-
festé la moindre sensibilité. Ce n'est que
deux minutes après l'application de l'appareil qu'il est revenu à lui. Homme intelligent, d'un esprit cultivé, il a pu nous rendre compte de ses sensations et nous a dit
qu'il n'avait nullement souffert, qu'il n'avait
rien senti ; que, par moments, il s'apercevait
bien qu'on lui tirait quelque chose dans
l'orbite, qu'un certain bruit se passait par là,
mais sans lui faire mal, sans lui causer de
douleurs, il entendait bien aussi que je par-
lais près de lui, que je m'entretenais avec
les aides ; mais il n'avait point conscience de
ce que je demandais, de ce que nous disions. Il se trouvait d'ailleurs dans un
état étrange d'engourdissement, d'inapti-
tude aux mouvements, à la parole ; en somme, il s'était trouvé dominé, pendant toute
l'opération, par un cauchemar et des pensées
pénibles, relatives à des objets qui lui sont
personnels.

« Ce matin même, il m'a fallu enlever
une portion de la main à un ouvrier imprimeur, pour remédier à une tumeur fon-
gueuse compliquée de carie des os. Très-
excitable, craignant beaucoup la douleur,
ce malade a désiré qu'on lui procurât, nous
a-t-il dit, le bénéfice *de la précieuse découverte*. Au bout de trois ou quatre minutes,
il s'est trouvé insensible. Les premières incisions n'ont paru lui causer aucune souffrance ; mais, vers la moitié de l'opération,
il s'est mis à crier, à se débattre, à faire des
mouvements comme pour s'échapper ; les
élèves se sont empressés de le contenir, et
l'opération ainsi que le pansement une fois
terminés, cet homme, reprenant son état
naturel, s'est empressé, en nous faisant des
excuses, de nous expliquer comme quoi les
mouvements auxquels il venait de se livrer
étaient étrangers à son opération. Ils avaient
rapport, nous a-t-il dit, à une querelle d'a-
telier. Il s'imaginait qu'un de ses camarades
lui tenait une des mains, en même temps
qu'un second camarade le retenait par la
jambe, afin de l'empêcher de courir prendre
part à la querelle qui existait dans la chambre. Quant à l'opération, il a protesté ne l'a-

voir point sentie, n'en point avoir éprouvé
de douleur, quoiqu'il n'ignorât pas néanmoins qu'elle venait d'être pratiquée.

« Tels sont les principaux faits qui me
sont propres et que j'ai pu étudier dans le
courant de cette dernière semaine. J'ajou-
terai qu'une foule de médecins et d'élèves
se sont maintenant soumis aux inhalations
éthérées, afin d'en mieux apprécier les effets.
Quelques-uns d'entre eux s'y soumettent plutôt avec plaisir qu'avec répugnance : or, tous
arrivent plus ou moins promptement à perdre la sensibilité. Il en est quelques-uns,
deux entre autres, qui en sont venus, par
des exercices répétés, à pouvoir indiquer
toutes les phases du phénomène, dire où il
convient de les piquer, de les pincer ; ce
qu'ils sentent, ce qu'ils ne sentent pas. Bien
plus, chose étrange et à peine croyable ! ils
sont arrivés, en perdant la sensibilité tac-
tile, à conserver si bien les autres facultés
intellectuelles, qu'ils peuvent se piquer, se
piquer, et en quelque sorte se disséquer
eux-mêmes, sans se causer de douleurs, sans
se faire souffrir !

« On le voit, il n'y a plus moyen d'en
douter, la question des inhalations de l'é-
ther va prendre des proportions tout à fait
imprévues. Le fait qu'elle renferme est un
des plus importants qui se soient vus ; un
fait dont il n'est déjà plus possible de calculer la portée ; qui est de nature à impression-
ner, à remuer profondément, non seulement la chirurgie, mais encore la physiologie, la chimie, voire même la psychologie.
Voyez cet homme qui entend les coups
de bistouri qu'on lui donne et qui ne les
sent pas ; remarquez cet autre qui se laisse
couper une jambe ou une main, sans s'en
apercevoir, et qui, pendant qu'on l'opère, s'i-
magine jouer au billard ou se quereller avec
des camarades ! Voyez-en un troisième qui
reste dans un état de béatitude, de contente-
ment, qui se trouve très à son aise pendant
qu'on lui morcelle les chairs ! Voyez
enfin ce jeune homme qui conserve tous ses
sens, assez, du moins, pour s'armer d'une
pince et d'un bistouri, et venir porter le
couteau sur ses propres organes : n'y a-t-il
pas de quoi frapper, éblouir l'homme intelligent par tous les côtés à la fois, de quoi
bouleverser l'imagination du savant le plus
impassible ?

« Il n'y a plus maintenant d'opération
chirurgicale, quelque grande qu'elle soit, qui
n'ait profité des bienfaits de cette magique
découverte. La taille, cette opération si re-
redoutable et si redoutée, vient d'être pratiquée sans que le malade s'en soit aperçu.
Il en a été de même de l'opération de la
hernie étranglée. Une malheureuse femme,
dans le travail de l'enfantement, ne peut ac-
coucher seule : l'intervention du forceps est
réclamée, l'inhalation de l'éther est mise en
jeu, et l'accoucheur délivre la malade sans
lui causer de souffrances, sans qu'elle s'en
aperçoive.

« Si la flaccidité du système musculaire
venait à se généraliser sous l'influence des

inspirations éthérées, qui ne voit le parti qu'on pourrait tirer de ce moyen, quand il s'agit d'aller chercher au sein de l'utérus l'enfant qu'il faut extraire artificiellement ? C'est, qu'en effet, dans cette opération, les obstacles, les difficultés, les dangers viennent presque tous dans des violentes contractions de la matrice.

« De ce que j'ai vu jusqu'à présent, de l'examen sérieux des faits, il résulte que l'inhalation de l'éther va devenir la source d'un nombre infini d'applications, d'une fécondité tout à fait inattendue, une mine des plus riches où toutes les branches de la medecine ne tarderont pas à puiser à pleines mains. Elle sera le point de départ de notions si variées et d'une valeur si grande, à quelque point de vue qu'on les envisage, qu'il m'a paru nécessaire d'en saisir, dès à présent, l'Académie des sciences, et que je me demande si l'auteur d'une si remarquable découverte ne devrait pas être bientôt lui-même l'objet de quelque attention dans le sein des sociétés savantes (1). »

« Après de tels faits, après de si étonnants résultats, il n'y avait plus de doutes à conserver. L'emploi de l'éther fut introduit dès ce moment dans tous les hôpitaux de la capitale. Les appareils pour l'inhalation de l'éther se perfectionnèrent rapidement, les mémoires et les communications s'entassèrent sur les bureaux des sociétés savantes, une véritable fièvre de recherches et de publications s'empara du corps médical : chacun voulait contribuer pour sa part à l'étude d'une question qui paraissait devoir être si féconde dans ses conséquences. C'est en vain que quelques apôtres de la douleur essayèrent de condamner et d'arrêter cet universel élan. On laissa M. Magendie vanter tout à son aise l'utilité de la douleur dans beaucoup d'opérations chirurgicales et « protester « contre les essais imprudents au nom de la « morale et de la sécurité publiques. » La suprême morale, c'est d'alléger autant qu'il est en nous les souffrances de nos semblables.

« Le zèle et l'ardeur des praticiens de la capitale ne tardèrent pas à se communiquer aux chirurgiens du reste de la France. Les hommes éminents qui conservent et perfectionnent dans les provinces les traditions de la chirurgie française, s'empressèrent de vérifier et d'étudier, dans les hôpitaux de nos grandes villes, les admirables effets de l'éther. MM. Bonnet et Bouchacourt à Lyon, Sédillot à Strasbourg, Simonnin à Nancy, Jules Roux à Toulon, Serre et Bouisson à Montpellier, étendirent par leurs observations et leurs recherches le cercle de nos connaissances dans ce précieux sujet. L'Allemagne, l'Italie, l'Espagne, la Russie, la Belgique et la Suisse, s'associèrent à cet heureux ensemble d'efforts, et l'usage des inhalations éthérées se trouva promptement répandu dans l'Europe entière. Les noms de Jackson et Morton, considérés alors comme les seuls auteurs de cette découverte brillante, recevaient l'hommage universel de la reconnaissance publique, et se trouvaient placés d'un accord unanime au rang des premiers bienfaiteurs du genre humain.

« Pendant que la reconnaissance de l'Europe saluait de ses acclamations méritées les noms de Jackson et de Morton, l'un des principaux auteurs de cette découverte, Horace Wels, se donnait la mort aux Etats-Unis. Une éducation scientifique plus complète, un concours de circonstances plus favorables, avaient seuls manqué au pauvre dentiste pour conduire à leurs dernières conséquences les faits dont il avait eu les prémices. Après son échec dans la séance publique de l'hôpital de Boston, dégoûté de la triste issue de ses tentatives, il avait renoncé à poursuivre ses recherches. Il avait même abandonné sa profession, et menait à Hartford une existence assez misérable, lorsque le succès extraordinaire de la méthode anesthésique vint le surprendre et le déchirer de regrets. Il passa aussitôt en Europe pour faire valoir ses droits auprès des corps savants. Mais la question historique relative à l'éthérisation était encore fort obscure à cette époque, et les documents positifs manquaient pour justifier ses réclamations. La véracité des dentistes est malheureusement un peu suspecte dans les deux hémisphères. A Londres, où il se rendit d'abord, Horace Wels fut éconduit partout ; il ne fut pas plus heureux à Paris, où il passa une partie de l'hiver de 1847. Dévoré de misère et de chagrin, il revint aux Etats-Unis, et c'est là qu'il mit fin à ses jours. Les circonstances de sa mort ont quelque chose de profondément douloureux. Il se plaça dans un bain, s'ouvrit les veines, et, pour s'épargner l'angoisse des derniers moments, il respira de l'éther jusqu'à la fin de son agonie. Sa mort passa inaperçue ; il n'y eut pas un regret ni une larme sur sa tombe.

« Tandis que l'infortuné Horace Wels mourait abandonné dans sa patrie, Jackson recevait le prix Monthyon des mains de l'Institut de France, et Morton additionnait les bénéfices qu'il avait recueillis de la vente de ses droits. La postérité sera moins ingrate ; elle conservera un souvenir de reconnaissance et de pitié à cet obscur et malheureux jeune homme qui, après avoir contribué à enrichir l'humanité d'un bienfait éternel, est mort ignoré dans un coin du nouveau monde.

Découverte des propriétés anesthésiques du chloroforme. — « C'est surtout aux travaux des chirurgiens français qu'appartient l'honneur d'avoir perfectionné la méthode anesthésique, et d'avoir régularisé et étendu ses applications. Telle qu'elle nous était arrivée d'Amérique, la question en était réduite à la connaissance des effets de l'éther. Mais à côté de ce fait capital, il restait encore un grand nombre de points secondaires dont la solution était indispensable pour son application définitive aux besoins de la chirurgie. Il fallait rechercher à quelle catégorie d'opérations on peut

(1) *Comptes rendus de l'Académie des sciences*, 1er février 1847.

appliquer avec sécurité les moyens anesthésiques et celles qui contre-indiquent leur emploi ; perfectionner les appareils destinés à l'administration de l'éther ; rechercher si de nouvelles substances ne jouiraient point de propriétés analogues ; étudier enfin, au point de vue physiologique, la nature et la cause des étranges perturbations provoquées dans le système vivant par l'action de l'éther, et porter même les investigations de ce genre sur le côté psychologique du problème. C'est en France que toutes ces questions ont été abordées et en partie résolues, et l'on doit reconnaître que si l'honneur de cette découverte revient, dans son principe et dans ses faits essentiels, à l'Angleterre et aux États-Unis, c'est à la France qu'appartient en propre le mérite de sa constitution scientifique. Suivons donc rapidement les perfectionnements qui ont été apportés à la méthode américaine depuis son introduction en France.

« La découverte de l'éthérisation offrait à la physiologie un champ trop étendu et trop nouveau, pour que les hommes éminents qui se consacrent parmi nous au perfectionnement de cette belle science ne s'empressassent point d'étudier la nature et les causes de ces étonnants effets. Les phénomènes de l'éthérisation étaient à peine signalés que M. Gerdy les étudiait sur lui-même et arrivait ainsi à de très-curieuses observations. L'analyse qu'il nous a donnée de ses impressions pendant l'état éthérique est un chapitre intéressant de l'histoire encore à peine ébauchée des effets psychologiques de l'éther. M. Serres essayait presque en même temps de fournir l'explication du phénomène général de l'insensibilité, et M. Flourens, examinant les altérations organiques que présentent, sous l'empire de cet état, la moelle épinière et la moelle allongée, entrait avec bonheur dans une voie qui promet aux physiologistes un abondant tribut d'utiles observations. M. Longet publiait, de son côté, son remarquable mémoire relatif à l'action des vapeurs éthérées sur les systèmes nerveux cérébro-spinal et ganglionnaire, travail auquel rien de sérieux n'a été encore ajouté. Venant en aide aux recherches des physiologistes, les chimistes essayèrent ensuite, mais avec un succès très-contestable, d'expliquer la nature des altérations subies, sous l'influence anesthésique, par le sang et les gaz qui concourent au phénomène de la respiration. M. Paul Dubois et M. Simpson d'Edimbourg appelaient bientôt après l'attention du public médical sur les applications des inhalations éthérées à l'art des accouchements ; enfin MM. Honoré Chailly et Stoltz de Strasbourg confirmaient, par des observations tirées de leur pratique, toute l'utilité et toute l'importance de cette merveilleuse application de la méthode nouvelle.

« Peu de temps après s'élevait une autre question aussi riche d'avenir, car elle allait bientôt conduire à la découverte d'un nouvel agent d'une puissance supérieure encore à celle de l'éther. Les propriétés stupéfiantes de l'éther sulfurique étaient à peine connues, que l'idée vint de rechercher si elles ne se retrouvaient pas dans quelques autres substances. On pensa tout de suite à examiner à ce point de vue les éthers autres que l'éther sulfurique ; le groupe chimique des éthers embrasse en effet de très-nombreuses espèces, et il était naturel de rechercher si la propriété anesthésique se trouverait dans les différents composés qui le constituent.

« Le 20 février 1847, M. Sédillot de Strasbourg rendit compte à l'Académie de médecine de Paris des résultats que lui avait fournis l'inhalation de l'éther chlorhydrique, auquel il avait reconnu des propriétés anesthésiques bien marquées. Le 22, M. Flourens communiquait à l'Académie des sciences les expériences qu'il avait exécutées avec le même éther, et il indiquait comme jouissant de la même action les éthers nitreux, acétique et oxalique. Le 1er mars 1847, et sans avoir connaissance de ces faits, je signalais à l'Académie de Montpellier le résultat que j'avais obtenu en essayant sur les animaux l'action de l'éther acétique. Les vapeurs de cet éther avaient amené une insensibilité tout aussi complète que celle que produit l'éther sulfurique, mais dans un intervalle de temps un peu plus long. M. Bouisson confirmait plus tard, en l'employant chez l'homme, l'action stupéfiante de ce composé. M. le docteur Chambert étendit beaucoup les observations sur les différents éthers et les généralisa avec une grande sagacité. Il a été reconnu, à la suite de ces divers travaux, que les vapeurs d'un assez grand nombre de liquides jouissent de la propriété anesthésique ; il faut citer à ce titre : l'aldéhyde, la liqueur des Hollandais, le formométhylal, le sulfure de carbone, l'essence de moutarde, l'acétone, la créosote, le camphre, l'essence de lavande, l'essence d'amandes amères, la benzine et la vapeur d'iodoforme (1).

« C'est dans le cours d'expériences de cette nature que M. Simpson réalisa à Edimbourg la découverte qui l'a rendu célèbre. Ce chirurgien passait en revue, dans une série d'essais exécutés sur l'homme et sur les animaux, les divers agents propres à remplacer l'éther. Il avait étudié sous ce rapport les produits qui se distinguent, com-

(1) Aucune de ces substances n'est propre à remplacer l'éther pour l'usage chirurgical. Quelques-unes pourraient, à la rigueur, le suppléer, si elles n'étaient d'une conservation difficile ou d'un prix trop élevé : tels sont les divers éthers. D'autres ont le grave inconvénient de déterminer par leur odeur forte et désagréable des nausées et divers accidents : tels sont l'aldéhyde et le sulfure de carbone. D'autres enfin, sans offrir les avantages de l'éther, présentent tous les dangers qui résultent de son inhalation trop prolongée, elles ont des propriétés toxiques très-actives : tels sont l'éther nitreux et l'essence de moutarde dont les vapeurs amènent rapidement la mort des animaux. Cependant la liqueur des Hollandais, et mieux encore l'éther chlorhydrique chloré, dont les propriétés sont étudiées dans ce moment même, paraissent exempts de ces divers inconvénients.

me l'éther sulfurique, par la suavité de leur odeur, et particulièrement l'huile des Hollandais, l'acétone, l'éther nitreux, la vapeur d'iodoforme et la benzine. Il arriva enfin au chloroforme.

« Le chloroforme est un composé qui se rapproche des éthers par sa composition chimique et qui a été découvert en 1830 par M. Soubeiran. Les propriétés stupéfiantes de ce corps avaient été déjà signalées en France par M. Flourens; l'observation des effets de l'éther chlorhydrique avait amené ce physiologiste à examiner, sous le même rapport, l'action du chloroforme qui ressemble à ce dernier par sa constitution chimique. Mais M. Flourens avait parlé du chloroforme en même temps que de plusieurs autres composés, et dans son mémoire, dont le but était purement physiologique, il ne l'avait cité que d'une manière tout à fait indirecte et comme instrument des phénomènes qu'il voulait étudier; il n'avait d'ailleurs opéré que sur des animaux. Aussi l'attention des chirurgiens ne s'était nullement portée sur le chloroforme, et M. Simpson causa dans le public médical une surprise très-vive en annonçant les effets extraordinaires qu'il avait obtenus avec lui.

« Quelle que fût, en effet, l'action stupéfiante de l'éther, elle était encore singulièrement dépassée par le chloroforme, et il était évident, d'après les faits annoncés par M. Simpson, que l'éther allait être détrôné. Il ne fallait plus, avec ce nouvel agent, prolonger pendant huit à dix minutes l'inhalation des vapeurs; au bout d'une minute d'inspiration, le malade tombait frappé de l'insensibilité la plus profonde. Aucun appareil inhalateur, aucun instrument particulier n'étaient plus nécessaires; quelques grammes de chloroforme versés sur un mouchoir et placés devant la bouche suffisaient pour produire l'effet désiré. L'inspiration de l'éther provoque presque toujours une irritation pénible de la gorge, qui amène une toux opiniâtre, et inspire aux malades une répugnance souvent invincible; au contraire, le chloroforme, doué de la plus suave odeur, est respiré avec délices. Tous ces faits étaient présentés par M. Simpson avec une clarté et une abondance de preuves de nature à entraîner tous les esprits. En effet, l'auteur ne s'était pas trop pressé de publier ses résultats, il avait procédé avec la prudence et la réserve qui préparent les succès durables. Il avait d'abord essayé le chloroforme dans des opérations légères, telles qu'extractions de dents, ouvertures d'abcès, galvano-puncture. Plus tard, il le mit en usage dans les opérations plus graves, pour celles qui appartiennent à la grande chirurgie; il l'avait appliqué aussi aux accouchements et à quelques cas de médecine. Le chirurgien d'Édimbourg ne se décida à faire connaître sa découverte que lorsqu'il eut réuni près de cinquante observations propres à établir toute son efficacité. Il insistait particulièrement sur la supériorité que présente l'emploi du chloroforme sur celui

de l'éther, et il citait, entre autres preuves, le fait d'un jeune dentiste qui s'était fait arracher deux dents, l'une sous l'influence de l'inhalation éthérée, l'autre sous celle de l'inhalation chloroformique. Dans le premier cas, l'insensibilité n'arriva qu'au bout de cinq à six minutes, et l'individu éprouva, sinon la douleur, au moins la conscience de l'opération; lors de l'extraction de la seconde dent, il suffit, pour le rendre complétement insensible, de lui placer sous le nez un mouchoir imbibé de deux grammes de chloroforme. « L'insensibilité, dit le sujet « de cette observation, se manifesta en quel- « ques secondes, et j'étais si complétement « mort, que je n'ai pas eu la moindre cons- « cience de ce qui s'était passé. »

« C'est le 10 novembre 1847, c'est-à-dire moins d'une année après l'introduction en Europe de la méthode anesthésique, que le mémoire de M. Simpson fut communiqué à la Société médico-chirurgicale d'Édimbourg. Les journaux anglais répandirent promptement la connaissance de ce fait, qui ne tarda pas à trouver une confirmation éclatante dans la pratique des chirurgiens de Paris. Le chloroforme devint bientôt, dans tous les hôpitaux de l'Europe, le sujet d'expérimentations multipliées, et l'ardeur qui avait été apportée précédemment à l'étude des propriétés de l'éther se réveilla tout entière à propos du nouvel agent. Partout le chloroforme réalisa les promesses de M. Simpson, et tout semblait annoncer qu'il avait à jamais détrôné son rival.

« Mais cet horizon si brillant ne tarda pas à s'assombrir. De vagues rumeurs commencèrent à circuler qui prirent bientôt une forme et une consistance plus sérieuses. On parlait de morts arrivées subitement pendant l'administration du chloroforme et qui ne pouvaient se rapporter qu'à son emploi. M. Flourens avait prononcé un mot justement remarqué : « Si l'éther sulfurique, avait-il « dit, est un agent merveilleux et terrible, « le chloroforme est plus merveilleux et « plus terrible encore. » Cet arrêt ne tarda pas à se confirmer. On acquit la triste certitude que l'activité extraordinaire du chloroforme expose aux dangers les plus sérieux, et que si l'on néglige certaines précautions indispensables, on peut quelquefois si bien éteindre la sensibilité, que l'on éteint en même temps la vie. Ainsi les chirurgiens purent répéter avec le poète :

La fortune nous vend ce qu'on croit qu'elle donne.

« Les premières alarmes furent données par l'annonce d'un accident terrible arrivé à Boulogne, pendant l'administration du chloroforme. Une jeune femme, pleine de vigueur et de santé, soumise, pour une opération insignifiante, à l'inhalation du chloroforme, était tombée comme foudroyée entre les mains du chirurgien. Cet événement ayant donné lieu à un commencement de poursuites judiciaires, le ministre de la justice demanda à l'Académie de médecine une consultation médico-légale à propos de ce fait, et d'un autre côté, son collègue de l'instruction publique crut devoir soulever à cette occasion, devant la même compagnie, la question générale de l'innocuité des inhalations anesthésiques. Dans ce problème solennel posé à la science au nom des intérêts de l'humanité, il y avait une occasion brillante, pour l'Académie de médecine, de justifier la haute mission dont elle est investie. Elle s'empressa de la saisir, et à la suite du rapport présenté par M. Malgaigne, s'élevèrent de longs et intéressants débats, dans lesquels toutes les questions qui se rattachent à l'emploi des anesthésiques furent successivement approfondies. Les conclusions adoptées à la suite de cette discussion remarquable innocentèrent le chloroforme, qui sortit vainqueur du débat académique. Cependant le public médical est loin d'avoir entièrement ratifié les conclusions de la savante compagnie, en ce qui touche l'innocuité du chloroforme. Plusieurs faits sont venus, depuis cette époque apporter dans la question de tristes et irrécusables arguments, et imposer aux chirurgiens une réserve parfaitement justifiée, selon nous. Aussi l'emploi de l'éther, quelque temps abandonné, a-t-il repris une faveur nouvelle. Dans l'état présent des choses, les deux agents anesthésiques sont mis en usage concurremment, et pour répondre aux indications respectives qui commandent leur choix. Employés aujourd'hui selon les préceptes généraux inscrits dans la science, ils concourent tous les deux à la pratique de la méthode anesthésique entrée définitivement, et pour n'en plus sortir, dans nos mœurs chirurgicales.

Tableau des phénomènes de l'anesthésie. — « Une description sommaire des effets généraux des agents anesthésiques ne sera pas, nous l'espérons, déplacée dans cette étude. L'ensemble des phénomènes qui se développent sous cette influence, au sein de l'économie, ont révélé, dans l'ordre des actions vitales, une face si surprenante et si nouvelle, leur physionomie est empreinte d'un caractère si original et si tranché, ils bouleversent sur tant de points toutes les notions acquises, ils ouvrent à la physiologie et à la philosophie elle-même un horizon si étendu, qu'il importe au plus haut degré que ces faits soient bien connus et bien compris de toutes les personnes qui attachent quelque importance à l'étude des grands problèmes de la science générale des êtres vivants.

« Pour faciliter la description de cet état nouveau, que l'on peut désigner sous le nom d'*état anesthésique*, nous commencerons par présenter l'ensemble des phénomènes extérieurs que l'observation permet de constater chez un individu placé sous cette influence. Cet exposé général préliminaire nous permettra de pénétrer ensuite plus aisément dans l'analyse particulière de ces différents effets. L'éther sulfurique, présentant une action plus lente et plus ménagée que celle du chloroforme, permet de suivre plus aisément l'ordre et la succession de ces phénomènes; c'est donc l'éther sulfurique qui nous servira de type dans cette exposition.

« Quand un individu bien portant et placé dans des conditions qui permettent de saisir les impressions qu'il éprouve, est soumis, à l'aide d'un appareil convenable, à l'inhalation des vapeurs éthérées, voici, d'une manière assez régulière, la série de phénomènes qu'il est permis de constater chez lui.

« L'inspiration des premières vapeurs provoque toujours une impression pénible; la saveur forte de l'éther et l'action irritante qu'il exerce sur la muqueuse buccale produisent un resserrement spasmodique de la glotte, qui amène de la toux et un sentiment très-prononcé de gêne dans les mouvements respiratoires. Cependant cette première impression ne tarde pas à s'effacer, et la muqueuse s'habituant à ce contact, les vapeurs éthérées commencent à pénétrer largement à travers les bronches, dans les ramifications pulmonaires. Arrivé dans le poumon, l'éther est rapidement absorbé, et il manifeste bientôt les premiers signes de son action. La chaleur générale commence à s'élever, le sang afflue vers la tête et la face rougit. Les signes d'une excitation générale sont évidents; l'individu s'agite et trahit par le désordre de ses mouvements un état d'éréthisme intérieur. L'œil est humide et brillant, la vue est trouble, quelques vertiges et une certaine loquacité indiquent déjà une action marquée sur le cerveau. Ce trouble de l'organe central de la sensibilité augmente et se traduit au dehors par une sorte de frémissement qui se propage dans tous les membres; il est bientôt rendu manifeste par l'apparition des premiers signes du délire. L'âme a déjà perdu, sur l'ordre et la direction des idées, son empire habituel; une gaieté expansive et loquace, le rire indécis de l'ivresse, quelquefois des larmes involontaires, de légers cris, des sons inarticulés annoncent le désordre qui commence à envahir les facultés intellectuelles. C'est alors que des rêves d'une nature variable viennent arracher le sujet au sentiment des réalités extérieures, et le jeter dans un état moral dont les remarquables, dont la nature et les caractères seront examinés plus loin. Cependant l'excitation physique à laquelle l'individu était en proie disparaît peu à peu; la face se décolore et pâlit, les paupières s'abaissent, presque tous les mouvements s'arrêtent, le corps s'affaisse et tombe dans un état de relâchement et de *collapsus* complet. Un sommeil profond pèse sur l'organisme; les battements du cœur sont ralentis, la chaleur vitale sensiblement diminuée; la couleur terne des yeux, la pâleur du visage, la résolution des membres donnent à l'individu éthérisé l'aspect d'un cadavre. Rien n'est effrayant comme ce sommeil, rien ne ressemble plus à la mort, *consanguineus lethi sopor*; et que de fois on a tremblé qu'il ne fût sans réveil !

« C'est au milieu de ce silence profond des actes de la vie, quand toutes les fonctions qui établissent nos rapports avec le monde extérieur ont fini par s'éteindre, que la sensibilité, qui jusque-là avait seulement commencé de s'ébranler, disparaît complétement, et que l'individu peut être soumis sans rien ressentir aux opérations les plus cruelles. On peut impunément diviser, déchirer, torturer son corps et ses membres ; l'homme n'est plus qu'un cadavre, c'est une statue humaine, c'est la statue de la mort. Et pendant cet anéantissement absolu de la vie physique, le flambeau de la vie intellectuelle, loin de s'éteindre, brille d'un éclat plus vif. Le corps est frappé d'une mort temporaire, et l'âme, emportée en des sphères nouvelles, s'exalte dans le ravissement de sensations sublimes. Philosophes qui osez nier encore la double nature de l'homme et l'existence d'une âme immatérielle, cette preuve palpable et visible suffira-t-elle à vous convaincre !

« La durée de cet état extraordinaire ne se prolonge guère au delà de cinq à six minutes, mais on peut le faire renaître et l'entretenir en reprenant les inhalations après un certain intervalle, et lorsque l'individu commence à redonner quelques signes de sensibilité.

« Le réveil du sommeil anesthésique arrive sans phénomènes particuliers ; l'individu reprend peu à peu l'exercice de ses fonctions, il rentre en possession de lui-même sans ressentir aucune suite fâcheuse de ce trouble momentané de ses fonctions. Il ne conserve qu'un souvenir assez vague des impressions qu'il a ressenties pendant le sommeil, et les rêves qui l'ont agité n'ont laissé dans sa mémoire que des traces difficiles à ressaisir.

« Si, au lieu d'arrêter l'inhalation des vapeurs stupéfiantes au moment où l'insensibilité apparaît, on la prolonge au delà de ce terme, on peut se dérouler une scène nouvelle dont l'inévitable issue est la mort. Les organes essentiels à la vie ressentent à leur tour l'oppression de l'éther, qui franchissant dès lors la sphère des actions physiologiques, se transforme en un poison mortel. Nous n'avons pas besoin de dire que cette seconde période de l'état anesthésique n'a pu être étudiée que sur les animaux dans un but expérimental et scientifique. On a reconnu ainsi que, lorsque l'inspiration des vapeurs éthérées est poussée au delà du terme de l'insensibilité, l'abaissement de la température normale du corps est le premier signe qui trahisse l'envahissement et l'oppression des forces organiques. Bientôt la respiration s'embarrasse et s'arrête par suite de la paralysie des organes qui président à cette fonction ; le sang qui coule dans les artères devient noir et perd ses caractères de sang artériel, ce qui indique l'état d'asphyxie et l'arrêt de ce phénomène indispensable à la vie qui consiste dans la transformation du sang veineux en sang artériel. Enfin le cœur cesse de battre ; la paralysie, qui a successivement atteint tous les organes importants de l'économie, a fini par envahir le cœur lui-même, dans lequel, aux derniers instants de la vie, les forces organiques semblent se réfugier comme dans le plus inviolable asile. Cette paralysie du cœur est irrémédiable : c'est la mort.

« Tels sont les effets généraux auxquels donne lieu l'introduction dans l'économie des vapeurs éthérées. Pour mieux apprécier maintenant les caractères spéciaux et la nature de cet état physiologique, il faudrait reprendre et examiner en détail chacun des traits de ce tableau. Mais une étude de ce genre exigerait des développements étendus qui ne sauraient trouver ici leur place. Nous ne considérerons que la moitié de la scène générale qui vient d'être exposée, c'est-à-dire, cette période de l'éthérisation que l'on pourrait appeler *chirurgicale*, dans laquelle la sensibilité et les facultés intellectuelles sont opprimées ou abolies, sans que la vie se trouve encore menacée. Nous n'examinerons même que quelques traits de cet ensemble, et, négligeant les effets locaux et primitifs de l'éther, laissant de côté la question ardue et controversée de la nature et du siége des troubles nerveux provoqués par l'anesthésie, nous nous bornerons à examiner rapidement les altérations que subissent, sous l'influence de l'état anesthésique, la sensibilité et les facultés intellectuelles.

« M. Bouisson a consacré un des meilleurs et des plus curieux chapitres de son livre à l'étude des modifications de la sensibilité pendant l'éthérisme. En comparant tous les faits rassemblés aujourd'hui dans la science et qui se rapportent à cette question, il établit que la perturbation apportée par l'inspiration des vapeurs anesthésiques, dans l'exercice de la sensibilité, peut se résumer en disant que cette faculté est successivement *ébranlée, décomposée* et *détruite*.

« Avant d'être abolie, la sensibilité commence à se troubler, et c'est là ce qui donne lieu, selon M. Bouisson, à la perversion que l'on remarque aux premiers instants de l'état anesthésique, dans l'ordre et le mode habituels des perceptions sensitives. Les impressions qui viennent du dehors sont encore accusées, mais elles sont mal comprises et rapportées fautivement à des causes qui ne les ont pas produites. L'individu éthérisé perçoit en même temps ces sensations nommées *subjectives*, c'est-à-dire qui n'ont pas leur cause provocatrice dans le monde extérieur. C'est ainsi que s'expliquent ces sensations particulières de froid ou de chaud, de fourmillement, de vibrations nerveuses irrégulières qui parcourent les membres, sans que l'on puisse assigner à leur transmission une direction anatomique. Telles sont encore ces sensations composées, agréables et pénibles à la fois, que Lecat nommait *hermaphrodites*, et dont la nature est trop spéciale et l'appréciation trop personnelle, pour qu'il soit possible d'en donner une idée fidèle avec les seules ressources de la description. C'est pendant ce premier trouble apporté à l'exercice normal de la sensibilité que l'on observe quelquefois une exaltation marquée de cette fonction. On sait que les malades que l'on opère après une administration insuffisante de l'agent anesthésique, témoignent par leurs cris et leur agitation excessive que la sensibilité, au lieu d'être suspendue, jouit au contraire d'un nouveau degré d'exaltation.

« Le second ordre de modifications qui s'observent, selon l'auteur du *Traité de la méthode anesthésique*, dans l'exercice de la sensibilité, consiste en un trouble apporté dans les relations habituelles des modes divers de cette fonction. Le lien naturel qui unit entre eux les modes particuliers, dont l'ensemble compose la sensibilité générale, se trouve momentanément interrompu ou coupé. Cette observation permet de se rendre compte d'un certain nombre de faits bizarres et inexplicables en apparence, signalés par les praticiens. On sait, par exemple, que dans les premiers moments de l'éthérisation, le sens du tact peut être affaibli de manière à ne plus apprécier la forme ou le poids d'un corps étranger, et néanmoins persister assez pour apprécier des pincements ou des piqûres, l'application de la chaleur ou du froid. Un individu, plongé dans le sommeil anesthésique, et insensible à la douleur d'une opération chirurgicale, peut quelquefois percevoir et ressentir vivement la fraîcheur de l'eau projetée à la face. Au moment où l'économie est indifférente aux causes les plus puissantes de sensations, elle peut cependant apprécier des impressions très-légères et presque insaisissables dans l'état normal. On connaît le fait de ce malade qui, insensible à l'incision de ses tissus, accusait l'impression de froid produite par l'instrument d'acier qui divisait ses chairs. Lorsque la faculté d'apprécier la douleur a complétement disparu, l'exercice de certains sens peut encore persister; on a lu, dans la communication de M. Velpeau à l'Académie des sciences, l'observation de ce malade à qui ce chirurgien enlevait une tumeur placée près de l'oreille, et qui, tout à fait insensible à la douleur, entendait cependant le cric-crac du bistouri. Une dame, opérée par M. Bouisson d'un cancer au sein, entendait, sans souffrir aucunement, le bruit particulier que produit le bistouri quand il divise les tissus endurcis et squirrheux des tumeurs cancéreuses. Rien n'est plus commun que de voir dans les hôpitaux des individus insensibles, grâce à l'éther, à l'action des instruments d'acier, jeter des cris à l'application du feu. Les sujets éthérisés peuvent même donner, dans l'appréciation de ces nuances de la douleur, des preuves plus délicates et plus singulières encore. M. Bouisson raconte qu'ayant eu l'occasion d'employer le bistouri et les ciseaux pour l'ablation d'un cancer de la joue, chez un sujet éthérisé, il remarqua que l'opéré était insensible au bistouri, et qu'il sentait les ciseaux.

« Après avoir été ainsi successivement ébranlée et désunie dans ses modes normaux, la sensibilité finit par s'éteindre complétement. Selon M. Bouisson, son extinction totale coïncide avec la perte de l'intelligence. L'incapacité de sentir, ainsi artificiellement produite, est d'ailleurs absolue. Aucun excitant connu ne peut la réveiller; le fer, le feu, l'incision, la déchirure des tissus, rien ne peut provoquer, non-seulement de la douleur, mais même une sensation quelconque. Les parties les plus irritables et les plus sensibles dans l'état normal, les nerfs, dont le seul contact causerait dans l'état naturel, des convulsions, et exciterait des cris déchirants, peuvent être tordus, coupés, arrachés, sans qu'une oscillation de la fibre accuse la plus légère impression. Les bruits les plus perçants ne frappent point l'oreille, la plus vive lumière trouve la rétine inaccessible, la section ou la division des organes rendus douloureux par suite d'un état pathologique, les douleurs viscérales qui se trouvent sous la dépendance d'une affection organique, les douleurs liées à l'acte de l'accouchement, tout s'éteint dans ce silence absolu de la vie sensorielle. L'individu ne vit plus que d'une existence purement végétative; frappé d'une déchéance temporaire, mais radicale, les sens ont perdu leur privilége de nous mettre en rapport avec le monde extérieur, ou plutôt ils sont désormais comme s'ils n'existaient pas.

« Le temps nécessaire pour amener cet état d'insensibilité absolue varie selon les sujets. En général, cinq à dix minutes d'inhalation d'éther sont nécessaires pour le produire; deux ou trois minutes suffisent avec le chloroforme. Quant à sa durée, elle n'excède guère huit ou dix minutes; mais, comme nous l'avons dit, on peut l'entretenir beaucoup plus longtemps en reprenant les inhalations à mesure que les effets paraissent s'affaiblir. Il est assez commun, pour certaines opérations, de voir maintenir le malade une demi-heure sous l'influence éthérique, et M. Sédillot a pu sans inconvénient prolonger cet état pendant une heure et demie.

« La faculté de sentir n'est pas seule influencée par l'impression des anesthésiques; les opérations de l'intelligence et de la volonté subissent à leur tour des troubles très-profonds. Examinons rapidement la nature et les manifestations spéciales des altérations qui affectent l'intelligence sous l'influence de l'éther.

« On ne s'est pas assez élevé, selon nous, contre l'indifférence avec laquelle la philosophie a accueilli jusqu'à ce jour les données empruntées à la physiologie. Aucun de nos philosophes modernes, même parmi les sensualistes les plus prononcés, n'a essayé de soumettre ces faits à une étude sérieuse En tout état de choses cette indifférence paraîtrait sans excuses; mais, en présence des faits apportés par la découverte de l'anesthésie, elle est encore plus difficile à comprendre. Parmi les nombreuses formes que peuvent revêtir, sous l'influence de l'éther, l'aliénation, l'altération, la suspension, le désordre, l'extinction des facultés de l'âme, un observateur familier avec les procédés de l'observation du *moi*, saisirait aisément plusieurs vérités utiles au perfectionnement de la science de l'âme humaine. Sous l'influence des agents anesthésiques, les relations normales de nos facultés sont troublées, le lien qui les rattache l'une à l'autre est interrompu ou brisé, elles sont réduites à leurs éléments primitifs, et il n'est pas douteux que l'observation puisse s'exercer avec profit sur cette dissociation spontanée, que l'on pourrait d'ailleurs produire et varier de cent manières. Les observations de cette nature seraient rendues ici éminemment faciles par suite de ce fait bien établi, que l'attention et l'observation de soi-même retardent les effets de l'éthérisation.

« Le fait de l'influence de l'attention sur le ralentissement des phénomènes anesthésiques est entièrement hors de doute. Cette influence peut aller au point de conserver l'intégrité de l'intelligence, alors que la sensibilité est paralysée. Les journaux de médecine ont fait mention d'un jeune docteur qui se soumettait volontiers à l'éthérisation, en présence des élèves de l'hôpital de la Clinique, et qui indiquait lui-même le moment où il fallait lui faire subir l'épreuve de l'insensibilité ; il voyait les instruments, suivait les détails de l'épreuve, émettait des réflexions sur ce sujet et ne sentait rien. « Quelques-uns de nos malades, dit M. Sé-« dillot, furent témoins insensibles de leur « opération. Vous venez de diviser, nous di-« saient-ils, tel lambeau de peau, vous avez « tiraillé telle partie de la plaie avec des épin-« gles ; je le vois, mais je ne le sens pas (1). »

« M. Malgaigne cite le cas d'un malade qui, maître de ses idées, tout entier à lui et étranger à la douleur, encourageait le chirurgien de la voix et du geste à poursuivre son opération. On a vu des individus plongés dans le sommeil éthérique s'enfoncer eux-mêmes des épingles dans les chairs et ne rien sentir. « Je n'ai jamais « mieux apprécié, dit M. Bouisson, l'influence « de l'attention et de la volonté, que sur un « jeune soldat qui simulait une maladie pour « obtenir sa réforme. Je lui proposai de l'éthé-« riser pour le mettre dans le cas d'avouer sa « supercherie. Il accepta l'épreuve, bien qu'il « en comprît toute la valeur ; l'insensibilité « fut produite, mais l'intelligence se maintint, « et le rôle réservé de simulateur fut si bien « conservé que le malade ne répondait qu'aux « questions qui ne pouvaient pas le compro-« mettre. »

« Ainsi l'attention volontairement et fortement concentrée retarde la manifestation des effets de l'éther ; cette circonstance permettrait donc à l'observateur de saisir plus aisément leur succession et leur enchaînement, et d'appliquer avec fruit ces données à l'éclaircissement des faits psychologiques.

« Cependant ce retard apporté à l'apparition des effets anesthésiques n'est que le

(1) *De l'insensibilité produite par le chloroforme et l'éther*, p. 17.

produit d'une éthérisation incomplète. Quand l'action de l'éther est suffisamment prolongée, les phénomènes suivent leur marche ordinaire, et lorsque l'abolition de la sensibilité est devenue complète, les facultés intellectuelles subissent à leur tour une perturbation profonde à l'examen de laquelle nous devons maintenant rapidement procéder. C'est encore le livre de M. le professeur Bouisson qui nous servira de guide pour cette étude.

« Les premiers effets de l'éthérisation sur l'intelligence consistent, selon M. Bouisson, dans une exaltation passagère et d'un ordre particulier, pendant laquelle les idées se succèdent avec une rapidité incroyable. Les personnes chez lesquelles on a arrêté à ce moment les essais d'éthérisation, sont étonnées de l'activité et du développement inconnu qu'avait pris chez eux l'intelligence dont l'horizon semblait s'être subitement agrandi. Les idées se pressent et se précipitent, et comme la durée se mesure habituellement au nombre et à la succession des pensées, on croit avoir longtemps vécu pendant ces instants si courts. Remarquons en passant qu'un effet tout semblable a été noté par *Humphry Davy* comme résultat des inspirations du gaz hilarant.

« Si l'action de l'éther se prolonge, cette exaltation de l'activité intellectuelle s'accroît notablement, et certains individus deviennent en proie à une excitation morale assez violente. On observe alors des rires désordonnés et une gaieté dont l'exagération touche au délire ; d'autres fois les sujets donnent les signes d'une mélancolie subite ; des larmes involontaires s'échappent de leurs yeux. Cependant on observe plus fréquemment une demi-ivresse ; la physionomie revêt les caractères d'une satisfaction vague et indécise, et les sujets tombent dans une sorte de contemplation béate qui ressemble à la fois à l'ivresse et à l'extase. Il arrive enfin quelquefois que l'excitation morale est plus violente, et l'individu peut se laisser aller à des démonstrations de colère ou de fureur qu'il faut contenir parce qu'elles deviendraient un obstacle à l'exécution de l'opération chirurgicale.

« Cependant, à mesure que l'éthérisation fait des progrès, cette excitation s'affaiblit et finit par disparaître ; une sorte de voile couvre l'intelligence, qui semble tomber dans un demi-sommeil. Cette situation particulière et insolite, où l'âme commence à perdre une partie de ses droits, tout en conservant la conscience secrète de cette perte, est pour ceux qui l'éprouvent la source des plus délicieuses impressions. On a le sentiment d'une satisfaction infinie, on se sent emporté dans un monde nouveau, et la cause essentielle du bonheur qui transporte et qui saisit les âmes réside surtout dans la conscience de ce fait que tous les liens qui nous retenaient aux choses de la terre nous paraissent rompus : « Il me semble, disait un « individu en proie à une hallucination de ce « genre, il me semble qu'une brise délicieuse

« me pousse à travers les espaces, comme une « âme doucement emportée par son ange gar- « dien. » Bien avant la découverte de l'anes- thésie, M. Granier de Cassagnac avait l'ha- bitude de respirer de l'éther lorsqu'il vou- lait, en se procurant une de ces sortes d'ex- tase, s'arracher au sentiment des pénibles réalités de la vie. Il décrit ainsi le sentiment que l'âme éprouve : « Ce n'est pas seule- « ment le vague bonheur de l'ivresse; cet état « mérite plutôt le nom de *ravissement*, parce « qu'en effet on se sent ravi, transporté de la « réalité dans l'idéal : le monde extérieur et « matériel n'existe plus; assis, on ne sent pas « sa chaise; couché, on ne sent pas son lit, on « se croit littéralement en l'air. Mais si la sen- « sibilité extérieure est détruite, la sensibi- « lité intérieure arrive à une exaltation indi- « cible. On s'attache à ce genre de bonheur « ineffable et sans bornes. »

« L'état transitoire qui vient d'être décrit, et qui d'ailleurs manque quelquefois, sur- tout si l'on fait usage du chloroforme, fait bientôt place au sommeil. L'action continue de l'éther sur le cerveau, opprimant les forces nerveuses, provoque le repos artificiel de cet organe. C'est surtout pendant les premiers instants de ce sommeil qu'arrive le cortège étrange des rêves éthériques, dont l'absence s'observe très-rarement.

« Rien de variable comme la nature des rê- ves provoqués par les inhalations anesthési- ques. Elle paraît déterminée, en général, par le genre d'occupations de l'individu, par les événements de sa vie, par les pensées qui le dominent habituellement. Comme les songes amenés par le sommeil naturel, ils sont en rapport avec l'âge, les goûts, les habitudes de ceux qui les éprouvent. L'enfant s'occupe de ses jeux; les jeunes gens rêvent la vie turbulente et agitée, la chasse, l'exercice en plein air ; la jeune fille rêve à ses plaisirs ; l'homme fait est dominé par les soucis de la vie ordinaire. Un enfant, que M. Bouisson opérait de la taille, se croyait dans son ber- ceau et recommandait à sa mère de le ber- cer. Un pêcheur, opéré par M. Blandin, croyait tenir dans ses filets un brochet monstrueux.

« Un soldat, auquel je voyais pratiquer récemment, par M. Alquié, l'amputation de la cuisse, croyait assister à la revue de son général, et se félicitait de la propreté de sa tenue. En Suisse, où prédominent les pensées religieuses, les idées de ciel et d'enfer se mêlent à chaque instant dans ces rêves. Au reste, les préoccupations reli- gieuses jouent, en tous pays, un grand rôle dans ces défaillances momentanées de la raison. Beaucoup de chirurgiens ont eu l'occasion d'observer des opérés qui, cou- chés sur la table de torture, se croyaient transportés en paradis, et se plaignaient tristement à leur réveil d'être revenus parmi les hommes. Les rêves d'une nature plus chaudement colorée, et sur lesquels on a trop insisté au début de l'éthérisation, sont beaucoup plus rares qu'on ne l'a dit, ou du moins, comme le remarque fort bien

M. Courty (1), ils n'arrivent point aux personnes élevées dans des habitudes de chasteté.

« Cependant la nature des rêves éthériques n'est pas toujours liée au caractère, au genre de goût et d'habitudes des sujets. Il en est que l'on ne peut rapporter à rien. Une dame, débarrassée par M. Velpeau d'une tumeur volumineuse, s'imaginait rendre visite à la personne qui a fourni à M. de Balzac son type de la femme de quarante ans. Comme on l'engageait à retourner chez elle : « Non, reprenait la malade, je reste ici. Dans « ce moment on m'opère à la maison. A mon « retour je trouverai l'opération faite. » Une femme, opérée par le même chirurgien, se croyait suspendue dans l'atmosphère, entou- rée d'une voûte délicieusement étoilée. Une autre se trouvait au centre d'un vaste am- phithéâtre dont tous les gradins étaient garnis de jeunes vierges d'une éblouissante blancheur.

« Il serait contraire à la vérité de prétendre que les songes qui accompagnent le premier sommeil de l'éthérisme sont toujours em- preints d'un caractère de félicité. Si, dans l'immense majorité des cas, les individus sont agités d'émotions agréables, on remarque quelquefois des rêves pénibles et qui ont tous les caractères du cauchemar. La préoccupation morale qui domine les malades à la pensée de l'opération qu'ils ont à subir est probablement la cause des im- pressions tristes qui viennent assaillir leur esprit. En général, les sujets en proie à ces rêves pénibles se voient, comme dans le cauchemar, en présence d'un but qu'ils dé- sirent vivement atteindre sans pouvoir y parvenir jamais. Un opéré s'imaginait être retenu captif et s'écriait : « Laissez-moi, « je suis décidé à faire des révélations! » Un autre, qui ne pouvait supporter l'odeur de l'éther, rêvait qu'on voulait le forcer à le respirer, et pour se soustraire aux obses- sions qui l'entouraient, il était contraint de se jeter dans un puits. Un troisième, qui détestait les calembours, rêvait que l'on mettait ce prix à sa délivrance. Dans bien des cas d'ailleurs, la cause des songes péni- bles qui tourmentent les malades se rap- porte à l'acte de l'opération elle-même. L'individu éthérisé ne ressent aucune dou- leur ; cependant, comme l'activité de l'in- telligence n'est pas chez lui entièrement éteinte, il conserve encore une vague cons- cience des impressions du dehors, et l'ima- gination travestissant et traduisant à sa ma- nière les sensations obtuses provoquées par les manœuvres du chirurgien, sa souf- france indécise et confuse s'exprime par un songe agité. Il se croit poursuivi par des voleurs ou par des gens qui en veulent à sa vie; son esprit est en proie aux plus sombres images, il rêve de tourments et de supplices. Un ouvrier opéré par M. Simon- nin voyait le ciel en feu et poussait des

(1) *De l'emploi des moyens anesthésiques en chirurgie.*

gémissements. Un malade, à qui l'on venait d'ouvrir un abcès, n'avait pas cessé de jeter des cris pendant toute la durée de l'opération. Comme on l'interrogeait sur la cause de cette agitation : « Je ne souffrais point, « répondit-il, mais un de mes camarades m'a « cherché querelle et a voulu me frapper; je le « repoussais, et c'est probablement en faisant « ces efforts que j'aurai crié. » M. Martin, de Besançon, pratiquait à un homme l'amputation du doigt, après l'avoir placé sous l'influence de l'éther; au premier coup de bistouri, le malade fait un tel effort pour se soulever, que deux hommes peuvent à peine le contenir; il s'agite, s'anime, vocifère contre l'opérateur, lui demandant ce qu'il veut faire à son doigt. L'opération rapidement terminée, il semble revenir d'un rêve pénible; on l'interroge sur ses sensations. « Ah! je n'en sais trop rien, dit-il; je croyais « qu'on s'amusait autour de mon doigt, et « cela me contrariait beaucoup. » Une jeune fille, opérée par le même chirurgien d'une hernie ombilicale, est prise, pendant les premières inhalations de l'éther, de symptômes hystériques d'une effrayante intensité, grincement de dents, contraction permanente des poings, tremblement convulsif de tout le corps, face animée, cris déchirants, plaintes profondes, marques de désespoir. La malade se croyait en enfer; elle déplorait son malheur, et maudissait ceux qui l'y avaient entraînée. « Ah! mon Dieu ! « s'écriait-elle! ah! mon Dieu! m'y voilà. Je « brûle, je brûle ! et sans avoir jamais l'es-« pérance d'en sortir ! »

« Cependant, à la dernière période chirurgicale de l'action de l'éther, lorsque le sommeil est devenu plus profond, les songes eux-mêmes ne sont plus possibles. L'engourdissement, qui a successivement envahi tous les organes de la sensibilité s'étend enfin sur l'âme tout entière. L'être intelligent s'efface et s'anéantit sous l'influence oppressive de l'agent qui maîtrise l'économie. Aucun des actes par lesquels l'intelligence se manifeste ne peut désormais s'accomplir, et d'un autre côté, comme la sensibilité elle-même a précédemment disparu, l'homme devient, au milieu de ces étranges circonstances, un être sans analogue dans la nature entière, une chose sans nom, que le langage est impuissant à définir, parce que rien, jusqu'à ce moment, n'avait pu faire soupçonner son existence.

« Il est difficile de déterminer exactement quel genre d'impression subit la mémoire sous l'influence des agents anesthésiques. Quelquefois les malades se rappellent exactement les impressions qu'ils ont éprouvées, et les racontent avec les plus grands détails. D'autres fois ils ont tout oublié et ne peuvent rendre compte de leurs rêves, bien que l'existence de ces derniers ait été rendue manifeste par leurs gestes et leurs paroles. En général, la mémoire est affaiblie, et alors même que les malades peuvent, immédiatement après l'opération, raconter exactement leurs songes, ce souve-nir est lui-même fugace, et si, quelques heures après, on les engage à renouveler leur narration, ils déclarent avoir tout oublié. Enfin il arrive souvent que les malades, pendant le cours des opérations, accusent, par leur agitation et leurs cris, l'existence de la douleur, et qu'à leur réveil ils affirment n'avoir rien senti. On a beaucoup discuté à cette occasion pour décider si dans ce cas la douleur était réelle ou si elle était simplement un effet de l'imagination. Il nous paraît établi que dans ces circonstances la douleur a positivement existé, et que son souvenir seul fait défaut. Lorsqu'on entend les cris, quand on est témoin de l'anxiété de certains opérés, il est difficile d'affirmer qu'il n'y ait point eu de douleur. M. Sédillot, M. Simonnin et M. Courty ont donné des preuves, selon nous sans réplique, de la vérité de ce fait.

« Le retour de l'intelligence coïncide ordinairement avec celui de la sensibilité; il le précède dans quelques cas plus rares. Alors la sensibilité reparaît pendant que le trouble de l'intelligence persiste encore, et les signes d'un léger délire se prolongent assez longtemps après le retour de la sensibilité. Cependant il est difficile de soumettre à des règles fixes ces sortes de relations physiologiques, qui varient avec les circonstances et selon les individus.

Utilité de la méthode anesthésique. — *Résultats statistiques concernant l'influence de l'éther et du chloroforme sur l'issue des opérations chirurgicales.* — *Dangers attachés à l'emploi des anesthésiques.* — *Discussion sur les cas de mort attribués à l'éther et au chloroforme* — *Conclusion.* — *Anesthésie locale.* « Il est une question que nous nous dispenserions d'aborder, tant sa solution paraît simple, et que nous ne pouvons cependant négliger ici, parce qu'elle doit nous introduire dans un ordre de considérations d'une importance incontestable; nous voulons parler de l'utilité de la méthode anesthésique. Tant que la douleur sera un mal et le bien-être un bien, c'est-à-dire tant que nous verrons maintenues les conditions présentes de l'existence humaine, on attachera une grande valeur à tous les moyens qui ont pour résultat l'abolition de la douleur. Or, de toutes les douleurs, celles qui accompagnent les opérations chirurgicales étant sans aucun doute les plus redoutées et les plus effrayantes, il serait évidemment superflu d'examiner si la méthode anesthésique doit être regardée comme utile ; l'assentiment général, la pratique universelle, les résultats obtenus répondent suffisamment à cette question. Mais on peut se demander dans quelles limites cette utilité reste maintenue, quel est son degré précis, et surtout si l'anesthésie ne s'accompagne pas d'inconvénients ou de dangers de nature à contrebalancer ses avantages? Il convient donc d'aborder, pour compléter cette étude, l'examen de la question suivante: Quel est le degré précis d'utilité de la méthode anesthésique? Quels sont les inconvénients, les dangers qui l'accompagnent? Ces inconvénients et ces dangers sont-ils assez graves pour la faire rejeter, au moins en partie ?

« Pour apprécier les avantages qu'amène la suppression de la douleur, il suffit de connaître la fâcheuse influence que cet élément exerce si souvent dans les opérations chirurgicales (1). Il serait inutile d'insister longuement sur cette considération. La seule appréhension de la douleur est déjà pour les malades une source de dangers. Les ouvrages de chirurgie en fournissent des preuves nombreuses, et l'on ne manque pas de citer, dans les cours de pathologie externe, le fait de ce malade qui mourut entre les mains de Desault, par le seul effet de la terreur que lui fit éprouver le simulacre de l'opération de la taille que ce chirurgien exécutait en promenant son ongle sur la région périnéale. Le *Journal de médecine de Bordeaux* (2) rapportait récemment un fait presque semblable : un malade est mort de terreur, au moment où M. Cazenave, s'apprêtant à lui faire subir l'opération de la taille, se mettait seulement en devoir d'introduire une sonde dans l'urètre.

« Si l'appréhension seule de la douleur peut amener une si fatale issue, il est facile de comprendre l'influence funeste que cet élément doit exercer lorsqu'il est porté à un haut degré d'intensité. « La douleur est mère « de l'inflammation, » a dit Sarcone ; la douleur est mère de la mort, pourrait-on ajouter. Les cas où la douleur seule a causé la mort par son intensité et sa durée ne sont pas rares dans les annales de la chirurgie, et la chronique des hôpitaux n'est pas muette en récits de ce genre. On peut dire que dans plusieurs de ces opérations graves et de longue durée qui amènent fréquemment la mort, telles que l'opération de la taille et la désarticulation des membres, le patient a commencé de mourir sur la table. Dans son traité de l'*Irritation constitutionnelle*, le chirurgien anglais Travers consacre une section de son livre à l'examen des effets de la douleur chirurgicale et il entre en matière par cette phrase : « La douleur, quand elle a atteint « un certain degré d'intensité et de durée, « suffit pour donner la mort. » Delpech avait

posé en principe qu'une opération ne saurait durer plus de trois quarts d'heure sans devenir une chance probable de mort ; encore est-il nécessaire, ajoutait-il, de rompre la douleur par des intervalles de repos. « La « douleur tue comme l'hémorrhagie » a dit Dupuytren ; selon ce grand chirurgien, l'épuisement de l'influx nerveux peut amener la mort comme l'épuisement du sang.

« Les suites et les conséquences de la douleur chirurgicale sont une autre source de dangers qui ont fait l'objet constant de l'étude des opérateurs. La douleur intense et prolongée qui accompagne certaines opérations chirurgicales amène à sa suite un triste cortége d'effets morbides qui réclament une grande part dans le chiffre effrayant que la statistique nous révèle touchant la mortalité des opérés. Les accidents nerveux, les convulsions, cette forme particulière de délire qui atteint les opérés et qui porte le nom significatif de *délire traumatique*, la stupeur et quelquefois le tétanos, sont des conséquences naturellement et directement liées à l'ébranlement profond provoqué au sein de l'économie par l'excès de la douleur. En supprimant cet élément, la méthode des inhalations anesthésiques conjure évidemment ces redoutables effets.

« Si ces considérations n'étaient que la déduction simple et logique tirée *à priori* de l'examen général de la question, elles n'auraient ici qu'une valeur secondaire. Mais l'expérience des faits recueillis depuis quatre années leur prête la force d'une vérité démontrée. La statistique est venue en outre leur fournir son irrécusable appui. MM. Simpson d'Edimbourg, Philipps de Liége, Malgaigne et Bouisson, ont dressé, avec des soins minutieux, le tableau statistique d'un grand nombre d'opérations exécutées avec ou sans l'emploi des agents anesthésiques. Le résultat unanime de ces comparaisons, c'est que la mortalité, à la suite des grandes opérations, a notablement diminué depuis l'introduction de l'éther et du chloroforme dans la partie chirurgicale.

« M. Simpson a rassemblé et comparé les résultats d'un grand nombre d'opérations exécutées dans les hôpitaux d'Angleterre, avec et sans le concours de l'éther, dans la vue de déterminer le chiffre de la mortalité dans les deux cas. Il a fait choix, pour ces comparaisons, de l'amputation des membres. Selon M. Simpson, les grandes amputations des membres sont généralement mortelles dans la pratique des hôpitaux, dans la proportion de 1 sur 2 ou 3. Dans les hôpitaux de Paris, par exemple, elle s'élève, d'après des relevés qui appartiennent à M. Malgaigne, à plus de 1 sur 2. Dans les hôpitaux d'Angleterre elle est, selon M. Simpson, de 1 sur 3 1/2. Or les opérations pratiquées en Angleterre, dans les mêmes hôpitaux, sur la même classe de sujets, mais avec le secours de l'éther, n'ont admis qu'une mortalité de 23 sur 100, c'est-à-dire de 1 sur 4 à peu près. Il résulte de divers chiffres, rapportés par M. Simpson, et que nous négli-

---

(1) Nous ne croyons pas devoir nous arrêter à l'opinion qui accorde à la douleur une certaine utilité. Selon quelques chirurgiens, la douleur déterminerait après l'opération une excitation salutaire qui seconderait la réaction de l'organisme et favoriserait le cours de la fièvre traumatique. Mojon a publié à Gênes un discours *Sull' utilità del dolore*, traduit dans le *Journal universel des sciences médicales* (octobre 1817). Le mince opuscule de Mojon est loin de justifier l'attention qu'il a provoquée pendant les premiers temps de la méthode anesthésique ; on y chercherait en vain les ressources habituellement invoquées pour soutenir honorablement un paradoxe. Le discours *Sur l'utilité de la douleur* n'est qu'un vain assemblage de lieux communs et de trivialités. La douleur y est représentée comme un don précieux de la nature, comme un baume salutaire. Enfin l'on arrive à cette conclusion aussi belle que neuve : l'homme doit chérir l'école du malheur !

(2) Mai 1850.

geons ici, que sur 100 amputés dans les hôpitaux anglais, il y en a 6 qui ont été sauvés avec l'éther, et qui auraient succombé sans son emploi.

« Mais la comparaison établie en réunissant toutes les amputations des membres, et confondant ainsi des opérations différentes, c'est-à-dire les amputations du bras, de la jambe et de la cuisse, pouvait laisser quelques doutes dans les esprits ; M. Simpson a voulu étudier, sous ce rapport, une même opération, et il a choisi l'amputation de la cuisse. « Il y a peu ou point, dit M. Simpson, d'opérations de la chirurgie ordinaire et rationnelle qui donnent des résultats plus funestes que l'amputation de la cuisse. La triste conclusion des statistiques des hôpitaux, selon M. Syme, est que la mortalité moyenne n'est pas moindre de 60 à 70 sur 100 ; en d'autres termes, qu'il meurt plus de 1 opéré sur 2. Sur les 987 amputations de cuisse réunies par M. Philipps, 435 s'étaient

terminées par la mort, c'est-à-dire, 44 morts sur 100. En résumant, dit M. Curling, le tableau des amputations pratiquées de 1837 à 1843 dans les hôpitaux de Londres, je trouve 134 cas d'amputation de la cuisse et de la jambe, dont 55 morts ; la proportion est de 41 pour 100. Dans les hôpitaux de Paris, sur 201 amputations de cuisse, M. Malgaigne a trouvé 126 morts. A l'infirmerie d'Edimbourg, il y a eu 21 morts sur 43 ; à Glascow, 46 morts sur 127. Dans mon propre tableau, sur 284 amputations de cuisse pratiquées dans trente hôpitaux d'Angleterre, il y a eu 107 morts.

« Au contraire, sur mes 145 amputés sous l'influence de l'éther, 37 seulement ont succombé.

« Ce qui revient à dire que l'amputation de la cuisse sans éther tue la moitié ou le tiers des opérés, tandis qu'avec l'éther la mortalité est réduite au quart.

« Le tableau suivant résume ces résultats.

Tableau de la mortalité des amputations de la cuisse, dressé par M. Simpson.

	OPÉRÉS.	MORTS.	PROPORTION DES MORTS.
Sans éther :			
Hôpitaux de Paris — Malgaigne. . .	201	126	62 sur 100
Hôpitaux d'Édimbourg. — Peacock. .	43	21	49 sur 100
Collection générale. — Phillips. . .	987	435	44 sur 100
Hôpital de Glascow. — Lawrie. . .	127	46	36 sur 100
Hôpitaux anglais. — Simpson . . .	284	107	30 sur 100
Sous l'influence de l'éther :			
Hôpitaux anglais. — Simpson . . .	145	37	25 sur 100

« Ce tableau montre, dit M. Simpson, qu'en prenant la mortalité la plus faible dans les amputés sans éther, c'est-à-dire les amputés de l'hôpital de Glascow, l'emploi de l'éther aurait pu sauver 11 pour 100 de plus parmi les malades qui ont guéri. »

« Ces résultats suffisent pour constater le progrès immense qu'a fait la chirurgie par l'emploi des agents anesthésiques. Il serait à désirer que l'on fît, dans nos grands hôpitaux, des relevés concernant toutes les opérations, analogues à ceux que M. Simpson a dressés pour les amputations ; nous ne doutons pas qu'on n'arrivât à des conclusions toutes semblables. Un relevé de ce genre, fait par M. Roux à l'Hôtel-Dieu, a établi que la mortalité, qui, à la suite des grandes opérations, était du tiers, n'a plus été que du quart à la suite de l'application de la méthode anesthésique. M. Bouisson a fait un relevé de ce genre sur ses propres opérations. Sur 92 malades opérés sous l'influence de l'éther ou du chloroforme, il n'a eu que 4 morts à regretter. Si l'on rapproche ce résultat remarquable du chiffre qui représente la mortalité des opérés dans les hôpitaux de Paris, on sera disposé à reconnaître sans peine l'influence heureuse exercée sur la pratique chirurgicale par la méthode américaine (1).

(1) Une circonstance qui peut expliquer cet heureux résultat, c'est que les malades, certains aujourd'hui d'éviter la douleur, se décident plus promptement à subir les opérations ; celles-ci, ne s'exécu-

« Il est bon d'ajouter que, d'après l'observation de tous les chirurgiens actuels, les suites des opérations présentent moins de gravité depuis l'emploi des inhalations anesthésiques, et que les plaies des amputés marchent plus vite vers la guérison. On est frappé, en lisant les détails du relevé donné par M. Bouisson, de la promptitude avec laquelle certains de ses opérés ont guéri. Un intervalle de six, de huit et de dix jours a suffi pour permettre le retour à la santé, dans des cas où la guérison exige en moyenne vingt jours et au delà. La plupart des amputations et des ablations de tumeurs ont guéri dans un délai de dix à quinze jours, et une amputation de bras n'en a exigé que six. L'expérience des autres chirurgiens confirme les données tirées de la pratique de M. Bouisson. Il est reconnu que l'emploi des anesthésiques abrège le temps de la convalescence chez les opérés. M. Delavacherie, de Liége, s'est adonné particulièrement à la recherche de ce genre de vérification. De tous les faits recueillis et analysés par ce chirurgien, il résulte que l'influence de l'éther dans les opérations a toujours été heureuse ; que les plaies marchent vers la cicatrisation après l'emploi de l'éther, comme chez les sujets qui ont été opérés sans son aide, et que s'il existe une différence, elle

tant plus dès lors chez des individus épuisés par les fatigues de souffrances prolongées, offrent des chances plus avantageuses en faveur de la guérison

est en faveur de ceux qui ont été éthérisés ; enfin, que la guérison n'a jamais été moins prompte, et que quelquefois elle l'a été davantage (1).

« Les chiffres et les faits établissent donc, d'une manière péremptoire, l'utilité de la méthode anesthésique. Elle a abaissé, dans une proportion notable, le chiffre de la mortalité des opérés ; ainsi elle a atteint ce grand résultat, de prolonger dans une certaine mesure la durée moyenne de la vie. On peut donc hardiment avancer, à ce titre, que l'éthérisation est une des plus précieuses conquêtes dont la chirurgie se soit enrichie depuis son origine.

« Mais l'éthérisation ne participerait pas de la nature des découvertes et des créations humaines, si quelques inconvénients ne se liaient à son emploi, si à côté de ses avantages on ne pouvait signaler quelques dangers plus ou moins graves, si un peu d'ombre ne se mêlait à sa bienfaisante lumière. Nous ne devons et nous ne voulons dissimuler en rien cette face de la question. Il importe que les dangers qui peuvent résulter de l'emploi de l'anesthésie soient bien connus; car, ainsi qu'on l'a fait remarquer, si ces dangers existent, ils sont d'autant plus graves qu'ils empruntent l'apparence d'un bienfait. Disons-le donc sans détour, les inhalations d'éther ont provoqué plusieurs accidents sérieux, les inhalations de chloroforme ont quelquefois amené la mort. La gravité de ce sujet nous oblige à l'examiner avec quelques détails.

« Ce n'est que plus d'un an après la découverte et l'emploi général de la méthode anesthésique que s'est élevée la question du danger qui peut se rattacher aux inhalations stupéfiantes. Des milliers de malades avaient déjà éprouvé les avantages de l'anesthésie et en bénissaient les bienfaits, lorsque quelques accidents signalés en Angleterre à la suite de l'administration de l'éther vinrent troubler la sécurité parfaite dans laquelle les chirurgiens avaient vécu jusqu'à cette époque. Disons-le cependant, ces premiers faits étaient évidemment mal interprétés, et les craintes qui s'élevèrent alors étaient marquées au coin d'une singulière exagération.

« Le premier événement fâcheux attribué a l'emploi de l'éther fut publié à la fin de février 1848, par la *Gazette médicale de Londres*. Il s'agissait d'un jeune apprenti, âgé de onze ans, nommé Albin Burfitt, qui avait eu les deux cuisses saisies par l'engrenage d'une mécanique. Il en était résulté une fracture avec une telle dilacération des parties molles que l'amputation fut jugée indispensable. Elle fut pratiquée par M Newman, le 23 février 1848. Malgré l'usage des inhalations éthérées, le jeune malade ressentit beaucoup de douleur dans les premiers temps de l'amputation. Après l'opération, il

tomba dans un état de prostration profonde et mourut trois heures après. La mort du jeune Burfitt ne pouvait évidemment se rapporter à l'action de l'éther ; les graves désordres dont l'économie avait été le théâtre, les douleurs excessives que le sujet ressentit dans les premiers instants de l'opération, et qui d'ailleurs s'expliquent par ce fait que le chirurgien avait opéré pendant la période de l'excitation éthérée , c'est-à-dire dans un moment où, comme nous l'avons vu, la sensibilité était notablement accrue, l'épuisement nerveux qui avait été la conséquence de l'ébranlement profond imprimé à l'organisme, rendaient suffisamment compte de cette mort. Aussi ce fait ne causa-t-il qu'une assez faible sensation.

« Il en fut autrement d'un événement semblable arrivé quelques jours après. Le 18 mars, une enquête fut ouverte devant le *coroner* du comté de Lincoln, à l'occasion de la mort d'une jeune femme nommée Anne Parkisson, survenue trois jours après l'emploi des inhalations d'éther. Ce fait fut porté devant les tribunaux , et le *coroner* décida que l'opérée était morte « par l'effet de la vapeur d'éther qu'on lui avait fait respirer. » Mais un jury plus compétent eût tenu compte, pour absoudre l'agent incriminé, de l'état naturel de faiblesse de la malade , de la longueur de l'opération , des phénomènes nerveux qui l'avaient suivie , et surtout des faits que révéla l'autopsie cadavérique.

« Le dernier cas de mort signalé à cette époque en Angleterre, comme consécutif à l'administration de l'éther, est celui d'un homme âgé de cinquante-deux ans, nommé Thomas Herbert, opéré de la taille par M. Roger Nunn, chirurgien de l'hôpital de Colchester, à Essex , et qui mourut cinquante heures après l'opération. Ici la taille avait été pratiquée chez un sujet épuisé, et nous n'avons pas besoin de dire que l'on a vu cent fois, après la cystotomie, la mort par épuisement nerveux arriver dans un délai beaucoup plus court, sans que l'on eût fait usage des anesthésiques (1).

« En France, aucun cas de mort réellement imputable à l'éther n'avait été signalé avant le fait observé à l'Hôtel-Dieu d'Auxerre, le 10 juillet 1847, sur un ouvrier bavarois, âgé de cinquante-cinq ans, affecté d'un cancer au sein, et qui mourut pendant l'opération même, avec des signes évidents d'asphyxie. Le défaut de surveillance dans l'administration de l'éther, qui fut employé de manière à amener probablement l'asphyxie par privation d'air , et en outre l'insuffisance des moyens mis en usage pour ramener le malade à la vie, marquent suffisamment la cause de cette mort.

« Aussi jusqu'à la fin de 1848, les dangers liés à l'emploi des anesthésiques restèrent-ils enveloppés de beaucoup de doutes. Parmi tous les cas de mort attribués à l'éther, il

(1) *Observations et réflexions sur les effets des vapeurs d'éther*, Liége, 1847.

(1) La même réflexion s'applique au cas de mort signalé à la même époque par M. Roel, de Madrid.

n'en était pas un seul dans lequel on ne pût attribuer à une autre circonstance la cause des accidents, et ces événements, perdus d'ailleurs au milieu d'une masse innombrable de faits contraires, n'avaient eu d'autre résultat que d'inspirer aux chirurgiens une réserve prudente dans l'administration d'une substance qui, employée sans discernement, pouvait amener de fâcheux mécomptes. Mais la scène changea à l'apparition du chloroforme. Deux mois s'étaient à peine écoulés depuis que M. Simpson avait fait connaître sa découverte, lorsque quelques événements funestes vinrent réveiller les premières alarmes. La rapidité avec laquelle le chloroforme exerce son action faisait assez comprendre qu'il agit à la manière des substances vénéneuses, et qu'entre des mains inexpérimentées ou inhabiles, il pourrait provoquer de dangereux accidents. M. Sédillot le comprit le premier, et le 25 janvier 1848, dans la séance de l'Académie de médecine, il communiquait ses craintes aux chirurgiens. Ses prévisions ne tardèrent pas à se réaliser. Quelques faits observés d'abord en Angleterre, et bientôt après en France, vinrent jeter sur la question de sinistres lumières. Il ne s'agissait plus de ces cas problématiques offrant à la discussion d'inépuisables ressources; il ne s'agissait plus, comme avec l'éther, de morts survenues quelques heures ou quelques jours après l'administration des vapeurs anesthésiques; c'est pendant la durée de l'opération, et sous le couteau du chirurgien que les individus avaient expiré; commencée sur un malade, l'incision s'était achevée sur un cadavre. La mort même était arivée quelquefois avant le commencement de l'opération, et lorsque le malade respirait encore les vapeurs anesthésiques; avant que la main du chirurgien fût armée, l'individu était tombé comme frappé de la foudre.

« Une longue et remarquable discussion s'est élevée, comme nous l'avons dit, à l'Académie de médecine, à l'occasion des cas de mort attribués à l'action du chloroforme. M. Malgaigne a exposé avec beaucoup de soin dans son rapport tous les détails de ces faits, qu'il serait hors de propos de reproduire ici. On sait déjà que les conclusions du rapporteur, adoptées par l'Académie, ont mis hors de cause le chloroforme, et absous cet agent des revers qui lui étaient attribués. Cette sentence est loin cependant d'avoir rencontré, au sein du public médical, une approbation complète, et l'on nous permettra de rappeler brièvement les objections principales qui ont été présentées contre les termes et les conclusions du rapport.

« Parmi tous les faits qui sont devenus le texte de la discussion académique, M. Malgaigne n'en admet que trois dans lesquels la mort soit positivement imputable au chloroforme. Les autres cas s'expliquent, selon lui, soit par l'asphyxie, soit par des morts subites déterminées par certaines lésions organiques dont les individus étaient affectés.

« Ranger dans la catégorie équivoque des morts subites la plupart de ces faits, est un faux-fuyant qui, en général, a paru d'assez mauvais goût. Si les sujets qui ont succombé portaient des lésions organiques suffisantes pour amener subitement la mort, elles devaient sauter aux yeux du clinicien le moins exercé; comment se fait-il dès lors que personne n'ait su les diagnostiquer d'avance? Si ces altérations avaient présenté une certaine gravité, le praticien n'eût pas manqué de les reconnaître, et dans ce cas il se fût dispensé d'agir. Sans doute, chez quelques-uns de ces malades, certaines dispositions individuelles ont pu seconder l'action léthifère du chloroforme, mais il n'y avait rien là qui menaçât directement et actuellement leur vie. D'ailleurs, dans tous les autres cas, les sujets jouissaient d'une santé parfaite, et ne se présentaient que pour subir des opérations insignifiantes : deux venaient se faire extraire une dent, le troisième arracher un ongle, le quatrième inciser un petit abcès, le cinquième ne respirait le chloroforme que pour se procurer un état d'ivresse. Il faut évidemment une certaine complaisance pour affirmer que tous ces individus étaient sous l'imminence d'une mort subite.

« Il est tout aussi difficile d'admettre, avec M. Malgaigne, que la plupart des cas de mort analysés dans son rapport puissent reconnaître pour cause l'asphyxie. Il n'existe point, selon nous, de cause d'asphyxie qui amène la mort en deux ou trois minutes; il n'est pas dans la nature de l'asphyxie de tuer aussi soudainement, et surtout de résister à toute la série si bien entendue des moyens que l'on s'est hâté de mettre en œuvre pour la combattre.

« Ainsi il était plus simple, et en même temps plus conforme aux faits, de rapporter ces diverses morts à une action toxique propre au chloroforme. C'est ce qu'a parfaitement démontré M. Jules Guérin. Dans une argumentation remarquable, le savant académicien a mis hors de doute l'action toxique qui caractérise ce composé. Il a montré qu'à certaines doses le chloroforme produit nécessairement et inévitablement la mort, et qu'employé à la dose ordinaire il peut rencontrer, dans certaines dispositions individuelles et dans quelques états physiologiques particuliers, des conditions suffisantes pour provoquer une issue funeste. Il faut donc regretter que M. Malgaigne, et à sa suite l'Académie de médecine, aient voulu trouver, dans la plupart des cas, la cause de la mort en dehors de l'agent anesthésique.

« Au reste, les faits n'ont pas tardé à fournir à ces vérités une triste confirmation. Parmi les accidents signalés en France depuis la discussion académique, il en est peu qui montrent avec plus d'évidence les dangers du chloroforme, que le fait si loyalement publié par M. Barrier, chirurgien de l'Hôtel-Dieu de Lyon (1). Ce fait répond à

(1) *Gazette médicale de Paris*, 1849, p. 113.

tous les arguments invoqués en faveur du chloroforme. Il démontre, en effet, que cette substance, administrée par une main habile, employée à la dose normale chez un sujet placé dans les meilleures conditions de santé, et pendant un temps qui ne dépasse pas la limite ordinaire, enfin suivant un mode qui permet à l'air de se mêler suffisamment aux vapeurs, peut occasionner la mort, et la mort sans asphyxie. On peut citer au même titre le fait, tout aussi probant, rapporté par M. Confevron, de Langres, dans le numéro du 20 octobre 1849 de la *Gazette médicale.*

« Une dame de trente-trois ans, madame Labrune, soumise pour l'extraction d'une dent aux inhalations du chloroforme, tomba comme foudroyée dès les premières inspirations.

« Ce fait est d'autant plus concluant contre le chloroforme, qu'une année auparavant cette dame avait été soumise, sans aucun accident, à l'action des vapeurs d'éther pour une opération du même genre. Nous pouvors citer encore un fait semblable arrivé à Westminster le 17 février 1849. Il s'agit d'un ouvrier maçon, âgé de trente-six ans, soumis à l'amputation du gros orteil, et qui succomba quelques instants après l'opération, dix minutes après avoir été soumis aux inhalations du chloroforme. Toutes les précautions nécessaires avaient été prises par le chirurgien, et les soins les mieux entendus furent mis en œuvre pour conjurer l'issue fatale. Aussi le jury, devant lequel fut portée cette affaire, rendit-il le verdict suivant : « Le décédé Samuel Bennet est « mort du chloroforme *convenablement ad-* « *ministré.* » Le coroner qui formula cet arrêt ne se doutait guère qu'il tranchait avec son bon sens une question qui divisait depuis un an toute la médecine en deux camps opposés.

« Ainsi, dans un certain nombre de cas, le chloroforme a amené la mort, soit par l'oubli des précautions nécessaires pendant son administration, soit par l'existence, chez les individus, de certaines affections organiques, soit enfin par suite de l'action propre que l'on ne peut s'empêcher de reconnaître au chloroforme, action que certaines *idiosyncrasies* rendent accidentellement plus grave. Faut-il cependant, d'après ce petit nombre de résultats malheureux, et en regard du nombre immense de faits contraires, renoncer aux bienfaits de la méthode anesthésique, et la bannir sans retour de la scène chirurgicale ? Il y aurait de la folie à le prétendre. Autant vaudrait renoncer aux machines à vapeur, à cause des désastres qu'elles ont souvent provoqués, aux chemins de fer, en raison des malheurs qu'ils ont pu produire. Il faudrait abandonner, au même titre, tous ces agents héroïques de la médecine interne, qui rendent tous les jours à l'humanité des services immenses, et qui ne sont pas sans avoir provoqué sans doute quelques résultats semblables. Si l'on dressait pour l'opium, pour le quinquina, pour la saignée, pour les purgatifs, pour l'émétique, un relevé pareil à celui que l'on a dressé pour le chloroforme et l'éther, nul doute que l'on ne dévoilât un plus triste nécrologe. Voudrait-on, pour cela, répudier ces médicaments précieux ? Assurément ce n'est pas ainsi qu'il faut entendre le progrès scientifique. Le progrès consiste à tenir compte de ces accidents fâcheux pour surveiller, pour perfectionner, pour régulariser l'emploi de ces divers moyens, qui à côté de leurs avantages ont aussi leurs dangers, et qui n'offrent ces dangers que parce qu'ils ont ces avantages ; une substance ne peut jouir, en effet, d'une certaine efficacité thérapeutique qu'à condition d'exercer sur l'économie une action plus ou moins profonde. L'art réside à diriger convenablement l'exercice de cette action pour le faire tourner au profit de la science et de l'humanité.

« Au reste, la question des dangers de la méthode anesthésique est complexe, et, comme le remarque avec beaucoup de raison M. Bouisson, il est nécessaire, pour la résoudre, de distinguer entre les agents anesthésiques et la méthode elle-même. Il n'est pas douteux que les substances douées de la propriété d'anéantir la sensibilité de nos organes ne trouvent dans cette propriété même la source de certains périls. Mais les chances dangereuses ne sont pas les mêmes pour le chloroforme et pour l'éther. L'emploi de l'éther sulfurique n'expose évidemment à aucuns périls sérieux ; les cas de morts attribuées à cette substance sont peu nombreux et tous susceptibles d'une discussion victorieuse. L'anesthésie obtenue au moyen du chloroforme présente moins de sécurité ; mais l'expérience a maintenant parfaitement renseigné les chirurgiens sur les règles qui doivent présider à son emploi. Pour les opérations graves et de longue durée, dans lesquelles l'état d'anesthésie doit être prolongé longtemps ; chez les enfants et chez les vieillards, chez les sujets affectés de lésions organiques du cœur ou des poumons, chez les individus d'une constitution faible ou épuisée par une longue maladie, enfin chez les personnes d'un tempérament nerveux et irritable, le chloroforme est formellement contre-indiqué. Les règles d'élection entre l'éther et le chloroforme, pratiquées aujourd'hui dans nos grands hôpitaux, ont permis d'éviter le retour de ces événements regrettables, qui ont donné un si triste retentissement aux débuts du chloroforme dans l'arène chirurgicale.

« Il est bon de remarquer d'ailleurs que, par suite de l'attention générale dirigée en ce moment vers les études de ce genre, il y a lieu d'espérer que l'on parviendra à découvrir, parmi les agents anesthésiques actuellement connus, ou bien chez d'autres substances non encore signalées, un produit nouveau dont l'action tienne le milieu entre celles de l'éther et du chloroforme, et qui permette de jouir des avantages du premier, tout en évitant les dangers auxquels le second nous expose (1).

« Les inconvénients qui peuvent se rattacher à l'emploi des agents anesthésiques actuellement connus ne prouvent rien cependant contre l'utilité de la méthode elle-même. L'anesthésie a amené dans la chirurgie un progrès éclatant, puisqu'elle a diminué, dans une proportion notable, les chances de mort à la suite des grandes opérations; appliquée avec discernement et par des mains prudentes, elle jouit de toute l'innocuité que l'on réclame des procédés de l'ordre thérapeutique. On ne peut exiger, en effet, de la contingence des faits vitaux autre chose que la probabilité numérique; or cette probabilité est portée ici à un degré si avancé, qu'elle assure toute sécurité à la confiance du malade et toute liberté à la conscience du chirurgien. Au mois de mars 1850, c'est-à-dire un peu plus de trois ans après l'introduction des anesthésiques dans la pratique chirurgicale, M. Roux estimait à cent mille le nombre d'individus soumis, en Amérique et en Europe, à l'action de l'anesthésie, et sur ce nombre immense de cas, on avait eu à peine douze ou quinze malheurs à déplorer. Depuis la fin de l'année 1846, MM. Roux et Velpeau ont pratiqué chacun six cents fois l'éthérisation; mille ou douze cents individus ont été anesthésiés par leurs mains, et aucun de ces chirurgiens n'a été témoin d'un événement fatal. Ces chiffres suffisent certainement pour dissiper les appréhensions qu'ont pu laisser dans l'esprit du public les tristes événements que nous avons dû mentionner. Il suffirait d'ailleurs, pour faire évanouir les dernières craintes, de rappeler une observation présentée par M. Velpeau à l'occasion de ces faits. « Ces cas malheureux, dit ce chirurgien, ne se sont « rencontrés que dans la pratique privée : « aucun des opérateurs en renom n'a eu à en « déplorer de semblables. Les hommes qui « sont à la tête des grands hôpitaux de Saint-« Pétersbourg, de Moscou, de Berlin, de Vien-« ne, de Boston, de New-York, de Philadel-« phie, de Londres, de Dublin, d'Edimbourg, « de Montpellier, de Strasbourg, de Paris, « n'ont rien observé d'analogue. J'ai mis en « usage l'éthérisation, soit à l'hôpital, soit « dans ma clientèle particulière, plus de « cinq cents fois, et jamais il n'en est rien « résulté de sérieux pour mes malades. « M. Roux, dont je ne crains pas d'invoquer

(1) Bien que l'éther et le chloroforme soient les seuls composés employés en chirurgie, on connaît déjà plus de trente substances jouissant de la propriété anesthésique; le travail de M. Nunneley, publié en Angleterre, en 1849, sous le titre de : *On anesthæsia and anesthæsic substances generally*, contient sur ce sujet des indications très-utiles à consulter. Les substances auxquelles M. Nunneley accorde la propriété stupéfiante la plus marquée et la plus innocente sont : l'éther sulfurique, les carbures d'hydrogène gazeux; et parmi eux : le gaz de l'éclairage ordinaire, l'éther chlorhydrique, l'éther hydro-bromique, le chloroforme, le chlorure de gaz oléfiant et le chlorure de carbone.

« ici la grande autorité, n'a pas été moins « heureux dans un nombre peut-être encore « plus considérable de cas. La parfaite in-« nocuité de l'éthérisation s'est également « maintenue à l'hôpital Saint-Louis, à l'hô-« pital Saint-Antoine, à l'hôpital des Enfants, « à l'hôpital Necker, à l'hôpital de la Pitié, « à l'hôpital des Cliniques, à l'hôpital Co-« chin, au Val-de-Grâce, à Bicêtre, etc., « entre les mains de MM. Malgaigne, Jo-« bert, Nélaton, Marjolin, Lenoir, Denonvil-« liers, Guersant, Laugier, Michon, Chassai-« gnac, Maisonneuve, Gosselin, Baudens, etc. « Dans presque tous les établissements sa-« nitaires, les médecins et les accoucheurs « ont, en outre, fait usage de l'éthérisation « un grand nombre de fois, et toujours im-« punément; ensuite une foule d'étudiants « en médecine, la plupart des médecins de « Paris, des sociétés médicales tout entières, « voulant voir individuellement ou collec-« tivement par eux-mêmes ce que produit « l'inhalation de l'éther ou du chloroforme, « se sont soumis à l'éthérisation, les uns « une ou deux fois seulement, les autres « un grand nombre de fois. En est-il résulté « un seul accident notable? Avec une ex-« périence si vaste, en présence d'une masse « si imposante de faits aussi constamment « heureux, n'est-il pas permis de se deman-« der par quelle fatalité des revers fâcheux « ne se sont attachés à l'éthérisation qu'en-« tre les mains d'hommes qui en avaient « peu l'habitude, qui n'ont eu que de rares « occasions d'invoquer son concours? »

« Ajoutons enfin que l'on voit poindre en ce moment à l'horizon de la science, une nouvelle forme d'administration des agents anesthésiques, qui ferait évidemment disparaître la plupart des inconvénients généraux de la méthode, et qui constituerait pour elle un immense progrès. Nous voulons parler de *l'anesthésie locale*, dont plusieurs chirurgiens commencent à s'occuper sérieusement. Le chloroforme employé en frictions sur les parties malades a donné quelquefois d'excellents résultats pour combattre les douleurs internes dans les affections rhumatismales et dans quelques états analogues. Ce mode d'emploi des substances anesthésiques a donné l'idée d'en tirer parti pour les opérations chirurgicales, et l'on a essayé, à l'aide de frictions avec le chloroforme, d'engourdir exclusivement la partie destinée à subir une opération douloureuse, sans faire participer l'économie tout entière à l'état grave et pénible dans lequel on est forcé de la placer par la méthode ordinaire. On comprend tous les avantages, toute l'importance de cette nouvelle application de l'anesthésie. Si l'on parvenait, en effet, à rendre isolément insensible la partie du corps sur laquelle l'opération doit être pratiquée, on échapperait aux difficultés et aux dangers auxquels on s'expose par les procédés suivis aujourd'hui. L'individu resterait tout entier maître de sa volonté et de sa raison; il pourrait se prêter aux mouvements et aux manœuvres du chirurgien, il ne serait plus comme un cadavre entre les mains de l'opérateur. Ainsi la sûreté de l'opération, la confiance du chirurgien et aussi la dignité humaine gagneraient à cette heureuse modification. On étendrait en même temps l'application de l'anesthésie à bien des cas où elle ne peut être mise en œuvre. On sait que la plupart des opérations qui se pratiquent vers la bouche ou du côté des voies aériennes ne peuvent être faites avec le chloroforme ou l'éther, parce que l'on redoute avec raison que le sang ne pénètre dans les voies aériennes et ne provoque l'asphyxie. Il est encore certaines opérations qui exigent le concours actif, l'attention, la participation du malade, et qui ne peuvent par conséquent s'accomplir dans l'état de sommeil éthérique. Enfin, il existe un très-grand nombre de cas dans lesquels l'opération est d'une si faible importance, que l'on juge inutile et même irrationnel d'éthériser les malades ; dans ces dernières circonstances, lorsqu'il ne s'agit, par exemple, que d'un coup de bistouri à donner, les malades pourraient encore jouir du bénéfice des procédés anesthésiques.

« Mais si les avantages immenses de l'anesthésie locale sont de toute évidence, les résultats qu'elle a fournis jusqu'à ce jour sont loin de se tenir à la même hauteur. L'expérience a montré que l'éther et le chloroforme, employés localement en vue d'une opération chirurgicale, échouent de la manière la plus complète. Heureusement quelques autres liquides paraissent offrir plus de ressources, et la *liqueur des Hollandais*, et mieux encore *l'éther chlorhydrique chloré*, ont donné à M. Aran des résultats qui permettent d'espérer un certain succès. Toutefois la question est née d'hier, et il est encore difficile de savoir quelle place il faudra lui assigner dans l'avenir parmi les perfectionnements de la méthode générale.

« Cependant cette tentative dût-elle échouer et la méthode anesthésique fût-elle destinée à rester contenue dans les limites où nous la voyons aujourd'hui, elle n'en mériterait pas moins l'admiration, l'enthousiasme qu'elle a excités partout, et la place brillante qu'il convient de lui assigner parmi les créations de la science moderne. Cette appréciation ne semblera pas exagérée, si nous rappelons, pour résumer cette étude, les résultats généraux dont elle a enrichi l'humanité. La douleur désormais proscrite du domaine chirurgical, ses conséquences désastreuses conjurées, et par là les bornes de la durée moyenne de la vie reculées dans une certaine mesure; la chirurgie devenue plus hardie et plus puissante; avant les grandes opérations, une attente paisible au lieu des appréhensions les plus sinistres; pendant la durée des cruelles manœuvres, au lieu des plaintes déchirantes, un paisible sommeil; au lieu des cris lamentables de la douleur, les ravissements de l'extase, et au réveil le silence ou une exclamation de joie; la femme enfantant sans douleur, et malgré la terrible condamnation biblique, insensible aux souffrances de la parturition, donnant la vie à son enfant, suivant la belle expression de M. Simpson, « au milieu de songes élyséens, sur un lit « d'asphodèles » : tels sont, en quelques mots, les inestimables avantages qui font de l'éthérisation l'une des plus précieuses conquêtes dont l'humanité se soit enrichie depuis bien des siècles.

« Mais ce n'est pas seulement à titre de bienfait public, ce n'est pas uniquement comme un inappréciable service rendu à l'allégement des maux de l'humanité, que l'éthérisation doit figurer au premier rang des acquisitions contemporaines. Plusieurs de nos sciences peuvent trouver dans ses applications l'origine des plus notables progrès. Nous avons déjà fait remarquer quelle importance les études de cet ordre pourraient revêtir, transportées sous la forme expérimentale dans le domaine de la philosophie, et quelles ressources neuves et fécondes elles promettent à la psychologie pour essayer de pénétrer les mystères et de dénouer les secrets liens de l'âme humaine. La médecine interne et la médecine légale ont déjà fait à ses procédés quelques emprunts heureux qui suffisent à faire pressentir l'importance de ce genre particulier d'application. Mais de toutes les sciences celle qui est destinée à recevoir de l'anesthésie la plus sérieuse et la plus remarquable impulsion, c'est évidemment la physiologie. Par son insaisissable et mystérieuse nature, par les conditions si spéciales de ses manifestations extérieures, le système nerveux n'avait jusqu'ici offert à l'expérience qu'une base incertaine et un terrain du plus difficile accès. Or le chloroforme et l'éther viennent inopinément mettre dans nos mains les moyens de saisir, de maîtriser cet agent rebelle, pour le forcer de se plier docilement à tous nos artifices, à tous nos procédés habituels d'exploration. Les inhalations anesthésiques ne seront pas seulement pour le physiologiste un instrument, un puissant réactif; on y trouvera une méthode tout entière; il sera permis à leur aide d'étudier, sous un aspect nouveau, les plus délicates, les plus inaccessibles, les plus obscures de nos fonctions : l'innervation, la circulation, les principales fonctions secondaires; on pourra, avec leur secours, analyser et suivre expérimentalement, non-seulement tous les degrés, mais aussi tous les modes et jusqu'aux moindres nuances de l'innervation. Que ne doit-on pas espérer d'un agent qui peut provoquer et reproduire à volonté toute l'échelle des altérations comprises depuis le trouble momentané apporté dans l'exercice de l'un des modes de la sensibilité, jusqu'à l'extinction totale de cette fonction. Et s'il faut dire ici toute notre pensée, nous avons été surpris de la faible extension donnée jusqu'à ce moment aux recherches expérimentales de ce genre, du peu d'intérêt qu'elles ont excité, et partant, du petit nombre de résultats positifs qu'elles ont fournis. Les travaux de cet ordre nous semblent appeler toute l'attention de cette brillante école physiologique qui fait aujourd'hui l'honneur et l'espoir de l'Allemagne. C'est à la patrie des Tiedemann, des Müller, des Valentin et des Wagner d'entrer la première dans cette voie nouvelle. »

EUGRAPHE. — Optique. (*Invention.*) M. *Cayeux*, officier de Marine, 1811. — Cet instrument possède l'avantage de représenter les objets dans leur position naturelle; au lieu que toutes les chambres obscures faites jusqu'à présent, ou renversent les objets, ou les représentent du côté opposé à leur véritable position. Par exemple, avec une chambre obscure sur le Pont-Neuf, on voit le Louvre à gauche et la Monnaie à droite, ce qui est contraire à la réalité. L'eugraphe les représente dans leurs positions vraies, sans déplacement, avec toutes leurs couleurs, avec tout le mouvement, sur la rivière comme sur les quais, avec une netteté admirable, et cela par un moyen aussi simple qu'ingénieux. Les physiciens trouvent dans cet instrument la solution d'un problème d'optique fort intéressant, et les peintres un moyen commode pour étudier les effets de la nature sur la vision. M. Soleil, qui confectionne cet instrument, l'a réuni à un autre de son invention, qui représente les objets en mouvement du côté opposé à leur véritable position. Quand ces deux instruments sont joints latéralement sur un même plan, l'objet en mouvement, qui paraît sur le côté gauche de l'un, se montre au même instant sur le côté droit de l'autre, et lorsque les deux spectres se sont rapprochés jusqu'à la ligne qui sépare les deux instruments, ils disparaissent en même temps. Si l'objet paraît sur les côtés qui se touchent, il semble se séparer pour disparaître sur les bords extérieurs. L'eugraphe est l'instrument d'optique qui approche le plus de la perfection qu'on désire dans une chambre obscure. — *Voy.* CHAMBRE OBSCURE.

F

FANAUX (*Voyez* PHARES). — Un fanal est un appareil qu'on place sur les phares, à l'entrée des ports et à l'embouchure des fleuves, pour éclairer et guider pendant la nuit les vaisseaux dans leur route.

Depuis quelques années les appareils d'éclairage à l'usage des phares ont reçu de grandes améliorations, dues spécialement à M. Bordier-Marcet, successeur d'Ami-Argand qui a substitué aux anciens feux des lampes à miroir parabolique. En 1807, des expériences comparatives furent faites au Hâvre par ordre du gouvernement pour constater l'utilité du système d'éclairage de M. Bordier. Le résultat de ces expériences fut que, à égalité de circonstances, le nouvel appareil comparé à l'ancien donne pour l'intensité de lumière le rapport de 5 à 4, et pour la quantité de combustible brûlé, le rapport de 2 à 9. Mais on a remarqué depuis que le nouveau système d'éclairage ne pouvait remplacer avantageusement l'ancien qu'en formant avec ces réverbères des feux à *éclipses*, attendu qu'il résulte de la nature même de la surface paraboloïde, que les faisceaux lumineux étant constamment parallèles aux axes de cette surface, forment entre eux des parties angulaires, dans lesquelles les observateurs ne reçoivent que peu ou point de lumière. Cet inconvénient peut occasionner de l'incertitude dans la manœuvre que doivent exécuter les marins aux abords des côtes, et être préjudiciable à la sûreté de la navigation.

Ce motif a déterminé M. Bordier à adopter les fanaux à éclipses proposés précédemment par Argand. Suivant ce système, un nombre déterminé de lampes à miroir parabolique est adapté à une plaque verticale tournante, à laquelle un rouage disposé comme celui d'une horloge de clocher, communique le mouvement par la descente d'un poids moteur. La plaque tourne régulièrement et complète toutes les révolutions en des temps égaux et déterminés; elle présente la lumière du fanal avec tout son éclat lorsque le plan de la plaque se trouve dans une position perpendiculaire au rayon visuel de l'observateur; puis la lumière diminue progressivement, s'annule, reparaît faiblement, augmente, et enfin reprend son éclat total. La série de variations se renouvelle à chaque révolution. Ce mode d'éclairage, loin d'être un inconvénient, présente l'avantage précieux d'indiquer exactement aux marins (par la durée des éclipses, déterminée et connue pour chaque phare), devant quelle côte ils se trouvent; de sorte que ces fanaux à éclipses deviendront des télégraphes permanents nocturnes d'une très-grande utilité. Un fanal de cette espèce faisait partie de la magnifique exposition que le public a admirée au Louvre en 1819.

Tous les rayons lumineux partis du foyer commun et qui ne s'écartent pas du plan horizontal de plus de 22° 50 en dessus et en dessous, sont réfractés par les huit lentilles et ramenés à des directions parallèles à leurs axes; car on sait que les verres lenticulaires ont, comme les miroirs paraboliques, la propriété de rendre parallèles les rayons divergents partis de leurs foyers, et qu'en un mot ils sont par réfraction ce que les miroirs paraboliques sont par réflection. Si l'objet lumineux placé au foyer commun des huit lentilles n'était qu'un point, et que de plus les aberrations de sphéricité et de réfrangibilité des verres fussent parfaitement corrigées, les rayons qui sortent de chaque lentille seraient exactement parallèles; mais les dimensions de l'objet éclairant occasionnant une divergence d'où résulte, au lieu d'un faisceau cylindrique, un cône lumineux dont l'étendue angulaire est de 6° 50 à 70 pour un bec quadruple de 0ᵐ,09 de diamètre, tel que celui qui est employé dans cet appareil, ces huit cônes lumineux laissent donc entre eux des intervalles angulaires de 38 à 38° 50. En tournant autour de la lumière centrale, qui reste fixe, l'appareil lenticulaire promène sur tous les points de l'horizon les cônes lumineux et les intervalles obscurs qui les séparent, et présente ainsi à l'observateur éloigné une succession d'éclats et d'éclipses dans laquelle celles-ci n'ont guère que le sixième de durée de ceux-ci.

M. Fresnel a trouvé le moyen d'augmenter considérablement la durée des éclats sans accroître le volume de l'objet éclairant ou la dépense d'huile, et sans rien changer à la disposition des huit grandes lentilles, dont la lumière conserve toute son intensité. Pour cela il reçoit sur huit petites lentilles additionnelles de 0ᵐ 50 de foyer, les rayons qui passent par-dessus les grandes, et qui, sans cela, seraient perdus. Ces lentilles additionnelles, représentées en coupe et en élévation, forment au-dessus de la lampe comme une espèce de toit en pyramide octogonale tronquée; les rayons qu'elles réfractent et concentrent en huit cônes lumineux sont ramenés à des directions horizontales par leur réflexion sur des glaces étamées placées au-dessus des lentilles additionnelles. La projection horizontale de l'axe de chaque petite lentille forme un angle de 70° avec celui de la grande lentille correspondante, et le précède dans le sens du mouvement de rotation de l'appareil, de manière que l'éclat de la petite lentille précède celui de la grande avec lequel il se renoue. On a obtenu de cette manière, même à une distance de seize mille toises, des apparitions de lumière dont la durée était égale à la moitié de celle des éclipses. Quant à l'intensité et à la portée de la partie de l'éclat produit par les grandes lentilles, il suffit, pour en donner une idée, de dire que dans les observations géodésiques faites pendant l'année 1822, par MM. Arago et Matthieu, une lentille semblable, éclairée par un bec quadruple, a été observée de jour, avec une lunette, à 50 milles, 17 lieues de distance, et se voyait très-bien à l'œil nu, une heure après le coucher du soleil; elle paraissait aussi brillante qu'un phare anglais à feu fixe, situé à peu près dans la même direction, mais éloigné seulement de 15 milles ou 5 lieues.

Il résulte de ces expériences de MM. Arago et Matthieu sur l'appareil que nous venons de décrire et sur des réflecteurs de 28 à 30 pouces de diamètre, les plus grands qu'on ait employés jusqu'alors dans l'éclairage des phares, que la somme totale des rayons concentrés dans le plan horizontal où l'effet utile des huit grandes lentilles éclairées par le bec quadruple est trois fois plus grand que celui de huit réflecteurs de 30 pouces d'ouverture portant chacun un bec ordi-

naire à double courant d'air. Si donc on ajoute aux rayons fournis par les grandes lentilles ceux que donnent les petites lentilles additionnelles, on voit que l'appareil lenticulaire complet doit produire un effet plus que triple de celui qu'on obtient avec huit réflecteurs de 30 pouces; or, la dépense d'huile est à peine accrue dans la même proportion que l'effet utile, c'est-à-dire que la lumière produite est employée avec d'autant plus d'économie, au moins dans cet appareil lenticulaire, que dans les plus grands réflecteurs armés de plus petits becs; de plus, le poids total de l'appareil lenticulaire n'excède que d'un huitième celui d'un phare composé de huit réflecteurs pareils.

Description des fanaux à double aspect, base du système. — Chaque fanal,à double aspect est composé de trois grandes surfaces paraboliques éclairées par une seule lampe mécanique de Gagneau.

Deux conoïdes jumeaux en fonte de cuivre soigneusement formés et fortement argentés, ayant 26 pouces de diamètre à leur base, 15 à leur paramètre et 8 de profondeur de la base au foyer, sont tronqués par leur paramètre et conjugués en communauté d'axes et de foyers avec une troisième surface en calotte parabolique de 15 pouces de diamètre, en cuivre battu et argenté, formée sur une parabole d'un plus grand paramètre; et enfin cette calotte étant placée en arrière des paramètres et suspendue verticalement sur la tranche d'un conoïde, qui, lorsqu'il est éclairé, présente de ce côté l'aspect nouveau d'un cercle ou anneau brillant de lumière, tandis que, du côté opposé, les rayons étant réfléchis parallèlement entre eux et l'axe par le cône et par la calotte, offrent le même aspect et le même bel effet que si le fanal était formé d'une seule surface parabolique.

Ainsi l'éclat produit par l'anneau lumineux étant égal à deux tiers ou trois quarts de l'éclat total de l'autre face, est un bénéfice incontestable, puisqu'il est produit par la même lampe; et cet avantage, déjà remarquable pour l'économie obtenue dans la production de la lumière, est augmenté ou peut l'être à volonté par l'application, à chaque fanal, de quatre autres réflecteurs qu'il nomme *joues paraboliques*, lesquelles quatre joues, placées à droite et à gauche de chaque cône, sont calculées de manière à réfléchir les rayons de la même lampe à droite et à gauche de l'axe commun, et à précéder et suivre l'éclat brillant de chacune des grandes surfaces.

On peut donc estimer, suivant l'auteur, la projection totale des rayons réfléchis ou l'éclat total du fanal à double aspect, à une intensité presque double de ce que produirait une paraboloïde simple d'une même dimension éclairé par une semblable lampe.

Enfin, ces différences d'aspect desquelles dérive le nom donné à ce fanal, deviendront précieuses aux marins, qui les considéreront bientôt comme des signaux propres à leur faire reconnaître, d'autant mieux, les phares auxquels on les appliquerait. (*Dict. technologique*, art. *Fanaux.*)

FARDEAUX (Moyens de les transporter sur des terrains impraticables. — *Invention de MM. Amavet père et fils, de Paris.* — Les moyens des auteurs consistent à former des chemins artificiels en bois, composés de plusieurs fortes pièces de bois réunies bout à bout, et assemblées parallèlement par des traverses de 1 mètre 2 décimètres, distantes l'une de l'autre de 2 mètres. Ces pièces de bois sont ainsi disposées pour recevoir un chariot, consistant en un essieu d'une forte pièce de bois frettée, sur laquelle on place la charpente à transporter. En avant de cette pièce de bois est un timon dont l'extrémité est retenue par le moyen d'une corde à la partie inférieure de la charpente. Aux deux extrémités de l'essieu sont deux roues de voiture qui reposent sur les deux pièces de bois qui forment le chemin. Pour empêcher ces roues de sortir de l'étroite surface qu'elles doivent parcourir, on a fixé à l'essieu des barres de fer, en forme de fourchette, portant à leurs extrémités inférieures de petites roues horizontales, glissant le long des faces latérales et intérieures des pièces de bois formant le chemin. Pour franchir une montagne sur un chemin artificiel, avec un corps d'arbre monté sur les essieux, on établira un tambour sur lequel sera roulé un câble de gauche à droite ; ce tambour sera ajusté sur un arbre horizontal, où sera attaché, par un bout, un autre câble qui s'y enroulera de droite à gauche. La partie inférieure de chaque câble portera un crochet en fer ; l'un servira à attacher l'attelage des bêtes de trait, et l'autre à recevoir la pièce de charpente ; de sorte qu'en dirigeant les animaux attachés au câble du tambour, vers la pente de la montagne, pour leur donner plus de force et d'abattage à mesure qu'ils dévideront le câble du tambour, ils changeront sur son treuil l'autre câble et monteront la pièce à sa destination. Pour éviter le frottement, le collet qui doit porter le treuil est composé de trois roulettes en cuivre. Lorsqu'il s'agira de transporter de petites pièces, comme du douvin, de la latte, etc., on se servira d'un chariot plat, composé de plusieurs planches assemblées aux deux extrémités par une forte traverse, portant à chacun de ses deux bouts une roulette horizontale. Au milieu de cette traverse sera fixé un anneau où l'on accrochera l'extrémité inférieure du câble du cabestan horizontal. Des mortaises pratiquées à chaque bout de la traverse serviront à recevoir les ridelles du chariot qui devra rouler sur le chemin artificiel, lequel sera construit comme celui dont on a parlé plus haut. Ce chemin sera garni de rouleaux pour recevoir le chariot. Dans certains cas, suivant la localité, on pourra remplacer ces rouleaux par des traverses fixes, auxquelles seront ajustées des roulettes horizontales en fer. Lorsque le premier des fardeaux à transporter sera parvenu sur la crête d'une monta-

gne, par le moyen du tambour, on profitera de son propre poids pour aider à en monter un autre. (*Brevets non publiés.*)

FELDSPATH. — La substance à laquelle on a donné ce nom allemand joue un grand rôle dans la nature ; elle est d'une telle importance dans certaines branches d'industrie que sa description et son histoire méritent que nous entrions dans quelques développements à son sujet. Sous le point de vue minéralogique, le *feldspath* mérite d'autant plus d'attention que, jusqu'à l'époque assez récente où la chimie est devenue la principale base de la minéralogie, on comprenait comme espèce minérale, sous le nom de *feldspath*, deux substances essentielles à distinguer, puisque l'une a pour base la *potasse* et l'autre la *soude.* M. Beudant est le premier minéralogiste français qui, faisant reposer sa classification uniquement sur l'analyse chimique, a reconnu la nécessité d'élever le feldspath au rang de sous-genre comprenant les deux espèces dont nous venons de parler ; celle qui contient de la potasse a reçu le nom d'*orthose*, qu'avait déjà proposé Haüy, et celle qui contient de la soude celui d'*albite.*

Examinons ces deux espèces de feldspath.

L'*orthose*, auquel les minéralogistes français ont donné les noms de *spath étincelant*, de *spath fusible*, de *pétunzé*, d'*adulaire*, et les Allemands celui de *porzellanspath.*, est une substance assez dure pour rayer le verre, et qui, à la flamme du chalumeau, se fond en émail blanc. Il est inattaquable par les acides.

L'*orthose* se compose d'environ 64 p. 0/0 de silice, de 18 à 19 d'alumine et de 17 de potasse et de quelques traces de chaux. Cette substance cristallise en un prisme oblique rhomboïdal qui, modifié sur les angles solides et sur les arêtes, et par l'élargissement de certaines faces, produit de nombreuses variétés de cristaux. Ces cristaux sont susceptibles de deux clivages (1), l'un suivant les bases, l'autre suivant le plan, et qui, formant entre eux un angle *droit*, ont mérité à cette espèce minérale le nom d'orthose (de ὀρθὸς, droit).

Outre les nombreuses variétés de cristallisation que présente l'orthose, on connaît celles qui sont dues au groupement de divers cristaux réunis par deux, trois, quatre et même en plus grand nombre, et présentant des angles saillants et rentrants de toute espèce.

On connaît aussi l'*orthose globulaire*, qui présente des rognons de forme arrondie dans la roche connue sous le nom de porphyre orbiculaire de Corse ; l'orthose *luminaire* en masses qui se divisent en plaques plus ou moins grandes et plus ou moins épaisses ; l'orthose *lamellaire*, en lamelles extrêmement

_____

(1) On nomme *clivage* l'action par laquelle, en frappant dans certains sens un cristal avec un corps dur, on obtient par la cassure un solide régulier ordinairement d'une autre forme que celle du cristal que l'on vient de cliver

petites, et l'orthose *granulaire*, composé de grains et de lamelles très-serrés.

L'orthose forme, par son mélange avec d'autres substances, plusieurs masses minérales, que l'on nomme *roches*. La plupart sont considérées comme étant d'origine ignée : telles sont la *leucostine*, l'*argilophyre* ou le *porphyre argileux*, la *perlite* ou l'*obsidienne*, et les laves appelées *ponce* et *téphrine*.

L'orthose granulaire ou compacte constitue la roche appelée *leptynite*, qui, suivant qu'elle est mélangée de grenat, de mica, et d'actinate, reçoit les dénominations de *leptynite grenatique*, *micacé* et *actinoteux*; l'orthose granulaire, mélangé de quartz ou de cristal de roche, forme la *pegmatite*, que l'on nomme *granit graphique*, et mieux *pegmatite graphite*, lorsque le quartz y est disposé sur le fond blanc de l'orthose, en lignes brisées qui imitent un peu les caractères hébreux. La pegmatite est souvent colorée en brun, en rougeâtre, et en brun rougeâtre.

C'est la pegmatite qui, suffisamment broyée, fournit aux manufactures de porcelaines le pétunzé dont on se sert pour faire la couverte que l'on nomme le vernis.

C'est encore cette même roche qui, en se décomposant par l'action de l'humidité de l'atmosphère, forme une sorte d'argile blanche et onctueuse, composée seulement d'orthose, parce que le quartz, qui ne se décompose pas, est entraîné par les eaux pluviales. Cette argile, appelée *kaolin*, sert à faire la pâte de la porcelaine.

Lorsqu'on fabriqua les premières porcelaines en France, on fit venir pendant long-temps de la Chine le *pétunze* et le *kaolin*, qui ont conservé chez nous leurs noms chinois : mais dans le courant du siècle dernier, on a découvert dans les montagnes des environs de Saint-Yrieix des masses de pegmatite qui, présentant des parties plus ou moins décomposées, c'est-à-dire à l'état de kaolin et de pétunze, prouvèrent que la France ne devait plus, pour ces substances, être tributaire des Chinois.

L'orthose pur présente quelques variétés de couleurs et d'éclat qui en font une substance précieuse et recherchée dans la fabrication de divers objets d'ornement et de luxe. Ainsi l'orthose *vert*, remarquable par sa belle teinte et appelé vulgairement *pierre des amazones*, bien qu'il nous vienne des Monts-Ourals; l'orthose *opalisant*, qui présente de beaux reflets blancs changeants et de diverses couleurs; l'orthose *chatoyant* ou *pierre de lune*, substance blanche translucide à reflets nacrés; l'orthose *nacré*, d'un éclat plus vif encore; enfin l'orthose *aventuriné* ou *pierre du soleil*, matière translucide parsemée de paillettes brillantes de couleur d'or, d'un très-bel effet, sont employés à faire des tabatières, des vases, des pendules et même des bijoux; car la *pierre de lune* et la *pierre du soleil* sont principalement réservées pour ce dernier usage.

L'*albite*, que les minéralogistes français ont appelée *schort blanc*, *feldspath vitreux*, et les étrangers *cisspath*, *kieselspath*, *cleave-*

landite, *périkline*, *sanidine* et *tetartine*, est une substance vitreuse, presque toujours blanche et quelquefois jaunâtre, verdâtre ou rougeâtre. Elle raie le verre, elle est inattaquable par les acides et se fond en émail blanc à la flamme du chalumeau. Il n'y a donc que son éclat vitreux qui la distingue à la simple vue de l'orthose; encore ce caractère ne suffit-il pas pour la distinguer de l'orthose adulaire.

L'albite, comme l'orthose, est cristallisée dans le système prismatique; mais elle en diffère en ce que ses cristaux sont à base de parallélogramme obliquangle et qu'ils sont susceptibles de trois clivages.

Cette substance se compose de 68 parties de silice, de 19 à 20 d'alumine, de 14 de soude, et présente quelquefois des trous de chaux, d'oxyde de fer et d'oxyde de manganèse.

L'albite cristallisée présente un assez grand nombre de modifications sur les arêtes et les angles solides de ces cristaux. Ceux-ci se groupent aussi comme ceux de l'orthose.

Les autres variétés sont assez nombreuses : ainsi elle est *feuilletée*, *laminaire*, *lamellaire*, *granulaire*, et ayant la *texture fibreuse et compacte*. Cette dernière variété est celle que l'on a appelée *saussurite* et *jade de saussure*.

L'albite, de même que l'orthose, forme à elle seule ou par son mélange avec d'autres substances minérales des roches qui, pour la plupart, sont d'origine ignée. Ainsi le *trachyte*, la *domite*, l'*eurite*, le *porphyre*, l'*ophite* et l'*euphotide*, sont principalement composés d'albite.

D'après ce qui précède on conçoit que les deux espèces du sous-genre *feldspath*, l'orthose et l'albite, doivent en général se trouver dans les terrains ou masses de roches d'origine ignée, c'est-à-dire principalement avec les granits. (1).

FER-BLANC. (*Moyen de l'empêcher de se rouiller par l'action de l'eau.*) — L'on recherchait avec raison, depuis longtemps, des moyens d'éviter, pour les ustensiles de ménage, l'emploi trop souvent pernicieux du cuivre. Le fer-blanc remplace ce métal dans un grand nombre de circonstances, et un alliage de fer et d'étain, qu'on obtiendrait très-ductile, serait encore plus avantageux, parce qu'on pourrait former des vases sans soudure. On ne doit point considérer le fer-blanc ordinaire comme un alliage homogène de fer et d'étain, sa surface est toujours plus chargée d'étain que le centre, où le fer se voit souvent à nu, comme dans les fers-blancs de mauvaise qualité. Il en résulte que l'eau, dans les vases de cette matière, devient bientôt ferrugineuse et trouble, parce que le fer qui est à nu sur les bords des feuilles, n'étant pas recouvert par la soudure, s'oxyde promptement. Il est cependant facile d'éviter cet

(1) Cet article est extrait de l'*Encyclopédie des gens du monde*. Voy. PORCELAINE.

inconvénient ; il suffirait que les ferblantiers eussent l'attention de recouvrir exactement avec de la soudure tous les bords des coupures. On suppose que le fer-blanc soit d'ailleurs de bonne qualité, car s'il était persillé, il se formerait de l'oxyde de fer dans le creux. Le battage qu'on lui fait subir quelquefois, avait principalement pour objet de faire disparaître ses plus légers vides, d'augmenter sa densité et son éclat, et le faire résister beaucoup mieux à l'action de l'eau. On n'avait pas assez tiré parti, jusqu'en 1817, de la propriété qu'a un corps, même en très-petite proportion dans un alliage, de rendre celui-ci beaucoup plus résistant à l'action de l'eau ou d'un air humide. La fonte, où il n'entre que quelques centièmes de carbone ou de métaux étrangers, se rouille moins promptement que le fer. Ce dernier, allié à un peu de nikel dans les masses de fer, qu'on suppose avoir une origine étrangère à notre société, s'est conservé depuis des siècles, quoique exposé à toutes les vicissitudes de l'air, et enfin le même métal, étamé seulement à sa surface, se conserve aussi très-longtemps sans altération. Il serait donc à désirer que l'attention des chimistes se dirigeât vers l'art de préserver de la destruction les métaux très-oxydables, en les combinant avec de petites proportions de certaines substances ; il en résulterait certainement un avantage pour la société. (*Annales de chimie et de physique*, 1817, t. VI, p. 208.—*Société d'encouragement*, 1817, p. 259.)

FER ÉMAILLÉ.—(*Nouveau procédé pour revêtir d'émail le fer.*) — *Invention de M. Schweighauser, de Strasbourg.*—On commence par nettoyer avec soin le fer destiné à être revêtu d'émail ; il n'est cependant pas nécessaire de le polir. Il suffit d'en enlever le carbure, l'oxyde ou d'autres substances étrangères. Les vases qui n'ont point encore servi, pourvu qu'ils soient frottés avec du sable et ensuite lavés avec de l'eau, admettent très-bien les différentes couches d'émail. On enduit ensuite la surface du fer d'une couche très-mince de vernis préparatoire au fond ; cette couche doit être posée bien également à l'aide d'un pinceau, de manière à ne pas laisser d'intervalles qui ne soient pas couverts. Le vernis est broyé avec l'eau et à la consistance de la crème ; il doit être étendu d'une épaisseur égale, autrement il s'écaillerait, se fendrait et se détacherait du fer en séchant. On prend parties égales en poids de borax calciné et de fragments de moufles ou de creusets de Hesse qu'on réduit en poudre fine ; on les mêle bien, et on les chauffe au fourneau pour en former une fritte ou émail qu'on pulvérise et qu'on broie avec de l'eau jusqu'à consistance de crème lorsqu'on l'applique au pinceau. On peut aussi le rendre plus liquide, le verser sur le fer et l'en laisser découler pour qu'il n'y reste qu'une couche légère. Le fer enduit du fond et convenablement séché est exposé au feu sous la moufle dont on doit le retirer au moment où sa surface

sera bien rouge. Le fer ainsi préparé peut facilement être revêtu d'un émail composé de beaucoup de minium ou de verre de plomb ; mais ces émaux étant sujets à être décomposés par les acides, ils ne remplissent pas le but qu'on veut atteindre. On prend pour la couche intermédiaire parties égales de fragments de cailloutage de Miderweiller et de verre de plomb, composé de trois parties de minium et d'une partie de silice. On le broie avec de l'eau en une bouillie ayant la consistance de la crème pour en revêtir la surface du fer enduite du fond. L'épaisseur doit en être plus considérable que ne l'a été celle du fond, en observant toutefois que le fer devant être revêtu de trois différentes couches d'émail, et que l'épaisseur de ces différentes couches, réputées à la fin de l'opération, n'en former qu'une seule, ne devant pas être trop considérable ou disproportionnée, il faudra savoir trouver l'épaisseur convenable de chacune de ces couches. La première, d'ailleurs, doit être si mince qu'elle ne peut guère entrer en compte. On fera sécher ce second enduit d'abord à une douce chaleur, puis à une chaleur assez forte pour en chasser toute l'humidité. On le fait ensuite fondre comme on fait du fond ; mais cette opération exige bien plus de précautions. Le fer doit être chauffé par degrés et d'une manière uniforme ; sans cela l'émail se détache par petites portions qui sautent avec une espèce d'explosion, enlevant avec elles la portion du fond qu'elles couvraient. On chauffe le fer jusqu'à l'incandescence, puis on le retire. On s'assure que l'émail soit brillant ou d'un aspect vitreux, pourvu qu'après être refroidi il n'absorbe pas l'eau du dernier émail avec beaucoup d'avidité. On applique enfin le troisième et dernier émail, et on le chauffe avec les mêmes précautions qu'on a employées pour la seconde opération. On le retire de la moufle lorsqu'il est parfaitement fondu, et on le laisse refroidir lentement. La composition de cet émail est assez arbitraire. (*Société d'encouragement*, 1811, t. X, p. 168.)

FER HYDRATÉ.—*Découverte de M. Daubuisson.* — Il résulte des analyses faites par M. Daubuisson : 1° que les minerais de fer à rachure jaune ont tous la même composition essentielle ; il n'y a que l'oxyde rouge et l'eau qui se retrouvent dans tous, et ces principes y sont à peu près en même proportion ; 2° que l'eau fait les quatorze ou quinze centièmes des minerais les plus purs, de ceux à texture cristalline, comme l'hématite. Si plusieurs minerais compactes m'en ont donné que onze à douze pour cent, c'est vraisemblablement parce qu'ils contenaient de l'oxyde rouge à l'état de mélange. On a vu en outre d'où pouvait provenir l'excès d'eau que présentent les mines limoneuses ; 3° que le fer est dans tous ces minerais au maximum (peroxyde), car une calcination modérée, en chassant l'eau, les convertit en oxyde rouge pur, qu'on obtient par l'analyse, et qui joint à l'eau recueillie, équivaut au poids du minerai essayé ; 4° que le manganèse ne s'y trouve qu'en proportion variable ; il y est, en général, en petite quantité, il y a même des échantillons qui n'en contiennent point du tout ; 5° que ces minerais ne renferment presque jamais de la chaux ; 6° que la silice n'y existe qu'en fort petite quantité ; elle paraît être en combinaison chimique dans les hématites et quelques minerais bruns compactes ; mais dans les autres variétés, elle ne provient que des filets de quartz qui traversent le minerai, ou du sable et de l'argile qui y sont accidentellement mélangés ; 7° qu'il en est de même de l'alumine, laquelle ne s'y trouve d'ailleurs que rarement en quantité notable. (*Ann. de chimie*, tome LXXV, p. 225 et 329.)

FER VITRIFIÉ.—*Ses précieuses qualités. Ses nombreuses applications.*—Tout le monde connaît les graves inconvénients qui résultent, au point de vue hygiénique surtout, de l'oxydation ou de la décomposition rapide de la plupart des métaux, tels que le cuivre, le fer, le plomb, l'étain, etc., dont l'usage est cependant aussi général qu'ancien.

L'étamage, l'argenture, et, depuis quelques années, le galvanisme, ont été successivement employés pour remédier à ces inconvénients ; mais les résultats obtenus, tout parfaits qu'ils paraissent, sont loin de présenter toutes les garanties désirables de solidité et de sécurité. D'ailleurs, ces précautions hygiéniques, ces moyens de conservation, insuffisants dans la plupart des cas, sont nuls, impossibles même dans beaucoup d'autres. Ainsi, l'étain et le plomb, que leur bas prix ou leur malléabilité rendent propres à une foule d'usages, ne reçoivent aucun enduit, aucune préparation, et cependant il n'est pas rare de voir les conduits d'eau ou les réservoirs en plomb donner lieu à de graves accidents.

Animés du désir de réformer ce fâcheux état de choses, principalement en ce qui concerne les vases destinés aux préparations culinaires, plusieurs inventeurs se sont appliqués, soit à revêtir les métaux d'un enduit à peu près inattaquable, soit à combiner les matières présentant cette précieuse qualité avec des métaux ayant pour but de remédier au peu de solidité de ces matières. C'est ainsi qu'il y a quelques années, nous avons vu des vases en porcelaine recouverts extérieurement, à l'aide du galvanisme, d'une couche de cuivre plus ou moins épaisse, destinée à préserver ces vases des chocs et des atteintes du feu ; puis aussi des vases en fonte émaillée, dans lesquels l'émail était substitué à la porcelaine, et la fonte au cuivre des premiers.

Ces deux inventions offrent, par des moyens contraires, le même avantage : celui de donner de la solidité à la porcelaine et à l'émail, et de préserver en même temps les métaux qui constituent cette solidité, de l'action plus ou moins sensible de presque toutes les matières ou agents chimiques auxquels la porcelaine et l'émail résistent parfaitement. Ces vases en fonte émaillée ou en

porcelaine cuivrée seraient donc très-précieux pour les usages culinaires, et même, dans beaucoup de cas, pour les préparations pharmaceutiques et les laboratoires de chimie. Malheureusement, sans parler de leur prix élevé, ces vases présentent un très-grave inconvénient, celui d'être très-peu résistants à la chaleur du feu ; ce qui se conçoit sans peine.

En effet, pour les vases en porcelaine cuivrée, le dépôt de la couche de cuivre sur la porcelaine est obtenu à l'aide du galvanisme, et pour les vases en fonte émaillée, l'émail s'applique sur la fonte à chaud, mais à basse température. Il en résulte que ces vases ne peuvent supporter qu'une douce chaleur ; car dès qu'on les soumet à une température un peu élevée, les différences de la dilatation du métal et de la porcelaine ou émail occasionnent de nombreux fendillements, qui mettent bientôt ces vases hors d'usage. Aussi, la fonte émaillée n'est-elle guère applicable, du moins dans son état actuel de fabrication, qu'aux articles n'allant pas au feu ou aux plaques destinées à indiquer le nom et les numéros des rues.

Néanmoins, si les premiers inventeurs ne furent pas assez heureux pour réussir complétement, il est juste de reconnaître qu'ils avaient eu une excellente idée en songeant à revêtir un métal essentiellement attaquable, d'un enduit destiné à mettre ce métal à l'abri des atteintes de la plupart des corps. Aussi, cette idée une fois émise, on devait s'attendre à la voir promptement réalisée, et cela avec d'autant plus de raison que, si l'inventeur primitif donne rarement à son idée mère le dernier perfectionnement, il est cependant bien plus aisé de perfectionner que d'innover. Au surplus, en parlant ainsi, c'est un simple fait que nous constatons, et il ne faudrait pas en tirer cette conséquence que nous contestions le moins du monde la valeur et l'importance de certains perfectionnements ; on se tromperait étrangement, surtout en ce qui concerne la vitrification du fer, que nous regardons comme un perfectionnement de l'émaillage de la fonte.

En effet, les inventeurs de la tôle vitrifiée, en tête desquels nous croyons devoir placer MM. Pâris, de Bercy, n'ont pas, à la vérité, eu les premiers l'idée de rendre un métal inattaquable au moyen d'un enduit vitreux, puisque cette idée avait déjà été émise, et, même, en partie réalisée ; mais il est certain qu'ils ont eu encore beaucoup à faire pour arriver à rendre cette idée praticable aussi complétement qu'ils l'ont fait. On peut même dire que, pratiquement parlant, ils ont tout fait, attendu qu'ils n'emploient ni l'enduit ni le métal précédemment employés.

A la fonte si pesante ils ont substitué la tôle si légère ; au lieu d'émail, si sensible à la chaleur, ils ont employé du verre, ayant pour base un silicate de plomb, avec addition d'acide borique dans une faible proportion.

Au moyen de cette combinaison, le problème a été complétement résolu, et l'on doit considérer ce résultat comme une découverte appelée à rendre les plus grands services. Il n'est, en effet, presque pas d'usages auxquels elle ne soit applicable.

Au moyen de l'emboutissage, la tôle, d'un prix si minime, peut prendre toutes les formes, comme elle peut servir à faire les objets les plus légers, les plus délicats. M. Palmer, à qui la Société d'encouragement pour l'industrie nationale a accordé une récompense si bien méritée, est là pour le prouver.

Quant au verre, son bas prix, sa propriété de résister aux matières et aux agents chimiques les plus énergiques, en font un enduit et un préservatif de la tôle excessivement précieux. De plus, étant appliqué des deux côtés de la tôle, par couches très-minces, il adhère de la manière la plus complète au métal et se prête parfaitement à ses mouvements de dilatation ou de contraction, sans se fendiller comme l'émail des vases de fonte. La haute température nécessaire pour appliquer, à l'état de fusion, ce verre sur le métal est encore une garantie de solidité; car le verre se ramollissant seulement au rouge, les vases ou les objets en tôle vitrifiée peuvent être soumis à toute température qui n'atteint pas celle du rouge vif, ce qui est plus que suffisant pour la plupart des usages.

Cette union du verre à la tôle est si parfaite qu'il nous a fallu frapper très-fort, avec un marteau, sur des objets en tôle vitrifiée pour briser la couche du verre et la faire sauter en éclats. Et comme il est évident que les articles que l'on pourra faire en tôle vitrifiée auront rarement à supporter une pareille épreuve, on peut dire que les chocs ne sont pas à craindre, le verre perdant sa grande fragilité pour ne conserver que sa propreté et son inaltérabilité.

Les applications de la tôle vitrifiée sont innombrables; plus elle sera connue, plus ses applications augmenteront.

La tôle vitrifiée a l'aspect net, poli et brillant du verre; la présence du fer lui donne une couleur gris de fer assez agréable; mais il est facile d'obtenir toutes les couleurs; il suffit de colorer le verre. MM. Pâris nous ont même montré des panneaux de voitures pour chemins de fer qui brillaient des plus belles couleurs, bleu, jaune, brun, et qui, sans coûter beaucoup plus cher que les panneaux ordinaires en tôle peinte, sont toujours brillants et polis.

En un mot, la vitrification de la tôle est une de ces découvertes qui s'adressent à tous, une de ces découvertes qui joignent le bon marché à l'utile. Nous pouvons donc dire qu'elle sera d'autant plus généralement adoptée que ses applications seront plus nombreuses et plus importantes.

FERS ET ACIERS (*Méthode d'analyser les*). — Il est reconnu, dit M. Vauquelin, depuis les expériences de Bergmann, et surtout de Berthollet, Vandermonde et Monge,

que l'acier ne diffère du fer pur que par la présence d'une certaine proportion de carbone qui y est intimement combiné, proportion qui peut avoir quelques degrés de latitude, mais qui cependant, en deçà et au delà d'un certain temps, donne un fer qui n'est point encore acier, ou un acier qui est trop cémenté, fragile et trop fusible. Si l'acier était toujours la combinaison du carbone et du fer, dans un rapport constant, il serait aisé de déterminer ce point, mais il s'y rencontre presque toujours et en même temps de la silice, du phosphore, et quelquefois du manganèse, dont on ne connaît pas l'influence sur les qualités de l'acier, en supposant même que celui-ci ne soit nécessairement que la combinaison du carbone et du fer. Si donc, comme il ne paraît pas douteux, les différentes qualités des fers et des aciers dépendent des principes divers et des proportions respectives dont ils sont composés, il est également intéressant de déterminer par l'expérience chimique quelle influence chacun de ces principes exerce dans la combinaison, et de trouver par quelques essais simples, à quel usage ces matières métalliques peuvent être employées avec le plus d'avantage. Mais il manque pour arriver à ce but une connaissance complète et précise des propriétés usuelles des fers et aciers connus, comparée à la nature chimique de ces mêmes matières. Toutefois, en faisant marcher de front ces deux moyens, on peut parvenir à établir ou à fixer par l'essai chimique les qualités des fers et aciers déjà employés, et de ceux que l'on fabriquera par la suite. En attendant que le temps et les circonstances permettent d'exécuter ce plan utile, l'auteur offre les résultats de l'analyse de quatre espèces d'aciers; les difficultés qui se sont présentées dans le cours de ce travail, les moyens employés pour les vaincre et les méthodes qu'on a substituées aux anciennes pour reconnaître et mesurer les principes essentiels et accidentels de l'acier. Ayant pris 576 grains ou 30,57 grammes d'acier réduit en limaille, dissous dans l'eau sulfurique, étendu de cinq parties d'eau, ils ont fourni 1,98 grains de résidu noir. L'excès d'acide contenu dans cette dissolution ayant été saturé par le carbonate de potasse, il s'est déposé 19 grains ou environ un gramme de poudre blanche, sans saveur, complétement dissoluble dans l'acide muriatique. Cette matière, traitée, à l'aide de l'ébullition, avec une dissolution de soude caustique, a pris une couleur rouge foncé et a beaucoup diminué de volume. La liqueur, filtrée et mêlée avec de l'acide muriatique concentrée, n'a donné aucun signe d'effervescence, et a formé avant et après son mélange avec l'acide muriatique, un précipité blanc avec de l'eau de chaux.

Ce dépôt calcaire, lavé et séché, s'est dissous dans les acides sans produire d'effervescence, d'où l'on peut conclure que c'est du phosphate de chaux, et que l'acier dont il est question contient du phosphore. L'expérience chimique ayant démontré que l'hydrogène, en se développant au sein des corps qui contiennent du carbone très-divisé, en dissout une certaine quantité, relative à la fois à la température plus ou moins élevée des matières, et au dégagement plus ou moins rapide du gaz, il y avait lieu de présumer que les résultats fournis par la première expérience ne donnaient pas l'expression exacte de la quantité de carbone contenue dans l'acier; en conséquence on a cherché une autre méthode dans laquelle le fer, dissous sans dégagement de gaz hydrogène, fournit la quantité absolue de carbone qui le constitue acier. L'acide sulfureux ayant le double avantage de dissoudre le fer sans produire de gaz, et de ne point agir sur le carbone de fer, a offert ce moyen: On a mis dans une bouteille 288 grains ou 15,528 grammes d'acier en limaille fine, avec 2 livres ou environ 978,24 grammes d'eau distillée, et on a fait passer dans ce flacon du gaz acide sulfureux formé par la décomposition de l'acide sulfurique, au moyen du mercure; lorsque l'acide sulfureux a cessé d'agir sur l'acier, on a décanté la liqueur avec soin à l'aide d'un siphon, on a lavé le précipité noir à plusieurs reprises avec de l'eau distillée; il pesait 0,37 grammes, après avoir été desséché à la chaleur douce d'une étuve. Cette quantité de carbone de fer est beaucoup plus considérable que celle de la première expérience, puisque 596 n'ont donné que 1,98 grains, tandis qu'ici on en a obtenu 7 de 288. Mais en examinant cette matière on s'est aperçu qu'elle contenait du soufre à l'état de mélange; car en l'exposant sur une pelle chaude, elle s'est enflammée comme le soufre isolé. Pour extraire cette substance combustible du carbone de fer, on l'a fait chauffer légèrement avec une dissolution de potasse caustique, et ayant laissé déposer la matière, on a décanté la liqueur; alors le dépôt lavé et séché ne pesait plus que quatre grains et ne donnait plus de signes de soufre par la combustion. Cette observation prouve que dans la première expérience, où l'on a employé l'acide sulfurique, la plus grande partie du carbone a été dissoute et emportée par le gaz hydrogène, puisque 576 grains n'ont donné que 1,98 grains de cette matière, pendant que la même quantité d'acier en a fourni 8 grains avec l'acide sulfurique. Cet acier contient donc environ 0,014 de son poids de carbure de fer. On a cherché ensuite à connaître la quantité de carbone contenue dans les 4 grains de carbure de fer obtenus par la troisième expérience.

FEU BLANC INDIEN. — *Importation.* — *M. de Zach.*—1811.—Ce feu consiste en une poudre dont la composition a été tenue secrète jusqu'ici, parce que les Anglais, qui la connaissaient, en ont fait un objet de commerce, et la vendaient dans des boîtes de bois aux astronomes français, qui en faisaient des signaux, etc. Le feu d'une boîte de 10 pouces de diamètre et de 4 pouces de hauteur se voit à une distance de quarante

milles en mer, pendant un temps couvert et nébuleux, à la vue simple et sans télescope. Voici quel en est la préparation. On pulvérise et on mêle bien ensemble 24 parties de salpêtre, 7 parties de fleur de soufre, et 2 parties d'arsenic rouge. Ce mélange est renfermé dans des boîtes rondes ou carrées, fermées d'un couvercle du même bois, dans le milieu duquel on pratique une petite ouverture pour allumer la poudre. Lorsqu'on veut allumer une pareille boîte, on coupe d'abord le papier qui couvre la jointure du couvercle, et l'on ouvre également l'ouverture du milieu; par cette ouverture on allume la poudre avec une mèche ordinaire; la poudre s'enflamme tout à la fois sans explosion. Elle répand une lumière très-brillante. Une boîte de 6 pouces de diamètre et de 3 pouces de hauteur, brûle à peu près l'espace de trois minutes, et l'on en peut apercevoir la lumière, peu avant le coucher du soleil, à une distance de 36,000 toises.

FEU GRÉGEOIS. — Les narrateurs français, qui les premiers ont parlé de ce feu, donnaient le nom de Grégeois ou Grecs aux Bizantins, peuple dont ils en apprirent l'usage. Le bas latin employait dans le même sens *Focus Græcensis*, *Ignis Græcus*. Quoique les Occidentaux, saut peut-être quelques savants, n'aient eu connaissance des effets du feu grégeois que depuis les croisades, cependant ce secret, originaire de l'Inde, analogue probablement à l'antique artillerie de la Chine, était dans ces parties du monde un moyen de guerre et de destruction depuis des époques d'une antiquité inconnue. Il est à croire que, par la voie d'un commerce dont on a perdu le souvenir, les caravanes ont apporté aux armées du Bas-Empire la recette de la composition de ce terrible agent. Le jésuite Amiot, missionnaire en Chine pendant la première moitié du dernier siècle, donne sur les feux de cet empire des renseignements étendus. Il ne doute pas qu'ils n'y fussent connus bien avant l'ère chrétienne, mais il rapporte particulièrement au iie siècle de cette ère un système d'ignition, un jet enflammé, un tir de fusées, qui étaient familiers aux Asiatiques. Il y a apparence qu'ils y recoururent à des époques bien plus reculées, puisqu'on assure que le feu grégeois était connu des Assyriens, des Mèdes, des Hébreux, avant l'ère des Francs, des Arabes et des Vandales. Un savant anglais, M. Mac-Cullach, pour prouver que le feu grégeois ou grec n'est pas grec, affirme qu'on connaissait à peine en Grèce le nom de la naphte, principal ingrédient du feu grégeois, et que c'est en Perse et sur les bords de la mer Caspienne qu'elle se rencontre en abondance. Rien de moins unanimement convenu que le degré d'antiquité auquel remonte le feu grégeois. Si les Hébreux s'en sont servis, pourquoi n'en trouve-t-on aucune trace dans les mouvements d'Égypte? Si les Indiens savaient le composer, pourquoi les historiens d'Alexandre le Grand n'en disent-ils rien? M. Moyer, docteur et ex-capitaine de l'armée prussienne, reporte à l'an 330 la connaissance du feu grégeois chez les Bizantins ; mais il y a probablement erreur. Le dictionnaire d'artillerie, publié en 1822, mentionne les espèces de feux d'artifices qui embellirent les jeux du cirque à l'occasion du consulat de Théodose; mais il n'est pas démontré que cette pyrotechnie fut applicable à la guerre, puisque l'opinion générale est que les légions ne se sont jamais servies du feu grégeois, et que ce ne serait que vers le viᵉ ou le viiᵉ siècle que le Bas-Empire aurait eu recours à ce moyen d'extermination. Scritan regarde le feu grégeois comme inventé en 660, à Héliopolis, en Syrie, par l'architecte Pogonat ou Constantin le Barbu. Ce prince aurait livré à l'aide du feu le premier combat naval de ce genre aux Califes Ommédades. Sigebert prétend, au contraire, qu'on devait le feu grégeois à un transfuge de Syrie, nommé Babinérus, qui l'apporta aux Romains de 670 à 680. Ces écrivains s'accordent à regarder le feu grégeois comme différent du feu ordinaire, en ce qu'il brûlait dans l'eau et était emporté dans une direction, soit horizontale, soit parabolique, soit descendant, suivant la manière dont on le jetait, ou suivant l'instrument dont il s'échappait. Les armées du Bas-Empire, si l'on s'en rapporte aux assertions de la grande Encyclopédie, connaissaient seules, au xᵉ siècle, le secret du feu grégeois ; elle affirme que sa composition était restée un mystère pour les peuples qui avoisinaient l'empire. Le savant Du Cange témoigne que c'était, au temps des croisades, un mélange de soufre, de bitume, de naphte, auquel on adjoignait de la poix et de la gomme. Les machines grandes et petites, à ressorts ou névrabalistiques, des sarbacanes, des syphins à main, comme les appelaient les Grecs, des espèces de merlins que les Latins appelaient *phicalœ*, étaient les moyens de projections du feu grégeois ; et ce serait par masses enflammées, par pelotes de toutes grosseurs, depuis la dimension d'une olive jusqu'à celle d'un tonneau. Ce dernier terme de comparaison est bien vague, mais c'est celui qu'emploient les historiens.

Une trace lumineuse qu'on a comparée à une queue de comète sillonnait à leur suite l'espace ; le tir de ce genre de mobile était accompagné d'un bruyant retentissement. Des machines de jet qui viennent d'être mentionnées, quelques-unes seringuaient, en manière de pompes foulantes, le feu alimenté par des matières liquides huileuses, comparables, dit un écrivain militaire, à la matière dont on faisait, en 1738, l'épreuve u Havre-de-Grâce; d'autres, acquis en enquis, dirigeaient vers le but le feu sous forme d'*astioches* : ainsi se faisaient les arcs, les arbalètes de passe. Ces astioches étaient des capsules, ou des vases de terre cuite remplis d'un feu inextinguible et comparable aux grenades et aux bombes des modernes. D'autres machines tenaient le feu grégeois mis en contact avec des étoupes

qui enve.oppaient la lame des dards, qu'on appelait *malléoles* et *phalariques*. Au xᵉ siècle les boucliers des soldats de l'empereur Henri contenaient un ou plusieurs siphons garnis d'une matière de feu ; on en a comparé l'effet à celui des petites fusées de guerre. Une mèche, à ce que croit l'auteuᵣ italien Regasesta, servait à l'inflammation des éléments de ce feu. La flotte opposée en 1098 par Alexis Commène à celle des Pisans, les combattait au moyen des siphons attachés à l'avant et à l'arrière des bâtiments, et ayant forme de gueules d'animaux fantastiques ou de gargouilles de cathédrales. Plantagenet, en 1148, se servait, au siège de Montreuil-Bellay, du feu grégeois dont le secret avait pénétré en France à la suite de la croisade de 1096 ; le siège de Saint-Jean-d'Acre, en 1191, l'attaque des Anglais à Dieppe par Philippe Auguste, en 1193, la croisade de 1208, le siège de Beaucaire, en 1216, donnent le spectacle des combats à coup de feu grégeois. Les Sarrasins désolaient, dans la croisade de 1248, l'armée de saint Louis, soit en rase campagne, soit dans l'insulte des retranchements, par les prodigieux effets de leurs feux, et Jeanne Hachette, s'il en faut croire Mézeray, versait, en 1472, au siège de Beauvais, le feu grégeois sur les assaillants. Les premiers canons que l'histoire mentionne ont servi, dit Villaret, à lancer le feu grégeois, et il est à remarquer que, dès le règne de saint Louis, le bas latin et la langue romaine appelaient artillerie les engins, les machines propres à ce genre de guerre. L'époque où l'histoire commence à mentionner la poudre est celle où, sans s'expliquer sur les similitudes ou les différences, elle cesse de nous entretenir du feu grégeois, ce qui autorise à croire qu'il y a eu entre ces deux matières des deux systèmes des affinités mal connues, et que le plus récent des deux n'a peut-être été qu'une modification plus ou moins considérable de l'autre. On a avancé qu'en 1702 Paoli, chimiste célèbre de Rome, avait offert à Louis XIV de faire revivre plus terrible le feu grégeois. On a dit qu'en 1766, Torri, artificier renommé, d'autres disent Dupré, en 1757, avait voulu vendre à Louis XV ce même secret. L'assertion du fait en 1702 a été contestée, l'autre paraît plus digne de foi, parce que des écrivains modernes affirment que, sous les yeux du marquis de Montesquiou, l'expérience fut faite sur le canal de Versailles, et que les bateaux frappés par des boulets au-dessous de la flottaison y furent incendiés. Napoléon, disent ces écrivains, aurait fait voir à un général qu'ils ne nomment pas les preuves écrites et du secret et des épreuves. De nos jours le colonel anglais Congrève, et maintenant même l'armée autrichienne, ont travaillé ou travaillent encore à faire revivre ce procédé ou des procédés analogues.

Nous n'avons pas cru pouvoir mieux faire que d'emprunter au général Bardin, dont les écrits sur la science militaire sont justement appréciés, l'article qu'on vient de lire. — *Voy.* Poudre a canon, Artifices de guerre.

FEUTRE.—Espèce d'étoffe non tissue qui se fait en foulant le poil ou la laine dont elle est composée. On en confectionne des semelles, des chausses à filtrer, et principalement des chapeaux. La fabrication du feutre est basée sur la propriété que possèdent les poils des animaux de s'entrelacer et de former un corps solide lorsqu'ils sont soumis à une pression souvent réitérée. On favorise cette disposition du poil à se crisper au moyen de certains agents chimiques, tels qu'un mélange d'eau, d'acide nitrique et de mercure, dont on l'imbibe à plusieurs reprises avec une brosse. Cette opération, que les manufacturiers appellent le *sécrétage*, parce qu'autrefois les hommes du métier en auraient fait un mystère, est précédée du nettoyage et de l'ébardage des peaux. Il s'agit ensuite d'arracher les poils, besogne ordinairement confiée à des femmes. A ces premiers préparatifs succède la confection de l'étoffe. Une certaine quantité de poils divers, proportionnée à la qualité qu'on veut obtenir, étant donnée, on la soumet à l'action de l'arçon, espèce d'archet suspendu au-dessous d'une claie d'osier, au moyen duquel, en faisant voltiger les poils avec rapidité, on en opère le mélange complet. Divisée en plusieurs lots ou *cupades*, cette masse est placée sur un morceau de toile écrue, appelée *feutrière*, que l'on a eu soin d'humecter. Entre chaque cupade on insère une feuille de papier, on replie la feutrière, puis on manie dans tous les sens, en entretenant toujours la moiteur et la souplesse par de légères aspersions. Ainsi manipulés, les poils s'entrelacent et ne forment bientôt plus qu'une feuille égale qui passe alors à la foule (*Voy.* Foulage). Cette opération, qui dure trois ou quatre heures, se fait en trempant le *bastissage* ou première étoffe dans un bain d'eau et de lie de vin presque bouillant, et en le foulant dans toutes les directions jusqu'à ce qu'il soit bien uniformément rentré. Enfin, pendant que le feutre est encore assez tendre, on extrait les jarres ou gros poils non contractiles qui ont résisté au travail, et, à l'aide d'une brosse et d'un carrelet, sorte de petite carde, on en développe le duvet en observant de n'employer qu'une très-légère pression, pour ne point décomposer l'étoffe.

La fabrication du feutre était autrefois la principale partie de l'art du chapelier. Les laines les plus fines sont les meilleures pour cet usage; on donne la préférence à celles d'agneau et de vigogne, qui forment le plus souvent le fond du feutre.

Les poils de castor, de loutre marine, de lièvre, de lapin, de chameau et de veau, seuls ou mélangés, sont ceux qu'emploie le commerce de la chapellerie. Ces trois premières sortes donnent les résultats les plus beaux et les plus fins; les qualités inférieures se font avec les autres. En général, plus les poils sont grossiers, moins ils se feutrent facilement. Les qualités d'un bon feutre sont d'être bien uni, bien lisse, sans grains ni grumeaux, sans endroit faible, et d'un poil net et éclatant. Les *cupades*, ou pièces de feutre destinées à faire des chapeaux, se disposent en cône et se mettent ensuite en feutrière, deux à deux, pour les réunir par les bords de manière à présenter une espèce de chausse pointue. Le *dressage*, opération au moyen de laquelle on leur fait prendre la forme que nous leur voyons dans le commerce, est la dernière du feutrage (1).

FEUTRE (Etoffes de). — *Invention de M. Altairac fils, fabricant de chapeaux à Lodève.* — 1812. — Les matières dont se sert l'auteur pour la fabrication de ces étoffes sont les poils de lièvre, de lapin, de chameau, de castor, employés chacun séparément ou combinés ensemble en plus ou moins grande quantité, selon qu'on désire un feutre plus ou moins beau et d'un prix plus ou moins élevé ; le foulage et la composition des matières ne présentent aucune différence de celles employées par tous les chapeliers. La différence consiste en ce que, dans la vue d'économiser la matière et de n'éprouver que le moindre déchet possible, l'auteur a recours à des patrons où modèles en carton, présentant toutes les coupes nécessaires pour former les pièces indispensables pour le genre d'habit qu'il veut faire. Après la première mise et le premier foulage, on présente le patron, et on foule plus ou moins du côté qu'indique ce patron ; on continue à fouler jusqu'à ce que la pièce soit exactement conforme au modèle ; c'est alors que l'on passe les bordures sur le collet, les revers, les parements, les patelettes des poches, et même tout autour de l'habit; on fait, si on le désire, ces bordures semblables à de l'astracan, et on les applique soit avec les poils déjà indiqués, soit avec des poils de lapin d'Angora et par les procédés connus. On foule enfin jusqu'à ce que le feutre présente la souplesse d'un beau drap. Indépendamment de l'art de faire toutes les pièces séparées à la mesure nécessaire, sans avoir besoin de les couper après le foulage, l'auteur attache une grande importance à sa manipulation, qu'il dit être impossible à décrire, pour donner au feutre la souplesse nécessaire pour l'amener à imiter le plus beau drap, et éviter cette raideur qu'ont ordinairement les feutres de chapeaux. L'auteur teint le fond de l'habit à la plonge, et les bordures à la brosse, après leur feutrage. Les vêtements établis de cette manière, comportent autant de coutures que ceux en drap, avec cette différence que les manches sont sans couture dans toute leur longueur, et comprennent le parement. Un *brevet de cinq ans* a été accordé à M. Altairac.

FICELLE (Machine à filer la) — *Mécanique.* — *Invention.* — *M. Quatremere-Dijonval.* — 1813. — D'après le rapport de Messieurs Barge, Brunette et Dupré, nommés commissaires par le sous-préfet de

(1) Extrait de l'*Encyclopédie des gens du monde.*

Lyon, cette machine est composée d'une roue mue par une pédale, au moyen de laquelle une femme, assise sur le bâti de la machine, peut filer en faisant mouvoir elle-même la pédale. Cette filature est de chanvre et destinée à faire de la ficelle. Lorsque la roue est tournée par une autre personne, la fileuse fait une plus grande longueur de fil. Par suite des perfectionnements apportés par l'auteur, on a obtenu une filature mieux faite et le double d'ouvrage, parce que deux personnes peuvent y travailler simultanément. Par son ancien procédé, un cordier a filé et renvidé trois cents pieds de ficelle en dix minutes; et, par le nouveau, les mêmes opérations sur cinq cents trente pieds ont été exécutées dans le même espace de temps. L'ouvrier peut travailler sans bouger de sa place, il peut être debout ou assis. La machine occupant peu d'espace, il faudra peu de bâtiments pour faire beaucoup d'ouvrage. La forme de cette nouvelle machine présente l'avantage de pouvoir recevoir, la force du vent, de l'eau ou de la vapeur, et épargner ainsi une quantité considérable de bras. (Monit., 1813, p. 904.)

FIL DE CARET *de toute grosseur et longueur.* — (*Machine pour le fabriquer avec du chanvre séruncé*).—*Invention de M. Boichoz, de Mont-de-Marsan* (*Landes*).—La société d'encouragement avait mis cette machine au concours, et a décerné le prix à M. Boichoz. Pour résoudre le problème, il fallait que la machine fût placée dans une chambre de 40 mètres de superficie, et exiger au plus la force d'un homme et d'une femme, ou d'un homme et d'un enfant; le produit en quantité et qualité devrait être au moins égal à celui qu'on obtiendrait par la méthode ordinaire. Voici les principaux détails du procédé de l'auteur : 1° Dans un local de très-petite dimension, un fileur debout peut, seul et sans changer de place, faire des fils de caret de toutes grosseurs et de toutes longueurs; 2° la machine peut être construite sur les plus petites comme sur les plus grandes dimensions, sans cesser de donner des résultats analogues ; 3° son produit est le même que par les procédés ordinaires, et de plus, elle file avec autant de rapidité que le fileur peut le désirer. Un cadre ou châssis, de forme parallélogrammique et tournant sur lui-même, entraîne dans sa révolution toutes les pièces du mécanisme, à l'exception d'une grande roue immobile placée verticalement à l'une des extrémités du châssis. Sur cette roue repose une lanterne qui, par suite des révolutions du châssis, reçoit un mouvement particulier de rotation qui lui fait faire quatre tours sur son axe, par chaque tour que le châssis fait sur lui-même. A l'extrémité de l'arbre de la lanterne est une vis sans fin qui met en mouvement une roue lente, dont l'axe porte une poulie que l'auteur nomme régulateur. La gorge de cette poulie est cannelée et dentée, pour empêcher le fil de caret de glisser, et en même temps pour tirer le fil lorsqu'il sort des doigts de l'ouvrier. Les diamètres des roues sont

disposés de manière que, lorsque le régulateur a fait un tour, la longueur du fil de caret aura éprouvé une torsion de seize tours. Il est aisé d'en conclure qu'en variant le diamètre de la poulie régulatrice, on peut donner au fil de caret la torsion qui sera jugée convenable. Il s'ensuit également que toutes les parties d'un même fil auront éprouvé le même degré de torsion, quelque degré de vitesse ou de ralentissement qui ait été imprimé à la machine. M. G. Viéné, de Béfort, a reçu une médaille d'argent de la société d'encouragement, pour une machine destinée à remplir le même but. (*Bulletin de la société d'encouragement*, 1818, page 278.)

FILETS *pour la pêche* (*Métiers propres à faire les*). — *Invention de M. J.-C. Jacquard, de Lyon.* — Le bâti de cette machine est un parallélogramme d'un mètre de largeur sur un mètre et demi environ de longueur, formé par huit traverses longitudinales, et quatre montants perpendiculaires, boulonnés à chaque angle par des vis et écrous en fer. En avant est un cylindre divisé en deux parties, tenu par un même arbre en fer, qui tourne sur deux grenouilles brisées, en cuivre, incrustées dans deux pieds de chèvre adaptés aux deux montants de face, et tenus chacun par deux boulons en fer. A l'extrémité de l'axe de droite, et hors d'œuvre se trouve la manivelle qui fait agir le cylindre. Sur les deux parties du cylindre, qui forment une large gorge, s'enroulent et se déroulent alternativement les cordes qui font avancer et reculer, à volonté, le chariot ou porte-navette. Les deux extrémités de ces cordes sont fixées, en avant et en arrière du chariot, par des anneaux en fer. La partie de la corde fixée en arrière de ce chariot vient tourner sur une poulie mobile, fixée sur la face de derrière du bâtis. Alors la corde, tournant sur cette poulie, revient sur elle-même et passe sous le chariot, pour venir former d'abord un nombre indéterminé de tours sur le cylindre, et fixer ensuite son autre extrémité à l'anneau en avant du chariot, ce qui forme une corde sans fin. Il est aisé de concevoir qu'en faisant agir la manivelle alternativement en avant et en arrière on fera avancer ou reculer le chariot. Au-dessus du cylindre est appuyée, sur les deux pieds de chèvre, une tablette à rebord et en bois, pour le recouvrir dans toute la largeur du métier. La partie de cette tablette qui fait face au métier en est éloignée de 15 millimètres, pour permettre au filet fabriqué de passer entre la traverse du métier et le cylindre, et de tomber dans un panier que l'on doit placer dessous. La tablette est destinée à recevoir les baguettes en fer qui servent de moules, et les autres parties accessoires du travail. Une seconde tablette est placée en avant de la première. Sa largeur est de 8 centimètres; elle est appuyée. Sur son bord intérieur sont percés, à égale distance, un certain nombre de trous, pour donner passage aux aiguilles qui doivent recevoir et fixer les nœuds. Cette seconde tablette sert encore à recevoir les moules qui doivent déterminer la grandeur de la maille; et deux arrêts en fer, formant équerre, ajustés sur le bord intérieur, sont destinés à fixer ces moules sur cette même tablette, par les trous de laquelle passent les aiguilles portées sur un talon mobile en bois. Ces aiguilles sont placées à une distance de 8 millimètres les unes des autres; elles peuvent s'élever et s'abaisser à volonté par le moyen d'une pédale. Le jeu de ce râtelier est déterminé par deux leviers réunis ensemble à une de leurs extrémités par une corde, à laquelle on suspend un contre-poids pour les forcer de faire effort sur l'autre extrémité, lequel appuie sur le talon qui porte les aiguilles, afin de tenir ces dernières élevées au-dessus du métier. Le talon des aiguilles reçoit en outre, à ses extrémités, deux cordes qui viennent aboutir à une petite traverse mobile du bâti, dont le centre reçoit la corde qui tient la pédale suspendue. En appuyant sur la pédale, et en faisant effort sur les deux leviers et le contre-poids, on fait baisser le talon, et par conséquent les aiguilles. A 15 millimètres, et en avant de la seconde tablette, se trouve une boîte de 16 centimètres de hauteur environ; elle occupe toute la largeur du métier, et est ouverte à ses deux extrémités, inférieure et supérieure, pour recevoir et fixer le premier peigne. Ce peigne est formé d'un nombre de dents égal au nombre des aiguilles, en distance de 8 millimètres les uns des autres. La longueur des dents est de 8 centimètres en hauteur perpendiculaire; leur largeur, à partir du talon jusqu'aux deux tiers de leur hauteur, est de 6 millimètres : il existe par conséquent entre chacune un espace de 2 millimètres, pour laisser passer les fils: l'autre tiers de leur partie supérieure forme une entaille propre à recevoir ses fils, et finit ensuite en cône. Le jeu de ce peigne s'établit au moyen de deux cordes, fixées aux deux extrémités du talon. Ces cordes tournent sur deux poulies, placées aux deux extrémités de la partie supérieure de la boîte, et vont s'enrouler sur un cylindre placé vis-à-vis la traverse inférieure de la face du métier. L'axe de ce cylindre est mû par une corde tournée en sens contraire des deux autres, qui aboutissent au talon du peigne. En appuyant sur la marche, cette corde se déroule et force les deux autres cordes à s'enrouler pour faire monter le peigne. Deux contre-poids, qui tiennent au talon du peigne, forcent celui-ci, par leur pesanteur, à descendre, lorsque l'effort de la marche vient à cesser. Une broche mobile en fer est enfilée dans deux anneaux fixés sur la boîte du peigne, et sert à fixer les fils de la chaîne. Un cylindre tenant toute la largeur du métier, et dont l'axe tourne sur deux orillons, est destiné à recevoir une partie de la chaîne. Le chariot ou porte-navette est formé d'un plateau de 22 centimètres de profondeur, et de la largeur du métier; il est porté sur quatre galets, qui

roulent sur les traverses supérieures des côtés du bâti. Sur ce plateau, il y a deux rangs de ressorts pour recevoir les navettes. Le premier rang est immobile, et le second, qui est mobile, est placé sur un autre plateau qui forme la moitié de la profondeur du premier, sur lequel il agit par le moyen d'un levier en fer brisé, qui peut lui faire décrire un mouvement de gauche à droite, en poussant alternativement les gâchettes de gauche et de droite, ce qui, par conséquent, fait alterner les navettes du dernier rang sur celles du premier. Les ressorts sont deux fils de fer courbés, chacun à un angle d'environ cinquante-cinq degrés; le sommet et un des côtés, placé perpendiculairement en face de l'ouvrier, sont implantés dans le plateau, l'un sur l'extrémité du côté de l'angle perpendiculaire, et par conséquent en avant, l'autre à l'extrémité du côté opposé, et par conséquent en arrière, ce qui les oblige à une élasticité égale sur tous les points, en se prêtant alternativement, en arrière et en avant, au passage des fils. Les navettes sont formées d'une seule feuille de tôle de 1 décimètre de longueur sur 5 centimètres de hauteur; elles sont entaillées aux deux extrémités pour recevoir les fils, et une seconde entaille sur la partie supérieure sert à deux traverses en bois qui les retiennent à leur place. A la partie inférieure, elles sont taillées en forme concave, afin de n'appuyer que sur les deux points de leurs extrémités, et, pour éviter les frottements lors du passage des fils, quatre gâches en fer servent à tenir et à supporter les deux traverses; chacune de ces gâches est formée par un verrou en cuivre qui retient les traverses. Une règle en bois, tenue par deux cordons sur la face du chariot, soulève les fils et facilite le passage des navettes. Le porte-peigne est formé de trois branches en équerre; il tourne sur deux axes implantés sur les côtés du chariot à deux des branches; la traverse a une rainure dans toute la largeur, elle est destinée à recevoir un peigne. Au-dessus est une tringle en fer tournant sur ses deux extrémités, et qui sont recourbées en angles droits et reçues de chaque côté dans un crochet; cette tringle sert à dégager les fils du peigne et à les fixer sous les navettes. Un crochet ou valet retient le porte-peigne à la hauteur nécessaire pour le travail. Deux sabots servent à porter les marches. La seule partie accessoire qui soit nécessaire pour le travail est un peigne en bois du même nombre de dents que les aiguilles et à la même distance. (*Brevets non publiés. — Conserv. des arts et métiers*, galeries des échantillons, mod. n° 300.)

M. Buron, de Bourgtheroulde (Eure), médaille d'or, pour avoir présenté une machine simple, au moyen de laquelle une personne fait une rangée de douze nœuds de filet en douze secondes. Il est facile, en augmentant la dimension de la machine, d'exécuter à la fois un plus grand nombre de nœuds et de fabriquer des filets de différentes largeurs, à-mailles plus ou moins ouvertes, et avec toutes les grosseurs de fil qui pourraient être demandées. Cette machine, qui n'exige de la part de l'ouvrier qu'un petit nombre de mouvements faciles à exécuter et qui donne le véritable nœud de filet, peut procurer une grande économie de main-d'œuvre. (*Livre d'honneur*, page 68. — 1808.)

FILIGRANE.—(*Sa fabrication en cuivre, en argent, en or.*)—*Invention de M. C.-N. Michel, de Paris.* — On prend une planche formée indistinctement de tous les métaux propres à être soudés avec les soudures connues, tant simples que composées, telles que la soudure d'étain, celle de cuivre et d'étain, nommée soudure forte, celle d'argent, enfin celle connue sous le nom d'amalgame de Darcet, fusible à la température de l'eau bouillante; sur une des surfaces de cette planche, qu'on prendra pour exemple en fer-blanc, on trace, avec un burin, un dessin dont on recouvre tous les traits avec du filigrane de cuivre argenté ou d'argent artistement préparé et dont on a limé ou usé, par le frottement, celle des faces qui touche la planche, afin que le filigrane y adhère parfaitement, et qu'en présentant le dessin en relief, il offre en même temps la dépouille nécessaire pour le mouler exactement. Avant de souder le filigrane sur la planche, on a soin de l'enduire, du côté apiati, avec de la térébenthine ou toute autre substance qui facilite la fusion de la soudure et empêche l'oxydation du métal. Le filigrane ainsi disposé sur la face supérieure du fer-blanc, on chauffe la face inférieure sur une lampe à courant d'air ou une lampe à l'esprit-de-vin, ou même sur du charbon allumé ou à la chaleur de l'eau bouillante, jusqu'à ce que l'étain du fer-blanc et les parties de soudure ou d'amalgame de Darcet, qu'on aura interposés entre la planche et le filigrane, entrent en fusion et soudent ainsi le filigrane sur la planche. Après avoir composé de cette manière une espèce de bas-relief en filigrane, on le moule en terre, et en coulant dans le moule en cuivre ou tout autre métal plus précieux on obtient l'image parfaite des dessins et le grain même du filigrane dans toute sa pureté. On fait ensuite découper les dessins qu'on applique sur un fond pour leur donner plus de relief; on peut aussi mettre le filigrane à jour en ôtant le fond à la lime ou avec le grès et la pierre ponce; par ce moyen on évite le travail qu'il faudrait faire pour mettre à jour chaque pièce du filigrane en le découpant. (*Brevets publiés*, tome Ier, page 222.)

FILS DE CHANVRE ET DE LIN.— (*Procédé pour les blanchir.*)—Pour un tonneau de deux mille livres de fil ou de tissu, on prend un demi-tonneau de pommes de terre qu'on fait bouillir dans douze cents litres d'eau, jusqu'à ce qu'elles soient réduites en une bouillie bien claire, qu'on verse dans un cuvier en bois. La liqueur étant refroidie à 60 ou 70° de Fahrenheit, on y ajoute un seau de levure; au bout de trois ou quatre jours, selon la température,

toute la masse a subi la fermentation acéteuse, et est convertie en levure artificielle. C'est seulement alors qu'elle est propre au blanchiment. Il faut faire tremper les objets à blanchir dans un réservoir carré, de pierre ou de briques, au fond duquel on place une couche de fil ou de tissu, d'un pied d'épaisseur, sans la tasser, après avoir délié et écarté les écheveaux de fil pour qu'ils puissent nager dans le liquide. Cette opération terminée, on verse dessus la liqueur fermentée, autant qu'il est nécessaire pour couvrir cette couche, puis on en place une seconde, et ainsi de suite, jusqu'à ce que le réservoir soit plein. Au bout de cinq ou six jours, suivant la température, on retire les objets de la cuve et on les rince pour leur faire subir les opérations ordinaires du blanchiment par les alcalis. (*Société d'encouragement*, 1819. — *Archives des découvertes*, 1820, tom. XII, pag. 356.)

FILTRE pour clarifier l'eau.—*Invention de M. Paul.* — Ce filtre se compose de plusieurs cylindres de plomb, faits en forme de manchons, hauts de deux pieds au plus, sur six pouces de diamètre. Ils sont fermés, par le haut, avec un couvercle qui entre à force et bouche hermétiquement. Ces cylindres, dont on peut porter le nombre à douze, quinze ou vingt, à volonté, sont remplis de sable jusqu'à une certaine hauteur. Le sable repose sur un diaphragme ou crible de plomb qui le soutient et l'empêche de boucher l'orifice inférieur par où l'eau arrive. Tout étant ainsi disposé, l'on conçoit que l'eau qui descend du réservoir par le tuyau, entre dans le premier cylindre, le traverse, passe dans le second par un autre tuyau, remonte jusqu'à un troisième tuyau, qui la conduit dans le troisième cylindre, où elle s'élève jusqu'au robinet, qui sert à la verser dans le bassin ou réservoir. Ce filtre est si simple, que la disposition principale une fois conçue, on peut la modifier à volonté, sans rien changer à l'effet. Ainsi on peut substituer aux cylindres de plomb de grands pots à beurre, ou des barils de bois cerclés, et le réservoir peut être un tonneau simple. Quand l'eau sort de ce filtre, elle est d'une limpidité parfaite, et cela doit être, puisque, si l'on emploie dix ou douze cylindres, elle se trouve avoir traversé, par sa force ascendante, quinze à dix-huit pieds de sable; et il est rare que les sources naturelles aient à traverser des couches aussi épaisses. Ce filtre présente encore des applications faciles à d'autres usages : 1° On peut l'employer avec succès pour l'épuration des huiles à brûler; 2° on peut, en substituant le charbon au sable, se servir de ce même filtre pour clarifier les sirops de raisin ou de betterave; 3° tous les liquides susceptibles d'acquérir des propriétés par une filtration exacte, s'obtiendront par cet appareil. (*Bulletin de pharmacie*, juillet 1811.)

FILTRE BORDELAIS.—*Invention de M. Alexandre, de Bordeaux.*— Le procédé diffère de celui de MM. Smith et Cuchet, de Paris, et le résultat est aussi satisfaisant. M. Alexandre, dans son établissement à Bordeaux, n'emploie ni sable, ni éponge, ni charbon pilé; mais il fait simplement passer l'eau par les tubes capillaires que forme une toile de coton à moitié usée. On sait qu'une mèche ou un ruban qui trempe dans un vase et qui pend en dehors, sert bientôt de conduit à la liqueur, qui filtre et s'écoule jusqu'à ce que le vase soit à peu près vide. M. Alexandre appliqua cette expérience de physique à la purification en grand des eaux de la Garonne, et la Société de médecine de Bordeaux en a fait un rapport avantageux. (*Brevets non publiés.—Archives des découvertes et inventions*, 1818, tome Ier, page 337.)

FILTRE MARIN.—*Invention de MM. J. Smith, Cuchet et D. Montfort.*—La forme et les dispositions intérieures des fontaines, destinées pour la marine, peuvent varier de plusieurs façons. Celle-ci en donnera une idée : Elle est construite de manière à ce que le mouvement du vaisseau ne puisse ni empêcher, ni ralentir la filtration de l'eau. Sa forme extérieure ne diffère guère de celle du tonneau-filtre. On voit à la partie supérieure un seau de clapotage qui le ferme exactement, et dont le fond est percé de trous. Ce seau est garni de deux anses; il est destiné à empêcher l'eau de rejaillir, lorsque le vaisseau éprouve des mouvements violents. La filtration s'opère ici par ascension. L'eau, versée d'abord dans le seau de clapotage, remplit la capacité, et ensuite l'autre capacité par un tuyau de communication : en cherchant à prendre son niveau, elle remonte à travers des fonds percés et des couches filtrantes pour se rendre dans le réservoir d'où on la tire par le robinet. Un petit tuyau aérien en plomb part du réservoir et s'élève jusqu'au haut de la fontaine. On ouvre un robinet de décharge, lorsque la fontaine a besoin d'être lavée. (*Brevets publiés*, 1818, tome II, page 65.)

FILTRE PORTATIF.— *MM. J. Smith, Cuchet et D. Montfort.* — Un brevet de cinq ans a été délivré aux auteurs pour ce filtre qui est de forme conique, cerclé en fer avec deux anses, un couvercle, et posé sur un trépied. Ce filtre est placé dans le fond du vase, et entièrement entouré de grès recouvert par un fond non luté contre les parois. L'eau dont on remplit la capacité supérieure, s'introduit dans l'appareil filtrant par des trous percés dans le haut de la cloison; de là elle se rend dans le réservoir, d'où elle s'échappe par le robinet. Après ce trajet, elle est parfaitement clarifiée. Le filtre portatif, en fer-blanc, ou en plomb, a la forme d'un tambour. (*Brevets publiés*, 1818, tome II, p. 68.)

FILTRE POUR LA TROUPE. — *Invention de MM. James Smith, Cuchet et Denis Montfort.* — La forme extérieure de ce bidon filtre n'a rien de particulier. Il reçoit un gobelet en fer-blanc, tantôt au-dessus pour le voyage, tantôt au-dessous pour recueillir l'eau filtrée. Ce gobelet s'adapte au bidon de la même manière qu'une baïonnette au bout du fusil. Les matières filtrantes sont contenues entre deux fonds percés de trous et soudés contre

les parois intérieures : celui d'en bas est double; l'inférieur a la forme d'un entonnoir, afin de ramener plus sûrement l'eau filtrée dans le gobelet qui sert de réservoir. (*Description des brevets expirés*, tome II, page 69.)

FILTRES DE CHARBON. — MM. Smith, Cuchet et Montfort, de Paris, ont reçu une médaille d'argent pour des filtres de charbon qui rendent en peu de minutes potable et agréable l'eau infectée par la présence et la dissolution des substances putréfiées les plus fétides. (*Livre d'honneur*, p. 416. — *Moniteur*, an X, p. 5.)

Lowitz observa dans la poudre de charbon calcinée la propriété de décolorer certains liquides. Fontana, Priesley, Schéel, et M. Guyton de Morveau reconnurent qu'un charbon rouge de feu absorbait certains gaz au milieu desquels il était enfermé. Lowitz fit, à la suite de ses premières expériences, de nombreux essais qui le conduisirent à reconnaître au charbon la propriété d'épurer l'eau corrompue, et il proposa cette substance réduite en poudre et mélangée à une petite quantité d'acide sulfurique, pour prévenir la putréfaction de l'eau dans les voyages maritimes. C'est d'après ces observations, et guidé par elles, que M. Rouppe essaya de reconnaître avec quelle force le charbon éteint, mais bien sec, absorberait les gaz qu'on soumettrait à son action. Les expériences lui prouvèrent que le charbon avait, à un très-haut degré, la propriété d'absorber la plupart d'entre eux, et même de les condenser assez fortement. C'est à cette époque que M. Smith fit connaître ses filtres. Ils furent annoncés avec éclat; ils surprirent lorsqu'on vit que les eaux les plus fétides et les plus sales en sortaient limpides et sans avoir conservé la plus légère odeur. L'auteur cacha la composition de ses filtres, mais le principe plus exactement connu; on produisit des effets semblables avec le charbon, et la propriété de cette substance, pour absorber le gaz, a conduit à plusieurs autres applications utiles. Dès ce moment l'industrie eut un nouveau moyen pour s'aider. C'est à cause de cela même qu'il peut être utile de faire connaître plus exactement l'action du charbon dans les appareils surtout qui servent à filtrer l'eau, et pour lesquels on semble vouloir en étendre beaucoup l'usage. D'ailleurs, cette connaissance pourra servir à diriger dans plusieurs autres cas. La bonté de l'eau ne dépend pas seulement de sa pureté. Pour que ce liquide soit léger et de digestion facile, il doit contenir une certaine quantité d'oxygène; c'est-à-dire de cette partie de l'air que nous respirons. On sait que l'eau qui a bouilli, ou celle qui a été distillée, n'est pas potable, qu'elle produit un malaise qui n'a pas lieu lorsqu'on boit une eau courante quelconque; l'une a été privée par la chaleur de la plus grande partie de l'air qu'elle contenait; l'autre, au contraire, par son mouvement dans ce fluide, a acquis tout celui auquel elle pouvait s'unir. La grande action que le charbon exerce sur l'oxygène doit avoir lieu sur celui que l'eau contient, et si ce n'est pas avec la même force que celle avec laquelle il agit sur les autres gaz qui peuvent souiller ce liquide, c'est du moins avec assez d'énergie pour rendre l'eau plus lourde, d'une digestion plus difficile que celle qui n'a point éprouvé son action. L'eau qui a passé à travers un filtre de charbon doit donc être moins propre à être bue qu'une eau qui aurait passé par un simple filtre de sable; à la vérité, en l'agitant dans l'air, elle reprendrait, comme l'eau distillée peut le faire, toutes ses qualités bienfaisantes. Ces différentes observations conduisent tout naturellement à conclure que dans tous les cas où l'on n'a à séparer de l'eau que les substances qu'elle tiendrait en suspension, comme de la vase, par exemple, les filtres de sable doivent être préférés aux filtres de charbon; mais au contraire, qu'il faut préférer ces derniers aux autres, toutes les fois que les substances contenues dans l'eau y sont retenues avec une certaine force, comme le sont les gaz, les odeurs, etc. Il est même à observer que les eaux crues, qui contiennent des sels en dissolution, ne sont point épurées par des filtres de charbon, et qu'en en sortant, elles paraissent aussi dures qu'elles l'étaient auparavant. On voit par ce qui précède, que les filtres de charbon ne doivent être employés qu'à filtrer les eaux gâtées par la putréfaction, celles, en un mot, qui ne peuvent pas l'être par les filtres ordinaires; et que, dans tous les cas où ceux-ci peuvent suffire, ils doivent être préférés; malgré la restriction donnée à l'emploi des filtres de charbon, l'application de ce corps à l'épuration des eaux fétides n'est pas moins très-belle et très-ingénieuse. Il n'est que trop de cas où l'on n'a que des eaux pourries, et où l'on est dans l'impossibilité de s'en procurer d'autres, pour ne pas sentir tout le mérite de son application. Son utilité est d'ailleurs démontrée de la manière la plus évidente par l'emploi que les Américains font depuis longtemps du charbon dans leurs voyages maritimes, pour préserver leurs eaux de la pourriture. Pour cet effet, ils en introduisent dans les tonneaux qui contiennent ce liquide. M. Berthollet a de même éprouvé qu'un tonneau dont il avait carbonisé l'intérieur, a conservé l'eau pure pendant plusieurs mois, tandis que de l'eau contenue dans un tonneau qui n'avait pas été préparé de cette manière, a été gâtée au bout de peu de jours. Il n'est pas douteux que la propriété qu'a le charbon d'attirer la plupart du gaz, ne soit applicable dans beaucoup d'autres circonstances où l'on aurait à enlever ces substances, ou à neutraliser leur action; et la connaissance de cette propriété est assez répandue pour faire espérer que bientôt on en aura obtenu tous les secours qu'il aura été possible d'en obtenir. (*Société d'encouragement*, an XI, pag. 116.)

MM. Smith et Cuchet ont réclamé contre l'article ci-dessus, parce que l'on pouvait, disent-ils, conclure de la lecture de cet article, que l'eau de rivière que l'on passait sur leur filtre, était dépouillée par la filtration d'une partie de son air atmosphérique. Cette assertion étant fausse, ils demandent que l'on rectifie une erreur qui nuit à leur réputation et à leurs intérêts. MM. Guyton de Morveau, Conté et Bose, ont été chargés par la société d'encouragement de vérifier si l'eau passée sur les filtres-charbon était dépouillée d'air. Voici le résultat de leurs expériences : On a pris une pinte d'eau distillée, récente et entièrement privée d'air ; on en a rempli exactement un flacon de verre garni d'un bouchon usé à l'émeri, et on y a introduit 24 grains 13,279 de sulfate de fer bien cristallisé et non oxydé. Le sulfate de fer s'est dissous sans laisser de dépôt ocreux et sans troubler la limpidité de l'eau. Cette expérience, répétée dans les mêmes proportions et dans les mêmes circonstances sur l'eau de la Seine filtrée sur du sable bien lavé, a produit un dépôt abondant d'oxyde de fer. On n'a pu trouver aucune différence en passant l'eau sur le filtre-charbon du commerce. Pour savoir si le charbon pur ne dépouillait pas l'eau de la Seine de son air atmosphérique, on en a filtré sur du charbon qu'on a pilé, on en a pris une pinte, et on y a fait dissoudre 24 grains de sulfate de fer; le dépôt a paru plus volumineux que les autres, ce qui a fait soupçonner que le charbon étant saturé d'air atmosphérique, le restituait à l'eau. Pour s'en assurer, on a filtré de l'eau distillée et récente sur du charbon ; et en y faisant dissoudre du sulfate de fer, il s'est formé un dépôt légèrement verdâtre, à la vérité, ce qui semble indiquer que le charbon contenait quelques atomes de potasse, mais ce qui ne détruit pas la preuve que le charbon a restitué de l'air à l'eau. Quoique ces expériences ne soient qu'une ébauche imparfaite, elles sont assez concluantes pour rassurer sur la crainte que l'on a eue sur l'usage des filtres-charbon, et sur les inconvénients qui peuvent résulter de leur emploi. (*Société d'encourag.*, an XII, p. 166.— *Annales des arts et manufactures*, t. XVIII, p. 208 et n° 47; p. 168 des mêmes *Annales*.)

FILTRES-PRESSE ou FILTRES-FORCÉS. — Voici comment le *Dictionnaire des découvertes* rend compte, sous ce dernier titre, de cette invention due à M. Réal : « Un brevet de cinq ans a été délivré à l'auteur pour avoir trouvé le moyen d'obtenir à froid et presque instantanément, par un appareil simple et de petite dimension, des résultats que, jusqu'en 1813, selon l'auteur, l'on n'a pu se procurer qu'au moyen de coctions prolongées, qui finissent souvent par altérer plus ou moins les principes de la matière soumise à l'analyse, et qui toujours exigent une dépense considérable de combustibles, et des appareils d'une grande capacité. L'auteur avait remarqué qu'en traversant de haut en bas la matière soumise à l'infusion, l'eau ou tout autre dissolvant agissait comme un piston; et que le dissolvant, en se saturant, d'après les lois des affinités chimiques, des principes dont il doit s'emparer, obéissait en même temps aux lois de l'hydraulique, et pressait mécaniquement comme un piston parfait la liqueur saturée, et la chassait de haut en bas avec une force égale au produit des bases multipliées par les hauteurs. Cette théorie une fois établie, son application lui parut facile, et il parvint, après plusieurs essais, avec assez de promptitude et de facilité, à l'établissement d'un système d'appareils qui lui ont suffi à toutes les expériences qu'il a tentées, soit sur les végétaux aromatiques, soit sur les matières végétales colorantes, soit sur les cendres. Dans toutes les circonstances, l'auteur dit avoir obtenu promptement des extraits excessivement chargés, par exemple du café à trente degrés, et du tan à trente-cinq, mesurés au pèse-sel de Beaumé. Cette machine peut servir à beaucoup d'autres applications, à la purification des huiles par le charbon, etc., etc. ; et toujours fidèle aux principes sur lesquels elle est construite, soit qu'elle agisse de haut en bas ou de bas en haut, elle produit toujours des résultats rapides plus riches que la décoction. La première machine ayant la forme d'un piédestal surmonté d'une colonne, est celle appelée par l'auteur le filtre forcé à pression directe et immédiate ; elle se compose d'une boîte ou d'anaïde d'étain, à laquelle on applique un diaphragme percé de trous capillaires. Cette danaïde est terminée par un pas de vis qui permet de la superposer sur une autre danaïde ou sur le récipient. Elle porte un écrou qui reçoit ou une autre danaïde, ou le chapeau à vis armé de son diaphragme. C'est entre ces diaphragmes que l'on place la matière soumise à l'analyse. Le chapeau est surmonté d'un écrou qui reçoit la vis, la colonne est en fer-blanc ou en étain ; sur cette colonne, on établit pour les petites opérations une bouteille renversée qui tient lieu de réservoir. La seconde machine est aussi un filtre forcé simple et immédiat, mais d'une plus grande dimension. C'est de celle-ci que se sert l'auteur pour opérer sur le tan : elle se compose d'une danaïde en bois, formée de douves comme un tonneau. Elle est armée de fortes frettes en fer doux. Le fond est aussi de bois, sillonné de gouttières concentriques qui sont coupées par d'autres gouttières tracées dans le sens des rayons. Toutes ces gouttières aboutissent au centre où est la décharge. Sur cette pièce se pose un diaphragme mobile en plomb percé de trous capillaires. Le chapeau est également en bois ; il est fortement fixé, ainsi que le fond, par des boulons armés de leurs écrous, qui pressent des deux bouts sur de fortes rondelles de fer. Cette danaïde est arrosée et pressée par un tuyau de tôle fixé sur le tube qui est au centre du chapeau. Lorsque l'on a besoin de presser de bas en haut, par exemple, pour épurer les huiles, il suffit de renverser les danaïdes. Les matières sirupeuses et gommeuses se prêtent avec difficulté au filtrage à froid, et l'on n'a pas toujours à sa disposition un local qui permette de donner à l'eau, considérée comme puissance, une grande élévation ; et il arrive d'ailleurs fort souvent que l'on ne veut faire traverser la matière soumise à l'analyse que par une quantité donnée de ce dissolvant. L'auteur a fait construire un filtre forcé qui, placé dans un local peu élevé, agit cependant avec une puissance énorme ; et il est disposé de manière que le dissolvant qui devra traverser la matière soumise à l'infusion, ne sera jamais en contact avec la puissance qui la pressera. Ce filtre se compose d'une danaïde qui est un filtre forcé, simple, absolument semblable à celui décrit plus haut. Cette danaïde est soutenue par une tige de fer recourbé. Ce filtre, au lieu de recevoir dans son chapeau une colonne droite, est armé d'un tuyau demi-circulaire qui se joint par des boulons ou des sergents au tube de fer. Ce tube est vissé sur une boîte de fonte dont les dimensions peuvent varier suivant les besoins. Dans cette boîte, entre et plonge un tuyau de fer qui se visse. Ce tuyau est surmonté d'autant d'autres tuyaux que le besoin en exige. Ceux dont se sert l'auteur depuis plusieurs années sont des canons de fusils de munition. S'il n'y a aucune raison d'éviter le contact entre le dissolvant et la puissance qui doit le presser, on opère de la manière suivante : la danaïde étant chargée de la matière soumise à l'infusion, on remplira du dissolvant qui doit la traverser la boîte et le tuyau demi-circulaire dont l'air sera chassé en passant par la canelle. On ferme ensuite cette canelle, et l'on verse du mercure par le tuyau de fer. Le mercure chasse le dissolvant avec toute la force que sa densité ajouterait à la hauteur multipliée par les bases. Avec une colonne de dix pieds, ainsi chargée de mercure, on agit comme si l'on pouvait disposer d'une chute de près de cent trente-cinq pieds. L'auteur a souvent opéré avec une colonne de quinze pieds. Si la seule raison qui détermine à employer ce dernier appareil est la nécessité d'interdire toute espèce de contact entre le dissolvant et la puissance, dans cette hypothèse on pourra employer comme puissance, soit le mercure, si, comme dans l'hypothèse précédente, on ne peut point disposer d'une chute naturelle ou artificielle assez élevée, soit l'eau, si la chute est considérable. On opère comme dans l'espèce précédente, avec la seule différence que l'on se gardera bien de chasser l'air qui remplit la boîte et le tuyau. Cet air, comprimé par l'eau ou par le mercure, presse le dissolvant que l'on aura introduit dans une danaïde placée au-dessus ou au-dessous de la danaïde, suivant que l'on voudra opérer la pression de haut en bas ou de bas en haut. (*Brevets non publiés*. — *Journal de pharmacie*, 1816, t. II, p. 165.)

Le *Dictionnaire technologique* explique à son tour en ces termes l'invention dont nous venons de parler :

Le filtre-presse, inventé par M. le comte Réal, consiste dans un cylindre métallique monté à vis avec une base de même matière, qui sert de réservoir au récipient et porte un petit robinet d'écoulement Le

cylindre est séparé de la base par un diaphragme percé de petits trous, et qui, se
vissant sur cette base, reçoit aussi à vis le
cylindre dont il est surmonté. A la partie
supérieure est adapté un chapiteau creux
dont le fond est criblé de petits trous, et
qui reçoit une douille, sur laquelle on soude
un tuyau de plomb communiquant à un réservoir plus ou moins élevé au-dessus de
l'appareil ; l'intérieur du cylindre est divisé
en plusieurs compartiments dans les diaphragmes mobiles, lorsque la nature de la
matière ou de la force de la pression établie l'exige. Toutes ces séparations à vis
sont garnies de rondelles de cuir gras, afin
que les liquides ne puissent pas passer par
les joints.

Lorsqu'on veut faire usage de cet appareil, on détrempe, avec le dissolvant convenable, la substance avec laquelle il s'agit
d'opérer, et qui doit être préalablement réduite en poudre très-fine et de manière a
en former une espèce de pâte ; on triture
ce mélange, et on le laisse assez de temps
pour que la dissolution soit complète ; on
le chauffe même si l'on juge que cela soit
nécessaire ; ensuite on le place dans le cylindre, et on foule de manière à serrer autant que possible le mélange ; on place le
chapiteau sur le cylindre et l'on établit la
communication de l'appareil avec le réservoir supérieur.

Cette communication établie, l'eau vient
presser sur le mélange contenu dans ce
cylindre, avec une force due à la hauteur
de son niveau au-dessus de l'appareil, et
chasse devant elle le dissolvant chargé de
la substance qu'on voulait dissoudre. Ce liquide remplissant les intervalles des molécules solides de la substance, est ainsi
remplacé par l'eau, et, passant à la partie
inférieure du cylindre, traverse le diaphragme inférieur et tombe dans le récipient. Cet appareil offre donc une application toute nouvelle de la pression hydraulique, qui consiste à substituer un liquide
disséminé entre les molécules ou parties
très-ténues d'un corps pulvérisé, et qui
s'est chargé de parties résineuses, gommeuses ou colorantes d'un corps solide.
L'effet produit dans cet appareil participe
également de la pression hydraulique et de
la filtration.

On pourrait peut-être craindre que le
contact immédiat de l'eau et de la substance
liquide dissolvante occasionnât un mélange
nuisible au résultat de l'opération ; mais
cette idée sera bientôt détruite, lorsqu'on
aura examiné la manière entièrement mécanique dont l'eau agit dans cette circonstance. Tout le monde sait que, dans un tube
capillaire, on peut faire succéder plusieurs
substances liquides différentes, sans qu'il y
ait mélange de ces substances, parce que la
surface du contact est très-petite, et que l'a-
gitation nécessaire pour opérer ce mélange
est impossible. Or, on peut considérer les
intervalles entre les molécules solides du
corps pulvérisé, comme des espaces capil-

laires, dans lesquelles le mélange ne peut
s'opérer, mais qui sont susceptibles de recevoir un liquide tel que l'eau, et lui permettent de se substituer à un autre, de
quelque nature qu'il soit.

Tous les liquides peuvent être employés
comme dissolvants, et l'eau servira de liquide agissant ; ainsi, on peut mettre en
usage l'eau, l'alcool, les acides, etc., et
n'employer pour chasser ses substances que
de l'eau pure.

Nous pourrions rapporter une infinité
d'expériences qui ont été faites pour prouver l'excellence de cet instrument, mais
nous nous bornerons à citer l'expérience
suivante, qui est singulière, et qui montre
l'impossibilité du mélange des substances
liquides, destinées à la dissolution, avec le
liquide de la colonne agissante.

M. Réal ayant extrait, au moyen de l'alcool, la résine contenue dans la poudre
d'un bois résineux, voulut soumettre de nouveau le marc de la première opération à
l'action du filtre-presse : il humecta cette
poudre avec de l'alcool le plus rectifié qu'il
eût à sa disposition ; mais n'en ayant pas
une quantité suffisante de cette espèce, il
détrempa le reste avec de l'alcool à un degré un peu moins élevé : il plaça d'abord
dans le fond de l'appareil la première portion
et versa l'autre par-dessus. La pression
étant établie, il reçut dans le récipient
l'alcool du plus haut degré, sans aucune
altération de densité ni de transparence ; et
lorsque cette première se fut écoulée tout
entière, il vit arriver immédiatement l'alcool de la seconde partie, aussi transparent
que le premier, et conservant la même pesanteur spécifique ; enfin, succéda l'eau de
pression, sans aucun indice de combinaison
avec l'alcool.

M. Réal avait imaginé de donner la pression du mercure, ce qui exige une colonne
beaucoup moins haute ; mais après avoir réfléchi aux inconvénients que procurait l'emploi d'une grande quantité de mercure,
M. Hoyau a proposé d'y substituer une
pompe de la moitié de la capacité du cylindre. Cette pompe, placée au-dessus de l'appareil, est surmontée d'une cuvette qui sert à
l'alimenter, et un levier, tournant autour
d'une charnière fixée au bord de la cuvette,
presse sur le piston avec une force qui dépend de la distance à laquelle est placée la
force sur le bras de levier, ainsi que de
l'intensité de cette force.

FLEURS ARTIFICIELLES. — Les Italiens
ont réussi les premiers, en Europe dans cette
contrefaçon de la nature. Ils employèrent
d'abord des rubans de diverses couleurs,
qu'ils frisaient ou dont ils recouvraient le
fils de laiton ; bientôt ils ajoutèrent les plumes, la gaze d'Italie, les cocons du ver à
soie. En 1738, Séguin, né à Mende, en Gé-
vaudan, s'établit à Paris. Vraiment artiste,
botaniste distingué, il fut le premier qui,
prenant la nature pour guide, la copia scrupuleusement. Il employait le parchemin
pour pétales, les soies de sanglier pour ti-

ges, la colle d'Allemagne pour apprêt ; mais c'est surtout en perfectionnant les couleurs qu'il fit avancer son art, qui, à la fin de son siècle, faisait l'admiration de Buffon dans les petites fleurs de nos champs, reproduites par les mains délicates de Mme de Genlis. Vers la même époque, Wentzel, inventeur du papier gazé, qui fournissait un feuillage très-naturel, tenta aussi l'emploi des pellicules d'œufs.

Bien avant nous, les Chinois fabriquaient des fleurs artificielles; les missionnaires nous apprennent, dans leurs *Lettres édifiantes et curieuses*, que les dames chinoises en font de très-jolies avec la moëlle du bambou. Les Italiens se servent toujours avec avantage des cocons de ver à soie, et le couvent de Fiesoline, à Gênes, est renommé pour les produits de ce genre. Cette matière prend et conserve parfaitement la teinture; elle offre un duvet fin et une transparence qui imite assez bien le velouté de la fleur naturelle, et résiste longtemps à l'action du soleil. Les plumes ne peuvent servir que pour les fleurs de fantaisie, d'imagination, parce qu'on n'a pas encore réussi à les teindre convenablement. Plus heureux à cet égard, les sauvages de l'Amérique méridionale, dont les oiseaux fournissent des plumes des couleurs les plus variées et les plus éclatantes, composent avec ces matériaux les bouquets admirables, qui rendent parfaitement les fleurs du pays. La gaze d'Italie était plus facile à mettre en œuvre; mais les fleurs qu'elle produisait étaient ternes, épaisses, et l'on a cessé de s'en servir. Il y a quarante ans, on employait en France le taffetas pour les feuillages, et la batiste fine pour les pétales. Un Suisse avait déjà réussi à découper les feuilles à l'emporte-pièce, au lieu de se servir de ciseaux, comme on avait fait auparavant. Aujourd'hui, parmi les étoffes, on distingue la batiste, la percale fine, la batiste d'Écosse (en coton), la mousseline, la gaze, le linon-batiste, le calicot fin; le crêpe ordinaire sert aux fleurs de fantaisie; le crêpe lisse peut servir à toutes les fleurs très-fines; le satin, le velours, le taffetas, le gros de Naples, etc., ont des applications particulières. L'emploi du papier est d'invention moderne; inconnu avant la fin du siècle dernier, on en fait beaucoup d'usage aujourd'hui; les tiges et les queues sont de fil de fer recuit ou de fil de laiton. Le coton sert à former les noyaux des fleurs, des boutons et des fruits, et aussi pour l'enveloppe des tiges. Le fil, le coton filé, la soie, la laine, servent à réunir toutes les pièces à la tige principale; la colle unit les parties de chacune entre elles; les peaux font ces jolis boutons d'oranger dans les bouquets à tige métallique et à feuille argentée, dont le débit est si considérable. Les faveurs ou rubans de soie, concurremment avec le papier peint, recouvrent les tiges; la gomme arabique, la gomme adragant, la colle de poisson, la colle forte, la colle de gants, l'amidon et la colle de froment et de riz, servent à apprêter ou à unir 'es étoffes, enfin les fleuristes empruntent à

certaines fleurs ou arbustes les parties qui, desséchées, conservent leurs couleurs.

Tout Paris a pu admirer à l'exposition de 1823 les fleurs en baleine de M. Achille de Bernardière. L'inventeur présenta au roi deux œillets fond blanc liserés de rouge, l'un étant naturel et l'autre artificiel : le roi les confondit. On vit aussi à cette exposition des fleurs en cire. La cire doit être colorée avant de recevoir sa forme dans des moules ou sous les doigts; le pinceau donne ensuite les nuances. Ainsi que M. Denevers, de Paris, mademoiselle Sana a employé le papyrus. Leurs produits furent cités à l'exposition de 1834, où l'on a pu voir encore des fleurs en pains à cacheter. On en fait aussi en cheveux, en paille.

Les fleurs que font les confiseurs, en sucre, en pâte, et aussi en chocolat, sont coulées dans des moules et colorées ensuite.

Les fabriques les plus renommées de fleurs artificielles sont à Paris et à Lyon. Le commerce en est très-important; c'est une des marchandises désignées sous le nom d'articles de Paris. Soumises aux mêmes droits que les ouvrages de mode, la douane n'inscrit pas séparément le chiffre de leur exportation; mais on peut se figurer l'importance de cette fabrication en pensant que plus de 130 fleuristes ont d'élégantes boutiques à Paris, sans compter les petits fabricants et les ouvriers en chambre. A dater du 1ᵉʳ novembre, on travaille pour l'intérieur environ six mois, le reste de l'année on expédie les plus belles fleurs pour la Russie, les plus communes en Allemagne. Indépendamment des fabricants, qui trouvent des bénéfices assurés dans l'art du fleuriste, auquel ils joignent souvent celui de plumassier, indépendamment des ouvriers, des enfants à qui il procure des moyens d'existence, il offre encore aux dames un agréable passe-temps. Chacun pourra puiser la connaissance de cet art dans l'estimable ouvrage de madame Celnart: *Nouveau Manuel du Fleuriste artificiel et du Plumassier*, 1 vol. in-18, Paris, 1838. C'est le seul traité complet sur cette matière (1).

FLINTGLASS. — Il résulte d'un rapport fait à l'Institut, le 21 janvier 1811, que l'art de l'optique en France était dès lors indépendant de toute industrie étrangère, et que les procédés découverts par M. d'Artigues ne laissaient plus rien à désirer en ce genre. Ils consistent principalement dans les moyens par lesquels il purifie les plombs dont il fait usage, et dans l'attention qu'il a de ne destiner aux objectifs achromatiques que le milieu de la masse vitreuse, contenue dans les pots où s'opère la fusion du cristal. Plus les pots ont de capacité, plus on est certain de se procurer du flintglass parfaitement pur et homogène. Aussi n'est-ce que dans une grande manufacture, où le reste de la matière est employé à la fabrication des produits ordinaires des manufactures de cristaux, qu'on peut en faire d'excellent, facilement

(1) Cet article est tiré de l'*Encyclopédie des gens du monde.*

et presque sans frais; il suffit, pour cela, lorsqu'on est arrivé au milieu de la masse vitreuse, d'enlever la portion qui se présente alors, avec des cannes de fer, et de la souffler en manchon cylindrique qu'on ouvre ensuite pour les développer en plateaux. Sur 30 kilogrammes de flintglass, préparés de cette manière, et que M. d'Artigues a récemment adressés à M. Cauchoix, il n'y a pas eu un seul morceau de matière perdu; avantage que ne présente pas le flintglass anglais. Celui de M. d'Artigues, formé du même mélange que les cristaux ordinaires, est un peu moins dense que ces derniers; mais il l'emporte en transparence, et l'on est frappé de la grande lumière que donnent les objectifs dans lesquels on l'emploie. L'expérience a prouvé contre l'opinion commune, que cet avantage fait plus que compenser l'inconvénient d'une moindre densité, et que deux objectifs, travaillés sur des courbes appropriées, pour donner le même foyer, et égaux en pureté, le meilleur sera toujours celui que l'on compose avec un verre moins dense, parce qu'il laissera nécessairement passer plus de lumière. D'ailleurs le crown-glass français étant aussi moins dense que celui d'Angleterre, on parvient en le combinant avec le flintglass de M. d'Artigues, à faire des objectifs dont l'ouverture est égale à la douzième partie de la distance façale, maximum que les meilleurs objectifs anglais ne dépassent point. M. d'Artigues ne fait point mystère des moyens qui l'ont conduit à la solution du problème de la parfaite fabrication des verres destinés aux lunettes achromatiques, problème qu'il a complétement résolu; il les a décrits dans un mémoire qui est publié, et, en suivant les indications qu'il y donne, il n'y a point de grande manufacture de cristaux qui ne puisse verser dans le commerce d'excellent flintglass. (*Bulletin de la société philom.*, 1811, p. 261. — *Société d'encouragement*, même année, tome X, page 117.)

FLUTES TRAVERSIÈRES. — *Invention de M. Laurent.* — Après avoir cherché long-temps les moyens de remédier à l'altération qu'éprouvent les flûtes dans leurs divers tons, par l'influence des variations hygrométriques, et désirant en même temps donner aux sons de cet instrument une netteté et une pureté parfaites, j'ai trouvé, dit l'auteur, dans le cristal une matière propre à donner aux sons la douceur et la pureté, aux tons l'inaltérabilité, et à l'instrument l'agrément et la facilité que je désirais. On a construit plusieurs de ces instruments, composés de quatre tubes, faciles à monter et à démonter par des emboîtures en argent qui ne prennent rien sur la solidité, puisque les extrémités qui y sont reçues ne sont point amincies. La forme de ces flûtes ne diffère en rien de celles établies par les meilleurs facteurs. Deux seuls tubes de rechanges suffiront à l'usage; celui du haut n'a presque jamais besoin d'être changé. Les clefs sont artistement et solidement adaptées à l'instrument par de petites vis à

écroux; leurs charnières dont les charnons sont d'acier trempé et poli, traversés par une vis de même matière, font leur service avec aisance et ne peuvent jamais s'user sensiblement. Les ressorts ne sont plus prolongés que dans les flûtes ordinaires pour leur donner plus d'élasticité et les empêcher de se rompre. (*Brevets expirés*, 1806, tome IV, page 543. — *Moniteur*, 1806, page 720; même journal, 1807, page 249. — *Livre d'honneur*, page 261.)

FONDEUR EN MÉTAUX. — Sous le nom de *fonderie*, dérivé de *fondre*, *fondeur*, on désigne deux choses : d'une part, l'art de jeter les métaux en fonte, et ensuite le local (l'usine) où l'on refond les métaux pour en faire des objets utiles aux arts, et des ustensiles employés aux usages domestiques, des outils, etc., ainsi que les usines dans lesquelles on traite les minerais, afin d'en retirer les métaux. Dans ce dernier cas, on doit ajouter au mot fonderie la dénomination du métal traité dans l'usine qu'on veut désigner, et dire, par exemple : une fonderie de plomb, de cuivre, de zinc, etc.

L'art du fondeur date de la plus haute antiquité. Les Egyptiens et les Grecs le connaissaient, quoiqu'ils ne paraissent pas avoir possédé l'art de fondre et de mouler le fer, à en juger du moins par le petit nombre d'objets antiques que nous rencontrons confectionnés avec ce métal. Quant à l'art de couler des alliages de cuivre, Aristote fait honneur de sa découverte à un Lydien nommé Seyles, et Théophraste au Phrygien Delas. On attribue généralement à Théodore et à Rhœcus de Samos, qui vivaient environ 700 ans avant Jésus-Christ, l'art de fondre les statues en airain et en bronze. Les premières statues équestres furent consacrées aux dieux et aux grands capitaines. Cet art, au rapport des historiens, après avoir atteint un haut degré de perfection, commence à décliner vers le beau temps de la république romaine, et se perdit presque entièrement vers la fin du siècle qui fut témoin de la chute du bas-empire; ce qui fait que nous ne connaissons que fort imparfaitement les procédés que les anciens employaient. Toutefois, si nous réfléchissons qu'ils ne nous ont laissé que de très-petits ouvrages en ce genre (*Voy.* BRONZE), nous en concluons que s'ils connurent l'art de fondre des statues, ils pratiquèrent peu celui de jeter en fonte de grands morceaux. En effet, s'il y a eu un colosse de Rhodes, une statue colossale de Néron, ces pièces, énormes pour la grandeur, n'étaient que de platinerie de cuivre, sans être fondues. De même, la statue de Marc-Aurèle, à Rome, et, dans les temps modernes, celles de Côme de Médicis, à Florence, de Henri IV, à Paris, etc., ont été fondues à plusieurs reprises. Ce n'est que vers le commencement du XVIIe siècle que cet art a été perfectionné. Avant ce temps, les fonderies françaises étaient si peu de chose, que l'on faisait fondre les statues hors de France; mais, dès que Louvois fut pourvu (1685) de la surintendance des bâtiments, il établit les fonderies de l'arsenal, et en donna l'inspection à Jean Balthazar Keller, de Zurich, commissaire général des fontes de France. La statue questre de Louis XIV, qui, en 1699, fut élevée par la ville de Paris sur la place Vendôme, peut être regardée comme un des chefs-d'œuvre de la fonderie; car ce groupe colossal, qui avait plus de 22 pieds de haut et contenait un poids de plus de 60,000 livres de bronze, fut fondu d'un seul jet. Jacobini, disciple de Balthazar Keller, a également réussi, en 1700, à fondre du même jet la statue du grand électeur Frédéric-Guillaume, à Berlin. Plus tard, François Girardon et Lemoine, tous deux sculpteurs, se distinguèrent également dans cet art.

La fonte et le cuivre sont les métaux préférés dans cet art de la fonderie, parce qu'ils sont à la fois assez fusibles et qu'ils résistent parfaitement et le plus longtemps à toutes les causes de destruction. L'on se sert cependant aussi du plomb, de l'étain, de l'or et de l'argent, etc., mais seulement pour la confection des petits objets; car le prix des deux derniers de ces métaux est trop élevé, et les deux premiers, outre qu'ils sont trop fusibles, ne présentent pas assez de résistance à l'action de l'atmosphère. Quant aux procédés pour le moulage de la fonte et des alliages de cuivre, ils sont les mêmes.

La fonte grise, à cause de sa ténacité et de sa ductilité, est plus convenable pour le mélange que la *fonte blanche*. De même, parmi les diverses espèces de fonte grise, celle qu'on obtient par le traitement du charbon de terre convient mieux au moulage des pièces qui exigent une grande résistance. Lorsque la fonte sort des hauts-fourneaux, on doit lui faire subir une seconde fusion, afin de la débarrasser de tous les métaux terreux avec lesquels elle peut encore se trouver mélangée; cette nouvelle fusion se fait dans des creusets lorsqu'il s'agit seulement d'objets de petites dimensions, ou dans de petits fourneaux qui prennent le nom de fourneaux à la *Wilkinson*, s'ils sont très-bas; et celui de fourneaux *à manche*, s'ils atteignent une certaine élévation, ou enfin sur le socle d'un fourneau *à réverbère*.

Lorsque l'on veut fondre dans un fourneau à manche, on le remplit de charbon de bois ou de coke, et l'on place des fragments de fonte sur le combustible, puis, à mesure que celui-ci brûle, on ajoute des couches successives de charbon et de fonte. Le métal fond peu à peu et tombe goutte à goutte dans le creuset destiné à le recevoir. Enfin, quand le creuset se trouve rempli, on ouvre le trou de coulée et on reçoit le liquide dans de grandes cuillers ou *poches*, qui servent à le verser dans des moules. En faisant usage des fourneaux dont nous venons de parler, il faut consommer de 30 à 35 kilogrammes de charbon et environ 50 kilogr. de coke, pour opérer la fusion de 100 kilog. de fonte. Le déchet est de 5 à 6 pour 100.

Dans les fourneaux à réverbère, massifs allongés, composés d'une *dale* et d'une voûte presque parallèles, la *chauffe* se trouve à l'extrémité opposée de la cheminée, afin que le fourneau puisse se trouver chauffé dans toute sa longueur. Sa forme est celle d'un trapèze ou d'un ellipsoïde; la sole est un peu inclinée, et à son extrémité se trouve un bassin ou creuset pour recevoir la fonte. La partie de la sole voisine de la chauffe porte le nom d'*autel*; c'est sur l'autel que l'on met les fragments de fonte à liquéfier. On doit avoir soin de ne pas trop prolonger la fusion, de peur que la fonte ne s'épaississe. Lorsque la fusion se trouve parfaite, on ouvre le trou de la coulée, et la fonte glisse dans des chaudières à bras, supportées ordinairement par des grues, à l'aide desquelles on les transporte près des moules que l'on a disposés d'avance. Souvent il arrive, lorsque l'on a besoin d'une grande quantité de fonte, que l'on accole deux ou plusieurs fourneaux à réverbère. La consommation en houille pour cette sorte de fourneaux est de 80 à 100 kilogr. pour 100 de fonte, et le déchet de 10 à 15 pour 100.

Les alliages de cuivre et d'étain (*Voy.* BRONZE) présentent tout à la fois les avantages de fusibilité et de dureté. Suivant les diverses destinations du bronze, les proportions de cet alliage doivent varier, mais toujours elles doivent être constantes si l'on veut obtenir les mêmes effets. L'on n'est pas bien fixé sur les meilleures proportions à adopter pour le bronze destiné à la confection des canons : celle que prescrivait l'article 3 de l'instruction du 31 octobre 1769, et qui est encore usitée, était de 90,91 de cuivre, et de 9,09 d'étain. Nous devons observer ici que l'art de la fonderie des canons ne remonte pas, selon les uns, au delà de 1338, et, selon les autres, au delà de 1380. Un fait positif, c'est que les fonderies françaises ne se sont distinguées en ce genre que depuis la fin du XVIIᵉ siècle. Celles de Douai, de Pignerol et de Besançon, ne se sont pas moins acquis de réputation pour les armements de terre, que celles de Brest, de Toulon et de Port-Louis (Morbihan), pour les armements de mer.

La fonderie des cloches tient en quelque sorte le milieu, pour l'antiquité, entre celle des statues et celle de l'artillerie, étant de bien des siècles plus nouvelle que la première, et ayant été pratiquée onze ou douze cents ans plus tôt que la seconde. C'est ordinairement sur les lieux, non loin des clochers pour lesquels les cloches sont destinées, qu'on établit des fonderies, afin d'éviter la difficulté et les frais du transport. L'étain donnant au cuivre la propriété sonore, on emploie parfaitement cet alliage à la fabrication des cloches. L'airain est ordinairement, pour la confection des cloches, dans les proportions de 78 de cuivre rouge et de 22 d'étain fin; on y ajoute souvent un peu de plomb, de zinc, etc. Il faut avoir soin de faire d'abord fondre le cuivre; car, comme l'étain est plus fusible et s'oxyde très-facilement, il arriverait, si l'on faisait fondre ensemble les deux métaux, que l'étain, entrant en fusion longtemps avant le cuivre, une partie s'oxyderait et une partie se volatiliserait avant que le cuivre fût fondu. On ne doit jeter l'étain dans le cuivre que lorsque celui-ci est en pleine fusion.

Quant aux *moules* dont on fait usage dans les fonderies, ils sont en *métal*, en *terre* ou en *sable*. On se sert des premiers pour couler des métaux très-fusibles ; ceux en terre sont les plus anciennement connus, mais ceux en sable sont aujourd'hui plus adoptés, parce qu'ils présentent plus de commodité et que le mode en est plus expéditif.

La France possède un grand nombre de fonderies, parmi lesquelles nous citerons celles de Rouilly (Eure), de Fourchambault (Nièvre), de Brusciquel (Tarn-et-Garonne), de Vienne et d'Allevard (Isère), de Sauveterre et de Guzorn (Lot-et-Garonne), de Bion (Manche), de Vandenesse, Chèvres et Limanteau (Nièvre); les fonderies et forges d'Alais, près Nîmes, celle de canons en gueuse, pour la marine, située à Saint-Germain (Isère), et les fonderies des forges du Bas-Rhin à Niederbronn, etc. Mais sans nul doute la fonderie du Creuzot, dans l'arrondissement d'Autun (Saône-et-Loire), est le premier de nos établissements en ce genre ; dans aucun autre on ne coule mieux les grandes pièces : c'est au Creuzot que les plus grands cylindres de fonte qui existent ont été coulés ; et parmi eux, on peut citer en première ligne le régulateur de la soufflerie du Creuzot. La coupole de la Halle aux blés de Paris, entièrement en fonte et en fer, ainsi que toutes les pièces de la machine à vapeur qui remplace à Marly l'ancienne machine hydraulique, ont été également fabriquées et ajustées au Creuzot. On peut encore noter les lions et vasques en fonte du Château-d'Eau sur le boulevard de Bondy, à Paris, et du palais de l'Institut : ce sont les premières figures en ronde-bosse coulées en France. Enfin la fonderie actuelle du Creuzot, d'après des documents dont nous pouvons affirmer l'exactitude, peut fabriquer 1,500,000 kilog., par année, en objets de moulures. On trouve au Creuzot quatre hauts-fourneaux de la plus grande dimension, et autant de mazeries pour l'affinage. Ils sont soufflés par une machine à feu de cent chevaux. Cette machine alimente aussi d'air les deux fours à la Wilkinson de la fonderie. Chacun des hauts-fourneaux coule de 9 à 9,500 kilog. de fonte en vingt-quatre heures. Le nombre des fonderies françaises est, du reste, bien inférieur encore à celui des fonderies anglaises.

Dans la province de Hainaut, on trouve trois grandes fonderies de fer avec fourneaux dits *coupelaits* ; sept dans celle de Namur occupent ensemble plus de huit cents ouvriers. La province de la Flandre occidentale ne compte que deux fonderies de fer et une seule de cuivre ; celle d'Anvers en possède une de cuivre à Anvers même, et douze également de cuivre à Malines.

Quant aux fonderies de fer, on en trouve un grand nombre dans Malines, et trois ou quatre dans les environs d'Anvers. La ville de Liége, aujourd'hui si renommée par sa fonderie de canons, ne la possède que depuis 1803, époque où elle fut fondée par MM. Perrier, célèbres mécaniciens de Paris. De 1817 à 1830, cet établissement a fourni plus de neuf cents canons de fonte. Depuis 1830, il a été créé dans l'établissement de Liége une fonderie de bronze, et maintenant on y exécute de l'artillerie de campagne entièrement en fonte de fer. En résumé, la fonderie de Liége se compose actuellement de deux grandes fonderies entourées de douze fourneaux à réverbère, de deux grands ateliers de forge de quinze feux, d'un maka et d'un four à chauffer pour les grosses pièces. On y voit douze bancs de forage (celle de Douai n'en a que cinq, celle de Vienne que six, et celle de Caron, en Ecosse, comté de Stirling, que dix). Enfin, cinq machines à vapeur destinées à imprimer le mouvement en complètent le matériel.

On nomme *fondeur*, en général, l'artisan qui fond et jette les métaux dans des moules de diverses formes, suivant les usages qu'on en veut faire ; mais on appelle *fondeurs en bronze* ceux qui fondent les statues, les canons et les cloches ; on dit encore *fondeur en caractères* d'imprimerie, *fondeur en cuivre*, ou petits ouvrages, tels que chandeliers, boucles, croix d'églises, lampes, etc., *fondeur de petit plomb* celui qui fait le plomb à tirer, les balles, etc. (1).

FOURS A ATRES MOBILES.— Le four de M. Covelet, qui est en activité dans une grande boulangerie, à Saint-Ouen, se compose de quatre âtres suspendus par autant de traverses fixées entre deux grandes roues tournant sur un axe. Chaque âtre est amené successivement au niveau de la porte pour l'enfournement et le défournement.

Les plus récents perfectionnements réalisés pour ce four l'ont été par M. Molland. L'âtre, qui est mobile horizontalement, peut, en outre, être élevé et abaissé. Au sommet de la construction est une surface plane, au lieu d'une voûte, de sorte que tous les pains se trouvent à une égale distance de la partie supérieure. Le bois qui chauffe le four tombe par les interstices d'une grille, dès qu'il est brûlé, et la braise, recueillie dans un réservoir inférieur, se forme et s'amasse d'elle-même sans qu'on ait à s'en occuper. Un bec de gaz placé à l'extrémité d'un tube flexible peut être introduit dans le four quand cela est nécessaire soit pour le charger, soit pour retirer les pains. Pendant la cuisson le bec de gaz reste en dehors, et, par une lentille de verre, il lance un rayon de lumière à l'intérieur. L'ouvrier fait tourner, à l'aide d'une manivelle, l'axe sur lequel l'âtre se meut, et il peut ainsi examiner l'état de cuisson de chaque pain.

FOURS ARÉOTHERMES. — *Invention de MM. Lamare et Jameted.* Ce four, de forme

(1) Tiré de l'encyclopédie des gens du monde.

ordinaire, est chauffé par un courant d'air chaud porté à une température de 500 degrés. Ce courant, après avoir circulé, redescend autour du foyer pour s'y chauffer de nouveau. Le four aréotherme peut fournir vingt-quatre fournées par vingt-quatre heures; la dépense s'élève, par fournée, de 40 à 50 centimes. Ce four, où la combustion se fait, dit M. Payen, avec une lenteur extrême, offre l'avantage d'une grande économie dans le chauffage et la main-d'œuvre; on tire aussi parti, dans d'autres appareils, de la circulation de la fumée autour de la voûte pour augmenter le calorique.

FOURS DE BOULANGERIE. — *Invention de M. Le Gros d'Anisy.* — Les fours de l'auteur, nommés par lui fours ambulants, ont été inventés pour le service de l'armée. On y prépare et l'on y cuit le pain sur un fourgon attelé, sans que le fourgon cesse d'aller au pas et au trot. Ils sont construits en fer et garnis de briques entre les tôles; leur forme est celle d'un carré long; l'intérieur se compose de quatre compartiments en étages et en coulisses, de manière que chaque étage contient le pain, et qu'en une heure on peut cuire vingt-quatre pains ou quarante-huit rations. A ces fours sont adaptés un foyer et deux alendiers qui les chauffent, ainsi qu'une bassine remplie d'eau nécessaire à la fabrication du pain. Le pétrin est placé sur le derrière du fourgon; il y a un marchepied pour le boulanger. Ainsi l'on pétrit et l'on cuit le pain en marchant. Deux expériences ont eu lieu devant les commissaires de l'administration de la guerre, et toutes les deux ont présenté des résultats satisfaisants. (*Archives des découvertes et inventions*, 1813, tome VI, page 310.)

M. Pujol-Dupuy de Nîmes (Gard). — Les fours pour la cuisson du pain au moyen de la houille se composent, 1° de deux grilles pour recevoir la houille; 2° de quatorze soupiraux qui reçoivent la chaleur et la répandent sur la voûte; 3° de quatre cheminées recevant la fumée des fourneaux; 4° d'une calotte en tôle qui recouvre le four; 5° d'une voûte en briques recouvrant la calotte; 6° de trois cheminées, avec fermeture, pour concentrer ou diminuer la chaleur à volonté; 7° de deux courants d'air pour augmenter la chaleur; 8° de deux ouvertures par où on alimente le feu; 9° enfin, de l'ouverture du four. Toutes ces dispositions réunies offrent, suivant l'auteur, de très-grands avantages sous plusieurs rapports. Les fours dont il s'agit sont chauffés au moyen de deux foyers placés dans son intérieur. On entretient le feu de l'un par derrière, et celui de l'autre par devant. Ces foyers ne consomment que soixante-dix kilogrammes de houille en vingt-quatre heures. Ce chauffage est suffisant pour un four établi à deux mètres six cent quatre-vingt-huit millimètres de diamètre, en supprimant à chacune des grilles les portions du plan qui chauffe la voûte en deux parties égales. Ni la fumée ni la flamme ne communiquent dans le foyer où cuit le pain.

L'on peut alternativement, de trois quarts d'heure en trois quarts d'heure, recevoir et cuire la fournée de pain que les fours peuvent contenir, sans autre interruption que celle du temps nécessaire pour retirer le pain cuit et introduire la pâte à cuire. En remplaçant les grilles dans leur entier, et en entretenant le feu derrière le four, c'est-à-dire à l'opposé de son ouverture, l'on peut donner à ce dernier une étendue d'un mètre trois cent quarante-quatre millimètres, et cuire par conséquent une quantité de pain proportionnée à sa plus grande étendue. L'auteur annonce qu'au moyen de son four on économise le temps et le combustible; que le pain que l'on y fait cuire est toujours fort propre, en ce qu'il n'y pénètre ni charbon ni fumée, et que l'on ne craint point les incendies qu'occasionnent souvent les fours ordinaires. Des expériences faites dans la ville d'Alais, sous les yeux du maire et de plusieurs habitants de cette ville, ont été couronnées du plus grand succès. (*Brevets non publiés.*)

FOURS PROPRES A CUIRE LA FAÏENCE AVEC DU CHARBON DE TERRE. — *Invention de M. Revol neveu, de Lyon.* — Ces fours se composent d'une porte d'entrée par où l'on renferme les marchandises; d'une porte par où l'on entre pour placer la pâte du vernis sur la plate-forme, sous le four; d'embouchures des foyers par où l'on jette le charbon; de petites voûtes pratiquées sous la grille pour établir le courant d'air; d'une plate-forme sur laquelle on étend la pâte du vernis pour la faire cuire; d'une autre plate-forme dans l'intérieur du four, où l'on enfourne les marchandises en faïence; enfin du dessus du four. Lorsque les marchandises sont enfournées suivant la coutume ordinaire, on commence à préparer les grilles en fixant à chaque foyer trois traverses en fer, de deux pouces carrés au moins, pour les supporter; ces traverses sont placées à trois pouces au-dessous des cintres: la première à six pouces en avant de ce cintre, la deuxième au milieu, et la troisième à six pouces du fond du foyer. Ces traverses bien assurées, on place dessus des barres de fer d'un pouce carré de quatre pieds et demi de long, distantes l'une de l'autre d'un pouce au moins; ces barres, ainsi placées, forment la grille sur laquelle on met du petit bois, que l'on allume et que l'on couvre de charbon, partout également et par degré, de manière à obtenir un feu modéré pendant six heures. Il faut avoir soin, chaque fois que l'on met du charbon, de n'en pas mettre une fois plus que l'autre. Au bout des six premières heures, on augmente le feu en doublant la première quantité de charbon pendant six autres heures; et, lorsqu'on s'aperçoit que le fer est rouge jusqu'à la voûte, on augmente encore le feu, on bouche avec du charbon l'entrée par où l'on introduit le combustible sur la grille, et, quand le feu se ralentit, on pousse en dedans le charbon qui bouche l'entrée, on remue le feu, et on met du charbon selon le besoin. On continue de cette manière jusqu'à ce que la cuisson soit faite ; ce qui dure or-dinairement vingt-quatre heures. Il faut avoir soin d'entretenir les grilles très-pro-pres pour ne pas interrompre le courant d'air. (*Brevets expirés*, tome III, page 61.)

FOYERS ÉCONOMIQUES. — *Invention de MM. Potter et Mourlat.* — Le procédé consiste à faire au fond du foyer, tout à fait en bas en arrière du charbon de terre, une ou plusieurs ouvertures par lesquelles s'é-chappe la plus grande partie de la fumée, ce qui crée, selon eux, un tirage assez fort pour faire brûler le charbon de terre avec vivacité, et une ou plusieurs ouvertu-res à une certaine distance au-dessus, pour laisser passer l'excédant de la fumée, qui pourrait ne pas passer par les ouvertures d'en bas, dont on vient de parler. On peut y mettre une grille, mais elle n'est pas abso-lument nécessaire. Ce foyer s'adapte géné-ralement à toutes les cheminées quelcon-ques ; il s'adapte également aux poêles, leur fait donner beaucoup de chaleur, et offre en même temps l'avantage de pouvoir jouir de la vue du feu. On peut encore utiliser la chaleur qui s'échappe par les ouvertures d'en bas, soit en établissant un four, soit pour chauffer une pièce. Le comité consul-tatif s'exprime en ces termes en rendant compte de ce foyer : « Daleine est le pre-mier qui nous ait fait connaître ces sortes de foyers. Boërhaave en a imaginé de semblables, et M. Thilorier s'est procuré un brevet d'invention pour la construction de ces sortes de foyers, qu'il a variés de plusieurs manières. » (*Brevets non publiés.*)

FUMÉE (*Procédés divers contre la*). —L'in-venteur voyant qu'un de ses amis avait em-ployé sans succès les procédés indiqués pour se garantir de la fumée, fit, d'après une marche nouvelle, abattre tous les tuyaux extérieurs de ses cheminées, et intercepta, entre ces tuyaux et l'atmosphère, toute communication immédiate. Il établit, par des cloisons en briques et plâtre, au plus haut des combles, un corridor ou longue pièce, où il fit aboutir tous les tubes éva-cuateurs de fumée. Ce réservoir, dont les dimensions peuvent être considérées com-me indéfinies, est surmonté d'un dôme à quatre faces orientées, ayant chacune une ouverture habituellement fermée par un abat-jour à ressort ; l'action très-simple d'un aréomètre tient béant l'abat-jour du côté op-posé à l'action du vent. Le succès a été si complet, que, pendant la plus horrible tem-pête, le dégorgement s'est opéré sans le moindre obstacle ; jamais depuis la fumée n'a reflué dans les appartements. D'après ces principes, les tuyaux de cheminée doi-vent être pratiqués dans l'épaisseur des murs, en forme cylindrique, de six pouces de diamètre à peu près ; le ramonage se fait par une forte brosse de forme ovaire, que l'on suspend à une poulie au-dessus de chaque tuyau. Cette nouvelle construc-tion a l'avantage de faire cesser tout obs-tacle au placement régulier des bois, des planches et des combles, et d'éviter que les

appartements ne soient défigurés par ces larges et inutiles tuyaux dans lesquels, d'ailleurs, la fumée ne peut jamais prendre une activité suffisante. L'extrémité supé-rieure des nouveaux tuyaux est terminée en cône renversé, et recouverte d'une ca-lotte de plâtre. Une forte pierre conique, pouvant, au besoin, fermer avec précision l'extrémité du tube, demeure habituellement suspendue au-dessus de cette extrémité, par le sommet intérieur de la calotte, au moyen de trois bouts de petite chaîne, réunis par une mince ficelle dont les brins descendent dans le tuyau. La distance qui sépare la pierre d'avec l'orifice du tube est telle, que l'éva-cuation de la fumée n'en est point gênée ; mais, à la moindre manifestation d'incan-descence, la ficelle brûle et casse ; le cône tombe dans le tube, le ferme très-exacte-ment et prévient l'incendie. D'ailleurs, le réservoir, et la calotte étant en briques et plâtre, ne présentent aucun aliment au feu, on est donc délivré des trop justes crain-tes qu'inspirent les chutes fréquentes des tuyaux. (*Ann. des arts et manuf.*, t. XVIII, page 87).

Il a été accordé, à MM. Caunes et Lamas-pèze, un brevet de cinq ans pour un méca-nisme propre à empêcher le roulement de la fumée dans les appartements. Ce procédé consiste en un tuyau un peu recourbé qu'on place sur le haut de la cheminée. Ce tuyau de tôle doit être d'un diamètre tel, que sa coupe soit équivalente à celle d'un tuyau de cheminée, tournant sur lui-même autour de son axe vertical, et prenant, à l'aide d'une girouette, la position la plus favora-ble à l'évacuation de la fumée, c'est-à-dire que l'ouverture par où elle s'échappe est tou-jours dirigée à l'opposé du vent. Les tuyaux de cheminée étant ordinairement de forme rectangulaire, on commence par en rame-ner le haut à la forme ronde de même ca-pacité. A cet effet, on suppose une surface engendrée par une ligne légèrement incli-née, qui se meut sans cesser de toucher les côtés intérieurs de la cheminée et la base cir-culaire du tuyau de tôle. La fumée, montant avec une vitesse due à sa légèreté spécifique, arrive dans ce tuyau sans la moindre diffi-culté. Rencontrant ensuite la surface con-cave du tuyau recourbé, elle se trouve natu-rellement dirigée vers l'ouverture, qu'elle gagne sans obstacle, puisque cette ouver-ture est à l'abri du vent. (*Brevets publiés*, tome III, page 103. — *Société d'encourage-ment*, t. IV, p. 297.)

M. Dessignère-Maillard, architecte, au moyen de son procédé, qui est simple et ingénieux, garantit de la fumée les apparte-ments les plus clos, sans absorber la chaleur par des courants d'air froid et humide, si dé-sagréables et toujours nuisibles. M. Maillard emploie un mode de construction sûr pour mettre l'air intérieur de l'appartement par-faitement en rapport avec l'air extérieur qui vient de la cheminée ; il facilite l'ascension de la fumée en lui donnant une direction toujours verticale, il pare à tous les accidents du feu, procure beaucoup de chaleur, et en même temps économise le combustible; son procédé est rendu mobile, de manière à pouvoir être emporté d'un logement dans un autre. (*Annuaire de l'industrie*, 1812, pag. 153.)

M. Bertrand, de Lyon, a construit un appareil propre à prévenir la fumée, lequel appareil se compose d'une caisse carrée en ferblanc, de dix-huit pouces de haut sur neuf de large; sur chacune des quatre faces de cette caisse est pratiquée une ouverture d'un pied de haut sur cinq pouces de large, recouverte par une plaque de même dimension, fixée à la partie supérieure par deux charnières, deux traverses en fer servant à maintenir ces plaques dans leur écartement, de sorte que si le vent vient à souffler sur l'une de ces plaques, et la force de boucher son ouverture, celle qui lui est opposée est entièrement ouverte, et, dans ce cas, la distance de l'extrémité inférieure de la plaque ouverte à la caisse, doit être de cinq pouces. A chacun des angles arrondis est fixé un plan incliné en ferblanc, destiné à changer la direction du vent, pour l'empêcher d'entrer dans les ouvertures. La partie inférieure, à jour, est fixée sur la cheminée, à l'endroit de l'ouverture, et l'extrémité supérieure est recouverte d'une plaque percée d'un trou cylindrique de six pouces de diamètre, qui reçoit un bout du tuyau de même diamètre et de trois pouces de haut. A cette même plaque sont fixées deux fortes barres de fer, ajustées, à angles droits, et percées au centre, d'un trou servant à recevoir une tringle de fer, taraudée à ses deux extrémités. Une rondelle en cuivre est enfilée dans cette tringle; elle est fixée vers le milieu de sa longueur. Un tube de ferblanc de six pouces de diamètre et de quinze pouces de haut, auquel est ajustée, vers le milieu et intérieurement, une barre de fer percée d'un trou, est enfilée dans la tringle, de manière que la barre de fer vienne reposer sur la rondelle avant que l'extrémité du tube revienne s'appuyer sur la caisse. A ce tube est fixée une girouette. (*Brevets publiés*, tome III, page 262, planche 49.)

FUMIVORES (*Fourneaux*).— *Invention de M. Darcet.* — Le fourneau que MM. Blanc frères ont fait construire dans leurs ateliers à Lyon, d'après les dessins et les renseignements donnés par M. Darcet, sert à l'incinération des lies de vin, pour la fabrication de la cendre gravelée. Ce fourneau était principalement destiné à brûler la fumée épaisse et désagréable, produite par la combustion de la lie de vin. Cette fumée qui est presque froide en sortant du fourneau, et qui contient beaucoup d'huile empyreumatique et de vapeur aqueuse, presque condensée, est forte, pesante et tombait dans le voisinage de la fabrique, ce qui décida l'autorité à suspendre les travaux de cette manufacture. Dans l'ancien fourneau, la fumée désagréable qui se dégageait lors de la combustion de la lie de vin, suivait le tuyau vertical de la cheminée et se répandait au dehors; dans le nouveau, cette fumée se brûlait en passant à travers un foyer chauffé au bois, et qui servait en même temps à faire évaporer ou à distiller des liquides. D'après le rapport qui a été fait à la Société d'encouragement, relativement à la construction du fourneau dont il s'agit, les lies de vin se brûlent dans un fourneau inférieur, dont le tirage se fait par un courant d'air extérieur. Le feu est établi exactement sur le sol. On commence à mettre en combustion un lit de bûches de bois blanc, refendues, très-menues. Lorsque la combustion est bien établie, on jette à distance les unes des autres des pelotes de lie de de vin encore humides; on ménage cette distribution de manière à ne pas étouffer le feu; on ajoute des morceaux de bois successivement dans les points où la combustion languit. Enfin, on se dispense de mettre du bois lorsqu'elle est bien également établie, et que la température est assez élevée pour qu'elle puisse être entretenue par les seuls principes inflammables que contiennent les lies de vin. Pendant ce travail le fourneau est entièrement fermé par de grandes portes en tôle et à coulisse, qui garnissent toute la face extérieure, et qui ne s'ouvrent partiellement que pour entretenir le feu et le garnir de pelotes de lie, suivant le besoin; quelque abondante que soit la fumée, il n'en reflue point hors du fourneau, si ce n'est quand on ouvre ses portes; inconvénient auquel il est facile de remédier en faisant construire au-dessus des portes une hotte se terminant par une languette qui dirige la fumée dans la gaîne principale; la fumée abondante qui s'élève de ce premier fourneau par la gaîne qui le surmonte, parvenue à la hauteur du fourneau du premier étage, est dirigée par une ouverture latérale, de manière à être forcée de passer en partie dans le cendrier de ce même fourneau, et de traverser le brasier où elle se brûle nécessairement; l'autre portion de cette fumée, en suivant le contour de la gaîne, passe entre la flamme qui s'élève du foyer et la voûte qui le termine (laquelle est chauffée au rouge comme celle d'un four à réverbère), et s'y brûle également; ce qui pourrait avoir échappé à ce double moyen de combustion par défaut d'oxigène, remonte à un courant d'air neuf, fourni par une languette qui se trouve placée à la naissance des tuyaux conducteurs de la fumée. Tous ces effets sont faciles à concevoir; car on sait que la fumée n'est autre chose qu'une perte de combustion par défaut d'élévation de température ou par défaut d'air propre à l'opérer, ces deux conditions se trouvent remplies, soit par la chaleur du second fourneau, soit par le courant d'air de la languette dont il a été parlé. Pour obtenir cette combustion complète de la fumée, il est essentiel que la température de ce fourneau supérieur soit toujours très-élevée, et qu'il ait été allumé quelque temps d'avance avant le passage de la fumée. Le courant de flamme de calorique et de vapeur qui s'élève du fourneau supérieur, et dont on aperçoit la naissance par les languettes dont il a déjà été parlé, après avoir parcouru des conduits horizontaux, pratiqués dans un massif de maçonnerie en brique, vient aboutir à une gaîne perpendiculaire qui se termine au dessus du toit; en ouvrant les portes en tôle pratiquées aux faces latérales de cette gaîne, on est plutôt averti du passage de ces courants par la sensation de chaleur qu'on éprouve, par la vue de quelques bluettes enflammées et rapidement emportées, qu'on ne l'est par celle d'aucune fumée ou vapeur sensible; la température de l'intérieur de cette gaîne est telle que ses parois ne sont pas sensiblement noircies comme celles des feux ou fourneaux domestiques. D'après les dispositions de ces fourneaux, il est constant qu'il ne s'élève pas un atôme de fumée du fourneau où on brûle les lies qu'il ne passe par le foyer du fourneau fumivore supérieur, où qu'il ne traverse la flamme qui s'en élève, que quand toutes les principales sont brûlées, parce que toutes les conditions propres à opérer une combustion parfaite, se trouvent réunies, et qu'enfin il ne saurait en rester une quantité sensible dans le courant qui s'échappe par la cheminée au dessus du toit. (*Société d'encouragement*, 1818, page 87, planc. 30 (1).

FUSIL A VENT. — C'est une arme qui ne doit son nom qu'à la ressemblance qu'elle a avec le fusil ordinaire, dont elle ne diffère que parce qu'au lieu de poudre qui dilate l'air et donne l'impulsion au projectile, ici c'est la compression qui agit pour obtenir un résultat analogue. L'air se trouve comprimé dans la crosse, qui est creuse, au moyen d'une pompe foulante; la balle introduite dans le canon, se place à l'orifice de l'ouverture du réservoir qui joint le canon, et qui s'en trouve séparée par un robinet ou soupape. Pour décharger le fusil, on fait, au moyen d'une détente, tourner le robinet, l'air comprimé, tendant à s'échapper, chasse avec une certaine énergie le corps mobile qu'il rencontre et qui lui fait obstacle.

Il y a des fusils à vent qui peuvent tirer un grand nombre de coups sans qu'il soit besoin de renouveler la provision d'air. Les fusils à vent varient beaucoup dans leur construction. C'est à tort que l'on regarde leur invention comme moderne, car il est prouvé par un traité de Héron d'Alexandrie, intitulé *Spiritalia*, que les anciens connaissaient très-bien les diverses propriétés de l'air. Dans cet ouvrage, l'auteur en applique sans cesse l'élasticité à produire des effets étonnants. Ctésibius avait, sur ce principe de l'élasticité de l'air, imaginé des fusils à vent dont Philon Bysance donne la description la plus détaillée (*Veter. Mathemat.* p. 79). Sénèque connaissait également la pesanteur de l'air, son ressort et son élasticité; car il décrit (*Quæst. natur.*, lib. v, c. 5 et 6) les efforts que l'air fait constamment pour s'étendre lorsqu'il est resserré, et il ajoute qu'il a la propriété de se condenser et de se faire jour à travers les obstacles qui s'opposent à son passage. On doit la reproduction de cette invention ancienne à un nommé Guter, bourgeois de Nuremberg, vers 1530; de grands perfectionnements y furent introduits par le mathématicien Jean Lobsinger, habitant la même ville et qui mourut en 1570. Ces armes étaient alors fort recherchées en Allemagne. Un nommé Marin, bourgeois de Lériens, en construisit un dont il fit hommage à Henri IV. La difficulté de construire les fusils à vent, celle de les entretenir en bon état, et l'embarras de la pompe foulante, les rendait plus chers et d'un service moins commode que le fusil à poudre; ces armes se trouvent aujourd'hui reléguées dans les cabinets de physique ou dans les collections d'amateurs. Comme, dans le temps de son plus grand effet, cette arme ne laisse entendre d'autre bruit qu'un souffle violent à peine sensible à vingt pas, elle peut devenir fort dangereuse dans des mains mal intentionnées : aussi l'usage en fut défendu en divers pays, et un décret impérial daté de Schœnbrun, le 13 décembre 1805, rangea les fusils et pistolets à vent au nombre des armes prohibées en France, rendant passible celui qui en est trouvé porteur d'une amende de 16 fr. à 200 fr. (Cet intéressant article est dû à M. le vicomte de Pontécoulant.)

G

GALVANISME. — C'est sans doute avec raison qu'on attribue généralement à Galvani la découverte d'une électricité offrant des particularités fort remarquables, et que son inventeur désigna par le nom d'*électricité animale*, mais que les savants s'accordèrent à nommer *galvanisme*. Il faut cependant reconnaître que plusieurs observations isolées avaient fait soupçonner longtemps avant ce physicien l'existence de cette électricité. Ainsi Sulzer, dans un ouvrage qui a pour titre: *Nouvelle théorie du plaisir*, publiée en 1767, avait parlé de la saveur particulière que font ressentir deux lames de métal différent placées dans la bouche, en observant certaines précautions qu'il indiquait. Vers 1786, un élève de Cotugno, professeur de médecine à Naples, en disséquant une souris qui l'avait mordu à la jambe, éprouva une commotion au moment où son scalpel toucha un des nerfs de l'animal.

Quant à l'histoire de la découverte définitive faite par Galvani, elle offre quelques variations. On raconte d'abord que, dépouillant des grenouilles pour en préparer du bouillon à sa femme qui se mourait de la poitrine, il arriva qu'ayant par hasard touché avec deux métaux différents les nerfs lombaires d'une de ces grenouilles, dont les membres inférieurs avaient été séparés du tronc, ces deux membres se contractèrent

(1) La police exige que des fourneaux fumivores soient désormais établis dans toutes les usines qui emploient la vapeur.

avec force. On dit encore que le professeur d'anatomie de Bologne, ayant disséqué plusieurs grenouilles pour étudier leur système nerveux, avait suspendu tous les trains de derrière à un balcon en fer, au moyen d'un crochet de cuivre engagé dans les nerfs lombaires ; et toutes les fois que, dans le mouvement de balancement que le hasard leur imprimait, ces mêmes nerfs touchaient le fer, il arriva que le phénomène décrit plus haut se produisit. Dès ce moment Galvani l'étudia avec soin et acquit bientôt la connaissance des conditions nécessaires pour le reproduire à volonté.

Si, prenant une grenouille, on la coupe en deux au niveau des lombes, et qu'on dépouille les membres inférieurs, on découvre ces filets blancs, très-volumineux chez cet animal, qui se trouvent à la jonction des deux cuisses, et qu'on nomme les *nerfs lombaires*. On saisit ces nerfs, on les enveloppe avec une feuille d'étain, et cela fait, on pose les cuisses dans l'état de flexion sur une lame de cuivre. Si, les choses étant ainsi disposées, on fait toucher la petite feuille d'étain à la lame de cuivre, à l'instant les muscles de la cuisse se contracteront, et un léger obstacle contre lequel on aurait appuyé l'extrémité des pattes sera renversé avec assez de force. Telle est l'expérience à laquelle Galvani fut conduit par le hasard. Il lui dut la découverte qui porte son nom, et qui causa alors une grande sensation dans le monde savant, qui, de prime-abord, adopta sur ce nouveau phénomène les idées théoriques du professeur de Bologne. Celui-ci reconnaissait bien, entre l'agent du phénomène observé par lui et l'électricité, la plus grande analogie ; mais il niait leur identité ; il croyait que c'était une électricité d'une nature toute particulière ; enfin il avait la prétention d'avoir découvert le *fluide nerveux*.

Galvani mourut avec cette opinion, l'opposant à celle de Volta, qui s'empara de la découverte de Galvani pour l'agrandir et en tirer des résultats utiles. Volta soutint que le prétendu *fluide nerveux* n'était autre chose que l'électricité ordinaire, à laquelle les organes des animaux servaient de conducteurs, et dont ils pouvaient même être des générateurs ; car Galvani avait fait voir que les nerfs lombaires eux-mêmes, directement appliqués, sans intermédiaires, à la surface extérieure des muscles, déterminent des contractions. Cette puissance génératrice de certains organes n'est plus contestable depuis que MM. Linari et Matteucci sont parvenus à tirer une étincelle électrique d'un des lobes du cerveau du gymnote et de la torpille.

Volta prouva l'identité du galvanisme et de l'électricité, et démontra à l'aide de l'électromètre et d'un instrument de son invention, le condensateur, que le contact des métaux de différentes natures donne lieu à un dégagement continuel d'électricité, qu'un métal donne le fluide vitré, et l'autre le fluide résineux ; enfin, en construisant un instrument qui a reçu le nom de *pile de Volta*, et

dont nous allons parler plus longuement, il obtint des effets électriques tels, que le doute ne fut plus permis sur l'identité en question. Cette découverte du savant adversaire de Galvani fut de la plus haute importance, non-seulement pour la physique, mais aussi pour la chimie ; et, dès ce moment, ces deux sciences, amies à jamais, marchent de front et se prêtent un mutuel appui.

On peut rendre sensibles à d'autres sens qu'à la vue l'existence et la présence du galvanisme. Si l'on goûte séparément une pièce de zinc et une pièce d'argent, elles ne présentent qu'une saveur métallique bien connue ; mais si l'on place une des pièces sous la langue et l'autre sous la lèvre inférieure, au moment ou on mettra en contact les bords libres des deux pièces, on sera frappé d'une saveur insolite qu'il faut avoir éprouvée pour s'en faire une idée. Si l'on prolonge le contact, la salivation sera excitée et l'on verra comme des bluets passer devant les yeux, quoique fermés.

Analysons ce qui s'est passé dans ce contact de l'argent et du zinc. Chacun de ces deux métaux, comme chaque corps de la nature, contient du fluide électrique naturel. Mais, au moment même du contact, les fluides pareils se repoussent, et les faces opposées des deux métaux se constituent dans des états électriques différents : l'un reçoit l'électricité vitreuse et l'autre l'électricité résineuse. (*Voy.* ÉLECTRICITÉ).

Les quantités d'électricité sont à la vérité infiniment petites, mais elles se reproduisent sans cesse, et de sorte que, si on transporte un grand nombre de fois ces petites doses d'électricité sur le plateau d'un condensateur, on finira par les rendre sensibles à l'électromètre, et on établira ainsi, comme nous l'avons déjà dit, la parfaite identité de l'électricité ordinaire et de l'électricité voltaïque ou galvanisme.

La théorie que nous venons de développer ne fut pas de prime-abord et généralement admise ; et Crève, professeur à Mayence, chercha une explication du galvanisme dans le jeu des réactions chimiques. Il fut suivi dans cette voie par Fabroni, qui, deux ans après la découverte de Galvani, en 1792, communiquait à l'académie de Florence toutes les recherches qu'il avait entreprises, et tous les faits qu'il avait observés dans le but de prouver la bonté de la *théorie chimique*. Il conclut de ses recherches expérimentales que le phénomène de Sulzer, et les autres effets galvaniques n'étaient que des opérations chimiques. M. Becquerel paraît partager cette opinion, et il dit, en parlant de Fabroni, que c'est justice de regarder ce physicien comme le premier qui ait bien observé les phénomènes chimiques produits par le contact des métaux et qui ait *démontré la nécessité d'une action chimique dans les effets galvaniques*, etc. Cette nécessité ne nous paraît point absolument établie, puisque Zamboni a construit des piles sèches et qu'il ne s'établit généralement pas de réaction chimique entre deux corps solides, qui restent parfaitement secs; mais il faut reconnaître que les décompositions chimiques favorisent puissamment le développement du galvanisme.

Nous avons dit que les fluides contraires se reproduisent sans cesse. Cela est si vrai, que, si l'on établit un fil métallique entre les faces de deux métaux, il sera le siège d'un courant contigu, de manière que ces deux fluides, repoussés des surfaces en contact par une force qu'on a nommée *force ou puissance électromotrice* (*Voy.* Moteur électro-magnétique), se réunissent sans cesse dans le conducteur qui est en rapport avec les deux surfaces libres.

Tous les métaux que l'on réunit ainsi, comme le zinc et l'argent ou le zinc et le cuivre, par un point, se constituent toujours dans deux états électriques différents, et un même métal, selon qu'on le met en contact avec tel autre, se charge tantôt d'électricité négative ou vitreuse, tantôt de l'électricité positive ou résineuse. Les métaux ne jouissent pas seuls de cette curieuse propriété, et des expériences nombreuses ont démontré que toutes substances hétérogènes mises en contact se constituent aussi dans des états électriques différents; ainsi Gautherot construisit une pile avec des disques de charbon et de schiste, séparés par des rondelles de papier mouillé. Enfin, certains minéraux, et la tournaline surtout, quand on les chauffe inégalement, prennent aussi des états électriques différents dans les deux extrémités de leur masse portées à des températures inégales.

Le moyen de produire le galvanisme étant connu, il ne s'agissait plus que de le rendre plus puissant : c'est ce qu'a fait Volta en construisant l'instrument dont nous avons parlé sous le nom de *pile de Volta ou pile galvanique*. Cet instrument est composé de disques métalliques, zinc et cuivre réunis deux à deux; ces couples sont placés les uns sur les autres, mais séparés par des rondelles de drap qu'on imbibe d'une eau saturée de sel, afin qu'elle soit meilleure conductrice de l'électricité. Si l'on touche avec les doigts mouillés, d'une main l'extrémité supérieure, et de l'autre main l'extrémité inférieure de cet appareil, on éprouve une secousse dont la force dépend de la grandeur de l'appareil et qui est analogue à celle que produit une bouteille de Leyde. Si on prolonge le contact, on éprouve une série de légères secousses, indices certains que nos organes sont conducteurs d'un agent particulier et sans cesse reproduit.

On n'a point tardé à modifier la forme de la *pile*, mais c'est toujours à Volta que l'on doit cette modification; car *l'appareil voltaïque à auges* que nous allons décrire et qui est maintenant presque le seul employé, comme étant le plus commode, n'est pas autre chose que *l'appareil à couronnes de tasses*, dont le professeur de Pavie se servait ordinairement. La *pile* actuelle se compose de lames de cuivre et de zinc carrées et soudées ensemble; chaque paire est fixée sur

l'extrémité d'une tige de métal qui a la forme d'un u renversé; l'une des extrémités de cette tige est soudée à la surface cuivre et l'autre à la surface zinc. Toutes les plaques réunies sont ainsi fixées à une tringle métallique qui règne au-dessus de la cuve dans laquelle on plonge l'appareil. Cette cuve est en porcelaine avec des diaphragmes de la même matière, formant autant de cellules qu'il y a de plaques. On y a substitué des vases séparés en nombre égal à celui des paires. Au moyen de la tringle, le système des plaques peut être enlevé ou placé dans la cuve, soit avec la main ou avec une poulie convenablement disposée, si le poids est trop considérable. On voit que chaque auge renferme un des éléments de chaque paire de plaques. Les deux plaques placées aux extrémités de la pile sont doubles : si d'un côté celle qui se place au dehors est cuivre, l'autre côté est zinc, et *vice versa*. L'appareil, tel que nous venons de le décrire, plonge dans une eau acidulée qui a la propriété d'augmenter son action sans être indispensable à la production du galvanisme.

On est convenu de nommer *pôle négatif* le côté cuivre vers lequel se porte l'électricité résineuse, et *pôle positif* le côté zinc vers lequel afflue l'électricité vitrée. Ces distinctions pourraient être considérées comme de pures spéculations si les recherches des physiciens n'avaient établi des différences marquées entre les deux électricités. Ainsi Bitter a cru pouvoir établir que le *pôle positif* disposait ces métaux à se combiner avec l'oxygène, et le *pôle négatif* avec l'hydrogène, et que nos organes sont différemment influencés par chacune des deux électricités. Des expériences plus récentes, faites par MM. Lemery, Erman et Biot, ont établi des différences marquées entre le fluide positif et le fluide négatif; mais auparavant ne négligeons pas de dire qu'on fait partir de chaque pôle un fil métallique qui devient le conducteur du fluide dégagé de chaque pôle. Si les extrémités des deux conducteurs sont mis en rapport, ils deviennent le siège d'un double courant : l'un part sans cesse du pôle positif pour se porter vers le pôle négatif, et celui-ci engendre le second courant, dirigé à son tour vers le premier pôle. Tout le temps que rien n'interrompt ce double courant aucun phénomène n'a lieu; mais si l'on rompt l'arc de communication, si l'on maintient les deux extrémités libres du fil conducteur à une distance variable, c'est alors que se produisent tous les effets de la pile. Les deux fluides de nom contraire s'accumulent rapidement à l'extrémité de chaque fil, et, se précipitant l'un vers l'autre pour se combiner, il y a production d'une étincelle électrique dont la force et la puissance varient. Si des corps composés sont placés dans cet intervalle, c'est alors que se produisent tous les effets chimiques de la pile.

Ainsi, en faisant plonger dans un vase rempli d'eau parfaitement pure les deux extréantes recourbées de deux conducteurs de platine, et plaçant au-dessous de chacune une petite éprouvette, on opère la décomposition de l'eau : l'oxygène se dégage au pôle positif, l'hydrogène au pôle négatif. L'eau tient-elle un sel en dissolution, le sel est décomposé, l'acide se porte au pôle positif, l'alcali au pôle négatif; est-ce un acide qu'on traite, c'est encore l'oxygène de l'acide qui se dégage au pôle positif, et sa base se porte à l'autre pôle. Enfin, c'est en traitant de la même façon la chaux, la potasse et la soude, que Davy a décomposé ces terres métalliques et qu'il a obtenu le *calcium*, le *potassium* et le *sodium*. Dans ces cas, comme dans les précédents, l'oxygène s'est dégagé au pôle positif, et la base métallique s'est déposée au pôle négatif. Cependant, malgré l'importance des résultats obtenus par Davy de l'emploi de la pile, reconnaissons que ce n'est point à cet illustre physicien qu'appartient la gloire d'avoir découvert les merveilleuses actions chimiques que nous venons d'indiquer : elle est revendiquée en même temps par Cruiskshank, Nicholson et Carlisle.

D'après ce qui précède, on pourrait penser qu'on n'obtient des effets de décomposition qu'à l'aide de courants produits par des piles puissantes; on tomberait dans une grave erreur, et M. Becquerel a prouvé, toutefois, il le déclare lui-même, après Bucholz, par des expériences réitérées, qu'on réussit parfaitement à opérer des décompositions chimiques à l'aide de courants très-faibles. Cet ingénieux physicien a fait infiniment plus pour la science, en réussissant toujours, à l'aide d'appareils très-petits, à déterminer la combinaison ou la formation de certains corps, qu'on n'était jamais parvenu à obtenir par les opérations chimiques usitées.

Dans les appareils que M. Becquerel a construits pour ses expériences, l'action du courant électrique est extrêmement lente, et a en cela la plus grande analogie avec ce qui s'opère en grand dans la nature. Les produits obtenus par M. Becquerel, qui a fait faire un si grand pas à la synthèse chimique, ont offert une parfaite identité de construction et de forme avec les produits naturels. On ne se borna pas à étudier l'action de la pile sur les sels, sur les acides, sur les terres à base métallique. Plusieurs physiciens recherchèrent aussi quelle serait la manière d'agir sur les substances organiques. Brugnatelli étudia son action sur le sang, sur le lait, sur la bile, la salive, etc. Placé sur une lame de platine du côté du pôle positif, le sang de bœuf se décolora et se coagula ; au pôle négatif, il prit seulement une couleur noire. Le lait se coagula également au pôle positif, et prit une saveur acide et agréable au pôle négatif ; il se déposa du sucre de lait. La bile de bœuf donna, au premier pôle, un caillot d'une nature résineuse, et l'urine, du phosphate d'ammoniaque de l'autre côté, tandis qu'il y eut de l'urée de déposée au pôle positif.

Les effets que nous venons d'exposer varient d'intensité selon la force de la pile. La plus puissante est celle que M. Children a fait construire pour la Société royale de Londres. Sa surface totale est de 128,000 pouces carrés. A l'aide de cette pile on a produit des étincelles très-brillantes et très-longues ; le charbon a été enflammé, le *platine fondu*, comme la cire l'est dans la flamme d'une bougie ordinaire ; le quartz, le saphir, la magnésie, la chaux, tous corps réfractaires, entraient en fusion avec la plus grande facilité ; des fragments de diamants, de charbon et de plombagine, s'y dissipaient en fumée. C'est dans une des expériences qui donnèrent de sérieux résultats que Davy, ayant fait passer entre deux pointes de charbon la décharge de l'énorme pile de Children, produisit une lumière dont l'éclat fut comparable à celui du soleil. Comme ce dernier effet, ainsi que la fusion des substances les plus réfractaires, eut lieu dans le vide aussi bien qu'à l'air libre, il n'a pas été possible d'admettre pour cause première de la chaleur et de la lumière produite la combustion du charbon, et il a fallu les attribuer à la réunion des deux électricités. (*Voy.* LUMIÈRE ÉLECTRIQUE.) Cette dernière expérience jette quelque jour sur l'incandescence perpétuelle du soleil. Au sujet des effets calorifiques de la pile, nous avons à rappeler les recherches délicates de Wollaston. Cet ingénieux expérimentateur acquit la certitude que, pour obtenir les plus grands effets possibles de chaleur, il fallait augmenter dans chaque couple voltaïque la surface du cuivre relativement au zinc. Wollaston construisit, d'après ce principe, une pile qui porte son nom, et dont on fait usage lorsqu'on veut surtout produire des effets de chaleur et de lumière. (Comme complément de cet article, *voy.* le mot PILES ÉLECTRIQUE.)

On a aussi recherché quelle était l'action de l'électricité voltaïque sur les végétaux et le phénomène de la végétation. Ainsi, Giulio de Turin, ayant soumis des branches pleines de vie de *Mimosa sensitiva* et *Mimosa pudica* au courant d'une pile assez forte, réussit à faire fermer les folioles de ces plantes, comme la chose a lieu quand on vient de les toucher avec la main. Ingenhouzz avait dit que l'électricité était sans influence sur la végétation ; mais Carmois et Bortholon, en répétant les expériences du premier physicien, prouvèrent l'influence de l'électricité négative sur la germination. Plusieurs savants ont même affirmé que cette action était si favorable, que les fruits électrisés sont de meilleur goût et parviennent plus tôt à leur maturité ; que l'électricité accélère l'apparition des couleurs végétales, et qu'elle leur donne plus d'énergie et plus d'éclat. Des expériences plus précises que toutes celles de ses prédécesseurs ont démontré à M. Becquerel que l'électricité négative exerce sur la germination des graines une action favorable, en tant toutefois qu'elle est faible ; car, si elle est intense, elle dévient désorganisatrice. Quant à l'électricité positive, elle serait nulle et même fâcheuse. Cependant l'électricité atmosphérique qui est si favorable à la végétation par un temps serein, est positive; mais cela tient à ce que les feuilles, les fleurs des végétaux se constituent dans l'état électrique opposé et sont soumises ainsi à l'influence de l'électricité négative.

Galvani, comme nous l'avons dit, pensa avoir trouvé l'*électricité animale*, le *fluide nerveux*. Il put penser même qu'il avait découvert le principe vital, et que la vie n'était qu'un phénomène électrique. On verra par les faits que nous allons citer, qu'ils peuvent venir à l'appui de l'opinion de Galvani, et lui prêter une apparence de vérité.

M. de Humboldt, dont le nom se rattache à toutes les sciences, se fit appliquer un vésicatoire sur chaque épaule. Lorsque la peau eut été dénudée, en enlevant l'épiderme soulevée par l'effet des cantharides, il fit poser sur les plaies, d'un côté, un disque d'argent, et de l'autre un disque de zinc. Au moment où ces deux métaux furent mis en communication à l'aide d'un fil conducteur, les épaules entrèrent en convulsion, et il ne dépendit pas de lui d'arrêter ce mouvement. Suivant Bitter, l'électricité positive excite les fonctions vitales, l'électricité négative les atténue. Le pouls mis en contact avec le pôle positif acquiert de la force : il faiblit s'il est au contraire placé sous l'influence du pôle négatif. Dans le premier cas, la chaleur est augmentée; dans le second cas, il y a sentiment du froid. Un œil électrisé positivement voit les objets plus distincts, plus grands, clairs et rouges ; les corps paraissent au contraire bleuâtres, moins distincts et plus petits à un œil affaibli par un courant négatif. Le pôle positif fait éprouver à la longue une saveur acide, le pôle négatif une saveur alcaline. Le nerf acoustique, sous l'influence d'un courant positif, perçoit des sons pleins ; ils sont aigus quand il est sous l'influence contraire. Par un courant galvanique la digestion est entretenue. Si l'on divise, chez les lapins, les nerfs de la huitième paire qui vient se distribuer dans l'estomac, les aliments contenus dans cette cavité cessent d'y être élaborés. L'animal éprouve une grande difficulté à respirer, et finit par succomber comme suffoqué. Les aliments retirés de son estomac sont parfaitement intacts. Si, sur un autre lapin qu'on a soumis à la même opération, on établit un courant galvanique, la difficulté de respirer cesse, l'animal paraît dans son état habituel ; et si, après avoir soutenu l'action voltaïque pendant trente-six heures, on tue l'animal et qu'on l'ouvre, on trouve les aliments parfaitement digérés. Ces expériences, répétées un grand nombre de fois, ont donné les mêmes résultats.

Nous arrivons enfin aux expériences faites par le docteur André Ure, expériences dont un esprit faible n'aurait pu être témoin

sans effroi. Le cadavre d'un assassin fut décroché de la potence une heure après sa suspension. Il n'avait éprouvé aucune convulsion, son visage avait un aspect naturel, et son cou n'offrait point de dislocation. Il fut apporté dans cet état à l'amphithéâtre du docteur.

Première expérience. — Une large incision fut pratiquée au-dessous de l'occiput, et on enleva la moitié de la *vertèbre atlas*, de sorte que la moelle épinière fut mise à découvert. Il coula en grande abondance de la plaie du sang liquide. On découvrit en même temps le nerf sciatique vers la hanche, et l'on fit une petite entaille au talon. Un conducteur fut alors en rapport avec la moelle épinière, et l'autre conducteur fut appliqué sur le nerf sciatique. Chaque muscle du corps fut aussitôt agité de mouvements convulsifs. On plia la jambe sur la cuisse, et l'on fit mouvoir le second conducteur de la hanche au talon : la jambe se tendit avec une telle violence, qu'elle faillit renverser un des assistants.

Deuxième expérience. — On découvrit le nerf phrénique gauche qui préside aux mouvements respiratoires ; on fit une seconde incision au-dessous du cartilage de la septième côte. Un conducteur fut mis en contact avec le nerf phrénique, et l'autre à l'aide de la seconde incision, avec le muscle diaphragme. Le travail d'une respiration complète commença aussitôt, la poitrine s'élevait et s'abaissait, le ventre se gonflait et s'affaissait en suivant les mouvements du diaphragme, comme la chose aurait eu lieu chez l'homme vivant ; et le docteur Ure pense que, si le système sanguin n'eût point été vide, la circulation eût pu être rétablie et la vie rendue au sujet.

Troisième expérience. — Le nerf orbitaire, celui qui préside au mouvement de la face, fut mis à découvert. On lui appliqua un conducteur, l'autre fut placé au talon. Toutes les passions imaginables se peignirent alors sur sa face ; selon qu'on augmentait la force des décharges électriques, chaque muscle de la face entrait en action. On voyait se manifester sur la figure du cadavre la rage, l'effroi, le désespoir, le sourire horrible, et à tout cela se joignait une expression si hideuse, que plusieurs des spectateurs ne purent y résister. Les uns quittèrent le lieu des expériences par terreur, les autres par indisposition ; l'un d'eux tomba en syncope.

Quatrième expérience. — Dans cette dernière expérience on transmit le pouvoir électrique de la moelle épinière au nerf du bras (*nerf cubital*), mis à découvert à la face interne du coude. Les doigts s'agitèrent alors avec vivacité ; en vain essayait-on de fermer le poing du cadavre, la main s'ouvrait malgré tous les efforts. Un conducteur fut en dernier lieu appliqué à une légère incision faite au bout de l'index, le poing ayant été préalablement fermé · l'index, s'étendit à l'instant, et comme à ce geste se joignait l'agitation des bras, le cadavre semblait désigner les différents spectateurs, dont plusieurs s'imaginèrent qu'il était rendu à la vie.

On concevra sans peine qu'après de si merveilleux effets produits sur le système nerveux on ait eu l'idée d'appliquer le galvanisme au traitement de plusieurs affections des nerfs. Malheureusement les recherches entreprises à ce sujet n'ont pas toujours été suivies par des hommes de science. Cependant quelques savants recommandables ont sur ce point établi quelques données dont la valeur est incontestable. Ainsi M. Magendie a constaté les bons effets du galvanisme transmis par l'acupuncture dans le traitement de certaines amauroses incomplètes ; et M. de Humboldt avait antérieurement reconnu l'efficacité de l'action d'un courant galvanique dans quelques cas de cécité dépendant d'un affaiblissement du nerf optique. Le docteur Philippe Wilson a observé que le galvanisme soulage et même guérit l'asthme qui provient d'une affection nerveuse. Enfin M. Marianini a appliqué le galvanisme à plusieurs personnes affectées de paralysie générale. MM. Becquerel et Breschet, ont fait à l'Hôtel-Dieu quelques tentatives pour résoudre certaines tumeurs scrofuleuses ou squirrheuses à l'aide de courants galvaniques transmis à travers la peau dénudée par l'action d'un vésicatoire.

M. Aldini. — an XI. — Selon l'auteur, les contractions musculaires sont excitées par le développement d'un fluide inhérent à la machine animale. C'est sur cette première proposition qu'est établie la théorie de ce savant. Ce phénomène a lieu non-seulement dans les animaux à sang froid, mais encore dans ceux à sang chaud ; cette dernière observation est due à M. Aldini. C'est à cette électricité qu'il donne le nom d'*électricité galvanique*, ou *électricité animale*. La dernière proposition démontre que la construction d'une pile animale, analogue à celle que l'on forme artificiellement, est très-propre à expliquer le phénomène des sensations et des contractions musculaires ; et l'auteur unit ses observations à celles de Galvani, son oncle, des Davi, des Humboldt et des autres physiciens qui ont écrit sur le même sujet. Il ajoute que la structure des poissons électriques démontre l'existence d'une pile métallique et d'un cercle métallique dans le règne minéral, et d'une pile animale et d'un cercle animal dans le règne animal. Déterminer par l'électricité de fortes impressions sur le corps vivant au centre général ; distribuer la puissante action de cet agent dans les différents siéges du système sensible et irritable ; produire et ranimer l'excitabilité, c'est ce qu'a entrepris M. Aldini ; personne, avant lui, ne s'était livré à ce genre de recherches, principalement sur le corps humain. Il est vrai que Bichat, en l'an VIII, avait fait quelques tentatives sur le même objet ; mais la pile métallique n'étant pas connue, il a dû se borner aux seules armatures métalliques. M. Aldini a fait ses premières expériences sur la tête et sur le tronc de différents animaux. Les commissaires de l'Institut s'expriment ainsi dans un rapport fait à cette occasion. « Après avoir coupé la tête d'un chien, l'auteur fait passer le courant d'une forte pile ; ce seul contact excite des convulsions effrayantes, la gueule s'ouvre, les dents s'entrechoquent, les yeux roulent dans leur orbite, etc. Il a fait ensuite la même expérience sur le corps de deux criminels, il a déterminé l'action de l'électromoteur de Volta, sur les meninges, sur la substance corticale et médullaire du cerveau, sur le corps calleux et sur le cœur; il a observé que les contractions acquièrent plus d'intensité à mesure que l'on enfonce l'arc dans la substance du cerveau, et que le cœur, qui semble être l'*ultimum moriens*, d'après les expériences des halleriens, est le premier à perdre la faculté de se contracter lorsqu'il est soumis aux effets de la pile. M. Aldini encore est le premier qui se soit occupé de démontrer les avantages que l'on peut tirer de l'action du fluide de l'électromoteur dans les vésaries, et principalement dans la mélancolie. Il a d'abord entrepris ses essais sur deux maniaques, et une entière guérison a récompensé ses travaux. L'électricité galvanique peut s'employer pour distinguer une mort apparente d'une mort naturelle. La deuxième partie du premier mémoire de l'auteur concerne le passage du fluide d'une pile composée de 80 plaques de zinc et d'argent, à travers une partie de l'Océan et des rivières : quoique plusieurs physiciens eussent déjà examiné la célérité avec laquelle le courant électrique d'une machine ordinaire parcourt une vaste étendue d'eau, néanmoins M. Aldini est le seul qui ait tenté d'examiner la vitesse du courant de la pile de Volta, et les intéressants résultats qu'il a obtenus ne pourront qu'être agréés par les amis de la physique. » (*Moniteur*, an XII, p. 34.)

M. Hallé. — Un homme, dit ce célèbre médecin, dont tous les muscles de la face du côté gauche et les muscles inférieurs du globe de l'œil, du même côté, étaient paralysés, par suite d'une fluxion déterminée par l'action du froid, avait été électrisé plusieurs fois ; il n'éprouvait aucune sensation ni contraction lorsque la partie affectée recevait l'étincelle ; à peine même apercevait-on une faible contraction dans le muscle juge-labial, lorsqu'on appliquait l'électricité par commotion. On soumit cet homme à l'action galvanique d'une pile de cinquante étages, en faisant communiquer, avec différents points de la joue malade, les deux extrémités de la pile, à l'aide de chaînes et d'excitateurs métalliques. Au moment du contact, tous les muscles de la face entrèrent en contraction ; le malade éprouva de la douleur, une sensation de chaleur très-désagréable ; l'œil entra en convulsion, les larmes coulèrent involontairement, et il se manifesta de la rougeur et du gonflement sur les différents points touchés. Ces expériences, qui paraissent donner quelques moyens de comparer les effets du galvanisme avec l'électricité, ont été répétées plusieurs jours de suite à l'Ecole de médecine, le 26 prairial, jour où M. Hallé en a rendu compte à l'Institut. Il s'est aperçu que les muscles étaient restés contractés quelques minutes après la commotion galvanique, et même que l'œil gauche suivait le mouvement du droit. Dans cette application du galvanisme au corps humain, M. Hallé a remarqué des anomalies très-singulières. Souvent la pile est longtemps à communiquer son effet; quelquefois il s'interrompt tout à fait pendant plusieurs secondes : il semble, dans ces deux cas, que le fluide éprouve quelque obstacle dans sa marche. Il a suffi, dans cette circonstance, de mouiller la chair, de la frotter, de changer la position respective des anneaux, pour la faire communiquer; en général, il a observé que, pour que la sensation soit prompte, il ne suffit pas seulement que la peau soit mouillée, qu'il est besoin qu'elle soit, pour ainsi dire, moite et imbibée d'eau. Il a éprouvé lui-même, ainsi que plusieurs autres personnes qui se sont soumises à l'expérience, l'espèce de sensation que le galvanisme produit : elle a quelque rapport avec celle de la piqûre de plusieurs épingles qu'on enfoncerait en même temps dans la peau. C'est une douleur poignante accompagnée d'un sentiment de chaleur et d'un peu de saveur métallique, lorsqu'on applique les excitateurs aux environs des glandes salivaires.

Nous ne nous étendrons pas davantage sur ce sujet (*Voy.* ELECTRICITÉ, [*médecine*]), et nous dirons avec M. Becquerel « que, malgré les tentatives nombreuses qui ont été faites à ce sujet depuis plus de 40 ans, nous n'avons encore recueilli que très-peu d'observations probantes, excepté cependant en ce qui concerne les maladies nerveuses, où les faits commencent à se grouper pour montrer qu'elle peut exercer sur elles une influence salutaire, quand elle est dirigée par un physiologiste habile. » Cette dernière condition est indispensable pour l'application du galvanisme à la médecine; car, indépendamment qu'il faut reconnaître quel est le nerf malade, il faut encore savoir quelles sont toutes ses ramifications et ses anastomoses, et ne pas se tromper sur la nature de la maladie dont il est le siége. Enfin il est essentiel d'avoir des notions exactes sur l'action du galvanisme sur notre économie, et de ne pas ignorer que le pôle positif n'agit pas de la même façon que le pôle négatif, et que le courant galvanique, s'il est dirigé dans le sens des ramifications nerveuses, excite des contractions sans douleur, tandis qu'il produit ce dernier effet s'il a lieu en sens contraire.

GALVANOMETRE. — M. ROBERTSON. — AN IX.— Il manque, dit ce savant, aux expériences galvaniques, un instrument sensible qui puisse faire reconnaître aux observateurs, la présence, la marche, et surtout l'action de ce fluide; celui dont se sert l'auteur se compose d'un tube capillaire de verre, d'une ligne d'ouverture et de 8 pouces de long; il

est plein d'eau; l'une de ses extrémités est garnie d'une tige en zinc, et l'autre en argent. Elles pénètrent dans l'intérieur de l'eau jusqu'à un pouce l'une de l'autre; la partie du verre qui correspond tout le long de la tige du zinc est divisée en dixièmes de ligne; l'extrémité de ce côté de tube porte un robinet par lequel s'introduit l'eau, et qui permet à l'air de s'échapper lorsque l'appareil est en activité. Pour en faire usage, il faut le placer dans la chaîne galvanique. Les bulles qui se détachent de l'extrémité d'une des tiges, annoncent la présence du fluide; et la plus ou moins grande quantité de ces bulles est indiquée par les divisions du verre; de sorte qu'en tenant compte de la mesure du temps, on reconnaît la plus ou moins grande activité du *courant galvanique.* Cet appareil indique très-bien la marche et la progression de ce courant, qui est toujours annoncé par une petite traînée de bulles qui s'écoulent, tantôt de l'une, et quelquefois de l'autre tige. (*Annales de chimie,* an IX, tome XXXVII, page 148.)

GALVANOPLASTIE. — On a dit souvent que la sagesse et le génie de la création se manifestent avec autant d'évidence dans les faits les plus humbles du monde physique que dans les plus imposants phénomènes dont la nature étale à nos yeux la magnificence et l'éclat. La structure intime du germe contenu dans un fruit, l'admirable disposition des yeux microscopiques de certains insectes, les premiers linéaments de la vie apparaissant au sein de la trame végétale, toutes ces actions presque invisibles, qui s'accomplissent dans un espace inappréciable à nos sens, révèlent avec autant de force la prévision infinie de la nature que le brillant aspect de nos campagnes décorées des riches présents de Dieu. Cette pensée ne perd rien de sa justesse transportée dans le domaine des sciences. Pour apprécier toute l'importance des découvertes modernes, il n'est pas nécessaire d'invoquer leurs créations les plus imposantes. Ni la locomotive ardente courant au fond de nos vallées, ni le navire immense se jouant sur les flots, grâce à la secrète impulsion de la vapeur, ni ces machines admirables où la force d'un seul homme appliquée au bout d'un levier se trouve, par les combinaisons infinies de la mécanique, centuplée à l'autre extrémité, aucun de ces grands spectacles si justement admirés n'est nécessaire au but dont nous parlons. Pour comprendre toute la portée future des inventions réalisées à notre époque, il suffit de jeter les yeux sur une plaque métallique de quelques centimètres, sur une lame d'argent portant une empreinte daguerrienne, ou sur une épreuve de cuivre galvanoplastique. La science qui, dans un instant indivisible, a su imprimer sur une surface inerte cette merveilleuse image des objets qui nous entourent; celle qui, par l'action obscure et insaisissable d'un courant électrique, a plié le métal rebelle à tous les caprices, à toutes les fantaisies de la volonté, est évidemment destinée à accomplir un jour des prodiges dont tous les progrès réalisés aujourd'hui seraient impuissants à nous fournir la mesure.

La galvanoplastie est, en effet, de toutes nos inventions contemporaines, celle qui prépare à l'avenir les plus singuliers, les plus étonnants résultats. Dans un temps plus ou moins prochain, elle menace les formes et les procédés actuels de l'industrie des perturbations les plus profondes. Par elle, la pile voltaïque, descendue du laboratoire du savant, est venue s'asseoir dans l'atelier, et les procédés scientifiques ont trouvé leur place dans les opérations des arts. Le rôle de la pile comme agent de l'industrie est destiné évidemment à acquérir tôt ou tard une importance infiniment plus sérieuse, et le moment n'est peut-être pas éloigné où les courants électriques et les traitements par les réactifs remplaceront dans nos usines les grandes opérations par le feu. Alors les ateliers de la métallurgie présenteront un spectacle singulièrement imprévu. Au lieu de ces foyers immenses qui dressent éternellement vers le ciel leurs tourbillons enflammés, un instrument presque informe, composé de l'assemblage de quelques métaux sans valeur, accomplira les mêmes opérations sans dépense, sans bruit, sans appareil visible. Au lieu de ces bruyantes armées d'ouvriers qui s'agitent jour et nuit dans une fournaise ardente, consumés par le feu, noircis par la fumée, livrés aux labeurs les plus rudes, on verra, dans une série de beaux laboratoires, une légion de tranquilles opérateurs s'appliquer à manier en silence les appareils d'électricité, et soumettre les minerais et les métaux au jeu varié des affinités chimiques.

Cette pensée paraîtra sans doute, à bien des lecteurs, empreinte, pour ne rien dire de plus, d'une singulière exagération. C'est qu'en effet la galvanoplastie est encore parmi nous à peu près inconnue. Tandis qu'en Allemagne et en Angleterre l'industrie s'est heureusement emparée de ces opérations si délicates, en France elles ne sont considérées encore que comme une sorte de jeu et ne servent guère que de délassement à quelques amateurs des sciences. Il nous suffira donc, pour justifier notre pensée, de faire connaître les procédés de la galvanoplastie, l'état présent de cet art nouveau, et les applications qu'il a reçues. On comprendra, d'après les résultats obtenus aujourd'hui, ce que l'avenir peut attendre de cette nouvelle et brillante application des découvertes contemporaines.

On donne le nom de GALVANOPLASTIE *à un ensemble de moyens qui permettent de précipiter, par l'action d'un courant galvanique, un métal en dissolution dans un liquide, sur un objet, de manière à former à sa surface une couche continue qui représente exactement les détails de l'original avec toutes ses dimensions et ses courbures.*

Les opérations galvanoplastiques permettent de reproduire les médailles, les monnaies, les sceaux, les cachets, les timbres, les bas-reliefs et les statues. Les chefs-d'œuvre de la sculpture, reproduits à peu de frais, peuvent ainsi devenir populaires, et multipliés indéfiniment, braver les injures du temps et les atteintes des hommes. Sous ce rapport, la galvanoplastie est donc à la sculpture ce que l'imprimerie est à la pensée humaine. La galvanoplastie est encore en mesure d'apporter de sérieux perfectionnements à l'art déjà si avancé de la typographie. Elle donne le moyen de fabriquer des moules pour la fonte des caractères d'imprimerie, et même des caractères pour l'impression; elle permet aussi de multiplier les planches de cuivre gravées par la main de l'artiste, et bien plus, de graver directement par le courant électrique une planche propre à fournir des épreuves sur le papier. Dans une sphère différente, elle vient en aide aux premiers besoins de la vie, en nous enseignant à recouvrir, par des procédés simples et peu coûteux, nos ustensiles domestiques, d'une couche protectrice d'un métal inaltérable, comme l'or, le platine ou l'argent. Enfin, se prêtant à tous les caprices de l'art, elle nous donne les moyens de reproduire en cuivre les moules obtenus avec toute espèce d'objets naturels, tels que des fruits, des végétaux, des parties d'organes empruntées aux animaux ou aux plantes.

Tels sont, en quelques mots, les principaux objets qui forment le domaine de la galvanoplastie. Essayons maintenant d'exposer les tentatives fort simples qui ont amené la création de cet art nouveau, nous ferons connaître ensuite les principes scientifiques qui lui servent de base, et les applications principales qu'il a trouvées jusqu'à ce jour dans la pratique des arts.

Découverte de l'électro-chimie. — Volta. — Brugnatelli. — M. de la Rive. — Travaux de M. Thomas Spencer et de M. Jacobi. — La métallurgie électro-chimique a eu la singulière destinée d'être découverte à la fois par deux physiciens placés aux deux extrémités de l'Europe, qui n'avaient eu mutuellement aucune connaissance de leurs travaux respectifs. Dans l'année 1837, M. Thomas Spencer en Angleterre, et le professeur Jacobi en Russie, découvrirent, chacun de son côté, ses principes essentiels, et réalisèrent ses applications les plus délicates.

Volta avait à peine accompli, au commencement de notre siècle, la découverte de la pile électrique, qu'il observa une de ses propriétés les plus remarquables, c'est-à-dire la décomposition chimique que cet appareil fait éprouver aux substances soumises à son action. Ce physicien célèbre constata, dès l'année 1801, que la dissolution d'un sel métallique, soumise à l'influence de la pile, se trouve aussitôt réduite en sorte que le métal vient se déposer au pôle négatif. Ce grand phénomène devint plus tard l'objet d'un nombre considérable d'études et d'expériences théoriques qui devaient largement agrandir le champ de nos connaissances dans le domaine de l'électricité. Mais, au début, rien n'indiquait encore que la réduction des métaux par le fluide électrique pût devenir susceptible de quelques applications dans les arts. En effet, la substance qui se déposait sur les fils de la pile n'avait aucun des caractères physiques qui distinguent les métaux : c'était une poudre noire ou grise, sans cohérence, sans continuité, dépourvue d'éclat, et privée, en un mot, de tout caractère métallique. On ne découvrit que longtemps après que, dans certaines circonstances, les métaux formés par la voie galvanique peuvent présenter l'éclat, la cohérence, la continuité et tous les caractères propres aux métaux obtenus par la fusion. Cette observation devait suffire pour donner naissance à l'électro-métallurgie.

Le fait essentiel sur lequel a galvanoplastie repose n'a été signalé d'une manière bien positive que dans l'année 1837; quelques chimistes avaient eu, il est vrai, l'occasion de l'observer avant cette époque, mais reconnu d'une manière accidentelle et dans le cours de recherches d'un autre ordre, imparfaitement étudié d'ailleurs et ignoré du reste des savants, il n'avait pas tardé à tomber dans l'oubli.

Brugnatelli, élève et collaborateur de Volta, avait réussi, en 1801, à dorer l'argent au moyen de la pile, en conservant à l'or son brillant métallique. Mais le résultat obtenu par Brugnatelli n'avait, au point de vue scientifique, aucune valeur sérieuse, et l'importance que la galvanoplastie a prise de nos jours a pu seule amener à découvrir, dans la poudre des recueils scientifiques de l'Italie, les traces de cette tentative oubliée. Le procédé de Brugnatelli n'est décrit, en effet, que dans un petit ouvrage presque inconnu en Italie, intitulé *Bibliothèque de Cagliardo*, publié en 1807, et qu'un savant italien, M. Grinelli, a récemment exhumé. Le résultat obtenu par le chimiste de Pise était donc ignoré des savants du reste de l'Europe et de ses compatriotes eux-mêmes. Le recueil, fort peu répandu d'ailleurs, publié à Bruxelles par Van Mons, sous le titre de *Journal de chimie et de physique*, avait, il est vrai, consacré quelques lignes au fait signalé par Brugnatelli; mais il suffit de citer les termes dans lesquels cette observation est rapportée, pour comprendre qu'elle n'ait pas dû fixer beaucoup l'attention des physiciens.

« La méthode la plus expéditive, dit Brugnatelli, de réduire, à l'aide de la pile, les oxydes métalliques dissous, est de se servir, à cet effet, de leurs ammoniures; c'est ainsi qu'en faisant plonger les extrémités de deux fils conducteurs de platine dans de l'ammoniure de mercure, on voit en peu de minutes le fil du pôle négatif se couvrir de gouttelettes de ce métal; de cobalt, si l'on opère avec du cobalt; d'arsenic, si l'on opère avec de l'arsenic, etc. Je me servis de fils d'or pour réduire de cette manière l'ammoniure de platine, que j'ai dernièrement obtenu et examiné. Le platine ainsi réduit sur l'or a une couleur qui tourne vers le noir; mais étant frotté entre deux morceaux de papier, il prend l'éclat de l'acier. Je fis usage de fils d'argent pour réduire l'or, ce qui réussit promptement (1). »

On trouve, dans une autre livraison du même recueil, le passage suivant, qui fait partie d'une lettre adressée par Brugnatelli à Van Mons :

« Volta travaille toujours sur l'électricité; il a dernièrement construit différentes piles composées de seules substances salines de différentes matières, avec les solutions desquelles il imprégnait des disques d'or. Lorsqu'il aura terminé son travail, je vous le communiquerai.

« J'ai dernièrement doré d'une manière parfaite deux grandes médailles d'argent en les faisant communiquer à l'aide d'un fil d'acier avec le pôle négatif d'une pile de Volta, et en les tenant l'une après l'autre plongées dans des ammoniures d'or nouvellement faits et bien saturés (2). »

Les indications de Brugnatelli étaient, comme on voit, exprimées en termes beaucoup trop vagues pour engager les savants à poursuivre l'examen du fait qu'il annonçait. Les essais du physicien de Pise n'ont donc pu exercer d'influence sérieuse sur la création de l'électro-chimie.

La galvanoplastie aurait pu prendre peut-être plus aisément naissance à l'époque de la découverte de la nouvelle pile voltaïque imaginée par M. Daniell, et qui porte le nom de ce physicien. Lorsque M. Daniell fit les premiers essais de cette nouvelle disposition de la pile, il remarqua, en enlevant un fragment de cuivre qui s'était déposé au pôle négatif, que les éraillures du conducteur de platine se trouvaient fidèlement reproduites sur le cuivre précipité. Cette observation aurait pu conduire à la découverte de la galvanoplastie; mais, comme M. Daniell portait alors toute son attention sur la marche et la construction de son instrument, il ne poussa pas plus loin l'étude de ce fait.

Une remarque du même genre peut s'appliquer à M. de la Rive, qui, de son côté, eut plus tard entre les mains le fait primitif qui sert de base à la galvanoplastie, et qu'il laissa passer néanmoins sans en soupçonner l'importance. Peu de temps après la découverte de la pile de Daniell, M. de la Rive fit quelques expériences sur cet appareil. Dans un article inséré dans le *Magasin philosophique*, ce physicien, après avoir décrit une forme particulière de la pile de Daniell, à laquelle il donne la préférence, ajoute l'observation suivante : « La plaque de cuivre est également recouverte d'une couche de cuivre à l'état métallique, qui y est incessamment déposée par molécules, et telle est la perfection de la feuille de métal ainsi formée, que, lorsqu'elle est enlevée, elle offre une

(1) *Journal de chimie et de physique*, de Van Mons, t. V, p. 80 (1802).

(2) *Ibidem*, p. 357.

copie fidèle de chaque éraillure de la plaque métallique sur laquelle elle reparaît. » M. de la Rive ne paraît pas avoir songé aux résultats remarquables auxquels devait conduire plus tard l'examen de ce fait en apparence si simple. Ce n'est que dix ans après que cette observation, faite de nouveau en Angleterre et étudiée cette fois avec toute l'attention qu'elle méritait, eut pour conséquence d'amener la création de la galvanoplastie.

A la fin du mois de septembre 1837, un jeune physicien anglais, M. Thomas Spencer, s'occupait à Liverpool à répéter et à vérifier les belles expériences de M. Becquerel sur la formation artificielle des espèces minérales à l'aide de courants électriques d'une faible intensité ; c'est dans le cours de ces essais que le hasard lui fournit l'occasion de constater le fait qui devait donner naissance à la galvanoplastie. M. Spencer agissait avec un seul couple voltaïque formé par un disque de cuivre uni par un fil métallique à un disque de zinc. L'élément cuivre plongeait dans une dissolution de sulfate de cuivre, l'élément zinc dans une dissolution de sel marin ; les deux dissolutions, placées dans des vases de terre, étaient séparées l'une de l'autre par une cloison poreuse de plâtre. C'est là, comme le savent les physiciens, le petit appareil construit par M. Becquerel pour produire un courant électrique faible et continu : c'est une pile voltaïque réduite, pour ainsi dire, à son expression la plus simple. Le fil de cuivre qui réunissait les deux métaux était verni avec de la cire à cacheter ; or il arriva qu'en recouvrant ce fil de cire à cacheter, quelques gouttes de cire tombèrent sur le disque de cuivre et y adhérèrent, de telle sorte que, lorsque le petit appareil fut mis en action, le cuivre réduit, en se déposant sur l'élément négatif, vint s'arrêter sur les bords des petites gouttelettes de cire tombées sur la plaque. Le métal précipité avait d'ailleurs l'éclat, la cohérence et toutes les propriétés du cuivre obtenu par la fusion. « Je compris aussitôt, dit M. Spencer, qu'il était en mon pouvoir de guider à mon gré le dépôt de cuivre et de le couler en quelque sorte dans les sillons creusés avec une pointe sur une plaque de cuivre verni. »

M. Spencer prit donc une plaque de cuivre, il la recouvrit d'un vernis résineux ; sur ce vernis il creusa des lettres avec un burin, et il soumit la lame de cuivre ainsi préparée à l'action d'un courant voltaïque. Le résultat fut tel qu'il l'avait prévu ; le métal réduit vint remplir les sillons tracés sur le vernis et forma de véritables caractères typographiques de cuivre. M. Spencer parvint à donner à ce procédé assez de régularité et de précision pour qu'une planche de cuivre recouverte de ces caractères en relief pût être soumise à la presse typographique. Dès l'année 1838, des épreuves sur papier, obtenues avec cette sorte de cliché d'origine électrique, furent distribuées dans le public.

Cependant, si les recherches de M. Spencer n'avaient pas eu de résultats plus sérieux, il est probable que là galvanoplastie serait encore à naître. Heureusement, un autre accident lui fit entrevoir sa découverte sous un aspect nouveau. Un jour, comme il avait besoin d'une plaque de cuivre pour former un de ses petits couples voltaïques, ne trouvant point sous sa main de disque de cuivre, il prit une pièce de monnaie qu'il réunit par un fil métallique à une rondelle de zinc. Ce couple fut disposé comme à l'ordinaire, et le dépôt commença à s'effectuer. Mais, comme après quelques heures écoulées, l'expérience ne marchait pas suivant son désir, il démonta son appareil et se mit à arracher par morceaux le cuivre réduit qui recouvrait l'élément négatif. Il ne fut pas alors peu surpris de voir tous les accidents et tous les détails de la pièce de monnaie reproduits sur ces fragments de cuivre avec une fidélité extraordinaire. « Je résolus alors, dit M. Spencer, de répéter cette même expérience en faisant usage d'une médaille de cuivre dont le relief serait considérable. J'en formai, comme auparavant, un couple voltaïque ; j'y fis déposer une croûte de cuivre d'un millimètre d'épaisseur environ ; puis je détachai avec soin, mais non sans quelque peine, le dépôt formé. J'examinai le résultat à la loupe, et je vis tous les détails de la médaille reproduits avec une merveilleuse fidélité sur la contre-épreuve voltaïque. »

Après une telle expérience, la galvanoplastie était trouvée : il est inutile de dire en effet qu'après avoir ainsi moulé en creux des médailles et des pièces de monnaie, M. Spencer se servit de ces moules pour en obtenir des contre-épreuves qui étaient les fac-simile parfaits de l'original. Dans les premiers mois de 1838, des monnaies et des médailles ainsi obtenues étaient chose commune à Liverpool. On en soumit quelques-unes à l'examen d'un habile frappeur de médailles de Birmingham. Cet expert déclara que les médailles soumises à son inspection étaient frappées au balancier ; il faisait seulement remarquer qu'on avait « altéré le revers de ces médailles par l'emploi des acides. » L'expert ajouta charitablement qu'il conseillait à M. Spencer de ne pas compromettre sa réputation en prolongeant des mystifications pareilles.

Pendant que cette découverte s'accomplissait à Liverpool, M. Jacobi, en Russie, était conduit, par une autre voie, à des résultats presque identiques.

Ce fut à Dorprat, en février 1837, que M. Jacobi découvrit de son côté le fait capital de la plasticité du cuivre, qui devint l'origine de tous ses travaux sur l'électrochimie. Il trouva imprimées sur une feuille métallique quelques traces microscopiques de cuivre du dessin le plus régulier ; c'est en recherchant le mode de formation de ces empreintes et en essayant de les reproduire qu'il découvrit le fait de la plasticité du cuivre obtenu par la pile. Il soumit à l'action de courants électriques des plaques de métal sur lesquelles on avait tracé au burin des caractères et des figures ; la décomposition du sulfate de cuivre donna naissance à des dépôts de cuivre qui offraient, en relief, l'empreinte exacte du dessin gravé en creux sur l'original. Il réussit bientôt, par l'emploi de piles d'une faible intensité et d'un courant continu, à obtenir en relief l'empreinte d'une plaque de cuivre gravée au burin et de dimensions assez considérables. Cette plaque, premier résultat satisfaisant des travaux de M. Jacobi, fut présentée à l'Académie des sciences de Saint-Pétersbourg, le 5 octobre 1838 (17 octobre de notre style). Le ministre de l'instruction publique la présenta à l'empereur, qui s'empressa de mettre à la disposition de M. Jacobi les fonds nécessaires pour poursuivre ses études. La découverte du savant académicien acquit dès lors en Russie un très-grand retentissement.

M. Jacobi a reconnu, comme M. Spencer et en même temps que lui, que la condition indispensable pour obtenir des dépôts réguliers et plastiques, c'est d'employer un courant d'une faible intensité, et d'agir sur des dissolutions toujours saturées ; mais l'académicien russe laissa bien loin de lui l'expérimentateur anglais par la découverte qu'il fit, en 1839, du système connu aujourd'hui sous le nom d'*anodes* ou d'*électrodes solubles.*

Lorsque M. Jacobi commença à opérer, l'objet à copier faisait lui-même partie de la pile galvanique, il formait l'élément négatif et plongeait dans la dissolution de sulfate de cuivre ; mais la dissolution s'épuisait peu à peu, et il était nécessaire de l'entretenir au degré de saturation, en lui fournissant de nouveaux cristaux de sel au fur et à mesure de leur réduction. Or M. Jacobi trouva, en 1839, que si l'on attache au moule au pôle négatif, et *que l'on dispose au pôle positif une lame du métal même qui est en dissolution dans le bain,* cette lame, qui porte alors le nom d'*anode* ou d'*électrode soluble,* entre elle-même en dissolution dans le bain en quantité à peu près égale à celle qui se dépose sur le moule. L'oxygène mis en liberté par la décomposition de l'eau se porte au pôle positif de la pile ; là il rencontre le métal et l'oxyde, c'est-à-dire le fait passer à l'état d'un composé susceptible de se dissoudre dans l'acide libre existant dans la liqueur, et par cette action continue, à mesure qu'il se fait au pôle négatif un dépôt métallique aux dépens de la dissolution saline, le cuivre attaché au pôle positif se dissout dans le liquide à peu près dans les mêmes proportions.

La découverte des anodes a exercé une influence immense sur les progrès de la galvanoplastie. Elle a permis, en effet, de séparer le couple voltaïque, qui engendre le courant, de l'appareil dans lequel s'effectue l'empreinte. Le procédé galvanoplastique est devenu par là beaucoup plus simple, le succès plus assuré, et le temps dans lequel les résultats peuvent être obtenus infiniment plus court ; enfin on a pu obtenir des dépôts

métalliques de toute forme et de toute dimension.

Cependant la galvanoplastie ne pouvait recevoir encore des applications bien étendues. En effet, on ne pouvait jusque-là opérer que sur le cuivre. Une observation nouvelle, faite en France par M. Boquillon, en Angleterre par M. Murray, et bientôt aussi par MM. Spencer et Jacobi, permit d'effectuer les dépôts métalliques à la surface de presque tous les corps indifféremment. On reconnut que les corps qui ne conduisent pas l'électricité, et qui jusque-là n'avaient pu se prêter aux opérations de la galvanoplastie, peuvent cependant recevoir le dépôt métallique, si l'on recouvre préalablement leur surface d'une couche pulvérulente d'un corps conducteur de l'électricité. La plombagine, ou mine de plomb, est la substance qui remplit le mieux cet effet. On put, dès ce moment, au lieu d'opérer sur un moule métallique, se procurer des empreintes de plâtre des objets à reproduire, et effectuer le dépôt sur ces moules de plâtre rendus conducteurs par la plombagine. Ce dernier résultat obtenu, la galvanoplastie a pu recevoir les applications variées et étendues qui lui assurent une place si distinguée parmi les créations de la science moderne.

On voit, par ce résumé rapide, que la galvanoplastie n'est autre chose, en définitive, qu'une série d'applications des découvertes que la physique et la chimie ont réalisées à notre époque ; c'est le propre des sciences positives et bien affermies de tenir contenues dans leurs principes une longue série de conséquences et d'applications qu'il appartient au temps de développer, et qu'il ne manque jamais de développer.

Description des appareils employés dans la galvanoplastie. — Principales opérations galvanoplastiques. — Applications diverses de ces procédés. — On se propose, dans la galvanoplastie, d'obtenir à l'aide de la pile voltaïque, sur un objet donné, la précipitation d'un métal dissous dans un liquide, de manière à obtenir à la surface de cet objet une couche continue, mais non adhérente, qui reproduise tous les détails du modèle. Si le dépôt se fait à l'intérieur, on obtient la reproduction *intérieure* du modèle, et la couche ainsi formée est destinée à servir de moule. Si le dépôt a lieu à l'extérieur, il a pour effet de provoquer sur ce moule la précipitation d'une nouvelle couche métallique, qui, séparée ensuite, est dès lors la reproduction *extérieure* du type primitif.

Donnons d'abord d'une manière générale, et en termes abrégés, la description des appareils en usage pour les opérations de la galvanoplastie ; nous décrirons ensuite ces opérations elles-mêmes, et nous passerons enfin en revue la série nombreuse des applications qu'ont reçues ces procédés.

Pour provoquer le courant électrique et pour recevoir le dépôt métallique, on peut se servir de deux appareils, l'*appareil simple* ou l'*appareil composé.* Dans le premier, l'objet destiné à être reproduit fait lui-même partie du couple voltaïque qui doit provoquer le courant. Dans le second, le courant voltaïque se produit en dehors de la liqueur à décomposer, et le moule est simplement attaché au pôle négatif de la pile par un fil conducteur.

L'appareil simple le plus souvent employé est formé d'un vase de verre contenant la dissolution métallique à décomposer, du sulfate de cuivre, par exemple, si c'est du cuivre que l'on veut réduire. Au centre de ce premier vase, se trouve un second vase de porcelaine qui plonge dans le liquide et contient de l'acide sulfurique étendu de 12 à 15 fois son poids d'eau ; on place dans l'acide sulfurique une lame de zinc que l'on fait communiquer, au moyen d'un fil de cuivre, avec le moule qui se trouve déposé au fond du vase de verre renfermant la dissolution de sulfate de cuivre. Le couple voltaïque engendré par le contact du cuivre et du zinc donne naissance à un courant électrique faible et continu, qui provoque lentement et graduellement la réduction du métal. Le cuivre précipité vient se déposer peu à peu dans le moule placé au pôle négatif, et au bout de quelques jours il produit, en se modelant sur les diverses inégalités de sa surface, une couche métallique qui est la contre-épreuve parfaite de l'original. Comme la dissolution de sulfate de cuivre s'épuise au fur et à mesure de la réduction du métal, on l'entretient à un degré constant de saturation, en ajoutant de temps à autre à la liqueur des cristaux du sulfate de cuivre. Ce petit appareil, très en usage pour la reproduction galvanique des objets de petite dimension, est celui qui est employé dans les cours de chimie pour la démonstration des opérations de la galvanoplastie. Il est connu sous le nom d'*électrotype de Spencer*.

L'appareil composé offre deux parties à considérer : le vase dans lequel s'effectue le dépôt du métal, et la pile voltaïque placée en dehors de la liqueur

Les dispositions adoptées pour la construction des piles en usage dans la galvanoplastie varient beaucoup. Il serait superflu de les décrire ici d'une manière détaillée. Nous dirons seulement quelques mots de la pile de M. Smée, qui est la plus employée en Angleterre, et de celle d'Archereau, que l'on emploie presque exclusivement parmi nous.

La pile de M. Smée, formée d'un seul ou de plusieurs éléments, se compose d'une lame d'argent enveloppée d'une lame de zinc. Ce système plonge dans un liquide formé d'acide sulfurique étendu d'eau. Il est terminé par deux fils métalliques qui constituent ses deux pôles. C'est, comme on le voit, un appareil d'une grande simplicité ; seulement, si l'on emploie plusieurs couples, il devient assez dispendieux, et c'est là ce qui a empêché son usage de se répandre dans l'industrie.

La pile d'Archereau, qui est employée en France pour les opérations de la galvanoplastie, de la dorure et de l'argenture, n'est qu'une modification avantageuse des piles de Grove et de Bunsen. Comme dans chacun de ces instruments, la source à laquelle on emprunte l'électricité est une action chimique, et non le simple contact de deux métaux. Cette pile se compose d'un vase de verre contenant une lame circulaire de zinc qui plonge dans de l'acide sulfurique affaibli. Au centre de ce vase, et au milieu du liquide acide qu'il renferme, existe un second vase de porcelaine non verni, et par conséquent poreux et perméable au gaz. On place dans ce cylindre de porcelaine de l'acide azotique. Le gaz hydrogène formé par la réaction de l'acide sulfurique sur le zinc traverse la cloison poreuse de porcelaine et vient réagir sur l'acide azotique, qu'il décompose en formant de l'eau et du gaz hypoazotique. Cette double réaction provoque un dégagement considérable d'électricité. Pour amener au dehors l'électricité qui a pris ainsi naissance, on adapte à la lame de zinc un conducteur métallique qui constitue l'un des pôles de la pile, on fait plonger dans l'acide azotique un gros fragment de charbon de coke, corps très-conducteur du fluide électrique, que l'on fait communiquer avec un fil métallique destiné à représenter l'autre pôle.

Le vase dans lequel doit s'effectuer le dépôt engendré par l'une de ces piles n'offre aucune disposition qu'il soit nécessaire de signaler. Il contient la liqueur saline à décomposer : du sulfate de cuivre, du cyanure d'argent dissous dans du cyanure de potassium, si c'est du cuivre ou de l'argent que l'on se propose de réduire ; la forme de ce vase est indifférente. On attache au pôle positif de la pile plongeant dans la liqueur un *anode*, c'est-à-dire une lame de cuivre si l'on opère sur un bain de cuivre, ou d'argent, si l'on agit sur un sel d'argent. Le métal attaché au pôle positif se dissout au fur et à mesure que marche l'opération en quantité à peu près égale à celle qui se trouve réduite par le courant.

L'emploi d'un appareil composé a des avantages de toute nature, et il a seul permis de prêter aux opérations galvanoplastiques l'étendue et la variété qu'elles ont acquises aujourd'hui. L'anode qu'il renferme permet d'entretenir la dissolution saline à un état constant de saturation, circonstance qui est très-utile au succès. En faisant usage d'éléments voltaïques plus ou moins énergiques, plus ou moins nombreux, on peut obtenir un courant animé de tous les degrés possibles d'intensité. Enfin cet appareil permet d'augmenter autant qu'on le veut le volume des pièces reproduites ; il suffit pour cela de placer la liqueur dans des vases d'une dimension convenable. Il n'y a dès lors plus de limites pour la forme ni pour l'étendue de l'objet que l'on veut reproduire.

Les opérations galvanoplastiques présentent, dans la pratique, quatre circonstances essentielles d'où le succès dépend, et qui malheureusement sont encore loin d'être bien élucidées. Ce sont : l'intensité de la pile pour les différentes dissolutions, — le degré de concentration de la liqueur et sa conductibilité électrique, — sa température, — enfin la disposition et la grandeur relative entre les deux électrodes, c'est-à-dire entre la plaque de cuivre attachée au pôle positif et le moule qui termine le pôle négatif. Ces quatre circonstances peuvent donner, en variant selon les cas, des résultats très-différents, et l'habitude fournit aux expérimentateurs des règles beaucoup plus sûres que tous les principes vagues que l'on a essayé d'établir jusqu'ici.

Pour prendre une empreinte galvanoplastique, on n'agit pas en général sur l'objet lui-même, qui courrait le risque d'être détérioré par son séjour dans des liqueurs corrosives; ordinairement on en prend un moule sur lequel on opère la reproduction. Les moules employés sont faits avec un métal ou avec une substance plastique que l'on rend conductrice de l'électricité en la recouvrant d'une couche très-mince de plombagine, ou d'une poudre métallique. Le métal employé pour la confection des moules est l'alliage fusible de Darcet, la soudure des plombiers, ou l'alliage des clichés, qui est beaucoup plus dur. Mais le plus souvent on se sert de moules de plâtre que l'on commence par rendre imperméables à l'eau en les plongeant dans de la stéarine fondue. On étend ensuite sur leur surface, à l'aide d'un pinceau, une légère couche de plombagine destinée à la rendre conductrice. Pour établir la communication entre le moule et le pôle négatif de la pile, on entoure le moule d'une bande de cuivre.

Tel est l'ensemble des opérations qui s'exécutent dans la plupart des expériences galvanoplastiques. Passons maintenant en revue les différentes applications de ces procédés. Nous parlerons d'abord de la reproduction des monnaies et des médailles.

Pour reproduire une monnaie ou une médaille, on peut opérer de deux manières : — On agit directement sur la médaille que l'on veut reproduire en la plaçant au pôle négatif, après avoir pris les précautions suffisantes pour empêcher l'adhérence de l'empreinte avec l'original. Ces précautions consistent à passer sur la médaille une couche excessivement légère d'une substance grasse, telle que l'huile, la cire, la stéarine, le suif, etc. On obtient ainsi en creux une empreinte sur laquelle on opère de nouveau pour avoir la reproduction en relief. — On prend l'empreinte de la pièce avec du plâtre ou un alliage fusible; de cette manière l'opération galvanoplastique reproduit immédiatement la médaille en relief. Quand on agit directement sur la médaille, il faut recouvrir de stéarine le revers, sur lequel il ne doit pas exister de dépôt; on la met ensuite en rapport avec le pôle négatif au moyen d'un fil de métal fixé sur son contour. Le revers est reproduit plus tard de la même manière en recouvrant de stéarine la face déjà prise. Cinquante ou soixante heures d'immersion donnent au dépôt une

épaisseur convenable. L'opération achevée, on sépare la pièce du moule, auquel elle n'adhère que faiblement.

On reproduit par ces moyens les cachets, les timbres et les sceaux, en opérant sur des empreintes prises avec le plâtre ou la stéarine.

C'est par les mêmes procédés que l'on recouvre de cuivre une statuette, un groupe ou tout autre objet exécuté en plâtre. L'appareil de M. Spencer, que l'on a vendu à Paris sous le nom d'*électrotype breveté*, et que nous avons décrit en parlant des appareils simples, est très-commode pour les reproductions de ce genre. Cependant cette opération est assez puérile. Envelopper d'une couche de cuivre une statuette ou un médaillon de plâtre, ne remplit aucune vue d'utilité particulière et n'a rien de bien heureux sous le rapport de l'art.

En recouvrant de cuivre, par les mêmes procédés, des fruits, des légumes, des feuilles, des graines et d'autres produits naturels, on peut obtenir quelques ornements curieux en ce qu'ils conservent et traduisent exactement la forme et tous les détails les plus fins de l'objet galvanisé. Pour reproduire, par exemple, une pomme, une poire, une feuille d'arbre, etc., on frotte le fruit avec de la plombagine, et l'on enfonce vers la queue ou vers le germe une petite épingle; on réunit cette épingle à un fil communiquant avec la pile, et l'on place le fruit dans la dissolution. Le cuivrage étant achevé, on retire l'épingle, qui laisse un petit trou par où les sucs du fruit peuvent s'évaporer. Disons cependant que ces espèces de cuivrage sont d'une parfaite inutilité, et ne sont guère propres qu'à donner la mesure de la perfection et de la délicatesse des opérations galvanoplastiques. Je me souviens avoir vu, dans le vestibule de l'Institut, un spécimen assez curieux des produits de cet art singulier. M. Soyer avait réussi à envelopper le cadavre d'un enfant nouveau-né d'une couche de cuivre. Bien que le résultat fût merveilleux de réussite, c'était un spectacle assez hideux à contempler. On disait autour de moi qu'il y aurait là un moyen d'élever aux grands hommes à la fois un tombeau et une statue d'une ressemblance authentique.

La galvanoplastie fournit à l'art du fondeur des applications d'une importance plus sérieuse et qui sont destinées à recevoir un jour un développement considérable. Voici en quelques mots l'ensemble des moyens qui permettent de réaliser, avec le simple secours de la pile voltaïque, les grands objets de sculpture, que l'on n'avait pu jusqu'ici obtenir qu'à l'aide de la fusion du métal.

On sait que pour obtenir une statue de bronze, de fonte ou de zinc, le sculpteur ayant fourni son modèle d'argile, on en tire une épreuve de plâtre; cette dernière épreuve sert ensuite à préparer le moule de sable où l'on coule le métal. Ces diverses opérations nécessitent un grand travail et ne sont pas sans danger à cause des explosions qui peuvent avoir lieu pendant la coulée; en outre, la copie métallique est loin d'être parfaite, et elle exige pour être terminée de nombreuses retouches et un travail nouveau. Par la galvanoplastie, au lieu de faire un moule en relief avec du plâtre et ensuite un moule en creux avec du sable, on commence par mouler le plâtre en creux, et l'on revêt ensuite de plombagine l'intérieur de ce moule. On le plonge alors dans une dissolution de sulfate de cuivre et l'on fait passer le courant électrique; quand la couche déposée est d'une épaisseur suffisante, on enlève le moule qui laisse à découvert l'objet parfaitement exact. S'il s'agit d'une statuette en ronde bosse de petite dimension, on prend le creux de chaque moitié, on les revêt de plombagine et l'on rapproche ensuite les deux moitiés que l'on réunit avec du plâtre; on fait communiquer le tout avec l'appareil voltaïque, en s'arrangeant de manière que le liquide pénètre dans l'intérieur du moule et que le dépôt métallique puisse s'y effectuer. Si l'original avait de trop grandes dimensions, les vases à employer devraient présenter une capacité énorme; il est mieux alors de réunir entre elles avec de la cire les diverses parties du moule en creux, de manière à en former une sorte de capacité dans laquelle on place la dissolution même. Les parties séparées que l'on obtient ainsi sont ensuite soudées à l'argent ou à l'étain. Enfin ces soudures elles-mêmes sont galvanisées à leur tour. Il suffit, pour cela, de circonscrire la surface des soudures avec du mastic, de manière à en former une espèce d'auge que l'on remplit de la solution de sulfate de cuivre; à l'aide de la pile, on détermine un dépôt de cuivre qui recouvre et fait disparaître les traces de ces soudures. C'est par ces procédés que M. Soyer a exécuté les bas-reliefs galvanoplastiques de sa belle statue de Guttenberg.

Les statuettes, les bas-reliefs, les diverses figurines métalliques que quelques artistes de Paris commencent à répandre dans le commerce, et que les industriels anglais produisent depuis plusieurs années, sont obtenues par les mêmes moyens. On est quelquefois dans l'usage, pour faire disparaître le ton rouge du cuivre, qui n'est que d'un effet assez médiocre, de recouvrir ces différents objets d'une couche d'argent par l'action de la pile; l'éclat et le ton brillant de ce dernier métal leur donnent beaucoup de relief et de valeur.

L'application des procédés galvanoplastiques à la typographie n'a encore donné, au point de vue pratique, que des résultats d'une assez faible importance. La galvanoplastie ne pourra offrir d'avantages certains que pour former les moules ou matrices dans lesquelles on fond les caractères d'imprimerie. Quant aux caractères, rien ne peut remplacer, sous le rapport de l'économie, les procédés de l'industrie actuelle.

Les planches stéréotypées s'obtiennent à un si bas prix, qu'il est difficile que la gal-

vanoplastie puisse les remplacer. On sait, en effet, qu'on est dans l'usage, pour les livres qui sont d'un grand débit, et qui n'exigent pas de changements pendant un grand nombre d'années, tels que la Bible, les classiques anciens, etc., d'imprimer avec des planches stéréotypées. On prend avec le plâtre l'empreinte des pages d'imprimerie composées avec les caractères métalliques; on fait sécher cette empreinte, et, en y coulant l'alliage d'imprimerie fondu, on obtient une planche métallique qui sert ensuite au tirage. La galvanoplastie pourrait peut-être intervenir pour la fabrication de cette dernière empreinte; mais elle ne pourrait la faire avec une économie suffisante.

Nous arrivons aux applications de la galvanoplastie qui ont le plus vivement attiré l'attention des industriels et des savants, c'est-à-dire à l'emploi de ses procédés dans l'art de la gravure. Nous allons trouver ici un ensemble nouveau d'opérations assez importantes pour former une branche particulière des arts électro-chimiques, que l'on désigne aujourd'hui sous le nom spécial d'*électrotypie*. En Allemagne et en Angleterre, l'électrotypie est déjà assez avancée. On a moins bien réussi en France; en général, les planches obtenues par les procédés électrotypiques se sont assez promptement altérées, et il a été difficile d'en tirer un bon parti; elles s'oxydent, dit-on, avec une rapidité déplorable. Cet insuccès est dû sans doute à ce que, jusqu'à ce moment, peu de personnes se sont occupées, parmi nous, de cette partie si insolite et si nouvelle des arts industriels. On s'est mal rendu compte des conditions nécessaires pour que les planches de cuivre obtenues par la galvanoplastie réunissent les conditions exigées par les graveurs, et les essais de ce genre n'ont pas encore eu de suites bien sérieuses. On peut cependant citer avec éloges un de nos plus intelligents artistes, M. Zier, qui a reproduit et multiplié par ces moyens, et avec un bonheur complet, plusieurs belles planches de M. Calamatta.

Voici les applications principales faites jusqu'à ce jour des procédés galvanoplastiques à l'art du graveur. L'électrotypie permet d'exécuter les opérations suivantes : 1° fabriquer des planches de cuivre pur à l'usage des graveurs; 2° reproduire les planches gravées; 3° graver directement une planche de cuivre par le courant galvanique.

Les planches de cuivre employées par les graveurs exigent des qualités que les procédés de l'industrie actuelle réalisent difficilement. Le cuivre même le plus pur, livré par le commerce, contient généralement de l'étain et d'autres métaux, qui rendent la gravure au burin difficile et la gravure à l'eauforte incertaine dans ses résultats. Au contraire, le métal qui se dépose sous l'influence du fluide électrique est d'une pureté absolue; il est donc parfaitement approprié aux besoins de la gravure.

Le procédé pour obtenir les plaques de cuivre unies à l'usage des graveurs est extrèmement simple. Il suffit de se procurer une plaque de cuivre unie qui sert de moule, et sur laquelle on détermine, à l'aide de la pile, un dépôt de cuivre qui reproduit exactement l'original employé. La plaque de cuivre unie que l'on veut reproduire est d'abord soudée, par sa face postérieure, à une lame d'étain, de plomb ou de zinc, qui ne sert qu'à établir la communication électrique avec la pile. La pile la plus convenable à employer est celle de M. Smée. Le sulfate de cuivre est placé dans une auge verticale de bois qui contient les électrodes. Quelques manipulations et précautions particulières, décrites avec soin par M. Smée, et dans le détail desquelles il serait difficile d'entrer ici, permettent d'arriver sans trop de peine à un résultat avantageux, et d'obtenir une planche de cuivre unie, qu'il ne reste plus qu'à polir pour qu'elle puisse immédiatement servir aux usages de la gravure.

Les planches de cuivre gravées par la main de l'artiste ne sont pas plus difficiles à reproduire que les plaques unies. En effet, une planche où se trouve tracé le dessin le plus compliqué, le travail le plus délicat et le plus fin, peut être copié avec autant de facilité qu'une planche unie, puisque le dépôt métallique s'effectue, dans les deux cas, de manière à reproduire fidèlement l'original.

Les dessins gravés sur des plaques de cuivre sont creusées, comme on le sait, dans l'épaisseur du métal. Or le problème à résoudre consiste à obtenir une copie en creux. Il faut donc commencer par tirer un modèle en relief, qui sert ensuite à obtenir le même modèle en creux. On obtient cette copie de cuivre en relief en opérant comme nous venons de l'indiquer pour les plaques unies. Ce moyen est le plus parfait et doit être préféré quand il s'agit de dessins très-délicats; mais si l'on redoute de porter atteinte à une planche précieuse, ou si cette planche présente de trop grandes dimensions, on doit se servir du moyen suivant : On prend une lame de plomb très-mince, propre et bien polie; on place cette lame de plomb dans une presse à imprimer en taille-douce; au-dessous d'elle on met une plaque de fer, et par-dessus la planche gravée; on soumet alors le tout à l'action de la presse. Par le fait de la pression, le dessin de la gravure s'imprime en relief de la manière la plus exacte sur la lame de plomb, et cette lame sert ensuite de moule pour obtenir en cuivre galvanoplastique une planche en creux, qui reproduit exactement la planche originale sortie des mains du graveur.

On a essayé de reproduire par des moyens semblables les planches gravées sur acier; mais, comme la dissolution des sels de cuivre attaque profondément l'acier, on a dû employer des dissolutions d'une autre nature. Les tentatives que l'on a faites jusqu'ici dans cette direction n'ont pas encore donné de résultats satisfaisants.

Arrivons à la gravure directe des planches de cuivre par le courant galvanique.

Tout le monde sait que, pour obtenir une gravure à l'eau-forte, on commence par recouvrir une planche polie de cuivre ou d'acier d'une couche de cire ou de vernis. Le graveur dessine alors sur cette couche avec une pointe fine de manière à mettre le métal à nu. Il place ensuite cette planche dans un vase plat et verse dessus de l'acide azotique (eau-forte) étendu d'eau. L'acide attaque et dissout le métal jusqu'à une profondeur suffisante pour loger l'encre typographique. M. Smée a imaginé de remplacer l'eau-forte par l'action chimique qui s'exerce sur un métal quand on le place au pôle positif d'une pile voltaïque.

Toutes les opérations dont nous avons parlé jusqu'ici se forment au pôle négatif de la pile; c'est là que s'accomplissent, comme on l'a vu, les dépôts métalliques. Mais il se passe au pôle positif une autre action chimique dont M. Smée a su très-ingénieusement tirer parti. Dans la décomposition électro-chimique d'un sel, en même temps que le métal se réduit au pôle négatif de la pile, l'oxygène et l'acide se rendent au pôle positif, et si l'on dispose à ce pôle une lame métallique, celle-ci se trouve peu à peu attaquée et dissoute par l'action réunie de l'oxygène et de l'acide libres. Ce fait, sur lequel M. Jacobi a fondé l'emploi des anodes, a servi à M. Smée à obtenir ce curieux résultat de graver directement par le courant galvanique une planche de cuivre. Voici comment ce physicien recommande d'opérer. La planche métallique, recouverte de cire ou de vernis sur ses deux faces, reçoit comme à l'ordinaire le dessin exécuté avec la pointe par la main de l'artiste. Cette planche est alors placée dans une dissolution de sulfate de cuivre en communication avec le pôle positif d'une pile; le circuit voltaïque est complété en mettant en rapport avec le pôle négatif une plaque de même dimension que la planche à graver. La décomposition ne tarde pas à s'effectuer; l'oxygène et l'acide sulfurique se portent sur la planche et dissolvent le cuivre dans les points où les traits ont été marqués.

Cette manière si nouvelle de graver présente, selon M. Smée, les avantages suivants : on évite les exhalaisons nitreuses qui se dégagent dans le procédé ordinaire; 2° l'action est plus uniforme qu'avec l'acide; 3° les creux viennent plus rapidement et avec une plus grande perfection, et l'on peut leur donner toute la profondeur nécessaire; 4° les traits sont d'une plus grande netteté; 5° il ne se dégage aucune bulle de gaz, tandis que dans le procédé ordinaire des bulles nombreuses adhèrent au métal et amènent une inégalité d'action. — La gravure galvanique est-elle destinée à remplacer dans nos ateliers la pratique habituelle de nos artistes? Il est difficile de le savoir, car les essais de ce genre de gravure n'ont pas été exécutés en France.

L'emploi de procédés analogues à ceux de la gravure galvanique a permis d'arriver à ce résultat intéressant et curieux, de transformer une plaque daguerrienne en une planche propre à la gravure et pouvant servir à donner, par le tirage typographique, des épreuves sur papier de l'image daguerrienne. Une épreuve photographique est composée, comme on l'a vu, de reliefs formés par le mercure, qui représentent les clairs, et de parties planes constituant les ombres, qui ne sont autre chose que l'argent de la lame métallique (1). Si l'on dépose du cuivre sur ces images, prises comme moules galvaniques, les reliefs deviendront des creux, et réciproquement, de sorte qu'en tirant des épreuves sur papier de ces planches recouvertes de cuivre, les clairs deviendront des ombres, et *vice versa*. M. Grove est arrivé à remplir ces conditions d'une manière satisfaisante en se servant de la planche daguerrienne comme anode attaché au pôle positif de la pile, et plongeant dans un liquide d'une nature chimique telle, qu'il attaque le mercure et respecte l'argent. Le liquide qui convient à cet objet délicat, de laisser l'argent inattaqué tout en dissolvant le mercure, est l'acide chlorhydrique étendu d'eau. Grâce à l'emploi de précautions et de soins particuliers, indiqués par le physicien anglais, on peut transformer une planche daguerrienne en une planche de graveur, et le tirage de cette planche donne sur le papier une épreuve sur laquelle on peut glorieusement écrire : *Dessinée par la lumière et gravée par l'électricité*.

Nous avons envisagé rapidement les applications diverses que l'on a faites jusqu'à ce jour de la galvanoplastie. Nous avons dû passer sous silence beaucoup de faits du même genre, parce que la pratique n'a pas encore permis d'en justifier suffisamment la valeur. On aimerait à pouvoir fixer dès aujourd'hui l'avenir réservé à ces moyens nouveaux. Cependant il est impossible de prévoir encore le rôle qu'ils sont appelés à jouer dans l'industrie moderne et de marquer définitivement leur place parmi les conquêtes récentes de la science et des arts. Au début d'une invention naissante il est malaisé de raisonner sur l'avenir. Parmi les procédés et les perfectionnements de la galvanoplastie que nous voyons chaque jour se produire autour de nous, il en est qui sont destinés, peut-être, à opérer une révolution dans la métallurgie actuelle; il en est d'autres qui ne seront jamais que des jeux d'enfants. En France, jusque dans ces derniers temps, la galvanoplastie industrielle n'avait pris qu'un essor des plus timides. Cependant, depuis un ou deux ans, elle commence à recevoir une extension plus sérieuse; l'habileté et le goût de quelques-uns de nos artistes ont fini par triompher de l'indifférence du public. M. Zier a répandu dans le commerce quelques pièces de grande dimension, remarquables par leur fini et leur délicatesse, et qui l'emportent de beaucoup, sous ce rapport, sur les produits de la ciselure et de la fonte. Nous

avons vu dans son atelier une réduction de la colonne Vendôme, de deux mètres de hauteur, qui suffit à faire pressentir tout ce que l'on peut attendre un jour de l'emploi de l'électricité appliquée à la reproduction plastique. Quelques autres artistes exécutent à Paris des ouvrages de petite dimension qui permettent d'apprécier le degré extraordinaire de finesse et de perfection de modelé qui est le propre des reproductions galvaniques. On trouve aujourd'hui dans le commerce des porte-monnaie de luxe, des coffrets, etc., revêtus d'une planche galvanoplastique de cuivre argenté, qui sont de nature à fixer le goût du public sur ces intéressantes et curieuses productions. Tout cela ne présente cependant encore rien de bien sérieux au point de vue industriel, et ne peut guère rivaliser avec les produits de ce genre si variés et si nombreux que l'on trouve en Angleterre. Les entraves que rencontre parmi nous le développement de l'électro-chimie tiennent surtout à l'existence de brevets qui jettent dans cette industrie nouvelle toutes sortes de difficultés et d'hésitations. Lorsque les brevets pour la dorure et l'argenture galvanique, et pour certains procédés de moulage galvanoplastique, seront définitivement tombés dans le domaine public, nous ne doutons point que la galvanoplastie industrielle ne reçoive aussitôt une impulsion considérable. La métallurgie électro-chimique deviendra alors un accessoire des plus heureux de la ciselure et de la fonte des métaux, en attendant qu'elle devienne leur rivale.

Application des procédés galvanoplastiques à la dorure et à l'argenture des métaux. — *Travaux de M. de Ruolz.* — *Dorure par immersion.* — *Dorure par la pile voltaïque.* — *Emploi industriel des procédés de la dorure chimique.* — *Orfévrerie argentée et dorée par les procédés Elkington et de Ruolz.* — Il y a quelques années, la profession de doreur sur métaux était considérée à bon droit comme l'une des plus insalubres des professions industrielles. Voici, en effet, le procédé qui était suivi pour la dorure du bronze ou du cuivre. On dissolvait de l'or dans une certaine quantité de mercure, et l'amalgame ainsi formé servait à barbouiller la pièce métallique ; en exposant ensuite le bronze amalgamé à l'action du feu, le mercure s'évaporait et laissait à la surface du métal une couche d'or, qu'il ne restait plus qu'à polir à l'aide du brunissoir. La nécessité d'avoir les mains constamment en contact avec le mercure, et surtout la présence de ce métal en vapeurs dans l'atmosphère des ateliers, altérait rapidement la santé des ouvriers doreurs ; le résultat presque constant de ces opérations dangereuses était la maladie connue sous le nom de *tremblement mercuriel*, auquel peu d'ouvriers pouvaient se soustraire, et qui compromettait leur existence de la manière la plus grave. A diverses époques, on avait essayé de parer à l'insalubrité de cette industrie. En 1816, un ancien ouvrier, devenu riche fabricant de bronzes,

(1) *Voy.* Photographie.

M. Ravrio, avait institué un prix de 3,000 francs pour l'assainissement de l'art du doreur. L'Académie des sciences décerna ce prix au chimiste d'Arcet, qui construisit, pour les ateliers de la dorure au mercure, des cheminées de formes et de dimensions particulières, calculées pour augmenter considérablement le tirage et entraîner au dehors toutes les vapeurs mercurielles. Cependant cette amélioration apportée à la disposition des ateliers n'avait qu'imparfaitement remédié au mal, car les ouvriers, avec leur insouciance ordinaire, ne tenaient aucun compte des précautions recommandées, et les fabricants eux-mêmes, bien que contraints par l'administration à construire leurs fourneaux dans le système de M. d'Arcet, se dispensaient de les faire fonctionner dans leur travail habituel. La statistique n'avait donc pas eu de peine à démontrer que la profession de doreur sur métaux était une de celles qui apportaient le contingent le plus triste au martyrologe de l'industrie.

La découverte de la galvanoplastie arriva sur ces entrefaites ; on s'occupait de toutes parts de chercher et d'étendre ses applications. Il vint donc assez naturellement à l'esprit des industriels et des savants la pensée d'employer l'agent galvanique comme moyen de dorure. Cette question offrait à divers points de vue une haute importance. Si l'on parvenait, en effet, à obtenir un dépôt d'or à la surface des métaux sans recourir aux moyens habituels de la dorure au mercure, on devait créer une branche d'industrie toute nouvelle et jusque-là sans analogue dans les arts. En même temps, on bannissait des ateliers cette funeste pratique de la dorure au mercure qui y faisait tant de victimes. Il y avait donc là à la fois une découverte scientifique, un grand succès industriel et une œuvre d'humanité. Dès l'année 1838, on commença à essayer les applications de la galvanoplastie à l'art du doreur, et, dès ce moment, il devint probable que le succès couronnerait ces efforts ; mais ce qu'il était difficile de prévoir, c'est que l'application des moyens électro-chimiques pût donner immédiatement de si brillants résultats, que l'industrie de la dorure au mercure en fut presque totalement ruinée, et qu'à la place de ces pratiques si nuisibles à la santé des ouvriers, on vit s'élever en quelques années une industrie nouvelle, plus économique dans ses procédés, plus prompte dans ses opérations et tout à fait exempte d'inconvénients et de dangers. Ce résultat remarquable est dû principalement aux travaux de M. Ruolz, dont la persévérance et le talent ont écrit une page des plus brillantes dans l'histoire de l'industrie contemporaine.

M. de Ruolz, homme du monde et compositeur habile dont le théâtre Saint-Charles de Naples et le grand Opéra de Paris ont successivement applaudi les œuvres lyriques, avait été amené, à la suite de quelques revers de fortune, à s'occuper de chimie industrielle. Son attention fut portée sur le fait de la dorure et de l'argenture des métaux par la pile, question qui, à cette époque, occupait beaucoup les esprits et était devenue déjà, en Angleterre et en Allemagne, l'objet de travaux sérieux. M. de la Rive, à Genève, était entré le premier, avec succès, dans cette voie qui devait conduire un jour à des résultats si brillants.

Comme tous les esprits élevés, M. de la Rive affectionne particulièrement les travaux scientifiques dont les applications peuvent servir au bien-être et au perfectionnement de l'humanité. C'est à ce titre qu'il avait entrepris en 1825 des recherches ayant pour but de substituer à la dorure au mercure la dorure par les courants électriques. Mais la science n'était pas encore assez avancée à cette époque pour permettre une entière réussite. M. de la Rive ne résolut que très-imparfaitement le problème ; il parvint à dorer seulement le platine, ce qui était évidemment d'une bien mince utilité. Son insuccès tenait surtout à l'insuffisance des piles voltaïques que l'on connaissait alors, et qui ne permettaient pas d'obtenir les courants constants et réguliers que nous produisons si facilement aujourd'hui. Cependant, quinze ans après cette époque, en 1840, guidé par les beaux résultats obtenus par M. Becquerel avec les courants électriques d'une faible intensité, encouragé aussi par les premiers succès de MM. Spencer et Jacobi qui commençaient à faire dans le monde savant une certaine sensation, M. de la Rive reprit ses premières tentatives. Il fut plus heureux cette fois ; il ne put néanmoins résoudre encore qu'une partie du problème. Il dora l'argent, le cuivre et le laiton, mais son procédé était loin d'offrir tous les avantages désirables.

Voici comment opérait M. de la Rive. La dissolution qu'il employait était le chlorure d'or neutre, la source d'électricité une pile simple. L'objet à dorer était placé, ainsi que la dissolution, dans un sac cylindrique formé d'une membrane de vessie ; on plongeait ce sac dans un vase rempli d'eau acidulée ; une lame de zinc était placée dans ce vase et communiquait, au moyen d'un fil de cuivre, avec l'objet à dorer. Ce procédé était fort imparfait. La première couche d'or était assez épaisse et assez adhérente, mais les autres devenaient pulvérulentes ; il fallait alors retirer la pièce, la frotter de manière à enlever la couche pulvérulente, puis la remettre dans la dissolution, et répéter cette opération un certain nombre de fois avant d'avoir une couche d'or suffisamment épaisse. En outre on ne réussissait pas toujours à obtenir un ton de dorure convenable. Souvent le chlore rendu libre par la décomposition du chlorure d'or venait attaquer et noircir la pièce, malgré la couche d'or dont elle était recouverte. Enfin une grande portion de l'or se déposait sur la vessie, ce qui amenait une perte notable de ce métal précieux.

Les essais de M. de la Rive n'eurent donc pas de suite au point de vue industriel. Cependant les succès croissants de la galvano-plastie faisaient aisément comprendre qu'il ne serait pas impossible d'en tirer, en les perfectionnant, un parti plus avantageux. En effet, ce que Jacobi et Spencer avaient exécuté avec le cuivre, on pouvait espérer le reproduire avec l'or, métal d'une ductilité et d'une malléabilité bien supérieures à celles du cuivre. La non-réussite du procédé de M. de la Rive devait donc être attribuée à la nature des dissolvants employés par ce physicien, plutôt qu'a l'or lui-même, et le problème de la dorure galvanique était simplifié jusqu'au point de ne plus exiger que la recherche de dissolutions particulières de l'or, et l'application à ces composés de ces piles à courant constant qui donnaient dans les expériences galvanoplastiques de si heureux résultats.

M. Boetger, en Allemagne, perfectionna les moyens employés par M. de la Rive. Au cylindre de baudruche il substitua, dans l'appareil de M. de la Rive, un tube de verre de 4 centimètres, ouvert à l'un de ses bouts et fermé à l'autre extrémité par un morceau de vessie. A lieu de chlorure d'or simple, il employait le chlorure double d'or et de sodium. A l'aide de ces précautions, M. Boetger réussit à dorer assez facilement des objets de fer et d'acier préalablement décapés à leur surface, par leur immersion dans de l'acide chlorhydrique affaibli.

M. Elsner répéta les expériences de Boetger en opérant avec un appareil presque semblable. Il remarqua que le bain doit avoir une très-faible acidité, que les objets prennent une dorure d'autant plus belle qu'ils sont mieux polis et que le courant est plus faible. Enfin, ce qui constitue le point important de ses observations, M. Elsner reconnut l'utilité d'ajouter au chlorure double d'or et de sodium une dissolution de carbonate de potasse. Cette modification faisait déjà pressentir l'utilité, pour la dorure galvanique, des dissolutions alcalines d'or qui ont été employées plus tard avec tant de succès.

Tel était l'état de la question lorsque M. de Ruolz commença ses travaux. Par une série de persévérantes recherches, ce chimiste résolut d'une manière complète le problème général de la précipitation galvanique des métaux les uns sur les autres. Non-seulement, en effet, il découvrit un très-grand nombre de procédés différents pour argenter et dorer les métaux par la pile de Volta, mais il trouva encore les moyens d'obtenir à volonté la précipitation galvanique de presque tous les métaux usuels. Il alla plus loin que Spencer et Jacobi; car non-seulement il put précipiter avec économie l'or sur le cuivre, l'argent, le platine, etc., mais il parvint aussi à réaliser sur un métal donné la précipitation de la série de tous les autres métaux.

Le 9 août 1841, M. de Ruolz présenta à l'Académie des sciences un mémoire dans lequel il exposait le résultat de ses recherches, et à propos de ce mémoire, M. Du-mas écrivit, le 29 novembre suivant, un rapport très-étendu. Le beau rapport de M. Dumas, qui fixe avec une précision remarquable l'état de la question de la dorure au double point de vue scientifique et industriel, fut un véritable événement dans la science, et donna aux travaux de M. de Ruolz un retentissement considérable.

Les procédés de M. de Ruolz pour la dorure et l'argenture des métaux par la voie galvanique ont été acquis par M. Christophe, qui a fondé à Paris un établissement des plus importants pour l'application des nouveaux procédés de la dorure chimique. Nous donnerons ici quelques détails sur cette branche nouvelle de l'industrie, qui emprunte exclusivement à la science ses appareils et ses procédés.

La nouvelle industrie de la dorure chimique se compose de deux branches distinctes : la *dorure par immersion* et la *dorure par voie galvanique*. La première, qui a été imaginée et mise en pratique en Angleterre par M. Elkington, dès l'année 1836, ne peut donner à la surface du cuivre qu'une couche d'une excessive minceur; elle sert exclusivement pour le filigrane et tous les objets d'ornementation qui ne doivent pas être soumis à des frottements habituels. La dorure galvanique, qui est due aux recherches simultanées de MM. Elkington et de Ruolz, s'applique à tous les objets destinés à de longs usages. Exposons rapidement les procédés de chacune de ces deux branches de la dorure chimique.

Toutes les fois que l'on plonge dans une dissolution métallique un métal qui est plus oxydable que celui de la dissolution, ce dernier se précipite; il se dépose sur le métal immergé, qui lui-même se dissout alors dans le liquide. Que l'on place, par exemple, une lame de cuivre dans une dissolution d'azotate d'argent, la lame de cuivre se recouvrira d'argent métallique, et en même temps une portion de cuivre, passant à l'état d'azotate, entrera en dissolution dans la liqueur pour remplacer l'argent précipité. Le même fait se reproduirait avec toutes les dissolutions des sels d'argent; il y aurait toujours précipitation de l'argent et dissolution d'une quantité correspondante de cuivre. Ce principe établi, il est facile de comprendre théoriquement le nouveau procédé de dorure par voie humide, qui est connu dans le commerce sous le nom de *dorure au trempé* ou *dorure par immersion*. L'opération s'effectue en plongeant les objets de cuivre dans la dissolution d'un sel d'or. Il se fait aussitôt sur le cuivre un dépôt d'or métallique aux dépens d'une partie correspondante du métal de la pièce immergée. On comprend que la couche d'or déposée doit être excessivement mince, car le dépôt est dû à l'action du cuivre sur la dissolution d'or, action qui cesse dès que l'or recouvre exactement le cuivre et le met ainsi à l'abri de l'action ultérieure de la liqueur.

C'est là le principe de la dorure par immersion; quant aux moyens pratiques, ils sont de la plus grande simplicité. La dissolution d'or sur laquelle on opère est du chlorure d'or que l'on fait bouillir pendant deux heures avec une assez grande quantité de bicarbonate de potasse; l'acide carbonique se dégage et le composé se transforme en aurate de potasse, sel qui a la propriété de céder l'or au cuivre à la température de l'ébullition. Ce liquide étant entretenu bouillant dans une bassine de fonte, on y plonge les objets à dorer (préalablement bien nettoyés et décapés par un acide), en les suspendant à une tige de métal que l'opérateur tient à la main. L'objet est doré en quelques secondes. Rien n'est plus curieux que de voir les pièces de cuivre plongées dans le liquide, et qui sortent du bain recouvertes aussitôt d'une couche d'or du plus bel éclat. L'objet doré, lavé dans une cuve d'eau, est ensuite séché à la sciure de bois, selon une pratique en usage dans l'orfévrerie. Par cette nouvelle méthode, la dorure d'un kilogramme de cuivre en lames très-minces ne coûte que de 18 à 20 francs; par l'ancien procédé elle coûtait souvent jusqu'à 120 francs pour les objets estampés; de plus, quand les pièces étaient minces et délicates, elles résistaient difficilement à l'action du mercure.

La dorure *au trempé* ne peut s'appliquer qu'aux objets de cuivre et à ses alliages, et ne donne à leur surface qu'un vernis d'or d'une excessive ténuité. Passons à la dorure par voie galvanique, qui permet de dorer tous les métaux, et d'obtenir une dorure à toutes les épaisseurs.

La dorure électro-chimique est fondée sur les mêmes principes que la galvanoplastie. La pièce à dorer est attachée au pôle négatif d'une pile d'Archereau, et les deux pôles de la pile plongent dans la dissolution du sel d'or; celle-ci est réduite sous l'influence du courant, et l'or vient se déposer au pôle négatif, c'est-à-dire sur la pièce à dorer. Au pôle positif de la pile plongeant dans le bain, on attache une lame d'or, c'est-à-dire un *anode* destiné à remplacer le métal au fur et à mesure de sa précipitation. Le succès de l'opération tient surtout à la nature des dissolutions d'or employées. Il ne suffit pas, en effet, d'obtenir un dépôt d'or métallique, il faut qu'il adhère assez fortement sur le métal pour subir l'action du brunissoir. Il faut encore que le dépôt conserve son adhérence, même lorsque la couche d'or a une certaine épaisseur. La variété extrême de composés d'or que M. de Ruolz a essayés et a mis en usage, lui a permis de résoudre complétement ces difficultés. Le cyanure d'or, dissous dans le prussiate jaune de potasse ou le cyanure simple, est le composé le plus employé dans la dorure galvanique. Le chlorure d'or et les chlorures doubles dissous dans les mêmes cyanures, le sulfure d'or, réussiraient également.

M. Rouget de Lisle a fait ressortir d'une manière fort remarquable les avantages de la dorure galvanique dans un article inséré dans le *Dictionnaire des arts et manufactures,* ainsi que les dangers auxquels elle expose

le commerce et même la société, de devenir les victimes d'adroits filous qui peuvent facilement abuser de cette prodigieuse découverte, pour tromper la bonne foi. Nous regrettons de ne pouvoir reproduire intégralement ce travail si judicieux; nous sommes donc forcé de nous contenter d'en donner l'analyse, à laquelle nous ajoutons les réflexions sur l'*Art du doreur à la pile.*

Par ce procédé, l'on dore tous les métaux: le cuivre, l'argent, le fer, l'acier, le bronze, le laiton, le maillechort se revêtent, en quelques minutes, au moyen de la dorure par immersion, de la riche couleur de l'or. C'est ainsi, aujourd'hui, que l'on obtient le vermeil; on varie même à volonté l'épaisseur de la couche d'or: l'art est parvenu à un tel degré de perfection que, sur la même pièce l'on obtient, en même temps, l'or mat et l'or poli; bien plus, au moyen d'un vernis, l'on établit des réserves, et plongeant successivement la même pièce dans un bain d'or et dans un bain d'argent, l'on reproduit des dessins mêlés d'or et d'argent, et d'un effet très-remarquable. Nous avons vu, au palais de l'Industrie, des armes décorées de ces riches dessins qui excitaient l'admiration des visiteurs.

Que d'élégance, que de délicatesse dans les objets d'ornementation fabriqués avec le bronze doré par la voie galvanique! L'industrie produit réellement des prodiges éblouissants d'éclat. C'est toute une révolution enfantée dans les arts de luxe par le nouveau genre de dorure.

Qui n'a remarqué encore les magnifiques produits de la coutellerie, sur lesquels l'or est venu s'appliquer en charmants dessins? A côté du poli de l'acier, l'on voit, avec surprise, s'épanouir des fleurs d'or sur des couteaux de dessert et sur les instruments de chirurgie.

Ce n'est pas seulement l'or qui se dépose en couches plus ou moins épaisses, au moyen de la pile électrique. En employant des dissolutions convenablement préparées, M. Ruolz dissout tous les métaux; l'argent, le platine, le cuivre, le plomb, le zinc, etc., s'appliquent avec une grande facilité sur les autres métaux qui sont d'un usage habituel. Aussi, maintenant, la fabrication du plaqué est, pour ainsi dire, complétement abandonnée pour l'argenterie.

L'application galvanique du zinc est devenue une opération industrielle très-importante et elle prend chaque jour de nouveaux développements; mais le commerce de notre pays ne connaît pas encore ou du moins n'apprécie pas encore tous les services qu'elle peut rendre. Cependant l'on voit depuis quelques années chez les quincailliers divers objets *en fer galvanisé :* cette fonte ou ce fer qu'on dit très-improprement galvanisé, n'est rien autre chose qu'un fer recouvert de zinc, au moyen de l'immersion dans un bain de zinc fondu. Or, cette couche de ce métal préserve le fer et la fonte de la rouille ou de toute autre altération qu'y produit l'air ou l'eau. Aussi ce fer galvanisé présente-t-il d'immenses avantages sous le rapport de la durée, et il résiste avec plus de force aux agents extérieurs que le fer non galvanisé.

Après ce simple exposé des services que rend actuellement la galvanoplastie, il est aisé de comprendre quel rôle elle est appelée à jouer dans l'industrie. Les arts en recevront une nouvelle impulsion; un champ nouveau est ouvert à l'industriel, et l'on en peut déjà présager de nombreux avantages pour l'économie domestique et usuelle. C'est surtout sous ce rapport que doit être étudiée désormais la galvanoplastie. Il est sans doute avantageux qu'on ait pu l'employer pour le luxe; c'est un service dont la classe aisée a déjà profité; mais l'industriel qui le premier trouvera le moyen de la rendre profitable à la classe ouvrière, aura bien mérité de l'humanité.

Mais, dit M. Rouget de Lisle, « en toute chose humaine le mal se trouve placé à côté du bien. En matière d'industrie, nos forces ne peuvent s'agrandir et s'étendre, sans fournir en même temps à la fraude des ressources nouvelles jusque-là inconnues. La galvanoplastie qui promet à l'humanité les plus sérieux avantages, apporte en même temps avec elle la menace d'imminents périls. » Pourquoi donc dissimulerions-nous nos craintes à ce sujet et n'avertirions-nous pas avec M. Rouget de Lisle le public de se tenir sur ses gardes? C'est au gouvernement à redoubler de vigilance et à prévenir le mal avant qu'il ne se déclare. C'est à la science à imaginer les moyens de conjurer les périls qui menacent la société, afin que ses découvertes ne jettent pas la perturbation là où il a voulu établir le bien-être. La galvanoplastie se trouve donc jetée dans l'industrie comme un appât au crime aussi bien qu'à une honnête exploitation. Le faux monnayeur, le faussaire peut s'en emparer comme l'honorable artisan, et le danger est d'autant plus grand que la monnaie d'or se multiplie maintenant presque à l'infini. Il est facile de comprendre quel usage peut faire de la dorure galvanique un faussaire à la convoitise duquel l'honneur et la conscience n'opposent aucun frein. Nous imiterons la sage retenue de M. Rouget de Lisle, et nous n'entrerons pas dans de plus amples explications. « On voit assez, dit-il, dans quelle situation se trouvent placés désormais la société et le commerce en présence d'un art encore à peine ébruité, qui permet de copier en quelques minutes et avec la plus parfaite exactitude toutes les surfaces en relief; d'un art qui, avec l'objet resté seulement quelques instants entre les mains du contrefacteur, permet d'en obtenir le moule et avec ce moule de reproduire l'original avec une fidélité si entière qu'il est impossible à l'œil le plus exercé de distinguer le modèle de la copie; d'un art, enfin, qui permet de dorer, d'argenter, de platiner toute matière métallique à toute épaisseur, sans altérer en rien ses formes extérieures, et dont les produits

s'obtiennent sans bruit, sans appareil, sans dépense, sans secours étranger, et dans l'emplacement le plus exigu. »

GAMMOGRAPHIE (*art de rayer le papier*). *Invention de M. Rohberger.* — La machine de l'auteur est simple; néanmoins sa description complète serait peu intelligible pour des personnes peu accoutumées aux termes de la mécanique. Le premier moyen mis en œuvre pour rayer le papier est une table solidement établie, recouverte d'un drap bien tendu, sur laquelle est fixé un chassis en bois dont les dimensions excèdent un peu le plus grand papier qu'on puisse avoir à rayer. Ce chassis reçoit le papier et opère son mouvement autour de deux charnières qui l'unissent à la table par l'un des bords; on attache, à chaque face extérieure du châssis, une lame d'acier poli par les deux bouts et au milieu pour le placement des tire-cordes qui traversent le châssis d'outre en outre. Ces cordes, dont la position est variable suivant la grandeur du papier à rayer, servent à tenir celui-ci appliqué sur la table et à porter de petits mentonnets qu'on fixe sur un point quelconque de leur longueur, afin de pouvoir obtenir des lignes interrompues et de différentes mesures. L'instrument appelé rayeur est garni d'un nombre de tire-lignes proportionné au nombre de lignes qu'on veut tracer sur le papier. Ces tire-lignes sont séparés les uns des autres par des espaces en bois ou des feuilles de laiton, de manière à copier exactement le modèle donné. On place la direction du rayeur de manière que chaque tire-ligne corresponde exactement au modèle. Ces précautions étant prises, on encre les tire-lignes. L'ouvrier prend alors à deux mains le rayeur, il le tire à lui en appuyant légèrement dessus; un des côtés de la feuille étant rayé, on la retourne, en ayant soin de mettre les pointes dans les mêmes trous.

(Ext. du *Dict. des décou.*, t. V, p. 55.)

GARANCE. — La garance est une plante dont il y a plusieurs espèces, qui toutes fournissent plus ou moins de teintures.

L'ayala ou jasi de Smyrne, qui donne les belles teintures écarlates, et qu'on emploie à Aubenas, est une vraie garance.

Il en vient naturellement dans les haies et dans les bois, dont les racines, séchées avec précaution, teignent aussi bien que l'ayala de Smyrne.

La petite garance ou garance sauvage est commune sur les côtes de la Méditerranée, quoiqu'on en fasse peu d'usage en Europe; les Indiens s'en servent pour leurs couleurs, qui sont partout estimées. On ne cultive ordinairement pour la teinture que celle qui est de grande espèce et qu'on nomme en latin *rubia tinctorum sativa.*

La racine de la garance est d'un usage fort étendu pour la teinture des laines, du coton et des étoffes; elle les teint en rouge. Cette couleur, à la vérité, est peu brillante, mais elle résiste sans altération à l'action de l'air, et aux ingrédients qu'on emploie pour éprouver sa ténacité; on l'emploie aussi pour donner de la solidité à beaucoup de couleurs composées.

Ces avantages ont engagé le ministère de France à encourager la culture d'une plante qui devient d'une si grande importance pour plusieurs manufactures. Ce motif l'a porté à accorder, en 1756, des priviléges en faveur de ceux qui entreprendraient de la cultiver.

M. Duhamel du Monceau, de l'Académie des sciences, fut spécialement chargé par le gouvernement de publier, en 1757, un mémoire sur la garance et sur sa culture. Ce mémoire fut bientôt enlevé, étant devenu très-utile à une quantité de manufactures de toiles établies depuis peu. L'auteur en a donné une nouvelle édition en 1765, dans laquelle il a marqué les progrès dans la culture et l'emploi de la garance. C'est principalement de ce mémoire que nous allons extraire les observations concernant cette plante. La culture de la garance n'est point nouvelle en France: on en fait venir depuis longtemps aux environs de Lille (Nord), mais on reproche aux cultivateurs de ce pays de ne point laisser le temps à cette racine de prendre toute sa force et sa maturité; c'est pourquoi celle de Zélande est la plus recherchée; on la nomme *grappe de Hollande.*

L'ayala que l'on cultive dans les plaines de Smyrne, séchée sans feu, est l'espèce de garance qui donne au coton rouge ce vif incarnat que l'on appelle rouge d'Andrinople, belle couleur qu'on est parvenu à imiter dans certaines manufactures de France.

Description de la garance. — La garance pousse des tiges longues de trois à quatre pieds, carrées, noueuses, rudes au toucher; elles se soutiennent assez droites; chaque nœud est garni de cinq ou six feuilles posées dans le pourtour de la tige ou, comme disent les botanistes, *verticillées.*

Les fleurs naissent vers les extrémités des branches; elles sont d'une seule pièce figurée en godet, percées dans le fond, découpées par leurs bords en quatre ou cinq parties; leur couleur est d'un jaune verdâtre; on aperçoit dans l'intérieur quatre étamines et un pistil fermé d'un style fourchu, porté sur un embryon qui fait partie du calice.

Cet embryon devient un fruit composé de deux baies succulentes, attachées ensemble. Quand les fruits sont mûrs, chaque baie contient une semence presque ronde recouverte par une pellicule. Les racines de cette plante sont longues, rampantes, de la grosseur d'un tuyau de plume, quelquefois de celle du petit doigt, ligneuses, rougeâtres, et elles ont un goût astringent; c'est cette seule partie que l'on emploie pour les teintures.

M. d'Ambourney, de la Société d'agriculture de Rouen, a cultivé une espèce de garance qui s'est trouvée sur les rochers d'Oissel, en Normandie, dont les racines lui ont donné une aussi belle teinture que l'ayal de Smyrne.

Cette garance d'Oissel pousse plus au printemps que celle de Lille. Ses tiges sont menues, et se penchent jusqu'à terre dès qu'elles se sont à peine étendues de la longueur d'un pied.

Les feuilles de cette espèce sont plus étroites que celles de la garance de Lille. La principale différence qui distingue ces deux garances est que les racines de celle d'Oissel sont moins grosses et moins vives en couleur. On pense que la garance d'Oissel est celle dite *rubia sylvestris, persulana major.*

M. Hellot met au nombre des garances la plante de la côte de Coromandel dont la racine teint le coton en beau rouge; il nomme cette plante *chal,* et dit qu'elle se trouve abondamment dans les bois de la côte de Malabar, qu'on la cultive à Turkovin et à Vaoun, et qu'on estime beaucoup celle de Perse nommée *dumas.*

Culture et récolte de la garance. — La garance subsiste dans toutes sortes de terre; mais elle ne donne point partout également de belles productions. Elle ne se plaît pas dans les terrains secs, elle aime les terres douces, substancieuses et humides en dessous; mais elle périt dans les terrains aquatiques et quand elle est submergée. Elle réussit bien dans un sable gras qui est assis sur la glaise. Alors ses racines ne pouvant pénétrer la glaise, s'étendent sur ce fond. Elles s'y multiplient et deviennent fort grosses.

La garance que l'on cultive dans la Zélande croît dans un terrain gras, argileux et un peu salé.

On peut aussi conclure, d'après quelques expériences de M. de Corbeilles, que les marais desséchés sont propres pour la garance.

Quand on veut établir une garancière dans une terre déjà en valeur, il suffit de lui donner quelques profonds labours. Les racines s'étendront d'autant mieux que la terre aura été ameublie à une plus grande profondeur.

Si l'on se propose de planter de la garance dans une terre en friche, il faut détruire les mauvaises herbes, qui en rendraient la culture très-pénible. Il faut mettre la terre en état de labour et faire en sorte qu'elle soit bien divisée avant d'y semer ou d'y planter la garance, en mai, avril et juin. On ne recueille point de graines de la garance des environs de Lille, parce qu'on est dans l'usage d'y couper les tiges avant que la graine soit mûre et bien formée.

La garance d'Oissel, et celles qui croissent naturellement dans d'autres provinces, fournissent quantité de graines, ainsi que l'ayala de Smyrne. Ces espèces fournissent de la graine dès la première année. et dans la seconde on recueille jusqu'à deux mille graines sur un seul pied.

Quand on est pourvu d'une assez grande quantité de plantes, on en fait couper les grappes aussitôt que la plus grande partie des graines est mûre; on étend ces grappes dans des draps à l'exposition du soleil. **Au** bout de deux ou trois jours, l'herbe étant suffisamment sèche, on bat le tout avec des baguettes. La bonne graine se sépare aisément d'avec la verte. Ensuite on la vanne. Cette graine est réputée mûre quand elle est noire ou violette. On l'expose une seconde fois au soleil jusqu'à ce qu'elle devienne sonore ; cela est d'autant plus essentiel, que, si la pulpe qui l'environne n'était pas desséchée, elle se moisirait pendant l'hiver et ferait moisir le germe.

M. d'Ambourney conseille, pour abréger l'opération, de faire couper l'herbe avec la faux. La récolte se fait dans le mois de septembre. Si l'on voulait semer cette graine sur-le-champ sur une couche, on serait dispensé de la faire sécher, puisque l'humidité qu'elle contient en favorise la germination.

Lorsqu'on a peu de semence et qu'on désire une prompte multiplication, il faut la semer sur couche, comme M. d'Ambourney l'a pratiqué.

Pour établir cette couche, on fait en terre une tranchée de deux pieds, on la remplit de fumier de cheval, d'âne ou de mulet ; on foule bien cette litière, et on en comble la tranchée de trois pouces plus haut que le terrain. Si le temps est au hâle, on jette par-dessus quelques seaux d'eau et on charge cette couche de vieux terreau ou de terre légère à l'épaisseur de quatre ou cinq pouces ; on presse un peu cette terre avec les mains ; on laisse alors passer la chaleur du fumier ; on met lit par lit, dans un pot, de la terre et de la graine qu'on veut semer, et on l'arrose légèrement. Au bout de huit jours, la graine est germée et en état d'être semée.

Il sera bon d'établir cette couche le long d'une muraille, à l'exposition du levant ou du midi, et avoir soin de la garantir des vents froids avec des paillassons.

Vers la fin de février, quand la grande chaleur de la couche est passée et que la graine est germée, on fait des rigoles à trois pouces de distance les unes des autres et d'un pouce de profondeur, dans lesquelles on répand la graine germée mêlée avec la terre du pot. Il est commode, pour sarcler, que la graine soit semée par rangées.

Les plantes se montrent ordinairement au bout de cinq à six jours. Si l'on a soin de les arroser fréquemment, elles seront en état, au mois d'avril, d'être levées et d'être mises en terre.

Quand on jugera que les plantes sont assez fortes pour être arrachées, on mettra de nouvelles graines dans un pot, mêlées avec de la terre pour faire germer, et on la répandra sur la même couche dès qu'elle aura été dégarnie du premier plant. Les cultures seront les mêmes que pour la première opération, excepté qu'on sera dispensé de prendre des précautions contre les gelées, qui ne sont pas alors tant à craindre.

On peut encore faire germer de la graine et en garnir la même couche, mais rarement pourra-t-on la replanter dans la même année : on sera obligé de la laisser sur la couche jusqu'au commencement du printemps de l'année suivante. Ainsi on peut faire aisément trois récoltes de plant sur une même couche.

Ces semis peuvent encore se faire sur des planches de potager bien labourées. Alors on couvrira les semences d'un pouce et demi ou deux pouces de terreau. On ne peut semer en pleine terre avant le 10 ou le 12 avril.

Quand il est question de lever ces différents plants, il faut avoir une singulière attention à ménager les racines, et à ne faire la transplantation que lorsque le temps sera porté à la pluie.

M. d'Ambourney a encore réussi à semer cette graine germée dans la garancière même ; mais il faut pour cela que la terre soit bien ameublie par les labours. Le moyen de se procurer abondamment de la graine est de ne point arracher les plantes d'un champ où les racines seraient assez grosses pour qu'on pût les employer à la teinture. Au reste, ces plants, qu'on aura laissé subsister une année de plus en terre, fourniront une plus grande quantité de très-belles racines.

Quand on a une grande quantité de beaux plants élevés sur couches ou en planches, il faut les mettre en place : pour cela on prépare la terre et on la nettoie des mauvaises herbes. Un homme lève le plant et le met dans des corbeilles, qu'il recouvre avec de l'herbe ; on transporte ces corbeilles à d'autres ouvriers, qui plantent les pieds de garance avec la cheville en mettant un bon pied de distance entre chaque rangée, afin d'avoir la liberté de donner plus facilement de légers labours, et de rechausser les pieds quand il en est besoin.

Si l'on se trouve dans une province où la garance croît naturellement dans les bois ou le long des vignes, on peut arracher ces pieds de garance en ménageant les racines et surtout les traînasses ou racines rampantes qui s'étendent entre deux terres.

Si l'on a l'attention que ces racines soient près de la superficie de la terre, la plupart pousseront dans peu de nouvelles tiges, qui formeront autant de pieds. Ce plant fournit beaucoup ; de sorte que quatre milliers suffisent pour garnir un arpent. Ces gros pieds poussent ordinairement avec force, et ils donnent dès la première année beaucoup de graines et encore plus à la seconde, si c'est l'espèce d'Oissel. La garance peut se replanter toute l'année, pourvu qu'on la fasse pendant un temps humide ; mais la saison est vers la fin du mois de septembre.

Un bout ou un tronçon de racine, pourvu qu'il ait un bouton et un peu de chevelu, produira un pied lorsqu'on le mettra en terre à un peu de profondeur.

Quand on a de grandes pièces de terre en garance, on peut se procurer beaucoup de provins sans faire de tort à la garancière que l'on cultive pour vendre. Pour cet effet, lorsque la garance a poussé des tiges de huit ou dix pouces de longueur, on arrache ces tiges, une partie des brins vient avec de petites racines, qui reprennent très-aisément; d'autres ne montrent qu'un peu de rouge; et la reprise de celles-là n'est pas aussi certaine. Suivant l'usage de Lille, on arrache le provin dans le mois de mai; on le prend dans un champ de vieille garance, et on le replante à la pioche dans le champ qu'on veut garnir. Les sillons sont éloignés les uns des autres de quinze pouces, et les pieds sont à trois pouces de distance entre eux. On fait les planches de dix pieds, et elles sont séparées par des sentiers de quinze pouces de largeur.

Si la garance a été plantée en automne, on doit se contenter de donner de temps en temps des labours aux plates-bandes avec une charrue légère; et, lors de cette culture, on couche de côté les nouvelles pousses, qu'on recouvre d'une petite épaisseur de terre.

Ceux qui ne font point de cas des couches se contentent de rechausser les pieds en chargeant les planches avec de la terre meuble des plates-bandes.

Soit qu'on fasse des couches ou non, il faut avoir grande attention de ne pas recouvrir entièrement de terre les tiges de la plante : leur extrémité doit se montrer à l'air.

Après que la récolte de la garance a été faite et quand le terrain est vide, on doit le labourer en entier pour y mettre de nouvelle garance, ayant attention de placer les planches au milieu de l'espace où étaient les plates-bandes.

Dix-huit mois après que cette seconde garance est récoltée, si l'on dispose du même terrain à être semé en grain, on peut être assuré d'y faire d'abondantes récoltes, car, outre que la garance n'épuise pas la terre, les labours répétés qu'on a été obligé de faire la disposent admirablement bien pour toutes sortes de productions.

Les racines sont la partie vraiment utile de la garance; la récolte s'en fait dans les mois d'octobre ou de novembre. Il faut que les racines aient eu le temps de grossir assez. Le moyen le plus prompt pour faire la récolte de ces racines est de refendre les planches; des femmes arrachent les racines avec des crochets, et les hommes rompent les mottes avec des pioches, pour que les racines se détachent plus facilement.

Si on fait la récolte dans un temps sec, on est dispensé de laver les racines; mais, si la terre est humide, il faut les laver ou plutôt les nettoyer avec les mains, afin de ne pas dissoudre la partie colorante.

Desséchement de la garance. — A mesure que les racines sont ramassées, on les étend sur un pré et on les dessèche au vent et au soleil.

On transporte ces racines dans des charrettes garnies de toiles, on les étend dans des greniers ou sous des hangars, et on les met ensuite à l'étuve.

La racine de garance est difficile à dessécher. Son suc est visqueux, et elle perd à l'étuve $\frac{7}{8}$ de son poids. On ne doit pas trop précipiter le desséchement par une chaleur trop vive; on peut cependant l'échauffer à 40 et 43 degrés Réaumur.

On prétend qu'à Smyrne on fait dessécher la garance au soleil ou par la seule action du vent.

Il ne suffit pas que la garance soit assez desséchée pour ne point se gâter, il faut encore la pulvériser ou la grapper. On reconnaît que la garance est assez desséchée, quand elle se rompt net en la pliant; et il faut savoir qu'elle continue à se dessécher, lorsqu'au sortir de l'étuve on l'étend à une petite épaisseur dans un grenier. Avant que les racines soient refroidies, on les met sur une claie serrée et on les bat à coups de fléau, puis on les vanne pour séparer les grosses racines d'avec le chevelu et encore de l'épiderme et d'une portion de terre fine que l'action rend facile à détacher.

Les petites racines dépouillées en partie de leur épiderme peuvent être rejetées, mais en Hollande on les conserve pour les teintures communes.

Voici une méthode communiquée par M. d'Ambourney pour rober la garance.

On met les racines, triées, épluchées et séchées, dans un sac de toile rude; on les y secoue violemment. Le frottement du sac et celui des racines les unes contre les autres détachent presque entièrement l'épiderme, qui achève ensuite de se séparer aisément au moyen du van.

On a par cette méthode de belles racines robées; mais cette préparation ne convient qu'aux teinturiers curieux de leur art, et ne pourrait donner aux cultivateurs un prix proportionné aux dépenses.

On ne peut guère compter que sur 4 ou 5,000 racines vertes de garance par arpent.

Si l'on se propose de grapper cette racine, il faut s'attendre à la voir réduite par la chaleur de l'étuve à un huitième de son poids, de sorte que 8 milliers de racines vertes ne produiront qu'un millier de racines sèches; sans cela elles pourraient se corrompre et se peloter sous les pilons du moulin. Au sortir de l'étuve, la garance est en état d'être vendue aux teinturiers; quelques-uns préfèrent l'acheter en racines plutôt que grappée. Ces racines se chargent aisément de l'humidité de l'air; c'est pourquoi, sitôt qu'elles sont sèches, il faut les arranger, le plus pressé qu'il est possible, dans des barils : c'est de cette sorte ou dans des sacs qu'on transporte la garance à sa destination.

Ceux qui se proposent de pulvériser la garance mettent les racines au sortir de l'étuve sous les pilons, et on tient dans un lieu chaud celles qu'on ne peut encore faire passer sous les pilons ou sous la meule.

On doit à M. d'Ambourney l'expérience d'employer la garance verte sans la dessécher ni la pulvériser.

Cet habile agriculteur commence par faire laver la racine; et, comme il était prévenu qu'en séchant elle perd les $\frac{7}{8}$ de son poids, il jugea qu'il convenait d'employer huit livres de racines vertes pour un bain où l'on aurait employé une livre de garance sèche. Il pila dans un mortier cette garance fraîchement arrachée, et ayant employé un peu moins d'eau que de coutume, il teignit du coton suivant le procédé ordinaire. Ayant trouvé, après l'opération, que le bain était encore très-chargé de couleur, quoique le coton fût tellement imprégné de teinture, qu'il fallût lui faire essuyer deux débouillis pour le dégrader jusqu'à la couleur d'usage, il recommença l'épreuve, qui lui fit connaître que 4 livres de garance fraîche font le même effet qu'une livre de garance sèche et en poudre : d'où il a conclu que l'on pouvait épargner une moitié des racines de garance. Ce n'est pourtant pas là que se borne l'économie.

1° On est dispensé d'établir des étuves pour sécher la garance et des hangars pour la conserver.

2° On ne court point le risque que peut produire un desséchement trop précipité.

3° On évite le déchet et les frais du robelage et du grappelage : dans ces deux opérations, toutes les petites racines tombent en billon.

4° On épargne les frais du moulin, le déchet et les fraudes qui peuvent en résulter.

5° Enfin on n'est pas exposé à ce que les racines moulues s'éventent ou qu'elles fermentent quand on ne s'en sert pas sur-le-champ.

Toutes ces économies peuvent s'évaluer à un avantage de ⅓ au moins. Le cultivateur qui saurait teindre en pourrait jouir dès l'instant qu'il pourrait avoir des racines assez grosses pour être arrachées ; les teinturiers par état seront peu à peu engagés d'en profiter et de partager le profit avec le cultivateur, quand il se trouvera des garancières à leur portée.

Cette méthode, outre l'avantage qu'elle procure de diminuer les frais de la teinture, a encore celui d'établir dans le commerce extérieur les étoffes à plus bas prix. M. d'Ambourney n'a publié le procédé pour l'usage de la garance verte qu'après s'être bien assuré de son effet et de son utilité. Tous les essais en grand et en petit faits en sa présence sur la teinture du coton, de la laine et de la toile, ont réussi, et ils réussiront toujours, pourvu que l'on suive les procédés reconnus pour être indispensables, savoir : 1° que la racine ait au moins dix-huit mois ; 2° qu'elle soit parfaitement écrasée ; 3° qu'on diminue d'un quart pour une grande opération et d'un tiers pour une petite, la quantité d'eau que l'on a l'habitude d'employer ; 4° que le bain, quand on y bat l'étoffe, soit un peu plus chaud qu'à l'ordinaire ; enfin que le teinturier soit actif et patient. Les teinturiers de Beauvais ont très-bien réussi en grand ; cependant la plupart s'en tiennent aux racines séchées et grappées, soit par habitude, soit à cause de l'embarras d'écraser les racines.

Un manufacturier de toiles peintes, aux environs de Rouen, a eu le bon esprit de suivre le procédé de la garance verte, qui lui a si bien réussi, qu'outre une grande économie, le noir, les deux rouges et le violet de ses toiles ont autant de force et de brillant qu'aurait pu lui donner la plus belle garance grappe de Hollande.

D'ailleurs l'opération d'écraser la garance verte est très-simple ; il s'agit de la faire passer sous une meule verticale pour la réduire en pâte.

Le moyen de conserver les racines vertes de la garance consiste à faire dans un jardin une fosse de trois à quatre pieds de profondeur et de la remplir de racines lit par lit avec du sable, et de manière qu'il n'y ait point de vide.

Moyen de conserver la garance sans la dessécher. — On vient de voir que la garance, lorsqu'elle est verte, fournit à quantité égale beaucoup plus de couleur que la garance desséchée ; de plus, c'est une opération coûteuse et fort difficile que celle de faire sécher la garance. Les papiers de Londres proposent un moyen de conserver la garance verte et de l'envoyer en cet état aux teinturiers. Ce serait, aussitôt que les racines ont été tirées de terre, de les bien laver, de les mouler, de les réduire en pâte fine, de mettre cette pâte dans des futailles avec une certaine quantité, en partie égale, de *sel gris* et d'*alun*. Ces sels empêcheraient la pâte de fermenter, et, loin de nuire à la couleur, il y a lieu de penser qu'ils ne pourraient que très-bien faire, puisqu'on emploie ces sels dans la teinture.

Choix de la garance. — Quand on examine à la loupe une racine de garance bien conditionnée, on aperçoit sous l'épiderme et dans le parenchyme des molécules rouges qui fournissent la couleur que cette racine contient ; mais on y voit, outre cela, beaucoup d'une certaine substance ligneuse qui est de couleur fauve, et cette substance doit altérer assurément la première couleur.

M. de Tournière pense que la partie qui fournit le rouge est dans la racine fraîche dissoute dans un suc mucilagineux, en sorte qu'étant écrasée sous la meule, il en résulte une poudre onctueuse au toucher, et qui se pelote aisément.

Or, 1° comme les racines de la garance ont une grande disposition à fermenter, il faut, quand on les achète en racines, faire attention si elles n'ont point de taches ni odeur de moisi ; elles seraient à rejeter si la corruption les avait rendues noires.

2° Les racines, pour fournir beaucoup de teinture, doivent être nouvelles ; il faut donc rebuter celles qui répandent de la poussière quand on les rompt, et à plus forte raison celles qui sont piquées des vers. Au contraire, on doit estimer celles qui ont une odeur forte tirant un peu sur celle de réglisse.

3° Comme la garance se vend au poids, il est avantageux pour l'acheteur que les racines soient bien sèches ; mais il doit prendre garde qu'elles n'aient point été trop chauffées à l'étuve. Celles qui ont beaucoup, d'odeur sont ordinairement exemptes de ce défaut.

4° Les plus grosses ne sont pas toujours les meilleures ; assez souvent elles sont jaunes, et la partie rouge, qui seule fournit la couleur, y est peu abondante.

5° En rompant les racines, on aperçoit deux substances assez distinctes l'une de l'autre : celle qui tire sur le jaune ne fait, comme on l'a déjà observé, qu'altérer la teinture, et celle qui est d'un rouge foncé est la partie vraiment utile ; par conséquent on doit donner la préférence aux racines qui sont hautes en couleur. Cependant les teinturiers exigent que les garances grappées aient cet œil jaune qui ne peut venir que du bois de la racine, ce qui a engagé à plusieurs expériences faites avec soin, d'où il est résulté :

1° Que le parenchyme de la racine de garance donne une couleur plus forte que le bois.

2° Que le bois donne une couleur plus gaie ;

3° Que tout est bon dans la garance une fois l'épiderme enlevé ;

4° Que le préjugé des consommateurs en faveur de la garance en poudre la plus jaune oblige de la rober pour qu'elle ait cette couleur jaune qui vient du bois ; de sorte que celle qui est estimée la plus belle est pareille à la poudre du bois seul ;

5° La poudre du parenchyme seule ne serait point estimée dans le commerce, quoiqu'elle fournisse et plus rouge et plus beau.

Le plus sûr moyen de connaître la garance est de l'essayer.

Essai de teinture avec de la garance. — Il faut, suivant le procédé de M. Hellot, pour teindre une livre de laine filée, faire un bain avec deux onces d'alun et une once de tartre rouge fondues dans une suffisante quantité d'eau. On imbibe bien dans ces sels la laine qu'on veut teindre, au bout de sept ou huit jours on jette une demi-livre de racine de garance en poudre dans de l'eau chaude, mais dans laquelle on puisse tenir la main ; et, après avoir mêlé cette poudre dans l'eau, on plonge la laine dans le bain, qu'on entretient chaud pendant une heure, ayant soin qu'il ne bouille pas, car la couleur deviendrait terne ; néanmoins, vers la fin de l'opération, on échauffe le bain jusqu'à le faire bouillir, mais on retire de suite la laine.

Messieurs de la Société d'agriculture de Beauvais qui ont si bien réussi à teindre avec de la racine fraîche, marquent dans leur mémoire qu'on peut sans risque laisser bouillir le bain de garance fraîche, sans qu'il en résulte d'altération en brun, ni ce qu'on appelle coup de feu.

Comme il ne faut que de très-légères circonstances pour faire varier la beauté de la couleur, on fera bien de faire en même temps et avec la même laine deux opérations semblables : l'une avec la garance que l'on a dessein d'éprouver, l'autre avec la belle garance de Zélande ; la beauté des écheveaux décidera quelle est la plus belle des garances.

Culture de la garance en Zélande et en Hollande. — Nous joindrons à ce qui vient d'être rapporté sur la garance les procédés indiqués dans le tome IV du *Nouvelliste économique et littéraire*, imprimé à La Haye :

« La garance, dit le *Nouvelliste*, est la racine d'une plante qui porte le même nom. Cette racine étant préparée sert à une teinture rouge. La garance ne passe pas pour une plante originaire de ce pays ; on prétend qu'il y a quelques siècles que cette plante fut transportée des Indes dans la Perse, et de là, par l'Italie, l'Espagne et la France dans la Hollande.

« C'est une plante fort délicate dont l'accroissement est souvent retardé par divers contretemps imprévus. Ces variétés dans le produit et dans le prix de cette racine ruinent et enrichissent ceux qui la cultivent.

« C'est des rejetons des vieilles plantes qu'on en fait venir de nouvelles. Ces rejetons sont séparés de la mère plante et mis en terre au printemps, vers le mois d'avril ou même de juin, selon que la saison se trouve plus ou moins favorable.

« On prépare la terre par deux ou trois labours ; on la divise ensuite en lits plats, et assez longs, de deux pieds de large ; c'est là que l'on plante les rejetons sur le nombre de quatre à cinq dans la largeur.

« On a soin d'arracher les mauvaises herbes, et de tenir la plante aussi nette qu'il se peut. On la laisse deux ans en terre, et quelquefois trois ou quatre. Après ce temps on la tire de son lit, et on la porte dans les étuves. Pour la faire sécher, on la pose sur un plancher léger, fait de lattes arrangées en forme de gril ; ce plancher est placé au-dessus d'un four, dont le feu est entretenu au moyen de tourbes de Frise, et dont la chaleur s'élève à la couche de la garance, à travers des ouvertures ménagées avec soin. On porte ensuite cette racine dans un appartement pareil à celui où l'on fait sécher les graines pour la bière, et qui peut avoir cinquante pieds de long. On l'étend sur un tissu de crins, et elle achève de se sécher. De là on la porte dans une aire, où on la nettoie de la terre et des peaux qui y sont attachées. Enfin on la met dans un grand mortier de bois pour être pilée par le moyen du pilon de bois, garni dessous de lames de fer qu'on nomme *couteaux*. La garance ainsi pilée se tamise ensuite, et on la sépare en trois cuvettes différentes. La première est pour la grossière, dite *mule*, la seconde pour la *commune*, et la troisième pour la *fine*.

« Au sortir de ces cuvettes, la garance se mettait autrefois dans des sacs semblables à ceux du houblon ; mais on en remplit à présent des tonneaux que l'on a le soin de bien presser.

« Des trois espèces de garance, la plus précieuse est uniquement tirée du cœur de la racine ; la seconde l'est de la substance qui environne le cœur, et la troisième est faite des peaux qui l'entourent. Les deux premières espèces sont mêlées l'une avec l'autre; et, quand il y a *une* partie de la seconde pour *deux* de la première, on l'appelle *une et deux*. Après que la garance a été mise en tonneaux, elle est examinée par des inspecteurs, qui voient si elle a été bien préparée, si elle n'a point été brûlée en séchant, et s'il n'y a pas un grand mélange de terre. Les édits sont très-sévères à tous ces égards; ils sont surtout exactement observés dans la ville de Ziérikrie. Il y a dans le domaine seul de cette ville dix-neuf fours à garance, et l'on évalue le produit annuel de chacun de ces fours à cent milliers pesant.

« Il est difficile d'estimer au juste la quantité de garance qu'une certaine étendue de terrain peut porter, vu la qualité différente de la terre et la diversité d'accidents auxquels la récolte est exposée. En général, on tire de chaque arpent depuis trois jusqu'à six cents livres de garance. »

Origine et progrès de la culture de la garance en France. — Une tablette de marbre a été placée dans la maison Calvin, à Avignon, pour rappeler que c'est un Persan, Jean Althen, qui introduisit et le premier cultiva la garance dans le midi de la France. En effet, ce fut vers 1760 et à Avignon même, qu'Althen tenta les premiers essais de cette culture, qui, dès l'année 1765, se trouvait déjà en pleine prospérité. Un fait suffira pour caractériser l'immense service que ce Persan a rendu au comtat d'Avignon. Depuis l'introduction de cette culture, tout le territoire de la commune de Monteux, arrondissement de Carpentras, a centuplé de valeur; un carré de terre qu'il y a cinquante ans on jouait aux dés, ou que l'on échangeait contre un dîner, constitue aujourd'hui la fortune d'une famille. Pour faire apprécier toute l'importance de la garance, il suffit de dire que chaque année elle procure au département de Vaucluse un produit de vingt millions de francs, valeur agricole, sans compter les bénéfices de trituration et commission qu'en tire le commerce. Aussi la Société d'agriculture et d'horticulture d'Avignon est-elle sans cesse à la recherche des moyens les plus propres à améliorer la culture de cette plante tinctoriale. L'espèce de garance que l'on cultive généralement dans Vaucluse est le *rabia tinctorum*. Elle est vivace et n'arrive à l'état parfait que vers la cinquième année. À l'âge de dix-huit mois et dans certaines terres, la garance est sujette à une maladie redoutable, le *farum*. Le seul remède à opposer à son invasion est d'empêcher par des fossés la communication des parties infectées avec celles qui ne le sont point.

Les labours profonds ramènent à la surface de la terre les thallus que le grand jour dessèche et tue, et rendant en même temps le sol plus perméable, sont encore un moyen énergique pour prévenir le développement du mal. La chaleur solaire exerce une influence très-remarquable sur la garance; ainsi dans le Levant les racines sont rouges; elles sont rosées dans les pays méridionaux; elles sont jaunes dans le Nord. Le département de Vaucluse offre, au reste, la confirmation de ce grand fait : toute la partie dont l'atmosphère est modifiée par le voisinage de la chaîne et sous-chaîne du Ventoux, fournit des racines jaunes, dans des terrains qui ne diffèrent point de ceux de la plaine, et celle-ci donne partout un produit rosé; enfin, la racine rouge est le produit d'un sol spécial, les terres-*palus*. La Société de Vaucluse a conclu de ce qui précède que non-seulement la chaleur solaire exalte la pureté du principe colorant, mais encore qu'elle en augmente les proportions. Et en ceci elle est d'accord avec la Société centrale du Haut-Rhin, qui a reconnu que la garance rouge d'Avignon donne plus de matière colorante rouge que celle d'Alsace. Mais cette supériorité, Vaucluse la cède à Naples qui, à son tour, la cède au Levant.

La culture de la garance demande trois années de soins, mais elle rémunère ensuite largement le cultivateur, et elle a l'inappréciable avantage de créer, pendant cette période, du travail pour la classe ouvrière. Depuis l'année dernière (1853) seulement, elle a été introduite dans le département de l'Oise, et sa végétation magnifique présageait pour l'année suivante une abondante récolte. Le président de la Société d'agriculture de Compiègne ne doute pas que cette plante tinctoriale ne puisse prospérer dans le nord de la France, où elle était jadis acclimatée, avant d'aller demander au midi un soleil plus ardent. En effet, il en est fait mention dans la charte de fondation de l'abbaye de Tréport; elle est très-expressément mentionnée dans un traité conclu en 1122, à l'occasion des dîmes de Trun; au XIIIe siècle, on récoltait la garance à Brienne; enfin, au siècle suivant, il s'en faisait un notable commerce à Caen et à Rouen. (*Compte rendu de l'Académie des sciences.*)

GAZ (*Cuisine au*). — Il y a trois ans environ un Français fondait à Londres un établissement nommé emphatiquement *symposium-Soyer*. Le fourneau de ce vaste restaurant était construit de la manière suivante : Quatre pans en brique d'un mètre de haut environ sur trois de longueur; les trente-cinq premiers centimètres, à partir du sol, sont maçonnés de manière à laisser des jours, de telle sorte qu'une brique est posée sur deux autres écartées de quelques centimètres entre elles; c'est une véritable claire-voie de briques. Au fond de cette espèce de coffre carré en maçonnerie rampent deux tuyaux de deux centimètres environ d'épaisseur; ces tuyaux sont percés de petits trous dans toute leur étendue; et, comme en ouvrant un robinet ils se remplissent de gaz, on n'a plus qu'à promener une allumette le long des trous pour avoir à l'instant même deux grandes bandes de flammes, que l'on peut régulariser à la longueur juste que l'on désire pour le degré voulu de chaleur.

Une ventilation parfaite s'établit à travers les briques à claire-voie de manière à ne pas laisser la moindre odeur; le gaz est, du reste, parfaitement épuré. Cette espèce de four est garni par-dessus d'un couvercle en tôle convexe, que l'on peut lever par compartiment au moyen d'une poignée parfaitement adaptée. En quelques instants, l'air qui se trouve ainsi renfermé est échauffé au degré convenable pour rôtir parfaitement les plus grosses pièces de bœuf, que l'on suspend avec des crochets mobiles le long d'une tringle et qui maintiennent la viande juste au milieu du four. La cuisson est ainsi parfaitement égale et peut être poussée par degrés, exactement comme on le veut, grâce au robinet du gaz que l'on peut ouvrir plus ou moins. Comme le couvercle peut s'ouvrir par parties indépendantes, on peut, à chaque instant, s'assurer de son résultat et diriger son opération. Au-dessous de la viande suspendue est une lèche-frite en plaque de tôle pour recevoir les jus et les graisses.

Un jour, c'était un jour mémorable pour Soyer, il devait faire rôtir un bœuf entier, pour le festin d'inauguration d'un chemin de fer, à Exeter. Ses fourneaux n'arrivaient pas, et le Vatel de l'Angleterre allait être déshonoré à jamais; il voulut au moins atténuer son malheur en essayant de lutter contre ce mauvais destin.

Et d'aller de suite chercher un maçon et un fabricant d'appareils à gaz : « Bâtissez-moi de suite avec des briques superposées, un grand four carré à claire-voie; faites-moi quatre tubes percés de trous, deux tubes en haut, deux tubes en bas. »

Ce qui fut dit fut fait. On mit des plaques de tôle au fond du four pour remplacer la lèchefrite absente, on en mit sur le four pour remplacer le couvercle, et le bœuf fut livré aux quatre bandes de flammes qui l'entouraient ainsi partout, et de plus, échauffaient l'air dans lequel il était suspendu. Peu à peu Soyer s'aperçut que non-seulement son bœuf chauffait, mais encore qu'il cuisait réellement, si bien qu'il fut prêt en temps utile et que notre ambassadeur, qui assistait au festin, en mangea la première tranche. Mais Soyer n'en resta pas là : après avoir refait d'autres essais et bien établi le fourneau tel que nous l'avons vu dans ses cuisines, il combina aussi une grande armoire en fonte, sous laquelle arrivent de forts tuyaux de gaz, qui chauffent au degré que l'on veut, toujours grâce au robinet que l'on peut ouvrir plus ou moins, les divers tiroirs de ce meuble singulier. On peut y faire cuire certaines choses, on peut surtout conserver chauds les plats qui doivent attendre un peu.

Une fois dans la voie de l'application du gaz à la cuisine, Soyer ne pouvait s'arrêter : il fallait trouver moyen de remplacer le fourneau à casserole et à gril, le petit fourneau à charbon, découvert, sur lequel la cuisinière fait griller ses côtelettes ou combine ses sauces; au lieu de charbon, il met de petits morceaux de pierre-ponce, puis il fait arriver par-dessous l'ouverture d'un bec de gaz, qui se répand au travers des pores de celle-ci et s'enflamme alors en nappe. Au bout de quelques instants la pierre-ponce s'échauffe et vous avez juste l'effet d'un fourneau à charbon ordinaire, seulement beaucoup plus régulier, car la pierre-ponce ne s'use pas, et le robinet du bec de gaz vous donne la très-précieuse facilité de régulariser votre chaleur. Ainsi pour certaines sauces, pour les consommés, les réductions à feu doux, cet avantage est inappréciable.

Les avantages de cette application sont, outre la régularité, la promptitude, car en un instant tout votre feu est allumé et votre appareil fonctionne. De plus, chose immense, surtout pour Londres, la suppression de la fumée de charbon de terre. Par cette suppression, assainissement de l'atmosphère, emploi de cette fumée à l'état de gaz, et par conséquent économie, etc., etc.

Supposons maintenant ceci, que des expériences et des essais aient prouvé que ce système peut s'établir avec avantage, sous toute espèce de forme; que l'on peut, par exemple, avoir au milieu de son appartement un joli réchaud rempli de pierres-ponces, au milieu desquelles viendrait déboucher un bec de gaz, et qu'on puisse ainsi remplacer les cheminées qui chauffent si peu, sont si lentes à s'allumer, qui fument, salissent l'appartement, etc., etc.; si l'on pouvait avoir un autre petit bec de gaz dans son cabinet de toilette, pour chauffer à l'instant l'eau dont on aurait besoin; un autre dans sa cuisine pour ses fourneaux, le tout s'allumant avec une allumette et s'arrêtant avec un robinet, juste au moment où l'on cesse de s'en servir, nous croyons que Soyer, en entrant dans cette voie, aurait rendu un grand service à la civilisation.

Ce qui coûte cher en chauffage, c'est tout le calorique, et tout le combustible perdu; c'est toute cette chaleur qui se perd à rougir le mur et le tuyau de la cheminée; c'est le bois et tout le charbon qui se consume, une ou deux heures avant le temps et autant après. Avec le gaz, au contraire, on n'use exactement que la quantité utile.

De plus, tout le temps et la patience qui se dépensent à allumer un feu, doivent se compter pour quelque chose.

Voici donc ce que nous proposons comme noble but de travail à tous les chercheurs qui ont étudié la chaleur et les moyens de la produire.

1° Etudier tous les moyens possibles de produire *à bon marché* et en grande quantité des gaz combustibles produisant soit chaleur, soit lumière, suivant le tuyau dont on se servirait.

2° Etudier les moyens de débarrasser entièrement ce gaz de toutes les matières odorantes ou nuisibles soit à la santé, soit aux peintures, etc.

3° Trouver une manière facile et simple

de distribuer ce gaz dans les maisons et d'en apprécier la quantité dépensée.

4° Établir nettement quel serait le prix d'un tel chauffage comparé à celui en usage aujourd'hui, en tenant compte de la chaleur et du combustible mal employé maintenant ou perdu complètement, ainsi que la dépréciation que devraient nécessairement subir les bois, houilles, tourbes, etc., par la substitution du gaz à ces matières.

C'est là, nous le croyons, un programme utile à la société, plein de profit pour ceux qui tenteraient de le remplir : si l'on y arrivait, ce qui ne nous paraît pas impossible, grâce aux travaux récents de nos chimistes, on aurait bientôt ce résultat immense, de supprimer une des choses qui, dans nos climats, font perdre le plus de temps à tout le monde, de centraliser le feu comme on centralise la lumière, de pouvoir enfin avoir, sans être forcé de s'en occuper, son bec de lumière, son bec de chaleur et, si l'on voulait aussi, son robinet d'eau chaude ou froide. De plus le combustible au lieu d'être manié par diverses personnes qui n'en connaissent pas la nature, serait livré aux soins d'hommes spéciaux, qui l'utiliseraient par conséquent avec plus d'avantages.

GAZ. — Substance aériforme. Anciennement on ne connaissait d'autre substance aériforme que l'air atmosphérique ; Van Helmont paraît être le premier qui se soit aperçu qu'il y en a d'autres. Il observa qu'un air s'échappe des liquides en fermentation et que les propriétés de cet air diffèrent de celles de l'air atmosphérique. Il appella cette substance aériforme du nom de *gas*, dérivé du mot germanique *gæscht*, qui signifie *levure* ou *écume* (1).

Dans la suite on a employé le mot *gaz* comme dénomination générale de l'état d'agrégation dans lequel des corps paraissent sous la forme de l'air. La plupart des corps sont susceptibles de trois états d'agrégation différente, savoir : l'état solide, l'état liquide, et l'état aériforme. La glace, par exemple, est de l'eau à l'état solide ; l'eau ordinaire se trouve à l'état liquide, et la vapeur d'eau, qui met en mouvement nos machines à vapeur, est de l'eau à l'état aériforme, en d'autres termes le gaz de l'eau. C'est toujours par une addition ou par une soustraction de calorique qu'on fait changer ces états d'agrégation qu'on transforme l'un dans l'autre. Une substance solide, non décomposable par la chaleur, chauffée à une certaine température, se fond, c'est-à-dire devient liquide; portée à une température plus élevée encore, on la voit au fond du liquide prendre la forme de bulles d'air qui s'élèvent et se dissipent en forme de gaz au-dessus de la surface du liquide, jusqu'à ce que tout ait disparu.

On considère les corps solides comme composés d'atomes ou de molécules d'une petitesse infinie, rapprochés jusqu'à la moin-

(1) Nous empruntons cet article en entier à l'illustre Berzélius.

dre distance par leur force attractive, qui oppose une plus ou moins grande résistance aux efforts qu'on ferait dans le but de changer leur position relative. Si l'on élève la température, les corps solides se dilatent, la distance entre leurs molécules augmente, leur attraction mutuelle diminue, le corps devient souvent mou, plus flexible, et reçoit facilement les impressions des corps durs, comme par exemple du fer rougi au feu, jusqu'à ce que le corps solide se soit enfin liquéfié. Dans l'état liquide, l'attraction moléculaire est diminuée au point que les plus petites forces font varier la position relative des molécules ; la force attractive du globe terrestre, c'est-à-dire la pesanteur, fait couler le corps liquide, qui cherche toujours l'équilibre de ses parties et qui, à la fin s'arrête en présentant une surface plane et horizontale. Les molécules se trouvent à peu près dans la même catégorie que les grains d'un sable fin, qui coule comme un liquide, et dont la pesanteur seule tient les grains réunis. A une température encore plus élevée, non-seulement l'attraction mutuelle des molécules cesse, mais il s'établit entre elles une répulsion ; les molécules se repoussent à la plus grande distance. C'est alors que le corps est devenu aériforme et qu'il constitue un gaz. Cet état dure aussi longtemps que la température qui en est la cause se maintient au-dessus du point de gazéification.

Cette exposition de l'origine d'un gaz nous montre qu'il peut y avoir autant de gaz différents qu'il y a de substances susceptibles de se laisser volatiliser par la chaleur, sans en être décomposées.

Lorsqu'on laisse marcher la température en sens inverse, le gaz se condense en un liquide, et celui-ci se fige ensuite et devient solide.

Le degré du thermomètre auquel un corps prend l'état gazeux, est appelé son *point d'ébullition*. Pour plus de clarté, nous le nommerons ici le *point de gazéification*. Plus ce point est élevé, plus il est facile de condenser sa substance gazeuse à l'état liquide ou solide. Toutes les substances dont le point de gazéification est plus élevé que les températures ordinaires de l'atmosphère, ne peuvent être maintenues à l'état de gaz qu'artificiellement, parce que l'air ambiant tend toujours à les refroidir au-dessous de ce point. Un nombre assez limité de substances ont leur point de gazéification au-dessous des températures atmosphériques ; elles conservent par conséquent leur état de gaz et ne se laissent condenser que par les moyens artificiels. Les physiciens appellent les premières *vapeurs*, et réservent aux dernières plus particulièrement le nom de *gaz*. Cependant il faut observer que la vapeur est tout aussi bien un gaz, à toutes les températures au-dessus de son point de gazéification, que les substances gazéiformes aux températures ordinaires de l'atmosphère, et que cette distinction est purement conventionnelle. Il y a même des savants qui ne l'ont point adopté.

Le point de gazéification a un corps n'est

point invariable. Comme l'état du gaz dépend d'une répulsion mutuelle exercée par les molécules du corps, toute force qui s'oppose à la séparation des molécules peut empêcher le corps de prendre la forme de gaz à une température où, sans cette force opposée, il serait converti en gaz. La pression atmosphérique est une de ces forces. Nous savons que le point de l'ébullition des liquides volatils varie avec la hauteur du baromètre. Plus la pression est grande, plus le point de gazéification devient élevé. En enfermant un corps susceptible d'être gazéifié dans une capacité bien close, on peut le chauffer bien au delà de son point de gazéification, sans qu'il change son état d'agrégation, parce que la pression qu'exerce la partie gazéifiée et renfermée surmonte la force expansive du calorique, mais il paraît que cette dernière peut, par une élévation successive de température, s'accroître à un tel degré, qu'aucune pression ni cohésion mécanique ne suffit plus pour résister à la force répulsive des molécules. C'est la raison pour laquelle les chaudières des machines à vapeur font explosion lorsqu'on les chauffe trop fortement, sans donner issue à la vapeur, et que l'eau gazéifiée dans l'intérieur incandescent du globe terrestre, en se frayant une issue, fait trembler la terre, soulève de grandes montagnes et renverse des villes entières.

D'un autre côté, un gaz qui, à quelques degrés au-dessous de son point de gazéification, sera soumis à une pression plus forte que celle sous laquelle il est formé, se condense de plus en plus à mesure que la pression augmente. En combinant cette circonstance avec l'abaissement de la température, nous réussissons à condenser plusieurs des gaz proprement dits. Un physicien anglais, M. Faraday, fit, il y a quinze ans, la découverte que plusieurs gaz qu'on n'avait pu condenser par le refroidissement seul pouvaient être condensés en y ajoutant une forte pression. Quelques expériences, tentées par le moyen de pompes foulantes, avaient avant lui donné des résultats équivoques : M. Faraday eut l'idée de se servir de la pression qu'exerce le développement du gaz même, en chauffant légèrement la partie de l'appareil où le gaz se développe, et en refroidissant fortement la partie où il doit se condenser. Les belles expériences de M. Thilorier sur le gaz acide carbonique ont été une heureuse application de cette idée, qui a fourni de grands résultats à la chimie. M. Thilorier a réduit l'acide carbonique non-seulement à l'état liquide, mais encore à l'état solide.

Il y a cependant des gaz qui ont résisté à tous nos efforts pour les réduire par la condensation à l'état liquide ou solide : tels sont le gaz oxygène, le gaz azote, le gaz hydrogène. Quelques physiciens ont supposé que l'état gazéiforme de ces corps dépendait d'une force quelconque additionnelle à la répulsion exercée par le calorique ; mais cette supposition ne paraît pas fondée. Il est plus probable que le point de gazéification de ces

corps se trouve un très-petit nombre de degrés au-dessus du zéro absolu de l'échelle thermométrique, c'est-à-dire du point où il y a absence absolue de calorique. Ainsi Perkins prétend avoir condensé l'air atmosphérique, qui est un mélange de gaz azote avec du gaz oxygène, en gouttelettes par une pression de 600 atmosphères, et l'avoir réduit entièrement à l'état liquide, par une pression doublée. Mais l'expérience en ayant été faite dans un appareil non transparent laisse quelques doutes sur le résultat véritable.

Les expériences de MM. Dulong et Arago sur la force expansive des vapeurs d'eau à des températures différentes au-dessus du point d'ébullition de l'eau, sous la pression atmosphérique ordinaire, ont prouvé que, plus la température s'élève, plus la pression qui fait équilibre à l'élévation du point de gazéification ou d'ébullition, par un nombre donné de degrés, s'accroît ; de manière que la pression d'une demi-atmosphère, ajoutée à la pression atmosphérique ordinaire, élève le point de l'ébullition de 100° à 112° R. ; mais, entre 239°5 R, et 265°9, il faut la pression d'une atmosphère entière pour faire équilibre à l'élévation du point de l'ébullition de 1°28. Nous ignorons si tous les gaz suivent la même loi. On a comparé les observations faites sur les gaz condensés avec la loi de MM. Dulong et Arago, et l'on a trouvé pour quelques-uns d'entre eux des rapprochements remarquables vers cette loi ; mais d'autres s'en sont écartés considérablement.

Les gaz proprement dits se partagent en deux classes : *gaz permanents*, qui jusqu'à présent n'ont pu être condensés, et *gaz condensables*, c'est-à-dire que nous avons pu réduire à l'état liquide.

Les gaz permanents sont les suivants : gaz oxygène, azote, hydrogène, hydrogène phosphoré, hydrogène carboné, hydrogène bicarboné, deutoxyde d'azote, oxyde de carbone fluo-borique, fluo-silicique, chloroxycarbonique.

Les gaz condensables sont les suivants (nous y ajouterons la pression nécessaire à leur condensation à des températures marquées) :

Les gaz acides sulphureux, liquéfiables à	+ 2°	par la pression de 2 atm.
Cyane	12°5	4
Ammoniaque	10°	6
Chlore	0°	6,5
Protoxyde de chlore	15°	8,75
Acide hydrochlorique	10°	40
Acide carbonique	0°	40
Protoxyde d'azote	7°	50
Hydrogène sulfuré	0°	54
Deutoxyde d'azote	12°5	60

Les gaz hydrogène arsénié, antimonié, délinié et telluré, n'ont point encore été examinés, par rapport à leur propriété de se liquéfier. Pour les gaz condensables qui paraissent suivre la loi d'expansion de la vapeur d'eau, on a calculé le point de gazéification probable, pour le gaz acide carbonique à — 136° pour le protoxyde d'azote à — 158°, pour l'acide hydrochlorique à — 130, et pour le gaz ammoniaque à — 53°.

Propriétés générales des gaz. — La plupart des gaz et vapeurs sont incolores et parfaitement transparents ; quelques-uns d'entre eux sont colorés : le gaz chlore est d'un jaune un peu foncé ; la vapeur du brome est orange presque rouge ; la vapeur d'iode étendue d'air est d'un beau violet ; pure, elle paraît noire. La vapeur d'acide nitreux est d'un rouge jaunâtre, et, à une température plus élevée, elle est noire ; mais elle reprend sa première couleur lorsque la température s'abaisse. La vapeur du soufre est d'un jaune très-foncé ; celles de sélénium et de tellure sont également jaunes ; la vapeur du potassium est d'un beau vert. Quelques gaz sont sans odeur, d'autres ont une odeur forte, désagréable et suffocante. Les gaz qui affectent l'odorat sont tous délétères à la respiration.

La lumière est différemment réfractée par différents gaz : le gaz hydrogène la réfracte le moins ; le gaz chloroxycarbonique la réfracte le plus ; mais ce gaz est surpassé dans cette propriété par des vapeurs.

Le poids spécifique des gaz, c'est-à-dire leur poids comparé à celui d'un égal volume d'air atmosphérique à la même température et sous la même pression, est différent. Le gaz hydrogène est le plus léger des gaz. Le poids spécifique de l'air étant 1, celui du gaz hydrogène est 0,0688, par conséquent, 14. 5 volumes de ce gaz ont le même poids absolu qu'un seul de l'air. C'est par cette raison qu'un ballon d'un certain volume rempli de gaz hydrogène peut monter très-haut dans l'air, chargé d'une ou de plusieurs personnes. Le gaz chloroxy-carbonique est, parmi ces gaz, le plus pesant ; son poids spécifique est de 3, 4229 : il est donc près de 50 fois plus pesant que le gaz hydrogène. Parmi les vapeurs, il y en a qui sont jusqu'à trois fois plus pesantes que l'air atmosph. rique, par exemple celle de l'iode, dont le poids spécifique est de 8, 7. Nous devons à M. Dumas une méthode simple et sûre pour déterminer le poids spécifique des vapeurs presque entièrement ignorées avant lui

La chaleur spécifique des gaz varie de même ; d'après les vues ingénieuses de Dulong, il paraît que les gaz des corps simples ont la même chaleur spécifique, mais que, dans les gaz des corps composés, la chaleur spécifique dépend de la condensation différente que peuvent subir leurs éléments au moment de leur union. Les physiciens qui se sont occupés de la détermination de la chaleur spécifique des gaz sont arrivés à des résultats un peu différents, suivant le point de départ de chacun ; mais les nombres qu'ils ont obtenus sont assez rapprochés pour faire voir qu'on n'est pas resté bien loin de la vérité, quoiqu'on n'ait pas encore établi une détermination certaine.

On prétend qu'un gaz chauffé à la température des corps solides ou liquides ne devient pas lui-même lumineux. Cette assertion est vraie jusqu'à un certain point. Des corps solides chauffés à la même tempéra-

ture lumineuse ne répandent point la même quantité de lumière, et les gaz en répandent encore moins que des corps solides ou liquides mais ils en répandent une ; ce qu'on voit par la flamme bleue lumineuse de l'oxyde de carbone, qui brûle dans l'air ou dans le gaz oxygène en produisant du gaz acide carbonique. Cette flamme n'est donc autre chose qu'un mélange de gaz rendu lumineux par la chaleur que produit l'union du gaz oxyde de carbone avec le gaz oxygène.

Les différences entre les gaz, quant au poids et à la chaleur spécifique, produisent quelques différences remarquables dans certaines autres propriétés qui leur sont communes. Ainsi le son s'y propage avec une vitesse fort différente. Dans l'air atmosphérique à 0° température et 0m 76 pression barométrique, la vitesse du son est de 333 mètres par seconde ; dans le gaz hydrogène elle est, dans les mêmes circonstances, de 1,222m 5, et dans le gaz acide carbonique seulement de 261m 6. Le son est aussi diversement modifié par divers gaz. Une personne dont le timbre de voix nous est connu ne serait plus reconnue de nous à ce timbre, si elle nous parlait après avoir quelques moments respiré du gaz hydrogène. Dulong a tâché d'employer ces modifications du son émis par le même instrument à vent soufflé par différents gaz, dans des circonstances d'ailleurs égales, pour en calculer la chaleur spécifique, et par ce moyen indirect, il paraît s'être plus rapproché de la vérité que n'ont fait d'autres physiciens par des voies plus directes.

A un certain nombre de degrés au-dessus de leur point de gazéification, les gaz jouissent de la plus parfaite élasticité ; ils se laissent comprimer, et, si la pression cesse, ils reviennent exactement à leur volume primitif. La réduction du volume est toujours proportionnelle à la force comprimante, de manière que le volume d'un gaz comprimé est en proportion inverse de la force comprimante : c'est ce qu'on appelle la *loi de Mariotte*. Il faut cependant remarquer qu'un gaz que l'on comprime change sa chaleur spécifique, qui décroît dans la même proportion que le volume diminue. Par cette raison, le gaz s'échauffe sous la compression ; et, comme le calorique ainsi dégagé élève la température du gaz, il augmente en même temps pour quelques moments sa résistance plus que la loi ne l'énonce ; mais on trouve la loi exactement confirmée aussi longtemps que la température primitive du gaz n'est pas rétablie par l'air ambiant. Lorsqu'on fait cesser la pression, le gaz reprend son volume et sa chaleur spécifique ; mais alors la température du gaz s'abaisse d'autant de degrés qu'elle s'était élevée par la pression, et c'est seulement lorsque la température moyenne est rétablie que le gaz a repris entièrement son volume primitif. Lorsque la compression d'un gaz est très-forte et instantanée, la température peut s'élever jusqu'à enflammer des substances combustibles et déliées, telles que de l'amadou ou du coton, si le gaz contient du gaz oxygène.

ou jusqu'à les carboniser à la surface, si le gaz oxygène y manque. C'est sur ce fait qu'est fondé le briquet pneumatique.

Dans des températures qui se rapprochent du point de gazéification d'une substance gazéiforme, la loi de Mariotte cesse d'être vraie. Les expériences directes de M. OErsted sur le gaz acide sulfureux, dont le point de gazéification est à 10°, ont mis ce fait hors de doute. Ce gaz se trouve ainsi plus condensé par la pression atmosphérique que ne le sont les autres gaz à la température ordinaire de l'air. Des considérations chimiques font connaître qu'il doit contenir un volume égal au lieu de gaz oxygène, mais sa pesanteur spécifique, comparée à sa composition chimique, prouve qu'il en contient en réalité un peu plus. M. Brunel, partant d'un calcul basé sur la loi de Mariotte, relativement à la force que devrait exercer l'acide carbonique condensé en liquide, si on l'exposait à une petite élévation de température, a essayé de s'en servir comme force motrice dans une petite machine à vapeur construite à cet effet; mais il trouve que la force obtenue ne surpassait point le quart de ce qu'elle devait être d'après la loi de Mariotte. On a de même remarqué que, sous la pression de 22 atmosphères, le gaz hydrogène cesse d'obéir complétement à la loi de Mariotte : ce qui paraît prouver que son point de gazéification est beaucoup plus élevé que celui du gaz oxygène et du gaz azote, qui, sous les plus fortes pressions où ils ont été examinés sous ce rapport, n'ont point dévié de la loi d'une manière appréciable.

La chaleur dilate les gaz bien plus qu'elle ne fait pour les corps solides ou liquides. Une vessie remplie d'air aux quatre cinquièmes, chauffée devant le feu, se détend et finit par crever. Quels que soient la nature et le poids spécifique d'un gaz, il se dilate de la même quantité pour le même nombre de degrés, que ce nombre de degrés soit pris plus haut ou plus bas sur l'échelle thermométrique. Pour mesurer cette dilatation, on est convenu de prendre le volume du gaz à 0° de température et à 0^{m}76 de pression pour point de comparaison. M. Dalton détermina par des expériences que l'air se dilate, entre 0°, et 100, de 0,376 de son volume à 0°; M. Gay-Lussac trouva 0,375. D'où il suit que chaque degré de l'échelle thermométrique centigrade dilate l'air de 0,00375 de son volume à 0°. La coïncidence des résultats obtenus par ces physiciens semblait prouver que telle est la dilatation précise; mais M. Bessel, partant d'observations astronomiques, soupçonna qu'il devait y avoir une erreur, peu considérable à la vérité, mais toujours assez grande pour être appréciée par des observations d'une très-grande délicatesse; et il arriva à cette conclusion que la dilatation ne surpassait peut-être pas 0,3649. Des expériences directes et variées de M. Rudberg ont démontré qu'elle est en effet de 0,3646. Cet accord entre le physicien et l'astronome, partis de

points très-différents, est digne de toute notre admiration. La circonstance que le volume des gaz change d'une manière constante pour le même nombre de degrés à telle partie de l'échelle que cela soit, fait que l'observation de leur dilatation est la manière la plus sûre pour mesurer les températures; cependant le mercure dont on se sert comme étant la substance la plus commode à employer, s'approche tellement de la régularité des gaz, qu'entre 0 et 300 l'erreur du thermomètre à mercure n'est pas tout à fait d'un degré en plus. En supposant la dilatation de l'air entre 0 et 100 égale à 0,375, Dulong et Petit avaient trouvé que le thermomètre à mercure marque à 300, au thermomètre à air seulement 292°–3, ou 7°7 de moins. Mais, en employant la dilatation borique de 03,646, M. Rudberg a fait voir que le thermomètre à mercure marque 0,8 de trop; différence, selon toute probabilité, due à quelques erreurs d'observations.

Cette partie constante de son volume dont un gaz se dilate ou se contracte pour chaque degré dont la température s'élève ou s'abaisse, donne lieu à une curieuse considération par rapport à la chaleur. Si un gaz, pour chaque degré du thermomètre centigrade au-dessus de 0°, perd 0,003640 de son volume à 0, il s'ensuit qu'à la température de 270,7 au-dessus de 0 le volume de ce gaz sera réduit à zéro; il aura par conséquent été condensé avant d'y parvenir, mais il paraît s'ensuivre qu'à 270,7 il y aura ainsi absence de calorique.

Une propriété très-remarquable des gaz est leur diffusibilité. Un gaz qui s'échappe dans l'air s'y dissipe bien vite; des gaz différents, renfermés dans des capacités particulières à chacun d'entre eux, et qu'on fait communiquer ensemble, se comportent l'un par rapport à l'autre comme si les capacités étaient vides. Si l'on a deux ballons communiquant par deux robinets et dont l'un est rempli de gaz acide carbonique et l'autre vide, le gaz se partagera entre les deux ballons dès qu'on ouvrira le robinet. Si les deux ballons ont la même capacité, le gaz acide carbonique se répand dans un espace deux fois plus grand et sa tension primitive est réduite à moitié. Si l'un des ballons, au lieu d'être vide, est rempli de gaz hydrogène, le résultat sera le même : lorsqu'on ouvrira le robinet, le gaz acide carbonique se répandra dans le ballon qui renferme l'hydrogène, moins vite à la vérité que si ce dernier était vide, mais le résultat final sera toujours que l'acide carbonique se trouvera également répandu dans les deux ballons absolument comme le gaz hydrogène. Chacun de ces gaz s'est donc comporté comme si l'autre ballon avait été entièrement vide. Nous avons vu que le gaz hydrogène est plus léger que tous les gaz; l'acide carbonique est à peu près 22 fois plus pesant que l'hydrogène; mais en mettant le ballon qui enferme l'hydrogène au-dessus et celui du gaz acide carbonique au-dessous, le résultat sera toujours le même : le gaz acide carbonique remonte

sans égard à leur pesanteur spécifique différente, jusqu'à ce que leur diffusion soit très-complète. Or, si au lieu de ballons en verre on se sert de sacs de soie rendus imperméables par un vernis de caoutchouc, c'est-à-dire, si l'on se sert de capacités semblables extensibles et entièrement remplies, on verra que, lorsqu'on aura ouvert le robinet, le sac qui contient l'acide carbonique commencera à se gonfler, et que l'autre deviendra d'abord plus flasque. Ce résultat est dû à la diffusibilité des deux gaz. Le gaz hydrogène se répand bien plus vite dans le gaz acide carbonique que celui-ci dans le gaz hydrogène ; par conséquent il s'achemine plus d'hydrogène à chaque instant par le robinet vers l'acide carbonique que d'acide carbonique en sens inverse. Cette expérience bien simple explique un phénomène curieux. Si l'on remplit une vessie sèche avec du gaz hydrogène, et qu'on l'enferme dans un gros récipient qui contient de l'air atmosphérique, la vessie commencera bientôt à s'affaisser et à devenir de plus en plus flasque, sans cependant se vider au delà d'un certain degré. Après quelques heures, on trouvera du gaz hydrogène répandu dans l'air du récipient et de l'air atmosphérique dans le gaz hydrogène de la vessie, et cet échange ne cessera que lorsque le mélange des gaz sera devenu homogène dans les deux capacités. La vessie sèche est un corps poreux : le gaz hydrogène étant plus diffusible que l'air, passe plus vite par les pores de la vessie que l'air n'y entre ; par conséquent la vessie perd de son contenu, tandis que le récipient en gagne autant. Si au contraire on enferme de l'air dans la vessie et du gaz hydrogène dans le récipient, la vessie se remplira plus qu'elle ne l'était ; elle sera bientôt très-détendue, même au point de crever. Si l'on remplit la vessie de gaz oxygène, dont la diffusibilité ne diffère pas sensiblement de celle de l'air, et qu'on la laisse ensuite à elle-même pendant 8 à 12 heures, on la trouvera également remplie sans être affaissée, mais elle ne contiendra plus que de l'air atmosphérique, car le gaz oxygène se sera échangé contre du gaz azote à volumes égaux jusqu'à ce que le mélange des deux gaz en dedans et en dehors ait été accompli dans une proportion égale. Ce que nous venons de dire de la diffusibilité des gaz à travers les pores de la vessie est vrai pour tous les corps poreux, même pour les fêlures les plus fines dans le verre. Il est à remarquer que les pores qui paraissent assez bien fermés lorsqu'on veut forcer un gaz à les traverser admettent le plus souvent une diffusion facile lorsque le corps poreux sépare deux gaz différents. Une fêlure dans un récipient qui ferme assez bien pour qu'on puisse y faire et maintenir passablement le vide, permet la diffusion si elle est en contact d'un côté avec le gaz hydrogène et de l'autre avec l'air.

La diffusibilité des gaz est d'une très-grande importance pour la conservation des êtres vivants, qui produisent continuelle-ment du gaz acide carbonique et qui périssent dans un air vicié par un certain degré par ce gaz. S'il fallait continuellement changer l'air atmosphérique qui les environne pour évacuer le gaz acide carbonique, ils ne pourraient jamais se garantir dans leurs nids ou dans leurs couches quelconques des injures du climat ou de la saison. Par la diffusibilité, le gaz acide carbonique se répand dans l'air ambiant, se dissipe, et l'air atmosphérique vient le remplacer, comme dans l'expérience des deux ballons, seulement en substituant ici de l'air atmosphérique au gaz hydrogène. Dans un grand salon bien éclairé par les lampes et des bougies, et rempli de monde, la quantité d'acide carbonique produite à chaque instant est énorme à proportion de la capacité du salon : s'il n'y avait pas d'autre moyen d'y rendre l'air respirable que de le renouveler en masse, il faudrait au bout de peu de temps quitter le salon pour ne pas être asphyxié. Mais la diffusion du gaz acide carbonique et du gaz azote dans l'air normal du dehors s'opère par toutes les ouvertures, même par les plus petits pores ou fentes, et l'état normal de l'air enfermé du salon se maintient de cette manière assez bien. Dans les pays du nord, où l'on sait mieux chauffer les appartements que dans le midi, on se sert de poêles dans lesquels on carbonise chaque jour une certaine mesure de bois, en laissant échapper la fumée par la cheminée. Quand la carbonisation est bien complète, on ferme le passage dans la cheminée par une soupape. Un grand monceau de charbons rouges de feu brûle alors dans le poêle et verse dans l'air de l'appartement l'acide carbonique qu'il produit. La combustion du charbon est modérée, parce qu'on ne laisse à l'air très-peu d'accès : mais, dans l'intervalle de vingt-quatre heures, la quantité entière du charbon a été convertie en acide carbonique. On devrait donc supposer que dans un appartement chauffé de cette manière, où la porte reste constamment fermée, et où non-seulement les fenêtres ne s'ouvrent plus, mais où toutes les petites fentes ou ouvertures sont soigneusement mastiquées afin de prévenir des vents coulis dangereux dans les climats froids, on devrait supposer, disons-nous, que, dans de telles circonstances, l'air de l'appartement sera chargé de gaz acide carbonique et qu'il contiendra peu de gaz oxygène. Cependant il n'en est pas ainsi : au contraire, c'est la pureté et l'état normal d'un air atmosphérique pris dans un appartement ainsi conditionné qui frappèrent le célèbre Bergman, lorsqu'il analysa cet air et le compara à l'air du dehors. La diffusibilité des gaz donne l'explication du fait ; mais cette propriété n'était point encore connue du temps de Bergman.

Nous venons de voir qu'un corps poreux, mais dont les pores sont trop fins pour donner librement passage à un gaz de même nature, favorise cependant la diffusion des gaz différents entre lesquels il est interposé. Ce phénomène est dû à une autre propriété des gaz, celle d'être absorbés et en même temps comprimés dans les interstices vides qui constituent les pores des corps poreux Plus ces interstices sont fins et minces, plus ils compriment les gaz absorbés. Ce phénomène peut être considéré comme une action de la capillarité, sur les substances aériformes.

Si l'on prend des morceaux de charbon ou du papier non collé, séchés à une température de 100 à 120° pour être bien privés de toute humidité, si l'on en remplit un tube de verre mince d'un demi-pouce de diamètre et fermé par un bout, et qu'on y fasse le vide par le moyen d'une bonne machine pneumatique, on sentira, en prenant le tube dans la main et en y faisant rentrer l'air, que le tube s'échauffe plus ou moins. La raison de cette élévation de température est que le corps poreux absorbe et comprime dans ses pores une partie de l'air rentré, et que la compression rend libre une certaine quantité de calorique.

La substance poreuse avec laquelle on a fait le plus grand nombre de recherches sous ce point de vue est le charbon de bois, surtout celui du buis : on a trouvé que les différents gaz sont absorbés par ce charbon et comprimés dans des proportions bien différentes; et que si, d'un côté, c'est une propriété générale des gaz d'être absorbés, de l'autre, le degré auquel cette absorption a lieu dépend entièrement de la nature de la substance gazéiforme elle-même. Quant à la substance absorbante, il est probable que sa nature chimique n'est pas sans influence sur l'absorption, mais le nombre des pores, leur forme et leur finesse, y jouent le rôle principal. Ainsi le charbon de différentes espèces de bois absorbe des quantités bien différentes du même gaz, et le charbon qui reste après la carbonisation des substances fondues est absolument privé de la propriété absorbante, parce qu'il est sans pores. Le tableau suivant montre la différence de capacité absorbante du charbon de buis pour différents gaz à 12° de température et sous quelque pression que ce soit.

Un volume de charbon de buis absorbe du

gaz ammoniaque	90	volumes
— acide hydrochlorique	85	—
— acide sulfureux	65	—
— hydrogène sulfuré	55	—
— protoxyde d'azote	40	—
— acide carbonique	35	—
— — oléfiant	35	—
— oxyde carbonique	9 42	—
— oxygène	9 25	—
— azote	7 05	—
— hydrogène	1 75	—

Il s'ensuit que les gaz s'y trouvent comprimés par une force énorme surtout si l'on songe que ce volume de charbon est plus grand que la somme des capacités de ses pores. Cependant, en laissant un charbon saturé d'un gaz dans le vide d'où l'on retire la partie du gaz que le charbon rend à mesure qu'elle est mise en liberté, on parvient à l'en extraire entièrement. Le charbon, saturé d'un gaz environné d'un autre gaz, présente le phénomène de la diffusion, de telle manière que le charbon rend une partie du gaz absorbé, en absorbant une portion de l'autre; si les deux gaz sont également absorbables, le charbon rend la même quantité de l'un qu'il absorbe de l'autre. Si au contraire le nouveau gaz est moins absorbable que celui qui déjà est absorbé par le charbon, il rend beaucoup plus du dernier qu'il n'absorbe du premier, et en sens inverse il absorbe beaucoup plus qu'il ne rend. Un charbon saturé d'un gaz qu'on fait ensuite tremper dans l'eau ou dans un autre liquide laisse échapper une certaine quantité du gaz absorbé, mais en retient une autre partie assez considérable. Les vapeurs sont également absorbées ; mais, par la compression qu'elles subissent, une quantité notable de la vapeur est condensée à l'état liquide. Tous les corps poreux laissés pendant quelque temps exposés à l'air contiennent de l'humidité, même lorsque l'air n'est pas considéré comme humide. En voici la raison. L'air contient de la vapeur d'eau; le corps poreux, en absorbant cette vapeur, la comprime et en condense une certaine quantité à l'état liquide, et cette quantité varie avec les différentes proportions de la vapeur d'eau que l'air charrie : c'est ce qu'on appelle *humidité hygroscopique*, parce qu'elle est proportionnelle à la marche de l'hygromètre. Les étoffes dont nos habits sont composés sont assez poreuses pour condenser de l'eau et pour absorber de l'air dans les interstices des tissus. Les poudres fines se trouvent dans le même cas, quoique leur force absorbante et condensante soit infiniment supérieure à celle du charbon de bois. Le platine réduit par la voie humide, c'est-à-dire précipité de ses dissolutions sous forme métallique et infiniment divisé, possède aussi cette propriété de condenser les gaz et surtout le gaz oxygène. M. Dœbereiner, qui a découvert cette propriété, croit avoir prouvé que le platine précipité condense de l'air atmosphérique du gaz oxygène sans gaz azote, de manière à équivaloir à la pression de 760 à 1,000 atmosphères, pression qui, selon toute probabilité, est un peu exagérée. Il explique la singulière propriété du platine divisé d'allumer un jet d'hydrogène qu'on y dirige par cette condensation préalable du gaz oxygène dans les pores de l'éponge de platine. Mais cette explication ne paraît pas être fondée, parce qu'un fil très-fin de platine qui est inac if à +13° combiné d'hydrogène et d'oxygène à + 50° est un corps poreux.

Les gaz se comportent par rapport aux corps liquides à peu près comme avec les corps solides poreux. Cependant les combinaisons des gaz avec les liquides sont de deux espèces différentes : l'une n'est qu'une simple solution de la même nature que la solution d'un corps solide dans l'eau ou dans l'alcool : telles sont les dissolutions des gaz acides hydrochlorique, hydrobromique, hydriodique, et du gaz ammoniaque dans l'eau et dans l'alcool. Le liquide se charge alors d'un grand nombre de multiples de son volume du gaz, et il s'échauffe par cette union. L'autre espèce est de la même nature que l'absorption dans les corps solides poreux ; la quantité de gaz absorbé excède rarement deux à trois fois le volume du liquide, mais fort souvent elle n'est qu'une très-petite fraction de ce dernier. La quantité de gaz absorbée jusqu'à saturation par un liquide, dépend autant de la nature du liquide que de celle du gaz : ainsi le même gaz est absorbé en quantités bien différentes par divers liquides, et le même liquide absorbe les différents gaz dans des proportions aussi très-différentes, comme on va le voir par le tableau suivant. Cent parties en volume d'eau ou d'alcool absorbent, à 12° au thermomètre, les quantités suivantes des gaz que nous allons nommer :

	Eau.	Alcool.
Gaz acide sulfureux	4,378,0	11,577,0
— hydrogène sulfuré	253,0	606,0
— acide carbonique	106,0	186,0
— protoxyde d'azote	76,0	153,0
— oléfiant	15,0	127,0
— oxygène	6,5	16,3
— oxyde carbonique	6,2	14,5
— hydrogène	4,6	5,1
— azote	4,2	4,2

Il est probable que le premier de ces gaz se trouve plutôt dissous qu'absorbé par le liquide, surtout par l'alcool. Il faut remarquer que ces volumes des gaz sont des quantités constantes, quelle que soit la pression ; de manière que, sous une pression double, le liquide contient une quantité en poids, double du gaz absorbé, dont la moitié s'est dégagée avec effervescence lorsque la pression double cesse. Cette circonstance est la preuve la plus évidente que les gaz ne sont point dans le liquide à l'état de dissolution, mais bien à l'état de gaz logé dans les interstices de ce même liquide. Un corps solide dissous dans le liquide en chasse une partie du gaz absorbé, mais non pas toute la quantité. Le corps dissous paraît remplir une partie des interstices occupés par le gaz, tout comme un charbon saturé d'un gaz trempé dans un liquide ne perd qu'une partie du gaz absorbé. Un liquide saturé d'un gaz, qui vient en contact avec un autre gaz, présente le même phénomène de diffusion des deux gaz l'un dans l'autre, et à peu près suivant les mêmes lois que suit le charbon saturé d'un gaz lorsqu'on l'expose à un autre gaz.

Nous ajouterons encore quelques mots sur la constitution chimique des gaz. Cette constitution, Descartes, Newton et La place ont tâché de s'en faire une idée ; nous ne parlerons que des idées énoncées par La place, parce qu'elles s'accordent mieux avec l'état avancé de la science de nos jours. Voici comment ce grand physicien se représente les différents états d'agrégation des corps.

« La matière est composée d'atomes ; ces atomes sont environnés d'une couche de calorique et soumis à l'influence de trois forces : 1° l'attraction exercée par chaque atome sur ceux qui l'environnent ; 2° l'attraction exercée par chaque atome sur le calorique des autres atomes ; 3° la répulsion qu'exerce le calorique qui environne chaque atome sur le calorique des atomes environnants. Le calorique qui environne les atomes les empêche de se toucher. L'attraction mutuelle des atomes ne s'exerce qu'à des distances infiniment petites et décroît rapidement en agrandissant la distance ; lorsqu'un corps solide s'échauffe, le calorique qui environne les atomes s'accroît, écarte les atomes, en augmente le volume du corps chauffé et en diminue la cohésion, comme nous l'avons montré au commencement de cet article. Dans les corps liquéfiés les enveloppes de calorique ont pris encore plus d'extension ; l'affinité mutuelle des atomes est diminuée à mesure, mais non pas encore vaincue. Les atomes restent par conséquent encore ensemble, mais mobiles les uns sur les autres. Au point de gazéification, l'enveloppe de calorique a grandi jusqu'à écarter les atomes à des distances où l'attraction moléculaire cesse d'exercer son influence, et les atomes n'obéissent plus qu'à la répulsion qu'exerce l'enveloppe calorique, les uns sur celle des autres, répulsion qui va en augmentant avec l'élévation de la température. »

Cette représentation de la constitution des gaz est susceptible d'être contrôlée par le calcul, et donne ainsi des résultats satisfaisants par rapport à la vélocité du son dans l'air, à la loi de Mariotte. Nous devons encore à M. Poisson des considérations mathématiques d'une grande importance sur la constitution des gaz ; cependant, aussi longtemps que la nature du calorique reste inconnue, les enveloppes du calorique ne peuvent être considérées que comme une représentation figurative.

Les gaz sont formés tant d'atomes simples que d'atomes composés. Il est probable que tous les corps simples peuvent être convertis en gaz ou vapeur. Parmi les corps composés, il y en a un grand nombre que la chaleur décompose avant de les gazéifier. Parmi les corps simples, l'oxygène, l'azote, l'hydrogène, le chlore, paraissent sous la forme de gaz, d'autres se laissent aisément gazéifier à des températures élevées, mais un grand nombre de métaux résiste aux températures élevées que nous pouvons produire moyennant la combustion du charbon ou du gaz hydrogène. Cependant tous se laissent dissiper par de fortes décharges électriques. Il est probable que c'est la température haute et instantanée produite par la décharge électrique qui les convertit en gaz, et que, par conséquent, il n'y a aucun corps simple qui résiste à l'influence gazéifiante d'une certaine accumulation de calorique.

Les corpuscules enveloppés de calorique qui se repoussent mutuellement dans les gaz sont, ou des atomes isolés comme dans la plupart des gaz simples, ou des groupes d'atomes de deux ou plusieurs éléments, comme dans les gaz des corps composés. Mais il paraît qu'il peut y avoir aussi des gaz formés de groupes d'atomes d'un seul élément, comme il y a des groupes formés de deux ou plusieurs éléments, car l'expérience a constaté que la vapeur du soufre contient autant d'atomes de soufre qu'un volume égal de gaz oxygène contient de ce dernier élément.

Les gaz des corps simples que nous croyons composés d'atomes isolés qui se repoussent à des distances égales à la même température et à la même pression, possèdent, d'après les observations de Dulong, la même chaleur spécifique, laquelle, par conséquent, doit être en rapport avec les distances entre ces atomes.

Dans les gaz des corps composés, ni le nombre des atomes, ni leur distance mutuelle, ni leur chaleur spécifique, ne sont les mêmes que dans les gaz des corps simples. Lorsqu'un gaz se combine avec un autre, il y a toujours un rapport entre leur volume ; ainsi un volume de l'un se combine avec un volume ou avec 1, $\frac{1}{2}$ 2,2 $\frac{1}{2}$, et jusqu'à trois volumes de leur combinaison conserve encore l'état de gaz, ce volume de gaz composé est égal à la somme des volumes des deux gaz combinés, ou il en occupe $\frac{1}{2}$, $\frac{1}{3}$, $\frac{1}{4}$, ou quelque autre fraction plus petite de la somme des volumes réunis. Plus le nombre des éléments réunis est grand, plus la contraction opérée au moment de leur union peut être grande. Cependant les exemples connus où les éléments aussi bien que le corps produit par leur union conservent l'état de gaz, sont peu nombreux, mais en déterminent le poids spécifique des vapeurs de corps composés ; il est facile de se convaincre de la contraction que leurs éléments considérés sous la forme de gaz ont subie au moment de leur union, car la somme qui exprime le poids spécifique de la vapeur est composée d'un certain nombre de volumes des gaz simples.

Quand un volume d'un gaz simple est combiné avec un volume d'un autre gaz simple, et qu'il en résulte un seul volume de gaz composé, il y a une contraction de deux volumes en un dans un nouveau gaz ; les particules qui se repoussent sont composées de deux atomes élémentaires, le nombre d'atomes est égal au nombre d'atomes simples dans un gaz simple du même volume, et la distance qui sépare l'atome dans ces gaz composés est la même que dans les gaz simples. Quand, au contraire, deux volumes égaux de gaz simple se combinent, et qu'il en résulte deux volumes de gaz composés, le nouveau gaz ne contient que la moitié du nombre d'atomes composés, séparés par une distance double, comparativement au nombre et à la distance des atomes dans les gaz simples. Par exemple, un volume de gaz azote et un volume de gaz oxygène produisent deux volumes de gaz deutoxyde d'azote ; chaque atome du deutoxyde étant composé d'un atome d'oxygène et d'un atome d'azote, il est évident que le nombre des atomes composés n'est que la moitié du nombre des atomes simples, et le gaz composé occupant

le même espace que le gaz élémentaire ensemble, il faut que la distance entre les atomes composés soit double. On a cherché à expliquer cette circonstance d'une autre manière, en supposant que dans les deux gaz simples les atomes soient réunis en groupe composé de deux ou quatre atomes dans la même enveloppe de calorique. La moitié du nombre a pu être échangée contre les atomes de l'autre élément. Dans ce cas, le nombre d'atomes dans chaque groupe reste le même, et par conséquent aussi la distance entre ses groupes d'atomes. Cette explication est très-ingénieuse ; mais si elle était fondée, il semble que la chaleur spécifique du nouveau composé devrait être la même que celle des deux gaz simples ; or, Dulong l'a trouvée de presque un quart de plus que celle des gaz simples. En partant de cette observation et d'autres analogues, Dulong a conjecturé que dans ces gaz composés la chaleur spécifique diffère de celle des gaz simples, et que cette différence dépend exclusivement du nouvel arrangement en atomes égal, toutes les fois qu'il y a eu condensation égale.

Quant à ces condensations, celles qu'on a observées entre les deux gaz sont les suivantes. Un volume avec un volume condensé à 1 ; 1 volume avec 1 $\frac{1}{2}$ condensé à 1 ; 1 volume avec deux volumes condense à 2, 1 volume avec 2 $\frac{1}{2}$, volume condensés à 2 ; 1 volume avec 3 volumes condensés également à 2 volumes.

Les gaz des corps composés se combinent entre eux, suivant les mêmes règles. La constance de ces rapports est telle, qu'on peut avec toute certitude calculer, d'après le poids spécifique des gaz composés, celui des gaz de corps simples que nous n'avons pas réussi à convertir en gaz à l'état isolé, par exemple, celui du carbure. Nous avons dit que la vapeur du soufre contient trois fois le nombre d'atomes de soufre qu'elle devra contenir de gaz à l'état normal, mais le poids spécifique du gaz hydrogène sulfuré et du gaz acide sulfureux nous donne par un calcul très-simple le poids spécifique du soufre gazéiforme à l'état normal, et pour que la vapeur du soufre se trouve dans un état exceptionnel.

Les propriétés chimiques des gaz dépendent de leurs éléments. Les gaz composés d'éléments combustibles peuvent être allumés et brûlent dans le gaz oxygène et dans l'air. Le gaz hydrogène et ses combinaisons gazeuses avec le soufre, le phosphore et le carbone, l'oxyde de carbone, le gaz cyane composé d'azote et de carbone, sont des gaz combustibles. L'emploi du gaz hydrogène carburé pour l'éclairage à gaz est généralement connu. Cependant l'épithète combustible est seulement relative. Le gaz hydrogène est combustible dans une atmosphère qui contient le gaz hydrogène. Remplissez, par exemple, un grand ballon de gaz hydrogène ; tournez le goulot d'en bas et approchez-en une allumette enflammée, ce gaz prendra feu au point de contact avec l'air atmosphérique, et y présentera une flamme légère en forme d'une couche horizontale très-mince. Un tube de verre par lequel un courant d'air de gaz oxygène est établi, que l'on fait monter dans le ballon, prend feu à la flamme au goulot et continue ensuite à brûler dans le ballon même après qu'on a fermé ce goulot en le plongeant dans de l'eau ou le mercure. Si le ballon contient du gaz hydrogène carburé, la flamme du gaz oxygène devient fulligineuse et produit une fumée noire, parce que le gaz hydrogène s'oxyde de préférence, comme cela arrive lorsque les substances trop riches en carbone brûlent dans l'air.

Dans l'état de gaz la force de combinaison des corps simples est beaucoup diminuée; il faut une température élevée pour la mettre en jeu; et ici même, si les gaz peuvent se dilater librement, il faut une température encore plus élevée pour la mettre en activité. Le chlore fait exception à cette règle, parce qu'il se combine avec la plupart des corps aux températures ordinaires de l'atmosphère. Les corps solides avec lesquels des gaz susceptibles de s'unir viennent en contact, les disposent à se combiner. Il paraît que tous les corps solides partagent cette propriété, mais à un degré très-différent et variable même dans le même corps suivant l'état de sa surface. Plus celle-ci est lisse, moins cette propriété est prononcée; à l'état d'une poudre argileuse, elle est plus active; mais ce sont surtout quelques métaux qui la possèdent au plus haut degré. Ces métaux sont: le platine, l'iridium, le rhodium, l'osmium, et en bien moindre degré, le palladium, l'or et l'argent. Plus ces métaux sont divisés, plus ils sont efficaces; leur poudre est allumée à toute température atmosphérique. Au mélange de gaz hydrogène et de gaz oxygène et à des températures un peu élevées, elle réunit le gaz acide sulfureux et le gaz azote avec l'oxygène.

GAZ (Usine a). — Une usine à gaz se compose d'un fourneau, d'une ou plusieurs *retortes* (cornues) en fer, de tuyaux de même métal, de vaisseaux propres à recevoir le goudron contenu dans la houille, plus communément employée que toute autre matière à la production du gaz; d'autres vaisseaux où l'on met de l'eau et de la chaux pour servir à purifier le gaz; enfin, d'un gazomètre, qui est à la fois le récipient du gaz, le réservoir d'où on le tire, pour le distribuer dans les différentes places qu'il doit éclairer; et l'instrument propre à faire connaître exactement et à chaque instant la quantité de gaz qu'il contient, et qu'on peut disposer.

Les retortes en fer, employées dans les usines à gaz, sont des cylindres dont le diamètre varie entre la septième partie et la huitième de leur longueur; elles sont ouvertes par un bout et se ferment avec un couvercle qu'on arrête avec une cheville. L'expérience a prouvé qu'il ne convenait pas de se servir de retortes de plus de 2 mètres de longueur, ni de plus de 3 à 4 décimètres de diamètre. Plus longues, le

feu n'a pas assez d'action et d'uniformité; plus larges, la chaleur ne pénètre pas autant qu'il conviendrait la houille qui les remplit. Dans les grands établissements où une retorte de 2 mètres ne suffit pas, on en a deux ou davantage, dans le même fourneau ou dans des fourneaux particuliers. Les fourneaux dans lesquels les retortes sont couchées horizontalement sont construits de manière que la flamme, après avoir suivi les retortes en dessous de leur longueur, passe par dessus et entre dans la cheminée, après les avoir parcourues dans le même sens.

A quelque distance de la bouche de la retorte, qui est placée un peu en dehors de la maçonnerie du fourneau, on a ménagé dans la partie supérieure une ouverture où se place perpendiculairement à la longueur de cette retorte un tuyau par lequel s'élève le gaz à mesure que la chaleur le sépare de la houille. Il a besoin d'être dégagé de divers produits auxquels il reste mêlé en sortant des retortes. A une certaine hauteur, d'un mètre environ, ce tuyau se courbe et descend dans un autre tuyau très-large et placé horizontalement, où il conduit le gaz échappé de la retorte. De l'extrémité de ce tuyau, auquel on a donné le nom de condenseur, sort un troisième dont la position est inclinée, et par lequel le gaz et le goudron qui s'étaient accumulés dans le condenseur, sont conduits le gaz en dessous du goudron, dans un vaisseau où le goudron seul se dépose, et d'où l'on peut le retirer à volonté. Le gaz s'élève alors dans un tuyau, puis va dans un vaisseau qui contient un mélange d'eau et de chaux servant à le purifier; après quoi un autre tuyau le conduit immédiatement dans le gazomètre. Celui-ci est formé de deux vaisseaux : l'un placé dans une position naturelle et rempli d'eau; l'autre, dont le diamètre plus petit lui permet d'entrer dans le premier, renverse le fond en haut et l'ouverture en bas. Dans cette position, il ne se trouve pas plongé dans l'eau que contient l'autre vaisseau, de sorte que, si l'on donne une issue à l'air qui y est enfermé, il se trouvera complètement rempli par cette eau, qui prendra la place que l'air occupait. Les deux vaisseaux dont se compose un gazomètre étant construits dans ces conditions, voici comment on s'y prend pour y renfermer le gaz. Sur la partie extérieure du fond du vaisseau renversé, on fixe le bout d'une chaîne qui va passer sur des poulies fixées sur des supports, et dont l'autre bout porte un poids un peu moins fort que celui qui serait nécessaire pour contre-balancer le poids du vaisseau renversé. Cela fait, et le passage par lequel l'air peut passer étant déjà bouché, on introduit le gaz dans l'eau qui remplit les deux vaisseaux, et, comme à mesure qu'il en entre, il tend par sa légèreté à se placer au-dessus de l'eau, il force le vaisseau renversé, que ce contre-poids tenait presque en équilibre, à s'élever et à lui donner l'espace qu'il occupait dans le grand vaisseau. Le gaz se trouve à son tour confiné dans le même espace entre les parois du petit vaisseau, jusqu'à ce qu'on lui permette de s'échapper par un tuyau principal, et ensuite par d'autres tuyaux qui s'y embranchent, pour aller servir d'éclairage aux lieux disposés pour cet objet.

Le gazomètre, indépendamment de son utilité comme réservoir à gaz, a l'avantage de pouvoir servir à forcer le gaz de céder à une pression graduelle et uniforme lorsqu'on le fait passer dans les tuyaux ; de sorte que, parvenu là où il doit être consumé, la flamme qu'il donne conserve la même intensité et donne une lumière égale. Dans l'état d'équilibre ordinaire où le poids suspendu à la chaîne maintient le vaisseau renversé, ce dernier, forcé de s'abaisser et de descendre dans le grand vaisseau à mesure que le gaz qui s'échappe du gazomètre, diminue de quantité, mais sans que la pression qu'il exerce sur le gaz restant éprouve aucune altération.

Le gaz destiné à l'éclairage des rues, des édifices, des maisons particulières, entre, à sa sortie du gazomètre, dans un tuyau principal placé dans le sol et recouvert par le pavé des rues, qui se prolonge en ligne directe, ou autrement, aussi loin que cela peut être nécessaire. De ce tuyau partent des tuyaux d'embranchement plus petits, qui, immédiatement ou au moyen de tuyaux encore plus petits, portent le gaz à chaque point préparé pour le recevoir, et où il doit être allumé. L'extrémité du tuyau qui conduit ainsi le gaz est garnie d'un petit appareil appelé bec de gaz, lequel est percé d'un ou plusieurs petits trous, d'environ deux millimètres de diamètre. Dès que le gaz est parvenu au bec, il tend à s'échapper par ces trous, et la petite quantité qui sort à la fois s'enflamme à l'instant où on la met en contact avec le feu. La belle lumière qui en résulte et dont on peut régler l'intensité, continue aussi longtemps qu'il arrive du gaz au bec où elle a été produite. Les becs de gaz sont ordinairement entourés de cylindres de verre, qui garantissent la flamme de l'agitation de l'air. En général, partout où on en établit, ils forment ornement comme les lustres et les lampes dans lesquels les personnes opulentes consument de la bougie ou de l'huile. La lumière qu'on obtient par ce genre d'éclairage est en même temps plus belle et plus économique que celle des bougies, de l'huile et des chandelles de suif.

L'expérience a prouvé que le gaz purifié produit par 60 kilog. de houille dont les trois quarts distillés dans une retorte, l'autre quart employé pour se chauffer donne une lumière égale à celle qu'on obtient dans un même temps de la consommation de 76 chandelles qui vaudraient 76 fr. 60 c., somme bien supérieure à celle que coûteraient 60 kilog. de houille. D'ailleurs, les chandelles consumées ne laissent aucun résidu, tandis qu'on retire des 45 kilogrammes de houille nécessaires pour produire la quantité de gaz équivalente à ces chandelles, plus de 28 kilog. de coke et de 2 kilog. de goudron, ayant l'un et l'autre une valeur commerciale suffisante pour couvrir une partie des frais d'achat de la houille dont ils proviennent. Les retortes dans lesquelles on met en petits morceaux la houille dont on veut obtenir du gaz, durent d'autant plus longtemps qu'elles sont plus constamment employées et qu'on ne les laisse pas refroidir. Lorsqu'elles cessent d'être chauffées au rouge, leur refroidissement détache de leur surface la première portion d'oxyde qui s'y est formée et livre à l'action du feu cette même surface qui s'oxyde de nouveau.

Les personnes qui fabriquent le gaz pour l'éclairage, étant les mêmes que celles qui le distribuent dans les rues où l'on en fait usage, ne sauraient veiller avec trop de soin à ce que son épuration soit aussi complète que possible. Dans le cas contraire, le gaz de houille exhale une odeur sulfureuse et ammoniacale aussi désagréable que nuisible à la santé. Ces mêmes personnes doivent également s'assurer chaque jour, soit par elles-mêmes, soit par des agents, si le gazomètre, le grand et les petits tuyaux, depuis l'usine jusqu'à chacun des différents becs auxquels ils fournissent du gaz sont en bon état ; et, si elles s'aperçoivent qu'il s'est formé une fuite de gaz, soit dans l'usine même, soit en dehors, elles doivent aussitôt la faire réparer ; en prenant toutes les précautions nécessaires pour prévenir les explosions qui arriveraient infailliblement si l'on avait l'imprudence d'approcher une lumière de toute place où une fuite aurait accumulé du gaz.

A Londres, à Paris et dans d'autres villes, on a imaginé de faire du *gaz portatif comprimé* ou *non comprimé*, qu'on fournit aux établissements qui le demandent, sans intermédiaire des tuyaux communiquant de l'usine à l'endroit qu'on veut éclairer. Ces gaz, renfermés dans des caisses faisant l'office de gazomètres, sont transportés à domicile sur des voitures et reçus dans des appareils préparés pour cet objet, au moyen de tuyaux en cuir, qui n'ont que la longueur nécessaire pour aboutir depuis la caisse jusqu'à l'appareil. La houille n'est pas la seule substance dont on se serve pour produire le gaz-*light* des Anglais : en effet, tous les corps gras, tous les produits naturels qui renferment une grande quantité de carbone et d'hydrogène, donnent lieu, par leur décomposition, à du carbure d'hydrogène plus ou moins riche en carbone. Toutes ces substances peuvent donc servir à la fabrication du gaz : aussi divers essais ont-ils été tentés pour consacrer à cet usage les naphtes, les pétroles, les bitumes, les huiles, les résines. D'après un article de M. Tournal sur le progrès de l'éclairage, inséré au *Journal des Débats* (25 sept. 1838), M. Hougeau, de Reims, a même employé les huiles fétides provenant des eaux savonneuses qui ont servi aux lavages des laines et qui autrefois étaient une cause d'émanations délétères.

« Si nous sommes bien informé, ajoute l'auteur, M. Selligue a déjà réalisé plusieurs établissements (à Dijon, Lyon, Anvers), dans lesquels il obtient le gaz de la décomposition de l'eau soumise à une haute température; mais, comme l'hydrogène de l'eau ne renferme par la moindre trace de carbone, et qu'il ne donne par conséquent qu'une lumière très-faible, M. Selligue combine le gaz de l'eau avec de l'hydrogène quadricarboné qu'il obtient de la décomposition des résines.

« L'huile de résine peut facilement donner de 19 a 20 pieds cubes de gaz par kilog; or la résine fournissant par la distillation 85 pour cent d'huile, il résulte que l'on peut obtenir 18 pieds cubes de gaz d'un kilog. de résine (1). »

GAZ HYDROGÈNE DES MINES. — Les moyens principaux propres à éviter les accidents auxquels donnent lieu l'explosion ou l'inflammation du gaz hydrogène, se réduisent à bien ordonner la circulation de l'air. 1° Le courant établi par le feu des grands fourneaux doit être rapide, afin que la masse d'air soit surabondante, relativement à l'hydrogène qu'elle doit entraîner. 2° Le courant d'air doit passer à la taille, afin d'embrasser toute la surface de la veine. 3° Il doit suivre cette taille plutôt de bas en haut, afin d'emporter plus sûrement la moffette, qui tend à s'élever par sa légèreté spécifique. 4° Quand le courant d'air a parcouru la largeur de la taille, et qu'il est chargé de moffette, il doit sortir de la mine par les chemins les plus courts, et non par les galeries où sont les lumières. 5° Il doit être resserré dans des voies fermées, afin qu'il ne puisse se diviser et s'écarter de la route. Les voies doivent être remblayées avec de la maçonnerie, afin d'interdire toute communication avec les issues et le vide des tailles. On sait que, lorsque la veine est plus riche à l'approche des tailles et des resserrements, on est obligé de diminuer le nombre des lumières et de n'en placer qu'aux extrémités de la taille. Souvent on est contraint de veiller afin de l'empêcher de tomber et de se briser sur les lumières. Dans l'exploitation des mines droites, on place près de chaque ouvrier un homme chargé spécialement de tenir la lumière qui éclaire les travaux, et d'en écarter la houille, qui, en tombant sur les lampes, produirait des effets funestes. L'appareil proposé s'applique spécialement à ces cas de dangers que la bonne méthode ne peut empêcher; il complète les moyens préservatifs indiqués dans les dernières instructions adressées par le ministre de l'intérieur. Pour prévenir tous les genres d'accidents, il suffit de séparer sûrement et constamment la lumière des lampes des gaz de la sphère inflammable. Le moyen exécuté est remarquable par la simplicité du mécanisme et l'efficacité des résultats. La combustion a lieu à vaisseaux fermés; l'air nécessaire à l'entretien de la lumière est puisé dans la région la plus basse, la plus pure de la mine; il est aspiré par un soufflet, et chassé successivement à travers un tuyau, qui dans sa plus grande longueur peut avoir trente mètres. L'air, circulant avec force, entraîne l'acide carbonique et tous les produits de la combustion; ils s'échappent à travers l'eau de chaux placée dans un réservoir qui communique à l'enceinte dans laquelle la lampe est enfermée. Cet appareil, véritable instrument de physique met en apparence le phénomène de la combustion et de la respiration. Si l'on cesse d'introduire l'air, le cylindre se remplit de nuages formés par l'acide carbonique, qui éteint bientôt la lampe. Si la flamme expirante est ranimée par l'air, elle devient vive, brillante, et l'on s'aperçoit que la sphère environnante se purifie; l'hydrogène est chassé par l'azote, l'acide carbonique non absorbé, et par l'air, dont l'oxygène n'a point été fixé par la combustion.

Cet appareil est éminemment propre à détruire les effets du feu grisou; car le gaz hydrogène, qui peut environner la lampe, est à l'abri des effets de la lumière. Cet appareil, dont l'élévation ne peut excéder 4 décimètres, peut être facilement manœuvré à l'endroit énoncé dans les travaux du mémoire. La lampe, munie d'un réflecteur, éclairait à 30 mètres. On peut employer cet appareil dans les puits, les lieux méphytisés, pourvu que la sphère délétère n'excède pas le diamètre donné de 30 mètres.

Les lampes employées dans les mines de houille se nomment *lampes de sûreté*. L'on en a inventé plusieurs qu'on distingue par les noms de leurs auteurs. La première, et qui par conséquent servit de base à toutes les autres, est due au célèbre M. Davy. Voici comment il est conduit à cette découverte. Il remarqua que le gaz qui se dégage des mines de houille est moins inflammable que celui que l'on obtient par la distillation et qui sert à l'éclairage: et de plus, qu'il suffisait d'interposer une toile métallique de 120 à 140 mailles au centimètre carré, pour arrêter la communication de la flamme au gaz qui l'entoure. En conséquence de ces observations, M. Davy fit établir des lampes autour du bec desquelles on vissait un cylindre de toile métallique, et le gaz inflammable put brûler dans l'intérieur de ce cylindre, sans que l'inflammation se communiquât au dehors. Toutefois il restait un danger à prévoir. Un fort courant d'air pouvait pousser la flamme de la lampe à travers la toile en fil de fer, et par là communiquer l'inflammation au gaz de la mine. Pour parer à cet inconvénient, M. Davy conseillait de garnir d'un écran le derrière de ses lampes et de les préserver par là des courants d'air. Mais les mineurs ont rarement employé cette précaution, malgré les réglements de police qui la prescrivent, du moins en France.

(1) Extrait de l'*Encyclopédie des gens du monde.*
— *Voy.* ÉCLAIRAGE AU GAZ. — *Voy. aussi* GAZOMÈTRE.

La lampe Davy est donc une vraie lampe de sûreté; sa dimension est de 20 à 25 centimètres de hauteur, et le diamètre du cylindre métallique est d'environ 6 centimètres. Mais elle présente plusieurs inconvénients; le principal est de donner peu de clarté, la lumière se trouvant interceptée par la toile en fil de fer, et par conséquent le mineur est exposé à être la victime d'éboulements qui peuvent avoir lieu à son insu, ce qui n'arriverait pas si, mieux éclairé, il apercevait les fissures de la roche. De plus la poussière du charbon s'attachant sur la toile métallique, diminue encore considérablement la lumière déjà faible, et met l'ouvrier en peu de temps dans une obscurité presque totale.

Un nommé Robert chercha à parer encore davantage au danger de l'inflammation du gaz des mines; pour cela il entoura la toile métallique de M. Davy d'un cylindre en cristal, tout en ménageant la circulation de l'air nécessaire à la combustion par certains changements opérés au mécanisme de la lampe Davy. Il faut avouer qu'il est parvenu à rendre comme impossible l'inflammation et que sa lampe est plus sûre que celle de M. Davy. Malgré ce perfectionnement elle est peu usitée dans les mines, parce qu'elle donne encore moins de lumière que celle dont nous venons de parler.

De son côté, M. Dumesnil s'est attaché à vaincre les inconvénients que présentaient les lampes Davy et Robert, et l'on peut dire qu'il y a réussi, puisque la lampe établie par son mécanisme donne trois fois autant de lumière que celle de ses prédécesseurs, et que, comme celle Robert, elle pare suffisamment au danger de l'inflammation; malheureusement sa hauteur qui est de 40 à 45 centimètres la rend d'un usage difficile et souvent impossible dans les mines; et de plus elle présente un autre inconvénient grave, c'est celui de s'éteindre très-facilement par le transport.

M. Mueseler à son tour voulut réformer la lampe Dumesnil. Il adopta une disposition toute particulière qui lui permit de réduire à 25 centimètres la hauteur de la lampe. Nous croyons superflu de décrire toutes ces lampes; il suffit d'en faire connaître les avantages et les inconvénients. La lampe Mueseler est au moins aussi sûre que toutes les précédentes; elle donne sur un point plus de lumière que les lampes Davy et Robert, et ses dimensions la rendent d'un usage facile dans toutes espèces de mines. Mais, comme la lampe de M. Dumesnil, elle s'éteint aisément, moins facilement toutefois que la première. Son inconvénient spécial est de ne projeter la lumière que sur un point très-étroit, à cause du dôme en cuivre qui la recouvre. C'est un inconvénient grave dans les mines de grande hauteur; il expose le mineur aux dangers des éboulements qu'il ne peut apercevoir. Cependant cette lampe est assez communément admise dans les mines de Belgique.

Enfin M. Combes a imaginé une nouvelle lampe qui réunit les avantages des précédentes et pare aux inconvénients que nous avons signalés. La lumière que donne cette lampe est plus intense que celle des autres, et sa clarté se maintient régulièrement, si l'on a la précaution d'enlever la rondelle en gaze métallique placée sous le pavillon, lorsqu'on veut remplir le réservoir d'huile. Car une seule goutte d'huile qui tomberait sur cette gaze suffit pour intercepter l'air en bouchant un grand nombre de mailles; alors la lampe fume et le verre se noircit bientôt.

GAZ HYDROGÈNE PHOSPHORÉ. (*Découverte de M. Raymond.*) — Il résulte des nouvelles propriétés que l'auteur croit avoir le premier découvertes dans le gaz hydrogène phosphoré : 1° que ce gaz peut s'unir à l'eau distillée dans la proportion du quart environ de son volume, lorsque cette dissolution s'opère à la température de 10 degrés du thermomètre français : il est croyable, dit l'auteur, qu'à la température de zéro l'eau pourrait en dissoudre une plus grande quantité; 2° que ce gaz communique à l'eau, dans laquelle il se noie, une odeur forte et désagréable, ainsi qu'une saveur amère qui pourra la faire employer un jour avec succès dans le traitement de beaucoup de maladies, soit à cause de la facilité avec laquelle cette préparation se laisse décomposer, soit aussi par rapport au rôle que joue le phosphore qu'elle contient dans la formation des matières animales; 3° que, lorsqu'on s'est servi pour liquéfier ce gaz d'une eau qui a été purgée d'air, et qu'on a soin de le contenir ainsi dissous dans des vases bien bouchés, on peut le conserver longtemps sans qu'il éprouve de décomposition; 4° enfin, que cette dissolution est capable de réduire promptement plusieurs oxydes métalliques, qu'ils soient seuls ou bien dissous par des acides, et de former avec eux, au moyen d'une attraction élective double, de l'eau et des phosphures métalliques; combinaisons qui, jusqu'à présent, n'avaient encore été obtenues que par la voie sèche, c'est-à-dire en faisant chauffer des métaux avec du phosphore, ou bien encore en décomposant du verre phosphorique ou des phosphates métalliques par des métaux et du charbon. (*Annales de chimie*, t. XXXV, p. 225.)

GAZOMÈTRE. (*Instruments de physique*). *Invention de M. Seguin.* — Cet instrument est propre à mesurer les gaz, et M. Seguin, dans l'invention de celui dont il va être fait mention, a eu pour but de dispenser des corrections qu'exigeaient, pendant le cours des expériences, les variations barométriques; il maintient les gaz dans un état de densité constante, par une compression artificielle et graduée, substituée à la compression variable de l'atmosphère. La compression s'opère au moyen d'une quantité d'eau qu'on introduit à volonté dans les réservoirs destinés à contenir ces gaz. L'instrument est composé de quatre réservoirs. Le premier fait, à l'égard du second, l'office des réservoirs renversés de nos lampes, et évite le soin de remplir trop souvent l'espace abandonné par l'eau dans le second réservoir. Le second transmet l'eau dans le troisième pour opérer le degré de compression que l'on désire. Le troisième reçoit l'un des gaz et communique dans le quatrième, où se fait le mélange des gaz réunis et soumis ensemble au même degré de compression. Chaque réservoir a des espèces d'éprouvettes ou de niveaux qui mettent à portée de mesurer les rapports d'étendue de l'eau et des gaz dans leur intérieur. Le premier réservoir communique avec un flacon qui fait ainsi l'office d'indicateur à son égard. Un tube ou niveau, ouvert par le haut, et dont la partie inférieure communique avec le bas du second réservoir, annonce la hauteur de l'eau dans sa capacité. Un niveau communiquant avec le troisième, tant par le haut que par le bas, c'est-à-dire dans la partie remplie de gaz et dans celle qui est remplie d'eau, indique également les proportions respectives de l'étendue occupée par le gaz et l'eau dans cette capacité. Un robinet, dont le tuyau est en partie commun au tube du niveau, sert à vider ce même vase, en donnant issue à l'eau lorsqu'on veut introduire le gaz dans ce troisième réservoir. Trois tubes ou niveaux sont adaptés au quatrième. L'un, placé au milieu, communique à la fois avec la partie de ce réservoir qui est remplie de gaz, et avec celle qui est remplie d'eau. Il présente les proportions respectives de l'eau et des gaz telles qu'elles sont dans le réservoir. Un autre, communiquant par en haut avec le tuyau de communication du troisième réservoir, et par en bas avec la partie occupée par l'eau dans le quatrième, indique le degré de pression exercé par le gaz condensé sur l'eau des réservoirs, et se tient plus bas que le premier niveau. Le troisième tube communique par le bas avec le quatrième réservoir, et est ouvert et libre par le haut. Il indique l'élévation à laquelle l'eau peut être portée par la compression qu'exerce sur elle le gaz condensé dans ce quatrième vase. Il se tient par conséquent au-dessus du premier niveau de la même quantité dont celui-ci se trouve supérieur au second. L'auteur désigne ces éprouvettes sous les noms de *niveau réel, niveau de pression, niveau de réaction*. Ce quatrième réservoir reçoit aussi l'eau qu'il contient du second vaisseau par un tuyau particulier. Il reçoit le gaz du troisième par un tube coudé qui plonge dans son intérieur au-dessous de l'eau, et verse le gaz par une espèce de tête d'arrosoir. (*Société phil., bulletin* 10, p. 75.)

GÉLATINE. — Substance animale qui, dissoute dans l'eau chaude, se fige par le refroidissement en forme de gelée incolore, laquelle, séchée parfaitement, est de la colle forte. Tous les tissus tirés du règne animal que l'on expose longtemps dans l'eau bouillante subissent un changement graduel par lequel ils deviennent, ou entièrement solubles dans l'eau, ou partagés en substances solubles et insolubles. La gélatine est le produit des systèmes osseux, cartilagineux, tendineux, membraneux, cutané, et cellu-

laire, qui tous paraissent contenir la même substance chimique, puisqu'ils se changent en gélatine par une action longtemps soutenue, en ne laissant indissoutes que les ramifications des nerfs et vaisseaux. Les os laissent en outre des fils calcaires qui font à peu près les deux tiers de son poids. En faisant bouillir avec de l'eau pendant plusieurs heures des os concassés, ou des cornes de cerf râpées, ou de la colle de poisson, qui est la vessie natatoire séchée de l'esturgeon, on obtient un liquide trouble mais incolore, qu'on clarifie avec du blanc d'œuf, qu'on filtre encore chaud; et quand ensuite on le laisse refroidir, il se prend en gelée solide et transparente.

Même la colle forte qu'on prépare des déchets de peaux est susceptible de donner de la gélatine. La colle est composée principalement de la gélatine, mais imprégnée de sels et de substances colorantes. On jette l'eau, qu'on renouvelle jusqu'à ce que la colle soit entièrement décolorée. Il faut prendre soin que l'eau dont on se sert soit aussi froide que possible; car au-dessus de 10° elle dissout toujours une petite quantité de colle. La colle ainsi ramollie se dissout sans addition ultérieure d'eau; on la clarifie avec du blanc d'œuf, on la filtre et on la laisse se prendre en gelée.

La gélatine pure, complétement séchée, est incolore, transparente, sans odeur et sans saveur, dure et tenace, mais cassante et se séparant en fragments pointus. La chaleur la ramollit d'abord et la racornit ensuite. Elle se boursoufle, donne une fumée qui sent la corne brûlée, prend feu et laisse après sa combustion un charbon poreux difficile à incinérer. Dans l'eau froide, elle se ramollit, se gonfle, perd sa transparence, mais ne se dissout pas. L'eau à 36° ne la dissout pas entièrement. C'est avec sa dissolution complète dans l'eau bouillante qu'on colle le bois, le papier, etc.

La dissolution chaude se prend en gelée par le refroidissement, même lorsqu'elle ne contient qu'un centième de son poids. Cependant la propriété de se prendre en gelée se perd par des dissolutions réitérées; en laissant la gelée longtemps exposée à l'air à 20 ou 25 degrés, par une action trop prolongée; mais la propriété collante se conserve plus longtemps. La gélatine est insoluble dans l'alcool, qui la précipite en flocons blancs, élastiques et tenaces, de sa dissolution dans l'eau chaude. La gélatine se combine avec le chlore, qui la précipite de sa dissolution dans l'eau. L'acide sulfurique concentré, ainsi que les alcalis caustiques, changent la gélatine en une substance sucrée appelée sucre de gélatine, qui diffère cependant du sucre végétal tant par ses propriétés que par sa composition, car il contient environ un cinquième de son poids d'azote. La gélatine, comme tant d'autres substances solubles, est précipitée par le tannin; mais le tannate de gélatine a ce caractère distinctif de devenir cohérent et filant lorsqu'on le chauffe.

D'après les expériences de M. Muller, les cartilages qui ne s'ossifient point, ainsi que ceux des os avant qu'ils aient commencé à s'ossifier, se dissolvent également par une ébullition soutenue et donnent une gélatine; mais cette gélatine diffère dans ses propriétés chimiques de celles dont nous venons de parler, quoique aucune différence n'y soit appréciable quant à leurs propriétés extérieures. M. Muller l'appelle gélatine des cartilages ou chandrine. Les réactifs suivants, qui ne trouvent point une dissolution chaude de gélatine des os, précipitent presque complétement celle de la gélatine des cartilages : acide acétique, sulfate de deutoxyde de fer, sulfate d'alumine, alun et acétate de plomb neutre. Ces deux espèces de gélatines ont été analysées par M. Muller, qui en a trouvé la composition comme suit :

	Gélatine des os	Gélatine des cartilages.
Carbone	50,048	50,607
Hydrogène	6,477	6,536
Azote	18,350	14,571
Oxygène	25,125	28,286

D'où l'on conclut que la gélatine des os est de 4 p. 100 plus riche d'azote que l'autre.

Les os, comme on le sait, sont une nourriture des chiens. Cette observation engagea le physicien français Papin d'essayer de les mettre à profit pour la nourriture de l'homme, en faisant dissoudre leur partie cartilagineuse dans un appareil de son invention. Il offrit au roi Charles II d'Angleterre d'extraire des os qu'on avait rejetés comme inutiles une gélatine nourrissante, propre à être employée dans les hôpitaux et pour les pauvres, et dont 150 livres ne demandaient que 11 livres de charbon. Mais, avant que l'expérience eût lieu, quelques jeunes nobles de cette cour licencieuse avaient attaché au cou des chiens de chasse du roi des placets, où ces animaux suppliaient le roi de ne point leur enlever un aliment qui n'était destiné qu'à eux. La plaisanterie plut tellement à Charles II, qu'il refusa toute attention à la proposition de Papin.

La méthode dont Papin se servait pour extraire la gélatine des os n'était pas sans danger, puisqu'il fallait chauffer l'eau dans laquelle on faisait cuire les os dans une marmite fermée, à une température au-dessus de 100 degrés, difficile à régler. Proust prouva qu'en réduisant les os en poudre grossière, l'extraction peut se faire sans pression et dans des marmites ordinaires. M. Darcet a inventé un appareil fort commode dans lequel l'extraction se fait par la vapeur d'eau, et cet appareil est actuellement employé dans un grand nombre d'hôpitaux.

Dans la question sur l'utilité de la gélatine comme aliment, on est tombé d'un extrême dans l'autre. D'abord, on avait comparé la gélatine extraite des os au bouillon de viande. On avait calculé que les os contiennent un tiers de leur poids en cartilage sec susceptible d'être converti en gélatine : or, la viande ne contient qu'un quart de son poids en substances solides, le reste est de l'eau; d'où l'on concluait que les propriétés nutritives des os devaient être à celles d'un égal poids de viande, comme 132 est à 100, et que par conséquent les os étaient de beaucoup préférables à la viande pour cet usage.

Malheureusement cette comparaison était mal fondée. Nous avons vu plus haut que tous les tissus animaux subissent un changement par l'ébullition et donnent des substances solubles; mais ces substances diffèrent suivant les tissus. La viande est formée principalement de la fibrine du sang, dont les fibres musculaires sont composées; ces fibres sont accompagnées de nerfs et de vaisseaux, et le tout est lié en masse par le système cellulaire et parsemé de fibres tendineuses auxquelles s'attachent les fibres charnues. La fibrine est changée par l'ébullition continue en une substance soluble, d'une saveur agréable de bouillon, qui ne se prend en aucune manière en gelée, et qui diffère, quant à ses propriétés chimiques et nutritives, de la gélatine. Ce sont les tendons et le système cellulaire des muscles qui sont changés en gélatine. Le bouillon de viande contient donc deux choses principales, dont celui des os ne contient que l'une. Vouloir dire que la gélatine des os équivaut au bouillon de viande est évidemment une erreur, mais il ne suit pas de là que la gélatine ne soit un bon aliment.

La gélatine est une de ces matières premières qu'il faut non pas employer seule, mais comme une partie seulement du régime alimentaire; et l'expérience prouve aussi que, sous ce point de vue, elle est d'un grand prix et d'une influence utile et salutaire (1).

GÉODÉSIE (Appareil complet et portatif de). —Cet appareil se compose d'un garde-temps ou chronomètre de poche, d'un bâton, d'un baromètre et d'une cassette peu volumineuse. Par son moyen, on peut obtenir la position géographique, c'est-à-dire la longitude et la latitude d'un lieu donné; y tracer une méridienne, observer très-distinctement les hauteurs correspondantes, les hauteurs méridiennes des astres, les passages au méridien et l'angle horaire du soleil ou d'une étoile; y faire ce qu'on appelle en géodésie une station autour d'horizon, c'est-à-dire observer les angles entre des rayons visuels en nombre indéfini et sous toutes les inclinaisons ; porter la ligne de niveau sur tous les points de ce même horizon; observer les angles de hauteur et d'abaissement au-dessus et au-dessous de son plan ; prendre des relèvements à la boussole ; faire tout le travail de la planchette, esquisser, d'après nature et en perspective rigoureuse, un paysage, une figure, une machine, sans savoir dessiner; enfin déterminer la hauteur du lieu au-dessus du niveau de la mer. Le

(1) Cet article est emprunté à M. de Berzélius.

support commun·à ceux de ces instruments qui en exigent, est un bâton ou canne, flarlée de trois montants, terminés en bas par des pointes acérées, et assemblés en haut à charnières sur une tige commune. Quand les trois montants sont réunis, ils forment un bâton·très-solide, utile au voyageur dans les pas difficiles. Les montants sont formés en dedans en prismes triangulaires, dont l'angle est de 120 degrés. Deux des prismes qui le composent portent sur leur arête intérieure un anneau ou tube très-court, dont l'axe est cette arête même. Deux de ces anneaux, contigus par leurs extrémités, quand les deux montants qui les portent se touchent, forment alors une sorte de tuyau ou canon dans lequel on pousse une espèce de verrou intérieur, portant une queue plate, terminé par un bouton qui seul fait saillie en dehors de la canne, lorsqu'elle est fermée par l'introduction du verrou dans les deux montants qu'il unit solidement. Ce mode de réunion est préférable aux anneaux extérieurs que les variations hygrométriques du bois rendent presque toujours ou trop serrées ou trop lâches. Le plus simple des procédés géodésiques est l'arpentage, et la planchette le plus simple des appareils qu'on y emploie. L'auteur en décrit deux: l'une, plus petite, qu'on peut employer seule, ou bien faire servir de base à la plus grande. La petite planchette n'est autre chose qu'une boîte qui renferme à l'ordinaire divers instruments. Cette boîte est portée par un genou qui lui est appliqué par deux agrafes à oreilles, qui entrent dans une plaque de laiton incrustée sous la boîte. La feuille de papier qui doit la couvrir, lorsqu'on opère, est contenue par un cadre d'ébène à charnières, dans lequel le couvercle de la boîte entre juste quand le papier recouvre celui-ci. Sur ce cadre s'applique à frottement la seconde planchette, lorsqu'on en veut faire usage. Elle est recouverte de cinq à six feuilles de papier qui, insérées par leurs extrémités opposées dans les deux fentes longitudinales, y sont retenues par des épingles plantées dans des trous préparés. Lorsque la feuille supérieure est assez chargée du tracé des opérations, on l'enlève et on continue sur la suivante. L'alidade est taillée en biseau du côté de la ligne de foi. Dans ce biseau, au tiers de sa longueur, à partir de chaque extrémité sont deux fines entailles, destinées à loger le demi-diamètre d'une pointe destinée à marquer sur le papier la station autour de laquelle on observe les angles avec l'alidade. Cette pointe, implantée seulement dans le papier, appartient à un bras ou potence qui vient d'une masse ou espèce de boîte de laiton remplie de plomb, et que son propre poids maintient en place, ainsi que la pointe ou pivot, pendant que l'alidade tourne autour de cette pointe. Si la masse se trouve dans le chemin de celle-ci, on l'écarte de côté, le pivot restant toujours en place. On peut même, au besoin, loger l'alidade sous le bras du pivot, entre

ce dernier et la masse, si la direction du rayon visuel l'exige. On trace les lignes le long du biseau, non au crayon, mais à la pointe d'acier, en observant de les faire partir bien exactement du point qui représente sur le papier la station où l'on opère. La pinnule, du côté de l'œil, est percée d'un fort petit trou au fond d'un cône creusé dans son épaisseur, et noircie; la pinnule opposée est assez longue pour représenter la tangente d'un angle de 30° à partir du trou de l'autre pinnule, comme centre. Cette longue fenêtre porte, outre le fil vertical qui sert à diriger le rayon visuel, un nombre de fils transversaux qui répondent aux tangentes de degré en degré des angles de hauteur, à partir de l'horizontale. Cette addition est commode pour obtenir, par approximation, les hauteurs apparentes des objets environnants, lorsqu'on opère dans un pays montueux. Le rayon visuel qui passe par le zéro de cette division de tangentes, sert de nivellement, quand on a rendu l'alidade bien horizontale. Cette alidade porte sur son plan supérieur une division par transversales, qui partage le pouce en quatre cents parties, et qui sert d'échelle pour le travail à la planchette. La boussole est logée dans une boîte qui s'ajuste, à queue d'aronde, dans le côté de la planchette; elle peut en être séparée et servir seule, faisant fonction de graphomètre pour l'observation des angles horizontaux. La chambre claire du docteur Wollaston fait partie de ces appareils : elle sert à esquisser un dessin d'après nature en perspective exacte, au moyen d'un petit prisme trapézoïdal, dont l'axe est horizontal, et qui, par une double réflexion des rayons visuels opérée sur deux de ses surfaces contiguës et inclinées, l'une à l'horizon, l'autre verticale, chacune de 22° ½, rend ces rayons verticaux, d'horizontaux qu'ils étaient en entrant dans le prisme, et permet à l'œil regardant de haut en bas, sur le bord du prisme, de les projeter sur le papier fixé au-dessous, et d'y apercevoir en même temps, par vision directe, la pointe du crayon avec laquelle on trace les contours des images projetées. La planchette sert de table pour esquisser avec cet appareil en rase campagne. La pinnule de la boussole, du côté de l'œil, est percée de trois trous, l'un en haut, l'autre en bas, et l'autre au milieu, afin que les rayons visuels, diversement inclinés à l'horizon dans les pays de montagnes, puissent toujours être aperçus dans l'autre pinnule : elles n'appartiennent point à une alidade, mais,à.un anneau circulaire concentrique à la boîte de la boussole, et qui tourne sur le bord de celle-ci à frottement. Cet anneau porte à chaque extrémité du diamètre, passant par le milieu des pinnules, un index qui montre les degrés sur un cercle divisé, et on le conduit par un bouton qui fait un légère saillie à l'extrémité d'un diamètre coupant à angle droit celui des pinnules. Cette boussole n'est·pas si grosse qu'une montre ordinaire de poche, et donne pourtant les relèvements avec une précision suffisante et une commodité sans égale. Ce système d'instrument sert au nivellement et à l'observation des hauteurs sur l'horizon, au moyen d'un horizon artificiel. Cet horizon est un miroir bien plan, de verre noir et opaque, afin que la réflexion s'opère tout entière à sa surface supérieure. La glace est encadrée dans une monture de laiton qu'elle déborde un peu en dessus, et qui repose sur trois supports. L'un de ces supports est fixé, mais à charnières; on le développe lorsqu'on veut donner au miroir un certain angle constant d'inclinaison, qui permette d'y voir, par réflexion, les objets situés plus bas que l'horizon. Les deux autres supports sont des vis à pas très-fins qui servent à caler le miroir. On le rend parfaitement horizontal au moyen d'un niveau à bulle d'air. Ce niveau repose sur trois points : deux sont fixés, et le troisième est une vis dont la tête porte un cadran divisé, au bord duquel est un index fixe. Cette vis sert à rectifier le niveau par le procédé connu du retournement, et chaque division du cadran répond à 16" d'inclinaison de l'axe du niveau. Quand le niveau a été préalablement rectifié, on l'emploie à rendre la surface du miroir horizontale, en le plaçant successivement sur la glace, dans la direction de deux lignes menées de chacun des supports à vis du miroir à son support fixe. Ce plan rendu bien horizontal sert à plusieurs usages. D'abord, l'alidade de la planchette ayant été construite de manière que la ligne de foi soit bien parallèle à la surface inférieure de cette alidade, il est clair que lorsqu'on la pose sur un plan bien de niveau, la ligne de foi devient un rayon visuel horizontal, et que l'alidade porte ainsi la ligne de niveau vers tous les points de l'horizon sur lesquels on les dirige. Lorsque les points à viser sont fort distants, ou lorsqu'on veut une plus grande précision, on peut employer le même procédé, en substituant à l'alidade une petite lunette convenablement disposée, et qui porte une croisée de fils très fins à son foyer. Enfin, ce miroir horizontal forme ce qu'on appelle l'horizon artificiel pour l'observation des hauteurs avec le sextant, d'après ce principe bien simple, qu'un objet vu par réflexion dans un miroir horizontal, paraît autant au-dessous de l'horizon du miroir qu'il est lui-même élevé au-dessus. Si donc on observe avec un instrument convenable l'angle entre deux rayons visuels, dirigés l'un à l'objet, l'autre à son image, la moitié de cet angle sera la hauteur apparente de l'objet sur l'horizon. Lorsqu'on emploie pour surface réfléchissante celle d'un liquide, comme l'eau ou le mercure, on est dispensé de la mettre de niveau, puisqu'elle s'y dispose d'elle-même. Mais cet avantage est peut-être plus que compensé par l'extrême mobilité de cette surface, qui se ride à la moindre agitation de l'air. Cependant ce moyen fait partie du nécessaire géodésique. Il consiste en une boîte de buis peu profonde, dont l'une des fonctions est

de recevoir du mercure dans l'occasion pour servir de miroir horizontal. L'instrument principal de la collection est le sextant, avec son arc divisé, et le vernier de l'alidade qui subdivise en minutes de degrés. L'alidade conduit le grand miroir et indique ses mouvements angulaires. Les autres pièces sont : le petit miroir ou miroir fixe, demi-transparent; la lunette qui s'applique à frottement dans un trou légèrement conique; le rayon visuel devant lequel, lorsqu'il s'agit d'observer le soleil, un verre noir mobile sur un centre vient s'interposer, lorsqu'on l'y amène par un bouton ou queue extérieure; un pignon à tête fraisée, avec lequel on fait mouvoir l'alidade, au moyen d'un rateau que le pignon engrène et qui est caché dans l'intérieur de la boîte; ainsi que le pignon; enfin un miroir fixe supplémentaire, destiné à l'observation des angles qui dépassent l'amplitude ordinaire de l'instrument. (*Archives des découvertes et inventions*, 1813, t. VI, p. 178.)

GÉOMÉTRIE DESCRIPTIVE. — *Découverte de M. Monge.* — Une branche considérable de la géométrie, qui se recommande par des applications nombreuses, et que cultivaient par instinct, plutôt que méthodiquement tous les ouvriers employés aux arts de construction, a été réduite en corps de doctrine pour les leçons de l'Ecole polytechnique et pour celles de l'Ecole normale. On sent qu'il s'agit ici de la théorie complète et de la pratique des opérations qui résultent de la combinaison des lignes, des plans et des surfaces dans l'espace, et que M. Monge a fait connaître sous le nom de géométrie descriptive. La coupe des pierres, la charpente, certaines parties de la fortification et de l'architecture, la perspective, la gnomonique, en un mot toutes les parties des mathématiques, soit pures, soit appliquées, dans lesquelles on considère l'espace avec les trois dimensions, sont du ressort de ce complément nouveau de la géométrie élémentaire qui, jusque-là s'était arrêtée à la mesure des aires et du volume des corps, et bornait ses constructions aux lignes tracées sur un même plan. Ce n'est pas qu'avant M. Monge les géomètres n'eussent connu la méthode des projections, et ne l'eussent employée à la solution de plusieurs problèmes, et qu'en particulier M. Lagrange n'en eût fait l'usage le plus élégant et le plus heureux dans sa belle méthode pour les éclipses sujettes à parallaxe; méthode qu'il a réduite en formules remarquables par leur universalité, qui laisse au calculateur le plan le plus convenable suivant les circonstances; mais cette théorie bornée à un seul problème, n'avait pas encore cette indépendance et cet enchaînement de questions qui en ont fait une véritable science, que l'on peut considérer d'une manière abstraite, et appliquer ensuite à tel objet spécial qu'on voudra choisir. (*Rapport historique sur les progrès des sciences mathématiques, fait au gouvernement en 1808.*)

GLACES (*Etamage des*). — *Inventions de*

M. Bernardin Verea. — La commission uommée par la Société d'encouragement pour examiner les procédés de M. Verea pour mettre les glaces au tain, a pris quatre échantillons de glaces mises au tain par l'ancien procédé, et on a enlevé sur chacun l'étamage sur une surface de cinquante centimètres carrés :

Le 1er échantillon a donné.	1 g.	465	d'amalgame.
Le 2e.	1	812	
Le 3e.	3	017	
Le 4e.	1	920	

TOTAL. . 8 g. 214

Ce qui donne pour terme moyen 2 g. 023 d'amalgame par 50 centimètres carrés. Cet amalgame ayant été analysé, s'est trouvé contenir, pour cent, 27 de mercure et 73 d'étain ; ce qui porte sa valeur, en la calculant d'après le prix des métaux à l'état de pureté, et en employant l'étain réduit en feuille, à 19 fr. 41 c. le kilogramme, terme moyen. Il en entre donc environ pour quatre centimes dans l'étamage d'une glace de 50 centimètres carrés de surface. Les plus belles feuilles métalliques préparées par M. Verea pèsent 13 gr. 925 par 50 centimètres carrés, et l'alliage qu'il emploie revient environ à 3 fr. 42 c. le kilogramme. Le métal nécessaire pour couvrir par ce procédé, 50 centimètres carrés de glace, coûtera donc environ quatre centimes et demi. On peut conclure de ces expériences que l'étamage de M. Verea, est, à surface égale, environ sept fois plus pesant que celui que l'on prépare au moyen du mercure et de l'étain, mais qu'il ne coûte pas davantage ; ce qu'il faut attribuer à ce que dans l'ancien procédé on employait de l'étain pur et réduit en feuille, qui vaut, terme moyen, presque trois fois plus que l'étain en saumon ; tandis que dans le nouveau on n'a besoin que d'étain en lingot, et qui peut même ne pas être parfaitement pur. Néanmoins ces deux procédés ne peuvent pas marcher sur la même ligne, surtout pour les glaces d'un grand volume. L'étamage de M. Verea n'a point tout le brillant de l'étamage ordinaire il paraît toujours plus ou moins plombé, et aurait en outre l'inconvénient de rendre les plus grandes glaces d'un poids tel qu'elles seraient difficiles à transporter, et beaucoup plus exposées à se casser au moindre choc. On peut encore craindre que l'adhérence de la feuille métallique n'étant pas complète, ou pouvant cesser d'avoir lieu par suite de la dilatation inégale du verre et du métal, finisse par rendre la glace assez terne pour ne réfléchir qu'imparfaitement l'image des objets. Le procédé de l'auteur ne paraît donc applicable avec avantage qu'à l'étamage des glaces ou des miroirs de petites dimensions, mais surtout à l'étamage des verres concaves ou convexes, à surfaces planes ou taillées à facettes, qui ne peuvent pas se mettre au tain par l'ancien procédé, ou qui ne s'y mettent que mal ou avec difficulté ; et à l'étamage des miroirs employés dans la construction des chambres obscu-

res, des mégascopes, des microscopes solaires, etc., qui, étant exposés à l'action directe des rayons du soleil, cessent bientôt de réfléchir les objets s'ils sont étamés par l'ancien procédé, parce que l'amalgame de mercure et d'étain, ramolli par la chaleur du soleil, coule en bas de la glace, ou cesse au moins de faire une feuille continue. Ces feuilles découpées selon les lois de la stéréotomie, et de manière à représenter le développement des miroirs à facettes, reproduiront ces miroirs par le simple rapprochement de chaque plan ; il suffira, pour leur donner la solidité convenable, de coller du côté opposé à la surface polie une bande de papier sur chaque arête, sur chaque angle solide, ou sur chaque sommet de pyramide. Le fabricant de meubles pourra les employer comme bois de placage, et reproduire d'une manière plus brillante les ornements que Boule faisait avec de l'étain. Ces mêmes feuilles pourront être employées à faire de jolies caisses à fleurs, des boîtes à thé, etc. La commission estime que beaucoup d'arts emploieront avec avantage ce nouveau procédé pour faire sans peine des feuilles métalliques parfaitement brillantes. (*Société d'encouragement*, 1813, tome XII, p. 192.)

M. Lefèvre de Paris. — L'usage des miroitiers étant de faire servir une seule feuille d'étain à l'étamage de chaque glace, quelle qu'en soit la hauteur et la largeur, il en résulte, dit l'auteur, une infinité de désagréments qui disparaîtraient, 1° s'ils savaient faire concourir plusieurs feuilles au service qu'ils attendent d'une seule, par la soudure ou le rapprochement de ces mêmes feuilles, en telle sorte que leur réunion ne puisse nuire en aucune manière à la réflexion des objets ; 2° si, lorsqu'il s'y manifeste une déchirure ou autre défaut analogue, il leur était facile de la réparer par l'apposition d'une pièce ou d'un coupon de feuille d'étain. L'emploi de ces moyens procurerait de grands avantages, tant au marchand qu'au consommateur, puisque, d'un côté, le miroitier pourrait employer à l'étamage d'une même glace plusieurs feuilles à 6 francs le kil. au lieu d'une plaque unique qui coûte de 20 à 30 fr. le kil. En outre, par de pareils procédés, on rétablirait une glace dont le tain serait déshonoré, sans être obligé de gratter entièrement le tain et de la rétamer à neuf. M. Lefèvre, miroitier et batteur d'étain, est parvenu, non-seulement à remplacer une feuille unique dans l'étamage des glaces par plusieurs feuilles, mais encore à en boucher les trous ou déchirures, quelle qu'en soit d'ailleurs la forme et l'étendue, sans altérer aucunement la netteté de la réflexion. La commission nommée par la Société d'encouragement, pénétrée des avantages résultant de la découverte de M. Lefèvre, lui a décerné une médaille d'argent, à titre d'encouragement, et a ordonné l'insertion du rapport dans ses bulletins. (*Société d'encouragement*, 1818, page 44.)

L'étamage des glaces est une opération qui présente des difficultés, dans les grands volumes, à cause de la grandeur des feuilles d'étain qu'il faut faire égales à celle des glaces. Le transport des glaces étamées, d'un grand volume, est sujet à des inconvénient assez graves; il est difficile de l'exécuter sans attaquer quelque partie du tain : ce qui produit des taches qui défigurent la glace et qu'on ne peut réparer qu'en étamant de nouveau la glace entière : opération coûteuse et qui demande des appareils qu'on n'a pas toujours près de soi. Enfin le tain des glaces est sujet à être altéré par le séjour contre des murs ou des appartements humides. M. Lefèvre, miroitier à Paris, a réussi à faire disparaître ces inconvénients, ou du moins il les a réduits à très-peu de chose. Il a trouvé un procédé au moyen duquel on peut étamer une glace avec plusieurs feuilles différentes mises l'une au bout de l'autre; un trou fait dans le tain peut être bouché sans que la glace en demeure tachée; enfin il applique un vernis pour conserver le tain des glaces contre les effets de l'humidité : ces procédés sont un véritable service rendu à la glacerie. (*Annales de chimie et de physique*, 1820, tom. XIII, pag. 97.)

GLACES (*Machine à polir les*). — *Invention de M. Hubert, officier du génie à Rochefort.* — Cette machine est composée, 1° de deux tables parallèles portées par un même châssis à roulettes et d'une longueur suffisante pour recevoir chacune trois glaces d'environ 1 mètre de côté; 2° de six polissoirs circulaires de 4 à 5 décimètres de diamètre, munis chacun à leur centre d'un axe vertical portant une poulie qui reçoit, au moyen de courroies, le mouvement de rotation d'un grand tambour et le communique aux polissoirs. Le même moteur fait aller et venir les tables, de manière que le centre de chaque polissoir occupe successivement tous les points de la glace. (*Rapport historique sur les progrès des sciences*, fait au gouvernement en 1808, pag. 238.)

GLACES (*Soudage des*). — *Invention de M. Pajot des Charmes.* — Ce savant a adressé à la Société philomathique et à l'Institut, de petites glaces de différentes qualités, composées de plusieurs fragments qu'il était parvenu à réunir et à souder avec une telle solidité, que la glace se brisait plutôt à côté de la soudure que dans cet endroit. Cette soudure s'opère également sur des fragments dont la cassure est droite ou tortueuse, en biseau ou à angle droit, en étoile, etc. La ligne de jonction est peu sensible, et même l'auteur est parvenu à la faire disparaître presque totalement. Quand elle est visible, elle présente un simple filet qui ne brise point les rayons lumineux comme le font les fêlures. Par ce procédé, porté à sa perfection, on peut obtenir une glace d'une assez grande valeur, en réunissant des morceaux sans prix. Comme pour compléter la soudure il faut chauffer les glaces et les laminer, ces nouvelles opérations ont en outre l'avantage de décolorer une glace d'une teinte désagréable, de faire disparaître une grande partie des bouillons qui l'altèrent. (*Soc. philom.*, bull. 32, pag. 59.)

GLOBE GÉO-CÉLESTE. — *Invention de M. Georges.* — Ce globe représente la surface de la terre sur sa convexité, et le ciel dans sa concavité. Il se partage à l'équateur : l'hémisphère méridional reste en une seule pièce; mais la coupe supérieure se divise en quatre triangles sphériques dont il suffit d'en enlever un seul pour avoir aisément toutes les constellations tracées sur la surface intérieure des autres. On a, par cette disposition, l'avantage de voir les figures des étoiles qui y sont représentées dans la même situation respective où nous voyons ces astres, tandis qu'elles se trouveraient dans une situation inverse, si elles étaient dessinées sur la convexité comme elles le sont dans les globes célestes ordinaires. L'auteur a joint à ce globe trois appareils qu'on adapte successivement, dans l'intérieur, à une tige en cuivre, fixée à l'un des pôles de l'écliptique : le premier de ces appareils représente les six anciennes planètes et Uranus, avec leurs satellites. Le deuxième offre le mouvement de la terre autour du soleil, la rotation de cette planète autour d'un axe qui reste toujours parallèle à lui-même, et le mouvement de la lune. Dans le troisième appareil, la terre est placée au centre du globe, et tourne autour d'un axe fixe pour représenter le mouvement diurne seulement; elle est accompagnée des principaux cercles de la sphère, et comme l'horizon, qu'on place à volonté, tourne avec elle, on voit aisément la cause des diverses circonstances du mouvement des astres. A l'aide des divisions marquées sur ces cercles, on peut résoudre tous les problèmes qu'on résout ordinairement avec les globes terrestres et célestes, et on se fait une idée beaucoup plus juste de ces problèmes. Enfin l'auteur a accompagné son globe de petites sphères dont les diamètres sont à celui de ce globe, dans les mêmes rapports que les diamètres des planètes représentées dans le premier appareil sont au diamètre du soleil, ce qui donne sur-le-champ une idée très-juste de la grandeur relative des principaux corps du système planétaire. Il est à désirer que ce globe, dont le prix n'est pas plus élevé que celui des globes qu'il remplace avec tant d'avantages, lorsqu'ils sont de même diamètre et montés de la même manière, soit employé de préférence à tous autres par les personnes chargées de l'enseignement. (*Rapport à la Société d'encouragement*, bull. 155, p. 109.)

GLOBES CÉLESTES ET TERRESTRES. — *Invention de M. Leguin*, an XII. — L'auteur a imaginé des globes célestes en verre, sur la surface desquels sont gravées les étoiles et les constellations. Au centre est placé le système planétaire qui se meut dans l'ordre du ciel par un pendule, sans que le planétaire altère sa régularité.

La terre, accompagnée de la lune qui se meut autour d'elle, y fait son mouvement diurne en vingt-quatre heures, et son mouvement annuel en 365 jours autour du soleil, en gardant son parallélisme pour faire sentir les changements de saison. Les autres planètes font aussi leur mouvement autour du soleil, dans leur temps réel. Cette machine offre à la vue le même spectacle que si l'on se trouvait placé dans la région des étoiles, et que l'on regardât notre système. (*Moniteur*, an XII, p. 1192 ; et même journal 1815, p. 912.)

GLU MARINE.—Une composition bien remarquable par l'adhésion qu'elle fait naître entre les pièces entre lesquelles elle est interposée, a été inventée dans ces dernières années par M. Jeffery de Londres. On lui a donné le nom de Glu marine. Elle consiste dans une dissolution de caoutchouc dans l'huile essentielle de goudron, à laquelle on ajoute de la gomme laque. Quand le caoutchouc est entièrement dissous, et que le mélange a acquis la consistance d'une crème épaisse, ce qui a lieu après dix jours, on y ajoute deux parties en poids de laque pour une partie de dissolution.

Nous allons citer quelques expériences sur la force d'adhésion de cette glu marine. Cette colle, complétement insoluble dans l'eau, convient surtout pour les constructions navales. Deux blocs de bois de sapin, d'une énorme grosseur, avaient été collés ensemble dans le sens des fibres du bois. On a soumis ces blocs ainsi réunis à l'action de la presse hydraulique, pour voir si la glu marine céderait ; mais, sous une pression de 9,000 kilog., le bois s'est rompu à l'endroit où on avait introduit les boulons en fer, et la glu n'a pas éprouvé la plus légère altération.

Expérience dite du mât. On doit surtout remarquer cette épreuve, qui était l'objet principal de la commission. Un mât ayant été scié en quatre parties, M. Jeffery les a réunies et jointes au moyen de la glu marine. La partie la plus forte du mât fut solidement amarrée contre un mur dans une position horizontale. A 1 m, 20 environ de cette extrémité, on avait donné passage au reste du mât par une espèce de lunette semblable à celle d'un pont de navire. La partie sortant de cette lunette, et qui la dépassait, pouvait avoir une longueur d'à peu près 6 mètres. A la petite extrémité du mât, on avait amarré des poulies avec des cordages, afin de hâler dessus. L'ordre fut donné à une douzaine d'ouvriers de hâler jusqu'à ce que le mât décrivît une première courbure de 0 m, 35 ; puis on lâcha tout d'un coup les amarres pour donner une forte secousse au retour. Cette opération ayant eu lieu dans un sens, on fit hâler dans le sens opposé. Cette épreuve fut recommencée à plusieurs reprises, en poussant le hâlage jusqu'à 0 m, 45, sans que l'on eût à constater ni la moindre gerçure, ni la plus petite altération dans l'adhérence. Alors on poussa la courbure jusqu'à 0 m, 48 ; mais à ce moment le bois

céda : le mât se brisa près de la lunette. Une fois le mât entièrement brisé, on constata qu'aucune des parties collées n'avait cédé ; toutes les fentes s'étaient faites dans les fibres du bois, et la glu marine n'avait bougé nulle part. On prit même des petites parties de ce mât, que l'on fit ouvrir avec un coin à l'endroit des soudures ; le bois fut séparé, comme cela devait être ; mais l'adhérence était si intime, que les fibres du bois se séparèrent partout à côté de la colle, et la partie collée ne se désunit pas.

On s'occupe du reste dans les ateliers du gouvernement anglais, de mettre en pratique ce résultat, si important et si bien constaté par l'expérience que nous venons de rapporter. Il démontre, en outre, d'une manière évidente, la possibilité, ou même l'extrême facilité de réparer les cassures faites à la mer dans la mâture, les vergues, etc., avec une économie immense en comparaison des moyens employés jusqu'à ce jour, et beaucoup plus promptement.

GRAINS (Conservation des). — La conservation des blés est une des plus importantes questions de l'économie agricole et de l'économie publique.

En effet, pour le fermier, pour le paysan, pour le grand propriétaire, pouvoir conserver les blés, c'est pouvoir avec le superflu des années abondantes parer aux besoins des années de disette, c'est n'être plus dans l'obligation de vendre après les récoltes, mais pouvoir attendre un temps plus favorable.

Pour le pays, la conservation des blés est encore un plus grand bienfait que pour le particulier, car elle donne le moyen de tirer tout le parti possible des bonnes récoltes, de maintenir le prix des céréales aussi régulier que possible, de prévenir la famine, et d'éviter à toutes les branches de la production les souffrances et les désastres amenés par ce fléau.

Mais comment conserver le blé ? Y a-t-il des moyens faciles, économiques et sûrs de le conserver ?

Le nombre des moyens imaginés, proposés et essayés est considérable ; nous n'en donnerons pas ici la nomenclature, nous nous contenterons de parler de celui de M. Valery, dont le public s'est beaucoup occupé dans ces dernières années, et de celui de M. d'Arcet, qui, selon nous, est le meilleur de tous, car il est simple, économique et sûr.

Le procédé de M. Vallery est un grenier mobile, c'est-à-dire un très-gros cylindre en bois, percé à jour et recouvert à l'intérieur de feuilles de tôle ou de fer-blanc à très-petites ouvertures. Le jeu de l'appareil est très-facile à concevoir : dès qu'on a placé le blé dans l'intérieur du cylindre, il suffit de faire tourner de temps à autre le cylindre sur lui-même, ce qui se fait au moyen de deux engrenages et d'une manivelle. Comme le grenier ne doit être jamais rempli, on conçoit que par cette manœuvre le blé est remué, *pelleté*, comme on pourrait à peine le faire avec beaucoup de peine dans un grenier ordinaire.

Mais est-ce la un bon, un excellent procédé de conservation du blé? Nous ne balançons pas à répondre négativement, malgré les grandes récompenses accordées à l'inventeur. En effet, l'appareil imaginé par M. Vallery est fort difficile à construire, ne peut être construit et réparé que par des ouvriers habiles; ce qui est un inconvénient fort grand pour un appareil destiné à servir dans les fermes ordinaires. Ce n'est pas tout, avec cet appareil on a un excellent moyen de préserver le blé des charançons; mais a-t-on le moyen de préserver le blé de l'humidité, à moins d'user pour cela de soins constants et coûteux? Nous n'avons pas besoin d'ajouter que pour ce grenier, il faut un autre grenier, et que le prix de fabrication, malgré tout ce qu'on a dit, doit être fort considérable : c'est ce que les données précédentes auront déjà fait soupçonner.

Le procédé de M. d'Arcet est beaucoup plus simple et beaucoup plus satisfaisant; aussi croyons-nous devoir le recommander fortement à ceux qui ont des blés à conserver. Comme nous ne voulons pas seulement indiquer les bons procédés, mais encore mettre tous nos lecteurs à même de les appliquer, nous croyons devoir faire connaître d'une manière complète le système imaginé par le savant M. d'Arcet.

Dans le midi de la France et dans tous les pays chauds, on a un excellent moyen de conserver les grains : ce moyen, c'est le silo. On sait qu'un silo n'est autre chose qu'une fosse souterraine, et que la principale, l'essentielle condition d'un bon silo, c'est d'être à l'abri de l'humidité. Comme on le voit, dans le midi de la France et dans les pays chauds, il n'est pas difficile de conserver les grains.

M. d'Arcet a pensé que les efforts des savants et des ingénieurs ne devaient pas tendre à imaginer un nouveau système de conservation des blés, mais à généraliser, à rendre possible partout l'application du procédé des peuples méridionaux, et, comme on va le voir, il est parvenu à résoudre complétement ce difficile et important problème.

Avant de dire comment M. d'Arcet a rendu l'application des silos possible et facile en tous lieux, dans les pays froids comme dans les pays chauds, nous croyons devoir dire un mot du moyen dont il s'est servi pour détruire les charançons, ces redoutables et vivaces ennemis du blé. Ayant remarqué qu'ils résistaient puissamment à la plupart des agents délétères à l'action desquels on les soumettait et qu'ils reprenaient leur vigueur normale lorsque, après un traitement quelconque, on les exposait à l'air et surtout au soleil, le savant académicien essaya de nouvelles substances, et il parvint à découvrir que l'acide sulfureux, même à faible dose, avait la propriété de tuer promptement les charançons. C'est d'après la connaissance de ce fait précieux que

M. d'Arcet arriva à l'idée d'un silo imperméable dans lequel on dessécherait le blé autant qu'il le faudrait, qui détruirait tous les charançons qui pourraient y avoir été mis avec le blé, et conserverait ensuite le grain sans contact avec l'air en remplissant le silo avant sa fermeture avec son mélange d'azote et d'acide carbonique.

Voici comment M. d'Arcet entend la construction de ce silo. Le premier soin de celui qui veut l'établir doit être la recherce d'un terrain à l'abri des infiltrations des eaux; mais quand on n'aurait pas un terrain semblable là où l'on veut construire le silo, il ne faudrait pas abandonner ce projet de construction, car aujourd'hui avec les mortiers hydrauliques, on peut mettre entièrement un espace donné à l'abri des infiltrations des eaux. Le silo doit avoir à peu près la forme d'une carafe ordinaire; sa contenance, qui peut varier à volonté, peut s'élever jusqu'à 600 et même 700 hectolitres de blé. La bâtisse à l'intérieur doit être faite de petits moellons piqués, préalablement trempés à chaud et jusqu'à un centimètre de hauteur, du côté devant être apparent, dans le mélange hydrofuge que MM. d'Arcet et Thénard ont employé avec tant de succès pour enduire la grande coupole du Panthéon, sur laquelle Gros avait à peindre son tableau. Les joints de ce revêtement doivent être remplis avec le ciment de Dhill, et tout l'intérieur du silo doit être ainsi rendu imperméable. Le silo terminé, il faut le tenir ouvert quelques jours pour y laisser circuler l'air et pour que l'enduit hydrofuge puisse perdre son odeur et acquérir toute la consistance qu'il peut prendre (1).

(1) L'enduit hydrofuge qui a été appliquée il y a vingt-sept ans sur la grande coupole du Panthéon a parfaitement garanti contre l'humidité extérieure l'admirable peinture qui en recouvre toute la surface. Cet enduit avant été préparé en fondant ensemble 100 de cire jaune et 500 d'huile de lin cuite avec 50 de litharge. L'enduit, pénétrant dans la pierre à la profondeur de 12 millimètres, était revenu à 4 fr. par mètre carré. Si l'on trouvait ce prix trop élevé, on pourrait substituer à cette composition l'un des mélanges suivants :

Deuxième composition. — 25 de savon de suif et de chaux dissous dans 100 d'huile de lin cuite avec $\frac{1}{16}$ de litharge. Cet enduit reviendrait à 2 fr. 50 c. par mètre carré.

Troisième composition. — 100 de résine dissous dans 100 d'huile de lin cuite avec 10 de litharge. L'enduit fait avec cette composition ne coûterait que 1 fr. 50 par mètre carré.

Quatrième composition. — 300 de savon de chaux et de suif dissous dans 400 d'acide oléique. Cet enduit ne reviendrait environ qu'à 1 fr. 25 par mètre carré.

Cinquième composition. — 100 d'acide oléique et 8 d'hydrate de chaux. Cet enduit reviendrait à 1 fr. 75 c. par mètre carré.

Sixième composition. — Ici on opère différemment qu'en faisant usage des compositions qui précèdent. On enduit la pierre avec de l'acide oléique chaud ou froid jusqu'à ce qu'elle en soit pénétrée à 12 millimétres de profondeur, et on bouche seulement les pores de la pierre avec la composition employée à froid dont on s'est servi pour la coupole du Panthéon.

Le silo préparé comme il vient d'être dit, on doit placer à un décimètre au-dessus de sa partie inférieure un faux fond circulaire en madriers de bois blanc bien sec, suporté par des piliers en briques solidement établis et touchant partout sa circonférence à la paroi montante du silo. Ce faux fond doit être percé à son centre d'un trou rond ayant six centimètres de diamètre ; de plus il devrait être criblé de trous inégaux, percés sur huit rayons également espacés et formant sur chaque rayon une série de trous croissant en diamètres du centre du faux fond à sa circonférence. La somme des surfaces de ces séries de trous ne doit être que de un décimètre carré.

Au moment d'employer ce silo, il faut placer à son centre un tuyau en forte tôle de six centimètres de diamètre, s'ajustant au moyen d'un collet sur le trou central du faux fond en bois s'élevant verticalement dans toute la hauteur du silo en se terminant à quelques centimètres seulement au-dessus du niveau inférieur de la bonde de fermeture. On remplit alors le silo avec du blé, ayant soin de placer partout des paillassons bien secs entre la muraille et le grain, et en maintenant le tuyau de tôle bien vertical et dans l'axe du silo.

Supposons maintenant que l'on ait à opérer dans le cas le plus défavorable, c'est-à-dire en voulant conserver des blés trop humides et déjà attaqués par les charançons. Voici comment on remédie à ces inconvénients.

Il faut établir sur une petite charrette un fourneau rendu ainsi portatif et banal, et pouvant fournir à volonté de l'air chaud, de l'acide sulfureux et de l'acide carbonique, et disposer sur la même charrette une petite soufflerie en se servant de l'une des roues comme de manivelle et de volant. Après avoir approché la charette du silo, on établit une communication au moyen d'un tuyau coudé entre la soufflerie et le tuyau de tôle placé dans l'axe de ce silo. Cet appareil ventilateur étant en action, on commence par dessécher convenablement le blé dans le silo, même en y faisant passer mécaniquement un assez grand volume d'air chaud, qui y serait réparti symétriquement au moyen de trous inégaux percés dans le faux fond dont il a été parlé plus haut. Après avoir amené ce blé à un bon degré de dessiccation, ce qui est indiqué par l'absence d'une trop grande humidité dans le courant ventilateur sortant du silo, il faut substituer au courant d'air chaud un courant d'acide sulfureux pour tuer les charançons. Cela fait, et toujours sans déplacer l'appareil, il faut chasser l'acide sulfureux contenu dans le silo au moyen d'un courant d'azote et et d'acide carbonique dont il faut continuer l'action jusqu'à complet dégagement du gaz sulfureux. Cette dernière opération terminée, il faut recouvrir le silo avec soin, murer la bonde et la recouvrir d'une couche assez épaisse de terre fortement comprimée.

Tout ce qui vient d'être dit et qui peut paraître compliqué à la première lecture est cependant fort simple en pratique. Quant à l'appareil nécessaire pour approprier le silo, il pourrait servir aux fermiers de tout un canton. Son utilité ne se bornerait pas d'ailleurs au service des silos, car il pourrait être employé avec grand avantage pour le curage des égouts, pour l'assainissement des puits et des caves remplis d'air vicié, pour l'injection de l'acide sulfureux dans les locaux infectés et pour tout autre usage analogue. Cet appareil mobile prendrait ainsi rang à côté de la machine à vapeur portative, de la pompe et de l'échelle à incendie, du tarare des fermiers, de l'appareil du capitaine Paulin, etc.

Tel est le système de silo imaginé par M. d'Arcet ; appliqué dans les climats du Nord, il sera un grand bienfait pour les particuliers et pour le pays (1).

GRAINS (Machines à battre, dépiquer et cribler les). — *Invention de M. Lavocat.* — Les avantages de la machine de M. Lavocat sont d'opérer un dépouillement assez parfait des grains contenus dans les épis ; de ne pas exposer les ouvriers à la poussière, comme dans le battage au fléau ; de n'exiger, pour le service de l'égrainage, que les bras des femmes et des enfants ; de conserver les huit à neuf dixièmes de la paille entière et propre à être employée dans les arts. Ses inconvénients sont, principalement, de ne pouvoir opérer que sur de trop petites quantités pour que son service soit réellement économique ; d'exiger deux personnes, et quelquefois trois, pour son service, lorsqu'on n'a pas les moyens de profiter d'un moteur étranger ; enfin, de donner un faible produit, si on le compare à celui qui est ordinairement obtenu par des batteurs au fléau. (*Moniteur*, an XIV, page 222.)

M. Gros aîné. — La machine à dépiquer le blé, pour laquelle l'auteur a obtenu un brevet, est tout en fer ; c'est un rouleau à jour, ayant la forme d'un cône tronqué, dont une des bases est de 0m, 433, et l'autre de 0m, 406 de diamètre ; sa longueur est de 1 mètre 265 (ces dimensions peuvent varier suivant les diverses occurrences). Elle se compose de deux cercles sur lesquels sont fixées seize à vingt barres dentées, ayant partout même largeur et placées à des distances égales sur les deux cercles. Elle fait son mouvement de rotation sur deux pivots concentriques ajustés dans des pièces carrées. Une seule bête de somme, attelée au moyen des poignées, suffit pour traîner sur les gerbes étendues au sol cette machine dont le poids n'excède pas soixante-quinze kilogrammes. On peut, à l'aide de ce mécanisme, dépiquer, par jour, cent setiers de blé. (*Dict. des découvertes*, t. VIII, p. 387 et 388.)

GRAINS ET FARINES (Appareil pour les sécher). — *Invention de M. Janson, de Versailles.* 1819. — Cet appareil se compose d'une chaudière de fer ou de cuivre, pla-

_____
(1) Extrait du *Journal des connaissances utiles.*

cée sur un tourneau construit à la Rumfort. Cette chaudière doit être ronde et fermée hermétiquement dans sa partie supérieure, avec les calandres qui en forment le tour ; une seule ouverture sur un côté sert à la jonction du tube conducteur de la vapeur. On adapte à l'autre extrémité inférieure de ce tube un tuyau en entonnoir, qui sert à introduire l'eau dans sa chaudière. La partie supérieure de l'appareil est formée d'un cylindre horizontal à double parois, c'est-à-dire, de deux cylindres qui rentrent l'un dans l'autre, et qui sont joints aussi très-hermétiquement ; l'espace compris entre les deux cylindres reçoit la vapeur qui doit procurer le calorique nécessaire à la dessiccation. Le tuyau supérieur du cylindre sert le dégagement à la vapeur, et ne communique, par conséquent, qu'aux deux cylindres qui la contiennent. Ce tuyau peut se prolonger autant qu'on veut, pour en faire arriver l'extrémité dans une cuve remplie d'eau, laquelle sert à remplacer celle qui est évaporée dans la chaudière ; cette eau se trouve déjà préparée par une température douce, et ne saurait interrompre l'ébullition de l'eau de la chaudière. L'autre tuyau portant un entonnoir est celui par où s'introduit le grain qui tombe sur un hérisson disposé en vis d'Archimède, dans l'intérieur du cylindre horizontal, et dont le mouvement de rotation agit et déplace le grain humide et l'oblige d'arriver lentement à son extrémité, d'où il tombe dans la mesure qui fait connaître, par les poids et la capacité, si le grain est parvenu au degré de siccité convenable. La quantité de grain qui pourrait être desséchée dans vingt-quatre heures, au moyen de cette machine, serait d'environ soixante hectolitres ; elle aurait passé par une température de soixante-dix degrés. (*Archives des découvertes*, 182, page 405.)

GRAVURE (1). — La gravure, dans son acception la plus étendue, est l'art de traduire, de représenter, d'imiter par incision sur les métaux, sur les bois, le marbre et les pierres fines, les diverses créations des arts, du dessin, c'est-à-dire tout ce qui est visible dans la nature ou possède une forme dans l'imagination de l'homme. Elle se divise en deux genres bien distincts, qui ont de nombreuses ramifications : l'un renferme toutes les manières de graver, où l'artiste représente les objets en *relief*, en rabaissant tout autour la matière qui leur sert de fond ou de support ; à l'autre appartiennent toutes les espèces de gravure où les objets s'incisent en *creux*, en laissant subsister dans sa hauteur première le champ ou la surface qui les environne. L'origine de cet art se perd dans la nuit des temps. Les boucliers d'Achille, d'Hercule, d'Énée, décrits par Homère, Hésiode et Virgile ; celui de Scipion, conservé à la Bibliothèque royale ; cette charmante coupe d'Anacréon, où il de-

(1) Nous empruntons cet article si complet à l'*Encyclopédie des gens du monde*.

mandait qu'on gravât, sous une treille touffue, les Amours désarmés à qui les Grâces sourient ; les médailles et les pierres gravées antiques, si belles et si nombreuses ; les vases de terre incisés et peints ; les patères de bronze, ces plans géographiques gravés sur des tables de cuivre dont parle Hérodote ; les étoffes imprimées aux Indes, en Égypte, en Perse, dans la plus haute antiquité, par des planches gravées sur bois ; les livres que les Chinois, 300 ans avant Jésus-Christ, imprimaient par le même procédé, et ceux que, l'an 932 de notre ère, ils ornèrent des figures gravées, nous démontrent jusqu'à l'évidence que toutes les branches de la gravure furent pratiquées par les anciens peuples, qu'ils connurent tout aussi bien que les modernes l'art de fondre, de forger, de marier les métaux, de les ciseler, de les damasquiner, de les émailler, et qu'ils excellaient pareillement dans l'art de tracer avec l'outil sur le bronze, l'argent, le fer, les dessins les plus purs et les plus délicats. Il ne leur a manqué pour répandre à l'infini l'image de leurs chefs-d'œuvre artistiques et la faire arriver jusqu'à nous, que de perfectionner un procédé de reproduction pratiqué par leurs industriels, et de l'appliquer à la multiplication des œuvres de leur génie, comme l'ont fait les modernes. Combien ne devons-nous pas regretter que les anciens ne l'aient pas connu, ce procédé qui assure aux arts l'immortalité que la typographie donne aux sciences et aux lettres ! Nous connaîtrions alors les formes et les proportions de leurs monuments abattus, mutilés ou totalement détruits, de ceux que nous ne voyons plus qu'en imagination et que nous ignorerons toujours. Ces chefs-d'œuvre de la peinture et de la sculpture cités par leurs historiens ne seraient pas totalement perdus pour nous, non plus que certaines de leurs découvertes dans les sciences mécaniques et industrielles et leurs connaissances géographiques. Toutefois l'art de graver semble nous venir des anciens, tout aussi bien que celui de bâtir, de sculpter et de peindre ; du moins le voyons-nous pratiqué pendant les siècles d'ignorance qui suivirent la chute de l'empire romain, simultanément avec les trois autres arts. Nous en avons la preuve dans ces plans de Rome, de Constantinople, des trois parties du monde, gravés sur les tables d'argent mentionnées dans le testament de Charlemagne ; dans les sigilles, les anneaux des princes ; dans les tombes en cuivre, sur lesquelles on voit l'image du défunt gravée de manière à pouvoir fournir des épreuves par le moyen de la presse ; dans ces figures de saints, imprimées aux ixe et xie siècles par le moyen du frottoir, comme les épreuves d'essai que tirent nos graveurs en bois pour connaître l'état de leur travail ; dans ces étoffes gaufrées au moyen d'instruments en fer, gravés en creux d'un côté, en relief de l'autre, qui ont été trouvés dans les tombeaux des viiie et xie siècles ; dans ces impressions de figures et d'ornements en cr sur les tableaux des peintres antérieurs à Cimabué, produites par des fers chauds gravés en relief, semblables à ceux dont se servaient nos relieurs dans les lettres majuscules ornées qu'offrent plusieurs manuscrits du moyen âge, lesquels, imprimés à l'aide de patrons, se coloraient à la main; enfin, dans les cartes à jouer, dont l'invention paraît être d'origine arabe et remonte au delà de 1373, 1376, 1367, dates données par les savantes recherches des ménestriers Ballet et Mermanne, puisque le roman du Renard, écrit de 1328 à 1342, nous apprend qu'alors elles étaient déjà défendues en Espagne.

Mais nous n'avons point à nous occuper pour le moment de toutes les espèces d'ouvrages produites par l'incision dont il vient d'être question ici; il ne sera parlé que de la gravure destinée à produire une estampe par le moyen de la presse, soit typographique, soit d'imprimerie en taille-douce, c'est-à-dire de la gravure en *taille d'épargne*, de la gravure en *creux*. Mais, avant de parler de ce qui différencie ces deux espèces de gravure, nous devons dire ce que le mot *gravure* pris dans son acception d'estampe donne à sous-entendre. Une gravure est un dessin; elle en a le but, elle en a l'effet, puisque comme lui elle n'a, pour moyen d'imitation, que la combinaison du clair et de l'obscur, ou, ce qui est la même chose, que le noir, produit par l'outil tenant lieu de crayon, opposé au blanc, donné par le ton du papier. Ainsi ceux qui voient dans une estampe la copie d'un tableau sont dans l'erreur; car il y a entre ce tableau et le dessin fait d'après lui toute la différence qui existe entre un poëme original et sa translation dans une langue étrangère; peut-être même pourrait-on dire entre un ouvrage original remarquable par le fond, la forme et le style, et l'extrait qu'on en donnerait dans sa propre langue pour en faire apprécier le mérite.

Les graveurs de tous les âges paraissent l'avoir compris ainsi; du moins ont-ils constamment été dirigés vers l'imitation des dessins qui leur servaient de régulateurs, que ces dessin s'fussent eux-mêmes originaux ou des traductions de tableaux de grands maîtres. Les gravures en clair-obscur à l'eau-forte, au lavis, au pointillé, à la *mezzotinto*, à l'aquarelle, au crayon et autres, n'ont été imaginées que dans le but de se rapprocher autant que possible de tel ou tel dessin, dont elles ont pris la dénomination.

Des deux genres de gravures propres à fournir des estampes dont nous avons à nous occuper ici (le troisième a son article spécial au mot LITHOGRAPHIE), l'un, comme on l'a vu, laisse subsister à la surface le trait du dessin qu'on y a tracé et fait disparaître autour tout ce qui l'empêcherait de recevoir seul le noir d'impression; l'autre, au contraire, incise dans la matière ce même trait, et réserve tout le champ qui l'environne. Le premier n'exige en quelque sorte qu'une science pratique, puisqu'il se borne à respecter, à suivre trait pour trait le dessin tracé à l'avance sur le bois. L'autre, outre la science pratique de l'outil, qui est ici d'autant plus difficile à acquérir qu'elle est infiniment riche en moyens, demande de la part de celui qui l'exerce de vastes connaissances théoriques; car il doit arrêter avant tout à arrêter dans sa pensée l'ordonnance, l'effet, l'accord général de sa planche, les espèces de travaux propres à rendre avec variété, vérité, harmonie et précision, la multitude d'objets, l'œuvre pittoresque qu'il traduit. Chacun de ces genres a ses procédés manuels, ses ressources particulières, q ie nous ferons connaître; mais ceux de la gravure en taille-douce, par leur nombre et leurs variétés, étant en quelque sorte la clef des autres, nous commencerons par indiquer les siens.

Pour opérer ces merveilles, deux outils suffisent à la taille douce : la *pointe* et le *burin*. La pointe est une tige d'acier trempé, aiguisé, tantôt parfaitement rond, tantôt en biseau, tantôt l'un et l'autre à la fois; on s'en sert comme d'une plume. Elle opère ou immédiatement sur le cuivre nu et se nomme alors *pointe sèche*, ou sur le cuivre enduit d'un vernis mince et tendre noirci à la fumée. Dans le premier cas, par la seule pression de la main elle incise du premier abord ses traits constituant la gravure; dans le second, elle trace légèrement sur le vernis des sillons que l'eau-forte, par une action mesurée, rend ensuite plus ou moins profonds, plus ou moins larges, selon le besoin. Le burin est également une tige d'acier trempé. Cette tige a quatre facettes représentant un carré ou un losange; l'une de ses extrémités est aiguisée en biseau et rendue coupante sur l'un de ses angles, l'autre est renfermée dans un manche en bois destiné à garantir la paume de la main lorsque le bras lui donne l'impression.

Ces deux instruments, unis à l'eau corrosive dite eau-forte, qui sert à faire pénétrer dans le cuivre les travaux tracés sur le vernis, constituent à eux seuls toute la palette du graveur. La science consiste ainsi à créer des combinaisons de lignes capables par leur variété de reproduire la forme, l'effet et le caractère de l'objet à imiter. Pour atteindre ce but, tantôt par des lignes droites perpendiculaires, également distantes entre elles et coupées à angle droit par des horizontales plus légères, on voit l'artiste rendre les corps solides ou à surfaces planes, comme sont les fabriques, les monuments d'architecture, les meubles etc.; tantôt, avec des horizontales dégradées de profondeur ou d'écartement, imiter un ciel d'azur, l'eau limpide d'un étang ou d'une rivière paisible, dans laquelle se reflètent les objets environnants; quelquefois par des tailles fermes et ondulées, accompagnées d'entretailles plus déliées, imiter une mer en tourmente; souvent encore, suivant les contours ondoyants et souples de la figure humaine, d'écrire sa forme, celle de chaque muscle, qu'il parcourt et caresse jusqu'à ce qu'il lui ait donné la physionomie qui lui est propre;

tantôt, par des tailles légères, renflées à propos, et que des points finissent en mourant, simuler la morbidesse des chairs ; ou, s'il emploie pour ces mêmes chairs des travaux croisés, ces travaux suivent la direction de la forme et décrivent des losanges plus ou moins allongés, selon l'âge et le sexe de la figure. Applique-t-il le même système de taille aux draperies : ces losanges varient de forme, c'est-à-dire qu'ils sont plus ou moins allongés, plus ou moins voisins du carré, selon la nature de l'étoffe, sa légèreté, sa transparence, son opacité, sa couleur. Veut-il imiter certains métaux, certaines matières lisses et miroitantes, il y parvient par des tailles brillantes et pauvres de corps, accompagnées d'entre-tailles plus légères. Dans certains cas, l'eau-forte mariée à la pointe sèche ménage pour lui la peine et le temps surtout quand il s'agit de rendre des terrains, des fabriques rustiques, des troncs d'arbres décrépits et couverts de mousses, des nuages tourmentés, des eaux écumeuses, des herbes, le feuillé des arbres, la laine frisée des moutons, le poil des chèvres, les plumes de certains oiseaux, en un mot tout ce qui demande ou des tons vigoureux, ou des tons argentins, ou de la légèreté, ou de la souplesse, ou de la rudesse, ou un certain laisser-aller pittoresque, car le propre de l'eau-forte, comme de la pointe sèche, est d'être tout esprit, goût et liberté.

1° *Gravure en relief.* — Ici nous commencerons par la *gravure en bois*, dite *à taille d'épargne*, car ce genre de gravure a été exercé le premier par les modernes. Pour les planches de grande dimension, où les objets sont développés, la gravure en bois s'exécute à l'aide de la *pointe coupante*, du *burin* et de l'*échoppe*, sur des tablettes de poirier, de pommier, de cormier, ou de tout autre bois dont les pores sont serrés et liés ; ou, quand il s'agit d'ouvrages de petite proportion, à travaux fins et serrés, au burin seul, varié de grosseur, sur du buis debout. Dans ces derniers temps, croyant arriver à un fini plus précieux, ou économiser le temps en s'aidant de l'eau-forte, ou obtenir un plus nombreux tirage, on a tenté de substituer le cuivre, et même l'acier, au buis debout. Le résultat ne paraît pas avoir répondu à l'attente, car le bois a toujours conservé la faveur ; il donne un plus beau tirage, et ce tirage peut être aussi multiplié que celui du métal au moyen du clichage, qui perpétue à l'infini le type modèle.

L'origine de la gravure en bois, comme on l'a vu, remonte à la plus haute antiquité. Au moyen âge, elle servait à reproduire les images des saints protecteurs des familles, lesquelles s'imprimaient au moyen d'un frottoir passé sur le dos de la feuille de papier appliquée sur la gravure, enduite d'une matière colorante, procédé usité de tout temps par l'artiste qui veut contrôler l'état de son travail sans avoir recours à l'imprimeur. Les plus anciens monuments ⸱ xylographiques des bas temps qui soient arrivés à notre connaissance, ce sont les quarante gravures de cette *Bible des pauvres*, si souvent reproduite avant et après l'invention de l'imprimerie, gravures naïves et rudimentaires, dont les types originaux, suivant une ancienne tradition, seraient dus à saint Anschaire, évêque de Brême, mort en 865, lequel les aurait exécutés d'après une suite de bas-reliefs de sa cathédrale, dont deux, encore subsistants, passent pour être antérieurs à l'an 1062. Il faut citer aussi ces neuf estampes relatives à l'Histoire d'Alexandre, dédiées au Pape Honorius IV, pontife de 1285 à 1287, dont parle Papillon ; puis ce saint Christophe, traversant un bras de mer et portant l'enfant Jésus sur ses épaules, daté de 1423, cité par tous les historiens de l'art comme le plus ancien monument de l'espèce. Tous ces ouvrages marquent le plus bas des degrés où devaient descendre, entre les mains des moines, la gravure et le dessin des anciens.

Jusque-là, la gravure en bois n'avait guère eu d'autre but que d'étendre et de favoriser le culte des images ; une plus noble fin leur était réservée : celle de donner naissance à l'imprimerie typographique. Cette merveille des temps modernes fut le résultat des essais réitérés faits pour imprimer des légendes au bas des images, puis après pour placer en regard de ces mêmes images des pages de texte gravées comme elles en relief et sur des tables en bois, lesquelles s'imprimaient aussi à la brosse ou au frottoir. Mais à peine Laurent Coster eut-il, vers l'an 1420, perfectionné les presses à imprimer ces images en relief ; à peine Guttemberg eut-il, en 1456, trouvé l'art de fondre des caractères mobiles, qu'on vit la gravure en bois s'unir étroitement à la typographie, et multiplier dans tous les pays à la fois cette *Bible des pauvres* dont nous avons déjà parlé, et l'*Art de mourir*, et l'*Histoire de saint Jean*, et la traduction du Bélial, et la *Légende dorée*, et beaucoup d'autres ouvrages de ce genre, avec leurs images grossières et dépourvues d'art, c'est-à-dire avec ce cachet d'origine barbare qui distingue encore aujourd'hui nos cartes à jouer. Jusque dans le beau siècle des arts, ces pieuses et informes productions se réimprimèrent dans leur laideur originelle, comme de nos jours l'almanach de Matthieu Laensberg.

Il était réservé à Albert Durer de donner à la gravure en bois cette impulsion qui la conduisit tout à coup à une perfection qu'elle n'a guère dépassée depuis. Cet artiste, né à Nuremberg en 1451, eut pour maître dans cette partie (car il excella dans tous les arts du dessin) Wolgmut ; ses estampes en taille de bois rivalisent de finesse et de précision avec ses gravures sur cuivre, qui, sous ce rapport sont elles-mêmes déjà des chefs-d'œuvre. Il eut pour émules et quelquefois pour collaborateurs Luc Muller, dit de Cranach, Blanc Burgkmair, Hans Scheuffelein, qui, comme lui, firent faire à l'art de graver en bois des progrès rapides. Les livres fameux

Des Weyos Koneng, en 237 pl., *Des Zewr-danck*, en 118 pl. in-fol, exécutées en communauté par ces trois maîtres, sont des monuments d'autant plus précieux pour l'histoire de l'art, qu'ils donnent la mesure de leur talent comme peintres, dessinateurs et graveurs, et nous laissent indécis sur ce que nous devons le plus admirer dans ces estampes, ou de la richesse de l'ordonnance et du pittoresque de la composition, ou de la hardiesse, de la netteté des tailles et de la vivacité des tons, ou de la science du dessin et de l'expression. De l'école d'Albert Durer sortit cette foule d'artistes estimables connus sous le nom générique de *petits maîtres*, à cause de la petitesse de proportion de leurs ouvrages et de la délicatesse de leurs travaux. Les plus célèbres parmi ceux de ces maîtres qui exercèrent la gravure en bois sont : Holbein, le peintre et graveur de cette admirable *Danse des morts* si célèbre dans les fastes de l'art : Albert Altdorfer, qu'on regarde presque comme l'égal de ce maître, et Virgile Solis, dont les *Métamorphoses d'Ovide*, en 170 pièces, imprimées à Francfort en 1563, peuvent soutenir la comparaison avec la *Grande* et la *Petite Passion*, l'une en 12 planches l'autre en 37 pièces, et avec la *Vie de la Vierge*, en 20 pièces, qu'Albert Durer grava de 1509 à 1520, les mêmes que Marc-Antoine Raimondi contrefit sur cuivre.

De 1514 à 1550 fleurirent dans les Pays-Bas Jean Walther, Van Assen et Pierre Cock ou Kock. On doit à ce dernier une suite intéressante de scènes et costumes turcs, qu'il grava sur les dessins exécutés par lui, dans le pays, en 1533. Dans le même temps, Joseph Porta, en Italie, exécutait cette planche de *Notre-Seigneur en croix*, citée par Papillon comme un morceau remarquable par la science de coupe de ses contre-tailles.

Là cessent, à bien dire, les travaux remarquables de la gravure en bois (on parlera plus loin de la gravure en camaïeu, espèce particulière de gravure en bois), subjuguée par la gravure au burin. On la voit tout à coup céder à celle-ci l'honneur de traiter le portrait, les sujets historiques, et se borner à fournir à la typographie quelques figures de géométrie, d'anatomie, de botanique, d'histoire naturelle ou des fleurons, des culs-de-lampe, et mille compositions fantastiques, la plupart sans importance pour l'art, et auxquelles les hommes supérieurs dédaignèrent de mettre la main. Elle vient de prendre un nouvel essor sous la tutelle des Anglais Jackson, Thompson, Williams, Branston, Orrin Smith, etc., lesquels ont trouvé sur le continent des concurrents redoutables (si ce n'est sous le rapport de la finesse du burin et de l'entente des effets pittoresques, au moins sous celui de la science des formes et de l'expression), en France, dans MM. Godard, Brévière, Lacoste frères, Porret, Andrew, Best et Leloir; et en Allemagne dans MM. Unger, Gobetz, Unzelmann.

Aujourd'hui la gravure en bois de petite dimension (en grand elle n'est guère pratiquée que pour les papiers peints) semble être arrivée au plus haut degré de perfection où elle puisse être portée : dans beaucoup de cas, elle marche l'égale de la gravure en taille-douce. Des éditions illustrées, le *Shakspeare* publié par Whittingham; le *Paul et Virginie*, de Bernardin de Saint-Pierre, par Curmer; le *Béranger* et les *Fables de La Fontaine*, par Fournier; la *Corinne* de Mme de Staël, par Treuttel et Würtz; le *Cid* de Verder et de Schiller, par Cotta, montrent dans toute leur étendue les ressources de l'art de graver en bois; elles démontrent à tout artiste clairvoyant que le genre imitant l'eau-forte est celui qui convient le mieux à ses moyens, et auquel on devrait plus souvent le restreindre.

2° *Gravure au clair-obscur.* — Cette espèce de gravure, usitée de temps immémorial dans l'Inde pour l'impression des étoffes à plusieurs couleurs, a été employée par les modernes à la reproduction des dessins au clair-obscur, c'est-à-dire de ces dessins à plusieurs teintes se mariant avec le papier, que les peintres exécutent rapidement, soit à la plume, soit au pinceau, pour arrêter une composition pittoresque ou étudier les formes de leurs modèles, et préciser les effets de clair et d'ombre que donnent ces formes vues sous un certain jour. Deux planches imprimées successivement sur une même feuille de papier de teinte, suffisent le plus souvent à la reproduction d'un dessin. La première donne le trait et les ombres les plus fortes des figures; la seconde les ombres moins vigoureuses; le fond du papier donne les clairs. Quand on veut fondre et multiplier davantage les plans, on augmente le nombre des planches; alors l'une a pour objet de fournir des rehauts de blanc pur. En Allemagne, les premiers artistes qui ont pratiqué cette gravure sont Albert Durer, L. Cranach, S. Baldung, Burgkmair; ce dernier employa quelquefois le cuivre gravé en creux pour le trait; un camaïeu de ce maître est daté de 1508; en Italie, le Parmesan, né en 1504, Hugo de Cospi et André Andreani, ont excellé dans ce genre, que D. Beccafuni a perfectionné en multipliant les couleurs, c'est-à-dire les planches. Les peintres du XVI° siècle affectionnèrent cette manière de graver, qui rendait admirablement leur pensée. Raphaël a exécuté de sa main plusieurs clairs-obscurs, qu'il a signé d'un R sur la planche à la teinte la plus claire. Dans les Pays-Bas, Hubert et Henri Galtzius l'ont traitée avec un succès égal à celui de leurs devanciers; le premier, mort en 1503, grava lui-même les médailles imprimées dans le texte de ses savants écrits numismatiques; le second, mort en 1617, grava en camaïeu des paysages et une suite intéressante de figures héroïques remarquables par leur bel effet. P. Morchen, mort en 1638, Abraham Bloemaert, mort en 1647, qui, comme Burgkmair et Hubert Galtzius, grava le trait sur cuivre et les rentrées sur bois ; Hans ou Jean Wildcock, Witdouc ou Withouk, ont exécuté des clairs-obscurs sous la direction de Rubens : celui des *Pèlerins d'Emmaüs*, d'après ce maître, gravé en 1638 par le dernier, est un des plus recherchés de notre époque. En France, F. Perren, mort à Paris en 1660, a tenté de substituer le cuivre au bois, pour toutes les planches d'un clair-obscur ; il gravait simplement son dessin, soit au burin, soit à l'eau-forte, l'imprimait sur du papier de couleur et le rehaussait de blanc au moyen d'une seconde planche ; néanmoins les camaïeux en bois sont restés les plus estimés. G. Lallemand a produit aussi, par ces deux procédés, des ouvrages fort recherchés ; après lui, N. Lesueur, mort en 1764, est à peu près le seul artiste qui ait gravé des clairs-obscurs d'un mérite véritable ; il exécuta la plupart des camaïeux du cabinet de Crozat, sous la direction du comte de Caylus, qui lui gravait presque toujours à l'eau-forte la planche du trait.

Les Anglais, qui se sont occupés les derniers de la gravure au clair-obscur, ont, dans ce genre comme dans les autres, mieux réussi à rendre l'effet que le style de leurs originaux. Les dix-sept planches exécutées et multipliées à Venise, en 1745, par J.-B. Jackson, élève de Papillon, à Paris, d'après le Titien, P. Véronèse, le Tintoret, le Bassan, sont d'un effet prodigieux ; son *Jésus descendu de la croix*, d'après Rembrandt, est de la plus grande beauté. Les Anglais citent encore avec orgueil Edouard Kirkal, qui imagina de produire des estampes en clair-obscur, au moyen d'un mélange d'eau-forte, de manière noire et de taille de bois. Ce procédé, manié par un artiste d'un talent supérieur, pouvait conduire à des résultats plus heureux que ceux obtenus par Kirkal.

3° *Gravure en creux sur métal*, autrement dite *gravure en taille-douce*. — Sous cette dénomination sont compris tous les genres de gravures incisées, produites de l'eau-forte à part, par le burin à part, et par les deux procédés réunis. Cette espèce de gravure, comme on l'a vu, était connue des peuples de l'antiquité et du moyen âge, qui l'employaient à l'ornementation des objets de leur fabrication ; et divers monuments conservés dans nos musées attestent que les hommes qui la pratiquaient étaient parfois aussi ingénieux et savants dessinateurs que burinistes habiles. Mais l'art de graver pour produire des estampes, cet art qui, comme celui de la typographie, devait assurer l'immortalité aux productions du génie et des arts, est moderne et a pris naissance au milieu du xvᵉ siècle, dans l'atelier de Finiguerra, habile orfévre et ciseleur florentin, qui, en 1452, ayant trouvé le moyen d'obtenir sur papier des empreintes de ses nielles, fit prendre à l'art une face nouvelle.

L'Allemagne revendique cette découverte ; mais des preuves, toutes d'induction et simplement conjecturales, ne sauraient faire oublier les titres plus positifs sur lesquels s'appuie l'Italie. D'ailleurs, Maso Finiguerra, n'ayant pas tenu secret son procédé d'impression, antérieur peut-être de plusieurs années à l'épreuve de la *Paix* gravée en 1452 et qui établit pour nous la date historique, n'est-il pas présumable que la connaissance s'en propagea presque simultanément sur tous les points où l'orfévrerie prospérait ? A cette précieuse découverte ne se borne pas la gloire de Finiguerra comme graveur et dessinateur habile, cette même *Paix* de 1452 le place au premier rang des artistes de son époque ; elle lui donne une supériorité marquée sur l'orfévre Florentin Baccio Baldini, à qui l'on doit les trois estampes de *Il monte sancto di Dio*, qui est le plus ancien des livres accompagnés de vignettes gravées sur métal ; sur le peintre Sandro Botticelli, qui fournit à Baldini des dessins de ces trois planches, et grava lui-même plus tard ces paysages grand in-folio représentant les travaux de la campagne appelés les *Sept planètes*, et ces prophètes et ces sibylles qui font honneur à son crayon et à son burin ; et même sur Ant. Pollajuolo, peintre, orfévre et habile nielleur, mort en 1498, à qui l'on doit *un Combat à l'épée entre deux hommes nus*, gravure remarquable sous tant de rapports et en particulier par sa grande dimension (30 pouces de large sur 15 pouces de haut). Au moyen de hachures allongées et serrées, qui, en revenant sur elles-mêmes sans s'interrompre, décroisent en forme de fuseau, Pollajuolo était parvenu dans plusieurs de ses estampes à imiter assez bien le travail facile du crayon ; il ne paraît pas avoir eu en cela d'imitateur. Mantegna, né aux environs de Padoue en 1470, et mort en 1506, passe pour être le plus habile maître de ces premiers âges de la gravure. Son burin a de la ressemblance avec celui de Pollajuolo ; il est néanmoins plus moelleux, plus varié ; son style, ennobli par l'étude de l'antique, est aussi de beaucoup préférable ; mais, comme il a plus souvent travaillé sur le plomb et sur l'étain que sur le cuivre, les épreuves de ses planches sont grises et ternes. Pendant que l'Italie obtenait ses premiers succès, l'Allemagne produisait dans cet art nouveau des œuvres admirables. De 1460 à 1486, Martin Schœnhaver ou Schœn connu en France sous le nom du *Beau Martin*, exécutait une multitude de pièces finement travaillées, au nombre desquelles est cette célèbre et bizarre *Tentation de saint Antoine* qu'on a si souvent copiée. Schœn est considéré comme le premier en date des graveurs au burin par des personnes qui, malgré les faits allégués par les Italiens, accordent à l'Allemagne l'honneur d'avoir été le berceau de la gravure en taille-douce. Il faut reconnaître toutefois que, pour l'esprit de la composition, le caractère de l'expression des têtes, la délicatesse des détails, et même la perspective et les effets de la lumière, ce graveur est infiniment supérieur à tous ses contemporains, et qu'une telle perfection permet de croire à des essais antérieurs tentés par une succession d'artistes dont il aurait mis à profit le savoir. Les deux Israël Van Mecheim, dont le premier naquit l'an 1424 en Westphalie, et dont le dernier, mourut en 1523, ont approché depuis Martin Schœn pour la finesse du burin et dans l'art de ménager la lumière. Martin Zagel a mérité le même éloge dans les pièces datées de 1503, représentant un homme et une femme s'embrassant dans une chambre. Jusqu'alors le procédé mis en œuvre par ce graveur se réduisait à une succession de traits uniformément rapprochés et dirigés dans le sens de la forme principale des objets, lesquels semblaient avoir pour but d'imiter l'effet d'un dessin au lavis. Une nouvelle génération d'artistes tenta bientôt de secouer cette routine et de se créer d'autres moyens d'imitation ; mais il s'en faut que tous leurs essais aient été couronnés de succès. On en vit se laisser éblouir par des perfections imaginaires, d'autres se distinguer par des résultats solides, plusieurs sacrifier à la régularité d'un burin brillant, des formes et des effets pittoresques de leur modèle ; d'autres mieux inspirés, prisèrent moins cette propreté, cette régularité d'outils, que l'exactitude des formes et des figures, ou l'entente de l'effet général ; quelques-uns encore allièrent l'eau-forte au burin et à la pointe sèche dans un même ouvrage, et arrivèrent à un résultat inattendu ; mais aussi on vit des hommes présomptueux se forger, pour les vaincre, des difficultés inutiles au progrès de l'art. Enfin, des talents également consommés dans la théorie et la pratique créèrent des chefs-d'œuvre qui font revivre à nos yeux, avec les beautés qui leur sont propres, les plus admirables créations des arts du dessin. Cette nouvelle création de l'art a été marquée en même temps sur trois points différents, par trois hommes d'un génie égal : en Allemagne, par Albert Durer, né comme on l'a vu à Nüremberg, en 1471 ; en Italie, par Marc-Antoine Raimondi, né à Bologne, en 1487 ; dans les Pays-Bas, par Lucas, né à Leyde, en 1494. Ces trois maîtres ayant créé trois écoles de gravure au burin, qui ne sauraient être confondues, nous allons nous occuper de chacune séparément et ranger à leur suite les écoles française et anglaise, qui fleurirent après.

École allemande. — Albert Durer, cet homme qui exerça dans tous les arts du dessin et posséda toutes les sciences, traita en maître la gravure au burin. Soit qu'entre lui et Martin Schœn il y eût une sympathie naturelle, soit que la manière vive et précieuse tout à la fois de ce dernier ait été pour Albert Durer un objet d'émulation, ces deux maîtres ont beaucoup de ressemblance dans leur faire, et le cachet qui les distingue est resté celui de l'école : Albert recula de beaucoup les bornes de l'art, témoin son *Saint Jérôme*, daté de 1514, qui, après trois siècles d'expérience, est encore aujourd'hui un modèle à consulter pour la variété, la finesse, la netteté, la chaleur et l'esprit des travaux et pour leur admirable

combinaison. De son école sortit cette foule d'artistes au faire précieux, connus sous le nom de *petits maîtres*, artistes parmi lesquels Georges Pelz, Jacques Binck, Barthel, Beham se sont particulièrement distingués. Ces artistes ayant été en Italie et fréquenté l'atelier de Marc-Antoine, leur goût de dessin est préférable à celui de Henri Aldegræf et d'Albert Altdorfer, dit le *petit Albert*, copiste trop exact de la nature. Le liégeois Théodore de Bry, qui se forma sur les estampes de Sebald Beham, est aussi rangé parmi les petits maîtres. Ici se termine l'influence d'Albert Durer ; ses successeurs étant allés chercher leur instruction loin de la mère-patrie, l'originalité de l'école disparut. La famille des Kilian, qui a fourni plus de vingt bons graveurs dans l'espace d'un siècle, soutint l'art par de belles productions, et Lucas, mort en 1637, Philippe, André, en 1759, ont particulièrement réussi dans la gravure historique. Toutefois, Lucas Kilian, si agréable dans ses petits ouvrages, est accusé d'avoir visé à l'originalité en affectant une audace, une régularité de burin qui, dans plusieurs de ses ouvrages de grande dimension, montre les figures comme enveloppées dans un réseau de mailles uniformes. J. Frey, mort en 1752, maria, sur les conseils de Carlo Maratta, la pointe et le burin, et par ce moyen peignit plutôt qu'il ne grava. Les frères Heinzelmann, Charles-Gustave Aneling, élèves, à Paris, de F. Poilly, les Preisler, qui furent à Nüremberg ce que les Kilian furent à Augsbourg ; Jean-Elie Ridinger, mort en 1769, et beaucoup d'autres artistes, qu'il serait trop long de nommer, ont contribué à la prospérité de la gravure en Allemagne jusqu'à la fin du XVIIIᵉ siècle, sans lui imprimer de cachet particulier. Au commencement du XIXᵉ siècle, semblable à un astre dont la brillante clarté absorbe toute autre lumière, Frédéric Muller a éclipsé tous ses compatriotes par la *Vierge de Saint-Sixte*, d'après le tableau de Raphaël, conservé dans la galerie de Dresde. Cette planche, d'un commun accord, est rangée au nombre des chefs-d'œuvre de la gravure moderne. Dans ces derniers temps, sous l'influence des peintres Cornélius, Schardon le jeune, la gravure simple et naïve d'Albert Durer vient de renaître avec son caractère semi-gothique, mais épuré, embelli, et modelé, sous le burin de Steiner, de Rither (de Munich) présentement à Rome.

École italienne. — Marc-Antoine Raimondi, né à Bologne en 1488, et mort en 1546, est le chef de l'école buriniste italienne. De quatorze ans plus jeune qu'*Albert Durer*, orfèvre comme lui, il montra qu'il pouvait l'égaler comme graveur en petit en contrefaisant sur cuivre sa *Passion* en bois, qui lui était supérieure de beaucoup pour l'expression et la science des formes humaines. Bientôt il devint son émule et son rival heureux, quand, pris en affection par Raphaël, il fut devenu le traducteur intime de ce peintre. Chez Marc-Antoine, on ne sait ce qu'on doit le plus admirer, ou de la pureté du trait, ou du beau modelé des nus, ou de la vérité des raccourcis, ou de l'âme qui anime les têtes de ses figures, ou de la simplicité des moyens employés pour produire ces prodiges de sentiment. Considérant l'art du graveur d'un point de vue plus élevé que Durer, Raimondi ne s'attacha pas comme lui à caractériser par des travaux particuliers la blancheur du linge, les tons doux et moelleux de l'hermine, la légèreté des cheveux; il traita les choses d'une manière plus large. N'ayant jamais eu à traiter que des dessins et non des tableaux, il appropria ses travaux au genre qu'il avait à imiter. S'il emploie des carrés et des losanges réguliers, ce n'est que dans les ombres fortes; les demi-teintes sont produites par les hachures parallèles ou légèrement croisées, ou terminées par des points qui conduisent au blanc pur; quelquefois une taille qui se courbe, embrasse un membre dans toute la longueur; mais toujours ces premières tailles sont établies dans le sens le plus convenable. Son burin, un peu timide, manque souvent de la souplesse de la plume qu'il tend à imiter. Un point sur lequel il n'a pas d'égal est la pureté de son trait; quelquefois le trait premier du contour est rectifié par un second avec une telle intelligence de la pensée qui a créé l'original, que l'on peut soupçonner les corrections comme étant de la main même de Raphaël, sous les yeux duquel Marc-Antoine opérait. Les ouvrages de Lucas de Leyde, pas plus que ceux d'Alber Durer, ne peuvent soutenir la comparaison avec ceux de l'élève de Raphaël, dont il reflète l'âme élevée et le génie créateur; les uns comme les autres étant l'expression du caractère de leur siècle. Il y a entre eux toute la distance qui sépare le style mi-gothique et timidement servile des premiers, du style noble et large des derniers. Augusti de Venise, disciple du grand maître G.-B. Franco, habile en anatomie, et qui semble avoir associé l'eau-forte au burin; Domenico Fiorentino, plein de chaleur et de dureté; OEnéas Vetus, plus vain et plus moelleux dans ses travaux; Martin Rota, qui grava en petit avec tant de précision le Jugement dernier de Michel-Ange; et cette célèbre famille des Ghisi dite les Mantouans, où l'on compte Jean-Baptiste, Diane, sa fille, qui l'a au moins égalé; George et Adam, ses deux fils, dont le premier, avec des travaux plus riches que ceux de Raimondi, s'élève au niveau de ce maître lorsqu'il traduit Jules Romain, et lui demeure inférieur quand il entreprend d'imiter Raphaël: telle est la série des principaux artistes, qui, pendant l'espace d'un demi-siècle soutinrent l'art et le firent prospérer. L'estampe de la Naissance de Memnon de George Ghisi, exécutée quatorze ans après la mort de Marc-Antoine, peut servir à montrer combien le burin avait acquis de souplesse et de variété.

Augustin Carrache commence une nouvelle période par la marche nouvelle qu'il ouvrit à la gravure. Disciple de Corneille Cort,

graveur hollandais établi à Rome, il perfectionna la manière sage et pittoresque de ce maître, qui consistait à allonger les tailles, à les remplir ou à les affaiblir dans diverses parties de leur course, ou à élargir ou à rétrécir les travaux suivant la nature des objets qu'il voulait imiter. Suivant ce moyen nouveau, Augustin a exécuté des ouvrages qui ne cessent pas d'être admirés à côté des œuvres les plus accomplies des temps postérieurs, notamment son portrait du Titien, le Martyre de sainte Justine d'après Paul Véronèse et Saint Jérôme d'après le Tintoret. Villamene, son élève, mort en 1626 et qui avait aussi reçu des leçons de C. Cort, crut perfectionner la manière de ses maîtres en économisant ses travaux, en traçant de longues tailles parallèles et courbées avec une précieuse régularité. Le résultat de sa méthode fut de produire un enchaînement de carrés, de losanges plus ou moins ouverts, dont l'effet argentin et doux, en éteignant la fermeté des ombres, prive les lumières de leur valeur et ôte à l'estampe la chaleur du tableau. La beauté et le charme trompeur du burin de Villamene égara plus d'un artiste qui, comme lui, prenant le moyen pour l'art, s'évertuèrent à étonner par la hardiesse de leur burin. Au xviiie siècle, l'Italie eut, dans Bartolozzi, qui excella dans tous les genres de gravures et particulièrement dans ceux qui avaient de la vogue en Angleterre, où nous le reverrons, dans A. Capellan et dans J. Volpato, tous trois élèves de L. Wagner, Allemand établi à Venise, les premiers graveurs qui aient su rendre compte de la couleur de leurs originaux. Porporati dans sa Léda du Corrège, Cirnigo dans sa Création d'Adam et d'Ève de la chapelle Sixtine, ont prouvé qu'on pouvait réunir dans la copie d'une œuvre pittoresque, sans que l'un nuise à l'autre, le sentiment du peintre et du graveur. Il était réservé à Longhi, par sa Madeleine du Corrège, à Raphaël, et à Antoine Morghen, par la Cène de Léonard de Vinci et la Transfiguration de Raphaël, à Andevloni, par la Femme adultère d'après le Titien, à Toschi, élève de Bervic, par le Spasimo d'après Raphaël, et l'Entrée d'Henri IV à Paris, d'après Gérard, de montrer qu'aussi la patrie des grands peintres pouvait produire des graveurs assez savants dans toutes les parties de leur art pour traduire les chefs-d'œuvre de ses chefs d'école.

Ecole des Pays-Bas. — Tandis qu'Albert Durer en Allemagne et Marc-Antoine en Italie faisaient fleurir la gravure, Lucas de Leyde, né en 1494 et mort en 1533, fondait dans les Pays-Bas cette école qui devait un jour éclipser toutes les autres et porter l'art à sa perfection. Ce maître n'est guère moins gothique que Durer, mais il est plus naïf; et son burin a moins de fini, il n'est ni moins délicat, ni moins suave; il connaît mieux l'art de distribuer la lumière. «A peine dit Vasari, les couleurs variées de la peinture peuvent-elles répandre dans les divers plans d'un tableau autant d'harmonie et de variété que Lucas avec son burin. » En cela, ce graveur a servi de modèle à plus d'un peintre. Son grand *Ecce homo*, composition renfermant plus de cent figures aussi bien ordonnées que bien dessinées, est admirable par la gradation de lumière; il en est de même de son *Enfant prodigue*, gravé comme l'*Ecce homo* en 1510, quand Lucas n'avait encore que 16 ans. Albert et Lucas se partagent l'honneur d'avoir associé l'eau-forte au burin dans une estampe. S'il est vrai, comme on l'a prétendu, que dès l'âge de 15 ans Lucas procédait ainsi, c'est-à-dire en 1509, il aurait dans cette branche, l'antériorité sur Albert, dont le petit *Ecce homo* cité comme le premier monument de l'espèce est daté de 1513.

Lucas de Leyde ne laissa pas d'élèves, mais la réputation qu'il s'était acquise par la vérité de la perspective et du clair-obscur qui distinguent ses ouvrages, ayant excité l'émulation des peintres et des graveurs de sa nation, ce mérite devint le caractère dominant de l'école des Pays-Bas. Théodore Van Starch, que les Français rangent parmi les petits maîtres; les trois frères Wierix, Coornhaert, qui fut le maître du célèbre buriniste Goltzius, se sont plus ou moins rapprochés de Lucas de Leyde en ce qui le caractérise, c'est-à-dire, l'entente du clair-obscur, la finesse et la netteté, on peut ajouter la sécheresse du burin. Nous avons vu à l'école italienne le hollandais C. Cort enseigner à Augustin Carrache la belle manœuvre du burin et coopérer à l'avancement de l'art par une savante distribution de travaux. Jean et Gilles Ladeler eurent, comme lui, une manière autre que celle de leurs prédécesseurs et traitèrent le paysage au burin avec plus de succès. Ces habiles burinistes ont été de beaucoup surpassés par Goltzius, qui malheureusement sacrifia trop souvent au brillant de son outil le dessin, l'expression et le clair-obscur, et entraîna dans une fausse route Isaques et Théodore Matham, ses parents, Jean Muller et Jean Saenredam, deux autres artistes qui ont aussi joui d'une grande réputation, quoiqu'ils aient pris, à son exemple, le mécanisme pour l'art même. Corneille Bloemaert, par une dextérité de main, une science d'outil et un arrangement de tailles admirables, semblait avoir posé les bornes de l'art, quand Pierre Southman, peintre et graveur de l'école de Rubens, ouvrit une nouvelle ère en introduisant dans la gravure la sage combinaison de l'eau-forte et du burin, en pointillant le plus souvent les chairs. Sa manière, pittoresque et riche d'effets, perfectionnée par Isaac Vorsterman le père, marque une époque glorieuse dans les fastes de la gravure. Mais il était réservé à Rubens, par l'impulsion qu'il lui donna, de l'élever à la hauteur de son propre génie. Ce grand peintre persuada aux graveurs de tous les pays, qu'il avait réunis près de lui et particulièrement à Pontius et à Bolswert, que plus dignes interprètes, qu'avec du blanc et du noir, on pouvait rendre la couleur. Ils le tentèrent et réussirent. Non-seulement ces artistes par excellence parvinrent à exprimer correctement le dessin, l'expression et la couleur locale de leur maître, mais encore la nature, et jusqu'à un certain point la teinte propre des étoffes comme des autres objets de détail d'une grande composition. Si l'on voulait passer en revue et analyser les beaux ouvrages de l'école de Rubens, il faudrait des volumes entiers. Contentons-nous de dire que la perfection qu'il nous présente est le fruit d'une admirable combinaison de tous les procédés inventés jusqu'alors et de tous ceux que le génie a suggérés à leur auteur, outre ceux de l'harmonie, et que c'est à la multiplicité des moyens employés qu'ils doivent leur incomparable richesse de teintes, la magnificence de leur effet général. A défaut d'analyse, rappelons au moins quelques-uns de ces chefs-d'œuvre qui résument en eux les beautés constitutives de l'art. Citons : la *Descente de la croix* et la grande *Adoration des Rois*, d'après Rubens; la *Cène* de Léonard de Vinci d'après un dessin de Rubens; la *Résurrection de saint Lazare* et la *Cène* d'après Rubens, par Boece Bolswert, et le *Couronnement d'épines*, chef-d'œuvre des chefs-d'œuvre, par le même, d'après Van Dyck; la *Paix de Munster*, d'après G. Terburg; le *Triomphe de la nouvelle loi*, d'après Rubens, par N. Lauwers; enfin, puisque nous devons nous restreindre, la *Fricasseuse*, le *Vendeur de mort-aux-rats*, la *Bohémienne*, qui, pour être d'un genre peu relevé, n'en sont pas moins un prodige de science. Terminons par ces admirables portraits de Ryck et de Bouma, par Corneille Visscher, véritables peintures, et peintures du plus bel effet, bien qu'exécutées avec la pointe et le burin.

Quand l'art est parvenu au faîte de la prospérité, il se soutient pendant quelque temps, puis il décline et s'éteint par fois tout à fait. Tel a été l'art de la gravure au burin dans les Pays-Bas. N. Ryckman et H. Bary, J. Neefs, ces émules des Vosterman, des Pontius, et des Visscher prolongent le beau siècle de l'école de Rubens. Mais après eux le goût changea. L'eau-forte, sous l'influence du célèbre Rembrandt, captiva tous les amateurs; et les burinistes, de quelque mérite qu'ils fussent, se trouvèrent dans la nécessité d'abandonner leur patrie. N. Pitau, P. Van Schuppen et J. Coelmans vinrent se réfugier en France, et l'on peut dire s'y naturaliser. R. Van Audenaerde s'établit en Italie, A. Haelwegh à Copenhague, où il florissait en 1690. Il ne resta plus dans les Pays-Bas de burinistes dignes d'occuper une place dans les fastes de l'art que J. Houbraken, mort en 1780; aucun des portraits de Thomas Morus ne soutiennent la comparaison avec les beaux ouvrages du même genre des Nanteuil, des Edelinck et des Dervet.

École française. — En France où les arts du dessin ont prospéré plus tard qu'en Allemagne, en Italie, la gravure du burin ne paraît pas avoir été pratiquée avant 1530. J. Duvet, Bernard Salomon et Noël Garnier, qui florissaient sous Henri II, étaient peu dignes de ce beau siècle; Etienne de Laulère, orfévre, dit *Stephanus*, né en 1518, dont les figures sont d'une longueur démesurée, fut un buriniste assez délicat pour être compté parmi les petits maîtres. René Boivin, né en 1530, qui rendit avec assez d'art quelques ouvrages du Rosse, se sont acquis une réputation méritée; mais Ph. Tomassin, né vers 1536, formé en Italie, où il eut pour maître Corneille Cort; Auguste Garnier, né à Paris en 1392, imitateur de Villamene, et de Corneille Bloemaert, Etienne Baudet et surtout Gilles Rousselet, mort en 1691, furent des burinistes fort recommandables. *Les quatre Travaux d'Hercule*, d'après le Guide, et *un Christ au tombeau*, d'après le Titien, gravés par ce dernier, méritent une distinction particulière. Milan, né en 1601, et mort en 1688, surpassa tous ces artistes dans l'art de maîtriser le burin; non moins habile que Goltzius à couper le cuivre, il poussa la témérité jusqu'à graver une tête entière d'une seule taille non interrompue, laquelle, renflée artistement, accuse juste les formes et l'effet d'un beau modèle. Il grava de la sorte, grande comme nature, une *Sainte face*, empreinte sur le suaire de sainte Véronique.

Alors commença pour la France le bel âge de la gravure. Fr. Poilly, R. Nanteuil et Gérard Audran, montrèrent que les Bolswert, les P. Pontius, les Visscher, qu'on supposait avoir posé les limites de l'art, n'avaient point encore atteint le but; que leur manière, bonne pour conduire les ouvrages des peintres de leur nation, ne pouvait sans modifications essentielles dans le dessin, le choix et la conduite des travaux, rendre des chefs-d'œuvre de Léonard de Vinci, de Raphaël, des Carrache, du Dominiquin, du Corrége et du Guide, c'est-à-dire conserver à chacun de ces peintres dans toute sa pureté, le style qui lui est propre.

Les grands maîtres de l'école française que nous venons de nommer, en imitant par un burin régulier, facile, moelleux, varié, brillant à propos, les formes, l'expression, l'effet de clair-obscur des plus célèbres tableaux, ont fait faire un pas immense à l'art dans tous les pays, où la supériorité de leur méthode a été appréciée. Qui ne connaît la *Sainte Famille* dite *au berceau*, la *Vierge ou l'ange*, d'après Raphaël, *la Vierge octogone* du Guide; les *Trois Marie au tombeau du Christ* d'après Annibal Carrache, par Roullet, l'élève et quelquefois le rival heureux de F. Poilly, la *Présentation* au *temple*, d'après Louis Boullongue et le *Portrait de Bossuet*, par P. Drevet fils; enfin les grandes *Batailles d'Alexandre*, d'après Lebrun, par Gérard Audran, véritables chefs-d'œuvre qui seront à jamais pour les amis des arts un objet d'admiration et pour les artistes un sujet d'études? Non-seulement les gravures de ces belles estampes se sont identifiées avec leurs modèles au point d'en reproduire les moindres beautés, mais ils y ont ajouté parfois de nouvelles perfections par la manière savante avec laquelle ils ont interprété les parties qui ne peuvent être rendues que par des équivalents. Autour de ces grands maîtres se groupent d'autres talents qui, pour n'être pas égaux en mérite, partagent néanmoins leur renommée : tels sont Nicolas Poilly, frère et élève de François; ses deux fils; Guillaume Vallet ; Nicolas Pitau, traducteur de Raphaël, comparable à Edelinck ; Guillaume Chateau, Simon Thomassin et son fils, Henri-Simon, parents de Th. Thomassin cité plus haut, J. Maran, François Pierre, Etienne Picard, qui furent élèves ou marchèrent sur les traces de François Poilly ; et les trois traducteurs du Poussin, Jean Pesne, Claudine Broussonnet, Stella et l'illustre Cladin sa sœur, nièces et élèves de J. Stella qui, à l'aide du burin et de l'eauforte, rendirent si bien le caractère de leur modèle ; tels sont encore Jean et Benoît Audran, Nicolas Dorigny, qui grava les cartons d'Hamptoncourt, la *Descente de croix* de Daniel de Volterre, avec un talent et un faire comparables à celui de Gérard Audran, son maître; Nicolas de Larmessin fils, Charles et Louis Simonneau, Gaspard Duchange, ce digne interprète du Corrége, Alexis Loir, Laurent Cars, formés à l'école de Gérard Audran, en imitateurs fidèles de sa manière. Tels sont enfin les célèbres burinistes R. Nanteuil et A. Masson, tous artistes qui, sous Louis XIV, donnèrent toute la force, tout le ton de la peinture à l'art de la gravure. R. Nanteuil, dans ses portraits grands comme nature, en conservant un moelleux de gravure et une force de coloris que les artistes ne peuvent trop admirer, a résolu un des grands problèmes de l'art, dans ceux de *Pomponne*, de *Loret*, de *Lamothe-Levoyer*, de *Turenne*, chefs-d'œuvre achevés de précision, de fermeté, d'âme, de variété, de pittoresque et d'accord de travaux, où l'on retrouve toutes les beautés particulières aux portraits les plus parfaits de P. Pontius, de Visscher, de Drevet. Masson, non moins habile que Nanteuil à rendre le caractère de ses modèles, et qui, à son exemple, les peignait souvent lui-même avant de les graver, a eu la faiblesse de vouloir étonner par la hardiesse et la souplesse de son burin. Après avoir montré autant de goût que d'habileté dans le portrait de *Brisacin*, du *maréchal d'Harcourt*, il s'égara dans ceux de *Frédéric-Guillaume*, électeur de Brandebourg, de *Gui Patin*, de *Charles Patin* et autres, où, tout en admirant la beauté du résultat, on ne peut s'empêcher de déplorer la bizarrerie des moyens employés pour l'obtenir; mais, dans sa pièce dite *à la Nappe*, représentant les *Pèlerins d'Emmaüs*, Masson a fait preuve du plus admirable savoir : cette estampe, à laquelle on peut encore reprocher certaines singularités d'outil, est peut-être la plus belle qui ait été faite d'après le Titien sous le rapport de la coupe du cuivre.

A cette époque mémorable, la gravure était d'autant plus estimée en France, et ses productions étaient d'autant plus recherchées, que Louis XIV s'attacha à lui procurer honneur et prospérité. Son édit de 1660, par lequel il l'affranchissait de toute servitude, comme étant un art libéral qui *ne devait avoir d'autres lois que celles du génie*; les encouragements qu'il accorda aux artistes, les ateliers de gravure établis aux Gobelins aux frais du gouvernement; les vingt-trois volumes de gravures connus sous le titre de *Cabinet du roi*, renfermant au delà de 2,500 pièces, sont autant de titres constatant l'amour du grand roi pour ce qui pouvait contribuer à l'éclat de son règne et à la prospérité de la France. Après lui la marche de l'art cessa d'être ascendante. La génération qui lui succéda n'eut pas le même amour du grand et du beau; les Boucher, les Watteau, les Chardin, les Vanloo et autres peintres plus faciles que sévères, par les écarts de leur génie novateur, entraînèrent leur art dans une fausse route, et avec lui son satellite, la gravure. Dès lors, pour exister, les graveurs consacrèrent leur burin à traduire des ouvrages éphémères comme la mode qui les protégeait. Néanmoins les talents de plusieurs d'entre eux trouvèrent à s'exercer d'une manière plus digne dans plusieurs entreprises créées tant en France qu'à l'étranger à l'instar du *Cabinet du roi* : nous voulons dire dans les recueils de la *Galerie de Vienne*, 1735; de Dresde, 1752 à 1757; du comte de Brühel, de Crozat, 1629 à 1742; la *Galerie du Luxembourg* par Nattier; celle de *Versailles*, commencée en 1724 sous Colbert, par Ch. Simonneau, et achevée en 1752 par Massé, le cabinet de Choiseul, en 1771; de Poulin, 1780; du duc d'Orléans, dit du *Palais-Royal*, 1789 à 1817; la *Galerie des peintres flamands*, 1776 à 1796, etc., recueils dans lesquels la plupart des anciens maîtres formés par les contemporains de G. Audran et par leur élève immédiat rappelèrent la source où ils avaient puisé leur savoir. De ce nombre sont cinq membres de la famille Tardieu : Cl. Duflos, F. Chauveau, P. Picot, qui copia à demi-grandeur et avec succès les *Batailles d'Alexandre* de G. Audran, François et Jacques Chereau, Nic. Dauphin, Beauvais, Nic. Cochin père et son fils, critiques judicieux des productions des arts et dont l'œuvre gravé est si considérable ; J.-Ch. Flipart et J.-J. son fils, dont le système de gravure mérite d'être étudié ; J. Dollé et Ravenet, le promoteur de la gravure au burin en Angleterre ; enfin Jacques-Philippe Lebas, l'âme des recueils dont nous avons parlé. Parmi ces artistes, quelques-uns eurent une influence réelle dans l'école : tels furent Nic. Larmessin, Duchange, qui employa pour les chairs de femme un grain fort convenable, Charles-Nicolas Dupuis, élève de ce dernier, Laurent Cars, si admirable dans ses parties ombrées, et Rambrun, à plus avancé ses ouvrages à la pointe sèche et à l'eau-forte qu'au burin : ces maîtres eurent la gloire de former, à peu d'intervalle les uns des autres, Joseph Wagnier, Georges-Frédéric Schmidt, devenu célèbre en Allemagne, Ingram, Strange, William Ryland, l'honneur de l'Angleterre, Lempereur, Fisquet, Jardinier, et plusieurs autres Français dont les productions, répandues dans toutes les contrées de l'Europe, ont propagé les bons principes. Sans doute, comme tous les hommes de conviction, la plupart de ces artistes ont eu chacun une manière à eux de sentir et de rendre leur modèle, et quelques-uns ne sont pas au-dessus de la critique. J.-G. Wille, par exemple, avec sa coupe savante, son tact à saisir l'esprit de ses originaux, n'eut-il pas trop de propreté et de brillant dans ses tailles lorsqu'il eut à traiter autre chose que les étoffes de soie, qu'il a rendues avec une si admirable perfection dans ses traductions des peintres savants ? Balechou, dans son admirable portrait d'Auguste III, roi de Pologne, placé en tête de la *Galerie de Dresde*, n'a-t-il pas montré qu'un burin brillant et précieux à l'excès est un défaut quand il absorbe l'attention et n'est pas soutenu par les beautés pittoresques ? Mais notre époque moderne lui doit de lui avoir transmis l'art de maîtriser l'instrument qui produit les plus grandes beautés de la gravure. A ce titre, ces maîtres méritent notre reconnaissance.

Avant d'arriver à l'époque actuelle, rendons hommage à quelques artistes qui, pour s'être plus adonnés à la vignette qu'à la gravure historique, méritent néanmoins d'occuper une place dans les annales du burin. Citons Bernard Picard et Edme Jeurat, son élève ; Auguste de Saint-Aubin, Cochin père et fils, S. Duclos, M. de Mouchy, qui, au XVIIIe siècle, se sont obtenu gloire et fortune dans ce genre secondaire, si propre à entretenir le goût des arts dans la classe la plus nombreuse de la société. La régénération de la peinture à la fin du XVIIIe siècle, commencée par Vien, Vincent, Regnault, et complétée par David et son école, amena avec elle celle de la gravure historique favorisée par les trois plus belles entreprises chalcographiques qui aient jamais été exécutées par des particuliers ou des souverains. On comprend qu'il est question de la *Galerie de Florence* gravée à Paris sous la direction de Lacombe, puis de Masquelier de 1789 à 1819, du *Musée français*, commencé en 1803 par Robillard, Peronville et Laurent, et achevé en 1812 par A. Laurent, et du *Voyage pittoresque de Constantinople et des rives du Bosphore*, par Melingue, publié par MM. Treuttel et Wurtz, de 1800 à 1815, sous la direction de Née. Là brillèrent des talents déjà consommés ; là vinrent se mesurer avec leurs maîtres des élèves devenus maîtres. D'un tel concours, où toutes les nobles ambitions venaient briguer les suffrages du public, sortit cette foule de jeunes talents qui doit assurer pour longtemps encore à la France la suprématie qu'elle exerce sur la gravure noble en Europe depuis le siècle de Louis XIV, suprématie que la Société des Amis des arts, fondée en 1789 par Wailly, ayant pour objet l'encouragement de ces jeunes artistes, celle du grand prix de gravure, décerné tous les deux ans, et donnant droit à la pension du gouvernement à Rome, tend à perpétuer à jamais. Dans l'impossibilité de rappeler les noms et les titres à l'estime publique de tous les artistes, mentionnons seulement quelques sommités. D'abord se présentent les noms de J. G. Bervic, élève de Wille; d'Al. Tardieu, son compagnon d'étude et son successeur à l'Institut; d'Aug. Boucher-Desnoyer, formé à l'école de ce même Tardieu. Tout auprès de ces trois flambeaux de l'école actuelle, se groupent naturellement les autres lumières de l'art : J.-J. Avril, Péjot, Audouin, Blot, Girardet, J.-T. Richemont, Massard, Guttemberg, Ch. Guérin; à leur suite, J.-M. Leroux, S.-N. Laugier, E.-F. Lignon. Laurichon, J. Bien, Mercurie, Pradier, le seul élève connu de Boucher-Desnoyer, F. Garnier, H. Dupont, Z. Prévost, Caron, Torel, formé par les soins de Bervic; tous artistes qui ont obtenu des succès importants dans la gravure historique et le portrait, et sur lesquels repose l'avenir de notre époque, aussi bien que sur leurs jeunes confrères, MM. Bridoux, Salançon, Pollet, Normand, dernier lauréat présentement à Rome; de leur côté, Pilleman fils, Duparc, Beauvinet, Dupriel, R. Daudé, ont soutenu l'honneur du paysage à l'eau-forte et au burin. Deux faits importants nous restent à signaler pour compléter cet aperçu de la gravure en France : celui de la publication du grand ouvrage de la Commission d'Égypte aux frais du gouvernement, sous la protection spéciale de Napoléon, et celui des *Galeries historiques de Versailles*, par les soins de l'ingénieur Gavard, sous le patronage du roi Louis-Philippe. L'un, par sa nature toute scientifique, prêtant peu au développement de l'art, borna son influence à l'empêcher de se perdre en procurant aux artistes l'occasion de l'exercer. L'autre, dont l'échelle est trop petite pour permettre au burin de développer toutes ses ressources pittoresques, court risque de manquer le but que l'éditeur paraît s'être proposé : au lieu d'être un monument national élevé à tous les arts, il pourrait devenir seulement, si l'on n'y prend garde, comme est le *Musée Napoléon* édité par Filhol, un fastueux recueil de vignettes d'après la composition des grands maîtres. Il resterait ainsi bien au-dessous, pour le luxe de la gravure, de la belle *Galerie espagnole* du banquier Aguado, présentement en publication.

4° *Gravure au burin en Angleterre.* — Avant le XVIIIᵉ siècle, la Grande-Bretagne n'a point eu de peintres de mérite, si ce n'est quelques paysagistes. Ce fait explique comment la gravure au burin tarda tant à s'y naturaliser et pourquoi, pendant longtemps, les travaux qui s'y firent, en peinture comme en gravure, furent l'œuvre d'étrangers. G. Faithorn, mort en 1691, est le premier buriniste en date digne de ce nom que l'Angleterre puisse citer. Après lui vient S. Gribelin, né Français mais établi en Angleterre, où il est mort en 1733. On doit à cet artiste plusieurs belles estampes d'après la galerie de Windsor, notamment dans la forme in-quarto; les sept cartons de Raphaël, dits d'*Hamptoncourt*, que

Doriguy, appelé à Londres à cet effet, grava en grand de 1711 à 1719. A ces artistes succédèrent G. Vertus, mort en 1752, auteur de beaux portraits; S. B. Chatelain, J. Mason, habiles paysagistes, qui, secondés par J.-F. Ravenet et F. Vivarès, Français d'origine, contribuèrent puissamment au développement de la gravure au burin pendant un demi-siècle (1730 à 1782.) L'école ouverte par Ravenet et Vivarès ne suffisait pas aux besoins d'un art dont la production commençait à être recherchée; plusieurs artistes déjà formés allèrent en France perfectionner leur talent auprès de Lebas, de Will : tels les paysagistes Th. Major et W. Byrne; les graveurs d'histoire Rob Strange et G. Ryland, qui, rentrés dans leur patrie, firent fleurir la gravure sous le règne fortuné de Georges III. L'Académie de peinture ouverte en 1760, sous la présidence de J. Reynolds, les encouragements de toute nature accordés aux artistes, les splendides éditions données par Boweyr et Boydell, sous le patronage de riches seigneurs, les littérateurs nationaux, Hume, Milton, Shakspeare, avec un luxe de gravure resté encore sans exemples; les souscriptions ouvertes et couvertes au delà de toute attente pour les planches de la *Mort du général Wolf*, du *Combat de la Hogue*, pour les voyages de *Cook* et de *Blank*, et cette autre souscription si énormément productive pour l'estampe de la *Mort de lord Chatham*, et les immenses entreprises de chalcographie de l'éditeur Boydell, qui couvrirent le monde entier des produits de la gravure anglaise au détriment de l'art français, sont autant de circonstances heureuses dont le résultat fut d'élever presque subitement l'école anglaise au niveau de toutes les autres écoles. Toutefois, les graveurs dont elle s'enorgueillisssait alors ne lui appartenaient pas en propre; Ravenet et Vivarès, les plus habiles d'entre eux, étaient des étrangers appelés par la munificence des princes. Mais les paysagistes Lerpinière, W. Ellis, W. Woolet, graveurs de la *Mort du général Wolf* et du *Combat de la Hogue*; J. Basir, qui exécuta en 1774 cette estampe gigantesque (25 po. sur 45) du *Camp du Drap-d'Or*, d'après E. Edwards; W Sharp, dont la *Sainte Cécile devant un orgue*, d'après le Dominiquin, est un chef-d'œuvre non moins recommandable que l'estampe des *Docteurs de l'Église disputant sur l'Immaculée Conception*, du même, d'après le Guide, sont les burinistes nationaux d'un mérite incontestable. Avec eux s'éteignit la gloire de la gravure historique en Angleterre. Le goût pour la manière noire, dite *anglaise*, pour la gravure en couleur, pour la gravure au pointillé, ayant tout à coup paralysé la gravure noble et savante du burin, cette dernière ne jeta plus que de rares éclairs de splendeur; aujourd'hui peu d'artistes vraiment recommandables glorifient cet art. J. Bromley, qui traite avec un égal succès l'histoire et le portrait; J. Brunet, qui marie très-bien le burin au pointillé, Goodal et Page, habiles paysagistes, sont à peu près les seuls dont les étrangers recherchent les productions. Mais, il faut le dire, l'Angleterre est aujourd'hui le pays où la vignette se traite avec le plus d'art et le plus d'admirable fini : Finden, Le Keux, sont des artistes incomparables dans ce genre secondaire de gravure.

5° *Gravure à l'eau-forte.* — Née, comme sa sœur la gravure au burin, dans l'atelier des orfévres et employée par eux, peu d'années après elle, à produire des estampes, la gravure à l'eau-forte occupe le second rang dans l'espèce. Simple et prompte dans ses moyens, riche de ton et d'effets se prêtant à l'expression immédiate de la pensée, elle est la gravure des peintres, la gravure du génie créateur, constituant un véritable original et non la traduction d'une traduction, comme la gravure au burin, qui, comme chacun sait, n'opère que d'après un dessin plus ou moins fait dans l'esprit du modèle.

Les procédés de cette gravure consistent 1° à enduire d'un vernis imperméable à l'eau-forte la planche de métal sur laquelle on veut opérer; 2° à décalquer son dessin sur cet enduit noirci à la fumée; 3° à établir sur ce vernis, avec une pointe d'acier qui l'entame et trace un sillon peu profond dans le cuivre, ces travaux donnant aux objets leur forme et leur effet, lesquels travaux, creusés par l'action combinée de l'eau-forte, constituent l'estampe. Comme tout autre, ce genre de gravure a ses difficultés qu'il faut apprendre à vaincre; mais, pour peu qu'on ait d'agilité, de souplesse, et de légèreté dans la main, qu'on ait étudié les caprices aussi bien que les effets merveilleux de l'eau-forte, on peut espérer y réussir, surtout si l'on joint aux moyens théoriques et pratiques la science du dessin et le sentiment de la couleur, qui sont l'âme de ce genre de gravure. Ses produits se partagent en deux classes. Dans la première se rangent les eaux-fortes exécutées pour exprimer complétement la pensée de l'artiste et rester telles qu'elles sont, les eaux-fortes des peintres; dans la seconde, celles qui ont pour objet de préparer les travaux d'une planche destinée au burin. Tandis que les premiers fruits de l'inspiration de l'artiste sont, comme nous l'avons dit, de véritables créations, celles-ci n'offrent que des combinaisons froides et insignifiantes aux yeux des hommes du monde peu familiarisés avec les procédés de l'art; mais elles ont beaucoup d'intérêt pour les artistes studieux et les amateurs qui aiment à méditer sur l'innombrable variété des moyens conduisant au même but. Il y a des curieux qui attachent un prix d'autant plus grand aux épreuves des planches de cette dernière espèce, que, n'ayant point été destinées à la circulation, elles sont ordinairement d'une excessive rareté.

La liste des peintres qui ont gravé à la pointe et à l'eau-forte est si longue, que les deux catalogues des peintres-graveurs et de leurs ouvrages publiés par Bartsch, en 21 volumes pour les écoles allemande, italienne, et des Pays-Bas, et par Dumesnil en 3 volumes pour l'école française au XVIIIᵉ siècle, sont encore loin d'en offrir l'ensemble. Dans l'impossibilité où nous sommes de mentionner ici tous les artistes dont les amateurs recherchent les ouvrages, bornons-nous, à en signaler les principaux, en commençant par l'*école allemande*, la plus ancienne de toutes. A sa tête, citons encore Albert Durer, cet homme universel qui brilla au premier rang dans tous les arts, et dont le *Saint Jérôme* et l'*Ecce homo*, datant, l'un de 1512, l'autre de 1513, sont antérieurs à tout ce qu'on connaît en ce genre chez les deux nations qui se disputent la priorité d'invention de la gravure à l'eau-forte ; puis le malheureux Wenceslas Hollar, artiste que revendique toutefois l'école anglaise à cause du long séjour qu'il fit à Londres, où il mourut dans la misère et l'abandon en 1677; le peintre d'histoire J. de Lairesse, mort en 1711, dont l'œuvre, composé par près de 2,400 pièces, renferme des estampes à l'eau-forte ayant tout le fini et la netteté du burin; G.-P. Rugendas, le peintre de batailles, mort en 1471, le Salvator Rosa allemand; le poëte Salomon Gessner, J.-M. Tischbein, qui ont signalé la fin du XVIIIᵉ siècle par d'admirables eaux-fortes.

En Italie, citons le Parmesan, qui ne fut pas l'inventeur, comme on l'a prétendu, mais le promoteur de l'eau-forte dans sa patrie; le Barochi, Palma jeune, Tempesta, les Carrache, le Guide, Piétro d'Espo, Simon Contarini, l'émule du Guide en gravure; Ribera et son illustre élève Salvator Rosa; Castiglione, celui des Italiens qui a le mieux entendu le clair-obscur et qui a mis le plus d'esprit dans le travail de la pointe; Carle Maratta, dont la pointe est si soignée, qui a brillé par des eaux-fortes recherchées des amateurs autant par le mérite des sujets qu'elles représentent que pour la science, le pittoresque, ou le jugement de leur exécution. Outre ces célèbres peintres-graveurs, l'Italie s'enorgueillit d'avoir donné le jour à C. La Belle, si admirable dans ses compositions, si admirable dans ses effets et dont les travaux sont si légers et si simples. Citons encore les deux frères Aquila, graveurs des *Loges* de Raphaël; les architectes et graveurs Piranesi frères, ces infatigables dessinateurs et restaurateurs des antiquités romaines, que leur pointe chaude, vigoureuse, et pleine d'effets, a gravées en plus de 1,000 planches, qui sont la principale richesse de la galerie chalcographique du prince de l'Eglise; enfin, dans la partie de la gravure, Bartolozzi, déjà nommé plus haut, qui traduisit si admirablement à l'eau-forte les admirables dessins du Guerchini, du cabinet du roi d'Angleterre.

Dans les Pays-Bas, la gravure à l'eau-forte a trouvé aussi chez les peintres de nombreux partisans: Rubens, Van Dyck, Corneille, Schut, élève de Rubens, auteur de poésies estimées; les Vanden, les Téniers, Van Ostade, Dujardin, N. Berghen, P. Potter, Herman, Swanefelt, dit *Herman d'Italie*, et beaucoup d'autres, l'ont traitée avec beaucoup de naturel et de goût. Mais Rembrandt l'a portée à sa perfection par des procédés qui sont restés un secret pour les artistes qui ont voulu marcher sur ses traces, aussi bien que pour George Van Vliet, Ferdinand Bol et Jean Lyvens, ses trois plus célèbres élèves. La manière heurtée, fantasque, dénuée de toute méthode, mais toute d'inspiration, qui caractérise Rembrandt, est d'autant plus difficile à imiter qu'elle est le fruit d'un genre dont le type original ne saurait identiquement se reproduire. Outre ces peintres-graveurs, l'école des Pays-Bas compte un grand nombre de graveurs à l'eau-forte, parmi lesquels on distingue toujours Ph. Verbeek, J. Bisschop dit *Episcopus*, Romain de Hoge, auteur des gravures de la bibliothèque de Mortier et de Lugekin.

En France, les peintres-graveurs à l'eau-forte ne sont pas moins habiles que dans les autres écoles. Les trois volumes consacrés par M. Dumesnil aux seuls peintres-graveurs français du XVIIᵉ siècle, en font foi; mais peut-être leur œuvre est-il généralement plus personnel que celui des peintres-graveurs d'Italie, qui n'ont pas, comme eux, reproduit leurs seules inspirations. Peut-être aussi la palme appartiendrait-elle aux artistes français, si, dans un parallèle, on tentait d'opposer talent à talent dans chacun des genres pratiqués par les deux nations. Comme il serait trop long d'établir ici un tel parallèle, nous nous bornerons à grouper autour de la sommité qui domine un genre, quelques-uns des artistes qui ont fait la gloire de ce genre. Ainsi, à J. Callot, le compagnon d'étude de La Belle, avec lequel il rivalisa de richesse de composition et d'effet pittoresque, et qu'il a surpassé en esprit et en originalité, nous réunirons Abraham Bosse, dont la pointe semble s'être transformée en burin; N. Cochin, D. Barrière, J. Courtois, aussi habile à graver qu'à peindre les batailles; Israël Silvestre, si net, si spirituel de touche; les Porcke, Sébastien Leclerc, dont l'œuvre est si considérable et si varié; Duplessis Bertaux, qui ne cède à personne en esprit et en pittoresque de pointe, comme en originalité d'invention; autour de l'antiquaire, de l'écrivain sur les arts, du dessinateur et graveur, P.-S. Mariette, groupons C.-N. Cochin fils, le comte de Caylus, L.-H. Watelet et P.-C. Levesque, auteur du *Dictionnaire des Beaux-arts* dans l'*Encyclopédie méthodique*; l'abbé de Saint-Non, à qui l'on doit ce beau *Voyage pittoresque de Naples et de Sicile*, en trois volumes in-folio, dans lequel bon nombre de planches ont été gravées par lui; J.-J. Boissieu, Vivant Denon, l'un des savants de l'expédition d'Égypte, auteur du *Voyage dans cette contrée*, qui précéda la description publiée par l'ordre de Bonaparte. A côté de Fr. Perrier, le rival de Pietro Sancto-Bartholi, plaçons P. Bouillon, l'inimitable graveur d'après l'antique, dont le dessin a tant de pureté et qui employait un procédé de gravure ressemblant à l'eau-forte pure, selon

les uns, au burin pur selon les autres, mais qui est plus probablement un mélange de ces deux procédés; à J. Lepotre, cet architecte décorateur à l'imagination si féconde, si belle, si bien ordonnée, à la pointe si chaude, si savante, se rattache son devancier Duparc et ses successeurs les Marot père et fils; puis nos contemporains Cassas, Ch. Percier, Ch. Normand, non moins habile architecte que dessinateur et graveur. C'est ici le lieu de rappeler les services qu'ont rendus à l'art Percier, Normand père et fils, en perfectionnant la gravure au trait, à l'eau-forte, et en montrant, dans leurs nombreux ouvrages, son avantage sur les autres genres de gravures, là où il ne s'agit que de faire connaître la pensée d'un artiste, c'est-à-dire l'ordonnance, le caractère, le style, le dessin, l'expression des figures d'une composition pittoresque, ou la précision mathématique et la pureté des profils d'un œuvre d'architecture, ou la forme précise et le sentiment d'un objet de décoration. Quant aux peintres-graveurs proprement dits, dont la pointe, substituée au burin, reproduit le plus souvent le caractère, le style et les effets de leurs tableaux, ils ne sauraient être présentés autrement ici que dans leur ordre chronologique. Mais citer J. Stella, Claude Lorrain, P. Mignard, E. Lesueur, F. Boucher, Watteau, F.-F.-C. Bourgeois, tous peintres français qui ont laissé des eaux-fortes justement recherchées, c'est rappeler aux amateurs de leurs tableaux les beautés particulières qui distinguent leurs estampes.

L'école anglaise est peu riche en peintres-graveurs à l'eau-forte. La raison en est qu'au XVIIIᵉ siècle, quand leur école de peinture prit naissance, ce genre avait pris de la vogue. On ne saurait guère citer que L. Richarson, L. Thornill, dit le *Raphaël anglais*, R. Paton Goupis. Ce fut Wenceslas Hollar, né à Prague en 1607, emmené à Londres par le comte d'Arundel, qui pratiqua le premier ce genre de gravure en Angleterre, nous ne dirons pas avec profit, puisque ses beaux et nombreux ouvrages ne surent le préserver de la misère, mais avec une rare intelligence et une netteté qui souvent rivalisait de netteté et de brillant avec le burin. Th. Dudley, son meilleur élève, a soutenu le genre que R. Earlom Smith et le fameux transfuge Bartolozzi ont exploité avec un art infini. Mais comme graveurs à l'eau-forte et à la pointe seule, les Anglais n'occupent que le second rang. Le premier leur appartient dans l'alliage du burin et de l'eau-forte, surtout pour la gravure du paysage, genre dans lequel ils n'ont point de rivaux.

6° *Gravure en manière noire*, autrement dite *mezzo-teinte*. — Son procédé consiste d'abord à faire *grener* le cuivre d'un ton égal et parfaitement uni avec un outil d'acier qu'on nomme *berceur*. On trace le dessin sur ce *grener*, soit au crayon, soit au pinceau; ensuite, avec le racloir et grattoir, on enlève totalement le grain du cuivre pour obtenir des blancs purs, et on adoucit les autres teintes selon le besoin. Ainsi ce procédé est l'inverse de la gravure au burin : l'on considère l'outil comme un crayon noir, l'autre comme un crayon blanc. Ce genre de gravure a le défaut de manquer de fermeté et de ne fournir que peu de bonnes épreuves. Il convient assez bien aux sujets sombres et austères. Il fut inventé en Allemagne par le major hessois, de Siegel, vers 1640, temps où il exécuta les portraits d'Amélie et d'Elisabeth, landgraves de Hesse-Cassel, et d'Elisabeth de Hongrie, son pendant, daté, l'un de 1642, l'autre de 1643. Ayant communiqué son procédé, vers 1652, au prince palatin Robert, amiral d'Angleterre, celui-ci l'importa à Londres en 1661, où il ne tarda pas à être pratiqué en 1662 et en 1665. L'architecte Wren grava en *mezzo-teinte* une tête de Maure qui sert de point de départ dans ce genre de gravure en Angleterre. J. Smith et plusieurs autres lui ont donné quelque vogue par des ouvrages très-remarquables. V. Green, J. Dixon et Cousins, le graveur des excellents portraits de Lawrens, ont porté cette gravure à un degré de beauté qui fit dire au célèbre buriniste Longhi que les belles estampes de ce genre pouvaient être placées à côté des plus belles planches de la gravure au burin. Quoi qu'il en soit, le *mezzo-teinte*, autrement dit la *manière anglaise*, n'est et ne sera jamais qu'un genre secondaire propre à rendre l'effet d'un dessin à l'estompe, et sera toujours lourd, monotone et sans variété. En Allemagne, plus que partout ailleurs, la manière noire a trouvé des partisans : J.-F. Flerck, F. Wrenk s'y sont distingués. En Hollande, Van der Vaart; en France, MM. Girard, Sixdeniers ont rivalisé avec leur maître d'outre-mer, et M. Z. Prévost, dans sa belle planche des *Moissonneurs*, d'après Léopold Robert, par un mélange d'eau-forte, de manière noire et de taille, est arrivé à un effet chaud et ferme qu'on peut regarder comme un perfectionnement nouveau.

7° *Gravure au lavis.* — Elle s'obtient par deux moyens différents. Le premier consiste à dessiner et à laver sur le cuivre, avec l'eau-forte et le pinceau, l'objet qu'on y veut graver, comme on le fait sur le papier avec du bistre ou de l'encre de Chine; c'est le procédé J.-B. Leprince, peintre français, né en 1733, et mort en 1781 ; puis on fait pénétrer le dessin et le lavis dans le cuivre à l'aide de l'eau-forte. Très-simple en apparence, ce premier procédé nécessite une série nombreuse d'opérations minutieuses et l'emploi de vernis et de poudres de diverses natures, dont le détail ne peut trouver place ici ; le second, moins prompt dans ses résultats, mais plus solide, plus brillant, et au moyen duquel on peut peindre les teintes, les soutenir autant que l'on veut, et obtenir un plus grand nombre d'épreuves, consiste à exécuter avec des outils grenés, roulants ou fixes, variés de forme ou de force, les teintes du dessin dont on a déjà gravé le trait à la pointe. Parmi ces outils, la roulette simple ou à double et

triple rangs de piquant d'acier, qui pénètre le cuivre quand on la promène dessus, joue le rôle principal ; c'est elle qui établit les teintes grenées imitant l'encre de Chine ou le bistre étendu au pinceau. Des artistes, il est vrai, ont tenté d'exécuter le lavis tout entier au burin, afin d'obtenir un travail plus solide ; mais le nombre des bonnes épreuves obtenues par ce procédé n'indemnisent pas assez du temps considérable qu'il nécessite. On lui préfère la roulette et même le lavis au mordant, qui se retouche autant qu'on veut. En France, en Allemagne et en Angleterre, on a beaucoup gravé au lavis. Ce genre réussit assez bien les paysages, les marins, l'architecture et les animaux. C'est encore une espèce de gravures de peintre quand l'eau-forte est appelée à jouer le rôle principal. Alors on la nomme *aqua-tinta*. Dans ce dernier genre, Bringer s'est fait un nom en France.

8° *Gravure à l'aquarelle.* — Elle est une combinaison des deux précédentes : elle participe du lavis pour sa légèreté et sa transparence, et a cela de commun avec la manière de Leblond, qu'il lui faut autant de planches que de couleurs. Les ombres se font le plus souvent au pointillé. Sous le nom d'*aquarelles anglaises*, il circule des fleurs, des oiseaux, des études de têtes fort agréables, qu'il faut bien se garder de croire toutes l'œuvre d'artistes anglais. Janinet, à l'époque où l'anglomanie régnait en France, exécutait à Paris des aquarelles portant des titres anglais, qui rivalisaient avec celles qu'elles voulaient supplanter. Debucour, Descourtils et autres Français se sont exercés à cette gravure, dont les produits ont le désavantage de perdre en peu de temps leur éclat et leur harmonie.

9° *Gravure au pointillé.* — L'eau-forte, le burin et la roulette font tous les frais de ce genre de gravure. L'eau-forte prépare l'ébauche par des points, et trace par des traits les premiers travaux ; le burin donne l'empâtement nécessaire aux ombres et demi-teintes; la roulette fait les derniers avec des luminaires. Le Français Morin, mort en 1666, et son contemporain Boulanger, ont les premiers gravé de cette manière des portraits et quelques sujets historiques. Dans le même temps, le Hollandais Lusma gravait au ciselet et au marteau, manière appelée *opus mallei*, des portraits fort estimés et fort rares. A la fin du xviii° siècle, la gravure au pointillé trouva dans l'Italien Bartolozzi, établi à Londres, un zélé et habile protecteur. Nulle part mieux qu'en Angleterre on n'a traité ce genre, qui, pendant assez longtemps, a tenu en échec la gravure au burin. La France vient de perdre dans J. Godefroy, dans le graveur de la *Psyché* et de la *Bataille d'Austerlitz*, un artiste qui a produit au pointillé pur et au pointillé soutenu de tailles, des planches du plus grand mérite.

10° *Gravure à la manière du crayon.* — Cette gravure est fille ou sœur de la précédente. L'avantage qu'elle a de procurer de beaux dessins pour l'étude, et de conserver des originaux précieux, lui donne une importance que n'ont pas les autres genres secondaires dont nous venons de parler. Deux artistes français se disputent la priorité de son invention : François et Demarteau, Magni et Gonard la revendiquent aussi. Ces quatre artistes exécutèrent, vers 1756, des ouvrages qu'on n'a pas dépassés.

A ces divers genres de gravures imitant des dessins noirs ou coloriés, nous pourrions ajouter la gravure simulant des pastels au moyen de plusieurs planches travaillées comme celles de la gravure au crayon, et quelques autres encore plus curieuses qu'utiles, dont se sont occupés des amateurs distingués. Mais il faut terminer cet article, déjà trop long. Bornons-nous à faire remarquer que plusieurs des genres secondaires dont il est question pourraient acquérir une importance réelle s'ils étaient exploités par des maîtres qui fussent dessinateurs autant que graveurs et que coloristes ; car, nous ne saurions trop le leur dire : l'art réside tout entier en ces trois qualités. En dehors d'elles il dégénère tout entier, et ses productions ne sont plus qu'une marchandise. Aussi, quand nous entendons vanter la gravure sur acier, à cause du grand nombre d'épreuves quelle donne, quoique la nature du métal rende ses produits secs et froids ; quand les moyens mécaniques sont appelés à économiser le temps du graveur aux dépens du sentiment de l'artiste, dans la gravure noble comme dans la gravure industrielle ou scientifique, nous sommes en droit de voir là un symptôme de décadence. Cette observation s'applique même en partie au pantographe graveur qui, aidé de son compagnon, le diagraphe, devait reproduire tous les chefs-d'œuvre des arts du Musée historique de Versailles, qu'à cet autre pantographe imaginé par l'Anglais Colcis, au moyen duquel se réduisent et se gravent au même instant et d'une même manière tous les objets de relief, or, argent, bronze, ou pierre, comme on le voit dans le *Trésor de numismatique et de glyptique* et à la machine Caut, perfectionnée par les Anglais, au moyen de laquelle on a pu exécuter les deux tiers d'une gravure historique. Assurément à l'époque où tant d'artistes étrangers affluaient à Paris pour y étudier leur art à l'école des Dupuis, des Lebas, des Cars, des Beauvarlet, ces illustres maîtres avaient autre chose à leur montrer que des procédés mécaniques avec le secret d'en imposer aux regards par des pratiques fallacieuses. Puissions-nous, en nous élevant contre cette funeste tendance, faire comprendre aux artistes jaloux de leur renommée et de l'honneur national que les moyens mécaniques ne remplacent jamais qu'aux dépens de l'expression le travail intelligent et inspiré de l'homme dont la persévérance soutient la verve ou le sentiment réfléchi du beau !

11° *Gravure en couleur à l'imitation de la peinture.*—Les procédés manuels de cette espèce de gravure sont les mêmes que ceux de la manière noire avec cette différence, qu'il lui faut, comme au *camaïeu*, autant de planches que de couleurs. Ces planches imprimant successivement sur la même feuille de papier dans l'ordre où les couleurs qu'elles donnent seraient appliquées sur la toile pour les fondre. Ce genre ne souffre pas la médiocrité, mais, traité par une main habile, il donne de très-beaux résultats. Christophe Leblond, né à Francfort-sur-le-Mein, en 1670, en est l'inventeur. Il le fit connaître lui-même en Hollande, à Londres, à Paris, sans que nulle part il obtînt l'accueil que ses essais, pleins de talent, semblaient devoir lui promettre. Cet artiste industrieux, qui, le premier, tenta d'élever une manufacture de papiers peints, mourut de misère âgé de 71 ans. En France, il exécuta de grandeur naturelle les portraits de Louis XV et du cardinal Fleury. Après lui l'Angleterre et la France ont perfectionné son invention en donnant plus de franchise et d'éclat au ton, probablement au moyen de touches et de pinceaux bien dégraissés. Les épreuves vernies après coup acquièrent par cette opération un éclat très-séduisant. Aujourd'hui, on imite parfaitement la manière de Leblond en appliquant la couleur à chaque place sur un même cuivre, c'est-à-dire qu'on ramène l'art d'imprimer en couleur au point où Leblond l'a pris sans l'améliorer. Sergent a exécuté avec des planches à repères une suite de 48 portraits de personnages célèbres de France qui donnent la mesure du parti qu'un artiste habile pourrait tirer de ce procédé en le prenant au point où il a été laissé.

GRILLES-FUMIVORES.—*Rapport fait par M. Le Chatelier, au nom du Comité des arts mécaniques, sur les grilles mobiles fumivores de M. Tailfer (système Juckes).* — (Bulletin de novembre 1848). — Les appareils soumis à l'examen de la Société d'encouragement ont été inventés par M. Juckes, mécanicien anglais ; ils sont employés depuis plusieurs années en Angleterre, et ont été importés en 1845 en France par M. Tailfer, qui a perfectionné leur construction.

Le rapporteur du comité s'est transporté dans les ateliers de fabrication de M. Tailfer, aux Batignolles, rue Saint-Etienne, 9, pour y examiner en détail la construction des grilles fumivores ; il a visité l'appareil qui fonctionne dans cet établissement, et deux autres appareils en ce moment en activité à Paris ; il a reconnu leur efficacité pour la suppression complète de la fumée, et a constaté qu'ils sont dans des conditions tout à fait pratiques, qui en rendent l'application possible dans tous les ateliers où l'on brûle de la houille, et sur les bateaux à vapeur.

Dans la maçonnerie du fourneau, au-dessous de la partie antérieure de la chaudière, dans l'emplacement occupé habituellement par la grille et le cendrier, se trouve ménagée une cavité de forme prismatique, dans laquelle se loge l'appareil de combustion fumivore de M. Tailfer : il est porté par quatre roues mobiles sur un petit chemin de fer ; il peut être retiré à volonté de l'emplacement qu'il occupe, ce qui rend très-faciles soit les réparations à faire à la chaudière, soit celles que l'appareil lui-même peut exiger après un service plus ou moins prolongé. Il se compose d'un bâti formé de deux flasques en fonte ; il porte à chaque extrémité deux tambours prismatiques, et intermédiairement, haut et bas, deux séries de rouleaux et de galets de friction. La grille est formée d'éléments en fonte de 0^m 30 de long, sur 0^m 02 de large, qui se succèdent dans une série longitudinale, et se juxtaposent en séries consécutives dont les joints se croisent ; elle présente un plan à jour sur lequel repose le combustible, et à travers lequel passe l'air destiné à alimenter la combustion ; chaque série d'éléments forme une chaîne articulée, qui s'enroule sur les deux tambours, et la grille tout entière peut être assimilée, par une comparaison forcée peut-être, mais propre à faire comprendre le jeu de l'appareil, à une étoffe tendue sur deux rouleaux, dont l'un lui imprime un mouvement de courroie qu'elle transmet à l'autre. L'articulation est produite au moyen de triangles en fer passant au nombre de deux à travers chaque élément, et le reliant avec l'extrémité de chacun des deux éléments voisins de la série adjacente.

La grille fait saillie en dehors de la bouche du foyer, et porte sur l'une des flasques de son bâti un appareil moteur qui transmet le mouvement au premier tambour, et imprime à la grille elle-même son mouvement de translation.

Au-dessus de la grille et contre la paroi antérieure du fourneau se trouve placée une trémie qui reçoit le combustible ; une vanne en tôle, dont la hauteur est fixée par le chauffeur, règle son introduction. L'extrémité opposée de la grille s'engage sous l'autel, lequel est formé par un tube dans lequel circule l'eau de la chaudière, ou mieux l'eau de la bâche d'alimentation. Ce tube est assez rapproché de la grille pour arrêter au passage le coke produit par l'agglutination de la houille, tout en laissant passer le mâchefer.

La grille est mise en mouvement par le moteur au moyen d'une courroie, en même temps qu'une manivelle permet, à un instant quelconque, de lui faire faire un parcours exceptionnel ou de le faire rétrograder ; un embrayage simple permet enfin d'arrêter sa marche sans toucher à la machine. L'effort nécessaire pour faire fonctionner la grille est très-faible, et pour ainsi dire inappréciable lorsqu'on le compare à la puissance de la machine qui le produit.

La houille doit être à l'état menu, ou doit être réduite en petits fragments ; elle peut être sèche ou mouillée ; elle est entraînée, par le mouvement de la grille, en couches minces dont l'épaisseur est réglée par l'ouverture de la vanne ; elle s'allume dès qu'elle a dépassé la vanne de distribution, et la fumée qu'elle dégage est brûlée par l'excès d'air qui entre à l'extrémité de la grille ; elle brûle en s'agglutinant plus ou moins forte-

ment, suivant sa nature, et, lorsqu'elle arrive à l'autel, elle y est arrêtée par le tube bouilleur et s'accumule en masse très-poreuse, à travers laquelle l'air passe avec une grande facilité ; elle achève de s'y consumer. Le mâchefer produit reste maintenant sur la grille par une faible adhérence, et se détache spontanément lorsque les barreaux en fonte, en s'enroulant sur le tambour, viennent à jouer les uns par rapport aux autres, et à se disjoindre momentanément par leurs extrémités ; il est recueilli, avec quelques escarbilles de houille qui passent à travers la grille, dans un cendrier en tôle porté sur des roues et mobile sur des rails ; les escarbilles encore propres à la combustion sont séparées facilement par le chauffeur, et rechargées en mélange avec la houille, de telle sorte qu'aucune partie du combustible n'est perdue. L'application de ces grilles fait disparaître entièrement la fumée ; celle-ci n'est sensible que pendant dix minutes environ après l'allumage.

L'épaisseur de la couche de houille sur la grille varie, suivant l'ouverture de la vanne, de 0^m 06 à 0^m 10 ; la vitesse de translation est habituellement de 2 à 3 centimètres par minute.

Pour chaque appareil et pour chaque effet à produire, le chauffeur a trois éléments à sa disposition : la hauteur de la vanne ou l'épaisseur du combustible, la vitesse de la grille et l'ouverture du registre de la cheminée ; en outre, il peut faire marcher momentanément la grille à la main pour parer à quelques irrégularités naturelles, par exemple, lorsqu'il faut remettre le feu en pleine activité après les arrêts nécessités par la durée des repas. Au moyen de ces éléments, il est facile de régler promptement et de tâtonner les meilleures conditions de la combustion, qui dépendent de la forme des chaudières et des conduits de la fumée, de la quantité de vapeur à fournir et de la nature de la houille. La vaporisation peut varier dans des limites assez étendues.

L'emploi des grilles de M. Tailfer présente plusieurs avantages marqués. Indépendamment de la propriété qu'elles ont, d'une manière incontestable, d'être entièrement fumivores, il permet de brûler exclusivement de la houille menue, de qualité médiocre, que l'on trouve toujours à des prix inférieurs à celui de la houille en morceaux ; il permet d'obtenir une production de vapeur très-régulière ; il est favorable à la conservation des chaudières et des fourneaux ; il simplifie le travail du chauffeur et le rend beaucoup moins pénible. Ce dernier avantage a dû être observé sur les bateaux à vapeur, où l'administration de la marine en a fait faire l'application. Ces avantages sont assez saillants et assez importants pour compenser la dépense de premier établissement des appareils de cette nature, et pour en rendre l'emploi très-général.

Au premier abord, il semble que la combustion complète de la fumée doit produire nécessairement une économie très-notable de combustible ; mais les expériences faites par M. Combed, et dont les résultats sont consignés dans son rapport à la Commission centrale des machines à vapeur (3 juillet 1846, *Annales des mines*, t. XI, 4ᵉ série), démontrent que, pour brûler complétement la fumée, il est nécessaire d'introduire dans le foyer une quantité d'air à peu près double de celle qui est nécessaire pour transformer tout le combustible en acide carbonique, ce qui occasionne un refroidissement susceptible de compenser l'effet d'une plus grande chaleur produite. Le mode particulier de combustion effectué sur la grille de M. Tailfer, la forme et la disposition de la voûte placée en avant du foyer, sont des éléments qui peuvent faciliter la distraction de la fumée par l'introduction d'une quantité d'air moins considérable que dans les appareils fumivores ordinaires. Mais, à cet égard, il nous serait impossible de nous prononcer sans avoir fait auparavant des expériences très-complètes et fort délicates, auxquelles nous n'avons pu nous livrer Il faudrait, sur une chaudière donnée, essayer préalablement les dispositions de grilles propres à réduire au minimum la quantité de houille brûlée, et appliquer ensuite l'appareil de M. Tailfer, en comparant les consommations obtenues dans l'un et l'autre cas pour un même travail effectué. Nous nous contenterons donc de citer les principaux renseignements qui ont été mis sous nos yeux par M. Tailfer : 1° un rapport administratif sur des expériences faites à l'arsenal de Cherbourg, qui constate une économie de combustible de 18 p. 100; 2° un certificat de MM. Mellier et compagnie, propriétaires d'une papeterie au Val-Vernier (Seine-Inférieure), qui accuse une économie de 20 p. 100 ; 3° une lettre de M. de Mondésir, du Havre, qui annonce qu'un appareil fonctionnant depuis six mois dans l'établissement des eaux de Graville, a produit une économie de 10 p. 100 sur la quantité de combustible consommée, et sur la dépense en argent, par la substitution de la houille menue au charbon en morceaux, une économie beaucoup plus considérable; 4° diverses attestations également favorables.

Quoi qu'il en soit, l'appareil de M Tailfer résout complétement, et d'une manière tout à fait pratique, l'importante question des foyers fumivores; il présente de nombreux avantages qui ont été signalés dans le cours de ce rapport ; il se recommande donc d'une manière particulière à l'attention de la Société d'encouragement, à celle de l'administration publique et des industriels.

GUTTA-PERCHA. (PLANTE QUI LA PRODUIT.) — On a introduit, depuis quelques années, dans l'industrie européenne, une substance fournie par les forêts des îles malaises, qui joint à quelques-unes des propriétés du caoutchouc d'autres qualités qui lui donneront une grande importance pour beaucoup d'usages. Cette substance, qui porte le nom malais de *gutta-percha*, a

été l'objet de deux notices dans le *Journal botanique* publié par Hooker, résultant de documents fournis par M. Lobb et par le docteur Montgomery. Nous en extrairons les renseignements suivants :

Le nom de cette matière est tout à fait malais, *gutta* signifiant une gomme ou le sucre concret d'une plante, et *percha* étant le nom de l'arbre qui la produit. Cet arbre se trouve dans plusieurs parties de l'île de Singapore et dans les forêts de Zohors, à l'extrémité de la Péninsule malaise. Il est probable qu'il existe aussi dans l'île de Sumatra, et qu'il en dérive peut-être son nom, puisque le nom malais de cette île est *Polo-Percha*. On dit aussi qu'il croît sur la côte sud-est de Bornéo, et M. Brook, résident anglais à Sarawak, assure qu'il est commun dans les forêts de cette île, où il est désigné sous le nom de *niato* par les habitants, qui ne connaissent pas, du reste, les propriétés de son suc.

Cet arbre atteint 2, 4, et même 6 pieds de diamètre; mais le bois n'a aucune valeur. Le fruit fournit une huile concrète que les habitants mêlent à leurs aliments.

L'abondance de cet arbre dans toutes les îles voisines de Singapore est prouvée par l'exportation qui a eu lieu, dans ce port, de plusieurs centaines de tonnes de gutta-percha depuis 1842.

Les habitants emploient un procédé d'extraction qui pourra hâter l'épuisement de cette matière, car, au lieu de se borner à des incisions qu'on pourrait renouveler chaque année, ils abattent l'arbre, enlèvent l'écorce et recueillent le suc laiteux, qui se coagule par l'exposition de l'air.

On distingue trois variétés de cette substance : la *gutta-girek*, la *gutta-tubon* et la *gutta-percha*.

Cette matière a la propriété de se ramollir par l'immersion dans l'eau bouillante, de prendre alors toutes les formes qu'on veut lui donner, comme de l'argile, et de reprendre sa dureté et sa rigidité en se refroidissant.

Les propriétés peuvent aussi se modifier par le mélange avec diverses autres substances, et surtout avec le caoutchouc, qui lui donne plus d'élasticité et moins de dureté, ou avec la cire et les corps gras, ainsi que l'a indiqué M. Kuneack dans un mémoire à ce sujet.

La connaissance botanique de l'arbre qui fournit cette matière remarquable, est due à M. Lobb, qui, pendant son séjour à Singapore le découvrit dans les forêts de cette île et en envoya de nombreux échantillons en Europe. M. Hooker reconnut que c'était une *sapotie*, qu'il indiqua d'abord, avec doute, comme appartenant au genre *bassia*. Des échantillons plus complets qui lui furent adressés par le docteur Oscley, de Singapore, lui ont permis d'en faire une étude plus étendue et une détermination plus précise. D'après cet examen cet arbre peut être rapporté presque avec certitude au genre *isonandra* de Wight : le port est tout à fait semblable, et cette plante ne diffère des *isonandra* déjà connus, que par le nombre des parties de la fleur, qui sont tétramères dans les *isonandra* de Wight, et hexamères dans cette nouvelle espèce, que M. Hooker désigne et décrit ainsi :

Perfectionnements introduits dans la préparation de la gomme élastique connue sous le nom de gutta-percha, et dans son emploi, soit seule, soit combinée avec d'autres substances, par M. C. Hancock. — Nous avons parlé de l'origine de la gutta-percha et des propriétés qui la distinguent du caoutchouc.

Le premier qui ait introduit en France la fabrication de cette substance est M. Cabirol, rue du Faubourg Saint-Martin, 222, qui a pris pour cet objet trois brevets, les 28 juillet, 5 septembre et 10 décembre 1846. Il en fabrique des tuyaux, courroies pour mécaniques, bâches, prélarts et tentes de toute espèce, cuirs pour chapeaux, pour capotes, tabliers et coussins de voitures, chaussures, étoffes imperméables de tous genres pour collets, manteaux, pantalons, blouses, vestes, etc., complétement imperméables. M. Cabirol assure que la gutta-percha remplace avec avantage, le cuir et le caoutchouc à des prix bien inférieurs ; MM. Rattier et Guibal en fabriquent aussi des courroies qu'ils annoncent comme préférables à celles en cuir et d'une plus longue durée.

M. Hancock a pris en Angleterre, le 10 février 1847, une patente pour les divers perfectionnements imaginés par lui, pour la fabrication de la gutta-percha. Ces perfectionnements consistent :

1° Dans une nouvelle méthode d'épuration de la gutta-percha brute, ordinairement mêlée de beaucoup d'impuretés, ce qui oblige de la diviser en petits fragments à l'aide de scies, de couteaux, ou d'autres instruments tranchants. L'auteur avait d'abord annoncé que cette division était rendue plus facile en plongeant la gutta-percha dans l'eau bouillante jusqu'à ce qu'elle fût suffisamment ramollie ; mais il a trouvé depuis que, en employant une certaine machine qu'il décrit, cette dernière pratique était inutile, et que la gutta-percha pouvait être divisée en tranches minces avec la plus grande facilité : il a reconnu aussi que l'épuration et le ramollissement de la matière s'opèrent mieux en passant les tranches obtenues par la première machine dans un second appareil.

2° Le second perfectionnement décrit dans la patente de M. Hancock consiste dans la sulfuration de la gutta-percha et dans l'application de ce perfectionnement à la sulfuration du caoutchouc, ainsi qu'il est indiqué dans le brevet précédemment obtenu pour cet objet. L'auteur avait recommandé l'emploi des sulfures, tels que l'orpiment ou le foie de soufre, préférablement au soufre lui-même, et il a fait remarquer que, quoiqu'une partie de soufre pût être employée au lieu d'une partie égale de sulfure, ce moyen présentait cependant deux inconvénients, celui de l'odeur du soufre, et sa

tendance à s'effleurir. Il s'est assuré depuis qu'en ajoutant aux sulfures une petite quantité de soufre, on obtient un meilleur résultat de ce mélange que de chacune de ces deux substances employées séparément. Voici quelles sont, en pratique, les meilleures proportions. A 48 parties de gutta-percha on ajoute 6 parties de sulfure d'antimoine, de calcium ou de tout autre analogue, et une partie de soufre. Le mélange de ces matières ayant été fait, on le place dans un générateur, et on élève la température de 260 à 300 degrés Fahrenheit ; on le laisse dans cet état d'une demi-heure à deux heures, suivant l'épaisseur de la matière, qui, au bout de ce temps, est complétement sulfurée ou autrement volcanisée.

M. Hancock applique la même combinaison à sulfurer le caoutchouc. La matière n'exige pas moins d'un sixième ou d'un huitième de son poids de soufre ; mais, en y substituant un sulfure dans la proportion qui vient d'être indiquée, on n'emploie plus qu'un cinquantième de soufre, et on obtient un plus beau produit.

3° Le troisième perfectionnement de M. Hancock est relatif au mode d'effectuer la combinaison du soufre et des sulfures avec la gutta-percha et le caoutchouc. L'auteur indique pour effectuer cette combinaison quatre moyens, que nous n'indiquons pas ici à cause de leur étendue.

4° Le quatrième perfectionnement relaté dans la patente de M. Hancock consiste à exposer les matières pendant une ou deux minutes à l'action du bioxyde d'azote obtenu par les moyens ordinaires, en dissolvant le zinc, le cuivre ou le mercure, etc. dans de l'acide nitrique ; ou bien on les plonge dans une dissolution bouillante et concentrée de chlorure de zinc pendant une période variant d'une à cinq minutes, suivant la force de la dissolution. Dans l'un et l'autre cas, on lave aussi les matières dans une liqueur alcaline ou même dans de l'eau douce. On peut soumettre les matières à l'influence du bioxyde d'azote, en les plongeant dans l'acide pendant que le métal se dissout et que le gaz s'échappe, ou en les introduisant dans un récipient où l'on recueille le gaz. La gutta-percha qui a été traitée de cette manière, qu'elle soit ou non soufrée, devient excessivement douce au toucher et polie comme un métal ; de même que le caoutchouc ordinaire conserve cette viscosité qui lui est particulière, le caoutchouc soufré acquiert, par un tel traitement, la douceur du velours.

5° Le cinquième perfectionnement consiste dans l'application des moyens décrits précédemment pour améliorer la qualité du caoutchouc soufré ou volcanisé en le soumettant à l'action du bioxyde d'azote ou en le plongeant dans du chlorure de zinc et en le lavant bien ensuite. Il perd alors entièrement, ou presque, la forte odeur de soufre qui rend son usage difficile.

6° L'auteur produit de nouveaux composés de gutta-percha convenables pour certains usages industriels, en mélangeant, au moyen de l'appareil triturateur, 6 parties de gutta-percha avec une de chlorure de zinc, et en formant de nouveaux composés de caoutchouc par une combinaison analogue. Tous ces composés peuvent, d'ailleurs, être ensuite soufrés ou volcanisés par la méthode ordinaire. •

7° L'auteur combine des matières pour produire une gutta-percha poreuse ou spongieuse propre à rembourrer les chaises, les coussins, à remplir les matelas, les selles, les colliers des chevaux, les tampons des wagons de chemins de fer, etc. Ce procédé, qui est également applicable au caoutchouc, consiste à prendre 48 parties de gutta-percha ou de caoutchouc (lorsqu'on veut obtenir des produits très-doux, on humecte ces matières avec de l'huile de térébenthine, etc.); 6 parties d'hydrosulfate de chaux ou de sulfure d'antimoine, ou tout autre sulfure analogue ; 10 parties de carbonate d'ammoniaque, ou de carbonate de chaux, ou de toute autre substance volatile ou susceptible de donner naissance à des produits volatils; puis enfin 1 partie de soufre. Toutes ces matières sont mélangées dans la machine à triturer, et soumises ensuite à une température élevée, en remplissant les conditions énoncées précédemment à l'art. 4 ; toutefois en élevant un peu plus la chaleur, soit de 260° à 300° Fahrenheit.

8° Le huitième perfectionnement a pour objet d'appliquer des moyens et des procédés variés pour améliorer non-seulement la qualité de la gutta-percha, comme il a été dit aux articles 3 et 4, mais encore les articles manufacturés de gutta-percha ordinaire, après qu'ils ont été travaillés ; enfin l'application des mêmes moyens aux articles fabriqués avec le caoutchouc ou tout autre composé dans lesquels entrerait une partie de l'une de ces trois substances. Parmi les articles de gutta-percha ou de caoutchouc, ceux qui méritent le plus d'être perfectionnés par ces procédés sont les tissus imperméables, simples et doubles, connus dans le commerce sous le nom de water-proofs, les bottes, souliers, galoches, guêtres, bretelles, bandages, casquettes, coussins, bouteilles flexibles, sacs, scaphandres, tubes, boîtes, rouleaux d'imprimerie, cylindres de filatures de coton, plaques de cardes, dos de brosses, marteaux de pianos, bouchons de bouteilles, capsules, cordes, fils, cordons, anneaux, porteteuilles, trousses, courroies, etc.

9° Le neuvième perfectionnement consiste à produire, en combinant la gutta-percha et le caoutchouc avec d'autres matières, un lustre permanent semblable à celui des objets vernis, et en donnant cet éclat aux articles fabriqués avec une de ces substances sulfurées ou non. M. Hancock prend la gutta-percha ou le caoutchouc préalablement soufrés par une méthode quelconque, de manière à ce que ces matières puissent supporter une haute température; et, soit qu'elles aient été déjà travaillées pour faire des objets usuels, on les frotte avec une solution

de résine dans de l'huile bouillante; on place alors l'objet pendant deux ou cinq heures dans une étuve chauffée de 75 à 100° Fahrenheit, et ensuite on le polit par les moyens employés par les vernisseurs. Dans certains cas, on mêle une matière colorante avec les substances lustrantes, et on les applique au moyen du rouleau, comme pour les tapis de pied.

10° Le dernier perfectionnement indiqué par M. Hancock consiste dans l'emploi d'une machine ou appareil pour couper la gutta-percha en rubans, et pour la transformer en cordons de la forme voulue. Cette machine se compose de deux cylindres cannelés en fer montés sur un bâti. Les cannelures de chaque cylindre sont creusées de telle sorte que, lorsque celles de l'un des cylindres correspondent aux cannelures de l'autre, elles forment ensemble une série d'ouvertures circulaires. Les bords des cannelures sont tranchants, de manière à diviser, suivant des lignes droites, les feuilles ou plaques de gutta-percha qu'on présente aux cylindres. Le cylindre inférieur a également deux rondelles planes qui viennent s'ajuster entre les deux précédentes, de manière à ce que les cannelures soient toujours exactement juxtaposées, et que les bords tranchants ne s'ébrèchent pas. Pour couper en filets minces une feuille de gutta-percha, la matière est passée à froid entre les deux cylindres, et les lames tranchantes agissent seules dans l'opération. Pour faire des fils ou des cordes, on prend une feuille de gutta-percha d'une épaisseur égale au diamètre des cannelures, et on la passe entre les cylindres à la température d'environ 200° Fahrenheit (en plaçant préalablement les feuilles de gutta-percha dans une étuve chauffée à 200°, par la vapeur ou par tout autre moyen), et les fils et cordes sont, au sortir des laminoirs, cannelés, plongés dans une bâche d'eau froide, d'où on les retire pour les enrouler sur des dévidoirs ou sur un tambour placé convenablement ; ou bien la gutta-percha est employée à l'état plastique, et on la passe à la machine sous une jauge, comme cela se fait dans les manufactures de caoutchouc et de gutta-percha.

Si l'on désire produire des cordes méplates, il suffit d'enlever l'un des cylindres et de le remplacer par un cylindre uni ; si l'on voulait des cordes carrées ou rectangulaires, triangulaires ou polygonales, il suffirait d'employer des cylindres dont les cannelures présentent cette forme (1).

Perfectionnements apportés dans les industries qui emploient le caoutchouc ou la gutta-percha, par MM. Hancock et Brokedon. — Les perfectionnements que les auteurs ont introduits dans la fabrication des articles pour lesquels on fait usage du caoutchouc, consistent dans des moyens particuliers d'appliquer cette substance à une grande variété d'objets, d'après les procédés décrits dans la spécification d'une patente délivrée

(1) *Rep. of patent inventions* octobre 1847.

à M. Alexandre Parkes, le 25 mars 1846, et qui modifient les qualités du caoutchouc et de la gutta-percha, soit d'une manière analogue à ce qui se passe en soufrant ou en volcanisant le caoutchouc, soit en purifiant et en colorant ces substances, afin de les rendre applicables à une grande variété d'objets.

Dans cette spécification, nous désignerons, comme M. Parkes, par gutta-percha ou caoutchouc, toutes les substances végétales analogues. Quelques-uns ont des noms donnés dans les contrées mêmes qui les produisent, comme à Para, à Assam, dans les Indes orientales, à Madagascar, à Java, etc. Les naturels les nomment *saikwah*, *jintarvan*, *gutta-turban*, *gutta-percha*, *doll*, etc. Quelques autres ont diverses dénominations, suivant qu'elles arrivent solides ou liquides, en pains, en bouteilles, en feuilles ou rognures, etc. Elles diffèrent aussi de couleur : elles sont blanches, noires, rouges, brunes, jaunes, etc. Le docteur Roxburg et le lieutenant Veith en ont fait connaître beaucoup dans les *Transactions de la Société d'agriculture et d'horticulture de l'Inde*. Ces produits se présentent aussi sous des aspects physiques différents : les uns ont la dureté du bois, d'autres la mollesse de la glu. Nous établirons donc que la gutta-percha ou toutes les autres substances analogues sont extraites des arbres ou des plantes par ponction, et se coagulent généralement, l'évaporation faisant disparaître la fluidité. Le produit ainsi obtenu n'est pas soluble dans l'eau. Enfin ces substances, par la distillation, donnent de la caoutchoucine.

Tous ces produits, sous quelques noms qu'ils se présentent, dans quelques mélanges qu'ils soient, sont solubles dans les mêmes dissolvants, et exigent le même traitement dans leurs manipulations préliminaires; ce sont toujours les laminoirs ou rouleaux, les appareils masticateurs, allongeurs, coupeurs et autres; ce sont les mêmes procédés de coloration, de gravure, de moulage, etc., etc., qui sont bien connus et qui sont bien décrits dans les brevets précédents de M. Thomas Hancock, des 18 avril 1837, 23 janvier 1838, 9 novembre 1843, et 14 mars 1846, de même que dans la patente citée de M. Parkes. Les détails des manipulations sont suffisants pour guider les personnes qui s'occupent de l'industrie du caoutchouc. Relativement à la dissolution des diverses variétés comme le caoutchouc ou la gutta-percha, les procédés sont absolument les mêmes pendant l'été; et, bien que la première puisse être dissoute à quelque température de l'atmosphère que ce soit, l'action est toutefois facilitée par la chaleur; il faut donc traiter le caoutchouc dans la même chambre que la gutta-percha, à une température de 80 à 90° Fahrenheit (27° à 32° centig.). Le principal défaut de la gutta-percha consiste en ce que, quoique plus ferme que le caoutchouc à de basses températures, elle devient plus molle et plus plastique à des températures peu élevées; mais, en employant les procédés de M. Parkes, ces inconvénients disparaissent.

Nous ferons observer que nous emprunterons désormais à la spécification de M. Parkes l'expression *changement*, pour désigner le résultat de l'emploi des procédés qu'il indique, de même que par le mot *immersion*, nous entendons la manière de produire ce changement, en plongeant les matières dans des dissolvants convenables, procédé que nous préférons d'ailleurs. Nous imperméabilisons les peaux, les étoffes, la toile, la soie, etc., en totalité ou en partie, en recouvrant leur surface de couches de caoutchouc, de gutta-percha, ou de composés de ces matières, soit à l'état de dissolution, soit à un autre état, comme cela est décrit dans les brevets précédents de Thomas Hancock, ou en collant ensemble plusieurs étoffes à l'aide de ces matières; nous pouvons rendre les surfaces unies ou colorées, estampées ou imprimées, ou ornées d'une manière quelconque, et ensuite nous produisons le changement par immersion. Ces fabrications diffèrent de celles de M. Parkes et de M. Hancock seulement en ce qu'on opère sur des produits manufacturés au lieu d'agir sur les matières premières de caoutchouc, de gutta-percha ou de tout autre composé de ces substances. Lorsqu'il s'agit de faire l'immersion des produits imprimés ou teints recouverts d'une couche de caoutchouc d'un côté seulement, on joint les lisières, les bordures et les bouts de manière à former une espèce de sac dont on imperméabilise les coutures, puis on l'immerge sous cette forme. En opérant sur des étoffes délicates susceptibles de s'altérer au contact des solutions qui doivent produire le changement, on les recouvre d'une couche de colle forte que l'on enlève ensuite à l'eau chaude, ou d'une couche de solution de gomme laque que l'on fait disparaître dans un bain alcalin. On emploie le même moyen quand on veut garantir certaines parties des articles en caoutchouc ou en gutta-percha de l'action des liqueurs de changement. On applique cette fabrication à une foule d'objets, tels que manteaux, casquettes, pardessus, bas de pêcheurs, chapeaux, bonnets, tabliers, ou toute autre partie du vêtement; nappes, sacs, bâches de voitures, siéges, bains portatifs, costumes de bain, scaphandres, lits, coussins, etc.

Ces articles sont fabriqués par les mêmes moyens que ceux usités pour les objets en caoutchouc. Lorsque les marchandises nécessitent des coutures, les substances imperméabilisatrices devront être soumises au changement par l'application à l'aide d'une brosse de la solution convenable. Quelquefois on fabrique les vêtements ou autres objets analogues, tels que gants, bottes, etc., en cuir ou en étoffes, à la manière ordinaire; puis on les recouvre de couches de caoutchouc ou de gutta-percha à l'état de dissolution avec des brosses ou même avec la main; enfin on les immerge pour obtenir le changement.

Nous ferons remarquer que, bien que la gutta-percha soit améliorée par l'opération du changement, l'élasticité diminue un peu ; lors donc qu'il s'agira d'objets qui nécessitent cette propriété, il faudra opérer le changement avec mesure.

Les articles qui doivent être gonflés d'air, tels qu'oreillers, coussins, etc., sont préparés à la manière ordinaire, et on leur fait subir ensuite l'immersion. On préfère pour cet emploi spécial, le caoutchouc à la gutta-percha, qui est trop rigide. Lorsque les articles sont en drap extérieurement, il est nécessaire de les protéger contre l'action des agents qui produisent le changement, et pour cela, il faut recouvrir tout l'intérieur de l'étoffe imperméable, et immerger avec précaution. Si l'extérieur est en caoutchouc ou en gutta-percha, on immerge simplement l'objet. Dans tous les cas, il faut toujours orner, teindre les articles avant d'effectuer le changement. On fabrique aussi des vases pour contenir de l'air, de l'eau, etc., entièrement en caoutchouc ou en gutta-percha ; en suivant d'ailleurs les procédés décrits dans les patentes de M. Thomas Hancock. Lorsque les objets sont façonnés, ils sont soumis à l'immersion pour produire le changement.

Le caoutchouc, la gutta-percha, ou une combinaison de ces matières, sont également travaillés avec ou sans poudre colorante ou substances fibreuses ; il en est formé des feuilles de toutes dimensions, par des procédés semblables à ceux décrits dans les patentes de M. Thomas Hancock. Avec ces feuilles on fabrique les divers articles mentionnés précédemment, et le changement est produit soit sur les feuilles, soit sur les objets fabriqués. De ces feuilles combinées ou non avec des étoffes, on confectionne des courroies pour les machines, des brides, ou autres parties de harnachement, des colliers de chevaux, des genouillères, des selles, des semelles de bottes, des porte-manteaux, des trousses, des empeignes, des bouteilles et autres vases pour contenir les liquides, des rouleaux d'impression, des tuyaux et des tubes, des tampons ou ressorts pour empêcher le recul des canons, des soupapes de pompes et des seaux, des bosses et des tampons pour la marine, des capsules pour bouteilles, des bandages, ligatures, et autres appareils de chirurgie ; une grande variété d'articles repoussés, tels que les vêtements de fantaisie, des bordures d'ornement, des imitations de crépines et de passementerie, des cadres de tableaux, des formes d'imprimerie, etc.

Pour la fabrication des bandes de billard, on unit ensemble plusieurs feuilles de caoutchouc ou d'un mélange avec la gutta-percha ; ou intercale quelques bandes de draps pour varier le degré de l'élasticité, et on soumet ensuite à l'immersion. On emploie aussi ces feuilles à garnir les bâches en bois, en effectuant l'application par la chaleur ou en se servant de la solution ordinaire de caoutchouc : on produit le changement lors-

que les feuilles sont appliquées ; s'il avait été produit auparavant, on appliquerait le ciment qui sera décrit plus loin.

On peut encore, avec les feuilles, faire des ressorts de voitures, ou des tampons de chemins de fer, dans les formes et par les moyens décrits dans le brevet délivré à M. Thomas Hancock, en 1846, en réunissant les parties par les procédés qui y sont détaillés, et, quant à ce qui regarde la gutta-percha ou ses composés, par les procédés décrits ci-après, on immerge ensuite pour produire le changement.

Pour fabriquer des fils avec le caoutchouc, la gutta-percha et leurs composés, on les soumet au procédé de M. Parkes, et l'on en obtient des composés doués de différents degrés d'élasticité, suivant les proportions employées. On opère le changement après ou avant de réduire la substance en fils. Il est préférable, toutefois, de le faire auparavant sur des feuilles de l'épaisseur du fil que l'on veut obtenir. Pour découper ces feuilles, on les roule autour d'un cylindre de bois, on en couvre la surface d'une solution de gomme laque pour retenir ensemble toute la masse, et l'on fait mouvoir le cylindre contre un couteau sans cesse arrosé d'eau. La laque est ensuite enlevée par l'ébullition dans une solution de potasse. Quand les feuilles sont destinées à donner du fil épais, il suffit d'employer la laque sur la surface externe de la feuille roulée. Il est fabriqué, avec les fils ainsi préparés , des cordes, des ficelles, des tresses, des fouets, et d'autres articles semblables, dans lesquels on fait entrer des fils de différentes couleurs et qu'on ne traite par immersion que lorsqu'ils sont terminés, afin d'en agréger plus fortement les parties. Les manches de fouets, ou certaines parties des objets, peuvent être en bois ou en métal, pour donner plus de solidité ou plus de roideur. Si le fil élastique est tissé avec d'autres fils de natures diverses, l'objet est maintenu aussi tendu que possible pendant la durée de l'immersion ou du séchage, il se contracte ensuite considérablement. On obtient du caoutchouc, de la gutta-percha ou de leurs composés, des reliefs ou des modèles variés, en les coulant, les imprimant, ou les estampant au moyen de moules ou de planches, par des moyens semblables à ceux décrits pour le caoutchouc, dans le brevet déjà cité par M. Hancock, puis ils sont traités par immersion après ou avant cette opération. Quand les objets à travailler sont légers ou délicats, on les plonge dans le dissolvant, et on les retire sur-le-champ afin d'en durcir les surfaces ; puis, lorsqu'ils sont secs, ils doivent être replacés dans le dissolvant, où ils demeurent le temps voulu.

La fabrication, avec les substances susnommées, des crosses de fusils, de pistolets, des manches de parapluies, de couteaux, des poignées d'épées et d'autres armes, se fait au moyen de moules gravés ou imprimés ; on colore ces objets avant ou après le moulage. Quelquefois on emploie une âme de bois, de métal, ou d'autre matière, qui est introduite dans l'intérieur de l'objet avant de le mouler. Quand l'objet est entièrement fait de gutta-percha sans l'emploi de dissolvant, on opère de la manière décrite par le docteur Montgomery, en novembre 1843, lorsqu'il introduisit en Angleterre cette substance, par l'entremise de la Société des arts. Voici comment il s'exprimait : « La gutta-percha devient plastique et se soude lorsqu'on la plonge dans l'eau presque bouillante ; on peut ainsi lui donner toute espèce de forme avant qu'elle refroidisse (entre 130 ou 140°, Fahr., 55 à 60° centigrades). Pour la travailler, il suffit donc de placer dans l'eau bouillante la quantité qu'on en veut employer; elle s'y adoucit, devient aussi plastique que du mastic, et peut se modeler comme on le désire. » La meilleure température à donner aux moules est celle de la chaleur animale. Quand on emploie de la gutta-percha pure, on la réduit en feuilles en la ramenant à l'état plastique par la chaleur, et la traitant par des procédés semblables à ceux qui font l'objet des brevets pris par M. Hancock, en 1837 et 1838. On peut traiter ensuite ces feuilles par immersion, ou en obtenir préalablement des objets sur lesquels on produit le changement. C'est ainsi qu'en combinant la méthode de laminage de M. Hancock avec le procédé de M. Parkes, on arrive à une fabrication perfectionnée de feuilles de gutta-percha. On peut incorporer à la gutta-percha, si on le désire, des matières colorantes ou des substances fibreuses. Pour empêcher la gutta-percha ou ses composés d'adhérer aux rouleurs, on les couvre de calicot ou d'autres étoffes que l'on maintient mouillées à l'aide d'une dissolution de savon ou de soude. Les feuilles se roulent plus également et s'attachent moins quand la gutta-percha contient des matières colorantes, telles que de l'ocre ou du plâtre de Paris. On emploie quelquefois la gutta-percha sans la réduire en feuilles, et lorsqu'elle est amenée par la chaleur à la consistance du mastic, comme le recommande le docteur Montgomery, et on en produit nombre d'objets en les façonnant à la main ou autrement, et les immergeant ensuite pour obtenir le changement.

Quand la gutta-percha seule (ou ses composés ne contenant qu'une petite proportion de caoutchouc), est formée en bloc par les moyens déjà cités, on peut en obtenir facilement des copeaux ou des feuilles au moyen d'une plane de menuisier, à laquelle on donne la force et les dimensions nécessaires pour produire diverses épaisseurs de feuilles. Les matières précitées sont coupées sur des blocs cylindriques au moyen de la plane ou de tout autre instrument; des bandes hélicoïdes en feuilles étroites étant immergées, et par cela même changées, donnent les courroies pour les machines ou pour d'autres usages. Nous devons cependant faire remarquer que le défaut des courroies de gutta-percha est de s'altérer promptement

par la chaleur et le frottement, ce à quoi on obvie en grande partie par l'opération du changement. Néanmoins, dans quelques circonstances, ces articles peuvent recevoir un revêtement de caoutchouc préalablement à l'immersion. Les blocs dont on vient de parler se découpent quand ils contiennent une forte proportion de matière terreuse en poudre fine, telle que de l'ocre ou de la terre de pipe. Ces blocs peuvent être percés avec une machine à percer, ou tournés au tour; on peut en faire des vis et des écrous au moyen des outils employés à cet usage; on peut les ciseler, les tailler, en fabriquer ainsi divers objets et les immerger ensuite pour produire le changement.

On a remarqué que quelques articles de gutta-percha sont améliorés par une légère couche de caoutchouc coloré ou non; l'immersion se fait ensuite pour produire le changement. La même remarque s'applique quand on recouvre le caoutchouc d'une couche de gutta-percha.

Pour quelques articles très-délicats et lorsqu'on désire une couleur bien claire, on purifie la gutta-percha par le procédé de M. Parkes.

En employant le caoutchouc, la gutta-percha ou ses composés pour la reliure des livres, portefeuilles et autres articles semblables, on immerge les parties qui l'exigent, ou bien l'on applique le dissolvant changeur. Par ces moyens, on évite le grand défaut qui résulte de l'emploi du caoutchouc pour la reliure, celui de devenir très-roide par le froid, tandis que, par ce procédé, les dos de livres conservent leur flexibilité et leur élasticité. Pour la couverture du livre, on emploie de la peau ou de l'étoffe recouverte de caoutchouc estampé, coloré, ou orné de quelque manière que ce soit. Il est formé avec le caoutchouc, la gutta-percha ou leurs composés, un produit propre à une foule d'objets, et l'on découpe, à l'aide d'un emporte-pièce ou d'un autre instrument, des patrons ou des dessins dans des feuilles de diverses couleurs, de telle manière que les pièces d'une couleur coïncident avec celles des autres couleurs. Tous ces morceaux sont appliqués contre le drap à l'aide de la pression et d'une température tiède; on immerge ensuite pour produire le changement. Au lieu de placer ces pièces les unes avec les autres, on peut les poser isolément sur des feuilles colorées ou non, ou sur du drap, de manière à former un relief; on immerge ensuite pour produire le changement. Lorsqu'on veut faire des tapis pour escaliers ou antichambres, on prend des étoffes plus épaisses.

On peut couvrir ou envelopper complètement les objets en bois, en cuir, en papier, en métal, etc., en plongeant ces articles dans une solution de caoutchouc, de gutta-percha ou ses composés, et, quand ils sont secs, on les immerge pour produire le changement. On répète l'opération avant l'immersion jusqu'à ce que le nombre de couches soit suffisant pour arriver à l'épaisseur voulue. D'autres objets de compositions diverses, de mélasse et de colle, par exemple, ou de matière semblable, après avoir reçu les formes voulues, peuvent être plongés dans la solution de caoutchouc ou de gutta-percha ou de leurs composés, et seraient ainsi rendus imperméables; après quoi on les immerge pour produire le changement. Des substances diverses, telles que la sciure ou les copeaux de bois, de liége, de cuir, et de semblables matières, mêlées et cimentées avec de la colle, de la pâte ou de la gomme, et mises sous la forme qu'on désire, peuvent être traitées de la même manière. On obtient un article qui ressemble beaucoup à de l'éponge, en mêlant, avec une solution de caoutchouc, etc., une solution de chlorure de soufre, comme l'a décrit M. Parker. Au bout de peu de temps, la masse se coagule sous forme gélatineuse; on l'expose alors à une température d'environ 212° Fahr. (100° centig.), dans l'eau ou autrement, jusqu'à ce que les dissolvants soient évaporés, et, si l'on veut obtenir plus de solidité, on immerge le produit. Dans ce cas, le caoutchouc est préférable à la gutta-percha. Une autre manière de procéder est de diviser en morceaux plus ou moins gros le caoutchouc, et de remplir presque avec ces morceaux un vase ouvert de forme requise, de l'immerger pour produire le changement, de laisser couler les dissolvants en excès. Par ces moyens, on obtient une masse élastique et compressible, propre à faire des coussins, des matelas, etc. La fabrication des tuyaux et tubes de caoutchouc et de gutta-percha s'opère par plusieurs moyens. On prend des fils des substances susdites d'une longueur proportionnée et on applique sur un noyau formé d'une corde préalablement revêtue de mélasse et de colle, ou de colle et de craie, et parfaitement unie; on donne ensuite une couche de l'une des solutions, et, lorsque le tout est sec, on roule le tube sous une pression à une température légèrement élevée. On finit en immergeant le produit pour obtenir le changement et agglomérer la matière; le noyau est ensuite enlevé par l'ébullition dans l'eau. Pour les tubes de fantaisie, on emploie des fils colorés. Un autre procédé consiste à prendre de la laine filée ou de l'estame d'une épaisseur proportionnée à la force du tube que l'on veut obtenir; et de la recouvrir d'une couche de caoutchouc, de gutta-percha ou de l'un de leurs composés. Quand cela est sec, on l'applique sur un noyau comme ci-dessus et le faisant passer par la même série d'opérations. Ces articles se fabriquent aussi en enroulant en spirale, autour du noyau, ces fils ou bandes étroites, en en maintenant les tours l'un contre l'autre, et, si cela est nécessaire, en roulant un autre fil en sens inverse; le tout est ensuite soumis à l'action de la pression et de la chaleur, et immergé pour en produire le changement, enlevant ensuite le noyau comme il est dit plus haut.

Lorsqu'il s'agit de faire des tubes, du cuir ou du feutre réunis ou soudés par l'un

des composés ci-dessus mentionnés, on les traite par immersion pendant leur fabrication ou lorsqu'ils sont finis; la face externe ou interne des tubes de caoutchouc ordinaires est aussi enduite avec l'une des solutions indiquées dans leur état ordinaire ou coloré, et on les immerge ensuite pour produire le changement.

La soie, la laine, ou toute autre fibre animale, est plus convenable à employer en combinaison avec ces substances pour les objets que l'on veut traiter par immersion.

Dans certains cas, on recouvre la surface du caoutchouc, de la gutta-percha ou de leurs composés, de laine toutisse ou d'autres matières en poudre, en leur donnant d'abord un enduit de vernis de caoutchouc, puis répandant la poudre à la surface. Lorsque l'objet est sec, il est immergé pour en produire le changement. De telles surfaces peuvent être employées principalement à garnir les empeignes et l'intérieur des chaussures.

On colore des feuilles ou autres objets formés en tout ou en partie de caoutchouc ordinaire ou volcanisé, en les enduisant de vernis de caoutchouc coloré, puis les immergeant pendant peu de temps.

Comme on peut unir le caoutchouc à la gutta-percha très-facilement avant le changement, il est préférable d'agir ainsi; mais lorsqu'il est indispensable de faire des joints après cette opération, on emploie un ciment composé de caoutchouc volcanisé, fondu par la chaleur, auquel il est ajouté, lorsqu'il est presque froid, une quantité égale de la dissolution employée pour faire le changement; on les mêle ensemble à une douce chaleur. Ce ciment est appliqué en couches minces, et, si cela est nécessaire, on donne une seconde couche aux deux surfaces à joindre. Lorsque le ciment est presque sec, on les réunit, en les maintenant pendant quelque temps dans un lieu chaud, sous une légère pression. Il est difficile d'indiquer exactement le moment le plus favorable à cette opération; mais c'est lorsque le ciment est presque sec; et d'ailleurs l'opérateur l'apprendra facilement avec un peu de pratique. Lorsque les articles fabriqués au moyen du caoutchouc, de la gutta-percha ou de leurs composés, doivent être d'une épaisseur considérable, M. Parker recommande d'affaiblir la solution de chlorure de soufre, et d'y laisser plus longtemps les objets. Nous avons aussi reconnu que l'on peut donner au caoutchouc et à ses composés une épaisseur suffisante en unissant, par la pression, des feuilles, lorsqu'à la suite de l'immersion elles sont encore humides, ou du moins à peine sèches.

Si l'on veut obtenir une grande dureté dans certains objets fabriqués au moyen des matières sus-désignées, on y parvient en plongeant à plusieurs reprises l'article dans la dissolution changeante, et le laissant sécher chaque fois, il devient alors aussi dur, plus dur même que de l'ivoire, et peut être limé et travaillé au tour, recevoir enfin le plus beau pou. On peut arriver plus promptement à ce résultat en augmentant la proportion de chlorure de soufre dans la dissolution changeante.

Pour produire le changement, il vaut mieux employer le chlorure de soufre mêlé au sulfure de carbone ou à tout autre dissolvant convenable du caoutchouc, dans les proportions indiquées par M. Parkes; mais quant au temps que doivent durer les immersions, on varie la durée de l'opération suivant l'épaisseur de l'objet ou le degré de changement que l'on veut obtenir.

On a trouvé aussi que parties égales de sulfure de carbone et de naphte obtenu du goudron de houille, donnent une solution qui réussit bien. Dans ce cas, le naphte doit être parfaitement purifié. (*Repertory of patent inv.*, août 1847 [1]).

(1) Extraits des *Bulletins de la Société d'encouragement.* — *Voy.* CAOUTCHOUC, RESSORTS EN CAOUTCHOUC.

FIN DU PREMIER VOLUME.

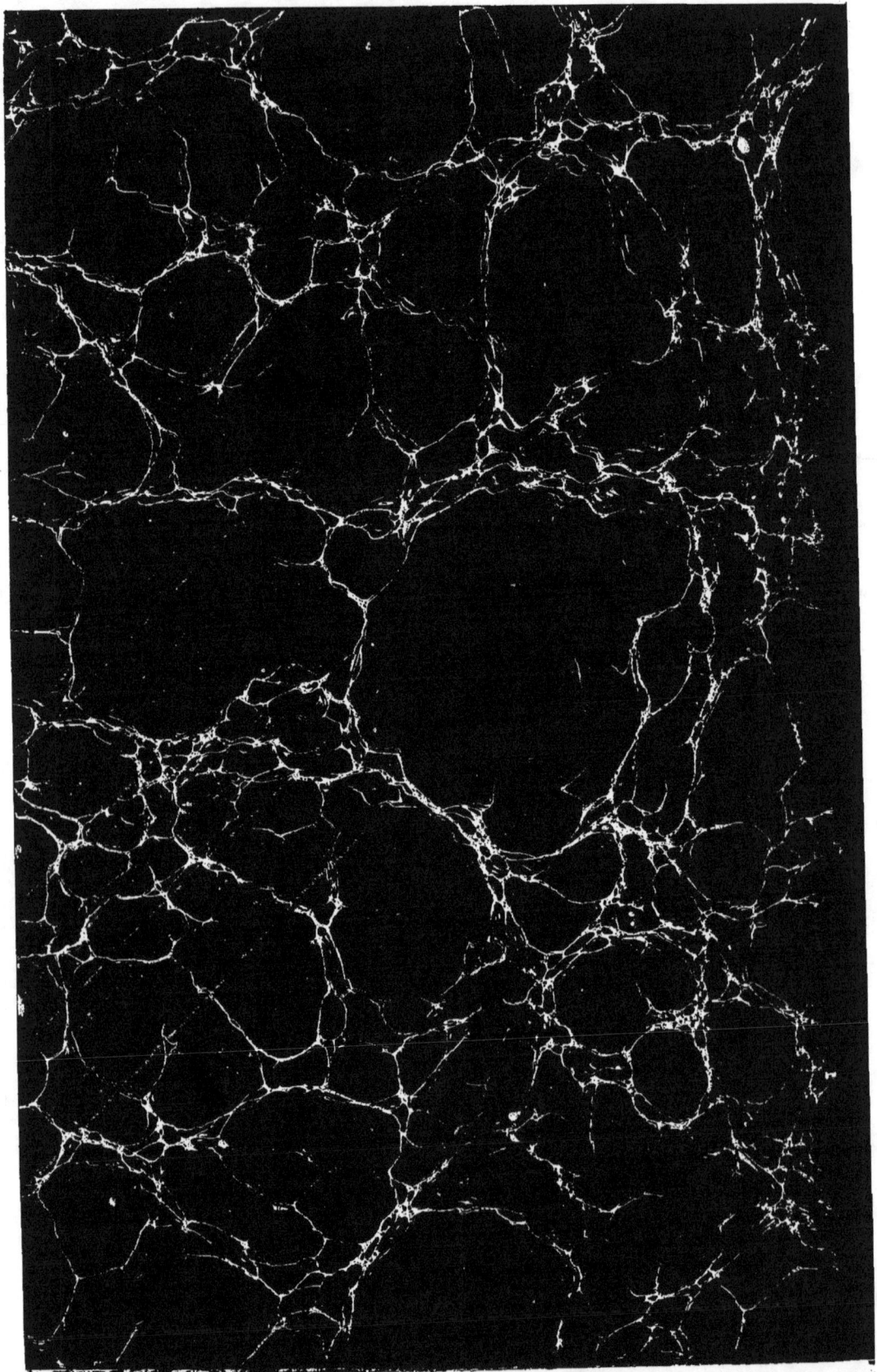

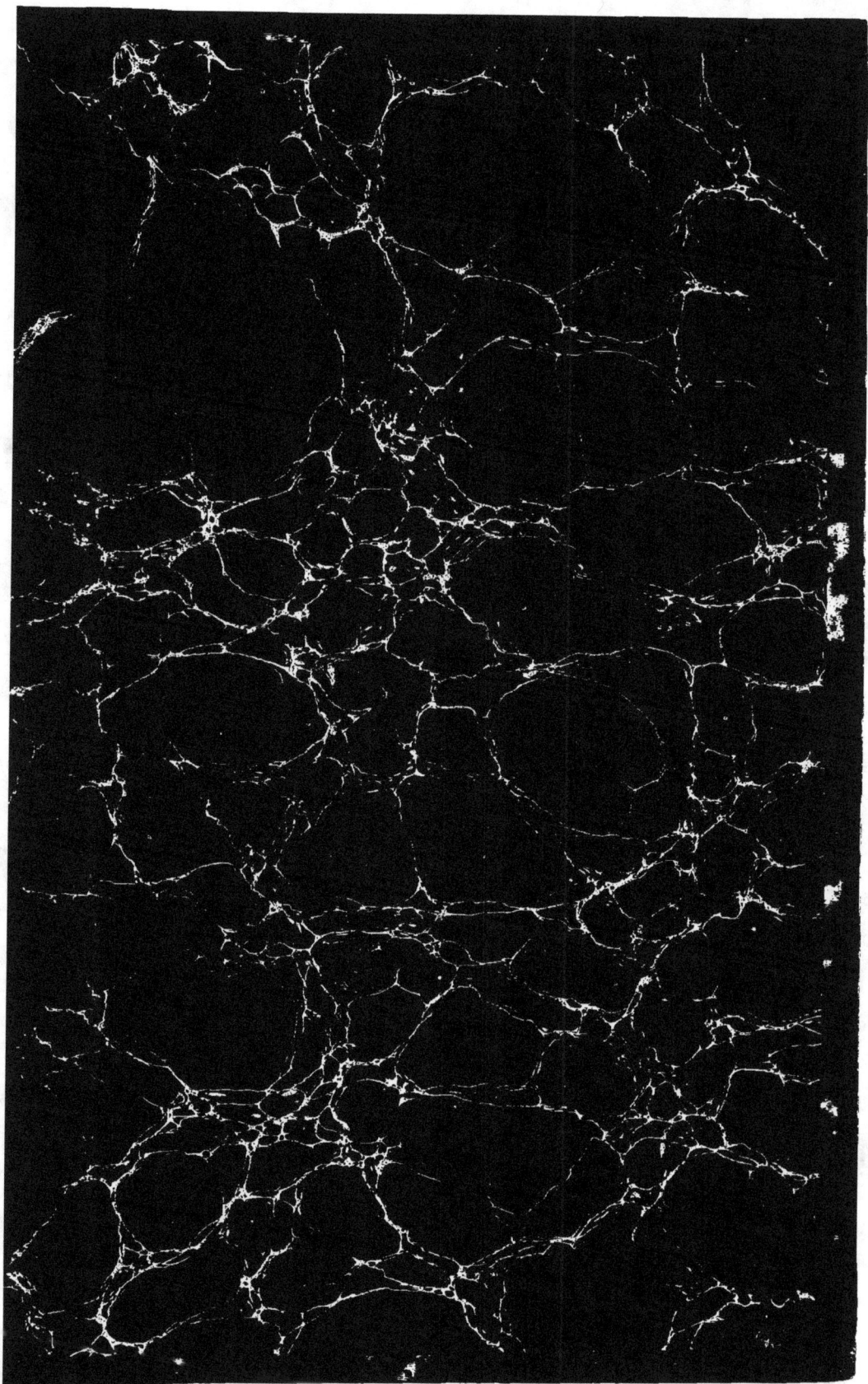

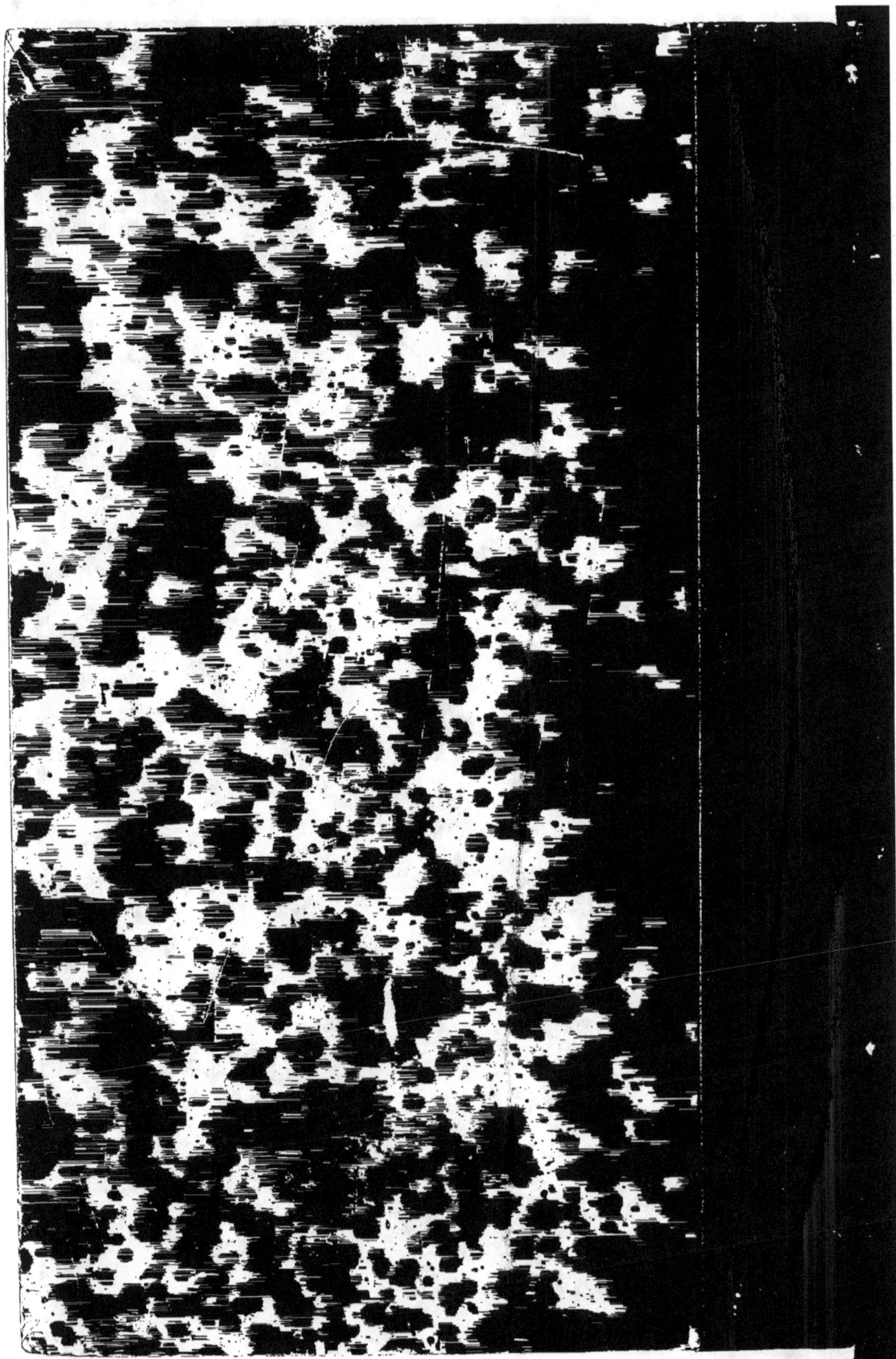

www.ingramcontent.com/pod-product-compliance
Lightning Source LLC
Chambersburg PA
CBHW060544280326
41932CB00011B/1399